Harbauer
Rechtsschutzversicherung
ARB-Kommentar

Rechtsschutzversicherung

Kommentar zu den Allgemeinen Bedingungen
für die Rechtsschutzversicherung
(ARB 75 und ARB 94)

von

Dr. Walter Harbauer
Oberlandesgerichtsrat a. D.
Rechtsanwalt

6., völlig neubearbeitete Auflage

C.H. BECK'SCHE VERLAGSBUCHHANDLUNG
MÜNCHEN 1998

Die Deutsche Bibliothek – CIP-Einheitsaufnahme

Harbauer, Walter: Rechtsschutzversicherung : Kommentar zu den Allgemeinen Bedingungen für die Rechtsschutzversicherung (ARB 75 und ARB 94) / von Walter Harbauer. – 6., völlig neubearb. Aufl. – München : Beck, 1997
ISBN 3 406 42352 3

ISBN 3 406 42352 3

Druck der C. H. Beck'schen Buchdruckerei Nördlingen
© 1998 C. H. Beck'sche Verlagsbuchhandlung (Oscar Beck), München
Gedruckt auf säurefreiem, alterungsbeständigem Papier
(hergestellt aus chlorfrei gebleichtem Zellstoff)

Vorwort zur sechsten Auflage

Seit Erscheinen der letzten Auflage dieses Buches haben zwei Ereignisse die Rechtsschutzversicherung in ihrer nunmehr fast siebzigjährigen Entwicklung maßgeblich beeinflußt. Zum einen entfiel, wie auch bei den anderen Versicherungssparten des Privatrechts, im Rahmen der europäischen Harmonisierung des Versicherungsaufsichtsrechts ab 1. Juli 1994 – im Gegenzug zu verstärkter Informations- und Aufklärungspflicht – die Verpflichtung der Versicherer, von der Aufsichtsbehörde vorab genehmigte Bedingungen zu verwenden. Zum anderen fanden die auf Verbandsebene laufenden jahrelangen Vorarbeiten zur Reform der Musterbedingungen der Rechtsschutzversicherung im ersten Halbjahr 1994 dadurch ihren Abschluß, daß die neuen Bedingungen noch kurz vor dem 1. Juli 1994 von der Aufsichtsbehörde zur Verwendung genehmigt wurden.

Der Verband der Schadenversicherer e.V. als Nachfolger des HUK-Verbandes hat seinen die Rechtsschutzversicherung betreibenden Mitgliedern diese Bedingungen, die „ARB 94", unverbindlich zur Verwendung empfohlen. Die Mehrzahl der Versicherer ist dieser Empfehlung seit Herbst 1994 in zunehmendem Maß gefolgt. Zum Teil bieten sie Verträge nach den Musterbedingungen in unveränderter, zum Teil auch in etwas geänderter Form an, zugeschnitten auf bestimmte Zielgruppen wie etwa Senioren oder Singles oder bestimmte Berufsgruppen, wobei beispielsweise der eine oder andere für die jeweilige Zielgruppe nicht so interessante Rechtsbereich fehlt oder in abgeänderter Form in die Deckung einbezogen ist. Meist sind es Ausschnitte aus den in den §§ 21 bis 29 ARB 94 enthaltenen Grundkombinationen, die noch mit gewissen Facetten garniert sein können. Ein stärkerer Trend zu unternehmenseigenen Bedingungswerken mit grundlegend unterschiedlichen Deckungskonzepten ist aber bisher nicht erkennbar.

Dem Gros der bei den meisten Rechtsschutzversicherern bestehenden Versicherungsverträge liegen heute noch die seit 1969 gebotenen und ab 1975 in verbesserter Form auf dem Markt befindlichen „ARB 75" zugrunde. Erfahrungsgemäß gelingt es nur allmählich und nur teilweise, diese Verträge auf neue Bedingungen umzustellen. Die ARB 75 werden demnach noch über viele Jahre hinweg im Bestand der Versicherer bleiben und auch die Regulierungs- und Gerichtspraxis beherrschen. Die Erläuterungen bauen daher in Teil B auf den ARB 75 als „Grundbedingungswerk" auf, wobei selbstverständlich die seit der Vorauflage in den letzten vier Jahren veröffentlichte Rechtsprechung nachgetragen ist. Hierunter waren relativ wenige und zum Teil mehr einzelfallbezogene höchstrichterliche Urteile. Bei den anderen Gerichten überwogen zahlenmäßig, ähnlich wie schon früher, Entscheidungen zu Fragen des Baurisikos, des Versicherungsfalles und der Obliegenheiten danach sowie zum Begriff und zur Abgrenzung der selbständigen Tätigkeit. In Teil C werden anhand der ARB 94 deren Unterschiede zu den ARB 75 erörtert, wobei Rechtsprechung hierzu noch kaum bekannt geworden ist, jedoch die jetzt schon erkennbaren Auslegungsprobleme so-

Vorwort

weit wie möglich dargestellt werden. Eine synoptische Gegenüberstellung der alten und neuen Bedingungen, verstärkte Querverweise und ein um zahlreiche Stichwörter ergänztes Sachregister sollen dem Benutzer helfen, das ihn interessierende Problem rasch aufzufinden. Da der Umfang des Versicherungsschutzes im jeweiligen Fall, zumal bei den seit Herbst 1994 abgeschlossenen oder den auf die neuen Bedingungen umgestellten Verträgen, nicht mehr mit den vorliegend allein kommentierten Musterbedingungen vollständig übereinzustimmen braucht, empfiehlt es sich im Zweifelsfall, den genauen Umfang der Versicherungsdeckung anhand des Versicherungsscheins oder seines Nachtrags festzustellen.

Zahlreiche Anregungen und Hinweise von Anwalts- und Versichererseite haben mir wieder geholfen, manche Frage griffiger darzustellen oder neu zu durchdenken. Mit meinem Dank hierfür verbinde ich die Bitte, mich in dieser Weise auch weiterhin zu unterstützen.

München, im Sommer 1997   Walter Harbauer

Inhaltsübersicht

Inhaltsverzeichnis XI
Abkürzungs- und Literaturverzeichnis XIX

Teil A. Texte

1. Allgemeine Bedingungen für die Rechtsschutzversicherung (ARB 75) und Standardklauseln 1
2. Allgemeine Bedingungen für die Rechtsschutzversicherung (ARB 94) 29
3. Gegenüberstellung (Synopse) der ARB 75 und der ARB 94
   a) ARB 75 und ARB 94 55
   b) ARB 94 und ARB 75 58

Teil B. Allgemeine Bedingungen für die Rechtsschutzversicherung (ARB 75)

Einleitung (Vor § 1) 63

Erster Teil. Allgemeine Bestimmungen

A. Der Versicherungsschutz

§ 1 Gegenstand 83
§ 2 Umfang 103
§ 3 Örtlicher Geltungsbereich 217
§ 4 Allgemeine Risikoausschlüsse 221

B. Das Versicherungsverhältnis

§ 5 Beginn des Versicherungsschutzes 322
§ 6 Vorläufige Deckung 333
§ 7 Beitragszahlung 336
§ 8 Vertragsdauer 341
§ 9 Erhöhung und Verminderung der Gefahr 345
§ 10 Wagniswegfall 353
§ 11 Rechtsstellung dritter Personen 361
§ 12 Anzeigen und Erklärungen 370
§ 13 Gerichtsstand 372

Übersicht

C. Der Versicherungsfall

§ 14	Eintritt des Versicherungsfalles	375
§ 15	Obliegenheiten nach dem Versicherungsfall	426
§ 16	Benennung und Beauftragung des Rechtsanwaltes	448
§ 17	Prüfung der Erfolgsaussichten	456
§ 18	Klagefrist	470
§ 19	Kündigung nach dem Versicherungsfall	481
§ 20	Abtretung, Erstattung von Kosten und Versicherungsleistungen	490

Zweiter Teil. Besondere Bestimmungen

Vorbemerkungen zu §§ 21 ff.		509
§ 21	Verkehrs-Rechtsschutz	578
§ 22	Fahrzeug-Rechtsschutz	637
§ 23	Fahrer-Rechtsschutz	648
§ 24	Rechtsschutz für Gewerbetreibende und freiberuflich Tätige	655
§ 25	Familien-Rechtsschutz	694
§ 26	Familien- und Verkehrs-Rechtsschutz für Lohn- und Gehaltsempfänger (ab 1988: für Nichtselbständige)	718
§ 27	Landwirtschafts- und Verkehrs-Rechtsschutz	736
§ 28	Rechtsschutz für Vereine	748
§ 29	Rechtsschutz für Grundstückseigentum und Miete	753

Teil C. Allgemeine Bedingungen für die Rechtsschutzversicherung (ARB 94)

Einleitung (Vor § 1) 777

1. Inhalt der Versicherung

§ 1	Aufgaben der Rechtsschutzversicherung	779
§ 2	Leistungsarten	779
§ 3	Ausgeschlossene Rechtsangelegenheiten	789
§ 4	Voraussetzungen für den Anspruch auf Rechtsschutz	799
§ 5	Leistungsumfang	804
§ 6	Örtlicher Geltungsbereich	813

2. Versicherungsverhältnis

§ 7	Beginn des Versicherungsschutzes	814
§ 8	Vertragsdauer	815
§ 9	Versicherungsbeitrag	816
§ 10	Bedingungs- und Beitragsanpassung	817
	A. Bedingungsanpassung	817
	B. Beitragsanpassung	818
§ 11	Änderung der für die Beitragsberechnung wesentlichen Umstände	819

Übersicht

§ 12 Wegfall des Gegenstandes der Versicherung einschließlich Tod des Versicherungsnehmers 820
§ 13 Außerordentliche Kündigung 821
§ 14 Verjährung des Rechtsschutzanspruchs 822
§ 15 Rechtsstellung mitversicherter Personen 824
§ 16 Schriftform der Erklärungen 825

3. Rechtsschutzfall

§ 17 Verhalten nach Eintritt eines Rechtsschutzfalles 825
§ 18 Schiedsgutachten bei Ablehnung des Rechtsschutzes durch den Versicherer 829
§ 19 Klagefrist 834
§ 20 Zuständiges Gericht 834

4. Formen des Versicherungsschutzes

§ 21 Verkehrs-Rechtsschutz 835
§ 22 Fahrer-Rechtsschutz 841
§ 23 Privat-Rechtsschutz für Selbständige 843
§ 24 Berufs-Rechtsschutz für Selbständige, Rechtsschutz für Firmen und Vereine 845
§ 25 Privat- und Berufs-Rechtsschutz für Nichtselbständige 847
§ 26 Privat-, Berufs- und Verkehrs-Rechtsschutz für Nichtselbständige 848
§ 27 Landwirtschafts- und Verkehrs-Rechtsschutz 851
§ 28 Privat-, Berufs- und Verkehrs-Rechtsschutz für Selbständige 854
§ 29 Rechtsschutz für Eigentümer und Mieter von Wohnungen und Grundstücken 856

Sachregister 859

Inhaltsverzeichnis

Abkürzungs- und Literaturverzeichnis XIX

Teil A. Texte

1. Allgemeine Bedingungen für die Rechtsschutzversicherung (ARB 75) und Standardklauseln 1
2. Allgemeine Bedingungen für die Rechtsschutzversicherung (ARB 94) 29
3. Gegenüberstellung (Synopse) der ARB 75 und der ARB 94
   a) ARB 75 und ARB 94 55
   b) ARB 94 und ARB 75 58

Teil B. Allgemeine Bedingungen für die Rechtsschutzversicherung (ARB 75)

Einleitung (Vor § 1) 63
I. Begriff und Entwicklung der RSVersicherung 63
II. Die RSVersicherung im System des Versicherungsrechts 73
III. Aufbau und Auslegung der ARB 77
IV. ARB und AGBG 80
V. Pflicht-RSVersicherung 81
VI. RSVersicherung und Prozeßhäufigkeit 82

Erster Teil. Allgemeine Bestimmungen

A. Der Versicherungsschutz

§ 1 Gegenstand 83
    I. Pflichten des RSVersicherers (Abs. 1) 83
    II. Pflichten des VN 101
    III. Versichertes Wagnis (Abs. 2) 102

§ 2 Umfang 103
    A. I. Allgemeines 106
       II. Auslands-Reisekosten 109
    B. Rechtsanwalts-Vergütung (Abs. 1 a und b) 110
       I. Rechtsanwalt 110
       II. Gesetzliche Vergütung (Abs. 1 a Satz 1) 113
       III. Umfang der Kostenübernahme (Abs. 1 a Sätze 2 bis 4) 127
       IV. Streit über die Höhe der gesetzlichen Vergütung 139
       V. Honorarvereinbarung (Abs. 1 b) 143
    C. Gerichtskosten, Gerichtsvollzieherkosten, Schiedsgerichtskosten (Abs. 1 c) 144
       I. Gerichtskosten einschließlich Entschädigung für Zeugen und Sachverständige 144
       II. Gerichtsvollzieherkosten 148
       III. Schiedsgerichtskosten 149
    D. Verwaltungsverfahrenskosten und Verwaltungsvollstreckungskosten (Abs. 1 d) 153
       I. Verwaltungsverfahrenskosten 153
       II. Verwaltungsvollstreckungskosten 156

Inhalt

E. Kosten technischer Privatgutachter	157
I. Abs. 1 e	157
II. Kfz-Vertrags-RS	159
F. Strafkautionen (Abs. 1 f)	160
G. Die Kosten des Gegners (Abs. 1 g)	161
H. Fälligkeit der Versicherungsleistung (Abs. 2)	165
I. Sorgeleistung	165
II. Kostentragungspflicht	168
J. Einschränkungen der Pflicht zur Kostentragung (Abs. 3)	174
I. Allgemeines	174
II. Abs. 3 a	175
III. Vollstreckungskosten (Abs. 3 b)	181
IV. Kostenpflicht Dritter (Abs. 3 c)	197
V. Abs. 3 d	207
VI. Widerklage, Aufrechnung (Abs. 3 e)	208
K. Versicherungssumme (Abs. 4)	213
I. Allgemeines	213
II. Höchstgrenze (Satz 1)	214
III. Zeitlicher und ursächlicher Zusammenhang (Satz 2)	214
IV. Abandonrecht (Satz 3)	216
§ 3 Örtlicher Geltungsbereich	**217**
I. Allgemeines	217
II. Europa und außereuropäische Anliegerstaaten	218
III. Versicherungsfall, Gerichtsstand	218
IV. Anwendbares Recht	220
§ 4 Allgemeine Risikoausschlüsse	**221**
A. Allgemeines	224
B. Ausgeschlossene Rechtsbereiche (Abs. 1)	227
I. Allgemeines	227
II. Abs. 1 a	229
III. Abs. 1 b	232
IV. Abs. 1 c	233
V. Abs. 1 d	236
VI. Abs. 1 e	238
VII. Handelsvertreterrecht (Abs. 1 f)	244
VIII. Spiel- und Wettverträge (Abs. 1 g)	247
IX. Abs. 1 h	249
X. Familien- und Erbrecht (Abs. 1 i)	260
XI. Baurisiko (Abs. 1 k)	262
XII. Bergbauschäden (Abs. 1 l)	276
XIII. Kirchenrecht (Abs. 1 m)	276
XIV. Steuer- und Abgaberecht (Abs. 1 n)	277
XV. Abs. 1 o	280
XVI. Freiwillige Gerichtsbarkeit (Abs. 1 p)	281
XVII. Konkurs- und Vergleichsverfahren (Abs. 1 q)	283
XVIII. Abs. 1 r	285
C. Abs. 2	288
I. Allgemeines	288
II. Abs. 2 a	289
III. Abs. 2 b	295
IV. Abs. 2 c	302

Inhalt

D. Deckungsumfang des Straf-RS (Abs. 3) 303
   I. Allgemeines 303
   II. Nicht-Verkehrsbereich (Abs. 3 a) 305
   III. Verkehrsbereich (Abs. 3 b) 313
E. Ausschluß verspätet gemeldeter Schäden (Abs. 4) 319

B. Das Versicherungsverhältnis

§ 5 Beginn des Versicherungsschutzes 322
   I. Vertragsschluß 322
   II. Einlösungsklausel (Satz 1) 325
   III. Erweiterte Einlösungsklausel (Satz 2) 327
   IV. Wartezeit (Satz 3) 328
   V. Störungen vor oder bei Vertragsschluß 329

§ 6 Vorläufige Deckung 333
   I. Abs. 1 333
   II. Abs. 2 334
   III. Abs. 3 335

§ 7 Beitragszahlung 336
   I. Allgemeines 336
   II. Abs. 1 336
   III. Fälligkeit des Erstbeitrags 337
   IV. Fälligkeit des Folgebeitrags (Abs. 2) 338
   V. Abs. 3 340
   VI. Erfüllungsort (Abs. 4) 340

§ 8 Vertragsdauer 341
   I. Vertragsschluß 341
   II. Vertragsdauer 342
   III. Vertragsbeendigung 342

§ 9 Erhöhung und Verminderung der Gefahr 345
   I. Allgemeines 346
   II. Beitragserhöhung (Abs. 1) 346
   III. Abs. 2 350
   IV. Beitragsermäßigung (Abs. 3) 350
   V. Meldepflicht des VN (Abs. 4) 351

§ 10 Wagniswegfall 353
   I. Allgemeines 353
   II. Teilweiser Wagniswegfall 354
   III. Völliger Wagniswegfall 355

§ 11 Rechtsstellung dritter Personen 361
   I. Allgemeines 362
   II. Abs. 1 365
   III. Abs. 2 366
   IV. Sinngemäße Anwendung (Abs. 3) 369

§ 12 Anzeigen und Erklärungen 370

§ 13 Gerichtsstand 372

C. Der Versicherungsfall

§ 14 Eintritt des Versicherungsfalles 375
   I. Allgemeines 376
   II. Versicherungsfall beim Schadenersatz-RS (Abs. 1) 380

Inhalt

III. Versicherungsfall beim Straf- und Führerschein-RS (Abs. 2)	389
IV. Versicherungsfall in den übrigen Fällen (Abs. 3)	395
§ 15 Obliegenheiten nach dem Versicherungsfall	426
I. Allgemeines	427
II. Abs. 1	428
III. Obliegenheitsverletzung (Abs. 2)	442
IV. Sonstige Obliegenheiten	446
§ 16 Benennung und Beauftragung des Rechtsanwaltes	448
I. Allgemeines	449
II. Abs. 1	449
III. Beauftragungsrecht des Versicherers (Abs. 2)	450
IV. Beauftragung durch VN (Abs. 3)	453
V. Abs. 4	455
§ 17 Prüfung der Erfolgsaussichten	456
I. Allgemeines	457
II. Abs. 1	457
III. „Stichentscheid" des Rechtsanwalts (Abs. 2)	464
IV. Abs. 3	470
§ 18 Klagefrist	470
I. Allgemeines	471
II. Verjährung	471
III. Klagefrist	475
IV. Bindungswirkung	479
V. Streitwert des Deckungsprozesses	481
§ 19 Kündigung nach dem Versicherungsfall	481
I. Allgemeines	482
II. Kündigungsrecht des VN (Abs. 1)	483
III. Kündigungsrecht beider Vertragsteile (Abs. 2)	487
IV. Anteiliger Beitrag (Abs. 3)	490
§ 20 Abtretung, Erstattung von Kosten und Versicherungsleistungen	490
I. Abtretung, Verpfändung und Pfändung (Abs. 1)	491
II. Anspruchsübergang (Abs. 2)	496
III. Unterstützungspflicht des VN (Abs. 3)	504
IV. Rückzahlungspflicht des VN in Sonderfällen (Abs. 4)	506

Zweiter Teil. Besondere Bestimmungen

Vorbemerkungen zu §§ 21 ff.	509
A. Allgemeines	511
I. Systematik der Besonderen Bestimmungen	511
II. Darlegungslast des VN	512
III. Teildeckung	514
IV. Rechtsgemeinschaft	515
V. Anspruchskonkurrenz	516
B. Versicherte Rechtsgebiete	517
I. Privatrecht	517
II. Öffentliches Recht	518
C. Versicherte Leistungsarten	519
I. Geltendmachung von Schadenersatzansprüchen aufgrund gesetzlicher Haftpflichtbestimmungen	519
II. Verteidigung in Verfahren wegen des Vorwurfes der Verletzung einer Vorschrift des Straf- oder Ordnungswidrigkeitenrechts	531

Inhalt

III. Verteidigung in Verfahren wegen des Vorwurfes der Verletzung einer Vorschrift des Disziplinar- oder Standesrechts	536
IV. Wahrnehmung rechtlicher Interessen aus schuldrechtlichen Verträgen	538
V. Wahrnehmung rechtlicher Interessen aus Arbeitsverhältnissen und öffentlich-rechtlichen Anstellungsverhältnissen	547
VI. Wahrnehmung rechtlicher Interessen aus dinglichen Rechten an beweglichen Sachen und an Rechten	551
VII. Wahrnehmung rechtlicher Interessen vor Sozialgerichten	553
VIII. Wahrnehmung rechtlicher Interessen in verwaltungsrechtlichen Verfahren wegen Einschränkung, Entzuges oder Wiedererteilung der Fahrerlaubnis	556
IX. Beratungs-RS	559
X. Steuer-RS vor Gerichten und in Bußgeldverfahren	570
§ 21 Verkehrs-Rechtsschutz	**578**
I. Allgemeines	581
II. Persönliche Risikomerkmale (Abs. 1)	582
III. Gleichartige Fahrzeuge (Abs. 2)	595
IV. Motorfahrzeuge (Abs. 3)	597
V. Leistungsarten (Abs. 4)	601
VI. Ausschnittversicherung (Abs. 5)	616
VII. Obliegenheiten vor Eintritt des Versicherungsfalles (Abs. 6)	616
VIII. Anzeigepflicht (Abs. 7)	634
IX. Stilllegung (Abs. 8)	636
X. Wagniswegfall (Abs. 9)	637
§ 22 Fahrzeug-Rechtsschutz	**637**
I. Allgemeines	639
II. Versicherte Eigenschaften (Abs. 1)	640
III. Motorfahrzeuge (Abs. 2)	641
IV. Leistungsarten (Abs. 3)	641
V. Ausschnittversicherung (Abs. 4)	643
VI. Obliegenheiten vor Eintritt des Versicherungsfalles (Abs. 5)	644
VII. Stilllegung (Abs. 6)	644
VIII. Ersatzfahrzeug (Abs. 7)	645
§ 23 Fahrer-Rechtsschutz	**648**
I. Persönliche Risikomerkmale (Abs. 1)	649
II. Motorfahrzeuge (Abs. 2)	650
III. Leistungsarten (Abs. 3)	650
IV. Obliegenheiten vor Eintritt des Versicherungsfalles (Abs. 4)	651
V. Vorübergehende Verhinderung des VN (Abs. 5)	651
VI. Dauernde Verhinderung des VN (Abs. 6)	652
VII. Fahrer-RS für Unternehmen (Abs. 7)	652
§ 24 Rechtsschutz für Gewerbetreibende und freiberuflich Tätige	**655**
I. Allgemeines	657
II. Persönliche Risikomerkmale (Abs. 1)	658
III. Obligatorische Leistungsarten (Abs. 2)	664
IV. Fakultativer Vertrags-RS (Abs. 3)	674
V. Nachhaftung (Abs. 4)	683
VI. Risikoausschlüsse (Abs. 5)	685
VII. RS für Kraftfahrzeuggewerbe (Abs. 6)	690
VIII. Motorfahrzeuge (Abs. 7)	694

Inhalt

§ 25 Familien-Rechtsschutz	694
I. Allgemeines	695
II. Persönliche Risikomerkmale (Abs. 1)	696
III. Obligatorische Leistungsarten (Abs. 2)	706
IV. Vertrags- und Eigentums-RS (Abs. 3)	711
V. Risikoausschlüsse (Abs. 4)	713
§ 26 Familien- und Verkehrs-Rechtsschutz für Lohn- und Gehaltsempfänger (ab 1988: für Nichtselbständige)	718
I. Allgemeines	723
II. Persönliche Risikomerkmale (Abs. 1)	725
III. Motorfahrzeuge (Abs. 2)	728
IV. Obligatorische Leistungsarten (Abs. 3)	728
V. Vertrags- und Eigentums-RS (Abs. 4)	732
VI. Risikoausschlüsse (Abs. 5)	734
VII. Obliegenheiten vor Eintritt des Versicherungsfalles (Abs. 6)	734
VIII. Teilweiser Wagniswegfall (Abs. 7)	735
§ 27 Landwirtschafts- und Verkehrs-Rechtsschutz	736
I. Allgemeines	738
II. Persönliche Risikomerkmale (Abs. 1)	739
III. Motorfahrzeuge (Abs. 2)	741
IV. Obligatorische Leistungsarten (Abs. 3)	741
V. Vertrags- und Eigentums-RS (Abs. 4)	744
VI. Risikoausschlüsse (Abs. 5)	746
VII. Obliegenheiten vor Eintritt des Versicherungsfalles (Abs. 6)	747
§ 28 Rechtsschutz für Vereine	748
I. Allgemeines	748
II. Individuelle Risikomerkmale (Abs. 1)	749
III. Leistungsarten (Abs. 2)	750
IV. Risikoausschluß (Abs. 3)	752
§ 29 Rechtsschutz für Grundstückseigentum und Miete	753
I. Allgemeines	754
II. Versichertes Objekt	755
III. Versicherter Rechtsbereich	757
IV. Versicherte Eigenschaft	770
V. Wohnungseigentum (Abs. 2)	773

Teil C. Allgemeine Bedingungen für die Rechtsschutzversicherung (ARB 94)

Einleitung (Vor § 1)	777

1. Inhalt der Versicherung

§ 1 Aufgaben der Rechtsschutzversicherung	779
§ 2 Leistungsarten	779
I. Allgemeines	781
II. Schadenersatz-RS	781
III. Arbeits-RS	782
IV. Wohnungs- und Grundstücks-RS	783
V. RS im Vertrags- und Sachenrecht	784
VI. Steuer RS vor Gerichten	785
VII. Sozialgerichts-RS	785
VIII. Verwaltungs-RS in Verkehrssachen	785

Inhalt

IX. Disziplinar- und Standes-RS		786
X. Straf-RS		787
XI. Ordnungswidrigkeiten-RS		788
XII. Beratungs-RS im Familien- und Erbrecht		788
§ 3 Ausgeschlossene Rechtsangelegenheiten		789
I. Allgemeines		791
II. Ausschluß von Kumulrisiken (Abs. 1)		791
III. Ausschluß bestimmter Rechtsangelegenheiten (Abs. 2)		792
IV. Ausschluß bestimmter Verfahren (Abs. 3)		795
V. Ausschluß Mitversicherter und bei Drittbeteiligung (Abs. 4)		796
VI. Ausschluß bei Vorsatztat (Abs. 5)		798
§ 4 Voraussetzungen für den Anspruch auf Rechtsschutz		799
I. Allgemeines		800
II. Arten des Rechtsschutzfalles (Abs. 1)		800
III. Dauer-Rechtsschutzfall, mehrere Rechtsschutzfälle (Abs. 2)		802
IV. Zeitlicher Ausschluß (Abs. 3)		803
V. Ausschluß bei Steuer-RS (Abs. 4)		803
§ 5 Leistungsumfang		803
I. Allgemeines		806
II. Kostenübernahme (Abs. 1)		806
III. Fälligkeit, Währungsklausel (Abs. 2)		809
IV. Begrenzung der Kostenübernahme (Abs. 3)		810
V. Versicherungssumme (Abs. 4)		812
VI. Sorgeleistung (Abs. 5)		812
VII. Andere Berufsgruppen (Abs. 6)		813
§ 6 Örtlicher Geltungsbereich		813

2. Versicherungsverhältnis

§ 7 Beginn des Versicherungsschutzes	814
§ 8 Vertragsdauer	814
§ 9 Versicherungsbeitrag	815
§ 10 Bedingungs- und Beitragsanpassung	816
A. Bedingungsanpassung	816
B. Beitragsanpassung	817
§ 11 Änderung der für die Beitragsberechnung wesentlichen Umstände	819
§ 12 Wegfall des Gegenstandes der Versicherung einschließlich Tod des Versicherungsnehmers	820
§ 13 Außerordentliche Kündigung	821
§ 14 Verjährung des Rechtsschutzanspruches	822
§ 15 Rechtsstellung mitversicherter Personen	824
§ 16 Schriftform von Erklärungen	825

3. Rechtsschutzfall

§ 17 Verhalten nach Eintritt eines Rechtsschutzfalles	825
§ 18 Schiedsgutachten bei Ablehnung des Rechtsschutzes durch den Versicherer	829
§ 19 Klagefrist	834
§ 20 Zuständiges Gericht	834

4. Formen des Versicherungsschutzes

§ 21 Verkehrs-Rechtsschutz	835
I. Allgemeines	837
II. Personenbezogener Verkehrs-RS (Abs. 1 und 2)	837
III. Fahrzeugbezogener Verkehrs-RS (Abs. 3)	839

Inhalt

    IV. Leistungsarten (Abs. 4) 839
    V. Ausschluß des § 2 d (Abs. 5) 839
    VI. Erwerbsverträge (Abs. 6) 839
    VII. Fahrer- und Fußgänger-RS (Abs. 7) 840
    VIII. Obliegenheiten (Abs. 8) 840
    IX. Fahrzeug-Wegfall (Abs. 9) 841
    X. Folge-Fahrzeug (Abs. 10) 841
§ 22 Fahrer-Rechtsschutz 841
§ 23 Privat-Rechtsschutz für Selbständige 843
§ 24 Berufs-Rechtsschutz für Selbständige, Rechtsschutz für Firmen und Vereine 845
§ 25 Privat- und Berufs-Rechtsschutz für Nichtselbständige 847
§ 26 Privat-, Berufs- und Verkehrs-Rechtsschutz für Nichtselbständige 848
§ 27 Landwirtschafts- und Verkehrs-Rechtsschutz 851
§ 28 Privat-, Berufs- und Verkehrs-Rechtsschutz für Selbständige 854
§ 29 Rechtsschutz für Eigentümer und Mieter von Wohnungen und Grundstücken 856

Sachregister 859

Abkürzungs- und Literaturverzeichnis

a. A.	anderer Ansicht
ABKStRV	Allgemeine Bedingungen für die Kraftfahrt-Straf-RSVersicherung
Abs.	Absatz
AcP	Archiv für die civilistische Praxis
a. F.	alte Fassung
AFB	Allgemeine Feuerversicherungs-Bedingungen
AFG	Arbeitsförderungsgesetz
AG	Amtsgericht, Aktiengesellschaft
AGB	Allgemeine Geschäftsbedingungen
AGBG	AGB-Gesetz, Gesetz zur Regelung des Rechts der Allgemeinen Geschäftsbedingungen
AGGVG	Ausführungsgesetz zum Gerichtsverfassungsgesetz
AGS	Anwaltsgebühren spezial
AHB	Allgemeine Versicherungsbedingungen für die Haftpflichtversicherung
AHBVerm.	Allgemeine Versicherungsbedingungen zur Haftpflichtversicherung für Vermögensschäden
AKB	Allgemeine Bedingungen für die Kraftfahrtversicherung
AktG	Aktiengesetz
ALB	Allgemeine Versicherungs-Bedingungen der Lebensversicherung
Altenhoff/Busch/Kampmann/Chemnitz	Rechtsberatungsgesetz, 9. Aufl. 1991
a. M.	anderer Meinung
ANEG	Gesetz über Arbeitnehmererfindungen
Anh.	Anhang
Anm.	Anmerkung
AnwBl.	Anwaltsblatt
AO	Abgabenordnung
AP	Hueck-Nipperdey-Dietz, Nachschlagewerk des BAG – Arbeitsrechtliche Praxis –
ARB	Allgemeine Bedingungen für die Rechtsschutzversicherung
ARB 54	ARB in der seit 1954 geltenden Fassung
ARB 69	ARB in der seit 1969 geltenden Fassung
ARB 75	ARB in der seit 1975 geltenden Fassung
ARB 94	ARB in der seit 1994 geltenden Fassung
ArbGG	Arbeitsgerichtsgesetz
ArbuR	Arbeit und Recht, Zeitschrift für arbeitsrechtliche Praxis
Art.	Artikel
AUB	Allgemeine Unfallversicherungs-Bedingungen
Aufl.	Auflage
Ausländer-PflVG	Gesetz über die Haftpflichtversicherung für ausländische Kraftfahrzeuge und Kraftfahrzeuganhänger
AVB	Allgemeine Versicherungsbedingungen
Bach/Moser	Private Krankenversicherung, 2. Aufl. 1993
BAG	Bundesarbeitsgericht

Abkürzungen

BAnz.	Bundesanzeiger
BauGB	Baugesetzbuch
Baumbach/Lauterbach (/Bearbeiter)	Kurzkommentar zur ZPO, 55. Aufl. 1997
Baumbach/Hopt	Handelsgesetzbuch, Kommentar, 29. Aufl. 1995
Baumbach/Hefermehl UWG	Wettbewerbsrecht, Kurzkommentar, 9. Aufl. 1996
Baumbach/Hefermehl WG	Wechselgesetz und Scheckgesetz, 20. Aufl. 1997
BAV	Bundesaufsichtsamt für das Versicherungs- (bis 1973: und Bauspar)wesen
BAVG	Gesetz über die Errichtung eines Bundesaufsichtsamts für das Versicherungswesen
Bay, bayer	bayerisch
BayBO	Bayerische Bauordnung
BayObLG	Bayerisches Oberstes Landesgericht
BayRS	Bayerische Rechtssammlung
BB	Betriebs-Berater
BBG	Bundesbeamtengesetz
BDSG	Bundesdatenschutzgesetz
Becker/Böhme	Kraftverkehrs-Haftpflichtschäden, 18. Aufl. 1992
Bender	Die Rechtsproblematik der Wartezeiten in der Privatversicherung unter besonderer Berücksichtigung der Rechtsschutzversicherung, Dissertation, 1988
Benkard	Patentgesetz, 9. Aufl. 1993
bestr.	bestritten
BetrVG	Betriebsverfassungsgesetz
BFH	Bundesfinanzhof
BGB	Bürgerliches Gesetzbuch
BGBl.	Bundesgesetzblatt
BGB-RGRK	Kommentar zum BGB, mit besonderer Berücksichtigung der Rechtsprechung des RG und des BGH, 12. Aufl.
BGH	Bundesgerichtshof
BGHZ	Amtliche Sammlung der Entscheidungen des Bundesgerichtshofs in Zivilsachen
Bielefeldt	Die Rechtschutzversicherung im System der Schadenversicherungen, 1971
Böhle-Stamschräder/Kilger VerglO	Vergleichsordnung, 11. Aufl. 1986
Böhme	Allgemeine Bedingungen für die Rechtsschutzversicherung, Kommentar, 10. Aufl. 1996
Borgmann/Haug	Anwaltshaftung, 3. Aufl. 1995
BOKraft	Verordnung über den Betrieb von Kraftfahrunternehmen im Personenverkehr
BOStrab	Straßenbahn-Bau- und Betriebsordnung
BRAGebO	Bundesgebührenordnung für Rechtsanwälte
BRAK	Bundesrechtsanwaltskammer
BRAO	Bundesrechtsanwaltsordnung
Brockhaus	Enzyklopädie, 17. Aufl. des Großen Brockhaus, 1966 ff.
BRRG	Beamtenrechtsrahmengesetz
Bruck/Möller(/Sieg)	Kommentar zum Versicherungsvertragsgesetz, 8. Aufl., Band I und II
Bruck/Möller/Johannsen	dieselben, Band IV – Allgemeine Haftpflichtversicherung – und Band V – Kraftfahrtversicherung
BSG	Bundessozialgericht

Abkürzungen

BSHG	Bundessozialhilfegesetz
BUZ	Berufsunfähigkeits-Zusatzversicherung
BVerfG	Bundesverfassungsgericht
BVerfGE	Entscheidungen des Bundesverfassungsgerichts
BVerwG	Bundesverwaltungsgericht
bzw	beziehungsweise
Cramer	Straßenverkehrsrecht Band I, 2. Aufl. 1977
Creifelds	Rechtswörterbuch, 13. Aufl. 1995
DAR	Deutsches Autorecht
DAV	Deutscher Anwaltverein
DB	Der Betrieb
DDR	Deutsche Demokratische Republik
d. h.	das heißt
Dreher/Tröndle	Strafgesetzbuch, 47. Aufl. 1995
DRiG	Deutsches Richtergesetz
DRiZ	Deutsche Richterzeitung
DStR	Deutsches Steuerrecht
EG	Europäische Gemeinschaften
EGBGB	Einführungsgesetz zum BGB
EGGVG	Einführungsgesetz zum Gerichtsverfassungsgesetz
EGStGB	Einführungsgesetz zum Strafgesetzbuch
EGZPO	Einführungsgesetz zur Zivilprozeßordnung
Eidam	Spartentrennung in der RSVersicherung, Dissertation, 1984
Einl.	Einleitung
EStDV	Einkommensteuer-Durchführungsverordnung
EStG	Einkommensteuergesetz
EWG	Europäische Wirtschaftsgemeinschaft
Eyermann/Fröhler	Verwaltungsgerichtsordnung, 9. Aufl. 1988
Feyock/Jacobsen/Lemor	Kraftfahrtversicherung, 1. Aufl. 1997
ff.	und folgende
FGG	Gesetz über die Angelegenheiten der freiwilligen Gerichtsbarkeit
FGO	Finanzgerichtsordnung
Fischer	Versicherungsfähiges Risiko und Versicherungsfall in der Rechtsschutzversicherung, Dissertation, 1969
Fitting/Kaiser/Heither/Engels	Betriebsverfassungsgesetz, 18. Aufl. 1995
Fleschhut	Der Eintritt des Versicherungsfalles in der RSVersicherung, Dissertation, 1984
GB BAV	Geschäftsbericht des Bundesaufsichtsamts für das Versicherungswesen
GBO	Grundbuchordnung
GDV	Gesamtverband der Deutschen Versicherungswirtschaft e. V.
v. Gehlen	Die Beeinflussung des Versicherungsfalls durch den VN in der RSVersicherung, Diss., 1995
Geigel	Der Haftpflichtprozeß, 20. Aufl. 1990
GenG	Genossenschaftsgesetz
Gerold/Schmidt(/Bearbeiter)	Bundesgebührenordnung für Rechtsanwälte, 13. Aufl. 1997

Abkürzungen

GewO	Gewerbeordnung
GG	Grundgesetz
v. Gierke	Handels- und Schiffahrtsrecht, 6. Aufl. 1949
GKG	Gerichtskostengesetz
GmbH	Gesellschaft mit beschränkter Haftung
GmbHG	Gesetz betreffend die Gesellschaft mit beschränkter Haftung
Göhler/Buddendiek	Ordnungswidrigkeitengesetz, 11. Aufl. 1995
Gottschick/Giese	Bundessozialhilfegesetz. 9. Aufl. 1985
Grimm	Unfallversicherung, AUB-Kommentar, 2. Aufl. 1994
Großkomm-HGB	Handelsgesetzbuch, Kommentar, 3. Aufl.
Guthke	Probleme der Rechtsschutzversicherung, Dissertation, 1965
GVBl.	Gesetz- und Verordnungsblatt
GVG	Gerichtsverfassungsgesetz
GVKostG	Gesetz über Kosten der Gerichtsvollzieher
GWB	Gesetz gegen Wettbewerbsbeschränkungen
Hartmann	Kostengesetze, 27. Aufl. 1997
Hempfing/Traut	Rechtsschutzversicherung – Grundriß und Entscheidungen, 2. A. 1993 mit Nachtrag 1996
Herding/Schmalzl	Vertragsgestaltung und Haftung im Bauwesen, 2. Aufl. 1966
HGB	Handelsgesetzbuch
h. M.	herrschende Meinung
Hofmann	Privatversicherungsrecht, 3. Aufl. 1991
Hofmann	Schutzbriefversicherung (Assistance) 1. Aufl. 1996
Hüffer	Aktiengesetz, 2. Aufl. 1995
Hueck/von Hoyningen-Huene	Kündigungsschutzgesetz, 11. Aufl. 1992
HUK-Verband	Verband der Haftpflichtversicherer, Unfallversicherer, Autoversicherer und Rechtsschutzversicherer e.V.
Ingenstau/Korbion	Kommentar zur VOB, 12. Aufl. 1992
InsO	Insolvenzordnung
Jaeger	Konkursordnung, 9. Aufl. 1977
Jagusch/Hentschel	Straßenverkehrsrecht, 34. Aufl. 1997
Jansen	Freiwillige Gerichtsbarkeit, 2. Aufl.
Jauernig(/Bearbeiter)	BGB, 7. Aufl. 1994
Jessnitzer	Bundesrechtsanwaltsordnung, 5. Aufl. 1990
JGG	Jugendgerichtsgesetz
JurBüro	Das Juristische Büro
JW	Juristische Wochenschrift
JWG	Jugendwohlfahrtsgesetz
JZ	Juristen-Zeitung
Kap.	Kapitel
Keidel/Kuntze/Winkler	Gesetz über die Angelegenheiten der freiwilligen Gerichtsbarkeit, Teil A, 13. Aufl. 1992
Keller	Untersuchungen über die Prozeßkostenversicherung, Dissertation, Zürich 1939
KG	Kammergericht, Kommanditgesellschaft
KGaA	Kommanditgesellschaft auf Aktien
Kilger/Karsten Schmidt	Konkursordnung, 16. Aufl. 1993
Kilger/Huber	Anfechtungsgesetz, 8. Aufl. 1995

Abkürzungen

Kleinknecht/Meyer-Goßner..	Strafprozeßordnung, 42. Aufl. 1995
KO	Konkursordnung
Kopp	Verwaltungsverfahrensgesetz, 6. Aufl. 1996
KostO	Kostenordnung
KostRspr	Kostenrechtsprechung, Nachschlagewerk wichtiger Kostenentscheidungen
Kreuzhage/Schloemer	Die Rechtsschutzversicherung, Nachtrag zum „Querschnitt durch die deutsche Privatversicherung", 1955
KSchG	Kündigungsschutzgesetz
Kühborth	Die Obliegenheiten des Versicherungsnehmers in der Rechtsschutzversicherung beim und nach dem Eintritt des Versicherungsfalles, 1988
Kuhn/Uhlenbruck	Konkursordnung, 11. Aufl. 1994
LAG	Landesarbeitsgericht
Lappe	Kommentar zum Gerichtskostengesetz, in KostRspr. Band 5
Leuch	Die Rechtsschutzversicherung, Diss., Bern 1953
LG	Landgericht
LM	Lindenmaier-Möhring, Das Nachschlagewerk des BGH in Zivilsachen
Löwe/Graf v. Westphalen/ Trinkner	Kommentar zum AGB-Gesetz, 2. Aufl. 1983
Lüth	Rechtsberatung durch den RSVersicherer, Diss., 1997
LwVG	Gesetz über das gerichtliche Verfahren in Landwirtschaftssachen
Mann	Die zeitliche Beschränkung des Versicherungsschutzes in der RSVersicherung, Diss., 1994
Martin	Sachversicherungsrecht, 3. Aufl. 1992
MBKK	Allgemeine Versicherungsbedingungen für die Krankheitskosten- und Krankenhaustagegeld-Versicherung
MBKT	Allgemeine Versicherungsbedingungen für die Krankentagegeldversicherung
MDR	Monatsschrift für Deutsches Recht
Meixner	Fragen zur Rechtsschutzversicherung, Dissertation, 1969
Meyer-Ladewig	Sozialgerichtsgesetz, 5. Aufl. 1993
Möller, Studien	Studien zur Rechtsschutzversicherung in europäischen Ländern und in den Vereinigten Staaten, 1975
MRK	Konvention zum Schutze der Menschenrechte und Grundfreiheiten
MünchKomm(/Bearbeiter)	Münchener Kommentar zum BGB
m. w. N.	mit weiteren Nachweisen
n. F.	neue Fassung
NJW	Neue Juristische Wochenschrift
NJW-RR	NJW-Rechtsprechungs-Report Zivilrecht
Nr(n)	Nummer(n)
NZA	Neue Zeitschrift für Arbeits- und Sozialrecht
NZV	Neue Zeitschrift für Verkehrsrecht
o. ä.	oder ähnliches
oHG	offene Handelsgesellschaft
OLG	Oberlandesgericht
öOGH	österreichischer Oberster Gerichtshof

Abkürzungen

ÖRB	Bedingungen für die Rechtschutzversicherung von Trägern öffentlicher Aufgaben
OVG	Oberverwaltungsgericht
OWiG	Gesetz über Ordnungswidrigkeiten
Pakulla	Grundprobleme der Rechtsschutzversicherung, Dissertation, 1971
Palandt(/Bearbeiter)	Kommentar zum BGB, 56. Aufl. 1997
PAnwO	Patentanwaltsordnung
PartGG	Partnerschaftsgesellschaftsgesetz
Peters/Sautter/Wolff	Kommentar zur Sozialgerichtsbarkeit, 4. Aufl.
Pfingsten	Der Einfluß der Rechtsschutzversicherung auf die Rechtsverwirklichung, Dissertation, 1975
PflVG	Gesetz über die Pflichtversicherung für Kraftfahrzeughalter
Prölss(/Bearbeiter)	Versicherungsaufsichtsgesetz, 11. Aufl. 1997
Prölss, Probleme	Probleme der Rechtsschutzversicherung, 1948
Prölss/Martin(/Bearbeiter)	Versicherungsvertragsgesetz, 25. Aufl. 1992
Prölss/Schmidt/Frey	Versicherungsaufsichtsgesetz, 10. Aufl. 1989
Prölss/Schmidt/Frey/ Kollhosser Nachtr.	VAG-Nachtrag zur 10. Auflage, 1992
Pschyrembel	Klinisches Wörterbuch
RAV	Reichsaufsichtsamt für Privatversicherung
RBerG	Rechtsberatungsgesetz
Rdnr(n).	Randnummer(n)
RFH	Reichsfinanzhof
RG	Reichsgericht
RGBl.	Reichsgesetzblatt
RGZ	Entscheidungen des Reichsgerichts in Zivilsachen
Ridder	Rechtsschutzversicherung, in: Versicherungs-Enzyklopädie (Versicherungswirtschaftliches Studienwerk), 3. Aufl. 1984
Riedel/Sußbauer(/Bearbeiter)	Bundesgebührenordnung für Rechtsanwälte, 7. Aufl. 1995
Rosenberg/Schwab/Gottwald	Zivilprozeßrecht Band I, 15. Aufl. 1993
r + s	Recht und Schaden
RS	Rechtsschutz
RVO	Reichsversicherungsordnung
Schaub	Arbeitsrechts-Handbuch, 8. Aufl. 1996
Schilling	Die Allgemeinen Bestimmungen der ARB und das AGB-Gesetz, Dissertation, 1987
Schloemer	siehe Kreuzhage/Schloemer
Schönke/Schröder(/Verfasser)	Strafgesetzbuch, 25. Aufl., 1997
Schorn	Die Grenze der Leistungspflicht in der Rechtsschutzversicherung unter besonderer Berücksichtigung des § 114 ZPO, Dissertation, 1982
Schumann/Geißinger	Bundesgebührenordnung für Rechtsanwälte, 2. Aufl.
Schulten	Die Rechtsschutzversicherung und der Beratungsrechtsschutz, Dissertation, 1968
SG	Sozialgericht
SGB	Sozialgesetzbuch
SGG	Sozialgerichtsgesetz
Sieg/Leifermann	Gewerbeordnung, 5. Aufl. 1988
Späte	Haftpflichtversicherung, 1. Aufl. 1993

Abkürzungen

Staudinger(/Verfasser)	Kommentar zum BGB, 12. Aufl.
Stein/Jonas(/Verfasser)	Kommentar zur Zivilprozeßordnung, 19./20. Aufl.
Stelkens/Bonk/Sachs/Leonhardt	Verwaltungsverfahrensgesetz, 4. Aufl. 1993
StGB	Strafgesetzbuch
Stiefel/Hofmann	Kraftfahrtversicherung, 16. Aufl. 1995
StPO	Strafprozeßordnung
str.	streitig
StrEG	Gesetz über die Entschädigung für Strafverfolgungsmaßnahmen
StVG	Straßenverkehrsgesetz
StVO	Straßenverkehrsordnung
StVZO	Straßenverkehrszulassungsordnung
Thomas/Putzo	Zivilprozeßordnung, 19. Aufl. 1995.
u. a.	unter anderem
u. ä.	und ähnliches
UrhG	Urheberrechtsgesetz
UStG	Umsatzsteuergesetz
u. U.	unter Umständen
UWG	Gesetz gegen den unlauteren Wettbewerb
VA	Veröffentlichungen des Reichsaufsichtsamtes für Privatversicherung
VAG	Versicherungsaufsichtsgesetz
VdS	Verband der Schadenversicherer e. V.
VerBAV	Veröffentlichungen des Bundesaufsichtsamtes für das Versicherungswesen.
VerglO	Vergleichsordnung
VersR	Versicherungsrecht
VGH	Verwaltungsgerichtshof
vgl.	vergleiche
VHB 84	Allgemeine Hausratsversicherungsbedingungen
VN	Versicherungsnehmer
VO	Verordnung
VOB	Verdingungsordnung für Bauleistungen
Vorbem.	Vorbemerkung
VP	Versicherungspraxis
VRB	Versicherungsbedingungen für den Vermögensschaden-Rechtsschutz der Aufsichtsräte, Beiräte, Vorstände, Unternehmensleiter und Geschäftsführer
VVaG	Versicherungsverein auf Gegenseitigkeit
VVG	Versicherungsvertragsgesetz
VW	Versicherungswirtschaft
VwGO	Verwaltungsgerichtsordnung
VwKostG	Verwaltungskostengesetz
VwVfG	Verwaltungsverfahrensgesetz
VwVG	Verwaltung-Vollstreckungsgesetz
WEG	Wohnungseigentumsgesetz
Werner	Die Rechtsschutzversicherung in Europa, 1985
WG	Wechselgesetz
WM	Wertpapier-Mitteilungen
Wolff/Bachof	Verwaltungsrecht, Band III 4. Aufl. 1978
Wolff/Bachof/Stober I	Verwaltungsrecht Band I 10. Aufl. 1994

Abkürzungen

Wolff/Bachof/Stober II	Verwaltungsrecht Band II 5. Aufl. 1987
Wolf/Horn/Lindacher	Gesetz zur Regelung des Rechts der Allgemeinen Geschäftsbedingungen (AGB-Gesetz), 3. Aufl. 1994
Wussow	Allgemeiner Versicherungsbedingungen für die Haftpflichtversicherung, 8. Aufl. 1976
z. B.	zum Beispiel
Zeller/Stöber	Zwangsversteigerungsgesetz 15. Aufl. 1996
ZfS	Zeitschrift für Schadensrecht
ZfV	Zeitschrift für Versicherungswesen
ZIP	Zeitschrift für Wirtschaftsrecht und Insolvenzpraxis
ZPO	Zivilprozeßordnung
ZRP	Zeitschrift für Rechtspolitik, Beilage zur NeuenJuristischen Wochenschrift
ZSEG	Gesetz über die Entschädigung für Zeugen und Sachverständige
ZVersWiss	Zeitschrift für die gesamte Versicherungswissenschaft
ZVG	Gesetz über die Zwangsversteigerung und die Zwangsverwaltung

Teil A. Texte

1. Allgemeine Bedingungen für die Rechtsschutzversicherung (ARB 75) und Standardklauseln

in der in VerBAV 69, 67; 72, 292; 76, 130; 80, 210; 92, 186, 337 veröffentlichten Fassung

Erster Teil. Allgemeine Bestimmungen

A. Der Versicherungsschutz

§ 1 Gegenstand

(1) Der Versicherer sorgt nach Eintritt eines Versicherungsfalles für die Wahrnehmung der rechtlichen Interessen des Versicherungsnehmers, soweit sie notwendig ist, und trägt die dem Versicherungsnehmer hierbei entstehenden Kosten. Die Wahrnehmung rechtlicher Interessen ist notwendig, wenn sie hinreichende Aussicht auf Erfolg bietet und nicht mutwillig erscheint.

(2) Der Versicherungsschutz bezieht sich auf die im Versicherungsschein und in seinen Nachträgen bezeichneten Wagnisse, und zwar nach Maßgabe der Besonderen Bestimmungen der §§ 21–29.

§ 2 Umfang

(1) Der Versicherer trägt
a) die gesetzliche Vergütung eines für den Versicherungsnehmer tätigen Rechtsanwaltes. Dieser muß in den Fällen der Verteidigung wegen Verletzung einer Vorschrift des Straf-, Ordnungswidrigkeiten-, Disziplinar- oder Standesrechtes und der Wahrnehmung rechtlicher Interessen außerhalb der Bundesrepublik Deutschland am Ort des zuständigen Gerichtes wohnhaft oder bei diesem Gericht zugelassen sein.
In allen anderen Fällen ist es nicht erforderlich, daß der Rechtsanwalt am Ort des zuständigen Gerichtes wohnhaft oder bei diesem Gericht zugelassen ist; in diesen Fällen trägt der Versicherer die gesetzliche Vergütung jedoch nur, soweit sie auch bei Tätigkeit eines am Ort des zuständigen Gerichtes wohnhaften oder bei diesem Gericht zugelassenen Rechtsanwaltes entstanden wäre. Wohnt der Versicherungsnehmer mehr als 100 km vom zuständigen Gericht entfernt und erfolgt eine gerichtliche Wahrnehmung seiner Interessen, trägt der Versicherer auch weitere Rechtsanwaltskosten bis zur Höhe der gesetzlichen Vergütung eines Rechtsanwaltes, der lediglich den Verkehr des Versicherungsnehmers mit dem Prozeßbevollmächtigten führt;

b) die Vergütung aus einer Honorarvereinbarung des Versicherungsnehmers mit einem für ihn tätigen Rechtsanwalt, soweit die gesetzliche Vergütung, die ohne Honorarvereinbarung entstanden wäre, vom Versicherer im Rahmen von a) getragen werden müßte;
c) die Gerichtskosten einschließlich der Entschädigung für Zeugen und Sachverständige, die vom Gericht herangezogen werden, sowie die Kosten des Gerichtsvollziehers. In Schiedsverfahren einschließlich der Verfahren zur Erlangung eines vollstreckbaren Titels werden die Kosten des Schiedsgerichtes nur bis zur eineinhalbfachen Höhe der Kosten, die vor dem zuständigen staatlichen Gericht erster Instanz zu übernehmen wären, getragen;
d) die Gebühren und Auslagen in Verfahren vor Verwaltungsbehörden einschließlich der Entschädigung für Zeugen und Sachverständige, die von der Verwaltungsbehörde herangezogen werden, sowie die Kosten der Vollstreckung im Verwaltungswege;
e) die Kosten des für die Verteidigung erforderlichen Gutachtens eines öffentlich bestellten technischen Sachverständigen in Verfahren wegen Verletzung einer verkehrsrechtlichen Vorschrift des Straf- oder Ordnungswidrigkeitenrechtes;
f) die Kosten, die außerhalb der Bundesrepublik Deutschland vom Versicherungsnehmer aufgewendet werden müssen, um einstweilen von Strafverfolgungsmaßnahmen verschont zu bleiben (Kaution);
g) die dem Gegner bei der Wahrnehmung seiner rechtlichen Interessen entstandenen Kosten, soweit der Versicherungsnehmer zu deren Erstattung verpflichtet ist.

(2) Der Versicherer hat die Leistungen nach Absatz 1 zu erbringen, sobald der Versicherungsnehmer wegen der Kosten in Anspruch genommen wird.

(3) Der Versicherer trägt nicht
a) die Kosten, die aufgrund einer gütlichen Erledigung, insbesondere eines Vergleiches, nicht dem Verhältnis des Obsiegens zum Unterliegen entsprechen oder deren Übernahme durch den Versicherungsnehmer nach der Rechtslage nicht erforderlich ist;
b) die Kosten der Zwangsvollstreckung für mehr als drei Anträge auf Vollstreckung oder Vollstreckungsabwehr je Vollstreckungstitel und die Kosten für solche Anträge, soweit diese später als fünf Jahre nach Rechtskraft des Vollstreckungstitels gestellt werden;
c) die Kosten, zu deren Übernahme ein Dritter aufgrund anderer als unterhaltsrechtlicher Vorschriften verpflichtet ist, soweit keine Erstattungsansprüche auf den Versicherer übergegangen sind oder der Versicherungsnehmer nicht nachweist, daß er den Dritten vergeblich schriftlich zur Zahlung aufgefordert hat;
d) die Kosten, zu deren Übernahme ein Dritter verpflichtet wäre, wenn keine Rechtsschutzversicherung bestünde;
e) die Kosten, soweit der Versicherungsnehmer zu deren Übernahme nur deshalb verpflichtet ist, weil der Gegner Forderungen durch Widerklage geltend macht oder zur Aufrechnung stellt, für deren Abwehr entweder

nach diesen Bedingungen kein Versicherungsschutz zu gewähren ist oder ein Dritter die Kosten zu tragen hat, die dem Versicherungsnehmer entstehen.

(4) Für die Leistungen des Versicherers bildet die vereinbarte Versicherungssumme die Höchstgrenze bei jedem Versicherungsfall, wobei die Leistungen für den Versicherungsnehmer und für die mitversicherten Personen zusammengerechnet werden. Das gleiche gilt für Leistungen aufgrund mehrerer Versicherungsfälle, die zeitlich und ursächlich zusammenhängen. Übersteigen die Kosten voraussichtlich die Versicherungssumme, ist der Versicherer berechtigt, die Versicherungssumme unter Anrechnung der bereits geleisteten Beträge zu hinterlegen oder an den Versicherungsnehmer zu zahlen.

§ 3 Örtlicher Geltungsbereich

Versicherungsschutz wird gewährt für Versicherungsfälle, die in Europa und den außereuropäischen Anliegerstaaten des Mittelmeeres eintreten, soweit für die Wahrnehmung der rechtlichen Interessen des Versicherungsnehmers der Gerichtsstand in diesem Gebiet gegeben ist.

§ 4 Allgemeine Risikoausschlüsse

(1) Der Versicherungsschutz bezieht sich nicht auf die Wahrnehmung rechtlicher Interessen
a) die unmittelbar oder mittelbar im Zusammenhang mit Kriegsereignissen, feindseligen Handlungen, Aufruhr, inneren Unruhen, Streiks, Aussperrungen oder Erdbeben stehen;
b) die unmittelbar oder mittelbar im Zusammenhang mit Nuklearschäden durch Kernreaktoren oder mit genetischen Schäden aufgrund radioaktiver Strahlen stehen;
c) aus dem Bereich des Rechtes der Handelsgesellschaften, der Genossenschaften und der bergrechtlichen Gewerkschaften;
d) aus Anstellungsverträgen gesetzlicher Vertreter juristischer Personen;
e) aus dem Bereich des Patent- und Urheberrechtes, des Warenzeichen-, Geschmacksmuster- und Gebrauchsmusterrechtes und sonstigen Rechtes aus geistigem Eigentum sowie des Kartellrechtes und bei der Geltendmachung oder Abwehr von Unterlassungsansprüchen aus dem Bereich des Wettbewerbs-, des Rabatt- und des Zugaberechtes;
f) aus dem Bereich des Handelsvertreterrechtes;
g) aus Spiel- und Wettverträgen;
h) aus Bürgschafts-, Garantie-, Schuldübernahme- und Versicherungsverträgen aller Art;
i) aus dem Bereich des Familienrechtes und des Erbrechtes;
k) die in unmittelbarem Zusammenhang mit der Planung, Errichtung oder genehmigungspflichtigen baulichen Veränderung eines im Eigentum oder Besitz des Versicherungsnehmers befindlichen oder von diesem zu erwerbenden Grundstückes, Gebäudes oder Gebäudeteiles stehen;
l) aus Bergbauschäden an Grundstücken;
m) aus dem Bereich des Kirchenrechtes;

n) aus dem Bereich des Steuer- und sonstigen Abgaberechtes;
o) in Verfahren vor Verfassungsgerichten sowie vor internationalen und supranationalen Gerichtshöfen;
p) in Angelegenheiten der freiwilligen Gerichtsbarkeit;
q) im Zusammenhang mit einem über das Vermögen des Versicherungsnehmers beantragten Konkurs- oder Vergleichsverfahren;
r) im Zusammenhang mit Planfeststellungs-, Flurbereinigungs-, Umlegungs- und Enteignungs-Angelegenheiten.

(2) Ausgeschlossen vom Versicherungsschutz ist die Wahrnehmung rechtlicher Interessen
a) aufgrund von Versicherungsfällen, die der Versicherungsnehmer vorsätzlich und rechtswidrig verursacht hat, es sei denn, daß es sich um Ordnungswidrigkeiten handelt;
b) aus Ansprüchen, die nach Eintritt des Versicherungsfalles auf den Versicherungsnehmer übertragen worden sind;
c) aus Ansprüchen Dritter, die vom Versicherungsnehmer im eigenen Namen geltend gemacht werden.

(3) Wird dem Versicherungsnehmer vorgeworfen,
a) eine Vorschrift des Strafrechtes verletzt zu haben, besteht nur dann Versicherungsschutz, wenn ihm ein Vergehen zur Last gelegt wird, das sowohl vorsätzlich als auch fahrlässig begangen werden kann. Versicherungsschutz besteht, solange dem Versicherungsnehmer ein fahrlässiges Verhalten vorgeworfen wird oder wenn keine rechtskräftige Verurteilung wegen Vorsatzes erfolgt. Diese Regelung gilt auch für Rauschtaten (§ 323a Strafgesetzbuch), es sei denn, daß die im Rausch begangene, mit Strafe bedrohte Handlung ohne Rausch nur vorsätzlich begangen werden kann;
b) eine mit Strafe bedrohte Handlung begangen zu haben, die den Tatbestand der Verletzung einer verkehrsrechtlichen Vorschrift erfüllt, besteht nur dann kein Versicherungsschutz, wenn rechtskräftig festgestellt wird, daß der Versicherungsnehmer die Straftat vorsätzlich begangen hat. Für Rauschtaten (§ 323a Strafgesetzbuch) besteht Versicherungsschutz auch dann nicht, wenn die im Rausch begangene Verletzung einer verkehrsrechtlichen Vorschrift nach der Begründung des rechtskräftigen Urteiles ohne Rausch eine mit Strafe bedrohte Handlung gewesen wäre, die nur vorsätzlich begangen werden kann.

(4) Für Versicherungsfälle, die dem Versicherer später als zwei Jahre nach Beendigung des Versicherungsvertrages für das betroffene Wagnis gemeldet werden, besteht kein Versicherungsschutz.

B. Das Versicherungsverhältnis

§ 5 Beginn des Versicherungsschutzes

Der Versicherungsschutz beginnt, wenn nicht ein späterer Zeitpunkt vereinbart ist, mit der Zahlung des Erstbeitrages (Einlösung des Versicherungsscheines). Wird der Erstbeitrag erst nach dem als Vertragsbeginn vereinbar-

1. ARB 75

ten Zeitpunkt nach Aufforderung rechtzeitig gezahlt, beginnt der Versicherungsschutz zu dem vereinbarten Zeitpunkt. Eine vereinbarte Wartezeit bleibt hiervon unberührt.

§ 6 Vorläufige Deckung

(1) Bereits bei Stellung des Versicherungsantrages kann vereinbart werden, daß der Versicherungsschutz vor Einlösung des Versicherungsscheines beginnt. Hierfür bedarf es einer entsprechenden schriftlichen Zusage des Versicherers oder einer hierzu bevollmächtigten Person.

(2) Die vorläufige Deckung endet mit dem Eingang der Erklärung des Versicherers bei dem Versicherungsnehmer, daß er den Antrag auf Abschluß des Versicherungsvertrages ablehnt; sie endet auch, wenn der Versicherungsnehmer einem vom Antrag abweichenden Versicherungsschein widerspricht. In diesen Fällen gebührt dem Versicherer der anteilige Beitrag bis zur Beendigung der vorläufigen Deckung.

(3) Die vorläufige Deckung tritt rückwirkend außer Kraft, wenn der Antrag angenommen, der erste Beitrag aber nicht innerhalb von zwei Wochen nach Vorlage oder Übersendung des Versicherungsscheines bei dem Versicherer eingegangen ist. Weicht der dem Versicherungsnehmer zugesandte Versicherungsschein vom Inhalt des Antrages ab und gilt die Abweichung als genehmigt, weil der Versicherungsnehmer nicht innerhalb eines Monats nach Erhalt des Versicherungsscheines widersprochen hat, tritt die vorläufige Deckung rückwirkend außer Kraft, wenn der Versicherungsschein nicht innerhalb von zwei Wochen nach Ablauf der Monatsfrist eingelöst wird.

§ 7 Beitragszahlung

(1) Die Beiträge sind Jahresbeiträge und im voraus für ein Jahr zu zahlen. Es kann Zahlung in vorauszuzahlenden Raten vereinbart werden; die zunächst nach dieser Vereinbarung nicht fälligen Teile des Jahresbeitrages sind gestundet. Bei Ratenvereinbarungen gilt nur die erste Rate des Erstjahresbeitrages als Erstbeitrag. Gerät der Versicherungsnehmer mit einer Rate, die Folgebeitrag ist, in Verzug, kann der Versicherer Zahlung der weiteren gestundeten Raten des Jahresbeitrages verlangen; die Stundung gilt damit als aufgehoben.

(2) Folgebeiträge sind jeweils am 1. des Fälligkeitsmonates zu zahlen.

(3) Rückständige Folgebeiträge können später als ein Jahr nach ihrer Fälligkeit nicht mehr gerichtlich geltend gemacht werden, auch wenn sich der Versicherungsnehmer nicht auf den Fristablauf beruft.

(4) Erfüllungsort für Beitragszahlungen ist die Hauptverwaltung des Versicherers.

§ 8 Vertragsdauer

(1) Der Vertrag wird für die im Versicherungsschein angegebene Zeit abgeschlossen. Bei einer Vertragsdauer von mehr als drei Jahren kann der Versicherungsnehmer das Versicherungsverhältnis schon zum Ende des dritten Jahres oder jedes darauf folgenden Jahres kündigen; die Kündigung muß

dem Versicherer spätestens drei Monate vorher zugehen. Die vorzeitige Kündigung ist nicht möglich, wenn der Versicherer dem Versicherungsnehmer schriftlich vor Abschluß des Vertrages auch Verträge für die Dauer von einem Jahr, drei und fünf Jahren angeboten und dabei auf Verträge mit einer Dauer von fünf und mehr Jahren einen Beitragsnachlaß eingeräumt hat, dessen Vomhundertsatz mindestens der Dauer der Laufzeit entspricht.

(2) Bei einer Vertragsdauer von mindestens einem Jahr verlängert sich der Vertrag stillschweigend jeweils um ein Jahr, wenn er nicht dem Vertragspartner spätestens drei Monate vor Ablauf eine Kündigung zugegangen ist.

§ 9 Erhöhung und Verminderung der Gefahr

(1) Tritt nach Vertragsabschluß ein für die Übernahme der Gefahr erheblicher Umstand ein, der nach den für den Geschäftsbetrieb des Versicherers maßgebenden Grundsätzen einen höheren als den vereinbarten Beitrag rechtfertigt, kann der Versicherer den sich aus der höheren Gefahr ergebenden Beitrag vom Eintritt dieses Umstandes an verlangen.

(2) Wird die höhere Gefahr nach den für den Geschäftsbetrieb des Versicherers maßgebenden Grundsätzen auch gegen einen höheren Beitrag nicht übernommen, kann der Versicherer innerhalb eines Monats von dem Zeitpunkt an, in welchem er von dem für die höhere Gefahr erheblichen Umstand Kenntnis erlangt hat, den Versicherungsvertrag unter Einhaltung einer Kündigungsfrist von einem Monat kündigen.

(3) Tritt nach Vertragsabschluß ein für die Übernahme der Gefahr erheblicher Umstand ein, der nach den für den Geschäftsbetrieb des Versicherers maßgebenden Grundsätzen einen geringeren als den vereinbarten Beitrag rechtfertigt, kann der Versicherungsnehmer verlangen, daß der Beitrag vom Eintritt dieses Umstandes an herabgesetzt wird. Zeigt der Versicherungsnehmer diesen Umstand dem Versicherer später als einen Monat nach dessen Eintritt an, wird der Beitrag vom Eingang der Anzeige an herabgesetzt.

(4) Der Versicherungsnehmer hat dem Versicherer innerhalb eines Monates nach Zugang einer Aufforderung die zur Beitragsberechnung erforderlichen Angaben zu machen. Unrichtige oder unterbliebene Angaben zum Nachteil des Versicherers berechtigen diesen, die Leistungen nur insoweit zu erbringen, als es dem Verhältnis des vereinbarten Beitrages zu dem Beitrag entspricht, der bei richtigen und vollständigen Angaben hätte gezahlt werden müssen. Diese Kürzung der Leistungen tritt nicht ein, wenn der Versicherungsnehmer beweist, daß die Unrichtigkeit oder das Unterbleiben der Angaben nicht auf seinem Verschulden beruht.

§ 10 Wagniswegfall

Fällt eines von mehreren Wagnissen weg, beschränkt sich der Versicherungsschutz auf die verbleibenden Wagnisse. In diesem Fall steht der anteilige Beitrag für das weggefallene Wagnis dem Versicherer bis zum Wagniswegfall zu. Zeigt der Versicherungsnehmer den Wagniswegfall später als einen Monat nach dessen Eintritt dem Versicherer an, gebührt ihm der anteilige Beitrag für das weggefallene Wagnis bis zum Eingang der Anzeige.

1. ARB 75   Texte

§ 11 Rechtsstellung dritter Personen

(1) Dritten natürlichen Personen, denen kraft Gesetzes aus der Tötung, der Verletzung des Körpers oder der Gesundheit des Versicherungsnehmers eigene Schadenersatzansprüche zustehen, wird für die Geltendmachung dieser Ansprüche Versicherungsschutz gewährt.

(2) Die Ausübung der Rechte des Versicherungsnehmers und der mitversicherten Personen aus dem Versicherungsvertrag steht, sofern nicht etwas anderes vereinbart ist, ausschließlich dem Versicherungsnehmer zu; der Versicherer ist jedoch berechtigt, den mitversicherten Personen Versicherungsschutz zu gewähren, solange der Versicherungsnehmer nicht widerspricht. Ausgeschlossen vom Versicherungsschutz ist die Wahrnehmung rechtlicher Interessen mitversicherter Personen untereinander und gegen den Versicherungsnehmer.

(3) Alle hinsichtlich des Versicherungsnehmers geltenden Bestimmungen sind sinngemäß für und gegen die in Absatz 1 und Absatz 2 genannten Personen anzuwenden; unabhängig hiervon bleibt neben ihnen der Versicherungsnehmer für die Erfüllung von Obliegenheiten verantwortlich.

§ 12 Anzeigen und Erklärungen

Anzeigen und Erklärungen des Versicherungsnehmers sind schriftlich abzugeben und sollen an die Hauptverwaltung des Versicherers gerichtet werden.

§ 13 Gerichtsstand

Für Klagen, die aus dem Versicherungsverhältnis gegen den Versicherer erhoben werden, bestimmt sich die gerichtliche Zuständigkeit nach dem Sitz des Versicherers oder seiner für das jeweilige Versicherungsverhältnis zuständigen Niederlassung. Hat ein Versicherungsagent den Vertrag vermittelt oder abgeschlossen, ist auch das Gericht des Ortes zuständig, an dem der Agent zur Zeit der Vermittlung oder des Abschlusses seine gewerbliche Niederlassung oder bei Fehlen einer gewerblichen Niederlassung seinen Wohnsitz hatte.

C. Der Versicherungsfall

§ 14 Eintritt des Versicherungsfalles

(1) Bei Schadenersatzansprüchen aufgrund gesetzlicher Haftpflichtbestimmungen gilt als Versicherungsfall der Eintritt des dem Anspruch zugrunde liegenden Schadenereignisses. Als Schadenersatzansprüche aufgrund gesetzlicher Haftpflichtbestimmungen gelten nicht die Ansprüche auf die an die Stelle der Erfüllungsleistung tretende Ersatzleistung.

(2) In den Fällen, in denen dem Versicherungsnehmer die Verletzung einer Vorschrift des Straf-, Ordnungswidrigkeiten-, Disziplinar- oder Standesrechtes vorgeworfen wird, gilt der Versicherungsfall in dem Zeitpunkt als eingetreten, in dem der Versicherungsnehmer begonnen hat oder begon-

Texte　　　　　　　　　　　　　　　　　　　　1. ARB 75

nen haben soll, die Vorschrift zu verletzen. Bei Verfahren wegen Einschränkung, Entzuges oder Wiedererlangung der Fahrerlaubnis gilt das gleiche, soweit die Fahrerlaubnis im Zusammenhang mit der Verletzung einer Vorschrift des Straf- oder Ordnungswidrigkeitenrechtes eingeschränkt oder entzogen worden ist.

(3) In allen übrigen Fällen gilt der Versicherungsfall in dem Zeitpunkt als eingetreten, in dem der Versicherungsnehmer, der Gegner oder ein Dritter begonnen hat oder begonnen haben soll, gegen Rechtspflichten oder Rechtsvorschriften zu verstoßen. Bei mehreren Verstößen ist der erste adäquat ursächliche Verstoß maßgeblich, wobei tatsächliche oder behauptete Verstöße, die länger als ein Jahr vor Beginn des Versicherungsvertrages für das betroffene Wagnis zurückliegen, für die Feststellung des Versicherungsfalles außer Betracht bleiben. Liegt der tatsächliche oder behauptete Verstoß gegen Rechtspflichten oder Rechtsvorschriften innerhalb von drei Monaten nach Versicherungsbeginn oder löst eine Willenserklärung oder Rechtshandlung, die vor oder innerhalb von drei Monaten nach Versicherungsbeginn vorgenommen wird, den Versicherungsfall aus, besteht kein Versicherungsschutz.

§ 15 Obliegenheiten nach dem Versicherungsfall

(1) Begehrt der Versicherungsnehmer Versicherungsschutz, hat er
a) den Versicherer unverzüglich vollständig und wahrheitsgemäß über sämtliche Umstände des Versicherungsfalles zu unterrichten sowie Beweismittel und Unterlagen anzugeben und auf Verlangen zur Verfügung zu stellen;
b) dem mit der Wahrnehmung seiner Interessen beauftragten Rechtsanwalt Vollmacht zu erteilen sowie diesen vollständig und wahrheitsgemäß über die Sachlage zu unterrichten, ihm die Beweismittel anzugeben, die möglichen Auskünfte zu erteilen und die notwendigen Unterlagen zu beschaffen;
c) dem Versicherer auf Verlangen Auskunft über den Stand des Verfahrens zu geben und gegebenenfalls die erforderlichen Maßnahmen zur weiteren Aufklärung des Sachverhaltes zu ergreifen;
d) soweit seine Interessen nicht unbillig beeinträchtigt werden,
　aa) vorab nur einen angemessenen Teil der Ansprüche einzuklagen und die etwa nötige gerichtliche Geltendmachung der restlichen Ansprüche bis zur Rechtskraft der Entscheidung über die Teilansprüche zurückzustellen;
　bb) vor Klageerhebung die Rechtskraft eines anderen gerichtlichen Verfahrens aufgrund desselben Versicherungsfalles abzuwarten, das tatsächliche oder rechtliche Bedeutung für den beabsichtigten Rechtsstreit haben kann;
　cc) Maßnahmen, die Kosten auslösen, insbesondere Erhebung von Klagen und Einlegung von Rechtsmitteln mit dem Versicherer abzustimmen und alles zu vermeiden, was eine unnötige Erhöhung der Kosten oder eine Erschwerung ihrer Erstattung durch die Gegenseite verursachen könnte;

e) dem Versicherer unverzüglich alle ihm zugegangenen Kostenrechnungen von Rechtsanwälten, Sachverständigen und Gerichten vorzulegen.

(2) Verletzt der Versicherungsnehmer eine der in Absatz 1 genannten Obliegenheiten, ist der Versicherer von der Verpflichtung zur Leistung frei, es sei denn, daß die Verletzung weder auf Vorsatz noch auf grober Fahrlässigkeit beruht. Bei grobfahrlässiger Verletzung bleibt der Versicherer zur Leistung insoweit verpflichtet, als die Verletzung Einfluß weder auf die Feststellung des Versicherungsfalles noch auf die Feststellung oder den Umfang der dem Versicherer obliegenden Leistungen gehabt hat.

§ 16 Benennung und Beauftragung des Rechtsanwaltes

(1) Der Versicherungsnehmer ist berechtigt, dem Versicherer einen Rechtsanwalt zu benennen, der seine Interessen wahrnehmen soll und dessen gesetzliche Vergütung der Versicherer gemäß § 2 Absatz 1 a) zu tragen hat. Der Versicherungsnehmer kann jedoch auch verlangen, daß der Versicherer einen solchen Rechtsanwalt bestimmt. Der Versicherer muß seinerseits einen Rechtsanwalt bestimmen, wenn der Versicherungsnehmer keinen Rechtsanwalt benannt hat und die Beauftragung eines Rechtsanwaltes im Interesse des Versicherungsnehmers notwendig ist.

(2) Der Rechtsanwalt wird durch den Versicherer namens und im Auftrage des Versicherungsnehmers beauftragt.

(3) Beauftragt der Versicherungsnehmer selbst einen Rechtsanwalt, für den der Versicherer gemäß § 2 Absatz 1 a) die gesetzliche Vergütung zu tragen hätte, ist der Versicherer von der Verpflichtung zur Leistung frei, wenn er nicht unverzüglich von dieser Beauftragung unterrichtet wird und gleichzeitig die Verpflichtungen gemäß § 15 Absatz 1 a) erfüllt werden. § 15 Absatz 2 gilt entsprechend.

(4) Der Rechtsanwalt trägt dem Versicherungsnehmer gegenüber die Verantwortung für die Durchführung seines Auftrages. Der Versicherer ist für die Tätigkeit des Rechtsanwaltes nicht verantwortlich.

§ 17 Prüfung der Erfolgsaussichten

(1) Ist der Versicherer der Auffassung, daß die Wahrnehmung der rechtlichen Interessen des Versicherungsnehmers keine hinreichende Aussicht auf Erfolg bietet oder mutwillig erscheint, kann er seine Leistungspflicht verneinen. Dies hat er dem Versicherungsnehmer unter Angabe der Gründe unverzüglich schriftlich mitzuteilen. Wird dem Versicherungsnehmer die Verletzung einer Vorschrift des Straf- oder Ordnungswidrigkeitenrechtes vorgeworfen, prüft der Versicherer die Erfolgsaussichten der Verteidigung in den Tatsacheninstanzen nicht.

(2) Hat der Versicherer seine Leistungspflicht gemäß Absatz 1 verneint und stimmt der Versicherungsnehmer der Auffassung des Versicherers nicht zu, kann der Versicherungsnehmer den für ihn tätigen oder noch zu beauftragenden Rechtsanwalt auf Kosten des Versicherers veranlassen, diesem gegenüber eine begründete Stellungnahme darüber abzugeben, daß die Wahrnehmung seiner rechtlichen Interessen hinreichende Aussicht auf Erfolg

Texte

bietet und nicht mutwillig erscheint. Die Entscheidung des Rechtsanwaltes ist für beide Teile bindend, es sei denn, daß sie offenbar von der wirklichen Sach- oder Rechtslage erheblich abweicht.

(3) Der Versicherer kann dem Versicherungsnehmer eine Frist von mindestens einem Monat setzen, binnen der der Versicherungsnehmer den Rechtsanwalt vollständig und wahrheitsgemäß über die Sachlage zu unterrichten und die Beweismittel anzugeben hat, damit dieser die Stellungnahme gemäß Absatz 2 abgeben kann. Kommt der Versicherungsnehmer dieser Verpflichtung nicht innerhalb der vom Versicherer gesetzten Frist nach, entfällt der Versicherungsschutz. Der Versicherer ist verpflichtet, den Versicherungsnehmer ausdrücklich auf die mit dem Fristablauf verbundene Rechtsfolge hinzuweisen.

§ 18 Klagefrist

Lehnt der Versicherer den Versicherungsschutz ab oder behauptet der Versicherungsnehmer, daß die gemäß § 17 Absatz 2 getroffene Entscheidung des Rechtsanwaltes offenbar von der wirklichen Sach- oder Rechtslage erheblich abweicht, kann der Versicherungsnehmer den Anspruch auf Versicherungsschutz nur innerhalb von sechs Monaten gerichtlich geltend machen. Die Frist beginnt erst, nachdem der Versicherer dem Versicherungsnehmer die Ablehnung des Versicherungsschutzes oder die gemäß § 17 Absatz 2 getroffene Entscheidung des Rechtsanwaltes schriftlich mitgeteilt hat, und zwar unter Angabe der mit dem Ablauf der Frist verbundenen Rechtsfolge.

§ 19 Kündigung nach dem Versicherungsfall

(1) Lehnt der Versicherer nach Eintritt des Versicherungsfalles den Versicherungsschutz ab, ist der Versicherungsnehmer berechtigt, den Versicherungsvertrag fristlos oder zum Ende der laufenden Versicherungsperiode zu kündigen. Das gleiche Recht hat der Versicherungsnehmer auch dann, wenn er für außergerichtliche Verfahren oder für gerichtliche Verfahren spätestens während der ersten Instanz erstmalig Versicherungsschutz begehrt und der Versicherer die Notwendigkeit der Wahrnehmung der rechtlichen Interessen des Versicherungsnehmers verneint, der für den Versicherungsnehmer tätige Rechtsanwalt sie dagegen bejaht. Ist der Rechtsanwalt vom Versicherer benannt und verneint er die Notwendigkeit der Wahrnehmung der rechtlichen Interessen, kann der Versicherungsnehmer gleichwohl kündigen, wenn er innerhalb eines Monates nach Kenntnis der ablehnenden Entscheidung des Rechtsanwaltes die Stellungnahme eines weiteren Rechtsanwaltes beibringt, welcher die Notwendigkeit bejaht. Die Kündigung ist nur innerhalb eines Monates nach Zugang der Ablehnung des Versicherungsschutzes beziehungsweise nach Zugang der bejahenden Stellungnahme des vom Versicherungsnehmer benannten Rechtsanwaltes zulässig.

(2) Bejaht der Versicherer seine Leistungspflicht für mindestens zwei innerhalb von 12 Monaten eingetretene Versicherungsfälle, sind der Versicherungsnehmer und der Versicherer innerhalb eines Monats nach Anerkennung der Leistungspflicht für den zweiten und jeden weiteren innerhalb der

12 Monate eingetretenen Versicherungsfall berechtigt, den Vertrag mit einer Frist von einem Monat zu kündigen.

(3) Dem Versicherer gebührt der anteilige Beitrag bis zur Beendigung des Versicherungsvertrages.

§ 20 Abtretung, Erstattung von Kosten und Versicherungsleistungen

(1) Versicherungsansprüche können, solange sie nicht dem Grunde und der Höhe nach endgültig festgestellt sind, weder abgetreten noch verpfändet werden, es sei denn, daß sich der Versicherer hiermit schriftlich einverstanden erklärt.

(2) Ansprüche des Versicherungsnehmers auf Erstattung von Beträgen, die der Versicherer für ihn geleistet hat, gehen mit ihrer Entstehung auf den Versicherer über. Bereits an den Versicherungsnehmer zurückgezahlte Beträge sind dem Versicherer zu erstatten.

(3) Der Versicherungsnehmer hat den Versicherer bei der Geltendmachung eines auf ihn übergegangenen Kostenerstattungsanspruches gegen einen Dritten zu unterstützen. Er hat ihm insbesondere auf Anforderung die zum Nachweis des Forderungsüberganges benötigten Beweismittel auszuhändigen.

(4) Wird der Versicherungsnehmer wegen vorsätzlicher Verletzung einer Vorschrift des Strafrechtes rechtskräftig verurteilt und ist der Versicherungsschutz deshalb gemäß § 4 Absatz 3 ausgeschlossen, ist der Versicherungsnehmer zur Rückzahlung der Leistungen verpflichtet, die der Versicherer für ihn erbracht hat, nachdem dem Versicherungsnehmer ein vorsätzliches Verhalten zur Last gelegt wurde. Zur Rückzahlung der vom Versicherer gemäß § 2 Absatz 1f) erbrachten Leistungen (Kaution) ist der Versicherungsnehmer verpflichtet, soweit diese Leistungen als Strafe, Geldbuße oder als Sicherheit für die Durchsetzung der gegen den Versicherungsnehmer erhobenen Schadenersatzansprüche einbehalten werden oder wenn die Kaution verfällt.

Zweiter Teil. Besondere Bestimmungen

§ 21 Verkehrs-Rechtsschutz

(1) Versicherungsschutz wird dem Versicherungsnehmer in seiner Eigenschaft als Eigentümer, Halter oder Insasse aller bei Vertragsabschluß und während der Vertragsdauer auf ihn zugelassenen Fahrzeuge und als Fahrer von Fahrzeugen gewährt. Der Versicherungsschutz erstreckt sich auf alle Personen in ihrer Eigenschaft als berechtigte Fahrer oder berechtigte Insassen der auf den Versicherungsnehmer zugelassenen Fahrzeuge.

(2) Der Versicherungsschutz kann auf die Eigenschaft des Versicherungsnehmers als Eigentümer, Halter oder Insasse aller bei Vertragsabschluß und während der Vertragsdauer auf ihn zugelassenen gleichartigen Fahrzeuge

Texte   1. ARB 75

sowie als Fahrer fremder, nicht auf ihn zugelassener Fahrzeuge beschränkt werden. Als gleichartige Fahrzeuge gelten jeweils Krafträder, Personenkraft- und Kombiwagen, Lastkraft- und sonstige Nutzfahrzeuge, Omnibusse, Anhänger einschließlich Wohnwagen, Schiffe sowie Flugzeuge. In diesem Falle erstreckt sich der Versicherungsschutz auf alle Personen in ihrer Eigenschaft als berechtigte Fahrer oder berechtigte Insassen der auf den Versicherungsnehmer zugelassenen gleichartigen Fahrzeuge.

(3) Fahrzeuge im Sinne dieser Bestimmung sind Motorfahrzeuge zu Lande, zu Wasser und in der Luft sowie Anhänger.

(4) Der Versicherungsschutz umfaßt
a) die Geltendmachung von Schadenersatzansprüchen aufgrund gesetzlicher Haftpflichtbestimmungen im Rahmen des § 14 Absatz 1;
b) die Wahrnehmung rechtlicher Interessen aus schuldrechtlichen Verträgen;
c) die Verteidigung in Verfahren wegen des Vorwurfes der Verletzung einer verkehrsrechtlichen Vorschrift des Straf- oder Ordnungswidrigkeitenrechtes. Bei Freiheitsstrafen sowie bei Geldstrafen und -bußen über 500,– DM sind Gnaden-, Strafaussetzungs-, Strafaufschub- und Zahlungserleichterungsverfahren eingeschlossen, und zwar für insgesamt zwei Anträge je Versicherungsfall;
d) die Wahrnehmung rechtlicher Interessen in Widerspruchsverfahren vor Verwaltungsbehörden wegen Einschränkung, Entzuges oder Wiedererlangung der Fahrerlaubnis und Verfahren vor Verwaltungsgerichten aus den gleichen Gründen.

(5) Der Versicherungsschutz kann durch besondere Vereinbarung auf die Leistungen gemäß Absatz 4 a) und b), gemäß Absatz 4 a), c) und d) oder gemäß Absatz 4 c) und d) beschränkt werden.

(6) Der Versicherer ist von der Verpflichtung zur Leistung frei, wenn der Fahrer bei Eintritt des Versicherungsfalles nicht die vorgeschriebene Fahrerlaubnis hatte, zum Führen des Fahrzeuges nicht berechtigt war oder wenn das Fahrzeug nicht zugelassen war. Der Versicherungsschutz bleibt jedoch für diejenigen versicherten Personen bestehen, die von dem Fehlen der Fahrerlaubnis, der Berechtigung zum Führen des Fahrzeuges oder von dem Fehlen der Zulassung ohne Verschulden keine Kenntnis hatten.

(7) Der Versicherungsnehmer ist verpflichtet, innerhalb eines Monates nach Zugang einer Aufforderung dem Versicherer die Zulassung jedes, im Falle des Absatzes 2 jedes gleichartigen, bisher nicht gemeldeten Fahrzeuges anzuzeigen. Tritt ein Versicherungsfall ein und ist die Zulassung des betroffenen Fahrzeuges trotz Aufforderung noch nicht angezeigt, ist für das Fahrzeug, für das die Anzeige unterlassen wurde, der Versicherungsschutz ausgeschlossen. Dies gilt nicht, wenn der Versicherungsnehmer nachweist, daß das Fahrzeug nach Abschluß des Versicherungsvertrages zugelassen wurde und der Versicherungsfall zu einem Zeitpunkt eingetreten ist, in dem die Anzeigefrist noch nicht verstrichen war.

(8) Ist ein auf den Versicherungsnehmer zugelassenes Fahrzeug weniger als fünf Monate stillgelegt und bei der Zulassungsstelle abgemeldet, findet § 9 Absatz 3 keine Anwendung. Wird ein Fahrzeug, das länger als fünf Mo-

nate stillgelegt und abgemeldet war, wieder zugelassen, gilt Absatz 7 Satz 1 entsprechend.

(9) Ist der Versicherungsnehmer seit mindestens sechs Monaten nicht mehr Eigentümer oder Halter von Fahrzeugen, kann er, soweit er nicht von seinem Recht gemäß § 9 Absatz 3 Gebrauch macht, verlangen, daß der Versicherungsvertrag ab dem Zeitpunkt aufgehoben wird, seit dem der Versicherungsnehmer nicht mehr Eigentümer oder Halter von Fahrzeugen ist. Stellt der Versicherungsnehmer diesen Antrag später als einen Monat nach Ablauf des in Satz 1 genannten Mindestzeitraumes von sechs Monaten, ist der Versicherer verpflichtet, den Versicherungsvertrag zu dem Zeitpunkt aufzuheben, in dem der Antrag bei ihm eingeht. Dem Versicherer gebührt der anteilige Beitrag bis zur Aufhebung des Versicherungsvertrages.

§ 22 Fahrzeug-Rechtsschutz

(1) Versicherungsschutz wird für das im Versicherungsschein bezeichnete Fahrzeug dem Eigentümer, Halter, Mieter, Entleiher sowie dem berechtigten Fahrer und den berechtigten Insassen jeweils in dieser Eigenschaft gewährt.

(2) Fahrzeuge im Sinne dieser Bestimmung sind Motorfahrzeuge zu Lande, zu Wasser und in der Luft sowie Anhänger.

(3) Der Versicherungsschutz umfaßt
a) die Geltendmachung von Schadenersatzansrpüchen aufgrund gesetzlicher Haftpflichtbestimmungen im Rahmen des § 14 Absatz 1;
b) die Wahrnehmung rechtlicher Interessen aus schuldrechtlichen Verträgen;
c) die Verteidigung in Verfahren wegen des Vorwurfes der Verletzung einer verkehrsrechtlichen Vorschrift des Straf- oder Ordnungswidrigkeitenrechtes. Bei Freiheitsstrafen sowie bei Geldstrafen und -bußen über 500,– DM sind Gnaden-, Strafaussetzungs-, Strafaufschub- und Zahlungserleichterungsverfahren eingeschlossen, und zwar für insgesamt zwei Anträge je Versicherungsfall;
d) die Wahrnehmung rechtlicher Interessen in Widerspruchsverfahren vor Verwaltungsbehörden wegen Einschränkung, Entzuges oder Wiedererlangung der Fahrerlaubnis und Verfahren vor Verwaltungsgerichten aus den gleichen Gründen.

(4) Der Versicherungsschutz kann durch besondere Vereinbarung auf die Leistungen gemäß Absatz 3 a), gemäß Absatz 3 a) und b), gemäß Absatz 3 a), c) und d) oder gemäß Absatz 3 c) und d) beschränkt werden.

(5) Der Versicherer ist von der Verpflichtung zur Leistung frei, wenn der Fahrer bei Eintritt des Versicherungsfalles nicht die vorgeschriebene Fahrerlaubnis hatte, zum Führen des Fahrzeuges nicht berechtigt war oder wenn das Fahrzeug nicht zugelassen war. Der Versicherungsschutz bleibt jedoch für diejenigen versicherten Personen bestehen, die von dem Fehlen der Fahrerlaubnis, der Berechtigung zum Führen des Fahrzeuges oder von dem Fehlen der Zulassung ohne Verschulden keine Kenntnis hatten.

(6) Wird das versicherte Fahrzeug länger als fünf Monate stillgelegt und bei der Zulassungsstelle abgemeldet, kann der Versicherungsnehmer für die

Texte
1. ARB 75

Dauer der Stillegung die Unterbrechung des Versicherungsvertrages verlangen. Der Versicherungsvertrag verlängert sich um den Zeitraum der Unterbrechung. Zeigt der Versicherungsnehmer die Stillegung innerhalb eines Monats dem Versicherer an, gebührt diesem der anteilige Beitrag bis zur Stillegung. Geht die Anzeige später als einen Monat nach der Stillegung ein, gebührt dem Versicherer der anteilige Beitrag bis zum Eingang der Anzeige. Der Versicherungsnehmer hat die Wiederzulassung sofort anzuzeigen. Unterläßt der Versicherungsnehmer diese Anzeige, ist der Versicherer von der Verpflichtung zur Leistung frei, es sei denn, daß die Anzeige unverschuldet unterlassen wurde.

(7) Ersatzfahrzeugregelung

1. Wird ein versichertes Fahrzeug veräußert oder fällt das Wagnis auf sonstige Weise weg, geht der Versicherungsschutz auf ein gleichartiges Fahrzeug des Versicherungsnehmers über, das an die Stelle des bisher versicherten Fahrzeuges tritt (Ersatzfahrzeug). Als gleichartige Fahrzeuge gelten jeweils Krafträder, Personenkraft- und Kombiwagen, Lastkraft- und sonstige Nutzfahrzeuge, Omnibusse, Anhänger einschließlich Wohnwagen, Schiffe sowie Flugzeuge.
2. Wird ein Fahrzeug, das an die Stelle des bisher versicherten Fahrzeuges treten soll, vor dem Wagniswegfall erworben, geht der Versicherungsschutz mit dem Erwerb auf dieses Ersatzfahrzeug über. Das bisher versicherte Fahrzeug ist bis zur Veräußerung, längstens für die Dauer von einem Monat nach Erwerb des Ersatzfahrzeuges, jedoch nicht über die Dauer des Versicherungsvertrages hinaus, beitragsfrei mitversichert. Bei Erwerb eines Fahrzeuges innerhalb eines Monats vor Wagniswegfall wird vermutet, daß es sich um ein Ersatzfahrzeug handelt.
3. Die gleiche Vermutung gilt, wenn das Ersatzfahrzeug innerhalb von sechs Monaten nach dem Wagniswegfall erworben wird. In diesem Falle verlängert sich der Versicherungsvertrag um den Zeitraum, in dem der Versicherer kein Wagnis getragen hat. Zeigt der Versicherungsnehmer den Wagniswegfall innerhalb eines Monats dem Versicherer an, gebührt diesem der anteilige Beitrag bis zum Wagniswegfall. Geht die Anzeige später als einen Monat nach Wagniswegfall ein, gebührt dem Versicherer der anteilige Beitrag bis zum Eingang der Anzeige.
4. Umfaßt der Versicherungsschutz die Wahrnehmung rechtlicher Interessen aus schuldrechtlichen Verträgen, erstreckt er sich auf das Rechtsgeschäft, das dem Erwerb des Ersatzfahrzeuges zugrunde liegt, soweit der Abschluß dieses Rechtsgeschäftes in die Laufzeit des Versicherungsvertrages fällt.
5. Die Veräußerung des versicherten Fahrzeuges oder der sonstige Wagniswegfall ist dem Versicherer sofort anzuzeigen. Außerdem muß dem Versicherer das Ersatzfahrzeug bezeichnet werden. Unterläßt der Versicherungsnehmer die Bezeichnung des Ersatzfahrzeuges, ist der Versicherer von der Verpflichtung zur Leistung frei, es sei denn, daß die Unterlassung nicht auf einem Verschulden des Versicherungsnehmers beruht.
6. Ist ein Ersatzfahrzeug bei Wagniswegfall nicht vorhanden und wird ein solches vom Versicherungsnehmer auch nicht innerhalb von sechs Monaten nach Wagniswegfall erworben, ist der Versicherer verpflichtet, den

1. ARB 75 Texte

Versicherungsvertrag auf Anzeige des Versicherungsnehmers zum Zeitpunkt des Wagniswegfalles aufzuheben. Geht diese Anzeige später als einen Monat nach Ablauf der Sechsmonatsfrist bei dem Versicherer ein, ist der Versicherungsvertrag zum Zeitpunkt des Einganges der Anzeige aufzuheben. Dem Versicherer gebührt der anteilige Beitrag bis zur Aufhebung des Versicherungsvertrages.

§ 23 Fahrer-Rechtsschutz

(1) Versicherungsschutz wird dem Versicherungsnehmer in seiner Eigenschaft als Fahrer fremder, nicht auf ihn zugelassener Fahrzeuge gewährt.

(2) Fahrzeuge im Sinne dieser Bestimmung sind Motorfahrzeuge zu Lande, zu Wasser und in der Luft sowie Anhänger.

(3) Der Versicherungsschutz umfaßt
a) die Geltendmachung von Schadenersatzansprüchen aufgrund gesetzlicher Haftpflichtbestimmungen im Rahmen des § 14 Absatz 1;
b) die Verteidigung in Verfahren wegen des Vorwurfes der Verletzung einer verkehrsrechtlichen Vorschrift des Straf- oder Ordnungswidrigkeitenrechtes. Bei Freiheitsstrafen sowie bei Geldstrafen und -bußen über 500,– DM sind Gnaden-, Strafaussetzungs-, Strafaufschub- und Zahlungserleichterungsverfahren eingeschlossen, und zwar für insgesamt zwei Anträge je Versicherungsfall;
c) die Wahrnehmung rechtlicher Interessen in Widerspruchsverfahren vor Verwaltungsbehörden wegen Einschränkung, Entzuges oder Wiedererlangung der Fahrerlaubnis und Verfahren vor Verwaltungsgerichten aus den gleichen Gründen.

(4) Der Versicherer ist von der Verpflichtung zur Leistung frei, wenn der Versicherungsnehmer bei Eintritt des Versicherungsfalles nicht die vorgeschriebene Fahrerlaubnis hatte, zum Führen des Fahrzeuges nicht berechtigt war oder wenn das Fahrzeug nicht zugelassen war.

(5) Wird der Versicherungsnehmer länger als fünf Monate daran gehindert, ein Fahrzeug zu führen, kann er für die Dauer der Verhinderung die Unterbrechung des Versicherungsschutzes verlangen. Der Versicherungsvertrag verlängert sich um den Zeitraum der Verhinderung. Zeigt der Versicherungsnehmer die Verhinderung innerhalb eines Monats seit Beginn dem Versicherer an, gebührt diesem der anteilige Beitrag bis zum Beginn der Verhinderung. Geht die Anzeige später als einen Monat nach Beginn der Verhinderung ein, gebührt dem Versicherer der anteilige Beitrag bis zum Eingang der Anzeige. Der Versicherungsnehmer hat das Ende der Verhinderung sofort anzuzeigen. Unterläßt der Versicherungsnehmer diese Anzeige, ist der Versicherer von der Verpflichtung zur Leistung frei, es sei denn, daß die Anzeige unverschuldet unterlassen wurde.

(6) Der Versicherungsnehmer kann verlangen, daß der Versicherungsvertrag zu dem Zeitpunkt aufgehoben wird, in dem er voraussichtlich dauernd daran gehindert ist, ein Fahrzeug zu führen oder in dem er den Fahrerberuf endgültig aufgegeben hat. Stellt der Versicherungsnehmer diesen Antrag später als einen Monat nach diesem Zeitpunkt, ist der Versicherer verpflichtet, den Versicherungsvertrag zu dem Zeitpunkt aufzuheben, in dem

der Antrag bei ihm eingeht. Dem Versicherer gebührt der anteilige Beitrag bis zur Aufhebung des Versicherungsvertrages.

(7) Fahrer-Rechtsschutz für Unternehmen
1. Versicherungsschutz kann auch einem im Versicherungsschein benannten Unternehmen für sämtliche in diesem Unternehmen als Arbeitnehmer tätigen Kraftfahrer in ihrer Eigenschaft als Fahrer, jedoch nicht als Fahrer der auf sie selbst zugelassenen Fahrzeuge gewährt werden. Der Versicherungsschutz beschränkt sich auf die Ausübung der beruflichen Tätigkeit für den Versicherungsnehmer.
2. Der Versicherungsnehmer ist verpflichtet, innerhalb eines Monats nach Zugang einer Aufforderung dem Versicherer die Einstellung jedes bisher nicht gemeldeten Kraftfahrers anzuzeigen. Tritt ein Versicherungsfall ein und ist die Einstellung trotz Aufforderung noch nicht angezeigt, ist für den Kraftfahrer, für den die Anzeige unterlassen wurde, der Versicherungsschutz ausgeschlossen. Dies gilt nicht, wenn der Versicherungsnehmer nachweist, daß der Kraftfahrer nach Abschluß des Versicherungsvertrages eingestellt wurde und der Versicherungsfall zu einem Zeitpunkt eingetreten ist, in dem die Anzeigefrist noch nicht verstrichen war.
3. Beim Fahrer-Rechtsschutz für Unternehmen gilt Absatz 4 entsprechend; Absatz 5 und 6 finden keine Anwendung.

§ 24 Rechtsschutz für Gewerbetreibende und freiberuflich Tätige

(1) Versicherungsschutz wird Gewerbetreibenden und freiberuflich Tätigen in ihrer im Versicherungsschein bezeichneten Eigenschaft gewährt. Der Versicherungsschutz erstreckt sich auf die Arbeitnehmer des Versicherungsnehmers in Ausübung ihrer beruflichen Tätigkeit für den Versicherungsnehmer. Versicherungsschutz wird ferner den Familienangehörigen des Versicherungsnehmers gewährt, soweit sie in dessen beruflichem Bereich tätig sind.

(2) Der Versicherungsschutz umfaßt
a) die Geltendmachung von Schadenersatzansprüchen aufgrund gesetzlicher Haftpflichtbestimmungen im Rahmen des § 14 Absatz 1;
b) die Wahrnehmung rechtlicher Interessen aus Arbeitsverhältnissen;
c) die Verteidigung in Verfahren wegen des Vorwurfes der Verletzung einer Vorschrift des Straf-, Ordnungswidrigkeiten-, Disziplinar- oder Standesrechtes. Bei Freiheitsstrafen sowie bei Geldstrafen und -bußen über 500,- DM sind Gnaden-, Strafaussetzungs-, Strafaufschub- und Zahlungserleichterungsverfahren eingeschlossen, und zwar für insgesamt zwei Anträge je Versicherungsfall;
d) die Wahrnehmung rechtlicher Interessen vor Sozialgerichten in der Bundesrepublik Deutschland.

(3) Schuldrechtliche Verträge
1. Der Versicherungsschutz kann auf die gerichtliche Wahrnehmung rechtlicher Interessen aus schuldrechtlichen Verträgen ausgedehnt werden.
2. Abweichend von § 4 Absatz 1 f) kann Versicherungsschutz auch für die gerichtliche Wahrnehmung rechtlicher Interessen aus dem Bereich des Handelsvertreterrechtes gewährt werden für

1. ARB 75

a) Handelsvertreter, soweit diese Verträge über die Anschaffung, Veräußerung oder Gebrauchsüberlassung von Waren vermitteln oder im fremden Namen abschließen,

b) natürliche und juristische Personen gegenüber den für sie tätigen Handelsvertretern, soweit diese Verträge über die Anschaffung, Veräußerung oder Gebrauchsüberlassung von Waren vermitteln oder abschließen.

3. Versicherungsschutz nach Ziffer 1. und 2. besteht, wenn der Wert des Streitgegenstandes einen im Versicherungsschein genannten Betrag übersteigt. Errechnet sich der Wert des Streitgegenstandes nach Ansprüchen oder Teilansprüchen, die zu verschiedenen Zeitpunkten fällig werden, besteht Versicherungsschutz nur für die Ansprüche oder Teilansprüche, die den im Versicherungsschein genannten Betrag übersteigen.

(4) Endet der Versicherungsvertrag durch Berufsaufgabe oder Tod des Versicherungsnehmers, wird ihm bzw. seinen Erben Versicherungsschutz auch für Versicherungsfälle gewährt, die innerhalb eines Jahres nach der Beendigung des Versicherungsvertrages eintreten und im Zusammenhang mit der im Versicherungsschein genannten Eigenschaft des Versicherungsnehmers stehen.

(5) Ausgeschlossen ist der Versicherungsschutz für die Wahrnehmung rechtlicher Interessen

a) als Eigentümer, Besitzer, Halter oder Fahrer von Fahrzeugen;

b) aus Miet- und Pachtverhältnissen über Grundstücke, Gebäude oder Gebäudeteile.

(6) Rechtsschutz für das Kraftfahrzeuggewerbe

1. Ist der Versicherungsnehmer Inhaber eines Betriebes des Kraftfahrzeughandels oder -handwerkes, einer Fahrschule oder Tankstelle, wird ihm abweichend von Absatz 5a) außerdem Versicherungsschutz – und zwar auch für den privaten Bereich – in seiner Eigenschaft als Eigentümer, Halter, Insasse oder Fahrer von Fahrzeugen gewährt.

2. Der Versicherungsschutz erstreckt sich auf alle Personen in ihrer Eigenschaft als berechtigte Fahrer oder berechtigte Insassen der auf den Versicherungsnehmer zugelassenen Fahrzeuge. Versicherungsschutz wird ferner den gemäß Absatz 1 mitversicherten Personen gewährt, und zwar in ihrer Eigenschaft als berechtigte Fahrer oder berechtigte Insassen der nicht auf den Versicherungsnehmer zugelassenen Fahrzeuge, die sich bei Eintritt des Versicherungsfalles in Obhut des Versicherungsnehmers befinden oder in dessen Betrieb vorübergehend benutzt werden.

3. In Ergänzung des Absatzes 2 umfaßt der Versicherungsschutz die Wahrnehmung rechtlicher Interessen

a) aus schuldrechtlichen Verträgen, die im Zusammenhang mit der Eigenschaft des Versicherungsnehmers als Eigentümer und Halter der auf ihn zugelassenen, mit amtlichem schwarzen Kennzeichen versehenen Fahrzeuge stehen, wobei die Möglichkeit, den Versicherungsschutz nach Absatz 3 auszudehnen, unberührt bleibt;

b) in Widerspruchsverfahren vor Verwaltungsbehörden wegen Einschränkung, Entzuges oder Wiedererlangung der Fahrerlaubnis und Verfahren vor Verwaltungsgerichten aus den gleichen Gründen.

Texte   1. ARB 75

4. Der Versicherer ist von der Verpflichtung zur Leistung frei, wenn bei Eintritt des Versicherungsfalles der Fahrer nicht die vorgeschriebene Fahrerlaubnis hatte, zum Führen des Fahrzeuges nicht berechtigt war oder wenn das Fahrzeug nicht zugelassen war. Der Versicherungsschutz bleibt jedoch für diejenigen versicherten Personen bestehen, die von dem Fehlen der Fahrerlaubnis, der Berechtigung zum Führen des Fahrzeuges oder von dem Fehlen der Zulassung ohne Verschulden keine Kenntnis hatten.

(7) Fahrzeuge im Sinne dieser Bestimmung sind Motorfahrzeuge zu Lande, zu Wasser und in der Luft sowie Anhänger.

§ 25 Familien-Rechtsschutz

(1) Versicherungsschutz wird dem Versicherungsnehmer, dessen Ehegatten, den minderjährigen Kindern sowie den unverheirateten volljährigen Kindern bis zur Vollendung des 25. Lebensjahres gewährt, wenn sich letztere zumindest überwiegend in Schul- oder Berufsausbildung befinden. Die Wahrnehmung rechtlicher Interessen im Zusammenhang mit einer selbständigen oder freiberuflichen Tätigkeit ist vom Versicherungsschutz ausgeschlossen.

(2) Der Versicherungsschutz umfaßt

a) die Geltendmachung von Schadenersatzansprüchen aufgrund gesetzlicher Haftpflichtbestimmungen im Rahmen des § 14 Absatz 1;

b) die Wahrnehmung rechtlicher Interessen aus Arbeitsverhältnissen sowie aus öffentlich-rechtlichen Anstellungsverhältnissen hinsichtlich dienst- und versorgungsrechtlicher Ansprüche;

c) die Verteidigung in Verfahren wegen des Vorwurfes der Verletzung einer Vorschrift des Straf-, Ordnungswidrigkeiten-, Disziplinar- oder Standesrechtes. Bei Freiheitsstrafen sowie bei Geldstrafen und -bußen über 500,– DM sind Gnaden-, Strafaussetzungs-, Strafaufschub- und Zahlungserleichterungsverfahren eingeschlossen, und zwar für insgesamt zwei Anträge je Versicherungsfall;

d) die Wahrnehmung rechtlicher Interessen vor Sozialgerichten in der Bundesrepublik Deutschland;

e) abweichend von § 4 Absatz 1 i) und p) die Erteilung eines mündlichen oder schriftlichen Rates oder einer Auskunft durch einen Rechtsanwalt in familien- und erbrechtlichen Angelegenheiten sowie in Angelegenheiten der freiwilligen Gerichtsbarkeit. Auf den Sachverhalt, der dem Rat oder der Auskunft zugrunde liegt, muß deutsches Recht anwendbar sein. Rat oder Auskunft dürfen nicht mit einer anderen gebührenpflichtigen Tätigkeit des Rechtsanwaltes zusammenhängen (§ 20 Absatz 1 Bundesgebührenordnung für Rechtsanwälte). Der Rat oder die Auskunft (§ 147 Absatz 2 Gesetz über die Kosten in Angelegenheiten der freiwilligen Gerichtsbarkeit) kann auch von einem Notar erteilt werden. Als Versicherungsfall gilt abweichend von § 14 das Ereignis, das eine Veränderung der Rechtslage des Versicherungsnehmers zur Folge hat und deshalb einen Rechtsrat oder eine Rechtsauskunft erforderlich macht.

(3) Der Versicherungsschutz kann auf die Wahrnehmung rechtlicher Interessen aus schuldrechtlichen Verträgen und aus dinglichen Rechten ausgedehnt werden.

(4) Ausgeschlossen ist der Versicherungsschutz für die Wahrnehmung rechtlicher Interessen
a) als Eigentümer, Besitzer, Halter oder Fahrer von Motorfahrzeugen zu Lande, zu Wasser und in der Luft sowie Anhängern;
b) aus Miet- und Pachtverhältnissen über Grundstücke, Gebäude oder Gebäudeteile;
c) aus dinglichen Rechten an Grundstücken, Gebäuden oder Gebäudeteilen.

§ 26 Familien- und Verkehrs-Rechtsschutz für Lohn- und Gehaltsempfänger (Fassung 1975)

(1) Versicherungsschutz wird Lohn- und Gehaltsempfängern, deren Ehegatten, den minderjährigen Kindern sowie den unverheirateten volljährigen Kindern bis zur Vollendung des 25. Lebensjahres gewährt, wenn sich letztere zumindest überwiegend in Schul- oder Berufsausbildung befinden. Für den Versicherungsnehmer, dessen Ehegatten und die minderjährigen Kinder umfaßt der Versicherungsschutz auch die Wahrnehmung rechtlicher Interessen in ihrer Eigenschaft als Eigentümer, Halter oder Insasse aller bei Vertragsabschluß und während der Vertragsdauer auf sie zugelassenen Fahrzeuge und als Fahrer von Fahrzeugen. Außerdem erstreckt sich der Versicherungsschutz auf alle Personen in ihrer Eigenschaft als berechtigte Fahrer oder berechtigte Insassen der auf den Versicherungsnehmer, dessen Ehegatten oder die minderjährigen Kinder zugelassenen Fahrzeuge. Die Wahrnehmung rechtlicher Interessen im Zusammenhang mit einer selbständigen oder freiberuflichen Tätigkeit ist vom Versicherungsschutz ausgeschlossen.

(2) Fahrzeuge im Sinne dieser Bestimmung sind Motorfahrzeuge zu Lande, zu Wasser und in der Luft sowie Anhänger.

(3) Der Versicherungsschutz umfaßt
a) die Geltendmachung von Schadenersatzansprüchen aufgrund gesetzlicher Haftpflichtbestimmungen im Rahmen des § 14 Absatz 1;
b) die Wahrnehmung rechtlicher Interessen aus schuldrechtlichen Verträgen, die im Zusammenhang mit der Eigenschaft als Eigentümer und Halter von Fahrzeugen stehen;
c) die Wahrnehmung rechtlicher Interessen aus Arbeitsverhältnissen sowie aus öffentlich-rechtlichen Anstellungsverhältnissen hinsichtlich dienst- und versorgungsrechtlicher Ansprüche;
d) die Verteidigung in Verfahren wegen des Vorwurfes der Verletzung einer Vorschrift des Straf-, Ordnungswidrigkeiten-, Disziplinar- oder Standesrechtes. Bei Freiheitsstrafen sowie bei Geldstrafen und -bußen über 500,- DM sind Gnaden-, Strafaussetzungs-, Strafaufschub- und Zahlungserleichterungsverfahren eingeschlossen, und zwar für insgesamt zwei Anträge je Versicherungsfall;
e) die Wahrnehmung rechtlicher Interessen in Widerspruchsverfahren vor Verwaltungsbehörden wegen Einschränkung, Entzuges oder Wiedererlangung der Fahrerlaubnis und Verfahren vor Verwaltungsgerichten aus den gleichen Gründen;

Texte

1. ARB 75

f) die Wahrnehmung rechtlicher Interessen vor Sozialgerichten in der Bundesrepublik Deutschland;

g) abweichend von § 4 Absatz 1 i) und p) die Erteilung eines mündlichen oder schriftlichen Rates oder einer Auskunft durch einen Rechtsanwalt in familien- und erbrechtlichen Angelegenheiten sowie in Angelegenheiten der freiwilligen Gerichtsbarkeit. Auf den Sachverhalt, der dem Rat oder der Auskunft zugrunde liegt, muß deutsches Recht anwendbar sein. Rat oder Auskunft dürfen nicht mit einer anderen gebührenpflichtigen Tätigkeit des Rechtsanwaltes zusammenhängen (§ 20 Absatz 1 Bundesgebührenordnung für Rechtsanwälte). Der Rat oder die Auskunft (§ 147 Absatz 2 Gesetz über die Kosten in Angelegenheiten der freiwilligen Gerichtsbarkeit) kann auch von einem Notar erteilt werden. Als Versicherungsfall gilt abweichend von § 14 das Ereignis, das eine Veränderung der Rechtslage des Versicherungsnehmers zur Folge hat und deshalb einen Rechtsrat oder eine Rechtsauskunft erforderlich macht.

(4) Der Versicherungsschutz kann auf die Wahrnehmung rechtlicher Interessen aus schuldrechtlichen Verträgen und aus dinglichen Rechten ausgedehnt werden.

(5) Ausgeschlossen ist der Versicherungsschutz für die Wahrnehmung rechtlicher Interessen

a) aus Miet- und Pachtverhältnissen über Grundstücke, Gebäude oder Gebäudeteile;

b) aus dinglichen Rechten an Grundstücken, Gebäuden oder Gebäudeteilen.

(6) Der Versicherer ist von der Verpflichtung zur Leistung frei, wenn bei Eintritt des Versicherungsfalles der Fahrer nicht die vorgeschriebene Fahrerlaubnis hatte, zum Führen des Fahrzeuges nicht berechtigt war oder wenn das Fahrzeug nicht zugelassen war. Der Versicherungsschutz bleibt jedoch für diejenigen versicherten Personen bestehen, die von dem Fehlen der Fahrerlaubnis, der Berechtigung zum Führen des Fahrzeuges oder von dem Fehlen der Zulassung ohne Verschulden keine Kenntnis hatten.

(7) Sind der Versicherungsnehmer, dessen Ehegatte und die minderjährigen Kinder seit mindestens sechs Monaten nicht mehr Eigentümer oder Halter von Fahrzeugen, kann der Versicherungsnehmer, soweit er nicht von seinem Recht gemäß § 9 Absatz 3 Gebrauch macht, verlangen, daß der Versicherungsvertrag ab dem Zeitpunkt, seit dem der Versicherungsnehmer und seine mitversicherten Familienangehörigen nicht mehr Eigentümer oder Halter von Fahrzeugen sind, insoweit aufgehoben wird, als sich der Versicherungsschutz auf den Versicherungsnehmer und seine mitversicherten Familienangehörigen in ihrer Eigenschaft als Eigentümer, Halter und Fahrer von Fahrzeugen bezieht. Stellt der Versicherungsnehmer diesen Antrag später als einen Monat nach Ablauf des in Satz 1 genannten Mindestzeitraumes von sechs Monaten, ist der Versicherer verpflichtet, den Versicherungsvertrag zu dem Zeitpunkt auf die verbleibenden Wagnisse zu beschränken, in dem der Antrag bei ihm eingeht. Soweit der Versicherungsvertrag aufgehoben wird, gebührt dem Versicherer der anteilige Beitrag bis zur teilweisen Aufhebung des Versicherungsvertrages.

1. ARB 75 Texte

Fassung 1988:
§ 26 Familien- und Verkehrs-Rechtsschutz für Nichtselbständige
(VerBAV 88, 379)

(1) Versicherungsschutz besteht für den Versicherungsnehmer und dessen Ehegatten, wenn und solange diese keine gewerbliche, freiberufliche oder sonstige selbständige Tätigkeit ausüben. Als selbständig gilt eine Tätigkeit nicht, wenn diese nur nebenberuflich ausgeübt und hierdurch ein Gesamtumsatz von höchstens 6000.– DM je Kalenderjahr erzielt wird. Für die Wahrnehmung rechtlicher Interessen, die mit dieser nebenberuflichen selbständigen Tätigkeit im Zusammenhang stehen, besteht jedoch kein Versicherungsschutz.

(2) Mitversichert sind die minderjährigen Kinder. Außerhalb des in Absatz 3 geregelten Fahrzeugbereiches sind die unverheirateten, volljährigen Kinder bis zur Vollendung des 25. Lebensjahres ebenfalls mitversichert, jedoch lediglich bis zu dem Zeitpunkt, in dem diese erstmalig eine auf Dauer angelegte berufliche Tätigkeit ausüben und hierfür ein leistungsbezogenes Entgelt erhalten.

(3) Für den Versicherungsnehmer, dessen Ehegatten und die minderjährigen Kinder umfaßt der Versicherungsschutz auch die Wahrnehmung rechtlicher Interessen in ihrer Eigenschaft als Fahrer, Insasse und Erwerber von Fahrzeugen sowie als Eigentümer, Halter und Veräußerer aller bei Vertragsabschluß oder während der Vertragsdauer auf sie zugelassenen Fahrzeuge. Für die auf den Versicherungsnehmer, dessen Ehegatten oder die minderjährigen Kinder zugelassenen Fahrzeuge erstreckt sich der Versicherungsschutz auf alle berechtigten Fahrer und berechtigten Insassen.

(4) Fahrzeuge im Sinne dieser Bestimmung sind zulassungspflichtige Motorfahrzeuge zu Lande, zu Wasser und in der Luft sowie Anhänger.

(5) Der Versicherungsschutz umfaßt:
a) die Geltendmachung von Schadenersatzansprüchen aufgrund gesetzlicher Haftpflichtbestimmungen im Rahmen des § 14 Absatz 1;
b) die Wahrnehmung rechtlicher Interessen aus schuldrechtlichen Verträgen und aus dinglichen Rechten an beweglichen Sachen;
c) die Wahrnehmung rechtlicher Interessen aus Arbeitsverhältnissen sowie aus öffentlich-rechtlichen Anstellungsverhältnissen hinsichtlich dienst- und versorgungsrechtlicher Ansprüche;
d) die Verteidigung in Verfahren wegen des Vorwurfes der Verletzung einer Vorschrift des Straf-, Ordnungswidrigkeiten-, Disziplinar- oder Standesrechtes. Bei Freiheitsstrafen sowie bei Geldstrafen und -bußen über 500.– DM sind Gnaden-, Strafaussetzungs-, Strafaufschub- und Zahlungserleichterungsverfahren eingeschlossen, und zwar für insgesamt zwei Anträge je Versicherungsfall;
e) die Wahrnehmung rechtlicher Interessen in Widerspruchsverfahren vor Verwaltungsbehörden wegen Einschränkung, Entzuges oder Wiedererlangung der Fahrerlaubnis und Verfahren vor Verwaltungsgerichten aus den gleichen Gründen;
f) die Wahrnehmung rechtlicher Interessen vor Sozialgerichten in der Bundesrepublik Deutschland;
g) abweichend von § 4 Absatz 1 i) und p) die Erteilung eines mündlichen oder schriftlichen Rates oder einer Auskunft durch einen Rechtsanwalt oder Notar in familien- und erbrechtlichen Angelegenheiten sowie in Angelegenheiten der freiwilligen Gerichtsbarkeit, wenn auf den zugrunde liegenden Sachverhalt deutsches Recht anwendbar ist. Soweit der Rat oder die Auskunft mit einer darüber hinausgehenden gebührenpflichtigen anwaltlichen Tätigkeit zusammenhängen, entfällt der Versicherungsschutz. Als Versicherungsfall gilt ab-

Texte 1. ARB 75

weichend von § 14 das Ereignis, das eine Veränderung der Rechtslage des Versicherungsnehmers zur Folge hat und deshalb einen Rechtsrat oder eine Rechtsauskunft erforderlich macht.

(6) Der Versicherungsschutz gemäß Absatz 5 b) kann durch besondere Vereinbarung beschränkt werden auf die Wahrnehmung rechtlicher Interessen aus schuldrechtlichen Verträgen, die im Zusammenhang mit der Eigenschaft, als Erwerber, Eigentümer, Halter und Veräußerer von Fahrzeugen stehen.

(7) Ausgeschlossen ist der Versicherungsschutz für die Wahrnehmung rechtlicher Interessen
a) aus Miet- und Pachtverhältnissen über Grundstücke, Gebäude oder Gebäudeteile;
b) aus dinglichen Rechten an Grundstücken, Gebäuden oder Gebäudeteilen;
c) im Zusammenhang mit einer gewerblichen, freiberuflichen oder sonstigen selbständigen Tätigkeit des Versicherten.

(8) Der Versicherer ist von der Verpflichtung zur Leistung frei, wenn bei Eintritt des Versicherungsfalles der Fahrer nicht die vorgeschriebene Fahrerlaubnis hatte, zum Führen des Fahrzeuges nicht berechtigt war oder wenn das Fahrzeug nicht zugelassen war. Der Versicherungsschutz bleibt jedoch für diejenigen versicherten Personen bestehen, die von dem Fehlen der Fahrerlaubnis, der Berechtigung zum Führen des Fahrzeuges oder von dem Fehlen der Zulassung ohne Verschulden keine Kenntnis hatten.

(9) Tritt eine Gefahränderung dadurch ein,
a) daß der Versicherungsnehmer und/oder der Ehegatte eine gewerbliche, freiberufliche oder sonstige selbständige Tätigkeit mit einem Gesamtumsatz von mehr als 6000.– DM je Kalenderjahr aufnimmt oder daß der jährlich erzielte Gesamtumsatz den Betrag von 6000.– DM übersteigt, wandelt sich der Versicherungsvertrag in einen solchen gemäß § 21 – für die auf den Versicherungsnehmer zugelassenen Fahrzeuge – und § 25 um. Der Versicherungsnehmer kann jedoch innerhalb eines Jahres nach der Gefahränderung die Aufhebung des Versicherungsvertrages verlangen. Wird die Gefahränderung dem Versicherer später als einen Monat nach ihrem Eintritt angezeigt, erfolgt die Aufhebung des Versicherungsvertrages erst ab Eingang der Anzeige;
b) daß auf den Versicherungsnehmer, dessen Ehegatten und die minderjährigen Kinder seit mindestens sechs Monaten kein Fahrzeug mehr zugelassen ist, wandelt sich der Versicherungsvertrag in einen solchen gemäß § 25 um, wenn der Versicherungsnehmer nicht für sich auch die Aufrechterhaltung des Versicherungsschutzes als Fahrer gemäß § 23 wünscht. Wird die Gefahränderung dem Versicherer später als einen Monat nach Ablauf des genannten Zeitraumes von sechs Monaten angezeigt, erfolgt die Umwandlung des Versicherungsvertrages erst ab Eingang der Anzeige;
c) daß der Versicherungsnehmer, dessen Ehegatte und die minderjährigen Kinder nicht mehr im Besitze einer Fahrerlaubnis sind, wandelt sich der Versicherungsvertrag in einen solchen gemäß § 25 um. Wird die Gefahränderung dem Versicherer später als einen Monat nach ihrem Eintritt angezeigt, erfolgt die Umwandlung des Versicherungsvertrages erst ab Eingang der Anzeige.

§ 27 Landwirtschafts- und Verkehrs-Rechtsschutz

(1) Versicherungsschutz wird dem Inhaber eines land- oder forstwirtschaftlichen Betriebes, dessen Ehegatten, den minderjährigen Kindern sowie den unverheirateten volljährigen Kindern bis zur Vollendung des 25. Lebensjahres gewährt, wenn sich letztere zumindest überwiegend in Schul- oder Berufsausbildung befinden. Für den Versicherungsnehmer, dessen

Ehegatten und die minderjährigen Kinder umfaßt der Versicherungsschutz auch die Wahrnehmung rechtlicher Interessen in ihrer Eigenschaft als Eigentümer, Halter oder Insasse aller bei Versicherungsabschluß und während der Vertragsdauer auf sie zugelassenen Fahrzeuge und als Fahrer von Fahrzeugen. Außerdem erstreckt sich der Versicherungsschutz auf alle Personen in ihrer Eigenschaft als berechtigte Fahrer oder berechtigte Insassen der auf den Versicherungsnehmer, dessen Ehegatten oder die minderjährigen Kinder zugelassenen Fahrzeuge. Versicherungsschutz erhalten weiterhin alle Personen in Ausübung ihrer Tätigkeit in oder für den land- oder forstwirtschaftlichen Betrieb des Versicherungsnehmers, jedoch nicht in ihrer Eigenschaft als Eigentümer, Halter, Fahrer oder Insasse von Fahrzeugen, die nicht auf den Versicherungsnehmer, dessen Ehegatten oder die minderjährigen Kinder zugelassen sind. Die Wahrnehmung rechtlicher Interessen im Zusammenhang mit einer selbständigen oder freiberuflichen Tätigkeit ist vom Versicherungsschutz ausgeschlossen, soweit nicht Satz 1 entgegensteht.

(2) Fahrzeuge im Sinne dieser Bestimmung sind Motorfahrzeuge zu Lande, zu Wasser und in der Luft sowie Anhänger.

(3) Der Versicherungsschutz umfaßt
a) die Geltendmachung von Schadenersatzansprüchen aufgrund gesetzlicher Haftpflichtbestimmungen im Rahmen des § 14 Absatz 1;
b) die Wahrnehmung rechtlicher Interessen aus schuldrechtlichen Verträgen, die im Zusammenhang mit der Eigenschaft als Eigentümer und Halter von Fahrzeugen stehen;
c) die Wahrnehmung rechtlicher Interessen aus Arbeitsverhältnissen sowie aus öffentlich-rechtlichen Anstellungsverhältnissen hinsichtlich dienst- und versorgungsrechtlicher Ansprüche;
d) die Verteidigung in Verfahren wegen des Vorwurfes der Verletzung einer Vorschrift des Straf-, Ordnungswidrigkeiten-, Disziplinar- oder Standesrechtes. Bei Freiheitsstrafen sowie bei Geldstrafen und -bußen über 500,– DM sind Gnaden-, Strafaussetzungs-, Strafaufschub- und Zahlungserleichterungsverfahren eingeschlossen, und zwar für insgesamt zwei Anträge je Versicherungsfall;
e) die Wahrnehmung rechtlicher Interessen in Widerspruchsverfahren vor Verwaltungsbehörden wegen Einschränkung, Entzuges oder Wiedererlangung der Fahrerlaubnis und Verfahren vor Verwaltungsgerichten aus den gleichen Gründen;
f) die Wahrnehmung rechtlicher Interessen vor Sozialgerichten in der Bundesrepublik Deutschland;
g) abweichend von § 4 Absatz 1 i) und p) die Erteilung eines mündlichen oder schriftlichen Rates oder einer Auskunft durch einen Rechtsanwalt in familien- und erbrechtlichen Angelegenheiten sowie in Angelegenheiten der freiwilligen Gerichtsbarkeit. Auf den Sachverhalt, der dem Rat oder der Auskunft zugrunde liegt, muß deutsches Recht anwendbar sein. Rat oder Auskunft dürfen nicht mit einer anderen gebührenpflichtigen Tätigkeit des Rechtsanwaltes zusammenhängen (§ 20 Absatz 1 Bundesgebührenordnung für Rechtsanwälte). Der Rat oder die Auskunft (§ 147 Absatz 2 Gesetz über die Kosten in Angelegenheiten der freiwilligen Ge-

richtsbarkeit) kann auch von einem Notar erteilt werden. Als Versicherungsfall gilt abweichend von § 14 das Ereignis, das eine Veränderung der Rechtslage des Versicherungsnehmers zur Folge hat und deshalb einen Rechtsrat oder eine Rechtsauskunft erforderlich macht.

(4) Der Versicherungsschutz kann auf die Wahrnehmung rechtlicher Interessen aus schuldrechtlichen Verträgen und aus dinglichen Rechten ausgedehnt werden.

(5) Ausgeschlossen ist der Versicherungsschutz für die Wahrnehmung rechtlicher Interessen
a) als Eigentümer, Besitzer, Halter oder Fahrer von Fahrzeugen mit amtlichem schwarzen Kennzeichen, es sei denn, daß dieser Ausschluß für Krafträder, Personenkraft- und Kombifahrzeuge aufgrund besonderer Vereinbarung aufgehoben ist;
b) aus Miet- und Pachtverhältnissen über Grundstücke, Gebäude oder Gebäudeteile sowie über land- und forstwirtschaftliche Betriebe;
c) aus dinglichen Rechten an Grundstücken, Gebäuden oder Gebäudeteilen.

(6) Der Versicherer ist von der Verpflichtung zur Leistung frei, wenn bei Eintritt des Versicherungsfalles der Fahrer nicht die vorgeschriebene Fahrerlaubnis hatte, zum Führen des Fahrzeuges nicht berechtigt war oder wenn das Fahrzeug nicht zugelassen war. Der Versicherungsschutz bleibt jedoch für diejenigen versicherten Personen bestehen, die von dem Fehlen der Fahrerlaubnis, der Berechtigung zum Führen des Fahrzeuges oder von dem Fehlen der Zulassung ohne Verschulden keine Kenntnis hatten.

§ 28 Rechtsschutz für Vereine

(1) Der Versicherungsschutz wird Vereinen, deren gesetzlichen Vertretern und Angestellten für die Wahrnehmung von Vereinsaufgaben gewährt. Außerdem erhalten die Vereinsmitglieder Versicherungsschutz für jede Tätigkeit, die gemäß der Satzung dem Vereinszweck dient.

(2) Der Versicherungsschutz umfaßt
a) die Geltendmachung von Schadenersatzansprüchen aufgrund gesetzlicher Haftpflichtbestimmungen im Rahmen des § 14 Absatz 1;
b) die Wahrnehmung rechtlicher Interessen des Vereins aus Arbeitsverhältnissen;
c) die Verteidigung in Verfahren wegen des Vorwurfes der Verletzung einer Vorschrift des Straf- oder Ordnungswidrigkeitenrechtes. Bei Freiheitsstrafen sowie bei Geldstrafen und -bußen über 500,- DM sind Gnaden-, Strafaussetzungs-, Strafaufschub- und Zahlungserleichterungsverfahren eingeschlossen, und zwar für insgesamt zwei Anträge je Versicherungsfall;
d) die Wahrnehmung rechtlicher Interessen des Vereins vor Sozialgerichten in der Bundesrepublik Deutschland.

(3) Ausgeschlossen ist die Wahrnehmung rechtlicher Interessen als Eigentümer, Besitzer, Halter oder Fahrer von Motorfahrzeugen zu Lande, zu Wasser und in der Luft sowie Anhängern.

1. ARB 75 — Texte

§ 29 Rechtsschutz für Grundstückseigentum und Miete

(1) Versicherungsschutz wird dem Versicherungsnehmer für die Wahrnehmung rechtlicher Interessen aus Miet- und Pachtverhältnissen und aus dinglichen Rechten gewährt, und zwar jeweils in seiner Eigenschaft als Eigentümer, Vermieter, Verpächter, Mieter, Pächter oder dinglich Nutzungsberechtigter eines im Versicherungsschein bezeichneten Grundstückes, Gebäudes oder Gebäudeteiles.

(2) Der Versicherungsschutz für Wohnungseigentümer erstreckt sich abweichend von § 4 Abs. 1 p) auch auf Angelegenheiten der freiwilligen Gerichtsbarkeit in Wohnungseigentumssachen nach dem Wohnungseigentumsgesetz.

Standardklauseln
(vgl. Einl. Rdnr. 23 b)

Klausel zu § 2 ARB – Selbstbeteiligung
(GB BAV 85, 71; erläutert § 2 Rdnr. 6 a)

Abweichend von § 2 Abs. 1 ARB zahlt der Versicherungsnehmer in jedem Versicherungsfall den im Versicherungsschein vereinbarten Betrag selbst.

Klausel zu § 2 Abs. 1 ARB – Erstattung von Reisekosten
(VerBAV 77, 123; erläutert § 2 Rdnr. 7 a–c)

Der Versicherer trägt die Reisekosten der versicherten Personen an den Ort des zuständigen ausländischen Gerichts, wenn dieses das persönliche Erscheinen der Versicherten angeordnet hat. Erstattet werden:
1. angefallene Fahrtkosten für ein öffentliches Verkehrsmittel, und zwar
   a) der jeweiligen Staatsbahn in der 1. Wagenklasse oder
   b) eines Linienfluges der Economy-Klasse;
2. angefallene Fahrtkosten mit dem eigenen Kraftfahrzeug entsprechend den Steuerrichtlinien in der am Tage des Reiseantritts geltenden Fassung bis zur Höhe der bei Benutzung öffentlicher Verkehrsmittel gemäß Ziff. 1 a) oder b) anfallenden Kosten;
3. angefallene Tage- und Übernachtungsgelder entsprechend den Steuerrichtlinien in der am Tage des Reiseantritts geltenden Fassung.
Dem Versicherer sind die Belege vorzulegen. Die angefallenen Reisekosten werden in Deutscher Mark, Beträge in fremder Währung unter Umrechnung in Deutsche Mark entsprechend dem Wechselkurs des ersten Reisetages erstattet.

Klausel zu § 2 Abs. 1 ARB – Technischer Sachverständiger im Rahmen des Kfz-Vertrags-Rechtsschutzes
(VerBAV 81, 190; erläutert § 2 Rdnr. 130 a, b)

Der Versicherer trägt im Rahmen der §§ 21 Abs. 4 b, 22 Abs. 3 b, 26 Abs. 3 b und 27 Abs. 3 b die Kosten des Gutachtens eines öffentlich bestellten technischen Sachverständigen, soweit dieses Gutachten für die Wahrnehmung der rechtlichen Interessen des Versicherungsnehmers aus Kauf- und Reparaturverträgen erforderlich ist.

Texte

1. ARB 75

Klausel zu § 21 ARB – Fußgänger-Rechtsschutz
(VerBAV 77, 446; erläutert § 21 Rdnrn. 28 a–d)

Abweichend von § 21 ARB erstreckt sich der Versicherungsschutz auch auf den Versicherungsnehmer in seiner Eigenschaft als Fußgänger, Radfahrer und Fahrgast in öffentlichen und privaten Verkehrsmitteln und umfaßt:
a) Die Geltendmachung von Schadenersatzansprüchen aufgrund gesetzlicher Haftpflichtbestimmungen im Rahmen des § 14 Abs. 1 ARB;
b) die Verteidigung in Verfahren wegen des Vorwurfs der Verletzung einer Vorschrift des Straf- oder Ordnungswidrigkeitenrechtes. Bei Freiheitsstrafen sowie bei Geldstrafen und -bußen über 500 DM sind Gnaden-, Strafaussetzungs-, Strafaufschub- und Zahlungserleichterungsverfahren eingeschlossen, und zwar für insgesamt zwei Anträge je Versicherungsfall.

Ausschlußklausel hinsichtlich § 25 a Straßenverkehrsgesetz (StVG)
(BAnz. Nr. 62/87 = NJW 87, 1187; erläutert § 2 Rdnr. 122 a)

In Bußgeldverfahren wegen eines Halt- oder Parkverstoßes besteht Versicherungsschutz nur, wenn das Verfahren nicht mit einer Entscheidung nach § 25 a StVG endet. Dieser Ausschluß entfällt, wenn der Führer des Kraftfahrzeuges feststeht. Das Rechtsbehelfsverfahren nach § 25 a Abs. 3 StVG ist vom Versicherungsschutz ausgeschlossen.

Klausel zu §§ 21, 22, 25, 26 und 27 ARB – Versicherungsvertrags-Rechtsschutz
(VerBAV 83, 306; erläutert § 4 Rdnrn. 77 ff.)

Soweit der Versicherungsschutz die Wahrnehmung rechtlicher Interessen aus schuldrechtlichen Verträgen umfaßt, erstreckt er sich abweichend von § 4 Abs. 1 h) ARB auch auf Versicherungsverträge aller Art mit anderen Versicherern. Dieser Versicherungsschutz besteht nur, wenn der Wert des Streitgegenstandes einen im Versicherungsschein genannten Betrag übersteigt.

Klausel zu § 24 Abs. 3 ARB – Selbstbeteiligung
(VerBAV 81, 189; erläutert § 24 Rdnr. 61 a)

Soweit dem Versicherungsvertrag § 24 Abs. 3 ARB zugrunde liegt, ist der Versicherungsnehmer an den unter Versicherungsschutz fallenden Kosten für jeden Versicherungsfall mit einem im Versicherungsschein genannten Betrag beteiligt. § 24 Abs. 3 Ziff. 3 entfällt.

Klausel zu §§ 21, 22, 24 bis 29 ARB – Fortsetzung des Versicherungsvertrages nach dem Tode des Versicherungsnehmers
(VerBAV 88, 6; erläutert § 10 Rdnrn. 18, 19)

Im Fall des Todes des Versicherungsnehmers besteht der Versicherungsvertrag bis zur nächsten Beitragsfälligkeit fort, soweit der Beitrag am Todestag gezahlt war und nicht aus sonstigen Gründen ein Risikowegfall vorliegt.
Wird der nach dem Todestag nächstfällige Beitrag gezahlt, bleibt der Versicherungsschutz in dem am Todestag bestehenden Umfang aufrechterhalten. Derjenige, der den Beitrag gezahlt hat oder für den gezahlt wurde, tritt als Versicherungsnehmer an die Stelle des Verstorbenen.

1. ARB 75 Texte

Zusatzbedingung zu den §§ 21, 22, 23, 25, 26, 27 und 29 ARB – Steuer-Rechtsschutz vor Gerichten und in Bußgeldverfahren
(VerBAV 84, 173; erläutert Vorbem. vor § 21 Rdnrn. 169 ff.)

(1) Der Versicherungsschutz der §§ 21, 22, 23, 25, 26, 27 und 29 ARB erstreckt sich abweichend von § 4 Abs. 1 n ARB auch auf den Bereich des Steuer- und sonstigen Abgaberechtes, es sei denn, die Wahrnehmung rechtlicher Interessen steht im Zusammenhang
 a) mit der Eigenschaft als Eigentümer oder Halter eines nicht vom Versicherungsschutz umfaßten Fahrzeuges;
 b) mit der Eigenschaft als Eigentümer, Vermieter, Verpächter, Mieter, Pächter oder dinglich Nutzungsberechtigter eines nicht im Versicherungsschein bezeichneten oder eines gewerblich genutzten Grundstückes, Gebäudes oder Gebäudeteiles;
 c) mit der Eigenschaft als Gewerbetreibender oder freiberuflich Tätiger.
(2) Der Versicherungsschutz umfaßt
 a) die Wahrnehmung rechtlicher Interessen vor Finanz- und Verwaltungsgerichten in der Bundesrepublik Deutschland einschließlich des Landes Berlin;
 b) die Verteidigung in Verfahren wegen des Vorwurfes einer Odrdnungswidrigkeit im Bereich des deutschen Steuer- und Abgaberechtes. Bei Geldbußen über 500,– DM sind Gnaden- und Zahlungserleichterungsverfahren eingeschlossen, und zwar für insgesamt zwei Anträge je Versicherungsfall.
(3) Ausgeschlossen ist der Versicherungsschutz für die Wahrnehmung rechtlicher Interessen im Zusammenhang
 a) mit der Haftung für Steuern oder Abgaben Dritter;
 b) mit Erschließungs- und sonstigen Anliegerabgaben, es sei denn, daß es sich um laufend erhobene Gebühren für die Grundstücksversorgung handelt;
 c) mit Angelegenheiten der Bewertung von Grundstücken, Gebäuden oder Gebäudeteilen.
(4) Der Versicherer trägt abweichend von § 2 Abs. 1 ARB anstelle der Vergütung eines Rechtsanwaltes auch die Vergütung eines für den Versicherungsnehmer tätigen Angehörigen der steuerberatenden Berufe.
(5) Es besteht kein Versicherungsschutz, wenn die für die Festsetzung der Steuer oder Abgabe maßgeblichen Voraussetzungen bereits vor Versicherungsbeginn eingetreten sind oder eingetreten sein sollen.

Klausel zu § 29 ARB – Versicherungsschutz bei Wohnungswechsel
(VerBAV 80, 212; erläutert § 29 Rdnrn. 7, 8)

Bezieht der Versicherungsnehmer an Stelle der im Versicherungsschein bezeichneten Miet- oder Eigentumswohnung bzw. an Stelle des selbstgenutzten Einfamilienhauses eine andere Miet- oder Eigentumswohnung bzw. ein anderes Einfamilienhaus, geht der Versicherungsschutz mit dem Bezug auf die neue Wohnung oder das neue Haus über. Der Versicherungsschutz erstreckt sich auch auf Versicherungsfälle, die erst nach dem Auszug aus dem im Versicherungsschein bezeichneten Objekt eintreten, soweit sie in unmittelbarem Zusammenhang mit der Eigennutzung dieses Objektes durch den Versicherungsnehmer stehen. Das gleiche gilt für Versicherungsfälle, die sich auf das neue Objekt beziehen und vor dessen Bezug eintreten.

Beitragsangleichungsklausel
(VerBAV 84, 172; § 9 Rdnr. 4 a)

1. Ein unabhängiger Treuhänder ermittelt zum 1. Juli eines jeden Jahres, um welchen Prozentsatz sich das Produkt von Schadenhäufigkeit und Durchschnitt

Texte   1. ARB 75

der Schadenzahlungen der zum Betrieb der Rechtsschutzversicherung zugelassenen Versicherer im vergangenen Kalenderjahr im Verhältnis zum vorvergangenen Kalenderjahr erhöht oder vermindert hat; Risiken, die nicht unter den Anwendungsbereich dieser Beitragsangleichungsklausel fallen, bleiben außer Betracht. Diese Ermittlung erfolgt für Versicherungsverträge gemäß den §§ 21 bis 23 ARB, den §§ 25, 28 und 29 ARB und den §§ 26 und 27 ARB nebst den jeweils zusätzlich genehmigten Sonderbedingungen und Klauseln gesondert. Der jeweils ermittelte Prozentsatz wird auf die nächstniedrigere, durch 2,5 teilbare Zahl abgerundet.

Als Durchschnitt der Schadenzahlungen eines Kalenderjahres gilt die Summe der Zahlungen, die für alle in diesem Jahr erledigten Schadenfälle insgesamt geleistet wurden, geteilt durch die Anzahl dieser Schadenfälle.

Als Schadenhäufigkeit eines Kalenderjahres gilt die Anzahl der in diesem Jahr gemeldeten Schadenfälle, geteilt durch die Anzahl der im Jahresmittel versicherten Risiken.

Veränderungen des Durchschnitts der Schadenzahlungen und der Schadenhäufigkeit, die aus Leistungsverbesserungen herrühren, werden bei den Feststellungen des Treuhänders nur bei denjenigen Verträgen berücksichtigt, in denen sie in beiden Vergleichsjahren bereits enthalten sind.

2. Ergeben die Ermittlungen gem. Nr. 1 eine Erhöhung, ist der Versicherer berechtigt und im Falle einer Verminderung verpflichtet, den Folgejahresbeitrag um den festgestellten Prozentsatz zu ändern, jedoch nicht vor Ablauf eines Jahres nach Beginn des Versicherungsvertrages. Der erhöhte Beitrag darf den zum Zeitpunkt der Erhöhung geltenden Tarifbetrag nicht übersteigen. Eine Beitragsänderung unterbleibt, wenn dieser Prozentsatz unter 5 liegt; er ist jedoch in den folgenden Jahren zu berücksichtigen. Soweit der Beitrag nach Lohnsumme, Umsatz oder Mieteinnahme berechnet wird, findet keine Beitragsangleichung statt.
3. Hat sich der entsprechend Nr. 1 nach den unternehmenseigenen Zahlen des Versicherers zu ermittelnde Prozentsatz in jedem der letzten drei Kalenderjahre geringer erhöht, als er vom Treuhänder für diese Jahre gem. Nr. 1 festgestellt wurde, so darf der Versicherer den Folgejahresbeitrag nur um den im letzten Kalenderjahr nach seinen Zahlen ermittelten Prozentsatz erhöhen. Diese Erhöhung darf diejenige nicht übersteigen, die sich nach Nr. 1 ergibt.
4. Die Beitragsangleichung gilt für alle Folgejahresbeiträge, die ab 1. Oktober des Jahres, in dem die Ermittlungen des Treuhänders erfolgen, fällig werden; sie wird dem Versicherungsnehmer mit der Beitragsrechnung und, soweit dem Versicherungsnehmer ein Kündigungsrecht gem. Nr. 5 zusteht, spätestens vier Wochen vor der Beitragsfälligkeit mitgeteilt.
5. Erhöht sich der Beitrag um mehr als 15 Prozent, kann der Versicherungsnehmer innerhalb eines Monats, nachdem ihm die Beitragserhöhung mitgeteilt wurde, den Versicherungsvertrag zu dem Zeitpunkt kündigen, in dem die Beitragserhöhung wirksam werden sollte.

Wenn der Beitrag innerhalb von drei aufeinanderfolgenden Jahren um mehr als 30 Prozent erhöht wird, kann der Versicherungsnehmer außerdem den Versicherungsvertrag innerhalb eines Monats, nachdem ihm diese Beitragserhöhung erstmalig mitgeteilt wurde, zu dem Zeitpunkt kündigen, in dem die Beitragserhöhung wirksam werden sollte.

2. Allgemeine Bedingungen für die Rechtsschutzversicherung (ARB 94)

VdS-Musterbedingungen – Stand Januar 1995 –
(Unverbindliche Empfehlung des Verbandes der Schadenversicherer e. V. – VdS –.
Abweichende Vereinbarungen sind möglich; VerBAV 94, 97, 176)

Inhaltsübersicht

	§§
1. Was ist Rechtsschutz?	
Welche Aufgaben hat die Rechtsschutzversicherung?	1
Für welche Rechtsangelegenheiten gibt es Rechtsschutz?	2
Welche Rechtsangelegenheiten umfaßt der Rechtsschutz nicht?	3
Wann entsteht der Anspruch auf eine Rechtsschutzleistung?	4
Welche Kosten übernimmt der Rechtsschutzversicherer?	5
Wo gilt die Rechtsschutzversicherung?	6
2. Nach welchen Regeln richtet sich das Vertragsverhältnis zwischen Rechtsschutzversicherer und Versicherten?	
Wann beginnt der Versicherungsschutz?	7
Für welche Dauer ist der Vertrag abgeschlossen?	8
Wann ist der Versicherungsbeitrag zu zahlen und welche Folgen hat eine nicht rechtzeitige Zahlung?	9
Welche Entwicklungen können zu einer Anpassung der Versicherungsbedingungen oder der Versicherungsbeiträge führen?	10
Wie wirkt sich eine Veränderung der persönlichen oder sachlichen Verhältnisse des Versicherten auf den Versicherungsbeitrag aus?	11
Was geschieht, wenn der Gegenstand der Versicherung wegfällt?	12
In welchen Fällen kann der Vertrag vorzeitig gekündigt werden?	13
Wann verjährt der Rechtsschutzanspruch?	14
Welche Rechtsstellung haben mitversicherte Personen?	15
Wie sind Erklärungen gegenüber dem Rechtsschutzversicherer abzugeben?	16
3. Was ist im Rechtsschutzfall zu beachten?	
Welche Rechte und Pflichten bestehen nach Eintritt eines Rechtsschutzfalles?	17
In welchen Fällen kann ein Schiedsgutachter entscheiden, ob die Ablehnung des Rechtsschutzes berechtigt ist?	18
Innerhalb welcher Frist kann der Rechtsschutzanspruch vor Gericht geltend gemacht werden?	19
Welches Gericht ist für Klagen aus dem Versicherungsvertrag zuständig?	20
4. In welchen Formen wird der Rechtsschutz angeboten?	
Verkehrs-Rechtsschutz	21
Fahrer-Rechtsschutz	22
Privat-Rechtsschutz für Selbständige	23
Berufs-Rechtsschutz für Selbständige, Rechtsschutz für Firmen und Vereine	24
Privat- und Berufs-Rechtsschutz für Nichtselbständige	25
Privat-, Berufs- und Verkehrs-Rechtsschutz für Nichtselbständige	26
Landwirtschafts- und Verkehrs-Rechtsschutz	27
Privat-, Berufs- und Verkehrs-Rechtsschutz für Selbständige	28
Rechtsschutz für Eigentümer und Mieter von Wohnungen und Grundstücken	29

1. Inhalt der Versicherung

§ 1 Aufgaben der Rechtsschutzversicherung

Der Versicherer sorgt dafür, daß der Versicherungsnehmer seine rechtlichen Interessen wahrnehmen kann, und trägt die für die Interessenwahrung erforderlichen Kosten (Rechtsschutz).

Texte

2. ARB 94

§ 2 Leistungsarten

Der Umfang des Versicherungsschutzes kann in den Formen des § 21 bis § 29 vereinbart werden. Je nach Vereinbarung umfaßt der Versicherungsschutz

a) Schadenersatz-Rechtsschutz
für die Geltendmachung von Schadenersatzansprüchen, soweit diese nicht auf einer Vertragsverletzung oder einer Verletzung eines dinglichen Rechtes an Grundstücken, Gebäuden oder Gebäudeteilen beruhen;

b) Arbeits-Rechtsschutz
für die Wahrnehmung rechtlicher Interessen aus Arbeitsverhältnissen sowie aus öffentlich-rechtlichen Dienstverhältnissen hinsichtlich dienst- und versorgungsrechtlicher Ansprüche;

c) Wohnungs- und Grundstücks-Rechtsschutz
für die Wahrnehmung rechtlicher Interessen aus Miet- und Pachtverhältnissen, sonstigen Nutzungsverhältnissen und dinglichen Rechten, die Grundstücke, Gebäude oder Gebäudeteile zum Gegenstand haben;

d) Rechtsschutz im Vertrags- und Sachenrecht
für die Wahrnehmung rechtlicher Interessen aus privatrechtlichen Schuldverhältnissen und dinglichen Rechten, soweit der Versicherungsschutz nicht in den Leistungsarten a), b) oder c) enthalten ist;

e) Steuer-Rechtsschutz vor Gerichten
für die Wahrnehmung rechtlicher Interessen in steuer- und abgaberechtlichen Angelegenheiten vor deutschen Finanz- und Verwaltungsgerichten;

f) Sozialgerichts-Rechtsschutz
für die Wahrnehmung rechtlicher Interessen vor deutschen Sozialgerichten;

g) Verwaltungs-Rechtsschutz in Verkehrssachen
für die Wahrnehmung rechtlicher Interessen in verkehrsrechtlichen Angelegenheiten vor Verwaltungsbehörden und vor Verwaltungsgerichten;

h) Disziplinar- und Standes-Rechtsschutz
für die Verteidigung in Disziplinar- und Standesrechtsverfahren;

i) Straf-Rechtsschutz
für die Verteidigung wegen des Vorwurfes

aa) eines verkehrsrechtlichen Vergehens. Wird rechtskräftig festgestellt, daß der Versicherungsnehmer das Vergehen vorsätzlich begangen hat, ist er verpflichtet, dem Versicherer die Kosten zu erstatten, die dieser für die Verteidigung wegen des Vorwurfes eines vorsätzlichen Verhaltens getragen hat;

bb) eines sonstigen Vergehens, dessen vorsätzliche wie auch fahrlässige Begehung strafbar ist, solange dem Versicherungsnehmer ein fahrlässiges Verhalten vorgeworfen wird. Wird dem Versicherungsnehmer dagegen vorgeworfen, ein solches Vergehen vorsätzlich begangen zu haben, besteht rückwirkend Versicherungsschutz, wenn nicht rechtskräftig festgestellt wird, daß er vorsätzlich gehandelt hat;

j) Ordnungswidrigkeiten-Rechtsschutz
für die Verteidigung wegen des Vorwurfes

aa) einer verkehrsrechtlichen Ordnungswidrigkeit;
bb) einer sonstigen Ordnungswidrigkeit. Wird bestandskräftig oder rechtskräftig festgestellt, daß der Versicherungsnehmer die Ordnungswidrigkeit vorsätzlich begangen hat, ist er verpflichtet, dem Versicherer die Kosten zu erstatten, die dieser für die Verteidigung wegen des Vorwurfes eines vorsätzlichen Verhaltens getragen hat;
k) Beratungs-Rechtsschutz im Familien- und Erbrecht
für Rat oder Auskunft eines in Deutschland zugelassenen Rechtsanwaltes in familien- und erbrechtlichen Angelegenheiten, wenn diese nicht mit einer anderen gebührenpflichtigen Tätigkeit des Rechtsanwaltes zusammenhängen.

§ 3 Ausgeschlossene Rechtsangelegenheiten
Soweit nicht etwas anderes vereinbart ist, gilt:*)

Rechtsschutz besteht nicht für die Wahrnehmung rechtlicher Interessen
(1) in ursächlichem Zusammenhang mit
a) Krieg, feindseligen Handlungen, Aufruhr, inneren Unruhen, Streik, Aussperrung oder Erdbeben;
b) Nuklear- und genetischen Schäden, soweit diese nicht auf eine medizinische Behandlung zurückzuführen sind;
c) Bergbauschäden an Grundstücken und Gebäuden;
d) aa) dem Erwerb oder der Veräußerung eines zu Bauzwecken bestimmten Grundstückes,
bb) der Planung oder Errichtung eines Gebäudes oder Gebäudeteiles, das sich im Eigentum oder Besitz des Versicherungsnehmers befindet oder das dieser zu erwerben oder in Besitz zu nehmen beabsichtigt,
cc) der genehmigungspflichtigen baulichen Veränderung eines Grundstückes, Gebäudes oder Gebäudeteiles, das sich im Eigentum oder Besitz des Versicherungsnehmers befindet oder das dieser zu erwerben oder in Besitz zu nehmen beabsichtigt,
dd) der Finanzierung eines der unter aa) bis cc) genannten Vorhaben.
(2) a) zur Abwehr von Schadenersatzansprüchen, es sei denn, daß diese auf einer Vertragsverletzung beruhen;
b) aus kollektivem Arbeits- oder Dienstrecht;
c) aus dem Recht der Handelsgesellschaften oder aus Anstellungsverhältnissen gesetzlicher Vertreter juristischer Personen;
d) in ursächlichem Zusammenhang mit Patent-, Urheber-, Warenzeichen-, Geschmacksmuster-, Gebrauchsmusterrechten oder sonstigen Rechten aus geistigem Eigentum;
e) aus dem Kartell- oder sonstigen Wettbewerbsrecht;
f) in ursächlichem Zusammenhang mit Spiel- oder Wettverträgen sowie Termin- oder vergleichbaren Spekulationsgeschäften;
g) aus dem Bereich des Familien- und Erbrechtes, soweit nicht Beratungs-Rechtsschutz gemäß § 2 k) besteht;

Hinweis: Alle mit *) gekennzeichneten Textpassagen sind in der Verbandsempfehlung aufgrund von Artikel 7 (1) lit. a bzw. b GVO-VW erforderlich. Das einzelne Versicherungsunternehmen kann diese Textpassagen auch entfallen lassen.

Texte 2. ARB 94

h) aus dem Rechtsschutzversicherungsvertrag gegen den Versicherer oder das für diesen tätige Schadenabwicklungsunternehmen;

i) wegen der steuerlichen Bewertung von Grundstücken, Gebäuden oder Gebäudeteilen sowie wegen Erschließungs- und sonstiger Anliegerabgaben, es sei denn, daß es sich um laufend erhobene Gebühren für die Grundstücksversorgung handelt;

(3)a) in Verfahren vor Verfassungsgerichten;

b) in Verfahren vor internationalen oder supranationalen Gerichtshöfen, soweit es sich nicht um die Wahrnehmung rechtlicher Interessen von Bediensteten internationaler oder supranationaler Organisationen aus Arbeitsverhältnissen oder öffentlich-rechtlichen Dienstverhältnissen handelt;

c) in ursächlichem Zusammenhang mit einem über das Vermögen des Versicherungsnehmers beantragten oder eröffneten Konkurs- oder Vergleichsverfahren;

d) in Enteignungs-, Planfeststellungs-, Flurbereinigungs- sowie im Baugesetzbuch geregelten Angelegenheiten;

e) in Ordnungswidrigkeiten- und Verwaltungsverfahren wegen des Vorwurfes eines Halt- oder Parkverstoßes;

(4) a) mehrerer Versicherungsnehmer desselben Rechtsschutzversicherungsvertrages untereinander, mitversicherter Personen untereinander und mitversicherter Personen gegen den Versicherungsnehmer;

b) nichtehelicher Lebenspartner untereinander in ursächlichem Zusammenhang mit der nichtehelichen Lebensgemeinschaft, auch nach deren Beendigung;

c) aus Ansprüchen oder Verbindlichkeiten, die nach Eintritt des Rechtsschutzfalles auf den Versicherungsnehmer übertragen worden oder übergegangen sind;

d) aus vom Versicherungsnehmer in eigenem Namen geltend gemachten Ansprüchen anderer Personen oder aus einer Haftung für Verbindlichkeiten anderer Personen;

(5) soweit die Wahrnehmung rechtlicher Interessen in den Fällen des § 2 a) bis h) in ursächlichem Zusammenhang damit steht, daß der Versicherungsnehmer eine Straftat vorsätzlich begangen hat oder nach der Behauptung eines anderen begangen haben soll, es sei denn, daß der Vorwurf vorsätzlichen Verhaltens deutlich erkennbar unbegründet ist oder sich im Nachhinein als unbegründet erweist.

§ 4 Voraussetzungen für den Anspruch auf Rechtsschutz

Soweit nichts anderes vereinbart ist, gilt:*)

(1) Anspruch auf Rechtsschutz besteht nach Eintritt eines Rechtsschutzfalles

a) im Schadenersatz-Rechtsschutz gemäß § 2 a) von dem ersten Ereignis an, durch das der Schaden verursacht wurde oder verursacht worden sein soll;

Hinweis: Alle mit *) gekennzeichneten Textpassagen sind in der Verbandsempfehlung aufgrund von Artikel 7 (1) lit. a bzw. b GVO-VW erforderlich. Das einzelne Versicherungsunternehmen kann diese Textpassagen auch entfallen lassen.

b) im Beratungs-Rechtsschutz für Familien- und Erbrecht gemäß § 2k) von dem Ereignis an, das die Änderung der Rechtslage des Versicherungsnehmers oder einer mitversicherten Person zur Folge hat;
c) in allen anderen Fällen von dem Zeitpunkt an, in dem der Versicherungsnehmer oder ein anderer einen Verstoß gegen Rechtspflichten oder Rechtsvorschriften begangen hat oder begangen haben soll.

Die Voraussetzungen nach a) bis c) müssen nach Beginn des Versicherungsschutzes gemäß § 7 und vor dessen Beendigung eingetreten sein. Für die Leistungsarten nach § 2b) bis g) besteht Versicherungsschutz jedoch erst nach Ablauf von drei Monaten nach Versicherungsbeginn (Wartezeit), soweit es sich nicht um die Wahrnehmung rechtlicher Interessen aufgrund eines Kauf- oder Leasingvertrages über ein fabrikneues Kraftfahrzeug handelt.

(2) Erstreckt sich der Rechtsschutzfall über einen Zeitraum, ist dessen Beginn maßgeblich. Sind für die Wahrnehmung rechtlicher Interessen mehrere Rechtsschutzfälle ursächlich, ist der erste entscheidend, wobei jedoch jeder Rechtsschutzfall außer Betracht bleibt, der länger als ein Jahr vor Beginn des Versicherungsschutzes für den betroffenen Gegenstand der Versicherung eingetreten oder, soweit sich der Rechtsschutzfall über einen Zeitraum erstreckt, beendet ist.

(3) Es besteht kein Rechtsschutz, wenn
a) eine Willenserklärung oder Rechtshandlung, die vor Beginn des Versicherungsschutzes vorgenommen wurde, den Verstoß nach Absatz 1 c) ausgelöst hat;
b) der Anspruch auf Rechtsschutz erstmals später als drei Jahre nach Beendigung des Versicherungsschutzes für den betroffenen Gegenstand der Versicherung geltend gemacht wird.

(4) Im Steuer-Rechtsschutz vor Gerichten (§ 2e) besteht kein Rechtsschutz, wenn die tatsächlichen oder behaupteten Voraussetzungen für die der Angelegenheit zugrundeliegende Steuer- oder Abgabefestsetzung vor dem im Versicherungsschein bezeichneten Versicherungsbeginn eingetreten sind oder eingetreten sein sollen.

§ 5 Leistungsumfang
Soweit nicht etwas anderes vereinbart ist, gilt:*)

(1) Der Versicherer trägt
a) bei Eintritt des Rechtsschutzfalles im Inland die Vergütung eines für den Versicherungsnehmer tätigen Rechtsanwaltes bis zur Höhe der gesetzlichen Vergütung eines am Ort des zuständigen Gerichtes ansässigen Rechtsanwaltes. Wohnt der Versicherungsnehmer mehr als 100 km Luftlinie vom zuständigen Gericht entfernt und erfolgt eine gerichtliche Wahrnehmung seiner Interessen, trägt der Versicherer bei den Leistungsarten gemäß § 2a) bis g) weitere Kosten für einen im Landgerichtsbezirk des Versicherungsnehmers ansässigen Rechtsanwalt bis zur Höhe der ge-

---

Hinweis: Alle mit *) gekennzeichneten Textpassagen sind in der Verbandsempfehlung aufgrund von Artikel 7 (1) lit. a bzw. b GVO-VW erforderlich. Das einzelne Versicherungsunternehmen kann diese Textpassagen auch entfallen lassen.

setzlichen Vergütung eines Rechtsanwaltes, der lediglich den Verkehr mit dem Prozeßbevollmächtigten führt;
b) bei Eintritt eines Rechtsschutzfalles im Ausland die Vergütung eines für den Versicherungsnehmer tätigen am Ort des zuständigen Gerichtes ansässigen ausländischen oder eines im Inland zugelassenen Rechtsanwaltes. Im letzteren Fall trägt der Versicherer die Vergütung bis zur Höhe der gesetzlichen Vergütung, die entstanden wäre, wenn das Gericht, an dessen Ort der Rechtsanwalt ansässig ist, zuständig wäre. Wohnt der Versicherungsnehmer mehr als 100 km Luftlinie vom zuständigen Gericht entfernt und ist ein ausländischer Rechtsanwalt für den Versicherungsnehmer tätig, trägt der Versicherer weitere Kosten für einen im Landgerichtsbezirk des Versicherungsnehmers ansässigen Rechtsanwalt bis zur Höhe der gesetzlichen Vergütung eines Rechtsanwaltes, der lediglich den Verkehr mit dem ausländischen Rechtsanwalt führt;
c) die Gerichtskosten einschließlich der Entschädigung für Zeugen und Sachverständige, die vom Gericht herangezogen werden, sowie die Kosten des Gerichtsvollziehers;
d) die Gebühren eines Schieds- oder Schlichtungsverfahrens bis zur Höhe der Gebühren, die im Falle der Anrufung eines zuständigen staatlichen Gerichtes erster Instanz entstehen;
e) die Kosten in Verfahren vor Verwaltungsbehörden einschließlich der Entschädigung für Zeugen und Sachverständige, die von der Verwaltungsbehörde herangezogen werden, sowie die Kosten der Vollstreckung im Verwaltungswege;
f) die übliche Vergütung
  aa) eines öffentlich bestellten technischen Sachverständigen oder einer rechtsfähigen technischen Sachverständigenorganisation in Fällen der
  – Verteidigung in verkehrsrechtlichen Straf- und Ordnungswidrigkeitenverfahren;
  – Wahrnehmung der rechtlichen Interessen aus Kauf- und Reparaturverträgen von Motorfahrzeugen zu Lande sowie Anhängern;
  bb) eines im Ausland ansässigen Sachverständigen in Fällen der Geltendmachung von Ersatzansprüchen wegen der im Ausland eingetretenen Beschädigung eines Motorfahrzeuges zu Lande sowie Anhängers;
g) die Kosten der Reisen des Versicherungsnehmers zu einem ausländischen Gericht, wenn sein Erscheinen als Beschuldigter oder Partei vorgeschrieben und zur Vermeidung von Rechtsnachteilen erforderlich ist. Die Kosten werden bis zur Höhe der für Geschäftsreisen von deutschen Rechtsanwälten geltenden Sätze übernommen;
h) die dem Gegner durch die Wahrnehmung seiner rechtlichen Interessen entstandenen Kosten, soweit der Versicherungsnehmer zu deren Erstattung verpflichtet ist.
(2) a) Der Versicherungsnehmer kann die Übernahme der vom Versicherer zu tragenden Kosten verlangen, sobald er nachweist, daß er zu deren Zahlung verpflichtet ist oder diese Verpflichtung bereits erfüllt hat.
b) Vom Versicherungsnehmer in fremder Währung aufgewandte Kosten werden diesem in Deutscher Markt zum Wechselkurs des Tages erstattet, an dem diese Kosten vom Versicherungsnehmer gezahlt wurden.

(3) Der Versicherer trägt nicht
a) Kosten, die der Versicherungsnehmer ohne Rechtspflicht übernommen hat;
b) Kosten, die im Zusammenhang mit einer einverständlichen Erledigung entstanden sind, soweit sie nicht dem Verhältnis des vom Versicherungsnehmer angestrebten Ergebnisses zum erzielten Ergebnis entsprechen, es sei denn, daß eine hiervor abweichende Kostenverteilung gesetzlich vorgeschrieben ist;
c) die im Versicherungsschein vereinbarte Selbstbeteiligung je Leistungsart nach § 2;
d) Kosten, die aufgrund der vierten oder jeder weiteren Zwangsvollstreckungsmaßnahme je Vollstreckungstitel entstehen;
e) Kosten aufgrund von Zwangsvollstreckungsmaßnahmen, die später als fünf Jahre nach Rechtskraft des Vollstreckungstitels eingeleitet werden;
f) Kosten für Strafvollstreckungsverfahren jeder Art nach Rechtskraft einer Geldstrafe oder -buße unter 500,– DM;
g) Kosten, zu deren Übernahme ein anderer verpflichtet wäre, wenn der Rechtsschutzversicherungsvertrag nicht bestünde.

(4) Der Versicherer zahlt in jedem Rechtsschutzfall höchstens die vereinbarte Versicherungssumme. Zahlungen für den Versicherungsnehmer und mitversicherte Personen aufgrund desselben Rechtsschutzfalles werden hierbei zusammengerechnet. Dies gilt auch für Zahlungen aufgrund mehrerer Rechtsschutzfälle, die zeitlich und ursächlich zusammenhängen.

(5) Der Versicherer sorgt für
a) die Übersetzung der für die Wahrnehmung der rechtlichen Interessen des Versicherungsnehmers im Ausland notwendigen schriftlichen Unterlagen und trägt die dabei anfallenden Kosten;
b) die Zahlung eines zinslosen Darlehens bis zu der vereinbarten Höhe für eine Kaution, die gestellt werden muß, um den Versicherungsnehmer einstweilen von Strafverfolgungsmaßnahmen zu verschonen.

(6) Alle Bestimmungen, die den Rechtsanwalt betreffen, gelten entsprechend
a) in Angelegenheiten der freiwilligen Gerichtsbarkeit und im Beratungs-Rechtsschutz im Familien- und Erbrecht (§ 2 k) für Notare;
b) im Steuer-Rechtsschutz vor Gerichten (§ 2 e) für Angehörige der steuerberatenden Berufe;
c) bei Wahrnehmung rechtlicher Interessen im Ausland für dort ansässige rechts- und sachkundige Bevollmächtigte.

§ 6 Örtlicher Geltungsbereich
Soweit nicht etwas anderes vereinbart ist, gilt:*)

Rechtsschutz besteht, soweit die Wahrnehmung rechtlicher Interessen in Europa, den Anliegerstaaten des Mittelmeeres, auf den Kanarischen Inseln

---

Hinweis: Alle mit *) gekennzeichneten Textpassagen sind in der Verbandsempfehlung aufgrund von Artikel 7 (1) lit. a bzw. b GVO-VW erforderlich. Das einzelne Versicherungsunternehmen kann diese Textpassagen auch entfallen lassen.

Texte

oder auf Madeira erfolgt und ein Gericht oder eine Behörde in diesem Bereich gesetzlich zuständig ist oder zuständig wäre, wenn ein gerichtliches oder behördliches Verfahren eingeleitet werden würde.

2. Versicherungsverhältnis

§ 7 Beginn des Versicherungsschutzes
Soweit nicht etwas anderes vereinbart ist, gilt:*)

Der Versicherungsschutz beginnt zu dem im Versicherungsschein angegebenen Zeitpunkt, wenn der erste Beitrag spätestens zwei Wochen nach Anforderung gezahlt wird. Bei späterer Zahlung beginnt der Versicherungsschutz erst mit der Zahlung, jedoch nicht vor dem angegebenen Zeitpunkt.

§ 8 Vertragsdauer

(1) Der Vertrag wird für die im Versicherungsschein angegebene Zeit abgeschlossen. Ein Versicherungsverhältnis, das für die Dauer von mehr als fünf Jahren eingegangen worden ist, kann zum Ende des fünften Jahres oder jedes darauffolgenden Jahres unter Einhaltung einer Frist von drei Monaten gekündigt werden.

(2) Bei einer Vertragsdauer von mindestens einem Jahr verlängert sich der Vertrag stillschweigend jeweils um ein Jahr, wenn nicht dem Vertragspartner spätestens drei Monate vor Ablauf eine Kündigung zugegangen ist.

§ 9 Versicherungsbeitrag
Soweit nicht etwas anderes vereinbart ist, gilt:*)

(1) Die Beiträge sind, wenn keine kürzere Vertragsdauer vereinbart wurde, Jahresbeiträge und zuzüglich der jeweiligen Versicherungsteuer im voraus zu zahlen. Es kann Zahlung des Jahresbeitrages in vorauszuzahlenden Raten vereinbart werden; die nach dieser Vereinbarung zunächst nicht fälligen Teile des Beitrages sind gestundet. Gerät der Versicherungsnehmer mit einer Rate in Verzug, ist die Stundung aufgehoben.

(2) Der erste Beitrag wird fällig, sobald dem Versicherungsnehmer der Versicherungsschein und eine Zahlungsaufforderung zugehen. Bei Ratenvereinbarungen gilt nur die erste Rate als Erstbeitrag. Wird der erste Beitrag nicht spätestens zwei Wochen nach Zugang des Versicherungsscheines gezahlt, kann der Versicherer vom Vertrag zurücktreten, solange der Beitrag nicht gezahlt ist. Hat der Versicherer diesen Beitrag nicht innerhalb von drei Monaten ab Zugang des Versicherungsscheines gerichtlich geltend gemacht, gilt dies als Rücktritt. In diesem Fall kann der Versicherer eine angemessene Geschäftsgebühr von bis zu 30 Prozent des Jahresbeitrags, höchstens 100,- DM, verlangen.

Hinweis: Alle mit *) gekennzeichneten Textpassagen sind in der Verbandsempfehlung aufgrund von Artikel 7 (1) lit. a bzw. b GVO-VW erforderlich. Das einzelne Versicherungsunternehmen kann diese Textpassagen auch entfallen lassen.

(3) Alle nach dem ersten Beitrag zu zahlenden Beiträge sind Folgebeiträge; sie sind am Ersten des Fälligkeitsmonates zu zahlen, sofern nicht etwas anderes vereinbart wurde. Wird ein Folgebeitrag nicht spätestens am Fälligkeitstermin gezahlt, kann der Versicherer dem Versicherungsnehmer schriftlich auf dessen Kosten eine Zahlungsfrist von mindestens zwei Wochen setzen. Tritt nach Ablauf dieser Frist ein Rechtsschutzfall ein und ist der Versicherungsnehmer mit der Zahlung von Beitrag, geschuldeten Zinsen oder Kosten noch in Verzug, ist der Versicherer von der Verpflichtung zur Leistung frei. Hierauf ist der Versicherungsnehmer in der Fristbestimmung hinzuweisen.

§ 10 Bedingungs- und Beitragsanpassung

(§ 10 A ist nicht von der Genehmigung des BAV und der Verbandsempfehlung umfaßt)

A. Bedingungsanpassung

(1) Der Versicherer ist berechtigt,
– bei Änderung von Gesetzen, auf denen die Bestimmungen des Versicherungsvertrages beruhen
– bei unmittelbar den Versicherungsvertrag betreffenden Änderungen der höchstrichterlichen Rechtsprechung, der Verwaltungspraxis des Bundesaufsichtsamtes für das Versicherungswesen oder der Kartellbehörden,
– im Fall der Unwirksamkeit von Bedingungen sowie
– zur Abwendung einer kartell- oder aufsichtsbehördlichen Beanstandung einzelne Bedingungen mit Wirkung für bestehende Verträge zu ergänzen oder zu ersetzen. Die neuen Bedingungen sollen den ersetzten rechtlich und wirtschaftlich weitestgehend entsprechen. Sie dürfen die Versicherten auch unter Berücksichtigung der bisherigen Auslegung in rechtlicher und wirtschaftlicher Hinsicht nicht unzumutbar benachteiligen.

(2) Die geänderten Bedingungen werden dem Versicherungsnehmer schriftlich bekanntgegeben und erläutert. Sie gelten als genehmigt, wenn der Versicherungsnehmer nicht innerhalb eines Monats nach Bekanntgabe schriftlich widerspricht. Hierauf wird er bei der Bekanntgabe besonders hingewiesen. Zur Fristwahrung ist die Absendung ausreichend. Bei fristgerechtem Widerspruch laufen die Verträge mit den ursprünglichen Bedingungen weiter.

(3) Zur Beseitigung von Auslegungszweifeln kann der Versicherer den Wortlaut von Bedingungen ändern, wenn diese Anpassung vom bisherigen Bedingungstext gedeckt ist und den objektiven Willen sowie die Interessen beider Parteien berücksichtigt. Das Verfahren nach Absatz 2 ist zu beachten.

(§ 10 B ist nicht von der Genehmigung des BAV umfaßt)

B. Beitragsanpassung

(1) Ein unabhängiger Treuhänder ermittelt bis zum 1. Juli eines jeden Jahres, um welchen Vomhundertsatz sich für die Rechtsschutzversicherung das Produkt von Schadenhäufigkeit und Durchschnitt der Schadenzahlungen

einer genügend großen Zahl der die Rechtsschutzversicherung betreibenden Versicherer im vergangenen Kalenderjahr erhöht oder vermindert hat. Als Schadenhäufigkeit eines Kalenderjahres gilt die Anzahl der in diesem Jahr gemeldeten Rechtsschutzfälle, geteilt durch die Anzahl der im Jahresmittel versicherten Risiken. Als Durchschnitt der Schadenzahlungen eines Kalenderjahres gilt die Summe der Zahlungen, die für alle in diesem Jahr erledigten Rechtsschutzfälle insgesamt geleistet wurden, geteilt durch die Anzahl dieser Rechtsschutzfälle. Veränderungen der Schadenhäufigkeit und des Durchschnitts der Schadenzahlungen, die aus Leistungsverbesserungen herrühren, werden bei den Feststellungen des Treuhänders nur bei denjenigen Verträgen berücksichtigt, in denen sie in beiden Vergleichsjahren bereits enthalten sind.

(2) Die Ermittlung des Treuhänders erfolgt für Versicherungsverträge
gemäß den §§ 21 und 22,
gemäß den §§ 23, 24, 25 und 29,
gemäß den §§ 26 und 27,
gemäß § 28
nebst den zusätzlich vereinbarten Klauseln gesondert, und zwar jeweils unterschieden nach Verträgen mit und ohne Selbstbeteiligung.

(3) Ergeben die Ermittlungen des Treuhänders einen Vomhundertsatz unter 5, unterbleibt eine Beitragsänderung. Der Vomhundertsatz ist jedoch in den folgenden Jahren mitzuberücksichtigen.

Ergeben die Ermittlungen des Treuhänders einen höheren Vomhundertsatz, ist dieser, wenn er nicht durch 2,5 teilbar ist, auf die nächstniedrige durch 2,5 teilbare Zahl abzurunden.

Im Falle einer Erhöhung ist der Versicherer berechtigt, im Falle einer Verminderung verpflichtet, den Folgejahresbeitrag um den abgerundeten Vomhundertsatz zu verändern. Der erhöhte Beitrag darf den zum Zeitpunkt der Erhöhung geltenden Tarifbeitrag nicht übersteigen.

(4) Hat sich der entsprechend Absatz 1 nach den unternehmenseigenen Zahlen des Versicherers zu ermittelnde Vomhundertsatz in den letzten Jahren, in denen eine Beitragsanpassung möglich war, geringer erhöht, als er vom Treuhänder für diese Jahre festgestellt wurde, so darf der Versicherer den Folgejahresbeitrag in der jeweiligen Anpassungsgruppe gemäß Absatz 2 nur um den im letzten Kalenderjahr nach seinen Zahlen ermittelten Vomhundertsatz erhöhen. Diese Erhöhung darf diejenige nicht übersteigen, die sich nach Absatz 3 ergibt.

(5) Die Beitragsanpassung gilt für alle Folgejahresbeiträge, die ab 1. Oktober des Jahres, in dem die Ermittlungen des Treuhänders erfolgten, fällig werden. Sie unterbleibt, wenn seit dem im Versicherungsschein bezeichneten Versicherungsbeginn für den Gegenstand der Versicherung noch nicht ein Jahr abgelaufen ist.

(6) Erhöht sich der Beitrag, ohne daß sich der Umfang der Versicherung ändert, kann der Versicherungsnehmer den Versicherungsvertrag innerhalb eines Monats nach Eingang der Mitteilung des Versicherers mit sofortiger Wirkung, frühestens jedoch zu dem Zeitpunkt kündigen, in dem die Beitragserhöhung wirksam werden sollte.

2. ARB 94 Texte

§ 11 Änderung der für die Beitragsberechnung wesentlichen Umstände

(1) Tritt nach Vertragsabschluß ein Umstand ein, der nach dem Tarif des Versicherers einen höheren als den vereinbarten Beitrag rechtfertigt, kann der Versicherer vom Eintritt dieses Umstandes an für die hierdurch entstandene höhere Gefahr den höheren Beitrag verlangen. Wird die höhere Gefahr nach dem Tarif des Versicherers auch gegen einen höheren Beitrag nicht übernommen, kann der Versicherer innerhalb eines Monates nach Kenntnis den Versicherungsvertrag mit einer Frist von einem Monat kündigen.

(2) Tritt nach Vertragsabschluß ein Umstand ein, der nach dem Tarif des Versicherers einen geringeren als den vereinbarten Beitrag rechtfertigt, kann der Versicherer vom Eintritt dieses Umstandes an nur noch den geringeren Beitrag verlangen. Zeigt der Versicherungsnehmer diesen Umstand dem Versicherer später als zwei Monate nach dessen Eintritt an, wird der Beitrag erst vom Eingang der Anzeige an herabgesetzt.

(3) Soweit nicht etwas anderes vereinbart ist, gilt:*)
Der Versicherungsnehmer hat dem Versicherer innerhalb eines Monates nach Zugang einer Aufforderung die zur Beitragsberechnung erforderlichen Angaben zu machen. Macht der Versicherungsnehmer bis zum Fristablauf diese Aufgaben nicht oder unrichtig, ist der Versicherer berechtigt, für einen nach Eintritt der höheren Gefahr eingetretenen Rechtsschutzfall die Leistungen nur insoweit zu erbringen, als es dem Verhältnis des vereinbarten Beitrages zu dem Beitrag entspricht, der bei richtigen und vollständigen Angaben hätte gezahlt werden müssen. Unterläßt der Versicherungsnehmer jedoch die erforderliche Meldung eines zusätzlichen Gegenstandes der Versicherung, ist der Versicherungsschutz für diesen Gegenstand ausgeschlossen. In den Fällen der Sätze 2 und 3 bleibt der Versicherer zur Leistung verpflichtet, wenn der Versicherungsnehmer beweist, daß die Unrichtigkeit oder das Unterbleiben der Angaben nicht auf seinem Verschulden beruht.

§ 12 Wegfall des Gegenstandes der Versicherung einschließlich Tod des Versicherungsnehmers

(1) Fällt der Gegenstand der Versicherung ganz oder teilweise weg, endet der Versicherungsschutz für den weggefallenen Gegenstand, soweit keine abweichende Regelung getroffen ist. Erlangt der Versicherer später als zwei Monate nach dem Wegfall des Gegenstandes der Versicherung hiervon Kenntnis, steht ihm der Beitrag bis zum Zeitpunkt der Kenntniserlangung zu.

(2) Im Falle des Todes des Versicherungsnehmers besteht der Versicherungsschutz bis zum Ende der laufenden Beitragsperiode fort, soweit der Beitrag am Todestag gezahlt war und nicht aus sonstigen Gründen ein Wegfall des Gegenstandes der Versicherung vorliegt. Wird der nach dem Todestag nächstfällige Beitrag bezahlt, bleibt der Versicherungsschutz in dem am Todestag bestehenden Umfang aufrechterhalten. Derjenige, der den

---

Hinweis: Alle mit *) gekennzeichneten Textpassagen sind in der Verbandsempfehlung aufgrund von Artikel 7 (1) lit. a bzw. b GVO-VW erforderlich. Das einzelne Versicherungsunternehmen kann diese Textpassagen auch entfallen lassen.

Beitrag gezahlt hat oder für den gezahlt wurde, wird anstelle des Verstorbenen Versicherungsnehmer. Er kann innerhalb eines Jahres nach dem Todestag die Aufhebung des Versicherungsvertrages mit Wirkung ab Todestag verlangen.

(3) Bezieht der Versicherungsnehmer anstelle einer im Versicherungsschein bezeichneten Wohnung oder eines Einfamilienhauses eine andere Wohnung oder ein anderes Einfamilienhaus, geht der Versicherungsschutz mit dem Bezug auf das neue Objekt über. Eingeschlossen bleiben Rechtsschutzfälle, die erst nach dem Auszug aus dem bisherigen Objekt eintreten, soweit sie im Zusammenhang mit der Eigennutzung dieses Objektes durch den Versicherungsnehmer stehen. Das gleiche gilt für Rechtsschutzfälle, die sich auf das neue Objekt beziehen und vor dessen Bezug eintreten.

§ 13 Außerordentliche Kündigung

(1) Lehnt der Versicherer den Rechtsschutz ab, obwohl er zur Leistung verpflichtet ist, kann der Versicherungsnehmer den Vertrag fristlos oder zum Ende der laufenden Versicherungsperiode kündigen. Die Kündigung ist nur innerhalb eines Monates nach Zugang der Ablehnung zulässig.

(2) Bejaht der Versicherer seine Leistungspflicht für mindestens zwei innerhalb von zwölf Monaten eingetretene Rechtsschutzfälle, sind der Versicherungsnehmer und der Versicherer innerhalb eines Monates nach Anerkennung der Leistungspflicht für den zweiten oder jeden weiteren Rechtsschutzfall berechtigt, den Vertrag mit einer Frist von einem Monat zu kündigen.

§ 14 Verjährung des Rechtsschutzanspruches

(1) Der Anspruch auf Rechtsschutz nach Eintritt eines Rechtsschutzfalles verjährt in zwei Jahren. Die Verjährung beginnt am Schluß des Kalenderjahres, in dem erstmalig Maßnahmen zur Wahrnehmung der rechtlichen Interessen des Versicherungsnehmers eingeleitet werden, die Kosten auslösen können.

(2) Der Zeitraum von der Meldung des Rechtsschutzfalles beim Versicherer bis zu dessen schriftlicher Entscheidung über seine Leistungspflicht wird in die Verjährungsfrist nicht eingerechnet.

§ 15 Rechtsstellung mitversicherter Personen

(1) Versicherungsschutz besteht für den Versicherungsnehmer und im jeweils bestimmten Umfang für die in § 21 bis § 28 oder im Versicherungsschein genannten sonstigen Personen. Außerdem besteht Versicherungsschutz für Ansprüche, die natürlichen Personen aufgrund Verletzung oder Tötung des Versicherungsnehmers oder einer mitversicherten Person kraft Gesetzes zustehen.

(2) Für mitversicherte Personen gelten die den Versicherungsnehmer betreffenden Bestimmungen sinngemäß. Der Versicherungsnehmer kann jedoch widersprechen, wenn eine andere mitversicherte Person als sein ehelicher Lebenspartner Rechtsschutz verlangt.

2. ARB 94　　　　　　　　　　　　　　　　　　　　　Texte

§ 16 Schriftform von Erklärungen

Alle Erklärungen gegenüber dem Versicherer sind schriftlich abzugeben.

3. Rechtsschutzfall

§ 17 Verhalten nach Eintritt eines Rechtsschutzfalles

(1) Wird die Wahrnehmung rechtlicher Interessen für den Versicherungsnehmer nach Eintritt eines Rechtsschutzfalles erforderlich, kann er den zu beauftragenden Rechtsanwalt aus dem Kreis der Rechtsanwälte auswählen, deren Vergütung der Versicherer nach § 5 Absatz 1 a) und b) trägt. Der Versicherer wählt den Rechtsanwalt aus,
a) wenn der Versicherungsnehmer dies verlangt;
b) wenn der Versicherungsnehmer keinen Rechtsanwalt benennt und dem Versicherer die alsbaldige Beauftragung eines Rechtsanwaltes notwendig erscheint.

(2) Wenn der Versicherungsnehmer den Rechtsanwalt nicht bereits selbst beauftragt hat, wird dieser vom Versicherer im Namen des Versicherungsnehmers beauftragt. Für die Tätigkeit des Rechtsanwaltes ist der Versicherer nicht verantwortlich.

(3) Macht der Versicherungsnehmer den Rechtsschutzanspruch geltend, hat er den Versicherer vollständig und wahrheitsgemäß über sämtliche Umstände des Rechtsschutzfalles zu unterrichten sowie Beweismittel anzugeben und Unterlagen auf Verlangen zur Verfügung zu stellen.

(4) Der Versicherer bestätigt den Umfang des für den Rechtsschutzfall bestehenden Versicherungsschutzes. Ergreift der Versicherungsnehmer Maßnahmen zur Wahrnehmung seiner rechtlichen Interessen, bevor der Versicherer den Umfang des Rechtsschutzes bestätigt, und entstehen durch solche Maßnahmen Kosten, trägt der Versicherer nur die Kosten, die er bei einer Rechtsschutzbestätigung vor Einleitung dieser Maßnahmen zu tragen hätte.

(5) Der Versicherungsnehmer hat
a) den mit der Wahrnehmung seiner Interessen beauftragten Rechtsanwalt vollständig und wahrheitsgemäß über die Sachlage zu unterrichten, ihm die Beweismittel anzugeben, die möglichen Auskünfte zu erteilen und die notwendigen Unterlagen zu beschaffen;
b) dem Versicherer auf Verlangen Auskunft über den Stand der Angelegenheit zu geben;
c) soweit seine Interessen nicht unbillig beeinträchtigt werden,
　aa) vor Erhebung von Klagen und Einlegung von Rechtsmitteln die Zustimmung des Versicherers einzuholen;
　bb) vor Klageerhebung die Rechtskraft eines anderen gerichtlichen Verfahrens abzuwarten, das tatsächliche oder rechtliche Bedeutung für den beabsichtigten Rechtsstreit haben kann;
　cc) alles zu vermeiden, was eine unnötige Erhöhung der Kosten oder eine Erschwerung ihrer Erstattung durch die Gegenseite verursachen könnte.

(6) Soweit nicht etwas anderes vereinbart ist, gilt:*)
Verletzt der Versicherungsnehmer eine der in Absatz 3 oder 5 genannten Pflichten, kann der Versicherer von der Verpflichtung zur Leistung frei werden, es sei denn, daß die Verletzung weder auf Vorsatz noch auf grober Fahrlässigkeit beruht. Bei vorsätzlicher oder grob fahrlässiger Verletzung bleibt der Versicherer insoweit verpflichtet, als die Verletzung Einfluß weder auf die Feststellung des Rechtsschutzfalles noch auf die Feststellung oder den Umfang der dem Versicherer obliegenden Leistung gehabt hat.

(7) Ansprüche auf Rechtsschutzleistungen können nur mit schriftlichem Einverständnis des Versicherers abgetreten werden.

(8) Ansprüche des Versicherungsnehmers gegen andere auf Erstattung von Kosten, die der Versicherer getragen hat, gehen mit ihrer Entstehung auf diesen über. Die für die Geltendmachung der Ansprüche notwendigen Unterlagen hat der Versicherungsnehmer dem Versicherer auszuhändigen und bei dessen Maßnahmen gegen die anderen auf Verlangen mitzuwirken. Dem Versicherungsnehmer bereits erstattete Kosten sind an den Versicherer zurückzuzahlen.

§ 18 Schiedsgutachten bei Ablehnung des Rechtsschutzes durch den Versicherer

(1) Lehnt der Versicherer den Rechtsschutz ab,
a) weil der durch die Wahrnehmung der rechtlichen Interessen voraussichtlich entstehende Kostenaufwand unter Berücksichtigung der berechtigten Belange der Versichertengemeinschaft in einem groben Mißverhältnis zum angestrebten Erfolg steht
oder
b) weil in den Fällen des § 2 a) bis g) die Wahrnehmung der rechtlichen Interessen keine hinreichende Aussicht auf Erfolg hat,
ist dies dem Versicherungsnehmer unverzüglich unter Angabe der Gründe schriftlich mitzuteilen.

(2) Mit der Mitteilung über die Rechtsschutzablehnung ist der Versicherungsnehmer darauf hinzuweisen, daß er, soweit er der Auffassung des Versicherers nicht zustimmt und seinen Anspruch auf Rechtsschutz aufrechterhält, innerhalb eines Monates die Einleitung eines Schiedsgutachterverfahrens vom Versicherer verlangen kann. Mit diesem Hinweis ist der Versicherungsnehmer aufzufordern, alle nach seiner Auffassung für die Durchführung des Schiedsgutachterverfahrens wesentlichen Mitteilungen und Unterlagen innerhalb der Monatsfrist dem Versicherer zuzusenden. Außerdem ist er über die Kostenfolgen des Schiedsgutachterverfahrens gemäß Absatz 5 und über die voraussichtliche Höhe dieser Kosten zu unterrichten.

(3) Verlangt der Versicherungsnehmer die Durchführung eines Schiedsgutachterverfahrens, hat der Versicherer dieses Verfahren innerhalb eines Monates einzuleiten und den Versicherungsnehmer hierüber zu unterrich-

---

Hinweis: Alle mit *) gekennzeichneten Textpassagen sind in der Verbandsempfehlung aufgrund von Artikel 7 (1) lit. a bzw. b GVO-VW erforderlich. Das einzelne Versicherungsunternehmen kann diese Textpassagen auch entfallen lassen.

ten. Sind zur Wahrnehmung der rechtlichen Interessen des Versicherungsnehmers Fristen zu wahren und entstehen hierdurch Kosten, ist der Versicherer verpflichtet, diese Kosten in dem zur Fristwahrung notwendigen Umfang bis zum Abschluß des Schiedsgutachterverfahrens unabhängig von dessen Ausgang zu tragen.

Leitet der Versicherer das Schiedsgutachterverfahren nicht fristgemäß ein, gilt seine Leistungspflicht in dem Umfang, in dem der Versicherungsnehmer den Rechtsschutzanspruch geltend gemacht hat, als festgestellt.

(4) Schiedsgutachter ist ein seit mindestens fünf Jahren zur Rechtsanwaltschaft zugelassener Rechtsanwalt, der von dem Präsidenten der für den Wohnsitz des Versicherungsnehmers zuständigen Rechtsanwaltskammer benannt wird. Dem Schiedsgutachter sind vom Versicherer alle ihm vorliegenden Mitteilungen und Unterlagen, die für die Durchführung des Schiedsgutachterverfahrens wesentlich sind, zur Verfügung zu stellen. Er entscheidet im schriftlichen Verfahren; seine Entscheidung ist für den Versicherer bindend.

(5) Die Kosten des Schiedsgutachterverfahrens trägt der Versicherer, wenn der Schiedsgutachter feststellt, daß die Leistungsverweigerung des Versicherers ganz oder teilweise unberechtigt war. War die Leistungsverweigerung nach dem Schiedsspruch berechtigt, trägt der Versicherungsnehmer seine Kosten und die des Schiedsgutachters. Die dem Versicherer durch das Schiedsgutachterverfahren entstehenden Kosten trägt dieser in jedem Falle selbst.

§ 19 Klagefrist
Soweit nicht etwas anderes vereinbart ist, gilt:*)

Lehnt der Versicherer den Rechtsschutz ab und wird kein Schiedsgutachterverfahren nach § 18 durchgeführt oder wird die nach § 18 ergangene Entscheidung des Schiedsgutachters nicht anerkannt, kann der Versicherungsnehmer den Anspruch auf Rechtsschutz nur innerhalb von sechs Monaten gerichtlich geltend machen. Diese Frist beginnt, nachdem die Ablehnung des Versicherers oder die Entscheidung des Schiedsgutachters dem Versicherungsnehmer schriftlich unter Angabe der mit dem Fristablauf verbundenen Rechtsfolge mitgeteilt wurde.

§ 20 Zuständiges Gericht
(1) Für Klagen, die aus dem Versicherungsverhältnis gegen den Versicherer erhoben werden, bestimmt sich die gerichtliche Zuständigkeit nach dem Sitz des Versicherers oder seiner für das jeweilige Versicherungsverhältnis zuständigen Niederlassung. Hat ein Versicherungsagent den Vertrag vermittelt oder abgeschlossen, ist auch das Gericht des Ortes zuständig, an dem der Agent zur Zeit der Vermittlung oder des Abschlusses seine gewerbliche Niederlassung oder bei Fehlen einer gewerblichen Niederlassung seinen Wohnsitz hatte.

Hinweis: Alle mit *) gekennzeichneten Textpassagen sind in der Verbandsempfehlung aufgrund von Artikel 7 (1) lit. a bzw. b GVO-VW erforderlich. Das einzelne Versicherungsunternehmen kann diese Textpassagen auch entfallen lassen.

(2) Klagen des Versicherers gegen den Versicherungsnehmer können bei dem für den Wohnsitz des Versicherungsnehmers zuständigen Gericht erhoben werden. Hat der Versicherungsnehmer die Versicherung für seinen Gewerbebetrieb genommen, kann der Versicherer seine Ansprüche auch bei dem für den Sitz oder die Niederlassung des Gewerbebetriebes zuständigen Gericht geltend machen.

4. Formen des Versicherungsschutzes

§ 21 Verkehrs-Rechtsschutz

(1) Versicherungsschutz besteht für den Versicherungsnehmer in seiner Eigenschaft als Eigentümer oder Halters jedes bei Vertragsabschluß oder während der Vertragsdauer auf ihn zugelassenen oder auf seinen Namen mit einem Versicherungskennzeichen versehenen und als Mieter jedes von ihm als Selbstfahrer-Vermietfahrzeug zum vorübergehenden Gebrauch gemieteten Motorfahrzeuges zu Lande sowie Anhängers. Der Versicherungsschutz erstreckt sich auf alle Personen in ihrer Eigenschaft als berechtigte Fahrer oder berechtigte Insassen dieser Motorfahrzeuge.

(2) Der Versicherungsschutz kann auf gleichartige Motorfahrzeuge gemäß Absatz 1 beschränkt werden. Als gleichartig gelten jeweils Krafträder, Personenkraft- und Kombiwagen, Lastkraft- und sonstige Nutzfahrzeuge, Omnibusse sowie Anhänger.

(3) Abweichend von Absatz 1 kann vereinbart werden, daß der Versicherungsschutz für ein oder mehrere im Versicherungsschein bezeichnete Motorfahrzeuge zu Lande, zu Wasser oder in der Luft sowie Anhänger (Fahrzeug) besteht, auch wenn diese nicht auf den Versicherungsnehmer zugelassen oder nicht auf seinen Namen mit einem Versicherungskennzeichen versehen sind.

(4) Der Versicherungsschutz umfaßt:
Schadenersatz-Rechtsschutz (§ 2 a),
Rechtsschutz im Vertrags- und Sachenrecht (§ 2 d),
Steuer-Rechtsschutz vor Gerichten (§ 2 e),
Verwaltungs-Rechtsschutz in Verkehrssachen (§ 2 g),
Straf-Rechtsschutz (§ 2 i),
Ordnungswidrigkeiten-Rechtsschutz (§ 2 j).

(5) Der Rechtsschutz im Vertrags- und Sachenrecht kann ausgeschlossen werden.

(6) Der Rechtsschutz im Vertrags- und Sachenrecht besteht in den Fällen der Absätze 1 und 2 auch für Verträge, mit denen der Erwerb von Motorfahrzeugen zu Lande sowie Anhängern zum nicht nur vorübergehenden Eigengebrauch bezweckt wird, auch wenn diese Fahrzeuge nicht auf den Versicherungsnehmer zugelassen oder nicht auf seinen Namen mit einem Versicherungskennzeichen versehen werden.

(7) Versicherungsschutz besteht mit Ausnahme des Rechtsschutzes im Vertrags- und Sachenrecht für den Versicherungsnehmer auch bei der Teilnahme am öffentlichen Verkehr in seiner Eigenschaft als

2. ARB 94

a) Fahrer jedes Fahrzeuges, das weder ihm gehört noch auf ihn zugelassen oder auf seinen Namen mit einem Versicherungskennzeichen versehen ist,
b) Fahrgast,
c) Fußgänger und
d) Radfahrer.

(8) Soweit nicht etwas anderes vereinbart ist, gilt:*)
Hatte der Fahrer bei Eintritt des Rechtsschutzfalles nicht die vorgeschriebene Fahrerlaubnis, war er zum Führen des Fahrzeuges nicht berechtigt, war das Fahrzeug nicht zugelassen oder nicht mit einem Versicherungskennzeichen versehen, besteht Rechtsschutz nur für diejenigen versicherten Personen, die von dem Fehlen der Fahrerlaubnis, von der Nichtberechtigung zum Führen des Fahrzeuges oder von dem Fehlen der Zulassung oder des Versicherungskennzeichens ohne Verschulden keine Kenntnis hatten.

(9) Ist in den Fällen der Absätze 1 und 2 seit mindestens sechs Monaten kein Fahrzeug mehr auf den Versicherungsnehmer zugelassen und nicht mehr auf seinen Namen mit einem Versicherungskennzeichen versehen, kann der Versicherungsnehmer unbeschadet seines Rechtes auf Herabsetzung des Beitrages gemäß § 11 Absatz 2 die Aufhebung des Versicherungsvertrages mit sofortiger Wirkung verlangen.

(10) Wird ein nach Absatz 3 versichertes Fahrzeug veräußert oder fällt es auf sonstige Weise weg, besteht Versicherungsschutz für das Fahrzeug, das an die Stelle des bisher versicherten Fahrzeuges tritt (Folgefahrzeug). Der Rechtsschutz im Vertrags- und Sachenrecht erstreckt sich in diesen Fällen auf den Vertrag, der dem tatsächlichen oder beabsichtigten Erwerb des Folgefahrzeuges zugrunde liegt.
Soweit nicht etwas anderes vereinbart ist, gilt:*)
Die Veräußerung oder der sonstige Wegfall des Fahrzeuges ist dem Versicherer innerhalb von zwei Monaten anzuzeigen und das Folgefahrzeug zu bezeichnen. Unterläßt der Versicherungsnehmer die Anzeige oder die Bezeichnung des Folgefahrzeuges, besteht Versicherungsschutz nur, wenn die Unterlassung nicht auf einem Verschulden des Versicherungsnehmers beruht. Wird das Folgefahrzeug bereits vor Veräußerung des versicherten Fahrzeuges erworben, bleibt dieses bis zu seiner Veräußerung, längstens jedoch bis zu einem Monat nach dem Erwerb des Folgefahrzeuges ohne zusätzlichen Beitrag mitversichert. Bei Erwerb eines Fahrzeuges innerhalb eines Monates vor oder innerhalb eines Monates nach der Veräußerung des versicherten Fahrzeuges wird vermutet, daß es sich um ein Folgefahrzeug handelt.

§ 22 Fahrer-Rechtsschutz

(1) Versicherungsschutz besteht für die im Versicherungsschein genannte Person bei der Teilnahme am öffentlichen Verkehr in ihrer Eigenschaft als

---

Hinweis: Alle mit *) gekennzeichneten Textpassagen sind in der Verbandsempfehlung aufgrund von Artikel 7 (1) lit. a bzw. b GVO-VW erforderlich. Das einzelne Versicherungsunternehmen kann diese Textpassagen auch entfallen lassen.

Fahrer jedes Motorfahrzeuges zu Lande, zu Wasser oder in der Luft sowie Anhängers (Fahrzeug), das weder ihr gehört noch auf sie zugelassen oder auf ihren Namen mit einem Versicherungskennzeichen versehen ist. Der Versicherungsschutz besteht auch bei der Teilnahme am öffentlichen Verkehr als Fahrgast, Fußgänger und Radfahrer.

(2) Unternehmen können den Versicherungsschutz nach Absatz 1 für alle Kraftfahrer in Ausübung ihrer beruflichen Tätigkeit für das Unternehmen vereinbaren. Diese Vereinbarung können auch Betriebe des Kraftfahrzeughandels und -handwerks, Fahrschulen und Tankstellen für alle Betriebsangehörigen treffen.

(3) Der Versicherungsschutz umfaßt:

Schadenersatz-Rechtsschutz	(§ 2a),
Steuer-Rechtsschutz vor Gerichten	(§ 2 e),
Verwaltungs-Rechtsschutz in Verkehrssachen	(§ 2 g),
Straf-Rechtsschutz	(§ 2 i),
Ordnungswidrigkeiten-Rechtsschutz	(§ 2 j).

(4) Wird in den Fällen des Absatzes 1 ein Motorfahrzeug zu Lande auf die im Versicherungsschein genannte Person zugelassen oder auf ihren Namen mit einem Versicherungskennzeichen versehen, wandelt sich der Versicherungsschutz in einen solchen nach § 21 Absätze 3, 4, 7, 8 und 10 um. Die Wahrnehmung rechtlicher Interessen im Zusammenhang mit dem Erwerb dieses Motorfahrzeuges zu Lande ist eingeschlossen.

(5) Soweit nicht etwas anderes vereinbart ist, gilt:*)

Hatte der Fahrer bei Eintritt des Rechtsschutzfalles nicht die vorgeschriebene Fahrerlaubnis, war er zum Führen des Fahrzeuges nicht berechtigt, war das Fahrzeug nicht zugelassen oder nicht mit einem Versicherungskennzeichen versehen, besteht kein Rechtsschutz.

(6) Hat in den Fällen des Absatzes 1 die im Versicherungsschein genannte Person länger als sechs Monate keine Fahrerlaubnis mehr, endet der Versicherungsvertrag. Zeigt der Versicherungsnehmer das Fehlen der Fahrerlaubnis spätestens innerhalb von zwei Monaten nach Ablauf der Sechsmonatsfrist an, endet der Versicherungsvertrag mit Ablauf der Sechsmonatsfrist. Geht die Anzeige später beim Versicherer ein, endet der Versicherungsvertrag mit Eingang der Anzeige.

§ 23 Privat-Rechtsschutz für Selbständige

(1) Versicherungsschutz besteht für den Versicherungsnehmer und seinen ehelichen oder im Versicherungsschein genannten nichtehelichen Lebenspartner, wenn einer oder beide eine gewerbliche, freiberufliche oder sonstige selbständige Tätigkeit ausüben,
a) für den privaten Bereich,
b) für den beruflichen Bereich in Ausübung einer nichtselbständigen Tätigkeit.

Hinweis: Alle mit *) gekennzeichneten Textpassagen sind in der Verbandsempfehlung aufgrund von Artikel 7 (1) lit. a bzw. b GVO-VW erforderlich. Das einzelne Versicherungsunternehmen kann diese Textpassagen auch entfallen lassen.

(2) Mitversichert sind die minderjährigen und die unverheirateten, volljährigen Kinder bis zur Vollendung des 25. Lebensjahres, letztere jedoch längstens bis zu dem Zeitpunkt, in dem sie erstmalig eine auf Dauer angelegte berufliche Tätigkeit ausüben und hierfür ein leistungsbezogenes Entgelt erhalten.

(3) Der Versicherungsschutz umfaßt:

Schadenersatz-Rechtsschutz	(§ 2 a),
Arbeits-Rechtsschutz	(§ 2 b),
Rechtsschutz im Vertrags- und Sachenrecht	(§ 2 d),
Steuer-Rechtsschutz vor Gerichten	(§ 2 e),
Sozialgerichts-Rechtsschutz	(§ 2 f),
Disziplinar- und Standes-Rechtsschutz	(§ 2 h),
Straf-Rechtsschutz	(§ 2 i),
Ordnungswidrigkeiten-Rechtsschutz	(§ 2 j),
Beratungs-Rechtsschutz im Familien- und Erbrecht	(§ 2 k).

(4) Der Versicherungsschutz umfaßt nicht die Wahrnehmung rechtlicher Interessen als Eigentümer, Halter, Erwerber, Mieter, Leasingnehmer und Fahrer eines zulassungspflichtigen oder mit einem Versicherungskennzeichen zu versehenden Motorfahrzeuges zu Lande, zu Wasser oder in der Luft sowie Anhängers.

(5) Sind der Versicherungsnehmer und/oder der mitversicherte Lebenspartner nicht mehr gewerblich, freiberuflich oder sonstig selbständig tätig oder wird von diesen keine der vorgenannten Tätigkeiten mit einem Gesamtumsatz von mehr als 12 000,- DM – bezogen auf das letzte Kalenderjahr – ausgeübt, wandelt sich der Versicherungsschutz ab Eintritt dieser Umstände in einen solchen nach § 25 um.

§ 24 Berufs-Rechtsschutz für Selbständige, Rechtsschutz für Firmen und Vereine

(1) Versicherungsschutz besteht
a) für die im Versicherungsschein bezeichnete gewerbliche, freiberufliche oder sonstige selbständige Tätigkeit des Versicherungsnehmers. Mitversichert sind die vom Versicherungsnehmer beschäftigten Personen in Ausübung ihrer beruflichen Tätigkeit für den Versicherungsnehmer;
b) für Vereine sowie deren gesetzliche Vertreter, Angestellte und Mitglieder, soweit diese im Rahmen der Aufgaben tätig sind, die ihnen gemäß der Satzung obliegen.

(2) Der Versicherungsschutz umfaßt:

Schadenersatz-Rechtsschutz	(§ 2 a),
Arbeits-Rechtsschutz	(§ 2 b),
Sozialgerichts-Rechtsschutz	(§ 2 f),
Disziplinar- und Standesrechtsschutz	(§ 2 h),
Straf-Rechtsschutz	(§ 2 i),
Ordnungswidrigkeiten-Rechtsschutz	(§ 2j).

(3) Der Versicherungsschutz umfaßt nicht die Wahrnehmung rechtlicher Interessen als Eigentümer, Halter, Erwerber, Mieter, Leasingnehmer und Fahrer eines zulassungspflichtigen oder mit einem Versicherungskennzei-

chen zu versehenden Motorfahrzeuges zu Lande, zu Wasser oder in der Luft sowie Anhängers.

Klausel zu § 24 Absatz 3 ARB 94 – Rechtsschutz für das Kraftfahrzeuggewerbe
VdS –Musterklausel
(Unverbindliche Empfehlung des Verbandes der Schadensversicherer e. V. – VdS – Abweichende Vereinbarungen sind möglich)
Für Betriebe des Kraftfahrzeughandels und -handwerks, Fahrschulen und Tankstellen besteht abweichend von § 24 Absatz 3 Verkehrs-Rechtsschutz gemäß § 21 Absätze 1, 4, 7 und 8 für alle auf den Versicherungsnehmer zugelassenen, auf seinen Namen mit einem Versicherungskennzeichen versehenen oder in seinem Eigentum stehenden Motorfahrzeuge zu Lande sowie Anhänger und Fahrer-Rechtsschutz gemäß § 22 Absätze 2, 3 und 5.
Ausgeschlossen ist im Rahmen des § 21 Absatz 4 der Rechtsschutz im Vertrags- und Sachenrecht für Motorfahrzeuge, die nicht auf den Versicherungsnehmer oder nur mit einem roten Kennzeichen zugelassen sind, sowie die Wahrnehmung rechtlicher Interessen aus Versicherungsverträgen.

§ 25 Privat- und Berufs-Rechtsschutz für Nichtselbständige

(1) Versicherungsschutz besteht für den privaten und den beruflichen Bereich des Versicherungsnehmers und seines ehelichen oder im Versicherungsschein genannten nichtehelichen Lebenspartners, wenn diese keine gewerbliche, freiberufliche oder sonstige selbständige Tätigkeit mit einem Gesamtumsatz von mehr als 12 000,– DM – bezogen auf das letzte Kalenderjahr – ausüben. Kein Versicherungsschutz besteht unabhängig von der Umsatzhöhe für die Wahrnehmung rechtlicher Interessen im Zusammenhang mit einer der vorgenannten selbständigen Tätigkeiten.

(2) Mitversichert sind die minderjährigen und die unverheirateten volljährigen Kinder bis zur Vollendung des 25. Lebensjahres, letztere jedoch längstens bis zu dem Zeitpunkt, in dem sie erstmalig eine auf Dauer angelegte berufliche Tätigkeit ausüben und hierfür ein leistungsbezogenes Entgelt erhalten.

(3) Der Versicherungsschutz umfaßt:

Schadenersatz-Rechtsschutz	(§ 2 a),
Arbeits-Rechtsschutz	(§ 2 b),
Rechtsschutz im Vertrags- und Sachenrecht	(§ 2 d),
Steuer-Rechtsschutz vor Gerichten	(§ 2 e),
Sozialgerichts-Rechtsschutz	(§ 2 f),
Disziplinar- und Standes-Rechtsschutz	(§ 2 h),
Straf-Rechtsschutz	(§ 2 i),
Ordnungswidrigkeiten-Rechtsschutz	(§ 2 j),
Beratungs-Rechtsschutz im Familien- und Erbrecht	(§ 2 k).

(4) Der Versicherungsschutz umfaßt nicht die Wahrnehmung rechtlicher Interessen als Eigentümer, Halter, Erwerber, Mieter, Leasingnehmer und Fahrer eines zulassungspflichtigen oder mit einem Versicherungskennzeichen zu versehenden Motorfahrzeuges zu Lande, zu Wasser oder in der Luft sowie Anhängers.

(5) Haben der Versicherungsnehmer und/oder der mitversicherte Lebenspartner eine gewerbliche, freiberufliche oder sonstige selbständige Tätigkeit mit einem Gesamtumsatz von mehr als 12 000,- DM im letzten Kalenderjahr aufgenommen oder übersteigt deren aus einer solchen Tätigkeit im letzten Kalenderjahr erzielter Gesamtumsatz den Betrag von 12 000,- DM, wandelt sich der Versicherungsschutz ab Eintritt dieser Umstände in einen solchen nach § 23 um.

§ 26 Privat-, Berufs- und Verkehrs-Rechtsschutz für Nichtselbständige

(1) Versicherungsschutz besteht für den privaten und beruflichen Bereich des Versicherungsnehmers und seines ehelichen oder im Versicherungsschein genannten nichtehelichen Lebenspartners, wenn diese keine gewerbliche, freiberufliche oder sonstige selbständige Tätigkeit mit einem Gesamtumsatz von mehr als 12 000,- DM – bezogen auf das letzte Kalenderjahr – ausüben. Kein Versicherungsschutz besteht unabhängig von der Umsatzhöhe für die Wahrnehmung rechtlicher Interessen im Zusammenhang mit einer der vorgenannten selbständigen Tätigkeiten.

(2) Mitversichert sind
a) die minderjährigen Kinder,
b) die unverheirateten, volljährigen Kinder bis zur Vollendung des 25. Lebensjahres, jedoch längstens bis zu dem Zeitpunkt, in dem sie erstmalig eine auf Dauer angelegte berufliche Tätigkeit ausüben und hierfür ein leistungsbezogenes Entgelt erhalten. Soweit sich nicht aus der nachfolgenden Bestimmung etwas anderes ergibt, besteht jedoch kein Rechtsschutz für die Wahrnehmung rechtlicher Interessen als Eigentümer, Halter, Erwerber, Mieter, Leasingnehmer und Fahrer von zulassungspflichtigen oder mit einem Versicherungskennzeichen zu versehenden Motorfahrzeugen zu Lande, zu Wasser oder in der Luft sowie Anhängern (Fahrzeug);
c) alle Personen in ihrer Eigenschaft als berechtigte Fahrer oder berechtigte Insassen jedes bei Vertragsabschluß oder während der Vertragsdauer auf den Versicherungsnehmer, seinen mitversicherten Lebenspartner oder die minderjährigen Kinder zugelassenen oder auf ihren Namen mit einem Versicherungskennzeichen versehenen oder von diesem Personenkreis als Selbstfahrer-Vermietfahrzeug zum vorübergehenden Gebrauch gemieteten Motorfahrzeuges zu Lande sowie Anhängers.

(3) Der Versicherungsschutz umfaßt:

Schadenersatz-Rechtsschutz	(§ 2 a),
Arbeits-Rechtsschutz	(§ 2 b),
Rechtsschutz im Vertrags- und Sachenrecht	(§ 2 d),
Steuer-Rechtsschutz vor Gerichten	(§ 2 e),
Sozialgerichts-Rechtsschutz	(§ 2 f),
Verwaltungs-Rechtsschutz in Verkehrssachen	(§ 2 g),
Disziplinar- und Standes-Rechtsschutz	(§ 2 h),
Straf-Rechtsschutz	(§ 2 i),
Ordnungswidrigkeiten-Rechtsschutz	(§ 2 j),
Beratungs-Rechtsschutz im Familien- und Erbrecht	(§ 2 k).

(4) Es besteht kein Rechtsschutz für die Wahrnehmung rechtlicher Interessen als Eigentümer, Halter, Erwerber, Mieter und Leasingnehmer eines zulassungspflichtigen Motorfahrzeuges zu Wasser oder in der Luft.

(5) Soweit nicht etwas anderes vereinbart ist, gilt:*)
Hatte der Fahrer bei Eintritt des Rechtsschutzfalles nicht die vorgeschriebene Fahrerlaubnis, war er zum Führen des Fahrzeuges nicht berechtigt, war das Fahrzeug nicht zugelassen oder nicht mit einem Versicherungskennzeichen versehen, besteht Rechtsschutz nur für diejenigen versicherten Personen, die von dem Fehlen der Fahrerlaubnis, von der Nichtberechtigung zum Führen des Fahrzeuges oder von dem Fehlen der Zulassung oder des Versicherungskennzeichens ohne Verschulden keine Kenntnis hatten.

(6) Haben der Versicherungsnehmer und/oder der mitversicherte Lebenspartner eine gewerbliche, freiberufliche oder sonstige selbständige Tätigkeit mit einem Gesamtumsatz von mehr als 12 000,- DM im letzten Kalenderjahr aufgenommen oder übersteigt deren aus einer der vorgenannten selbständigen Tätigkeiten im letzten Kalenderjahr erzielter Gesamtumsatz den Betrag von 12 000,- DM, wandelt sich der Versicherungsschutz ab dem Eintritt dieser Umstände in einen solchen nach § 21 Absätze 1 und 4 bis 9 – für die auf den Versicherungsnehmer zugelassenen oder auf seinen Namen mit einem Versicherungskennzeichen versehenen Fahrzeuge – und § 23 um. Der Versicherungsnehmer kann jedoch innerhalb von sechs Monaten nach der Umwandlung die Beendigung des Versicherungsschutzes nach § 21 verlangen. Verlangt er dies später als zwei Monate nach Eintritt der für die Umwandlung des Versicherungsschutzes ursächlichen Tatsachen, endet der Versicherungsschutz nach § 21 erst mit Eingang der entsprechenden Erklärung des Versicherungsnehmers.

(7) Ist seit mindestens sechs Monaten kein Motorfahrzeug zu Lande und kein Anhänger mehr auf den Versicherungsnehmer, seinen mitversicherten Lebenspartner oder die minderjährigen Kinder zugelassen oder auf deren Namen mit einem Versicherungskennzeichen versehen, kann der Versicherungsnehmer verlangen, daß der Versicherungsschutz in einen solchen nach § 25 umgewandelt wird. Eine solche Umwandlung tritt automatisch ein, wenn die gleichen Voraussetzungen vorliegen und der Versicherungsnehmer, dessen mitversicherter Lebenspartner und die minderjährigen Kinder zusätzlich keine Fahrerlaubnis mehr haben. Werden die für die Umwandlung des Versicherungsschutzes ursächlichen Tatsachen dem Versicherer später als zwei Monate nach ihrem Eintritt angezeigt, erfolgt die Umwandlung des Versicherungsschutzes erst ab Eingang der Anzeige.

§ 27 Landwirtschafts- und Verkehrs-Rechtsschutz

(1) Versicherungsschutz besteht für den beruflichen Bereich des Versicherungsnehmers als Inhaber des im Versicherungsschein bezeichneten land- oder forstwirtschaftlichen Betriebes sowie für den privaten Bereich und die Ausübung nichtselbständiger Tätigkeiten.

Hinweis: Alle mit *) gekennzeichneten Textpassagen sind in der Verbandsempfehlung aufgrund von Artikel 7 (1) lit. a bzw. b GVO-VW erforderlich. Das einzelne Versicherungsunternehmen kann diese Textpassagen auch entfallen lassen.

2. ARB 94   Texte

(2) Mitversichert sind
a) der eheliche oder der im Versicherungsschein genannte nichteheliche Lebenspartner des Versicherungsnehmers,
b) die minderjährigen Kinder,
c) die unverheirateten, volljährigen Kinder bis zur Vollendung des 25. Lebensjahres, jedoch längstens bis zu dem Zeitpunkt, in dem sie erstmalig eine auf Dauer angelegte berufliche Tätigkeit ausüben und hierfür ein leistungsbezogenes Entgelt erhalten. Soweit sich nicht aus der nachfolgenden Bestimmung etwas anderes ergibt, besteht jedoch kein Rechtsschutz für die Wahrnehmung rechtlicher Interessen als Eigentümer, Halter, Erwerber, Mieter, Leasingnehmer und Fahrer von zulassungspflichtigen oder mit einem Versicherungskennzeichen zu versehenden Motorfahrzeugen zu Lande, zu Wasser oder in der Luft sowie Anhängern (Fahrzeug);
d) alle Personen in ihrer Eigenschaft als berechtigte Fahrer und berechtigte Insassen jedes bei Vertragsabschluß oder während der Vertragsdauer auf den Versicherungsnehmer, seinen mitversicherten Lebenspartner oder die minderjährigen Kinder zugelassenen oder auf ihren Namen mit einem Versicherungskennzeichen versehenen oder von diesem Personenkreis als Selbstfahrer-Vermietfahrzeug zum vorübergehenden Gebrauch gemieteten Motorfahrzeuges zu Landes sowie Anhängers,
e) die im Versicherungsschein genannten, im Betrieb des Versicherungsnehmers tätigen oder dort wohnhaften Mitinhaber sowie deren eheliche oder im Versicherungsschein genannte nichteheliche Lebenspartner und die minderjährigen Kinder dieser Personen,
f) die im Versicherungsschein genannten, im Betrieb des Versicherungsnehmers wohnhaften Altenteiler sowie deren eheliche oder im Versicherungsschein genannten nichtehelichen Lebenspartner und die minderjährigen Kinder dieser Personen,
g) die im land- und forstwirtschaftlichen Betrieb beschäftigten Personen in Ausübung ihrer Tätigkeit für den Betrieb.

(3) Der Versicherungsschutz umfaßt:

Schadenersatz-Rechtsschutz	(§ 2 a),
Arbeits-Rechtsschutz	(§ 2 b),
Wohnungs- und Grundstücks-Rechtsschutz	(§ 2 c),
für land- oder forstwirtschaftlich genutzte Grundstücke, Gebäude oder Gebäudeteile	
Rechtsschutz im Vertrags- und Sachenrecht	(§ 2 d),
Steuer-Rechtsschutz vor Gerichten	(§ 2 e),
Sozialgerichts-Rechtsschutz	(§ 2 f),
Verwaltungs-Rechtsschutz in Verkehrssachen	(§ 2 g),
Disziplinar- und Standes-Rechtsschutz	(§ 2 h),
Straf-Rechtsschutz	(§ 2 i),
Ordnungswidrigkeiten-Rechtsschutz	(§ 2 j),
Beratungs-Rechtsschutz im Familien- und Erbrecht	(§ 2 k).

(4) Soweit es sich nicht um Personenkraft- oder Kombiwagen, Krafträder oder land- oder forstwirtschaftlich genutzte Fahrzeuge handelt, besteht kein

Texte

Rechtsschutz für die Wahrnehmung rechtlicher Interessen als Eigentümer, Halter, Erwerber, Mieter und Leasingnehmer von Fahrzeugen.

(5) Soweit nicht etwas anderes vereinbart ist, gilt:*)
Hatte der Fahrer bei Eintritt des Rechtsschutzfalles nicht die vorgeschriebene Fahrerlaubnis, war er zum Führen des Fahrzeuges nicht berechtigt, war das Fahrzeug nicht zugelassen oder nicht mit einem Versicherungskennzeichen versehen, besteht Rechtsschutz nur für diejenigen versicherten Personen, die von dem Fehlen der Fahrerlaubnis, von der Nichtberechtigung zum Führen des Fahrzeuges oder von dem Fehlen der Zulassung oder des Versicherungskennzeichens ohne Verschulden keine Kenntnis hatten.

§ 28 Privat-, Berufs- und Verkehrs-Rechtsschutz für Selbständige

(1) Versicherungsschutz besteht
a) für die im Versicherungsschein bezeichnete gewerbliche, freiberufliche oder sonstige selbständige Tätigkeit des Versicherungsnehmers;
b) für den Versicherungsnehmer oder eine im Versicherungsschein genannte Person auch im privaten Bereich oder für die Ausübung nichtselbständiger Tätigkeiten.

(2) Mitversichert sind
a) der eheliche oder der im Versicherungsschein genannte nichteheliche Lebenspartner des Versicherungsnehmers oder der gemäß Absatz 1 b) genannten Person,
b) die minderjährigen Kinder,
c) die unverheirateten, volljährigen Kinder bis zur Vollendung des 25. Lebensjahres, jedoch längstens bis zu dem Zeitpunkt, in dem sie erstmalig eine auf Dauer angelegte berufliche Tätigkeit ausüben und hierfür ein leistungsbezogenes Entgelt erhalten. Soweit sich nicht aus der nachfolgenden Bestimmung etwas anderes ergibt, besteht jedoch kein Rechtsschutz für die Wahrnehmung rechtlicher Interessen als Eigentümer, Halter, Erwerber, Mieter, Leasingnehmer und Fahrer von zulassungspflichtigen oder mit einem Versicherungskennzeichen zu versehenden Motorfahrzeugen zu Lande, zu Wasser oder in der Luft sowie Anhängern (Fahrzeug);
d) alle Personen in ihrer Eigenschaft als berechtigte Fahrer und berechtigte Insassen jedes bei Vertragsabschluß oder während der Vertragsdauer auf den Versicherungsnehmer, die in Absatz 1 genannte Person, deren mitversicherte Lebenspartner oder deren minderjährige Kinder zugelassenen oder auf ihren Namen mit einem Versicherungskennzeichen versehenen oder von diesem Personenkreis als Selbstfahrer-Vermietfahrzeug zum vorübergehenden Gebrauch gemieteten Motorfahrzeuges zu Lande sowie Anhängers,
e) die vom Versicherungsnehmer beschäftigten Personen in Ausübung ihrer beruflichen Tätigkeit für den Versicherungsnehmer.

Hinweis: Alle mit *) gekennzeichneten Textpassagen sind in der Verbandsempfehlung aufgrund von Artikel 7 (1) lit. a bzw. b GVO-VW erforderlich. Das einzelne Versicherungsunternehmen kann diese Textpassagen auch entfallen lassen.

2. ARB 94
Texte

(3) Der Versicherungsschutz umfaßt:
Schadenersatz-Rechtsschutz	(§ 2 a),
Arbeits-Rechtsschutz	(§ 2 b),
Wohnungs- und Grundstücks-Rechtsschutz	(§ 2 c),
für im Versicherungsschein bezeichnete selbst genutzte Grundstücke, Gebäude oder Gebäudeteile,	
Rechtsschutz im Vertrags- und Sachenrecht	(§ 2 d),
für den privaten Bereich, die Ausübung nichtselbständiger Tätigkeiten und im Zusammenhang mit der Eigenschaft als Eigentümer, Halter, Erwerber, Mieter und Leasingnehmer von Motorfahrzeugen zu Lande sowie Anhängern,	
Steuer-Rechtsschutz vor Gerichten	(§ 2 e),
für den privaten Bereich, die Ausübung nichtselbständiger Tätigkeiten und im Zusammenhang mit der Eigenschaft als Eigentümer, Halter, Erwerber, Mieter und Leasingnehmer von Motorfahrzeugen zu Lande sowie Anhängern,	
Sozialgerichts-Rechtsschutz	(§ 2 f),
Verwaltungs-Rechtsschutz in Verkehrssachen	(§ 2 g),
Disziplinar- und Standes-Rechtsschutz	(§ 2 h),
Straf-Rechtsschutz	(§ 2 i),
Ordnungswidrigkeiten-Rechtsschutz	(§ 2 j),
Beratungs-Rechtsschutz im Familien- und Erbrecht	(§ 2 k).

(4) Der Wohnungs- und Grundstücks-Rechtsschutz kann ausgeschlossen werden.

(5) Es besteht kein Rechtsschutz für die Wahrnehmung rechtlicher Interessen als Eigentümer, Halter, Erwerber, Mieter und Leasingnehmer eines zulassungspflichtigen Motorfahrzeuges zu Wasser oder in der Luft.

(6) Soweit nicht etwas anderes vereinbart ist, gilt:*)
Hatte der Fahrer bei Eintritt des Rechtsschutzfalles nicht die vorgeschriebene Fahrerlaubnis, war er zum Führen des Fahrzeuges nicht berechtigt, war das Fahrzeug nicht zugelassen oder nicht mit einem Versicherungskennzeichen versehen, besteht Rechtsschutz nur für diejenigen versicherten Personen, die von dem Fehlen der Fahrerlaubnis, von der Nichtberechtigung zum Führen des Fahrzeuges oder von dem Fehlen der Zulassung oder des Versicherungskennzeichens ohne Verschulden keine Kenntnis hatten.

§ 29 Rechtsschutz für Eigentümer und Mieter von Wohnungen und Grundstücken

(1) Versicherungsschutz besteht für den Versicherungsnehmer in seiner im Versicherungsschein bezeichneten Eigenschaft als
a) Eigentümer,
b) Vermieter,
c) Verpächter,

Hinweis: Alle mit *) gekennzeichneten Textpassagen sind in der Verbandsempfehlung aufgrund von Artikel 7 (1) lit. a bzw. b GVO-VW erforderlich. Das einzelne Versicherungsunternehmen kann diese Textpassagen auch entfallen lassen.

d) Mieter,
e) Pächter,
f) Nutzungsberechtigter
von Grundstücken, Gebäuden oder Gebäudeteilen, die im Versicherungsschein bezeichnet sind. Einer Wohneinheit zuzurechnende Garagen oder Kraftfahrzeug-Abstellplätze sind eingeschlossen, soweit diese dem Eigentümer der Wohneinheit gehören.

(2) Der Versicherungsschutz umfaßt:
Wohnungs- und Grundstücks-Rechtsschutz (§ 2 c),
Steuer-Rechtsschutz vor Gerichten (§ 2 e).

3. Gegenüberstellung (Synopse) der ARB 75 und der ARB 94

a) ARB 75 und ARB 94

ARB 75	ARB 94
§ 1 (1)	§ 1
(2)	§ 2 S. 1
§ 2 (1) a	§ 5 (1) a, b
b	–
c S. 1	§ 5 (1) c
S. 2	§ 5 (1) d
d	§ 5 (1) e
e	§ 5 (1) f aa 1. Alternative
f	§ 5 (5) b
g	§ 5 (1) h
(2)	§ 5 (2) a
(3) a	§ 5 (3) a, b
b	§ 5 (3) d, e
c, d	§ 5 (3) g
e	–
(4)	§ 5 (4)
§ 3	§ 6
§ 4 (1) a	§ 3 (1) a
b	§ 3 (1) b
c, d	§ 3 (2) c
e	§ 3 (2) d, e
f	–
g	§ 3 (2) f
h	§ 3 (4) d (teilweise)
i	§ 3 (2) g
k	§ 3 (1) d
l	§ 3 (1) c
m	–
n	§ 2 e (außergerichtlich), § 3 (2) i
o	§ 3 (3) a, b
p	–
q	§ 3 (3) c
r	§ 3 (3) d
(2) a	§ 3 (5), § 2 j aa
b	§ 3 (4) c
c	§ 3 (4) d
(3) a	§ 2 i bb
b	§ 2 i aa
(4)	§ 4 (3) b
§ 5	§ 7

Texte

3 a. Synopse ARB 75 und ARB 94

ARB 75	ARB 94
§ 6	–
§ 7 (1)	§ 9 (1), (2)
(2)	§ 9 (3)
(3), (4)	–
§ 8	§ 8
§ 9 (1), (2)	§ 11 (1)
(3)	§ 11 (2)
(4)	§ 11 (3)
§ 10	§ 12 (1)
§ 11 (1)	§ 15 (1) S. 2
(2) S. 1	§ 15 (2) S. 2
S. 2	§ 3 (4) a
(3)	§ 15 (2) S. 1
§ 12	§ 16
§ 13	§ 20 (1)
§ 14 (1) S. 1	§ 4 (1) S. 1a
S. 2	–
(2), (3) S. 1	§ 4 (1) S. 1c
(3) S. 2	§ 4 (2) S. 2
(3) S. 3	§ 4 (1) S. 3, (3) a
§ 15 (1) a	§ 17 (3)
b	§ 17 (5) a
c	§ 17 (5) b
d aa	–
bb	§ 17 (5) c bb
cc	§ 17 (5) c aa, cc
e	–
(2)	§ 17 (6)
§ 16 (1)	§ 17 (1)
(2)	§ 17 (2) S. 1
(3)	§ 17 (4) S. 2
(4)	§ 17 (2) S. 2
§ 17 (1)	§ 18 (1)
(2) S. 1	§ 18 (2), (5)
S. 2	§ 18 (4) S. 3
(3) S. 1	§ 18 (2)
S. 2, 3	–
§ 18	§ 19
§ 19 (1)	§ 13 (1)
(2)	§ 13 (2)
§ 20 (1)	§ 17 (7)
(2), (3)	§ 17 (8)
(4) S. 1	§ 2 i aa S. 2
S. 2	–
§ 21 (1)	§ 21 (1)
(2)	§ 21 (2)

3 a. Synopse ARB 75 und ARB 94   **Texte**

ARB 75	ARB 94
(3)	–
(4)	§ 21 (4)
(5)	§ 21 (5)
(6)	§ 21 (8)
(7)	§ 21 (10) S. 3, 4
(8)	–
(9)	§ 21 (9)
§ 22 (1)	§ 21 (3)
(2)	–
(3)	§ 21 (4)
(4)	§ 21 (5)
(5)	§ 21 (8)
(6)	–
(7)	§ 21 (10)
§ 23 (1), (2)	§ 22 (1)
(3)	§ 22 (3)
(4)	§22 (5)
(5)	–
(6)	§ 22 (6)
(7)	§ 22 (2)
§ 24 (1)	§ 24 (1) a
(2)	§ 24 (2)
(3)	–
(4)	–
(5) a	§ 24 (3)
b	–
(6)	Klausel zu § 24 (3)
(7)	–
§ 25 (1)	§ 23 (1), (2); § 25 (1), (2)
(2), (3)	§ 23 (3); § 25 (3)
(4) a	§ 23 (4); § 25 (4)
b, c	–
§ 26 (1)	§ 26 (1)
(2)	§ 26 (2) a, b
(3)	§ 26 (2) c
(4)	–
(5)	§ 26 (3)
(6)	–
(7) a, b	–
c	§ 26 (1) S. 2
(8)	§ 26 (5)
(9) a	§ 26 (6)
b, c	§ 26 (7)
§ 27 (1)	§ 27 (1), (2) a, b, c, d, g
(2)	–
(3), (4)	§ 27 (3)

Texte 3 b. Synopse ARB 94 und ARB 75

ARB 75	ARB 94
(5) a	§ 27 (4)
b, c	–
(6)	§ 27 (5)
§ 28 (1)	§ 24 (1) b
(2)	§ 24 (2)
(3)	§ 24 (3)
§ 29 (1)	§ 29 (1), (2)
(2)	–
Klausel zu § 2-Selbstbeteiligung	§ 5 (3) c
Klausel zu § 2 (1) – Erstattung von Reisekosten	§ 5 (1) g
Klausel zu § 2 (1) – Technischer Sachverständiger im Rahmen des Kfz-Vertrags-RS	§ 5 (1) f aa 2. Alternative
Klausel zu § 21 – Fußgänger-RS	§ 21 (7)
Klausel zu § 25 a StVG	§ 3 (3) e
Klausel zur Fortsetzung des Vertrags nach Tod des VN	§ 12 (2)
Zusatzbed. zum Steuer-RS	
(1), (2) a	§ 2 e
(2) b	§ 2 j bb
(3) a	§ 3 (4) d
b, c	§ 3 (2) i
(4)	§ 5 (6) b
(5)	§ 4 (4)
Klausel bei Wohnungswechsel	§ 12 (3)
Beitragsangleichungsklausel	§ 10 B

b) ARB 94 und ARB 75

ARB 94	ARB 75
§ 1	§ 1 (1) S. 1
§ 2 S. 1	§ 1 (2)
S. 2 a	§§ 21 (4) a, 22 (3) a, 23 (3) a, 24 (2) a, 25 (2) a, 26 (5) a, 27 (3) a, 28 (2) a
b	§§ 24 (2) b, 25 (2) b, 26 (5) c, 27 (3) c, 28 (2) b
c	§ 29 (1)
d	§§ 21 (4) b, 22 (3) b, 24 (3) und (6) Ziff. 3 a, 25 (3), 26 (5) b, 27 (3) b und (4)
e	Zusatzbed. für Steuer-RS
f	§§ 24 (2) d, 25 (2) d, 26 (5) f, 27 (3) f, 28 (2) d

3 b. Synopse ARB 94 und ARB 75

ARB 94	ARB 75
g	§§ 21 (4) d, 22 (3) d, 23 (3) c, 24 (6) Ziff. 3b, 26 (5) e), 27 (3) e
h	§§ 24 (2) c, 25 (2) c, 26 (5) d, 27 (3) d
i aa	§ 4 (3) b in Verbindung mit §§ 21 (4) c, 22 (3) c, 23 (3) b, 26 (5) d, 27 (3) d
bb	§ 4 (3) a in Verbindung mit §§ 24 (2) c, 25 (2) c, 26 (5) d, 27 (3) d, 28 (2) c
j	§ 4 (2) a in Verbindung mit §§ 21 (4) c, 22 (3) c, 23 (3) b, 24 (2) c, 25 (2) c, 26 (5) d, 27 (3) d, 28 (2) c
k	§§ 25 (2) e, 26 (5) g, 27 (3) g
§ 3 (1) a	§ 4 (1) a
b	§ 4 (1) b
c	§ 4 (1) l
d	§ 4 (1) k
(2) a	–
b	–
c	§ 4 (1) c, d
d	§ 4 (1) e
e	§ 4 (1) e
f	§ 4 (1) g
g	§ 4 (1) i
h	Klausel zum Versicherungsvertrags-RS
i	Zusatzbed. für Steuer-RS (3) b, c
(3) a	§ 4 (1) o
b	§ 4 (1) o
c	§ 4 (1) q
d	§ 4 (1) r
e	Klausel zu § 25a StVG
(4) a	§ 11 (2) S. 2
b	Klausel für nichteheliche Lebenspartner
c	§ 4 (2) b
d	§ 4 (1) h, (2) c, Zusatzbed. für Steuer-RS (3) a
(5)	§ 4 (2) a
§ 4 (1) S. 1a	§ 14 (1) S. 1
b	§§ 25 (2) e S. 5, 26 (5) g S. 3, 27 (3) g S. 5
c	§ 14 (2), (3) S. 1
S. 2	–
S. 3	§ 14 (3) S. 3 1. Alternative
(2)	§ 14 (3) S. 2
(3) a	§ 14 (3) S. 3 2. Alternative
(3) b	§ 4 (4)
(4)	Zusatzbed. für Steuer-RS (5)
§ 5 (1) a, b	§ 2 (1) a
c	§ 2 (1) c S. 1
d	§ 2 (1) c S. 2

Texte

3 b. Synopse ARB 94 und ARB 75

ARB 94	ARB 75
e	§ 2 (1) d
f aa 1. Alternative	§ 2 (1) e
2. Alternative	Klausel zu § 2 (1)
bb	–
g	Klausel zu § 2 (1)
h	§ 2 (1) g
(2) a	§ 2 (2)
b	–
(3) a	§ 2 (3) a 2. Alternative
b	§ 2 (3) a 1. Alternative
c	Klausel zu § 2
d	§ 2 (3) b 1. Alternative
e	§ 2 (3) b 2. Alternative
f	§§ 21 (4) c S. 2, 22 (3) c S. 2, 23 (3) b S. 2, 24 (2) c S. 2, 25 (2) c S. 2, 26 (5) d S. 2, 27 (3) S. 2, 28 (2) c S. 2
g	§ 2 (3) c, d
(4)	§ 2 (4)
(5) a	–
b	§ 2 (1) f
(6) a	§§ 25 (2) e S. 4, 26 (5) g S. 1, 27 (3) g S. 4
b	Zusatzbed. für Steuer-RS (4)
c	–
§ 6	§ 3
§ 7	§ 5
§ 8	§ 8
§ 9 (1), (2)	§ 7 (1)
(3)	§ 7 (2)
§ 10 A	–
§ 10 B	Beitragsangleichungsklausel
§ 11 (1)	§ 9 (1), (2)
(2)	§ 9 (3)
(3)	§ 9 (4)
§ 12 (1)	§ 10
(2)	Klausel zu §§ 21, 22, 24 bis 29
(3)	Klausel zu § 29
§ 13	§ 19 (1), (2)
§ 14	–
§ 15 (1) S. 1	–
S. 2	§ 11 (1)
(2) S. 1	§ 11 (3)
S. 2	§ 11 (2) S. 1 Halbsatz 2
§ 16	§ 12
§ 17 (1)	§ 16 (1)
(2)	§ 16 (2), (4)
(3)	§ 15 (1) a

3 b. Synopse ARB 94 und ARB 75

ARB 94	ARB 75
(4) S. 1	–
S. 2	§ 16 (3)
(5) a	§ 15 (1) b
b	§ 15 (1) c
c aa	§ 15 (1) d cc
bb	§ 15 (1) d bb
cc	§ 15 (1) d cc
(6)	§ 15 (2)
(7)	§ 20 (1)
(8)	§ 20 (2), (3)
§ 18 (1)	§ 17 (1)
(2)	§ 17 (2) S. 1
(3)	–
(4) S. 1, 2	–
S. 3	§ 17 (2) S. 2
(5)	§ 17 (2) S. 1
§ 19	§ 18
§ 20 (1)	§ 13
(2)	–
§ 21 (1)	§ 21 (1)
(2)	§ 21 (2)
(3)	§ 22 (1)
(4)	§ 21 (4)
(5)	§ 21 (5)
(6)	–
(7)	Klausel zu §§ 21 und 22
(8)	§ 21 (6)
(9)	§ 21 (9)
(10)	§ 22 (7)
§ 22 (1) S. 1	§ 23 (1)
S. 2	Klausel zu § 23 (1) bis (6)
(2)	§ 23 (7)
(3)	§ 23 (3)
(4)	Klausel zu § 23
(5)	§ 23 (4)
(6)	§ 23 (6)
§ 23 (1)	§ 25 (1)
(2)	§ 25 (1)
(3)	§ 25 (2), (3)
(4)	§ 25 (4) a
(5)	–
§ 24 (1) a	§ 24 (1)
b	§ 28 (1)
(2)	§§ 24 (2), 28 (2)
(3)	§§ 24 (5) a, 28 (3)
§ 25 (1)	§ 25 (1)

Texte

3 b. Synopse ARB 94 und ARB 75

ARB 94	ARB 75
(2)	§ 25 (1)
(3)	§ 25 (2)
(4)	§ 25 (4) a
(5)	–
§ 26 (1)	§ 26 (1)
(2) a	§ 26 (2) S. 1
b	§ 26 (2) S. 2
c	§ 26 (3)
(3)	§ 26 (5)
(4)	–
(5)	§ 26 (8)
(6)	§ 26 (9) a
(7)	§ 26 (9) b, c
§ 27 (1)	§ 27 (1)
(2) a, b, c, d	§ 27 (1)
e	–
f	–
g	§ 27 (1) S. 4
(3)	§ 27 (3)
(4)	§ 27 (5) a
(5)	§ 27 (6)
§ 28	–
§ 29 (1)	§ 29 (1)
(2)	§ 29 (1); Zusatzbed. für Steuer-RS

Teil B. Allgemeine Bedingungen für die Rechtsschutzversicherung (ARB 75)
(§§ ohne Zusatz in diesem Teil sind solche der ARB 75)

Einleitung (Vor § 1)

Übersicht

	Rdnrn.
I. Begriff und Entwicklung der RSVersicherung	1–27
1. Begriff	1–9
a) Rechtsschutz	1–3
b) RSVersicherung	4–7
c) Name	8
d) Voll-RS	9
2. ARB bis 1969	10–18
a) Vorläufer	10, 11
b) Grundform	12
c) Entwicklung nach 1945	13, 14
d) ARB 54	15–17
e) Kraftverkehrs-Straf-RS	18
3. ARB ab 1969	19–27
a) ARB 69	19
b) Ergänzungen	20, 21
aa) § 29 Abs. 2	20
bb) Handelsvertreter-RS	21
c) ARB 75	22
d) Zusatz-Klauseln	23–23 b
e) VRB	24
f) Steuer-RS	25
g) ÖRB	26
h) Daten-RS	27

	Rdnrn.
II. Die RSVersicherung im System des Versicherungsrechts	28–41
1. Versicherungsaufsicht	28
a) RSVersicherung aufsichtspflichtig	29, 30
b) ARB genehmigungspflichtig	31–35 a
c) geschäftsplanmäßige Erklärung	36
d) Spartentrennung	37, 38
2. ARB und VVG	39–41
III. Aufbau und Auslegung der ARB	42–50
1. Systematik	42
a) Allgemeine Bestimmungen	43
b) Besondere Bestimmungen	44–46
2. Auslegung	47–50
a) allgemeine Grundsätze	47
b) Ausdrücke der Rechtssprache	48
c) sekundäre Risikobeschränkungen, Ausschlüsse	49
d) Revisibilität	50
IV. ARB und AGBG	51
V. Pflicht-RSVersicherung	52
VI. RSVersicherung und Prozeßhäufigkeit	53

I. Begriff und Entwicklung der RSVersicherung

Literatur: *Traeger,* Vom Unterstützungsverein zur Prozeßkostenversicherung, ZVersWiss 75, 591–617; *Meixner* S. 36–59; *Ridder* in Möller, Studien S. 106–108; *Ridder* S. 12–30; *Werner* S. 1–99

1. a) „Rechtsschutz" kann Verschiedenes bedeuten. Man kann darunter die Möglichkeit verstehen, in einem gesetzlich geregelten Verfahren mit Hilfe staatlicher Stellen oder ausnahmsweise im Wege der Selbsthilfe (z.B. § 229 BGB) eigene Rechte durchzusetzen (aktiver oder aggressiver Rechtsschutz) oder Rechte und Vorwürfe anderer abzuwehren (passiver oder defensiver Rechtsschutz). In diesem Sinn garantiert der Staat seinen Bürgern Rechtsschutz in dem Umfang, in dem dies die Rechtsnormen vorsehen. **1**

Im **engeren Sinn** bedeutet „Rechtsschutz" Hilfe und Beistand in einer bestimmten rechtlichen Angelegenheit. Wer eine eigene Rechtssache nicht selbst erledigen kann oder will, kann sich hierzu eines anderen bedienen, der seinerseits dem Auftraggeber „Rechtsschutz" in Form einer juristischen Dienstleistung, einer Geschäftsbesorgung (§ 675 BGB) bietet. **2**

Vor § 1 ARB 75 3–7 Einleitung

3   Schließlich umfaßt der Begriff „Rechtsschutz" noch die Möglichkeit, **Kosten** auf einen anderen **abzuwälzen**, die durch die Besorgung einer Rechtsangelegenheit in Form von Anwaltshonoraren, Gerichtskosten usw. entstehen.

4   b) Die **Mehrdeutigkeit** des Begriffs „Rechtsschutz" hat zur Folge, daß auch „Rechtsschutzversicherung" vom Wortsinn her Verschiedenes bedeuten kann. Der Begriff läßt offen, ob der Versicherer RS in Form einer Geschäftsbesorgung für den VN in natura entweder selbst oder durch Dritte zur Verfügung stellt oder ob er nur die hierfür anfallenden Kosten übernimmt oder ob die Versicherungsleistung beides – ganz oder zum Teil – umfaßt.

5   RS als **Naturalleistung** widerspräche dem Wesen der Versicherung nicht. Das Geldleistungsprinzip ist ihr nicht wesenseigen (*Bruck/Möller* § 1 Anm. 11). Als Naturalleistungen oder – zur Beseitigung des eingetretenen Vermögensnachteils in der Schadenversicherung (vgl. unten Rdnr. 40) – als Naturalersatzleistungen kommen hierbei alle Leistungstypen in Betracht, die nicht die endgültige Verschaffung von Geld zum Gegenstand haben, z.B. Darlehen, Schuldbefreiung oder auch Rechtsbesorgung (*Bruck/Möller* § 49 Anm. 13, 15; *Prölss/Martin/Kollhosser* § 49 Anm. 2c).

6   RS als Naturalleistung in der Form einer **Geschäftsbesorgung** für den VN kennt das deutsche Versicherungsrecht vor allem in der allgemeinen Haftpflichtversicherung und in der Kraftfahrzeug-Haftpflichtversicherung, bei der der Versicherer gemäß § 149 VVG, § 3 II Ziff. 1 AHB bzw. § 10 Ziff. 1 AKB die Haftpflichtfrage tatsächlich und rechtlich prüft, berechtigte Ansprüche des geschädigten Dritten erfüllt und unberechtigte Ansprüche abwehrt (BGH VersR 76, 477; *Prölss/Martin/Voit* § 149 Anm. 1; *Stiefel/Hofmann* § 10 Rdnrn. 27ff.). Es handelt sich dabei insofern um eine unselbständige RSVersicherung, als sie nur Teil der Hauptleistung, nämlich des Haftpflichtversicherungsschutzes ist.

7   Diese Art von Versicherungs-Naturalleistung kennen die ARB jedoch im Gegensatz zu früher nicht mehr. Der RSVersicherer „sorgt" zwar für die Wahrnehmung der rechtlichen Interessen seines VN. Es nimmt sie aber nicht selbst wahr, sondern schaltet zu diesem Zweck einen Dritten, nämlich einen Rechtsanwalt ein (Näheres § 1 Rdnrn. 9ff.). Das **Schwergewicht** der Versicherungsleistung liegt heute in der Übernahme des **Kostenrisikos**, das die Erledigung der Rechtsangelegenheit des VN in sich birgt. Dieses Kostenrisiko deckt der RSVersicherer in der Regel durch eine Geldleistung ab, sei es im Wege der Schuldbefreiung (§ 267 BGB) seines VN durch Zahlung an einen Kostengläubiger (Rechtsanwalt, Gericht usw.), sei es als echten Geldersatz an den VN, soweit dieser seine Kostenschuld bereits selbst beglichen hat. Auch insoweit besteht übrigens eine gewisse Parallele zur Haftpflichtversicherung, der durch die in § 150 VVG vorgesehene Kostenüberwälzung eine – unselbständige – RSVersicherung „beigegeben" (BGH NJW 77, 2163) ist. Neben der Kostenübernahme erbringt allerdings der RSVersicherer gewisse Dienstleistungen, die der eigentlichen Wahrnehmung der rechtlichen Interessen seines VN vorausgehen oder sie begleiten (Näheres § 1 Rdnrn. 2ff.).

c) Der **Name** „Rechtsschutzversicherung" hat sich erst allmählich einge- **8**
bürgert. Verwendet wurden früher die Begriffe „Prozeßkostenversicherung", „Rechtshilfeversicherung", „Rechtsbeistandversicherung" (*Traeger* ZVersWiss 75, 591) oder „Prozeßkostenschutzversicherung" (VA 28, 129). Der Begriff „Rechtsschutzversicherung" wurde sogar als irreführend angesehen, da er den Gegenstand der Versicherung, nämlich die Übernahme des Kostenrisikos, nicht zutreffend wiedergebe (*Scharlowski* NJW 59, 1766 Fußnote 8). Jedoch ist das Wesen der RSVersicherung als einer Kostenversicherung inzwischen so sehr in das Bewußtsein der VN und der Bevölkerung eingedrungen, daß zumindest heute nicht mehr von einer Irreführung die Rede sein kann (vgl. auch *Bielefeldt* S. 124).

d) Anders verhält es sich mit dem Begriff „**Voll-Rechtsschutz**". Er ent- **9**
wickelte sich Mitte der sechziger Jahre als werbewirksamer Gegenbegriff gegen den damals neu auf den Markt gekommenen Kraftverkehrs-Straf-RS (vgl. unten Rdnr. 18) und sollte ausdrücken, daß die traditionelle RSVersicherung nicht nur den Straf-RS, sondern auch den aktiven Schadenersatz-RS (sowie weitere Risiken wie den Arbeits-RS, Sozialgerichts-RS, Kraftfahrzeug-Vertrags-RS usw.) umfaßt und daher im Gegensatz zum Kraftverkehrs-Straf-RS als einem Ausschnittrisiko „vollen" RS bietet. Der Begriff kommt zwar in den ARB nicht vor, spielte jedoch in der Werbung der Spezial-RSVersicherer eine große Rolle. Mit dem Erstarken des Verbraucherschutzgedankens wurden Bedenken gegen diese Bezeichnung laut, da sie von einem juristischen Laien dahin mißverstanden werden könnte, daß „voller" RS für alle denkbaren Rechtsfälle bestehe (vgl. *Löwe* VW 77, 373, 377 sowie Ziff. 23 Abs. 1 Satz 2 der Wettbewerbsrichtlinien der Versicherungswirtschaft, abgedruckt bei *Prölss/Kollhosser* § 81 Anh. I Rdnr. 56, wonach bei eingeschränkter Deckung nicht der Anschein uneingeschränkten Versicherungsschutzes erweckt werden darf). Im Hinblick auf die schwindende Marktbedeutung der Kraftverkehrs-Straf-RSVersicherung hat der HUK-Verband den ihm angeschlossenen RSVersicherern schon 1975 vorgeschlagen, den Begriff nicht mehr zu verwenden (Rundschreiben R 59/75 M vom 12. 11. 1975).

2. a) Die RSVersicherung ist ein noch junger Zweig der Privatversiche- **10**
rung. Aus dem Mittelalter kennt man genossenschaftliche Rechtsverfolgung durch Gilden und ähnliche Zusammenschlüsse (*Landwehr* in *Möller*, Studien S. 45ff.). Im 19. Jahrhundert entstandene Interessenverbände und Schutzvereine (z. B. Gewerkschaften, Arbeitgeberverbände, Bauernvereine, Kreditschutzverbände, Haus- und Grundbesitzervereine) können insofern als **Vorläufer** der RSVersicherung angesehen werden, als sie ihren Mitgliedern auch Rechtsrat oder noch weitergehend Rechtshilfe in der Form erteilten, daß sie für das Mitglied Schriftwechsel führten und mit der Gegenseite verhandelten. Jedoch war dies nur eine von mehreren Vereins- oder Verbandsleistungen und Ausfluß des Mitgliedschaftsrechts, also nicht Gegenstand eines eigenen Versicherungsvertrags.

Gewährung von RS als **alleiniger Verbandszweck** findet sich in Deutsch- **11**
land erstmals bei einem 1901 gegründeten Schutzverein für Reeder, der seine

Mitglieder bei Streitigkeiten aus Fracht- und Versicherungsverträgen sowie bei Entschädigungsansprüchen wegen Verlustes oder Beschädigung der Ladung oder bei Havarie unterstützte. 1910 folgte ein Verein für Haus- und Grundbesitzer, der für seine Mitglieder Ansprüche aus Bergbauschäden gegen Bergwerksgesellschaften geltend machte. Beide Vereinigungen bestehen mit teilweise veränderter Satzung noch heute. Andere ähnliche Zusammenschlüsse haben sich im Laufe der Zeit wieder aufgelöst.

12 b) Die **Grundform der heutigen RSVersicherung** begann sich in Deutschland nach einer kleineren Gründung im Jahre 1925 mit der Gründung einer Automobilschutz-Aktiengesellschaft im Jahre 1928 zu entwickeln. Vorausgegangen waren ähnliche Gründungen in Frankreich (1917) und der Schweiz (1926). Versicherungsschutz bestand für die Durchsetzung von Ansprüchen aus Kraftfahrzeug-Unfällen und aus Verkehrsunfällen als Fußgänger, Fahrgast oder Reisender (aktiver Schadenersatz-RS), für die Verteidigung in einem Strafverfahren wegen Gesetzesverletzung anläßlich der Benutzung des versicherten Kraftfahrzeugs (Straf-RS) sowie zur Regelung von Ansprüchen gegenüber der eigenen Versicherungsgesellschaft anläßlich der Schadenregulierung (Versicherungsvertrags-RS). Beim aktiven Schadenersatz-RS übernahm der Versicherer nicht nur die Kosten, sondern im gewissen Umfang auch die außergerichtliche Geltendmachung von Ansprüchen (VA 36, 40, 106; § 1 der Geschäftsbedingungen von 1928 und 1934/35, abgedruckt bei *Werner* S. 261, 265; ähnlich § 1 der Allgemeinen Bedingungen für die Kraftfahr-RS-Versicherung vom 29. 7. 1942, abgedruckt bei *Prölss*, Probleme, S. 22; vgl. auch K. *Vassel* VerBAV 68, 224 unter Ziff. II).

13 c) **Nach 1945** zeigte sich, vor allem bedingt durch den rasch wachsenden Straßenverkehr, verstärkt das Bedürfnis, auch den nicht motorisierten Verkehr in den Deckungsschutz miteinzubeziehen. Das damalige Zonenamt des Reichsaufsichtsamts für Versicherungswesen trug diesem Umstand Rechnung und genehmigte 1949 den Betrieb einer allgemeinen RSVersicherung, deren Deckungsbereich auch Unfälle mit nicht motorisierten Fahrzeugen umfaßte. Recht „verbrauchernah" liest sich hierbei die Begründung des Amts: Wenn man dem Haftpflichtigen, das heißt demjenigen, der das Recht verletzt, Versicherungsschutz gewähre, erscheine es richtig, auch demjenigen den Weg zur Erlangung seines Rechts zu ebnen, der von einer Rechtsverletzung betroffen wurde, aber keine oder doch nicht ausreichend Mittel besitze, um einen Entschädigungsprozeß durchzuführen (VW 49, 214).

14 **1952** wurden Bedingungen genehmigt (VerBAV 53, 23), wonach ebenfalls aktiver Schadenersatz-RS und Straf-RS versichert werden konnten, jedoch in verschiedenen Formen, so als „Fahrzeug-RS" und „Fahrer-RS" im Zusammenhang mit dem Gebrauch eines Fahrzeugs, als „Allgemein-RS" für den Nicht-Fahrzeug-Bereich und „Unfall-RS" bei nicht fahrzeugbezogenen Unfällen. Außerdem war hierbei ausdrücklich die Betreuung des Versicherten durch den Versicherer in den einschlägigen Rechtsfragen einschließlich der Mitwirkung beim Versuch eines gütlichen Ausgleichs vorgesehen (vgl. hierzu § 1 Rdnr. 7).

Einleitung 15–18 Vor § 1 ARB 75

d) Die 1954 genehmigten und daher als **ARB 54** bezeichneten Musterbedingungen (VerBAV 54, 139) beherrschten als Standardbedingungen den Markt bis 1969. Sie brachten neben dem fahrzeug- und unfallbezogenen RS weitere RS-Formen. Außer dem aktiven Schadenersatz-RS und dem Straf-RS wurde nunmehr Kostenschutz für die Verfolgung und Abwehr von Ansprüchen aus Arbeits- oder Dienstverträgen sowie für die Verfolgung von Ansprüchen vor Gerichten der Sozialgerichtsbarkeit gewährt. Außerdem konnte sich der VN durch einen Anwalt auf den Gebieten des Privatrechts, des Strafrechts und des Sozialrechts beraten lassen. Diese einzelnen RSLeistungen wurden – zum Teil kombiniert – in verschiedenen Formen geboten, nämlich als Fahrzeug-RS, Fahrer-RS, Allgemeiner RS (Privat-, Berufs- oder Betriebs-RS), Unfall-RS, Arbeitsgerichts-RS, Sozial- und Beratungs-RS. 15

Die ARB 54 wurden im Lauf der Zeit durch **Sonderbedingungen** und Klauseln ergänzt. 1957 wurde (VerBAV 57, 291) eine Ersatzfahrzeugklausel eingeführt. Während vorher bei Veräußerung des versicherten Fahrzeugs oder sonstigem Wagniswegfall der RSVersicherungsvertrag erloschen war, ging er nunmehr unter bestimmten Voraussetzungen auf ein Ersatzfahrzeug des VN über. Es folgten Sonderbedingungen für den Vermieter-RS bei gewerbsmäßiger Vermietung von Kraftfahrzeugen an Selbstfahrer (VerBAV 57, 291; 58, 57). 1958 wurden die Kostenzahlungen an den gegnerischen Nebenkläger (passive Nebenklagekosten) in die Deckung einbezogen sowie die eingeschränkte Europa-Deckung für Versicherungsfälle in europäischen Staaten, mit denen konsularische Beziehungen bestehen, eingeführt (VerBAV 58, 218). 1963 (VerBAV 63, 107) wurden Sonderbedingungen für den RS bei gerichtlichen Streitigkeiten von Eigentümern und Besitzern von Wohnungen, gewerblich genutzten Räumen sowie bebauten Grundstücken (Grundstücks- und Miet-RS) genehmigt, 1964 (VerBAV 64, 159, 173) Sonderbedingungen für den RS bei Vertragsstreitigkeiten aus dem Besitz oder Eigentum von Fahrzeugen (Kraftfahrzeug-Vertrags-RS; Ergänzung VerBAV 66, 24) sowie 1967 Klauseln zu §§ 1, 8 und 9 (VerBAV 67, 145). Eine 1968 genehmigte Zusatzbedingung zu § 9 für die Kündigung nach dem Versicherungsfall wurde aufgrund der VO über die Anwendung Allgemeiner Versicherungsbedingungen vom 29. 11. 1940 (RGBl. I S. 1543) auch auf bestehende Verträge für anwendbar erklärt (VerBAV 68, 198; § 19 Rdnr. 1). 16

Bei den RSVersicherern, die ihre Geschäftstätigkeit vor Genehmigung der ARB 69 aufgenommen haben, bestehen noch einzelne „**Altverträge**", denen die ARB 54 mit den genannten Sonderbedingungen zugrunde liegen. Die „Umstellung" eines RSVersicherungsvertrags auf neue Bedingungen ist nur mit Zustimmung des VN möglich (§ 5 Rdnr. 4). 17

e) Komposit-(Multibranchen-)Versicherer durften früher wegen des Gebotes der Spartentrennung (vgl. unten Rdnr. 37) die den aktiven Schadenersatz-RS mitumfassende allgemeine RSVersicherung nicht betreiben. Durch die 1962 genehmigten Allgemeinen Bedingungen für den **Kraftverkehrs-Straf-RS** (VerBAV 62, 148) erhielten sie die Möglichkeit, einen auf den Straf- und Führerschein-RS im Zusammenhang mit dem Gebrauch eines Kraftfahrzeugs beschränkten Versicherungsschutz zu bieten, da hierbei die 18

Gefahr einer Interessenkollision mit einer beim gleichen Versicherer bestehenden Haftpflichtversicherung nicht gegeben ist. Als Ergänzung zu dieser Versicherungsform wurden 1965 Zusatzbedingungen für den RS bei Geltendmachung zivilrechtlicher Ansprüche gegenüber Ausländern bei Schadenfällen im Ausland genehmigt (Auslands-Zivil-RS, VerBAV 66, 5). 1973 wurden die Bedingungen als Versicherungsbedingungen für die Kraftfahrt-Straf-RSVersicherung (ABKStRV) neu gefaßt (VerBAV 73, 309) und 1977 an die ARB 75 (vgl. unten Rdnr. 22) angeglichen (VerBAV 78, 39).

19   3. a) Die Übersichtlichkeit der in ihrem Aufbau für den VN ohnehin nicht sehr transparenten ARB 54 hatte durch die im Lauf der Jahre hinzugekommenen Sonderbedingungen (vgl. oben Rdnr. 15) zusätzlich gelitten. Zudem hatte sich verstärkt ein Bedürfnis für einen noch weitergehenden Versicherungsschutz gezeigt. Nach mehrjährigen Vorarbeiten genehmigte das BAV Ende 1968 neue, völlig umgestaltete Musterbedingungen, die Anfang 1969 auf den Markt kamen und daher als **ARB 69** bezeichnet wurden (VerBAV 69, 67; AnwBl. 70, 38). Durch sie wurde vor allem, abgesehen von verschiedenen Risikoausschlüssen, nunmehr die Wahrnehmung rechtlicher Interessen aus dem gesamten Schuld- und Sachenrecht in den Versicherungsschutz einbezogen (*Sperling* AnwBl. 70, 34) und dieser noch stärker als bisher auf den außergerichtlichen Bereich verlagert.

20   b) aa) 1972 wurde § 29 (RS für Grundstückseigentum und Miete) um einen Absatz 2 **erweitert** (VerBAV 72, 292), nachdem sich herausgestellt hatte, daß der an sich auch für Wohnungseigentümer geltende § 29 wegen des Ausschlusses von Angelegenheiten der freiwilligen Gerichtsbarkeit (§ 4 Abs. 1p) für die diesem Zweig der Gerichtsbarkeit zugewiesenen Wohnungseigentumssachen keinen Versicherungsschutz bot und damit eine Lücke im Deckungssystem bestand.

21   bb) Im gleichen Jahr wurde der RS für Gewerbetreibende und freiberuflich Tätige (§ 24) erweitert. Während bisher die Wahrnehmung rechtlicher Interessen aus **Handelsvertreter-Verträgen** generell vom Versicherungsschutz ausgeschlossen war (§ 4 Abs. 1f), wurde durch eine Klausel zu § 24 Abs. 3 die Möglichkeit eröffnet, die Wahrnehmung rechtlicher Interessen aus Handelsvertreter-Verträgen über die Anschaffung, Veräußerung oder Gebrauchsüberlassung von Waren (Waren-Handelsvertreter) in den Versicherungsschutz einzubeziehen (VerBAV 72, 292). 1975 wurde einem RS-Versicherer eine weitere Klausel genehmigt, durch die auch gewisse Dienstleistungs-Handelsvertreter (z.B. Anzeigen- und Verlags-Vertreter) in den Versicherungsschutz einbezogen werden können (VerBAV 75, 187).

22   c) Die seit 1969 geltenden neuen Musterbedingungen, die ARB 69 (vgl. oben Rdnr. 19), hatten sich in der Praxis im wesentlichen bewährt. Im Lauf der Jahre zeigte sich jedoch in einigen Punkten das Bedürfnis, den Versicherungsschutz noch zu verbessern, zu präzisieren oder zu modifizieren. Dem trug eine 1975 durchgeführte und daher als **ARB 75** bezeichnete gründliche Überarbeitung der ARB 69 Rechnung (VerBAV 76, 130; AnwBl. 79, 361), in die auch der RS für Waren-Handelsvertreter (vgl. oben Rdnr. 21) mit einbezogen wurde. Als zusätzliche Versicherungsleistungen wurden insbesondere

eingeführt die Übernahme der Kosten eines Verkehrsanwalts in bestimmten Fällen, eines technischen Privatgutachters in Verkehrsstrafsachen, von Strafkautionen im Ausland sowie die Einbeziehung volljähriger unverheirateter Kinder in Schul- oder Berufsausbildung in den Versicherungsschutz außerhalb des Verkehrsbereichs (*Sperling* AnwBl. 76, 29). Eine weitere Reform führte 1994 zur Einführung der ARB 94. Die ARB 75 sind in Teil B erläutert, während die von der Mehrzahl der RSVersicherer seit Herbst 1994 verwendeten ARB 94 in Teil C kommentiert werden (Näheres Einl. vor § 1 ARB 94 Rdnrn. 1 ff.).

d) 1977 wurde einigen Versicherern durch **Klauseln** die Möglichkeit eröffnet, bisher nicht versicherbare Bereiche des Wettbewerbs-, Patent-, Urheber- oder Kartellrechts in den Deckungsschutz einzubeziehen (VerBAV 77, 122), Reisekosten des VN zu übernehmen, die durch notwendiges Erscheinen vor einem ausländischen Gericht angefallen sind (VerBAV 77, 122; seit 1981 Standardklausel, vgl. unten Rdnr. 23b, § 2 Rdnrn. 7a-c), sowie bei kurzfristigen Versicherungsverträgen mit einer Laufzeit von nicht mehr als drei Monaten die dreimonatige Wartezeit gemäß § 14 Abs. 3 Satz 3 zu erlassen (VerBAV 77, 123). Es folgte als „Fußgänger-RS" eine Klausel zu § 21 für den VN in seiner – sonst nur über §§ 25, 26 oder 27 versicherbaren – Eigenschaft als Fußgänger und Radfahrer sowie als Fahrgast in öffentlichen und privaten Verkehrsmitteln, eine Klausel zu § 24 zum Straf-RS für Angehörige steuerberatender Berufe sowie eine Standardklausel zur Vertragsfortsetzung im Fall des Todes eines nach §§ 25, 26 oder 27 versicherten VN (VerBAV 77, 446), die 1987 auch auf Verträge nach §§ 21, 22, 24, 28 und 29 ausgedehnt wurde (VerBAV 88, 6). 1978 ließen sich die meisten RSVersicherer eine in anderer Form schon seit 1974 (GB BAV 74, 75) mitunter verwendete Standardklausel genehmigen, die im Rahmen von bestehendem Vertrags-RS den – durch § 4 Abs. 1 h an sich ausgeschlossenen – Versicherungsschutz für die Interessenwahrnehmung aus Versicherungsverträgen in gewissem Umfang ermöglicht (VerBAV 83, 306; GB BAV 77, 77; Näheres § 4 Rdnrn. 77 ff.). 1979 wurden veröffentlicht: Sonderbedingungen für die Wintersport-RSVersicherung, eine Ausschnittversicherung aus dem Familien-RS des § 25; eine Klausel zu § 21 als Verkehrs-RS für den VN und seine Familienangehörigen; in Ergänzung des bereits 1977 eingeführten Fußgänger-RS weitere Klauseln zu § 21 als Fußgänger-RS für den VN sowie als Fußgänger-RS für den VN und seine Familienangehörigen; eine Klausel zu §§ 21, 22, 23, 26 und 27 für RS hinsichtlich Fahrtenbuch und Verkehrsunterricht (VerBAV 79, 352 f.; 1986 und 1990 teilweise erweitert, VerBAV 86, 310 ff.; 90, 129 f., 355). 1979 wurde außerdem eine Standardklausel zu § 29 über den Versicherungsschutz bei Wohnungswechsel (§ 29 Rdnr. 7) sowie eine Neufassung des § 13 genehmigt (§ 13 Rdnr. 3; VerBAV 80, 210, 212). Es folgten Sonderbedingungen für Sportverbände, Sportvereinsmitglieder und eine Fahrrad-RSVersicherung (VerBAV 80, 211 ff.).

1981 wurde eine Beitragsangleichungsklausel genehmigt, die die meisten RSVersicherer seit dieser Zeit als Standardklausel (vgl. unten Rdnr. 23b) den neuabgeschlossenen sowie den mit Einwilligung des VN (§ 5 Rdnr. 4) „umgestellten" Altverträgen zugrundelegen (VerBAV 81, 162; 1984 in Nr. 4

neu gefaßt, VerBAV 84, 172). Einige Versicherer verwenden eine solche Klausel in vereinfachter Form (Näheres § 9 Rdnr. 4a). Ebenfalls 1981 kamen als Standardklauseln auf den Markt eine Klausel zu § 2 Abs. 1 betreffend die Übernahme von Sachverständigenkosten bei Kraftfahrzeug-Vertrags-Streitigkeiten (VerBAV 81, 190; § 2 Rdnr. 130a, b) und eine Klausel zu § 24 Abs. 3 betreffend Selbstbeteiligung im Firmen-Vertrags-RS (VerBAV 81, 189; § 24 Rdnr. 61a). 1982 wurde einigen Versicherern eine Klausel zu § 2 Abs. 1g betreffend die Übernahme von Nebenklagekosten durch den VN genehmigt (VerBAV 82, 343; § 2 Rdnr. 143). 1983 folgte eine von einigen Versicherern verwendete Klausel für den Ausschluß von Verkehrsordnungswidrigkeiten im ruhenden Verkehr und Selbstbeteiligung bei sonstigen Verkehrsordnungswidrigkeiten (VerBAV 83, 346) sowie eine Klausel zu § 24 Abs. 2d über den RS für Ärzte im Regreßverfahren (VerBAV 83, 347). Ebenfalls seit 1983 gibt es Sonderbedingungen für die Industrie-Straf-RS-Versicherung sowie eine Klausel über den Straf-RS für Ärzte (VerBAV 83, 386; 86, 458; 90, 131; Neufassung VerBAV 89, 272; VerBAV 83, 388). 1984 folgten Sonderbedingungen für die Reitsport-RSVersicherung (VerBAV 84, 173) und für eine Freizeitsport-RSVersicherung (VerBAV 84, 174). 1985 ließ sich ein RSVersicherer eine Klausel zu § 23 als Vorsorgeversicherung für den Fall des Erwerbes eines Fahrzeugs genehmigen (VerBAV 85, 124), die ein anderer Versicherer in etwas geänderter Form genehmigt erhielt (VerBAV 88, 6). 1986 folgten: Klauseln zu § 25 Abs. 1 für die Mitversicherung eines nichtehelichen Partners (1987 für andere RSVersicherer modifiziert, VerBAV 88, 6, und dann an § 26 n.F. angepaßt, VerBAV 89, 243, und modifiziert, VerBAV 91, 416) und für Alleinstehende (VerBAV 86, 310; Erweiterung VerBAV 90, 30); eine Klausel zu § 8 über die Verlängerung von kurzfristigen Verträgen (VerBAV 86, 311); eine Klausel zu § 2 Abs. 1e für den technischen Sachverständigen sowie eine Klausel zu § 25 Abs. 2e für den erweiterten RS in familien- und erbrechtlichen Angelegenheiten (VerBAV 86, 458; 90, 178). Ebenfalls 1986 wurde eine Musterklausel als künftige Standardklausel (vgl. unten Rdnr. 23b) entwickelt, die die Vereinbarung sowohl absoluter als auch prozentualer Selbstbehalte zuläßt (GB BAV 85, 71; etwas modifiziert in VerBAV 89, 177; Näheres § 2 Rdnr. 6a). Am 25. 3. 1987 verordnete das BAV im Zusammenhang mit der Einführung des § 25a StVG eine für alle RSVersicherer geltende Ausschlußklausel (Näheres § 2 Rdnr. 122a). Im Mai 1987 folgte eine – nicht von allen RSVersicherern verwendete – Ausschlußklausel für vorsätzliche Verstöße gegen das Volkszählungsgesetz 1987 (vgl. hierzu § 17 Rdnr. 9a).

Ebenfalls 1987 wurde einigen Versicherern eine Klausel zu § 21 genehmigt, die dem Ehegatten und den minderjährigen Kindern des VN RS für das Fahren fremder Fahrzeuge bietet, wenn für den VN auch Familien-RS nach § 25 und Firmen-RS nach § 24 besteht (VerBAV 87, 482). Außerdem wurde durch eine Klausel zu § 26 die Möglichkeit geschaffen, unverheirateten volljährigen Kindern in Schul- oder Berufsausbildung bis zur Vollendung des 25. Lebensjahres Versicherungsschutz auch im Verkehrsbereich zu bieten (VerBAV 87, 482). 1988 wurden der § 26 neu gefaßt (VerBAV 88, 397) und als Folge davon auch einige Klauseln zu §§ 25 und 26 angepaßt (VerBAV 89, 243). Außerdem kam eine Klausel auf den Markt, die dem VN

Einleitung 23a **Vor § 1 ARB 75**

– nicht den mitversicherten Personen – in Ergänzung zu § 21 als „zusätzlichen Personen-RS" den Leistungskatalog des § 25 Abs. 2a bis d bietet (VerBAV 88, 380). Es folgten eine Klausel als Firmen-Vertrags-RS für Hilfsgeschäfte und Sonderbedingungen für die Dienstreise-RSVersicherung und die RSVersicherung bei Gruppenreisen (VerBAV 88, 381; 90, 220). 1990 wurde eine Klausel zu § 4 Abs. 3a veröffentlicht (VerBAV 90, 29; ähnlich VerBAV 90, 432 im Zusammenhang mit § 4 Abs. 1b), die bestimmten Berufsgruppen Versicherungsschutz auch bei Vorsatzanklagen bietet, solange keine rechtskräftige Verurteilung wegen Vorsatzes erfolgt (ähnlich § 3 Abs. 2 und 3 der Sonderbedingungen zu § 24 – Spezial-Straf-RS für Unternehmen –). Ein Versicherer ließ sich eine Klausel zu § 23 als Zusätzlichen RS für Fahrschüler genehmigen (VerBAV 90, 130), ein weiterer eine Sportboot-RSVersicherung (VerBAV 90, 178).

Im Zusammenhang mit der staatsrechtlichen Veränderung der DDR waren für einen Übergangszeitraum bis 31. 12. 1991 für Verträge mit VN aus der (ehemaligen) DDR Sonderbedingungen, insbesondere zum Kündigungs- und Widerrufsrecht des VN sowie bei einer Tarifänderung, zu verwenden (VerBAV 90, 275, 279, 467; *Prölss/Martin* Vorbem. vor Art. 7 EGVVG Anm. I). Außerdem wurde eine Reihe weiterer Klauseln zur Verwendung genehmigt: Klausel über Honorarvereinbarungen und Sachverständigenkosten in Versicherungsverträgen mit Ärzten und Krankenhäusern (VerBAV 90, 433); Klausel zu § 26 über Differenzdeckung bei einem zweiten Versicherer (VerBAV 90, 524); Klausel zum Versicherungsvertrags-RS für Streitigkeiten aus Versicherungsverträgen mit Kompositversicherern (VerBAV 91, 15); Beitragsanpassungsklausel zu § 7 bei Tarifänderung (VerBAV 91, 15); Klausel zu § 24 Abs. 2b über den Einschluß von gerichtlichen Verfahren des kollektiven Arbeitsrechts (VerBAV 91, 188); Klausel zu § 24 und § 27 über Rechtsschutz für nicht zulassungspflichtige Sonderfahrzeuge und Arbeitsmaschinen (VerBAV 91, 351); Klausel zu § 27 über Mitversicherung des Hoferben, Miteigentümers und Altenteilers (VerBAV 91, 352); Klausel für Leistungserweiterung hinsichtlich Gutachterkosten im Ausland, für Sachverständige in Auslandsfällen, Leistungserweiterung für Leasingnehmer von Fahrzeugen, hinsichtlich Garantiezusagen im Fahrzeugbereich sowie im verkehrsrechtlichen Verwaltungsverfahren (VerBAV 91, 417), Klausel über Änderung des Versicherungsumfangs beim Verkehrs-RS (VerBAV 91, 418); Klausel über dingliche Rechte am Fahrzeug (VerBAV 92, 13); Klausel zu Angelegenheiten der freiwilligen Gerichtsbarkeit (VerBAV 92, 13); Klausel über Beistandsleistung für Zeugen im Spezial-Straf-RS für Unternehmen (VerBAV 92, 65); Klausel über erweiterten Rechtsschutz in familien- und erbrechtlichen Angelegenheiten (VerBAV 92, 259); Klausel für Korrespondenzanwalt in verkehrsrechtlichen Auslandsfällen und für Rechtsschutz für Mietwagen (VerBAV 92, 300); Klausel über Erleichterungen für den VN im Verkehrsbereich (VerBAV 92, 337). Die Änderung des § 8 VVG zum 1. 1. 1991 machte eine Neufassung des § 8 notwendig (VerBAV 92, 337; vgl. § 8 Rdnr. 2), das Urteil des BGH zu § 19 Abs. 2 (VersR 91, 580 = r+s 91, 200) erforderte dessen Neufassung (VerBAV 92, 186; vgl. § 19 Rdnr. 9). 1993 hat das BAV noch folgende Klauseln genehmigt (VerBAV 93, 264; 94, 40): Spezieller RS für Senioren als Klausel zu §§ 25, 26; modifizierte Klausel zur

Vor § 1 ARB 75   23 b-26   Einleitung

Selbstbeteiligung zu § 2 Abs. 1; Klausel für Versicherungsfälle außerhalb Europas zu § 3; Klausel zu § 2 Abs. 1 a für Reisekosten des Prozeßbevollmächtigten; Klausel zu § 2 für Übersetzungskosten; Klausel zu §§ 21 bis 23 für Disziplinarverfahren im Verkehrsbereich; Klausel zu § 4 Abs. 1 m für Kirchenrecht; Klausel zu § 26 als Personen- und Verkehrs-RS für unverheiratete VN; Klausel zu §§ 25 und 26 für Mitversicherung eines nichtehelichen Lebenspartners. In VerBAV 93, 314 wurden schließlich neu genehmigte Spezialbedingungen für Verkehrsrechtsschutz veröffentlicht.

23 b   Diejenigen der oben in Rdnrn. 23 und 23 a genannten Klauseln, die die Mehrzahl der RSVersicherer den neu abgeschlossenen Verträgen sowie den auf die neuen Bedingungen umgestellten Altverträgen in Ergänzung der ARB 75 als **Standardklauseln** zugrundegelegt hat, sind im Anschluß an den Text der ARB 75 abgedruckt und an den dort jeweils angegebenen Stellen erläutert. Anstelle dieser Standardklauseln oder neben ihnen können andere Sonderklauseln vereinbart sein, seit 1. 7. 1994 auch nicht genehmigungspflichtige Klauseln (Einl. vor § 1 ARB 94), was dem jeweiligen Versicherungsschein oder einem Nachtrag zum Versicherungsschein zu entnehmen ist.

24   e) 1971 wurden Versicherungsbedingungen für den Vermögensschaden-RS der Aufsichtsräte, Beiräte, Vorstände, Unternehmensleiter und Geschäftsführer – **VRB** – geschaffen (VerBAV 71, 323), die diesem Personenkreis Kostenschutz für den Fall gewähren, daß er aufgrund gesetzlicher Haftpflichtbestimmungen wegen des Ersatzes von Vermögensschäden gerichtlich in Anspruch genommen wird. Einige RSVersicherer erweiterten diese Versicherungsform später. Soweit solche VN wünschten, im Rahmen eines zusätzlich bestehenden RSVersicherungsvertrages nach § 25 oder § 26 den nach § 4 Abs. 1 d an sich ausgeschlossenen Kostenschutz für gerichtliche Streitigkeiten aus ihrem Anstellungsverhältnis zu erhalten, wurde ihnen diese Möglichkeit durch eine später genehmigte Zusatzklausel eröffnet (GB BAV 72, 83). 1985 wurde eine von den §§ 25, 26 unabhängige Klausel zu § 1 VRB für gerichtliche Streitigkeiten aus Anstellungsverträgen sowie eine Wartezeit-Klausel zu § 14 Abs. 1 VRB genehmigt (VerBAV 85, 442, 443).

25   f) 1974 wurde einigen RSVersicherern die Verwendung von Sonderbedingungen für den Finanzgerichts-RS genehmigt (VerBAV 75, 71). Sie hoben den Risikoausschluß des § 4 Abs. 1 n teilweise auf und ermöglichten die Versicherung von Kostenrisiken, die bei der Wahrnehmung steuerrechtlicher Belange vor Finanzgerichten entstehen. Diese Bedingungen wurden 1977 überarbeitet (VerBAV 77, 122). 1981 kam eine andere Form des **Steuer-RS** auf den Markt (VerBAV 81, 189; 1984 erweitert, VerBAV 84, 173), die seitdem von der Mehrzahl der Versicherer als Standardklausel (vgl. oben Rdnr. 23 b) verwendet wird und in den Vorbem. vor § 21 Rdnrn. 169 ff. erläutert ist.

26   g) Eine weitere Sonderform stellen die 1977 genehmigten Bedingungen für die RSVersicherung von Trägern öffentlicher Aufgaben – **ÖRB**, auch Kommunal-RS genannt – dar, die Gemeinden, gemeindlichen Verwaltungszusammenschlüssen und Zweckverbänden eine weitgehende, im Verwaltungs- und Finanz-RS über den Leistungsumfang der ARB hinausgehende Absicherung ihrer Rechtskostenrisiken ermöglichen (VerBAV 77, 115).

h) Das am 1. Januar 1978 in Kraft getretene Bundesdatenschutzgesetz 27
vom 27. Januar 1977 (BGBl. I S. 201) schuf ein Bedürfnis für eine Daten-
RSVersicherung, durch die für datenverarbeitende Betriebe die spezifischen
Risiken aus diesem neuen Gesetz abgesichert werden. Sonderbedingungen
für **Daten-RS** (VerBAV 77, 445; Anpassung an die Neufassung des BDSG
VerBAV 91, 352) bieten Kostenschutz für die gerichtliche Abwehr von Ansprüchen Betroffener auf Auskunft, Berichtigung, Sperrung und Löschung
personenbezogener Daten sowie für die Verteidigung in Verfahren wegen
des Vorwurfes einer Straftat oder Ordnungswidrigkeit gemäß §§ 43, 44 des
Gesetzes.

II. Die RSVersicherung im System des Versicherungsrechts

Literatur: *Matzen,* Die Rechtsgrundlagen der RSVersicherung, AnwBl. 79, 358; *Chemnitz,* Der Ersatz von Anwaltskosten durch die RSVersicherung, AnwBl. 87, 69

1. Die ersten Vereinigungen oder Gesellschaften, die in Deutschland selb- 28
ständigen Rechts- und Kostenschutz für rechtliche Auseinandersetzungen
(aus Bergschäden oder Automobilunfällen, vgl. oben Rdnrn. 11, 12) boten,
sahen ihre Tätigkeit zunächst nicht als „Betrieb von Versicherungsgeschäften" und damit auch nicht als **aufsichtspflichtig** im Sinn von § 1 VAG an.

a) Nachdem jedoch schon das Kaiserliche Aufsichtsamt für die Privatver- 29
sicherung im Jahre 1912 die in den Bedingungen eines landwirtschaftlichen
Haftpflichtversicherers als Pflichtleistung vorgesehene, über die Kannlei-
stung des § 150 Abs. 1 VVG hinausgehende Übernahme sämtlicher Kosten
eines mit dem Schadenereignis im Zusammenhang stehenden Strafprozesses
als genehmigungspflichtige wesentliche Abweichung von geltenden Bedingungen angesehen hatte (VA 12, 116), erklärte das RAV im Jahre 1930 unter
Hinweis auf eine Entscheidung des RFH (VA 28, 71) die Tätigkeit eines
Bergschadenregulierungsinstituts als aufsichtspflichtigen **Betrieb von Versicherungsgeschäften:** Hauptzweck sei die Abwälzung des Prozeßkostenri-
sikos, daneben zugesagte Gutachter- und Beratertätigkeit sei nur Hilfstätig-
keit (VA 30, 156).

In einer ausführlich begründeten Entscheidung vom 29. 10. 1935 (VA 36, 30
40) bejahte sodann der damalige Berufungssenat des RAV die Aufsichtspflicht einer Automobilschutz-Aktiengesellschaft: Das Entscheidende an
den von der Gesellschaft gebotenen Verträgen seien nicht die nach einem
Verkehrsunfall in Aussicht gestellte Beratung und Rechtsauskunft als
Dienstleistung, die als solche der Versicherung überdies nicht wesensfremd
seien, sondern der Ersatz der dafür und bei einem Prozeß etwa entstehenden
Kosten. Dies gelte sowohl für die Durchsetzung von Haftpflichtansprüchen
gegen den Unfallgegner (aktiver RS) wie für die Verteidigung des Mitglieds
in einem gegen ihn anhängig gewordenen Strafverfahren (passiver RS). Die
Gesellschaft verspreche für den Fall des Eintritts eines ungewissen Ereignisses zur Deckung eines ungewissen Bedarfs eine bestimmte geldliche oder
geldwerte Leistung. Damit seien **alle Voraussetzungen einer Versicherung**
im Sinne des § 1 VVG und § 1 VAG erfüllt. An dieser Genehmigungspraxis
der Aufsichtsbehörde hat sich bis heute nichts mehr geändert.

31 b) Die Hauptfolge der Aufsichtspflicht nach dem VAG bestand darin, daß ein RSVersicherer zur Aufnahme des Geschäftsbetriebs der Erlaubnis des BAV bedurfte und daß er den von ihm gebotenen Versicherungsverträgen nur solche **AVB** zugrunde legen durfte, die das BAV als Bestandteil des sogenannten „Geschäftsplans" **genehmigt** hatte (§ 5 VAG). Diese Versicherungsbedingungen sollten dabei den Mindestanforderungen des § 10 Abs. 1 VAG a.F. entsprechen. Diese Pflicht zur Vorabgenehmigung der verwendeten Bedingungen ist allerdings ab 1.7.1994 entfallen (unten Rdnr. 35a).

32 Die RSVersicherer verwendeten bis Herbst 1994 fast ausschließlich sogenannte „Verbandsbedingungen", d.h. vom HUK-Verband entworfene und dann vom BAV genehmigte **Musterbedingungen** (vgl. *Prölss/Martin* vor § 1 Anm. I 6 Aa), nämlich die ARB 69 bzw. 75 (vgl. oben Rdnrn. 19, 22). Daneben gab es für Sonderrechtsgebiete oder sonstige Abweichungen Sonderbedingungen und Klauseln, die ebenfalls vom BAV genehmigt waren (Beispiele siehe oben Rdnrn. 23 ff.). Eine Genehmigung war wegen der Abweichung vom Geschäftsplan erforderlich, soweit solche Sonderbedingungen oder Klauseln in einer größeren Zahl von Fällen planmäßig statt der ARB oder daneben verwendet werden sollten (*Prölss/Schmidt/Frey,* 10. Aufl., § 10 Rdnr. 3).

33 Sollte nur im **Einzelfall** von den ARB **abgewichen** werden, bedurfte es keiner Genehmigung des BAV. Zuungunsten des VN durfte allerdings nur aus besonderen Gründen und nur dann abgewichen werden, wenn er vor Vertragsschluß darauf ausdrücklich hingewiesen worden war und sich danach schriftlich damit einverstanden erklärt hatte (§ 10 Abs. 3 VAG a.F.; *Prölss/Schmidt/Frey,* 10. Aufl., § 10 Rdnr. 17; § 13 Rdnr. 3). Eine Abweichung im Einzelfall zugunsten des VN konnte sich auch ergeben, wenn ausnahmsweise aufgrund einer unrichtigen Auskunft des Versicherungsagenten der Versicherungsvertrag im Sinn der dem VN günstigen Aufklärung des Agenten umgestaltet wurde (Näheres § 5 Rdnr. 27).

34 Verwendete ein Versicherer bis 30.6.1994 planmäßig **ungenehmigte** Bedingungen oder Klauseln oder verstieß er gegen § 10 Abs. 3 VAG a.F., dann machte dies geschlossene Verträge zivilrechtlich nicht unwirksam (*Prölss/Martin* vor § 1 Anm. I 6 Aa; *Prölss/Schmidt/Frey,* 10. Aufl., § 10 Rdnrn. 13 und 17), konnte aber der Aufsichtsbehörde ein Recht zum Einschreiten im Wege der Mißstandsaufsicht nach § 81 VAG geben und in gravierenderen Fällen eine Ahndung nach § 144 Abs. 1 Nr. 4 VAG nach sich ziehen.

35 Die **Tarife** der RSVersicherer sind nicht Bestandteil des Geschäftsplans und daher auch nicht genehmigungspflichtig (§ 5 Abs. 5 Nr. 1 VAG a.F.; *Prölss/Schmidt* § 5 Rdnr. 7).

35a Die Pflicht zur Vorabgenehmigung der verwendeten Bedingungen durch das BAV (oben Rdnr. 31) ist aufgrund der Dritten EG-Richtlinie Schadensversicherung vom 18.6.1992 (Amtsblatt der EG Nr. L 228/1 vom 11.8.1992) ab 1.7.1994 entfallen, d.h. die ARB sind nicht mehr Teil des genehmigungspflichtigen Geschäftsplans (*Prölss/Schmidt* § 5 Rdnr. 7; *Fahr* VersR 92, 1033, 1036). Seit Herbst 1994 verwendet die Mehrzahl der RSVersicherer für neu abgeschlossene oder auf neue Bedingungen umgestellte Verträge die im Teil C erläuterten ARB 94, zum Teil ergänzt oder modifiziert durch unternehmenseigene Zusatzklauseln (vgl. Einl. vor § 1 ARB 94).

c) Einen gewissen Einfluß auf Auslegung oder Handhabung einzelner Bestimmungen der ARB können sogenannte „geschäftsplanmäßige Erklärungen" haben. Dies sind schriftliche Erklärungen des Versicherers gegenüber der Aufsichtsbehörde, in denen er sich zu einem bestimmten Verhalten – z.B. bei der Gestaltung von Formularen – verpflichtet (*Prölss/Schmidt* Zusatz zu § 5 Rdnrn. 1ff.). Soweit solche Erklärungen das Verhalten gegenüber dem VN betreffen, können sie entsprechend den Kriterien des § 328 Abs. 2 BGB vor allem dann, wenn sie veröffentlicht sind, unmittelbar rechtsgestaltend im Verhältnis zum VN wirken (BGH NJW 88, 2734 = VersR 88, 1063). Der durch eine geschäftsplanmäßige Erklärung Begünstigte kann sich außerdem wegen Nichteinhaltung des Geschäftsplanes an die Aufsichtsbehörde wenden, die ihrerseits nach §§ 81, 81a VAG gegen den Versicherer vorgehen kann (OLG Oldenburg NJW 74, 2133; *Ebel* NJW 75, 1765; *Stiefel/Hofmann* Einf. Rdnr. 14; MünchKomm-*Gottwald* § 328 Rdnr. 4). Soweit geschäftsplanmäßige Erklärungen bei einzelnen Bestimmungen der ARB Bedeutung gewinnen könnten, sind sie dort wiedergegeben (vgl. § 2 Rdnr. 263; § 21 Rdnr. 135; § 24 Rdnr. 42). Seit der Neufassung des § 5 Abs. 3 VAG sind geschäftsplanmäßige Erklärungen – ebenso wie die ARB – nicht mehr Bestandteil des genehmigungspflichtigen Geschäftsplans. Für die bis 30. Juni 1994 geschlossenen Verträge sind sie nach wie vor maßgebend. Für die nach diesem Zeitpunkt geschlossenen Verträge geht das BAV davon aus, daß die Versicherer sich bis zu einer abweichenden Mitteilung weiterhin daran halten (BAV 94, 187, 356, 358).

d) Die selbständige RSVersicherung konnte bis 30. 6. 1990 in Deutschland nur von einem Versicherer betrieben werden, dessen Geschäftsplan nicht gleichzeitig andere Versicherungszweige umfaßt. Dieses Prinzip der sogenannten **Spartentrennung**, das – aus anderen Gründen (*Prölss/Schmidt* § 8 Rdnrn. 26ff.) – auch für die Lebens-, Kranken-, Kautions- und Kreditversicherung gilt, hatte das RAV aus folgenden Gründen als Verwaltungsgrundsatz aufgestellt: Der gemeinsame Betrieb von Haftpflicht- und RSVersicherung könne im Hinblick auf § 356 StGB und das RBerG strafbar sein. Die Gefahr einer Interessenkollision bestehe vor allem dann, wenn die Zivil-RSVersicherung durch einen Haftpflichtversicherer betrieben werde. Hierbei könne der Fall eintreten, daß der die RSVersicherung betreibende Kompositversicherer, also der Mehrbranchenversicherer, zugleich Haftpflichtversicherer des Gegners des RSVersicherten ist und sich somit sowohl für den RSVersicherten als auch für den ebenfalls bei ihm haftpflichtversicherten Unfallgegner bei gegensätzlicher Interessenlage mit der Schadenregulierung befassen müßte (VA 37, 89; kritisch hierzu *Bischoff* VersR 50, 25). Das BAV hat den Grundsatz bestätigt (VerBAV 57, 227) und in ständiger Praxis aufrechterhalten (*Prölss/Schmidt/Frey*, 10. Aufl., § 8 Rdnr. 40). Für den Fall des Betriebs der selbständigen Rechtsschutzversicherung durch Tochterunternehmen von Komposit-Muttergesellschaften hat es der Gefahr einer solchen Interessenkollision durch zusätzliche Auflagen für die Schadenbear-

Vor § 1 ARB 75 38, 39 Einleitung

beitung im Innen- und Außendienst vorgebeugt (VerBAV 57, 227; 62, 134). Dagegen kann die Kraftfahrt-Straf-RSVersicherung, gegebenenfalls kombiniert mit Auslands-Zivil-RS (vgl. oben Rdnr. 18), auch von einem Komposit-Versicherer betrieben werden, da hier die Gefahr einer Interessenkollision kaum bestehen dürfte (VerBAV 62, 134; 66, 2).

38 Im Rahmen der **Harmonisierung** des Rechts der **EG** kamen Bestrebungen in Gang, die im Ausland weitgehend unbekannte Spartentrennung auch in der Bundesrepublik Deutschland aufzuheben. Nach Art. 7 Abs. 2 c der Ersten Koordinierungsrichtlinie des Rates der EG für die Schadenversicherung vom 24. 7. 1973 (abgedruckt bei *Prölss* Anh. Nr. I 4) war die Bundesrepublik bis zu einer weiteren Koordinierung berechtigt, die Spartentrennung aufrechtzuerhalten. Über die Koordinierung, die an sich bis 1977 erfolgen sollte, konnte zunächst keine Übereinstimmung erzielt werden. Ein Richtlinienvorschlag der EG-Kommission vom 23. 7. 1979 (Amtsblatt der EG Nr. C 198 vom 7. 8. 1979 S. 2) sah vor, die Spartentrennung aufzuheben und statt dessen die gesonderte Verwaltung der Rechtsschutz-Sparte innerhalb eines Mehrbranchen-Unternehmens einzuführen oder die Schadenbearbeitung auf eine rechtlich selbständige Schadenregulierungs-Gesellschaft zu übertragen. In etwas geänderter Form schrieb dies dann die Koordinierungsrichtlinie vom 22. 6. 1987 vor, wonach die **Spartentrennung** nach deutschem Muster **bis spätestens 30. 6. 1990 aufzuheben** war (Amtsblatt der EG Nr. L 185 vom 4. 7. 1987 S. 77; abgedruckt bei *Prölss* Anh. Nr. I 10; Näheres *Klatt* VW 87, 1573, 1575; *Müller* VW 88, 1354). Dies ist durch den ab 1. 7. 1990 geltenden § 8a VAG geschehen. Dieser bestimmt nunmehr, daß ein Mehrbranchenunternehmen, das auch die RSVersicherung betreibt, die Leistungsbearbeitung in der RSVersicherung einem in Form einer Kapitalgesellschaft arbeitenden rechtlich selbständigen Schadenabwicklungsunternehmen zu übertragen hat, das außer der RSVersicherung keine anderen Versicherungsgeschäfte betreiben und in anderen Versicherungssparten keine Leistungsbearbeitung durchführen darf und in der Bearbeitung der einzelnen Versicherungsfälle weisungsfrei ist. Versicherer, die ausschließlich die RSVersicherung betreiben, betrifft diese Neuregelung nicht.

39 2. Das **VVG** enthielt bis 30. 6. 1990 keine Vorschriften, die speziell die selbständige RSVersicherung betreffen. Die Rechtsschutzleistung, die in § 149 und insbesondere § 150 Abs. 1 VVG geregelt ist, ist lediglich unselbständiger Teil der gesamten, auf Schuldbefreiung und Abwehr unbegründeter Ansprüche gerichteten Leistung des Haftpflichtversicherers. Daß das VVG keine Bestimmungen über die RSVersicherung enthielt, erklärt sich daraus, daß bei seiner Verkündung im Jahr 1908 die selbständige RSVersicherung noch so gut wie unbekannt war und bei späteren Novellierungen des Gesetzes ein Bedürfnis für spezielle Regelungen auf dem Gebiet der RSVersicherung zunächst nicht bestand. Erst die Umsetzung der Koordinierungsrichtlinie für die RSVersicherung vom 22. 6. 1987 (oben Rdnr. 38) in nationales Versicherungsrecht machte es erforderlich, erstmals besondere Vorschriften über die RSVersicherung in das VVG aufzunehmen. Dies ist in der Form geschehen, daß mit Wirkung ab 1. 7. 1990 nach § 158k VVG ein „Siebenter Titel. Rechtsschutzversicherung" in das Gesetz aufgenommen

wurde, der aus den §§ 158l bis o VVG besteht und die Einhaltung der in der Koordinierungsrichtlinie aufgestellten Grundsätze sicherstellen soll.

Schon vor dem 1.7.1990 galten jedoch die Allgemeinen Bestimmungen des VVG für die RSVersicherung wie für alle anderen im VVG nicht erwähnten Versicherungszweige (*Bruck/Möller* Einl. Anm. 6). Sie ist echte Versicherung (vgl. oben Rdnr. 29). Sie übernimmt in den ARB als Hauptleistung das Risiko, daß ihr VN nach Eintritt eines Versicherungsfalles mit notwendigen Kosten einer rechtlichen Auseinandersetzung belastet wird, also einen konkreten Vermögensnachteil und somit einen „Schaden" im versicherungsrechtlichen Sinn erleidet. Damit sind alle Tatbestandsmerkmale des § 1 Abs. 1 Satz 1 VVG erfüllt: Die RSVersicherung ist echte **Schadenversicherung**. Dies hat der Berufungssenat des RAV bereits für die damalige Fassung der Bedingungen festgestellt (VA 36, 40; vgl. oben Rdnr. 30). Die Rechtsprechung hat es für die ARB 54 bestätigt (BGH VersR 67, 774; OLG Köln NJW 73, 905). Für die ARB 69/75 gilt das gleiche. Der Umstand, daß neben der Kostenübernahme noch gewisse Dienstleistungen erbracht werden, berührt den Charakter der RSVersicherung als einer Schadenversicherung nicht (vgl. oben Rdnr. 30).

Für die RSVersicherung gelten demnach grundsätzlich der erste Abschnitt des VVG, also die §§ 1 bis 48 als „Vorschriften für sämtliche Versicherungszweige", sowie vom Zweiten Abschnitt der Erste Titel, nämlich die §§ 49 bis 80 als „Vorschriften für die gesamte Schadenversicherung". Soweit einzelne dieser Bestimmungen eine bestimmte **Sachwert-Beziehung** oder ein spezielles Schutzobjekt voraussetzen, sind sie allerdings wegen der anders gearteten Natur der RSVersicherung **nicht** oder nur beschränkt anwendbar (z.B. §§ 15, 51 bis 57, 64, 65, 69 bis 73 VVG). Denn die RSVersicherung schützt das Vermögen als Ganzes, nicht einzelne „aktive" Bestandteile davon. Sie bietet Versicherungsschutz gegen eine Belastung des Vermögens mit notwendigen Rechtskosten (sogenannte Passiven-Versicherung; vgl. *Prölss/Martin/Kollhosser* vor § 51 Anm. 1 B und C; *Bruck/Möller* vor §§ 49 bis 80 Anm. 6, 37; § 49 Anm. 72ff.). Eine Abänderung nicht zwingender Bestimmungen des VVG durch die ARB ist möglich. Dies ist z.B. durch § 4 Abs. 2a geschehen, der § 61 VVG einschränkt (vgl. § 4 Rdnr. 144).

III. Aufbau und Auslegung der ARB

Schrifttum: GB BAV 68, 82; *Sperling* AnwBl. 70, 34; *Sieg* BB 69, 556; *Ellmer* VW 69, 600; *Bauer* NJW 71, 1972; Rechtsprechungsüberblick: *Bauer* AnwBl. 81, 47, 472; 82, 409, 451; 83, 409; 84, 335; 85, 281; 86, 314; 87, 249; 89, 121; 90, 117, 178; NJW 90, 2040; 91, 1335; 92, 1482; 93, 1302; 94, 1443; 95 1464; *Rex* JurBüro 86, 975, 1139; 87, 973; 88, 803; 89, 1051; *Hempfing/Traut*, Rechtsschutzversicherung, Grundriß und Entscheidungen 1993; *Winter*, Festumrissene Rechtsbegriffe in den ARB, r+s 91, 397; *Lang*, Grundlinien der neueren höchstrichterlichen Rechtsprechung zur RSVersicherung, ZfS 90, 253

1. Die ARB 54 waren in ihrem Aufbau für den VN nicht sehr durchsichtig und zudem im Lauf der Jahre durch Sonderbedingungen und Zusatzklauseln zunehmend unübersichtlich geworden. Demgegenüber ist die **Sy-**

stematik der heute geltenden ARB klarer. Sie gliedern sich in einen Ersten Teil „Allgemeine Bestimmungen" (§ 1 bis 20) und in einen Zweiten Teil „Besondere Bestimmungen" (§§ 21 bis 29). Die Allgemeinen Bestimmungen gelten für jeden RSVersicherungsvertrag. Zu ihnen tritt die vom VN im Einzelfall aus den Besonderen Bestimmungen ausgewählte Form seines speziellen Versicherungsvertrags (Vertragsart), die auch in einer Kombination verschiedener Vertragsarten bestehen kann (z. B. §§ 21, 24 und 25). Zur Systematik der ARB 94 vgl. Einl. vor § 1 ARB 94 Rdnr. 4.

43 a) Die **Allgemeinen Bestimmungen** sind unterteilt in Bestimmungen über den Versicherungsschutz (§§ 1 bis 4), das Versicherungsverhältnis (§§ 5 bis 13) und den Versicherungsfall (§§ 14 bis 20). Die erste Gruppe regelt Gegenstand, Umfang, örtlichen Geltungsbereich und Allgemeine Risikoausschlüsse. In der zweiten Gruppe werden abgehandelt Beginn des Versicherungsschutzes, vorläufige Deckung, Beitragszahlung, Beitragsdauer, Erhöhung und Verminderung der Gefahr, Wagniswegfall, Rechtsstellung dritter Personen, Anzeigen und Erklärungen des VN sowie der Gerichtsstand. Die Untergruppe „Versicherungsfall" schließlich läßt sich aus über den Eintritt des Versicherungsfalles, Obliegenheiten nach dem Versicherungsfall, Benennung und Beauftragung des Rechtsanwaltes, Prüfung der Erfolgsaussichten, Klagefrist, Kündigung nach dem Versicherungsfall und Abtretung sowie Erstattung von Kosten und Versicherungsleistungen.

44 b) Die **Besonderen Bestimmungen** enthalten die einzelnen Vertragsarten (§§ 21 bis 29) und beschreiben hierbei den jeweils versicherten Personenkreis und das jeweils versicherte Wagnis im Sinn des § 1 Abs. 2 in der Form, daß die einzelnen Leistungsarten, die die RSVersicherung heute bietet (vgl. Vorbem. vor § 21 Rdnrn. 30 ff.), in wechselnder, auf die typischen Bedürfnisse der VN zugeschnittener standardisierter und damit verwaltungskostensparender Kombination zusammengefaßt sind („Paketsystem"; vgl. Vorbem. vor § 21 Rdnr. 2; GB BAV 66, 72; *K. Vassel* VerBAV 69, 131):

§ 21 Verkehrs-RS
§ 22 Fahrzeug-RS
§ 23 Fahrer-RS
§ 24 RS für Gewerbetreibende und freiberuflich Tätige
§ 25 Familien-RS
§ 26 Familien- und Verkehrs-RS für Lohn- und Gehaltsempfänger (seit 1988: für Nichtselbständige)
§ 27 Landwirtschafts- und Verkehrs-RS
§ 28 RS für Vereine

45 Keine Kombination enthält § 29, der nur die Leistungsart „RS für Grundstückseigentum und Miete" bietet, die ihrerseits in den „Paketen" der §§ 21 bis 28 nicht enthalten ist und gesondert versichert werden kann. Die „klassischen" Leistungsarten der selbständigen RSVersicherung, nämlich der „aktive" Schadenersatz-RS und der „passive" Straf-RS (vgl. Vorbem. vor § 21 Rdnr. 31 bezw. 73), kehren in allen Vertragsarten der §§ 21 bis 28 wieder. Die übrigen **Leistungsarten** (vgl. Vorbem. vor § 21 Rdnrn. 96 ff.) sind **je nach** dem **Vertragsumfang** kombiniert. Hierbei hat man bewußt eine Wiederholung des Wortlauts der jeweiligen Leistungsart bei jeder Ver-

tragsart in Kauf genommen, damit der VN den Wagnisbereich seines Vertrags in einer einzigen Bestimmung klar vor Augen hat und nicht durch Verweisungen auf andere Bestimmungen verwirrt wird. Die Möglichkeit, das in der jeweiligen Vertragsart enthaltene RS-„Paket" „aufzuschnüren", ist nur in Ausnahmefällen in begrenztem Umfang vorgesehen (z.b. §§ 21 Abs. 5, 22 Abs. 4; Firmen-Straf-RS, VerBAV 80, 212), da die generelle Möglichkeit einer gesonderten Versicherung der einzelnen Leistungsarten (RS-„Bausteine") verwaltungsmäßig höchst unwirtschaftlich wäre und zudem die für den einzelnen VN notwendige Markttransparenz erschweren oder sogar unmöglich machen würde *(K. Vassel* VerBAV 69, 131, 132; *Ellmer* VW 69, 600, 602; GB BAV 68, 82).

Wer Versicherungsschutz **wofür,** d.h. für welche Art von Rechtsfall zu 46 beanspruchen hat, ergibt sich demnach aus der dem Einzelvertrag zugrundeliegenden, vom VN bei Vertragsschluß ausgewählten Vertragsart der Besonderen Bestimmungen der ARB; **was** der Versicherer an Rechtskosten zu übernehmen hat, beschreibt für alle Vertragsarten § 2.

2. a) Für die ARB gelten an sich die **allgemeinen Grundsätze,** die Recht- 47 sprechung und Rechtslehre für die **Auslegung** von AVB entwickelt haben. Sie sind eine generelle Regelung für eine Vielzahl von Verträgen. Für die Auslegung maßgebend ist daher der objektive Inhalt und der typische Sinn der Klausel unter Abwägung der Interessen der bei der jeweiligen Versicherungsart regelmäßig beteiligten Kreise (BGH VersR 84, 626). Ausgehend vom Wortlaut ist über den Sinnzusammenhang der Zweck der einzelnen Vorschrift zu erforschen. Beim Wortlaut ist an sich vom Sprachgebrauch des täglichen Lebens auszugehen und die Verständnismöglichkeit des Durchschnittsmenschen zugrundezulegen, wenn es sich um Begriffe handelt, die in der Fachsprache möglicherweise eine vom täglichen Sprachgebrauch abweichende Bedeutung haben können (BGH VersR 82, 841; *Bruck/Möller* Einl. Anm. 56; *Prölss/Martin* vor § 1 Anm. III A 4). Einem vom Versicherer verfolgten Regelungszweck oder -ziel kommt nur insoweit Bedeutung zu, als der typischerweise angesprochene VN-Kreis ohne versicherungsrechtliche Spezialkenntnisse bei aufmerksamer Durchsicht und verständiger Würdigung der Klauselfassung unter Berücksichtigung des sich ihm darbietenden Sinnzusammenhangs Zweck oder Ziel in den verwendeten Formulierungen verstehen kann (BGH VersR 89, 908; 91, 919 = r+s 91, 271; 93, 957). Die dem VN typischerweise unbekannte Entstehungsgeschichte hat bei der Auslegung außer Betracht zu bleiben (BGH VersR 96, 622). Bleiben bei einer solchen Auslegung nicht behebbare Zweifel, dann gehen diese nach § 5 AGBG zu Lasten des verwendenden Versicherers (BGH NJW 86, 431 = VersR 86, 177). Hierbei ist allerdings noch folgende Besonderheit zu berücksichtigen:

b) Handelt es sich um einen Ausdruck, mit dem die **Rechtssprache** einen 48 festumrissenen Begriff verbindet, so ist im Zweifel anzunehmen, daß die AVB nichts anderes darunter verstehen (so schon RGZ 101, 224; 114, 347; 153, 135; BGH VersR 92, 487; 86, 537 m.w.N.; *Bruck/Möller* Einl. Anm. 57; *Prölss/Martin* vor § 1 Anm. III A 4; *Winter* r+s 91, 397). Dieser

Auslegungsgrundsatz gewinnt in der RSVersicherung besondere Bedeutung. Sie bietet Versicherungsschutz für die Kosten rechtlicher Auseinandersetzungen. Sie deckt aber nicht alle denkbaren Rechtsrisiken ab, sondern nach dem Prinzip der Spezialität (vgl. § 1 Rdnr. 46) nur solche aus fest umrissenen Anspruchsgruppen oder Rechtsgebieten, auf denen der VN in einer bestimmten Eigenschaft rechtliche Interessen wahrzunehmen hat. Der Notwendigkeit, diesen Risikobereich im Interesse einer klaren Abgrenzung so präzise wie irgend möglich zu beschreiben, kann sie nur dadurch nachkommen, daß sie rechtstechnische Begriffe der juristischen Fachsprache verwendet, mögen sie auch dem juristischen Laien nicht immer geläufig sein oder von ihm sogar mißverstanden werden können.

49 c) In jedem Versicherungszweig sind bestimmte Gefahren vom Versicherungsschutz ausgenommen, die an sich in den durch den jeweiligen Versicherungszweig gedeckten Gefahrenbereich fallen würden. Solche sogenannten **sekundären Risikobeschränkungen** oder Risikoausschlüsse kennen auch die ARB (z. B. § 2 Abs. 3 oder § 4; vgl. § 2 Rdnr. 165; § 4 Rdnrn. 1 ff.). Solche Bestimmungen, die die übernommene Gefahr beschränken oder bestimmte Einzelrisiken ausschließen, dürfen nicht weiter ausgelegt werden, als es ihr Sinn unter Beachtung ihres wirtschaftlichen Zwecks und der gewählten Ausdrucksweise erfordert (BGH NJW 76, 106 = VersR 75, 1093; VersR 78, 54; *Prölss/Martin* vor § 1 Anm. III A 7).

50 d) Die ARB sind **revisibel.** Ihre Auslegung kann vom Revisionsgericht entsprechend § 549 ZPO frei nachgeprüft werden, da sie im gesamten Bereich der Bundesrepublik Deutschland verwendet werden (*Prölss/Martin* vor § 1 Anm. III B 1). Das Gleiche gilt für Sonderbedingungen, die für eine Vielzahl von Verträgen verwendet werden, z. B. die Sonderbedingungen für den Steuer-RS (Vorbem. vor § 21 Rdnrn. 169 ff.). Denn es handelt sich hierbei nicht um „Besondere Bedingungen", die nur für ein konkretes Einzelwagnis verwendet werden, sondern um vorformulierte Regelungen, die ohne Rücksicht auf individuelle Verschiedenheiten in dieser Form jedem Interessenten geboten werden, der ein solches Wagnis versichern will (*Prölss/Martin* vor § 1 Anm. I 6 A a, 7).

IV. ARB und AGBG

Literatur: *Schilling*, Die Allgemeinen Bestimmungen der ARB und das AGB-Gesetz, Diss. (1987)
Allgemeines zum Verhältnis von AVB zum AGBG: *Hübner* AVB und AGBG (1984); GB BAV 76, 30; *Bauer* BB 78, 476; *Franz* VersR 79, 394; *Helm* NJW 78, 129; *Schaefer* VersR 78, 4; *Sieg* VersR 77, 489; *Martin* VersR 84, 1107; *Werber* VersR 86, 1; *Prölss/Martin* vor § 1 Anm. I 6 C; *Hansen* VersR 88, 1110

51 Die ARB 75 sind im Vergleich zu den in den meisten anderen Versicherungssparten geltenden AVB ein **junges** und „modernes" **Bedingungswerk.** Sie wurden in den wesentlichen Grundzügen in den Jahren 1965 bis 1968 erarbeitet (vgl. oben Rdnr. 19). Zu dieser Zeit war die Rechtsprechung zur Wirksamkeit und Inhaltskontrolle allgemeiner Geschäftsbedingungen schon

Einleitung

weit fortgeschritten und hatte bereits eine Reihe wesentlicher Grundsätze herausgearbeitet, die in dieser oder ähnlicher Form dann in das AGBG Eingang gefunden haben. Diese Grundsätze konnten bei den Vorarbeiten zu den ARB 69 bereits berücksichtigt werden. Dies hat zur Folge, daß bisher von der Rechtsprechung nur in Ausnahmefällen eine Einzelregelung der ARB in ihrer Wirksamkeit – gemessen an den Anforderungen des AGBG – in Frage gestellt wurde (BGH VersR 91, 580 = r+s 91, 200; vgl. § 19 Rdnrn. 9ff.). So war es auch nicht notwendig – wie beispielsweise in der Haftpflicht- und Unfall-Versicherung mit ihren wesentlichen älteren Bedingungswerken –, einzelne Bestimmungen aufgrund des AGBG zu ändern (vgl. VerBAV 79, 261). Auf Problemfälle wird bei der Erläuterung der jeweiligen Einzelregelung eingegangen. Der Vorrang der Individualabrede (§ 4 AGBG) und der Einbeziehungsgrundsatz des § 23 Abs. 3 AGBG gelten auch für die ARB (vgl. § 5 Rdnrn. 4 und 5), ebenso die Unklarheitenregel des § 5 AGBG (vgl. oben Rdn. 47). Die Inhaltskontrolle nach § 9 AGBG dient nicht dazu, eine vom Standpunkt des VN aus optimale Gestaltung der AVB zu erreichen. Diese Bestimmung will vielmehr Mißbräuchen durch eine treuwidrige unangemessene Benachteiligung des VN begegnen (BGH VersR 86, 257). Ist der VN Kaufmann und gehört der Versicherungsvertrag zum Betrieb seines Handelsgewerbes, gilt das AGBG gemäß § 24 nur eingeschränkt (AG Saarbrücken VersR 95, 570).

V. Pflicht-RSVersicherung

Die RSVersicherung ist eine Folge der Entgeltlichkeit der Rechtspflege (*Leuch* S. 17). Die Frage, ob der Staat überhaupt berechtigt ist, für die Gewährung von Rechtsschutz Kosten zu fordern, die den Sach- und Personalaufwand der Gerichte wenigstens zum Teil decken, wird heute überwiegend bejaht (Näheres *Baumgärtel* JZ 75, 425 unter Ziff. II mit weiteren Nachweisen). Daß die Rechtsanwälte für ihre rechtsbesorgende Tätigkeit eine angemessene Vergütung fordern können, versteht sich in einem freiheitlichen Rechtsstaat von selbst. Das aus der Verfassung, insbesondere aus Art. 3 Abs. 1, 19 Abs. 4, 20 Abs. 1, 92 und 103 Abs. 1 GG hergeleitete Recht des einzelnen Staatsbürgers auf Chancengleichheit bei der Verfolgung oder Verteidigung seiner Rechte schließt das Recht ein, bei außergerichtlicher und gerichtlicher Interessenwahrnehmung vom Staat dann finanziell unterstützt zu werden, wenn seine eigenen Mittel nicht ausreichen, um die entstehenden Rechtskosten zu tragen. Die vor allem durch *Fechner* JZ 69, 349 und *Däubler* BB 69, 545 angefachte Diskussion über den geeigneten Weg zu einer solchen staatlichen Hilfe hat kaum mehr übersehbare Ausmaße angenommen (vgl. die Nachweise bei *Baumgärtel*, Gleicher Zugang zum Recht für alle, 1976, S. XI bis XIV; *Kollhosser* ZRP 79, 297; *Baumgärtel* ZRP 79, 302). Der hierbei vor allem von *Baur* (JZ 72, 77) befürwortete Gedanke einer **Pflicht-RSVersicherung** war überwiegend auf Ablehnung gestoßen (*Baumgärtel* JZ 75, 425, 428 unter Ziff. III; *André* ZRP 76, 177) und ist durch das seit 1. 1. 1981 geltende, das bisherige Armenrecht der ZPO erweiternde Gesetz über Prozeßkostenhilfe (BGBl. 1980 I S. 677) sowie durch das Beratungshilfegesetz (BGBl. 1980 I S. 689) nicht mehr aktuell.

VI. RSVersicherung und Prozeßhäufigkeit

53 Die These, die Ausbreitung der RSVersicherung sei mitverantwortlich für die stark gestiegene Geschäftsbelastung der Gerichte, wurde durch neuere Untersuchungen nicht bestätigt. Schon ein Vergleich von Statistiken über den Geschäftsanfall verschiedener Gerichtszweige zeigt, daß signifikante Unterschiede in den Steigerungsraten einerseits bei Rechtsgebieten, die nicht oder kaum in den Schutzbereich der RSVersicherung fallen, und andererseits solchen, bei denen dies der Fall ist, nicht bestehen (z. B. *Starck* ZRP 79, 209). Darüber hinaus haben *Blankenburg/Fiedler* in ihrer 1981 veröffentlichten Untersuchung „Die RSVersicherungen und der steigende Geschäftsanfall der Gerichte" (hierzu *Frommel* AnwBl. 82, 9; *Brangsch* ZRP 82, 110; *Rasehorn* JZ 81, 600) festgestellt, daß RSVersicherte im Durchschnitt keine größeren Prozeßrisiken eingehen, nicht häufiger Rechtsmittel einlegen und nicht weniger vergleichsbereit sind als Nichtversicherte in vergleichbarer Lage und daß zudem über zwei Drittel der untersuchten zivilrechtlichen Versicherungsfälle mit anwaltlicher Hilfe außergerichtlich erledigt wurden. Diese Ergebnisse wurden durch spätere Untersuchungen mit geringen Abweichungen im wesentlichen bestätigt (*Blankenburg* DAR 90, 1). Zum Anwachsen der Zahl der gerichtlichen Bußgeldverfahren, vor allem in Verkehrssachen, haben insbesondere *Pfeiffer* (DAR 80, 301, 308) und *Coeppicus* (DRiZ 82, 366; kritisch hierzu *Göhler* DRiZ 83, 105) dargestellt, daß die stark steigende Zahl der Einsprüche gegen Bußgeldbescheide in erster Linie dem Gesetzgeber und nicht den RSVersicherern anzulasten ist. Auch *Rennen* sieht in den RSVersicherern nicht den großen „Arbeitgeber" der Justiz, für den sie vielfach gehalten würden (DRiZ 83, 347; vgl. auch *Adams/Blankenburg* DRiZ 83, 353; *Winters* AnwBl. 84, 388, 393; *Engelhard* DAR 84, 376, 381; *van Bühren*, RSVersicherungen + Anwaltsschwemme = Prozeßflut?, in: Aktuelle Probleme bei der RSVersicherung, 1990; AnwBl. 90, 196; 91, 501; *Werner* S. 95 Fußn. 269). Das Bundesministerium der Justiz hatte 1989 einen Forschungsauftrag über „Die Bedeutung der RSVersicherung für die Inanspruchnahme der Rechtspflege" vergeben. Als Ergebnis wurde 1993 festgestellt, daß RSVersicherte etwas stärker prozessieren und ihr Recht etwas hartnäckiger verfolgen als Nichtversicherte, und zwar etwa in der Größenordnung von fünf bis zehn Prozent. Nur bei Verkehrsordnungswidrigkeiten und Zivilstreitigkeiten nach Verkehrsunfällen war der Unterschied noch etwas höher (Näheres *Jagodzinski/Raiser/Riehl* NJW 93, 2769; DAR 93, 453; DRiZ 94, 145 mit Kommentar von *Schaffert;* Braun BRAK-Mitteilungen 94, 6; vgl. auch *Blankenburg* ZRP 94, 294; *van Bühren/Wünscher* AnwBl. 93, 555). Durch die Einführung des § 25a StVG und die vom BAV hierzu verordnete Ausschlußklausel sind die gerichtlichen Bagatell-Bußgeldverfahren bei Halt- und Parkverstößen merklich zurückgegangen (vgl. § 2 Rdnr. 122a).

Erster Teil. Allgemeine Bestimmungen

A. Der Versicherungsschutz

§ 1 Gegenstand

(1) Der Versicherer sorgt nach Eintritt eines Versicherungsfalles für die Wahrnehmung der rechtlichen Interessen des Versicherungsnehmers, soweit sie notwendig ist, und trägt die dem Versicherungsnehmer hierbei entstehenden Kosten. Die Wahrnehmung rechtlicher Interessen ist notwendig, wenn sie hinreichende Aussicht auf Erfolg bietet und nicht mutwillig erscheint.

(2) Der Versicherungsschutz bezieht sich auf die im Versicherungsschein und in seinen Nachträgen bezeichneten Wagnisse, und zwar nach Maßgabe der Besonderen Bestimmungen der §§ 21–29.

Übersicht

	Rdnrn.		Rdnrn.
I. Pflichten des RSVersicherers (Abs. 1)..	1	cc) Fristversäumung im Zusammenhang mit RSVersicherung	21–25
1. Sorge für die Interessenwahrnehmung		2. „nach Eintritt eines Versicherungsfalles"	26, 27
a) Wahrnehmung rechtlicher Interessen	2, 3	3. notwendige Interessenwahrnehmung	28–30
b) Wahrnehmung anderer, insbesondere wirtschaftlicher Interessen	4, 5	a) hinreichende Erfolgsaussicht	31–38
c) Interessenwahrnehmung erlaubnispflichtig	6–8	b) Mutwilligkeit	39–41
d) „sorgt"	9–11	4. Kostentragung	42
aa) Sorge-Pflicht	12–18	II. Pflichten des VN	43–45
bb) Sorge-Recht	19, 20	III. Versichertes Wagnis (Abs. 2)	46, 47

I. Pflichten des RSVersicherers (Abs. 1)
(entspricht § 1 ARB 94)

§ 1 definiert in einer Art Generalklausel für die RSVersicherung in Anlehnung an § 1 Abs. 1 Satz 1 VVG generell die **Leistungen, die** der **Versicherer** als Schadenversicherer (Einl. Rdnr. 40) **zu erbringen hat,** mithin die spezifische Art der gerade vom RSVersicherer übernommenen „Gefahr": Er sorgt nach Eintritt eines Versicherungsfalles für die Wahrnehmung der rechtlichen Interessen des VN und trägt die dem VN hierbei entstehenden Kosten. Mit anderen Worten: Er vermittelt und finanziert im Bedarfsfall für den VN juristische Dienstleistungen. Hiermit ist jedoch nur abstrakt die Art des Risikos umschrieben, das der Versicherer in diesem Versicherungszweig typischerweise übernimmt. Inhalt und Umfang der Versichererleistung im Einzelfall ergeben sich erst aus den folgenden Allgemeinen Bestimmungen der §§ 2 bis 4 in Verbindung mit dem aus den Besonderen Bestimmungen der §§ 21 bis 29 versicherten Einzelwagnis (Vertragsart) im Sinn des § 1

1

§ 1 ARB 75   2, 3   1. Teil. Allgemeine Bestimmungen (A)

Abs. 2 (BGH NJW 85, 1466 = VersR 85, 538 unter Ziff. 3; vgl. auch § 1 Abs. 1 VVG, der die Leistungspflicht des Versicherers „... nach Maßgabe des Vertrags ..." festlegt).

2   1. a) **Wahrnehmung rechtlicher Interessen** ist nichts anderes als das, was das Gesetz, insbesondere das RBerG, unter „Besorgung von Rechtsangelegenheiten" versteht (vgl. z. B. Art 1 § 1 Abs. 1 RBerG). Wird sie für einen anderen ausgeübt, kann sie in einer Rechtsberatung sowie einer außergerichtlichen, gerichtlichen oder behördlichen Rechtsvertretung in Verfahren aller Art einschließlich einer etwa nötigen Zwangsvollstreckung bestehen (vgl. unten Rdnr. 3). Der BGH definiert „Wahrnehmung rechtlicher Interessen" generell als Verfolgung oder Abwehr von Ansprüchen (VersR 92, 487 = ZfS 92, 173 = r+s 92, 127). Welche Formen der Interessenwahrnehmung bei welchen Arten von Rechtsangelegenheiten unter den Versicherungsschutz der ARB fallen, ergibt sich aus den Leistungskatalogen der Besonderen Bestimmungen der §§ 21 bis 29. Die Grundformen der RS-Versicherung, nämlich die Geltendmachung von Schadenersatzansprüchen aufgrund gesetzlicher Haftpflichtbestimmungen (aktiver Schadenersatz-RS) und die Verteidigung in Verfahren wegen des Vorwurfs der Verletzung einer Vorschrift des Straf- oder Ordnungswidrigkeitenrechts (Straf-RS), kehren hierbei in allen Bestimmungen wieder. Eine Ausnahme macht lediglich § 29, der den Straf-RS nicht umfaßt, wohl aber den Schadenersatz-RS wegen Verletzung von Grundeigentum (§ 29 Rdnrn. 21, 22 a). Die übrigen Leistungsarten, z. B. die Wahrnehmung rechtlicher Interessen aus schuldrechtlichen Verträgen, aus Arbeitsverhältnissen oder vor Sozialgerichten, finden sich dagegen nur in einzelnen Kombinationen. Soweit der Versicherungsschutz nicht nur die aktive Rechtsverfolgung – wie im Schadenersatz-RS – oder die passive Rechtsverteidigung – wie im Straf-RS –, sondern die Wahrnehmung rechtlicher Interessen generell umfaßt, ist damit an sich jede Art außergerichtlicher und gerichtlicher rechtsberatender und rechtsvertretender Tätigkeit in dem Umfang gedeckt, in dem sie durch den Eintritt eines Versicherungsfalles (§ 14) notwendig wird. In manchen Leistungsarten setzt der Versicherungsschutz allerdings nicht schon mit Beginn der Interessenwahrnehmung, sondern erst in einem späteren Stadium ein (Näheres vgl. § 2 Rdnr. 20).

3   Was die **Rechtsbesorgung** in Form der Interessenwahrnehmung im einzelnen umfaßt, ist durch Art. 1 RBerG und die hierzu ergangene Rechtsprechung weitgehend geklärt. Besitzt derjenige, der eine eigene Rechtsangelegenheit zu besorgen hat, nicht die nötigen Rechtskenntnisse oder will oder kann er aus sonstigen Gründen nicht selbst tätig werden, dann muß er sich eines Rechtskundigen bedienen. Dieser kann entweder einem Dritten gegenüber, also nach außen, als Rechtsvertreter tätig werden oder nur „nach innen" gegenüber dem Auftraggeber, z. B. durch Rechtsberatung oder Entwerfen von Schriftsätzen. Ziel dieser rechtsbesorgenden Tätigkeit ist es jeweils, eine konkrete Rechtsangelegenheit dergestalt zu fördern, daß sie einem gewissen Abschluß zugeführt wird, sei es zwecks Rechtsgestaltung in Form von Schaffung oder Veränderung von Rechtsverhältnissen, sei es zwecks Rechtsverwirklichung in Form von Durchsetzung, Sicherung oder

Klarstellung von Rechten oder Abwehr von Ansprüchen und rechtlichen Vorwürfen (BGH NJW 56, 591; BayObLG AnwBl. 64, 143; *Altenhoff/ Busch/Kampmann/Chemnitz* Rdnr. 37). Die Wahrnehmung rechtlicher Interessen beginnt in der Regel mit einer (internen) Rechtsberatung und kann sich fortsetzen in einer (externen) zunächst außergerichtlichen und notfalls gerichtlichen oder behördlichen Rechtsvertretung gegenüber einem Anspruchsgegner (*Ellmer* VP 69, 85; *Böhme* § 1 Rdnr. 3; *Pakulla* AnwBl. 80, 221). Sie kann sich auf Nebenverfahren oder Sonderverfahren erstrecken wie Abwehr eines Prozeßkostenhilfe-Antrags des Gegners, Mahnverfahren, Beweissicherungs-, Arrestverfahren und Verfahren wegen einer einstweiligen Verfügung sowie Verfahren vor Schiedsgerichten oder Schlichtungs- und Einigungsstellen (vgl. hierzu § 2 Rdnrn. 111 und 117). Sie kann in derselben Rechtssache andauern bis zum Ende der zwangsweisen Durchsetzung gerichtlich oder behördlich festgestellter Ansprüche im Wege der Zwangsvollstreckung.

b) Die Versicherungsleistung nach den ARB betrifft nur die Wahrnehmung rechtlicher Interessen. Die **Wahrnehmung** anderer **Interessen**, z. B. **wirtschaftlicher**, wissenschaftlicher, medizinischer oder technischer **Art**, und hierdurch ausgelöste Kosten sind nicht Gegenstand der RSVersicherung. Eine Abgrenzung zwischen rechtlichen und technischen oder sonstigen nichtwirtschaftlichen Angelegenheiten wird in der Regel nicht schwierig sein. Problematischer kann dagegen die Frage werden, ob eine Angelegenheit rechtlicher oder wirtschaftlicher Natur oder beides ist. Wer gewerbsmäßig Auskünfte über Vermögensverhältnisse oder über persönliche Angelegenheiten im Sinn des § 35 GewO erteilt, besorgt beispielsweise keine rechtliche Angelegenheit, sondern betätigt sich auf rein wirtschaftlichem Gebiet (*Altenhoff/Busch/ Kampmann/Chemnitz* Rdnrn. 35ff.). Über die Abgrenzung zwischen Anwaltstätigkeit als der Besorgung von Rechtsangelegenheiten und berufsfremder Tätigkeit eines Rechtsanwalts vgl. *Borgmann/Haug* Rdnrn. II 1ff.

Häufig sind jedoch auch Fälle, in denen mit der Besorgung eines **Geschäfts wirtschaftlicher Art** eine **Rechtsbesorgung** verbunden ist oder sein kann. Nach früher hier und auch überwiegend von der Rechtsprechung vertretener Ansicht kam es dann darauf an, ob das Schwergewicht der Interessenwahrnehmung auf rechtlichem oder auf wirtschaftlichem Gebiet liegt (Näheres 4. Aufl. § 1 Rdnr. 5). Dem ist der BGH mit dem Argument nicht gefolgt, die Verfolgung rechtlicher Interessen, die nicht auch der Wahrnehmung irgendwelcher sonstiger Interessen dient, sei nur schwer vorstellbar. Der aufmerksame Leser entnehme daher dem Begriff „rechtliche Interessen" mangels Abgrenzung von wirtschaftlichen oder sonstigen Interessen keine Einschränkung der Versicherungsleistung (VersR 91, 919 = r+s 91, 271). Diese Entscheidung wird dem entschiedenen Einzelfall (Aushandeln eines Vollstreckungsvergleichs) sicherlich gerecht. Der Begründung läßt sich jedoch entgegenhalten, daß man wissenschaftliche, politische, technische, familiäre, religiöse, finanzielle oder sonstige Interessen welcher Art auch immer wahrnehmen kann, ohne dabei gleichzeitig nach dem allgemeinen

Sprachverständnis irgendwelche rechtlichen Interessen zu verfolgen. Die Abgrenzung solcher anderer Interessen im Bedingungswortlaut erscheint nicht erforderlich. Die Begrenzung ergibt sich vielmehr daraus, daß die Interessenwahrung einen Versicherungsfall im Sinn des § 14 voraussetzt, wenn sie unter Versicherungsschutz stehen soll. Dieser Versicherungsfall – häufig ein (behaupteter) Rechtsverstoß im Sinn des § 14 Abs. 3 Satz 1 – kann dann zur Wahrung der Interessen des VN als Reaktion Maßnahmen erfordern, die häufig Rechtskenntnisse erfordern und damit als „rechtlich" zu qualifizieren sind. Zwangsläufig ist dies aber nicht. Wendet sich etwa der VN als Schuldner gegen die Vollstreckung einer titulierten fälligen Forderung lediglich mit der Bitte um Zahlungsaufschub um einige Monate, da er zur Zeit nicht solvent sei, dann ist dies kein rechtlicher Einwand (vom BGH VersR 91, 919 offen gelassen) und wird es auch nicht dadurch, daß er einen Anwalt einschaltet. Dessen Beauftragung mag der Interessenwahrung des VN mehr Nachdruck verleihen. Für sich allein indiziert sie aber noch nicht die Notwendigkeit rechtlicher Schritte, d. h. von Maßnahmen, die nach allgemeinem Sprachverständnis gewisse – wenn auch einfachste – Rechtskenntnisse voraussetzen (ähnlich *Prölss/Martin* § 1 ARB Anm. 1 d; AG St. Wendel r+s 90, 344 für einfache Ratenzahlungs-Stundung). Die Anwaltstätigkeit zwecks Verlängerung einer zu kurzen Nachfrist nach § 326 BGB wurde vom LG Lübeck (ZfS 91, 238) wohl zu Recht als rechtlich, vom OLG Schleswig als Berufungsgericht dagegen nur als wirtschaftlich gewertet (VersR 92, 351). Das Aushandeln einer Abfindung und einer Zeugniserteilung nach Kündigung eines Arbeitsverhältnisses ist (auch) Wahrnehmung rechtlicher Interessen (AG/LG Hamburg ZfS 97, 72). Eine rein wirtschaftliche Geschäftsbesorgung, die nicht nach der BRAGebO, sondern nach anderen Grundsätzen zu vergüten ist, wie etwa die Ausarbeitung eines Finanzierungsplanes ohne weitere rechtliche Beratung, ist auch keine rechtliche Interessenwahrnehmung (Näheres *Gerold/Schmidt/Madert* § 1 Rdnrn. 11 und 19; *Riedel/Sußbauer/Fraunholz* § 1 Rdnrn. 39–41).

6 c) Die **Wahrnehmung** fremder **rechtlicher Interessen** ist als Besorgung fremder Rechtsangelegenheiten im Inland **erlaubnispflichtig,** wenn sie geschäftsmäßig und nicht durch Rechtsanwälte oder – im Rahmen ihrer Befugnis – durch Notare erfolgt (Art. 1 §§ 1, 3 Nr. 2 RBerG). Würde der Versicherer Rechtsangelegenheiten seiner VN selbst besorgen, dann geschähe dies „geschäftsmäßig", d.h. in der Absicht der Wiederholung (*Altenhoff/Busch/Kampmann/Chemnitz* Rdnrn. 62 ff.). Der Versicherer bedürfte also einer Erlaubnis zur Geschäftsbesorgung gemäß Art. 1 § 1 RBerG, falls nicht die Ausnahmevorschrift des Art. 1 § 5 Nr. 1 RBerG eingreift, wonach eine Rechtsbesorgung erlaubnisfrei ist, soweit sie in unmittelbarem Zusammenhang mit dem Geschäftsbetrieb des Versicherers steht. Dies hat das OLG Hamm (VersR 87, 151) bejaht für den Fall, daß der Generalvertreter eines RSVersicherers den VN über Inhalt und Umfang seines Versicherungsvertrages in der Weise aufgeklärt hat, daß die Anwaltsvergütung nur im Umfang des § 2 Abs. 1a und b übernommen wird und die Vereinbarung eines die gesetzliche Vergütung übersteigenden Honorars nach § 3 BRAGebO der Schriftform bedarf.

Gegenstand   7–10 § 1 ARB 75

Die Frage der **Erlaubnispflicht** war früher umstritten. In 1952 genehmigten Bedingungen (VerBAV 53, 25) war vorgesehen, daß der RSVersicherer die Versicherten in den einschlägigen Rechtsfragen einschließlich der Mitwirkung beim Versuch eines gütlichen Ausgleichs betreut. § 4 Nr. 3 der ARB 54 gab dem Versicherer die Möglichkeit, selbst auf einen Vergleich über Ansprüche des Versicherten hinzuwirken. Die damals verbreitete, weitgehend den heute noch geübten Gepflogenheiten ausländischer RSVersicherer entsprechende Praxis der deutschen RSVersicherer, über Schadenersatzansprüche ihrer Versicherten außergerichtlich selbst mit dem Schädiger oder dessen Haftpflichtversicherer zu verhandeln, wurde durch das Grundsatzurteil des BGH vom 20. 2. 1961 (VersR 61, 433 = NJW 61, 1113) unterbunden. Der BGH sah solche außergerichtlichen Verhandlungen mit einleuchtender Begründung, die durch die von *Pfennigstorf* (VersR 77, 203, 204) geäußerten Zweifel nicht entkräftet wird, als Besorgung fremder Rechtsangelegenheiten gemäß Artikel 1 § 1 RBerG an, die nicht unter die Ausnahmevorschrift des Artikel 1 § 5 Nr. 1 RBerG fällt und deshalb ohne behördliche Erlaubnis unzulässig ist. 7

Die ARB 69 und gleichlautend die ARB 75 haben dieser höchstrichterlichen Rechtsprechung durch die Formulierung Rechnung getragen, daß der Versicherer nurmehr für die Wahrnehmung der rechtlichen Interessen des VN sorgt, diese Interessen aber nicht mehr selbst wahrnimmt. In die bedingungsgemäße Versicherungsleistung ist demnach im Gegensatz zu den früheren Bedingungen **nicht** mehr die Möglichkeit einer **Rechtsbesorgung durch** den **Versicherer** selbst miteingeschlossen. Die von *Pfennigstorf* (VersR 77, 203, 205) aufgeworfene Frage, ob den Versicherern oder ihren Schadensachbearbeitern eine sachlich beschränkte Erlaubnis nach dem RBerG zum Zweck außergerichtlicher Verhandlungen mit Anspruchsgegnern der VN erteilt werden könnte, stellt sich bei dem derzeitigen Bedingungswortlaut gar nicht. Die ARB respektieren damit das im Inland bestehende Monopol der Anwaltschaft für die Besorgung fremder Rechtsangelegenheiten in dem durch § 3 BRAO und Art. 1 RBerG festgelegten Umfang. 8

d) Wie oben in Rdnr. 8 dargelegt, nimmt der **Versicherer** die rechtlichen Interessen seiner VN nicht selbst wahr. Er „sorgt" jedoch **für** deren **Wahrnehmung**. Was hat man hierunter zu verstehen? *K. Vassel* (VerBAV 69, 131) hält diese Formulierung für schief, da sie unmittelbar in die Nachbarschaft unerlaubter Rechtsberatung im Sinn des RBerG führe. *Pfennigstorf* (VersR 77, 203) bezeichnet sie sogar als irreführend, da der Versicherer keinen Rechtsschutz in natura biete. 9

Diesen Kritikern ist zuzugeben, daß „sorgen" ein unbestimmter und demgemäß **auslegungsbedürftiger Begriff** ist, der mißverstanden werden kann. Jedoch ist die von beiden Autoren vorgenommene Auslegung weder vom Wortlaut noch vom Sinn her geboten. Wenn jemand für eine Dienstleistung „sorgt", bedeutet dies keineswegs, daß er sie selbst erbringt. Er will lediglich dafür einstehen, daß sie erbracht wird, gleichgültig von wem. Nimmt man hinzu, daß seit dem oben in Rdnr. 7 erwähnten BGH-Urteil vom 20. 2. 1961 (VersR 61, 433 = NJW 61, 1113) die RSVersicherer keine 10 fremden Rechtsangelegenheiten mehr selbst besorgen, dann kommt man zwanglos zu der Auslegung, daß mit der „Sorge" für die Wahrnehmung rechtlicher Interessen des VN nur solche Tätigkeiten gemeint sind, die die eigentliche Interessenwahrnehmung (Rechtsbesorgung) herbeiführen, fördern oder erleichtern, ohne selbst schon Rechtsbesorgung zu sein. Hierfür spricht auch ein Vergleich mit der früheren, wesentlich weitergehenden Formulierung des § 4 Nr. 3 der ARB 54, wonach der Versicherer selbst auf einen außergerichtlichen Vergleich über Ansprüche des VN hinwirken konnte (vgl. oben Rdnr. 7). Die so verstandene Sorge des Versicherers besteht also darin, dem VN zu der gerade in seinem Fall gebotenen Rechtsberatung oder Rechtsvertretung zu verhelfen und ihn und gegebenenfalls seinen Rechtsanwalt dabei zu betreuen (*Ruhle* ZfV 77, 20, 22).

11   Inwieweit der **Versicherer** selbst **verpflichtet oder** – ohne korrespondierende Verpflichtung – nur **berechtigt** ist, diese Hilfe zu erbringen, sie andererseits aber auch dem Rechtsanwalt überlassen kann, richtet sich nach den ARB und den Umständen des Falles. § 1 regelt insoweit nur die generelle Fürsorge-Möglichkeit des Versicherers, ohne die Leistungen im einzelnen zu konkretisieren (vgl. oben Rdnr. 10).

12   aa) Zwei echte **Fürsorgepflichten des Versicherers** enthält § 16. Unter den Voraussetzungen des § 1 hat der Versicherer einen Rechtsanwalt zu bestimmen, wenn der VN keinen benannt hat, sowie einen vom VN benannten oder vom Versicherer bestimmten Rechtsanwalt im Namen des VN zu beauftragen, die rechtlichen Interessen des VN wahrzunehmen. Hat der VN bereits selbst einen Rechtsanwalt unter Beachtung des § 16 Abs. 3 beauftragt, hat der RSVersicherer diesem oder dem VN bei bestehender Versicherungsdeckung den Versicherungsschutz zu bestätigen (Näheres § 16 Rdnrn. 5, 9, 10). Zur Frage der Bejahung der Leistungspflicht durch solche Maßnahmen vgl. auch § 19 Rdnr. 11.

13   Daneben besteht die aus dem Versicherungsverhältnis entspringende **allgemeine Vertragspflicht,** den gemeldeten Versicherungsfall unverzüglich zu bearbeiten, insbesondere die zur Feststellung des Versicherungsfalles und, soweit schon möglich, des Umfangs der Leistung nötigen Erhebungen (vgl. § 11 Abs. 1 VVG, der allerdings unmittelbar nur für Geldleistungen des Versicherers gilt) mit der im Verkehr erforderlichen Sorgfalt und innerhalb angemessener Zeit durchzuführen und dann seine Entscheidung über Zusage oder Ablehnung des Versicherungsschutzes mitzuteilen. Die „nötigen" Erhebungen bestehen in der Ermittlung der Tatsachen und Beschaffung der Unterlagen, die ein durchschnittlich sorgfältiger Versicherer unter Beachtung der Belange der Gefahrengemeinschaft (Schutz vor unberechtigten Ansprüchen) und jener des VN (Interesse an schneller Klärung des Versicherungsschutzes) braucht, um den Versicherungsfall festzustellen und abschließend zu prüfen (*Bruck/Möller* § 11 Anm. 8). Nach Vorliegen aller Unterlagen hat der Versicherer noch eine gewisse Überlegungsfrist für seine abschließende Entscheidung, die je nach den Umständen des Falles mit zwei bis drei Wochen anzusetzen ist (Näheres § 2 Rdnrn. 145ff.; vgl. BGH VersR 74, 639; OLG Nürnberg VersR 76, 1052; OLG München ZfS 80, 368;

Prölss/Martin § 11 Anm. 2; *Baumbach/Lauterbach/Hartmann* § 93 Rdnrn. 54ff.).

Ergänzende Leistungspflichten können sich für den Versicherer aus dem Grundsatz von Treu und Glauben ergeben. So kann er gehalten sein, auf Verlangen dem VN eine Auskunft über Laufzeit oder Inhalt des Vertrages zu geben, ohne daß freilich längere gutachtliche Ausführungen über Auslegungsprobleme gefordert werden könnten (*Prölss/Martin* vor § 1 Anm. II 3 A). Will der Versicherer seine Leistungspflicht wegen eines ihm bekannten Ausschlußtatbestands verneinen, darf er den VN nicht längere Zeit hierüber im ungewissen lassen (BGH VersR 63, 1117). § 16 BDSG verpflichtet den Versicherer, personenbezogene Daten des VN nur im Rahmen der Zweckbestimmung des Versicherungsvertrags oder zur Wahrung berechtigter Interessen an Dritte zu übermitteln, wenn dadurch schutzwürdige Belange des VN nicht beeinträchtigt werden. Gibt der Versicherer nach Kündigung des Vertrages zwecks Speicherung an den HUK-Verband (jetzt: GDV) Vertragsdaten weiter, zu deren Offenbarung der (frühere) VN bei Abschluß eines neuen Vertrages bei einem anderen Versicherer nach § 16 VVG verpflichtet ist, dann verletzt der Versicherer hierdurch keine vertragliche Nebenpflicht gegenüber dem (früheren) VN (OLG Frankfurt VersR 82, 568 = ZfS 81, 306). 14

Ridder (in *Möller* Studien S. 122) rechnet schließlich neben der Hilfe bei der Schadenaufnahme auch die **Feststellung des streitigen Sachverhalts** zu den Fürsorgepflichten des RSVersicherers. In dieser allgemeinen Form geht diese Ansicht zu weit. Hilfe bei der Meldung des Versicherungsfalles schuldet der Versicherer sicherlich. Insbesondere hat er auf eine Vervollständigung einer unvollständigen Meldung hinzuwirken (vgl. § 15 Abs. 1a; OLG München VersR 64, 329). Soweit die Feststellung des streitigen Sachverhalts der Prüfung seiner Eintrittspflicht und des Leistungsumfangs dient, ist der Versicherer hierzu ebenfalls verpflichtet. Denn die „zur Feststellung des Versicherungsfalles und des Umfanges der Leistung des Versicherers nötigen Erhebungen" (vgl. § 11 Abs. 1 VVG, der allerdings unmittelbar nur für Geldleistungen gilt) sind naturgemäß seine Sache (vgl. oben Rdnr. 13). Steht jedoch seine Leistungspflicht fest, dann ist es ihm freigestellt, für die Rechtssache des VN möglicherweise relevante Tatsachen im Vorfeld oder Umfeld der eigentlichen Rechtsbesorgung selbst zu erkunden oder durch den bereits beauftragten oder noch zu beauftragenden Rechtsanwalt ermitteln zu lassen, der hierzu im Rahmen des Anwaltsvertrags ohnehin verpflichtet ist (*Borgmann/Haug* Rdnrn. IV 15ff.; *Borgmann* AnwBl. 83, 25). 15

Die **Verpflichtung** des Versicherers geht also allenfalls dahin, neben den im eigenen Interesse durchzuführenden Erhebungen zur Feststellung des Versicherungsfalles und des Umfangs der Leistung bei bestehender Leistungspflicht für die **Feststellung des** entscheidungserheblichen **Sachverhalts** und sonstiger wesentlicher Umstände **zu sorgen**, sei es durch eigene Erkundigungen, sei es durch die Beauftragung eines Anwalts. Hierzu gehören beispielsweise die vom BGH in seiner Entscheidung vom 20. 2. 1961 (VersR 61, 433 = NJW 61, 1113; vgl. oben Rdnr. 7) als nicht erlaubnis- 16 pflichtige Rechtsbesorgung bezeichneten Fragen nach der Bereitschaft von Anspruchsgegnern des VN, geltend gemachte Ansprüche freiwillig zu befriedigen, sowie Fragen nach Einwendungen der Gegenseite. Weiter fallen hierunter Fragen nach einer Haftpflichtversicherung der Anspruchsgegner sowie Hinweise auf deren Obliegenheit, den Versicherungsfall ihrem Haftpflichtversicherer unverzüglich zu melden.

17 *Ridder* (in *Möller* Studien S. 122) hält unter Hinweis auf BGH VersR 61, 433 den RSVersicherer im Rahmen seines Fürsorgerechts auch für **verpflichtet, Verjährungsfristen** für den VN zu **überwachen.** Das erwähnte BGH-Urteil befaßt sich jedoch mit dieser Frage nicht. Aus dem Zusammenhang der Urteilsgründe ergibt sich vielmehr, daß diese Tätigkeit zur erlaubnispflichtigen und daher dem Versicherer verwehrten Rechtsbesorgung gezählt werden muß. Denn die Prüfung der Verjährungsfrage dient der Sicherung und Durchsetzung von Rechten (vgl. oben Rdnr. 3) und gehört zu den elementaren Pflichten des Anwalts aus dem Anwaltsvertrag (BGH VersR 70, 815; 71, 1119; 81, 535; ebenso *Böhme* § 1 Rdnr. 6). Der Versicherer wird im Einzelfall den VN oder Anwalt auf eine drohende Verjährung hinweisen, wenn dies aus den Unterlagen eindeutig erkennbar ist. Häufig sind diese Unterlagen jedoch zunächst unklar und unvollständig und es ist dann Sache des beauftragten Anwalts, die für die Verjährungsfrage maßgeblichen Umstände zu ermitteln (vgl. auch § 16 Rdnr. 11). In seiner Entscheidung vom 28. 2. 1963 (VersR 63, 423) spricht der BGH überdies klar aus, daß nach den damals geltenden Versicherungsbedingungen keine Verpflichtung des Versicherers bestand, die Rechtssache des Versicherten zu bearbeiten und hierbei etwaige Verjährungs- oder Anmeldefristen zu kontrollieren (ähnlich schon BGH VersR 62, 546), sondern daß eine solche Verpflichtung ausnahmsweise nur dann angenommen werden konnte, wenn der Versicherer aufgrund besonderer Absprache im Einzelfall über die Versicherungsbedingungen hinaus eine solche Verpflichtung übernommen hatte (ebenso OLG Koblenz VerBAV 67, 155). Seit BGH VersR 61, 433 wäre eine solche über den Bedingungsumfang hinausgehende Leistung, die früher gelegentlich aus Wettbewerbsgründen praktiziert wurde, ohnehin als eine Verpflichtung zu einer erlaubnispflichtigen Rechtsbesorgung anzusehen (vgl. oben Rdnrn. 6 ff.) und wird daher bei der Regulierung von RS-Fällen nicht mehr praktiziert.

18 Nach der heutigen Fassung der ARB ist eine Besorgung fremder Rechtsangelegenheiten und damit auch die **Überwachung von** Verjährungs- und Anzeige**fristen** durch den Versicherer **in keinem Fall** vorgesehen. Folgerichtig hat das AG München in einem Fall, in dem der VN seinen Versicherer wegen angeblichen Übersehens der Anzeigepflicht nach § 5 des Sach-Haftpflichtgesetzes a.F. schadenersatzpflichtig machen wollte, im Urteil vom 17. 7. 1973 (6 C 62/73) ausgeführt: „Im übrigen verwechselt der Kläger die Rolle des Versicherers mit der des Anwalts, der durch ihn vermittelt und bezahlt werden sollte. Der Versicherer ist auch aufgrund ... der ARB weder verpflichtet noch angesichts des allgemeinen gesetzlichen Verbots jeder rechtsberatenden Tätigkeit berechtigt, den Kläger über laufende materiellrechtliche Fristen aufzuklären oder gar etwaige Ansprüche des Versicherten

beim angeblichen Schädiger anzumelden". Eine andere Frage ist, ob einem VN, der in der irrigen Annahme einer Befugnis seines RSVersicherers zur Rechtsbesorgung eine Frist versäumt hat, Wiedereinsetzung in den vorigen Stand gegen die Fristversäumung gewährt werden kann (hierzu vgl. unten Rdnr. 21).

bb) Soweit der RSVersicherer keine Fürsorgepflicht gemäß den im vorausgegangenen Abschnitt (Rdnrn. 12 bis 18) dargelegten Grundsätzen hat, kann er gleichwohl den VN und gegebenenfalls seinen Rechtsanwalt durch geeignete Maßnahmen **betreuen**. Aktuell wird dies vor allem bei Versicherungsfällen im Ausland. Das ausländische Recht und der Verfahrensgang im Ausland sind häufig weder dem VN noch einem von ihm beauftragten deutschen Rechtsanwalt vertraut. Der deutsche RSVersicherer kann in der Regel geeignete ausländische Anwälte benennen und weiß zudem, welche Belege nach ausländischem Recht vorgelegt werden müssen, um eine Rechtsverfolgung im Ausland aussichtsreich erscheinen zu lassen. 19

Auch bei inländischen Versicherungsfällen können geeignete Hinweise des RSVersicherers die Rechtssache des VN fördern. *Möller* (Studien S. 8) rechnet zu den Fürsorgeleistungen auch die **Prüfung der Erfolgsaussichten** durch den Versicherer nach § 17, fügt allerdings hinzu, daß der VN hierauf wohl keinen Rechtsanpruch habe. Diese letzte Überlegung ist sicherlich richtig. Denn die Prüfung der Frage, ob die Wahrnehmung der rechtlichen Interessen des VN im Sinn der §§ 1 Abs. 1, 17 notwendig ist, insbesondere ob Erfolgsaussichten gegeben sind, steht dem Versicherer an sich frei. Nur für den Fall der Verneinung hat er die Pflicht, dies dem VN unverzüglich schriftlich zu begründen (§ 17 Abs. 1 Satz 2). Prüft der Versicherer die Erfolgsaussichten nicht, dann kann er sich allerdings dem Vorwurf aussetzen, dem aus der Gefahrengemeinschaft der Versicherten entspringenden Gebot zuwiderzuhandeln, nicht einen einzelnen Versicherten auf Kosten der übrigen zu begünstigen (vgl. *Prölss/Martin* vor § 1 Anm. II 1). Prüft der Versicherer die Notwendigkeit der Interessenwahrnehmung, dann tut er dies zunächst im eigenen Interesse, um von Kosten aussichtslos erscheinender Rechtssachen möglichst verschont zu bleiben. Daneben kann eine solche Prüfung aber auch im Interesse des VN liegen. Sie kann ihm und gegebenenfalls seinem Rechtsanwalt größere Klarheit hinsichtlich der Erfolgsaussichten seiner Rechtsangelegenheit, insbesondere einer beabsichtigten Klage oder eines Rechtsmittels oder hinsichtlich des zweckmäßigsten Vorgehens, bringen und die Angelegenheit damit fördern. Unter diesem Aspekt kann man die Prüfung der Erfolgsaussichten der Fürsorgeleistung des Versicherers im Sinn von § 1 Abs. 1 zuordnen. 20

cc) Versäumt der VN im Zusammenhang mit der Einschaltung seines RSVersicherers eine **Frist**, z.B. zur Anmeldung oder Anzeige von Ansprüchen, zur Erhebung einer Klage oder Einlegung eines Rechtsmittels usw., dann wird dies in der Regel darauf beruhen, daß er irrigerweise eine Befugnis des RSVersicherers zur Rechtsbesorgung annimmt. Nach dem früheren Bedingungswortlaut hatte die Rechtsprechung überwiegend eine solche Fristversäumung als entschuldbar angesehen (vgl. BGH VersR 62, 546 21

§ 1 ARB 75 22, 23   1. Teil. Allgemeine Bestimmungen (A)

= NJW 62, 1154; VersR 62, 1185 = NJW 63, 44 für die Versäumung der Anmeldefrist des Art. 8 Abs. 6 des Finanzvertrags; LG Freiburg VersR 73, 360 für die Versäumung der Einspruchsfrist gegen einen Strafbefehl). Hierbei hat die Überlegung mitgespielt, daß nach dem damaligen Bedingungswortlaut der RSVersicherer die ausschließliche Befugnis hatte, einen Rechtsanwalt für den VN zu bestellen, und er daher auch für dessen rechtzeitige Beauftragung sorgen mußte. Nach dem heutigen Bedingungswortlaut kann der VN selbst einen Rechtsanwalt beauftragen (§ 16 Abs. 3; vgl. § 16 Rdnr. 9) und muß dies bei drohendem Fristablauf auch tun, wenn er nicht Gefahr laufen will, die Frist unentschuldbar zu versäumen (LG Krefeld VersR 73, 433; LG Köln NJW 70, 2225). Die Deckungszusage des RSVersicherers ist ein Umstand, der in den Risikobereich des VN fällt. Beabsichtigt er eine Klage, für deren Erhebung eine kurze Ausschlußfrist läuft wie beispielsweise nach § 4 KSchG, muß er zur Fristwahrung notfalls auf eigenes Kostenrisiko oder unter Beantragung von Prozeßkostenhilfe Klage erheben, zumal dann, wenn durch die Klageerhebung als solche noch keine Kosten entstehen (LAG Mainz BB 72, 839; bedenklich daher SG Freiburg NJW 87, 342 mit abl. Anm. von *Kühl* VersR 88, 452; vgl. auch § 2 Rdnr. 145).

22   Für die **rechtzeitige Zahlung** fristgebundener Gebühren- oder Auslagenvorschüsse ist der VN gegenüber der anfordernden Stelle, z.B. dem Gericht, selbst verantwortlich. Er muß alles tun, um eine Verzögerung zu vermeiden. Auf eine besondere Eilbedürftigkeit muß er den RSVersicherer hinweisen, und zwar zur Vermeidung von Mißverständnissen nicht nur telefonisch, sondern schriftlich. Zusätzlich muß er oder sein Prozeßbevollmächtigter die fristgerechte Ausführung der Zahlung durch den Versicherer überwachen (OLG Düsseldorf VersR 86, 1189; KG NJW 72, 1329 = VersR 72, 792; a. A. für den Fall bereits feststehender Eintrittspflicht des RSVersicherers: OVG Koblenz NJW 68, 2158). Ein etwaiges Verschulden des RSVersicherers bei der Verzögerung der Gebühreneinzahlung muß sich der VN zurechnen lassen (LG Berlin MDR 78, 941). Zur Frage der Ersatzpflicht des RSVersicherers für einen durch die Fristversäumung entstandenen Vermögensnachteil des VN vgl. § 2 Rdnr. 146.

23   Kann der RSVersicherer erkennen, daß sein VN ihn irrtümlich zur Rechtsbesorgung für befugt hält, muß er ihn unverzüglich aufklären. Steht seine Eintrittspflicht bereits fest, muß er unverzüglich einen Rechtsanwalt mit der weiteren Interessenwahrnehmung beauftragen (vgl. § 16). **Verzögert** der RSVersicherer diese **Aufklärung** oder die Anwaltsbeauftragung schuldhaft, kann er für einen dadurch eingetretenen Schaden wegen Schuldnerverzugs (§§ 284, 286 BGB) oder wegen positiver Vertragsverletzung (vgl. *Palandt/Heinrichs* § 276 Rdnrn. 104 ff.) ersatzpflichtig werden. Zu beachten bleibt jedoch, daß dem RSVersicherer jeweils ein ausreichender Zeitraum von etwa zwei bis drei Wochen für die Bearbeitung der Angelegenheit zugebilligt werden muß (vgl. oben Rdnr. 13), so daß zumindest bei Versäumung von ein- oder zweiwöchigen Fristen kaum je ein Verschulden des RSVersicherers bejaht werden kann.

Gegenstand 24–27 § 1 ARB 75

Bei Versäumung der Berufungsfrist hat der Rechtsmittelkläger auch für 24
ein **Verschulden** seines **Versicherers** einzustehen, soweit diesem aufgrund
des Versicherungsvertrags ein Mitsprache- oder Vertretungsrecht eingeräumt ist. Diese vom BGH (VersR 73, 746) für das Bestehen einer Haftpflichtversicherung entschiedene Frage kann auch für die RSVersicherung Bedeutung gewinnen, und zwar in Fällen, in denen sich der Versicherer die Prüfung der Erfolgsaussichten einer Klage oder eines Rechtsmittels vorbehalten hat (§ 17 ARB) und diese Prüfung schuldhaft verzögert.

Die vorstehend genannten Gerichtsentscheidungen sind, soweit sie auf 25
§ 233 ZPO a.F. gestützt sind, nur noch mit Vorbehalt verwertbar. Denn durch die am 1. 1. 1977 in Kraft getretene Neufassung des § 233 ZPO wurde die **Wiedereinsetzungsmöglichkeit erleichtert.** Die Partei oder ihr gesetzlicher oder rechtsgeschäftlicher Vertreter muß nicht mehr durch einen „unabwendbaren Zufall" (§ 233 ZPO a.f.) an der Einhaltung einer Frist verhindert gewesen sein. Es genügt jetzt, daß sie (oder ihr Vertreter) „ohne ihr Verschulden" daran gehindert war (§§ 233, 51 Abs. 2, 85 Abs. 2 ZPO n.F.; Näheres vgl. *Thomas/Putzo* § 233 Anm. 1, 4 bis 6; *Baumbach/Lauterbach/Hartmann* § 233 Rdnrn. 11 ff.).

2. Die Pflicht des Versicherers, für die Wahrnehmung der rechtlichen In- 26
teressen des VN zu sorgen und die hierbei entstehenden Kosten zu tragen, beginnt **nach Eintritt eines Versicherungsfalles,** soweit dieser die Interessenwahrnehmung notwendig macht (und der VN hierfür gemäß § 15 RS begehrt). Damit unterstreicht § 1 für die RSVersicherung die Grundregel jedes Versicherungsverhältnisses, daß die Leistungspflicht des Versicherers einen Versicherungsfall voraussetzt, der in den versicherten Zeitraum fällt (§ 1 Abs. 1 VVG). Der Zeitpunkt des Eintritts eines Versicherungsfalles ist auch sonst in mehrfacher Hinsicht von Bedeutung, z.B. bei Obliegenheitsverletzungen (siehe hierzu u.a. § 15 mit Erläuterungen, § 21 Rdnrn. 85 ff., § 26 Rdnr. 41), bei einer Gefahrerhöhung (vgl. § 9) und bei Prämienverzug (vgl. § 7 Rdnr. 8). Weiter ist notwendig, daß er im räumlichen Geltungsbereich des § 3 eingetreten ist. Ist eine spezielle Eigenschaft des VN versichert, dann muß sie im Zeitpunkt des Versicherungsfalles bestanden haben.

Versicherungsfall ist ein **tatsächlicher Lebensvorgang,** durch den sich 27
die vom Versicherer übernommene Gefahr, d.h. der mögliche, aber noch keineswegs sichere Eintritt eines versicherten Risikos, im Einzelfall konkret verwirklicht oder zu verwirklichen beginnt und die Leistungspflicht des Versicherers begründet. Speziell in der RSVersicherung ist ein Versicherungsfall gegeben, wenn der dem Versicherer gemeldete Sachverhalt unter die Risikobeschreibung des jeweils versicherten Wagnisses der Besonderen Bestimmungen der §§ 21 bis 29 ARB fällt und kein allgemeiner oder besonderer Risikoausschluß eingreift. Welches Ereignis in der RSVersicherung jeweils den Versicherungsfall darstellt, ist in § 14 detailliert geregelt. Wegen der Einzelheiten wird auf die Erläuterungen zu § 14 verwiesen (wegen des Sonderfalles Beratungs-RS vgl. Vorbem. vor § 21 Rdnrn. 156 ff.). Hat sich ein VN rechtlich beraten oder vertreten lassen, ohne daß ein Versicherungsfall vorausgegangen ist, dann handelt es sich in der Regel um eine vor-

93

sorgliche Maßnahme (Kautelar-Jurisprudenz), die der VN zwar für zweckmäßig oder auch notwendig gehalten haben mag, die jedoch eine Leistungspflicht des Versicherers nicht auslöst (vgl. § 14 Rdnr. 8).

28 3. Der Versicherer hat für die **Wahrnehmung** der **rechtlichen Interessen** des VN nur insoweit zu sorgen (und die hierbei entstehenden Kosten zu übernehmen), als dies **notwendig** ist. Dieses Kriterium der „Notwendigkeit" ist ein Regulativ gegen die schrankenlose Inanspruchnahme des Versicherers, die sonst die Versicherungsleistungen unnötig ansteigen lassen und zu Lasten der Versichertengemeinschaft auf den Beitrag durchschlagen würde.

29 Diese Bestimmung ist ihrer Art nach kein Novum. Das Erfordernis der **Notwendigkeit** findet sich schon lange **in einer Reihe von Gesetzen,** die die Erstattung von Kosten regeln. So bestimmt § 91 ZPO, daß die unterliegende Partei die dem Gegner erwachsenen Kosten zu erstatten hat, soweit sie zur zweckentsprechenden Rechtsverfolgung oder Rechtsverteidigung notwendig waren. § 467 Abs. 1 StPO überbürdet die notwendigen Auslagen des freigesprochenen Angeklagten der Staatskasse. Ähnliche Bestimmungen enthalten z. B. § 80 VwVfG, § 162 VwGO und § 193 Abs. 2 SGG.

30 § 1 Abs. 1 transferiert somit in die RSVersicherung einen allgemein **anerkannten Rechtsgrundsatz,** der hier zudem eine Ausprägung des aus dem speziell versicherungsrechtlichen Gedanken der Gefahrengemeinschaft entspringenden Postulats ist, nicht einzelne zu Lasten aller anderen ungerechtfertigt zu bevorzugen (vgl. *Prölss/Martin* vor § 1 Anm. II 1), und der in der Krankenversicherung eine gewisse Parallele hat (§ 1 Abs. 2 MBKK; vgl. *Pfennigstorf* VersR 77, 203, 205; *Bielefeldt* S. 52). Gleichzeitig definiert § 1 Abs. 1 in Satz 2, wann die Wahrnehmung rechtlicher Interessen als notwendig anzusehen ist, nämlich wenn sie hinreichende Aussicht auf Erfolg bietet (vgl. unten Rdnr. 33) und nicht mutwillig erscheint (vgl. unten Rdnr. 40). Hiermit werden die Voraussetzungen aufgezählt, unter denen das in der RSVersicherung versicherte „Passivum" (vgl. Einl. Rdnr. 41) der faktischen Notwendigkeit von Aufwendungen für Rechtskosten als gegeben angesehen werden soll. Die Prüfung der Erfolgsaussichten und der Mutwilligkeit ist daher nichts anderes als die Untersuchung darüber, ob dem VN ein versicherter Schaden in Form der Notwendigkeit von Aufwendungen für rechtliche Maßnahmen entstanden ist (*Bielefeldt* S. 54; *Schorn* S. 64). Besteht wenigstens eine gewisse – wenn auch geringe – Chance, daß die beabsichtigte Rechtsverfolgung oder Rechtsverteidigung zum Ziele führt, kann die Interessenwahrnehmung als notwenig angesehen werden. Besteht dagegen so gut wie keine Chance, ist die Interessenwahrnehmung vom Versicherungsschutz ausgenommen. Das vom Versicherer übernommene Risiko ist insoweit (sekundär) begrenzt. Die der Risikogemeinschaft nicht zumutbare Übernahme der Kostenfolgen einer dolosen oder aussichtslosen Interessenwahrnehmung ist von der Deckung ausgeklammert (*Leuch* S. 64; *Bielefeldt* S. 56; *Bruck/Möller* vor §§ 49 bis 80 Anm. 11 und 29; vgl. § 2 Rdnr. 4 und § 4 Rdnr. 1). Besteht zwischen VN und Versicherer Streit über die Frage der Notwendigkeit, entscheidet in der Regel der für den VN tätige Rechtsan-

walt mit verbindlicher Wirkung für beide Teile (Näheres vgl. § 17 Abs. 2 und Erläuterungen hierzu).

a) Das Erfordernis der **hinreichenden Aussicht auf Erfolg** ist wörtlich aus § 114 Abs. 1 Satz 1 ZPO entnommen und ein im früheren Armenrecht der ZPO (jetzt: Prozeßkostenhilfe) seit langem verwendeter und feststehender Rechtsbegriff. Bei seiner Auslegung können daher die in Rechtsprechung und Rechtslehre hierzu entwickelten Grundsätze für die ARB übernommen werden (vgl. Einl. Rdnr. 48), soweit die Interessenlage vergleichbar ist. 31

Rechtsprechung und Rechtslehre haben zu § 114 ZPO im wesentlichen folgende Grundsätze entwickelt: Das Gericht muß den Rechtsstandpunkt des Antragstellers für halbwegs zutreffend oder zumindest für vertretbar halten und in tatsächlicher Hinsicht zumindest von der Möglichkeit der Beweisführung überzeugt sein (*Stein/Jonas/Leipold* § 114 Rdnrn. 29ff.). Notwendig ist ein Grad von Gewißheit, der auch eine zahlungsfähige Partei nach sorgfältiger und gewissenhafter Prüfung veranlassen könnte, das Risiko eines Prozesses auf sich zu nehmen. Im Zweifel ist zugunsten des Antragstellers zu entscheiden. Für bisher nicht eindeutig geklärte Rechtsfragen ist Prozeßkostenhilfe in der Regel zu bewilligen (*Rosenberg/Schwab* § 90 III 1 a). Es genügt eine gewisse Wahrscheinlichkeit des Prozeßerfolgs, wofür aber die Anforderungen nicht überspannt werden dürfen (*Baumbach/Lauterbach/Hartmann* § 114 Rdnrn. 80, 81). Wegen weiterer Einzelheiten wird auf die in den genannten Fundstellen zitierte Rechtsprechung verwiesen. 32

Bei der Prüfung, ob diese zu § 114 ZPO entwickelten Grundsätze auf die Prüfung der Erfolgsaussichten nach den ARB übertragen werden können, kommt es entscheidend auf die Interessenlage an: Der Prozeßkostenhilfe erbittende Antragsteller will von Kosten der beabsichtigten Rechtsverfolgung oder Rechtsverteidigung freigestellt werden, während die Staatskasse und damit die Steuerzahler von den Kosten aussichtslos erscheinender Prozesse verschont bleiben sollen. Der VN wünscht Kostenfreistellung für eine beabsichtigte Wahrnehmung rechtlicher Interessen, während sein Versicherer im Interesse der Versichertengemeinschaft, deren Beiträge er bedingungsgemäß zu verwenden und treuhänderisch zu verwalten hat, keine aussichtslosen Maßnahmen finanzieren soll. Die **Interessenlage ähnelt sich** also. *Möller* (Studien S. 5) verdient Zustimmung, wenn er „eine nicht ganz entfernte Möglichkeit des Erfolgs" genügen läßt und die Meinung *Böhmes* ablehnt, der eine gewisse Wahrscheinlichkeit des Durchgreifens des Vorbringens des VN verlangt (*Böhme* § 17 Rdnr. 1; ähnlich *Schorn* S. 115). Der in den Vorauflagen vertretenen Ansicht, wegen der freiwilligen Absicherung des Rechtskostenrisikos in der RSVersicherung sei wohl eine etwas großzügigere Bejahung der Erfolgsaussichten zu rechtfertigen, hält der BGH entgegen, die wortgetreue Übernahme des letzten Satzteils von § 114 Satz 1 ZPO in § 1 Abs. 1 Satz 2 bringe unmißverständlich zum Ausdruck, daß der Anspruch auf RSVersicherungsschutz von den gleichen sachlichen Voraussetzungen abhängen solle wie der Anspruch auf Prozeßkostenhilfe nach der ZPO (NJW 88, 266 = VersR 87, 1186; zustimmend OLG Hamm VersR 89, 33

§ 1 ARB 75 34 1. Teil. Allgemeine Bestimmungen (A)

838 = r+s 89, 190; OLG Köln ZfS 89, 307; VersR 89, 359; OLG Düsseldorf ZfS 89, 238; *Bauer* VersR 88, 174 und *Kühl* VersR 88, 894). Dieser Meinung kann man dann zustimmen, wenn der RSVersicherer nicht – entsprechend der Praxis so mancher bei der Prozeßkostenhilfe fiskalisch und insofern sachfremd entscheidender Gerichte – die „hinreichende Aussicht auf Erfolg" auch am Gegenstandswert mißt und sie umso eher verneint, je höher dieser ist. Ebenso wie bei § 114 ZPO (*Stein/Jonas/Leipold* § 114 Rdnr. 29) können Erfolgsaussichten in diesem Sinn für beide Parteien einer rechtlichen Auseinandersetzung zu bejahen sein.

34 Die Prüfung der Erfolgsaussichten umfaßt im Regelfall zwei Aspekte: Die **rechtliche** und die **tatsächliche Seite**. Rechtlich können Erfolgsaussichten nur verneint werden, wenn der Sachvortrag des VN – gegebenenfalls nach notwendiger Aufklärung (vgl. § 15 Abs. 1a und b) – nicht schlüssig ist, d. h. wenn der bekanntgegebene Sachverhalt – seine Richtigkeit unterstellt – den erstrebten rechtlichen Erfolg nicht herbeiführen kann (LG Düsseldorf r+s 96, 26; vgl. *Thomas/Putzo* vor § 253 Rdnr. 31). Ist das Vorbringen schlüssig, kann der RSVersicherer noch prüfen, ob es bei zu erwartendem Bestreiten durch den Gegner beweisbar sein wird. Hierbei hat der VN oder der ihn vertretende Rechtsanwalt im Rahmen der Aufklärungs-Obliegenheit des § 15 Abs. 1a bereits bekannte Einwendungen des Gegners vollständig mitzuteilen (BGH NJW 88, 266 = VersR 87, 1186 unter Ziff. 3b; vgl. § 15 Rdnr. 7). Bietet der VN zulässige Beweismittel für die Richtigkeit seiner Sachdarstellung an, kann der Versicherer bei der Prüfung der Erfolgsaussichten das Ergebnis einer Beweisaufnahme in der Regel nicht vorwegnehmen (BGH NJW 88, 266 = VersR 87, 1186 unter Ziff. 4; VersR 90, 414 = r+s 90, 124; OLG Frankfurt NZV 89, 314 = ZfS 89, 346), es sei denn, in der Beweisaufnahme ist mit der Widerlegung bewußt unwahren Vorbringens des VN zu rechnen (LG Berlin VersR 86, 1186; AG Essen VersR 94, 1295). Hat das Gericht bereits Prozeßkostenhilfe bewilligt oder einen Beweisbeschluß erlassen, können die Erfolgsaussichten nicht mehr verneint werden (LG Berlin VersR 89, 799; AG Nürnberg AnwBl. 89, 182). Die Rechtsverteidigung des VN gegen eine auf positive Vertragsverletzung gestützte Klage auf Erstattung von Anwaltskosten, die der Gegner zur Abwehr eines erfolglosen Beweissicherungsantrags des VN aufgewendet hatte, soll nach AG Essen-Borbeck ZfS 90, 57 keine hinreichende Aussicht auf Erfolg bieten (zweifelhaft). Zu beachten ist, daß bei bestimmten Verfahrensarten besondere Voraussetzungen für die Zulässigkeit dieser Verfahren bestehen. So muß beispielsweise ein VN, der die Wiederaufnahme eines durch rechtskräftiges Endurteil abgeschlossenen Zivilprozesses betreibt, die gesetzlichen Voraussetzungen der §§ 578 ff. ZPO im einzelnen dartun können, also etwa die rechtskräftige Verurteilung wegen einer Straftat im Sinn des § 581 ZPO, wenn er einen Restitutionsgrund im Sinn des § 580 Nrn. 1 bis 5 ZPO behauptet. Die Geltendmachung eines Anspruchs im Urkundenprozeß ist nur zulässig, wenn sämtliche zur Begründung des Anspruchs erforderlichen Tatsachen durch Urkunden bewiesen werden können (§§ 592 ff. ZPO). Kann in einem solchen Fall der VN nicht für alle klagebegründenden Tatsachen Urkundenbeweis antreten, bestehen keine Erfolgsaussichten für eine Klage im

Urkundenprozeß (vgl. auch OLG Hamm VersR 80, 671). Ist nach § 105 Abs. 1 SGG die Klage zum Sozialgericht wegen Unzulässigkeit oder offenbarer Unbegründetheit durch Vorbescheid des Vorsitzenden abgewiesen worden, sind die Erfolgsaussichten für einen Antrag auf mündliche Verhandlung nach § 105 Abs. 2 SGG nur dann zu bejahen, wenn der VN schlüssig vorträgt, der Vorbescheid sei zu Unrecht ergangen (*Kühl* VersR 85, 125). Zur Frage der Erfolgsaussichten eines Weiterbeschäftigungsantrags im Rahmen eines arbeitsrechtlichen Kündigungsschutzprozesses vgl. § 15 Rdnr. 20a.

Bietet der VN **zulässige Beweismittel** an, dann kann der RSVersicherer 35 das Scheitern der Beweisführung und damit das völlige oder teilweise Fehlen der Erfolgsaussichten in der Regel auch dann nicht unterstellen, wenn – wie z.B. häufig in Unfallhaftpflichtsachen – schon schriftliche oder polizeilich oder strafgerichtlich protokollierte Zeugenaussagen vorliegen, die die Sachdarstellung des VN nicht zu stützen oder ihr sogar zu widersprechen scheinen. Denn bei der Art des Zustandekommens privatschriftlicher oder auch polizeilich oder strafgerichtlich protokollierter Zeugenaussagen ist nicht immer sichergestellt, daß die Punkte, auf die es für die schadenersatzrechtliche Beurteilung entscheidend ankommt, überhaupt und mit der notwendigen Präzision festgehalten sind. Zudem muß das Gericht im Prozeß angebotenen Zeugen- oder Sachverständigenbeweis trotz Vorliegens von Protokollen aus vorausgegangenen Verfahren erheben, selbst wenn eine Abweichung von früheren Protokollen unwahrscheinlich ist (vgl. hierzu BGH NJW 82, 580 = VersR 81, 1127 und Anm. von *Hartung* VersR 82, 141, 142; *Baumbach/Lauterbach/Hartmann* § 286 Rdnrn. 24, 64, 69). Zumindest vor einer erstmaligen gerichtlichen Zeugenvernehmung kann daher der RSVersicherer nicht unterstellen, der zulässigerweise angebotene Zeugenbeweis werde dem VN mißlingen bzw. dem Gegner bei vom VN bestrittenen Behauptungen gelingen (BGH NJW 88, 266 = VersR 87, 1186 unter Ziff. 4).

Eine besondere Situation ist bei der Geltendmachung von Schadenersatz- 36 ansprüchen aufgrund eines **Straßenverkehrsunfalles**, insbesondere eines Zusammenstoßes zweier oder mehrerer Kraftfahrzeuge, gegeben. Hier hängt die Verpflichtung zum Schadenersatz sowie dessen Umfang gemäß § 17 Abs. 1 StVG von den gesamten Umständen des Falles ab, insbesondere davon, inwieweit der Schaden vorwiegend von dem einen oder anderen Teil verursacht worden ist. Ist ein überwiegender Verursachungsanteil der einen oder anderen Seite nicht feststellbar, hat jeder Teil die Hälfte des Schadens des anderen zu tragen. Ein beweisbares unfallursächliches Verschulden des einen oder anderen Teils erhöht dessen Haftungsquote. Hier lassen sich mehrere typische Fallgruppen unterscheiden: Steht die Verletzung von Verkehrsvorschriften durch den einen oder anderen Teil nicht fest und liegen widersprechende Zeugenaussagen vor, dann kann der VN nach der Haftungsregelung des § 17 Abs. 1 Satz 2 StVG möglicherweise nur die Hälfte seines Schadens vom Unfallgegner ersetzt verlangen. Kann der VN jedoch schlüssig solche Tatsachen unter Zeugen- oder Sachverständigenbeweis stellen, die ein Verschulden des Gegners begründen würden, dann ist seine auf Ersatz des vollen Schadens gerichtete Rechtsverfolgung jedenfalls dann nicht aussichtslos, wenn nicht auszuschließen ist, daß ihm der Beweis des Verschuldens und gleichzeitig des völligen Zurücktretens seines eigenen Mithaftungsanteils aus der Betriebsgefahr seines Fahrzeugs gelingen könnte. Steht die Verletzung von Verkehrsvorschriften auf der einen oder anderen Seite nicht fest und sind weder verwertbare Zeugenaussagen noch sonstige objektive Anhaltspunkte vorhanden, aus denen ein Sachverständiger Schlüsse auf ein Verschulden ziehen könnte, wird dagegen die Durchsetzung einer Haftungsquote von hundert Prozent in der Regel keine Aussicht auf Erfolg versprechen. Steht ein unfallursächliches Verschulden beider Beteiligter fest, wird der VN in der Regel keine volle Haftung des Gegners durchsetzen können. Steht ein unfallursächliches Verschulden des Gegners fest bei fehlendem oder fraglichem Verschulden des VN, werden in der Regel Erfolgsaussichten für eine auf volle Haftung gerichtete Rechtsverfolgung des VN jedenfalls dann bestehen, wenn er schlüssig Beweis dafür antreten kann, daß der Unfall für ihn unabwendbar war. Steht ein unfallursächliches Verschulden des VN bei fraglichem, aber möglicherweise beweisbarem Verschulden des Gegners fest, können die Aussichten für eine Rechtsverfolgung des VN je nach Sachlage bis zu fünfzig Prozent betragen. Bei eindeutig fehlendem Verschulden des Gegners verspricht in diesem Fall die Rechtsverfolgung des VN jedoch höchstens in Höhe von fünfundzwanzig bis dreißig Prozent Aussicht auf Erfolg, nämlich für den Fall, daß der Gegner nicht im Sinn des § 7 Abs. 2 StVG den Unabwendbarkeitsbeweis führen kann. Steht verkehrsrichtiges Verhalten des Gegners eindeutig fest, dann wird in der Regel keine Erfolgsaussicht für den VN bestehen. Generell ist Zurückhaltung bei der teilweisen oder völligen Verneinung der Erfolgsaussichten jedenfalls dann geboten, wenn keine eindeutigen objektiven Feststellungen am Unfallort getroffen werden konnten. Denn bei der Schnelligkeit des Unfallablaufs sind Zeugen in ihrem Wahrnehmungsvermögen häufig überfordert und so mancher Haftpflichtprozeß führte schon – auch wegen der anderen Beweislastverteilung – zu einem überraschend anderen Ergebnis als ein vorausgegangenes Straf-, Strafbefehls- oder Bußgeldverfahren (vgl. auch § 17 Rdnr. 16).

37   Kann der VN gegenüber einem Anspruch des Gegners keinerlei rechtliche Einwendungen vorbringen, begehrt er aber gleichwohl RS für die Abwehr beispielsweise einer Zahlungs- oder Räumungsklage, lediglich um seine – unstreitig fällige – Verpflichtung zur Zahlung oder Räumung hinauszuziehen, dann bestehen in der Regel keine Erfolgsaussichten für die Rechtsverteidigung. Die dem VN hierbei vorschwebenden **wirtschaftlichen Überlegungen** sind rechtlich ohne Bedeutung, und zwar auch dann, wenn es letztlich gelingt, die Angelegenheit gütlich beizulegen (AG Trier ZfS 82, 114 für den Fall einer verspäteten und damit unwirksamen arbeitsrechtlichen Kündigung; vgl. auch oben Rdnr. 5). Etwas anderes gilt, wenn er im Rahmen des § 2 Abs. 3 b rechtlich schlüssige Einwendungen beispielsweise gegen die Vollstreckung eines Räumungstitels gemäß §§ 721, 765 a oder 794 a ZPO vorbringen kann.

38   Die Frage, ob der RSVersicherer eine **„Abrategebühr"** des Rechtsanwalts auch dann zu übernehmen hat, wenn eindeutig von vornherein keine Er-

folgsaussichten bestehen, wird nicht einheitlich beurteilt. Näheres hierzu vgl. § 17 Rdnr. 3.

b) Die **Interessenwahrnehmung** ist auch dann nicht notwendig, wenn sie **mutwillig** erscheint. Dieser Begriff findet sich ebenso wie das Erfordernis hinreichender Erfolgsaussicht (vgl. oben Rdnr. 31) in § 114 Abs. 1 ZPO. Rechtsprechung und Rechtslehre haben hierzu folgende Grundsätze entwickelt: Mutwillig ist eine Prozeßführung, wenn sie nicht durch sachliche Erwägungen veranlaßt ist (*Rosenberg/Schwab* § 90 III 1 b) und von dem abweicht, was eine verständige nicht arme Partei in gleicher Lage tun würde. Wer auf Kosten des Staates klagt, muß den billigsten Weg wählen, wenn er ebenso zum Ziel führt (*Baumbach/Lauterbach/Hartmann* § 114 Rdnrn. 107, 109 ff.). Mutwillig kann auch eine Rechtsverfolgung sein, die einer Partei keinen nennenswerten wirtschaftlichen oder sonstigen Vorteil bieten würde, z. B. eine Klage auf Herausgabe wertloser oder nicht benötigter Gegenstände (*Stein/Jonas/Leipold* § 114 Rdnrn. 33–35). Fehlende Vollstreckungsmöglichkeit im Heimatstaat eines Ausländers oder bei feststehender ständiger Vermögenslosigkeit des Gegners kann eine beabsichtigte Klage ebenfalls mutwillig erscheinen lassen, es sei denn, es drohe Verjährung oder eine Verschlechterung oder Verlust von Beweismitteln oder Regreßansprüchen (LG Hamburg r+s 90, 164 bei vermögensloser GmbH; LG Karlsruhe VersR 82, 997 = ZfS 82, 115; *Stein/Jonas/Leipold* § 114 Rdnr. 36). Während nach § 114 Abs. 1 ZPO ein mehr objektiver Maßstab anzulegen ist, ob eine verständige Partei in gleicher Lage das Kostenrisiko eines Rechtsstreits auf sich nehmen würde, verlangt der Begriff der durch Mutwillen verursachten Kosten im Sinn des § 192 SGG auch eine subjektive Wertung der Motive des Beteiligten (*Peters/Sautter/Wolff* § 192 Anm. 3).

Ein Vergleich mit der Interessenlage in der RSVersicherung ergibt ähnlich wie in der Frage der Erfolgsaussichten (vgl. oben Rdnr. 33) Parallelen, aber keine völlige Kongruenz. Wer sich die Abwälzung von Rechtskostenrisiken durch freiwillige Beitragszahlung erkauft hat, sollte seine Rechte **ohne Kostenüberlegungen** wahrnehmen können, die ein nicht RSVersicherter in gleicher Lage anstellen würde. Insofern ist wohl hier die Grenze etwas weiter zu ziehen als für § 114 ZPO (etwas zu eng daher *Böhme* § 17 Rdnr. 2; a. A. auch *Bauer* VersR 88, 174 unter Ziff. 3 in Anm. zu BGH NJW 88, 266 = VersR 87, 1186). Jedoch verlangt die Rücksicht auf die Gefahrengemeinschaft der Versicherten (*Prölss/Martin* vor § 1 Anm. II 1), daß der RSVersicherer nicht sinnlose oder wirtschaftlich in hohem Maß unvernünftige rechtliche Maßnahmen einzelner zu Lasten aller anderen finanziert. Die Grenze ist dort zu ziehen, wo sich das Verhalten des VN mit dem einer vernünftigen unversicherten Partei, bei der finanzielle Überlegungen keine Rolle spielen, nicht mehr in Einklang bringen läßt. Eine gewisse Parallele besteht hier zu den Fällen einer im Sinn des § 34 Abs. 2 BVerfGG mißbräuchlich eingelegten Verfassungsbeschwerde. Dies ist dann zu bejahen, wenn eine Verfassungsbeschwerde offensichtlich unzulässig oder unbegründet ist und ihre Einlegung von jedem Einsichtigen als völlig aussichtslos angesehen werden muß (BVerfG NJW 96, 1273). Steht der zu erwartende Kostenaufwand in krassem Mißverhältnis zum möglichen Erfolg, dann kann

§ 1 ARB 75   41   1. Teil. Allgemeine Bestimmungen (A)

die Interessenwahrnehmung mutwillig sein, wenn nicht schützenswerte Belange des VN entgegenstehen (ähnlich *Schorn* S. 136). Die Entscheidung kann jeweils nur unter Abwägung aller Umstände des Einzelfalles getroffen werden. Die Grenze des Zumutbaren ergibt sich, ähnlich wie bei der Schadenminderungsobliegenheit des § 62 VVG und § 15 Abs. 1d cc, aus Treu und Glauben (vgl. *Prölss/Martin* § 62 Anm. 2). Zweifel müssen sich zugunsten des VN auswirken.

41   Führt ein **billigerer Weg** mit Sicherheit zum gleichen Erfolg, dann ist das Beharren auf dem teureren mutwillig (vgl. BGH NJW 77, 2163 = VersR 77, 960: vermeidbare Kostenerhöhung durch getrennte Prozesse gegen Schädiger und dessen Haftpflichtversicherer bei Bestehen eines Direktanspruchs; NJW 77, 1881: kein Rechtsschutzinteresse für Feststellungsklage bei einfacherem und billigerem Weg über §§ 766, 840 ZPO). Die Erwirkung eines Vollstreckungstitels für eine aufrechenbare Gegenforderung ist mutwillig, da eine Aufrechnung jederzeit möglich ist (LG Hamburg r+s 90, 164). Meist wird bei fehlendem Rechtsschutzinteresse Mutwilligkeit vorliegen (OLG Köln für Klage gegen aufgelöste Firma, VersR 95, 530; vgl. *Baumbach/Lauterbach/Hartmann* Grundzüge vor § 253 Rdnrn. 33 ff. mit weiteren Nachweisen). Eine an sich prozessual zulässige Feststellungswiderklage kann im Sinn der ARB mutwillig sein, zumal dann, wenn sie der VN ohne die nach § 15 Abs. 1d cc notwendige vorherige Abstimmung mit dem Versicherer erhebt (AG München ZfS 82, 83). Das OLG Celle (ZfS 90, 378) bejaht unter Verwendung des Rechtsgedankens des § 15 Abs. 1d bb Mutwilligkeit, wenn der VN aufgrund eines behaupteten Anlagebetrugs mit vielen Geschädigten Klage erheben will, obwohl bereits Prozesse anderer Geschädigter schweben und eine musterprozeßartige Entscheidung bevorsteht (vgl. § 15 Rdnr. 16). Bei mehrfachen, kurz hintereinander folgenden Kündigungen des Arbeitsverhältnisses ist es nach AG Aschaffenburg (ZfS 84, 111) mutwillig, anstelle einer Klageerweiterung eine gesonderte, unnötige Mehrkosten verursachende Kündigungsschutzklage zu erheben (zumindest auch Obliegenheitsverletzung nach § 15 Abs. 1d cc). Das LG Berlin r+s 89, 404 verneint Mutwilligkeit (und eine Obliegenheitsverletzung, vgl. § 15 Rdnr. 20), wenn eine mit dem RSVersicherer bereits abgestimmte Kündigungsschutzklage ohne erneute Abstimmung um Lohnansprüche erweitert wird, für die möglicherweise tarifvertragliche Ausschlußfristen gelten. Dagegen kann eine nicht aus eigenem Antrieb, sondern in fremdem Interesse und auf Betreiben eines Dritten erhobene Klage mutwillig sein (OLG Düsseldorf ZfS 89, 238), ebenso die Rechtsverteidigung eines entgegen der Rechtslage gefaßten Beschlusses der Wohnungseigentümer-Gemeinschaft durch den VN als Wohnungseigentümer, soweit der Versicherungsschutz nicht bereits wegen vorsätzlicher Herbeiführung des Versicherungsfalles nach § 4 Abs. 2a ausgeschlossen ist (BGH VersR 95, 698 = r+s 95, 222). Wer als Kraftfahrer die Vorfahrt verletzt hat und dann noch vor ausreichender Schadenfeststellung vollen Ersatz eines überhöhten Schadens vom Schädiger beansprucht, kann vom RSVersicherer Erstattung der Anwaltskosten allenfalls aus einem Betrag verlangen, der bei verständiger Abschätzung des Gesamtschadens einem hälftigen Haftungsanteil gemäß § 17 Abs. 1 Satz 2 StVG entspricht

(AG Recklinghausen VersR 74, 796; wohl eher eine Frage der Erfolgsaussichten). Auch beim Straf-RS kann in Ausnahmefällen die Wahrnehmung rechtlicher Interessen mutwillig und daher nicht notwendig sein (Näheres vgl. § 17 Rdnrn. 6 ff.).

4. Nach § 1 Abs. 1 Satz 1 **trägt** der RSVersicherer die dem VN bei der notwendigen Interessenwahrnehmung entstehenden **Kosten.** Dies ist die Hauptleistung des Versicherers. Solche Kosten können entstehen als faktisch notwendige Aufwendungen zum Zweck der Rechtsverfolgung, Rechtsverteidigung oder Rechtsberatung (*Möller* Studien S. 10; *Bielefeldt* S. 59). In den vom RSVersicherer übernommenen Risikobereich fallen dabei nur solche Kosten, die „bei" der Interessenwahrnehmung des VN, also als deren kostenrechtliche Folge, entstehen. Rechtskosten, deren Erstattung der VN bereits aus materiellrechtlichen Gründen schuldet, z.B. wegen Schuldnerverzugs oder aus unerlaubter Handlung, und die daher selbst Gegenstand der Interessenwahrnehmung sind, verbleiben im Risikobereich des VN (BGH NJW 85, 1466 = VersR 85, 538 unter Ziff. 3 b; VersR 85, 491 unter Ziff. 2; vgl. auch § 2 Rdnrn. 1 und 137). Aus der allgemeinen Fassung des Abs. 1 Satz 1 darf jedoch nicht geschlossen werden, daß der Versicherer in jedem Leistungsfall sämtliche Kosten zu übernehmen hat, die vom Beginn bis zum Ende der Wahrnehmung der rechtlichen Interessen des VN anfallen. Abs. 1 Satz 1 beschreibt vielmehr nur in allgemeiner Form die spezifische Art der Hauptleistung des Versicherers, nämlich die Übernahme des Rechtskostenrisikos des VN. Inhalt und Umfang der Pflicht zur Kostentragung im Einzelfall ergeben sich erst aus § 2 in Verbindung mit dem versicherten Einzelwagnis im Sinn von § 1 Abs. 2 (vgl. oben Rdnr. 1). 42

II. Pflichten des VN

Die **Pflicht** des VN **zur Zahlung des** vereinbarten **Beitrags** (§ 1 Abs. 2 VVG) wird als selbstverständlich vorausgesetzt und in den ARB nicht eigens wiederholt. § 7 beschäftigt sich lediglich mit den Modalitäten der Zahlung. 43

An **weiteren Pflichten** enthalten die ARB die der Beitragspflicht zugeordnete Nebenpflicht zur Anzeige tariferheblicher Umstände im Rahmen der §§ 9 Abs. 4, 21 Abs. 7 und 23 Abs. 7 Ziff. 2 sowie zur Erstattung bestimmter Leistungen und Aushändigung von Beweismitteln nach einem Versicherungsfall im Rahmen des § 20 Abs. 2 bis 4. 44

Spezielle **sonstige Pflichten** werden dem VN durch die ARB **nicht** auferlegt. Allerdings bestehen eine Reihe von Obliegenheiten, deren schuldhafte Nichterfüllung durch den VN den Versicherer zur Minderung oder Ablehnung der Leistung berechtigen kann (vgl. z.B. § 15, § 21 Abs. 6, § 22 Abs. 5, § 23 Abs. 4, § 26 Abs. 6, § 27 Abs. 6; zur Rechtsnatur der Obliegenheiten vgl. § 15 Rdnr. 1 sowie *Prölss/Martin* § 6 Anm. 4). Auch die Nichtbeachtung von Verhaltensnormen des VVG kann für den VN zu Rechtsnachteilen führen, so zum Beispiel die Nichtanzeige eines Wohnungswechsels gem. § 10 VVG oder die Nichtanzeige gefahrerheblicher Umstände bei 45

Schließung des Vertrags gem. § 16 VVG. Eine Pflicht oder Obliegenheit zur unverzüglichen Anzeige eines Versicherungsfalles hat der VN in der RSVersicherung nicht. Es steht in seinem Belieben, ob er einen – ihn möglicherweise kompromittierenden – Versicherungsfall melden will. § 33 VVG ist insoweit durch § 15 Abs. 1 Satz 1 abbedungen (vgl. § 15 Rdnr. 6). Begehrt der VN Versicherungsschutz, hat er allerdings den Versicherer unverzüglich zu unterrichten (vgl. § 15 Abs. 1 a und die Erläuterungen hierzu).

III. Versichertes Wagnis (Abs. 2)
(entspricht § 2 Satz 1 ARB 94)

46 Die RSVersicherung enthält, wie viele andere Versicherungszweige auch, keine All-Gefahren-Deckung, wie sie etwa die Transportversicherung kennt (vgl. § 129 VVG). In einem RSVersicherungsvertrag werden nicht die Kostenrisiken aus sehr vielen oder gar allen denkbaren Rechtsfällen zusammengefaßt (Prinzip der Totalität oder Universalität, vgl. *Bruck/Möller* vor §§ 49 bis 80 Anm. 28). Hierdurch würde das versicherte Risiko für den Versicherer unüberschaubar und unkalkulierbar und der Beitrag für den VN zu teuer. Vielmehr gilt das Prinzip der Risikoaufspaltung, der **Spezialität der versicherten Gefahr**. Unter Versicherungsschutz steht nur das vom VN ausgewählte und im Versicherungsschein oder in seinen Nachträgen bezeichnete einzelne Wagnis im Sinn der Besonderen Bestimmungen der §§ 21 bis 29. Jede dieser Bestimmungen bietet Versicherungsschutz nur insoweit, als der VN (oder eine mitversicherte Person) in einer bestimmten Eigenschaft und auf bestimmten Rechtsgebieten rechtliche Interessen in bestimmter Form (aktiv oder passiv oder beides, vgl. oben Rdnrn. 2, 3) wahrzunehmen hat. Die Wahrnehmung rechtlicher Interessen im Zusammenhang mit anderen Eigenschaften oder auf anderen Rechtsgebieten fällt nicht unter die Versicherungsdeckung. Es gelten hier ähnliche Grundsätze wie für die Haftpflichtversicherung, wonach stets nur ein bestimmtes, im Versicherungsvertrag konkret bezeichnetes persönlich oder sachlich abgegrenztes Rechtsverhältnis unter Versicherungsschutz steht (BGH VersR 78, 816 unter Ziff. I 2 a; vgl. auch BGH VersR 57, 212 = NJW 57, 907; VersR 57, 385; 61, 121, 399, 1110; 81, 271; 86, 1097 unter Ziff. II 2 b; *Harbauer* in Anm. zu OLG Karlsruhe VersR 81, 845, 846; *Meixner* S. 34; *Bielefeldt* S. 7; *Schorn* S. 6, 7; *Prölss*, Probleme S. 9; *Prölss/Martin/Voit* vor § 149 Anm. 1; *Bruck/ Möller/Johannsen* IV Anm. G 84; *Bruck/Möller* vor §§ 49 bis 80 Anm. 28).

47 Die **Beschreibung** und **Begrenzung des versicherten Wagnisses** geschieht in den einzelnen Vertragsarten der Besonderen Bestimmungen jeweils dadurch, daß zunächst der versicherte Personenkreis in seiner jeweils versicherten Eigenschaft genannt (jeweils Abs. 1 der §§ 21 bis 29) und sodann die jeweiligen Rechtsgebiete beschrieben werden, die unter den Versicherungsschutz fallen (§§ 21 Abs. 4, § 22 Abs. 3, § 23 Abs. 3, § 24 Abs. 2 und 3, § 25 Abs. 2 und 3, § 26 Abs. 3 und 4 (Fassung 1988: Abs. 5 und 6), § 27 Abs. 3 und 4, § 28 Abs. 2, § 29 Abs. 1 und 2). Soweit die ARB nichts anderes vorsehen, können die in diesem jeweiligen Leistungskatalog in unterschiedlicher Form kombinierten Einzelwagnisse – z. B. der Schadener-

Umfang **§ 2 ARB 75**

satz-RS gemäß § 25 Abs. 2a oder der Arbeits-RS gemäß § 25 Abs. 2b – nicht getrennt, sondern nur gemeinsam versichert werden („Paketsystem", Einl. Rdnr. 44). Der VN hat also nach Maßgabe des versicherten Wagnisses (Vertragsart) in der jeweils versicherten Eigenschaft auf dem jeweils versicherten Rechtsgebiet Versicherungsschutz und kann das hieraus entspringende Rechtskostenrisiko nach Eintritt eines Versicherungsfalles im Umfang der §§ 2 bis 4 auf den RSVersicherer abwälzen (vgl. Vorbem. vor § 21 Rdnrn. 1, 2).

§ 2 Umfang

(1) Der Versicherer trägt
a) die gesetzliche Vergütung eines für den Versicherungsnehmer tätigen Rechtsanwaltes. Dieser muß in den Fällen der Verteidigung wegen Verletzung einer Vorschrift des Straf-, Ordnungswidrigkeiten-, Disziplinar- oder Standesrechtes und der Wahrnehmung rechtlicher Interessen außerhalb der Bundesrepublik Deutschland am Ort des zuständigen Gerichtes wohnhaft oder bei diesem Gericht zugelassen sein.
In allen anderen Fällen ist es nicht erforderlich, daß der Rechtsanwalt am Ort des zuständigen Gerichtes wohnhaft oder bei diesem Gericht zugelassen ist; in diesen Fällen trägt der Versicherer die gesetzliche Vergütung jedoch nur, soweit sie auch bei Tätigkeit eines am Ort des zuständigen Gerichtes wohnhaften oder bei diesem Gericht zugelassenen Rechtsanwaltes entstanden wäre. Wohnt der Versicherungsnehmer mehr als 100 km vom zuständigen Gericht entfernt und erfolgt eine gerichtliche Wahrnehmung seiner Interessen, trägt der Versicherer auch weitere Rechtsanwaltskosten bis zur Höhe der gesetzlichen Vergütung eines Rechtsanwaltes, der lediglich den Verkehr des Versicherungsnehmers mit dem Prozeßbevollmächtigten führt;
b) die Vergütung aus einer Honorarvereinbarung des Versicherungsnehmers mit einem für ihn tätigen Rechtsanwalt, soweit die gesetzliche Vergütung, die ohne Honorarvereinbarung entstanden wäre, vom Versicherer im Rahmen von a) getragen werden müßte;
c) die Gerichtskosten einschließlich der Entschädigung für Zeugen und Sachverständige, die vom Gericht herangezogen werden, sowie die Kosten des Gerichtsvollziehers. In Schiedsverfahren einschließlich der Verfahren zur Erlangung eines vollstreckbaren Titels werden die Kosten des Schiedsgerichtes nur bis zur eineinhalbfachen Höhe der Kosten, die vor dem zuständigen staatlichen Gericht erster Instanz zu übernehmen wären, getragen;
d) die Gebühren und Auslagen in Verfahren vor Verwaltungsbehörden einschließlich der Entschädigung für Zeugen und Sachverständige, die von der Verwaltungsbehörde herangezogen werden, sowie die Kosten der Vollstreckung im Verwaltungswege;
e) die Kosten des für die Verteidigung erforderlichen Gutachtens eines öffentlich bestellten technischen Sachverständigen in Verfahren wegen Verletzung einer verkehrsrechtlichen Vorschrift des Straf- oder Ordnungswidrigkeitenrechtes;

§ 2 ARB 75 1. Teil. Allgemeine Bestimmungen (A)

f) die Kosten, die außerhalb der Bundesrepublik Deutschland vom Versicherungsnehmer aufgewendet werden müssen, um einstweilen von Strafverfolgungsmaßnahmen verschont zu bleiben (Kaution);
g) die dem Gegner bei der Wahrnehmung seiner rechtlichen Interessen entstandenen Kosten, soweit der Versicherungsnehmer zu deren Erstattung verpflichtet ist.

(2) Der Versicherer hat die Leistungen nach Absatz 1 zu erbringen, sobald der Versicherungsnehmer wegen der Kosten in Anspruch genommen wird.

(3) Der Versicherer trägt nicht
a) die Kosten, die aufgrund einer gütlichen Erledigung, insbesondere eines Vergleiches, nicht dem Verhältnis des Obsiegens zum Unterliegen entsprechen oder deren Übernahme durch den Versicherungsnehmer nach der Rechtslage nicht erforderlich ist;
b) die Kosten der Zwangsvollstreckung für mehr als drei Anträge auf Vollstreckung oder Vollstreckungsabwehr je Vollstreckungstitel und die Kosten für solche Anträge, soweit diese später als fünf Jahre nach Rechtskraft des Vollstreckungstitels gestellt werden;
c) die Kosten, zu deren Übernahme ein Dritter aufgrund anderer als unterhaltsrechtlicher Vorschriften verpflichtet ist, soweit keine Erstattungsansprüche auf den Versicherer übergegangen sind oder der Versicherungsnehmer nicht nachweist, daß er den Dritten vergeblich schriftlich zur Zahlung aufgefordert hat;
d) die Kosten, zu deren Übernahme ein Dritter verpflichtet wäre, wenn keine Rechtsschutzversicherung bestünde;
e) die Kosten, soweit der Versicherungsnehmer zu deren Übernahme nur deshalb verpflichtet ist, weil der Gegner Forderungen durch Widerklage geltend macht oder zur Aufrechnung stellt, für deren Abwehr entweder nach diesen Bedingungen kein Versicherungsschutz zu gewähren ist oder ein Dritter die Kosten zu tragen hat, die dem Versicherungsnehmer entstehen.

(4) Für die Leistungen des Versicherers bildet die vereinbarte Versicherungssumme die Höchstgrenze bei jedem Versicherungsfall, wobei die Leistungen für den Versicherungsnehmer und für die mitversicherten Personen zusammengerechnet werden. Das gleiche gilt für Leistungen aufgrund mehrerer Versicherungsfälle, die zeitlich und ursächlich zusammenhängen. Übersteigen die Kosten voraussichtlich die Versicherungssumme, ist der Versicherer berechtigt, die Versicherungssumme unter Anrechnung der bereits geleisteten Beträge zu hinterlegen oder an den Versicherungsnehmer zu zahlen.

Übersicht

	Rdnrn.		Rdnrn.
A. I. Allgemeines	1–7c	I. Rechtsanwalt	8–17
1. Risikobeschreibung	1–5	1. a) Bundesrepublik	8
2. Schuldbefreiung	6	b) Nicht-Anwälte	9–15
3. Selbstbeteiligung	6 a–c	2. Ausland	16, 17
4. Teildeckung	7	II. Gesetzliche Vergütung (Abs. 1 a	
II. Auslands-Reisekosten	7 a–c	Satz 1)	18–61
B. Rechtsanwalts-Vergütung (Abs. 1 a und b)	8–90	1. a) Allgemeines	18–20
		b) „eines" Rechtsanwalts	21

Umfang

§ 2 ARB 75

	Rdnrn.
aa) gleichzeitige Beauftragung mehrerer Rechtsanwälte	22
bb) Anwaltswechsel	23–26
c) Verlust des Vergütungsanspruchs wegen Anwaltsversehens	27
2. Deutschland	28–46
a) Bundesrepublik	47
aa) BRAGebO allgemein, Gebühren	28–32
bb) Auslagen	33
cc) Sonderfälle	34
α) Umsatzsteuer	35–37
β) Vorschuß	38–40
γ) Hebegebühr	41, 42
δ) Anwalt als VN	43, 44
dd) Rechtsbeistände	45
ee) steuerberatende Berufe	46
b) ehemalige DDR	47
3. Ausland	48–61
a) allgemein	48
b) einzelne Länder	49–61
III. Umfang der Kostenübernahme (Abs. 1 a Sätze 2 bis 4)	62–81
1. Allgemeines (zuständiges Gericht, Zulassung)	62–67
2. Straf- und Auslands-RS (Abs. 1 a Satz 2)	68–73
a) Straf-RS	68–70
b) Auslands-RS	71
c) ehemalige DDR	72
d) inländische Interessenwahrnehmung mit Auslands-Berührung	73
3. übrige RS-Arten (Abs. 1 a Satz 3)	74, 74 a
4. gerichtliche Interessenwahrnehmung außerhalb des Wohnorts des VN (Abs. 1 a Satz 4)	75–78
a) ARB 69	75
b) ARB 75 (Verkehrsanwalt)	76–78
5. Beweis-Anwalt	79
6. Instanz-Anwalt	80
7. Mahn-Anwalt	81
IV. Streit über die Höhe der gesetzlichen Vergütung	82–89
V. Honorarvereinbarung (Abs. 1 b)	90
C. Gerichtskosten, Gerichtsvollzieherkosten, Schiedsgerichtskosten (Abs. 1 c)	91–117
I. Gerichtskosten einschließlich Entschädigung für Zeugen und Sachverständige	91–106
1. Begriff	91–93
2. Gebühren	94–98
3. Auslagen	99–105
a) allgemein	99
b) Zeugen- und Sachverständigen-Entschädigung	100–104
c) Dolmetscher- und Übersetzer-Entschädigung	105
II. Gerichtsvollzieher-Kosten	106
III. Schiedsgerichtskosten	107–117

	Rdnrn.
1. ARB 69	107
2. ARB 75	108–111
3. Nicht-Schiedsgerichte	112–117
D. Verwaltungsverfahrenskosten und Verwaltungsvollstreckungskosten (Abs. 1 d)	118–124
I. Verwaltungsverfahrenskosten	
1. allgemein	118
2. Zeugen- und Sachverständigen-Entschädigung	119, 120
3. Dolmetscher- und Übersetzer-Entschädigung	121
4. Bußgeldsachen	122, 122 a
II. Verwaltungsvollstreckungskosten	123, 124
E. Kosten technischer Privatgutachter	125–130b
I. Abs. 1 e	125–130
II. Kfz-Vertrags-RS	130 a, b
F. Strafkautionen (Abs. 1 f)	131, 132
G. Kosten des Gegners (Abs. 1 g)	133–144
1. Allgemeines	133
2. Prozessuale Erstattungspflicht	134–136
3. Materiell-rechtliche Erstattungspflicht	137
4. Vereinbarte Kostenübernahme	138
5. Nebenklage	139–144
a) Verurteilung des VN	139
b) Einstellung des Verfahrens	140, 141
c) Gerichtskosten-Auflage	142
d) Sonderklausel	143
e) Nebenklage des VN	144
H. Fälligkeit der Versicherungsleistung (Abs. 2)	145–164
I. Sorgeleistung	145–149
1. Allgemeines	145
2. Schuldnerverzug des Versicherers	146–149
II. Kostentragungspflicht	150–164
1. Allgemeines	150–153
2. Rechtsanwalts-Vergütung	154–157
a) allgemein	154
b) Rahmengebühren	155, 156
c) Vorschuß	157
3. a) Gerichtskosten	158
b) Gerichtsvollzieherkosten	159
c) Schiedsgerichtskosten	160
4. Verwaltungskosten	161
5. Kosten technischer Sachverständiger	162
6. Strafkautionen	163
7. Kosten des Gegners	164
J. Einschränkungen der Pflicht zur Kostentragung (Abs. 3)	165–257
I. Allgemeines	165
II. Abs. 3 a	166–175
1. Allgemeines	166
2. Leistungsbegrenzung bei gütlicher Erledigung	167–170
3. Leistungsbegrenzung nach Rechtslage	171–175
III. Vollstreckungskosten (Abs. 3 b)	176–218
1. Allgemeines	176–179

§ 2 ARB 75   1, 2   1. Teil. Allgemeine Bestimmungen (A)

	Rdnrn.		Rdnrn.
2. Antrag auf Vollstreckung	180–186	ee) § 839 Abs. 1 Satz 2 BGB	230–232
3. Antrag auf Vollstreckungsabwehr	187, 188	ff) § 158 c Abs. 4 VVG	233–235
4. Einzelfälle	189	gg) Verkehrsopferhilfe	236
a) Erinnerungen, § 766 ZPO	190–194	hh) andere Gründe	237
b) Vollstreckungsgegenklage, §§ 767, 768 ZPO	195–199	ii) Prozeßkostenhilfe	238
c) Drittwiderspruchsklage, §§ 771–774 ZPO	200–202	c) prozessual	239, 240
d) Klage auf vorzugsweise Befriedigung, § 805 ZPO	203	d) mehrere Kostenschuldner	241
e) aa) Drittschuldnerklage	204–206	4. Wegfall der Leistungsbegrenzung	242–245
bb) Klage bei Verletzung der Erklärungspflicht nach § 840 ZPO	207, 208	a) bei Anspruchsübergang	242
f) Vorpfändung, 845 ZPO	209, 210	b) bei vergeblicher Zahlungsaufforderung	243
g) Klage auf Hinterlegung, § 856 ZPO	211	V. Abs. 3 d	244, 245
h) Arrest und einstweilige Verfügung	212	VI. Widerklage, Aufrechnung (Abs. 3 e)	245–257
i) Anfechtungsgesetz	213, 214	1. Allgemeines	246, 246 a
k) Konkursantrag	215, 216	2. Widerklage	247
l) Vergleichsverfahren	217, 218	3. Aufrechnung	248
IV. Kostenpflicht Dritter (Abs. 3 c)	219–243	4. a) wechselseitiges Schadenereignis	249, 250
1. Allgemeines	219, 220	b) andere Fälle	251
2. Unterhaltsrechtliche Kostenpflicht	221	5. „soweit"	252–257
3. Kostenpflicht aus anderen Gründen	222	a) erhöhter Streitwert	252, 253
a) vertraglich	223	b) nicht erhöhter Streitwert	254, 255
b) gesetzlich	224	c) Kostenaufhebung	256
aa) Schuldnerverzug	225	d) keine erweiternde Auslegung	257
bb) positive Vertragsverletzung	226	K. Versicherungssumme (Abs. 4)	258–264
cc) unerlaubte Handlung	227	I. Allgemeines	258, 259
dd) DAV-Gebührenempfehlung	228, 229	II. Höchstgrenze (Satz 1)	260, 261
		III. zeitlicher und ursächlicher Zusammenhang (Satz 2)	262
		IV. Überschreiten der Versicherungssumme (Satz 3)	263, 264

A. Allgemeines

1   I. 1. Der mit „Umfang" (des Versicherungsschutzes, vgl. Überschrift des Teils A des Ersten Teils der ARB) überschriebene § 2 ist eine zentrale Bestimmung der ARB. Sie **beschreibt** und umgrenzt einheitlich für alle Wagnisse des Besonderen Teils der §§ 21 bis 29 die **Hauptleistung** des RSVersicherers, nämlich seine Pflicht zur Kostentragung. In den von ihm übernommenen Risikobereich fallen nur solche Kosten, die „bei" der Interessenwahrnehmung des VN (§ 1 Abs. 1 Satz 1), also als deren kostenrechtliche Folge, entstehen. Rechtskosten, deren Erstattung der VN bereits aus materiell-rechtlichem Grund schuldet, z.B. wegen Schuldnerverzugs oder aus unerlaubter Handlung, verbleiben im Risikobereich des VN (vgl. § 1 Rdnr. 42 und unten Rdnr. 137).

2   Die Leistungsbeschreibung geschieht in der Weise, daß Abs. 1 positiv („der Versicherer trägt ...") die **Rechtskosten** aufzählt, die ihrer **Art** nach unter die Versicherungsdeckung fallen:

– Rechtsanwaltskosten (Abs. 1 a und b)
– Gerichtskosten, Gerichtsvollzieherkosten und Schiedsgerichtskosten (Abs. 1 c)

Umfang 3, 4 § 2 ARB 75

- außergerichtliche Verwaltungsverfahrenskosten (Abs. 1 d)
- Kosten technischer Privatgutachter (Abs. 1 e)
- Strafkautionen (Abs. 1 f)
- Kosten des Gegners (Abs. 1 g)

Der RSVersicherer trägt diese Kosten in dem Umfang, den Abs. 1 enumerativ festlegt. Diese Bestimmung enthält mithin eine positive Leistungsbeschreibung, die sogenannte **primäre Begrenzung des** vom RSVersicherer übernommenen spezifischen Kosten-**Risikos** (vgl. BGH NJW 57, 907 = VersR 57, 212; VersR 66, 722; 67, 769; 75, 1093; 78, 54; *Schaefer* VersR 78, 4; *Helm* NJW 78, 129, 131). Kosten, die in Abs. 1 nicht aufgeführt sind, fallen nach dem auch insoweit geltenden Grundsatz der Spezialität des versicherten Risikos (§ 1 Rdnr. 46) in keinem Fall unter den Versicherungsschutz. Dies gilt vor allem für solche Aufwendungen des VN selbst (Parteikosten), die er zwar anläßlich der Wahrnehmung seiner rechtlichen Interessen macht, die aber nicht in dem Leistungskatalog des Abs. 1 aufgezählt sind, z. B. Reisekosten (AG Hamburg ZfS 85, 211; über Ausnahme für Reisekosten ins Ausland vgl. unten Rdnr. 7 a), Kosten medizinischer oder anderer als der in Abs. 1 e und der Klausel zu § 2 Abs. 1 (vgl. unten Rdnr. 130 a) genannten technischen Privatgutachter oder Kosten zur Beschaffung rechtserheblicher Unterlagen (Näheres vgl. unten Rdnr. 33). Möglicherweise kann der VN solche Kosten sachlich-rechtlich, z. B. wegen Verzugs nach § 286 BGB, oder prozessual, z. B. nach § 91 ZPO, vom Gegner ersetzt verlangen (*Baumbach/Lauterbach/Hartmann* vor § 91 Rdnrn. 43 ff., § 91 Rdnrn. 33 ff., 294 ff.). Vom Versicherungsschutz werden sie jedoch nicht umfaßt. Parteikosten dieser Art können nur dann gemäß Abs. 1 g unter die Versicherungsdeckung fallen, wenn sie der VN als Kosten des Gegners aus prozessualen Gründen zu erstatten hat (Näheres vgl. unten Rdnrn. 133 ff.). Eine weitere Begrenzung ergibt sich aus der gemäß § 2 Abs. 4 vereinbarten Deckungssumme, die die Höchstgrenze der Versicherungsleistung pro Versicherungsfall festlegt (Näheres vgl. unten Rdnrn. 258 ff.)

Aus der primären Risikobegrenzung des Abs. 1 werden durch Abs. 3 4 („Der Versicherer trägt nicht ...") gewisse Kosten wieder ausgesondert, die der Versicherer aus bestimmten Gründen nicht zu übernehmen hat. Die vom RSVersicherer primär im Umfang des Abs. 1 übernommene Gefahr wird also ihrerseits wieder eingeschränkt, d. h. **sekundär begrenzt,** falls einer der Fälle des Abs. 3 vorliegt (BGH NJW 57, 907 = VersR 57, 212; VersR 66, 722; 67, 769; 75, 1093; 78, 54; *Schaefer* VersR 78, 4; *Helm* NJW 78, 129, 131; *Prölss/Martin/Kollhosser* § 49 Anm. 1 B b). Es wird hier das gesetzestechnische Prinzip von Regel und Ausnahme angewendet. Dies übersieht das LG Karlsruhe (VersR 77, 1121), wenn es die Aufzählung in § 2 Abs. 1 nur als beispielhaft, nicht aber als abschließende Regelung ansieht, da nach seiner Meinung ansonsten der Negativkatalog in § 2 Abs. 3 und teilweise in § 4 überflüssig und sinnlos wäre. § 2 Abs. 3 und teilweise § 4 begründen keine Leistungspflicht des Versicherers, sondern begrenzen lediglich in Teilbereichen den Umfang der in § 2 Abs. 1 nach dem Grundsatz der Spezialität (§ 1 Rdnr. 46) enumerativ und abschließend primär beschriebenen

Kostenübernahme (BGH NJW 85, 1466 = VersR 85, 538 unter Ziff. 3; vgl. auch oben Rdnr. 3).

5   Die Unterscheidung zwischen primärer und sekundärer Risikobegrenzung hat vor allem Bedeutung für die Frage der **Beweislast.** Beansprucht der VN Versicherungsschutz, dann muß er darlegen und notfalls beweisen, daß die Rechtskosten, deren Übernahme er vom RSVersicherer verlangt, (durch einen unter die Versicherungsdeckung fallenden Versicherungsfall verursacht, vgl. § 14 Rdnr. 2, und) Kosten der im Abs. 1 beschriebenen Art sind. Steht dies fest, hält aber der RSVersicherer seinerseits einen der Fälle des Abs. 3 für gegeben, dann muß er dessen Voraussetzungen darlegen und notfalls beweisen (BGH NJW 57, 907 = VersR 57, 212; VersR 66, 722; 67, 769; 75, 1093; 78, 54; *Schaefer* VersR 78, 4; *Helm* NJW 78, 129, 131; *Prölss/Martin/Kollhosser* § 49 Anm. 1 B b, 3, 4 A und B; vgl. unten § 4 Rdnr. 3).

6   2. Seine Pflicht zur Kostentragung kann der RSVersicherer auf zweierlei Weise erfüllen. Hat der VN als Kostenschuldner den Kostengläubiger (Rechtsanwalt, Gericht usw.) noch nicht befriedigt, zahlt der RSVersicherer die Kosten unmittelbar an den Kostengläubiger und befreit dadurch den VN von seiner Kostenschuld (§ 267 BGB). Die Versicherungsleistung ist dann Naturalersatz durch **Schuldbefreiung.** Hat der VN den Kostengläubiger bereits selbst befriedigt, erstattet der Versicherer seinem VN diese Aufwendungen im Wege des Geldersatzes nach § 49 VVG (vgl. Einl. Rdnr. 7; unten Rdnrn. 150, 151).

6 a   3. Möglich ist die Vereinbarung einer **Selbstbeteiligung** des VN. Anstelle früher verwendeter Selbstbeteiligungsklauseln verschiedener Ausgestaltung wurde 1986 eine Musterklausel entwickelt, die künftig als Standardklausel (Einl. Rdnr. 23 b) verwendet werden soll und folgenden Wortlaut hat:

Klausel zu § 2 ARB – Selbstbeteiligung
(entspricht § 5 Abs. 3 c ARB 94)
Abweichend von § 2 Abs. 1 ARB zahlt der Versicherungsnehmer in jedem Versicherungsfall den im Versicherungsschein vereinbarten Betrag selbst.

6 b   Die Klausel läßt die Vereinbarung sowohl **absoluter** als auch **prozentualer** Selbstbehalte zu. Die Genehmigung zu ihrer Verwendung wird vom BAV nur erteilt, wenn der betreffende Versicherer auf die weitere Verwendung anderer Selbstbeteiligungsklauseln verzichtet (vgl. § 24 Rdnr. 61 a). Außerdem mußte sich früher der Versicherer durch geschäftsplanmäßige Erklärung (zur Fortgeltung vgl. Einl. Rdnr. 36) verpflichten, die Klausel so zu handhaben, daß sich daraus keine Nachteile für den VN ergeben. Insbesondere ist der VN bei Abzug der Selbstbeteiligung von Kostenrechnungen des Gerichts oder des Gegners ausdrücklich auf den Abzug hinzuweisen (GB BAV 85, 71; VerBAV 89, 177 in etwas modifizierter Form, die nicht mehr auf den „Betrag", sondern die „Höhe" abstellen).

6 c   Die Selbstbeteiligung gilt **„in jedem Versicherungsfall".** Ergeben sich aus einem Lebenssachverhalt Streitigkeiten auf verschiedenen Rechtsgebieten, z. B. bei einem Verkehrsunfall Schadenersatzansprüche des VN gemäß § 21

Umfang 7–7b § 2 ARB 75

Abs. 4a, ein Strafverfahren gegen ihn gemäß § 21 Abs. 4c und Ansprüche des VN gegen seinen Kraftfahrtversicherer gemäß § 21 Abs. 4b in Verbindung mit der Klausel zum Versicherungsvertrags-RS (§ 4 Rdnr. 77), dann liegen an sich gemäß § 14 Abs. 1, 2 und 3 formell drei verschiedene Versicherungsfälle vor. Gleichwohl erscheint es gerechtfertigt, die Selbstbeteiligung nur einmal von der Versicherungsleistung abzuziehen, da in solchen Fällen der Versicherer gemäß § 2 Abs. 4 Satz 2 auch nur einmal bis zur Höhe der Deckungssumme zu leisten hat.

4. Hat der VN aufgrund eines Versicherungsfalles nur teilweise Versicherungsschutz, dann hat der RSVersicherer nur einen entsprechenden **Anteil der Kosten** zu übernehmen. Dies kann etwa der Fall sein beim Vorwurf mehrerer teils gedeckter, teils ungedeckter Straftaten (§ 4 Rdnr. 179, 206), bei der Aufrechnung oder Widerklage mit einer nicht versicherten Gegenforderung (vgl. unten Rdnr. 246), bei mehreren, teilweise vor Versicherungsbeginn oder nach Versicherungsende liegenden Versicherungsfällen (§ 14 Rdnr. 59) oder bei einer Interessenwahrnehmung in teils versicherter, teils unversicherter Eigenschaft oder auf nur teilweise versicherten Rechtsgebieten (Vorbem. vor § 21 Rdnr. 5). 7

II. Von dem Grundsatz, daß Parteikosten des VN nicht unter Versicherungsschutz stehen (vgl. oben Rdnr. 3), macht die 1977 geschaffene (VerBAV 77, 122) und seit 1981 von der Mehrzahl der RSVersicherer verwendete **Standardklausel** eine Ausnahme. Sie hat folgenden Wortlaut: 7a

Klausel zu § 2 Abs. 1 ARB – Erstattung von Reisekosten
(entspricht § 5 Abs. 1g ARB 94)
Der Versicherer trägt die Reisekosten der versicherten Personen an den Ort des zuständigen ausländischen Gerichts, wenn dieses das persönliche Erscheinen der Versicherten angeordnet hat. Erstattet werden:
1. angefallene Fahrtkosten für ein öffentliches Verkehrsmittel, und zwar
   a) der jeweiligen Staatsbahn in der 1. Wagenklasse oder
   b) eines Linienfluges der Economy-Klasse;
2. angefallene Fahrtkosten mit dem eigenen Kraftfahrzeug entsprechend den Steuerrichtlinien in der am Tage des Reiseantritts geltenden Fassung bis zur Höhe der bei Benutzung öffentlicher Verkehrsmittel gemäß Ziff. 1 a) oder b) anfallenden Kosten;
3. angefallene Tage- und Übernachtungsgelder entsprechend den Steuerrichtlinien in der am Tage des Reiseantritts geltenden Fassung.
Dem Versicherer sind die Belege vorzulegen. Die angefallenen Reisekosten werden in Deutscher Mark, Beträge in fremder Währung unter Umrechnung in Deutsche Mark entsprechend dem Wechselkurs des ersten Reisetages erstattet.

Voraussetzung für die Übernahme der Reisekosten ist, daß der VN (oder eine mitversicherte Person, § 11 Abs. 3) aufgrund seiner unter Versicherungsschutz stehenden Interessenwahrnehmung, insbesondere als Kläger in einem von ihm angestrengten Schadenersatzprozeß oder als Angeklagter in einem gegen ihn laufenden Strafverfahren, **zu einem ausländischen Gericht** beordert wird. Wird er nur als Zeuge geladen, besteht kein Versicherungsschutz, da er hierbei nicht als von einem Versicherungsfall gemäß § 14 Betroffener eigene rechtliche Interessen wahrnimmt (§ 1 Abs. 1), sondern als 7b

Beweisperson im Rahmen der Interessenwahrnehmung eines Dritten vorgeladen wird. Reist der VN aus freien Stücken ohne Anordnung seines persönlichen Erscheinens zu einem ausländischen Gerichtstermin, besteht keine Deckung. Eine Ausnahme hiervon gilt dann, wenn – wie etwa in Großbritannien – das Erscheinen einer Partei vor Gericht nach der ausländischen Rechtsordnung ohne gerichtliche Anordnung notwendig ist, weil das Verfahren sonst ohne Berücksichtigung der Argumentation der Parteien durchgeführt oder eine Klage sogar ohne weiteres abgewiesen werden könnte. Soweit der Gegner des VN dessen Reisekosten aufgrund einer rechtskräftigen Gerichtsentscheidung zu erstatten hat, entfällt gemäß § 2 Abs. 3c die Versicherungsdeckung.

7c Die in Ziff. 2 und 3 der Klausel erwähnten Sätze für **Fahrtkosten** sowie (pauschalierte) **Tage- und Übernachtungsgelder** sind in Abschnitt 119 Abs. 4 der ESt-Richtlinien und Abschnitt 25 Abs. 7 der LSt-Richtlinien geregelt.

B. Rechtsanwalts-Vergütung (Abs. 1a und b)
(entspricht § 5 Abs. 1a, b ARB 94)

Literatur: *Chemnitz*, Der Ersatz von Anwaltskosten durch die RSVersicherung, AnwBl. 87, 69; *Mümmler*, Kosten in Strafsachen und RSVersicherung, JurBüro 91, 10

8 I. 1. a) Der Versicherer trägt die gesetzliche Vergütung eines für den VN tätigen **Rechtsanwalts**. In der **Bundesrepublik Deutschland** darf nur derjenige Anwaltstätigkeit ausüben, der die Befähigung zum Richteramt nach dem Deutschen Richtergesetz erlangt hat und allgemein zur Rechtsanwaltschaft und speziell bei einem bestimmten Gericht der ordentlichen Gerichtsbarkeit zugelassen ist (§§ 4, 6, 18, BRAO). Für das Gebiet der ehemaligen DDR gilt die Übergangsregelung in Art. 21 des Gesetzes vom 2. 9. 1994 (BGBl. I S. 2278). Der Rechtsanwalt ist der berufene unabhängige Berater und Vertreter in allen Rechtsangelegenheiten (§ 3 Abs. 1 BRAO) und kann demgemäß alle rechtlichen Interessen wahrnehmen, die unter den Deckungsbereich des Besonderen Teils der ARB (§§ 21 bis 29) fallen. „Rechtsanwalt" im Sinn des § 2 Abs. 1a ist auch eine als Gesellschaft des bürgerlichen Rechts gemäß § 705 BGB anzusehende Anwaltssozietät (BGH NJW 71, 1801; 78, 1003 = VersR 78, 443; *Palandt/Thomas* § 705 Rdnr. 37), die hinsichtlich ihrer Honorarforderung Gesamthandsgläubigerin ist (BGH AnwBl. 96, 543; § 16 Rdnr. 5). „Rechtsanwalt" ist auch eine Rechtsanwalts-Partnergesellschaft, eine Rechtsanwalts-GmbH sowie eine aus Rechtsanwälten bestehende Europäische Wirtschaftliche Interessenvereinigung (EWIV; *Marx* AnwBl. 97, 241). Ein ausländischer Rechtsanwalt, der im Inland ein Büro oder eine Zweigstelle unterhält, bedurfte früher für seine Berufstätigkeit in der Bundesrepublik Deutschland einer Erlaubnis oder Teilerlaubnis nach dem RBerG (*Altenhoff/Busch/ Kampmann/ Chemnitz* Rdnr. 273; *Brangsch* AnwBl. 77, 274, 279) und war dann insoweit einem in Deutschland zugelassenen Anwalt gleichzuachten. Den Dienstleistungsverkehr im EG-Bereich regeln nunmehr das Gesetz vom 16. 8. 1980 zur

Durchführung der EG-Richtlinie vom 22. 3. 1977 zur Erleichterung der tatsächlichen Ausübung des freien Dienstleistungsverkehrs der Rechtsanwälte (Rechtsanwaltsdienstleistungsgesetz *Baumbach/Lauterbach/Hartmann* Schlußanhang VII) sowie §§ 206, 207 BRAO, wonach ein ausländischer Rechtsanwalt unter den dort genannten Voraussetzungen sich im Geltungsbereich der BRAO niederlassen kann und dann auch gemäß § 158 m Abs. 2 VVG als Rechtsanwalt gilt.

b) Nach dem eindeutigen Wortlaut des Abs. 1 a hat der Versicherer nur 9 die Vergütung eines Rechtsanwalts zu tragen, **nicht** dagegen **anderer Personen,** denen Rechtsberatung oder Rechtsvertretung im beschränkten Umfang gestattet ist. Denn der Begriff „Rechtsanwalt" ist ein durch die BRAO eindeutig festgelegter Begriff der Rechtsprache und weder auslegungsfähig noch auslegungsbedürftig (vgl. Einl. Rdnr. 48). Es gelten hier die gleichen Grundsätze wie für die Prozeßkostenhilfe, bei der § 121 ZPO den Kreis der beizuordnenden Personen fest umschreibt und die Beiordnung anderer Personen, insbesondere von Rechtsbeiständen und Prozeßagenten, nicht möglich ist *(Baumbach/Lauterbach/Hartmann* § 121 Rdnr. 6). Außerdem soll durch diese Regelung Komplikationen vorgebeugt werden, die z. b. dadurch entstehen können, daß eine nur beschränkt zur Rechtsbesorgung zugelassene Person ein Mandat nicht mehr weiterführen kann, etwa weil eine Interessenwahrnehmung vor Gericht oder auf einem anderen Rechtsgebiet notwendig wird, für das sie nicht zugelassen ist. Schließlich ist von Bedeutung, daß die Vergütung für eine rechtsbesorgende Tätigkeit von Nicht-Anwälten nicht in allen Fällen eindeutig gesetzlich fixiert ist (vgl. *Gerold/Schmidt/Madert* § 1 Rdnr. 4) und deren Einbeziehung in den Versicherungsschutz daher zu sachlich nicht notwendigen Mehraufwendungen oder unwirtschaftlichen Auseinandersetzungen über die Höhe der im Einzelfall gerechtfertigten Vergütung führen könnte. Eine Ausnahme gilt für die Kosten eines Notars nach § 147 Abs. 2 Kostenordnung, soweit der Notar einen Rat oder eine Auskunft in familien- oder erbrechtlichen Angelegenheiten oder in Angelegenheiten der freiwilligen Gerichtsbarkeit erteilt hat (§ 25 Abs. 2e Satz 4; § 26 Abs. 3g Satz 4 Fassung 1975 und Abs. 5g Satz 1 Fassung 1988; § 27 Abs. 3g Satz 4).

Nicht unter den Versicherungsschutz fällt demnach z. B. entgegen der 10 Meinung von *Böhme* (§ 2 Rdnr. 3) die Vergütung für einen vom VN beauftragten **Rechtsbeistand,** das heißt für eine Person, die diese Berufsbezeichnung gemäß § 4 der 2. VO zur Ausführung des RBerG aufgrund einer Erlaubnis zur Besorgung fremder Rechtsangelegenheiten nach Art. 1 § 1 RBerG führen darf. Voll-Rechtsbeistände in der bisherigen Form werden nicht mehr neu zugelassen. Das Fünfte Gesetz zur Änderung der BRAGebO vom 18. 8. 1980 (BGBl. I S. 1503) hat dieses Berufsbild abgeschafft. Nach neuem Recht gibt es nur noch Teil-Rechtsbeistände, z. B. Rentenberater, Versicherungsberater, Frachtprüfer und Inkassobüros, die sich auch nicht mehr als Rechtsbeistände bezeichnen dürfen (AnwBl. 80, 345; *Altenhoff/Busch/Kampmann/Chemnitz* Rdnrn. 928, 929; zur Vergütung vgl. unten Rdnr. 45).

11 Das gleiche gilt für die Vergütung eines **Prozeßagenten,** d.h. einer Person, der die Justizverwaltung das mündliche Verhandeln vor Gericht gemäß § 157 Abs. 3 ZPO allgemein gestattet hat (*Altenhoff/Busch/Kampmann/ Chemnitz* Rdnr. 81; *Stein/Jonas/Leipold* § 157 Anm. I 2, II 1c; *Baumbach/Lauterbach/Hartmann* § 157 Rdnr. 25). Wegen der Erstattung der Kosten für einen vom Prozeßgegner beauftragten Rechtsbeistand oder Prozeßagenten vgl. unten Rdnr. 134.

12 Ebensowenig umfaßt der Versicherungsschutz die Vergütung eines **Hochschullehrers,** dem in bestimmten Fällen eine Rechtsbesorgung gestattet ist, z.B. eine Verteidigung in einem Strafverfahren gemäß § 138 Abs. 1 StPO.

13 **Patentanwälte** im Sinn der PAnwO haben auf ihrem Fachgebiet (vgl. §§ 3 und 4 PAnwO) in gewissem Umfang die Befugnis zur Rechtsberatung und Rechtsvertretung. Gleichwohl sind auch sie keine Rechtsanwälte im Sinn der ARB. Außerdem hätte der RSVersicherer die Vergütung für ihre Tätigkeit auch wegen des allgemeinen Risikoausschlusses des § 4 Abs. 1e nicht zu übernehmen.

14 Die Beauftragung eines **Verbandsvertreters** anstelle eines Rechtsanwalts mag für den VN in gewissen Fällen sachdienlich und für den Versicherer sogar kostengünstiger sein (vgl. für die Vertretung Schwerbehinderter vor Sozialgerichten *Kühl* VersR 83, 18). Eine Rechtspflicht zur Übernahme der Vergütung eines Verbandes oder seines Vertreters kann hieraus jedoch angesichts des klaren Wortlauts des Abs. 1 nicht hergeleitet werden (ebenso *Hering* VersR 83, 426). Zudem wird der Versicherer häufig nicht wissen, ob überhaupt und auf Grund welcher – in der Regel nicht gesetzlichen und daher nicht ohne weiteres nachprüfbaren – Rechtsgrundlage der Verband eine Vergütung oder (pauschalierte) Auslagenerstattung verlangen kann.

15 Die Vergütung von Angehörigen der **steuerberatenden Berufe,** soweit sie nicht gleichzeitig Rechtsanwälte sind, fällt ebenfalls nicht unter die Versicherungsdeckung. Eine Ausnahme hiervon gilt im Rahmen des Steuer-RS (Näheres Vorbem. vor § 21 Rdnrn. 169ff.).

16 3. Muß der VN rechtliche Interessen wegen eines Versicherungsfalls **im Ausland** wahrnehmen lassen (§ 3), kann er sich hierzu eines ausländischen Rechtsanwalts bedienen. Die rechtsberatende und rechtsbesorgende Tätigkeit im Ausland geschieht in der Regel durch Personen, deren Berufsbild sich zumindest teilweise mit dem Berufsbild des deutschen Rechtsanwalts deckt und deren Berufsbezeichnung auf eine Anwalts- oder zumindest Rechtshilfetätigkeit hinweist. In manchen Ländern wird die außergerichtliche und die gerichtliche Interessenwahrnehmung ganz oder teilweise von „Anwälten" mit verschiedener Berufsbezeichnung und Funktion ausgeübt. So gibt es in Großbritannien den Solicitor und den Barrister. Frankreich kennt den avocat, daneben in 2. Instanz noch den avoué (*Recq* AnwBl. 93, 67; *Maier* AnwBl. 91, 182). In Italien gibt es, den avvocato mit voller Zulassung (*Egger* AnwBl. 70, 68), das Berufsbild des procuratore mit beschränkter Zulassung wurde 1997 abgeschafft (BRAK-Mitteilungen 97, 117).

Soweit jemand im Ausland innerhalb des örtlichen Geltungsbereichs des 17
§ 3 **ähnlich umfassend wie** ein **deutscher Rechtsanwalt** allgemein zur geschäftsmäßigen Besorgung fremder Rechtsangelegenheiten befugt ist, fällt seine Tätigkeit ohne Rücksicht auf seine spezielle Berufsbezeichnung unter den Versicherungsschutz des § 2 Abs. 1 a. Denn zumindest im materiellen Sinn ist er dann einem „Rechtsanwalt" im Sinn dieser Bestimmung gleich zu achten. Darf jemand im Ausland nur im beschränkten Umfang rechtsbesorgend tätig sein, so steht seine Tätigkeit allenfalls dann unter Versicherungsschutz, wenn er auf den Rechtsgebieten tätig sein darf, die in den Deckungsbereich der Besonderen Bestimmungen der ARB fallen (vgl. auch das oben in Rdnr. 8 erwähnte Rechtsanwaltsdienstleistungsgesetz *Baumbach/Lauterbach/Hartmann* Schlußanhang VII; § 16 Rdnr. 3 a; § 5 Abs. 6 c ARB 94). Wegen der Umsetzung der diesem Gesetz zugrunde liegenden EG-Dienstleistungsrichtlinie in den einzelnen EG-Staaten vgl. *Kespohl-Willemer* AnwBl. 91, 147 und *Henssler* AnwBl. 96, 353.

II. Gesetzliche Vergütung (Abs. 1 a Satz 1)

1. a) Der Versicherungsschutz umfaßt die **gesetzliche Vergütung** eines 18
für den VN tätigen Rechtsanwalts, d. h. diejenigen Gebühren und Auslagen, die ein Gesetz dem Rechtsanwalt für seine Tätigkeit zubilligt. Daß ein Rechtsanwalt eine Vergütung für seine Tätigkeit beanspruchen kann, ergibt sich aus der Natur des Anwaltsvertrags. In der Regel handelt es sich um einen Dienstvertrag, der eine Geschäftsbesorgung zum Gegenstand hat (§§ 611, 675 BGB; *Palandt/Putzo* vor § 611 Rdnr. 21; *Gerold/Schmidt/Madert* § 1 Rdnr. 9) und bei dem eine Vergütung als stillschweigend vereinbart gilt, da die Anwaltstätigkeit nur gegen eine Vergütung zu erwarten ist (§ 612 Abs. 1 BGB). Im Ausland gelten ähnliche Grundsätze. Die Verpflichtung zur Zahlung einer Vergütung ergibt sich demnach aus dem Abschluß des Anwaltsvertrages und beginnt mit der ersten Tätigkeit des Anwalts.

Die **Höhe** der Vergütung kann ausdrücklich vereinbart werden (§ 611 19
Abs. 1 BGB, § 3 BRAGebO) und ist dann keine „gesetzliche", d. h. durch Gesetz bestimmte, sondern eine auf Parteivereinbarung beruhende Vergütung. Eine solche vereinbarte Vergütung hat der RSVersicherer nicht in vollem Umfang zu übernehmen (§ 2 Abs. 1 b; vgl. unten Rdnr. 90). Liegt keine solche Vereinbarung vor, bestimmt sich die Höhe der Vergütung in Deutschland nach dem 1957 in Kraft getretenen Gesetz, das das gesamte Gebührenrecht für Rechtsanwälte enthält, nämlich der BRAGebO (*Gerold/Schmidt/Madert* Einl. Rdnr. 3; über Ausnahmen, die für die RS-Versicherung jedoch keine Bedeutung haben, vgl. *Chemnitz* NJW 82, 28). Wegen des Sonderfalles einer pauschalen Abgeltung von Anwaltsgebühren bei außergerichtlicher Unfallregulierung vgl. unten Rdnrn. 228 und 229, wegen Sonderbestimmungen im Gebiet der ehemaligen DDR vgl. unten Rdnr. 47. Im Ausland gibt es nur teilweise mit der BRAGebO vergleichbare gesetzliche Gebührenvorschriften (vgl. unten Rdnrn. 48 ff.). Soweit solche nicht bestehen, hat der RSVersicherer entsprechend dem Rechtsgedanken

des § 612 Abs. 2 BGB als „gesetzliche" Vergütung bei einem Versicherungsfall im Ausland (§ 3) im Zweifel die in dem betreffenden Staat übliche Vergütung für einen dort zugelassenen Anwalt zu übernehmen (vgl. *Gerold/Schmidt/Madert* § 1 Rdnr. 103; *Brangsch* NJW 81, 1177, 1179 unter Ziff. III 5).

20   Der **Versicherungsschutz**, d.h. die Pflicht des Versicherers zur Übernahme von Anwaltskosten, **beginnt** im Regelfall, wenn nach Eintritt eines Versicherungsfalles die Wahrnehmung rechtlicher Interessen notwendig wird, also mit der ersten außergerichtlichen Beratung oder Vertretung durch den Rechtsanwalt (§ 1 Abs. 1; vgl. § 1 Rdnr. 3; über die Fälligkeit vgl. unten Rdnrn. 154ff.). In einigen Fällen setzt der Versicherungsschutz allerdings erst in einem späteren Stadium ein, nämlich in den Fällen des § 21 Abs. 3d, § 22 Abs. 3d, § 23 Abs. 3c, § 24 Abs. 6 Ziff. 3b, § 26 Abs. 3e (Fassung 1988: Abs. 5e) und § 27 Abs. 3e (verwaltungsrechtlicher Führerschein-RS, Vorbem. vor § 21 Rdnrn. 137ff.) erst mit Beginn des Widerspruchverfahrens sowie in den Fällen des § 24 Abs. 2d, § 25 Abs. 2d, § 26 Abs. 3f (Fassung 1988: Abs. 5f) und § 27 Abs. 3f (Sozialgerichts-RS, Vorbem. vor § 21 Rdnrn. 130ff.), des § 24 Abs. 3 (Vertrags-RS für Gewerbetreibende und freiberuflich Tätige, § 24 Rdnrn. 42ff.) und des Steuer-RS (Vorbem. vor § 21 Rdnr. 181) erst mit Beginn des Gerichtsverfahrens. Rechtsbesorgende Tätigkeit des Rechtsanwalts vor diesem jeweiligen Stadium steht noch nicht unter Versicherungsschutz (über die Gründe vgl. Vorbem. vor § 21 Rdnr. 130; § 24 Rdnr. 44). Die Versicherungsdeckung erstreckt sich auf notwendige Nebenverfahren, z.B. Mahn-, Beweissicherungs-, Arrestverfahren, Verfahren wegen einer einstweiligen Verfügung, Schiedsgerichtsverfahren oder Verfahren vor Einigungs- und Schlichtungsstellen, soweit diese rechtlichen Schritte zur Wahrnehmung der rechtlichen Interessen des VN im Sinn des § 1 Abs. 1 notwendig sind. Versicherungsschutz besteht jeweils bis zum Ende der notwendigen Interessenwahrnehmung (§ 1 Abs. 1), also gegebenenfalls bis zur Beendigung der letzten Gerichtsinstanz und notfalls der Zwangsvollstreckung (vgl. § 1 Rdnr. 3). Eine Ausnahme bildet lediglich der Beratungs-RS der § 25 Abs. 2e, § 26 Abs. 3g (Fassung 1988: Abs. 5g) und § 27 Abs. 3g, bei dem der RSVersicherer nur eintrittspflichtig ist, wenn sich die Tätigkeit des Rechtsanwalts auf einen („internen", vgl. § 1 Rdnr. 3) Rat oder eine Auskunft im Sinn des § 20 BRAGebO beschränkt. Geht die Beratung in eine (externe) Vertretung über, entfällt die Leistungspflicht des Versicherers (Näheres Vorbem. vor § 21 Rdnrn. 148ff.).

21   b) Der RSVersicherer hat die gesetzliche Vergütung „**eines**" für den VN tätigen **Rechtsanwalts** zu tragen. Der Wortlaut läßt offen, ob das Wort „eines" als Zahlwort im Sinn von „einzigen" oder als unbestimmter Artikel in dem Sinn zu verstehen ist, daß hiermit in erster Linie die spezifische Art der zu übernehmenden Kosten gekennzeichnet werden soll, ohne daß damit die Übernahme der Vergütung mehrerer Anwälte generell ausgeschlossen sein sollte. Eine Auslegung nach dem Sinn und Zweck hat sich an dem Kriterium der „Notwendigkeit" der Interessenwahrnehmung im Sinn des § 1 Abs. 1 zu orientieren. Im Regelfall genügt es, wenn der VN seine Rechtssache einem einzigen Anwalt anvertraut (OLG Karlsruhe ZfS 86, 178; LG Es-

sen ZfS 85, 239; etwas weitergehend *Prölss/Martin* § 2 ARB Anm. 2). Das Interesse der Risikogemeinschaft an der Vermeidung sachlich nicht gebotener Mehraufwendungen läßt eine Beauftragung mehrerer Anwälte in der gleichen Rechtssache zu Lasten des RSVersicherers nur zu, wenn dies die ARB ausdrücklich vorsehen oder allenfalls wenn, ähnlich wie bei der prozessualen Pflicht zur Kostenerstattung, diese Maßnahme objektiv erforderlich und geeignet erscheint, um das streitbefangene Recht angemessen zu verfolgen oder zu verteidigen (vgl. *Thomas/Putzo* § 91 Rdnr. 9; vgl. unten Rdnr. 25). Hierbei sind die Fälle einer gleichzeitigen Beauftragung mehrerer Anwälte sowie ein Anwaltswechsel zu unterscheiden.

aa) Im Normalfall ist es zur sachgemäßen Wahrnehmung der rechtlichen Interessen des VN nicht geboten, zwei oder **mehrere Anwälte gleichzeitig** nebeneinander zu beauftragen. In den Fällen des Straf-RS und des Auslands-RS ergibt sich aus Abs. 1a Satz 2, daß der RSVersicherer hier stets nur die Kosten eines einzigen – gerichtsnahen – Anwalts zu übernehmen hat (Näheres vgl. unten Rdnr. 68). Eine Ausnahme gilt allerdings für die Kosten eines „Beweis-Anwalts", der mit der Wahrnehmung einer auswärtigen, d. h. vom Gerichtsort ortsverschiedenen Beweisaufnahme betraut ist (vgl. hierzu unten Rdnr. 70). Außerhalb des Straf-RS und des Auslands-RS kommt die Übernahme der Kosten eines gleichzeitig tätigen weiteren Anwalts im Rahmen des Abs. 1a Satz 4 (Verkehrsanwalt, vgl. unten Rdnrn. 76ff.) sowie ebenfalls bei einer auswärtigen Beweisaufnahme infrage (vgl. unten Rdnr. 79), nicht dagegen dann, wenn lediglich wegen der Schwierigkeit der Rechtsmaterie ein zusätzlicher Anwalt mit Spezialkenntnissen eingeschaltet wurde (OLG Karlsruhe ZfS 86, 178). 22

bb) Kommt es auf Seiten des VN zu einem **Anwaltswechsel,** dann hängt die Eintrittspflicht des RSVersicherers für hierdurch bedingte Mehrkosten vom Grund des Wechsels ab. Keine Mehrkosten entstehen in der Regel, wenn der VN einen anderen Anwalt mit der Interessenwahrnehmung in der jeweils nächsthöheren Instanz beauftragt. Ein solcher Wechsel ist ohnehin notwendig, falls der bisherige Anwalt am nächsthöheren Gericht nicht zugelassen ist. 23

Zu einem Anwaltswechsel kann es auch im **Mahnverfahren** kommen, wenn der Gegner des VN gegen einen Mahnbescheid Widerspruch einlegt, oder in einem Streitverfahren, wenn der Rechtsstreit an ein anderes Gericht verwiesen wird (Näheres vgl. unten Rdnr. 81). 24

Wechselt in sonstigen Fällen der VN im außergerichtlichen Bereich oder innerhalb derselben behördlichen oder gerichtlichen Instanz seinen Anwalt, dann hat der RSVersicherer hierdurch entstehende Mehrkosten allenfalls insoweit zu übernehmen, als der **Wechsel** in der Person des Rechtsanwalts **objektiv notwendig,** d.h. mehr oder weniger zwangsläufig war. Dies wird in der Regel der Fall sein, wenn der Wechsel aufgrund eines Sachverhalts erfolgt, der nach allgemeiner Erfahrung weder vom Anwalt noch vom VN zu vertreten ist. Es gilt auch hier der Rechtsgedanke, der der prozessualen Kostenerstattungspflicht zugrunde liegt (§ 91 Abs. 2 Satz 3 ZPO; vgl. § 1 Rdnr. 29). Zu denken ist vor allem an den Fall des Todes oder der unvor- 25 hergesehenen Aufgabe oder des Verlustes der Zulassung des bisherigen, nicht in einer Anwaltssozietät tätigen Anwalts des VN (*Thomas/Putzo* § 91 Anm. 3 c ee; *Böhme* § 2 Rdnr. 4).

26 Kommt es zu einer **vorzeitigen Kündigung** des Anwaltsvertrags durch den VN oder den Anwalt, dann wird dagegen der Wechsel zu einem neuen Anwalt in der Regel auf einem Sachverhalt beruhen, der erfahrungsgemäß entweder vom VN oder vom bisherigen Anwalt oder auch von beiden zu vertreten ist. In solchen Fällen ist es der Risikogemeinschaft nicht zuzumuten, durch die Einschaltung eines zweiten Anwalts entstehende Mehrkosten mitzutragen. Der in der subjektiven Sphäre des VN oder des bisherigen Anwalts (oder beider) wurzelnde Grund für die Entstehung von Mehrkosten ist nicht geeignet, solche Mehraufwendungen als für die Interessenwahrnehmung des VN objektiv notwendig erscheinen zu lassen (OLG Köln r+s 89, 120). Der RSVersicherer ist zudem häufig überfordert, mit den ihm zur Verfügung stehenden Erkenntnismitteln und ohne großen Verwaltungsaufwand den wahren Gründen für das Scheitern des ersten Anwaltsvertrags nachzuspüren. Außer in Fällen eines klarliegenden Verschuldens des ersten Anwalts (vgl. hierzu unten Rdnr. 27) ist in solchen Fällen der RSVersicherer in der Regel aus von ihm nicht zu vertretenden Gründen an der Feststellung gehindert, ob und in welcher Höhe der erste Anwalt neben dem zweiten Anwalt Kostengläubiger des VN geblieben ist. Da die Freistellungspflicht des Versicherers hier nur in Höhe der Vergütung eines Anwalts besteht, empfiehlt es sich, daß der Versicherer den VN um Weisung bittet, an welchen Anwalt er in welcher Höhe Zahlung leisten soll (LG Wuppertal AnwBl. 84, 276). Macht der VN von diesem dem Versicherungsvertrag innewohnenden Dispositionsrecht keinen Gebrauch, muß man den RSVersicherer als berechtigt ansehen, seine Freistellungsverpflichtung aus dem Versicherungsvertrag (§ 2 Rdnr. 150) ausnahmsweise nicht durch Befriedigung eines Kostengläubigers des VN zu erfüllen, sondern in Anwendung des Rechtsgedankens des § 2 Abs. 4 Satz 3 entweder durch Hinterlegung oder durch Zahlung des Kostenbetrags an den VN selbst (vgl. auch § 16 Rdnr. 5).

27 c) Ergibt sich aus dem unstreitigen Sachverhalt oder aus einer rechtskräftigen Gerichtsentscheidung, daß der **Anwalt** des VN seine **Pflichten** aus dem Anwaltsvertrag **schuldhaft verletzt** hat, indem er z. B. eine unter Versicherungsschutz stehende durchsetzbare Forderung des VN verjähren oder eine Ausschlußfrist für ihre klageweise Geltendmachung verstreichen ließ, dann hat der VN gegen den Anwalt einen Schadenersatzanspruch aus positiver Vertragsverletzung. Dies hat zur Folge, daß der VN gegenüber dem an sich fortbestehenden Gebührenanspruch des Anwalts mit einem eigenen Schadenersatzanspruch aufrechnen kann, der in der Regel auch die – nutzlos entstandenen – Anwaltsgebühren ganz oder zum Teil umfaßt, so daß der Anwalt seinen Gebührenanspruch ganz oder teilweise verliert (BGH NJW 63, 1301; OLG Nürnberg AnwBl. 71, 175; OLG Düsseldorf VersR 76, 892; LG Aachen r+s 92, 93; *Borgmann/Haug* Rdnrn. V 105 ff; *Gerold/Schmidt/ Madert* § 1 Rdnr. 48; *Meyer* JurBüro 83, 979, 980). Dies gilt auch, wenn der Anwalt nicht den kostengünstigsten Weg gewählt hat und hierdurch vermeidbare Mehrkosten angefallen sind (AG Geldern r+s 91, 311 für streit-

werterhöhende Weiterbeschäftigungsklage neben Kündigungsschutzklage, obwohl Weiterbeschäftigungsantrag als kostenneutraler unechter Hilfsantrag genügt hätte, vgl. § 15 Rdnr. 20a). Die Einleitung kostenauslösender rechtlicher Schritte vor Klärung des RSVersicherungsschutzes kann den Gebührenanspruch ebenfalls gefährden (Näheres § 16 Rdnr. 10). Soweit ein Gebührenanspruch des VN-Anwalts auf diese Weise entfällt, entfällt auch der Grund für eine Freistellung des VN durch den RSVersicherer. Entstehen durch die fehlerhafte Prozeßführung des Anwalts Kostenerstattungsansprüche der Gegenseite sowie Gerichtskostenforderungen gegen den VN, die bei ordnungsgemäßer Prozeßführung nicht entstanden wären, dann braucht der RSVersicherer diese nach Abs. 1c und Abs. 1g an sich deckungspflichtigen Kosten gemäß Abs. 3c nicht zu übernehmen, soweit sie der Anwalt des VN wegen der schuldhaften Verletzung des Anwaltsvertrags zu ersetzen hat (vgl. § 2 Rdnr. 226). Hat der RSVersicherer bereits entsprechende Vorschüsse oder Zahlungen an das Gericht oder die Gegenseite geleistet, geht die Schadensersatzforderung des VN gegen seinen Anwalt insoweit gemäß § 20 Abs. 2 Satz 1 auf den Versicherer über (§ 20 Rdnrn. 13, 18). Hat der VN den Anwaltsvertrag wegen – unstreitigen oder rechtskräftig festgestellten – Anwaltsversehens gemäß §§ 626 oder 627 BGB vorzeitig gekündigt, dann steht dem Anwalt gemäß § 628 Abs. 1 Satz 2 ein Vergütungsanspruch insoweit nicht zu, als seine bisherigen Leistungen infolge der Kündigung für den VN kein Interesse haben. Dies ist dann der Fall, wenn der VN wegen einer durch Schlechterfüllung des bisherigen Anwalts veranlaßten Kündigung einen neuen Anwalt bestellen muß, für den die gleichen Gebühren nochmals anfallen (BGH NJW 95, 1954; 85, 41 unter Ziff. II 1; *Pabst* MDR 78, 449; vgl. auch *Roth* VersR 79, 494, 600). Insoweit ist auch die Grundlage für eine Freistellung des VN durch seinen RSVersicherer entfallen. Entsprechendes gilt, soweit der Anwaltsvertrag aus irgend einem Grund unwirksam ist oder wird, z. B. wegen Verstoßes gegen ein gesetzliches Verbot gemäß § 134 BGB (vgl. *Palandt/Heinrichs* § 134 Rdnr. 21).

2. a) aa) Die Höhe der Gebühren und Auslagen, die der RSVersicherer in der **Bundesrepublik Deutschland** für die Wahrnehmung rechtlicher Interessen durch einen Anwalt des VN auf den unter Versicherungsschutz stehenden Rechtsgebieten zu übernehmen hat, richtet sich nach der Bundesrechtsanwaltsgebührenordnung (für das Gebiet der ehemaligen DDR vgl. unten Rdnr. 47). Dieses 1957 erlassene Gesetz hat das vorher in verschiedenen, zum Teil landesgesetzlichen Regelungen enthaltene Anwaltsgebührenrecht zusammengefaßt und einheitlich geregelt (*Gerold/ Schmidt/Madert* Einl. Rdnrn. 2 und 3). Das zwölf Abschnitte gegliederte Gesetz enthält im Ersten Abschnitt (§§ 1 bis 19) allgemeine Vorschriften für alle Arten von Gebühren und im Zweiten Abschnitt (§§ 20 bis 30) gemeinsame Vorschriften über die Gebühren und Auslagen. Die Einzelbestimmungen der folgenden Abschnitte sind für die RSVersicherung nur insoweit von Bedeutung, als sie Gebühren für eine Anwaltstätigkeit auf solchen Rechtsgebieten regeln, die nach den Besonderen Bestimmungen der ARB unter Versicherungsschutz stehen (vgl. hierzu Vorbem. vor § 21 Rdnrn. 12 bis 29a). Ohne Bedeutung ist demnach der Zwölfte Abschnitt (§§ 121 bis 130, Vergütung

bei Prozeßkostenhilfe). Vom Umfang der Versicherungsleistung her große Bedeutung haben dagegen die Bestimmungen des Dritten Abschnitts, die die Gebühren in bürgerlichen Rechtsstreitigkeiten (§§ 31 ff.) und ähnlichen Verfahren, z.B. Arbeitssachen (§ 62), regeln, des Sechsten (§§ 83 bis 96a) und Siebenten Abschnitts (§ 105), die sich mit den Gebühren in Straf- und Bußgeldverfahren befassen, sowie der Elfte Abschnitt (§§ 118 bis 120), der im wesentlichen Gebührenbestimmungen für außer- und vorgerichtliche Tätigkeit des Anwalts auf allen Rechtsgebieten enthält, soweit die Vergütung für diese Tätigkeit nicht, wie z.B. in Straf- und Bußgeldverfahren, schon in Vorschriften vorausgehender Abschnitte mitgeregelt ist.

29   Die BRAGebO kennt im wesentlichen zwei Grundarten von Gebühren mit gewissen Varianten. Die eine Art sind nach dem **Gegenstandswert** abgestufte **Pauschgebühren**, durch die die gesamte Tätigkeit des Rechtsanwalts in einem Verfahren, Verfahrensabschnitt oder einer besonderen Tätigkeitsgruppe vergütet wird (*Gerold/Schmidt/von Eicken* vor § 31 Rdnr. 7). Die zweite Art sind die **Rahmengebühren**, die nur Mindest- und Höchstsätze (z.B. § 20 Abs. 1 BRAGebO: Ein Zehntel bis zehn Zehntel der „vollen Gebühr" des § 11 BRAGebO) oder Mindest- und Höchstbeträge (z.B. 50 Deutsche Mark bis 650 Deutsche Mark gemäß § 105 Abs. 1 BRAGebO) festlegen. Innerhalb dieses Rahmens hat dann der Rechtsanwalt die Gebühr im Einzelfall unter Berücksichtigung aller Umstände, insbesondere der Bedeutung der Angelegenheit, des Umfangs und der Schwierigkeit der anwaltlichen Tätigkeit sowie der Vermögens- und Einkommensverhältnisse des Auftraggebers nach billigem Ermessen zu bestimmen (§ 12 Abs. 1 Satz 1 BRAGebO). Ein Streit darüber, ob die vom Anwalt getroffene Bestimmung billigem Ermessen entspricht, ist im Wege des Zivilprozesses auszutragen (§ 19 Abs. 8 BRAGebO; Näheres siehe unten Rdnrn. 82ff.). Wegen des Sonderfalles einer pauschalen Abgeltung von Anwaltsgebühren bei außergerichtlicher Unfallregulierung vgl. unten Rdnrn. 228 und 229.

30   Auf den unter Versicherungsschutz stehenden Rechtsgebieten fallen **Rahmengebühren** vor allem an in Strafsachen (§§ 83ff. BRAGebO), Bußgeldverfahren (§ 105 BRAGebO), Disziplinarverfahren (§ 109 BRAGebO), Standesrechtsverfahren (§ 110 BRAGebO), Sozialgerichts-Verfahren (§ 116 Abs. 1 und 3 BRAGebO), außergerichtlichen Zivil- und Verwaltungsverfahren (§§ 118, 119 BRAGebO) sowie bei Erteilung eines Rates oder einer Auskunft (§ 20 Abs. 1 BRAGebO).

31   Nach dem **Gegenstandswert** bemessene **Gebühren** entstehen dagegen in gerichtlichen Verfahren auf dem Gebiet des bürgerlichen Rechts (§§ 31 ff. BRAGebO), des Arbeitsrechts (§ 62 BRAGebO), des Verwaltungsrechts (§ 114 BRAGebO) sowie in einigen Fällen des Sozialrechts (§ 116 Abs. 2 BRAGebO).

31 a   Vertritt der Rechtsanwalt in der gleichen Rechtssache neben dem VN einen oder mehrere mitbeteiligte, jedoch im Vertrag des VN **nicht mitversicherte Personen** (§ 11; für Rechtsgemeinschaften vgl. auch Vorbem. vor § 21 Rdnrn. 6 bis 8), dann hat der Versicherer die durch die Vertretung dieser weiteren Personen gemäß § 6 Abs. 1 BRAGebO entstehenden Mehrkosten

nicht zu übernehmen, da sie auch der VN seinem Anwalt nicht schuldet (BGH VersR 83, 125, 126 unter Ziff. IV). Hat der Versicherer in solchen Fällen im Außenverhältnis für den VN als Gesamtschuldner mehr Kosten übernommen als dieser im Innenverhältnis der Auftraggeber zueinander schuldet, geht insoweit der nach § 426 BGB oder ähnlichen Vorschriften gegebene Ausgleichsanspruch des VN gegen die übrigen Auftraggeber nach § 20 Abs. 2, § 67 VVG auf den Versicherer über (vgl. unten Rdnrn. 241, 242; § 20 Rdnr. 13).

Erbringt der **Rechtsanwalt** seine **Tätigkeit** im ausdrücklichen oder still- 32 schweigenden Einverständnis des VN ganz oder teilweise **nicht persönlich,** sondern durch einen Vertreter, dann hat der RSVersicherer die hierfür anfallende Vergütung als „gesetzliche" zu übernehmen. Diese bemißt sich bei Vertretung durch einen anderen Rechtsanwalt, einen allgemeinen Vertreter nach § 53 BRAO oder einen zur Ausbildung zugewiesenen Referendar (Stationsreferendar) nach der BRAGebO (§ 4 BRAGebO). Bei Vertretung durch andere Personen ist sie in der Regel geringer (Näheres vgl. *Gerold/Schmidt/Madert* § 4 Rdnrn. 8ff., insbesondere 10; *Riedel/Sußbauer/Fraunholz* § 4 Rdnrn. 2, 9; *Schumann/Geißinger* § 4 Rdnrn. 4ff.).

bb) Zur gesetzlichen Vergütung im Sinn des § 2 Abs. 1a gehört nach § 1 33 Abs. 1 BRAGebO auch der Ersatz der in den §§ 25 bis 30 BRAGebO geregelten **Auslagen,** d. h. der Umsatzsteuer, Entgelte für Post- und Telekommunikationsdienstleistungen, Schreibauslagen und – soweit gedeckt (vgl. unten Rdnrn. 68ff.) – Reisekosten. Hat der Anwalt daneben weitere Aufwendungen, die nicht zu seinen allgemeinen Geschäftsunkosten im Sinn des § 25 Abs. 1 BRAGebO gehören und die er nach §§ 675, 670 BGB vom VN ersetzt verlangen kann, dann wird es sich häufig (aber nicht immer, z.B. nicht bei der Aktenversendungsgebühr der Nr. 9003 des Kostenverzeichnisses, Anlage 1 zum GKG; *Chemnitz* AnwBl. 96, 531, 629; ZfS 96, 403; LG Krefeld, AG Fürstenfeldbruck AnwBl. 97, 47) um Auslagen für solche Tätigkeiten handeln, die nicht zwangsläufig mit der dem Anwalt vorbehaltenen spezifischen Rechtsbesorgung verbunden sind, die vielmehr der Klärung des Sachverhalts oder der Beschaffung von Beweismitteln dienen und die ebensogut der VN selbst oder für ihn rechtsunkundige Dritte erbringen können und die dann als reine Parteiauslagen zu werten sind. Solche Parteikosten stehen jedoch nicht unter Versicherungsschutz (vgl. oben Rdnr. 3), wobei es keinen Unterschied machen kann, ob die jeweiligen Aufwendungen der VN selbst oder für ihn sein Anwalt erbracht hat. Dies gilt insbesondere für die bei *Gerold/Schmidt/von Eicken* in Rdnr. 4 zu § 25 aufgeführten Kosten, beispielsweise für beweissichernde Fotos, Anschriftenermittlungen, Übersetzung von Urkunden, Registerauskünfte u.ä. Nicht unter Versicherungsschutz stehen an sich auch Fotokopierkosten von Unterlagen zur Unterrichtung des RSVersicherers. Denn solche Ablichtungen werden nicht in Erfüllung des Anwaltsvertrags zur Erledigung der unter Versicherungsschutz stehenden Rechtssache, sondern in Erfüllung der versicherungsvertraglichen Obliegenheit des VN zur Unterrichtung seines Versicherers nach § 15 Abs. 1a hergestellt (AG Düsseldorf VersR 86, 1202) und sind – prozessual erstattungsfähige (LG Düsseldorf AnwBl. 83, 557; AG Wuppertal Jur-

§ 2 ARB 75 34, 35 1. Teil. Allgemeine Bestimmungen (A)

Büro 80, 1520) – Parteiauslagen des VN bei Abwicklung eines Versicherungsfalles. Etwas anderes mag gelten, wenn der Versicherer den Anwalt ausdrücklich um Übermittlung von Fotokopien gebeten hat (§ 670 BGB). Nach AG Ahlen (ZfS 89, 166) sollen die üblichen Kosten eines zur Information des beauftragten Rechtsanwalts notwendigen Dolmetschers noch unter die Deckung des Abs. 1 a fallen.

34 cc) Wegen weiterer allgemeiner Fragen aus dem Anwaltsgebührenrecht wird auf die Kommentare zur BRAGebO verwiesen. Bei Bestehen einer RSVersicherung können sich jedoch im Zusammenhang mit Anwaltsgebühren **besondere Fragen** ergeben, die nachstehend erörtert werden.

35 α) Da die gesetzliche Vergütung im Sinn des § 2 Abs. 1 a auch den Ersatz der vom Rechtsanwalt in Rechnung gestellten **Umsatzsteuer** umfaßt (§ 25 Abs. 2 BRAGebO, vgl. oben Rdnr. 33), hat der RSVersicherer seinen VN an sich auch insoweit freizustellen, als der Anwalt Ersatz der auf seine Vergütung entfallenden Mehrwertsteuer fordert. Dieser Grundsatz erleidet jedoch insoweit eine Ausnahme, als der **VN** selbst **vorsteuerabzugsberechtigter Unternehmer** ist, die Anwaltstätigkeit für das Unternehmen des VN erbracht wurde und die Umsatzsteuer in der Anwaltskostenrechnung gesondert ausgewiesen ist. In diesem Fall kann der VN gemäß § 15 Abs. 1 Nr. 1 UStG die vom Anwalt gesondert in Rechnung gestellte Steuer von seiner eigenen Umsatzsteuerschuld als Vorsteuer abziehen. Sein Vermögen ist dann letztlich nicht mit den vollen Anwaltskosten, sondern nur mit einem um die Umsatzsteuer des Anwalts verminderten Betrag belastet. Sein durch die Wahrnehmung rechtlicher Interessen eingetretener Vermögensschaden, d. h. das unter Versicherungsschutz stehende „Passivum" (Einl. Rdnr. 41), konkretisiert sich nur in Höhe dieses Netto-Betrages. Auf Verlangen des RSVersicherers hat daher ein solcher VN als Ausfluß seiner Schadenminderungs-Obliegenheit (§ 15 Abs. 1 d cc; § 62 VVG; vgl. LG Krefeld VersR 82, 1047 = ZfS 82, 147) grundsätzlich von der Möglichkeit des Vorsteuerabzugs Gebrauch zu machen, wie er dies bei Fehlen oder fehlender Eintrittspflicht eines RSVersicherers ohnehin getan hätte. Hat der VN die Kostenschuld einschließlich der Mehrwertsteuer bereits selbst beglichen, kann er vom RSVersicherer nur Ersatz der Kosten ohne Mehrwertsteuer verlangen. Ist die Kostenschuld noch offen, hat der RSVersicherer den VN ebenfalls nur durch Zahlung des Nettobetrages ohne Mehrwertsteuer an den Rechtsanwalt freizustellen, da nur in dieser Höhe ein unter die Versicherungsdeckung fallender Vermögensschaden vorliegt. In Höhe des Mehrwertsteuerbetrags besteht kein Freistellungsanspruch. Erleidet der VN dadurch, daß er die Mehrwertsteuer früher bezahlt hat als er sie zum Vorsteuerabzug verwenden kann, einen Zinsverlust, so trägt diesen der RSVersicherer. Bei der üblichen monatlichen Verrechnung der Mehrwertsteuer mit dem Finanzamt wird ein solcher Zinsverlust allerdings kaum je ins Gewicht fallen (Näheres vgl. BGH NJW 72, 1460 = VersR 72, 973; LG Krefeld VersR 82, 1047 = ZfS 82, 147; AG Lemgo r+s 89, 360; AG Weilburg, AG Frankfurt r+s 79, 202; *Prölss/Martin/Kollhosser* § 55 Anm. 2 A; *Gerold/Schmidt/von Eicken* § 25 Rdnr. 8; *Hartmann* BRAGebO § 25 Rdnrn. 21 ff.; *Späth* VersR 74, 307, 308, je mit weiteren Nachweisen). Die Gründe, die einen Teil der Rechtsprechung und Literatur veranlaßt haben, bei gerichtlicher Kostenfestsetzung eine Pflicht zur Erstattung der Mehrwertsteuer auch bei Vorsteuerabzugsberechtigung der obsiegenden Prozeßpartei anzunehmen (vgl. *Gerold/ Schmidt/von Eicken* § 25 Rdnrn. 7 bis 7 g; *Meyer auf der Heyde* AnwBl. 92, 166), kommen hier nicht zum Tragen. Ausschlaggebend ist allein, in welcher Höhe sich auf seiten des VN die Belastung mit Rechtskosten letztlich vermögensmindernd auswirkt. Ist die Vorsteuerabzugsberechtigung des VN streitig, wird die Beweislast für die Minderung des (Versicherungs-)Schadens beim Versicherer anzusiedeln sein (zur Parallele im Haftpflichtrecht vgl. BGH VersR 82, 757, 759).

Etwas anderes galt bis 31. 12. 1979 für Rechtsanwälte mit einem Jahresumsatz bis zu 60 000 Deutsche Mark, soweit sie nicht für die Möglichkeit des Vorsteuerabzugs optiert hatten (§ 19 UStG a.F.). Sie konnten die Mehrwertsteuer nicht gesondert ausweisen und stattdessen einen **Ausgleichsbetrag** verlangen (§ 25 Abs. 2 Satz 2 BRAGebO a.F.). Diesen Ausgleichsbetrag konnte jedoch der VN nicht zum Vorsteuerabzug verwenden. Der RSVersicherer hatte daher auch den Ausgleichsbetrag endgültig zu übernehmen. 36

Durch die am 1. 1. 1980 in Kraft getretene Neufassung des Umsatzsteuergesetzes und die damit verbundene Änderung des § 25 Abs. 2 BRAGebO (BGBl. 1979 I S. 1953) ist jedoch diese **Sonderregelung entfallen**. Der Rechtsanwalt hat nunmehr ohne Rücksicht auf die Höhe seines Umsatzes Anspruch auf Ersatz der auf seine Vergütung entfallenden Umsatzsteuer, sofern diese nicht nach § 19 Abs. 1 UStG unerhoben bleibt, d.h. sofern sein Vorjahresumsatz 32 500 Deutsche Mark nicht überstiegen hat und im laufenden Kalenderjahr 100 000 Deutsche Mark voraussichtlich nicht übersteigen wird (*Rutkowsky* NJW 80, 680, 681). 37

β) § 17 BRAGebO gibt dem Rechtsanwalt das Recht, von seinem Auftraggeber für die entstandenen und die voraussichtlich entstehenden Gebühren und Auslagen einen angemessenen **Vorschuß** zu verlangen. Durch die Vorschußanforderung kann der Rechtsanwalt seine gesetzliche Vorleistungspflicht (§ 614 BGB) hinsichtlich seiner Gebühren faktisch in eine Vorleistungspflicht des Auftraggebers umkehren (*Gerold/Schmidt/Madert* § 17 Rdnr. 1). Hinsichtlich der Auslagen geben bereits die §§ 675, 669 BGB dem Rechtsanwalt ein Vorschußrecht. Verlangt der Anwalt vom VN einen solchen Vorschuß, dann ist dies ein Teil seiner gesetzlichen Vergütung im Sinn des § 2 Abs. 1 a und daher vom RSVersicherer zu übernehmen. Läge der gesetzliche Grund für die Vorschußberechtigung nur darin, den Anwalt vor Vergütungsausfällen zu schützen, dann entfiele allerdings bei feststehender Eintrittspflicht des RSVersicherers der Anlaß für ein Vorschußrecht zumindest dann, wenn an der Solvenz des Versicherers keine Zweifel bestehen. Das Vorschußrecht ist dem Anwalt aber auch deshalb eingeräumt, weil er – vor allem bei länger dauernden Verfahren – mit seiner Dienstleistung nicht längere Zeit ohne Entgelt quasi als Kreditgeber in Vorlage treten soll (*Schumann/ Geißinger* § 17 Rdnr. 2; *Riedel/Sußbauer/Fraunholz* § 17 Rdnr. 2). 38

39 In der **Bitte** eines RSVersicherers an den Anwalt, von der **Anforderung von** Gebühren**vorschüssen** beim VN **abzusehen**, soll nach *Matzen* (AnwBl. 76, 242) ein Garantieversprechen des RSVersicherers liegen, die Anwaltskosten auch dann zu übernehmen, wenn hierzu nach dem Versicherungsvertrag, insbesondere § 2 Abs. 3 c und e, keine Verpflichtung besteht. Ein derart weitgehender, über § 16 Abs. 2 hinausreichender Bindungswille des RSVersicherers kann einer solchen Erklärung jedoch schon nach ihrem objektiven Erklärungswert nicht beigemessen werden. Der Versicherer will hierdurch nicht das Vorschußrecht des Rechtsanwalts nach § 17 BRAGebO unterlaufen, sondern nur erreichen, daß etwaige Vorschußanforderungen des Anwalts unmittelbar an den Versicherer gerichtet werden und der Umweg über den VN vermieden wird, der die Kostenrechnung ohnehin unverzüglich dem Versicherer vorzulegen hätte (§ 15 Abs. 1 e; ebenso *Bergmann* VersR 81, 514, 516). Sollte der Versicherer im Einzelfall darum bitten, generell keinen Vorschuß zu fordern, bräuchte sich der Anwalt auf eine solche Beschneidung seines Rechts aus § 17 BRAGebO nicht einzulassen.

40 Wegen der **Fälligkeit** und der Höhe des Vorschusses siehe unten Rdnr. 157, wegen der Rückzahlung unverbrauchter Vorschüsse § 20 Rdnr. 25.

41 γ) Werden an den Rechtsanwalt Zahlungen für den VN oder Dritte geleistet, kann er für die mit der Auszahlung oder Rückzahlung verbundene Verwaltungstätigkeit eine Inkassogebühr in Rechnung stellen. Diese **Hebegebühr** ist durch § 22 BRAGebO geregelt und damit an sich Teil der gesetzlichen Vergütung im Sinn des Abs. 1 a. Voraussetzung für ihre Entstehung ist jedoch ein entsprechender Auftrag des VN an den Rechtsanwalt, der auch durch schlüssiges Handeln erteilt werden kann, was indes bei Beauftragung durch den RSVersicherer nach § 16 Abs. 2 nicht anzunehmen ist (BGH NJW 78, 1003 = VersR 78, 443). Die Prozeßvollmacht nach § 81 ZPO ermächtigt den Rechtsanwalt nur zur Empfangnahme der vom Gegner zu erstattenden Kosten, nicht aber zur Entgegennahme sonstiger Geldbeträge. Enthält die Vollmachtsurkunde, wie häufig, auch die Ermächtigung zur Entgegennahme von Geldbeträgen allgemein, insbesondere der Streitsumme, dann wird in der Unterzeichnung der Urkunde durch den Auftraggeber in der Regel die Beauftragung zu erblicken sein (*Gerold/Schmidt/Madert* § 22 Rdnr. 3; *Riedel/Sußbauer/Fraunholz* § 22 Rdnr. 3).

42 Hat der VN einen entsprechenden Auftrag erteilt, dann hat der RSVersicherer die Hebegebühr als Teil der gesetzlichen Vergütung des Rechtsanwalts nicht ohne weiteres zu übernehmen. Denn dem VN obliegt es nach § 15 Abs. 1 d cc, alles zu vermeiden, was eine unnötige Erhöhung der Kosten verursachen könnte. „Unnötig" in diesem Sinn ist eine Entgegennahme von Zahlungen durch den beauftragten Rechtsanwalt jedenfalls in einfach gelagerten Fällen, in denen ein durchschnittlich versierter VN Eingang und Höhe von Zahlungen unschwer selbst kontrollieren kann (LG Hagen ZfS 90, 15 für Entgegennahme von Zahlungen nach arbeitsgerichtlichem Vergleich; AG Schorndorf JurBüro 82, 1348). In komplizierten Fällen sowie bei besonders unerfahrenen VN kann es allerdings zur „notwendigen Interessenwahrnehmung" im Sinn von § 1 Abs. 1 sachdienlich sein, wenn der Anwalt

Umfang 43 § 2 ARB 75

nicht nur mit der Durchsetzung des Zahlungsanspruchs, sondern auch mit der Überwachung des Zahlungseingangs beauftragt wird. Es kommt hier jeweils auf die Umstände des Einzelfalles an (etwas weitgehend AG Hamburg VersR 75, 798). Kann der VN **Erstattung der Hebegebühr vom Gegner** fordern, dann ist der RSVersicherer schon gemäß § 2 Abs. 3c insoweit nicht zur Leistung verpflichtet. Dies gilt z.b. für die Fälle, in denen der Gegner an den Rechtsanwalt des VN zahlt, ohne hierzu aufgefordert zu sein, sowie für eilige, schwierig oder sonstwie besonders gelagerte Fälle sowie dann, wenn sich der Gegner in einem Vergleich zur Zahlung zu Händen des Rechtsanwalts des VN verpflichtet hat (*Gerold/Schmidt/Madert* § 22 Rdnr. 22; *Riedel/Sußbauer/Fraunholz* § 22 Rdnr. 15, je mit zahlreichen Nachweisen).

δ) Ist der **VN selbst Rechtsanwalt** und beauftragt er nach Eintritt eines 43 unter Versicherungsschutz stehenden Versicherungsfalles nicht einen anderen Rechtsanwalt mit der Wahrnehmung seiner rechtlichen Interessen, sondern nimmt sie zulässigerweise selbst wahr, fragt es sich, ob der RSVersicherer hierfür an den VN Anwaltskosten zu zahlen hat. Der Wortlaut des § 2 Abs. 1a spricht an sich nicht dafür. Denn der Rechtsanwalt hat gegen sich selbst als VN keinen Vergütungsanspruch, von dem ihn der RSVersicherer freistellen könnte. Eine Auslegung nach dem Sinn und Zweck der Vorschrift legt jedoch eine Leistungspflicht des Versicherers nahe. Hierfür spricht zwar noch nicht die Parallele zu § 91 Abs. 2 Satz 4 ZPO, der dem Rechtsanwalt bei Obsiegen im Zivilprozeß (entsprechend im Arbeitsgerichtsverfahren für die Berufungs- und Revisionsinstanz, im Sozialgerichtsverfahren, im Verwaltungsgerichtsverfahren sowie bei Freispruch im Strafprozeß, *Gerold/Schmidt/Madert* § 1 Rdnrn. 77ff.) das Recht gibt, in eigener Sache die Gebühren und Auslagen erstattet zu verlangen, die er als bevollmächtigter Rechtsanwalt erstattet verlangen könnte. Denn hier handelt es sich um eine prozessuale Sonderregelung, die nicht ohne weiteres auf außergerichtliche Fälle übertragen werden kann. Entscheidend ist vielmehr, ob sich die spezifische Gefahr, die der RSVersicherer trägt (vgl. Einl. Rdnr. 40), im konkreten Fall verwirklicht und nachteilig auf das Vermögen des Rechtsanwalt-VN ausgewirkt hat. Dies wird man für solche Versicherungsfälle bejahen können, die nicht ganz einfach gelagert sind und bei denen auch ein nicht rechtsschutzversicherter Rechtsanwalt möglicherweise nicht selbst tätig geworden wäre, sondern einen Anwaltskollegen beauftragt hätte. Denn in einem solchen Fall erbringt der Anwalt in eigener Sache spezifische Berufstätigkeit, für deren Dauer er seine Arbeitskraft nicht anderweitig ertragbringend nutzen kann und die damit letztlich seine Einnahmen mindert (Rechtsgedanke des § 249 Satz 2 BGB). Aus ähnlichen Gründen befürwortet ein Teil des Schrifttums einen Erstattungsanspruch des Rechtsanwalts für eine außergerichtliche Tätigkeit in eigenen Angelegenheiten (*Gerold/Schmidt/Madert* § 1 Rdnr. 99; *H. Schmidt sen.* DAR 79, 302; eingehend *Mümmler* JurBüro 82, 1129; verneinend für Selbstverteidigung im Bußgeldverfahren: LG Wuppertal JurBüro 86, 410; AG München r+s 79, 114; AG Düsseldorf r+s 90, 206; ZfS 82, 177; AG Amberg ZfS 84, 371; AG Sulzbach VersR 85, 443 = ZfS 85, 211; AG Düsseldorf JurBüro 90, 643; ZfS 86, 272;

a. A.: AG München ZfS 93, 99; AG Siegburg DAR 88, 34; AG Gießen AnwBl. 83, 331; Versagung der Erstattung durch die Staatskasse nicht verfassungswidrig, BVerfG NJW 80, 1677 = AnwBl. 80, 303 mit Anm. von *H. Schmidt sen.; Schumann/Geißinger* § 1 Rdnr. 19; *Riedel/Sußbauer/Fraunholz* § 1 Rdnr. 49 ff.). Für den vergleichbaren Fall, daß ein berufshaftpflichtversicherter Rechtsanwalt sich in dem gegen ihn gerichteten Haftpflichtprozeß selbst vertritt, schließt § 3 II Ziff. 7d der AVB zur Haftpflichtversicherung für Vermögensschäden (VerBAV 89, 347; 90, 175; vgl. auch *Bruck/Möller/Johannsen* IV Anm. A 7) die Erstattung von eigenen Anwaltskosten ausdrücklich aus. Das Fehlen einer entsprechenden Ausschlußklausel in den wesentlich später geschaffenen ARB ist ein zusätzliches Indiz dafür, daß in der RSVersicherung die Übernahme der Kosten eines in eigener Sache tätigen Anwalt-VN nicht generell ausgeschlossen sein sollte. Auch in der allgemeinen Haftpflichtversicherung kann ein Anwalt, der sich als VN in einem gegen ihn gerichteten Prozeß mit Billigung oder Duldung seines Haftpflichtversicherers selbst vertritt, mangels einer entsprechenden Ausschlußklausel in den AHB Erstattung seiner gesetzlichen Vergütung von seinem Haftpflichtversicherer fordern (*Bruck/Möller/Johannsen* IV Anm. G 24).

44 Soweit ein Rechtsanwalt von seinem RSVersicherer Gebühren und Auslagen in eigener Sache erstattet verlangen kann, gehört hierzu **nicht** die rechnerisch hierauf entfallende **Umsatzsteuer**. Denn in der Person des Rechtsanwalts liegt kein steuerbarer Umsatz nach § 1 Abs. 1 UStG vor. Mangels Entstehung einer Umsatzsteuerschuld entfällt demgemäß auch eine Erstattung (BFH NJW 77, 408 = BB 77, 84; KG BB 82, 16 = JurBüro 81, 1685). Seit der Änderung des UStG ab 1. 1. 1980 kann allerdings ein Rechtsanwalt, der sich in einer privaten Angelegenheit selbst vertritt, eine durch die geänderte Eigenverbrauchsbesteuerung ausgelöste Umsatzsteuer erstattet verlangen (*Lehwald* BB 82, 520; OFD Düsseldorf DB 82, 1089). War er dagegen innerhalb seiner beruflichen Sphäre tätig, z. B. bei der Beitreibung einer Gebührenforderung gegen einen Mandanten, dann liegt nach wie vor kein steuerbarer Umsatz vor (OLG Hamm AnwBl. 86, 452; OLG Kiel JurBüro 85, 399; *Niejahr* AnwBl. 85, 34 unter teilweiser Ablehnung von AG Bielefeld AnwBl. 84, 223 und AG Saarlouis AnwBl. 84, 314 sowie *Schmidt* AnwBl. 82, 156; *Mümmler* JurBüro 84, 1320; *Gerold/Schmidt/v. Eicken* § 25 Rdnr. 6).

45 dd) Übernimmt ein RSVersicherer, ohne nach den ARB hierzu verpflichtet zu sein (vgl. oben Rdnr. 10), die **Vergütung eines** für den VN tätigen **Rechtsbeistands** oder Rentenberaters, dann war früher umstritten, ob diese Personen als „gesetzliche Vergütung" eine den Sätzen der BRAGebO entsprechende Vergütung fordern konnten. Art. 2 Abs. 1 des Fünften Gesetzes zur Änderung der BRAGebO vom 18. 8. 1980 (BGBl. I S. 1503) hat diesem Streit ein Ende gesetzt, indem die Fassung von Art. IX des Gesetzes zur Änderung und Ergänzung kostenrechtlicher Vorschriften vom 26. 7. 1957 (BGBl. I S. 861) dahin geändert wurde, daß – mit Ausnahme der Frachtprüfer und Inkassobüros – alle Personen, denen eine Erlaubnis nach Art. 1 Abs. 1 RBerG erteilt worden ist, die Vergütung für ihre Berufstätigkeit nach der BRAGebO abrechnen können (AnwBl. 80, 345; LG Frankfurt JurBüro 82, 104; *Altenhoff/Busch/Kampmann/Chemnitz* Rdnr. 102).

Soweit in steuer- und abgaberechtlichen Angelegenheiten Versicherungsschutz besteht (oben Rdnr. 14; § 4 Rdnr. 123; Vorbem. vor § 21 Rdnrn. 169 ff.), richtet sich die gesetzliche Vergütung des für den VN tätigen Angehörigen der **steuerberatenden Berufe** nach der seit 1. 4. 1982 geltenden SteuerberatergebührenVO. 46

b) Die gesetzliche Vergütung der in der ehemaligen **Deutschen Demokratischen Republik** tätigen Rechtsanwälte bemißt sich seit Inkrafttreten des Einigungsvertrags (3. 10. 1990) nach den Sätzen der BRAGebO, allerdings zunächst mit einer Ermäßigung von 20 vom Hundert gemäß Anlage I Kapitel III Sachgebiet A Abschnitt III Nr. 26 a) des Einigungsvertrags (*Gerold/Schmidt/Madert* Anh. Nr. 13; *Madert* AnwBl. 92, 175; *Hansens* AnwBl. 91, 24) und seit 1. 7. 1996 mit einer solchen von 10 vom Hundert (AnwBl. 96, 219). 47

3. a) Wird bei einem Versicherungsfall im **Ausland** die Einschaltung eines ausländischen Rechtsanwalts erforderlich, dann bemißt sich dessen Vergütungsanspruch im Zweifel nach dem Recht des jeweiligen Staates (*Gerold/Schmidt/Madert* § 1 Rdnr. 103). Gesetzliche Gebührenvorschriften, die mit der deutschen BRAGebO ganz oder teilweise vergleichbar sind, existieren nicht in allen Staaten. Soweit die Höhe der Vergütung nicht durch Gesetz geregelt ist, hat der RSVersicherer nach dem Rechtsgedanken des § 612 Abs. 2 BGB bei einem Versicherungsfall im Ausland als „gesetzliche" Vergütung im Zweifel die in dem betreffenden Staat übliche Vergütung für einen dort zugelassenen Anwalt zu übernehmen (*Gerold/Schmidt/Madert* § 1 Rdnr. 103). 48

b) Einzelne Länder

In **Belgien** gibt es keine gesetzliche Gebührenordnung. Grundlage der Honorarberechnung sind der Umfang und das Resultat der Tätigkeit des Anwalts, seine Berufserfahrung, der Streitwert sowie die finanzielle Lage des Mandanten (*Moons* AnwBl. 83, 495; *Hoffmann* BRAK-Mitteilungen 84, 52, 54; *Maier/Kocks* BRAK-Mitteilungen 95, 190). 49

Dänemark kennt keine gesetzlich festgelegten Gebühren. Der Rechtsanwalt rechnet dort nach Honorartarifen ab, die vom staatlichen Monopolaufsichtsamt genehmigt sein müssen, jedoch nur als Richtlinien zu verstehen sind, von denen bei Vorliegen besonderer Umstände abgewichen werden kann (*Asmussen* AnwBl. 72, 173; 81, 55; *Steiniger* BRAK-Mitteilungen 83, 63, 68). 49 a

In **Finnland** kann der Rechtsanwalt seine Gebühren nach den vom finnischen Anwaltsverband 1974 erarbeiteten Gebührenrichtlinien je nach Art und Umfang seiner Tätigkeit innerhalb eines in den Richtlinien festgelegten Gebührenrahmens bemessen (AnwBl. 76, 326). 50

§ 2 ARB 75 51-56 1. Teil. Allgemeine Bestimmungen (A)

51   In **Frankreich** gibt es kein der BRAGebO vergleichbares Gesetz. Eine Vergütung ist nur für die gerichtliche Vertretung geregelt. Der avocat (vgl. oben Rdnr. 16) setzt seine Honorare grundsätzlich – möglichst im Einvernehmen mit dem Mandanten – frei fest. Üblicherweise werden die Honorare nach Zeitaufwand bemessen. Ein Erfolgshonorar ist unzulässig (*Recq* AnwBl. 93, 67).

52   **Großbritannien** kennt gesetzliche Gebührenvorschriften für die Tätigkeit des solicitor, während die Vergütung des barrister, der seinen Auftrag in der Regel von einem solicitor erhält, keinen strikten Regeln unterliegt, sich vielmehr nach der für die jeweilige Art der Tätigkeit üblichen Vergütung richtet und zwischen solicitor und barrister vereinbart wird. Der solicitor zahlt als Auftraggeber die vereinbarte Vergütung an den barrister und stellt diese dann dem Mandanten als Teil der eigenen Auslagen in Rechnung (*Marcus* AnwBl. 60, 1; *Turner* AnwBl. 67, 177; vgl. auch AnwBl. 79, 145; 81, 62 und oben Rdnr. 16).

53   In **Italien** existiert eine gesetzliche Gebührenordnung. Sie unterscheidet zwischen festen Gebühren für bestimmte Prozeßhandlungen und neben diesen Gebühren anfallenden Honoraren für sonstige Anwaltstätigkeit, für die innerhalb bestimmter Streitwertgrenzen Mindest- und Höchstsätze festgelegt sind; vgl. oben Rdnr. 16). (*Egger* AnwBl. 70, 68; *Neidhart* DAR 83, 127).

54   Im ehemaligen **Jugoslawien** wurde die Tätigkeit des Anwalts nicht pauschal, sondern nach Einzeltätigkeiten vergütet, wobei Art und Umfang der bearbeiteten Rechtssache ausschlaggebend waren. Bei gerichtlicher Tätigkeit bemaß das Gericht die Anwaltskosten nach dem am Gerichtssitz geltenden Rechtsanwaltstarif, der von den regionalen Anwaltskammern mit Zustimmung der staatlichen Behörden beschlossen wurde. Eine Abweichung vom Tarif war möglich (*Grosman* AnwBl. 76, 145; *Neidhart* DAR 83, 128). In den Nachfolgestaaten ist die Lage noch großenteils ungeklärt.

54a   Das an deutsche und französische Bestimmungen angelehnte Gebührenrecht der Republik **Kroatien** kennt neben fixen auch streitwertabhängige Gebührensätze (*Kürschner* AnwBl. 95, 581).

55   In den **Niederlanden** gibt es weder gesetzliche Gebührenvorschriften noch sonstwie verbindliche Tarife. 1988 wurde ein unverbindliches Kalkulationsschema für Anwaltsdeklarationen veröffentlicht und zur Anwendung empfohlen (*Kernkamp* AnwBl. 88, 455).

56   Grundlage für die Berechnung der Anwaltsgebühren in **Österreich** sind die freie Vereinbarung innerhalb standesrechtlicher Beschränkungen, der gesetzliche Tarif für die Entlohnung der Anwälte im gerichtlichen und schiedsgerichtlichen Verfahren sowie die autonomen Honorarrichtlinien des österreichischen Anwaltskammertags. Die Vergütung bemißt sich vor allem nach dem Streitwert, der Art der Einzelleistungen und der Zeitdauer, wobei anstelle der gesonderten Berechnung aller Nebenleistungen ein pauschaler Einheitssatz verrechnet werden kann (*Lesigang* AnwBl. 65, 157; *Wrabetz*

AnwBl. 73, 278; *Neidhart* DAR 83, 122; *Wrabetz/Bertrams* AnwBl. 87, 505).

57 **Schweden** kennt keine gesetzlichen Gebührenvorschriften für Rechtsanwälte. Das Anwaltshonorar wird vielmehr unter Berücksichtigung aller Umstände im Rahmen des Angemessenen von Fall zu Fall berechnet (*Fischler* AnwBl. 75, 42, 113).

58 In der **Schweiz** ist die Anwaltsvergütung kantonal unterschiedlich geregelt. Meist wird jedoch ein auf einem gesetzlichen Dekret beruhender Rahmentarif mit verschiedenen Streitwertstufen und Teuerungszuschlägen zugrundegelegt. Bei der Bemessung der Vergütung im Einzelfall sind innerhalb des Rahmens alle Umstände des Falles zu berücksichtigen. In Strafsachen sieht das Dekret für die verschiedenen Strafgerichte Höchstgebühren vor, zu denen Teuerungszuschläge erhoben werden können (*Kellerhals* AnwBl. 73, 29; *Neidhart* DAR 83, 123; *Oesch* BRAK-Mitteilungen 83, 166, 168; *Frey* AnwBl. 75, 225 für den Kanton Basel).

58a In der ehemaligen **Sowjetunion** wurden für die Interessenvertretung von Ausländern in Zivilsachen vor Gerichten und Verwaltungsorganen Anwaltsgebühren bis zu 10 vom Hundert des Streitwerts erhoben (AnwBl. 81, 180). Die Rechtslage in den Nachfolgestaaten ist noch unklar.

59 In **Spanien** gibt es keine gesetzliche Gebührenordnung, sondern Gebührenrichtlinien der regionalen Anwaltskollegien in unterschiedlicher Höhe, die in der Regel zwar Mindestsätze, aber keine Höchstsätze enthalten, so daß der einzelne Anwalt seine Gebühren praktisch nach freiem Ermessen bestimmen kann (*Neidhart* DAR 83, 126).

60 In der ehemaligen **Tschechoslowakei** richtete sich die Anwaltsvergütung nach einem Tarif und hing vom Gegenstandswert und insbesondere von der aufgewendeten Zeit ab. Sie konnte in besonders umfangreichen und schwierigen Angelegenheiten zur Erhöhung bis zum Fünffachen der tariflichen Sätze führen. Anspruch auf Vergütung hatte nicht der einzelne tätig gewordene Anwalt, sondern der Kreisverband, dessen Mitglied er war (*Hübner* AnwBl. 80, 93). Mit Änderungen ist zu rechnen.

61 Die Rechtsanwaltsgebühren der **Türkei** sind durch eine 1976 erlassene gesetzliche Gebührenordnung zum Teil als Rahmengebühren, zum Teil streitwertabhängig geregelt worden, wobei für bestimmte Gruppen von Anwaltskammerbezirken noch unterschiedliche Gebührenstufen festgelegt wurden.

III. Umfang der Kostenübernahme (Abs. 1a Sätze 2 bis 4)

62 1. Der Grundsatz des Abs. 1 a Satz 1, daß der RSVersicherer die gesetzliche Vergütung eines für den VN tätigen Rechtsanwalts trägt, gilt nicht uneingeschränkt. Dem VN steht es zwar frei, welchen Rechtsanwalt er mit der Wahrnehmung seiner rechtlichen Interessen beauftragen will. Er hat das Recht der freien Anwaltswahl (§ 16; vgl. auch § 3 Abs. 3 BRAO). Der

§ 2 ARB 75   63   1. Teil. Allgemeine Bestimmungen (A)

RSVersicherer hat an sich die gesetzliche Vergütung eines beliebigen für den VN tätigen Rechtsanwalts zu übernehmen. Dieser Grundsatz kann jedoch kollidieren mit der aus dem Gedanken der Gefahrengemeinschaft (*Prölss/Martin* vor § 1 Anm. II 1) entspringenden Pflicht des Versicherers, die Beiträge in vertretbaren Grenzen zu halten und wirtschaftlich unvernünftige und zur Wahrnehmung der Interessen des VN **nicht erforderliche Aufwendungen zu vermeiden**. Die Gefahr solcher unnötigen, durch die Rechtssache des VN nicht gebotenen Mehraufwendungen besteht einmal dann, wenn die Interessen des VN vor einer bestimmten Behörde oder einem bestimmten Gericht wahrzunehmen sind, der vom VN gewünschte Anwalt jedoch nicht am Ort der Behörde oder des Gerichts wohnt oder zugelassen ist und daher berechtigt wäre, als Teil seiner vom RSVersicherer zu übernehmenden „gesetzlichen Vergütung" Ersatz von Reisekosten sowie Tage- und Abwesenheitsgelder zu beanspruchen (§ 28 BRAGebO). Die Gefahr unnötiger Mehraufwendungen besteht weiterhin, wenn der VN wegen des gleichen Versicherungsfalles in der gleichen Rechtssache mehrere Anwälte beauftragt und die vom RSVersicherer zu übernehmende gesetzliche Vergütung die Kosten eines einzelnen Anwalts übersteigen würde (vgl. oben Rdnrn. 21 ff.). Die ARB versuchen daher im Interesse der Versichertengemeinschaft die Übernahme solcher Mehrkosten insoweit vom Versicherungsschutz auszuklammern, als dies für den VN zumutbar, d. h. zur Wahrnehmung seiner rechtlichen Interessen sachlich nicht notwendig erscheint. Die zumindest auf den ersten Blick recht kompliziert wirkende Regelung unterscheidet hierbei zunächst zwischen den Fällen des Straf- und Auslands-RS, in denen nur die Vergütung für bestimmte Anwälte übernommen wird (§ 2 Abs. 1 a Satz 2; vgl. unten Rdnrn. 68 ff.), und allen anderen RS-Fällen, in denen der Versicherungsschutz zwar die Vergütung eines beliebigen Anwalts umfaßt, der Umfang der Kostenübernahme bei Ortsverschiedenheit von Anwalt und Gericht jedoch beschränkt wird (§ 2 Abs. 1 a Satz 3; vgl. unten Rdnr. 74). § 2 Abs. 1 a Satz 4 schließlich regelt die Fälle, in denen ausnahmsweise gewisse Kosten übernommen werden, die die Vergütung für einen ortsansässigen Anwalt übersteigen (vgl. unten Rdnrn. 76 ff.). In allen Fällen spielt es eine Rolle, ob der Rechtsanwalt am Ort des zuständigen Gerichts wohnhaft oder bei diesem Gericht zugelassen ist. Die ARB verwenden hier für die Begrenzung des Versicherungsschutzes teilweise die gleichen Merkmale, die auch als Kriterien für die Erstattung von Anwaltskosten nach § 91 Abs. 2 Satz 1 und 2 ZPO von Bedeutung sind.

63   **Zuständiges Gericht** ist dasjenige Gericht, das für die Bearbeitung der Rechtssache des VN sachlich und örtlich zuständig ist oder, falls die Rechtssache noch nicht anhängig ist, voraussichtlich zuständig sein wird. Geregelt ist die sachliche und örtliche Gerichtszuständigkeit auf den unter Versicherungsschutz stehenden Rechtsgebieten (Vorbem. vor § 21 Rdnrn. 11 ff.) für die ordentliche Gerichtsbarkeit (Zivil- und Strafgerichtsbarkeit gemäß § 13 GVG) in der ZPO bzw. StPO und im GVG, für die übrigen Rechtsgebiete in den jeweiligen Sondergesetzen: Arbeitsgerichtsgesetz, Gesetz über Ordnungswidrigkeiten, Disziplinar- und Standes- (Berufsgerichts-) gesetze,

Verwaltungsgerichtsordnung, Finanzgerichtsordnung, Sozialgerichtsgesetz, Wohnungseigentumsgesetz.

64 Die Auslegung des Begriffs „wohnhaft" hat sich an dem Zweck zu orientieren, den § 2 Abs. 1a mit der Verwendung dieses Begriffs verfolgt. Die Bestimmung soll die Übernahme unnötiger Reisekosten verhindern. Reisekosten entstehen bei einer „Geschäftsreise" des Rechtsanwalts. Sie liegt dann vor, wenn das Reiseziel außerhalb der Gemeinde liegt, in der sich die Kanzlei oder die Wohnung des Rechtsanwalts befindet (§ 28 Abs. 1 BRAGebO). Wohnort ist der Wohnsitz im Sinn des § 7 BGB, also der Ort der ständigen Niederlassung. Seit der Neufassung des § 27 BRAO im Jahr 1994 muß die Wohnung des Rechtsanwalts nicht mehr im OLG-Bezirk des Zulassungsgerichts liegen. Dagegen ist er nach § 27 Abs. 1 BRAO verpflichtet, am Ort des Gerichts, bei dem er nach § 18 BRAO zugelassen ist, eine Kanzlei einzurichten. Bei mehrfacher Zulassung an ortsverschiedenen Gerichten hat er seine Kanzlei am Ort des Gerichts der Erstzulassung, des sogenannten Stammgerichts einzurichten (§ 27 Abs. 1 BRAO). Der bei einem Amtsgericht zugelassene Rechtsanwalt kann seine Kanzlei statt an dem Ort dieses Gerichts an einem anderen Ort in dessen Bezirk einrichten (§ 27 Abs. 2 BRAO). Die Kanzlei muß also im Bezirk eines der Zulassungsgerichte unterhalten werden (BGH AnwBl. 78, 79). Wohnsitz und Kanzleisitz können am gleichen Ort sein, müssen es aber nicht. Ist der Kanzleiort vom Wohnort verschieden, kann der Rechtsanwalt im Sinn des § 2 Abs. 1a auch als am Kanzleiort „wohnhaft" angesehen werden. Denn eine Tätigkeit des Rechtsanwalts an jedem dieser Orte kann nicht als Tätigkeit außerhalb seines „Wohnorts" angesehen werden. Es können weder Reisekosten vom Wohnort nach dem Ort des Gerichts der Zulassung im Sinn des § 27 BRAO noch umgekehrt berechnet werden (*Gerold/Schmidt/Madert* § 28 Rdnr. 5). Soweit nach der neueren Rechtsprechung eine „überörtliche Sozietät" zulässig ist, wird man die Sozietät an jedem Ort als „wohnhaft" anzusehen haben, an dem eines ihrer Mitglieder seine Kanzlei eingerichtet hat.

65 **Zugelassen** ist jeder Rechtsanwalt bei einem bestimmten Gericht der ordentlichen Gerichtsbarkeit (§ 18 BRAO, Grundsatz der Lokalisierung). Dies kann ein AG, ein LG, ein OLG oder auch der BGH sein. Eine gleichzeitige Zulassung bei mehreren dieser Gerichte – mit Ausnahme des BGH – ist in einer Reihe von Fällen möglich, allerdings nicht bei mehreren Amtsgerichten oder Oberlandesgerichten (§§ 18, 23, 24, 25, 172, 226, 227, 227a, 227b BRAO). Für Rechtsanwälte in der ehemaligen DDR gelten die Übergangsvorschriften in Art. 21 des Gesetzes vom 2. 9. 1994 (BGBl. I S. 2278). Die Zulassung darf nicht mit der Befugnis des Rechtsanwalts verwechselt werden, vor Gericht aufzutreten. Auftreten kann ein Rechtsanwalt grundsätzlich vor jedem Gericht aller Gerichtszweige (§ 3 Abs. 2 BRAO), soweit dieses Recht nicht ausnahmsweise beschränkt ist wie z. B. durch § 78 ZPO.

66 **Außerhalb** des **Geltungsbereichs** der **BRAO** regeln die Gesetze des jeweiligen Staates die Gerichtszuständigkeit sowie die Residenzpflicht und Lokalisierung der Rechtsanwälte und damit die Frage ihres Wohnorts und ihrer Zulassung.

67 Die in den Sätzen 2 bis 4 des § 2 Abs. 1a enthaltenen Regelungen stellen eine **objektive Begrenzung des** vom RSVersicherer zu tragenden **Risikos** dar. Aus der von ihm nach dem Vertrag zu tragenden Gefahr, nämlich der Übernahme der Rechtsanwaltskosten des VN, sind von vornherein die Kosten bestimmter Rechtsanwälte herausgenommen (Satz 2) oder bestimmte Höchstbeträge bei Vorliegen näher bezeichneter Gefahrumstände vorgesehen (Sätze 3 und 4). Der Versicherungsschutz ist also für bestimmte abgrenzbare Tatbestände ausgeschlossen oder begrenzt, ohne daß es insoweit auf ein bestimmtes Verhalten oder ein Verschulden des VN ankommt. Für die in ganz ähnliche Zweckrichtung gehende Regelung des § 2 Ziff. 8, erster Halbsatz ARB 54 hat bereits das OLG Stuttgart (VersR 64, 1094 = AnwBl. 65, 56) festgestellt, daß die Herausnahme vermeidbarer Korrespondenz-, Abwesenheits- und Tagegelder sowie Reisekosten eines Rechtsanwalts aus dem Versicherungsschutz den Charakter einer Risikobegrenzung hat und der gleiche Zweck auch durch die Festlegung von Höchstbeträgen für gewisse Leistungen in den ARB erreicht werden könne. Der BGH hat in seiner Revisionsentscheidung zu diesem Urteil (VersR 67, 774) diese Rechtsauffassung incidenter bestätigt und entsprechend gefestigter Rechtsprechung ausgeführt, daß der Rechtscharakter einer Bedingungsregelung dadurch bestimmt wird, ob die Leistungspflicht des Versicherers vorwiegend vom Verhalten des VN abhängt (Obliegenheit) oder beim Vorliegen gewisser Tatsachen von vornherein ausgeschlossen ist (Risikobegrenzung). Durch die Formulierung der Sätze 2 bis 4 des § 2 Abs. 1a tritt die in den ARB gewollte Ausklammerung vermeidbarer, zur Wahrnehmung rechtlicher Interessen des VN nicht notwendiger Anwaltskosten aus dem Versicherungsschutz noch deutlicher als Risikobegrenzung in Erscheinung, als dies in § 2 Ziff. 8, erster Halbsatz ARB 54 der Fall war (Näheres zum Unterschied zwischen Risikobegrenzung und Obliegenheit § 15 Rdnr. 1; *Prölss/Martin* § 6 Anm. 3).

68 2. a) In den Fällen der Verteidigung gegen den Vorwurf der Verletzung einer Vorschrift des **Straf-, Ordnungswidrigkeiten-**, Disziplinar- oder Standesrechts (§§ 21 Abs. 4c, 22 Abs. 3c, 23 Abs. 3b, 24 Abs. 2c, 25 Abs. 2c, 26 Abs. 3d, – Fassung 188: Abs. 5d –, 27 Abs. 3d und 28 Abs. 2c) muß der Rechtsanwalt am Ort des zuständigen Gerichts wohnhaft oder bei diesem Gericht zugelassen sein (Abs. 1a Satz 2). Liegen diese Voraussetzungen nicht vor, besteht kein Versicherungsschutz. Der Grund für diese Regelung liegt einmal darin, daß der orts- oder bezirksansässige Rechtsanwalt vor allem in Straf- und Bußgeldverfahren die – von Gericht zu Gericht oft recht unterschiedliche – Rechtsprechung in seinem Gerichtsbezirk am besten kennt (*Ridder* S. 94). Zum anderen soll dadurch der Gefahr vorgebeugt werden, daß ein orts- oder gerichtsfremder Rechtsanwalt, der auf einem dieser Rechtsgebiete als Verteidiger für den VN tätig geworden ist und hierfür eine Rahmengebühr nach der BRAGebO berechnen kann (vgl. oben Rdnr. 30), in diese Rahmengebühr Reisespesen miteinbezieht, ohne sie gesondert auszuweisen. Hierdurch würde die Wahrnehmung der rechtlichen Interessen des VN ohne sachliche Notwendigkeit verteuert. Die Vergütung für einen vom VN beauftragten orts- oder bezirksfremden Rechtsanwalt braucht

Umfang 69 § 2 ARB 75

demnach der RSVersicherer in diesen Fällen nicht zu übernehmen, ohne daß es darauf ankommt, ob sich der VN über diese objektive Risikobegrenzung in klaren war. Hat allerdings der RSVersicherer einen vom VN gewünschten ortsfremden Rechtsanwalt in Kenntnis von dessen Ortsverschiedenheit gemäß § 16 Abs. 2 als Verteidiger beauftragt und hierbei lediglich den üblichen Vorbehalt gemacht, daß die durch die Ortsverschiedenheit von Anwalts- und Gerichtssitz bedingten Mehrkosten nicht übernommen werden, dann kann sich der RSVersicherer später nicht mehr darauf berufen, daß der Versicherungsschutz die Vergütung dieses Anwalts gemäß § 2 Abs. 1a Satz 2 nicht umfaßt. Denn durch die Beauftragung gerade dieses Anwalts hat der Versicherer eine ihm gemäß § 16 Abs. 2 obliegende Versicherungsleistung erbracht und dabei auf den möglichen Einwand seiner fehlenden Eintrittspflicht verzichtet (AG Schwandorf r+s 88, 171; in der Regel deklaratorisches Anerkenntnis, von AG Kassel AnwBl. 85, 543 = ZfS 85, 369 nicht geprüft; vgl. auch OLG Düsseldorf VersR 85, 728 sowie *Prölss/Martin* § 55 Anm. 4, § 149 Anm. 9 und – für den ähnlich liegenden Fall des Verzichts auf die Rechtsfolgen einer Obliegenheitsverletzung – § 6 Anm. 15; Rechtsgedanke des § 814 BGB). Er braucht lediglich etwa berechnete Reisespesen nicht zu übernehmen. Hat er den erkennbar ortsfremden Rechtsanwalt vorbehaltlos beauftragt, muß er folgerichtig auch dessen Reisespesen tragen (AG Düsseldorf r+s 90, 343; AG Lemgo r+s 89, 360; AG München AnwBl. 65, 153 für die vergleichbare Risikobegrenzung in § 2 Ziff. 8 ARB 54, vgl. oben Rdnr. 67).

Die Bindung des Versicherungsschutzes an das Merkmal der Zulassung 69 beim zuständigen Gericht in Straf-, Ordnungswidrigkeiten-, Disziplinar- und Standesrechtsverfahren mag auf den ersten Blick überraschen, da in diesen Verfahren die Frage der Zulassung prozessual keine Rolle spielt, der Anwalt vielmehr in jedem dieser Verfahren vor jedem Gericht als Verteidiger auftreten kann. Die **Zulassung** ist jedoch – neben dem Wohn- oder Kanzleiort – ein geeignetes **objektives Kriterium** zur Beschränkung des Versicherungsschutzes auf die Vergütung für gerichtsnahe Anwälte und damit zur Ausklammerung der Übernahme sachlich nicht gebotener Reisekosten gerichtsferner Rechtsanwälte (vgl. oben Rdnr. 68). Der Verteidiger muß nicht am Ort des zuständigen Gerichts wohnhaft und gleichzeitig dort zugelassen sein. Es genügt, wenn eines dieser beiden Merkmale erfüllt ist. Hierdurch wird der Gefahr vorgebeugt, daß der VN bei Ortsverschiedenheit von Erstgericht und Rechtsmittelgericht zu einem Anwaltswechsel gezwungen wird (*Ridder* S. 94). Gerade bei den hier in Rede stehenden Strafverfahren kann es zweckmäßig sein und im Interesse des VN liegen, wenn dieser den in erster Instanz tätigen und von Anfang an in das Verfahren eingearbeiteten Anwalt seines Vertrauens auch mit der Verteidigung in der zweiten Instanz beauftragt (AG München AnwBl. 65, 153). Durch die Fassung des Abs. 1a Satz 2 ist sichergestellt, daß der RSVersicherer z. B. die gesetzliche Vergütung beider Instanzen für einen am Ort des erstinstanzlichen AG wohnhaften, am ortsverschiedenen zweitinstanzlichen LG zugelassenen Verteidiger zu übernehmen hat, wobei der Versicherungsschutz auch die Reisekosten umfaßt, soweit solche nach §§ 28, 29 BRAGebO anfallen können und angefallen sind (*Gerold/Schmidt/Madert* § 28 Rdnr. 7). Das Gleiche gilt, wenn ein am Amtsgericht zugelassener Rechtsanwalt gemäß § 27 Abs. 2 BRAO zulässigerweise seine Kanzlei nicht am Ort des Amtsgerichts, sondern an einem anderen Ort im Gerichtsbezirk hat und für die Fahrt vom Kanzleiort zum Gerichtsort Reisekosten anfallen. Ist ein beim zuständigen erstinstanzlichen AG wohnhafter Verteidiger gemäß § 226 BRAO gleichzeitig beim ortsverschiedenen zweitinstanzlichen LG und beim davon ortsverschiedenen drittinstanzlichen OLG (in Bayern auch ObLG, § 227 BRAO in Verbindung mit §§ 8, 9 EGGVG und Art. 21, 22 bayerAGGVG) zugelassen, umfaßt der Versicherungsschutz die gesetzliche Vergütung dieses Verteidigers in allen Instanzen einschließlich etwaiger Reisespesen nach §§ 28, 29 BRAGebO. Der Grundsatz, der RSVersicherer müsse die Kosten eines Verteidigers nicht übernehmen, der gesondert neben seinem Honorar einen Anspruch auf Erstattung von Reisekosten sowie Tage- und Abwesenheitsgelder hat (*Sperling* AnwBl. 70, 36), ist daher für die Fälle einzuschränken, in denen der Verteidiger im selben Verfahren in mehreren Instanzen bei jeweils ortsverschiedenen Gerichten tätig und bei dem für die jeweilige Instanz zuständigen Gericht ortsansässig oder zugelassen ist.

70 Nimmt der Verteidiger einen **auswärtigen Beweistermin** z. B. vor einem ersuchten Richter wahr und hat er dadurch Anspruch auf Ersatz von Reisespesen nach §§ 28, 29 BRAGebO, dann erstreckt sich der Versicherungsschutz auch auf diese Reisespesen, da sie Teil der gesetzlichen Vergütung des Verteidigers sind. Die Reisekosten dürfen allerdings nicht in einem auffälligen Mißverhältnis zur Bedeutung der Angelegenheit stehen. Anderenfalls hat der Versicherer höchstens die gesetzliche Vergütung eines mit der Wahrnehmung des auswärtigen Beweistermins beauftragten, am Ort des ersuchten Gerichts ansässigen Anwalts zu übernehmen, z.B. in einem Strafverfahren eine Gebühr gemäß § 91 Nr. 2 BRAGebO (*Gerold/Schmidt/Madert* § 91 Rdnr. 13; vgl. im übrigen unten Rdnr. 79).

71 b) Bei Wahrnehmung rechtlicher Interessen **außerhalb** der Bundesrepublik **Deutschland** ist der Versicherungsschutz gemäß Abs. 1a Satz 2 auf die Vergütung eines beim zuständigen Gericht ansässigen oder zugelassenen Rechtsanwalts beschränkt. Die Gründe hierfür liegen auf der Hand. Ein orts- oder gerichtsfremder Anwalt könnte möglicherweise beim zuständigen Gericht nicht auftreten und außerdem als Teil seiner Vergütung Reisespesen ersetzt verlangen, wodurch sich die Wahrnehmung der rechtlichen Interessen des VN ohne sachliche Notwendigkeit verteuern würde. Die ausschließliche oder zusätzliche Beauftragung eines in der Bundesrepublik Deutschland tätigen Rechtsanwalts ist in Auslandsfällen erfahrungsgemäß häufig der Sache des VN nicht dienlich, da das fremde materielle und prozessuale Recht dem deutschen Rechtsanwalt oft nicht hinreichend vertraut ist und er zudem außerhalb des Geltungsbereichs der BRAO in der Regel vor Gericht nicht oder jedenfalls nicht allein auftreten darf (*Sperling* AnwBl. 70, 36; *Ridder* S. 99; vgl. auch *Mümmler* JurBüro 85, 185). Soweit allerdings im Rahmen des EG-Niederlassungs- und Dienstleistungsrechts ein deutscher Rechtsanwalt nunmehr im Ausland eine Kanzlei einrichten und unterhalten kann (§ 29a BRAO und entsprechende ausländische Bestimmungen), ist dieser auch als am zuständigen ausländischen Gerichtsort wohnhaft und gegebenenfalls dort zugelassen anzusehen. Die Beschränkung des Versicherungsschutzes auf die Vergütung „gerichtsnaher" Anwälte in Fällen außerhalb der Bundesrepublik Deutschland gilt – anders als beim inländischen Straf-, Ordnungswidrigkeiten-, Disziplinar- und Standes-RS (vgl. oben Rdnr. 68) – für sämtliche gemäß den Besonderen Bestimmungen der ARB unter Versicherungsschutz stehende Rechtsgebiete (Vorbem. vor § 21 Rdnrn. 11 ff.), und zwar auch für die außergerichtliche Interessenwahrnehmung (LG Bochum ZfS 86, 370). Die zusätzliche Übernahme der Kosten eines inländischen Verkehrsanwalts wie in den Inlandsfällen des Abs. 1 a Satz 4 ist nicht vorgesehen (OLG Köln ZfS 87, 110; vgl. unten Rdnr. 76; anders § 5 Abs. 1 b Satz 3 ARB 94).

c) Abs. 1 a Satz 2 der **ARB 69** hatte den Versicherungsschutz auf die Vergütung „gerichtsnaher" Anwälte in den Fällen beschränkt, in denen ausländisches Recht anzuwenden oder ein ausländischer Gerichtsstand begründet war. Der Hauptunterschied dieser früheren Regelung zum jetzigen Wortlaut lag vor allem darin, daß der Versicherungsschutz auch bei Wahrnehmung rechtlicher Interessen in der ehemaligen Deutschen Demokratischen Republik auf die dort gerichtsansässigen oder zugelassenen Rechtsanwälte beschränkt war. Dies war deshalb gerechtfertigt, weil sich die unter Versicherungsschutz stehenden Rechtsgebiete in der Bundesrepublik Deutschland einerseits und in der Deutschen Demokratischen Republik andererseits teilweise soweit auseinander entwickelt hatten, daß die in einem Rechtsgebiet zugelassenen Rechtsanwälte mit dem Recht des anderen Rechtsgebietes nicht mehr hinreichend vertraut waren und daher die gleichen Gründe für eine Beschränkung des Versicherungsschutzes sprachen wie in Auslandsfällen (vgl. oben Rdnr. 71). Seit der Aufhebung der deutschen Teilung ist dieser Grund entfallen. 72

d) Soweit und solange in Fällen mit Auslandsberührung eine **Wahrnehmung rechtlicher Interessen** des VN **in der Bundesrepublik Deutschland** möglich ist, ist der Versicherungsschutz gemäß Abs. 1 a Satz 2 naturgemäß nicht auf die Vergütung „gerichtsnaher" ausländischer Anwälte beschränkt. Dies ist z.B. der Fall, wenn ein deutscher Staatsangehöriger einen anderen Deutschen im Ausland schädigt. Nach der fortgeltenden VO über die Rechtsanwendung bei Schädigungen deutscher Staatsangehöriger außerhalb des Reichsgebiets vom 7. 12. 1942 (RGBl. I 706) gilt hier deutsches Recht und der Geschädigte kann seine Schadenersatzansprüche gegen den Schädiger oder seinen Kraftfahrzeug-Haftpflichtversicherer im Inland – notfalls auch gerichtlich – geltend machen. Ähnlich ist die Rechtslage, wenn ein VN gegen den Halter oder Fahrer eines im Ausland zugelassenen Kraftfahrzeugs wegen eines Verkehrsunfalls im Inland Schadenersatzansprüche geltend machen will. Hier ist nach dem Londoner Abkommen in der Regel der GDV (früher: HUK-Verband) unter den Voraussetzungen der §§ 2, 6, 8 a Ausländer-PflVG zur Regulierung der Schadenersatzansprüche passiv legitimiert, so daß insoweit sowohl die außergerichtliche als auch die gerichtliche Wahrnehmung der Interessen des VN in der Bundesrepublik Deutschland möglich ist. Dies gilt jedoch nicht für Schadenfälle deutscher VN im Aus- 73 land (vgl. im einzelnen Rundschreiben des HUK-Verbands AnwBl. 84, 361; Neufassung vom 1. 1. 1987, AnwBl. 87, 593, und vom 30. 4. 1993, BRAK-Mitteilungen 93, 91; *Feyock/Jacobsen/Lemor* 5. Teil A I Rdnr. 1 ff.).

74 3. Handelt es sich nicht um ein Straf-, Ordnungswidrigkeiten-, Disziplinar- oder Standesrechtsverfahren und auch nicht um ein Verfahren außerhalb der Bundesrepublik Deutschland, sondern um einen der **übrigen** gemäß den Besonderen Bestimmungen der ARB und den Standardklauseln (Einl. Rdnr. 23 b) unter Versicherungsschutz stehenden **Fälle** auf zivil-, arbeits-, verwaltungs-, steuer- oder sozialrechtlichem Gebiet im Inland (Vorbem. vor § 21 Rdnr. 11 ff.), dann ist der Versicherer nicht nur bei Beauftragung eines „gerichtsnahen" Anwalts im Sinn von Abs. 1 a Satz 2 zur Leistung verpflichtet. Vielmehr kann der VN in diesen Fällen auch die Übernahme der Vergütung eines nicht am Ort des zuständigen Gerichts wohnhaften oder bei diesem Gericht zugelassenen Rechtsanwalts verlangen, allerdings nur, soweit sie auch bei Tätigkeit eines am Ort des zuständigen Gerichts wohnhaften oder bei diesem Gericht zugelassenen Rechtsanwalt entstanden wäre (Abs. 1 a Satz 3). Der VN ist also hier in der freien Anwaltswahl nicht beschränkt. Die Bedenken, die gegen die Einbeziehung gerichtsfremder Anwälte in den Versicherungsschutz bei Straf- und Auslandsverfahren bestehen (vgl. oben Rdnrn. 68 und 71), kommen bei den übrigen unter die Versicherungsdeckung fallenden Rechtsgebieten im Inland weit weniger zum Tragen. Häufig können Interessenkonflikte auf diesen Rechtsgebieten außergerichtlich im Korrespondenz- und Verhandlungsweg erfolgreich bereinigt werden, so daß eine „Gerichtsnähe" des beauftragten Anwalts hier weit weniger notwendig ist. Dies gilt vor allem für den häufigen Fall der Verfolgung von Schadenersatzansprüchen aufgrund gesetzlicher Haftpflichtbestimmungen. Den Interessen des VN ist hierbei meist am besten gedient, wenn er zunächst einen in der Nähe seines Wohnorts tätigen Rechtsanwalt persönlich konsultieren kann ohne Rücksicht darauf, ob vielleicht eine gerichtliche Auseinandersetzung in einem anderen Gerichtsbezirk nachfolgt, was erfahrungsgemäß nur verhältnismäßig selten der Fall ist. Die Möglichkeit, einen am Wohnort tätigen Anwalt zu beauftragen, hat auch den Vorteil, daß der VN keine – vom Versicherungsschutz ausgenommenen (vgl. oben Rdnr. 3) – Reisekosten zur Information eines am entfernteren Gerichtsort tätigen Anwalts aufwenden muß (*Sperling* AnwBl. 70, 36).

74a Der **Umfang** der Versicherungsdeckung ist in den oben Rdnr. 74 genannten Fällen auf die gesetzliche Vergütung eines am Ort des zuständigen Gerichts wohnhaften oder bei diesem Gericht zugelassenen Rechtsanwalts begrenzt. Aus der Formulierung „... oder bei diesem Gericht zugelassenen Rechtsanwalts ..." ergibt sich, daß bei einem Zivilprozeß auch die Kosten einer Reise des Prozeßbevollmächtigten des VN vom Ort seiner Kanzlei zum ortsverschiedenen Prozeßgericht (§ 28 BRAGebO) vom Versicherungsschutz umfaßt sind, sofern nur der Prozeßbevollmächtigte beim Prozeßgericht zugelassen (vgl. oben Rdnr. 65) ist. Dies gilt auch, wenn ein am Amtsgericht zugelassener Rechtsanwalt gemäß § 27 Abs. 2 BRAO zulässigerweise seine Kanzlei nicht am Ort des Amtsgerichts, sondern an einem anderen Ort im Gerichtsbezirk hat (AG Düsseldorf ZfS 91, 129). Nicht un-

Umfang 75, 76 § 2 ARB 75

ter die Deckung fallen dagegen – abgesehen von den Fällen des Abs. 1 a Satz 4 (vgl. unten Rdnrn. 76 bis 78) – solche Reisekosten zu Arbeits-, Verwaltungs-, Finanz- und Sozialgerichten, da es eine Zulassung bei diesen Gerichten nicht gibt und das Risikomerkmal der Zulassung daher insoweit keine Rolle spielt. Für den Fall gleichzeitiger Zulassung bei mehreren ortsverschiedenen Gerichten vgl. auch unten Rdnr. 80.

4. a) Führen die außergerichtlichen Bemühungen des zunächst beauftragten Anwalts nicht zu einem befriedigenden Ergebnis und muß ein Prozeß vor dem vom Wohnort des VN ortsverschiedenen zuständigen Gericht geführt werden, an dem der erstbeauftragte Rechtsanwalt nicht zugelassen ist und in dessen Bezirk er auch nicht wohnt, dann können zusätzliche Kosten entstehen, die bei sofortiger Beauftragung eines am Ort des zuständigen Gerichts wohnhaften oder bei diesem Gericht zugelassenen Anwalts nicht entstanden wären. Dies können vor allem Reisespesen im Sinn des § 28 BRAGebO sein, wenn der beauftragte Anwalt vor dem ortsfremden Gericht selbst auftreten darf und auftritt (Amtsgericht, Arbeitsgericht, Verwaltungsgericht, Sozialgericht). Es kann aber auch die gesetzliche Vergütung eines beim Prozeßgericht zugelassenen oder dort wohnhaften zweiten Anwalts sein, dem der erstbeauftragte Rechtsanwalt die gerichtliche Interessenwahrnehmung übertragen hat, weil er selbst vor dem Prozeßgericht – etwa wegen zu weiter Entfernung – nicht auftreten will oder weil er dort mangels Zulassung nicht auftreten kann (Landgericht, Oberlandesgericht). Hier hatten die ARB abzuwägen zwischen dem Interesse der Versichertengemeinschaft an der Vermeidung sachlich nicht gebotener Mehraufwendungen und dem Interesse des VN an möglichst wirksamer Verfolgung seiner rechtlichen Interessen. Die **ARB 69** versuchten diesen Interessenausgleich in der Weise herbeizuführen, daß sie den Versicherungsschutz auf denjenigen Betrag beschränkten, der als gesetzliche Vergütung für einen am Ort des zuständigen Gerichts wohnhaften oder bei diesem Gericht zugelassenen Anwalt entstanden wäre. Mehrkosten, die infolge Beauftragung des nicht am Ort des Prozeßgerichts wohnhaften oder dort zugelassenen ersten Anwalts entstanden, fielen demnach nicht unter den Versicherungsschutz (AG Köln ZfS 87, 335; *Ridder* in *Möller*, Studien, S. 123, 124). 75

b) Diese Begrenzung der Versicherungsleistung war in den Fällen nicht ganz unproblematisch, in denen der VN eine gerichtliche Auseinandersetzung in einer rechtlich nicht einfach gelagerten Sache bei einem entfernteren Gericht (z.B. Verfolgung von Schadenersatzansprüchen aus einem Verkehrsunfall) nicht von vornherein einkalkulieren mußte und daher zunächst einen Anwalt seines Vertrauens an seinem Wohnort mit der außergerichtlichen Interessenwahrnehmung beauftragt hatte. Kam es in einem solchen Fall zum Prozeß und wurde ein Prozeßbevollmächtigter am Ort des Prozeßgerichts eingeschaltet, mußte der VN die durch die Beauftragung des ersten Anwalts (Korrespondenzanwalt) bedingten Mehrkosten selbst tragen, obwohl dessen Einschaltung sachlich gerechtfertigt erscheinen konnte. Ähnliches gilt für den Fall des erstinstanzlichen Prozeßbevollmächtigten, der dann als Korrespondenzanwalt den Verkehr des VN mit dem ortsverschiedenen zweitinstanzlichen Prozeßbevollmächtigten führt (vgl. *K. Vassel* VerBAV 69, 131, 133; 76

§ 2 ARB 75   77   1. Teil. Allgemeine Bestimmungen (A)

J. Vassel DB Beilage 12/69; *Bauer* NJW 71, 1972). In den **ARB 75** wurde daher der Versicherungsschutz dahin erweitert, daß nunmehr der Versicherer über die gesetzliche Vergütung eines am Ort des zuständigen Gerichts wohnhaften oder bei diesem Gericht zugelassenen Anwalts hinaus auch weitere Rechtsanwaltskosten trägt, wenn der VN bei gerichtlicher Wahrnehmung seiner Interessen mehr als 100 km vom zuständigen Gericht entfernt wohnt. Diese Voraussetzung kann auch gegeben sein, wenn der VN erst nach Prozeßbeginn seinen Wohnsitz um über 100 km wegverlegt. Die Mehrleistung des Versicherers geht in diesem Fall bis zur Höhe der gesetzlichen Vergütung eines Rechtsanwalts, der lediglich den Verkehr des VN mit dem Prozeßbevollmächtigten führt („Verkehrsanwalt", § 52 Abs. 1 BRAGebO), ohne daß zu prüfen ist, ob die Einschaltung eines Verkehrsanwalts im konkreten Fall notwendig ist (a. A. LG Fulda ZfS 90, 416, LG Göttingen r + s 93, 187, AG Osnabrück r + s 94, 182 für die Revisionsinstanz). Nach dem eindeutigen Wortlaut und dem Regelungszusammenhang der Sätze 2 bis 4 des Abs. 1a gilt diese Deckungserweiterung jedoch nur für Inlandsfälle, nicht für eine Interessenwahrnehmung außerhalb der Bundesrepublik Deutschland (OLG Köln ZfS 87, 110; vgl. oben Rdnr. 71).

77   Aus der Formulierung ergibt sich, daß in diesen Fällen der am Wohnort des VN beauftragte Anwalt nicht als Verkehrsanwalt tätig geworden sein muß. Er kann vielmehr in den Fällen, in denen er am ortsverschiedenen, über 100 km entfernten Prozeßgericht selbst auftreten darf, auch als Prozeßbevollmächtigter tätig gewesen sein oder dort einen Unterbevollmächtigten bestellt haben. Die Versicherungsleistung ist jedoch in diesem Fall ohne Rücksicht auf die Höhe tatsächlich entstandener Mehrkosten – z. B. in Form von Reisespesen – summenmäßig begrenzt und geht insgesamt – als reine Rechnungsgröße – bis zur Höhe der gesetzlichen Vergütung für einen am Ort des zuständigen Gerichts wohnhaften oder bei diesem Gericht zugelassenen Anwalt zuzüglich der gesetzlichen Vergütung für einen Verkehrsanwalt nach § 52 Abs. 1 BRAGebO (*Sperling* AnwBl. 76, 29; *Böhme* § 2 Rdnr. 18). Aus der wörtlichen Wiedergabe der Formulierung des ersten Halbsatzes des § 52 Abs. 1 BRAGebO ergibt sich, daß die Leistungsbegrenzung für diese Fälle nur in dem dort vorgesehenen Umfang, also **bis zur Höhe einer** zusätzlichen **Prozeßgebühr** zuzüglich Auslagen, erweitert ist, nicht dagegen in Höhe weiterer zusätzlicher Gebühren und Auslagen, die ein Verkehrsanwalt möglicherweise dann beanspruchen kann, wenn er neben der Führung des Verkehrs auftragsgemäß sonstige Tätigkeiten entfaltet. Wirkt beispielsweise ein Verkehrsanwalt neben dem Prozeßbevollmächtigten an dem Abschluß eines Vergleichs mit, dann kann zwar auch für den Verkehrsanwalt eine Vergleichsgebühr nach § 23 BRAGebO entstehen (*Gerold/Schmidt/von Eicken* § 52 Rdnr. 17). Abs. 1a Satz 4 kann aber nicht dahin ausgelegt werden, daß sich die Leistungspflicht des RSVersicherers neben der Gebühr des § 52 Abs. 1 BRAGebO zusätzlich auf diese Vergleichsgebühr erstreckt (LG Stuttgart ZfS 86, 271; LG Hanau ZfS 86, 146; AG Hof JurBüro 82, 554; zweifelnd *Mümmler* JurBüro 83, 662; LG München I JurBüro 84, 236 betrifft eine durch Abs. 1a Satz 4 überholte ältere Sonderklausel).

Umfang 78, 79 § 2 ARB 75

78 Die Begrenzung der Zusatzleistung auf Fälle größerer Entfernung als 100 km zwischen Gerichtsort und Wohnort des VN beruht auf der Überlegung, daß bei geringeren Entfernungen dem VN zugemutet werden kann, mit einem eigenen oder öffentlichen Verkehrsmittel einen am Gerichtsort tätigen Anwalt aufzusuchen (*Sperling* AnwBl. 76, 29). Der Wortlaut läßt offen, ob mit der Entfernung von 100 km die Luftlinie oder Straßen- oder Bahnkilometer gemeint sind. Im Interesse einer klaren und eindeutigen Risikobegrenzung wäre die ausdrückliche Festlegung der Luftlinie wünschenswert. Die Tatsache, daß schon in der 1971 (VerBAV 71, 4) eingeführten Bestimmung des § 13 Ziff. 7 AKB ausdrücklich auf die Luftlinienentfernung abgestellt ist (ähnlich schon §§ 2 Abs. 2, 6a Abs. 2 Güterkraftverkehrsgesetz), während dies in der erst 1975 geschaffenen Bestimmung der ARB unterblieben ist, spricht jedoch nicht für die Luftlinie. Zumindest auf Grund der Unklarheitenregel des § 5 AGBG erscheint es daher interessengerechter, die amtlichen Entfernungsangaben für die kürzeste Straßen- oder Bahnverbindung zugrunde zu legen (ähnlich AG Idar-Oberstein ZfS 85, 49; AG Essen AnwBl. 86, 351; *Schlemmer* AnwBl. 87, 90).

79 5. Die gesetzliche Vergütung für die Wahrnehmung eines **auswärtigen Beweistermins**, z.B. die Einnahme eines auswärtigen Augenscheins durch das Prozeßgericht oder einen beauftragten Richter (§ 372 ZPO) oder die Beweisaufnahme vor einem ersuchten Gericht (§ 362 ZPO), fällt nicht unter die Leistungsbegrenzung des Abs. 1a Sätze 3 und 4. Einen solchen Beweistermin kann entweder der Prozeßbevollmächtigte selbst oder ein am Ort des ersuchten Gerichts tätiger Anwalt wahrnehmen. Im ersten Fall hat der Prozeßbevollmächtigte – neben dem Anspruch auf eine Beweisgebühr nach § 31 Abs. 1 Nr. 3 BRAGebO – zusätzlich Anspruch auf Ersatz seiner Reisespesen nach § 28 BRAGebO. Im zweiten Fall besteht für den zweiten Anwalt ein Vergütungsanspruch nach § 54 BRAGebO. In beiden Fällen handelt es sich um einen Teil der „gesetzlichen Vergütung" im Sinn von Abs. 1a Satz 1, die der RSVersicherer grundsätzlich zu übernehmen hat. Der Grundgedanke der Sätze 3 und 4 des Absatzes 1a, nämlich die Vermeidung sachlich nicht gebotener und daher der Versichertengemeinschaft nicht zumutbarer Mehraufwendungen, kommt hier nicht zum Tragen, da die Wahrnehmung eines auswärtigen Beweistermins durch einen rechtskundigen Bevollmächtigten des VN in aller Regel schon deshalb sachlich geboten ist, weil sie der Sachaufklärung und der Verbesserung der Rechtsposition des VN dienen kann. Das ersuchte Gericht kann auch nicht als „zuständiges Gericht" im Sinn des Abs. 1a Satz 3 angesehen werden mit der Folge, daß der RSVersicherer die Reisespesen des den auswärtigen Beweistermin selbst wahrnehmenden Prozeßbevollmächtigten nur bis zur Höhe der Gebühr des § 54 BRAGebO zu tragen hätte. Der Prozeßbevollmächtigte des VN hat grundsätzlich die Wahl, ob er den auswärtigen Beweistermin selbst wahrnimmt oder durch einen Beauftragten wahrnehmen läßt. Eine Grenze ist allerdings dort zu ziehen, wo die Reisekosten des Prozeßbevollmächtigten in einem auffälligen Mißverhältnis zum Streitgegenstand und zur Bedeutung des Rechtsstreits stehen würden. Die Obliegenheit des VN und des ihn vertretenden Rechtsanwalts (vgl. § 15 Rdnr. 31), alles zu vermeiden, was eine unnötige Erhöhung der Kosten verursachen könnte (§ 15 Abs. 1d cc), gebietet in einem solchen Fall, den billigeren Weg der Beauftragung eines am Ort des ersuchten Gerichts tätigen Anwalts zu wählen. Dies gilt in der Regel auch für eine Beweisaufnahme im Ausland. Lediglich bei besonders verwickelten oder aus sonstigen Gründen für den VN besonders bedeutsamen Beweispunkten kann es sachgemäß sein, wenn der Prozeßbevollmächtigte den Termin selbst wahrnimmt. Als Abgrenzungskriterium können die Gesichtspunkte herangezogen werden, die Rechtsprechung und Schrifttum für die Pflicht zur Erstattung der Reisekosten des Prozeßbevollmächtigten bei auswärtigen Beweisterminen entwickelt haben (Näheres bei *Gerold/Schmidt/von Eicken* § 54 Rdnrn. 19 und 20; *Baumbach/Lauterbach/Hartmann* § 91 Rdnrn. 83 bis 86).

80   6. Wird ein Zivilprozeß in zwei Instanzen geführt und ist der Prozeßbevollmächtigte bei den zuständigen ortsverschiedenen Gerichten beider Instanzen **gleichzeitig zugelassen** (zu diesem Begriff vgl. oben Rdnr. 65), also beim AG und ortsverschiedenen LG oder beim LG und ortsverschiedenen OLG, dann erstreckt sich der Versicherungsschutz auf die Reisespesen, die der Prozeßbevollmächtigte gemäß § 28 BRAGebO für die Fahrt von seinem Kanzlei- oder Wohnort (vgl. oben Rdnr. 64) zum ortsverschiedenen angerufenen Gericht berechnen kann. Denn zur gesetzlichen Vergütung, die bei Tätigkeit eines zwar nicht am Ort des zuständigen Gerichts wohnhaften, aber bei diesem Gericht zugelassenen Rechtsanwalts entstanden wäre, gehören in diesem speziellen Fall auch solche Reisespesen. Entscheidend für den Deckungsumfang sind hier im zweiten Halbsatz des Abs. 1a Satz 3 die Worte „... oder bei diesem Gericht zugelassenen Rechtsanwaltes...", durch die (anders als etwa bei der Kostenerstattung nach § 91 Abs. 2 Satz 2 ZPO) die gesamte gesetzliche Vergütung – einschließlich etwaiger Reisespesen nach § 28 BRAGebO – jedes beim angerufenen Gericht zugelassenen Rechtsanwalts ohne Rücksicht auf dessen Wohn- oder Kanzleiort in die Deckung eingeschlossen wird (vgl. auch oben Rdnr. 74a). Dieser Grundsatz gilt jedoch nur für Streitigkeiten vor ordentlichen Gerichten, da sich die Anwaltszulassung auf die ordentlichen Gerichte beschränkt (§§ 18, 23, 24, 226 BRAO). Die Zulassung als objektives Kriterium für die Eingrenzung der Versicherungsleistung kann dagegen keine Rolle spielen bei den unter Versicherungsschutz stehenden Rechtsgebieten derjenigen Gerichtszweige, die eine Zulassung nicht kennen, d.h. im Arbeitsrecht, Sozialrecht, Steuerrecht und Verwaltungsrecht. Tritt demnach in einem Arbeits-, Sozial-, Finanz- oder Verwaltungsgerichtsverfahren der am Ort des erstinstanzlichen Gerichts wohnhafte Rechtsanwalt auch vor dem ortsverschiedenen zweitinstanzlichen Gericht auf, dann hat der RSVersicherer die nach § 28 BRAGebO durch die Fahrt zu diesem Gericht entstandenen Reisespesen nicht zu übernehmen. Denn der Prozeßbevollmächtigte ist weder am Ort dieses Gerichts wohnhaft noch bei diesem Gericht zugelassen. Sofern in diesen Fällen allerdings der VN mehr als 100km vom angerufenen Gericht entfernt wohnt, fallen die Reisekosten gemäß Abs. 1a Satz 4 bis zur Höhe einer Gebühr nach § 52 Abs. 1 BRAGebO unter die Deckung (vgl. oben Rdnrn. 76 bis 78).

7. Beantragt der VN gegen einen Schuldner den Erlaß eines **Mahnbe-** 81
scheids, dann ist hierfür gemäß § 689 Abs. 2 ZPO das Amtsgericht ausschließlich zuständig, bei dem der VN seinen allgemeinen Gerichtsstand, d.h. in der Regel seinen Wohnsitz hat (§ 13 ZPO). Legt der auswärts wohnende Schuldner Widerspruch ein, gibt das Mahngericht die Sache an das für den Schuldner zuständige Gericht ab (§ 696 Abs. 1 ZPO). Hatte der VN, wie es häufig der Fall sein wird, mit der Beantragung des Mahnbescheids einen an seinem Wohnort tätigen Anwalt beauftragt, dann wird durch die Abgabe an das zuständige Gericht die Beauftragung eines weiteren, am Wohnsitzgericht des Schuldners tätigen Anwalts notwendig. Soweit durch diesen Anwaltswechsel Mehrkosten entstehen, werden sie im Regelfall als zur Rechtsverfolgung des VN objektiv notwendig anzusehen und daher vom RSVersicherer auch dann zu übernehmen sein, wenn die Voraussetzungen des Abs. 1a Satz 4 zur Übernahme von Verkehrsanwaltskosten nicht vorliegen. Denn es handelt sich um ein Verfahren mit starrer Zuständigkeitsregelung, das in dieser Form seit 1. 7. 1977 gilt (vgl. oben Rdnr. 76). Eine Ausnahme ist allenfalls dann denkbar, wenn der VN aufgrund des Verhaltens des Schuldners mit Sicherheit annehmen mußte, daß dieser Widerspruch einlegen und es aufgrund dessen zu einer Abgabe der Mahnsache an das Wohnsitzgericht des Schuldners kommen werde. Denn dann wäre u.U. die Beauftragung eines Anwalts am Wohnsitz des VN mit der Einreichung eines Mahnantrags eine mehrkostenauslösende Maßnahme im Sinn des § 15 Abs. 1d cc, deren eigenmächtige Durchführung zur Leistungsfreiheit des Versicherers im Rahmen des § 15 Abs. 2 führen kann und die überdies in Extremfällen als mutwillig im Sinn des § 1 Abs. 1 Satz 2 angesehen werden könnte. Entsprechendes gilt für die Mehrkosten aufgrund Einreichung einer Klage des VN bei einem eindeutig örtlich unzuständigen Gericht, wenn auf den Antrag des VN der Rechtsstreit nach § 281 Abs. 1 ZPO dann an das Wohnsitzgericht des Beklagten verwiesen wird.

IV. Streit über die Höhe der gesetzlichen Vergütung

Die Pflicht des Rechtsanwalts aus dem Anwaltsvertrag, den für seinen 82
Mandanten sichersten, schnellsten und billigsten Weg zu wählen (BGH VersR 59, 390; BGB-RGRK § 675 Rdnr. 63, 67, 69, 72), schließt die Verpflichtung ein, bei Berechnung seiner gesetzlichen Vergütung auch die Interessen seines Auftraggebers zu berücksichtigen und sich einer Zuvielforderung zu enthalten, zumal da der Mandant selbst nur in seltenen Fällen in der Lage ist, die Richtigkeit des Gebührenansatzes nachzuprüfen und sich deshalb gemeinhin auf den Rechtsanwalt zu verlassen pflegt (RGZ 130, 101). Steht hinter dem Mandanten ein RSVersicherer, hat dieser als Folge seiner versicherungsvertraglichen Verpflichtung gegenüber dem VN, (nur) die „gesetzliche Vergütung" des für den VN tätigen Rechtsanwalts zu tragen (§ 2 Abs. 1a Satz 1), auch die im Interesse der Versichertengemeinschaft bestehende Pflicht, die **Richtigkeit des Gebührenansatzes** in der Anwaltskostenrechnung zu **prüfen.** Abgesehen von einer schuldhaften Zuvielforderung des Anwalts, die ihn zum Schadenersatz verpflichten kann (RGZ 130,

101), können sich auch in sonstigen Fällen unterschiedliche Auffassungen über die Höhe der ihm zustehenden gesetzlichen Vergütung ergeben. Dies kann beispielsweise dann der Fall sein, wenn bei streitwertabhängigen Gebühren (vgl. oben Rdnr. 31) der Anfall einzelner Gebühren zweifelhaft ist (etwa die Entstehung einer Beweis- oder Erörterungsgebühr nach § 31 Abs. 1 Nr. 3 oder 4 BRAGebO) oder wenn der vom Rechtsanwalt zugrundegelegte Gegenstandswert nach Meinung des RSVersicherers nicht nach den gesetzlichen Wertvorschriften – insbesondere den §§ 7 bis 10 BRAGebO mit Weiterverweisungen auf GKG und ZPO – berechnet ist. Bei Rahmengebühren (vgl. oben Rdnr. 30) kann vor allem streitig werden, ob die vom Rechtsanwalt gemäß § 12 Abs. 1 BRAGebO getroffene Bestimmung billigem Ermessen entspricht (vgl. hierzu unten Rdnr. 155) oder ob der Ansatz einzelner Gebühren (z.B. der Vorverfahrensgebühr nach § 84 BRAGebO) gerechtfertigt ist.

83 Ist der VN oder sein RSVersicherer in einem solchen Fall nicht bereit, die vom Rechtsanwalt gemäß § 18 BRAGebO geforderte Vergütung zu übernehmen, weil er sie für überhöht hält, dann kann der Rechtsanwalt die Höhe seiner gesetzlichen Vergütung durch **gerichtliche Entscheidung** feststellen lassen. War er in einem gerichtlichen Verfahren als Prozeßbevollmächtigter, Beistand, Unterbevollmächtigter oder Verkehrsanwalt tätig und handelt es sich nicht um Rahmengebühren, dann entscheidet der Rechtspfleger oder Urkundsbeamte der Geschäftsstelle in einem vereinfachten Kostenfestsetzungsverfahren gemäß § 19 Abs. 1 BRAGebO. In allen anderen Fällen, also insbesondere bei außergerichtlicher Tätigkeit des Rechtsanwalts und in allen Fällen einer Rahmengebühr, muß der Rechtsanwalt Gebührenklage zum ordentlichen Gericht erheben (§ 19 Abs. 1 und 8 BRAGebO; in arbeitsrechtlichen Streitigkeiten kann auch das Arbeitsgericht zuständig sein, LAG Hamm ZfS 91, 307). Das gleiche gilt, wenn der VN gegenüber dem Festsetzungsantrag nach § 19 Abs. 1 BRAGebO Einwendungen oder Einreden erhebt, die nicht im Gebührenrecht ihren Grund haben (§ 19 Abs. 5 BRAGebO). Hatte der RSVersicherer vor Klageerhebung den Betrag geleistet, den er bei verständiger Würdigung aller Umstände für vertretbar halten durfte, dann ist der Anwalt zur Zurückweisung dieser Leistung als Teilleistung nach § 266 BGB nicht berechtigt (AG Hamm r+s 79, 68; *Palandt/ Heinrichs* § 266 Rdnr. 9).

84 Für den Kostenfestsetzungsantrag oder die Gebührenklage ist **nur** der **VN** und nicht der RSVersicherer **passiv legitimiert.** Denn zwischen dem Rechtsanwalt und dem RSVersicherer besteht kein Vertragsverhältnis, das dem Rechtsanwalt einen unmittelbaren Vergütungsanspruch gegen den RSVersicherer gibt (§ 16 Abs. 2; vgl. § 16 Rdnr. 5). Schuldner des Rechtsanwalts hinsichtlich dessen Vergütung aus dem Anwaltsvertrag ist nur der VN. Der RSVersicherer hat lediglich den VN von dessen Schuld gegenüber dem Rechtsanwalt gemäß § 2 Abs. 1a zu befreien (vgl. oben Rdnr. 6). Einen unmittelbaren Anspruch gegen den RSVersicherer könnte der Rechtsanwalt allenfalls dadurch erlangen, daß er sich als Gläubiger des Vergütungsanspruchs gegen den VN dessen Befreiungsanspruch gegen den RSVersicherer

abtreten läßt, wodurch sich – bei bestehender Versicherungsdeckung – der Befreiungsanspruch in einen Zahlungsanspruch verwandeln würde (BGH VersR 75, 655; *Johannsen* VersR 78, 108; *Palandt/Heinrichs* § 399 Rdnr. 4). Vor endgültiger Feststellung dieses Befreiungsanspruchs dem Grunde und der Höhe nach ist eine solche Abtretung jedoch nur mit schriftlichem Einverständnis des RSVersicherers möglich (§ 20 Abs. 1 in Verbindung mit § 399 BGB). Diese bedingungsmäßige Beschränkung der Abtretungsbefugnis ist zulässig (Näheres vgl. § 20 Rdnr. 3).

Obwohl der RSVersicherer formell weder Antragsgegner im Kostenfestsetzungsverfahren nach § 19 BRAGebO noch Prozeßpartei im Gebührenprozeß des Rechtsanwalts gegen den VN ist, ist er wirtschaftlich der eigentlich Betroffene. Denn sobald die Höhe des gesetzlichen Vergütungsanspruchs in diesem Verfahren rechtskräftig festgestellt ist, hat er bei intaktem Versicherungsverhältnis den VN von eben dieser Verbindlichkeit gegenüber dem Rechtsanwalt im Umfang des § 2 zu befreien. Dies ist nicht etwa eine Folge der Rechtskraft. Diese wirkt nur zwischen den Parteien, also zwischen dem Rechtsanwalt und dem VN. Die **Bindungswirkung** ergibt sich vielmehr aus der Natur des RSVersicherungsanspruchs, der den RSVersicherer verpflichtet, den VN von dessen Vergütungsschuld gegenüber seinem Rechtsanwalt in der rechtskräftig festgestellten (oder im Gerichtsbezirk üblichen, LG Köln ZfS 87, 113) Höhe – und nur in dieser – zu befreien (BGH VersR 72, 1141; LG Dortmund ZfS 88, 109 = VersR 88, 1292; LG Hagen ZfS 83, 17; AG Lüdenscheid ZfS 88, 247; AG Wolfsburg ZfS 88, 284; vgl. § 18 Rdnr. 20). 85

Eine ausdrückliche Obliegenheit des VN, dem RSVersicherer die **Führung** eines **Gebührenprozesses** mit dem eigenen Anwalt zu überlassen, kennen die ARB nicht. Insoweit unterscheidet sich die RSVersicherung von der Haftpflichtversicherung (§ 5 Ziff. 4 AHB; § 7 II Ziff. 5 AKB; vgl. *E. Prölss* VersR 58, 69 unter Ziff. IV). Die bedingungsgemäß bestehende Befugnis des Haftpflichtversicherers zur Prozeßführung ist notwendiger Bestandteil seiner Hauptleistung, neben der Erfüllung begründeter Ansprüche unbegründete abzuwehren. Die Hauptleistung des RSVersicherers besteht dagegen in der Übernahme von Rechtskosten im Umfang des § 2. Seine Befugnis zur Abwehr unbegründeter Kostenforderungen ist nur eine im Interesse der Versichertengemeinschaft bestehende Nebenpflicht aus dem Versicherungsvertrag und bedurfte keiner eigenen Regelung. Aus der allgemeinen Obliegenheit des VN, alles zu vermeiden, was eine unnötige Erhöhung der Kosten verursachen könnte (§ 15 Abs. 1 d cc; vgl. § 15 Rdnrn. 19ff.), ergibt sich jedoch, daß er eine überhöhte Vergütungsforderung seines Anwalts nicht zu Lasten des RSVersicherers widerspruchslos hinnehmen (LG Köln r+s 92, 128 = VersR 92, 1128; LG München I VersR 78, 709) und bei einer Gebührenklage kein Versäumnisurteil gegen sich ergehen lassen darf. Der Versicherer ist allerdings in der Regel schon dadurch geschützt, daß er nur die „gesetzliche" Vergütung für den Anwalt zu übernehmen hat und durch ein Anerkenntnis des VN nicht gebunden ist (§ 15 Rdnr. 22). Gegenüber einem rechtskräftigen, gegen den VN ergangenen Versäumnisurteil wird er sich meist auf vorsätzliche oder zumindest grobfahrlässige Obliegenheits- 86

§ 2 ARB 75 87–89   1. Teil. Allgemeine Bestimmungen (A)

verletzung nach § 15 Abs. 1 d cc, Abs. 2 berufen können (§ 15 Rdnr. 38). Andererseits ist von Bedeutung, daß der RSVersicherer aufgrund versicherungsvertraglicher Verpflichtung gegenüber seinem VN und der Versichertengemeinschaft die Anwaltskostenrechnung überprüft, obwohl er mit dem Rechtsanwalt des VN in keinem Vertragsverhältnis steht. Dieser Umstand erfordert es, daß der RSVersicherer seinen VN bei einem Gebührenstreit mit dem eigenen Anwalt unterstützt und ihm notfalls Versicherungsschutz gewährt, selbst wenn die Wahrnehmung rechtlicher Interessen aus schuldrechtlichen Verträgen nicht in den Versicherungsvertrag des VN einbezogen ist. Dies fordert auch die Aufsichtsbehörde zur Vermeidung von Nachteilen für den VN (GB BAV 76, 80).

87   Klagt der Rechtsanwalt gegen den VN vor dem Amtsgericht seine Kosten für die Vertretung des VN in einem unter die Versicherungsdeckung fallenden Versicherungsfall ein, dann kann der RSVersicherer den VN durch eigene Angestellte vertreten lassen. Er besorgt mit dieser **Prozeßvertretung** keine – unzulässige – „fremde", sondern eine „eigene" Rechtsangelegenheit im Sinn von Art. 1 § 1 Abs. 1 RBerG. Ähnlich wie der Haftpflichtversicherer (BGH NJW 63, 441 = VersR 63, 158) nimmt der RSVersicherer bei der Prozeßführung nicht nur wirtschaftlich, sondern auch rechtlich überwiegend eigene Belange wahr. Er ist versicherungsvertraglich oder zumindest aufsichtsrechtlich gegenüber seinem VN zur Leistung von Rechtsschutz verpflichtet und macht hierbei von den rechtlichen Befugnissen Gebrauch, die ihm im Interesse der Minderung seiner Leistungspflicht zur Verfügung stehen. Wegen der Bindungswirkung des Urteils im Gebührenprozeß (vgl. oben Rdnr. 85) hätte der RSVersicherer, hielte man die Prozeßvertretung für unzulässig, nur die Möglichkeit, dem Gebührenprozeß gemäß § 66 ZPO mit der Wirkung des § 68 ZPO beizutreten. Es muß ihm jedoch freistehen, ob er statt des Prozeßbeitritts den geringeren Aufwand der Prozeßvertretung wählt.

88   Hat der VN Anspruch auf Erstattung der Vergütung seines Rechtsanwalts durch einen Dritten, z.B. durch die Staatskasse im Fall seines Freispruchs (§ 467 Abs. 1 in Verbindung mit § 464a Abs. 2 Nr. 2 StPO), und läßt er die Höhe dieses Erstattungsanspruchs gerichtlich festsetzen (z.B. gemäß § 464b StPO), dann muß diese im Verhältnis zwischen Erstattungspflichtigem und VN ergehende **Entscheidung** der Höhe nach **nicht zwangsläufig identisch** sein mit einer Entscheidung, die im Gebührenprozeß zwischen Rechtsanwalt und VN ergeht, obwohl in beiden Verfahren über den gleichen Streitgegenstand, nämlich die „gesetzliche Vergütung" des für den VN tätigen Rechtsanwalts, entschieden wird (BGH VersR 72, 1141; AG Mannheim ZfS 84, 181; a. A. AG Gießen ZfS 83, 242, AG Köln JurBüro 80, 83 und *Meyer* JurBüro 82, 1601, 1606, die jedoch auf die BGH-Rechtsprechung nicht eingehen; vgl. auch oben Rdnr. 85 und § 18 Rdnr. 20). Zur Frage, ob der Versicherer überzahlte Vorschüsse unmittelbar vom Anwalt des VN zurückfordern kann, vgl. § 16 Rdnr. 7 und § 20 Rdnr. 25.

89   Außer durch einen Gebührenprozeß des Anwalts gegen den VN kann die Höhe der vom RSVersicherer zu übernehmenden gesetzlichen Vergütung

Umfang

des Anwalts **auch** durch eine **Deckungsklage** des VN gegen den Versicherer gerichtlich geklärt werden, deren Gegenstand der Umfang der Freistellungsverpflichtung des Versicherers ist und deren Ergebnis den Anwalt zumindest dann bindet, wenn er – wie in der Regel – den VN hierbei gegen den Versicherer vertreten hat (a. A. LG Trier r+s 88, 16; vgl. § 18 Rdnr. 20).

V. Honorarvereinbarung (Abs. 1b)
(ARB 94: entfallen)

Nach Abs. 1a hat der RSVersicherer nur die gesetzliche Vergütung des für den VN tätigen Rechtsanwalts zu tragen. Ohne Abs. 1b wäre es zweifelhaft, ob der RSVersicherer überhaupt einzutreten hätte, wenn der VN mit seinem Anwalt gemäß § 3 BRAGebO oder bei Versicherungsfällen im Ausland gemäß den geltenden ausländischen Vorschriften vertraglich eine höhere als die gesetzliche Vergütung vereinbart hat. Abs. 1b stellt klar, daß der Versicherer in diesem Fall den VN so zu stellen hat, wie er stehen würde, wenn keine Honorarvereinbarung vorläge. Der Leistungsumfang wird **auf die gesetzliche Vergütung beschränkt**, die im Rahmen von Abs. 1a zu übernehmen wäre. Bei Verfahren mit streitwertabhängigen Gebühren (vgl. oben Rdnr. 31) sind also diejenigen Gebühren zu übernehmen, die aufgrund des jeweiligen Gebührentatbestandes, z.B. gemäß § 31 Nrn. 1 bis 4 BRAGebO, angefallen wären. Bei Verfahren mit Rahmengebühren (vgl. oben Rdnr. 30) übernimmt der RSVersicherer die Gebühren in einer Höhe, die in vergleichbaren Fällen unter Beachtung aller Kriterien des § 12 Abs. 1 BRAGebO berechnet zu werden pflegen, und zwar gleichgültig, ob die vereinbarte höhere Vergütung sich innerhalb oder außerhalb des Gebührenrahmens bewegt. Liegt sie innerhalb dieses Rahmens, kann man entgegen der Ansicht von *Baumgärtel* (VersR 73, 681, 687; 75, 485, 493) kaum von einer „vorweggenommenen" Bestimmung des Anwalts gemäß § 12 Abs. 1 BRAGebO sprechen mit der Folge, daß aus der vereinbarten Vergütung damit die „gesetzliche" Vergütung würde. Denn vor Abschluß des jeweiligen Verfahrens sind die Kriterien für die Bemessung der innerhalb des Rahmens angemessenen Gebühr gar nicht alle bekannt, so daß auch eine Vorwegnahme der Bestimmung im Sinn des § 12 Abs. 1 BRAGebO gar nicht möglich ist. Soweit in Abs. 1a die Vergütung bestimmter „gerichtsferner" Rechtsanwälte ganz oder teilweise vom Versicherungsschutz ausgenommen ist (vgl. einerseits für Straf- und ähnliche Verfahren oben Rdnr. 68, andererseits für sonstige Verfahren oben Rdnrn. 76ff.), gilt diese Begrenzung auch im Fall einer Honorarvereinbarung. Der Grund für die Beschränkung auf die gesetzliche Vergütung in Abs. 1b liegt auf der Hand: Die klare und eindeutige Abgrenzbarkeit sowie die Kalkulierbarkeit des übernommenen Risikos wären nicht gewährleistet, wenn vertragliche Sondervereinbarungen zugunsten einzelner VN und damit zu Lasten der übrigen VN unter die Versicherungsdeckung fielen. Da es sich um eine objektive Risikobeschränkung handelt (vgl. oben Rdnr. 3, § 4 Rdnr. 4), kommt es nicht darauf an, ob dem VN bei Abschluß der Honorarvereinbarung die Beschränkung der Leistungspflicht des Versicherers bekannt war (vgl. § 15 Rdnr. 1).

C. Gerichtskosten, Gerichtsvollzieherkosten, Schiedsgerichtskosten
(Abs. 1 c)
(entspricht § 5 Abs. 1 c, d ARB 94)

I. Gerichtskosten einschließlich Entschädigung für Zeugen und Sachverständige

91 1. Der RSVersicherer trägt die **Gerichtskosten**, soweit der VN als Kostenschuldner gegenüber der Staatskasse als Kostengläubigerin zu ihrer Zahlung verpflichtet ist. Gerichtskosten sind öffentlich-rechtliche Abgaben für die Inanspruchnahme staatlicher Gerichte (*Hartmann* Einl. Anm. II A Rdnr. 1 und B Rdnr. 1 A; *Baumbach/Lauterbach/Hartmann* vor § 91 Rdnr. 15). Die Erhebung von Gerichtskosten auf den unter Versicherungsschutz stehenden Rechtsgebieten (Vorbem. vor § 21 Rdnrn. 11 ff.) ist in verschiedenen Gesetzen geregelt. Das wichtigste ist das GKG, das gemäß seinem § 1 Abs. 1 für Verfahren vor den ordentlichen Gerichten nach der ZPO, dem ZVG, der KO, der VerglO, der StPO und dem OWiG sowie für Verfahren vor Verwaltungsgerichten nach der VwGO und vor Finanzgerichten nach der FGO gilt. Für Verfahren vor den Arbeitsgerichten ist primär § 12 ArbGG maßgebend, hilfsweise das GKG (§ 1 Abs. 3 GKG). Für die weitgehend gerichtskostenfreien Verfahren vor den Sozialgerichten gelten die §§ 183 bis 197 SGG. In Verfahren vor Disziplinar- und Standesgerichten werden Gerichtskosten nach den jeweiligen gesetzlichen Vorschriften für Disziplinar-, Anwaltsgerichts- oder sonstige Berufsgerichtsverfahren erhoben (z.B. §§ 111 ff. Bundesdisziplinarordnung; §§ 128 ff. Wehrdisziplinarordnung; §§ 195 ff. BRAO; Art. 84 des Bayer. Gesetzes über die Berufsvertretungen und über die Berufsgerichtsbarkeit der Ärzte, Zahnärzte, Tierärzte und Apotheker – Kammergesetz –, bayerGVBl. 78, 67). Für Verfahren der freiwilligen Gerichtsbarkeit in Wohnungseigentumssachen entstehen Gerichtskosten gemäß § 48 WEG in Verbindung mit den Vorschriften der KostO.

92 Für gerichtliche Handlungen dürfen **Kosten nur** erhoben werden, **soweit** dies im GKG oder in einer sonstigen Kostenvorschrift **vorgesehen** ist (*Hartmann*, GKG, § 1 Rdnr. 25). Es gilt hier der für alle öffentlich-rechtlichen Abgaben maßgebliche Grundsatz, daß eine Gerichtskostenschuld nur entsteht, soweit ein im GKG oder einer sonstigen gesetzlichen Kostenvorschrift niedergelegter, gebührenauslösender Tatbestand erfüllt ist (*Wolff/Bachof/Stober* I § 42 Rdnr. 47). Die Auferlegung oder Übernahme von Gerichtskosten in anderen als den gesetzlich vorgesehenen und zulässigen Fällen ist rechtswidrig und läßt eine wirksame Kostenschuld des VN nicht entstehen, es sei denn, er läßt eine ohne Rechtsgrundlage ergehende Gerichtsentscheidung rechtskräftig werden (vgl. hierzu unten Rdnr. 174).

93 Die Gerichtskosten setzen sich gemäß § 1 Abs. 1 GKG und den entsprechenden Kostenvorschriften anderer Gesetze zusammen aus **Gebühren** (vgl. unten Rdnr. 94) und **Auslagen** (vgl. unten Rdnr. 99). Im Umfang der

Umfang   94–98   § 2 ARB 75

§§ 65 bis 69 GKG kann das Gericht Kostenvorschüsse verlangen, die zu den Gerichtskosten im Sinn des Abs. 1c zu zählen und daher vom Versicherungsschutz umfaßt und vom RSVersicherer bei hinreichender Erfolgsaussicht zu übernehmen sind (vgl. unten Rdnr. 158). Entsprechendes gilt an sich für einen Vorschuß, den das Konkursgericht gemäß § 107 Abs. 1 KO zur Durchführung (nicht: Eröffnung) des Konkursverfahrens zwecks Deckung der in § 58 Nrn. 1 und 2 KO bezeichneten Massekosten vom VN als Gläubiger und Antragsteller anfordern kann. Jedoch wird in solchen Fällen die Durchführung des Konkursverfahrens mangels Masse in der Regel wirtschaftlich in hohem Maß unvernünftig und die beabsichtigte Rechtsverfolgung daher mutwillig sein (§ 1 Abs. 1 Satz 2, § 17; vgl. § 1 Rdnr. 40; § 17 Rdnr. 6).

2. **Gerichtsgebühren** sind die Gegenleistung für die Inanspruchnahme eines Gerichts in Form einer öffentlich-rechtlichen Abgabe. Die einzelnen Tatbestände, die zur Erhebung einer Gebühr führen, ergeben sich aus dem Kostenverzeichnis, das gemäß § 11 Abs. 1 GKG diesem Gesetz als Anlage 1 beigegeben ist. Die Berechnung der Gebührenhöhe erfolgt im allgemeinen unter Zugrundelegung eines Streit-, Gegenstands- oder Geschäftswerts, aus dessen Höhe sich die entsprechende Gebühr nach der Gebührentabelle ergibt, die gemäß § 11 Abs. 2 GKG diesem Gesetz als Anlage 2 beigegeben ist. Zu den Gerichtsgebühren gehören auch Gebühren für gerichtliche Handlungen bei einem Vergleichs- oder Konkursverfahren sowie bei der Mobiliar- und Immobiliar-Zwangsvollstreckung. Der RSVersicherer kann jedoch in jedem Fall prüfen, ob eine vom VN beantragte gerichtliche Maßnahme dieser Art hinreichende Aussicht auf Erfolgt verspricht und nicht mutwillig erscheint (Näheres vgl. § 1 Rdnr. 40 und § 17 Rdnrn. 1ff.). Soweit Gebührentatbestand und Gebührenhöhe nicht im GKG, sondern in anderen Vorschriften festgelegt sind (vgl. oben Rdnr. 91), sind die Gebühren aus diesen Vorschriften zu entnehmen.   94

Nicht zu den **Gerichtsgebühren** gehört das **Zwangsgeld**, das im Rahmen der Zwangsvollstreckung als reines Zwangsmittel, z. B. nach § 888 Abs. 1 ZPO zur Erzwingung von Handlungen, vom Gericht festgesetzt werden kann und nur die Erfüllung durch den Schuldner herbeiführen soll (*Baumbach/Lauterbach/Hartmann* § 888 Rdnr. 17). Es ist keine Gegenleistung für die Inanspruchnahme des Gerichts und im Kostenverzeichnis (Anlage 1 zum GKG) nicht aufgeführt (vgl. auch Art. 5, 6 EGStGB).   95

Ebensowenig gehört ein gegen den VN nach § 890 ZPO wegen Zuwiderhandlung gegen eine Unterlassungs- oder Duldungsverpflichtung oder nach § 141 Abs. 3 ZPO wegen unentschuldigten Ausbleibens oder nach § 178 GVG wegen Ungebühr verhängtes **Ordnungsgeld** zu den Gerichtskosten.   96

In **Straf-** und **Ordnungswidrigkeitensachen** berechnen sich die Gerichtsgebühren nach der Höhe der rechtskräftig erkannten Strafe oder Geldbuße (§§ 40ff., 48 GKG).   97

Geldstrafen und **Geldbußen** selbst sind in keinem Fall Gerichtskosten und daher nicht vom RSVersicherer zu übernehmen. Macht das Gericht die   98

§ 2 ARB 75 99–101   1. Teil. Allgemeine Bestimmungen (A)

Einstellung eines Verfahrens, z. b. nach § 153 a StPO, davon abhängig, daß der VN einen Geldbetrag in Höhe der angefallenen Gerichtskosten – allein oder neben diesen – an die Staatskasse zahlt, dann hat dieser Geldbetrag Bußcharakter, kann aber mangels gesetzlicher Grundlage nicht gleichzeitig zu den Gerichtskosten gezählt werden. In Bußgeldsachen ist ein solches Verfahren des Gerichts ohnehin gemäß § 47 Abs. 3 OWiG untersagt. Die freiwillige oder auflagegemäße Übernahme von Gerichtskosten schafft keine wirksame Kostenschuld gegenüber der Staatskasse (vgl. unten Rdnr. 173).

99 3. a) Zu den vom RSVersicherer zu tragenden Gerichtskosten zählen neben den Gebühren (vgl. oben Rdnr. 94) auch die **Auslagen** des Gerichts (§ 1 Abs. 1 GKG). Welche Auslagen das Gericht in welcher Höhe erheben kann, ergibt sich aus Teil 9 des dem GKG als Anlage 1 beigegebenen Kostenverzeichnisses (z. B. Schreibauslagen, Entgelte für Telekommunikationsdienstleistungen, Kosten für Zustellungen und Aktenversendung – vgl. oben Rdnr. 33 –, Reisekosten des Gerichts zu einem auswärtigen Termin u. ä.) oder den Gebührensondervorschriften anderer Gesetze (vgl. oben Rdnr. 91). Gerichtliche Auslagen können auch im Rahmen der Zwangsvollstreckung anfallen, z. B. die Kosten einer Haft zur Erzwingung der Abgabe einer eidesstattlichen Versicherung nach § 901 ZPO (Zwangshaft im Sinn von Nr. 9010 des Kostenverzeichnisses, Anlage 1 zum GKG). Die früher in § 911 ZPO a. F. vorgesehene Anforderung eines Haftkostenvorschusses ist nicht mehr möglich. Der RSVersicherer kann prüfen, ob der Antrag auf Erzwingungshaft hinreichend Aussicht auf Erfolg bietet und nicht mutwillig erscheint, insbesondere ob die aufzuwendenden Haftkosten im Hinblick auf die beizutreibende Forderung wirtschaftlich sinnvoll sind (§ 1 Abs. 1 Satz 2, § 17; vgl. auch unten Rdnr. 215).

100 b) Zu den gerichtlichen Auslagen zählen nach Nr. 9005 des dem GKG als Anlage 1 beigegebenen Kostenverzeichnisses auch die Beträge, die das Gericht nach dem Gesetz über die **Entschädigung** von **Zeugen** und **Sachverständigen** an diese Personen zu zahlen hat. Nach § 1 Abs. 1 ZSEG werden nur solche Zeugen und Sachverständige entschädigt, die vom Gericht zu Beweiszwecken herangezogen werden. Wenn nun Abs. 1c den Versicherungsschutz auf die Gerichtskosten „einschließlich der Entschädigung für Zeugen und Sachverständige, die vom Gericht herangezogen werden" erstreckt, dann wird mit diesem Zusatz nur klargestellt und unterstrichen, was auch ohne ihn gelten würde. Denn die Entschädigungsbeträge für gerichtlich herangezogene Zeugen und Sachverständige sind als gerichtliche Auslagen ohnehin schon Teil der Gerichtskosten und daher vom Versicherungsschutz umfaßt. Der Zusatz verdeutlicht gleichzeitig den Umfang der Versicherungsleistung: Etwaige Aufwendungen des VN für Zeugen und Sachverständige, die nicht vom Gericht herangezogen werden, sind keine gerichtlichen Auslagen im Sinn von §§ 1 Abs. 1, 11 Abs. 1 GKG in Verbindung mit Nr. 9005 des Kostenverzeichnisses und demgemäß vom RSVersicherer nicht zu übernehmen.

101 „**Herangezogen**" im Sinn von § 1 Abs. 1 ZSEG ist ein Zeuge oder Sachverständiger dann, wenn er vom Gericht sachlich in dieser Funktion ver-

wendet wird. Gleichgültig ist, wie die Heranziehung erfolgt, z.B. durch Ladung, brieflich oder bei Anwesenheit im Gerichtstermin aus sonstigem Grund. Ein vom VN nach § 220 Abs. 1 StPO unmittelbar geladener Zeuge oder Sachverständiger ist nur dann vom Gericht herangezogen, wenn dieses eine Anordnung nach § 220 Abs. 3 StPO trifft. „Herangezogen" ist auch der Sachverständige, der sein Gutachten auf Anordnung des Gerichts nach § 411 ZPO, § 82 StPO nur schriftlich erstattet, der Zeuge, dem schriftliche Erklärung gemäß § 377 Abs. 3 ZPO nachgelassen ist, sowie der Arzt, der auf Antrag des VN gemäß § 109 SGG gutachtlich gehört wird (insoweit für eingeschränkten Versicherungsschutz *Kühl* VersR 83, 801; hierzu mit Recht kritisch *Bauer* VersR 84, 220; vgl. auch § 15 Rdnr. 21). Auch in der Zwangsvollstreckung ist die Heranziehung von Sachverständigen möglich, so z.B. zur Schätzung des Grundstückswerts bei der Zwangsversteigerung von Grundstücken gemäß § 74a Abs. 5 ZVG (Näheres vgl. *Hartmann* § 1 ZSEG Rdnrn. 11 ff.). Da Abs. 1c ersichtlich auf die Regelung des GKG und ZSEG abstellt und die gleichen rechtlichen Begriffe verwendet, ist das Wort „herangezogen" im Sinn von § 1 ZSEG auszulegen (vgl. Einl. Rdnr. 48). Überdies verdeutlicht die Verwendung des Wortes „einschließlich", daß die Versicherungsleistung nur solche Entschädigungsbeträge umfaßt, für die die Staatskasse gegenüber den Zeugen und Sachverständigen Kostenschuldner nach dem ZSEG ist und die damit Gerichtskosten sind, nämlich gerichtliche Auslagen im Sinn der Nr. 9005 des Kostenverzeichnisses (Anlage 1 zum GKG), und deren Bezahlung mit einer Gerichtskostenrechnung vom VN als Gerichtskostenschuldner angefordert wird.

Das **ZSEG findet Anwendung** auf Verfahren nach der ZPO (§§ 401, 413), der StPO (§§ 71, 84), dem OWiG (§ 59), dem ArbGG (§ 9 Abs. 4), der VwGO (§ 98), dem SGG (§ 118), der FGO (§ 82) und dem FGG (§ 15). **102**

Vom Gericht herangezogene Zeugen und Sachverständige werden nur auf ihr Verlangen entschädigt (§ 15 Abs. 1 ZSEG). Über das Verlangen entscheidet der Kostenbeamte im Verwaltungsverfahren (*Hartmann* § 16 ZSEG Rdnr. 2), ausnahmsweise das Gericht durch Beschluß gemäß § 16 Abs. 1 ZSEG. Erst wenn die **Entschädigung festgesetzt** und mit der Gerichtskostenrechnung angefordert ist, steht gleichzeitig fest, daß es sich um Gerichtskosten handelt, die gemäß Abs. 1c vom RSVersicherer zu übernehmen sind. Liegt keine Entscheidung des Kostenbeamten oder des Gerichts vor, hat z.B. der Zeuge oder Sachverständige die Dreimonatsfrist zur Geltendmachung des Entschädigungsanspruchs nach § 15 Abs. 2 ZSEG versäumt, dann kann der Zeuge oder Sachverständige eine Entschädigung auch nicht mehr anderweitig, z.B. vom VN oder dessen RSVersicherer, verlangen. **103**

Aufwendungen des VN für Zeugen oder Sachverständige, die **nicht** vom Gericht **herangezogen** wurden, hat der RSVersicherer – mit Ausnahme der Fälle des Abs. 1e und der Klausel zu § 2 Abs. 1 (vgl. unten Rdnrn. 125 und 130a) – nicht zu tragen. Dies gilt vor allem für private Sachverständigengutachten, die der VN in Auftrag gegeben hat, ohne daß das Gericht den Sachverständigen dann im Sinn des § 1 Abs. 1 ZSEG heranzieht. Solche Aufwen- **104** dungen kann der VN vom Prozeßgegner möglicherweise im Rahmen des § 91 ZPO erstattet verlangen (AG Würzburg r+s 95, 264; AG Iserlohn r+s 94, 425; Näheres vgl. *Baumbach/Lauterbach/Hartmann* § 91 Rdnrn. 101 ff., 277 ff.).

105 c) Die Entschädigung für **Dolmetscher** und **Übersetzer**, die vom Gericht herangezogen werden (§ 17 in Verbindung mit § 1 Abs. 2 ZSEG), zählt nach Nr. 9005 des Kostenverzeichnisses (Anlage 1 zum GKG) ebenfalls zu den gerichtlichen Auslagen und damit zu den Gerichtskosten, die der RSVersicherer zu tragen hat. Zwar ist die Entschädigung für diesen Personenkreis in Abs. 1 c nicht, wie die Entschädigung für Zeugen und Sachverständige, eigens erwähnt. Hieraus kann jedoch nicht geschlossen werden, daß die Dolmetscher- und Übersetzerentschädigung nicht vom Versicherungsschutz umfaßt sein soll. Der RSVersicherer hat nach Abs. 1 c „die" Gerichtskosten ohne jede Einschränkung und damit auch die nach Nr. 9005 des Kostenverzeichnisses in die Gerichtskostenrechnung aufgenommene Entschädigung für Dolmetscher und Übersetzer zu tragen. Die eigene Erwähnung der Zeugen- und Sachverständigen-Entschädigung dient nur der Verdeutlichung vor allem in der Richtung, daß nur die Entschädigung für die vom Gericht herangezogenen Zeugen und Sachverständigen vom Versicherungsschutz umfaßt ist (vgl. oben Rdnr. 100). In Strafverfahren kann allerdings die Dolmetscherentschädigung nicht mehr als Teil der Gerichtskosten von verurteilten Angeklagten erstattet verlangt werden. In dieser früher strittigen Frage haben die Europäische Kommission für Menschenrechte und der Europäische Gerichtshof für Menschenrechte festgestellt, daß nach Art. 6 Abs. 3 e MRK einem Ausländer, der die Verhandlungssprache des Gerichts nicht hinreichend versteht, in der Regel unentgeltlich ein Dolmetscher beizuordnen ist (NJW 78, 477; 79, 1091; AnwBl. 78, 169; *Kleinknecht/Meyer* Art. 6 MRK Rdnr. 17; in Nr. 9005 des Kostenverzeichnisses nunmehr gesetzlich verankert). Das Gleiche gilt für Ordnungswidrigkeitenverfahren (NJW 85, 1273; LG Düsseldorf JurBüro 85, 427 mit Anm. von *Mümmler*). Die Entschädigung für einen nicht vom Gericht herangezogenen Dolmetscher oder Übersetzer ist nicht Teil der Gerichtskosten und daher nicht vom Versicherungsschutz umfaßt (AG Mannheim VersR 94, 1463; AG Lübeck r+s 94, 223; AG Günzburg ZfS 89, 412). Übersetzerkosten können allerdings im Rahmen des § 91 ZPO vom Prozeßgegner erstattet verlangt werden (*Baumbach/Lauterbach/Hartmann* § 91 Rdnrn. 210 bis 212; vgl. oben Rdnrn. 33, 104).

II. Gerichtsvollzieherkosten

106 Soweit bei der unter Versicherungsschutz stehenden Wahrnehmung rechtlicher Interessen des VN die Einschaltung eines Gerichtsvollziehers notwendig wird, trägt der RSVersicherer in den Grenzen des § 2 Abs. 3 b dessen Kosten. **Gerichtsvollzieher** sind mit Zustellungen, Ladungen und Vollstreckungen betraute Beamte (§ 154 GVG). Ihre wichtigste Aufgabe ist die Zwangsvollstreckung, soweit dafür nicht das Vollstreckungsgericht zuständig ist (§ 753 ZPO). Für die Tätigkeit des Gerichtsvollziehers werden Kosten (Gebühren und Auslagen) nur nach dem GVKostG erhoben (§ 1

GVKostG). Für Vollstreckungshandlungen entstehen in der Regel Pauschgebühren, die nach dem Wert des zu vollstreckenden Anspruchs gestaffelt sind (Anlage zum GVKostG). Auslagen werden im Umfang der §§ 35 bis 37 GVKostG erhoben. Die Amtshandlung kann von der Zahlung eines Vorschusses abhängig gemacht werden, der die voraussichtlichen Gebühren und Auslagen deckt (§ 5 GVKostG). Hierzu gehören beispielsweise gemäß § 35 Abs. 1 Nrn. 8 und 11 GVKostG die (voraussichtlichen) Transport- und Lagerkosten bei Vollstreckung aus einem Räumungstitel gemäß § 885 Abs. 3 ZPO (*Hartmann* § 5 GVKostG Rdnr. 10), und zwar auch dann, wenn der Gläubiger im Auftrag des Gerichtsvollziehers die Räumung selbst und auf eigene Kosten durchführen läßt (AG Memmingen VersR 96, 54). Kostengläubiger ist nicht der Gerichtsvollzieher, sondern die Staatskasse (*Hartmann* GVKostG vor § 1 Rdnr. 10). Kostenschuldner sind der Auftraggeber sowie der Vollstreckungsschuldner für die notwendigen Kosten der Zwangsvollstreckung (§ 3 Abs. 1 GVKostG), wobei der Gerichtsvollzieher zunächst zu versuchen hat, seine Kosten zugleich mit dem zu vollstreckenden Anspruch vom Vollstrekkungsschuldner einzuziehen (Nr. 4 I der Gerichtsvollzieherkostengrundsätze). Wird der Vollstreckungsauftrag vom Gericht erteilt, so gelten die Kosten als Auslagen des gerichtlichen Verfahrens (§ 3 Abs. 3 GVKostG). Das GVKostG gilt auch, wenn der Gerichtsvollzieher im Verwaltungszwangsverfahren tätig wird (*Hartmann* § 1 GVKostG Rdnr. 1; vgl. unten Rdnr. 123). Es ist außerdem im Arbeitsgerichtsverfahren anzuwenden, wobei hier allerdings keine Vorschüsse erhoben werden dürfen (§§ 9 Abs. 2, 12 Abs. 4 Satz 3 ArbGG).

III. Schiedsgerichtskosten
(entspricht § 5 Abs. 1d ARB 94)

1. Satz 2 des Abs. 1c war in den **ARB 69** noch nicht enthalten. Seine Einfügung in die ARB 75 hat die bis dahin strittige Frage geklärt, ob Kosten eines Schiedsgerichts als „Gerichtskosten" im Sinn des Satzes 1 des Abs. 1c anzusehen sind. Bei reiner Wortauslegung sind Schiedsgerichtskosten keine Gerichtskosten im Sinn der Rechtssprache (vgl. Einl. Rdnr. 48). Denn unter Gerichtskosten versteht man öffentlich-rechtliche Abgaben für die Inanspruchnahme der staatlichen Gerichte, deren Entstehung und Höhe im „Gerichtskostengesetz" oder sonstigen gesetzlichen Vorschriften geregelt sind (vgl. oben Rdnr. 91). Die Schiedsgerichtskosten sind dagegen privatrechtlicher Natur. Ein Schiedsgericht ist kein staatliches Gericht, sondern ein auf freier, privatrechtlicher Parteivereinbarung beruhendes Gericht, das aus einem oder mehreren, als Privatperson tätigen Schiedsrichtern besteht und das anstelle des staatlichen Gerichts, also ohne dessen sachlichrechtliche Nachprüfungsmöglichkeit, eine Rechtsstreitigkeit abschließend entscheidet (§§ 1025, 1040 ZPO; §§ 101 Abs. 2, 108 Abs. 4 ArbGG; *Baumbach/Lauterbach/Albers* vor § 1025 Rdnr. 6; *Thomas/Putzo* vor § 1025 Rdnr. 1). Die Schiedsgerichtskosten setzen sich zusammen aus der Vergütung, die die Parteien den Schiedsrichtern aufgrund des als Dienstvertrag zu wertenden Schiedsvertrags (*Thomas/Putzo* vor § 1025 Rdnr. 7) zu zahlen

haben, sowie aus den Auslagen, die durch die Tätigkeit des Schiedsgerichts entstehen. Hierzu gehört auch eine Entschädigung für Zeugen und Sachverständige, die das Schiedsgericht herangezogen hat. Gegen eine Subsumtion der Schiedsgerichtskosten unter den Begriff der Gerichtskosten des Satzes 1 des Abs. 1 c spricht außerdem der aus dem Gesamtzusammenhang des § 2 zu entnehmende Zweck dieser Vorschrift, daß der RSVersicherer nach Möglichkeit nur überschaubare und damit kalkulierbare Kosten übernehmen will. Schiedsgerichtskosten werden jedoch in der Regel frei vereinbart (*Gerold/Schmidt/Madert* § 1 Rdnr. 31) und sind daher im Gegensatz zu den gesetzlich fixierten Gerichtskosten ihrer Höhe nach für den RSVersicherer nicht überschaubar und nicht kalkulierbar. Andererseits ist jedoch zu berücksichtigen, daß die ARB den Versicherungsschutz für die Wahrnehmung der rechtlichen Interessen des VN und die hierbei entstehenden Kosten (§ 1 Abs. 1) nicht etwa in der Richtung einschränken, daß nach Scheitern außergerichtlicher Verhandlungen nur die Interessenwahrnehmung vor staatlichen Gerichten vom Versicherungsschutz umfaßt ist. So ist beispielsweise nur allgemein von „Geltendmachung von Schadenersatzansprüchen aufgrund gesetzlicher Haftpflichtbestimmungen" oder von der „Wahrnehmung rechtlicher Interessen aus schuldrechtlichen Verträgen" (vgl. z.B. § 26 Abs. 3a und Abs. 4 Fassung 1975) die Rede, ohne daß gesagt wird, daß diese Interessenwahrnehmung gerade vor staatlichen Gerichten erfolgen müsse. Auch die Verwendung des Begriffs der „gerichtlichen" Interessenwahrnehmung in § 24 Abs. 3 zwingt nicht zu der Auslegung, daß hiermit nur staatliche Gerichte gemeint sind. Denn anders als der Begriff „Gerichtskosten" ist der Ausdruck „gerichtlich" kein so fest umrissener Begriff der Rechtssprache, daß er eine Erstreckung auf „schiedsgerichtliche" Fälle mit Sicherheit ausschließt (§ 24 Rdnr. 46).

108 **2.** Die sonach bestehenden Zweifel (vgl. auch LG Karlsruhe VersR 77, 1121) hat der in die **ARB 75** eingefügte Satz 2 des Abs. 1c beseitigt. Er stellt klar, daß die ARB unter „Gerichtskosten" auch Schiedsgerichtskosten verstehen. Gleichzeitig begrenzt er jedoch die Pflicht zur Übernahme der gesetzlich nicht fixierten, sondern auf Parteivereinbarung beruhenden Vergütung der Schiedsrichter und der Auslagen des Schiedsgerichts auf die eineinhalbfache Höhe des Betrags, der als Gerichtskosten nach Abs. 1c Satz 1 zu übernehmen wäre, wenn der dem Schiedsgericht unterbreitete Rechtsstreit vor dem zuständigen staatlichen Gericht erster Instanz ausgetragen worden wäre.

109 **Beispiel:** Die Kosten eines Schiedsverfahrens mit drei Schiedsrichtern mögen bei einem Streitwert von DM 50 000,– (gerundet einschließlich Auslagen) DM 18 000,– betragen. Vor dem LG würden bei diesem Streitwert Gerichtskosten in Höhe von (gerundet) DM 2200,– erhoben. Der RSVersicherer hat dann von den Kosten des Schiedsgerichts das Eineinhalbfache der Gerichtskosten, d.h. DM 3300,– zu übernehmen.

110 Fallen nach Erlaß des Schiedsspruchs noch weitere Kosten für ein Verfahren zur Erlangung eines **vollstreckbaren Titels** vor dem staatlichen Gericht nach §§ 1042 ff. ZPO, § 109 ArbGG an, dann erhöht sich gemäß Abs. 1c

Satz 2 hierdurch die Versicherungsleistung nicht. Wird außerhalb eines solchen Verfahrens auf Aufhebung eines Schiedsspruchs gemäß § 1041 ZPO, § 110 ArbGG oder auf Feststellung von dessen Unwirksamkeit vor dem staatlichen Gericht geklagt, dann gehört dieses Verfahren nicht mehr zum Schiedsverfahren im Sinn des Abs. 1 c Satz 2. Übersteigt bei einem Schiedsverfahren die Summe der Forderungen mehrerer Kostengläubiger des VN (z. B. mehrerer Schiedsrichter und der Staatskasse wegen des Verfahrens zur Vollstreckbarerklärung des Schiedsspruchs) die Versicherungsleistung, dann kann der RSVersicherer in entsprechender Anwendung des § 156 Abs. 3 Satz 1 VVG die einzelnen Kostenforderungen nach dem Verhältnis ihrer Beträge berichtigen. Nach dem Rechtsgedanken des § 2 Abs. 4 Satz 3, letzte Alternative ist er jedoch auch berechtigt, die Versicherungsleistung an den VN zu zahlen.

Nicht zu den Kosten des Schiedsgerichts zählt die **Vergütung des** 111 **Rechtsanwalts,** der den VN vor dem Schiedsgericht vertritt. Dessen gesetzliche Vergütung richtet sich nach § 62 oder § 67 BRAGebO und ist vom RSVersicherer im Rahmen des Abs. 1a zu übernehmen. Wird aus einem vollstreckbaren Schiedsspruch vollstreckt, dann besteht für hierbei anfallende Rechtsanwalts-, Gerichts- und Gerichtsvollzieherkosten Versicherungsschutz im Rahmen des § 2 Abs. 3 b.

3. Nach Abs. 1 c werden nur Gerichtskosten einschließlich der Kosten ei- 112 nes Schiedsgerichts vom Versicherungsschutz umfaßt. Kosten **anderer** Personen oder **Stellen,** die eine Vermittlungs-, Einigungs-, Schlichtungs- oder Schiedsfunktion haben, ohne jedoch einen Rechtsstreit anstelle des staatlichen Gerichts (vgl. oben Rdnr. 107) zu entscheiden, hat der RSVersicherer nicht zu übernehmen. Schiedsgerichte im Sinn des Abs. 1 c Satz 2 sind in erster Linie privatrechtlich bestellte Schiedsrichter, die aufgrund eines Schiedsvertrags oder einer letztwilligen oder satzungsmäßigen Anordnung gemäß §§ 1025 ff. ZPO oder auch gemäß § 101 Abs. 2 ArbGG tätig werden und eine Rechtsstreitigkeit mit verbindlicher Wirkung für die Parteien und unter Ausschluß der Möglichkeit der inhaltlichen Nachprüfung durch das staatliche Gericht entscheiden (§ 1040 ZPO; § 108 Abs. 4 ArbGG; *Thomas/Putzo* vor § 1025 Rdnr. 5; *Baumbach/Lauterbach/Albers* vor § 1025 Rdnr. 2). Entsprechendes gilt für ausländische Schiedsgerichte.

Keine Schiedsgerichtstätigkeit übt demnach z. B. ein **Schiedsgutachter** 113 aus. Dieser hat lediglich Tatsachen festzustellen und möglicherweise damit zusammenhängende rechtliche Vorfragen zu klären, während die verbindliche Feststellung der aus der Tatsachenfeststellung resultierenden Rechtsfolgen Sache des Schiedsrichters oder des staatlichen Gerichts ist (*Thomas/Putzo* vor § 1025 Rdnr. 5; *Baumbach/Lauterbach/Albers* vor § 1025 Rdnrn. 12 ff.; *Palandt/Heinrichs* § 317 Rdnrn. 3 ff.; vgl. auch BGH VersR 81, 882; OLG Hamm VersR 77, 953). Schiedsgutachterfunktion haben beispielsweise die in manchen Versicherungszweigen vorgesehenen Sachverständigenausschüsse, die einzelne Voraussetzungen des Anspruchs aus dem Versicherungsvertrag oder die Höhe des Schadens mit verbindlicher Wirkung für die Vertragspartner des Versicherungsvertrages feststellen sollen (§ 64 VVG;

§ 2 ARB 75 114, 115   1. Teil. Allgemeine Bestimmungen (A)

§§ 14, 20 AKB; § 12 AUB; vgl. *Prölss/Martin* § 64 Anm. 2; § 14 AKB Anm. 1; *Stiefel/Hofmann* § 14 Rdnr. 1).

114 Ebensowenig können die vielerorts bestehenden **Schiedsstellen** des Kraftfahrzeug-Handwerks zur Beilegung von Kraftfahrzeug-Reparatur-Streitigkeiten oder die bei den Ärztekammern bestehenden Schiedsstellen oder Gutachterkommissionen zur Beilegung von Arzt-Haftpflichtstreitigkeiten (vgl. hierzu *Doms* NJW 81, 2489; *Bodenburg/Matthies* VersR 82, 729; *Schmidt/v. Rhein* ZRP 84, 119; *Rumler/Detzel* VersR 88, 6) als Schiedsgerichte angesehen werden. Denn sie entscheiden nicht anstelle des staatlichen Gerichts. Ihr Schiedsspruch oder Schlichtungsvorschlag schließt den Rechtsweg zu den ordentlichen Gerichten nicht aus (vgl. *Rothweiler/Sauer* NJW 78, 797). Ähnliches gilt für gesetzlich eingerichtete Einigungsstellen, Gütestellen oder Schiedsstellen im Sinn des § 65 Abs. 1 Nr. 4 BRAGebO, z. B. die nach § 27a UWG bei den Industrie- und Handelskammern eingerichteten Einigungsstellen zur Beilegung von Wettbewerbsstreitigkeiten, soweit sie nicht im Einzelfall aufgrund besonderen Schiedsvertrags der Parteien als Schiedsgericht angerufen werden (*Baumbach/Hefermehl* § 27a UWG Rdnrn. 1, 6), oder für die gemäß § 14 Nr. 3a PflVG bei der Verkehrsopferhilfe eingerichtete Schiedsstelle. Häufig ist das Verfahren vor solchen Stellen ohnehin kostenfrei. Einen Gesamtüberblick über die Bereiche, in denen Schieds- und Schlichtungsstellen in der Bundesrepublik Deutschland eingerichtet sind, mit Darstellung ihrer wirtschaftlichen und rechtlichen Bedeutung bietet *Morasch* in der Beilage 66 zum BAnz. Nr. 237 vom 18. 12. 1984 (weitere Nachweise bei *Baumbach/Lauterbach/Albers* vor § 1025 Rdnrn. 10, 11).

115 Auch sonstige Schlichtungsstellen, die nicht abschließend mit verbindlicher Wirkung für die Parteien entscheiden, sind keine Schiedsgerichte. Das gilt z. B. für betriebliche Schiedsstellen, die auf Tarifvertrag oder Betriebsvereinbarung beruhen und über die tarifliche Arbeitsbewertung von Arbeitsplätzen entscheiden und deren Spruch in gewissem Umfang gerichtlich nachprüfbar ist (BAG DB 78, 2225). Auch die nach § 76 BetrVG vorgesehene **Einigungsstelle** zur Beilegung von Meinungsverschiedenheiten zwischen Arbeitgeber und Betriebsrat ist kein Schiedsgericht im Sinn des Abs. 1c Satz 2. Abgesehen davon, daß die Kosten einer solchen Einigungsstelle schon deshalb nicht vom Versicherungsschutz umfaßt werden, weil sie nicht den Streit aus einem Individual-Arbeitsverhältnis schlichtet (Näheres vgl. § 24 Rdnrn. 33 ff.), ist sie auch kein Gericht und keine Behörde, vielmehr ein vom Betriebsrat und Arbeitgeber gemeinsam gebildetes Organ der Betriebsverfassung, dem kraft Gesetzes gewisse Befugnisse zur Beilegung von Meinungsverschiedenheiten beigelegt sind (LAG Berlin BB 78, 811; *Fitting/Auffarth/Kaiser* § 76 Anm. 3; *Schaub* § 232 V 4). Auch soweit diese Stelle zur Beilegung von Rechtsstreitigkeiten befugt ist (*Fitting/Auffarth/Kaiser* § 76 Anm. 28), ist ihr Spruch entweder als Einigungsvorschlag unverbindlich oder, soweit er die Einigung ersetzt, einer sachlichen Nachprüfung durch das Arbeitsgericht zugänglich (§ 76 Abs. 5 bis 7 BetrVG; *Fitting/Auffarth/Kaiser* § 76 Anm. 28, 29, 30, 33).

Die früher als öffentlich-rechtliche Schiedsgerichte statuierten Miet- 116
und Pachteinigungsämter bestanden aufgrund der §§ 37 ff. des früheren
Mieterschutzgesetzes bei den Amtsgerichten zur Regelung gewisser Streitigkeiten aus Mietverträgen nach Art eines Vertragshilfegerichts. Seit dem
regional zu unterschiedlichen Zeitpunkten, endgültig jedoch 1968 erfolgten
Außerkrafttreten des Mieterschutzgesetzes (*Palandt/Putzo* vor § 535 Rdnr.
71) gibt es solche Ämter nicht mehr.

Vertritt ein **Rechtsanwalt** den VN in einem Verfahren vor einer **Schieds-** 117
stelle, die im Sinn der Rdnrn. 112 ff. nicht als Schiedsgericht anzusehen ist,
und entstehen hierdurch gesonderte Kosten, die nicht schon durch die Gebühren des § 118 BRAGebO mit abgegolten sind – z. B. gemäß § 65 Abs. 1
Nr. 4 BRAGebO in einem Verfahren vor einer gesetzlich eingerichteten
Schiedsstelle –, dann fallen die Anwaltskosten im Umfang des § 2 Abs. 1a
unter den Versicherungsschutz, soweit die Wahrnehmung der rechtlichen
Interessen des VN vor dieser Stelle als notwendig im Sinn des § 1 Abs. 1 anzusehen ist (vgl. hierzu *Fischer* JurBüro 93, 133).

D. Verwaltungsverfahrenskosten
und Verwaltungsvollstreckungskosten
(Abs. 1 d)
(entspricht § 5 Abs. 1 e ARB 94)

I. 1. Soweit die Wahrnehmung rechtlicher Interessen vor Verwaltungsbe- 118
hörden unter Versicherungsschutz steht, trägt der RSVersicherer gemäß
Abs. 1 d die hierbei entstehenden Gebühren und Auslagen (**Verwaltungskosten**). Dies kann außer in Bußgeldsachen vor allem in verwaltungsrechtlichen Führerscheinverfahren, dienst- und versorgungsrechtlichen Angelegenheiten sowie in verwaltungsrechtlichen Grundstücksangelegenheiten der
Fall sein (Vorbem. vor § 21 Rdnrn. 23 ff.), und zwar auch, soweit solche
Verfahren einem Verwaltungsgerichtsverfahren gemäß §§ 68 ff. VwGO vorgeschaltet sind. Die Erhebung von Verfahrenskosten durch Verwaltungsbehörden richtet sich vorbehaltlich gesetzlicher Sonderregelung (z. B. in Bußgeldsachen, vgl. unten Rdnr. 122) nach den Verwaltungskosten- bzw.
Gebührengesetzen oder -ordnungen der Verwaltungsträger (*Wolff/Bachof*
III § 156 Rdnrn. 61, 62), insbesondere dem VwKostG des Bundes und den
entsprechenden Ländergesetzen, z. B. dem bayerischen Kostengesetz. Die
Kosten setzen sich zusammen aus Gebühren und Auslagen öffentlichrechtlicher Verwaltungstätigkeit der Behörden und können nur erhoben
werden, wenn dies für eine besondere Inanspruchnahme oder Leistung der
öffentlichen Verwaltung (kostenpflichtige Amtshandlung) gesetzlich vorgesehen ist (§ 1 VwKostG). Die Gebühren sind durch Festsätze, Rahmensätze
oder nach dem Wert des Gegenstandes zu bestimmen (§ 4 VwKostG). Kostenschuldner ist in erster Linie, wer die Amtshandlung veranlaßt oder in
wessen Interesse die Amtshandlung vorgenommen wird (§ 13 VwKostG).
Für Amtshandlungen, die auf Antrag vorzunehmen sind, kann die Verwaltungsbehörde Vorschüsse anfordern (§ 16 VwKostG).

119 2. Zu den unter Versicherungsschutz stehenden Auslagen der Verwaltungsbehörden zählt die **Entschädigung für Zeugen und Sachverständige**, die die Behörde nach § 26 Abs. 1 Nr. 2 und Abs. 3 VwVfG oder den entsprechenden landesgesetzlichen Bestimmungen herangezogen und entschädigt hat (§ 10 Abs. 1 Nr. 5 VwKostG, Art. 13 Abs. 1 Nr. 1 bayerKostengesetz). Ebenso wie bei gerichtlicher Heranziehung von Zeugen und Sachverständigen (vgl. oben Rdnr. 100) ergibt sich dieser Umfang der Versicherungsleistung an sich schon aus der Verwendung des Begriffs „Auslagen" in Abs. 1 d. Denn die von der Behörde gezahlte Entschädigung ist Teil der bei ihr entstandenen Auslagen. Zur Verdeutlichung ist jedoch auch hier die Entschädigung für Zeugen und Sachverständige eigens erwähnt. Als „herangezogen" sind auch hier nur solche Zeugen und Sachverständige anzusehen, die die Behörde gerade in dieser Funktion zur Ermittlung des Sachverhalts verwendet, d. h. vernimmt oder schriftlich anhört (§ 26 Abs. 1 Nr. 2 VwVfG; vgl. oben Rdnr. 101) und die aufgrund dessen nach § 26 Abs. 3 VwVfG oder den entsprechenden landesgesetzlichen Regelungen einen Entschädigungsanspruch gegen den Verwaltungsträger haben.

120 Zeugen oder Sachverständige, die die Behörde nicht selbst vernimmt und von denen sie auch eine schriftliche Äußerung nicht selbst einholt, sondern dies z. B. dem VN überläßt, sind von der Behörde **nicht „herangezogen"** und von ihr nach § 26 Abs. 3 VwVfG oder den entsprechenden landesgesetzlichen Vorschriften auch dann nicht zu entschädigen, wenn die Behörde beispielsweise deren schriftliche Äußerung oder schriftliches Gutachten bei ihrer Entscheidung verwertet (*Stelkens/Bonk/Leonhardt* § 26 Rdnr. 17; *Kopp* § 26 Rdnr. 24). Für solche „privatschriftlichen" Äußerungen oder Gutachten fallen demnach keine Verwaltungsauslagen an, die unter den Versicherungsschutz des Abs. 1 d fallen könnten. Dies gilt insbesondere für die Kosten medizinisch-psychologischer oder sonstiger Gutachten, deren Beibringung die Verwaltungsbehörde nach §§ 3 Abs. 2, 12 Abs. 1, 15 b Abs. 2, 15 c Abs. 3 StVZO vom VN fordern kann, wenn sie Zweifel an seiner Eignung zum Führen von Kraftfahrzeugen hat. Solche Gutachten holt die Behörde, die über die Einschränkung, Entziehung oder Wiedererteilung der Fahrerlaubnis zu entscheiden hat, nicht von Amts wegen ein, sie überläßt ihre Beibringung vielmehr dem betroffenen Kraftfahrer (*Jagusch/Hentschel* StVZO § 12 Rdnr. 5; § 15 b Rdnr. 7), der den Sachverständigen selbst zu beauftragen und zu entschädigen hat, auch wenn dieser von der Behörde vorgeschlagen sein sollte. Demgemäß entsteht für den Sachverständigen kein Entschädigungsanspruch gegen die Verwaltungsbehörde und die Gutachterkosten werden nicht zu Auslagen der Verwaltungsbehörde, auf die allein sich der Versicherungsschutz nach Abs. 1 d erstreckt (AG Aichach r + s 85, 98).

121 3. Für die Entschädigung von **Dolmetschern** und **Übersetzern** gilt das für die Gerichtskosten Gesagte (vgl. oben Rdnr. 105) entsprechend. Deren Entschädigung ist – als Teil der Verwaltungsauslagen – nur dann vom Versicherungsschutz umfaßt, wenn sie die Behörde gemäß § 23 Abs. 1 VwVfG oder den entsprechenden Landesgesetzen herangezogen und entschädigt hat.

4. Der Versicherungsschutz nach Abs. 1 d umfaßt auch die in Buß- 122 geldverfahren vor der **Verwaltungsbehörde** entstehenden **Kosten**, soweit das einzelne Verfahren in den Deckungsbereich des jeweiligen Versicherungsvertrags fällt. Für die Verfolgung und Ahndung einer Ordnungswidrigkeit ist in der Regel zunächst die Verwaltungsbehörde zuständig (§ 35 OWiG). Welche Verwaltungskosten (Gebühren und Auslagen) in einem solchen Bußgeldverfahren vor der Behörde zu erheben sind, bestimmt § 107 OWiG als Sonderregelung gegenüber dem VwKostG und den entsprechenden landesrechtlichen Vorschriften (*Göhler/Buddendiek* § 107 Rdnr. 1). Die Verwaltungsgebühr richtet sich nach der Höhe der festgesetzten Geldbuße. Zu den Auslagen der Verwaltungsbehörde zählen auch hier die nach dem ZSEG zu zahlenden Beträge (§ 107 Abs. 3 Nr. 5 OWiG), also die Entschädigung für Zeugen, Sachverständige, Dolmetscher und Übersetzer, die von der Verwaltungsbehörde herangezogen wurden (vgl. oben Rdnrn. 100 und 105). Kostenschuldner ist derjenige, dem die Kosten des Bußgeldverfahrens gemäß § 105 Abs. 1 OWiG in Verbindung mit §§ 465 ff. StPO auferlegt worden sind. Das ist in der Regel der Betroffene, wenn gegen ihn eine Buße festgesetzt worden ist (*Göhler/Buddendiek* § 105 Rdnr. 3; § 107 Rdnr. 25). Wird der von der Verwaltungsbehörde erlassene Bußgeldbescheid nicht rechtskräftig, sondern entscheidet der Amtsrichter nach einem Einspruch des Betroffenen in der Sache, dann kann für das Bußgeldverfahren vor der Verwaltungsbehörde keine Verwaltungsgebühr erhoben werden. Das behördliche und das anschließende gerichtliche Verfahren sind dann kostenmäßig eine Einheit. Es entstehen nur Gerichtskosten, wobei auch die im Verfahren vor der Verwaltungsbehörde entstandenen Auslagen als Gerichtskosten erhoben werden (Nr. 9015 des Kostenverzeichnisses, Anlage 1 zum GKG; *Göhler/Buddendiek* § 107 Rdnr. 5).

Kostenschuldner kann nach dem seit 1. 4. 1987 geltenden § 25a StVG 122a auch der Fahrzeug-Halter sein, wenn nach einem Halt- oder Parkverstoß der Führer des Kraftfahrzeugs nicht vor Eintritt der Verfolgungsverjährung mit angemessenem Aufwand ermittelt werden kann (sog. **Halterhaftung** bei Kennzeichenanzeigen; Näheres *Janiszewski* DAR 86, 256 unter Ziff. II). Da es sich bei diesen Kosten um Gebühren und Auslagen vor Verwaltungsbehörden – wenn auch besonderer Art – im Sinn des Abs. 1 d handelt, wäre der Versicherer an sich wohl eintrittspflichtig (vgl. hierzu *Wagner* DAR 87, 102). Hiermit würde jedoch die Absicht des Gesetzgebers unterlaufen, der sich von der Einführung der Halterhaftung eine Entlastung der Gerichte von Bagatellverfahren bei Halt- und Parkverstößen erhofft. Daher hat das BAV auf Grund der VO über die Anwendung Allgemeiner Versicherungsbedingungen vom 29. 11. 1940 (RGBl. I S. 1543; abgedruckt bei *Prölss/Schmidt/Frey*, 10. Aufl., Zusatz zu § 81a; inzwischen durch Gesetz vom 17. 12. 1990 aufgehoben, *Prölss/Schmidt/Frey/Kollhosser*, Nachtrag zur 10. Aufl., Rdnr. 939; vgl. auch *Prölss/Martin* Vorbem. vor § 1 Anm. I 6 B e) die Versicherungsbedingungen in der RSVersicherung mit Wirkung vom 1. 4. 1987 und auch für bestehende Verträge wie folgt geändert (BAnz. Nr. 62 vom 31. 3. 1987 = NJW 87, 1187 = ZfS 87, 213):

Ausschlußklausel hinsichtlich § 25a Straßenverkehrsgesetz (StVG)
(entspricht § 3 Abs. 3e ARB 94)
In Bußgeldverfahren wegen eines Halt- oder Parkverstoßes besteht Versicherungsschutz nur, wenn das Verfahren nicht mit einer Entscheidung nach § 25a StVG endet. Dieser Ausschluß entfällt, wenn der Führer des Kraftfahrzeuges feststeht. Das Rechtsbehelfsverfahren nach § 25a Abs. 3 StVG ist vom Versicherungsschutz ausgeschlossen.

Die Klausel gilt für sämtliche RSVersicherungsverträge nach den ARB 54, 69 und 75 sowie nach den VRB und ÖRB oder nach den ABKStRV. Der Ausschluß ergreift alle bereits bestehenden sowie künftigen Versicherungsverträge. Wie der eindeutige Wortlaut ergibt, sind nicht nur die Verwaltungskosten im Sinn des Abs. 1d sowie die Kosten eines Gerichtsverfahrens im Sinn des § 25a Abs. 3 StVG vom Versicherungsschutz ausgenommen, sondern auch die Auslagen des VN, insbesondere also seine Verteidigerkosten. Wird dem VN (nur) ein Halt- oder Parkverstoß vorgeworfen, besteht zunächst generell kein Versicherungsschutz (ähnlich § 4 Abs. 3a Satz 2 beim Vorwurf vorsätzlicher Begehung, vgl. § 4 Rdnr. 194; nach AG Düsseldorf ZfS 88, 80 hat die Klausel nur klarstellende Bedeutung, vgl. Vorbem. vor § 21 Rdnr. 75). Erst mit der abschließenden Entscheidung der Bußgeldbehörde kann der Versicherungsschutz einsetzen, nämlich dann (und nur dann), wenn sie das Verfahren nicht durch eine Entscheidung nach § 25a StVG, sondern anderweitig beendet. Der Ausschluß entfällt außerdem, und zwar auch für das Rechtsbehelfsverfahren, wenn der Führer des Kraftfahrzeugs feststeht, d.h. vor der abschließenden Entscheidung der Bußgeldbehörde bekannt wird (*Evers* AnwBl. 91, 207). Beweispflichtig hierfür ist der VN (AG Lüdinghausen r+s 91, 273).

II. Verwaltungsvollstreckungskosten

123 Der Versicherungsschutz gemäß Abs. 1d umfaßt auf den unter Versicherungsschutz stehenden verwaltungsrechtlichen Rechtsgebieten (Vorbem. vor § 21 Rdnrn. 23 ff.) die **Kosten** der **Vollstreckung im Verwaltungswege** im Rahmen des Abs. 3b, insbesondere Kosten für Anträge auf Vollstreckungsabwehr. Gemeint sind hier solche Vollstreckungskosten, die nicht schon als Gerichtskosten oder Gerichtsvollzieherkosten nach Abs. 1c unter die Versicherungsdeckung fallen. Wird nämlich aufgrund eines verwaltungsgerichtlichen Vollstreckungstitels im Sinn des § 168 VwGO – wozu nicht Verwaltungsakte gehören, auch nicht solche, die erst nach Rechtskraft einer verwaltungsgerichtlichen Entscheidung unanfechtbar geworden sind (*Eyermann/Fröhler* § 167 Rdnr. 1) – vollstreckt, dann wird in den Fällen, in denen die Vollstreckung nicht zugunsten der öffentlichen Hand gemäß § 169 VwGO erfolgt, das Verwaltungsgericht als Vollstreckungsgericht und gegebenenfalls der Gerichtsvollzieher tätig (§ 167 VwGO in Verbindung mit den entsprechenden Vorschriften der ZPO). Soweit der VN hierdurch anfallende Kosten zu tragen hat, fallen diese unter Abs. 1c. Wird dagegen aufgrund eines verwaltungsgerichtlichen Vollstreckungstitels zugunsten der öffentlichen Hand vollstreckt, dann erfolgt gemäß § 169 VwGO wegen der andersartigen Gläubigerstellung der vollstreckenden Behörde die Vollstreckung nach dem VwVG im Verwaltungszwangsverfahren. Der Vorsitzende des Verwaltungsgerichts des ersten Rechtszugs ist dann Vollstreckungsbehörde im Sinn des VwVG. Dieses Verwaltungszwangsverfahren unterscheidet sich von der gerichtlichen Vollstreckung vor allem dadurch, daß es kein Vollstreckungsgericht, sondern nur eine Vollstreckungsbehörde gibt (*Eyermann/ Fröhler* § 169 Rdnr. 2). Ebenfalls nach dem VwVG oder den entsprechenden landesgesetzlichen Vorschriften richtet sich die Zwangsvollstreckung aus Verwaltungsakten. Verwaltungsakte sind im Wege des Verwaltungszwangs vollstreckbar, wenn sie – sei es auch nach Rechtskraft einer verwaltungsgerichtlichen Entscheidung – unanfechtbar geworden oder für sofort vollziehbar erklärt worden sind oder wenn einem dagegen eingelegten Rechtsbehelf keine aufschiebende Wirkung zukommt (*Eyermann/ Fröhler* Anhang zu § 172 Rdnr. 1a). Die Verwaltungsvollstreckung ist im übrigen bundes- und landesrechtlich sehr unübersichtlich geregelt (Näheres siehe *Eyermann/Fröhler* Anhang zu § 172). Für Vollstreckungshandlungen im Verwaltungszwangsverfahren nach dem VwVG werden gemäß dessen § 19 Kosten (Gebühren und Auslagen) nach den §§ 337 Abs. 1 und 338 bis 346 AO erhoben. Die Gewährung einer Entschädigung an Sachverständige in diesem Verfahren richtet sich nach § 107 AO. Ähnliches gilt für Verwaltungsvollstreckungskosten nach landesrechtlichen Vorschriften. Sowohl Vollstreckungskosten, die in Verfahren nach dem VwVG anfallen, wie auch die nach entsprechenden landesrechtlichen Vorschriften vom VN zu erhebenden Verwaltungsvollstreckungskosten fallen unter Abs. 1d.

Dies gilt auch für die Kosten in Verfahren wegen der Vollstreckung einer rechtskräftigen **Bußgeldentscheidung** der Verwaltungsbehörde (§ 90 Abs. 1 OWiG). Soweit aus gerichtlichen Bußgeldentscheidungen sowie aus strafgerichtlichen Verurteilungen eine Vollstreckung im Verwaltungswege erfolgt (§ 91 OWiG, §§ 451, 459ff. StPO in Verbindung mit den Vorschriften der Justizbeitreibungsordnung) und hierbei Vollstreckungskosten anfallen, die der VN als Vollstreckungsschuldner zu tragen hat (vgl. z.B. § 6 Abs. 1 Nr. 1 Justizbeitreibungsordnung in Verbindung mit § 788 ZPO), fallen diese Kosten ebenfalls unter den Versicherungsschutz des Abs. 1d. Zu unterscheiden sind hiervon Kosten für Anträge, die nicht gegen eine Verwaltungsvollstreckung als solche, sondern auf eine Vergünstigung in der Strafvollstreckung gerichtet sind (Näheres hierzu Vorbem. vor § 21 Rdnrn. 85ff.). 124

E. Kosten technischer Privatgutachter (Abs. 1e)
(entspricht § 5 Abs. 1faa, 1. Alternative ARB 94)

I. Der in den ARB 69 noch nicht enthaltene Abs. 1e bringt eine Ausnahme von dem Grundsatz, daß Aufwendungen des VN für einen **Privatgutachter**, d.h. einen nicht vom Gericht herangezogenen Sachverständigen, nicht vom Versicherungsschutz umfaßt werden (vgl. oben Rdnr. 104). Die Kosten für einen solchen Sachverständigen werden unter folgenden drei Voraussetzungen übernommen (vgl. die Übersicht von *Kern* DAR 90, 37): 125

126 Gegen den VN muß ein **Straf-** oder **Ordnungswidrigkeitenverfahren** anhängig sein, in dem ihm vorgeworfen wird, eine **verkehrsrechtliche** Vorschrift verletzt zu haben. Abs. 1 e erstreckt den Versicherungsschutz also nur auf die Verteidigung in Straf- und Ordnungswidrigkeitenverfahren (vgl. Vorbem. vor § 21 Rdnrn. 82, 83), und auch hier nur auf solche, in denen dem VN die Verletzung verkehrsrechtlicher, also nicht allgemein-strafrechtlicher Vorschriften vorgeworfen wird (Näheres hierzu § 4 Rdnrn. 200ff.). Auf anderen unter Versicherungsschutz stehenden Rechtsgebieten hat der RSVersicherer die Kosten für Privatgutachten nicht zu übernehmen. Dies gilt insbesondere für den nicht seltenen Fall, daß bei der Geltendmachung von Schadenersatzansprüchen aufgrund gesetzlicher Haftpflichtbestimmungen (Vorbem. vor § 21 Rdnrn. 31 ff.) der Umfang des Kraftfahrzeug-Schadens durch das vom VN eingeholte Gutachten eines Kraftfahrzeug-Sachverständigen belegt wird. Soweit der Schädiger oder dessen Haftpflichtversicherer schadenersatzpflichtig sind, haben diese möglicherweise die Kosten eines solchen Gutachters als adäquaten Folgeschaden zu ersetzen. Soweit dies nicht der Fall ist, hat der geschädigte VN keinen Anspruch gegen seinen RSVersicherer aus Abs. 1 e. Neuerdings übernehmen allerdings manche Versicherer solche Kosten in Auslandsfällen (VerBAV 91, 417).

127 Weitere Voraussetzung für die Übernahme der Kosten eines Privatgutachtens ist, daß es **für die Verteidigung** in dem gegen den VN anhängigen Verfahren **erforderlich** sein muß. Wann dies der Fall ist, hat in erster Linie der Verteidiger des VN aufgrund des jeweiligen Verfahrensstandes zu entscheiden (*Sperling* AnwBl. 76, 29, 30). „Erforderlich" kann hier nicht im Sinn von „notwendig" wie in § 1 Abs. 1 verstanden werden. Denn es geht nicht darum, ob die Verteidigung gegen den staatlichen Straf- oder Ordnungswidrigkeitenvorwurf rechtlich hinreichende Aussicht auf Erfolg verspricht, sondern darum, ob der dem VN vorgeworfene Sachverhalt richtig ist und einen Schuldvorwurf begründen kann. „Erforderlich" kann demnach ein solches Gutachten sein, wenn es auch nur möglicherweise den gegen den VN erhobenen Schuldvorwurf erschüttern kann. Steht nach Einstellung eines Ermittlungsverfahrens wegen fahrlässiger Körperverletzung noch nicht fest, ob es überhaupt zu einem Bußgeldverfahren kommt, ist ein gleichwohl eingeholtes Gutachten (noch) nicht „erforderlich" (AG Bonn r+s 95, 68; vgl. zum Begriff „erforderlich" auch *Prölss/ Martin* § 34 Anm. 2 A). Ist bereits vom Gericht ein Sachverständiger herangezogen, dann kommt es auf die Umstände des Einzelfalles an, ob ein vom VN zum Termin gestellter weiterer Sachverständiger für die Verteidigung erforderlich ist (vom AG Köln ZfS 91, 414 = r+s 92, 58 abgelehnt bei einem Bußgeldbescheid über einhundert DM wegen zu dichten Auffahrens auf der Autobahn).

128 Als dritte Voraussetzung für eine Kostenübernahme durch den RSVersicherer verlangt Abs. 1 e, daß ein **öffentlich bestellter technischer** Sachverständiger das Gutachten erstellt hat. Die öffentliche Bestellung kann aufgrund § 36 GewO oder anderer bundes- oder landesrechtlicher Bestimmungen erfolgt sein (vgl. *Berger* VW 81, 1237). Durch die öffentliche Bestellung und die damit regelmäßig verbundene Beeidigung wird diesem Personenkreis besondere Glaubwürdigkeit verliehen (*Sieg/Leifermann* § 36 Anm. 6).

Die Beschränkung auf öffentlich bestellte Sachverständige, die nicht gegen das AGB-Gesetz verstößt (AG Köln r+s 92, 58 = ZfS 91, 414; AG Itzehoe ZfS 89, 380), bietet eine gewisse Gewähr dafür, daß der RSVersicherer nicht Kosten für einen nicht hinreichend sachkundigen Gutachter aufzuwenden hat. Bei Beauftragung eines ausländischen Sachverständigen ist auf Merkmale abzustellen, die mit der öffentlichen Bestellung vergleichbar sind. Der Gutachter muß auf technischem Gebiet bestellt sein, also insbesondere sachverständig sein auf dem Gebiet der Unfallanalyse (z. B. Rekonstruktion von Bewegungsabläufen, Beurteilung von Ampelphasenschaltungen, Stoß- und Wurfberechnungen u. ä.) oder auf dem Gebiete der Begutachtung von Fahrzeugmängeln (z. B. Defekte an der Brems- oder Lenkanlage, Reifenmängel u. ä.). Die Kosten für Privatgutachten auf anderen Gebieten (z. B. Medizin) hat der RSVersicherer nicht zu übernehmen.

Der Sachverständige wird durch den VN oder für diesen von seinem Rechtsanwalt beauftragt. Auch wenn ihn der Versicherer beauftragt, geschieht dies – wie beim Anwalt (§ 16 Abs. 2) – im Namen und Auftrag des VN. Für öffentlich bestellte technische Sachverständige der hier in Frage kommenden Art gibt es **keine** verbindliche **Gebührenordnung**. Sie berechnen ihre Vergütung meist nach Zeitaufwand oder pauschal oder auch nach Vorschlägen eines Berufsverbands. Da der mit dem Gutachter geschlossene Vertrag ein Werkvertrag ist (*Palandt/Thomas* vor § 631 Rdnr. 14), kommt es bei überhöht erscheinender Vergütungsforderung darauf an, ob die vom Gutachter geforderte Entschädigung noch als „üblich" im Sinn von § 632 Abs. 2 BGB anzusehen ist (AG Dortmund ZfS 86, 169; vgl. AG Landstuhl VersR 80, 1130). Die Entschädigungssätze des § 3 ZSEG gelten hier nicht, da der Gutachter nicht vom Gericht oder der Staatsanwaltschaft herangezogen ist (§ 1 Abs. 1 ZSEG), und können höchstens als allgemeine Richtlinien zur Bewertung der Frage herangezogen werden, ob die Gutachterkosten ungewöhnlich hoch und damit unüblich sind (OLG Koblenz JurBüro 86, 447). Kosten für Foto-Reproduktionen aus der Strafakte, die zur Anfertigung des Gutachtens notwendig sind, sind keine Parteikosten (oben Rdnrn. 3, 33), sondern Teil der Gutachterkosten, auch wenn der Sachverständige die Reproduktionen nicht selbst hergestellt hat (AG Lemgo r+s 91, 422). Reisekosten eines auswärtigen Sachverständigen sind allenfalls dann zu übernehmen, wenn die Beauftragung gerade dieses Sachverständigen für die Interessenwahrnehmung des VN notwendig war (§ 15 Abs. 1 d cc).

War die Einholung eines technischen Privatgutachtens aus der Sicht der Verteidigung zur zweckentsprechenden Verteidigung notwendig, dann können die Kosten eines solchen Gutachters im Fall des **Freispruchs** des VN als **notwendige Auslagen** gemäß § 467 Abs. 1 StPO der Staatskasse auferlegt werden (LG Verden VersR 70, 558). In diesem Fall hat der RSVersicherer die Gutachterkosten nach § 2 Abs. 3 c nicht zu übernehmen.

II. Durch eine seit 1981 verwendete Standardklausel (Einl.Rdnr. 23 b) zu § 2 Abs. 1 wurde die Möglichkeit geschaffen, außer in den Fällen des Abs. 1 e die Kosten für Privatgutachter (vgl. oben Rdnr. 125) auch bei

§ 2 ARB 75   130b, 131   1. Teil. Allgemeine Bestimmungen (A)

Kraftfahrzeug-Vertragsstreitigkeiten zu übernehmen. Die Klausel hat folgenden Wortlaut (VerBAV 81, 190):

> **Klausel zu § 2 Abs. 1 ARB – Technischer Sachverständiger im Rahmen des Kfz-Vertrags-Rechtsschutzes**
> *(entspricht § 5 Abs. 1 f aa, 2. Alternative ARB 94)*
> Der Versicherer trägt im Rahmen der §§ 21 Abs. 4 b, 22 Abs. 3 b 26 Abs. 3 b und 27 Abs. 3 b die Kosten des Gutachtens eines öffentlich bestellten technischen Sachverständigen, soweit dieses Gutachten für die Wahrnehmung der rechtlichen Interessen des Versicherungsnehmers aus Kauf- und Reparaturverträgen erforderlich ist.

130b   Durch die Beschränkung auf Streitigkeiten aus **Kauf- und Reparaturverträgen** ist klargestellt, daß bei anderen Vertragsstreitigkeiten, z.B. aus Kasko-Versicherungsverträgen, Leasingverträgen (a. A. *Kühl* VersR 83, 425; dagegen mit Recht *Rex* VersR 84, 619) oder reinen Wartungs- oder Inspektionsverträgen ohne gleichzeitige Reparaturen, keine Gutachterkosten übernommen werden. „Erforderlich" ist ein Gutachten, wenn es zur Beweissicherung oder zur Klärung der Schadenursache benötigt wird. Steht die Klageerhebung bereits fest, wird ein Privatgutachten in der Regel nicht mehr erforderlich sein, weil das Gericht ohnehin ein Gutachten einholen wird. Im übrigen kann auf die Erläuterungen zu Abs. 1 e (oben Rdnrn. 125 bis 130) verwiesen werden.

F. Strafkautionen (Abs. 1f)
(entspricht § 5 Abs. 5 b ARB 94)

131   Der in den ARB 69 noch nicht enthaltene Abs. 1 f erstreckt den Versicherungsschutz in den unter die Deckung fallenden Straf- und Bußgeldverfahren (Vorbem. vor § 21 Rdnrn. 73 ff.) auf solche Kosten, die der VN außerhalb der Bundesrepublik Deutschland in einem europäischen Staat oder einem außereuropäischen Anliegerstaat des Mittelmeeres (§ 3) – meist nach einem Verkehrsunfall – aufwenden muß, um während eines gegen ihn eingeleiteten Strafverfahrens „einstweilen" von einer Freiheitsbeschränkung, einer Beschlagnahme seines Kraftfahrzeugs oder sonstigen nachteiligen Maßnahmen verschont zu bleiben. Ähnlich wie im deutschen Strafprozeß (§§ 116 Abs. 1 Nr. 4, 127a Abs. 1 Nr. 2 StPO) haben auch die Strafverfolgungsbehörden außerhalb der Bundesrepublik Deutschland in einer Reihe von Ländern die Möglichkeit, die Verschonung von Strafverfolgungsmaßnahmen von der **Leistung einer Sicherheit** abhängig zu machen. Soweit eine solche Sicherheit in Geld zu erbringen ist, hat sie der RSVersicherer bis zur Höhe der vereinbarten Deckungssumme (§ 2 Abs. 4, vgl. unten Rdnr. 258) zu übernehmen. Er erfüllt diese Verpflichtung entweder durch unmittelbare Hinterlegung des Geldbetrags bei der zuständigen Behörde oder durch Aushändigung an den VN oder dessen Verteidiger zwecks Weiterleitung an die Behörde. Hat der VN die Sicherheit bereits selbst geleistet, hat er einen (vertraglichen) Zahlungsanspruch gegen den Versicherer (vgl. unten Rdnrn. 150, 151). Die Meinung des LG Köln (r+s 90, 306), der Versicherer habe die Kaution als „Bürge" zu stellen und der VN könne bei eigener Vorwegleistung Ersatz seiner Aufwendungen aus Geschäftsführung ohne Auftrag verlangen, findet weder im Wortlaut noch im Zweck des Abs. 1 f eine Stütze (ähnlich *Prölss/Martin* § 2 ARB Anm. 6). Der Zweck der Sicherheit kann von Land zu Land verschieden sein. Hauptzwecke sind: Sicherstellung der Anwesenheit des Beschuldigten während des Untersuchungsverfahrens oder bei der Gerichtsverhandlung, speziell auch für Ausländer; Sicherstellung der zu erwartenden Geldstrafe; Sicherstellung der Strafverfahrenskosten; bei Schädigung eines Staatsangehörigen des betreffenden Besuchslandes soll die auferlegte Sicherheit manchmal gleichzeitig der Sicherstellung des zivilrechtlichen Schadenersatzanspruches des Geschädigten dienen, was bei der heute nahezu lückenlosen internationalen Kraftfahrzeug-Haftpflichtdeckung an sich überflüssig ist. Soweit eine Sicherheit zivilrechtliche Schadenersatzansprüche sichern soll, fällt sie naturgemäß nicht unter Abs. 1 f und wird normalerweise vom Kraftfahrzeug-Haftpflichtversicherer des VN übernommen.

Bei der Festlegung des Betrags für eine Sicherheitsleistung gliedern die ausländischen Strafverfolgungsbehörden häufig nicht nach dem genannten **Einzelzweck** auf. Soweit sich dann während oder nach Abschluß des Verfahrens ergibt, daß eine Sicherheit nicht nur wegen der vom RSVersicherer im Umfang der Abs. 1c und d zu übernehmenden Verfahrenskosten, sondern auch als Geldstrafe, Geldbuße oder auch zur Sicherstellung der gegen den VN gerichteten zivilrechtlichen Schadenersatzansprüche einbehalten wurde, hat sie der VN zurückzuzahlen (§ 20 Abs. 4 Satz 2; § 20 Rdnr. 32). Das gleiche gilt, wenn die Sicherheit aus strafprozessualen Gründen verfällt, der VN also beispielsweise eine rechtskräftige Freiheitsstrafe nicht antritt. Denn die Sicherheit soll und kann den VN nur „einstweilen", d.h. während des Laufs eines Ermittlungs- oder Strafverfahrens, vor Strafverfolgungsmaßnahmen schützen, nicht aber nach Rechtskraft einer verhängten Strafe. Das Risiko einer Verurteilung hat vielmehr der VN selbst zu tragen (OLG Hamburg NJW 83, 184; *Sperling* AnwBl. 76, 29). 132

G. Die Kosten des Gegners (Abs. 1g)
(entspricht § 5 Abs. 1 h ARB 94)

1. Abs. 1g erstreckt die Versicherungsdeckung auf **Rechtskosten** des Gegners, soweit sie der VN **zu erstatten** hat. Eine solche Erstattungspflicht ist an sich sowohl prozessual nach zivil-, arbeits-, sozial-, finanz- oder verwaltungsgerichtlicher Austragung eines Rechtsstreits oder nach strafgerichtlicher Entscheidung oder nach einem isolierten verwaltungsrechtlichen Verfahren wie auch materiell-rechtlich außerhalb eines gerichtlichen oder behördlichen Verfahrens denkbar. Im Rahmen des Abs. 1g ist als häufigster Fall vor allem eine prozessuale Erstattungspflicht auf Grund eines gerichtlichen oder behördlichen Kostenausspruchs gemeint (vgl. unten Rdnr. 134). Darin erschöpft sich jedoch die Bedeutung des Abs. 1g nicht. Wie sich schon aus seinem Wortlaut, insbesondere aber aus der Formulierung der Ri- 133

sikobegrenzung des Abs. 3 a ergibt, kann auch eine gesetzliche Erstattungspflicht (z. B. § 40 BetrVG, vgl. unten Rdnr. 168) oder vereinbarte Kostenübernahme unter die Versicherungsdeckung fallen, sofern sie sich nur in den Grenzen des Abs. 3 a hält und die Übernahmeerklärung nicht lediglich eine bereits bestehende materiell-rechtliche Verpflichtung zur Erstattung von Aufwendungen des Gegners bestätigt (BGH NJW 85, 1466 = VersR 85, 538 unter Ziff. 3 b; vgl. unten Rdnrn. 137, 138).

134   2. Die prozessuale Pflicht zur Kostenerstattung setzt eine entsprechende Kostenentscheidung des Gerichts voraus, aufgrund deren dann der Rechtspfleger oder Urkundsbeamte der Geschäftsstelle die Höhe der zu erstattenden Kosten durch Kostenfestsetzungsbeschluß festsetzt (§ 104 ZPO; § 464b StPO; § 164 VwGO; § 197 SGG; § 149 FGO; § 47 Satz 2 WEG in Verbindung mit § 13a Abs. 1 FGG). Im Arbeitsgerichtsverfahren gilt an sich die gleiche Regelung (§§ 46 Abs. 2, 64 Abs. 6, 72 Abs. 5 ArbGG in Verbindung mit §§ 91 ff. ZPO), jedoch hat die in erster Instanz obsiegende Partei keinen Anspruch auf Entschädigung wegen Zeitversäumnis und auf Erstattung der Kosten für die Zuziehung eines Prozeßbevollmächtigten oder Beistands (§ 12a Abs. 1 ArbGG). Notwendige Vollstreckungskosten hat der Vollstreckungsschuldner ohne Kostenfestsetzungsbeschluß zu erstatten (§ 788 ZPO; *Baumbach/Lauterbach/Hartmann* § 788 Rdnr. 10). Eine verfahrensrechtliche Pflicht zur Kostenerstattung kann sich für den VN auch nach Abschluß eines verwaltungsrechtlichen Vorverfahrens ergeben, soweit sein Widerspruch erfolglos geblieben ist (§ 80 Abs. 1 Satz 3 VwVfG und entsprechende landesrechtliche Bestimmungen). In den gerichtlich festgesetzten Kosten des Gegners können Kosten enthalten sein, die der RSVersicherer als Aufwendungen des eigenen VN nach Abs. 1 nicht zu übernehmen hätte (z. B. Entschädigung für Zeitversäumnis oder notwendige Reisen, § 91 Abs. 1 Satz 2 ZPO, vgl. oben Rdnr. 3; Kosten eines Rechtsbeistands, vgl. oben Rdnr. 10; Prozeßvorbereitungskosten; Näheres siehe die Kommentare zu § 91 ZPO, z. B. *Baumbach/Lauterbach/Hartmann* § 91 Rdnrn. 270 ff.).

135   Nach Rechtskraft oder bei vorbehaltloser vorläufiger Vollstreckbarkeit des Kostenfestsetzungsbeschlusses hat der RSVersicherer die darin festgesetzten Kosten – jedoch nicht mehr (AG Brühl ZfS 87, 112) – ohne Rücksicht darauf zu übernehmen, ob er die Festsetzung für richtig hält oder nicht (vgl. unten Rdnr. 164). Hat es der VN oder sein Anwalt unterlassen, einen aussichtsreichen Rechtsbehelf gegen den Kostenfestsetzungsbeschluß einzulegen, dann kann dies allerdings als Obliegenheitsverletzung nach § 15 zu einer Kürzung der Versicherungsleistung führen (vgl. § 15 Rdnr. 22). Hat der Anwalt des VN versäumt, einen eindeutig falschen, den VN belastenden Kostenfestsetzungsbeschluß rechtzeitig anzufechten, dann kann der Anwalt wegen schuldhafter Verletzung seiner Verpflichtung aus dem Anwaltsvertrag, den VN vor Kostennachteilen zu bewahren, diesem gegenüber in Höhe der ungerechtfertigten Mehrkosten schadenersatzpflichtig sein mit der Folge, daß der RSVersicherer diese Mehrkosten nach Abs. 3 c nicht zu tragen hat (vgl. § 16 Rdnr. 11). Liegt ein rechtskräftiger Kostenfestsetzungsbeschluß vor, dann kann der Prozeßgegner zumindest bei unverändertem Sachverhalt weitergehende Kosten nicht sachlich-rechtlich im Wege des

Schadenersatzes verlangen (vgl. z.B. für den Zivilprozeß BGH VersR 74, 639, 642; *Baumbach/Lauterbach/Hartmann* vor § 91 Rdnr. 49; für den Arbeitsgerichtsprozeß BAG BB 78, 915; für den Strafprozeß BGH NJW 66, 1513). Ebensowenig besteht ein sachlich-rechtlicher Schadenersatzanspruch auf Erstattung der Verteidiger- und Strafprozeßkosten eines Unfallbeteiligten gegen den Unfallverursacher aus §§ 823 BGB, 7 StVG (BGH NJW 58, 1041 = VersR 58, 414).

Steht bei nur teilweisem Obsiegen des VN dem Gegner eine vollstreckbare Kostenerstattungsforderung zu und **rechnet** der **VN** daraufhin – etwa wegen Insolvenz des Gegners – mit seiner titulierten Hauptsacheforderung **gegen** den **Kostenerstattungsanspruch auf,** dann hat der RSVersicherer seinem VN den Betrag zu zahlen, den er als Erstattungsforderung des Gegners nach Abs. 1 g zu übernehmen gehabt hätte. 136

3. Ist der VN **nur** aus **materiell-rechtlichen** Gründen zur Erstattung von Rechtskosten des Gegners verpflichtet, z.b. aus Schuldnerverzug (§ 286 BGB) oder unerlaubter Handlung (§§ 823 ff. BGB), dann besteht insoweit keine Freistellungspflicht des RSVersicherers nach Abs. 1 g. Denn diese Erstattungspflicht ist Folge einer im Risikobereich des VN verbleibenden, in der Regel bereits vor Beginn seiner unter die Versicherungsdeckung fallenden Interessenwahrnehmung entstandenen materiell-rechtlichen Schadenersatzpflicht. Diese Kostenpflicht ist nicht im Sinn des § 1 Abs. 1 „bei" der Wahrnehmung der rechtlichen Interessen des VN, d.h. aus seiner Rechtsverteidigung gegen die Ansprüche des Gegners entstanden, sondern bereits vor Beginn dieser Rechtsverteidigung als Folge des zum Schadenersatz verpflichtenden Verhaltens des VN, selbst wenn er im Rahmen der Rechtsverteidigung noch eine entsprechende Übernahmeerklärung abgegeben haben sollte (BGH NJW 85, 1466 = VersR 85, 538 unter Ziff. 3b; VersR 85, 491 unter Ziff. 2 zur früher üblichen „freiwilligen" Übernahme von Kosten des gegnerischen Nebenklägers; vgl. § 1 Rdnr. 42). 137

4. **Übernimmt** der VN anläßlich des Abschlusses einer außergerichtlichen oder gerichtlichen Auseinandersetzung **Rechtskosten** seines Gegners oder verpflichtet er sich hierzu, dann hat ihn sein RSVersicherer von diesen Kosten freizustellen, sofern sich die Übernahme an den maßgeblichen Kostenvorschriften orientiert, in den Grenzen des Abs. 3a hält und nicht (nur) als Erfüllung einer materiell-rechtlichen Haftungsverpflichtung verstanden werden muß oder ohne vorgegebenen Rechtsgrund erfolgt. Dies ergibt sich aus dem Wortlaut von Abs. 1g und 3a und deren Regelungszusammenhang. Der RSVersicherer hat hierbei (nur) solche Kosten zu übernehmen, deren Überbürdung dem VN nach den prozessualen Bestimmungen bei gerichtlicher Austragung droht oder drohen würde. Diese vom BGH für die früher übliche „freiwillige" Übernahme von Nebenklagekosten entwickelten Grundsätze (BGH NJW 85, 1466 = VersR 85, 538; VersR 85, 491) können auch in anderen Fällen einer Kostenübernahme Geltung beanspruchen, z.B. wenn der VN die Kosten eines das Wandlungsbegehren seines Gegners bestätigenden Beweissicherungsverfahrens übernimmt, die ihm im Prozeß oh- 138

nehin auferlegt worden wären (AG Hannover r+s 92, 419; vgl. auch unten Rdnr. 167a).

139 5. a) Ist in einem gegen den VN laufenden, unter die Versicherungsdeckung fallenden Strafverfahren der Verletzte als Privat- oder **Nebenkläger** beteiligt (§§ 374ff. und §§ 395 ff. StPO) und hat das Gericht gemäß §§ 471, 472 Abs. 1 StPO entschieden, daß der **verurteilte VN** die notwendigen Auslagen des Privat- oder rechtswirksam zugelassenen Nebenklägers zu erstatten hat, dann hat der RSVersicherer diese Kosten gemäß Abs. 1g zu übernehmen (sogenannte passive Privat- oder Nebenklage). Denn der Versicherungsschutz umfaßt „die" Verteidigung in Verfahren wegen des Vorwurfs der Verletzung einer Vorschrift des Strafrechts (Vorbem. vor § 21 Rdnr. 74). Zu dieser Verteidigung gehört aber nicht nur die Abwehr einer staatsanwaltschaftlichen Anklage, sondern auch einer an deren Stelle erhobenen Privatklage oder einer daneben erhobenen Nebenklage.

140 b) Wird der VN bei gegen ihn gerichteter Nebenklage nicht verurteilt, sondern das **Verfahren** gegen ihn wegen geringer Schuld nach §§ 153, 153a, 153b oder 154 StPO **eingestellt** und werden ihm auf Grund dessen nach § 472 Abs. 2 in Verbindung mit Abs. 1 StPO die dem Nebenkläger erwachsenen notwendigen Auslagen auferlegt, dann hat der RSVersicherer diese Kosten ebenso wie im Fall der Verurteilung (vgl. oben Rdnr. 139) zu übernehmen, da es sich um eine gerichtliche Kostenentscheidung handelt (vgl. oben Rdnrn. 133, 134).

141 Der früher sehr umstrittenen Frage, ob der Versicherer die Kosten der gegnerischen Nebenklage zu übernehmen hat, wenn sie dem VN durch Gerichtsauflage überbürdet wurden oder wenn sie der VN „freiwillig" übernommen hatte (vgl. hierzu 3. Auflage Rdnrn. 137 bis 143), wurde durch den seit 1. 4. 1987 geltenden § 472 StPO der Boden entzogen. Danach besteht jetzt eine klare gesetzliche Grundlage für eine gerichtliche Kostenentscheidung im Fall der Einstellung des Verfahrens. Die vom BGH NJW 85, 1466 = VersR 85, 538; VersR 85, 491 entwickelten Grundsätze, die im Regelfall ebenfalls Versicherungsdeckung bejahten, brauchen nicht mehr herangezogen zu werden. Lehnt das Gericht es ab, im Fall der Einstellung die dem Nebenkläger erwachsenen notwendigen Auslagen dem VN nach § 472 StPO aufzuerlegen, kann der Nebenkläger Erstattung dieser Kosten auch nicht aus materiell-rechtlichen Gründen, insbesondere nach § 823 BGB oder § 7 StVG, fordern (LG Hagen r+s 79, 156; *Freundorfer* NJW 77, 2153; a. A. *Leonhard* NJW 76, 2152; vgl. auch Vorbem. vor § 21 Rdnr. 69; *Prölss/ Martin/Voit* § 150 Anm. 3b; *Palandt/Heinrichs* vor § 249 Rdnr. 91; *Böhme* § 14 Rdnr. 7).

142 c) Gerichtliche **Auflagen** an den VN nach § 153a StPO, **Gerichtskosten zu übernehmen,** sind gesetzwidrig und führen in der Regel nicht zur Eintrittspflicht des RSVersicherers (Näheres unten Rdnr. 174).

143 d) Die von einigen RSVersicherern früher verwendete **Klausel** für die Deckung „freiwillig" übernommener Nebenklagekosten hat seit der Einführung des § 472 StPO am 1. 4. 1987 keine Bedeutung mehr, da auf Grund dieser Gesetzesänderung eine freiwillige Übernahme der Kosten des Nebenklägers nicht mehr in Frage kommt (vgl. oben Rdnr. 141).

e) Ist der VN der Verletzte und erhebt er selbst gegen den Schädiger straf- 144
rechtlich Privat- oder Nebenklage, fallen die dem VN hierbei entstehenden Anwalts- und sonstigen Kosten nicht unter den Versicherungsschutz (sogenannte **aktive** Privat- oder **Nebenklage**). Denn es handelt sich nicht um ein Verfahren, in dem sich der VN gegen einen strafrechtlichen Vorwurf zu verteidigen hat (Vorbem. vor § 21 Rdnr. 74) oder in dem er – zivilrechtliche – Schadenersatzansprüche aufgrund gesetzlicher Haftpflichtbestimmungen geltend macht (Vorbem. vor § 21 Rdnr. 69).

H. Fälligkeit der Versicherungsleistung (Abs. 2)
(entspricht § 5 Abs. 2a ARB 94)

I. 1. Abs. 2 befaßt sich mit der Fälligkeit der Versicherungsleistung, die 145
vor allem Bedeutung gewinnen kann im Zusammenhang mit einem etwaigen Schuldnerverzug des Versicherers (vgl. unten Rdnr. 146) oder im Zusammenhang mit der Verjährung des Versicherungsanspruchs (§ 12 Abs. 1 Satz 2 VVG; vgl. § 18 Rdnr. 3). Von den in § 1 Abs. 1 Satz 1 statuierten beiden Pflichten des Versicherers, für die Wahrnehmung der rechtlichen Interessen des VN zu sorgen (vgl. § 1 Rdnrn. 9ff.) und die dem VN hierbei entstehenden Kosten zu tragen (vgl. § 1 Rdnr. 42), regelt Abs. 2 nur die Fälligkeit der Hauptleistung, nämlich die Verpflichtung zur Kostenübernahme (Näheres vgl. unten Rdnrn. 150ff.). Wann der Versicherer seine daneben geschuldete **Sorgeleistung** zu erbringen hat, insbesondere gemäß § 16 ARB einen Rechtsanwalt zu bestimmen oder einen vom VN bereits benannten Rechtsanwalt zu beauftragen oder dem VN oder seinem bereits beauftragten Rechtsanwalt den Versicherungsschutz zu bestätigen hat (vgl. § 1 Rdnr. 12 und § 16 Rdnr. 1), ist den ARB nicht zu entnehmen und nach allgemeinen Grundsätzen zu beurteilen. § 11 Abs. 1 VVG, der die Versicherungsleistung mit Beendigung der zur Feststellung des Versicherungsfalles und des Umfangs der Leistung nötigen Erhebungen fällig stellt, gilt hierfür nicht unmittelbar, da er sich nur auf die Fälligkeit von Geldleistungen bezieht. Da aber auch die neben der Kostenübernahme geschuldeten Leistungen des RSVersicherers eine Prüfung und die Bejahung seiner Eintrittspflicht voraussetzen und diese Prüfung eine gewisse Zeit erfordert, kann der Rechtsschutz begehrende VN diese Versichererleistung gemäß § 271 Abs. 1 BGB nicht „sofort", sondern, „wie aus den Umständen zu entnehmen", erst mit Beendigung der Prüfung des RSVersicherers fordern, die zur Feststellung des Versicherungsfalles und zur Entscheidung über seine Eintrittspflicht nötig ist. Diese Prüfung setzt voraus, daß der VN oder der ihn vertretende Rechtsanwalt die gemäß § 15 Abs. 1a und d cc bestehenden Obliegenheiten erfüllt, neben Versicherer vollständig und wahrheitsgemäß zu unterrichten und die erforderlichen Unterlagen vorzulegen sowie kostenauslösende Maßnahmen, insbesondere Erhebung von Klagen und Einlegung von Rechtsmitteln, mit dem Versicherer abzustimmen. Nach vollständiger Unterrichtung hat der RSVersicherer zur Prüfung seiner Leistungspflicht

§ 2 ARB 75   146, 147   1. Teil. Allgemeine Bestimmungen (A)

noch eine angemessene Überlegungsfrist, die – ähnlich wie bei Geldleistungen (*Prölss/Martin* § 11 Anm. 3) – in der Regel mit zwei bis drei Wochen zu bemessen ist (AG Balingen r+s 91, 310; allgemein RG JW 26, 245 = VA 25, 91; BGH VersR 74, 639; *Bruck/Möller* § 11 Anm. 3; *Prölss/Martin* § 11 Anm. 1). Ist die Rechtsangelegenheit und die Entscheidung über den Versicherungsschutz besonders eilbedürftig und hat der VN oder sein Rechtsanwalt deutlich erkennbar auf die Eilbedürftigkeit hingewiesen, verkürzt sich die Überlegungsfrist des Versicherers auf die den Umständen nach unbedingt notwendige Zeit (RG JW 26, 245 = VA 25, 91; bei SG Freiburg NJW 87, 342 nicht erkennbar). Eine fristgebundene Klage oder einen fristgebundenen Antrag muß der VN vor Ablauf der Frist auf eigenes Risiko einreichen, wenn der RSVersicherer bis dahin nicht über seine Eintrittspflicht entschieden hat (LAG Rheinland-Pfalz Mainz BB 72, 839; vgl. § 1 Rdnr. 21). Bis zur Entscheidung des RSVersicherers über seine Eintrittspflicht kann dem vermögenslosen VN Prozeßkostenhilfe gemäß §§ 114ff. ZPO bewilligt werden. Nach Deckungszusage hat dagegen der VN wegen der nunmehr geklärten Vorschußpflicht des RSVersicherers keinen Anspruch auf Bewilligung von Prozeßkostenhilfe mehr (BGH VersR 90, 1369 = AnwBl. 91, 539 = r+s 90, 417; VersR 81, 1070; LAG Düsseldorf JurBüro 82, 610; *Prölss/Martin/Voit* § 150 Anm. 1; vgl. unten Rdnr. 238). Lehnt der Versicherer Versicherungsschutz zu Unrecht ab, wird die Versicherungsleistung mit Zugang der Ablehnungserklärung beim VN oder dessen Rechtsanwalt fällig (*Prölss/Martin* § 11 Anm. 1). Zieht der Versicherer die Erhebungen grundlos in die Länge oder stellt er nur unzureichende Erhebungen an, wird der Versicherungsanspruch in dem Zeitpunkt fällig, in dem die Erhebungen bei korrektem Vorgehen beendet gewesen wären (*Prölss/Martin* § 11 Anm. 3).

146   2. Der Versicherer gerät mit seiner Leistung in **Schuldnerverzug** und hat dem VN den hierdurch eingetretenen Schaden zu ersetzen, wenn er nach Eintritt der Fälligkeit (vgl. oben Rdnr. 145) und einer danach erfolgten Mahnung des VN keinen Rechtsanwalt bestimmt oder beauftragt oder den bestehenden Versicherungsschutz nicht bestätigt oder angeforderte fällige Kosten oder Gebühren nicht unverzüglich übernimmt, es sei denn, ihn trifft an der Verzögerung oder Unterlassung seiner Leistung kein Verschulden (§§ 284, 285, 286, 276 BGB; OLG Karlsruhe ZfS 92, 313; vgl. *Sieg* VersR 81, 1093, 1094 unter Hinweis auf OLG Hamm 81, 830; BGH NJW 83, 1729 unter Ziff. 2 a).

147   Verzögert oder verweigert er seine Leistung aus **Rechtsgründen,** so ist er nur dann entschuldigt, wenn er sich seine Rechtsmeinung mit genügender Sorgfalt erarbeitet hat und sich in der Streitfrage noch keine herrschende Meinung gebildet hatte. Ein Rechtsirrtum ist von dem Augenblick an schuldhaft, in dem der Versicherer damit rechnen muß, daß er in einem Rechtsstreit nicht durchdringen würde. Dies kann z.B. dann der Fall sein, wenn ein Gericht Prozeßkostenhilfe für eine Klage über Ansprüche aus dem Versicherungsvertrag bewilligt (BGH VersR 59, 701; *Prölss/Martin* § 11 Anm. 6 A).

148 Verzögert oder verweigert der Versicherer die Deckungszusage wegen zweifelhafter **Tatfragen,** dann hat er die Verzögerung oder Verweigerung zu vertreten, wenn seine Nichtleistung nicht durch ausreichende Tatsachen begründet war. Hier kommt es ganz auf die Umstände des Einzelfalles an. Etwaige Zweifel muß der Versicherer beschleunigt zu klären versuchen. Er darf aber z.b. ein Strafverfahren oder ein sonstiges behördliches oder gerichtliches Verfahren abwarten, falls hierbei eine Feststellung der für seine Leistungspflicht bedeutsamen Tatsachen erwartet werden kann (*Prölss/ Martin* § 11 Anm. 6 B; *Bruck/Möller* § 11 Anm. 24), z.b. wenn ungeklärt ist, ob der VN oder eine mitversicherte Person den Versicherungsfall vorsätzlich und rechtswidrig herbeigeführt hat (§ 4 Abs. 2a, § 11 Abs. 3; § 4 Rdnrn. 154, 155) oder ob der Fahrer eines Kraftfahrzeugs die vorgeschriebene Fahrerlaubnis hatte (vgl. z.B. § 21 Abs. 6; AG Dortmund ZfS 84, 278). Schwebt bereits ein Deckungsprozeß, soll dieser jedoch nicht bis zur Erledigung des Hauptprozesses ausgesetzt werden können (OLG Hamm r+s 94, 220 = VersR 94, 1184 = AnwBl. 95, 157 = NJW-RR 95, 320).

149 Befand sich der **Versicherer** mit der Bejahung seiner Eintrittspflicht in Schuldnerverzug und ist dem VN durch die Verzögerung der Deckungszusage ein **Schaden** entstanden, hat ihn der Versicherer gemäß § 286 Abs. 1 BGB zu **ersetzen.** Dies ist z.B. der Fall, wenn der VN bei rechtzeitiger Deckungszusage seine Forderung gegen den später in Konkurs gefallenen Gegner wenigstens teilweise noch im Vollstreckungsweg hätte realisieren können (OLG Karlsruhe ZfS 92, 313). Mußte der VN wegen der zu Unrecht unterbliebenen Deckungsbestätigung einen Rechtsanwalt in Anspruch nehmen und hat dieser erst nach Mahnung die Deckungszusage des Versicherers erreicht, dann hat der RSVersicherer dem VN die hierdurch entstandenen Anwaltskosten zu erstatten (AG Hannover= NJW-RR 93, 355 = ZfS 93, 100 mit Anm. von *Madert; Enders,* JurBüro 95, 521). Gegenstandswert dieser anwaltlichen Tätigkeit ist hierbei nicht der Wert des Anspruchs, für dessen Geltendmachung oder Abwehr der Versicherer die Bestätigung des Versicherungsschutzes schuldhaft verzögert hatte, sondern das Interesse des VN, von den Kosten freigestellt zu werden, die bei der Wahrnehmung seiner rechtlichen Interessen im Zusammenhang mit diesem Anspruch voraussichtlich entstehen. Solange sich der RSVersicherer nicht in Schuldnerverzug befindet, hat zwar der Rechtsanwalt wegen seiner auftragsgemäß auf die Beschaffung der Deckungszusage des RSVersicherers gerichteten Tätigkeit möglicherweise gemäß § 118 oder § 120 BRAGebO einen gesonderten Honoraranspruch gegen den VN (OLG Schleswig JurBüro 79, 1321; AG Ahaus AnwBl. 76, 171; *Braun* in Anm. zu AG Stadthagen BRAK-Mitteilungen 91, 64; *Matzen* AnwBl. 76, 241, Fußnote 6; 79, 358; *Meyer* JurBüro 76, 58; 79, 1609; *Gerold/Schmidt/Madert* vor § 118 Rdnr. 15), auf dessen Anfall er den VN bei Meidung des Anspruchsverlustes vorher hinweisen muß (LG München I/OLG München JurBüro 93, 163 mit Anm. von *Mümmler*). Dieser Vergütungsanspruch fällt jedoch nicht unter den RSVersicherungsschutz, und zwar auch dann nicht, wenn der Versicherungsvertrags-RS (§ 4 Rdnr. 77) Bestandteil des Versicherungsvertrags ist. Denn zum einen sieht diese Standardklausel keine Deckung für eine Interessenwahrnehmung gegen den eigenen RSVersicherer vor, und zum anderen fehlt es vor Eintritt des Schuldnerverzugs des Versicherers an einem Verstoß gegen Rechtspflichten und damit an einem Versicherungsfall im Sinn des § 14 Abs. 3.

150 II. 1. Abs. 2 bestimmt im Sinn des § 271 Abs. 1 BGB, **wann** der RSVersicherer die bei der Wahrnehmung der rechtlichen Interessen des VN entstandenen **Kosten** (§ 1 Abs. 1 Satz 2) im Umfang des Abs. 1 zu **übernehmen** hat. Sobald ein Gläubiger der in Abs. 1a bis g aufgezählten Kosten nach deren Fälligkeit den VN als Kostenschuldner in Anspruch nimmt, hat der RSVersicherer – Versicherungsdeckung vorausgesetzt – seine Leistung zu erbringen. Aus der Formulierung ergibt sich, daß der VN nicht vorweg leisten, also nicht zunächst die Kostenschuld selbst begleichen und der RSVersicherer sie dann dem VN erstatten muß. Für die Fälligkeit der Versicherungsleistung genügt vielmehr die „Inanspruchnahme" des VN, d. h. die entsprechende Kostenanforderung durch den Kostengläubiger nach Fälligkeit. Liegt diese Anforderung in Form einer Kostenrechnung vor, hat der RSVersicherer den VN von dieser Forderung im Umfang des Abs 1a bis g zu befreien (*Möller* Studien S. 9). Daß der RSVersicherer seinem VN nicht nur bereits bezahlte Kosten erstatten, sondern auch und sogar in erster Linie ihn von seiner Kostenschuld ohne Vorwegleistungspflicht des VN befreien will, ergibt sich außerdem mit aller Deutlichkeit aus § 15 Abs. 1 e, wonach der VN alle ihm zugegangenen Kostenrechnungen unverzüglich dem Versicherer vorzulegen hat. Hat der VN die Kosten selbst bezahlt, dann verwandelt sich sein Befreiungsanspruch – ähnlich wie in der Haftpflichtversicherung (*Prölss/Martin/Voit* § 149 Anm. 1a) – in einen Zahlungsanspruch gegen den Versicherer (BGH VersR 84, 530 unter Ziff II; OLG Hamm VersR 87, 92 = AnwBl. 87, 502; r + s 89, 89; JurBüro 84, 789; LG Wuppertal AnwBl. 84, 276). Ausnahmsweise kann der VN auch schon vor diesem Zeitpunkt Zahlung an sich selbst verlangen, z. B. bei Anwaltswechsel (vgl. oben Rdnr. 26; LG Stuttgart VersR 96, 449).

151 Auf welche Art der RSVersicherer seinen VN von dessen Verbindlichkeit befreit, steht ihm frei (BGH VersR 84, 530 unter Ziff. II). In der Regel erfolgt die **Befreiung** durch unmittelbare Geldleistung an den Kostengläubiger, wobei der Versicherer – anders als in der Haftpflichtversicherung (*Bruck/Möller/Johannsen* IV Anm. G 17) – nicht in Vertretung des VN, sondern als Dritter im Sinn des § 267 BGB leistet. Die Schuldbefreiung ist aber auch auf andere Weise möglich, z. B. durch Vergleich oder Erlaßvertrag mit dem Kostengläubiger (*Palandt/Heinrichs* § 257 Rdnr. 2; *Bruck/Möller* § 49 Anm. 11). Ausnahmsweise kann der RSVersicherer auch mit einem eigenen Zahlungsanspruch gegen den an sich zweckgebundenen Befreiungsanspruch (oder Erstattungsanspruch) des VN aufrechnen, z. B. dann, wenn der Zahlungsanspruch gegen den VN aus einer schuldhaften Verletzung vertraglicher Pflichten durch diesen gegenüber dem RSVersicherer herrührt und der VN daher nicht schutzwürdig erscheint (LG Wiesbaden VersR 78, 342 gegen AG Wiesbaden VersR 78, 275; vgl. *Palandt/Heinrichs* § 387 Rdnr. 17; BGH NJW 83, 2438). Im übrigen kann der Versicherer nach § 35b VVG den Betrag einer fälligen Beitragsforderung oder einer anderen

ihm aus dem Vertrag zustehenden Forderung gegen den VN von einer Versicherungsleistung abziehen, auch soweit diese Leistung zur Freistellung des VN durch Zahlung an einen Kostengläubiger zu erfolgen hat (AG München r+s 95, 186; ähnlich für die Haftpflichtversicherung *Prölss/Martin* § 35 b Anm. 1; § 156 Anm. 5 E).

Erhält der RSVersicherer – vom Kostengläubiger unmittelbar oder vom **152** VN – eine **Kostenrechnung**, dann kann es für die **Fälligkeit** der auf Befreiung von dieser Kostenschuld gerichteten Versicherungsleistung darauf ankommen, ob der Versicherungsfall dem Versicherer schon vorher gemeldet war oder nicht. War er schon gemeldet und hat der Versicherer Versicherungsschutz bereits generell bestätigt, dann braucht er nur zu prüfen, ob es sich um Kosten im Rahmen des § 2 Abs. 1 und 3 handelt und ob sie richtig berechnet sind. Eine solche Prüfung wird in der Regel einfacher und schneller möglich sein als die weitergehende Prüfung, ob ein neu gemeldeter Versicherungsfall unter den Versicherungsschutz fällt. Dies gilt jedenfalls dann, wenn es sich um einen rechtlich nicht ganz einfach gelagerten Sachverhalt handelt, der möglicherweise noch eine Prüfung der Erfolgsaussichten (§ 17 Abs. 1) erfordert. Veranlaßt der VN einen „Stichentscheid" des Anwalts nach § 17 Abs. 2, dann schiebt dies die Fälligkeit des Versicherungsanspruchs wohl nicht hinaus (vgl. § 17 Rdnr. 14). Je nach der durch die Umstände des Einzelfalls (§ 271 Abs. 1 BGB) bedingten Prüfungszeit kann demnach der durch die Übersendung einer Kostenrechnung ausgelöste Befreiungs- oder Erstattungsanspruch nach Abs. 2 früher oder später fällig werden. Verzögert der RSVersicherer nach Eintritt der Fälligkeit die Übernahme der Kosten schuldhaft, kann er dem VN wegen positiver Vertragsverletzung oder – nach Mahnung – wegen Schuldnerverzugs schadenersatzpflichtig werden, soweit dem VN aus der verspäteten Kostenzahlung Nachteile entstehen (vgl. LG Berlin MDR 78, 941). Ein etwaiges Mitverschulden des VN oder des ihn vertretenden Anwalts, z.B. durch unzureichende Aufklärung des RSVersicherers nach § 15 Abs. 1 a oder unterlassene Abstimmung kostenauslösender Maßnahmen nach § 15 Abs. 1 d cc, kann den Schadenersatzanspruch mindern oder ganz ausschließen (LG Berlin Urteil vom 29. 1. 1981 7 S 33/80).

Voraussetzung der Fälligkeit des Versicherungsanspruchs ist, daß der **VN** **153** „wegen der Kosten **in Anspruch genommen** wird". Dies bedeutet, daß der Anspruch des Kostengläubigers gegen den VN seinerseits fällig sein muß. Denn vorher ist der VN nicht zur Zahlung verpflichtet. Es bedeutet weiter, daß die fälligen Kosten in der vorgeschriebenen Form dem VN oder mit dessen – auch stillschweigend möglichem – Einverständnis seinem RSVersicherer (*Gerold/Schmidt/Madert* § 18 Rdnr. 5) mitgeteilt worden sind. Für die einzelnen Kostenarten im Sinn des Abs. 1 a bis g ist hierbei folgendes zu beachten:

2. a) Die **Vergütung** des für den VN tätigen **Rechtsanwalts** (Abs. 1 a und **154** b) wird fällig, wenn der Auftrag erledigt oder die Angelegenheit beendigt ist, in einem gerichtlichen Verfahren auch, wenn eine Kostenentscheidung ergangen oder der Rechtszug beendet ist oder wenn das Verfahren länger als

drei Monate ruht (§ 16 BRAGebO). Aufgrund der Fälligkeit allein ist jedoch der RSVersicherer noch nicht zur Leistung verpflichtet; denn der VN ist erst dann zur Zahlung verpflichtet und damit im Sinn des Abs. 2 wegen der Kosten „in Anspruch genommen", wenn der Rechtsanwalt dem VN oder dem Rechtsschutzversicherer nach Fälligkeit eine den Vorschriften des § 18 BRAGebO entsprechende Kostenrechnung übersandt hat. In dieser vom Anwalt selbst zu unterzeichnenden Berechnung sind die Gebühren, die Vorschüsse sowie die Auslagen einzeln (bei postalischen Auslagen genügt Gesamtbetrag) aufzugliedern und hierbei die angewandten Gebührenvorschriften und gegebenenfalls der Gegenstandswert anzugeben. Fehlt eines dieser Erfordernisse, dann ist die Vergütung im Sinn des § 18 BRAGebO nicht zu Recht „eingefordert", der VN nicht zur Zahlung (BGH AnwBl. 85, 257; *Gerold/Schmidt/Madert* § 18 Rdnr. 11; *Riedel/Sußbauer/Fraunholz* § 18 Rdnr. 3) und damit der RSVersicherer nicht zur Freistellung verpflichtet. Eine korrekte Gebühreneinforderung ist eine Nebenverpflichtung aus dem Anwaltsvertrag, deren schuldhafte Verletzung den Anwalt schadenersatzpflichtig machen kann (RG JW 30, 3854; *Riedel/Sußbauer/Fraunholz* § 18 Rdnr 9).

155   b) Nicht ausdrücklich geregelt ist die Frage, ob der VN zur Zahlung und damit der RSVersicherer zur Freistellung verpflichtet ist, wenn der Rechtsanwalt bei **Rahmengebühren,** also insbesondere in Straf- und Ordnungswidrigkeitenverfahren sowie außergerichtlichen Zivilverfahren (vgl. oben Rdnr. 30), in seiner Berechnung die Angabe der für die Gebührenbemessung maßgeblichen Einzelumstände im Sinn des § 12 Abs. 1 BRAGebO unterläßt. Zur Entscheidung dieser Frage ist auf den Zweck des § 18 BRAGebO abzustellen. Diese Bestimmung soll dem Auftraggeber eine Nachprüfung der Richtigkeit der einzelnen Gebührenansätze ermöglichen (*Gerold/ Schmidt/Madert* § 18 Rdnr. 7; *Schumann/Geißinger* § 18 Rdnr. 11). Eine solche Nachprüfung ist aber in der Regel nicht möglich, wenn nur die innerhalb des Gebührenrahmens liegende Gebühr selbst, nicht aber die bei ihrer Bemessung berücksichtigten Kriterien wenigstens stichwortartig vermerkt sind. Das Bestimmungsrecht des Rechtsanwalts nach § 12 Abs. 1 BRAGebO hat rechtsgestaltende Wirkung (*Palandt/Heinrichs* § 315 Rdnr. 10; vgl. auch BGH NJW 74, 1464). Mit der Bestimmungserklärung als einer einseitigen, empfangsbedürftigen Willenserklärung fixiert der Rechtsanwalt einseitig die vorher nur dem Rahmen nach festliegende Höhe seiner Vergütung (BGB-RGRK § 315 Rdnr. 14). Wegen dieser rechtsgestaltenden Wirkung ist die geforderte Leistung nachprüfbar zu bezeichnen. Gibt der Anwalt die Bemessungskriterien nicht bekannt, können sein Auftraggeber und der hinter ihm stehende RSVersicherer nicht beurteilen, ob und in welcher Weise das Ermessen im Sinn des § 12 Abs. 1 BRAGebO ausgeübt worden ist (vgl. auch BGH BB 79, 552). Zwar mögen hier die für die Ausübung verwaltungsrechtlichen Ermessens geltenden Grundsätze nicht unmittelbar anwendbar sein, wonach bei fehlender Begründung einer Ermessensentscheidung davon auszugehen ist, daß das für eine Ermessensausübung wesensnotwendige Abwägen aller Gründe unterblieben ist (*Eyermann/Fröhler* § 114 Rdnr. 6; *Stephan* AnwBl. 72, 300). Fehlen in der Berechnung des § 18

BRAGebO die Bemessungskriterien und gibt sie der Rechtsanwalt auch auf Rückfrage nicht bekannt, dann ist aber jedenfalls davon auszugehen, daß er als für die Billigkeit des Ermessens darlegungs- und beweispflichtiger Kostengläubiger (*Gerold/Schmidt/Madert* § 12 Rdnr. 5; *Palandt/Heinrichs* § 315 Rdnr. 19) nur die Berücksichtigung der aktenkundigen oder sonstwie offenkundigen Umstände, nicht aber weiterer nicht mitgeteilter Umstände verlangen kann (LG Flensburg JurBüro 78, 863). Die Situation ist ähnlich wie bei einem Kostenfestsetzungsgesuch oder einer Gebührenklage des Rechtsanwalts. Denn auch der Rechtspfleger, das Gericht oder die zur Begutachtung berufene Rechtsanwaltskammer (§ 12 Abs. 2 BRAGebO) können die Angemessenheit der geforderten Gebühr nur beurteilen, wenn sie substantiiert begründet wird (LG Krefeld KostRSpr § 12 BRAGebO Nr. 73; LG München I JurBüro 76, 792; *Stephan* AnwBl. 72, 300; *Gerold/Schmidt/Madert* § 12 Rdnr. 6; Mitteilungen der BRAK 82, 14 unter Ziff. I 5; 86, 19).

Der wenig durchdachte § 12 Abs. 1 Satz 2 BRAGebO (*Gerold/ Schmidt/ Madert* § 12 Rdnr. 6; *H. Schmidt jun.* NJW 75, 1726), der einem **ersatzpflichtigen Dritten** die Darlegungs- und Beweislast für die Unbilligkeit einer geforderten Rahmengebühr auferlegen will, entbindet den Rechtsanwalt nicht von der Notwendigkeit, seine Vergütungsforderung zunächst seinerseits zu substantiieren. Überdies hat diese Bestimmung im Verhältnis zum RSVersicherer keine Bedeutung. Sie gilt, wie sich schon aus der Verwendung des Begriffs „ersetzen" ergibt, nur für die Fälle der – vorwiegend gesetzlichen – Erstattungspflicht eines Dritten (z. B. der Staatskasse bei Freispruch gemäß § 467 Abs. 1 StPO oder des Verurteilten gegenüber dem Nebenkläger gemäß §§ 471, 397, StPO), nicht aber dann, wenn der Dritte – wie der RSVersicherer – ohne Vorwegleistungspflicht des Auftraggebers an den Rechtsanwalt von vornherein vertraglich zur Freistellung des Auftraggebers verpflichtet ist (vgl. oben Rdnr. 150; *Gerold/Schmidt/Madert* § 12 Rdnr. 6; BRAK-Mitt. 85, 28; 83, 121; a. A. *Meyer* JurBüro 82, 1601, 1605; *Mümmler* JurBüro 83, 503). Hat der Rechtsanwalt sein Bestimmungsrecht nach § 12 Abs. 1 Satz 1 BRAGebO ermessensfehlerhaft ausgeübt, ist seine Gebührenforderung schon aus diesem Grund unverbindlich. 156

c) Fordert der Rechtsanwalt gemäß § 17 BRAGebO für seine – noch nicht fälligen – entstandenen und die voraussichtlich entstehenden Gebühren und Auslagen einen angemessenen **Vorschuß**, dann hat diesen der RSVersicherer im Rahmen des Abs. 1 a und b als Teil der gesetzlichen Vergütung des Rechtsanwalts zu übernehmen (vgl. oben Rdnr. 38). Die Leistungspflicht des RSVersicherers beginnt, sobald der VN wegen des Vorschusses im Sinn des Abs. 2 „in Anspruch genommen wird". Dies ist der Fall, sobald der Rechtsanwalt den Vorschuß einfordert. Die Mitteilung einer spezifizierten Berechnung nach § 18 BRAGebO ist hierbei nicht vorgeschrieben. Da der VN einen „angemessenen" Vorschuß schuldet, muß jedoch zur Möglichkeit der Nachprüfung der Angemessenheit zumindest der Vergütungsbetrag angegeben werden, von dem bei der Berechnung des Vorschusses ausgegangen worden ist (*Gerold/Schmidt/Madert* § 17 Rdnr. 12). „Angemessen" ist der Gesamtbetrag der Gebühren und Auslagen, die voraussichtlich entstehen 157 können. Bei Klagen wird im allgemeinen ein Vorschuß in Höhe der Prozeß- und Verhandlungsgebühr (§ 31 Abs. 1 Nr. 1 und 2 BRAGebO) als angemessen angesehen, eine zusätzliche Beweisgebühr (§ 31 Abs. 1 Nr. 3 BRAGebO) allenfalls dann, wenn eine Beweisaufnahme kurz bevorsteht (*Schumann/Geißinger* § 17 Rdnr. 11; *Gerold/Schmidt/Madert* § 17 Rdnr. 5), wovon aber vor oder bei Klageeinreichung in der Regel nicht ausgegangen werden kann, da das Gericht in jeder Lage des Rechtsstreits und damit auch schon vor einer Beweisaufnahme auf eine gütliche Beilegung hinwirken soll (§ 279 ZPO). Bei außergerichtlicher Interessenwahrnehmung ist in der Regel ein Vorschuß in Höhe der voraussichtlich anfallenden Geschäftsgebühr nach § 118 Abs. 1 Nr. 1 BRAGebO angemessen, es sei denn, eine die zusätzliche Gebühr nach § 118 Abs. 1 Nr. 2 BRAGebO auslösende Besprechung steht bereits unmittelbar bevor. Zahlt der RSVersicherer den angeforderten Vorschuß unmittelbar an den Rechtsanwalt als künftigen Kostengläubiger unter dem Vorbehalt der Rückforderung, wenn ein Dritter (z. B. die Staatskasse bei Freispruch des VN) die Anwaltskosten zu erstatten hat, und nimmt der Rechtsanwalt diese Vorschußzahlung widerspruchslos entgegen, dann ist er gegenüber dem RSVersicherer zur Rückzahlung verpflichtet, soweit dieser gegenüber seinem VN nicht zur Kostentragung verpflichtet ist (BGH VersR 72, 1141; Näheres vgl. § 20 Rdnr. 25).

158   **3. a) Die Gerichtskosten** (Abs. 1 c) hat der RSVersicherer zu übernehmen, sobald der VN ihretwegen in Anspruch genommen wird. Diese Inanspruchnahme ist außer bei Vorschüssen erst nach Fälligkeit möglich (§§ 61 bis 64 GKG, § 12 Abs. 4 ArbGG, § 7 KostO) und geschieht durch Übersendung einer Kostenrechnung an den Kostenschuldner, in der die Einzelgebühren und Auslagen angesetzt sind (§ 4 GKG, §§ 13, 27 ff. der Kostenverfügung, vgl. *Hartmann* Teil VII, A). Gegen den Kostenansatz – nicht gegen die dem Ansatz zugrundeliegende gerichtliche Kostenentscheidung – ist die form- und fristlose Erinnerung und gegebenenfalls die Beschwerde nach § 5 GKG zulässig (*Hartmann* GKG § 5 Rdnrn. 15 ff.), die bei Überzahlung von Gerichtskosten – z. B. infolge Streitwertherabsetzung – auch dem RSVersicherer zusteht (OLG Düsseldorf VersR 83, 250 = JurBüro 83, 581; vgl. hierzu § 20 Rdnr. 25 a). Das Gericht kann im Umfang der §§ 65 bis 69 GKG, § 8 KostO auch Vorschüsse anfordern, wobei zum Teil eine Vorwegleistungspflicht des Kostenschuldners in dem Sinn besteht, daß gerichtliche Handlungen erst nach Zahlung des angeforderten Vorschusses vorgenommen werden (§ 3 GKG; *Hartmann* GKG § 65 Rdnrn. 3 ff.). Bei fristgebundenen Klagen und Anträgen, deren Zustellung erst nach Einzahlung der erforderten Gebühr im Sinn des § 65 GKG erfolgt, sind der VN und sein Rechtsanwalt für die rechtzeitige Einzahlung zumindest bis zur Bejahung der Eintrittspflicht des RSVersicherers selbst verantwortlich. Nach Erteilung der Deckungszusage müssen sie den RSVersicherer auf die besondere Eilbedürftigkeit hinweisen, wenn die baldige Zustellung zur Fristwahrung nötig ist (vgl. § 270 Abs. 3 ZPO). Verzögert in einem solchen Fall der RSVersicherer die Überweisung der geforderten Gerichtskosten, dann kann dies eine Fristversäumung des VN entschuldigen (BGH VersR 62, 1185; OVG Koblenz NJW 68, 2158). Sieht das Gericht die Frist als un-

entschuldbar versäumt an, dann kann der RSVersicherer schadenersatzpflichtig sein, wenn er trotz Mahnung nicht rechtzeitig leistet und die Verzögerung zu vertreten hat (vgl. oben Rdnr. 152). Für verwaltungsgerichtliche Verfahren gilt die Vorwegleistungspflicht des § 65 GKG nicht (vgl. auch *Lüke* NJW 78, 928). Die hier aufgrund der Nichtzahlung von Vorschüssen früher fingierte Klage-, Antrags- oder Rechtsmittelzurücknahme wurde – auch für Verfahren nach landesrechtlichen Vorschriften – mit der Neuordnung des GKG 1975 beseitigt (*Eyermann/Fröhler* § 189 Rdnr. 2). In Verfahren vor dem Arbeitsgericht werden Kostenvorschüsse nicht erhoben (§ 12 Abs. 4 Satz 2 ArbGG). Das Sozialgerichtsverfahren ist ohnehin weitgehend gerichtskostenfrei (vgl. oben Rdnr. 91).

b) Die **Kosten** des **Gerichtsvollziehers** werden mit der Beendigung der gebührenpflichtigen Amtshandlung fällig (§ 4 GVKostG) und dem Kostenschuldner in einer spezifizierten Kostenrechnung mitgeteilt (Nr. 5 der Gerichtsvollzieherkostengrundsätze). Die Amtshandlung kann von der Zahlung eines Vorschusses abhängig gemacht werden (§ 5 GVKostG). Sobald der VN eine Kostenrechnung des Gerichtsvollziehers erhält, ist er im Sinn des Abs. 2 „in Anspruch genommen" und der RSVersicherer daher zur Übernahme dieser Kosten im Rahmen des Abs. 3 b verpflichtet. **159**

c) Wegen der **Kosten** des **Schiedsgerichts** „in Anspruch genommen" ist der VN, sobald das Schiedsgericht einen Vergütungs- und Auslagenvorschuß oder – nach Fälligwerden – die vereinbarte Vergütung sowie die Auslagen anfordert (*Baumbach/Lauterbach/Albers* Anhang § 1028 Rdnrn. 10 bis 12). **160**

4. **Verwaltungsverfahrens-** und **Verwaltungsvollstreckungskosten** im Sinn des Abs. 1 d hat der RSVersicherer zu übernehmen, sobald solche Kosten nach Fälligkeit oder vorschußhalber aufgrund der §§ 16 oder 17 VwKostG oder der entsprechenden landesrechtlichen Vorschriften beim VN mit einer entsprechenden Kostenrechnung eingefordert werden. **161**

5. Die **Kosten** eines **technischen Sachverständigen** im Sinn des Abs. 1 e hat der RSVersicherer zu übernehmen, sobald der Sachverständige sein Honorar nach Fälligkeit beim VN einfordert. Wenn nichts anderes vereinbart ist, wird die Vergütung in der Regel mit Ablieferung des Gutachtens beim VN oder dessen Rechtsanwalt und Übersendung einer Kostenrechnung fällig (§ 641 BGB). **162**

6. **Strafkautionen** im Ausland im Sinn des Abs. 1 f hat der RSVersicherer zu übernehmen, sobald sie die ausländische Behörde oder das ausländische Gericht vom VN fordert. **163**

7. Die **Kosten des Gegners**, zu deren Erstattung die VN verpflichtet ist (Abs. 1 g), hat der RSVersicherer zu übernehmen, sobald sie der Gegner nach Fälligkeit fordert. Bei vereinbarter Kostenübernahme (vgl. oben Rdnr. 138) richtet sich die Fälligkeit nach der getroffenen Vereinbarung. Die prozessuale Erstattungspflicht setzt eine Kostenentscheidung des Gerichts und einen darauf fußenden vollstreckbaren Kostenfestsetzungsbeschluß voraus, der dem Erstattungspflichtigen zugestellt wird (§ 104 Abs. 1 ZPO **164**

und entsprechende Bestimmungen der anderen Gerichtszweige, vgl. oben Rdnr. 134). Sobald der Erstattungsberechtigte nach Zustellung vom erstattungspflichtigen VN Zahlung verlangt, ist dieser im Sinn des Abs. 2 „in Anspruch genommen" und der RSVersicherer daher zur Freistellung verpflichtet. Gegen den Kostenfestsetzungsbeschluß sind gemäß § 104 Abs. 3 ZPO Erinnerungen zulässig, zu deren Einlegung der Rechtsanwalt des VN aufgrund seiner allgemeinen Anwaltspflicht zu möglichst kostengünstiger Prozeßführung (BGH VersR 59, 390; BGB-RGRK § 675 Rdnr. 67) dann verpflichtet ist, wenn er den festgesetzten Betrag insgesamt oder in einzelnen Posten für zu hoch hält (vgl. oben Rdnr. 135). Ordnet das Gericht vor der Entscheidung über die Erinnerungen an, daß die Vollstreckung des Festsetzungsbeschlusses auszusetzen ist (§ 104 Abs. 3 Satz 4 ZPO), dann ist für die Dauer dieser Aussetzung die Zahlungspflicht des VN und damit die Freistellungspflicht des RSVersicherers gehemmt. Liegt dem Kostenfestsetzungsbeschluß ein nur gegen Sicherheitsleistung vollstreckbares Urteil zugrunde, dann kann der VN und damit sein RSVersicherer vor Rechtskraft dieses Urteils die Begleichung der festgesetzten Kostenschuld verweigern, solange die Sicherheit nicht geleistet ist. Will in diesem Fall der Gläubiger im Wege der Sicherungsvollstreckung nach § 720a ZPO vorgehen, sollte ihm der RSVersicherer Übernahme der festgesetzten Kosten für den Fall der Rechtskraft des Titels verbindlich zusagen und notfalls den Kostenbetrag hinterlegen, um jedenfalls hinsichtlich der Kosten dem Sicherungsbedürfnis des Gläubigers zu genügen und der Pfändung von VN-Vermögen das Rechtsschutzinteresse zu entziehen. Kosten des Gegners, die nur entstanden sind, weil der VN die dem Gegner zugesprochene Hauptsache nicht erbracht hat, hat der Versicherer hierbei jedoch nicht zu übernehmen (LG Köln r+s 87, 199; AG Nettetal VersR 93, 572 = r+s 93, 263; vgl. auch unten Rdnr. 179).

J. Einschränkungen der Pflicht zur Kostentragung (Abs. 3)
(entspricht § 5 Abs. 3 ARB 94)

I. Allgemeines

165 Abs. 1 beschreibt als sogenannte primäre Risikobegrenzung Art und Umfang der Hauptleistung des RSVersicherers, die in der Übernahme der in Abs. 1 a bis g aufgezählten Rechtskosten auf dem gemäß den Besonderen Bestimmungen der §§ 21 bis 29 jeweils versicherten Rechtsgebiet besteht. Von diesen Kosten werden durch Abs. 3 a bis e ganz bestimmte, genau umschriebene **Teilbereiche** wieder aus dem Versicherungsschutz **ausgesondert**, weil ihre Übernahme der Versichertengemeinschaft nicht zumutbar erscheint. Abs. 3 begründet keine Leistungspflicht des Versicherers, sondern grenzt diese für einzelne Fallgruppen ein (BGH NJW 85, 1466 = VersR 85, 538 unter Ziff. 3). Es handelt sich um sogenannte sekundäre Risikobegrenzungen, die nach Art des gesetzestechnischen Prinzips von Regel und Ausnahme formuliert sind. Bedeutung gewinnt die Unterscheidung zwischen primärer und sekundärer Risikobeschränkung vor allem für die Frage der

Beweislast. Während der Versicherungsschutz begehrende VN im Zweifelsfall darlegen und beweisen muß, daß er die Übernahme solcher Kosten verlangt, die in Abs. 1 aufgezählt sind, muß der RSVersicherer seinerseits darlegen und gegebenenfalls beweisen, daß er solche an sich angefallene Kosten ausnahmsweise nicht zu übernehmen braucht, weil einer der Tatbestände des Abs. 3 gegeben ist (vgl. allgemein BGH NJW 57, 907 = VersR 57, 212; VersR 66, 722; 67, 769; 75, 1093; 78, 54; *Schaefer* VersR 78, 4; *Helm* NJW 78, 129, 131; *Prölss/Martin/Kollhosser* § 49 Anm. 1 B b, 3, 4 A und B; vgl. oben Rdnr. 5). Steht fest, daß es sich um Kosten der in Abs. 3 a bis e aufgeführten Art handelt, kommt es für die Leistungsfreiheit des RSVersicherers nicht darauf an, ob zur Entstehung der die Leistungspflicht des Versicherers übersteigenden Kosten ein schuldhaft pflichtwidriges Verhalten des VN oder seines Rechtsanwalts beigetragen hat. Denn Abs. 3 a bis e enthält keine Bestimmungen, die dem VN zur Erhaltung seines Versicherungsschutzes ein bestimmtes Verhalten vorschreiben und die daher als Obliegenheiten im Sinn des § 6 VVG zu werten wären. Es handelt sich vielmehr um objektiv abgrenzbare besondere Gefahrumstände, bei deren Vorliegen kein Versicherungsschutz besteht (vgl. *Prölss/Martin* § 6 Anm. 3).

II. Abs. 3 a
(entspricht § 5 Abs. 3 a, b ARB 94)

1. Abs. 3 a schränkt die Pflicht zur Kostenübernahme in zwei Fällen ein. 166
Er will Kostenzugeständnisse des VN zu Lasten der Gefahrengemeinschaft verhindern, die
– bei einer gütlichen Erledigung nicht dem Erfolg des VN in der Hauptsache entsprechen (erste Alternative, vgl. unten Rdnrn. 167 ff.), oder
– nach der Rechtslage nicht erforderlich sind (zweite Alternative, vgl. unten Rdnrn. 171 ff.)

2. Der Hauptfall der **gütlichen Erledigung** einer Rechtssache ist der au- 167
ßergerichtliche oder gerichtliche Vergleich. Nach der Legaldefinition des § 779 BGB ist dies ein Vertrag, durch den der Streit oder die Ungewißheit der Parteien über ein Rechtsverhältnis oder die Unsicherheit der Verwirklichung eines Anspruchs im Weg gegenseitigen Nachgebens beseitigt wird. Auch ohne Vorliegen eines ausdrücklich oder stillschweigend schriftlich oder mündlich geschlossenen Vergleichsvertrags kann es dadurch zu einer gütlichen Erledigung kommen, daß eine oder beide Parteien erkennbar nachgeben oder von der Verfolgung von Ansprüchen ganz oder teilweise endgültig absehen (AG Köln ZfS 90, 90). In all diesen Fällen hat der RSVersicherer diejenigen Kosten nicht zu übernehmen, „die nicht dem Verhältnis des Obsiegens zum Unterliegen entsprechen". Diese an § 92 Abs. 1 Satz 1, zweite Alternative ZPO angelehnte Regelung will verhindern, daß der VN zu Lasten der Versichertengemeinschaft seinem Gegner Kostenzugeständnisse macht, um diesen zu einem weiteren Entgegenkommen in der Hauptsache zu veranlassen. Der Grundgedanke des Abs. 3 a ist – ohne unangemessene Benachteiligung des VN im Sinn des § 9 AGBG (LG Köln ZfS 83, 337; LG Karlsruhe ZfS 81, 82) –, daß der Versicherer nach einem Vergleich ohne

Rücksicht auf die ursprüngliche Rechtslage, d. h. auf die Erfolgsaussichten der Rechtsverfolgung oder Rechtsverteidigung, seinen VN (nur) von denjenigen Rechtskosten freizustellen hat, die ihm das Gericht nach §§ 91 ff. ZPO auferlegt hätte, wenn es ein Urteil mit dem selben Inhalt wie der Vergleich erlassen hätte. Darüber hinausgehende Kosten muß der VN selbst tragen (BGH VersR 77, 809; 82, 391 = NJW 82, 1103 unter Ziff. I 2; KG ZfS 88, 212; OLG Hamm VersR 82, 392; OLG Nürnberg VersR 82, 393; OLG Stuttgart ZfS 82, 243; LG Bielefeld ZfS 91, 415 bei außergerichtlichem Vergleich; LG Nürnberg-Fürth ZfS 88, 213; LG Köln ZfS 83, 337; VersR 79, 1098; LG Münster ZfS 83, 274; LG Berlin ZfS 81, 82; AG Radolfzell r+s 91, 345 bei außergerichtlichem Vergleich; AG München r+s 91, 205; AG Hannover r+s 95, 227; ZfS 88, 12; AG Wiesbaden ZfS 94, 183; AG Aachen ZfS 84, 238; AG Köln ZfS 86, 301; 80, 211; AG Gießen ZfS 82, 48). Maßgebend ist das objektive Wertverhältnis zwischen dem ursprünglichen Anspruchs- oder – bei gerichtlichen Verfahren – Klagebegehren des VN und dem, was ihm nach der gütlichen Erledigung effektiv zufließt (LG Bochum VersR 76, 979), und zwar auch dann, wenn die Parteien einem Vergleichsvorschlag des Gerichts mit anders lautender Kostenregelung gefolgt sind (LG Köln r+s 95, 22 = VersR 95, 458). Läßt sich dieses „Erfolgsverhältnis" im Einzelfall nur unter erheblichen Schwierigkeiten feststellen, dann kann dies allerdings ausnahmsweise dazu führen, daß der RSVersicherer nach dem Rechtsgedanken des § 98 ZPO Kostenaufhebung akzeptieren muß, soweit dies nach dem Ergebnis in der Hauptsache noch vertretbar erscheint (BGH VersR 77, 809 unter Ziff. I 2 c; ähnlich LG Freiburg VersR 91, 688; LG Hamburg VersR 82, 893; AG Düsseldorf AnwBl. 89, 689). Übernimmt der VN sämtliche Kosten, obwohl der Gegner mit seinem Begehren nicht voll durchgedrungen ist, kann dies in Fällen der in § 92 Abs. 2 ZPO beschriebenen Art, z. B. bei ermessens- oder schätzungsabhängigen Ansprüchen, dazu führen, daß sich der Versicherer nicht auf ein „Teil-Unterliegen" des Gegners berufen kann (vgl. hierzu grundsätzlich *Gerstenberg* NJW 88, 1352, 1357). Wird ein Prozeß in Teilabschnitten erledigt, die gebührenrechtlich verschieden zu gewichten sind, z. B. teils durch Anerkenntnisurteil und teils durch Vergleich, dann kann das „Erfolgsverhältnis" daran zu messen sein, wie das Gericht bei streitiger Entscheidung über den restlichen Teil die einheitliche Kostenentscheidung hätte treffen müssen (AG Köln r+s 79, 134). Lassen die Parteien in einem Prozeßvergleich die Kostenfrage offen, ist dies gemäß § 98 ZPO als vereinbarte Kostenaufhebung zu werten, die gemäß Abs. 3 a am „Erfolgsverhältnis" des Hauptsachevergleichs zu messen ist. Bleibt in einem Prozeßvergleich im Rahmen eines einstweiligen Verfügungsverfahrens die streitige Frage völlig offen, ist es ohne Rücksicht auf den gerichtlichen Kostenregelungsvorschlag nicht gerechtfertigt, daß der VN gegnerische Kosten übernimmt (LG Coburg ZfS 91, 309 für den Fall, daß die Richtigkeit oder Unrichtigkeit einer streitbefangenen Behauptung erst durch eine im Vergleich vereinbarte Begutachtung geklärt werden soll). Vereinbart der VN in einem Prozeßvergleich ohne materiellrechtlichen Regelungsgehalt wie z. B. bei übereinstimmender Erledigungserklärung der Hauptsache mit seinem Gegner Kostenaufhebung, dann hat der Versicherer diese Kostenteilung jedenfalls bei noch offenem Sach- und Streitstand gegen sich gelten zu lassen

(OLG Köln ZfS 85, 338). Anders liegt es, wenn die Parteien nach Vergleichsschluß ohne Kostenvereinbarung die Hauptsache für erledigt erklären und wechselseitige Kostenüberbürdung beantragen. Soweit das Gericht nach § 91a ZPO dann dem VN Kosten auferlegt, ist er im Sinn des Abs. 1g zur Erstattung verpflichtet (OLG Karlsruhe VersR 84, 839 = ZfS 84, 335; AG Tauberbischofsheim/LG Mosbach VersR 83, 681). Erklärt allerdings in einem solchen Fall der VN nach Vergleichsabschluß ohne Kostenantrag vor der Kostenentscheidung des Gerichts bereits Rechtsmittelverzicht, so liegt in diesem Verzicht eine kostenauslösende Maßnahme im Sinn des § 15 Abs. 1d cc, die mit dem Versicherer abzustimmen ist (AG Rockenhausen ZfS 90, 90; vgl. § 15 Rdnr. 20). Wegen des Sonderfalles der in einem Prozeßvergleich vereinbarten Kostenaufhebung nach streitwerterhöhender Aufrechnung mit einer nicht versicherten Gegenforderung vgl. unten Rdnr. 256 und OLG Karlsruhe ZfS 89, 89). Für den 1991 eingeführten Anwaltsvergleich gemäß § 1044b ZPO gelten keine Besonderheiten, sondern die von der Rechtsprechung allgemein zu Abs. 3a entwickelten Grundsätze.

Wird eine rechtliche Auseinandersetzung **außergerichtlich** gütlich beigelegt und verpflichtet sich hierbei der VN zur Übernahme von Anwaltskosten des Gegners, dann hat ihn sein RSVersicherer von diesen Kosten insoweit freizustellen, als seine Interessenwahrnehmung in der Hauptsache keinen Erfolg hatte (AG Osnabrück r+s 93, 223; AG Mannheim VersR 90, 382; AG Köln ZfS 88, 248; vgl. oben Rdnr. 167) und der VN zum Ersatz dieser Kosten nicht schon aus materiell-rechtlichen Gründen, z.B. wegen Schuldnerverzugs oder unerlaubter Handlung, verpflichtet war (BGH NJW 85, 1466 = VersR 85, 538 unter Ziff. 3b; vgl. oben Rdnr. 137; bedenklich daher LG Hannover NJW 87, 1337 = VersR 87, 759). Das AG Düsseldorf r+s 90, 91 hält dagegen das Bestehen eines materiell-rechtlichen Kostenerstattungsanspruchs für nötig. Einigt sich der VN mit seinem Gegner anläßlich eines Rechtsstreits über ein versichertes Rechtsverhältnis noch über andere Ansprüche, die nicht Folge des streitauslösenden Versicherungsfalles sind, hat der Versicherer nur für die Kosten aus dem streitigen Verhältnis einzutreten (AG Hanau r+s 92, 379 für den Fall, daß der VN als Mieter einer Eigentumswohnung anläßlich des Herausgabeverlangens des Vermieters die Eigentumswohnung kauft; AG Freiburg r+s 95, 263; vgl. auch unten Rdnr. 169a und § 14 Rdnr. 45). 167a

Bei **teilbarem** Streitgegenstand, insbesondere Zahlungsansprüchen, wird es in der Regel nicht schwierig sein festzustellen, welche vom VN übernommene Kostenquote nicht mehr dem Verhältnis zwischen seinem Erfolg und Mißerfolg in der Hauptsache entspricht. Wegen der Sondervorschrift des die Kostenerstattung weitgehend ausschließenden § 12a Abs. 1 ArbGG beeinträchtigt es allerdings in Arbeitsgerichtsverfahren erster Instanz den Versicherungsschutz nicht, wenn der VN Kostenaufhebung akzeptiert, obwohl er in der Hauptsache mit mehr als der Hälfte seines Klagebegehrens durchgedrungen ist. Denn „nach der (Kosten-) Rechtslage" (2. Alternative des Abs. 3a, vgl. unten Rdnr. 171) könnte er in diesem Fall durch Gerichtsentscheidung keine günstigere Kostenverteilung erreichen (vgl. auch LG Hannover NJW 87, 1337 = VersR 87, 759 = r+s 86, 158). Ähnliches gilt 168

§ 2 ARB 75   169, 169a   1. Teil. Allgemeine Bestimmungen (A)

für die Fälle, in denen der VN als Arbeitgeber ausnahmsweise Versicherungsschutz für Auseinandersetzungen mit dem Betriebsrat hat (§ 24 Rdnr. 36). Kommt es in einem solchen Fall im Beschlußverfahren nach § 80 ArbGG zu einem Vergleich, in dem z.B. der Betriebsrat der vom VN verfügten Entlassung eines Betriebsratsmitglieds zustimmt, und übernimmt der VN trotz seines „Obsiegens" die Kosten des Betriebsrats, dann entspricht dies der (kostenrechtlichen) „Rechtslage", da auch bei gerichtlicher Entscheidung der VN diese Kosten gemäß § 40 BetrVG tragen müßte.

169   Bei **unteilbarem** Streitgegenstand kann die Beurteilung schwieriger werden. Verlangt z.B. der VN Herausgabe einer Sache und erklärt sich der Gegner zwar zur Herausgabe bereit, aber mit Einverständnis oder zumindest Duldung des VN erst nach einer gewissen Zeit, dann ist der Grad des „Obsiegens" des VN vor allem daran zu messen, wie stark sein Interesse an baldiger Erlangung der Sache war. Bei Wohnraum-Räumungsklagen kann nach dem Rechtsgedanken des § 93b ZPO unter den dort genannten Voraussetzungen eine Kostenquotelung gerechtfertigt sein, die vom „Erfolgsverhältnis" in der Hauptsache abweicht (AG Peine VersR 91, 1127; vom LG München ZfS 94, 224 und AG Hannover ZfS 89, 344 anscheinend nicht geprüft). Der VN kann auch teilweise „unterliegen", wenn er Herausgabe eines Gegenstandes gegen seinen Willen nur Zug um Zug gegen eine eigene Leistung erreicht, wobei der Grad seines Unterliegens vornehmlich vom Wert seiner eigenen Leistung abhängen wird.

169a   Werden in einen gerichtlichen Vergleich **nichtrechtshängige Ansprüche einbezogen,** die ebenfalls unter Versicherungsschutz stehen, werden sie in der Regel bei der Ermittlung der Leistungspflicht des Versicherers nach Abs. 3a zu berücksichtigen sein (BGH VersR 77, 809; LG Berlin VersR 89, 799; AG Neunkirchen r+s 89, 361 für Räumungsvergleich zur Beendigung eines Streits zwischen Wohnungseigentümern; AG München r+s 89, 332 für in den Mietprozeß einbezogene Ablösesumme; AG Stuttgart ZfS 96, 471 für Nebenansprüche, die im Kündigungsschutzprozeß mitverglichen wurden). Dies kann – vor allem bei Vergleichen zum Ausgleich aller Ansprüche aus einem gegenseitigen Vertrag – dazu führen, daß der Versicherer die Kosten nicht im Verhältnis der Vergleichssumme zum eingeklagten Betrag, sondern im Verhältnis des wirtschaftlichen Endergebnisses für die Parteien zu übernehmen hat. Verklagt beispielsweise der Verkäufer einer Sache den VN als Käufer, der den Kaufvertrag vor Übergabe der Sache wegen arglistiger Täuschung angefochten hatte, auf Zahlung des Kaufpreises von 20 000 DM und einigen sich dann im Laufe des Prozesses die Parteien dahin, daß der VN „zum Ausgleich sämtlicher Ansprüche aus dem Kauf" 4 000 DM zahlt und die Kosten des Rechtsstreits übernimmt, dann hat sein RSVersicherer die Kosten nicht nur im Verhältnis des Vergleichsbetrags zur Klageforderung, also zu einem Fünftel, zu übernehmen, sondern voll, sofern der Wert der Kaufsache nicht erheblich geringer ist als die Differenz zwischen Klagesumme und Vergleichsbetrag. Denn in dem vereinbarten „Ausgleich sämtlicher Ansprüche" liegt gleichzeitig ein Verzicht des VN auf seinen mit dem Wert der Kaufsache zu beziffernden Übereignungsanspruch, so daß er durch den Vergleich im Sinn des Abs. 3a wirtschaftlich nicht nur in Höhe von 4 000 DM, sondern in Höhe der vollen Klageforderung „unterlegen" ist (Näheres BGH NJW 82, 1103 = VersR 82, 391 = LM AVB f. RSVersicherung Nr. 7 mit Anm. von *Hoegen*). Hat der Versicherer Deckung für eine Wandlungsklage unter der Voraussetzung zugesagt, daß der Gegner des VN bei einer bloßen Minderung des Kaufpreises die Kosten trägt und ein Vergleich mit dem Versicherer abgestimmt wird, und gibt sich der VN mit einer Minderung zufrieden, ohne die Übernahme der überwiegenden Kosten zu seinen Lasten abzustimmen, ist der Versicherer sowohl im Rahmen des Abs. 3 a als auch wegen vorsätzlicher Obliegenheitsverletzung gemäß § 15 Abs. 1 und 2 leistungsfrei (AG Hannover r+s 96, 450). Die Einbeziehung nicht unter Versicherungsschutz stehender Ansprüche bleibt bei der Feststellung des „Erfolgsverhältnisses" außer Betracht (LG Köln ZfS 83, 83; AG Siegburg r + s 89, 261/LG Bonn r + s 90, 241 für Zahlung einer nicht streitbefangenen Abstandssumme bei einverständlicher Aufhebung des Mietverhältnisses zur Beendigung des Räumungsprozesses; vgl. oben Rdnr. 167 a; vgl. auch Abs. 3 e und § 14 Rdnr. 45).

In Fällen, in denen der Umfang der Leistungspflicht des Versicherers nach Abs. 3 a zweifelhaft sein kann, kann die **Obliegenheit** des VN und des für ihn handelnden Rechtsanwalts, eine unnötige Kostenerhöhung zu vermeiden (§ 15 Abs. 1 d cc), besonderes Gewicht gewinnen (OLG Stuttgart VersR 79, 567; BGH NJW 82, 1103 = VersR 82, 391 unter Ziff. II a. E.; vgl. § 15 Rdnr. 20). Unabhängig von der Erfüllung dieser Obliegenheit endet jedoch in zweifelhaften Fällen die Leistungspflicht des RSVersicherers schon aufgrund der objektiven Risikobegrenzung des Abs. 3 a (vgl. oben Rdnr. 165) an der „Toleranzgrenze", die ein wirtschaftlich vernünftig handelnder nichtversicherter Anspruchsteller oder Anspruchsgegner nicht überschreiten würde (AG München r+s 79, 90).

3. Übernimmt der VN Kosten, die er **nach der Rechtslage** nicht zu tragen hätte, besteht insoweit keine Leistungspflicht des RSVersicherers. Diese zweite Alternative des Abs. 3 a betrifft nur Fälle, die nicht schon unter die erste Alternative („Verhältnis des Obsiegens zum Unterliegen", vgl. oben Rdnrn. 167 ff.; KG ZfS 88, 212) fallen. Hier hat der RSVersicherer insoweit einzutreten, als sich die Übernahmeverpflichtung des VN – wie in den Fällen des § 12a Abs. 1 ArbGG und § 40 BetrVG (vgl. oben Rdnr. 168) – an den maßgeblichen Kostenvorschriften orientiert, die in dem jeweiligen Verfahren gelten oder bei gerichtlicher Austragung gelten würden. Übernimmt der VN Kosten ohne Rechtsgrund oder solche, zu deren Ersatz er schon aus materiell-rechtlichen Gründen, z. B. aus Schuldnerverzug oder unerlaubter Handlung, verpflichtet ist, hat ihn sein RSVersicherer hiervon nicht freizustellen (BGH NJW 85, 1466 = VersR 85, 538 unter Ziff. 3b zur früher üblichen „freiwilligen" Übernahme von Kosten des gegnerischen Nebenklägers; vgl. auch oben Rdnrn. 137 ff.). Vereinbart der VN in einem Prozeßvergleich ohne materiell-rechtlichen Regelungsgehalt wie z.B. bei übereinstimmender Erledigungserklärung der Hauptsache mit seinem Gegner Kostenaufhebung, dann hat der Versicherer diese Kostenteilung jedenfalls insoweit gegen sich gelten zu lassen, als er – insoweit beweispflichtig (vgl. oben Rdnr. 165) – nicht darlegen kann, daß der VN bei noch offenem Sach- und Streitstand

dadurch mehr Kosten übernommen hat als nach der Rechtslage erforderlich war (OLG Köln ZfS 85, 338).

172 Bei **prozessualer** Kostenpflicht bestimmt der rechtskräftige Kostenfestsetzungsbeschluß den Umfang der Ersatzpflicht des VN und damit die Leistungspflicht des Versicherers nach Abs. 1g (vgl. oben Rdnrn. 134ff.). Hier könnte die Begrenzung der zweiten Alternative des Abs. 3a allenfalls dann zum Zuge kommen, wenn es der VN oder sein Anwalt schuldhaft unterlassen hat, eine eindeutig falsche oder überhöhte gerichtliche Kostenfestsetzung oder den in der Gerichtskostenrechnung enthaltenen ungerechtfertigten Kostenansatz anzufechten. Hier lassen sich in Strafsachen zwei Hauptfälle unterscheiden.

173 Stellt das Gericht das Verfahren gemäß § 153 Abs. 2 StPO bei geringer Schuld des VN und fehlendem öffentlichen Interesse an seiner Strafverfolgung ohne Kostenentscheidung ein, nachdem er sich bereit erklärt hat, die Gerichtskosten zu übernehmen, dann ist eine solche „freiwillige" **Übernahmeerklärung unwirksam.** Das LG Köln (NJW 62, 1024) sieht in diesem Verhalten des Gerichts eine an den Grundsätzen des § 136a StPO zu messende Verletzung der Entschließungsfreiheit des Angeschuldigten. Das OLG Hamm (NJW 71, 2320) weist zutreffend daraufhin, daß der Angeschuldigte mangels einer – nach § 467 Abs. 1 StPO zu Recht nicht ergangenen – gerichtlichen Kostenentscheidung nicht Entscheidungsschuldner nach § 54 Nr. 1 GKG ist und daß er darüber hinaus aber auch nicht aufgrund seiner Übernahmeerklärung Übernahmeschuldner nach § 54 Nr. 2 GKG geworden ist, da diese Bestimmung einen – hier fehlenden – Erstschuldner voraussetzt und nur einen zusätzlichen Kostenschuldner schaffen will (AG Euskirchen AnwBl. 90, 52; ähnlich *Hartmann* GKG § 54 Rdnr. 15; a.A. *Mümmler* JurBüro 78, 1613). In Fällen dieser Art kann sich der VN mit der in § 5 GKG vorgesehenen, weder form- noch fristgebundenen Erinnerung und notfalls Beschwerde gegen eine trotz fehlender Rechtsgrundlage übersandte Gerichtskostenrechnung wehren. Unabhängig hiervon ist der RSVersicherer zur Übernahme solcher Kosten nach Abs. 3a nicht verpflichtet, zumal dann, wenn es der VN versäumt hat, die Frage der freiwilligen Kostenübernahme rechtzeitig nach § 15 Abs. 1d cc mit dem Versicherer abzustimmen (LG Osnabrück VersR 79, 762 mit Anm. von *Dehoff*; LG Saarbrücken VersR 81, 570 = ZfS 81, 252).

174 Stellt das Gericht das Verfahren nach § 153a Abs. 2 StPO bei geringer Schuld des VN vorläufig ein und erteilt es diesem hierbei zur Beseitigung des öffentlichen Interesses an der Strafverfolgung u.a. die **Auflage,** die Gerichtskosten ganz oder zum Teil zu übernehmen, dann steht eine solche Auflage mit der Rechtslage nicht im Einklang. Die Kostenentscheidung ist der endgültigen Einstellung vorbehalten (LG Trier ZfS 80, 244). Die nach § 153a Abs. 1 StPO vorgesehenen und zulässigen Auflagen haben – ähnlich wie die Bewährungsauflagen nach § 56b StGB – Sanktionscharakter und sind Leistungen mit erzieherischer Zweckrichtung, die der Genugtuung für das begangene Unrecht dienen sollen (*Kleinknecht/Meyer* § 153a Rdnr. 12). Gerichtskosten haben eine hiervon verschiedene Funktion und dienen we-

der erzieherischen Zwecken noch der Genugtuung für begangenes Unrecht. Ebensowenig wie bei einer Strafaussetzung zur Bewährung (BGH NJW 56, 1886; OLG Hamm NJW 56, 1887) können sie daher einem Angeschuldigten nach § 153a StPO auferlegt werden (*Kleinknecht/Meyer* § 153a Rdnr. 16). Erläßt das Gericht gleichwohl aus fiskalischen Gründen eine solche gesetzwidrige Auflage und trifft es dann bei der endgültigen Einstellung nach § 206a StPO eine entsprechende, dem § 467 Abs. 1 und 2 StPO widersprechende Kostenentscheidung, dann wird man wegen der fehlenden Rechtsmittelmöglichkeit auf Grund der seit 1.4.1987 geltenden Neufassung der §§ 153a Abs. 2 und 464 Abs. 3 StPO wegen der Rechtskraft der – an sich falschen – gerichtlichen Kostenentscheidung ausnahmsweise eine Leistungspflicht des RSVersicherers gemäß Abs. 1c und Abs. 3a bejahen müssen (zum früheren Rechtszustand vgl. 2. Auflage). Für den Bereich des Ordnungswidrigkeitenrechts ist bei Einstellung des Verfahrens eine Auflage zur Zahlung von Gerichtskosten durch § 47 Abs. 3 OWiG ausgeschlossen.

Erlegt ein Gericht dem Angeschuldigten im Zuge einer vorläufigen Einstellung des Verfahrens eine an die Staatskasse zu zahlende **Geldbuße** nach § 153a Abs. 2 in Verbindung mit Abs. 1 Satz 1 Nr. 2 StPO auf, dann hat der RSVersicherer eine solche Buße in keinem Fall zu übernehmen, und zwar auch dann nicht, wenn sich ihre Höhe an den im konkreten Fall zu erwartenden Gerichtskosten orientiert (LG Trier ZfS 80, 244).

III. Vollstreckungskosten (Abs. 3b)
(entspricht § 5 Abs. 3d, e ARB 94)

1. Der Versicherungsschutz umfaßt auf den nach §§ 21 bis 29 jeweils versicherten Rechtsgebieten die notwendige Interessenwahrnehmung – von gewissen Einschränkungen abgesehen – von ihrem Beginn (in der Regel Rechtsberatung) bis zu ihrem Ende (vgl. § 1 Rdnr. 3; § 2 Rdnr. 20). Wird ein unter Versicherungsschutz stehender titulierter Anspruch nicht freiwillig erfüllt, dann ist es zur Wahrnehmung der rechtlichen Interessen des VN notwendig (§ 1 Abs. 1), daß er zwangsweise durchgesetzt wird. Ist der VN Schuldner, dann kann es zur Wahrnehmung seiner Interessen notwendig sein, eine Vollstreckungsmaßnahme des Gläubigers abzuwehren. Die Zwangsvollstreckung ist also die **letzte Stufe der** notwendigen **Interessenwahrnehmung**. Durch die Formulierung des § 1 in Verbindung mit den Leistungskatalogen der §§ 21 bis 29 ist demnach klargestellt, daß auch die Rechtsbesorgung im Rahmen der Zwangsvollstreckung noch unter Versicherungsschutz steht. Gleichzeitig ergibt sich daraus, daß ein Zwangsvollstreckungsverfahren im Hinblick auf Versicherungsfall und Versicherungsschutz, insbesondere etwaige Ausschlüsse, nicht isoliert zu betrachten ist. Für den Versicherungsschutz in der Zwangsvollstreckung kommt es allein darauf an, ob der zu vollstreckende titulierte Anspruch unter die Versicherungsdeckung und nicht unter einen Ausschluß fällt und ob der für diesen Anspruch maßgebliche Versicherungsfall (§ 14) innerhalb des versicherten Zeitraumes liegt. Mit Eintritt dieses Versicherungsfalles sind auch etwaige

spätere Zwangsvollstreckungsmaßnahmen aller Art in den Bereich des konkret Möglichen gerückt und damit keine (noch versicherbaren) ungewissen künftigen Ereignisse mehr (LG Frankfurt ZfS 80, 274 für den Fall einer titulierten, nach § 4 Abs. 1 h vom Versicherungsschutz ausgeschlossenen Bürgschaftsverpflichtung; vgl. auch § 14 Rdnr. 39). Etwas anderes kann allenfalls dann gelten, wenn die Zwangsvollstreckungsmaßnahme im Zusammenhang mit einem vollstreckbaren Vergleich steht, durch den – ausnahmsweise – ein zugrunde liegendes Rechtsverhältnis mit schuldumschaffender Wirkung in einen neuen, rechtlich selbständigen schuldrechtlichen Vertrag umgewandelt wurde (Vorbem. vor § 21 Rdnr. 107), oder wenn der – an sich unter Versicherungsschutz stehende – titulierte Anspruch ausschließlich mit vom Versicherungsschutz ausgeschlossenen Einwendungen bekämpft wird (OLG Frankfurt VersR 86, 543; vgl. unten Rdnrn. 195, 196). Der Gegenstand – Sache oder Recht –, in den vollstreckt wird, spielt für die Frage des Versicherungsschutzes keine Rolle, da die zwangsweise Befriedigung hieraus lediglich den unter Versicherungsschutz stehenden vollstreckbaren Anspruch realisieren soll. In den Fällen der §§ 25 Abs. 2 e, 26 Abs. 3 g (Fassung 1988: Abs. 5 g) und 27 Abs. 3 g, bei denen in familien- und erbrechtlichen Angelegenheiten sowie in Angelegenheiten der freiwilligen Gerichtsbarkeit Versicherungsschutz nur für eine beratende Tätigkeit besteht, fallen naturgemäß auch Vollstreckungskosten nicht unter die Versicherungsdeckung.

177 Zwangsvollstreckung ist die mit staatlichem Zwang in einem gesetzlich geregelten Verfahren durchgesetzte Befriedigung eines Anspruchs. Sie setzt einen Vollstreckungstitel (vollstreckbares Urteil oder sonstige vollstreckbare Entscheidung oder Urkunde; vgl. §§ 704, 794 ZPO und *Baumbach/Lauterbach/Hartmann* vor § 704 Rdnrn. 18 bis 20, § 794 Rdnrn. 3 ff.) sowie einen Antrag des Vollstreckungsgläubigers voraus, aufgrund dessen dann ein Vollstreckungsorgan tätig wird, nämlich je nach der gesetzlichen Regelung das Vollstreckungsgericht, der Rechtspfleger, der Gerichtsvollzieher, das Prozeßgericht oder – in gewissen verwaltungsrechtlichen Angelegenheiten – die Vollstreckungsbehörde (§ 753 ZPO; Näheres vgl. *Baumbach/Lauterbach/Hartmann* vor § 704 Rdnrn. 35, 36). Gesetzlich geregelt ist die Zwangsvollstreckung in erster Linie in den §§ 704 ff. ZPO, daneben im ZVG und in anderen Gesetzen, die häufig auf die Vorschriften der ZPO verweisen (*Baumbach/Lauterbach/Hartmann* vor § 704 Rdnrn. 3 ff., 12 ff.). Keine Zwangsvollstreckung ist die Teilungsversteigerung zum Zwecke der Aufhebung einer Gemeinschaft nach §§ 180 ff. ZVG, die keinen Vollstreckungstitel voraussetzt (§ 181 Abs. 1 ZVG; *Zeller* § 180 Anm. 1).

178 Abs. 3 b **begrenzt** den Versicherungsschutz auf drei Anträge je Vollstreckungstitel. Hiermit soll denkbaren Exzessen zu Lasten der Versichertengemeinschaft vorgebeugt werden (*Sperling* AnwBl. 70, 34). In vielen Fällen steht ohnehin spätestens nach drei Vollstreckungsversuchen fest (z. B. Mobiliarpfändung, Forderungspfändung, Abgabe einer eidesstattlichen Versicherung oder Immobiliarzwangsvollstreckung), ob ein Vollstreckungstitel durchgesetzt werden kann. Erwirkt der VN nach Pfändung und Überweisung einer Forderung einen Titel gegen den Drittschuldner, dann ist dies kein (weiterer) „Vollstreckungstitel" im Sinn des Abs. 3 b, da dieser Titel nur eine rechtlich unselbständige Hilfsfunktion im Rahmen der Realisierung des unter Versicherungsschutz stehenden, mit dem „Vollstreckungstitel" im Sinn des Abs. 3 b versehenen „Grundanspruchs" hat (vgl. unten Rdnr. 204). Kommt es zu mehr als drei Anträgen für ein und denselben Titel, dann ist der Versicherungsschutz nach dem Wortlaut nicht auf die zeitlich ersten drei Anträge beschränkt. Da Abs. 3 b als sekundäre Risikobegrenzung nicht über ihren eindeutigen Wortlaut hinaus ausgelegt werden kann (Einl. Rdnr. 49; oben Rdnr. 4), hat in diesem Fall – in Abänderung der gesetzlichen Auslegungsregel des § 262 BGB – der VN als Gläubiger vielmehr die Wahl, für welche drei Anträge er Versicherungsschutz beansprucht. Die Ausübung der Wahl ist Gestaltungsrecht. Hat der VN die Wahl ausgeübt, kann er sie nicht mehr ändern (§ 263 BGB; *Palandt/Heinrichs* § 263 Rdnr. 1, 2). Eine weitere Beschränkung des Versicherungsschutzes bringt Abs. 3 b für solche Anträge, die später als fünf Jahre nach Rechtskraft des Vollstreckungstitels gestellt werden. Es kommt also nicht auf den Zeitpunkt an, in dem erstmals aus dem Titel – z.B. bei vorläufiger Vollstreckbarkeit – vollstreckt werden konnte, sondern lediglich auf den Zeitpunkt der endgültigen Rechtskraft. Bei Vollstreckungstiteln, die der Rechtskraft nicht fähig sind, wie z.B. gerichtlichen Vergleichen oder vollstreckbaren Urkunden (§ 794 Abs. 1 Nrn. 1 und 5 ZPO), beginnt die Frist, sobald der im Vergleich oder der Urkunde festgestellte Anspruch materiell-rechtlich voll wirksam und damit vollstreckbar wird. Nach dem Zweck der Vorschrift gilt dies jedenfalls dann, wenn ein Versicherungsfall im Sinn des § 14 vorausgegangen ist und zum Abschluß des Vergleichs oder zur Errichtung der vollstreckbaren Urkunde geführt hat. Tritt bei einem in einer vollstreckbaren Urkunde enthaltenen Anspruch der Versicherungsfall erst nach der Errichtung der Urkunde ein und kann der Gläubiger erst nach Eintritt des Versicherungsfalls aus der Urkunde vollstrecken, dann beginnt die Fünfjahresfrist mit Eintritt des Versicherungsfalles. Die Fünfjahresfrist trägt einerseits der Tatsache Rechnung, daß nach Ablauf eines solchen Zeitraumes erfahrungsgemäß noch selten Vollstreckungsversuche unternommen werden oder Erfolg versprechen, andererseits erspart sie dem RSVersicherer und damit der Versichertengemeinschaft Verwaltungskosten, die entstehen würden, wenn die den alten Versicherungsfall betreffenden Unterlagen noch längere Zeit oder gar während der ganzen dreißigjährigen Verjährungsfrist (§ 218 BGB) aufbewahrt werden müßten.

Die Leistungspflicht des RSVersicherers für einen „Antrag auf Vollstreckung oder Vollstreckungsabwehr" im Sinn des Abs. 3 b umfaßt alle **Kosten**, die **nach Abs. 1** unter die Versicherungsdeckung fallen, also Rechtsanwalts-, Gerichts-, Gerichtsvollzieher- oder Verwaltungsvollstreckungskosten einschließlich angeforderter Vorschüsse, die im Zusammenhang mit der jeweils begehrten oder abzuwehrenden Vollstreckungsmaßnahme von der Stellung des Antrags bis zu ihrer endgültigen Durchführung entstehen, auch wenn das Verfahren mehrere Instanzen durchläuft oder von einem (rechtlich unselbständigen) Nebenverfahren „begleitet" wird wie etwa einem Antrag auf vorläufige Einstellung der Zwangsvollstreckung bis zur Entscheidung über

§ 2 ARB 75   179   1. Teil. Allgemeine Bestimmungen (A)

den Hauptsacheantrag (BGH VersR 91, 919 = r + s 91, 271 für Vollstreckungsabwehrklage; § 2 Rdnr. 20). Allerdings kann der RSVersicherer auch hier jederzeit die Erfolgsaussichten prüfen und gegebenenfalls verneinen (§§ 1 Abs. 1, 17). Vollstreckungskosten, die dem Gegner nur deshalb entstehen, weil der VN eine Leistung nicht erbringen kann oder will, zu der er verurteilt wurde, hat der Versicherer – auch bei einer Sicherungsvollstreckung nach § 720 a ZPO – nicht zu erstatten (LG Köln r + s 87, 199; AG Nettetal VersR 93, 572 = r+s 93, 263; vgl. oben Rdnr. 164). Zwangs- oder Ordnungsgelder (z. B. nach §§ 888 Abs. 1, 890 Abs. 1, 141 Abs. 1 ZPO, 178 GVG) gehören nicht zu den Vollstreckungskosten (vgl. oben Rdnrn. 95, 96). Die Gebührentatbestände im Vollstreckungsverfahren sind in erster Linie geregelt: für Rechtsanwaltsgebühren in §§ 57 bis 60, 68 ff., 72 ff. und § 119 Abs. 2 BRAGebO; für Gerichtsgebühren in Nrn. 1640 ff., 2400 des Kostenverzeichnisses, Anlage 1 zum GKG; für Gerichtsvollziehergebühren in §§ 17 ff. GVKostG; für Gebühren des Verwaltungszwangsverfahrens in § 19 VwVG in Verbindung mit den Vollstreckungsvorschriften der AO (vgl. oben Rdnr. 123). Die Auslagen der Vollstreckungsorgane gehören ebenfalls zu den Zwangsvollstreckungskosten, z. B. die Kosten einer Haft zur Erzwingung der Abgabe einer eidesstattlichen Versicherung nach § 901 ZPO (vgl. oben Rdnr. 99) oder die Transport- und Lagerkosten von Hausrat bei Vollstreckung aus einem Räumungstitel durch den Gerichtsvollzieher (vgl. oben Rdnr. 106). Befördert der mit der Vollstreckung aus einem Zug-um-Zug-Urteil beauftragte Gerichtsvollzieher die vom VN geschuldete Gegenleistung zum Wohnort des Schuldners, da sie diesem nach dem zugrunde liegenden gegenseitigen Vertrag oder Rückgewähr-Schuldverhältnis an seinem Wohnort als Leistungsort anzubieten ist, dann sind diese Beförderungskosten zwar Auslagen des Gerichtsvollziehers. Sie sind jedoch nicht erst durch den Versicherungsfall (Leistungsweigerung des Schuldners), sondern bereits auf Grund der materiell-rechtlichen Verpflichtung des VN aus dem zugrunde liegenden Rechtsverhältnis angefallen und daher keine Rechtskosten, die im Sinn des § 1 Abs. 1 (erst) „bei" der Interessenwahrnehmung des VN entstanden sind. Im Rahmen der Zwangsvollstreckung können auch Sachverständigenkosten anfallen, z. B. zur Schätzung des Grundstückswerts bei der Zwangsversteigerung gemäß § 74 a Abs. 5 ZVG (vgl. oben Rdnr. 101). Kosten anderer als der in Abs. 1 aufgezählten Art, die der VN als Vollstreckungsgläubiger aus Anlaß einer Zwangsvollstreckung aufwenden muß, fallen nicht unter die Versicherungsdeckung. Dies gilt vor allem für Parteikosten (vgl. oben Rdnrn. 3 und 33), wie z. B. Kosten für die Beschaffung oder Rückgabe einer Sicherheit, Zinsverlust durch Verwendung eigenen Kapitals als Sicherheit, Kosten einer Ersatzvornahme nach § 887 ZPO, Kosten der Beschaffung, Übersetzung oder Beglaubigung nötiger Urkunden, Vertragskosten nach § 448 BGB u. ä. Insoweit handelt es sich häufig um Kosten der Zwangsvollstreckung, die, wie alle notwendigen Vollstreckungskosten, in der Regel dem Schuldner zur Last fallen (§ 788 ZPO; Näheres vgl. *Baumbach/Lauterbach/Hartmann* § 788 Rdnrn. 4 ff.). Soweit der VN Gläubiger ist und Vollstreckungskosten, die ihrer Art nach unter Abs. 1 fallen, beim Schuldner beitreiben kann, entfällt gemäß Abs. 3 c die Leistungspflicht des RSVersicherers.

2. Antrag auf Vollstreckung im Sinn des Abs. 3 b ist jeder an ein Voll- 180
streckungsorgan oder das Prozeßgericht gerichtete Antrag des Vollstrek-
kungsgläubigers, der unmittelbar auf den Beginn, d. h. die erste Vollstrek-
kungsmaßnahme eines Vollstreckungsorgans (*Baumbach/Lauterbach/Hart-
mann* vor § 704 Rdnrn. 35, 36), oder die Fortsetzung der Zwangsvollstrek-
kung aus dem Titel gerichtet und gebührenmäßig als eigene Angelegenheit
(vgl. z. B. §§ 13, 58 Abs. 1 BRAGebO) zu behandeln ist (zum Begriff des –
verjährungsunterbrechenden – „Antrags auf Zwangsvollstreckung" vgl. auch
§ 209 Abs. 2 Nr. 5 BGB und *Palandt/Heinrichs* § 209 Rdnrn. 21, 22). Ein
solcher „Antrag" kann auch eine auf eine Vollstreckungsmaßnahme gerichtete
Klage sein; denn Essentiale jeder Klage ist ein bestimmter Antrag (§ 253
Abs. 2 Nr. 2 ZPO) und eine Klage ist nur ein in eine besondere Form geklei-
deter Antrag, über den in der Regel mündlich verhandelt werden muß (LG
Kleve ZfS 87, 16). Darüber hinaus können auch sonstige Maßnahmen als Vollstreckungsantrag im Sinn der ARB anzusehen sein, wenn sie das Ziel haben,
die zwangsweise Durchsetzung eines Anspruchs herbeizuführen oder zu
fördern (z. B. Drittschuldnerklage, vgl. unten Rdnr. 204; über Konkursan-
träge vgl. unten Rdnr. 215).

Gebührenmäßig selbständige Vollstreckungsanträge in diesem Sinn sind 181
insbesondere die in §§ 58 Abs. 1 und Abs. 3, 68 ff., 72 ff. und 119 Abs. 2
BRAGebO aufgezählten Maßnahmen, soweit sie auf Vollstreckung eines
Anspruchs des VN gerichtet sind. Mehrere Vollstreckungsmaßnahmen wegen der selben Forderung gegen den selben Schuldner sind hierbei in der
Regel dann die gleiche Angelegenheit, wenn sie sich nur als Fortsetzung der
zuerst ergriffenen Maßnahmen darstellen. Jedoch kommt es hier auf die
Umstände des Einzelfalles und auch auf die örtliche Rechtsprechung an, die
unterschiedlich sein kann. Wird beispielsweise die Beauftragung mehrerer
Gerichtsvollzieher wegen eines Wohnungswechsels des Schuldners notwendig, dann können dies je nach der regionalen Rechtsprechung für den Anwalt eine einzige Angelegenheit oder auch mehrere Angelegenheiten sein
(Näheres *Gerold/Schmidt/von Eicken* § 58 Rdnrn. 4 ff.).

Vollstreckt der VN aus einem Titel gegen **mehrere Schuldner**, dann han- 182
delt es sich nach herrschender Ansicht auch dann gebührenmäßig um mehrere Angelegenheiten im Sinn des § 58 Abs. 1 BRAGebO und damit nach
dem Zweck des Abs. 3 b um mehrere Anträge im Sinn dieser Bestimmung,
wenn die Zwangsvollstreckung gegen Gesamtschuldner im gleichen Gesuch
beantragt wird (AG Dortmund ZfS 82, 49). Denn die Zwangsvollstreckung
richtet sich stets gesondert gegen jeden einzelnen Schuldner (*Gerold/
Schmidt/von Eicken* § 58 Rdnr. 3; *Riedel/Sußbauer/Keller* § 58 Rdnr. 6).
Soweit allerdings ein Gericht ein Vollstreckungsgesuch gegen mehrere
Schuldner gebührenrechtlich nur als eine Angelegenheit behandelt, kann
dieses Gesuch auch nur als ein einziger Antrag im Sinn des Abs. 3 gewertet
werden.

Anträge auf Vollstreckung sind auch Maßnahmen der Zwangsvollstrek- 183
kung in das **unbewegliche Vermögen** nach §§ 864 ff. ZPO, insbesondere
durch Eintragung einer Zwangs-Sicherungshypothek, durch Zwangsverstei-

gerung und Zwangsverwaltung (§ 866 Abs. 1 ZPO). Der Antrag auf Eintragung einer Zwangshypothek (§ 867 ZPO) und eine nachfolgende Klage auf Duldung der Zwangsvollstreckung aus dieser Hypothek in das Grundstück (*Palandt/Bassenge* § 1147 Rdnr. 1) sind hierbei zwei selbständige Anträge auf Vollstreckung im Sinn des Abs. 3 b (vgl. oben Rdnr. 180).

184 **Keine Vollstreckungsanträge** sind Maßnahmen, die die Vollstreckung nur vorbereiten sollen, ohne gleichzeitig deren Beginn darzustellen, wie beispielsweise die Erwirkung eines Vollstreckungsurteils nach § 722 ZPO, die Klage auf Erteilung der Vollstreckungsklausel nach § 731 ZPO oder eine der in § 58 Abs. 2 Nrn. 1 und 2 BRAGebO genannten Tätigkeiten, sowie sonstige Maßnahmen, die keine besonderen Gebühren auslösen (§ 58 Abs. 2 Nrn. 3 bis 7 BRAGebO).

185 Ebenfalls kein Antrag auf Vollstreckung ist das **Aufforderungsschreiben** des mit der Durchführung der Zwangsvollstreckung beauftragten Rechtsanwalts des VN an den Schuldner, zur Vermeidung der Zwangsvollstreckung den titulierten Anspruch zu erfüllen. Ein solches Aufforderungsschreiben läßt zwar nach herrschender Ansicht eine Gebühr nach § 57 ZPO entstehen (*Gerold/Schmidt/von Eicken* § 57 Rdnr. 16; *Riedel/Sußbauer/Keller* § 57 Rdnr. 3), steht jedoch zeitlich und funktionell zwischen Erkenntnisverfahren und eigentlicher Zwangsvollstreckung und soll diese ersetzen (OLG Frankfurt NJW 70, 59). Es ist nicht auf den Beginn der eigentlichen Zwangsvollstreckung gerichtet, sondern der letzte Versuch des Gläubigers, diese zu vermeiden. Da Abs. 3 b als sekundäre Risikobegrenzung nicht über ihren klaren Wortlaut hinaus ausgelegt werden kann (*Prölss/Martin* vor § 1 Anm. III A 7; Einl. Rdnr. 49), ist das Aufforderungsschreiben, durch das ohnehin nur Anwaltskosten, aber keine Gerichts- oder Gerichtsvollzieherkosten entstehen können, somit nicht einem „Antrag auf Vollstreckung" gleichzusetzen. Entsprechendes gilt, wenn sich der VN nach Pfändung und Überweisung einer Forderung des Schuldners mit dem Drittschuldner zur Vermeidung weiterer Zwangsvollstreckungsmaßnahmen gütlich einigt (AG Köln ZfS 85, 19).

186 Ob gebührenmäßig selbständige **Maßnahmen** der oben in Rdnrn. 184 und 185 genannten Art, die (noch) kein Antrag auf Vollstreckung im Sinn des Abs. 3 b sind, **unter Versicherungsschutz** stehen, beurteilt sich danach, ob sie zur Wahrnehmung der rechtlichen Interessen des VN im Zusammenhang mit dem titulierten Anspruch notwendig sind (§§ 1, 17). Bedenklich erscheint daher die oben in Rdnr. 185 erwähnte Entscheidung des AG Köln (ZfS 85, 19), soweit sie Versicherungsschutz für die Kosten einer gütlichen Einigung mit dem Drittschuldner generell verneint.

187 **3. Antrag auf Vollstreckungsabwehr** im Sinn des Abs. 3 b ist jede geeignete Maßnahme des VN als Vollstreckungsschuldners, die als gebührenmäßig eigene Angelegenheit (§§ 13, 58 Abs. 2 BRAGebO) zum Ziel hat, ihn mit einer Vollstreckungshandlung des Gläubigers oder einem sonstigen Antrag auf Vollstreckung im Sinn des Abs. 3 b (vgl. oben Rdnr. 180) ganz oder teilweise auf Dauer oder jedenfalls vorübergehend zu verschonen. Hierunter fallen neben Anträgen oder Klagen, die auf Feststellung der Un-

zulässigkeit oder Unbegründetheit einer einzelnen Vollstreckungsmaßnahme oder der gesamten Zwangsvollstreckung aus einem Titel gerichtet sind, beispielsweise auch Anträge auf Vollstreckungsschutz nach §§ 721, 765 a, 794 a ZPO oder auf Aussetzung der Verwertung einer gepfändeten Sache nach § 813 a ZPO. Ebenso kann der außergerichtliche Versuch des VN, nach Beginn der Zwangsvollstreckung mit dem Gläubiger einen „Vollstreckungsvergleich" auszuhandeln, als Antrag auf Vollstreckungsabwehr gewertet werden (offen gelassen von BGH VersR 91, 919 = r + s 91, 271 für Vollstreckungsvergleich nach erfolgloser Erinnerung gegen Art und Weise der Zwangsvollstreckung und erfolgloser Vollstreckungsabwehrklage). Dagegen ist das vor Beginn der Zwangsvollstreckung abgegebene, auf eine einfache Stundungsvereinbarung gerichtete Ratenzahlungsangebot des VN (noch) kein Antrag auf Vollstreckungsabwehr und steht als rein wirtschaftliche Interessenwahrung auch im übrigen nicht unter Versicherungsschutz (AG St. Wendel r + s 90, 344; vgl. § 1 Rdnr. 5).

Keine Zwangsvollstreckung im Rechtssinn ist die **Strafvollstreckung** im Sinn der §§ 449 ff. StPO und die Vollstreckung von Bußgeldentscheidungen nach §§ 89 ff. OWiG. Einwendungen gegen die Zulässigkeit der Strafvollstreckung im Sinn des § 458 Abs. 1 StPO oder gegen die Vollstreckung von Bußgeldentscheidungen (vgl. hierzu *Göhler/Buddendiek* vor § 89 Rdnr. 13) können innerhalb des Straf-RS noch der „Verteidigung" gegen den Vorwurf der Verletzung einer Straf- oder Bußgeld-Vorschrift zugerechnet werden (Vorbem. vor § 21 Rdnr. 77). Anträge auf Vergünstigung in der Straf- oder Bußgeld-Vollstreckung stehen in dem in Rdnrn. 85 ff. in Vorbem. vor § 21 erläuterten Rahmen unter Versicherungsschutz. Dagegen können Einwendungen nach § 8 Justizbeitreibungsordnung gegen die Beitreibung von Geldstrafen (§ 459 StPO) und Gerichtskosten oder Einwendungen gegen die Beitreibung von Geldbußen (§§ 90 ff. OWiG) ihrer Art nach einem Antrag auf Vollstreckungsabwehr im Sinn des Abs. 3 b zugeordnet werden. 188

4. Nachstehend sind **Einzelfälle** aufgezählt, deren rechtliche Qualifikation als „Antrag auf Vollstreckung oder Vollstreckungsabwehr" im Sinn des Abs. 3 b nicht ohne weiteres auf der Hand liegt oder fraglich sein kann oder zu verneinen ist und daher gesonderter Erörterung bedarf. Häufig handelt es sich um Verfahren mit Drittbeteiligung. 189

a) Bei Anträgen, Einwendungen und **Erinnerungen,** welche die Art und Weise der Zwangsvollstreckung oder das vom Gerichtsvollzieher bei ihr zu beobachtende Verfahren betreffen (§ 766 ZPO), hängt es von der Person des Antragstellers oder Erinnerungsführers ab, wie der jeweilige Antrag rechtlich im Sinn des Abs. 3 b zu qualifizieren ist. Erinnerungen dieser Art können erheben der Gläubiger, der Schuldner, der Drittschuldner (bei Forderungspfändung) sowie sonstige Dritte, deren Belange durch Vollstreckungsmaßnahmen betroffen sind (*Baumbach/Lauterbach/Hartmann* § 766 Rdnrn. 14 ff.). 190

Wird über eine vom **VN als Gläubiger** beantragte Vollstreckungsmaßnahme nicht in seinem Sinn entschieden und legt er daraufhin nach § 766 ZPO Erinnerungen ein, so setzt dieser Rechtsbehelf das mit dem vorausge- 191 gangenen Antrag auf Vollstreckung in Gang gekommene Verfahren fort, bis über die Erinnerungen rechtskräftig entschieden ist. Sie bilden hier also eine Einheit mit dem vom VN gestellten Antrag auf Vollstreckung und sind ihrerseits kein neuer selbständiger Antrag auf Vollstreckung. Anders liegt es, wenn sich der VN als Gläubiger mit einer Erinnerung gegen eine auf Antrag des Schuldners getroffene Maßnahme wendet, z.B. gegen eine Einstellung der Zwangsvollstreckung oder Stundung durch den Gerichtsvollzieher. Ein solcher auf Fortsetzung der Vollstreckung gerichteter Antrag ist für den Gläubiger-VN ein neuer selbständiger Antrag im Sinn des Abs. 3b.

192 Für den **VN als Schuldner** sind Erinnerungen nach § 766 ZPO ein Antrag auf Vollstreckungsabwehr im Sinn des Abs. 3b, da er mit diesem Rechtsbehelf Mängel des Vollstreckungsverfahrens geltend macht und die volle oder teilweise Unrechtmäßigkeit der Vollstreckungsmaßnahme festgestellt haben will.

193 Der Schuldner einer gepfändeten Forderung steht als **Drittschuldner** außerhalb des Zwangsvollstreckungsverfahrens. Macht er **als VN** im Wege der Erinnerungen z.B. geltend, daß die gepfändete Forderung unpfändbar oder die Pfändungsgrenze unrichtig berechnet sei, dann nimmt er ausschließlich rechtliche Interessen im Zusammenhang mit der gepfändeten Forderung wahr, nicht aber aus dem der Pfändung zugrundeliegenden Vollstreckungstitel, mit dem er nichts zu tun hat. Für ihn sind daher die Erinnerungen kein Antrag im Sinn von Abs. 3b. Ob für das Erinnerungsverfahren Versicherungsschutz besteht, beurteilt sich lediglich danach, ob die gepfändete Forderung in den Versicherungsbereich des für den VN bestehenden Versicherungsvertrags fällt. Dies kann z.B. der Fall sein, wenn der nach § 24 versicherte Drittschuldner-VN Arbeitgeber des Schuldners ist und somit im Wege der Erinnerungen rechtliche Interessen aus dem mit dem Schuldner bestehenden Arbeitsverhältnis wahrnimmt (§ 24 Abs. 2b). Versicherungsfall im Sinn des § 14 Abs. 3 ist hierbei der Zeitpunkt der nach Meinung des VN ganz oder teilweise unberechtigten Forderungspfändung (vgl. auch den Fall der Drittschuldnerklage, unten Rdnr. 205).

194 Das für den Drittschuldner Gesagte (vgl. oben Rdnr. 193) gilt entsprechend, wenn **sonstige Dritte als VN** Erinnerungen gegen eine Zwangsvollstreckungsmaßnahme einlegen, weil ihre Belange durch die Maßnahme verletzt seien. Auch sie stehen außerhalb des Zwangsvollstreckungsverfahrens. Ob für das Erinnerungsverfahren Versicherungsschutz besteht, richtet sich ausschließlich danach, ob das nach ihrer Behauptung verletzte Recht unter den Deckungsbereich ihres Versicherungsvertrages fällt.

195 b) Die **Vollstreckungsgegenklage** (§ 767 ZPO) des **VN** in seiner Eigenschaft als **Schuldner** oder als sonstiger in der Vollstreckungsklausel bezeichneter Vollstreckungsgegner richtet sich gegen die Vollstreckbarkeit des in den Händen des Gläubigers befindlichen Titels und ist damit, wie auch der daneben gebräuchliche Name „Vollstreckungsabwehrklage" (*Baumbach/Lauterbach/Hartmann* § 767 Rdnr 1) zeigt, ein Antrag auf Vollstreckungsabwehr im Sinn des Abs. 3b. Daß die Klage gebührenrechtlich keine Maßnahme der Zwangsvollstreckung im Sinn der §§ 57ff. BRAGebO ist,

spielt hierbei keine Rolle. Entscheidend ist das mit der Klage verfolgte Ziel des VN (vgl. oben Rdnrn. 180, 187). Die Wahrnehmung der rechtlichen Interessen des VN als Vollstreckungsgegners ist auf die Abwehr aller Zwangsmaßnahmen aus dem Titel gerichtet. Versicherungsschutz für die Vollstreckungsgegenklage (einschließlich eines Antrags auf vorläufige Einstellung der Zwangsvollstreckung, BGH VersR 91, 919 = r + s 91, 271; vgl. oben Rdnr. 179) besteht somit wie in allen anderen Zwangsvollstreckungsangelegenheiten (vgl. oben Rdnr. 176), soweit die Wahrnehmung rechtlicher Interessen im Zusammenhang mit dem titulierten Anspruch zeitlich (§ 14) und sachlich (§§ 21 bis 29) unter die für den VN bestehende Versicherungsdeckung fällt. Aus dem Umstand, daß die Klagegründe erst nach der letzten mündlichen Tatsachenverhandlung im Vorprozeß entstanden sein dürfen (§ 767 Abs. 2 ZPO), kann man nicht schließen, daß in der Erhebung der Vollstreckungsgegenklage oder in einer ihr vorausgehenden Zwangsvollstreckungsmaßnahme des Gläubigers ein neuer Versicherungsfall (§ 14) zu sehen ist, der den inneren sachlichen Zusammenhang mit dem dem Erkenntnisverfahren zugrunde liegenden Versicherungsfall unterbricht. Wenn Vollstreckungsgegenklagen auch nicht die Regel sind, so sind sie andererseits doch nicht so ungewöhnlich und selten, daß die Bekämpfung eines Vollstreckungstitels durch eine solche Klage nicht mehr als adäquate Folge des vorausgegangenen Erkenntnisverfahrens und daß der Klagegrund als versicherungsrechtlich neuer Tatbestand angesehen werden könnten, der die Leistungspflicht des Versicherers erneut auslöst (ebenso BGH VersR 91, 919 = r + s 91, 271; LG Frankfurt ZfS 80, 274; AG Kleve r + s 89, 291; a.A *Schneider* VersR 94, 1158; vgl. oben Rdnr. 176). Geht der Streit ausschließlich um eine vom VN gegen den – an sich unter Versicherungsschutz stehenden – titulierten Anspruch zur Aufrechnung gestellte, vom Versicherungsschutz jedoch ausgeschlossene Gegenforderung, besteht keine Versicherungsdeckung (OLG Frankfurt VersR 86, 543; vgl. § 4 Rdnr. 2).

Die Abwehr einer Vollstreckungsgegenklage stellt sich für den **VN** als **Gläubiger** des titulierten Anspruchs als selbständiger Antrag auf Vollstreckung im Sinn des Abs. 3b dar. Denn er erstrebt mit dem Klageabweisungsantrag die gerichtliche Feststellung, daß die Zwangsvollstreckung aus dem Titel zulässig ist und weiterbetrieben werden kann. Versicherungsschutz besteht – aus den gleichen Gründen wie für den VN als Schuldner und Vollstreckungsgegenkläger (vgl. oben Rdnr. 195) – in dem Umfang, in dem Dekkung zeitlich und sachlich für den zugrunde liegenden titulierten Anspruch des VN als Gläubigers gegeben ist (vgl. oben Rdnrn. 176, 180). Wird hierbei nicht über den Untergang des – an sich unter Versicherungsschutz stehenden – titulierten Anspruchs, z.B. durch Erlaß oder Erfüllung, sondern ausschließlich über eine zur Aufrechnung gestellte, jedoch von der Versicherungsdeckung ausgeschlossene Gegenforderung gestritten, besteht kein Versicherungsschutz (OLG Frankfurt VersR 86, 543; vgl. auch Abs. 3e und unten Rdnrn. 246 ff.).

Eine Sonderform der Vollstreckungsgegenklage ist die dem **Erben** nach § 785 ZPO vorbehaltene Befugnis, gegen die Zulässigkeit der Zwangsvollstreckung in nicht zum Nachlaß gehörende Gegenstände zu klagen, sofern er als Erbe **beschränkt haftet.**

198 Eine auf § 826 BGB gestützte Klage auf Unterlassung der Zwangsvollstreckung aus einem sittenwidrig **erschlichenen** oder vollstreckten unrichtigen **Urteil** oder anderen Vollstreckungstitel (*Palandt/Thomas* § 826 Rdnrn. 46 bis 50; *Thomas/Putzo* § 767 Rdnr. 5) ist kein – unselbständiger – Antrag auf Vollstreckungsabwehr im Sinn des Abs. 3 b, sondern die aufgrund eines selbständigen Versicherungsfalles im Sinn des § 14 Abs. 1 erfolgende Geltendmachung eines Schadenersatzanspruches aufgrund gesetzlicher Haftpflichtbestimmungen im Sinn der Rdnrn. 31 ff. in Vorbem. vor § 21. Die Verteidigung gegen eine solche Klage steht als Abwehr eines Schadenersatzanspruchs aufgrund gesetzlicher Haftpflichtbestimmungen nicht unter Versicherungsschutz.

199 Eine **Klage wegen Unzulässigkeit der Vollstreckungsklausel** nach § 768 ZPO ist aus den oben in Rdnrn. 195 und 196 genannten Gründen für den klagenden VN als Schuldner ein Antrag auf Vollstreckungsabwehr und für den VN als beklagten Gläubiger ein Antrag auf Vollstreckung.

200 c) Klagt ein Dritter gegen den die Zwangsvollstreckung als Gläubiger betreibenden VN mit der Behauptung, ihm stehe an dem Gegenstand der Zwangsvollstreckung ein die Veräußerung hinderndes Recht zu (§ 771 ZPO, sogenannte **Drittwiderspruchsklage**), dann stellt sich die **Abwehr** einer solchen Klage durch den VN für diesen als selbständiger Antrag auf Vollstreckung im Sinn des Abs. 3 b dar. Denn er erstrebt mit dem Klageabweisungsantrag die gerichtliche Feststellung, daß die Zwangsvollstreckung in den auf seinen Antrag beschlagnahmten Gegenstand zulässig ist und weiterbetrieben werden kann. Daß die Abwehr einer solchen Klage gebührenrechtlich keine Maßnahme der Zwangsvollstreckung im Sinn der §§ 57 ff. BRAGebO ist, spielt hierbei keine Rolle. Entscheidend ist das mit der Abwehr der Klage verfolgte Ziel des VN. Der in dem Klagabweisungsantrag zu sehende Antrag auf (Fortsetzung der) Vollstreckung ist mithin im Sinn des Abs. 3 b nach dem vorausgegangenen Pfändungs- oder Zwangsversteigerungsantrag ein selbständiger Antrag, der unter Versicherungsschutz steht und unter die Begrenzung des Abs. 3 b fällt, soweit für den zugrundeliegenden titulierten Anspruch des VN als Gläubigers zeitlich und sachlich Versicherungsschutz besteht (vgl. oben Rdnrn. 176, 180).

201 **Klagt** der VN als Dritter gegen den vollstreckenden Gläubiger nach § 771 ZPO, dann ist diese Drittwiderspruchsklage für den VN kein Antrag auf Vollstreckung oder Vollstreckungsabwehr. Er hat mit dem Vollstreckungstitel nicht zu tun. Er nimmt mit der Klage eigene rechtliche Interessen wahr, die aus der von ihm behaupteten Verletzung seines durch die Zwangsvollstreckung betroffenen Rechts herrühren. Ob er hierfür Versicherungsschutz beanspruchen kann, richtet sich nach der Art seines Versicherungsvertrags und seines durch die Zwangsvollstreckung betroffenen Rechts. Läßt beispielsweise der Gläubiger eine im Gewahrsam des Schuldners befindliche bewegliche Sache pfänden, die der VN im Wege der Drittwiderspruchsklage als Eigentümer für sich selbst beansprucht, dann besteht für den VN Versi-

cherungsschutz, wenn er die Wahrnehmung rechtlicher Interessen aus dinglichen Rechten an beweglichen Sachen versichert hat (§§ 25 Abs. 3, 26 Abs. 4 [Fassung 1988: Abs. 5 b], 27 Abs. 4) und die aus der Sicht des VN als Rechtsverstoß im Sinn des § 14 Abs. 3 zu wertende Pfändung der Sache durch den Gläubiger in den versicherten Zeitraum fällt.

Das für den Fall des § 771 ZPO Gesagte gilt entsprechend für die **Sonderfälle** einer **Drittwiderspruchsklage** bei Bestehen eines relativen Veräußerungsverbots (§ 772 ZPO), einer Nacherbfolge (§ 773 ZPO) und bei Gütergemeinschaft (§ 774 ZPO). 202

d) **Klagt** ein Dritter, der an einer gepfändeten Sache ein Pfand- oder Vorzugsrecht hat oder zu haben behauptet, gemäß § 805 ZPO gegen den die Zwangsvollstreckung als Gläubiger betreibenden VN **auf vorzugsweise Befriedigung,** dann handelt es sich um eine Drittwiderspruchsklage minderer Art (*Baumbach/Lauterbach/Hartmann* § 805 Rdnr. 4). Der auf Fortsetzung seiner eigenen Zwangsvollstreckung gerichtete Klageabweisungsantrag des VN ist aus den gleichen Gründen wie bei der Drittwiderspruchsklage des § 771 ZPO (vgl. oben Rdnr. 200) ein selbständiger Antrag auf Vollstreckung im Sinn des Abs. 3 b. Für den klagenden Dritten als VN ist die Klage kein Antrag auf Vollstreckung oder Vollstreckungsabwehr im Sinn des Abs. 3 b, sondern die Wahrnehmung rechtlicher Interessen aus dinglichen Rechten an beweglichen Sachen, die bei zeitlicher und sachlicher Deckung vom Versicherungsschutz der §§ 25 Abs. 3, 26 Abs. 4 (Fassung 1988: Abs. 5 b) oder 27 Abs. 4 umfaßt sein kann (vgl. oben Rdnr. 201). 203

e) aa) Hat der **VN als Vollstreckungsgläubiger** eine Geldforderung des Schuldners gegen einen Dritten pfänden und sich zur Einziehung oder an Zahlungs Statt überweisen lassen (§§ 829, 835 ZPO) und zahlt der Dritte nicht freiwillig an den VN, dann kann dieser gegen den Dritten Klage erheben (sogenannte **Drittschuldnerklage**). Hierbei muß er in der Regel dem Schuldner gerichtlich den Streit verkünden (§ 841 ZPO). Verfahrensrechtlich ist diese Klage nicht auf eine Zwangsvollstreckungsmaßnahme durch ein Vollstreckungsorgan gerichtet, sondern eine normale Forderungsklage. Dem Wortlaut nach ist sie daher kein „Antrag auf Vollstreckung" im Sinn des Abs. 3 b. Eine Auslegung nach dem Regelungszusammenhang und dem Zweck des Abs. 3 b führt jedoch dazu, sie als Vollstreckungsantrag im Sinn dieser Bestimmung zu behandeln. Der VN erhebt die Klage einzig und allein zu dem Zweck, um Befriedigung für seinen vollstreckbaren Anspruch zu erhalten. Die Drittschuldnerklage ist bei entsprechender Erfolgsaussicht als Wahrnehmung rechtlicher Interessen im Sinn des § 1 notwendig, um den unter Versicherungsschutz stehenden und bereits titulierten „Grundanspruch" endgültig durchzusetzen (ebenso AG Dortmund ZfS 82, 49; § 1 Rdnr. 3; oben Rdnr. 176; a.A. *Schneider* VersR 95, 10; dagegen *Rex* VersR 95, 505). Die Kosten der Klage, soweit sie notwendig und erfolgreich ist, treffen nach allgemeinen Grundsätzen in der Regel den Drittschuldner. Können sie jedoch von ihm nicht erlangt werden, z.B. wegen seiner Insolvenz oder wegen des die Kostenerstattung ausschließenden § 12a Abs. 1 ArbGG, dann sind sie ebenso wie die Kosten der Einziehung im Verhältnis 204

§ 2 ARB 75   1. Teil. Allgemeine Bestimmungen (A)

zum Schuldner ohnehin Kosten der Zwangsvollstreckung, die der Schuldner dem VN zu erstatten hat (*Baumbach/Lauterbach/Hartmann* § 788 Rdnr. 22; § 835 Rdnr. 12). Steht der titulierte Anspruch des VN unter Versicherungsschutz, dann spielt die Rechtsnatur der gepfändeten Geldforderung keine Rolle. Es kommt nicht darauf an, ob sie überhaupt unter den vom VN versicherten Leistungskatalog der Besonderen Bestimmungen der ARB (§§ 21 bis 29) fällt oder ob ein Ausschluß (z. B. gemäß § 4) eingreift. Denn der Zweck eines Ausschlusses (vgl. § 4 Rdnr. 1) kommt bei der Drittschuldnerklage über eine an sich vom Versicherungsschutz ausgeschlossene Forderung ebensowenig zum Tragen wie die Tatsache, daß es sich möglicherweise um eine Forderung aus einem gar nicht versicherbaren Rechtsverhältnis handelt. Die klageweise Durchsetzung der gepfändeten Forderung soll dem VN wie jede andere Zwangsvollstreckungsmaßnahme lediglich zu dem Vermögenswert verhelfen, der ihm nach dem unter Versicherungsschutz stehenden oder erstrittenen Vollstreckungstitel zusteht (vgl. oben Rdnr. 176). Die Pfändung und Überweisung der Forderung erfolgt auch nur in Höhe des titulierten Anspruchs (*Baumbach/Lauterbach/Hartmann* § 835 Rdnrn. 10, 23). Dementsprechend kann der VN die Drittschuldnerklage auch nur in Höhe seines unter Versicherungsschutz stehenden Anspruchs erheben. Ob im Verhältnis zwischen Schuldner und Drittschuldner gegen Vertragspflichten verstoßen wurde und damit ein Versicherungsfall im Sinn des § 14 Abs. 3 für die gepfändete Forderung herbeigeführt wurde, spielt ebenfalls keine Rolle. Entscheidend ist allein, ob im Verhältnis zwischen dem VN als Gläubiger und dem Schuldner der Versicherungsfall für den titulierten Anspruch in den versicherten Zeitraum fällt. Die Ausschlußbestimmung des § 4 Abs. 2b oder c kommt nicht zum Zuge, da der VN den unter Versicherungsschutz stehenden vollstreckbaren Anspruch durchsetzen will und die Wahrnehmung rechtlicher Interessen aus der ihm zur Einziehung oder an Zahlungs Statt überwiesenen Forderung hierfür nur eine unselbständige Hilfsfunktion hat (vgl. § 4 Rdnr. 157). Die Erfolgsaussichten für die beabsichtigte Drittschuldnerklage (§§ 1 Abs. 1, 17) kann der RSVersicherer dagegen, wie bei jedem anderen Antrag auf Vollstreckung, prüfen. Entscheidend wird hierbei in der Regel sein, ob die Einwendungen des Drittschuldners gegen die gepfändete Geldforderung schlüssig sind und ob er überhaupt zahlungsfähig erscheint (vgl. auch oben Rdnr. 178).

205   Der Schuldner der gepfändeten Forderung steht als Drittschuldner außerhalb der Zwangsvollstreckung. Will er sich als VN gegen die Drittschuldnerklage aus formellen oder materiellen Gründen zur Wehr setzen, dann nimmt er ausschließlich rechtliche Interessen als Schuldner der gepfändeten Forderung, nicht aber aus der der Pfändung zugrundeliegenden Vollstreckungstitel wahr, mit dem er nichts zu tun hat. Die **Abwehr der Drittschuldnerklage** ist daher für ihn kein Antrag auf Vollstreckungsabwehr im Sinn des Abs. 3b, sondern die Wahrnehmung rechtlicher Interessen aus dem der gepfändeten Forderung zugrundeliegenden Schuldverhältnis mit seinem Gläubiger, dem Schuldner des Pfändungsgläubigers. Ob diese Rechtsbesorgung für den VN unter Versicherungsschutz steht, beurteilt sich ausschließlich danach, ob die Wahrnehmung rechtlicher Interessen aus diesem Schuld-

verhältnis unter die Versicherungsdeckung des für den VN bestehenden Versicherungsvertrags fällt. Dies kann z.B. der Fall sein, wenn der nach § 24 versicherte Drittschuldner-VN Arbeitgeber des Schuldners ist und mit der Abwehr der Klage des Pfändungs-Gläubigers rechtliche Interessen aus dem mit dem Pfändungs-Schuldner bestehenden Arbeitsverhältnis wahrnimmt (§ 24 Abs. 2b). Zeitpunkt des Versicherungsfalls im Sinn des § 14 ist hierbei nicht, wie im Fall der auf formelle Mängel gestützten Erinnerung des Drittschuldners nach § 766 ZPO, der Zeitpunkt der Pfändung (vgl. oben Rdnr. 193), sondern – zumindest, soweit der VN materiell-rechtliche Einwendungen erhebt – der Zeitpunkt, in dem im Verhältnis zwischen Schuldner (nach der Pfändung und Überweisung: zwischen Gläubiger) und Drittschuldner-VN das für den Versicherungsfall maßgebliche Ereignis oder der hierfür maßgebliche Rechtsverstoß (§ 14 Abs. 1 oder 3) eingetreten ist.

Tritt der **VN als Vollstreckungsschuldner** nach Streitverkündung des Gläubigers (§ 841 ZPO) dem Rechtsstreit gegen den Drittschuldner auf seiten des Gläubigers bei (§ 74 ZPO), dann ist diese Nebenintervention (§ 66 ZPO) für den Schuldner kein Antrag im Sinn des Abs. 3b. Er nimmt hiermit keine rechtlichen Interessen im Zusammenhang mit dem titulierten Anspruch wahr. Er macht vielmehr eigene, vom Titel unabhängige rechtliche Interessen gegenüber dem Drittschuldner als seinem Schuldner aus der gepfändeten Forderung geltend. Ob er hierfür Versicherungsschutz beanspruchen kann, beurteilt sich danach, ob die gepfändete Forderung in den Risikobereich seines Versicherungsvertrags und ob in seinem Verhältnis zum Drittschuldner der Versicherungsfall im Sinn des § 14 in den versicherten Zeitraum fällt. 206

bb) Klagt der **Gläubiger als VN** gegen den Drittschuldner **nach § 840 Abs. 2 Satz 2 ZPO** auf Schadenersatz wegen Verletzung der Auskunftspflicht nach § 840 Abs. 1 ZPO, dann ist dies keine Fortsetzung der Zwangsvollstreckung und kein neuer Antrag auf Vollstreckung im Sinn des Abs. 3b. Es handelt sich vielmehr um eine neue rechtliche Auseinandersetzung im Verhältnis zwischen Gläubiger und Drittschuldner, für die Versicherungsschutz bestehen kann, soweit der Gläubiger die Geltendmachung von Schadenersatzansprüchen aufgrund gesetzlicher Haftpflichtbestimmungen versichert hat (z.B. § 25 Abs. 2a). Versicherungsfall ist die (behauptete) Verletzung der Auskunftspflicht durch den Drittschuldner. 207

Ist der beklagte **Drittschuldner VN,** dann fällt für ihn die **Abwehr** einer solchen **Klage** als Abwehr von Schadenersatzansprüchen aufgrund gesetzlicher Haftpflichtbestimmungen nicht unter die Versicherungsdeckung. 208

f) Mit der **Vorpfändung** (Pfändungsankündigung) gemäß § 845 ZPO beginnt der VN als Gläubiger eine neue Zwangsvollstreckungsmaßnahme. Sie stellt daher den Beginn eines Antrags auf Vollstreckung im Sinn des Abs. 3b dar. Diese Maßnahme ist jedoch gebührenmäßig keine selbständige Angelegenheit, sondern bildet mit der nachfolgenden Forderungspfändung eine Einheit (*Gerold/Schmidt/von Eicken* § 58 Rdnr. 9) und damit einen einheitlichen Antrag im Sinn des Abs. 3b. 209

210 Gleiches gilt für alle anderen **Tätigkeiten**, die **zur Durchführung der Pfändung** einer bestimmten einzelnen Forderung vorgenommen werden, z.B. die Zwangsvollstreckung gegen den Schuldner auf Herausgabe der über die Forderung vorhandenen Urkunden nach § 836 Abs. 3 ZPO oder die Aufforderung an den Drittschuldner nach § 840 ZPO (*Gerold/Schmidt/von Eicken* § 58 Rdnr. 9).

211 g) **Klagt** der **VN** als Gläubiger bei Vorhandensein mehrerer in die gleiche Forderung vollstreckender Gläubiger **gegen den Drittschuldner auf Hinterlegung** gemäß § 856 ZPO, dann handelt es sich um einen selbständigen Antrag auf Vollstreckung im Sinn des Abs. 3 b. Das für die Drittschuldnerklage Gesagte (vgl. oben Rdnr. 204) gilt hier entsprechend. Will der VN als Drittschuldner eine solche Klage abwehren, dann handelt es sich für ihn um keinen Antrag auf Vollstreckungsabwehr, sondern um eine eigene rechtliche Angelegenheit, für die er nur Versicherungsschutz beanspruchen kann, wenn die gepfändete Forderung in den Deckungsbereich seines Versicherungsvertrags fällt. Das oben Rdnr. 205 Gesagte gilt entsprechend.

212 h) Ein **Gesuch** um Erlaß eines Arrestes (§§ 916 ff. ZPO) oder einer **einstweiligen Verfügung** (§§ 935 ff. ZPO) ist kein Antrag auf Vollstreckung im Sinn des Abs. 3 b. Zwar finden sich die für dieses Verfahren geltenden Vorschriften im Fünften Abschnitt des mit „Zwangsvollstreckung" überschriebenen Achten Buches der ZPO. Das Verfahren zählt jedoch nicht zur Zwangsvollstreckung, sondern ist nur ein besonders geregelter abgekürzter und vorläufiger Prozeß, der wie z.B. das Mahnverfahren oder das Beweissicherungsverfahren zu den besonderen Verfahrensarten zählt (*Baumbach/Lauterbach/Hartmann* vor § 916 Rdnr. 1) und je nach dem Umfang der Versicherungsdeckung vom Versicherungsschutz umfaßt sein kann (§ 1 Rdnr. 3; § 2 Rdnr. 20). Zur Zwangsvollstreckung gehört nur die Vollstreckung eines Arrestes oder einer einstweiligen Verfügung (§§ 928 bis 934, 936 ZPO; über den Unterschied zwischen Arrestvollziehung und Arrestvollstreckung vgl. *Baumbach/Lauterbach/Hartmann* vor § 916 Rdnrn. 19, 20). Anträge, die in einem solchen Vollstreckungsverfahren gestellt werden, sind Anträge auf Vollstreckung oder Vollstreckungsabwehr im Sinn des Abs. 3 b.

213 i) Ficht der **VN** als **Vollstreckungsgläubiger** nach dem Gesetz, betreffend die Anfechtung von Rechtshandlungen eines Schuldners außerhalb des Konkursverfahrens (**Anfechtungsgesetz**), ihn – den Gläubiger – benachteiligende Rechtshandlungen des Schuldners an, dann ist in dieser Anfechtung und einer damit verbundenen Klage ein selbständiger Antrag auf Vollstreckung im Sinn des Abs. 3 b zu sehen. Denn der Gläubiger will damit volle oder teilweise zwangsweise Befriedigung seiner vollstreckbaren, aber noch nicht oder nicht vollständig erfüllten Forderung gegen den Schuldner erreichen (§§ 2, 5, 7 Anfechtungsgesetz). Der auf einem gesetzlichen Schuldverhältnis beruhende Anfechtungsanspruch des Gäubigers richtet sich zwar nicht gegen den Schuldner, sondern ausschließlich gegen denjenigen, dem das vom Schuldner anfechtbar Weggebene zugute gekommen ist (Anfechtungsgegner). Es handelt sich jedoch nicht um einen selbständigen Anspruch, sondern um ein Hilfs- und Nebenrecht der befriedigungsbedürfti-

gen Forderung des Gläubigers gegen den Schuldner (*Kilger/Huber*, AnfG, Einl. Anm. II 3; § 7 Anm. I 1; LG Kleve NJW-RR 87, 730 = ZfS 87, 16, das zu Recht diese Grundsätze auch auf eine auf § 419 BGB gestützte Klage gegen den Vermögensübernehmer des Schuldners anwendet). Versicherungsschutz für das Anfechtungsverfahren besteht demnach, soweit er für den zugrundeliegenden vollstreckbaren Anspruch gegeben ist und die Anfechtung Aussicht auf Erfolg im Sinn der §§ 1 Abs. 1, 17 verspricht. Der Anfechtungsanspruch als solcher geht nicht auf Schadenersatz, sondern auf „Rückgewähr" (§ 7 Anfechtungsgesetz). Trägt allerdings der VN schlüssig vor, der Anfechtungsgegner habe ihm gegenüber im Zusammenwirken mit dem Schuldner gleichzeitig den Tatbestand einer unerlaubten Handlung nach §§ 823 ff., insbesondere § 826 BGB erfüllt (*Kilger/Huber*, AnfG, § 7 Anm. I 4), dann macht der VN damit gleichzeitig einen selbständigen Schadenersatzanspruch aufgrund gesetzlicher Haftpflichtbestimmungen gegen den Anfechtungsgegner geltend, der bei bestehendem Schadenersatz-RS (z. B. § 25 Abs. 2 a) vom Versicherungsschutz umfaßt sein kann. Versicherungfall ist hierbei der Beginn der vom VN behaupteten unerlaubten Handlung des Anfechtungsgegners (§ 14 Abs. 1 Satz 1).

Will sich der **VN** als **Anfechtungsgegner** gegen die Anfechtung des Gläubigers wehren, dann handelt es sich für ihn nicht um einen Antrag auf Vollstreckungsabwehr im Sinn des Abs. 3 b. Er hat mit dem Vollstreckungstitel nichts zu tun. Er will mit der Abwehr des Anfechtungsanspruchs erreichen, daß der nach Behauptungen des Gläubigers anfechtbar erworbene Gegenstand in seinem Vermögen verbleibt. Ob er hierfür Versicherungsschutz beanspruchen kann, richtet sich nach der Art seines Versicherungsvertrags und des mit dem Anfechtungsanspruch von ihm herausverlangten Gegenstands. Ficht z. B. der Gläubiger die Übertragung des Eigentums an einer beweglichen Sache vom Schuldner auf den Anfechtungsgegner an, dann hat der VN für die Abwehr dieses Anspruchs Versicherungsschutz, wenn er die Wahrnehmung rechtlicher Interessen aus dinglichen Rechten an beweglichen Sachen versichert hat (§§ 25 Abs. 3, 26 Abs. 4 (Fassung 1988: Abs. 5 b) und 27 Abs. 4) und die aus der Sicht des Gläubigers als Rechtsverstoß im Sinn des § 14 Abs. 3 zu wertende anfechtbare Rechtshandlung in den versicherten Zeitraum fällt (vgl. § 14 Rdnr. 50). Entsprechendes gilt für einen nach § 29 als Eigentümer versicherten VN, der das Grundeigentum anfechtbar erworben haben soll (§ 29 Rdnr. 21).

k) **Beantragt** der **VN** als Gläubiger gegen einen Schuldner gemäß § 103 Abs. 2 KO die Eröffnung des **Konkursverfahrens,** dann kann dies ein Antrag auf Vollstreckung im Sinn des Abs. 3 b sein. Denn das Konkursverfahren ist zwar keine Einzelzwangsvollstreckung im Sinn des Achten Buches der ZPO. Es ist aber ebenfalls auf zwangsweise Befriedigung von Ansprüchen gerichtet. Es gehört als „Gesamtvollstreckung" mehr zur streitigen als zur freiwilligen Gerichtsbarkeit (*Kilger/Karsten Schmidt* § 71 Anm. 1; *Jaeger* vor § 71 Rdnr. 3; *Kuhn/Uhlenbruck* § 72 Rdnr. 1; vgl. auch § 4 Rdn. 132). Ist der VN als Gläubiger im Besitz eines Titels und mit Maßnahmen der Einzelzwangsvollstreckung nicht zum Ziel gekommen, dann kann ein Antrag auf Eröffnung des Konkursverfahrens über das Schuldnervermögen für ihn ausnahmsweise dann sinnvoll sein, wenn mit einer nennenswerten Konkursquote zu rechnen ist. In diesem Fall entspricht es dem Wortlaut und dem Zweck des Abs. 3 b (vgl. oben Rdnr. 176), den Konkursantrag als (selbstständigen) Vollstreckungsversuch im Sinn des Abs. 3 b zu behandeln. Hierbei sind allerdings die Erfolgsaussichten eines solchen Antrages, der nur bei entsprechender Konkursmasse wirtschaftlich sinnvoll ist, besonders genau zu prüfen. Fordert das Gericht zur Durchführung des Konkursverfahrens gemäß § 107 Abs. 1 KO vom VN zur Deckung der sonst nicht gedeckten Massekosten einen Vorschuß an, dann ist die Rechtsverfolgung des VN in aller Regel in hohem Maß wirtschaftlich unvernünftig und damit mutwillig (vgl. § 1 Rdnr. 40). Ein Antrag kann auch mutwillig und wegen fehlenden Rechtsschutzbedürfnisses unzulässig oder sonst rechtsmißbräuchlich sein, z.B. bei geringer Forderung des Gläubigers, oder wenn er nur aus Wettbewerbsgründen oder als Druckmittel zu Ratenzahlungen erfolgt (*Kilger/Karsten Schmidt* § 105 Anm. 4). Unter den genannten Voraussetzungen kann auch die Anmeldung einer Forderung des VN zur Konkurstabelle nach §§ 138 ff. KO oder die Vertretung des VN in der Gläubigerversammlung oder im Gläubigerausschuß (§§ 87, 94, 133 ff. KO) einem Antrag auf Vollstreckung gleichgeachtet werden. Ein Gläubiger, der nicht im Besitz eines Vollstreckungstitels ist, kann ebenfalls Konkursantrag gegen seinen Schuldner stellen. Denn Voraussetzung für die Eröffnung des Konkursverfahrens ist nicht das Vorhandensein eines Titels, sondern nur die Zahlungsunfähigkeit des Schuldners (§§ 102, 105 KO). Erwirkt dieser Gläubiger später wegen derselben Forderung noch einen Titel, aufgrund dessen er dann Maßnahmen der Einzelzwangsvollstreckung einleitet, wird man den vorausgegangenen Antrag auf Konkurseröffnung noch nicht als „Antrag auf Vollstreckung" im Sinn des Abs. 3 b ansehen können. Denn diese Bestimmung begrenzt den Versicherungsschutz auf drei Vollstreckungsanträge „je Titel". Im Zeitpunkt des ersten Antrags lag jedoch noch kein Titel vor.

216 Die **Abwehr** eines **Antrags** auf **Eröffnung** des **Konkursverfahrens** durch den VN als Schuldner könnte zwar aus den oben (Rdnr. 187) aufgeführten Gründen als Antrag auf Vollstreckungsabwehr angesehen werden. Eine solche Maßnahme ist jedoch durch § 4 Abs. 1 q generell vom Versicherungsschutz ausgeschlossen (§ 4 Rdnr. 133).

217 l) Anders als bei einem Konkursverfahren (vgl. oben Rdnr. 215) ist der VN als **Gläubiger** nicht berechtigt, die Eröffnung des **gerichtlichen Vergleichsverfahrens** gegen einen Schuldner zu beantragen (§ 2 Abs. 1 Satz 2 VerglO). Der Grund liegt vor allem darin, daß beim Konkurs das Interesse der Gläubiger im Vordergrund steht, Befriedigung ihrer Forderung durch Liquidation des Schuldnervermögens zu erhalten, während beim Vergleichsverfahren das Interesse des Schuldners Vorrang hat, seine Verbindlichkeiten zwecks Erhaltung seines Betriebs zu vermindern (*Böhle-Stamschräder/Kilger,* VerglO, Einl. vor § 1 Anm. IV). Da somit das Vergleichsverfahren nicht oder jedenfalls nicht primär – wie das Konkursverfahren – auf eine „Gesamtvollstreckung" gerichtet ist, können Maßnahmen des Gläu-

bigers in diesem Verfahren nicht als Anträge auf Vollstreckung im Sinn des Abs. 3 b gewertet werden.

Maßnahmen des **VN** als **Schuldners** in einem über sein Vermögen beantragten gerichtlichen **Vergleichsverfahren** sind generell vom Versicherungsschutz ausgeschlossen (§ 4 Abs. 1 q). 218

IV. Kostenpflicht Dritter (Abs. 3 c)
(entspricht § 5 Abs. 3 g ARB 94)

1. Abs. 3 c ist ähnlich wie Abs. 3 a, d und e eine Ausprägung des Gedankens, daß die von der Risikogemeinschaft aufgebrachten Beiträge **nicht** dazu bestimmt sind, außerhalb des Versicherungsverhältnisses stehende **Kostenerstattungspflichtige** zu entlasten. Soweit ein Dritter aufgrund materiellen oder prozessualen Rechts verpflichtet ist, bestimmte Rechtskosten des VN zu tragen, die ihrer Art nach unter den Versicherungsschutz nach Abs. 1 fallen würden, werden diese Kosten durch Abs. 3 c von der Leistungspflicht des Versicherers ausgesondert. Eine solche Ausgestaltung des Versicherungsverhältnisses ist nach den Grundsätzen der Vertragsfreiheit möglich (*Prölss/Martin/Kollhosser* § 49 Anm. 1 C) und liegt im Interesse der in der Risikogemeinschaft zusammengeschlossenen Versicherungsnehmer. Die RS-Versicherung ist Schadenversicherung (Einl. Rdnr. 40). Durch den Abschluß einer solchen Versicherung und Zahlung des hierfür vorgesehenen Beitrags will sich der VN von dem Risiko befreien, Kosten für notwendige rechtliche Schritte selbst aufbringen zu müssen. Sein Interesse geht aber nicht dahin, durch seinen Beitrag auch außerhalb des Versicherungsverhältnisses stehende Dritte zu entlasten, die für die Entstehung solcher Rechtskosten verantwortlich sind und die ohne Vorhandensein einer RSVersicherung diese Kosten ersetzen müßten. Die Risikobegrenzung des Abs. 3 c ist auch eine Fortentwicklung des seit langem geltenden allgemeinen Grundsatzes, daß mit Beiträgen des (versicherungsrechtlich) geschädigten VN „erkaufte" Leistungen seines Schadenversicherers dem Schädiger nicht zugute kommen sollen (BGH VersR 81, 233, 236 mit zahlreichen Nachweisen; *Prölss/Martin/Kollhosser* § 49 Anm. 5 c; *Palandt/Heinrichs* vor § 249 Rdnr. 132). 219

Voraussetzung für die Beschränkung der Leistung der RSVersicherers nach Abs. 3 c ist, daß der Dritte aufgrund anderer als unterhaltsrechtlicher (vgl. unten Rdnr. 221) Vorschriften verpflichtet ist, die betreffenden Kosten zu übernehmen (vgl. unten Rdnr. 222). Die Leistungspflicht des RSVersicherers setzt jedoch dann ein, wenn bereits ein Anspruch des VN gegen den Dritten auf Erstattung dieser Kosten auf den Versicherer übergegangen ist (vgl. unten Rdnr. 242) oder wenn der VN nachweist, daß er den Dritten vergeblich schriftlich zur Zahlung aufgefordert hat (vgl. unten Rdnr. 243). 220

2. **Unterhaltsverpflichtete** Verwandte oder Ehegatten können in gewissem Umfang verpflichtet sein, im Rahmen ihrer Unterhaltspflicht auch Rechtskosten zu übernehmen, die dem Unterhaltsberechtigten entstehen (§§ 1360a Abs. 4, 1361 Abs. 4, 1610 Abs. 2 BGB; vgl. *Palandt/Diederichsen* § 1610 Rdnr. 33 bis 36). Eine solche unterhaltsrechtliche Pflicht zur Kosten- 221

übernahme schränkt jedoch die Leistungspflicht des RSVersicherers nicht ein. Dieser hat bei bestehender Versicherungsdeckung die Kosten im Umfang des Abs. 1 ohne Rücksicht auf eine etwaige Unterhaltspflicht des Dritten zu tragen.

222   3. Beruht die Verpflichtung des Dritten zur Übernahme von Rechtskosten des VN nicht auf Unterhaltsrecht, sondern auf anderen Vorschriften, dann wird die Leistungspflicht des RSVersicherers im Umfang der Verpflichtung des Dritten eingeschränkt (sekundär begrenzt), falls nicht einer der Ausnahmetatbestände des Abs. 3c – Übergang von Erstattungsansprüchen auf den RSVersicherer (vgl. unten Rdnr. 242) oder vergebliche schriftliche Zahlungsaufforderung (vgl. unten Rdnr. 243) – vorliegt. Worauf die Pflicht des Dritten zur Übernahme der Kosten des VN beruht, ist gleichgültig. Er kann aus materiellem oder prozessualem Recht zur Kostenerstattung verpflichtet sein.

223   a) Materiell-rechtlich kann der Dritte aus Vertrag oder aus Gesetz verpflichtet sein, dem VN die Kosten zu erstatten (vgl. auch *Baumbach/Lauterbach/Hartmann* vor § 91 Rdnrn. 43 ff.). Eine **vertragliche** Verpflichtung kann sich insbesondere ergeben aus einem Vergleich (§ 779 ZPO) oder auch aus einem Versicherungsvertrag. Werden beispielsweise gegen den haftpflichtversicherten und gleichzeitig nach § 24 rechtsschutzversicherten VN über das Erfüllungsinteresse hinausgehende gesetzliche Schadenersatzansprüche aus einem Vertragsverhältnis, z.B. wegen positiver Vertragsverletzung erhoben, dann hat der RSVersicherer im Rahmen des § 24 Abs. 3 Ziff. 1 die Kosten der Abwehr dieser Ansprüche aus einem schuldrechtlichen Vertrag nur insoweit zu übernehmen, als nicht schon der Haftpflichtversicherer eintrittspflichtig ist (vgl. *Prölss/Martin/Voit* § 1 AHB Anm. 2a; *Bruck/Möller/Johannsen* IV Anm. G 255 ff.) und die Kosten gemäß § 150 VVG, § 3 Ziff. II und III AHB zu tragen hat. Hat sich der rechtsschutzversicherte VN auf Weisung seines Haftpflichtversicherers gegen einen strafrechtlichen Vorwurf verteidigt, hat der Haftpflichtversicherer die Kosten dieser Verteidigung zu tragen (§ 150 Abs. 1 Satz 3 VVG, § 3 II Ziff. 1 AHB).

224   b) Eine **gesetzliche** Verpflichtung zur Kostenübernahme durch einen Dritten kann sich insbesondere ergeben aus Schuldnerverzug (§ 286 BGB), positiver Vertragsverletzung oder unerlaubter Handlung (§§ 823 ff.) des Dritten gegenüber dem VN.

225   aa) Gerät der mit dem VN in einem vertraglichen oder gesetzlichen Schuldverhältnis stehende Dritte mit seiner Leistung in **Schuldnerverzug** (§§ 284 ff. BGB) und muß daraufhin der VN einen Rechtsanwalt mit der Durchsetzung seines Anspruchs gegen den Dritten beauftragen, dann hat dieser als Teil des kraft Gesetzes (§ 286 BGB) zu ersetzenden Verzugsschadens dem VN die Anwaltskosten zu erstatten. Insoweit ist die Leistungspflicht des RSVersicherers durch Abs. 3c eingeschränkt.

226   bb) Entstehen dem VN durch die schuldhafte **positive Vertragsverletzung** (Schlechterfüllung, *Palandt/Heinrichs* § 276 Rdnrn. 104 ff.) eines

Vertragspartners (Dritten) Rechtskosten, die bei ordnungsgemäßer Erfüllung des Vertrags durch den Dritten nicht angefallen wären, und ist dieser deshalb dem VN zum Ersatz dieser Kosten verpflichtet, dann ist der RSVersicherer insoweit leistungsfrei. Ein Beispiel hierfür ist die Schlechterfüllung eines Anwaltsvertrags. Läßt etwa der Anwalt eine durchsetzbare Forderung des VN schuldhaft verjähren und verliert daraufhin der VN einen Prozeß, dann hat der Anwalt des VN diesem als Folgeschaden aus der Verletzung des Anwaltsvertrags nicht nur die verjährte Forderung, sondern auch die Gerichtskosten und die dem Gegner zu erstattenden Kosten zu ersetzen. In Höhe der Ersatzpflicht des Anwalts ist der RSVersicherer nach Abs. 3c leistungsfrei, es sei denn, der VN habe seinen Anwalt (oder dessen Haftpflichtversicherer) erfolglos schriftlich zur Zahlung aufgefordert (vgl. unten Rdnr. 243; von *Harms* VersR 90, 818 nicht berücksichtigt). Wegen des eigenen Vergütungsanspruchs des Anwalts gegen den VN in diesem Fall vgl. oben Rdnr. 27.

cc) Der gleiche Grundsatz findet Anwendung, wenn der VN durch eine **unerlaubte Handlung** des Dritten geschädigt wurde. Beispielsweise hat ein haftpflichtiger Schädiger (oder für ihn sein Haftpflichtversicherer) dem geschädigten VN als adäquaten Folgeschaden aus einer Sachbeschädigung oder Körperverletzung gemäß § 823 BGB oder § 7 StVG auch die Kosten eines vom VN mit der außergerichtlichen Schadenregulierung beauftragten Anwalts zu ersetzen, und zwar nach einem Gegenstandswert, der sich nach den begründeten Ansprüchen bemißt (BGH NJW 68, 2334 = VersR 68, 1145; VersR 70, 41; NJW 70, 1122 = VersR 70, 573). Der RSVersicherer ist insoweit nicht zur Leistung verpflichtet. Als begründet ist nach dieser Rechtsprechung der Betrag anzusehen, auf den sich die Parteien vergleichsweise geeinigt haben oder den der geschädigte RS-VN nach einer Abrechnung des Schädigers oder dessen Haftpflichtversicherers widerspruchslos hinnimmt. War der Rechtsanwalt vom VN zunächst beauftragt, mit vertretbarer Begründung einen höheren Anspruch gegen den Schädiger durchzusetzen, dann kann der Rechtsanwalt (im Innenverhältnis) gegen den VN einen Vergütungsanspruch haben, der höher ist als dessen Kostenersatzanspruch (im Außenverhältnis) gegen den Schädiger. Diesen Differenzbetrag hat der RSVersicherer gemäß Abs. 3c zu übernehmen. War die Zuvielforderung allerdings unvernünftig hoch, dann kann der RSVersicherer insoweit wegen mangelnder Erfolgsaussicht seine Leistungspflicht verneinen (§§ 1 Abs. 1 Satz 2, 17; AG Recklinghausen VersR 74, 796; vgl. § 1 Rdnr. 41).

dd) Eine Reihe von Kraftfahrzeug-Haftpflichtversicherern hatte mit dem Deutschen Anwaltverein eine Rahmenvereinbarung über eine **pauschale Abgeltung der Anwaltsgebühren** bei außergerichtlicher Unfallregulierung geschlossen. Die frühere Vereinbarung (AnwBl. 81, 389 mit späteren Ergänzungen) wurde inzwischen für Schadenfälle nach dem 30. 9. 1991 in etwas geänderter Fassung als Empfehlung veröffentlicht (AnwBl. 91, 480 = DAR 91, 438 = ZfS 91, 293; *Gerold/Schmidt* Anh. Nr. 11) und mit Wirkung vom 1. 7. 1994 nochmals modifiziert (*Greißinger* AnwBl. 94, 564 = ZfS 94, 393 mit Ergänzung über beigetretene Versicherer AnwBl. 95, 366). Sie will ähnlich der früheren Fassung die vielfältigen und häufigen Meinungsverschiedenheiten zwischen Versicherern und Rechtsanwälten über Art und Höhe der bei außergerichtlichen Unfallschadenregulierungen zu ersetzenden Anwaltsgebühren vermeiden und empfiehlt aus diesem Grund und auch im Interesse einer außergerichtlichen Regulierung, daß dem vom Geschädigten beauftragten Rechtsanwalt der „Autohaftpflichtversicherer des Schädigers anstelle der ihm nach den §§ 118, 22, 23, 31 BRAGO entstandenen Gebühren einen einheitlichen Pauschbetrag in Höhe einer 15/10-Gebühr (zuzüglich Auslagen) nach dem Erledigungswert der Angelegenheit" zahlt, und zwar „unabhängig davon, ob ein Vergleich abgeschlossen wurde oder eine Besprechung stattgefunden hat". Bei Regulierung von Körperschäden und/oder Vertretung mehrerer Geschädigter kann sich der Gebührensatz in gewissem Umfang erhöhen. In den neuen Bundesländern ist nach den dort gültigen Gebührensätzen abzurechnen (OLG Dresden AnwBl. 97, 42; a. A. LG Chemnitz AnwBl. 95, 47 mit abl. Anm. von *Greißinger* AnwBl. 95, 104; vgl. oben Rdnr. 47).

229   In diesen Fällen wird – wie schon nach der früheren Fassung – in der Regel **kein Differenzbetrag** verbleiben, den der Anwalt (im Innenverhältnis) zusätzlich von seinem Mandanten fordern kann. Denn der Zweck der Empfehlung ist ersichtlich, nicht nur die Schäden rationeller zu regulieren, sondern auch dem Geschädigten den Erledigungsbetrag voll zukommen zu lassen, ohne daß er Gefahr läuft, aus diesem Betrag nochmals weitere Kosten an seinen Anwalt zahlen zu müssen. Dies ergibt sich zum einen aus der Formulierung „anstelle der ... entstandenen Gebühren", zum anderen daraus, daß die Regelung „für alle Geschäftswerte" und als Geschäftswert „der Erledigungswert" gilt. Die frühere Limitierung bis zu einem Erledigungsbetrag von 17500 DM und der frühere Zuschlag von 10 vom Hundert zum Geschäftswert sind entfallen. Ersichtlich soll dem Geschädigten der „Erledigungswert", also der vereinbarte Schadenersatzbetrag, in voller Höhe verbleiben ohne Rücksicht darauf, ob im Innenverhältnis zwischen ihm und seinem Anwalt – z. B. wegen einer geforderten, aber nicht durchgesetzten höheren Haftungsquote – an sich höhere Anwaltsgebühren entstanden waren. In der DAV-Empfehlung ist – ähnlich wie bei Schadenteilungsabkommen (*Prölss/Martin* § 67 Anm. 10) – als Abrede zugunsten Dritter (§ 328 BGB) ein pactum de non petendo in der Richtung zu sehen, daß der nach der Pauschalempfehlung abrechnende Anwalt gegenüber seinem Mandanten keine weiteren Gebühren mehr geltend machen soll (für die frühere Fassung im Ergebnis ebenso AG Düsseldorf ZfS 89, 346 = r + s 89, 260; *Prölss/Martin* § 2 ARB Anm. 2 a; *Chemnitz* AnwBl. 85, 118, 119 r. Sp.; 87, 468, 474; *Mümmler* JurBüro 86, 193). Für die frühere Fassung wurde teilweise die Ansicht vertreten, der Geschädigte schulde seinem Anwalt dann eine Differenzgebühr, wenn der Anwalt auftragsgemäß eine vertretbar höhere Schadenersatzforderung als die schließlich vereinbarte Quote erhoben habe (LG Limburg r + s 92, 378; AG Köln r + s 90, 383; 92, 128 = ZfS 92, 136; AG Hagen r + s 90, 384; *Chemnitz* AnwBl. 91, 88; a. A. *Prölss/Martin* § 2 ARB Anm. 2 a). Ob diese Ansicht im neuen Wortlaut noch eine Stütze findet, ist mehr als fraglich. Denn da die neue Regelung für alle Geschäftswerte gilt und Geschäftswert jeweils „der" Erledigungswert ist, deutet dies

für einen unbefangenen Leser darauf hin, daß die Empfehlungspartner dem Geschädigten den vollen Erledigungsbetrag zukommen lassen wollten und der an die Stelle der gesetzlichen Gebühren tretende Pauschbetrag keine zusätzliche Differenzgebühr zu Lasten des Geschädigten bestehen bleiben läßt. Hatte der VN trotz Belehrung den Anwalt mit der Durchsetzung eines nach Sachlage unvertretbar hohen Anspruchs beauftragt, dann wird der RSVersicherer die Übernahme einer dennoch geforderten Differenz-Gebühr schon mangels Erfolgsaussicht (§§ 1 Abs. 1 Satz 2, 17) ablehnen können.

ee) Hat ein Beamter eine ihm gegenüber einem Dritten obliegende Amtspflicht fahrlässig verletzt, dann haftet der Beamte oder – bei hoheitlichem Handeln – an seiner Stelle der Staat (Art. 34 GG) für den daraus entstehenden Schaden nur, soweit der Geschädigte nicht auf andere Weise Ersatz zu verlangen vermag (§ 839 Abs. 1 Satz 2 BGB). Eine solche anderweite Ersatzmöglichkeit wurde früher auch angenommen, soweit der Geschädigte Ersatz seines Schadens von einem Schadenversicherer verlangen konnte. Der Geschädigte mußte es in einem solchen Fall im Gegensatz zu anderen Schadenersatzberechtigten hinnehmen, daß sich von ihm bezahlte Versicherungen zugunsten des Schädigers auswirken (BGH NJW 77, 1238). Jedoch ergab sich hierbei die Frage, ob eine Risikobegrenzung in der Art des Abs. 3 c die Leistungspflicht eines Schadenversicherers auch in diesen Fällen einer nur subsidiären Beamten- oder Staatshaftung für den seiner Art nach unter die Versicherungsdeckung fallenden Schaden ausschließt. Diese Frage hat bereits das RG bejaht. Es hat in ständiger Rechtsprechung darauf hingewiesen, daß es von den jeweiligen Gestaltungen rechtlicher oder tatsächlicher Art abhängt, ob eine anderweite Ersatzmöglichkeit im Sinn von § 839 Abs. 1 Satz 2 besteht, und daß ein Versicherungsvertrag nach dem Grundsatz der Vertragsfreiheit in der Weise ausgestaltet werden kann, daß ein Anspruch gegen den Versicherer solange nicht gegeben ist, als ein Anspruch gegen den Beamten aus § 839 BGB besteht (RGZ 138, 209; 155, 186; 171, 198; *Prölss/Martin* § 49 Anm. 5c). Soweit ein rechtsschutzversicherter Geschädigter als adäquate Folge einer fahrlässigen Amtspflichtverletzung Anwalts- oder sonstige, ihrer Art nach unter Abs. 1 fallende Kosten aufwenden mußte, ist daher sein RSVersicherer gemäß Abs. 3c leistungsfrei. Der verantwortliche Beamte oder an seiner Stelle der Staat bleiben trotz § 839 Abs. 1 Satz 2 BGB ersatzpflichtig. Nach neuerer Rechtsprechung ist überdies die Ersatzmöglichkeit durch einen anderen Schadenversicherer im Rahmen des § 839 Abs. 1 Satz 2 heute kaum mehr von Bedeutung (Näheres *Palandt/Thomas* § 839 Rdnr. 56; *Krohn* VersR 91, 1085, 1088).

Für das Gebiet des **Straßenverkehrs** hat diese Frage inzwischen ebenfalls an Bedeutung verloren. Der BGH (NJW 77, 1238 = VersR 77, 541; VersR 79, 547) hat nämlich mit überzeugender Begründung dargelegt, daß § 839 Abs. 1 Satz 2 BGB – außer bei Inanspruchnahme von Sonderrechten nach § 35 Abs. 1 StVO (BGH NJW 83, 1667 = VersR 83, 84) – nicht anwendbar ist, wenn ein Amtsträger bei der dienstlichen Teilnahme am allgemeinen Verkehr schuldhaft einen Verkehrsunfall verursacht; im Ordnungsbereich des Straßenverkehrs fehle es an einem rechtfertigenden Grund für die Anwendung der Subsidiaritätsklausel des § 839 Abs. 1 Satz 2 BGB, vielmehr müßten alle Verkehrsteilnehmer haftungsrechtlich gleich behandelt werden. Hier stellt sich also die Frage nach der Vorrangigkeit von Abs. 3c oder § 839 Abs. 1 Satz 2 BGB ebenfalls nicht mehr. Das gleiche gilt für die Verletzung einer hoheitlichen Straßenverkehrssicherungspflicht (BGH NJW 79, 2043 = VersR 79, 1055; VersR 80, 282; NJW 81, 682 = VersR 81, 347; *Palandt/ Thomas* § 839 Rdnr. 56; *Krohn* VersR 91, 1085, 1089).

232 Die oben in Rdnrn. 230 und 231 dargelegten Grundsätze gelten auch für sogenannte **Unrechtsschäden**, die von **Stationierungsstreitkräften** verursacht und nach Artikel VIII Abs. 5 des NATO-Truppenstatuts abzuwickeln sind (BGH NJW 81, 681 = VersR 81, 134; VersR 80, 939). Die Stationierungsstreitkräfte stehen, soweit sie hoheitlich gehandelt haben, haftungsrechtlich deutschen Beamten gleich (Näheres vgl. *Palandt/Danckelmann* 35. Aufl. NATO-TS Art. VIII Abs. 5 Anm. 7c; *Heitmann* VersR 92, 160; *Geißler* NJW 80, 2615; *Creifelds* Stichwort „Streitkräfte, ausländische" unter Ziff. I 2). Auch soweit die Stationierungsstreitkräfte und für sie die Bundesrepublik Deutschland für Rechtskosten des geschädigten VN nur subsidiär haften – was nach BGH NJW 81, 681 = VersR 81, 134; VersR 80, 939 nur noch außerhalb des Straßenverkehrs, und auch hier nur noch teilweise (vgl. oben Rdnr. 230) der Fall ist –, ist demnach der RSVersicherer leistungsfrei. Schadensersatzansprüche gegen Angehörige der ehemals sowjetischen Truppen in den neuen Bundesländern werden nach dem Vertrag vom 12. 10. 1990 (BGBl. 91 II 256) wie Ansprüche gegen deutsche Streitkräfte abgegolten (*Heitmann* VersR 92, 160, 162; *Creifelds* Stichwort „Streitkräfte, ausländische" unter Ziff. II 2e).

233 **ff)** Hat ein haftpflichtiger Dritter im Rahmen seiner Schadenersatzpflicht dem rechtsschutzversicherten geschädigten VN Rechtskosten zu ersetzen (vgl. oben Rdnr. 227), dann ist der RSVersicherer gemäß Abs. 3c insoweit ohne Rücksicht darauf leistungsfrei, ob der Dritte leistungsfähig oder haftpflichtversichert ist oder nicht. Voraussetzung für die Leistungsbegrenzung ist lediglich das Bestehen des Anspruchs des VN gegen den Dritten (BGH NJW 76, 372 = VersR 76, 235; über den Fall der vergeblichen Zahlungsaufforderung vgl. unten Rdnr. 243). Hat der haftpflichtversicherte Dritte seinen Versicherungsschutz (z.B. wegen Prämienzahlungsverzugs oder infolge schuldhafter Obliegenheitsverletzung) verloren, dann berührt dieser Umstand den Kostenerstattungsanspruch des VN gegen den Dritten und damit die Leistungsbegrenzung des RSVersicherers nach Abs. 3c nicht. Dies gilt trotz der **Sonderbestimmung des § 158c Abs. 4 VVG** auch für die Fälle einer **Pflichtversicherung** des Dritten nach § 1 PflVG, § 1 AusländerPflVG (Autohalter-Pflichtversicherung) oder § 158b VVG (z.B. Pflichtversicherung für Luftverkehrsunternehmer, Jäger, Wirtschaftsprüfer, Bewachungsgewerbe, Notare; Näheres bei *Prölss/Martin* vor § 1 Anm. IV 1). Hat der pflichtversicherte Schädiger den Versicherungsschutz ganz oder teilweise verloren, dann bleibt sein Haftpflichtversicherer im Verhältnis zum Geschädigten zur Leistung verpflichtet, soweit dieser nicht Ersatz seines Schadens von einem anderen Schadenversicherer oder von einem Sozialversicherungsträger erlangen kann (§ 158c Abs. 4 VVG, der in den Fällen der Kraftfahrt-Haftpflichtversicherung allerdings nicht unmittelbar, sondern

über § 3 Nr. 6 PflVG, § 6 Abs. 1 AusländerPflVG gilt). Die ARB 54 enthielten noch keine dem Abs. 3c (und Abs. 3d, vgl. unten Rdnr. 244) vergleichbare Leistungsbegrenzung. Daher hatte die – heute überholte – Rechtsprechung zu den ARB 54 folgerichtig entschieden, der Haftpflichtversicherer des pflichtversicherten Schädigers habe dem rechtsschutzversicherten Geschädigten die Kosten seiner Rechtsverfolgung als adäquaten Folgeschaden aus der Sachbeschädigung oder Körperverletzung nicht zu ersetzen, da der Geschädigte diese Kosten von seinem RSVersicherer als „anderem Schadenversicherer" im Sinn des § 158c Abs. 4 VVG erlangen könne (*Prölss/Martin/Knappmann* § 158c Anm. 7a). Infolge der in die jetzige Fassung der ARB aufgenommenen Leistungsbegrenzung hat sich jedoch die Rechtslage geändert. In Höhe des Kostenerstattungsanspruchs gegen den Schädiger ist jetzt die Leistungspflicht des RSVersicherers ausgeschlossen, kann also der Geschädigte von seinem RSVersicherer keinen Ersatz erlangen, und zwar ohne Rücksicht darauf, ob noch ein Haftpflichtversicherer deckungspflichtig ist oder nicht.

Ist nun das **Haftpflichtversicherungsverhältnis** zwischen dem kostenerstattungspflichtigen pflichtversicherten Schädiger und seinem Haftpflichtversicherer aus einem vom Schädiger zu vertretenden Grund **gestört**, dann kann dieser Umstand die gemäß Abs. 3c bestehende Beschränkung der Leistungspflicht des RSVersicherers trotz § 158c Abs. 4 VVG nicht berühren. Die Leistungspflicht des RSVersicherers ist ohne Rücksicht darauf begrenzt, ob der kostenerstattungspflichtige Schädiger haftpflichtversichert ist oder nicht. Da aber der RSVersicherer schon bei Fehlen einer Haftpflichtversicherung des Schädigers leistungsfrei ist, besteht kein Grund, eine Deckungspflicht des RSVersicherers in Erwägung zu ziehen, wenn für den Schädiger noch ein – wenn auch gestörtes – Haftpflichtversicherungsverhältnis besteht (BGH NJW 76, 374 = VersR 76, 235; so jetzt auch *Prölss/Martin/Knappmann* § 158c Anm. 7b unter Aufgabe der gegenteiligen Ansicht von *J. Prölss* in VersR 77, 367). Zu dem gleichen Ergebnis kommen, allerdings nur auf Abs. 3d gestützt, AG Regensburg (VersR 74, 1170), AG Wesel (VersR 74, 1213), LG Saarbrücken (VersR 76, 83), AG Frankfurt (VersR 76, 335) und AG Köln ZfS 83, 211 sowie *Stiefel/Hofmann* § 10 Rdnr. 51 (vgl. auch unten Rdnr. 245). 234

Kommt es zwischen dem geschädigten VN und dem Haftpflichtversicherer des Schädigers bei gestörtem Haftpflichtversicherungsverhältnis zu einem **Prozeß**, dann regelt sich die Kostenerstattungspflicht zwischen den Prozeßparteien ausschließlich nach der gerichtlichen Kostenentscheidung. Die Frage, ob der Kraftfahrt-Haftpflichtversicherer des Schädigers wegen § 3 Nr. 6 PflVG in Verbindung mit § 158c Abs. 4 VVG den rechtsschutzversicherten Geschädigten hinsichtlich der Prozeßkosten an seinen RSVersicherer verweisen kann, stellt sich hier wegen der rein prozessualen Kostenpflicht gar nicht (LG Essen VersR 72, 431). 235

gg) Wird der VN durch den Gebrauch eines nicht ermittelten oder nicht haftpflichtversicherten Kraftfahrzeugs oder durch vorsätzliches Handeln eines Fahrzeuglenkers geschädigt, dann hat er im Umfang des § 12 PflVG 236

Anspruch auf Ersatz seines Personen- oder Sachschadens gegen den als Entschädigungsfonds im Sinn dieser Bestimmung tätigen eingetragenen Verein „**Verkehrsopferhilfe**" (VO über den Entschädigungsfonds für Schäden aus Kraftfahrzeugunfällen vom 14. 12. 1965, BGBl. I S. 2093). Soweit die Verkehrsopferhilfe außergerichtliche Anwaltskosten des geschädigten VN als adäquaten Folgeschaden aus der Körperverletzung oder dem Sachschaden zu ersetzen hat, wäre an sich der RSVersicherer nach dem Wortlaut des Abs. 3 c aus den gleichen Gründen wie im Fall des § 3 Nr. 6 PflVG in Verbindung mit § 158 c Abs. 4 VVG im Umfang der Leistungspflicht der Verkehrsopferhilfe leistungsfrei (vgl. oben Rdnr. 234). Sinn und Zweck der Regelung des § 12 PflVG rechtfertigen es jedoch, im Unterschied zu den Fällen des § 158 c Abs. 4 VVG hier ausnahmsweise eine Leistungspflicht des RSVersicherers anzunehmen. Durch § 12 PflVG wird dem Geschädigten – anders als durch § 3 Nr. 6 PflVG in Verbindung mit § 158 c Abs. 4 VVG – keineswegs voller Schadenersatz gewährleistet. Die Leistungen des Entschädigungsfonds sind auf die Schäden beschränkt, die beim Geschädigten in erster Linie zu Härten führen und gegen die er sich am wenigsten selbst schützen kann. Nach dem der Subsidiaritätshaftung des Fonds zugrundeliegenden Rechtsgedanken soll der Hilfsfonds auf Grund seiner „Lückenfunktion" nur dann eintreten müssen, wenn keine andere Stelle existiert, die „näher am Schaden" steht als der Fonds (BGH VersR 85, 185; 78, 43). Die Hauptleistung des RSVersicherers ist die durch Beitragsleistung erkaufte Übernahme von Kosten einer Rechtsverfolgung seines VN. Trotz des leistungsbegrenzenden Wortlauts des Abs. 3 c entspricht es daher in Fällen der vorliegenden Art eher dem Sinn und Zweck dieser Bestimmung, die Haftung des Fonds, der nach dem Willen des Gesetzgebers an letzter Stelle aller denkbaren – gesetzlich oder vertraglich – Erstattungspflichtigen stehen soll, hinter die Eintrittspflicht des RSVersicherers zurücktreten zu lassen, zumal da der Fonds nur den Teil der Kosten zu ersetzen hätte, der seiner begrenzten Leistungspflicht entspricht. Aus ähnlichen Überlegungen heraus hat der HUK-Verband schon durch Rundschreiben vom 13. 12. 1971 (R 27/71 M) die in ihm zusammengeschlossenen RSVersicherer gebeten, in Fällen dieser Art Versicherungsschutz zu gewähren. Soweit der Schädiger bekannt ist, geht der Kostenerstattungsanspruch des geschädigten VN gegen den Schädiger mit der Leistung des RSVersicherers gemäß § 67 Abs. 1 VVG und § 20 Abs. 2 auf den Versicherer über. Im Fall eines Prozesses zwischen VN und Verkehrsopferhilfe ist naturgemäß die gerichtliche Kostenentscheidung maßgeblich.

237   hh) In einer Reihe **anderer Fälle** können Dritte kraft Gesetzes sachlichrechtlich für Rechtskosten haften, z. B. der Vermögensübernehmer (§ 419 BGB), der Nießbraucher eines Vermögens (§ 1086 BGB), Ehegatten bei Gütergemeinschaft (§§ 1437, 1438, 1459, 1460 BGB), der Erbschaftskäufer (§ 2378 BGB), der Erwerber eines Handelsgeschäfts bei Fortführung der Firma (§ 25 HGB), Gesellschafter einer OHG oder KG (§§ 128, 171 HGB) sowie BGB-Gesellschafter und Mitglieder eines nichtrechtsfähigen Vereins (§§ 735, 54 BGB; vgl. *Baumbach/Lauterbach/Hartmann* vor § 91 Rdnr. 18; *Hartmann* GKG § 54 Rdnrn. 21 ff.). Die Eintrittspflicht des RSVersicherers

ist in solchen Fällen gemäß Abs. 3 c insoweit begrenzt, als der Dritte im Innenverhältnis zum VN die jeweiligen Kosten zu übernehmen hat und der VN nicht als Gesamtschuldner in Anspruch genommen wird (vgl. unten Rdnr. 241). Der Erbe des VN ist im Sinn des Abs. 3 c nicht Dritter, da er als Gesamtrechtsnachfolger des VN (§ 1922 BGB) vollständig in dessen Rechtsposition eintritt. Er haftet zwar dem Kostengläubiger für Rechtskosten aus Versicherungsfällen, die vor dem Erbfall eingetreten sind (§ 1967 BGB), kann aber aufgrund der Gesamtrechtsnachfolge in gleicher Weise wie der VN vom RSVersicherer Kostenbefreiung verlangen (vgl. § 10 Rdnr. 20; § 11 Rdnr. 16).

ii) Ist dem VN für die Wahrnehmung seiner rechtlichen Interessen **Prozeßkostenhilfe** im Sinn der §§ 114 ff. ZPO bewilligt, etwa weil die Leistungspflicht seines RSVersicherers zunächst fraglich war, dann kann sich der Versicherer, sobald dessen Eintrittspflicht feststeht, nicht auf eine Pflicht der Staatskasse zur Übernahme der Rechtskosten des VN im Sinn des Abs. 3 c berufen. Denn die Voraussetzungen für die Bewilligung der Prozeßkostenhilfe entfallen, sobald feststeht, daß der VN einen entsprechenden Kostenfreistellungsanspruch gegen seinen RSVersicherer hat (§ 115 Abs. 2 ZPO; BGH VersR 90, 1369 = AnwBl. 91, 539 = r + s 90, 417; VersR 81, 1070; LAG Düsseldorf JurBüro 82, 610; vgl. oben Rdnr. 145). Hatte der Versicherer seine Leistungspflicht wegen fehlender Erfolgsaussicht nach § 17 Abs. 1 verneint, ohne daß der VN anschließend von seinem Recht nach § 17 Abs. 2 Gebrauch gemacht hat, besteht andererseits kein Anspruch des VN auf Bewilligung von Prozeßkostenhilfe (BGH VersR 87, 978 = NJW-RR 87, 1343). 238

c) Die **prozessuale** Pflicht eines Dritten zur Kostenerstattung setzt eine entsprechende gerichtliche Kostenentscheidung voraus, aufgrund deren dann der Rechtspfleger oder Urkundsbeamte der Geschäftsstelle die Höhe der zu erstattenden Kosten durch Kostenfestsetzungsbeschluß festsetzt (Näheres vgl. oben Rdnr. 134). Bei erfolgreichem Widerspruch in einem verwaltungsrechtlichen Vorverfahren kann der VN gegen die beteiligte Behörde einen Kostenerstattungsanspruch haben, dessen Höhe dann durch Kostenfestsetzung der Behörde bestimmt wird (§ 80 VwVfG und entsprechende landesrechtliche Bestimmungen). Die Leistungspflicht des RSVersicherers mindert sich gemäß Abs. 3 c um den Betrag, den der Dritte oder die Behörde dem VN zu erstatten hat. Steht die Erstattungspflicht durch gerichtliche oder behördliche Entscheidung dem Grunde nach rechtskräftig fest, kann der RSVersicherer den VN auf das Kostenfestsetzungsverfahren verweisen. 239

Ist bei **Freispruch** des VN, Ablehnung der Eröffnung des Hauptverfahrens oder Einstellung des Strafverfahrens die Staatskasse nach § 467 Abs. 1 oder § 467a Abs. 1 in Verbindung mit § 464a Abs. 2 Nr. 2 StPO zur Erstattung der Anwaltskosten des VN verpflichtet und der zu erstattende Betrag rechtskräftig nach § 464b StPO festgesetzt, entfällt insoweit die Leistungspflicht des RSVersicherers. Entsprechendes gilt bei Verfahrenseinstellung durch die Bußgeldbehörde in den Fällen gesetzlicher Erstattungspflicht 240 der Staatskasse nach § 105 Abs. 1 OWiG in Verbindung mit § 467a Abs. 1 StPO, auch wenn der VN noch keine Kostenfestsetzung beantragt hat (AG Hamburg ZfS 85, 81, das sich allerdings auf Abs. 3 d stützt). In der Regel entspricht der festgesetzte Betrag der „gesetzlichen Vergütung" im Sinn des Abs. 1 a, die der VN seinem Anwalt im Innenverhältnis schuldet. Hat der Anwalt ausnahmsweise einen den Erstattungsbetrag übersteigenden Vergütungsanspruch gegen den VN (vgl. hierzu BGH VersR 72, 1141 und oben Rdnr. 88), dann hat der RSVersicherer den Differenzbetrag zu übernehmen. Bei Teilfreispruch oder Teileinstellung des Verfahrens hat nach nunmehr wohl herrschender Ansicht die Staatskasse nur die auf den Gegenstand des Freispruchs oder der Teileinstellung entfallenden Mehrkosten zu erstatten (Differenzmethode, BGH NJW 73, 775; *Kleinknecht/Meyer* § 465 Rdnrn. 8, 9), deren Höhe im Kostenfestsetzungsverfahren verbindlich festgestellt wird. In Höhe der von der Staatskasse zu erstattenden Mehrkosten entfällt nach Abs. 3 c die Leistungspflicht des Versicherers (zur Teildeckung vgl. auch § 4 Rdnrn. 179, 206).

241 d) Ist von **mehreren Kostenschuldnern** in derselben Rechtssache nur der VN versichert, dann richtet sich die Leistungspflicht des RSVersicherers nach dem Umfang der Kostenschuld des VN. Ist er Teilschuldner (z. B. § 420 BGB, § 100 Abs. 1 ZPO), dann hat der RSVersicherer nur anteilig zu leisten (für die Fälle einer Rechtsgemeinschaft vgl. Vorbem. vor § 21 Rdnrn. 6 bis 8). Ist er Gesamtschuldner (§§ 421, 840 BGB; vgl. auch § 100 Abs. 4 ZPO) und wird er wegen der Kosten über seinen Anteil im Innenverhältnis hinaus in Anspruch genommen, hat ihn der RSVersicherer im Umfang seiner Inanspruchnahme freizustellen (§ 2 Abs. 2). Soweit hier die Versicherungsleistung den vom VN im Innenverhältnis zu tragenden Anteil übersteigt, geht die nach §§ 426, 840 BGB, 17 StVG oder ähnlichen Vorschriften bestehende Ausgleichsforderung des VN gegen die übrigen Gesamtschuldner gemäß § 67 VVG und § 20 Abs. 2 Satz 1 auf den Versicherer über (vgl. unten Rdnr. 242 und oben Rdnr. 31 a; § 20 Rdnrn. 13 ff.).

242 4. a) Hat der RSVersicherer seinen VN durch Vorschußzahlung oder auch nach Fälligkeit bereits von Rechtskosten freigestellt, zu deren Übernahme dem VN gegenüber ein Dritter aufgrund anderer als unterhaltsrechtlicher Vorschriften verpflichtet ist (z. B. vor Rechtskraft eines den Gegner oder die Staatskasse zur Erstattung verpflichtenden Kostenfestsetzungsbeschlusses oder in Fällen eines Gesamtschuldverhältnisses, vgl. oben Rdnr. 241), dann **geht** der **Erstattungsanspruch** des VN gegen den Dritten im Zeitpunkt der Leistung des RSVersicherers an den Kostengläubiger oder, falls der Erstattungsanspruch erst später entsteht, mit dessen Entstehung auf den Versicherer **über.** Diese Rechtsfolge ergibt sich im Regelfall schon aus § 67 Abs. 1 Satz 1 VVG, der für die RSVersicherung als Schadenversicherung uneingeschränkt gilt (BGH VersR 67, 774; OLG Köln NJW 73, 901; vgl. § 1 Rdnrn. 40, 41), und ist in § 20 Abs. 2 Satz 1 nochmals ausdrücklich niedergelegt (Näheres § 20 Rdnrn. 13 ff.). Die Eintrittspflicht des Versicherers ist hier also nicht im Umfang der Haftung des Dritten beschränkt; das Risiko der Realisierbarkeit der Erstattungsforderung beim Dritten trägt der RSVersicherer.

b) Das Risiko der Durchsetzbarkeit des Kostenerstattungsanspruchs des VN gegen einen Dritten liegt auch im übrigen beim RSVersicherer. Ist seine Leistungspflicht im Umfang der Erstattungspflicht des Dritten gemäß Abs. 3c beschränkt, kann der VN vom Dritten aber keinen oder keinen vollen Kostenersatz erlangen, dann setzt die Leistungspflicht des Versicherers ein, sobald und soweit der VN oder der ihn vertretende Anwalt dem RSVersicherer nachweist, daß er den Dritten **vergeblich schriftlich zur Zahlung aufgefordert** hat. Als Nachweis genügt im Normalfall Vorlage einer Kopie der vergeblichen schriftlichen Zahlungsaufforderung nach Ablauf der gesetzten Zahlungsfrist. Einen Vollstreckungsversuch des VN gegen den Dritten wegen der zu erstattenden Kosten verlangen die ARB als Voraussetzung für die dann einsetzende Leistungspflicht des Versicherers nicht. Ein Vollstreckungsversuch in der Hauptsache umfaßt allerdings in der Regel auch einen Vollstreckungsversuch wegen der Kosten, der dann bei Erfolglosigkeit ebenfalls die Eintrittspflicht des Versicherers auslöst. Mit der Leistung des Versicherers nach erfolgtem Nachweis vergeblicher schriftlicher Zahlungsaufforderung geht der Kostenerstattungsanspruch des VN gegen den Dritten gem. § 67 Abs. 1 VVG, § 20 Abs. 2 Satz 1 auf den Versicherer über.

V. Abs. 3 d
(entspricht § 5 Abs. 3 g ARB 94)

Während Abs. 3c diejenigen Rechtskosten vom Versicherungsschutz ausnimmt, die unstreitig ein Dritter dem VN aufgrund anderer als unterhaltsrechtlicher Vorschriften zu erstatten hat, will der als neue Bedingungsregelung in die ARB 69 aufgenommene Abs. 3d solche Rechtskosten des VN von der Risikogemeinschaft fernhalten, die zwar ebenfalls durch einen Dritten zu verantworten sind, deren Übernahme der **Dritte** jedoch gerade **wegen** des Bestehens einer **RSVersicherung verweigert**. Vor Einführung dieser neuen Regelung war in der Literatur und Rechtsprechung teilweise die Meinung vertreten worden, der Begriff der notwendigen Auslagen im Sinn des § 467 StPO, die die Staatskasse dem angeklagten VN bei Freispruch oder Einstellung des Verfahrens zu erstatten hat, umfasse nur tatsächlich erbrachte oder noch zu erbringende Leistungen des Angeklagten selbst, nicht dagegen solche Leistungen, die ein Dritter, z.B. der RSVersicherer, auf vertraglicher Grundlage für den VN erbringt (vgl. die bei *Prölss/Martin*, 21. Aufl., S. 930 zu § 6 ARB a.F. angeführte, inzwischen überholte Rechtsprechung). Darüber hinaus wurde in der Rechtsprechung die Meinung vertreten, die in einem Zivilprozeß von einer Partei aufgewendeten Gerichtskostenvorschüsse seien nicht erstattungsfähig, wenn diese Partei rechtsschutzversichert sei. Die Folge dieser Ansicht war, daß die im RSVersicherer zusammengeschlossene Risikogemeinschaft letztlich zugunsten der mit der Anklage „unterlegenen" Staatskasse oder des im Zivilprozeß unterlegenen Gegners leisten mußte (VerBAV 69, 66). Gegen diese Rechtsprechung hatte sich u. a. schon *Mittelbach* (MDR 61, 787) mit dem berechtigten Hinweis gewendet, eine zu Unrecht erhobene Anklage sei ein „Fehlgriff der Justiz", und es entspreche niemals dem Sinn einer Versicherung, auch für solche Fehlgriffe der Justiz einzutreten. Dem „Wunsch der RSVersicherer, die Staatskasse nicht alimentieren zu wollen" (*K. Vassel* VerBAV 69, 131, 136; vgl. auch *Sieg* BB 69, 556), hatte das BAV durch die Genehmigung des in die ARB 69 aufgenommenen Abs. 3 d entsprochen. Die neue Bedingungsregelung führte zu dem erwarteten Ergebnis. Seit ihrer Geltung sind kaum mehr Entscheidungen bekannt geworden, durch die die Übernahme der notwendigen Auslagen eines freigesprochenen rechtsschutzversicherten Angeklagten durch die Staatskasse abgelehnt wurde. Die vom BAV den RSVersicherern vorsorglich abverlangte geschäftsplanmäßige Erklärung, sich auf die Vorschrift des § 2 Abs. 3 d nicht zum Nachteil des VN zu berufen (VerBAV 69, 66; zum Begriff der geschäftsplanmäßigen Erklärung vgl. Einl. Rdnr. 36 und *Prölss/Schmidt/Frey* § 5 Rdnrn. 22 ff.), erlangte keine praktische Bedeutung. Die Aufsichtsbehörde hatte diese Erklärung im Interesse der VN gefordert, um zu vermeiden, daß ein VN seine Kosten weder von der Staatskasse noch vom RSVersicherer erstattet erhält (*K. Vassel* VerBAV 69, 131, 136). Käme es zu einem solchen „negativen Kompetenzkonflikt", könnte jedoch nur der VN, nicht dagegen der nach Meinung des RSVersicherers erstattungspflichtige Dritte Rechte aus der geschäftsplanmäßigen Erklärung herleiten (AG Frankfurt VersR 76, 335).

245 Abs. 3 d wird **teilweise** auch in den Fällen des § 839 Abs. 1 Satz 2 BGB und § 3 Nr. 6 PflVG in Verbindung mit § 158 c Abs. 4 VVG für **anwendbar** gehalten, in denen der VN Rechtsverfolgungskosten als adäquaten Folgeschaden aus einer fahrlässig begangenen Amtspflichtverletzung vom verantwortlichen Beamten oder Staat oder aus einer Sach- oder Gesundheitsbeschädigung im Straßenverkehr vom „kranken" Kraftfahrzeug-Haftpflichtversicherer ersetzt verlangt (LG Saarbrücken VersR 76, 83; AG Regensburg VersR 74, 1170; AG Wesel VersR 74, 1213; AG Frankfurt VersR 76, 335; AG Köln ZfS 83, 211; *Böhme* § 2 Rdnrn. 46, 47). Da jedoch in diesen Fällen in der Person des Schädigers selbst jeweils unstreitig ein Dritter vorhanden ist, der bereits im Sinn des Abs. 3 c zur Übernahme der Kosten des VN aus anderen als unterhaltsrechtlichen Gründen verpflichtet ist (vgl. oben Rdnrn. 230 und 234), ist es nicht notwendig, noch auf Abs. 3 d zurückzugreifen. Die Begrenzung der Leistung des RSVersicherers ergibt sich vielmehr schon aus Abs. 3 c (so nunmehr auch *Prölss/Martin/Knappmann* § 158 c Anm. 7b gegen *J. Prölss* VersR 77, 367). Entsprechendes gilt für die Fälle einer gesetzlichen Erstattungspflicht der Staatskasse nach Verfahrenseinstellung durch die Bußgeldbehörde (AG Hamburg ZfS 85, 81; vgl. oben Rdnrn. 239, 240).

VI. Widerklage, Aufrechnung (Abs. 3 e)
(ARB 94: entfallen)

246 1. Abs. 3 e begrenzt die Leistungspflicht des Versicherers in zwei Fällen, in denen der Gegner eine aktive Rechtsverfolgung des VN nicht nur durch Einwendungen und Einreden, sondern auch durch einen **eigenen Gegenangriff** bekämpft, nämlich durch Widerklage oder Aufrechnung mit einer Gegenforderung. Besteht für die Abwehr des Gegenangriffs – aus welchem Grund auch immer – kein Versicherungsschutz oder hat ein Dritter die Kosten dieser Abwehr zu tragen (vgl. Abs. 3c), dann ist es an sich selbstverständlich, daß der RSVersicherer seinen VN insoweit nicht freizustellen hat, als dieser oder ein Dritter allein wegen des Erfolges des Gegenangriffs Kosten zu übernehmen hat. Zur Klarstellung wurde dies jedoch ausdrücklich in die ARB aufgenommen. Das gleiche gilt naturgemäß für den umgekehrten Fall, daß der VN einen Anspruch des Gegners, dessen Abwehr nicht unter Versicherungsschutz steht (z.b. gesetzlicher Haftpflichtanspruch oder Versicherungsfall vor Versicherungsbeginn), mit einem an sich gedeckten eigenen Anspruch durch Widerklage oder Aufrechnung bekämpft, soweit der VN lediglich wegen des Erfolgs des gegnerischen Anspruchs Kosten zu übernehmen hat (BGH VersR 84, 530 unter Ziff. 3 d). Die genannten Grundsätze gelten schließlich entsprechend, wenn der VN zwar für die Abwehr einer Klage Versicherungsschutz hat, nicht jedoch für die von ihm erhobene Widerklage (LG Braunschweig ZfS 86, 240).

246a Hat die Geltendmachung der Gegenforderung nur insoweit Erfolg, daß sich die **Kostenlast** für den VN hierdurch **nicht erhöht** oder sogar – z.b. bei überwiegender Abweisung der Widerklage des Gegners – verringert, ist kein Raum für eine Kostenbegrenzung nach Abs. 3 e.

247 **2. Widerklage** ist die vom Beklagten im Lauf des Prozesses und im Prozeß gegen den Kläger erhobene Klage (*Baumbach/Lauterbach/Hartmann* Anh. nach § 253 Rdnr. 1). Soweit ihr Streitgegenstand nicht den Streitgegenstand der Klage betrifft, erhöht sich der Streitwert des Prozesses um den Gegenstand der Widerklage (§ 19 Abs. 1 GKG). Die prozessuale Kostenpflicht der Prozeßparteien bemißt sich nach dem Verhältnis des Erfolgs der Klage zum Erfolg der Widerklage (§ 92 Abs. 1 ZPO; *Baumbach/Lauterbach/Hartmann* § 92 Rdnr. 25).

248 **3. Aufrechnung** ist die wechselseitige Tilgung zweier sich gegenüberstehender gleichartiger – nicht notwendig auf Geld gerichteter – Forderungen durch Verrechnung (§§ 387ff. BGB; *Palandt/Heinrichs* § 387 Rdnr. 1). Eine Aufrechnung ist außergerichtlich und im Prozeß möglich. Durch sie erhöht sich im Regelfall der Gegenstandswert des streitigen Rechtsverhältnisses nicht. Macht jedoch der Beklagte im Prozeß hilfsweise die Aufrechnung mit einer bestrittenen Gegenforderung geltend, so erhöht sich der Streitwert um den Wert der Gegenforderung, soweit eine der Rechtskraft fähige Entscheidung über sie ergeht oder die Sache verglichen wird (§ 19 Abs. 3 und 4 GKG).

249 **4. a)** Abs. 3 e erlangt vor allem Bedeutung, wenn der VN Schadenersatzansprüche aus einem **wechselseitigen Schadenereignis** (z.B. Verkehrsunfall) erhebt und der Unfallgegner seinerseits Schadenersatzansprüche im Wege der Aufrechnung oder Widerklage geltend macht. Soweit die Ansprüche des VN begründet sind, hat an sich der Unfallgegner oder sein Haftpflichtversicherer die Kosten des VN zu tragen (§ 823 BGB, § 7 StVG, §§ 91, 92 ZPO). Soweit der Unfallgegner mit seiner Gegenforderung Erfolg hat, vermindert sich jedoch bei einer Aufrechnung seine Schadenersatzverpflichtung (§ 389

BGB) und damit bei einer außergerichtlichen Aufrechnung seine materiellrechtliche Pflicht zur Kostenübernahme, da er Ersatz der Anwaltskosten des VN nur insoweit schuldet, als der Anspruch des VN letztlich begründet ist (vgl. oben Rdnr. 227). Bei Aufrechnung im Prozeß und bei Widerklage vermindert sich die prozessuale Kostenpflicht des aufrechnenden oder widerklagenden Gegners im Verhältnis des Erfolgs seiner Aufrechnung oder Widerklage (§ 92 ZPO). Ist für die Gegenansprüche auf Seiten des rechtsschutzversicherten VN ein Haftpflichtversicherer eintrittspflichtig, hat dieser dem VN nicht nur den durch die Aufrechnung verbrauchten Teil von dessen Schadenersatzforderung (*Prölss/Martin/Voit* § 150 Anm. 2c) oder dem Gegner den durch die Widerklage zugesprochenen Teil der Gegenforderung zu ersetzen, sondern auch die dem Erfolg der Aufrechnung oder Widerklage entsprechenden anteiligen Kosten (§ 150 VVG).

250   Voraussetzung für die Begrenzung der Kostenübernahme im Umfang des Abs. 3e ist, daß der VN **nur wegen** des **Erfolgs des Aufrechnungs-** oder **Widerklageanspruchs** Kosten zu tragen hat. Treffen ihn diese Kosten auch deshalb, weil er mit seinem eigenen, unter Versicherungsschutz stehenden Anspruch nicht durchdringt, greift Abs. 3 e insoweit nicht ein. Beispiel: Der nach § 21 versicherte VN behauptet, aus einem Verkehrsunfall einen restlichen Schadenersatzanspruch von 250 Deutsche Mark wegen Wertminderung seines Kraftfahrzeugs zu haben, den der Kraftfahrt-Haftpflichtversicherer des Gegners nicht anerkennt. Da dieser Haftpflichtversicherer auf die übrigen Schadensposten versehentlich 100 Deutsche Mark zuviel gezahlt hatte, klagt der VN unter Verrechnung dieses Betrags nur 150 Deutsche Mark ein und erhält hierfür Versicherungsschutz. Der unmittelbar verklagte Haftpflichtversicherer erhebt Widerklage auf Rückzahlung der zuviel gezahlten 100 Deutsche Mark wegen ungerechtfertigter Bereicherung aus § 812 BGB. Die Klage wird abgewiesen, die Widerklage hat Erfolg und der VN hat die Kosten des gesamten Verfahrens aus einem Streitwert von 250 Deutsche Mark (§ 19 Abs 1 GKG) zu tragen. Für die Abwehr des Bereicherungsanspruchs besteht an sich, isoliert betrachtet, keine Versicherungsdeckung, da diese Interessenwahrnehmung unter keine der Leistungsarten des Leistungskatalogs des § 21 Abs. 4 fällt. Da der streitige Widerklagebetrag von 100 Deutsche Mark jedoch gleichzeitig Teil der unter Versicherungsschutz stehenden Schadenersatzforderung des VN ist und die Abwehr der Widerklage gleichzeitig als Geltendmachung dieses Schadenersatzanspruchs zu werten ist (§ 21 Abs. 4a; vgl. Vorbem. vor § 21 Rdnr. 32), treffen den VN die durch diesen Teilbetrag verursachten Kosten nicht nur wegen des Erfolgs der Widerklage, sondern gleichzeitig wegen des Mißerfolgs der Geltendmachung seines eigenen Schadenersatzanspruchs auch in dieser Höhe. Der RSVersicherer hat demgemäß auch die durch die Widerklage verursachten Kosten und mithin die gesamten Kosten zu übernehmen.

251   b) Abs. 3 e greift jedoch nicht nur bei Ansprüchen aus einem wechselseitigen Schadenereignis ein, sondern in **allen Fällen,** in denen die Abwehr von **Gegenansprüchen** aus irgendeinem Grund – z.B. wegen eines Risikoausschlusses (BGH VersR 78, 816, 818) – für den VN **nicht unter Versicherungsschutz** steht oder ein Dritter die durch die Abwehr entstehenden Ko-

sten zu tragen hat. Werden Gegenansprüche in einem vorläufigen Verfahren erhoben, das nicht auf Zahlung, sondern wie z.b. das Arrestverfahren nur auf Sicherung gerichtet ist, steht dies der Anwendung des Abs. 3 e nicht entgegen (BGH VersR 78, 816, 818).

5. a) Der RSVersicherer hat die Kosten nach Abs. 3 e nicht zu tragen, „**soweit**" sein VN zu deren Übernahme nur wegen eines ganz oder teilweise erfolgreichen Gegenanspruchs verpflichtet ist, dessen Abwehr nicht unter Versicherungsschutz steht. Die Leistungspflicht des Versicherers ist also in dem Verhältnis begrenzt, in dem sich durch die Geltendmachung der Gegenforderung die den VN treffende Kostenlast erhöht. Soweit hierbei nach Sachlage die in Vorbem. vor § 21 Rdnr. 5 vorgeschlagene Berechnungsweise nicht möglich oder nicht praktikabel ist, berechnet man zunächst, in welchem Verhältnis die Forderung des VN, für die der RSVersicherer einzutreten hat, zum – durch Widerklage oder Aufrechnung erhöhten – Gesamtstreitwert steht. In diesem Verhältnis hat dann der RSVersicherer die den VN nach der Kostenentscheidung treffenden Kosten zu ersetzen (LG Hannover ZfS 88, 316).

Beispiel: Der VN klagt eine unter Versicherungsschutz stehende Forderung von 3000 DM ein, der Gegner erhebt Widerklage in Höhe von 6000 DM, deren Gegenstand mit dem der Klage nicht identisch ist und deren Abwehr nicht unter Versicherungsschutz steht. Klage und Widerklage haben je zu einem Drittel Erfolg, also in Höhe von 1000 DM für den VN und in Höhe von 2000 DM für den Gegner. Bei einem Gesamtstreitwert von 9000 DM haben nach der gerichtlichen Kostenentscheidung der VN vier Neuntel und der Gegner fünf Neuntel der Kosten zu tragen. Zur Übernahme dieser vier Neuntel ist der VN teilweise deshalb verpflichtet, weil seine Klage zu zwei Dritteln abgewiesen wurde, teilweise deshalb, weil die Widerklage zu einem Drittel Erfolg hatte. Da nun der Gesamtstreitwert zu zwei Dritteln die Widerklage betrifft, zu deren Abwehr der VN keinen Versicherungsschutz hat, ist der RSVersicherer nach Abs. 3 e in Höhe von zwei Dritteln der den VN insgesamt treffenden Kosten leistungsfrei. Die Höhe der Leistungspflicht des RSVersicherers errechnet sich also nach folgender Formel:

$$\text{VN-Kostenanteil (laut Urteil oder Kostenfestsetzungsbeschluß)} \times \frac{\text{eintrittspflichtiger Streitwert}}{\text{Gesamtstreitwert}}$$

Rettler (VersR 89, 954; zustimmend *Prölss/Martin* § 2 ARB Anm. 13) kommt demgegenüber zu einem etwas höheren Deckungsumfang. Hierbei setzt er jedoch den vom Versicherungsschutz umfaßten Wertanteil des erfolglosen Teils der Klage in Beziehung zum nur hälftig vom Versicherungsschutz umfaßten Gesamtwert des Mißerfolgs des VN.

b) In Fällen, in denen sich der **Streitwert** durch die Aufrechnung oder Widerklage mit einer Gegenforderung, deren Abwehr nicht unter Versicherungsschutz steht, **nicht erhöht**, hat der RSVersicherer die den VN treffen-

§ 2 ARB 75   255–257   1. Teil. Allgemeine Bestimmungen (A)

den Kosten insoweit nicht zu übernehmen, als sie durch den Erfolg der Aufrechnung oder Widerklage verursacht sind, da insoweit der VN die Kosten nur wegen des erfolgreichen Gegenangriffs zu tragen hat.

255   **Beispiel:** Der Gegner rechnet mit einer Forderung in Höhe von 4000 DM gegen die Forderung des VN in Höhe von 6000 DM auf. Die Forderung des VN ist in Höhe von 4000 DM begründet, die des Gegners in Höhe von 2000 DM. Der VN erhält also 2000 DM zugesprochen und muß aufgrund des Streitwerts von 6000 DM zwei Drittel der Kosten tragen. Wäre die Aufrechnung nicht erfolgt oder ohne Erfolg geblieben, hätte er nur ein Drittel der Kosten zu übernehmen gehabt. In Höhe des Unterschieds zwischen zwei Dritteln und einem Drittel, also in Höhe von einem Drittel der Kosten, ist hier der VN zur Übernahme der Kosten nur wegen der Aufrechnung verpflichtet und der RSVersicherer daher leistungsfrei.

256   c) Eine Besonderheit ergibt sich, wenn durch die gerichtliche Kostenentscheidung die **Kosten gegeneinander aufgehoben** werden, also jede Partei ihre außergerichtlichen Kosten selbst und die Gerichtskosten je zur Hälfte zu tragen hat (§ 92 Abs. 1 ZPO). Dies geschieht in der Regel bei annähernd gleichem Unterliegen und erspart ein Kostenfestsetzungsverfahren (*Baumbach/Lauterbach/Hartmann* § 92 Rdnrn. 39, 40). Hat beispielsweise der VN eine unter Versicherungsschutz stehende Forderung von 10 000 DM eingeklagt und der Gegner Widerklage über ebenfalls 10 000 DM erhoben, deren Gegenstand mit dem der Klage nicht identisch ist und für deren Abwehr kein Versicherungsschutz besteht, dann wird das Gericht bei Abweisung von Klage und Widerklage die Kosten gegeneinander aufheben. Nach den oben Rdnr. 253 dargestellten Grundsätzen hätte dann der RSVersicherer des VN die Kosten beider Anwälte sowie die den VN treffende Gerichtskostenhälfte nur im Verhältnis 10 000 zu 20 000, also je zur Hälfte zu übernehmen. Wegen der Kostenaufhebung, die die gegenseitige Kostenerstattung in annähernd gleicher Höhe aus Vereinfachungsgründen vermeiden hilft, hat jedoch der Gegner keinen prozessualen – und damit auch keinen materiell-rechtlichen (*Baumbach/Lauterbach/Hartmann* vor § 91 Rdnr. 49) – Kostenerstattungsanspruch gegen den VN. In diesem Sonderfall erscheint es gerechtfertigt, daß die wegen des hälftigen Unterliegens des VN an sich zu erwartende, infolge der Kostenaufhebung jedoch vom RSVersicherer (nicht auch vom VN, wie dies *Rettler* VersR 89, 954 anscheinend mißversteht) erzielte „Ersparnis" in Höhe der hälftigen Kostenerstattung an den Gegner nicht dem RSVersicherer, sondern dem VN zugute kommt und der Versicherer demnach die Anwaltskosten des VN aus dem vollen Streitwert von 20 000 DM übernimmt, soweit nicht ein Dritter einzutreten hat. Das OLG Karlsruhe (VersR 89, 471 = ZfS 89, 89 mit abl. Anm. von *Rettler* VersR 89, 954) läßt diese Überlegungen auch bei einer im Prozeßvergleich vereinbarten Kostenaufhebung durchgreifen (vgl. hierzu oben Rdnr. 167 a. E.).

257   6. Als leistungsbegrenzende Bedingungsregelung (sekundäre Risikobegrenzung, vgl. oben Rdnr. 4) kann Abs. 3 e **nicht über** seinen **Wortlaut hinaus** angewendet werden. Macht beispielsweise der Gegner ein Gegenrecht, dessen Abwehr nicht unter Versicherungsschutz steht, nicht durch Widerkla-

ge oder Aufrechnung, sondern im Wege des Zurückbehaltungsrechts geltend (z. B. §§ 273, 320 BGB), und führt dies zu seiner Verurteilung Zug um Zug (§§ 274, 322 BGB), dann kann das Gericht dies bei der Kostenentscheidung als Teilunterliegen des nicht vorbehaltlos obsiegenden VN werten (*Baumbach/Lauterbach/Hartmann* § 92 Rdnr. 26). In Höhe des Kostenanteils, den der VN wegen des Erfolgs des Zurückbehaltungsrechts zu tragen hat, bleibt der RSVersicherer trotz Abs. 3 e zur Leistung verpflichtet.

K. Versicherungssumme (Abs. 4)
(entspricht § 5 Abs. 4 ARB 94)

I. Allgemeines

Abs. 4 präzisiert und verfeinert die gesetzliche Regelung des § 50 VVG für die RSVersicherung. Ist eine – oft als „Deckungssumme" bezeichnete – Versicherungssumme vereinbart, bildet sie die Höchstgrenze für die Leistungen des RSVersicherers einschließlich etwaiger Vorschüsse sowie einer etwa übernommenen Strafkaution nach Abs. 1 f bei jedem Versicherungsfall. Nach § 20 Abs. 2 auf den Versicherer übergegangene realisierbare Kostenerstattungsforderungen gegen Dritte bleiben bei der Berechnung, ob die Dekkungssumme erreicht ist, außer Betracht (LG Hannover ZfS 86, 337). Die meisten RSVersicherer schließen Verträge nur mit einer bestimmten Dekkungssumme ab, die bei Einführung der ARB 69 meist bei 25 000 DM lag und in neueren Verträgen inzwischen auf 50 000 DM, 75 000 DM, 100 000 DM und höher gestiegen ist, wobei für die Leistung einer Strafkaution vielfach eine niedrigere Deckungssumme vereinbart wird. Sagt ein RSVersicherer unter Bezugnahme auf die ARB für ein Verfahren mit hohem Streitwert Deckung zu, so kann hieraus allein kein Anerkenntnis zur Übernahme von Kosten, die über die Deckungssumme hinausgehen, hergeleitet werden (OLG Köln VersR 91, 1126 = r + s 91, 92). Essentiale eines RSversicherungsvertrages ist die Vereinbarung einer Deckungssumme allerdings nicht (ebenso *Prölss/Martin/Kollhosser* § 50 Anm. 2 b). VVG und ARB verlangen sie nicht. Es gibt, ähnlich wie neuerdings in der Kraftfahrzeug-Haftpflichtversicherung, auch Verträge mit unbegrenzter Deckung (illimité-Deckung; vgl. GB BAV 78, 63, 70; *Zeller* VW 80, 114; kritisch *Beulke* VW 80, 288); *Stiefel/Hofmann* § 10 Rdnrn. 139 ff.). Das hierin liegende unbegrenzte Leistungsversprechen des Versicherers gefährdet die Erfüllbarkeit der Versicherungsverträge durch den Versicherer jedenfalls dann nicht, wenn sich – wie in der RSVersicherung – aus der Art des übernommenen Risikos eine „natürliche" Höchstgrenze ergibt.

Die Bestimmungen der §§ 51 bis 57 VVG, die vor allem die **Über- und Unterversicherung** betreffen, gelten für die RSVersicherung **nicht**. Der dort verwendete Begriff „Versicherungssumme" ist in einem engeren Sinn zu verstehen. Er setzt einen Versicherungswert im Sinn des § 51 Abs. 1 VVG und eine Objekt-Versicherung voraus, bei der das Risiko der Beschädigung oder des Verlustes eines bestimmten Sachwertes versichert ist (Aktiven-Versicherung; *Prölss/Martin/Kollhosser* § 50 Anm. 2 a; vor § 51

§ 2 ARB 75 1. Teil. Allgemeine Bestimmungen (A)

Anm. 1 B b; *Bruck/Möller/Johannsen* IV Anm. G 37). Die RSVersicherung dagegen schützt, ähnlich wie die Haftpflichtversicherung, das Vermögen als ganzes, nicht einzelne aktive Bestandteile davon. Sie bietet als Passiven-Versicherung Versicherungsschutz gegen eine Belastung des VN mit Rechtskosten (*Prölss/Martin/Kollhosser* vor § 51 Anm. 1 B und C; *Bruck/Möller* vor §§ 49 bis 80 Anm. 6, 37; § 49 Anm. 72 ff.; vgl. Einl. Rdnr. 40). Die Leistungspflicht des RSVersicherers kann sich allerdings ähnlich wie im Fall der Unterversicherung des § 56 VVG verringern, wenn der VN nach entsprechender Aufforderung Angaben zur Beitragsberechnung unterläßt oder unrichtig macht (§ 9 Abs. 4; Näheres vgl. § 9 Rdnr. 13).

260   II. Leistungen bis zur Höhe der vereinbarten Versicherungssumme schuldet der RSVersicherer **bei jedem Versicherungsfall** (Satz 1). Es kommt nicht darauf an, wie oft innerhalb der Versicherungsperiode (§ 9 VVG) oder der Laufzeit des Versicherungsvertrags ein Versicherungsfall eintritt oder Leistungen überhaupt und in welcher Höhe fällig werden. Der Versicherer hat vielmehr innerhalb des versicherten Zeitraums bei jedem Versicherungsfall im Sinn des § 14 gesondert bis zur Höhe der vereinbarten Versicherungssumme einzutreten, wobei er sich vor einer zu starken Inanspruchnahme lediglich durch eine Kündigung nach § 19 Abs. 2 schützen kann. Wird während der Laufzeit eines RSVersicherungsvertrags die Deckungssumme vereinbarungsgemäß erhöht, gilt für vorher eingetretene Versicherungsfälle noch die ursprüngliche Deckungssumme (OLG Braunschweig ZfS 91, 21; LG Berlin r + s 91, 169).

261   Hat der Versicherer aufgrund eines Versicherungsfalles **gleichzeitig** Leistungen **für** den VN und für **mitversicherte Personen** zu erbringen, dann werden diese Leistungen für die Errechnung der Deckungssumme zusammengerechnet. Wer mitversichert ist, d.h. neben dem VN Versicherungsschutz aus dem vom VN abgeschlossenen Versicherungsvertrag beanspruchen kann (§ 11 Rdnr. 1), ergibt sich aus § 11 Abs. 1 und 3 sowie aus der vom VN versicherten Vertragsart der Besonderen Bestimmungen der ARB: §§ 21 Abs. 1, 22 Abs. 1, 23 Abs. 7, 24 Abs. 1 und Abs. 6 Ziff. 2, 25 Abs. 1, 26 Abs. 1 (Fassung 1988: Abs. 1 bis 3), 27 Abs. 1 und 28 Abs. 1. Beispiel: Werden mehrere Insassen eines nach § 21 oder 22 versicherten Pkw oder beispielsweise dreißig Insassen eines versicherten Omnibusses verletzt und machen die Verletzten neben dem geschädigten Fahrzeugeigentümer Schadenersatzansprüche aufgrund gesetzlicher Haftpflichtbestimmungen gegen den Schädiger geltend (§ 21 Abs. 4a, § 22 Abs. 3a), dann sind die den einzelnen Geschädigten hierdurch entstehenden Kosten, soweit sie der RSVersicherer zu tragen hat, für die Errechnung der Deckungssumme zusammenzurechnen.

262   III. Ergibt sich die Leistungspflicht des RSVersicherers nicht aus einem einzigen Versicherungsfall im Sinn des § 14, sondern aus mehreren Versicherungsfällen, dann haftet er ebenfalls nur einmal bis zur vereinbarten Versicherungssumme, wenn diese **Versicherungsfälle zeitlich und ursächlich zusammenhängen.** Diese Regelung entspricht weitgehend § 3 II Ziff. 2 AHB und § 10 Abs. 6 Satz 3 AKB. Sie betrifft nicht den Grund des Versicherungsanspruchs im Sinn des § 304 Abs. 1 ZPO, sondern nur dessen Hö-

he. Entscheidend ist nicht ein zeitlicher und ursächlicher Zusammenhang zwischen verschiedenen rechtlichen Auseinandersetzungen oder Prozessen, sondern zwischen mehreren Versicherungsfällen im Sinn des § 14, die ihrerseits diese Auseinandersetzungen oder Prozesse ausgelöst haben (BGH VersR 90, 301 = r + s 90, 54). Die Zusammenfassung mehrerer zeitlich und ursächlich zusammenhängender Versicherungsfälle zu einem einheitlichen „Leistungsfall", der die Leistungspflicht des RSVersicherers bis zur Höchsthaftungssumme nur einmal auslöst, ist dann gerechtfertigt, wenn mehrere Versicherungsfälle im Sinn des § 14 einem Geschehensablauf entspringen, der nach der Verkehrsauffassung als ein einheitlicher Lebensvorgang aufzufassen ist (*Stiefel/Hofmann* § 10 Rdnr. 141). Der ursächliche Zusammenhang muß im Sinn einer adäquaten Zurechnung gegeben sein. Die Grenze für den zeitlichen Zusammenhang wird dort zu ziehen sein, wo die Annahme eines adäquaten Kausalzusammenhangs nicht mehr natürlicher Betrachtungsweise entspricht (*Bruck/Möller/Johannsen* IV Anm. G 43). Werden durch eine „latente" Schadenursache mehrere durch einen RSVersicherungsvertrag versicherte Personen oder eine Person mehrmals zu verschiedenen Zeitpunkten geschädigt und ist der Gesamtvorgang nicht als ein einziger Versicherungsfall im Sinn des § 14 zu werten (vgl. § 14 Rdnrn. 10 ff), dann kann der zeitliche Zusammenhang zwischen den einzelnen Versicherungsfällen auch dann noch zu bejahen sein, wenn sich der Zeitpunkt des jeweiligen Schadeneintritts über eine Reihe von Monaten erstreckt (vgl. für die Haftpflichtversicherung BGH VersR 65, 325: Schäden durch mangelhaften Deckenputz, von dem sich mehrmals im Lauf von 10 Monaten Teile gelöst hatten). Prozessiert der VN wegen eines fehlerhaften Architektengutachtens gegen den Gutachter sowie wegen eines darauf beruhenden Grundstückskaufs gegen den Verkäufer, entspringt dies einem einheitlichen Lebensvorgang (OLG Hamm AnwBl. 89, 246 = r + s 89, 192). Das gleiche kann auch dann angenommen werden, wenn ein nach § 24 versichertes Unternehmen aufgrund einer Betriebseinschränkung oder -stillegung gleichzeitig vielen Arbeitnehmern kündigt und eine Reihe der Gekündigten wegen angeblichen Verstoßes gegen Bestimmungen des BetrVG oder des KSchG Kündigungsschutz- oder Abfindungsklagen gegen die VN erhebt. Selbst wenn diese Prozesse in getrennten Verfahren zu verschiedenen Zeitpunkten begonnen oder entschieden werden, sind die einzelnen Prozesse bei natürlicher Betrachtungsweise so eng miteinander verbunden, daß sie nach dem Zweck des Abs. 4 Satz 2, aus einer einheitlichen Handlung des VN für den RSVersicherer kein unkalkulierbares Kostenrisiko entstehen zu lassen, einem einzigen Versicherungsfall gleichstehen (OLG Hamm VersR 75, 654). Schädigt ein Finanzmakler den VN und dessen mitversicherte Ehefrau über Jahre hinweg bei der Vermittlung von Anlageobjekten, ist ein zeitlicher und ursächlicher Zusammenhang zu bejahen (LG Düsseldorf ZfS 88, 211), ebenso bei zwei Klagen des VN als Grundstücksverkäufers gegen den Käufer und den verbriefenden Notar, wenn dieser den hinterlegten Kaufpreis nach Behauptung des VN zu Unrecht an den Käufer zurückgezahlt hat (LG Köln ZfS 88, 79). Streitet der VN wegen Mängeln eines geleasten Fahrzeugs sowohl mit der Leasinggeberin als auch (aus abgetretenem Recht) mit der Verkäuferin des Fahrzeugs, handelt es sich um einen einheitlichen Leistungsfall (OLG Köln r+s 96, 105). Zu weitgehend erscheint dagegen OLG Düsseldorf (ZfS 84, 145), das die Kündigung des VN durch seinen Arbeitgeber (1. Versicherungsfall) und eine fehlerhafte Bearbeitung des nachfolgenden Kündigungsschutzprozesses durch den Anwalt des VN (2. Versicherungsfall) noch als einheitlichen Lebensvorgang im Sinn des Abs. 4 Satz 2 ansehen will mit der Folge, daß nach Erschöpfung der Deckungssumme durch die Kosten des Kündigungsschutzprozesses der RSVersicherer für die Kosten des Regreßprozesses gegen den Anwalt nicht mehr zu leisten brauche. Führt der VN mit verschiedenen Gegnern Prozesse, die sich auf das selbe Grundstück beziehen, aber unterschiedliche, sachlich nicht zusammenhängende Tat- und Rechtsfragen zum Inhalt haben, sind die Versicherungsleistungen nicht zusammenzurechnen (OLG Hamm r + s 89, 54).

IV. Abandonrecht (Satz 3)

263 Wird ersichtlich, daß die aufzuwendenden **Kosten** die **Versicherungssumme übersteigen,** soll der RSVersicherer aufgrund einer gegenüber dem BAV abgegebenen geschäftsplanmäßigen Erklärung (Einl. Rdnr. 36) den VN mittels Einschreibebrief davon in Kenntnis setzen und ihn dabei darauf hinweisen, daß Kosten, die über die Versicherungssumme hinaus anfallen, nicht übernommen werden können. Trotz Wegfalls der Rechtsgrundlage für die Geltung geschäftsplanmäßiger Erklärungen bei nach dem 30. Juni 1994 abgeschlossenen Verträgen hat allerdings der Versicherer zumindest gemäß § 242 BGB die vertragliche Nebenpflicht, den VN in dessen Interesse rechtzeitig zu informieren, sobald sich die Möglichkeit konkret abzeichnet, daß die aufzuwendenden Kosten in Zukunft die Versicherungssumme überschreiten können. Gerade bei länger dauernden Verfahren mit möglicherweise mehreren Beteiligten oder bei mehreren zeitlich und ursächlich zusammenhängenden Rechtsschutzfällen wird der VN häufig nicht überblicken können, ob und wie lange die Versicherungssumme zur Deckung aller bereits angefallenen und noch zu erwartenden Kosten ausreicht (VerBAV 94, 356, 358; vgl. auch *Prölss/Martin* Vorbem. vor § 1 Anm. II 3 A a bb unter „Aufklärung über den Deckungsumfang").

264 Unabhängig davon hat der RSVersicherer bei voraussichtlicher Überschreitung der Deckungssumme das Recht, seiner Verpflichtung aus dem Versicherungsvertrag dem VN gegenüber dadurch nachzukommen, daß er die Versicherungssumme unter Anrechnung bereits geleisteter Beträge für den VN und dessen Kostgläubiger **hinterlegt** (entsprechend § 372 BGB) **oder an** den **VN** zahlt. Eine Hinterlegung unter Verzicht auf die Rücknahme befreit den VN in Höhe der hinterlegten Summe von seiner Kostenschuld (§§ 376 Abs. 2 Nr. 1, 378 BGB). Ist die Rücknahme nicht ausgeschlossen, kann der VN die Kostgläubiger hinterlegte Summe verweisen, solange sie der RSVersicherer nicht zurücknimmt (entsprechend § 379 BGB). Da der RSVersicherer zugunsten des VN als Kostenschuldners hinterlegt, hat die Hinterlegung an dem Ort zu erfolgen, an dem der VN seinen Kostgläubigern gegenüber zur Leistung verpflichtet ist (§§ 374, 269 BGB). Bei Anwaltskosten ist dies in der Regel der Kanzleiort des Rechtsanwalts (*Palandt/ Hein-*

richs § 269 Rdnr. 13). Die offensichtlich in Parallele zu den AKB (heutige Fassung § 10 Abs. 6 Satz 5 AKB; hierzu *Stiefel/Hofmann* § 10 Rdnr. 172) geschaffene Hinterlegungsbefugnis hält das OLG Hamburg (Urteil vom 10. 9. 96, 9 U 73/96) für bedenklich, soweit sie zugunsten der Kostengläubiger des VN bestehen soll, da ein Kostengläubiger (z.b. der Gegner) die Freigabe hinterlegter Gelder blockieren und damit den VN in der Prozeßführung behindern könne. Eine Hinterlegung allein zugunsten des VN macht jedoch keinen rechten Sinn, da der Versicherer bei drohender Überschreitung der Deckungssumme an ihn ja schuldbefreiend zahlen kann. Jedoch sind die Bedenken des OLG nach dem von ihm nicht geprüften Maßstab des § 9 AGBG möglicherweise gerechtfertigt. Die neben der Hinterlegungsmöglichkeit bestehende Befugnis des RSVersicherers, sich bei Gefahr der Überschreitung der Versicherungssumme durch Zahlung der Summe an den VN von der Pflicht zur weiteren Leistung zu befreien, modifiziert die nach § 2 Abs. 2 an sich bestehende Pflicht des RSVersicherers, seinen VN durch Zahlung an den jeweiligen Kostengläubiger von seiner Kostenschuld freizustellen (vgl. oben Rdnr. 150). Diese Abweichung ist deshalb gerechtfertigt, weil anderenfalls die möglicherweise langwierige Abwicklung eines solchen Versicherungsfalles mit möglicherweise mehreren anteilig zu berücksichtigenden Kostengläubigern beim RSVersicherer erhebliche kostenaufwendige Verwaltungsmehrarbeit erfordern würde und zu einer ungerechtfertigten Bevorzugung solcher Kostengläubiger führen könnte, die – mehr oder weniger zufällig – ihre Kostenrechnungen früher als andere gestellt haben.

§ 3 Örtlicher Geltungsbereich

Versicherungsschutz wird gewährt für Versicherungsfälle, die in Europa und den außereuropäischen Anliegerstaaten des Mittelmeeres eintreten, soweit für die Wahrnehmung der rechtlichen Interessen des Versicherungsnehmers der Gerichtsstand in diesem Gebiet gegeben ist.
(entspricht § 6 ARB 94)

Übersicht

	Rdnrn.		Rdnrn.
I. Allgemeines	1	2. Auseinanderfallen von Schadenursache und Schadenereignis	7
II. 1. Europa	2, 3	3. Vertragsansprüche	8, 9
2. außereuropäische Anliegerstaaten	4	4. Versicherungsfall auf hoher See	10
III. Versicherungsfall, Gerichtsstand	5	IV. anwendbares Recht	11, 12
1. Begehungsort	6		

I. § 3 beschreibt den **räumlichen Geltungsbereich** des Versicherungsschutzes. Die ARB kennen keine Weltdeckung, die nur durch Sonderklauseln vereinbart werden kann. Sie beschränken vielmehr den Versicherungsschutz von vornherein, also primär, wegen der dort noch einigermaßen überschaubaren Rechtssysteme und Kostenvorschriften auf Europa und die außereuropäischen Anliegerstaaten des Mittelmeeres. Daher handelt es sich bei § 3 nicht, wie möglicherweise bei § 4 I Ziff. 3 AHB, um einen Risikoausschluß, dessen Voraussetzungen im Streitfall vom Versicherer zu beweisen sind (vgl. *Bruck/Möller/Johannsen* IV Anm. G 166; *Wussow* § 4 Anm. 6).

§ 3 ARB 75   2–6   1. Teil. Allgemeine Bestimmungen (A)

Vielmehr liegt eine primäre Risikobegrenzung vor mit der Folge, daß im Zweifelsfall der VN zu beweisen hat, daß sich der Versicherungsfall in dem in § 3 beschriebenen Gebiet ereignet hat (*Prölss/Martin/Kollhosser* § 49 Anm. 1 B a; vgl. auch *Stiefel/Hofmann* § 2 Rdnr. 2).

2   II. 1. § 3 verwendet nicht, wie § 4 I Ziff. 3 AHB, den rein staatsrechtlichen Begriff „Ausland" (*Prölss/Martin/Voit* § 4 AHB Anm. 3), sondern wie § 2 Abs. 1 AKB den **geographischen** Begriff „Europa". Die räumliche Begrenzung des Risikos auf Europa ist daher geographisch aufzufassen (BGH NJW 63, 1978 = VersR 63, 768). Für das Gebiet der außereuropäischen Anliegerstaaten des Mittelmeeres gelten deren staatsrechtliche Grenzen (*Ridder* S. 64).

3   Die geographischen Grenzen **Europas** sind (*Brockhaus* Stichwort „Europa"): Gegen Asien das Ural-Gebirge, der Ural-Fluß, das Kaspische Meer bis zur Manytsch-Niederung und die Folge von Asowschem Meer, Schwarzem Meer, Bosporus, Marmara-Meer und Dardanellen; gegen Vorderasien und Afrika das Mittelmeer bis zur Straße von Gibraltar; gegen Westen und Nordwesten der Atlantische Ozean mit Nebenmeeren, wobei dem Festland vorgelagerte Inseln noch zu Europa zählen; gegen Norden das Polarmeer. Die geographische Zuordnung von Island mag zweifelhaft sein. Da es jedoch zu Europa gerechnet wird (*Brockhaus* Stichwort „Island"), kann diese Insel nach dem Zweck des § 3 noch in dessen Deckungsbereich einbezogen werden.

4   2. Die **außereuropäischen Anliegerstaaten** des Mittelmeeres sind der asiatische Teil der Türkei, Syrien, Libanon, Israel, Ägypten, Libyen, Tunesien, Algerien und Marokko. Nach dem Zweck des § 3 können außerdem sämtliche im Mittelmeer gelegene Inseln dem Deckungsbereich dieser Bestimmung zugerechnet werden sowie die Marokko westlich vorgelagerten Kanarischen Inseln, Madeira und die Azoren, dagegen nicht mehr die weiter südlich liegenden Kapverdischen Inseln.

5   III. § 3 enthält zwei Voraussetzungen für die Leistungspflicht des Versicherers. Einmal muß der **Versicherungsfall** im Sinn des § 14 in dem durch § 3 abgegrenzten Teil der Erdoberfläche eingetreten sein. Außerdem muß aber auch der (örtliche) **Gerichtsstand** für die Wahrnehmung der rechtlichen Interessen des VN aus diesem Versicherungsfall in diesem Gebiet liegen. Fehlt eine dieser Voraussetzungen, besteht kein Versicherungsschutz. Liegen beide Voraussetzungen vor, ändert es dagegen nichts am bestehenden Versicherungsschutz, wenn ein – versicherungsrechtlich unselbständiges – Vor-, Neben- oder Nachverfahren oder ein Verfahrensteil außerhalb des räumlichen Geltungsbereichs durchzuführen ist, da ein solcher Verfahrensteil keinen neuen (örtlichen) Gerichtsstand für das unter Versicherungsschutz stehende „Grundverfahren" begründet (z.B. Beweissicherung, einzelne Beweiserhebung, Zwangsvollstreckung; a.A. LG Wuppertal VersR 92, 1350 = r + s 92, 204 für Zwangsvollstreckung aus deutschem Urteil in Kanada und LG München I r+s 94, 464 für Zwangsvollstreckung in Mexico; vgl. auch § 2 Rdnr. 176).

6   1. In den Fällen des § 14 Abs. 1 oder 2 wird es in der Regel nicht schwierig sein festzustellen, wo das Schadenereignis oder die Verletzung strafrechtlicher oder sonstiger unter § 14 Abs. 2 fallender Vorschriften stattge-

Örtlicher Geltungsbereich 7, 8 § 3 ARB 75

funden hat. Eine zum Schadenersatz verpflichtende unerlaubte Handlung kann allerdings auch an mehreren Orten gleichzeitig begangen sein. **Begehungsort** ist neben dem Ort, an dem der Täter gehandelt hat (Handlungsort), auch der, an dem in das geschützte Rechtsgut eingegriffen wird (Erfolgsort). So ist z.b. bei einer Ehrverletzung durch ein Presseorgan das Schadenereignis und damit der Versicherungsfall im Sinn des § 3 sowohl am Erscheinungsort wie auch an jedem anderen Ort „eingetreten", an dem die betreffende Zeitung vertrieben wird. Ähnliches gilt für Wettbewerbsverstöße. Die Grundsätze, die für die Begründung des Gerichtsstands der unerlaubten Handlung entwickelt wurden (*Palandt/Thomas* vor § 823 Rdnr. 41; *Baumbach/Lauterbach/Hartmann* § 32 Rdnrn. 17 ff.), können für die Frage, wo das Schadenereignis im Sinn des § 14 Abs. 1 und damit der Versicherungsfall im Sinn des § 3 eingetreten ist, entsprechend herangezogen werden. Wird beispielsweise das Persönlichkeitsrecht eines VN durch einen Artikel in einer Zeitschrift schuldhaft verletzt, die in den USA erscheint, aber auch in Deutschland vertrieben wird, dann ist die Rufschädigung und damit der Versicherungsfall nicht nur in den USA, sondern auch im Geltungsbereich des § 3 eingetreten. Da in diesem Bereich auch der Gerichtsstand für eine Schadenersatzklage gegeben ist (§ 32 ZPO) und der Kläger unter mehreren zuständigen Gerichten wählen kann (§ 35 ZPO), hat der VN Versicherungsschutz für die Geltendmachung entsprechender Schadenersatzansprüche (z.B. nach § 25 Abs. 2 a), soweit er bei einem Gericht im Geltungsbereich des § 3 Klage erhebt.

2. Hiervon zu unterscheiden sind die Fälle, in denen **Schadenursache und Schadenereignis** räumlich – und damit meist auch zeitlich (vgl. § 14 Rdnr. 11) – **auseinanderfallen**. Wird z.B. der VN beim Gebrauch eines fehlerhaften Gerätes verletzt und will er gegen den Hersteller, mit dem ihn keine vertraglichen Beziehungen verbinden, Schadenersatzansprüche aufgrund gesetzlicher Haftpflichtbestimmungen geltend machen, dann gilt als Versicherungsfall der Eintritt des dem Anspruch zugrundeliegenden Schadenereignisses (§ 14 Abs. 1 Satz 1). Dieses Ereignis ist der Vorgang, der die Verletzung des VN unmittelbar herbeigeführt hat, nicht der oft wesentlich früher liegende Zeitpunkt der Herstellung der fehlerhaften Sache (BGH NJW 57, 1477 = VersR 57, 499; NJW 65, 755 = VersR 65, 328; a. A. neuerdings BGH NJW 81, 870 = VersR 81, 173; vgl. § 14 Rdnr. 11). Wurde die fehlerhafte Sache im Geltungsbereich des § 3 hergestellt (Schadenursache), ist aber die Schädigung des VN – das Schadenereignis – außerhalb des Geltungsbereichs eingetreten, besteht demnach kein Versicherungsschutz (LG Köln ZfS 87, 80; für AHB OLG Saarbrücken VersR 66, 54; *Prölss/Martin/Voit* § 4 AHB Anm. 3). Wurde umgekehrt der VN beispielsweise durch ein in Japan fehlerhaft hergestelltes Produkt in Deutschland geschädigt, kann er Versicherungsschutz beanspruchen, da auch der Gerichtsstand für eine Klage gegen den Hersteller in Deutschland ist (§ 32 ZPO).

3. Für Versicherungsfälle im Sinn des § 14 Abs. 3, also vor allem bei **vertraglichen Ansprüchen** (§ 14 Rdnr. 6), ist an sich entscheidend, wo der wirkliche oder behauptete Verstoß gegen Rechtspflichten oder Rechtsvorschriften begangen worden ist oder begangen worden sein soll. Ist bei-

spielsweise ein bei einer deutschen Firma beschäftigter Monteur für diese Firma in Indien tätig und verletzt er dort nach Ansicht der Firma schuldhaft seine Pflichten aus dem Arbeitsvertrag, dann besteht für einen Arbeitsrechtsstreit mit der Firma (§ 24 Abs. 2b; § 25 Abs. 2b; § 26 Abs. 3c [Fassung 1988: Abs. 5c]) nach dem klaren Wortlaut des § 3 kein Versicherungsschutz, und zwar auch dann nicht, wenn ein deutscher Gerichtsstand gegeben ist (LG Memmingen r+s 94, 424 für einen in Südafrika verletzten Darlehensvertrag; *Ridder* S. 63). Entgegen GB BAV 80, 89 hält die fast einhellige Rechtsprechung diese Regelung im Interesse einer klaren generellen Risikoabgrenzung für eindeutig und nicht weiter auslegungsfähig (OLG Koblenz ZfS 86, 208; LG Hamburg r + s 92, 310; LG Trier ZfS 85, 302; AG Karlsruhe, AG Bochum ZfS 86, 110; AG Schöneberg ZfS 85, 50; AG Essen ZfS 85, 18; AG Köln ZfS 84, 237; a.A. LG Essen VersR 87, 93). Eine von *Prölss/Martin* § 3 ARB Anm. 1 empfohlene differenzierende Betrachtung erscheint vor allem bei Reiseverträgen gerechtfertigt.

9   Wird der VN durch den Gebrauch einer **fehlerhaften Sache** verletzt und will er gegen den Verkäufer der Sache Schadenersatzansprüche aus dem Kaufvertrag geltend machen, dann kommt es – anders als bei außervertraglichen Schadenersatzansprüchen (vgl. oben Rdnr. 7) – nicht darauf an, wo der Schaden eingetreten ist, sondern darauf, wo die fehlerhafte Sache übergeben wurde. Denn durch die Übergabe der mangelhaften Sache hat der Verkäufer im Sinn des § 14 Abs. 3 gegen seine Pflicht zur Übergabe mangelfreier Ware verstoßen. Der VN hat also beispielsweise Versicherungsschutz für Vertragsansprüche, wenn er durch eine in Deutschland gekaufte Sache in Übersee einen Schaden erleidet, nicht aber im umgekehrten Fall, in dem es überdies in der Regel an einem Gerichtsstand im Geltungsbereich des § 3 fehlen wird. Konkurriert im letzteren Fall mit dem vertraglichen Anspruch gegen den Verkäufer – was nur ausnahmsweise vorkommen wird – ein außervertraglicher, dann kann allerdings wegen der anderen Regelung des Versicherungsfalles in § 14 Abs. 1 – nicht Verstoß, sondern Schadenereignis – Versicherungsschutz bestehen (vgl. oben Rdnr. 7 a.E.).

10 4. Ereignet sich ein Versicherungsfall auf einem **Schiff auf hoher See,** dann besteht Versicherungsschutz, solange sich das Schiff in den Hoheitsgewässern eines Staates befindet, der zu dem durch § 3 umgrenzten Gebiet gehört, wenn auch der Gerichtsstand in diesem Gebiet gegeben ist. Deckung besteht auch außerhalb dieser Hoheitsgewässer, wenn Ausgangshafen und Zielhafen des Schiffes im Geltungsbereich liegen und die Fahrt nicht außerhalb des Geltungsbereichs planmäßig unterbrochen wird (*Ridder* S. 64). Handelsschiffe auf hoher See werden allerdings als schwimmende Bestandteile des Heimatstaates betrachtet (*Prölss/Martin/Voit* § 4 AHB Anm. 3).

11 IV. Welches **Recht** auf das streitige Rechtsverhältnis anzuwenden ist, spielt im Rahmen des § 3 **keine Rolle.** Ist der Versicherungsfall außerhalb des Geltungsbereichs eingetreten, besteht auch dann kein Versicherungsschutz, wenn Recht aus dem Geltungsbereich anzuwenden und dort ein Gerichtsstand gegeben ist, wie beispielsweise im Fall der VO über die Rechtsanwendung bei Schädigungen deutscher Staatsangehöriger außerhalb des

Allgemeine Risikoausschlüsse § 4 ARB 75

Reichsgebietes vom 7. 12. 1942 (RGBl. I S. 701; *Bruck/Möller/Johannsen* IV Anm. G 167). Umgekehrt ist Versicherungsschutz auch dann gegeben, wenn Ansprüche ganz oder teilweise auf das Recht eines Staates gestützt werden, der nicht im Geltungsbereich des § 3 liegt. Lediglich beim Beratungs-RS in familien- und erbrechtlichen Angelegenheiten sowie in Angelegenheiten der freiwilligen Gerichtsbarkeit (§§ 25 Abs. 2e, 26 Abs. 3g [Fassung 1988: Abs. 5g] und 27 Abs. 3g) ist Voraussetzung, daß auf den der Beratung zugrundeliegenden Sachverhalt deutsches Recht anwendbar ist.

Eingeschränkt wird der örtliche Geltungsbereich des § 3 durch §§ 24 Abs. 2d, 25 Abs. 2d, 26 Abs. 3f (Fassung 1988: Abs. 5f), 27 Abs. 3f und 28 Abs. 2d sowie durch Abs. 2 der Zusatzbedingung für den Steuer-RS (Anh. Nr. 1). In sozialrechtlichen Angelegenheiten besteht Versicherungsschutz nur für Verfahren vor **Sozialgerichten** in der **Bundesrepublik Deutschland**, in steuer- und sonstigen abgaberechtlichen Streitigkeiten nur für Verfahren vor Finanz- und Verwaltungsgerichten in diesem Gebiet. Die in der Klausel zum Handelsvertreter-RS (VerBAV 72, 292, vgl. Einl. Rdnr. 21) ursprünglich enthaltene Beschränkung auf die Interessenwahrnehmung vor deutschen Gerichten ist bei der Übernahme dieser Klausel in die ARB 75 entfallen (§ 24 Abs. 3 Ziff. 2). 12

§ 4 Allgemeine Risikoausschlüsse

(1) **Der Versicherungsschutz bezieht sich nicht auf die Wahrnehmung rechtlicher Interessen**
a) die unmittelbar oder mittelbar im Zusammenhang mit Kriegsereignissen, feindseligen Handlungen, Aufruhr, inneren Unruhen, Streiks, Aussperrungen oder Erdbeben stehen;
b) die unmittelbar oder mittelbar im Zusammenhang mit Nuklearschäden durch Kernreaktoren oder mit genetischen Schäden aufgrund radioaktiver Strahlen stehen;
c) aus dem Bereich des Rechtes der Handelsgesellschaften, der Genossenschaften und der bergrechtlichen Gewerkschaften;
d) aus Anstellungsverträgen gesetzlicher Vertreter juristischer Personen;
e) aus dem Bereich des Patent- und Urheberrechtes, des Warenzeichen-, Geschmacksmuster- und Gebrauchsmusterrechtes und sonstigen Rechtes aus geistigem Eigentum sowie des Kartellrechtes und bei der Geltendmachung oder Abwehr von Unterlassungsansprüchen aus dem Bereich des Wettbewerbs-, des Rabatt- und des Zugaberechtes;
f) aus dem Bereich des Handelsvertreterrechtes;
g) aus Spiel- und Wettverträgen;
h) aus Bürgschafts-, Garantie-, Schuldübernahme- und Versicherungsverträgen aller Art;
i) aus dem Bereich des Familienrechtes und des Erbrechtes;
k) die in unmittelbarem Zusammenhang mit der Planung, Errichtung oder genehmigungspflichtigen baulichen Veränderung eines im Eigentum oder Besitz des Versicherungsnehmers befindlichen oder von diesem zu erwerbenden Grundstückes, Gebäudes oder Gebäudeteiles stehen;
l) aus Bergbauschäden an Grundstücken;
m) aus dem Bereich des Kirchenrechtes;

221

n) aus dem Bereich des Steuer- und sonstigen Abgaberechtes;
o) in Verfahren vor Verfassungsgerichten sowie vor internationalen und supranationalen Gerichtshöfen;
p) in Angelegenheiten der freiwilligen Gerichtsbarkeit;
q) im Zusammenhang mit einem über das Vermögen des Versicherungsnehmers beantragten Konkurs- oder Vergleichsverfahren;
r) im Zusammenhang mit Planfeststellungs-, Flurbereinigungs-, Umlegungs- und Enteignungs-Angelegenheiten.

(2) Ausgeschlossen vom Versicherungsschutz ist die Wahrnehmung rechtlicher Interessen
a) aufgrund von Versicherungsfällen, die der Versicherungsnehmer vorsätzlich und rechtswidrig verursacht hat, es sei denn, daß es sich um Ordnungswidrigkeiten handelt;
b) aus Ansprüchen, die nach Eintritt des Versicherungsfalles auf den Versicherungsnehmer übertragen worden sind;
c) aus Ansprüchen Dritter, die vom Versicherungsnehmer im eigenen Namen geltend gemacht werden.

(3) Wird dem Versicherungsnehmer vorgeworfen,
a) eine Vorschrift des Strafrechtes verletzt zu haben, besteht nur dann Versicherungsschutz, wenn ihm ein Vergehen zur Last gelegt wird, das sowohl vorsätzlich als auch fahrlässig begangen werden kann. Versicherungsschutz besteht, solange dem Versicherungsnehmer ein fahrlässiges Verhalten vorgeworfen wird oder wenn keine rechtskräftige Verurteilung wegen Vorsatzes erfolgt. Diese Regelung gilt auch für Rauschtaten (§ 323a Strafgesetzbuch), es sei denn, daß die im Rausch begangene, mit Strafe bedrohte Handlung ohne Rausch nur vorsätzlich begangen werden kann;
b) eine mit Strafe bedrohte Handlung begangen zu haben, die den Tatbestand der Verletzung einer verkehrsrechtlichen Vorschrift erfüllt, besteht nur dann kein Versicherungsschutz, wenn rechtskräftig festgestellt wird, daß der Versicherungsnehmer die Straftat vorsätzlich begangen hat. Für Rauschtaten (§ 323a Strafgesetzbuch) besteht Versicherungsschutz auch dann nicht, wenn die im Rausch begangene Verletzung einer verkehrsrechtlichen Vorschrift nach der Begründung des rechtskräftigen Urteiles ohne Rausch eine mit Strafe bedrohte Handlung gewesen wäre, die nur vorsätzlich begangen werden kann.

(4) Für Versicherungsfälle, die dem Versicherer später als zwei Jahre nach Beendigung des Versicherungsvertrages für das betroffene Wagnis gemeldet werden, besteht kein Versicherungsschutz.

Übersicht

	Rdnrn.		Rdnrn.
A. Allgemeines	1–6	c) Boykott, Massenkündigung	19
B. Ausgeschlossene Rechtsbereiche (Abs. 1)	7–142	5. Erdbeben	20
II. Abs. 1 a	12–20	III. Abs. 1 b	21, 22
1. Allgemeines	12	1. Nuklearschäden	21
2. a) Kriegsereignisse	13	2. genetische Schäden	22
b) feindselige Handlungen	14	IV. Abs. 1 c	23–26
3. a) Aufruhr	15	1. Allgemeines	23
b) innere Unruhen	16	2. Handelsgesellschaften	24
4. a) Streik	17	I. Allgemeines	7–11
b) Aussperrung	18	3. Genossenschaften	25

Allgemeine Risikoausschlüsse

§ 4 ARB 75

	Rdnrn.
4. bergrechtliche Gewerkschaften	26
V. Abs. 1 d	27–32
1. Allgemeines	27
2. juristische Person	28
3. gesetzlicher Vertreter	29
4. Anstellungsvertrag	30–32
VI. Abs. 1 e	33–49
1. Allgemeines	33
2. a) Patentrecht	34
b) Urheberrecht	35
c) Warenzeichenrecht	36
d) Geschmacksmusterrecht	37
e) Gebrauchsmusterrecht	38
f) sonstiges Recht aus geistigem Eigentum	39
aa) allgemeines Erfinderrecht	40
bb) Arbeitnehmererfindungen	41, 42
cc) Sortenschutz	43
g) Kartellrecht	44
h) Wettbewerbs-, Rabatt- und Zugaberecht	45–49
aa) allgemein	45
bb) nur Unterlassungsansprüche ausgeschlossen	46–49
VII. Handelsvertreterrecht (Abs. 1 f)	50–52
VIII. Spiel- und Wettverträge (Abs. 1 g)	53–57 a
IX. Abs. 1 h	58–80 a
1. Bürgschafts-, Garantie- und Schuldübernahmeverträge	58–66
a) Allgemeines	58
b) Bürgschaftsvertrag	59, 60
c) Garantievertrag	61
d) Schuldübernahmevertrag	62–65
aa) befreiende Schuldübernahme	62
bb) Schuldmitübernahme, Schuldbeitritt	63
cc) Erfüllungsübernahme	64
dd) Vermögensübernahme	65
2. Versicherungsverträge	66–80 a
a) Allgemeines	66
aa) Versicherungs„verträge"	67–73
bb) „aller Art"	74, 75
cc) „aus" Versicherungsverträgen	76
b) Versicherungsvertrags-RS	77–80 a
X. Familien- und Erbrecht (Abs. 1 i)	81–85
1. Allgemeines	81
2. Familienrecht	82, 83
3. Erbrecht	84, 85
XI. Baurisiko (Abs. 1 k)	86–113
1. Allgemeines	86
2. a) ARB 69	87

	Rdnrn.
b) Bauherr	88–91
3. a) ARB 75	92, 93
b) Grundstück, Gebäude, Gebäudeteil	94–96
c) Planung, Errichtung, bauliche Veränderung	97–100
d) unmittelbarer Zusammenhang	101–103
e) Zweifelsfälle, gemischte Verträge	104–107
f) Baufinanzierung	108–110
g) zu erwerbendes Grundstück	111, 112
XII. Bergbauschäden (Abs. 1 l)	113
XIII. Kirchenrecht (Abs. 1 m)	114
XIV. Abs. 1 n	115–123
1. Allgemeines	115
2. Steuerrecht	116
3. Sonstiges Abgaberecht	117–122
4. Steuer-RS	123
XV. Abs. 1 o	124–128
1. Allgemeines	124
2. Verfassungsgerichte	125
3. a) internationale Gerichtshöfe	126
b) supranationale Gerichtshöfe	127
c) inter- und supranationale Bedienstete	128
XVI. Freiwillige Gerichtsbarkeit (Abs. 1 p)	129–131
XVII. Konkurs- und Vergleichsverfahren (Abs. 1 q)	132–134
XVIII. Abs. 1 r	135–142
1. Allgemeines	135
2. a) Planfeststellungsverfahren	136
b) andere Planungsverfahren	137
3. Umlegung	138
4. Flurbereinigung	139
5. a) Enteignung	140
b) enteignungsgleicher Eingriff	141
c) Aufopferungsanspruch	142
C. Abs. 2	143–175
I. Allgemeines	143
II. Abs. 2 a	144–156
1. Allgemeines	144
2. verursacht	145
3. a) vorsätzlich	146–150
b) bedingt vorsätzlich	151
c) nicht vorsätzlich	152
4. rechtswidrig	153
5. Beweislast	154, 155
6. Ordnungswidrigkeiten	156
III. Abs. 2 b	157–173 a
1. Allgemeines	157–160
2. a) Anspruch	161
b) nach Eintritt des Versicherungsfalles	162
c) aa) Übertragung	163
bb) Sicherungsabtretung	164
cc) Einziehungsermächtigung	165

§ 4 ARB 75   1   1. Teil. Allgemeine Bestimmungen (A)

	Rdnrn.		Rdnrn.
d) Übergang kraft Gesetzes	166–172	2. Deckungsumfang (Satz 2)	194–196
aa) Einzelrechtsnachfolge	166–171	3. Rauschtat (Satz 3)	197
bb) Gesamtrechtsnachfolge.	172	III. Verkehrsbereich (Abs. 3 b)	198–215
e) Übergang kraft Hoheitsaktes	173	1. Unterschied zu Abs. 3 a	198, 199
3. Übergang von Verbindlichkeiten	173 a	2. verkehrsrechtliche Vorschriften	200–208
IV. Abs. 2 c	174, 175	3. Grenzfälle	209–212
D. Deckungsumfang des Straf-RS (Abs. 3)	176–215	4. nicht-verkehrsrechtliche Vorschriften	213
I. Allgemeines	176–180	5. rechtskräftige Feststellung	214
II. Nicht-Verkehrsbereich (Abs. 3 a).	181	6. Rauschtat	215
1. Ausschluß von Vorsatztaten (Satz 1)	182–193	E. Ausschluß verspätet gemeldeter Schäden (Abs. 4)	216–219

A. Allgemeines

1 § 4 zählt die in der RSVersicherung bestehenden allgemeinen **Risikoausschlüsse** auf. Ausschlußklauseln sind jedem Versicherungszweig wesenseigen (*Prölss/Martin/Kollhosser* § 49 Anm. 4 B). Sie sondern bestimmte Beziehungen, Gefahren oder Schäden aus, die an sich in den Gefahrenbereich fallen, der von der jeweiligen Versicherungsart abgedeckt wird (*Bruck/Möller* vor §§ 49 bis 80 Anm. 11). Sie bezwecken häufig, ein für den Versicherer nicht überschaubares und nicht berechenbares Risiko auszuklammern, das eine vernünftige wirtschaftliche Beitragskalkulation sehr stark erschweren oder gar unmöglich machen und sich vor allem mit dem Bestreben nicht vertragen würde, Beiträge möglichst niedrig und damit für die Masse der in Betracht kommenden Versicherungskunden akzeptabel zu gestalten (BGH NJW 76, 106 = VersR 75, 1093 mit zahlreichen Nachweisen). § 4 Abs. 1 sondert einige besonders „streitträchtige" Rechtsgebiete (*Möller*, Studien, S. 7) wie Familien- und Erbrecht oder Baustreitigkeiten vom Versicherungsschutz aus, bei denen auch häufig das subjektive Risiko eine erhebliche Rolle spielt. In der RSVersicherung als einer Massenbranche war es außerdem notwendig, gewisse Rechtsgebiete aus der Deckung auszuklammern, die nur selten und bei relativ wenigen VN zu rechtlichen Auseinandersetzungen führen. Es wäre eine unzumutbare Belastung der Risikogemeinschaft, wenn sie durch ihre Beiträge derartige, oft sehr langwierige und teure Rechtsstreitigkeiten in Einzelfällen finanzieren sollte. Beispiele hierfür sind das Kartellrecht, das Kirchenrecht sowie Verfahren vor Verfassungsgerichtshöfen oder internationalen oder supranationalen Gerichtshöfen (*Sperling* AnwBl. 70, 34). Andere Ausschlüsse sind aus versicherungstechnischen und versicherungswirtschaftlichen Gründen gerechtfertigt. Würde durch die Einbeziehung bestimmter Anspruchsgruppen oder Rechtsverhältnisse dem Versicherer ein unverhältnismäßiger Arbeitsaufwand entstehen oder wäre ihm die Prüfung seiner Eintrittspflicht mit dem ihm zur Verfügung stehenden Mitteln gar nicht abschließend möglich, dann rechtfertigt es das Interesse der Risikogemeinschaft an einer zügigen und kostensparenden Bearbeitung, gewisse Fallgruppen von vornherein vom Versicherungsschutz auszunehmen (vgl. z. B. unten Rdnr. 189; allgemein zu diesem Problem etwa BGH VersR 82, 37, 38 unter Ziff. II 2).

Allgemeine Risikoausschlüsse 2, 3 § 4 ARB 75

§ 4 faßt diejenigen Tatbestände zusammen, bei deren Vorliegen in **allen** 2
Vertragsarten des Zweiten Teils der ARB, also der Besonderen Bestimmungen der §§ 21 bis 29, **kein Versicherungsschutz** besteht. Daneben begrenzen besondere Risikoausschlüsse bei einzelnen Vertragsarten den Versicherungsschutz zusätzlich, z. B. § 24 Abs. 5, § 25 Abs. 1 Satz 2 und Abs. 4, § 26 Abs. 1 Satz 4 und Abs. 5 (Fassung 1988: Abs. 7), § 27 Abs. 1 letzter Satz und Abs. 5, § 28 Abs. 3. Ausgeschlossen ist die Wahrnehmung rechtlicher Interessen insgesamt, also jede außergerichtliche und gerichtliche Rechtsbesorgung von ihrem Beginn bis zum Ende einschließlich einer Zwangsvollstreckung (LG Frankfurt ZfS 80, 274; § 2 Rdnr. 176), und zwar gleichgültig, ob es sich um die Geltendmachung oder um die Abwehr von Ansprüchen, um die Ausübung eines Gestaltungsrechts – z. B. Anfechtung, Rücktritt oder Kündigung – oder nur um eine reine Beratung handelt (§ 1 Rdnr. 3; *Böhme* § 4 Rdnr. 1). Geht der Streit ausschließlich um eine vom VN gegen den – an sich vom Versicherungsschutz umfaßten – titulierten Anspruch zur Aufrechnung gestellte, vom Versicherungsschutz jedoch ausgeschlossene Gegenforderung, besteht keine Deckung (OLG Frankfurt VersR 86, 543; AG Düsseldorf r+s 96, 231 für aufgerechneten Schadenersatzanspruch nach § 1298 BGB; vgl. § 2 Rdnr. 195). Die Ausschlußtatbestände des § 4 gelten auch für alle Rechtsgebiete, die in den Leistungskatalogen der einzelnen Vertragsarten der §§ 21 bis 29 aufgezählt und dort unter Versicherungsschutz gestellt sind. So ist z. B. die Wahrnehmung rechtlicher Interessen aus dem Bereich des Steuer- und Abgaberechts (Abs. 1 n) nicht nur für Verfahren vor Steuerbehörden oder Finanzgerichten ausgeschlossen (neuerdings teilweiser Einschluß möglich, Vorbem. vor § 21 Rdnrn. 169ff.), sondern auch insoweit, als eine Beratung nach einem Erbfall (z. B. § 25 Abs. 2 e) selbständige steuerrechtliche Tatbestände umfaßt oder sich der VN gegen den Vorwurf der Verletzung einer steuerlichen Strafvorschrift verteidigen will (z. B. § 25 Abs. 2 c).

Als Ausnahmetatbestände, die die vom Versicherer übernommene Gefahr 3
einschränken oder ausschließen, dürfen **Ausschlüsse** nicht weiter **ausgelegt** werden, als es ihr Sinn unter Beachtung ihres wirtschaftlichen Zwecks und der gewählten Ausdrucksweise sowie des Regelungszusammenhangs erfordert (BGH VersR 86, 132; NJW 76, 106 = VersR 75, 1093; VersR 78, 54; *Prölss/Martin* vor § 1 Anm. III A 7; vgl. auch Einl. Rdnr. 47). Jedoch ist zu berücksichtigen, daß Risikoausschlüsse oft nicht einen materiellen Gerechtigkeitsgehalt in sich tragen, sondern von Zweckmäßigkeitserwägungen bestimmt sind. Sie beruhen häufig auf der Erfahrung, daß die große Zahl der VN an einer Versicherung mit bestimmten Risikoausschlüssen und einem entsprechend berechneten Beitrag mehr interessiert ist als an einer Versicherung mit weniger Risikoausschlüssen und einem entsprechend höheren Beitrag. Daher hat sich die Auslegung von Ausschlußklauseln, zumal in Massenbranchen wie der RSVersicherung, nicht in erster Linie daran zu orientieren, welches Ergebnis im Einzelfall – unter Berücksichtigung von Treu und Glauben – billig und gerecht erscheint, sondern daran, daß eine eindeutige und klare Risikoabgrenzung, selbst wenn sie im Einzelfall zu Härten führen sollte, der Rechtssicherheit und Rechtsklarheit dient und die

Berechenbarkeit von Risiko und Beitrag gewährleistet (allgemein zu diesem Problem BGH VersR 82, 37, 38 unter Ziff. II 2; *Fischer* VersR 65, 197, 198; *Prölss/Martin* vor § 1 Anm. II 1; vgl. oben Rdnr. 1). Den Beweis für das Vorliegen eines Risikoausschlusses als eines Ausnahmetatbestandes hat der Versicherer zu führen (BGH NJW 57, 907 = VersR 57, 212; VersR 66, 722; 67, 769; 75, 1093; 78, 54; *Schaefer* VersR 78, 4; *Helm* NJW 78, 129, 131; *Prölss/Martin/Kollhosser* § 49 Anm. 1 B b, 3, 4 A und B). Dies gilt auch, wenn sich aus dem vom VN bestrittenen Vorbringen des Gegners ein Ausschlußtatbestand ergibt (vgl. hierzu Vorbem. vor § 21 Rdnrn. 4, 5). Ist Klärung des Ausschlußtatbestands in einem Zivil- oder Strafprozeß zu erwarten, kann der RSVersicherer das Ergebnis des Prozesses in der Regel abwarten und Leistungen unter Vorbehalt der Rückforderung erbringen (*Prölss/Martin* § 11 Anm. 5 B; vgl. unten Rdnrn. 154, 155 und § 15 Rdnr. 16).

4 Der Versicherungsschutz ist nach § 4 ohne Rücksicht darauf ausgeschlossen, ob dem VN der jeweilige Ausschlußtatbestand bekannt war oder nicht. Es handelt sich nicht um Bestimmungen, die dem VN zur Erhaltung seines Versicherungsschutzes ein bestimmtes Verhalten vorschreiben und die daher als **Obliegenheiten** im Sinn des § 6 VVG zu werten wären. Es sind vielmehr objektiv abgrenzbare besondere Gefahrumstände aufgezählt, bei deren Vorliegen ohne Rücksicht auf eine Kenntnis oder ein Verschulden des VN kein Versicherungsschutz besteht (*Prölss/Martin* § 6 Anm. 3; zur Abgrenzung zwischen Risikoausschluß und Obliegenheit vgl. § 15 Rdnr. 1).

5 Ist dem Versicherer der **Ausschlußtatbestand bekannt,** dann muß er den VN alsbald auf den Ausschluß hinweisen. Tut er dies nicht, verhandelt er vielmehr mit dem VN in einer Weise, daß er sich erkennbar für leistungspflichtig hält, sagt er vorbehaltlos Deckung zu oder zahlt er beispielsweise vorbehaltlos Vorschüsse, dann kann er sich später nicht mehr auf Leistungsfreiheit wegen des Ausschlusses berufen (OLG Düsseldorf VersR 85, 728; LG Köln r + s 94, 102; LG Darmstadt NJW 89, 2067 = VersR 89, 955; LG Berlin r + s 90, 19; für andere Versicherungszweige BGH VersR 60, 241; 63, 1117). Sein Verhalten gilt dann, ähnlich wie bei einer Leistung trotz bekannter Obliegenheitsverletzung, als Verzicht auf mögliche Einwendungen (vgl. § 15 Rdnr. 26, § 16 Rdnr. 5 und § 17 Rdnr. 2; Näheres *Prölss/Martin* § 6 Anm. 15; § 55 Anm. 4). Solange ein solcher Verzicht nicht anzunehmen ist, ist der Versicherer nach Ablehnung seiner Leistungspflicht jedoch nicht gehindert, seine Leistungsfreiheit auch noch mit anderen oder weiteren Gründen zu rechtfertigen (BGH VersR 86, 132; LG Karlsruhe ZfS 89, 203; AG Düsseldorf r+s 96, 315; vgl. auch § 17 Rdnr. 2).

6 In den **ARB 69** enthielt Abs. 1 Satz 1 zwischen den Worten „bezieht sich" und „nicht" noch die Einfügung „soweit sich aus den Besonderen Bestimmungen nichts anderes ergibt". Damit sollte klargestellt werden, daß eine Gegenausnahme zum Ausschluß (*Prölss/Martin/Kollhosser* § 49 Anm. 4 C) durch eine – ganze oder teilweise – Aufhebung dieses Ausschlusses in bestimmten Fällen möglich ist, wie dies beim Beratungs-RS in §§ 25 Abs. 2e, 26 Abs. 3g (Fassung 1969) und 27 Abs. 3g geschehen ist, wo

Allgemeine Risikoausschlüsse 7–9 § 4 ARB 75

„abweichend von § 4 Abs. 1 i und p" Versicherungsschutz für einen Rat oder eine Auskunft in familien- und erbrechtlichen Angelegenheiten sowie in Angelegenheiten der freiwilligen Gerichtsbarkeit festgelegt wurde. Da dieser partielle Einschluß eines an sich ausgeschlossenen Rechtsgebiets jedoch durch die Wortwahl „abweichend von ..." schon hinreichend deutlich gekennzeichnet ist, wurde die im Grund überflüssige Einfügung in Abs. 1 Satz 1 der ARB 75 gestrichen.

B. Ausgeschlossene Rechtsbereiche (Abs. 1)

I. Allgemeines

In Abs. 1 sind **enumerativ** die **Fälle** aufgezählt, bei deren Vorliegen eine 7 Interessenwahrnehmung, die an sich unter die Leistungskataloge der §§ 21 bis 29 fallen würde, vom Versicherungsschutz ausgenommen ist. Bedingungstechnisch knüpfen einige Ausschlüsse an bestimmte schadenträchtige Tatbestände an, wobei teilweise ein mittelbarer Zusammenhang genügt (Buchst. a und b), teilweise ein unmittelbarer Zusammenhang gegeben sein muß (Buchst. k). Der größere Teil der Ausschlüsse bezieht sich auf bestimmte Rechtsgebiete oder Rechtsverhältnisse, wobei zum Teil der gesamte „Bereich" bestimmter Rechtsgebiete (Buchst. c, e, f, i, m und n), zum Teil nur bestimmte einzelne Rechtsverhältnisse (z.B. Buchst. d, g, h) von der Deckung ausgeschlossen sind.

Soweit der Versicherungsschutz im Zusammenhang mit einem bestimm- 8 ten schadenträchtigen Ereignis oder Sachverhalt ausgeschlossen ist (Buchst. a, b und k), greift der Ausschlußtatbestand nur ein, wenn das Ereignis oder der Sachverhalt die Interessenwahrnehmung in **adäquater** Weise (*Palandt Heinrichs* vor § 249 Rdnrn. 58 ff.) notwendig gemacht haben, also generell geeignet waren, eine Rechtsbesorgung für den VN notwendig erscheinen zu lassen. Wird eine Interessenwahrnehmung nur mehr oder weniger zufällig in zeitlichem Zusammenhang mit einem solchen Ereignis notwendig, ohne daß eine innere sachliche Beziehung besteht, dann greift der Ausschluß nicht ein. Andererseits ist der Versicherungsschutz insgesamt ausgeschlossen, wenn neben dem Ausschlußtatbestand auch andere Ursachen zur Interessenwahrnehmung geführt haben, sofern es ohne die vom Versicherungsschutz ausgeschlossene Ursache nicht zur Rechtsbesorgung gekommen wäre (*Bruck/Möller/Johannsen* IV Anm. G 150; *Prölss/Martin/Kollhosser* § 49 Anm. 4 B). Kommt es beispielsweise als Folge eines Streiks zu einem Arbeitsrechtsstreit des VN mit seinem Arbeitgeber und wirft in dem Prozeß der Arbeitgeber dem VN auch Verstöße gegen seine Pflichten aus dem Arbeitsvertrag vor, die mit dem Streik nichts zu tun haben, dann besteht hierfür wegen des Ausschlusses nach Buchst. a insgesamt kein Versicherungsschutz nach § 25 Abs. 2 b oder § 26 Abs. 3 c (Fassung 1988: Abs. 5 c), wenn anzunehmen ist, daß es ohne den Streik zu keinem Rechtsstreit gekommen wäre.

Besteht die Interessenwahrnehmung in der Geltendmachung oder Ab- 9 wehr von Ansprüchen mit **konkurrierender Anspruchsgrundlage,** von denen ein Teil unter die Versicherungsdeckung fällt, während der andere Teil ausgeschlossen ist, dann kommt es auf die Umstände des Einzelfalles an. Soweit die Interessenwahrnehmung aus dem „Bereich" eines bestimmten Rechtsgebiets vom Versicherungsschutz ausgeschlossen ist (Buchst. c, e, f, i, m und n), ergibt sich aus dieser weiten Wortfassung, daß konkurrierende Ansprüche aus nicht ausgeschlossenen Rechtsgebieten jedenfalls dann nichts an dem Ausschluß ändern, wenn sich die Interessenwahrnehmung nicht überwiegend auf die Verfolgung oder Abwehr der nicht ausgeschlossenen Ansprüche stützt (vgl. *Bruck/Möller/Johannsen* IV Anm. G 150). Gibt die unter den Ausschluß fallende Anspruchsgrundlage der rechtlichen Auseinandersetzung ihr Gepräge oder geht es um Schadenersatz nach § 823 Abs. 2 BGB wegen Verletzung eines Schutzgesetzes aus dem Bereich eines ausgeschlossenen Rechtsgebiets, dann greift der Ausschluß durch. So fällt beispielsweise ein auf die Verletzung kartellrechtlicher Schutzvorschriften gegründeter und daher Abs. 1e zuzurechnender Schadenersatzanspruch nicht deswegen unter die Versicherungsdeckung, weil er gleichzeitig auf § 823 Abs. 2 BGB gestützt ist (OLG Hamm VersR 78, 753). Entsprechendes gilt für den Ausschluß einer Auseinandersetzung unter GmbH-Gesellschaftern nach Abs. 1c (LG Köln ZfS 86, 78). Nach LG Freiburg r+s 96, 493 soll dies wegen der Ausschlußbestimmung des § 26 Abs. 5b (Fassung 1975) auch gelten für einen nach Rücktritt vom Kaufvertrag gegebenen schuldrechtlichen Anspruch des VN als Grundstückverkäufers auf Löschungsbewilligung für eine zugunsten des vorgemerkten Käufers bereits eingetragene Grundschuld (zweifelhaft). Anders kann es liegen, wenn nur die Interessenwahrnehmung aus einer bestimmten Art von Rechtsverhältnissen ausgeschlossen ist wie z.B. im Fall der Buchst. d, g und h. Stützt z.B. der nach § 25 versicherte VN Schadensersatzansprüche gegen die von ihm gesetzlich vertretene juristische Person nicht nur auf eine schuldhafte Verletzung seines Anstellungsvertrags, sondern gleichzeitig schlüssig auf unerlaubte Handlung nach § 823 oder § 826 BGB, dann nimmt er insoweit nicht Interessen „aus" dem Anstellungsvertrag wahr. Das gleiche gilt, wenn beispielsweise der VN Schadensersatzansprüche gegen einen Dritten nicht nur auf die Verletzung eines Spiel- oder Wettvertrags oder eines Garantie- oder Schuldübernahmevertrags, sondern gleichzeitig auch auf betrügerisches Verhalten (§ 823 Abs. 2 BGB in Verbindung mit § 263 StGB) stützt. Soweit der Anspruch auch aus unerlaubter Handlung schlüssig begründet und nicht nur Erfüllungssurrogat im Sinn des § 14 Abs. 1 Satz 2 (§ 14 Rdnr. 25) ist, greift daher der Ausschluß nicht ein (BGH NJW 85, 920 = VersR 85, 32; vgl. auch unten Rdnr. 57a). Es gelten hier ähnliche Grundsätze wie in der Haftpflichtversicherung. Wird dort ein VN haftpflichtrechtlich aus einem unter die Versicherungsdeckung fallenden Tatbestand in Anspruch genommen, dann besteht Versicherungsschutz ohne Rücksicht darauf, ob noch weitere – nicht gedeckte oder sogar ausgeschlossene – Haftungsgründe geltend gemacht werden (OLG Koblenz VersR 79, 830; *J. Prölss* VersR 67, 432, 435 unter Ziff. IV; *Prölss/Martin/Voit* § 149 Anm. 1b cc; zur Konkurrenz gedeckter und nicht gedeckter Rechtsverhältnisse vgl. auch Vorbem. vor § 21 Rdnrn. 9, 10). Stützt der Gegner einen Anspruch gegen den VN auf eine vom Versicherungsschutz ausgeschlossene Anspruchsgrundlage und verteidigt sich der VN mit Einwendungen, die in einem unter Versicherungsschutz stehenden Rechtsgebiet wurzeln, dann ist der Versicherer bis zum Beweis des Vorliegens des Ausschlußtatbestands vorläufig leistungspflichtig. Er kann jedoch seine Leistungen mit dem Vorbehalt der Rückforderung verbinden (vgl. oben Rdnr. 3 und unten Rdnr. 155).

Betrifft die Interessenwahrnehmnung bei teilbarem Streitgegenstand nur 10 **zum Teil** ein von der Deckung **ausgeschlossenes Rechtsverhältnis**, während der andere Teil unter die Deckung fällt, dann hat der RSVersicherer nur anteilig einzutreten (Näheres Vorbem. vor § 21 Rdnr. 5).

Nimmt der VN rechtliche Interessen **nicht aus** einem **ausgeschlossenen** 11 **Rechtsgebiet selbst** wahr, sondern spielt dieses Rechtsgebiet bei seiner Interessenwahrnehmung nur insofern eine Rolle, als der Rechtsverstoß eines anderen auf diesem Rechtsgebiet dazu geführt hat, daß der VN letztlich hierdurch einen Schaden erleidet, dann handelt es sich in der Regel nicht oder nicht primär um eine Interessenwahrnehmung aus dem ausgeschlossenen Rechtsgebiet. Beispiel: Ein vom VN beauftragter Transportunternehmer reicht abredewidrig beim grenzüberschreitenden Verkehr die Warenbegleitscheine nicht bei der Zollbehörde ein. Der Aussteller der Warenbegleitscheine wird von der Zollbehörde in Anspruch genommen und hält sich aufgrund einer für diesen Fall mit dem VN getroffenen vertraglichen Abrede beim VN schadlos. Der VN verlangt nunmehr vom Transportunternehmer wegen positiver Vertragsverletzung Schadenersatz in Höhe der an den Aussteller der Warenbegleitscheine erstatteten Zollnachforderung der Zollbehörde. Hier handelt es sich um die nach § 24 Abs. 3 Ziff. 1 gedeckte Wahrnehmung rechtlicher Interessen aus einem schuldrechtlichen Vertrag zwischen VN und Transporteur, bei dem die – weder dem Grund noch der Höhe nach bestrittene – Zollforderung nur Berechnungsfaktor für den dem VN entstandenen Schaden ist und nicht zu einem Ausschluß des Versicherungsschutzes nach § 4 Abs. 1n führt. Ähnlich liegt es, wenn z.B. der VN eine Steuerforderung der öffentlichen Hand gegen einen Dritten tilgt. Mit der Zahlung der Steuer kann die bis dahin öffenlich-rechtliche Forderung auf den VN als privat-rechtliche Erstattungsforderung gegen den Dritten übergehen (BGH NJW 79, 2198). Kommt es nun zwischen dem VN und dem Dritten im Rahmen vertraglicher Beziehungen zu einem Streit, bei dem auch diese Erstattungsforderung eine Rolle spielt, dann greift der Ausschluß des Abs. 1n nicht mehr durch, da es sich nicht oder nicht primär um die Wahrnehmung rechtlicher Interessen aus dem Bereich des Steuerrechts handelt. Zum Schadenersatzanspruch wegen Anwalts-, Steuerberater- oder Notarversehens in einem ausgeschlossenen Rechtsbereich vgl. § 14 Rdnr. 27.

II. Abs. 1 a
(entspricht § 3 Abs. 1 a ARB 94)

1. Buchst. a faßt Tatbestände zusammen, für die die Gefahr eines **gehäuf-** 12 **ten Schadeneintritts** und damit einer unübersehbaren und unkalkulierbaren Inanspruchnahme des Versicherers kennzeichnend sind. Hierbei genügt es,

daß der jeweilige Ausschlußtatbestand nur mittelbar fortwirkt, sofern er generell geeignet ist, zu einer Häufung rechtlicher Interessenwahrnehmung zu führen (adäquate Kausalität).

13   2. a) **Kriegsereignisse** sind mit Waffengewalt ausgetragene, nicht notwendig durch eine formelle Kriegserklärung eingeleitete Auseinandersetzungen zwischen größeren Gruppen, in der Regel Staaten oder Völkern, aber auch zwischen streitenden Parteien eines Staates (Bürgerkrieg; *Brockhaus* Stichwort „Krieg"). Der Ausschluß greift ein, wenn die Interessenwahrnehmung unmittelbar oder mittelbar durch ein solches Kriegsereignis adäquat verursacht ist und in dieser Form ohne den Krieg nicht notwendig geworden wäre. Der völkerrechtliche Begriff des Krieges ist nicht maßgeblich. Es genügt ein tatsächlicher Zustand kriegerischen Geschehens mit einer besonderen Gefahrenlage, die in ihrem Eintritt und Ablauf unberechenbar ist und der mit dem Einsatz normaler Mittel nicht mehr begegnet werden kann (*Bruck/Möller/Sieg* § 68 Anm. 70, 71; *Stiefel/Hofmann* § 2 Rdnr. 281). Hat sich allerdings das Risiko innerhalb eines längeren Zeitraums nach Kriegsende auf einem – möglicherweise erhöhten – Gefahrenniveau stabilisiert, dann kann die Gefahr eines gehäuften Risikoeintritts entfallen, dem die Ausschlußklausel begegnen will. Dies wird im Regelfall für heute noch bestehende Folgen der Kriegsereignisse 1939/45 zu gelten haben. Daher fällt beispielsweise die Geltendmachung von Schadenersatzansprüchen oder nachbarrechtlichen Ansprüchen gegen die Stationierungsstreitkräfte, deren Aufenthalt in der Bundesrepublik Deutschland an sich eine mittelbare Kriegsfolge ist, nicht mehr unter die Ausschlußklausel (LG Berlin NJW 87, 849 = VersR 87, 67; *Stiefel/Hofmann* § 2 Rdnr. 282; *Bruck/Möller/Johannsen* V Anm. J 78). Unter diesem Gesichtspunkt läßt sich auch die Auffassung von *Böhme* (§ 4 Rdnr. 2a) rechtfertigen, die Wahrnehmung rechtlicher Interessen vor Sozialgerichten wegen Ansprüchen aus der Kriegsopferversorgung falle nicht unter den Ausschluß. Die Verfolgung solcher Ansprüche ist zweifellos eine mittelbare Kriegsfolge. Ihre Geltendmachung ist jedoch heute nicht mehr kriegsbedingt in gehäuftem Umfang zu erwarten. Durch den Zeitablauf hat sich der Kausalzusammenhang zwischen den Kriegsereignissen 1939/45 und einem heute noch eintretenden Versicherungsfall im Sinn des § 14, z. B. einem den VN beschwerenden Rentenbescheid, so sehr gelockert, daß der Sinn der Ausschlußbestimmung nicht mehr zum Tragen kommt. Zu berücksichtigen ist hierbei auch, daß der betroffene Personenkreis entsprechend der statistischen Sterbewahrscheinlichkeit kontinuierlich abnimmt. Entsprechendes gilt für die Verfolgung von Ansprüchen nach dem Kriegsgefangenenentschädigungsgesetz oder nach der Gesetzgebung zu Art. 131 GG und vergleichbaren gesetzlichen Regelungen. Auch ein in den Schutzbereich des § 29 fallender Schadenersatzanspruch wegen Beeinträchtigung von Grundeigentum durch Befestigungsanlagen aus der Zeit des Zweiten Weltkriegs (vgl. BGH NJW 80, 283) wird nur noch dem Wortlaut, aber kaum mehr dem Sinn nach von der Ausschlußbestimmung erfaßt.

14   b) **„Feindselige Handlungen"** sind im Gegensatz zu den Kriegsereignissen als einer zwei- oder mehrseitigen Auseinandersetzung ein mehr einseitiges feindseliges Vorgehen eines oder mehrerer Staaten oder Völker

gegen einen oder mehrere Staaten oder Völker mit dem Ziel, durch Gewalt von dem anderen Teil etwas zu erreichen. Feindselige Handlungen können räumlich und zeitlich stärker begrenzt sein als Kriegsereignisse. Andererseits sind sie abzugrenzen von örtlich beschränkten Vorfällen wie z.B. einzelnen Grenzübergriffen, die noch nicht zu einem Ausschluß des Versicherungsschutzes führen. Auch für feindselige Handlungen ist als Ausschlußtatbestand kennzeichnend, daß es sich um eine besondere Gefahrenlage handeln muß, die in ihrem Eintritt und Ablauf unberechenbar ist und der mit dem Einsatz normaler Mittel nicht mehr begegnet werden kann.

3. a) **Aufruhr** ist die öffentliche Zusammenrottung einer Menschenmenge mit der Absicht, einen mit Gewalt verbundenen Kampf gegen die Staatsgewalt zu führen und damit die normale Ruhe und Ordnung zu stören und Gewalttätigkeiten gegen Sachen und Menschen zu verüben (BGH NJW 52, 783 = VersR 52, 177; *Creifelds* Stichwort „Aufruhr"; *Stiefel/Hofmann* § 2 Rdnr. 277). Der Aufruhr unterscheidet sich vom – nicht vom Versicherungsschutz ausgeschlossenen – Raufhandel dadurch, daß es sich nicht um einen Kampf zwischen einzelnen Personen oder Personengruppen handelt, sondern um einen gemeinsamen Kampf der Menschenmenge gegen die Staatsgewalt. Daher fällt auch der Landfriedensbruch des § 125 StGB unter den Ausschlußtatbestand. Ist ein Aufruhr von Plünderungen, Sachbeschädigungen und Diebstählen begleitet, dann fällt eine hiermit im Zusammenhang stehende Rechtsbesorgung ebenfalls unter den Ausschluß (*Stiefel/Hofmann* § 2 Rdnr. 278).

b) Der Begriff der **inneren Unruhen** ist weiter als der des Aufruhrs. Die Unruhen brauchen nicht gegen die Staatsgewalt gerichtet zu sein. Es genügt jede Zusammenrottung von Menschen zu dem Zweck, mit vereinten Kräften Gewalttätigkeiten gegen Personen oder Sachen zu begehen oder zu plündern, sofern es sich nicht nur um Ausschreitungen einzelner Teilnehmer einer an sich erlaubten Demonstration handelt (BGH NJW 75, 308 = VersR 75, 126, 420; KG VersR 75, 175; *Stiefel/Hofmann* § 2 Rdnr. 279).

4 a) Die Möglichkeit gehäufter rechtlicher Auseinandersetzungen bergen auch Streik und Aussperrung als Mittel des Arbeitskampfes in sich. Sie sind Zwangsmittel zur Durchsetzung kollektivvertraglicher Regelungen. **Streik** ist die von einer größeren Anzahl von Arbeitnehmern (vom AG Nürnberg bereits für die Arbeitsniederlegung von 11 Arbeitnehmern bejaht, ZfS 88, 213) planmäßig und gemeinschaftlich durchgeführte Verletzung arbeitsvertraglicher Pflichten zur Erreichung eines gemeinschaftlichen Zieles, und zwar durch Arbeitseinstellung, Nicht- oder Schlechterfüllung der Arbeitspflicht (Bummelstreik) oder durch übergenaue Befolgung von Ordnungs- und Sicherheitsbestimmungen, die den Betrieb zum Erliegen bringen soll (*Schaub* § 192 II; *Creifelds* Stichwort „Streik"). Gleichgültig ist, ob es sich um einen (gewerkschaftlich) organisierten oder um einen „wilden" spontanen Streik und ob es sich um einen Generalstreik, einen Teil- oder Vollstreik in nur einem oder mehreren Unternehmen oder um einen Schwerpunktstreik handelt. Auch ein rechtlich unzulässiger (z.B. von Beamten) oder ein

Streik mit politischen Zielen fällt unter den Ausschluß (vom AG Kassel ZfS 90, 13 bejaht für „Lehrerstreik").

18   b) **Aussperrung** ist die von einem oder mehreren Arbeitgebern planmäßig durchgeführte Arbeitsausschließung mehrerer Arbeitnehmer unter Verweigerung der Lohnfortzahlung zur Erreichung bestimmter Ziele. Sie kann uno actu oder sukzessive erfolgen, sofern sie auf einem einheitlichen Kampfentschluß beruht (*Schaub* § 192 III; *Creifelds* Stichwort „Aussperrung").

19   c) Rechtliche Interessenwahrnehmung im Zusammenhang mit einem **Boykott** als weiterem Mittel des Arbeitskampfes ist nicht vom Versicherungsschutz ausgeschlossen. Boykott liegt vor, wenn der Boykottierte durch verabredete Kampfmaßnahmen am Abschluß von Arbeitsverträgen gehindert oder zur Auflösung von Arbeitsverträgen mit Nichtkämpfenden gezwungen werden soll (*Schaub* § 192 I 4). Bezweckt eine Massenänderungskündigung eine kollektivvertragliche Regelung, dann kann sie ebenfalls Mittel des Arbeitskampfes sein (*Schaub* § 192 IV 3). Eine mit ihr zusammenhängende Interessenwahrnehmung ist ebenfalls nicht vom Versicherungsschutz ausgeschlossen, kann jedoch, wenn der Arbeitgeber VN ist (§ 24 Abs. 2 b), dazu führen, daß die Versicherungssumme trotz Vorliegens mehrerer Versicherungsfälle gemäß § 2 Abs. 4 Satz 2 nur einmal fällig wird (§ 2 Rdnr. 262). Auseinandersetzungen wegen einer Massenkündigung auf Grund einer Betriebsstillegung fallen gleichfalls nicht unter Abs. 1 a. Da jedoch eine Stillegung als „dringendes betriebliches Erfordernis" im Sinne des § 1 Abs. 2 KSchG eine darauf gestützte Kündigung sozial rechtfertigt (*Hueck* § 1 Rdnr. 109), wird es in der Regel an einem Rechtsverstoß des Arbeitgebers und damit an einem Versicherungsfall im Sinn des § 14 Abs. 3 fehlen (vgl. § 14 Rdnr. 45).

20   5. Steht die Interessenwahrnehmung im Zusammenhang mit einem **Erdbeben,** besteht ebenfalls kein Versicherungsschutz. Erdbeben sind großräumige Erschütterungen des Erdbodens, die durch geologische Vorgänge in der Erdkruste und im oberen Erdmantel ausgelöst werden. Man unterscheidet Einsturzbeben durch Einbruch von Hohlräumen, vulkanische Beben und – als häufigste Art – tektonische oder Dislokationsbeben durch Verschiebungen und Bruchbildungen in der Erdoberfläche (*Brockhaus* Stichwort „Erdbeben"). Andere Naturkatastrophen wie Sturm, Hagel oder Überschwemmungen berühren den Versicherungsschutz nicht, soweit sie nicht ihrerseits durch ein Erdbeben verursacht sind.

III. Abs. 1 b
(entspricht § 3 Abs. 1 b ARB 94)

21   1. Die Bestimmung will das nicht überschaubare Risiko ausschalten, das durch die gehäufte Notwendigkeit rechtlicher Interessenwahrnehmung infolge von **Nuklear-** oder Strahlen**schäden** auftreten kann. Der Begriff des „Nuklearschadens" entspricht dem „nuklearen Ereignis" im Sinn von Nr. 1 der Anlage 1 zum Atomgesetz. Hierunter fällt jedes einen Schaden verursachende Ereignis oder jede Reihe solcher aufeinanderfolgender Ereignisse desselben Ursprungs, sofern das Ereignis oder die Reihe von Ereignissen

oder der Schaden von den radioaktiven Eigenschaften oder einer Verbindung der radioaktiven Eigenschaften mit giftigen, explosiven oder sonstigen gefährlichen Eigenschaften von Kernbrennstoffen oder radioaktiven Erzeugnissen oder Abfällen herrührt oder sich daraus ergibt. Voraussetzung für den Ausschluß des Versicherungsschutzes ist, daß ein solcher Nuklearschaden durch einen Kernreaktor verursacht ist, d. h. eine Anlage, in der eine sich selbst erhaltende Kettenreaktion von Spaltstoff in großtechnischem Umfang oder eine – technisch heute noch nicht beherrschbare – kontrollierte Kernfusion geregelt abläuft (*Brockhaus* Stichwort „Reaktor"). Keine Rolle spielt es, ob es sich um einen Forschungs- oder einen Leistungsreaktor handelt. Solche Schäden sind vor allem denkbar durch radioktive Verseuchung der Umgebung eines Reaktors und eine dadurch bedingte Tötung oder Gesundheitsbeschädigung von Menschen und Tieren sowie Gebrauchsunfähigkeit von Sachen. Auch das von *Böhme* (§ 4 Rdnr. 7) erwähnte Fischsterben aufgrund Überhitzung eines Fischwassers kann darunter fallen, wenn die Ableitung überhitzten Kühlwassers aus dem Reaktor Folge eines Nuklearschadens ist. Atomrechtliche Straf- und Bußgeldvorschriften – z. B. § 327 StGB, § 46 AtomG – können von dem Risikoausschluß mitumfaßt sein. Soweit der Vorwurf einer Verletzung solcher Vorschriften keinen Zusammenhang mit Nuklearschäden erkennen läßt, ist die Verteidigung gegen einen solchen Vorwurf im Rahmen des Straf-RS (z. B. §§ 24 Abs. 2 c, 25 Abs. 2 c in Verbindung mit § 4 Abs. 3 a) nicht vom Versicherungsschutz ausgeschlossen.

2. Genetische Schäden sind Schädigungen der Keimzellen eines lebenden Organismus (*Pschyrembel* Stichwort „genetischer Strahlenschaden"). Beruhen solche Schäden auf der Einwirkung radioaktiver Strahlen, dann kann dies zu Leukämie, Mutationen und der Anhäufung geschädigter, aber zunächst nicht in Erscheinung tretender (rezessiver) Gene führen. Eine hiermit im Zusammenhang stehende Interessenwahrnehmung ist wegen der möglichen Risikohäufung vom Versicherungsschutz ausgeschlossen. Radioaktive Strahlen entstehen aus der spontanen Umwandlung von instabilen Atomkernen, wobei sich die Ordnungszahl des Atomkerns ändert und jeweils Kerne eines anderen chemischen Elements entstehen. Es kann sich hierbei um Alpha-, Beta- oder Gammastrahlen aus natürlicher oder künstlicher Radioaktivität handeln (*Brockhaus* Stichwort „Radioaktivität"). Radioaktive Strahlenschäden nicht genetischer Art, z. B. Gewebezerstörungen oder -verbrennungen, fallen nicht unter den Ausschluß, ebensowenig Schäden – auch genetischer Art –, die durch nichtradioaktive Strahlen entstehen wie beispielsweise durch Röntgenstrahlen, die in Form hochenergetisch elektromagnetischer Wellen nicht durch Umwandlung im Atomkern, sondern auf andere Weise erzeugt werden (*Brockhaus* Stichwort „Röntgenstrahlen").

IV. Abs. 1 c
(entspricht § 3 Abs. 2 c ARB 94)

1. Die im Sinn des § 5 AGBG hinreichend klar gefaßte (OLG Frankfurt VersR 86, 543) Bestimmung schließt im Interesse der Gesamtheit der VN

die Interessenwahrnehmung auf solchen Rechtsgebieten vom Versicherungsschutz aus, die häufig **sehr hohe** und damit kaum kalkulierbare **Kosten** verursacht und zudem nur für verhältnismäßig **wenige VN** in Betracht kommt (*Sperling* AnwBl. 70, 34). Ausgeschlossen ist der gesamte „Bereich" des jeweiligen Rechtsgebiets. Liegt demnach der Schwerpunkt der geltend gemachten oder abzuwehrenden Ansprüche auf dem ausgeschlossenen Rechtsgebiet oder hat zumindest die Auseinandersetzung im Kern aus typischen gesellschaftsrechtlichen Beziehungen der Beteiligten zueinander ihren Ausgang genommen, dann ist der Versicherungsschutz insgesamt ausgeklammert (LG Köln ZfS 86, 78; vgl. oben Rdnr. 9). Streitet beispielsweise der VN mit einer Handelsgesellschaft, der er selbst als Gesellschafter angehört, wegen der Rückzahlung eines Gesellschafterdarlehens, dann besteht im Rahmen des § 24 Abs. 3 Ziff. 1 oder – soweit die Gesellschaftertätigkeit nicht als selbständige Tätigkeit anzusehen ist (§ 25 Rdnr. 21) – im Rahmen des § 25 Abs. 3 trotz der primär schuldrechtlichen Anspruchsgrundlage (§ 607 BGB) jedenfalls dann kein Versicherungsschutz, wenn die Interessenwahrnehmung erst durch die Gesellschafterstellung ihr Gepräge erhält, insbesondere gesellschaftsinterne Auseinandersetzungen hierbei eine nicht nur untergeordnete Rolle spielen. Der Streit unter Mitgesellschaftern einer oHG aus einem wegen Selbstkontrahierens (§ 181 BGB) unwirksamen Vertrag wird ebenfalls von der Ausschlußbestimmung umfaßt (AG Hannover ZfS 88, 141). Auseinandersetzungen im Gründungsstadium einer werdenden Handelsgesellschaft – gleichgültig, ob sie dann rechtlich überhaupt existent wird oder nicht – sowie im Abwicklungsstadium einer beendeten Handelsgesellschaft gehören zum Bereich des Rechts der Handelsgesellschaften. Dagegen fallen Streitigkeiten ohne spezifisch gesellschaftsrechtlichen Einschlag, insbesondere aus dem Geschäftsbetrieb der Gesellschaft gegenüber Dritten, nicht unter den Ausschluß, und zwar auch nicht im Verhältnis zu etwa mitberechtigten oder mitverpflichteten mitversicherten Gesellschaftern. Auch die Interessenwahrnehmung im Zusammenhang mit der Veräußerung oder dem Erwerb von Anteilsrechten an einer Kapital-Handelsgesellschaft, z. B. von Aktien oder GmbH-Anteilen, ist nicht ausgeschlossen, soweit hierbei Gesichtspunkte der privaten Vermögensanlage und nicht gesellschaftsrechtliche Belange – z.B. das Streben nach der Majorität in einer Gesellschaft (LG Bückeburg r + s 91, 93) oder nach einer höheren Abfindung beim Ausscheiden aus einer solchen – im Vordergrund stehen (vgl. hierzu auch § 25 Rdnr. 21).

24 **2. Handelsgesellschaften** (§ 6 Abs. 1 HGB) sind die oHG (§ 105 HGB), die KG (§ 161 HGB), die AG (§ 3 AktG), die KGaA (§ 278 AktG) und die GmbH (§ 13 Abs. 3 GmbHG; vgl. *Baumbach/Hopt* vor § 105 Rdnrn. 1 und 8). Auch auf die Reederei, d.h. die Verwendung eines gemeinschaftlichen Schiffs zu Erwerbszwecken für gemeinschaftliche Rechnung (§ 489 HGB), werden die Vorschriften über die Handelsgesellschaften jedenfalls bei vollkaufmännischem Gewerbe entsprechend angewendet (*von Gierke* S. 510; *Creifelds* Stichwörter „Handelsgesellschaft" und „Reeder"). Das Recht dieser Handelsgesellschaften ist geregelt im 1. und 2. Abschnitt des Zweiten Buches des HGB, nämlich den §§ 105 bis 177a, im AktG und im GmbHG.

Allgemeine Risikoausschlüsse 25, 26 § 4 ARB 75

Vom Versicherungsschutz ausgesondert ist die Verfolgung oder Abwehr aller Ansprüche, die ihren Rechtsgrund in einem handelsrechtlichen Gesellschaftsvertrag oder einer entsprechenden gesellschaftsrechtlichen Norm finden (LG Duisburg ZfS 80, 13; AG Hannover ZfS 84, 333: Rückgriff gegen früheren Gesellschafter). Da der Begriff der „Handelsgesellschaft" ein festumrissener Begriff der Rechtssprache ist und Ausschlußklauseln nicht über ihren eindeutigen Wortlaut hinaus ausgelegt werden können (Einl. Rdnr. 48; § 4 Rdnr. 3), ist eine Interessenwahrnehmung aus dem Bereich der nicht zu den eigentlichen Handelsgesellschaften zählenden stillen Gesellschaft (§§ 230 bis 237 HGB; *Baumbach/Hopt* vor § 105 Rdnr. 18; vgl. auch Überschrift des Zweiten Buches des HGB: „Handelsgesellschaften und stille Gesellschaft") sowie aus dem Bereich der Gesellschaft bürgerlichen Rechts (§§ 705 bis 740 BGB; *Baumbach/Hopt* vor § 105 Rdnr. 14) und der 1994 für Angehörige Freier Berufe geschaffenen Partnerschaftsgesellschaft (§ 1 Abs. 1 PartGG; *Palandt/ Thomas* § 705 Rdnr. 50) nicht vom Versicherungsschutz ausgeschlossen, soweit Deckung im Rahmen der §§ 24 Abs. 3 Ziff. 1, 25 Abs. 3, 26 Abs. 4 (Fassung 1988: Abs. 5 b) oder 27 Abs. 4 besteht (vgl. jedoch LG Berlin ZfS 87, 145 für atypischen Fall). Ebenfalls keine Handelsgesellschaft ist der VVaG (§ 16 VAG).

3. Genossenschaften sind Vereine mit nicht geschlossener Mitgliederzahl, 25 die den Erwerb und die Wirtschaft ihrer Mitglieder, der Genossen, mittels gemeinschaftlichen Geschäftsbetriebs fördern sollen und in das Genossenschaftsregister eingetragen werden müssen (§§ 1, 10 GenG). Sie sind keine Handelsgesellschaften, ihnen jedoch weitgehend gleichgestellt (§ 17 GenG). Das Recht der Genossenschaften ist körperschaftlicher Natur (Vorbem. vor § 21 Rdnr. 102) und im GenG geregelt. Der Streit des Vorstandsmitglieds einer Genossenschaftsbank mit dem Genossenschaftsverband hat seinen Kern im Genossenschaftsrecht (AG Düsseldorf r + s 92, 276). Ansprüche gegen eine in eine GmbH umgewandelte Genossenschaft der ehemaligen DDR wegen Nichtberücksichtigung bei der Vermögensverteilung unterliegen ebenfalls dem Ausschluß (LG Berlin r+s 96, 272 = ZfS 97, 149). Wegen öffentlich-rechtlicher Genossenschaften, z.B. Jagd- oder Fischereigenossenschaften, vgl. Vorbem. vor § 21 Rdnr. 102, wegen Wohnungsbaugenossenschaften § 29 Rdnr. 11.

4. Bergrechtliche Gewerkschaften sind eine aussterbende Unterneh- 26 mensform des Bergbaues und in der Regel juristische Person. Die Mitgliedschaftsrechte (Anteile) werden als „Kuxe" bezeichnet. Das Recht der bergrechtlichen Gewerkschaften war landesrechtlich im preußischen Allgemeinen Berggesetz und im bayerischen Berggesetz geregelt (*Creifelds* Stichwort „Gewerkschaft, bergrechtliche"). Nach § 163 des am 1. 1. 1982 in Kraft getretenen Bundesberggesetzes sind die bis 1. 1. 1989 noch nicht in eine andere Gesellschaftsform umgewandelten oder mit einer anderen Gesellschaft verschmolzenen Gewerkschaften mit Ablauf dieses Tages kraft Gesetzes aufgelöst. Lediglich die Bezeichnung „Gewerkschaft" und der bisherige Name können in die Firma des umgewandelten Unternehmens aufgenommen werden.

V. Abs. 1 d
(entspricht § 3 Abs. 2 c ARB 94)

27 1. Der Ausschluß, der für Verträge von Personen ohne Arbeitnehmereigenschaft im Sinn des § 5 Abs. 1 Satz 3 ArbGG gilt, und zwar auch bei einer Klage zum an sich unzuständigen Arbeitsgericht (OLG Köln r + s 92, 308 = VersR 92, 1350; OLG Düsseldorf VersR 85, 728 = ZfS 85, 111; LG Kaiserslautern r + s 90, 309; LG Köln ZfS 90, 90; r + s 90, 205; a.A. anscheinend LG Essen VersR 94, 89), beruht auf ähnlichen Erwägungen wie Buchst. c (vgl. oben Rdnr. 23). Nur relativ wenige VN sind gesetzliche Vertreter einer juristischen Person. Kommt es zu einem Streit aus dem Anstellungsvertrag des gesetzlichen Vertreters, dann ergeben sich zudem häufig sehr hohe Streitwerte und damit hohe Kosten. Der Ausschluß bezieht sich aufgrund seines eindeutigen Wortlauts nicht nur auf gesetzliche Vertreter von juristischen Personen des Handelsrechts, sondern von **juristischen Personen aller Art**, also auch des übrigen Privatrechts und des öffentlichen Rechts, soweit zwischen dem gesetzlichen Vertreter und der juristischen Person ein Anstellungsvertrag (vgl. unten Rdnr. 30) besteht.

28 2. Unter einer **juristischen Person** versteht man im Gegensatz zum einzelnen Menschen als natürlicher Person eine Personenvereinigung oder ein Zweckvermögen mit vom Gesetz anerkannter rechtlicher Selbständigkeit und der Fähigkeit, Träger von Rechten und Pflichten zu sein (*Palandt/ Heinrichs* Einführung vor § 21 Rdnr. 1; *Creifelds* Stichwort „Juristische Person"). Juristische Personen des Privatrechts sind außer der AG, der KGaA (§§ 1, 278 AktG) und der GmbH (§ 13 GmbHG) der rechtsfähige Verein (§§ 21 bis 23 BGB), die rechtsfähige Stiftung des Privatrechts (§ 80 BGB), der VVaG (§ 15 VAG) und die frühere bergrechtliche Gewerkschaft (§ 96 preuß. Allg. Berggesetz; Art. 141 bayerBerggesetz; vgl. oben Rdnr. 26). Keine juristische Person, ihr allerdings stark angenähert, sind die oHG und die KG (*Baumbach/Hopt* vor § 105 Rdnrn. 15, 16; da deren gesetzliche Vertreter die vertretungsberechtigten Gesellschafter sind − §§ 125, 161 Abs. 2 HGB −, greift hier die Ausschlußbestimmung des Abs. 1 c ein). Juristische Personen des öffentlichen Rechts sind rechtsfähige Gebiets- und Personenkörperschaften, Stiftungen und Anstalten des öffentlichen Rechts, z.B. die Länder, Gemeinden, Gemeindeverbände, rechtsfähige Religionsgesellschaften, Universitäten, bundes- und landesunmittelbare rechtsfähige Anstalten und Stiftungen (*Palandt/Heinrichs* Einführung vor § 21 Rdnr. 3; *Creifelds* Stichwort „Juristische Person des öffentlichen Rechts").

29 3. Jede juristische Person nimmt am Rechtsverkehr durch natürliche Personen teil, denen nach dem Gesetz, der Satzung oder dem Organisationsstatut die Vertretung nach außen zukommt und die vom hierzu bestimmten Gremium der juristischen Person in diese Stellung berufen werden. Diese Personen sind Organ der durch sie handlungsfähigen juristischen Person. Bei der GmbH ist dies der Geschäftsführer (§ 35 GmbHG; hierzu die oben in Rdnr. 27 aufgeführten Urteile), beim Verein, der Stiftung, der AG, der Genossenschaft und dem VVaG der Vorstand (§§ 26, 86 BGB, § 78 AktG,

§ 24 GenG, § 34 VAG in Verbindung mit § 78 AktG), bei der KGaA der vertretungsberechtigte persönlich haftende Gesellschafter (§ 278 AktG in Verbindung mit §§ 161 Abs. 2, 125 HGB; *Hüffer* § 278 Rdnr. 14). Bei juristischen Personen des öffentlichen Rechts ergibt sich das vertretungsberechtigte Organ aus dem Gesetz oder der Satzung. Da die genannten Personen kraft Gesetzes die juristische Person vertreten, sind sie „**gesetzliche Vertreter**" im Sinn der Ausschlußbestimmung des Abs. 1d. Keine gesetzlichen Vertreter sind solche Personen, denen von der juristischen Person eine rechtsgeschäftliche Vertretungsbefugnis übertragen wurde, deren Umfang durch Gesetz bestimmt ist wie im Fall der Prokura (§ 49 HGB) und Handlungsvollmacht (§ 54 HGB). Auch ein Generalbevollmächtigter ist kein gesetzlicher Vertreter (*Baumbach/Hopt* vor § 48 Rdnr. 3). Ebensowenig ist der Geschäftsführer einer Komplementär-GmbH gesetzlicher Vertreter der GmbH & Co. KG (BAG NJW 81, 302). Personen mit Kontroll- oder Beratungsfunktion wie Aufsichtsrats- oder Beirats-Mitglieder sind in dieser Funktion ebenfalls keine gesetzlichen Vertreter.

4. Der Versicherungsschutz ist nach Abs. 1d ausgeschlossen, wenn rechtliche Interessen aus dem **Anstellungsvertrag** eines gesetzlichen Vertreters wahrgenommen werden. Nicht jeder gesetzliche Vertreter einer juristischen Person hat einen Anstellungsvertrag. Während gesetzliche Vertreter einer juristischen Person des Handelsrechts meist einen Vertrag haben, fehlt ein solcher als Dienstvertrag im Sinn der §§ 611 BGB zu wertender schuldrechtlicher Vertrag oft bei Vorständen von Vereinen, zumal wenn sie nur ehrenamtlich tätig sind. Zu unterscheiden ist jeweils zwischen der körperschaftlichen Rechtsbeziehung des Vertreters zur juristischen Person, die aufgrund seiner Bestellung als eines körperschaftlichen Rechtsaktes entsteht, und dem daneben möglichen Dienstvertrag, der die Rechtsbeziehungen des gesetzlichen Vertreters zur juristischen Person schuldrechtlich regelt. Abs. 1d schließt die Interessenwahrnehmung aus dem schuldrechtlichen Anstellungsvertrag aus, die an sich in den Deckungsbereich der §§ 24 Abs. 2b und 3 Ziff. 1, 25 Abs. 3, 26 Abs. 4 (Fassung 1988: Abs. 5b) oder 27 Abs. 4 fiele. Nicht notwendig ist, daß der VN selbst Partner des der Auseinandersetzung zugrunde liegenden Anstellungsvertrags ist (LG Köln VersR 95, 827 = r+s 95, 306). Ausgeschlossen ist auch der Streit zwischen einer GmbH und ihrem teilweise weisungsgebundenen Geschäftsführer (LG Düsseldorf ZfS 91, 129 = r + s 91, 272; LG Kleve r+s 96, 315), zwischen der Komplementär-GmbH einer GmbH und Co. KG und ihrem Geschäftsführer (AG Hamburg r + s 92, 167) und zwischen dem Gläubiger eines GmbH-Geschäftsführers und der GmbH um eine vom Gläubiger gepfändete Gehaltsforderung des Geschäftsführers (AG Düsseldorf r + s 89, 224; vgl. § 24 Rdnr. 32). Eine Interessenwahrnehmung im körperschaftsrechtlichen Rechtsbereich steht ohnehin nicht unter Versicherungsschutz, da es sich insoweit weder um schuldvertragliche noch um sonstige Rechtsbeziehungen handelt, die in den Deckungsbereich der Besonderen Bestimmungen der ARB fallen (Vorbem. vor § 21 Rdnr. 102).

Ausgeschlossen ist nur die Interessenwahrnehmung aus Anstellungsverträgen, d.h. schuldrechtlichen Dienstverträgen im Sinn des § 611, die juristische Personen des Privatrechts mit ihren gesetzlichen Vertretern abzuschließen pflegen. **Öffentlich-rechtliche Anstellungsverhältnisse,** die ihre Grundlage nicht in einer schuldrechtlichen Beziehung haben (*Palandt/Putzo* vor § 611 Rdnr. 26; *Schaub* § 15, § 186 III), können aufgrund des eindeutigen Wortlauts **nicht** unter die Ausschlußbestimmung subsumiert werden. Zwar mag der Zweck des Ausschlusses auch auf die Ausklammerung solcher Auseinandersetzungen vom Versicherungsschutz gerichtet gewesen sein. Aus der Tatsache, daß im Arbeits-RS der §§ 25 Abs. 2b, 26 Abs. 3c (Fassung 1988: Abs. 5c) und 27 Abs. 3c der Begriff der öffentlich-rechtlichen Anstellungsverhältnisse ausdrücklich erwähnt ist, während Abs. 1d nur von Anstellungsverträgen spricht, ergibt sich jedoch nach dem Grundsatz, daß Ausschlußbestimmungen nicht über ihren klaren Wortlaut hinaus ausgelegt werden können (Einl. Rdnr. 49), daß öffentlich-rechtliche Anstellungsverhältnisse nicht unter den Ausschluß fallen. Demzufolge hat beispielsweise ein nach § 25 versicherter hauptamtlicher Bürgermeister oder Gemeindedirektor für eine dienst- oder versorgungsrechtliche Auseinandersetzung mit der von ihm gesetzlich vertretenen Gemeinde gemäß § 25 Abs. 2b Versicherungsschutz. Der Ausschluß des Abs. 1d greift nicht durch, da zwischen ihm und der Gemeinde kein (schuldrechtlicher) Anstellungsvertrag, sondern ein dem öffentlichen Recht unterstelltes Dienstverhältnis besteht. Die unterschiedliche Regelung des Versicherungsschutzes mag dadurch gerechtfertigt sein, daß Auseinandersetzungen aus einem öffentlich-rechtlichen Anstellungsverhältnis des gesetzlichen Vertreters einer juristischen Person seltener und im Durchschnitt auch billiger sind als solche aus dem Anstellungsvertrag des gesetzlichen Vertreters einer juristischen Person des Privatrechts, insbesondere des Handelsrechts. Anders liegt es, wenn der gesetzliche Vertreter einer juristischen Person des öffentlichen Rechts nicht Beamter, sondern Angestellter im öffentlichen Dienst ist. Sein Anstellungsverhältnis unterliegt nicht dem öffentlichen Recht, sondern ist ein schuldrechtlicher Anstellungsvertrag des Privatrechts (*Palandt/Putzo* vor § 611 Rdnr. 54; *Schaub* § 15, § 186 III; vgl. auch Vorbem. vor § 21 Rdnr. 123).

32   Aufgrund einer vom BAV genehmigten **Sonderklausel** bieten einige RSVersicherer im Zusammenhang mit dem Vermögensschaden-RS für Aufsichtsräte, Beiräte, Vorstände, Unternehmensleiter und Geschäftsführer (VRB) in Abweichung von Abs. 1d diesem Personenkreis Versicherungsschutz für gerichtliche Streitigkeiten aus dem Anstellungsverhältnis (Einl. Rdnr. 24).

VI. Abs. 1 e
(entspricht § 3 Abs. 2d, e ARB 94)

33   1. Die Ausschlußbestimmung faßt **zwei Gruppen von Rechtsgebieten** – vorwiegend des gewerblichen Rechtsschutzes (zu diesem Begriff vgl. *Baumbach/Hefermehl* UWG Allg. Rdnr. 91; *Creifelds* Stichwort „Gewerblicher Rechtsschutz") – zusammen, auf denen verhältnismäßig wenige und häufig gewerblich tätige VN in Auseinandersetzungen verwickelt zu werden pflegen, die überdies oft mit sehr hohen Streitwerten verbunden sind. Es handelt

sich um Auseinandersetzungen einmal wegen schutzfähiger geistiger Leistungen, zum anderen wegen Wettbewerbshandlungen. Ausgeschlossen ist die Interessenwahrnehmung aus dem gesamten „Bereich" dieser Rechtsgebiete, so daß auch Streitigkeiten aus schuldrechtlichen Nutzungs- und Verwertungsverträgen über geistige Leistungen, insbesondere aus Lizenzverträgen, unter den Ausschluß fallen (vgl. oben Rdnr. 9). Die Rechtsgebiete sind im zwischenstaatlichen Bereich durch zahlreiche internationale Abkommen geregelt, z.B. die Pariser Übereinkunft zum Schutz des gewerblichen Eigentums (BGBl. 70 II 293, 391), das Madrider Abkommen betreffend die Unterdrückung falscher Herkunftsangaben auf Waren und betreffend die internationale Registrierung von Fabrikhandelsmarken (BGBl. 70 II 293, 418) und das Haager Abkommen über die internationale Hinterlegung gewerblicher Muster oder Modelle (BGBl. 62 II 774). 1977 geschaffene Klauseln über eine teilweise Einschränkung des Risikoausschlusses (Einl. Rdnr. 23) haben bisher keine Marktbedeutung erlangt.

2. a) Das **Patentrecht** regelt die einem Erfinder oder dessen Rechtsnachfolger vom Staat erteilte ausschließliche, aber zeitlich begrenzte Befugnis, eine neue, gewerblich verwertbare Erfindung zu benutzen (§ 1 Patentgesetz; *Creifelds* Stichwort „Patent"). In Deutschland ist die Materie in erster Linie im Patentgesetz, im Ausland in den entsprechenden Patentgesetzen statuiert. Das Patentgesetz regelt nicht die Rechtsverhältnisse an Erfindungen schlechthin, sondern an denjenigen Erfindungen, für die der Schutz durch ein Patent nachgesucht oder erteilt ist, also das Recht auf das Patent, an dem Patent und aus dem Patent. Das Recht an der Erfindung, das bereits vor Erteilung eines Patents mit der Fertigstellung und Verlautbarung einer Erfindung allein aufgrund der Urheberschaft in der Person des Erfinders automatisch bestehen kann, ist bereits in gewissem Umfang schutzfähig, zählt aber nicht zum Patentrecht, sondern zum sonstigen Recht an geistigem Eigentum (*Benkard* § 6 Rdnrn. 11 ff.; vgl. unten Rdnr. 40). 34

b) Das **Urheberrecht** regelt das eigentumsähnliche Recht des Schöpfers eines geistigen Werkes, nämlich des Urhebers, an seinem individuellen Werk der Literatur, Wissenschaft oder Kunst (§ 1 UrhG). Es ist vorwiegend im UrhG enthalten, das außerdem in seinen §§ 70 bis 87 Normen über dem Urheberrecht verwandte Schutzrechte enthält. Das Gesetz betreffend das Urheberrecht an Werken der bildenden Künste und der Photographie vom 9. 1. 1907 (RGBl. S. 7) gilt nur noch, soweit es den Schutz von Bildnissen betrifft (§ 141 Nr. 5 UrhG), d.h. insbesondere hinsichtlich des Rechtes am eigenen Bild. Das Verlagsrecht als Teil des Verwertungsrechts des Urhebers von Sprach- und Musikwerken ist im Gesetz über den Verlagsvertrag geregelt. 35

c) Das **Warenzeichen**recht wurde 1994 im Rahmen der EG-Vereinheitlichung durch das Gesetz über den Schutz von Marken und sonstigen Kennzeichen (**Markengesetz**, BGBl. I S. 3082) ersetzt. Es schützt Marken, geschäftliche Bezeichnungen und geographische Herkunftsangaben (§ 1 Markengesetz; Näheres *Creifelds* Stichwort „Marken"). 36

37 d) **Geschmacksmuster** sind Muster in Flächenform und Modelle in Raumform, die ästhetisch wirken und nach dem Gesetz betreffend das Urheberrecht an Mustern und Modellen (Geschmacksmustergesetz) für den Urheber schutzfähig sind, wenn sie als neues und eigentümliches Erzeugnis angesehen werden (§ 1 Geschmacksmustergesetz; *Creifelds* Stichwort „Geschmacksmuster"). Das Geschmacksmusterrecht ist im Geschmacksmustergesetz geregelt.

38 e) **Gebrauchsmuster** ist eine Erfindung, deren Gegenstand Arbeitsgeräte oder Gebrauchsgegenstände oder Teile davon sind und die dem Arbeits- oder Gebrauchszweck durch eine neue Gestaltung, Anordnung oder Vorrichtung dienen sollen (§ 1 Gebrauchsmustergesetz). Das Gebrauchsmuster setzt an Erfindungshöhe und technischem Fortschritt der Erfindung weniger voraus als beim Patent (*Creifelds* Stichwort „Gebrauchsmuster"). Die Rechtsmaterie ist im Gebrauchsmustergesetz geregelt.

39 f) Sonstige Rechte aus **geistigem Eigentum** können gegeben sein, wenn eigenschöpferische persönliche geistige Leistungen zwar nicht oder nicht allein unter die vorstehend unter Buchst. a bis e bezeichneten Rechtsgebiete fallen, aber gleichwohl in gewissem Umfang wie ein Immaterial-Güterrecht schutzfähig sind (vgl. auch die Auflistung in Art. 2 des Übereinkommens zur Errichtung der Weltorganisation für geistiges Eigentum vom 14. 7. 1967, BGBl. 70 II 295). Hierzu zählen:

40 aa) das **allgemeine Erfinderrecht**, das bereits mit der Fertigstellung und Verlautbarung einer Erfindung, allein aufgrund der Urheberschaft, in der Person des Erfinders als „Recht an der Erfindung" entsteht und als unvollkommen absolutes Immaterial-Güterrecht mit vermögens- und persönlichkeitsrechtlichem Einschlag zwar nicht, wie das Patent, ein ausschließliches Benutzungsrecht, wohl aber Schutz gegen sonstige Beeinträchtigung gewährt (*Benkard* § 6 Rdnrn. 11 ff.). Es gibt bisher keine zusammenfassende gesetzliche Regelung des allgemeinen Erfinderrechts, vielmehr gelten die allgemeinen Normen des bürgerlichen Rechts (*Benkard* § 6 Rdnr. 14). Eine besondere Regelung haben bisher nur Arbeitnehmererfindungen erfahren (vgl. nächste Rdnr.).

41 bb) Mit dem Recht der **Arbeitnehmererfindungen** befaßt sich das Gesetz über Arbeitnehmererfindungen vom 25. 7. 1957 (ANEG, BGBl. I S. 756). Es betrifft patent- oder gebrauchsmusterfähige Erfindungen von Arbeitnehmern im privaten und öffentlichen Dienst, von Beamten und Soldaten (§§ 1, 2 ANEG). Zuständig für alle Streitigkeiten über Erfindungen eines Arbeitnehmers ist nicht das Arbeitsgericht, sondern das für Patentstreitsachen zuständige Gericht (§ 39 Abs. 1 ANEG). Diese gesetzliche Verfahrensregelung unterstreicht die an sich schon aus der Rechtsmaterie selbst zu entnehmende Tatsache, daß das Schwergewicht der Interessenwahrnehmung in diesen Fällen nicht auf dem arbeitsrechtlichen Sektor liegt, sondern im Recht des geistigen Eigentums zu sehen ist. Die Ausschlußbestimmung des Abs. 1 e greift daher nach Wortlaut, Sinn und Zweck auch in diesen Fällen ein (AG Hannover ZfS 85, 112). Dies hat auch für Streitigkeiten zu gelten, die ausschließlich Ansprüche auf Leistung einer festgestellten oder festgesetzten

Vergütung für eine Erfindung zum Gegenstand haben und die nach § 39 Abs. 2 ANEG nicht vor den für Patentstreitsachen zuständigen Gerichten zu verhandeln sind, sowie aus Streitigkeiten aus einem Lizenzvertrag über die Verwertung einer solchen Erfindung. Denn auch insoweit handelt es sich noch um den „Bereich" des Rechts aus geistigem Eigentum.

Das ANEG enthält darüber hinaus eine Regelung für **technische Verbes-** 42 **serungsvorschläge,** d. h. Vorschläge für sonstige Neuerungen, die jedoch weder patent- noch gebrauchsmusterfähig sind (§ 3 ANEG). Solche Vorschläge des Arbeitnehmers können ohne weiteres vom Arbeitgeber übernommen werden und begründen im Fall ihrer Verwertung nur eine Vergütungspflicht des Arbeitgebers (§ 20 ANEG). Hieraus wird deutlich, daß sie keinen Ausschließlichkeitscharakter wie die geschützten Arbeitnehmererfindungen haben und damit nicht mehr dem „geistigen Eigentum" im Sinn der Ausschlußbestimmung des Abs. 1 e zugerechnet werden können. Soweit die Interessenwahrnehmung aus Arbeitsverhältnissen gedeckt ist (z. B. §§ 24 Abs. 2 b, 25 Abs. 2 b, 26 Abs. 3 c [Fassung 1988: Abs. 5 c]), besteht demnach Versicherungsschutz.

cc) Unter die Ausschlußbestimmung fallen auch Auseinandersetzungen 43 aus dem Bereich des Sortenschutzrechts (LG Lüneburg VersR 91, 296). **Sortenschutz** wird für eine Pflanzensorte erteilt, wenn sie neu und hinreichend homogen ist. Es handelt sich um einen dem Patentrecht ähnlichen Schutz der Erfindung von Pflanzensorten, der im Sortenschutzgesetz geregelt ist (*Creifelds* Stichwort „Sortenschutz").

g) Die Interessenwahrnehmung auf dem Gebiet des Rechts des wirt- 44 schaftlichen Wettbewerbs ist in unterschiedlicher Weise vom Versicherungsschutz ausgeschlossen. Während bei den Normen, die den lauteren vom unlauteren Wettbewerb abgrenzen, nur die Geltendmachung und Abwehr von Unterlassungsansprüchen von der Deckung ausgeklammert sind (vgl. unten Rdnr. 46), ist die Rechtsbesorgung aus dem Bereich des **Kartellrechts** insgesamt vom Versicherungsschutz ausgenommen. Als Teil des Wettbewerbsrechts im weiteren Sinn gehören zu diesem Rechtsgebiet alle Normen, die den freien Wettbewerb in seinem Bestand erhalten und fördern sollen. Das Kartellrecht ist das Recht gegen Wettbewerbsbeschränkungen, die insbesondere beruhen können auf Verträgen, Beschlüssen oder abgestimmten Verhaltensweisen von Marktpartnern oder auf der faktischen Machtstellung eines Marktteilnehmers (*Baumbach/Hefermehl,* UWG, Allg., Rdnr. 76, 78, 84; *Creifelds* Stichwörter „Kartellrecht" und „Wettbewerbsbeschränkungen"). In der Bundesrepublik Deutschland ist hierfür in erster Linie das GWB maßgeblich, für den Gemeinsamen Markt gelten die Wettbewerbsregeln der Art. 85 ff. des EWG-Vertrags mit Durchführungsbestimmungen sowie für die Kohle- und Stahlindustrie die Art. 65 bis 67 des Montan-Union-Vertrages vom 18. 4. 1951. Der Ausschluß bezieht sich auf den gesamten „Bereich" dieses Rechtsgebiets. Entscheidend ist also nicht die einzelne Anspruchsgrundlage, sondern die Frage, ob rechtliche Interessen aus dem Bereich des Kartellrechts wahrgenommen werden. Dies ist z. B. zu bejahen, wenn ein VN einen – nach § 24 Abs. 2 a an sich deckungsfähigen –

Schadenersatzanspruch aus § 823 Abs. 2 BGB erhebt, diesen jedoch allein oder vorwiegend damit begründet, daß sein Geschäftspartner gegen kartellrechtliche Vorschriften verstoßen habe (OLG Hamm VersR 78, 753; vgl. oben Rdnr. 9). Zum Kartellrecht gehören auch die in §§ 15 ff. GWB enthaltenen Preisbindungsnormen. Nicht zum Kartellrecht gehören gesetzliche oder vertragliche Wettbewerbsbeschränkungen zwischen Arbeitgebern und Arbeitnehmern im Rahmen eines Arbeits- oder Dienstverhältnisses (Konkurrenzklauseln, z. B. §§ 60, 74 HGB; *Creifelds* Stichwort „Wettbewerbsbeschränkungen"; vgl. unten Rdnr. 48).

45 h) aa) Während Abs. 1 e für die sonstigen in ihm aufgeführten Rechtsgebiete die Interessenwahrnehmung generell vom Versicherungsschutz ausschließt, ist für den Bereich des **Wettbewerbs-, Rabatt-** und **Zugaberechts** nur die Geltendmachung und Abwehr von Unterlassungsansprüchen ausgeklammert. Der hierbei verwendete Begriff des Wettbewerbsrechts ist nicht eindeutig. Im weiteren Sinn umfaßt er die beiden großen Rechtskreise zur Ordnung des wirtschaftlichen Wettbewerbs, nämlich das Recht gegen den unlauteren Wettbewerb mit dem Ziel, unlautere Wettbewerbshandlungen zu bekämpfen, sowie das Recht gegen Wettbewerbsbeschränkungen (Kartellrecht, vgl. oben Rdnr. 44) mit dem Ziel, den Bestand des freien Wettbewerbs zu sichern (Näheres *Baumbach/Hefermehl*, UWG, Allg., Rdnrn. 76 bis 90). Da jedoch in Abs. 1 e die beiden Begriffe „Kartellrecht" und „Wettbewerbsrecht" nebeneinander verwendet werden und der Ausschluß der Interessenwahrnehmung auf beiden Rechtsgebieten zudem unterschiedlich geregelt ist, kann unter **Wettbewerbsrecht** im Sinn dieser Bestimmung nur das „klassische" Wettbewerbsrecht gemeint sein, das häufig auch als „allgemeines" Wettbewerbsrecht bezeichnet wird und das den lauteren vom unlauteren, den erlaubten vom unerlaubten Wettbewerb abgrenzen will (OLG Hamm VersR 78, 753; *Baumbach/Hefermehl*, UWG, Allg. Rdnr. 77, 81). Geregelt ist dieser Rechtskreis vorwiegend im UWG sowie in der Zugabe-VO und im Rabattgesetz, wobei diese beiden Teilgebiete des allgemeinen Wettbewerbsrechts zur Klarstellung in Abs. 1 e nochmals eigens aufgeführt sind. Daneben können einzelne Vorschriften anderer Gesetze im Einzelfall wettbewerbsrechtlich von Bedeutung werden wie z. B. §§ 12, 823, 824, 826, 1004 BGB (*Baumbach/Hefermehl* Einl. UWG Rdnr. 22). Preisrechtliche Vorschriften, d. h. Normen, die der Festsetzung oder Genehmigung von Entgelten für Güter und Dienstleistungen aller Art dienen (*Creifelds* Stichwort „Preisrecht"), gehören an sich nicht zum Wettbewerbsrecht. Auch Verstöße gegen preisrechtliche Ordnungsvorschriften, z. B. gegen Normen auf Grund des Preisangabengesetzes, haben in der Regel keinen spezifisch wettbewerbsrechtlichen Bezug. Wer sich allerdings bewußt und planmäßig über solche Normen hinwegsetzt, um sich einen Vorsprung vor gesetzestreuen Mitbewerbern zu verschaffen, kann dadurch unlauteren Wettbewerb begehen (BGH BB 82, 2004 zur früheren PreisangabenVO; *Baumbach/Hefermehl*, UWG, § 3 Rdnr. 319; § 1 Rdnrn. 548 ff.). Die Preisbindung regelnde Vorschriften enthält das Kartellrecht (vgl. oben Rdnr. 44).

46 bb) Im Gegensatz zu den sonstigen in Abs. 1 e aufgeführten Rechtsgebieten ist die Interessenwahrnehmung aus dem Bereich des Wettbewerbs-, Ra-

batt- und Zugaberechts nicht generell vom Versicherungsschutz ausgeschlossen, sondern nur, soweit es sich um **Unterlassungsansprüche** aus diesen Rechtsgebieten handelt, also insbesondere um Unterlassungsansprüche nach §§ 1, 3, 6a, 6b, 13 Abs. 1, 16 UWG, § 2 ZugabeVO und § 12 Rabattgesetz, allein oder in Verbindung mit § 1004 BGB (Näheres *Baumbach/Hefermehl*, Einl. UWG, Rdnrn. 246 ff.; a. A. *Bernreuther* VersR 95, 746 für den Fall, daß der VN geschädigter Mitbewerber ist). Auch ohne diesen Ausschluß würden solche Unterlassungsansprüche nur in Sonderfällen unter die Versicherungsdeckung der Besonderen Bestimmungen der ARB fallen, nämlich dann, wenn sie im Rahmen des Schadenersatz-RS (z. B. § 24 Abs. 2a) ausnahmsweise als echter Schadenersatzanspruch aufgrund gesetzlicher Haftpflichtbestimmungen erhoben werden (Vorbem. vor § 21 Rdnr. 42), oder im Rahmen des Vertrags-RS (z. B. § 24 Abs. 3 Ziff. 1; Vorbem. vor § 21 Rdnr. 96), wenn sie eine vertragliche Grundlage haben (*Baumbach/Hefermehl*, Einl. UWG, Rdnr. 265). Solche vertraglichen Unterlassungsabreden können entweder primär ohne vorausgegangene Auseinandersetzung oder auch nach Abmahnung durch einen Wettbewerber getroffen werden, wobei häufig für den Fall der Zuwiderhandlung eine Vertragsstrafe versprochen wird. Kommt es zu einer Auseinandersetzung wegen einer solchen Vertragsstrafenabrede, greift der Ausschluß des Abs. 1e dann durch, wenn der Streit vorwiegend um die gehörige Erfüllung der Unterlassungsverpflichtung geht (LG Konstanz r+s 95, 343). Ist dagegen ein Verstoß des Schuldners gegen die Unterlassungsverpflichtung unstreitig und fordert der VN die verwirkte Strafe als Mindestbetrag des ihm entstandenen Schadens, dann kann dieser Anspruch als Schadenersatzanspruch aufgrund der gesetzlichen Haftpflichtbestimmung des § 340 Abs. 2 BGB vom Versicherungsschutz des § 24 Abs. 2a umfaßt sein.

Bezieht sich die Wahrnehmung der rechtlichen Interessen auf den genannten Rechtsgebieten **nicht** auf **Unterlassungsansprüche,** dann besteht Versicherungsschutz, soweit ihn die Besonderen Bestimmungen der ARB vorsehen. Dies kann der Fall sein bei Schadenersatzansprüchen aufgrund gesetzlicher Haftpflichtbestimmungen wie §§ 1, 14, 16 Abs. 2, 19 UWG, § 2 Abs. 2 ZugabeVO und § 12 Rabattgesetz in Verbindung mit § 823 Abs. 2 BGB (*Baumbach/Hefermehl*, Rabattgesetz, § 12 Rdnr. 1), deren Geltendmachung z. B. im Rahmen des § 24 Abs. 2a gedeckt sein kann. Auch die Verteidigung gegen den Vorwurf einer Verletzung des wettbewerbsrechtlichen Straf- oder Ordnungswidrigkeitenrechts kann z. B. im Rahmen des § 24 Abs. 2c gedeckt sein; bei Vorwürfen einer Straftat nach dem UWG, z. B. dessen §§ 4, 12, 15, 17, 18 und 20, ist der Versicherungsschutz allerdings nach § 4 Abs. 3a ausgeschlossen, soweit diese Straftaten nur vorsätzlich und nicht auch fahrlässig begangen werden können (vgl. unten Rdnrn. 182 ff.).

Ansprüche auf Unterlassung wettbewerbswidrigen Handelns können auch aufgrund von gesetzlichen oder vertraglichen **Wettbewerbsverboten** oder Wettbewerbsabreden entstehen, wie sie z. B. zwischen einem Arbeitgeber und einem Handlungsgehilfen oder einem sonstigen Arbeitnehmer oder zwischen einem Unternehmer und einem Handelsvertreter gelten können

(§§ 60, 74 ff., 90 a HGB). Hierbei handelt es sich nicht um selbständige wettbewerbsrechtliche Unterlassungsansprüche zwischen Marktpartnern, sondern um Rechtsbeziehungen, die nur Ausfluß eines anderen primären schuldrechtlichen Vertragsverhältnisses zwischen zwei Personen sind. Im Vordergrund steht dieses – noch bestehende oder beendete – Vertragsverhältnis, das der rechtlichen Auseinandersetzung ihr Gepräge gibt. Soweit Versicherungsdeckung im Rahmen des Arbeits-RS (Vorbem. vor § 21 Rdnr. 116) oder Handelsvertreter-RS (§ 24 Abs. 3 Ziff. 2) besteht, greift daher der Ausschluß des Abs. 1 e nach seinem Sinn und Zweck bei solchen „unselbständigen" Unterlassungsansprüchen nicht ein.

49 Die Interessenwahrnehmung im Zusammenhang mit **Unterlassungsansprüchen nach § 13 AGBG** ist nicht dem Wettbewerbsrecht zuzuordnen. Dieser Anspruch ist zwar dem wettbewerbsrechtlichen Unterlassungsanspruch nachgebildet. Er dient jedoch nicht oder jedenfalls nicht primär der Lauterkeit des Wettbewerbs, sondern er soll Störungen des Rechtsverkehrs durch Verwendung oder Empfehlung unwirksamer Klauseln in AGB verhindern (*Palandt/Heinrichs* § 13 AGBG Rdnr. 1; *Wolf/Horn/Lindacher* § 13 Rdnr. 1; *Löwe/Graf v. Westphalen/Trinkner* § 13 Rdnr. 4). Die Verfolgung oder Abwehr solcher Ansprüche steht jedoch ohnehin nicht unter Versicherungsschutz, da es sich nicht um Schadenersatzansprüche auf Grund gesetzlicher Haftpflichtbestimmungen im Sinn des § 24 Abs. 2a handelt (Vorbem. vor § 21 Rdnrn. 31 ff.) und die Abwehr außervertraglicher Ansprüche im Leistungskatalog des § 24 ebenfalls nicht enthalten ist.

VII. Handelsvertreterrecht (Abs. 1 f)
(ARB 94: entfallen)

50 Handelsvertreter ist, wer als selbständiger Gewerbetreibender ständig damit betraut ist, für einen Unternehmer Geschäfte zu vermitteln oder in dessen Namen abzuschließen (§ 84 Abs. 1 Satz 1 HGB). Das **Handelsvertreterrecht** ist in den §§ 84 bis 92c HGB geregelt. Bei den Auseinandersetzungen auf dem Gebiet des Handelsvertreterrechts handelt es sich vor allem um Streitigkeiten wegen Provisionszahlung, und zwar auch nach Beendigung eines Handelsvertreterverhältnisses (OLG Hamm r+s 96, 145), wegen eines Ausgleichsanspruchs nach Beendigung eines Handelsvertreterverhältnisses gemäß § 89b HGB sowie wegen des Bezirks- und Kundenkreis-Schutzes nach § 87 Abs. 2 HGB. Da solche Auseinandersetzungen häufig teuer und sehr langwierig sein können, wurden sie in den ARB 69 durch Abs. 1 f – ohne Verstoß gegen das AGBG (OLG Hamm VersR 95, 42 = r + s 94, 421 = ZfS 94, 343) – zunächst generell vom Versicherungsschutz ausgeschlossen. Nicht unter den Ausschluß fallen Hilfsgeschäfte des Handelsvertreters für seinen Betrieb, z.B. der Kauf von Büroeinrichtungsgegenständen oder die Anmietung von Büroräumen, da es sich insoweit nicht um spezifisches Handelsvertreterrecht handelt. Durch eine Klausel zu § 24 Abs. 3 wurde 1972 die Möglichkeit geschaffen, die gerichtliche Interessenwahrnehmung aus Handelsvertreterverträgen über die Anschaffung, Veräußerung oder Gebrauchsüberlassung von Waren (Waren-Handelsvertreter) in den Versicherungsschutz einzubeziehen (VerBAV 72, 292; Einl. Rdnr. 21). Durch eine 1975 genehmigte Klausel hat ein RSVersicherer den Kreis der versicherbaren Handelsvertreter auf gewisse Dienstleistungsbereiche erstreckt (z. B. Anzeige- und Verlagsvertreter; VerBAV 75, 187). Der seit 1972 mögliche Versicherungsschutz für Waren-Handelsvertreter wurde sodann in die ARB 75 übernommen, wobei nunmehr § 24 Abs. 3 Ziff. 2 Deckung vorsieht sowohl für Handelsvertreter als auch für Unternehmer im Sinn des § 84 Abs. 1 Satz 1 HGB gegenüber den für sie tätigen Handelsvertretern (Näheres § 24 Rdnrn. 56, 57). Wegen des schlechten Risikoverlaufs wird jedoch diese Deckungsform heute kaum mehr geboten (vgl. § 24 Rdnr. 43).

Der Ausschluß der Interessenwahrnehmung erstreckt sich auf den **gesamten Bereich** des spezifischen Handelsvertreterrechts, so daß auch konkurrierende Ansprüche aus anderen Rechtsgebieten darunter fallen, soweit sie nicht erkennbar im Vordergrund der Auseinandersetzung stehen (OLG Hamm VersR 95, 42 = r+s 94, 421 = ZfS 94, 343; vgl. oben Rdnr. 9). Entstammt bei teilbarem Streitgegenstand nur ein Teil der streitigen Ansprüche dem Bereich des Handelsvertreterrechts, während der übrige Teil unter Versicherungsschutz steht, dann ist die Deckung im Verhältnis dieses Teils zum gedeckten Teil ausgeschlossen (AG München r+s 77, 156). Aufgrund des klaren Wortlauts des Abs. 1 f ist es für den Ausschluß ohne Bedeutung, ob die streitigen Ansprüche vor einem ordentlichen Gericht oder vor dem Arbeitsgericht geltend gemacht werden. Auch ein als arbeitnehmerähnliche Person gemäß § 5 Abs. 1 Satz 2 ArbGG anzusehender Handelsvertreter im Sinn des § 92 a HGB sowie ein Handelsvertreter im Nebenberuf im Sinn des § 92 b HGB ist Handelsvertreter und daher von dem Ausschluß betroffen (AG Bochum ZfS 86, 178; AG München r+s 77, 156), soweit er nicht wegen unselbständiger Stellung als Angestellter gilt (§ 84 Abs. 2 HGB). Für die rechtliche Einordnung kommt es hierbei nicht auf die von den Parteien gewählte Bezeichnung an, sondern auf die vereinbarungsgemäß und tatsächlich ausgeübte Tätigkeit. Daher kann beispielsweise auch ein als „freier Mitarbeiter" bezeichneter VN in Wirklichkeit Angestellter im Sinn des § 84 Abs. 2 HGB sein (BGH VersR 82, 343). Bleibt trotz voller Aufklärung des Sachverhalts durch den VN (§ 15) zweifelhaft, ob er Handelsvertreter oder Angestellter ist, dann geht dies zu Lasten des für den Ausschlußtatbestand beweispflichtigen RSVersicherers. Er kann allerdings den Ausgang eines Prozesses des VN mit einem Dritten abwarten, in dem die Klärung dieser Frage zu erwarten ist (vgl. unten Rdnr. 155, § 18 Rdnr. 19). Besteht eindeutig kein Handelsvertreter-Verhältnis, sondern wendet die Rechtsprechung – wie beim Ausgleichsanspruch eines Automobil-Direkthändlers – § 89 b HGB nur entsprechend an, dann greift der Ausschluß mangels hinreichender Eindeutigkeit gemäß § 5 AGBG nicht ein, weil ein durchschnittlicher VN als versicherungsrechtlicher Laie hiermit nicht zu rechnen braucht (BGH VersR 89, 908 = ZfS 89, 383 in Bestätigung von OLG Hamm VersR 85, 468 = ZfS 85, 211).

Ein Teil der Rechtsprechung will die Ausschlußbestimmung des Abs. 1 f auch bei **Provisionsstreitigkeiten** eines unselbständigen **Handlungs-**

gehilfen im Sinn der §§ 59 ff. HGB anwenden, weil § 65 HGB auf einen Teil der Provisionsregelung für Handelsvertreter verweist (LG Köln ZfS 81, 250; AG Flensburg ZfS 81, 252; LG Dortmund ZfS 81, 251 wurde nicht rechtskräftig). Ob durch diese Verweisung der Streit um die Provision eines angestellten Handlungsgehilfen zu einer Interessenwahrnehmung „aus dem Bereich des Handelsvertreterrechts" im Sinn des Abs. 1 f wird, ist jedoch sehr zweifelhaft. Zunächst ist hier von Bedeutung, daß die Vereinbarung einer erfolgsabhängigen Vergütung für Handlungsgehilfen, insbesondere im Verkauf tätige kaufmännische Angestellte, seit langem üblich ist, wobei die Provision in der Regel zusätzlich zum Gehalt oder mit einem Garantiefixum vereinbart wird (*Palandt/Putzo* § 611 Rdnrm. 79) und im Durchschnitt auch nicht unerheblich unter der durchschnittlichen Provision eines selbständigen Handelsvertreters liegen wird. Die Zahlung einer Provision ist also kein Spezifikum des Handelsvertreterrechts. Hinzu kommt, daß § 65 HGB nur auf gewisse Modalitäten des Provisionsrechts der Handelsvertreter verweist (Entstehung, Fälligkeit, Höhe und Abrechnung), nicht dagegen auf zwei weitere sehr wesentliche spezifische Bestimmungen des Handelsvertreterrechts, die häufig Anlaß zu – von Abs. 1 f gerade ausgesonderten (vgl. oben Rdnr. 50) – Auseinandersetzungen geben, nämlich § 87 Abs. 2 HGB (Bezirks- und Kundenkreisschutz) und § 89 b HGB (Ausgleichsanspruch). Entscheidend dürfte jedoch vor allem sein, daß sich der Gesetzgeber hier der Verweisung nur als eines üblichen gesetzestechnischen Vereinfachungsmittels bedient hat, um nicht den Text der in Bezug genommenen Vorschriften in vollem Wortlaut in die verweisende Norm übernehmen zu müssen. Der Wortlaut der Zielnormen wurde durch die Verweisung lediglich in die Verweisungsnorm „inkorporiert", nicht anders, als wenn der volle Wortlaut in der verweisenden Bestimmung ebenfalls gebraucht worden wäre (vgl. hierzu BVerfG NJW 78, 1475, 1476; *Baden* NJW 79, 623, 625). Wäre aber der Wortlaut der §§ 87 Abs. 1 und 3 und 87 a bis c HGB im Recht der Handlungsgehilfen ebenfalls ausdrücklich wiedergegeben, etwa als §§ 65 und 65 a bis c HGB, käme wohl kaum jemand auf die Idee, diese Bestimmungen dann nur wegen ihres Gleichlauts als spezifisches Handelsvertreterrecht zu werten. Es werden hier also lediglich teilweise die Provisionsregelungen für selbständige Handelsvertretertätigkeit formal übernommen, ohne daß damit materiell-rechtlich der spezifische Rechtsgrund für Entstehung und Ausgestaltung der Provision als eines (Teil-)Entgelts für unselbständige Handlungsgehilfentätigkeit verlassen wird (zur Frage der Rechtsfolgen- und Rechtsgrundverweisung vgl. etwa *Palandt/Thomas* § 852 Rdnr. 21 einerseits und *Palandt/Bassenge* § 951 Rdnr. 1 andererseits). Aus all diesen Gründen verdient die Rechtsprechung den Vorzug, die Abs. 1 f bei unselbständiger Tätigkeit – zumindest wegen der Unklarheitenregel des § 5 AGBG – nicht für anwendbar hält (OLG Köln VersR 84, 634 = ZfS 84, 278; OLG Frankfurt ZfS 82, 46, 175; LG Münster ZfS 82, 208 gegen AG Münster ZfS 82, 175; ebenso *Schlüper-Oehmen/Garn* AnwBl. 83, 417). Etwas anderes mag gelten, wenn der Handlungsgehilfenvertrag eindeutig lediglich zu dem Zweck geschlossen wurde, dem VN den Sozialschutz eines Angestellten zu verschaffen, während er nach der Art der vereinbarten und ausgeübten Tätigkeit in Wirklichkeit selbständiger Handelsvertreter ist.

Nicht unter den Ausschluß des Abs. 1 f fällt die Interessenwahrnehmung 52
aus dem Bereich des Rechts des **Handelsmaklers** (§§ 93 bis 104 HGB), der
zwar auch gewerbsmäßig Verträge für andere Personen vermittelt, sich vom
Handelsvertreter aber vor allem dadurch unterscheidet, daß er nicht aufgrund eines Vertragsverhältnisses mit diesen Personen ständig mit der Vermittlung betraut ist. Ebenso fällt das Recht des Kommissionärs (§§ 383 bis
406 HGB) nicht unter den Ausschluß, der Waren oder Wertpapiere für
Rechnung eines anderen im eigenen Namen kauft oder verkauft (vgl. im übrigen § 24 Rdnr. 56).

VIII. Spiel- und Wettverträge (Abs. 1 g)
(entspricht § 3 Abs. 2 f ARB 94)

Mit den von der Risikogemeinschaft aufgebrachten Beiträgen sollen kei- 53
ne Auseinandersetzungen aus aleatorischen Verträgen finanziert werden,
d. h. aus Vereinbarungen, deren Erfolg für die eine oder andere Seite allein oder überwiegend vom **Zufall** oder auch von der Geschicklichkeit abhängt und häufig gar nicht einklagbar ist (BGH NJW 85, 920 = VersR 85,
32). Der Versicherungsschutz ist für die Interessenwahrnehmung aus allen
Verträgen ausgeschlossen, die unter die Regelung der §§ 762 bis 764 BGB
fallen.

Bei **Spielverträgen** sagen sich die Partner eine Leistung unter entgegenge- 54
setzten Bedingungen zu, deren Eintritt bei Glücksspielen allein oder überwiegend vom Zufall, bei Geschicklichkeitsspielen allein oder überwiegend
von der Geschicklichkeit der Beteiligten abhängt (*Palandt/Thomas* § 762
Rdnr. 2). Solche Verträge begründen ohnehin keine klagbare, sondern gemäß § 762 Abs. 1 BGB nur eine freiwillig erfüllbare Verbindlichkeit (Naturalobligation; *Palandt/Heinrichs* vor § 241 Rdnr. 15). Die häufig als
„Wetten" bezeichneten Rennwetten bei Pferderennen sowie Fußballtoto-
Wetten sind im Rechtssinn keine Wetten, sondern Spielverträge (*Palandt/
Thomas* § 762 Rdnr. 3). Ist eine Lotterie oder eine Ausspielung staatlich genehmigt, dann ist der Lotterie- oder Ausspielvertrag zwar gleichwohl ein
Spielvertrag, aber rechtlich verbindlich (§ 763 BGB; *Palandt/Thomas* § 763
Rdnr. 2). Dies ändert jedoch nichts an dem Risikoausschluß nach Abs. 1 g,
der nach seinem klaren Wortlaut und auch nach seiner Zweckrichtung ohne
Rücksicht darauf eingreift, ob es sich um einen rechtlich verbindlichen oder
unverbindlichen Spielvertrag handelt.

Bei einem **Wettvertrag** versprechen die Vertragspartner zur Bekräftigung 55
bestimmter widerstreitender Behauptungen einander, daß dem, dessen Behauptung sich als richtig erweist, ein Gewinn zufallen soll. Vertragszweck
ist also nicht, wie beim Spiel, Unterhaltung oder Gewinn als solcher, sondern Belohnung einer sich als richtig erweisenden Meinung oder Prognose
(*Palandt/Thomas* § 762 Rdnr. 3).

Nebenverträge zu Spiel- und Wettverträgen – z.B. Auftrag, Dienstver- 56
trag, Maklervertrag, Darlehen oder Gesellschaftsvertrag – unterliegen dem
Ausschluß, soweit das aleatorische Element auch hier im Vordergrund steht

und die Gründe für den Ausschluß daher auch hier durchgreifen, wie dies z.B. bei Ansprüchen auf Auslagenersatz oder Vergütung oder Schadenersatz wegen Nichterfüllung oder Darlehensrückzahlung (BGH NJW 85, 920 = VersR 85, 32; OLG Köln ZfS 95, 193 = VersR 95, 656 = r+s 95, 103; LG Essen r+s 93, 306; *Palandt/Thomas* § 762 Rdnr. 8) oder auch allgemein bei Auseinandersetzungen zwischen Mitspielern einer Wettgemeinschaft (BGB-Gesellschaft) der Fall sein kann (LG Köln ZfS 84, 334).

57   Differenzgeschäfte über die Lieferung von Waren oder Wertpapieren fallen unter den Ausschluß des Abs. 1g, soweit sie nach § 764 BGB oder unmittelbar nach § 762 BGB als Spielvertrag anzusehen sind. Dies kann auch der Fall sein bei Börsentermingeschäften im Sinn der §§ 58 bis 70 Börsengesetz, soweit bei ihnen der aleatorische Charakter im Vordergrund steht. Insbesondere gilt dies für Warenterminoptionsgeschäfte, die häufig im Ausland geschlossen werden, sowie für Aufträge zu solchen Geschäften (BGH NJW 85, 920 = VersR 85, 32 für die frühere Fassung des Börsengesetzes; OLG Hamm ZfS 92, 389 = r + s 92, 417). Dem Ausschluß unterfallen auch Ansprüche aus culpa in contrahendo, da sie ihr typisches Gepräge gerade durch die Aufnahme von Verhandlungen über Verträge dieser Art erhalten (BGH NJW 85, 920 = VersR 85, 32 unter Ziff. II 1; a.A. *Winnen* VersR 85, 234; vgl. auch Vorbem. vor § 21 Rdnr. 109). Durch die Anerkennung des Saldos eines Girokontos entsteht ebenfalls keine klagbare Forderung, wenn in dem Saldo nur Gewinne aus Differenzgeschäften enthalten sind (BGH NJW 85, 634, 1706). Anders kann es liegen, wenn es sich hierbei nicht um ein reines Spekulationsgeschäft, sondern um ein auf tatsächliche Lieferung gerichtetes Hauptgeschäft mit wirtschaftlich gerechtfertigtem Sicherungszweck für den Betrieb des Abschließenden handelt (BGH NJW 72, 382). Der Erwerb von – verbrieften oder unverbrieften – Optionen ist in der Regel dann ein Termingeschäft, wenn er nicht als Kassageschäft abgewickelt wird und nicht mit einer Kapitalbeschaffungsmaßnahme der emittierenden Gesellschaft zusammenhängt (BGH NJW 95, 321; OLG Bamberg ZIP 89, 834; *Palandt/Thomas* § 764 Rdnr. 6).

57a   Kann in Fällen, die an sich unter den Ausschluß fallen, der VN schlüssig vortragen und unter Beweis stellen, daß ihn ein Beauftragter, Makler, Vermittler o.ä. **betrogen** oder – etwa durch Verschweigen wesentlicher Tatsachen (BGH NJW 82, 2815) – sittenwidrig geschädigt habe, dann kann allerdings für die mit dem vertraglichen Schadenersatzanspruch und einem etwaigen Anspruch aus culpa in contrahendo konkurrierende Geltendmachung eines rechtlich selbständigen Anspruchs aus unerlaubter Handlung nach § 823 Abs. 2 BGB in Verbindung mit § 263 StGB oder nach § 826 BGB Deckung im Rahmen des Schadenersatz-RS (Vorbem. vor § 21 Rdnrn. 31ff.) bestehen, soweit der VN nicht lediglich eine an Stelle der Erfüllungsleistung tretende Ersatzleistung begehrt (§ 14 Abs. 1 Satz 2) und soweit nicht ausscheidbare Kosten durch den Streit über rein vertragliche Ansprüche entstehen (BGH NJW 85, 920 = VersR 85, 32; OLG HammZfS 92, 389 = r + s 92, 417; OLG Stuttgart NJW-RR 87, 1054; vgl. oben Rdnr. 9 und § 14 Rdnr. 25; a.A. noch LG Bielefeld VersR 84, 1168 = ZfS 84, 237).

IX. Abs. 1 h
(entspricht § 3 Abs. 4 d ARB 94 teilweise)

1. a) **Bürgschafts-** und **Schuldübernahmeverträge** haben gemeinsam, daß 58
jemand bewußt und gewollt **für eine fremde Schuld einstehen** will.
Der Ausschluß der Interessenwahrnehmung aus Verträgen dieser Art will vor allem ein kollusives Zusammenwirken zu Lasten der Risikogemeinschaft, insbesondere Manipulationen in der Richtung verhindern, daß das Kostenrisiko für eine Auseinandersetzung eines Dritten mit dem nichtversicherten Erstschuldner zu Lasten der Risikogemeinschaft auf einen versicherten Zweitschuldner übergewälzt wird, daß also faktisch der nichtversicherte Schuldner im Zusammenwirken mit einer versicherten Person und möglicherweise auch dem Gläubiger in den Genuß der Versicherungsleistung kommt. Beim Garantie-Vertrag kann es sich um ein Einstehen für fremde Schuld oder um eine – nicht selten riskante – Begründung oder Ausdehnung eigener Haftung handeln. Liegt eine Auseinandersetzung aus einem Vertrag dieser Art vor, dann greift der Ausschluß nach seinem klaren Wortlaut ohne Rücksicht darauf ein, ob der VN auf der Schuldner- oder Gläubigerseite steht, ob er also z.b. als Bürge in Anspruch genommen wird oder ob er selbst einen Bürgen in Anspruch nimmt (OLG Celle r+s 93, 303; OLG Karlsruhe ZfS 90, 310 für Schuldübernahme).

b) Durch den **Bürgschaftsvertrag** verpflichtet sich der Bürge gegenüber 59
dem Gläubiger eines Dritten, für die Erfüllung der – auch künftigen oder bedingten – Verbindlichkeit des Dritten einzustehen (§ 765 BGB). Die Bürgschaft ist in §§ 765 bis 777 BGB geregelt. Ein echter, unter den Ausschluß des Abs. 1 h fallender Bürgschaftsvertrag besteht auch mit dem Nachbürgen, der für die Erfüllung der Verpflichtung des Bürgen einsteht, mit dem Rückbürgen, der dem Bürgen für dessen etwaige Rückgriffsforderung gegen den Hauptschuldner einsteht, sowie mit dem Ausfallbürgen, der dem Gläubiger für einen Ausfall nach Zwangsvollstreckung beim Schuldner oder bei Versagen einer Sicherheit des Schuldners haftet (*Palandt/Thomas* vor § 765 Rdnrn. 9 bis 11). Ebenso sind Bürgschaftsverträge die selbschuldnerische Bürgschaft gemäß § 773 Abs. 1 Nr. 1 BGB, die Mitbürgschaft gemäß § 769 BGB (OLG Nürnberg r+s 97, 161, die Kredit- und Höchstbetragsbürgschaft für einen dem Schuldner vom Gläubiger zu eröffnenden oder bereits laufenden, meist der Höhe nach beschränkten Kredit (*Palandt/Thomas* § 765 Rdnrn. 6, 7), die Bürgschaft auf Zeit gemäß § 777 BGB sowie die Kontokorrent-Bürgschaft (*Palandt/Thomas* vor § 765 Rdnrn. 12 bis 14). Wer einen anderen beauftragt, im eigenen Namen und auf eigene Rechnung einem Dritten Kredit zu geben, haftet dem Beauftragten für die aus der Kreditgewährung entstehende Verbindlichkeit des Dritten als Bürge. Die Interessenwahrnehmung aus einem solchen Kreditauftrag des § 778 BGB fällt ebenfalls unter den Ausschluß des Abs. 1 h.

Ausgeschlossen ist die Wahrnehmung aller rechtlichen Interessen „**aus**" 60
dem Bürgschaftsvertrag, also aus dem zwischen dem Bürgen und dem Gläubiger bestehenden Vertrag einschließlich der Durchführung und Ab-

wehr von Zwangsvollstreckungsmaßnahmen, z. B. im Wege der Vollstreckungsgegenklage (LG Frankfurt ZfS 80, 274; vgl. oben Rdnr. 2 und § 2 Rdnrn. 176, 195). Soweit der Bürge den Gläubiger befriedigt, geht die Forderung des Gläubigers gegen den Hauptschuldner auf den Bürgen über (§ 774 BGB). Kommt es dann zu einem Streit zwischen dem Bürgen und dem Hauptschuldner über Bestand oder Höhe der übergegangenen Forderung, dann ist dies nicht mehr ein Streit aus dem Bürgschaftsvertrag, der nur zwischen Bürgen und Gläubiger entstehen kann. Soweit die Geltendmachung oder Abwehr der übergegangenen Forderung für den Bürgen oder Hauptschuldner unter Versicherungsschutz steht, greift daher der Ausschluß des Abs. 1 h nicht ein. Allerdings schließt Abs. 2 b für den Bürgen den Versicherungsschutz für eine Geltendmachung der übergegangenen Forderung in der Regel aus, da die Verletzung der Zahlungsverpflichtung durch den Hauptschuldner als Rechtsverstoß und damit Versicherungsfall im Sinn des § 14 Abs. 3 dem Forderungsübergang vorauszugehen pflegt (OLG Stuttgart r + s 94, 302 = NJW-RR 94, 538; LG Hagen ZfS 85, 177; *Böhme* § 4 Rdnr. 53; vgl. unten Rdnrn. 158, 168). Für eine Interessenwahrnehmung aus dem „Grundverhältnis" zwischen Bürgen und Hauptschuldner (*Palandt/Thomas* § 774 Rdnr. 2) kann dagegen Deckung bestehen.

61 **c) Garantievertrag,** auch Gewährvertrag genannt, ist der formlos wirksame selbständige Vertrag, durch den jemand verspricht, für einen Erfolg einzustehen, insbesondere die Gefahr, die dem anderen aus einer Unternehmung erwächst, also einen künftigen, noch nicht entstandenen und oft schlecht übersehbaren Schaden zu übernehmen. Eine selbständige Garantie kann auch darin liegen, daß ein Vertragspartner verspricht, eine über die vertragsgemäße eigene Leistung hinausgehende Haftung zu übernehmen (AG Hamburg ZfS 87, 145 für Mietgarantie). Der grundsätzliche Unterschied zum Bürgschaftsvertrag besteht vor allem darin, daß die Schuld des Gewährleistenden vom Bestand und Umfang der gesicherten Schuld unabhängig ist, da es nicht ein Einstehen für fremde Schuld zu sein braucht, sondern auch eine – oft riskante – Ausdehnung einer eigenen Verbindlichkeit sein kann. Der Garantievertrag ist im BGB nicht besonders geregelt (*Palandt/Thomas* vor § 765 Rdnr. 16). Nicht unter den Ausschluß des Abs. 1 h fallen unselbständige, oft branchenübliche Garantieabreden als Nebenverpflichtung aus einem Kauf- oder Werkvertrag o. ä., die ohnehin in der Regel nur die Zusicherung einer Eigenschaft oder des Nichtvorhandenseins von Fehlern zum Inhalt haben (*Palandt/Thomas* vor § 765 Rdnr. 20; vor § 633 Rdnrn. 6 bis 9; *Palandt/Putzo* § 477 Rdnrn. 19 bis 21). So ist etwa die „Mietgarantie" des Verkäufers eines Hausgrundstücks die Zusicherung einer Eigenschaft im Sinn des § 459 Abs. 2 BGB (*Palandt/Putzo* § 459 Rdnr. 24).

62 **d. aa)** Ein Schuldübernahmevertrag im Sinn des Abs. 1 h kann auf verschiedene Weise zustande kommen. Entweder kann ein Dritter durch unmittelbaren Vertrag mit dem Gläubiger eine Schuld in der Weise übernehmen, daß der Dritte an die Stelle des bisherigen Schuldners tritt (§ 414 BGB). Oder der Dritte vereinbart mit dem Schuldner die Übernahme, die dann wirksam wird, sobald sie der Gläubiger nach Mitteilung durch den Schuldner oder Dritten genehmigt (§ 415 BGB). Dies sind die beiden im

BGB geregelten Fälle der **befreienden Schuldübernahme**, bei der der Schuldner ausgewechselt wird.

bb) Daneben steht die im BGB nicht geregelte, nach § 305 BGB aber zulässige **Schuldmitübernahme** oder Schuldbeitritt, bei der neben den Erstschuldner ein Dritter als Zweitschuldner tritt. Sie kann zwischen Gläubiger und Übernehmer oder auch zwischen Schuldner und Übernehmer vereinbart werden, wobei jedoch im zweiten Fall ein echter Vertrag zugunsten Dritter vorliegen muß mit der Folge, daß der Gläubiger unmittelbar das Recht erwirbt, die Befriedigung nunmehr auch vom Dritten zu fordern. Im Zweifel ist dies nicht anzunehmen, wenn sich in einem Vertrag der eine Teil zur Befriedigung eines Gläubigers des anderen Teils verpflichtet, ohne gleichzeitig die Schuld zu übernehmen (Erfüllungsübernahme, § 329 BGB; *Palandt/Heinrichs* § 329 Rdnrn. 1, 4, 5; vgl. nächste Rdnr. 64). Die Schuldmitübernahme ist bewußtes und gewolltes Einstehen für eine fremde Schuld, wenn auch nicht anstelle des bisherigen Schuldners, sondern nur neben ihm. Nach Wortlaut und Sinn des Abs. 1 h (vgl. oben Rdnr. 58) ist daher der Versicherungsschutz auch für diesen Fall ausgeschlossen (ebenso BGH VersR 78, 816, 818 unter Ziff. II 1d a.E.; AG Cham, Zweigstelle Roding r+s 96, 314), und zwar auch dann, wenn der VN die Schuldübernahmeurkunde für gefälscht oder den Vertrag aus sonstigen Gründen für unwirksam hält (LG Köln ZfS 86, 112). Die vertragliche Verpflichtung zur Bestellung einer dinglichen Sicherheit (Grundschuld) für ein Darlehen, das der VN einem Dritten gewährt hat, kann nicht als Schuldbeitritt gewertet werden (OLG Oldenburg r+s 96, 61 = VersR 96, 622 = ZfS 96, 31; a.A. LG Aachen VersR 85, 334 = ZfS 85, 178). Entsteht ein Streit nicht aus dem Übernahmevertrag selbst, sondern aus der übernommenen Schuld über deren Bestand oder Höhe, dann gilt hierfür, ähnlich wie bei der Bürgschaft (vgl. oben Rdnr. 60), der Ausschluß nicht (OLG Karlsruhe ZfS 92, 313). Jedoch wird auch in diesen Fällen der Versicherungsschutz häufig wegen Abs. 2b ausgeschlossen sein, nämlich immer dann, wenn der Versicherungsfall im Sinn des § 14 Abs. 3 bereits vor dem Tag der Übernahme eingetreten ist. Dies ist beispielsweise der Fall, wenn der Mitübernehmer einer Darlehensschuld dem Gläubiger vorwirft, bereits bei Begründung der Darlehensschuld durch eine unzulässige Zinsabsprache gegen Rechtsvorschriften verstoßen zu haben (vgl. unten Rdnrn. 158, 173a).

cc) Liegt in einem **Erfüllungsübernahme**-Vertrag im Sinn des § 329 BGB, wie es die Regel ist, kein Vertrag zugunsten des Gläubigers als Dritten, dann ist ein solcher Vertrag weder eine Schuldübernahme noch hat er – wie beim Vorliegen eines echten Vertrags zugunsten des Gläubigers als Dritten (vgl. vorstehende Rdnr.) – die Wirkung einer solchen. Entgegen *Böhme* (§ 4 Rdnr. 25) kann daher die Interessenwahrnehmung aus einer bloßen Erfüllungsübernahme, bei der die Schuld nach § 329 BGB gerade nicht übernommen wird, nach dem klaren Wortlaut des Abs. 1h nicht in den Ausschluß einbezogen werden.

dd) Die **Vermögensübernahme** nach § 419 BGB kann einem Schuldübernahmevertrag im Sinn des Abs. 1h nicht gleichgeachtet werden. Zwar

§ 4 ARB 75

ist die Vermögensübernahme auch im fünften Abschnitt des Zweiten Buches des BGB geregelt, der die Überschrift „Schuldübernahme" trägt. Sie unterscheidet sich jedoch von der vertraglichen Schuldübernahme oder Schuldmitübernahme dadurch, daß der Wille des Vermögensübernehmers keineswegs auch auf die Übernahme der Verbindlichkeiten des Übergebers gerichtet zu sein braucht. Die auf den Bestand des übernommenen Vermögens beschränkte Haftung des Übernehmers ist lediglich eine im Interesse der Gläubiger statuierte gesetzliche Folge der vertraglichen Vermögensübernahme, gleichgültig, ob der Übernehmer die Schuld gekannt hat oder nicht. Da somit das bewußte und gewollte Einstehen für eine fremde Schuld (vgl. oben Rdnr. 58) nicht Wesensmerkmal eines Vermögensübernahmevertrags ist, greift der Ausschluß des Abs. 1 h jedenfalls bei einer Auseinandersetzung zwischen Übergeber und Übernehmer nicht nur nach seinem Wortlaut, sondern auch seinem Sinn und Zweck nicht durch. Entsprechendes gilt, wenn der rechtsgeschäftliche Übernehmer eines Vermögens oder Vermögensteils aufgrund sonstiger gesetzlicher Vorschriften für Verbindlichkeiten des Übergebers haftet, z. B. der Übernehmer eines Handelsgeschäfts mit Firma nach § 25 HGB oder der Betriebsnachfolger nach § 613 a BGB (*Palandt/Heinrichs* § 419 Rdnr. 3). Kommt es zu einer Auseinandersetzung zwischen dem Gläubiger des Übergebers und dem für die Verbindlichkeit des Übergebers kraft Gesetzes mithaftenden Übernehmer, dann hat der Übernehmer als VN – bei Vorliegen der übrigen zeitlichen und sachlichen Deckungsvoraussetzungen – Versicherungsschutz, wenn der Versicherungsfall im Sinn des § 14 nach der Vermögensübernahme eingetreten ist, da dann das versicherte Interesse des VN unmittelbar vom Versicherungsfall betroffen ist. Ist dagegen der Versicherungsfall vor der Vermögens- oder Geschäftsübernahme bereits im Verhältnis zwischen Gläubiger und Übergeber eingetreten, dann besteht für den VN kein Versicherungsschutz, da nicht sein versichertes Interesse, sondern dasjenige des im Vertrag des VN nicht mitversicherten Übergebers betroffen ist (vgl. unten Rdnr. 173 a). An der Rechtsnatur der Forderung ändert sich durch die gesetzlich angeordnete Mithaftung des Übernehmers nichts (Vorbem. vor § 21 Rdnr. 105). Die auf § 419 BGB gestützte Klage eines VN als Gläubigers gegen den Vermögensübernehmer des Schuldners ist ein „Antrag auf Vollstreckung" im Sinn des § 2 Abs. 3 b (LG Kleve ZfS 87, 16; vgl. § 2 Rdnr. 213).

66 2. a) Im Gegensatz zu Bürgschafts-, Garantie- und Schuldübernahmeverträgen, bei denen das Einstehen für eine fremde Schuld nicht mit einer Gegenleistung gekoppelt sein muß, sind **Versicherungsverträge** gegenseitige Verträge mit dem Charakter eines Dauerschuldverhältnisses, durch die sich der Versicherer gegen Entgelt verpflichtet, eine dem VN oder einer mitversicherten Person künftig entstehende Gefahr zu übernehmen und eine durch die Verwirklichung dieser Gefahr, d. h. durch den Eintritt des Versicherungsfalles bedingte Versicherungsleistung – meist, aber nicht notwendigerweise in Geld (*Bruck/Möller* § 1 Anm. 11; *Prölss/Schmidt* § 1 Rdnr. 23) – zu erbringen (*Prölss/Martin* § 1 Anm. 2 A). Daß die Interessenwahrnehmung aus Versicherungsverträgen gleichzeitig mit der Schaffung des Vertrags-RS (Vorbem. vor § 21 Rdnr. 96) in den ARB 69 ausgeschlossen wurde,

hat seinen Grund nicht in der – hier gar nicht gegebenen – Möglichkeit von Manipulationen zu Lasten der Risikogemeinschaft (vgl. oben Rdnr. 58), sondern vorwiegend in der Tatsache, daß die RSVersicherer traditionsgemäß nicht Mittel für einen Streit mit anderen Versicherern zur Verfügung stellen wollten. Hiergegen hatte sich schon bald Kritik erhoben (z. B. *Sieg* BB 72, 1377; GB BAV 77, 77; indirekt wohl auch *Möller*, Studien S. 7). Mit dem Erstarken des Verbraucherschutzgedankens setzte sich die Erkenntnis durch, daß die – jedenfalls bei nichtgewerblichen Risiken – kalkulierbaren und daher versicherbaren Kosten rechtlicher Auseinandersetzungen mit Versicherern in den Versicherungsschutz einbezogen werden sollten, um auch insoweit den eigentlichen Zweck der RSVersicherung zu verwirklichen, nämlich dem VN „Waffengleichheit" für Auseinandersetzungen mit möglicherweise finanzkräftigeren Partnern zu garantieren und ihm das Kostenrisiko für Rechtsfälle des täglichen Lebens abzunehmen. Nachdem einzelnen RSVersicherern schon 1974 eine Klausel genehmigt worden war, durch die der Ausschluß des Abs. 1 h für Versicherungsverträge teilweise aufgehoben wurde (GB BAV 74, 75), kam 1978 eine „Klausel zu §§ 21, 22, 25, 26 und 27 ARB" auf den Markt, durch die der Ausschluß in dem Bereich nichtgewerblicher Versicherungsverträge weitgehend aufgehoben wurde (Näheres vgl. unten Rdnr. 77). Der Ausschluß hat daher heute nur noch Bedeutung im Rahmen des Firmen-Vertrags-RS des § 24 Abs. 3 sowie bei Altverträgen der §§ 21, 22, 25, 26 und 27, zu denen die Geltung der neuen Klausel noch nicht vereinbart worden ist.

aa) Der Ausschluß erstreckt sich nur auf Versicherungsverträge, d. h. 67 durch Antrag und Annahme gemäß §§ 145 ff. BGB zustande gekommene schuldrechtliche **Verträge des Privatrechts** mit einem Versicherer über ein von diesem zu deckendes Risiko. Der Ausschluß betrifft auch das Mitgliedschaftsverhältnis des VN eines VVaG, das zwar als solches nicht schuldrechtlicher, sondern genossenschaftlicher Natur ist, jedoch ein schuldrechtliches Versicherungsverhältnis als wesentliches Element mit einschließt (*Prölss/Martin* § 1 Anm. 2; *Prölss/Weigel* § 20 Rdnr. 7). Die Interessenwahrnehmung aus öffentlich-rechtlichen Versicherungs- und Mitgliedsschaftsverhältnissen, denen kein schuldrechtlicher Vertrag zugrundeliegt, fällt nicht unter den Ausschluß, mit Ausnahme von Sozialgerichtsverfahren allerdings auch nicht unter die RS-Deckung. Der Ausschluß greift also nicht durch bei einer Interessenwahrnehmung aus gesetzlichen Versicherungsverhältnissen. Dies sind insbesondere in der Sozialversicherung (*Creifelds* Stichwort „Sozialversicherung") die gesetzliche Krankenversicherung bei den Orts-, Betriebs- und Innungskrankenkassen, der See-Krankenkasse, der Bundesknappschaft, den landwirtschaftlichen Krankenkassen und den Ersatzkassen (§§ 4, 143 ff. SGB V), die gesetzliche Unfallversicherung (SGB VII), die gesetzliche Rentenversicherung (SGB VI), die soziale Pflegeversicherung (SGB XI), die Arbeitslosenversicherung nach dem Arbeitsförderungsgesetz, die Altershilfe für Landwirte nach dem Gesetz über eine Altershilfe für Landwirte und die Hilfe für Behinderte nach dem Gesetz über die Sozialversicherung Behinderter. Ist ein freiwilliger Beitritt zu einer öffentlich-rechtlich ausgestalteten gesetzlichen Versicherung möglich (z. B. § 9 SGB V,

§ 4 ARB 75   68   1. Teil. Allgemeine Bestimmungen (A)

§ 7 SGB VI), dann schließt der Beitretende damit keinen privatrechtlichen Versicherungsvertrag, sondern unterstellt sich dem öffentlich-rechtlichen Versicherungsverhältnis (BGH VersR 77, 768). Soweit für den einer gesetzlichen oder sonstigen öffentlich-rechtlichen Versicherung angehörenden VN Sozialgerichts-RS besteht (§ 25 Abs. 2 d, § 26 Abs. 3 f Fassung 1975 [Fassung 1988: Abs. 5 f.], § 27 Abs. 3 f), hat er Versicherungsschutz für die gerichtliche Interessenwahrnehmung aus einem zur Zuständigkeit der Sozialgerichte gehörenden öffentlich-rechtlichen Versicherungsverhältnis. Eine Sonderstellung nimmt die 1994 neben der sozialen Pflegeversicherung als Pflichtversicherung (unten Rdnr. 69) eingeführte private Pflegeversicherung ein. Ihr liegt, wie der privaten Krankenversicherung, ein schuldrechtlicher Vertrag zugrunde, der jedoch nach der derzeitigen Gesetzeslage bei Streit den Sozialgerichten zugewiesen ist (BSG vom 8. 8. 1996, 3 BS 1/96; *Römer* VersR 96, 562; *Prölss/Schmidt* Zusatz 1 zu § 12 d; a. A. *Castellvi* VersR 97, 661). Bei Bestehen von Versicherungsvertrags-RS (unten Rdnr. 77) hat demnach der VN Deckung bereits für den außergerichtlichen Bereich, bei gerichtlichem Streit außerdem über den Sozialgerichts-RS (Vorbem. vor § 21 Rdnrn. 130 ff.). Soweit Auseinandersetzungen aus einem öffentlich-rechtlichen Versicherungsverhältnis im Verwaltungsstreitverfahren zu erledigen sind, sehen dagegen die ARB keine Deckung vor. Hauptfälle waren früher hoheitlich ausgestaltete öffentlich-rechtliche (Zwangs-)Versicherungsverhältnisse nach Landesrecht bei Monopolanstalten, die allerdings im Rahmen der Harmonisierung des EG-Rechts 1994 beseitigt worden sind (*Prölss/Schmidt* § 1 Rdnr. 65; *Prölss/ Weigel* vor § 15 Rdnr. 34).

68   Von einem – zwangsweise oder freiwillig – bestehenden öffentlich-rechtlichen Versicherungsverhältnis zu unterscheiden ist ein privatrechtlicher Versicherungsvertrag, der mit einem **öffentlich-rechtlichen Versicherungsunternehmen** geschlossen worden ist. Neben den privatrechtlichen Versicherungsunternehmen in Form einer AG oder eines VVaG (§ 7 VAG) können auch öffentlich-rechtliche Versicherungsanstalten das private Versicherungsgeschäft betreiben. Sie sind öffentlich-rechtliche Wettbewerbs-Unternehmen im Sinn des § 2 Abs. 3 BAVG mit der Folge, daß ein Versicherungsinteressent entweder bei ihnen oder bei einem beliebigen anderen – privat- oder öffentlichrechtlichen – Versicherer sein Versicherungsbedürfnis durch Abschluß eines privatrechtlichen Versicherungsvertrags befriedigen kann (*Prölss/Schmidt* BAVG § 2 Rdnrn. 6 ff; *Prölss/Weigel* vor § 15 Rdnrn. 31 ff.). Keine Wettbewerbs-Unternehmen sind Zwangsversorgungseinrichtungen freier Berufe, bei denen die Mitgliedschaft kraft Gesetzes entsteht und Streitigkeiten im Verwaltungsrechtsweg oder durch ein Schiedsgericht erledigt werden (AG Karlsruhe r+s 97, 118; AG Steinfurt ZfS 83, 47; z.B. bayer. Ärzteversorgung, Art. 47 des Gesetzes über das öffentliche Versicherungswesen vom 7. 12. 1933, BayRS 763 – 2 – I, sowie Satzung der bayer. Ärzteversorgung; *Prölss/ Schmidt* § 1 Rdnr. 47). Versicherungsunternehmen in der Form eines nichtrechtsfähigen Vereins sind die kommunalen Schadenausgleiche im Sinn des § 1 Abs. 3 Nr. 3 VAG, mit denen ebenfalls privatrechtliche Versicherungsverhältnisse bestehen (BGH VersR 68, 138; *Prölss/Schmidt* § 1 Rdnr. 59).

Allgemeine Risikoausschlüsse 69–71 § 4 ARB 75

Für den Rechtscharakter eines Versicherungsvertrags als eines schuld- 69
rechtlichen Vertrags und damit für den Ausschluß des Abs. 1h ist es gleichgültig, ob der Vertrag freiwillig oder aufgrund gesetzlicher oder sonstiger – z.B. standesrechtlicher oder tarifvertraglicher – **Verpflichtung** abgeschlossen wird. Ein bundes- oder landesgesetzlicher Zwang zum Abschluß einer Haftpflicht-, Unfall-, Feuer- oder sonstigen Versicherung (z.B. für Autohalter, Luftverkehrsunternehmer, Jäger, Wirtschaftsprüfer; Näheres *Prölss/ Martin* vor § 1 Anm. IV 1; *Taupitz* VersR 83, 100; 1994 ist die private Pflegeversicherung hinzugekommen, oben Rdnr. 67) ändert nichts an der privatrechtlichen Natur des hierbei zustandekommenden Versicherungsvertrags (*Prölss/Martin* § 1 Anm. 2; § 192 Anm. 3). Das gleiche gilt für standesrechtliche oder tarifvertragliche Bestimmungen, die den Abschluß eines Versicherungsvertrages vorschreiben.

Ein – oft aufgrund besonderer Verpflichtung bestehendes – **privat-** 70
rechtliches Rechtsverhältnis hat die Rechtsprechung insbesondere bei folgenden **öffentlich-rechtlichen Versicherungseinrichtungen** bejaht: Bundesbahn-Versicherungsanstalt – Abt. B für Zusatzversorgung – (BGH VersR 63, 765); Krankenversorgung der Bundesbahnbeamten (BGH NJW 81, 2005 = VersR 81, 628); Versorgungsanstalt der Deutschen Bundespost (BGH VersR 85, 943, 958; BSGE 21, 5); Postbeamten-Krankenkasse (BGH NJW 76, 374 = VersR 76, 235; RGZ 171, 198); Versorgungsanstalt der deutschen Bezirksschornsteinfegermeister (BGH VersR 64, 837); Zusatzversorgungsanstalt der Gemeinden und Gemeindeverbände des Landes Hessen (BVerwG DVBl. 60, 70); Rheinische Zusatzversorgungskasse für Gemeinden und Gemeindeverbände (BGH VersR 79, 1120; OLG Hamm VersR 87, 145 für Nordrhein-Westfalen); Versorgungsanstalt des Bundes und der Länder (BGH NJW 88, 3151 = VersR 88, 575 m.w.N.). Soweit diese Anstalten Zusatzrenten zur gesetzlichen Rentenversicherung gewähren, ergibt sich für einen nach §§ 25, 26 oder 27 – ohne die unten in Rdnr. 77 erörterte Klausel – versicherten VN die Folge, daß er zwar für eine sozialgerichtliche Auseinandersetzung wegen seiner „Hauptrente" Versicherungsschutz gemäß §§ 25 Abs. 2d, 26 Abs. 3f oder 27 Abs. 3f hat, wegen des Ausschlusses des Abs. 1h dagegen nicht für einen vor ein Zivil-, Arbeits- oder Schiedsgericht gehörenden Streit wegen seiner Zusatzrente.

Ähnliches gilt für Ansprüche eines Arbeitnehmers gegen **Pensionskassen** 71
im Sinn des § 1 Abs. 3 des Gesetzes zur Verbesserung der betrieblichen Altersversorgung (Betriebsrentengesetz), d.h. rechtlich selbständige betriebliche Versorgungseinrichtungen, die meist die Rechtsform eines VVaG haben und dem Arbeitnehmer oder seinen Hinterbliebenen als Lebensversicherer einen Rechtsanspruch auf ihre Leistungen gewähren. Unter die Deckung des Arbeits-RS fallen solche Streitigkeiten nicht, da nicht Interessen „aus" dem Arbeitsverhältnis, sondern aus einem selbständig daneben bestehenden Versicherungsverhältnis wahrgenommen werden (Vorbem. vor § 21 Rdnr. 122). Da jedoch bei den seit etwa Mitte 1978 geschlossenen RSVersicherungsverträgen in der Regel die „Klausel zu §§ 21, 22, 25, 26 und 27 ARB" (vgl. unten Rdnr. 77) mit vereinbart wird, kann dieses für den VN unbefriedigende

Ergebnis nur noch bei älteren Verträgen eintreten, für die die Klausel noch nicht gilt.

72 Kein Streit aus einem Versicherungsverhältnis ist dagegen eine Auseinandersetzung des Arbeitnehmers mit einer **Unterstützungskasse** seines Arbeitgebers im Sinn des § 1 Abs. 4 des Gesetzes zur Verbesserung der betrieblichen Altersversorgung (Betriebsrentengesetz), d. h. einer rechtsfähigen Versorgungseinrichtung, die auf ihre Leistungen keinen Rechtsanspruch gewährt. Unterstützungskassen haben meist die Rechtsform eines eingetragenen Vereins oder einer GmbH, gelegentlich auch einer Stiftung. Da diese Kassen wirtschaftlich dem Arbeitgeber zuzuordnen sind, und zwar auch bei sogenannten Konzern-Unterstützungskassen, die von mehreren Unternehmen gemeinsam getragen werden, werden ihre Leistungen als Teil der Arbeitsvergütung oder Versorgungsbezüge des jeweils betroffenen Arbeitgebers angesehen (*Prölss/Schmidt* § 1 Rdnr. 52; *Schaub* § 81 XIV). Ein Streit mit einer solchen Unterstützungskasse kann daher als Interessenwahrnehmung „aus Arbeitsverhältnissen" gewertet werden, und zwar auch für einen die Unterstützungskasse als Arbeitgeber tragenden VN im Rahmen des § 24 Abs. 2 b (Vorbem. vor § 21 Rdnr. 122).

73 **Streitigkeiten** eines **Arbeitgebers** mit auf Gesetz oder Tarifvertrag beruhenden Zusatzversorgungseinrichtungen, z. B. wegen der Beitragspflicht, sind keine Streitigkeiten „aus" Versicherungsverträgen, da der Arbeitgeber nicht Versicherter der Versorgungseinrichtung ist. Andererseits handelt es sich aber auch nicht um eine Streitigkeit „aus Arbeitsverhältnissen" im Sinn des § 24 Abs. 2 b (§ 24 Rdnr. 34).

74 bb) Der Ausschluß bezieht sich auf Versicherungsverträge **aller Art,** also gleichgültig in welcher Sparte und zu welchem Zweck und mit welchem Versicherer sie geschlossen sind. Die in der Bundesrepublik Deutschland und im Bereich der Europäischen Gemeinschaften üblicherweise betriebenen Versicherungssparten (mit Untersparten) – früher als Versicherungszweige bezeichnet – ergeben sich aus der Anlage zum VAG. Es sind dies folgende Hauptsparten: Unfall, Krankheit, Landfahrzeug-Kasko, Schienenfahrzeug-Kasko, Luftfahrzeug-Kasko, See-, Binnensee- und Flußschiffahrts-Kasko, Transportgüter, Feuer- und Elementarschäden, sonstige Sachschäden, Haftpflicht für Landfahrzeuge mit eigenem Antrieb, Luftfahrzeughaftpflicht, See-, Binnensee- und Flußschiffahrtshaftpflicht, allgemeine Haftpflicht, Kredit, Kaution, verschiedene finanzielle Verluste und Rechtsschutz. Hinzu kommt die Lebensversicherung mit sämtlichen Untersparten. Hinzugekommen ist 1994 die private Pflegeversicherung (oben Rdnr. 67).

75 Keine Versicherungsverträge im Sinn des Abs. 1 h sind schuldrechtliche Verträge, in denen eine **versicherungsartige Abrede** nur **unselbständiger** Bestandteil eines anderen Geschäfts ist, z. B. eine Garantie- oder Instandhaltungszusage im Zusammenhang mit einem Kauf- oder Werkvertrag oder eine Versorgungs- oder Pensionszusage des Arbeitgebers, die er aus seinem eigenen Vermögen zu erfüllen hat (*Prölss/Martin* § 1 Anm. 1 A b). Entsteht also beispielsweise ein Streit zwischen einem nach §§ 25 oder 26 versicherten VN mit seinem jetzigen oder früheren Arbeitgeber über Bestand oder Höhe eines

Allgemeine Risikoausschlüsse

von diesem selbst – also nicht von einer rechtlich selbständigen Versorgungskasse als Versicherer (vgl. oben Rdnr. 71) – zugesagten Versorgungsanspruchs, dann besteht hierfür gemäß §§ 25 Abs. 2 b oder 26 Abs. 3 c (Fassung 1988: Abs. 5 c) Versicherungsschutz, da es sich um einen Anspruch aus einem Arbeits- oder Ruhestandsverhältnis handelt und der Ausschluß des Abs. 1 h nicht durchgreift. Dies gilt auch dann, wenn sich der Anspruch wegen Insolvenz des Arbeitgebers nach §§ 7, 14 des Gesetzes zur Verbesserung der betrieblichen Altersversorgung (Betriebsrentengesetz) gegen den Pensions-Sicherungs-Verein VVaG als Träger der Insolvenzversicherung richtet. Denn die unmittelbare Versorgungszusage des Arbeitgebers bleibt schuldrechtliche Verpflichtung aus dem Arbeits- oder Ruhestandsverhältnis und wird nicht zu einer Verpflichtung aus einem Versicherungsvertrag, auch wenn sie sich gegen den VVaG richtet. Mitglieder dieses VVaG sind nicht die einzelnen früheren Arbeitnehmer als Inhaber solcher Versorgungszusagen, sondern die gemäß § 10 des Gesetzes beitragspflichtigen Arbeitgeber (vgl. auch *Everhardt* BB 81, 681). Für Rechtsstreitigkeiten des Versorgungsberechtigten mit dem Pensions-Sicherungs-Verein ist der Rechtsweg zu den Arbeitsgerichten eröffnet (§ 2 Abs. 1 Nr. 5 ArbGG; Vorbem. vor § 21 Rdnr. 122).

cc) Ausgeschlossen ist nur die Interessenwahrnehmung „aus" Versicherungsverträgen. Es fallen also nicht alle Auseinandersetzungen aus dem „Bereich" des Versicherungsrechts unter die Ausschlußbestimmung (vgl. oben Rdnr. 9), sondern nur die Geltendmachung oder Abwehr von solchen Ansprüchen, die ihre rechtliche Grundlage in einem bestehenden Versicherungsvertrag haben oder haben sollen, insbesondere die Verfolgung von Deckungsansprüchen und die Abwehr von nach Meinung des VN unberechtigten Beitrags- oder Regreßforderungen des Versicherers (BGH NJW 60, 529 = VersR 60, 145; vgl. Vorbem. vor § 21 Rdnr. 108 und § 24 Rdnr. 33). Macht nicht der VN eines (anderen) Versicherungsvertrages, sondern ein selbst rechtsschutzversicherter, im anderen Versicherungsvertrag Mitversicherter Ansprüche aus dem (anderen) Versicherungsvertrag selbständig gegen den (anderen) Versicherer geltend, wie dies z.B. nach §§ 10 Ziff. 4, 16 Ziff. 5 AKB oder im Fall des § 75 Abs. 2 VVG oder bei Zustimmung des VN oder bei Untätigkeit des VN nach Ablehnung durch den Versicherer möglich ist (*Prölss/Martin* § 75 Anm. 3 a bis c; vgl. auch § 11 Rdnr. 18), dann handelt es sich um eine Auseinandersetzung aus dem (anderen) Versicherungsvertrag selbst, nicht um eine Auseinandersetzung zwischen dem Mitversicherten und VN. Der Ausschluß greift daher zu Lasten des Mitversicherten ein, falls er nicht selbst einen Vertrag mit Versicherungsvertrags-RS (unten Rdnr. 77) abgeschlossen hat. Anders liegt es, wenn der in einem (anderen) Versicherungsvertrag Mitversicherte den VN dieses (anderen) Versicherungsvertrags wegen einer formell allein dem VN zustehenden Versicherungsleistung in Anspruch nimmt. Dies kann beispielsweise bei einem mitversicherten Arbeitnehmer der Fall sein, der den Arbeitgeber auf Auskehrung einer zugunsten des mitversicherten Arbeitnehmers angefallenen Unfall- oder Lebensversicherung in Anspruch nimmt. Insoweit handelt es sich zwar auch mittelbar um Interessen aus einem Versicherungsvertrag. Anspruchsgrundlage ist jedoch für den Arbeitnehmer das Arbeitsverhältnis

§ 4 ARB 75   77   1. Teil. Allgemeine Bestimmungen (A)

(Vorbem. vor § 21 Rdnr. 117) und nicht der Unfall- oder Lebens-Versicherungsvertrag. Auch ohne Vorliegen eines Arbeitsverhältnisses kann ein schuldrechtlicher oder schuldrechtsähnlicher und daher möglicherweise unter die Deckung des Vertrags-RS (Vorbem. vor § 21 Rdnr. 96) fallender Anspruch eines selbständig rechtsschutzversicherten, im anderen Versicherungsvertrag Mitversicherten gegen den VN dieses anderen Vertrages auf Auskehrung der Versicherungssumme bestehen. Bei der Kraftfahrt-Unfallversicherung ist dies allerdings entgegen der früher herrschenden Meinung, die den VN des Kraftfahrt-Unfallversicherungsvertrages zur Auszahlung der Versicherungssumme an den verletzten Insassen aus Geschäftsführung ohne Auftrag gemäß § 681 BGB für verpflichtet hielt, nicht mehr ohne weiteres anzunehmen (BGH NJW 75, 1273 = VersR 75, 703; Näheres *Stiefel/Hofmann* § 3 Rdnrn. 64 bis 71).

77   b) 1974 wurde einigen RSVersicherern eine **Klausel** genehmigt, die eine Erweiterung des Versicherungsschutzes auf die Interessenwahrnehmung aus Versicherungsverträgen mit Dritten ermöglicht (GB BAV 74, 75). Eine vergleichbare Klausel hatte es übrigens bereits beim Verkehrs-RS vor 1945 gegeben (§ 1 d der Bedingungen von 1928 und 1934/35, *Werner* S. 261, 265). Für die meisten der seit 1978 geschlossenen Verträge nach §§ 21, 22, 25, 26 und 27 ist der Risikoausschluß des Abs. 1 h durch folgende Standard-Klausel (vgl. Einl. Rdnr. 23 b) aufgehoben, wenn der Wert des Streitgegenstandes einen im Versicherungsschein genannten Betrag – zur Zeit meist dreihundert Deutsche Mark – übersteigt (VerBAV 83, 306; ausführlich: *Matzen* VersR 80, 805; für Kompositversicherer, die die RSVersicherung betreiben, etwas geänderte Fassung: VerBAV 91, 15):

> **Klausel zu §§ 21, 22, 25, 26 und 27 ARB – Versicherungsvertrags-Rechtsschutz**
>
> Soweit der Versicherungsschutz die Wahrnehmung rechtlicher Interessen aus schuldrechtlichen Verträgen umfaßt, erstreckt er sich abweichend von § 4 Abs. 1 h) ARB auch auf Versicherungsverträge aller Art mit anderen Versicherern.
>
> Dieser Versicherungsschutz besteht nur, wenn der Wert des Streitgegenstandes einen im Versicherungsschein genannten Betrag übersteigt.

Durch die Überschrift der Klausel ist klargestellt, daß der Ausschluß für Versicherungsverträge, die Gewerbetreibende und freiberuflich Tätige in dieser Eigenschaft abgeschlossen haben (§ 24), in vollem Umfang fortbesteht. Bei Verträgen nach §§ 23, 28 und 29 spielt der Ausschluß ohnehin keine Rolle, da dort die Interessenwahrnehmung aus schuldrechtlichen Verträgen – mit Ausnahme von Miet- und Pachtverträgen bei § 29 – und damit aus Versicherungsverträgen nicht unter Versicherungsschutz steht. Eingeschlossen ist die Interessenwahrnehmung aus Versicherungsverträgen „mit anderen Versicherern", also nicht aus dem Vertrag mit dem eigenen RSVersicherer. Die Deckung erstreckt sich auch auf Auseinandersetzungen zwischen einem VVaG und seinen Mitgliedern, da der Hauptinhalt der Mitgliedschaft ein Versicherungsverhältnis ist (§ 20 VAG; *Prölss/Weigel* § 20

Rdnrn. 7 ff.; vgl. oben Rdnr. 67). Etwas anderes gilt nur, wenn der Streit eine versicherungsfremde, rein vereinsrechtliche Frage betrifft (vgl. auch Vorbem. vor § 21 Rdnr. 102).

Aus der Verwendung der Worte „**Versicherungsverträge aller Art**" darf nicht geschlossen werden, daß für einen nach §§ 21 oder 22 Versicherten auch die Interessenwahrnehmung aus Versicherungsverträgen außerhalb des Verkehrsbereichs oder daß für einen nur nach § 25 Versicherten die Interessenwahrnehmung auch aus Versicherungsverträgen des Verkehrsbereichs, z. B. der Kraftfahrtversicherung, unter die Deckung fallen. Die Eingrenzung ergibt sich aus dem Eingangswortlaut der Klausel „soweit der Versicherungsschutz die Wahrnehmung rechtlicher Interessen aus schuldrechtlichen Verträgen umfaßt ...". In den Fällen der §§ 21 und 22 umfaßt der Versicherungsschutz gemäß § 21 Abs. 4 b bezw. § 22 Abs. 3 d nur die Wahrnehmung rechtlicher Interessen des VN aus schuldrechtlichen Verträgen in seiner Eigenschaft als Eigentümer oder Halter der auf ihn zugelassenen Fahrzeuge bezw. des im Versicherungsschein bezeichneten Fahrzeugs. Im Fall des § 25 umfaßt der Versicherungsschutz gemäß § 25 Abs. 3 die Wahrnehmung rechtlicher Interessen des VN nur insoweit, als er schuldrechtliche Verträge nicht im Zusammenhang mit einer selbständigen oder freiberuflichen Tätigkeit (§ 25 Abs. 1 Satz 2) und nicht als Eigentümer oder Halter von Motorfahrzeugen abgeschlossen hat (§ 25 Abs. 4 a).

Ein nach §§ 21 oder 22 Versicherter hat daher aufgrund der Klausel beispielsweise Versicherungsschutz für eine Interessenwahrnehmung aus allen Unterarten der **Kraftfahrtversicherung** im Sinn der AKB, aus einer Kraftfahrzeug-Reparaturkostenversicherung, einer Pannenversicherung oder einer Verkehrs-Service-(Auto-Schutzbrief-, Auto-Sicherheitsbrief-, Auto-Schutzpaß-)Versicherung. Besteht für ihn eine allgemeine Unfallversicherung, eine allgemeine Reisegepäck-Versicherung oder eine allgemeine Reiserücktrittskosten-Versicherung, dann hat er Versicherungsschutz aus diesen Versicherungsverträgen, wenn der Versicherungsfall – z. B. unzureichende Leistung des Versicherers (§ 14 Abs. 3) – in einer dieser Sparten mit einer durch § 21 Abs. 1 oder § 22 Abs. 1 geschützten Eigenschaft sachlich zusammenhängt (§ 21 Rdnr. 62).

Soweit die oben Rdnr. 77 abgedruckte Klausel zu einem Vertrag nach §§ 25, 26 oder 27 vereinbart wurde, deckt sie auch die Interessenwahrnehmung aus Versicherungsverträgen über **Immobilien**, z. B. eine nichtgewerbliche Vermieter- oder Hausbesitzer-Haftpflicht-Versicherung oder eine Elementarschaden-Versicherung. Der Ausschluß der §§ 25 Abs. 4 b und c, 26 Abs. 5 a und b Fassung 1975 (Fassung 1988: Abs. 7 a und b) und 27 Abs. 5 b und c bezieht sich nur auf Miet- und Pachtverhältnisse über Immobilien und auf dingliche Rechte an Immobilien, nicht dagegen auf schuldrechtliche Versicherungsverträge über Immobilien-Risiken.

Wegen der Frage des **Versicherungsfalls** im Versicherungsvertrags-RS vgl. § 14 Rdnr. 55.

X. Familien- und Erbrecht (Abs. 1i)
(entspricht § 3 Abs. 2g ARB 94)

81 1. Der Ausschluß betrifft „streitträchtige" (*Möller*, Studien S. 7) Rechtsgebiete, bei denen das **subjektive Risiko** eine beherrschende Rolle spielen kann und durch den Risikoausschluß auch einem kollusiven Zusammenwirken naher Angehöriger zu Lasten der Risikogemeinschaft vorgebeugt werden soll. Ein eingeschränkter Versicherungsschutz für eine „interne" Beratung ist allerdings in §§ 25 Abs. 2e, 26 Abs. 3g (Fassung 1988: Abs. 5g) und 27 Abs. 3g vorgesehen (Näheres Vorbem. vor § 21 Rdnrn. 148 ff.). Der Ausschluß bezieht sich sowohl auf deutsches wie auf ausländisches spezifisches Familien- und Erbrecht.

82 2. **Familienrecht** ist die Gesamtheit der staatlichen Rechtsnormen, welche die rechtlichen Beziehungen der Mitglieder der Familie zueinander und zu Dritten regeln, insbesondere das Recht der Ehe in ihren personenrechtlichen und güterrechtlichen Auswirkungen, die elterliche Sorge und ihre Ergänzung durch Vormundschaft und Pflegschaft sowie die Regelung des Unterhalts unter Ehegatten, Verwandten und gegenüber dem nichtehelichen Kind. Das Familienrecht ist vornehmlich im Vierten Buch des BGB (§§ 1297 bis 1921) und im EheG geregelt. Formelle Vorschriften enthält das PersonenstandsG (*Palandt/Diederichsen* Einl. vor § 1297 Rdnrn. 1, 2; *Creifelds* Stichwort „Familienrecht"). Weitere Fragen sind in Sondergesetzen geregelt, z.B. die religiöse Kindererziehung oder die Änderung von Familiennamen und Vornamen (Näheres *Palandt/Diederichsen* 42. Aufl. Einl. vor § 1297 Anm. 3). Entscheidend für die Zuordnung zum Familienrecht im Sinn des Abs. 1i ist das materielle Recht, nicht das Prozeßrecht. Daher fallen auch solche Angelegenheiten mit vorwiegend familienrechtlichem Charakter, die nicht nach § 23b GVG als Familiensachen den Familiengerichten zugewiesen sind, unter die Ausschlußbestimmung (AG Regensburg ZfS 84, 305; vgl. auch BGH NJW 79, 2156; 80, 192, 194).

83 Ausgeschlossen ist die Interessenwahrnehmung aus dem **gesamten „Bereich"** des Familienrechts, so daß konkurrierende oder weitergehende Ansprüche aus anderen Rechtsgebieten nur dann nicht vom Ausschluß erfaßt werden, wenn sie nicht durch die spezifisch familienrechtliche Rechtsbeziehung ihr Gepräge erhalten (vgl. oben Rdnr. 9). Vertragliche oder außervertragliche Rechtsbeziehungen zwischen Verwandten und – auch früheren – Ehegatten, die nicht oder nicht vorwiegend im Familienrecht begründet sind, fallen dagegen nicht unter den Ausschluß (LG Aachen ZfS 80, 372). So kann ein Schenkungswiderruf des VN gegenüber seiner getrennt lebenden Ehefrau wegen groben Undanks auf Grund der schuldrechtlichen Anspruchsgrundlage (§ 531 BGB) vom Versicherungsschutz umfaßt sein (OLG Hamm VersR 83, 1025 = ZfS 83, 114), ebenso die Abwicklung des Ausgleichsanspruchs gemäß § 426 Abs. 2 BGB zwischen ehemaligen Ehegatten aus der Rückführung eines gemeinsam aufgenommenen Bankdarlehens (AG Hanau ZfS 92, 282) oder die Auseinandersetzung einer BGB-Gesellschaft (§§ 730 ff. BGB) an Wohnungseigentum zwischen in Gütertrennung lebenden Ehegatten (OLG Köln r + s 91, 419) oder einer Mitei-

gentumsgemeinschaft (§§ 749 ff. BGB) an einem Hausgrundstück zwischen geschiedenen Ehegatten, auch wenn sie auf eine Scheidungsfolgenvereinbarung gestützt ist (AG Coburg VersR 96, 186 = ZfS 95, 231). Ein zur Regelung spezifisch scheidungs- oder güterrechtlicher Beziehungen geschlossener Vertrag behält dagegen seine familienrechtliche Natur (OLG Düsseldorf VersR 85, 635 = ZfS 85, 53; LG Mannheim ZfS 88, 46; LG Heidelberg ZfS 86, 111; LG Bonn ZfS 85, 148; vgl. auch BGH NJW 82, 941; 83, 298). Entsprechendes gilt für „Umkehr- oder Spiegelbildsachen" wie etwa den als Bereicherungsanspruch erhobenen Anspruch auf Rückgewähr von Unterhalt (vgl. BGH NJW 81, 346; 78, 1531). Streitigkeiten aus eheähnlichen Verhältnissen sind nicht familienrechtlicher, nur in Ausnahmefällen gesellschaftsrechtlicher oder sonstwie vertraglicher Natur (*Palandt/Diederichsen* vor § 1297 Rdnrn. 8 ff.; Vorbem. vor § 21 Rdnr. 105). Schadenersatzansprüche aufgrund familienrechtlicher Beziehungen, z. B. zwischen Verlobten nach §§ 1298, 1300 BGB (AG Düsseldorf r+s 96, 231; 97, 69) oder gegen einen Vormund oder Pfleger nach §§ 1833, 1915 BGB, sind nicht gedeckt. Werden daneben weitergehende Schadenersatzansprüche erhoben, z. B. aus § 823 ff. BGB, dann sind auch solche Ansprüche ausgeschlossen, wenn zwischen ihnen und der familienrechtlichen Beziehung ein innerer sachlicher Zusammenhang besteht. Will ein VN die Honorarklage eines Rechtsanwalts abwehren, der ihn in einer familienrechtlichen Angelegenheit vertreten hatte, fällt dies nicht unter den Ausschluß (keine Familiensache: BayObLG NJW 82, 587; vgl. auch oben Rdnr. 11 und § 14 Rdnr. 27). Nicht nach Abs. 1 i ausgeschlossen ist auch die auf einen Behandlungsfehler gestützte Klage des Vaters eines nichtehelichen Kindes gegen den behandelnden Arzt der Kindesmutter auf Schadensersatz in Höhe des an das Kind zu zahlenden Unterhalts (LG Augsburg r + s 88, 336) und die gesetzliche Mithaftung eines Ehegatten gemäß § 1357 BGB (Schlüsselgewalt) für eine vertragliche Verbindlichkeit des anderen Ehegatten (AG Rastatt VersR 96, 1100; vgl. auch Vorbem. vor § 21 Rdnr. 105).

3. **Erbrecht** – im hier gemeinten objektiven Sinn im Gegensatz zum subjektiven Erbrecht des Erben nach dem Erbfall – ist die Gesamtheit aller privatrechtlichen Vorschriften, die den Übergang des Vermögens eines Verstorbenen auf dessen Rechtsnachfolger sowie deren Verhältnis zueinander regeln (*Palandt/Edenhofer* Einl. vor § 1922 Rdnr. 1; *Creifelds* Stichwort „Erbrecht"). Es ist vornehmlich im Fünften Buch des BGB enthalten, daneben auch im Schuldrecht (z. B. § 673 BGB), im Sachenrecht (z. B. § 857 BGB) und im Familienrecht (z. B. § 1371 BGB). Weitere erbrechtliche Vorschriften finden sich noch in bundesrechtlichen Sondergesetzen (*Palandt/ Edenhofer* Einl. vor § 1922 Rdnr. 1) sowie aufgrund des Vorbehalts des Art. 64 EGBGB in landesrechtlichen Bestimmungen über das Anerbenrecht in Ansehung landwirtschaftlicher und forstwirtschaftlicher Grundstücke (z. B. Höfeordnung der ehemaligen britischen Zone; Näheres *Palandt/ Edenhofer* EGBGB Art. 64 Rdnrn. 4 ff.). Ausgeschlossen ist die Interessenwahrnehmung aus dem gesamten „Bereich" des Erbrechts. Es fallen also auch hier, ähnlich wie im Familienrecht (vgl. oben Rdnr. 83), spezifisch erbrechtliche Ansprüche aller Art (AG Lüdenscheid VersR 83, 1149; AG Dü-

ren ZfS 80, 74; AG Erkelenz ZfS 80, 212), insbesondere auch erbrechtliche Schadenersatzansprüche, z.b. gegen einen Nachlaßpfleger, Nachlaßverwalter oder Testamentsvollstrecker (§§ 1960, 1985 in Verbindung mit 1915, 1833; § 2219 BGB) unter den Ausschluß. Das Gleiche gilt nach AG Oldenburg (VersR 87, 811 = ZfS 86, 370, bestätigt von LG Oldenburg ZfS 87, 178) für den mit dem Tod des Erblassers entstandenen Anspruch auf Aufhebung eines zwischen den Erben bestehenden, mit Mitteln des Erblassers vor dessen Tod gespeisten Gemeinschaftskontos. Kein spezifisch erbrechtliches Rechtsinstitut ist dagegen der Erbschaftskauf, durch den ein Allein- oder Miterbe die ihm angefallene Erbschaft verkauft. Die §§ 2371 bis 2385 BGB legen hierfür nur einen Formzwang und gewisse sonstige Modalitäten und Auslegungsregeln fest, während der Vertrag selbst schuldrechtlicher Kauf im Sinn der §§ 433 ff. BGB ist, der den Käufer nicht zum Erben macht (*Palandt/Edenhofer* vor § 2371 Rdnrn. 1 ff.). Ist bei einer Klage auf Freigabe einer hinterlegten Lebensversicherungssumme nicht eine Erbenstellung der Beteiligten im Streit, sondern die Auslegung der Klausel über die Bezugsberechtigung, greift Abs. 1 i nicht ein (OLG Köln r + s 89, 20). Wegen des Versicherungsschutzes für einen Antrag auf Nachlaßpflegschaft nach § 1961 BGB zum Zwecke der Erbenermittlung vgl. unten Rdnr. 130 a.

85 Keine Interessenwahrnehmung aus dem Bereich des Erbrechts liegt vor, wenn der VN einen **ererbten** – gesetzlichen oder vertraglichen – **Anspruch** verfolgen oder von einer ererbten Verbindlichkeit freikommen will. Denn für den Ausschluß ist nicht die Art des Erwerbs des Anspruchs oder der Verbindlichkeit durch den VN maßgeblich, sondern allein deren Rechtsnatur, die sich durch die Gesamtrechtsnachfolge nicht verändert. Ein ererbter Schadenersatzanspruch oder Vertragsanspruch bleibt Schadenersatzanspruch oder Vertragsanspruch und wird durch die Erbfolge nicht zu einem Anspruch „aus dem Bereich des Erbrechts". Eine andere Frage ist, ob der VN als Gesamtrechtsnachfolger nach allgemeinen Grundsätzen des Versicherungsvertragsrechts hierfür überhaupt Versicherungsschutz erhalten kann (Näheres hierzu vgl. unten Rdnr. 172).

XI. Baurisiko (Abs. 1k)
(entspricht § 3 Abs. 1d ARB 94)

Literatur: *Mink*, Eintrittspflicht von Rechtsschutzversicherungen bei Rechtsstreitigkeiten im Zusammenhang mit Immobilien, AnwBl. 88, 145; *Maier*, Der Ausschluß des Baurisikos in der RSVersicherung, VersR 97, 394.

86 1. **Baumaßnahmen** aller Art und sie unmittelbar begleitende Vorgänge wie Grunderwerb und Finanzierung führen erfahrungsgemäß gehäuft zu rechtlichen Auseinandersetzungen. Das hierbei entstehende Kostenrisiko ist schwer überschaubar und kaum kalkulierbar. Da überdies jeweils nur für einen relativ kleinen Teil der in einer Risikogemeinschaft zusammengeschlossenen VN ein solches Risiko entstehen kann, nicht dagegen für den Teil der VN, der niemals baut, lag es nahe, im Interesse möglichst niedriger Beiträge (vgl. oben Rdnr. 1) das mit Baumaßnahmen aller Art verbundene

hohe Rechtskostenrisiko insgesamt vom Versicherungsschutz auszunehmen (BGH VersR 89, 470; 86, 132 = ZfS 86, 114; OLG München ZfS 86, 145; LG Bonn VersR 80, 526 = ZfS 80, 46). Dieser Risikoausschluß, der für nachbarrechtliche und verwaltungsrechtliche Baustreitigkeiten einen Vorläufer in § 2 Ziff. 1a der Sonderbedingungen für Grundstücks- und Miet-RS (VerBAV 63, 107; Einl. Rdnr. 16) hatte, wurde eingeführt, als durch die ARB 69 die Möglichkeit geschaffen wurde, die Interessenwahrnehmung aus schuldrechtlichen Verträgen aller Art (Vertrags-RS, Vorbem. vor § 21 Rdnrn. 96 ff.) in die Deckung einzubeziehen. Die Formulierung des Ausschlusses in den ARB 69 erwies sich jedoch in der Praxis schon bald als nicht ganz interessengerecht, da sie zu einer unterschiedlichen Behandlung wirtschaftlich gleich oder ähnlich betroffener VN führte. In den ARB 75 wurde daher die Formulierung der Ausschlußbestimmung modifiziert. Da die bis 1975 geschlossenen und bisher nicht auf die ARB 75 umgestellten Verträge noch die ursprüngliche Ausschlußklausel enthalten, wird zunächst diese erläutert.

2. a) Nach Abs. 1k der **ARB 69** bezieht sich der Versicherungsschutz **87** nicht auf die Wahrnehmung rechtlicher Interessen „des VN in seiner Eigenschaft als Bauherr". Der Ausschluß ist also auf eine bestimmte persönliche Eigenschaft des VN bezogen. Rechtskosten, die dem VN gerade in dieser Eigenschaft entstehen, sind ausgeklammert.

b) Der Begriff des **Bauherrn** ist ein Begriff der Rechtssprache (Einl. **88** Rdnr. 48) und meint denjenigen, der Herr eines Baugeschehens ist. Er wird auf den verschiedenen Rechtsgebieten, die nach den Besonderen Bestimmungen der ARB unter Versicherungsschutz stehen (Vorbem. vor § 21 Rdnrn. 12 ff.), im wesentlichen einheitlich definiert. Steuerrechtlich ist Bauherr, wer auf eigene Rechnung und Gefahr ein Gebäude baut oder bauen läßt, wer also wirtschaftlich das für den Bauherrn typische Risiko trägt und rechtlich und tatsächlich die Möglichkeit hat, auf die Planung und Ausführung des Bauvorhabens maßgeblich Einfluß zu nehmen (§ 15 Abs. 1 EStDVO; BB 72, 1124; 81, 1620; *Görlich* BB 81, 1451; *Beck* DB 82, 1435; *Niemeier* NJW 82, 73). Da eine Interessenwahrnehmung auf dem Gebiet des Steuerrechts jedoch an sich vom Versicherungsschutz ausgeschlossen ist (§ 4 Abs. 1n; neuerdings allerdings teilweise Einschluß, vgl. Anh. Nr. 1), hat der steuerliche Bauherrnbegriff für die Auslegung des Abs. 1k keine unmittelbare Bedeutung. Dieser Begriff deckt sich allerdings in vieler Hinsicht mit dem Bauherrnbegriff auf anderen Rechtsgebieten.

Wird gegen den VN der Vorwurf erhoben, eine Vorschrift des **Bauord-** **89** **nungsrechts** verletzt, z.B. ohne Baugenehmigung gebaut zu haben (meist Ordnungswidrigkeit), dann ist hierbei der frühere strafrechtliche und jetzige bußgeldrechtliche Begriff des Bauherrn maßgeblich. Nach den früheren Normen des Strafrechts (§ 367 Abs. 1 Nr. 15 StGB a.F.; *Dreher*, StGB, 34. Aufl., § 367 Anm. 15) und den jetzigen landesrechtlichen Bußgeld-Normen des Bauordnungsrechts (z.B. Art. 96 Abs. 1 Nr. 8 BayBO) ist Bauherr, wer den Bau auf seine Rechnung oder Verantwortlichkeit selbst oder durch andere ausführt.

90 Entsteht eine rechtliche Auseinandersetzung des VN mit der Baubehörde, dann ist hierfür der **öffentlich-rechtliche** Bauherrnbegriff ausschlaggebend. Nach den öffentlich-rechtlichen Bauvorschriften der Länder ist Bauherr, wer auf seine Verantwortung eine bauliche Anlage vorbereitet oder ausführt oder vorbereiten oder ausführen läßt (Art. 62 Abs. 1 BayBO).

91 Bauherr im **zivilrechtlichen** Sinn ist, wer Baumaßnahmen – meist auf eigene Rechnung und Verantwortung – dergestalt veranlaßt, daß sein Wille den Bau beherrscht und, abgesehen von der technischen Seite, für die Ausführung maßgebend ist. Häufig ist es derjenige, in dessen Namen die Verträge mit den Baubeteiligten geschlossen werden, der also – wenn auch durch einen Dritten – die Ausführung der Bauleistung für seine Rechnung in Auftrag gibt und Schuldner der dafür zu entrichtenden Vergütung ist (LG Kassel ZfS 82, 337; vgl. auch BGH VersR 54, 101; *Herding/ Schmalzl* S. 209; *Ingenstau/Korbion* VOB vor A § 2 Rdnr. 3). Die Eigenschaft als Bauherr beginnt, sobald der VN die Planung eines Bauvorhabens beginnt oder beginnen läßt und in unmittelbarem Zusammenhang damit Verträge abschließt. Die Eigenschaft dauert während der Durchführung der Baumaßnahmen an und endet mit der rechtlichen Abwicklung des letzten Vertrags, der mit dem Bauvorhaben in unmittelbarem Zusammenhang steht (*Böhme* § 4 Rdnr. 31). Zeitlich nachfolgende rechtliche Schritte brauchen nicht mehr in sachlichem Zusammenhang mit der Bauherreneigenschaft zu stehen (OLG Karlsruhe VersR 82, 335). „Bauherr" ist nur, wer eine nach dem Bauordnungsrecht genehmigungspflichtige Maßnahme plant und durchführt, also insbesondere eine genehmigungspflichtige Neubau-, Umbau-, Anbau-, Abbruch- oder Beseitigungsmaßnahme. Ist eine – in der Regel kleinere – Baumaßnahme überhaupt nicht oder nur nach feuer- oder wasserpolizeilichen oder ähnlichen Vorschriften genehmigungspflichtig, dann wird derjenige, der eine solche Maßnahme durchführt, weder nach dem allgemeinen Sprachgebrauch noch im Rechtssinn zum „Bauherrn". Eine rechtliche Interessenwahrnehmung im Zusammenhang mit solchen Maßnahmen fällt daher nicht unter den Ausschluß des Abs. 1 k.

92 **3. a)** Der Ausschluß des „Bauherrnrisikos" in den ARB 69 erwies sich schon bald nach seiner Einführung als unzureichend und nicht mehr interessengerecht. Der Grund hierfür lag vor allem in der Entwicklung im Baubereich. Während in den Jahren vor 1969, in denen die ARB 69 entwickelt wurden, die rechtliche Eigenschaft als Bauherr und das wirtschaftliche Risiko des Bauherrn meist noch in derselben Person vereinigt waren, veränderte sich in den Folgejahren die Situation am Baumarkt erheblich. Es wurden immer mehr Bauträgergesellschaften gegründet, die selbst Grundbesitz erwarben und parzellierten, dort in eigener Verantwortung und Regie bauten und dann erst das fertige Gebäude oder die fertige Eigentumswohnung verkauften, wobei jedoch in der Regel alle Gewährleistungs- und Schadenersatzansprüche des Bauträgers gegen die an der Planung und Errichtung des Bauvorhabens beteiligten Firmen an den Käufer abgetreten wurden. Die Folge war, daß der Bauträger zwar Bauherr im Rechtssinn war, das wirtschaftliche Bauherrnrisiko jedoch weitgehend auf den Erwerber verlagert wurde, der in die noch nicht abgewickelten Verträge des Bauträgers mit Ar-

chitekt, Bauunternehmer, Bauhandwerkern u. ä. eintrat (*Sperling* AnwBl 76, 30). Mußte der VN als Erwerber abgetretene Ansprüche dieser Art geltend machen, dann griff der Ausschluß des Abs. 1 k nicht durch, da der VN nicht Bauherr im Rechtssinn war. Der Zweck des Abs. 1 k war jedoch gerade darauf gerichtet, die Verfolgung solcher häufig und mit hoher Kostenbelastung auftretenden typischen Baumängelansprüche vom Versicherungsschutz auszunehmen. Es wurde zwar die Meinung vertreten, für den Ausschluß genüge es, wenn das wirtschaftliche Bauherrnrisiko beim VN liege, ohne daß er Bauherr im Rechtssinn sein müsse. Da das Wort „Bauherr" jedoch ein Begriff der Rechtssprache ist und Ausschlußklauseln nicht über ihren klaren Wortlaut hinaus ausgelegt werden können (Einl. Rdnrn. 48, 49), hat sich diese Mindermeinung nicht durchgesetzt (OLG Karlsruhe r+s 78, 135; a. A. LG Köln ZfS 80, 44). Zur Beseitigung dieser Ungleichbehandlung wirtschaftlich gleich oder ähnlich betroffener VN wurde in den **ARB 75** die Ausschlußbestimmung von der Verknüpfung mit der Bauherrneigenschaft des VN, also von seiner Person, gelöst und – ebenso wie die anderen Risikoausschlüsse des § 4 Abs. 1 – versachlicht und auf die Natur des streitigen Rechtsverhältnisses bezogen (LG Bonn VersR 80, 526). Ausgeschlossen ist nicht mehr das „Bauherrn-Risiko", sondern das „Bau-Risiko". Dieser seit 1975 verwendete Bedingungswortlaut ist nicht unklar im Sinn des § 5 AGBG (LG Köln ZfS 89, 381 = r + s 89, 331; ZfS 81, 114). Entscheidend ist immer, daß es sich um ein Bauvorhaben des VN handelt. Schuldet er dagegen einem anderen für dessen Bauvorhaben mit Baumaßnahmen zusammenhängende Leistungen, dann greift die Ausschlußbestimmung für den VN nicht ein (OLG Karlsruhe r + s 91, 235 = ZfS 91, 270 = VersR 91, 920).

Um den **Zweck** der Ausschlußbestimmung möglichst genau zu umschreiben, war es notwendig, die Begriffe „Planung", „Errichtung" und „genehmigungspflichtige bauliche Veränderung" mit den Begriffen „Grundstück", „Gebäude" und „Gebäudeteil" gegenseitig in Beziehung zu setzen. Um die Formulierung des Risikoausschlusses nicht zu lang und nicht zu unübersichtlich werden zu lassen, wurde die sprachliche Ungenauigkeit in Kauf genommen, daß sich die Worte „Planung" und „Errichtung" nur auf „Gebäude" und „Gebäudeteil", nicht dagegen auf „Grundstück" beziehen können; denn ein Grundstück wird weder „geplant" noch „errichtet". Der Sinn der Ausschlußbestimmung wird hierdurch nicht berührt. Die Interessenwahrnehmung ist also ausgeklammert, wenn sie in unmittelbarem Zusammenhang (vgl. unten Rdnr. 101) steht mit der
– Planung eines Gebäudes oder Gebäudeteils (vgl. unten Rdnr. 97)
– Errichtung eines Gebäudes oder Gebäudeteils (vgl. unten Rdnr. 98)
– genehmigungspflichtigen baulichen Veränderung eines Grundstücks, Gebäudes oder Gebäudeteils (vgl. unten Rdnr. 100),
wobei es keinen Unterschied macht, ob der VN bereits Eigentümer oder Besitzer des Grundstücks, Gebäudes oder Gebäudeteiles ist oder erst werden soll (vgl. unten Rdnr. 111).

b) **Grundstück** ist ein räumlich abgegrenzter Teil der Erdoberfläche, der im Bestandsverzeichnis eines Grundbuchblatts unter einer besonderen Nummer oder gemäß § 3 Abs. 3 GBO gebucht ist (*Palandt/Bassenge* vor

§ 873 Rdnr. 1). „Grundstück" im Sinn des Abs. 1 k ist in der Regel nur ein Baugrundstück, d. h. ein Grundstück, das nach den öffentlich-rechtlichen Vorschriften mit Gebäuden bebaubar oder bereits bebaut ist (z. B. Art. 2 Abs. 1 BayBO). Denn die Planung und Errichtung von Bauten im Sinn des Abs. 1 k ist nur auf einem solchen Baugrundstück möglich (z. B. Art. 4 Abs. 1 BayBO). Einem Grundstück stehen die grundstücksgleichen Rechte gleich wie etwa das Erbbaurecht (*Palandt/ Bassenge* vor § 873 Rdnr. 3; vgl. § 29 Rdnr. 31).

95   Der Begriff des „Gebäudes" ist im öffentlich-rechtlichen Sinn etwas enger als in zivilrechtlicher Hinsicht. **Gebäude** im Sinn des Bauordnungsrechts sind selbständig benutzbare, überdeckte Bauanlagen, die von Menschen betreten werden können (Art. 2 Abs. 2 BayBO). Nicht notwendig ist, daß ein Gebäude räumlich vollkommen umschlossen ist, es genügt eine offene Überdachung. Auch Räume unter der Erdoberfläche (Tiefbauten) können Gebäude sein, wenn sie von Menschen betreten werden können, z. B. Lager- oder Gärkeller. Sind keine normalen, für den Eintritt von Menschen geeignete Eintrittsmöglichkeiten vorhanden, sondern nur behelfsmäßige wie Luken oder Leitern, dann liegt in der Regel kein Gebäude im Rechtssinn vor. Im Zivilrecht gelten über den baurechtlichen Begriff des Gebäudes hinaus auch andere, insbesondere nicht überdeckte bauliche Anlagen als Gebäude, z. B. Brücken und Mauern, wobei es nicht entscheidend ist, ob das Gebäude im Rechtssinn Grundstücksbestandteil ist oder nicht (§§ 94, 95 BGB; MünchKomm/*Holch* § 94 Rdnr. 13; *Palandt/Heinrichs* § 94 Rdnrn. 3, 5; vgl. auch § 836 BGB). Der in § 638 BGB verwendete Begriff des „Bauwerks" ist weiter als der des Gebäudes (*Palandt/Thomas* § 638 Rdnrn. 9 ff.). Da es Abs. 1 k nicht erkennbar auf den baurechtlichen Begriff des Gebäudes abstellt, ist auch die Interessenwahrnehmung im Zusammenhang mit der Planung oder Errichtung eines solchen Gebäudes im zivilrechtlichen Sinn vom Versicherungsschutz ausgeschlossen.

96   **Gebäudeteil** ist jeder selbständige oder unselbständige Teil eines Gebäudes, auf den sich eine selbständige Planungs-, Errichtungs- oder bauliche Veränderungsmaßnahme im Sinn des Abs. 1 k bezieht, z. B. eine Wohnung, ein Stockwerk, ein Anbau, das Dach, der Heizungskeller oder angebaute Garagen.

97   c) Die **Planung** eines Gebäudes oder Gebäudeteils wird oft einem Architekten übertragen. Mit der Planung kann aber auch ein Bauingenieur (*Herding/Schmalzl* S. 408) oder – vor allem bei kleineren Bauvorhaben – der Bauunternehmer selbst beauftragt sein. Planende Tätigkeit übt auch der Statiker aus, der in den vorgeschriebenen Fällen den Standsicherheitsnachweis für das Gebäude zu berechnen hat (*Herding/Schmalzl* S. 405). Die Rechtsbeziehung zum Prüfingenieur für Baustatik, der in schwierigen Fällen in amtlichem Auftrag den Standsicherheitsnachweis zu überprüfen hat (*Herding/Schmalzl* S. 423), hat ebenfalls unmittelbaren Bezug zur Planung.

98   Die **Errichtung** eines Gebäudes oder Gebäudeteils im Sinn der körperlichen Herstellung nach dem vorhandenen Plan ist – außer bei Bau in eigener Regie – Sache des beauftragten Bauunternehmers und der am Bau beteiligten

Allgemeine Risikoausschlüsse § 4 ARB 75

Bauhandwerker, die entweder vom Bauunternehmer oder vom Bauherrn selbst beauftragt sein können. Die Innenausstattung eines als Baukörper fertiggestellten Gebäudes oder Gebäudeteiles, die einem Innenarchitekten oder Raumausstatter übertragen sein kann, gehört in der Regel nicht mehr zur „Errichtung", die nur die körperliche Herstellung des Bauwerks als solchen umfaßt. Anders kann es sein, soweit die Innenausstattung wesentlicher Bestandteil des Gebäudes im Sinn des § 94 Abs. 2 BGB wird (AG/LG Bielefeld VersR 82, 434 = ZfS 82, 210 für den Fall einer spezialgefertigten, gleichzeitig mit der Gebäudefertigstellung eingebauten Kücheneinrichtung). Ist lediglich die Eigenschaft (als Antiquität) einer für das Bauvorhaben des VN gekauften Kaminverkleidung streitig, beeinträchtigt dies den Versicherungsschutz nicht (LG München I r + s 89, 120). Keine „Errichtung" ist auch die bloße rechtliche Aufteilung eines bereits bestehenden Mietwohnhauses in Eigentumswohnungen. Jedoch kann hiermit eine genehmigungspflichtige bauliche Veränderung verbunden sein.

Nicht selten werden die zur Planung und Durchführung eines Bauvorhabens notwendigen Einzelarbeiten nicht durch den Bau- oder Kaufinteressenten selbst, sondern durch Zwischenschaltung eines **Baubetreuers** (zur Abgrenzung vom Bauträger vgl. BGH NJW 81, 757) vergeben, der unter dieser oder einer ähnlichen Bezeichnung oft die gesamte organisatorische, bautechnische, wirtschaftliche und finanzielle Gestaltung, Durchführung, Abwicklung und Abrechnung des Baugeschehens übernimmt, insbesondere also weitgehend oder vollständig die Planung und Errichtung im Sinn des Abs. 1k. Man unterscheidet den Baubetreuungsvertrag im engeren Sinn, bei dem der Betreuer das Bauwerk auf einem Grundstück des Auftraggebers zu errichten hat, und den Baubetreuungsvertrag im weiteren Sinn, bei dem der Betreuer – oft als Bauträger – auf seinem eigenen oder auf einem von dritter Seite erst zu erwerbenden Grundstück das Gebäude zu errichten hat (Näheres *Palandt/Thomas* § 675 Rdnrn. 20ff.; vgl. auch LG München I ZfS 80, 338 zu den ARB 69). Eine Auseinandersetzung mit dem Baubetreuer ist in jedem Fall vom Versicherungsschutz ausgeschlossen (BGH VersR 86, 132 = ZfS 86, 114; LG München I r + s 97, 290; r + s 89, 191 bei Betrugsvorwurf). Wegen der Auswirkung auf eine damit gekoppelte Baufinanzierung vgl. unten Rdnr. 109.

Nach dem klaren Wortlaut des Abs. 1k ist es für den Ausschluß gleichgültig, ob die Planung oder Errichtung genehmigungspflichtig ist oder – was allerdings nur selten der Fall sein wird – keiner Genehmigung bedarf. Im Gegensatz hierzu greift der Ausschluß im Zusammenhang mit der baulichen Veränderung nur ein, wenn sie genehmigungspflichtig ist. **Genehmigungspflichtige bauliche Veränderungen** eines Grundstücks, Gebäudes oder Gebäudeteils können insbesondere sein die Änderung, Nutzungsänderung, der Abbruch oder die Beseitigung baulicher Anlagen (z.B. Art. 3 Abs. 3 BayBO), insbesondere in Form von An-, Um-, Ein-, Aus- oder Aufbaumaßnahmen (LG Wiesbaden ZfS 82, 242 für Modernisierungsumbauten; AG Mannheim ZfS 91, 93 = r + s 91, 238 für Streit unter Wohnungseigentümern wegen Garagenbaus; *Palandt/Thomas* § 638 Rdnrn. 9ff.). Eine genehmigungspflichtige bauliche Veränderung im Sinn von Abs. 1k kann beispielsweise auch die nach dem Bauordnungsrecht genehmigungspflichtige, überwiegend ortsfeste Benutzung eines Wohnwagens, die Errichtung eines Grundstückzaunes, einer Stützmauer oder sonstiger Außenanlagen oder auch der Einbau einer Heizungsanlage oder auch ein Dachausbau sein, wobei Auseinandersetzungen wegen – isoliert betrachtet – nicht genehmigungspflichtiger Einzelmaßnahmen (z. B. Gartengestaltung oder Fliesenarbeiten) mit unter den Ausschluß fallen, wenn sie zeitlich und sachlich mit den genehmigungspflichtigen Baumaßnahmen eine Einheit bilden (OLG München ZfS 86, 145; AG Amberg ZfS 84, 81; LG Coburg VersR 97, 612 = r + s 96, 62; verneint für den Einbau eines Kachelofens anläßlich eines Umbaus AG Stuttgart VersR 94, 668 = r + s 97, 26 mit Anm. von *Schimikowski;* vgl. für die ARB 69 BGH VersR 78, 816, 818 unter II 1; nach den ARB 75 kommt es allerdings nicht mehr auf die Eigenschaft des VN als „Bauherr" an, sondern nur auf das Vorliegen einer genehmigungspflichtigen baulichen Veränderung; vgl. oben Rdnr. 92). Führt ein vom Verkäufer eines älteren Wohnhauses errichteter genehmigungspflichtiger, jedoch nicht genehmigter Anbau dazu, daß der VN als Käufer den Anbau nicht nutzen darf, dann berührt dies den Versicherungsschutz für einen Streit aus dem Kaufvertrag nicht (OLG Hamm VersR 83, 1182). Streitet der nach § 29 als Vermieter versicherte VN mit Mietern über die Räumung zur Vorbereitung des Hausabrisses oder über die Duldungspflicht genehmigungspflichtiger Umbauten oder eine daraus folgende Mieterhöhung, soll dies unter die Ausschlußbestimmung fallen (AG Bremervörde ZfS 86, 209; AG Hannover ZfS 89, 239; 84, 333, zweifelhaft; a. A. *Prölss/Martin* § 4 ARB Anm. 10). Eine lediglich anzeigepflichtige bauliche Veränderung kann einer genehmigungspflichtigen im Sinn des Abs. 1 k dann gleichgeachtet werden, wenn die Baubehörde innerhalb einer bestimmten Frist nach Eingang der Anzeige ein Einspruchsrecht hat und die Genehmigung nach Fristablauf als erteilt gilt, soweit die Behörde nicht widersprochen hat. Sind Veränderungen an einem Grundstück oder Gebäude nicht auf Grund des Bauordnungsrechts, sondern allein auf Grund anderer Vorschriften – z. B. des Natur-, Landschafts- oder Denkmalschutzes – genehmigungspflichtig, dann wird man eine hiermit zusammenhängende Interessenwahrnehmung nach der Zweckrichtung des Abs. 1 k (vgl. oben Rdnrn. 86 und 91) nicht vom Versicherungsschutz ausnehmen können (ebenso AG Gummersbach r + s 88, 371 bei feuerpolizeilicher Pflicht zur Anzeige des nachträglichen Einbaus eines Kachelofens). Die Deckung – beispielsweise im Rahmen des § 29 – kann dann allerdings aus anderen Gründen entfallen, etwa bei einem Streit mit der Genehmigungsbehörde nach Abs. 1 r (vgl. unten Rdnrn. 140, 141).

101   d) Der Ausschluß des Abs. 1 k greift nur ein, wenn die Interessenwahrnehmung „**in unmittelbarem Zusammenhang**" mit einer oder mehreren der in den vorstehenden Rdnrn. erörterten Planungs-, Errichtungs- oder baulichen Veränderungsmaßnahmen steht. Entscheidend ist nicht die Art der Beteiligung des Gegners des VN am Bau, sondern die Rechtsnatur des geltendgemachten Anspruchs oder der Rechtsverteidigung (BGH VersR 89, 470). Es handelt sich um einen unbestimmten Rechtsbegriff, der nicht schon aus diesem Grund nach § 5 AGBG zu Lasten des Versicherers auszulegen

ist (LG Lübeck ZfS 86, 178 = VersR 86, 1119 – Leitsatz –). Neben einem gewissen zeitlichen Zusammenhang muß hier vor allem ein innerer sachlicher Bezug vorhanden sein. Es muß sich gerade die Gefahr verwirklicht haben, die Abs. 1k vom Versicherungsschutz aussondern will. Es muß also eine der bei Bauvorhaben aller Art erfahrungsgemäß potentiell gehäuft auftretenden zivil-, verwaltungs- oder straf- (bußgeld-)rechtlichen Auseinandersetzung vorliegen. In erster Linie kann das ein Interessenwiderstreit sein in der vertraglichen Rechtsbeziehung zwischen VN und den Schuldnern einer Planungs- oder Bauleistung oder einer diese mit umfassenden Baubetreuungsleistung, z.b. Architekt, Statiker, Bauunternehmer, Bauhandwerker oder Baubetreuer. Es kann aber auch eine Auseinandersetzung zwischen VN und der Baubehörde (LG Zweibrücken r+s 96, 359 für Amtshaftungsklage wegen rechtswidrig abschlägig beschiedener Bauvoranfrage) oder ein gegen den VN erhobener straf- (bußgeld-)rechtlicher Vorwurf in unmittelbarem Zusammenhang mit der Planung oder Errichtung eines Bauwerks stehen (LG Hamburg r+s 95, 105 für Strafverfahren wegen Gewässerverunreinigung; AG Saarbrücken r + s 91, 238 für baurechtswidrige Errichtung eines Unterstellplatzes und r+s 93, 307 für Vorwurf der Schwarzarbeit), ebenso ein sozialrechtlicher Streit (AG Hannover ZfS 90, 270 für Unfallschaden des VN am eigenen Bau; AG Obernburg r + s 91, 422 für Beitragsstreit mit einer Bau-Berufsgenossenschaft; a.A. *Prölss/Martin* § 4 ARB Anm. 10). So wird ein unmittelbarer Zusammenhang mit der Planung zu bejahen sein, wenn der VN von der Gemeinde Schadenersatz wegen rechtswidrig erteilter Baugenehmigung mit der Begründung fordert, das von ihr verkaufte und in die Bauleitplanung einbezogene Grundstück enthaltene gesundheitsschädliche Rückstände und sei unbewohnbar. Soweit allerdings der VN in diesem Fall von der Gemeinde gleichzeitig wegen Verletzung des Grundstückskaufvertrags Ersatz seines materiellen Schadens fordert, greift die Ausschlußbestimmung nicht durch (BGH VersR 90, 485 = NJW-RR 90, 603 = r + s 90, 204; vgl. unten Rdnr. 105). Kein unmittelbarer Zusammenhang mehr mit der Planung oder Errichtung besteht bei einer steuerlichen Beratung über die späteren steuerlichen Auswirkungen der Planung und Errichtung eines Gebäudes, da bei dieser Beratung auch eine Reihe außerhalb des Bauvorhabens liegender steuerbeeinflussender Faktoren eine Rolle spielen kann (BGH VersR 86, 132 = ZfS 86, 114; OLG München ZfS 86, 145). Nimmt der VN seine Bank wegen fehlerhafter Auszahlung im Rahmen einer Baufinanzierung in Anspruch, fehlt es ebenfalls an einem unmittelbaren Zusammenhang im Sinn des Abs. 1k („Bankrisiko", OLG Köln NJW-RR 89, 346 = r + s 88, 368 = VersR 89, 736 – Leitsatz –; a.A. für den Fall fehlerhafter Auszahlung wegen mangelnden Baufortschritts OLG Bamberg VersR 95, 529 = r+s 94, 344). Scheitert ein „Treuhandvertrag" mit einem Bauträger daran, daß dieser das in Aussicht genommene Baugrundstück nicht erwerben kann, soll die Rückforderung eines auf das Treuhandkonto gezahlten Betrags (noch) nicht „unmittelbar" mit der Planung und Errichtung zusammenhängen, sondern nur eine Vorstufe hierzu sein (LG Trier VersR 86, 283; zweifelhaft, auch im Hinblick auf BGH VersR 86, 132). Nach LG Stuttgart (NJW-RR 87, 341) soll auch die Anfechtung eines abredewidrig formulierten Erwerbsvertrags – anstelle des mündlich vereinbarten

§ 4 ARB 75   102   1. Teil. Allgemeine Bestimmungen (A)

Optionsvertrags – über ein Fertighaus nicht vom Ausschluß umfaßt sein (zweifelhaft). Nicht ausgeschlossen ist ein Streit des VN als Wohnungseigentümers über die Berechtigung des von einem Nachbarn erwirkten Beschlusses der Eigentümerversammlung wegen der Beseitigung einer zunächst genehmigten Verglasung der Dachterrasse des VN (OLG Karlsruhe ZfS 91, 129).

102   **Zivilrechtlich** fallen unter den Ausschluß insbesondere alle Ansprüche des VN gegen Schuldner von Planungs- oder Bauleistungen auf Erfüllung gerade dieser Leistungen (§§ 362 ff. BGB) sowie wegen dabei aufgetretener Leistungsstörungen aller Art, insbesondere Ansprüche auf Gewährleistung wegen Sach- oder Rechtsmängeln (AG Landau VersR 95, 828 = r+s 95, 423 bei Nachbesserungsarbeiten aufgrund unmittelbar nach Bezugsfertigkeit festgestellter Baumängel; LG Stuttgart ZfS 89, 381 für Streit mit Architekt; LG Bonn VersR 80, 526; LG Köln ZfS 81, 114; §§ 633 ff. BGB oder entsprechende Vorschriften der VOB) sowie auf Schadenersatz wegen Unmöglichkeit (§§ 275 bis 283, 306 bis 309, 323 bis 325 BGB), Schuldnerverzugs (§§ 284 bis 289, 326 BGB) oder positiver Vertragsverletzung (*Palandt/Heinrichs* § 276 Rdnrn. 104 ff.), soweit solche Ansprüche neben Gewährleistungsansprüchen gegeben sein können (Näheres hierzu *Palandt/Thomas* vor § 633 Rdnrn. 17 ff.). Hierzu gehört auch der vom AG Köln ZfS 80, 309 entschiedene Fall des Rücktritts des Käufers einer Eigentumswohnung wegen Planungsänderungen (ähnlich LG Hagen ZfS 88, 176) sowie ein Streit aus einer Vereinbarung über die Errichtung eines Garagenbaus (AG Düsseldorf ZfS 87, 15) oder über den Umfang der Rechte und Pflichten aus einem Kaufanwärtervertrag (LG Kiel ZfS 88, 177). Umgekehrt fällt auch die Rechtsverteidigung gegen Vergütungsansprüche der Schuldner von Planungs- oder Bauleistungen gegen den VN unter den Ausschluß, die der VN erfahrungsgemäß häufig mit dem Einwand mangelhafter oder sonstwie unzureichender Leistung bekämpft (OLG Hamm VersR 82, 61 = ZfS 81, 309; AG Heinsberg r + s 93, 26: Abwehr von Ansprüchen Dritter auf Ersatz von Aufwendungen in Form von Arbeits- und Sachleistungen für Hausbau des VN). Ausgeschlossen ist auch die Abwehr eines nachbarrechtlichen Anspruchs auf Unterlassung einer genehmigungspflichtigen Baumaßnahme des VN (AG Münsingen r + s 92, 21) sowie die Abwehr von Schadenersatzansprüchen zwischen Wohnungseigentümern wegen verhinderter oder verzögerter Geltendmachung von Gewährleistungsansprüchen gegen den Bauträger (AG Charlottenburg/LG Berlin ZfS 91, 269). Macht der in Eigenregie bauende VN Gewährleistungs- und Schadenersatzansprüche wegen Mangelfolgeschäden für von ihm gekaufte Baumaterialien geltend, soll dies nach LG Ravensburg (ZfS 84, 80) ebenfalls noch in unmittelbarem Zusammenhang mit der Errichtung des Baues stehen (zweifelhaft). Ähnlich beurteilen das LG Darmstadt (Holzschutzmittel), das AG Germersheim (Heizungs- und Sanitärobjekte), das AG Schwandorf (Fertigbeton; sämtliche ZfS 89, 58), das AG St. Goar (r + s 92, 166) und das LG Frankfurt (r+s 95, 420 = ZfS 95, 471, fehlerhafte Fliesen) Streitigkeiten aus dem Kauf fehlerhafter Baumaterialien (a. A. *Prölss/Martin* § 4 ARB Anm. 10). Ist bei einer zum Einbau vorgesehenen Kaminverkleidung deren Eigenschaft als Antiquität

Allgemeine Risikoausschlüsse   § 4 ARB 75

zwischen VN und Verkäufer streitig, besteht kein unmittelbarer Zusammenhang (LG München I r + s 89, 120). Vom Ausschluß erfaßt werden auch außervertragliche Schadenersatzansprüche des VN, z. b. aus unerlaubter Handlung, gegen Personen, die an der Planung oder Errichtung des Bauvorhabens beteiligt sind, soweit der VN die schuldhafte Verletzung eines durch §§ 823 ff. BGB geschützten Rechtsguts schlüssig behauptet (LG München I r + s 89, 191, Betrugsvorwurf gegen Baubetreuer). Dagegen fehlt es an einem unmittelbaren Zusammenhang, wenn bei der Baustoffanlieferung eine Hauswand beschädigt und der Bauherr verletzt werden (LG Hanau ZfS 89, 382). Führt der VN Planungs- oder Baumaßnahmen nicht allein, sondern gemeinsam mit anderen – z. b. in Form einer Bauherrengemeinschaft – durch, dann können auch Auseinandersetzungen des VN mit solchen „Mitbauherren" oder sonstwie als Gesamtgläubiger von Planungs- oder Bauleistungen infrage kommenden Personen vom Ausschluß erfaßt werden, z. b. dann, wenn sich Streit darüber ergibt, in welcher Höhe der einzelne Bauherr Planungs- oder Bauleistungen zu vergüten hat (vgl. den für die ARB 69 entschiedenen Fall BGH VersR 78, 816, 818 unter Ziff. II 1 a und b). Streitigkeiten aus „Bauherrenmodellen" oder ähnlichen Vertragskonstruktionen, die in erster Linie aus Gründen der Steuerersparnis eingegangen wurden, werden von der Rechtsprechung ebenfalls generell dem Ausschluß unterworfen, da das jeweilige Vertragspaket insgesamt der Vorbereitung, Durchführung und Abwicklung des Bauvorhabens diene (BGH VersR 86, 132 = ZfS 86, 114, steuerliche Beratung jedoch gedeckt, vgl. oben Rdnr. 101; OLG Saarbrücken VersR 87, 979 = ZfS 87, 370; OLG Karlsruhe ZfS 85, 209; LG Düsseldorf ZfS 90, 309 auch bei Zwischenschaltung eines Treuhänders; LG Köln ZfS 86, 79; AG Düsseldorf ZfS 84, 16, 237).

Für den Risikoausschluß ist es ohne Bedeutung, ob die streitigen **Ansprüche** in der Person des VN entstanden oder erst vom ursprünglichen Anspruchsinhaber auf ihn **übertragen** worden sind, ob es sich also um originäre oder derivative Ansprüche des VN handelt. Der unmittelbare Zusammenhang mit der Planung oder Errichtung manifestiert sich in der Art des jeweils streitigen Rechtsverhältnisses und nicht in der Person des jeweiligen Anspruchsinhabers (BGH VersR 89, 470 = r+s 89, 119). Eine Übertragung von Ansprüchen erfolgt vor allem in Verträgen über den Erwerb eines schlüsselfertigen Hauses oder einer schlüsselfertigen Eigentumswohnung von einem Bauträger, bei denen dieser häufig Erfüllungs-, Gewährleistungs- und Schadenersatzansprüche gegen Architekt, Statiker, Bauunternehmer, Bauhandwerker, Lieferanten u. ä. ganz oder zum Teil an den Erwerber abtritt und insoweit das wirtschaftliche Bauherrnrisiko auf diesen überwälzt (vgl. oben Rdnr. 92). Solche Ansprüche betreffen unmittelbar die Planung oder Errichtung und sind daher – unbeschadet der weiteren Ausschlußmöglichkeit nach § 4 Abs. 2b (vgl. unten Rdnrn. 157 ff.) – vom Versicherungsschutz ausgenommen (LG Bonn VersR 80, 526). Das gleiche gilt, wenn die Person des Schuldners gewechselt hat oder beispielsweise an Stelle einer in Konkurs gefallenen Handelsgesellschaft deren Geschäftsführer belangt wird (LG Kaiserslautern ZfS 80, 45).

103

271

104 e) Während Ansprüche aus Leistungsstörungen im Verhältnis zwischen VN einerseits und Schuldnern von Planungs- oder Bauleistungen andererseits oder umgekehrt stets unter den Ausschluß fallen, und zwar gleichgültig, ob das Gebäude in konventioneller Bauweise oder in Fertigbauweise erstellt wird, gibt es weitere **Fallgruppen,** bei denen es jeweils besonderer Prüfung bedarf, ob Abs. 1 k nach seinem Wortlaut und seinem Zweck durchgreift.

105 Die umstrittene Frage, ob Streitigkeiten aus dem **Erwerb eines Baugrundstücks** unmittelbar mit der Planung oder Errichtung eines auf dem Grundstück zu errichtenden Gebäudes zusammenhängen, hat der BGH dahin entschieden, daß ein solcher unmittelbarer Zusammenhang jedenfalls dann nicht anzunehmen und der Versicherungsschutz demgemäß nicht ausgeschlossen ist, wenn der Grundstückskauf nicht in einem rechtlich untrennbaren Zusammenhang mit vom Verkäufer zu erbringenden Bauleistungen steht (BGH VersR 90, 485 = NJW-RR 90, 603 = r+s 90, 204 für Schadenersatzanspruch gegen Gemeinde als Verkäuferin wegen Unbewohnbarkeit des Grundstücks, vgl. jedoch oben Rdnr. 101; VersR 89, 470 = r+s 89, 119 unter Abänderung von OLG Celle ZfS 87, 272; VersR 94, 44 = r+s 94, 61 unter Abänderung von OLG Stuttgart r+s 93, 304 für Täuschung über Grundstückseigenschaften, die keine Baumängel zur Folge haben; ähnlich OLG Hamm VersR 89, 798 = r + s 89, 18; r + s 89, 122; OLG München ZfS 85, 176; a. A. noch LG Hannover r+s 94, 345; *Prölss/Martin* § 4 ARB Anm. 10). Darauf, ob zum Zeitpunkt des Grundstückserwerbs bereits eine konkrete Bauabsicht bestand oder sogar eine Baugenehmigung bereits beantragt war, kommt es entgegen LG Nürnberg-Fürth (ZfS 88, 316 = r + s 88, 299) und der früheren Rechtsprechung nicht an. Sind in den Erwerbsvertrag allerdings Planungs- oder Bauleistungen des Grundstücksveräußerers einbezogen, dann ist der Versicherungsschutz ausgeschlossen. Planungs-, Errichtungs- oder Veränderungsmaßnahmen müssen in den Erwerbsvorgang „hineinwirken" (verneint von OLG Köln r+s 94, 423 = VersR 95, 530 für Leasingvertrag des VN als Leasingnehmers und dessen Rückabwicklung; vgl. unten Rdnr. 106).

106 Hat sich der Vertragspartner nicht nur zur Veräußerung eines Baugrundstücks an den VN, sondern gleichzeitig zur Errichtung eines schlüsselfertigen Gebäudes oder einer Eigentumswohnung – auch eines Fertighauses – auf diesem Grundstück für den VN verpflichtet, dann ist bei Streitigkeiten aus diesem Vertrag hinsichtlich des Risikoausschlusses zu differenzieren. Verträge dieser Art sind ohne Rücksicht auf ihre Bezeichnung durch die Vertragsparteien – z.B. als „Kaufvertrag" – rechtlich **gemischte Verträge,** die Elemente des Kaufvertrags – hinsichtlich des Grundstücks – und des Werkvertrags – hinsichtlich des Bauwerks – aufweisen, wobei die Elemente des Werkvertrags in der Regel überwiegen (BGH NJW 76, 143; 79, 156, 1406; 81, 273, 2344; 82, 2243). Kommt es zu einem Streit aus einem solchen Vertrag, dann werden häufig – tatsächliche oder behauptete – Leistungsstörungen bei Planungs- oder Bauleistungen streitauslösendes Moment sein oder jedenfalls, wenn der Streit aus anderem Anlaß – z.B. wegen kommentarloser Zahlungsweigerung des VN – begann, dergestalt hinzutreten, daß sie nunmehr der Auseinandersetzung ihr Gepräge geben, also streitbestimmend werden. In all diesen Fällen hängt die Interessenwahrnehmung des VN unmittelbar mit der – wenn auch vielleicht nur teilweise – vom Vertragspartner geschuldeten Planung und Errichtung des Gebäudes zusammen (OLG Karlsruhe ZfS 84, 15; OLG Hamm VersR 82, 61 = ZfS 81, 309; LG Düsseldorf r + s 89, 258; LG Krefeld ZfS 87, 80; LG Kiel ZfS 84, 16; LG Berlin ZfS 80, 45; LG Bonn VersR 80, 526 = ZfS 80, 46; ähnlich *Böhme* § 4 Rdnr. 34a).

Es gibt jedoch auch Fälle, in denen beim Kauf eines schlüsselfertigen Gebäudes (Eigentumswohnung) Planung und Errichtung des Gebäudes ordnungsgemäß vonstatten gehen und es lediglich aus anderem Anlaß, insbesondere aus dem **Kaufvertragsteil** des gemischten Vertrags, zum Streit kommt, z.B. weil das Grundstück nicht die zugesagte Größe hat, die Verpflichtung zur Tragung der Erschließungskosten unklar geregelt ist oder die Wirksamkeit des notariellen Vertrags – z.B. wegen unterlassener Mitbeurkundung der Baubeschreibung oder sonstiger Vertragsabreden (BGH NJW 78, 102; 79, 1495, 1496, 1498; vgl. *Volhard* NJW 79, 1488 und das Gesetz zur Änderung und Ergänzung beurkundungsrechtlicher Vorschriften vom 20. 2. 1980, BGBl. I S. 157) – von einer Seite in Zweifel gezogen wird. In solchen Fällen wird der konkrete Streitpunkt häufig schon so eng mit der Planung oder Errichtung des Baues verflochten sein, daß nach dem oben in Rdnr. 105 Ausgeführten die Ausschlußbestimmung eingreift (AG Düsseldorf ZfS 91, 93 = r + s 91, 237 für Streit über im Festpreis des Bauträgers enthaltene Erschließungskosten). Ein unmittelbarer Zusammenhang wird allerdings zu verneinen sein, wenn der VN beispielsweise gemäß § 19 Bundesnotarordnung vom beurkundenden Notar Schadenersatz wegen fehlerhafter Beurkundung verlangt. Denn die behauptete Amtspflichtverletzung des Notars resultiert aus dem öffentlich-rechtlichen Auftragsverhältnis des VN zum Notar (*Palandt/Thomas* § 839 Rdnr. 118) und beeinflußt die Planung oder Errichtung allenfalls mittelbar (zur Parallele mit dem Anwalts- oder Steuerberatervertrag vgl. auch BGH VersR 86, 132 – oben Rdnr. 101 – sowie oben Rdnr. 11 und § 14 Rdnr. 27; a.A. AG Düsseldorf ZfS 81, 115). Kauft der VN ein fast fertiggestelltes Haus unter Gewährleistungsausschluß des Verkäufers und geht der Streit lediglich um die lastenfreie Eigentumsübertragung an einer mitverkauften Grundstücksparzelle, greift der Ausschluß nicht durch (LG Münster r + s 90, 89).

f) Bei Streitigkeiten aus Verträgen zur **Baufinanzierung** ist ebenfalls zu differenzieren. Hat der VN, wie es häufig der Fall ist, nicht genügend Eigenmittel zum Bau oder Erwerb eines Hauses oder einer Eigentumswohnung, dann muß er den Bau finanzieren, d.h. bei einem oder mehreren Kreditgebern Darlehen aufnehmen. Läßt er sich ein Darlehen von einem Dritten, z.B. einem Verwandten oder einer sonstigen Privatperson, ohne besondere Zweckbestimmung geben, dann besteht zwischen Streitigkeiten aus diesem Darlehensvertrag und der Planung oder Errichtung des Gebäudes in der Regel kein unmittelbarer Zusammenhang.

109 Kommt das Darlehen von einem **gewerblichen Kreditgeber**, z.B. einer Bank, einer Bausparkasse oder wird es von einem Baubetreuer beschafft, dann ist es zweckgebunden. Der Zweck des Darlehens ist dann vertragsgemäß auf die Verwendung für den Neubau, Ausbau oder Umbau des Gebäudes gerichtet. Die ausbezahlten Darlehensbeträge dürfen nicht für andere Zwecke als den Bau verwendet werden (*Palandt/Putzo* vor § 607 Rdnr. 10 und – für Bauspardarlehen – Rdnr. 11). Streitigkeiten aus solchen Baudarlehensverträgen und den sie begleitenden Rechtsgeschäften wie Hypotheken- und Grundschuldbestellungen hängen in der Regel bereits unmittelbar mit der Planung oder Errichtung des Gebäudes zusammen. Nach der nunmehr ganz überwiegenden Rechtsprechung ist unter „Planung" im Sinn des Abs. 1k gemäß dem Zweck dieser Bestimmung (oben Rdnr. 86) nicht nur die bautechnische Planung, sondern auch die wirtschaftliche und finanzielle Gestaltung eines Bauvorhabens zu verstehen. Streitigkeiten aus einer Baufinanzierung entstehen nur und gerade dadurch, daß jemand bauen will. Daher erscheint es gerechtfertigt, auch solche Auseinandersetzungen vom Versicherungsschutz auszunehmen, die – isoliert betrachtet – (noch) keinen unmittelbaren Bezug zu einzelnen Baumaßnahmen haben mögen wie etwa unklare Zins- oder Tilgungsabreden oder eine notwendige Zwischenfinanzierung (OLG Nürnberg ZfS 93, 172 und OLG Karlsruhe r+s 92, 308; VersR 97, 183 = ZfS 97, 33 = r+s 96, 446 bei Streit mit der finanzierenden Bank; ZfS 85, 209; OLG Köln r+s 90, 418 bei arglistiger Täuschung des Verkäufers einer schlüsselfertigen Eigentumswohnung über die Finanzierung und bei Streit mit der finanzierenden Bank; ZfS 83, 241; LG Düsseldorf ZfS 90, 309 auch bei zwischengeschaltetem Treuhänder; r+s 88, 81; LG Münster ZfS 89, 57; LG Köln ZfS 89, 381 = r+s 89, 331 bei Streit mit der baufinanzierenden Lebensversicherung; LG Köln ZfS 86, 79; LG Aachen ZfS 84, 206; LG Arnsberg ZfS 83, 145, 1072; AG Aachen ZfS 91, 93; AG Braunschweig ZfS 85, 113; AG Stuttgart ZfS 84, 207; AG Düsseldorf ZfS 84, 17; 81, 115; *J. Vassel* ZVersWiss 84, 609, 614; *Kühl* VersR 82, 936; etwas enger LG Stuttgart VersR 85, 683; LG Aschaffenburg VersR 80, 1042 = ZfS 80, 244; *Prölss/Martin* § 4 ARB Anm. 10; *Mink* AnwBl. 88, 145, 149; für engere Auslegung auch *Maier* VersR 97, 394, 395). Wirkt sich die Anfechtung eines Baubetreuungsvertrags (oben Rdnr. 99) und einer damit verbundenen Vollmacht unmittelbar auf einen vom Baubetreuer vermittelten Kreditvertrag aus, dann greift der Ausschluß schon wegen der unmittelbaren Verknüpfung der beiden Vertragsverhältnisse Platz (BGH VersR 86, 132 = ZfS 86, 114; ähnlich OLG Stuttgart r+s 93, 422 für Rückabwicklung eines Treuhandvertrags wegen fehlerhafter Beratung über Finanzierungsmöglichkeiten und r+s 93, 343 für Rücktritt des VN vom Kaufanwärtervertrag wegen fehlgeschlagener Finanzierung). Gleiches gilt, wenn der Streit mit der Bank über die Finanzierung eines Selbstbauhauses mit der Berechtigung von Einwendungen gegen den Vertrag mit dem Lieferanten des Selbstbausatzes steht und fällt (OLG Hamm ZfS 89, 57 = r+s 89, 89) oder wenn der finanzgerichtliche Streit um die steuerliche Abzugsfähigkeit eines mit dem Hausbau zusammenhängenden Darlehens-Disagios geht (AG Hannover r+s 93, 25; vgl. Vorbem. vor § 21 Rdnr. 175). Nach LG Oldenburg soll auch ein Streit mit dem mit Haus-Finanzierungsfragen beauftragten Makler unter den Ausschluß fallen (ZfS 89, 309; zweifelhaft), nach LG Gießen VersR 96, 883 = ZfS 95, 350 jedoch nicht ein Provisionsstreit mit einem Makler, der nur nebenbei Fragen der Baufinanzierung klären sollte. Anders kann es auch liegen, wenn ein Bauvorhaben und dessen Finanzierung nur den äußeren Anlaß für einen Streit über die Auslegung einer Bestimmung (über Rangrücktritt) des Grundstückskaufvertrags bildet, der bereits sechs Jahre vor Beginn des Bauvorhabens geschlossen worden war (OLG Hamburg ZfS 85, 176 = VersR 85, 984). Nicht unter den Ausschluß fällt auch die Geltendmachung eines Schadenersatzanspruchs gegen die finanzierende Bank wegen fehlerhafter Auszahlung von Darlehensraten an Baubeteiligte (vgl. oben Rdnr. 101) oder wegen Kreditkündigung aufgrund angeblich fehlender Bonität des VN (LG Düsseldorf NJW-RR 92, 989).

Nicht selten sind Fälle, in denen der Vertragspartner des VN – meist ein Baubetreuer oder Bauträger – seiner Verpflichtung zur **Lastenfreistellung** (Enthaftung) des zu übertragenden Grundstücks oder zur Stellung einer Sicherheit nach § 7 Abs. 1 der Makler- und BauträgerVO (Näheres hierzu *Palandt/Thomas* vor § 652 Rdnr. 1) nicht oder unzureichend nachkommt. Aus den oben Rdnr. 109 genannten Gründen ist auch in solchen Fällen in der Regel ein unmittelbarer Zusammenhang im Sinn des Abs. 1 k gegeben. 110

g) Während die Ausschlußbestimmung in den ARB 69 (oben Rdnrn. 87 ff.) in der Regel voraussetzte, daß der VN als „Bauherr" bereits Eigentümer des Baugrundstücks war, genügt es für die Anwendung des Abs. 1 k in den ARB 75, daß es sich um ein entweder dem VN schon gehörendes oder in seinem Besitz befindliches oder von ihm erst „**zu erwerbendes**" Grundstück oder Gebäude handelt. Diese Formulierung trägt der Tatsache Rechnung, daß sich das mit einem gehäuften Rechtskostenrisiko verbundene Bauwagnis unabhängig von den im Zeitpunkt des Baues gegebenen Eigentumsverhältnissen am Grundstück auswirken kann. Ist der VN beispielsweise als Nießbraucher oder Pächter nur Besitzer, nicht aber Eigentümer des Grundstücks, dann ändert seine fehlende Eigentümerstellung nichts an dem durch sein Bauvorhaben erhöhten Risiko, das Abs. 1k ausschalten will. Das gleiche gilt für den häufigen Fall des Erwerbs eines schlüsselfertigen Hauses oder einer Eigentumswohnung vom Bauträger, bei dem das Grundstückseigentum oft erst nach Fertigstellung des Baues übertragen wird und der Eigentumsübergang erst durch die Eintragung des VN im Grundbuch erfolgt (§ 873 Abs. 1 BGB), die sich aus den verschiedensten Gründen verzögern kann. Muß der VN vor seiner Eintragung im Grundbuch und damit vor Eigentumsübergang bereits rechtliche Interessen im unmittelbaren Zusammenhang mit der Planung und Errichtung des Bauvorhabens wahrnehmen, dann ändert seine fehlende Eigentümerstellung nichts an der Ausschlußbestimmung. 111

Ist der **VN nicht Erstkäufer** eines vom Verkäufer zu errichtenden Gebäudes, sondern Zweit- oder Drittkäufer eines schon früher fertiggestellten Objekts, dann fallen Streitigkeiten aus einem solchen „isolierten" Kaufvertrag allenfalls noch insoweit unter die Ausschlußbestimmung, als es sich um an den VN abgetretene, noch aus der Planung und Errichtung herrührende 112

§ 4 ARB 75 113, 114   1. Teil. Allgemeine Bestimmungen (A)

Ansprüche seines Verkäufers handelt. Solche Fälle sind jedoch erfahrungsgemäß selten, da bei einem Zweitverkauf häufig die Gewährleistung wegen Sach- und Rechtsmängeln ausgeschlossen wird. Auch soweit dies nicht der Fall ist, fallen rein kaufrechtliche Gewährleistungsansprüche nicht unter den Ausschluß (LG Kiel VersR 86, 338 = ZfS 85, 273).

XII. Bergbauschäden (Abs. 1 l)
(entspricht § 3 Abs. 1 c ARB 94)

113 Ausgeschlossen ist die Interessenwahrnehmung aus **Bergbauschäden** an Grundstücken. Da die mit dem Grundstück fest verbundenen Sachen, insbesondere Gebäude, zu den wesentlichen Bestandteilen des Grundstücks zählen, die nicht Gegenstand besonderer Rechte sein können (§§ 93, 94 BGB), fällt auch die Interessenwahrnehmung aus Bergbauschäden an Gebäuden nicht unter die Versicherungsdeckung (a. A. *Zeiler* VersR 84, 1127 unter Hinweis auf § 5 AGBG). Der Begriff des Bergbauschadens im Sinn der ARB kann mit dem Begriff des „Bergschadens" gleichgesetzt werden, für den § 114 des am 1. 1. 1982 in Kraft getretenen Bundesberggesetzes eine Legaldefinition gibt. Ein Bergschaden liegt danach vor, wenn ein Grundstück oder Gebäude beschädigt wird entweder infolge des Aufsuchens, Gewinnens und Aufbereitens von Bodenschätzen einschließlich der damit zusammenhängenden Nebentätigkeiten oder infolge der Wiedernutzbarmachung der Oberfläche während und nach einer dieser Tätigkeiten oder durch Betriebsanlagen und Betriebseinrichtungen, die überwiegend einer dieser Tätigkeiten zu dienen bestimmt sind (Näheres § 2 Bundesberggesetz). Danach fallen auch Schäden durch Probebohrungen bereits unter den Ausschluß. Die Ersatzpflicht richtet sich nach §§ 115 ff. Bundesberggesetz. Die Interessenwahrnehmung wegen Bergschäden an Personen ist nicht vom Versicherungsschutz ausgeschlossen. Der Ausschluß hat seinen Grund darin, daß das mit Bergbauschäden zusammenhängende Rechtskostenrisiko schwer überschaubar ist, zumal solche Schäden häufig mit Hilfe von außergerichtlichen Sachverständigengutachten reguliert werden, die ohnehin nicht unter die Versicherungsdeckung fallen (§ 2 Rdnr. 104). Hinzu kommt der Umstand, daß überhaupt nur eine kleine, regional begrenzte Anzahl von VN von dem Risiko betroffen werden kann, nämlich diejenigen, die Grundstücke in bergbaugefährdeten Gebieten besitzen. Es ist aber nicht Sinn der Risikogemeinschaft, daß die weit überwiegende Zahl der insoweit niemals gefährdeten VN durch ihre Beiträge das Risiko der kleinen Minderheit der Gefährdeten mit abdeckt (*Traeger* ZVersWiss 75, 591, 610).

XIII. Kirchenrecht (Abs. 1 m)
(ARB 94: entfallen)

114 Die Interessenwahrnehmung aus dem Bereich des **Kirchenrechts** ist zum Teil aus ähnlichen Gründen wie diejenige aus Bergbauschäden (Abs. 1 l; vgl. oben Rdnr. 113) vom Versicherungsschutz ausgeschlossen. Das mit kirchenrechtlichen Auseinandersetzungen verbundene Rechtskostenrisiko ist

schwer überschaubar und trifft überdies nur einen geringen Teil der in der Risikogemeinschaft zusammengeschlossenen VN, da erfahrungsgemäß nur wenige kirchenrechtliche Auseinandersetzungen geführt werden (*Sperling* AnwBl. 70, 34). Hinzu kommt, daß das Kirchenrecht zum Teil autonomes Recht der Kirchen mit eigener kirchlicher Gerichtsbarkeit ist, mit dem nur wenige weltliche Juristen näher vertraut sind. Unter Kirchenrecht versteht man sowohl das in der Verfassung, in Gesetzen und in Verträgen niedergelegte äußere Kirchenrecht (Staatskirchenrecht), das das Verhältnis des Staates zu Religion und Religionsgemeinschaften regelt, wie auch den von staatlicher Regelung und Einwirkung freien Bereich kirchlicher Selbstverwaltung, das innere Kirchenrecht, das als autonomes Recht der Kirchen deren innere Verhältnisse selbständig normiert, z. b. das kanonische Recht der katholischen Kirche oder das evangelische Kirchenrecht der Landeskirchen (*Creifelds* Stichwort „Kirchenrecht"; vgl. auch BVerfG NJW 78, 581; BGH NJW 81, 2811). Hierzu gehört auch das innerkirchliche Amts- und Dienstrecht von Pfarrern und Kirchenbeamten mit der Zuständigkeit eines kirchlichen Gerichts. Geht dagegen der Streit, wie meist bei Angestellten kirchlicher Einrichtungen, im Kern nicht um kirchenrechtliche, sondern um arbeitsrechtliche Fragen mit der Zuständigkeit eines Arbeitsgerichts, dann greift der Ausschluß nicht durch (*Kühl* VersR 85, 20; vgl. auch BVerfG NJW 86, 367; 85, 788; 83, 2569; BVerwG NJW 83, 2580, 2582; BAG NJW 85, 1855). Die Autonomie des Kirchenrechts ist durch Art. 140 GG in Verbindung mit Art. 137, 138 Weimarer Verfassung gewährleistet.

XIV. Steuer- und Abgaberecht (Abs. 1 n)
(entspricht § 2e – außergerichtlich –, § 3 Abs. 2i ARB 94)

1. Der Ausschluß will das schwer überschaubare Kostenrisiko von der Risikogemeinschaft fernhalten, das auf dem breit gefächerten Gebiet der **öffentlichen Abgaben** entstehen kann (*Sperling* AnwBl. 70, 34) und zwangsläufig zu einer merklichen Erhöhung der Versicherungsbeiträge führen müßte, wenn hierfür Versicherungsschutz bestünde. Ausgespart ist der gesamte Bereich des öffentlichen Abgaberechts, das das Steuerrecht mitumfaßt. Zur Verdeutlichung ist das Steuerrecht in der Ausschlußbestimmung eigens erwähnt. Zum Bereich des Steuerrechts gehört auch das gesamte Recht der Steuerstraftaten und Steuer-Ordnungswidrigkeiten (§§ 369 bis 374, 378 bis 383 AO). Der generelle Ausschluß benachteiligt den VN nicht unangemessen im Sinn des § 9 AGBG (AG Blomberg r + s 89, 90). Wegen der teilweisen Aufhebung des Ausschlusses in neueren Versicherungsverträgen vgl. unten Rdnr. 123 und Vorbem. vor § 21 Rdnrn. 169ff.

2. Steuerrecht ist die Gesamtheit der Rechtsnormen, die die Besteuerung in jeder Form zum Gegenstand haben. Steuern sind einmalige oder laufende Geldleistungen, die nicht eine Gegenleistung für eine besondere Leistung darstellen und die von einem öffentlich-rechtlichen Gemeinwesen zur Erzielung von Einnahmen allen auferlegt werden, bei denen der Tatbestand zutrifft, an den das Gesetz die Leistungspflicht knüpft. Auch Zölle und Abschöpfungen sind Steuern (§ 3 AO), wobei unter „Abschöpfung" eine Abgabe verstanden wird, die beim Warenverkehr von bestimmten Agrarerzeugnissen über die Zollgrenze nach festen Sätzen erhoben wird (Gesetz vom 25. 7. 1962 BGBl. I S. 453 mit späteren Änderungen).

117 **3. Sonstiges Abgaberecht** ist die Gesamtheit der Rechtsnormen, die neben dem Steuerrecht öffentlich-rechtlich geregelte Leistungen des Bürgers an den Staat oder an sonstige Körperschaften des öffentlichen Rechts in Form von Gebühren oder Beiträgen zum Gegenstand haben. In älteren Gesetzen wurden auch Naturalleistungen zu den Abgaben gerechnet, z.B. öffentlich-rechtlich geschuldete Dienstleistungen wie Hand- und Spanndienste für den Wegebau oder zur Erfüllung anderer gemeindlicher Aufgaben. Neuere Gesetze verstehen darunter nur noch Geldleistungen, deren wichtigste neben den Steuern die meist landesrechtlich geregelten Gebühren und Beiträge sind, die im Gegensatz zu den Steuern im Hinblick auf bestimmte Gegenleistungen (besondere Vorteile) zu entrichten sind, daher auch Vorzugslasten genannt werden und durch Leistungsbescheid festgesetzt und im Verwaltungsweg vollstreckt werden können (*Wolff/Bachof/Stober* I § 42 Rdnrn. 14 ff.). In Ausnahmefällen können außerdem einem begrenzten Personenkreis zur Finanzierung besonderer Aufgaben – ohne Gegenleistung – Sonderabgaben gesetzlich auferlegt werden (z.B. Berufsausbildungsabgabe, BVerfG NJW 81, 329; Investitionshilfeabgabe, BVerfG NJW 85, 37).

118 Unter „**Gebühren**" im Sinn des Abgaberechts versteht man gesetzlich geregelte Entgelte für eine besondere Inanspruchnahme der Verwaltung (*Creifelds* Stichwort „Abgaben"). Man unterscheidet hierbei Verwaltungsgebühren als Entgelte für Amtshandlungen, z.B. eine Beurkundung oder eine Unterschriftsbeglaubigung oder einen verwaltungsrechtlichen Bescheid, Benutzungsgebühren als Entgelte für die Inanspruchnahme einer anderen öffentlichen Einrichtung, z.B. einer Bibliothek oder einer Badeanstalt oder eines Friedhofs, sowie Konzessionsabgaben als laufende Entgelte für die Möglichkeit, von einer Erlaubnis Gebrauch zu machen (Näheres *Wolff/Bachof/Stober* I § 42 Rdnrn. 22 ff.).

119 „**Beiträge**" sind Geldleistungen, die dem Einzelnen im Hinblick auf eine besondere Gegenleistung des Beitragsberechtigten auferlegt werden, nämlich dafür, daß die Möglichkeit der Benutzung besonderer Einrichtungen oder die Nutzung besonderer Vorteile zur Verfügung gestellt wird (*Creifelds* Stichwort „Abgaben"). Beispiele sind die Erschließungsbeiträge nach §§ 127 ff. BauGB und Kurbeiträge nach landesrechtlichen Kommunalabgaben-Gesetzen. Ob Beiträge der Arbeitgeber und Arbeitnehmer zur Sozialversicherung „Abgaben" im Sinn des Risikoausschlusses des Abs. 1 n sind, wird nicht einheitlich beurteilt. Hierfür gilt nicht der abgaberechtliche Grundsatz, daß zu Beiträgen nur herangezogen werden darf, wer von einem bestimmten öffentlichen Unternehmen einen wirtschaftlichen Vorteil zu erwarten hat. Das Bundesverfassungsgericht sieht hierbei den sozialen Ausgleich im Vordergrund (BVerfGE 11, 105, 117; 14, 312, 317; 75, 108, 148; *Wolff/Bachof/Stober* I § 42 Rdnr. 20). Da Ausschlußbestimmungen eng auszulegen sind, erscheint es daher vertretbar, zugunsten des VN solche Beiträge nicht als spezifisch „abgaberechtlich" zu werten. Werden in einem Grundstückskaufvertrag mit einer Gemeinde Abreden über die Berechnung

der Erschließungsbeiträge getroffen, unterliegt ein Streit über diese (öffentlich-rechtliche) Vereinbarung dem Ausschluß nach Abs. 1 n (AG Biedenkopf VersR 85, 1058 = ZfS 85, 239).

Dem öffentlichen Abgaberecht im Sinn der Ausschlußbestimmung unterliegen auch alle öffentlich-rechtlichen Gebühren und Beiträge für die Benutzung von **öffentlichen Versorgungseinrichtungen** für Gas, Wasser, Strom, Müllabfuhr sowie Rundfunk- (BVerwG NJW 68, 1393) und – früher – Postgebühren aller Art, wobei früher auch ein Streit über Grund oder Höhe von Telefongebühren trotz der Zulässigkeit des ordentlichen Rechtswegs (Gemeinsamer Senat der obersten Bundesgerichte NJW 71, 1606; Vollstreckung im Verwaltungsweg, BVerwG DB 78, 394) ein Streit über öffentlichrechtliche Abgaben im Sinn des Abs. 1 n blieb, der überdies unter keine der Leistungsarten der §§ 21 bis 29 subsumiert werden konnte, insbesondere nicht unter die Wahrnehmung rechtlicher Interessen aus schuldrechtlichen Verträgen (Vorbem. vor § 21 Rdnr. 106). Dies hat sich inzwischen infolge der Privatisierung des Postdienstes geändert, so daß nunmehr die Rechtsbeziehungen weitgehend privatrechtlicher Natur sind (Näheres *Palandt/ Thomas* § 839 Rdnrn. 141 bis 143). Hat eine öffentliche Anstalt, z.B. ein kommunaler Eigenbetrieb, das Rechtsverhältnis mit den Benutzern nicht öffentlich-rechtlich, sondern privatrechtlich ausgestaltet, dann ist das von den Benutzern zu entrichtende Entgelt keine „Abgabe" im Rechtssinn. Es handelt sich dann vielmehr um verwaltungs-privatrechtliche vertragliche Rechtsbeziehungen, selbst wenn das Entgelt im Verwaltungsvollstreckungsverfahren beitreibbar sein sollte (*Wolff/Bachof/Stober* II § 99 V Rdnrn. 34 ff.). Dies führt zu dem unbefriedigenden Ergebnis, daß das Bestehen von Versicherungsschutz von der mehr oder weniger zufälligen rechtlichen Ausgestaltung des jeweiligen Benutzungsverhältnisses abhängt. 120

Zu den Abgaben zählen schließlich noch wirtschaftsverwaltungsrechtliche **Ausgleichsabgaben** als Zahlungen marktbegünstigter Unternehmer zur Subventionierung anderer desselben Wirtschaftszweigs sowie Verbandslasten der Mitglieder einer öffentlichen Körperschaft zu satzungsgemäßen Geld- und Naturalleistungen (Näheres *Wolff/Bachof/Stober* I § 42 Rdnrn. 38 ff.). Das gleiche gilt für Ausgleichszahlungen von Mietern einer öffentlich geförderten Wohnung, die nach dem Gesetz über den Abbau der Fehlsubventionierung im Wohnungswesen bei Überschreiten einer bestimmten Einkommensgrenze fällig werden („Fehlbelegungsabgabe"), sowie für Abgaben wegen Überschreitung der Milchquote nach der Milch-Garantiemengen-VO. 121

Keine öffentlich-rechtliche Abgabe ist das **Zwangsgeld**, das zur Durchführung einer behördlichen oder gerichtlichen Verfügung angedroht oder festgesetzt wird (z.B. gemäß § 888 Abs. 1 ZPO, § 11 VwVG und den entsprechenden landesrechtlichen Verwaltungsvollstreckungsbestimmungen). Das Verfahren wegen eines Zwangsgeldes gehört zum Vollstreckungsverfahren, für das im Rahmen des § 2 Abs. 3b Versicherungsschutz besteht, soweit für das Verfahren wegen des zu vollstreckenden Anspruchs Deckung gegeben ist (§ 2 Rdnr. 176). 122

123   4. Im Rahmen der **Zusatzbedingung** zu den §§ 21, 22, 23, 25, 26, 27 und 29 ARB (Steuer-RS vor Gerichten und in Bußgeldverfahren, Vorbem. vor § 21 Rdnrn. 169ff.; Einl. Rdnr. 25) besteht abweichend von § 4 Abs. 1n im Bereich des Steuer- und Abgaberechts Versicherungsschutz für die Wahrnehmung rechtlicher Interessen vor Finanz- und Verwaltungsgerichten sowie in entsprechenden Bußgeldverfahren.

XV. Abs. 1o
(entspricht § 3 Abs. 3a, b ARB 94)

124   1. Die Ausschlußbestimmung bezieht sich auf Rechtsgebiete und Verfahrensarten, die erfahrungsgemäß nur **für** relativ **wenige VN** jemals **Bedeutung** erlangen. Die von der Risikogemeinschaft aufgebrachten Beiträge sollen nicht für diese kleine Minderheit zur Verfügung stehen.

125   2. **Verfassungsgerichte** sind das Bundesverfassungsgericht, die in den Ländern der Bundesrepublik Deutschland bestehenden Landesverfassungsgerichte sowie vergleichbare Verfassungsgerichte im Ausland innerhalb des räumlichen Geltungsbereichs des § 3. Die Interessenwahrnehmung ist in sämtlichen Verfahren ausgeschlossen, die diesen Gerichten durch die Verfassung oder durch Gesetze zugewiesen sind. Dies gilt auch dann, wenn ein zunächst unter Versicherungsschutz stehendes Verfahren – z.B. ein Schadenersatzprozeß des VN im Rahmen des § 26 Abs. 3a (Fassung 1988: Abs. 5a) oder eine strafgerichtliche Verurteilung im Rahmen des § 26 Abs. 3d (Fassung 1988: Abs. 5d) – nach rechtskräftigem Abschluß im ordentlichen Rechtsweg durch Verfassungsbeschwerde gemäß § 93 Abs. 1 Nr. 4a GG wegen Verletzung von Grundrechten angefochten wird. Legt dagegen ein Gericht eine Sache einem Landes- oder dem Bundesverfassungsgericht gemäß Art. 100 GG vor, weil es ein entscheidungserhebliches Gesetz für verfassungswidrig hält (*Baumbach/Lauterbach/Hartmann* § 148 Rdnr. 29; § 1 GVG Rdnr. 6), dann kann Versicherungsschutz bejaht werden, soweit dieser für das Ausgangsverfahren besteht. Denn in diesem Fall entscheidet das Verfassungsgericht nur über eine Wirksamkeitsvoraussetzung in dem unter Versicherungsschutz stehenden Verfahren (vgl. die ähnlichen Fälle in Vorbem. vor § 21 Rdnrn. 112, 119). Verfahren, die normalerweise den Verfassungsgerichten zugewiesen sind, fallen dann nicht unter die Ausschlußbestimmung, wenn sie – wie gewisse Normenkontrollverfahren nach § 47 VwGO – ausnahmsweise verwaltungsgerichtlich erledigt werden (vgl. auch § 14 Rdnr. 44; § 29 Rdnr. 22).

126   3. a) **Internationale Gerichtshöfe** sind Gerichte, die dazu berufen sind, zwischenstaatliche Rechtsstreitigkeiten zu schlichten oder zu entscheiden. In erster Linie handelt es sich hier um den Internationalen Gerichtshof mit dem Sitz im Haag, der aus dem durch Art. 14 der Satzung des Völkerbundes errichteten Ständigen Internationalen Gerichtshof hervorgegangen ist. Er wurde durch Art. 92 der Charta der Vereinten Nationen institutionalisiert und ist das richterliche Hauptorgan der Vereinten Nationen. Er ist nicht befugt, in den Bereich nationaler Rechte einzugreifen (*Creifelds* Stichwort

"Internationaler Gerichtshof"). Internationale Gerichtshöfe sind außerdem die auf bilateralen oder multilateralen Abkommen beruhenden zwischenstaatlichen Schiedsgerichte sowie der Ständige Schiedsgerichtshof im Haag (*Creifelds* Stichwort „Schiedsgerichtshof, Ständiger").

b) **Supranationale Gerichtshöfe** sind Gerichte überstaatlicher Organisationen, die eine von der Staatsgewalt der Mitgliedsstaaten geschiedene überstaatliche öffentliche Gewalt ausüben. Sie schlichten oder entscheiden Streitigkeiten aus dem supranationalen Recht, das von übernationalen Instanzen für mehrere Staaten einheitlich erlassen wird (*Creifelds* Stichwörter „Internationales Recht", „Supranationales Recht"). Supranationale Gerichtshöfe sind die aufgrund Art. 19 MRK bestehende Europäische Kommission zum Schutz der Menschenrechte und der Europäische Gerichtshof für Menschenrechte sowie der aufgrund Art. 4 des EWG-Vertrags bestehende Europäische Gerichtshof, der die einheitliche Anwendung, Auslegung und Fortbildung des europäischen Gemeinschaftsrechts zu gewährleisten hat, d.h. des Rechts der Europäischen Wirtschaftsgemeinschaft, der Europäischen Atomgemeinschaft und der Europäischen Gemeinschaft für Kohle und Stahl (*Creifelds* Stichwörter „Europäische Gemeinschaften", „Europäischer Gerichtshof", „Gemeinschaftsrecht, europäisches"). Hierzu kann auch noch der UN-Ausschuß für Menschenrechte gerechnet werden (*Lauff* NJW 81, 2611). Aus den gleichen Gründen wie bei Verfassungsgeichten (oben Rdnr. 125) kann jedoch für Vorlageverfahren vor dem Europäischen Gerichtshof gemäß Art. 177 Abs. 2 EWG-Vertrag Versicherungsschutz bejaht werden, wenn für das Ausgangsverfahren Deckung besteht (*Baumbach/Lauterbach/Hartmann* § 148 Rdnr. 16). 127

c) Falls er nicht im Einzelfall abbedungen ist, gilt der Ausschluß auch für die Wahrnehmung rechtlicher Interessen von **Bediensteten** internationaler oder supranationaler Organisationen, z.B. aus Miet- oder Arbeitsverhältnissen, soweit hierfür anstelle nationaler Gerichte internationale oder supranationale Gerichtshöfe zuständig sind wie beispielsweise das Verwaltungsgericht der Internationalen Arbeitsorganisation (BVerfGE 59, 63 = NJW 82, 512). 128

XVI. Freiwillige Gerichtsbarkeit (Abs. 1 p)
(ARB 94: entfallen)

Die Angelegenheiten der **freiwilligen Gerichtsbarkeit** sind im Interesse niedriger Versicherungsbeiträge vom Versicherungsschutz ausgenommen, weil sie auf vielerlei Rechtsgebieten zum Teil sehr unübersichtlich geregelt sind und das hierdurch entstehende Kostenrisiko schwer überschaubar ist. Zudem sind häufig ohnehin schon anderweitig ausgeschlossene Rechtsgebiete betroffen wie etwa das Recht der Handelsgesellschaften oder das Familien- und Erbrecht (§ 4 Abs. 1 c und i). Zur freiwilligen Gerichtsbarkeit gehören alle diejenigen Rechtsangelegenheiten, die durch Bundes- oder Landesgesetz unmittelbar oder mittelbar, nämlich durch Zuweisung an eine Behörde der freiwilligen Gerichtsbarkeit wie Vormundschafts-, Nachlaß- oder Registergericht, als solche bezeichnet sind. Außerdem zählen hierzu 129

§ 4 ARB 75 130, 130a 1. Teil. Allgemeine Bestimmungen (A)

alle Rechtsangelegenheiten, für die die Anwendung des Verfahrens der freiwilligen Gerichtsbarkeit, nämlich des FGG, für die behördliche Mitwirkung durch Gesetz bestimmt worden ist. Dies gilt auch dann, wenn die Vorschriften des FGG nur subsidiär und sinngemäß anzuwenden sind, soweit das betreffende Gesetz keine eigene Regelung enthält (z.B. § 9 LwVG). Denn hieraus ergibt sich, daß der Gesetzgeber die betreffende Rechtsmaterie nicht der der ZPO zugewiesenen streitigen, sondern der freiwilligen Gerichtsbarkeit zugeordnet hat.

130 Die wesentlichen Angelegenheiten der freiwilligen Gerichtsbarkeit sind in den Erläuterungsbüchern zum FGG aufgezählt (z.B. *Keidel/ Kuntze/Winkler* § 1 Rdnrn. 37 bis 111; *Jansen* § 1 Rdnrn. 17 bis 83). Ihrer Art nach kann man die freiwillige Gerichtsbarkeit unterteilen in **rechtsvorsorgende Tätigkeit** (Rechtsfürsorge) und in **privat- und öffentlich-rechtliche Streitsachen**. Zur vorsorgenden Tätigkeit zählen insbesondere nichtstreitige Vormundschaftssachen, Nachlaßsachen, Urkundstätigkeit, Grundbuchsachen (LG Heidelberg ZfS 82, 111), Landwirtschaftssachen – mit Ausnahme der der streitigen Gerichtsbarkeit zugewiesenen Landpachtsachen im Sinn des § 1 Nr. 1a LwVG, vgl. §§ 9, 48 LwVG – sowie die Tätigkeit des Registergerichts in Handels-, Vereins-, Genossenschafts-, Güterrechts-, Schiffs- und Musterregistersachen (*Keidel/Kuntze/Winkler* § 1 Rdnrn. 4, 4a). Auch die in §§ 522 ff. HGB geregelte Verklarung als das zur Feststellung von Ursache und Folgen eines Schiffsunfalles dienende Verfahren kann hierzu gerechnet werden (vgl. §§ 145, 145a, 148 Abs. 2 FGG; BGH NJW 79, 2560 = VersR 79, 320; *Creifelds* Stichwort „Verklarung"). Nicht darunter fällt hingegen eine Teilungsversteigerung zum Zwecke der Aufhebung einer Gemeinschaft nach §§ 180 ff. ZVG. Sie ist zwar keine Zwangsvollstreckung, andererseits unterliegt sie aber auch nicht den Bestimmungen des FGG (§ 180 Abs. 1 ZVG; *Zeller/Stöber* § 180 Rdnr. 2). Teilungssache im Sinn der §§ 86 bis 99 FGG ist nur die Auseinandersetzung eines Nachlasses oder eines Gesamtguts (*Keidel/Kuntze/Winkler* vor § 72 Rdnr. 7). Eine andere Frage ist, ob der Antrag eines Gemeinschafters auf Aufhebung der Gemeinschaft überhaupt ein Versicherungsfall im Sinn des § 14 Abs. 3 ist (§ 14 Rdnr. 45). Bei den privatrechtlichen Streitsachen hat das Gericht ähnlich wie im Zivilprozeß über widerstreitende Interessen zweier oder mehrerer Beteiligter in der Weise zu entscheiden, daß subjektive Privatrechte festgestellt oder gestaltet werden (BGH NJW 78, 1977; Näheres *Keidel/Kuntze/Winkler* § 12 Rdnr. 109). Unter die öffentlich-rechtlichen Streitsachen fällt insbesondere die Anfechtung von Verwaltungsakten, soweit hierfür das Verfahren der freiwilligen Gerichtsbarkeit für anwendbar erklärt worden ist (*Keidel/Kuntze/Winkler* § 1 Rdnr. 4a). Nicht zur freiwilligen Gerichtsbarkeit zählen das gerichtliche Vergleichsverfahren zur Abwendung eines Konkurses nach der VerglO sowie das Konkursverfahren (vgl. unten Rdnr. 132 und § 2 Rdnrn. 215, 217).

130a Ein Antrag auf **Nachlaßpflegschaft** nach § 1961 BGB zum Zweck der gerichtlichen Geltendmachung eines Anspruchs gegen den Nachlaß, insbesondere bei unbekannten Erben, ist eine Angelegenheit der freiwilligen Gerichtsbarkeit (§ 75 FGG) und daher an sich vom Versicherungsschutz ausgeschlossen. Nun kann aber in manchen Fällen ein Zuwarten des VN bis zur Feststellung der Erben die Durchsetzung seines Anspruchs gefährden. Steht in solchen Fällen die Durchsetzung des Anspruchs unter Versicherungsschutz, dann erscheint es gerechtfertigt, den Antrag auf Bestellung eines Nachlaßpflegers als notwendige Vorstufe zur Sicherung und Durchsetzung des Hauptanspruchs in die Deckung einzubeziehen (vgl. die ähnlich liegenden Fälle in Vorbem. vor § 21 Rdnrn. 112 und 119). Entsprechendes gilt für einen Antrag nach §§ 65 ff. FGG auf Betreuung nach §§ 1896 ff. BGB (früher: Gebrechlichkeitspflegschaft nach § 1910 BGB) zum Zweck der gerichtlichen Geltendmachung des Schmerzensgeldanspruchs eines geschäftsunfähigen Schwerverletzten (BGH NJW 86, 1039 = VersR 86, 292), für die Einholung der vormundschaftsgerichtlichen Genehmigung zu einem Abfindungsvergleich über einen unter Versicherungsschutz stehenden Schadenersatzanspruch (LG Hanau ZfS 95, 431) oder für die Beantragung eines Erbscheins nach § 792 ZPO zum Zwecke der Zwangsvollstreckung (LG Trier r + s 88, 16).

Das **Aufgebotsverfahren**, d.h. das Verfahren zur öffentlichen Aufforderung an unbestimmte oder unbekannte Beteiligte, Rechte oder Ansprüche – häufig bei der Meidung des Verlustes – anzumelden, gehört seiner Rechtsnatur nach eher zur freiwilligen Gerichtsbarkeit. Da es jedoch in den §§ 946 ff. ZPO geregelt ist, ist es ein Teil der streitigen Gerichtsbarkeit in bürgerlichen Rechtsstreitigkeiten und fällt demnach nicht unter die Ausschlußbestimmung des Abs. 1 p. Naturgemäß ist jedoch im Einzelfall zu prüfen, ob es sich überhaupt um eine unter Versicherungsschutz stehende Interessenwahrnehmung auf Grund eines Versicherungsfalles (§ 14) handelt. Ausdrücklich der freiwilligen Gerichtsbarkeit zugewiesen ist allerdings das Aufgebotsverfahren zum Zwecke der Todeserklärung nach §§ 13 ff. Verschollenheitsgesetz (*Baumbach/Lauterbach/Hartmann* Grundzüge vor § 946 Rdnr. 2).

130b

Abweichend von Abs. 1 p besteht Versicherungsschutz in Angelegenheiten der freiwilligen Gerichtsbarkeit im Rahmen des Beratungs-RS der §§ 25 Abs. 2 e, 26 Abs. 3 g (Fassung 1988: Abs. 5 g) und 27 Abs. 3 g sowie gemäß § 29 Abs. 2 in Wohnungseigentumssachen nach dem WEG.

131

XVII. Abs. 1 q
(entspricht § 3 Abs. 3 c ARB 94)

Ist über das Vermögen des VN ein **Konkursverfahren** nach der KO oder ein gerichtliches **Vergleichsverfahren** zur Abwendung des Konkurses nach der VerglO (im Gebiet der ehemaligen DDR: Gesamtvollstreckung nach der Gesamtvollstreckungsordnung; ab 1. 1. 1999 gilt in allen Fällen die neue Insolvenzordnung) beantragt, dann droht wegen bevorstehender oder schon eingetretener Insolvenz des VN die Gefahr, daß er in erheblich gesteigertem Umfang rechtliche Interessen wahrnehmen und damit Rechtskosten aufwenden muß. Dieses stark gehäufte Risiko soll durch die Ausschlußbestimmung von der Risikogemeinschaft ferngehalten werden. Von wem der An-

132

trag auf Eröffnung des Konkursverfahrens gestellt ist, ist gleichgültig. Antragsberechtigt sind sowohl der VN als Gemeinschuldner wie auch die Konkursgläubiger (§ 103 KO). Die Eröffnung des Vergleichsverfahrens kann dagegen nur der VN selbst beantragen (§ 2 Abs. 1 Satz 2 VerglO). Versucht der VN mit seinen Gläubigern außergerichtlich zu einem Gesamtvergleich durch Stundung, Teilerlaß oder Tilgungsstreckung von Forderungen zu kommen (vgl. § 3 Abs. 2 Nr. 1 VerglO), dann kann dieser außergerichtliche Vergleichsversuch einem „Vergleichsverfahren" im Sinn des Abs. 1q nicht gleichgeachtet werden. Denn ein solches außergerichtliches Verfahren wird, auch wenn es durch einen Rechtsanwalt oder einen Treuhänder betrieben wird, nicht „beantragt". Außerdem ist das Wort „Vergleichsverfahren" ein Begriff der Rechtssprache und kann als solcher in der Ausschlußbestimmung nicht ausdehnend ausgelegt werden (Einl. Rdnr. 48).

133   Der Versicherungsschutz ist für eine Interessenwahrnehmung „im Zusammenhang mit einem" (bereits) „beantragten" Konkurs- oder Vergleichsverfahren ausgeschlossen, d. h. insbesondere für jede Interessenwahrnehmung, die durch einen Antrag auf Konkurs- oder Vergleichseröffnung ausgelöst wurde oder zumindest in sachlichem und zeitlichem Zusammenhang mit einem solchen bei Beginn der Interessenwahrnehmung bereits gestellten Antrag steht. So fällt etwa auch die Abwehr des von einem Gläubiger des VN gestellten Antrags dieser Art unter die Ausschlußbestimmung (AG München ZfS 90, 198; § 2 Rdnr. 216), ebenso die Verfolgung eigener Rechte des VN oder die Abwehr fremder Rechte durch ihn selbst oder den Konkursverwalter in einem bereits beantragten oder eröffneten Konkurs- oder Vergleichsverfahren. Eine Interessenwahrnehmung vor Eingang eines Konkurs- oder Vergleichsantrags fällt nicht unter den Ausschluß, auch wenn sie – z. B. wegen Lohnrückstands gegenüber vielen Arbeitnehmern (§ 14 Abs. 3) bei beginnender Insolvenz des VN – gehäuft eintritt. Denn es muß bereits im Zeitpunkt der Interessenwahrnehmung eine klare Risikoabgrenzung vorliegen und der Versicherungsschutz kann nach allgemeinen versicherungsvertraglichen Grundsätzen nicht von einem weiteren, zeitlich erst früher oder später nachfolgenden zusätzlichen Risikomerkmal abhängig und bis dahin mit der Wirkung in der Schwebe sein, daß der Ausschluß sozusagen durch einen – möglicherweise wesentlich später nachfolgenden – Konkurs- oder Vergleichsantrag im Sinn des § 158 Abs. 1 BGB aufschiebend bedingt ist. Einer zu starken Inanspruchnahme des Versicherers beugt in einem solchen Fall § 2 Abs. 4 vor, der bei zeitlich und ursächlich zusammenhängenden Versicherungsfällen dieser Art – ähnlich wie etwa bei einer Massenentlassung (OLG Hamm VersR 75, 654; vgl. § 2 Rdnr. 262) – die vereinbarte Versicherungssumme nur einmal fällig werden läßt. Zudem wird es in Fällen dieser Art häufig an der hinreichenden Erfolgsaussicht der Interessenwahrnehmung des VN fehlen (§§ 1 Abs. 1, 17 Abs. 1). Die Interessenwahrnehmung im Zusammenhang mit einem beantragten Konkurs- oder Vergleichsverfahren bleibt vom Versicherungsschutz ausgeschlossen, solange der Konkurs- oder Vergleichsantrag nicht rechtskräftig abgelehnt oder das Konkurs- oder Vergleichsverfahren nicht rechtskräftig abgeschlossen ist oder soweit im Zusammenhang mit dem beantragten oder durchgeführten

Allgemeine Risikoausschlüsse 134–136 § 4 ARB 75

Verfahren – auch nach dessen Abschluß – rechtliche Interessen des VN wahrzunehmen sind. Dies bedeutet jedoch nicht, daß jede Interessenwahrnehmung des VN oder von – z. B. nach § 24 Abs. 1 – mitversicherten Personen während eines beantragten oder bereits laufenden Konkurs- oder Vergleichsverfahrens vom Versicherungsschutz ausgeschlossen ist. Notwendig ist immer, daß die Beantragung des Konkurs- oder Vergleichsverfahrens irgendeinen sachlichen Einfluß auf die Interessenwahrnehmung hat. Soweit der Konkurs- oder Vergleichsverwalter tätig wird, wird ein Zusammenhang mit dem Konkurs- oder Vergleichsverfahren im Sinn des Abs. 1 q allerdings immer gegeben sein, z. b. bei der durch die Insolvenz bedingten Kündigung von Arbeitsverhältnissen (OLG Stuttgart ZfS 89, 90; VersR 89, 249, Leitsatz 1 allerdings mißverständlich). Dagegen kann beispielsweise bei Fortbestehen des Versicherungsvertrags (vgl. § 10 Rdnr. 6) der VN selbst oder ein mitversicherter Arbeitnehmer des VN trotz des laufenden Konkursverfahrens im Rahmen des § 24 Abs. 1 Versicherungsschutz haben für die Verteidigung gegen einen mit der Berufstätigkeit zusammenhängenden straf- oder bußgeldrechtlichen Vorwurf (§ 24 Abs. 2 c) oder für die Geltendmachung von Schadenersatzansprüchen, die bei Ausübung der beruflichen Tätigkeit entstanden sind (§ 24 Abs. 2 a), soweit kein sachlicher – unmittelbarer oder mittelbarer – Zusammenhang mit dem Konkurs- oder Vergleichsverfahren besteht.

Stellt der **VN Antrag** auf Eröffnung des Konkursverfahrens gegen einen Schuldner, dann fällt diese Interessenwahrnehmung nicht unter den Ausschluß des Abs. 1 q. Steht die Geltendmachung der Forderung des VN unter Versicherungsschutz und ist der Konkursantrag nicht wirtschaftlich unvernünftig (§ 1 Rdnr. 40; § 2 Rdnr. 215), dann kann hierfür als „Antrag auf Vollstreckung" im Sinn des § 2 Abs. 3 b Deckung gegeben sein (§ 2 Rdnr. 215; vgl. auch § 24 Rdnr. 46). 134

XVIII. Abs. 1 r
(entspricht § 3 Abs. 3 d ARB 94)

1. Die in dieser Ausschlußbestimmung zusammengefaßten Rechtsangelegenheiten haben gemeinsam, daß dabei häufig ein größerer, **regional begrenzter Kreis** von Rechtsinhabern betroffen ist und oft hohe Gegenstandswerte die Interessenwahrnehmung verteuern. Abs. 1 r war in den ARB 69 noch nicht enthalten, wurde aber schon vor Einführung der ARB 75 weitgehend den Einzelverträgen durch Einzelvereinbarung zugrundegelegt (*Sperling* AnwBl. 76, 30). 135

2. a) **Planfeststellung** ist die besondere Art eines im allgemeinen Interesse gelegenen förmlichen rationellen Verwaltungsverfahrens, das auf die verbindliche Entscheidung über die Errichtung oder Änderung eines konkreten raum- und objektbezogenen Vorhabens des Fachplanungsrechts mit unmittelbarer Außenwirkung abzielt (*Stelkens/Bonk/Leonhardt* § 72 Rdnrn. 9 ff.). Es ersetzt in der Regel andere sonst erforderliche Genehmigungen und Erlaubnisse und schließt auch spätere Unterlassungsansprüche nach bürgerlichem Recht aus (*Kopp* § 72 Rdnr. 1). Das früher schon in zahlreichen Ein- 136

§ 4 ARB 75   137, 138   1. Teil. Allgemeine Bestimmungen (A)

zelbereichen geordnete Planfeststellungsverfahren (z. b. Telegraphenwegegesetz, Bundesbahngesetz, Bundeswasserstraßengesetz, Luftverkehrsgesetz, Bundesfernstraßengesetz, Flurbereinigungsgesetz, Abfallbeseitigungsgesetz, Atomgesetz) ist neuerdings in den §§ 72 bis 78 VwVfG allgemein geregelt, wobei allerdings diese Bestimmungen nicht automatisch an die Stelle der in anderen Gesetzen für die Planfeststellung vorgeschriebenen Verfahren treten, sondern nur, wenn und soweit künftige Rechtsvorschriften auf sie verweisen (*Kopp* § 72 Rdnr. 3).

137   b) Ausgeschlossen ist die Interessenwahrnehmung nur im Zusammenhang mit einer Planfeststellungs-Angelegenheit selbst. **Planungsverfahren,** die aufgrund besonderer Rechtsvorschriften einem eigentlichen Planfeststellungsverfahren vorgeschaltet sind (z. B. § 16 Bundesfernstraßengesetz, § 6 Luftverkehrsgesetz, § 13 Bundeswasserstraßengesetz) und an denen in der Regel nur Behörden und Planungsträger beteiligt sind, sind keine Planfeststellungs-Angelegenheiten im Sinn des Abs. 1 r (*Kopp* § 72 Rdnr. 2). Das gleiche gilt für eine Interessenwahrnehmung im Zusammenhang mit sonstigen Maßnahmen der Raumordnung und Landesplanung nach dem Raumordnungsgesetz in der Fassung vom 19. 7. 1989 (BGBl. I S. 1461) und den Landesplanungsgesetzen der Länder. Insoweit handelt es sich (noch) nicht um eine Planfeststellung im Rechtssinn, sondern um eine übergeordnete, überörtliche, über das Gebiet kleinerer Verwaltungseinheiten hinausgehende, vielfache Fachplanungen zusammenfassende und aufeinander abgestimmte Planung (*Creifelds* Stichworte „Landesplanung" und „Raumordnung"). Planungsverfahren dieser Art brauchten nicht eigens erwähnt zu werden, da an ihnen in der Regel ohnehin keine Einzelpersonen beteiligt sind, für die Versicherungsschutz in Frage kommt. Anhörungsverfahren im Rahmen eines beginnenden Planfeststellungsverfahrens fallen dagegen unter den Ausschluß. Keine Planfeststellung im Rechtssinn ist auch die nach dem BauGB vorgesehene Aufstellung von Bauleitplänen in Form von Flächennutzungsplänen (vorbereitender Bauleitplan, §§ 5 bis 7 BauGB) und Bebauungsplänen (verbindlicher Bauleitplan, §§ 8 bis 13 BauGB). Der Bebauungsplan wird von der Gemeinde als Satzung beschlossen, ist also Gesetz im materiellen Sinn und kann im Wege der Normenkontrolle nach § 47 VwGO gerichtlich überprüft werden. Hierfür kann u. U. Versicherungsdeckung bestehen (Näheres § 14 Rdnr. 44; § 29 Rdnr. 22). Ähnliches galt für die Satzung einer Gemeinde oder eines Planungsverbandes, die nach dem früheren Städtebauförderungsgesetz städtebauliche Sanierungs- und Entwicklungsmaßnahmen festlegte (jetzt §§ 136 ff. BauGB).

138   3. **Umlegung** ist eine in den §§ 45 ff. BauGB vorgesehene Maßnahme der Bodenordnung. Zur Erschließung oder Neugestaltung bestimmter Gebiete können bebaute und unbebaute Grundstücke in der Weise geordnet – umgelegt – werden, daß nach Lage, Form und Größe für bauliche oder sonstige Nutzung zweckmäßig gestaltete Grundstücke entstehen. Die Umlegung wird durch Beschluß angeordnet und von der Gemeinde durchgeführt, wenn sie zur Verwirklichung eines Bebauungsplanes erforderlich ist. Ausgeschlossen ist jede Interessenwahrnehmung in unmittelbarem oder auch mittelbaren Zusammenhang mit einem solchen Umlegungsverfahren.

4. Während die Umlegung eine Verbesserung der baulichen oder ähnlichen Nutzbarkeit von Grundbesitz bezweckt, will die **Flurbereinigung** ländlichen Grundbesitz neu ordnen, um die Produktions- und Arbeitsbedingungen in der Land- und Forstwirtschaft zu verbessern sowie die allgemeine Landesentwicklung und die Landeskultur zu fördern. Sie wird nach dem Flurbereinigungsgesetz vom 16. 3. 1976 (BGBl. I S. 547) und landesrechtlichen Bestimmungen von den Flurbereinigungsbehörden innerhalb eines Flurbereinigungsgebiets durchgeführt unter Mitwirkung der Gesamtheit der beteiligten Grundeigentümer und der Träger der öffentlichen Belange sowie der landwirtschaftlichen Berufsvertretung. Ausgeschlossen ist jede Interessenwahrnehmung in unmittelbarem oder mittelbarem Zusammenhang mit einem Flurbereinigungsverfahren.

5. a) **Enteignung** ist ein gesetzlich zugelassener, zum Wohl der Allgemeinheit erfolgender zwangsweiser Eingriff durch Gesetz oder Verwaltungsakt in vermögenswerte Rechte – nicht nur Eigentum – von einzelnen oder begrenzten Personengruppen, der diese im Vergleich zu anderen ungleich trifft und sie zu einem besonderen, den übrigen nicht zugemuteten Opfer für die Allgemeinheit zwingt (Näheres *Palandt/Bassenge* vor § 903 Rdnrn. 4 ff.; *Creifelds* Stichwort „Enteignung"). Im Gegensatz zur Planfeststellung, Umlegung und Flurbereinigung kann sich eine Enteignungsmaßnahme nicht nur auf Immobilien, sondern auch auf bewegliche Sachen und sonstige Rechte beziehen. Eine Enteignung kann auf Bundesgesetz oder einem gemäß Art. 109 EGBGB zulässigen Landesgesetz beruhen. Hierunter fallen auch die zahlreichen, meist landesrechtlich geregelten Bestimmungen des Natur-, Landschafts- und Denkmalschutzes u. ä., soweit die jeweilige Maßnahme eine über den Rahmen der Sozialbindung des Eigentums hinausgehende enteignende Wirkung hat und nach Gesetz oder Rechtsprechung eine Entschädigungspflicht auslösen kann (Einzelfälle bei *Palandt/Bassenge* vor § 903 Rdnrn. 34 bis 46; vgl. auch Vorbem. vor § 21 Rdnrn. 56 bis 58). Ausgeschlossen ist die Interessenwahrnehmung in unmittelbarem oder mittelbarem Zusammenhang mit jeder Enteignungs-Angelegenheit, gleichgültig ob es sich um einen Streit über den Grund der Enteignung oder die – gemäß Art. 14 Abs. 3 GG im ordentlichen Rechtsweg verfolgbare – Höhe der Enteignungsentschädigung handelt. Kommt es vor Einleitung eines förmlichen Enteignungsverfahrens zu einer einvernehmlichen vertraglichen Regelung zwischen einer Enteignungsbehörde und dem VN (vgl. § 87 Abs. 2 BauGB), dann sind zwar die Voraussetzungen des Abs. 1 r möglicherweise (noch) nicht gegeben. Versicherungsschutz für dem Vertragsschluß vorausgehende Verhandlungen besteht jedoch dann deshalb nicht, weil noch kein Rechtsverstoß im Sinn des § 14 Abs. 3 und damit kein Versicherungsfall und außerdem keine Interessenwahrnehmung „aus" einem schuldrechtlichen Vertrag (Vorbem. vor § 21 Rdnr. 108) vorliegen.

b) Durch Abs. 1 r sind nicht nur (förmliche) Enteignungsverfahren, sondern sämtliche Enteignungs-„Angelegenheiten" vom Versicherungsschutz ausgenommen. Aus dieser Formulierung wird deutlich, daß die Ausschlußbestimmung nicht nur die eigentlichen Enteignungsverfahren erfassen will, sondern ebenso alle Angelegenheiten, die die Rechtsprechung unter den Begriff „**enteignungsgleicher**" und „enteignender **Eingriff**" subsumiert. Es handelt sich hierbei um – meist, aber nicht notwendig, rechtswidrige und nicht notwendig schuldhafte – unmittelbare Eingriffe von hoher Hand in vermögenswerte eigentumsähnliche Rechte und Rechtsstellungen Einzelner, die bei Rechtmäßigkeit Enteignung wären und dem Betroffenen wie bei einer Enteignung ein Sonderopfer auferlegen (*Palandt/Bassenge* vor § 903 Rdnrn. 13, 14). Da solche Eingriffe wie eine Enteignung behandelt werden und – zumal bei Grundstücken – oft sehr hohe Rechtskosten zur Folge haben, entspricht es auch dem Zweck des Abs. 1 r, eine damit im Zusammenhang stehende Interessenwahrnehmung vom Versicherungsschutz auszunehmen (OLG Celle VersR 95, 1305 = r+s 95, 102 für enteignungsgleichen Eingriff bei U-Bahn-Bau; AG Eschweiler VersR 85, 335 für wasserrechtliche Zwangsrechtsverfahren).

142 c) Die Enteignung war früher ein Unterfall der Aufopferung. Heute wird der **Aufopferungsanspruch** von der Rechtsprechung nur noch für materielle Schäden an Leben, Gesundheit und Freiheit bei Eingriffen von hoher Hand, dagegen nicht mehr für Schäden an Vermögensrechten zugebilligt (Näheres *Palandt/Bassenge* vor § 903 Rdnrn. 50 ff.). Die Interessenwahrnehmung im Zusammenhang mit einem Aufopferungsanspruch fällt nicht unter die Ausschlußbestimmung des Abs. 1 r. Da er andererseits jedoch unter keine der Leistungsarten der Besonderen Bestimmungen der ARB, insbesondere nicht unter den Schadenersatz-RS subsumiert werden kann (Vorbem. vor § 21 Rdnr. 57), besteht für einen Aufopferungsanspruch schon aus diesem Grund keine Versicherungsdeckung.

C. Abs. 2

I. Allgemeines

143 Die in Abs. 2 zusammengefaßten Ausschlußtatbestände betreffen vorwiegend die subjektive Seite des versicherten Risikos. Durch sie sollen vor allem solche Rechtskosten von der Risikogemeinschaft ferngehalten werden, bei denen nicht der Rechtskreis und damit das versicherte Interesse des VN, sondern das **Interesse eines unversicherten Dritten** betroffen ist oder bei denen die Gefahr einer rechtsmißbräuchlichen Inanspruchnahme der Versicherungsleistung gegeben sein könnte. Es ist nicht notwendig, daß eine solche mißbräuchliche Inanspruchnahme jeweils festgestellt werden kann. Da eine entsprechende Aufklärung durch den Versicherer im Einzelfall jedoch erheblichen Arbeits- und Zeitaufwand und damit erhebliche Verwaltungskosten erfordern könnte, ist es im Interesse einer kostensparenden Abwicklung der Versicherungsfälle sachlich gerechtfertigt, solche Fälle generell vom Versicherungsschutz auszunehmen (*Prölss/Martin* vor § 1 Anm. II 2, III A 7). Abs. 2 wurde erst in den ARB 75 in die Buchst. a bis c unterteilt. In den ARB 69 waren die jetzt in Buchst. b und c enthaltenen Tatbestände in Abs. 2, der in Buchst. a geregelte Sachverhalt in Abs. 3 Ziff. 1 enthalten. Eine sachliche Änderung war mit der Neugliederung in den ARB 75 nicht verbunden.

II. Abs. 2a
(entspricht § 3 Abs. 5, § 2 j aa ARB 94)

1. Die Ausschlußbestimmung **ändert** für den Bereich der RSVersicherung 144
§ 61 VVG in zulässiger Weise (*Prölss/Martin* § 61 Anm. 8) dahin ab, daß –
ähnlich wie in der Haftpflichtversicherung (§ 152 VVG, § 4 II 1 AHB) – der
Versicherungsschutz nur dann ausgeschlossen ist, wenn und soweit der VN
– oder sein Repräsentant (BGH VersR 81, 822; 82, 81, 82; vgl. unten Rdnr.
150; § 15 Rdnr. 30 und *Prölss/Martin* § 6 Anm. 8 B) – den Versicherungsfall
vorsätzlich und rechtswidrig verursacht hat. Eine grobfahrlässige Verursachung berührt also im Gegensatz zu § 61 VVG den Versicherungsschutz
nicht. Der Risikoausschluß gilt für sämtliche in §§ 21 bis 29 enthaltenen Leistungsarten, ist jedoch für den Bereich des RS bei Strafverfahren durch
Abs. 3a und b abgewandelt (vgl. unten Rdnrn. 176 ff.). Hat ein Mitversicherter (§ 11) den Versicherungsfall vorsätzlich herbeigeführt, der nicht Repräsentant des VN ist, dann verliert gemäß § 11 Abs. 3, § 79 Abs. 1 VVG
nur der vorsätzlich handelnde Mitversicherte seinen Versicherungsschutz,
falls nicht gleichzeitig den VN der Vorwurf vorsätzlichen Handelns trifft
(BGH NJW 71, 459 = VersR 71, 239; *Prölss/Martin* § 79 Anm. 1).

2. Verursacht ist der Versicherungsfall durch den VN, wenn dieser durch 145
sein Verhalten – Tun oder Unterlassen – in adäquat ursächlicher Weise dazu
beigetragen hat, daß das Schadenereignis oder die Rechtsverletzung oder der
Rechtsverstoß im Sinn des § 14 eingetreten ist. Nicht notwendig ist, daß der
VN persönlich gehandelt hat oder daß sein Verhalten unmittelbar den Versicherungsfall herbeigeführt hat. Auch eine mittelbare Verursachung genügt
(*Prölss/Martin* § 61 Anm. 3), wenn das Verhalten des VN nur generell geeignet war, den Versicherungsfall herbeizuführen (*Palandt/Heinrichs* vor
§ 249 Rdnrn. 58 ff.).

3. a) Vorsätzlich verursacht ist ein Versicherungsfall, wenn der VN die 146
Tatsache im Sinn des § 14, die eine Interessenwahrnehmung gemäß § 1
Abs. 1 notwendig macht, bewußt und gewollt durch eigenes Tun oder Unterlassen herbeigeführt hat oder das zum Eintritt dieser Tatsache führende
Geschehen, insbesondere das Handeln eines Dritten, veranlaßt oder zumindest gekannt und zugelassen hat. Der Vorsatzbegriff ist derselbe wie im sonstigen bürgerlichen Recht (*Prölss/Martin* § 6 Anm. 12; § 61 Anm. 3; *Palandt/Heinrichs* § 276 Rdnr. 10).

Eine vorsätzliche Verursachung des Versicherungsfalles kann vor allem in 147
den Fällen des § 14 Abs. 3 in Frage kommen, also bei den Leistungsarten,
bei denen ein – wirklicher oder behaupteter – **Rechtsverstoß** des VN seine
Interessenwahrnehmung notwendig machen und dadurch die Leistungspflicht des RSVersicherers auslösen kann, nämlich im Vertrags-RS,
Arbeits-RS, Sozialgerichts-RS, verwaltungsrechtlichen Führerschein-RS
und Grundstücks- und Miet-RS (Näheres § 14 Rdnrn. 39 ff.). Kündigt beispielsweise der Arbeitgeber dem VN mit der Begründung, dieser habe Firmengelder unterschlagen oder eine sonstige strafbare Handlung vorsätzlich

begangen, und erhebt der VN Kündigungsschutzklage, dann kann er zu deren Durchführung dann Versicherungsschutz beanspruchen, wenn der Vorwurf des Arbeitgebers unbegründet oder nicht beweisbar ist. Denn andernfalls liegt ein vorsätzlicher Verstoß des VN gegen seine Pflichten aus dem Arbeitsvertrag und damit ein durch ihn vorsätzlich verursachter Versicherungsfall vor (OLG Düsseldorf VerBAV 83, 156 = VersR 83, 975; LG Coburg ZfS 89, 269 bei Einstellung des Strafverfahrens nach § 154 Abs. 2 StPO; anders LG Berlin r + s 90, 307 bei Einstellung nach § 153 Abs. 2 StPO; über die Frauge der Beweislast vgl. unten Rdnrn. 154, 155). Dies ist auch zu bejahen, wenn dem VN wegen eines vor Beginn des Arbeitsverhältnisses liegenden strafbaren Verhaltens gekündigt wurde (LG Coburg VersR 95, 657 = r + s 95, 144 bei geheimdienstlicher Agententätigkeit). Entsprechendes gilt für die Vortäuschung eines Versicherungsfalles in der Kraftfahrt-Kasko-Versicherung (LG Osnabrück ZfS 85, 302; LG Duisburg ZfS 85, 302). Wird dem VN keine strafbare Handlung vorgeworfen, wohl aber die vorsätzliche Verletzung einer anderen vertraglichen oder gesetzlichen Verpflichtung, dann kann auch dieser Vorwurf die Deckung ausschließen, wenn er sich als begründet erweist. Hier ist aber notwendig, daß diese Pflichtverletzung der rechtlichen Auseinandersetzung ihr Gepräge gibt, daß es sich also z. B. um die vorsätzliche Verletzung einer vertraglichen Hauptpflicht handelt, die im Vordergrund des Interessenwiderstreits steht und bei deren Verletzung der VN nachweisbar nicht mehr davon ausgehen durfte, sich noch im Bereich des vertraglich und rechtlich Zulässigen zu bewegen (LG Berlin r + s 90, 18). Hat der VN nur eine Nebenverpflichtung vorsätzlich verletzt oder ist die vorsätzliche Pflichtverletzung nur einer von mehreren nicht unerheblichen, jedoch sonst nicht vorsätzlichen Rechtsverstößen, dann berührt dies die Versicherungsdeckung nicht, falls der RSVersicherer nicht nachweisen kann, daß auch der vorsätzliche Rechtsverstoß für sich allein zu der gleichen rechtlichen Auseinandersetzung geführt hätte. Der Regelung des Abs. 2a liegt, ähnlich wie in der Haftpflichtversicherung, der Gedanke zugrunde, daß der VN den Versicherungsschutz nur dann verlieren soll, wenn sein Verhalten gerade im Hinblick auf die Herbeiführung der rechtlichen Auseinandersetzung und der damit zwangsläufig verbundenen Entstehung von Rechtskosten zu mißbilligen ist, weil dann eine Schadenabwälzung auf die Versichertengemeinschaft nicht mehr vertretbar erscheint (BGH NJW 80, 996 = VersR 80, 164; NJW 71, 1456 = VersR 71, 806). In diesem Sinn zu mißbilligen ist das Verhalten des VN in der Regel aber nicht schon dann, wenn er lediglich einem Dritten gegenüber bestehende Rechtspflichten vorsätzlich verletzt, sondern erst dann, wenn er hierbei auch zumindest billigend in Kauf nimmt, daß sein Tun nach der Lebenserfahrung und dem gewöhnlichen Verlauf der Dinge rechtliche Weiterungen auslösen kann (OLG Köln r + s 93, 220; VersR 92, 1464 = r + s 92, 238 im Gegensatz zu OLG Köln r + s 88, 370 = NJW-RR 89, 25; LG Hannover r + s 93, 22; a. A. OLG Celle VersR 94, 717 = r+s 94, 19 = ZfS 94, 344; OLG Oldenburg r + s 92, 239; LG Coburg VersR 95, 657 = r+s 95, 144; LG Koblenz VersR 96, 185 = r+s 95, 143; AG Freiburg r + s 91, 57 = ZfS 91, 387; *J. Vassel* ZVersWiss 84, 608, 609; vgl. jedoch unten Rdnr. 150; zur Haftpflichtversicherung vgl. *Prölss/Martin/ Voit* § 152 Anm. 1). Eine vorsätzliche rechtswidrige Verursachung des Versicherungsfalles im Sinn des Abs. 2a haben bejaht AG Offenbach (ZfS 80, 274) für den Fall der Nichtaufnahme einer vertraglich vereinbarten Tätigkeit durch den VN, LG Kassel und AG Münster (ZfS 87, 114) bei arglistiger Täuschung bzw. Steuermanipulation durch den VN, das OLG Nürnberg (ZfS 87, 273), das LG Darmstadt (VersR 97, 693 = ZfS 97, 33 = r+s 97, 68) und das AG Freiburg (r + s 91, 57 = ZfS 91, 387) für die Mitwirkung des VN an der notariellen Beurkundung eines falschen Grundstückskaufpreises, das LG Koblenz VersR 96, 185 = r+s 95, 143 für Mitwirkung des VN bei einem Umgehungsgeschäft zur Vereitelung eines Vorkaufsrechts, das OLG Köln (r + s 88, 370 = NJW-RR 89, 25) und das LG Frankfurt (r + s 90, 382) für die Vortäuschung von Arbeitsunfähigkeit durch den VN, das LG Düsseldorf (ZfS 90, 91) bei vom VN nicht bestrittener unberechtigter Entnahme von Geld aus der Firmenkasse, der BGH (r+s 97, 201 unter Hinweis auf VersR 92, 568 = r+s 92, 201) bei arglistiger Täuschung des Berufsunfähigkeitsversicherers, das LG Berlin (VersR 89, 1189 = ZfS 89, 199) für bewußt falsche Angaben des VN gegenüber der Hausratversicherung, ebenso das AG Minden r+s 97, 72 bei vorsätzlich falschen Angaben gegenüber der Krankenversicherung, das LG München I (ZfS 88, 358) bei erfolglos abgemahnter verbotener Eigenmacht des VN als Wohnungseigentümer auf einem im Gemeinschaftseigentum stehenden Parkplatz. Nach OLG Düsseldorf (VerBAV 83, 156 = VersR 83, 975) sollen vorsätzliche strafbare Handlungen des VN gegen seinen Arbeitgeber den Versicherungsschutz nur für die nachfolgende Kündigungsschutzklage ausschließen, nicht dagegen für eine Klage auf Gehaltszahlung und Gewinnbeteiligung (von *Prölss/Martin* in Anm. 16 zu § 4 ARB gebilligt; hiergegen mit Recht kritisch *J. Vassel* ZVersWiss 84, 608, 609).

Handelt es sich um die **Geltendmachung von Schadenersatzansprüchen** des VN aufgrund gesetzlicher Haftpflichtbestimmungen, dann wird eine vorsätzliche Verursachung des Versicherungsfalles durch ihn nur ausnahmsweise in Frage kommen. Als Versicherungsfall gilt hier gemäß § 14 Abs. 1 Satz 1 der Eintritt des dem Anspruch des VN zugrundeliegenden Schadenereignisses, also die Verletzungshandlung des Schädigers, deren Vorliegen der VN zu beweisen hat (AG Düsseldorf r + s 88, 317 für erdichteten Unfall; vgl. § 14 Rdnr. 2). Ein Ausschluß nach Abs. 2a ist dann denkbar, wenn der VN die gegen ihn selbst gerichtete Verletzungshandlung des Schädigers provoziert und durch eigenes Tun bewußt herbeigeführt oder zumindest mit ihr gerechnet und sie in Kauf genommen hat (vom OLG Hamm r + s 89, 190 verneint für provozierten Hinauswurf aus einem Gasthaus mit anschließendem Treppensturz). Außerdem zählen hierzu die – meist im dolosen Zusammenwirken des VN mit einem Dritten – fingierten („gestellten") Straßenverkehrsunfälle zum Nachteil eines Kraftfahrzeug-Haftpflichtversicherers (vgl. hierzu die Grundsatzentscheidung BGH NJW 78, 2154 = VersR 78, 862 und hinsichtlich der Auswirkung auf die RSVersicherung OLG Düsseldorf r + s 89, 88; OLG München VersR 87, 1209 = NJW-RR 86, 185 = ZfS 86, 336; LG Duisburg r+s 95, 306; LG Essen r + s 93, 22; LG Freiburg ZfS 85, 240; LG Heidelberg ZfS 84, 17; AG Minden ZfS 90, 162; AG Lingen ZfS 85, 19; OLG Karlsruhe VersR 81, 845 mit Anm. von *Harbauer;* zur Beweislage in solchen Fällen vgl. jedoch jetzt BGH

NJW 92, 1509 = VersR 92, 568 = r + s 92, 201 und unten Rdnrn. 154, 155 und § 18 Rdnr. 19).

149 Für die Fälle des Vorwurfs der Verletzung einer Vorschrift des **Straf-, Ordnungswidrigkeiten-, Disziplinar- oder Standesrechts**, deren Versicherungsfall in § 14 Abs. 2 geregelt ist, kann Abs. 2 a nur teilweise Bedeutung gewinnen. Der Vorwurf, eine Vorschrift des Ordnungswidrigkeitenrechts vorsätzlich verletzt zu haben, schließt den Versicherungsschutz gemäß Abs. 2 a nicht aus (vgl. unten Rdnr. 156). Für den Vorwurf, eine Vorschrift des Strafrechts verletzt zu haben, enthält Abs. 3 a und b eine abschließende Sonderregelung (vgl. unten Rdnrn. 176 ff.), die dem Abs. 2 a vorgeht. Somit kann Abs. 2 a in den Fällen des § 14 Abs. 2 nur dann zum Zuge kommen, wenn dem VN ausdrücklich vorgeworfen wird, eine Vorschrift des Disziplinar- oder Standesrechts vorsätzlich verletzt zu haben und wenn sich dieser Vorwurf als begründet erweist (AG Coburg ZfS 90, 348).

150 Der **Vorsatz** muß **nur** die nach § 14 als **Versicherungsfall** geltende Tatsache **selbst** (Schadenereignis oder Beginn des Rechtsverstoßes) umfassen sowie die allgemeine Vorstellung, daß sich hieraus nach der Lebenserfahrung rechtliche Weiterungen ergeben können (vgl. oben Rdnr. 147). Nicht notwendig ist es, daß der vorsätzlich handelnde VN Art und Umfang der aufgrund des Versicherungsfalles notwendigen rechtlichen Interessenwahrnehmung und der hierdurch entstehenden Rechtskosten im einzelnen in sein Vorstellungsbild aufgenommen und gewollt hat (BGH r+s 97, 201 unter Hinweis auf VersR 92, 568 = r+s 92, 201; LG Berlin r+s 93, 464; vgl. zur Haftpflichtversicherung BGH VersR 54, 591; 58, 469; 64, 916). Vorsätzliches Handeln von Hilfspersonen schließt den Versicherungsschutz nur aus, wenn es sich um Repräsentanten des VN handelt, d. h. um Personen, die im Bereich des versicherten Risikos aufgrund eines Vertretungs- oder ähnlichen Verhältnisses an die Stelle des VN getreten sind (BGH VersR 81, 822; NJW 54, 148 = VersR 53, 494; vgl. oben Rdnr. 144; § 15 Rdnr. 30 sowie *Prölss/Martin* § 6 Anm. 8 B). Das Verschulden anderer Personen, z.B. von Erfüllungsgehilfen, braucht sich der VN nicht nach § 278 BGB entgegenhalten zu lassen, da Abs. 2 a nicht gleichzeitig eine Pflicht zur Schadenverhütung enthält (*Prölss/Martin* § 61 Anm. 2). Zum vorsätzlichen Handeln einer mitversicherten Person vgl. oben Rdnr. 144.

151 b) Vorsätzlich verursacht ist der Versicherungsfall auch, wenn der VN die nach § 14 maßgebliche Tatsache **nur bedingt vorsätzlich** verursacht hat, wenn er also beispielsweise zwar den maßgeblichen Rechtsverstoß nicht direkt gewollt, sich ihn aber immerhin als möglich vorgestellt und für den Fall seines Eintritts gebilligt hat (AG Freiburg r + s 91, 57; *Prölss/Martin* § 6 Anm. 12; *Bruck/Möller/Johannsen* IV Anm. G 223). Grobfahrlässige Verursachung genügt dagegen nicht (über ihre Abgrenzung zum bedingten Vorsatz vgl. BGH VersR 54, 591).

152 c) **Nicht vorsätzlich** verursacht im Rechtssinn ist ein Versicherungsfall, den der VN oder eine mitversicherte Person zwar mit natürlichem Vorsatz herbeigeführt hat, aber im Zustand der Zurechnungsunfähigkeit im Sinn der §§ 827, 828 BGB (*Bruck/Möller/Johannsen* IV Anm. G 221, 226).

4. Der Versicherungsfall im Sinn des § 14 muß vom VN nicht nur vor- 153
sätzlich, sondern – ähnlich wie bei § 152 VVG – auch **rechtswidrig** verursacht sein, wenn der Risikoausschluß des Abs. 2a zum Zug kommen soll. Die Verletzung einer – gesetzlichen oder vertraglichen – Rechtspflicht oder einer Rechtsvorschrift ist immer dann rechtswidrig, wenn dem VN kein Rechtfertigungsgrund zur Seite steht. Gerechtfertigt kann eine Rechtsverletzung beispielsweise sein durch Notwehr, Notstand oder erlaubte Selbsthilfe (§§ 227 bis 230, 904 BGB; §§ 32, 34 StGB; Näheres *Palandt/Thomas* § 823 Rdnrn. 36ff.). Das gleiche gilt für die Trennung von Ehegatten bei nicht mehr intakter Ehe (AG Köln ZfS 92, 318; vgl. § 1353 Abs. 2 BGB). Handelt der VN objektiv rechtswidrig, hält er aber sein Tun subjektiv für gerechtfertigt, weil er sich in tatsächlicher oder rechtlicher Hinsicht irrt, dann ist in der Regel – außer z. B. bei „Rechtsblindheit" – vorsätzliches Handeln zu verneinen (OLG Hamm r+s 97, 249; *Prölss/Martin/Voit* § 152 Anm. 1; *Palandt/ Heinrichs* § 276 Rdnr. 11).

5. Da es sich bei Abs. 2a um einen (subjektiven) Risikoausschluß handelt, 154
hat der Versicherer im Streitfall dessen Voraussetzungen zu **beweisen**, also Verursachung durch den VN, dessen Vorsatz und die Rechtswidrigkeit (LG Stuttgart ZfS 89, 19 = r + s 88, 300; *Prölss/Martin/Voit* § 152 Anm. 1). Die in der Kaskoversicherung zugunsten des Versicherers geltenden Beweiserleichterungen bei Diebstahl gelten nicht für die RSVersicherung (OLG Köln r+s 95, 462), die für die Kaskoversicherung geltende Vorsatzvermutung des § 6 Abs. 3 VVG begründet keinen Beweis für Vorsatz im Sinn des Abs. 2a (OLG Hamm r + s 95, 386 = ZfS 95, 391 = ZfS 96, 271 = VersR 96, 1009; OLG Köln r+s 97, 201). Hat der Versicherer begründete Anhaltspunkte für ein vorsätzliches Handeln des VN, z. B. weil gegen diesen oder auch andere Personen ein Strafverfahren läuft oder der Vertragsgegner entsprechende Prozeßbehauptungen aufgestellt hat, dann kann der Versicherer, falls eine gerichtliche Klärung der Frage der vorsätzlichen und rechtswidrigen Verursachung des Versicherungsfalles zu erwarten ist, in der Regel die Entscheidung über seine Eintrittspflicht bis zum Abschluß des Gerichtsverfahrens zurückstellen (LG Duisburg 89, 309; ZfS 85, 302; LG Freiburg ZfS 85, 240; LG Heidelberg ZfS 84, 17; AG Lingen ZfS 85, 19; *Prölss/Martin* § 11 Anm. 5 B). Er gerät mit der vorbehaltlosen Bejahung seiner Eintrittspflicht erst in Schuldnerverzug, sobald er die Deckung weiterhin ablehnt, obwohl er Kenntnis davon hat, daß der gegen den VN bestehende Verdacht nicht (mehr) hinreichend begründet ist (OLG Hamm VersR 87, 92 = AnwBl. 87, 502; vgl. auch BGH VersR 74, 639 und § 2 Rdnr. 148). Stellt das Gericht des Ausgangsverfahrens vorsätzliches und rechtswidriges Handeln des VN rechtskräftig fest, dann war diese Tatsachenfeststellung nach der überwiegenden früheren Rechtsprechung auch für das RSDeckungsverhältnis bindend („Voraussetzungsidentität"; OLG Oldenburg r + s 92, 932; LG Frankfurt r + s 90, 382 und die in der 4. Aufl. zitierte Rechtsprechung; *Prölss/Martin* § 1 ARB Anm. 2; *Harbauer* in Anm. zu OLG Karlsruhe VersR 81, 846). Diese Meinung hat jedoch der BGH (NJW 92, 1509 = VersR 92, 568 = r + s 92, 201) nicht gebilligt (Näheres § 18 Rdnr. 19).

§ 4 ARB 75 155   1. Teil. Allgemeine Bestimmungen (A)

155 Hat der Versicherer begründete Anhaltspunkte für ein vorsätzliches rechtswidriges Handeln des VN, dann besagt dies allerdings **nicht**, daß er **bis zur Klärung** der Vorsatzfrage **jede Leistung verweigern** kann. Trägt beispielsweise im Kündigungsschutzprozeß der Arbeitgeber des VN als Beklagter zur Begründung seiner Kündigung vor, der VN habe Firmengelder unterschlagen oder eine sonstige strafbare Handlung vorsätzlich begangen, und bestreitet der VN diesen Vorwurf substantiiert in einer Weise, daß seine Rechtsverfolgung hinreichende Aussicht auf Erfolg verspricht (§§ 1, 17; § 1 Rdnr. 34; § 17 Rdnr. 1), dann wird man den RSVersicherer – soweit nach den Umständen des Einzelfalles nicht die Voraussetzungen der „Warteobliegenheit" gemäß § 15 Abs. 1 d bb zu bejahen sind (§ 15 Rdnrn. 12, 15 bis 18) – für verpflichtet ansehen müssen, auf Verlangen des VN bis zur Klärung des Vorwurfs vorsätzlichen Handelns – sei es im Arbeitsgerichtsprozeß oder in einem gesonderten Strafverfahren – vorläufig Rechts- und Kostenschutz zu gewähren (ebenso OLG Frankfurt NZV 89, 314 für Streit mit Kaskoversicherer bei fraglichem Kraftfahrzeug-Diebstahl; LG Berlin r + s 90, 19; ebenso OLG Frankfurt VersR 94, 667 = NJW-RR 94, 26 für angeblich falsche Parteibehauptungen des VN im Ausgangsprozeß). Er hat also beispielsweise Vorschüsse im Rahmen des § 17 BRAGebO und fällige Gebühren gemäß §§ 16, 18 BRAGebO nach § 2 Abs. 2 zu übernehmen. Dies kann unter dem Vorbehalt der Rückforderung geschehen, falls vorsätzliches Handeln des VN bewiesen wird. Ein solcher Vorbehalt ist im Hinblick auf § 814 BGB jederzeit möglich. Er begründet keine selbständige Rückzahlungspflicht des VN (wofür keine Vertragsgrundlage gegeben wäre; so wohl auch *Prölss/Martin* § 4 ARB Anm. 1, 16), sondern soll als einseitige Erklärung des Versicherers lediglich im Fall einer Rückforderung der Leistung nach § 812 BGB den Einwand des VN ausschließen, der Versicherer habe in Kenntnis des Vorsatzes des VN geleistet (OLG Köln r+s 97, 201; 95, 462; vgl. allgemein BGH VersR 91, 331 unter IV 1; NJW 84, 2826 unter I 2). Der „vorläufige" Versicherungsschutz ist quasi durch eine rechtskräftige Verurteilung entsprechend § 158 Abs. 2 BGB auflösend bedingt. Die Klärung des strafrechtlichen Vorwurfs durch eine rechtskräftige gerichtliche Entscheidung kann sich, zumal wenn sie sich über mehrere Instanzen erstreckt, längere Zeit hinziehen. Könnte der RSVersicherer bis zur endgültigen Klärung jede Leistung verweigern, dann müßte der VN den Arbeitsgerichtsprozeß zunächst selbst finanzieren, auch wenn sich schließlich herausstellt, daß der RSVersicherer leistungspflichtig ist, weil vorsätzliches Handeln des VN nicht beweisbar oder sogar widerlegt ist (ähnlich *Prölss/Martin* § 4 ARB Anm. 1, 16). Ein ähnliches Problem kennt die Haftpflichtversicherung, wenn die – streitige – Anspruchsgrundlage für den gegen den Haftpflicht-VN erhobenen Schadenersatzanspruch gleichzeitig die Haftpflichtdeckung ausschließt, falls sie sich als richtig erweist. Auch in einem solchen Fall wird der Haftpflichtversicherer für verpflichtet gehalten, seinem VN im Haftpflichtprozeß zumindest vorläufig Rechtsschutz-Deckung zu gewähren und entsprechende Vorschüsse zu leisten, die er mit dem Vorbehalt der Rückforderung verbinden kann, falls der Ausschlußtatbestand bewiesen wird (OLG Celle VersR 78, 25; vgl. auch RGZ 148, 282; 158, 189; OLG München VersR 52, 270). *Feist* weist in seiner Anmerkung zu OLG Celle

(VersR 78, 27) mit Recht darauf hin, daß die Rechtsschutz-Komponente der Haftpflichtversicherung den Haftpflichtversicherer bei zunächst unklarer Deckung verpflichtet, dem VN vorläufig Rechtsschutz zu gewähren, bis die Deckungsfrage geklärt ist (ähnlich *Prölss/Martin/Voit* § 149 Anm. 1b cc, 5 B a; *Bruck/Möller/Johannsen* IV Anm. B 57).

6. Hat der VN eine Vorschrift des **Ordnungswidrigkeitenrechts** vorsätzlich verletzt oder wird ihm ein solcher Vorwurf gemacht, dann berührt dies den Versicherungsschutz nicht. Eine Ordnungswidrigkeit ist eine rechtswidrige und vorwerfbare Handlung, die den Tatbestand eines Gesetzes verwirklicht, das die Ahndung mit einer Geldbuße zuläßt (§ 1 Abs. 1 OWiG). Als Ordnungswidrigkeit wird nur vorsätzliches Handeln geahndet, falls das Gesetz nicht fahrlässiges Handeln ausdrücklich mit Geldbuße bedroht (§ 10 OWiG). Der Unrechtsgehalt einer Ordnungswidrigkeit wiegt nicht so schwer wie der einer Straftat und hat keinen oder geringeren kriminellen „Beigeschmack" (Näheres *Göhler/Buddendiek* vor § 1 Rdnr. 5). Bußgeldbescheide lassen außerdem häufig nicht erkennen, ob dem Betroffenen vorsätzliches oder nur fahrlässiges Handeln vorgeworfen wird. Ein Ausschluß des Versicherungsschutzes für vorsätzlich begangene Ordnungswidrigkeiten wäre daher in vielen Fällen eine zu harte versicherungsrechtliche Sanktion und außerdem nur schwer praktikabel. Im Mai 1987 wurde allerdings eine – nicht von allen RSVersicherern verwendete – Ausschlußklausel für vorsätzliche Verstöße gegen das Volkszählungsgesetz 1987 geschaffen (Einl. Rdnr. 23a; vgl. auch § 17 Rdnr. 9a). Ein Verstoß gegen eine ausländische Rechtsnorm ist einer Ordnungswidrigkeit gleich zu achten, wenn die ausländische Norm ihrer Natur nach einer deutschen Bußgeldvorschrift vergleichbar ist.

III. Abs. 2b
(entspricht § 3 Abs. 4c ARB 94)

1. Die Ausschlußbestimmung will der Gefahr vorbeugen, daß eine **unversicherte Person** nach Eintritt eines ihre Rechtssphäre betreffenden Ereignisses im Sinn des § 14 sich im Zusammenwirken mit einer versicherten Person Versicherungsleistungen ungerechtfertigt verschafft. Außerdem trägt sie der Tatsache Rechnung, daß hier der konfliktauslösende Vorgang im Sinn des § 14, der eine Wahrnehmung der rechtlichen Interessen und damit – als Passivum – die Aufwendung von Rechtskosten notwendig macht (Einl. Rdnrn. 40, 41), eine unversicherte Person trifft, die erst nachträglich den bereits konfliktbehafteten Anspruch auf den VN überträgt. An sich besteht beim Vorliegen des in Abs. 2b umschriebenen Tatbestandes schon nach allgemeinen versicherungsvertraglichen Grundsätzen keine Deckung. Die Bestimmung dient daher der Klarstellung. Ist der unversicherte Zedent nur formal anspruchsberechtigt und der VN als Zessionar der eigentlich wirtschaftlich Betroffene, dann kann es je nach den Umständen des Einzelfalles trotz des Wortlauts des Abs. 2b gerechtfertigt sein, Versicherungsschutz ausnahmsweise zu bejahen. Beispielsweise kann es dem Sinn und Zweck des Abs. 2b widersprechen, dem VN Versicherungsschutz zu versagen, der als Subunternehmer werkvertragliche Ansprüche gegen einen zahlungsunwilligen Be-

steller geltend macht, die ihm von dem auf Grund des Innenverhältnisses formal anspruchsberechtigten, aber wirtschaftlich nicht primär interessierten Generalunternehmer abgetreten worden sind (vgl. auch unten Rdnr. 171). Würde allerdings der im RSVersicherungsvertrag des VN nicht mitversicherte mittelbare Stellvertreter einen Schadenersatzanspruch aus einem von ihm allein im eigenen Namen geschlossenen Vertrag an den VN als mittelbar Vertretenen abtreten, hätte der VN für die Geltendmachung dieses Anspruchs keinen Versicherungsschutz (LG Berlin ZfS 89, 164 = r + s 90, 55; vgl. unten Rdnr. 174).

158 Die **Formulierung** des Abs. 2 b ist **ungenau.** Wird der Anspruch eines nichtversicherten Dritten auf den VN übertragen, dann kann dies nicht „nach Eintritt eines Versicherungsfalles" geschehen, da im Verhältnis zwischen dem Dritten (Zedent), der seinen Anspruch auf den VN überträgt, und dem RSVersicherer kein Versicherungsverhältnis besteht, in dessen Rahmen ein die Leistungspflicht des Versicherers auslösender „Versicherungsfall" eintreten könnte. Gemeint ist ersichtlich das Schadenereignis oder der Rechtsverstoß im Sinn des § 14, der eine Leistungspflicht des Versicherers auslösen würde, wenn der Zedent im Zeitpunkt dieses Ereignisses versichert wäre. Nun ist es aber ein allgemeiner Grundsatz des Versicherungsvertragsrechts, daß im Zeitpunkt des Eintritts des Versicherungsfalles alle tatsächlichen Voraussetzungen vorliegen müssen, die eine Leistungspflicht des Versicherers begründen. Ist die Eintrittspflicht des Versicherers, wie bei der RSVersicherung, nach dem Grundsatz der Spezialität (§ 1 Rdnr. 46) an bestimmte Eigenschaften und Rechtsbeziehungen des VN geknüpft, die dann das versicherte „Interesse" darstellen, dann müssen diese speziellen Eigenschaften oder Rechtsbeziehungen in der Person des VN zu dem Zeitpunkt gegeben sein, in dem der Versicherungsfall eintritt. Liegt eine an sich versicherungsfähige Eigenschaft oder Rechtsbeziehung zunächst in der Person eines nichtversicherten Dritten vor, wenn ein Ereignis oder Verstoß im Sinn des § 14 eintritt, und überträgt dieser Dritte seinen nunmehr konfliktbehafteten Anspruch nachträglich auf den VN, dann entsteht dieses spezielle unversicherte Interesse nicht quasi rückwirkend auch als versichertes Interesse in der Person des VN. Anders ausgedrückt: Der zur Leistungspflicht des Versicherers führende Versicherungsfall, also das die Interessenwahrnehmung notwendig machende Schadenereignis oder der entsprechende Rechtsverstoß im Sinn des § 14, darf nur den Rechtskreis des VN selbst (oder einer mitversicherten Person) betroffen haben, nicht aber den eines außerhalb des Versicherungsverhältnisses stehenden Dritten. Dessen notwendig gewordene, jedoch nicht versicherte Interessenwahrnehmung kann nicht durch eine nachträgliche Anspruchsübertragung auf den VN unter Versicherungsschutz gestellt werden (vgl. *Hofmann* § 13 Rdnr. 2; *Prölss/ Martin/Kollhosser* vor § 51 Anm. 1 B, 2 und 3). Hat der Versicherungsfall den Rechtskreis und damit das versicherte Interesse einer durch den Vertrag des VN mitversicherten Person betroffen und überträgt diese nach dem Versicherungsfall ihren Anspruch auf den VN, dann besteht im Zeitpunkt des Anspruchsübergangs bereits Versicherungsschutz aus dem Vertrag des VN, so daß Abs. 2 b nicht zum Zuge kommt.

Für Ansprüche, die **vor Eintritt** des **Versicherungsfalles** auf den VN 159
übertragen worden sind, besteht Versicherungsschutz wie für originäre eigene Ansprüche des VN, da hier das versicherte Interesse des VN vom Versicherungsfall unmittelbar betroffen ist. Tritt dagegen der VN **nach Eintritt** eines Versicherungsfalles eine eigene, vom Versicherungsschutz umfaßte Forderung an einen außerhalb des Versicherungsvertrags stehenden Dritten ab, besteht für den Dritten nur dann Versicherungsschutz, wenn der Versicherungsanspruch (evtl. durch schlüssiges Verhalten) mit abgetreten und diese Abtretung vom RSVersicherer gemäß § 20 Abs. 1 genehmigt ist. Kann allerdings der VN, z. B. bei einer Sicherungsabtretung, weiterhin im eigenen Namen die Leistung – wenn auch an einen Dritten – fordern, bleibt der Versicherungsschutz für den VN bestehen (vgl. auch unten Rdnr. 174 und § 21 Rdnr. 56). Die vom BGH (r+s 94, 342 = ZfS 94, 304 = VersR 94, 1061 mit Anm. von *Lorenz*) im Rahmen des § 17 Abs. 2 (hierzu § 17 Rdnr. 15) erörterte Frage, ob der VN nach Abtretung der unter Versicherungsschutz stehenden Forderung noch Rechtsschutz für sich fordern kann, stellt sich nur dann, wenn den VN trotz der Abtretung noch Kosten der Interessenwahrnehmung des Zessionars treffen können. Dies ist etwa dann denkbar, wenn der VN aus Beweisgründen als Zeuge in dem vom Zessionar durchgeführten Verfahren auftreten und diesen dann von den Verfahrenskosten freihalten will. In einem solchen Fall empfiehlt sich, schon im Hinblick auf § 15, rechtzeitige Abstimmung mit dem Versicherer.

Wegen der Frage des durch Abs. 2b nicht geregelten Versicherungsschutzes bei vertraglicher oder gesetzlicher Einzel- oder Gesamt-**Rechtsnachfolge** des VN **in Verbindlichkeiten** vgl. unten Rdnr. 173a. 160

2. a) Ausgeschlossen ist die Interessenwahrnehmung aus **Ansprüchen**, die 161 nach Eintritt des Versicherungsfalles auf den VN übertragen worden sind. „Anspruch" ist das Recht, von einem anderen ein Tun oder Unterlassen zu verlangen (§ 194 Abs. 1 BGB). Der Hauptfall eines Anspruchs ist die – schuldrechtliche – Forderung, die als Anspruch aus einem gesetzlichen oder vertraglichen Schuldverhältnis entsteht. Es gibt aber auch andere als schuldrechtliche Ansprüche, z.B. die durch Verletzung eines dinglichen Rechts entstandenen dinglichen Ansprüche oder familien- und erbrechtliche Ansprüche (*Palandt/Heinrichs* § 413 Rdnr. 1).

b) **Nach Eintritt des Versicherungsfalles** muß der Anspruch auf den VN 162 übertragen worden sein (LG Koblenz ZfS 81, 178). Daß die Formulierung ungenau ist, wurde bereits oben in Rdnr. 158 dargelegt. Wird der Anspruch vor oder spätestens gleichzeitig mit Eintritt des Versicherungsfalles auf den VN übertragen, greift Abs. 2b nicht ein. In diesen Fällen ist der versicherte Interessenbereich des VN selbst unmittelbar durch den die Leistungspflicht des Versicherers auslösenden Lebensvorgang im Sinne des § 14 betroffen.

c) aa) **Übertragung** ist ein (Verfügungs-)Vertrag zwischen Alt- und 163 Neugläubiger, durch den die Person des Anspruchsinhabers unmittelbar ausgewechselt wird. Die Übertragung bedarf keiner Zustimmung des Schuldners (*Palandt/Heinrichs* § 398 Rdnr. 1). Die Übertragung eines schuldrechtlichen Anspruchs, d.h. einer Forderung, ist die Abtretung (§ 398

BGB). Für die Übertragung anderer Ansprüche gelten im wesentlichen die Vorschriften über die Forderungsabtretung entsprechend (§ 413 BGB).

164 bb) Mit der Übertragung geht die volle Gläubigerstellung einschließlich der Nebenrechte auf den VN als Neugläubiger über (§ 401 BGB; *Palandt/Heinrichs* § 398 Rdnr. 18). Rechtlich volle Übertragung ist auch eine zur Sicherung des Neugläubigers erfolgende **Sicherungsabtretung**. Dieser wird als Treuhänder im Verhältnis zum Schuldner Alleingläubiger (*Palandt/ Heinrichs* § 398 Rdnrn. 20ff.). Will er als VN rechtliche Interessen im Zusammenhang mit dem sicherungshalber auf ihn übertragenen Anspruch wahrnehmen, besteht keine Deckung, wenn die Sicherungsabtretung erst nach Eintritt des den Anspruch betreffenden Versicherungsfalls im Sinn des § 14 erfolgt ist.

165 cc) Überträgt der Gläubiger nicht den vollen Anspruch auf den VN, sondern **ermächtigt** er ihn nur zur **Einziehung** der Forderung (Inkassomandat), dann überträgt er damit einen Forderungsausschnitt (*Palandt/ Heinrichs* § 398 Rdnrn. 26, 27). Da dieser Ausschnitt einen wesentlichen Teil der Forderung umfaßt, nämlich die Befugnis zu ihrer Einziehung, kann man die Voraussetzungen der Ausschlußbestimmung sowohl nach ihrem Wortlaut wie auch nach ihrem Zweck (vgl. oben Rdnr. 157) auch in einem solchen Fall als gegeben ansehen, falls der VN rechtliche Interessen aus der Forderung wahrnehmen will. Sieht man die Genehmigung nicht als (Teil-)Übertragung des Anspruchs an, dann liegt jedenfalls der Ausschlußtatbestand des Abs. 2c vor.

166 d) aa) Ob die Interessenwahrnehmung bei einem **Anspruchsübergang kraft Gesetzes** ebenfalls unter den Ausschlußtatbestand fällt, wird nicht einheitlich beurteilt. *Ridder* (S. 72) und *Böhme* (§ 4 Rdnr. 52) bejahen die Frage. Nach einer anderen Meinung ist die Deckung nicht ausgeschlossen, weil das in Abs. 2b verwendete Wort „übertragen" nur die rechtsgeschäftliche Übertragung, aber nicht den gesetzlichen Übergang umfasse. Diese am Wortlaut orientierte Auslegung hat vordergründig einiges für sich. Zwar spricht § 412 BGB auch von der „Übertragung" einer Forderung kraft Gesetzes. Dies ist jedoch die einzige Stelle, an der das Gesetz den gesetzlichen Forderungsübergang als eine „Übertragung" bezeichnet. In sämtlichen anderen Bestimmungen heißt es, daß die Forderung „übergeht" (z.B. §§ 268 Abs. 3, 426 Abs. 2, 774 Abs. 1, 1607 Abs. 2, 1615 b Abs. 1 BGB; § 67 VVG; § 116 SGB X; § 6 Entgeltfortzahlungsgesetz). Auch der juristische Sprachgebrauch verwendet für den gesetzlichen Forderungsübergang üblicherweise nur diesen Begriff und nicht das Wort „Übertragung". „Übertragen" ist von der Bedeutung her ein transitives Verb und setzt eine handelnde Person voraus, während „übergehen" im normalen Sprachgebrauch intransitiv verwendet wird. Der Grund für die Verwendung des Wortes „Übertragung" in § 412 BGB ist ersichtlich darin zu suchen, daß der Vierte Abschnitt des Zweiten Buches des BGB (Recht der Schuldverhältnisse) die Überschrift „Übertragung der Forderung" trägt und daß hier in den §§ 398 bis 411 zunächst die rechtsgeschäftliche Übertragung als Hauptfall behandelt wird, der die – weitgehend gleich zu behandelnde – „Übertragung" kraft Gesetzes in § 412 angegliedert ist.

Scheint somit eine Wortinterpretation eher dafür zu sprechen, Abs. 2b in Fällen eines gesetzlichen Forderungsübergangs nicht anzuwenden, wird bei Berücksichtigung der oben in Rdnr. 158 dargelegten Überlegung deutlich, daß **nach allgemeinen** versicherungsvertraglichen **Grundsätzen** auch in diesen Fällen **kein Versicherungsschutz** besteht. Denn ebenso wie in den Fällen einer rechtsgeschäftlichen Anspruchsübertragung ist auch bei gesetzlichem Forderungsübergang der VN gar nicht der von dem vorher eingetretenen „Versicherungsfall" selbst Betroffene. Das Schadenereignis oder der Rechtsverstoß im Sinn des § 14 trifft den Rechtskreis eines zu diesem Zeitpunkt gar nicht versicherten Dritten in einer nicht versicherten Eigenschaft oder Rechtsbeziehung. Dieses unversicherte Interesse kann durch den gesetzlichen Anspruchsübergang nicht – rückbezogen auf den Zeitpunkt des „Versicherungsfalles" – rückwirkend in der Person des VN als versichertes Interesse entstehen. Dies meint offenbar auch *Ridder* (S. 72) mit seinem Hinweis, der Versicherungsvertrag solle nur das Interesse des VN aus ihn unmittelbar betreffenden Versicherungsfällen decken.

Tatbestände, bei denen ein an sich in der RSVersicherung deckungsfähiger Anspruch auf den VN **kraft Gesetzes** übergehen kann, enthalten insbesondere die §§ 268 Abs. 3, 426 Abs. 2 und 774 Abs. 1 BGB. In diesen Fällen wird jedoch meist der Verstoß des jeweiligen Schuldners gegen seine Verpflichtung zur Erfüllung der Verbindlichkeit und damit der „Versicherungsfall" im Sinn des § 14 vor dem Zeitpunkt des Übergangs des Anspruchs auf den VN liegen. Dies gilt jedenfalls für die Fälle des § 268 Abs. 3 und § 774 Abs. 1 BGB, so daß der VN insoweit keine Deckung für seine Interessenwahrnehmung aus dem übergegangenen Anspruch hat (OLG Stuttgart r+s 94, 302; LG Hagen ZfS 85, 177; vgl. oben Rdnr. 167; zum Fall des § 426 BGB bei gesetzlich begründeter Gesamtschuldnerschaft ebenso AG Herford VersR 86, 134 = ZfS 86, 115; vgl. Vorbem. vor § 21 Rdnr. 72). Bei vertraglich begründeter Gesamtschuldnerschaft, z.B. gemeinsamer Kreditaufnahme, kann jedoch der Ausgleichsanspruch des VN nach § 426 Abs. 1 BGB schon vor seiner Zahlung und einer Zahlungsweigerung des Mitverpflichteten und damit vor dem Versicherungsfall entstehen, so daß Abs. 2b dann nicht zum Zuge kommt (LG Essen ZfS 96, 32).

Ähnlich liegen an sich die Fälle eines Anspruchsübergangs nach § 6 **Entgeltfortzahlungsgesetz,** das 1994 das Lohnfortzahlungsgesetz abgelöst hat. Hat ein nach § 24 versicherter Arbeitgeber seinem durch Verschulden eines Dritten arbeitsunfähigen Arbeitnehmer das Entgelt fortgezahlt, dann geht der Schadenersatzanspruch des Arbeitnehmers gegen den Schädiger insoweit auf den Arbeitgeber über. Aus den oben in Rdnr. 167 vorgetragenen Gründen besteht dann an sich kein Anspruch auf Versicherungsschutz für die Wahrnehmung rechtlicher Interessen des VN aus dem übergegangenen Anspruch. Die Deckung umfaßt nach § 24 Abs. 2a die Geltendmachung von Schadensersatzansprüchen aufgrund gesetzlicher Haftpflichtbestimmungen, die dem VN als Gewerbetreibendem oder freiberuflich Tätigen in seiner im

Versicherungsschein bezeichneten Eigenschaft (§ 24 Abs. 1 Satz 1) durch ein ihn gerade in dieser Eigenschaft unmittelbar betreffendes Schadenereignis erwachsen sind. Das Schadenereignis hat jedoch hier den Körper und die Gesundheit des Arbeitnehmers, nicht unmittelbar den Gewerbebetrieb des VN betroffen. Es wirkt sich erst mittelbar auf den VN aus, der keinen eigenen, sondern als mittelbar Geschädigter nur einen auf ihn übergeleiteten Anspruch in Höhe des fortgezahlten Entgelts gegen den Schädiger erhält (*Palandt/Heinrichs* vor § 249 Rdnrn. 109, 110).

170 Das gleiche Problem stellt sich, wenn nicht ein Arbeitnehmer, sondern ein durch Dienstvertrag Verpflichteter des VN durch Verschulden eines Dritten arbeitsunfähig wird. **Zahlt** der **VN** aufgrund tarifvertraglicher oder einzelvertraglicher Regelung das **Gehalt** während der Arbeitsunfähigkeit **weiter**, dann ist der verletzte Dienstverpflichtete aufgrund Tarif- oder Einzelvertrags oder entsprechend § 255 BGB verpflichtet, seinen Schadenersatzanspruch insoweit an den Arbeitgeber abzutreten oder den Anspruch jedenfalls selbst geltend zu machen, beizutreiben und sich anrechnen zu lassen (*Palandt/Putzo* § 616 Rdnr. 33), falls man nicht mit *Neumann-Duesberg* (BB 70, 493) eine analoge Anwendung von § 4 Lohnfortzahlungsgesetz (jetzt: § 6 Entgeltfortzahlungsgesetz) für gerechtfertigt hält. Da hier die rechtsgeschäftliche Forderungsübertragung oder – bei analoger Anwendung des § 6 Entgeltfortzahlungsgesetz – der gesetzliche Forderungsübergang jeweils erst nach dem Schadenereignis liegen, bestünde aus den oben in Rdnrn. 158 und 167 erörterten Gründen an sich ebenfalls kein Versicherungsschutz.

171 Sowohl im Fall des gesetzlichen Anspruchsübergangs (vgl. oben Rdnr. 169) wie auch im Fall der Abtretung (vgl. oben Rdnr. 170) erscheint es jedoch **nicht interessengerecht**, die **Ausschluß**bestimmung des Abs. 2b durchgreifen zu lassen. Denn der Arbeitgeber ist zwar nicht schadensrechtlich, wohl aber wirtschaftlich jeweils unmittelbar geschädigt. Außerdem scheidet die Gefahr eines kollusiven Zusammenwirkens zwischen Zedent und Zessionar, dem die Ausschlußbestimmung vorbeugen will (vgl. oben Rdnr. 157), nach Sachlage aus. Entgegen *Böhme* (§ 4 Rdnr. 53) bestehen daher keine durchgreifenden Bedenken, in diesen Fällen Versicherungsschutz zu bejahen (§ 24 Rdnr. 26; vgl. auch oben Rdnr. 157). Das LG Augsburg (r + s 88, 336) will diesen Ausnahmegrundsatz auch zugunsten des nicht versicherten Vaters eines nichtehelichen Kindes anwenden, dem die versicherte Mutter einen angeblichen Schadenersatzanspruch gegen den falschbehandelnden Arzt (nicht verhinderte Geburt) abgetreten hat. Da hier ein kollusives Zusammenwirken (Zeugenstellung der wirtschaftlich interessierten Mutter) nicht auszuschließen ist, erscheint dies jedoch zu weitgehend.

172 bb) Geht ein Anspruch nicht im Wege der Einzelrechtsnachfolge, sondern durch **Gesamtrechtsnachfolge** auf den VN über, dann gelten die gleichen Grundsätze wie bei der Einzelrechtsnachfolge (vgl. oben Rdnr. 167). Eine Gesamtrechtsnachfolge findet statt im Todesfall (§ 1922 BGB) sowie in gewissen Fällen unter Lebenden (z.B. bei Bildung einer Gütergemeinschaft nach § 1416 BGB oder bei einer Verschmelzung nach dem Umwandlungs-

gesetz). Stirbt beispielsweise der durch einen fremdverschuldeten Unfall verletzte, nicht versicherte Vater des nach § 26 versicherten VN an den Unfallverletzungen, dann geht zwar der Schadenersatzanspruch des Vaters gegen den Schädiger auf den Sohn als Erben gemäß § 1922 BGB über. Da das Schadenereignis im Sinn des § 14 Abs. 1 nur den Vater betroffen hat und ein Versicherungsanspruch des Vaters mangels Bestehens einer RSVersicherung nicht entstanden ist, besteht jedoch auch in der Person des VN als Erben kein solcher Versicherungsschutzanspruch. Entsprechendes gilt für eine Gesamtrechtsnachfolge unter Lebenden. Tritt der Versicherungsfall erst nach Eintritt der Gesamtrechtsnachfolge ein, also z.b. bei einem vom VN ererbten Anspruch erst nach dem Tod des Erblassers, dann besteht Versicherungsschutz im gleichen Umfang, wie wenn es sich um einen eigenen Anspruch des VN handelte (vgl. oben Rdnr. 159). War der Erblasser selbst versichert, dann geht ein noch zu seinen Lebzeiten entstandener Versicherungsanspruch nach allgemeinen Grundsätzen auf den Erben über (§ 11 Rdnr. 16).

e) Für die Übertragung einer Forderung durch **Hoheitsakt** wird Abs. 2 b 173 kaum je Bedeutung gewinnen. In erster Linie ist hier an den Fall des § 835 ZPO zu denken, wenn das Vollstreckungsgericht dem Gläubiger eine gepfändete Geldforderung zur Einziehung oder an Zahlungs Statt überweist. Muß hier der VN rechtliche Interessen gegenüber dem Drittschuldner aus der gepfändeten und überwiesenen Forderung geltend machen, dann ist dies ein unselbständiger „Antrag auf Vollstreckung" im Sinn des § 2 Abs. 3 b, für dessen Verfolgung es keine Rolle spielt, ob und wann in bezug auf die gepfändete Forderung ein „Versicherungsfall" im Sinn des § 14 eingetreten ist. Maßgeblich ist allein der Zeitpunkt des Versicherungsfalles für den der Forderung zugrundeliegenden titulierten Anspruch (Näheres § 2 Rdnr. 176).

3. Nicht durch Abs. 2 b geregelt ist die Frage des Versicherungsschutzes 173 a bei **Übergang von** – ihrer Rechtsnatur nach an sich deckungsfähigen – **Verbindlichkeiten** auf den VN. Eine Teilregelung enthält Abs. 1 h für die Fälle der Einzelrechtsnachfolge aufgrund eines Schuldübernahmevertrags. Hier ist der Versicherungsschutz generell ausgeschlossen, soweit es zu einer Auseinandersetzung des VN mit dem jeweiligen Vertragspartner des Schuld-(mit)übernahmevertrags kommt (Näheres vgl. oben Rdnrn. 62 ff.). Die übrigen Fälle einer gesetzlichen oder vertraglichen Einzelrechtsnachfolge in eine Verbindlichkeit sowie die Fälle einer Gesamtrechtsnachfolge (insbesondere Erbfolge) regeln sich nach den oben in Rdnrn. 158, 159 und 172 dargelegten allgemeinen versicherungsrechtlichen Grundsätzen, wie sie auch für den Übergang von Ansprüchen gelten: Ist der „Versicherungsfall", d. h. ein Ereignis im Sinn des § 14, bereits vor dem Übergang der Verbindlichkeit auf den VN eingetreten, hat beispielsweise der unversicherte Altschuldner und Rechtsvorgänger des VN die Schuld bei Fälligkeit nicht bezahlt und dadurch nach Meinung des Gläubigers gegen seine Pflicht zur Erfüllung der Verbindlichkeit verstoßen (§ 14 Rdnr. 46), dann ist nur der Rechtskreis des unversicherten Rechtsvorgängers betroffen. Der Schuldübergang kann dann nicht bewirken, daß das bisher unversicherte Risiko unter die Deckung des nur für den VN bestehenden Versicherungsvertrags fällt. Durch eine

(erneute) bloße Geltendmachung der fälligen Forderung gegen den VN als Neuschuldner verstößt der Gläubiger nicht im Sinn des § 14 Abs. 3 gegen irgendwelche Rechtspflichten, er macht lediglich ein ihm zustehendes Recht geltend. Zahlt der VN aus den gleichen Gründen wie sein Rechtsvorgänger nicht, dann setzt er nur dessen Rechtsverstoß fort, ohne damit am Zeitpunkt des bereits vor dem Übergang eingetretenen „Versicherungsfalles" etwas zu ändern und ohne damit einen neuen selbständigen Versicherungsfall zu schaffen. Anders kann es liegen, wenn im Verhältnis zwischen Gläubiger und VN als Neuschuldner nach dem Schuldübergang die eine oder andere Seite zusätzlich gegen Rechtspflichten verstößt und dadurch einen eigenen selbständigen Versicherungsfall schafft. Dies kann etwa der Fall sein, wenn der VN eine neue selbständige Einwendung gegen die Forderung erhebt, die mit der früheren Einwendung des Altschuldners nicht im sachlichen Zusammenhang steht. Tritt der Versicherungsfall erstmals im Verhältnis zwischen Gläubiger und VN ein, dann ist das versicherte Interesse des VN unmittelbar betroffen und Versicherungsschutz bei Vorliegen der übrigen Voraussetzungen gegeben (vgl. oben Rdnrn. 159 und 172). Wird der VN in einem solchen Fall als Erbe, z. B. aus einer vertraglichen Verbindlichkeit des Erblassers, in Anspruch genommen, dann handelt es sich nicht um eine Angelegenheit „aus dem Bereich des Erbrechts" im Sinn des Abs. 1i (vgl. oben Rdnr. 85).

IV. Abs. 2c
(entspricht § 3 Abs. 4d ARB 94)

174   Der Grund für den Ausschluß der Versicherungsdeckung liegt auf der Hand: Der **nichtversicherte** eigentliche **Rechtsinhaber** soll nicht dadurch in den Genuß der Versicherungsleistung kommen, daß an seiner Stelle eine versicherte Person den Anspruch geltend machen kann. Ansprüche Dritter kann ein VN nach sachlichem Recht in der Regel dann im eigenen Namen – also nicht als Vertreter des Dritten gemäß § 164 BGB – geltend machen, wenn er einen berechtigten eigenen Grund zur Geltendmachung des fremden Rechts hat. Dies kann z. B. dann der Fall sein, wenn sich ein Schaden, der an sich beim Ersatzberechtigten eintreten müßte, aufgrund eines Rechtsverhältnisses zwischen dem Ersatzberechtigten und einem Dritten auf diesen verlagert. Hauptfälle dieser Schadensliquidation im Drittinteresse sind Fälle mittelbarer Stellvertretung, bei denen der mittelbare Stellvertreter den Schaden des Geschäftsherrn gegenüber dem Schädiger geltend machen kann, z. B. der Kommissionär, Spediteur, Frachtführer, Beauftragte oder Treuhänder. Weiter zählen hierzu Ansprüche des Leasingnehmers (§ 21 Rdnr. 56) sowie dessen, der eine fremde Sache in Obhut hat, wegen Zerstörung oder Beschädigung der Sache, oder Ansprüche eines zur Eigentumsübertragung verpflichteten Eigentümers wegen Zerstörung oder Beschädigung der Sache, soweit er selbst gegenüber seinem Gläubiger frei wird und daher keinen eigenen Schaden mehr hat (Näheres, auch über weitere Fallgestaltungen, *Palandt/Heinrichs* vor § 249 Rdnrn. 112 bis 118). Kein Recht zur Geltendmachung fremden Schadens im eigenen Namen hat dagegen ein Pächter (LG Köln ZfS 86, 210). Ist der VN der mittelbar Vertretene, hat er keinen Versi-

Allgemeine Risikoausschlüsse   175, 176   § 4 ARB 75

cherungsschutz für eine vom mittelbaren Stellvertreter in dessen eigenem Namen entfaltete Interessenwahrnehmung (LG Berlin ZfS 89, 164 = r + s 90, 55; vgl. oben Rdnr. 157). In den Fällen, in denen die Rechtsprechung ein Recht zur Prozeßführung über ein fremdes Recht bejaht, besteht meist auch sachlich-rechtlich die Befugnis, ein fremdes Recht im eigenen Namen geltend zu machen (Näheres *Baumbach/Lauterbach/Hartmann* Grundzüge vor § 50 Rdnrn. 29ff.). Hierzu gehört auch die Einziehungsermächtigung, soweit man sie nicht als Teil-Übertragung eines Anspruchs ansieht, die schon unter Abs. 2b fällt (vgl. oben Rdnr. 165). Ist nicht der, der ein fremdes Recht im eigenen Namen geltend macht, sondern der Inhaber des fremden Rechts selbst VN, spielt Abs. 2c keine Rolle.

Macht der **VN** ein fremdes Recht nicht im eigenen Namen, sondern als **unmittelbarer Stellvertreter** gemäß § 164 BGB erkennbar in fremdem Namen geltend, dann liegen die Voraussetzungen des Abs. 2c in keinem Fall vor. Es kommt dann lediglich darauf an, ob der Vertretene selbst Versicherungsschutz hat. Aktuell kann diese Frage beispielsweise werden bei Auseinandersetzungen von Inhabern von Markentankstellen mit Treibstoff- oder Schmiermittelkunden im Rahmen des § 24 Abs. 3 Ziff. 1. Treibstoffe und Schmiermittel werden hier in der Regel im Namen und für Rechnung des Lieferanten verkauft. Für eine solche Auseinandersetzung besteht daher im Rahmen des § 24 Abs. 3 Ziff. 1 an sich nur Versicherungsschutz, wenn der Lieferant selbst versichert ist. Hat allerdings der VN als Tankstelleninhaber dem Kunden auf eigenes Risiko Kredit gewährt, dann kann eine selbständige schuldrechtliche Kreditabsprache zwischen VN und Kunden vorliegen, die in den Deckungsbereich des Versicherungsvertrags des VN fallen kann, wenn der Wert des Streitgegenstands den im Versicherungsschein genannten Betrag übersteigt (§ 24 Abs. 3 Ziff. 3). 175

D. Deckungsumfang des Straf-RS (Abs. 3)

I. Allgemeines

Abs. 3 modifiziert in seinen beiden Varianten a und b den generellen subjektiven Risikoausschluß des für alle übrigen Leistungsarten der §§ 21 bis 29 geltenden Abs. 2a für den Bereich des **Straf-RS**. Er bezieht sich auf die Fälle der §§ 21 Abs. 4c, 22 Abs. 3c, 23 Abs. 3b, 24 Abs. 2c, 25 Abs. 2c, 26 Abs. 3d (Fassung 1988: Abs. 5d), 27 Abs. 3d und 28 Abs. 2c, soweit dort jeweils die Verteidigung in Verfahren wegen des Vorwurfs der Verletzung einer Vorschrift des Strafrechts unter Versicherungsschutz steht. Abs. 3 gilt immer dann, wenn dem VN vorgeworfen wird, ein Verbrechen oder Vergehen begangen zu haben (§ 12 StGB). Die Übertretung als dritte Form einer mit Strafe bedrohten Handlung ist 1975 aus dem deutschen Strafrecht eliminiert worden. Die früheren Übertretungstatbestände werden heute weitgehend als Ordnungswidrigkeiten geahndet (Art. 13 EGStGB). Für die Verteidigung in Ordnungswidrigkeiten-Verfahren spielt die Vorsatzfrage gemäß Abs. 2a keine Rolle. In Disziplinar- und Standesrechtsverfahren, die ebenfalls in den genannten Besonderen Bestimmungen der ARB unter 176

303

Versicherungsschutz gestellt sind, ist die Deckung gemäß Abs. 2a ausgeschlossen, wenn der VN den Versicherungsfall vorsätzlich und rechtswidrig verursacht hat (vgl. oben Rdnr. 144). Wird dem VN in einem nichtstrafrechtlichen Verfahren, z.B. einem Arbeitsgerichtsverfahren oder einem Disziplinar- oder Standesrechtsverfahren, eine strafbare Handlung vorgeworfen, dann gilt für die Vorsatzfrage Abs. 2a und nicht Abs. 3, da über den strafrechtlichen Vorwurf nicht als solchen zu entscheiden ist, sondern über den damit verbundenen arbeitsrechtlichen oder disziplinar- oder standesrechtlichen Vorwurf.

177 Der heutige Abs. 3a entspricht in den **ARB 69** dem damaligen Abs. 3 Ziff. 2 und der heutige Abs. 3b dem damaligen Abs. 3 Ziff. 3. Die Fassung dieser Bestimmungen in den ARB 75 ist gegenüber der Fassung in den ARB 69 redaktionell verbessert worden, ohne daß damit eine sachliche Änderung verbunden war. Bei reiner Wortinterpretation des Abs. 3 Ziff. 2 und 3 der ARB 69 konnte nämlich der Eindruck entstehen, daß der Versicherungsschutz erst bei tatsächlicher Verletzung strafrechtlicher Vorschriften durch den VN einsetze und nicht schon dann, wenn ihm nur ein entsprechender Vorwurf gemacht wurde. Dies war jedoch schon in den ARB 69 nicht bezweckt und wurde nunmehr in den ARB 75 klargestellt (VerBAV 76, 130).

178 Der „**Vorwurf**" einer strafbaren Handlung und damit der Versicherungsschutz beginnt nicht erst mit einer Anklage der Staatsanwaltschaft, sondern schon dann, wenn durch eine Strafanzeige oder eine polizeiliche Ermittlungshandlung sich der VN in der Rolle eines Beschuldigten im Sinn der StPO befindet (§ 157 StPO; AG Schwandorf r + s 88, 171; *Kleinknecht/Meyer* Einl. Rdnr. 76) und dadurch eine Wahrnehmung seiner rechtlichen Interessen notwendig werden kann (Näheres Vorbem. vor § 21 Rdnr. 75).

179 Werden dem VN mehrere Delikte vorgeworfen und steht seine Verteidigung gegen die verschiedenen Strafvorwürfe nach den Abs. 3a oder b nur teilweise unter Versicherungsschutz, dann besteht nur **anteilige Deckung**. Ihr Umfang richtet sich nach dem Gewicht und der Bedeutung der einzelnen Vorwürfe im Gesamtzusammenhang (LG Karlsruhe r + s 93, 66 = ZfS 93, 66: vier Fünftel für Vorwurf der Straßenverkehrsgefährdung und Nötigung gegenüber einem Fünftel für Vorwurf der Beleidigung; AG Hofgeismar r+s 95, 262: vier Fünftel wegen Unfallflucht, ein Fünftel wegen Ordnungswidrigkeit; ähnlich *Mümmler* JurBüro 87, 343, 808 unter Ablehnung der zum Teilfreispruch entwickelten strafprozessualen Differenzmethode, vgl. § 2 Rdnr. 240; vgl. auch *Enders* JurBüro 96, 461) sowie auch danach, ob einzelne Verfahrensteile – z.B. ein zweiter Verhandlungstag – nur wegen eines in die Deckung eingeschlossenen oder aus ihr ausgeschlossenen Deliktvorwurfs notwendig waren. Bei Gesetzeskonkurrenz (Näheres *Dreher/Tröndle* vor § 52 Rdnrn. 17 bis 24) zwischen einem nur vorsätzlich begehbaren Vergehen und einer Fahrlässigkeitstat ist der Versicherungsschutz in der Regel ganz ausgeschlossen, da die Vorsatztat meist derart überwiegt, daß die Verteidigung in erster Linie gegen den Vorwurf vorsätzlichen Handelns gerichtet ist und der Vorwurf fahrlässigen Handelns daneben keine

selbständige Bedeutung hat (AG Geilenkirchen VersR 75, 231). Beim Vorwurf einer in Tateinheit begangenen – nicht gedeckten – Vorsatztat mit einer – gedeckten – Fahrlässigkeitstat (§ 52 StGB) wird der Vorwurf vorsätzlichen Handelns oft so gravierend sein, daß das Schwergewicht der Verteidigung gegen diesen Vorwurf gerichtet ist. Jedoch kommt es stets auf die Umstände des Einzelfalles an (AG Münster ZfS 91, 93 = r + s 91, 171; AG Nürnberg ZfS 90, 162). Der Betrugsvorwurf wegen fingierter oder provozierter Unfälle im Straßenverkehr überwiegt in der Regel den Vorwurf eines dadurch gleichzeitig begangenen gefährlichen Eingriffs in den Straßenverkehr derart, daß für eine anteilige Deckung gemäß Abs. 3b kein Raum bleibt (LG Duisburg r + s 97, 117).

Ein Tatbestand, der den Versicherungsschutz nach Abs. 3 ausschließt, 180 kann gleichzeitig eine Obliegenheitsverletzung des VN darstellen, die ihrerseits ebenfalls zur Leistungsfreiheit des Versicherers führt (z.b. Fahren ohne Fahrerlaubnis als **vorsätzliche Straftat** und **Obliegenheitsverletzung** gemäß § 21 Abs. 6; vgl. § 21 Rdnr. 85).

II. Nicht-Verkehrsbereich (Abs. 3a)
(entspricht § 2 i bb ARB 94)

Die Regelung des Abs. 3a bezieht sich nur auf Verfahren, in denen dem 181 VN vorgeworfen wird, eine Vorschrift des **allgemeinen Strafrechts** verletzt zu haben. Wird ihm dagegen vorgeworfen, eine verkehrsrechtliche Vorschrift verletzt zu haben, gilt die Sonderregelung des Abs. 3b (vgl. unten Rdnrn. 198 ff.). Satz 1 schließt den Versicherungsschutz für zwei Kategorien von Strafverfahren vollständig aus, nämlich für alle Verfahren wegen eines Verbrechens sowie für die Verfahren wegen eines nur bei vorsätzlicher Begehung strafbaren Vergehens. Satz 2 legt den Umfang des Versicherungsschutzes für die nach Satz 1 nicht ausgeschlossene dritte Kategorie fest, nämlich für Verfahren wegen sowohl bei vorsätzlicher als auch bei fahrlässiger Begehung strafbarer Vergehen. Satz 3 betrifft den Sonderfall der Rauschtat.

1. Nach Satz 1 besteht nur dann Versicherungsschutz – im Umfang des 182 Satzes 2 (vgl. unten Rdnr. 194) –, wenn dem VN ein Vergehen zur Last gelegt wird, das sowohl vorsätzlich als auch fahrlässig begangen strafbar ist. Der Versicherungsschutz wird hier in zweifacher Weise begrenzt. Zum einen kann nur der Vorwurf eines **Vergehens** die Eintrittspflicht des RSVersicherers auslösen, niemals dagegen der Vorwurf eines Verbrechens. Verbrechen sind rechtswidrige und nur vorsätzlich begehbare Taten, die im Mindestmaß mit Freiheitsstrafe von einem Jahr oder darüber bedroht sind. Vergehen sind rechtswidrige Taten, die im Mindestmaß mit einer geringeren Freiheitsstrafe oder mit Geldstrafe bedroht sind (§ 12 StGB).

Zum anderen besteht auch beim Vorwurf eines Vergehens nur dann Ver- 183 sicherungsschutz, wenn der objektive Straftatbestand **sowohl vorsätzlich als auch fahrlässig** begangen strafbar ist. Wird also dem VN vorgeworfen, ein nur bei vorsätzlicher Begehung strafbares Vergehen begangen oder hierzu Anstiftung (§ 26 StGB) oder Beihilfe (§ 27 StGB) geleistet zu haben, besteht generell kein Versicherungsschutz, gleichgültig, ob sich der Vorwurf als richtig erweist oder nicht, das Verfahren also beispielsweise eingestellt wird (LG Osnabrück ZfS 86, 301: Nötigung, Anstiftung zur Urkundenunterdrückung; LG Frankfurt ZfS 80, 104; AG Münster ZfS 91, 93 = r + s 91, 171: Beihilfe zur Tierquälerei; AG Heidelberg ZfS 86, 302; AG München ZfS 83, 369: unerlaubte Titelführung; AG Marburg ZfS 83, 369: Unterschlagung; AG Andernach ZfS 80, 105; AG Mannheim ZfS 81, 212; AG Bad Dürkheim VersR 83, 826 = ZfS 83, 338: Beihilfe zu Vergehen nach § 47 Abs. 1 Nr. 1 AuslG; vgl. unten Rdnrn. 185 ff.). Wird allerdings dem VN im Laufe des Verfahrens anstelle des vorsätzlichen Vergehens nur eine fahrlässige Handlungsweise zur Last gelegt, dann lebt von diesem Zeitpunkt an der Versicherungsschutz auf (vgl. unten Rdnr. 194). Nur bei vorsätzlicher Begehung strafbar sind solche Straftaten, bei denen das Gesetz fahrlässiges Handeln nicht ausdrücklich mit Strafe bedroht (§ 15 StGB). Entscheidend für den Versicherungsschutz ist, ob auch die nur fahrlässige Verletzung des objektiven Straftatbestandes ausdrücklich mit Strafe bedroht ist. In manchen Sonderbedingungen und Gruppenverträgen mit verschiedenen Berufsverbänden (z. B. Ärzte, Beamte) besteht Versicherungsschutz auch beim Vorwurf gewisser nur vorsätzlich begehbarer Vergehen, solange keine rechtskräftige Verurteilung wegen Vorsatzes erfolgt.

184 Nichtverkehrsrechtliche Vergehen, die **nur** bei **vorsätzlicher** Begehung strafbar sind, sind beispielsweise Hausfriedensbruch (§ 123 StGB), falsche Verdächtigung (§ 164 StGB), Beleidigung, üble Nachrede und Verleumdung (§§ 185 bis 187 StGB), Diebstahl (§ 242 StGB), Unterschlagung (§ 246 StGB), Begünstigung (§ 257 StGB), Hehlerei (§ 259 StGB), Betrug (§ 263 StGB), Untreue (§ 266 StGB), Urkundenfälschung (§ 268 StGB), Jagd- und Fischwilderei (§§ 292, 293 StGB), Sachbeschädigung (§§ 303 bis 305 StGB) und unterlassene Hilfeleistung (§ 330 c StGB). Auch Widerstand gegen die Staatsgewalt (§§ 113, 114 StGB) und Nötigung (§ 240 StGB) gehören an sich zu dieser Kategorie. Werden sie im Zusammenhang mit einem Verkehrsdelikt begangen, kann hierfür Versicherungsschutz im Rahmen des Abs. 3 b gegeben sein (vgl. unten Rdnr. 204).

185 Die Bedingungsregelung, daß der RSVersicherer beim Vorwurf eines nur bei vorsätzlicher Begehung strafbaren Vergehens in keinem Fall einzutreten hat, also auch dann nicht, wenn der VN nicht verurteilt wird, andererseits aber auch keinen Auslagenersatz von der Staatskasse erhält, wird gelegentlich als unbefriedigend empfunden und sogar als unvereinbar mit allgemeinen Grundsätzen des Versicherungsvertragsrechts angesehen (*Blohut/Brause* VersR 77, 409). Die **Abgrenzung** des Versicherungsschutzes in dieser Form ist jedoch nicht willkürlich oder lückenhaft, sondern **beruht auf sachlichen Erwägungen**. Um ihre Berechtigung nachzuprüfen, muß man sich zunächst die gesetzliche Regelung der Auslagenerstattung vor Augen halten.

186 Wird der VN freigesprochen oder die Eröffnung des Hauptverfahrens gegen ihn abgelehnt, dann fallen die Kosten des Verfahrens und seine notwen-

digen Auslagen, insbesondere die Kosten seines Verteidigers, in der Regel der Staatskasse zur Last (§ 467 Abs. 1 bis 3 StPO). **Stellt** dagegen das Gericht das Verfahren aus irgendeinem Grund **ein,** dann ist dieser Grundsatz der Auslagenerstattung für die Fälle einer Einstellung nach Gerichtsermessen oder nach § 153 a StPO durchbrochen (§ 467 Abs. 4 und 5 StPO). Stellt vor Eröffnung des Hauptverfahrens bereits die Staatsanwaltschaft das Verfahren ein, dann können die notwendigen Auslagen des VN der Staatskasse nur auferlegt werden, wenn bereits öffentliche Klage erhoben war (§ 467 a Abs. 1 StPO). Stellt die Staatsanwaltschaft vorher ein, erhält der VN keine Entschädigung für seine notwendigen Auslagen. Eine Ausnahme gilt nur für den Fall einer nach §§ 2, 9 StrEG entschädigungsfähigen, bereits vollzogenen Strafverfolgungsmaßnahme. Eine ausdehnende Auslegung des § 467 a StPO auf andere Fälle wird heute überwiegend nicht für zulässig gehalten (*Kleinknecht/Meyer* § 467 a Rdnr. 1; *Löwe/Rosenberg* § 467 a Rdnr. 24, 25). In dem Sonderfall einer vorsätzlich oder leichtfertig erstatteten unwahren Anzeige kann der Beschuldigte Ersatz seiner Auslagen vom Anzeigenden fordern (§ 469 StPO; vgl. Vorbem. vor § 21 Rdnr. 49).

Die Tatsache, daß ein nichtverurteilter Beschuldigter **nicht in allen Fällen** 187
der Einstellung eines gegen ihn gerichteten Ermittlungs- oder Strafverfahrens seine notwendigen **Auslagen** durch die Staatskasse **ersetzt** verlangen kann, widerspricht an sich dem Grundsatz, daß ein Beschuldigter bis zur Widerlegung der gesetzlichen Unschuldsvermutung (Art. 6 Abs. 2 MRK) nicht nur sachlich-rechtlich als unschuldig gilt, sondern auch hinsichtlich der Kosten und Auslagen, die er wegen eines gegen ihn gerichteten Ermittlungsverfahrens aufwenden mußte, als unschuldig anzusehen ist (*Kleinknecht/Meyer* § 467 Rdnr. 1). Wenn der Staat die Unschuldsvermutung nicht widerlegen kann, ist er prozessual der im Ermittlungs- oder Strafverfahren „unterlegene" Teil und daher nach allgemeinen Grundsätzen an sich auch zur Erstattung der notwendigen Auslagen des Beschuldigten verpflichtet. Daher wurde die früher recht unzureichende gesetzliche Regelung der Auslagenerstattung im Laufe der Jahre bereits wesentlich verbessert. Die vor allem von der Anwaltschaft unterstützten Bestrebungen (*Dahs* NJW 66, 24; *Göhler* MDR 70, 283; *Geisler* NJW 72, 753), eine Auslagenerstattung in möglichst allen Fällen einer Verfahrenseinstellung vorzusehen, wurden bisher vor allem aus fiskalischen Gründen nicht verwirklicht und sollen bei einer zu erwartenden allgemeinen Reform des Kostenrechts neu überdacht werden (*Löwe/Rosenberg* § 467 a Rdnr. 25).

Die bis heute fehlende gesetzliche Regelung einer generellen Auslagener- 188
stattung ändert jedoch nichts daran, daß ein **zu Unrecht eingeleitetes** Ermittlungs- oder **Strafverfahren** ein „Fehlgriff" des Staates ist (*Mittelbach* MDR 61, 787), für dessen materielle Folgen dieser an sich einzustehen hat. Die Beiträge der Versichertengemeinschaft sind für die Beseitigung der Folgen eines solchen staatlichen Eingriffs nicht bestimmt (vgl. auch § 2 Rdnr. 219). Es ist nicht Aufgabe der RSVersicherung, im Vorgriff auf eine noch ausstehende gesetzliche Regelung die Staatskasse zu entlasten. Die Tatsache, daß sich der Gesetzgeber vor allem wegen der zu erwartenden hohen Kostenbelastung der Staatskasse bisher gescheut hat, eine generelle Auslagener-

stattung im Fall der Verfahrenseinstellung vorzusehen (*Geisler* NJW 72, 753; *Löwe/Rosenberg* § 467 a Rdnr. 22), beweist gleichzeitig, daß die Einbeziehung solcher Fälle in die Versicherungsdeckung zu einer merklichen Erhöhung der Beiträge führen müßte.

189 Ob dieser Grund, für sich allein betrachtet, den Ausschluß des Versicherungsschutzes für alle nur vorsätzlich begehbaren Vergehen hinreichend rechtfertigen könnte, mag dahinstehen. Denn er gewinnt zumindest im Zusammenhang mit einer weiteren Überlegung entscheidende Bedeutung: Vergehen, die nur vorsätzlich begangen strafbar sind, sind echtes **kriminelles Unrecht**. Ob ein Täter überführt werden kann, hängt nicht selten von Zufällen ab. Der Vorwurf beispielsweise, betrogen, gestohlen oder gehehlt zu haben, führt teilweise nur deshalb nicht zu einer Verurteilung, weil sich der Täter geschickt verteidigen kann oder aus sonstigen Gründen ein hinreichender Schuldnachweis nicht zu führen ist. Daneben stehen die Fälle, in denen der Beschuldigte die Tat in Wirklichkeit nicht begangen hat oder in denen er sie zwar – möglicherweise – begangen hat, aber ein Verfahrenshindernis besteht (Näheres *Kleinknecht/Meyer* Einl. Rdnrn. 141 ff.). Wird die Einstellung dem Beschuldigten, z. B. gemäß § 170 Abs. 2 StPO, mitgeteilt, geschieht dies häufig ohne Gründe. Für den RSVersicherer ist es nun in den Fällen einer Verfahrenseinstellung mit den ihm zur Verfügung stehenden Erkenntnismitteln in der Regel nicht möglich, quasi als „Ersatzrichter" festzustellen, ob bei einer Einstellung wegen eines Verfahrenshindernisses oder mangels Nachweises einer strafbaren Handlung nach § 170 Abs. 2 StPO ein stärkerer oder geringerer Tatverdacht fortbesteht, der sich lediglich nicht zu einem „hinreichenden" Verdacht im Sinn der §§ 170 Abs. 1, 203 StPO verdichtet hat oder wegen des Verfahrenshindernisses nicht verdichten konnte. Aufklärungsversuche des Versicherers in dieser Richtung müßten mangels hoheitlicher Befugnisse unzureichend bleiben und würden wegen des damit verbundenen Verwaltungsaufwandes den Versicherungsschutz zusätzlich verteuern. Man hat sich daher bei der Formulierung des Risikoausschlusses vor allem auch aus diesem Grund entschlossen, die Versichertengemeinschaft von vornherein nicht mit Kosten zu belasten, die im Zusammenhang mit echt kriminellem Unrecht stehen könnten (*Grupe* VW 75, 661, 666, 667; vgl. auch AG Geilenkirchen VersR 75, 231). Es kommt nicht, wie das AG Düsseldorf unter Berufung auf Abs. 2 a ursprünglich meinte (MDR 79, 233 = Leitsatz VersR 79, 465; ausdrücklich aufgegeben in ZfS 81, 51; vgl. auch *Matzen* MDR 80, 59), darauf an, ob der VN den Versicherungsfall vorsätzlich und rechtswidrig herbeigeführt hat, sondern lediglich darauf, welchen Strafvorwurf die Strafverfolgungsbehörde erhebt. Wirft sie dem VN vor, ein nur vorsätzlich begehbares Delikt begangen oder hierzu Anstiftung (§ 26 StGB) oder Beihilfe (§ 27 StGB) geleistet zu haben, dann ist dies ein feststehendes, nicht anzweifelbares objektives Kriterium, das den Versicherungsschutz ohne Rücksicht darauf ausschließt, mit welchem Ergebnis das Ermittlungs- oder Strafverfahren letztlich endet (vgl. die oben Rdnr. 183 und unten Rdnr. 192 wiedergegebene Rechtsprechung; a. A. ohne Auseinandersetzung mit der gegenteiligen Rechtsprechung AG Heidelberg AnwBl. 82, 125 = ZfS 82, 148; vgl. auch GB BAV 78, 77 = ZfS 81, 213). Da der RSVersicherer weder die Aufgabe noch auch nur die Möglichkeit hat, gegen den VN

erhobene strafrechtliche Vorwürfe und dessen Verteidigungsvorbringen auf ihre Berechtigung hin zu überprüfen, bleibt im Interesse der klaren Risikoabgrenzung und damit der Rechtssicherheit kaum ein anderer Weg, als diesen Bereich ungeklärter, aber möglicherweise nicht unerheblicher Kriminalität im Interesse aller VN generell vom Versicherungsschutz auszunehmen. Hierbei kann auch der an der Einzelfall-Gerechtigkeit orientierte Grundsatz von Treu und Glauben nicht dazu führen, für die Fälle einer Einstellung des Verfahrens generell Versicherungsschutz zu bejahen (vgl. *Fischer* VersR 65, 197 und oben Rdnr. 3). Daß dies in manchen Fällen zu Lasten eines unschuldigen VN ausschlagen kann, ist eine unvermeidliche Folge der in einer Massenbranche wie der RSVersicherung zwangsläufig generalisierenden Regelung (*Prölss/Martin* vor § 1 Anm. II 2).

Damit erweist sich gleichzeitig die **Kritik** von *Blohut/Brause* (VersR 77, 409) als **nicht stichhaltig**. Sie hat zwar darin recht, daß nicht von einer vorsätzlichen Herbeiführung des Versicherungsfalles gesprochen werden kann, wenn das Ermittlungs- oder Strafverfahren ohne Schuldvorwurf endet. Sie übersieht aber, daß Abs. 3a (früher: Abs. 3 Ziff. 2 ARB 69) nicht nur bei der nachweisbar vorsätzlichen Herbeiführung eines Versicherungsfalles im Sinn des § 61 VVG eingreift, sondern daß diese Bedingungsregelung eine bestimmte Kategorie von Verfahren – nämlich solche wegen des von der Strafverfolgungsbehörde erhobenen Vorwurfs nur bei vorsätzlicher Begehung strafbarer Vergehen – vom Versicherungsschutz generell und ohne Rücksicht darauf ausnimmt, ob im Einzelfall Verschulden nachweisbar ist oder nicht. An der Herausnahme dieser genau begrenzten Kategorie aus der Deckung ist der RSVersicherer durch § 61 VVG nicht gehindert. Er ist vielmehr in der Abgrenzung des übernommenen Risikos im Rahmen der Gesetze – insbesondere des VVG und des AGBG – frei (*Prölss/Martin/Kollhosser* § 49 Anm. 1 C), zumal wenn, wie hier, sachliche Gründe hierfür sprechen und das Interesse der Risikogemeinschaft an der Fernhaltung möglicherweise unberechtigter, auf kriminellen Verstößen beruhender Ansprüche das Interesse des Einzelnen am Erhalt einer Versicherungsleistung überwiegt. Die Meinung von *Blohut/Brause* mag von der irreführenden Überschrift des Abs. 3 „schuldhafte Herbeiführung des Versicherungsfalles" in den ARB 69 mit beeinflußt sein, die in die ARB 75 nicht übernommen wurde. Die Kritik ist auch ausdrücklich auf die ARB 69 begrenzt (VersR 77, 409, Fußnote 1). Dem materiellen Inhalt nach war jedoch auch schon Abs. 3 Ziff. 2 der ARB 69 eine zulässige Risikobeschränkung.

Bei der Frage, welche Vergehen **sowohl** bei **vorsätzlicher als auch** bei **fahrlässiger** Begehung strafbar sind, kommt es entscheidend auf die gesetzlichen Tatbestandsmerkmale der strafbaren Handlung im Sinn des § 11 Abs. 1 Nr. 5 StGB an. Sie müssen sich bei der unter Strafe gestellten vorsätzlichen und fahrlässigen Begehungsform decken. Diejenigen Tatbestandsmerkmale, auf die sich das Wissen und Wollen des Täters in den Fällen vorsätzlichen Handelns einerseits und die ungewollte, jedoch pflichtwidrige und bei Beobachtung der zumutbaren Sorgfalt voraussehbare Verursachung in den Fällen fahrlässigen Handelns andererseits zu beziehen haben, müssen identisch sein (*Dreher/Tröndle* vor § 1 Rdnr. 10, § 16 Rdnr. 3). Ein nicht-

§ 4 ARB 75   192, 193   1. Teil. Allgemeine Bestimmungen (A)

verkehrsrechtliches Vergehen, das sowohl vorsätzlich als auch fahrlässig begangen strafbar ist, ist beispielsweise die falsche Versicherung an Eides Statt (§§ 156, 163 StGB). Der vorsätzliche Falscheid ist dagegen als Meineid ein Verbrechen (§§ 154, 12 Abs. 1 und 3 StGB); vgl. oben Rdnr. 182.

192 Als Vergehen sowohl vorsätzlich als auch fahrlässig begangen strafbar ist auch die einfache **Körperverletzung**. Denn der Tatbestand der „körperlichen Mißhandlung" oder „Gesundheitsbeschädigung" im Sinn des § 223 StGB deckt sich mit dem Tatbestand der „Körperverletzung" des § 230 StGB (*Dreher/Tröndle* § 230 Rdnr. 2). Keine volle Tatbestandsidentität besteht dagegen zwischen § 230 und den qualifizierten Formen der vorsätzlichen Körperverletzung gemäß §§ 223 a und b StGB. Denn in diesen Fällen umfaßt der Tatbestand der vorsätzlichen Begehungsform weitere Merkmale – z. B. Verwendung einer Waffe oder Mißhandlung Minderjähriger oder Wehrloser –, die nicht zum gesetzlichen Tatbestand des § 230 gehören. Es ist daher die Frage aufgetaucht, ob man gleichwohl die Fälle der §§ 223 a und b StGB wegen des mit § 230 StGB identischen „Grundtatbestands" im Sinn des Abs. 3 a Satz 1 als alternativ strafbar und damit im Fall der Einstellung als gedeckt ansehen kann. Während dies das LG Köln (VersR 88, 689 = ZfS 87, 274), das AG Saarbrücken (ZfS 95, 351), das AG Mainz (r + s 91, 170), das AG Wetter (AnwBl. 78, 319), *Matzen* (AnwBl. 79, 162) und *J. Vassel* (ZVersWiss 84, 608, 613) bejahen, verweisen die Vertreter einer engeren Auslegung darauf, daß Abs. 3 a Satz 1 volle Tatbestandsidentität voraussetze und der Vorwurf einer qualifizierten Körperverletzung potentiell einen stärkeren kriminellen Unrechtsgehalt enthalte (LG Düsseldorf ZfS 90, 271; LG Freiburg VersR 89, 800 = ZfS 89, 129; LG Oldenburg ZfS 84, 145; AG Duisburg r+s 94, 223; AG Osnabrück ZfS 91, 309; AG Bad Mergentheim ZfS 90, 161; AG Düsseldorf r + s 89, 292; AG Mannheim ZfS 87, 367; AG Kassel ZfS 90, 13; AG Dortmund, Stuttgart, Köln ZfS 83, 368; AG Krefeld ZfS 83, 369; AG Geldern ZfS 81, 50). Rechtsprechung und Schrifttum werten die Tatbestände der §§ 223 a und b StGB teilweise als eigenständige Deliktsformen und nicht als qualifizierte Formen der einfachen Körperverletzung (vgl. *Dreher/Tröndle* § 223 a Rdnr. 1; § 223 b Rdnr. 1; *Schönke/Schröder/Stree* § 223 a Rdnrn. 1, 2; § 223 b Rdnr. 1). Im Hinblick auf all diese Umstände erscheint es dem Zweck des Abs. 3 a eher entsprechend, auch diese qualifizierten Fälle der Körperverletzung als nur bei vorsätzlicher Begehung strafbar und die Verteidigung in entsprechenden Verfahren daher als nicht unter Versicherungsschutz stehend zu behandeln. Entsprechendes gilt für den Vorwurf der Körperverletzung im Amt gemäß § 340 StGB. Die Verteidigung gegen den Vorwurf, einen der Tatbestände der §§ 224 bis 226 oder 229 StGB verletzt zu haben, steht ohnehin in keinem Fall unter Versicherungsschutz, da es sich hier jeweils um Verbrechen handelt (§ 12 Abs. 1 und 3 StGB). Das gleiche gilt für die Fälle vorsätzlicher Brandstiftung nach §§ 306 bis 308 StGB. Im Falle der Einstellung eines Verfahrens wegen vorsätzlicher Brandstiftung besteht daher kein Versicherungsschutz.

193 Im **Nebenstrafrecht** gibt es gesetzliche Tatbestände, die bei vorsätzlichem Verstoß als Vergehen, bei fahrlässiger Begehung dagegen nicht als Vergehen, sondern nur als Ordnungswidrigkeit geahndet werden (z. B.

§§ 52, 53 Abs. 1 Lebensmittelgesetz). Diese Delikte fallen nach dem reinen Wortlaut zwar nicht unter Abs. 3 a Satz 1, weil sie bei fahrlässigem Verstoß kein „Vergehen" im Rechtssinn sind (vgl. oben Rdnr. 182). Da der Unrechtsgehalt einer Ordnungswidrigkeit jedoch in der Regel geringer ist als der eines fahrlässigen Vergehens, erfordet jedenfalls der Zweck des Abs. 3 a, Delikte dieser Art den in Satz 1 genannten bei fahrlässiger Begehung strafbaren Vergehen gleichzustellen, insbesondere also Versicherungsschutz im Umfang der Sätze 2 und 3 zu bejahen. Hierbei ist auch zu berücksichtigen, daß die fahrlässige Begehungsform vor Einführung des OWiG oder des EGStGB häufig als – damals unter Versicherungsschutz stehendes – Vergehen oder als Übertretung geahndet worden war (Art. 13 EGStGB). Diese Überlegungen gelten an sich auch für eine im objektiven Tatbestand dekkungsgleiche Steuerstraftat und -ordnungswidrigkeit. Da jedoch nach der Zusatzbedingung zum Steuer-RS Steuerstraftaten generell nicht vom Versicherungsschutz umfaßt sind (Vorbem. vor § 21 Rdnr. 187), stellt sich diese Frage hier nicht (anders nach § 2 i bb ARB 94, vgl. § 2 ARB 94 Rdnr. 19).

2. Satz 2 knüpft sprachlich unmittelbar an Satz 1 des Abs. 3 a an, betrifft also nach seinem eindeutigen Wortlaut nur die Kategorie der sowohl bei vorsätzlicher als auch bei fahrlässiger Begehung strafbaren nichtverkehrsrechtlichen Vergehen. Für die Verteidigung gegen den Vorwurf, ein solches Vergehen begangen zu haben, ist der Versicherungsschutz je nach der Art der vorgeworfenen Schuldform zeitlich unterschiedlich begrenzt. „Solange" dem VN vorgeworfen wird, den gesetzlichen Tatbestand fahrlässig erfüllt zu haben, ist der Versicherer leistungspflichtig. Der Versicherungsschutz kann hiernach zu unterschiedlichen Zeitpunkten einsetzen oder enden. Wird dem VN von vornherein und für die ganze Dauer des Verfahrens nur fahrlässiges Verhalten zur Last gelegt, besteht von vornherein für die ganze Dauer Versicherungsschutz. Wird der Vorwurf vorsätzlichen Handelns im Laufe des Verfahrens auf Fahrlässigkeit umgestellt, besteht nunmehr für das ganze Verfahren Versicherungsschutz. Umgekehrt entfällt der für den Vorwurf fahrlässigen Verhaltens zunächst bestehende Versicherungsschutz, wenn der Vorwurf später auf vorsätzliches Handeln umgestellt wird. Wird dem VN von Beginn an oder im Laufe des Verfahrens vorsätzliches Verhalten vorgeworfen und wird er auch wegen Vorsatzes rechtskräftig verurteilt, besteht vom Beginn des Vorwurfes vorsätzlichen Handelns an bis zum Ende des Verfahrens kein Versicherungsschutz. Bereits empfangene Leistungen hat der VN im Umfang des § 20 Abs. 4 Satz 1 zurückzuzahlen. Erfolgt beim Vorwurf, eine auch fahrlässig strafbare Handlung vorsätzlich begangen zu haben, keine rechtskräftige Verurteilung wegen Vorsatzes, sondern wird der VN freigesprochen oder das Verfahren gegen ihn eingestellt, dann lebt der Versicherungsschutz in dem Zeitpunkt auf, in dem endgültig feststeht, daß keine Verurteilung wegen Vorsatzes erfolgt. Soweit die Staatskasse nach §§ 467, 467 a StPO die Verfahrenskosten und die notwendigen Auslagen des VN zu tragen hat, ist der Versicherungsschutz allerdings gemäß § 2 Abs. 3 c begrenzt.

Eine **Verurteilung** wegen Vorsatzes liegt immer dann vor, wenn durch einen mit Einspruch nicht mehr anfechtbaren Strafbefehl (§ 410 StPO) oder durch ein aufgrund einer Hauptverhandlung ergehendes Urteil gemäß § 260 StPO oder § 54 JGG festgestellt wird, daß der Angeklagte als Täter, Anstifter oder Gehilfe (§§ 25 bis 27 StGB) einen gesetzlichen Straftatbestand durch vorsätzliches Handeln – wenn auch im Zustand verminderter Schuldfähigkeit nach § 21 StGB – verwirklicht hat. Dies gilt auch bei Rücknahme oder Verwerfung des Einspruchs gegen einen wegen einer Vorsatztat verhängten Strafbefehl ohne Rücksicht auf das Motiv der Rücknahme oder den Grund der Verwerfung (AG Koblenz VersR 89, 1044; AG Wiesbaden ZfS 83, 369; AG Düsseldorf ZfS 90, 233; r + s 91, 27). Eine Verurteilung wegen Vorsatzes liegt auch in den Fällen des § 11 Abs. 2 StGB vor (z.b. vorsätzliche Trunkenheitsfahrt mit fahrlässiger Straßenverkehrsgefährdung, AG Düsseldorf r + s 91, 203). Nicht notwendig ist, daß wegen der Tat eine Strafe verhängt wird. So liegt eine Verurteilung wegen Vorsatzes auch dann vor, wenn der VN zwar wegen Vorsatzes schuldig gesprochen, aber gemäß § 59 StGB nur mit Strafvorbehalt verwarnt oder gemäß § 60 StGB gegen ihn von Strafe abgesehen wird. Entsprechendes gilt, wenn der Jugendrichter zwar durch Urteil vorsätzliches Handeln des Angeklagten feststellt, die Verhängung einer Jugendstrafe jedoch aussetzt (§ 27 JGG) oder von Zuchtmitteln oder einer Strafe absieht (§ 54 JGG). Ergibt sich aus dem Urteil oder Strafbefehl die Schuldform (Vorsatz oder Fahrlässigkeit) nicht, kann keine rechtskräftige Verurteilung wegen Vorsatzes unterstellt werden (AG Düsseldorf r + s 90, 91, auch nicht ohne weiteres allein aufgrund des Promillewerts der Blutalkoholkonzentration bei einer Trunkenheitsfahrt (*Otting* ZfS 96, 123).

196 **Rechtskräftig** ist eine Verurteilung, wenn sie von den Verfahrensbeteiligten nicht oder nicht mehr mit einem ordentlichen Rechtsmittel, d.h. der Berufung oder Revision, angefochten werden kann (§§ 312, 316, 333, 335, 343 StPO; *Kleinknecht/Meyer* Einl. Rdnr. 164). Eine solche Anfechtung kann trotz Ablaufs der Rechtsmittelfrist auch dann noch möglich sein, wenn dem Beteiligten gemäß § 44 StPO Wiedereinsetzung in den vorigen Stand gegen die Versäumung der Frist bewilligt wird. Ein Strafbefehl, gegen den nicht rechtzeitig Einspruch erhoben worden ist, steht einem rechtskräftigen Urteil gleich (§ 410 StPO). Entfällt eine rechtskräftige Verurteilung wegen Vorsatzes in einem Wiederaufnahmeverfahren nach §§ 359 ff. StPO, dann besteht Deckung nach Satz 2, wie wenn keine rechtskräftige Verurteilung erfolgt wäre.

197 3. Für den Vorwurf einer nichtverkehrsrechtlichen **Rauschtat** im Sinn des § 323 a StGB gilt nach Satz 3 die Regelung der Sätze 1 und 2 des Abs. 3 a entsprechend. Versicherungsschutz besteht also einmal, solange dem VN vorgeworfen wird, sich fahrlässig durch alkoholische Getränke oder andere berauschende Mittel in einen die Schuldfähigkeit möglicherweise ausschließenden Rausch versetzt und in diesem Zustand eine rechtswidrige Tat begangen zu haben. Versicherungsschutz besteht außerdem, wenn der Vorwurf, der VN habe sich vorsätzlich in einen solchen Rauschzustand versetzt, nicht durch eine rechtskräftige Verurteilung wegen dieses vorsätzlichen Handelns erhärtet wird. Ist die im Rausch begangene, mit Strafe bedrohte Handlung ohne Rausch nur bei vorsätzlichem Handeln strafbar (vgl. oben

Rdnr. 184), besteht generell kein Versicherungsschutz, gleichgültig, ob dem VN vorgeworfen wird, sich vorsätzlich oder fahrlässig in den Rauschzustand versetzt zu haben.

III. Verkehrsbereich (Abs. 3b)
(entspricht § 2i aa ARB 94)

1. Erfüllt die dem VN vorgeworfene strafbare Handlung den Tatbestand einer verkehrsrechtlichen Vorschrift, dann ist der **Versicherungsschutz** gegenüber der Regelung des Abs. 3a in verschiedener Hinsicht **erweitert**. Zum einen umfaßt er nicht nur – wie Abs. 3a – Vergehen, sondern jede „mit Strafe bedrohte Handlung", also auch Verbrechen (§ 12 StGB). Hierbei ist allerdings zu berücksichtigen, daß es nur wenige spezifisch verkehrsrechtliche Verbrechenstatbestände gibt wie z.B. § 315 Abs. 3 oder § 315b Abs. 3 StGB, soweit sie vorwiegend die Sicherheit und Ordnung des Verkehrs als Rechtsgut schützen (vgl. unten Rdnr. 207). Zum anderen bezieht sich die Deckung im Unterschied zu Abs. 3a auch auf die Verteidigung gegen den Vorwurf, eine nur bei Vorsatz strafbare Straftat begangen oder hierzu angestiftet (§ 26 StGB; a. A. AG Amberg r + s 89, 225, bedenklich) oder Beihilfe geleistet (§ 27 StGB) zu haben. Drittens besteht auch Deckung, solange dem VN die vorsätzliche Verletzung eines auch fahrlässig strafbaren Tatbestands vorgeworfen wird. In allen Fällen ist jedoch der Versicherungsschutz – mit der Folge der Rückzahlungsverpflichtung nach § 20 Abs. 4 Satz 1 – durch eine rechtskräftige Verurteilung wegen Vorsatzes sozusagen auflösend bedingt (§ 158 Abs. 2 BGB; vgl. unten Rdnr. 214). 198

Der **Grund für** diese **Erweiterung** des Versicherungsschutzes im Vergleich zu Straftaten aus dem allgemeinen Strafrecht liegt vor allem darin, daß verkehrsrechtliche Delikte – auch soweit sie vorsätzlich begangen werden – in der Regel nicht denselben Unrechtsgehalt aufweisen wie Vorsatztaten des allgemeinen Strafrechts (*Cramer* DAR 75, 225; *Rebmann* DAR 78, 296, 299). Der im Verkehr vorsätzlich Handelnde, z.B. der Unfallflüchtige, befindet sich oft in einer Ausnahmesituation, in die er unvorbereitet und überraschend geraten ist. Er handelt häufig unüberlegt und überstürzt und nicht, wie im allgemeinen Strafrecht, aufgrund eines bei ruhiger Überlegung gefaßten Vorsatzes. Es erschien daher der Versichertengemeinschaft zumutbar, gegenüber dem Vorwurf eines solchen Delikts solange Rechtsschutz zu gewähren, bis die Schuld des VN eindeutig feststeht. 199

2. Der gegenüber den Fällen des allgemeinen Strafrechts – Abs. 3a – erweiterte Versicherungsschutz besteht nur, wenn dem VN vorgeworfen wird, eine **verkehrsrechtliche** Strafvorschrift verletzt zu haben. Was hierunter zu verstehen ist, wird nicht ganz einheitlich beurteilt. Es handelt sich nicht um einen fest umrissenen Begriff der Rechtssprache (vgl. Einl. Rdnr. 48). Die Auslegung hat sich daher außer am Wortlaut auch am Zweck der Bestimmung und ihrer Stellung im Regelungszusammenhang der ARB zu orientieren. Zweifellos zählen hierzu alle Strafvorschriften, die unmittelbar der Sicherheit und Ordnung des Verkehrs zu dienen bestimmt sind, mithin 200

alle Bestimmungen, die einerseits die anderen Verkehrsteilnehmer und auch
den VN selbst gegen Belästigung, Gefährdung oder Schädigung, andererseits
jedoch auch den Verkehr gegen Eingriffe aller Art von außen her schützen
(BVerfG NJW 85, 371; 76, 559; *Jagusch/Hentschel* Einl. Rdnrn. 1 und 24).
Bewegt sich eine Vorschrift innerhalb der Zweckrichtung eines der zahlreichen in § 6 StVG aufgezählten Tatbestände, dann hat sie in der Regel verkehrsrechtlichen Charakter. Abs. 3 b bezieht sich jedoch nicht nur auf Vorschriften des Straßenverkehrs, sondern des gesamten Verkehrs zu Lande, zu
Wasser und in der Luft, insbesondere auch des Schienenbahn-, Schiffs- und
Luftverkehrs (vgl. § 315 Abs. 1 StGB). Vorschriften aus diesen Verkehrsbereichen, die der Zweckrichtung der in § 6 StVG genannten Tatbestände vergleichbar sind, sind „verkehrsrechtliche Vorschriften" im Sinn des Abs. 3 b.
Für Verkehrsordnungswidrigkeiten gilt allerdings nicht Abs. 3 b, sondern
Abs. 2 a. Für die Verteidigung gegen den Vorwurf, eine Verkehrsordnungswidrigkeit begangen zu haben, besteht also ohne Rücksicht auf die vorgeworfene Schuldform immer Versicherungsschutz, soweit die Verteidigung
gegen diesen Vorwurf in den Deckungsbereich des bestehenden Vertrages
fällt.

201 Verkehrsrechtliche Vorschriften des **Straßenverkehrs** sind insbesondere
die Bestimmungen über Fahren ohne Fahrerlaubnis, Kennzeichenmißbrauch
und mißbräuchliches Herstellen, Vertreiben oder Ausgeben von Kennzeichen (§§ 21, 22 und 22 a StVG); unerlaubtes Entfernen vom Unfallort (§ 142
StGB; Anstiftung hierzu soll nach AG Amberg r + s 89, 225 nicht mehr
„verkehrsrechtlich" sein, bedenklich); gefährliche Eingriffe in den Straßen-
oder Bahnverkehr, Gefährdung des Straßenverkehrs und Trunkenheit im
Verkehr (§§ 315 b, c und d, 316, 316 b StGB). Rechtsverordnungen, die aufgrund des § 6 StVG erlassen worden sind, insbesondere die StVO und
StVZO, haben im Rahmen des Abs. 3 b keine unmittelbare Bedeutung.
Denn Verstöße gegen Bestimmungen in diesen Verordnungen werden nur
als Ordnungswidrigkeiten geahndet (§ 24 StVG). Für die Verteidigung gegen den Vorwurf, eine solche Verkehrsordnungswidrigkeit begangen zu haben, besteht jedoch gemäß Abs. 2 a auch dann Versicherungsschutz, wenn
der VN wegen Vorsatzes rechtskräftig verurteilt wird. Die Frage, ob eine
verkehrsrechtliche Vorschrift des Ordnungswidrigkeitenrechts verletzt ist,
wird an sich nur im Rahmen der §§ 21 Abs. 4 c, 22 Abs. 3 c und 23 Abs. 3 b
selbständig von Belang. Allerdings kann das Vorliegen einer Verkehrsordnungswidrigkeit im Rahmen des Abs. 3 b dann von Bedeutung werden,
wenn die dem VN vorgeworfene Handlung gleichzeitig Straftat des allgemeinen Strafrechts und Verkehrsordnungswidrigkeit ist (vgl. unten Rdnr.
204).

202 Strafvorschriften des **Luftverkehrs** enthalten insbesondere die §§ 59, 60
und 62 Luftverkehrsgesetz sowie die §§ 315, 315 a und 316 StGB.

203 Strafvorschriften des **Schiffsverkehrs** sind ebenfalls in den §§ 315, 315 a
und 316 StGB enthalten, während die Normen, die den Seeschiffsverkehr
und den Binnenschiffsverkehr speziell regeln, Ordnungswidrigkeiten-Tatbestände aufstellen, wie z. B. § 65 der VO über die Sicherheit der Seeschif-

fe (BGBl. 72 I S. 1933), § 61 der Seeschiffahrtsstraßen-Ordnung (BGBl. 77 I, S. 1497) und Art. 4 der VO über die Einführung der Binnenschiffahrtsstraßen-Ordnung (BGBl. 77 I, S. 1541; vgl. auch *Dreher/Tröndle* § 315 Rdnr. 6).

An sich **nichtverkehrsrechtliche** Delikte des allgemeinen Strafrechts 204 können als „**verkehrsrechtliche** Vorschrift" im Sinn des Abs. 3 b behandelt werden, also auch bei dem Vorwurf vorsätzlichen Handelns unter Versicherungsschutz stehen, wenn die dem VN hierbei vorgeworfene Handlung gleichzeitig einen verkehrsrechtlichen Straftatbestand im Sinn der Rdnr. 200 (Tateinheit gemäß § 52 StGB) oder den Tatbestand einer Verkehrsordnungswidrigkeit (§ 21 OWiG) erfüllt. Bei Zusammentreffen einer Straftat mit einer Verkehrsordnungswidrigkeit ist es nicht notwendig, daß in der Anklageschrift oder im Urteil die Bestimmung des Ordnungswidrigkeitenrechts ausdrücklich angegeben ist. Es genügt, wenn die Handlung, die dem VN als Straftat vorgeworfen wird, sachlich gleichzeitig eine Verkehrsordnungswidrigkeit ist. Als solche – nur bei vorsätzlichem Handeln strafbare – Bestimmungen des allgemeinen Strafrechts, gegen die in Tateinheit mit einer verkehrsrechtlichen Bestimmung verstoßen werden kann oder die mit einer Verkehrsordnungswidrigkeit zusammentreffen können, kommen insbesondere infrage Widerstand gegen die Staatsgewalt (§§ 113, 114 StBG), Körperverletzung (§§ 223, 224, 226 StGB), Nötigung (§ 240 StGB), unbefugte Benutzung eines Kraftfahrzeugs (§ 248 b StGB) und Fälschung technischer Aufzeichnungen (§ 268 StGB).

Voraussetzung für die Anwendung des Abs. 3 b in solchen Fällen ist je- 205 doch immer, daß dem VN vorgeworfen wird, in **innerem Zusammenhang** mit dem Verstoß gegen die nichtverkehrsrechtliche Vorschrift gleichzeitig gegen eine verkehrsrechtliche Bestimmung verstoßen und damit die Sicherheit oder Ordnung des Verkehrs gefährdet zu haben. Wer beispielsweise auf einer Schnellstraße durch dichtes Auffahren mit dem Kraftfahrzeug den Vordermann zum Spurwechsel „nötigen" will, begeht damit gleichzeitig einen Verkehrsverstoß und gefährdet den Verkehr. In einem solchen Fall kann der Vorwurf der – nur vorsätzlich strafbaren – Nötigung gemäß § 240 StGB einer „verkehrsrechtlichen Vorschrift" im Sinn des Abs. 3 b gleichgeachtet werden (AG Düsseldorf r + s 91, 27, 344; LG Karlsruhe r + s 93, 66 = ZfS 93, 66; a. A. AG Köln ZfS 90, 161). Anders liegt es, wenn ein Kraftfahrer bewußt einen Gehweg befährt und dort einen Fußgänger „nötigt", auszuweichen. Dies hat mit einem normalen Verkehrsvorgang nichts zu tun. Hier tritt das Gewicht des Verkehrsverstoßes in den Hintergrund gegenüber der Verletzung des durch § 240 StGB geschützten Rechtsgutes der freien Willensentschließung und Willensbetätigung (AG Heidelberg r+s 77, 69; vgl. auch oben Rdn. 179).

Wird dem VN vorgeworfen, durch mehrere **selbständige Handlungen** 206 einerseits eine oder mehrere Verkehrsstraftaten oder Verkehrsordnungswidrigkeiten, andererseits ein oder mehrere nichtverkehrsrechtliche, nur vorsätzlich strafbare Vergehen begangen zu haben (Tatmehrheit, § 53 StGB; *Dreher/Tröndle* vor § 52 Rdnr. 10ff.), dann kann das nichtverkehrsrechtliche Vergehen nicht als „verkehrsrechtliche Vorschrift" im Sinn des Abs. 3 b behandelt werden. Denn die Verwirklichung des Tatbestandes der verkehrsrechtlichen Straf- oder Bußgeldvorschrift hat noch nicht begonnen oder ist schon beendet oder überschneidet sich allenfalls, wenn der Tatbestand der nichtverkehrsrechtlichen Strafvorschrift erfüllt wird. Es mag dann zwar noch ein mittelbarer Zusammenhang mit der Verletzung der Verkehrsvorschrift bestehen. Weder Wortlaut noch Sinn und Zweck des Abs. 3 b (vgl. oben Rdnr. 199) erfordern es jedoch, in einem solchen Fall bei nur vorsätzlich strafbaren nichtverkehrsrechtlichen Vergehen Versicherungsschutz zu gewähren. Wird beispielsweise der VN von einer Polizeistreife wegen eines Verkehrsverstoßes angehalten und wird ihm dann vorgeworfen, nach dem Anhalten, also nach Beendigung des Verkehrsverstoßes, Widerstand geleistet zu haben (§ 113 StGB), dann besteht für die Verteidigung gegen diesen Strafvorwurf gemäß Abs. 3 a Satz 1 von vornherein kein Versicherungsschutz, sondern nur anteilige Deckung je nach dem Gewicht des vorgeworfenen Verkehrsverstoßes (vgl. oben Rdnr. 179).

207   Die **Verbrechenstatbestände** des räuberischen Angriffs auf Kraftfahrer (§ 316a StGB) und der Luftpiraterie (§ 316c StGB) sind nicht verkehrsrechtlicher Natur im Sinn des Abs. 3 b. In diesen Vorschriften stehen nicht die Sicherheit und Ordnung des Verkehrs als geschütztes Rechtsgut im Vordergrund, sondern Leib und Leben und die Entschlußfreiheit der durch die Tat bedrohten Menschen. Die Verteidigung gegen den Vorwurf, ein solches Delikt begangen zu haben, steht daher gemäß Abs. 3 a in keinem Fall unter Versicherungsschutz.

208   Wird dem VN vorgeworfen, **außerhalb** der Bundesrepublik **Deutschland** im örtlichen Geltungsbereich des § 3 eine am Unfallort geltende verkehrsrechtliche Strafvorschrift verletzt zu haben, richtet sich der Versicherungsschutz nach Abs. 3 b, wenn diese Strafvorschrift mit einer deutschen vergleichbar ist.

209   3. Eine Reihe von gesetzlichen Bestimmungen, die sich auf den Verkehr beziehen, enthalten Straf- oder Ordnungswidrigkeiten-Tatbestände, **ohne** daß man hierbei **generell** von **verkehrsrechtlichen** Vorschriften im Sinn des Abs. 3 b sprechen könnte. Sie regeln teilweise nicht oder nicht in erster Linie die Sicherheit und Ordnung des Verkehrs, sondern haben je nach ihrer Zielrichtung verkehrswirtschaftliche, arbeitsrechtliche, sozialpolitische, gewerbepolizeiliche, ordnungspolitische oder ähnliche Funktionen. Es sind dies insbesondere das PflVG, das AusländerPflVG, das Fahrlehrergesetz, das Kraftfahrsachverständigengesetz, die VO über den Betrieb von Kraftfahrunternehmen im Personenverkehr (BOKraft), die VO über die Überwachung von gewerbsmäßig an Selbstfahrer zu vermietenden Kraftfahrzeugen und Anhängern, die Straßenbahn-Bau- und Betriebsordnung (BOStrab.), das Personenbeförderungsgesetz, das Güterkraftverkehrsgesetz mit Durchführungsverordnungen, das Bundesfernstraßengesetz, das Arbeitszeitrechtsgesetz, das Fahrpersonalgesetz, die FahrpersonalVO und das Gesetz über die Beförderung gefährlicher Güter und die hierauf beruhende Gefahrgut-VO Straße.

210   Wird dem VN vorgeworfen, eine der Bestimmungen der genannten Gesetze oder Verordnungen verletzt zu haben, dann gewinnt die Frage, ob ihm

hierbei die Verletzung einer verkehrsrechtlichen Strafvorschrift im Sinn des Abs. 3 b vorgeworfen wird, nur **in wenigen Fällen Bedeutung.** Denn die meisten Verstöße gegen die genannten Normen, die früher teilweise als Vergehen oder Übertretungen geahndet wurden, sind heute nur noch Ordnungswidrigkeiten und damit ohne Rücksicht auf den Schuldvorwurf gemäß Abs. 2 a gedeckt, falls der entsprechende Risikobereich versichert ist. Größere Bedeutung hat die rechtliche Qualifizierung der einzelnen Bestimmungen als verkehrsrechtliche Normen dagegen für die Abgrenzung des Deckungsbereichs in den §§ 21, 22 und 23 (§ 21 Rdnrn. 73 ff.).

Als Straftatbestände sind Verstöße gegen die in Rdnr. 209 genannten Normen nur noch in wenigen Fällen ausgestaltet. So drohen beispielsweise **§§ 6 PflVG, 9 AusländerPflVG** für den vorsätzlichen oder fahrlässigen Gebrauch eines nichthaftpflichtversicherten Kraftfahrzeugs Freiheits- oder Geldstrafe an. Ob der Versicherungsschutz für die Verteidigung gegen den Vorwurf der Verletzung dieser Vorschriften sich nach Abs. 3 b oder nach Abs. 3 a richtet, wird nicht einheitlich beurteilt. Die eine Meinung besagt, die Norm sei nicht primär verkehrsrechtlicher, sondern sozialpolitischer Natur, da sie nicht der Sicherheit und Ordnung des Verkehrs, sondern der Sicherstellung der Ersatzansprüche von Verkehrsopfern diene. *J. Vassel* (DB Beilage 8/70 S. 23, 25) hält sie dagegen für verkehrsrechtlich, da hierunter auch solche Normen zu verstehen seien, die die Folgen von Verkehrsunfällen betreffen. Diese Auffassung verdient den Vorzug, und zwar aus folgenden Gründen: In den kombinierten Vertragsformen der §§ 26, 27 steht die Verteidigung gegen den Vorwurf, gegen das PflVG verstoßen zu haben, nach dem jeweiligen Abs. 3 d (Fassung 1988 des § 26: Abs. 5 d) dieser beiden Bestimmungen unter Versicherungsschutz. Denn ein solcher Vorwurf wird in der Regel gegen den Beschuldigten in seiner Eigenschaft als Halter oder Fahrer erhoben und diese Eigenschaft steht jeweils unter Versicherungsschutz, ohne daß noch gesondert nach verkehrsrechtlichen oder nichtverkehrsrechtlichen Bestimmungen unterschieden wird. Im jeweiligen Abs. 3 (bzw. Abs. 5) der §§ 26 und 27 sind nun aber die Deckungsbereiche der Leistungsarten der rein verkehrsbezogenen Vertragsarten (§§ 21 bis 23) und des nichtverkehrsbezogenen § 25 kombiniert (§ 26 Rdnr. 1). Da jedoch in § 25 Abs. 4 a die Wahrnehmung rechtlicher Interessen als Halter oder Fahrer von Fahrzeugen, mithin auch die Verteidigung gegen den Vorwurf eines Verstoßes gegen das PflVG, vom Versicherungsschutz ausgeschlossen ist, ist nach dem Regelungszusammenhang der ARB (BGH VersR 78, 816) davon auszugehen, daß der in den §§ 21 bis 23 enthaltene Straf-RS keinen geringeren Umfang als der verkehrsbezogene Straf-RS des jeweiligen Abs. 3 d (bzw. Abs. 5 d) in den §§ 26 und 27 haben und somit die Verteidigung gegen alle diejenigen strafrechtlichen Vorwürfe decken soll, die durch § 25 Abs. 4 a ausgeschlossen sind, weil sie gegen den VN oder eine mitversicherte Person speziell und primär in der Eigenschaft als Eigentümer, Besitzer, Halter oder Fahrer von Motorfahrzeugen gerichtet sind.

„Verkehrsrechtliche" Strafbestimmungen sind danach alle diejenigen Strafbestimmungen, gegen die der VN (oder eine mitversicherte Person) speziell und vorwiegend in seiner Eigenschaft als Eigentümer, Halter, Besitzer oder Fahrer eines Motorfahrzeugs verstößt. Verlangt dagegen die jeweilige Strafnorm vom VN ein bestimmtes Verhalten nicht oder nicht primär in seiner jeweiligen Eigenschaft als Eigentümer, Halter, Besitzer oder Fahrer von Fahrzeugen, sondern zumindest vorwiegend in einer anderen Eigenschaft, z. B. als Privatmann oder Gewerbetreibender, dann ist sie nicht „verkehrsrechtlich" im Sinn der ARB (vgl. unten Rdnr. 213; § 21 Rdnrn. 76 ff.; § 24 Rdnr. 74). Der Vorschlag von *J. Vassel* (DB Beilage 8/70 S. 23, 26), eine Norm dann als „verkehrsrechtlich" zu qualifizieren, wenn ein Verstoß gegen sie zu einer Eintragung im Verkehrszentralregister führen kann, hat auf den ersten Blick einiges für sich. Da jedoch bei Straftaten ein bloßer „Zusammenhang mit der Teilnahme am Straßenverkehr" (§ 13 Abs. 1 Nr. 2 d StVZO), mithin auch das Vorliegen von Tatmehrheit (vgl. hierzu oben Rdnr. 206) für die Eintragung genügt, und da zudem nach § 28 StVG und § 13 StVZO in einer Reihe von Fällen auch Verstöße gegen (primär) verkehrswirtschaftliche Bestimmungen eintragungsfähig sind, stellt die Eintragungsfähigkeit kein für alle Fälle brauchbares Abgrenzungskriterium dar.

213 4. Ein weiterer Straftatbestand im Rahmen der oben in Rdnr. 209 aufgeführten Normen findet sich in § 23 **Arbeitszeitrechtsgesetz.** Hiernach wird mit Freiheits- oder Geldstrafe bestraft, wer vorsätzlich oder fahrlässig gegen Bestimmungen dieses Gesetzes verstößt und dadurch Arbeitnehmer in ihrer Arbeitskraft oder Gesundheit gefährdet. Diese Strafbestimmung ist, auch wenn der Verstoß gegenüber Arbeitnehmern in Verkehrsbetrieben begangen ist oder sein soll, **keine verkehrsrechtliche Vorschrift** im Sinn des Abs. 3 b. Denn geschütztes Rechtsgut ist primär die dem Arbeitgeber als soziale Aufgabe obliegende Erhaltung der Arbeitskraft und Gesundheit der Arbeitnehmer und allenfalls mittelbar die Sicherheit und Ordnung des Verkehrs. Diese sind als Rechtsgüter primär durch die Bußgeldtatbestände der §§ 7 bis 7 c Fahrpersonalgesetz und § 6 FahrpersonalVO (der den früheren § 15 a StVZO ersetzt hat) geschützt. Wird demnach einem Arbeitgeber eines Verkehrsbetriebs ein vorsätzlicher Verstoß gegen § 23 Arbeitszeitrechtsgesetz vorgeworfen, ist dies kein oder zumindest kein primär verkehrsrechtlicher Vorwurf (*Jagusch/Hentschel* 30. Aufl. § 15 a StVZO Rdnr. 17). Der Umfang des Versicherungsschutzes richtet sich daher nach Abs. 3 a und nicht nach Abs. 3 b und Deckung besteht außerdem nur, soweit der VN nach § 24 versichert ist. Wäre er nur nach § 21 versichert, bestünde sie nicht, weil sich der Vorwurf nicht auf einen verkehrsrechtlichen Straftatbestand im Sinn des § 21 Abs. 4 c bezieht (§ 21 Rdnr. 76). Die Frage, inwieweit die oben in Rdnr. 209 genannten sonstigen gesetzlichen Vorschriften verkehrsrechtlichen Charakter haben, ist in § 21 Rdnrn. 73 ff. erläutert, da es sich insoweit nur um Ordnungswidrigkeiten-Tatbestände handelt, deren rechtliche Qualifikation im Rahmen des Abs. 3 b keine Rolle spielt (vgl. oben Rdnr. 210).

214 5. Stellt das Gericht **rechtskräftig fest,** daß der VN eine verkehrsrechtliche Strafvorschrift vorsätzlich verletzt hat, dann endet der bis dahin bestehende, durch eine rechtskräftige Verurteilung auflösend bedingte (AG Düsseldorf r + s 91, 344 bei verkehrsrechtlicher Nötigung; AG Mainz ZfS 89, 90; AG Hamburg ZfS 89, 413; AG Staufen ZfS 87, 146; AG Bad Mergentheim ZfS 81, 279) Versicherungsschutz mit Eintritt der Rechtskraft des Ur-

teils oder Strafbefehls (AG Koblenz VersR 89, 1044 = ZfS 89, 270). Der VN ist in diesem Fall zur Rückzahlung der bereits erbrachten Versicherungsleistungen im Umfang des § 20 Abs. 4 Satz 1 verpflichtet (§ 20 Rdnr. 31). Wann eine rechtskräftige Verurteilung wegen Vorsatzes vorliegt, ist oben in Rdnrn. 195 und 196 dargelegt. Wurde der VN wegen vorsätzlicher Tatbegehung nicht nur rechtskräftig zu einer Strafe verurteilt, sondern ihm auch die Fahrerlaubnis entzogen, dann ist der Versicherungsschutz für ein nachfolgendes Verwaltungsverfahren zur Wiedererteilung der Fahrerlaubnis nach Ablauf der Sperrfrist nicht ausgeschlossen, auch wenn als Versicherungsfall für dieses Verwaltungsverfahren gemäß § 14 Abs. 2 Satz 2 der Beginnzeitpunkt der Vorsatztat gilt (§ 14 Rdnr. 37 a. E.).

6. Wird dem VN vorgeworfen, im **Rausch** eine verkehrsrechtliche Strafvorschrift verletzt zu haben (§ 323a StGB), dann endet nach Abs. 3b Satz 2 der für diesen Vorwurf zunächst bestehende Versicherungsschutz, falls der VN wegen der Rauschtat rechtskräftig verurteilt und hierbei im Urteil festgestellt wird, daß die im Rausch begangene verkehrsrechtliche Straftat eine solche ist, die ohne Rausch, also im schuldfähigen Zustand, nur vorsätzlich begangen strafbar ist. Dies ist beispielsweise der Fall, wenn der VN wegen einer im Rausch begangenen unerlaubten Entfernung vom Unfallort (§ 142 StGB) rechtskräftig verurteilt wird.

E. Ausschluß verspätet gemeldeter Schäden (Abs. 4)
(entspricht § 4 Abs. 3b ARB 94)

Die Bestimmung will **verspätet gemeldete** Versicherungsfälle von der Risikogemeinschaft fernhalten. „Gemeldet" ist ein Versicherungsfall, wenn der VN den Versicherer über eine beabsichtigte Interessenwahrnehmung informiert, insbesondere, wenn er im Sinn des § 15 Abs. 1 bereits Versicherungsschutz begehrt, außerdem auch schon dann, wenn er einen bestimmten Sachverhalt mitteilt, aus dem er möglicherweise noch Versicherungsleistungen in Anspruch nehmen will (BGH NJW 92, 2233 = VersR 92, 819 = r + s 92, 236; LG Duisburg r+s 96, 273; vgl. § 15 Rdnr. 6). Vergleichbare Ausschlußfristen gibt es beispielsweise in I Ziff. 3 der Architekten-Haftpflichtversicherung (*Bruck/Möller/Johannsen* IV Anm. D 6) und in § 7 I Abs. 1 AUB. Die Zweijahres-Frist, die den VN nicht unangemessen benachteiligt (BGH NJW 92, 2233 = VersR 92, 819 = r + s 92, 236; LG Berlin ZfS 89, 19), begrenzt die an sich gegebene Eintrittspflicht des Versicherers für Versicherungsfälle innerhalb des versicherten Zeitraums nach Ablauf dieser Frist und bezweckt vor allem, die nach Fristablauf schwerer aufklärbaren und übersehbaren Schadenfälle im Interesse einer Geringhaltung des Verwaltungsaufwandes von der Deckung auszunehmen. Die Regelung kann sich in erster Linie bei Spätschäden auswirken, die aufgrund eines im versicherten Zeitraum eingetretenen (OLG Köln r + s 89, 90) verstoßabhängigen Versicherungsfalles im Sinn des § 14 Abs. 3 erst längere Zeit nach dem Verstoß zu einer konkreten Auseinandersetzung führen oder gemeldet werden und die bei zeitlich unbegrenzter Eintrittspflicht den Versicherer zur Bildung erheblicher Spätschadenreserven zwingen würden (BGH NJW 57, 1477 =

§ 4 ARB 75   217–219   1. Teil. Allgemeine Bestimmungen (A)

VersR 57, 499 unter Ziff. II 2; vgl. § 14 Rdnr. 39). Es handelt sich im Gegensatz zu § 15 Abs. 1a (Näheres § 15 Rdnr. 1) nicht um eine Obliegenheit. Andernfalls würde wegen der Exkulpationsmöglichkeit des VN nach § 6 Abs. 3 VVG der Zweck der Regelung, den Versicherer vor unklaren „Spätschäden" zu schützen, vereitelt (BGH NJW 92, 2233 = VersR 92, 819 = r + s 92, 236; OLG Köln r + s 89, 362; *Prölss/ Martin* § 6 Anm. 3 C; *Grimm* § 7 Rdnr. 13).

217 Die **Zweijahres-Frist** beginnt von dem Zeitpunkt an zu laufen, in dem der Versicherungsvertrag für das betroffene Wagnis endet. Dies braucht nicht die Beendigung des gesamten Versicherungsvertrages zu sein. Wenn dieser mehrere Einzelwagnisse umfaßt – z. B. mehrere versicherte Fahrzeuge im Rahmen des § 21 oder eine Risikokombination wie § 26 –, dann kann ein bestimmtes Wagnis schon vor Ende des Versicherungsvertrages entfallen (Näheres Erläuterungen zu § 10). Wann der VN Kenntnis von dem Versicherungsfall erlangt hat, ist ohne Bedeutung. In dem sehr seltenen Fall, daß der VN erst nach Ablauf der Zweijahres-Frist Kenntnis erlangt hat (bei Minderjährigen entscheidet Kenntnis des gesetzlichen Vertreters, LG Coburg ZfS 90, 14), kann er allerdings entschuldigt sein. Die Rechtsprechung läßt nämlich, ebenso wie bei der Frist des § 12 Abs. 3 VVG (§ 18 Rdnr. 14), einen Entschuldigungsbeweis bei Fristversäumung durch den VN zu (OLG Köln r + s 89, 362). Unkenntnis der AVB entschuldigt hierbei den VN allerdings nicht, da sie in der Regel auf Fahrlässigkeit beruht (BGH NJW 92, 2233 = VersR 92, 819 = r + s 92, 236; für strengen Maßstab auch LG Düsseldorf ZfS 90, 311). Ist die Frist entschuldbar versäumt, beginnt keine neue Zweijahresfrist, sondern der Versicherungsfall ist unverzüglich (§ 121 BGB) zu melden (*Prölss/Martin* § 12 Anm. 8 b a. E.). Wechselt der VN den Versicherer und hat der Nachversicherer Anhaltspunkte dafür, daß während der Laufzeit des Vertrags beim Vorversicherer ein Versicherungsfall eingetreten ist, kann den Nachversicherer oder seinen Agenten eine Belehrungspflicht über die Frist des § 4 Abs. 4 treffen (LG Köln r + s 88, 82; vgl. § 5 Rdnrn. 22, 24, 26 ff.; § 14 Rdnr. 78).

218 Im **Sonderfall** des § 24 Abs. 4 haftet der Versicherer ausnahmsweise noch für Versicherungsfälle, die innerhalb eines Jahres nach Beendigung des Versicherungsvertrages eintreten. Nach dem Zweck des Abs. 4, die Deckung generell erst zwei Jahre nach Ende des Zeitraums der Haftung des Versicherers für das weggefallene Wagnis auszuschließen, kann für die Meldung der in § 24 Abs. 4 genannten Versicherungsfälle eine Ausschlußfrist von zwei Jahren nach Ablauf der dort festgelegten Ein-Jahres-Frist angenommen werden (vgl. § 24 Rdnr. 65).

219 Die Ausschlußfrist des Abs. 4 ist **nicht** zu verwechseln mit der **Verjährung** des Versicherungsschutzanspruchs für einen bestimmten Versicherungsfall. Hierfür gelten die allgemeinen Vorschriften des § 12 Abs. 1 und 2 VVG. Ansprüche aus dem Versicherungsvertrag verjähren danach ohne Rücksicht auf die Dauer des Versicherungsvertrages für das betroffene Wagnis in zwei Jahren, und zwar beginnend mit dem Schluß des Jahres, in dem der VN die Leistung verlangen konnte. Ist der Anspruch beim Versi-

Allgemeine Risikoausschlüsse § 4 ARB 75

cherer angemeldet, ist die Verjährung bis zum Eingang der schriftlichen Entscheidung des Versicherers gehemmt. Wurde beispielsweise der VN 1976 in ein Strafverfahren oder einen Zivilprozeß verwickelt und konnte er im gleichen Jahr bereits Versicherungsschutz für die Rechtsverteidigung oder Rechtsverfolgung in diesem Verfahren verlangen, meldet er den Versicherungsfall aber erst 1979 dem RSVersicherer, dann kann sich dieser auf Verjährung berufen, gleichgültig, ob der Versicherungsvertrag zu diesem Zeitpunkt noch besteht oder nicht (Näheres § 18 Rdnrn. 2 ff.).

B. Das Versicherungsverhältnis

§ 5 Beginn des Versicherungsschutzes
(entspricht § 7 ARB 94)

Der Versicherungsschutz beginnt, wenn nicht ein späterer Zeitpunkt vereinbart ist, mit der Zahlung des Erstbeitrages (Einlösung des Versicherungsscheines). Wird der Erstbeitrag erst nach dem als Vertragsbeginn vereinbarten Zeitpunkt nach Aufforderung rechtzeitig gezahlt, beginnt der Versicherungsschutz zu dem vereinbarten Zeitpunkt. Eine vereinbarte Wartezeit bleibt hiervon unberührt.

Übersicht

	Rdnrn.		Rdnrn.
I. Vertragsschluß	1–6	IV. Wartezeit (Satz 3)	16, 17
1. Antrag	1	V. Störungen vor oder bei Vertrags-	
2. Bindungsfrist	2	schluß	18–29
3. Annahme	3	1. unrichtige Angaben des VN	19
4. Einbeziehung der ARB	4	2. Verschulden des Versicherers bei	
5. Abweichungen von den ARB	5	Vertragsschluß	20
6. Versicherungsschein	6	a) verzögerte Bearbeitung	21
II. Einlösungsklausel (Satz 1)	7–11	b) unzureichende Aufklärung oder	
1. Versicherungsbeginn	7, 8	Belehrung	22–24
2. Einlösungsklausel	9	c) Umfang der Schadenersatzpflicht.	25
3. Erstbeitrag	10	3. Haftung des Versicherers für	
4. Zahlung	11	Agenten	26
III. Erweiterte Einlösungsklausel (Satz 2)	12–17	a) Haftung aus Vertrauensstellung	27
1. Begriff	12	b) Verschulden bei Vertragsschluß	28
2. rechtzeitige Zahlung	13, 14	4. Haftung des Agenten	29
3. Aufforderung	15		

I. Vertragsschluß

1   1. Der RSVersicherungsvertrag oder die Änderung eines bereits bestehenden Vertrags kommt wie jeder andere schuldrechtliche Vertrag nach bürgerlichem Recht durch **Antrag** und **Annahme** zustande (§§ 145ff. BGB). Mündlicher oder fernmündlicher Abschluß ist möglich und rechtlich wirksam (BGH VersR 75, 1090; OLG Hamm VersR 78, 1134), jedoch die Ausnahme und schon aus Beweisgründen nicht ratsam. Verkehrsüblicherweise beantragt der künftige VN den Vertragsabschluß auf einem Antragsformular des Versicherers, in dem auf die ARB und etwaige Sonderbedingungen als Vertragsgrundlage verwiesen wird. Das BAV hatte mit Rundschreiben R 6/76 vom 3. 10. 1977 (VerBAV 77, 402) verfügt, daß dem Antragsteller im Regelfall bei Antragsaufnahme oder unverzüglich danach eine Durch- oder Abschrift des Versicherungsantrags kostenlos auszuhändigen oder zu übersenden ist und daß die dem Vertrag zugrundeliegenden AVB spätestens zusammen mit dem Versicherungsschein kostenlos zu übersenden sind, sofern sie dem Antragsteller nicht vorher ausgehändigt worden sind oder dieser ihre vorherige Übersendung wünscht. Bei Verträgen, die nach dem 31. 12. 94 mit natürlichen Personen abgeschlossen wurden, hat der Versicherer gemäß § 10a VAG den VN in einer Verbraucherinformation über die für das Versi-

Beginn des Versicherungsschutzes   2 § 5 ARB 75

cherungsverhältnis maßgeblichen Tatsachen und Rechte vor Abschluß und während der Laufzeit des Vertrages nach Maßgabe der Anlage zum VAG Teil D zu unterrichten. Hierzu gehören nach D I 1b insbesondere auch die für das Versicherungsverhältnis geltenden AVB. Hat der Versicherer dem VN bei Antragstellung die Versicherungsbedingungen nicht übergeben oder eine Verbraucherinformation nach § 10a VAG unterlassen, kommt der Vertrag unter den Voraussetzungen des § 5a VVG mit Widerspruchsrecht des VN zustande. Wegen näherer Einzelheiten und zum Verhältnis von § 5a VVG zu § 10a VAG vgl. *Prölss/Schmidt* Erläuterungen zu § 10a VAG; *Renger* VersR 94, 753; *Lorenz* VersR 95, 616; *Dörner/Hoffmann* NJW 96, 153; *Schirmer* VersR 96, 1045). Das am 1. 5. 1986 in Kraft getretene Gesetz über den Widerruf von Haustürgeschäften und ähnlichen Geschäften gilt gemäß seinem § 6 Nr. 2 nicht beim Abschluß von Versicherungsverträgen. Jedoch gibt der am 1. 1. 1991 in Kraft getretene § 8 Abs. 4 VVG dem VN unter den dort genannten Voraussetzungen ein Widerrufsrecht bei Verträgen mit einer längeren Laufzeit als einem Jahr (Näheres *Prölss/Martin* § 8 Anm. 10 m.w.N.). Bei Vertragsschluß durch einen Minderjährigen gelten die allgemeinen, zu §§ 1643, 1822 Nr. 5, 1829 und 110 BGB entwickelten Grundsätze (Näheres bei *Prölss/Martin* § 3 Anm. 1a). Wegen der uneinheitlichen Rechtsprechung zur Wirksamkeit längerfristiger Versicherungsverträge mit Minderjährigen erwartete das BAV von den Versicherern die Abgabe einer geschäftsplanmäßigen Erklärung (Einl. Rdnr. 36), wonach sie sich verpflichten, einen volljährig gewordenen VN auf die wegen fehlender vormundschaftsgerichtlicher Genehmigung (möglicherweise) schwebende Unwirksamkeit und die mit Eintritt der Volljährigkeit gegebene Möglichkeit der persönlichen Genehmigung des Vertrages hinzuweisen. Diese Handhabung hält das BAV auch weiterhin für wünschenswert, nachdem die Rechtsgrundlage für die Weitergeltung geschäftsplanmäßiger Erklärungen für ab dem 1. 7. 1994 geschlossene Verträge entfallen ist (VerBAV 90, 129; 94, 286, 288).

2. Die ARB enthalten keine **Bindungsfrist** für den Antragsteller. Sie ist 2 jedoch die Regel und war aufgrund einer vom BAV verlangten geschäftsplanmäßigen Erklärung (Einl. Rdnr. 36) im Antragsvordruck anzugeben. Sie durfte einen Monat nicht übersteigen. Für die nach dem 31. 12. 1994 geschlossenen Verträge bestimmt nunmehr die Anlage zum VAG Teil D I 1f, daß die nach § 10a VAG notwendige Verbraucherinformation Angaben über die Frist zu enthalten hat, während der der Antragsteller an den Antrag gebunden sein soll (*Prölss/Schmidt* § 10a Rdnr. 19). Diese Bindungsfrist ist für den RSVersicherer gleichzeitig Annahmefrist im Sinn des § 148 BGB (BGH NJW 73, 751 = VersR 73, 409; OLG Hamm VersR 76, 144; *Prölss/ Martin* § 3 Anm. 3). Nimmt der Versicherer den Antrag erst nach Ablauf der Frist an, z.B. durch Übersendung des Versicherungsscheines, dann ist die Annahme verspätet und gilt gemäß § 150 Abs. 1 BGB als neuer Antrag, den der VN formlos, z.B. durch rechtzeitige Zahlung des Beitrags, annehmen kann (Näheres *Prölss/Martin* § 3 Anm. 4). Wurde der Beitrag bereits vor Zugang des verspätet übersandten Versicherungsscheins auf Grund einer Einzugsermächtigung des VN abgebucht, gilt dies nicht als Annahme (AG Aschaffenburg ZfS 82, 300).

3. Die Annahme des Antrags durch den Versicherer ist formlos möglich, geschieht aber meist durch ausdrückliche Mitteilung unter Übersendung des Versicherungsscheines. Der Antrag auf Änderung eines bereits bestehenden Vertrags – z.B. eine Erhöhung der Deckungssumme oder Einbeziehung weiterer Risiken – geht häufig vom Versicherer aus. In diesem Fall wird die Vertragsänderung mit Zugang der Annahmeerklärung des VN beim Versicherer wirksam, die auch konkludent durch Zahlung des neuen Beitrags erfolgen kann.

4. Die ARB werden in der Regel dadurch **Vertragsbestandteil,** daß in dem vom Antragsteller unterzeichneten Antragsvordruck des Versicherers ausdrücklich auf sie verwiesen ist. Sie werden jedoch auch ohne ausdrückliche Bezugnahme Vertragsgrundlage, weil allgemein bekannt ist, daß die Versicherer nur auf der Grundlage von (früher: behördlich genehmigten) AVB Verträge zu schließen pflegen. Der widerspruchslose Vertragsschluß ist daher seinem objektiven Erklärungswert nach als Einverständnis mit den AVB zu werten, auch wenn sie der VN nicht gelesen oder gekannt hat (*Prölss/Martin* vor § 1 Anm. I 6 B a). Dieser schon früher geltende allgemeine Grundsatz wurde durch § 23 Abs. 3 AGBG bestätigt. Vertragsinhalt wird die bei Vertragsschluß geltende Fassung der ARB, soweit sie vom BAV genehmigt ist (BGH VersR 86, 672; OLG Nürnberg ZfS 93, 172) und soweit nicht Abweichungen ausdrücklich vereinbart werden. Hat der VN RS als Mieter einer Wohnung beantragt, hat er keinen Versicherungsschutz als Mieter einer Gastwirtschaft (KG r+s 96, 25; vgl. § 29 Rdnr. 43). Eine spätere Änderung der ARB wurde nach allgemeinen Grundsätzen nicht automatisch mit der Genehmigung der Änderung durch das BAV, sondern nur dann Vertragsinhalt, wenn der VN sich mit der Änderung einverstanden erklärte (AG Düsseldorf r+s 82, 201). Soweit nach dem 1. 7. 1994 nicht mehr genehmigungsbedürftige, von den genehmigten ARB 75 und 94 abweichende Bedingungen verwendet werden, gilt für ihre Einbeziehung in den Vertrag allerdings nicht mehr § 23 Abs. 3 AGBG, sondern § 2 AGBG und § 5a VVG (*Palandt/Heinrichs* AGBG § 2 Rdnr. 18a; § 23 Rdnr. 9). Angebote des Versicherers auf Vertragsänderung (Umstellung) müssen dem VN die freie und unbeeinflußte Wahl zwischen Annahme und Ablehnung lassen und dürfen ihn nicht über die Notwendigkeit der Vertragsänderung täuschen (VerBAV 72, 246; GB BAV 70, 94).

5. Abweichungen von den ARB sind möglich (Einl. Rdnr. 33) und haben gemäß § 4 AGBG Vorrang, soweit nicht zwingende oder halbzwingende Vorschriften des VVG entgegenstehen. Abweichungen zu Ungunsten des VN waren früher nur aus besonderen Gründen und nur dann zulässig, wenn der VN vor Vertragsschluß ausdrücklich darauf hingewiesen worden ist und sich danach schriftlich damit einverstanden erklärt hat (§ 10 Abs. 3 VAG a.F.). Da §10 Abs. 3 VAG a.F. nicht in die Neufassung des VAG 1994 übernommen wurde, wird man seitdem eine Abweichung zu Ungunsten des VN daran zu messen haben, ob hierdurch seine Interessen im Sinn des § 9 AGBG unangemessen benachteiligt werden (vgl. *Stiefel/Hofmann* Einführung Rdnr. 17a). Eine Abweichung im Einzelfall kann sich auch aus der Haftung des Versicherers für Falschbelehrung durch einen Agenten ergeben

(*Prölss/Martin* vor § 1 Anm. I 6 B d; vgl. unten Rdnr. 27). Jedoch wird hier meist kein wirksamer Versicherungsvertrag vorliegen, sondern allenfalls eine Haftung des Versicherers aus culpa in contrahendo infrage kommen (vgl. unten Rdnr. 28).

6. Der Versicherer ist verpflichtet, eine von ihm unterzeichnete Urkunde, **6** den **Versicherungsschein,** dem Versicherungsnehmer auszuhändigen (§ 3 Abs. 1 VVG). Der Versicherungsschein ist in der Regel Beweisurkunde über einen zustandegekommenen Versicherungsvertrag und hat die Vermutung der Vollständigkeit für sich (*Prölss/Martin* § 3 Anm. 6). Die Aushändigung des Versicherungsscheins ist rechtlich keine Gültigkeitsvoraussetzung für den Versicherungsvertrag. In der Praxis kommt jedoch seiner Aushändigung regelmäßig unmittelbare Bedeutung zu, weil darin nach der Verkehrssitte die Annahmeerklärung des Versicherers gesehen wird (BGH VersR 75, 1090). Weicht der Inhalt des Versicherungsscheins vom Antrag oder den getroffenen Vereinbarungen ab, so gilt die Abweichung unter den Voraussetzungen des § 5 Abs. 2 bis 4 VVG als genehmigt, wenn der VN nicht innerhalb eines Monats nach Empfang des Versicherungsscheins schriftlich widerspricht (§ 5 Abs. 1 VVG; Näheres *Prölss/Martin* und *Bruck/Möller* Erläuterungen zu § 5). Wird ein RSVersicherungsvertrag zusammen mit einem Vertrag aus einer anderen Sparte in einem Versicherungsschein dokumentiert, ist der Deckungsumfang der RSVersicherung und der hierfür zu entrichtende Beitrag im Versicherungsschein gesondert auszuweisen. Ein selbständiges Schadenabwicklungsunternehmen ist im Versicherungsschein zu bezeichnen (§ 158l Abs. 1 VVG). Allgemein ist eine solche Bündelung rechtlich selbständiger Versicherungsverträge in einer Urkunde zulässig, soweit im Antragsvordruck die Übersichtlichkeit, Lesbarkeit und Verständlichkeit hinsichtlich dieser Verträge gewahrt sind und der Antragsteller die nach § 10a Abs. 3 VAG vorgeschriebenen Informationen erhält.

II. Einlösungsklausel (Satz 1)

1. Die Sätze 1 und 2 regeln den **Beginn** des Versicherungsschutzes. Für **7** Versicherungsfälle, die nach diesem Beginnzeitpunkt (und vor dem Ende des Versicherungsvertrages) eintreten, hat der Versicherer Leistungen im Rahmen der ARB zu erbringen. Die Sätze 1 und 2 wurden gegenüber der Fassung in den ARB 69 redaktionell verbessert, ohne daß damit sachlich eine wesentliche Änderung verbunden war (VerBAV 76, 130).

Man unterscheidet den **formellen,** den **technischen** und den **materiellen 8** Versicherungsbeginn. Diese Beginnzeitpunkte können auseinanderfallen. Formell beginnt eine Versicherung mit dem Vertragsschluß, d. h. mit dem Zugang der Annahmeerklärung beim antragenden Vertragspartner. Von diesem Zeitpunkt an beginnen die gegenseitigen Rechte und Pflichten, gegebenenfalls mit rückwirkender Kraft vom Zeitpunkt des technischen oder materiellen Versicherungsbeginns an. Eine echte Rückwärtsversicherung im Sinn des § 2 VVG ist in den ARB nicht vorgesehen, sondern nur in § 14 Abs. 3 VRB (Einl. Rdnr. 24). Technisch beginnt eine Versicherung mit dem Tag, von dem an der Beitrag berechnet wird. Der materielle Versicherungsbeginn ist der Zeitpunkt, von dem an der Versicherer die Gefahr trägt und Versicherungsschutz zu gewähren hat (BGH VersR 82, 841; *Prölss/Martin* § 2 Anm. 1; *Bruck/Möller* § 2 Anm. 3). Entgegen der dispositiven gesetzlichen Regelung des § 7 VVG wird als Beginn des Versicherungsschutzes in der RSVersicherung teilweise nicht der Mittag des als Versicherungsbeginn bezeichneten Tages, sondern der Tagesanfang vereinbart (vgl. auch *Prölss/ Martin* § 7 Anm. 1).

9   2. **Versicherungsbeginn** im Sinn der Sätze 1 und 2 ist der materielle Versicherungsbeginn. Nach Satz 1, der allerdings im Regelfall durch Satz 2 weitgehend modifiziert wird (vgl. unten Rdnr. 12), beginnt die Haftung des RSVersicherers, falls kein späterer Zeitpunkt vereinbart ist, mit der Zahlung des Erstbeitrags. Die Zahlung des Erstbeitrags wird hierbei als „**Einlösung des Versicherungsscheines**" erläutert. Hiermit tragen die ARB der Tatsache Rechnung, daß der VN gemäß § 35 Satz 2 VVG zur Zahlung des Erstbeitrags nur gegen Aushändigung des Versicherungsscheines verpflichtet ist. Satz 1 entspricht somit der (einfachen) Einlösungsklausel des § 38 Abs. 2 VVG, wonach der Versicherer vor Zahlung des Erstbeitrags nicht haftet.

10 3. **Erstbeitrag** ist der erste Beitrag, den der VN für einen neu zustandegekommenen Vertrag oder für einen Vertrag schuldet, der einen früheren ersetzt (*Prölss/Martin/Knappmann* § 38 Anm. 1 c). Ein neuer Vertrag in diesem Sinn ist z. B. anzunehmen, wenn der VN einen bestehenden Vertrag nach § 21 in einen solchen nach § 26 umwandelt oder wenn er zu einem bestehenden Vertrag nach § 26 zusätzlich einen rechtlich selbständigen (§ 8 Rdnr. 8) nach § 29 abschließt. Wird ein bestehender Vertrag um ein rechtlich unselbständiges Wagnis ergänzt, z. B. § 26 Fassung 1975 um den zunächst nicht eingeschlossenen Abs. 4, dann ist der erste hierfür geschuldete höhere Beitrag kein Erstbeitrag im Sinn des Satzes 2, sondern Folgebeitrag im Sinn des § 7 Abs. 2. Bei vereinbarter unterjähriger Zahlungsweise gilt nur die erste Rate des Erstjahresbeitrags als Erstbeitrag (§ 7 Abs. 1 Satz 2).

11 4. Der Versicherungsschutz beginnt mit der **Zahlung** des Erstbeitrags. Die Haftung des Versicherers setzt also in dem Zeitpunkt ein, in dem der VN als Beitragsschuldner seine zur Tilgung der Beitragsschuld erforderliche Leistungshandlung erbracht hat. Dieser Zeitpunkt kann verschieden sein, je nachdem ob der Leistungsort für die Erfüllung der Beitragsschuld der Wohnsitz des VN oder der Geschäftssitz des Versicherers ist. Nach § 36 VVG, der im wesentlichen mit der Auslegungsregel des § 270 BGB übereinstimmt, ist Erfüllungsort für die Beitragsschuld der Wohnsitz des VN, der jedoch den Beitrag als „Schickschuld" auf seine Gefahr und seine Kosten dem Versicherer zu übermitteln hat. Diese nicht zwingende gesetzliche Regelung ist an sich für die RSVersicherung nach dem Bedingungswortlaut in zulässiger Weise (BGH NJW 71, 380 = VersR 71, 216; OLG Hamm VersR 78, 753; OLG München VersR 75, 851) dadurch abgeändert, daß gemäß § 7 Abs. 4 als Erfüllungsort für die Beitragsschuld der Ort der Hauptverwaltung des Versicherers vereinbart ist. Die Beitragsschuld ist also in der RSVersicherung an sich „Bringschuld" (*Palandt/Heinrichs* § 269 Rdnr. 1). In Übereinstimmung mit den meisten anderen Versicherungszweigen ist dies jedoch bei den ARB 94 an die gesetzliche Regelung angeglichen worden

Beginn des Versicherungsschutzes 12, 13 **§ 5 ARB 75**

(§ 7 Rdnr. 2 ARB 94). Im Vorgriff hierauf wird auch beiden ARB 75 grundsätzlich nach § 36 VVG verfahren (§ 7 Rdnr. 11).

III. Erweiterte Einlösungsklausel (Satz 2)

1. Satz 2 regelt den materiellen Versicherungsbeginn für den in der 12 RSVersicherung häufigsten Fall. Hat der VN in seinem schriftlichen Antrag einen kurz nach Antragstellung liegenden Zeitpunkt als Vertragsbeginn gewünscht, z. b. den Tag, der auf den Eingang des Antrags beim Versicherer oder beim Agenten folgt, und wird ihm daraufhin der Versicherungsschein mit dem gewünschten, vor dem Datum der Ausfertigung des Versicherungsscheins liegenden Beginnzeitpunkt und mit der Aufforderung zur Zahlung des Erstbeitrags ausgehändigt oder übersandt, dann beginnt der Versicherungsschutz abweichend von § 38 Abs. 2 VVG zu dem gewünschten, vor Zahlung des Erstbeitrags liegenden Zeitpunkt, wenn der VN den Erstbeitrag rechtzeitig zahlt. Durch diese **erweiterte Einlösungsklausel** ist sichergestellt, daß der VN bei rechtzeitiger Zahlung den Versicherungsschutz vom gewünschten Zeitpunkt an ohne Rücksicht auf die Dauer der Bearbeitung seines Antrags beim Versicherer erhält. Soweit der Anwendungsbereich der Klausel materiell der Rückwärtsversicherung zuzurechnen ist, kann sich der Versicherer nicht auf § 2 Abs. 2 Satz 2 VVG berufen (*Bruck/Möller/Johannsen* IV Anm. D 9; *Prölss/Martin/Knappmann* § 38 Anm. 5 a). Ist also nach dem im Antrag gewünschten Zeitpunkt des Versicherungsbeginns, aber vor – rechtzeitiger – Zahlung des Erstbeitrags im Sinn des Satzes 2 ein Versicherungsfall eingetreten, ist der Versicherer zur Leistung verpflichtet. Bei nicht rechtzeitiger Zahlung (vgl. unten Rdnr. 13) beginnt dagegen der Versicherungsschutz nach Satz 1 erst mit der Zahlung. Vor der Zahlung eingetretene Versicherungsfälle sind dann nicht gedeckt (§ 7 Rdnr. 5).

2. **Rechtzeitig** gezahlt ist der Erstbeitrag, wenn der VN unverzüglich, 13 d. h. ohne schuldhaftes Zögern (§ 121 BGB), nach der vom Versicherer zu beweisenden (§ 7 Rdnr. 3) Vorlage oder dem Zugang des mit einer Zahlungsaufforderung versehenen Versicherungsscheins entsprechend § 36 VVG seine zur Zahlung erforderliche Leistungshandlung erbringt (vgl. oben Rdnr. 11). Aus § 6 Abs. 3 Satz 1 kann geschlossen werden, daß ein Zeitraum bis zu zwei Wochen zwischen Zugang der Zahlungsaufforderung und Zahlung durch den VN noch als „rechtzeitig" im Sinn der ARB angesehen werden kann. Da der VN beweisen muß, daß ein Versicherungsfall, für den er um Deckung nachsucht, nach dem materiellen Versicherungsbeginn eingetreten ist, muß er bei Berufung auf die erweiterte Einlösungsklausel auch den Nachweis führen, daß er den Erstbeitrag nach Aufforderung unverzüglich bezahlt hat. Dies setzt allerdings voraus, daß der Versicherer den VN mit der Übersendung des Versicherungsscheins auch über die Folgen nicht rechtzeitiger Zahlung belehrt hat. Denn ein durchschnittlicher VN ist sich über die Wirkung der erweiterten Einlösungsklausel ohne entsprechende Belehrung möglicherweise nicht im klaren und sollte durch eine mit Rechtsbelehrung verbundene Zahlungsaufforderung davor gewarnt werden, seinen Versicherungsschutz durch nicht rechtzeitige Zahlung zu gefährden, falls

ein Versicherungsfall nach Antragstellung oder auch kurz nach Erhalt des Versicherungsscheins, jedoch noch vor Zahlung eingetreten ist (BGH NJW 73, 1746 = VersR 73, 811; *Bruck/Möller/Johannsen* IV Anm. D 10; *Prölss/Martin/Knappmann* § 38 Anm. 6).

14 Zahlt der VN unverzüglich nach Erhalt der Zahlungsaufforderung nur einen **Teil** des **Erstbeitrags**, dann hat er im Sinn des Satzes 2 nicht rechtzeitig gezahlt, falls ihm der Rest nicht gestundet ist. Ausnahmsweise hat die Rechtsprechung rechtzeitige Zahlung nur bei ganz geringfügigen, deutlich unter fünf vom Hundert liegenden Rückständen bejaht (*Prölss/Martin/ Knappmann* § 38 Anm. 2b).

15 3. Die Pflicht des VN zur rechtzeitigen Einlösung des Versicherungsscheins nach dessen Aushändigung oder Übersendung setzt eine ordnungsgemäße Berechnung des Einlösungsbetrags und eine damit verbundene **Aufforderung** zur Zahlung voraus, die in der Regel in Form einer Beitragsrechnung erfolgt und rechtlich als empfangsbedürftige, geschäftsähnliche Willenserklärung zu werten ist. Erst wenn dem VN eine solche ordnungsgemäße Beitragsrechnung vorliegt, ist er in der Lage, die Richtigkeit der Beitragsforderung zu prüfen. Erst dann ist er verpflichtet, den Erstbeitrag zur Einlösung des Versicherungsscheins zu entrichten (BGH VersR 67, 569; 68, 439; NJW 73, 1746 = VersR 73, 811). Bestehen mehrere rechtlich selbständige Versicherungsverträge (§ 8 Rdnr. 8), setzt eine wirksame Aufforderung voraus, daß der Versicherer deutlich zum Ausdruck bringt, welcher genaue Betrag zur Erlangung oder zum Erhalt des Versicherungsschutzes in jedem Einzelvertrag gezahlt werden muß (BGH VersR 85, 447; 86, 54 = NJW 86, 1103; vgl. auch § 7 Rdnr. 8). Bei nach dem 31. 12. 1994 geschlossenen Verträgen ist eine solch detaillierte Aufgliederung bereits für die nach der Anlage zum VAG Teil D I 1e notwendige Verbraucherinformation im Sinn von § 10a VAG vor Vertragsschluß vorgeschrieben (vgl. oben Rdnr. 1).

IV. Wartezeit (Satz 3)

16 Bei verstoßabhängigen Versicherungsfällen im Sinn des § 14 Abs. 3 gilt eine dreimonatige **Wartezeit**, d.h. der Versicherungsschutz beginnt erst drei Monate nach dem materiellen Versicherungsbeginn (§ 14 Abs. 3 Satz 3; Näheres § 14 Rdnrn. 65 ff.). Die Einlösungsklausel des Satzes 1 und die erweiterte Einlösungsklausel des Satzes 2 ändern an dieser Wartezeit nichts. Der Versicherungsschutz beginnt in diesen Fällen also jeweils drei Monate nach dem Zeitpunkt, der nach Satz 1 oder Satz 2 als Versicherungsbeginn gilt.

17 **Beispiel:** Der VN hat mit Antrag vom 10. 4. als Vertragsbeginn für einen Vertrag nach § 25 den 15. 4. gewünscht. Am 25. 4. erhält er den auf diesen Vertragsbeginn ausgestellten Versicherungsschein mit der Aufforderung zur Zahlung des Erstbeitrags. Er zahlt den Erstbeitrag am 5. 5. Da er „rechtzeitig" im Sinn des Satzes 2 gezahlt hat, ist materieller Versicherungsbeginn der 15. 4. Für eine vertragliche Auseinandersetzung, deren Versicherungsfall im Sinn des § 14 Abs. 3 am 20. 7. und mithin später als 3 Monate nach Versicherungsbeginn eingetreten ist, hat er gemäß § 25 Abs. 3 Versicherungsschutz. Hätte er den Erstbeitrag erst am 15. 5. gezahlt, wäre dies nicht mehr „rechtzeitig" im Sinn des Satzes 2 gewesen (vgl. oben Rdnr. 13). Der Versicherungsschutz begänne dann erst nach Satz 1 mit der Zahlung, also am 15. 5. Bei Eintritt des Versicherungsfalles am 20. 7. wäre die dreimonatige Wartezeit des § 14 Abs. 3 noch nicht abgelaufen. In diesem Fall bestände kein Versicherungsschutz.

V. Störungen vor oder bei Vertragsschluß

Im Zusammenhang mit dem Abschluß eines Versicherungsvertrages kann 18 es zu **Störungen** kommen, die entweder das Zustandekommen oder Bestehenbleiben eines wirksamen Vertrages verhindern oder bei Zustandekommen eines Vertrags für den VN zusätzliche Rechte entstehen lassen. Solche Störungen können in der Sphäre des Antragstellers (VN) oder des Versicherers liegen.

1. Die Grundsätze des bürgerlichen Rechts über eine Haftung für Ver- 19 schulden bei Vertragsschluß (culpa in contrahendo, Näheres *Palandt/Heinrichs* § 276 Rdnrn. 65 ff.) gelten grundsätzlich auch für die Anbahnung eines Versicherungsvertrags. Soweit es sich allerdings um **unrichtige** oder unvollständige **Angaben des VN** über gefahrerhebliche Umstände handelt, enthalten die §§ 16 bis 21 VVG eine Sonderregelung, die die Anwendung der Regeln der culpa in contrahendo weitgehend ausschließen (*Prölss/Martin* § 17 Anm. 10; *Stiefel/Hofmann* § 1 Rdnr. 37). Insbesondere kann also der RSVersicherer bei unrichtigen Angaben des VN nicht im Wege des Schadenersatzes Befreiung von seiner Leistungspflicht verlangen, da insoweit die §§ 20, 21 VVG die Verletzung der Anzeigepflicht abschließend sanktionieren. Hat der VN den Versicherer über Gefahrumstände arglistig getäuscht, bleibt allerdings das Recht des Versicherers zur Anfechtung des Vertrags unberührt (§ 22 VVG). Verschweigt der VN eine im Antragsformular erfragte Vorversicherung, berechtigt dies den Versicherer zum Rücktritt nach § 20 VVG, und zwar auch dann, wenn ein Vermittler den Antrag ausgefüllt hat (LG Osnabrück ZfS 87, 80; LG Kleve ZfS 86, 274), sowie zur Anfechtung wegen arglistiger Täuschung (LG Kassel ZfS 89, 269; LG Düsseldorf ZfS 89, 18). Anders kann es liegen, wenn ein Vermittlungsagent das Antragsformular ausgefüllt und hierbei wahrheitsgemäße mündliche Angaben des VN nicht oder unzureichend in das Formular übernommen hat. Was dem Agenten zur Kenntnis gebracht wurde, gilt als auch dem Versicherer bekannt (BGH NJW 88, 973 = VersR 88, 234; zur Beweislast hierbei BGH NJW 89, 2060 = VersR 89, 833). Die Klausel in einem Antragsformular, wonach der VN allein für die Richtigkeit der Angaben verantwortlich sei, auch wenn er den Antrag nicht selbst ausgefüllt hat, ist unwirksam (BGH VersR 92, 217). Die Kenntnis eines konzernverbundenen, jedoch rechtlich selbständigen anderen Versicherers braucht sich dagegen der RSVersicherer in der Regel nicht zurechnen zu lassen (BGH VersR 90, 258). Über das Recht des HUK-Verbandes (jetzt: GDV), gefahrerhebliche Vertragsdaten eines gekündigten VN zu speichern, vgl. OLG Frankfurt VersR 82, 568 = ZfS 81, 306 und § 1 Rdnr. 14.

20 2. Ein **Verschulden** des **Versicherers** bei **Vertragsschluß** ist vor allem denkbar durch verzögerte Bearbeitung von Anträgen und durch unvollständige oder falsche Auskünfte oder Belehrung über vertragswesentliche Punkte, insbesondere den Tarif oder den Umfang des Versicherungsschutzes.

21 a) Ob der Versicherer dem Antragsteller bei **verzögerter Bearbeitung** des Antrags auf Schadenersatz haftet, wenn dieser bei früherer Annahme des Antrags für einen Versicherungsfall gedeckt gewesen wäre oder bei früherer Ablehnung bei einem anderen Versicherer Deckung gefunden hätte, ist streitig, wird jedoch überwiegend nur für erkennbare Eilfälle bejaht (BGH NJW 66, 1407 = VersR 66, 457; VersR 75, 1090; OLG Hamm VersR 78, 1014, 1134; LG Köln VersR 78, 27; über den Meinungsstand vgl. *Prölss/ Martin* § 3 Anm. 5; *Stiefel/Hofmann* § 1 Rdnr. 38). Bei verzögerter Annahme des Antrags wird die Frage in der RSVersicherung in der Regel nicht aktuell werden, da gerade in solchen Fällen die erweiterte Einlösungsklausel des § 5 Satz 2 den VN vor den Folgen verzögerter Bearbeitung schützt (vgl. oben Rdnr. 12). Bei verzögerter Ablehnung wird man allerdings einen – auf Deckung eines eingetretenen Versicherungsfalles gerichteten – Schadenersatzanspruch des Antragstellers jedenfalls dann bejahen können, wenn es sich nur um die Erweiterung eines bereits bestehenden Vertrags handelt oder wenn er auf die Eilbedürftigkeit seines Neuantrags deutlich hingewiesen und alle für die Entscheidung des Versicherers notwendigen Angaben gemacht hatte. Denn der Antragsteller muß die Möglichkeit haben, sich erforderlichenfalls rechtzeitig anderweitig um Versicherungsschutz zu bemühen (*Stiefel/Hofmann* § 1 Rdnr. 38). Als angemessene Bearbeitungsfrist wird dem Versicherer in der Regel die – in der RSVersicherung meist einen Monat betragende (vgl. oben Rdnr. 2) – Bindungsfrist zugebilligt, falls der Antragsteller nicht deutlich auf die Eilbedürftigkeit des Antrags hingewiesen hat (BGH NJW 66, 1407 = VersR 66, 457; VersR 75, 1090; OLG Hamm VersR 78, 1014, 1134; *Prölss/Martin* § 3 Anm. 5). Kümmert er sich nach Ablauf der normalen Bearbeitungsfrist allerdings nicht weiter um seinen Antrag, kann ihm mitwirkendes Verschulden zur Last fallen (§ 254 BGB; LG Köln VersR 78, 27; *Prölss/Martin* § 3 Anm. 5 A d).

22 b) Ein zum Schadenersatz verpflichtendes Verschulden beim Vertragsschluß kann den Versicherer auch dann treffen, wenn er durch schriftliche oder mündliche Äußerungen beim Antragsteller **irrige Vorstellungen** über den Inhalt des Versicherungsvertrages, insbesondere den Umfang des Versicherungsschutzes oder die Höhe des geschuldeten Beitrags, hervorgerufen oder bestärkt hat.

23 Gedruckte **Werbeschriften,** die an einen größeren Personenkreis gerichtete geschäftliche Anpreisungen oder Mitteilungen enthalten und ihrer Funktion entsprechend häufig in gedrängter Kürze regelmäßig nur einen Überblick über Leistungen und Gegenleistungen zum Inhalt haben, brauchen den genauen Umfang der Versichererleistung, etwaige Risikoausschlüsse und sonstige Rechte und Pflichten beider Parteien nicht erschöpfend aufzuzählen. Sie sollten allerdings die wichtigsten vertragswesentlichen

Beginn des Versicherungsschutzes 24, 25 § 5 ARB 75

Punkte enthalten und so abgefaßt sein, daß sie auch bei objektiv richtigen Angaben nach der Verkehrsauffassung keinen unrichtigen oder irreführenden Gesamteindruck erwecken (BGH VersR 83, 1050; KG VersR 86, 590; OLG Hamm VersR 71, 633; *Baumbach/Hefermehl*, UWG, § 3 Rdnr. 49).

Eine Pflicht des Versicherers, den (künftigen) VN mündlich über den Inhalt des Versicherungsvertrages **aufzuklären** und zu **belehren,** besteht nur, soweit dieser erkennbar belehrungsbedürftig ist. Erbittet ein Kunde Auskunft über bestimmte Fragen, dann muß sie der Versicherer erschöpfend und richtig beantworten. Kann der Versicherer erkennen, daß ein Interessent falsche Vorstellungen über den Umfang des Versicherungsschutzes oder sonstige vertragswesentliche Punkte hat, muß er sie richtigstellen. Darüber hinaus besteht jedoch keine allgemeine und spontane Pflicht des Versicherers, den künftigen Vertragspartner hinsichtlich des Umfangs des Versicherungsschutzes zu belehren (BGH VersR 81, 621, 623; NJW 64, 244 = VersR 63, 768; NJW 67, 1226 = VersR 67, 441; OLG München VersR 78, 729; LG Köln r + s 88, 82 über möglichen Anspruchsverlust nach § 4 Abs. 4 bei Versichererwechsel; vgl. § 4 Rdnr. 217; *Prölss/Martin* vor § 1 Anm. II 3 A und § 43 Anm. 7 A c, d). Wer eine Versicherung eingehen will, muß insbesondere mit dem Bestehen von Risikoausschlüssen rechnen und kann sich über ihren Inhalt und Umfang durch Einsichtnahme in die AVB und, wenn er dann noch Zweifel hat, durch Rückfrage beim Versicherer oder Agenten leicht vergewissern (BGH NJW 57, 140 = VersR 56, 789). Wünscht der VN eine standardisierte „Rundum"-Versicherung, dann erstreckt sich die Aufklärungspflicht des RSVersicherers nicht auf die nähere Erläuterung denkbarer anormaler Risiken, die vom Versicherungsvertrag erfaßt oder ausgeschlossen sein könnten (OLG Hamm VersR 75, 654). Bei Verträgen, die nach dem 31. 12. 1994 geschlossen wurden, gelten die vorstehend dargelegten Grundsätze allerdings nur noch insoweit, als sie nicht durch die seitdem vorgeschriebene umfassende Verbraucherinformation gemäß § 10a VAG und der Anlage D hierzu überholt sind (vgl. oben Rdnr. 1). 24

c) Trifft den Versicherer ein Verschulden bei Vertragsschluß im Sinn der vorstehenden Erwägungen, dann kommt es in der Regel wegen des vorhandenen Dissenses (§§ 154, 155 BGB) nicht zu einem wirksamen Vertrag. Der Versicherer kann dann jedoch aus culpa in contrahendo verpflichtet sein, den Antragsteller so zu stellen, wie er stehen würde, wenn sein Antrag ordnungsgemäß bearbeitet worden oder eine ordnungsgemäße Belehrung erfolgt wäre. Ist anzunehmen, daß der Antrag vom Versicherer angenommen worden wäre oder daß der Antragsteller bei einem anderen Versicherer den gewünschten Versicherungsschutz erhalten hätte, hat der Versicherer als Ersatz des sogenannten **negativen Interesses** das zu leisten, was er bei Zustandekommen des Vertrags zu leisten gehabt hätte (vgl. BGH VersR 83, 121, 122). Hierbei ist aber ein Eigenverschulden des Antragstellers ebenso mindernd zu berücksichtigen wie z.B. die Tatsache, daß er bei ordnungsgemäß zustandegekommenem Vertrag einen höheren Beitrag hätte bezahlen müssen (BGH NJW 72, 822 = VersR 72, 530). Eine Schadenersatzpflicht kann jedoch entfallen, wenn der Versicherer eine Versicherung der gewünschten Art nicht übernimmt und der Interessent bei richtiger Aufklärung auch an- 25 derswo eine solche Versicherung nicht hätte abschließen können oder nicht abgeschlossen hätte (OLG Hamm VersR 95, 42 = r+s 94, 421 = ZfS 94, 343, nicht rechtskräftig). Hätte der VN bei richtiger Belehrung womöglich gar keinen Versicherungsvertrag abgeschlossen, kann er als Schadenersatz allenfalls die Rückerstattung des gezahlten Beitrags, aber nicht die Übernahme der Kosten für einen vor Versicherungsbeginn eingetretenen Versicherungsfall verlangen (LG Köln r + s 91, 376).

26   3. War bei Anbahnung eines Versicherungsvertrages ein **Versicherungsagent** (§ 43 VVG) eingeschaltet und hat dieser eine dem Antragsteller gegenüber bestehende Aufklärungs- oder Belehrungspflicht verletzt, können sich hieraus für den Antragsteller besondere Rechte ergeben. Die Rechtsprechung unterscheidet zwei Fälle der Haftung des Versicherers für unrichtige Aufklärung oder Belehrung durch den Agenten (eingehend *Reichert-Facilides* VersR 77, 208 und *Hohloch* VersR 80, 107 mit zahlreichen Nachweisen).

27   a) Hat der Agent den VN über Inhalt und Bedeutung vertragswesentlicher Punkte in einem bestimmten, dem VN günstigen Sinn aufgeklärt, dann darf der VN auf die Richtigkeit dieser Aufklärung vertrauen. Der Versicherer muß diese Erklärung gegen sich gelten lassen **(Haftung aus Vertrauensstellung)**. Der Vertrag wird dann im Sinn der dem VN günstigen Aufklärung umgestaltet (Gewohnheitsrecht, *Prölss/Martin/Kollhosser* § 43 Anm. 7 A), ohne daß der Versicherer wegen Irrtums anfechten könnte. Es kommt also ein wirksamer Versicherungsvertrag mit z.B. anderen (günstigeren) Bedingungen oder zu einem anderen (günstigeren) Tarif zustande. Dies gilt jedoch nur mit einer ganz wesentlichen Einschränkung: Der VN darf den Erklärungen des Agenten nicht schrankenlos vertrauen. Trifft den VN ein erhebliches Eigenverschulden an der Unkenntnis des „regulären" Vertragsinhalts, dann besteht kein Bedürfnis, eine Haftung des Versicherers aufgrund Vertrauensstellung zu bejahen. Ein solches Eigenverschulden hat die Rechtsprechung z.B. bejaht, wenn die sich aus der Aufklärung oder – bei erkennbarer Belehrungsbedürftigkeit – unterlassenen Belehrung ergebende günstigere Rechtsposition des VN zwingendem Gesetzesrecht zuwiderläuft oder klaren Vertragsbedingungen widerspricht (AG Frankfurt VersR 89, 839 = ZfS 89, 239: Falsche Auskunft des Vermittlers über Bestehen von Beratungs-RS unschädlich, wenn er auf einem gleichzeitig übergebenen Exemplar der ARB Buchstabe g des § 26 Abs. 3 (Fassung 1975) ankreuzt, vgl. Vorbem. vor § 21 Rdnr. 164; AG Darmstadt ZfS 84, 207: Keine „Erweiterung" der ARB durch Vermittlungsagenten; allgemein BGH NJW 64, 244 = VersR 63, 768). Eine bei der Antragsaufnahme erlangte Kenntnis des Vermittlungsagenten von vertragswesentlichen Tatsachen muß sich der Versicherer jedoch als eigene Kenntnis zurechnen lassen (vgl. oben Rdnr. 19).

28   b) Trifft den **VN** ein erhebliches **Eigenverschulden** in dem in Rdnr. 27 erörterten Sinn, dann kommt kein Versicherungsvertrag zustande (Dissens). Wegen der fehlerhaften Aufklärung durch den Agenten als Erfüllungsgehilfen kann der Versicherer jedoch unter dem Gesichtspunkt des Verschuldens bei Vertragsschluß zum Schadenersatz verpflichtet sein. Dann muß der Ver-

Vorläufige Deckung   1   § 6 ARB 75

sicherer den VN so stellen, wie er stehen würde, wenn der Agent richtig belehrt hätte. Für den Umfang des Schadensersatzanspruchs des Antragstellers gelten dann die oben in Rdnr. 25 erörterten Grundsätze (vgl. auch *Prölss/Martin/Kollhosser* § 43 Anm. 7 B und C).

4. Unabhängig von der **Haftung** des Versicherers für den **Agenten** kann   29
ausnahmsweise auch eine Schadenersatzanspruch des VN gegen diesen selbst gegeben sein (AG Celle ZfS 84, 369 für fehlerhafte Zusicherung einer höheren Deckungssumme). Eine solche Eigenhaftung des Agenten wurde aber nur bei Vorliegen eines besonderen eigenen Interesses des Vertreters oder bei Inanspruchnahme eines besonderen persönlichen Vertrauens bejaht (Näheres *Prölss/Martin/Kollhosser* § 43 Anm. 7 D).

§ 6 Vorläufige Deckung
(ARB 94: entfallen)

(1) Bereits bei Stellung des Versicherungsantrages kann vereinbart werden, daß der Versicherungsschutz vor Einlösung des Versicherungsscheines beginnt. Hierfür bedarf es einer entsprechenden schriftlichen Zusage des Versicherers oder einer hierzu bevollmächtigten Person.

(2) Die vorläufige Deckung endet mit dem Eingang der Erklärung des Versicherers bei dem Versicherungsnehmer, daß er den Antrag auf Abschluß des Versicherungsvertrages ablehnt; sie endet auch, wenn der Versicherungsnehmer einem vom Antrag abweichenden Versicherungsschein widerspricht. In diesen Fällen gebührt dem Versicherer der anteilige Beitrag bis zur Beendigung der vorläufigen Deckung.

(3) Die vorläufige Deckung tritt rückwirkend außer Kraft, wenn der Antrag angenommen, der erste Beitrag aber nicht innerhalb von zwei Wochen nach Vorlage oder Übersendung des Versicherungsscheines bei dem Versicherer eingegangen ist. Weicht der dem Versicherungsnehmer zugesandte Versicherungsschein vom Inhalt des Antrages ab und gilt die Abweichung als genehmigt, weil der Versicherungsnehmer nicht innerhalb eines Monats nach Erhalt des Versicherungsscheines widersprochen hat, tritt die vorläufige Deckung rückwirkend außer Kraft, wenn der Versicherungsschein nicht innerhalb von zwei Wochen nach Ablauf der Monatsfrist eingelöst wird.

Übersicht

	Rdnrn.
I. Abs. 1	1–3
II. Abs. 2	4
III. Abs. 3	5–7

I. Abs. 1

Abs. 1 Satz 1 definiert den auch in anderen Versicherungssparten (z.B.   1
§ 1 Abs. 2 AKB) bekannten Begriff der vorläufigen Deckung als eine bei Stellung des Versicherungsantrags getroffene Vereinbarung, daß der Versicherungsschutz vor Einlösung des Versicherungsscheins beginnt. Sie kann mit Zugang der Zusage der vorläufigen Deckung beim Antragsteller oder zu

einem vereinbarten späteren, jedoch vor Einlösung des Versicherungsscheins liegenden Zeitpunkt beginnen (*Prölss/Martin* Zusatz zu § 1 Anm. 3; *Stiefel/Hofmann* § 1 Rdnrn. 67 ff.). Wird eine solche Vereinbarung getroffen, die sich auch auf die Erweiterung eines bereits bestehenden Vertrags beziehen kann (*Prölss/Martin* Zusatz zu § 1 Anm. 1), dann erhält der VN damit für die nach § 5 Satz 1 an sich deckungsfreie Zeit bis zur Einlösung des Versicherungsscheins Versicherungsschutz in dem Umfang, wie ihn der von ihm gewünschte Vertrag vorsieht, also unter Einschluß einer dreimonatigen Wartezeit für verstoßabhängige Versicherungsfälle gemäß § 14 Abs. 3 Satz 3 (vgl. auch § 5 Satz 3 und § 5 Rdnr. 16). Da jedoch in der RSVersicherung die erweiterte Einlösungsklausel des § 5 Satz 2 gilt, die bei rechtzeitiger Zahlung des Erstbeitrags den Versicherungsschutz schon zu einem vor der Einlösung des Versicherungsscheins liegenden, als Vertragsbeginn vereinbarten Zeitpunkt beginnen läßt, kommt die vorläufige Deckung in der RSVersicherung nur verhältnismäßig selten zum Zuge. Dies wurde durch die redaktionelle Verbesserung der §§ 5 und 6 gegenüber den ARB 69 klargestellt (VerBAV 76, 130). Im wesentlichen gewinnt die vorläufige Deckung nur dann selbständige Bedeutung, wenn der Versicherer den Antrag auf Abschluß des Versicherungsvertrags ablehnt oder der VN einem vom Antrag abweichenden Versicherungsschein widerspricht (Fälle des Abs. 2). Nimmt dagegen der Versicherer den Antrag an, zahlt aber der VN den Erstbeitrag nicht innerhalb von zwei Wochen nach Vorlage oder Übersendung des Versicherungsscheins, dann tritt die vorläufige Deckung rückwirkend außer Kraft (Abs. 3).

2   **Satz 2** des Abs. 1 verlangt für die Wirksamkeit der vorläufigen Deckung eine schriftliche Zusage des Versicherers oder einer hierzu bevollmächtigten Person, in der Regel eines Agenten. Erteilt ein Agent unter Überschreitung seiner Vollmacht eine nur mündliche und daher unwirksame Deckungszusage, kann der Versicherer aus dem Gesichtspunkt des Verschuldens bei Vertragsschluß verpflichtet sein, den Antragsteller so zu stellen, wie er bei einer wirksamen Deckungszusage stehen würde (OLG Hamm VersR 77, 1117).

3   Das durch die Zusage der vorläufigen Deckung geschaffene Rechtsverhältnis und der spätere Versicherungsvertrag sind **zwei** rechtlich **selbständige Verträge,** auch wenn der Beitrag und die Zeit der vorläufigen Deckung in den dann zustande gekommenen Versicherungsvertrag einbezogen werden. Die Deckungszusage kann beispielsweise selbständig nach § 123 BGB angefochten werden und der Versicherer kann von ihr nach §§ 16 ff. VVG zurücktreten (*Prölss/Martin* Zusatz zu § 1 Anm. 2; *Stiefel/Hofmann* § 1 Rdnr. 68). Der Beitrag für die vorläufige Deckung wird in der Regel gestundet, § 38 Abs. 2 VVG gilt insoweit nicht (*Prölss/Martin* Zusatz zu § 1 Anm. 3; *Stiefel/Hofmann* § 1 Rdnr. 71).

II. Abs. 2

4   **Lehnt** der **Versicherer** den Antrag auf Abschluß eines Versicherungsvertrages **ab**, dann endet die Vereinbarung über die vorläufige Deckung mit

Vorläufige Deckung 5–7 § 6 ARB 75

dem Eingang der Ablehnungserklärung des Versicherers beim Antragsteller. Der Zeitpunkt dieses Eingangs regelt sich nach den gesetzlichen Bestimmungen über den Zugang einer Willenserklärung gemäß §§ 130 bis 132 BGB. Die vorläufige Deckung endet außerdem, wenn der VN einem vom Antrag abweichenden Versicherungsschein widerspricht (§ 5 VVG), und zwar mit dem Zugang des Widerspruchs beim Versicherer. In diesen Fällen gebührt dem Versicherer nach Abs. 2 Satz 2 der Beitrag im Verhältnis des Zeitraums der vorläufigen Deckung zum regulären Beitragszeitraum. Eine besondere Geschäftsgebühr oder einen sonstigen Kostenzuschlag (vgl. z.B. §§ 40 Abs. 2 Satz 2, 68 Abs. 1 VVG) kann der Versicherer nicht verlangen. Ist in den Fällen des Abs. 2 Satz 1 vor dem Ende der vorläufigen Deckung ein Versicherungsfall eingetreten, haftet der Versicherer aufgrund der Zusage der Deckung, wie wenn ein wirksamer Versicherungsvertrag bestanden hätte.

III. Abs. 3

Abs. 3 Satz 1 ist in Verbindung mit der erweiterten Einlösungsklausel des 5
§ 5 Satz 2 zu sehen. Ist bei zugesagter vorläufiger Deckung als materieller Versicherungsbeginn ein vor der Einlösung des Versicherungsscheins liegender Zeitpunkt – in der Regel gleichzeitig der Beginn der vorläufigen Deckung – vereinbart, dann beginnt der Versicherungsschutz aus dem Versicherungsvertrag nur dann zu diesem vereinbarten Zeitpunkt, wenn der VN den Erstbeitrag nach Aufforderung gemäß § 5 Satz 2 rechtzeitig zahlt (§ 5 Rdnr. 13). Als „rechtzeitig" kann hierbei der Zeitraum bis zu zwei Wochen angesehen werden, bei dessen Überschreitung Abs. 3 Satz 1 den rückwirkenden Wegfall der vorläufigen Deckung vorsieht. Erbringt also in diesen Fällen der VN später als zwei Wochen nach Vorlage oder Übersendung des Versicherungsscheins seine Zahlung, dann beginnt der Versicherungsschutz weder aufgrund der erweiterten Einlösungsklausel des § 5 Satz 2 noch aufgrund der Zusage der vorläufigen Deckung zu dem vorgesehenen früheren Zeitpunkt, sondern aufgrund § 5 Satz 1 erst mit dem Zeitpunkt der Zahlung. Dies ist der Zeitpunkt, in dem der VN seine zur Zahlung erforderliche Leistungshandlung vornimmt (§ 5 Rdnr. 11; § 7 Rdnr. 11). Ein vorher eingetretener Versicherungsfall ist dann nicht gedeckt.

In dem **Sonderfall** der Genehmigungsfiktion nach § 5 Abs. 1 VVG bei 6
Abweichung des Versicherungsscheins vom Antrag sieht Abs. 3 Satz 2 vor, daß die vorläufige Deckung mangels Einlösung des Versicherungsscheins erst zwei Wochen nach dem die Genehmigung des VN fingierenden Ablauf der Monatsfrist rückwirkend entfällt.

In den Fällen des Abs. 3, in denen die vorläufige Deckung rückwirkend 7
außer Kraft tritt, hat der VN **Leistungen** des Versicherers, die dieser lediglich aufgrund der vorläufigen Deckung bereits erbracht hatte, gemäß § 812 Abs. 1 Satz 2 BGB **zurückzuzahlen** (*Stiefel/Hofmann* § 1 Rdnr. 82; *Ridder* S. 108).

§ 7 Beitragszahlung

(1) Die Beiträge sind Jahresbeiträge und im voraus für ein Jahr zu zahlen. Es kann Zahlung in vorauszuzahlenden Raten vereinbart werden; die zunächst nach dieser Vereinbarung nicht fälligen Teile des Jahresbeitrages sind gestundet. Bei Ratenvereinbarungen gilt nur die erste Rate des Erstjahresbeitrages als Erstbeitrag. Gerät der Versicherungsnehmer mit einer Rate, die Folgebeitrag ist, in Verzug, kann der Versicherer Zahlung der weiteren gestundeten Raten des Jahresbeitrages verlangen; die Stundung gilt damit als aufgehoben.

(2) Folgebeiträge sind jeweils am 1. des Fälligkeitsmonats zu zahlen.

(3) Rückständige Folgebeiträge können später als ein Jahr nach ihrer Fälligkeit nicht mehr gerichtlich geltend gemacht werden, auch wenn sich der Versicherungsnehmer nicht auf den Fristablauf beruft.

(4) Erfüllungsort für Beitragszahlungen ist die Hauptverwaltung des Versicherers.

Übersicht

	Rdnrn.		Rdnrn.
I. Allgemeines	1	IV. Fälligkeit des Folgebeitrags (Abs. 2)	6–8
II. Abs. 1	2	1. Folgebeitrag	6
III. Fälligkeit des Erstbeitrags	3–5	2. Fälligkeit	7
1. Fälligkeit	3	3. Folgen nicht rechtzeitiger Zahlung	8
2. Folgen nicht rechtzeitiger Zahlung	4, 5	V. Abs. 3	9
		VI. Erfüllungsort (Abs. 4)	10–12

I. Allgemeines

1 Die in § 1 Abs. 2 VVG festgelegte Pflicht des VN zur Zahlung des vereinbarten Beitrags wird in den ARB nicht eigens wiederholt. § 7 regelt nur die **Modalitäten der Beitragszahlung**. Statt des im VVG verwendeten, den Entgeltcharakter nach heutiger Auffassung nicht ganz zutreffend wiedergebenden Begriffs „Prämie" verwenden die ARB entsprechend der neueren Versicherungspraxis den Begriff „Beitrag", der für den VVaG schon von jeher üblich war (§§ 24, 25 VAG).

II. Abs. 1
(entspricht § 9 Abs. 1, 2 ARB 94)

2 Der Zeitraum für die Bemessung des Versicherungsbeitrags beträgt nach § 9 VVG ein Jahr, falls nicht ein kürzerer Zeitabschnitt – etwa wegen kürzerer Vertragsdauer – infrage kommt. In Übereinstimmung mit dieser gesetzlichen Bestimmung legt Abs. 1 Satz 1 den Beitrag in der RSVersicherung als vorauszuzahlenden (§ 271 BGB) **Jahresbeitrag** fest. Beiträge, die lediglich bei mehrjährigen Verträgen Anwendung finden und für Einjahresverträge einen Zuschlag erfordern, können nach der VO über Preisangaben nicht als Jahresbeiträge angesehen werden. Der Jahresbeitrag ist nur der Beitrag, zu dem ein einjähriger Vertrag abgeschlossen wird (GB BAV 74, 77). Nach Abs. 1 Satz 2 kann Ratenzahlung vereinbart werden. Bei einer solchen Ver-

einbarung gilt nach Abs. 1 Satz 3 nur die erste Rate des Erstjahresbeitrags als Erstbeitrag im Sinn des § 38 VVG und § 5 (Näheres hierzu § 5 Rdnr. 10). Abs. 1 Satz 4 enthält eine Verfallklausel, wonach die Ratenvereinbarung hinfällig wird, wenn der VN mit der Zahlung einer Folgerate in Verzug gerät. Gegen die Zulässigkeit einer solchen Klausel wurden früher im Hinblick auf den zwingenden Charakter des § 39 VVG Bedenken geäußert (GB BAV 66, 72). Sie ist jedoch mit dem Schutzzweck des § 39 VVG vereinbar, wenn alle fällig gewordenen Raten des Jahresbeitrags in einer den Anforderungen des § 39 VVG genügenden Weise angemahnt werden. Hierbei bedarf es keiner eigenen Mahnung nach § 284 Abs. 1 BGB, da in der Fristsetzung nach § 39 Abs. 1 VVG gleichzeitig die Mahnung liegt, die bei nicht rechtzeitiger Zahlung zum Verzug führt (BGH VersR 68, 241; OLG Hamm VersR 75, 246). Die Regelung des Abs. 1 hat die bei der Auslegung des § 8 Abs. 2 ARB 54 bestehenden Zweifel beseitigt, ob die Raten des Erstjahresbeitrags Erst- oder Folgebeitrag mit der unterschiedlichen Rechtsfolge des § 38 oder § 39 VVG sind (*Prölss/Martin/Knappmann* § 38 Anm. 1 e; *K. Vassel* VerBAV 69, 131, 134).

III. Fälligkeit des Erstbeitrags

1. Über die **Fälligkeit** des Erstbeitrags (zum Begriff vgl. § 5 Rdnr. 10) 3 enthalten die ARB keine Regelung. Es gilt daher § 35 VVG, wonach der VN den Erstbeitrag „sofort" nach Vertragsschluß, jedoch nur gegen Aushändigung des Versicherungsscheins zu zahlen hat. Nimmt der Versicherer den Antrag an, händigt er jedoch den Versicherungsschein noch nicht aus, wird der Beitrag zwar fällig, der VN hat jedoch ein Zurückbehaltungsrecht, bis ihm der Versicherungsschein angeboten wird, und zwar an seinem Wohnsitz (*Bruck/Möller* § 35 Anm. 48; § 3 Anm. 16). Das gleiche muß gelten, wenn dem VN nicht mit dem Versicherungsschein eine ordnungsgemäße Beitragsrechnung („Aufforderung" im Sinn des § 5 Satz 2; vgl. 5 Rdnr. 15) ausgehändigt wird, aus der er die genaue Höhe des geschuldeten Erstbeitrags entnehmen kann (GB BAV 77, 70). Ausgehändigt ist der Versicherungsschein, wenn er dem VN oder seinem rechtsgeschäftlichen Vertreter im Sinn des § 130 BGB zugegangen ist. Beweispflichtig für die Aushändigung ist der Versicherer (*Prölss/Martin/Knappmann* § 35 Anm. 3). Wird der Erstbeitrag erst nach dem als Vertragsbeginn vereinbarten Zeitpunkt nach Aufforderung rechtzeitig bezahlt, beginnt der Versicherungsschutz zu dem vereinbarten Zeitpunkt (erweiterte Einlösungsklausel; Näheres § 5 Rdnrn. 12 ff.).

2. Wird der Erstbeitrag **nicht rechtzeitig gezahlt**, so ist der Versicherer, 4 solange die Zahlung nicht bewirkt ist, berechtigt, vom Vertrag zurückzutreten. Es gilt als Rücktritt, wenn der Anspruch auf den Erstbeitrag nicht innerhalb von drei Monaten vom Fälligkeitstag an gerichtlich geltend gemacht wird (§ 38 Abs. 1 VVG). Diese gesetzliche und nicht widerlegbare Fiktion bezweckt, das Versicherungsverhältnis nicht ohne Haftung des Versicherers zu lange in der Schwebe zu lassen (*Prölss/Martin/Knappmann* § 38 Anm. 7). Um einen Anspruch auf den Erstbeitrag schlüssig zu begründen,

muß daher der Versicherer dem Gericht vortragen, daß der Anspruch nicht früher als drei Monate vor der gerichtlichen Geltendmachung fällig geworden ist. Als „gerichtliche Geltendmachung" genügt es, wenn der Antrag auf Erlaß eines Mahnbescheids oder die Klage innerhalb der Dreimonatsfrist eingereicht wird, sofern der Mahnbescheid oder die Klage „demnächst" zugestellt werden (§§ 270 Abs. 3, 693 Abs. 2 ZPO; *Prölss/Martin/Knappmann* § 38 Anm. 7; § 12 Anm. 9). Der Fälligkeitstag ergibt sich aus § 35 VVG und ist in der Regel der Tag der Aushändigung des Versicherungsscheins (vgl. oben Rdnr. 3), falls er nicht vertraglich anders festgelegt ist. Durch die Zusage vorläufiger Deckung wird die Dreimonatsfrist nicht vorverlegt (LG München I VerBAV 68, 246 = VersR 69, 55 – Leitsatz –). Ist die Dreimonatsfrist abgelaufen, besteht wegen der Rücktrittsfiktion auch bei nachträglicher Zahlung des Erstbeitrags kein Vertrag, es sei denn, es wird ausdrücklich oder stillschweigend etwas anderes vereinbart (*Prölss/Martin/Knappmann* § 38 Anm. 7).

5   Die **Zahlung** ist im Sinn des § 38 Abs. 1 VVG entsprechend § 36 VVG in dem Zeitpunkt **bewirkt**, in dem der VN seine zur Zahlung erforderliche Leistungshandlung erbracht hat (Näheres § 5 Rdnr. 11). Zahlt der VN den Erstbeitrag nicht rechtzeitig im Sinn des § 5 Satz 2, aber noch innerhalb von drei Monaten vom Fälligkeitstag an, ohne daß der Versicherer vorher zurückgetreten ist (§ 38 Abs. 1 VVG), dann beginnt der Versicherungsschutz gemäß § 5 Satz 1 mit der Zahlung (§ 5 Rdnr. 12).

IV. Fälligkeit des Folgebeitrags (Abs. 2)
(entspricht § 9 Abs. 3 ARB 94)

6   1. **Folgebeitrag** ist jeder Beitrag, der nicht Erstbeitrag ist (§ 5 Rdnr. 10; *Prölss/Martin/Knappmann* § 39 Anm. 2a). Folgebeitrag ist gemäß Abs. 1 Satz 2 insbesondere die zweite und jede etwaige weitere Rate des Erstjahresbeitrags.

7   2. Abs. 2 stellt jeden Folgebeitrag zum ersten Tag des jeweiligen Fälligkeitsmonats **fällig**, gleichgültig, an welchem Monatstag der Vertrag geschlossen worden ist (formeller Versicherungsbeginn) und an welchem Monatstag die Haftung des Versicherers begonnen hat (materieller Versicherungsbeginn; § 5 Rdnr. 8). Liegt der Versicherungsbeginn und damit der Beginn der jeweiligen neuen materiellen Versicherungsperiode (§ 9 VVG) am Ende eines Monats, kann somit der VN bis zu dreißig Tagen vorleistungspflichtig werden. Diese geringe Benachteiligung des VN wurde jedoch bewußt in Kauf genommen. Denn sie wird durch den auf den Beitrag durchschlagenden Kostenvorteil aufgewogen, der bei der heutigen Automatisierung des Versicherungsbetriebs darin liegt, daß die Folgebeitragsrechnungen für einen Fälligkeitsmonat möglichst gleichzeitig gedruckt und versandt werden können (GB BAV 68, 83; *K. Vassel* VerBAV 69, 131, 134). Die Vorverlegung der Fälligkeit für den jeweiligen Folgebeitrag ändert selbstverständlich nichts am materiellen Haftungszeitraum des Versicherers. Ist beispielsweise der Anfang des 25. eines Monats materieller Versicherungsbeginn, dann endet der jeweilige Haftungszeitraum (materielle Versicherungs-

Beitragszahlung   8   § 7 ARB 75

periode) mit Ablauf des 24. dieses Monats im Folgejahr, auch wenn der Folgebeitrag schon am 1. des Monats fällig wird.

3. Zahlt der VN trotz ordnungsgemäßer und rechtzeitiger Aufforderung   8
in Form einer Folgebeitragsrechnung (vgl. § 5 Rdnr. 15) bei Fälligkeit **nicht,**
dann ist der Folgebeitrag im Sinn des § 39 Abs. 1 VVG „nicht rechtzeitig
gezahlt" (BGH VersR 68, 241; VersR 77, 1153). In diesem Fall ist zwischen
den normalen Verzugsfolgen der §§ 284 ff. BGB und den spezifisch versicherungsrechtlichen Verzugsfolgen des § 39 VVG zu unterscheiden, die
nebeneinander gegeben sein können. Da die Fälligkeit nach dem Kalender
feststeht, bedarf es zum Eintritt des allgemeinen Schuldnerverzugs keiner
eigenen Mahnung (§ 284 Abs. 2 BGB). Der VN kann dann z.b. gemäß § 286
BGB verpflichtet sein, die Kosten eines anwaltlichen Mahnschreibens oder
Verzugszinsen zu bezahlen (*Prölss/Martin/Knappmann* § 39 Anm. 1). In der
Praxis ungleich wichtiger sind jedoch die spezifisch versicherungsrechtlichen Verzugsfolgen. Der Versicherer kann nach Fälligkeit durch eine sogenannte qualifizierte Mahnung im Sinn des § 39 Abs. 1 VVG eine Zahlungsfrist von mindestens zwei Wochen bestimmen, nach deren fruchtlosem
Ablauf er unter den Voraussetzungen des § 39 Abs. 2 bis 4 VVG leistungsfrei und zur fristlosen Kündigung berechtigt wird. Diese Rechtsfolgen können jedoch nur eintreten, wenn die Belehrung nach § 39 Abs. 1 Satz 2 VVG
umfassend, für den VN hinreichend verständlich und nicht irreführend ist.
Insbesondere darf er nicht in den Glauben versetzt werden, daß ihm die
Zahlung nach Fristablauf, aber vor Eintritt des Versicherungsfalles nichts
mehr nütze (BGH VersR 88, 484). Eine Zahlung des VN ist hierbei in dem
Zeitpunkt als bewirkt anzusehen, in dem er die zur Zahlung erforderliche
Leistungshandlung vorgenommen hat, also beispielsweise die Bank mit der
Überweisung beauftragt hat (§ 5 Rdnr. 11; § 7 Rdnr. 11). Hat allerdings der
Versicherer vom VN für die angemahnten Beiträge eine Einzugsermächtigung im Lastschriftverfahren entgegengenommen und können diese Beiträge bei Fälligkeit vom Konto des VN abgebucht werden, dann bewirkt eine
qualifizierte Mahnung im Sinn des § 39 Abs. 1 VVG in der Regel keine Leistungsfreiheit des Versicherers. Denn das Ausstehen des fälligen Beitrages
erfüllt den Tatbestand der nicht rechtzeitigen Zahlung im Sinn von § 39
Abs. 1 VVG nur, wenn die Verantwortung für die rechtzeitige Zahlung und
das damit verbundene Risiko beim VN liegen (BGH VersR 77, 1153). Zahlt
der VN bei Bestehen mehrerer rechtlich selbständiger Teilverträge (vgl.
hierzu § 8 Rdnr. 8) auf den Gesamtbeitrag nur einen Teilbetrag, dann ist
dieser mangels anderweitiger Bestimmung, zu der der VN zweckmäßigerweise zunächst aufgefordert werden sollte (vgl. Rundschreiben R 7/77
Ziff. 7, VerBAV 77, 403), auf einen selbständigen Vertragsteil zu verrechnen,
der hierdurch voll gedeckt ist (BGH VersR 78, 436). Voraussetzung einer
wirksamen Beitragsanforderung ist hierbei jedoch immer, daß der Versicherer deutlich zum Ausdruck bringt, welcher genaue Prämienbetrag zur Erlangung oder zum Erhalt des Versicherungsschutzes in jedem Einzelvertrag
gezahlt werden muß (BGH VersR 85, 447; 86, 54 = NJW 86, 1103; vgl. auch
§ 5 Rdnr. 15). Eine qualifizierte Mahnung bleibt auch dann unwirksam,
wenn es sich bei der Zuvielforderung nur um Pfennigbeträge handelt (BGH

VersR 92, 1501). Wegen weiterer Einzelheiten wird auf die Erläuterungen zu § 39 VVG bei *Prölss/Martin/Knappmann* und *Bruck/Möller* verwiesen.

V. Abs. 3
(ARB 94: entfallen)

9 Die Bestimmung enthält eine von Amts wegen, also nicht nur auf Einrede des VN zu beachtende **Ausschlußfrist** von einem Jahr ab Fälligkeit für die Klagbarkeit des Anspruchs des Versicherers auf rückständige Folgebeiträge. Die vor Geltung der ARB 69 praktizierte Sechsmonatsfrist hatte sich als zu kurz erwiesen, da sie häufig zu wenig Zeit für Einzelabsprachen in Bezug auf Stundungen oder Vertragsumstellungen ließ und dadurch zu Störungen des Vertrauensverhältnisses zwischen VN und Versicherer führen konnte (GB BAV 68, 83; *K. Vassel* VerBAV 69, 131, 133, 134). Während der Ablauf der Dreimonatsfrist für die Zahlung des Erstbeitrags gemäß § 38 Abs. 1 VVG den Versicherungsvertrag beseitigt (vgl. oben Rdnr. 4), berührt der Ablauf der Jahresfrist des Abs. 3 den Bestand des Versicherungsvertrags nicht.

VI. Erfüllungsort (Abs. 4)
(ARB 94: entfallen)

10 Die ARB legen **keinen einheitlichen Erfüllungsort** für die beiderseitigen Leistungen aus dem Versicherungsvertrag fest, wie dies bei einem gegenseitigen Vertrag an sich möglich wäre. Ein Bedürfnis für die vertragliche Fixierung des Orts, an dem der RSVersicherer seine Leistung zu erbringen hat, besteht im Hinblick auf die gesetzliche Regelung des § 269 BGB nicht. Aus der Natur des RSVersicherungsvertrags ergibt sich ohnehin, daß die Leistungen des RSVersicherers – z.B. Anwaltsbeauftragung, Kostenbefreiung (§ 1 Rdnrn. 12 und 42) – jeweils vom Sitz des Versicherers aus zu bewirken sind.

11 Für die **Beitragsschuld** des VN verlegt Abs. 4 entgegen der dispositiven Gesetzesregelung des § 36 VVG den Ort, an dem der VN seine Leistungshandlung zu erbringen hat, von dessen Wohnsitz an den Sitz der Hauptverwaltung des RSVersicherers. Dies hat an sich zur Folge, daß der Beitrag in der RSVersicherung nicht, wie es nach § 36 VVG der Fall wäre, Schickschuld, sondern – wie beispielsweise früher in der Lebensversicherung (seit 1981 geändert, vgl. VerBAV 81, 95) – Bringschuld ist (BGH NJW 71, 380 = VersR 71, 216; OLG Hamm VersR 78, 753). Der Ort, an dem der VN seine Leistungshandlung zu erbringen hat, deckt sich mit dem Ort, an dem der Leistungserfolg – nämlich die Tilgung der Schuld – eintritt (*Palandt/Heinrichs* § 269 Rdnr. 1). Für den VN liegt hierin insofern ein gewisser zeitlicher Nachteil, als seine Zahlung nicht schon dann als bewirkt gilt, wenn der Geldbetrag aus seiner Verfügungsgewalt ausscheidet, sondern erst dann, wenn er unwiderruflich in die Verfügungsgewalt des Versicherers – oder eines inkassoberechtigten Vertreters – gelangt (Näheres § 5 Rdnr. 11). Diese einer Inhaltskontrolle nach § 9 Abs. 2 Nr. 1 AGBG möglicherweise nicht

Vertragsdauer 1 § 8 ARB 75

standhaltende Schlechterstellung des VN gegenüber der gesetzlichen Regelung des § 36 VVG wurde in den ARB 94 beseitigt. Der HUK-Verband hatte seinen Mitgliedern bereits durch Rundschreiben R 15/82 M vom 15. 2. 1982 empfohlen, sich nicht auf die Abweichung des Abs. 4 von der gesetzlichen Regelung zu berufen, soweit nicht hinreichende Anhaltspunkte dafür bestehen, daß der Beitrag erst im Hinblick auf einen bereits eingetretenen Versicherungsfall bezahlt wurde (GB BAV 81, 95). Auch ein Abruf des Beitrags vor dessen Fälligkeit im Lastschriftverfahren durch den Versicherer soll aus diesem Grund unterbleiben (GB BAV 84, 73).

Die früher streitige Frage, ob Abs. 4 für die vertragliche Festlegung des Gerichtsstands neben § 13 selbständige Bedeutung hat (LG München I BB 73, 1328 und 1329), hat durch die 1974 erfolgte Neufassung des § 29 ZPO weitgehend an Bedeutung verloren. Nach § 29 Abs. 2 ZPO hat nämlich Abs. 4 als Vereinbarung über den Erfüllungsort nur noch dann **Gerichtsstandwirkung,** wenn die Parteien Vollkaufleute, juristische Personen des öffentlichen Rechts oder öffentlich-rechtliche Sondervermögen sind (OLG Köln VersR 76, 537; VerBAV 76, 120). Für das Mahnverfahren hat eine Vereinbarung über den Erfüllungsort überdies wegen des ausschließlichen Gerichtsstands des § 689 Abs. 2 ZPO keinerlei Wirkung. 12

§ 8 Vertragsdauer
(entspricht § 8 ARB 94)

(1) Der Vertrag wird für die im Versicherungsschein angegebene Zeit abgeschlossen. Bei einer Vertragsdauer von mehr als drei Jahren kann der Versicherungsnehmer das Versicherungsverhältnis schon zum Ende des dritten Jahres oder jedes darauf folgenden Jahres kündigen; die Kündigung muß dem Versicherer spätestens drei Monate vorher zugehen. Die vorzeitige Kündigung ist nicht möglich, wenn der Versicherer dem Versicherungsnehmer schriftlich vor Abschluß des Vertrages auch Verträge für die Dauer von einem Jahr, drei und fünf Jahren angeboten und dabei auf Verträge mit einer Dauer von fünf und mehr Jahren einen Beitragsnachlaß eingeräumt hat, dessen Vomhundertsatz mindestens der Dauer der Laufzeit entspricht.

(2) Bei einer Vertragsdauer von mindestens einem Jahr verlängert sich der Vertrag stillschweigend jeweils um ein Jahr, wenn nicht dem Vertragspartner spätestens drei Monate vor Ablauf eine Kündigung zugegangen ist.

Übersicht

	Rdnrn.		Rdnrn.
I. Vertragsschluß	1	III. Vertragsbeendigung	4–9
II. Vertragsdauer	2–3	1. ordentliche Kündigung	4, 5
1. Parteivereinbarung	2	2. außerordentliche Kündigung	6
2. stillschweigende Verlängerung (Abs. 2)	3	3. andere Endigungsgründe	7
		4. Teilkündigung	8, 9

I. Vertragsschluß

Über das **Zustandekommen** des Versicherungsvertrags vgl. § 5 Rdnrn. 1 bis 6, über mögliche Störungen bei Vertragsschluß § 5 Rdnrn. 18 bis 29. 1

341

II. Vertragsdauer

2 1. Die ARB sehen keine bestimmte Vertragsdauer als Regelfall vor, sondern überlassen dies der **Parteivereinbarung**. In der Praxis überwogen – ohne Verstoß gegen das AGBG (AG Sinsheim r+s 94, 22) – bis zum Inkrafttreten der Neufassung des § 8 VVG (1. 1. 1991) Fünfjahresverträge; eine längere Vertragsbindung war den meisten Versicherern durch geschäftsplanmäßige Erklärung (Einl. Rdnr. 36) untersagt. Seit 1. 1. 1991 ist unter den Voraussetzungen des § 8 Abs. 3 VVG auch eine längere Vertragsdauer möglich. Dieser gesetzlichen Neuregelung trägt die Neufassung des § 8 ARB Rechnung (VerBAV 92, 337; zur alten Fassung vgl. 4. Aufl. zu § 8).

3 2. Ist eine Vertragsdauer von mindestens einem Jahr vereinbart, **verlängert** sich der Vertrag gemäß Abs. 2 **stillschweigend** jeweils um ein Jahr, wenn nicht dem Vertragspartner spätestens drei Monate vor Ablauf eine Kündigung zugegangen ist. Diese Regelung, die sachlich § 8 Satz 2 a. F. entspricht und sich in den Grenzen des § 8 Abs. 1 VVG bewegt, trägt der Tatsache Rechnung, daß es dem mutmaßlichen Willen beider Parteien entspricht, bei Verträgen von mindestens einem Jahr Dauer nicht jeweils eine arbeits- und zeitaufwendige Verlängerungsvereinbarung treffen zu müssen. Soweit es sich um einen Kurzvertrag mit einer Dauer von weniger als einem Jahr handelt, endet dagegen der Vertrag mit Ablauf der vereinbarten Zeit ohne Kündigung. In diesem Fall wird angenommen, daß von vorneherein ein bestimmtes Enddatum in Aussicht genommen ist und daher eine automatische Verlängerung nicht dem mutmaßlichen Willen des VN entspricht, wie dies z. B. bei Reisepolicen oder sonstigen Kurzpolicen der Fall ist.

III. Vertragsbeendigung

4 1. Die nach Abs. 2 mögliche Kündigung zum Ablauf ist eine **ordentliche Kündigung**. Sie steht sowohl dem VN wie dem Versicherer offen. Nur der VN hat dagegen die in Abs. 1 Satz 2 vorgesehene Kündigungsmöglichkeit bei einer Vertragsdauer von mehr als drei Jahren. Diese neue Bestimmung ist durch die gesetzliche Neuregelung des § 8 Abs. 3 VVG bedingt und gilt nur für Verträge, die nach dem 1. 1. 1991 abgeschlossen worden sind, und auch hier nur, soweit der Versicherer nicht die in Abs. 1 Satz 3 aufgeführten Alternativangebote mit entsprechendem Beitragsnachlaß vor Vertragsschluß gemacht hatte. Die „Rücknahme" einer Kündigung läßt wegen deren Gestaltungswirkung den alten Vertrag nicht ipso iure wieder aufleben, sondern ist lediglich als – zumindest durch konkludentes Verhalten – annahmebedürftiger Antrag auf Fortführung des bisherigen Vertrags nach dessen Ablauf zu werten (BGH VersR 88, 1013; *Prölss/Martin* § 8 Anm. 5 I; § 60 Anm. 3; *Mathy* VersR 84, 1028). Schriftform ist für die Kündigungserklärung des VN gemäß § 12 vorgesehen, aber auch für die Kündigungserklärung des Versicherers die Regel. Ihre Zurückweisung durch den VN nach § 174 BGB ist nach Satz 2 dieser Bestimmung ausgeschlossen, wenn davon ausgegangen werden kann, daß die Personen, die das Kündigungsschreiben des Versicherers unterzeichnet haben, kraft ihrer Stellung hierzu auch bevollmächtigt sind (LG Duisburg VersR 89, 1255 bei Unterzeichnung durch Prokuristen und stellvertretenden Gruppenleiter). Die Kündigung muß dem Vertragspartner als empfangsbedürftige Willenserklärung spätestens drei Monate vor Ablauf der materiellen Versicherungsperiode (§ 5 Rdnr. 8) zugehen (§§ 130 bis 132 BGB; Näheres *Prölss/Martin/Knappmann* § 39 Anm. 2c; *Palandt/Heinrichs* Erläuterungen zu §§ 130 bis 132). Bei Versicherungsbeginn am Anfang eines Tages endet diese materielle Versicherungsperiode jeweils mit Ablauf des Tages des Folgejahres, der seiner Zahl nach dem Beginntag der neuen Versicherungsperiode vorangeht. Beginnt beispielsweise die materielle Versicherungsperiode am 15. 4., dann endet sie mit dem Ablauf des 14. 4. des Folgejahres. Die Fälligkeit des Folgebeitrags zum 1. 4. (§ 7 Abs. 2) ändert hieran nichts. Will der VN oder der Versicherer den mit Ablauf des 14. 4. endenden Versicherungsvertrag ordentlich kündigen, muß die Kündigungserklärung dem anderen Teil spätestens am 14. 1. oder, falls dies ein Samstag oder Sonntag oder Feiertag ist, am nächstfolgenden Werktag zugegangen sein (§ 188 Abs. 2 in Verbindung mit § 187 Abs. 1, § 193 BGB; BGH NJW 75, 40; *Prölss/Martin* § 8 Anm. 5 B; *Bruck/Möller* § 8 Anm. 28; GB BAV 67, 84). Ist Versicherungsbeginn erst der Mittag des 15. 4., dann endet die Versicherungsperiode am Mittag des 15. 4. des Folgejahres (§ 7 VVG). In diesem Fall muß die Kündigung dem anderen Teil spätestens am 15. 1. zugegangen sein (*Prölss/Martin* § 7 Anm. 1). Ob eine verspätete oder aus anderen Gründen unwirksame Kündigung des VN gemäß § 140 BGB auf den nächstzulässigen Termin wirkt, ist streitig. Mit *Prölss/Martin* (§ 8 Anm. 5 B; ähnlich *Stiefel/Hofmann* § 4 Rdnr. 15) wird man eine solche Umdeutung jedenfalls dann als möglich ansehen können, wenn der nächstzulässige Termin nicht allzu fern liegt und die Umstände eindeutig ergeben, daß der VN auf jeden Fall vom Vertrag loskommen will (ähnlich OLG Köln VersR 74, 462; a. A. für den Fall einer vom Versicherer zurückgewiesenen verfrühten Kündigung AG Düsseldorf VersR 80, 60). Eine unwirksame Kündigung muß der Versicherer gemäß § 242 BGB zurückweisen, falls der VN die Unwirksamkeit nicht kannte oder kennen mußte (*Prölss/Martin* § 8 Anm. 5 G). Eine unwirksame Anfechtung des Versicherungsvertrags kann u. U. in eine wirksame Kündigung des VN zum nächstmöglichen Zeitpunkt umgedeutet werden (OLG Hamm VersR 81, 275).

Ist eine **Gemeinschaft** von mehreren Personen VN des Versicherungsvertrags, dann muß die Kündigung durch alle Gemeinschafter oder einen hierzu befugten Vertreter ausgesprochen werden. Der Verwalter einer Wohnungseigentümergemeinschaft ist nicht ohne weiteres befugt, eine Kündigung für die Gemeinschaft auszusprechen (LG Essen VersR 79, 80 mit Anm. von *Martin*). Seine Kündigung ist jedenfalls dann unwirksam, wenn er keine Vollmachtsurkunde vorlegt und der Versicherer aus diesem Grund die Kündigung unverzüglich zurückweist (§ 174 BGB; LG Berlin VersR 86, 698; AG Erlangen VersR 84, 634). Die Kündigung eines Gemeinschafters für seinen Anteil wird in der Regel unzulässig sein, da sie dem Vertragszweck widerspricht (*Martin* VersR 74, 410).

2. Neben dem Recht der ordentlichen Kündigung besteht das Recht der **außerordentlichen Kündigung** bei besonderen Anlässen, z.B. bei Oblie-

genheitsverletzung, Gefahrerhöhung oder Prämienverzug durch den VN (§§ 6 Abs. 1 Satz 2, 24, 30, 39 VVG) oder nach Eintritt eines Versicherungsfalles unter den Voraussetzungen des § 19 Abs. 1 und 2. Eine verspätete oder unwirksame ordentliche Kündigung kann durch Nachschieben eines anderen Kündigungsgrundes als außerordentliche Kündigung wirksam werden, wenn der nachträglich geltend gemachte Kündigungsgrund schon im Zeitpunkt der Kündigung bestanden hat, auch wenn er dem Kündigenden damals noch nicht bekannt war (*Stiefel/Hofmann* § 4 Rdnr. 16). Bei einer außerordentlichen Kündigung schuldet der VN in den gesetzlich bestimmten Fällen den Beitrag für die laufende Versicherungsperiode, im übrigen zeitanteilig (vgl. § 19 Abs. 3; *Prölss/Martin* § 40 Anm. 1 bis 3).

7   3. Eine **vorzeitige Vertragsbeendigung** ist außerdem möglich wegen Rücktritts bei Verletzung der vorvertraglichen Anzeigepflicht gemäß §§ 16ff. VVG, wegen Anfechtung nach arglistiger Täuschung (§ 22 VVG), wegen vollständigen Wagniswegfalls nach § 68 Abs. 2 VVG (§ 10 Rdnr. 4) oder bei Bestehen einer Doppelversicherung gemäß § 60 VVG (§ 15 Rdnr. 36) oder durch einverständliche Aufhebung des Vertrags (*Palandt/Heinrichs* § 305 Rdnr. 7; *Prölss/Martin* § 8 Anm. 6b) oder in sonstigen Sonderfällen, z. B. bei Auflösung eines Rahmenvertrags oder bei positiver Vertragsverletzung des einen oder anderen Vertragsteils (Näheres *Prölss/Martin* § 8 Anm. 6).

8   4. Eine **Teilkündigung** ist möglich, soweit nicht ein einheitlicher Versicherungsvertrag, sondern mehrere rechtlich selbständige Verträge bestehen, auch wenn sie in einem Versicherungsschein zusammengefaßt sind (*Prölss/Martin* § 8 Anm. 5 C; Anm. 2 vor § 1 AKB). Rechtlich unselbständig und daher nicht einzeln kündigungsfähig sind die in der jeweiligen Vertragsart (Rechtsschutz-„Paket") der §§ 21 bis 28 zusammengefaßten einzelnen Leistungsarten. So ist es beispielsweise nicht möglich, den Versicherungsschutz für die Wahrnehmung rechtlicher Interessen aus Arbeitsverhältnissen (§ 25 Abs. 2b) oder vor Sozialgerichten (§ 25 Abs. 2d) isoliert zu kündigen. Sind dagegen mehrere Vertragsarten beispielsweise nach §§ 21, 24, 25 oder 29 in einem Versicherungsschein zusammengefaßt, handelt es sich mangels anderweitiger Vereinbarung jeweils um rechtlich selbständige, voneinander unabhängige (GB BAV 77, 80) Verträge, die auch selbständig gekündigt werden können. Das gleiche gilt für den Vertrags-RS des § 24 Abs. 3, der schon wegen seiner nur einjährigen Laufzeit (VerBAV 69, 66; vgl. § 24 Rdnr. 42) ein von den übrigen, in einem „Paket" zusammengefaßten Leistungsarten des § 24 Abs. 2 getrenntes rechtliches Schicksal hat (AG Ludwigsburg r + s 79, 2; AG München r + s 79, 177; *Böhme* § 8 Rdnr. 11). Die im Fall der Teilkündigung nach Gefahrerhöhung geltende Sondervorschrift des § 30 Abs. 2 VVG ist für die RSVersicherung durch § 9 Abs. 1 als abbedungen anzusehen (§ 9 Rdnr. 2).

9   Soweit das BAV für die „**Bündelung**" rechtlich selbständiger Versicherungsverträge in einer Urkunde gewisse Grundsätze aufstellt, z.B. einheitliche Laufzeiten wünscht (vgl. Rundschreiben R 7/77 VerBAV 77, 403, Ergänzung VerBAV 81, 188), ist es fraglich, ob die RSVersicherung betroffen ist. Denn eine Bündelung im Sinn dieses Rundschreibens liegt nur dann vor,

Erhöhung und Verminderung der Gefahr　　　　　　　**§ 9 ARB 75**

wenn die den einzelnen Verträgen zugrundeliegenden AVB zumindest teilweise verschieden sind. Den in einem Versicherungsschein zusammengefaßten Vertragsarten der § 21 bis 29 liegen jedoch dieselben allgemeinen Bestimmungen, nämlich die §§ 1 bis 20 zugrunde. Die Zusammenfassung mehrerer Vertragsarten ist hier vergleichbar der Zusammenfassung mehrerer Vertragsarten in der Kraftfahrtversicherung und in der Krankenversicherung, die nach dem Rundschreiben ebenfalls nicht als Bündelung gilt. Im übrigen ist die Frage der Bündelung nur aufsichtsrechtlich, aber nicht zivilrechtlich von Belang. Hier hängt es vielmehr von der Vertragsgestaltung im Einzelfall ab, ob mehrere in einem Versicherungsschein zusammengefaßte Vertragsarten der Besonderen Bestimmungen der ARB (§§ 21 bis 29) rechtlich als ein einziges Vertragsverhältnis anzusehen sind. Zur Bündelung mit anderen Versicherungssparten vgl. § 158 l Abs. 1 VVG und § 5 Rdnr. 6.

§ 9 Erhöhung und Verminderung der Gefahr

(1) Tritt nach Vertragsabschluß ein für die Übernahme der Gefahr erheblicher Umstand ein, der nach den für den Geschäftsbetrieb des Versicherers maßgebenden Grundsätzen einen höheren als den vereinbarten Beitrag rechtfertigt, kann der Versicherer den sich aus der höheren Gefahr ergebenden Beitrag vom Eintritt dieses Umstandes an verlangen.

(2) Wird die höhere Gefahr nach den für den Geschäftsbetrieb des Versicherers maßgebenden Grundsätzen auch gegen einen höheren Beitrag nicht übernommen, kann der Versicherer innerhalb eines Monats von dem Zeitpunkt an, in welchem er von dem für die höhere Gefahr erheblichen Umstand Kenntnis erlangt hat, den Versicherungsvertrag unter Einhaltung einer Kündigungsfrist von einem Monat kündigen.

(3) Tritt nach Vertragsabschluß ein für die Übernahme der Gefahr erheblicher Umstand ein, der nach den für den Geschäftsbetrieb des Versicherers maßgebenden Grundsätzen einen geringeren als den vereinbarten Beitrag rechtfertigt, kann der Versicherungsnehmer verlangen, daß der Beitrag vom Eintritt dieses Umstandes an herabgesetzt wird. Zeigt der Versicherungsnehmer diesen Umstand dem Versicherer später als einen Monat nach dessen Eintritt an, wird der Beitrag vom Eingang der Anzeige an herabgesetzt.

(4) Der Versicherungsnehmer hat dem Versicherer innerhalb eines Monates nach Zugang einer Aufforderung die zur Beitragsberechnung erforderlichen Angaben zu machen. Unrichtige oder unterbliebene Angaben zum Nachteil des Versicherers berechtigen diesen, die Leistungen nur insoweit zu erbringen, als es dem Verhältnis des vereinbarten Beitrages zu dem Beitrag entspricht, der bei richtigen und vollständigen Angaben hätte gezahlt werden müssen. Diese Kürzung der Leistungen tritt nicht ein, wenn der Versicherungsnehmer beweist, daß die Unrichtigkeit oder das Unterbleiben der Angaben nicht auf seinem Verschulden beruht.

Übersicht

	Rdnrn.		Rdnrn.
I. Allgemeines	1	a) individuell	3
II. Beitragserhöhung (Abs. 1)	2–4 a	b) generell	4
1. Gefahrerhöhung	2	2. Beitragsangleichungsklausel	4 a

345

§ 9 ARB 75 1, 2   1. Teil. Allgemeine Bestimmungen (B)

	Rdnrn.		Rdnrn.
III. Abs. 2	5	1. a) Satz 1	10, 11
IV. Beitragsermäßigung (Abs. 3)	6–9	b) Rechtspflicht	12
V. Meldepflicht (Abs. 4)	10–14	2. Proportionalitätsregel (Sätze 2 und 3)	13, 14

I. Allgemeines

1   Der Versicherer übernimmt bei Vertragsschluß das Rechtskostenrisiko, das in dem vertraglich vereinbarten Zeitraum auf den gemäß §§ 21 bis 29 im Einzelfall versicherten Rechtsgebieten für den VN in seiner jeweils versicherten Eigenschaft voraussichtlich entsteht. Die Fortdauer der bei Vertragsschluß bestehenden konkreten Risikolage des VN ist jedoch ungewiß. § 9 schafft daher die Möglichkeit, bei einer nachträglichen Erhöhung oder Verminderung der Risikolage den **Vertrag** entsprechend **anzupassen**. Es handelt sich um eine im voraus vereinbarte, in den §§ 23 ff. VVG nicht vorgesehene einseitige Vertragsänderung bei Vorliegen der Voraussetzungen des § 9, die in der Prämienregulierungsklausel des § 8 II 2 AHB ein gewisses Vorbild hat und gegen deren Zulässigkeit keine Bedenken bestehen (BGH NJW 51, 314 mit Anm. von *E. Prölss* = VersR 51, 76; *Bruck/Möller* Einl. Anm. 29; § 1 Anm. 120; § 41 Anm. 21 und 23). Die Bestimmung trägt der Notwendigkeit Rechnung, daß zwischen dem nach versicherungsmathematischen Grundsätzen zu berechnenden Risiko und der Höhe des Beitrags ein angemessenes Verhältnis besteht und während der Vertragsdauer bestehen bleibt. Tritt im Lauf des Versicherungsverhältnisses infolge einer Veränderung der gefahrbegründenden Umstände ein Ungleichgewicht zwischen Risiko und Beitrag ein, dann wäre ein Festhalten des einen oder anderen Teils an dem unter anderen Umständen geschlossenen Versicherungsvertrag unbillig (BGH VersR 79, 73; *Prölss/Martin* § 23 Anm. 1). § 9 ist damit eine Ausprägung des allgemeinen Grundsatzes, daß bei erheblicher Störung der Äquivalenz zwischen Leistung und Gegenleistung ein gegenseitiger Vertrag wegen erheblicher Veränderung der bei Vertragsschluß bestehenden Geschäftsgrundlage den veränderten Umständen anzupassen ist (*Palandt/Heinrichs* § 242 Rdnrn. 130, 131, 135, 137).

II. Beitragserhöhung (Abs. 1)
(entspricht § 11 Abs. 1 ARB 94)

2   1. Abs. 1 gibt dem Versicherer das Recht, einen höheren Beitrag zu verlangen, sobald ein **gefahrerhöhender Umstand** eintritt, der nach den für den Geschäftsbetrieb des Versicherers maßgeblichen Grundsätzen einen höheren als den bei Vertragsschluß vereinbarten Beitrag rechtfertigt. Ohne Rücksicht auf den Zeitpunkt, zu dem der Versicherer Kenntnis von dem gefahrerhöhenden Umstand erlangt, kann er den höheren Beitrag vom Eintritt dieses Umstandes an verlangen, da er auch von diesem Zeitpunkt an die höhere Gefahr trägt (vgl. auch unten Rdnr. 10). Die Regelung geht davon aus, daß es im Regelfall dem mutmaßlichen Willen beider Vertragsteile entspricht, nicht die gesetzlichen Rechtsfolgen der §§ 23 ff. VVG eintreten zu lassen, sondern den Vertrag mit der Pflicht des Versicherers zur Übernahme

Erhöhung und Verminderung der Gefahr 3, 4 § 9 ARB 75

der höheren Gefahr und dem entsprechend geänderten Beitrag fortzuführen. Die in § 23 VVG vorgesehene Einwilligung des Versicherers zur Vornahme der Gefahrerhöhung durch den VN gilt im voraus als erteilt. Aus ähnlichen Gründen wie bei einer Erhöhung oder Erweiterung des versicherten Haftpflichtrisikos in den Fällen des § 1 Ziff. 2b AHB sind daher die gesetzlichen Vorschriften der §§ 23 ff. VVG als abbedungen anzusehen, soweit sie der Bedingungsregelung widersprechen (BGH VersR 59, 14; OLG Celle VersR 53, 181; OLG Hamm VersR 62, 413; *Frölich* VersR 64, 906; *Bruck/Möller/Johannsen* IV Anm. G 115; *Prölss/Martin/Voit* § 1 AHB Anm. 7). Die Möglichkeit der einseitigen Beitragserhöhung durch den Versicherer, der die Vorschrift des § 34a VVG nicht entgegenstehen dürfte (*Bruck/Möller* § 23 Anm. 39; § 41 Anm. 21 und 23), hat zwei Voraussetzungen: Die gefahrbegründenden Umstände müssen sich nach Vertragsschluß erhöht haben und diese Erhöhung muß nach den betrieblichen Grundsätzen des Versicherers einen höheren als den vereinbarten Beitrag rechtfertigen. Dabei ist die vom Versicherer übernommene Gefahrenlage des VN immer dann als erhöht anzusehen, wenn sich die bei Vertragsschluß vorhandenen gefahrerheblichen Umstände – nicht nur unerheblich (§ 29 VVG) – so ändern, daß sie den Eintritt des Versicherungsfalles (Schadeneintrittsgefahr) oder eine Vergrößerung des Schadens (Schadenauswirkungsgefahr) und damit der Versichererleistung wahrscheinlicher machen und dies bei Vertragsschluß nicht ohne weiteres voraussehbar war (*Prölss/Martin* § 23 Anm. 2 A; *Bruck/Möller* § 23 Anm. 8).

a) Eine solche Änderung kann als **individuelle Gefahrerhöhung** im 3 Rahmen des einzelnen Vertragsverhältnisses in der Sphäre des VN eintreten (*Prölss/Martin* § 23 Anm. 2 A b aa). In der Regel handelt es sich um eine quantitative Erweiterung des versicherten Risikos, die nach dem Tarif des Versicherers einen höheren Beitrag bedingt. Hierbei erhöht sich die statistische Wahrscheinlichkeit des Eintritts von Versicherungsfällen, also die Schadeneintrittsgefahr (vgl. oben Rdnr. 2), proportional zur Quantitätssteigerung. Beispiele sind: Erwerb eines zusätzlichen Fahrzeugs beim Verkehrs-RS des § 21; tariferhebliche Steigerung der Anzahl der Fahrer beim Fahrer-RS für Unternehmen gemäß § 23 Abs. 7; tariferhebliche Steigerung der Beschäftigtenzahl oder der sonstigen Bemessungsgrößen (z. B. des Umsatzes) beim RS für Gewerbetreibende und freiberuflich Tätige des § 24; tariferhebliche Vergrößerung des landwirtschaftlichen Grundbesitzes beim Landwirtschafts- und Verkehrs-RS des § 27; tariferheblicher Zuwachs der Zahl der Vereinsmitglieder beim Vereins-RS des § 28. Damit der Versicherer von der Gefahrerhöhung Kenntnis erlangt, ist in Abs. 4 eine Meldepflicht festgelegt (vgl. unten Rdnr. 10). Den höheren Beitrag kann der Versicherer jedoch nicht erst von der Kenntniserlangung an, sondern schon vom Eintritt des gefahrerhöhenden Umstands an verlangen.

b) Die Risikosteigerung kann auch als allgemeine, **generelle Gefahrerhö-** 4 **hung** außerhalb der Sphäre des VN eintreten. Hauptbeispiel in der RSVersicherung sind Gesetzesänderungen, z.B. der Erlaß neuer Haftungsnormen und vor allem die Änderung von Kostengesetzen, die eine nicht nur unerhebliche (§ 29 VVG) Erhöhung der Versichererleistung in Form zu übernehmender Rechtskosten zur Folge haben (*Prölss/Martin* § 23 Anm. 1, 2 A b bb). Die Frage ist besonders im Zusammenhang mit dem Kostenänderungsgesetz 1975 (BGBl. I S. 2189) aktuell geworden, das eine erhebliche Anhebung und teilweise kostenerhöhende Strukturveränderung der Anwalts- und Gerichtskosten gebracht hat. Gesetzesänderungen wie diese sind für den Versicherer nach Art und Ausmaß nicht sicher vorhersehbar und daher nicht mit statistischer Wahrscheinlichkeit so rechtzeitig vor Erlaß des Änderungsgesetzes in einer Weise kalkulierbar, daß dadurch einerseits die voraussichtliche Mehrbelastung des Versicherers „aufgefangen", andererseits der einzelne VN nicht über Gebühr belastet wird (vgl. OLG Karlsruhe VersR 77, 420 für die Steigerung der Arzt- und Krankenhauskosten). Die gegenteilige Meinung von *Suppes* und *Kaulbach* (VersR 77, 396, 398) verkennt diese versicherungstechnischen Gegebenheiten. Die durch das Kostenänderungsgesetz 1975 eingetretene Mehrbelastung an Rechtskosten ist daher als allgemeine Gefahrerhöhung im Sinn der §§ 23 ff. VVG zu werten (ebenso *Rittner* NJW 76, 1529; *Werber* VersR 76, 897). Auch das BVerwG (NJW 76, 1549 = VersR 76, 377) scheint eine in der Gesetzesänderung liegende generelle Gefahrerhöhung nicht verneinen zu wollen, meint aber, Abs. 1 regle ausschließlich die Umstufung in eine höhere Gefahrenklassse eines bereits bestehenden Tarifs; die Vorschrift berechtige den Versicherer nur dann zur Forderung eines erhöhten Beitrags, wenn in den individuellen Verhältnissen des VN Veränderungen eingetreten seien, die seine Umstufung in eine höhere Gefahrenklasse des maßgeblichen Tarifwerks rechtfertigen. Diese Ansicht erscheint zu eng. Die „für den Geschäftsbetrieb des Versicherers maßgebenden Grundsätze" erschöpfen sich nicht in den Gefahren- und Tarifklassen des geltenden Tarifs. Neben dem Tarif sind solche Grundsätze vielmehr primär dem Geschäftsplan, sekundär den übrigen niedergelegten oder praktisch befolgten Prinzipien des Versicherers zu entnehmen (*Bruck/Möller* § 41 Anm. 7; *Rittner* NJW 76, 1529 mit weiteren Nachweisen in Fußnote 7). Gleichwohl ist das Urteil des BVerwG, das dem klagenden RSVersicherer versagt hat, aufgrund der Gesetzesänderung in Anwendung des Abs. 1 von seinen VN einen höheren als den vereinbarten Beitrag zu fordern, im Ergebnis zu billigen. Dies ergibt folgende Überlegung: Das einseitige Erhöhungsverlangen des Versicherers nach Abs. 1 unterliegt den Grenzen des § 315 BGB und hat rechtsgestaltende Wirkung (BGH NJW 74, 1464; *Bruck/Möller* § 41 Anm. 23). Mit dem Erhöhungsverlangen als einer empfangsbedürftigen Willenserklärung könnte der Versicherer den Beitrag einseitig steigern. Wegen dieser rechtsgestaltenden Wirkung ist jedoch die geforderte Erhöhung in einer für den VN als Vertragspartner unschwer nachprüfbaren Weise zu berechnen, d. h. unter Offenlegung der für die Erhöhung maßgebenden betrieblichen Grundsätze im Sinn des Abs. 1. Diese Grundsätze sind hier die Berechnungsmethoden, mit deren Hilfe der Versicherer seinen Schadenmehrbedarf kalkuliert. Es bedarf keiner näheren Ausführungen, daß der VN überfordert wäre, die Richtigkeit einer solchen Kalkulation, die auch die Kenntnis der ursprünglichen Kalkulation voraussetzen würde, auf einfache Weise nachzuprüfen. Es fehlt ihm hierfür jeder Maßstab. Er wäre entweder darauf angewiesen, dem Versicherer blind zu vertrauen oder selbst einen Sachverständigen mit der Nachprüfung zu be-

Erhöhung und Verminderung der Gefahr 4a § 9 ARB 75

auftragen. Beides ist nicht zumutbar. Solange die „für den Geschäftsbetrieb des Versicherers maßgebenden Grundsätze" für den Fall einer generellen Gefahrerhöhung nicht in einen auch dem VN offenliegenden, leicht nachprüfbaren Maßstab münden, kann daher der Versicherer aus Abs. 1 kein Recht zu einer einseitigen Beitragserhöhung herleiten.

2. Durch das Urteil des BVerwG vom 14. 10. 1980 (VersR 81, 221; grundsätzlich hierzu *Rittner* VersR 82, 205) wurde der Weg für eine vom BAV in dieser Form bis dahin verweigerte (VerBAV 78, 305; GB BAV 78, 75) **Beitragsangleichungsklausel** geebnet, die zwar in Anlehnung an die seit langem in der Allgemeinen Haftpflichtversicherung praktizierte Regelung des § 8 Ziff. III AHB formuliert wurde, jedoch anders als diese nach Risikogruppen differenziert und seitdem als Standardklausel (Einl. Rdnr. 23 b) von den meisten RSVersicherern verwendet wird. Die ursprüngliche Fassung (VerBAV 81, 162; wegen einer von einigen Versicherern verwendeten vereinfachten Fassung vgl. VerBAV 82, 343 und GB BAV 81, 95) wurde 1984 in Nr. 4 überarbeitet und lautet nunmehr wie folgt (VerBAV 84, 172):   4a

Beitragsangleichungsklausel
(entspricht § 10 B ARB 94)
1. Ein unabhängiger Treuhänder ermittelt zum 1. Juli eines jeden Jahres, um welchen Prozentsatz sich das Produkt von Schadenhäufigkeit und Durchschnitt der Schadenzahlungen der zum Betrieb der Rechtsschutzversicherung zugelassenen Versicherer im vergangenen Kalenderjahr im Verhältnis zum vorvergangenen Kalenderjahr erhöht oder vermindert hat; Risiken, die nicht unter den Anwendungsbereich dieser Beitragsangleichungsklausel fallen, bleiben außer Betracht. Diese Ermittlung erfolgt für Versicherungsverträge gemäß den §§ 21 bis 23 ARB, den §§ 25, 28 und 29 ARB und den §§ 26 und 27 ARB nebst den jeweils zusätzlich genehmigten Sonderbedingungen und Klauseln gesondert. Der jeweils ermittelte Prozentsatz wird auf die nächstniedrigere, durch 2,5 teilbare Zahl abgerundet.
Als Durchschnitt der Schadenzahlungen eines Kalenderjahres gilt die Summe der Zahlungen, die für alle in diesem Jahr erledigten Schadenfälle insgesamt geleistet wurden, geteilt durch die Anzahl dieser Schadenfälle.
Als Schadenhäufigkeit eines Kalenderjahres gilt die Anzahl der in diesem Jahr gemeldeten Schadenfälle, geteilt durch die Anzahl der im Jahresmittel versicherten Risiken.
Veränderungen des Durchschnitts der Schadenzahlungen und der Schadenhäufigkeit, die aus Leistungsverbesserungen herrühren, werden bei den Feststellungen des Treuhänders nur bei denjenigen Verträgen berücksichtigt, in denen sie in beiden Vergleichsjahren bereits erhalten sind.
2. Ergeben die Ermittlungen gem. Nr. 1 eine Erhöhung, ist der Versicherer berechtigt und im Falle einer Verminderung verpflichtet, den Folgejahresbeitrag um den festgestellten Prozentsatz zu ändern, jedoch nicht vor Ablauf eines Jahres nach Beginn des Versicherungsvertrages. Der erhöhte Beitrag darf den zum Zeitpunkt der Erhöhung geltenden Tarifbeitrag nicht übersteigen. Eine Beitragsänderung unterbleibt, wenn dieser Prozentsatz unter 5 liegt; er ist jedoch in den folgenden Jahren zu berücksichtigen. Soweit der Beitrag nach Lohnsumme, Umsatz oder Mieteinnahme berechnet wird, findet keine Beitragsangleichung statt.
3. Hat sich der entsprechend der Nr. 1 nach den unternehmenseigenen Zahlen des Versicherers zu ermittelnde Prozentsatz in jedem der letzten drei Kalen-

§ 9 ARB 75   5, 6   1. Teil. Allgemeine Bestimmungen (B)

derjahre geringer erhöht, als er vom Treuhänder für diese Jahre gem. Nr. 1 festgestellt wurde, so darf der Versicherer den Folgejahresbeitrag nur um den im letzten Kalenderjahr nach seinen Zahlen ermittelten Prozentsatz erhöhen. Diese Erhöhung darf diejenige nicht übersteigen, die sich nach Nr. 1 ergibt.

4. Die Beitragsangleichung gilt für alle Folgejahresbeiträge, die ab 1. Oktober des Jahres, in dem die Ermittlungen des Treuhänders erfolgen, fällig werden; sie wird dem Versicherungsnehmer mit der Beitragsrechnung und, soweit dem Versicherungsnehmer ein Kündigungsrecht gem. Nr. 5 zusteht, spätestens vier Wochen vor der Beitragsfälligkeit mitgeteilt.

5. Erhöht sich der Beitrag um mehr als 15 Prozent, kann der Versicherungsnehmer innerhalb eines Monats, nachdem ihm die Beitragserhöhung mitgeteilt wurde, den Versicherungsvertrag zu dem Zeitpunkt kündigen, in dem die Beitragserhöhung wirksam werden sollte.

Wenn der Beitrag innerhalb von drei aufeinanderfolgenden Jahren um mehr als 30 Prozent erhöht wird, kann der Versicherungsnehmer außerdem den Versicherungsvertrag innerhalb eines Monats, nachdem ihm diese Beitragserhöhung erstmalig mitgeteilt wurde, zu dem Zeitpunkt kündigen, in dem die Beitragserhöhung wirksam werden sollte.

Bei Verträgen, die nach dem 1. 1. 1991 abgeschlossen worden sind, ist aufgrund des zu diesem Zeitpunkt in Kraft getretenen § 31 VVG zusätzlich unter den dort genannten Voraussetzungen eine weitere Kündigungsmöglichkeit gegeben.

III. Abs. 2
(entspricht § 11 Abs. 1 ARB 94)

5   Die Regelung entspricht weitgehend § 41 Abs. 2 VVG. Ein Risiko, das der **RSVersicherer** von einer bestimmten Größenordnung an **nicht** mehr **übernahm,** war früher in erster Linie der Vertrags-RS für Gewerbetreibende und freiberuflich Tätige gemäß § 24 Abs. 3. Da diese Versicherungsform jedoch nicht mehr geboten wird (§ 24 Rdnr. 43), hat Abs. 2 heute kaum mehr praktische Bedeutung.

IV. Beitragsermäßigung (Abs. 3)
(entspricht § 11 Abs. 2 ARB 94)

6   Das Verlangen auf Beitragsherabsetzung im Fall der **Risikominderung** ist das Gegenstück zum Erhöhungsverlangen des Abs. 1 im Fall der Gefahrerhöhung (vgl. oben Rdnr. 2). Es muß nach Vertragsschluß ein gefahrerheblicher Umstand eingetreten sein, der nach den für den Geschäftsbetrieb des Versicherers maßgebenden Grundsätzen, insbesondere nach dem Tarif, einen geringeren als den vereinbarten Beitrag rechtfertigt. In der Regel handelt es sich um eine quantitative Verringerung des Risikos. Beispiele sind: Veräußerung eines von mehreren Fahrzeugen beim Verkehrs-RS des § 21; tariferhebliche Verringerung der Zahl der Fahrer beim Fahrer-RS für Unternehmen nach § 23 Abs. 7; tariferhebliche Verringerung der Zahl der Arbeitnehmer oder sonstiger Bemessungsgrößen (z. B. des Umsatzes) beim RS für Gewerbetreibende und freiberuflich Tätige des § 24; tariferhebliche

Verminderung des landwirtschaftlichen Grundbesitzes beim Landwirtschafts- und Verkehrs-RS des § 27; tariferhebliche Verringerung der Mitgliederzahl des versicherten Vereins bei § 28. Keine Gefahrverminderung im Sinn des Abs. 3 liegt dagegen vor, wenn bei einem Vertrag nach §§ 25 oder 26 die Mitversicherung von Kindern wegen Überschreitens der Altersgrenze oder die Mitversicherung des Ehepartners wegen dessen Todes oder Scheidung endet. Denn für diesen Fall sieht der Tarif keine Beitragsherabsetzung vor.

Der VN kann die Herabsetzung des Beitrags **vom Eintritt des** gefahrmindernden **Umstands an** verlangen, falls er ihn nicht später als einen Monat nach Eintritt anzeigt. Insofern weicht Abs. 3 zugunsten des VN von dem in § 41a VVG geregelten Sonderfall ab, der bei nachträglicher Verminderung einer zunächst erhöhten Gefahr die Beitragsherabsetzung erst für die künftigen Versicherungsperioden vorsieht (*Bruck/Möller/Sieg* § 68 Anm. 94). Das Verlangen ist schriftlich (§ 12) zu stellen und muß als empfangsbedürftige Willenserklärung dem Versicherer spätestens einen Monat nach Eintritt des gefahrvermindernden Umstandes zugegangen sein (§ 130 BGB), wenn der Beitrag zu diesem Zeitpunkt herabgesetzt werden soll. Bei späterer Anzeige wird der Beitrag erst vom Eingang der Anzeige an herabgesetzt, da der Versicherer aus versicherungstechnischen Gründen möglichst umgehend wissen muß, welche Rückzahlungsverpflichtungen er zu erfüllen hat (*Ridder* S. 109).

Von der **Gefahrenminderung** im Sinn des Abs. 3 ist der teilweise **Wagniswegfall** im Sinn des § 10 **zu unterscheiden,** bei dem nicht, wie in Abs. 3, die in einem Versicherungsvertrag zusammengefaßten Einzelrisiken bestehen bleiben und sich nur quantitativ und statistisch gleichmäßig verringern, sondern bei dem eines oder mehrere dieser Einzelrisiken völlig entfallen, während die übrigen unvermindert fortbestehen (Näheres § 10 Rdnr. 2).

Sonderregelungen finden sich für den Verkehrs-RS in § 21 Abs. 8 und 9 und für den Familien- und Verkehrs-RS in § 26 Abs. 7 (Fassung 1988: Abs. 9).

V. Meldepflicht des VN (Abs. 4)
(entspricht § 11 Abs. 3 ARB 94)

1. a) Bei einigen Vertragsarten der §§ 21 bis 29 sind bestimmte Bezugsgrößen Grundlage für die Beitragsbemessung, so die Zahl der Fahrzeuge bei § 21, die Zahl der Fahrer bei § 23 Abs. 7, die Zahl der Arbeitnehmer und u. U. der Umsatz oder die Lohnsumme bei § 24, die Größe des land- oder forstwirtschaftlichen Grundbesitzes bei § 27 oder die Zahl der Vereinsmitglieder bei § 28. Erhöhen sich diese Bezugsgrößen nach Vertragsschluß in einer Weise, daß eine höhere Tarifstufe erreicht wird, trägt der Versicherer vom Erhöhungszeitpunkt an automatisch die erhöhte Gefahr und kann gemäß Abs. 1 den entsprechenden höheren Beitrag fordern. Abs. 4, der erst 1975 in die ARB eingefügt wurde, verpflichtet in **Satz 1** den VN zu entsprechenden Angaben. Vor Einfügung dieser Bestimmung konnte es, abgesehen

von der bereits bestehenden Regelung des § 21 Abs. 7, zweifelhaft sein, ob und in welchem Umfang den VN nach dem Rechtsgedanken des § 23 Abs. 2 VVG oder als Nebenpflicht aus dem Versicherungsvertrag eine Verpflichtung traf, den Versicherer von sich aus oder nach Aufforderung über gefahrerhöhende Umstände zu unterrichten, und ob eine unterbliebene oder unrichtige Anzeige Rechtsnachteile für den VN zur Folge hatte.

11   Der VN hat die zur Beitragsberechnung erforderlichen Angaben nicht spontan von sich aus, sondern innerhalb eines Monats **nach** Zugang einer – in der Regel schriftlichen – **Aufforderung** des Versicherers zu machen, die rechtlich als empfangsbedürftige geschäftsähnliche Willenserklärung zu werten ist (vgl. § 5 Rdnr. 15). Unterbleibt versehentlich eine solche Aufforderung zu den dem VN bereits bekannten sonst üblichen Zeitpunkten – meist in jährlichem Abstand –, dann ist er zwar nicht zu einer Meldung nach Abs. 4 verpflichtet, muß aber einem Verlangen des Versicherers nach Beitragserhöhung zu dem nach Abs. 1 maßgeblichen Zeitpunkt entsprechen, wenn sich später herausstellt, daß tariferhebliche gefahrerhöhende Umstände – z.B. Zuwachs an Fahrzeugen nach § 21 oder Arbeitnehmerzahl nach § 24 – eingetreten waren.

12   b) Die Meldepflicht des VN ist (ebenso nunmehr *Böhme* § 9 Rdnr. 8) keine Obliegenheit, sondern eine echte **Rechtspflicht,** vorausgesetzt, daß man mit der h.M. unter einer Obliegenheit keine erzwingbare Verbindlichkeit, sondern lediglich eine Voraussetzung für die Erhaltung des Versicherungsschutzanspruchs versteht (vgl. hierzu § 15 Rdnr. 1; *Prölss/Martin* § 6 Anm. 4). Die Verletzung einer Obliegenheit würde nur im Versicherungsfall zu Sanktionen führen (vgl. § 6 VVG). Zwar enthält Abs. 4 Satz 2 ebenfalls eine Sanktion für den Versicherungsfall (vgl. unten Rdnr. 13). Darin erschöpft sich jedoch nicht die Funktion der Meldepflicht. Die nahtlose Übernahme der erhöhten Gefahr durch den Versicherer im jeweils versicherten Vertrag (z.B. nach § 21 oder § 24; vgl. oben Rdnr. 10) und sein daraus entspringender Anspruch auf Zahlung des erhöhten Beitrags nach Abs. 1 werden systematisch ergänzt durch die Meldepflicht des VN nach Abs. 4 Satz 1. Diese Meldepflicht ist somit eine der Beitragspflicht zugeordnete Nebenpflicht und wie diese eine im Klageweg erzwingbare Rechtspflicht, die – ähnlich wie die Anzeigepflicht der § 2 Ziff. 1, § 8 II 1 AHB – zunächst auf Auskunft und dann auf Zahlung geht. Verletzt sie der VN in schwerwiegender Weise, insbesondere in betrügerischer Absicht, kann dies den Versicherer zur fristlosen Kündigung aus wichtigem Grund berechtigen (*Frölich* VersR 64, 906; *Bruck/Möller/Johannsen* IV Anm. E 18, 19, 24; *Prölss/Martin/Voit* § 8 AHB Anm. 2). Die für diesen Fall vom RG in RGZ 157, 67 = JW 38, 1113 erörterte Möglichkeit, daß der VN im Schadenfall nach § 242 BGB nicht die volle Leistung verlangen könne, hat für die RSVersicherung inzwischen in Abs. 4 Satz 2 ihren bedingungsmäßigen Niederschlag gefunden.

13   2. Verletzt der VN die nach Abs. 4 Satz 1 bestehende Pflicht, innerhalb eines Monats nach Zugang einer Aufforderung die zur Beitragsberechnung erforderlichen Angaben zu machen, und tritt dann ein Versicherungsfall ein, dann ist der Versicherer berechtigt, die Versicherungsleistung nur insoweit

zu erbringen, als es dem Verhältnis des vereinbarten Beitrags zu dem bei richtiger Meldung geschuldeten Beitrag entspricht. Diese **Proportionalitätsregel** kommt in ihrer Auswirkung der gesetzlichen Regelung des § 56 VVG bei der Unterversicherung nahe, obwohl die RSVersicherung keine Objektversicherung (Aktivenversicherung) ist und keinen Versicherungswert im Sinn des § 51 Abs. 1 VVG kennt, so daß § 56 VVG für sie nicht gilt (Einl. Rdnr. 41; § 2 Rdnr. 259). Steht die Verletzung der Meldepflicht fest, dann ist die Versicherungsleistung nur dann nicht zu kürzen, wenn der VN beweist, daß er die Unrichtigkeit oder das Unterbleiben der Angaben nicht vorsätzlich oder fahrlässig (§ 276 Abs. 1 Satz 1 BGB) verschuldet hat. Diese Beweislastverteilung ist nach dem Rechtsgedanken des § 282 BGB und auch deshalb gerechtfertigt, weil es sich ausschließlich um Vorgänge in der Sphäre des VN handelt, von denen der Versicherer im Regelfall keine Kenntnis hat.

Für die Verletzung der Anzeigepflicht beim **Verkehrs-RS** des § 21 gilt die **Sonderregelung** des § 21 Abs. 7, die der allgemeinen Regelung des Abs. 4 vorgeht (§ 21 Rdnr. 128).

§ 10 Wagniswegfall
(entspricht § 12 Abs. 1 ARB 94)

Fällt eines von mehreren Wagnissen weg, beschränkt sich der Versicherungsschutz auf die verbleibenden Wagnisse. In diesem Fall steht der anteilige Beitrag für das weggefallene Wagnis dem Versicherer bis zum Wagniswegfall zu. Zeigt der Versicherungsnehmer den Wagniswegfall später als einen Monat nach dessen Eintritt dem Versicherer an, gebührt ihm der anteilige Beitrag für das weggefallene Wagnis bis zum Eingang der Anzeige.

Übersicht

	Rdnrn.		Rdnrn.
I. Allgemeines	1	c) Veräußerung und Übernahme eines Betriebs	10–14
II. Teilweiser Wagniswegfall	2, 3	d) Veräußerung eines Grundstücks	15
III. Völliger Wagniswegfall	4–20	4. Tod des VN	16–20
1. Allgemeines	4–6	a) Allgemeines	16
2. einzelne Vertragsarten	7	b) Nachfolgeklausel	17–19
3. Einzelrechtsnachfolge		c) Übergang des Versicherungsanspruchs	20
a) Allgemeines	8–15		
b) Verkehrs- und Fahrzeug-RS	9		

I. Allgemeines

Ein **Wagnis** ist dann **weggefallen**, wenn innerhalb eines bestehenden Versicherungsvertrages ein versicherbares Interesse des VN oder der mitversicherten Personen unter keinem Gesichtspunkt mehr gegeben ist (*Prölss/Martin/Kollhosser* § 68 Anm. 3 B). Speziell in der RSVersicherung, die das Vermögen des VN als Ganzes gegen die Entstehung von Passiven in der Form einer Belastung mit Rechtskosten schützt (Einl. Rdnr. 41; § 2 Rdnr. 259), ist daher das Wagnis immer dann entfallen, wenn die Entstehung von Rechtskosten aus dem im Vertrag umschriebenen Deckungsbereich für die Zukunft unmöglich ist (*Bruck/Möller/Sieg* § 68 Anm. 35). Die Rechtsfolgen eines Wagniswegfalls bedurften an sich keiner Regelung in den

§ 10 ARB 75   2   1. Teil. Allgemeine Bestimmungen (B)

ARB, da sie sich schon aus § 68 VVG ergeben. Für einige Vertragsarten der Besonderen Bestimmungen der §§ 21 bis 29 bestehen jedoch Sonderregelungen (vgl. unten Rdnr. 7). Infolge der Kombination verschiedener Leistungsarten (Einzelwagnisse) in den einzelnen Vertragsarten der §§ 21 bis 28 besteht aber auch die Möglichkeit, daß nur einzelne von mehreren in der jeweiligen Vertragsart kombinierten Wagnissen entfallen. Für diesen Fall stellt § 10 klar, daß die Regelung des § 68 im wesentlichen entsprechend gilt (vgl. unten Rdnrn. 2, 3).

II. Teilweiser Wagniswegfall

2   Was unter einem „Wagnis" im Sinn des § 10 zu verstehen ist, ergibt sich aus § 1 Abs. 2 in Verbindung mit den §§ 21 bis 29. Die Voraussetzungen des **teilweisen Wagniswegfalls** sind danach immer dann gegeben, wenn von mehreren rechtlich selbständigen Wagnissen eines wegfällt oder innerhalb einer Vertragsart nach dem Wegfall eines Wagnisses die verbleibenden Wagnisse einen trennbaren Deckungsbereich bilden, der nach den ARB und dem Tarif selbständig versicherbar ist und einen niedrigeren Beitrag zur Folge hat. Beispiele hierfür sind der Wegfall des – rechtlich selbständigen (§ 8 Rdnr. 8) – Vertrags-RS gemäß §§ 24 Abs. 3, 25 Abs. 3, 26 Abs. 4 ARB 75 oder 27 Abs. 4, der den Fortbestand des jeweiligen Versicherungsvertrags im übrigen unberührt läßt. Ein Sonderfall des teilweisen Wagniswegfalls ist in den Besonderen Bestimmungen der ARB geregelt, nämlich der Wegfall des Motorfahrzeug-Risikos beim Familien- und Verkehrs-RS für Lohn- und Gehaltsempfänger (§ 26 Abs. 7; Fassung 1988: Abs. 9). Ein teilweiser Wagniswegfall kann an sich auch dann vorliegen, wenn der nach §§ 25 oder 26 ARB 75 versicherte, bisher unselbständig tätige VN zusätzlich eine selbständige Tätigkeit aufnimmt. Denn dann entfällt gemäß § 25 Abs. 1 Satz 2 oder § 26 Abs. 1 Satz 4 ARB 75 der Versicherungsschutz für den beruflichen Bereich, soweit nunmehr eine selbständige Tätigkeit ausgeübt wird. Soweit der Tarif für diesen Fall eine Beitragsermäßigung vorsieht – in der Regel nur bei zusätzlichem Abschluß eines Vertrags nach § 24 –, gelten § 10 Satz 2 und 3. Verliert der nach § 26 versicherte VN seine Eigenschaft als Lohn- oder Gehaltsempfänger durch Aufnahme einer ausschließlich selbständigen Tätigkeit vollständig, dann liegt dagegen ein vollständiger Wagniswegfall vor (vgl. unten Rdnr. 7, § 26 Rdnr. 2; jetzt durch § 26 Abs. 9 Fassung 1988 geregelt, § 26 Rdnr. 42a). Entsprechendes wird zu gelten haben, wenn der nach § 27 versicherte Inhaber eines land- oder forstwirtschaftlichen Betriebs den Betrieb aufgibt. Der Versicherungsvertrag geht nicht auf den Übernehmer des Betriebs über (vgl. unten Rdnrn. 10 ff.). Kein teilweiser Wagniswegfall, sondern eine Gefahrverminderung im Sinn des § 9 Abs. 3 ist gegeben, wenn nicht ein Wagnis als trennbarer Teil des Deckungsbereichs bei unverändertem Fortbestand des verbleibenden Bereichs entfällt, sondern sich nur bei gleichbleibendem Deckungsbereich die Wahrscheinlichkeit des Eintritts eines Versicherungsfalles erheblich verringert, weil sich z.B. bei einem Vertrag nach § 21 die Zahl der versicherten Fahrzeuge oder bei § 24 die Zahl der mitversicherten Arbeitnehmer in tariferheblicher Weise verringert (BGH NJW 51, 314 = VersR 51, 76 mit Anm. von *E. Prölss*; OLG Düssel-

dorf VersR 77, 1045; § 9 Rdnrn. 6, 8). Dieser rechtliche Unterschied wird allerdings im Ergebnis kaum eine Rolle spielen, da die Beitragsherabsetzung nach § 9 Abs. 3 einerseits und nach § 10 andererseits in der Regel die selben Auswirkungen haben wird.

Fällt **eines von mehreren Wagnissen** weg, besteht der Versicherungsvertrag für die verbleibenden Wagnisse fort. Dem Versicherer steht der zeitanteilige Beitrag für das weggefallene Wagnis bis zum Zeitpunkt des Wegfalles zu. Zeigt allerdings der VN den Wagniswegfall erst später als einen Monat nach dessen Eintritt dem Versicherer schriftlich (§ 12) an, gebührt diesem der anteilige Beitrag bis zum Eingang (§ 130 BGB) der Anzeige. 3

III. Völliger Wagniswegfall

1. Fällt nicht nur eines von mehreren Wagnissen, sondern das **gesamte Wagnis weg**, dann endet der Versicherungsvertrag vor seinem normalen Ablauf mit dem völligen Wegfall des Wagnisses. Diese Rechtsfolge ist zwar im Gesetz nicht ausdrücklich ausgesprochen, ergibt sich jedoch daraus, daß der Versicherungsvertrag seinen Zweck endgültig verloren hat (BGH VersR 60, 1107; *Bruck/Möller/Sieg* § 68 Anm. 10; *Prölss/Martin/Kollhosser* § 68 Anm. 1). Für einige Vertragsarten der §§ 21 bis 29 ist das Ende des Versicherungsvertrags und der Beitragszahlungspflicht des VN in den ARB ausdrücklich festgelegt (vgl. unten Rdnr. 7). Soweit die ARB keine Regelung enthalten, gebührt gemäß § 68 Abs. 2 VVG dem Versicherer der Beitrag, den er nach seinem Tarif hätte erheben können, wenn die Versicherung bis zu dem Zeitpunkt beantragt worden wäre, in welchem der Versicherer Kenntnis von dem Wegfall erlangt. 4

Erforderlich ist **völliger Wegfall** des versicherten Interesses. Dies ist in der RSVersicherung immer dann anzunehmen, wenn die Entstehung von Rechtskonflikten und damit von Rechtskosten aus dem versicherten Deckungsbereich für die Zukunft unmöglich erscheint (*Prölss/Martin/Kollhosser* § 68 Anm. 3 B; *Bruck/Möller/Sieg* § 68 Anm. 35; vgl. oben Rdnr. 1). Dieser Fall kann vor allem dann eintreten, wenn der VN die Eigenschaft verliert, an die der Versicherungsschutz geknüpft ist (vgl. unten Rdnr. 7), oder auch wenn er stirbt (vgl. unten Rdnr. 16). Fällt die Möglichkeit der Entstehung von Rechtskosten in diesen Fällen nicht völlig weg, sondern löst sich die versicherte Eigenschaft nur von der Person des VN und setzt sich in einem anderen Rechtsträger fort, ist zu prüfen, ob der Versicherungsvertrag auf diesen Rechtsnachfolger übergeht (vgl. unten Rdnrn. 8 ff.). 5

Fällt der VN in **Konkurs,** dann liegt kein völliger Wagniswegfall im Sinn des § 68 Abs. 2 VVG vor. Das Versicherungsverhältnis bleibt vielmehr bestehen, kann aber vom Versicherer und vom Konkursverwalter, auf den die Verwaltungs- und Verfügungsbefugnis des VN nach § 6 KO übergeht, vorzeitig beendet werden (§ 14 VVG, § 17 KO; *Prölss/Martin* § 14 Anm. 1; *Bruck/Möller/Sieg* § 68 Anm. 23). Soweit ein RSVersicherungsvertrag – z.B. nach § 25 – die konkursfreie Rechtssphäre des VN betrifft (vgl. § 1 KO), werden der Vertrag und das Verfügungsrecht des VN durch den Konkurs 6 nicht betroffen (*Kuhn/Uhlenbruck/Mentzel* § 17 Rdnr. 13; *Bruck/Möller/ Johannsen* IV Anm. B 105).

7 2. Für die **einzelnen Vertragsarten** gilt folgendes: Ist der gemäß § 21 versicherte VN nicht mehr Halter oder Eigentümer eines auf ihn zugelassenen Fahrzeugs oder ist der nach § 22 versicherte VN nicht mehr Halter oder Eigentümer des im Versicherungsschein bezeichneten Fahrzeugs – etwa wegen Totalverlustes –, gelten die Sonderregelungen des § 21 Abs. 9 bzw. § 22 Abs. 7 Ziff. 6 (§ 21 Rdnr. 135; § 22 Rdnr. 36). Gibt der nach § 23 versicherte VN den Fahrerberuf endgültig auf oder ist er voraussichtlich dauernd gehindert, ein Fahrzeug zu führen, kann er die vorzeitige Aufhebung des Versicherungsvertrags nach § 23 Abs. 6 verlangen (§ 23 Rdnr. 10). Für den nach § 24 versicherten VN endet das Risiko der Entstehung von berufsspezifischen Rechtskosten und damit der Versicherungsvertrag, wenn er die im Versicherungsschein bezeichnete gewerbliche oder freiberufliche Tätigkeit aufgibt (zur gleichliegenden Frage in der Haftpflichtversicherung vgl. *Bruck/Möller/Sieg* § 68 Anm. 36; *Bruck/Möller/Johannsen* IV Anm. D 28). Da jedoch aus der vorausgegangenen beruflichen Tätigkeit gelegentlich noch nachträglich Rechtskonflikte entstehen können, erstreckt § 24 Abs. 4 den Versicherungsschutz auf Versicherungsfälle, die innerhalb eines Jahres nach Berufsaufgabe eintreten (§ 24 Rdnr. 62). Bleibt der VN als Selbständiger berufstätig und wechselt er nur die Art seiner Tätigkeit, wird es häufig seinem Willen entsprechen, daß er Versicherungsschutz für seine neue Tätigkeit behält. Ist diese nach dem Tarif in eine andere Beitragsklasse einzustufen, gilt § 9 Abs. 1 oder 3 (vgl. jedoch § 24 Rdnr. 6). Wechselt der nach § 26 (Fassung 1975) versicherte, bisher unselbständig tätige VN in eine ausschließlich selbständige Tätigkeit über, endet der Versicherungsvertrag wegen Wegfalls der versicherten Eigenschaft als Lohn- und Gehaltsempfänger und der VN muß sich nach §§ 21, 24 und 25 neu versichern, wenn er annähernd den gleichen Versicherungsschutz wie als Unselbständiger erhalten will (§ 26 Rdnr. 2; Neuregelung nunmehr durch § 26 Abs. 9 Fassung 1988, § 26 Rdnr. 42a). Entsprechendes wird zu gelten haben, wenn der nach § 27 versicherte Inhaber eines land- oder forstwirtschaftlichen Betriebs den Betrieb aufgibt (§ 27 Rdnr. 2). Endet die Eigenschaft des gemäß § 29 versicherten VN als Eigentümer, Vermieter, Verpächter, Mieter, Pächter oder dinglich Nutzungsberechtigter des im Versicherungsschein bezeichneten Grundstücks, Gebäudes oder Gebäudeteils, dann endet gleichzeitig der Versicherungsvertrag mit der Beitragsfolge des § 68 Abs. 2 VVG.

8 3. a) Soweit in den § 21 bis 29 sich die versicherte Eigenschaft des VN auf einen bestimmten Vermögensgegenstand des VN bezieht – z. B. Kraftfahrzeug, Gewerbebetrieb oder Grundstück –, kann dieser Gegenstand durch Veräußerung auf einen Rechtsnachfolger übergehen. Eine solche **Einzelrechtsnachfolge** führt jedoch nicht dazu, daß auch der RSVersicherungsvertrag auf den Erwerber übergeht. Er erlischt vielmehr, soweit der VN infolge der Veräußerung die versicherte Eigenschaft verliert (vgl. oben Rdnr. 5), oder er erstreckt sich kraft besonderer Regelung auf einen Nachfolge-Gegenstand, an dem sich die versicherte Eigenschaft des VN fortsetzt (vgl. die Ersatzfahrzeugregelung des § 22 Abs. 7; vgl. unten Rdnr. 9 und § 22

Rdnr. 30). § 69 VVG, der bei Veräußerung einer versicherten Sache den Versicherungsvertrag auf den Erwerber übergehen läßt, gilt nicht für die RSVersicherung. § 69 VVG setzt voraus, daß der Wert der Sache selbst im Sinn des § 52 VVG als Vermögens-Aktivum versichert ist, daß also wegen des Risikos des Verlustes oder der Beschädigung der Sache für den Eigentümer oder den sonst Nutzungsberechtigten Versicherungsschutz besteht (Aktiven-Versicherung; Einl. Rdnr. 41; § 2 Rdnr. 259). Der gesetzgeberische Grund für die Regelung des § 69 liegt darin, daß sich das versicherte Interesse in der Sache selbst als Sacherhaltungsinteresse verkörpert und durch einen Eigentumswechsel nicht berührt oder verändert wird. Die RSVersicherung deckt jedoch nicht den Sachwert, sondern sie schützt den VN vor dem Risiko, daß aus seinem Eigentum an dem Vermögensgegenstand oder aus dessen Gebrauch – z.B. Kraftfahrzeug, Betrieb oder Grundstück – Rechtskonflikte entstehen, die Rechtskosten auslösen und dadurch sein Vermögen insgesamt belasten (Passiven-Versicherung). Ähnlich wie die Haftpflichtversicherung setzt auch die RSVersicherung ihrem Wesen nach das Vorhandensein einer Sache gar nicht voraus. Rechtskonflikte können auch ohne Mitbeteiligung einer Sache oder eines Sachinbegriffs entstehen. Spielt eine Sache eine Rolle, dann nicht als Gegenstand des versicherten Schadens, sondern allenfalls als auslösende Ursache oder Mitursache eines Rechtskonflikts, der seinerseits erst einen Schaden in Form von Rechtskosten für den VN zur Folge hat. Veräußert der VN diese Sache, dann wird durch den Wechsel des Verfügungsberechtigten in der Regel eine neue Grundlage für die mit der Sache verknüpfte Möglichkeit der Auslösung von Rechtskonflikten geschaffen. So kann beispielsweise der VN, der sein Kraftfahrzeug veräußert, ein sorgfältiger Fahrer gewesen sein, während der Erwerber zu leichtfertiger Fahrweise neigt, oder auch umgekehrt. Hieraus wird deutlich, daß der Grad der Wahrscheinlichkeit, mit der von einer Sache Rechtskonflikte ausgehen können, weniger durch die Sache selbst als durch die Person, insbesondere die Geschicklichkeit und Zuverlässigkeit ihres Benutzers bedingt ist. Die Gefahr der Entstehung von Rechtskosten folgt somit weniger aus dem Eigentum an einer Sache als aus der Art ihres Gebrauches. Ebenso wie im Fall der Haftpflichtversicherung widerspräche es daher der Natur und dem Gegenstand der RSVersicherung, auf sie den nur für die Sachversicherung bestimmten § 69 VVG anzuwenden (vgl. RGZ 156, 146; KG VA 33, 99; OLG Hamm VA 35, 275; LG Berlin VersR 52, 50; *Prölss/Martin/Kollhosser* § 69 Anm. 1 A; *Bruck/Möller/Sieg* § 69 Anm. 47; a.A. für den österreichischen Rechtskreis ohne nähere Begründung öOGH VersR 79, 387).

b) Dieser Sach- und Rechtslage tragen die ARB beim **Verkehrs-RS** des § 21 und beim **Fahrzeug-RS** des § 22 ausdrücklich Rechnung. Nachdem schon in § 8 Abs. 5 ARB 54 und in der Sonderbedingung zu § 8 Abs. 5 (Ersatzfahrzeugklausel; Einl. Rdnr. 15 und 16) die Veräußerung des Fahrzeugs als dauernder Wagniswegfall behandelt worden war (ebenso OLG Hamm VersR 66, 333; AG München VersR 68, 364; AG Wiesbaden VerBAV 68, 245 = VersR 69, 55 – Leitsatz –), ergibt sich heute aus § 21 Abs. 9 und § 22 Abs. 7 Ziff. 1 Satz 1 und Ziff. 6 ein dauernder Wagniswegfall im Fall der Veräußerung.

10 c) Keine Regelung enthalten die ARB für den Fall, daß ein nach § 24 versicherter VN seinen **Betrieb** veräußert. In § 24 Abs. 4 wird lediglich ausgesprochen, daß der Versicherungsvertrag durch Berufsaufgabe des VN enden kann. Diese Rechtsfolge ergibt sich schon daraus, daß mit der Aufgabe der gemäß § 24 Abs. 1 versicherten beruflichen Tätigkeit des VN die Möglichkeit hieraus entspringender Rechtskosten entfällt (vgl. oben Rdnr. 5). Veräußert der VN seinen Betrieb, fällt zwar für seine Person das Risiko der Entstehung von Rechtskosten weg. Es setzt sich jedoch in der Person des Erwerbers fort. In diesem Fall hält *Sieg* § 151 Abs. 2 VVG, der einen für den veräußerten Betrieb bestehenden Haftpflichtversicherungsvertrag auf den Erwerber des Betriebs übergehen läßt, für entsprechend anwendbar (BB 72, 1377; *Bruck/Möller/Sieg* § 68 Anm. 37; § 69 Anm. 47; ebenso, allerdings ohne nähere Begründung, OLG Nürnberg VersR 78, 755; offengelassen von AG München VersR 65, 705 und *Prölss/Martin/Kollhosser* § 68 Anm. 3 B b). Diese Ansicht wird jedoch weder der Interessenlage noch dem geltenden Recht gerecht.

11 Die Möglichkeit der Entstehung von Rechtskosten ist nicht so sehr Ausfluß der bloßen Existenz eines Betriebs, als vielmehr durch die **Art der Betriebsführung** bedingt. Ein sorgfältiger Betriebsinhaber, der seine inner- und außerbetrieblichen Verpflichtungen einhält, wird weit weniger Rechtskonflikte zu bewältigen haben als ein sorgloser (vgl. oben Rdnr. 8). Der Hinweis von *Sieg (Bruck/Möller/Sieg* § 68 Anm. 37), der Betrieb habe sich nach heutiger Auffassung zu einem rechtlich anerkannten Vermögens- und Lebensbereich entwickelt, um den sich als Kristallisationspunkt die auf ihn bezüglichen Schuldverhältnisse gruppieren, wobei der jeweilige Inhaber des Betriebs in den Hintergrund trete, besagt für die RSVersicherung wenig. Es gilt hier eher das Gegenteil, daß gerade die Person des jeweiligen Inhabers und die Art seiner Geschäftsführung über das Schicksal des Betriebs und damit auch über Zahl und Ausmaß der auftretenden Rechtskonflikte entscheiden (vgl. RGZ 138, 354, 358). Der gesetzgeberische Grund für die Einführung des § 151 Abs. 2 VVG, für den Erwerber eines Unternehmens einen nahtlosen Versicherungsschutz bei betriebsbedingter Schädigung außenstehender Dritter zu gewährleisten, wird sich in der Regel mit den Interessen des Erwerbers decken. Die Interessenlage in der RSVersicherung ist jedoch kaum vergleichbar. Aus dem Leistungskatalog des § 24 Abs. 2 betrifft nur Abs. 2a vorwiegend vom Betriebsinhaber wenig beeinflußbare Rechtsbeziehungen zu außenstehenden Dritten als Schädigern. Die übrigen Leistungsarten gemäß § 24 Abs. 2b, c und d (Arbeits-RS, Straf-RS und Sozialgerichts-RS) umfassen vorwiegend Rechtskosten aus innerbetrieblichen Vorgängen oder Rechtsbeziehungen, die vom Betriebsinhaber in der Regel eher zu beeinflussen sind. Ist der Vertrags-RS gemäß § 24 Abs. 3 einbezogen, bestimmt die vom Betriebsinhaber geprägte Art der Kundenbeziehungen das Ausmaß der Rechtskonflikte. Die Notwendigkeit, das Rechtskostenrisiko abzusichern, beurteilt der Erwerber möglicherweise ganz anders als der Veräußerer. War etwa der Veräußerer weitgehend rechtsunkundig, während der Erwerber gewisse Rechtskenntnisse besitzt und sich die Regelung eines Teils der zu erwartenden Rechtskonflikte selbst zutraut, wird er die Notwendigkeit einer RSVersicherung im Gegensatz zum Veräußerer weit eher verneinen.

Ist somit schon von der Interessenlage her eine entsprechende Anwendung des § 151 Abs. 2 VVG nicht generell geboten, scheidet sie völlig aus, wenn man sich vergegenwärtigt, daß mit ihrer Bejahung ein Grundprinzip unserer Rechtsordnung verletzt würde: Vertragspartner eines ihn verpflichtenden Schuldverhältnisses kann jemand nur dann werden, wenn er selbst zustimmt oder ein Gesetz dies ausdrücklich zuläßt. Der verfassungsrechtlich durch Art. 2 Abs. 1 GG garantierte Grundsatz der Vertrags- und Handlungsfreiheit schließt die Abschlußfreiheit ein. Der Eintritt in ein bestehendes Schuldverhältnis kann ohne Einwilligung des Betroffenen nur durch ein Gesetz verfügt werden (MünchKomm/*Gottwald* § 328 Rdnr. 97; *Jauernig* vor § 145 Anm. 4 a ee). Der Übergang eines Schuldverhältnisses im Ganzen ist **nur in** den **gesetzlich zugelassenen Fällen** (z. B. §§ 571, 580, 581 Abs. 2 BGB, §§ 69, 151 Abs. 2, 158 b und h VVG) sowie dann möglich, wenn der verbleibende Vertragspartner auf der einen Seite sowie der alte und neue Vertragspartner auf der anderen Seite die „Vertragsübernahme" durch dreiseitiges Rechtsgeschäft ausdrücklich vereinbaren (BGB-RGRK vor § 398 Rdnrn. 7 bis 12; *Palandt/Heinrichs* § 398 Rdnr. 38). Hielte man § 151 Abs. 2 VVG in der RSVersicherung für entsprechend anwendbar, käme dies in der Wirkung einem Vertrag zu Lasten Dritter gleich, der unserer Rechtsordnung fremd ist (*Sieg* VersR 53, 349; *Palandt/Heinrichs* vor § 328 Rdnr. 10; *Bruck/Möller/Johannsen* IV Anm. D 33). Daß der Erwerber gemäß § 151 Abs. 2 Satz 2 VVG in Verbindung mit § 70 Abs. 2 VVG das Versicherungsverhältnis vorzeitig kündigen könnte, ändert nichts daran, daß er zunächst Vertragspartner würde und erst kündigen muß, wenn er aus dem Schuldverhältnis freikommen will (*Möller* in *Oberbach,* Grundlagen der allgemeinen Haftpflichtversicherung B 2, S. 4). Zulässig wäre lediglich als Vertrag zugunsten Dritter eine Vereinbarung zwischen Veräußerer und RSVersicherer, daß der Erwerber vom Zeitpunkt des Erwerbs an Versicherungsschutz genießen soll, falls er sich bereit findet, das Versicherungsverhältnis fortzusetzen (*Bruck/Möller/Johannsen* IV Anm. D 33). Solange eine dem § 151 Abs. 2 VVG entsprechende gesetzliche Regelung fehlt, kann nach allem ein Vertrag gemäß § 24 nicht auf den Erwerber des Betriebs übergehen (AG München r+s 97, 26 bei Übertritt eines Einzelanwalts in eine Sozietät). Dies gilt auch dann, wenn dieser die bisherige Firma fortführt und damit gemäß § 25 HGB für die bisherigen Geschäftsschulden des Veräußerers mithaftet. Denn auch § 25 HGB bewirkt keinen Übergang des gesamten Versicherungsverhältnisses auf den Erwerber (AG München VersR 65, 705; *Prölss/Martin/Kollhosser* § 69 Anm. 8; *Würdinger* in Großkomm. HGB § 22 Anm. 17; § 25 Anm. 14).

Wann ein Betrieb als „veräußert" oder „übernommen" anzusehen ist, beurteilt sich danach, ob nach außen ein **Wechsel in der Betriebsführung** eingetreten ist (BGH NJW 63, 1584 = VersR 63, 516). Hierbei genügt es, daß zum bisherigen Inhaber ein oder mehrere weitere Inhaber treten (BGH NJW 61, 2304 = VersR 61, 988; *Bruck/Möller/Johannsen* IV Anm. D 36, 37; *Prölss/Martin/Voit* § 151 Anm. 4).

§ 10 ARB 75 14–17   1. Teil. Allgemeine Bestimmungen (B)

14   Die gleichen Grundsätze gelten für die **Veräußerung eines** nach § 27 versicherten **land- oder forstwirtschaftlichen** Betriebs. Hier kommt noch hinzu, daß in dieser Vertragsart nicht nur, wie bei § 24, das Rechtskostenrisiko aus der beruflichen, sondern auch aus der privaten Sphäre versichert ist, für das der gesetzgeberische Grund des § 151 Abs. 2 VVG ohnehin nicht gelten kann.

15   d) Veräußert ein nach § 29 versicherter Grundstückseigentümer, Vermieter oder Verpächter das im Versicherungsschein bezeichnete **Grundstück** oder Gebäude, geht der RSVersicherungsvertrag ebenfalls nicht auf den Erwerber über. Hier hat die Rechtsprechung bereits für die Hausbesitzer-Haftpflichtversicherung, bei der noch eher als bei einer Betriebshaftpflichtversicherung eine mit der RSVersicherung vergleichbare Interessenlage bestehen kann, eine entsprechende Anwendung des § 151 Abs. 2 VVG abgelehnt (KG VA 25, 136; LG Berlin VersR 52, 50; *Wilcke* VersR 60, 198; *Bruck/Möller/Johannsen* IV Anm. D 31). Für die RSVersicherung kann aus den oben in Rdnrn. 11 und 12 erörterten Gründen nichts anderes gelten.

16   4. a) Für den Fall des **Todes des VN** enthalten die ARB mit Ausnahme der Sonderregelung des § 24 Abs. 4 keine Bestimmungen. Es gelten daher an sich die gesetzlichen Vorschriften des VVG und BGB. Mit dem Tod des VN geht dessen Vermögen als Ganzes im Weg der Gesamtrechtsnachfolge nach § 1922 BGB auf den oder die Erben über. Da die RSVersicherung vor Vermögensnachteilen in Form von Rechtskosten schützt, läßt diese vermögensrechtliche Komponente ihrem Wesen nach einen Übergang des Versicherungsvertrags auf den Erben zu. Da das Vermögen des verstorbenen VN durch den Versicherungsvertrag jedoch nicht uneingeschränkt, sondern nur insoweit gegen Rechtskostenrisiken geschützt war, als der VN in einer bestimmten Eigenschaft von Rechtskonflikten betroffen werden konnte, findet ein Rechtsübergang nur statt, soweit sich diese versicherte Eigenschaft in der Person des oder der Erben fortsetzt. Ähnlich wie in der Haftpflichtversicherung kann daher ein RSVersicherungsvertrag kraft Gesetzes immer dann auf den Erben übergehen, wenn eine bestimmte Rechtsbeziehung des VN zu einem bestimmten Vermögensobjekt versichert war und sich dieses sachgebundene Risikoverhältnis in der Person des Erben fortsetzt. Sind mehrere Erben vorhanden, kann der Vertrag auf diejenigen Erben übergehen, in deren Person sich die versicherte Eigenschaft – gegebenenfalls gemeinschaftlich – fortsetzt. War der VN dagegen nur in einer nicht objektbezogenen persönlichen Eigenschaft oder Tätigkeit versichert, würde mangels anderweitiger Vereinbarung der Versicherungsvertrag mit seinem Tod gemäß § 68 Abs. 2 VVG erlöschen (vgl. RGZ 159, 337; *Bruck/Möller/Sieg* § 68 Anm. 20; *Bruck/Möller/Johannsen* IV Anm. D 28; *Prölss/Martin/Kollhosser* § 68 Anm. 4).

17   b) Um die aus einem todesbedingten Erlöschen des Versicherungsvertrags sich für die Mitversicherten möglicherweise ergebenden Härten zu vermeiden, wurde seit 1977 weitgehend eine **Standardklausel** zu §§ 25 bis 27 verwendet, wonach bei diesen Vertragsarten der Versicherungsvertrag bis zum nächsten Beitragsfälligkeitstermin fortbestand und auf den überlebenden

Ehegatten des VN überging, wenn dieser die nächstfällige Beitragsrechnung einlöste (VerBAV 77, 446).

1988 wurde die oben in Rdnr. 17 erwähnte Standardklausel **auch** auf **die anderen Vertragsarten** der Besonderen Bestimmungen der ARB (mit Ausnahme des Fahrer-RS des § 23) ausgedehnt. Sie lautet nunmehr (VerBAV 88, 6): 18

Klausel zu §§ 21, 22, 24 bis 29 ARB – Fortsetzung des Versicherungsvertrages nach dem Tod des Versicherungsnehmers
(entspricht § 12 Abs. 2 ARB 94)
Im Falle des Todes des Versicherungsnehmers besteht der Versicherungsvertrag bis zum Ende der laufenden Beitragsperiode fort, soweit der Beitrag am Todestag gezahlt war und nicht aus sonstigen Gründen ein Risikowegfall vorliegt.
Wird der nach dem Todestag nächstfällige Beitrag bezahlt, bleibt der Versicherungsschutz in dem am Todestag bestehenden Umfang aufrechterhalten. Derjenige, der den Beitrag gezahlt hat oder für den gezahlt wurde, tritt als Versicherungsnehmer an die Stelle des Verstorbenen.

Der **Vertrag endet** hier also **nicht mit dem Tod** des VN, sondern, soweit der Beitrag am Todestag bezahlt war, erst mit dem Ende der laufenden Beitragsperiode (§ 5 Rdnr. 8). Wird dann der nächstfällige Beitrag bezahlt, wird der Vertrag zu unveränderten Bedingungen und mit unveränderter Laufzeit fortgesetzt, wobei derjenige VN wird, der gezahlt hat oder für den gezahlt wurde, wobei er allerdings eine nach der jeweiligen Vertragsart etwa vorausgesetzte Eigenschaft (z.B. bei § 24 oder § 29) aufweisen muß. 19

c) Ein Versicherungsschutzanspruch, der noch in der Person des VN (oder einer mitversicherten Person; § 11 Rdnr. 1) aufgrund eines **vor** seinem **Tod** eingetretenen **Versicherungsfalles** entstanden ist, geht nach allgemeinen Grundsätzen auf den Erben über (Näheres § 11 Rdnr. 16). 20

§ 11 Rechtsstellung dritter Personen

(1) Dritten natürlichen Personen, denen kraft Gesetzes aus der Tötung, der Verletzung des Körpers oder der Gesundheit des Versicherungsnehmers eigene Schadenersatzansprüche zustehen, wird für die Geltendmachung dieser Ansprüche Versicherungsschutz gewährt.

(2) Die Ausübung der Rechte des Versicherungsnehmers und der mitversicherten Personen aus dem Versicherungsvertrag steht, sofern nicht etwas anderes vereinbart ist, ausschließlich dem Versicherungsnehmer zu; der Versicherer ist jedoch berechtigt, den mitversicherten Personen Versicherungsschutz zu gewähren, solange der Versicherungsnehmer nicht widerspricht. Ausgeschlossen vom Versicherungsschutz ist die Wahrnehmung rechtlicher Interessen mitversicherter Personen untereinander und gegen den Versicherungsnehmer.

(3) Alle hinsichtlich des Versicherungsnehmers geltenden Bestimmungen sind sinngemäß für und gegen die in Absatz 1 und Absatz 2 genannten Personen anzuwenden; unabhängig hiervon bleibt neben ihnen der Versicherungsnehmer für die Erfüllung von Obliegenheiten verantwortlich.

Übersicht

	Rdnrn.		Rdnrn.
I. 1. Allgemeines	1	II. Abs. 1	14–17
2. Mitversicherte	2–12	1. natürliche Person	14
a) alle Vertragsarten	2	2. Personenkreis	15
b) § 21	3	3. a) Vererblichkeit des Versicherungsanspruchs	16
c) § 22	4		
d) § 23	5	b) Vererbung unversicherter Ansprüche	17
e) aa) § 24 Abs. 1 bis 5	6		
bb) § 24 Abs. 6	7	III. Abs. 2	18–22
f) § 25	8	1. Satz 1	18, 19
g) § 26	9	2. a) Satz 2	20
h) § 27	10	b) Direktanspruch gegen Kraftfahrtversicherer	21
i) § 28	11		
j) in anderen Fällen	12	c) Beratungs-RS	22
3. Dauer der Mitversicherung	13	IV. sinngemäße Anwendung (Abs. 3)	23–25

I. Allgemeines

1 1. § 11 regelt die **Rechtstellung mitversicherter Personen.** Mitversichert ist, wer durch denselben Vertrag wie der VN versichert ist, ohne VN zu sein. Wie in einer Reihe anderer Versicherungssparten besteht auch in der RSVersicherung Versicherungsschutz nicht nur für den VN selbst, sondern auch für bestimmte Dritte, die nicht Vertragspartner des RSVersicherers sind, an deren Mitversicherung der VN jedoch in der Regel ein Interesse hat. Das Rechtskostenrisiko dieser Personen steht im Umfang des § 11 ebenso unter Versicherungschutz wie das des VN selbst. Eine solche Mitversicherung ist, ebenso wie in anderen Versicherungssparten, eine Versicherung für fremde Rechnung, die eine Sonderform des Vertrags zugunsten Dritter darstellt und für die die Bestimmungen der §§ 74 bis 80 VVG gelten (BGH NJW 59, 243 = VersR 59, 42; NJW 75, 1273 = VersR 75, 703; BAG NJW 68, 718 = VersR 68, 266; OLG Hamm VersR 77, 955; *Prölss/Martin* § 75 Anm. 2; *Bruck/Möller/Sieg* § 74 Anm. 2; *Bruck/Möller/Johannsen* IV Anm. H 3). Die gesetzliche Regelung wird für die RSVersicherung noch durch § 11 Abs. 2 und 3 modifiziert. Besteht bei Eintritt eines Versicherungsfalles neben einer Eigenversicherung des vom Versicherungsfall betroffenen VN zu seinen Gunsten gleichzeitig eine Fremdversicherung, z.B. als berechtigter Fahrer oder Insasse eines anderweitig versicherten Motorfahrzeugs, dann entsteht eine Doppelversicherung nach § 59 VVG (Näheres § 15 Rdnr. 37).

2. Mitversichert sind:

2 a) Bei Verträgen nach §§ 21 bis 28 alle Personen, denen aus der Tötung oder der Verletzung des VN oder einer mitversicherten Person im Sinn des § 11 Abs. 1 eigene Schadensersatzansprüche zustehen (vgl. unten Rdnr. 15 und 25);

3 b) Beim **Verkehrs-RS** gemäß § 21 Abs. 1 Satz 2 und Abs. 2 Satz 3 alle Personen in ihrer Eigenschaft als berechtigte Fahrer oder berechtigte Insassen der auf den VN zugelassenen Fahrzeuge oder der auf den VN zugelassenen gleichartigen Fahrzeuge;

c) Beim **Fahrzeug-RS** gemäß § 22 ohne Rücksicht auf die Eigenschaft des VN der Eigentümer, Halter, Mieter, Entleiher, berechtigte Fahrer und die berechtigten Insassen des im Versicherungsschein bezeichneten Fahrzeugs; **4**

d) Beim **Fahrer-RS** für Unternehmen gemäß § 23 Abs. 7 Ziff. 1 alle im Unternehmen als Arbeitnehmer tätigen Kraftfahrer in ihrer Eigenschaft als Fahrer von nicht auf sie selbst zugelassenen Fahrzeugen in Ausübung ihrer beruflichen Tätigkeit für den VN; **5**

e) aa) Beim **RS für Gewerbetreibende und freiberuflich Tätige** gemäß § 24 Abs. 1 Satz 2 die Arbeitnehmer des VN in Ausübung ihrer beruflichen Tätigkeit für ihn sowie gemäß Satz 3 seine Familienangehörigen, soweit sie in seinem beruflichen Bereich tätig sind; **6**

bb) beim **RS für das Kraftfahrzeuggewerbe** gemäß § 24 Abs. 6 Ziff. 2 außerdem alle Personen in ihrer Eigenschaft als berechtigte Fahrer oder berechtigte Insassen der auf den VN zugelassenen Fahrzeuge; ferner alle in § 24 Abs. 1 mitversicherte Personen in ihrer Eigenschaft als berechtigte Fahrer oder berechtigte Insassen der nicht auf den VN zugelassenen Fahrzeuge, die sich bei Eintritt des Versicherungsfalles in Obhut des VN befinden oder in dessen Betrieb vorübergehend benutzt werden; **7**

f) Beim **Familien-RS** gemäß § 25 Abs. 1 Satz 1 der Ehegatte des VN und die minderjährigen Kinder sowie die – zumindest überwiegend in Schul- oder Berufsausbildung befindlichen – unverheirateten volljährigen Kinder bis zur Vollendung des fünfundzwanzigsten Lebensjahres; **8**

g) Beim **Familien- und Verkehrs-RS** gemäß § 26 Abs. 1 (Fassung 1988: Abs. 1 bis 3) der Ehegatte des VN und die minderjährigen Kinder sowie die – zumindest überwiegend in Schul- oder Berufsausbildung befindlichen – unverheirateten volljährigen Kinder bis zur Vollendung des fünfundzwanzigsten Lebensjahres; der Ehegatte und die minderjährigen Kinder sind auch in ihrer Eigenschaft als Eigentümer, Halter oder Insassen aller während der Vertragsdauer auf sie oder den VN zugelassenen Fahrzeuge und als Fahrer von Fahrzeugen mitversichert; schließlich erstreckt sich der Versicherungsschutz auf alle Personen in ihrer Eigenschaft als berechtigte Fahrer oder berechtigte Insassen der auf den VN, dessen Ehegatten und die minderjährigen Kinder zugelassenen Fahrzeuge; **9**

h) Beim **Landwirtschafts- und Verkehrs-RS** gemäß § 27 Abs. 1 die gemäß § 26 mitversicherten Personen (vgl. oben Rdnr. 9) sowie alle Personen in Ausübung ihrer Tätigkeit im oder für den land- oder forstwirtschaftlichen Betrieb des VN, jedoch nicht in ihrer Eigenschaft als Eigentümer, Halter, Fahrer oder Insasse von Fahrzeugen, die nicht auf den VN, dessen Ehegatten oder die minderjährigen Kinder zugelassen sind; **10**

i) Beim **Vereins-RS** gemäß § 28 Abs. 1 die gesetzlichen Vertreter und Angestellten des Vereins für die Wahrnehmung von Vereinsaufgaben sowie die Vereinsmitglieder für jede Tätigkeit, die gemäß der Satzung dem Vereinszweck dient. **11**

§ 11 ARB 75   12, 13   1. Teil. Allgemeine Bestimmungen (B)

12   j) Auch ohne Vorliegen der jeweiligen Mitversicherungsvoraussetzungen der ARB hat der VN mit Einverständnis des Versicherers die Möglichkeit, gemäß § 74 VVG durch gesonderte Vereinbarung einen RSVersicherungsvertrag nicht oder nicht allein für sich, sondern (auch) **zugunsten eines anderen** oder mehrerer anderer Personen abzuschließen, soweit bei ihnen die persönlichen Risikomerkmale, insbesondere die nach der jeweiligen Vertragsart der ARB vorausgesetzten Eigenschaften, gegeben sind (vgl. auch § 24 Rdnr. 18; § 25 Rdnr. 13, auch für nichteheliche Lebenspartner; § 27 Rdnr. 10 und § 29 Rdnr. 42). Darüber hinaus können vor allem bei den objektbezogenen Vertragsarten der ARB (§ 10 Rdnrn. 5, 7 und 8; Vorbem. vor § 21 Rdnr. 6) nach dem Rechtsgedanken des § 80 VVG solche Personen als (stillschweigend) mitversichert angesehen werden, die zusammen mit dem VN eine Rechtsgemeinschaft an dem jeweiligen Objekt – z.B. Kraftfahrzeug, Grundstück, Mietwohnung – bilden. Dies gilt jedenfalls dann, wenn der Versicherer bei Antragsaufnahme nicht eigens nach etwaigen Miteigentümern oder Mitberechtigten gefragt hat und es ihm gleichgültig sein kann, ob das zu deckende Interesse bei seinem Kontrahenten (VN) allein oder daneben bei mitberechtigten Dritten liegt (*Bruck/Möller/Sieg* § 80 Anm. 5, 17; *Prölss/Martin* § 74 Anm. 1 und § 80 Anm. 1; Vorbem. vor § 21 Rdnr. 6; § 29 Rdnr. 27). Dies wird jedenfalls dann anzunehmen sein, wenn sich das Risiko durch die Mitdeckung nicht benannter Mitberechtigter nicht wesentlich erhöht. Ob Mehrkosten nach § 6 Abs. 1 BRAGebO schon eine wesentliche Erhöhung darstellen (so *J. Vassel* ZVersWiss 81, 269, 271; verneinend AG Kelheim/LG Regensburg ZfS 85, 367), wird von den Umständen des Einzelfalles, insbesondere der Zahl der Mitberechtigten und der Höhe des Gegenstandswertes, abhängen (vgl. hierzu auch § 2 Rdnr. 31a, § 29 Rdnrn. 27 und 42). Hat der RSVersicherer auch dem neben dem VN mitbeklagten Mitmieter Deckung zugesagt, umfaßt diese Zusage die Erhöhungsgebühr nach § 6 BRAGebO (OLG Frankfurt NJW-RR 88, 922 = AnwBl. 88, 495). Ist eine oHG oder KG VN, dann sind auch deren Gesellschafter bzw. Komplementäre gleichzeitig VN (BGH VersR 90, 380; § 24 Rdnr. 18).

13   3. Die Mitversicherung **beginnt**, sobald die mitversicherte Person die nach der jeweiligen Vertragsart vorausgesetzte Eigenschaft erlangt, z.B. die Rechtsstellung als Ehegatte des nach § 25 versicherten VN mit der Heirat oder die Rechtsstellung als Arbeitnehmer des nach § 24 versicherten VN mit Abschluß des Arbeitsvertrags. Die Mitversicherung **endet** – außer bei Beendigung des Versicherungsvertrags selbst –, sobald die jeweilige Eigenschaft oder Rechtsbeziehung des Mitversicherten zum VN endet, die das Mitversicherungsverhältnis begründet hat. So endet beispielsweise die Mitversicherung eines Arbeitnehmers des nach § 24 versicherten VN mit der Beendigung des Arbeitsverhältnisses (vgl. auch BGH VersR 90, 416). Bei einer Ehescheidung endet die Mitversicherung des Ehegatten des nach § 25 versicherten VN mit dem Verlust der Ehegatteneigenschaft im Zeitpunkt der Rechtskraft des Scheidungsurteils. Die gemäß § 25 Abs. 1 mitversicherten Kinder des VN bleiben jedoch in diesem Fall ohne Rücksicht darauf mitversichert, welchem Ehegatten das Sorgerecht zusteht. Bei Beendigung des Versicherungsverhältnisses durch Tod des VN kann sich der Versicherungs-

schutz im Rahmen der Klausel zu §§ 21, 22, 24 bis 29 für den mitversicherten Ehegatten und die mitversicherten Kinder fortsetzen (Näheres § 10 Rdnrn. 18, 19).

II. Abs. 1
(entspricht § 15 Abs. 1 Satz 2 ARB 94)

1. Abs. 1 erstreckt den Versicherungsschutz auf solche **natürliche Personen,** denen aus der Tötung oder Verletzung des VN kraft Gesetzes ein eigener Schadenersatzanspruch erwächst. Durch die Verwendung des Begriffes „natürliche Person" ist klargestellt, daß juristische Personen – z. b. Sozialversicherungsträger oder eine juristische Person als Arbeitgeber – in keinem Fall mitversichert sind, also auch dann nicht, wenn einer solchen juristischen Person nicht nur ein vom verletzten oder getöteten VN abgeleiteter, sondern ausnahmsweise ein originärer Ersatzanspruch wie etwa nach § 110 SGB VII zusteht.

2. Abs. 1 gilt für Schadenersatzansprüche **mittelbar Geschädigter,** denen durch das Gesetz ausnahmsweise ein eigener selbständiger Schadenersatzanspruch zuerkannt wird. Mittelbar geschädigt ist jemand, der nicht selbst in einem eigenen Rechtsgut verletzt ist, sondern der durch die Verletzung des Rechtsgutes einen anderen einen Schaden erleidet (*Palandt/Thomas* § 844 Rdnr. 1). Der Grundsatz, daß nur der in seinem Rechtsgut selbst Verletzte ersatzberechtigt ist, ist durchbrochen für die Fallgruppen der §§ 844, 845 BGB und der entsprechenden Vorschriften in anderen Gesetzen, insbesondere § 10 StVG, § 5 Haftpflichtgesetz, § 35 Luftverkehrsgesetz und § 28 Atomgesetz. Die in diesen Vorschriften genannten Personen, in der Regel die nächsten Angehörigen des VN, haben für die Geltendmachung ihrer Ansprüche auf Ersatz der Beerdigungskosten, ihres Unterhaltsschadens und gegebenenfalls der ihnen entgehenden Dienste (§ 845 BGB) Versicherungsschutz im Rahmen der ARB. Als „natürliche Person" im Sinn des Abs. 1 gilt hierbei auch ein im Zeitpunkt der Verletzung des VN bereits Erzeugter, aber noch nicht Geborener (nasciturus; § 844 Abs. 2 Satz 2 BGB). Wegen näherer Einzelheiten wird auf die Kommentare zu den §§ 844, 845 BGB verwiesen, z. B. *Palandt/Thomas* § 844 Rdnrn. 4 ff.; *Geigel* 8. Kap.

3. a) Die gemäß Abs. 1 mitversicherte Geltendmachung eigener Schadenersatzansprüche des dort genannten Personenkreises im Sinn der vorstehenden Ausführungen ist nicht zu verwechseln mit der Geltendmachung solcher **Ersatzansprüche,** die durch die Körperverletzung oder Tötung **des VN** zunächst in dessen Person entstanden und erst mit seinem Tod gemäß § 1922 BGB auf die Erben übergegangen sind, z. B. auf Ersatz des dem VN entstandenen Sachschadens, Verdienstausfalls oder der Kosten seiner versuchten Heilung. Hier hat sich mit Eintritt des Versicherungsfalls (§ 14 Abs. 1) der latente Gefahrtragungsanspruch gegen den Versicherer bereits zu Lebzeiten des VN in einen konkreten Versicherungsanspruch verdichtet, der als Anspruch vermögensrechtlicher Natur nach allgemeinen Grundsätzen gemäß § 1922 BGB auf den oder die Erben übergeht. In § 2 Ziff. 4 d ARB 54 war dies – überflüssigerweise – eigens ausgesprochen. Ein solcher

Rechtsübergang erfolgt naturgemäß auch in allen sonstigen Fällen einer versicherten Interessenwahrung des VN, die durch einen zu seinen Lebzeiten eingetretenen Versicherungsfall ausgelöst, aber vor seinem Tod noch nicht beendet war. Bestand beispielsweise aufgrund eines Versicherungsfalls, der vor dem Tod des nach § 25 versicherten VN eingetreten war (§ 14 Abs. 3), eine Leistungspflicht des Versicherers für die Verfolgung oder Abwehr eines schuldrechtlichen Anspruchs nach § 25 Abs. 3, dann können die Erben des streitigen Anspruchs oder der streitigen Verbindlichkeit aufgrund des auf sie übergegangenen Versicherungsanspruchs weiterhin Versicherungsschutz fordern, solange die Rechtsverfolgung oder Rechtsverteidigung notwendig ist (§ 1 Abs. 1). Hierbei spielt es keine Rolle, ob der Versicherungsvertrag selbst auf sie übergegangen oder infolge des Todes des VN nach § 68 Abs. 2 VVG erloschen ist (vgl. hierzu § 10 Rdnr. 16). Der ererbte Anspruch oder die ererbte Verbindlichkeit behalten ihre Rechtsnatur bei und werden durch den Erbgang nicht etwa zu einer erbrechtlichen Angelegenheit im Sinn der Ausschlußbestimmung des § 4 Abs. 1 i (§ 4 Rdnr. 85).

17 b) Gehen umgekehrt Ansprüche des **nichtversicherten Erblassers** auf den VN als Erben über, die ihrer Art nach in den Deckungsbereich des Versicherungsvertrags des VN fallen, entsteht in der Person des VN für deren Geltendmachung kein Anspruch auf Versicherungsschutz. Ist beispielsweise der VN nach § 26 versichert und sein weder in diesem Vertrag mitversicherter noch selbständig versicherter Vater an den Folgen eines Unfalles verstorben, kann zwar der VN als Erbe vom Schädiger Ersatz des dem Vater entstandenen Schadens (z.B. Sachschaden, Verdienstausfall, Heilungskosten) fordern. Hierfür besteht aber kein Versicherungsschutz nach § 26 Abs. 3 a (Fassung 1988: Abs. 5 a). Denn das Schadenereignis hat den Vater betroffen und konnte mangels Bestehens eines Versicherungsverhältnisses in dessen Person keinen Versicherungsanspruch auslösen, der mit seinem Tod auf den Sohn hätte übergehen können (Näheres § 4 Rdnr. 172). Den Sohn als VN selbst hat jedoch hinsichtlich der auf ihn übergegangenen Ansprüche kein Versicherungsfall im Sinn des § 14 Abs. 1 betroffen. Etwas anderes gilt nur hinsichtlich etwaiger eigener Ansprüche des Sohnes als mittelbar Geschädigten gemäß §§ 844, 845 BGB (vgl. oben Rdnr. 15). Für deren Geltendmachung hätte er Anspruch auf Versicherungsschutz, und zwar nicht als Erbe oder als Dritter im Sinn des Abs. 1, sondern unmittelbar als VN gemäß § 26 Abs. 3 a (Fassung 1988: Abs. 5 a) aus seinem eigenen Versicherungsvertrag, da insoweit sein eigenes versichertes Interesse durch das Schadenereignis betroffen ist.

III. Abs. 2
(entspricht § 15 Abs. 2 Satz 2 ARB 94)

18 1. Die Rechtsstellung der im Vertrag des VN mitversicherten Personen bemißt sich an sich nach den Bestimmungen der §§ 74 bis 80 VVG über die Fremdversicherung (vgl. oben Rdnr. 1). Abs. 2 **Satz 1** modifiziert jedoch diese gesetzliche Regelung für die RSVersicherung etwas. Während nach § 12 ARB 54 mitversicherte Personen ihre Versicherungsansprüche generell

selbständig geltend machen konnten, kann dies nach der jetzigen Fassung der ARB mangels gegenteiliger Vereinbarung nur der VN (LG Fulda ZfS 90, 416; LG Coburg ZfS 90, 14; LG Hildesheim ZfS 89, 59; AG Mainz ZfS 90, 162; AG Hannover ZfS 89, 165; AG Hamburg ZfS 89, 166; AG Köln ZfS 88, 391; AG Frankfurt ZfS 86, 113; AG Düsseldorf ZfS 84, 237; AG Böblingen ZfS 83, 83). Insofern stimmt die Bedingungsregelung mit der gesetzlichen Regelung überein, deren Eigenart darin besteht, daß die Rechte aus dem Versicherungsvertrag, also der Versicherungsanspruch, nach § 75 Abs. 1 Satz 1 VVG dem Mitversicherten zustehen, der VN aber über diese Rechte nach § 76 Abs. 1 VVG ausschließlich und im eigenen Namen verfügen kann, falls nicht ausnahmsweise der Mitversicherte im Besitz des Versicherungsscheins ist oder der VN einer Verfügung oder gerichtlichen Geltendmachung durch den Mitversicherten ausdrücklich zustimmt (§§ 75 Abs. 2, 76 Abs. 2 VVG; LG Karlsruhe VersR 82, 997 = ZfS 82, 115; BGH NJW 75, 1273 = VersR 75, 703; a.A. *Prölss/Martin* § 11 ARB Anm. 1; vgl. auch unten Rdnr. 19). Mit dieser Spaltung von materieller Rechtsinhaberschaft und formellem Verfügungsrecht hat der Gesetzgeber das Interesse des Versicherers anerkannt, zugunsten der Rechtssicherheit und der kostensparenden Abwicklung eines Versicherungsfalles nur mit einer Person – nämlich dem VN – verhandeln zu müssen. Daneben hat die Regelung den Zweck, ein kollusives Zusammenwirken von VN und mitversicherter Person in der Richtung zu verhindern, daß ein Dritter Versicherungsansprüche stellt und der VN als Zeuge auftritt (BGH VersR 83, 823, 945; OLG Hamm VersR 77, 955; *Prölss/Martin* § 75 Anm. 1).

Abweichend von der gesetzlichen Regelung ist allerdings der Versicherer nach Abs. 2 Satz 1, 2. Halbsatz berechtigt – jedoch nicht verpflichtet –, einer mitversicherten Person Versicherungsschutz zu gewähren, **solange der VN nicht widerspricht**. Durch diese Regelung soll vermieden werden, daß eine mitversicherte Person – insbesondere in Eilfällen – einen Rechtsverlust erleidet, weil der VN gerade nicht erreichbar oder – etwa wegen eigener Verletzungen – nicht handlungsfähig ist (*Ridder* S. 129). Falls nicht besondere Umstände vorliegen, ist der Versicherer in solchen Fällen nicht verpflichtet, vorher beim VN anzufragen. Denn dieser wird in der Regel von dem Versicherungsfall Kenntnis haben. Widerspricht der VN, entfällt das Recht des Versicherers, den Mitversicherten Versicherungsschutz zu gewähren. Der Widerspruch ist gemäß § 12 schriftlich zu erklären und bedarf dem Versicherer gegenüber keiner Begründung. Ob ein solcher Widerspruch aus familienrechtlichen (Unterhaltspflicht) oder arbeitsrechtlichen (Fürsorgepflicht) Gründen unzulässig ist, muß der Mitversicherte gegenüber dem VN notfalls im Prozeßweg klären (LAG Frankfurt ZfS 87, 213 verneint Fürsorgepflicht des Arbeitgebers bei Berufskraftfahrern; a.A. *Prölss/Martin* § 11 ARB Anm. 1 für „pflichtwidrigen oder rechtsmißbräuchlichen" Widerspruch; aber: wer soll das feststellen?). Verfolgt der VN nach Ablehnung des Versicherers den Versicherungsanspruch der mitversicherten Person nicht weiter, widerspricht er aber der Gewährung von Versicherungsschutz auch nicht, kann sich der Versicherer auf das Fehlen des Verfügungsrechts des Mitversicherten nicht berufen (OLG Schleswig ZfS 86, 113; *Prölss/Martin* § 75

Anm. 3c). Der Mitversicherte kann auch dann selbständig klagen, wenn er bereits vorprozessual direkt mit dem Versicherer verhandelt hatte und der VN einer direkten Regulierung nicht widerspricht, jedoch nicht selbst klagen will (OLG Karlsruhe VersR 95, 1352 = r+s 95, 224 = ZfS 95, 271; OLG Hamm r+s 97, 249).

20 2. a) Abs. 2 Satz 2 *(entspricht § 3 Abs. 4a ARB 94)* verneint für die RSVersicherung die gesetzlich nicht geregelte und in anderen Versicherungssparten streitige Frage, ob für Ansprüche mitversicherter Personen untereinander und gegen den VN Versicherungsschutz besteht (vgl. z.B. für die Haftpflichtversicherung *Bruck/Möller/Johannsen* IV Anm. H 25 und 26). Es handelt sich um einen Risikoausschluß (§ 4 Rdnr. 1). Vor allem sollen hierdurch mögliche Interessenkollisionen vermieden werden. Nach dem eindeutigen Wortlaut ist der Versicherungsschutz selbst dann ausgeschlossen, wenn der VN mit einer solchen Interessenwahrnehmung einverstanden wäre oder sie sogar fordert. Für eine Interessenwahrnehmung des VN gegen mitversicherte Personen und Mit-VN besteht dagegen Versicherungsschutz (AG Aachen r+s 92, 20; vom AG Wetzlar r+s 88, 268 für den Fall des familienrechtlichen Beratungs-RS zu Unrecht verneint; vgl. auch unten Rdnr. 22).

21 b) Macht eine durch den VN oder einen anderen Mitversicherten geschädigte mitversicherte Person, z.B. ein nach § 21 Abs. 1 Satz 2 mitversicherter Fahrzeuginsasse, einen Schadenersatzanspruch nach § 3 Nr. 1 PflVG unmittelbar gegen den Kraftfahrt-Haftpflichtversicherer des VN oder der anderen mitversicherten Person geltend (action directe), dann ist diese Interessenwahrnehmung nicht nach Abs. 2 Satz 2 ausgeschlossen. Es besteht dann zwar auch ein Schadenersatzanspruch gegen den VN oder die mitversicherte Person, dessen Verfolgung nach Abs. 2 Satz 2 an sich vom Versicherungsschutz ausgeschlossen ist. Der konkurrierende **Direktanspruch** gegen den Haftpflichtversicherer ist jedoch – ungeachtet seiner akzessorischen Natur (*Prölss/Martin/Knappmann* § 3 Nrn. 1, 2 PflVG Anm. 3) – ein eigener selbständiger Anspruch, der sich weder gegen den VN noch gegen die mitversicherte Person richtet und daher nicht gemäß Abs. 2 Satz 2 vom Versicherungsschutz ausgeschlossen ist.

22 c) Ob der Ausschluß nach Abs. 2 Satz 2 für die Erteilung eines Rates oder einer Auskunft an eine mitversicherte Person im Sinn der §§ 25 Abs. 2e, 26 Abs. 3g und 27 Abs. 3g (**Beratungs-RS**) gilt, wenn der Versicherungsfall, also das die Beratung oder die Auskunft auslösende Ereignis, vom VN oder einer anderen mitversicherten Person herbeigeführt wurde, hängt von der Frage ab, ob die Beratung oder Auskunfterteilung bereits als Interessenwahrnehmung „gegen" den VN (oder eine andere mitversicherte Person) zu werten ist. Eine solche typische Fallgestaltung liegt etwa vor, wenn sich die mitversicherte Ehefrau des nach § 25 versicherten VN über ihre Rechte beraten läßt, die aus einem unzumutbaren Verhalten des VN im Sinn des § 1565 Abs. 2 BGB entspringen. Ein weiteres Beispiel wäre etwa gegeben, wenn der VN seine Unterhaltsleistung gegenüber einem mitversicherten Kind wegen dessen beginnenden Eigenverdienstes nach Ende der Schulzeit kürzen und das Kind sich hierüber beraten lassen will. Eine Beratung ist, was *Pakulla* (AnwBl. 80, 221, 229) unter Hinweis auf die frühere – inzwischen geänderte – Auffassung *Böhmes* (§ 11 Rdnr. 6) verkennt, bereits Wahrnehmung rechtlicher Interessen (§ 1 Rdnr. 3). Ob diese Interessenwahrnehmung (schon) „gegen" den VN gerichtet ist, mag mitunter zweifelhaft sein. Handelt es sich um eine bloße Auskunft, dann erhält der Mitversicherte lediglich eine Information über seine Rechtslage ohne konkrete Empfehlung für weiteres Verhalten (Vorbem. vor § 21 Rdnr. 152). Will der Mitversicherte dagegen einen Rat, dann wünscht er eine Empfehlung für sein weiteres Vorgehen (Vorbem. vor § 21 Rdnr. 151). Die Interessenlage etwa zwischen Ehegatten in einem bevorstehenden oder schon laufenden Scheidungsverfahren ist nicht notwendigerweise gegenläufig, es kommt vielmehr ganz auf die Umstände des Einzelfalles an (BayObLG NJW 81, 832, strafrechtliche Entscheidung). Gleichwohl überzeugen das sorgfältig begründete Urteil des AG Heinsberg (VersR 81, 152 = ZfS 81, 16; ebenso AG Krefeld ZfS 82, 303; LG Düsseldorf ZfS 83, 83; AG Augsburg ZfS 86, 302; AG Schwäbisch-Gmünd r+s 96, 409) und die Anm. von *Bauer* hierzu (VersR 81, 523), die die Beratung als generell nicht gedeckt ansehen, mehr als die Gegenmeinung, die mehr die formale Grenze zwischen Beratung und Vertretung und den damit erst offen „ausbrechenden" Interessenwiderstreit in den Vordergrund rückt. Da nicht selten ein potentieller Interessenkonflikt schon im Beratungsstadium vorliegen kann, entspricht es dem Zweck des Abs. 2 Satz 2, klare Verhältnisse zu schaffen, in der Tat wohl eher, auch eine Auskunft oder Beratung bereits generell vom Versicherungsschutz auszunehmen, und zwar unabhängig davon, ob der VN im Einzelfall damit einverstanden wäre oder nicht (*Prölss/Martin* § 11 ARB Anm. 1; a.A. *Pakulla* AnwBl. 80, 221, 229).

IV. Sinngemäße Anwendung (Abs. 3)
(entspricht § 15 Abs. 2 Satz 1 ARB 94)

Die hinsichtlich des **VN** geltenden **Bestimmungen** sind gemäß Abs. 3 **23** sinngemäß für und gegen alle mitversicherten Personen anzuwenden. Diese Regelung enthält nicht nur den Rechtsgedanken des § 79 VVG, sondern bedeutet darüber hinaus, daß die mitversicherten Personen grundsätzlich den gleichen Versicherungsschutz genießen wie der VN. Parallelen finden sich in anderen Versicherungssparten, so in der Haftpflichtversicherung in § 7 Abs. 1 Satz 1 AHB und in der Kraftfahrtversicherung in § 3 Abs. 1 und Abs. 2 Satz 1, 2. Halbsatz AKB. Die „sinngemäße" Anwendung aller hinsichtlich des VN geltender Bestimmungen bedeutet, daß für und gegen die mitversicherten Personen alle diejenigen gesetzlichen und vertraglichen Regelungen gelten, die nach der Natur des Mitversicherungsverhältnisses Einfluß auf die Rechtsstellung der mitversicherten Personen haben können. Der Mitversicherte hat vor allem die vor und nach dem Versicherungsfall zu erfüllenden Obliegenheiten (§ 15 Rdnr. 1) zu beachten, soweit diese ihrer Natur nach ihn treffen können. Als Selbstverständlichkeit legt der zweite Halbsatz des Abs. 3 fest, daß unabhängig hiervon der VN für die Erfüllung von Obliegenheiten, insbesondere nach § 15 Abs. 1, verantwortlich bleibt. Verletzt nur der Mitversicherte eine Obliegenheit, dann schadet diese Verletzung nur ihm selbst und nicht dem VN, falls er nicht gleichzeitig Repräsentant des VN ist (*Prölss/Martin* § 79 Anm. 1). Für das Verschulden des Mitversicherten kann hierbei von Bedeutung sein, ob er überhaupt wußte, daß für ihn Versicherungsschutz bestand. Die Umstände des Einzelfalles sind hier maßgebend. Umgekehrt berührt dagegen eine Obliegenheitsverletzung des VN in der Regel auch den Versicherungsschutz der Mitversicherten, wie überhaupt das Verhalten des VN für die Leistungspflicht oder Leistungsfreiheit des Versicherers maßgeblich bleibt (vgl. BGH VersR 67, 343; 71, 429; 76, 870; 79, 176; *Prölss/Martin* § 74 Anm. 2; *Bruck/Möller/Johannsen* IV Anm. H 19).

24 Des weiteren gilt für und gegen die Mitversicherten – vorbehaltlich der Sonderregelung des Abs. 2 Satz 2 – der **gleiche Versicherungsumfang**, insbesondere die gleiche primäre und sekundäre Begrenzung des Risikos (§ 2 Rdnrn. 3, 4) wie für den VN (OLG Köln r + s 93, 145 für die Ausschlußbestimmung des § 26 Abs. 1 Satz 4 ARB 75; *Bruck/Möller/Johannsen* IV Anm. H 20). Vor allem bei der Frage des subjektiven Risikos (z.B. § 4 Abs. 2 und 3) kommt es in erster Linie auf das Verhalten des Mitversicherten an. Wird jemand, z.B. durch Eheschließung (§§ 25, 26) oder Beginn eines Arbeitsverhältnisses (§ 24), „automatisch" mitversichert, dann soll nach Meinung des BAV für diesen Mitversicherten die dreimonatige Wartezeit des § 14 Abs. 3 Satz 3 entfallen, da deren Zweck in solchen Fällen nicht zum Tragen komme (GB BAV 83, 69; vgl. § 14 Rdnr. 65). Der Mitversicherte hat keine Pflicht zur Beitragszahlung (§ 1 Abs. 2 VVG), da er nicht Vertragspartner des Versicherers ist (*Bruck/Möller/Johannsen* IV Anm. H 18).

25 Eine „hinsichtlich des VN geltende Bestimmung" ist auch § 11 Abs. 1. Soweit in dieser Bestimmung der Versicherungsschutz auf **Ansprüche Drittgeschädigter** aus einer Schädigung des VN erstreckt wird (vgl. oben Rdnr. 15), erstreckt er sich daher gemäß Abs. 3 auch auf solche natürliche Personen, denen kraft Gesetzes aus der Tötung oder Verletzung einer mitversicherten Person ein eigener Schadenersatzanspruch zusteht. Wird beispielsweise ein Insasse im Fahrzeug des nach § 21 versicherten VN getötet, dann ist der Insasse nach § 21 Abs. 1 Satz 2 mitversichert. Gemäß § 21 Abs. 4a und § 11 Abs. 3 in Verbindung mit Abs. 1 und 2 besteht dann für die Geltendmachung der eigenen Schadenersatzansprüche der in § 844 Abs. 1 und 2 BGB genannten Angehörigen des getöteten Insassen Versicherungsschutz. Soweit vor dem Tod des Mitversicherten in seiner Person ein Schadenersatzanspruch entstanden war, z.B. auf Ersatz von Sachschaden, Verdienstausfall oder Heilungskosten, und dieser auf die Erben übergeht, geht der hiermit verbundene, aus der Mitversicherung entspringende Versicherungsanspruch gemäß § 1922 BGB ebenfalls auf die Erben über, die ihn im Umfang des Abs. 2 geltend machen können (vgl. oben Rdnr. 16).

§ 12 Anzeigen und Erklärungen
(entspricht § 16 ARB 94)

Anzeigen und Erklärungen des Versicherungsnehmers sind schriftlich abzugeben und sollen an die Hauptverwaltung des Versicherers gerichtet werden.

Anzeigen und Erklärungen 1–4 § 12 ARB 75

§ 12 sieht – in Einklang mit § 11 Nr. 16 AGBG – für Anzeigen und Erklärungen des VN Schriftform vor. **Anzeigen** sind keine rechtsgeschäftlichen Willenserklärungen, sondern Wissenserklärungen, durch die der VN dem Versicherer etwas Vertragserhebliches mitteilt (*Prölss/Martin* § 34a Anm. 3 b). In den ARB finden sich Bestimmungen über Anzeigen des VN beispielsweise im Fall der Gefahrverminderung gemäß § 9 Abs. 3, der Gefahrveränderung gemäß §§ 9 Abs. 4, 21 Abs. 7, 22 Abs. 7 Ziff. 6, 23 Abs. 5, des teilweisen Wagniswegfalls gemäß § 10 und des Eintritts eines Versicherungsfalles gemäß § 15. Anzeigen, die nicht schriftlich erfolgen, wirken gleichwohl gegen den Versicherer, wenn er z.B. durch eine mündliche Mitteilung oder auf andere Weise zuverlässig Kenntnis von dem angezeigten Tatbestand erhalten hat, wobei auch eine mündliche Anzeige an den Agenten genügen kann (*Prölss/Martin* § 34a Anm. 3 b). Betrifft die Anzeige die Erfüllung einer Obliegenheit nach § 15, so kann der Versicherer auch die Verletzung der Formvorschrift nur bei Vorsatz oder grober Fahrlässigkeit gemäß § 15 Abs. 2 geltend machen (*Stiefel/Hofmann* § 9 Rdnr. 9). 1

Unter den neben den Anzeigen eigens erwähnten **Erklärungen** sind in erster Linie rechtsgeschäftliche Willenserklärungen zu verstehen, durch die der VN eine bestimmte Rechtsfolge herbeiführen will (*Palandt/Heinrichs* vor § 116 Rdnr. 1). Solche Erklärungen sind z.B. der Rücktritt, die Anfechtung, der Widerspruch gegen einen vom Antrag abweichenden Versicherungsschein gemäß § 6 Abs. 2, die Kündigung gemäß § 8, der Antrag auf vorzeitige Vertragsaufhebung nach § 23 Abs. 6 oder Vertragsumstellung nach § 26 Abs. 7 a.F. Wird eine solche Willenserklärung nicht schriftlich, sondern nur mündlich abgegeben, ist sie gemäß § 125 Satz 2 BGB im Zweifel unwirksam, falls nicht der Versicherer auf die Form verzichtet (*Prölss/Martin* § 34a Anm. 3a). Denn hier soll die Schriftform klare Verhältnisse schaffen. § 12 gilt selbstverständlich nur, wenn bereits ein Versicherungsvertrag besteht. Der Antrag auf Abschluß eines RSVersicherungsvertrags unterliegt als solcher noch nicht der Formvorschrift. Er kann auch mündlich gestellt und angenommen werden, was in der Praxis zwar selten vorkommen wird, immerhin aber in Eilfällen, z.B. bei gewünschter vorläufiger Deckung (§ 6), Bedeutung gewinnen kann (§ 5 Rdnr. 1; *Bruck/Möller* § 1 Anm. 72; *Bruck/Möller/Johannsen* IV Anm. C 2). 2

Die **Schriftform** ist erfüllt, wenn die Anzeige oder Erklärung vom VN oder Mitversicherten eigenhändig durch Namensunterschrift oder mittels notariell beglaubigten Handzeichens unterzeichnet ist. Telegrafische Übermittlung genügt (§ 127 Satz 2 BGB), ein Fernschreiben oder Telefax steht einem schriftlich übermittelten Telegramm gleich. Mechanisch hergestellte oder faksimilierte Unterschrift genügt in der Regel (*Palandt/Heinrichs* § 127 Rdnr. 2), nicht dagegen eine gedruckte Unterschrift, da sie nicht gewährleistet, daß der Inhalt des Schreibens vom angeblichen Unterzeichner gelesen und gebilligt ist (*Stiefel/Hofmann* § 9 Rdnr. 1). Unterzeichnung durch einen Bevollmächtigten genügt, wenn die Vollmacht nicht bestritten oder gemäß § 174 BGB nachgewiesen ist. 3

Der VN soll nach § 12 seine Anzeigen und Erklärungen an die **Hauptverwaltung** des Versicherers richten. Es genügt jedoch Abgabe der Anzeige 4

371

§ 13 ARB 75   1,2   1. Teil. Allgemeine Bestimmungen (B)

oder Erklärung an jede sonstige Stelle, die erkennbar dazu berufen ist, solche Mitteilungen entgegenzunehmen. Neben der Hauptverwaltung können dies beispielsweise sein Geschäftsstellen, Bezirks- oder Filialdirektionen, Schadenbüros und ähnliche Außenstellen des Versicherers. Ein Agent des Versicherers gilt, auch wenn er nur mit der Vermittlung von Versicherungsgeschäften betraut ist, kraft Gesetzes als bevollmächtigt, solche Anzeigen und Erklärungen entgegenzunehmen (§ 43 Nr. 2 VVG; *Prölss/Martin/Kollhosser* § 43 Anm. 3). Eine nach § 47 VVG an sich mögliche Beschränkung dieser gesetzlichen Vollmacht kann in § 12 nicht gesehen werden, da er nur eine Sollregelung enthält, die den VN nicht zur Anzeige an die Hauptverwaltung verpflichtet (vgl. *Prölss/Martin/Kollhosser* § 47 Anm. 1). Ein Makler ist zur Entgegennahme von Anzeigen und Erklärungen des VN nur befugt, wenn er vom Versicherer hierzu ausdrücklich bevollmächtigt ist (*Prölss/ Martin/Kollhosser* Anh. zu §§ 43 bis 48 Anm. 2). Wirksam wird die jeweilige Erklärung im Zeitpunkt des Zugangs bei der zur Entgegennahme befugten Stelle (§ 164 Abs. 3 BGB).

5   § 12 gilt nur für Anzeigen und Erklärungen des VN. Für **Erklärungen des Versicherers** ist keine bestimmte Form vorgesehen. Sie können auch durch bevollmächtigte Agenten, Angestellte oder sonstige Bevollmächtigte erfolgen und bedürfen zu ihrer Rechtswirksamkeit nicht der Schriftform, soweit diese nicht gesetzlich (z.B. § 39 Abs. 1 VVG; § 12 Abs. 3 Satz 2 VVG in Verbindung mit § 18 Satz 2) oder in den ARB (z.B. § 17 Abs. 1) vorgesehen ist. Für nicht formgebundene rechtsgestaltende Erklärungen, z.B. eine Kündigung nach § 19 Abs. 2, empfiehlt sich jedoch schon aus Beweisgründen die schriftliche Form.

§ 13 Gerichtsstand
(entspricht § 20 Abs. 1 ARB 94)

Für Klagen, die aus dem Versicherungsverhältnis gegen den Versicherer erhoben werden, bestimmt sich die gerichtliche Zuständigkeit nach dem Sitz des Versicherers oder seiner für das jeweilige Versicherungsverhältnis zuständigen Niederlassung. Hat ein Versicherungsagent den Vertrag vermittelt oder abgeschlossen, ist auch das Gericht des Ortes zuständig, an dem der Agent zur Zeit der Vermittlung oder des Abschlusses seine gewerbliche Niederlassung oder bei Fehlen einer gewerblichen Niederlassung seinen Wohnsitz hatte.

1   Streitigkeiten aus dem RSVersicherungsverhältnis sind bürgerliche Rechtsstreitigkeiten. Gemäß § 13 GVG sind daher zu ihrer Entscheidung die ordentlichen Gerichte **sachlich zuständig,** und zwar je nach Streitwert das AG oder LG (§§ 23 Nr. 1, 71 Abs. 1 GVG).

2   Mit der **örtlichen Zuständigkeit** befaßt sich § 13. Er lautete ursprünglich:
> Für die aus dem Versicherungsverhältnis entstehenden Rechtsstreitigkeiten ist neben den übrigen gesetzlich zuständigen Gerichten das Gericht des inländischen Wohnsitzes oder der inländischen gewerblichen Niederlassung des Versicherungsnehmers zuständig. Hat ein

Versicherungsagent den Vertrag vermittelt oder abgeschlossen, ist für Klagen, die aus dem Versicherungsverhältnis gegen den Versicherer erhoben werden, auch das Gericht des Ortes zuständig, an dem der Agent zur Zeit der Vermittlung oder Schließung seine gewerbliche Niederlassung oder in Ermangelung einer gewerblichen Niederlassung seinen Wohnsitz hatte.

3 Diese dem VN günstige Regelung hatte zur Folge, daß neben allen übrigen gesetzlich zuständigen Gerichten das Gericht seines inländischen Wohnsitzes oder seiner inländischen gewerblichen Niederlassung für alle aus dem Versicherungsverhältnis entstehenden Streitigkeiten zuständig war. Diese Bedingungsregelung konnte allerdings nur für Klagen des VN gegen den Versicherer selbständige Bedeutung gewinnen. Denn für Klagen des Versicherers gegen einen VN mit inländischem Wohn- oder Geschäftssitz ergab sich diese örtliche Zuständigkeit schon aus dem Gesetz (§§ 12, 13, 21 ZPO). Trotz dieser dem VN günstigen Bestimmung ist ihr Satz 1 jedoch wegen der **seit 1974** geltenden Neufassung der ZPO **weitgehend unwirksam** geworden. Denn aus den §§ 38 bis 40 ZPO ergibt sich nunmehr der ungeschriebene Grundsatz, daß Vereinbarungen über den örtlichen Gerichtsstand verboten sind, soweit sie nicht zwischen Vollkaufleuten, juristischen Personen des öffentlichen Rechts oder öffentlich-rechtlichen Sondervermögen getroffen sind oder einer der sonstigen Ausnahmetatbestände der §§ 38 bis 40 ZPO vorliegt. Soweit keine solche Ausnahme gegeben war, galten daher seit 1974 für Klagen aus dem Versicherungsverhältnis nur noch die gesetzlichen Gerichtsstände der §§ 12 ff. ZPO (OLG Köln VersR 76, 537; *Thomas/Putzo* vor § 38 Anm. 5; *Prölss/Martin/Kollhosser* § 48 Anm. 5; vgl. für andere Versicherungssparten die ersatzlose Streichung der entsprechenden Regelungen, VerBAV 78, 235). Dieser Gesetzeslage trägt die 1979 genehmigte jetzige Fassung des § 13 Rechnung, die für den Fall einer Klage gegen den Versicherer praktisch nur auf den gesetzlichen Gerichtsstand verweist und lediglich noch die Funktion einer Rechtsbelehrung für den VN hat (VerBAV 80, 210).

Gesetzliche Gerichtsstände sind:

4 1. für Klagen **gegen den Versicherer:**
a) der allgemeine Gerichtsstand am Sitz der Gesellschaft, § 17 ZPO;
b) der besondere Gerichtsstand am Ort einer Niederlassung des Versicherers, § 21 ZPO. Die Niederlassung muß aus eigener Entscheidung Geschäfte selbständig abschließen dürfen, was bei reinen Außendienstfilialen, z.B. Bezirks- oder Filialdirektionen, in der Regel nicht der Fall ist, da diese die Anträge der Kunden nicht selbst annehmen, sondern an die Gesellschaft oder Niederlassung weiterleiten, wo auch die Policierung erfolgt. Die Klage bezieht sich dann auf den Geschäftsbetrieb der Niederlassung, wenn diese entweder den Versicherungsvertrag abgeschlossen oder den Versicherungsfall in eigener Zuständigkeit bearbeitet oder reguliert hat (*Baumbach/Lauterbach/Hartmann* § 21 Rdnrn. 3 bis 10; *Stiefel/Hofmann* § 8 Rdnr. 114).
c) der besondere Gerichtsstand der Agentur, § 48 VVG (§ 13 Satz 2). Hat ein Versicherungsagent den Vertrag vermittelt oder abgeschlossen, so ist für

§ 13 ARB 75   5, 6   1. Teil. Allgemeine Bestimmungen (B)

Klagen, die aus dem Versicherungsverhältnis gegen den Versicherer erhoben werden, auch das Gericht des Ortes zuständig, wo der Agent zur Zeit der Vermittlung oder Schließung seinen Geschäfts- oder Wohnsitz hatte. Da § 13 Satz 2 nur den Gesetzeswortlaut wiederholt, liegt hierin keine nach §§ 38 bis 40 ZPO verbotene Vereinbarung über den Gerichtsstand;

d) der besondere Gerichtsstand des Erfüllungsorts, § 29 ZPO, der sich gemäß § 269 BGB in der Regel mit dem Sitz der Gesellschaft deckt.

Soweit das Gericht am Wohnsitz des VN für eine Klage gegen den Versicherer nach a) bis d) nicht zuständig ist und keine der Ausnahmen der §§ 38 bis 40 ZPO vorliegt, ist demnach das Wohnsitzgericht des VN für Klagen gegen den Versicherer nicht zuständig (vgl. oben Rdnr. 3).

5   2. Für Klagen **gegen den VN**:

a) der Wohnsitz des VN, § 13 ZPO, oder einer der Sondergerichtsstände der §§ 15 bis 17, 20, 21 ZPO;

b) ist der VN Vollkaufmann, juristische Person der öffentlichen Rechts oder ein öffentlich-rechtliches Sondervermögen, ausnahmsweise auch der Erfüllungsort, § 29 Abs. 2 ZPO. Bei Beitragsklagen ist in diesen Fällen der Erfüllungsort der Sitz des RSVersicherers (§ 7 Abs. 4; vgl. § 7 Rdnr. 10);

c) bei einem VVaG auch der Sitz des VVaG, §§ 17, 22 ZPO (LG Karlsruhe VersR 76, 1029; vom BAV allerdings als „unerwünscht" bezeichnet, VerBAV 77, 205).

6   3. Für das **Mahnverfahren** gilt der ausschließliche Gerichtsstand des § 689 Abs. 2 ZPO, wonach für den Erlaß des Mahnbescheids dasjenige Amtsgericht zuständig ist, bei dem der Antragsteller seinen allgemeinen Gerichtsstand hat.

C. Der Versicherungsfall

§ 14 Eintritt des Versicherungsfalles

(1) Bei Schadenersatzansprüchen aufgrund gesetzlicher Haftpflichtbestimmungen gilt als Versicherungsfall der Eintritt des dem Anspruch zugrunde liegenden Schadenereignisses. Als Schadenersatzansprüche aufgrund gesetzlicher Haftpflichtbestimmungen gelten nicht die Ansprüche auf die an die Stelle der Erfüllungsleistung tretende Ersatzleistung.

(2) In den Fällen, in denen dem Versicherungsnehmer die Verletzung einer Vorschrift des Straf-, Ordnungswidrigkeiten-, Disziplinar- oder Standesrechtes vorgeworfen wird, gilt der Versicherungsfall in dem Zeitpunkt als eingetreten, in dem der Versicherungsnehmer begonnen hat oder begonnen haben soll, die Vorschrift zu verletzen. Bei Verfahren wegen Einschränkung, Entzuges oder Wiedererlangung der Fahrerlaubnis gilt das gleiche, soweit die Fahrerlaubnis im Zusammenhang mit der Verletzung einer Vorschrift des Straf- oder Ordnungswidrigkeitenrechtes eingeschränkt oder entzogen worden ist.

(3) In allen übrigen Fällen gilt der Versicherungsfall in dem Zeitpunkt als eingetreten, in dem der Versicherungsnehmer, der Gegner oder ein Dritter begonnen hat oder begonnen haben soll, gegen Rechtspflichten oder Rechtsvorschriften zu verstoßen. Bei mehreren Verstößen ist der erste adäquat ursächliche Verstoß maßgeblich, wobei tatsächliche oder behauptete Verstöße, die länger als ein Jahr vor Beginn des Versicherungsvertrages für das betroffene Wagnis zurückliegen, für die Feststellung des Versicherungsfalles außer Betracht bleiben. Liegt der tatsächliche oder behauptete Verstoß gegen Rechtspflichten oder Rechtsvorschriften innerhalb von drei Monaten nach Versicherungsbeginn oder löst eine Willenserklärung oder Rechtshandlung, die vor oder innerhalb von drei Monaten nach Versicherungsbeginn vorgenommen wird, den Versicherungsfall aus, besteht kein Versicherungsschutz.

Übersicht

	Rdnrn.		Rdnrn.
I. Allgemeines	1–9	III. Versicherungsfall beim Straf- und Führerschein-RS (Abs. 2)	28–38
1. Versicherungsfall als Leistungsvoraussetzung	1	1. Satz 1	28–30
2. Funktionen des Versicherungsfalles	2	2. Satz 2	31–38
3. Versicherungsfälle in der RSVersicherung	3–7	IV. Versicherungsfall in den übrigen Fällen (Abs. 3)	39–78
4. fehlender Versicherungsfall	8	1. Allgemeines	39
5. gedehnter Versicherungsfall	9	a) Verstoß	40, 41
II. Versicherungsfall beim Schadenersatz-RS (Abs. 1)	10–27	b) behaupteter Verstoß	42, 43
1. Satz 1	10–13 a	c) drohender Verstoß	44
2. Erfüllungssurrogat (Satz 2)	14–27	d) fehlender Verstoß	45
a) Allgemeines	14–16	e) verstoßabhängige Rechtswahrnehmung	46
b) Beispiele	17–23	f) verstoßunabhängige Rechtswahrnehmung	47, 48
c) selbständiger versicherungsrechtlicher Begriff	24	2. Satz 2	49–55 a
d) konkurrierende Ansprüche	25	a) Verstoß des Gegners	49
e) Erfüllungssurrogat bei Vermögensschäden	26, 27	b) Verstoß eines Dritten	50
		c) Verstoß des VN	51–54
		d) Verstoß bei Streitigkeiten aus Versicherungsverträgen	55, 55 a

§ 14 ARB 75   1   1. Teil. Allgemeine Bestimmungen (C)

	Rdnrn.		Rdnrn.
3. Satz 2	56–64	aa) Willenserklärung	71–74
a) mehrere Verstöße	56–59	bb) Rechtshandlung	75
b) Dauerverstoß		cc) „löst ..... aus"	76, 76 a
aa) Allgemeines	60–62	dd) Zeitpunkt des Versicherungsfalls	77
bb) Beispiele	63, 64	ee) Versichererwechsel	78
4. Satz 3	65		
a) Wartezeit (1. Alternative)	66–68		
b) auslösende Willenserklärung oder Rechtshandlung (2. Alternative)	69, 70		

Literatur: *J. Vassel*, Der Versicherungsfall in der RSVersicherung, DB Beilage 9/71 S. 17; *Bielefeldt* S. 13 bis 20 und 59 bis 103; *Ridder* in *Möller*, Studien S. 118 bis 122; *Wassmann*, Der Versicherungsfall in der RSVersicherung, VersR 77, 888; *v. Olenhusen*, Der Eintritt des Versicherungsfalles in der RSVersicherung, VersR 78, 296; *Winter*, Behaupteter Rechtsverstoß und Wartefrist in der RSVersicherung, VersR 85, 116; *Fleschhut*, Der Eintritt des Versicherungsfalles in der RSVersicherung, 1984; *Bender*, Die Rechtsproblematik der Wartezeiten in der Privatversicherung unter besonderer Berücksichtigung der Rechtsschutzversicherung, 1988; *von Gehlen*, Die Beeinflussung des Versicherungsfalls durch den VN in der RSVersicherung, 1995; *Mann*, Die zeitliche Beschränkung des Versicherungsschutzes in der RSVersicherung, 1994.

I. Allgemeines

1 1. Die Leistungspflicht des Versicherers beginnt nach § 1 Abs. 1 Satz 1 mit dem Eintritt des **Versicherungsfalles,** soweit dadurch die Wahrnehmung der rechtlichen Interessen des VN notwendig wird. Damit präzisieren die ARB die für die RSVersicherung als Schadenversicherung (Einl. Rdnr. 40) geltende gesetzliche Regelung des § 1 Abs. 1 Satz 1 VVG, wonach der Versicherer verpflichtet ist, nach dem Eintritt des Versicherungsfalles dem VN den dadurch verursachten Vermögensschaden nach Maßgabe des Vertrages zu ersetzen (vgl. auch § 1 Rdnrn. 26, 27). Dieser Vermögensschaden besteht in der RSVersicherung in der Notwendigkeit, Rechtskosten zur Beilegung eines Rechtskonflikts aufwenden zu müssen. Was unter „Versicherungsfall" zu verstehen ist, ist im Gesetz nicht definiert, sondern richtet sich nach der spezifischen Eigenart der jeweiligen Versicherungssparte (BGH VersR 90, 416). Jede Versicherung gewährt dem Versicherten in der durch das Gesetz oder die Versicherungsbedingungen festgesetzten Weise Schutz gegen die wirtschaftlichen Folgen ganz bestimmter ungewisser Ereignisse, die, solange sie noch nicht eingetreten sind, als „versicherte Gefahr" und bei ihrem Eintritt als „Versicherungsfall" bezeichnet werden (BGH NJW 55, 419 = VersR 55, 100). Aus der Natur jedes Versicherungsverhältnisses ergibt sich, daß der Versicherungsfall ein tatsächlicher Lebensvorgang in Gestalt eines objektiv sinnfälligen Ereignisses sein muß, durch den sich die vom Versicherer mit dem Vertragsschluß übernommene spezifische Gefahr, d.h. der mögliche, aber noch ungewisse Eintritt eines versicherten Risikos in dem gedeckten Lebensbereich, im Einzelfall konkret verwirklicht oder zu verwirklichen beginnt und damit die Leistungspflicht des Versicherers auslöst (BGH NJW 57, 1477 = VersR 57, 499; NJW 65, 325; NJW 74, 1429 = VersR 74, 741; *Wassmann* VersR 77, 888; *Prölss/Martin* § 1 Anm. 3; *Bruck/Möller* § 1 Anm. 49).

Eintritt des Versicherungsfalles 2–5 **§ 14 ARB 75**

2. Der Versicherungsfall spielt innerhalb des Versicherungsverhältnisses 2 in den **verschiedensten** rechtlichen **Zusammenhängen** eine **Rolle.** Ohne Versicherungsfall kann sich die vom Vertragsschluß an bestehende Pflicht des Versicherers zur Gefahrtragung nicht zu einer konkreten Leistungspflicht verdichten (vgl. unten Rdnr. 8). Er ist sozusagen die aufschiebende Bedingung, die nach dem Rechtsgedanken des § 158 Abs. 1 BGB erst die Verpflichtung des Versicherers auslöst, den durch den Versicherungsfall hervorgerufenen Vermögensnachteil des VN auszugleichen. Vor allem muß der Versicherungsfall innerhalb des versicherten Zeitraums eingetreten sein, d. h. nach Beginn und vor Ende der materiellen Haftung des Versicherers (BGH VersR 90, 416; vgl. § 5 Rdnr. 8). Bestehen Zweifel, ob ein Versicherungsfall überhaupt oder ob er innerhalb des versicherten Zeitraums eingetreten ist, hat der VN die Behauptungs- und Beweislast (OLG Saarbrücken VersR 93, 876 = r + s 93, 186 für HIV-Infektion; OLG Celle r+s 93, 303 für Dauerverstoß durch unterlassene Schönheitsreparaturen, vgl. unten Rdnr. 60; LG Düsseldorf r+s 93, 306 für Zeitpunkt der Mängelrüge gegenüber dem VN als Vermieter; AG Freiburg r + s 97, 163 für (angeblich) angedrohte Kündigung; AG Lübeck r + s 92, 93 für unsubstantiiert vermuteten ärztlichen Behandlungsfehler; AG Düsseldorf r + s 88, 371 für erdichteten Verkehrsunfall; allgemein BGH VersR 67, 769; *Prölss/Martin/Kollhosser* § 49 Anm. 3 A II). Gleiches gilt für die Frage, ob der Versicherungsfall im räumlichen Geltungsbereich der ARB eingetreten ist (vgl. § 3). Der Zeitpunkt des Eintritts des Versicherungsfall kann außerdem Bedeutung gewinnen bei Obliegenheitsverletzungen (vgl. § 15, § 21 Rdnrn. 85 ff.), bei einer Gefahrerhöhung (vgl. § 9) und bei nicht rechtzeitiger Zahlung des Erst- oder Folgebeitrags (§ 5 Rdnr. 13; § 7 Rdnr. 8).

3. Speziell in der **RSVersicherung** ist ein **Versicherungsfall** gegeben, 3 wenn ein Vorgang im Sinn des § 14 in dem durch den Vertrag erfaßten Deckungsbereich eingetreten ist und die Wahrnehmung rechtlicher Interessen des VN und damit die Aufwendung von Rechtskosten notwendig macht. In Ausfüllung des § 10 Abs. 1 Nr. 1 VAG enthält § 14 eine differenzierte Regelung des Versicherungsfalles, deren Eigenart vor allem darin besteht, daß sie keinen einheitlichen Begriff des Versicherungsfalles festlegt, sondern ihn nach der Art der wahrzunehmenden rechtlichen Interessen unterschiedlich definiert. Die ARB tragen hiermit der Tatsache Rechnung, daß sich das in der RSVersicherung versicherte Rechtskostenrisiko in unterschiedlicher Weise konkretisieren kann, je nachdem ob es sich um die Interessenwahrnehmung im Zusammenhang mit gesetzlichen oder vertraglichen Ansprüchen oder im Zusammenhang mit der Durchsetzung oder der Abwehr von Rechten oder Ansprüchen handelt. Bedingt durch die Eigenart der jeweils versicherten Gefahr legen die ARB in zulässiger Weise (BGH NJW 74, 1429 = VersR 74, 741) vier verschiedene Arten des Versicherungsfalles fest:

a) beim Schadenersatz-RS im Sinn des Abs. 1 das dem Anspruch des VN 4 zugrundeliegende **Schadenereignis** (vgl. unten Rdnr. 10 und Vorbem. vor § 21 Rdnr. 34);

b) beim Straf- und Führerschein-RS im Sinn des Abs. 2 der wirkliche oder 5 angebliche Beginn der **Verletzung** einer **Vorschrift** des Straf-, Ordnungswidrigkeiten-, Disziplinar- oder Standesrechts (vgl. unten Rdnr. 28 und Vorbem. vor § 21 Rdnr. 81);

6 c) bei allen übrigen Fällen im Sinn des Abs. 3, d. h. all den Fällen, die nicht unter Abs. 1 oder Abs. 2 fallen, der wirkliche oder angebliche Beginn des **Verstoßes gegen Rechtspflichten** oder Rechtsvorschriften (vgl. unten Rdnrn. 39ff.). Diese Fälle sind im einzelnen:
aa) der verwaltungsrechtliche **Führerschein-RS**, soweit er nicht unter Abs. 2 fällt (Vorbem. vor § 21 Rdnr. 147);
bb) der **Vertrags-RS** (Vorbem. vor § 21 Rdnrn. 96ff.);
cc) der **Eigentums-RS** für Mobilien (Vorbem. vor § 21 Rdnrn. 125ff.);
dd) der **Arbeits-RS** (Vorbem. vor § 21 Rdnrn. 116ff.);
ee) der **Sozialgerichts-RS** (Vorbem. vor § 21 Rdnrn. 130ff.);
ff) der **Grundstücks- und Miet-RS,** soweit nicht Schadenersatz-RS (oben Rdnr. 4) in Frage kommt (§ 29 Rdnr. 2);
gg) der **Steuer-RS** vor Finanz- und Verwaltungsgerichten (Vorbem. vor § 21 Rdnr. 184).

7 d) Im Sonderfall des **Beratungs-RS** das Ereignis, das eine **Veränderung der Rechtslage** des VN zur Folge hat (Vorbem. vor § 21 Rdnrn. 156ff.).

8 4. Solange **kein Versicherungsfall** eingetreten ist, besteht keine Leistungspflicht des Versicherers. Will beispielsweise der nach § 21 versicherte VN sein Kraftfahrzeug verkaufen und läßt er sich vorsorglich einen schriftlichen Kaufvertrag von einem Rechtsanwalt entwerfen, um damit späteren Rechtsstreitigkeiten vorzubeugen, dann mag diese Maßnahme aus der Sicht des VN zweckmäßig oder sogar notwendig sein. Gleichwohl hat der Versicherer die hierfür angefallenen Anwaltskosten nicht zu übernehmen. Denn für die hier infrage kommende Interessenwahrnehmung aus schuldrechtlichen Verträgen nach § 21 Abs. 4b fehlt es an einem Versicherungsfall, da weder der VN noch der Verkäufer noch ein Dritter begonnen hat oder begonnen haben soll, gegen Rechtspflichten aus dem – künftigen – Kaufvertrag zu verstoßen (§ 14 Abs. 3). Es handelt sich um vorsorglich erbrachte Aufwendungen des VN, die er auch nicht als Schadenabwendungs- oder Schadenminderungskosten nach §§ 62, 63 VVG ersetzt verlangen kann, da ein Versicherungsfall weder eingetreten war noch unmittelbar bevorstand (*Prölss/Martin/Voit* § 62 Anm. 1; § 63 Anm. 1). Ähnlich verhält es sich, wenn sich der VN beispielsweise im Sinn des § 25 Abs. 2e über die zweckmäßigste Abfassung eines Testaments beraten läßt. Diese Maßnahme mag im Interesse der Erben zur Vermeidung späterer Erbstreitigkeiten vernünftig sein. Gleichwohl handelt es sich um eine rein vorsorgliche Rechtsberatung, die nicht durch ein Ereignis im Sinn von § 25 Abs. 2e, letzter Satz, und damit nicht durch einen Versicherungsfall im Sinn des § 1 Abs. 1 Satz 1 ausgelöst worden ist. Da in solchen Fällen nicht ein ungewisses, objektiv sinnfälliges Ereignis, sondern in erster Linie der Wille des VN zur Aufwendung von Rechtskosten geführt hat, wäre die Deckung solcher Rechtskosten mit dem Wesen der Versicherung nicht vereinbar. Das Risiko, daß man sich über seine eigene Rechtslage nicht im klaren ist, muß jeder so lange selbst tragen, als nicht ein objektives konfliktträchtiges Geschehen eintritt, das nach allgemeiner Erfahrung die Aufwendung von Rechtskosten als mehr

Eintritt des Versicherungsfalles

oder weniger zwangsläufig erscheinen läßt (OLG Zweibrücken r + s 92, 203 für nichtstreitige Verhandlung über Ablösung eines Bankkredits; LG Hanau r + s 91, 56 für vorsorgliche Beratung, ob VN als Arbeitnehmer Ansprüche aus einem Sozialplan des Arbeitgebers hat, falls dieser in Kraft tritt; AG Düsseldorf r + s 91, 380 bei vorsorglicher Nachprüfung einer Unfallentschädigung; AG Heidelberg ZfS 84, 208 für Beratung über notariellen Grundstückskaufvertrag; AG München r + s 97, 117 für Kosten eines vorzeitigen Aufhebungsvertrages nach fristgerechter nichtstreitiger Kündigung; vgl. auch unten Rdnr. 45).

5. Der allgemeine Grundsatz, daß der Versicherungsfall in den versicherten Zeitraum fallen muß (vgl. oben Rdnr. 2), besagt noch nichts darüber, ob der RSVersicherer alle Rechtskosten übernehmen muß, die ein bestimmter Versicherungsfall ausgelöst hat, insbesondere auch solche, die noch nach Ende des Versicherungsvertrags anfallen. Da der Versicherer in der Gestaltung seines Versicherungsangebots und damit auch des Versicherungsfalles frei ist (BGH NJW 74, 1429 = VersR 74, 741), wäre beispielsweise eine ähnliche Regelung wie in der Krankenversicherung denkbar. Dort ist Versicherungsfall „die medizinisch notwendige Heilbehandlung" (§ 1 Abs. 2 MB/KK). Die Gefahrtragungspflicht des Krankenversicherers konkretisiert sich zur Leistungspflicht noch nicht mit dem – oft kaum objektivierbaren – Beginn der Krankheit, sondern erst mit dem Beginn der Heilbehandlung, also z.B. dem ersten Besuch beim Arzt (*Bach/Moser* § 1 MB/KK Rdnrn. 9 ff.; *Prölss/Martin* § 1 MB/KK Anm. 4). Der Versicherungsschutz endet – auch für schwebende Versicherungsfälle – mit der Beendigung des Versicherungsverhältnisses (§ 7 MB/KK). Da sich der Versicherungsfall gemäß § 1 Abs. 2 Satz 2 MB/KK mit jeder Heilbehandlungsmaßnahme fortsetzt und damit über die ganze Dauer dieser medizinisch notwendigen Heilbehandlung erstreckt, spricht man auch von einem **gedehnten Versicherungsfall** (BGH VersR 76, 851 *Bach/Moser* § 1 MB/KK Rdnrn. 81 ff.; *Prölss/Martin* § 1 Anm. 3; § 1 MB/KK Anm. 4; *Bruck/Möller* § 1 Anm. 49; *Bruck/Möller/Johannsen* IV Anm. B 21, 22). Die RSVersicherung legt im Unterschied hierzu den Eintritt des Versicherungsfalls nicht als Zeitraum, sondern als einen bestimmten Zeitpunkt fest. Nach § 14 Abs. 1 ist Versicherungsfall das dem Anspruch des VN zugrundeliegende Schadenereignis, nach Abs. 2 und 3 ist es der Beginn eines – wirklichen oder angeblichen – Rechtsverstoßes. Diese Festlegung eines Zeitpunkts, zu dem sich die versicherte Gefahr verwirklicht oder zu verwirklichen beginnt, hat den Vorteil, klare Verhältnisse für alle Beteiligten zu schaffen. Während der Beginn einer Krankheit als eines biologischen Geschehens häufig zeitlich nicht exakt zu fixieren ist, läßt sich der Vorgang, der einen Rechtskonflikt unmittelbar ausgelöst hat, in der Regel leicht feststellen. Mit Eintritt dieses konfliktauslösenden Vorgangs ist die Notwendigkeit rechtlicher Interessenwahrnehmung nach der Lebenserfahrung so wahrscheinlich geworden, daß sie kein zukünftiges ungewisses Ereignis und daher kein versicherbares Risiko mehr darstellt. Es muß sich um einen Vorgang handeln, der seiner Natur nach zur vollständigen Gefahrverwirklichung tendiert und deswegen nicht mehr als bloße Gefahrerhöhung angesehen werden kann (*Bielefeldt* S. 69). Würde man – ähnlich der

Krankenversicherung – den ersten Besuch beim Anwalt oder gar erst den Beginn eines Prozesses als Versicherungsfall ansehen, hätte dies zur Folge, daß jemand, der aufgrund eines bestimmten Vorfalles die Notwendigkeit rechtlicher Interessenwahrnehmung auf sich zukommen sieht, zunächst einen RSVersicherungsvertrag abschließen und erst dann – gegebenenfalls auch nach einer vertraglich bestehenden Wartezeit – die notwendigen rechtlichen Schritte einleiten kann. Damit wäre Manipulationen zu Lasten der Risikogemeinschaft Tür und Tor geöffnet. Die Festlegung eines festen Beginnzeitpunkts der Gefahrverwirklichung macht es auch unerheblich, ob zu dem zeitlich ersten Ereignis oder Verstoß später noch weitere hinzutreten, die ebenfalls Rechtskosten auslösen können. Insbesondere ist es dann unerheblich, ob die durch den Versicherungsfall ausgelöste Rechtssache über das materielle Versicherungsende (§ 5 Rdnr. 8) hinaus andauert. Der Versicherer hat ohne Rücksicht auf die Dauer des Rechtskonflikts alle Rechtskosten im Umfang des § 2 zu übernehmen, solange und soweit der Versicherungsfall die Wahrnehmung der rechtlichen Interessen des VN im Sinn des § 1 Abs. 1 notwendig macht (BGH VersR 83, 125; zu den hierdurch bedingten Spätschaden-Rückstellungen vgl. GB BAV 80, 40 und Schreiben des Bundesministers der Finanzen vom 21. 1. 1981 BB 81, 220). Da die Aufwendung von Rechtskosten über einen längeren Zeitraum notwendig werden kann, hat man auch in der RSVersicherung – ähnlich wie in der Haftpflichtversicherung bei sich fortentwickelndem Schaden – von einem „gedehnten" Versicherungsfall gesprochen. Entgegen OLG Hamm (VersR 80, 669) sollte dieser Begriff jedoch hier besser nicht verwendet werden. Zumindest sollte Klarheit darüber bestehen, daß er etwas anderes bezeichnet als in der Krankenversicherung. „Gedehnt" ist in Wirklichkeit nicht der Versicherungsfall, sondern der Eintritt des durch ihn in adäquater Weise ausgelösten Vermögensschadens, den der Versicherer für den VN zu tragen hat. Gleichgültig ist es, ob der während der Versicherungsdauer eingetretene Versicherungsfall dem VN oder dem RSVersicherer erst nach Versicherungsende bekannt wird. Die Eintrittspflicht des Versicherers bleibt – vorbehaltlich der Leistungsfreiheit bei etwaigen Obliegenheitsverletzungen (vgl. § 15 und Erläuterungen hierzu) – bestehen, bis der Versicherungsanspruch des VN verjährt ist (§ 18 Rdnr. 2). Lediglich für Versicherungsfälle, die später als zwei Jahre nach Versicherungsende gemeldet werden, besteht gemäß § 4 Abs. 4 kein Versicherungsschutz mehr (§ 4 Rdnr. 216).

II. Versicherungsfall beim Schadensersatz-RS (Abs. 1)
(entspricht § 4 Abs. 1 Satz 1 a ARB 94)

10   1. **Abs. 1 Satz 1** legt als Versicherungsfall für die Geltendmachung von Schadenersatzansprüchen aufgrund gesetzlicher Haftpflichtbestimmungen den Eintritt des dem Anspruch des VN (oder der versicherten Person) zugrundeliegenden **Schadenereignisses** fest. Es handelt sich hier um die Fälle des aktiven Schadensersatz-RS nach §§ 21 Abs. 4a, 22 Abs. 3a, 23 Abs. 3a, 24 Abs. 2a, 25 Abs. 2a, 26 Abs. 3a (Fassung 1988: Abs. 5a), 27 Abs. 3a, 28 Abs. 2a und 29 Abs. 1, soweit hier der VN Schadenersatzansprüche aufgrund gesetzlicher Haftpflichtbestimmungen in seiner jeweils versicherten

Eintritt des Versicherungsfalles 11 § 14 ARB 75

Eigenschaft geltend macht. Was im einzelnen unter Schadenersatzansprüchen in diesem Sinn zu verstehen ist, ist in Vorbem. vor § 21 Rdnrn. 36ff. näher erläutert. Die ARB tragen durch die Regelung des Abs. 1 Satz 1 der Tatsache Rechnung, daß der (aktive) Schadenersatz-RS, neben dem Straf-RS eine der beiden Grundformen der RSVersicherung (Einl. Rdnr. 12), hinsichtlich der hierfür aufzuwendenden Rechtskosten das Gegenstück zur (passiven) Haftpflichtversicherung darstellt, in der ebenfalls das Schadenereignis der Versicherungsfall ist, der die Leistungspflicht des Haftpflichtversicherers auslöst (§ 5 Ziff. 1 AHB; seit 1982 auch §§ 1 und 3 AHB, VO vom 15. 1. 1982 BAnz. vom 29. 1. 1982 = VerBAV 82, 122, Begründung VerBAV 82, 65; Ausnahme: Vermögensschaden-Haftpflichtversicherung, bei der der Verstoß des VN den Versicherungsfall darstellt).

Unproblematisch ist der Zeitpunkt des Eintritts des Schadenereignisses, 11 wenn Schadenursache und Schadeneintritt zeitlich zusammenfallen oder unmittelbar aufeinander folgen. So ist bei der Geltendmachung von Schadenersatzansprüchen gemäß § 21 Abs. 4a das Schadenereignis in der Regel der Verkehrsunfall, der den Sach- und gegebenenfalls Personenschaden des VN zur Folge hatte. Behauptet der VN den rechtswidrigen Einbau einer Abwasserleitung in sein Grundstück, ist der Zeitpunkt des Einbaus das Schadenereignis (LG Köln r + s 91, 376). Bei einer fehlgeschlagenen Kapitalanlage tritt das Schadenereignis spätestens dann ein, wenn der VN einen weit überhöhten Preis für die gezeichnete Anleihe zahlt (OLG Stuttgart r+s 93, 344). Schwieriger kann jedoch die Festlegung des Zeitpunkts des Versicherungsfalles werden, wenn zwischen Schadenursache und Schadeneintritt ein gewisser Zeitraum – möglicherweise sogar von Jahren – vergangen ist und der Versicherungsbeginn dazwischen liegt. Seit der grundlegenden Entscheidung des BGH vom 27. 6. 1957 (NJW 57, 1477 = VersR 57, 499; teilweise abweichend in einem Sonderfall BGH NJW 81, 870 = VersR 81, 173 mit kritischer Anm. von *Klingmüller* VersR 81, 421; *Schmidt-Salzer* BB 81, 459) war in der Haftpflichtversicherung weitgehend unstreitig, daß hierbei in den Fällen, in denen Schadenursache und Schadeneintritt zeitlich auseinanderliegen, unter Schadenereignis nicht die einzelne Schadenursache (Kausalereignis, so aber BGH NJW 81, 870 = VersR 81, 173 bei zeitlich ungewissem Schadeneintritt), sondern das **Folgeereignis** zu verstehen ist, also das äußere Ereignis, das einen Schaden unmittelbar ausgelöst hat. Dies erscheint auch für die RSVersicherung interessengerecht und ist offensichtlich auch so gewollt, da andernfalls kaum ein Unterschied zu Abs. 3 erkennbar wäre (anders § 4 Abs. 1 Satz 1a ARB 94: Kausalereignis; vgl. § 4 ARB 94 Rdnr. 3). Denn der dort als Versicherungsfall bezeichnete Beginn eines Rechtsverstoßes ist nichts anderes als das Kausalereignis. Während ein schadenstiftendes Ereignis auf mehreren vorausgegangenen inneren und äußeren Ursachen beruhen kann, deren zeitliche Einordnung und Gewichtung Schwierigkeiten bereiten kann, ist das Folgeereignis selbst in der Regel ein äußerlich wahrnehmbarer, sinnfälliger Vorgang, der in der Regel zeitlich genau feststeht. Kommt beispielsweise der VN beim Einsturz eines Hauses zu Schaden, der auf einer fehlerhaften statischen Berechnung beruht, dann ist Versicherungsfall für die Geltendmachung der Schadenersatzansprüche des VN gegen den

Statiker gemäß Abs. 1 Satz 1 der Zeitpunkt des Einsturzes und nicht der wesentlich frühere Zeitpunkt der fehlerhaften statischen Berechnung. Wird der VN durch eine fehlerhaft hergestellte Ware verletzt, genügt es für die Geltendmachung seiner Schadenersatzansprüche gegen den Hersteller, wenn der Versicherungsvertrag zur Zeit der Verletzung des VN bestanden hat. Der – häufig gar nicht genau bekannte – Zeitpunkt der fehlerhaften Herstellung ist für die Frage des Eintritts des Versicherungsfalls ohne Bedeutung. Die Meinung *Böhmes* (§ 14 Rdnr. 3), auf das Folgeereignis solle in solchen Fällen nur dann abgestellt werden, wenn sich der Zeitpunkt der früher liegenden Schadenursache nicht eindeutig ermitteln lasse, den Zeitpunkt des Versicherungsfalles nicht von generell objektiv festliegenden Kriterien, sondern von den jeweiligen Umständen des Einzelfalles abhängig und widerspricht damit den Grundsätzen einer eindeutigen Risikoabgrenzung (ebenso *v. Olenhusen* VersR 78, 296; *Fleschhut* S. 36; *Prölss/Martin* Anm. 1 zu § 14 ARB). Das Schadenereignis selbst ist nicht gleichzusetzen mit dem dann eintretenden Schaden, der sich häufig nicht sofort in voller Höhe einstellt, sondern erst allmählich entwickeln und – z. B. in Form von Heilungskosten oder Verdienstausfall – über einen längeren Zeitraum ausdehnen kann (vgl. auch *Prölss/Martin/Voit* § 149 Anm. 2 A). Für die Folgeereignistheorie haben sich auch ausgesprochen das OLG Düsseldorf für Schadenersatzansprüche wegen unzureichender psychotherapeutischer Behandlung (VersR 83, 975) und das OLG Celle für Schadenersatzansprüche wegen eines vor Versicherungsbeginn begangenen ärztlichen Kunstfehlers, der erst nach Versicherungsbeginn zu einem Körperschaden geführt hat (VersR 83, 1024). Bei einer durch fehlerhafte Verschreibung bedingten Suchtkrankheit ist das Schadenereignis nicht die Verschreibung, sondern der Beginn der Suchtabhängigkeit (AG Düsseldorf ZfS 89, 167), bei einer HIV-Infektion ist diese das Schadenereignis (OLG Saarbrücken VersR 93, 876 = r + s 93, 186). Verursacht zuckerhaltiger Kindertee mit unzureichenden Warnhinweisen (möglicherweise) Gebißschäden, ist Zeitpunkt des Versicherungsfalles nicht der Beginn des Vertriebs des Tees, sondern frühestens der Beginn der Verwendung des Tees im konkreten Fall (LG Wiesbaden VersR 95, 569 = r+s 95, 23).

12 Liegt nicht ein Personen- oder Sachschaden oder ein hierdurch bedingter Vermögensschaden vor, sondern ist lediglich das **Vermögen** des VN **oder ein immaterielles Rechtsgut**, z. B. sein Ruf oder seine Ehre, **verletzt**, bereitet die zeitliche Festlegung des Versicherungsfalles ebenfalls in der Regel keine Schwierigkeiten. Hat beispielsweise ein Rechtsanwalt einen Anspruch des VN schuldhaft verjähren lassen oder ein Steuerberater oder Wirtschaftsprüfer dem Finanzamt falsche Besteuerungsgrundlagen des VN mitgeteilt, dann beginnt sich der hierdurch verursachte Vermögensnachteil des VN in dem Zeitpunkt konkret abzuzeichnen, in dem der Schaden zutage tritt, z. B. die Forderung des VN verjährt oder das Finanzamt eine Nachversteuerung fordert. Der Zeitpunkt des „Schadenereignisses" im Sinn des Abs. 1 Satz 1 wird hier in der Regel mit dem Zeitpunkt zusammenfallen, in dem der Lauf der Verjährungsfrist für die Schadenersatzforderung des VN gegen den Rechtsanwalt oder Steuerberater oder Wirtschaftsprüfer wegen positiver Vertragsverletzung beginnt. Dies ist nämlich der Zeitpunkt, in dem der

Schaden, beispielsweise gemäß § 51 BRAO, § 68 Steuerberatungsgesetz oder § 51 a Wirtschaftsprüferordnung, „eingetreten" ist (Näheres hierzu *Palandt/ Heinrichs* § 198 Rdnr. 10). Beurkundet ein Notar unter schuldhafter Verletzung seiner Amtspflicht einen formnichtigen Vertrag, dann ist allerdings das Schadenereignis bereits mit der fehlerhaften Beurkundung eingetreten, gleichgültig, wann sie als solche erkannt wurde (OLG Düsseldorf r + s 90, 88). Beantragt ein Rechtsbeistand bei Streit über die Entschädigungshöhe für einen Leitungswasserschaden einen Mahnbescheid, anstatt den nach den AVB vorgesehenen Obmann anzurufen, soll das Schadenereignis frühestens mit Überleitung ins streitige Verfahren eingetreten sein (OLG Köln ZfS 88, 358 = r + s 88, 266, zweifelhaft). Der Umstand, daß in der Vermögensschaden-Haftpflichtversicherung des Rechtsanwalts oder des Steuerberaters, also für die Abwehr der geltend gemachten Schadenersatzansprüche, der Versicherungsfall bereits im Zeitpunkt des Verstoßes als eingetreten gilt (vgl. z. B. § 5 Ziff. 1 AHBVerm., *Bruck/Möller/Johannsen* IV Anm. A 7), ändert nichts daran, daß für die aktive Geltendmachung des Schadenersatzanspruches in der RSVersicherung nach § 14 Abs. 1 Satz 1 das Ereignis als Versicherungsfall gilt, durch das der Vermögensschaden des VN unmittelbar in Erscheinung tritt. Hat allerdings in Fällen der genannten Art der VN auch einen Anspruch auf die an die Stelle der Erfüllungsleistung tretende Ersatzleistung, dann bemißt sich der Versicherungsfall nicht oder nicht allein nach Abs. 1 (OLG Saarbrücken VersR 91, 68; LG Berlin r + s 91, 169; vgl. unten Rdnr. 14). Wird der Ruf oder die Ehre des VN durch eine falsche Presseerklärung verletzt, ist das Schadenereignis und damit der Versicherungsfall beim Erscheinen der Zeitung eingetreten (zur Schädigung durch ein Rundschreiben vgl. OLG Hamm VersR 78, 753).

Liegt das jeweilige Schadenereignis innerhalb des versicherten Zeitraums 13 (§ 5 Rdnr. 8), dann hat der VN Versicherungsschutz für die Geltendmachung der daraus entspringenden Schadenersatzansprüche, soweit und **solange** diese **Geltendmachung** im Sinn des § 1 Abs. 1 **notwendig** ist (vgl. oben Rdnr. 9).

Ausnahmsweise kann ein **unmittelbar bevorstehendes** Schadensereignis 13 a einem bereits eingetretenen gleichgesetzt und damit als Versicherungsfall im Sinn des Abs. 1 Satz 1 gewertet werden, z. B. dann, wenn ohne Rettungsmaßnahmen ein Schaden mit Sicherheit eingetreten wäre und die entstandenen Rettungskosten als Schaden ersetzt verlangt werden können (vgl. für einen bevorstehenden Gewässerschaden BGH NJW 81, 1516 = VersR 81, 458; vgl. auch unten Rdnr. 44 und Vorbem. vor § 21 Rdnr. 42).

2 a) Abs. 1 Satz 2 *(ARB 94: entfallen)* hat zu der eigentlichen Regelung der 14 drei Absätze des § 14, nämlich der näheren Festlegung des Versicherungsfalles in den verschiedenen Deckungsbereichen, keinen unmittelbaren Bezug. Er bestimmt vielmehr, daß gewisse Schadenersatzansprüche nicht unter den Deckungsbereich des aktiven Schadenersatz-RS (vgl. oben Rdnr. 10) fallen. Es handelt sich hierbei um eine Klarstellung, daß der in den §§ 21 bis 28 jeweils verwendete Begriff der „Schadenersatzansprüche aufgrund gesetzlicher Haftpflichtbestimmungen" keine Erfüllungsansprüche und insbesondere keine Erfüllungssurrogate umfaßt (BGH VersR 78, 219; die dort zur Haft-

pflichtversicherung entwickelten Grundsätze gelten entsprechend für die RSVersicherung, vgl. unten Rdnrn. 15ff.). Abs. 1 Satz 2 dient also primär der Risikoabgrenzung, stellt allerdings dadurch gleichzeitig klar, daß für die Geltendmachung solcher Schadenersatzansprüche – soweit sie überhaupt unter die Versicherungsdeckung fallen – nicht das zugrundeliegende Schadenereignis im Sinn des Abs. 1 Satz 1 als Versicherungsfall anzusehen ist. Soweit die Geltendmachung solcher Ansprüche über den Vertrags-RS (vgl. unten Rdnr. 39) gedeckt ist, ist der Versicherungsfall vielmehr nach Abs. 3 zu bestimmen, der im übrigen auch generell für – an sich unter Abs. 1 fallende – vertragliche Schadenersatzansprüche aufgrund gesetzlicher Haftpflichtbestimmungen – z. B. aus positiver Vertragsverletzung – gilt, soweit dies für den VN günstiger ist (OLG Saarbrücken VersR 91, 68; LG Berlin r + s 91, 169; vgl. auch oben Rdnr. 12, unten Rdnr. 68 und Vorbem. vor § 21 Rdnrn. 36, 46).

15 Der Sinn des in seiner knappen Diktion für einen rechtsunkundigen VN schwer verständlichen Abs. 1 Satz 2 erschließt sich besser, wenn man sich vor Augen hält, daß er das Gegenstück zu dem in der Haftpflichtversicherung geltenden Grundsatz darstellt, wonach „die Erfüllung von Verträgen und die an die Stelle der Erfüllungsleistung tretende Ersatzleistung nicht Gegenstand der Haftpflichtversicherung" sind, und zwar „auch dann nicht, wenn es sich um gesetzliche Ansprüche handelt" (§ 4 I Ziff. 6 Abs. 3 AHB). Bestehen zwischen dem Schädiger und dem Geschädigten vertragliche Beziehungen und verlangt der Geschädigte Schadenersatz aufgrund gesetzlicher Haftpflicht des Schädigers, z.B. wegen Unmöglichkeit (§ 280 BGB) oder Verzugs (§ 284 BGB) oder positiver Vertragsverletzung (*Palandt/ Heinrichs* § 276 Rdnrn. 104ff.), dann deckt die Haftpflichtversicherung nur diejenigen Schadenersatzansprüche, die über das unmittelbare Interesse des geschädigten Gläubigers am eigentlichen Leistungsgegenstand hinausgehen, **nicht** dagegen solche Ansprüche, durch die lediglich **das unmittelbare Interesse an der Erfüllung** des Vertrags geltend gemacht wird. Durch die Haftpflichtversicherung soll nämlich deren VN nicht von der Verpflichtung entbunden werden, seine vertragliche Leistung ordnungsgemäß und pünktlich zu erbringen. Es soll für ihn kein Anreiz bestehen, den Vertrag nur mangelhaft zu erfüllen in der Erwartung, die Behebung der Mängel werde letztlich der Versicherer finanzieren (BGH NJW 64, 1025 = VersR 64, 230; NJW 75, 1279 = VersR 75, 557; OLG Frankfurt VersR 77, 829 mit Anm. von *Späth*). Da die in der RSVersicherung bestehende Kostendeckung für die Geltendmachung von Schadenersatzansprüchen aufgrund gesetzlicher Haftpflichtbestimmungen im Sinn des Abs. 1 Satz 1 spiegelbildlich weitgehend der Kostendeckung für die Abwehr ebensolcher Schadenersatzansprüche in der Haftpflichtversicherung entspricht (§ 150 Abs. 1 Satz 1 VVG; *Kreuzhage/Schloemer* S. 10; *Hönig* VersR 66, 514, 517), ist es folgerichtig, daß Abs. 1 Satz 2 die in der Haftpflichtversicherung gebräuchliche Terminologie übernimmt. Hierbei konnte allerdings der in § 4 I Ziff. 6 Abs. 3 AHB enthaltene Hinweis, daß die Erfüllung von Verträgen nicht Gegenstand der Versicherung sei, für die RSVersicherung unterbleiben. Denn es ist selbstverständlich, daß Erfüllungsansprüche keine Schadenersatzansprüche sind. Dagegen können solche Ansprüche, die das Gesetz bei Leistungsstö-

rungen innerhalb eines Vertrags zur Verfügung stellt, „Schadenersatzansprüche aufgrund gesetzlicher Haftpflichtbestimmungen" sein, soweit sie dem geschädigten Vertragspartner ausdrücklich einen Anspruch auf Schadenersatz zubilligen. Geht der Anspruch dagegen nicht auf Schadenersatz, sondern z.B. auf Wandlung, Minderung oder Nachbesserung, dann handelt es sich in keinem Fall um einen Anspruch im Sinn des Abs. 1. Aus der teilweisen Übernahme des Wortlauts der AHB ergibt sich gleichzeitig, daß auch die von der Rechtsprechung für die Haftpflichtversicherung entwikkelten Grundsätze für die RSVersicherung übernommen werden können. Die Interessenlage ist – vice versa – vergleichbar.

Ob ein Anspruch noch „auf die **an die Stelle der Erfüllungsleistung tretende Ersatzleistung**" (Erfüllungssurrogat) oder schon darüber hinaus geht, beurteilt sich danach, wie weit das unmittelbare objektive Interesse des Gläubigers am eigentlichen Leistungsgegenstand reicht. Soweit der Gläubiger mit seiner Ersatzforderung lediglich ein Äquivalent für die mangelhafte oder unpünktliche oder sonst unzureichende Erfüllung des Schuldners verlangt, geht sein Anspruch nicht über die an die Stelle der Erfüllungsleistung tretende Ersatzleistung hinaus. Soweit sich der Schaden des Gläubigers dagegen nicht in einer mangelhaften Leistung erschöpft, sondern deshalb darüber hinausgeht, weil die mangelhafte Erfüllung gleichzeitig einen weitergehenden Schaden, z.B. in Form eines Personen- oder Sachschadens, zur Folge hatte, handelt es sich um einen im Rahmen des § 14 Abs. 1 Satz 1 deckungsfähigen Schadenersatzanspruch. 16

b) Folgende **Beispiele** verdeutlichen die Abgrenzung zwischen Erfüllungssurrogat und darüber hinausgehendem Schaden: 17

aa) **Kauft** der VN eine Konservendose, deren längere Haltbarkeit der Verkäufer – guten Glaubens – zugesichert hat, und verdirbt deren Inhalt entgegen der Zusicherung schon bald nach dem Kauf, wodurch der VN erkrankt, dann hat er gegen den Verkäufer nach § 463 BGB einen Schadenersatzanspruch auf Ersatz des Kaufpreises, der Heilungskosten und des Verdienstausfalls, wobei Heilungskosten und Verdienstausfall sogenannte Mangelfolge- oder Begleitschäden sind, die – bei Verschulden – auch aus positiver Vertragsverletzung ersatzfähig sein können (*Palandt/Putzo* § 463 Rdnr. 10). Die an die Stelle der Erfüllungsleistung (einwandfreie Konservendose) tretende Ersatzleistung ist hierbei nur die Rückerstattung des Kaufpreises. Der Anspruch auf Ersatz der Heilungskosten und des Verdienstausfalles betrifft dagegen nicht mehr ein Erfüllungssurrogat, sondern einen darüber hinausgehenden Schaden. Seine Geltendmachung ist demgemäß beispielsweise über § 25 Abs. 2a in Verbindung mit § 14 Abs. 1 Satz 2 gedeckt. 18

bb) **Mietet** der nach § 26 versicherte VN ein Kraftfahrzeug, mit dem er infolge eines technischen Mangels verunglückt, dann bewegt sich sein Anspruch gegen den Vermieter auf Erstattung des Mietzinses wegen Gebrauchsunfähigkeit (§ 537 BGB) innerhalb des Erfüllungsinteresses und wäre nicht über § 26 Abs. 3a ARB 75, sondern nur über § 26 Abs. 4 ARB 75 oder – soweit ein Zusammenhang mit der Haltereigenschaft besteht (vgl. § 21 Rdnr. 67) – über § 26 Abs. 3b ARB 75 gedeckt. Der auf § 538 BGB oder po- 19 sitive Vertragsverletzung gestützte Anspruch auf Ersatz der Heilungskosten und des Verdienstausfalls ginge jedoch als Mangelfolgeschaden (*Palandt/ Putzo* § 538 Rdnr. 14) über die an die Stelle der Erfüllungsleistung tretende Ersatzleistung hinaus und fiele daher gemäß § 14 Abs. 1 Satz 2 unter den Versicherungsschutz des § 26 Abs. 3 a ARB 75. Entsprechendes gilt, wenn bei einem Werkvertrag der nach § 25 versicherte VN als Besteller infolge eines vom Unternehmer zu vertretenden Mangels des Werkes verletzt wird. Soweit der VN Rückzahlung eines geleisteten Vorschusses fordert, geht sein Anspruch nicht über das Erfüllungsinteresse hinaus. Soweit er dagegen Ausgleich der Verletzungsfolgen als Folgeschaden (*Palandt/Thomas* vor §§ 633ff. Rdnr. 23) ersetzt verlangt, wäre diese Interessenwahrnehmung über § 25 Abs. 2a gedeckt (vgl. zu diesen Beispielen *Schmalzl* VersR 56, 270).

20   cc) **Kauft** der VN eine Kuh, die infolge einer Erkrankung seinen übrigen Viehbestand ansteckt, dann hat er gegen den Verkäufer aus § 463 BGB einen Anspruch auf Ersatz des Kaufpreises sowie auf Ersatz der Schäden am übrigen Viehbestand. Ersatz des Kaufpreises ist das Erfüllungsinteresse, der Schaden am übrigen Viehbestand ist dagegen Folge- oder Begleitschaden, der über das Erfüllungssurrogat hinausgeht (BGH VersR 62, 534).

21   dd) Verwendet der vom VN beauftragte **Unternehmer** bei der Renovierung des Hauses des VN ungeeigneten Mörtel, der dann Schäden am Innenputz und Farbanstrich verursacht, geht der Anspruch des VN auf Beseitigung dieser Schäden über die an die Stelle der Erfüllungsleistung tretende Ersatzleistung – Ersatz für den ungeeigneten Mörtel – hinaus (BGH NJW 62, 2106 = VersR 62, 1049). Gleiches gilt, wenn der mit der Umstellung von Koks- auf Ölheizung und Neuinstallation beauftragte Installateur undichte Rohre montiert, durch die Wasser austritt und das Gebäude des VN beschädigt.

22   ee) Beauftragt der nach § 25 versicherte VN einen Dachdecker, das Dach seines Wohnhauses neu einzudecken, und überschreitet der Dachdecker schuldhaft die Frist, innerhalb der die Arbeit beendet sein sollte, dann hat er dem VN nach **Verzugsgrundsätzen** den Schaden zu ersetzen, der nach Fristablauf und vor Beendigung der Neueindeckung infolge eines starken Regens und der hierdurch verursachten Durchfeuchtung des Hauses entsteht. Der Schaden des VN besteht hier einmal in einer Wertminderung des Hauses wegen des Erfüllungsaufschubs und der Nutzungsverzögerung. Denn für den Verzögerungszeitraum entgeht ihm der Wert der Eigennutzung, die er beispielsweise durch einen Hotelaufenthalt ausgleichen muß, oder das Entgelt für Fremdnutzung. Soweit der VN diesen Verzögerungsschaden geltend macht, handelt es sich um eine an die Stelle der Erfüllungsleistung tretende Ersatzleistung, deren Verfolgung nicht über § 25 Abs. 2a, sondern nur über § 25 Abs. 3 gedeckt ist. Die Durchfeuchtungsschäden am Haus selbst, z.B. an Decken, Balken oder am Innenputz, gehen dagegen als Begleit- oder Folgeschäden des eigentlichen Verzugsschadens über das Erfüllungsinteresse hinaus. Soweit der VN hierfür Ersatz verlangt, wäre diese Interessenwahrnehmung auch durch § 25 Abs. 2a gedeckt (BGH NJW 75, 1279 = VersR 75, 557), falls man sie nicht wegen der Ausschlußbestimmung des § 25 Abs. 4c nur über § 29 als versichert ansieht (§ 25 Rdnr. 58).

ff) Unternimmt es jemand, für den VN Gegenstände, z.b. Möbel zu be- 23
fördern, und werden diese Gegenstände **beim Transport beschädigt,** dann
hat der VN wegen der Beschädigung jedenfalls dann einen Schadenersatzanspruch, wenn für den Transporteur eine Obhutspflicht bestand. Dies ist
zumindest bei gewerblicher Güterbeförderung der Fall, z.B. beim Frachtführer nach § 429 HGB. Der auf Ersatz der Reparaturkosten oder des Wertes der Möbel gerichtete Anspruch des VN nach § 635 BGB übersteigt jedoch das Erfüllungsinteresse nicht. Mit ihm macht der VN nur das
Äquivalent für seine durch die Verletzung der vertraglichen Obhutspflicht
eingetretene Vermögenseinbuße geltend.

c) Aus dem Vorstehenden wird deutlich, daß es für die Frage des Erfül- 24
lungsinteresses nicht entscheidend auf die gesetzliche Anspruchsgrundlage
innerhalb des Vertrags ankommt. Es kann sich um einen Schadenersatzanspruch wegen Unmöglichkeit (§ 280 BGB) oder Verzugs (§ 284 BGB) oder
– als häufigsten Fall – wegen positiver Vertragsverletzung (*Palandt/Heinrichs* § 276 Rdnrn. 104ff.) oder wegen Nichterfüllung (z.B. §§ 463, 480
Abs. 2, 538, 635 BGB) handeln. Gleichgültig ist auch, ob eine vertragliche
Haupt- oder Nebenpflicht verletzt ist (BGH NJW 75, 1278 = VersR 75, 557;
Schmalzl VersR 56, 270; *J. Prölss* VersR 67, 432; *Bruck/Möller/Johannsen*
IV Anm. G 59 und G 259 bis 261). Gibt das Gesetz einen Anspruch auf
Schadenersatz „wegen Nichterfüllung", dann wird sich dieser häufig mit
dem Anspruch auf Ersatz des Erfüllungsinteresses decken. Dies gilt jedoch
nicht für alle Fälle. Insbesondere die neuere Rechtsprechung zu § 635 BGB
bezieht – vor allem im Hinblick auf die Verjährungsregelung des § 638 BGB
– noch gewisse „nahe" Folgeschäden, die mit dem Werkmangel zusammenhängen, in die Haftung auf Schadenersatz wegen Nichterfüllung ein (BGH
NJW 72, 625 = VersR 72, 396; NJW 79, 1651; NJW 81, 1780 = VersR 81,
771; eingehend *Peters* NJW 78, 665). Dies ändert jedoch nichts daran, daß
solche nahe Folgeschäden versicherungsrechtlich nicht mehr als Erfüllungssurrogat anzusehen sind. Denn die Formulierung „an die Stelle der Erfüllungsleistung tretende Ersatzleistung" stellt eine **selbständige versicherungsrechtliche Begriffsbildung** dar, die unabhängig vom haftpflichtrechtlichen Begriff des „Schadenersatzes wegen Nichterfüllung" auszulegen ist
(BGH NJW 86, 1346 = VersR 85, 1153; NJW 75, 1278 = VersR 75, 557; *Eiselt/Trapp* NJW 84, 899; *Schmalzl* VersR 56, 270, 271; *Hönig* VersR 70,
975, 979).

d) Mit dem gesetzlichen Schadenersatzanspruch aus Vertragsverletzung 25
kann ein außervertraglicher Schadenersatzanspruch, z.B. aus § 823 BGB,
konkurrieren. Könnte beispielsweise in dem oben Rdnr. 23 erörterten Fall
der VN vom Frachtführer wegen fahrlässiger Eigentumsverletzung auch
Schadenersatz aus § 823 BGB fordern (vgl. hierzu *Baumbach/Hopt* § 429
Rdnr. 2), dann ist dieser außervertragliche Anspruch an sich nicht auf ein
Erfüllungssurrogat gerichtet, da es im Rahmen der deliktischen Haftung
keine synallagmatische Erfüllungsleistung gibt. Da dieser Anspruch jedoch
nicht allein, sondern nur neben einem vertraglichen Anspruch besteht, der
seinerseits auf ein Erfüllungssurrogat gerichtet ist, bezieht sich der deliktische Anspruch gegenständlich auf dieselbe Leistung wie der vertragliche.

Nach dem Zweck des § 14 Abs. 1 Satz 2, den Anspruch auf solche Surrogatleistungen nicht den „echten" Schadenersatzansprüchen gleichzustellen (vgl. oben Rdnr. 15), unterliegt daher auch dieser deliktische Anspruch der gleichen Risikobegrenzung wie der vertragliche, d. h. er ist insoweit nicht gedeckt, als das unmittelbare Interesse des VN am eigentlichen Leistungsgegenstand reicht (LG Flensburg r + s 93, 65; ebenso für die Haftpflichtversicherung *Schmalzl* VersR 56, 270, 272; *J. Prölss* VersR 67, 432, 436; *Bruck/ Möller/Johannsen* IV Anm. G 70; mißverständlich insoweit *Wassmann* VersR 77, 888, 889, der „alle" Schadenersatzansprüche aus §§ 823 ff. BGB durch Abs. 1 für gedeckt hält). Entsprechendes gilt für einen Anspruch aus culpa in contrahendo, soweit er als quasivertraglicher gesetzlicher Anspruch (Vorbem. vor § 21 Rdnr. 46) auf die Ersatzleistung gerichtet ist, die an die Stelle der – bei wirksamem Vertragsschluß geschuldeten – Erfüllungsleistung tritt, oder soweit er neben einem gleichgerichteten vertraglichen Anspruch geltend gemacht wird. Die gegenteilige Ansicht (unklar *Wassmann* VersR 77, 888, 889) verkennt, daß ein Schadenersatzanspruch aus culpa in contrahendo nicht immer nur auf Ersatz des Vertrauensschadens gerichtet ist und außerhalb des Erfüllungsinteresses liegt. Das Erfüllungsinteresse ist vielmehr ausnahmsweise dann zu ersetzen, wenn das Rechtsgeschäft ohne die culpa in contrahendo wirksam zustande gekommen wäre (*Palandt/ Heinrichs* § 276 Rdnr. 101; *MünchKomm/Emmerich* vor § 275 Rdnrn. 178, 179; vgl. auch GB BAV 79, 85).

26   e) Macht der VN Ansprüche auf Ersatz eines reinen, d. h. nicht durch einen Personen- oder Sachschaden bedingten **Vermögensschadens** geltend, dann kann auch hierbei ein Anspruch auf ein Erfüllungssurrogat im Sinn des § 14 Abs. 1 Satz 2 gegeben sein. Muß beispielsweise der VN die mangelhafte Buchführung seines Steuerberaters durch einen anderen Steuerberater in Ordnung bringen lassen, dann sind die hierfür aufgewendeten Kosten Erfüllungssurrogat, wenn sie lediglich die unzureichende Vertragserfüllung ausgleichen sollen (BGH NJW 64, 1025 = VersR 64, 230; OLG Frankfurt VersR 77, 829 mit Anm. von *Späth;* vgl. auch *Roth* VersR 79, 494, 600). Unterläßt ein Steuerberater schuldhaft und nicht nachholbar die Einreichung einer Steuererklärung, dann übersteigt der dem VN z. B. durch die Schätzung höherer als der tatsächlichen Einkünfte entstehende Schaden nicht das Erfüllungsinteresse (BGH NJW 82, 2238 unter Ziff. I 2). Hat dagegen etwa die mangelhafte Buchführung einen weitergehenden Schaden, z. B. in Form von Steuernachforderungen, zur Folge (vgl. BGH NJW 79, 1550 = VersR 79, 447), dann geht dieser Vermögensnachteil des VN über das Erfüllungsinteresse hinaus. Entsprechendes gilt für die Tätigkeit eines Rechtsanwalts. Hat dieser eine Rechtssache des VN unzureichend bearbeitet, können aber nachteilige Folgen hieraus noch durch ordnungsgemäße Bearbeitung eines anderen Rechtsanwalts abgewendet werden, dann geht der Anspruch des VN gegen den erstbeauftragten Anwalt auf Ersatz des Honorars des zweiten Anwalts nicht über das Erfüllungsinteresse hinaus. Anders liegt es, wenn durch die unzureichende Bearbeitung beispielsweise eine Forderung des VN verjährt ist. Einen hierdurch verursachten Schaden kann er als über die Erfüllungsleistung hinausgehende Ersatzleistung erstattet verlan-

gen. Dieser Anspruch ist beispielsweise über den Schadenersatz-RS des § 25 Abs. 2a gedeckt. *Bruck/Möller/Johannsen* IV bezeichnen es in Anm. G 261 als altes versicherungsrechtliches Prinzip der Vermögensschaden-Haftpflichtversicherung, daß für Schadenersatzansprüche, die sich auf vertragliche Nicht- oder Schlechterfüllung gründen, Versicherungsschutz gewährt wird, soweit nicht ein Betrag bis zur Höhe des Honorars des Haftpflicht-VN selbst zur Debatte steht. Dieses Prinzip kann für die RSVersicherung – vice versa – nur mit der Einschränkung gelten, daß nicht die Höhe des Honorars des mangelhaft arbeitenden Rechtsanwalts oder Steuerberaters Grenze für die an die Stelle der Erfüllungsleistung tretende Ersatzleistung ist, sondern der Betrag, den der VN effektiv aufwenden muß, um anstelle der mangelhaften Leistung eine ordnungsgemäße Leistung zu erhalten. Dieser Betrag kann im Einzelfall auch höher als das Honorar des erstbeauftragten Anwalts oder Steuerberaters sein.

Ist der vom VN behauptete **Schaden** durch eine fehlerhafte Leistung oder Beratung **auf** einem von seinem Vertrag **nicht gedeckten** oder gemäß § 4 ausgeschlossenen **Rechtsgebiet** eingetreten – z.B. Familien- oder Erbrecht, Steuerrecht, Verwaltungsrecht –, dann beeinflußt dies die im Vertrag des VN vorgesehene Versicherungsdeckung für die Geltendmachung eines Schadenersatzanspruchs im Sinn des Abs. 1 nicht. Denn im Vordergrund stehen die Schlechterfüllung des schuldrechtlichen Geschäftsbesorgungsvertrags (z.B. durch den Anwalt oder Steuerberater des VN) oder des öffentlich-rechtlichen Notarverhältnisses und der hierdurch eingetretene, im Zivilrechtsweg zu verfolgende Vermögensschaden, nicht eine Interessenwahrnehmung auf dem betreffenden Rechtsgebiet (§ 4 Rdnr. 11).

III. Versicherungsfall beim Straf- und Führerschein-RS (Abs. 2)
(entspricht § 4 Abs. 1 Satz 1c ARB 94)

1. **Abs. 2 Satz 1** betrifft die Fälle des Straf-, Ordnungswidrigkeiten-, Disziplinar- und Standesrechts nach §§ 21 Abs. 3c, 22 Abs. 3c, 23 Abs. 3b, 24 Abs. 2c, 25 Abs. 2c, 26 Abs. 3d (Fassung 1988: Abs. 5d), 27 Abs. 3d und 28 Abs. 2c. Wird dem VN von der zuständigen Behörde vorgeworfen, eine Vorschrift aus diesen Rechtsgebieten in seiner jeweils versicherten Eigenschaft verletzt zu haben, dann gilt der Versicherungsfall in dem Zeitpunkt als eingetreten, in dem der VN nach Meinung der Behörde begonnen hat oder begonnen haben soll, die Vorschrift zu verletzen. Versicherungsschutz für die Verteidigung des VN gegen diesen Vorwurf besteht also, wenn – bei gegebener Deckung im übrigen – dieser Beginnzeitpunkt innerhalb des versicherten Zeitraums liegt. Darauf, ob der Vorwurf sich letztlich als richtig erweist, kommt es nicht an. Der VN soll sich nicht nur gegen begründete, sondern auch und in erster Linie gegen unbegründete oder unbeweisbare Vorwürfe auf Kosten des RSVersicherers verteidigen lassen können. Solange gegen den VN kein entsprechender Vorwurf erhoben wird, besteht mangels Eintritts eines Versicherungsfalles kein Versicherungsschutz (AG Hannover ZfS 85, 367; AG Geldern ZfS 85, 113; AG Köln ZfS 85, 50; *Enders* JürBüro 96, 346; vgl. Vorbem. vor § 21 Rdnr. 75). Welche Rechtsgebiete im ein-

zelnen vom Straf-, Ordnungswidrigkeiten-, Disziplinar- und Standesrecht umfaßt werden und ab wann ein Vorwurf gegen den VN als erhoben anzusehen ist, ist im einzelnen in Vorbem. vor § 21 Rdnrn. 73 ff. erläutert.

29   Wann der VN **begonnen hat** oder **begonnen haben soll**, eine infrage kommende Vorschrift zu verletzen, ergibt sich in der Regel aus dem amtlichen Vorwurf der zuständigen Ermittlungsbehörde, der sich allerdings im Lauf der Hauptverhandlung noch auf einen früheren Zeitpunkt konkretisieren kann (LG Hannover ZfS 82, 146). In § 4 Ziff. 1 ARB 54 war „die Verletzung von Strafvorschriften" als Versicherungsfall bestimmt. Diese Formulierung führte zu Schwierigkeiten, wenn sich der Vorwurf der Verletzung von Strafvorschriften nicht auf einen bestimmten Zeitpunkt, sondern auf einen kürzeren oder längeren Zeitraum bezog, insbesondere beim Vorwurf einer fortgesetzten strafbaren Handlung oder eines Dauerdelikts. Die Fassung des Abs. 2 Satz 1 vermeidet diese Schwierigkeiten, indem jetzt nur noch der Zeitpunkt des zeitlich ersten Handlungsteils einer solcher „gedehnten" Straftat als Eintritt des Versicherungsfalles gilt. Unter fortgesetzter Handlung verstand man früher die bei Vorsatztaten gewohnheitsrechtlich anerkannte, auch nach § 112 a Abs. 1 Nr. 2 StPO gesetzlich verankerte Form einer strafbaren Handlung, bei der mehrere natürliche Handlungen oder Handlungseinheiten zu einer einzigen Handlung im Rechtssinn zusammengefaßt wurden (neuerdings allerdings erheblich eingeschränkt, vgl. *Dreher/Tröndle* vor § 52 Rdnrn. 25 bis 40). Ein Dauerdelikt (vgl. LG Hannover ZfS 82, 146) ist gegeben, wenn nicht nur die Begründung eines rechtswidrigen Zustands, sondern auch dessen Aufrechterhaltung den – auch fahrlässig begehbaren – Deliktstatbestand ununterbrochen weiter verwirklicht (z. B. Freiheitsberaubung nach § 239 StGB; *Dreher/Tröndle* vor § 52 Rdnr. 41). Diese Grundsätze gelten entsprechend im Ordnungswidrigkeitenrecht (*Göhler/Buddendiek* vor § 19 Rdnrn. 9 ff.) sowie im Disziplinar- und Standesrecht. Soweit dem VN der strafbare bzw. einer Ahndung unterworfene Versuch einer Straftat oder Ordnungswidrigkeit vorgeworfen wird, kommt es auf den Zeitpunkt an, in dem er zur Verwirklichung des Tatbestands unmittelbar angesetzt hat oder haben soll (§ 22, 23 StGB, § 13 OWiG).

30   Soweit in den unter Abs. 2 Satz 1 fallenden Verfahren Neben- und Nachverfahren wie **Gnaden-**, Strafaussetzungs-, Strafaufschub- und Zahlungserleichterungs**verfahren** in den Versicherungsschutz eingeschlossen sind, sind sie hinsichtlich des Versicherungsfalles **keine selbständigen Verfahren**. Sie stehen nur dann unter Versicherungsschutz, wenn der Versicherungsfall für die jeweils zugrundeliegende Straftat oder Ordnungswidrigkeit in den versicherten Zeitraum fällt, da sich mit der Straftat oder Ordnungswidrigkeit bereits die Gefahr zu verwirklichen begonnen hat, auch im Rahmen der zeitlich oft wesentlich später liegenden Strafvollstreckung Rechtskosten aufwenden zu müssen. Das gleiche gilt für ein Verfahren wegen Widerrufs einer zur Bewährung ausgesetzten Strafe (§ 56f StGB; Näheres Vorbem. vor § 21 Rdnrn. 85 ff.).

31   2. Abs. 2 **Satz 2** erstreckt den Beginnzeitpunkt des Abs. 2 Satz 1 auf Verfahren wegen Einschränkung, Entzuges oder Wiedererlangung der Fahrer-

Eintritt des Versicherungsfalles 32 § 14 ARB 75

laubnis. Soweit es sich hierbei um Maßnahmen der Bußgeldbehörde oder des Strafgerichts im Rahmen eines Ordnungswidrigkeiten- oder Strafverfahrens handelt, insbesondere um die Verhängung eines Fahrverbots nach § 44 StGB oder § 25 StVG oder um die vorläufige oder endgültige Entziehung sowie die Einschränkung oder Wiedererlangung der Fahrerlaubnis im Sinn der §§ 69, 69a Abs. 2 und 7 StGB, § 111a StPO, bedurfte es an sich keiner eigenen Regelung, da für diese Fälle der Zeitpunkt des der Maßnahme zugrundeliegenden Verstoßes gegen die Straf- oder Ordnungswidrigkeitenvorschrift im Sinn des Abs. 2 Satz 1 maßgeblich ist. Abs. 2 Satz 2 betrifft demgegenüber die Fälle des mit Beginn des Widerspruchverfahrens einsetzenden verwaltungsrechtlichen Führerschein-RS nach §§ 21 Abs. 4d, 22 Abs. 3d, 23 Abs. 3c, 24 Abs. 6 Ziff. 3b, 26 Abs. 3e (Fassung 1988: Abs. 5e) und 27 Abs. 3e (Näheres über den Deckungsbereich Vorbem. vor § 21 Rdnrn. 137ff.). Es handelt sich insbesondere um Verfahren, in denen die Verwaltungsbehörde im Rahmen der § 4 StVG, §§ 3, 12, 15b und c StVZO die Eignung des VN zum Führen von Kraftfahrzeugen zu prüfen hat. Diese Eignung kann wegen körperlicher, geistiger oder charakterlicher Mängel beschränkt oder ausgeschlossen sein (§ 15b StVZO; *Jagusch/Hentschel* § 2 StVG Rdnr. 8). Soweit solche Mängel nicht zu Verstößen gegen straf- oder bußgeldrechtliche Vorschriften geführt haben, ist der Versicherungsfall nicht nach Abs. 2 Satz 2, sondern nach Abs. 3 zu beurteilen, wobei auch nach dessen Satz 3 die dort vorgesehene dreimonatige Wartezeit gilt (vgl. unten Rdnr. 66). Ist dagegen die Fahrerlaubnis im Zusammenhang mit der Verletzung einer straf- oder bußgeldrechtlichen Norm eingeschränkt oder entzogen worden, dann gilt der Versicherungsfall nach Abs. 2 Satz 2 in Verbindung mit Abs. 2 Satz 1 in dem Zeitpunkt als eingetreten, in dem der VN begonnen hat oder begonnen haben soll, die Vorschrift zu verletzen. Dies gilt auch bei einer Entziehung der Fahrerlaubnis auf Probe nach § 2a Abs. 3 StVG, wenn der VN nach Begehung einer Straftat oder Ordnungswidrigkeit einer behördlichen Anordnung im Sinn des § 2a StVG nicht nachgekommen ist (vgl. auch Vorbem. vor § 21 Rdnr. 142).

Der Hauptanwendungsfall des Abs. 2 Satz 2 ist das Entziehungsverfahren 32 nach § 15b StVZO. Nach dieser Vorschrift, einer Ausführungsvorschrift zu § 4 StVG, hat die Verwaltungsbehörde unter Würdigung der Gesamtpersönlichkeit des Fahrerlaubnisinhabers über seine Eignung zum Führen von Kraftfahrzeugen zu entscheiden. Bestehen aufgrund wiederholter Verkehrszuwiderhandlungen eines Fahrerlaubnisinhabers Zweifel an seiner Eignung, hat die Verwaltungsbehörde ihrer Entscheidung in der Regel das **Punktesystem** zugrundezulegen, das in der Allgemeinen Verwaltungsvorschrift zu § 15b StVZO (abgedruckt u.a. bei *Jagusch/Hentschel* § 15b StVZO Rdnrn. 1a bis 1n) enthalten ist. § 2 der Verwaltungsvorschrift bewertet die in das Verkehrszentralregister eingetragenen Verkehrszuwiderhandlungen je nach Schwere mit einem bis zu sieben Punkten. § 3 sieht nach der Punktzahl abgestufte Sanktionen vor, und zwar eine Verwarnung bei neun Punkten, eine Prüfung bei vierzehn Punkten und – im Regelfall – die Entziehung der Fahrerlaubnis, wenn innerhalb von zwei Jahren achtzehn Punkte erreicht worden sind.

33 Die Frage, **wann** bei einem auf dieser Grundlage eingeleiteten, zum Widerspruchsverfahren gediehenen Einschränkungs- oder Entziehungsverfahren der **Versicherungsfall** im Sinn des Abs. 2 Satz 2 als eingetreten gilt, ist streitig. Im wesentlichen werden drei Meinungen vertreten. Nach der einen Ansicht soll der Versicherungsfall bereits mit der ersten Zuwiderhandlung eingetreten sein, die dann zusammen mit den nachfolgenden Zuwiderhandlungen die Zahl von achtzehn Punkten ergeben hat (AG Albstadt/LG Hechingen r + s 92, 165 = DAR 92, 327 – mit kritscher Anm. von *Kern* DAR 92, 354 – jedenfalls dann, wenn für den VN vor Versicherungsbeginn bereits fünfzehn Punkte eingetragen waren; AG Gelsenkirchen ZfS 90, 376; AG Düsseldorf, AG Hamburg ZfS 90, 418; AG Osnabrück ZfS 81, 147; AG Göttingen ZfS 81, 309; *Ridder* S. 118; *Böhme* § 14 Rdnr. 10f; *Wassmann* VersR 77, 888, 889; *J. Vassel* ZVersWiss 81, 269, 274; *Kühl* VersR 89, 235). Eine zweite Ansicht sieht den Versicherungsfall mit Begehung derjenigen Zuwiderhandlung als eingetreten an, die zur Eintragung des neunten Punktes im Verkehrszentralregister geführt hat. Die dritte Meinung schließlich sieht den Versicherungsfall erst in der Zuwiderhandlung, die das Punktekonto auf achtzehn erhöht hat und damit die Vermutung mangelnder Eignung (vgl. oben Rdnr. 32) begründet (LG Itzehoe VersR 88, 906 = NZV 88, 27 mit abl. Anm. von *Kühl* VersR 89, 235; LG Aachen VersR 77, 1049; LG Kiel DAR 83, 24 = VersR 83, 334 – Leitsatz –, Leitsatz irreführend, da VN bei Versicherungsbeginn bereits 26 Punkte hatte; *Prölss/Martin* § 14 ARB Anm. 2; *Schirmer* DAR 92, 418, 425; *Simon* AnwBl. 77, 105; *Fleschhut* S. 61 ff.; *v. Gehlen* S. 37 ff.). Diese Meinung verdient den Vorzug.

34 Schon der **Wortlaut** des Abs. 2 Abs. 2 läßt Zweifel offen, ob die zeitlich erste oder nicht vielmehr die zur Erhöhung des Punktekontos auf achtzehn führende Zuwiderhandlung maßgeblich ist. Satz 2 erklärt die Regelung des Satzes 1 für anwendbar, wenn die Fahrerlaubnis im Zusammenhang mit der Verletzung „einer" Vorschrift des Straf- oder Ordnungswidrigkeitenrechts eingeschränkt oder entzogen worden ist. Nach Satz 1 ist aber der Zeitpunkt entscheidend, in dem der VN begonnen hat oder begonnen haben soll, „die Vorschrift" zu verletzen. Maßgeblich ist also „die Vorschrift", die der VN verletzt hat oder verletzt haben soll. Um § 4 StVG oder § 15b StVZO kann es sich hierbei nicht handeln, da dies keine Verbotsnorm ist, die verletzt werden könnte, sondern eine Gebotsnorm für die Verwaltungsbehörde, unter bestimmten Voraussetzungen tätig zu werden. „Die Vorschrift" kann demnach nur die verletzte Vorschrift des Straf- oder Ordnungswidrigkeitenrechts sein. Da weder von der Verletzung mehrerer Vorschriften noch von der Verletzung der zeitlich ersten die Rede ist, ist also schon nach dem Wortlaut nicht ohne weiteres auf die zeitlich erste zu schließen (§ 5 AGBG).

35 Selbst wenn man jedoch den Wortlaut anders verstehen wollte, führt eine Auslegung nach dem **Sinn und Zweck** der Regelung dazu, nicht den ersten, sondern denjenigen Verstoß als maßgeblich anzusehen, der das Punktekonto auf achtzehn erhöht und damit mangelnde Eignung vermuten läßt (vgl. oben Rdnr. 32). Mit dem Versicherungsfall beginnt sich die vom Versicherer übernommene Gefahr zu verwirklichen. Der Eintritt des Versicherungsfalles kann dann angenommen werden, wenn eine Kausalreihe in Gang gesetzt wird, die nach der Lebenserfahrung mit einiger Zwangsläufigkeit in einen Schadenentstehungsvorgang mündet (*Bruck/Möller* vor §§ 49 bis 80 Anm. 34, 35). Der Beginn eines Versicherungsfalles ist bei Eintritt eines Ereignisses gegeben, das nach der Lebenserfahrung mehr oder weniger zwangsläufig zu einer vollständigen Gefahrverwirklichung führen wird, das also seiner Natur nach zur vollständigen Gefahrverwirklichung tendiert und deswegen nicht mehr als bloße Gefahrerhöhung angesehen werden kann (*Bielefeldt* S. 67, 69). Hieraus wird deutlich, daß ein Versicherungsfall jedenfalls immer dann angenommen werden kann, wenn ein tatsächliches Ereignis für sich allein und selbständig geeignet ist, die versicherte Gefahr zu verwirklichen. Erhöht ein solches Ereignis jedoch nur das versicherte Risiko in gewissem Umfang, ohne daß es für sich allein fähig ist, den versicherten Vermögensschaden herbeizuführen, dann kann es nicht ohne weiteres als Beginn der Gefahrverwirklichung gewertet werden. Denn wenn keine weiteren Umstände – hier in Gestalt weiterer Verkehrszuwiderhandlungen – hinzutreten, kann dieses Ereignis nicht zu einem Rechtskonflikt führen. Zuwiderhandlungen, die vor Erreichung der Achtzehn-Punkte-Grenze liegen, sind in der Regel nicht geeignet, ein Fahrerlaubnis-Entziehungsverfahren auszulösen. Würde man die zeitlich erste Zuwiderhandlung als maßgeblich ansehen, käme dies der rückwirkenden Annahme eines Fortsetzungszusammenhangs gleich (vgl. oben Rdnr. 29), der hier keinesfalls gegeben ist. Bei einer im Fortsetzungszusammenhang begangenen strafbaren Handlung wäre überdies bereits der erste Handlungsteil geeignet, für sich allein ein Verfahren herbeizuführen, auch wenn keine weiteren Teilhandlungen mehr hinzutreten. Eine Gleichstellung mit Abs. 3 Satz 2 ist ebenfalls nicht gerechtfertigt. Dort ist bei „mehreren Verstößen" der erste adäquat ursächliche als maßgeblich erklärt, weil bei den dort vorliegenden Sachverhalten nach der Lebenserfahrung häufig schon der erste Verstoß konfliktauslösend sein kann, auch wenn es im konkreten Fall erst nach einem oder mehreren weiteren Verstößen tatsächlich zum Konflikt gekommen sein sollte. Eine klare Eingrenzung des Beginns der Gefahrverwirklichung nach rein numerischen Gesichtspunkten wie im Fall des Führerschein-Punktesystems ist in den Fällen des Abs. 3 Satz 2 nicht möglich (Näheres vgl. unten Rdnrn. 56ff.). Im übrigen spricht auch das Fehlen einer dem Abs. 3 Satz 2 vergleichbaren Bestimmung dafür, in den Fällen des Abs. 2 Satz 2 erst diejenige Zuwiderhandlung als Versicherungsfall zu werten, die das Punktekonto des VN auf mindestens achtzehn erhöht hat (LG Itzehoe VersR 88, 906 = NZV 88, 27 mit abl. Anm. von *Kühl* VersR 89, 235; LG Aachen VersR 77, 1049; im Fall des LG Kiel DAR 83, 24 hatte der VN bei Vertragsschluß bereits sechsundzwanzig Punkte).

Eine der Funktion und dem Wesen des Versicherungsfalls entsprechende Auslegung des Abs. 2 Satz 2 führt demnach dazu, den Zeitpunkt derjenigen **Zuwiderhandlung** als Versicherungsfall anzunehmen, **die** das Entziehungsverfahren der Verwaltungsbehöde **unmittelbar ausgelöst** hat. Hierbei wird nicht verkannt, daß der eine oder andere VN, der kurz vor der Achtzehn-Punkte-Grenze steht, noch schnell einen RSVersicherungsvertrag abschließen kann, um für ein befürchtetes Entziehungsverfahren Versicherungsschutz zu erhalten. Zum einen steht jedoch nicht fest, daß er die maßgebliche Punkte-Grenze in absehbarer Zeit erreicht. Zum anderen ist die Gefahr eines solchen Zweckabschlusses auch in anderer Hinsicht nie völlig auszuschließen. So hat es der BGH in seiner Grundsatzentscheidung zum Versicherungsfall in der Haftpflichtversicherung (BGH NJW 57, 1477 = VersR 57, 499; vgl. oben Rdnr. 11) bei zeitlichem Auseinanderfallen von Schadenursache und Schadenereignis durchaus als hinnehmbar angesehen, daß für ein vor Versicherungsbeginn liegendes Verhalten des VN Versicherungsschutz besteht, wenn das hierauf beruhende Schadenereignis erst nach Versicherungsbeginn eingetreten ist. Denn es sei auch bei einem in der Vergangenheit liegenden Verhalten regelmäßig nicht vorauszusehen, ob aus ihm tatsächlich ein Schadenereignis und damit ein Versicherungsfall entstehe. Erwarte aber der VN bereits einen Schaden und gehe er noch schnell eine Versicherung ein, dann könne dem mit Hilfe des § 16 VVG und notfalls § 242 BGB begegnet werden. Will sich ein RSVersicherer davor schützen, mit einem kurz vor der Achtzehn-Punkte-Grenze stehenden VN einen Versicherungsvertrag abzuschließen, dann steht es ihm frei, durch eine entsprechende schriftliche Frage (§ 16 Abs. 1 Satz 3 VVG) vor Vertragsschluß den VN darauf hinzuweisen, daß die Zahl der Eintragungen im Verkehrszentralregister ein für den Versicherer gefahrerheblicher Umstand ist, von dem er den Vertragsschluß oder die Beitragsberechnung abhängig machen will.

37 Wurde dem VN die Fahrerlaubnis wegen einer Straftat entzogen und weigert sich die Verwaltungsbehörde nach Ablauf der Sperrfrist, die **Fahrerlaubnis wieder zu erteilen**, weil er (noch) nicht (wieder) zum Führen von Kraftfahrzeugen geeignet sei, dann gilt auch für diese Fälle Abs. 2 Satz 2. Die Behörde hat hier gemäß § 15c StVZO wie bei der Ersterteilung die Gesamtpersönlichkeit des VN zu würdigen, wobei nach wiederholten Verkehrsverstößen in der Regel ein medizinisch-psychologisches Gutachten gefordert wird. Auch wenn die negative Beurteilung mit auf Verkehrsverstöße gestützt wird, die vor der Straftat begangen worden waren, deretwegen die Fahrerlaubnis entzogen und die Sperrfrist angeordnet wurde, gilt als Versicherungsfall gleichwohl erst die Straftat und nicht etwa ein früherer Verkehrsverstoß, auf den die Versagung der Wiedererteilung jetzt auch gestützt wurde. Denn diese Straftat hat erst das zur Entziehung führende Strafverfahren und dann das Verwaltungsverfahren zur Wiedererteilung der Fahrerlaubnis ausgelöst. Beim Entzug der Fahrerlaubnis im Strafverfahren werden frühere Verkehrsverstöße häufig mitberücksichtigt, ohne daß hierdurch der Zeitpunkt des Versicherungsfalles gemäß Abs. 2 Satz 1 – Begehungszeitpunkt der abzuurteilenden Straftat – vorverlegt wird. Dann ist aber kein hinreichender Grund ersichtlich, den Zeitpunkt des Versicherungsfalles für das Wiedererteilungsverfahren gemäß Abs. 2 Satz 2 vorzuverlegen (LG Tübingen VersR 83, 1026 = ZfS 83, 90; a. A. AG Mannheim VersR 90, 1392; AG Hamburg ZfS 86, 275). Etwas anderes mag gelten, wenn der Antrag auf Verlängerung der Fahrerlaubnis zur Fahrgastbeförderung auch wegen vor Versicherungsbeginn liegender Verkehrsverstöße zurückgewiesen wird (LG Bochum ZfS 90, 417). War die Fahrerlaubnis wegen einer rechtskräftig abgeurteilten vorsätzlichen Verkehrsstraftat entzogen worden, für die gemäß § 4 Abs. 3b

Eintritt des Versicherungsfalles 38, 39 § 14 ARB 75

kein Versicherungsschutz bestand, hat dieser Ausschluß für das Strafverfahren nicht zur Folge, daß auch der Versicherungsschutz für das Wiedererteilungsverfahren vor der Verwaltungsbehörde ausgeschlossen wäre. Zwar ist der Vorwurf der Straftat auch Versicherungsfall für das Verwaltungsverfahren, jedoch bezieht sich die Vorsatzregelung des § 4 Abs. 3b nur auf das Strafverfahren und die Behörde, die über die Wiedererteilung entscheidet, hat nicht mehr die Straftat als solche, sondern die generelle Eignung des VN zum Führen von Kraftfahrzeugen zu prüfen.

Ist die Fahrerlaubnis im Zusammenhang mit der Verletzung einer Vorschrift des Straf- oder Ordnungswidrigkeitenrechts eingeschränkt oder entzogen worden, dann besteht für die Interessenwahrnehmung für ein Verfahren im Sinn des Abs. 2 Satz 2 **keine Wartefrist**. Die Dreimonatsfrist des § 14 Abs. 3 Satz 3 gilt nur für solche Führerschein-Verfahren, die nicht im Zusammenhang mit der Verletzung einer Vorschrift des Straf- oder Ordnungswidrigkeitenrechts stehen (vgl. unten Rdnr. 65). 38

IV. Versicherungsfall in den übrigen Fällen (Abs. 3)
(entspricht § 4 Abs. 1 Satz 1c ARB 94)

1. Abs. 3 legt den Zeitpunkt des Eintritts des Versicherungsfalles für alle 39 diejenigen nach den §§ 21 bis 29 und der Zusatzbedingung zum Steuer-RS (Vorbem. vor § 21 Rdnrn. 169ff.) versicherten Arten der Interessenwahrnehmung fest, die nicht in der Geltendmachung von Schadenersatzansprüchen im Sinn des Abs. 1 und in der Verteidigung gegen den Vorwurf der Verletzung einer Rechtsvorschrift bzw. der Rechtsbesorgung in Führerschein-Verfahren im Sinn des Abs. 2 bestehen und auch nicht dem Beratungs-RS im Sinn der §§ 25 Abs. 2e, 26 Abs. 3g (Fassung 1988: Abs. 5g) und 27 Abs. 3g zuzurechnen sind. Es handelt sich um diejenigen Rechtsangelegenheiten aus dem Gebiet des Schuldrechts, Sachenrechts, Arbeitsrechts, Sozialversicherungsrechts und Verwaltungsrechts sowie des Steuer- und sonstigen Abgaberechts, die oben in Rdnr. 6 aufgezählt sind. Der Versicherungsfall gilt in all diesen Fällen dann als eingetreten, wenn einer der Beteiligten **begonnen hat oder** begonnen **haben soll**, gegen Rechtspflichten oder Rechtsvorschriften **zu verstoßen**. Dieser Unterschied zu Abs. 1 und Abs. 2 erklärt sich aus der Verschiedenartigkeit der Rechtsgebiete. Während bei der Geltendmachung von Schadenersatzansprüchen und auch bei der Verteidigung gegen Vorwürfe aus dem Gebiet des Straf-, Bußgeld-, Disziplinar- und Standesrechts die Interessenwahrnehmung in der Regel an ein äußerlich wahrnehmbares, sinnfälliges Ereignis anknüpft, das sich vom Tagesgeschehen deutlich abhebt, z.B. an den Eintritt eines Personen- oder Sachschadens, werden die in Abs. 3 angesprochenen, vorwiegend vermögensrechtlichen Rechtskonflikte häufig nicht durch ein solches äußerlich wahrnehmbares Ereignis ausgelöst, sondern durch ein gesetz- oder vertragswidriges Verhalten eines Beteiligten, das als solches nicht sofort oder nicht ohne weiteres nach außen zu dringen braucht (vgl. BGH NJW 57, 1477 = VersR 57, 499). Gleichwohl ist ein solcher Verstoß ein tatsächlicher, objektiv feststellbarer Vorgang (BGH VersR 67, 769), der immer dann, wenn er wirklich vorliegt oder ernsthaft behauptet wird, den Keim eines Rechtskonflikts in sich trägt,

der zur Aufwendung von Rechtskosten (einschließlich etwaiger Zwangsvollstreckungsmaßnahmen, vgl. § 2 Rdnr. 176) führen kann. Damit beginnt sich jedoch die vom RSVersicherer übernommene Gefahr konkret zu verwirklichen und ist kein noch versicherbares ungewisses Risiko mehr (BGH VersR 84, 530 unter Ziff. I 3 e; vgl. auch BGH VersR 82, 841). Die Regelung des Abs. 3 kann allerdings in manchen Fällen, z.B. bei positiver Vertragsverletzung, mit der des Abs. 1 „konkurrieren" (vgl. oben Rdnr. 14 a. E.).

40 a) **Verstoß** ist das Handeln gegen eine – gesetzliche oder vertragliche – Rechtspflicht oder das Unterlassen eines rechtlich gebotenen Tuns (BGH VersR 85, 540; unscharf *Pakulla* AnwBl. 80, 221, 226). Gleichgültig ist, ob die Rechtspflicht auf privatem oder öffentlichem Recht beruht. Bei öffentlich-rechtlichen Angelegenheiten kann die Verwaltungsbehörde einen Verstoß begehen, wenn sie – wirklich oder angeblich – Rechtsvorschriften nicht beachtet oder falsch anwendet (AG Balingen r + s 91, 310 = ZfS 91, 163 für Rückforderungsbescheid des Arbeitsamts; vgl. Vorbem. vor § 21 Rdnr. 133). Auch in dem – wirklich oder angeblich – unberechtigten ernsthaften Bestreiten oder der Nichtanerkennung der Rechtsposition eines anderen kann ein Verstoß liegen (LG Göttingen AnwBl. 83, 335 für Aufhebungsverlangen des Arbeitgebers, Grenzfall; LG Waldshut-Tiengen r+s 97, 162, vgl. unten Rdnr. 45; *J. Vassel* ZVersWiss 73, 651, 653; *Böhme* § 14 Rdnr. 11; a. A. *Bielefeldt* S. 93).

41 Für das Vorliegen eines Verstoßes genügt eine **objektive Zuwiderhandlung** gegen Rechtspflichten oder Rechtsvorschriften, wozu auch Formvorschriften wie z. B. § 125 BGB gehören (*Fleschhut* S. 88). Darauf, ob der Handelnde sich des Verstoßes bewußt oder infolge von Fahrlässigkeit oder auch unverschuldet nicht bewußt ist, kommt es nicht an, ebensowenig darauf, ob er geschäfts- oder zurechnungsfähig ist (OLG Köln VersR 91, 295 = NJW-RR 90, 930 = r + s 90, 161; vgl. auch unten Rdnr. 48). Abs. 3 bezweckt im Interesse sowohl des VN wie des Versicherers eine zeitlich möglichst exakte und anhand objektiver Kriterien leicht nachprüfbare Festlegung des Versicherungsfalles. Es soll sich um einen möglichst eindeutig bestimmbaren Vorgang handeln, der in seiner konfliktauslösenden Bedeutung für alle Beteiligten – wenn auch erst nachträglich – erkennbar ist (vgl. oben Rdnr. 1). Dabei kommt es weder auf den Zeitpunkt an, zu dem die Beteiligten von dem Verstoß Kenntnis erlangen (OLG Hamm VersR 89, 40 = r + s 88, 368; OLG Düsseldorf VersR 79, 760; ZfS 81, 340; LG München I r + s 88, 371; 79, 113; AG Charlottenburg ZfS 85, 51; AG Tiergarten 85, 52; ebenso für das insoweit vergleichbare österreichische Recht öOGH VersR 75, 746), noch darauf, wann aufgrund des Verstoßes Ansprüche geltend gemacht oder abgewehrt werden (LG Karlsruhe r+s 97, 203 bei positiver Vertragsverletzung des Mieters vor Rückgabe der Mietsache; LG Aachen ZfS 90, 163; LG Koblenz r + s 79, 113), noch darauf, wann der einem späteren Verstoß zugrunde liegende Vertrag geschlossen wurde (OLG Köln r + s 89, 90; LG Hannover VersR 90, 652; LG Heidelberg r + s 88, 50; vgl. auch unten Rdnr. 76). Kommt es auf Grund eines Verstoßes zu einer Kündigung oder einem Prozeß, dann ist nicht der Zeitpunkt der Kündigung oder des Prozeßbeginns, sondern der vorausgegangene Verstoß Versicherungsfall (OLG Hamburg ZfS 88, 13; OLG

Hamm VersR 75, 654; LG Koblenz ZfS 87, 176; LG Hamburg ZfS 86, 241; LG Aschaffenburg ZfS 85, 149; LG Stuttgart ZfS 84, 47; AG Düsseldorf ZfS 86, 242; AG Bremen ZfS 85, 339; AG Düsseldorf ZfS 81, 116; AG Frankfurt ZfS 81, 213; AG München VersR 86, 571 = ZfS 85, 339; ZfS 81, 341; AG Mannheim ZfS 85, 51; für arbeitsrechtliche Streitigkeiten vgl. außerdem LG Frankfurt ZfS 92, 353; LG Konstanz ZfS 90, 163; LG Köln ZfS 87, 33). Dies gilt auch für eine verhaltensbedingte Kündigung, insbesondere mangelnde persönliche Eignung, aufgrund politischer Betätigung in der ehemaligen DDR (AG Berlin-Charlottenburg r+s 94, 383 = ZfS 94, 383; r+s 94, 302; AG Düsseldorf r+s 95, 388 = ZfS 95, 472). Müßte der Versicherer bei der Frage des Versicherungsfalles subjektive Elemente mitberücksichtigen, würde dies häufig zu einer zeit- und kostenaufwendigen Korrespondenz oder zu zahlreichen Unklarheiten führen. Bei der Auslegung des Abs. 3 ist außerdem zu berücksichtigen, daß er sogenannten Zweckabschlüssen vorbeugen will. Es soll nach Möglichkeit verhindert werden, daß die Risikogemeinschaft die Kosten für solche rechtliche Auseinandersetzungen übernehmen muß, mit deren Eintritt der VN bei Stellung des Versicherungsantrags schon konkret rechnen mußte oder die sogar schon eingetreten waren (BGH VersR 84, 530 unter Ziff. I 3 e; OLG Frankfurt VersR 79, 566; LG Hamburg VersR 77, 811; *K. Vassel* VerBAV 69, 131, 135; *Ellmer* VW 69, 600, 601; *Bauer* NJW 71, 1972, 1973; *Prölss/Martin* § 14 ARB Anm. 3 A a).

b) Als Versicherungsfall gilt nicht nur ein wirklicher, sondern auch ein **behaupteter Verstoß** gegen Rechtspflichten oder Rechtsvorschriften. Diese Regelung ist keine Besonderheit der RSVersicherung. Sie findet sich in ähnlicher Form in der Haftpflichtversicherung, die neben der Erfüllung begründeter die Abwehr unbegründeter – also bloß behaupteter, aber nicht bestehender oder nicht beweisbarer – Ansprüche des Geschädigten zum Gegenstand hat (§ 3 II Ziff. 1 AHB). Die RSVersicherung will Versicherungsschutz bieten, sobald die Wahrnehmung rechtlicher Interessen für den VN notwendig wird (§ 1 Abs. 1). Diese Notwendigkeit tritt dann ein, wenn sich die Rechtsposition des VN ohne rechtliche Maßnahmen verschlechtern könnte. Rechtliche Maßnahmen können jedoch bereits notwendig werden, wenn jemand behauptet, einen Anspruch gegen den VN zu haben, oder wenn er einen vom VN behaupteten Anspruch bestreitet. Es ist gerade das Wesen kontradiktorischer Rechtsverfahren, daß sie aufgrund nur behaupteter Ansprüche oder Einwendungen in Gang kommen und hierüber dann notfalls Beweis erhoben werden muß. Die ernsthafte Behauptung eines Rechtsverstoßes ist somit ein Vorgang, der nach der Lebenserfahrung die Gefahr einer rechtlichen Auseinandersetzung so nahe rückt, daß sie nicht mehr als zukünftiges ungewisses und damit noch versicherbares Ereignis angesehen werden kann (BGH VersR 84, 530; OLG Frankfurt VersR 79, 566; OLG Hamm VersR 80, 669; OLG München VersR 82, 1094; LG Hamburg VersR 77, 811; *Matzen* in Anm. zu OLG Frankfurt VersR 77, 761; *Bielefeldt* S. 101; *Kurzka* VersR 80, 600). Eine solche ernsthafte (nicht offensichtlich unbegründete: LG Itzehoe ZfS 90, 162) Behauptung braucht nicht schlüssig, substantiiert oder entscheidungserheblich zu sein. Es genügt, wenn sie nicht reines Werturteil ist, sondern einen Tatsachenkern enthält, der – gegebenenfalls nach weiterer Substantiierung – einer Beweiserhebung zugänglich ist und damit konfliktauslösend im Sinn des Abs. 3 wirkt (BGH VersR 85, 540; OLG Köln VersR 95, 1478 = r+s 95, 260; r + s 89, 403; LG Mannheim ZfS 84, 276; ausführlich *Winter* VersR 85, 116 ff.).

43 **Liegt** der **Zeitpunkt** des Eintritts des Versicherungsfalles in Form eines außergerichtlich oder im Ausgangsprozeß behaupteten Verstoßes des VN, des Gegners oder eines Dritten **fest,** dann ändert sich dieser Zeitpunkt nicht mehr dadurch, daß dieser behauptete Verstoß nicht oder für einen späteren Zeitpunkt erwiesen oder die Behauptung später widerrufen oder zurückgenommen wird. Denn die Behauptung als solche war ausreichend und geeignet, die rechtliche Auseinandersetzung als mit diesem Zeitpunkt beginnend in Gang zu bringen. Der Beginn der Gefahrverwirklichung liegt demnach ohne Rücksicht auf die Richtigkeit der Behauptung im ursprünglich behaupteten Zeitpunkt (OLG Köln r + s 90, 276; OLG Hamm VersR 80, 669; LG Stade ZfS 87, 306; LG Köln VersR 79, 273; LG Hannover r + s 89, 290; NJW-RR 87, 342; VersR 81, 878 = ZfS 81, 342; *Bielefeldt* S. 101). Etwas anderes gilt nur, wenn im Lauf der rechtlichen Auseinandersetzung zusätzlich zu dem ursprünglichen Verstoß ein weiterer, zeitlich noch früher liegender Verstoß zu ihrer Grundlage gemacht wird (AG Herford ZfS 87, 274 für Widerklage), oder wenn sich im Deckungsprozeß auf Grund neu vorgetragener Umstände ergibt, daß ein für einen bestimmten Zeitpunkt behaupteter Verstoß entgegen früherem Anschein weder vom VN noch von seinem Gegner letztlich zur Rechtswahrung herangezogen worden war (BGH VersR 84, 530 unter Ziff. I 4; a. A. *Fleschhut* S. 77).

44 c) Zweifelhaft kann sein, ob man den Eintritt des Versicherungsfalles bereits bejahen kann, wenn ein **Rechtsverstoß** im Sinn des Abs. 3 zwar möglicherweise noch nicht vorliegt, aber **ernstlich bevorsteht.** Beispiel: Der Mieter einer Wohnung hat sich dem VN als Vermieter gegenüber verpflichtet, die Wohnung zu einem bestimmten Termin zu räumen. An sich kann der Versicherungsfall erst eintreten, wenn der Mieter zum vereinbarten Termin nicht auszieht und hierdurch gegen seine Räumungsverpflichtung verstößt. Erklärt jedoch der Mieter bereits vor dem Auszugstermin eindeutig schriftlich oder unter Zeugen, er werde entgegen der Vereinbarung nicht ausziehen, dann beginnt sich für den VN bereits mit dieser Ankündigung der ernsthaften Leistungsweigerung die Gefahr zu verwirklichen, daß er Rechtskosten zur Durchsetzung seines Räumungsanspruchs aufwenden muß. Häufig wird man in der ernsthaften Leistungsweigerung eines Schuldners vor Fälligkeit bereits eine positive Vertragsverletzung und damit einen Rechtsverstoß sehen können (*Palandt/Heinrichs* § 276 Rdnr. 114). Aber auch wenn noch keine schuldhafte Vertragsverletzung vorliegen sollte, entspricht es jedenfalls dem Zweck des Abs. 3, in solchen Fällen den mit Sicherheit drohenden Rechtsverstoß einem bereits eingetretenen gleichzustellen. Denn andernfalls hätten es der Gegner dessen, der einen solchen Rechtsverstoß in Aussicht stellt, und auch dieser selbst noch in der Hand, im Hinblick auf die – so gut wie sichere und damit nicht mehr versicherbare – künftige Auseinandersetzung einen Versicherungsvertrag abzuschließen (LG Nürnberg-Fürth ZfS 89, 413 für die in der Wartezeit des § 14 Abs. 3

Satz 3 erfolgte schriftliche Ankündigung, periodische Leistungen aus einem Schenkungsvertrag künftig nicht mehr zu erbringen). Hält der schwerbehinderte VN eine vom Arbeitgeber beabsichtigte Kündigung für rechtsunwirksam, sehen das LG Hannover (r+s 96, 361) und das AG Paderborn (ZfS 95, 150) bereits im Antrag des Arbeitgebers auf Zustimmung der Hauptfürsorgestelle zur Kündigung den Versicherungsfall (ähnlich LG Essen ZfS 97, 272; vgl. auch Vorbem. vor § 21 Rdnr. 119). Bei der Prüfung der Frage, ob ein drohender Rechtsverstoß einem endgültigen gleichgestellt werden kann, kommt es auf eine Gesamtwürdigung aller Umstände an. Wegen der ähnlichen Interessenlage erscheint es gerechtfertigt, die Kriterien heranzuziehen, die die Rechtsprechung zur Zulässigkeit einer Klage auf künftige Leistung nach § 259 ZPO entwickelt hat. Notwendig sind hiernach objektive Umstände, die die Besorgnis rechtfertigen, daß sich der Schuldner der rechtzeitigen Leistung entziehen werde. Dies kann insbesondere der Fall sein, wenn der Schuldner den Anspruch erkennbar und nachweisbar ernstlich, wenn auch gutgläubig, bestreitet (*Baumbach/Lauterbach/Hartmann* § 259 Rdnr. 5). Noch kein Versicherungsfall liegt dagegen vor, wenn für eine vom VN als Wohnungseigentümer befürchtete Nutzungsänderung von Gemeinschaftseigentum bisher weder ein wirksamer Beschluß der Eigentümerversammlung noch Anzeichen für eine faktische Änderung des bestehenden Zustandes gegeben sind (AG München r+s 89, 362). Ein unverbindliches Vorgespräch über die Nichtweiterbeschäftigung des VN ist noch kein Verstoß gegen Rechtspflichten (AG Hannover r+s 92, 419; vgl. auch unten Rdnr. 45). Nach AG Hamburg r+s 96, 107 soll das gleiche für einen Antrag des Arbeitgebers beim Betriebsrat gelten, einer fristlosen Kündigung des VN zuzustimmen (zweifelhaft). Die Bauvoranfrage eines Nachbarn, die nach Meinung des VN einen rechtswidrigen Bauvorbescheid zur Folge haben kann, ist jedenfalls dann kein Rechtsverstoß, wenn noch keine Anhaltspunkte für den Erlaß eines solchen Vorbescheids erkennbar sind (OLG Hamburg NJW-RR 91, 1438 = r+s 91, 202 = VersR 92, 489; AG Überlingen ZfS 94, 383). Erwägt eine Behörde einen hoheitlichen Eingriff – z.B. in ein Grundstück des VN aus Gründen des Natur- oder Denkmalschutzes –, dann wird man einen aus der Sicht des VN gegebenen Rechtsverstoß der Behörde erst mit Erlaß eines rechtsmittelfähigen (Vor-)Bescheides annehmen können (vgl. auch oben Rdnr. 13a). Bei Erlaß einer Satzung (z.B. eines Bebauungsplanes) oder einer RechtsVO, die im Wege der Normenkontrolle nach § 47 VwGO anfechtbar ist, wird man einen Versicherungsfall im Zeitpunkt des rechtsbeständigen Erlasses dann bejahen können, wenn der VN nach seiner Behauptung hierdurch einen Nachteil im Sinn des § 47 Abs. 2 Satz 1 VwGO erlitten hat, z.B. die Bebaubarkeit seines versicherten Grundstücks unmittelbar eingeschränkt worden ist (LG München I r+s 88, 371; vgl. auch BVerfG NJW 85, 2315; § 29 Rdnr. 22).

d) Kein Verstoß gegen Rechtspflichten oder Rechtsvorschriften und damit kein Versicherungsfall liegt vor, wenn jemand von einem gesetzlichen oder vertraglichen Recht Gebrauch macht, dessen Ausübung seinerseits weder einen Verstoß darstellt noch einen solchen voraussetzt. Hat sich beispielsweise in einem Vertrag der VN oder sein Vertragspartner ein Kündigungsrecht oder ein befristetes Rücktrittsrecht vorbehalten oder verkauft der VN einen Gegenstand, hinsichtlich dessen einem Dritten ein Vorkaufsrecht zusteht, dann verstößt der kündigungsberechtigte oder rücktrittsberechtigte Vertragsteil nicht gegen Rechtspflichten, wenn er kündigt oder fristgerecht den Rücktritt erklärt (zur Kündigung bei Betriebsstillegung vgl. § 4 Rdnr. 19). Der Vorkaufsberechtigte verstößt nicht gegen Rechtspflichten, wenn er sein Vorkaufsrecht ausübt. Gleiches gilt für den Widerruf eines Haustürgeschäftes (Gesetz vom 16. 1. 1986). Ist der VN Teilhaber einer Rechtsgemeinschaft und verlangt ein anderer Teilhaber die Aufhebung der Gemeinschaft, dann ist dies ebenfalls kein Rechtsverstoß, da mangels anderweitiger Abreden jeder Teilhaber jederzeit die Aufhebung verlangen kann (§ 749 Abs. 1 BGB). Mangels Eintritts eines Versicherungsfalles wäre in solchen Fällen eine Interessenwahrnehmung des VN – beispielsweise gemäß § 25 Abs. 3 – nicht gedeckt (vgl. auch oben Rdnr. 8). Anders läge es, wenn der VN oder der Gegner begründet darlegen kann, daß die Ausübung des Rücktrittsrechts – beispielsweise wegen Fristüberschreitung – oder die Ausübung des Vorkaufsrechts – beispielsweise weil kein Vorkaufsfall gegeben sei – oder das Aufhebungsverlangen – etwa weil die Aufhebung erst später zulässig sei – einen Verstoß gegen Rechtspflichten darstellt (LG Trier ZfS 83, 337). Durch die Geltendmachung einer verjährten Forderung verstößt der Gläubiger nicht gegen Rechtsvorschriften (*Prölss/Martin* § 14 ARB Anm. 3 A c; a. M. AG Bielefeld VersR 91, 97), ebensowenig der Schuldner durch die Einrede der Verjährung (§ 222 BGB). Krankheitsbedingte Fehlzeiten, deren Korrektheit nicht bezweifelt wird, sind kein Verstoß gegen Rechtspflichten aus dem Arbeitsvertrag (LG Paderborn ZfS 95, 273; LG Berlin r + s 91, 95). Schlägt der Arbeitgeber dem VN einen Aufhebungsvertrag vor, verstößt der Arbeitgeber damit allein (noch) nicht gegen Rechtspflichten aus dem Arbeitsvertrag, zumindest dann nicht, wenn dem VN noch ein gewisser Gestaltungsspielraum zur Abwendung der Kündigung verbleibt (AG Hamburg ZfS 91, 52; AG Köln r + s 95, 68; ZfS 90, 164; AG Hannover ZfS 90, 376 im Rahmen der Abwicklung eines Sozialplans; r+s 96, 107; ZfS 88, 15; AG Frankfurt ZfS 95, 273 = r+s 95, 304; r+s 93, 221). Anders kann es liegen, wenn dem VN ernsthaft eine Kündigung angedroht oder ihm sonstwie mit persönlichen Nachteilen gedroht wird, wenn er mit einer Aufhebung seines Arbeitsverhältnisses nicht einverstanden ist (OLG Nürnberg ZfS 91, 200; LG Stuttgart VersR 97, 446 = ZFS 97, 230; LG Baden-Baden ZfS 97, 272; AG Berg. Gladbach r+s 97, 69; AG Halle/Westfalen r+s 91, 345; AG Hamburg ZfS 91, 52). In einem solchen Fall umfaßt der Versicherungsschutz jedoch nur die durch die angedrohte Kündigung ausgelösten Kosten, nicht auch diejenigen eines etwaigen Aufhebungsvertrags mit Abfindung (§ 12 Abs. 7 ArbGG; AG Wiesbaden r+s 95, 304; AG Düsseldorf r+s 94, 305, zweifelhaft; a. A. LG Hannover r+s 97, 202). Das gleiche gilt bei einer Versetzung mit angedrohter Kündigung (AG München r+s 96, 274). Wird in einem Mietprozeß eine nicht streitbefangene Räumungsverpflichtung des Mieters in den Prozeßvergleich einbezogen, liegt hinsichtlich der Räumungspflicht kein Versicherungsfall vor (AG Offenburg ZfS 88, 285), ebensowenig beim Erwerb einer Eigentumswohnung, die der VN als Mieter anläßlich des Herausgabeverlangens des Vermieters kauft (AG Hanau r + s 92, 379; vgl. auch § 2 Rdnr. 167a). In der

Aufforderung nach § 57d ZVG an den VN als Grundstücksmieter im Zwangsversteigerungsverfahren über das gemietete Grundstück ist ebenfalls kein Versicherungsfall zu sehen (AG Hamburg r + s 90, 241). Stellt eine Willenserklärung der oben genannten Art des Gegners des VN (z. B. Kündigung) keinen Rechtsverstoß dar, widersetzt sich ihr jedoch der VN, dann kann in dieser Nichtanerkennung der durch die Willenserklärung des Gegners eingetretenen Rechtslage ein Rechtsverstoß des VN und damit ein Versicherungsfall liegen (vgl. oben Rdnr. 40), der seinerseits durch die vorausgegangene Willenserklärung des Gegners im Sinn des Abs. 3 Satz 3 ausgelöst wurde. In diesem Fall besteht Versicherungsschutz, wenn die Willenserklärung, z. B. die Kündigung oder die Rücktrittserklärung, dem VN nach Ablauf der dreimonatigen Wartezeit seines Versicherungsvertrags zugegangen ist (vgl. unten Rdnr. 70).

e) Soweit der vom VN zu verfolgende oder abzuwehrende Anspruch **auf einem Verstoß** beruht, wird die zeitliche Festlegung des Versicherungsfalles in der Regel keine Schwierigkeiten bereiten. Bei vertraglichen Beziehungen kann bereits deren Entstehung mit einem Verstoß behaftet sein, z. B. bei Nichtigkeit wegen Gesetzesverstoßes nach § 134 BGB oder Sittenwidrigkeit nach § 138 BGB (LG Osnabrück r + s 92, 418 bei sittenwidrigen Kettenkreditverträgen; vgl. unten Rdnr. 57) oder bei Anfechtbarkeit wegen Täuschung oder Drohung nach § 123 BGB. Als Verstoß kann innerhalb eines Vertragsverhältnisses außerdem jeder Beginn einer bei Vertragsschluß oder -abwicklung eintretenden Leistungsstörung gewertet werden, z. B. Unmöglichkeit (§ 280 BGB), Schuldnerverzug (§ 284 BGB), positive Vertragsverletzung (z. B. Geltendmachung überhöhter Forderungen, AG Bielefeld VersR 91, 97; allgemein *Palandt/Heinrichs* § 276 Rdnrn. 104 ff.) und Gläubigerverzug (§§ 293 ff. BGB). Erbringt der Schuldner bei Fälligkeit (§ 271 BGB) seine gesetzliche oder vertragliche Leistung nicht, dann liegt bereits hierin ein Verstoß gegen seine Verpflichtung zu pünktlicher Leistung, auch wenn er sich noch nicht in Verzug befindet und die nicht rechtzeitige Leistung möglicherweise nicht zu vertreten hat (OLG Nürnberg VersR 78, 755; LG Karlsruhe r + s 78, 200; AG Düsseldorf r + s 89, 156; AG Wiesbaden ZfS 84, 48). Dies gilt auch für die nicht rechtzeitige Leistung des Hauptschuldners bei einem Bürgschaftsverhältnis (OLG Stuttgart r+s 94, 302; vgl. § 4 Rdnr. 60, 158, 168). Die Beitragspflicht eines Wohnungseigentümers nach § 16 Abs. 2 WEG gegenüber den übrigen Wohnungseigentümern wird erst durch einen Beschluß der Eigentümergemeinschaft nach § 28 Abs. 5 WEG begründet und fällig, so daß der VN als Wohnungseigentümer frühestens zu diesem Zeitpunkt gegen seine Beitragspflicht verstoßen kann (BGH VersR 95, 698 = r+s 95, 222; *Palandt/Bassenge* § 16 WEG Rdnr. 9). Ein Wohnungsmieter, der erstmals einen fälligen Mietzins nicht zahlt, beginnt bereits hierdurch gegen seine Pflicht zur pünktlichen Mietzinszahlung zu verstoßen ohne Rücksicht darauf, daß eine fristlose Kündigung nach § 554 BGB erst nach einem größeren Rückstand möglich ist (AG Charlottenburg ZfS 91, 310). Bei einer Forderung mit zunächst unbestimmter oder aufschiebend bedingter Fälligkeit kann der Schuldner frühestens nach Fälligstellung durch den Gläubiger oder Eintritt der aufschiebenden Bedingung gegen seine Leistungspflicht verstoßen

§ 14 ARB 75   47   1. Teil. Allgemeine Bestimmungen (C)

(OLG Hamm VersR 84, 177; LG Hamburg r + s 90, 164; AG Frankfurt r+s 93, 383). Bei Ansprüchen wegen unentgeltlicher, in Erwartung künftiger Zuwendungen (z.B. Erbeinsetzung, Heirat) gemachter Dienstleistungen tritt der Versicherungsfall in der Regel erst ein, wenn der durch die Dienste Begünstigte oder sein Erbe die erwartete Zuwendung verweigert (arbeitsvertragsähnliches Verhältnis, vgl. Vorbem. vor § 21 Rdnr. 120). Soweit eine Gewährleistungshaftung infrage kommt, liegt der Beginn des Verstoßes in der die Gewährleistungspflicht auslösenden Handlung des Schuldners, z.B. in der Übergabe einer mangelhaften Kaufsache (§ 459 in Verbindung mit § 446 BGB), in der Zusicherung einer fehlenden Eigenschaft oder dem arglistigen Verschweigen eines Fehlers (§ 463 BGB), in der Überlassung einer mangelhaften Mietsache (§ 537 BGB; LG Köln ZfS 91, 239; LG Stutgart r + s 91, 94; AG Achim r+s 97, 293) oder in der Ablieferung eines mangelhaften Werkes (§§ 633, 634 BGB; LG Bonn ZfS 90, 17 für fehlerhafte Architektenpläne). Wegen der Frage, ob in einer anfechtbaren Willenserklärung bereits ein Verstoß gesehen werden kann, vgl. unten Rdnr. 47.

47   f) Schwierigkeiten kann die Festlegung des Verstoßzeitpunkts bereiten, wenn der zu verfolgende oder abzuwehrende Anspruch **nicht auf** einem **Verstoß** beruht oder zu beruhen braucht. Ficht beispielsweise der Käufer einer Sache seine Annahmeerklärung des Kaufantrags wegen Inhaltsirrtums oder wegen Irrtums über eine verkehrswesentliche Eigenschaft der gekauften Sache an (§ 119 BGB), dann wird man in dem Irrtum selbst noch keinen Verstoß gegen Rechtspflichten oder Rechtsvorschriften (vgl. oben Rdnr. 40) sehen können, auch wenn er geeignet ist, rechtliche Auseinandersetzungen herbeizuführen (a.A. *Böhme* § 14 Rdnr. 11 a; *J. Vassel* DB Beilage 9/71 S. 17, 18 und ZVersWiss 79, 611; *Fleschhut* S. 82 ff.). Ein Verstoß wird vielmehr frühestens in der Anfechtungserklärung liegen, und zwar dann, wenn sie der Verkäufer für unberechtigt hält (vgl. oben Rdnr. 45). Bezweifelt der Verkäufer nicht die Wirksamkeit der Anfechtung, kommt es jedoch bei der Rückabwicklung des durch die Anfechtung rückwirkend vernichteten Kaufvertrags (§ 142 BGB) zu einer Auseinandersetzung, dann kann ein Verstoß der einen oder anderen Seite zeitlich auch erst nach der Anfechtung liegen. In all diesen Fällen besteht gleichwohl Versicherungsschutz nicht schon dann, wenn der Versicherungsfall selbst nach Versicherungsbeginn und nach Ablauf der Wartezeit des Abs. 3 Satz 3, erste Alternative eingetreten ist. Weitere Voraussetzung ist vielmehr, daß die wegen des Irrtums anfechtbar zustande gekommene Erklärung der Annahme des Kaufantrags ebenfalls schon in den versicherten Zeitraum fällt. Denn die mit Willensmängeln behaftete Annahmeerklärung ist ihrer Natur nach geeignet, zu rechtlichen Auseinandersetzungen zu führen, und daher als – den späteren Versicherungsfall adäquat – "auslösende" Willenserklärung im Sinn der zweiten Alternative des Abs. 3 Satz 3 zu werten (vgl. unten Rdnrn. 69, 73, 76; LG Köln VersR 95, 828 = r+s 95, 303 bei unklarer Versorgungszusage, die möglicherweise auch auf einer Verletzung der Fürsorgepflicht des Arbeitgebers des VN beruhte). Das gleiche gilt für einen gesetzlichen Vorschriften widersprechenden Vertragsschluß, z.B. durch Überschreitung der Höchstfristgrenze bei Kettenarbeitsverträgen (LG Berlin ZfS 94, 183; vgl. unten

Eintritt des Versicherungsfalles 48 § 14 ARB 75

Rdnr. 64). Entsprechendes gilt, wenn es wegen eines offenen oder versteckten Dissenses bei Abschluß eines Rechtsgeschäfts (§§ 154, 155 BGB) oder wegen (angeblich) schon bei Vertragsschluß fehlender Geschäftsgrundlage (Näheres *Palandt/Heinrichs* § 242 Rdnrn. 112ff.) zu späteren Auseinandersetzungen kommt. Beruft sich dagegen, insbesondere bei Dauerschuldverhältnissen, ein Vertragsteil erst später wegen nachträglich eingetretener Umstände auf einen nachträglichen Wegfall der Geschäftsgrundlage, wird in der Regel diese Berufung als Verstoß (aus der Sicht des Gegners, vgl. oben Rdnr. 40) zu werten sein, der seinerseits dann aber nicht durch eine vorausgehende „streitträchtige" Willenserklärung (= Vertragsschluß) ausgelöst worden ist (vgl. unten Rdnr. 76). Bei einer Anfechtung wegen (behaupteter) Täuschung oder Drohung (§ 123 BGB) liegt der (behauptete) Verstoß gegen Rechtspflichten naturgemäß in der (behaupteten) Täuschung oder Drohung, bei einer Vertragsanfechtung also bereits im Zeitpunkt des Vertragsschlusses (AG Köln VersR 91, 417 = ZfS 90, 349 = r + s 91, 239; AG Weinheim ZfS 88, 143; vgl. oben Rdnr. 46). Entsprechendes gilt, wenn die Kündigung eines Arbeitsverhältnisses auf eine arglistige Täuschung des VN bei Abschluß des Anstellungsvertrags gestützt wird (LG Koblenz r+s 93, 261) oder wenn der VN in einem Räumungsrechtsstreit eine rechtsmißbräuchliche Willenserklärung zur Grundlage seiner Rechtsverteidigung macht (OLG Hamm VersR 94, 304 = r+s 93, 463).

Schließt jemand im Zustand der **Geschäftsunfähigkeit** oder beschränkten 48 Geschäftsfähigkeit einen rechtsunwirksamen Vertrag, dann wird man dagegen bereits in der Schließung des – unwirksamen – Vertrags einen Verstoß sehen können, da jedermann im Interesse seines Vertragspartners dafür zu sorgen hat, daß von ihm geschlossene Rechtsgeschäfte auch gültig sind (*J. Vassel* DB Beilage 9/71 Seite 17; *Fleschhut* S. 87; offengelassen von OLG Köln VersR 91, 295 = NJW-RR 90, 930 = r + s 90, 161; a. A. *Prölss/Martin* § 14 ARB Anm. 3 A c; vgl. oben Rdnr. 41). Will man die (angeblich) rechtsunwirksame Willenserklärung des (angeblich) Geschäftsunfähigen noch nicht als Rechtsverstoß werten, ist sie jedenfalls eine den späteren Versicherungsfall auslösende Willenserklärung im Sinn der zweiten Alternative des Abs. 3 Satz 3 (vgl. oben Rdnr. 47 und unten Rdnrn. 69ff.). Entzieht die Verwaltungsbehörde dem VN die Fahrerlaubnis nicht im Zusammenhang mit der Verletzung einer Vorschrift des Straf- oder Ordnungswidrigkeitenrechts (in diesem Fall gilt Abs. 2 Satz 2), sondern allein wegen angeblich fehlender körperlicher oder geistiger Eignung, z.B. wegen Sehschwäche, dann liegt der Verstoß spätestens in dem nach Meinung des VN unrichtigen Entziehungsbescheid (*Ridder* S. 118; *J. Vassel* DB Beilage 8/70 S. 23, 26). Ein früherer Verstoß kann gegeben sein, wenn der VN entgegen der Vorschrift des § 2 StVZO noch am Verkehr teilnimmt. Dies wird jedoch in der Regel eine straf- oder bußgeldrechtliche Ahndung zur Folge haben, so daß dann der Versicherungsfall nicht nach Abs. 3, sondern nach Abs. 2 Satz 2 zu bestimmen ist. In dem bloßen Vorhandensein von Mängeln, die die Eignung zum Führen von Kraftfahrzeugen ausschließen oder beeinträchtigen, wird man noch keinen Verstoß sehen können. Erst wenn sie dem VN objektiv erkennbar werden und sich für ihn konkretisieren, z.B. durch eine ärztliche

Untersuchung, und er gleichwohl seine Fahrerlaubnis behalten und weiter am Verkehr teilnehmen will und auch teilnimmt, kann man einen Verstoß gegen Rechtsvorschriften annehmen (ähnlich *Ellmer* VW 69, 600, 601).

49   2. a) Nach Abs. 3 Satz 1 gilt der Versicherungsfall als eingetreten, wenn der VN, der Gegner oder ein Dritter begonnen hat oder begonnen haben soll, gegen Rechtspflichten oder Rechtsvorschriften zu verstoßen. Die Feststellung eines Verstoßes des **Gegners** bereitet kaum Schwierigkeiten. In der Regel ergibt sich aus dem Vorbringen des VN, welchen Verstoß er dem Gegner vorwirft. Gegner kann hierbei auch die Verwaltungsbehörde sein, die nach Meinung des VN zu Unrecht einen ihn beschwerenden Verwaltungsakt erlassen hat, gegen den er im Rahmen der gedeckten Leistungsart vorgehen will (z. B. Führerschein-RS nach § 21 Abs. 4d oder die Wahrnehmung rechtlicher Interessen aus einem öffentlich-rechtlichen Anstellungsverhältnis hinsichtlich dienst- und versorgungsrechtlicher Ansprüche nach § 25 Abs. 2b). Nicht immer ist jedoch der vom VN behauptete Verstoß des Gegners der erste Verstoß, der den Versicherungsfall herbeigeführt hat. Der – wirkliche oder behauptete – Verstoß des Gegners kann vielmehr seinerseits auf einem vorausgegangenen – wirklichen oder behaupteten – Verstoß des VN beruhen, der dann als Zeitpunkt des Eintritts des Versicherungsfalles gilt. So ist beispielsweise die vom Arbeitgeber des VN ausgesprochene Kündigung zwar in der Regel aus der Sicht des VN ein Rechtsverstoß des Arbeitgebers. Dieser beruht aber häufig seinerseits auf einem zeitlich früher liegenden Rechtsverstoß des VN gegen seine Pflichten aus dem Arbeitsvertrag (Näheres vgl. unten Rdnrn. 51 ff.). Solange der VN einen Verstoß des Gegners nur befürchtet, dieser aber noch nicht konkret begonnen hat, gegen Rechtspflichten oder Rechtsvorschriften zu verstoßen, ist noch kein Versicherungsfall und demnach keine Eintrittspflicht des Versicherers gegeben, es sei denn, der Gegner hat seine Leistungsweigerung bereits konkret und deutlich angekündigt (vgl. oben Rdnr. 44).

50   b) Den wirklichen oder behaupteten Verstoß, der den Rechtskonflikt zwischen VN und Gegner und damit den Versicherungsfall auslöst, kann nach Abs. 3 Satz 1 auch ein **Dritter** begangen haben. Dritter ist jeder, der nicht mit dem VN oder dessen Gegner identisch ist. Dieser Fall kann bei vertraglichen oder vertragsähnlichen Beziehungen eintreten, bei deren Entstehung oder Abwicklung ein Dritter mitgewirkt hat, dessen Verhalten beispielsweise zu Auslegungsschwierigkeiten hinsichtlich des Vertragsinhalts oder zur Anfechtung oder zu Leistungsstörungen geführt hat. Zu denken ist etwa an eine durch Täuschung eines Dritten zustandegekommene Willenserklärung des VN oder seines Gegners (§ 123 Abs. 2 BGB), an das pflichtwidrige Verhalten eines Erfüllungs- oder Verrichtungsgehilfen oder an ein Versehen des beurkundenden Notars oder des beratenden Rechtsanwalts oder des Rechtspflegers durch unvollständige Grundbucheintragung (AG Prüm r+s 96, 363). Dritter ist auch der Rechtsvorgänger der Vertragspartei eines Dauerschuldverhältnisses (z. B. Mietvertrag), der noch während seiner Rechtsinhaberschaft gegen Vertragspflichten verstoßen hat (LG Köln ZfS 91, 239). Dritter in diesem Sinn kann auch sein, wer als Schuldner ein im Sinn des § 3 Abs. 1 Nr. 2 Anfechtungsgesetz von seinem Gläubiger anfecht-

bares Rechtsgeschäft gegenüber dem VN vorgenommen hat, wenn dann der Gläubiger gegenüber dem VN den Rückgewähranspruch nach § 7 dieses Gesetzes geltend macht (vgl. § 2 Rdnr. 214). Streitet der im eigenen Namen handelnde mittelbare Stellvertreter des VN als Käufer mit seinem Verkäufer um Gewährleistungsansprüche, dann ist der behauptete Rechtsverstoß des Verkäufers als „Dritten" im Verhältnis zum VN als nur wirtschaftlich interessiertem mittelbar Vertretenen nicht als Versicherungsfall zu werten (LG Berlin ZfS 89, 164 = r + s 90, 55; vgl. auch § 4 Rdnrn. 157, 174). Bei außervertraglichen Rechtsbeziehungen, z.B. aus unerlaubter Handlung nach §§ 823 ff. BGB, können neben dem eigentlichen Schädiger als Dritte gegen Rechtspflichten verstoßen haben etwa der Geschäftsherr nach § 831 BGB, der Aufsichtspflichtige nach § 832 BGB oder der Verkehrssicherungspflichtige neben dem Unfallgegner. Möglich ist ein pflichtwidriges Verhalten eines Dritten auch bei öffentlich-rechtlichen Beziehungen, z.B. dann, wenn der nach § 29 versicherte Grundstückseigentümer von der zuständigen Ordnungsbehörde ein Einschreiten gegen einen sein Grundeigentum störenden Dritten verlangt (*Ridder* in *Möller* Studien S. 121; *K. Vassel* VerBAV 69, 131, 135). Notwendig ist immer, daß das Verhalten des Dritten in einem inneren sachlichen Zusammenhang mit der streitig gewordenen Rechtsbeziehung steht und daß es generell geeignet war, die rechtliche Auseinandersetzung auszulösen (adäquate Kausalität, vgl. unten Rdnr. 57). Dies ist zu bejahen, wenn angebliche Rechtsverstöße des Verwalters als Dritten zum Streit des VN als Wohnungseigentümers mit der Gemeinschaft geführt haben (LG Berlin ZfS 91, 416). Kommt es innerhalb eines Vertragsverhältnisses zu Streitigkeiten, die vorwiegend auf das Verhalten des einen oder anderen Vertragspartners zurückzuführen sind und bei denen ein pflichtwidriges Verhalten eines Dritten zwar mitspielt, aber nicht im Vordergrund steht, dann wird man das Verhalten des Dritten, wenn es zeitlich vor dem ersten „eigentlichen" Rechtsverstoß eines der Vertragspartner liegt, in der Regel noch nicht als Versicherungsfall ansehen können (vgl. unten Rdnr. 57). Es kommt jedoch hierbei immer auf eine Gesamtwürdigung aller Umstände an.

c) Die früher sehr umstrittene Frage, wann der Versicherungsfall als eingetreten gilt, wenn der VN Ansprüche aus einem Verstoß des Gegners herleitet, denen gegenüber dieser einen vorausgegangenen **Verstoß des VN** einwendet, wurde durch BGH VersR 84, 530 im Sinn der schon damals herrschenden Meinung überzeugend geklärt. Danach ergibt sich aus Wortlaut, Entstehungsgeschichte und Regelungszusammenhang der ARB sowie dem Bedürfnis, von der Versichertengemeinschaft Rechtskonflikte fernzuhalten, die bei Versicherungsbeginn schon „vorprogrammiert" sind, daß Abs. 3 deutlich jede Unterscheidung hinsichtlich des Verhaltens des VN, für das er Rechtsschutz begehrt, vermeidet. Für die Bestimmung des Versicherungsfalles ist es demnach gleichgültig, ob der VN angreifen oder sich verteidigen will, ob er das in einem Rechtsstreit in der Rolle des Klägers, der des Widerklägers oder der des Beklagten oder außerhalb eines Rechtsstreits beabsichtigt oder bereits tut. Entscheidend ist allein, ob die Gegenseite die Behauptung eines Verstoßes des VN zur Stützung ihrer Rechtsposition heranzieht, ob diese Behauptung also Grundlage der außergerichtlichen Auseinandersetzung oder des Prozesses ist oder wird. Ist dies der Fall, dann gilt der Versicherungsfall im Zeitpunkt des (behaupteten) Beginns des Verstoßes des VN als eingetreten, und zwar auch dann, wenn zunächst zeitlich später liegende Verstöße des VN den Rechtskonflikt ausgelöst haben (AG St. Ingbert r + s 92, 22 für Kündigungsschutzklage des VN; ähnlich AG Hoyerswerda r+s 95, 303). Handelt es sich dagegen bei den Einwendungen der Gegenseite nur um – nicht eigentlich streitauslösendes – „Kolorit", dann bleibt dieser (behauptete) Verstoß des VN für die Festlegung des Zeitpunktes des Versicherungsfalles außer Betracht (BGH VersR 85, 540; 83, 125; OLG Düsseldorf VersR 86, 865). Wieweit (angebliche) Verstöße der einen oder anderen Seite letztlich zur Rechtswahrung herangezogen wurden, läßt sich hierbei häufig nur durch eine Würdigung der gesamten Umstände des Einzelfalles beurteilen (vgl. unten Rdnrn. 56 ff.).

52–54 Durch die oben in Rdnr. 51 wiedergegebene Grundsatzentscheidung des BGH ist die bis dahin veröffentlichte gegenteilige **Mindermeinung** in Rechtsprechung und Schrifttum (vgl. 2. Aufl. Rdnr. 51) überzeugend **widerlegt**. Dies gilt auch für die schon vor dem BGH-Urteil ergangene, jedoch erst später veröffentlichte Entscheidung des OLG Celle (VersR 85, 1057), wonach in einem von der Gegenseite behaupteten Verstoß des VN nur dann ein Versicherungsfall gesehen werden könne, wenn diese Behauptung tatsächlich zutreffe oder zumindest schon vor Versicherungsbeginn aufgestellt worden sei. Nach dieser Ansicht bliebe die Frage des Zeitpunkts des Versicherungsfalles häufig bis zum rechtskräftigen Abschluß eines Prozesses oder bei einer außergerichtlichen Auseinandersetzung überhaupt in der Schwebe – ein Ergebnis, das unvereinbar wäre mit der Notwendigkeit, den Zeitpunkt des Versicherungsfalles für alle Beteiligten nach objektiven Kriterien möglichst eindeutig und frühzeitig zu klären (vgl. oben Rdnrn. 39 ff.).

55 d) Soweit die Wahrnehmung rechtlicher Interessen aus **Versicherungsverträgen** in die Deckung einbezogen ist (vgl. § 4 Rdnr. 77), kann der Versicherungsfall im Sinn des Abs. 3, nämlich der streitauslösende Verstoß gegen Pflichten aus dem (anderen) Versicherungsvertrag durch eine der Parteien dieses Vertrags, zeitlich vor, gleichzeitig mit oder auch nach dem Ereignis erfolgt sein, das seinerseits Versicherungsfall für das streitige Versicherungsverhältnis ist. In der Regel ist der den Streit aus dem (anderen) Versicherungsverhältnis auslösende Verstoß im Sinn des Abs. 3 nicht identisch mit dem Ereignis, das als Versicherungsfall die Leistungspflicht des (anderen) Versicherers ausgelöst hat oder haben soll (BGH VersR 84, 434 für Schadenereignis in der Haftpflichtversicherung). Lehnt beispielsweise nach einem Einbruchdiebstahl der Hausratversicherer des rechtsschutzversicherten VN den Versicherungsschutz wegen Prämienverzugs des VN ab, dann liegt der dem VN vorgeworfene Rechtsverstoß und damit der für den RSVersicherungsvertrag maßgebliche Versicherungsfall in der Nichtzahlung der Prämie bei Fälligkeit (vgl. oben Rdnr. 46). Der Zeitpunkt des erst später erfolgten Einbruchdiebstahls spielt für die Frage der RS-Deckung keine Rolle. Verweigert der Lebens- oder Unfallversicherer seine Leistung, weil sein VN seine vorvertragliche Anzeigepflicht nach § 16 VVG verletzt habe, ist der Zeitpunkt dieser (behaupteten) Pflichtverletzung Versicherungsfall im Sinn des Abs. 3 (KG ZfS 83, 306; LG Berlin ZfS 90, 92; vgl. unten Rdnr. 60). Lehnt der Kraftfahrt-Haftpflichtversicherer des rechtsschutzversicherten VN die Deckung ab, weil sich der VN nach dem Unfall unerlaubt vom Unfallort entfernt und dadurch seine versicherungsvertragliche Aufklärungspflicht verletzt habe, dann besteht – soweit nicht der Versicherungsschutz nach § 4 Abs. 2 a ausgeschlossen ist – RS-Deckung, wenn zum Zeitpunkt der angeblich unerlaubten Entfernung (behaupteter Rechtsverstoß des VN) Versicherungsschutz bestanden hat. Häufig wird der erste Rechtsverstoß innerhalb des anderen Versicherungsverhältnisses erst darin liegen, daß der (andere) Versicherer nach Behauptung des rechtsschutzversicherten VN bedingungswidrig unzureichend oder verspätet reguliert, ohne sich hierbei auf einen vorausgegangenen Verstoß des VN gegen dessen versicherungsvertragliche Pflichten zu berufen (vgl. AG Düsseldorf r + s 89, 292; ZfS 83, 17; AG Neuss ZfS 87, 177). In diesen Fällen ist jedoch zu beachten, daß dieser – vom VN behauptete – Rechtsverstoß des anderen Versicherers in aller Regel durch eine Versicherungsfall-Anzeige des VN ausgelöst wurde, die als Willenserklärung oder Rechtshandlung im Sinn des Abs. 3 Satz 3 den RS-Versicherungsfall ausgelöst hat (§ 33 VVG; vgl. unten Rdnr. 75). RS-Deckung besteht daher in solchen Fällen nur dann, wenn die Anzeige später als drei Monate nach Beginn des RSVersicherungsvertrags eingereicht wurde (ausführlich *Matzen* VersR 80, 805 unter Ziff. II). Streit aus einem (anderen) Versicherungsverhältnis kann auch entstehen, ohne daß hierbei ein die Leistungspflicht des (anderen) Versicherers auslösender Versicherungsfall eingetreten ist, z. B. ein Streit über die Beitragshöhe nach Änderung der Risikoverhältnisse beim VN. Dann gelten die zu Abs. 3 allgemein entwickelten Grundsätze (vgl. oben Rdnrn. 39 ff.).

Manche Versicherungssparten sehen bei **Meinungsverschiedenheiten** 55 a zwischen VN und Versicherer ein besonderes **Sachverständigenverfahren** vor, z. B. § 14 AKB in der Kraftfahrzeug-Kasko-Versicherung und § 12 AUB a. F. in der allgemeinen Unfallversicherung. In solchen Fällen ist die Frage aufgetaucht, ob der Versicherungsfall im Sinn des Abs. 3 schon dadurch eintritt, daß der (andere) Versicherer eine nach Meinung des VN unzureichende Entschädigungsleistung anbietet. Dies ist zu verneinen. Denn dieser Versicherer verstößt erst dann gegen seine Pflichten aus dem (anderen) Versicherungsvertrag, wenn er trotz Fälligkeit nicht oder unzureichend leistet (vgl. oben Rdnr. 46; *Böhme* § 14 Rdnr. 11 a). Fällig wird die jeweilige Entschädigungsleistung jedoch in der Regel erst zwei Wochen nach ihrer Feststellung durch den jeweiligen Sachverständigen-Ausschuß (§ 15 AKB, § 13 AUB a. F.). Vor diesem Zeitpunkt kann der VN die Leistung nicht verlangen. Durch die Verweisung an den Sachverständigen-Ausschuß verstößt der Versicherer demnach nicht gegen Vertragspflichten, sondern er macht lediglich von einem vertraglichen Recht Gebrauch (AG Düsseldorf r+s 96, 448; vgl. oben Rdnr. 45). Er kann allerdings auch dadurch gegen Vertragspflichten verstoßen, daß er trotz Vorliegens der in den jeweiligen AVB festgelegten Voraussetzungen vom VN angeforderte angemessene Vorschüsse nicht oder nicht fristgerecht oder nicht in angemessener Höhe zahlt.

56 3. a) Eine rechtliche Auseinandersetzung kann sich aus **mehreren,** zeitlich aufeinander folgenden **Rechtsverstößen** entwickeln, die entweder von derselben Partei oder auch wechselweise vom VN, seinem Gegner oder einem Dritten begangen sein können. Dies kommt vor allem bei Dauerschuldverhältnissen, z. B. Arbeits- oder Miet- oder Pachtverhältnissen, oder bei Sukzessivlieferungsverträgen vor. Für solche Fälle legt Abs. 3 Satz 2 *(entspricht § 4 Abs. 2 Satz 2 ARB 94)* den Zeitpunkt des Eintritts des Versicherungsfalles auf den ersten – tatsächlichen oder behaupteten – Verstoß, sofern er die rechtliche Auseinandersetzung adäquat verursacht hat und nicht länger als ein Jahr vor Versicherungsbeginn eingetreten ist. Es ist eine Erfahrungstatsache, daß bei länger dauernden Rechtsbeziehungen der erste Rechtsverstoß der einen oder anderen Seite einen Rechtskonflikt nicht immer sofort ausbrechen, sondern erst einmal „schwelen" läßt. So mahnt beispielsweise der eine Teil den anderen wegen des Verstoßes zunächst ab oder behält sich seine Rechte ausdrücklich vor. Erst wenn es dann zu weiteren Verstößen – der gleichen oder auch anderer Art – kommt oder der angeblich Verstoßende die Berechtigung des Vorwurfs nicht anerkennt und nun seinerseits dem anderen Teil Rechtsverstöße vorwirft, beginnt die eigentliche Auseinandersetzung. Für diese Fälle gilt der Versicherungsfall im Zeitpunkt des ersten Verstoßes als eingetreten, weil sich hier die Gefahr bereits konkret zu verwirklichen begonnen hat und anderenfalls der VN den Zeitpunkt zu ergreifender Maßnahmen willkürlich auf einen späteren Termin verlegen und vorher noch einen Versicherungsvertrag abschließen könnte (zum „gedehnten" Versicherungsfall vgl. oben Rdnr. 9).

57 Voraussetzung ist jedoch, daß der erste Verstoß schon, für sich allein betrachtet, nach der Lebenserfahrung geeignet gewesen war, den Rechtskonflikt auszulösen, oder daß er zumindest noch erkennbar nachgewirkt und den endgültigen Ausbruch der Streitigkeit nach dem Vorliegen eines oder mehrerer weiterer Verstöße noch mit ausgelöst hat (adäquate Kausalität; LG München I r + s 79, 113; vgl. *Palandt/Heinrichs* vor § 249 Rdnrn. 58 bis 61). Hatte er nur untergeordnete Bedeutung und wäre es ohne weitere, vielleicht auf anderer Ebene liegende Verstöße nach allgemeiner Erfahrung nicht zum Konflikt gekommen, so wird man ihn jedenfalls dann noch nicht als Beginn der Gefahrverwirklichungsphase werten müssen, wenn er auch keinen unmittelbaren sachlichen Bezug zu den späteren Verstößen hatte und diese ihrer Art nach so gravierend waren, daß sie erfahrungsgemäß auch ohne einen vorausgegangenen Verstoß die Streitigkeit ausgelöst hätten. Es kommt hier jeweils auf die **Gesamtumstände** des einzelnen Falles an. Hat beispielsweise der VN als Arbeitnehmer einmal bei der Arbeit „gebummelt" und ist er wegen dieses Bagatellverstoßes vom Arbeitgeber verwarnt worden, dann wird dieser Verstoß in der Regel nicht als rechtlich selbständiger und adäquat kausaler „erster" Verstoß im Sinn des Abs. 3 Satz 2 herangezogen werden können, wenn der VN Monate später wegen massiver Unregelmäßigkeiten bei der Verwaltung von Firmengeldern gekündigt wird, auch wenn sich der Arbeitgeber im Kündigungsschutzprozeß – quasi zur „Illustration" – auf diesen früheren Verstoß mitberuft. Ähnlich liegen die Fälle, in denen ein zeitlich früherer Verstoß als durch das zwischenzeitliche Verhalten der Par-

Eintritt des Versicherungsfalles

teien erledigt angesehen werden kann. Verweigert etwa der VN als Pächter die Zahlung des Pachtzinses zunächst mit der Behauptung, das Pachtverhältnis sei aufgelöst, und kommt es dann hierüber zu einem rechtskräftigen Urteil oder einem Vergleich, dann ist die nachfolgende, auf einen neuen selbständigen Grund (z.B. Aufrechnung) gestützte Zahlungsweigerung des VN für einen späteren Zeitraum nicht mehr durch die frühere Weigerung mitverursacht (BGH VersR 83, 125; zum ähnlichen Problem der Fortwirkung früherer Verstöße in der Vermögensschaden-Haftpflichtversicherung vgl. BGH VersR 70, 247 und 825). Bei einer lediglich auf § 626 BGB gestützten fristlosen Kündigung aus wichtigem Grund haben frühere Vorfälle, die vor der Zweiwochenfrist des § 626 Abs. 2 BGB liegen, in der Regel außer Betracht zu bleiben (LG Heidelberg VersR 93, 1395 = ZfS 93, 280). Ein anderes Beispiel: Hält der VN als Mieter einer Wohnung entgegen den Bestimmungen des Mietvertrags einen Hund und geht der Vermieter längere Zeit nicht dagegen vor und behält er sich seine Rechte auch nicht vor, dann hat er diesen Rechtsverstoß des Mieters durch schlüssiges Verhalten geduldet und quasi „verziehen". Hält der Vermieter längere Zeit danach den Hausfrieden durch ständiges Randalieren des Mieters für gestört und erhebt er deshalb nunmehr Räumungsklage (§ 554a BGB), dann ist der Versicherungsfall mit dem vom Vermieter behaupteten Beginn des Randalierens eingetreten und nicht schon mit dem zeitlich früheren Beginn der Hundehaltung, auch wenn sich der Vermieter im Prozeß zusätzlich hierauf beruft. Denn die Hundehaltung kann nach Sachlage kaum mehr als adäquat kausal für die Einleitung des Räumungsprozesses angesehen werden, falls der Vermieter nicht besondere Gründe für das Dulden der Hundehaltung und damit deren noch mitwirkende Kausalität vorträgt. Sind Grundlage des Räumungsprozesses nur nach Versicherungsende liegende (angebliche) Verstöße des Mieters, liegt der Versicherungsfall außerhalb des versicherten Zeitraums (LG Karlsruhe VersR 84, 75 = ZfS 83, 275). Umgekehrt besteht Versicherungsschutz, wenn solche Verstöße schon vor Versicherungsende begonnen haben oder haben sollen (LG Berlin r + s 90, 18). Das Urteil des OLG Frankfurt (VersR 77, 126) erscheint im Ergebnis vertretbar, weil bei dem dort gegebenen Sukzessivlieferungsverhältnis die angebliche Mangelhaftigkeit früherer Lieferungen des VN (erster Rechtsverstoß) wegen des zwischenzeitlichen Verhaltens des Gegners kaum mehr als adäquat kausal für die Zahlungsweigerung des Gegners hinsichtlich der späteren Lieferungen angesehen werden konnte. *Matzen* bezeichnet in seiner Anmerkung zu diesem Urteil (VersR 77, 761, 762 unter Ziff. IV) ein Parteivorbringen, das sich in dieser Art zur Rechtsverfolgung oder Rechtsverteidigung auch noch auf Rechtsverstöße des Gegners beruft, die durch die zwischenzeitliche Entwicklung an sich objektiv als erledigt und damit nicht mehr konfliktauslösend gewertet werden können, zutreffend als – rechtlich unerhebliches – „Kolorit". Entscheidend ist jeweils, ob der zeitlich erste Verstoß trotz eines oder mehrerer dazwischen liegender weiterer Verstöße den dann ausgebrochenen Rechtskonflikt in seiner konkreten Form und auch in diesem Umfang noch erkennbar mit ausgelöst hat (BGH VersR 84, 530; OLG Köln VersR 93, 47 = r + s 93, 63: Ungenehmigte Veränderung des Nachbargrundstücks, aus der sich im Lauf mehrerer Jahre weitere Rechtsverstöße ergaben;

r + s 90, 276: Wiederholte Verstöße gegen die Hausordnung einer Wohnungseigentümergemeinschaft, die schon vor dem Ende der Wartezeit des Abs. 3 begonnen hatten; OLG Hamm ZfS 88, 317 = r + s 88, 206 = VersR 89, 1043: Beleidigungen des Arbeitgebers; OLG Frankfurt ZfS 88, 14, LG Düsseldorf r + s 91, 95, LG Dortmund r + s 93, 106, AG Schöneberg ZfS 91, 129: Abmahnung; LG Osnabrück r + s 92, 418: Streitursächliche Sittenwidrigkeit des ersten Kreditvertrags bei „Kettenkreditverträgen", vgl. unten Rdnr. 64, *Palandt/Heinrichs* § 138 Rdnrn. 31, 32; OLG Köln r + s 87, 104; OLG Düsseldorf VersR 86, 865; OLG Karlsruhe VersR 86, 1015; 83, 580; LG Köln VersR 80, 1021 = ZfS 81, 18, zweifelhaft; LG Ellwangen VersR 83, 826, nur im Ergebnis richtig, vgl. unten Rdnr. 60; AG Düsseldorf r + s 89, 293; AG Bielefeld ZfS 88, 359). Hat eine Vielzahl von – für sich allein betrachtet möglicherweise nicht allzu schwerwiegenden, jedoch gleich oder ähnlich gearteten – Verstößen schließlich „das Faß zum Überlaufen gebracht", dann ist der Versicherungsfall bereits mit dem Zeitpunkt des ersten Verstoßes eingetreten (OLG Bremen VersR 88, 1291 = ZfS 88, 142 für den Fall, daß der VN als Wohnungseigentümer bereits in der Wartezeit des Abs. 3 Satz 3 begonnen hat, gegen seine Pflicht zu Tragung von Hauslasten zu verstoßen, ähnlich LG Köln r + s 91, 55; LG Traunstein ZfS 89, 59 bei ständig verspäteter Mietzinszahlung; LG Kiel ZfS 87, 175 bei häufiger Unpünktlichkeit des VN als Arbeitnehmer; LG Nürnberg-Fürth ZfS 89, 414 bei wiederholter Patientenabwerbung; AG Spandau r + s 92, 204 = JurBüro 92, 163; AG Pinneberg ZfS 90, 92 = r + s 90, 90 bei beginnenden Pflichtverstößen des VN als Arbeitnehmers in der Wartezeit; LG Stuttgart r+s 95, 302; AG/LG Hagen r+s 95, 422; AG/LG Würzburg r+s 94, 22 und AG Nürnberg ZfS 89, 414 bei wiederholten Pflichtverstößen aus dem Arbeitsverhältnis; AG Essen VersR 97, 737 und ZfS 89, 415 für wiederholte Verstöße aus dem Mietverhältnis; LG Stuttgart ZfS 83, 307; LG Duisburg ZfS 80, 13). Wird eine formal unwirksame Eigenbedarfskündigung gegenüber dem VN als Mieter später wiederholt, ist der Zeitpunkt der ersten Kündigung maßgeblich, selbst wenn die zweite Kündigung vom Rechtsnachfolger des Vermieters ausgesprochen wurde (AG Köln VersR 95, 1480 = r+s 95, 226). Verlangt der VN als Mieter bei einem befristeten Mietverhältnis trotz garantierter Räumung zum Fristende Fortsetzung des Mietverhältnisses, liegt hierin der Versicherungsfall auch bei später nachgeschobener Eigenbedarfskündigung des Vermieters (AG Göttingen r+s 94, 143).

58   Liegen mehrere im Sinn der vorstehenden Ausführungen als selbständig und adäquat kausal zu bewertende Verstöße vor, dann bleiben sie für die zeitliche Festlegung des Versicherungsfalles außer Betracht, soweit sie **länger als ein Jahr vor Beginn** des Versicherungsvertrages für das betroffene Wagnis zurückliegen. Diese Regelung beugt dem Streit darüber vor, ob solche länger zurückliegenden Vorgänge noch als adäquat kausal für die Entstehung des Rechtskonflikts anzusehen sind und trägt der Erfahrungstatsache Rechnung, daß Verstöße nach einem solchen Zeitraum häufig schon „verziehen" sind, wenn sich in der Zwischenzeit keine Weiterungen ergeben haben. Diese Regelung hilft auch die vom OLG Frankfurt (VersR 77, 126) und von *v. Olenhusen* (VersR 78, 296) für gewisse Fälle befürchtete unan-

gemessene Benachteiligung des VN bis zu einem gewissen Grad zu verhindern. Als „Beginn des Versicherungsvertrags" im Sinn des Abs. 3 Satz 2 ist nicht der Tag des formellen Vertragsschlusses, sondern der Beginn des materiellen Haftungszeitraums des Versicherers im Rahmen der vereinbarten Vertragsart der Besonderen Bestimmungen der ARB (§§ 21 bis 29) anzusehen (§ 5 Rdnr. 8). Eine für einzelne Leistungsarten der jeweiligen Vertragsart geltende Wartezeit des § 14 Abs. 3 Satz 3 (vgl. unten Rdnrn. 65 ff.) bleibt bei der Berechnung der Jahresfrist unberücksichtigt (AG Mannheim VersR 89, 1255). Die Beweislast dafür, daß ein früherer Verstoß innerhalb eines Jahres vor Versicherungsbeginn liegt, hat der Versicherer (AG Essen VersR 93, 605).

Abs. 3 Satz 2 kommt nur zum Zuge, wenn **mehrere** rechtlich selbständige **Verstöße dieselbe** rechtliche **Auseinandersetzung**, insbesondere die Geltendmachung oder Abwehr desselben streitgegenständlichen Anspruchs oder Anspruchsteils zur Folge haben. Haben mehrere rechtliche Verstöße bei wertender Beurteilung je verschiedene rechtliche Auseinandersetzungen (Streitgegenstände) ausgelöst, dann bleibt es für jede Auseinandersetzung bei der Regelung des Abs. 3 Satz 1, auch wenn die verschiedenen Streitgegenstände tatsächlich oder rechtlich zusammenhängen mögen (LG Kassel VersR 93, 1518 für zwei zu verschiedenen Zeitpunkten fällige Grundstücks-Kaufpreisraten; LG Trier VersR 93, 604; öOGH VersR 75, 746 für die vergleichbare österreichische Regelung). Zu prüfen bleibt dann nur, ob bei Vorliegen mehrerer Versicherungsfälle, die zeitlich und ursächlich zusammenhängen, die Leistungsbegrenzung des § 2 Abs. 4 Satz 2 zum Zuge kommt (§ 2 Rdnr. 262). Besteht kein solcher Zusammenhang und liegen die Verstöße teils vor, teils nach Versicherungsbeginn oder teils vor, teils nach Versicherungsende, dann besteht anteilige Versicherungsdeckung, wenn die durch die Verstöße ausgelösten Ansprüche im selben Verfahren geltend gemacht oder abgewehrt werden. Der Versicherer hat in diesem Fall die Kosten aus dem gedeckten Anspruchsteil zu übernehmen (Näheres Vorbem. vor § 21 Rdnr. 5). 59

b) aa) Hat nur ein einziger, über ein Jahr vor Versicherungsbeginn liegender Verstoß die Interessenwahrnehmung des VN notwendig gemacht, gilt Abs. 3 Satz 2 nach seinem Wortlaut und nach seinem Zweck nicht. Hat dieser Verstoß die rechtliche Auseinandersetzung noch adäquat verursacht, dann bestimmt sich der Zeitpunkt des Versicherungsfalles gemäß Abs. 3 Satz 1 auch dann nach dem Beginn des Verstoßzeitpunkts, wenn er länger als ein Jahr vor Versicherungsbeginn liegt (OLG Hamm VersR 84, 31; LG Berlin ZfS 90, 92 bei Falschangaben des VN über Vorerkrankungen im Versicherungsantrag, vgl. oben Rdnr. 55; *Wassmann* VersR 77, 888, 889). Eine adäquate Kausalität in diesem Sinn über einen solch langen Zeitraum ist allerdings nur denkbar, wenn der Verstoß seit seinem Beginn noch in irgendeiner Weise fortgewirkt und dadurch letztlich die rechtliche Auseinandersetzung ausgelöst hat. Eine solche Fortwirkung ist in verschiedener Form möglich. Durch den Beginn des Verstoßes kann ein vertrags- oder gesetzwidriger Zustand geschaffen worden sein, der über einen kürzeren oder längeren Zeitraum ohne Unterbrechung andauert (**Dauerverstoß**, begrifflich 60 dem strafrechtlichen Dauerdelikt verwandt, vgl. oben Rdnr. 29). Überläßt beispielsweise der Vermieter dem Mieter eine mangelhafte Sache zum Gebrauch, dann verstößt er hierdurch gegen seine Gewährleistungspflicht. Der Verstoß beginnt gemäß § 537 BGB mit der Überlassung der mangelhaften Sache an den Mieter und dauert an, bis der Vermieter den Mangel beseitigt. Der Versicherungsfall ist im Zeitpunkt der Überlassung der Sache an den Mieter eingetreten, gleichgültig, wie lange die vermietete Sache mit dem Mangel behaftet bleibt (AG Coburg r+s 96, 317 für mangelhafte Schallisolierung). Gibt allerdings der Mieter ausdrücklich oder stillschweigend, z. B. durch Zahlung des vollen Mietzinses, zu erkennen, daß er den Mangel „hinnimmt" (vgl. § 539 BGB), dann kann die Überlassung der mangelhaften Sache nicht mehr als adäquat kausal und damit nicht mehr als Zeitpunkt des Versicherungsfalles für eine spätere rechtliche Auseinandersetzung angesehen werden, auch wenn der Mieter noch Ansprüche hierauf stützen will (im Ergebnis, allerdings nicht in der Begründung, daher richtig LG Ellwangen VersR 83, 826; vgl. oben Rdnr. 42 und 57). Bei unberechtigter Untervermietung ist der Versicherungsfall mit Beginn der Untervermietung eingetreten (LG Hildesheim VersR 93, 1265). Wird durch unsachgemäßen Ausbau eines Weges ein Grundstück des VN durch Regenwasserabfluß beeinträchtigt, dann ist der Versicherungsfall im Zeitpunkt des Ausbaus und nicht erst im Zeitpunkt späterer Beeinträchtigungen eingetreten (AG Saarbrücken ZfS 82, 244; ebenso AG Itzehoe ZfS 90, 163 bei Überbau). Verweigert der VN als Pächter sowohl vor als auch nach dem Ende der Versicherungszeit die Zahlung des Pachtzinses allein mit der Behauptung, das Pachtverhältnis sei aufgelöst, ist der Versicherungsfall innerhalb der Versicherungszeit eingetreten und daher auch bei einem Rechtsstreit wegen Pachtzinszahlung nach Versicherungsende noch Versicherungsschutz gegeben (BGH VersR 83, 125). Umgekehrt bestünde naturgemäß kein Versicherungsschutz, wenn der VN gegenüber der Klage des Verpächters auf Pachtzinszahlung für einen Zeitraum vor und nach Versicherungsbeginn Auflösung des Pachtverhältnisses bereits vor Versicherungsbeginn oder in der dreimonatigen Wartezeit des Abs. 3 Satz 3 einwendet (vgl. auch die Beispiele unten Rdnrn. 63, 64). Hat ein Dauerverstoß durch unterlassene Schönheitsreparaturen nicht nachweisbar erst im materiellen Haftungszeitraum des Versicherers begonnen, besteht kein Versicherungsschutz (OLG Celle r+s 93, 303; vgl. oben Rdnr. 2).

61 Neben Verstößen dieser Art, bei denen es sich schon dem Wortlaut nach um Dauerverstöße handelt, gibt es vor allem im Rahmen von Dauerschuldverhältnissen eine Reihe von Fällen, bei denen ein **Verstoß** der einen oder anderen Seite zwar nicht ununterbrochen andauert, sich jedoch in gewissen Abständen in gleichartiger oder ähnlicher Weise **wiederholt**. Hierbei kommt es jeweils auf die gesamten Umstände des Einzelfalles an, ob die Einzelverstöße auch als jeweils rechtlich selbständige und damit als „mehrere" Verstöße im Sinn des Abs. 3 Satz 2 oder nur als rechtlich unselbständige Teilakte eines einheitlichen Verstoßvorganges zu werten sind, dessen Beginn dann als Beginn eines Dauerverstoßes im Rechtssinn nach Abs. 3 Satz 1 zu behandeln ist. Sind die – tatsächlichen oder behaupteten – gleichartigen

Einzelverstöße nur die Reaktion auf einen Dauerverstoß des Gegners, mindert also z.b. der Mieter wegen eines Fehlers der gemieteten Sache den monatlichen Mietzins in gleicher Höhe und hält der Vermieter diese Minderung für unberechtigt, dann ist diese sich wiederholende Minderung aus der Sicht des Vermieters ein einheitlicher Verstoß des Mieters im Rechtssinn, der mit der Zahlung des ersten geminderten Mietzinses begonnen hat und in rechtlich unselbständigen Teilhandlungen fortdauert, solange der Mieter mindert. Der Versicherungsfall bemißt sich hier nach Abs. 3 Satz 2, da dem (Dauer-)Verstoß des Mieters der (Dauer-)Verstoß des Vermieters in Form der Überlassung einer mangelhaften Sache vorausgegangen ist (vgl. oben Rdnr. 56).

Sind die gleichartigen Verstöße der einen Seite nicht durch einen vorausgegangenen Dauerverstoß der anderen Seite bedingt, kann nur aus einer Gesamtwürdigung aller Umstände entnommen werden, ob die sich wiederholenden – wirklich oder angeblich rechtswidrigen – Einzelakte Teil eines **einheitlichen Gefahrverwirklichungsvorgangs** sind, der eine natürliche Handlungseinheit im Rechtssinn darstellt und es rechtfertigt, den Beginn des ersten Einzelakts als Zeitpunkt des Versicherungsfalles festzulegen. Der strafrechtliche Begriff der fortgesetzten Handlung, der neuerdings allerdings nur noch sehr eingeschränkt gilt (vgl. oben Rdnr. 29) kann hierbei nicht ohne weiteres übernommen werden, da er spezifisch strafrechtlichen Bedürfnissen Rechnung tragen sollte (BGH VersR 77, 665) und überdies einen einheitlichen Gesamtvorsatz voraussetzte, während für die Frage eines Rechtsverstoßes nach Abs. 3 die Schuldfrage nicht im Vordergrund steht (vgl. oben Rdnr. 41). Jedoch ist der strafrechtliche Begriff des Fortsetzungszusammenhangs nur eine Ausprägung des ihm vorgeordneten allgemeinen Rechtsbegriffs der sogenannten natürlichen Handlungseinheit, der auch im Zivilrecht immer dann eine Rolle spielt, wenn die Interessenlage es erfordert, verschiedene gleichgerichtete und eng zusammenhängende tatsächliche Einzelakte rechtlich zu einer Einheit zusammenzufassen. Solche aus rechtlich unselbständigen Einzelakten zusammengesetzten Dauerverstöße hat die Rechtsprechung vor allem im Wettbewerbsrecht, bei Vertragsstrafeversprechen und auch bei der Verjährung von unerlaubten Handlungen bejaht (BGH VersR 72, 1046; 77, 665; 81, 135; NJW 60, 2332; *Palandt/Thomas* § 852 Rdnr. 9). Im Rahmen des § 14 Abs. 3 ist es geboten, ein aus verschiedenen gleichartigen Einzelakten zusammengesetztes Verstoßverhalten des VN, seines Gegners oder eines Dritten dann als rechtliche Einheit und damit den ersten Einzelakt als für den Versicherungsfall maßgeblichen Zeitpunkt zu behandeln, wenn es andernfalls der VN in der Hand hätte, trotz einer bereits laufenden einheitlichen „Verstoßreihe" noch einen Versicherungsvertrag abzuschließen und dann für die nach Beginn des Versicherungsschutzes eintretenden Einzelverstöße noch Deckung zu erhalten, obwohl es sich für ihn insoweit nicht mehr um ein zukünftiges ungewisses Ereignis handelt (OLG Hamm VersR 84, 31 für den Fall laufender Beeinträchtigung eines Wohnrechts; LG Düsseldorf r + s 88, 81 bei wiederholter Geruchsbelästigung; AG Düsseldorf VersR 83, 827 = ZfS 82, 244 für den Fall mehrerer Kündigungen eines Arbeitsverhältnisses wegen mangelnder Eignung des

§ 14 ARB 75   63   1. Teil. Allgemeine Bestimmungen (C)

VN). War nach Sachlage schon beim ersten Verstoß mit weiteren gleichartigen Verstößen zu rechnen, dann liegen in der Regel nicht mehrere selbständige Verstöße, sondern ein einheitlicher Verstoß im Rechtssinn vor. Dies kann sowohl bei vorsätzlichen Verstößen der Fall sein, bei denen der Wille des Handelnden von vorneherein den Gesamterfolg umfaßt und auf dessen „stoßweise" Verwirklichung durch mehrere gleichartige Einzelhandlungen gerichtet ist, wie auch bei Fällen gleichartiger fahrlässiger Verstöße, die unter wiederholter Außerachtlassung derselben Pflichtenlage begangen werden, wie schließlich auch bei gleichartigen schuldlos begangenen Rechtsverstößen (vgl. BGH NJW 60, 2332), sofern schon beim ersten Einzelverstoß mit weiteren „ratenweisen" Verstößen gegen dieselbe Rechtspflicht oder Rechtsvorschrift zu rechnen war (LG Frankfurt VersR 91, 920 = r + s 91, 204 für regelmäßige monatliche Veruntreuung von Firmengeldern durch Mitarbeiter des VN). Die von *R. Schmidt* für die Haftpflichtversicherung befürchteten Schwierigkeiten bei Annahme eines Dauerverstoßes (VersR 56, 266) spielen in der RSVersicherung deshalb keine Rolle, weil hier der Versicherungsfall auf den Beginn des (Dauer-)Verstoßes festgelegt ist, also auf einen bestimmten Zeitpunkt und nicht auf einen längeren (gedehnten) Zeitraum (vgl. oben Rdnr. 9). Fraglich kann nur sein, ob es sich um einen einheitlichen Dauerverstoß oder um mehrere rechtlich selbständige Verstöße handelt.

63   bb) Folgende **Beispiele** können die Abgrenzung zwischen einem aus mehreren rechtlich unselbständigen Einzelakten bestehenden Dauerverstoß – Abs. 3 Satz 1 – und mehreren rechtlich selbständigen Verstößen – Abs. 3 Satz 2 – verdeutlichen: Zahlt ein Arbeitgeber wegen Insolvenz über einen längeren Zeitraum hinweg so gut wie keinen Lohn, gilt der Versicherungsfall in dem Zeitpunkt als eingetreten, zu dem der erste nicht gezahlte Lohn fällig war (LG Trier ZfS 85, 21; AG Karlsruhe r + s 97, 293). Kommt der VN seiner Pflicht zur Ratenzahlung nicht nach, ist der Zeitpunkt der ersten nicht gezahlten Rate maßgeblich (AG Wiesbaden ZfS 84, 48; ähnlich LG Stuttgart ZfS 90, 164 bei Fehlzeiten). Verstößt ein Kassenarzt während mehrerer aufeinanderfolgender Quartale gegen das Wirtschaftlichkeitsgebot, dann gilt der Versicherungsfall bereits im ersten beanstandeten Quartal als eingetreten (AG Köln ZfS 91, 345). Führt ein Arbeitgeber über einen längeren Zeitraum hinweg keine Sozialversicherungsbeiträge ab und wird er deshalb vom zuständigen Sozialversicherungsträger in Anspruch genommen, dann sprechen die Umstände für einen durch die monatliche Nichtabführung jeweils „schubweise" verwirklichten Dauerverstoß des Arbeitgebers gegen seine Pflicht zur Abführung der Beiträge, der mit der erstmaligen Nichtabführung begonnen hat, und zwar gleichgültig, ob der Arbeitgeber vorsätzlich, fahrlässig oder sogar – etwa in unverschuldeter Rechtsunkenntnis – schuldlos gehandelt hat. Schließt der Arbeitgeber erst nach (oder später als drei Monate vor, vgl. § 14 Abs. 3 Satz 3) der erstmaligen Nichtabführung der Beiträge einen Vertrag nach § 24 ab, dann besteht für die Abwehr einer Klage des Sozialversicherungsträgers nach § 24 Abs. 2d kein Versicherungsschutz, weil der rechtliche Dauerverstoß des Arbeitgebers im unversicherten Zeitraum begonnen hat (§ 14 Abs. 3 Satz 1 und 3) und damit der Versiche-

rungsfall vor Versicherungsbeginn eingetreten ist, und zwar gleichgültig, ob sich der Arbeitgeber des Verstoßes bewußt war oder nicht (vgl. oben Rdnr. 41). Dies gilt auch dann, wenn der Sozialversicherungsträger nur solche Beiträge einklagen sollte, die nach Beginn des Versicherungsschutzes für den Arbeitgeber fällig geworden sind (ebenso für rückständigen Lohn LG Düsseldorf r+s 97, 251). Denn maßgeblicher Zeitpunkt für den Versicherungsfall bleibt allein der Beginn des Verstoßes, der hier vor Versicherungsbeginn liegt. Bestand im Zeitpunkt der erstmaligen Nichtabführung der Beiträge bereits Versicherungsschutz und hat der VN innerhalb des Zeitraums der Nichtabführung der Beiträge den Versicherer gewechselt, dann bleibt der erste Versicherer auch insoweit eintrittspflichtig, als die rechtliche Auseinandersetzung um die nach Versichererwechsel fällig gewordenen Beiträge geht. Denn Versicherungsfall ist und bleibt auch insoweit der Beginn des Dauerverstoßes, der in den Zeitraum der Haftung des Erstversicherers fällt. Entsprechendes gilt, wenn der VN den Versicherer nicht gewechselt, sondern wenn der Versicherungsvertrag in der Zwischenzeit aus irgendwelchen Gründen geendet hat. Ähnlich wie bei der wiederholten Nichtabführung von Sozialversicherungsbeiträgen ist die Rechtslage, wenn der Arbeitgeber einem Arbeitnehmer aus Rechts- oder Tatsachenirrtum oder auch bewußt konstant über einen längeren Zeitraum hinweg einen zu geringen Lohn – z.B. zu geringe Zuschläge – zahlt. Will sich der Arbeitnehmer hiergegen wenden, besteht für ihn oder den Arbeitgeber als VN nur Versicherungsdeckung, wenn bereits im Zeitpunkt der erstmaligen falschen Lohnzahlung Versicherungsschutz bestanden hat. Entsprechendes gilt bei laufenden Miet- oder Pachtzinsrückständen, es sei denn, der Mieter oder Pächter bleibt nicht periodisch in jeweils gleichbleibender Höhe im Rückstand, sondern – etwa wegen unregelmäßigen Einkommens – zu unregelmäßigen Zeitpunkten in jeweils verschiedener Höhe (BGH VersR 83, 125; vgl. oben Rdnr. 60).

Anders kann es liegen, wenn sich beispielsweise innerhalb eines Wohnungsmietverhältnisses der Vermieter durch wiederholte Verstöße des Mieters, z.B. durch wiederholte Belästigung oder Lärmeinwirkung, belästigt fühlt. Sprechen die Umstände nicht für eine laufende Beeinträchtigung (z.B. eines Wohnrechts, LG Münster VersR 83, 173) oder eine Dauerlärmbelästigung, z.B. durch ständige Überlautstärke des Radio- oder Fernsehapparats, dann kann man in einer vom Mieter – wirklich oder angeblich – verursachten Geräuschbelästigung, die sich nur in unregelmäßigen Abständen wiederholt, in der Regel **keinen Dauerverstoß** sehen. Es handelt sich dann vielmehr um mehrere, jeweils als rechtlich selbständig zu wertende Verstöße des Mieters im Sinne des Abs. 3 Satz 2 (LG Karlsruhe VersR 84, 75 = ZfS 83, 275; ähnlich LG Hamburg VersR 92, 309, wenn langjährige latente Immissionsgefahr von Regenwasser vom Nachbargrundstück erst durch Grundstücksabsenkung in konkrete Gefahr umschlägt; vgl. auch den Fall vom Nachbargrundstück ausgehender Geräuschimmissionen BGH VersR 77, 665). Ähnliches gilt, wenn ein Unternehmer einem für ihn tätigen Handelsvertreter die Provision für mehrere von diesem vermittelte Geschäfte jeweils vorenthält oder kürzt oder – tatsächlich oder angeblich – unrichtig berechnet. Da der jeweilige Provisionsanspruch durch die Ausführung des vermittelten Geschäfts

§ 14 ARB 75   65   1. Teil. Allgemeine Bestimmungen (C)

zu unregelmäßigen Zeitpunkten jeweils neu entsteht, kann man in dem Verhalten des Unternehmers allenfalls dann einen „schubweise" verwirklichten Dauerverstoß sehen, wenn jede Provisionskürzung durch denselben, von vornherein bestehenden Tatsachen- oder Rechtsirrtum bedingt war. Ist dagegen kein einheitliches Verstoßverhalten des Unternehmers erkennbar, dann handelt es sich jeweils um einen rechtlich selbständigen neuen Verstoß. Da der jeweilige neue Verstoß in der Regel jeweils nicht denselben Anspruch betrifft, sondern einen neuen Anspruch oder Anspruchsteil auslöst, sind auch die Voraussetzungen des Abs. 3 Satz 2 nicht gegeben (vgl. oben Rdnr. 59). Für Verstöße, die nach Beginn des Versicherungsschutzes und nach Ablauf der Wartezeit eingetreten sind, ist in solchen Fällen der RSVersicherer leistungspflichtig (vgl. für die insoweit ähnliche österreichische Regelung öOGH VersR 75, 746). Für eine Klage auf Entfristung mehrerer aufeinanderfolgender befristeter Arbeitsverhältnisse (Kettenarbeitsverhältnis, *Palandt/Putzo* § 620 Rdnr. 4) sehen das LG Essen, AG Freiburg und Bochum (ZfS 88, 110, 111) gemäß der arbeitsrechtlichen Rechtsprechung erst im letzten Vertrag den maßgeblichen Rechtsverstoß, ebenso das LG Berlin (ZfS 94, 183). Das LG Essen erlegt allerdings die Beweislast für den Eintritt des Versicherungsfalles im versicherten Zeitraum zu Unrecht dem RSVersicherer auf (vgl. oben Rdnr. 2 und unten Rdnr. 67). Wurde über ein Jahr vor Versicherungsbeginn eine nichtige Kaufvertragsklausel vereinbart, wirkt dies ebenfalls nicht als Dauerverstoß fort, wenn einem Vertragsteil ein zeitlich nachfolgender, letztlich streitauslösender Verstoß vorgeworfen wird (AG Düsseldorf ZfS 85, 50). Werden in einen nach Meinung des VN sittenwidrigen Ratenkreditvertrag Restsalden aus angeblich ebenfalls sittenwidrigen Vorverträgen einbezogen, soll es nach AG Bottrop (NJW-RR 86, 1050) nur auf den Zeitpunkt des letzten Vertragsschlusses ankommen (Grenzfall; a. A. LG Osnabrück r + s 92, 418; vgl. oben Rdnr. 57).

65   4. Abs. 3 **Satz 3** enthält keine zusätzliche Modifizierung des Versicherungsfalles im Sinn des Abs. 3 Satz 1 und 2. Er schließt vielmehr trotz an sich bereits bestehender Gefahrtragungspflicht des Versicherers den Versicherungsschutz für verstoßabhängige Versicherungsfälle im Sinn des Abs. 3 Satz 1 für einen bestimmten Zeitraum aus, wenn einer der beiden in Abs. 3 Satz 3 genannten Tatbestände – Eintritt des Versicherungsfalles in der Wartezeit oder nach „auslösender" Willenserklärung oder Rechtshandlung – vorliegt. Die Regelung will verhindern, daß jemand noch einen RSVersicherungsvertrag abschließt, obwohl er schon konkret mit einer bestimmten rechtlichen Auseinandersetzung rechnen muß, die bei ihrem Eintritt für ihn dann kein ungewisses und damit noch versicherbares Ereignis darstellen würde *(K. Vassel* VerBAV 69, 131, 135). Abs. 3 Satz 3 gilt nur für diejenigen unter Versicherungsschutz stehenden Arten der Interessenwahrnehmung, bei denen sich der Versicherungsfall nach Abs. 3 bestimmt. Das sind der verwaltungsrechtliche Führerschein-RS, soweit er nicht unter Abs. 2 Satz 2 fällt, der Vertrags-RS, der Eigentums-RS für Mobilien, der Arbeits-RS, der Sozialgerichts-RS und der Grundstücks- und Miet-RS (vgl. oben Rdnr. 6). Für den Schadenersatz-RS (vgl. oben Rdnr. 4), den Straf-, Ordnungswidrigkeiten-, Disziplinar- und Standes-RS sowie den unter Abs. 2 fallenden Füh-

rerschein-RS (vgl. oben Rdnr. 5) und den Beratungs-RS (vgl. oben Rdnr. 7), bei denen der Versicherungsfall nicht in Abs. 3 Satz 1 oder 2 geregelt ist, hat Abs. 3 Satz 3 keine Bedeutung. Insbesondere gelten also für diese Leistungsarten keine Wartezeiten. Wird jemand im Vertrag des VN, z.b. durch Eheschließung (§§ 25, 26) oder Beginn eines Arbeitsverhältnisses (§ 24), „automatisch" mitversichert, dann soll nach Meinung des BAV für diesen Mitversicherten die dreimonatige Wartezeit entfallen, da deren Zweck in solchen Fällen nicht zum Tragen komme (GB BAV 83, 69; vgl. § 11 Rdnr. 24). Bei nahtloser Umstellung eines Vertrags nach § 26 auf einen solchen nach §§ 24 und 25 entsteht für die identischen Leistungsarten (mit verstoßabhängigem Versicherungsfall) keine neue Wartezeit (OLG Saarbrücken VersR 90, 381). Tritt anstelle des nach § 29 versicherten Grundstücks ein anderes Grundstück des VN, beginnt dagegen für das neu versicherte Objekt wieder eine Wartezeit (LG/OLG Köln r + s 93, 104; vgl. § 29 Rdnr. 9).

a) Die erste Alternative des Abs. 3 Satz 3 *(entspricht § 4 Abs. 1 Satz 3 ARB 94)* legt eine **Wartezeit** für alle diejenigen Fälle fest, bei denen der tatsächliche oder behauptete Rechtsverstoß des VN, des Gegners oder eines Dritten und damit der Versicherungsfall im Sinn des Abs. 3 Satz 1 innerhalb von drei Monaten nach Versicherungsbeginn liegt. Ist dies der Fall, dann ist der Versicherungsschutz generell ausgeschlossen, gleichgültig, ob sich bei Versicherungsbeginn eine bestimmte rechtliche Auseinandersetzung schon konkret abgezeichnet hat oder nicht. Durch diese Regelung soll, ähnlich wie bei der allgemeinen Wartezeit in der Krankenversicherung (BGH VersR 76, 851; NJW 78, 1197 = VersR 78, 271; *Bach/Moser* § 3 MB/KK Rdnr. 3), das subjektive Risiko eingedämmt werden. Es soll verhindert oder jedenfalls erschwert werden, daß VN wegen einer sich schon konkret abzeichnenden rechtlichen Auseinandersetzung erst den Versicherungsvertrag abschließen. Diese Erschwerung sogenannter „Zweckabschlüsse" kann in der RSVersicherung als einer Massenbranche zwangsläufig nur generalisierend durch eine starre, etwaige Besonderheiten des Einzelfalles vernachlässigende zeitliche Begrenzung als grobes Raster erfolgen. Während jedoch in § 2 Ziff. 9 ARB 54 eine Wartezeit von sechs Monaten für den damals geltenden Arbeitsgerichts- und Sozial-RS vorgesehen war, beträgt nunmehr die Wartezeit für jede unter Abs. 3 fallende Art der Interessenwahrnehmung (vgl. oben Rdnr. 6) nur noch drei Monate. Es handelt sich hierbei um einen zeitlich begrenzten Risikoausschluß (BGH VersR 76, 851; NJW 78, 1197 = VersR 78, 271; *Bach/Moser* § 3 MB/KK Rdnr. 3). Anders als in der Krankenversicherung, bei der die Wartezeit im Regelfall vom technischen Versicherungsbeginn, also dem Beginn des Beitragszahlungszeitpunkts an gerechnet wird (BGH VersR 78, 362; *Bach/Moser* § 3 MB/KK Rdnr. 4; § 5 Rdnr. 8), beginnt in der RSVersicherung die Wartezeit sowohl nach dem Wortlaut wie auch nach dem Zweck des Abs. 3 Satz 3 vom materiellen Versicherungsbeginn an zu laufen. Dies ergibt sich insbesondere aus der Formulierung des Abs. 3 Satz 2 sowie des § 5 Satz 2, wo die Begriffe „Beginn des Versicherungsvertrages", „Versicherungsbeginn" und „Beginn des Versicherungsschutzes" ersichtlich im gleichen Sinn verwendet werden. Die Wartezeit endet drei Monate nach dem materiellen Versicherungsbeginn

(§ 5 Rdnr. 8). Versicherungsschutz besteht also für alle Versicherungsfälle, die nach diesem Zeitpunkt während der materiellen Versicherungsdauer eintreten. Ist Versicherungsbeginn beispielsweise der 15. 6., 0 Uhr, dann endet die dreimonatige Wartezeit gemäß § 188 Abs. 2 in Verbindung mit § 187 Abs. 2 BGB am 14. 9. um 24 Uhr. Für Versicherungsfälle im Sinn des Abs. 3, die vom 15. 9. an eintreten, besteht Versicherungsschutz. Ist Versicherungsbeginn der Mittag des 15. 6. (vgl. § 5 Rdnr. 8), dann endet die Wartezeit entsprechend § 7 VVG mit dem Mittag des 15. 9. Hat der VN den Erstbeitrag nach dem als Vertragsbeginn vereinbarten Zeitpunkt nach Aufforderung nicht rechtzeitig bezahlt, dann beginnt allerdings die materielle Haftung des Versicherers und damit der Lauf der Wartezeit nicht mit dem als Vertragsbeginn vereinbarten Zeitpunkt, sondern erst mit der Zahlung (vgl. § 5 Satz 2 und 3; § 5 Rdnr. 17). Wird der Versicherungsvertrag um ein bisher nicht eingeschlossenes Zusatzrisiko ergänzt, z.B. ein Vertrag nach § 25 um dessen bisher nicht versicherten Abs. 3, dann rechnet die Wartezeit für dieses Zusatzrisiko von dem Tag an, an dem der Versicherungsschutz für dieses Einzelwagnis beginnt (LG Oldenburg r+s 95, 225 bei Erweiterung des Vertrags um das Vermieter-Risiko).

67 Gleichgültig ist, ob der während der Wartezeit eingetretene Versicherungsfall in einem Rechtsverstoß des VN, des Gegners oder eines Dritten im Sinn des Abs. 3 Satz 1 besteht. Erhebt beispielsweise der nach § 25 versicherte VN Kündigungsschutzklage gegen eine Kündigung, die sein Arbeitgeber wegen eines während der Wartezeit begangenen Pflichtenverstoßes des VN ausgesprochen hat, dann ist der Versicherungsfall im Sinn des Abs. 3 Satz 1 und 3 während der Wartezeit eingetreten und es besteht keine Versicherungsdeckung (BGH VersR 84, 530; LG Hamburg VersR 77, 811; vgl. oben Rdnr. 51). Bleibt unklar, ob der Versicherungsfall vor oder nach Ablauf der Wartezeit eingetreten ist, dann ist der **Versicherer** leistungspflichtig, da er für das Vorliegen des Ausschlußtatbestandes und damit für den Eintritt des Versicherungsfalles während der Wartezeit **beweispflichtig** ist (OLG Hamm VersR 77, 953). Besteht allerdings die Möglichkeit, daß der Versicherungsfall nicht erst während der Wartezeit, sondern schon vor dem materiellen Beginn des Versicherungsvertrags eingetreten ist, dann trifft die Beweislast für den Eintritt nach Beginn des allgemeinen Haftungszeitraums des Versicherers den VN, da er zunächst darlegen und notfalls beweisen muß, daß der Versicherungsfall überhaupt in den versicherten Zeitraum fällt (vom LG Essen ZfS 88, 110 verkannt; vgl. oben Rdnr. 2). Verzichtet der Versicherer im Einzelfall einmal auf die Einhaltung der Wartezeit, dann liegt hierin keine Zusage, auch einen vor Abschluß des Versicherungsvertrags eingetretenen Versicherungsfall zu decken (LG Düsseldorf r + s 82, 91).

68 Kann der VN einen Anspruch auf mehrere Anspruchsgrundlagen stützen (**Anspruchskonkurrenz**), wobei nur für eine von mehreren Anspruchsgrundlagen eine Wartezeit gilt, dann besteht trotz noch laufender Wartezeit Versicherungsdeckung, soweit sich der Anspruch auch aus der nicht unter die Wartezeit fallenden Anspruchsgrundlage herleiten läßt. Beispiel: Materieller Versicherungsbeginn für den Vertrag des VN nach § 21 ist der 15. 6. Am 20. 6. verleiht der VN sein Kraftfahrzeug an einen Bekannten, der damit

Eintritt des Versicherungsfalles 69 § 14 ARB 75

verunglückt. Der Anspruch des VN auf Ersatz des Fahrzeugschadens gegen den Entleiher kann sich auf Verletzung der Pflichten aus dem Leihvertrag und auf unerlaubte Handlung stützen. Für den unter § 21 Abs. 4b fallenden Schadenersatzanspruch wegen Verletzung der Vertragspflicht des Entleihers zu sorgfältiger Behandlung des entliehenen Kraftfahrzeugs gilt an sich gemäß Abs. 3 Satz 1 und 3 die dreimonatige Wartezeit. Da jedoch der daneben bestehende, unter § 21 Abs. 4a fallende Schadenersatzanspruch des VN wegen fahrlässiger Eigentumsverletzung nach § 823 BGB den gleichen Umfang hat und hierfür gemäß Abs. 1 das Schadenereignis, also der Unfall, als Zeitpunkt des Versicherungsfalls gilt, ohne daß insoweit eine Wartezeit vorgesehen ist, ist die für den VN günstigere Anspruchsgrundlage maßgebend und es besteht daher Versicherungsschutz (vgl. auch oben Rdnr. 14 und § 4 Rdnr. 9).

b) Die zweite Alternative des Abs. 3 Satz 3 *(entspricht § 4 Abs. 3 a ARB 94)* regelt ebenso wie die erste (vgl. oben Rdnr. 66) einen zeitlich begrenzten Risikoausschluß. Sie trägt der Tatsache Rechnung, daß in den unter Abs. 3 fallenden Deckungsbereichen mit verstoßabhängigem Versicherungsfall (vgl. oben Rdnr. 6) die vom Versicherer übernommene Gefahr nicht nur dann in ein konkretes Verwirklichungsstadium eintritt, wenn der VN, der Gegner oder ein Dritter bereits begonnen hat oder begonnen haben soll, gegen Rechtspflichten zu verstoßen (Abs. 3 Satz 1), sondern daß die erste Phase der Gefahrverwirklichung erfahrungsgemäß häufig schon dann gegeben ist, wenn eine Willenserklärung oder Rechtshandlung vorgenommen wird, die zwar ihrerseits noch keinen Rechtsverstoß im Sinn des Abs. 3 Satz 1 darstellt, jedoch ihrer Art nach **geeignet ist,** einen solchen **Verstoß auszulösen** *(Beielefeldt* S. 95; *Ridder* in *Möller* Studien S. 122). Die Regelung soll den Versicherer davor schützen, RS für Streitigkeiten gewähren zu müssen, deren Ursachen schon in der Zeit vor bezw. innerhalb von drei Monaten nach Abschluß des Versicherungsvertrags liegen. Hierdurch soll verhindert werden, daß ein RSVersicherungsvertrag gezielt auf eine schon latent vorhandene Rechtsstreitigkeit abgeschlossen wird, wobei es jedoch nicht darauf ankommt, ob im Einzelfall eine solche Absicht feststeht, da subjektive Momente im Rahmen des Abs. 3 keine Rolle spielen (AG Eßlingen, r + s 78, 91; im Leitsatz ist irreführenderweise von einem mit der Willenserklärung beginnenden „gedehnten Versicherungsfall" die Rede, während in Wirklichkeit der Versicherungsfall noch nicht mit der Willenserklärung beginnt, sondern erst in dem dadurch ausgelösten Ablehnungsbescheid liegt). Während nach den ARB 69 eine solche „auslösende" Willenserklärung oder Rechtshandlung den Versicherungsschutz nur ausgeschlossen hat, wenn sie vom VN vorgenommen worden war, kommt es nach der jetzigen Fassung der ARB nicht mehr darauf an, ob die Willenserklärung oder Rechtshandlung vom VN, dem Gegner oder einem Dritten vorgenommen wurde. Liegt die Willenserklärung oder Rechtshandlung vor Versicherungsbeginn, dann ist hierfür keine Befristung vorgesehen, insbesondere gilt nicht die bei mehreren Verstößen festgelegte Jahresfrist des Abs. 3 Satz 2 *(Ridder* S. 120). Auch länger als ein Jahr vor Versicherungsbeginn liegende Willenserklärungen oder Rechtshandlungen schließen daher den Versicherungsschutz aus, sofern sie den späteren Versicherungsfall noch adäquat kausal ausgelöst haben (vgl. unten Rdnr. 76).

70 **„Vorgenommen"** ist die Willenserklärung oder Rechtshandlung in dem Zeitpunkt, in dem sie rechtlich wirksam geworden ist. Im Rahmen des Abs. 3 Satz 3 handelt es sich in der Regel um Willenserklärungen oder Rechtshandlungen, die einem anderen gegenüber abzugeben oder vorzunehmen sind, die also empfangsbedürftig im Sinn des § 130 BGB sind. Solche Willenserklärungen werden nicht schon im Zeitpunkt ihrer Abgabe, also z. B. mit der Absendung des entsprechenden Schreibens, sondern erst mit ihrem Zugang beim Empfänger wirksam (§ 130 BGB; OLG Hamm VersR 94, 304 = r+s 93, 463; *Palandt/Heinrichs* § 130 mit Anmerkungen). Ist demnach eine Willenserklärung zwar vor Ablauf der Dreimonatsfrist des Abs. 3 Satz 3 abgegeben worden, dem Empfänger aber erst nach Ablauf der Frist zugegangen, dann besteht Versicherungsschutz. Die Frist berechnet sich vom Tag des materiellen Versicherungsbeginns an (§ 5 Rdnr. 8) nach §§ 187, 188 Abs. 2 und 3, 193 BGB. Bestehen Zweifel, ob die Willenserklärung oder Rechtshandlung vor oder nach Ablauf der Dreimonatsfrist „vorgenommen" ist, dann trifft den Versicherer die Beweislast, da es sich um einen zeitlich begrenzten Risikoausschluß handelt (vgl. oben Rdnr. 67). Während nach Abs. 3 Satz 1 auch der Beginn eines bloß behaupteten Rechtsverstoßes als Versicherungsfall gilt (oben Rdnr. 42), reicht eine nur behauptete, aber nicht feststehende Willenserklärung oder Rechtshandlung für den Ausschlußtatbestand des Abs. 3 Satz 3 nach dessen eindeutigem Wortlaut nicht aus (OLG Nürnberg NJW-RR 91, 1181 = r + s 92, 19 = VersR 92, 441).

71 aa) **Willenserklärung** ist die – mündliche, schriftliche oder auch stillschweigende – Äußerung eines Willens, der auf eine Rechtsfolge abzielt, d. h. auf die Begründung, inhaltliche Änderung oder Beendigung eines Rechts gerichtet ist *(Palandt/Heinrichs* vor § 116 Rdnrn. 1, 6). Der Begriff der Willenserklärung wurde zunächst für das Zivilrecht entwickelt, gilt aber auch für das öffentliche Recht. So ist ein Antrag auf Erlaß eines Verwaltungsakts eine verwaltungsrechtliche Willenserklärung *(Wolff/Bachof/Stober* I § 36 Rdnr. 8 ff.; vgl. auch § 22 VwVfG und § 16 SGB I). Häufige Fälle einer Willenserklärung im Sinn des Abs. 3 Satz 3 sind die (ordentliche) Kündigung eines Dauerschuldverhältnisses (LG Duisburg r+s 97, 70; LG Hannover 89, 129; LG Mannheim ZfS 84, 277; LG Gießen ZfS 84, 46; LG München ZfS 83, 47; AG Eschweiler ZfS 88, 14; AG Mannheim ZfS 81, 213; LG Berlin r+s 93, 383 bei mehrfacher Wohnraumkündigung) oder ein Mieterhöhungsverlangen nach dem Gesetz zur Regelung der Miethöhe (LG Köln ZfS 91, 20; ähnlich LG Marburg r+s 93, 423; wird allerdings häufig gleichzeitig – behaupteter – Rechtsverstoß im Sinn des Abs. 3 Satz 1 sein) oder die „streitgeborene" Aufhebung eines Mietverhältnisses oder das Angebot hierzu (LG Berlin ZfS 89, 310; LG Köln ZfS 86, 240; AG Köln JurBüro 92, 163; ZfS 85, 83) oder die Anfechtung eines Vertrags oder der Antrag auf Bewilligung einer Leistung des Sozialversicherungsrechts *(Ridder* in *Möller* Studien S. 122). Das OLG Karlsruhe (ZfS 82, 17) und das OLG Köln (VersR 82, 1094) rechnen hierzu zu Recht auch die Übersendung einer Schlußrechnung, das LG Essen (ZfS 90, 376) die Kündigung eines Archi-

tektenvertrags. Auf die Art des später ausbrechenden Streits kommt es bei „streitträchtigen" Willenserklärungen der vorgenannten Art in der Regel nicht an (AG Mannheim VersR 92, 441 für Kündigung des Arbeitsverhältnisses mit nachfolgendem Prozeß über Zeugniserteilung; a. A. AG Mönchengladbach ZfS 88, 393 = r + s 88, 300; vgl. unten Rdnr. 76).

Kündigt beispielsweise der seit 1. 4. nach § 29 versicherte VN seine 72 Mietwohnung am 15. 4. fristgemäß zum 30. 6. und weigert er sich dann, in der ersten Julihälfte nach seinem Auszug vom Vermieter verlangte Schönheitsreparaturen in der Wohnung durchzuführen, dann liegt der erste Verstoß des Mieters gegen Rechtspflichten aus dem Mietvertrag im Sinn des Abs. 3 Satz 1 in der ersten Julihälfte, also nach Ablauf der Wartezeit des Abs. 3 Satz 3, erste Alternative. Gleichwohl besteht nach Abs. 3 Satz 3, zweite Alternative kein Versicherungsschutz, da der Verstoß des VN durch seine in der Wartezeit vorgenommene Kündigung als Willenserklärung adäquat kausal ausgelöst worden war. Denn es entspricht allgemeiner Erfahrung, daß die Kündigung von Mietverhältnissen oder auch von sonstigen Vertragsverhältnissen zu Störungen bei der Abwicklung des gekündigten Schuldverhältnisses führen kann (vgl. oben Rdnr. 71; a. M. LG Hamburg VersR 95, 1479 in einem Fall, in dem allerdings ein Versichererwechsel vorlag, vgl. unten Rdnr. 78; *Bender* S. 153).

Ficht der VN oder sein Vertragspartner ein Rechtsgeschäft wegen Irr- 73 tums gemäß § 119 BGB **an** und bezweifelt der Anfechtungsgegner die Berechtigung der Anfechtung nicht, dann liegt hierin noch kein Versicherungsfall (vgl. oben Rdnr. 45). Kommt es dann aber bei der Rückgewähr bereits empfangener Leistungen (vgl. § 142 BGB) zu Meinungsverschiedenheiten zwischen den Parteien, dann ist der erste hierbei auftretende Rechtsverstoß im Sinn des Abs. 3 Satz 1 nicht erst durch die Anfechtung, sondern bereits durch die ihr vorausgehende anfechtbar zustande gekommene Willenserklärung des irrenden Vertragsteils adäquat verursacht. Auch wenn der eigentliche Rechtsverstoß erst nach Ablauf der Wartezeit liegt, besteht daher kein Versicherungsschutz, wenn die anfechtbare Willenserklärung vor oder innerhalb von drei Monaten nach Versicherungsbeginn abgegeben worden war. Entsprechendes gilt für den Fall des offenen oder versteckten Dissenses (§§ 154, 155 BGB; vgl. oben Rdnr. 47).

Beantragt der seit 1. 6. nach § 25 versicherte VN beispielsweise eine **Rente** 74 wegen Berufsunfähigkeit nach § 43 SGB VI oder wegen Erwerbsunfähigkeit nach § 44 SGB VI oder Arbeitslosengeld nach § 100 AFG und lehnt der zuständige Sozialversicherungsträger oder das Arbeitsamt die beantragte Leistung durch einen nach Ablauf der Wartezeit, also nach dem 1. 9. erlassenen Bescheid ganz oder teilweise ab, dann liegt der aus der Sicht des VN in der Ablehnung zu sehende Rechtsverstoß zwar im versicherten Zeitraum. Hatte der VN jedoch den Antrag vor dem 1. 6. oder in der Zeit bis zum 31. 8., d. h. vor Versicherungsbeginn oder innerhalb der dreimonatigen Wartezeit gestellt, dann besteht kein Versicherungsschutz. Bei Anträgen dieser Art entspricht es der Lebenserfahrung, daß sie ganz oder teilweise aus rechtlichen oder tatsächlichen Gründen abgelehnt werden können. Ein solcher Antrag ist also seiner Natur nach geeignet, einen Versicherungsfall im Sinn des Abs. 3 Satz 1 auszulösen, und stellt daher eine Willenserklärung im Sinn des Abs. 3 Satz 3, zweite Alternative dar. Entsprechendes gilt für einen Antrag auf Baugenehmigung oder einen Bauvorbescheid, den der Grundstücksnachbar des nach § 29 als Eigentümer versicherten VN bei der Baubehörde stellt. Ergeht daraufhin ein die nachbarrechtlichen Belange des VN tangierender Verwaltungsakt zugunsten des Nachbarn, hat der VN nur dann Versicherungsschutz für eine Anfechtung dieses Bescheids, wenn er den Versicherungsvertrag spätestens drei Monate vor Stellung des Antrags des Nachbarn bei der Baubehörde abgeschlossen hatte (vgl. auch § 29 Rdnr. 22). Bei nicht antragsabhängigen, von Amts wegen zu gewährenden Leistungen wie etwa einer Verletztenrente der Berufsgenossenschaft wegen eines Arbeitsunfalles sollen nach AG Villingen-Schwenningen (r + s 89, 156; ähnlich AG Lingen ZfS 90, 419) die vorstehend dargelegten Grundsätze nicht gelten, wobei jedoch die Meinung des Gerichts auf Bedenken stößt, die Anzeige des Arbeitsunfalles durch den Arbeitgeber bei der Berufsgenossenschaft habe als Rechtshandlung (vgl. unten Rdnr. 75) den Versicherungsfall – Ablehnung des Rentenanspruchs – nicht im Sinn des Abs. 3 Satz 3, 2 Alternative „ausgelöst" (a. M. auch *Prölss/Martin* § 14 ARB Anm. 3 C).

75 bb) **Rechtshandlungen** fallen ebenfalls unter Abs. 3 Satz 3, zweite Alternative, soweit sie geeignet sind, ihrerseits einen Rechtsverstoß auszulösen. Man versteht hierunter Handlungen, die – im Gegensatz zu den Willenserklärungen (vgl. oben Rdnr. 71) – nicht auf eine Rechtsfolge gerichtet zu sein brauchen, an deren Vornahme jedoch das Gesetz unabhängig vom Willen des Handelnden eine Rechtsfolge knüpft *(Palandt/Heinrichs* Überblick vor § 104 Rdnr. 4). Solche Rechtshandlungen können beispielsweise sein eine Mahnung, eine Fristsetzung, eine Mitteilung oder eine Anzeige (Näheres *Palandt/Heinrichs* vor § 104 Rdnr. 6). Im Rahmen des Abs. 3 Satz 3 gewinnen sie nur Bedeutung, soweit ihnen nicht schon ein Rechtsverstoß im Sinn des Abs. 3 Satz 1 vorausgegangen ist oder der andere Vertragsteil in der Rechtshandlung selbst einen Verstoß erblickt (vgl. oben Rdnr. 45). Zeigt beispielsweise ein nach § 25 versicherter VN, zu dessen Vertrag auch die Zusatzklausel über den Einschluß von Streitigkeiten aus Versicherungsverträgen vereinbart ist (§ 4 Rdnr. 77), seinem Hausratversicherer einen Einbruchdiebstahl gemäß § 33 Abs. 1 VVG an und lehnt der Hausratversicherer die Versicherungsleistung aus Rechtsgründen teilweise ab, dann ist der aus der Sicht des VN in der Teilablehnung liegende Rechtsverstoß des Hausratversicherers durch die Anzeige des VN als Rechtshandlung ausgelöst. Hatte der VN die Anzeige vor oder innerhalb von drei Monaten nach Beginn seines RSVersicherungsvertrages abgegeben, besteht daher kein Versicherungsschutz (vgl. oben Rdnr. 55).

76 cc) Aus dem oben Rdnrn. 69 und 71 Gesagten ergibt sich, daß **nicht jede Willenserklärung** oder Rechtshandlung, die zu einem Versicherungsfall führt, im Rahmen des Abs. 3 Satz 3 den **Versicherungsschutz ausschließt**. Nach dem Zweck dieser Bestimmung greift der Ausschluß vielmehr nur dann ein, wenn die Willenserklärung oder Rechtshandlung ihrer Natur nach erfahrungsgemäß den Keim eines nachfolgenden Rechtsverstoßes des einen

oder anderen Teils bereits in sich trug, wie dies aus den oben in Rdnrn. 71 ff. angeführten Beispielen einer Kündigung, einer Anfechtung, einer Schlußrechnung oder eines Antrags auf eine Sozialversicherungsleistung ersichtlich ist. In solchen Fällen einer erfahrungsgemäß häufig Streit nach sich ziehenden Willenserklärung kann es auf die Art des später ausbrechenden Streits nicht ankommen (a. A. AG Mönchengladbach ZfS 88, 393 = r + s 88, 300, vgl. oben Rdnr. 71), es sei denn, es liege im konkreten Fall außerhalb jeder Lebenserfahrung und damit außerhalb adäquater Kausalität, daß der ausgebrochene Streit eine Folge der betreffenden Willenserklärung ist (OLG Hamm VersR 92, 734 = NJW-RR 92, 354 = ZfS 91, 416 = r + s 91, 418 für Vereinbarung über Staffelmietzins, die jedoch für Mietrückstände des VN nicht ursächlich war). War dagegen eine Willenserklärung oder Rechtshandlung ihrer Art nach nicht generell geeignet, einen Rechtsverstoß herbeizuführen, gilt Abs. 3 Satz 3 nicht. Nimmt beispielsweise der Gegner des VN einen vom VN abgegebenen Vertragsantrag an (§§ 145 ff. BGB) und kommt es dann bei der Vertragsabwicklung zu Streitigkeiten, dann hat zwar der ursprüngliche Vertragsantrag des VN den späteren Rechtsverstoß als Versicherungsfall im Sinn einer „conditio sine qua non" mit herbeigeführt. Da es jedoch nicht der Lebenserfahrung entspricht, daß ein Antrag auf Abschluß eines Vertrags und der nachfolgende Vertragsschluß häufig einen späteren Rechtsstreit aus dem Vertrag zur Folge haben, kann der Vertragsantrag als solcher noch nicht als Beginn der Gefahrverwirklichungsphase und damit als auslösende Willenserklärung im Sinn des Abs. 3 Satz 3 gewertet werden (OLG Düsseldorf VersR 94, 1337 = r+s 94, 180 = NJW-RR 95, 285 = ZfS 94, 263; LG Köln NJW-RR 88, 214 = ZfS 87, 243; im Ergebnis ebenso OLG Köln r + s 89, 90; LG Hannover VersR 90, 652; LG Heidelberg r + s 88, 50; vgl. oben Rdnr. 41). Anders kann es liegen, wenn ein schriftlicher Vertrag bereits so unklar gefaßt wurde, daß er bereits den Keim eines späteren Rechtsstreits in sich trägt (LG Bielefeld ZfS 93, 174 und LG Hannover ZfS 91, 53 für unklaren Mietvertrag; LG Köln VersR 95, 828 = r+s 95, 303 bei unklarer Versorgungszusage; vgl. oben Rdnr. 47). Die jeweilige Willenserklärung oder Rechtshandlung muß also in gewisser Weise bereits „streitträchtig", insbesondere nach den Grundsätzen der adäquaten Kausalität *(Palandt/Heinrichs* vor § 249 Rdnrn. 58 ff.) generell geeignet gewesen sein, einen späteren Rechtsverstoß nach der Art des dann eingetretenen auszulösen (OLG Nürnberg VersR 78, 708, das allerdings in den Urteilsgründen nicht präzise zwischen auslösender Willenserklärung und erst später eintretendem Versicherungsfall unterscheidet). Nach LG Kassel ZfS 96, 72 soll die Meldung einer Diensterfindung des VN an den Arbeitgeber bereits eine „auslösende" Rechtshandlung im Sinn von Abs. 3 Satz 3 sein (hier aber bereits Ausschluß nach § 4 Abs. 1e, vgl. § 4 Rdnrn. 41, 42).

Möglich ist auch, daß sich eine auf eine Leistung gerichtete Willenserklärung oder Rechtshandlung durch Zwischenvergleich, Nichtweiterverfolgung oder sonstige Umstände zunächst erledigt, dann aber eine spätere **zweite Willenserklärung** oder Rechtshandlung in die gleiche Richtung zielt. Hier kommt es jeweils auf die Umstände des Einzelfalles an, ob die ur-

§ 14 ARB 75   77   1. Teil. Allgemeine Bestimmungen (C)

sprüngliche Willenserklärung oder Rechtshandlung noch als „auslösend" oder mitauslösend im Sinn der 2. Alternative des Abs. 3 Satz 3 gewertet werden kann. Die oben Rdnr. 57 genannten Grundsätze gelten hier entsprechend. Beispiel: Betreibt der Vermieter des VN sein vor Versicherungsbeginn gestelltes Mieterhöhungsverlangen wegen Streit über die Wohnungsgröße zunächst nicht weiter, erneuert er es aber nach Versicherungsbeginn und sachverständiger Feststellung der Wohnungsgröße, dann ist der Versicherungsfall durch das ursprüngliche Erhöhungsverlangen mit ausgelöst und es besteht daher kein Versicherungsschutz (LG Köln ZfS 91, 20; ähnlich LG Berlin ZfS 93, 173 für wiederholte Kündigungen). Anders kann es liegen, wenn beispielsweise der VN nach § 4 BUZ eine Berufsunfähigkeitsrente verlangt und sich daraufhin mit dem Versicherer, der die ärztlichen Nachweise noch nicht für ausreichend hält, dahin einigt, daß die Rente zunächst für ein Jahr gezahlt und dann die Berufsunfähigkeit abschließend festgestellt werden soll. Verlangt der VN nach Ablauf des Jahres Weiterzahlung der Rente, die der Versicherer aufgrund des nunmehr eingeholten neuen ärztlichen Gutachtens ablehnt (Versicherungsfall, vgl. oben Rdnr. 55), dann kann das ursprüngliche Leistungsverlangen wegen des Zwischenvergleichs kaum mehr als streitauslösend gewertet werden.

77   dd) Abs. 3 Satz 3, zweite Alternative ist ein zeitlich begrenter Risikoausschluß und **ändert nichts am Zeitpunkt des Versicherungsfalles,** der erst in dem durch die Willenserklärung oder Rechtshandlung ausgelösten nachfolgenden, oft wesentlich später liegenden Rechtsverstoß im Sinn des Abs. 3 Satz 1 liegt (vgl. oben Rdnr. 69). Irreführend sind daher der Leitsatz zum Urteil des AG Eßlingen (r + s 78, 91) sowie die Gründe des Urteils des OLG Nürnberg (VersR 78, 708), die jeweils nicht deutlich zwischen dem Zeitpunkt der auslösenden Willenserklärung und dem Zeitpunkt des Eintritts des Versicherungsfalles selbst unterscheiden. Auch die Formulierung von *Wassmann* (VersR 77, 888, 890), durch Abs. 3 Satz 3 werde „praktisch der Versicherungsfall vorverlegt", ist mißverständlich. Hängen vom Zeitpunkt des Versicherungsfalls gewisse Rechtsfolgen ab, z.B. bei Obliegenheitsverletzungen vor oder nach dem Versicherungsfall oder bei nicht rechtzeitiger Zahlung des Erst- oder Folgebeitrags (vgl. oben Rdnr. 2), dann richten sich diese Rechtsfolgen ausschließlich nach dem Zeitpunkt des Versicherungsfalls und nicht etwa nach dem Zeitpunkt der auslösenden Willenserklärung. Ist beispielsweise dem nach § 25 versicherten VN wegen Nichtzahlung des Folgebeitrags eine Frist nach § 39 VVG gesetzt und stellt er nach Ablauf dieser Frist einen Antrag auf Zahlung einer Berufsunfähigkeitsrente beim zuständigen Sozialversicherungsträger, dann ist der Versicherer für eine unter § 25 Abs. 2d fallende Klage des VN zum Sozialgericht nicht nach § 39 Abs. 2 VVG leistungsfrei, wenn der VN vor Erlaß des ablehnenden Bescheids des Sozialversicherungsträgers, also vor dem Versicherungsfall im Sinn des Abs. 3 Satz 1, den rückständigen Beitrag bezahlt hatte (*Bielefeldt* S. 96, 97). Umgekehrt besteht kein Versicherungsschutz, wenn zwar die Willenserklärung noch im versicherten Zeitraum abgegeben wurde, der (behauptete) Rechtsverstoß jedoch erst nach Versicherungsende erfolgt ist (OLG Köln r + s 89, 404 für Antrag auf Ruhegeldzahlung, über den erst

Eintritt des Versicherungsfalles **78 § 14 ARB 75**

nach Versicherungsende entschieden wurde; AG Karlsruhe r+s 97, 71 für Antrag auf Leistung aus der Unfallversicherung).

ee) **Wechselt** einVN nach Abgabe einer in den versicherten Zeitraum fallenden Willenserklärung den **Versicherer** und fällt der durch diese Willenserklärung ausgelöste Versicherungsfall zeitlich unter die Deckung des neuen Vertrags, dann besteht nach dem Wortlaut des Abs. 3 Satz 3, zweite Alternative Versicherungsschutz weder beim Vorversicherer noch beim Nachversicherer; denn der Versicherungsfall ist einerseits nicht während der Laufzeit des beim Vorversicherer bestehenden Vertrags eingetreten und wurde andererseits durch eine vor der Laufzeit des Vertrags beim Nachversicherer abgegebene Willenserklärung ausgelöst. Beispiel: Der VN hatte während der Laufzeit seines Vertrags beim Vorversicherer A einen Rentenantrag gestellt, der nach Wechsel zum Versicherer B vom Rentenversicherungsträger abgelehnt wurde und den der VN vor dem Sozialgericht anfechten will. Der Ausschluß des Versicherungsschutzes entspricht in einem solchen Fall jedoch nicht dem Zweck des Abs. 3 Satz 3. Die Regelung will nur solche Rechtsfälle von der Deckung ausschließen, mit denen der VN bei Neuabschluß eines RSVersicherungsvertrags bereits konkret rechnen mußte, weil sie infolge einer vor Vertragsschluß oder während der Wartezeit abgegebenen Willenserklärung oder Rechtshandlung im Keim bereits vorhanden waren (vgl. oben Rdnr. 76). War aber der VN bei Abgabe der Willenserklärung bereits versichert und wechselt er – aus welchen Gründen auch immer – lediglich ohne zeitliche Unterbrechung den Versicherer, dann besteht die Gefahr eines solchen „Zweckabschlusses" in der Regel nicht mehr. Ohne Versichererwechsel hätte der VN Versicherungsdeckung. Durch den Wechsel sollte er nicht schlechtergestellt werden, sondern „nahtlosen" Versicherungsschutz erhalten. Zweifelhaft kann nur sein, welcher Versicherer einzutreten hat. Der Umstand, daß der Keim der späteren Auseinandersetzung bereits während der Laufzeit des ersten Vertrags gelegt wurde, spricht an sich für eine Leistungspflicht des Vorversicherers. Dem steht jedoch die Tatsache gegenüber, daß der Versicherungsfall selbst, der den Streit unmittelbar auslöst, nämlich der ablehnende Bescheid (Abs. 3 Satz 1), erst während der Laufzeit des Vertrags beim Nachversicherer ergangen ist. Wegen der zweifelhaften Rechtslage hat der HUK-Verband den ihm angeschlossenen RSVersicherern durch Rundschreiben R 11/77 M vom 3. 3. 1977 empfohlen, die für die Wahrnehmung der rechtlichen Interessen des VN anfallenden Kosten zu teilen, soweit nicht besondere Umstände einer solchen Regelung entgegenstehen, und die Abwicklung des Falles durch den Nachversicherer vornehmen zu lassen, bei dem der Versicherungsvertrag zur Zeit des Eintritts des Versicherungsfalles bestanden hat. Diese Sachbehandlung entspricht dem Rechtsgedanken des § 59 Abs. 1 und 2 VVG bei Vorliegen einer Doppelversicherung. Einen Anspruch auf Versicherungsschutz begründet diese Empfehlung jedoch nicht. Entsprechend soll verfahren werden, wenn der VN – entschuldbar – die Nachmeldefrist des § 4 Abs. 4 beim Vorversicherer versäumt hat (§ 4 Rdnr. 217) oder wenn beim Steuer-RS die für die Steuerfestsetzung maßgeblichen Voraussetzungen bereits während des Laufs der Vorversicherung eingetreten sind oder sein sollen (Vorbem. vor § 21 Rdnr. 196).

§ 15 Obliegenheiten nach dem Versicherungsfall

(1) Begehrt der Versicherungsnehmer Versicherungsschutz, hat er
a) den Versicherer unverzüglich vollständig und wahrheitsgemäß über sämtliche Umstände des Versicherungsfalles zu unterrichten sowie Beweismittel und Unterlagen anzugeben und auf Verlangen zur Verfügung zu stellen;
b) dem mit der Wahrnehmung seiner Interessen beauftragten Rechtsanwalt Vollmacht zu erteilen sowie diesen vollständig und wahrheitsgemäß über die Sachlage zu unterrichten, ihm die Beweismittel anzugeben, die möglichen Auskünfte zu erteilen und die notwendigen Unterlagen zu beschaffen;
c) dem Versicherer auf Verlangen Auskunft über den Stand des Verfahrens zu geben und gegebenenfalls die erforderlichen Maßnahmen zur weiteren Aufklärung des Sachverhaltes zu ergreifen;
d) soweit seine Interessen nicht unbillig beeinträchtigt werden,
   aa) vorab nur einen angemessenen Teil der Ansprüche einzuklagen und die etwa nötige gerichtliche Geltendmachung der restlichen Ansprüche bis zur Rechtskraft der Entscheidung über die Teilansprüche zurückzustellen;
   bb) vor Klageerhebung die Rechtskraft eines anderen gerichtlichen Verfahrens aufgrund desselben Versicherungsfalles abzuwarten, das tatsächliche oder rechtliche Bedeutung für den beabsichtigten Rechtsstreit haben kann;
   cc) Maßnahmen, die Kosten auslösen, insbesondere Erhebung von Klagen und Einlegung von Rechtsmitteln mit dem Versicherer abzustimmen und alles zu vermeiden, was eine unnötige Erhöhung der Kosten oder eine Erschwerung ihrer Erstattung durch die Gegenseite verursachen könnte;
e) dem Versicherer unverzüglich alle ihm zugegangenen Kostenrechnungen von Rechtsanwälten, Sachverständigen und Gerichten vorzulegen.

(2) Verletzt der Versicherungsnehmer eine der in Absatz 1 genannten Obliegenheiten, ist der Versicherer von der Verpflichtung zur Leistung frei, es sei denn, daß die Verletzung weder auf Vorsatz noch auf grober Fahrlässigkeit beruht. Bei grobfahrlässiger Verletzung bleibt der Versicherer zur Leistung insoweit verpflichtet, als die Verletzung Einfluß weder auf die Feststellung des Versicherungsfalles noch auf die Feststellung oder den Umfang der dem Versicherer obliegenden Leistungen gehabt hat.

Übersicht

	Rdnrn.
I. Allgemeines	1–5
II. Abs. 1	6–26
1. eingeschränkte Anzeigeobliegenheit	6
2. Abs. 1 a	7–9
a) Unterrichtung	7
b) Vorlage von Unterlagen	8
c) „unverzüglich"	9
3. Abs. 1 b	10
4. Abs. 1 c	11
5. Abs. 1 d	12
a) Teilklage (Abs. 1 d aa)	13, 14
b) Abs. 1 d bb	15–18
c) Abs. 1 d cc	19
aa) kostenauslösende Maßnahmen	20, 20 a
bb) unnötige Erhöhung der Kosten	21–23
cc) Erschwerung der Kostenerstattung	24
6. Kostenrechnungen (Abs. 1 e)	25

	Rdnrn.		Rdnrn.
III. Obliegenheitsverletzung (Abs. 2)	26–32	IV. Sonstige Obliegenheiten	33–38
1. Allgemeines	26	1. vorvertragliche Anzeigeobliegenheit	33
2. a) Vorsatz	27	2. Gefahrerhöhung	34
b) grobe Fahrlässigkeit	28	3. Anzeige einer Doppelversicherung	35–37
c) Beweislast	29	4. kein Anerkennungs- und Befriedigungsverbot	38
3. Obliegenheitsverletzung durch Hilfsperson	30, 31		
a) allgemein	30		
b) durch Rechtsanwalt	31		
4. Belehrungspflicht des Versicherers	32		

I. Allgemeines

Die RSVersicherung kennt, ähnlich wie die anderen Versicherungssparten, eine Reihe von **Obliegenheiten**, die der VN beachten muß, wenn er seinen Versicherungsschutz nicht gefährden will. Sie schreiben ihm bestimmte Verhaltensweisen zur Erhaltung seines Versicherungsanspruches vor, insbesondere Auskunfts-, Aufklärungs-, Gefahrstands- und Schadenminderungspflichten. Nach h. M. sind dies jedoch keine echten, im Klageweg erzwingbare Rechtspflichten, die bei Nichterfüllung in eine Schadensersatzpflicht übergehen, da ihre Beachtung nicht im (fremden) Interesse des Versicherers, sondern lediglich im (eigenen) Interesse des VN liegt (*Bruck/Möller* § 6 Anm. 5). Sie sind vielmehr Voraussetzungen für die Erhaltung des Anspruchs aus dem Versicherungsvertrag (*Prölss/Martin* § 6 Anm. 4; *Bruck/Möller* § 6 Anm. 10). Sie gehören zu den Risikobeschränkungen im weiteren Sinn, d. h. zu den Mitteln, das vom Versicherer getragene wirtschaftliche Risiko zu umgrenzen (*Bruck/Möller* § 6 Anm. 12; *Prölss/Martin* § 6 Anm. 3 und § 49 Anm. 1 B c). Sie sind, vor allem wegen der Rechtsfolgen aus §§ 6, 15a VVG, von den eigentlichen, in der Regel nicht verhaltensabhängigen Risikobegrenzungen zu unterscheiden, insbesondere den sekundären Risikobegrenzungen und Risikoausschlüssen (z. B. die Fälle des § 2 Abs. 3 und des § 4). Generell gilt, daß nicht der Wortlaut und die äußere Erscheinungsform, sondern der materielle Inhalt einer Bedingungsregelung darüber entscheidet, ob es sich um eine verschuldensunabhängige objektive Risikobegrenzung oder um eine verschuldensabhängige Obliegenheit handelt. Eine Klausel, die eine vom VN bei Meidung des Anspruchsverlustes oder der Anspruchskürzung zu beachtende Verhaltensnorm aufstellt, kann in der Regel nur als Obliegenheit vereinbart werden. Durch die Einkleidung in die Form eines Risikoausschlusses würde der VN des Schutzes des § 6 beraubt werden (§ 15a VVG). Es würde sich dann um eine „verhüllte" Obliegenheit handeln (BGH NJW 73, 284 = VersR 73, 145; VersR 73, 1010; 76, 136; 79, 343; NJW 80, 837 = VersR 80, 153; *Prölss/Martin* § 6 Anm. 3 B b). 1

§ 15 regelt, teilweise in Ausprägung gesetzlicher Obliegenheiten des VVG, solche Obliegenheiten, die in der RSVersicherung im Sinn des § 6 Abs. 3 VVG **nach dem Versicherungsfall** zu erfüllen sind. Weitere Obliegenheiten dieser Art finden sich in § 16 Abs. 3 und § 17 Abs. 3. Den Gegensatz hierzu bilden die unter § 6 Abs. 1 und 2 VVG fallenden Obliegenheiten, die sich auf die Zeit vor Eintritt des Versicherungsfalles beziehen und die sich aus dem VVG (vgl. unten Rdnrn. 33 ff.) und den verkehrsbezogenen 2

Deckungsbereichen der Besonderen Bestimmungen der ARB ergeben. Hierzu gehören insbesondere § 21 Abs. 6; § 22 Abs. 5, Abs. 6 Satz 6, Abs. 7 Ziff. 5 Satz 3; § 23 Abs. 4, Abs. 5 Satz 6, Abs. 7 Ziff. 3; § 24 Abs. 6 Ziff. 4; § 26 Abs. 6 (Fassung 1988: Abs. 8); § 27 Abs. 6. Was unter Versicherungsfall in den einzelnen Deckungsbereichen zu verstehen ist und wann der Versicherungsfall als eingetreten gilt, ergibt sich aus § 14 und den Erläuterungen hierzu.

3   Die gesetzlichen und vertraglichen Obliegenheiten treffen in erster Linie den VN. Sind **mehrere** Personen **VN,** dann genügt die Erfüllung von Mitteilungs- und Auskunftsobliegenheiten durch einen von ihnen. Bei Verletzung von Gefahrstands- und Schadenminderungsobliegenheiten genügt zur Verwirkung das Verhalten eines von ihnen, wenn das gemeinschaftliche, gleichartige und ungeteilte Interesse aller VN versichert ist. Handelt es sich dagegen um eine Mehrheit von VN mit selbständigen eigenen Interessen, dann berührt das Verhalten eines Mit-VN nur dessen (selbständigen) Deckungsanspruch, falls er nicht gleichzeitig Repräsentant der übrigen VN ist oder diese an der Obliegenheitsverletzung beteiligt sind (Näheres *Prölss/ Martin* § 6 Anm. 6).

4   Ein **Mitversicherter** (§ 11 Rdnr. 1) hat die Obliegenheiten zu erfüllen, soweit diese ihrer Natur nach ihn treffen können. Unabhängig hiervon bleibt neben ihm der VN selbst für die Erfüllung von Obliegenheiten verantwortlich (§ 11 Abs. 3; Näheres § 11 Rdnr. 23).

5   § 15 regelt nach Form und Inhalt **keine Risikobegrenzungen,** sondern echte Obliegenheiten, deren Verletzung gemäß Abs. 2 mit den in § 6 Abs. 3 VVG vorgesehenen Sanktionen belegt ist. § 15 enthält also keine den VN benachteiligende Regelung im Sinn des § 15a VVG. Während in den Buchstaben a bis c des Abs. 1 dem VN auferlegt wird, alles zur Klärung des Sachverhalts und der rechtlichen Interessenwahrnehmung Notwendige gegenüber dem Versicherer und dem beauftragten Rechtsanwalt zu unternehmen, soll durch die Regelung in Abs. 1d und e erreicht werden, daß der Versicherer nicht mehr an Rechtskosten zu übernehmen hat, als zur Wahrnehmung der rechtlichen Interessen des VN notwendig ist.

II. Abs. 1

6   1. Die gesetzliche **Obliegenheit zur** unverzüglichen **Anzeige** eines Versicherungsfalles (§§ 33 Abs. 1, 153 VVG) gilt für die RSVersicherung nur **eingeschränkt.** Wie sich aus den Eingangsworten des Abs. 1 ergibt, hat der VN den Versicherer nicht nach jedem Versicherungsfall, sondern nur dann zu unterrichten, wenn er aufgrund eines Versicherungsfalles Versicherungsschutz „begehrt". Ein solches Begehren ist immer dann anzunehmen, wenn eine schriftliche (§ 12) Mitteilung des VN oder des für ihn handelnden Rechtsanwalts ergibt, daß ein Anspruch aus dem Versicherungsvertrag erhoben werden soll. Die Anspruchserhebung kann auch durch schlüssiges Verhalten erfolgen und liegt in der Regel in der Übersendung einer Schadenanzeige. Unklare Mitteilungen, aus denen sich nicht ergibt, ob und durch

Obliegenheiten nach dem Versicherungsfall

welche Person Versicherungsansprüche gestellt werden, sowie „vorsorgliche" Meldungen eines Versicherungsfalles sind in der Regel noch keine RS-Begehren (vgl. LG Coburg ZfS 89, 270) und lösen daher die Obliegenheiten des Abs. 1 noch nicht aus. Eine vorsorgliche Meldung ohne konkretes Rechtsschutzbegehren kann allerdings den Lauf der Ausschlußfrist des § 4 Abs. 4 unterbrechen (BGH NJW 92, 2233 = VersR 92, 819 = r + s 92, 236; § 4 Rdnr. 216). Die Abweichung von der – nicht zwingenden (*Prölss/Martin* § 33 Anm. 8) – gesetzlichen Regelung geht nicht etwa, wie *H. Martin* (AnwBl. 65, 38, 41) meint, auf ein Interesse der RSVersicherer zurück, daß möglichst spät RS begehrt wird, sondern sie ist in der besonderen Interessenlage eines RSVersicherten begründet. Für den Deckungsbereich der Verteidigung gegen straf-, bußgeld-, disziplinar- und standesrechtliche Vorwürfe liegt es auf der Hand, daß es dem VN überlassen bleiben muß, ob er von einem solchen – möglicherweise ehrenrührigen – Vorwurf dem RSVersicherer überhaupt Kenntnis geben will (vgl. für die Kraftfahrt-Straf-RSVersicherung VerBAV 61, 23, 24). Aber auch in den übrigen Deckungsbereichen der Besonderen Bestimmungen der ARB wäre eine generelle Anzeigepflicht für den VN nicht zumutbar und für den Versicherer zudem unwirtschaftlich. Eine solche Obliegenheit würde den VN verpflichten, sämtliche möglicherweise unter die Deckung fallenden Schadenereignisse und Verstöße gegen vertragliche oder gesetzliche Rechtspflichten unverzüglich dem Versicherer zu melden, der daraufhin eine entsprechende Schadenakte anlegen müßte. Häufig steht jedoch bei der Verletzung einer vertraglichen oder gesetzlichen Rechtspflicht noch gar nicht fest, ob sie zu einer Reaktion, beispielsweise der Bußgeldbehörde oder des Vertragspartners, führt, die eine rechtliche Interessenwahrnehmung letztlich notwendig macht. Wenn auch der Versicherungsfall in solchen Fällen bereits mit dem – wirklichen oder behaupteten – Beginn eines Rechtsverstoßes eingetreten ist (§ 14 Rdnr. 39), wird der VN häufig erst die Reaktion der Gegenseite abwarten, um sich dann darüber schlüssig zu werden, ob er seinen RSVersicherer einschalten soll. Der im Vergleich zu anderen Versicherungssparten anders geartete Versicherungsfall in der RSVersicherung rechtfertigt daher eine von § 33 Abs. 1 VVG abweichende Regelung (GB BAV 76, 78; *Bielefeldt* S. 128). Hinzu kommt, daß bei einigen Leistungsarten der Versicherungsschutz nicht schon mit Beginn der Interessenwahrnehmung, sondern erst in einem späteren Stadium einsetzt, z.B. beim Sozialgerichts-RS und beim Firmen-Vertrags-RS erst mit Beginn der gerichtlichen Interessenwahrnehmung (Vorbem. vor § 21 Rdnr. 130; § 24 Rdnr. 44). In diesen Fällen wäre es nicht sinnvoll, vom VN eine Anzeige schon nach Eintritt des Versicherungsfalles zu fordern, wenn noch gar nicht feststeht, ob es überhaupt zu einem Gerichtsstreit kommt.

2. a) Begehrt der VN Versicherungsschutz, dann hat er nach Abs. 1a (*entspricht § 17 Abs. 3 ARB 94*) – auf seine Kosten (AG Düsseldorf 86, 1202; § 2 Rdnr. 33) – den Versicherer unverzüglich vollständig und wahrheitsgemäß über sämtliche Umstände des Versicherungsfalles zu **unterrichten** sowie Beweismittel und Unterlagen anzugeben (vgl. hierzu *Ege* AnwBl. 79, 49; *Matzen* AnwBl. 79, 358). Nach der gemäß § 34a Satz 2 VVG zulässigen Regelung des § 12 hat dies schriftlich zu geschehen. Hierbei handelt es sich um

eine auf die Bedürfnisse der RSVersicherung zugeschnittene Ausformung der allgemeinen Auskunftsobliegenheit des § 34 Abs. 1 VVG, wobei jedoch der Versicherungsschutz begehrende VN diese Auskunft schon von sich aus, also spontan, und nicht erst auf konkretes Verlangen des Versicherers zu geben hat (insoweit mißverständlich AG Recklinghausen AnwBl. 79, 203, das fälschlicherweise Abs. 1 a statt des Abs. 1 c anführt, vgl. unten Rdnr. 11; eine ähnliche Regelung enthält § 5 Nr. 3 AHB und § 7 Nr. 2 AKB; vgl. *Prölss/Martin* § 34 Anm. 1). Der VN oder der für ihn handelnde Rechtsanwalt hat alle zur Feststellung des Versicherungsfalles und, soweit schon möglich, des Umfangs der Leistung des Versicherers notwendigen Angaben zu machen, selbst wenn sie für den VN ungünstig sein sollten. Insbesondere sind auch Verstöße des VN gegen vertragliche oder gesetzliche Rechtspflichten, z.B. gegen Straf- oder Bußgeldvorschriften, mitzuteilen, soweit sie für den Versicherungsfall erheblich sind, sowie bereits bekannte Einwendungen des Gegners (BGH NJW 88, 266 = VersR 87, 1186 unter Ziff. 3b; OLG Köln r+s 93, 382). Erteilt der Anwalt die Auskunft auftragsgemäß für den VN, ist er als von der Schweigepflicht entbunden anzusehen, soweit der VN nach § 15 zur Auskunft verpflichtet ist. Der VN kann sich nicht auf das seiner Meinung nach Notwendige beschränken. Vielmehr darf der Versicherer diejenigen Auskünfte verlangen, die er für notwendig hält, sofern sie nur möglicherweise – unmittelbar oder mittelbar – für den Grund oder den Umfang der Leistung bedeutsam sein können (OLG Bamberg VersR 94, 1100 für Verschweigen unterlassener Beantwortung von Gesundheitsfragen bei Abschluß eines Lebensversicherungsvertrags; OLG Frankfurt r + s 91, 342 für Verschweigen einer Schiedsgerichtsabrede; OLG München ZfS 86, 336; LG Hechingen r + s 91, 307 für Verschweigen einer landwirtschaftsfremden selbständigen Tätigkeit als Kreditmakler; LG Bielefeld ZfS 91, 417 bei lückenhaftem und LG Verden r+s 93, 262 und LG Trier r + s 93, 147 bei falschem Sachverhalt; LG Düsseldorf ZfS 88, 249 für die Frage nach der GmbH-Gesellschafter-Stellung des VN; AG Hanau r+s 95, 465 bei Verschweigen unfallunabhängiger Vorschäden; AG Homburg r + s 92, 167 bei Verschweigen einer Kasko-Entschädigung; AG Achern ZfS 90, 130; AG Köln ZfS 90, 131; AG Herborn ZfS 90, 131 bei Verschweigen einer Blutalkoholkonzentration von 2‰; AG Waldshut-Tiengen r + s 88, 109; AG Köln ZfS 85, 83; *Prölss/Martin* § 34 Anm. 2 A). Reichen die eingereichten Unterlagen nach Meinung des Versicherers nicht aus, etwa den Zeitpunkt des Versicherungsfalles zu bestimmen, muß er allerdings dem VN deutlich und konkret sagen, worauf es ihm ankommt (AG München ZfS 92, 353). Eine vorsätzlich falsche Unterrichtung durch den VN führt nach Abs. 2 zur Leistungsfreiheit des Versicherers (OLG Hamm VersR 92, 308 = AnwBl. 93, 355 = r + s 92, 54 = ZfS 92, 97; OLG Köln ZfS 92, 98; unten Rdnr. 27). Zusätzlich sind Beweismittel, insbesondere Zeugen, Sachverständige und Urkunden sowie sonstige Unterlagen anzugeben, die für die Prüfung des Versicherungsschutzes und die Erfolgsaussichten (§ 17) von Bedeutung sind. Solche Unterlagen können je nach Lage des Falles insbesondere sein schriftliche Verträge, Gutachten sowie außerprozessualer und prozessualer Schriftwechsel, z.B. mit dem gegnerischen Haftpflichtversicherer, damit der RSVersicherer die Schlüssigkeit und Begründetheit der Forderung des VN anhand der Beweislage und nach Kenntnis der Argumente und Beweisangebote des Gegners beurteilen kann (OLG Nürnberg VersR 82, 695 – auszugsweise – = JurBüro 82, 947; etwas einschränkend LG Köln VersR 85, 1058). Hat der RSVersicherer im Einzelfall Grund zu der Annahme, sein VN oder dessen Anwalt habe ihn nur unvollständig unterrichtet, kann er auch die in § 1 Rdnr. 16 näher beschriebenen Erkundigungen beim Gegner einholen, darf auf diesen allerdings nicht im Sinn einer Zahlungs- oder Vergleichsbereitschaft einwirken, da er hierdurch die Grenze zu der ihm nicht gestatteten Rechtsberatung überschreiten würde (BGH NJW 61, 1113 = VersR 61, 433). Zu Rechtsausführungen ist der VN und auch der etwa schon eingeschaltete Anwalt an sich nicht verpflichtet. Es fördert jedoch in der Regel die Entscheidung des Versicherers über seine Eintrittspflicht, wenn der Anwalt die rechtliche Seite in Zweifelsfällen wenigstens kurz beleuchtet. Ein „Stichentscheid" im Sinn des § 17 Abs. 2 ist in solchen Rechtsausführungen jedoch noch nicht zu sehen (§ 17 Rdnr. 10). In Straf- und Bußgeldverfahren ist die Informationsobliegenheiten des VN nach Abs. 1a und c durch § 17 Abs. 1 Satz 3 begrenzt. Da in diesen Verfahren in den Tatsacheninstanzen die Erfolgsaussichten nicht geprüft werden (§ 17 Rdnrn. 4, 5), braucht der VN Tatsachen, die nur für die Prüfung der Erfolgsaussichten Bedeutung haben, nicht mitzuteilen (BGH NJW 85, 1466 = VersR 85, 538).

2. b) Eine Pflicht zur spontanen Vorlage schriftlicher Beweismittel und **Unterlagen** hat der VN oder der für ihn handelnde Anwalt an sich nicht. Nach Abs. 1a a.E. muß er sie vielmehr erst **auf Verlangen** – dann aber unverzüglich (OLG Karlsruhe ZfS 82, 369, vgl. unten Rdnr. 27) – dem Versicherer zur Verfügung stellen. Im Regelfall empfiehlt es sich jedoch, bei nicht ganz einfach gelagerten Fällen zur Beschleunigung der Prüfungsmöglichkeit des Versicherers gleichzeitig mit dessen Unterrichtung die zur Feststellung des Versicherungsfalles notwendigen Unterlagen mit vorzulegen. Die – an sich zwingende (§ 34a VVG) – Einschränkung des § 34 Abs. 2 VVG, daß der Versicherer Belege nur insoweit fordern kann, als die Beschaffung dem VN billigerweise zugemutet werden kann, spielt in der RSVersicherung keine große Rolle. Denn unter „Belegen" sind nach dem allgemeinen Sprachgebrauch nur solche schriftlichen Unterlagen zu verstehen, die sich auf Geschäftsvorfälle oder ähnliche Vorgänge beziehen, insbesondere Geschäftsbücher, Bilanzen und Zahlungsbelege (*Prölss/Martin* § 34 Anm. 2 D), nicht dagegen die allgemeine oder prozessuale Korrespondenz über bestimmte Rechtsfälle.

2. c) Der VN hat den Versicherer nach Abs. 1a „**unverzüglich**", d.h. ohne schuldhaftes Zögern (§ 121 BGB), umfassend zu unterrichten. Diese in den ARB 69 noch nicht enthaltene Ergänzung wurde in die ARB 75 aufgenommen, um klarzustellen, daß der VN mit der Meldung des Versicherungsfalles nicht unbegrenzte Zeit warten darf, wenn er sich entschlossen hat, um Versicherungsschutz nachzusuchen. Er ist zwar nicht verpflichtet, einen Versicherungsfall überhaupt anzuzeigen (vgl. oben Rdnr. 6). Hat sich eine rechtliche Auseinandersetzung jedoch soweit konkretisiert, daß der VN mit der Aufwendung von Rechtskosten rechnen muß und deshalb seinen

§ 15 ARB 75   10   1. Teil. Allgemeine Bestimmungen (C)

RSVersicherer in Anspruch nehmen will, dann entsteht für ihn die Obliegenheit, den Versicherer unverzüglich im Sinn des Abs. 1a zu informieren. Die Unterrichtung hat dann spätestens in einem Stadium zu erfolgen, das dem Versicherer noch eine Prüfung seiner Eintrittspflicht und die Abstimmung von Maßnahmen im Sinn des Abs. 1d aa bis cc erlaubt. Denn dem Versicherer nützt keine noch so vollständige Information über die Sach- und Rechtslage, wenn der VN nicht die Auswertung der vermittelten Kenntnisse und die darauf gestützten Entschlüsse des Versicherers abwartet, sondern selbständig handelt (BGH VersR 67, 774; LG Köln r + s 78, 223). Der VN hat es nicht in der Hand, Abs. 1a dadurch außer Kraft zu setzen, daß er die Inanspruchnahme des Versicherers hinausschiebt (OLG Frankfurt VersR 84, 857; LG Koblenz r + s 92, 57: Meldung des Versicherungsfalles erst eineinhalb Jahre nach Klageerhebung). Insbesondere ist der Versicherer – abgesehen von eiligen Fällen – so frühzeitig zu unterrichten, daß er noch ausreichend Zeit hat, die Notwendigkeit (§ 1 Abs. 1) einer beabsichtigten Klage oder eines Rechtsmittels zu prüfen (vgl. unten Rdnr. 20; § 17 Rdnr. 2; vgl. auch *Ege* AnwBl. 79, 49; *Matzen* AnwBl. 79, 358). Begehrt jedoch der VN Versicherungsschutz erst für die Berufungsinstanz, nachdem er die erste Instanz auf eigene Kosten durchgeführt hat, verstößt er weder gegen Abs. 1a noch Abs. 1dcc (OLG Düsseldorf VersR 94, 1337 = NJW-RR 95, 295 = r+s 94, 180 = ZfS 94, 263). Meldet der VN oder der für ihn handelnde Anwalt den Versicherungsfall und den Beginn der Interessenwahrnehmung erst nach der ersten Instanz oder nach Abschluß des Verfahrens oder jedenfalls erst nach längerer Zeit, dann ist dies nicht mehr unverzüglich und in der Regel auch wenn nicht vorsätzlich, so doch grobfahrlässig im Sinne des Abs. 2 (LG Gießen r+s 95, 421; LG Karlsruhe ZfS 89, 203; LG Bremen ZfS 89, 167; AG Pfaffenhofen VersR 94, 806; AG Gießen, AG Köln ZfS 90, 130; AG Friedberg ZfS 89, 167; AG Münster ZfS 88, 111; AG Hanau ZfS 88, 112; AG Wiesbaden ZfS 87, 242; AG München r + s 79, 89; vgl. unten Rdnr. 28). Entsprechendes gilt, wenn der VN erst vier Jahre nach einem gegen ihn erlassenen Arrestbeschluß mit nachfolgender Pfändung Versicherungsschutz begehrt (LG Coburg ZfS 94, 105).

10 3. Parallel zur Auskunftspflicht gegenüber dem Versicherer statuiert Abs. 1b *(entspricht § 17 Abs. 5a ARB 94)* eine entsprechende Unterrichtungs- und Auskunftspflicht sowie eine Bevollmächtigungspflicht des VN gegenüber dem – von ihm selbst oder gemäß § 16 Abs. 2 vom Versicherer – beauftragten Rechtsanwalt. Diese den spezifischen Bedürfnissen der RSVersicherung angepaßte Modifizierung des § 34 VVG liegt sowohl im Interesse des Anwalts wie auch des VN und des RSVersicherers, damit die Wahrnehmung der rechtlichen Interessen des VN zügig und reibungslos vonstatten gehen kann (*Sperling* AnwBl. 70, 34, 37). Während Abs. 1a in erster Linie der Feststellung des Versicherungsfalles im Verhältnis zwischen VN und Versicherer dient, soll Abs. 1b die Klärung des streitigen Sachverhalts fördern und den Anwalt in Stand setzen, seinen Auftrag ordnungsgemäß auszuführen. Daher darf der VN auch seinem Anwalt für eine Schadensersatzklage unfallunabhängige Vorschäden an seinem Kraftfahrzeug nicht verschweigen (AG Hanau r+s 95, 465).

4. Abs. 1 c *(entspricht § 17 Abs. 5 b ARB 94)* verpflichtet den VN, den 11
Versicherer über die Entwicklung eines bereits gemeldeten Versicherungsfalles auf dem laufenden zu halten. Der Versicherer muß – soweit es nicht lediglich die Erfolgsaussichten in den Tatsacheninstanzen bei Straf- und Bußgeldverfahren betrifft (BGH NJW 85, 1466 = VersR 85, 538; vgl. oben Rdnr. 7 a. E.) – sachgemäße Entschließungen über die Behandlung des Versicherungsfalles während des ganzen Laufes einer rechtlichen Auseinandersetzung treffen können. Daher versteht es sich von selbst, daß sich die Auskunftsobliegenheit des VN nicht in einer einmaligen Unterrichtung des Versicherers erschöpft, sondern daß er – jedenfalls auf Verlangen (LG Köln r+s 94, 102; AG Grevenbroich r+s 95, 105; AG Recklinghausen AnwBl. 79, 203, das hier allerdings fälschlicherweise Abs. 1 a zitiert; vgl. oben Rdnr. 7) – dem Versicherer jeweils Auskunft über den Stand des Verfahrens geben muß *(Prölss/Martin § 34 Anm. 2 B)*. Soweit notwendig, hat er außerdem das ihm Zumutbare zur weiteren Aufklärung des Sachverhalts zu unternehmen. Häufig wird der beauftragte Anwalt dem Versicherer die entsprechenden Auskünfte geben. Da der Anwalt jedoch nicht Vertragspartner des Versicherers ist (§ 16 Rdnr. 11), hat dieser rechtlich keine Möglichkeit, entsprechende Auskünfte vom Anwalt des VN zu fordern, wenn sie nicht freiwillig gegeben werden. Durch Abs. 1 c wird in solchen Fällen der VN verpflichtet, entweder die Auskünfte selbst zu geben oder seinen Anwalt zur Auskunftserteilung anzuweisen *(Ridder S. 123)*. Das OLG Düsseldorf hält den Anwalt allerdings in Sonderfällen für verpflichtet, dem RSVersicherer Auskunft über die kostenmäßige Erledigung der Mandate zu geben (VersR 80, 231; vgl. § 16 Rdnr. 7).

5. Abs. 1 d *(entspricht § 17 Abs. 5 c ARB 94)* ist eine auf die spezifischen 12
Bedürfnisse der RSVersicherung zugeschnittene Ausprägung der an sich schon nach § 62 VVG bestehenden Schadenminderungsobliegenheit des VN, die entstehenden Rechtskosten so gering wie möglich zu halten. Er darf das legitime Interesse des Versicherers und der Versichertengemeinschaft, nur die notwendigen Kosten einer Interessenwahrnehmung übernehmen zu müssen, nicht durch eigenmächtiges Handeln durchkreuzen (BGH VersR 67, 774). Allerdings gilt dieser Grundsatz nur, soweit nicht hierdurch vorrangige Interessen des VN an umfassender Klärung seines Rechtsfalles oder baldiger Durchsetzung seiner Ansprüche unbillig beeinträchtigt werden (vgl. die ähnliche Regelung in § 5 Ziff. 3 AHB). So kann etwa der VN eine negative Feststellungsklage wegen sittenwidriger Kreditzinsen vor deren Fälligkeit erheben, wenn er andernfalls in seinen Vermögensdispositionen eingeschränkt würde (AG Charlottenburg NJW-RR 93, 217 = ZfS 91, 201).

a) Ist nach Sachlage zu erwarten, daß die rechtskräftige Entscheidung 13
über eine **Teilklage** des VN die endgültige Klärung der zwischen ihm und seinem Gegner streitigen Tat- oder Rechtsfragen bringt, dann kann der Versicherer nach Abs. 1 d aa verlangen, daß der VN die gerichtliche Geltendmachung der weitergehenden Ansprüche bis zur Rechtskraft der Entscheidung über die Teilklage zurückstellt. Fordert beispielsweise der VN nach einem Unfall vom Schädiger Ersatz des Sachschadens, des Verdienstausfalls, der Heilungskosten sowie Schmerzensgeld und bestreitet der Schädiger oder

sein Haftpflichtversicherer in erster Linie den Grund der Haftung, dann genügt es oft, nur einen Teil dieser Ansprüche einzuklagen, da erfahrungsgemäß nach rechtskräftiger Entscheidung über den Grund häufig eine Einigung über die Höhe der Gesamtansprüche außergerichtlich und damit zu einem geringeren Kostenaufwand möglich ist (AG Bielefeld ZfS 84, 180, Grenzfall; *Ridder* S. 124). Ähnliches gilt auch in anderen Fällen – vor allem mit höherem Streitwert –, wenn die zu entscheidenden Tat- oder Rechtsfragen das ganze Streitverhältnis betreffen (OLG Nürnberg VersR 82, 695 für einen nur dem Grunde nach streitigen Rentenanspruch; LG Freiburg ZfS 87, 337 für negativen Feststellungsanspruch neben weiteren Klageanträgen; AG Bremen ZfS 90, 20 für Lohnfortzahlungsanspruch neben Kündigungsschutzklage).

14   In all diesen Fällen muß jedoch dem VN die Möglichkeit verbleiben, einen „angemessenen" Teil seiner Ansprüche einzuklagen, d. h. einen im Verhältnis zum Gesamtanspruch nicht zu geringen Teilanspruch, dessen Gegenstandswert es außerdem erlaubt, notfalls alle in den jeweiligen Verfahrensvorschriften vorgesehenen Gerichtsinstanzen anzurufen. Geht der Streit auch oder vorwiegend um die Höhe der Ansprüche und würde auch ein wirtschaftlich vernünftig handelnder Nichtversicherter trotz des Kostenrisikos vermutlich nicht nur einen Teil einklagen, dann ist dem VN nicht zuzumuten, nur eine Teilklage zu erheben (OLG Hamm VersR 93, 310 = r + s 93, 144; VersR 89, 736 = AnwBl. 89, 245 = r + s 89, 192). Könnten dem VN dadurch, daß er nur einen Anspruchsteil gerichtlich geltend macht, Rechtsnachteile entstehen, z. B. durch drohende Verjährung des nicht eingeklagten Anspruchsteils oder – bei möglicherweise notwendig werdender Vollstreckung – verspätete Erlangung eines Vollstreckungstitels für die Restansprüche, dann wäre es unbillig, wenn ihn der Versicherer auf Abs. 1 d aa verweist. Wenig sinnvoll ist auch die Verweisung auf eine Teilklage, wenn zu erwarten ist, daß der Gegner mit einer negativen Feststellungswiderklage hinsichtlich des nichteingeklagten Teils antwortet.

15   b) Ist aufgrund eines bestimmten Versicherungsfalles (§ 14) bereits ein gerichtliches Verfahren anhängig, dann kann der Versicherer nach **Abs. 1 d bb** verlangen, daß der VN vor Klageerhebung die Rechtskraft dieses Verfahrens abwartet, wenn seine beabsichtigte Klage denselben Versicherungsfall betrifft und der Ausgang des bereits rechtshängigen Verfahrens tatsächliche oder rechtliche Bedeutung für die beabsichtigte Klage haben kann.

16   In **tatsächlicher** Hinsicht kann die beabsichtigte Klage des VN vom Ausgang eines bereits rechtshängigen Verfahrens abhängig sein, wenn beispielsweise mehrere Personen vom selben Schadenereignis (§ 14 Abs. 1) oder vom selben Rechtsverstoß (§ 14 Abs. 3) betroffen worden sind und einer von ihnen bereits Klage erhoben hat. Eine Abhängigkeit von einem Gerichtsverfahren in tatsächlicher Hinsicht kann auch gegeben sein, wenn der VN bei einem Unfall verletzt wurde und gegen den Schädiger ein gerichtliches Strafverfahren anhängig ist, in dem eine Klärung der Schuldfrage zu erwarten ist. Wenn der Ausgang dieses Strafverfahrens auch nicht bindend für die zivilrechtlichen Schadenersatzansprüche der VN gegen den Schädiger ist

(§ 14 Abs. 2 Nr. 1 EGZPO), so kann die im Lauf des Strafverfahrens erfolgende Aufklärung des Sachverhalts gleichwohl entscheidende Bedeutung für die Schadenersatzansprüche gewinnen und eine zivilrechtliche gerichtliche Auseinandersetzung überflüssig machen (LG München I ZfS 82, 18; vgl. auch § 4 Rdnr. 3). Nach dem reinen Wortlaut liegt zwar in solchen Fällen nicht „derselbe Versicherungsfall" im Sinn des Abs. 1 d bb vor, da Versicherungsfall für den VN das ihn treffende Schadenereignis im Sinn des § 14 Abs. 1 ist, während der – nicht mitversicherte – Schädiger streng genommen gar nicht von einem „Versicherungsfall" betroffen sein kann. Gemeint ist jedoch ersichtlich der gleiche Lebenssachverhalt, nämlich hier der Unfall, der für den VN Schadensersatzansprüche und für seinen Unfallgegner ein Strafverfahren ausgelöst hat. Das OLG Celle (ZfS 90, 378) verwendet den Rechtsgedanken des Abs. 1 d bb bei Bejahung der Mutwilligkeit für eine beabsichtigte Klage des VN (§ 1 Abs. 1 Satz 2), wenn bei einem behaupteten Anlagebetrug mit vielen Geschädigten andere Geschädigte bereits klagen und eine musterprozeßartige Entscheidung bevorsteht (§ 1 Rdnr. 41).

Rechtlich kann ein bereits laufendes Gerichtsverfahren für eine beabsichtigte Klage des VN Bedeutung haben, wenn der Anspruch des VN ganz oder zum Teil vom Bestehen des bereits rechtshängigen Rechtsverhältnisses abhängt, dieser Rechtsstreit also „vorgreiflich" für die Ansprüche des VN ist (vgl. § 148 ZPO und die Kommentare hierzu). So ist es dem VN zuzumuten, mit einer Klage auf Gehaltszahlung zu warten, bis der Kündigungsschutzprozeß entschieden ist (OLG Frankfurt JurBüro 92, 164; vgl. auch unten Rdnr. 21).

Voraussetzung für die „Warte-Obliegenheit" des VN nach Abs. 1 d bb ist in allen Fällen, daß bereits ein **anderes gerichtliches Verfahren** anhängig ist. Ein behördliches Verfahren, z. B. bei der Staatsanwaltschaft, Bußgeldbehörde oder einer sonstigen Verwaltungsbehörde, genügt nicht. Außerdem dürfen durch das Zuwarten die Interessen des VN nicht unbillig beeinträchtigt werden, also beispielsweise keine Verjährung seiner Ansprüche oder eine Erschwerung der Zugriffsmöglichkeit beim Gegner drohen (LG Berlin r + s 90, 20; vgl. oben Rdnrn. 12, 14).

c) Als wichtigste im Rahmen der Schadenminderungspflicht bestehende Obliegenheit wird dem VN durch **Abs. 1 d cc** auferlegt, kostenauslösende Maßnahmen mit dem Versicherer abzustimmen (unten Rdnr. 20) und eine unnötige Erhöhung der Kosten zu vermeiden (unten Rdnr. 21). Während sich Abs. 1 d aa und bb nur auf gerichtliche Maßnahmen des VN beziehen, betrifft Abs. 1 d cc auch außergerichtliche Maßnahmen. Maßnahmen, die Kosten auslösen, sind nach der Zweckrichtung der Abstimmungsobliegenheit nur solche, durch die der VN selbst Kosten zu Lasten seines RSversicherers auslöst, nicht dagegen auch Maßnahmen des Gegners (z. B. Nebenklägers), die erst auf dem Umweg über eine Übernahmeerklärung des VN auch den Versicherer treffen können (bedenklich daher BGH VersR 85, 491 unter „Ziff. 2 d a. E.").

aa) Als Hauptbeispiele **kostenauslösender Maßnahmen** sind die Erhebung von Klagen und die Einlegung von Rechtsmitteln aller Art genannt

§ 15 ARB 75 20   1. Teil. Allgemeine Bestimmungen (C)

(vgl. OLG München ZfS 86, 212 bei Deckungszusage für lediglich außergerichtliche Interessenwahrnehmung; OLG Köln ZfS 84, 48, LG Köln r+s 94, 102; LG Hof ZfS 90, 350 und AG Nürnberg JurBüro 91, 407 für Klage oder Widerklage; LG Köln r + s 78, 223; LG Hof ZfS 90, 129 für Nichtzulassungsbeschwerde; LG Münster ZfS 87, 212 für Berufung; LG Mannheim VersR 86, 1068 bei höherem als dem gemeldeten Streitwert; AG Hildesheim r + s 93, 147 für negative Feststellungsklage, vgl. jedoch oben Rdnr. 12; AG Köln ZfS 87, 114 bei drei Mahnverfahren aus Verkehrsunfall; 84, 111 bei Beschwerde; AG Bergheim ZfS 80, 103; AG München Urteile vom 31. 1. 1980 und 30. 4. 1980, ZfS 80, 180; ZfS 82, 83 für Feststellungswiderklage; LG Karlsruhe VersR 82, 997 für Klage gegen Vermögenslosen, vgl. § 1 Rdnr. 39). Hieraus ergibt sich übrigens gleichzeitig, daß die Deckungszusage nur auf eine Instanz beschränkt ist, da anderenfalls die Abstimmung wegen eines Rechtsmittels nicht erforderlich wäre (BGH r + s 90, 275; OLG Hamm VersR 89, 838 = r + s 89, 190, 222; VersR 84, 257 = AnwBl. 84, 95; LG Konstanz r+s 95, 343; LG Koblenz r + s 77, 200). Daneben sind jedoch auch andere verfahrensauslösende Maßnahmen des VN mit dem Versicherer abzustimmen, soweit sie nicht besonders eilig sind und nicht nur unerhebliche Kosten verursachen (*Ridder* S. 124), z. B. eine Streitverkündung (OLG Nürnberg VersR 92, 1511 = r + s 93, 105 = NJW-RR 93, 602), der Antrag auf Erlaß eines Mahnbescheids (LG Bad Kreuznach ZfS 84, 111; LG Köln ZfS 83, 242) oder ein Antrag auf Kostenfestsetzung nach § 19 BRAGebO bei strittiger Vergleichsgebühr (AG Ludwigshafen r+s 95, 68). Eine angebliche ständige Übung der RSVersicherer, für eine nur fristwahrend eingelegte Berufung Deckung zu bestätigen, hat das OLG Hamm (VersR 91, 806 = AnwBl. 91, 345 = NJW-RR 91, 612 = r + s 91, 53 = ZfS 91, 55) offenbar, ohne die Parteien hierzu zu hören und darüber zu verhandeln, mithin auf prozessual unzulässige Weise als gerichtskundig festgestellt (*Baumbach/Lauterbach/Hartmann* § 291 Rdnr. 3; kritisch auch *Kurzka* VersR 92, 1446; *Bauer* NJW 92, 1482, 1486). Der Antrag auf Erlaß eines Arrestes oder einer einstweiligen Verfügung oder auf Durchführung eines Beweissicherungsverfahrens ist nur dann abstimmungsbedürftig, wenn durch den abstimmungsbedingten Zeitverlust kein Rechtsnachteil droht (OLG Bamberg ZfS 88, 214 für eilbedürftigen Grundbuchfall). Ist die Frist für die Einlegung eines Rechtsmittels oder Rechtsbehelfs nur kurz, dagegen die Frist für die Begründung dieses Rechtsmittels ausreichend, um sich mit dem Versicherer abzustimmen, dann besteht jedenfalls die Obliegenheit, die Durchführung des Rechtsmittels mit dem Versicherer abzustimmen (AG Köln r + s 78, 135 für den Fall der Rechtsbeschwerde nach § 80 OWiG; ähnlich AG München r + s 79, 89; ZfS 80, 135; Widerspruch gegen Mahnbescheid ist nicht abzustimmen, OLG Düsseldorf ZfS 82, 273; a. A. LG Köln ZfS 86, 147). Entsprechendes gilt, wenn nach einem nicht abstimmungsbedürftigen Eilfall ein Rechtsmittel eingelegt wird (OLG Bamberg ZfS 88, 214). Schuldrechtliche Verpflichtungserklärungen zur Übernahme von Kosten gegenüber dem Gegner, insbesondere in außergerichtlichen und gerichtlichen Vergleichen, fallen nach BGH NJW 82, 1103 = VersR 82, 391 nicht unter die erste Alternative des Abs. 1 d cc, können jedoch im Einzelfall zu einer unnötigen Kostenerhöhung führen (zweite Alternative, vgl. unten Rdnr. 21). In diesen

Obliegenheiten nach dem Versicherungsfall   20a–20 § 15 ARB 75

Fällen ist der Versicherer allerdings zusätzlich durch die Risikoausschlüsse des § 2 Abs. 3a und c vor ungerechtfertigten Kostenzugeständnissen des VN zu Lasten der Versichertengemeinschaft geschützt (vgl. § 2 Rdnrn. 166 und 219 ff.). Das LG Hannover (ZfS 88, 81) hält es für zumutbar, daß der VN zur Schadenminderung gegenüber der verjährten Gebührenforderung seines Rechtsanwalts die Verjährungseinrede erhebt. Einzelne Maßnahmen, die im Lauf eines mit dem Versicherer bereits abgestimmten Verfahrens erfolgen, z.B. Beweisanträge, Zwischenstreite, Erledigungserklärungen, Klagerücknahmen (anders u.U. Rechtsmittelverzicht vor Kostenentscheidung, AG Rockenhausen ZfS 90, 90; vgl. § 2 Rdnr. 167), Klageerweiterungen kleineren Umfangs u.ä., brauchen im Rahmen des Abs. 1 d cc in der Regel nicht abgestimmt zu werden, da hierdurch die zügige Interessenwahrnehmung des VN unbillig beeinträchtigt werden könnte und sich die Kosten für solche Maßnahmen ohnehin meist in dem Rahmen bewegen werden, den der Versicherer durch seine Deckungsbestätigung – auch und gerade in Fällen mit zweifelhaften Erfolgsaussichten – bereits abgesteckt hat (BGH NJW 82, 1103 = VersR 82, 391; OLG Stuttgart VersR 79, 567; vgl. auch unten Rdnr. 21).

Die umstrittene Frage, ob die Stellung eines **Weiterbeschäftigungsan-**   20a
trags neben dem Feststellungsantrag in einer arbeitsrechtlichen Kündigungsschutzklage eine abstimmungspflichtige kostenauslösende oder eine vermeidbare kostenerhöhende Maßnahme im Sinn des Abs. 1d cc ist, hat durch den Grundsatzbeschluß des BAG (NJW 85, 2968) neue Nahrung erhalten. Während *Küttner/Sobolewski* (AnwBl. 85, 493) und *Reimers* (AnwBl. 85, 625) in der – nicht mit dem Versicherer abgestimmten – Stellung des Weiterbeschäftigungsantrags in keinem Fall eine Obliegenheitsverletzung sehen, differenzieren *Löwisch/Rieble* (VersR 86, 404): Wenn keine Besorgnis bestehe, der Arbeitgeber werde den Weiterbeschäftigungsanspruch nach seiner Entstehung – außer in den Fällen des § 102 Abs. 5 BetrVG, § 79 Abs. 2 BPersVG oder einer offensichtlich unwirksamen Kündigung erst durch ein die Unwirksamkeit der Kündigung feststellendes Urteil – nicht erfüllen, sei ein entsprechender Klageantrag nach § 259 ZPO unzulässig und der Versicherer könne seine Leistungspflicht wegen fehlender Erfolgsaussicht nach § 17 ablehnen (ebenso LG Bonn r + s 87, 268; LG Duisburg ZfS 87, 275; AG Siegburg r + s 87, 286; vgl. hierzu § 1 Rdnr. 34; *J. Vassel* ZVersWiss 86, 278, 285 und AG Köln r+s 97, 294 verneinten für diese Fälle mit beachtlichen Gründen bereits das Vorliegen eines Pflichtverstoßes des Arbeitgebers und damit eines Versicherungsfalles im Sinn des § 14 Abs. 3; vgl. hierzu § 14 Rdnr. 44). Bestehe eine solche Besorgnis, dann sei der Versicherer für einen Weiterbeschäftigungsantrag nur dann leistungspflichtig, wenn er nach dem Gütetermin gestellt werde. *Rex* (VersR 86, 1055) hält die Abstimmungsobliegenheit in noch weiterem Umfang für gegeben. Die Rechtsprechung ist sehr uneinheitlich. Verwiesen sei auf die Nachweise bei *Löwisch* und *Rex* sowie – unter Bejahung einer Obliegenheitsverletzung, zumindest bei Antragstellung vor dem Gütetermin – LG Köln, LG Bonn ZfS 88, 179; LG Köln ZfS 97, 231 = r+s 97, 250 – fälschlich OLG München –; LG Münster ZfS 90, 17; LG Hagen ZfS 90, 18; LG Bielefeld ZfS 87, 51; LG Krefeld

§ 15 ARB 75   21   1. Teil. Allgemeine Bestimmungen (C)

ZfS 86, 180; AG Köln ZfS 87, 81, 337; AG Essen ZfS 88, 319; AG Neustadt ZfS 88, 360; AG Lüneburg ZfS 87, 306; AG Hannover, AG Krefeld ZfS 90, 18; AG München ZfS 87, 81; AG Hagen, AG Hannover ZfS 87, 52, 81; AG Bielefeld ZfS 87, 212; 86, 371 m.w.N.; AG Simmern ZfS 86, 305; AG Brilon ZfS 86, 110 m.w.N.; AG Hamburg Urt. vom 30. 10. 1990 – 4 C 1208/90 – gegen AG Hamburg NJW 87, 2382 = AnwBl. 89, 182 und – unter Verneinung einer Obliegenheitsverletzung – LG Bochum AnwBl. 86, 415; LG Köln AnwBl. 85, 527 = ZfS 85, 369; LG Hannover ZfS 97, 71 für Weiterbeschäftigungsantrag nach § 102 Abs. 5 BetrVG; AG Charlottenburg AnwBl. 89, 183; JurBüro 86, 1053; AG Düsseldorf r + s 88, 16; AG Ahlen r + s 88, 140; AG Duisburg JurBüro 87, 1856 mit abl. Anm. *Mümmler;* AG Lingen ZfS 88, 320; AG Münster ZfS 87, 81; AG Dortmund AnwBl. 86, 459 = ZfS 86, 373 m.w.N.; AG Köln ZfS 90, 19; 86, 180; AG Unna VersR 93, 739 zumindest bei sofortiger Freistellung des VN mit der Kündigung. Die bisher genannte Literatur und Rechtsprechung geht weitgehend davon aus, daß sich durch die Stellung des Weiterbeschäftigungsantrags der Streitwert erhöht. Dies wird jedoch neuerdings zunehmend in Zweifel gezogen. So weisen *Dütz* (NZA 86, 209, 212), *Ahlenstiel* (VersR 88, 222), *Becker/Glaremin* (NZA 89, 207) und *Rütter* (VersR 89, 1241) m.w.N. auf die Möglichkeit hin, den Weiterbeschäftigungsantrag als (unechten) Hilfsantrag für den Fall zu stellen, daß der Hauptantrag – Feststellung der Unwirksamkeit der Kündigung – Erfolg hat mit der Folge, daß der – geringer als der Hauptantrag zu bewertende – Hilfsantrag nach § 19 Abs. 4 GKG außer Betracht bleibt. Dieser Meinung haben sich angeschlossen LG München I ZfS 88, 144, AG Charlottenburg ZfS 91, 272 = r + s 91, 377, AG Geldern r + s 91, 311 (mit der Folge des Verlustes des Gebührenanspruchs des Anwalts, vgl. § 2 Rdnr. 27), AG Lübeck r + s 91, 421, AG Grevenbroich VersR 89, 1043, AG München JurBüro 87, 1102, AG Lüneburg ZfS 87, 306, AG Köln ZfS 90, 18, 19 und AG Ahaus ZfS 90, 19. *Ramm* (ArbuR 86, 326, 331, 332) ist derselben Ansicht, kommt aber darüber hinaus zu dem Ergebnis, daß der Beschäftigungsantrag eine Leistungsklage sei, in der die Feststellungsklage aufgehe mit der Folge, daß § 12 Abs. 7 Satz 1 ArbGG gelte und demnach keine gesonderten Streitwerte für Feststellungs- und Weiterbeschäftigungsantrag anfielen. Sollte sich diese Rechtsprechung weiter durchsetzen, würde sich die Frage einer Obliegenheitsverletzung durch Stellung eines Weiterbeschäftigungsantrags nicht mehr stellen.

21   bb) Eine **unnötige Erhöhung** der Kosten kann der VN oder sein Anwalt vermeiden, wenn er etwa eine eindeutig falsche Kostenentscheidung oder überhöhte Streitwertfestsetzung mit dem zulässigen Rechtsmittel anficht (AG Berlin-Charlottenburg VersR 93, 1519) oder von mehreren möglichen Wegen den kostengünstigsten wählt, soweit er mit Sicherheit zum gleichen Ziel führt. Zu einer vermeidbaren Kostenerhöhung kann beispielsweise eine getrennte Prozeßführung gegen den Schädiger und dessen Haftpflichtversicherer bei Bestehen eines Direktanspruchs gegen den Haftpflichtversicherer (BGH NJW 77, 2163) oder eine Feststellungsklage bei Bestehen eines einfacheren und billigeren Weges über §§ 766, 840 ZPO (BGH NJW 77, 1881) führen, ebenso eine getrennte Lohnfortzahlungsklage neben einer Kündi-

gungsschutzklage (OLG Frankfurt JurBüro 92, 164; AG Karlsruhe ZfS 90, 20) oder eine zweite Kündigungsschutzklage gegen eine weitere Kündigung statt Klageerweiterung (LG Oldenburg r + s 93, 146). Die Kosten einer Klage, der das Rechtsschutzinteresse fehlt, werden in der Regel im Sinne des Abs. 1 d cc vermeidbar sein (Näheres *Baumbach/Lauterbach/Hartmann* Grundzüge vor § 253 Rdnrn. 33 ff. m. w. N.), ebenso die Kosten eines aus Mutwillen oder in Verschleppungsabsicht oder unter Verletzung der Wahrheitspflicht gestellten Beweisantrags (LG Münster ZfS 91, 346 für Antrag auf Blutgruppennachuntersuchung und Blutgruppenidentitätsgutachten trotz Blutalkoholgehalts von über einem Promille; *Hoegen* in Anm. zu LM AVB für RSVersicherung Nr. 7; *Bauer* VersR 84, 220 unter Ziff. 2 b a. E.; vgl. hierzu oben Rdnr. 20). Kein Verstoß gegen Abs. 1 d cc ist es jedoch, wenn in einem Bußgeldverfahren ein Beweisantrag erst im gerichtlichen Verfahren gestellt wird (AG Itzehoe AnwBl. 88, 256). Die Obliegenheit kann außerdem Bedeutung gewinnen bei Vorsteuerabzugsberechtigung des VN (LG Krefeld VersR 82, 1047 = ZfS 82, 147, vgl. § 2 Rdnr. 35), bei Anfall einer Hebegebühr (AG Schondorf JurBüro 82, 1348, vgl. § 2 Rdnr. 42), bei Wahrnehmung eines auswärtigen Beweistermins (vgl. § 2 Rdnrn. 79, 70), bei unentschuldigtem Fernbleiben des VN in einem Termin zu seiner Parteivernehmung (LG Braunschweig r+s 94, 20), bei Nichterfüllung von Auflagen in einem beispielsweise nach § 153 a StPO vorläufig eingestellten Verfahren, bei sachlich unnötiger gebührenerhöhender getrennter Beauftragung des Verteidigers für Straf- und Ordnungswidrigkeitenverfahren (AG Saarbrücken r+s 93, 264) sowie je nach den Umständen des Falles auch bei Abschluß eines Vergleichs (BGH NJW 82, 1103 = VersR 82, 391 unter Ziff. II a. E.; OLG Karlsruhe VersR 87, 152 = NJW-RR 86, 1407 = ZfS 86, 303 = AnwBl. 86, 459 bei Abschluß mehrerer Einzelvergleiche statt eines kostengünstigeren Gesamtvergleichs; LG Saarbrücken ZfS 86, 339 bei Vergleich in Berufungsinstanz statt billigerer Berufungsrücknahme). Abs. 2 ist jedoch jeweils zu beachten.

Die frühzeitige Rücknahme des Einspruchs gegen einen Strafbefehl läßt unter den Voraussetzungen des § 84 Abs. 2 BRAGebO für den Verteidiger die höhere Gebühr des § 83 Abs. 1 BRAGebO entstehen. Diese Kostenerhöhung kann nicht als „unnötig" gewertet werden, da die Verschonung des VN mit dem weiter laufenden Strafverfahren in dessen Interesse liegt, sobald (durch Akteneinsicht nach Einspruch) feststeht, daß eine Hauptverhandlung kein günstigeres Ergebnis bringen wird. Mutete man dem VN zu, das Strafverfahren zunächst – mit möglicherweise kostenauslösenden weiteren Ermittlungen und sonstigen Risiken – bis zwei Wochen vor dem anberaumten Hauptverhandlungstermin weiter laufen zu lassen, könnte das seine Interessen im Sinn des Abs. 1 d, 1. Satzteil unbillig beeinträchtigen. Außerdem liefe dies der Absicht des Gesetzgebers bei der Neufassung des § 84 Abs. 2 BRAGebO zuwider, möglichst bald klare Verhältnisse zu schaffen und für den Verteidiger einen Anreiz zu schaffen, das Gericht durch frühzeitige Einspruchsrücknahme und dadurch ersparte arbeits- und kostenaufwendige Vorbereitung der Hauptverhandlung zu entlasten (*Gerold/Schmidt/Madert* § 84 Rdnrn. 7 a, b; *Riedel/Sußbauer/Fraunholz* § 84 Rdnr. 36; ähnlich AG Bühl AGS 97, 22). 21 a

22 Für den **Rechtsanwalt** ergibt sich aus dem Anwaltsvertrag ohnehin die Pflicht, den für den VN sichersten, schnellsten und billigsten Weg zu wählen (BGH VersR 59, 390; BGB-RGRK § 675 Rdnr. 67; vgl. § 2 Rdnr. 82). Der Rechtsanwalt hat aufgrund des Anwaltsvertrags die generelle Pflicht, den Mandanten vor Schaden zu bewahren. Dies schließt die Verpflichtung ein, Kostennachteile von ihm fernzuhalten, soweit dies gesetzlich möglich und zulässig ist, insbesondere gegen – den Mandanten beschwerende – behördliche oder gerichtliche Kostenentscheidungen vorzugehen, soweit deren Anfechtung Erfolg verspricht. Das Bestehen einer RSVersicherung für den Mandanten ändert an dieser Verpflichtung nichts, da die im jeweiligen RSVersicherer zusammengeschlossene Gemeinschaft der VN im Interesse risikogerechter Beiträge in gleicher Weise wie der einzelne VN daran interessiert ist, für die unter Versicherungsschutz stehende Interessenwahrnehmung nicht mehr als die notwendigen, d.h. die gesetzlich vorgesehenen Kosten aufwenden zu müssen (LG Aschaffenburg ZfS 91, 202; LG Mannheim ZfS 89, 130 und AG Charlottenburg ZfS 91, 272 = r + s 91, 377 = NJW-RR 92, 355 bei Nichtanfechtung einer eindeutig überhöhten Streitwertfestsetzung; AG Saarbrücken AnwBl. 84, 277 und AG Düsseldorf ZfS 90, 351 bei fehlerhaftem Kostenfestsetzungsbeschluß). Eine überhöhte Kostenrechnung seines Anwalts darf der VN nicht zu Lasten des RSVersicherers vorbehaltlos anerkennen (LG Köln r+s 92, 128 = VersR 92, 1128; LG München I VersR 78, 709; vgl. § 2 Rdnr. 86). Erhebt der Anwalt bei streitiger Gebührenhöhe gegen den VN Klage und unterrichtet dieser den RSVersicherer nicht oder nicht rechtzeitig, so daß es zu einem Versäumnisurteil gegen den VN kommt, dann hat dieser den hierdurch verursachten Mehraufwand selbst zu tragen (vgl. unten Rdnr. 38).

23 Bei Klageansprüchen, die von einer **Schätzung** abhängen (§ 287 ZPO), ist es häufig nicht nötig, einen bezifferten Klageantrag zu stellen. Vielmehr kann und sollte der VN zur Verminderung des Kostenrisikos die Höhe einer solchen Forderung in das Ermessen des Gerichts stellen und, z.B. als Schmerzensgeld, keinen bezifferten, sondern einen „angemessenen" Betrag fordern (OLG Nürnberg VersR 82, 695; *Baumbach/Lauterbach/Hartmann* § 253 Rdnrn. 51, 56 bis 59). Hierbei muß er allerdings dem Gericht ausreichende Grundlagen für die Feststellung und Schätzung des Schadens vortragen und seine Vorstellungen über den ungefähren Größenbereich der geltend gemachten Forderung, z.B. durch Angabe eines Streitwerts oder einer Ungefähr- oder Mindestforderung oder Hinnahme einer Streitwertfestsetzung, so präzisieren, daß das Gericht in der Lage ist, das Interesse des VN und seine etwaige Beschwer für den Fall eines Rechtsmittelverfahrens wertmäßig festzustellen (BGH VersR 84, 739; 82, 96 = NJW 82, 340; vgl. auch *Steinle* VersR 92, 425). Die Obliegenheit des VN, eine unnötige Erhöhung der Kosten zu vermeiden, geht nicht so weit, bei Stellung eines unbezifferten Klageantrags die Größenordnung des begehrten Betrags völlig zu verschweigen, da er hierdurch eine Einschränkung seiner Rechtsmittelmöglichkeiten in Kauf nähme und damit seine Interessen im Sinne des Abs. 1 d Satz 1 unbillig beeinträchtigt werden könnten.

24 cc) Ist der Gegner des VN – materiell-rechtlich oder prozessual (vgl. § 2 Rdnrn. 222ff.) – zur Erstattung von Kosten verpflichtet, dann hat der VN alles zu vermeiden, was diese **Erstattung erschweren** könnte. Eine solche Erschwerung kann beispielsweise darin liegen, daß der VN oder der für ihn handelnde Anwalt die Erwirkung eines Kostenfestsetzungsbeschlusses (§ 104 ZPO) verzögert und dadurch die Möglichkeit der Vollstreckung gegen den Gegner hinausschiebt. Die letzte Alternative des Abs. 1 d cc kann insbesondere Bedeutung gewinnen in Zusammenhang mit § 20 Abs. 3. Sind Kostenerstattungsansprüche des VN nach § 67 VVG und § 20 Abs. 2 auf den Versicherer übergegangen, dann kann dieser auf die Mitwirkung des VN angewiesen sein, wenn der Gegner die Erstattungsforderung nicht freiwillig erfüllt. Ist der VN oder der für ihn handelnde Anwalt nicht bereit, wegen der dem RSVersicherer zustehenden Kostenerstattungsforderung aufgrund eines vorhandenen Vollstreckungstitels selbst gegen den Gegner zu vollstrecken, muß er dem Versicherer auf Anforderung zumindest nach § 20 Abs. 3 Satz 2 die zur Umschreibung des Vollstreckungstitels gemäß §§ 794 Abs. 1 Nr. 2, 795 in Verbindung mit § 727 ZPO notwendigen Beweismittel aushändigen. Die Obliegenheit ist auch verletzt, wenn der VN mit seinem Gegner einen Vergleich schließt mit der Wirkung, daß der RSVersicherer einen in einem vorausgegangenen Verfahren entstandenen, nach § 67 VVG, § 20 Abs. 2 auf ihn übergegangenen Kostenerstattungsanspruch des VN wegen § 407 BGB nicht mehr gegen den Gegner geltend machen kann (LG Duisburg r+s 94, 463).

6. Die Kostengläubiger des VN – Anwalt, Gericht, Verwaltungsbehörde, Sachverständiger, Gegner – stehen nur zum VN in einem Rechtsverhältnis, aufgrund dessen sie ihre Kosten vom VN als Kostenschuldner fordern können. Der RSVersicherer ist nicht Kostenschuldner gegenüber diesen Kostengläubigern, sondern lediglich aufgrund des Versicherungsvertrags VN gegenüber zur Freistellung oder Erstattung verpflichtet (§ 2 Rdnr. 150). Soweit nicht aus Vereinfachungsgründen die **Kostenrechnung** unmittelbar an den RSVersicherer übersandt wird – wie dies häufig bei Anwaltskostenrechnungen der Fall ist –, erhält der VN die Kostenrechnungen. Damit der RSVersicherer in Stand gesetzt wird, seine Verpflichtung zur Übernahme der Rechtskosten unverzüglich zu erfüllen, obliegt es daher dem VN nach Abs. 1 e, alle ihm zugegangenen Kostenrechnungen unverzüglich, d. h. ohne schuldhaftes Zögern (§ 121 BGB), dem RSVersicherer vorzulegen, und zwar zur Vermeidung von Manipulationen möglichst im Original (a. A. AG Nördlingen ZfS 85, 149). Im Verhältnis zum Versicherer ist der VN nicht vorleistungspflichtig. Er kann vielmehr vom Versicherer Befreiung von seiner Kostenschuld verlangen. Notwendiges Pendant zu diesem Befreiungsanspruch ist die Obliegenheit des VN, die Kostenrechnungen dem RSVersicherer zu übermitteln. Verzögert der VN die Weiterleitung an den Versicherer und entstehen hierdurch Mehrkosten, z. B. in Form von Mahnkosten, Verzugszinsen oder Vollstreckungskosten, dann gehen diese grundsätzlich zu Lasten des VN (vgl. unten Rdnr. 28). Nach dem Zweck des Abs. 1 e ist entgegen AG Hannover ZfS 85, 304 auch ein Kostenfestsetzungsbeschluß als „Kostenrechnung" anzusehen, da sich aus ihm die Zusammensetzung und Höhe der vom VN geschuldeten Erstattungsforderung (§ 2 Abs. 1 g) ergibt. Nach Ablehnung der Deckung durch den Versicherer

braucht der VN naturgemäß keine Kostenrechnungen mehr vorzulegen (OLG Hamm r + s 91, 418).

III. Obliegenheitsverletzung (Abs. 2)
(entspricht § 17 Abs. 6 ARB 94)

26 1. Abs. 2 statuiert für die RSVersicherung die **Sanktionen**, die nach § 6 Abs. 3 VVG im Versicherungsvertrag vereinbart werden können, wenn eine nach dem Versicherungsfall zu erfüllende Obliegenheit verletzt wird. Verstößt der VN – oder eine mitversicherte Person (§ 11 Rdnr. 23) – gegen eine der in Abs. 1 genannten Obliegenheiten, kann sich der Versicherer bei Vorsatz des Verletzers auf Leistungsfreiheit berufen. Bei grober Fahrlässigkeit braucht er nur insoweit zu leisten, als die Verletzung folgenlos geblieben ist. Die Leistungsfreiheit tritt nicht von selbst ein, sondern nur, wenn sich der Versicherer auf sein Leistungsverweigerungsrecht beruft (BGH VersR 84, 530 unter Ziff. I 6; NJW 74, 1241 = VersR 74, 689; *Bruck/Möller* § 6 Anm. 44; *Stiefel/Hofmann* § 2 Rdnr. 43; a. A. *Prölss/Martin* § 6 Anm. 9 A c). Der Versicherer kann auf die Rechtsfolgen einer Obliegenheitsverletzung verzichten. Ein solcher Verzicht ist insbesondere anzunehmen, wenn er trotz positiver oder aufgrund des Sachverhalts naheliegender Kenntnis der Umstände, die die Obliegenheitsverletzung begründen, ohne Vorbehalt, sei es auch nur vorschußweise, leistet oder die Deckung bestätigt oder sich vor Erhebung der Deckungsklage nur aus anderen Gründen auf Leistungsfreiheit berufen hat (OLG Köln VersR 89, 359) oder lediglich auf § 17 Abs. 2 verweist (OLG Köln r+s 97, 201; VersR 87, 1030 = ZfS 87, 146 = AnwBl. 87, 294; OLG Düsseldorf VersR 85, 728; AG Freiburg r+s 95, 263; *Prölss/Martin* § 6 Anm. 15; § 55 Anm. 4; vgl. auch § 4 Rdnr. 5 und § 17 Rdnr. 2). Erfährt der Versicherer erst nach seiner vorbehaltlosen Leistung von einer vorsätzlichen Obliegenheitsverletzung, z. B. durch falsche Angaben im Sinn von Abs. 1 a, kann er seine Leistung nach § 812 BGB zurückfordern (LG Verden r+s 93, 262). Die Leistungsfreiheit des Versicherers bezieht sich nur auf die konkrete Obliegenheitsverletzung und den zugrunde liegenden Versicherungsfall, läßt aber den Versicherungsvertrag im übrigen, insbesondere die Haftung des Versicherers für andere Versicherungsfälle und die Beitragspflicht des VN, unberührt (*Prölss/Martin* § 6 Anm. 9 A b).

27 2. a) Die Begriffe Vorsatz und grobe Fahrlässigkeit im Sinn des Abs. 2 unterscheiden sich nicht von den gleichen Begriffen im allgemeinen Zivilrecht. **Vorsatz** erfordert das Wollen der Obliegenheitsverletzung im Bewußtsein des Vorhandenseins – nicht des Wortlauts – der Verhaltensnorm. Bedingter Vorsatz genügt. Er liegt vor, wenn der VN bei seinem Verhalten in Kauf nimmt, daß es sich möglicherweise um eine Obliegenheitsverletzung handelt (*Prölss/Martin* § 6 Anm. 12; *Bruck/Möller* § 6 Anm. 28; *Palandt/ Heinrichs* § 276 Rdnr. 10). Die Folgen der Obliegenheitsverletzung braucht der Verletzer nicht zu kennen (BGH NJW 67, 1226 = VersR 67, 441). Übersendet der den VN vertretende Anwalt trotz wiederholter Aufforderung nach Abs. 1 a angeforderte Unterlagen ohne Erklärung erst nach vier Monaten, ist Vorsatz zu bejahen (OLG Karlsruhe ZfS 82, 369; ähnlich OLG Nürnberg VersR 82, 695), ebenso, wenn der Anwalt mehrere Einzelverglei-

che statt eines kostengünstigeren Gesamtvergleichs schließt (OLG Karlsruhe ZfS 86, 303). Vorsätzlich handelt auch der VN, der seinem RSVersicherer bewußt einen falschen Unfallhergang schildert (OLG Hamm VersR 92, 308 = r + s 92, 54 = ZfS 92, 97), sowie derjenige, der dem Versicherer trotz Aufforderung für die Beurteilung der Erfolgsaussichten erhebliche neue Einwendungen des Gegners verschweigt (OLG Köln ZfS 92, 98).

b) Verletzt der VN eine Obliegenheit fahrlässig, d.h. durch Außerachtlassung der im Verkehr erforderlichen Sorgfalt (§ 276 BGB), dann ändert dies nichts an der Leistungspflicht des Versicherers. Erst wenn die Verletzung **grobfahrlässig** erfolgt, kann der Versicherer gemäß Abs. 2 Satz 2 die Erstattung eines durch diese Verletzung verursachten Mehraufwands ablehnen (*Prölss/Martin* § 6 Anm. 9 C b). Grobfahrlässig handelt der VN, wenn er die im Verkehr erforderliche Sorgfalt gröblich außer acht läßt, wenn er nicht beachtet, was unter den gegebenen Umständen jedem einleuchten mußte (*Prölss/Martin* § 9 Anm. 12; *Palandt/Heinrichs* § 277 Rdnr. 2). Grobfahrlässig ist es beispielsweise, wenn wegen unterlassener Grundbucheinsicht der Falsche verklagt wurde (AG Böblingen VersR 83, 826 = ZfS 83, 84). Die auf Unkenntnis beruhende Verletzung von AVB kann dann grobfahrlässig sein, wenn es um elementare oder jedenfalls im Hinblick auf die Eigenart des versicherten Risikos naheliegende Bestimmungen geht, außerdem dann, wenn sich der VN – oder der für ihn handelnde Anwalt (vgl. unten Rdnr. 31) – nach Eintritt des Versicherungsfalles nicht über die einschlägigen Verhaltensnormen informiert (*Prölss/Martin* § 6 Anm. 13). Von den in Abs. 1 genannten Obliegenheiten können als solche elementare oder naheliegende Bestimmungen insbesondere die in Abs. 1 a, b und d cc genannten Verhaltensnormen angesehen werden. Mindestens grobfahrlässig ist es in der Regel, wenn der VN oder der für ihn handelnde Rechtsanwalt dem RSVersicherer eine Interessenwahrnehmung erst in einem fortgeschrittenen Stadium oder gar erst nach ihrer Beendigung meldet (LG Nürnberg-Fürth ZfS 96, 430: Unterrichtung erst acht Monate nach Abschluß des Rechtsstreits; LG Münster r + s 79, 223; AG Mönchengladbach r + s 92, 130 = JurBüro 92, 164: Mitteilung der Berufung erst nach Abschluß der Berufungsinstanz; AG Essen VersR 94, 1295: erst nach Rechtskraft des Urteils; AG Freiburg VersR 89, 1190: nicht abgestimmte Berufung; AG Hamburg ZfS 86, 338; AG Minden ZfS 85, 52; AG München ZfS 85, 368; AG Duisburg ZfS 84, 112; AG Köln ZfS 85, 368; 84, 112; AG München r + s 79, 89, 90; ZfS 80, 180; AG Trier ZfS 82, 114; vgl. § 16 Rdnr. 9). Nicht grobfahrlässig handelt, wer zwölf Tage vor einem Gerichtstermin mit verständlicher Begründung um Verlegung bittet und die Ablehnung dieser Bitte erst am Terminstag erhält und gleichwohl nicht zum Termin erscheint (BGH VersR 94, 1061 = r+s 94, 342 = ZfS 94, 304).

c) Der Versicherer muß die objektive Verletzung einer Obliegenheit durch den VN oder eine mitversicherte Person, der Verletzer dagegen einen geringeren Schuldgrad als Vorsatz oder grobe Fahrlässigkeit **beweisen** (*Prölss/Martin* § 6 Anm. 14). In den Fällen des Abs. 2 Satz 2 trägt der VN außerdem die Beweislast dafür, daß die grobfahrlässige Verletzung der Obliegenheit weder die Feststellung des Versicherungsfalles noch die Feststellung oder den Umfang der Versichererleistung nachteilig beeinflußt hat. Dieser Beweis eines Negativums kann praktisch nur in der Weise geführt werden, daß der VN die sich aus dem Sachvderhalt ergebenden Möglichkeiten widerlegt und abwartet, welche – dann ebenfalls von ihm zu widerlegenden – Behauptungen der Versicherer aufstellt (LG Hannover r + s 82, 23; BGH VersR 56, 461; NJW 61, 268 = VersR 60, 1033; NJW 64, 1899 = VersR 64, 709; VersR 67, 548; 68, 762; *Prölss/Martin* § 6 Anm. 9 C b; *Bruck/Möller/Johannsen* IV Anm. F 48). Bei (nur) grobfahrlässiger Verletzung der Obliegenheit zu rechtzeitiger Abstimmung kostenauslösender Maßnahmen wird nicht immer sorgfältig genug geprüft, ob die unterlassene Abstimmung die Feststellung und den Umfang der Versichererleistung überhaupt beeinflußt hat. *Prölss/Martin* § 15 ARB Anm. 6 b lassen zu Recht die bloße Tatsache, daß der Versicherer die Erfolgsaussichten nicht prüfen und keinen Einfluß auf das Verfahren nehmen konnte, für die Bejahung der Kausalität nicht ausreichen. Nach Wortlaut und Zweck des – mit § 6 Abs. 3 Satz 2 VVG übereinstimmenden – Abs. 2 Satz 2 ist vielmehr zu prüfen, wieweit aufgrund des jeweiligen Sachverhalts bei rechtzeitiger Abstimmung Erfolgsaussichten hätten bejaht werden müssen (OLG Nürnberg VersR 92, 1511 = NJW-RR 93, 15; OLG Köln r + s 93, 220; LG Düsseldorf VersR 90, 417 = ZfS 90, 130; AG Elmshorn ZfS 97, 150). Nach OLG Köln (r + s 90, 419) hat hierbei der RSVersicherer zunächst substantiiert vorzutragen, weshalb er Deckung abgelehnt hätte. Demgegenüber kann der VN dann, gegebenenfalls unter Hinweis auf einen „Stichentscheid" nach § 17 Abs. 2, darlegen, warum dennoch Deckung zu bestätigen gewesen wäre. Verbleibende Zweifel gehen allerdings zu Lasten des darlegungs- und beweispflichtigen VN (OLG Frankfurt r + s 91, 342; VersR 84, 857; LG Hannover ZfS 93, 244 = r+s 94, 21; LG Aschaffenburg ZfS 91, 202; AG Mönchengladbach r + s 92, 130 = JurBüro 92, 164; AG Freiburg VersR 89, 1190; AG Itzehoe AnwBl. 85, 331 bei Rechtsbeschwerde). Der überwiegende Teil der meist älteren Rechtsprechung ließ es allerdings genügen, daß der Versicherer durch die unterlassene Abstimmung keinen Einfluß auf den Gang des Verfahrens nehmen konnte (OLG Köln ZfS 84, 48; OLG Hamm VersR 80, 671; LG Aachen ZfS 84, 49; LG München 84, 49; AG Essen VersR 94, 1295; AG Rotenburg/Wümme r+s 96, 28 = VersR 95, 829; AG Mannheim VersR 90, 382; AG Hamburg ZfS 86, 339 m. w. N.).

30   3. a) Bedient sich der VN zur Erfüllung einer Obliegenheit einer **Hilfsperson** und verletzt diese schuldhaft die Obliegenheit, dann ist dies in der Regel dem VN zuzurechnen. Diese Rechtsfolge ergibt sich nicht oder jedenfalls nicht unmittelbar aus § 278 BGB, da es sich bei den Obliegenheiten nach h. M. nicht um echte Rechtspflichten handelt (vgl. oben Rdnr. 1). Die Folgen der Obliegenheitsverletzung durch eine Hilfsperson treffen den VN vielmehr deswegen, weil diese Hilfsperson entweder versicherungsrechtlicher Repräsentant des VN ist oder weil der VN sie gegenüber dem Versicherer zu seinem Vertreter bestellt hat. Repräsentant ist, wer in dem Geschäftsbereich, zu dem das versicherte Risiko gehört, aufgrund eines Vertretungs- oder ähnlichen Verhältnisses an die Stelle des VN getreten und dort in nicht ganz unbedeutendem Umfang zu selbständigem rechtsgeschäft-

lichen Handeln für den VN befugt ist. Repräsentanteneigenschaft wurde beispielsweise bejaht für einen Hausverwalter, einen Konkursverwalter, einen Betriebsleiter eines Bauunternehmens, einen Prokuristen, einen Zweigniederlassungsleiter, den Leiter eines Fuhrparks u.ä. (Näheres *Prölss/Martin* § 6 Anm. 8 B). Ist die Hilfsperson nicht Repräsentant, jedoch vom VN damit betraut, ihn gegenüber dem Versicherer zu vertreten, z.b. als „Wissensvertreter" Auskünfte zu geben, dann wird dem VN eine Obliegenheitsverletzung der Hilfsperson in entsprechender Anwendung des § 166 Abs. 1 BGB zugerechnet (LG Würzburg VersR 83, 723 bei Fehler des Steuerberaters; *Prölss/Martin* § 6 Anm. 7 und 8 A).

b) In der RSVersicherung kann dieser Fall vor allem Bedeutung gewinnen, wenn der VN den für ihn tätigen **Anwalt** ausdrücklich oder stillschweigend beauftragt, die Deckungszusage des RSVersicherers für einen bestimmten Versicherungsfall einzuholen und die weitere Abwicklung des Versicherungsfalles, insbesondere die Abstimmung von Klagen und Rechtsmitteln, unmittelbar mit dem Versicherer vorzunehmen. Erstreckt sich der dem Anwalt erteilte Auftrag auch auf den Verkehr mit dem RSVersicherer, dann hat der Anwalt für den VN insbesondere die Obliegenheiten des Abs. 1 zu beachten. Verletzt er diese vorsätzlich oder grobfahrlässig, dann treffen die nach Abs. 2 eintretenden Rechtsfolgen den VN, weil nach den oben in Rdnr. 30 dargelegten Grundsätzen der Anwalt als dessen Repräsentant gilt (OLG Hamm VersR 84, 31; OLG Köln ZfS 84, 48; OLG Nürnberg VersR 82, 695; LG Hof ZfS 90, 350) oder der VN sich zumindest entsprechend § 166 Abs. 1 BGB das Handeln oder Unterlassen des Anwalts unmittelbar zurechnen lassen muß (OLG Karlsruhe ZfS 86, 303; OLG München 86, 212; LG Münster ZfS 87, 212; LG Saarbrücken ZfS 86, 339; LG Aachen ZfS 84, 49; LG München I ZfS 84, 49; AG Hamburg ZfS 86, 338 m.w.N.). Hierbei spielt es keine Rolle, ob der Anwalt vom VN für den Verkehr mit dem RSVersicherer eine eigene Vergütung erhält (OLG Köln ZfS 84, 48; vgl. hierzu auch § 2 Rdnr. 149). Erhebt beispielsweise der Anwalt ohne Abstimmung mit dem RSVersicherer eine Klage, obwohl er zunächst nur mit der außergerichtlichen Geltendmachung von Ansprüchen des VN betraut und zudem ausdrücklich darauf hingewiesen worden war, daß kostenauslösende Maßnahmen mit dem Versicherer abzustimmen sind, dann kann der Versicherer wegen vorsätzlicher oder zumindest grobfahrlässiger Obliegenheitsverletzung nach Abs. 2 die Leistung verweigern (OLG Nürnberg VersR 82, 695; OLG München ZfS 86, 212; VersR 74, 279 für die vergleichbare Regelung in § 2 Ziff. 6 und § 5 ARB 54). In einem solchen Fall kann der Anwalt gegenüber dem VN überdies mit der Folge des Verlustes seines Vergütungsanspruchs schadensersatzpflichtig werden (OLG Nürnberg NJW-RR 89, 1370; OLG Düsseldorf VersR 76, 892; LG Hanau AnwBl. 78, 231; *Borgmann/Haug* Rdnrn. III 65 ff.; *Ege* AnwBl. 79, 49, 50 unter Ziff. 4; AnwBl. 78, 256 unter Ziff. 2c; vgl. auch § 2 Rdnr. 27; § 16 Rdnr. 10) und zudem seinen eigenen Haftpflichtversicherungsschutz wegen wissentlicher Pflichtverletzung gefährden (OLG Karlsruhe VersR 78, 334).

4. Für die Fälle der vorsätzlichen Verletzung der Auskunftsobliegenheit des VN hat die Rechtsprechung entschieden, daß der Versicherer bei einer folgenlosen Verletzung nur dann leistungsfrei wird, wenn er den VN vorher klar und unmißverständlich auf diese Rechtsfolge hingewiesen hatte. Diesen zunächst für die Kraftfahrtversicherung entwickelten Grundsatz (BGH NJW 67, 1226, 1756 = VersR 67, 411, 539) hat der BGH inzwischen auf weitere Versicherungssparten erstreckt, da es keinen überzeugenden Grund gebe, hier geringere Anforderungen an die **Belehrung** zu stellen (BGH NJW 78, 826 – nur Leitsatz – = VersR 77, 121). Es ist daher auch für die RSVersicherung nunmehr davon auszugehen, daß die vorsätzliche Verletzung der in Abs. 1a bis c niedergelegten Auskunftspflicht des VN, die dem Versicherer keinen Nachteil, d. h. keinen Mehraufwand gebracht hat, nur dann zur Leistungsfreiheit des Versicherers führt, wenn der VN oder dessen Anwalt vorher entsprechend belehrt worden oder sich über die Rechtsfolgen einer vorsätzlichen Obliegenheitsverletzung ohnehin klar war. Hat dagegen die vorsätzliche Verletzung der Auskunftspflicht die Versicherungsleistung – wenn auch nur möglicherweise – nachteilig beeinflußt, dann ist der Versicherer auch ohne entsprechende Belehrung des VN leistungsfrei (*Prölss/Martin* § 34 Anm. 3 C). Ein Teil der RSVersicherer hat sich in einer geschäftsplanmäßigen Erklärung (vgl. Einl. Rdnr. 36) gegenüber dem BAV verpflichtet, den VN in der schriftlichen Deckungszusage auf seine Pflichten gemäß Abs. 1 und auf die Folgen ihrer Verletzung ausdrücklich hinzuweisen (*Böhme* § 15 Rdnr. 9a). Die hiernach notwendige Belehrung beschränkt sich nicht auf die Auskunftspflicht im Sinn des Abs. 1a bis c, sondern auch auf die weiteren Obliegenheiten gemäß Abs. 1d und e. Ist ein solcher – aufsichtsrechtlich gebotener – Hinweis im Einzelfall unterblieben, dann hat dies keine unmittelbaren zivilrechtlichen Folgen im Sinn einer Entlastung des VN, kann aber naturgemäß Bedeutung für die Frage gewinnen, ob der VN vorsätzlich im Sinn des Abs. 2 gehandelt hat.

IV. Sonstige Obliegenheiten

33   1. Der VN hat nach § 16 VVG bei der Schließung des Vertrags alle ihm bekannten **gefahrerheblichen Umstände** dem Versicherer **anzuzeigen.** Dies gilt insbesondere für solche Umstände, nach denen der Versicherer ausdrücklich und schriftlich gefragt hat. Eine Verletzung dieser Obliegenheit berechtigt den Versicherer im Rahmen der §§ 16 bis 21 VVG zum Rücktritt. Eine weitergehende Sanktion, insbesondere ein Schadensersatzanspruch des Versicherers, ist wegen der abschließenden Regelung der §§ 20, 21 VVG weitgehend ausgeschlossen (*Prölss/Martin* § 17 Anm. 10; *Stiefel/ Hofmann* § 1 Rdnr. 37; vgl. § 5 Rdnr. 19).

34   2. Die für die RSVersicherung als Schadenversicherung (Einl. Rdnr. 40) an sich geltenden Bestimmungen über die Rechtsfolgen einer vom VN nach Vertragsschluß vorgenommenen **Gefahrerhöhung** (§§ 23ff. VVG) sind durch § 9 weitgehend modifiziert. Insbesondere ergibt sich aus § 9 Abs. 1 und 2, daß eine Einwilligung des Versicherers zur Vornahme einer Gefahrerhöhung durch den VN in dem dort vorgegebenen Rahmen im voraus als erteilt gilt und daher die Regelungen der §§ 23ff. VVG als abbedungen anzusehen sind, soweit sie der Bedingungsregelung widersprechen (§ 9 Rdnr. 2).

3. Nach § 58 VVG ist der VN anzeigepflichtig, der für ein Interesse gegen **35** dieselbe Gefahr bei mehreren Versicherern Versicherung nimmt. Eine solche Mehrfachversicherung kommt in der RSVersicherung in Form der **Doppelversicherung** im Sinn des § 59 VVG vor, da hier bei einer Mehrfachversicherung – ähnlich wie in der Haftpflichtversicherung – die Summe der Entschädigungen, die von jedem einzelnen Versicherer ohne Bestehen der anderen Versicherung zu zahlen wäre, den Gesamtschaden übersteigen würde. Schließt beispielsweise der nach § 21 versicherte VN noch einen Vertrag nach § 26 ab, dann besteht eine Doppelversicherung, soweit der Deckungsbereich des § 21 in § 26 mitenthalten ist. Identität des VN ist jedoch nicht Voraussetzung für das Entstehen einer Doppelversicherung. Sie kann auch durch Zusammentreffen von einer Eigen- mit einer Fremdversicherung entstehen, soweit nur das versicherte Interesse identisch ist (*Prölss/Martin/Kollhosser* § 59 Anm. 2 C; *Bruck/Möller* § 58 Anm. 13). Heiratet beispielsweise ein nach § 25 oder § 26 versicherter VN und ist sein Ehepartner ebenfalls bereits nach § 25 oder § 26 versichert, dann wird jeder Ehepartner Mitversicherter im Vertrag des anderen. Soweit die Deckungsbereiche identisch sind, liegt Doppelversicherung vor.

Werden auf diese Weise gleiche Risiken oder Eigenschaften des VN durch **36** den zweiten RSVersicherungs-Vertrag erfaßt, besteht an sich die Anzeigepflicht des § 58. Sie hat jedoch in der RSVersicherung keine große Bedeutung. An ihre Verletzung ist, anders als in manchen anderen Versicherungssparten (*Prölss/Martin/Kollhosser* § 58 Anm. 6), keine Sanktion geknüpft, so daß die Nichtanzeige dem VN keine Rechtsnachteile bringt. Bei bestehender Doppelversicherung kann der VN im Rahmen des § 60 VVG verlangen, daß der **später geschlossene** Vertrag aufgehoben wird, soweit das versicherte Interesse in den Verträgen sich deckt. Später geschlossen ist der Vertrag, dessen formeller Vertragsschluß (§ 5 Rdnr. 8) später als der des anderen Vertrages liegt (*Prölss/Martin/Kollhosser* § 60 Anm. 3; zur Rechtswirkung einer Kündigungsrücknahme hierbei vgl. § 8 Rdnr. 4). Ist dieser später zustande gekommene Vertrag an die Stelle eines bereits vorher bestehenden Vertrags getreten, bleibt er gleichwohl der „später geschlossene" im Sinn des § 60 Abs. 1 VVG, sofern es sich nicht nur um eine rechtlich unselbständige Erweiterung des früheren Vertrags gehandelt hat (vgl. § 8 Rdnr. 8). Ist die in § 10 Rdnr. 18 dargestellte Zusatzklausel vereinbart und löst der mitversicherte Ehegatte des VN nach dessen Tod die erste Folgebeitragsrechnung ein, dann kommt hierdurch kein neuer Vertrag zustanden; der bisherige besteht vielmehr mit unverändertem Beginndatum fort. Das Verfahren zur Beseitigung von Doppelversicherungen ist zwischen den meisten RSVersicherern durch Vereinbarungen geregelt.

Ergibt sich nur im Zeitpunkt des Versicherungsfalls aufgrund einer mehr **37** oder weniger **zufälligen** Konstellation eine **Doppelversicherung,** dann besteht naturgemäß keine vorherige Anzeigepflicht. Solche Fälle sind verhältnismäßig häufig, z. B. wenn ein über § 25 oder § 26 eigenversicherter VN als berechtigter Insasse im Motorfahrzeug eines seinerseits nach § 21 oder § 26 eigenversicherten Dritten verletzt wird und dann die gemäß § 25 Abs. 2 a oder § 26 Abs. 3 a (Fassung 1988: Abs. 5 a) für die Geltendmachung von

§ 16 ARB 75   1. Teil. Allgemeine Bestimmungen (C)

Schadenersatzansprüchen bestehende Eigenversicherung des VN aus seinem Vertrag mit der für berechtigte Insassen (§ 21 Abs. 1 Satz 2 oder § 26 Abs. 1 Satz 3 [Fassung 1988: Abs. 3]) gegebenen deckungsgleichen Fremdversicherung aus dem Vertrag des Dritten zusammentrifft. Hier kann der VN nach seiner Wahl Deckung von seinem eigenen Versicherer oder vom Versicherer des Dritten – solange dieser nicht widerspricht (§ 11 Abs. 2 Satz 1) – verlangen, die ihm gegenüber nach § 59 Abs. 1 VVG als Gesamtschuldner verpflichtet und im Verhältnis zueinander nach § 59 Abs. 2 VVG ausgleichspflichtig sind. Wegen weiterer Einzelheiten zur Doppelversicherung wird auf die Erläuterungen von *Bruck/Möller* und *Prölss/Martin/Kollhosser*, je zu §§ 58 bis 60, verwiesen.

4. Eine ausdrückliche Obliegenheit, die dem **Anerkennungs- und Befriedigungsverbot** der in § 154 Abs. 2 VVG vorausgesetzten Art entspricht, kennt die RSVersicherung **nicht,** da bei ihr im Gegensatz zu der Haftpflichtversicherung hierfür kein Bedürfnis besteht. Würde der VN die erkennbar überhöhte Forderung eines Kostengläubigers, z.B. seines Rechtsanwalts, anerkennen oder befriedigen, so bindet dies den RSVersicherer nicht. Dieser hat nach § 2 Abs. 1a nur die „gesetzliche" Vergütung des Rechtsanwalts zu tragen, die sich durch rechtsgeschäftliche Erklärungen oder sonstige Handlungen des VN in ihrer Höhe nicht verändern kann. Diesem Gesichtspunkt trägt auch § 2 Abs. 1b Rechnung, der bei Honorarvereinbarungen die Versichererleistung auf die ohne Honorarvereinbarung geschuldete gesetzliche Vergütung beschränkt. Wird der VN von einem Kostengläubiger, z.B. seinem Anwalt, wegen der Gebühren verklagt und läßt er es ohne Einschaltung seines RSVersicherers zu einem rechtskräftigen Versäumnisurteil kommen, dessen Betrag die gesetzliche Vergütung übersteigt, wird sich der Versicherer gegenüber dem VN in der Regel auf vorsätzliche oder zumindest grobfahrlässige Verletzung der Obliegenheit nach § 15 Abs. 1 d cc mit der Folge der Leistungsfreiheit oder Leistungskürzung nach § 15 Abs. 2 berufen können (vgl. oben Rdnr. 22; § 2 Rdnr. 86).

§ 16 Benennung und Beauftragung des Rechtsanwaltes

(1) Der Versicherungsnehmer ist berechtigt, dem Versicherer einen Rechtsanwalt zu benennen, der seine Interessen wahrnehmen soll und dessen gesetzliche Vergütung der Versicherer gemäß § 2 Absatz 1a) zu tragen hat. Der Versicherungsnehmer kann jedoch auch verlangen, daß der Versicherer einen solchen Rechtsanwalt bestimmt. Der Versicherer muß seinerseits einen Rechtsanwalt bestimmen, wenn der Versicherungsnehmer keinen Rechtsanwalt benannt hat und die Beauftragung eines Rechtsanwaltes im Interesse des Versicherungsnehmers notwendig ist.

(2) Der Rechtsanwalt wird durch den Versicherer namens und im Auftrage des Versicherungsnehmers beauftragt.

(3) Beauftragt der Versicherungsnehmer selbst einen Rechtsanwalt, für den der Versicherer gemäß § 2 Absatz 1a) die gesetzliche Vergütung zu tragen hätte, ist der Versicherer von der Verpflichtung zur Leistung frei, wenn er nicht unverzüglich von dieser Beauftragung unterrichtet wird und gleich-

zeitig die Verpflichtungen gemäß § 15 Absatz 1 a) erfüllt werden. § 15 Absatz 2 gilt entsprechend.

(4) Der Rechtsanwalt trägt dem Versicherungsnehmer gegenüber die Verantwortung für die Durchführung seines Auftrages. Der Versicherer ist für die Tätigkeit des Rechtsanwaltes nicht verantwortlich.

Übersicht

	Rdnrn.		Rdnrn.
I. Allgemeines	1	1. früherer Rechtszustand	4
II. Abs. 1	2–3 a	2. jetziger Rechtszustand	5–7
1. freie Anwaltswahl des VN	2	3. Bevollmächtigung	8
2. Bestimmung des Anwalts durch Versicherer	3	IV. Beauftragung durch VN (Abs. 3)	9, 10
3. Ausland	3 a	V. Abs. 4	11, 12
III. Beauftragungsrecht des Versicherers (Abs. 2)	4–10	1. Satz 1	11
		2. Satz 2	12

Literatur: *Bergmann*, Rechtsbeziehungen zwischen Rechtsanwalt, Mandanten und RSVersicherung, VersR 81, 512; *Ridder*, Rechtsschutzversicherung und Anwaltschaft, in „Kostenerstattung und Streitwert", Festschrift für Herbert Schmidt (1981), S. 165 ff.; *Hering*, Rechtsanwalt und Rechtsschutzversicherung, ZfS 89, 217; *Brieske*, Nochmals: Rechtsanwalt und Rechtsschutzversicherung, ZfS 90, 73; *Matzen*, Der rechtsschutzversicherte Mandant, in „DAV-Ratgeber – Praktische Hinweise für junge Anwälte", 6. Aufl. 1995, S. 358 ff.

I. Allgemeines

Der RSVersicherer hat gemäß § 1 Abs. 1 nach Eintritt eines Versicherungsfalls für den VN die notwendigen juristischen Dienstleistungen zu vermitteln und zu finanzieren. Selbst erbringen kann er diese Dienste aufgrund des RBerG nicht. Dies ist vielmehr Sache des für den VN tätigen Anwalts (§ 1 Rdnr. 7). Die **Einschaltung eines Rechtsanwalts** zur Wahrnehmung der rechtlichen Interessen des VN ist Teil der nach § 1 Abs. 1 bestehenden Fürsorgepflicht des Versicherers. § 16 konkretisiert diese Pflicht, indem er die Art und Weise dieser Einschaltung im einzelnen regelt. Gerät der Versicherer mit der Erfüllung der in § 16 niedergelegten Pflichten in Schuldnerverzug, kann er dem VN schadenersatzpflichtig werden (Näheres § 2 Rdnrn. 146 ff.).

II. Abs. 1

1. Abs. 1 Satz 1 statuiert das jetzt auch in § 158 m Abs. 1 VVG verankerte Recht des VN, einen Anwalt **frei** zu **wählen**, den er dem RSVersicherer „benennt". Die früher in § 4 Ziff. 2b und Ziff. 10 ARB 54 vorgesehene Beschränkung der freien Anwaltswahl in bestimmten Fällen, die zu langjährigen Diskussionen zwischen Anwaltschaft und Versicherern geführt hatte (vgl. u.a. *Brangsch* AnwBl. 57, 249; 61, 128; *H. Martin* AnwBl. 65, 38), wurde nicht in die ARB 69/75 übernommen. Das Recht der freien Anwaltswahl durch den VN ist heute nur noch in den Fällen einer Verteidigung wegen der Verletzung einer Vorschrift des Straf-, Ordnungswidrigkeiten-, Disziplinar- oder Standesrechts sowie für die Wahrnehmung

rechtlicher Interessen außerhalb der Bundesrepublik Deutschland im Umfang des § 2 Abs. 1a auf gerichtsansässige oder dort zugelassene Anwälte beschränkt (über die Gründe vgl. § 2 Rdnrn. 68, 71). Eine generelle Beschränkung in den Aufnahmebedingungen eines gruppenversicherten Vereins, die diesem das alleinige Recht der Anwaltswahl vorbehalten, ohne an die Benennung eines Anwalts durch das (mit)versicherte Mitglied gebunden zu sein, ist unzulässig (BGH NJW 90, 578 = VersR 90, 195).

3   2. Will oder kann der VN nicht selbst einen Anwalt benennen, etwa weil seine rechtlichen Interessen in größerer Entfernung von seinem Wohnort oder im Ausland wahrzunehmen sind, dann kann er verlangen, daß der **Versicherer** einen solchen Anwalt „bestimmt", d.h. für den VN auswählt. Auch ohne ein solches ausdrückliches Verlangen des VN muß der Versicherer bei bestehender Versicherungsdeckung von sich aus schon dann einen Anwalt auswählen (und gemäß Abs. 2 beauftragen), wenn der VN keinen benannt hat und die Einschaltung eines Anwalts im Interesse des VN notwendig ist. Dies kann insbesondere dann der Fall sein, wenn ohne die unverzügliche Beauftragung eines Anwalts – für den Versicherer erkennbar – durch Fristablauf oder andere Umstände Rechtsnachteile für den VN entstehen könnten. Voraussetzung für ein Tätigwerden des Versicherers in solchen Fällen ist jedoch, daß ihn der VN gemäß § 15 Abs. 1a möglichst vollständig und wahrheitsgemäß über sämtliche Umstände des Versicherungsfalles unterrichtet hat, da der Versicherer anderenfalls häufig nicht sicher beurteilen kann, ob bereits die Notwendigkeit besteht, einen Anwalt für den VN einzuschalten.

3a   3. Soweit die Wahrnehmung rechtlicher Interessen im **Ausland** durch einen Nicht-Anwalt möglich und zulässig ist (z.B. Schadenregulierungs-Büro), kann die Beauftragung einer solchen Person oder Stelle genügen, wenn die Interessen des VN hierdurch auf die gleiche Weise wie durch einen Anwalt gewahrt werden können.

III. **Beauftragungsrecht des Versicherers (Abs. 2)**

4   1. Der Rechtsanwalt wird für den VN in der Regel aufgrund eines Dienstvertrags tätig, der eine Geschäftsbesorgung zum Gegenstand hat (§§ 611, 675 BGB; *Palandt/Putzo* vor § 611 Rdnr. 21; *Palandt/Thomas* § 675 Rdnr. 6; *Gerold/Schmidt/Madert* § 1 Rdnr. 9). Die Frage, ob der **Anwaltsvertrag** zwischen VN und Anwalt oder zwischen RSVersicherer und Anwalt oder in einer Mischform zustande kommt, wurde früher nicht einheitlich beurteilt. Während der Geltung der ARB 54 und ihrer Vorläufer nahm die Rechtsprechung teilweise an, der RSVersicherer verschaffe seinem VN die Dienste des Anwalts quasi in natura durch einen zwischen Versicherer und Anwalt zugunsten des VN als Dritten geschlossenen Dienstverschaffungsvertrag (BGH VersR 67, 76; OLG Frankfurt VersR 57, 672; *Bruck/Möller* § 49 Anm. 14; zur Natur des Dienstverschaffungsvertrags vgl. auch *Palandt/ Putzo* vor § 611 Rdnr. 25). Diese Rechtskonstruktion wies Parallelen auf zu dem „Sachleistungsprinzip", das in der – öffentlich-rechtlich geregelten – sozialen Krankenversicherung gilt und bei dem der Versicherer dem Ver-

Benennung und Beauftragung des RA § 16 ARB 75

sicherten beispielsweise ärztliche Behandlung in natura zur Verfügung stellt (§§ 15, 27, 28 SGB V). Ein anderer Teil der Rechtsprechung hat schon für die ARB 54 einen Vertrag zwischen Anwalt und VN bejaht (OVG Berlin VersR 63, 1042; OLG München VersR 68, 637; OLG Köln NJW 73, 905).

2. Abs. 2 hat für die ARB 69/75 klargestellt, daß die **Beauftragung des** vom VN (Abs. 1 Satz 1) oder vom RSVersicherer (Abs. 1 Satz 2 und 3) ausgewählten **Rechtsanwalts durch** den **RSVersicherer** erfolgt, jedoch keine Rechtsbeziehungen zwischen Versicherer und Rechtsanwalt entstehen läßt, sondern daß der Versicherer den Rechtsanwalt namens des VN beauftragt. Der RSVersicherer ist also bei der Einschaltung des Rechtsanwalts lediglich als durch die ARB beauftragter Vermittler (was entgegen *Pakulla*, VersR 79, 297 Fußnote 5, ein eigenes Interesse an der Beauftragung nicht ausschließt) für den VN und als dessen Vertreter gemäß § 164 Abs. 1 BGB tätig, ohne daß er selbst Vertragspartner des Rechtsanwalts wird. Der Anwalt schuldet seine Dienste lediglich dem VN und hat einen Vergütungsanspruch lediglich gegen diesen und nicht gegen den RSVersicherer (LG Hamburg AnwBl. 79, 66; AG Münster r+s 95, 186; 78, 69; AG Hamm r+s 79, 45; AG Frankfurt AnwBl. 82, 220; AG Köln ZfS 88, 80; *Bauer* NJW 71, 1972; GB BAV 81, 97; a. A. ArbG Siegen AnwBl. 88, 496). Der RSVersicherer übernimmt die Freistellung des VN von dessen Kostenschuld nicht durch einen Vertrag zu Gunsten des Kostengläubigers als Dritten im Sinn des § 328 BGB, sondern im Weg der Erfüllungsübernahme nach § 329 BGB ohne eigenes Forderungsrecht des Kostengläubigers (LAG Hamm ZfS 91, 307; *Bergmann* VersR 81, 512, 514; *MünchKomm/Gottwald* § 328 Rdnr. 53; § 329 Rdnr. 7). Will der Anwalt das ihm vom RSVersicherer angetragene Mandat nicht annehmen, ist er verpflichtet, die Ablehnung dem Versicherer oder dem VN unverzüglich anzuzeigen (§§ 675, 663, 164 Abs. 3 BGB). Eine schuldhaft verzögerte Ablehnung kann den Anwalt zum Ersatz des Vertrauensschadens verpflichten (*Palandt/Thomas* § 663 Rdnr. 1; vgl. auch *Borgmann/ Haug* Rdnrn. III 65 ff.). Durch die uneingeschränkte Annahme einer an eine Anwaltssozietät gerichteten Beauftragung kommt der Anwaltsvertrag mit der Sozietät und nicht mit einem einzelnen Anwalt dieser Sozietät zustande (BGH NJW 78, 1003 = VersR 78, 443). Die Sozietätsanwälte sind nicht Gesamtgläubiger, sondern Gesamthandsgläubiger der Anwaltsvergütung, so daß ein Sozietätsanwalt nicht ohne Zustimmung der anderen die Honorarforderung im eigenen Namen für sich geltend machen kann (BGH AnwBl. 96, 543). Hat der Versicherer in der Annahme seiner Eintrittspflicht den Rechtsanwalt beauftragt und ist dieser für den VN bereits tätig geworden, stellt sich jedoch dann heraus, daß keine Versicherungsdeckung besteht, dann hat der VN keinen Freistellungsanspruch gegen den Versicherer, soweit aufgrund der Beauftragung ein Vergütungsanspruch des Rechtsanwalts gegen den VN entstanden ist. Etwaige Leistungen des Versicherers hat er gemäß § 812 BGB zurückzuzahlen (§ 20 Rdnr. 29). Waren allerdings dem Versicherer im Zeitpunkt der Anwaltsbeauftragung die wesentlichen Tatsachen bereits bekannt, die seine Leistungspflicht – z.B. wegen eines Risikoausschlusses oder einer Obliegenheitsverletzung des VN oder fehlender Erfolgsaussicht nach § 17 Abs. 1 Satz 1 – ausschließen oder beschränken,

§ 16 ARB 75   6, 7   1. Teil. Allgemeine Bestimmungen (C)

dann ist in der Regel in der vorbehaltlosen Anwaltsbeauftragung (oder sonstigen Deckungszusage „im Rahmen der ARB": LG Mannheim r+s 96, 313; *Prölss/Martin* § 17 ARB Anm. 3) ein deklaratorisches Anerkenntnis des Versicherers zu sehen, das die ihm bis dahin bekannten Einwendungen gegen seine Leistungspflicht ausschließt (BGH VersR 66, 1174 – Haftpflichtversicherung –; 83, 125; OLG Düsseldorf VersR 96, 844 = r+s 96, 142 = ZfS 96, 111; VersR 85, 728 = ZfS 85, 111; OLG Oldenburg r+s 95, 463; LG Köln r+s 94, 102; 92, 417; LG Hechingen r+s 91, 307; LG Berlin r+s 90, 307; LG Darmstadt VersR 89, 955 = NJW 89, 2067; LG Kiel VersR 87, 581; OLG Hamm VersR 66, 333; LG München I ZfS 81, 17; *Prölss/Martin* § 6 Anm. 15; vgl. auch unten Rdnr. 10; § 4 Rdnr. 5; § 15 Rdnr. 26) und ihn daher zur Freistellung – allerdings nur im Rahmen der Deckungssumme (OLG Köln VersR 91, 1126) – verpflichtet. Erteilt der Versicherer eine Deckungszusage zunächst nur unter Vorbehalt, z.B. weil die Frage eines Ausschlußtatbestandes in einem Strafverfahren zu klären ist (vgl. § 4 Rdnr. 154), dann steht auch die Anwaltsbeauftragung unter diesem Vorbehalt. Auch ohne einen solchen Vorbehalt besteht jedoch bei Deckungszusage „im Rahmen der ARB" kein Versicherungsschutz, wenn dem Versicherer im Zeitpunkt der Zusage die den Ausschluß begründenden Tatsachen nicht bekannt waren (OLG Oldenburg r+s 92, 239; LG Köln r+s 92, 277; LG Frankfurt r+s 90, 382). Eine auf den privaten Bereich beschränkte Deckungszusage bindet den Versicherer nicht für den gewerblichen Bereich (KG r+s 96, 492). Glaubt der Versicherer, der VN habe den Versicherungsfall vorsätzlich herbeigeführt, und sagt er dann Deckung lediglich wegen eines ihn bindenden Stichentscheids des Anwalts nach § 17 Abs. 2 zu, ist er im Deckungsprozeß nicht gehindert, sich auf § 4 Abs. 2a zu berufen (BGH NJW 92, 1509 = VersR 92, 568 = r+s 91, 201).

6   Einen unmittelbaren Anspruch gegen den RSVersicherer könnte der Rechtsanwalt allenfalls dadurch erlangen, daß er sich den Freistellungsanspruch des VN gegen den Versicherer (§ 2 Rdnr. 150) **abtreten** läßt, wodurch sich – bei bestehender Versicherungsdeckung – der Freistellungsanspruch in einen Zahlungsanspruch verwandeln würde (BGH VersR 75, 655; *Johannsen* VersR 78, 108; *Palandt/Heinrichs* § 399 Rdnr. 4). Vor endgültiger Feststellung dieses Freistellungsanspruchs dem Grunde und der Höhe nach ist eine solche Abtretung jedoch nur mit schriftlichem Einverständnis des RSVersicherers wirksam (§ 20 Abs. 1 i.V.m. § 399 BGB; vgl. § 2 Rdnr. 84, § 20 Rdnr. 8).

7   **Unmittelbare Rechtsbeziehungen** zwischen dem Versicherer und Anwalt können dagegen dann entstehen, wenn der Versicherer einen angeforderten Kostenvorschuß (§ 17 BRAGebO) unmittelbar an den Anwalt als (künftigen) Kostengläubiger des VN zahlt, und zwar unter dem Vorbehalt der Rückforderung, wenn und soweit ein Dritter (z.B. die Staatskasse bei Freispruch des VN) die Anwaltskosten zu erstatten hat. Nimmt der Rechtsanwalt diese Vorschußzahlung widerspruchslos entgegen, dann hat er sie unmittelbar an den RSVersicherer zurückzuzahlen, soweit dieser gegenüber seinem VN wegen der Erstattungspflicht eines Dritten letztlich nicht zur Übernahme der Kosten verpflichtet ist (§ 2 Abs. 3c; BGH VersR 72, 1141;

Näheres vgl. § 20 Rdnr. 25). Unabhängig hiervon kann sich ein unmittelbarer Anspruch des Versicherers gegen den Anwalt auch daraus ergeben, daß ein Anspruch des VN gegen seinen Anwalt auf Erstattung überzahlter Kosten gemäß § 20 Abs. 2 Satz 1 auf den Versicherer übergegangen ist (OLG Frankfurt r + s 90, 341; AG München r + s 91, 274; AG Köln JurBüro 80, 83). Das OLG Düsseldorf (VersR 80, 231) hat einen unmittelbaren Anspruch des RSVersicherers gegen den Anwalt des VN auf Auskunft über die kostenmäßige Abwicklung des unter Versicherungsschutz stehenden Mandats bejaht, wenn der RSVersicherer Vorschüsse an den Anwalt geleistet und eine Auskunft über deren Verwendung weder vom VN noch vom Anwalt erhalten hatte. Einen solchen unmittelbaren Anspruch wird man jedoch allenfalls dann bejahen können, wenn der RSVersicherer seinen VN – in entsprechender Anwendung des § 20 Abs. 3 Satz 1 – vergeblich zur Abtretung von dessen Auskunftsanspruch gegen den Anwalt aufgefordert hatte (kritisch auch *Bergmann* VersR 81, 512, 516).

3. Von der Beauftragung zu unterscheiden ist die **Bevollmächtigung** des Anwalts. Während durch die Beauftragung Rechte und Pflichten im Innenverhältnis zwischen Anwalt und VN im Rahmen eines Geschäftsbesorgungsvertrags entstehen, benötigt der Anwalt für die außergerichtliche und gegebenenfalls gerichtliche Vertretung des VN nach außen eine Vollmacht im Sinn der §§ 164 ff. BGB und §§ 80 ff. ZPO, die ihn zu rechtsgeschäftlichem und prozessualem Handeln mit Wirkung unmittelbar für und gegen den VN legitimiert. Die Erteilung dieser Vollmacht obliegt dem VN (§ 15 Abs. 1 b; BGH NJW 78, 1003 = VersR 78, 443). Hat der VN den Anwalt ausdrücklich oder durch schlüssiges Handeln beauftragt, ihn nicht nur gegenüber dem Anspruchsgegner, sondern auch gegenüber dem RSVersicherer – z.B. zwecks Einholung der Deckungszusage oder Abstimmung von kostenauslösenden Maßnahmen – zu vertreten (VN beweispflichtig, AG Buxtehude VersR 87, 583; zur Frage eines eigenen Gebührenanspruchs gegen den VN in einem solchen Fall vgl. § 2 Rdnr. 149), dann können empfangsbedürftige Willenserklärungen des Versicherers – z.B. die Verneinung der Leistungspflicht mangels Erfolgsaussichten nach § 17 Abs. 1 – mit Wirkung für und gegen den VN auch an den Anwalt als dessen Vertreter gerichtet werden (§ 164 Abs. 3 BGB; GB BAV 67, 82; VerBAV 68, 26). Verpflichtet hierzu ist der Versicherer jedoch nicht (BGH VersR 67, 149 unter Ziff. I 3; RG VA 29 Nr. 2005).

IV. Beauftragung durch VN (Abs. 3)

Nach dem Wortlaut des Abs. 2 könnte die Beauftragung des Anwalts durch den Versicherer als die Regel angesehen werden. In der Praxis überwiegt jedoch heute die unmittelbare **Auftragserteilung durch den VN**. Die Frage, ob und inwieweit ein VN zu einer unmittelbaren Beauftragung des Anwalts befugt ist, hatte vor Einführung der ARB 69 zu langjährigen Diskussionen zwischen Anwaltschaft und Versicherern geführt. Nach § 4 Ziff. 5 ARB 54 stand an sich die Befugnis zur Beauftragung des Anwalts allein dem Versicherer zu. Die Kosten eines vom VN ohne Zustimmung des Versicherers unmittelbar beauftragten Anwalts brauchte der Versicherer nach § 2 Ziff. 8 ARB 54 nicht zu übernehmen. Die Kritik der Anwaltschaft an dieser Regelung (vgl. z.B. *Brangsch* AnwBl. 61, 128; 62, 120; *H. Martin* AnwBl. 65, 38) hatte schließlich 1965 zu einem Übereinkommen zwischen dem DAV und den dem HUK-Verband angehörenden RSVersicherern geführt, wonach diese sich bereit erklärten, die unmittelbare Beauftragung des Anwalts durch den VN dann nicht mehr als Obliegenheitsverletzung zu werten, wenn der Versicherungsfall unverzüglich nach der Beauftragung des Anwalts dem Versicherer gemeldet wurde (AnwBl. 65, 199). Diese Regelung wurde dann im wesentlichen in die ARB 69 übernommen. Der VN kann also den Anwalt ohne vorherige Verständigung des RSVersicherers unmittelbar beauftragen. Unterrichtet allerdings dann der VN oder der beauftragte Anwalt den Versicherer nicht unverzüglich (§ 121 BGB) über die erfolgte Beauftragung sowie gleichzeitig vollständig und wahrheitsgemäß unter Angabe von Beweismitteln und Unterlagen über sämtliche Umstände des Versicherungsfalles, kann der Versicherer im Rahmen des § 15 Abs. 2 seine Leistung wegen Obliegenheitsverletzung verweigern. Ein Zeitraum von mehreren Monaten, einem Dreivierteljahr oder gar von über zweieinhalb Jahren zwischen Anwaltsbeauftragung und Unterrichtung des RSVersicherers ist hierbei in der Regel zumindest als grobfahrlässige Obliegenheitsverletzung im Sinn des Abs. 3 i.V.m. § 15 Abs. 2 anzusehen (OLG Düsseldorf ZfS 88, 285; LG Aachen ZfS 84, 49; LG München I r+s 77, 46; AG Hamburg ZfS 86, 338; AG München r+s 79, 89; AG Trier ZfS 82, 114; vgl. im übrigen § 15 Rdnr. 28). Das Recht zur unmittelbaren Anwaltsbeauftragung ändert nichts an der Abstimmungsobliegenheit des § 15 Abs. 1d cc (OLG Frankfurt VersR 84, 857).

10   Die Regelung des Abs. 3 soll im Interesse des VN, des Anwalts und des Versicherers verhindern helfen, daß der Anwalt tätig wird, ohne daß die Frage des Versicherungsschutzes hinreichend geklärt ist. Häufig sind die Gesichtspunkte, die für die Eintrittspflicht des Versicherers maßgeblich sind – z.B. Versicherungsbeginn oder -ende, Lauf einer Wartezeit (§ 14 Abs. 3 Satz 3), Umfang des Versicherungsschutzes, Risikoausschlüsse, rechtzeitige Beitragszahlung –, dem Anwalt nicht oder nicht genau bekannt (*Sperling* AnwBl. 70, 34, 36f.). Die **möglichst frühzeitige Unterrichtung** des Versicherers liegt daher im Interesse aller Beteiligten, nicht zuletzt des Anwalts selbst, weil er sich anderenfalls unter Gefährdung seines Vergütungsanspruches schadenersatzpflichtig machen kann, wenn er vor Klärung des Versicherungsschutzes kostenauslösende rechtliche Schritte einleitet (OLG Düsseldorf VersR 76, 892; LG Hanau AnwBl. 78, 231; *Ege* AnwBl. 79, 49; *Matzen* AnwBl. 79, 358; vgl. auch § 2 Rdnr. 27; § 15 Rdnr. 31). Diese Verpflichtung des Anwalts aus dem Anwaltsvertrag ist die folgerichtige Fortentwicklung der seit langem anerkannten Pflicht, einen Mandanten rechtzeitig über die voraussichtliche Höhe der gesetzlichen Vergütung aufzuklären, damit dieser seine weiteren Maßnahmen danach einrichten kann (BGH NJW 80, 2128 = AnwBl. 80, 500). Eine Pflicht des Anwalts, den VN ohne Vorliegen konkreter Anhaltspunkte über sämtliche Einschränkungen des RS-Versicherungsschutzes aufzuklären, besteht allerdings nicht (LG

Berlin ZfS 94, 462). Bestätigt der Versicherer dem bereits vom VN beauftragten und diesen vertretenden Rechtsanwalt vorbehaltlos den Versicherungsschutz, dann ist er hieran in gleicher Weise wie bei einer unmittelbaren Anwaltsbeauftragung für den VN nach Abs. 2 gebunden (vgl. oben Rdnr. 5).

V. Abs. 4

1. Rechte und Pflichten aus dem Anwaltsvertrag entstehen nur zwischen Anwalt und VN, gleichgültig, ob der Anwalt gemäß Abs. 2 vom Versicherer oder gemäß Abs. 3 vom VN unmittelbar beauftragt worden ist (vgl. oben Rdnr. 5). Abs. 4 **Satz 1** verdeutlicht diese Rechtsfolge, indem er klarstellt, daß der Rechtsanwalt (nur) dem VN gegenüber, nicht jedoch dem RSVersicherer gegenüber für die Durchführung seines Auftrags verantwortlich ist. Der Versicherer hat insbesondere kein eigenes und unmittelbares Weisungsrecht gegenüber dem Anwalt, die Interessen des VN in einer bestimmten Art und Weise wahrzunehmen. Lediglich soweit der Anwalt im Einzelfall vom VN beauftragt und bevollmächtigt ist, nicht nur dessen rechtliche Interessen wahrzunehmen, sondern auch den Verkehr mit dem RSVersicherer zu führen (wegen der Frage eines gesonderten Vergütungsanspruchs hierfür vgl. § 2 Rdnr. 149), kann dieser den Anwalt als Vertreter des VN dazu anhalten, die den VN nach dem Versicherungsvertrag treffenden Obliegenheiten, insbesondere aus § 15 Abs. 1, für den VN zu erfüllen. Verletzt der Anwalt schuldhaft seine Pflichten aus dem Anwaltsvertrag gegenüber dem VN, kann dies seinen Anspruch auf die – an sich vom Versicherer gemäß § 2 Abs. 1a zu übernehmende – gesetzliche Vergütung beeinträchtigen oder ganz entfallen lassen (BGH VersR 77, 421; § 2 Rdnr. 27) und seine Ersatzpflicht für einen dem VN entstandenen weitergehenden Schaden begründen (vgl. § 2 Rdnr. 226; § 14 Rdnr. 26).

2. Als weitere Folge der fehlenden Rechtsbeziehungen zwischen Anwalt und Versicherer stellt Abs. 4 **Satz 2** klar, daß der Versicherer für die Tätigkeit des Anwalts nicht verantwortlich ist, also insbesondere für ein Fehlverhalten des Anwalts nicht haftet. Soweit der VN den Anwalt selbst beauftragt (Abs. 3) oder zumindest benannt (Abs. 1 Satz 1) hat, versteht sich dies von selbst. Es gilt jedoch auch dann, wenn der Versicherer den Anwalt bestimmt hat (Abs. 1 Satz 2 und 3). Da der Versicherer die Rechtsbesorgung für den VN nicht selbst schuldet (§ 1 Rdnr. 10), sondern sie allenfalls vermittelt, ist der Anwalt kein Erfüllungsgehilfe, für dessen Fehlverhalten der Versicherer gemäß § 278 BGB einzustehen hätte. Eine Haftung des Versicherers gemäß §§ 823, 831 BGB für den Anwalt als Verrichtungsgehilfen scheidet – abgesehen von der fehlenden Weisungsabhängigkeit des Rechtsanwalts – schon deshalb aus, weil eine durch die Verletzung der Anwaltspflichten verursachte schuldhafte Schädigung des Vermögens des VN keine Haftung aus unerlaubter Handlung begründen könnte (*Palandt/Thomas* § 823 Rdnr. 31). Denkbar wäre allenfalls eine positive Verletzung des Versicherungsvertrags in der Weise, daß der Versicherer den Anwalt nicht sorgfältig ausgewählt hat. Da jedoch mit der Zulassung zur Rechtsanwaltschaft nach der BRAO

jeder Anwalt die Befugnis erhält, anwaltliche Tätigkeit umfassend auszuüben und alle Rechtsfälle im Rahmen der geltenden Gesetze zu bearbeiten, besteht in der Regel kein Grund für eine Mithaftung des Versicherers, wenn einmal ein von ihm bestimmter Rechtsanwalt seine Pflichten aus dem Anwaltsvertrag schuldhaft verletzt haben sollte. Eine Ausnahme kann allenfalls dann gelten, wenn der RSVersicherer einen Anwalt bestimmt, obwohl dieser – für den Versicherer erkennbar – an einer ordnungsgemäßen Ausübung seiner Anwaltstätigkeit – etwa wegen schwerer körperlicher oder geistiger Gebrechen – längere Zeit verhindert und keine sachgemäße Vertretung gewährleistet ist, so daß Rechtsnachteile für den VN von vornherein einkalkuliert werden mußten (*Ridder* S. 125).

§ 17 Prüfung der Erfolgsaussichten

(1) Ist der Versicherer der Auffassung, daß die Wahrnehmung der rechtlichen Interessen des Versicherungsnehmers keine hinreichende Aussicht auf Erfolg bietet oder mutwillig erscheint, kann er seine Leistungspflicht verneinen. Dies hat er dem Versicherungsnehmer unter Angabe der Gründe unverzüglich schriftlich mitzuteilen. Wird dem Versicherungsnehmer die Verletzung einer Vorschrift des Straf- oder Ordnungswidrigkeitenrechtes vorgeworfen, prüft der Versicherer die Erfolgsaussichten der Verteidigung in den Tatsacheninstanzen nicht.

(2) Hat der Versicherer seine Leistungspflicht gemäß Absatz 1 verneint und stimmt der Versicherungsnehmer der Auffassung des Versicherers nicht zu, kann der Versicherungsnehmer den für ihn tätigen oder noch zu beauftragenden Rechtsanwalt auf Kosten des Versicherers veranlassen, diesem gegenüber eine begründete Stellungnahme darüber abzugeben, daß die Wahrnehmung seiner rechtlichen Interessen hinreichende Aussicht auf Erfolg bietet und nicht mutwillig erscheint. Die Entscheidung des Rechtsanwaltes ist für beide Teile bindend, es sei denn, daß sie offenbar von der wirklichen Sach- oder Rechtslage erheblich abweicht.

(3) Der Versicherer kann dem Versicherungsnehmer eine Frist von mindestens einem Monat setzen, binnen der der Versicherungsnehmer den Rechtsanwalt vollständig und wahrheitsgemäß über die Sachlage zu unterrichten und die Beweismittel anzugeben hat, damit dieser die Stellungnahme gemäß Absatz 2 abgeben kann. Kommt der Versicherungsnehmer dieser Verpflichtung nicht innerhalb der vom Versicherer gesetzten Frist nach, entfällt der Versicherungsschutz. Der Versicherer ist verpflichtet, den Versicherungsnehmer ausdrücklich auf die mit dem Fristablauf verbundene Rechtslage hinzuweisen.

Übersicht

	Rdnrn.		Rdnrn.
I. Allgemeines	1	III. „Stichentscheid" des Rechtsanwalts	
II. Abs. 1	2–10	(Abs. 2)	10–17
1. a) Verneinung der Leistungspflicht .	2	1. Allgemeines	10
b) Abrategebühr	3, 3 a	2. Satz 1	11, 12
2. a) strafrechtliche Tatsacheninstanzen	4, 5	3. a) bindende Entscheidung (Satz 2) ...	13, 14
b) Mutwilligkeit in Straf- und Bußgeldverfahren	6–9 a	b) offenbar erhebliche Abweichung..	15–17
		IV. Abs. 3	18

I. Allgemeines

Versicherungsschutz besteht, soweit nach Eintritt eines Versicherungsfalles (§ 14) der VN Versicherungsschutz begehrt (§ 15 Abs. 1 Satz 1) und die **Wahrnehmung** seiner rechtlichen Interessen **notwendig** ist. Dies ist dann der Fall, wenn die beabsichtigte Rechtsverfolgung oder Rechtsverteidigung hinreichende Aussicht auf Erfolg bietet und nicht mutwillig erscheint (§ 1 Abs. 1). Wann diese Voraussetzungen vorliegen, ist in § 1 Rdnrn. 31 ff. und 39 ff. näher erläutert. Bei der Vielgestaltigkeit der in den Deckungsbereich der RSVersicherung fallenden Rechtsfälle können jedoch VN und Versicherer naturgemäß mitunter verschiedener Meinung über die Notwendigkeit der Interessenwahrnehmung des VN sein. § 17 regelt das hierbei einzuschlagende Verfahren.

II. Abs. 1
(entspricht § 18 Abs. 1 ARB 94)

1. a) Ist der Versicherer aufgrund des ihm vom VN oder seinem Anwalt unterbreiteten, gegebenenfalls nach Rückfrage ergänzten Sachverhalts (§ 15 Abs. 1 a) der Meinung, die Interessenwahrnehmung des VN sei nicht oder nur teilweise hinreichend aussichtsreich oder sie sei mutwillig, kann er seine **Leistungspflicht** ganz oder teilweise **verneinen** (zur Teildeckung vgl. auch Vorbem. vor § 21 Rdnr. 5). Will er dies tun, dann muß er dies unter Angabe der Gründe unverzüglich, d.h. ohne schuldhaftes Zögern (§ 121 BGB), dem VN schriftlich mitteilen. Hierbei genügt nicht eine pauschale Begründung, vielmehr muß er je nach Sach- und Rechtslage zur tatsächlichen oder rechtlichen Seite substantiiert Stellung nehmen. Die Bezugnahme auf ein bereits ergangenes Urteil genügt allenfalls dann, wenn der VN oder sein Anwalt nicht mitgeteilt haben, aus welchen Gründen das Urteil angefochten werden soll. Denn zunächst hat der VN darzulegen, aus welchen Gründen er ein Rechtsmittel für erfolgversprechend hält (OLG Oldenburg r+s 95, 463). Teilt der RSVersicherer seinen Willen zur Verneinung der Leistungspflicht nicht gemäß Abs. 1 Satz 2 „unverzüglich", d.h. schuldhaft nicht innerhalb einer angemessenen Bearbeitungszeit von zwei bis drei Wochen mit (§ 2 Rdnr. 145), dann verliert er in der Regel entsprechend § 121 BGB (vertraglich vereinbarte Ausschlußfrist; *Palandt/Heinrichs* § 121 Rdnrn. 1, 3) das Recht, sich auf fehlende Erfolgsaussichten zu berufen (OLG Hamm r+s 94, 141 = ZfS 94, 144; OLG Köln r+s 91, 419; VersR 89, 359 = r+s 88, 334; VersR 87, 1030; OLG Frankfurt VersR 84, 857; *Prölss/Martin* § 17 ARB Anm. 2a; a.A. *Bauer* VersR 89, 362 unter Hinweis auf BGH NJW 84, 2689 zu § 626 Abs. 2 Satz 3 BGB, wonach aber nur der Kündigungsgrund auf Verlangen „unverzüglich" mitzuteilen ist, nicht jedoch die ohnehin starr fristgebundene Kündigung selbst). Sein Recht zur Leistungsverneinung verliert er außerdem nach § 158n Satz 3 VVG, wenn er den gemäß § 158n Satz 2 VVG gebotenen Hinweis auf die Rechte des VN aus Abs. 2 unterläßt (vgl. unten Rdnr. 10). Hat der Versicherer seine Leistung zunächst aus anderen Gründen – z.B. wegen einer Ausschlußbestimmung nach § 4 – abge-

lehnt und sich zu den Erfolgsaussichten noch nicht geäußert, dann kann er auch noch später – längstens bis zur letzten mündlichen Verhandlung vor dem Tatrichter – die Erfolgsaussichten – mit Hinweispflicht nach § 158 n Satz 2 VVG – jedenfalls dann verneinen, wenn er sich dies ausdrücklich oder nach Sachlage erkennbar vorbehalten hatte (BGH VersR 86, 132; LG Karlsruhe ZfS 89, 203; bedenklich daher LG Kiel VersR 86, 338 = ZfS 85, 273). Andernfalls ist ihm jedoch der Einwand fehlender Erfolgsaussicht, zumal wenn er erstmals im Deckungsprozeß vorgebracht wird, verwehrt (OLG Düsseldorf VersR 94, 1337 = NJW-RR 95, 285 = r+s 94, 180 = ZfS 94, 263). Eine Zusage „dem Grunde nach" schließt spätere Einwendungen zur Höhe nicht aus (AG Düsseldorf r + s 92, 380). Erhält der Versicherer erst in der Berufungsinstanz Kenntnis von Umständen, die die Interessenwahrnehmung des VN erfolglos erscheinen lassen, kann er auch in diesem Stadium noch seine Leistungspflicht verneinen (OLG Düsseldorf NJW-RR 89, 532 = r + s 89, 189). Hat er dagegen seine Leistungspflicht bereits vorbehaltlos bejaht, kann er sie – jedenfalls für die gleiche Instanz – bei unverändertem Sachverhalt nicht mehr nachträglich verneinen (BGH VersR 83, 125; OLG Düsseldorf VersR 85, 728; LG München I ZfS 81, 17; auch nicht teilweise: LG Limburg r + s 92, 378; vgl. auch § 4 Rdnr. 5 und § 15 Rdnr. 26). Die Verneinung der Leistungspflicht ist nur eine vorläufige Ablehnung der Versicherungsdeckung, die die Frage des Versicherungsschutzes in der Schwebe läßt und die durch einen anders lautenden bindenden „Stichentscheid" des beauftragten Rechtsanwalts im Sinn des Abs. 2 auflösend bedingt ist (§ 158 Abs. 2 BGB) und ihre Wirkung wieder verlieren kann (vgl. unten Rdnr. 14). Zu einer endgültigen Ablehnung wird sie, wenn der VN von der Möglichkeit des Abs. 2 keinen Gebrauch macht (AG München ZfS 80, 135) oder sich der gemäß Abs. 2 eingeschaltete Rechtsanwalt dem ablehnenden Standpunkt des Versicherers mit bindender Wirkung anschließt (vgl. unten Rdnr. 15). Hatte der VN den Versicherungsfall bereits durch einen Anwalt gemeldet, dann ist in der Regel der Anwalt als bevollmächtigt anzusehen, die Verneinung der Leistungspflicht des Versicherers als empfangsbedürftige Willenserklärung für den VN entgegenzunehmen (§ 164 Abs. 3 BGB; vgl. § 16 Rdnr. 8). Zweckmäßigerweise sollte jedoch in solchen Fällen der Versicherer eine Kopie seines Schreibens unmittelbar an den VN übersenden, damit dieser die Auffassung des Versicherers ohne zeitliche Verzögerung erfährt (GB BAV 67, 82; VerBAV 68, 26) und das weitere Vorgehen mit seinem Anwalt besprechen kann.

3   b) **Erschöpft sich** nach Eintritt eines Versicherungsfalles (§ 14) die Interessenwahrnehmung des VN auf einem der unter Versicherungsschutz stehenden Rechtsgebiete (Vorbem. vor § 21 Rdnrn. 12 bis 18, 20 bis 23, 25 bis 27) **in einer einmaligen Beratung** durch den von ihm unmittelbar konsultierten Anwalt und rät dieser von einer Rechtsverfolgung oder Rechtsverteidigung ab, weil er sie nicht für hinreichend aussichtsreich hält, dann erhebt sich die Frage, ob der Versicherer die Übernahme dieser Beratungskosten unter Hinweis auf Abs. 1 wegen fehlender Erfolgsaussichten ablehnen kann (**„Abrategebühr"**). Hier wird zum Teil die Meinung vertreten, eine generelle Übernahme der Beratungskosten sei deshalb geboten, weil der

Prüfung der Erfolgsaussichten 3a § 17 ARB 75

VN bei der Verneinung der Leistungspflicht durch den Versicherer stets seinen Anwalt zum Schiedsgutachter im Sinn des Abs. 2 bestellen könne, wobei dann dessen Kosten immer zu Lasten des Versicherers gingen, also auch bei einer negativen Stellungnahme des Anwalts. Diese Meinung läßt jedoch zweierlei außeracht: Zum einen macht sie die Leistungspflicht des Versicherers nicht von einem tatsächlichen, sondern von einem fiktiven Geschehensablauf abhängig, was dem Grundsatz der Spezialität des versicherten Risikos widerspricht (vgl. OLG Hamm VersR 77, 953; LG Trier ZfS 80, 244; § 1 Rdnr. 46; Vorbem. vor § 21 Rdnr. 1). Es ist durchaus denkbar, daß ein VN, der nicht sofort zum Anwalt geht, sondern den Versicherungsfall zunächst dem RSVersicherer meldet, sich schon von diesem überzeugen läßt, daß seine beabsichtigte Interessenwahrnehmung keinen Erfolg verspricht, und daher gar keinen Anwalt mehr aufsucht. Zum anderen wird hier nicht berücksichtigt, daß die Abrategebühr gemäß § 20 BRAGebO anfällt und sich aus dem Gegenstandswert des geltend zu machenden oder abzuwehrenden fraglichen Hauptanspruchs des VN im Verhältnis zu dessen Anspruchsgegner errechnet, während die schiedsgutachtliche Stellungnahme des Anwalts nach Abs. 2 („Stichentscheid") die zwischen VN und Versicherer streitige Leistungspflicht zum Gegenstand hat und daher aus dem – wesentlich niedrigeren – voraussichtlichen Rechtskostenaufwand für die Geltendmachung oder Abwehr eben dieses fraglichen Hauptanspruchs zu berechnen ist (vgl. unten Rdnr. 13).

Die Schwierigkeiten bei der Auslegung des Abs. 1 rühren teilweise daher, 3a daß der VN nach § 16 Abs. 3 ARB das Recht hat, schon vor Verständigung des RSVersicherers einen Anwalt aufzusuchen, während dies früher in § 2 Ziff. 8 ARB 54 als zur Leistungsfreiheit des Versicherers führende Obliegenheitsverletzung gewertet werden konnte (§ 16 Rdnr. 9). Wenn nun aber der VN, ohne hierdurch dem Versicherer gegenüber Obliegenheiten zu verletzen, nach Eintritt eines Versicherungsfalles den **Anwalt unmittelbar aufsuchen** kann, dann sollte es grundsätzlich nicht zu Lasten des VN ausschlagen, wenn der Anwalt von einer weitergehenden Interessenwahrnehmung abrät. Denn der VN will ja gerade durch die Beratung Klarheit über seine durch den Versicherungsfall tangierte Rechtslage gewinnen. Diese – nach Eintritt des Versicherungsfalles zunächst fehlende – Klarheit ist gewissermaßen der erstrebte „Erfolg" der Beratung als des ersten Schrittes einer jeden Interessenwahrnehmung (vgl. § 1 Rdnr. 3 und § 2 Rdnr. 20). Es erscheint nicht interessengerecht, eine Beratung im Sinn des § 1 Abs. 1 nur dann als „notwendig" und damit durch die ARB gedeckt anzusehen, wenn auch eine an diese Beratung sich anschließende weitere Rechtsverfolgung oder Rechtsverteidigung „notwendig", d.h. hinreichend erfolgversprechend erscheint. Der „Erfolg" der jeweiligen Stufe einer Interessenwahrnehmung ist an ihrem Inhalt und Umfang zu messen. Eine Beratung als erste Stufe kann nur den Erfolg haben, daß der Ratsuchende die Kenntnis seiner Rechtssituation verbessert und instand gesetzt wird, nunmehr über die Frage einer weitergehenden Interessenwahrnehmung selbst zu entscheiden. Demgemäß ist eine Erfolgsaussicht im Beratungsbereich mit der Gewinnung von Rechtsklarheit gleichzusetzen (*Schorn* S. 111, 112 in Anknüpfung an die

Tatsache, daß auch das Beratungshilfegesetz keine Erfolgsaussicht für eine Beratung verlangt, *Grunsky* NJW 80, 2041, 2047; *Baumgärtel* ZRP 79, 302, 304). Hinzu kommt schließlich noch der Gesichtspunkt, daß eine Prüfung der Erfolgsaussichten nur sinnvoll erscheint, wenn sie der Versicherer als Rechtsprognose rechtzeitig vor Durchführung der geplanten rechtlichen Maßnahmen vornehmen kann, wozu insbesondere die Obliegenheit zur rechtzeitigen Abstimmung kostenauslösender Maßnahmen nach § 15 Abs. 1 d cc dient (§ 15 Rdnr. 20). Aus § 16 Abs. 3 ergibt sich aber gerade, daß eine Beratung nicht vorher abzustimmen ist, § 15 Abs. 1 d cc also nicht gilt. Ein Ausschluß der Kostenübernahme für eine Beratung mit negativer Erfolgsprognose für eine weitergehende Interessenwahrnehmung entspricht nach all dem nicht dem Zweck der ARB und hätte, wenn sie gewollt gewesen wäre, dort klar definiert werden müssen Eine nachträgliche Verneinung der Leistungspflicht des Versicherers nach einer bereits durchgeführten Beratung erscheint daher nur dann gerechtfertigt, wenn sich schon dem VN als juristischem Laien aufdrängen mußte, daß seine geplante Interessenwahrnehmung kaum erfolgreich sein könne. Ein brauchbares Abgrenzungskriterium könnte hierbei die vom BGH (VersR 79, 1093) – wenn auch in anderem Zusammenhang – erwähnte Formulierung von *Wussow* bieten, wonach eine Leistungspflicht verneint werden könnte, wenn „auch ein noch so verwegener Anspruchsteller gar nicht auf den Gedanken kommen würde", aufgrund des Versicherungsfalles rechtliche Interessen wahrzunehmen (ähnlich AG Köln ZfS 90, 377).

4 2. a) Wird dem VN vorgeworfen, eine Vorschrift des Straf- oder Ordnungswidrigkeitenrechts verletzt zu haben (vgl. Vorbem. vor § 21 Rdnrn. 73 ff.), unterbleibt nach Abs. 1 Satz 3 eine Prüfung der Erfolgsaussichten der Verteidigung in den **Tatsacheninstanzen**. Diese Regelung trägt der Tatsache Rechnung, daß der Ablauf eines Straf- oder Ordnungswidrigkeitenverfahrens, insbesondere das Ergebnis einer Beweisaufnahme, auch bei Vorliegen schriftlicher Zeugenaussagen häufig nicht sicher vorauszusehen ist (vgl. § 1 Rdnr. 35) und daß bei sachgemäßer Verteidigung oft die Chance besteht, zumindest die Höhe des Strafmaßes für den VN günstig zu beeinflussen (*Bielefeldt* S. 56 Fußnote 134). „Tatsacheninstanzen" sind diejenigen Verfahrensabschnitte, in denen der dem VN vorgeworfene Verstoß gegen straf- oder bußgeldrechtliche Vorschriften nicht nur nach der rechtlichen, sondern auch nach der tatsächlichen Seite hin geprüft wird. In Ordnungswidrigkeitenverfahren ist dies das Verfahren vor der Polizei, der Bußgeldbehörde, der Staatsanwaltschaft und dem Amtsgericht (§§ 53 bis 78 OWiG), in Strafverfahren das Verfahren vor der Polizei, der Staatsanwaltschaft, dem erstinstanzlichen Gericht und dem Berufungsgericht (§§ 158 bis 332 StPO). Keine Tatsacheninstanz ist in Ordnungswidrigkeitensachen der Rechtsbeschwerde-Rechtszug und in Strafsachen der Revisions-Rechtszug, da in diesen Verfahrensabschnitten nicht mehr die tatsächlichen Feststellungen, sondern nur noch die richtige Rechtsanwendung aufgrund des von den Vorinstanzen bindend festgestellten Sachverhalts überprüft werden (§§ 337 StPO, 79 Abs. 3 OWiG). Die Erfolgsaussichten einer Rechtsbeschwerde (AG Fulda VersR 83, 431) oder einer Revision kann der RSVersicherer daher prüfen.

Soweit nach Abs. 1 Satz 3 eine Prüfung der Erfolgsaussichten unterbleibt, trifft den VN auch keine Informationsobliegenheit nach § 15 (BGH NJW 85, 1466 = VersR 85, 538; vgl. § 15 Rdnr. 7).

Eine Tatsacheninstanz eigener Art ist das Verfahren über die **Wiederaufnahme eines** durch rechtskräftiges Urteil abgeschlossenen **Verfahrens** (§§ 359 bis 373a StPO). Die Korrektur eines rechtskräftigen Strafurteils kann in einem solchen Verfahren zugunsten oder zuungunsten des Angeklagten erstrebt werden. Beantragt der VN Wiederaufnahme zu seinen Gunsten oder will er einen gegen ihn gerichteten Antrag auf Wiederaufnahme zu seinen Ungunsten abwehren, dann können diese Maßnahmen noch der Verteidigung wegen des Vorwurfs der Verletzung einer Vorschrift des Strafrechts zugerechnet werden und stehen daher an sich unter Versicherungsschutz, soweit die Interessenwahrnehmung in den Deckungsbereich des Versicherungsvertrages fällt, nicht durch § 4 Abs. 3 ausgeschlossen ist und die abgeurteilte Tat im versicherten Zeitraum begangen worden ist oder sein soll (§ 14 Abs. 2 Satz 1; ebenso OLG Düsseldorf für den Fall des Wiederaufgreifens eines Disziplinarverfahrens, NJW-RR 89, 532 = r + s 89, 189; vgl. auch § 14 Rdnr. 28; Vorbem. vor § 21 Rdnr. 77). Da das Urteil im Wiederaufnahmeverfahren nicht nur in rechtlicher, sondern auch in tatsächlicher Hinsicht überprüft werden kann, sind die Erfolgsaussichten eines Wiederaufnahmeantrags nach Abs. 1 Satz 3 nicht zu prüfen. Da ein Wiederaufnahmeantrag zugunsten des Angeklagten nur in den im Gesetz abschließend aufgezählten Fällen der §§ 359, 363 und 364 StPO zulässig ist, wäre ein auf andere Gründe gestützter Antrag unzulässig und daher sinnlos. Für eine gleichwohl erbetene Deckungszusage könnte der Versicherer seine Leistungspflicht wegen Mutwilligkeit verneinen.

b) Aus dem Wortlaut von Abs. 1 Satz 3 ergibt sich, daß der Versicherer in den Tatsacheninstanzen eines Straf- oder Ordnungswidrigkeitenverfahrens nur an der Prüfung der Erfolgsaussichten, nicht dagegen an der Prüfung der **Mutwilligkeit** der Verteidigung gehindert ist. Da der Begriff der Mutwilligkeit in Straf- und Bußgeldvorschriften keine Rolle spielt, sondern nur im Zivilprozeß (§ 114 ZPO) und im Sozialgerichtsverfahren (§ 193 SGG) verwendet wird, wird allerdings die Meinung vertreten, daß die Frage der Mutwilligkeit im Rahmen eines Straf- oder Ordnungswidrigkeitenverfahrens nicht geprüft werden könne (GB BAV 79, 91). Dem steht jedoch die Tatsache entgegen, daß der Begriff „mutwillig" in § 1 Abs. 1 und in § 17 Abs. 1 nicht als Begriff der Gesetzessprache, sondern als ein der RSVersicherung eigener versicherungsrechtlicher Begriff verwendet wird und daher entsprechend auszulegen ist. Mutwillig handelt, wer sinnlose oder jeder wirtschaftlichen Vernunft widersprechende rechtliche Maßnahmen auf Kosten der Versichertengemeinschaft durchführen will, ohne daß schützenswerte Belange auf seiner Seite für eine solche Maßnahme sprechen (§ 1 Rdnr. 40).

Die Frage, wann in **Bußgeldangelegenheiten** eine Verteidigung auf Kosten des RSVersicherers als mutwillig zu werten ist, wird uneinheitlich beurteilt. Ein Teil der bisher veröffentlichten Gerichtsentscheidungen, nämlich

§ 17 ARB 75   8   1. Teil. Allgemeine Bestimmungen (C)

AG Iserlohn (ZfS 89, 237 = r + s 88, 337), AG Hannover (ZfS 88, 12), AG Koblenz (VersR 78, 710), AG Saarbrücken (VersR 78, 711), AG Würzburg (r+s 78, 244), AG Gelnhausen (r+s 79, 25), AG München (r+s 79, 89), AG Hamburg (ZfS 80, 337), AG/LG Hamburg (ZfS 81, 179), AG Düsseldorf (ZfS 82, 304) und AG Köln (ZfS 95, 312 mit krit. Anm. von *Madert;* 85, 303, nach über 20 gleichgelagerten Fällen des VN) stellt hierbei allein oder überwiegend auf die wirtschaftliche Seite ab und hält die Verteidigung gegen einen – im Verkehrszentralregister nicht eintragungspflichtigen – Bußgeldbescheid von zehn oder zwanzig Deutsche Mark schon dann für mutwillig, wenn hierdurch ein Vielfaches der verhängten Geldbuße an Verteidigungskosten ausgelöst wird. Das AG Koblenz und das AG München vertreten diese Meinung sogar für den Fall, daß die Verteidigung, nämlich der Einspruch gegen den Bußgeldbescheid, Erfolg hatte und z.B. zu einer Einstellung des Verfahrens führte. Demgegenüber halten das LG Aurich (NJW-RR 91, 29 = ZfS 90, 232), Essen (ZfS 83, 49 = MDR 82, 1023 mit Anm. von *Schadt*), Aachen (VersR 83, 361, 363), das AG Essen (ZfS 93, 98 = NJW-RR 93, 1058), AG Warendorf (ZfS 87, 144), Kassel (ZfS 85, 369 = AnwBl. 85, 543), Hannover (ZfS 85, 276 m.w.N.) und Saarbrücken (AnwBl. 85, 164 = ZfS 85, 149) ein wirtschaftliches Mißverhältnis zwischen Geldbuße und Verteidigerkosten für sich allein nicht für ausreichend, um Mutwilligkeit zu bejahen. Hinzu kommen müsse vielmehr, daß der VN auch keine Gründe dargelegt habe, die eine Verbesserung seiner Situation versprechen (AG Berlin-Charlottenburg r+s 95, 308; offen gelassen von AG Heidelberg ZfS 85, 113). Eine nur gegen die Beweiswürdigung gerichtete und damit unzulässige Rechtsbeschwerde im Ordnungswidrigkeiten-Verfahren ist mutwillig (AG Köln r+s 95, 344). Nach der im Kostenfestsetzungsverfahren der StPO ergangenen Entscheidung des LG Freiburg (AnwBl. 86, 159) ist die Inanspruchnahme eines Rechtsanwalts auch bei einer geringen Geldbuße nicht rechtsmißbräuchlich.

8   An den Gerichtsentscheidungen fällt zunächst in formeller Hinsicht auf, daß sie über eine Frage entscheiden, über die nach den ARB **nicht das Gericht,** sondern zunächst der für den VN tätige Anwalt **zu entscheiden** hat. Hält nämlich der RSVersicherer die Rechtsverteidigung des VN für mutwillig und verneint er deshalb (vorläufig) seine Leistungspflicht gemäß Abs. 1 Satz 1, dann braucht der widersprechende VN nicht das Gericht anzurufen. Er kann vielmehr nach Abs. 2 seinen Rechtsanwalt veranlassen, eine begründete Stellungnahme darüber abzugeben, daß die Rechtsverteidigung nicht mutwillig erscheint. Kommt der Anwalt zu einem gegenteiligen Ergebnis wie der RSVersicherer, dann bindet dieses Votum nach Art eines Schiedsgutachtens in der Regel den Versicherer, ohne daß es noch eines Gerichtsurteils über die Frage der Mutwilligkeit bedürfte (vgl. oben Rdnr. 2; unten Rdnr. 14). Wenn die Stellungnahme des Anwalts nach Meinung des Versicherers offenbar erheblich von der Sach- oder Rechtslage abweicht, ist der Weg für eine Gerichtsentscheidung frei (vgl. unten Rdnrn. 15ff.). Aus den angeführten Gerichtsurteilen ist nicht ersichtlich, warum dort der jeweils tätige Anwalt keinen Stichentscheid im Sinne des Abs. 2 abgegeben hat. Lediglich das AG Gelnhausen weist darauf hin, daß der Anwalt eine Stel-

Prüfung der Erfolgsaussichten 9 § 17 ARB 75

lungnahme im Sinn des Abs. 2 nicht abgegeben habe. Denkbar ist allerdings, daß in dem einen oder anderen Fall dem Versicherer der Versicherungsfall erst gemeldet worden war, als das Verfahren über den Einspruch gegen den Bußgeldbescheid schon abgeschlossen war, so daß ein Vorgehen nach Abs. 1 und 2, das zu einem Stichentscheid des Rechtsanwalts geführt hätte, gegenstandslos gewesen sein könnte. Außerdem ist zu berücksichtigen, daß der Stichentscheid eines Anwalts nicht, wie beispielsweise das Sachverständigenverfahren nach § 14 AKB, bindend vorgeschrieben ist. Der Wortlaut des Abs. 2 läßt vielmehr die Möglichkeit offen, daß der VN, ohne die Stellungnahme eines Anwalts herbeizuführen, sofort das Gericht anruft (vgl. unten Rdnr. 10).

Die erwähnten Gerichtsentscheidungen begegnen Bedenken, soweit sie 9 die Mutwilligkeit allein aus einem Vergleich zwischen der verhängten Geldbuße und den für eine Verteidigung aufzuwendenden Kosten herleiten. Aus dem Wesen und der Funktion der RSVersicherung ergibt sich, daß ein **bloßes „Mißverhältnis"** zwischen Geldbuße und Verteidigungskosten für sich allein **nicht** zu einer Bejahung der **Mutwilligkeit** führen kann, da es ja gerade die Aufgabe der RSVersicherung ist, dem VN das Kostenrisiko bei der Abwehr rechtlicher Eingriffe aller Art abzunehmen. Wer sich die Freiheit von Rechtskostenrisiken durch freiwillige Beitragszahlungen erkauft, will und soll seine rechtlichen Belange ohne Kostenüberlegungen wahrnehmen können (vgl. die oben in Rdnr. 7 erwähnte extensivere Rechtsprechung; ähnlich *Ege* AnwBl. 79, 49; *Demmer* AnwBl. 79, 250, 254). Maßstab für die Mutwilligkeit kann daher nicht sein, was ein „normaler" Nicht-RSversicherter in gleicher Lage tun würde. Zu prognostizieren ist vielmehr, wie ein Nicht-RSVersicherter in guten wirtschaftlichen Verhältnissen, der keine finanziellen Rücksichten nehmen muß, in der Lage des VN voraussichtlich getan haben würde. Darlegungs- und beweispflichtig für das Merkmal der Mutwilligkeit als eines Ausnahmetatbestands ist nach allgemeinen Grundsätzen der Versicherer. Ist nicht auszuschließen, daß eine solche wirtschaftlich und rechtlich vernünftig denkende und handelnde Vergleichsperson trotz des Kostenrisikos von beispielsweise mehreren hundert Deutsche Mark auch gegen ein Bußgeld von zehn oder zwanzig Deutsche Mark vorgegangen wäre, z.B. weil sie sich hiervon eine bessere Ausgangsposition für eine Schadenregulierung versprach oder weil sie mit vertretbaren Gründen die Verhängung des Bußgeldes für ungerechtfertigt oder unverhältnismäßig hielt oder weil sie beispielsweise eine Eintragung in – neben dem Verkehrszentralregister (§ 13 StVZO) bestehende – örtliche polizeiliche Listen über „Mehrfachtäter" fürchtete, dann wird man die Verteidigung in Bußgeldverfahren nicht als mutwillig ansehen können. Die Prüfung der Mutwilligkeit ist hier letztlich eine an Treu und Glauben zu orientierende Abwägung zwischen dem Interesse des VN, staatliche Eingriffe nicht ungeprüft hinnehmen zu müssen, und dem Interesse der Versichertengemeinschaft, von sinnlosen Aufwendungen, die jeder wirtschaftlichen Vernunft widersprechen, verschont zu bleiben. Es kommt hier der allgemeine, beispielsweise auch für die vorsätzliche Herbeiführung des Versicherungsfalles (§§ 61, 152 VVG) geltende versicherungsrechtliche Grundsatz zum Tragen, daß dem VN der

§ 17 ARB 75   9a, 10   1. Teil. Allgemeine Bestimmungen (C)

Versicherungsschutz nur dann verwehrt sein soll, wenn sein Verhalten gerade im Hinblick auf das Fordern der Versicherungsleistung zu mißbilligen ist, weil eine Schadenabnahme durch die Versichertengemeinschaft nicht mehr vertretbar erscheint (BGH NJW 80, 996 = VersR 80, 164; vgl. § 4 Rdnr. 147). Mißt man die oben in Rdnr. 7 erwähnten Gerichtsentscheidungen an diesen Kriterien, dann verdient allerdings beispielsweise das AG Würzburg Zustimmung, wenn es die Aufwendung von Anwaltskosten in Höhe von voraussichtlich über sechshundert Deutsche Mark zur Bekämpfung eines Bußgeldbescheides von zehn Deutsche Mark dann als unsinnig und damit mutwillig ansieht, wenn der VN nicht schlüssig dartun kann, warum er überhaupt gegen den Bußgeldbescheid vorgehen will (ähnlich LG Aurich NJW-RR 91, 29: Bußgeldbescheid fünf DM, Anwaltskosten über eintausend DM). Ähnliche Überlegungen haben zur Schaffung des ab 1. 4. 1987 geltenden § 109a OWiG geführt, wonach bei einer Geldbuße bis zu zwanzig Deutsche Mark die Verteidigerkosten nur dann zu den notwendigen Auslagen des Betroffenen im Sinn des § 464a Abs. 2 Nr. 2 StPO gerechnet werden, wenn wegen der schwierigen Sach- oder Rechtslage oder der Bedeutung der Sache für den Betroffenen die Beauftragung eines Rechtsanwalts geboten war. Außerdem kann von der Auferlegung der Auslagen des Betroffenen auf die Staatskasse abgesehen werden, soweit sie durch rechtzeitiges Vorbringen entlastender Umstände vermeidbar waren (vgl. *Janiszewski* DAR 86, 256, 262). Wegen der Halterhaftung nach § 25a StVG bei Halt- und Parkverstößen vgl. § 2 Rdnr. 122a.

9a   War die in § 4 Rdnr. 156 erwähnte Ausschlußklausel nicht Vertragsgrundlage, dann war die substantiierte Verteidigung gegen den Vorwurf des Aufrufs zum Boykott der Volkszählung in der Regel nicht mutwillig (LG Konstanz NJW 89, 175 = VersR 89, 41; LG Heidelberg, LG Mönchengladbach VersR 89, 41; ausführlich *Merkel* VersR 88, 111).

III. „Stichentscheid" des Rechtsanwalts (Abs. 2)
(entspricht § 18 Abs. 2 bis 5 ARB 94)

Literatur: *Schirmer,* Schiedsverfahren statt Stichentscheid – eine notwendige Reform der ARB?, DAR 90, 441; *Klatt,* Das Schiedsverfahren in den RSVersicherung gemäß § 158n VVG, in: Versicherungen in Europa heute und morgen (Geburtstagsschrift für Georg Büchner) 1991; *Füchtler,* Deckungsklage statt Stichentscheid?, VersR 91, 156; *Schröder-Ferkes,* Konfliktbeilegungsmechanismen in der RSVersicherung, 1991.

10   1. Abs. 2 legt die Rechte des VN für den Fall fest, daß der Versicherer die Interessenwahrnehmung für nicht hinreichend aussichtsreich oder für mutwillig hält und deshalb seine Leistungspflicht gemäß Abs. 1 verneint. Die ARB enthalten hier die der RSVersicherung eigentümliche Besonderheit, daß der VN seinen abweichenden Standpunkt nicht wie bei einer Deckungsablehnung aus anderen Gründen – z.B. wegen einer Risikoausschlußklausel nach § 4, Fehlens eines Versicherungsfalles nach §§ 1, 14 oder wegen einer Obliegenheitsverletzung nach § 15 – gerichtlich klären lassen muß, sondern daß hierüber der Rechtsanwalt des VN nach Art eines Schiedsgutachters entscheiden kann. Der Wortlaut des Abs. 2 läßt allerdings die Möglichkeit offen,

Prüfung der Erfolgsaussichten 11 § 17 ARB 75

daß der VN ohne Stellungnahme eines Anwalts auch sofort das Gericht anruft (OLG Köln r+s 88, 334 = VersR 89, 359 mit Anm. von *Bauer;* VersR 83, 1025; OLG Frankfurt VersR 84, 857; *Prölss/Martin* § 17 ARB Anm. 1 a; a. A. LG Stuttgart VersR 95, 1438 = r+s 95, 141; LG Köln ZfS 86, 336; *Füchtler* VersR 91, 156). Durch geschäftsplanmäßige Erklärung (Einl. Rdnr. 36) und neuerdings durch § 158 n VVG sind die RSVersicherer verpflichtet, bei Verneinung ihrer Leistungspflicht wegen fehlender Erfolgsaussichten den VN auf das ihm nach Abs. 2 zustehende Recht zur Einschaltung eines Rechtsanwalts hinzuweisen. Unterläßt der Versicherer den Hinweis, gilt der RSAnspruch des VN im geltend gemachten Umfang gemäß § 158 n Satz 3 VVG als anerkannt (OLG Stuttgart r+s 93, 344; OLG Hamm VersR 94, 1225; r+s 94, 141 = ZfS 94, 144; LG Wiesbaden VersR 95, 569 = r+s 95, 23; *Schirmer* DAR 90, 441, 443; *Prölss/Martin* § 158 n Anm. 2; § 17 ARB Anm. 2 a). Die Entscheidung des Anwalts nach Abs. 2 setzt voraus, daß der Versicherer **vorher** seine Leistungspflicht unter Angabe der Gründe nach Abs. 1 **verneint** hat. Konnte er über seine Leistungspflicht noch nicht entscheiden, etwa weil der VN oder der für ihn handelnde Anwalt den Versicherungsfall noch gar nicht gemeldet hatte oder seiner Obliegenheit zur vollständigen und wahrheitsgemäßen Unterrichtung über sämtliche Umstände des Versicherungsfalles nach § 15 Abs. 1 a noch nicht nachgekommen war, dann kann eine vom Anwalt des VN geäußerte Rechtsmeinung oder eine etwa schon eingereichte Klage- oder Rechtsmittelschrift noch nicht als – den Versicherer bindender – Stichentscheid nach Abs. 2 gewertet werden (OLG Köln r + s 88, 368). Erst wenn der Anwalt die Gründe im einzelnen kennt, die den Versicherer nach abschließender Prüfung der Sach- und Rechtslage bewogen haben, seine Leistungspflicht zu verneinen, ist er seinerseits in der Lage, die Auffassung des Versicherers mit der in Abs. 2 vorgesehenen bindenden Wirkung für beide Teile zu würdigen (OLG Köln ZfS 89, 307; VersR 87, 1030 = ZfS 87, 146 = AnwBl. 87, 294; OLG München VersR 74, 279; AG Freiburg VersR 89, 1190; AG Hamburg ZfS 86, 338). Auch eine Deckungsklage gegen den RSVersicherer ersetzt nicht eine gutachtliche Stellungnahme des Anwalts nach Abs. 2 im Ausgangsverfahren (LG Köln ZfS 86, 336; LG Koblenz ZfS 81, 178). Andererseits ist ein „Stichentscheid" rechtlich bedeutungslos, wenn bereits eine Deckungsklage gegen den Versicherer schwebt (OLG Düsseldorf ZfS 89, 238). Verzögert der VN oder der Anwalt die Unterrichtung des Versicherers oder nimmt er die Klage zurück und setzt er diesen hierdurch außerstande, sich rechtzeitig zu den Erfolgsaussichten zu äußern, dann ist kein Raum mehr für ein Verfahren nach Abs. 2 (OLG Hamm VersR 80, 671; LG Hamburg ZfS 88, 249 für den Fall der Klagerücknahme; offengelassen von BGH VersR 90, 414 = r + s 90, 124); außerdem kann hierin eine Obliegenheitsverletzung nach § 15 liegen (vgl. § 15 Rdnrn. 9 und 28). Hatte der Versicherer seine Leistungspflicht wegen mangelnder Erfolgsaussicht verneint, ohne daß der VN anschließend von seinem Recht nach Abs. 2 Gebrauch gemacht hat, dann hat der VN auch keinen Anspruch auf Prozeßkostenhilfe (BGH VersR 87, 978; vgl. § 2 Rdnr. 238).

2. Nach Abs. 2 Satz 1 kann der VN den bereits für ihn tätigen oder nach § 16 Abs. 1 bis 3 noch zu beauftragenden Rechtsanwalt veranlassen, dem 11

§ 17 ARB 75   12, 13   1. Teil. Allgemeine Bestimmungen (C)

Versicherer gegenüber schriftlich (§ 12) zu begründen, daß die Interessenwahrnehmung entgegen der Auffassung des Versicherers hinreichend aussichtsreich ist und nicht mutwillig erscheint. Diese Möglichkeit hat der VN auch dann noch, wenn bereits ein ihm ungünstiges Urteil vorliegt, solange noch ein Rechtsmittel zur Abänderung des Urteils führen kann (OLG Frankfurt VersR 84, 857). Die Stellungnahme des Anwalts, die auch im Rahmen einer Klage- oder Rechtsmittelschrift erfolgen kann, falls diese schlüssig ist, der Beweissituation Rechnung trägt und gleichzeitig die Argumente des Versicherers berücksichtigt (LG Düsseldorf VersR 90, 417; AG Arnsberg VersR 92, 693; AG Meschede ZfS 89, 308), muß in der Absicht einer bindenden Stellungnahme abgegeben (LG Marburg ZfS 89, 308) und so ausreichend begründet sein, daß sie – vergleichbar einer Berufungsbegründung (BGH VersR 81, 531) – hinreichend erkennen läßt, in welchen Punkten tatsächlicher oder rechtlicher Art die Meinung des Versicherers nach Ansicht des Anwalts unrichtig ist (vgl. OLG Köln VersR 83, 1025 = ZfS 84, 18; OLG Hamm r + s 89, 222; VersR 82, 749; LG Oldenburg VersR 90, 653). Entscheidend ist nicht die Form der Stellungnahme, sondern ihr Inhalt; er ist in erster Linie abhängig vom Umfang oder der Komplexität des Streitstoffes, von der bisherigen Kenntnis des RSVersicherers und dem Stadium der Interessenwahrnehmung. Der Rechtsanwalt hat den entscheidungserheblichen Streitstoff darzustellen, anzugeben, inwieweit für bestrittenes Vorbringen Beweis oder Gegenbeweis angetreten werden kann, die sich ergebenden rechtlichen Probleme unter Berücksichtigung von Rechtsprechung und Rechtslehre herauszuarbeiten und sich auch mit etwa vorhandenen Argumenten auseinanderzusetzen, die gegen eine Erfolgsaussicht sprechen. Entscheidend ist eine ex-ante-, nicht eine ex-post-Beurteilung (ausführlich BGH VersR 90, 414 = r + s 90, 124). Eine nur summarische und unsubstantiierte Begründung etwa derart, daß die Verneinung der Leistungspflicht durch den Versicherer abwegig und unzutreffend sei, reicht nicht aus (ähnlich LG Aurich ZfS 90, 232). Durch den Auftrag zu einem Stichentscheid kommt es entgegen *Bergmann* (VersR 81, 512, 514) im Normalfall nach dem eindeutigen Wortlaut des Abs. 2 nicht zu unmittelbaren Rechtsbeziehungen zwischen Anwalt und Versicherer. *Bergmann* meint offenbar auch nicht so sehr den Fall des Abs. 2, sondern den – seltener praktizierten – Fall, daß der Versicherer bereits vor Verneinung seiner Leistungspflicht den Anwalt ausdrücklich um Prüfung der Erfolgsaussichten bittet.

12   § 17 Abs. 2 **ARB 69** enthielt einen **Satz 3**, wonach der VN die Kosten einer solchen Stellungnahme des Rechtsanwalts (nur) dann zu tragen hatte, wenn dieser der Auffassung des RSVersicherers zu Lasten des VN zustimmte. Diese Regelung wurde in den ARB 75 nicht mehr übernommen, da solche Fälle vereinzelt geblieben waren (*Sperling* AnwBl. 76, 29, 30). Nunmehr trägt der Versicherer die Kosten der gutachtlichen Stellungnahme des Anwalts in jedem Fall, gleichgültig, ob sie für den VN günstig oder ungünstig ausfällt (BGH VersR 81, 1070).

13   Als **Vergütung** für einen Stichentscheid im Sinn des Abs. 2 Satz 1 kann der Anwalt im Normalfall eine Geschäftsgebühr nach § 118 Abs. 1 Nr. 1, nicht eine „angemessene Gebühr" nach § 21 BRAGebO fordern (a.M. ohne

nähere Begründung LG Detmold r + s 88, 15). Denn bei der schiedsgutachtlichen Stellungnahme handelt es sich in der Regel nicht um ein „schriftliches Gutachten mit juristischer Begründung" im Sinn des § 21 BRAGebO. Hierunter versteht man nur Stellungnahmen über schwierigere oder verwickelte Fragen, die in Form eines schriftlichen Gutachtens erstellt werden mit geordneter Darstellung des Sachverhalts oder der zu untersuchenden Rechtsfragen, mit einer eingehenden Darstellung des Standes der Auffassungen in der Rechtsprechung und im Schrifttum, mit einer kritischen Auseinandersetzung mit diesen Auffassungen sowie mit einer eigenen begründeten Stellungnahme des Anwalts unter Herausarbeitung der verbleibenden tatsächlichen oder rechtlichen Zweifel (*Riedel/Sußbauer/Fraunholz, Schumann/Geißinger* und *Gerold/Schmidt/Madert*, jeweils § 21 Rdnr. 2). Der Stichentscheid des Rechtsanwalts kann sich dagegen in der Regel darauf beschränken, ohne eingehendere Darlegung des Sach- und Streitstandes und der hierzu vertretenen Auffassungen in Schrifttum und Rechtsprechung entweder die Argumente des RSVersicherers zu widerlegen oder – wenn er sie für richtig hält – zu bestätigen. Gegenstand des anwaltlichen Stichentscheids ist hierbei nicht der Wert des Hauptanspruchs des VN im Verhältnis zu seinem Anspruchsgegner, für dessen Durchsetzung oder Abwehr der RSVersicherer nicht leistungspflichtig zu sein meint, sondern die zwischen VN und RSVersicherer streitig gewordene Leistungspflicht aus dem Versicherungsvertrag, d. h. der für die Interessenwahrnehmung des VN voraussichtlich notwendige Kostenaufwand in Höhe der eigenen und gegnerischen Anwaltskosten sowie gegebenenfalls der Gerichtskosten (LG Detmold r + s 88, 15; AG Dortmund ZfS 81, 278), und zwar für die erste Instanz, soweit der Rechtsstreit nicht schon in einer höheren schwebt (OLG Hamm VersR 84, 257 = AnwBl. 84, 95; vgl. § 18 Rdnr. 21).

3. a) Gibt der Rechtsanwalt eine den Anforderungen des Abs. 2 Satz 1 entsprechende, d.h. ausreichend begründete (vgl. oben Rdnr. 11) **Stellungnahme** ab, dann **bindet** sie nach Abs. 2 Satz 2 in der Regel sowohl den VN als auch den RSVersicherer (allerdings nicht für einen nachfolgenden Deckungsprozeß, BGH NJW 92, 1509 = VersR 92, 568 = r + s 92, 201; vgl. § 16 Rdnr. 5 a.E.), es sei denn, daß sie offenbar von der wirklichen Sach- oder Rechtslage erheblich abweicht (vgl. unten Rdnr. 15). Diese – dem VN günstige – Regelung ist an das Sachverständigenverfahren des § 64 VVG angelehnt. Der Rechtsanwalt wird hierbei nicht als Schiedsrichter im Sinn der §§ 1025 ff. ZPO tätig, der über Grund und Höhe der Versicherungsleistung abschließend mit verbindlicher Wirkung für die Parteien zu entscheiden hätte. Er hat vielmehr die Funktion eines Schiedsgutachters. Wie dieser einzelne Tatsachen eines streitigen Rechtsverhältnisses festzustellen und möglicherweise damit zusammenhängende rechtliche Vorfragen zu klären hat (*Thomas/Putzo* vor § 1025 Anm. 2; *Baumbach/Lauterbach/Albers* vor § 1025 Rdnrn. 12 ff.; *Palandt/Heinrichs* § 317 Rdnrn. 3 ff.; vgl. auch OLG Hamm VersR 77, 953), obliegt es dem Rechtsanwalt, lediglich das für das Bestehen des Versicherungsanspruchs maßgebliche, hier streitige Tatbestandselement der „Notwendigkeit" der Interessenwahrnehmung (§ 1 Rdnrn. 28 ff.) dem Streit der Parteien zu entziehen (OLG München VersR 74, 279 für die

§ 17 ARB 75   15   1. Teil. Allgemeine Bestimmungen (C)

ähnliche Regelung des § 4 Ziff. 4 ARB 54). Bei seinem Votum unterliegt er der allgemeinen Pflicht aus dem Anwaltsvertrag mit dem VN, von einer Rechtsverfolgung oder Rechtsverteidigung, insbesondere einer Klage oder einem Rechtsmittel, dann abzuraten, wenn solche Maßnahmen keinen Erfolg versprechen (BGH NJW 86, 2043 = VersR 86, 656 unter II 1; BGB-RGRK § 675 Rdnr. 68). Die Stellungnahme sollte erkennen lassen, daß der Anwalt nicht nur einseitig im Parteiinteresse, sondern im Bewußtsein seiner schiedsgutachterlichen Funktion tätig geworden ist (OLG Köln AnwBl. 87, 294 = ZfS 87, 146; LG Heidelberg ZfS 89, 308). Geht seine begründete Stellungnahme dahin, daß die beabsichtigte Interessenwahrnehmung des VN hinreichende Aussicht auf Erfolg bietet oder daß sie nicht mutwillig erscheint (§ 1 Abs. 1 Satz 2), dann steht die Eintrittspflicht des Versicherers – bei Vorliegen der übrigen Deckungsvoraussetzungen in sachlicher, persönlicher, zeitlicher und räumlicher Beziehung – für beide Teile fest, allerdings nur für die jeweilige Instanz, in der sich das Verfahren gerade befindet (BGH r+s 90, 275; OLG Hamm VersR 89, 838 = r+s 89, 190, 222; vgl. auch § 15 Rdnr. 20). Schließt er sich dagegen der negativen Auffassung des Versicherers an, dann kann der VN keine Versicherungsansprüche wegen des zugrundeliegenden Versicherungsfalles erheben. Macht der VN von seinem Recht nach Abs. 2 Gebrauch, schiebt dies die Fälligkeit des Versicherungsanspruchs wohl nicht hinaus, da er statt dessen auch sofort Deckungsklage erheben könnte (vgl. oben Rdnr. 10; *Bauer* VersR 89, 362; *Prölss/ Martin* § 17 ARB Anm. 1a; a. A. *Füchtler* VersR 91, 156; vgl. auch § 2 Rdnr. 152). Ist der VN selbst Rechtsanwalt und vertritt er sich in der fraglichen Rechtssache auch selbst, kann er nicht auch die Schiedsgutachter-Funktion selbst ausüben. Denn wegen ihrer – außer bei offensichtlicher Unrichtigkeit (vgl. unten Rdnr. 15) – bindenden Wirkung auch für ein Gericht in einem etwa nachfolgenden Deckungsprozeß darf die schiedsgutachtliche Stellungnahme nur von einem unparteiischen Dritten abgegeben werden (*Rosenberg/Schwab* § 173 III 5 b; *Stein/Jonas/Schlosser* § 1032 Rdnr. 48).

15   b) Die Entscheidung des Rechtsanwalts ist für beide Teile verbindlich und kann gerichtlich nicht mehr überprüft werden, es sei denn, sie **weicht offenbar erheblich** von der Sach- oder Rechtslage ab (*Palandt/Heinrichs* § 319 Rdnr. 4). Diese Regelung hat ihr Vorbild in § 64 VVG und § 319 BGB. Die zu diesen Bestimmungen entwickelten Grundsätze können für die Entscheidung der Frage, wann eine derartige Abweichung vorliegt, entsprechend herangezogen werden. „Erheblich" ist die Abweichung, wenn die Stellungnahme des Rechtsanwalts die Sach- oder Rechtslage gröblich verkennt (AG Köln ZfS 86, 145 für offensichtliche Fehlbeurteilung der Wirksamkeit einer Risiko-Ausschlußklausel). „Offenbar" ist eine solche Unrichtigkeit erst dann, wenn sie sich dem Sachkundigen, wenn auch erst nach gründlicher Prüfung, mit aller Deutlichkeit aufdrängt (OLG Karlsruhe VersR 94, 1418 bei eindeutig verjährter Forderung; OLG Frankfurt VersR 89, 735; OLG Hamm VersR 87, 1026; allgemein: BGH VersR 78, 121; NJW 79, 1885; *Prölss/Martin* § 64 Anm. 7 und 8). Vertritt der Rechtsanwalt von mehreren Rechtsmeinungen diejenige, die nicht der herrschenden entspricht, die aber andererseits auch nicht ganz abwegig erscheint oder die höchstrichterlich

noch nicht völlig geklärt ist, dann weicht seine Meinung nicht „offenbar" von der wirklichen Sach- und Rechtslage ab (BGH VersR 94, 1061 = r+s 94, 342 = ZfS 94, 304 bei ungeklärter ARB-Auslegung, vgl. § 4 Rdnr. 159; OLG Karlsruhe r+s 96, 271 bei zweifelhafter Auslegung der VHB 84; VersR 90, 1389 = r + s 90, 237; LG Frankfurt VersR 92, 1220 = r + s 92, 310; AG Itzehoe AnwBl. 92, 456 = ZfS 92, 354). Eine offenbar erhebliche Abweichung kann dagegen angenommen werden, wenn der Rechtsanwalt eine nicht mehr vertretbare Meinung vertritt (OLG Düsseldorf VersR 91, 65 = r + s 90, 305), ein offensichtlich unbegründetes Rechtsmittel als erfolgversprechend bezeichnet (z.B. Rechtsbeschwerde, AG Fulda ZfS 82, 146) oder – z.b. bei bewußter Falschinformation durch den VN (LG Berlin VersR 86, 1186) – von einem unzutreffenden Sachverhalt ausgeht, ein wesentliches Tatbestandsmerkmal des Versicherungsfalles bei seiner Beurteilung außeracht läßt (LG Freiburg ZfS 85, 240), das bewußte Verschweigen eines vertragserheblichen Gefahrumstands im Sinn von § 16 VVG durch den VN als unverschuldet bezeichnet (OLG Frankfurt ZfS 89, 270), den vom VN weder dargelegten noch unter Beweis gestellten Notwehrexzeß des Gegners als gegeben ansieht (LG Berlin r + s 90, 21) oder wenn die beabsichtigte Rechtsverfolgung oder Rechtsverteidigung nicht schlüssig ist, d.h. wenn der dem Versicherer unterbreitete Sachverhalt – seine Richtigkeit unterstellt – die vom Anwalt für hinreichend aussichtsreich gehaltene Rechtsfolge gar nicht herbeiführen kann (OLG Karlsruhe r + s 91, 132 = VersR 91, 688; LG Düsseldorf r+s 96, 26 für ein wegen Formmangels unwirksames abstraktes Schuldanerkenntnis; *Thomas/Putzo* vor § 253 Rdnr. 31). Sind dagegen die Tatsachenbehauptungen schlüssig, dann beeinträchtigen bloße Zweifel an ihrer Beweisbarkeit die Bindungswirkung nicht (AG Celle ZfS 84, 369; vgl. § 1 Rdnrn. 34 bis 36).

In **Verkehrshaftpflichtfällen,** bei denen sich die Haftungsanteile der Beteiligten gemäß § 17 StVG und gegebenenfalls § 254 BGB nach dem Grad der beiderseitigen Verursachung und eines möglicherweise gegebenen Mitverschuldens bemessen, ist eine einigermaßen sichere Prognose über den Ausgang eines Prozesses – vor allem auch wegen der Fragwürdigkeit schriftlicher oder schriftlich protokollierter Zeugenaussagen (vgl. § 1 Rdnr. 35) – häufig nicht möglich, so daß hier eine offenbare Unrichtigkeit in der Regel nur dann und insoweit angenommen werden kann, als der vom Anwalt als hinreichend aussichtsreich angenommene Erfolg der Interessenwahrnehmung des VN mit Sicherheit nicht eintreten kann (AG Lörrach ZfS 91, 344). Dies kann beispielsweise dann der Fall sein, wenn der Anwalt trotz eindeutigen Verschuldens des VN und fraglichen Verschuldens der Gegenseite den vollen Schaden des VN ersetzt verlangen will (AG Köln ZfS 90, 416; § 1 Rdnr. 36).

Ist der Versicherer oder der VN der Meinung, die – jeweils für ihn ungünstige – Entscheidung des Rechtsanwalts weiche offenbar erheblich von der wirklichen Sach- und Rechtslage ab, und kommt es hierüber zu keiner Einigung, dann **hat** das **Gericht** über die Frage der offenbaren Unrichtigkeit **zu entscheiden** (*Palandt/Heinrichs* § 319 Rdnr. 8; vgl. § 18 Rdnr. 10). Darlegungs- und – soweit es sich nicht lediglich um Rechtsfragen handelt – beweispflichtig ist derjenige Teil, der sich auf die offenbare Unrichtigkeit beruft (BGH VersR 90, 414; *Prölss/Martin/Voit* § 64 Anm. 6 E). Stellt das Gericht rechtskräftig fest, daß die Entscheidung des Rechtsanwalts offenbar unrichtig ist, dann kann dies zur Folge haben, daß er wegen schuldhafter Verletzung des Anwaltsvertrags seinen Anspruch auf Vergütung für den Stichentscheid verliert (vgl. § 2 Rdnr. 27).

IV. Abs. 3

18 Abs. 3 trifft eine in der Praxis wenig bedeutsame **Sonderregelung** für den Fall, daß der Versicherer seine Leistungspflicht nach Abs. 1 gegenüber dem VN unter Angabe der Gründe schriftlich verneint hat und der für den VN tätige oder noch zu beauftragende Rechtsanwalt noch weitere Informationen benötigt, um seinen Stichentscheid im Sinn des Abs. 2 abgeben zu können. Um die Frage des Versicherungsschutzes nicht zu lange in der Schwebe zu lassen, kann hier der Versicherer dem VN eine Frist von mindestens einem Monat setzen, binnen der der VN den Anwalt im Sinn des § 15 Abs. 1b umfassend informieren muß. Kommt der VN dieser Verpflichtung innerhalb der gesetzten Frist nicht nach, entfällt der bis dahin vorläufig abgelehnte (vgl. oben Rdnr. 2) Versicherungsschutz endgültig, wenn der Versicherer den VN bei Fristsetzung ausdrücklich auf diese mit dem Fristablauf verbundene Rechtsfolge hingewiesen hat. Diese Regelung ähnelt ihrer Art nach der in § 18, die ebenfalls Leistungsfreiheit nach Ablauf der dort vorgesehenen Frist vorsieht. Es handelt sich also nicht um eine Obliegenheit, sondern um eine Ausschlußfrist. Ähnlich wie bei § 18 wird man jedoch annehmen können, daß trotz Fristablaufs keine Leistungsfreiheit eintritt, wenn der Versicherer auf die ihm durch den Fristablauf zukommende Rechtsposition ausdrücklich oder stillschweigend verzichtet hat oder wenn den VN an der Fristversäumung kein Verschulden trifft (Näheres § 18 Rdnrn. 14 ff.).

§ 18 Klagefrist

Lehnt der Versicherer den Versicherungsschutz ab oder behauptet der Versicherungsnehmer, daß die gemäß § 17 Absatz 2 getroffene Entscheidung des Rechtsanwaltes offenbar von der wirklichen Sach- oder Rechtslage erheblich abweicht, kann der Versicherungsnehmer den Anspruch auf Versicherungsschutz nur innerhalb von sechs Monaten gerichtlich geltend machen. Die Frist beginnt erst, nachdem der Versicherer dem Versicherungsnehmer die Ablehnung des Versicherungsschutzes oder die gemäß § 17 Absatz 2 getroffene Entscheidung des Rechtsanwaltes schriftlich mitgeteilt hat, und zwar unter Angabe der mit dem Ablauf der Frist verbundenen Rechtsfolge.

Übersicht

	Rdnrn.		Rdnrn.
I. Allgemeines	1	III. Klagefrist	6–17
II. Verjährung	2–5	1. Verhältnis zu § 12 Abs. 3 VVG	6
1. Beginn (§ 12 Abs. 1 VVG)	2–4a	2. Voraussetzungen der Klagefrist	7
2. Hemmung (§ 12 Abs. 2 VVG)	5	a) Anspruchserhebung	8, 9

Klagefrist   1–3 § 18 ARB 75

	Rdnrn.		Rdnrn.
b) schriftliche Ablehnung	10, 11	IV. Bindungswirkung	18–20
c) Angabe der Rechtsfolgen	12	1. Hauptprozeß – Deckungsverhältnis	18, 19
3. Rechtsnatur der Klagefrist	13, 14	2. Gebührenprozeß – Deckungsverhältnis	20
4. Wirkung des Fristablaufs	15, 16		
5. gerichtliche Geltendmachung	17	V. Streitwert des Deckungsprozesses	21

I. Allgemeines

Die Verjährung der gegenseitigen Ansprüche aus dem RSVersicherungs- 1
verhältnis ist in den ARB 75 nicht eigens geregelt. Es gelten daher die
§§ 194 ff. BGB sowie § 12 Abs. 1 und 2 VVG, der die Vorschriften des BGB
über den Beginn und die Dauer der Verjährung von Ansprüchen für das
Versicherungsvertragsrecht teilweise abändert. § 18 enthält lediglich eine
dem § 12 Abs. 3 VVG nachgebildete **Bestimmung**, wonach der Versicherer
bei Ablehnung des Versicherungsschutzes dem VN **für** die **gerichtliche
Geltendmachung** des Versicherungsanspruches eine Ausschlußfrist setzen
kann.

II. Verjährung
(entspricht § 14 ARB 94)

1. Die Ansprüche aus dem RSVersicherungsvertrag verjähren nach § 12 2
Abs. 1 VVG in zwei Jahren, und zwar beginnend mit dem Schluß des Kalenderjahres, in welchem die Leistung verlangt werden kann. Unter diese
Verjährungsregelung fallen an sich alle Ansprüche des Versicherers gegen
den VN und umgekehrt, und zwar nicht nur der Anspruch des VN auf Versicherungsschutz und der des Versicherers auf den Beitrag, sondern z.B.
auch Ansprüche auf Schadenersatz wegen Verzugs oder positiver Vertragsverletzung des einen oder anderen Teils (RGZ 111, 102; 156, 113; OLG Koblenz VerBAV 67, 155), auf Rückforderung nicht geschuldeter oder überzahlter Versicherungsleistungen (LG Trier r + s 91, 309) oder Beiträge bei
Unwirksamkeit, erfolgreicher Anfechtung des Vertrags oder nach Rücktritt
vom Vertrag u. ä. (a. M.: 30 Jahre bei Fehlen jeder Vertragsgrundlage BGH
NJW 60, 529 = VersR 60, 145; LG Hechingen r + s 91, 307; LG Frankfurt
r + s 90, 382; LG Köln r + s 92, 277; OLG Köln ZfS 92, 98; offen gelassen
von BGH VersR 90, 189; Näheres *Prölss/Martin* § 12 Anm. 2). Für die Beitragsforderung des Versicherers hat die Verjährungsregelung allerdings
kaum praktische Bedeutung, und zwar beim Erstbeitrag wegen der Rücktrittsfiktion des § 38 Abs. 1 Satz 2 VVG, wenn der Versicherer den Anspruch auf den Erstbeitrag nicht innerhalb von drei Monaten vom Fälligkeitstag an gerichtlich geltend macht (§ 7 Rdnr. 4), und beim Folgebeitrag
wegen der einjährigen Ausschlußfrist des § 7 Abs. 3 (§ 7 Rdnr. 9). Für verspätet gemeldete Versicherungsfälle im Sinn des § 4 Abs. 4 besteht ohne
Rücksicht auf die Verjährungsfrage generell kein Versicherungsschutz (§ 4
Rdnrn. 216 ff.).

Die **Verjährung** des Anspruchs des VN auf Versicherungsschutz, d.h. 3
auf Rechtsschutzgewährung, **beginnt** nicht schon gemäß § 198 BGB mit der
Entstehung dieses Anspruchs, d.h. mit Eintritt des Versicherungsfalles,

§ 18 ARB 75 3   1. Teil. Allgemeine Bestimmungen (C)

durch den sich die latente Gefahrtragung des Versicherers in eine konkrete Leistungspflicht verwandelt (§ 14 Rdnr. 1). Die Verjährungsfrist beginnt vielmehr gemäß § 12 Abs. 1 Satz 2 VVG erst mit dem Schluß des Jahres zu laufen, in dem der VN die Leistung verlangen kann, d. h. in dem sie fällig wird (BGH VersR 55, 97; NJW 60, 1346 = VersR 60, 554; VersR 71, 433). Fällig wird sie in der Regel, sobald der VN oder der für ihn handelnde Anwalt nach Eintritt eines Versicherungsfalles (§ 14) um Versicherungsschutz nachsucht und den Versicherer gemäß § 15 Abs. 1a vollständig und wahrheitsgemäß über sämliche Umstände unterrichtet hat und sobald anschließend der Versicherer innerhalb der ihm zuzubilligenden angemessenen Prüfungsfrist entscheidet oder bis zu deren Ablauf nicht entscheidet (Näheres § 2 Rdnr. 145). Da in der RSVersicherung keine Obliegenheit des VN zur unverzüglichen Anzeige eines Versicherungsfalles besteht (§ 15 Rdnr. 6), folgert *Bielefeldt* (S. 128) hieraus, die Fälligkeit des Versicherungsanspruchs hänge allein vom Zeitpunkt der Anzeige des Versicherungsfalles durch den VN ab und der Versicherer sei vor verspäteter Meldung von Versicherungsfällen nur durch die Ausschlußfrist des § 4 Abs. 4 geschützt. Hierbei wird jedoch nicht berücksichtigt, daß die Verjährung nach § 12 Abs. 1 Satz 2 VVG bereits mit dem Schluß des Jahres beginnt, in dem die Leistung verlangt werden „kann", also nicht erst dann, wenn sie verlangt „wird". Der VN „kann" jedoch die Leistung spätestens dann verlangen, wenn sich die Notwendigkeit einer Interessenwahrnehmung für ihn so konkret abzeichnet, daß er mit der Entstehung von Rechtskosten rechnen muß, derentwegen er den RSVersicherer in Anspruch nehmen will (OLG Köln VersR 91, 295 = r + s 90, 161; r + s 90, 163; OLG Köln, OLG München VersR 86, 805; LG Koblenz r + s 92, 57; LG Coburg ZfS 91, 131; LG Augsburg ZfS 88, 393 = r + s 88, 301; AG Tauberbischofsheim r+s 96, 108; AG Karlsruhe ZfS 86, 305). Von diesem Zeitpunkt an kann er, wenn der Versicherer seine Leistungspflicht verneint oder seine Entscheidung darüber unangemessen verzögert, auch schon auf Leistung klagen, nämlich auf Befreiung von den durch den Versicherungsfall ausgelösten Rechtskosten im Rahmen der ARB in Form einer Deckungszusage des RSVersicherers. Häufig wird der VN die Leistung noch im gleichen Jahr verlangen können, in dem der Versicherungsfall eingetreten ist. Die Meinung *Bauers* (VersR 88, 399), der RSVersicherungsanspruch werde bereits immer mit Eintritt des Versicherungsfalles fällig, würde jedoch in einer Reihe von Fällen den VN unangemessen benachteiligen. Ein Schadenereignis oder ein Rechtsverstoß im Sinn des § 14 führt nicht immer oder nicht immer in kurzer Zeit zu einer kostenauslösenden rechtlichen Auseinandersetzung. Dies hängt von den Umständen des Einzelfalles, insbesondere vom Verhalten des VN und seines Gegners ab. Bei den verstoßabhängigen Versicherungsfällen des § 14 Abs. 3 (§ 14 Rdnrn. 39 ff.) ist es außerdem nicht selten, daß der VN von einem Rechtsverstoß des Gegners (z.B. arglistige Täuschung) erst nach längerer Zeit, unter Umständen sogar erst nach Jahren erfährt. Vor einer Kenntnis des Rechtsverstoßes weiß aber der VN noch gar nicht, daß er möglicherweise rechtliche Interessen wahrnehmen muß, und er „kann" daher im Sinn des § 12 Abs. 1 VVG noch gar keinen Versicherungsschutz „verlangen". Würde in solchen Fällen der Versicherungsanspruch bereits zum Zeitpunkt des Versicherungsfalles fällig, könnte dies dazu führen, daß die Verjährungsfrist des § 12 Abs. 1 erheblich verkürzt würde oder im Extremfall sogar schon abgelaufen wäre, bevor sich der VN in die Notwendigkeit versetzt sieht, rechtliche Interessen wahrzunehmen. Dies gilt auch für die Fälle, in denen der Versicherungsschutz nicht schon bei außergerichtlicher, sondern erst bei gerichtlicher Interessenwahrnehmung besteht, die ihrerseits häufig erst längere Zeit nach Eintritt des Versicherungsfalles einsetzt (z.B. Sozialgerichts-RS, Firmen-Vertrags-RS; vgl. § 15 Rdnr. 6 a.E.). Würde man es andererseits völlig in das Belieben des VN stellen, wann er seinem RSVersicherer – zumal unter Verletzung seiner Obliegenheit zu dessen „unverzüglicher" Unterrichtung nach § 15 Abs. 1a und § 16 Abs. 3 (vgl. § 15 Rdnr. 9 und § 16 Rdnr. 9) – einen Versicherungsfall und die Einschaltung des Rechtsanwalts anzeigen will (so OLG Frankfurt zumindest für die aktive Geltendmachung von Ansprüchen, VersR 91, 66 = r + s 90, 379; VersR 87, 1028 = MDR 87, 501 = r + s 87, 71), dann widerspräche dies auch dem Zweck des § 12 VVG, durch eine erhebliche Abkürzung der dreißigjährigen Verjährungsfrist des § 195 BGB möglichst schnell eine klare Rechtslage innerhalb des Versicherungsverhältnisses zu schaffen und dem Versicherer die Bildung der im Interesse der Bilanzklarheit gesetzlich vorgeschriebenen versicherungstechnischen Rückstellungen gemäß § 54a VAG und §§ 341e ff. HGB zu ermöglichen (vgl. *Prölss/ Martin* § 12 Anm. 2 und 3).

Von dem generellen Anspruch auf Versicherungsschutz nach Eintritt eines Versicherungsfalles zu unterscheiden sind die im Lauf der Interessenwahrnehmung **einzeln entstehenden Ansprüche** des VN auf Befreiung von einer Kostenschuld oder auf deren Erstattung, sobald er von einem Kostengläubiger im Sinn des § 2 Abs. 2 in Anspruch genommen wird (§ 2 Rdnr. 150). Ist der generelle Versicherungsschutzanspruch (RSGewährungsanspruch) mangels rechtzeitiger Anzeige des Versicherungsfalles (oben Rdnr. 3) verjährt, so kann der Versicherer auch die Befreiung von Kostenverbindlichkeiten verweigern, die nach Ablauf der Verjährungsfrist entstehen. Denn der VN kann die einzelnen Befreiungsleistungen nur aufgrund des Versicherungsanspruchs verlangen, und dessen einmal eingetretene Verjährung erstreckt sich, ähnlich wie in der Haftpflichtversicherung (BGH NJW 60, 1346 = VersR 60, 554), auch auf die einzelnen Freistellungsansprüche (OLG Hamm ZfS 96, 352 = VersR 97, 231 = r+s 96, 359; OLG Karlsruhe VersR 92, 735 = ZfS 91, 380; OLG Köln VersR 86, 805; LG Berlin/KG r+s 93, 464; zur Verjährungshemmung bei rechtzeitig gemeldetem Versicherungsfall vgl. unten Rdnr. 5). Unabhängig hiervon unterliegt der einzelne Befreiungsanspruch, welcher innerhalb der Verjährungsfrist des Versicherungsanspruchs gemäß § 2 Abs. 2 fällig wird, nach § 12 Abs. 1 VVG einer gesonderten Verjährungsfrist von zwei Jahren. Hierbei beginnt die Verjährung am Ende des Jahres, in dem der VN als Kostenschuldner wegen des fälligen einzelnen Kostenanspruchs vom Kostengläubiger in Anspruch genommen wird (§ 2 Abs. 2; OLG Schleswig ZfS 86, 113; *Bielefeldt* S. 128). *Prölss/Martin* (§ 18 ARB Anm. 2; ähnlich *Wegener* VersR 91, 1121) meinen demgegenüber, die Verjährung des Anspruchs auf Kostenbefreiung sei unabhängig von der Verjährung des Anspruchs auf Sorgeleistung zu bestim-

§ 18 ARB 75   4a, 5   1. Teil. Allgemeine Bestimmungen (C)

men. Das OLG München (NJW-RR 90, 467 = VersR 90, 651 = r + s 90, 81) stimmt dem für den Fall zu, daß der VN bereits selbst einen Anwalt mit seiner Interessenwahrung beauftragt hatte. Das OLG Stuttgart verneint überhaupt einen verjährungsfähigen generellen Anspruch auf Versicherungsschutz (VersR 92, 954 = ZfS 92, 64 = r + s 92, 55; vgl. auch OLG Frankfurt VersR 91, 66 = r + s 910, 379). Wenn auch die Sorgeleistung als Teil der RSVersicherungsleistung (Näheres § 1 Rdnrn. 9ff.) in ihrer Bedeutung gegenüber der Hauptleistung, der Kostenübernahme, zurücktritt, erscheint es gleichwohl nicht geboten, eine von der Fälligkeit der Sorgeleistung unabhängige Fälligkeit der Verpflichtung zur Schuldbefreiung anzunehmen. Denn durch die die Fälligkeit des Versicherungsanspruchs auslösende Notwendigkeit der Interessenwahrnehmung (vgl. oben Rdnr. 3) ist gleichzeitig die Inanspruchnahme nachfolgender Schuldbefreiungsleistungen des Versicherers „programmiert", die eine zwangsläufige Folge der Interessenwahrnehmung sind.

4a   Bei **Rückforderungsansprüchen** des Versicherers gegen den VN wegen überzahlter Versicherungsleistungen, z.B. nach § 20 Abs. 2 Satz 2 oder Abs. 4 (§ 20 Rdnrn. 22–24, 29 ff.), beginnt die zweijährige Verjährungsfrist des § 12 Abs. 1 VVG am Ende des Jahres zu laufen, in dem der Versicherer den Sachverhalt erfährt, der seinen Rückforderungsanspruch begründet (BGH VersR 90, 189; Prölss/Martin § 12 Anm. 3 a. E.). Ist ein Kostenerstattungsanspruch des VN gegen den Gegner auf den Versicherer übergegangen (§ 20 Abs. 2 Satz 1; § 2 Rdnr. 242; § 20 Rdnrn. 13 ff.), dann gilt dagegen § 12 Abs. 1 VVG nicht, da es sich nicht um eine Forderung „aus dem Versicherungsvertrag" handelt. Hier gilt vielmehr gemäß §§ 404, 412 BGB die ursprüngliche Verjährungsfrist aus dem Rechtsverhältnis des VN zum Gegner. So verjähren beispielsweise die Kostenerstattungsforderung aus einem rechtskräftigen Kostenfestsetzungsbeschluß in dreißig Jahren (§ 218 BGB; Palandt/Heinrichs § 218 Rdnr. 1), der auf den Versicherer übergegangene Anspruch des VN gegen seinen Anwalt auf Rückzahlung unverbrauchter Vorschüsse dagegen in zwei Jahren (§ 196 Abs. 1 Nr. 16 BGB; vom AG Hamburg r+s 94, 262 nicht geprüft) und der auf §§ 675, 667 BGB beruhende Anspruch des VN auf Herausgabe vom Gegner erstatteter Kosten gemäß § 195 BGB in dreißig Jahren (LG Aachen r+s 95, 305; vgl. § 20 Rdnr. 24). Rechnet der Anwalt nach Abschluß der Angelegenheit pflichtwidrig die Vorschüsse nicht innerhalb dieser Verjährungsfrist ab, kann er sich gegenüber dem Rückzahlungsverlangen nicht auf Verjährung berufen (OLG Frankfurt ZfS 90, 199 = r + s 90, 341; AG Hamburg r+s 96, 316).

5   2. Während die Vorschriften für die Unterbrechung der Verjährung gemäß §§ 208 bis 220 BGB für das Versicherungsvertragsrecht unverändert gelten, enthält § 12 Abs. 2 VVG einen versicherungsrechtlichen Sondertatbestand für die Fälle der **Verjährungshemmung,** die sich im übrigen nach §§ 202 bis 207 BGB beurteilt. Trotz der Fälligkeit der Versicherungsleistung, die in der Regel am Ende des Fälligkeitsjahres die Verjährung in Lauf setzt (vgl. oben Rdnr. 2), ist diese nach § 12 Abs. 2 VVG bis zum Zugang (§§ 130 bis 132 BGB) der schriftlichen Entscheidung des Versicherers beim VN über den angemeldeten Versicherungsschutzanspruch mit der Wirkung

gehemmt, daß der Hemmungszeitraum in die Verjährungsfrist nicht eingerechnet wird (§ 205 BGB). Die Hemmung endet nur, soweit es sich um eine abschließende Stellungnahme des Versicherers zum Grund und zur Höhe des angemeldeten Versicherungsanspruchs handelt (Näheres *Prölss/Martin* § 12 Anm. 4). Da die Deckungszusage in der Regel den Versicherungsschutz nur dem Grunde nach bestätigt, bleibt die Verjährung der einzelnen Kostenbefreiungsansprüche nach einer Deckungszusage weiter gehemmt, bis der Versicherer nach Vorlage der jeweiligen Kostenrechung (§ 15 Abs. 1e) jeweils über deren Übernahme schriftlich entschieden hat (KG r+s 91, 23; *Prölss/Martin* § 18 ARB Anm. 2). Läßt die Schadensmeldung nicht erkennen, welche Person welche Art von Ansprüchen aus dem Versicherungsverhältnis ableiten will, tritt allerdings keine Hemmung nach § 12 Abs. 2 VVG ein (öOGH VersR 79, 95; vgl. § 15 Rdnr. 6 und *Prölss/Martin* § 33 Anm. 4).

III. Klagefrist
(entspricht § 19 ARB 94)

1. Hält sich der Versicherer aus irgendeinem Grund für leistungsfrei und teilt er dies dem VN mit, dann kann dieser bei Meidung des Ausschlusses den Anspruch auf Versicherungsschutz nur **innerhalb** von **sechs Monaten** gerichtlich geltend machen, vorausgesetzt, daß der Versicherer den VN auf diese Rechtsfolge ausreichend hingewiesen hat. Diese Regelung des § 18 ist der Bestimmung des § 12 Abs. 3 VVG nachgebildet und soll – mit zunehmendem Zeitablauf wachsende – Beweisschwierigkeiten vermeiden helfen und es außerdem dem Versicherer ermöglichen, für zweifelhafte Ansprüche nicht zu lange Rückstellungen bilden zu müssen (*Prölss/Martin* § 12 Anm. 5; *Stiefel/Hofmann* § 8 Rdnr. 6). Während nach § 12 Abs. 3 VVG der VN den „Anspruch auf die Leistung" innerhalb der Frist geltend machen muß, gilt sie nach § 18 für den „Anspruch auf Versicherungsschutz". Versteht man mit *Prölss/Martin* (§ 12 Anm. 5 B) unter „Anspruch auf die Leistung" nur den eigentlichen Versicherungsanspruch, nicht dagegen z.B. Ansprüche auf Schadensersatz wegen culpa in contrahendo oder wegen Verzugs, dann wiederholt § 18 im Grund nur die Regelung des § 12 Abs. 3 VVG mit einem anderen Wortlaut. Subsumiert man dagegen unter den Begriff „Anspruch auf die Leistung" jede Forderung aus dem Versicherungsvertrag (so *Bruck/Möller* § 12 Anm. 23; *Stiefel/Hofmann* § 8 Rdnr. 2), dann ist der Wortlaut des § 18 gegenüber dem § 12 Abs. 3 VVG enger und stellt den VN besser. Diese bedingungsmäßige Besserstellung ist möglich. Zugunsten des VN ist davon auszugehen, daß sie beabsichtigt war und daher nur der Versicherungsschutzanspruch selbst, nicht dagegen andere Ansprüche aus dem Versicherungsvertrag von der Ausschlußfrist erfaßt werden (ebenso *Stiefel/Hofmann* § 8 Rdnr. 3; *Bruck/Möller* § 12 Anm. 57 für die vergleichbare Regelung des § 8 Abs. 1 AKB).

2. **Voraussetzungen für** den Lauf der **Frist** nach § 18 sind
– Anspruchserhebung durch den VN (vgl. unten Rdnr. 8),
– schriftliche Ablehnung des Versicherers (vgl. unten Rdnrn. 10, 11),

§ 18 ARB 75   8–10   1. Teil. Allgemeine Bestimmungen (C)

– unter Angabe der mit dem Fristablauf verbundenen Rechtsfolge (vgl. unten Rdnr. 12).

8   a) Während nach § 12 Abs. 3 Satz 2 VVG die Klagefrist nur zu laufen beginnt, wenn der VN einen **Anspruch** bereits „**erhoben**" hat, erwähnt § 18 diese Voraussetzung nicht. Der Versicherer könnte also hiernach die Klagefrist schon in Gang setzen, bevor der VN RS begehrt hat, z.B. dann, wenn er zufällig von einem Versicherungsfall des VN erfährt oder wenn nur eine unklare Mitteilung des VN vorliegt, die nicht erkennen läßt, ob er RS begehrt (vgl. § 15 Rdnr. 6). Dies wäre jedoch eine Schlechterstellung des VN gegenüber der gesetzlichen Regelung des § 12 Abs. 3 Satz 2 VVG, von der nicht zum Nachteil des VN abgewichen werden darf (§ 15a VVG). Demgemäß kann der Versicherer den VN nicht zur Klage zwingen, bevor dieser erkennbar einen Anspruch auf Versicherungsschutz erhoben hat (BGH VersR 64, 477; 68, 589; 70, 755; 78, 313; *Prölss/Martin* § 12 Anm. 5 C; *Stiefel/Hofmann* § 8 Rdnr. 13 für die vergleichbare Regelung des § 8 Abs. 1 AKB).

9   Begehrt eine **mitversicherte Person** (§ 11) – allein oder neben dem VN – Versicherungsschutz, kann der Versicherer ihr gegenüber die Klagefrist nur dann in Lauf setzen, wenn sie zur selbständigen Geltendmachung des Versicherungsanspruchs befugt ist. Dies kann der Fall sein, wenn es besonders vereinbart ist oder wenn der VN zustimmt oder solange er nicht widerspricht (§ 11 Abs. 2 Satz 1), außerdem wenn der Mitversicherte im Besitz des Versicherungsscheins ist (§ 75 Abs. 2 VVG) oder wenn der VN nach Ablehnung durch den Versicherer den Anspruch erkennbar nicht weiterverfolgen will (vgl. § 11 Rdnr. 19; *Prölss/Martin* § 75 Anm. 3). Hat ein Mitversicherter einen selbständigen Anspruch gegen den Versicherer, ist für den VN und den Mitversicherten getrennt zu prüfen, ob sie bereits Ansprüche im Sinn der Rdnr. 8 „erhoben" haben. Soweit dies nicht der Fall ist, kann dem Betreffenden gegenüber die Klagefrist nicht in Gang gesetzt werden (BGH VersR 64, 477).

10   b) **Ablehnung** des Versicherungsschutzes ist jede Erklärung des Versicherers, die unzweideutig und abschließend erkennen läßt, daß er nicht bereit ist, zu leisten. Die Verneinung der Leistungspflicht wegen mangelnder Erfolgsaussicht oder Mutwilligkeit nach § 17 Abs. 1 ist keine endgültige Ablehnung im Sinn des § 18, sondern nur eine vorläufige Ablehnung (§ 17 Rdnr. 2). Sie gibt dem VN, ohne allerdings eine sofortige Klagemöglichkeit auszuschließen (vgl. § 17 Rdnr. 10), die Befugnis, einen Rechtsanwalt zu beauftragen, den gemäß § 17 Abs. 2 vorgesehenen Stichentscheid zu treffen. Auf den Grund der Ablehnung kommt es für § 18 nicht an. Es kann sich beispielsweise um einen Risikoausschluß, eine Obliegenheitsverletzung, Verzug mit der Leistung des Folgebeitrags oder Eintritt des Versicherungsfalles vor Versicherungsbeginn oder während der Wartezeit oder nach Versicherungsende handeln. Die Ablehnung muß nicht wörtlich erklärt werden, muß sich aber für einen Menschen mit durchschnittlicher Auffassungsgabe oder Aufmerksamkeit deutlich aus dem Gesamtinhalt des Schreibens des Versicherers ergeben (BGH VersR 68, 589). Eine Teilablehnung genügt. Zur

Klagefrist 11, 12 § 18 ARB 75

Angabe der Ablehnungsgründe ist der Versicherer an sich nicht verpflichtet. Er wird jedoch schon im eigenen Interesse bemüht sein, dem VN die Ablehnungsgründe verständlich zu machen. Der Versicherer kann seine Leistungsfreiheit später auch noch mit anderen, bisher nicht vorgebrachten Gründen rechtfertigen, soweit er nicht auf deren Geltendmachung bereits verzichtet hatte (BGH VersR 86, 132; OLG Karlsruhe VersR 87, 979 = ZfS 87, 370; § 4 Rdnr. 5; § 17 Rdnr. 2).

Für die Ablehnung ist durch Gesetz, nämlich durch § 12 Abs. 3 Satz 2 **11** VVG, **Schriftform** vorgeschrieben, wobei faksimilierte Unterschrift genügt (*Prölss/Martin* § 34a Anm. 4a). Die schriftliche Ablehnung ist eine empfangsbedürftige Willenserklärung, die erst mit dem Zugang (§§ 130 bis 132 BGB) beim Adressaten wirksam wird (BGH VersR 71, 262). Ein eingeschriebener Brief ist nicht vorgeschrieben, jedoch Voraussetzung für die Zugangsfiktion des § 10 VVG bei Wohnungswechsel des VN (Näheres zum Zugang vgl. *Prölss/Martin/Knappmann* § 39 Anm. 4; *Palandt/Heinrichs* Erläuterungen zu §§ 130 bis 132). Adressat ist der VN oder die mitversicherte Person, soweit diese einen selbständigen Anspruch auf Versicherungsschutz erhoben hat (vgl. oben Rdnr. 9). Bei gesetzlicher Vertretung ist die Ablehnung nur an den gesetzlichen Vertreter zu richten (§ 131 BGB), bei rechtsgeschäftlicher Vertretung kann sie gegenüber dem Vertreter erfolgen (§ 164 Abs. 3 BGB; *Prölss/Martin* § 12 Anm. 5 D). Bei einer Mehrheit von VN oder deren Rechtsnachfolgern, z.B. Miterben, muß die Ablehnung jedem einzelnen gesondert zugehen (BGH NJW 61, 1576 = VersR 61, 651; *Stiefel/Hofmann* § 8 Rdnr. 45). Der schriftlichen Ablehnung des Versicherungsschutzes steht es gleich, wenn der Versicherer dem VN einen diesem ungünstigen „Stichentscheid" des Rechtsanwalts im Sinn des § 17 Abs. 2 schriftlich mitteilt, den der VN für offenbar unrichtig im Sinn des § 17 Abs. 2 Satz 2 hält.

c) Die Sechsmonatsfrist beginnt nur zu laufen, wenn der Versicherer den **12** VN bei oder nach (*Bruck/Möller* § 12 Anm. 30) der schriftlichen Ablehnung in klarer und unmißverständlicher Weise schriftlich darauf hinweist, daß der Versicherer durch bloßen Ablauf dieser Frist von der Verpflichtung zur Leistung frei wird, wenn der Anspruch nicht vorher gerichtlich geltend gemacht wird. Unterbleibt ein solcher Hinweis oder ist er unzureichend, dann tritt die Wirkung des § 18 Satz 1 nicht ein. Der Wortlaut des § 12 Abs. 3 Satz 1 VVG braucht nicht verwendet zu werden. Jedoch muß die **Angabe der Rechtsfolgen** mindestens zweierlei enthalten: Erstens den Hinweis auf das Erfordernis der gerichtlichen Geltendmachung des Anspruchs binnen der Frist und zweitens die Belehrung darüber, daß nach unterlassener Klageerhebung allein durch den Fristablauf der Verlust des Anspruchs aus dem Versicherungsvertrag eintritt (BGH VersR 66, 627; 67, 1062; 68, 885; Näheres *Prölss/Martin* § 12 Anm. 6 A und B). Der – objektiv unrichtige (*Prölss/Martin* § 12 Anm. 9, vgl. unten Rdnr. 17) – Zusatz, die Klage sei beim „zuständigen Gericht" einzureichen, hindert den Lauf der Frist nicht (BGH VersR 78, 313). Bei Ausländern genügt in der Regel Belehrung in deutscher Sprache, zumal der Versicherer häufig die Staatsangehörigkeit und Heimatsprache des VN nicht sicher kennen wird (*Prölss/Martin* § 12 Anm. 6 A).

13 3. Die **Frist** wird durch den Zugang des – ordnungsgemäß formulierten (vgl. oben Rdnr. 12) – Ablehnungsschreibens oder – bei getrennter Ablehnung und Belehrung – mit Zugang des Belehrungsschreibens (*Bruck/Möller* § 12 Anm. 30) in Lauf gesetzt und **berechnet** sich nach den §§ 186 ff. BGB. Sie beginnt also nach § 187 Abs. 1 BGB mit dem Tag, der dem Tag des Zugangs folgt, und endet nach § 188 Abs. 2 BGB sechs Monate später mit dem Ablauf desjenigen Tages des Monats, welcher durch seine Zahl dem Tag des Zugangs entspricht, wobei an die Stelle des letzten Tages der Frist, wenn er auf einen Samstag, Sonntag oder gesetzlich anerkannten Feiertag fällt, gemäß § 193 BGB der nächste Werktag tritt.

14 Die Frist ist keine Verjährungsfrist, die nur Wirkung entfalten würde, wenn sich der Versicherer auf ihren Ablauf beruft (§ 222 BGB), sondern eine materiell-rechtliche **Ausschlußfrist,** nach deren ungenutztem Ablauf der strittige Anspruch des VN auf Versicherungsschutz ohne Rücksicht darauf, ob er in Wirklichkeit bestanden hat oder nicht, endgültig erlischt. Die Vorschriften über die Hemmung oder Unterbrechung einer Verjährungsfrist (§§ 202 ff. BGB) finden keine Anwendung. Die Klagefrist wird allerdings gemäß § 3 Abs. 3 Satz 3 VVG dann gehemmt, wenn der VN vom Versicherer Abschriften seiner mit Bezug auf den Versicherungsvertrag abgegebenen Erklärungen verlangt hat, falls er diese für die gerichtliche Geltendmachung seines Anspruchs benötigt. Da die Rechtsprechung jedoch einen Entschuldigungsbeweis für die Fristversäumung durch den VN zuläßt (vgl. unten Rdnr. 17), steht seine befristete Klagemöglichkeit einer Obliegenheit nahe (BGH NJW 65, 1137 = VersR 65, 425; VersR 67, 149). Ausgeschlossen ist nach Fristablauf nur die Leistungspflicht des Versicherers wegen des der Ablehnung zugrunde liegenden Versicherungsfalles, nicht auch wegen eines weiteren rechtlich selbständigen Versicherungsfalles. So umfaßt der fristbedingte Ausschluß des Versicherungsschutzes für eine sozialgerichtliche Untätigkeitsklage nicht auch den Versicherungsschutz für die nachfolgende Klage wegen Ablehnung der Rente, wenn sich die Ablehnung des Versicherers nicht gleichzeitig hierauf bezogen hatte (AG Villingen-Schwenningen r + s 89, 156).

15 4. Ist die **Frist abgelaufen,** ohne daß der VN seinen Anspruch gerichtlich geltend gemacht hat, wird der Versicherer für alle noch nicht erbrachten Leistungen leistungsfrei, gleichgültig, ob die Ablehnung materiell-rechtlich gerechtfertigt war oder nicht. Das Erlöschen des Anspruchs ist im Deckungsprozeß – bei feststehenden Tatbestandsvoraussetzungen – von Amts wegen zu berücksichtigen, ohne daß es vom Versicherer eigens eingewendet werden muß (*Prölss/Martin* § 12 Anm. 8; *Stiefel/Hofmann* § 8 Rdnrn. 11 und 63).

16 Die Ausschlußfrist unterliegt der **Disposition des Versicherers,** in dessen Interesse sie geschaffen wurde. Er kann sie daher verlängern oder auch auf sie verzichten. Solange der VN aufgrund des Verhaltens des Versicherers – z.B. wegen Vergleichsverhandlungen – davon ausgehen kann, dieser werde an der Ablehnung möglicherweise nicht festhalten, ist dem VN eine Klageerhebung nicht zuzumuten. Trifft den VN an der Versäumung der Klage-

frist kein Verschulden, kann sich der Versicherer nicht auf Leistungsfreiheit berufen (Näheres *Prölss/Martin* § 12 Anm. 8a bis f).

5. Rechtzeitige (vgl. oben Rdnr. 13) **gerichtliche Geltendmachung** hindert den Anspruchsverlust aufgrund reinen Zeitablaufs und führt zur materiell-rechtlichen Prüfung, ob die Deckungsablehnung des Versicherers berechtigt ist. Soweit der VN einen Kostengläubiger bereits selbst befriedigt hat und nunmehr einen Zahlungsanspruch gegen den Versicherer auf Erstattung dieser Kosten zu haben glaubt (§ 2 Rdnr. 150), kann er seinen Anspruch auf Versicherungsschutz durch Einreichung eines Antrages auf Erlaß eines Mahnbescheides (§ 688 ZPO) oder durch Zahlungsklage gerichtlich geltend machen. Bei Einschaltung eines Schadenabwicklungsunternehmens ist nur dieses passiv legitimiert (§ 158l Abs. 2 VVG). Soweit er Befreiung von einer Kostenschuld gegenüber einem Kostengläubiger (§ 2 Rdnr. 150) oder Feststellung der Leistungspflicht des Versicherers begehrt, ist zur gerichtlichen Geltendmachung die Einreichung einer Leistungs- oder Feststellungsklage (§§ 253, 256 ZPO) notwendig. Hierbei genügt es zur Fristwahrung, wenn der Anspruch auf Erlaß des Mahnbescheides oder die Klage spätestens am letzten Tag der Sechsmonatsfrist bei Gericht eingereicht wird, sofern die Zustellung des Antrags oder der Klage „demnächst" im Sinn der §§ 270 Abs. 3, 693 Abs. 2 ZPO erfolgt. Die Zustellung ist dann noch „demnächst", wenn sie ohne eine merkliche, vom VN oder seinem Prozeßbevollmächtigten zu vertretende Verzögerung erfolgt (AG/LG Mannheim ZfS 86, 371; *Prölss/Martin* § 12 Anm. 9; *Baumbach/Lauterbach/Hartmann* § 270 Rdnrn. 7ff.). Eine Klage zum sachlich oder örtlich unzuständigen Gericht wahrt die Frist (BGH VersR 78, 313; *Prölss/Martin* § 12 Anm. 9; *Bruck/Möller* § 12 Anm. 36). Die Einklagung eines Teilanspruchs (Teilklage) wahrt an sich die Frist nur für den eingeklagten Betrag. Jedoch hat die Rechtsprechung hier zahlreiche Ausnahmen zugelassen, z.B. wenn der Gesamtanspruch noch in der Entwicklung begriffen ist oder sich nachträglich erhöht (BGH NJW 69, 696 = VersR 69, 171; *Prölss/Martin* § 12 Anm. 9; *Bruck/Möller* § 12 Anm. 32). Ein vor Ablauf der Sechsmonatsfrist eingereichtes Gesuch um Prozeßkostenhilfe kann als gerichtliche Geltendmachung gewertet werden, wenn nach Bewilligung der Prozeßkostenhilfe unverzüglich Klage erhoben wird (BGH NJW 87, 255 = VersR 87, 39; *Kollhosser* VersR 74, 829; *Prölss/Martin* § 12 Anm. 9).

IV 1. Der **VN muß** darlegen und im Zweifelsfall gegenüber dem Versicherer **beweisen,** daß die beabsichtigte Interessenwahrnehmung in den persönlichen, sachlichen, zeitlichen und räumlichen Deckungsbereich seines Versicherungsvertrages fällt (§ 3 Rdnr. 1; § 14 Rdnr. 2; Vorbem. vor § 21 Rdnr. 3). Hatte der VN oder sein Gegner in dem Verfahren, für das der VN RS begehrt, bestimmte Tatsachen behauptet, die auch für die Versicherungsdeckung von Bedeutung sind, dann muß sich der VN im Deckungsprozeß an diesen Tatsachen festhalten lassen, auch wenn sie für ihn ungünstig sind. Hatte er beispielsweise seinem Gegner (oder umgekehrt) in dem mit diesem geführten Rechtsstreit eine vor Versicherungsbeginn liegende Vertragsverletzung vorgeworfen, dann kann er sich im Deckungsprozeß gegen den Versicherer nicht auf einen späteren, erst nach Versicherungsbeginn liegenden Zeitpunkt des Verstoßes gegen Rechtspflichten als Versicherungsfall im Sinn des § 14 Abs. 3 berufen (OLG Stuttgart ZfS 85, 147; OLG Hamm VersR 80, 669; LG Karlsruhe ZfS 83, 275; LG Köln VersR 79, 273; *Prölss/Martin* § 14 ARB Anm. 3 A c). Etwas anderes mag allenfalls gelten, wenn sich auf Grund neu vorgetragener und festgestellter Tatsachen im Deckungsprozeß ergibt, daß im Ausgangsverfahren erörterte Behauptungen entgegen dem ursprünglichen Anschein letztlich nicht Grundlage dieses Verfahrens geworden waren (BGH VersR 84, 530 unten Ziff. I 4).

19 In manchen Fällen sind die Voraussetzungen für eine erfolgreiche Interessenwahrnehmung des VN in dem Verfahren, für das er RS begehrt, ganz oder teilweise identisch mit den Voraussetzungen für das Bestehen der Versicherungsdeckung. Eine ähnliche „**Voraussetzungsidentität**" kennt die Haftpflichtversicherung, wenn die Voraussetzungen für die Beantwortung der Frage, ob für den VN Versicherungsschutz besteht, identisch sind mit denen zur Klärung der Frage, ob der Anspruch des Geschädigten begründet ist oder nicht (*Prölss/Martin/Voit* § 149 Anm. 1b cc und 5; *Bruck/Möller/ Johannsen* IV Anm. B 58). Eine solche Voraussetzungsidentität kann in der RSVersicherung beispielsweise vorliegen, wenn der Erfolg eines vom VN geltend gemachten Schadenersatz- oder Vertragsanspruches von der von seinem Gegner bestrittenen Frage abhängt, ob er Kraftfahrzeughalter oder -eigentümer ist oder nicht. Ist dieser VN nach § 21 versichert, dann ist seine Eigenschaft als Halter oder Eigentümer aber gleichzeitig nach § 21 Abs. 1 Satz 1 Voraussetzung für das Bestehen eines Deckungsanspruches. Ähnliches gilt, wenn der nach § 25 oder § 26 versicherte VN für einen Arbeitsgerichtsprozeß Versicherungsschutz begehrt, in dem die Frage streitig ist, ob er Arbeitnehmer oder selbständig ist. Denn von dieser Frage hängt es nach § 25 Abs. 1 Satz 2 oder § 26 Abs. 1 Satz 4 gleichzeitig ab, ob Versicherungsschutz für den Arbeitsgerichtsprozeß besteht. In solchen Fällen waren Rechtsprechung und Schrifttum früher überwiegend der Meinung, daß man, ähnlich wie in der Haftpflichtversicherung (BGH VersR 92, 1504; *Prölss/ Martin/Voit* § 149 Anm. 5 C), die rechtskräftige Entscheidung im Hauptprozeß des VN mit seinem Gegner auch als maßgeblich für die Deckungsfrage ansehen könne (§ 4 Rdnr. 154; 4. Aufl. § 18 Rdnr. 19). Dem ist jedoch der BGH nicht gefolgt, da der Versicherungsschutz in der RSVersicherung von der Beurteilung der Erfolgsaussichten, nicht aber vom endgültigen Ergebnis der Interessenwahrnehmung abhänge (BGH NJW 92, 1509 = VersR 92, 568 = r + s 92, 201).

20 2. Kommt es wegen der Höhe der **Kostenforderung des Rechtsanwalts** des VN zwischen dem Anwalt und dem VN zu einem **Rechtsstreit**, dann wird hierbei nicht im Sinn des § 18 über die Versicherungsdeckung im Verhältnis zwischen VN und Versicherer, sondern nur über die Höhe der Kostenschuld des VN gegenüber seinem Anwalt entschieden. Gleichwohl hat die rechtskräftige Gerichtsentscheidung über die Höhe dieser Kostenschuld – bei intakter Versicherungsdeckung – bindende Wirkung für den Umfang der Leistungspflicht des Versicherers gegenüber dem VN. Denn welches die „gesetzliche Vergütung" im Sinn des § 2 Abs. 1a des für den VN tätigen Rechtsanwalts ist, kann verbindlich nur im Verhältnis zwischen Anwalt und

Kündigung nach dem Versicherungsfall § 19 ARB 75

VN entschieden werden (BGH VersR 72, 1141). Steht die Höhe der gesetzlichen Vergütung rechtskräftig fest, kann der Versicherer gegenüber dem Freistellungs- oder Erstattungsanspruch des VN in dieser Höhe allenfalls noch versicherungsrechtliche Einwendungen erheben, z.B. wegen der Verletzung einer Obliegenheit des VN nach § 15 (vgl. § 2 Rdnr. 85).

V. Streitwert des Deckungsprozesses

Ist das Bestehen von Versicherungsschutz zwischen VN und RSVersicherer streitig, dann bemißt sich der **Streitwert** einer Deckungsklage des VN nach den vom RSVersicherer zu übernehmenden **Rechtskosten**. Klagt der VN auf Freistellung von Kosten in bereits bekannter Höhe oder auf Erstattung solcher von ihm schon gezahlter Kosten, dann sind diese Kosten der Streitwert (LG Koblenz r+s 77, 200; *Baumbach/Lauterbach/Hartmann* Anh. nach § 3 Rdnr. 27). Steht die Höhe der vom Versicherer zu übernehmenden Kosten bei Beginn des Deckungsprozesses noch nicht fest und klagt der VN auf Feststellung der Deckungspflicht des Versicherers, dann ist der Streitwert einer solchen Feststellungsklage in der Regel um etwa zwanzig vom Hundert geringer als der Wert der insgesamt voraussichtlich anfallenden Kosten (LG Hannover ZfS 89, 129; *Baumbach/Lauterbach/Hartmann* Anh. nach § 3 Rdnr. 53). Der VN ist in einem solchen Fall nicht genötigt, zur Leistungsklage (auf Freistellung oder Zahlung, vgl. § 2 Rdnrn. 150, 151) überzugehen, sobald die Höhe der ihn treffenden Kosten des (außergerichtlichen oder gerichtlichen) Ausgangsverfahrens feststeht (BGH VersR 83, 125). Unzulässig ist dagegen eine Feststellungsklage, wenn der VN bei Überschreitung der Deckungssumme (§ 2 Abs. 4) die bereits feststehende Differenz zwischen der Deckungssumme und den bisherigen Zahlungen des Versicherers einklagen will (LG Freiburg r+s 96, 493). Falls der Ausgangsprozeß nicht bereits in einer höheren Instanz schwebt, sind als Streitwert die voraussichtlichen Kosten erster Instanz zugrunde zu legen (OLG Hamm VersR 84, 257 = AnwBl. 84, 95), im Berufungsverfahren (nur) die Kosten der Berufungsinstanz (BGH r + s 90, 275).

21

§ 19 Kündigung nach dem Versicherungsfall

(1) Lehnt der Versicherer nach Eintritt des Versicherungsfalles den Versicherungsschutz ab, ist der Versicherungsnehmer berechtigt, den Versicherungsvertrag fristlos oder zum Ende der laufenden Versicherungsperiode zu kündigen. Das gleiche Recht hat der Versicherungsnehmer auch dann, wenn er für außergerichtliche Verfahren oder für gerichtliche Verfahren spätestens während der ersten Instanz erstmalig Versicherungsschutz begehrt und der Versicherer die Notwendigkeit der Wahrnehmung der rechtlichen Interessen des Versicherungsnehmers verneint, der für den Versicherungsnehmer tätige Rechtsanwalt sie dagegen bejaht. Ist der Rechtsanwalt vom Versicherer benannt und verneint er die Notwendigkeit der Wahrnehmung der rechtlichen Interessen, kann der Versicherungsnehmer gleichwohl kündigen, wenn er innerhalb eines Monats nach Kenntnis der ablehnenden Entscheidung des Rechtsanwaltes die Stellungnahme eines weiteren Rechtsan-

waltes beibringt, welcher die Notwendigkeit bejaht. Die Kündigung ist nur innerhalb eines Monates nach Zugang der Ablehnung des Versicherungsschutzes beziehungsweise nach Zugang der bejahenden Stellungnahme des vom Versicherungsnehmer benannten Rechtsanwaltes zulässig.

(2) Bejaht der Versicherer seine Leistungspflicht für mindestens zwei innerhalb von 12 Monaten eingetretene Versicherungsfälle, sind der Versicherungsnehmer und der Versicherer innerhalb eines Monats nach Anerkennung der Leistungspflicht für den zweiten und jeden weiteren innerhalb der 12 Monate eingetretenen Versicherungsfall berechtigt, den Vertrag mit einer Frist von einem Monat zu kündigen.

(3) Dem Versicherer gebührt der anteilige Beitrag bis zur Beendigung des Versicherungsvertrages.

Übersicht

	Rdnrn.		Rdnrn.
I. Allgemeines	1, 2	III. Kündigungsrecht beider Vertragsteile (Abs. 2)	9–13
II. Kündigungsrecht des VN (Abs. 1)	3–9	1. Allgemeines	9
1. Allgemeines	3	2. zwei Versicherungsfälle innerhalb von 12 Monaten	10
2. Eintritt des Versicherungsfalles	4	3. Bejahung der Leistungspflicht	11
3. a) Deckungsablehnung (Abs. 1 Satz 1)	5	4. Kündigungsfrist	12
b) Abs. 1 Satz 2	6	5. Gruppenversicherungsvertrag	13
c) Abs. 1 Satz 3	7	IV. Anteiliger Beitrag (Abs. 3)	14
4. Kündigungsfrist (Abs. 1 Satz 4)	8		

I. Allgemeines

1 § 19 regelt die in vielen Versicherungssparten übliche Befugnis der Vertragsparteien zur außerordentlichen **Kündigung nach Eintritt eines Versicherungsfalles** (zur Kündigung allgemein vgl. § 8 Rdnrn. 4 ff.). Ob in der RSVersicherung früher ein solches außerordentliches Kündigungsrecht bestanden hat, war streitig. In den ARB 54 war es nicht vorgesehen. E. Prölss (VersR 63, 398) und ein Teil der Rechtsprechung hatten eine entsprechende Anwendung des Rechtsgedankens der §§ 96, 113 und insbesondere 158 VVG für zulässig gehalten, während andere Gerichte wegen der anderen Interessenlage in der RSVersicherung ein außerordentliches Kündigungsrecht nicht für geboten hielten (OLG Düsseldorf VersR 68, 243 mit Anm. von *Klatt* sowie *André* VersR 68, 447; weitere Nachweise bei *K. Vassel* VerBAV 68, 224 unter Ziff. VI; GB BAV 67, 82). Um die hierdurch eingetretene Rechtsunsicherheit zu beseitigen, wurde eine Zusatzbedingung zu § 9 ARB 54 erarbeitet und durch Anordnung des BAV vom 7. 8. 1968 aufgrund der damals noch geltenden VO über die Anwendung Allgemeiner Versicherungsbedingungen vom 29. 11. 1940 mit Wirkung vom 15. 8. 1968 auf die in diesem Zeitpunkt bestehenden RSVersicherungsverträge für anwendbar erklärt (VerBAV 68, 198; GB BAV 68, 82). § 19 hat mit geringfügigen Abweichungen diese Zusatzbedingung in die heutigen ARB übernommen. Während es das BAV lieber gesehen hätte, wenn entsprechend §§ 96, 113, 158 VVG beiden Vertragsteilen ein zwar befristetes, aber im übrigen uneingeschränktes Kündigungsrecht nach dem Versicherungsfall eingeräumt worden wäre, haben die RSVersicherer darauf bestanden, das auf einer möglichen Störung des Vertrauensverhältnisses beruhende Kündi-

gungsrecht nur dem Vertragsteil einzuräumen, der durch die Entscheidung über die Eintrittspflicht belastet wird, d.h. bei Versagung des Versicherungsschutzes dem VN, bei Anerkennung der Leistungspflicht dem Versicherer (VerBAV 69, 66, 67; *K. Vassel* VerBAV 68, 224; 69, 131, 135; *EllmerVW* 69, 600, 601). Der BGH hat jedoch diese Regelung des § 19 Abs. 2 gemäß § 9 Abs. 1 AGBG für unwirksam erklärt (NJW 91, 1828 = VersR 91, 580 = r + s 91, 200; vgl. unten Rdnr. 9). Für neue Verträge verwendet nunmehr die Mehrzahl der RSVersicherer die hier abgedruckte, in VerBAV 92, 186 veröffentlichte Fassung des Abs. 2. Einige Versicherer lassen die vorzeitige Kündigung für beide Teile bereits nach nur einem Versicherungsfall zu (VerBAV 92, 187). Für die vor Verwendung der neuen Klausel geschlossenen Verträge ist eine Kündigung nur zum vereinbarten Ablauftermin nach § 8 oder für den VN unter den Voraussetzungen des Abs. 1 möglich, außerdem in den in § 8 Rdnrn. 6 und 7 genannten Sonderfällen.

Eine **Teilkündigung** ist möglich, soweit nicht ein einheitlicher Versicherungsvertrag, sondern mehrere rechtlich selbständige Verträge bestehen, auch wenn sie in einem Versicherungsschein zusammengefaßt sind. VN und Versicherer können dann nur denjenigen selbständigen Einzelvertrag kündigen, bei dem die Kündigungsvoraussetzungen des Abs. 1 oder 2 eingetreten sind. Denn nur dieser Einzelvertrag ist der kündigungsfähige „Versicherungsvertrag" im Sinn des Abs. 1 oder 2. Eine Regelung wie in § 4 Ziff. 5 AKB, wonach sich die Kündigung sowohl auf den gesamten Vertrag – z.b. Kraftfahrt-Haftpflicht-, -Kasko- und -Unfall-Versicherung – als auch nur auf eine dieser rechtlich selbständigen Vertragsarten beziehen kann *(Prölss/Martin/Knappmann* vor § 1 AKB Anm. 2; *Stiefel/Hofmann* § 4 Rdnr. 58), ist in den ARB nicht vorgesehen (ebenso für die Haftpflichtversicherung *Wussow* § 9 Anm. 12; vgl. im übrigen § 8 Rdnr. 8). Kann der VN ein vom Versicherer nach Abs. 2 gekündigtes, rechtlich selbständiges Zusatzrisiko wie den Firmen-Vertrags-RS nach § 24 Abs. 3 nicht isoliert bei einem anderen Versicherer neu versichern, soll der kündigende Versicherer nach Meinung des BAV auch das – nicht gekündigte – Hauptrisiko, d.h. den Firmen-RS im Umfang des § 24 Abs. 2, freigeben (GB BAV 76, 79). Da jedoch Verträge nach § 24 Abs. 3 nicht mehr neu abgeschlossen werden (§ 24 Rdnr. 42), ist die Grundlage für diesen Wunsch des BAV entfallen.

II. Kündigungsrecht des VN (Abs. 1)
(entspricht § 13 Abs. 1 ARB 94)

1. Abs. 1 räumt dem **VN** nach Eintritt des Versicherungsfalles (vgl. unten Rdnr. 4) **in drei Fällen** ein außerordentliches Kündigungsrecht ein, nämlich wenn der Versicherer
- den Versicherungsschutz ablehnt (vgl. unten Rdnr. 5), oder
- die Notwendigkeit der Interessenwahrnehmung nach § 17 Abs. 1 verneint, der für den VN tätige Anwalt sie dagegen bejaht (vgl. unten Rdnr. 6), oder
- die Notwendigkeit der Interessenwahrnehmung nach § 17 Abs. 1 verneint und der vom Versicherer benannte Rechtsanwalt dieser Verneinung zu-

stimmt, der VN jedoch die Stellungnahme eines weiteren Rechtsanwalts beibringt, der die Notwendigkeit bejaht (vgl. unten Rdnr. 7).

4 2. Voraussetzung für das Entstehen des Kündigungsrechts des VN nach Abs. 1 ist in jedem der oben in Rdnr. 3 genannten drei Fälle der **Eintritt des Versicherungsfalles**. Hierfür genügt nicht, daß den VN oder eine mitversicherte Person (§ 11) irgendein Schadenereignis oder Rechtsverstoß im Sinn des § 14 betroffen hat, der die Wahrnehmung seiner rechtlichen Interessen notwendig macht. Es muß vielmehr durch den Versicherungsfall im Sinn dieser Bestimmung ein konkretes Rechtskostenrisiko entstanden sein, das zeitlich, örtlich, sachlich und persönlich in den vom VN versicherten Deckungsbereich fällt und demgemäß eine Leistungspflicht des Versicherers auszulösen geeignet ist (vgl. § 1 Rdnr. 26). Ist der VN z.B. durch einen Verstoß seines Gegners gegen Rechtspflichten auf einem Rechtsgebiet betroffen, das nicht versicherbar oder von seinem Vertrag nicht umfaßt oder gemäß § 4 vom Versicherungsschutz ausgeschlossen ist, dann beginnt sich nur eine unversicherte Gefahr der Entstehung von Rechtskosten zu verwirklichen und es liegt daher kein „Versicherungsfall" vor (LG Frankfurt ZfS 80, 104; AG Osnabrück ZfS 91, 309 bei Ausschluß nach § 4 Abs. 3a; AG Bremervörde ZfS 86, 209 bei Ausschluß nach § 4 Abs. 1k; § 14 Rdnr. 3). Gleiches gilt, wenn das Schadenereignis oder der Rechtsverstoß vor Versicherungsbeginn oder während der – den Versicherungsschutz zeitlich aufschiebenden – Wartezeiten des § 14 Abs. 3 Satz 3 (beide Alternativen, vgl. § 14 Rdnr. 65) eingetreten (AG Spandau r + s 92, 204 bei Beginn von Pflichtverstößen aus dem Arbeitsvertrag durch den VN noch während der Wartezeit) oder gemäß § 4 Abs. 2a vorsätzlich herbeigeführt worden ist. In all diesen Fällen entsteht demgemäß kein Kündigungsrecht des VN, wenn der Versicherer den Versicherungsschutz – zu Recht – ablehnt. Der VN kann dagegen kündigen, wenn aufgrund eines Versicherungsfalles im versicherten Zeitraum die Eintrittspflicht des Versicherers „objektiv" besteht, dieser jedoch insbesondere wegen einer Obliegenheitsverletzung des VN vor oder nach dem Versicherungsfall oder wegen Prämienverzugs nach §§ 38, 39 VVG den Versicherungsschutz ablehnt (vgl. für vergleichbare Regelungen in anderen Sparten *Martin* L II Rdnrn. 19, 20; *Prölss/Martin* § 96 Anm. 2 A; § 158 Anm. 1; *Bruck/Möller/Johannsen* IV Anm. D 16; *Stiefel/Hofmann* § 4 Rdnr. 29). Besteht Streit darüber, ob der gemeldete Versicherungsfall in den versicherten Zeitraum fällt oder ein versichertes Risiko betrifft und wird die Klage des VN auf Gewährung von Versicherungsschutz rechtskräftig abgewiesen, steht damit gleichzeitig fest, daß er mangels Eintritts eines Versicherungsfalles kein Kündigungsrecht hatte (*Bruck/Möller/Johannsen* IV Anm. D 16).

5 3. a) **Ablehnung** des Versicherungsschutzes im Sinn des Abs. 1 Satz 1 ist jede einem RS-Begehren des VN (§ 15 Rdnr. 6) nachfolgende abschließende Erklärung des Versicherers, die unzweideutig erkennen läßt, daß er nicht bereit ist, zu leisten. Auf den Grund der Ablehnung kommt es nicht an (Näheres vgl. § 18 Rdnr. 10). Einer Ablehnung steht es in diesem Zusammenhang gleich, wenn der Versicherer die Notwendigkeit der Interessenwahrnehmung im Sinn des § 17 Abs. 1 verneint und die hierin liegende vorläufige Ablehnung (§ 17 Rdnr. 2) dadurch zu einer endgültigen wird, daß sie der VN hinnimmt (*K. Vassel* VerBAV 69, 131, 135; a. A. *J. Vassel* ZVers-Wiss 81, 269, 276, der die Regelung in Abs. 1 Satz 2 und 3 – vgl. unten Rdnrn. 6 und 7 – für abschließend hält). Lehnt der Versicherer den Versicherungsschutz teilweise ab, z.B. wegen teilweiser Vorvertraglichkeit oder teilweisen Risikoausschlusses, und ist diese Ablehnung unberechtigt, ist ein Kündigungsrecht des VN zu bejahen. Denn die bei Abs. 1 als Grund für das Kündigungsrecht vorausgesetzte Störung des Vertrauensverhältnisses ist auch bei teilweiser Ablehnung zu vermuten (ebenso für die Haftpflichtversicherung *Wussow* ZfV 58, 374; *Bruck/Möller/Johannsen* IV Anm. D 18 a. E.). Kürzt der Versicherer die vom Anwalt des VN geforderte Vergütung, weil er sie für überhöht hält (§ 2 Rdnr. 82), so ist hierin nur dann eine (Teil-) Ablehnung – mit Kündigungsrecht des VN – zu sehen, wenn das Gericht die Kürzung im Gebührenprozeß des Anwalts gegen den VN oder im Deckungsprozeß des VN gegen den Versicherer rechtskräftig ganz oder teilweise für unberechtigt erklärt.

b) Lehnt der **Versicherer** die Leistung nicht endgültig ab, sondern **verneint** er nur die Notwendigkeit der Interessenwahrnehmung im Sinn des § 17 Abs. 1 **mangels Erfolgsaussicht** oder wegen Mutwilligkeit (vgl. § 17 Rdnr. 2), dann entsteht nach Abs. 1 Satz 2 ein Kündigungsrecht des dieser Meinung widersprechenden VN, wenn er für eine außergerichtliche oder für eine gerichtliche Interessenwahrnehmung spätestens während der ersten Instanz erstmalig Versicherungsschutz begehrt hatte und der nach der Verneinung der Leistungspflicht des Versicherers gemäß § 17 Abs. 2 für den VN tätige Anwalt die Notwendigkeit der Interessenwahrnehmung im Gegensatz zum Versicherer bejaht. Ob dieser Anwalt gemäß § 16 Abs. 1 Satz 1 vom VN oder gemäß § 16 Abs. 1 Satz 2 vom Versicherer benannt war, spielt in diesem Zusammenhang – im Gegensatz zu Abs. 1 Satz 3 (vgl. unten Rdnr. 7) – keine Rolle. Verneint der Anwalt in Übereinstimmung mit dem Versicherer die Notwendigkeit der Interessenwahrnehmung oder bejaht er sie zwar, hatte jedoch der VN erst für eine Rechtsmittelinstanz erstmalig RS begehrt, besteht kein Kündigungsrecht des VN (*Böhme* § 19 Rdnr. 4). Hatte der VN keine anwaltliche Stellungnahme veranlaßt, sondern die Verneinung der Leistungspflicht des Versicherers widerspruchslos hingenommen, dann entsteht ein Kündigungsrecht des VN nach Abs. 1 Satz 1 (bestr., vgl. oben Rdnr. 5).

c) Die **dritte Variante**, die dem VN ein Kündigungsrecht einräumt, spielt in der Praxis keine wesentliche Rolle. Hatte der Versicherer die Notwendigkeit der Interessenwahrnehmung nach § 17 Abs. 1 verneint und sich der gemäß § 17 Abs. 2 tätige, vom Versicherer benannte Rechtsanwalt dieser Meinung angeschlossen, dann kann der VN gleichwohl kündigen, wenn er innerhalb eines Monats nach Zugang der ablehnenden schriftlichen Stellungnahme dieses Rechtsanwalts bei ihm (§ 17 Rdnr. 2) die schriftliche (§ 12) Stellungnahme eines weiteren Rechtsanwalts beibringt, der die Notwendigkeit der Interessenwahrnehmung im Gegensatz hierzu – ausreichend begründet (§ 17 Rdnr. 2) – bejaht. Das Kündigungsrecht entsteht in diesem Fall nur, wenn der zunächst tätige Rechtsanwalt gemäß § 16 Abs. 1 Satz 2 vom Versicherer bestimmt war, nicht dagegen, wenn ihn der VN gemäß § 16

§ 19 ARB 75 8   1. Teil. Allgemeine Bestimmungen (C)

Abs. 1 Satz 1 selbst benannt hatte. War der zunächst tätige Anwalt vom Versicherer benannt worden, trägt dieser entsprechend § 17 Abs. 2 Satz 1 die Kosten der Stellungnahme des weiteren Anwalts in jedem Fall, gleichgültig ob sie für den VN positiv oder negativ ausfällt. Der in den ARB 69 enthaltene Satz 4 des Abs. 1, der den VN verpflichtete, die Vergütung des weiteren Anwalts dann zu übernehmen, wenn dieser die Notwendigkeit der Interessenwahrnehmung in Übereinstimmung mit dem ersten Anwalt verneinte, wurde wegen der zugunsten des VN getroffenen Änderung der Vergütungsregelung in § 17 Abs. 2 Satz 1 der ARB 75 (§ 17 Rdnr. 12) gestrichen. Die Befugnis des VN, unter den Voraussetzungen des Abs. 1 Satz 3 zu kündigen, ändert nichts daran, daß der Stichentscheid des vom Versicherer benannten ersten Anwalts, der in Übereinstimmung mit dem Versicherer die Notwendigkeit der Interessenwahrnehmung des VN verneint hat, den VN gemäß § 17 Abs. 2 Satz 2 bindet, auch wenn der weitere Anwalt im Sinn des Abs. 1 Satz 3 die Notwendigkeit der Interessenwahrnehmung bejaht, der Versicherer jedoch an seiner Ablehnung festhält. Denn § 19 Abs. 1 regelt lediglich die Kündigungsbefugnis, während über die Eintrittspflicht bei Streit über die Notwendigkeit der Interessenwahrnehmung nur in dem in § 17 abschließend geregelten Verfahren entschieden werden kann (ebenso *Möller* Studien S. 5 Fußnote 18; a.A. anscheinend *K.Vassel* VerBAV 69, 131, 135; *Böhme* § 19 Rdnr. 5).

8   4. Soweit dem VN nach den Sätzen 1 bis 3 des Abs. 1 ein Recht zur außerordentlichen Kündigung zusteht, muß er nach Abs. 1 Satz 4 die Kündigung **innerhalb eines Monats** erklären. Die Frist beginnt im Fall der Ablehnung nach Abs. 1 Satz 1 mit dem Zugang der Ablehnung, im Fall der bejahenden konträren Stellungnahme des Anwalts nach Abs. 1 Satz 2 oder 3 mit Zugang der bejahenden Stellungnahme beim VN. Die Monatsfrist errechnet sich nach §§ 187 Abs. 1, 188 Abs. 2, 193 BGB. Ist beispielsweise dem VN die zur Kündigung berechtigende Ablehnung am 15. 4. zugegangen, muß seine Kündigungserklärung dem Versicherer spätestens am 15. 5. oder, wenn dies ein Samstag, Sonntag oder gesetzlich anerkannter allgemeiner Feiertag ist, am nächstfolgenden Werktag zugegangen sein. Die Kündigung kann fristlos erfolgen, d.h. mit Wirkung vom Tag des Zugangs beim Versicherer an, oder zum Ende der laufenden Versicherungsperiode. Diese beträgt in der Regel ein Jahr (§ 9 VVG; § 7 Abs. 1) und richtet sich nach dem technischen Versicherungsbeginn, d.h. dem Zeitpunkt, von dem an der Beitrag berechnet wird (§ 5 Rdnr. 8). Hat sich der VN nicht näher zum Kündigungszeitpunkt geäußert, gilt sie im Zweifel zum Ende des laufenden Versicherungsjahres (*Prölss/Martin/Kollhosser* § 96 Anm. 2 D a). Die Kündigung ist schriftlich zu erklären (§ 12) und wird als empfangsbedürftige Willenserklärung wirksam mit Zugang (§ 130 BGB) bei der Hauptverwaltung des Versicherers oder der sonst zur Entgegennahme solcher Erklärungen erkennbar berufenen Stelle (§ 12 Rdnr. 4). Die Monatsfrist ist nur dann gewahrt, wenn die Kündigungserklärung dem Versicherer vor Fristablauf zugeht (*Prölss/Martin* § 8 Anm. 5 F). Ob eine verspätet ausgesprochene außerordentliche Kündigung in eine ordentliche zum Ablauf des Versicherungsvertrags umzudeuten ist (§ 140 BGB), ist streitig, jedoch wohl dann zu

Kündigung nach dem Versicherungsfall

bejahen, wenn anzunehmen ist, daß der VN auf jeden Fall vom Vertrag loskommen will (*Prölss/Martin* § 8 Anm. 5 B; § 96 Anm. 2 D d; vgl. auch § 8 Rdnr. 4).

III. Kündigungsrecht beider Vertragsteile (Abs. 2) (entspricht § 13 Abs. 2 ARB 94)

1. In einer Reihe von Versicherungssparten kann der Versicherer schon dann kündigen, wenn er seine Leistungspflicht für einen einzelnen Versicherungsfall bejaht hat (z.B. §§ 96, 113, 158 VVG). Der RSVersicherer konnte dies jedoch erst nach **zwei Versicherungsfällen**. Abs. 2 lautete bis 1991: „Bejaht der Versicherer seine Leistungspflicht für mindestens zwei in einem Kalenderjahr eingetretene Versicherungsfälle, ist er innerhalb eines Monates nach Anerkennung der Leistungspflicht für den zweiten oder jeden weiteren Versicherungsfall berechtigt, den Versicherungsvertrag mit einer Frist von einem Monat zu kündigen." Diese Einschränkung der Kündigungsmöglichkeit sollte einen gewissen Ausgleich darstellen für die Einschränkung der Kündigungsmöglichkeit des VN, die darin lag, daß er in der RSVersicherung nur bei einer ihn belastenden Entscheidung des Versicherers kündigungsberechtigt wurde (vgl. oben Rdnr. 1), nicht dagegen – wie in anderen Sparten – nach jedem Versicherungsfall (*K. Vassel* VerBAV 68, 224, 229). Diese Regelung des Abs. 2 hat der BGH gemäß § 9 Abs. 1 AGBG für unwirksam erklärt, weil die Versicherer zu Lasten der VN davon abgewichen seien, daß die verschuldensunabhängige außerordentliche Kündigungsmöglichkeit den Partnern eines Dauerschuldverhältnisses im gleichen und nicht im unterschiedlichen Umfang zusteht (NJW 91, 1828 = VersR 91, 580 = r+s 91, 200). Die Mehrzahl der RSVersicherer verwendet nunmehr die neue Fassung des Abs. 2, die beiden Vertragspartnern das gleiche Kündigungsrecht einräumt (vgl. oben Rdnr. 1 a. E.).

2. Erste Voraussetzung für ein außerordentliches Kündigungsrecht beider Teile ist, daß innerhalb von 12 Monaten (ursprüngliche Fassung: in einem Kalenderjahr) mindestens zwei **Versicherungsfälle eingetreten** sind, für die der VN Versicherungsschutz begehrt. Es kommt also nicht darauf an, wann der VN die Versicherungsfälle angezeigt und hierfür um Versicherungsschutz nachgesucht hat. Entscheidend ist allein der objektive Eintrittszeitpunkt der Versicherungsfälle im Sinn des § 14 Abs. 1 bis 3 oder des Beratungs-RS (Näheres hierüber vgl. die Erläuterungen zu § 14 sowie Vorbem. vor § 21 Rdnrn. 156ff.). Durch diese Regelung soll verhindert werden, daß der VN die Versicherungsfälle erst zu einem ihm günstig erscheinenden Zeitpunkt meldet, um damit eine Kündigung durch den Versicherer zu verhindern oder für sich zu ermöglichen. Es ist nicht notwendig, daß der VN selbst von den beiden Versicherungsfällen betroffen ist. Es genügt, wenn eine mitversicherte Person (§ 11) rechtliche Interessen aufgrund eines Versicherungsfalles wahrnehmen muß, der unter den Deckungsbereich des Vertrags des VN fällt.

3. Weitere Voraussetzung für ein Kündigungsrecht beider Teile ist die **Bejahung der Leistungspflicht** für mindestens zwei der innerhalb von 12

Monaten eingetretenen Versicherungsfälle, für die der VN Versicherungsschutz begehrt. Diese Anerkennung der Leistungspflicht ist eine empfangsbedürftige formlose Willenserklärung, die gegenüber dem VN, einer mitversicherten Person oder einem Kostengläubiger des VN, z.B. dem Anwalt abgegeben werden kann. Sie liegt in jedem Verhalten des Versicherers gegenüber einer dieser Personen, aus dem sich klar und unzweideutig das Bewußtsein ergibt, aufgrund des Vertrages zur Leistung verpflichtet zu sein und diese Verpflichtung auch erfüllen zu wollen. Ein vorbehaltloses, die Leistungspflicht insgesamt nicht in Frage stellendes Teilanerkenntnis genügt, zumal sich die Höhe der Gesamtleistung häufig erst später übersehen läßt. Die rechtskräftige Verurteilung in einem Deckungsprozeß steht einer Anerkennung gleich (*Prölss/Martin/Voit* § 158 Anm. 2; *Stiefel/Hofmann* § 4 Rdnr. 30). Eine Anerkennung der Leistungspflicht ist insbesondere zu sehen in einer vorbehaltlosen Deckungszusage gegenüber dem VN, einer mitversicherten Person oder seinem Anwalt (deklaratorisches Anerkenntnis, LG Darmstadt NJW 89, 2067; vgl. auch § 16 Rdnr. 5), in einer vorbehaltlosen Beauftragung eines Rechtsanwalts nach § 16 Abs. 2 oder in einer vorbehaltlosen Zahlung an einen Kostengläubiger des VN oder einer mitversicherten Person oder an den VN oder die mitversicherte Person selbst. Eine Anerkennung der Leistungspflicht liegt dagegen noch nicht vor, wenn der Versicherer zur Prüfung seiner Eintrittspflicht Unterlagen oder Auskünfte vom VN oder dessen Anwalt erbittet oder sich beispielsweise einen Strafaktenauszug beschafft (BGH VersR 61, 399, 401), ebensowenig, wenn er lediglich aus Kulanz leistet (LG Hagen VersR 83, 1147 für den vergleichbaren § 9 II Nr. 2 AHB). In einer vergleichsweisen Erledigung kann dagegen eine Bejahung der Leistungspflicht gesehen werden (vgl. für die AKB *Stiefel/Hofmann* § 4 Rdnr. 31).

12 4. Begehrt der VN für mindestens zwei innerhalb von 12 Monaten eingetretene Versicherungsfälle Versicherungsschutz und hat der Versicherer seine Leistungspflicht hierfür anerkannt, dann können beide Teile den Versicherungsvertrag kündigen. Dieses Kündigungsrecht besteht jedoch nur **innerhalb eines Monats** nach Anerkennung der Leistungspflicht für den zweiten und jeden weiteren Versicherungsfall innerhalb der 12 Monate. Daß jeder weitere, das außerordentliche Kündigungsrecht auslösende Versicherungsfall noch im gleichen Zwölfmonatszeitraum wie die beiden ersten Versicherungsfälle eingetreten sein muß, ergibt sich einmal schon aus der Formulierung „mindestens zwei innerhalb von 12 Monaten eingetretene Versicherungsfälle", zum anderen aus dem erkennbaren, auch im „amtlichen" Vorspruch zu den ARB 69 (VerBAV 69, 67 unter Ziff. IV) zum Ausdruck gekommenen Zweck der Regelung, das Kündigungsrecht nur bei Häufung von Versicherungsfällen in einem ganz bestimmten Zeitraum entstehen zu lassen. Die Monatsfrist berechnet sich nach §§ 187 Abs. 1, 188 Abs. 2, 193 BGB. Hat also beispielsweise der Versicherer für die Interessenwahrnehmung im zweiten Versicherungsfall innerhalb der 12 Monate mit einem am 15. 6. zugegangenen Schreiben einen Anwalt beauftragt, dann endet das Kündigungsrecht mit dem 15. 7. oder, falls es sich hierbei um einen Samstag, Sonntag oder gesetzlich anerkannten Feiertag handelt, mit dem nächstfol-

Kündigung nach dem Versicherungsfall 13 § 19 ARB 75

genden Werktag. Spätestens an diesem Tag muß dem Vertragspartner die Kündigungserklärung als empfangsbedürftige Willenserklärung zugegangen sein (§§ 130 bis 132, 164 Abs. 3 BGB). Eine Kündigung gegenüber einer mitversicherten Person, die nicht Vertreter des VN ist, ist wirkungslos, da diese Person nicht Vertragspartner des Versicherers ist. Beide Teile können nicht mit sofortiger Wirkung, sondern nur mit einer Frist von einem Monat kündigen. Die Kündigung beendet also den Versicherungsvertrag erst einen Monat nach ihrem Zugang beim Vertragspartner. Die Kündigung des VN hat schriftlich zu erfolgen (§ 12). Für die Kündigung des Versicherers ist Schriftform nicht vorgeschrieben, jedoch allgemein üblich und schon aus Beweisgründen zu empfehlen (§ 12 Rdnr. 5). Die Kündigungserklärung des Versicherers sollte ausreichend erkennen lassen, daß es sich um eine außerordentliche Kündigung, z.b. wegen „ungünstigen Schadenverlaufs", handelt (LG München I VersR 83, 294). Die Abwerbung von einem Konkurrenzunternehmen berührt das Kündigungsrecht des abwerbenden Versicherers aus § 19 nicht (AG Saarbrücken VersR 95, 570). Die Tatsache der Kündigung kann der Versicherer dem HUK-Verband (ab 1. 1. 1995: VdS; ab 1. 7. 1996: GDV) zwecks Speicherung in einer Datei melden (OLG Frankfurt VersR 82, 568 = ZfS 81, 306; vgl. § 1 Rdnr. 14).

5. Das Kündigungsrecht entsteht, sobald im Deckungsbereich eines 13 rechtlich selbständigen Vertrags zwei oder mehr Versicherungsfälle eingetreten sind. Sind in einem Versicherungsschein mehrere rechtlich selbständige Verträge dokumentiert, z.B. nach §§ 21, 24 und 25, und ist innerhalb von 12 Monaten z.B. für den Vertrag nach § 21 und für den nach § 24 je ein Versicherungsfall eingetreten, kann kein Vertragspartner kündigen (vgl. oben Rdnr. 2; § 8 Rdnr. 8). Dagegen entsteht ein Kündigungsrecht, wenn z.B. in einem Vertrag nach § 24, also einem einzelnen selbständigen Vertrag, eine Reihe von Arbeitnehmern des VN nach § 24 Abs. 1 mitversichert ist, von denen mehrere innerhalb von 12 Monaten von einem Versicherungsfall betroffen werden, für den sie RS begehren. Denn das Kündigungsrecht des Abs. 2 besteht nach seinem eindeutigen Wortlaut unabhängig von der Zahl der Mitversicherten, sofern es sich nur um einen einzigen, einheitlichen Vertrag handelt (ähnlich für die Haftpflichtversicherung *Bruck/Möller/Johannsen* IV Anm. D 16). Etwas anderes kann nur für einen **Gruppenversicherungsvertrag** (Kollektivversicherungsvertrag) gelten. Dies ist ein Vertrag, in dem durch einen VN aufgrund eines Versicherungsscheins eine Mehrheit von Personen versichert wird, die nicht schon zum Kreis der Mitversicherten im Sinn der §§ 21 ff. gehört (z.B. Firmen- oder Vereinsgruppenversicherung; *Prölss/Kollhosser* § 81 Rdnr. 82). Da hier anstelle von vielen Einzelverträgen mit jeder einzelnen gruppenangehörigen Person aus Rationalisierungs- oder sonstigen Gründen nur ein rechtlich einheitlicher Versicherungsvertrag mit einer Vielzahl von Mitversicherten geschlossen wird, von denen nach statistischen Wahrscheinlichkeitsgrundsätzen innerhalb von 12 Monaten ein bestimmter Teil von einem Versicherungsfall betroffen wird, kann Abs. 2 nach seinem Sinn und Zweck auf einen Vertrag dieser Art nicht angewendet werden. Dies gilt jedoch nur für echte Gruppenversicherungsverträge mit einem einzigen VN. Handelt es sich um einen Sammel-,

§ 20 ARB 75 1. Teil. Allgemeine Bestimmungen (C)

Rahmen- oder ähnlichen Versicherungsvertrag, bei dem mit den einzelnen Versicherten je ein rechtlich selbständiger Vertrag zustande kommt, bleibt es bei der Regelung des Abs. 2 im Verhältnis zum jeweils Versicherten.

14 IV. In allen Fällen einer Kündigung nach Abs. 1 oder Abs. 2 gebührt dem Versicherer nach Abs. 3 derjenige **Teil des Beitrags,** der der abgelaufenen Versicherungszeit bis zur – vorzeitigen – Beendigung des Versicherungsvertrages entspricht. Die Regelung anderer Sparten, wonach dem Versicherer bei einer Kündigung durch den VN der Beitrag für die ganze noch laufende Versicherungsperiode gebührt (z. B. §§ 96 Abs. 3, 113 Satz 2, 158 Abs. 3 Satz 1 VVG), wurde nicht in die ARB übernommen.

§ 20 Abtretung, Erstattung von Kosten und Versicherungsleistungen

(1) Versicherungsansprüche können, solange sie nicht dem Grunde und der Höhe nach endgültig festgestellt sind, weder abgetreten noch verpfändet werden, es sei denn, daß sich der Versicherer hiermit schriftlich einverstanden erklärt.

(2) Ansprüche des Versicherungsnehmers auf Erstattung von Beträgen, die der Versicherer für ihn geleistet hat, gehen mit ihrer Entstehung auf den Versicherer über. Bereits an den Versicherungsnehmer zurückgezahlte Beträge sind dem Versicherer zu erstatten.

(3) Der Versicherungsnehmer hat den Versicherer bei der Geltendmachung eines auf ihn übergegangenen Kostenerstattungsanspruches gegen einen Dritten zu unterstützen. Er hat ihm insbesondere auf Anforderung die zum Nachweis des Forderungsüberganges benötigten Beweismittel auszuhändigen.

(4) Wird der Versicherungsnehmer wegen vorsätzlicher Verletzung einer Vorschrift des Strafrechtes rechtskräftig verurteilt und ist der Versicherungsschutz deshalb gemäß § 4 Absatz 3 ausgeschlossen, ist der Versicherungsnehmer zur Rückzahlung der Leistungen verpflichtet, die der Versicherer für ihn erbracht hat, nachdem dem Versicherungsnehmer ein vorsätzliches Verhalten zur Last gelegt wurde. Zur Rückzahlung der vom Versicherer gemäß § 2 Absatz 1 f) erbrachten Leistungen (Kaution) ist der Versicherungsnehmer verpflichtet, soweit diese Leistungen als Strafe, Geldbuße oder als Sicherheit für die Durchsetzung der gegen den Versicherungsnehmer erhobenen Schadenersatzansprüche einbehalten werden oder wenn die Kaution verfällt.

Übersicht

	Rdnrn.		Rdnrn.
I. Abtretung, Verpfändung und Pfändung (Abs. 1)	1–12	II. Anspruchsübergang (Abs. 2)	13–25a
1. Anspruch auf Sorgeleistung	1	1. a) Verhältnis zu § 67 VVG	13
2. a) Freistellungsanspruch	2, 3	b) Ansprüche Mitversicherter	14
b) Kostenerstattungsanspruch	4	c) Anspruchsgegner	15
3. Verpfändung	5	d) Voraussetzungen des Anspruchsübergangs	16
4. endgültige Feststellung	6, 7	e) Zeitpunkt des Anspruchsübergangs	17
5. schriftliches Einverständnis	8		
6. Pfändung	9–11	f) Umfang des Anspruchsübergangs	18–20
7. Konkurs	12		

	Rdnrn.		Rdnrn.
g) keine Aufrechnung mit Geldstrafenforderung...	21	III. Unterstützungspflicht des VN (Abs. 3)...	26
2. Erstattungsanspruch des Versicherers...	22–25 a	IV. Rückzahlungspflicht des VN in Sonderfällen (Abs. 4)...	29
a) gegen VN...	22–24	1. rechtskräftige Verurteilung wegen Vorsatzes...	30, 31
b) gegen Kostengläubiger des VN...	25, 25 a	2. Strafkaution...	32

I. Abtretung, Verpfändung und Pfändung (Abs. 1)
(entspricht § 17 Abs. 7 ARB 94)

Literatur: *Rademacher/Raczinski*, Abtretung eines Anspruchs gegen die RSVersicherung, AnwBl. 92, 320

1. Nach § 398 BGB kann an sich eine Forderung von dem Gläubiger (Zedent) durch Vertrag mit einem anderen auf diesen (Zessionar) übertragen, d. h. abgetreten werden. Diese gesetzliche Möglichkeit gilt jedoch für die Abtretung der Ansprüche des VN gegen den RSVersicherer aus dem Versicherungsvertrag nur mit mehreren Einschränkungen. Der Versicherer hat für die Wahrnehmung der rechtlichen Interessen des VN zu sorgen (§ 1 Rdnr. 10) und die dem VN hierbei entstehenden Kosten zu tragen (§ 1 Rdnr. 42). Der **Anspruch** des VN **auf die Sorgeleistung** des Versicherers, insbesondere auf die Anwaltsbestimmung und Anwaltsbeauftragung (§ 16 Abs. 1 und 2), ist auf eine Dienstleistung gerichtet, die nur für den vom Versicherungsfall betroffenen VN selbst, nicht aber für einen etwaigen Zessionar, sinnvoll ausgeübt werden kann. Da sich durch eine Abtretung dieser Anspruch inhaltlich ändern und praktisch wertlos werden würde, ist insoweit eine Abtretung schon nach § 399, 1. Alternative BGB ausgeschlossen. Die Rechtslage ist hier ähnlich wie bei dem auf die Prüfung der Haftpflichtfrage und die Abwehr unbegründeter Haftpflichtansprüche gerichteten, seiner Natur nach ebenfalls nicht abtretbaren Rechtsschutz-Anspruch eines Haftpflicht-VN gegen seinen Haftpflichtversicherer (*Prölss/Martin* § 15 Anm. 1).

2. a) Der **Anspruch** des VN auf Kostenübernahme als Hauptleistung des RSVersicherers ist, solange der VN seinen Kostengläubiger nicht selbst befriedigt hat, **auf Schuldbefreiung** gerichtet (§ 2 Rdnr. 150). Ein solcher Freistellungsanspruch kann grundsätzlich ebenfalls nicht abgetreten werden, weil dies seinen Inhalt, der in der Regel durch das Eigeninteresse eines bestimmten Gläubigers geprägt ist, verändern würde (§ 399, 1. Alternative BGB). Nur der Freizustellende (VN) selbst kann die Leistung verlangen. Als Zessionar ist im allgemeinen ein Dritter dazu nicht befugt (BGH WM 75, 305 = NJW 75, 687 – Leitsatz –; WM 75, 1226; *Palandt/Heinrichs* § 399 Rdnr. 4; *MünchKomm/Roth* § 399 Rdnr. 15; *Prölss/Martin* § 15 Anm. 1; *Bruck/Möller/Johannsen* IV Anm. B 51, 52). Das Abtretungsverbot des Abs. 1 stellt somit nur (deklaratorisch) fest, was an sich schon kraft Gesetzes gilt. Zur Abtretung der unter Versicherungsschutz stehenden Forderung nach Eintritt des Versicherungsfalles vgl. § 4 Rdnr. 159.

Für gewisse Fälle hat allerdings das Abtretungsverbot des Abs. 1 eine **3** selbständige (konstitutive) Bedeutung, nämlich für die Fälle der **Abtretung an** einen **Kostengläubiger** des VN. Die Abtretung eines Freistellungsanspruchs wird nämlich trotz § 399, 1. Alternative BGB dann als zulässig angesehen, wenn sie an den Gläubiger der Forderung, von der zu befreien ist, erfolgt. Eine solche Abtretung ist durch die Bedeutung des Freistellungsanspruchs mitgedeckt, der die wirtschaftliche Last der Verbindlichkeit vom Gläubiger des Freistellungsanspruchs (VN) auf den Freistellungsschuldner (RSVersicherer) verlagert. Dann wandelt sich der Freistellungsanspruch in der Hand des Zessionars (Kostengläubiger) um in einen Anspruch auf Erfüllung der Forderung, von der zu befreien ist (BGH WM 75, 305 = NJW 75, 687 – Leitsatz –; *Johannsen* VersR 78, 108; *Palandt/Heinrichs* § 399 Rdnr. 4; *MünchKomm/Roth* § 399 Rdnr. 15; *Prölss/Martin/Voit* § 156 Anm. 5 c; *Bruck/Möller/Johannsen* IV Anm. B 53). Diese von Gesetzes wegen an sich gegebene Abtretungsmöglichkeit, die das LG München I (VersR 78, 709) hier zu Unrecht verneint, will Abs. 1 durch das dort vorgesehene vertragliche Abtretungsverbot ausschalten, solange nicht Klarheit über Grund und Höhe des Freistellungsanspruchs des VN besteht. Eine ähnliche Regelung findet sich in einer Reihe von Versicherungssparten, z. B. in § 3 Ziff. 4 AKB, § 7 Ziff. 3 AHB und § 12 III AUB. Dieses Abtretungsverbot soll eine Vernehmung des VN als Zeugen in Angelegenheiten des Versicherungsschutzes verhindern und sicherstellen, daß der Versicherer etwaige Abwicklungsfragen nur mit seinem Vertragspartner, dem VN, und nicht mit – möglicherweise mehreren – außenstehenden Dritten zu behandeln braucht (BGH NJW 76, 672 = VersR 76, 263; LG München I VersR 78, 709; LG Bochum ZfS 82, 47; AG Mainz ZfS 90, 162; AG Hamburg ZfS 89, 166; AG Wiesbaden ZfS 81, 148; LG Coburg ZfS 90, 14: auch keine Abtretung an Mitversicherte; *Kurzka* VersR 80, 12; *Prölss/Martin/Knappmann* § 3 AKB Anm. 4). Insoweit handelt es sich um berechtigte Belange des Versicherers. Da durch das Abtretungsverbot außerdem keine Interessen des VN unangemessen beeinträchtigt werden, kann Abs. 1 nicht als unwirksame Bestimmung im Sinne des § 9 AGBG gewertet werden (ebenso für § 3 Ziff. 4 AKB LG Frankfurt VersR 78, 1058; vgl. auch *Palandt/Heinrichs* § 399 Rdnr. 9; *Löwe/Graf v. Westphalen/Trinkner* § 9 Rdnr. 35). Das Abtretungsverbot wirkt absolut gegenüber jedermann, auch gegenüber dem selbständig verfügungsberechtigten Mitversicherten (§ 11 Rdnr. 18). Ein gutgläubiger Erwerb durch den Zessionar ist nicht möglich. Eine Einziehungsermächtigung durch den VN oder eine Prozeßstandschaft des Zessionars steht der Abtretung gleich, da sie für den Versicherer die Lage herbeiführen würde, der das Abtretungsverbot beggegnen will (LG Bochum ZfS 82, 47; AG Saarbrücken AnwBl. 84, 277; AG Wiesbaden ZfS 81, 148). Abs. 1 enthält keine Obliegenheit, sondern spricht eine Rechtsfolge mit dinglicher, absoluter Wirkung aus. Das Abtretungsverbot macht die ohne die erforderliche Zustimmung vorgenommene Abtretung nicht nur unter den Vertragsparteien, sondern auch gegenüber jedem Dritten unwirksam (BGH NJW 64, 243; 71, 1311; VersR 60, 300; 65, 274; 68, 35; *Prölss/Martin/Knappmann* § 3 AKB Anm. 4; *Stiefel/Hofmann* § 3 Rdnr. 73; *Palandt/Heinrichs* § 399 Rdnr. 11).

4 b) Hat der VN seinen Kostengläubiger bereits selbst befriedigt, verwandelt sich sein Freistellungsanspruch in einen **Kostenerstattungsanspruch**

gegen den Versicherer (§ 2 Rdnr. 150). Dieser Zahlungsanspruch würde sich durch die Abtretung an einen beliebigen Dritten nicht – wie der Freistellungsanspruch (vgl. oben Rdnr. 2) – inhaltlich verändern. Seine Abtretung wäre daher durch § 399, 1. Alternative BGB nicht ausgeschlossen (*Bruck/Möller/Johannsen* IV Anm. B 52 a.E.). Da in der Befriedigung des Kostengläubigers durch den VN jedoch keine endgültige Feststellung des Versicherungsanspruchs des VN gegen den Versicherer dem Grunde und der Höhe nach liegt, bezieht sich das Abtretungsverbot des Abs. 1 auch auf den Kostenerstattungsanspruch. Der VN kann ihn daher nur mit schriftlichem Einverständnis des Versicherers abtreten.

3. Da die Versicherungsansprüche vor ihrer endgültigen Feststellung ohne Einverständnis des Versicherers nicht übertragbar sind (vgl. oben Rdnrn. 2 ff.), kann der VN oder der selbständig verfügungsberechtigte Mitversicherte (§ 11 Rdnr. 18) gemäß § 1274 Abs. 2 BGB vor diesem Zeitpunkt auch **nicht wirksam** an ihnen ein **Pfandrecht** bestellen. Zur Klarstellung ist dies in Abs. 1 ausdrücklich erwähnt. 5

4. Der VN kann die ihrem Inhalt nach abtretbaren Versicherungsansprüche wirksam abtreten, sobald sie dem Grunde und der Höhe nach **endgültig festgestellt** sind. Maßgeblich ist diese Feststellung im Verhältnis zwischen VN und Versicherer, nicht etwa im Verhältnis zwischen dem VN und seinem Kostengläubiger. Die Ansprüche müssen nach Grund und Höhe für beide Teile unanfechtbar feststehen, z. B. durch ein ausdrückliches oder stillschweigendes Anerkenntnis des Versicherers gegenüber dem VN oder dem für ihn handelnden Anwalt, durch Vergleich oder durch ein rechtskräftiges Urteil im Deckungsprozeß zwischen VN und Versicherer (*Prölss/Martin/Knappmann* § 3 AKB Anm. 4; *Stiefel/Hofmann* § 3 Rdnr. 83). Durch die Ausübung seines billigen Ermessens im Sinn des § 12 Abs. 1 Satz 1 BRAGebO legt der Anwalt die Höhe seiner Vergütungsforderung nur im Rahmen des Anwaltsvertrages gegenüber dem VN fest, und auch dies nur mit bindender Wirkung, wenn die Festlegung billigem Ermessen entspricht (§ 2 Rdnr. 155). Diese Festlegung der Höhe der Anwaltsvergütung ist keine endgültige Feststellung der Versicherungsansprüche des VN im Sinn des Abs. 1, die nur im Verhältnis zwischen VN und Versicherer möglich ist und stets eine entsprechende Willenserklärung – oder rechtskräftige Verurteilung – des Versicherers voraussetzt (LG München I VersR 78, 709; LG Bochum ZfS 82, 47; AG Saarbrücken AnwBl. 84, 277; AG Wuppertal r+s 79, 25). Eine endgültige Feststellung von Teilen des Versicherungsanspruchs, etwa der Kosten einzelner Instanzen (so *Bergmann* VersR 81, 512, 515), ist allenfalls dann denkbar, wenn die Leistungspflicht des Versicherers nicht dem Grunde, sondern nur der Höhe nach streitig ist oder war. 6

Hatte der VN Versicherungsansprüche vor ihrer endgültigen Feststellung – unwirksam – abgetreten, wird die **Abtretung mit** der endgültigen **Feststellung** der Ansprüche gemäß § 184 BGB **wirksam**, wobei jedoch § 184 Abs. 2 BGB – z. B. bei zwischenzeitlichen Pfändungen – zu beachten ist (bestr., wie hier *Prölss/Martin/Knappmann* § 3 AKB Anm. 4; *Bruck/Möller/Johannsen* IV Anm. B 53 a.E.). 7

8 5. Vor ihrer endgültigen Feststellung dem Grunde und der Höhe nach können – ihrem Inhalt nach abtretbare (vgl. oben Rdnrn. 3, 4) – Versicherungsansprüche nur mit **schriftlichem Einverständnis** des Versicherers abgetreten werden. Da nicht der Rechtsbegriff der Einwilligung im Sinn einer vorherigen Zustimmung (§ 183 BGB) verwendet wird, kann daraus geschlossen werden, daß auch die nachträgliche Zustimmung (Genehmigung) für das Einverständnis im Sinn des Abs. 1 genügt und dann gemäß § 184 BGB zurückwirkt (MünchKomm/*Roth* § 399 Rdnr. 34; a. A. *Palandt/Heinrichs* § 399 Rdnr. 11). Die vorgesehene Schriftform der Einverständniserklärung wird nach § 133 BGB dahin auszulegen sein, daß sie beweissichernde Funktion hat und auf Mitteilung in besonders zuverlässiger Form geht, so daß ihr Fehlen nicht ohne weiteres Unwirksamkeit des Einverständnisses nach § 125 Satz 2 BGB zur Folge hat, wenn sich aus dem Verhalten des Versicherers anderweitig deutlich ergibt, daß er mit der Abtretung einverstanden ist (*Palandt/Heinrichs* § 125 Rdnr. 12). Dies kann z. B. der Fall sein, wenn er sich auf eine Klage des Zessionars sachlich einläßt und nur gegen die Höhe der Kostenforderung Einwendungen erhebt, ohne die Unzulässigkeit der Abtretung geltend zu machen (BGH NJW 54, 148 = VersR 53, 494), oder wenn er nach der Abtretung mit dem Zessionar vorbehaltlos verhandelt oder an ihn Zahlungen leistet (*Stiefel/Hofmann* § 3 Rdnr. 87). Zahlungen und Verhandlungen mit dem Anwalt des VN über die Höhe seines Honorars vor einer Abtretung an den Anwalt können dagegen noch nicht als (stillschweigendes) Einverständnis mit einer späteren Abtretung gewertet werden (vom AG Lüdinghausen r+s 91, 273 anscheinend nicht berücksichtigt). Für den Fall der Sicherungsabtretung vgl. auch § 4 Rdnr. 159.

9 6. Eine **Pfändung** der Versicherungsansprüche wird durch Abs. 1 an sich nicht ausgeschlossen, da ein vereinbartes Abtretungsverbot als solches den zwangsweisen Zugriff Dritter naturgemäß nicht einschränken kann (*Baumbach/Lauterbach/Hartmann* § 851 Rdnr. 2). Jedoch muß auch hier wieder, wie bei der Abtretung, unterschieden werden zwischen Freistellungsansprüchen und Kostenerstattungsansprüchen des VN (vgl. oben Rdnrn. 2 und 4). Würde ein beliebiger außerhalb der versicherungsvertraglichen Beziehungen stehender Gläubiger des VN, der nicht Kostengläubiger ist, sich dessen Freistellungsanspruch gegen den Versicherer pfänden und zur Einziehung überweisen lassen, dann träte dieser Pfändungsgläubiger gemäß §§ 857, 829, 835 ZPO in die Rechtsstellung des VN als Freistellungsgläubiger ein mit der Wirkung, daß nunmehr er anstelle des VN Befriedigung eines bestimmten Kostengläubigers des VN fordern kann. Der Pfändungsgläubiger hat jedoch kein Interesse an der Befriedigung des Kostengläubigers, sondern nur an seiner eigenen. Ebensowenig wie der VN eine Forderung auf Schuldbefreiung wirksam an einen Nicht-Kostengläubiger abtreten kann (vgl. oben Rdnr. 2), kann daher ein Nicht-Kostengläubiger einen Anspruch des VN gegen den Versicherer auf Freistellung von der Forderung eines bestimmten Kostengläubigers pfänden und sich überweisen lassen. Eine solche Zwangsvollstreckungsmaßnahme wäre wirtschaftlich sinnlos und ist daher gemäß § 851 Abs. 2 ZPO unwirksam (OLG Hamm VersR 82, 749; LG Wuppertal AnwBl. 84, 276 = ZfS 84, 209; RGZ 80, 183; 81, 250; *Böhme* § 20 Rdnr. 3;

Abtretung, Erstattung v. Kost. u. Vers.Leistungen 10, 11 **§ 20 ARB 75**

Kurzka VersR 80, 12; *Stein/Jonas/Münzberg* § 851 Anm. III 4; *Baumbach/ Lauterbach/Hartmann* vor § 704 Rdnr. 67; *Prölss/Martin* § 15 Anm. 1; *Bruck/Möller/Johannsen* IV Anm. B 52).

Gleiche Überlegungen wie im Verhältnis zwischen Pfändungsgläubiger 10 und VN haben im **Verhältnis zwischen pfändendem VN und** einer **mitversicherten Person** zu gelten. Beispiel: Der nach § 21 versicherte A überläßt sein Kraftfahrzeug dem B. Dieser verschuldet damit einen Verkehrsunfall. B verteidigt sich im Einverständnis des A mit Hilfe eines Rechtsanwalts gegen den Vorwurf der fahrlässigen Verletzung verkehrsrechtlicher Strafvorschriften und erhält hierfür als berechtigter Fahrer gemäß § 21 Abs. 1 Satz 2, Abs. 4c Versicherungsschutz. A hat inzwischen wegen des von B verursachten Sachschadens an seinem Kfz einen Vollstreckungstitel gegen B erwirkt und will sich aufgrund dessen den Anspruch des mitversicherten B gegen den Versicherer (§ 11 Abs. 2 Satz 1) auf Freistellung von den Kosten seines Verteidigers pfänden und zur Einziehung überweisen lassen. Dem A würde die aufgrund der Pfändung und Überweisung auf ihn übergehende Befugnis, anstelle des B vom Versicherer die Befriedigung der Vergütungsforderung des Verteidigers des B fordern zu können, wirtschaftlich nichts bringen. Bei dieser Sachlage kann der Freistellungsanspruch nicht als ein der Pfändung unterworfener Gegenstand im Sinn des § 851 Abs. 2 ZPO angesehen werden.

Anders ist die Sach- und Rechtslage, wenn der **Kostengläubiger** des VN 11 selbst dessen Freistellungsanspruch **pfänden** und sich überweisen läßt. In seiner Hand verwandelt sich dieser Versicherungsanspruch in dem Umfang, in dem er besteht, in einen Zahlungsanspruch gegen den Versicherer. Das vertragliche Abtretungsverbot des Abs. 1 kann hier die Pfändung nicht hindern (ähnlich für die Pfändung des Befreiungsanspruchs durch den geschädigten Dritten in der Haftpflichtversicherung *Prölss/Martin/Voit* § 156 Anm. 5c; *Bruck/Möller/Johannsen* IV Anm. B 52; *Stiefel/Hofmann* § 3 Rdnr. 102). Entsprechendes gilt für die Pfändung des Freistellungsanspruchs eines Mitversicherten durch dessen Kostengläubiger, soweit der Mitversicherte zur selbständigen Geltendmachung dieses Anspruchs gegen den RSVersicherer befugt ist (vgl. hierzu § 11 Rdnr. 18; § 18 Rdnr. 9). Ist er dies nicht, muß sich der Gläubiger zusätzlich einen etwa bestehenden – z. B. arbeitsrechtlichen – Anspruch des Mitversicherten gegen den VN auf Einwilligung in die RSGewährung an den Mitversicherten (vgl. hierzu BGH NJW 75, 1273 = VersR 75, 703; § 4 Rdnr. 76) pfänden und zur Einziehung überweisen lassen (*Kurzka* VersR 80, 12, 13). Hat der VN seinen Kostengläubiger – wenn auch nur möglicherweise – selbst befriedigt und aufgrund dessen (möglicherweise) einen Kostenerstattungsanspruch gegen den Versicherer, dann ist dieser (angebliche) Anspruch nicht mehr auf Freistellung eines bestimmten Kostengläubigers, sondern auf eine Geldzahlung an den VN selbst gerichtet und kann von jedem Gläubiger des VN gepfändet werden (OLG Hamm JurBüro 84, 789 = ZIP 84, 228; vgl. oben Rdnr. 4 sowie § 2 Rdnr. 150). Soweit der gepfändete Anspruch dem Grunde oder der Höhe nach noch nicht im Sinn des Abs. 1 endgültig festgestellt ist, hat auch der pfändende Gläubiger als Rechtsnachfolger des VN die zu dieser Feststellung erforderlichen Obliegenheiten gemäß § 15 zu erfüllen. Die zweckwidrige Verwendung eines weisungsgemäß an den VN selbst zur Befriedigung eines Kostengläubigers ausbezahlten Kostenbetrags geht nicht zu Lasten des RSVersicherers, so daß die nachfolgende Pfändung des Befreiungsanspruchs des VN durch den Kostengläubiger ins Leere geht (LG Stuttgart VersR 96, 449; vgl. § 2 Rdnr. 150).

12 7. Fällt der VN in **Konkurs,** dann gehört sein Schuldbefreiungsanspruch gegen den RSVersicherer – soweit er nicht ausnahmsweise die konkursfreie Sphäre betrifft (§ 10 Rdnr. 6) – zur Konkursmasse und verwandelt sich bei Fälligkeit in der Hand des Konkursverwalters in einen Zahlungsanspruch auf den vollen Betrag der Kostenschuld des VN und nicht nur der dem Kostengläubiger gebührenden Konkursquote. Der Kostengläubiger, von dessen Anspruch der VN zu befreien war, hat infolge des Konkurses nur Anspruch auf die Konkursquote, während der RSVersicherer als Freistellungsschuldner den vollen Betrag an die Konkursmasse zu zahlen und der Konkursverwalter den Betrag zur gleichmäßigen Befriedigung der Konkursgläubiger zu verwenden hat (BGH NJW 71, 2218; RGZ 71, 363; *Bergmann* VersR 81, 512, 515; *Kilger/Schmidt* § 1 Anm. 2 B c; *Kuhn/Uhlenbruck* § 1 Rdnr. 38; *Palandt/Heinrichs* § 257 Rdnr. 1). Die Sonderregelung des § 157 VVG, die in der Haftpflichtversicherung aus sozialen Gründen dem Geschädigten wegen seines Schadenersatzanspruchs ein Recht auf abgesonderte Befriedigung aus der Entschädigungsforderung des VN gegen den Haftpflichtversicherer zugesteht (*Bruck/Möller/Johannsen* IV Anm. B 102), ist auf die RSVersicherung nicht übertragbar (*Kurzka* VersR 80, 12, 13/14).

II. Anspruchsübergang (Abs. 2)
(entspricht § 17 Abs. 8 Satz 1 und 3 ARB 94)

13 1. a) Die RSVersicherung bietet Versicherungsschutz gegen die Belastung des Vermögens des VN mit Rechtskosten. Sie ist daher echte Schadensversicherung im Sinn der §§ 49 bis 80 VVG (Einl. Rdnrn. 40 und 41). Demgemäß gilt für sie auch § 67 VVG, der durch den dort vorgesehenen gesetzlichen Anspruchsübergang das der Schadensversicherung wesenseigene Bereicherungsverbot (*Prölss/Martin* § 1 Anm. 2 A b; § 55 Anm. 1; § 67 Anm. 1 A) sicherstellen und verhindern will, daß der VN durch Erstattungsleistungen Dritter und die Versicherungsleistungen zusammen mehr erhält als seinem versicherten Vermögensschaden entspricht. Unter dem nach § 67 Abs. 1 Satz 1 VVG übergangsfähigen Anspruch des VN „auf Ersatz des Schadens gegen einen Dritten" ist nicht nur ein Schadenersatzanspruch im engeren Sinn des § 249 BGB zu verstehen, z.B. notwendige Rechtsverfolgungskosten wegen Amtshaftung des Fahrers eines Polizeifahrzeugs nach § 839 BGB (LG Essen r+s 96, 408), sondern jeder Anspruch, der dem Ausgleich der die Versicherungsleistung auslösenden Vermögenseinbuße dient. Daher können beispielsweise auch vertragliche Schadenersatzansprüche, z.B. auf Ersatz von Anwaltskosten zur Beweissicherung gegen einen mit der Mängelbeseitigung in Verzug geratenen Handwerker (AG Unna r+s 95, 185) oder gegen den in einem solchen Fall nach § 538 Abs. 1 BGB ersatzpflichtigen Vermieter des VN (AG Lüdenscheid r+s 97, 25) oder auch gegen den Vermieter des VN wegen unberechtigter Kündigung eines Wohnungsmietvertrags oder grundloser Nachzahlungsforderung (LG Limburg r + s 93, 64; LG Köln ZfS 90, 417; AG Bad Segeberg r+s 95, 186; AG Ludwigsburg r+s 95, 264; AG Brühl r + s 92, 278) oder gegen den Anwalt des VN wegen fehlerhafter Prozeßführung (LG Kiel r + s 92, 380; OLG Köln ZfS 93, 423 = r+s 94, 220 = NJW-RR 94, 27; r+s 93, 382 bei Einklagung verjährter Forderung; vgl. unten Rdnr. 18; § 2 Rdnr. 27), Ausgleichsansprüche nach §§ 426, 840 BGB, 17 Abs. 2 StVG (wobei das Familienprivileg des § 67 Abs. 2 VVG gilt: LG Osnabrück ZfS 89, 382; unterhaltsbedingter Ausschluß ebenfalls möglich: LG Tübingen NJW-RR 89, 1193), Ansprüche nach § 281 BGB, prozessuale Kostenerstattungsansprüche, Ansprüche auf Rückzahlung einer frei gewordenen Strafkaution (§ 2 Abs. 1f), Schuldbefreiungsansprüche, Bereicherungsansprüche, Ansprüche auf Aufwendungsersatz und Gewährleistungsansprüche unter § 67 VVG fallen (Näheres vgl. *Prölss/Martin* § 67 Anm. 2a). Das gleiche gilt für vorvertragliche Schadensersatzansprüche aus culpa in contrahendo, wenn beispielsweise der VN als Mieter einen Anwalt eingeschaltet hatte, weil der Käufer des Hausgrundstücks (als künftiger Vermieter) vor Eigentumsumschreibung rechtsunwirksam gekündigt hatte (AG Lippstadt r+s 96, 408). **Abs. 2 Satz 1** verdeutlicht diese an sich schon kraft Gesetzes bestehende Rechtslage, hat aber insofern eigene Bedeutung, als er darüber hinaus – vertraglich – einen Übergang aller Erstattungsansprüche des VN – gleichgültig aus welchem Rechtsgrund, also gleichgültig, ob aus Gesetz oder Vertrag oder materiellem oder prozessualem Recht (§ 2 Rdnr. 219) – festlegt, mithin auch solcher Ansprüche, die – möglicherweise – nicht unter die Regelung des § 67 VVG fallen würden wie z.B. rein vertragliche Ansprüche oder Bereicherungsansprüche, bei denen die Übergangsfähigkeit zweifelhaft sein kann (*Bruck/Möller/Sieg* § 67 Anm. 27). Eine solche Vereinbarung der Abtretung von Ansprüchen, die nach § 67 Abs. 1 Satz 1 VVG (möglicherweise) nicht übergehen, ist keine unzulässige Abweichung von § 67 VVG zum Nachteil des VN im Sinn des § 68a VVG. Denn es handelt sich hierbei nur um eine Bestimmung des Inhalts der Versicherungsleistung, die keinen Beschränkungen unterliegt (*Prölss/Martin* § 67 Anm. 9). Im übrigen ist bei der Regelung des Abs. 2 Satz 1 zu berücksichtigen, daß die Leistungspflicht des RSVersicherers im Umfang der Kostenerstattungspflicht eines Dritten begrenzt ist (vgl. § 2 Abs. 3c bis e und die Erläuterungen dazu), so daß der Anspruchsübergang vor allem in Frage kommt in Fällen, in denen die Erstattungspflicht des Dritten erst nach der Leistung des Versicherers feststeht. Abs. 2 Satz 1 hat somit in erster Linie Bedeutung, wenn der RSVersicherer den VN von fälligen (§ 2 Rdnrn. 150ff.) Vorschuß- oder sonstigen Kostenforderungen eines Kostengläubigers freigestellt hat, bevor die Pflicht eines Dritten zur Erstattung dieser Kosten (gebührenrechtlich: AG Hannover r + s 93, 188) feststand oder eine solche Erstattungsforderung beim Dritten realisiert werden konnte. Übergangsfähig analog § 401 BGB ist auch ein aufgrund eines Kostenerstattungsanspruchs gegen den Prozeßgegner entstandener Anspruch des VN gemäß §§ 675, 667 BGB auf Auskunft und Rechenschaft gegen seinen eigenen Anwalt (AG Hamburg r+s 96, 361). Weiter zählen hierzu die Fälle, in denen der Versicherer wegen der gesamtschuldnerischen Inanspruchnahme des VN (§ 421 BGB) zunächst mehr Kosten übernehmen mußte, als den VN im Innenverhältnis zu den übrigen Gesamtschuldnern treffen, und in denen dann der gemäß § 426 Abs. 2 BGB entstandene Ausgleichsanspruch des VN nach § 67 Abs. 1 Satz 1 VVG, § 20 Abs. 2 Satz 1 auf den Versicherer übergeht (OLG Köln r + s 88, 369 für Miterben als Gesamthänder; vgl. § 2 Rdnrn. 31a, 241 und 242). Auch Erstattungsansprüche auf Rückzahlung unverbrauchter Vorschüsse (vgl. unten Rdnr. 25) und auf Ausgleich einer Kostenbelastung gerichtete Schadenersatzansprüche des VN gegen seinen eigenen Anwalt wegen Anwaltsversehens (vgl. § 2 Rdnr. 27) können auf den RSVersicherer übergehen. Soweit eine vereinbarte Deckungssumme (§ 2 Abs. 4) erreicht oder überschritten wird, hat der Versicherer im Interesse des VN übergegangene Ansprüche möglichst zu realisieren (LG Hannover ZfS 86, 337; § 2 Rdnr. 258).

14 b) Abs. 2 und § 67 VVG gelten gemäß § 11 Abs. 3 auch für Erstattungsansprüche **mitversicherter Personen,** die ebenfalls im Umfang der Versicherungsleistung auf den Versicherer übergehen (vgl. auch BGH NJW 59, 243 = VersR 59, 42; 60, 1903 = VersR 60, 724; BAG NJW 68, 717 = VersR 68, 266; *Prölss/Martin* § 67 Anm. 3).

15 c) Schuldner des auf den Versicherer übergehenden Erstattungsanspruchs kann jeder **Dritte** sein, der nicht VN oder Mitversicherter ist und nicht aus dem gleichen Versicherungsverhältnis berechtigt ist, aus dem der Regreßanspruch herrührt (*Prölss/Martin* § 67 Anm. 3; *Bruck/Möller/Sieg* § 67 Anm. 37). Auch der Kostengläubiger selbst kann dies sein (vgl. unten Rdnr. 25).

16 d) **Voraussetzung für einen Anspruchsübergang** nach Abs. 2, § 67 Abs. 1 Satz 1 VVG ist, daß der Versicherer auf die Forderung eines Kostengläubigers des VN im Sinn des § 2 Abs. 1, z.B. des Rechtsanwalts oder des Gerichts, für den VN eine Zahlung geleistet hat. Weitere Voraussetzung ist, daß im Rahmen der Abwicklung des Versicherungsfalls ein Dritter aus irgendeinem Rechtsgrund (vgl. oben Rdnr. 13) verpflichtet ist, dem VN gerade diese Kosten ganz oder teilweise zu ersetzen. Keine Voraussetzung für den Anspruchsübergang ist, daß der Versicherer dem VN gegenüber zur Freistellung eines Kostengläubigers aus dem Versicherungsvertrag verpflichtet war. Auch bei einer Leistung aufgrund zweifelhafter Versicherungsdeckung oder sogar bei bewußter Liberalität ist § 67 VVG und damit auch Abs. 2 Satz 1 anwendbar (teilweise bestr.; Näheres *Prölss/Martin* § 67 Anm. 4 A). Hatte der Versicherer in der irrtümlichen Annahme einer – in Wirklichkeit nicht bestehenden – Leistungspflicht an den Kostengläubiger gezahlt, dann ist der VN gegenüber dem Versicherer in Höhe der Zahlung ungerechtfertigt bereichert. Der Übergang des Erstattungsanspruchs des VN auf den Versicherer ist in diesem Fall auflösend bedingt (§ 158 Abs. 2 BGB) durch die Realisierung des Bereicherungsanspruches des Versicherers gegen den VN (BGH NJW 61, 2158 = VersR 61, 992; *Prölss/Martin* § 67 Anm. 4 A).

17 e) Nach Abs. 2 Satz 1 geht der Erstattungsanspruch des VN gegen den Dritten **mit seiner Entstehung** auf den Versicherer über, soweit dieser

schon für den VN geleistet hatte. Wann der Erstattungsanspruch entsteht, richtet sich nach seinem Rechtsgrund. So entsteht ein vertraglicher, z.B. durch Vergleich festgelegter Erstattungsanspruch mit Abschluß des Vertrages oder zu dem darin vereinbarten Zeitpunkt. Als Schadenersatzanspruch entsteht ein Erstattungsanspruch – dem Grunde nach – bereits mit der zum Schadenersatz verpflichtenden Handlung, z.B. mit der Vertragsverletzung oder der unerlaubten Handlung. Ein prozessualer Kostenerstattungsanspruch entsteht dem Grunde nach – aufschiebend bedingt – mit Begründung des Prozeßrechtsverhältnisses (*Baumbach/Lauterbach/Hartmann* vor § 103 Rdnr. 1). Daß ein Erstattungsanspruch bei seiner Entstehung der Höhe nach noch nicht festzustehen braucht, steht seinem Übergang nach Abs. 2 Satz 1, § 67 Abs. 1 Satz 1 VVG nicht im Wege. Denn – gesetzlich oder vertraglich – übertragbar sind auch bedingte oder künftige Forderungen, sofern sie nur im Zeitpunkt der Abtretung hinreichend bestimmbar sind (*Palandt/Heinrichs* § 398 Rdnr. 11). § 67 Abs. 1 Satz 1 VVG legt formal einen anderen Zeitpunkt des Übergangs fest, nämlich den der Leistung des Versicherers (*Bruck/Möller/Sieg* § 67 Anm. 47). Sachlich-rechtlich bedeutet dies jedoch keinen Unterschied gegenüber Abs. 2 Satz 1. War der Erstattungsanspruch des VN bereits vor der Leistung des RSVersicherers an den Kostengläubiger – wenn auch nur dem Grunde nach – entstanden, dann geht der Anspruch auch nach Abs. 2 Satz 1 erst mit der Leistung des Versicherers über. Ist der Erstattungsanspruch dagegen erst nach der Leistung des Versicherers entstanden, dann würde der Übergang auch nach § 67 Abs. 1 Satz 1 VVG erst mit der Entstehung des Erstattungsanspruchs erfolgen.

f) Für den **Umfang des Anspruchsübergangs** sind sowohl Art und Höhe des Erstattungsanspruchs als auch Art und Höhe der Versicherungsleistung maßgeblich. Schon für § 67 Abs. 1 VVG gilt der Grundsatz, daß nur solche Schadenersatzansprüche des VN übergehen, die ihrer Art nach dem in das versicherte Risiko fallenden Schaden entsprechen (*Prölss/Martin* § 67 Anm. 2b). Dieser Grundsatz der „Kongruenz" ist durch die Wortfassung des Abs. 2 Satz 1 für die RSVersicherung verdeutlicht, wonach (nur) die Ansprüche des VN auf Erstattung von solchen Beträgen auf den Versicherer übergehen, die dieser für den VN geleistet hat. Hatte beispielsweise der Versicherer nur Kosten an den Rechtsanwalt des VN gezahlt, wird dem VN dann jedoch in einem Kostenfestsetzungsbeschluß nicht nur die Erstattung der Anwaltskosten, sondern auch von Gerichtskosten zugesprochen, dann geht der Erstattungsanspruch des VN nur in Höhe der an den Anwalt gezahlten Kosten auf den Versicherer über, auch wenn dieser inzwischen Zahlungen an weitere Kostengläubiger des VN – ausgenommen die Gerichtskasse – geleistet haben sollte. Da der Versicherer nicht jede denkbare Art von Rechtskosten übernimmt, sondern nur die in § 2 Abs. 1 einzeln aufgeführten (vgl. § 2 Rdnr. 3), gehen demnach auch nur Ansprüche des VN auf Erstattung solcher Rechtskosten auf den Versicherer über, die ihrer Art nach zu den unter § 2 Abs. 1a bis f aufgezählten gehören. Es gehen daher beispielsweise nicht über Ansprüche des VN auf Erstattung von eigenen Parteiauslagen, insbesondere in Form von Reisekosten (zur Ausnahme für Reisekosten zu einem ausländischen Gericht vgl. § 2 Rdnr. 7a–c) oder Entschädigung für Zeitversäumnis (§ 91 Abs. 1 Satz 2 ZPO; gleicher Meinung für die ARB 54 OLG Köln NJW 73, 905), oder auf Erstattung von Kosten eines Privatgutachters außerhalb des Rahmens des § 2 Abs. 1e (vgl. § 2 Rdnr. 126) oder in Kraftfahrzeug-Vertragsstreitigkeiten (§ 2 Rdnr. 130a, b).

Übergangsfähig ist dagegen ein Schadenersatzanspruch des VN gegen seinen Rechtsanwalt wegen fehlerhafter Prozeßführung hinsichtlich derjenigen vom Versicherer getragenen Kosten, die wegen der fehlerhaften Prozeßführung dem VN auferlegt worden sind (LG Kiel r + s 92, 380: unterlassene sofortige Beschwerde gegen eindeutig falsche Kostenentscheidung nach § 91a ZPO; OLG Köln ZfS 93, 423 = r+s 94, 220: Räumungsklage trotz mangelhafter Kündigung; r+s 93, 382: Einklagung einer verjährten Forderung; vgl. oben Rdnr. 13; § 2 Rdnr. 27).

19 Problematisch kann der Umfang des Anspruchsübergangs vor allem dann werden, wenn einerseits der VN aus Rechtsgründen, z.B. wegen Teilunterliegens im Prozeß, nur einen Teil seiner für einen Versicherungsfall aufgewendeten Rechtskosten vom Gegner erstattet verlangen kann, andererseits der Versicherer ebenfalls nicht die gesamten Rechtskosten des VN zu übernehmen hat, z.B. wegen einer Leistungskürzung nach § 9 Abs. 4 Satz 2 oder wegen Überschreitung der Deckungssumme nach § 2 Abs. 4. Nach ständiger Rechtsprechung gilt für solche Fälle die sogenannte **Differenztheorie**, wonach der VN in Höhe des Unterschieds zwischen seinem (versicherungsrechtlichen) Vermögensschaden, d.h. den gesamten Rechtskosten eines Versicherungsfalles, und der Versicherungsleistung Gläubiger der Ersatzforderung bleibt. Der Erstattungsanspruch des VN geht also nur insoweit auf den Versicherer über, als er zusammen mit der Leistung des Versicherers den Kostenbetrag übersteigt, der den VN insgesamt trifft (sogenanntes Quotenvorrecht des VN vor dem Versicherer; für andere Sparten vgl. BGH VersR 58, 13, 15, 161; 66, 256; 67, 674; 79, 30, 640; 82, 283; *Prölss/Martin* § 67 Anm. 4 B a; *Bruck/Möller/Sieg* § 67 Anm. 65, 66). Beispiel: Gesamtkosten 10 000 DM, Erstattungsanspruch 7500 DM, Versicherungsleistung 8000 DM: der Erstattungsanspruch verbleibt in Höhe von 2000 DM beim VN und geht demgemäß nur in Höhe von 5500 DM auf den Versicherer über.

20 Fallen die vom VN insgesamt aufzuwendenden Rechtskosten ihrer Art nach nur teilweise unter die Versicherungsdeckung gemäß § 2 Abs. 1a bis f und vereinbarter Zusatzklauseln (z.B. Standardklauseln, Einl. Rdnr. 23b), sind sie also nur teilweise kongruent (vgl. oben Rdnr. 18), dann wird die den VN begünstigende Differenztheorie eingeschränkt durch den Grundsatz „**Kongruenz vor Differenz**". Der Anspruchsübergang tritt in diesem Fall nicht erst dann ein, sobald die Versicherungsleistung samt Erstattungsforderung die Gesamtkosten übersteigt, sondern schon dann, wenn die Versicherungsleistung zuzüglich des kongruenten Teils der Erstattungsforderung die kongruenten Gesamtkosten übersteigt. Hierbei wird der kongruente (inkongruente) Forderungsteil ermittelt durch Kürzung der kongruenten (inkongruenten) Gesamtkosten um die Quote, um die der ganze Erstattungsanspruch hinter den Gesamtkosten zurückbleibt (*Prölss/Martin* § 67 Anm. 4 B a; *Bruck/Möller/Sieg* § 67 Anm. 67). Beispiel: Gesamtkosten DM 10 000; hiervon kongruente, d.h. ihrer Art nach unter § 2 Abs. 1a bis f (und etwaige

Zusatzklauseln) fallende Gesamtkosten DM 9000; Erstattungsanspruch DM 7500 (Obsiegen des VN zu drei Vierteln); Versicherungsleistung DM 8000: beim VN verbleiben von der Erstattungsforderung für kongruente Kosten DM 1000, für inkongruente DM 750, insgesamt also DM 1750, während auf den Versicherer DM 5750 übergehen.

g) Ist der Anspruch des teilweise freigesprochenen VN gegen die Staatskasse auf teilweise Erstattung seiner notwendigen Auslagen infolge entsprechender Vorschußleistungen des RSVersicherers gemäß Abs. 2 Satz 1 auf diesen übergegangen, dann kann die **Staatskasse** als Schuldnerin gegen diese Erstattungsforderung **nicht mit** einer gegen den VN gerichteten Forderung auf Zahlung einer **Geldstrafe aufrechnen.** Denn hierdurch würde der RSVersicherer die Geldstrafe in Höhe der Aufrechnung praktisch vorschießen müssen und der VN selbst wäre insoweit der Strafvollstreckung entzogen (AG Medingen VersR 74, 404; vgl. auch KG AnwBl. 78, 28). 21

2. a) Zahlt der Schuldner des gemäß Abs. 2 Satz 1 auf den Versicherer übergegangenen Erstattungsanspruchs des VN noch an den **VN**, dann **hat** dieser dem Versicherer die Zahlung nach Abs. 2 Satz 2 **zu erstatten.** Diese Regelung stellt an sich nur klar, was kraft Gesetzes ohnehin in den meisten Fällen dieser Art gelten würde. Denn wenn der VN trotz des ihm nicht mehr zustehenden Anspruchs die Erstattungsforderung noch einzieht, ist er dem Versicherer gegenüber in der Regel schon wegen positiver Vertragsverletzung (*Palandt/Heinrichs* § 276 Rdnr. 115) oder gemäß § 281 BGB (*Palandt/Heinrichs* § 281 Rdnr. 5) oder zumindest gemäß § 816 Abs. 2 BGB (*Palandt/Thomas* § 816 Rdnr. 20) zur Erstattung verpflichtet. Der Schuldner der Erstattungsforderung wird gegenüber dem RSVersicherer als Neugläubiger durch die Zahlung an den VN als Altgläubiger frei, es sei denn, daß er den Übergang des Erstattungsanspruchs auf den Versicherer bei seiner Leistung an den VN bereits kannte (§§ 407 Abs. 1, 412 BGB). Eine solche Kenntnis des Erstattungsschuldners wird man in der Regel noch nicht darin sehen können, daß er das Bestehen einer RSVersicherung für den VN kannte. Denn auch mit dieser Kenntnis weiß der Erstattungsschuldner häufig noch nicht, welche Beträge der RSVersicherer für den VN bereits geleistet hat und welche Ansprüche damit auf den Versicherer gemäß Abs. 2 Satz 1 übergegangen sind. Hat dagegen der VN oder auch der RSVersicherer dem Erstattungsschuldner den Anspruchsübergang angezeigt, wird dieser bei einer gleichwohl erfolgten Leistung an den VN in der Regel nicht frei, sondern bleibt dem RSVersicherer als Neugläubiger gegenüber verpflichtet (*Palandt/Heinrichs* § 407 Rdnr. 6). Er braucht an diesen allerdings nur gegen Aushändigung einer vom VN ausgestellten Abtretungsurkunde zu zahlen, falls ihm der VN nicht die Abtretung bzw. den Anspruchsübergang schriftlich angezeigt hatte (§§ 410, 412 BGB). 22

Erbringt der in Hauptsache und Kosten verurteilte Gegner des VN in Unkenntnis des nach Abs. 2 Satz 1 erfolgten Anspruchsübergangs – freiwillig oder im Wege der Zwangsvollstreckung – **an den VN Teilleistungen,** dann wären diese an sich nach der Regelung der §§ 407, 367 Abs. 1 BGB zunächst auf die Kosten, dann auf die Zinsen und erst zuletzt auf die 23

Hauptleistung anzurechnen. Dieses Ergebnis stünde jedoch kaum in Einklang mit dem Rechtsgedanken des § 67 Abs. 1 Satz 2 VVG, der seinerseits nur ein Ausfluß des allgemeinen Grundsatzes der §§ 268 Abs. 3, 426 Abs. 2 Satz 2 und 774 Abs. 1 Satz 2 BGB ist, wonach die Rechtsstellung des Altgläubigers grundsätzlich Vorrang vor der des Neugläubigers genießt. Im übrigen widerspräche ein solches Ergebnis aber vor allem dem Sinn und Zweck der RSVersicherung, das Risiko der Interessenwahrnehmung des VN solange kostenmäßig abzudecken, als die Wahrnehmung notwendig ist. Diese Notwendigkeit endet jedoch erst mit der endgültigen Befriedigung des streitigen Anspruchs des VN einschließlich hierfür angefallener Zinsen und etwaiger von der RSVersicherung nicht gedeckter Rechtskosten (vgl. § 1 Rdnr. 3). Erst von diesem Zeitpunkt an ist der RSVersicherer berechtigt, seinerseits auf ihn übergegangene Erstattungsforderungen beim Gegner des VN durchzusetzen (vgl. auch *Bruck/Möller/Sieg* § 67 Anm. 66).

24 Die **Erstattungsforderung** des Versicherers nach Abs. 2 Satz 2 **richtet sich gegen** den **VN,** auch wenn er die Versicherungsleistung nicht an diesen, sondern an dessen Kostengläubiger zur Freistellung des VN erbracht hat. Der Grund hierfür ist folgender: Nimmt ein Kostengläubiger, insbesondere der Rechtsanwalt, den VN in Anspruch, dann dient die bedingungsmäßige (§ 2 Abs. 2) Leistung des RSVersicherers an den Kostengläubiger der Abwicklung zweier Rechtsverhältnisse. In Erfüllung seiner Freistellungspflicht gegenüber seinem VN (Deckungsverhältnis) tilgt der RSVersicherer gemäß § 267 Abs. 1 BGB eine fremde Schuld, nämlich die Kostenschuld seines VN gegenüber dessen Kostengläubiger (Valuta-Verhältnis; LG Trier r+s 91, 309; AG Brühl ZfS 87, 112; vgl. zur ähnlichen Rechtslage in der Haftpflichtversicherung BGH NJW 70, 134 = VersR 69, 1141). An diesem Erlöschen der Forderung des Kostengläubigers gegen den VN ändert sich nichts, soweit letztlich der Gegner des VN zur Erstattung dieser Kosten verpflichtet wird und dieser Pflicht auch nachkommt. Zur Vermeidung einer Bereicherung des VN ist dieser und nicht der Kostengläubiger dem Versicherer zur Erstattung verpflichtet, soweit der vom Gegner erstattete Betrag bereits in Händen des VN ist. Hat der Gegner den Erstattungsbetrag an den Rechtsanwalt des VN gezahlt und dieser den Betrag noch nicht an den VN weitergeleitet oder (wegen fehlender Kostenrechnung in anderer Sache) unzulässigerweise gegenüber dem VN aufgerechnet (AG Köln r+s 94, 465), ist der Rechtsanwalt unmittelbar dem RSVersicherer gegenüber aufgrund des auf diesen gemäß Abs. 2 und § 67 VVG übergegangenen Auskunfts- und Herausgabeanspruchs des VN (§§ 675, 666, 667 BGB) zur Herauszahlung des Erstattungsbetrags verpflichtet (LG Aachen r+s 95, 305; nach OLG Köln NJW 73, 905 besteht ein Anspruch zumindest aus §§ 681, 667 BGB; vgl. auch unten Rdnr. 25 und zur Verjährung § 18 Rdnr. 4 a). Das AG Würzburg r+s 95, 264 hält in diesem Fall den VN selbst für erstattungspflichtig.

25 **b)** Nun gibt es – z. B. bei Freispruch auf Kosten der Staatskasse – Fälle, in denen der Versicherer an den Kostengläubiger des VN vorschußweise mehr geleistet hat, als der Gegner zu erstatten verpflichtet ist. Ist in solchen Fällen der Versicherer der – vom VN oder dessen Rechtsanwalt bestrittenen – Ansicht, seine Leistungspflicht nach dem Versicherungsvertrag, z.B. die Über-

Abtretung, Erstattung v. Kost. u. Vers.Leistungen   25a   § 20 ARB 75

nahme der „gesetzlichen Vergütung" des Verteidigers im Sinn des § 2 Abs. 1a, sei nicht höher als die Erstattungsforderung des VN gegen den Gegner, z.B. die Staatskasse, dann fragt es sich, ob auch in diesem Fall der Versicherer den die Erstattungsforderung übersteigenden Betrag seiner Leistung nur vom VN oder auch **unmittelbar vom Kostengläubiger** zurückfordern kann. Die gleiche Frage stellt sich bei vorschußweiser Überzahlung aus anderen Gründen, z.B. wegen späterer Streitwertherabsetzung. Sie ist aus folgenden Gründen zu bejahen: Hatte der Versicherer beispielsweise an den Rechtsanwalt des VN auf dessen Aufforderung vorbehaltlos einen Vorschuß geleistet, dann ist dieser Vorgang wie eine normale Vorschußzahlung des VN selbst an den Rechtsanwalt gemäß § 17 BRAGebO zu behandeln. Der Vorschuß gilt als Vorschußzahlung auf die endgültige Kostenschuld des VN (*Gerold/Schmidt/Madert* § 17 Rdnr. 8). Sobald feststeht, daß diese niedriger ist als der Vorschußbetrag, entsteht für den VN gemäß §§ 675, 667 BGB ein Rückzahlungsanspruch (*Gerold/Schmidt/Madert* § 17 Rdnr. 9), der dann als Anspruch „auf Erstattung" im Sinn des Abs. 2 Satz 1 (vgl. oben Rdnr. 13) auf den Versicherer übergeht (LG Augsburg ZfS 89, 200; AG Hamburg r+s 94, 262; 96, 316; AG München r + s 91, 274; AG Köln JurBüro 80, 83; zur Verjährung vgl. § 18 Rdnrn. 2, 4a). Hatte der RSVersicherer den Vorschuß an den Anwalt unter dem Vorbehalt der Rückzahlung für den Fall einer Erstattungspflicht Dritter geleistet und hat der Anwalt diesem Vorbehalt, der die gemäß § 17 BRAGebO bestehende unbedingte Vorschußpflicht des VN an sich etwas einschränkt und dem der Anwalt als nicht schuldgemäß hätte widersprechen können (vgl. *Palandt/Heinrichs* § 362 Rdnr. 11), nicht widersprochen, dann ist hierin eine konkludent geschlossene Vereinbarung zwischen Anwalt und RSVersicherer zu sehen, die den Anwalt verpflichtet, unmittelbar an den RSVersicherer den Teil des Vorschusses zurückzuzahlen, der die „gesetzliche Vergütung" des Anwalts im Sinn des § 2 Abs. 1a übersteigt (BGH VersR 72, 1141 = MDR 73, 308 mit Anm. von *Baumgärtel; Baumgärtel* VersR 73, 681). Hatte der Anwalt dem Vorbehalt des Versicherers widersprochen, dann entsteht wie im zuvor erwähnten Fall in Höhe des unverbrauchten Vorschusses ein Rückzahlungsanspruch des VN, der nach Abs. 2 Satz 1 auf den Versicherer übergeht (vgl. auch § 16 Rdnr. 7). Von diesen Fällen (vorschußweise) überzahlter Kosten zu unterscheiden ist der Fall, daß der Kostengläubiger nicht mehr erhalten hat, als er letztlich beanspruchen kann, daß jedoch der VN den Versicherungsschutz – z.B. wegen Widerrufs der Deckungszusage oder im Fall des Abs. 4 Satz 1 (vgl. unten Rdnrn. 30, 31) – ganz oder teilweise verliert. Da in diesem Fall das Valutaverhältnis zwischen VN und Kostengläubiger (vgl. oben Rdnr. 24) in Ordnung und nur das Deckungsverhältnis zwischen VN und Versicherer gestört ist, besteht hier nur ein Rückforderungsanspruch gegen den von seiner Schuld befreiten und daher auf Kosten des Versicherers ungerechtfertigt bereicherten VN gemäß § 812 Abs. 1 BGB (LG Verden r+s 93, 262; ähnlich *Bergmann* VersR 81, 512, 517), falls nicht sogar ein Schadensersatzanspruch gegen den VN wegen Betrugs gegeben ist (LG Oldenburg r+s 93, 305).

Fraglich ist, ob der RSVersicherer für den VN an die Staatskasse geleistete   25a
überzahlte Gerichtskosten unmittelbar von der Staatskasse zurückfordern

kann. Das OLG Düsseldorf (VersR 83, 250 = JurBüro 83, 581) gesteht dem RSVersicherer zwar in diesem Fall gemäß § 5 Abs. 1 GKG die Erinnerung gegen den Kostenansatz zu, der die Rückzahlung an den VN als Kostenschuldner anordnet, verneint jedoch einen Übergang des wegen Streitwertherabsetzung entstandenen Erstattungsanspruchs des VN auf den Versicherer gemäß § 67 VVG und § 20 Abs. 2 ARB. *Lappe* (NJW 84, 1212 unter Ziff. I 3) stimmt dem im Ergebnis mit der Erwägung zu, daß der gesetzliche Forderungsübergang des § 67 VVG nicht den öffentlich-rechtlichen Erstattungsanspruch gegen die Staatskasse umfasse. Das OLG Stuttgart (JurBüro 85, 426) verneint ebenfalls einen Übergang des nach dem Obsiegen des VN in zweiter Instanz entstandenen Gerichtskosten-Erstattungsanspruchs auf den zahlenden RSVersicherer. Hierbei wird an sich jeweils verkannt, daß sowohl Bereicherungsansprüche wie auch öffentlich-rechtliche Ansprüche gemäß § 67 VVG auf den leistenden Schadenversicherer (Einl. Rdnr. 40) übergehen können, und zwar insoweit, als solche Ansprüche die Vermögenseinbuße – als Schaden im versicherungsrechtlichen Sinn – ausgleichen, die die Versicherungsleistung ausgelöst hat (*Prölss/Martin* § 67 Anm. 2a; oben Rdnr. 13). Die Schwierigkeit liegt jedoch darin begründet, daß die Staatskasse allein aufgrund der bei ihr vorhandenen Unterlagen häufig nicht sicher wissen wird, ob und in welchem Umfang ein Erstattungsanspruch des VN auf den Versicherer übergegangen ist (vgl. oben Rdnr. 22). Nach § 57 GKG werden überzahlte Gerichtskosten an den Kostenschuldner, also den VN, zurückerstattet. Die Möglichkeit der förmlichen Abtretung einer Erstattungsforderung wie beispielsweise in § 46 AO ist im GKG nicht vorgesehen. Lediglich unter den Voraussetzungen des § 36 Abs. 4 der Kostenverfügung (*Hartmann* Teil VII A) kann eine Rückzahlung an den Bevollmächtigten des VN erfolgen. Für die Zukunft wäre eine dem § 36 Abs. 4b Kostenverfügung entsprechende Regelung wünschenswert, wonach die Gerichtskasse überzahlte Gerichtskosten an den RSVersicherer zurückzahlen kann, wenn ihr dieser rechtzeitig vor Anordnung der Rückzahlung schriftlich erklärt, daß er die Kosten für den VN bezahlt hat.

III. Unterstützungspflicht des VN (Abs. 3)
(entspricht § 17 Abs. 8 Satz 2 ARB 94)

26 Der VN als Altgläubiger hat den Versicherer als Neugläubiger schon gemäß §§ 402, 412 BGB bei der Geltendmachung eines kraft Gesetzes oder durch Vereinbarung nach § 67 VVG, § 20 Abs. 2 Satz 1 auf den Versicherer übergegangenen Kostenerstattungsanspruchs gegen einen Dritten zu **unterstützen**. Diese gesetzliche Nebenverpflichtung aus dem Versicherungsverhältnis, die Abs. 3 klarstellend verdeutlicht, soll dem Versicherer ermöglichen, die erworbene Erstattungsforderung auch erfolgreich durchzusetzen (MünchKomm/*Roth* § 402 Rdnrn. 1, 2; *Palandt/Heinrichs* § 402 Rdnr. 3). Beispielsweise ist der VN verpflichtet, bei einer notwendig werdenden Umschreibung eines zu seinen Gunsten ergangenen Kostenfestsetzungsbeschlusses auf den Versicherer (§§ 794 Abs. 1 Nr. 2, 795, 727 ZPO) mitzuwirken (vgl. hierzu *Mümmler* JurBüro 81, 671). Nach *Lappe* (Justizkostenrecht § 42 I 13) ist eine solche Umschreibung nach § 727 ZPO schon auf-

grund des Anspruchsübergangs möglich. Die Rechtsprechung ist uneinheitlich. Während manche Gerichte vollen Nachweis gemäß § 727 Abs. 1 ZPO verlangen (KG ZfS 96, 311; OLG Karlsruhe ZfS 95, 231 = r+s 95, 184; Jur-Büro 91, 275; 89, 511 = MDR 89, 363; OLG Saarbrücken VersR 89, 955; OLG Köln ZfS 94, 384, 423 = r+s 95, 66; VersR 87, 595; ZfS 87, 18), lassen es andere genügen, wenn der Schuldner nach Anhörung gemäß § 730 ZPO den Rechtsübergang nicht bestreitet (§ 138 Abs. 3 ZPO; OLG Celle Rechtspfleger 89, 467; OLG Hamm JurBüro 90, 1350; OLG Köln ZfS 97, 229; r+s 95, 387; 96, 407; MDR 90, 452; LG Aachen r + s 90, 342) oder jedenfalls zugesteht (OLG Schleswig r + s 93, 21; OLG Köln r+s 94, 181). *Sieg* (VersR 97, 159 unter A I 1 a) weist mit Recht darauf hin, daß dem Vollstreckungsgegner in der Regel zusätzliche Kosten entstehen, wenn man dem RSVersicherer als Rechtsnachfolger seines VN eine Klage nach § 731 ZPO ansinnt. Man wird die Pflicht zur Unterstützung allerdings nicht so weit ausdehnen können, daß der VN, der nicht freiwillig hierzu bereit ist, noch verpflichtet sein soll, im eigenen Namen zugunsten des Versicherers beim Erstattungsschuldner Vollstreckungsmaßnahmen durchzuführen, auch wenn hierdurch die Kosten der Umschreibung des Vollstreckungstitels auf den Versicherer erspart werden können. Denn die Pflicht geht nur dahin, dem Versicherer als neuem Gläubiger bei der Durchsetzung der übergegangenen Forderung zu helfen, kann aber kaum dahin verstanden werden, daß der VN selbst noch – entgegen der Rechtslage – als Vollstreckungsgläubiger auftritt. Nach Ablehnung der Umschreibung des Kostenfestsetzungsbeschlusses gegen den Gegner des VN auf den Versicherer hat dieser in der Regel die Wahl, ob er Klage auf Erteilung der Vollstreckungsklausel gemäß § 731 ZPO oder Zahlungsklage gegen den Schuldner erhebt (LG Berlin r+s 95, 184).

Entgegen *Böhme* (§ 20 Rdnr. 5) handelt es sich bei Abs. 3 nicht um eine im (eigenen) Interesse des VN statuierte Verhaltensnorm im Sinn einer nach dem Versicherungsfall zu erfüllenden Obliegenheit (§ 15 Rdnr. 1), sondern um eine echte, im (fremden) Interesse des Versicherers bestehende **Rechtspflicht** des VN, die dem Versicherer einen klagbaren Anspruch, z.B. auf Herausgabe von Beweismitteln, und bei schuldhafter Verletzung einen Schadenersatzanspruch verschafft. Die Rechtskonstruktion einer Obliegenheitsverletzung (gemäß § 15 Abs. 1a, so AG Eschweiler r+s 96, 448, oder § 15 Abs. 1 d cc) wäre hier schon deshalb wenig sinnvoll, weil im Zeitpunkt des Übergangs eines Erstattungsanspruchs nach Abs. 2 Satz 1 der Versicherer die Versicherungsleistung in der Regel schon ganz oder überwiegend erbracht hat und die Sanktion der Leistungsfreiheit nach § 15 Abs. 2 daher häufig nicht mehr greifen würde (vgl. *Bruck/Möller/Sieg* § 67 Anm. 94). 27

Auf Anforderung des Versicherers (vgl. § 15 Rdnr. 8) hat der VN alle **Beweismittel** zur Verfügung zu stellen, die zur Geltendmachung der übergegangenen Forderung nötig sind. Dies können insbesondere Kostenfestsetzungsbeschlüsse oder gerichtliche oder außergerichtliche Vergleiche sein, aber auch sonstige Urkunden, die – wenn auch indirekt – dem Beweis der Forderung und ihres Übergangs dienen, z.B. Korrespondenz, Rechnungsbelege u.ä. (MünchKomm/*Roth* § 402 Rdnr. 9; *Palandt/Heinrichs* § 402 Rdnr. 3). Kann sich der Versicherer nach Übergang des (möglichen) An- 28

§ 20 ARB 75   29, 30   1. Teil. Allgemeine Bestimmungen (C)

spruchs des VN gemäß Abs. 2 und § 67 VVG gegen die übrigen Wohnungseigentümer auf Prozeßkostenbeteiligung nach § 16 Abs. 4 WEG durch Grundbucheinsicht über die Eigentumsverhältnisse informieren, trifft den VN insofern keine Unterstützungspflicht (OLG Stuttgart r+s 96, 185). Ist der Erstattungsanspruch nur teilweise auf den Versicherer übergegangen oder ist der Inhalt der Beweisurkunden nicht nur für den übergegangenen Anspruch, sondern auch für andere Rechte des VN von Bedeutung, dann hat der Versicherer nur Anspruch auf zeitweiligen Besitz oder auf Aushändigung eines öffentlich beglaubigten Auszugs aus der Urkunde entsprechend § 444 Satz 2 BGB (MünchKomm/*Roth* § 402 Rdnr. 8; *Palandt/Heinrichs* § 402 Rdnr. 3).

IV. Rückzahlungspflicht des VN in Sonderfällen (Abs. 4)

29   Abs. 4 enthält eine **Sonderbestimmung** für zwei Fallgruppen, bei denen der ursprünglich bestehende Versicherungsschutz nachträglich wegfällt. Ohne diese Bedingungsregelung, die dem RSVersicherer einen vertraglichen Rückzahlungsanspruch gibt, wäre er in der Regel auf einen Bereicherungsanspruch gegen den VN nach §§ 812 ff. BGB beschränkt. Ausnahmsweise kann der RSVersicherer seine Leistungen auch von einem Dritten nach § 826 BGB ersetzt verlangen, nämlich dann, wenn der Dritte den VN veranlaßt hat, seinen RSVersicherer wegen eines vorgetäuschten Verkehrsunfalles in Anspruch zu nehmen (OLG Düsseldorf VersR 91, 416 = ZfS 91, 239; LG Münster ZfS 91, 240).

30   1. **Abs. 4 Satz 1** *(entspricht § 2 i aa Satz 2 ARB 94)* ist die notwendige Ergänzung zu § 4 Abs. 3 a und b. War dem VN vorgeworfen worden, ein sowohl vorsätzlich als auch fahrlässig begehbares Vergehen des allgemeinen Strafrechts begangen zu haben, und wird er rechtskräftig wegen vorsätzlicher Begehung (Anstiftung, Beihilfe) verurteilt, besteht nach § 4 Abs. 3 a kein Versicherungsschutz. Versicherungsschutz bestand jedoch in diesem Fall, wenn und solange dem VN nur fahrlässiges Verhalten vorgeworfen wurde. Abs. 4 Satz 1 statuiert für diesen Fall eine Pflicht des VN zur Rückzahlung derjenigen Leistungen, die der Versicherer für ihn erbracht hat, nachdem ihm ein vorsätzliches Verhalten zur Last gelegt wurde. An sich kann es sich hierbei nur um Vorbehalts- oder Kulanzleistungen des Versicherers handeln, da ja vom Zeitpunkt des Vorwurfs vorsätzlichen Handelns an gemäß § 4 Abs. 3 a kein Versicherungsschutz mehr bestand (§ 4 Rdnr. 194). Gleichwohl werden gegen die Pflicht des VN zur Zurückzahlung nach Abs. 4 Satz 1 in diesem Fall keine Bedenken anzumelden sein. Denn wenn der Versicherer trotz des Vorwurfs vorsätzlichen Handelns noch Versicherungsleistungen erbracht hat, wird dies in der Regel unter dem Vorbehalt einer nicht rechtskräftigen Verurteilung geschehen sein und nicht als stillschweigender Verzicht auf den Einwand der Leistungsfreiheit gewertet werden können (vgl. auch AG Mainz ZfS 89, 90). Vielmehr sollte damit dem VN die Chance gegeben werden, seine Verteidigungsmöglichkeiten optimal zu nutzen.

Beim Vorwurf der Verletzung einer **verkehrsrechtlichen Strafvorschrift** 31
entfällt der Versicherungsschutz ohne Rücksicht auf die vorgeworfene
Schuldform nach § 4 Abs. 3 b erst mit einer rechtskräftigen Verurteilung
wegen Vorsatzes (§ 4 Rdnrn. 198, 214). Auch in diesem Fall ist der VN zur
Rückzahlung derjenigen Leistung verpflichtet, die der Versicherer erbracht
hat, nachdem der Vorwurf vorsätzlicher Begehung erhoben wurde. Das
gleiche gilt für eine mitversicherte Person (§ 11 Abs. 3; LG München II
r + s 91, 344).

2. Der als Ergänzung zu § 2 Abs. 1 f erst in die ARB 75 aufgenommene 32
Abs. 4 Satz 2 verpflichtet den VN zur Rückzahlung einer Strafkaution, die
der Versicherer außerhalb der Bundesrepublik Deutschland für den VN geleistet hat, soweit die Kaution nach Abschluß des Strafverfahrens gegen den
VN als Strafe, Geldbuße oder auch als Sicherheit für die Durchsetzung der
gegen den VN erhobenen zivilrechtlichen Schadenersatzansprüche einbehalten wird oder wenn sie – z.b. wegen Nichterscheinens des VN vor dem
ausländischen Gericht oder Nichtantritts einer Freiheitsstrafe – verfällt
(OLG Hamburg NJW 83, 184; *Sperling* AnwBl. 76, 29; vgl. § 2 Rdnr. 132;
zum Ersatzanspruch eines angestellten Kraftfahrers gegen seinen Arbeitgeber vgl. BAG NJW 89, 316 = VersR 88, 1306 mit Anm. von *Bauer* VersR 89,
723). Soweit die Kaution vom Gericht freigegeben und an den VN zurückgezahlt wird, hat sie dieser dem Versicherer zu erstatten (Abs. 2 Satz 2; vgl.
oben Rdnr. 24). Entsprechend dem Rechtsgedanken des Abs. 2 Satz 2 wird
hierbei einen etwaigen währungsbedingten Wertverlust der Versicherer zu
tragen haben (im Ergebnis ebenso LG Köln r + s 90, 306; *Prölss/Martin* § 2
ARB Anm. 6; BAV GB 86, 69).

Zweiter Teil. Besondere Bestimmungen

Vorbemerkungen zu §§ 21 ff.

Übersicht

	Rdnrn.
A. Allgemeines	1–10
I. Systematik der Besonderen Bestimmungen	1, 2
II. Darlegungslast des VN	3, 4
III. Teildeckung	5
IV. Rechtsgemeinschaft	6–8
V. Anspruchskonkurrenz	9, 10
B. Versicherte Rechtsgebiete	11
I. Privatrecht	12
1. Schuldrecht	13
a) Vertrags-RS	15
b) Schadenersatz-RS	15
2. Sachenrecht	16
a) Eigentums-RS für bewegliche Sachen	17
b) Grundstücks-RS	18
3. familien- und erbrechtlicher Beratungs-RS	19
4. Arbeits-RS	20
II. Öffentliches Recht	21
1. Straf- und Ordnungswidrigkeiten-RS	22
2. Verwaltungsrecht	23
a) Führerschein-RS	24
b) Disziplinar- und Standes-RS	25
c) öffentlich-rechtlicher Arbeits-RS	26
d) öffentlich-rechtlicher Eigentums-RS	26 a
e) öffentlich-rechtlicher Grundstücks-RS	27
3. Sozialgerichts-RS	28
4. freiwillige Gerichtsbarkeit (Beratungs-RS)	29
5. Steuer- und Abgaberecht	29 a
C. Versicherte Leistungsarten	30
I. Geltendmachung von Schadenersatzansprüchen aufgrund gesetzlicher Haftpflichtbestimmungen	31
1. Geltendmachung	32, 33
2. Versicherungsfall	34
3. gesetzliche Haftpflichtbestimmungen	35
4. Schadenersatzansprüche im Rahmen des § 14 Abs. 1	36
a) Schadenersatz	37, 38
b) öffentlich-rechtliche Schadenersatzansprüche	39
c) Nicht-Vermögensschaden, Beseitigungs- und Unterlassungsansprüche	40–43
d) Gefährdungshaftung	44
e) einzelne Schadenersatzansprüche	45

	Rdnrn.
aa) BGB	46
bb) HGB	47
cc) Gefährdungshaftungs-Tatbestände	48
dd) prozeßrechtliche Bestimmungen	49
ee) sonstige Bestimmungen	50
f) Grenzfälle	51
aa) Entschädigung für Strafverfolgungsmaßnahmen	52
bb) schadenersatzähnlicher Aufwendungsersatz	53
cc) Schadenersatz-Auskunftsanspruch	54
g) keine Schadenersatzansprüche	55
aa) Enteignung, enteignungsgleicher Eingriff	56
bb) Aufopferung	57
cc) sonstige öffentlich-rechtliche Entschädigungsansprüche	58
dd) Folgenbeseitigungsansprüche	59
ee) negatorische und quasinegatorische Ansprüche	60
ff) Ansprüche nach dem BDSG	61
gg) nachbarrechtliche Ausgleichsansprüche	62
hh) Aufwendungsersatz	63
ii) Herausgabeansprüche	64
jj) Bereicherungsansprüche	65
kk) Auskunftsansprüche	66
ll) Einsicht in Krankenunterlagen	67
mm) Anspruch auf Gegendarstellung	68
nn) Erstattungsanspruch für Kosten der aktiven Nebenklage	69
oo) Erstattungsanspruch für Verteidigerkosten	70
pp) Erstattungsanspruch für Kosten der Ersatzvornahme	71
qq) Ausgleichsansprüche unter Gesamtschuldnern	72

Vor § 21 ARB 75   2. Teil. Besondere Bestimmungen

	Rdnrn.
II. Verteidigung in Verfahren wegen des Vorwurfes der Verletzung einer Vorschrift des Straf- oder Ordnungswidrigkeitenrechts	74–90
1. Verteidigung	74
2. „wegen des Vorwurfes"	75, 76
3. a) Verfahrensarten	77
b) passive Nebenklage	78
c) aktive Nebenklage	79
d) Strafantrag, Strafanzeige, Klageerzwingungsverfahren	80
4. Versicherungsfall	81
5. Strafrecht	82
6. Ordnungswidrigkeitenrecht	83, 84
7. Strafvollstreckungs-Vergünstigung	85
a) Gnadenverfahren	86
b) Strafaussetzung	87
c) Strafaufschub, Strafunterbrechung	88
d) Zahlungserleichterungen	89
e) ähnliche Verfahren	90
III. Verteidigung in Verfahren wegen des Vorwurfes der Verletzung einer Vorschrift des Disziplinar- oder Standesrechts	91–95
1. Allgemeines	91
2. a) Disziplinarrecht	92
b) kein Disziplinarrecht	93
3. a) Standesrecht	94
b) kein Standesrecht	95
IV. Wahrnehmung rechtlicher Interessen aus schuldrechtlichen Verträgen	96–115
1. Allgemeines	96
2. Art der Interessenwahrnehmung, Versicherungsfall	97
3. a) schuldrechtlicher Vertrag	98
aa) Vertrag	99, 100
bb) Wertpapier-Rechtsverhältnis	101
cc) körperschaftliches Rechtsverhältnis	102
b) kein schuldrechtlicher Vertrag	103
aa) einseitiges Rechtsgeschäft	104
bb) gesetzliches Schuldverhältnis	105
cc) öffentlich-rechtliches Schuldverhältnis	106
c) Abänderung eines Rechtsverhältnisses	107
4. „aus" schuldrechtlichen Verträgen	108
a) culpa in contrahendo	109
b) Rechtsanspruch auf Vertrag	110
c) streitiger Vertrag	111
d) genehmigungsbedürftiger Vertrag	112
e) gescheiterter Vertrag	113
f) Nachwirkungen eines Vertrags	114
g) gelegentlich eines Vertrags	115

	Rdnrn.
V. Wahrnehmung rechtlicher Interessen aus Arbeitsverhältnissen und öffentlich-rechtlichen Anstellungsverhältnissen	116–124
1. a) Allgemeines	116
b) Arbeitsverhältnis	117–121
c) Ruhestandsverhältnis	122
2. a) öffentlich-rechtliches Anstellungsverhältnis	123
b) dienst- und versorgungsrechtliche Ansprüche	124
VI. Wahrnehmung rechtlicher Interessen aus dinglichen Rechten an beweglichen Sachen und an Rechten	
1. a) Allgemeines	125
b) dingliches Recht	126
aa) an beweglichen Sachen	127
bb) an Rechten	128
2. „aus" dinglichen Rechten	129
VII. Wahrnehmung rechtlicher Interessen vor Sozialgerichten	130–137
1. Allgemeines	130–132
2. Versicherungsfall	133
3. Rechtsgebiete, Gegenstandsbereiche	134, 135
4. Rückforderungsanspruch	136
VIII. Wahrnehmung rechtlicher Interessen in verwaltungsrechtlichen Verfahren wegen Einschränkung, Entzuges oder Wiedererlangung der Fahrerlaubnis	137–147
1. Allgemeines	137, 138
2. a) nur bestimmte Verfahren	139
aa) Einschränkung der Fahrerlaubnis	140, 141
bb) Entzug der Fahrerlaubnis	142
cc) Wiedererteilung der Fahrerlaubnis	143
dd) Gutachterkosten hierfür	144
b) ab Widerspruchsverfahren	145, 146
3. Versicherungsfall	147
IX. Beratungs-RS	148–168
1. Allgemeines	148
2. versicherte Rechtsgebiete	149
3. Rechtsberatung	150
a) Rat	151
b) Auskunft	152
c) deutsches Recht	153
d) kein Zusammenhang mit anderer gebührenpflichtiger Tätigkeit	154, 155
4. Versicherungsfall	156
a) Ereignis	157–159
b) Veränderung der Rechtslage	160
aa) feststehende Veränderung	161
bb) vermuteter Veränderung	162–164
cc) fragliche Veränderung	165–167
c) Erforderlichkeit des Rechtsrats	168

Vorbemerkungen

1 Vor § 21 ARB 75

	Rdnrn.		Rdnrn.
X. Steuer-RS vor Gerichten und in Bußgeldverfahren	169–196	b) aa) Ordnungswidrigkeiten (Abs. 2 b)	185
1. Allgemeines	170, 171	bb) Versicherungsfall	186
2. Geltungsbereich (Abs. 1)		cc) Steuerstraftaten	187
a) Allgemeines	172	4. Risikoausschlüsse (Abs. 3)	
b) Persönlicher Geltungsbereich		a) Fremdhaftung (Abs. 3 a)	
aa) mitversicherte Personen	173	aa) Öffentlich-rechtliche Haftung	188
bb) Ausschluß selbständiger Tätigkeit	174–176	bb) Duldung	189
c) Versicherte Rechtsgebiete	177–180	cc) Privatrechtliche Haftung	190
3. Arten der Interessenwahrnehmung (Abs. 2)		b) Erschließungsabgaben (Abs. 3 b)	191
a) gerichtlich (Abs. 2 a)	181	c) Bewertungsangelegenheiten Abs. 3 c)	192
aa) vor Finanzgerichten	182	5. Vergütung (Abs. 4)	
bb) vor Verwaltungsgerichten	183	a) Angehörige steuerberatender Berufe	193
cc) Versicherungsfall	184	b) Gesetzliche Vergütung	194
		6. Zeitlicher Ausschluß (Abs. 5)	195, 196

A. Allgemeines

I. Systematik der Besonderen Bestimmungen

Die RSVersicherung gewährt Versicherungsschutz gegen die Belastung 1
des Vermögens des VN mit notwendigen Rechtskosten. Würde sie nach
dem Prinzip der Totalität (Universalität) der versicherten Gefahr Deckung
bieten (z.B. § 129 VVG; *Bruck/Möller* vor §§ 49 bis 80 Anm. 28), d.h. die
Kosten aller den VN im versicherten Zeitraum treffenden Rechtsfälle übernehmen, dann wäre das Risiko für den Versicherer kaum überschaubar und
kalkulierbar und der Beitrag für viele VN zu teuer. Die RSVersicherung ist
daher, wie die meisten anderen Versicherungssparten auch und insbesondere
ähnlich der Haftpflichtversicherung, nach dem Prinzip der **Spezialität des
versicherten Risikos** aufgebaut (BGH VersR 78, 816 unter Ziff. I 2 a; BGH
NJW 57, 907 = VersR 57, 212; VersR 57, 385; 61, 121, 399, 1110; 81, 271;
Harbauer in Anm. zu OLG Karlsruhe VersR 81, 845, 846; *Schorn* S. 6, 7;
Keller S. 20; *E. Prölss* VersR 63, 893; *Prölss/Martin/Voit* vor § 149 Anm. 1;
Bruck/Möller vor §§ 49 bis 80 Anm. 28; *Bruck/Möller/Johannsen* IV
Anm. G 84; *Späte* Vorbem. Rdnr. 14). Der VN (oder eine mitversicherte
Person) hat Anspruch auf Versicherungsschutz, wenn er nach Eintritt eines
Versicherungsfalles (§ 14) im versicherten Zeitraum im räumlichen Geltungsbereich der ARB (§ 3) rechtliche Interessen
- in einer bestimmten (speziellen) versicherten Eigenschaft
- auf einem bestimmten (speziellen) versicherten Rechtsgebiet
- in einer bestimmten (speziellen) Form (aktiv oder passiv oder beides)
wahrzunehmen und hierbei Kosten der in § 2 aufgezählten bestimmten
(speziellen) Art aufzuwenden hat, ohne daß der Versicherungsschutz
nach § 4 oder sonstigen Bestimmungen ausgeschlossen ist (vgl. auch § 1
Rdnr. 46).

511

2 Während der Umfang der Kostenübernahme, der örtliche Geltungsbereich, die allgemeinen Risikoausschlüsse, Beginn und Ende des Versicherungsschutzes und der Zeitpunkt des Versicherungsfalles in den allgemeinen Bestimmungen im Ersten Teil der ARB geregelt sind, beschreiben und begrenzen die Besonderen Bestimmungen des Zweiten Teils, also die §§ 21 bis 29, in je einer eigenen „**Vertragsart**" die Eigenschaften und Rechtsgebiete, für die Versicherungsschutz besteht, in wechselnder Zusammensetzung. Die versicherten Eigenschaften sind hierbei in Abs. 1 jeder Vertragsart aufgezählt und werden jeweils dort erläutert. Die einzelnen Rechtsgebiete sind in jeder Vertragsart nach dem Baukasten-Prinzip als RS-„Bausteine" nach Lebensbereichen in verschiedenen Kombinationen („Paketen") zusammengefaßt. Die getrennt oder teilweise kombiniert versicherbaren Hauptbereiche sind die Teilnahme am motorisierten Verkehr, die selbständige oder unselbständige Berufstätigkeit, der Privat- sowie der Grundstücks- und Mietbereich. Der VN hat die Möglichkeit, das für ihn passende, typisierte Paket oder mehrere dieser Pakete auszuwählen (GB BAV 68, 92; *Ellmer* VW 69, 600; *Bauer*, NJW 71, 1972; vgl. Einl. Rdnr. 42). Die einzelnen unter Versicherungsschutz stehenden Rechtsbereiche (Leistungsarten), die in mehreren Vertragsarten wiederkehren, werden vorweg erläutert (vgl. unten Rdnrn. 30 ff.).

II. Darlegungslast des VN

3 Die durch die §§ 21 bis 29 unter Versicherungsschutz gestellten **Eigenschaften** und Rechtsgebiete sind Teil der positiven Beschreibung des versicherten Risikos. Sie begrenzen primär den Gegenstand der RSVersicherung. Als Voraussetzung für das Bestehen von Versicherungsschutz sind sie vom VN schlüssig (zu diesem Begriff vgl. § 1 Rdnr. 34) darzulegen und gegebenenfalls zu beweisen (BGH NJW 57, 907 = VersR 57, 212; VersR 57, 385; 61, 121; *Prölss/Martin/Kollhosser* § 49 Anm. 1 B a und 3; *Bruck/Möller/ Johannsen* IV Anm. G 85; vgl. § 2 Rdnr. 5). Behauptet der VN die Notwendigkeit der Interessenwahrnehmung in einer bestimmten, von ihm versicherten Eigenschaft, ergibt jedoch der von ihm oder seinem Rechtsanwalt gemäß § 15 Abs. 1 a vorgetragene und gegebenenfalls auf Rückfrage ergänzte Sachverhalt nichts Schlüssiges für eine Rechtsbesorgung in dieser Eigenschaft, dann besteht kein Versicherungsschutz. Besteht die Interessenwahrnehmung in der Abwehr eines gegnerischen Anspruchs, dann kann sich der für den Versicherungsschutz maßgebliche Tatsachenvortrag über die versicherte Eigenschaft des VN auch aus dem Vorbringen des Gegners ergeben (vgl. zur ähnlichen Problematik in der Haftpflichtversicherung BGH VersR 67, 769). Ist das Vorliegen der vom VN behaupteten versicherten Eigenschaft zweifelhaft und gleichzeitig zwischen dem VN und seinem Gegner streitig, z. B. die Eigenschaft als Halter eines Kraftfahrzeugs oder als unselbständiger Arbeitnehmer, und ist zu erwarten, daß diese Frage in dem zwischen den Parteien schwebenden Rechtsverfahren geklärt wird („Voraussetzungsidentität"), dann konnte nach der früheren Rechtsprechung der RSVersicherer in der Regel die Deckungszusage bis zur Klärung dieser Fra-

Vorbemerkungen

ge zurückstellen. Der BGH sieht allerdings die Entscheidung in dem Verfahren, für das RS begehrt wird, nicht als bindend für das Deckungsverhältnis an (NJW 92, 1509 = VersR 92, 568 = r+s 92, 201; Näheres § 18 Rdnr. 19). Behauptet demnach der VN (oder sein Gegner) schlüssig das Vorliegen einer versicherten Eigenschaft des VN (oder des Mitversicherten), dann besteht bei entsprechender Erfolgsaussicht der beabsichtigten Interessenwahrnehmung Versicherungsschutz (teilweise a.M. noch Vorauflage, bejahend auch *Kurzka* VersR 80, 600; *Prölss/Martin* Vorbem. vor § 21 ARB). Stellt sich allerdings (nachträglich) heraus, daß der VN die entsprechende Eigenschaft wahrheitswidrig behauptet hatte, ist der Versicherer wegen vorsätzlicher Obliegenheitsverletzung nach § 15 Abs. 1a, Abs. 2 – auch nicht aufgrund eines Stichentscheids seines Anwalts nach § 17 Abs. 2 – an seine Deckungszusage gebunden (vgl. auch § 16 Rdnr. 5 a.E.).

Behauptet der VN die Notwendigkeit der Interessenwahrnehmung auf einem bestimmten, von ihm versicherten **Rechtsgebiet**, dann muß er schlüssig darlegen, daß der von ihm verfolgte oder abzuwehrende Anspruch aus einem Rechtsverhältnis herrührt, das in den Schutzbereich seines Versicherungsvertrags fällt (vgl. *Prölss/Martin/Voit* § 149 Anm. 1b cc). Ist er nach § 25 versichert und will er beispielsweise einen Schadenersatzanspruch aufgrund gesetzlicher Haftpflichtbestimmungen im Sinn des § 25 Abs. 2a oder einen arbeitsvertraglichen Anspruch im Sinn des § 25 Abs. 2b geltend machen, dann muß er die tatsächlichen Voraussetzungen einer gesetzlichen Schadenersatzverpflichtung oder einer arbeitsvertraglichen Verpflichtung des Gegners vortragen und unter Beweis stellen. Ergibt sich aus dem Sachvortrag schlüssig ein solcher Anspruch, dann besteht Versicherungsschutz, und zwar ohne Rücksicht darauf, ob und in welcher Höhe sich der geltend gemachte Anspruch letztlich als begründet erweist (vgl. auch unten Rdnrn. 108ff.). Besteht die Interessenwahrnehmung in der Abwehr eines gegnerischen Anspruchs, dann kann sich der für die Versicherungsdeckung maßgebliche tatsächliche Vortrag über das dem Anspruch zugrundeliegende Rechtsverhältnis auch aus dem Vorbringen des Gegners ergeben. Macht dieser z.B. einen Anspruch aus einem Arbeitsverhältnis gegen den nach § 25 versicherten VN geltend und bestreitet dieser generell das Vorliegen eines solchen Arbeitsverhältnisses, dann nimmt er, vordergründig betrachtet, aus seiner Sicht keine rechtlichen Interessen „aus Arbeitsverhältnissen" im Sinn des § 25 Abs. 2b wahr. Da der VN jedoch einen Anspruch abwehren will, der aus einem von der Gegenseite schlüssig behaupteten Arbeitsverhältnis hergeleitet wird, besteht gleichwohl Versicherungsschutz. Denn die durch § 25 Abs. 2b geschützte Interessenwahrnehmung umfaßt nach ihrer Zweckrichtung gerade auch die Abwehr für unberechtigt gehaltener Ansprüche, soweit sie aus einem versicherten Rechtsbereich stammen sollen (vgl. LG Saarbrücken VersR 67, 445; bedenklich daher AG München r + s 79, 25, das bei Streit um das Bestehen eines Arbeitsverhältnisses Deckung verneint; insoweit zutreffend *Kurzka* VersR 80, 600; *Prölss/Martin* Vorbem. vor § 21 ARB; vgl. auch das Beispiel § 24 Rdnr. 92). Ergibt sich aus dem Vorbringen des Gegners ein Risikoausschluß, gilt das in § 4 Rdnr. 154 Gesagte; bei einem zeitlich anders liegenden Versicherungsfall vgl. § 14 Rdnr. 43.

III. Teildeckung

5 Nimmt der VN aufgrund eines oder auch mehrerer Versicherungsfälle (§ 14) im selben Verfahren rechtliche Interessen **teilweise in versicherter,** teilweise in unversicherter Eigenschaft oder teilweise auf einem versicherten und teilweise auf einem unversicherten oder ausgeschlossenen Rechtsgebiet wahr, dann besteht anteilige Deckung. Das gleiche gilt bei mehreren Versicherungsfällen in teils versicherter, teils unversicherter Zeit (§ 14 Rdnr. 59) oder bei nur teilweise bejahter Erfolgsaussicht nach § 17 Abs. 1. Die Frage, ob der Versicherer hierbei die Kosten aus dem vollen Wert des gedeckten Anspruchteils zu übernehmen hat oder nur die – aufgrund der Degression der Gebührensätze im GKG und in der BRAGebO niedrigeren – Kosten im Verhältnis des Wertes des gedeckten Teils zum gesamten Gegenstandswert, ist in den ARB nicht geregelt (anders z.B. § 3 III 1 AHB; § 3 II 7a AHBVerm; § 10 Ziff. 6 AKB; vgl. *Prölss/Martin/Voit* § 150 Anm. 4 B). Eine gewisse Parallele besteht hier zur Interessenlage beim früheren Teil-Armenrecht (jetzt: Prozeßkostenhilfe). Dort hatte das OLG München einer verhältnismäßigen Kostenteilung den Vorzug gegeben (NJW 69, 1858), während die BGH die Staatskasse voll mit den Gebühren für den durch das Armenrecht gedeckten Teil belastet hatte (NJW 54, 1406 = LM § 115 ZPO Nr. 2 mit Anm. von *Johannsen;* so auch schon ausführlich KG JW 37, 2803 gegen RG). Er begründete dies einleuchtend damit, daß eine arme Partei, die ihre Klage wegen eines Teilbetrags des Gesamtstreitwerts auf eigene Kosten durchführt, kostenrechtlich nicht schlechter gestellt werden könne als eine alle Kosten selbst tragende Partei, deren Rechtsverfolgung zu einer nachträglichen Erhöhung des Streitwerts führt. Die arme Partei habe in jedem Fall Anspruch darauf, von der Gebührenzahlungspflicht in der Höhe (einstweilen) verschont zu bleiben, die sich für den Umfang der Armenrechtsbewilligung bei Berechnung der Gebühren nach dem GKG und der BRAGebO ergebe. Spricht schon viel dafür, diese Rechtsprechung aufgrund der ähnlichen Interessenlage auf die RSVersicherung zu übertragen, so spricht auch noch ein speziell versicherungsrechtlicher Grund hierfür: Die Rechtsprechung zur „Differenztheorie" (Quotenvorrecht des VN) beim Übergang von Ansprüchen auf den Versicherer nach § 67 VVG begründet dieses Vorrecht des VN (vor seinem Versicherer) in erster Linie damit, daß der Zweck eines Versicherungsvertrages bei der Schadenversicherung (Einl. Rdnr. 40) darin bestehe, dem VN einen etwaigen Schaden auf jeden Fall bis zur Höhe der Versicherungssumme zu ersetzen, und daß die Interessen des VN denen des Versicherers so lange vorgingen, als der VN noch keine volle Deckung für seinen Schaden erhalten habe (BGHZ 13, 28 = NJW 54, 1113 = VersR 54, 211, ständige Rechtsprechung; *Prölss/Martin* § 67 Anm. 4 B a; vgl. auch § 20 Rdnr. 19). Überträgt man diesen Grundsatz auf die RSVersicherung, dann führt auch diese Überlegung dazu, daß der Versicherer den „Schaden" des VN, d.h. dessen Belastung mit Rechtskosten, aus dem Wert des unter Versicherungsschutz stehenden Anspruchs voll zu übernehmen hat und daß die sich aus der Kostendegression für den Wert des ungedeckten Anspruchsteils („Differenz") ergebende geringere Kostenbelastung nicht

Vorbemerkungen 6, 7 **Vor § 21 ARB 75**

anteilig dem Versicherer, sondern allein dem VN zugute kommen soll (OLG Hamm VersR 93, 94 = r+s 92, 341 = ZfS 92, 314; a. A. LG Düsseldorf r+s 92, 309; AG Grevenbroich VersR 89, 1043; AG Heidelberg ZfS 87, 210 bei Beratungs-RS; zweifelnd LG Hannover ZfS 88, 316). Die Anwendung dieses Grundsatzes wird allerdings seiner Natur nach auf die Fälle zu beschränken sein, in denen der VN Kostenschuldner hinsichtlich des Gesamtstreitwerts ist. Ist er nur Teil-Kostenschuldner, etwa aufgrund einer Kostenentscheidung nach § 92 ZPO, oder ist der Versicherungsschutz wegen eines Angriffs des Gegners im Sinne des § 2 Abs. 3e begrenzt, dann ist der hier entwickelte Grundsatz in der Regel nicht praktikabel. Vielmehr wird sich dann der vom RSVersicherer zu übernehmende Kostenbetrag nur als Verhältnis des Wertes des gedeckten Teils zum Gesamtstreitwert errechnen lassen (LG Hannover ZfS 88, 316; Näheres hierzu § 2 Rdnrn. 252ff.).

IV. Rechtsgemeinschaft

Steht ein **Recht** mehreren **gemeinschaftlich** zu, ist jedoch von den 6 Rechtsinhabern nur ein Teil versichert, dann kann für die Deckungsfrage entscheidend sein, ob es sich um eine objektbezogene oder eine personenbezogene Vertragsart handelt (vgl. hierzu auch § 10 Rdnrn. 5, 7 und 8). Gehört beispielsweise ein nach § 22 versichertes, im Versicherungsschein bezeichnetes Kraftfahrzeug oder ein nach § 29 versichertes, im Versicherungsschein bezeichnetes Grundstück mehreren Eigentümern nach Bruchteilen (§§ 1008 bis 1011, 741ff. BGB) oder zur gesamten Hand (z.B. BGB-Gesellschaft nach §§ 718ff., Erbengemeinschaft nach §§ 2032ff. BGB; vgl. *Palandt/Thomas* § 705 Rdnr. 2), von denen nur einer den Vertrag nach § 22 oder § 29 abgeschlossen hat, dann besteht Versicherungsschutz für Auseinandersetzungen, die sich auf das versicherte Objekt als Ganzes beziehen, im Rahmen des § 22 Abs. 3a bis d oder des § 29, und zwar nicht nur für den VN, sondern für alle Miteigentümer. Sie sind in ihrer Eigenschaft als (Mit-)„Eigentümer" im Sinn des Abs. 1 des § 22 bzw. § 29 als mitversichert anzusehen (vgl. § 11 Rdnr. 12). Die Beschränkung des Versicherungsvertrags auf einen Bruchteil ist zwar rechtlich möglich (*Martin* VersR 74, 410; *Prölss/Martin/Kollhosser* § 69 Anm. 1 A und C), kommt jedoch in der Praxis allenfalls bei der Versicherung von Immobilienrisiken nach § 29 vor (vgl. hierzu sowie zur Frage der Auseinandersetzung unter Gemeinschaftern § 29 Rdnrn. 24ff.).

Ähnlich zu behandeln sind bei einem Vertrag nach §§ 21, 26 oder 27 die 7 Fälle, in denen das auf den VN zugelassene **Kraftfahrzeug** gleichzeitig auf weitere Personen, in der Regel Miteigentümer oder Mithalter, zugelassen ist oder in denen das auf den VN allein zugelassene Fahrzeug im Miteigentum weiterer Personen steht oder von ihnen mitgehalten wird. Diese weiteren Personen sind zwar nach dem Wortlaut des jeweiligen Abs. 1 der §§ 21, 26 oder 27 nicht in jedem Fall mitversichert, sondern nur in ihrer Eigenschaft als berechtigter Fahrer oder berechtigter Insasse. Der Zweck dieser Bestimmungen geht jedoch ersichtlich dahin, Versicherungsschutz im gleichen Umfang wie bei § 22 zu bieten, zumal auch die Beitragsberechnung nach

515

dem jeweils vom gesamten Fahrzeug ausgehenden Rechtskostenrisiko kalkuliert ist, der VN also praktisch das für die nicht versicherten Gemeinschafter möglicherweise entstehende Rechtskostenrisiko durch seinen Beitrag weitgehend mitdeckt. Fahrer-RS beim Fahren fremder Fahrzeuge im Sinn des § 21 Abs. 1 Satz 1 besteht hier allerdings für die nicht versicherten Zulassungs-Mitinhaber nicht (vgl. § 21 Rdnr. 18).

8   Anders liegt der Fall beim rein personenbezogenen **Familien-RS** des § 25. Ist beispielsweise der nach dieser Bestimmung versicherte VN Miteigentümer eines Segelbootes zur Hälfte und will er – allein oder zusammen mit dem nicht versicherten Miteigentümer – nach § 25 Abs. 2a Schadensersatzansprüche wegen Beschädigung des Bootes beim Schädiger geltend machen, dann hat er nur Anspruch auf anteiligen, seinem Miteigentumsanteil entsprechenden Versicherungsschutz. Denn dieser ist nicht, wie bei §§ 21, 26 oder 27, zumindest teilweise auf ein Objekt – nämlich ein Kraftfahrzeug – bezogen, sondern rein personengebunden, so daß auch solche Rechtskosten, die aus einer Objektbeziehung entstehen, nur insoweit unter Versicherungsschutz stehen, als der VN selbst Träger dieses Objekts ist. Würde in diesem Fall beispielsweise gegen den nicht versicherten Miteigentümer ein straf- oder bußgeldrechtlicher Vorwurf im Zusammenhang mit dem Gebrauch des Segelbootes erhoben, dann hätte dieser für die Verteidigung gegen diesen Vorwurf keinen Versicherungsschutz nach § 25 Abs. 2c. Handelt es sich allerdings um eine Rechtsgemeinschaft, bei der der VN zusammen mit nicht versicherten Gemeinschaftern nach außen gesamtschuldnerisch haftet, dann hat er vollen Versicherungsschutz und auf den leistenden RSVersicherer geht die anteilige Ausgleichsforderung des VN gegen die Mit-Gemeinschafter im Innenverhältnis über (OLG Köln VersR 89, 736 = r + s 88, 368 für ungeteilte Erbengemeinschaft; vgl. auch § 2 Rdnrn. 31a, 241, 242; § 20 Rdnr. 13).

V. Anspruchskonkurrenz

9   Will der VN einen Anspruch geltend machen oder abwehren, der auf mehrere zum gleichen Ziel führende Anspruchsgrundlagen gestützt ist oder gestützt werden kann **(Anspruchskonkurrenz)**, von denen jedoch nur eine oder jedenfalls nicht alle unter die Deckung fallen, dann besteht grundsätzlich Versicherungsschutz, soweit die ungedeckte Anspruchsgrundlage nicht weiter reicht als die gedeckte und beide gleichwertig nebeneinander bestehen. Der nicht gedeckte Rechtsgrund ändert nichts an der Versicherungsdeckung für den gedeckten (BGH NJW 85, 920 = VersR 85, 32). Beispiel: Der nach § 25 (ohne Abs. 3) versicherte VN wird als Fahrgast eines Taxifahrzeugs verletzt und beansprucht von dem nach seiner Meinung schuldigen Taxifahrer Ersatz der Heilungskosten, seines Kleiderschadens sowie ein Schmerzensgeld. Während er den Schmerzensgeldanspruch nur auf §§ 823, 847 BGB stützen kann, kommen als Anspruchsgrundlage für den Ersatz des materiellen Schadens auch die schuldhafte Verletzung des Beförderungsvertrags (positive Vertragsverletzung) sowie die §§ 7, 8a StVG in Frage. Obwohl hier die Wahrnehmung rechtlicher Interessen aus schuldrechtlichen

Verträgen gemäß § 25 Abs. 3 nicht mitversichert ist, besteht für die Geltendmachung aller Ansprüche des VN Deckung schon gemäß § 25 Abs. 2a. In solchen Fällen besteht eine gewisse Parallele zum Zivilprozeß, wenn ein einziger Klageantrag sich auf mehrere materiell-rechtliche Anspruchsgrundlagen stützt oder stützen läßt: Die Klage ist schon dann begründet, wenn nur die Tatbestandsvoraussetzungen einer von mehreren Anspruchsgrundlagen erwiesen werden (*Baumbach/Lauterbach/Hartmann* § 260 Rdnrn. 3, 4; *Thomas/Putzo* Einl. Rdnr. 16, § 260 Rdnr. 5). Stützt der VN oder sein Anwalt einen Anspruch nur auf eine nicht gedeckte Anspruchsgrundlage, z. B. auf Vertrag, läßt aber der dem Versicherer unterbreitete Sachverhalt gleichzeitig eindeutig eine gedeckte Anspruchsgrundlage erkennen, z. b. unerlaubte Handlung, dann besteht Versicherungsschutz. Denn die unzureichende rechtliche Einordnung einer beabsichtigten Interessenwahrnehmung ändert nichts daran, daß der dem Versicherer vorgetragene Sachverhalt materiell-rechtlich unter die Versicherungsdeckung fällt (vgl. auch § 4 Rdnr. 9).

Anders kann der Fall liegen, wenn mit einem an sich in den Schutzbereich 10 des Vertrags fallenden Anspruch ein auf das gleiche rechtliche Ziel gerichteter anderer Anspruch konkurriert, dessen Geltendmachung oder Abwehr **ausdrücklich** vom Versicherungsschutz **ausgeschlossen** ist. Gibt dieser ausgeschlossene Anspruch der rechtlichen Auseinandersetzung ihr Gepräge, dann erfaßt der Ausschluß auch die an sich gedeckte Anspruchsgrundlage (*Prölss/Martin/Voit* § 149 Anm. 1b; Näheres § 4 Rdnr. 9; vgl. auch *Haidinger* in Anm. zu LM § 149 VVG Nr. 4 = NJW 57, 907 = VersR 57, 212).

B. Versicherte Rechtsgebiete
(entspricht § 2 ARB 94)

Die ARB 75 decken die Interessenwahrnehmung sowohl im Bereich des 11 **privaten** wie auch des **öffentlichen Rechts** ab. Wegen der schweren Überschaubarkeit und Kalkulierbarkeit sowie der Größe des Rechtskostenrisikos im gesamten Bereich dieser beiden Rechtsgebiete ist die Versicherungsdeckung jedoch auf Teilgebiete begrenzt (vgl. oben Rdnr. 1), wobei zusätzlich bestimmte Rechtsgebiete oder Anspruchsgruppen generell vom Versicherungsschutz ausgenommen sind (§ 4).

I. Privatrecht

Im Bereich des **Privatrechts** stehen folgende Rechtsgebiete unter Versi- 12 cherungsschutz:

1. Das **Recht der Schuldverhältnisse** im Zweiten Buch des BGB und 13 weiteren Gesetzen, z. B. StVG und HGB, und zwar in Form der

a) Wahrnehmung rechtlicher Interessen aus schuldrechtlichen Verträgen – 14 **Vertrags-RS** – gemäß §§ 21 Abs. 4b, 22 Abs. 3b, 24 Abs. 3 und Abs. 6 Ziff. 3a, 25 Abs. 3, 26 Abs. 4 (Fassung 1988: Abs. 5b), 27 Abs. 4 und gesondert § 29 Abs. 1 hinsichtlich der Interessenwahrnehmung aus Miet- und Pachtverhältnissen über Immobilien;

15 b) Geltendmachung von Schadenersatzansprüchen aufgrund gesetzlicher Haftpflichtbestimmungen – **Schadenersatz-RS** – gemäß §§ 21 Abs. 4a, 22 Abs. 3a, 23 Abs. 3a, 24 Abs. 2a, 25 Abs. 2a, 26 Abs. 3a (Fassung 1988: Abs. 5a), 27 Abs. 3a und 28 Abs. 2a. In gewissen Fällen können solche Schadenersatzansprüche allerdings auch außerhalb des Zweiten Buches des BGB statuiert oder sogar öffentlich-rechtlicher Natur sein (vgl. unten Rdnr. 39).

16 2. Das **Sachenrecht** im Dritten Buch des BGB, und zwar in Form der

17 a) Wahrnehmung rechtlicher Interessen aus dinglichen Rechten an beweglichen Sachen und an Rechten – **Eigentums-RS** – gemäß §§ 25 Abs. 3, 26 Abs. 4 (Fassung 1988: Abs. 5b) und 27 Abs. 4;

18 b) Wahrnehmung rechtlicher Interessen aus dinglichen Rechten an Grundstücken – **Grundstücks-RS** – gemäß § 29;

19 3. Das **Familien- und Erbrecht** im Vierten und Fünften Buch des BGB, und zwar in Form des **Beratungs-RS** der §§ 25 Abs. 2e, 26 Abs. 3g (Fassung 1988: Abs. 5g) und 27 Abs. 3g;

20 4. Das Arbeitsrecht im Form der Wahrnehmung rechtlicher Interessen aus Arbeitsverhältnissen – **Arbeits-RS** – gemäß §§ 24 Abs. 2b, 25 Abs. 2b, 26 Abs. 3c (Fassung 1988: Abs. 5c), 27 Abs. 3c und 28 Abs. 2b.

II. Öffentliches Recht

21 Auf dem Gebiet des **öffentlichen** Rechts stehen folgende Rechtsgebiete unter Versicherungsdeckung:

22 1. Das Straf- und Ordnungswidrigkeitenrecht in Form der Verteidigung in Verfahren wegen des Vorwurfs einer Verletzung des Straf- und Ordnungswidrigkeitenrecht – **Straf-RS** – gemäß §§ 21 Abs. 4c, 22 Abs. 3c, 23 Abs. 3b, 24 Abs. 2c, 25 Abs. 2c, 26 Abs. 3d (Fassung 1988: Abs. 5d), 27 Abs. 3d und 28 Abs. 2c;

23 2. Das **Verwaltungsrecht** in Form der

24 a) Wahrnehmung rechtlicher Interessen in verwaltungsrechtlichen Widerspruchsverfahren und vor Verwaltungsgerichten wegen Führerscheinmaßnahmen – **Führerschein-RS** – gemäß §§ 21 Abs. 4d, 22 Abs. 3d, 23 Abs. 3c, 24 Abs. 6 Ziff. 3b, 26 Abs. 3e (Fassung 1988: Abs. 5e) und 27 Abs. 3e;

25 b) Verteidigung in Verfahren wegen des Vorwurfes der Verletzung einer Vorschrift des Disziplinar- oder Standesrechtes – **Disziplinar- und Standes-RS** – gemäß §§ 24 Abs. 2c, 25 Abs. 2c, 26 Abs. 3d (Fassung 1988: Abs. 5d) und 27 Abs. 3d;

26 c) Wahrnehmung rechtlicher Interessen aus öffentlich-rechtlichen Dienstverhältnissen wegen dienst- und versorgungsrechtlicher Ansprüche – (öf-

fentlich-rechtlicher) **Arbeits-RS** – gemäß §§ 25 Abs. 2 b, 26 Abs. 3 c (Fassung 1988: Abs. 5 c), und 27 Abs. 3 c;

d) Wahrnehmung rechtlicher Interesse aus dinglichen Rechten an beweglichen Sachen und Rechten in öffentlich-rechtlichen Angelegenheiten – (öffentlich-rechtlicher) **Eigentums-RS** – gemäß §§ 25 Abs. 3, 26 Abs. 4 (Fassung 1988: Abs. 5 b) und 27 Abs. 4; 26 a

e) Wahrnehmung rechtlicher Interessen als Grundeigentümer in öffentlich-rechtlichen Grundstücksangelegenheiten – (öffentlich-rechtlicher) **Grundstücks-RS** – gemäß § 29; 27

3. Das Sozialrecht in Form der Wahrnehmung rechtlicher Interessen vor Sozialgerichten – **Sozialgerichts-RS** – gemäß §§ 24 Abs. 2 d, 25 Abs. 2 d, 26 Abs. 3 f (Fassung 1988: Abs. 5 f), 27 Abs. 3 f und 28 Abs. 2 d; 28

4. Das Recht der **freiwilligen Gerichtsbarkeit** in Form des **Beratungs-RS** gemäß §§ 25 Abs. 2 e, 26 Abs. 3 g (Fassung 1988: Abs. 5 g) und 27 Abs. 3 g. 29

5. Das **Steuer- und Abgaberecht** im Rahmen der Zusatzbedingung zu den §§ 21, 22, 23, 25, 26, 27 und 29 (unten Rdnr. 169). 29 a

C. Versicherte Leistungsarten

Die **beiden Grundformen** der allgemeinen RSVersicherung, der Schadenersatz- und der Straf-RS, kehren mit Ausnahme des § 29 in allen Vertragsarten der Besonderen Bestimmungen der ARB wieder. Die Interessenwahrnehmung auf den übrigen in den Schutzbereich der RSVersicherung fallenden Rechtsgebieten (vgl. oben Rdnrn. 12 ff.) ist teilweise zusätzlich in wechselnder, auf den jeweiligen Lebensbereich und auf die jeweils versicherte Eigenschaft des VN zugeschnittener Zusammensetzung in die Leistungskataloge der §§ 21 bis 28 einbezogen. Außerdem bietet § 29 eine Versicherungsmöglichkeit für die in den übrigen Vertragsarten ausgeschlossene Interessenwahrnehmung aus dinglichen Rechten an Immobilien und aus Miet- und Pachtverhältnissen über Immobilien (vgl. auch § 1 Rdnr. 47). Soweit die einzelnen Leistungsarten in mehreren Vertragsarten enthalten sind, werden sie aus Gründen der Übersichtlichkeit vorweg erläutert. Die Bezogenheit der jeweiligen Leistungsart (z.B. Schadenersatz-RS oder Vertrags-RS) auf die in der jeweiligen Vertragsart versicherte spezielle Eigenschaft des VN bleibt dagegen den Erläuterungen zu den einzelnen Vertragsarten der §§ 21 bis 28 vorbehalten. 30

I. Geltendmachung von Schadenersatzansprüchen aufgrund gesetzlicher Haftpflichtbestimmungen
(entspricht § 2 a ARB 94)

Der Versicherungsschutz umfaßt in allen Vertragsarten der §§ 21 bis 29 den (aktiven) **Schadenersatz-RS**. Ausdrücklich erwähnt wird er zwar nur in den Leistungskatalogen der §§ 21 bis 28, und zwar jeweils an erster Stelle. Da jedoch die Wahrnehmung rechtlicher Interessen aus dinglichen Rechten 31 an Grundstücken die Geltendmachung eines Schadenersatzanspruches wegen schuldhafter Beeinträchtigung des Grundeigentums einschließt, ist diese Leistungsart auch in § 29 enthalten (vgl. § 29 Rdnr. 21).

32 1. Gedeckt ist nicht jede Art der Interessenwahrnehmung im Zusammenhang mit Schadenersatzansprüchen, sondern nur deren **Geltendmachung** durch den VN oder eine mitversicherte Person. Für die Abwehr gesetzlicher Schadenersatzansprüche besteht im Rahmen dieser Leistungsart kein Versicherungsschutz (LG Karlsruhe ZfS 90, 234; r + s 90, 308; AG Karlsruhe r + s 89, 333), sondern nur beim Vertrags-RS, soweit im Rahmen eines Vertragsverhältnisses gesetzliche Schadenersatzansprüche gegen den VN erhoben werden (vgl. unten Rdnrn. 96 ff.), und bei der Interessenwahrnehmung aus dinglichen Rechten (vgl. unten Rdnr. 129). „Geltendmachung" bedeutet, daß sich der VN in der Rolle des Anspruchstellers befinden muß. Es genügt jede ernstliche, nicht notwendig schriftliche Erklärung, aus der der (angeblich) Ersatzpflichtige ersieht, daß der VN Ansprüche gegen ihn zu haben glaubt (vgl. *Prölss/Martin/Voit* § 153 Anm. 4). Der VN muß dabei jedoch nicht notwendigerweise – außergerichtlich oder gerichtlich – der aktive Teil sein. Bei wechselseitigen Ansprüchen kann es auch so liegen, daß zunächst der Gegner Ansprüche gegen den VN stellt und dieser dann erst im Wege der Aufrechnung oder Widerklage seine Schadenersatzansprüche „geltend macht". Verlangt der vom RS-VN unmittelbar verklagte gegnerische Kraftfahrzeug-Haftpflichtversicherer widerklagend angeblich überzahlte Vorschüsse aus Bereicherungsgrundsätzen zurück, liegt in der Rechtsverteidigung gegen die Widerklage gleichzeitig die „Geltendmachung von Schadenersatzansprüchen", soweit der VN hierbei das Bestehen eines Schadenersatzanspruchs behauptet (vgl. auch den in § 2 Rdnr. 250 erörterten Fall). Soweit die Abwehr der gegnerischen Forderung nicht unter Versicherungsschutz steht, gilt bei der Frage der anteiligen Versicherungsdeckung für die Interessenwahrnehmung des VN das in § 2 Rdnrn. 252 ff. Gesagte entsprechend. Hatte der VN sich außergerichtlich eines Schadenersatzspruchs „berühmt" und erhebt daraufhin der angebliche Schädiger leugnende Feststellungsklage dahingehend, daß dem VN kein Anspruch gegen ihn zustehe (vgl. *Baumbach/Lauterbach/Hartmann* § 256 Rdnr. 31), dann kann in der Rechtsverteidigung des VN gegen diese Klage insoweit eine „Geltendmachung" liegen, als er schlüssig das Bestehen eines Schadenersatzanspruches behauptet. Ist der Schädiger unbekannt, soll in der Beauftragung des Anwalts mit der Ermittlung des Schädigers noch keine „Geltendmachung" liegen (AG Köln r + s 93, 263; zweifelhaft, da die Ermittlung notwendige Vorstufe der Geltendmachung ist).

33 **Versicherungsschutz** besteht **ab Beginn** der – in der Regel zunächst außergerichtlichen – Geltendmachung der Schadenersatzansprüche. Läßt sich der VN nach einem Schadenereignis von einem Anwalt lediglich beraten und rät dieser von der Geltendmachung von Schadenersatzansprüchen ab, dann kann gleichwohl Versicherungsschutz für die Kosten der Beratung bestehen, wenn nach dem vorliegenden Sachverhalt, insbesondere bei unklarer Haftungslage, die Geltendmachung von Schadenersatzansprüchen nicht von vornherein aussichtslos im Sinn der §§ 1 Abs. 1, 17 erschien (sogenannte

Vorbemerkungen 34–36 **Vor § 21 ARB 75**

Abrategebühr, vgl. § 17 Rdnrn. 3, 3a). In welchem Verfahren Schadenersatzansprüche erhoben werden, ist gleichgültig. Außer im Zivilverfahren kann es sich um ein Verwaltungsverfahren – wegen § 40 Abs. 2 Satz 1 VwGO allerdings selten –, um ein strafprozessuales, im Ausland häufiges Adhäsionsverfahren im Sinn der §§ 403ff. StPO oder auch um ein Sozialgerichtsverfahren handeln, bei dem der Versicherungsschutz allerdings erst ab Rechtshängigkeit einsetzt (Vorbem. vor § 21 Rdnr. 130).

2. Der die Leistungspflicht des Versicherers auslösende **Versicherungsfall** 34 ist nach § 14 Abs. 1 Satz 1 der Eintritt des dem Anspruch des VN (oder der mitversicherten Person, § 11 Rdnr. 1) zugrundeliegenden Schadenereignisses. Was im einzelnen hierunter zu verstehen ist, ist in § 14 Rdnrn. 10ff. erläutert.

3. Gesetzliche **Haftpflichtbestimmungen** sind – in einem Gesetz oder 35 einer gesetzesvertretenden VO niedergelegte – deutsche oder ausländische Rechtsnormen, die unabhängig vom Willen der Beteiligten an die Verwirklichung eines Schadenereignisses im Sinn des § 14 Abs. 1 Satz 1 Rechtsfolgen knüpfen (BGH NJW 71, 429 = VersR 71, 144). Unter den Begriff fallen nicht nur außervertragliche Haftungsregelungen, sondern auch solche gesetzlichen Bestimmungen, die innerhalb eines bestehenden Vertragsverhältnisses kraft Gesetzes zum Zuge kommen, wenn einer der Vertragspartner eine Leistungsstörung zu vertreten hat, wie z.B. §§ 280, 286 BGB und die Haftung aus positiver Vertragsverletzung (vgl. hierzu unten Rdnr. 46). Hat dagegen einer der Vertragspartner vertraglich eine höhere als die sich kraft Gesetzes ergebende Haftung übernommen, z.B. auf pauschalierten Schadenersatz (vgl. § 11 Nr. 5 AGBG) oder auf Schadenersatz ohne Verschulden, scheidet insoweit eine „gesetzliche" Haftung und damit Versicherungsschutz aus (*Prölss/Martin/Voit* § 1 AHB Anm. 2a).

4. Versicherungsschutz besteht nicht schon dann, wenn der VN irgendei- 36 nen Anspruch auf eine gesetzliche Haftpflicht des Gegners stützt. Vielmehr muß dem VN speziell ein **Schadenersatzanspruch** aufgrund einer gesetzlichen Haftpflichtbestimmung erwachsen sein. Andere Ansprüche, z.B. auf Erfüllung oder Gewährleistung ohne Schadenersatzcharakter, sind nicht gedeckt. Unter Versicherungsschutz stehen solche Schadenersatzansprüche außerdem nur „im Rahmen des § 14 Abs. 1". Dies bedeutet, daß „Ansprüche auf die an die Stelle der Erfüllungsleistung tretende Ersatzleistung" (§ 14 Abs. 1 Satz 2) nicht in den Deckungsbereich des Schadenersatz-RS fallen, und zwar auch dann nicht, wenn sie echten Schadenersatzcharakter haben wie z.B. Schadenersatzansprüche wegen Nichterfüllung (Näheres hierzu § 14 Rdnrn. 14ff.). Die Ansicht von *J. Vassel* (DB Beilage 12/69 S. 20, 21), bei Schadenersatzansprüchen wegen Nichterfüllung handle es sich um vertragliche Haftpflichtansprüche, die schon wegen ihrer Rechtsnatur nicht unter den Schadenersatz-RS fallen, ist zumindest mißverständlich formuliert. Es handelt sich hier um gesetzliche Ansprüche – z.B. aus §§ 463, 538, 635 BGB – im Rahmen eines Vertragsverhältnisses, die ohne die Leistungsbegrenzung des § 14 Abs. 1 Satz 2 den „Schadenersatzansprüchen aufgrund gesetzlicher Haftpflichtbestimmungen" zuzuordnen wären.

37 a) Ein Schadenersatzanspruch ist immer dann gegeben, wenn eine gesetzliche Haftpflichtbestimmung ausdrücklich die Pflicht zum **Ersatz eines Schadens** statuiert. Es handelt sich hierbei um einen festumrissenen Begriff, der gemäß seiner üblichen Verwendung in der Gesetzes- und Rechtssprache auszulegen ist (Einl. Rdnr. 48). Schaden ist hierbei jede Beeinträchtigung, die jemand durch ein bestimmtes Ereignis an einem geschützten materiellen oder immateriellen Rechtsgut erleidet (*Palandt/Heinrichs* vor § 249 Rdnr. 7; MünchKomm/*Grunsky* vor § 249 Rdnr. 6). Schadenersatzansprüche sind demnach diejenigen Ansprüche, die gegen den Schädiger gerichtet sind mit dem Ziel, die Beeinträchtigung eines geschützten Rechtsguts des VN (oder einer mitversicherten Person) im Umfang der §§ 249 ff. BGB auszugleichen. Dieser Ausgleich geschieht in der Weise, daß der Schädiger den Geschädigten so zu stellen hat, wie er stehen würde, wenn sich der Schädiger ordnungsgemäß verhalten hätte. Dieser hat entweder nach § 249 Satz 1 BGB den ohne sein schädigendes Verhalten bestehenden Zustand in natura herzustellen oder – bei Verletzung einer Person oder Beschädigung einer Sache – auf Verlangen des Geschädigten nach § 249 Satz 2 BGB den zur Herstellung erforderlichen Geldbetrag zu leisten. Auf welche gesetzliche Haftpflichtbestimmung sich hierbei der Schadenersatzanspruch gründet, ist gleichgültig. Entscheidend ist nur, daß die jeweilige Haftpflichtbestimmung eine Pflicht zum Schadenersatz dekretiert, deren Umfang sich nach §§ 249 ff. BGB richtet. Das kommt in der Regel schon durch die Wortfassung der gesetzlichen Haftpflichtbestimmung zum Ausdruck, die ausdrücklich die Rechtsbegriffe „Schadenersatz" oder „Ersatz des Schadens" verwendet oder von der Verpflichtung spricht, „den Schaden zu ersetzen". Gesetzliche Haftpflichtbestimmungen, die nur eine Pflicht zur „angemessenen Entschädigung" (z. B. § 18 Abs. 1 Satz 1 Atomgesetz) oder zum „angemessenen Ausgleich" (z. B. § 906 Abs. 2 Satz 2 BGB), zum Wertersatz oder zu ähnlichen, dem § 249 BGB nicht entsprechenden Ausgleichsleistungen vorsehen (vgl. MünchKomm/*Grunsky* vor § 249 Rdnr. 2), sind keine Schadenersatzansprüche im Sinn der ARB (vgl. unten Rdnr. 55). Würde man diese, ihrer Zahl und Art nach kaum übersehbaren Ansprüche privat- und öffentlich-rechtlicher Natur unter Versicherungsschutz stellen, wäre das hierdurch entstehende Rechtskostenrisiko wesentlich schwerer kalkulierbar. Zumindest würde der Versicherungsbeitrag nicht unerheblich ansteigen und damit für einen Teil der VN oder Versicherungsinteressenten zu teuer (vgl. auch § 4 Rdnr. 3).

38 Gleichgültig ist, ob der Schädiger auf das **negative** oder das **positive Interesse** haftet. Diese Unterscheidung spielt nur im Rahmen vertraglicher oder quasivertraglicher Beziehungen eine Rolle. Haftet der Schädiger für eine Vertragsverletzung, insbesondere wegen Unmöglichkeit, Verzugs oder positiver Vertragsverletzung, dann hat er den Zustand herzustellen, der bei ordnungsgemäßer Durchführung des Vertrags gegeben wäre, d. h. er muß dem Schädiger insbesondere auch den entgangenen Gewinn ersetzen. Dieses sogenannte positive Interesse deckt sich in der Regel – außer bei Begleit- oder Mangelfolgeschäden – mit dem Erfüllungsinteresse im Sinn des § 14

Abs. 1 Satz 2 (vgl. oben Rdnr. 36 und § 14 Rdnrn. 14ff.). Ist dagegen Schadenersatz dafür zu leisten, daß der Geschädigte zu Unrecht auf das Zustandekommen eines Vertrags oder die Wirksamkeit einer Willenserklärung vertraut hat, so kann er nur verlangen, so gestellt zu werden, als sei das ungerechtfertigte Vertrauen nicht erweckt worden. Ist dieses sogenannte negative oder Vertrauensinteresse verletzt, dann hat der Schädiger vor allem Aufwendungen zu ersetzen, die im Vertrauen auf die Wirksamkeit des Vertrags oder der Willenserklärung gemacht worden sind, außerdem den Nachteil, den der Geschädigte dadurch erleidet, daß er ein ihm mögliches anderes Geschäft im Vertrauen auf die Wirksamkeit des Vertrags oder der Willenserklärung nicht abgeschlossen hat. Nicht ersatzfähig ist dagegen der Gewinn, den er bei Durchführung des Vertrags gemacht hätte. Die wichtigsten hierher gehörenden Fälle sind die der §§ 122, 179 Abs. 2, 307 BGB sowie der culpa in contrahendo (MünchKomm/*Grunsky* vor § 249 Rdnr. 47; vgl. unten Rdnrn. 46 und 109).

b) Ob der Schadenersatzanspruch im **privaten oder öffentlichen Recht** 39 wurzelt, ist gleichgültig. Die in § 1 Ziff. 1a ARB 54 enthaltene, der Regelung in § 1 Ziff. 1 AHB entsprechende Beschränkung auf gesetzliche Haftpflichtbestimmungen privatrechtlichen Inhalts wurde nicht in die ARB 69/75 übernommen. Schadenersatzansprüche aus der Verletzung öffentlich-rechtlicher Pflichten, z.B. wegen Amtspflichtverletzung aus § 839 BGB in Verbindung mit Art. 34 GG oder den entsprechenden Vorschriften der Länderverfassungen, aus Art. 5 Abs. 5 MRK (vgl. unten Rdnr. 48) oder aus § 19 Bundesnotarordnung, fallen demnach unter den Versicherungsschutz. Für solche Ansprüche ist ohnehin gemäß § 40 Abs. 2 Satz 1 VwGO der ordentliche Rechtsweg gegeben, soweit es sich nicht um Ansprüche aus einem öffentlich-rechtlichen Vertrag handelt.

c) Keine Rolle spielt die Art des verletzten Rechtsguts und die Frage, ob 40 der VN Ersatz materiellen oder **immateriellen Schadens** verlangt. Die in Parallele zu § 1 Ziff. 1 und 3 AHB bestehende Beschränkung des Versicherungsschutzes auf Ersatz für Personen-, Sach- oder Vermögensschäden gem. § 1 Ziff. 1a ARB 54 ist in den ARB 69/75 entfallen. Somit ist auch die Geltendmachung von deliktischen oder quasideliktischen Schadenersatzansprüchen wegen schuldhafter Verletzung geschützter immaterieller Rechtsgüter aller Art gedeckt, z.B. des Namensrechts, der Gesundheit, der Freiheit, der Ehre oder des aus Art. 1, 2 GG abgeleiteten allgemeinen Persönlichkeitsrechts (vgl. *Palandt/Heinrichs* vor § 249 Rdnr. 7; *Palandt/Thomas* vor § 823 Rdnrn. 16ff.; § 823 Rdnrn. 14ff. und 175ff.).

Soweit dem Verletzten in solchen Fällen neben dem immateriellen Scha- 41 den nicht auch Vermögensnachteile – z.B. in Form von Heilungskosten oder Verdienstausfall bei Freiheitsentziehung oder Beeinträchtigung der Gesundheit – entstanden sind und soweit für den Nichtvermögensschaden selbst kein Geld gefordert werden kann (vgl. §§ 253, 847 BGB), besteht in der Regel nur ein Anspruch auf Naturalersatz (*Palandt/Heinrichs* vor § 249 Rdnr. 7). Hierbei hat der Schadensausgleich in der Weise zu erfolgen, daß der Schädiger die **Beeinträchtigung** möglichst **ungeschehen zu machen** hat, z.B. durch Widerruf einer ehrverletzenden Behauptung gegenüber dem Personenkreis, dem gegenüber die Behauptung aufgestellt worden war (*Palandt/Heinrichs* § 253 Rdnr. 2; *Palandt/Thomas* vor § 823 Rdnrn. 25 ff.; BGB-RGRK/*Steffen* vor § 823 Rdnrn. 123, 129).

42 Über eine derartige Beseitigung einer – abgeschlossenen – Rechtsgutverletzung hinaus gibt es auch Fälle, in denen der Verletzte im Wege des Schadenersatzes nicht nur Beseitigung einer eingetretenen, sondern auch **Unterlassung** einer fortdauernden oder künftigen Rechtsgutverletzung fordern kann. Voraussetzung ist hierfür, daß ein geschütztes – materielles oder immaterielles – Rechtsgut bereits schuldhaft beeinträchtigt ist oder die Beeinträchtigung unmittelbar bevorsteht und ihre Fortdauer für die Zukunft zu erwarten ist (Wiederholungsgefahr). Hier ist die Herstellung des Zustandes, der ohne das schädigende Ereignis – jetzt und in Zukunft – bestehen würde (§ 249 Satz 1 BGB; nicht des „früheren" Zustands, wie das LG Aachen ZfS 85, 52 meint), dadurch möglich, daß der Schädiger sein zu erwartendes schädigendes Verhalten künftig unterläßt (vgl. BGH VersR 79, 53; NJW 80, 2801; *Palandt/Heinrichs* § 253 Rdnr. 2; *Palandt/Thomas* vor § 823 Rdnrn. 16, 25; BGB-RGRK/*Steffen* vor § 823 Rdnrn. 124, 127). Dies gilt auch bei ideellem Schaden. Die Herstellung des dem Recht gemäßen Zustandes ist nicht nur Herstellung des dem Recht gemäßen Vermögenszustandes (*Staudinger/Medicus* § 249 Rdnr. 211; § 253 Rdnrn. 10, 11; MünchKomm/ *Schwerdtner* § 12 Rdnr. 297). Daß die §§ 249, 823 BGB – im Gegensatz etwa zu § 1004 BGB – den Unterlassungsanspruch nicht eigens erwähnen, liegt daran, daß die durch § 249 Satz 1 BGB festgelegte Pflicht zur Naturalherstellung ihrer Rechtsnatur nach nicht nur die Pflicht zur Beseitigung einer bereits eingetretenen Rechtsgut-Verletzung (z.B. durch Widerruf, vgl. oben Rdnr. 41), sondern auch die Pflicht zur Unterlassung künftig (weiter) drohender Beeinträchtigungen des verletzten Rechtsguts mit umfassen kann (bedenklich daher LG Aachen ZfS 85, 52; unklar auch LG Stuttgart ZfS 87, 210). Diese Rechtsfolge wird heute oft deshalb nicht mehr gesehen, weil sich der Verletzte – bei gegebener Wiederholungsgefahr – den nach § 823 BGB notwendigen Verschuldensnachweis durch die Geltendmachung des von der Rechtsprechung entwickelten verschuldensunabhängigen, aus § 1004 BGB abgeleiteten und oft zum gleichen Ziel führenden Unterlassungsanspruchs ersparen kann, der jedoch kein Schadenersatzanspruch im Sinn der ARB ist (vgl. oben Rdnr. 37 und unten Rdnr. 60). Zur Frage des Versicherungsfalles bei unmittelbar bevorstehender Rechtsgutverletzung vgl. § 14 Rdnr. 13 a.

43 **Beispiel:** Der VN fühlt sich durch falsche Tatsachenbehauptungen in einem Fortsetzungsbericht einer fremdsprachigen Zeitschrift in seiner Ehre verletzt. Er fordert vom Importeur dieser Zeitschrift Unterlassung des Vertriebs der künftigen Hefte, die den Fortsetzungsbericht mit weiteren unwahren Tatsachenbehauptungen enthalten sollen, und trägt hierzu unter Beweisantritt vor, der Importeur kenne den ehrverletzenden Inhalt des Fortsetzungsberichts (vgl. BGH NJW 76, 799). Da hier die tatsächlichen Voraussetzungen eines auf Unterlassung gerichteten Schadenersatzanspruchs schlüssig dargetan sind, nämlich schuldhafte Beeinträchtigung der Ehre des VN und Wiederholungsgefahr, besteht Versicherungsschutz.

Könnte dagegen der VN nicht schlüssig vortragen und unter Beweis stellen, daß der Importeur den ehrverletzenden Inhalt kennt oder kennen muß (infolge von Fahrlässigkeit nicht kennt, § 122 Abs. 2 BGB), bestünde nur ein verschuldensunabhängiger quasinegatorischer Unterlassungsanspruch entsprechend § 1004 BGB, der zwar den gleichen Umfang wie ein Schadenersatzanspruch haben kann, rechtlich jedoch nicht als solcher zu qualifizieren ist (vgl. unten Rdnr. 60). Entsprechendes gilt, wenn beispielsweise die Gesundheit des VN als Mieter einer Wohnung durch ständige übermäßige Lärmbelästigung seitens eines im gleichen Haus wohnenden anderen Mieters oder seitens eines Grundstücksnachbarn, vor allem zur Nachtzeit, erheblich beeinträchtigt wird (vgl. BGH MDR 71, 37; *Palandt/Thomas* § 823 Rdnr. 5; vgl. hierzu auch § 29 Rdnr. 44).

d) Verschulden, also Vorsatz oder Fahrlässigkeit (§ 276 BGB), ist nicht **44** Voraussetzung für das Bestehen eines Schadenersatzanspruches, sofern er nur im übrigen vom Gesetz als solcher qualifiziert ist. Aus der verschuldensunabhängigen sogenannten **Gefährdungshaftung**, z.B. der Haftung aus Betriebsgefahr eines Kraftfahrzeugs nach dem StVG oder vergleichbaren Rechtsvorschriften (vgl. unten Rdnr. 48), erwächst demnach dem Geschädigten ein echter Schadenersatzanspruch, an dessen rechtlicher Qualifizierung sich nichts dadurch ändert, daß er meist auf den Ersatz materiellen Schadens sowie auf Höchsthaftungssummen beschränkt ist (*Palandt/ Heinrichs* vor § 249 Rdnr. 2; *MünchKomm/Grunsky* vor § 249 Rdnr. 1).

e) Im folgenden werden **einzelne Schadenersatzansprüche** aufgeführt, **45** deren Geltendmachung im Rahmen des Schadenersatz-RS unter Versicherungsschutz steht. Bei der Vielzahl der in zahlreichen Gesetzen enthaltenen Schadenersatzansprüche kann die Aufzählung nicht erschöpfend sein. Soweit es sich um gesetzliche Haftpflichtbestimmungen handelt, die nur innerhalb eines Vertragsverhältnisses zum Zuge kommen, ist stets zu beachten, daß ihre Geltendmachung gemäß § 14 Abs. 1 Satz 2 nur insoweit gedeckt ist, als der Anspruch über das Erfüllungsinteresse hinausgeht.

aa) **BGB:** §§ 228 Satz 2, 231, 823 ff., 839 (allein oder in Verbindung mit **46** Art. 34 GG oder den entsprechenden Bestimmungen der Länderverfassungen; das die Staatshaftung neu regelnde, mit Wirkung vom 1. 1. 1982 in Kraft gesetzte Staatshaftungsgesetz ist verfassungswidrig und als Ganzes nichtig, so daß der bisherige Rechtszustand in den alten Bundesländern weitergilt, BVerfG BGBl. I 1982 S. 1493; NJW 83, 25; in den neuen Bundesländern gilt bis auf weiteres das Staatshaftungsgesetz der ehemaligen DDR in veränderter Form als Landesrecht, *Palandt/Thomas* Art. 232 § 10 EGBGB Rdnr. 3; *Krohn* VersR 91, 1085, 1091; *Schullan* VersR 93, 283), 904 Satz 2, 989 bis 992, 1243 Abs. 2. Zahlreiche Ansprüche gründen sich auf § 823 Abs. 2 BGB in Verbindung mit einem Schutzgesetz (Näheres vgl. *Palandt/Thomas* § 823 Rdnrn. 140 ff.). Ferner können folgende Bestimmungen im Rahmen vertraglicher oder quasivertraglicher Beziehungen aktuell werden, soweit der Anspruch nicht lediglich auf eine an die Stelle der Erfüllungsleistung tretende Ersatzleistung gerichtet ist: §§ 122 Abs. 1, 179 Abs. 1 und 2 (BGH NJW 71, 429 = VersR 71, 144; nach *J. Prölss* VersR 71, 538 geht § 179 Abs. 1 nur auf das Erfüllungsinteresse), 280, 286, culpa in contrahendo (vgl. hierzu unten Rdnr. 109), positive Vertragsverletzung (*Palandt/ Heinrichs* § 276 Rdnrn. 65 ff., 104 ff.; OLG Saarbrücken VersR 91, 68 = r + s 91, 25: auch Vertrags-RS, vgl. unten Rdnrn. 96 ff.), 307, 309, 325, 326, 463, 524, 538, 600, 618 Abs. 3, 635, 678, 694, 701. Schadenersatzansprüche sind auch die familien- und erbrechtlichen Ansprüche nach §§ 1298, 1300, 1833, 1915, 1960, 1985 in Verbindung mit 1915 und 1833, 2219. Ihre Geltendmachung ist jedoch gemäß § 4 Abs. 1 i vom Versicherungsschutz ausgenommen (§ 4 Rdnr. 81). Lediglich eine Beratung über das Bestehen oder Nichtbestehen solcher Ansprüche kann im Rahmen der §§ 25 Abs. 2 e, 26 Abs. 3 g (Fassung 1988: Abs. 5 g) und 27 Abs. 3 g gedeckt sein (vgl. unten Rdnr. 148).

47 bb) **HGB:** §§ 61, 62 Abs. 3, 113 (jedoch Ausschluß nach § 4 Abs. 1 c), 429, 454.

48 cc) **Gefährdungshaftungs-Tatbestände,** die eine „quasideliktische" Haftung auch ohne Verschulden festlegen (*Palandt/Heinrichs* § 276 Rdnr. 136): § 833 Satz 1 BGB, §§ 7 ff. StVG, §§ 1 ff. Haftpflichtgesetz, §§ 33 ff. Luftverkehrsgesetz, § 12 Telegraphenwege-Gesetz, §§ 11 ff. Postgesetz, §§ 29 ff. Bundesjagdgesetz, § 22 Wasserhaushaltsgesetz, §§ 25 ff. Atomgesetz (jedoch Ausschluß im Umfang des § 4 Abs. 1 b), §§ 84 ff. Arzneimittelgesetz, Art. 5 Abs. 5 MRK bei unrechtmäßiger Haft (BGH NJW 66, 1021), § 14 Satz 2 Bundes-Immissionsschutzgesetz, § 1 Produkthaftungsgesetz, §§ 1, 2 Umwelthaftungsgesetz, § 32 Gentechnikgesetz (soweit nicht durch § 4 Abs. 1 b ausgeschlossen).

49 dd) **Prozeßrechtliche Bestimmungen:** §§ 302 Abs. 4, 600 Abs. 2, 717 Abs. 2, 842, 945 ZPO (BGH NJW 81, 349), § 469 StPO.

50 ee) **Sonstige Gesetze:** § 110 SGB VII (früher: § 640 RVO), § 19 Bundesnotarordnung, § 82 KO, §§ 1, 13 Abs. 2, 14 und 19 UWG, § 35 GWB (jedoch Ausschluß gemäß § 4 Abs. 1 e), Art. 215 EWG-Vertrag (soweit nicht durch § 4 Abs. 1 o ausgeschlossen; Haftung für normatives Unrecht), Art. VIII Abs. 5 NATO-Truppenstatut und Vertrag vom 12. 10. 1990 hinsichtlich ehemals sowjetischer Truppen (vgl. § 2 Rdnr. 232; *Heitmann* VersR 92, 160).

51 f) Manche gesetzlichen Haftpflichtbestimmungen sprechen nicht ausdrücklich eine Verpflichtung zum Schadenersatz im Sinn der §§ 249 ff. BGB aus, gewähren jedoch allgemein oder in gewissen Fällen einen **schadenersatzähnlichen Anspruch,** der nach seiner Funktion für den Betroffenen und nach seinem Umfang einem echten Schadensersatzanspruch gleichgestellt werden kann. Dies sind insbesondere:

52 aa) Ansprüche nach dem Gesetz über die **Entschädigung für Strafverfolgungsmaßnahmen,** die zwar eine gesetzliche Ausprägung des Aufopferungsanspruchs (vgl. unten Rdnr. 57) sind, jedoch über diesen hinausgehen, indem sie den vollen Vermögensschaden und zusätzlich pauschaliert den dem Aufopferungsanspruch völlig fremden immateriellen Schaden ausgleichen (§ 7 StrEG; BGH NJW 77, 957; VersR 79, 179; von *J. Vassel* ZVersWiss 81, 269, 278 nicht berücksichtigt). Das AG Saarbrücken (VersR 78,

Vorbemerkungen 53–55 Vor § 21 ARB 75

1111) geht bei seiner gegenteiligen Ansicht von der unzutreffenden Voraussetzung aus, ein Schadenersatzanspruch setze immer – zumindest vermutetes – Verschulden voraus. Es gibt jedoch eine Reihe von zum Schadenersatz verpflichtenden Gefährdungshaftungs-Tatbeständen ohne vermutetes Verschulden (vgl. einerseits § 7, andererseits § 18 Abs. 1 StVG und oben Rdnr. 48).

bb) Ansprüche auf **Aufwendungsersatz** nach §§ 670, 683 BGB, soweit sie 53 einen „Schaden" im Sinn einer unfreiwilligen Aufopferung von Gesundheit oder Sachgütern ausgleichen sollen (BGH NJW 78, 2030 = VersR 78, 870), z.B. des Arbeitnehmers gegen den Arbeitgeber bei Beschädigung des Kraftfahrzeugs des Arbeitnehmers auf einer Dienstfahrt in gewissen Fällen (BAG NJW 62, 411 = VersR 62, 189; VersR 79, 779; VersR 81, 363) oder eines Verkehrsteilnehmers, der sich selbst schädigt, um einen anderen vor Schaden zu bewahren (BGH NJW 63, 390 = VersR 63, 143; *Prölss/Martin/Voit* § 1 AHB Anm. 2b; *Bruck/Möller/Johannsen* IV Anm. G 64).

Ansprüche auf **Auskunft** im Zusammenhang mit einem bestehenden oder 54 möglichen Schadenersatzanspruch, im Rahmen vertraglicher Beziehungen jedoch nur, soweit er über das Erfüllungsinteresse hinausgeht (BGH NJW 57, 669; *Meixner* S. 105; *Palandt/Heinrichs* § 261 Rdnr. 12; neuerdings §§ 8, 9 Umwelthaftungsgesetz), sowie Ansprüche nach § 281 BGB auf Abtretung eines Schadensersatzanspruchs, wenn der Geschädigte nicht Anspruchsinhaber ist (LG Augsburg r + s 88, 336).

g) **Keine Schadenersatzansprüche** sind in all den Fällen gegeben, in de- 55 nen das Gesetz keine Verpflichtung zum Schadenersatz, sondern nur zu einer (angemessenen) Entschädigung, einem (angemessenen) Ausgleich, zum Wertersatz, zur Herausgabe einer Bereicherung u.ä. ausspricht und demgemäß die Beeinträchtigung eines geschützten Rechtsguts nicht nach Art und im Umfang der §§ 249 ff. BGB, sondern nach anderen Grundsätzen auszugleichen ist. Einer Versicherungsdeckung steht in solchen Fällen zum einen schon der klare Wortlaut der ARB, zum anderen aber auch der Zweck des Schadenersatz-RS entgegen. Er soll die Geltendmachung solcher Ansprüche ermöglichen, die ihrer Rechtsnatur nach in aller Regel klar und eindeutig abgrenzbar und daher für den Versicherer auch kalkulierbar sind. Die Einbeziehung einer kaum überblickbaren Reihe von anderen Entschädigungs- oder Ausgleichsansprüchen ohne echten Schadenersatzcharakter, deren Zahl durch immer neue Gesetze – zumal auf dem öffentlich-rechtlichen Sektor – ständig zunimmt, würde die Überschaubarkeit und damit die Kalkulierbarkeit des Risikos erheblich beeinflussen und den Versicherungsbeitrag möglicherweise so anwachsen lassen, daß er für viele VN zu teuer würde. Soweit *J. Vassel* (DB Beilage 12/69 S. 20) die Geltendmachung solcher Entschädigungsansprüche im Rahmen des Schadenersatz-RS für gedeckt hält, kann ihm daher weder nach dem Wortlaut noch nach dem Zweck dieser Leistungsart zugestimmt werden. Konkurriert ein solcher Anspruch mit einem echten Schadenersatzanspruch, dessen tatsächliche Voraussetzungen vom VN schlüssig dargelegt sind, oder macht der VN in erster Linie einen Schadenersatzanspruch – z.B. aus Amtspflichtverletzung –, hilfsweise einen öffentlich-rechtlichen Entschädigungsanspruch geltend, dann besteht Versicherungsdeckung im Umfang des Schadenersatzanspruchs, auch wenn sich letztlich nur der Hilfsanspruch als begründet erweist (vgl. auch oben Rdnr. 9). Soweit für öffentlich-rechtliche Entschädigungsansprüche der Rechtsweg zu den Sozialgerichten eröffnet ist, hat ein nach §§ 24, 25, 26 oder 27 versicherter VN Rechtsschutz für die gerichtliche Geltendmachung dieser Ansprüche (vgl. unten Rdnr. 130). Desgleichen kann im Rahmen des § 29 Versicherungsschutz für die Geltendmachung von Entschädigungsansprüchen ohne Schadenersatzcharakter bestehen.

Einzelfälle (keine Schadenersatzansprüche):

56 aa) Ansprüche auf Entschädigung wegen einer **Enteignung** oder eines enteignungsgleichen oder enteignenden Eingriffs – ausgeschlossen schon durch § 4 Abs. 1 r (vgl. § 4 Rdnrn. 140 ff.) – sind ihrem Wesen nach nicht darauf gerichtet, einen Eingriff ungeschehen zu machen. Sie sind vielmehr durch den Wert des betroffenen Objekts beschränkt und sollen die durch den Eingriff herbeigeführte Wertänderung, also den Substanzverlust oder die Substanzminderung, ausgleichen, nicht dagegen – wie im Fall des § 249 – eine hypothetische Weiterentwicklung mitberücksichtigen. Außerdem werden sie erst von einer gewissen „Opfergrenze" an zugebilligt (BGH NJW 72, 243, 1574; 77, 1817; 81, 1663; LG Ravensburg MDR 78, 320; *Palandt/Bassenge* vor § 903 Rdnrn. 19 ff.). Ein echter Schadenersatzanspruch würde außerdem voraussetzen, daß der Schädiger einen Schaden ohne Gegenleistung auszugleichen hat, während hier der durch die Enteignung oder den enteignungsgleichen Eingriff Begünstigte seinerseits eine Leistung erhält, die er durch eine Gegenleistung – die Entschädigung – abgilt (BGH NJW 76, 232; „Zwangskauf", vgl. *Bruck/Möller/Johannsen* IV Anm. G 62).

57 bb) **Aufopferungsansprüche,** die früher allgemein zum Ausgleich von Sonderopfern zugunsten der Allgemeinheit gewährt wurden, heute jedoch nur noch für materielle Schäden an Leben, Gesundheit und Freiheit bei Eingriffen von hoher Hand zugebilligt werden, sind auf einen angemessenen, der Billigkeit entsprechenden Ausgleich für die im öffentlichen Interesse hinzunehmende Beeinträchtigung gerichtet. Die Entschädigung bleibt in der Regel hinter dem Umfang der §§ 249 ff. BGB zurück und umfaßt auch keinen Geldausgleich für immateriellen Schaden (*Palandt/Bassenge* vor § 903 Rdnrn. 50 ff.).

58 cc) Zahlreiche **öffentlich-rechtliche Entschädigungsansprüche,** die großenteils eine gesetzliche Ausprägung des früheren umfassenden Aufopferungsanspruchs darstellen, z. B. §§ 49, 51, 57 Bundes-Seuchengesetz, § 66 Viehseuchengesetz, §§ 18, 40 ff. BauGB, §§ 36 ff. Bundeswasserstraßengesetz, §§ 12 ff. Schutzbereichsgesetz, §§ 35, 44, 51 ff. Flurbereinigungsgesetz, § 45 a Personenbeförderungsgesetz, §§ 8 Abs. 3, 12, 9 Abs. 3, 19 c, 20 Wasserhaushaltsgesetz, § 42 Bundes-Immissionsschutzgesetz, § 18 Atomgesetz, § 9 des Gesetzes über die Kontrolle von Kriegswaffen, § 10 des Gesetzes über den Zivilschutz, Ansprüche nach dem Gesetz über die Entschädigung

Vorbemerkungen   Vor § 21 ARB 75

für Opfer von Gewalttaten, Ansprüche nach dem Unterhaltssicherungsgesetz, dem ZSEG, dem Lastenausgleichsgesetz, dem Bundesentschädigungsgesetz, dem Bundesrückerstattungsgesetz, dem Reparationsschädengesetz, dem Allgemeinen Kriegsfolgengesetz, dem Kriegsgefangenenentschädigungsgesetz, dem Heimkehrergesetz, Entschädigungsansprüche wegen hoheitlicher Maßnahmen, etwa von Polizei- und Ordnungsbehörden zur Beseitigung einer Gefahr oder Störung aufgrund landesrechtlicher Bestimmungen, z. b. des Polizei- und Ordnungsrechts (BGH NJW 79, 34 = VersR 78, 1166; NJW 79, 36; *Wolff/Bachof* III § 130 Rdnrn. 1 ff.) oder auf dem Gebiet des Naturschutz-, Landschaftsschutz- und Denkmalschutzrechts. Hierzu zählen auch Entschädigungsansprüche nach dem Ordnungsbehördengesetz von Nordrhein-Westfalen (AG Düsseldorf ZfS 91, 130).

dd) Öffentlich-rechtliche **Folgenbeseitigungsansprüche**, die auf Beseitigung der Folgen eines aufgehobenen Verwaltungsakts oder eines fortdauernden rechtswidrigen hoheitlichen Handelns gerichtet sind, und zwar zur Herstellung des de-jure-Zustandes, der bei rechtmäßigem Verwaltungshandeln bestehen würde *(Palandt/Bassenge* § 1004 Rdnr. 40; *Eyermann/Fröhler* § 42 Rdnrn. 18, 18 a).   59

ee) **Negatorische** Ansprüche auf Beseitigung und „vorbeugende" Unterlassung nach §§ 12, 862, 1004 BGB und – in entsprechender Anwendung dieser Vorschriften – **quasinegatorische** Ansprüche wegen Beeinträchtigung sonstiger, an sich durch § 823 Abs. 1 und 2 BGB geschützter Rechtsgüter (LG Karlsruhe r + s 90, 308). Diese Ansprüche richten sich gegen den Störer als Verursacher des rechtswidrigen Eingriffs und setzen kein Verschulden voraus. Ihr Inhalt und Umfang regelt sich nicht nach den §§ 249 ff. BGB, auch wenn sie im Ergebnis mitunter dem Ausmaß eines echten Schadenersatzanspruches nahekommen können *(Palandt/Thomas* vor § 823 Rdnrn. 16 ff.; *Palandt/Bassenge* § 1004 Rdnrn. 27 ff.; *BGB-RGRK/Steffen* vor § 823 Rdnrn. 123, 124, 127, 129; *Prölss/Martin/Voit* § 1 AHB Anm. 2 b; *Bruck/Möller/Johannsen* IV Anm. G 61). Im Unterschied zu einem echten Schadenersatzanspruch gewährt ein negatorischer Anspruch insbesondere keinen Ersatz für adäquate Folgeschäden und für entgangenen Gewinn *(F. Baur* AcP 160, 465, 488). Kann der Verletzte ein Verschulden des Störers schlüssig und unter Beweisantritt darlegen, dann kann es sich um die (gedeckte) Geltendmachung eines echten Schadenersatzanspruchs handeln (vgl. oben Rdnrn. 41 bis 43).   60

ff) Ansprüche auf **Auskunft, Berichtigung, Sperrung** und **Löschung** von personenbezogenen **Daten** im Sinn des BDSG. Diese Ansprüche stehen quasinegatorischen Ansprüchen (vgl. oben Rdnr. 60) nahe. Aufgrund schuldhafter Verletzung des Rechts auf Berichtigung, Sperrung oder Löschung kann allerdings dem Betroffenen je nach Sachlage ein Schadenersatzanspruch wegen Amtspflichtverletzung, positiver Vertragsverletzung, culpa in contrahendo oder wegen Verletzung des allgemeinen Persönlichkeitsrechts gegen die datenspeichernde Stelle erwachsen *(Palandt/Thomas* § 823 Rdnr. 179; vgl. auch BGH NJW 81, 1738). Über das BDSG hinausgehende landesrechtlich geregelte Ansprüche auf Schadenausgleich können Schaden-   61 ersatzcharakter haben (z.B. Art. 14 bayer. Datenschutzgesetz; Näheres *Simitis* VersR 81, 197, 198).

62 gg) **Nachbarrechtliche Ausgleichs-** und **Entschädigungsansprüche**, z.B. nach §§ 906 Abs. 2, 912 Abs. 2 (LG Heidelberg VersR 83, 526), 917 Abs. 2 BGB (LG Ravensburg MDR 78, 320; LG Stuttgart VersR 64, 156; *Prölss/ Martin/Voit* § 1 AHB Anm. 2b; *Bruck/Möller/Johannsen* IV Anm. G 62, 66) sowie Ausgleichsansprüche in entsprechender Anwendung von § 906 Abs. 2 Satz 2 (*Palandt/Bassenge* § 906 Rdnrn. 42, 43).

63 hh) Ansprüche auf **Aufwendungsersatz** nach §§ 670, 683 BGB ohne Schadenersatzcharakter (BGH NJW 78, 2030 = VersR 78, 870; VersR 78, 962; vgl. oben Rdnr. 53).

64 ii) Ansprüche auf **Herausgabe** des aus einer Geschäftsbesorgung Erlangten nach § 667 BGB.

65 jj) **Bereicherungsansprüche** nach §§ 812ff. BGB auf Herausgabe des Erlangten oder Wertersatz.

66 kk) Ansprüche auf **Auskunft** ohne Zusammenhang mit einem Schadenersatzanspruch (BGH NJW 81, 1733; 1738, 1740; vgl. oben Rdnr. 54).

67 ll) Ansprüche auf **Einsicht** in oder Aushändigung von **Krankenunterlagen** (BGH NJW 83, 328, 330; OLG Köln NJW 82, 704; *Palandt/Thomas* § 810 Rdnrn. 3, 4).

68 mm) Der Anspruch auf **Gegendarstellung** in Presse, Funk und Fernsehen setzt weder Rechtswidrigkeit noch Verschulden auf Seiten der verbreitenden Stelle voraus und ist kein deliktischer oder quasideliktischer Anspruch, der die beanstandete Veröffentlichung durch eine Handlung des Verbreiters – im Sinn eines Widerrufs, einer Richtigstellung oder Ergänzung – gemäß § 249 Satz 1 BGB ungeschehen machen soll. Er gibt dem Betroffenen lediglich das Recht, seine eigene tatsächliche Stellungnahme zu Gehör zu bringen (BGH NJW 76, 1198, 1201; *Seitz/Schmidt/Schoener* NJW 80, 1553; *Palandt/ Thomas* vor § 823 Rdnrn. 36ff.).

69 nn) Der Anspruch des **Nebenklägers** auf **Erstattung** der durch seine Nebenklage entstandenen **Kosten** ist kein zivilrechtlicher Schadenersatzanspruch des Verletzten, sondern bemißt sich allein nach den strafprozessualen Kostenregelungen, und zwar auch dann, wenn die Nebenklage die Geltendmachung der zivilrechtlichen Schadenersatzansprüche gefördert hat (*Meyer* JurBüro 85, 1455; *Freundorfer* NJW 77, 2153; a.A. *Leonhard* NJW 76, 2152; vgl. auch *Prölss/Martin/Voit* § 150 Anm. 3b; *Palandt/Heinrichs* vor § 249 Rdnr. 91; *Böhme* § 14 Rdnr. 7).

70 oo) Die **Kosten** seiner **Verteidigung** kann der an einem Verkehrsunfall beteiligte freigesprochene Angeklagte allenfalls dann im Wege des Schadenersatzes ersetzt verlangen, wenn der Schädiger nach Amtshaftungsgrundsätzen auch für reine Vermögensschäden haftet, die nicht Folge eines Sach- oder Personenschadens sind (BGH NJW 58, 341, 1041 = VersR 58, 83, 414; *Prölss/Martin* § 150 Anm. 3). *Palandt/Heinrichs* vor § 249 Rdnr. 90 vernei-

Vorbemerkungen 71–73 Vor § 21 ARB 75

nen wohl zu Recht die Ersatzfähigkeit auch bei Amtshaftung, *Böhme* § 14 Rdnr. 7a und § 21 Rdnr. 15a will die vom BGH nur für den Fall der Amtshaftung entwickelten Grundsätze anscheinend auch entgegen BGH NJW 58, 1041 = VersR 58, 414 auf die Fälle des § 823 BGB übertragen.

pp) Ansprüche auf Ersatz der Kosten einer **Ersatzvornahme** haben keinen Schadenersatzcharakter, sondern sind ein Äquivalent für die vom Schuldner nicht erbrachte vertretbare Handlung und Teil der Kosten der Zwangsvollstreckung (§§ 887, 788 ZPO; *Baumbach/Lauterbach/Hartmann* § 788 Rdnr. 24). Die Anwalts- und Gerichtskosten eines Antrags nach § 887 ZPO stehen im Rahmen des § 2 Abs. 3b unter Versicherungsschutz, soweit für den dem Vollstreckungstitel zugrundeliegenden Anspruch Versicherungsschutz besteht (§ 2 Rdnrn. 176 bis 179). 71

qq) **Ausgleichsansprüche unter Gesamtschuldnern** nach § 426 BGB erwachsen dem Anspruchsinhaber im Zusammenhang mit einer Schadensatzpflicht nicht wegen Beeinträchtigung eines eigenen Rechtsguts, sondern deshalb, weil er neben anderen für die Verletzung eines fremden Rechtsguts mitverantwortlich ist (Hauptfall § 840 BGB). Der originäre Ausgleichsanspruch des § 426 Abs. 1 BGB entsteht als rechtlich selbständiger Anspruch von vornherein mit Entstehung der Gesamtschuld infolge des Schadenereignisses und jeder Gesamtschuldner kann ihn schon vor der Befriedigung des Geschädigten als Befreiungsanspruch gegen die anderen Gesamtschuldner geltend machen (*Palandt/Heinrichs* § 426 Rdnr. 3). Er ist seinem Wesen, seinem Inhalt und der Personenbeziehung nach von dem damit zusammenhängenden Schadenersatzanspruch verschieden. Der auf den leistenden Gesamtschuldner nach § 426 Abs. 2 BGB übergehende Schadenersatzanspruch des Geschädigten bleibt zwar Schadenersatzanspruch. Das ihn auslösende Schadenereignis hat jedoch nicht als „Versicherungsfall" im Sinn des § 14 Abs. 1 den Rechtskreis und damit das versicherte Interesse des gesamtschuldnerisch haftenden VN, sondern den Rechtskreis des durch den Versicherungsvertrag des VN nicht mitversicherten Geschädigten betroffen, so daß der Übergang des Anspruchs auf den VN nicht zur Entstehung des Versicherungsschutzes für dessen Geltendmachung führen kann (§ 4 Abs. 2b; AG Herford VersR 86, 134 = ZfS 86, 115; vgl. § 4 Rdnr. 158). 72

II. Verteidigung in Verfahren wegen des Vorwurfs der Verletzung einer Vorschrift des Straf- oder Ordnungswidrigkeitenrechts
(entspricht § 2i und j ARB 94)

Der in den Leistungskatalogen der §§ 21 bis 28 enthaltene **Straf-RS** (vgl. oben Rdnr. 22) ist die zweite Grundform der allgemeinen RSVersicherung. Im Gegensatz zum aktiven (aggressiven) Schadenersatz-RS als der anderen Grundform hat er passiven (defensiven) Charakter und bietet Versicherungsschutz für die Abwehr des staatlichen Strafanspruchs bei den Deliktskategorien des § 4 Abs. 3 (vgl. unten Rdnr. 82) sowie des staatlichen Bußgeldanspruchs. 73

74 1. Unter Versicherungsschutz steht die Wahrnehmung rechtlicher Interessen in Form der **Verteidigung** in Verfahren wegen des Vorwurfs der Verletzung einer Vorschrift des Straf- oder Ordnungswidrigkeitenrechts. Wer sich als VN gegen einen straf- oder bußgeldrechtlichen Vorwurf nicht selbst verteidigen will, kann sich hierzu gemäß § 137 StPO, § 46 Abs. 1 OWiG in jeder Lage des Verfahrens des Beistands eines Verteidigers bedienen. Ist dieser Verteidiger ein Rechtsanwalt (§ 138 StPO), dann hat der RSVersicherer – bei bestehender Versicherungsdeckung im übrigen – dessen gesetzliche Vergütung im Umfang des § 2 Abs. 1a und b zu übernehmen (Näheres § 2 Rdnrn. 68 ff.). Soweit eine im Rahmen des § 138 StPO zulässige Verteidigung durch einen Nicht-Rechtsanwalt erfolgt, ist der Versicherer nicht eintrittspflichtig (§ 2 Rdnr. 9). Sonstige durch die Verteidigung entstehende Kosten trägt der Versicherer im Umfang des § 2 Abs. 1c bis g.

75 2. Die Verteidigung steht dann unter Versicherungsschutz, wenn sie „in Verfahren **wegen des Vorwurfs**" der Verletzung einer straf- oder bußgeldrechtlichen Vorschrift durchgeführt wird. Der Versicherungsschutz setzt also ein, sobald in einem eingeleiteten Verfahren ein bestimmter Vorwurf gegen den VN erhoben wird, indem er beispielsweise als Beschuldigter vernommen (§ 163a StPO; AG Schwandorf r + s 88, 171) oder ihm als Betroffenem Gelegenheit gegeben wird, sich zu der Beschuldigung – mündlich oder schriftlich – zu äußern (§ 55 OWiG; AG Sulingen ZfS 86, 272). Verteidigungsmaßnahmen vor Erhebung eines Vorwurfs, z.B. die Einreichung einer vorsorglichen Verteidigungsschrift, stehen – auch mangels eines Versicherungsfalles (§ 14 Rdnr. 28) – noch nicht unter Versicherungsschutz (AG Rheinberg ZfS 86, 180; AG Siegen ZfS 86, 18; AG Hannover ZfS 85, 367; AG Geldern ZfS 85, 113; AG Köln ZfS 85, 50; AG Düsseldorf r + s 89, 292; ZfS 82, 147 bei nur mündlicher Ankündigung eines Ermittlungsverfahrens, zweifelhaft; AG Recklinghausen ZfS 84, 110). Die bloße Mitteilung einer Polizeibehörde, ein Verfahren gegen den – bisher nicht angehörten – VN sei „eingestellt" worden, ist noch kein sicheres Indiz dafür, daß gegen den VN als Beschuldigten oder Betroffenen überhaupt formal ermittelt worden war. Behördliche Maßnahmen, die erst der Ermittlung einer bestimmten Person (z.B. Fahrzeugführer) oder deren näherer Personalien dienen, leiten mangels Schuldvorwurfs gegen eine bestimmte Person noch kein Ermittlungsverfahren ein (BayObLG DAR 88, 172; OLG Hamm, OLG Zweibrücken DAR 88, 173; vgl. auch § 4 Rdnr. 178). Mangels Schuldvorwurfs besteht auch kein Versicherungsschutz, wenn die Bußgeldbehörde dem VN als Halter eines Kraftfahrzeugs nach § 25a StVG die Verfahrenskosten auferlegt (AG Düsseldorf ZfS 88, 80; vgl. hierzu § 2 Rdnr. 122a).

76 Wird der **VN** von der Polizei, der Staatsanwaltschaft oder dem Gericht ausdrücklich **als Zeuge** vernommen und bedient er sich hierbei anwaltschaftlicher Unterstützung, so kann dies allenfalls dann als Verteidigungsmaßnahme gewertet werden, wenn er aufgrund der Sachlage damit rechnen muß, sich durch seine Zeugenaussage selbst zu belasten. Läßt sich ein bereits in irgendeiner Weise formell beschuldigter VN von einem Rechtsanwalt beraten und rät dieser von Verteidigungsmaßnahmen ab, dann steht diese Beratung – außer bei Mutwilligkeit des VN – unter Versicherungsschutz, da der Versicherer die Erfolgsaussichten insoweit nicht prüft (§ 17 Abs. 1 Satz 3).

3. a) Die **Art** des gegen den VN eingeleiteten **Verfahrens** ist gleichgültig. Versicherungsschutz besteht in allen gesetzlich zugelassenen Verfahrensarten von deren Beginn an, insbesondere in den nach der StPO, dem JGG und dem OWiG vorgesehenen Verfahren, die in der Regel durch Ermittlungen der Staatsanwaltschaft, der Polizei oder der Verwaltungsbehörde eingeleitet werden (§§ 160, 163 StPO, §§ 53, 56 OWiG). Die Deckung erstreckt sich auf die Verteidigung gegen alle begleitenden Maßnahmen, die in dem eingeleiteten Verfahren gegen den VN gerichtet sind, z.B. Beschlagnahme, Durchsuchung, vorläufige Entziehung der Fahrerlaubnis, Verhaftung und vorläufige Festnahme (§§ 94 ff., 112 ff. StPO). Die Deckung umfaßt auch die Abwehr von Nebenstrafen, Nebenfolgen und Maßnahmen der Sicherung und Besserung (z. B. §§ 44, 45, 61 ff. StGB, § 66 Abs. 1 Nr. 5 OWiG). Voraussetzung ist lediglich, daß es sich um ein „Verfahren wegen des Vorwurfs der Verletzung einer Strafvorschrift" handelt. Nicht unter diesen Begriff und daher nicht unter die Deckung fällt die Verteidigung gegen Maßnahmen im Rahmen eines Sicherungsverfahrens im Sinn der §§ 413 ff. StPO, das gegen den VN wegen Schuldunfähigkeit oder Verhandlungsunfähigkeit eingeleitet wird (*Kleinknecht/Meyer* § 413 Rdnr. 1). Ebenfalls kein Straf-(oder Bußgeld-)Verfahren ist – trotz § 111 BRAGebO – das rein verwaltungsrechtliche Verfahren vor dem Seeamt zur Feststellung der Schuld an einem Seeunfall nach dem Gesetz über die Untersuchung von Seeunfällen (*Creifelds* Stichwort „Seeamt"; vgl. auch § 21 Rdnr. 104 a). Die Notwendigkeit der Verteidigung und damit der Versicherungsschutz enden in der Regel mit der Rechtskraft des Urteils oder der sonstigen das Verfahren endgültig abschließenden Entscheidung, können darüber hinaus aber auch Einwendungen gegen die Zulässigkeit der Strafvollstreckung aus einem rechtskräftigen Urteil im Sinn des § 458 Abs. 1 StPO oder gegen die Vollstreckung aus einer rechtskräftigen Bußgeldentscheidung (§ 2 Rdnr. 188) sowie einen Antrag auf Wiederaufnahme des Verfahrens (§ 17 Rdnr. 5) oder ein Auslieferungsverfahren im Geltungsbereich des § 3 umfassen (LG Hamburg VersR 85, 1034). Wegen Anträgen auf eine Vergünstigung in der Strafvollstreckung vgl. unten Rdnrn. 85 ff.

b) Schließt sich ein Verletzter der erhobenen öffentlichen Klage gegen den VN im Wege der **Nebenklage** an (§§ 395 ff. StPO), dann liegt auch in der Nebenklage ein „Vorwurf der Verletzung einer Vorschrift des Strafrechts", gegen die sich der VN verteidigen kann. Die dem Nebenkläger entstandenen Kosten hat der Versicherer gemäß § 2 Abs. 1g zu übernehmen, soweit die Verteidigung gegen den strafrechtlichen Vorwurf in den Deckungsbereich des Vertrags des VN fällt, nicht durch § 4 Abs. 3 ausgeschlossen ist und der VN zur Erstattung der Kosten verpflichtet ist (Näheres § 2 Rdnr. 139 ff.). Entsprechendes gilt für die Kosten einer vom Verletzten gegen den VN angestrengten Privatklage (§§ 374 ff. StPO).

c) Im Gegensatz zu den Kosten einer solchen „passiven" Neben- oder Privatklage hat der Versicherer die Kosten einer vom VN selbst erhobenen

„aktiven" Neben- oder Privatklage nicht zu übernehmen, da es sich insoweit nicht um die Verteidigung gegen einen straf- oder bußgeldrechtlichen Vorwurf, sondern um ein strafprozessuales Angriffsmittel handelt und auch keine Geltendmachung von Schadenersatzansprüchen vorliegt (vgl. oben Rdnr. 69).

80 d) Ebensowenig stehen **sonstige Angriffsmittel** des VN unter Versicherungsschutz, wie z. B. ein Strafantrag nach § 77 StGB, eine Strafanzeige nach § 158 StPO oder das Klageerzwingungsverfahren nach § 172 StPO.

81 4. Der **Versicherungsfall** ist in dem Zeitpunkt eingetreten, in dem der VN (oder eine mitversicherte Person) nach dem Vorwurf der Ermittlungsbehörde oder des Gerichts begonnen hat oder begonnen haben soll, eine Vorschrift des Straf- oder Ordnungswidrigkeitenrechts zu verletzen (Näheres § 14 Rdnrn. 28 ff.).

82 5. Das **Strafrecht** umfaßt die Gesamtheit der Rechtsnormen, die Inhalt und Umfang der staatlichen Strafbefugnis regeln. Die einzelnen Vorschriften des (materiellen) Strafrechts sind im StGB sowie in zahlreichen anderen Gesetzen (Nebenstrafrecht) enthalten, die jeweils die Tatbestandsmerkmale einer strafbaren Handlung (§ 11 Abs. 1 Nr. 5 StGB) sowie den Strafrahmen festlegen. Für Straftaten im Ausland ist das materielle Strafrecht des jeweiligen Landes maßgeblich. Im allgemeinen Strafrecht steht die Verteidigung gegen den Vorwurf einer Straftat nur dann unter Versicherungsschutz, wenn es sich um den Vorwurf eines Vergehens handelt, bei dem auch die nur fahrlässige Begehung unter Strafe gestellt ist. Im Verkehrsstrafrecht ist der Umfang der Versicherungsdeckung etwas weiter (§ 4 Abs. 3a und b; Näheres § 4 Rdnrn. 198 ff.).

83 6. Das **Ordnungswidrigkeitenrecht** umfaßt die Gesamtheit der Rechtsnormen, die die Ahndung bestimmter gesetzlich umschriebener rechtswidriger und vorwerfbarer Handlungen mit einer Geldbuße regeln (§ 1 Abs. 1 OWiG). Eine Übersicht über das bundes- und landesrechtliche Ordnungswidrigkeitenrecht ist bei *Göhler*, 5. Aufl., Anh. B abgedruckt (Näheres § 4 Rdnr. 156). Wegen der seit 1. 4. 1987 geltenden Halterhaftung nach § 25a StVG vgl. § 2 Rdnr. 122 a.

84 **Nicht** zum **Ordnungswidrigkeitenrecht** gehören solche Rechtsnormen, die die Folgen der Verletzung einer Berufs- oder Standespflicht regeln, und zwar auch dann nicht, wenn sie für eine entsprechende Pflichtverletzung eine „Geldbuße" vorsehen (*Göhler/Buddendiek* vor § 1 Rdnr. 39). Ebensowenig gehören solche Normen zum Ordnungswidrigkeitenrecht, die ein „Ordnungsgeld" als Folge eines Ungehorsams oder einer Ungebühr (z. B. §§ 51, 70 Abs. 1 StPO, 380 ZPO, § 178 GVG) oder ein „Zwangsgeld" als Mittel der Zwangsvollstreckung (z. B. § 11 VwVG, § 888 ZPO) vorsehen (*Göhler/Buddendiek* vor § 1 Rdnrn. 40, 41).

85 7. Soweit für den straf- oder bußgeldrechtlichen Vorwurf gegen den VN (oder eine mitversicherte Person) Versicherungsschutz besteht, umfaßt er bei Freiheitsstrafen (§§ 38, 39 StGB, §§ 17 ff. JGG; auch Strafarrest nach § 9 Wehrstrafgesetz) sowie bei Geldstrafen (§ 40 StGB) und Geldbußen (§ 17

OWiG), die jeweils mehr als fünfhundert Deutsche Mark betragen, auch **Gnaden-, Strafaussetzungs-, Strafaufschub- und Zahlungserleichterungsverfahren,** allerdings begrenzt auf insgesamt zwei Anträge je Versicherungsfall. Soweit ein Rechtsmittelverfahren für solche Anträge vorgesehen ist, erstreckt sich der Versicherungsschutz auf alle Instanzen pro Antrag. Bei Geldstrafen ist nicht die Höhe des einzelnen Tagessatzes, sondern die Summe der Tagessätze maßgeblich, die über fünfhundert Deutsche Mark liegen muß (vgl. auch § 14 Rdnr. 30). Für die Vertretung in einer echten Gnadensache bemißt sich die Vergütung des Verteidigers des VN nach § 93 BRAGebO, für die Vertretung in einem der sonstigen genannten Verfahren in der Regel nach § 91 BRAGebO (*Gerold/Schmidt/Madert* § 91 Rdnr. 7).

a) **Gnadenverfahren** dienen der Prüfung der Frage, ob das – nach Bundes- oder Landesrecht zuständige – Staatsorgan von seinem Begnadigungsrecht Gebrauch machen soll (vgl. § 452 StPO). Das Begnadigungsrecht umfaßt die Befugnis, rechtskräftig verhängte Strafen und Maßregeln der Sicherung und Besserung (§ 61 StGB) im Gnadenweg, also nicht auf einem strafprozessual vorgesehenen Weg, zu erlassen, umzuwandeln, zu ermäßigen oder auszusetzen (*Creifelds* Stichwort „Gnadenrecht"). Das Begnadigungsrecht ist umfassender als die strafprozessuale Befugnis von Gericht und Staatsanwaltschaft, Strafaussetzung, Strafaufschub, Zahlungserleichterungen und sonstige Vergünstigungen im Rahmen der Strafvollstreckung zu gewähren.

b) Die **Strafaussetzung** ist in den §§ 56 bis 58 StGB, 21 bis 26a JGG und 14, 14a Wehrstrafgesetz geregelt. Das Gericht kann bei der Verurteilung in bestimmtem Rahmen die Vollstreckung der Gesamtstrafe oder nachträglich einen Strafrest zur Bewährung aussetzen.

c) **Strafaufschub** und – nach Beginn der Strafvollstreckung – Strafunterbrechung sowie ähnliche Maßnahmen kann die Vollstreckungsbehörde im Rahmen der §§ 455 bis 456c StPO bewilligen.

d) **Zahlungserleichterungen** können nach §§ 42 StGB, 18, 25 Abs. 5 und 30 Abs. 3 OWiG sowie nachträglich nach §§ 459a StPO, 93 OWiG bewilligt werden. Versicherungsschutz für entsprechende Anträge besteht jedoch nur, wenn die Geldstrafe oder Geldbuße fünfhundert Deutsche Mark übersteigt.

e) Nach dem Wortlaut der ARB sind nur Anträge in Gnaden-, Strafaussetzungs-, Strafaufschub- und Zahlungserleichterungsverfahren vom Versicherungsschutz umfaßt. Über diesen Wortlaut hinaus besteht jedoch nach dem Zweck der Regelung – begrenzt auf insgesamt zwei Anträge – auch Versicherungsschutz in **ähnlichen Verfahren,** die auf Gewährung einer Vergünstigung nach einer rechtskräftigen Verurteilung gerichtet sind, so z.B. für Anträge auf vorzeitige Aufhebung der Sperre für die Wiedererteilung der Fahrerlaubnis nach § 69a Abs. 7 StGB, auf Absehen von der Vollstreckung einer Geld- oder Ersatzfreiheitsstrafe nach §§ 459d und f StPO oder auf vorzeitige Tilgung einer Eintragung im Bundeszentralregister nach § 49 Bundeszentralregistergesetz oder im Verkehrszentralregister nach § 13a Abs. 4 StVZO. Denn solche Vergünstigungen sind häufig nicht nur in den gesetzlich vorgesehenen Fällen, sondern darüber hinaus auch als reine Begnadigungsmaßnahmen möglich (ähnlich *Böhme* § 21 Rdnr. 21).

III. Verteidigung in Verfahren wegen des Vorwurfs der Verletzung einer Vorschrift des Disziplinar- oder Standesrechts
(entspricht § 2h ARB 94)

91 1. In den Vertragsarten, die die Wahrnehmung rechtlicher Interessen **im Zusammenhang mit** einer **beruflichen Tätigkeit** des VN unter Versicherungsschutz stellen, d. h. in den §§ 24 bis 27, ist neben der Verteidigung gegen einen straf- oder bußgeldrechtlichen Vorwurf auch die Verteidigung gegen einen disziplinar- oder standesrechtlichen Vorwurf mitgedeckt. Diese Rechtsgebiete sind zwar materiell vom Strafrecht wesensverschieden und gehören dem Verwaltungsrecht an. Verfahrensrechtlich ähneln sie jedoch dem Strafverfahren. Wegen der Begriffe „Verteidigung" und „Vorwurf" kann auf das oben in Rdnrn. 74 ff. Gesagte verwiesen werden. Wird dem VN vorgeworfen, vorsätzlich gegen eine Vorschrift des Disziplinar- oder Standesrechts verstoßen zu haben, dann gilt für die Frage des Ausschlusses bei vorsätzlicher Herbeiführung des Versicherungsfalles § 4 Abs. 2a, und zwar auch dann, wenn der VN gegen seine Dienst- oder Standespflichten durch eine vorsätzliche Straftat verstoßen haben soll (§ 4 Rdnr. 176). § 4 Abs. 3a kommt insoweit nicht zum Zuge. Denn im Disziplinar- oder Standesrechtsverfahren wird nicht der strafrechtliche Vorwurf als solcher, sondern der in der vorgeworfenen Straftat gleichzeitig liegende Verstoß gegen Dienst- oder Berufspflichten gewürdigt. Der Versicherungsfall gilt in dem Zeitpunkt als eingetreten, in dem der VN begonnen hat oder begonnen haben soll, gegen disziplinar- oder standesrechtliche Vorschriften zu verstoßen (§ 14 Abs. 2 Satz 1). Dies gilt auch für den Fall des Wiederaufgreifens eines disziplinarrechtlichen Verwaltungsverfahrens (OLG Düsseldorf r + s 89, 189).

92 2. a) Das **Disziplinarrecht** ist Teil des Beamten-, Soldaten- und Richterrechts und umfaßt die Gesamtheit der Rechtsvorschriften, die für die Ahndung dienstlicher Verfehlungen dieser Berufsgruppen gelten. Das Disziplinarrecht soll die Dienstzucht der Beamten wahren und das Vertrauen der Öffentlichkeit in die Integrität der Staatsdiener erhalten (*Wolff/Bachof/Stober* II § 115 Rdnr. 3). Während das materielle Disziplinarrecht in der Regel in den Beamten-, Soldaten- und Richtergesetzen enthalten ist, ist das Verfahrensrecht in der Wehrdisziplinarordnung, der Bundesdisziplinarordnung und den ihr entsprechenden landesrechtlichen Disziplinargesetzen sowie in §§ 61 bis 68 DRiG und den Richtergesetzen der Länder geregelt (*Wolff/Bachof/Stober* II § 115 Rdnr. 3; *Creifelds* Stichwort „Disziplinarrecht"). Dem Disziplinarrecht unterliegen auch Wehrpflichtige (§ 1 Abs. 2 Wehrdisziplinarordnung in Verbindung mit § 1 Abs. 1 Soldatengesetz) sowie Notare (§§ 95 bis 110 Bundesnotarordnung). Angestellte und Arbeiter des öffentlichen Dienstes stehen an sich generell in einem privatrechtlichen Dienstverhältnis (*Palandt/Putzo* vor § 611 Rdnr. 54), so daß für sie keine öffentlich-rechtlichen Disziplinarvorschriften gelten können. Jedoch ist für diese Gruppen die Vereinbarung einer Disziplinarordnung zwischen Dienstherrn und Personalrat möglich (BAG BB 78, 405; vgl. auch *Wolff/ Bachof/Stober* II § 118 Rdnr. 8).

b) „Disziplinarrecht" ist ein festumrissener, im wesentlichen öffentlich- 93 rechtlichen Dienstverhältnissen vorbehaltener Begriff der Rechtssprache und daher nicht über seinen gesetzlichen Geltungsbereich hinaus auszulegen (Einl. Rdnr. 48). Soweit für andere Personengruppen Ordnungsregeln gelten, die einer Disziplinarmaßnahme im Sinn des Beamtenrechts verwandt sein mögen oder in ihrer Wirkung nahekommen, handelt es sich gleichwohl **nicht** um **Disziplinarrecht** im Rechtssinn und damit im Sinn der ARB, und zwar auch dann nicht, wenn die Maßnahme nach dem früher teilweise üblichen Sprachgebrauch noch als Disziplinarmaßnahme bezeichnet ist. Dies ist z.B. der Fall beim Hochschul-Ordnungsrecht, das eine Beeinträchtigung der Ausbildungs- und Forschungsaufgaben der Hochschulen durch Studenten verhindern und gegebenenfalls ahnden soll (*Wolff/Bachof/Stober* II § 93 Rdnr. 144) und damit eine andere Funktion als das beamtenrechtliche Disziplinarrecht hat (ebenso *Böhme* § 2 Rdnr. 7). Entsprechendes gilt für schulische Maßnahmen in Form von Verwaltungsakten gegen Schüler (*Wolff/ Bachof/Stober* II § 101 Rdnr. 53 ff.). Ebensowenig hat die auf Privatautonomie beruhende Ordnungsstrafgewalt von Vereinen disziplinarrechtlichen Charakter (*Palandt/Heinrichs* § 25 Rdnrn. 12 ff.). Disziplinarrechtsähnliche Maßnahmen können die im Kassenarztrecht tätigen Selbstverwaltungsorgane gegen Kassenärzte und Kassenzahnärzte verhängen, nämlich die Zulassungsinstanzen gemäß § 95 Abs. 6 SGB V bei gröblicher Verletzung kassen(zahn)ärztlicher Pflichten und die Kassen(zahn)ärztlichen Vereinigungen gemäß § 81 Abs. 5 SGB V bei minderschweren Pflichtverstößen ihrer Mitglieder. Das Verfahren ist hier jedoch nicht wie bei echten beamtenrechtlichen Disziplinarverstößen nach Art eines Strafprozesses geregelt, sondern nach Art der sozialrechtlichen Verfahren (vgl. §§ 96, 97 SGB V und die hierzu erlassenen Zulassungsverordnungen für Kassenärzte und Kassenzahnärzte). Da solche Verfahren überdies zur Zuständigkeit der Sozialgerichte gehören (§ 51 Abs. 2 SGG), fallen sie in den Deckungsbereich des Sozialgerichts-RS und nicht des Disziplinar-RS (vgl. unten Rdnr. 130).

3. a) Das **Standesrecht** ist die Gesamtheit der Rechtsnormen, die für An- 94 gehörige bestimmter, meist in öffentlich-rechtlichen Körperschaften – „Kammern" – zusammengeschlossener Berufe gelten und die die Konkretisierung spezifischer Berufs- und Standespflichten sowie die Ahndung ihrer Verletzung zum Gegenstand haben. Die Überwachung der Berufspflichten obliegt häufig den Berufs- oder Ehrengerichten des jeweiligen Standes, deren Verfahren dem Strafprozeß ähnelt, zum Teil auch den Verwaltungsbehörden wie z.B. in Verfahren zum Widerruf der ärztlichen Approbation. Insbesondere handelt es sich hier um das Berufsrecht der Rechtsanwälte (Anwaltsgerichtsbarkeit, §§ 92 bis 161a BRAO; zum europäischen Standesrecht vgl. AnwBl. 78, 121), der Patentanwälte (§§ 95 bis 144a PAnwO), der Steuerberater und Steuerbevollmächtigten (§§ 89 bis 153 Steuerberatungsgesetz), der Wirtschaftsprüfer (§§ 67 bis 127 Wirtschaftsprüferordnung) und das landesrechtlich geregelte Standesrecht der Börsenmakler, Architekten

sowie – meist in sogenannten „Kammergesetzen" – der Heilberufe, nämlich der Ärzte, Zahnärzte, Tierärzte und Apotheker (*Wolff/Bachof/Stober* I § 32 Rdnr. 27; III § 159 Rdnr. 14; *Creifelds* Stichwort „Standesrecht").

95   b) **Standesrecht** im Rechtssinn ist nur das in einer staatlichen Rechtsnorm festgelegte spezifische Berufsrecht der öffentlich-rechtlich korporierten Angehörigen eines bestimmten Berufsstandes (vgl. oben Rdnr. 94). Auf Privatautonomie beruhendes Recht, z. B. die in der Satzung eines berufsständischen Vereins niedergelegte Ehrengerichtsbarkeit über Vereinsmitglieder, die in der Satzung einer studentischen Korporation zugelassene Strafgewalt eines studentischen Ehrengerichts oder die von kaufmännischen Ehrengerichten auf Grund freiwilliger Unterwerfung verhängten Maßnahmen (*Baumbach/Hefermehl* UWG Einl. Rdnr. 38) sind **kein Standesrecht** im Sinn der ARB (Einl. Rdnr. 48; unten Rdnr. 102). Die nach dem Kassenarztrecht (§§ 69 ff. SGB V) möglichen Sanktionen gegen Kassen(zahn)ärzte sind ebenfalls kein Standesrecht, da sie nicht die spezifischen Berufspflichten der Ärzte und Zahnärzte als solcher betreffen, sondern der Sicherstellung der kassen(zahn)ärztlichen Versorgung dienen und hierfür der Rechtsweg zu den Sozialgerichten gegeben ist (vgl. oben Rdnr. 93).

IV. Wahrnehmung rechtlicher Interessen aus schuldrechtlichen Verträgen
(entspricht § 2d ARB 94)

96   1. Die Wahrnehmung rechtlicher Interessen aus schuldrechtlichen Verträgen steht **je nach der versicherten Eigenschaft** des VN **und** der von ihm für seinen Lebensbereich ausgewählten **Vertragsart** unter Versicherungsschutz in Form des
– Fahrzeug-Vertrags-RS gemäß §§ 21 Abs. 4 b, 22 Abs. 3 b, 24 Abs. 6 Ziff. 3 a, 26 Abs. 3 b (Fassung 1988: in Abs. 5 b mit enthalten) und 27 Abs. 3 b,
– gerichtlichen Firmen-Vertrags-RS gemäß § 24 Abs. 3 Ziff. 1,
– gerichtlichen Handelsvertreter-Vertrags-RS gemäß § 24 Abs. 3 Ziff. 2,
– allgemeinen Vertrags-RS gemäß §§ 25 Abs. 3, 26 Abs. 4 (Fassung 1988: Abs. 5 b) und 27 Abs. 4,
außerdem in den beiden Sonderformen des
– (privatrechtlichen) Arbeits-RS gemäß §§ 24 Abs. 2 b, 25 Abs. 2 b, 26 Abs. 3 c (Fassung 1988: Abs. 5 c), 27 Abs. 3 c und 28 Abs. 2 d (vgl. unten Rdnr. 116),
– Miet- und Pacht-RS für Immobilien gemäß § 29 (vgl. § 29 Rdnrn. 10 ff.),
die aus risikotechnischen und nachfrageorientierten Gründen als eigene Leistungspositionen ausgestaltet und dadurch auch unterschiedlich kombinationsfähig sind.

97   2. Unter Versicherungsschutz steht jede **durch** einen **Rechtsverstoß** als Versicherungsfall im Sinn des § 14 Abs. 3 **ausgelöste** Art von **Interessenwahrnehmung** des VN in Form der Geltendmachung oder Abwehr von vertraglichen Ansprüchen oder sonstigen Rechten aller Art oder auch in

Vorbemerkungen   98, 99   Vor § 21 ARB 75

Form der Ausübung von Gestaltungsrechten, z.B. einer Kündigung, eines Rücktritts oder einer Anfechtung. Mit Ausnahme der Fälle des § 24 Abs. 3 ist die außergerichtliche und die gerichtliche Interessenwahrnehmung von ihrem Beginn an bis zum Ende gedeckt (vgl. § 1 Rdnrn. 2 und 3). Die Deckung setzt allerdings erst nach Ablauf der dreimonatigen Wartezeit des § 14 Abs. 3 Satz 3 ein. Gleichgültig ist, ob ein vertraglicher Anspruch gegen den VN vom ursprünglichen Vertragspartner oder einem – rechtsgeschäftlichen oder gesetzlichen oder durch Verwaltungsakt geschaffenen – Zessionar geltend gemacht wird. Denn der Anspruchsübergang auf den Neugläubiger ändert nichts an der Rechtsnatur des Anspruchs, den der VN abwehren will (vgl. unten Rdnr. 105). So bestand beispielsweise Versicherungsschutz, wenn der VN als Beschenkter einen nach § 90 BSHG a.f. auf den Träger der Sozialhilfe übergeleiteten Anspruch des verarmten Schenkers wegen Notbedarfs nach § 528 BGB abwehren wollte. Dies galt nicht nur hinsichtlich zivilrechtlicher Einwendungen gegen den Anspruch, sondern auch, soweit der VN verwaltungsrechtlich schlüssige Argumente gegen die Wirksamkeit der Überleitungsanzeige vorbringen konnte. Die vertraglich erworbene Rechtsstellung als Beschenkter konnte je nach Sach- und Rechtslage auch im Verwaltungsverfahren erfolgreich verteidigt werden. Seit 1993 bedarf es keiner Überleitungsanzeige mehr, vielmehr geht der Anspruch des verarmten Schenkers nunmehr kraft Gesetzes (§§ 90, 91 BSHG) auf den Sozialhilfeträger über (*Palandt/Putzo* § 528 Rdnr. 4 m.w.N.).

3. a) Voraussetzung für das Bestehen von Versicherungsschutz ist, daß der 98
VN (oder eine mitversicherte Person) rechtliche Interessen aus einem **schuldrechtlichen Vertrag** wahrzunehmen hat. Es genügt also nicht das Vorliegen eines – gesetzlichen oder sonstigen – Schuldverhältnisses beliebiger Art im Sinn des § 241 BGB. Es muß sich vielmehr gerade um ein Schuldverhältnis aus einem durch Rechtsgeschäft, d.h. durch privatrechtlichen Willensakt zustandegekommenen Vertrag im Sinn des § 305 BGB handeln. Eine Ausnahme gilt für den Arbeits-RS, dessen Deckungsbereich die Interessenwahrnehmung nicht nur aus Verträgen, sondern aus „Arbeitsverhältnissen" aller Art umfaßt (vgl. unten Rdnr. 116).

aa) **Vertrag** ist die von zwei oder mehr Personen erklärte Willensüber-   99
einstimmung über die Herbeiführung eines bestimmten rechtlichen Erfolgs und kommt in der Regel durch Antrag und Annahme im Sinn der §§ 145ff. BGB zustande (*Palandt/Heinrichs* vor § 145 Rdnrn. 1–4). Gleichgültig ist, ob es sich um einen entgeltlichen oder unentgeltlichen, um einen formlosen oder formgebundenen, um einen Vorvertrag oder Hauptvertrag, um einen schuldbegründenden, schuldumwandelnden oder schuldaufhebenden Vertrag oder um einen einseitig verpflichtenden, unvollkommen zweiseitigen oder gegenseitigen Vertrag handelt (*Palandt/Heinrichs* vor § 305 Rdnrn. 6ff.; § 305 Rdnrn. 1–10; vor § 320 Rdnrn. 1ff.). Entscheidend ist nur, daß eine ernstlich gewollte rechtliche Vertragsbindung vorliegt. Bei den von einem Teil der Rechtslehre und Rechtsprechung angenommenen sogenannten faktischen, d.h. ohne Willenserklärung der Parteien durch rein tatsächliches Verhalten entstandenen Vertragsverhältnissen handelt es sich in Wirklichkeit weitgehend um echte Verträge, die durch schlüssiges Verhalten der

539

Beteiligten begründet sind (*Palandt/Heinrichs* vor § 145 Rdnrn. 25 ff.). Soweit kein gesetzliches Verbot entgegensteht, herrscht bei der Ausgestaltung der Verträge Vertragsfreiheit. Die Vertragsparteien unterliegen keinem Typenzwang, sondern können ihre Beziehungen rechtlich völlig frei gestalten, insbesondere die gesetzlich normierten Vertragstypen abwandeln, ergänzen und kombinieren („gemischte Verträge"; *Palandt/Heinrichs* vor § 305 Rdnrn. 16 ff.). Typische, sogenannte „benannte" Verträge hat der Gesetzgeber im Zweiten Buch des BGB (§§ 433 ff.), im HGB, VVG, Verlagsgesetz und anderen Sondergesetzen geregelt (*Palandt/Heinrichs* vor § 305 Rdnr. 11). Die Interessenwahrnehmung aus solchen typischen sowie den atypischen Verträgen steht unter Versicherungsschutz, soweit es sich um echte Verträge handelt (vgl. unten Rdnrn. 102 ff.) und keine Ausschlußbestimmung nach § 4 eingreift.

100 Besteht zum Abschluß eines Vertrages ein **gesetzlicher Zwang** – z.B. in der Kraftfahrt-Haftpflichtversicherung nach dem PflVG oder in der privaten Pflegeversicherung nach §§ 22, 23 SGB XI (*Prölss/Schmidt* Zusatz 1 zu § 12 d; vgl. § 4 Rdnr. 67) – oder kommt ein privatrechtlicher Vertrag durch Hoheitsakt zustande – z.B. ein Arbeitsverhältnis durch Verpflichtungsbescheid nach dem Arbeitssicherstellungsgesetz –, dann ändert dies nichts an der schuldrechtlichen Natur des jeweiligen Vertrags (Näheres *Palandt/Heinrichs* vor § 145 Rdnrn. 8 ff.).

101 bb) Fraglich kann sein, inwieweit eine Berechtigung oder Verpflichtung aus einem **Wertpapier** auf einem schuldrechtlichen Vertrag beruht. Wertpapiere sind Urkunden, deren Besitz zur Ausübung des in ihnen verbrieften Rechts notwendig ist. Man unterscheidet auf einen namentlich genannten Inhaber ausgestellte Papiere, die entweder durch Abtretung der in ihnen verbrieften Forderung – Namenspapiere, z.B. Hypothekenbrief – oder durch Indossierung – Orderpapiere, z.B. Wechsel, Konnossement, Order-Lagerschein – auf einen Rechtsnachfolger übertragen werden können. Daneben gibt es die Inhaberpapiere, bei denen der Aussteller jedem Inhaber die Leistung verspricht (*Palandt/Thomas* vor § 793 Rdnrn. 1 ff.). Da sich der Aussteller eines Wertpapiers normalerweise verpflichten will, kann man im Regelfall, in dem das Wertpapier mit dem Willen des Ausstellers in den Rechtsverkehr gelangt, wenn also keiner der Fälle des § 794 BGB gegeben ist, eine vertragliche oder vertragsähnliche Bindung annehmen (vgl. *Baumbach/Hefermehl* WG Grundzüge Rdnr. 38; *Palandt/Thomas* § 793 Rdnr. 2). Beruht diese wertpapierrechtliche Bindung, wie es die Regel ist, auf einem unter den Versicherungsschutz fallenden „Kausalvertrag" – z.B. Kauf- oder Werkvertrag –, dann ist die Interessenwahrnehmung aus dem Wertpapier-Rechtsverhältnis gedeckt (AG Köln ZfS 85, 83), und zwar im Regelfall – vorbehaltlich des Ausschlusses nach § 4 Abs. 2b – auch im Verhältnis zwischen dem Verpflichteten und einem Rechtsnachfolger des ersten Berechtigten aus dem Wertpapier. Ist die Interessenwahrnehmung aus dem Grundverhältnis vom Versicherungsschutz ausgenommen, besteht naturgemäß auch für das Wertpapier-Rechtsverhältnis keine Deckung (AG Karlsruhe ZfS 87, 15 für Scheckprozeß bei Ausschluß nach § 4 Abs. 1k). Verbrieft das Wertpapier keine schuldrechtliche Forderung, sondern ein

Vorbemerkungen

körperschaftliches Mitgliedsrecht – z.B. die Inhaberaktie –, dann besteht mangels eines Vertrags kein Versicherungsschutz (vgl. unten Rdnr. 102).

cc) Das **körperschaftliche Rechtsverhältnis,** insbesondere zwischen einem Verein und seinen Mitgliedern, ist ein Rechtsverhältnis eigener Art. Es handelt sich hier um auf gewisse Dauer berechnete Personenvereinigungen mit körperschaftlicher Verfassung, die im Bestand vom Wechsel der Mitglieder unabhängig sind. Die Mitgliedschaft entsteht – außer durch Mitgründung – durch Unterwerfung unter die Satzung in Form einer Beitrittserklärung und – soweit satzungsmäßig vorgesehen – deren Annahme durch die Körperschaft. Ob das Rechtsverhältnis zwischen der Körperschaft und dem einzelnen Mitglied auf einem schuldrechtlichen Vertrag beruht oder einem solchen zumindest gleichgeachtet werden kann, wird uneinheitlich beurteilt. In Rechtsprechung und Schrifttum steht hier die Vertragstheorie der Normentheorie gegenüber *(Palandt/Heinrichs* § 25 Rdnr. 3). Die Satzung einer Körperschaft ist zwar zunächst ein von den Gründern geschlossener Vertrag. Mit der Entstehung der Körperschaft erlangt sie aber ein unabhängiges rechtliches Eigenleben und wird zur objektivierten körperschaftlichen Verfassung (BGHZ 47, 172 = NJW 67, 1268). Für ein Dauerschuldverhältnis mit Austauschcharakter wesentliche Grundsätze wie etwa die §§ 320 ff. BGB gelten nicht. Vereinsstrafen, die die Körperschaft aufgrund ihrer Satzung verhängen kann, sind keine Vertragsstrafen im Sinn der §§ 339 ff. BGB, sondern ein eigenes verbandsrechtliches Institut *(Palandt/ Heinrichs* § 25 Rdnrn. 12 ff.; *MünchKomm/Reuter* § 38 Rdnr. 17). Da somit wesentliche Gesetzesbestimmungen, die für schuldrechtliche Verträge gelten, in einem körperschaftlichen Rechtsverhältnis nicht angewendet werden können, erscheint es entgegen *J. Vassel* ZVersWiss 81, 269, 277 gerechtfertigt, Streitigkeiten zwischen Mitglied und Körperschaft aus dem Mitgliedschaftsverhältnis – z.B. über die Gewährung von Vereinsleistungen oder über den Ausschluß wegen vereinsschädigenden Verhaltens – nicht als Wahrnehmung rechtlicher Interessen aus schuldrechtlichen Verträgen zu werten (ebenso LG Lüneburg ZfS 93, 65, 209; AG Schöneberg ZfS 86, 179; AG Lübeck ZfS 84, 81). Etwas anderes mag für körperschaftsrechtliche Streitfälle gelten, bei denen Normen des vertraglichen Schuldrechts – unmittelbar oder rechtsähnlich – angewendet werden wie etwa bei satzungswidrigem Handeln des Vereinsvorstands, das ihn ähnlich der positiven Vertragsverletzung zum Schadenersatz verpflichten kann (BGH NJW 84, 1884). Ohnehin vom Versicherungsschutz ausgeschlossen ist die Interessenwahrnehmung aus Mitgliedschaft bei Körperschaften der in § 4 Abs. 1 c genannten Art sowie aus der Mitgliedschaft bei öffentlich-rechtlichen Körperschaften, die nicht durch schuldrechtlichen Vertrag, sondern durch Gesetz oder Verwaltungsakt begründet wurde, z.B. bei einem Wasser- und Bodenverband, einer Waldwirtschaftsgenossenschaft, einer Jagdgenossenschaft oder einer Fischereigenossenschaft (Näheres *Wolff/Bachof/Stober* II § 97 Rdnrn. 1 ff.) sowie aus einem Versorgungswerk freier Berufe (§ 4 Rdnr. 68; § 24 Rdnr. 51). Nicht zu verwechseln mit der Interessenwahrung aus einem körperschaftlichen Rechtsverhältnis ist der Erwerb oder die Veräußerung von Anteilsrechten an einer Körperschaft, z.B. einer AG oder GmbH (hierzu § 4 Rdnr. 23).

103 **b) Kein schuldrechtlicher Vertrag** liegt vor, wenn Rechte und Pflichten zwischen zwei oder mehr Personen nicht durch deren übereinstimmenden rechtsgeschäftlichen privatrechtlichen Willensakt, sondern auf andere Weise entstehen. Beispiele hierfür sind:

104 aa) das nicht durch einen Vertrag begründete Schuldverhältnis aus einem **einseitigen Rechtsgeschäft,** das gemäß § 305 BGB nur in den gesetzlich zugelassenen Fällen möglich ist. Es handelt sich hierbei insbesondere um einseitige Versprechungen, z.B. die Zuwendung von Vermögen an eine Stiftung (§ 82 BGB), um die Auslobung (§§ 657ff. BGB) sowie die Annahme einer Anweisung (§ 784 BGB; *Palandt/Heinrichs* vor § 305 Rdnr. 4).

105 bb) **Gesetzliche Schuldverhältnisse** können entstehen aus tatsächlichen oder rechtlichen Gegebenheiten, die ohne Zutun der Parteien oder jedenfalls nicht durch deren übereinstimmenden rechtsgeschäftlichen Willensakt, also nicht durch einen Vertrag, eingetreten sind. Beispiele hierfür sind gesetzliche Ausgleichsansprüche unter Gesamtschuldnern (§ 426 Abs. 1 BGB, LG Stuttgart ZfS 90, 272; vgl. auch oben Rdnr. 72), eine nicht gerechtfertigte Vermögensverschiebung (§§ 812ff. BGB; LG Karlsruhe ZfS 88, 48 bei angeblich unberechtigter Löschung einer Grundschuld nach Ersteigerung des Grundstücks durch den VN), eine unerlaubte Handlung (§§ 823ff. BGB), eine Geschäftsführung ohne Auftrag (§§ 677ff. BGB), eine schlichte Rechtsgemeinschaft ohne Zweckbindung (§§ 741ff. BGB; LG Mannheim ZfS 87, 269 für Auseinandersetzung einer Gemeinschaft, *Palandt/Heinrichs* vor § 305 Rdnr. 5). Soweit allerdings ein gesetzliches Schuldverhältnis als Folge eines beendeten oder gescheiterten schuldrechtlichen Vertrags besteht, kann Versicherungsdeckung gegeben sein (vgl. unten Rdnr. 113). Soweit zwischen Partnern einer gescheiterten eheähnlichen Gemeinschaft überhaupt Rechtsbeziehungen zu bejahen sind, handelt es sich in der Regel um ein gesetzliches und nur in Ausnahmefällen um ein vertragliches Schuldverhältnis (§ 4 Rdnr. 83; *Palandt/Diederichsen* vor § 1297 Rdnrn. 8ff.; vgl. auch § 25 Rdnr. 13). Kein gesetzliches Schuldverhältnis entsteht, wenn die Gläubigeroder Schuldnerstellung eines Vertragsteils kraft Gesetzes auf einen Dritten übergeht oder sich auf einen Dritten erstreckt. Die übergegangene Forderung oder Verbindlichkeit behält ihre Rechtsnatur bei und ihre Geltendmachung oder Abwehr kann daher weiterhin unter Versicherungsschutz stehen, soweit die übrigen Deckungsvoraussetzungen vorliegen und nicht ein besonderer Ausschlußtatbestand – z.B. § 4 Abs. 2b – eingreift (vgl. etwa § 4 Rdnrn. 60, 65, 83, 85, 158, 173a sowie oben Rdnr. 97 und unten Rdnr. 121).

106 cc) **Öffentlich-rechtliche Schuldverhältnisse** sind möglich zwischen Gleichgeordneten, insbesondere zwischen Hoheitsträgern, und zwischen Über- und Untergeordneten, insbesondere zwischen Verwaltungsträgern und dem einzelnen Bürger. Meist handelt es sich hierbei nicht um schuldrechtliche Verträge des Privatrechts, sondern um öffentlich-rechtliche Vereinbarungen (vgl. §§ 54 bis 62 VwVfG und entsprechende landesrechtliche Normen; *Palandt/Heinrichs* vor § 305 Rdnrn. 35ff.; *Wolff/Bachof/Stober* I §§ 54, 55). Die neuere Rechtsprechung hat jedoch in gewissen Fällen auch

Vorbemerkungen 107 Vor § 21 ARB 75

eine privatrechtliche Vertragsgestaltung zugelassen, z.b. zwischen manchen öffentlichen Anstalten und ihren Benutzern oder bei der Vergabe gewisser Subventionen (BGH VersR 78, 253; NJW 79, 2615; *Palandt/Heinrichs* vor § 305 Rdnr. 38; *Wolff/Bachof* III § 154 Rdnr. 27). Soweit das Leistungsverhältnis von öffentlichen Anstalten oder Sondervermögen zu ihren Benutzern dem öffentlichen Recht untersteht, liegt bei Streitigkeiten aus diesem Leistungsverhältnis keine Wahrnehmung rechtlicher Interessen aus einem schuldrechtlichen Vertrag vor. Dies gilt z.B. für die Benutzung von kommunalen Anstalten, soweit deren Benutzungsordnungen nicht eindeutig privatrechtliche Leistungsbeziehungen vorsehen (*Wolff/Bachof/Stober* II § 98 Rdnr. 37; § 99 Rdnrn. 34ff.). Bei öffentlich-rechtlich ausgestalteten Leistungsverhältnissen besteht das vom Benutzer geschuldete Entgelt in der Regel in einer öffentlich-rechtlichen Gebühr (Abgabe im Sinn des § 4 Abs. 1n, vgl. § 4 Rdnr. 120, bei privatrechtlich ausgestalteten in einem privatrechtlichen Entgelt (*Wolff/Bachof/Stober* II § 99 Rdnr. 36). Soweit in solchen Fällen – neuerdings zunehmend – ein eher privatrechtliches Verhältnis zu bejahen ist, kann eine Streitigkeit hieraus einem Streit aus einem „schuldrechtlichen Vertrag" im Sinn der ARB gleichgestellt werden. Ein Gebührenstreit mit einem Notar fällt nicht unter die Versicherungsdeckung, da die Tätigkeit des Notars keine privatrechtliche Geschäftsbesorgung, sondern Ausübung eines öffentlichen Amtes ist (AG Arnsberg VersR 85, 984 = ZfS 85, 240; *Palandt/Thomas* § 675 Rdnr. 6 Stichwort „Notar").

c) Wird ein **Rechtsverhältnis**, insbesondere ein gesetzliches oder vertragliches Schuldverhältnis, durch Vereinbarungen der Parteien **abgeändert**, dann behält es im Zweifel seinen Rechtscharakter bei und wird nur inhaltlich verändert, z.B. hinsichtlich der Fälligkeit oder sonstiger Leistungsmodalitäten. Soll anstelle des alten Rechtsverhältnisses ein – unter die Deckung des Vertrags-RS (vgl. oben Rdnr. 96) fallendes – neues mit schuldumschaffender Wirkung treten, dann muß ein dahingehender Parteiwille deutlich erkennbar zum Ausdruck gekommen sein (BGH NJW 79, 426). Dies gilt insbesondere für einen Vergleichsvertrag im Sinn des § 779 BGB, der in der Regel keine schuldumschaffende Wirkung hat (*Palandt/Heinrichs* § 305 Rdnrn. 2ff. und 8). Ändern also die Parteien ein nicht unter die RS-Deckung fallendes oder ausdrücklich hiervon ausgeschlossenes Rechtsverhältnis durch Vereinbarungen ab, ohne den Grundcharakter des Rechtsverhältnisses selbst zu ändern, dann besteht für eine Auseinandersetzung aus einer solchen lediglich schuldbestätigenden oder -verändernden, nicht aber schuldumschaffenden vertraglichen Vereinbarung im Rahmen des Vertrags-RS kein Versicherungsschutz. Dies gilt z.B. für Verträge zur Regelung familienrechtlicher Ansprüche (OLG Düsseldorf VersR 85, 635 = ZfS 85, 53; LG Heidelberg ZfS 86, 111; LG Bonn ZfS 85, 148; vgl. § 4 Rdnr. 83), für eine Aufhebungsvereinbarung zur Abwicklung eines nach § 4 Abs. 1f. vom Versicherungsschutz ausgeschlossenen Handelsvertreterverhältnisses (OLG Hamm VersR 95, 42 = r + s 94, 421 = ZfS 94, 343, nicht rechtskräftig) sowie auch für eine Saldo-Anerkennung von nicht gedeckten schuldrechtlichen Forderungen (vgl. BGH NJW 80, 390). Für den Fall eines vollstreckbaren Vergleichs vgl. § 2 Rdnr. 176.

107

543

108 4. Versicherungsschutz besteht für die Geltendmachung und Abwehr von Ansprüchen „aus" schuldrechtlichen Verträgen. Nach dem klaren und eindeutigen Wortlaut können dies nur Ansprüche sein, die sich aus einem bereits bestehenden (oder nicht mehr bestehenden, vgl. unten Rdnr. 114) Vertrag herleiten lassen, nicht aber – außervertragliche – Ansprüche, die erst auf Abschluß eines noch zu schließenden Vertrages gerichtet sind oder wegen des Nichtzustandekommens eines Vertrags erhoben werden (vgl. jedoch unten Rdnr. 109). Unter die ähnliche Wortfassung „aus dem Versicherungsvertrag" in § 12 Abs. 1 VVG hat der BGH ebenfalls nur solche Ansprüche subsumiert, die nach ihrer Rechtsnatur auf dem Versicherungsvertrag beruhen (NJW 60, 529 = VersR 60, 145). Auch das ArbGG unterscheidet in seinem § 2 Abs. 1 Nr. 3 klar zwischen Streitigkeiten einerseits „aus dem Arbeitsverhältnis" und andererseits „über das Bestehen oder Nichtbestehen eines Arbeitsverhältnisses" sowie „aus Verhandlungen über die Eingehung eines Arbeitsverhältnisses" (vgl. auch § 24 Rdnrn. 33 ff.). Wird die vertraglich erworbene Rechtsstellung des VN durch eine öffentlich-rechtliche Maßnahme beeinträchtigt, kann deren Abwehr ebenfalls unter Versicherungsschutz stehen (vgl. oben Rdnr. 97).

109 a) Solange kein schuldrechtlicher Vertrag besteht, ist eine Interessenwahrnehmung „aus" einem Vertrag an sich nicht denkbar. Diese Risikobeschreibung setzt rein begrifflich voraus, daß ein Vertrag zumindest nach dem Sachvortrag einer Partei (vgl. oben Rdnr. 4) oder dem Rechtsschein nach existent geworden ist. Wer Ansprüche wegen Verschuldens bei der Anbahnung eines unstreitig nicht zustandegekommenen Vertragsverhältnisses – Verschulden bei Vertragsschluß, **culpa in contrahendo** – geltend machen oder abwehren will, nimmt rechtliche Interessen nicht aus einem vertraglichen, sondern aus einem gesetzlichen Schuldverhältnis wahr, das seinen Entstehungsgrund primär nicht im Parteiwillen hat und das die Rechtsprechung in Anlehnung an die §§ 122, 179, 307 BGB entwickelt hat (*Palandt/Heinrichs* § 276 Rdnrn. 65 ff.). Die Geltendmachung solcher Schadenersatzansprüche kann unter den Schadenersatz-RS fallen (vgl. oben Rdnr. 46), für ihre Abwehr sehen dagegen die ARB nach ihrem Wortlaut keine Deckung vor. Hier erscheint jedoch eine erweiternde Auslegung vertretbar. Durch die Aufnahme ernsthafter Vertragsverhandlungen oder einen entsprechenden geschäftlichen Kontakt kann ein vertragsähnliches Vertrauensverhältnis entstehen, das die Partner zur Sorgfalt von „Schuldnern" verpflichtet und das es, soweit nicht ohnehin ein (Vor-)Vertrag zustandekommt, kraft seiner vertragsähnlichen Vorwirkungen rechtfertigt, hieraus resultierende Auseinandersetzungen dem Deckungsbereich des Vertrags-RS zuzuordnen (BGH NJW 85, 920 = VersR 85, 32 unter Ziff. II 1 für Verhandlungen über Warenterminoptionsgeschäfte; vgl. § 4 Rdnr. 57). Die Haftung in solchen Fällen gründet sich auf ein Schuldverhältnis, das aus der Aufnahme von Vertragsverhandlungen entspringt und zur verkehrsüblichen Sorgfalt gegenüber dem Geschäftsgegner verpflichtet (MünchKomm/*Emmerich* vor § 275 Rdnr. 86). Im wesentlichen sind hierbei vier Fallgruppen zu unterscheiden (MünchKomm/*Emmerich* vor § 275 Rdnr. 89): Schädigungen des Verhandlungspartners während der Verhandlungen; Benachteiligung beim

Vertragsschluß, insbesondere durch mangelhafte Aufklärung; Vereitelung des Abschlusses eines wirksamen Vertrags (z.B. Verhinderung der Genehmigung); Veranlassung zu Aufwendungen in Erwartung späteren Vertragsschlusses. Der Haftung aus culpa in contrahendo vergleichbar ist die seit einiger Zeit von der Rechtsprechung entwickelte, nicht an persönliches, sondern an typisierendes Vertrauen anknüpfende Prospekthaftung im Rahmen der Werbung für Beteiligungen (Näheres *Palandt/Heinrichs* § 276 Rdnr. 23).

b) Glaubt jemand, einen **Rechtsanspruch auf Abschluß eines** schuldrechtlichen **Vertrags** (oder auch eines öffentlich-rechtlichen Anstellungsverhältnisses, vgl. unten Rdnr. 123) zu haben, dann sind zwei Fälle zu unterscheiden: Stützt er seinen Anspruch auf einen schuldrechtlichen Vorvertrag, der den Gegner zum Abschluß eines Hauptvertrags verpflichten könnte, dann handelt es sich um die Interessenwahrnehmung aus einem schuldrechtlichen (Vor-)Vertrag. Macht er dagegen eine außervertragliche Verpflichtung des Gegners zum Abschluß eines Vertrags geltend, besteht kein Versicherungsschutz. Solche Fälle können im Arbeitsrecht – als Folge einer außervertraglichen Gleichbehandlungspflicht des Arbeitgebers (*Palandt/Putzo* § 611 Rdnrn. 110ff.) – und vor allem im öffentlichen Dienstrecht vorkommen. Macht hier ein Bewerber beispielsweise ein subjektives öffentliches Recht auf Einstellung in den Vorbereitungsdienst geltend (vgl. hierzu *Wolff/Bachof/Stober* II § 111 Rdnr. 2), dann besteht für diesen Rechtsstreit kein Versicherungsschutz, da der erst auf Begründung eines Arbeitsverhältnisses oder eines öffentlich-rechtlichen Dienstverhältnisses gerichtete Anspruch nicht einem Anspruch „aus" einem solchen Verhältnis gleichgestellt werden kann (LG Berlin r + s 78, 46; ähnlich *Böhme* § 21 Rdnr. 18, § 24 Rdnr. 9).

c) Macht der VN einen Anspruch aus einem schuldrechtlichen Vertrag geltend, dessen Voraussetzungen er schlüssig darlegen kann, während der Gegner das Zustandekommen eines Vertrags **bestreitet,** dann besteht Versicherungsschutz. Denn hierfür genügt es, daß der Anspruch aus einem in den Schutzbereich des Versicherungsvertrags fallenden Rechtsverhältnis hergeleitet wird, dessen tatsächliche Voraussetzungen schlüssig vorgetragen sind (bedenklich daher AG München r + s 79, 25, das bei Streit über das Bestehen eines Arbeitsverhältnisses Deckung verneint). Das gleiche gilt, wenn umgekehrt der Gegner des VN schlüssig einen vertraglichen Anspruch behauptet, den der VN mit dem Einwand bekämpft, es sei gar kein Vertrag zustande gekommen. Ergibt sich letztlich, daß kein Vertrag besteht, dann ändert dies nichts an der Deckung (vgl. oben Rdnr. 4).

d) **Bedarf** ein **Vertrag** zu seiner Wirksamkeit einer behördlichen **Genehmigung** oder auch der privatrechtlichen Genehmigung eines Dritten, dann ist er bis zur Erteilung dieser Genehmigung in der Regel schwebend unwirksam. Wird die Genehmigung endgültig versagt, hat ein wirksamer Vertrag nie bestanden (Näheres *Palandt/Heinrichs* § 275 Rdnrn. 26ff.). Kommt es vor der Genehmigung zu einem Streit zwischen den Parteien, dann ist dies begrifflich kein Streit „aus" dem – rechtlich noch gar nicht existenten – Vertrag (vgl. jedoch oben Rdnr. 109). Entsprechendes gilt für einen etwaigen Streit mit der Genehmigungsbehörde oder dem genehmigungsberechtigten Dritten. Anders kann es bei einer gesetzlich vorgesehenen behördlichen Mitwirkung innerhalb eines bereits bestehenden Vertragsverhältnisses liegen. Hier kann ein Streit mit der zuständigen Behörde Interessenwahrnehmung „aus" dem Vertrag sein, wenn die Mitwirkung der Behörde – z. B. bei einer arbeitsrechtlichen Kündigung – Wirksamkeitsvoraussetzung für einen geltend gemachten oder abzuwehrenden Anspruch ist (vgl. unten Rdnr. 119). Verwaltungsverfahren, die nur anläßlich eines bestimmten schuldrechtlichen Verhältnisses in Gang kommen, ohne dessen rechtlichen Bestand zu berühren – z. B. Antrag auf Wohngelderhöhung wegen Erhöhung des Mietzinses in einem Mietvertrag des VN – fallen in keinem Fall unter die RS-Deckung.

113 e) Entsteht **nachträglich Streit über** die **Wirksamkeit** eines nach der ursprünglichen Meinung der Parteien wirksam zustande gekommenen Vertrags, dann besteht ohne Rücksicht auf den Ausgang des Streits Versicherungsschutz, soweit der Versicherungsfall (§ 14 Abs. 3) in den versicherten Zeitraum fällt. Hierher gehören beispielsweise die Fälle der (streitigen) Nichtigkeit wegen Verstoßes gegen ein gesetzliches Verbot (vgl. BGH NJW 79, 1597), gegen eine zwingende Formvorschrift (BGH NJW 78, 102; 79, 1495, 1496, 1498, 1984) oder auch wegen Geschäftsunfähigkeit eines Vertragspartners (§ 105 BGB). Ergibt sich in einem solchen Fall letztlich, daß der Vertrag von Anfang an unwirksam war und somit rechtlich gar nicht bestanden hat, dann handelt es sich zwar nach dem reinen Wortlaut ebenfalls nicht um die Interessenwahrnehmung „aus" einem – rechtlich existent gewordenen – Vertrag. Versicherungsschutz besteht jedoch nach dem Sinn und Zweck der Regelung, da jedenfalls die „äußere Hülle" eines schuldrechtlichen Vertrags als Faktum vorhanden und lediglich sein rechtlicher Bestand streitig geworden war. Diese Klärung der rechtlichen Existenz eines zumindest dem Rechtsschein nach bestehenden Vertrags kann bereits als Interessenwahrnehmung „aus schuldrechtlichen Verträgen" gewertet werden. Die Versicherungsdeckung ist außerdem zu bejahen, wenn ein zunächst wirksamer Vertrag möglicherweise durch Anfechtung rückwirkend vernichtet (§ 142 Abs. 1 BGB) oder durch Ausübung eines gesetzlichen Rücktrittsrechts (z. B. nach §§ 325, 326 BGB) rückgängig gemacht wurde. Die Rückabwicklung solcher effektiv gescheiterten oder auch die Abwicklung beendeter Vertragsverhältnisse steht nach dem Zweck des Vertrags-RS jeweils im Rahmen der versicherungsvertraglichen Deckung als Streitigkeit „aus" dem (möglicherweise gescheiterten) Vertrag unter Versicherungsschutz, gleichgültig ob sie sich nach Rücktritts-, Bereicherungs- oder sonstigen Grundsätzen richtet (bejahend auch BGH VersR 78, 816 unter I 1; OLG Köln r + s 91, 419 für Auseinandersetzung aus einer Gesellschaft bürgerlichen Rechts zwischen geschiedenen Eheleuten; r + s 89, 20 für Streit unter Forderungsprätendenten wegen hinterlegter Lebensversicherungssumme; OLG Hamm VersR 87, 197 bei zweifelhafter Formnichtigkeit; *Böhme* § 24 Rdnr. 14a). Entsprechendes gilt für den Fall des Schenkungswiderrufs nach § 531 BGB (OLG Hamm VersR 83, 1025 = ZfS 83, 114; vgl. auch § 4 Rdnr. 83).

f) Auch **nach Beendigung** eines **Vertrags** kann noch eine Interessenwahrnehmung „aus" diesem Vertrag notwendig werden. So können Rechte und Pflichten für die Zeit nach Vertragsende ausdrücklich vereinbart sein, z.B. ein vertragliches Wettbewerbsverbot (OLG Saarbrücken VersR 90, 381; r + s 90, 277; vgl. §§ 74 ff. HGB und § 25 Rdnr. 28). Auch ohne ausdrückliche Vereinbarung kann sich die über das Vertragsende hinausreichende Pflicht eines Vertragsteils ergeben, den Vertragszweck nicht zu gefährden und den anderen Vertragspartner beispielsweise über bestimmte, für diesen wichtige Tatsachen zu informieren, schädigende Äußerungen zu unterlassen o.ä. (vgl. *Palandt/Heinrichs* § 276 Rdnrn. 121, 122). Ist der Versicherungsschutz an eine bestimmte Eigenschaft geknüpft, die mit Vertragsbeendigung entfällt, dann besteht für nachträglich eingetretene Versicherungsfälle wegen des Grundsatzes der Spezialität des versicherten Risikos allerdings nur noch insoweit Versicherungsschutz, als eine „Nachhaftung" des Versicherers vereinbart ist (vgl. § 24 Abs. 4 mit Erläuterungen und § 29 Rdnr. 7). Im übrigen besteht für nach Versicherungsende eingetretene Versicherungsfälle kein Versicherungsschutz (BGH VersR 90, 416). 114

g) Ansprüche, die nur im **äußeren Zusammenhang mit** einem bestehenden schuldrechtlichen **Vertrag** erhoben oder abgewehrt werden, ohne in dem Vertrag selbst zu wurzeln, sind keine Ansprüche „aus" diesem Vertrag. So ist beispielsweise der von einem Vertragspartner gegen den anderen erhobene quasinegatorische Anspruch entsprechend § 1004 BGB auf Unterlassung geschäftsschädigender Behauptungen ein gesetzlicher Anspruch und kein Anspruch „aus" dem bestehenden Vertrag, soweit er nicht gleichzeitig als positive Vertragsverletzung zu qualifizieren ist (LG Berlin r+s 78, 2). 115

V. Wahrnehmung rechtlicher Interessen aus Arbeitsverhältnissen und öffentlich-rechtlichen Anstellungsverhältnissen
(entspricht § 2 b ARB 94)

Literatur: *Hümmerich* Arbeitsrecht und Rechtsschutzversicherung, AnwBl. 95, 321

1. a) Während nach § 1 Ziff. 2 V ARB 54 der Versicherungsschutz auf die gerichtliche Wahrnehmung rechtlicher Interessen aus Arbeits- oder Dienstverträgen beschränkt war, wurde er in den §§ 24 Abs. 2b, 25 Abs. 2b, 26 Abs. 3c (Fassung 1988: Abs. 5c), 27 Abs. 3c und 28 Abs. 2b der ARB 69/75 in zweifacher Hinsicht erweitert. Da sich ergeben hatte, daß viele Arbeitsstreitigkeiten außergerichtlich erledigt werden und auch hierbei häufig schon ein Bedürfnis für die Einschaltung eines Rechtsanwalts besteht, erstreckt sich die Deckung nunmehr auch auf die außergerichtliche Interessenwahrnehmung. Außerdem steht nicht nur die Geltendmachung oder Abwehr von Ansprüchen aus Arbeits-„Verträgen", sondern aus Arbeits-„Verhältnissen" aller Art unter Versicherungsschutz. Durch diese neue Formulierung sollte vor allem die nach der früheren Fassung zweifelhafte Deckung für sogenannte faktische Arbeitsverhältnisse einbezogen werden, d.h. für Arbeitsverhältnisse ohne oder ohne wirksamen Arbeitsvertrag (Näheres 116

Palandt/Putzo vor § 611 Rdnr. 29). Soweit sich aus den nachstehend unter Rdnrn. 117 ff. erörterten Besonderheiten nicht Abweichendes ergibt, gelten die für schuldrechtliche Verträge oben unter Rdnrn. 96 ff. erläuterten Grundsätze entsprechend.

117 b) **Arbeitsverhältnis** ist das privatrechtliche Dauerschuldverhältnis zwischen dem (unselbständigen) Arbeitnehmer und seinem Arbeitgeber, aufgrund dessen der Arbeitnehmer gegenüber dem Arbeitgeber zu Arbeits- oder Dienstleistung gegen Entgelt verpflichtet ist (*Palandt/Putzo* vor § 611 Rdnr. 5; *Schaub* § 29 II 1; *Creifelds* Stichwort „Arbeitsverhältnis"). Falls nicht ausnahmsweise ein faktisches Arbeitsverhältnis ohne (wirksamen) Vertrag vorliegt (vgl. oben Rdnr. 116), wird das Arbeitsverhältnis durch einen schuldrechtlichen Arbeitsvertrag begründet, der die gegenseitigen Rechte und Pflichten im einzelnen festlegt.

118 Kein Arbeitsverhältnis ist insbesondere ein freies **Dienstverhältnis** (Näheres hierzu § 25 Rdnr. 19). Ebenfalls kein Arbeitsverhältnis, sondern ein schuldrechtliches Verhältnis eigener Art ist ein Dienstverschaffungsvertrag, durch den sich jemand verpflichtet, einem anderen die Dienste eines Dritten zu verschaffen (*Palandt/Putzo* vor § 611 Rdnr. 25). Geschieht dies gewerbsmäßig, dann bedarf der „Verleiher" der behördlichen Genehmigung für die **Arbeitnehmerüberlassung** nach § 1 Abs. 1 Arbeitnehmerüberlassungsgesetz (*Palandt/Putzo* vor § 611 Rdnrn. 38–40). Fehlt dem Verleiher diese behördliche Genehmigung, dann wird allerdings nach § 10 Arbeitnehmerüberlassungsgesetz ein Arbeitsverhältnis zwischen Entleiher und Leiharbeitnehmer fingiert (BAG NJW 79, 2636), das sonst nur zwischen Verleiher und Leiharbeitnehmer besteht (BayObLG DB 81, 1460).

119 **Ansprüche außerhalb eines** Individual-**Arbeitsverhältnisses,** insbesondere aus dem kollektiven Arbeitsrecht, stehen in der Regel nicht unter Versicherungsschutz (Näheres § 24 Rdnrn. 33 ff.). Dagegen können nach dem Zweck der Bedingungsregelung gewisse öffentlich-rechtliche Streitigkeiten aus dem Gebiet des Arbeitnehmerschutzrechts oder auch des kollektiven Arbeitsrechts als in die Deckung einbezogen gelten, sofern sie in einem unmittelbaren, untrennbaren sachlichen Zusammenhang mit einem streitigen Anspruch aus dem Einzelarbeitsverhältnis stehen und diesen Anspruch, insbesondere als Wirksamkeitsvoraussetzung, unmittelbar beeinflussen. Dies gilt z. B. für einen Verwaltungsrechtsstreit mit der Hauptfürsorgestelle, die nach §§ 12 ff. Schwerbehindertengesetz der Kündigung des Arbeitsverhältnisses eines Schwerbehinderten zustimmen muß (LG Hannover r + s 96, 361; LG Koblenz r + s 89, 155; AG Siegburg ZfS 94, 463 = NJW-RR 95, 285; a. A. AG München VersR 86, 571 = ZfS 85, 339; zum Versicherungsfall vgl. § 14 Rdnr. 44), oder für einen Streit des Arbeitgebers mit dem Betriebsrat wegen dessen Mitbestimmungsrechts bei personellen Einzelmaßnahmen (vgl. § 24 Rdnr. 36).

120 **Besondere Erscheinungsformen** eines Arbeitsverhältnisses sind u. a. das Aushilfsarbeitsverhältnis, das Probearbeitsverhältnis, das Heimarbeitsverhältnis, das Kettenarbeitsverhältnis und die teilweise im Berufsbildungsgesetz geregelten Ausbildungsverhältnisse in Form eines Lehr-, Anlern-, Vo-

lontär-, Praktikanten- oder Fortbildungsverhältnisses (Näheres *Palandt/ Putzo* vor § 611 Rdnrn. 28 ff.). Ein Arbeitsverhältnis besonderer Art ist auch das Heuerverhältnis der Seeleute, dessen Mindestbedingungen in §§ 23 ff. Seemannsgesetz geregelt sind (*Creifelds* Stichwort „Heuerverhältnis"; *Palandt/Putzo* vor § 611 Rdnr. 51). Arbeitsvertraglicher Natur sind auch Ansprüche wegen unentgeltlicher oder erheblich unterbezahlter Dienstleistungen, die in Erwartung künftiger, dann jedoch unterbleibender Zuwendungen (Erbeinsetzung, Heirat, Adoption) gemacht werden (*Palandt/Putzo* § 612 Rdnrn. 4–6). Der Versicherungsfall (§ 14 Abs. 3) tritt hier in der Regel erst ein, wenn der durch die Dienste Begünstigte oder sein Erbe die erwartete Zuwendung verweigert (vgl. § 14 Rdnr. 46).

Welcher **Art** im Einzelfall die geltend gemachten oder abzuwehrenden **Ansprüche** aus dem Arbeitsverhältnis sind, ist für die Versicherungsdeckung – vorbehaltlich eines Ausschlusses nach § 4 – **ohne Bedeutung**. Entscheidend ist allein, daß sie in einem – zumindest nach dem schlüssigen Sachvortrag eines Vertragsteils – bereits bestehenden (vgl. hierzu oben Rdnrn. 4 und 108 ff.) Arbeitsverhältnis ihre rechtliche Grundlage haben (Näheres über die möglichen Ansprüche vgl. die Erläuterungen zu § 611 in den BGB-Kommentaren, z. B. *Palandt/Putzo* Rdnrn. 1 ff.). In der Regel sind für Streitigkeiten dieser Art gemäß § 2 Abs. 1 Nrn. 3 und 4 ArbGG die Arbeitsgerichte zuständig (vgl. auch § 25 Rdnr. 15). Bei gemischten Verträgen ist entscheidend, ob der streitige Anspruch überwiegend durch das Arbeitsverhältnis geprägt ist (vgl. zur Werkdienst- und Werkmietwohnung § 24 Rdnr. 81). Unter die Deckung kann auch die Verfolgung oder Abwehr eines Anspruchs auf Auskehrung einer zugunsten eines Arbeitnehmers angefallenen Versicherungsleistung aus einem vom Arbeitgeber abgeschlossenen Versicherungsvertrag fallen (vgl. hierzu § 4 Rdnr. 76) sowie die Abwehr eines nach § 67 VVG auf den Kaskoversicherer übergegangenen arbeitsvertraglichen Schadenersatzanspruchs des Arbeitgebers gegen den VN wegen mindestens grobfahrlässiger (§ 15 Abs. 2 AKB) Beschädigung eines Kraftfahrzeugs des Arbeitgebers, der seine arbeitsvertragliche Rechtsnatur durch den Anspruchsübergang nicht einbüßt (vgl. oben Rdnr. 105). Über nachvertragliche Pflichten, z. B. zur Unterlassung schädigender Äußerungen o. ä., vgl. oben Rdnr. 114 (vom AG Mannheim VersR 90, 1392 verneint) und § 25 Rdnr. 28, wegen Streitigkeiten des VN als Arbeitnehmers mit Arbeitskollegen vgl. § 25 Rdnr. 29. Streitigkeiten aus Anstellungsverträgen gesetzlicher Vertreter juristischer Personen sind durch § 4 Abs. 1 d von der Deckung ausgenommen (§ 4 Rdnr. 30). Öffentlich-rechtliche Streitigkeiten aus dem Bundesausbildungsförderungsgesetz, für die nach dessen § 54 der Verwaltungsrechtsweg gegeben ist, fallen nicht unter die Deckung (vgl. unten Rdnr. 135).

c) Das **Ruhestandsverhältnis** und das Vorruhestandsverhältnis (*Creifelds* Stichwort „Vorruhestand") sind an sich kein Arbeitsverhältnis, sondern das Dauerschuldverhältnis, das an die Stelle des Arbeitsverhältnisses tritt, nachdem es wegen Arbeitsunfähigkeit oder Erreichens der Altersgrenze beendet worden ist (*Palandt/Putzo* vor § 611 Rdnr. 80). Die Rechte und Pflichten aus dem Ruhestandsverhältnis (Vorruhestandsverhältnis) sind jedoch Nachwirkungen, deren Grundlage schon im Arbeitsverhältnis gelegt wurde (vgl. oben Rdnr. 114). Dies gilt insbesondere für eine Versorgungszusage des Arbeitgebers in Form eines Ruhegeldes (Ruhegehalt, Pension). Richtet sich der Ruhegeldanspruch des früheren Arbeitnehmers nicht gegen den früheren Arbeitgeber, sondern gegen eine rechtlich selbständige Pensionskasse im Sinn des § 1 Abs. 3 des Gesetzes zur Verbesserung der betrieblichen Altersversorgung (Betriebsrentengesetz), dann handelt es sich nicht um einen Anspruch „aus Arbeitsverhältnissen", sondern in der Regel um einen eigenen Versicherungsanspruch (vgl. § 4 Rdnr. 71). Eine Auseinandersetzung mit einer Unterstützungskasse des (früheren) Arbeitgebers im Sinn des § 1 Abs. 4 des Betriebsrentengesetzes kann dagegen als Interessenwahrnehmung aus Arbeitsverhältnissen behandelt werden (Näheres § 4 Rdnr. 72). Bei Insolvenz des früheren Arbeitgebers bleibt der dann gegen den Pensions-Sicherungs-Verein als Träger der Insolvenzsicherung gerichtete Anspruch aus einer Versorgungszusage ein Anspruch „aus Arbeitsverhältnissen" (vgl. § 4 Rdnr. 75), für den gemäß § 2 Abs. 1 Nr. 6 ArbGG der Rechtsweg zu den Arbeitsgerichten gegeben ist.

123 2. a) Der Deckungsbereich des Arbeits-RS erstreckt sich auch auf die Berufsgruppen, die zu ihrem öffentlich-rechtlichen Dienstherrn – z. B. Bund, Länder, Gemeinden, öffentlich-rechtliche Körperschaften oder Anstalten – in einem freiwillig eingegangenen **öffentlich-rechtlichen Dienst-** und **Treueverhältnis** stehen. Zur Abgrenzung von öffentlich-rechtlichen Pflicht-Dienstverhältnissen – z. b. der Wehrpflichtigen (auch bei Wehrübungen, *Kühl* VersR 84, 521) oder Zivildienst-Leistenden – verwenden die ARB den Begriff der „öffentlich-rechtlichen Anstellungsverhältnisse". Es handelt sich hierbei insbesondere um die Dienstverhältnisse der Beamten, Berufs- und Zeitsoldaten sowie der Richter. Für Streitigkeiten aus den Verhältnissen dieser Art ist nicht der Zivilrechtsweg, sondern meist der Verwaltungsrechtsweg (§ 126 BRRG und entsprechende landesrechtliche Vorschriften; § 59 Soldatengesetz) oder der Rechtsweg zu Richterdienstgerichten (§§ 61 ff. DRiG und entsprechende landesrechtliche Vorschriften) gegeben, für versorgungsrechtliche Ansprüche mancher Berufsgruppen, z. B. der Soldaten, zum Teil der Sozialgerichtsweg (gemäß Soldatenversorgungs- und Bundesversorgungsgesetz, vgl. unten Rdnr. 135), so daß insoweit bei gerichtlicher Auseinandersetzung Deckung auch über den Sozialgerichts-RS besteht (unten Rdnr. 130). Ein öffentlich-rechtliches Dienstverhältnis wird nicht durch übereinstimmenden privatrechtlichen Willensakt, sondern durch einen mitwirkungsbedürftigen Verwaltungsakt, nämlich die „Ernennung" begründet (*Wolff/Bachof/Stober* II § 111 Rdnr. 11). Die Ernennung erfolgt durch Aushändigung einer Ernennungsurkunde, in der die Worte „unter Berufung in das Beamtenverhältnis" (§ 5 Abs. 2 BRRG oder entsprechende Ländergesetze), „unter Berufung in das Dienstverhältnis eines Berufssoldaten" bzw. „eines Soldaten auf Zeit" (§ 41 Abs. 1 Soldatengesetz) oder „unter Berufung in das Richterverhältnis" (§ 17 Abs. 3 DRiG oder entsprechende Ländergesetze) enthalten sein müssen. Vor Aushändigung der Ernennungsurkunde besteht kein Dienstverhältnis und ist eine Wahrnehmung rechtlicher Interessen „aus" dem öffentlich-rechtlichen Anstellungsverhältnis schon rein be-

griffLich ausgeschlossen (vgl. oben Rdnr. 108). In einem öffentlich-rechtlichen Dienstverhältnis besonderer Art stehen auch Lehraufträge an Hochschulen (*Wolff/Bachof/Stober* II § 93 Rdnr. 213; in der Regel weisungsfrei und selbständig, vgl. § 25 Rdnr. 19) sowie gemäß § 7 Bundesnotarordnung Notarassessoren. Dagegen ist das Arbeits- oder Dienstverhältnis der Angestellten und Arbeiter des öffentlichen Dienstes nicht öffentlichrechtlicher, sondern privatrechtlicher Natur, wenn auch aufgrund der besonderen Treuepflicht zum Dienstherrn mit gewissen Besonderheiten (§ 191 BBG; *Palandt/Putzo* vor § 611 Rdnr. 54; *Wolff/Bachof/Stober* II §§ 118 und 119).

b) Unter Versicherungsschutz steht die Wahrnehmung rechtlicher Interessen aus öffentlich-rechtlichen Anstellungsverhältnissen hinsichtlich **dienst- und versorgungsrechtlicher Ansprüche**. Dieser Zusatz will verdeutlichen, daß der Deckungsbereich dem Umfang des Versicherungsschutzes für die Wahrnehmung rechtlicher Interessen aus Arbeitsverhältnissen entspricht. Gemeint sind alle diejenigen Ansprüche aus dem öffentlich-rechtlichen Dienstverhältnis, die – ungeachtet ihrer unterschiedlichen Rechtsnatur – den gegenseitigen schuldrechtlichen Ansprüchen aus einem Arbeitsverhältnis oder Ruhestandsverhältnis vergleichbar sind (vgl. oben Rdnrn. 121, 122), z. B. Streitigkeiten wegen Einstufung in eine bestimmte Besoldungsgruppe, Trennungsentschädigung, Versetzung, Abordnung, Beförderung, Urlaubsfragen, Beihilfe im Krankheitsfall, Entlassung aus dem Beamtenverhältnis, Unfallfürsorge, Verletzung der Fürsorgepflicht des Dienstherrn (BVerwG NJW 78, 717), Maßnahmen der Dienstaufsicht (BGH NJW 78, 760), Versorgung u. ä. Ein Streit mit der Ärzteversorgung ist nicht gedeckt (LG Dortmund r + s 94, 142; vgl. auch § 4 Rdnr. 68; § 25 Rdnr. 31). Streitigkeiten wegen der Benotung von Prüfungsaufgaben eines Beamten im Vorbereitungsdienst können den „dienstrechtlichen" Ansprüchen zuzuordnen sein, soweit der Bewerber geltend macht, die Prüfungsbehörde habe ihm gegenüber gesetzliche Vorschriften verletzt. Soweit bei bestimmten Tatbeständen nicht der reguläre Verwaltungsrechtsweg, sondern ein besonderes förmliches Verfahren vorgesehen ist wie beispielsweise ein Disziplinarverfahren bei Dienstvergehen (vgl. oben Rdnr. 92), handelt es sich nicht um „dienst- und versorgungsrechtliche Ansprüche" im Sinn des Arbeit-RS.

VI. Wahrnehmung rechtlicher Interessen aus dinglichen Rechten an beweglichen Sachen und an Rechten
(entspricht § 2 d ARB 94)

1. a) In den §§ 25 Abs. 3, 26 Abs. 4 (Fassung 1988: Abs. 5b) und 27 Abs. 4 ist der dort jeweils festgelegte Versicherungsschutz für die Wahrnehmung rechtlicher Interessen aus schuldrechtlichen Verträgen (Vertrags-RS, vgl. oben Rdnrn. 96 ff.) untrennbar gekoppelt mit der Deckung für die Interessenwahrnehmung aus **dinglichen Rechten,** und zwar – infolge des im jeweils nächsten Absatz statuierten Ausschlusses für Immobilienrisiken – begrenzt auf die Interessenwahrnehmung aus dinglichen Rechten **an beweglichen Sachen** sowie an **Rechten.** Bewegliche Sachen sind alle Sachen, die

Vor § 21 ARB 75   126, 127   2. Teil. Besondere Bestimmungen

nicht Grundstück, ihm gleichgestellt oder Grundstücksbestandteil sind (*Palandt/Heinrichs* vor § 90 Rdnr. 3). Die in §§ 25, 26 und 27 ausgeschlossene Interessenwahrnehmung aus dinglichen Rechten an Immobilien kann über § 29 gesondert versichert werden und ist dort erläutert. Zur fraglichen Mitversicherung der Interessenwahrnehmung aus dinglichen Rechten an Motorfahrzeugen vgl. § 21 Rdnr. 60, zur Mitversicherung einer Drittwiderspruchsklage im Sinn der §§ 771 bis 774 ZPO sowie einer Klage auf vorzugsweise Befriedigung gemäß § 805 ZPO vgl. § 2 Rdnrn. 200 ff.

126   b) „**Dingliches Recht**" ist ein in der Umgangssprache nicht gebräuchlicher, auch im BGB nur an einer Stelle – § 221 – verwendeter Rechtsbegriff, unter dem man das gegenüber jedermann wirkende absolute Recht einer Person zur unmittelbaren – unbeschränkten oder beschränkten – Herrschaft über eine Sache („Ding") oder ein Recht versteht. Das umfassendste dingliche Recht ist das Eigentum. Daneben gibt es beschränkte dingliche Rechte als Nutzungs-, Verwertungs- und Erwerbsrechte. Im Gegensatz zum Recht der schuldrechtlichen Verträge (vgl. oben Rdnr. 99) unterliegen die im Dritten Buch des BGB und in bundes- und landesrechtlichen Sondergesetzen geregelten dinglichen Rechte dem Typenzwang, d. h. andere als die gesetzlich zugelassenen Rechte können nicht begründet werden (Näheres *Palandt/Bassenge* Einl. vor § 854 Rdnrn. 3 ff.).

127   aa) An **beweglichen Sachen** können als dingliche Rechte insbesondere bestehen
- das Eigentum nach § 903 BGB mit den daraus abgeleiteten dinglichen Ansprüchen nach §§ 985 ff. BGB,
- der Nießbrauch nach §§ 1030 ff. BGB,
- das rechtsgeschäftliche Pfandrecht nach §§ 1204 ff. BGB, auch in Form von Schiffshypotheken und von Registerpfandrechten an Luftfahrzeugen, sowie gesetzliche Pfandrechte, z. B. des Berechtigten bei Hinterlegung nach § 233 BGB, des Werkunternehmers nach § 647 BGB, des Gastwirts nach § 704 BGB, sowie die handelsrechtlichen Pfandrechte des Kommissionärs, Spediteurs, Lagerhalters, Frachtführers und Verfrachters (§§ 397, 410, 421, 440, 623, 674 HGB; *Palandt/Bassenge* § 1257 Rdnr. 1). Die Pfandrechte des Vermieters, Verpächters und Pächters (§§ 559, 581 Abs. 2, 583, 592 BGB) sind wegen des Ausschlusses des Miet- und Pacht-RS in §§ 25 Abs. 4 b, 26 Abs. 5 a (Fassung 1988: Abs. 7 a) und 27 Abs. 5 b nur über § 29 versichert (vgl. § 29 Rdnr. 11),
- Aneignungsrechte, z. B. bei herrenlosen Sachen nach § 958 BGB und bei Jagd- und Fischereiberechtigungen (*Palandt/Bassenge* § 958 Rdnr. 4),
- das Anwartschaftsrecht aus aufschiebend bedingter Übereignung als Vorstufe des Eigentums (*Palandt/Bassenge* § 929 Rdnrn. 37 ff.),
- der Besitz als die in vieler Hinsicht wie eine dingliche Rechtsposition geschützte tatsächliche Sachherrschaft einer Person über eine Sache (*Palandt/Thomas* § 823 Rdnr. 13; *Palandt/Bassenge* vor § 854 Rdnr. 1). Hierunter können alle Arten von Besitz fallen wie Eigen- oder Fremdbesitz, unmittelbarer oder mittelbarer Besitz oder Allein- oder Mitbesitz (Näheres *Palandt/Bassenge* vor § 854 Rdnr. 3).

bb) An **Rechten** können als dingliche Rechte insbesondere bestehen **128**
- der Nießbrauch nach §§ 1068 ff. BGB,
- das Pfandrecht nach §§ 1273 ff. BGB.

2. Der Versicherungsschutz erstreckt sich auf die Wahrnehmung rechtlicher **129**
Interessen „aus" dinglichen **Rechten.** Dies setzt schon rein begrifflich voraus, daß – zumindest nach dem schlüssigen Sachvortrag des VN oder seines Gegners (vgl. oben Rdnr. 4) – bereits ein dingliches Recht des VN besteht, in dem der streitige Anspruch wurzelt. Ansprüche, die erst auf Begründung eines dinglichen Rechts gerichtet sind, werden hiervon nicht umfaßt, können aber als Ansprüche aus einem schuldrechtlichen Vertrag gedeckt sein. Die Interessenwahrnehmung kann bestehen in der außergerichtlichen und gerichtlichen Geltendmachung und Abwehr von Ansprüchen aller Art, die für oder gegen den VN aus seinem dinglichen Recht entstehen können (BGH NJW 92, 1511 = VersR 92, 487; das § 29 Rdnrn. 20 ff. Gesagte gilt hier entsprechend). Hierzu kann auch die Abwehr eines Rückgewähranspruchs nach § 7 Anfechtungsgesetz gerechnet werden (vgl. § 2 Rdnr. 214). Mit *J. Vassel* (ZVers Wiss 81, 269, 273) kann man auch die Geltendmachung und Abwehr öffentlich-rechtlicher Ansprüche im Zusammenhang mit einem dinglichen Recht des VN, z. B. die Abwehr einer verwaltungsrechtlichen Beschlagnahmeanordnung, als Interessenwahrnehmung „aus" diesem Recht werten, und zwar aus den gleichen Gründen wie beim Grundeigentum (§ 29 Rdnr. 22). Die Geltendmachung eines außervertraglichen Schadenersatzanspruchs wegen Beeinträchtigung eines dinglichen Rechts des VN (außer an Immobilien) ist sowohl über den Schadenersatz-RS (oben Rdnr. 31) wie auch über den dinglichen „Mobilien-RS" im Sinn von oben Rdnr. 125 gedeckt. Die Abwehr eines gegen den VN aus seinem dinglichen Recht, z. B. seinem Eigentum an einer beweglichen Sache, herrührenden Schadenersatzanspruchs fällt ebenfalls unter die Versicherungsdeckung, soweit nicht eine für den VN bestehende Haftpflichtversicherung nach § 2 Abs. 3 c den Versicherungsschutz ausschließt. Ein solcher Fall wäre etwa gegeben, wenn jemand dadurch zu Schaden kommt, daß der VN eine ihm gehörende bewegliche Sache (z. B. eine Kiste) verkehrsbehindernd aufgestellt hatte, oder wenn ein Anspruchsteller behauptet, der VN habe ihn durch Weitergabe ihm – dem VN – gehörender Unterlagen in seinem Persönlichkeitsrecht verletzt. Zur Frage des Versicherungsschutzes für dingliche Rechte an Motorfahrzeugen vgl. § 21 Rdnr. 60.

VII. Wahrnehmung rechtlicher Interessen vor Sozialgerichten
(entspricht § 2f ARB 94)

1. Während nach § 1 Ziff. 2 VI ARB 54 – bei zweifelhaftem Wortlaut – **130**
Versicherungsschutz auch für das Vorverfahren bejaht wurde (*Meixner* S. 132), beschränkt sich der Sozialgerichts-RS nach dem eindeutigen Wortlaut der §§ 24 Abs. 2d, 25 Abs. 2d, 26 Abs. 3f (Fassung 1988: Abs. 5f), 27 Abs. 3f und 28 Abs. 2d der ARB 69/75 auf die **gerichtliche Interessenwahrnehmung.** Der Versicherungsschutz beginnt also mit der Einreichung der Klage oder eines sonstigen verfahrensrechtlich zulässigen Antrags beim

Sozialgericht, das gemäß § 1 SGG ein besonderes Verwaltungsgericht darstellt. Sozialgerichte im Sinn der ARB sind außerdem die Landessozialgerichte und das Bundessozialgericht (§ 2 SGG). Die Interessenwahrnehmung in einem früheren, außergerichtlichen Stadium, insbesondere eine reine Beratung oder eine Vertretung in oder nach einem Vorverfahren (Widerspruchsverfahren) gemäß § 78 SGG, ist auch dann nicht gedeckt, wenn der VN einen Rechtsanwalt mit der Prüfung der Frage beauftragt, ob gegen einen Widerspruchsbescheid Klage erhoben werden soll, und der Anwalt dann von einer Klage abrät. Im Unterschied zu den Fällen, in denen die Interessenwahrnehmung von ihrem Beginn an versichert ist, besteht daher auch kein Versicherungsschutz für eine „Abrategebühr" (vgl. § 17 Rdnrn. 3, 3a). Im Fall des § 78 Abs. 1 Satz 2 SGG entfällt ein Vorverfahren, in den Fällen des § 78 Abs. 2 SGG steht es im Belieben des Antragstellers, ob er im Wege des Widerspruchs oder der Klage vorgehen will, wobei jedoch nach dem Grundsatz der Spezialität des versicherten Risikos (vgl. oben Rdnr. 1) auch dann nur für das Klageverfahren Versicherungsschutz besteht, wenn das Widerspruchsverfahren für sich allein weniger Kosten verursacht hätte (vgl. OLG Hamm VersR 77, 953; LG Trier ZfS 80, 244). Der Grund für die Deckungsbegrenzung liegt vor allem darin, daß im außergerichtlichen Bereich, zumal in den häufigen Fällen eines Rentenstreits, weniger rechtliche als medizinische Fragen im Vordergrund stehen und in diesem Stadium eine rechtliche Betreuung des VN, deren Kosten den Versicherungsschutz merklich verteuern könnte, in der Mehrzahl der Fälle noch nicht notwendig erscheint. Dies ist übrigens auch einer der Gründe, die das BVerfG (NJW 59, 715; ähnlich AnwBl. 86, 211) veranlaßt haben, die früher fehlende Möglichkeit einer Armenrechtsbewilligung in den Tatsacheninstanzen der Sozialgerichtsbarkeit als verfassungskonform zu werten. Diese Sachlage verkennen *Pakulla* (VersR 79, 297, 298) und *Ruhle* (ZfV 77, 20, 21) bei ihrer Kritik an der Deckungsbegrenzung der ARB.

131 Der Versicherungsschutz ist beschränkt auf die Interessenwahrnehmung vor Sozialgerichten in der **Bundesrepublik Deutschland**. Der Grund hierfür liegt vor allem in der vielfältigen Aufsplitterung und differierenden rechtlichen Ausgestaltung sozialrechtlicher Ansprüche im Ausland sowie der dort teilweise sehr unterschiedlich geregelten Gerichtsbarkeit.

132 Die **Art der** gerichtlichen **Interessenwahrnehmung** ist **gleichgültig**. Die Klage kann beispielsweise auf Aufhebung oder Abänderung eines Verwaltungsaktes oder auf Verurteilung zum Erlaß eines solchen, daneben auf eine bestimmte Leistung oder auch lediglich auf Feststellung gerichtet sein (vgl. §§ 54 bis 56 SGG). Für eine „Untätigkeitsklage" im Sinn des § 88 SGG besteht unter den dort genannten Voraussetzungen Versicherungsschutz ab Klageeinreichung ähnlich wie bei der verwaltungsrechtlichen Untätigkeitsklage (vgl. unten Rdnr. 146). Gedeckt ist die Interessenwahrnehmung des VN als Kläger, Beklagter oder Beigeladener (§ 69 SGG). Soweit ein gerichtliches Verfahren über eine einstweilige Anordnung zulässig ist (vgl. hierzu BVerfG NJW 78, 693; *Meyer-Ladewig* § 97 Rdnrn. 22 f.), besteht auch hierfür Deckung.

133 2. Der Zeitpunkt des **Versicherungsfalles** ist nach § 14 Abs. 3 zu beurteilen. Im Regelfall liegt er in dem ganz oder teilweise ablehnenden ersten Be-

scheid des Sozialversicherungsträgers. Neben der allgemeinen dreimonatigen Wartezeit des § 14 Abs. 3 Satz 3, 1. Alternative ist bei antragsabhängigen Leistungen jedoch der Ausschlußtatbestand des § 14 Abs. 3 Satz 3, 2. Alternative zusätzlich zu beachten (Näheres § 14 Rdnrn. 69 ff.).

3. Unter Versicherungsschutz steht die gerichtliche Interessenwahrnehmung auf denjenigen **Rechtsgebieten**, die nach der jeweiligen Gesetzeslage zur Zuständigkeit der Sozialgerichte gehören. Nach § 51 SGG sind dies öffentlich-rechtliche Streitigkeiten in Angelegenheiten der Sozialversicherung, der Arbeitslosenversicherung und der übrigen Aufgaben der Bundesanstalt für Arbeit sowie der Kriegsopferversorgung. Weiter zählen hierzu Streitigkeiten aus dem Kassenarztrecht, d. h. aus den insbesondere in den §§ 69 ff. SGB V geregelten Rechtsbeziehungen zwischen Ärzten, Zahnärzten, sonstigen in die kassen(zahn)ärztliche Versorgung einbezogenen Berufsgruppen (z. B. Apotheker, Augenoptiker, Orthopädietechniker, Zahntechniker, Hörgeräte-Akustiker) und ihren Selbstverwaltungsträgern (z. B. Kassenärztliche Vereinigung) einerseits sowie gesetzlichen Krankenkassen (§ 4 SGB V) andererseits, schließlich öffentlich-rechtliche Streitigkeiten aufgrund des Entgeltfortzahlungsgesetzes. 134

Gegenstandsbereiche, die überwiegend (aber nicht ausschließlich, vgl. unten) der Sozialgerichtsbarkeit zugewiesen sind, sind in den §§ 3 bis 10 SGB (Allgemeiner Teil) aufgeführt, nämlich Bildungs- und Arbeitsförderung, Sozialversicherung, soziale Entschädigung bei Gesundheitsschäden, Minderung des Familienaufwands, Zuschuß für eine angemessene Wohnung, Jugendhilfe, Sozialhilfe und Eingliederung Behinderter. Zur Sozialversicherung gehören die gesetzliche Krankenversicherung – SGB V –, die gesetzliche Rentenversicherung – SGB VI – einschließlich der Alterssicherung der Landwirte, die gesetzliche Unfallversicherung – SGB VII – und die soziale Pflegeversicherung – SGB XI – (zu Beitragsstreitigkeiten in der Sozialversicherung vgl. § 4 Rdnr. 119). Für Streitigkeiten aus der privaten Pflegeversicherung als einem privatrechtlichen Versicherungsverhältnis sind nach der derzeitigen Rechtslage ebenfalls die Sozialgerichte zuständig (§ 4 Rdnr. 67). Gesetze, die häufig den Rechtsweg zu den Sozialgerichten eröffnen (§ 51 Abs. 4 SGG), gelten bis zu ihrer Einordnung in das SGB als besondere Teile des SGB. Es handelt sich insbesondere um das Arbeitsförderungsgesetz mit zahlreichen Einzelleistungen, z. B. Förderung der beruflichen Bildung, Kurzarbeitergeld, Winterbauförderung, Schlechtwettergeld, Arbeitslosengeld, Arbeitslosenhilfe, Konkursausfallgeld; das Schwerbehindertengesetz (zu Streitigkeiten zwischen Gutachtern und Versorgungsamt in diesem Zusammenhang vgl. *Kühl* VersR 86, 126); das Handwerkerversicherungsgesetz; das Gesetz über die Krankenversicherung für Landwirte; das Bundesversorgungsgesetz und diejenigen Vorschriften des Soldatenversorgungsgesetzes, des Bundesgrenzschutzgesetzes, des Zivildienstgesetzes, des Bundes-Seuchengesetzes und des Häftlingshilfegesetzes, die die entsprechende Anwendung der Leistungsvorschriften des Bundesversorgungsgesetzes vorsehen (zur Überleitung von Unterhaltsansprüchen in diesem Zusammenhang vgl. *Kühl* VersR 84, 21); das Gesetz über die Entschädigung für Opfer von Gewalttaten; das Gesetz über das Verwaltungsverfahren der Kriegsop- 135 ferversorgung; das Bundeskindergeldgesetz; das Gesetz über die Angleichung der Leistungen zur Rehabilitation; das Gesetz über die unentgeltliche Beförderung von Kriegs- und Wehrdienstbeschädigten sowie von anderen Behinderten im Nahverkehr; das Künstlersozialversicherungsgesetz (vgl. auch § 4 Rdnr. 67). Für Streitigkeiten aus dem Gebiet der Kriegsopferfürsorge und der Sozialhilfe sind nach der derzeitigen Rechtslage nicht die Sozialgerichte, sondern die Verwaltungsgerichte zuständig, so daß insoweit keine RS-Deckung besteht (§ 88 Abs. 5 Soldatenversorgungsgesetz, §§ 96 ff. Bundessozialhilfegesetz; *Gottschick/Giese* § 4 Rdnr. 7, § 96 Rdnr. 6). Das gleiche gilt für öffentlich-rechtliche Streitigkeiten aus dem Bundesausbildungsförderungsgesetz, nach dessen § 54 der Verwaltungsrechtsweg gegeben ist, sowie für Streitigkeiten aus dem Wohngeldgesetz (hierzu § 29 Rdnr. 11) und aus Versorgungswerken freier Berufe (AG Steinfurt ZfS 83, 47; vgl. § 4 Rdnr. 68 und oben Rdnr. 102).

136 4. Für den **Rückforderungsanspruch** eines Sozialversicherungsträgers wegen Überzahlung kommt es darauf an, ob das Sozialgericht oder das Zivilgericht zuständig ist (hierzu *Baumbach/Lauterbach/Albers* § 13 GVG Rdnr. 59). Im ersten Fall besteht Deckung über den Sozialgerichts-RS, im zweiten Fall besteht nach den ARB 75 kein Versicherungsschutz, da es sich bei dem entsprechend §§ 812 ff. BGB geltend gemachten Anspruch um ein gesetzliches Schuldverhältnis handelt (vgl. oben Rdnr. 105; anders nach § 2d ARB 94, vgl. § 2 ARB 94 Rdnr. 8).

VIII. **Wahrnehmung rechtlicher Interessen in verwaltungsrechtlichen Verfahren wegen Einschränkung, Entzuges oder Wiedererteilung der Fahrerlaubnis**
(entspricht § 2g ARB 94)

137 1. Die verkehrsbezogenen Vertragsarten bieten als sogenannten **Führerschein-RS** in §§ 21 Abs. 3 d, 22 Abs. 3 d, 23 Abs. 2 c, 24 Abs. 6 Ziff. 3 b, 26 Abs. 3 e (Fassung 1988: Abs. 5 e) und 27 Abs. 3 e Versicherungsschutz für die Wahrnehmung rechtlicher Interessen in Widerspruchsverfahren vor Verwaltungsbehörden wegen Einschränkung, Entzuges oder Wiedererlangung der Fahrerlaubnis und Verfahren vor Verwaltungsgerichten aus den gleichen Gründen. Maßnahmen, die eine bestehende Fahrerlaubnis beeinträchtigen, können auch in einem Straf- oder Ordnungswidrigkeitenverfahren verhängt werden, z.B. eine vorläufige Entziehung nach § 111 a StPO, ein Fahrverbot als Nebenstrafe nach § 44 StGB oder als Nebenfolge nach § 25 StVG oder eine Entziehung als Maßregel der Sicherung und Besserung nach §§ 61 Nr. 6, 69 bis 69 b StGB. Die Verteidigung gegen solche Maßnahmen ist bereits im Rahmen eines bestehenden Straf-RS gedeckt (vgl. oben Rdnr. 77).

138 Der verwaltungsrechtliche Führerschein-RS umfaßt nicht nur Verfahren wegen Einschränkung, Entzuges oder Wiedererteilung der im Führerschein verkörperter Fahrerlaubnis für Kraftfahrzeuge im Sinn des StVG, sondern auch Verfahren wegen solcher Maßnahmen gegen eine im **Luftfahrerschein**

Vorbemerkungen

verkörperte Erlaubnis zum Führen von Luftfahrzeugen sowie gegen eine im **Schiffsführerschein,** Schifferpatent o.ä. verkörperte Erlaubnis zum Führen von See- und Binnenschiffen (vgl. hierzu § 21 Rdnr. 104a). Die nachfolgenden Erläuterungen können sich auf die für die Praxis im Vordergrund stehenden Fragen des Versicherungsschutzes bei den gesetzlich eingehender geregelten verwaltungsrechtlichen Maßnahmen gegen die Fahrerlaubnis für Kraftfahrzeuge beschränken.

2. a) **Nicht jede** im Zusammenhang mit einer Fahrerlaubnis denkbare **Interessenwahrnehmung** steht unter Versicherungsschutz, sondern nur eine solche, die wegen der Einschränkung, des Entzuges oder der Wiedererteilung einer Fahrerlaubnis notwendig ist. Der eindeutige Bedingungswortlaut setzt also voraus, daß dem VN (oder einer mitversicherten Person) bereits eine Fahrerlaubnis erteilt ist oder war, um deren ungeschmälerten Fortbestand oder um deren Neuerteilung der Streit mit der Verwaltungsbehörde geht. Für behördliche oder gerichtliche Verfahren wegen der erstmaligen Erteilung einer Fahrerlaubnis besteht demnach auch dann kein RS, wenn in irgendeinem Verfahrensabschnitt die erstmalige (uneingeschränkte) Erteilung abgelehnt wird (AG München DAR 84, 119 = VersR 84, 731 = ZfS 84, 182 für erstmalige Erteilung einer Fahrerlaubnis zur Fahrgastbeförderung).

aa) Die **Einschränkung** einer bereits bestehenden Fahrerlaubnis ist insbesondere nach § 15b Abs. 1a StVZO zulässig, wenn die Verwaltungsbehörde Grund zu der Annahme hat, daß der Inhaber einer Fahrerlaubnis zum Führen von Kraftfahrzeugen nur (noch) bedingt geeignet ist. Die Einschränkung kann erfolgen in Form einer in den Führerschein einzutragenden persönlichen Auflage, z.B. zum Tragen einer Brille, zur Benutzung eines Hörgeräts, zum Fahren innerhalb eines bestimmten Bereichs oder nur mit beschränkter Geschwindigkeit. Die Einschränkung kann jedoch auch in einer in den Führerschein aufzunehmenden fahrzeugtechnischen Beschränkung liegen, z.B. auf das Führen einer bestimmten Kraftfahrzeugart, auf einen bestimmten Hubraum oder auf technische Sondereinrichtungen am Kraftfahrzeug (*Jagusch/Hentschel* § 12 StVZO Rdnrn. 9, 10, 13 und 14).

Eine Anordnung der Verwaltungsbehörde zur Führung eines **Fahrtenbuches** nach § 31a StVZO oder zur Teilnahme an einem **Unterricht** über das Verhalten im **Straßenverkehr** nach § 48 StVO kann nicht als „Einschränkung" der Fahrerlaubnis im Sinn der ARB gewertet werden, da solche Anordnungen Bestand und Umfang der Fahrerlaubnis nicht berühren (AG Düsseldorf ZfS 85, 211 für Fahrtenbuchauflage; AG Buxtehude ZfS 85, 275 für Verkehrsunterricht). Versicherungsschutz für solche Verfahren besteht nur über eine 1979 von einigen RSVersicherern eingeführte besondere Klausel zu §§ 21, 22, 23, 26 und 27 (VerBAV 79, 353; vgl. Einl. Rdnr. 23). Dem in § 21 Rdnr. 60 erwähnten Vorschlag *J. Vassels,* solche verwaltungsrechtlichen Auseinandersetzungen als Interessenwahrnehmung aus dinglichen Rechten am Fahrzeug zu decken, ist das AG Düsseldorf (ZfS 85, 211) mit einleuchtender Begründung nicht gefolgt. Nachschulungsauflagen im Zusammen-

Vor § 21 ARB 75 142–145 2. Teil. Besondere Bestimmungen

hang mit dem neuerdings eingeführten Führerschein auf Probe (§ 2a Abs. 2 StVG) schränken die Fahrerlaubnis als solche ebenfalls nicht ein.

142   bb) Der **Entzug** einer bereits bestehenden Fahrerlaubnis ist insbesondere nach §§ 2a Abs. 3 (Fahrerlaubnis auf Probe; zum Versicherungsfall vgl. § 14 Rdnr. 31 a. E.), 4 StVG, 3, 15b und 15k StVZO zulässig, wenn die Verwaltungsbehörde Grund zu der Annahme hat, daß der Inhaber einer Fahrerlaubnis zum Führen von Kraftfahrzeugen ungeeignet ist bzw. die besonderen Voraussetzungen für eine Fahrerlaubnis zur Fahrgastbeförderung nicht mehr vorliegen. Wegen des Entzugs eines Luftfahrer- oder Schiffsführerscheins vgl. § 21 Rdnr. 104a.

143   cc) Für das Verfahren zur Neuerteilung einer Fahrerlaubnis nach vorangegangener Entziehung – in den ARB **Wiedererteilung** genannt – gelten nach § 15c StVZO die Vorschriften der §§ 8 bis 12a StVZO für die Ersterteilung. Die Verwaltungsbehörde kann jedoch im Rahmen des § 15c StVZO auf eine Fahrerlaubnisprüfung verzichten.

144   dd) Soweit die Verwaltungsbehörde in Widerspruchsverfahren wegen Einschränkung, Entziehung oder Wiedererteilung der Fahrerlaubnis oder das Verwaltungsgericht die Entscheidung von der Beibringung eines ärztlichen Zeugnisses oder eines Sachverständigen**gutachtens** abhängig macht, stehen die vom VN hierfür aufzuwendenden Kosten nicht unter Versicherungsschutz, da es sich nicht um Auslagen der Verwaltungsbehörde oder des Verwaltungsgerichts im Sinn des § 2 Abs. 1c und d handelt (Näheres § 2 Rdnrn. 100 und 120).

145   b) Neben der Beschränkung des Versicherungsschutzes auf Verfahren wegen Einschränkung, Entzuges und Wiedererteilung der Fahrerlaubnis besteht eine weitere – primäre (§ 2 Rdnr. 3; oben Rdnr. 3) – Risikobegrenzung darin, daß der Versicherungsschutz nicht schon für das Verfahren vor der erstbefaßten Verwaltungsbehörde (§ 68 StVZO) besteht, sondern **erst** mit Beginn des verwaltungsrechtlichen **Widerspruchsverfahrens** einsetzt. Es muß also bereits ein Verwaltungsakt der zuständigen Stelle vorliegen, durch den eine bestehende Fahrerlaubnis eingeschränkt oder entzogen oder die Neuerteilung einer Fahrerlaubnis nach vorangegangener Entziehung abgelehnt wurde. Will der VN diese Entscheidung nicht hinnehmen, muß er vor Erhebung der verwaltungsgerichtlichen Anfechtungsklage (gegen den Einschränkungs- oder Entziehungsbescheid) oder Verpflichtungsklage (gegen die Ablehnung der Neuerteilung) Rechtmäßigkeit und Zweckmäßigkeit des Verwaltungsakts in einem Vorverfahren nach § 68 VwGO nachprüfen lassen. Dieses Vorverfahren beginnt gemäß § 69 VwGO mit der Erhebung des Widerspruchs. In diesem Zeitpunkt, d.h. mit Einreichung des Widerspruchsschriftsatzes, beginnt auch der Versicherungsschutz. Der Grund für diese Regelung liegt vor allem darin, daß eine rechtliche Betreuung des VN häufig erst in diesem Verfahrensabschnitt größeres Gewicht bekommt, während vorher vielfach Tatfragen mehr im Vordergrund stehen. Hinzu kommt, daß eine Ausdehnung der Deckung auf das ganze Verwaltungsverfahren den Versicherungsbeitrag merklich verteuern könnte. Läßt sich der VN nach

einem negativen Bescheid der zuständigen Verwaltungsbehörde von einem Rechtsanwalt beraten und rät dieser aus tatsächlichen oder rechtlichen Gründen von weiteren Schritten, d.h. von der Einlegung eines Widerspruchs ab, dann hat der RSVersicherer die Kosten einer solchen Beratung nicht zu übernehmen, da sie nicht für eine Tätigkeit „in" Widerspruchsverfahren angefallen sind (vgl. auch oben Rdnr. 130).

Hat die zuständige Verwaltungsbehörde ohne zureichenden Grund in angemessener Frist – im Regelfall drei Monate – sachlich nicht über einen Antrag des VN auf Neuerteilung einer entzogenen Fahrerlaubnis entschieden und hat der Anwalt des VN daraufhin zulässigerweise ohne Widerspruchsverfahren unmittelbar Verpflichtungsklage auf Vornahme des unterlassenen Verwaltungsakts erhoben („**Untätigkeitsklage**", § 75 VwGO), dann besteht Versicherungsschutz ab Klageeinreichung. Denn die Bedingungsregelung kann nach Wortlaut und Zweck nicht dahin verstanden werden, daß Versicherungsschutz nur in solchen Verwaltungsgerichtsverfahren bestehen soll, die nach vorausgegangenem Widerspruchsverfahren in Gang gekommen sind. Ist ein Vorverfahren, wie im Fall des § 75 VwGO, ausnahmsweise entbehrlich und muß es auch nicht nachgeholt werden (*Eyermann/Fröhler* § 75 Rdnrn. 9, 10), dann besteht Versicherungsschutz, sobald eine wegen Ablaufs der Dreimonatsfrist des § 75 VwGO zulässige Untätigkeitsklage bei Gericht eingereicht wird. Ein – schlüssiger – Antrag auf Erlaß einer einstweiligen Anordnung nach § 123 VwGO ist ebenfalls gedeckt. 146

3. Der die Leistungspflicht des Versicherers auslösende **Versicherungsfall** ist beim Führerschein-RS unterschiedlich geregelt. War die Fahrerlaubnis im Zusammenhang mit der Verletzung einer Vorschrift des Straf- oder Ordnungswidrigkeitenrechts eingeschränkt oder entzogen worden, gilt nach § 14 Abs. 2 Satz 2 der Versicherungsfall in dem Zeitpunkt als eingetreten, in dem der VN begonnen hat oder begonnen haben soll, die betreffende Vorschrift zu verletzen. Stand dagegen die Einschränkung oder Entziehung nicht im Zusammenhang mit der Verletzung einer straf- oder bußgeldrechtlichen Vorschrift, bemißt sich der Zeitpunkt des Versicherungsfalls nach § 14 Abs. 3 mit der dort in Satz 3 vorgesehenen dreimonatigen Wartezeit ab Versicherungsbeginn (Näheres § 14 Rdnrn. 31 ff.). 147

IX. Beratungs- RS
(entspricht § 2 k ARB 94)

Literatur: *Pakulla*, Der BeratungsRS gemäß den ARB, AnwBl. 80, 221; *L. Meyer*, Der BeratungsRS der ARB und der Gebührentatbestand des § 20 Abs. 1 BRAGebO, in „Kostenerstattung und Streitwert", Festschrift für Herbert Schmidt (1981), S. 101 ff.; *Bayer*, Der BeratungsRS gem. §§ 25 Abs. 2 e, 26 Abs. 3 g ARB, VersR 87, 959; *Raczimski/Rademacher*, Der problematische Beratungsrechtsschutz in den ARB, AnwBl. 91, 92.

1. Auf den meisten Rechtsgebieten im Schutzbereich der RSVersicherung (vgl. oben Rdnrn. 12 bis 18 und 20 bis 28) steht eine Rechtsberatung als erster Schritt einer Interessenwahrnehmung dann unter Versicherungsschutz, 148

wenn ein Versicherungsfall im Sinn des § 14 diese Beratung notwendig gemacht hat (§ 1 Abs. 1 Satz 1; vgl. auch § 17 Rdnrn. 3, 3a) und die Deckung nicht erst in einem späteren Stadium der Interessenwahrnehmung einsetzt (§ 1 Rdnr. 3, § 2 Rdnr. 20). Die Wahrnehmung rechtlicher Interessen aus dem Bereich des Familien- und Erbrechts sowie in Angelegenheiten der freiwilligen Gerichtsbarkeit ist dagegen an sich gemäß § 4 Abs. 1i und p generell vom Versicherungsschutz ausgeschlossen (über die Gründe vgl. § 4 Rdnr. 81). Abweichend hiervon bieten jedoch die §§ 25 Abs. 2e, 26 Abs. 3g (Fassung 1988: Abs. 5g) und 27 Abs. 3g einen eingeschränkten, auf eine reine Beratungstätigkeit begrenzten Versicherungsschutz, sofern ein bestimmtes Ereignis die Rechtslage des VN verändert hat und deshalb eine Beratung erforderlich macht. Abgesehen von der nunmehrigen Beschränkung auf die drei genannten Rechtsgebiete unterscheidet sich dieser Beratungs-RS von dem in den ARB 54 geregelten Beratungs-RS alter Art vor allem durch die Art des Versicherungsfalles. Während gemäß § 4 Ziff. 1 Satz 3 ARB 54 der Antrag des VN auf Beratung als Versicherungsfall galt – und dabei streitig war, ob das jeder Versicherung eigentümliche Merkmal der Ungewißheit überhaupt noch gegeben sei (GB BAV 66, 74; *K. Vassel* VerBAV 69, 131, 134; *Bielefeldt* S. 105; *Prölss/Schmidt* § 1 Rdnr. 20a; *Prölss/Martin* § 1 Anm. 1 A b) –, setzt nunmehr die Leistungspflicht des Versicherers nur ein, wenn ein Ereignis die Rechtslage des VN verändert hat (vgl. unten Rdnrn. 156ff.).

149 2. Was unter **familien-** und **erbrechtlichen Angelegenheiten** sowie Angelegenheiten der **freiwilligen Gerichtsbarkeit** zu verstehen ist, ist in § 4 Rdnrn. 81 ff. und 129ff. näher erläutert. Erstreckt sich die Beratung auf anderweitig ausgeschlossene Rechtsgebiete, z.B. auf das Recht der Handelsgesellschaften (§ 4 Abs. 1c) oder auf steuerrechtliche Fragen (§ 4 Abs. 1n) oder auf nicht versicherte Rechtsgebiete, z.B. auf verwaltungsrechtliche Angelegenheiten, dann besteht Versicherungsschutz nur anteilig nach dem Wertverhältnis der familien- oder erbrechtlichen Fragen zu den Fragen aus den ausgeschlossenen oder nicht versicherten Rechtsgebieten (vgl. oben Rdnr. 5; *Böhme* § 25 Rdnr. 15a). Sind die Probleme aus den ausgeschlossenen oder nicht versicherten Rechtsgebieten allerdings nur von untergeordneter Bedeutung, wird häufig ein Abstrich von der Versicherungsleistung nicht gerechtfertigt sein.

150 3. Unter Versicherungsschutz steht die Erteilung eines mündlichen – auch fernmündlichen – oder schriftlichen Rates oder einer Auskunft durch einen Rechtsanwalt oder Notar, also die **reine Rechtsberatung** im Gegensatz zur Rechtsvertretung. Die Versichertengemeinschaft soll wegen des hohen subjektiven Risikos und der Kollusionsgefahr im Interesse der Niedrighaltung des Versicherungsbeitrags (vgl. § 4 Rdnr. 81) keine nach außen gerichteten außergerichtlichen oder gerichtlichen Maßnahmen des für den VN tätigen Rechtsanwalts finanzieren, sondern lediglich eine Tätigkeit, die dem ratsuchenden VN gegenüber entfaltet wird, ohne daß der Berater nach außen hin gegenüber einem Dritten in Erscheinung tritt (zum Begriff der Rechtsberatung vgl. *Altenhoff/Busch/Kampmann/Chemnitz* Rdnr. 11).

Vorbemerkungen 151–154 Vor § 21 ARB 75

a) **Rat** ist eine Empfehlung des Rechtsanwalts für das Verhalten des VN 151
in einer konkreten Rechtsangelegenheit (vgl. auch § 676 BGB). Der Rat muß
nicht notwendig im einzelnen begründet sein, darf sich aber nicht nur auf
Nebenpunkte der Rechtsangelegenheiten beziehen (*Gerold/Schmidt/Madert*
§ 20 Rdnr. 2; *Schumann/Geißinger* § 20 Rdnr. 2; *Riedel/Sußbauer/Fraunholz*
§ 20 Rdnr. 1). Noch zur Raterteilung kann es gehören, wenn der Anwalt
oder Notar zur Klärung von Tatsachen zwecks Durchführung der Beratung
Urkunden oder Akten einsieht oder mündliche oder schriftliche Auskünfte
einholt, z. B. beim Nachlaßgericht über etwaige Erben oder beim Grund-
buchamt über die Eigentumsverhältnisse. Eine Mithilfe des Rechtsanwalts
oder Notars bei der Befolgung seines Rates kann noch der Raterteilung zugerechnet werden, soweit der Beratende nicht nach außen hin auftritt, z. B.
durch Anfertigung des Entwurfs eines Vertrags oder Aufforderungsschrei-
bens, den dann der VN als eigenes Schriftstück unterzeichnet und an einen
Dritten übermittelt (*Altenhoff/Busch/Kampmann/Chemnitz* Rdnr. 15; a. A.
anscheinend *Gerold/Schmidt/Madert* § 20 Rdnr. 5; § 118 Rdnr. 5). Liegt das
Schwergewicht der Tätigkeit des Anwalts nicht in der Raterteilung, sondern
im Fertigen eines Schriftsatzes oder im Entwurf einer Urkunde, dann entsteht allerdings eine nicht unter Versicherungsschutz stehende Geschäftsgebühr nach § 118 Abs. 1 Nr. 1 BRAGebO (vgl. unten Rdnr. 154).

b) Im Gegensatz zum Rat geht es bei der **Auskunft** nicht um die Empfeh- 152
lung für ein bestimmtes Verhalten des VN, sondern um seine Information
über die Rechtslage, die aufgrund des seinen Rechtskreis tangierenden Ereignisses (Versicherungsfall, vgl. unten Rdnr. 156) eingetreten ist (*Gerold/
Schmidt/Madert* § 20 Rdnr. 3; *Schumann/Geißinger* § 20 Rdnr. 4; *Riedel/
Sußbauer/Fraunholz* § 20 Rdnr. 1).

c) Versicherungsschutz besteht, soweit auf den dem Berater unterbreite- 153
ten Sachverhalt **deutsches Recht** anzuwenden ist. Zum deutschen Recht
zählt an sich auch das deutsche, insbesondere in Art. 3 bis 38 EGBGB geregelte internationale Privatrecht, wobei sich die Art. 13 bis 26 mit familien-
und erbrechtlichen Angelegenheiten befassen. Eine Rechtsberatung über
ausländisches Familien- oder Erbrecht, die ohnehin Spezialkenntnisse voraussetzt, steht nicht unter Versicherungsschutz, und zwar auch dann nicht,
wenn die Vorschriften des internationalen Privatrechts hierauf verweisen
(LG Düsseldorf ZfS 85, 338). Eine Beratung über ausländisches Recht wird
ohnehin nicht selten als gutachtliche Stellungnahme nicht nach § 20, sondern
nach § 21 BRAGebO zu vergüten sein.

d) Die gesetzliche Vergütung im Sinn des § 2 Abs. 1a für einen Rat oder 154
eine Auskunft ergibt sich aus § 20 Abs. 1 BRAGebO. Seit 1994 gilt gemäß
dessen Satz 2 für eine erste Beratung eine Höchstgrenze von 350,– DM, die
demnach bei einer einmaligen Beratung (als gesetzliche Vergütung) nicht
überschritten werden kann. Ob diese Obergrenze bei mehrfacher Beratung
in derselben Angelegenheit noch gilt, wird von den Umständen des Einzelfalles abhängen und ist keine Frage der ARB, sondern des Gebührenrechts (vgl.
hierzu *Gerold/Schmidt/Madert* § 20 Rdnr. 11; *Riedel/Sußbauer/Fraunholz*
§ 20 Rdnr. 15; *Hartmann* BRAGebO § 20 Rdnr. 10). Versicherungsschutz

besteht jedoch nur, soweit der Rat oder die Auskunft **nicht mit** einer **anderen** gebührenpflichtigen **Tätigkeit** des Rechtsanwalts **zusammenhängen**. Durch die Wiederholung eines Teils des Wortlauts des § 20 Abs. 1 Satz 1 BRAGebO sowie durch die ausdrückliche Verweisung auf den gesamten Abs. 1 des § 20 BRAGebO sollte im Bedingungswortlaut klargestellt werden, daß die für den Anfall oder Nichtanfall einer eigenen Beratungsgebühr nach § 20 BRAGebO maßgebenden Grundsätze auch über die (primäre) Abgrenzung des Versicherungsschutzes entscheiden sollen. In der Neufassung 1988 des § 26 Abs. 5 g wurde diese Regelung verdeutlichend ausdrücklich als Ausschlußbestimmung formuliert (§ 26 Rdnr. 31). Soweit demnach die in einer familien- oder erbrechtlichen Angelegenheit oder in einer Angelegenheit der freiwilligen Gerichtsbarkeit insgesamt entfaltete Tätigkeit des Rechtsanwalts letztlich nicht nach § 20 BRAGebO, sondern nach § 118 BRAGebO oder §§ 31 ff. BRAGebO zu vergüten ist, besteht kein Versicherungsschutz (OLG Zweibrücken r + s 92, 203 bei umfassender Vollmacht zur Vertretung in allen erbrechtlichen Angelegenheiten; LG Waldshut-Tiengen r + s 97, 162). Dies gilt an sich auch für die Fälle, in denen der Auftrag des VN zunächst nur auf eine (interne) Rechtsberatung gerichtet war, jedoch anschließend in derselben Angelegenheit (§ 13 Abs. 2 und 5 BRAGebO) auf seine Rechtsvertretung nach außen erweitert wurde. Denn in diesen Fällen hängen der Rat oder die Auskunft jedenfalls dann „mit einer anderen gebührenpflichtigen Tätigkeit des Rechtsanwalts", nämlich der nachfolgenden Rechtsvertretung, mit der Folge der Anrechnungspflicht der Beratungsgebühr nach § 20 Abs. 1 Satz 4 BRAGebO im Sinn der ARB zusammen, wenn außer dem ohnehin gegebenen inneren sachlichen Zusammenhang auch noch ein naher zeitlicher Zusammenhang besteht. Soweit *Kohlhaas* (VersR 76, 29), *Cambeis* (AnwBl. 76, 330) und *Pakulla* (AnwBl. 80, 221) das Fehlen oder den Wegfall des Versicherungsschutzes für die möglicherweise zunächst entstandene, später auf andere Gebühren anzurechnende Beratungsgebühr kritisieren, berücksichtigen sie nicht, daß nach der ratio der ARB dann insgesamt kein Versicherungsschutz bestehen soll, wenn ein Familien- oder Erbrechtsstreit nach außen manifest geworden ist, und zwar ohne Rücksicht darauf, ob der Auftrag des VN an seinen Rechtsanwalt (oder Notar: AG Saarbrücken r + s 89, 56) von vornherein auf eine – außergerichtliche oder gerichtliche – Rechtsvertretung oder zunächst nur auf eine Beratung und – als deren Ergebnis – auf eine nachfolgende Rechtsvertretung gerichtet war (LG Osnabrück ZfS 88, 81; LG Frankfurt VersR 81, 425 = ZfS 81, 83; AG Nürtingen/LG Stuttgart ZfS 82, 116; LG Wiesbaden JurBüro 83, 75; AG Köln ZfS 87, 178; AG Bühl ZfS 84, 207 für Auftrag zur Erbauseinandersetzung; AG Hannover VersR 81, 151 = ZfS 81, 83; a. A. LG Stade AnwBl. 82, 539; *Bayer* VersR 87, 959).

155 Den Kritikern ist allerdings zuzugeben, daß der Wortlaut der ARB hier gewisse Zweifel offenläßt (LG Stade AnwBl. 82, 539; vgl. § 5 AGBG) und daß es Fälle geben kann, in denen dies zu **Unbilligkeiten** führt. Dies kann insbesondere dann der Fall sein, wenn der Zeitpunkt der Raterteilung und des Auftrags zur Rechtsvertretung soweit auseinander liegen, daß der Rechtsanwalt sich in die ganze Rechtsangelegenheit neu einarbeiten muß und ihm die ganze Arbeit praktisch nochmals erwächst. In diesem Fall kann es sich möglicherweise in Abweichung vom Grundsatz des § 13 Abs. 2 und 5 BRAGebO nicht mehr um die gleiche, sondern um eine verschiedene Angelegenheit handeln, die eine Anrechnung nach § 20 Abs. 1 Satz 4 BRAGebO nicht mehr rechtfertigt (*Schumann* MDR 68, 891; *Gerold/Schmidt/ Madert* § 20 Rdnr. 16; *Riedel/Sußbauer/Fraunholz* § 20 Rdnr. 6; *Schumann/ Geißinger* § 20 Rdnr. 22), so daß auch der Versicherungsschutz für die bereits angefallene Gebühr nach § 20 BRAGebO nicht mehr entfällt. Wo die zeitliche Grenze in solchen Fällen zu ziehen ist, läßt sich nur nach den Umständen des Einzelfalles beurteilen, wobei auch die Schwierigkeit und der Umfang der zu beurteilenden Rechtsfragen mit zu berücksichtigen sind. Ein Auftrag zur Vertretung in einer Ehescheidungssache, der weniger als drei Monate nach einer Beratung in dieser Sache erteilt wurde, läßt nach AG Düsseldorf (ZfS 84, 208) die Gebühr nach § 20 BRAGebO entfallen, ebenso ein Vertretungsauftrag in einer erbrechtlichen Angelegenheit, der „gut drei Monate" nach einer Beratung erteilt wurde (AG Köln ZfS 87, 178).

4. Als **Versicherungsfall,** der die Leistungspflicht des Versicherers nach § 1 Abs. 1 Satz 1 auslöst, gilt beim Beratungs-RS der §§ 25 Abs. 2e, 26 Abs. 3g (Fassung 1988: Abs. 5g) und 27 Abs. 3g das Ereignis, das eine Veränderung der Rechtslage des VN – oder einer mitversicherten Person (§ 11 Abs. 3) – zur Folge hat und deshalb einen Rechtsrat oder eine Rechtsauskunft erforderlich macht (zur Funktion des Versicherungsfalls allgemein vgl. § 14 Rdnrn. 1 ff.). Diese Abweichung von der generellen Regelung des Versicherungsfalles in § 14 Abs. 1 bis 3 ist durch die Eigenart des Beratungs-RS bedingt, bei dem auch andere Fakten als ein Schadenereignis oder ein Rechtsverstoß Aufwendungen für Rechtsberatungskosten erforderlich machen können. Die versicherte Gefahr verwirklicht sich hier dann, wenn ein tatsächliches Geschehen eine Situation entstehen läßt, in der der VN zur Vermeidung von Rechtsnachteilen Aufwendungen für einen Rechtsrat erbringen muß (*Bielefeldt* S. 103, 104). Nach den ARB 69 galt als Versicherungsfall „der Eintritt einer Veränderung der Rechtslage des VN". Durch die nunmehrige Wortfassung wurde – ohne sachliche Änderung – schärfer herausgestellt, daß Voraussetzung für eine Leistungspflicht des Versicherers ein „Ereignis" ist, das eine Rechtslageänderung des VN zur Folge hatte. Daß bestimmte Tatsachen eingetreten sind, die die Rechtslage verändert haben, und daß dies im versicherten Zeitraum geschehen ist, hat der VN darzulegen und im Zweifelsfall zu beweisen (AG Wetzlar, ZfS 91, 94 = r + s 91, 204; LG Limburg r + s 91, 343 für den Tod eines Erblassers; AG Düsseldorf r + s 89, 121 für Getrenntleben; vgl. § 14 Rdnr. 2). Eine Wartezeit nach Art des § 14 Abs. 3 Satz 3 besteht beim Beratungs-RS nicht. Wann der VN Kenntnis von dem jeweiligen Ereignis erlangt hat, ist unerheblich. Für den Zeitpunkt des Versicherungsfalles kommt es allein darauf an, wann das Ereignis eingetreten ist, da hierfür nur objektiv nachprüfbare Fakten maßgebend sein können, die von – kaum nachprüfbaren – subjektiven Kriterien frei sind (vgl. § 14 Rdnr. 8).

a) Bei der Auslegung des Begriffs „**Ereignis**" können teilweise die Grundsätze herangezogen werden, die der BGH für die Haftpflichtversicherung in seiner Grundsatzentscheidung NJW 57, 1477 = VersR 57, 499 entwickelt hat. Danach ist unter einem „Ereignis" ein sinnfälliger objektiver Vorgang zu verstehen, der sich vom gewöhnlichen Tagesgeschehen deutlich abhebt und dessen auch rechtlich relevante Bedeutung sofort ins Auge springt (vgl. auch § 14 Rdnr. 11). „Klassische" Ereignisse im Sinn des Beratungs-RS der ARB sind z. B. die Geburt eines Kindes des VN in unterhaltsrechtlicher – nicht in erbrechtlicher (AG Augsburg ZfS 86, 303) – oder der Tod eines Erblassers des VN in erbrechtlicher Hinsicht (AG/LG Heidelberg ZfS 88, 391 = r + s 89, 22 für Beratung des VN als Miterben über Umfang und Art der Durchsetzung seines Erbanspruchs). Darüber hinaus ist jedoch auch jedes sonstige, von außen einwirkende oder von dritter Seite herbeigeführte tatsächliche Geschehen für den VN ein – ungewisses – „Ereignis" im Sinn der ARB, soweit es seine familien- oder erbrechtliche Rechtsposition tangiert. Ein solches Geschehen kann z. b. ein Verhalten des Ehegatten sein, aus dem für den VN ein Recht auf Ehescheidung erwächst (Ablauf des Trennungsjahres nach § 1566 Abs. 1 BGB, AG Hannover ZfS 88, 141), oder die Anfechtung einer vereinbarten Unterhaltsabfindung AG Bretten r + s 97, 118), oder der Antrag eines Miterben auf Teilungsversteigerung (AG Lüdenscheid ZfS 83, 176; vgl. unten Rdnrn. 161, 167), oder ein Verhalten eines Abkömmlings, das den VN berechtigt, den Pflichtteil zu entziehen, oder die Forderung eines nichtehelichen Kindes des VN auf vorzeitigen Erbausgleich nach § 1934 d BGB. Auch der Wegfall der Bedürftigkeit eines Unterhaltsberechtigten (§ 1602 Abs. 1 BGB) oder eine erhebliche Änderung der Leistungsfähigkeit eines Unterhaltsverpflichteten (§ 1603 Abs. 1 BGB) können die familienrechtliche Rechtslage des VN (oder eines Mitversicherten) verändern. Dagegen ändert das Auskunftsverlangen eines Unterhaltsberechtigten nach § 1605 BGB die Rechtslage des unterhaltsverpflichteten VN nicht (AG Essen ZfS 92, 137). Zur Überleitung von Unterhaltsansprüchen nach dem Bundesversorgungsgesetz vgl. *Kühl* VersR 84, 21 und oben Rdnr. 135. Ergeben sich nach einer Scheidung Rechtsprobleme, die nicht im Zusammenhang mit der Scheidung geregelt wurden, kann u. U. auch die Scheidung ein solches Ereignis sein.

158 Die Frage, ob auch **ein vom VN selbst herbeigeführtes,** rechtlich relevantes **Ereignis** als Versicherungsfall angesehen werden kann, wird von *Böhme* verneint (§ 25 Rdnr. 15). *Sieg* (BB 72, 1377) empfiehlt ebenfalls, nur eine vom Willen des VN unabhängige Änderung der Rechtslage als Versicherungsfall anzusehen. Danach wäre z. B. ein ehewidriges Verhalten des VN, das seinem Ehepartner ein Recht auf Scheidung gibt, oder auch eine Willenserklärung oder Rechtshandlung des VN, die die Reaktion eines Angehörigen auslöst, aufgrund deren sich dann der VN beraten lassen will, nicht als Versicherungsfall anzusehen. Die Meinung von *Böhme* und *Sieg* orientiert sich an dem Grundgedanken jeder Versicherung, daß sie nur bei einem für den Versicherten mehr oder weniger zufälligen, ungewissen Ereignis leistungspflichtig sein soll. Das Gesetz selbst sieht allerdings in § 61 VVG (ähnlich: § 4 Abs. 2 a) auch dann noch einen „Versicherungsfall" als gegeben an, wenn ihn der VN vorsätzlich herbeigeführt hat. Nach dem System des Versicherungsvertragsrechts hat der Versicherer an sich auch für Ereignisse einzustehen, die der VN herbeigeführt hat (BGH NJW 81, 1315 = VersR 81, 450). Dieser scheinbare Widerspruch verliert jedoch an Bedeu-

Vorbemerkungen 159 Vor § 21 ARB 75

tung, wenn man sich vor Augen hält, daß infolge des Risikoausschlusses des § 61 VVG ein die akute Leistungspflicht des Versicherers auslösender „echter" Versicherungsfall gar nicht vorliegt. Der VN führt – vorsätzlich – einen Tatbestand herbei, der sich als Versicherungsfall darstellen würde, wenn § 61 VVG nicht eingreifen würde (*Bruck/Möller* § 61 Anm. 17, 31). Im Ergebnis macht es also keinen Unterschied, ob man ein vom VN selbst rechtswidrig herbeigeführtes, familien- oder erbrechtlich relevantes Ereignis als Versicherungsfall wertet oder nicht. Denn der Versicherungsschutz ist in einem solchen Fall entweder mangels Vorliegens eines Versicherungsfalls oder gemäß § 61 VVG, § 4 Abs. 2a ausgeschlossen.

Im Zusammenhang mit **Gesetzesänderungen**, die familien- oder erbrechtliche Auswirkungen haben, wie z.B. die Herabsetzung des Volljährigkeitsalters auf die Vollendung des achtzehnten Lebensjahres (§ 2 BGB) oder die am 1.7.1977 in Kraft getretene Reform des Eherechts, ist die Frage aufgetaucht, ob solche einschneidenden Gesetzesänderungen ein „Ereignis" sein können, das als Versicherungsfall im Sinn des Beratungs-RS der ARB zu werten ist. Das LG Schweinfurt (r+s 77, 244) hat diese Frage verneint, wobei allerdings in dem entschiedenen Fall die Rechtslage des gegen den Versicherer klagenden VN durch das Inkrafttreten des neuen Rechts nicht konkret verändert worden war (vgl. unten Rdnr. 160), sondern lediglich seine wirtschaftlichen Interessen in gleicher Weise wie diejenigen aller verheirateten oder heiratswilligen Personen betroffen sein konnten. Man wird jedoch auch in einer Gesetzesänderung, die die Rechtslage des VN unmittelbar verändert, kein die Leistungspflicht des Versicherers auslösendes „Ereignis" sehen können. Zum einen spricht schon der Wortlaut dagegen. Der allgemeine Sprachgebrauch versteht unter „Ereignis" nicht schon ein abstraktes normatives Geschehen, sondern eher einen sinnfälligen, d.h. im Bereich des sinnlich Wahrnehmbaren sich ereignenden tatsächlichen Vorgang (vgl. BGH NJW 57, 1477 = VersR 57, 499). Zum anderen hätte die Wertung einer Gesetzesänderung als „Ereignis" zur Folge, daß sich jeder von der Änderung betroffene VN umfassend beraten lassen und damit eine für den RSVersicherer unüberschaubare Kostenlawine ausgelöst werden könnte (LG Schweinfurt r+s 77, 244). Dies stünde jedoch mit dem Versicherungsgedanken, nämlich einem Risikoausgleich im Rahmen statistisch erfaßbarer Wahrscheinlichkeitswerte nach dem Gesetz der großen Zahl (*Prölss/Martin* vor § 1 Anm. II 1), nicht mehr im Einklang. Auch eine Auslegung nach dem Zweck der Bedingungsregelung ergibt somit, daß ein die Leistungspflicht des Versicherers auslösendes „Ereignis" nur in einem konkreten tatsächlichen Geschehen gesehen werden kann, das die Rechtssphäre des einzelnen VN individuell tangiert, nicht jedoch in einer Änderung der Gesetzeslage, die gleichzeitig viele VN in gleicher oder ähnlicher Weise treffen kann (ebenso *Böhme* § 25 Rdnrn. 15 und 16; *Prölss/Martin* § 25 ARB Anm. 6; a.A. *Pakulla* AnwBl. 80, 221). Ähnliches gilt für Gesetzesänderungen, die durch den Beitritt der neuen Bundesländer nach Art. 23 GG und den Einigungsvertrag von 1990 bedingt sind. Überdies haben solche Änderungen in der Regel nicht die familien- oder erbrechtliche Rechtslage des VN verändert, sondern allenfalls die Durchsetzbarkeit bereits bestehender Rechte dieser Art.

565

160 b) **Versicherungsfall** ist nur ein solches Ereignis, das die **Rechtslage** des VN verändert. Die Rechtslage ist dann verändert, wenn Rechte oder Verbindlichkeiten des VN (oder einer mitversicherten Person) in zeitlichem und adäquat ursächlichem Zusammenhang mit dem Ereignis neu begründet, belastet, übertragen, inhaltlich geändert oder aufgehoben werden (AG Bretten r + s 97, 118). Es lassen sich im wesentlichen drei Fallgruppen unterscheiden:

161 aa) Es gibt Ereignisse, bei denen eine **Veränderung** der Rechtslage des VN von vorneherein **feststeht**. Beispiele sind der Tod einer Person, deren gesetzlicher oder testamentarischer (Mit-)Erbe, Vor- oder Nacherbe oder Vermächtnisnehmer der VN wird, oder die Geburt eines – ehelichen oder nichtehelichen – Kindes, dem der VN unterhaltspflichtig wird, oder das Scheitern der Ehe im Sinn der §§ 1565, 1566 BGB, durch das für die Ehegatten ein Scheidungsrecht entsteht. Hier liegt jeweils ein Versicherungsfall vor, soweit die durch das jeweilige Ereignis ausgelöste – feststehende – Änderung der Rechtslage des VN einen Rechtsrat oder eine Rechtsauskunft erforderlich macht (vgl. oben Rdnr. 157 und unten Rdnr. 168).

162 bb) Es gibt Ereignisse, die zwar den VN in irgendeiner Weise persönlich oder wirtschaftlich berühren mögen, bei denen aber von vornherein objektiv feststeht, daß sie seine **Rechtslage nicht verändert** haben können. So ist zwar die Zahlungsweigerung eines Unterhaltsschuldners des VN ein Verstoß gegen Rechtspflichten (§ 14 Rdnr. 46), verändert aber dessen familienrechtliche Rechtslage nicht. Weitere Beispiele hierfür sind Vermögensverfügungen eines voraussichtlichen künftigen Erblassers des VN unter Lebenden, z. B. entgeltliche oder unentgeltliche Übertragungen von Vermögensbestandteilen an Dritte, oder auch eine testamentarische Erbeinsetzung oder Enterbung des VN durch einen voraussichtlichen künftigen Erblasser. Die gesetzliche oder testamentarische Erbfolge hindert keinen künftigen Erblasser, über sein Vermögen durch Rechtsgeschäft unter Lebenden zu verfügen, und zwar in der Regel auch bei Bestehen eines Erbvertrags oder eines gemeinschaftlichen Testaments (§ 2286 BGB; *Palandt/Edenhofer* § 2271 Rdnr. 15). Eine mögliche Schmälerung des künftigen Nachlasses verändert die vor dem Erbfall bestehende Rechtsposition des VN als künftigen Erben nicht. Denn vor dem Erbfall hat er nur eine – rechtlich irrelevante – „Hoffnung" auf künftigen Vermögenserwerb, aber keinen irgendwie gearteten Rechtsanspruch gegen den voraussichtlichen Erblasser, auch nicht in Form einer Anwartschaft (*Palandt/Edenhofer* vor § 1922 Rdnr. 5). Ebensowenig verändert in der Regel eine letztwillige Verfügung zugunsten oder zu Lasten des VN dessen Rechtsposition vor dem Erbfall (über Ausnahmen vgl. unten Rdnr. 163), zumal vor Eintritt des Erbfalls gar nicht feststeht, ob der VN auch tatsächlich Erbe wird. Hält in solchen Fällen der VN rechtsirrig seine Rechte für beeinträchtigt, kann diese subjektive Einschätzung nicht zu einer Anerkennung des Ereignisses als Versicherungsfall führen. Dessen Eintritt oder Nichteintritt bemißt sich nach rein objektiven Kriterien. Eine andere Beurteilung würde dazu führen, daß die Bejahung oder Verneinung eines Versicherungsfalles vom Grad der Bildung und insbesondere der Rechtskenntnisse des VN abhinge, also von subjektiven Elementen, deren Nach-

Vorbemerkungen   Vor § 21 ARB 75

prüfung dem RSVersicherer in der Regel ohnehin nicht möglich ist. Ist allerdings bei einer den VN benachteiligenden letztwilligen Verfügung der Erbfall eingetreten, kann für den anfechtungswilligen VN (vgl. § 2080 BGB) die Rechtslage als geändert angesehen und damit der Versicherungsfall bejaht werden (*Prölss/Martin* § 25 ARB Anm. 6; a.A. *Böhme* § 25 Rdnr. 16).

Anders kann es auch liegen, wenn ein Rechtsgeschäft unter Lebenden 163 erbfallähnliche Wirkungen hat. Dies gilt beispielsweise im Fall einer Hofübergabe nach der Höfeordnung der ehemaligen britischen Zone oder ähnlichen landesrechtlichen Anerbengesetzen (vgl. § 4 Rdnr. 84), wenn – wie in § 17 Höfeordnung – in bezug auf den Übergabevertrag kraft Gesetzes der Erbfall hinsichtlich des Hofes im Zeitpunkt der Übertragung als eingetreten gilt. In solchen **Fällen vorweggenommener Erbfolge** liegt sozusagen der Erbfall rechtlich vor dem Zeitpunkt des Todes des Erblassers (Übergebers) und ist ein Ereignis, das die Rechtslage eines erbberechtigten Angehörigen des Übergebers verändert (AG Beckum r+s 77, 178; vgl. auch AG Erkelenz ZfS 80, 212).

Kein Versicherungsfall ist gegeben, wenn sich etwa der VN zur Vermei- 164 dung von Streitigkeiten unter seinen künftigen Erben oder einfach aus Vorsicht über die Abfassung einer letztwilligen Verfügung Rechtsrat holt (OLG München ZfS 82, 176; AG Schöneberg r+s 77, 178) oder wenn er sich (nach Tod des Erblassers in unversicherter Zeit) als Nacherbe wegen Auskunftsverweigerung des befreiten Vorerben beraten läßt (AG/LG Aachen r + s 89, 224) oder wenn er sich wegen sonstiger familien- oder erbrechtlicher Fragen, die ihm – z.B. wegen beabsichtigter Eheschließung oder Scheidung – klärungsbedürftig erscheinen, rechtlich beraten läßt, ohne daß eine Veränderung seiner eigenen Rechtslage vorausgegangen ist (LG Essen ZfS 88, 109 bei Ankündigung der Scheidungsabsicht des Ehegatten des VN ohne gleichzeitige Trennung, vgl. unten Rdnr. 167; LG Düsseldorf VersR 81, 1071 = ZfS 81, 115; LG Augsburg ZfS 82, 48; AG Lingen ZfS 84, 305 für Verlöbnis; AG Düsseldorf ZfS 83, 209; r + s 96, 409 für beabsichtigte Neugründung einer nichtehelichen Partnerschaft nach Scheidung). Hier handelt es sich nur um eine **vorsorgliche Rechtsberatung,** die keine Leistungspflicht des Versicherers auslöst (*Wassmann* VersR 77, 888, 890; *Prölss/Martin* § 25 ARB Anm. 6; vgl. § 14 Rdnr. 8). So steht beispielsweise eine Rechtsberatung wegen bloßen Testierwunsches oder zum Zweck der Änderung eines Erbvertrags oder der Aufhebung einer fortgesetzten Gütergemeinschaft wegen Veränderung der wirtschaftlichen Lage mangels Versicherungsfalles nicht unter Versicherungsschutz (LG Köln ZfS 85, 275; LG Schweinfurt r+s 77, 244; AG Siegburg ZfS 83, 176; AG Frankfurt VersR 89, 839 = ZfS 89, 239, wegen Falschauskunft des Agenten vgl. § 5 Rdnr. 27; *Böhme* § 25 Rdnr. 15 und 16). Ein an den VN gerichteter Antrag auf Abschluß eines familien- oder erbrechtlichen Rechtsgeschäfts, insbesondere eines Ehevertrags (§§ 1408 ff. BGB), Erbvertrags (§§ 2274 ff. BGB) oder eines Erbverzichtsvertrags (§§ 2346 ff. BGB) ist ebenfalls kein Ereignis, das die Rechtslage des VN verändert. Es steht in seinem freien Belieben, ob er den Antrag annehmen will oder nicht. Die Rechtslage ändert sich erst durch den Abschluß des ihm an-

567

getragenen Vertrages selbst (AG Gronau r+s 78, 69; *Böhme* § 25 Rdnr. 16). Zwar mag in solchen Fällen ein gewisses Beratungsbedürfnis bestehen. Andererseits ist aber nicht zu verkennen, daß es im Belieben der Beteiligten – meist naher Angehöriger – steht, wann und in welcher Form sie ein solches Angebot abgeben. Um Manipulationen hinsichtlich des Eintritts und des Zeitpunkts des Versicherungsfalles vorzubeugen, wurde jedoch gerade die Bedingungsregelung geschaffen, daß die Rechtslage bereits durch ein von außen einwirkendes faktisches Geschehen verändert sein muß, damit der Versicherungsschutz einsetzt.

165   cc) Neben Ereignissen, die die **Rechtslage** des VN eindeutig ändern (vgl. oben Rdnr. 161), und solchen Ereignissen, bei denen dies eindeutig nicht der Fall ist (vgl. oben Rdnr. 162), gibt es Ereignisse, deren familien- oder erbrechtliche Bedeutung auf erste Sicht ganz oder teilweise **zweifelhaft** ist.

Kann aufgrund einer nicht ganz einfachen Sach- oder Rechtslage nicht ohne nähere Prüfung festgestellt werden, ob das betreffende Ereignis die Rechtslage des VN verändert hat, dann kann für diesen, zumal wenn er nicht rechtskundig ist, objektiv die Notwendigkeit einer rechtlichen Beratung gegeben sein. Nach dem reinen Wortlaut der ARB besteht hier jedoch kein Versicherungsschutz, wenn letztlich festgestellt wird, daß sich die Rechtslage nicht geändert hat. *Bielefeldt* (S. 104) hält dies insofern für unbefriedigend, als der VN häufig gerade erst durch die Rechtsberatung erfahren wolle, ob und inwiefern sich seine Rechtslage geändert hat. Dem Wortlaut nach müsse der Versicherer schon eine Art Gutachten über die Rechtslage des VN erstellen, wobei er dann bei fehlender Änderung der Rechtslage seine Leistungspflicht verneinen könne. Im Interesse des VN sei demgegenüber eine Verwirklichung der versicherten Gefahr und damit ein Versicherungsfall schon dann anzunehmen, wenn „ein Umstand von möglicherweise rechtlicher Bedeutung für den VN" eintrete, der eine Rechtsberatung erforderlich mache. *Bielefeldt* ist zuzugeben, daß die Fallgestaltungen im Familien- und Erbrecht so vielfältig und kompliziert sein können, daß es auch für einen Rechtskundigen nicht immer möglich ist, ohne nähere Prüfung zu beurteilen, ob ein bestimmtes Ereignis die Rechtsposition des VN tangiert hat. Andererseits könnte jedoch die bloße – vielleicht nur theoretische – Möglichkeit einer Rechtslageänderung als Kriterium des Versicherungsfalles zu einer zu weitgehenden Inanspruchnahme des Versicherers führen, zumal wenn man es auf die Erkennbarkeit der Rechtslageänderung durch den häufig rechtsunkundigen VN als subjektives Kriterium wesentlich mit abstellen wollte (ähnlich *Prölss/Martin* § 25 ARB Anm. 6).

166   Dem Interesse sowohl des VN als auch des Versicherers dürfte es demgegenüber am ehesten gerecht werden, wenn man eine Gefahrverwirklichung und damit den Eintritt des **Versicherungsfalles** dann bejaht, **wenn** die rechtliche Tragweite des eingetretenen Ereignisses **objektiv zweifelhaft** und auch für einen Rechtskundigen nicht ohne nähere Prüfung zu durchschauen ist. Besteht in diesem Sinn eine nicht eben entfernte Möglichkeit, daß das Ereignis die Rechtslage des VN verändert hat (vgl. § 1 Rdnr. 33), wird man einen Versicherungsfall bejahen können. Bei der Vielgestaltigkeit der möglichen Lebenssachverhalte kommt es hierbei jeweils auf sämtliche Umstände

Vorbemerkungen

des Einzelfalles an. Hierunter könnte z.b. der von *Kohlhaas* (VersR 76, 29) erwähnte Fall zu rechnen sein, daß der bestehende, bis zum Tod der Mutter jedoch als gestundet geltende Vermächtnisanspruch des Sohnes am Nachlaß des Vaters lange Zeit nach dessen Tod durch Rechtsgeschäfte der noch lebenden Mutter gefährdet wird. Eine nicht einfach zu beantwortende Rechtsfrage wäre es beispielsweise auch, ob bei Vorhandensein eines gemeinschaftlichen Testaments die Rechtsstellung des Schlußerben, d. h. desjenigen, der den Letztversterbenden der beiden gemeinschaftlich Testierenden beerbt, bereits durch den Tod des Erstversterbenden verändert wird (vgl. *Palandt/Edenhofer* § 2269 Rdnr. 11). Das AG Düsseldorf verneint eine Veränderung der Rechtslage des VN als Nacherben, wenn der befreite Vorerbe vor Eintritt des Nacherbfalls über Nachlaßgrundstücke verfügt (r + s 93, 187; Grenzfall im Hinblick auf § 2138 Abs. 2 BGB).

Nicht selten wird Versicherungsschutz für eine Rechtsberatung über ein etwa bestehendes **Scheidungsrecht** erbeten, obwohl die Mindesttrennungsdauer von einem Jahr, nach deren Ablauf ein Scheitern der Ehe vermutet wird (§ 1566 Abs. 1 BGB) und damit ein Scheidungsrecht für den Ehegatten entstanden sein kann (vgl. oben Rdnr. 161), noch nicht verstrichen ist. In solchen Fällen kann ein Scheidungsrecht für einen Ehegatten nur entstanden – und damit die Rechtslage im Sinn der ARB nur dann verändert – sein, wenn die Ehe gescheitert ist und ihre Fortsetzung für ihn eine unzumutbare Härte darstellen würde (§ 1565 Abs. 2 BGB; BGH NJW 81, 449). Kann nun der VN die tatsächlichen Voraussetzungen einer solchen unzumutbaren Härte nicht darlegen, hat sich seine Rechtslage jedenfalls in Richtung auf die Entstehung eines Scheidungsrechts noch nicht verändert. Versicherungsschutz besteht dann an sich noch nicht für eine ins einzelne gehende Beratung hinsichtlich der Frage einer etwaigen Scheidung und deren Folgen, sondern nur anteilig, soweit sich die Rechtslage bereits durch das Getrenntleben als solches hinsichtlich des Unterhalts, der Hausratverteilung sowie der vorläufigen Regelung der elterlichen Sorge geändert hat (§§ 1361, 1361a, 1672 BGB) und sich die Beratung auch hierauf erstreckt (LG Augsburg VersR 83, 580 = ZfS 82, 85; AG Heidelberg ZfS 87, 210; AG München VersR 83, 364; ZfS 82, 208; LG Bremen ZfS 83, 242; für weitergehenden Versicherungsschutz LG Köln VersR 82, 998 = ZfS 82, 84; AG Köln ZfS 92, 318; AG Aachen VersR 92, 868 = r + s 92, 20; AnwBl. 92, 551; AG Hanau ZfS 91, 271; dagegen LG Essen ZfS 88, 109 für die Ankündigung einer Scheidungsabsicht des Ehegatten des VN ohne gleichzeitige Trennung). Im Hinblick auf die teilweise komplizierte Materie des Scheidungsrechts kann es in solchen Fällen allerdings interessegerecht sein, je nach Sachlage eine allgemeine Beratung oder Auskunft über die Scheidungsmöglichkeit und die Folgen einer Scheidung in die Deckung miteinzubeziehen, wenn dies für die Dispositionen des VN bereits im Beratungszeitpunkt erforderlich erscheint. Sind die Voraussetzungen für eine vorzeitige Scheidung nach § 1565 Abs. 2 BGB möglicherweise bereits gegeben, kann schon nach den oben Rdnr. 166 erörterten Grundsätzen Versicherungsschutz auch hinsichtlich der Beratung über eine Scheidung und deren Folgen bestehen (LG Hannover ZfS 94, 144). Hat das Getrenntleben bereits in unversicherter Zeit begonnen, ändert der erst in versicherter Zeit gefaßte Scheidungsentschluß des VN nichts an der fehlenden Deckung (AG Hannover ZfS 88, 141).

168 c) Das Ereignis, das die Rechtslage des VN verändert hat, muß für den VN einen **Rechtsrat** oder eine Rechtsauskunft objektiv **erforderlich** machen, wenn es als Versicherungsfall die Leistungspflicht des Versicherers auslösen soll. Diese Bedingungsregelung trägt der Tatsache Rechnung, daß nicht jedes Geschehen mit familien- oder erbrechtlicher Bedeutung beim VN eine Unklarheit über seine Rechtslage – und damit eine Notwendigkeit zur Rechtsberatung (vgl. hierzu § 17 Rdnrn. 3 und 3a) – hervorzurufen geeignet ist. Stirbt etwa der überlebende Elternteil des VN ohne Hinterlassung weiterer Abkömmlinge und ohne Vorhandensein einer letztwilligen Verfügung, dann liegt es für den VN auch als juristischen Laien auf der Hand, daß er alleiniger gesetzlicher Erbe ist. Die Notwendigkeit zu einer Rechtsberatung kann dann allenfalls in Ausnahmefällen bestehen, z.B. wenn der Nachlaß überschuldet ist. Anders kann es liegen, wenn der VN als Miterbe sich über Umfang und Art der Durchsetzung seines Erbanspruchs im unklaren ist (AG/LG Heidelberg ZfS 88, 391 = r + s 89, 22, vgl. oben Rdnr. 157). Auch ein juristischer Laie weiß, daß er einem von ihm gezeugten – ehelichen oder nichtehelichen – Kind gegenüber unterhaltspflichtig wird. Eine Rechtsberatung wird dann in der Regel nicht wegen der Tatsache der Unterhaltspflicht als solcher, sondern allenfalls wegen ihrer Höhe notwendig. Wird der VN geschieden und will er daraufhin beispielsweise zu Lasten seines bisherigen Ehepartners eine letztwillige Verfügung ändern, dann ist eine Beratung über die beabsichtigte Änderung nicht wegen der durch die Scheidung eingetretenen Änderung seines Personenstandes notwendig, sondern lediglich aufgrund eines subjektiven Willensentschlusses des VN, der zwar mit der Scheidung zusammenhängt, durch sie aber nicht objektiv erforderlich wurde (OLG München ZfS 82, 176; vgl. auch oben Rdnr. 164).

X. Steuer-RS vor Gerichten und in Bußgeldverfahren
(entspricht § 2e ARB 94)

169 (1) **Der Versicherungsschutz der §§ 21, 22, 23, 25, 26, 27 und 29 ARB erstreckt sich abweichend von § 4 Abs. 1n ARB auch auf den Bereich des Steuer- und sonstigen Abgaberechtes, es sei denn, die Wahrnehmung rechtlicher Interessen steht im Zusammenhang**
   a) mit der Eigenschaft als Eigentümer oder Halter eines nicht vom Versicherungsschutz umfaßten Fahrzeuges;
   b) mit der Eigenschaft als Eigentümer, Vermieter, Verpächter, Mieter, Pächter oder dinglich Nutzungsberechtigter eines nicht im Versicherungsschein bezeichneten oder eines gewerblich genutzten Grundstückes, Gebäudes oder Gebäudeteiles;
   c) mit der Eigenschaft als Gewerbetreibender oder freiberuflich Tätiger.
   (2) **Der Versicherungsschutz umfaßt**
   a) die Wahrnehmung rechtlicher Interessen vor Finanz- und Verwaltungsgerichten in der Bundesrepublik Deutschland;
   b) Die Verteidigung in Verfahren wegen des Vorwurfes einer Ordnungswidrigkeit im Bereich des deutschen Steuer- und Abgaberechtes. Bei

Geldbußen über 500,– DM sind Gnaden- und Zahlungserleichterungsverfahren eingeschlossen, und zwar für insgesamt zwei Anträge je Versicherungsfall.

(3) Ausgeschlossen ist der Versicherungsschutz für die Wahrnehmung rechtlicher Interessen im Zusammenhang
a) mit der Haftung für Steuern oder Abgaben Dritter;
b) mit Erschließungs- und sonstigen Anliegerabgaben, es sei denn, daß es sich um laufend erhobene Gebühren für die Grundstücksversorgung handelt;
c) mit Angelegenheiten der Bewertung von Grundstücken, Gebäuden oder Gebäudeteilen.

(4) Der Versicherer trägt abweichend von § 2 Abs. 1 ARB anstelle der Vergütung eines Rechtsanwaltes auch die Vergütung eines für den Versicherungsnehmer tätigen Angehörigen der steuerberatenden Berufe.

(5) Es besteht kein Versicherungsschutz, wenn die für die Festsetzung der Steuer oder Abgabe maßgeblichen Voraussetzungen bereits vor Versicherungsbeginn eingetreten sind oder eingetreten sein sollen.

Literatur: *Harbauer*, Steuer-RS vor Gerichten und in Bußgeldverfahren – eine neue Versicherungsleistung –, DStR 84, 21

1. Allgemeines

Der Anwendungsbereich der von den meisten RSVersicherern seit 1981 170 verwendeten Standard-Zusatzbedingung zu den §§ 25 bis 27 (VerBAV 81, 189; vgl. Einl Rdnr. 25) wurde 1984 um den Bereich des motorisierten Verkehrs der §§ 21 bis 23 und den Grundstücksbereich des § 29 erweitert. Außerdem wurde der **Steuer-RS vor Gerichten und in Bußgeldverfahren** als „Zusatzbedingung zu den §§ 21, 22, 23, 25, 26, 27 und 29 ARB" in einigen Punkten redaktionell verbessert (VerBAV 84, 173).

Es handelt sich hierbei um eine in den ARB 75 noch nicht enthaltene, im 171 Gegenteil durch § 4 Abs. 1n ausdrücklich vom Versicherungsschutz ausgeschlossene **zusätzliche Leistungsart,** die neben die in den Leistungskatalogen der ARB 75 enthaltenen Leistungsarten (vgl. Vorbem. vor § 21 Rdnrn. 12 bis 29) trat und als § 2 e in die ARB 94 eingearbeitet worden ist.

2. Geltungsbereich (Abs. 1)

a) Aus der Formulierung der Überschrift sowie des Abs. 1 der Zusatzbe- 172 dingung ergibt sich, daß dieser Steuer-RS nur als Zusatz zu den in seiner Überschrift sowie in Abs. 1 genannten Vertragsarten, **nicht** dagegen zu den §§ 24 und 28 abgeschlossen werden kann.

b) aa) Versicherungsschutz erhalten demnach je nach der abgeschlossenen 173 Vertragsart neben dem VN die jeweils **mitversicherten Personen** (Näheres § 11 Rdnrn. 2 bis 5, 8 bis 10).

bb) Kein Versicherungsschutz besteht schon nach §§ 25 Abs. 1 Satz 2, 26 174 Abs. 1 Satz 4 (Fassung 1988: Abs. 7 c) bezw. 27 Abs. 1 Satz 5 für die Interessenwahrnehmung im Zusammenhang mit einer – bei § 27: land- oder forstwirtschaftsfremden – **selbständigen** oder freiberuflichen **Tätigkeit.** Demgemäß sind in diesen Vertragsarten steuer- oder abgaberechtliche Streitigkeiten vor Finanz- oder Verwaltungsgerichten im Sinn des Abs. 2a sowie Bußgeldverfahren im Sinn des Abs. 2b nur dann gedeckt, wenn sie sich nicht auf Steuern oder Abgaben im Zusammenhang mit – bei § 27: land- oder forstwirtschaftsfremder – selbständiger Tätigkeit beziehen. Abs. 1c erstreckt diesen Ausschluß auch auf die übrigen Vertragsarten, also §§ 21 bis 23 und 29.

175 Der Risikoausschluß gewinnt vor allem Bedeutung im Zusammenhang mit der **Einkommensteuer.** Das Einkommensteuerrecht kennt die in § 2 Abs. 1 EStG aufgezählten sieben Einkunftsarten, nämlich Einkünfte aus Land- und Forstwirtschaft, aus Gewerbebetrieb, aus selbständiger Arbeit, aus nichtselbständiger Arbeit, aus Kapitalvermögen, aus Vermietung und Verpachtung sowie sonstige Einkünfte im Sinn des § 22 EStG (z. B. aus wiederkehrenden Bezügen und Spekulationsgeschäften). In den Deckungsbereich der Zusatzbedingung fallen hierbei – je nach der vom VN gewählten Vertragsart – nur finanzgerichtliche Streitigkeiten und Bußgeldverfahren wegen Einkünften aus Land- und Forstwirtschaft und aus nichtselbständiger Arbeit. Außerdem besteht Versicherungsschutz bei Einkünften aus Kapitalvermögen und bei sonstigen Einkünften, soweit diese nicht im Zusammenhang mit einer selbständigen Tätigkeit stehen. Dies kann beispielsweise der Fall sein, wenn ein an sich selbständig Tätiger seinen Betriebsgewinn oder einen Teil davon zum Zweck der Vermögensanlage in einer branchenfremden Abschreibungsgesellschaft investiert, ohne daß er durch diese Beteiligung beherrschenden Einfluß auf die Gesellschaft gewinnt (Näheres § 24 Rdnr. 12; § 25 Rdnr. 21). Bei Einkünften aus Vermietung oder Verpachtung von Immobilien besteht nunmehr im Gegensatz zum früheren Rechtszustand – vorbehaltlich Abs. 3 (vgl. unten Rdnrn. 191, 192) – Versicherungsschutz, soweit der VN als Vermieter des Grundstücks nach § 29 versichert ist und es sich nicht um eine berufsmäßige Erzielung solcher Einkünfte handelt (Abs. 1b und c; vgl. auch § 24 Rdnr. 11 und § 25 Rdnr. 21). Die allgemeinen Risikoausschlüsse der ARB gelten naturgemäß auch hier, so daß z. B. der finanzgerichtliche Streit um die steuerliche Abzugsfähigkeit eines mit der Finanzierung eines Einfamilienhauses zusammenhängenden Darlehens-Disagios gemäß § 4 Abs. 1k nicht gedeckt ist (AG Hannover r + s 93, 25; vgl. § 4 Rdnr. 109). Bei Einkünften aus Vermietung oder Verpachtung von Mobilien wird es sich in der Regel um eine selbständige gewerbliche und daher vom Versicherungsschutz ausgeschlossene Tätigkeit handeln.

176 Wegen welcher Einkunftsart das Finanzgericht angerufen wird, ergibt sich in der Regel aus dem Einspruchsbescheid oder der Klageschrift. Wird sowohl wegen gedeckter wie auch wegen nicht gedeckter Einkunftsarten geklagt, besteht **anteilig Deckung** (Näheres Vorbem. vor § 21 Rdnr. 5).

177 c) Die Zusatzbedingung erstreckt den Versicherungsschutz auf den gesamten Bereich des öffentlichen Abgaberechts. Das Steuerrecht ist Teil die-

Vorbemerkungen 178–181 Vor § 21 ARB 75

ses Abgaberechts. Zur Verdeutlichung ist es, ebenso wie in § 4 Abs. 1 n, eigens erwähnt. Was im einzelnen zum **Steuer-** und **sonstigen Abgaberecht** zählt, ist in § 4 Rdnrn. 115 bis 123 näher erläutert.

Ein nach §§ 21, 22, 26 oder 27 versicherter VN hat im Umfang der 178 Abs. 1 a und c, 2 bis 5 der Zusatzbedingung Versicherungsschutz für eine Interessenwahrnehmung im Zusammenhang mit der **Kraftfahrzeugsteuer**, soweit er – was die Regel ist – als steuerpflichtiger Zulassungsinhaber (§ 9 Kraftfahrzeugsteuergesetz) gleichzeitig Halter oder Eigentümer des Fahrzeugs ist. Ist der VN dagegen nach § 25 versichert, schließt § 25 Abs. 4 a eine solche Deckung aus. Ist auf einen solchen VN ein nicht gewerblich oder freiberuflich, sondern ausschließlich privat genutztes und nach §§ 21 oder 22 versichertes Kraftfahrzeug zugelassen, dann besteht nunmehr im Gegensatz zum früheren Rechtszustand ebenfalls Deckung.

Ein Steuer- und Abgabestreit aus dem **Immobilien**-Bereich war bis 1984 179 generell vom Versicherungsschutz ausgeschlossen. Nunmehr besteht im Umfang der Abs. 1 b, c und 3 b, c Deckung (vgl. oben Rdnr. 175 und unten Rdnrn. 191, 192).

Pfändet die **Steuerbehörde** wegen eines Steueranspruchs gegen einen 180 Steuerschuldner eine (angebliche) **Forderung** dieses Steuerschuldners gegen den VN als Drittschuldner und kommt es dann zwischen VN und Steuerbehörde zum Streit, etwa weil der VN Tilgung durch Aufrechnung einwendet, dann handelt es sich für den VN nicht um eine Interessenwahrnehmung aus dem Bereich des Steuerrechts. Ist beispielsweise eine Mietzinsforderung des Steuerschuldners als Vermieters des VN gepfändet und der VN in seiner Eigenschaft als Mieter nach § 29 versichert, dann besteht bei Vorliegen der übrigen Deckungsvoraussetzungen Versicherungsschutz für die Abwehr der gepfändeten Forderung, die durch die Pfändung (und Überweisung) ihren Rechtscharakter nicht verändert hat (vgl. § 24 Rdnr. 32).

3. Arten der Interessenwahrnehmung (Abs. 2)

a) Aus ähnlichen Gründen wie beim Sozialgerichts-RS (Vorbem. vor § 21 181 Rdnr. 130) und Firmen-Vertrags-RS (§ 24 Rdnr. 44), insbesondere zur Niedrighaltung des Versicherungsbeitrags, setzt der Versicherungsschutz in steuer- und sonstigen abgaberechtlichen Streitigkeiten gemäß Abs. 2 a erst mit der **gerichtlichen Interessenwahrnehmung** ein, besteht also noch nicht für eine rein außergerichtliche oder für eine vorgerichtliche Rechtsberatung und Rechtsvertretung. Aus ähnlichen Gründen wie beim Sozialgerichts-RS (Vorbem. vor § 21 Rdnr. 131) ist er beschränkt auf die Interessenwahrnehmung vor Finanzgerichten oder Verwaltungsgerichten in der Bundesrepublik Deutschland. Die Art der gerichtlichen Interessenwahrnehmung des VN ist gleichgültig. Bei Vorliegen der Deckungsvoraussetzungen im übrigen kann er als Kläger, Beklagter oder Beigeladener (§§ 57 Nr. 3, 60 FGO; §§ 63 Nr. 3, 65 VwGO) am Gerichtsverfahren beteiligt sein (vgl. auch Vorbem. vor § 21 Rdnr. 132).

573

Vor § 21 ARB 75 182–184   2. Teil. Besondere Bestimmungen

182   aa) Der Versicherungsschutz beginnt mit der Einreichung der Klage oder eines sonstigen verfahrensrechtlich zulässigen Antrags beim **Finanzgericht**, das gemäß § 1 FGO ein besonderes Verwaltungsgericht darstellt. Finanzgerichte sind gemäß § 2 FGO die Finanzgerichte als obere Landesgerichte und der Bundesfinanzhof. Die Zulässigkeit des Finanzrechtswegs, die sachliche und örtliche Zuständigkeit sowie die zulässigen Klagearten sind in §§ 33 ff. FGO geregelt. Die Interessenwahrnehmung bis zur Anrufung des Finanzgerichts, insbesondere in und nach einem Vorverfahren (Einspruchs- oder Beschwerdeverfahren, §§ 348, 349 AO, § 44 FGO), ist auch dann nicht gedeckt, wenn der VN einen Rechtsanwalt oder Angehörigen steuerberatender Berufe mit der Prüfung der Frage beauftragt, ob gegen einen Einspruchs- oder Beschwerdebescheid Klage erhoben werden soll, und der Berater dann von einer Klage abrät. Das in Vorbem. vor § 21 Rdnr. 130 für sozialgerichtliche Angelegenheiten Gesagte gilt hier entsprechend. Für eine „Untätigkeitsklage" im Sinn des § 46 FGO besteht unter den dort genannten Voraussetzungen Versicherungsschutz ab Klageeinreichung ähnlich wie bei der verwaltungsgerichtlichen Untätigkeitsklage (vgl. Vorbem. vor § 21 Rdnr. 146).

183   bb) In den nicht der Gesetzgebung des Bundes unterliegenden öffentlich-rechtlichen Abgabestreitigkeiten (vgl. § 33 FGO) sind nicht die Finanzgerichte, sondern in der Regel die **Verwaltungsgerichte** zuständig. Es handelt sich dabei vor allem um das weite Gebiet der landesrechtlich geregelten öffentlich-rechtlichen Gebühren und Beiträge (Näheres § 4 Rdnrn. 117 ff.). Der Versicherungsschutz beginnt hier mit der Einreichung der Klage oder eines sonstigen verfahrensrechtlich zulässigen Antrags beim Verwaltungsgericht. Verwaltungsgerichte sind gemäß § 2 VwGO die in den Ländern bestehenden Verwaltungsgerichte und Oberverwaltungsgerichte (in Baden-Württemberg, Bayern und Hessen: Verwaltungsgerichtshof) sowie das Bundesverwaltungsgericht. Die Zulässigkeit des Verwaltungsrechtswegs, die sachliche und örtliche Zuständigkeit sowie die zulässigen Klagearten sind in §§ 40 ff. VwGO geregelt. Für die Interessenwahrnehmung bis zur Anrufung des Verwaltungsgerichts, insbesondere in oder nach einem Vorverfahren (Widerspruchsverfahren, §§ 68, 69 VwGO), gilt das oben in Rdnr. 182 Gesagte entsprechend.

184   cc) Die Leistungspflicht des Versicherers beginnt nach § 1 Abs. 1 Satz 1 mit dem Eintritt eines **Versicherungsfalles**, der im versicherten Zeitraum liegen muß (§ 14 Rdnrn. 1 ff.). Der Zeitpunkt des Versicherungsfalles beurteilt sich in den Fällen des **Abs. 2a** nach § 14 Abs. 3 (§ 14 Rdnr. 6). Im Regelfall tritt er mit Zugang des ersten Steuer- oder sonstigen Abgabebescheids der zuständigen Behörde ein, durch den diese nach Meinung des VN gegen Rechtsvorschriften verstoßen hat. Neben der allgemeinen dreimonatigen Wartezeit des § 14 Abs. 3 Satz 3, 1. Alternative ist bei Steuern und sonstigen Abgaben, für die eine entsprechende Erklärung des VN vorgeschrieben ist (vgl. für die Steuererklärung §§ 149 ff. AO), der zusätzliche Ausschlußtatbestand des § 14 Abs. 3 Satz 3, 2. Alternative zu beachten, da diese (Steuer-) Erklärung als „auslösende" Willenserklärung oder Rechtshandlung im Sinn

574

dieser Regelung zu werten ist (Näheres § 14 Rdnrn. 69ff.). Nicht mit dem Versicherungsfall und den genannten „Wartezeiten" zu verwechseln ist außerdem der weitere Ausschlußtatbestand des Abs. 5 der Zusatzbedingung (vgl. unten Rdnrn. 195, 196).

b) aa) Abs. 2b stellt die Verteidigung gegen den Vorwurf einer **Ordnungswidrigkeit** im Bereich des deutschen Steuer- und Abgaberechts unter Versicherungsschutz (zum Begriff der Ordnungswidrigkeit vgl. Vorbem. vor § 21 Rdnr. 83, § 4 Rdnr. 156). Auf dem Gebiet des Steuerrechts (Zollrechts) sind dies insbesondere die in §§ 377 bis 383 AO geregelten Tatbestände der leichtfertigen Steuerverkürzung, der Steuer- oder Abgabengefährdung sowie des unzulässigen Erwerbs von Steuererstattungs- und Vergütungsansprüchen. Daneben gibt es noch Bußgeldtatbestände in Sondergesetzen (z.B. § 80 Zollgesetz). Im Bereich des sonstigen Abgaberechts kommen hier in erster Linie die Bußgeldtatbestände der landesrechtlichen Abgabegesetze infrage. Der Versicherungsschutz setzt ein, sobald in einem von der zuständigen Bußgeldbehörde (z.B. Finanzbehörde, § 409 AO) eingeleiteten Verfahren ein entsprechender Vorwurf gegen den VN (oder eine mitversicherte Person, vgl. oben Rdnr. 4) erhoben wird, und endet mit Rechtskraft des Verfahrens (Vorbem. vor § 21 Rdnrn. 75 und 77). Wegen des Versicherungsschutzes für die in Abs. 2b Satz 2 genannten Gnaden- und Zahlungserleichterungsverfahren vgl. Vorbem. vor § 21 Rdnrn. 85 ff. 185

bb) Als **Versicherungsfall** gilt in den Fällen des **Abs. 2b** nach § 14 Abs. 2 Satz 1 der Zeitpunkt, in dem der VN (oder eine mitversicherte Person) nach dem Vorwurf der Bußgeldbehörde begonnen hat oder begonnen haben soll, die betreffende Bußgeldvorschrift zu verletzen (Näheres § 14 Rdnrn. 28 bis 30). 186

cc) Die Verteidigung gegen den Vorwurf einer **Steuerstraftat** steht nicht unter Versicherungsschutz. Steuerstraftaten sind insbesondere Steuerhinterziehung, Bannbruch, gewerbsmäßiger, gewaltsamer oder bandenmäßiger Schmuggel, Steuerhehlerei (§§ 370 bis 374 AO) sowie Wertzeichenfälschung und Begünstigung (§ 257 StGB) von Steuerstraftätern (§ 369 Abs. 1 AO). Daneben gibt es noch in Sondergesetzen Steuerstraftatbestände (z.B. § 80 Zollgesetz). Steuerstraftaten sind nur vorsätzlich begehbar (§ 369 Abs. 2 AO, § 15 StGB, Art. 1 EGStGB). Gemäß der Grundregel des § 4 Abs. 3a ist daher in der Zusatzbedingung für die Verteidigung gegen den Vorwurf einer solchen Steuerstraftat generell kein Versicherungsschutz vorgesehen. Dies benachteiligt den VN nicht unangemessen im Sinn des § 9 AGBG (AG Blomberg r + s 89, 90). Wird ein Steuer-(Zoll-)strafverfahren in ein Bußgeldverfahren übergeleitet, besteht von diesem Zeitpunkt an Versicherungsschutz gemäß Abs. 2b. 187

4. Risikoausschlüsse (Abs. 3)

a) aa) Eine – durch Haftungsbescheid nach § 191 AO oder vergleichbare Vorschriften festgestellte – **Haftung** des VN gegenüber der zuständigen Behörde für Steuern oder Abgaben Dritter ist aus verschiedenen Rechtsgrün- 188 den möglich. Zum einen kann es sich um eine Haftung aufgrund von Steuer- oder Abgabegesetzen handeln, z. B. gemäß §§ 69 bis 76 AO. Zum anderen kann ein Haftungsbescheid auch dann ergehen, wenn der VN aufgrund eines anderen Gesetzes für eine Steuer- oder Abgabeschuld eines Dritten haftet (z. B. §§ 25, 27, 28 HGB; §§ 419, 2371 ff. BGB; gesetzliche Haftung der Gesellschafter einer Personal- oder Kapitalgesellschaft für Gesellschaftsschulden). In all diesen Fällen handelt es sich um eine öffentlich-rechtliche Haftung des VN für Ansprüche aus dem Steuer- oder Abgabeschuldverhältnis. Soweit in solchen Fällen der VN (oder eine mitversicherte Person) gemäß Abs. 2a vor einem Finanz- oder Verwaltungsgericht von dem Steuer- oder Abgabegläubiger belangt wird oder sich im Sinn des Abs. 2b gegen einen Ordnungswidrigkeiten-Vorwurf verteidigen muß, schließt Abs. 3a den Versicherungsschutz generell aus. Dem liegt der allgemeine, beispielsweise auch in § 4 Abs. 1h und Abs. 2b zum Ausdruck kommende Rechtsgedanke zugrunde, daß sich die Leistung des RSVersicherers im Ergebnis nicht zugunsten einer unversicherten Person, nämlich des eigentlichen Steuer- oder Abgabeschuldners, auswirken soll.

189   bb) Wie sich schon aus der Überschrift des Vierten Abschnitts des Zweiten Teils der AO (§§ 69 bis 77) ergibt, stehen die Fälle, in denen der VN aufgrund eines Duldungsbescheides gemäß § 191 AO oder einer vergleichbaren landesrechtlichen Vorschrift verpflichtet ist, die Vollstreckung wegen einer Steuer- oder Abgabeschuld eines Dritten zu **dulden,** den oben in Rdnr. 188 erwähnten Haftungsfällen gleich. Eine solche Duldungspflicht kann sich aus einem Steuer- oder Abgabegesetz (z. B. § 77 AO) oder einem sonstigen Gesetz ergeben, z. B. beim Nießbraucher nach § 1086 BGB, beim Nachlaßverwalter nach § 1984 BGB, beim Testamentsvollstrecker nach §§ 2214 ff. BGB, beim Vormund und Pfleger nach §§ 1793, 1909 ff. BGB und beim Anfechtungsgegner nach § 7 Anfechtungsgesetz. Die Interessenwahrnehmung des VN im Umfang des Abs. 2 ist demgemäß auch gegenüber solchen gegen ihn gerichteten Duldungsbescheiden ausgeschlossen.

190   cc) Neben den oben in Rdnr. 188 genannten Fällen der öffentlich-rechtlichen Haftung für Steuern oder Abgaben Dritter ist eine **privatrechtliche Haftung** denkbar, nämlich dann, wenn sich der VN (oder eine mitversicherte Person) durch Vertrag verpflichtet hat, für die Steuer- oder Abgabeschuld eines Dritten einzustehen. In solchen Fällen scheidet ein Versicherungsschutz im Rahmen der Zusatzbedingung schon deshalb aus, weil hier nicht der Finanz- oder Verwaltungsrechtsweg, sondern der Zivilrechtsweg gegeben ist (§ 192 AO). Für die Abwehr einer entsprechenden zivilrechtlichen Forderung des Steuer- oder Abgabegläubigers bestünde aber auch nach den ARB keine Deckung, weil hier in der Regel die Ausschlußbestimmung des § 4 Abs. 1 h (Bürgschafts-, Schuldübernahme- oder Garantievertrag) zum Zuge kommen wird.

191   b) Kein Versicherungsschutz besteht nach Abs. 3b für eine Auseinandersetzung wegen **Erschließungs-** oder sonstiger Anliegerabgaben. Es handelt sich hier um die in den §§ 127 ff. BauGB sowie landesrechtlich geregelten Beiträge, die ein Anlieger zur Deckung des Aufwands für eine seinem

Grundstück zugute kommende Erschließungsanlage zu entrichten hat. Nicht vom Ausschluß betroffen sind dagegen Verfahren wegen laufender Gebühren für die Grundstücksver- und -entsorgung wie etwa Gebühren für Gas, Wasser, Strom oder Müllabfuhr.

c) Keine Deckung besteht nach Abs. 3c für Streitigkeiten wegen der **Bewertung** von Immobilien. Hierunter fallen vor allem Verfahren wegen der Feststellung oder Fortschreibung des Einheitswerts nach dem Bewertungsgesetz. 192

5. Vergütung (Abs. 4)

a) Abs. 4 erstreckt den nach § 2 Abs. 1a auf die gesetzliche Vergütung eines Rechtsanwalts beschränkten Versicherungsschutz auf die Vergütung eines für den VN tätigen **Angehörigen der steuerberatenden Berufe.** Welche (natürliche und juristische) Personen unter diese Berufsgruppe fallen, ist in §§ 3 und 4 Steuerberatungsgesetz aufgezählt. Nach § 3 dieses Gesetzes sind zur Hilfeleistung in Steuersachen unbeschränkt befugt Steuerberater, Steuerbevollmächtigte, Steuerberatungsgesellschaften, Rechtsanwälte, Wirtschaftsprüfer, Wirtschaftsprüfungsgesellschaften, vereidigte Buchprüfer und Buchprüfungsgesellschaften. Zu beschränkter Hilfeleistung sind darüber hinaus nach § 4 des Gesetzes beispielsweise befugt Notare, Patentanwälte und Lohnsteuerhilfevereine. Soweit die Angehörigen dieser Berufsgruppen zu einer Interessenwahrnehmung vor Finanz- und Verwaltungsgerichten im Sinn des Abs. 2a sowie in Bußgeldverfahren im Sinn des Abs. 2b berechtigt sind, übernimmt der RSVersicherer ihre Vergütung, sofern die Deckungsvoraussetzungen im übrigen vorliegen. 193

b) Die Vergütung der Steuerberater, Steuerbevollmächtigten und Steuerberatungsgesellschaften ist an sich in der seit 1. 4. 1982 geltenden **SteuerberatergebührenVO** geregelt. Diese Vergütung entspricht hier jedoch den Sätzen der BRAGebO, da die Vergütung für eine Vertretung des VN vor Finanz- und Verwaltungsgerichten im Sinn des Abs. 2a sowie in Bußgeldverfahren und in Gnadensachen im Sinn des Abs. 2b sich nach § 45 SteuerberatergebührenVO ohnehin sinngemäß nach den Vorschriften der BRAGebO bemißt. Hat der VN gemäß § 4 SteuerberatergebührenVO eine höhere Vergütung als die nach § 45 der VO in Verbindung mit den Vorschriften der BRAGebO anfallende gesetzliche Vergütung vereinbart, beschränkt sich die Leistungspflicht des Versicherers gemäß § 2 Abs. 1b auf die gesetzliche Vergütung. 194

6. Zeitlicher Ausschluß (Abs. 5)

Die Leistungspflicht des Versicherers in den Fällen des Abs. 2a besteht nur, wenn der Versicherungsfall (z.B. der nach Meinung des VN fehlerhafte Steuerbescheid) und eine ihm vorausgehende und ihn „auslösende" Willenserklärung oder Rechtshandlung (z.B. Steuererklärung) im versicherten Zeit- 195

§ 21 ARB 75 2. Teil. Besondere Bestimmungen

raum, d. h. frühestens drei Monate nach Versicherungsbeginn und vor Versicherungsende, liegen (§ 14 Abs. 3; vgl. oben Rdnr. 184 sowie die Erläuterungen zu § 14 Abs. 3). Unabhängig hiervon legt Abs. 5 einen **weiteren zeitlichen Ausschlußtatbestand** fest, der nicht mit dem Versicherungsfall verwechselt werden darf und – ähnlich wie § 14 Abs. 3 Satz 3 – zusätzlich verhindern soll, daß der VN noch einen RSVersicherungsvertrag abschließt, obwohl sich ein Steuer- oder Abgabestreit schon konkret abzeichnet. Dieser Risikoausschluß gilt nicht nur in den Fällen des Abs. 2 a, sondern auch in den Bußgeldfällen des Abs. 2 b.

196 Im Gegensatz zur früheren Fassung des Abs. 5 kommt es nicht mehr auf den Zeitpunkt der Entstehung der Steuerschuld an, sondern darauf, ob die **für** die **Festsetzung** der Steuer oder Abgabe **maßgeblichen** tatsächlichen **Voraussetzungen vor Versicherungsbeginn** eingetreten sind oder sein sollen. Ist dies der Fall, besteht kein Versicherungsschutz. Beispiel: Der VN will durch das Finanzgericht klären lassen, ob er im Juni 1985 aufgewendete Fortbildungskosten als Werbungskosten bei seinen Einkünften aus nichtselbständiger Tätigkeit steuermindernd geltend machen kann. Versicherungsschutz besteht, wenn der Versicherungsvertrag (nach § 25 oder § 26) mit der Zusatzbedingung zum Steuer-RS bereits vor Juni 1985 abgeschlossen worden war. Unerheblich ist dagegen, wann die Lohn- oder Einkommensteuerschuld oder ein etwaiger Lohnsteuer-Erstattungsanspruch des VN im Sinn des § 38 AO entstanden war (ebenso AG Stuttgart ZfS 88, 392 für die frühere Fassung des Abs. 5).

§ 21 Verkehrs-Rechtsschutz

(1) Versicherungsschutz wird dem Versicherungsnehmer in seiner Eigenschaft als Eigentümer, Halter oder Insasse aller bei Vertragsabschluß und während der Vertragsdauer auf ihn zugelassenen Fahrzeuge und als Fahrer von Fahrzeugen gewährt. Der Versicherungsschutz erstreckt sich auf alle Personen in ihrer Eigenschaft als berechtigte Fahrer oder berechtigte Insassen der auf den Versicherungsnehmer zugelassenen Fahrzeuge.

(2) Der Versicherungsschutz kann auf die Eigenschaft des Versicherungsnehmers als Eigentümer, Halter oder Insasse aller bei Vertragsabschluß und während der Vertragsdauer auf ihn zugelassenen gleichartigen Fahrzeuge sowie als Fahrer fremder, nicht auf ihn zugelassener Fahrzeuge beschränkt werden. Als gleichartige Fahrzeuge gelten jeweils Krafträder, Personenkraft- und Kombiwagen, Lastkraft- und sonstige Nutzfahrzeuge, Omnibusse, Anhänger einschließlich Wohnwagen, Schiffe sowie Flugzeuge. In diesem Falle erstreckt sich der Versicherungsschutz auf alle Personen in ihrer Eigenschaft als berechtigte Fahrer oder berechtigte Insassen der auf den Versicherungsnehmer zugelassenen gleichartigen Fahrzeuge.

(3) Fahrzeuge im Sinne dieser Bestimmung sind Motorfahrzeuge zu Lande, zu Wasser und in der Luft sowie Anhänger.

(4) Der Versicherungsschutz umfaßt

a) die Geltendmachung von Schadenersatzansprüchen aufgrund gesetzlicher Haftpflichtbestimmungen im Rahmen des § 14 Absatz 1;
b) die Wahrnehmung rechtlicher Interessen aus schuldrechtlichen Verträgen;
c) die Verteidigung in Verfahren wegen des Vorwurfs der Verletzung einer verkehrsrechtlichen Vorschrift des Straf- oder Ordnungswidrigkeitenrechtes. Bei Freiheitsstrafen sowie bei Geldstrafen und -bußen über 500,- DM sind Gnaden-, Strafaussetzungs-, Strafaufschub- und Zahlungserleichterungsverfahren eingeschlossen, und zwar für insgesamt zwei Anträge je Versicherungsfall;
d) die Wahrnehmung rechtlicher Interessen in Widerspruchsverfahren vor Verwaltungsbehörden wegen Einschränkung, Entzuges oder Wiedererlangung der Fahrerlaubnis und Verfahren vor Verwaltungsgerichten aus den gleichen Gründen.

(5) Der Versicherungsschutz kann durch besondere Vereinbarung auf die Leistungen gemäß Absatz 4a) und b), gemäß Absatz 4a), c) und d) oder gemäß Absatz 4c) und d) beschränkt werden.

(6) Der Versicherer ist von der Verpflichtung zur Leistung frei, wenn der Fahrer bei Eintritt des Versicherungsfalles nicht die vorgeschriebene Fahrerlaubnis hatte, zum Führen des Fahrzeuges nicht berechtigt war oder wenn das Fahrzeug nicht zugelassen war. Der Versicherungsschutz bleibt jedoch für diejenigen versicherten Personen bestehen, die von dem Fehlen der Fahrerlaubnis, der Berechtigung zum Führen des Fahrzeuges oder von dem Fehlen der Zulassung ohne Verschulden keine Kenntnis hatten.

(7) Der Versicherungsnehmer ist verpflichtet, innerhalb eines Monates nach Zugang einer Aufforderung dem Versicherer die Zulassung jedes, im Falle des Absatzes 2 jedes gleichartigen, bisher nicht gemeldeten Fahrzeuges anzuzeigen. Tritt ein Versicherungsfall ein und ist die Zulassung des betroffenen Fahrzeuges trotz Aufforderung noch nicht angezeigt, ist für das Fahrzeug, für das die Anzeige unterlassen wurde, der Versicherungsschutz ausgeschlossen. Dies gilt nicht, wenn der Versicherungsnehmer nachweist, daß das Fahrzeug nach Abschluß des Versicherungsvertrages zugelassen wurde und der Versicherungsfall zu einem Zeitpunkt eingetreten ist, in dem die Anzeigefrist noch nicht verstrichen war.

(8) Ist ein auf den Versicherungsnehmer zugelassenes Fahrzeug weniger als fünf Monate stillgelegt und bei der Zulassungsstelle abgemeldet, findet § 9 Absatz 3 keine Anwendung. Wird ein Fahrzeug, das länger als fünf Monate stillgelegt und abgemeldet war, wieder zugelassen, gilt Absatz 7 Satz 1 entsprechend.

(9) Ist der Versicherungsnehmer seit mindestens sechs Monaten nicht mehr Eigentümer oder Halter von Fahrzeugen, kann er, soweit er nicht von seinem Recht gemäß § 9 Absatz 3 Gebrauch macht, verlangen, daß der Versicherungsvertrag ab dem Zeitpunkt aufgehoben wird, seit dem der Versicherungsnehmer nicht mehr Eigentümer oder Halter von Fahrzeugen ist. Stellt der Versicherungsnehmer diesen Antrag später als einen Monat nach Ablauf des in Satz 1 genannten Mindestzeitraumes von sechs Monaten, ist der Versicherer verpflichtet, den Versicherungsvertrag zu dem Zeitpunkt aufzuheben, in dem der Antrag bei ihm eingeht. Dem Versicherer gebührt der anteilige Beitrag bis zur Aufhebung des Versicherungsvertrages.

§ 21 ARB 75   2. Teil. Besondere Bestimmungen

Übersicht

	Rdnrn.		Rdnrn.
I. Allgemeines	1, 2	a) als Eigentümer	61–66 a
II. Persönliche Risikomerkmale (Abs. 1)	3–28 e	b) als Halter	67
		c) als Fahrer	68–71
1. Zulassung	3	d) als Insasse	72
a) Begriff	4	3. Verletzung einer verkehrsrechtlichen Vorschrift (Abs. 4 c)	
b) rotes Kennzeichen	5		
c) nicht zulassungspflichtige Fahrzeuge	6, 7	a) Allgemeines	73, 74
		b) aa) verkehrsrechtliche Vorschriften	75, 76
d) Versicherungsbeginn und -ende	8, 9	bb) nicht-verkehrsrechtliche Vorschriften	77
2. versicherte Eigenschaften	10, 11		
a) VN (Abs. 1 Satz 1)	12	cc) Mischfälle	78, 79
aa) Eigentümer	13	dd) verkehrsrechtliche Disziplinar- oder Standesrechtsverstöße	80
bb) Halter	14, 15		
cc) Insasse	16, 17		
dd) Fahrer	18–22	ee) Fahrtenbuchauflage, Verkehrsunterricht	81
b) mitversicherte Personen (Abs. 1 Satz 2)	23	c) Abs. 4 c Satz 2	82
aa) berechtigter Fahrer	24–26	4. verwaltungsrechtliche Führerscheinverfahren (Abs. 4 d)	83
bb) berechtigter Insasse	27		
c) Klausel zu § 21 ARB – Fußgänger-RS	28 a–d	VI. Ausschnittversicherung (Abs. 5)	84
		VII. Obliegenheiten vor Eintritt des Versicherungsfalles (Abs. 6)	
d) Klausel zu § 21 ARB – Zusätzlicher Personen-RS für den VN	28 e	1. Allgemeines	85, 86
III. Gleichartige Fahrzeuge (Abs. 2)	29	a) Kausalität (§ 6 Abs. 2 VVG)	87
1. sieben Gruppen	30	aa) beim Straf- und Führerschein-RS	88
a) Krafträder	31	bb) beim Schadenersatz-RS	89–93
b) Personenkraft- und Kombiwagen	32	cc) beim Fahrzeug-Vertrags-RS	94
c) Lastkraft- und sonstige Nutzfahrzeuge	33	b) Verschulden	95, 96
		aa) § 6 Abs. 1 Satz 1 VVG	95, 96
d) Omnibusse	34	bb) Abs. 6 Satz 2	97–99
e) Anhänger einschließlich Wohnwagen	35	c) Klarstellungserfordernis (§ 6 Abs. 1 Satz 3 VVG)	100–102
f) Schiffe	36	2. Fahren ohne Fahrerlaubnis	
g) Flugzeuge	37	a) vorgeschriebene Fahrerlaubnis	103–114
2. Fahrer-RS des VN	38	b) Auflagen, Beschränkungen	115, 116
3. Mitversicherte	39	c) Entziehung	117
IV. Motorfahrzeuge (Abs. 3)	40, 41	3. unberechtigtes Fahren	118–120
1. zu Lande	42, 43	4. Fahren mit nicht zugelassenem Fahrzeug	121–125
2. zu Wasser	44	a) Allgemeines	121
3. in der Luft	45	b) objektiver Tatbestand	122
4. Anhänger	46–48	c) Erlöschen der Betriebserlaubnis	123, 124
V. Leistungsarten (Abs. 4)	49		
1. Geltendmachung von Schadenersatzansprüchen (Abs. 4 a)	50	d) Untersagung des Betriebs	125
a) als Eigentümer	51	5. keine sonstigen Obliegenheiten (Verwendungsklausel, verkehrsunsicheres Fahrzeug)	126, 127
aa) Fahrzeugzubehör	52		
bb) Ladung	53	VIII. Anzeigepflicht (Abs. 7)	128–131
cc) Verdienstausfall	54, 55	IX. Stillegung (Abs. 8)	132–134
b) als Halter	56	1. Begriff	132
c) als Insasse	57	2. Rechtswirkung	133, 134
d) als Fahrer	58	X. Wagniswegfall (Abs. 9)	135
2. Interessenwahrnehmung aus schuldrechtlichen Verträgen (Abs. 4 b)	59, 60		

Literatur (zu den §§ 21 bis 23): *J. Vassel*, Die RSVersicherung für Kraftfahrzeuge, DB Beilage 8/70 S. 23 bis 26; *Harbauer*, Rechtsschutzversicherung in Verkehrssachen, in Band 1 der Schriftenreihe der Arbeitsgemeinschaft Verkehrsrecht des DAV (1984) S. 61 ff.; *Schirmer*, Änderungen im Verkehrsrechtsschutz, DAR 90, 81; *Buschbell*, Die Beteiligung von Rechtsschutz beim verkehrsrechtlichen Mandat, ZfS 91, 73 ff.; *Schirmer*, Die RSVersicherung für den Kraftfahrer, DAR 92, 418 ff.

Verkehrs-Rechtsschutz   1, 2   § 21 ARB 75

I. Allgemeines

Der Begriff „**Verkehrs-RS**" gibt den Versicherungsumfang insofern nicht 1
präzise wieder, als § 21 nur solche Rechtskostenrisiken abdeckt, die im
Zusammenhang mit der Teilnahme am motorisierten Verkehr entstehen
können. Die Wahrnehmung rechtlicher Interessen als nicht motorisierter
Verkehrsteilnehmer, insbesondere als Fußgänger, Radfahrer, Benutzer
öffentlicher Verkehrsmittel oder Halter oder Eigentümer von nicht motorgetriebenen Land-, Wasser- oder Luftfahrzeugen steht nur nach §§ 24 (beruflich), 25, 26 oder 27 oder aufgrund eigens vereinbarter Sonderklauseln
(vgl. Einl. Rdnr. 23; unten Rdnrn. 28a bis d und 28e) unter Versicherungsschutz.

Die ARB 54 kannten nur den Fahrzeug-RS, bei dem sich der Versiche- 2
rungsschutz jeweils auf ein einzelnes, im Versicherungsschein bezeichnetes
Fahrzeug bezog. Diese Versicherungsmöglichkeit wurde in § 22 ARB 69/75
beibehalten. Gleichzeitig schuf jedoch § 21 demgegenüber als Neuerung die
Möglichkeit, bei sonst annähernd gleichem Deckungsumfang wie beim
Fahrzeug-RS die Interessenwahrnehmung im Zusammenhang mit sämtlichen auf den VN zugelassenen Motorfahrzeugen ohne Rücksicht auf deren
Zahl und Art in einem einzigen Vertrag zu versichern. Während der Fahrzeug-RS alter und neuer Art primär objektbezogen war und ist und sich lediglich auf ein an die Stelle des versicherten Fahrzeugs tretendes Ersatzfahrzeug erstreckt (§ 22 Rdnrn. 29 ff.), bezieht sich der Verkehrs-RS des § 21 auf
die **Person des VN** in seiner Eigenschaft als Halter oder Eigentümer sämtlicher bei Versicherungsbeginn sowie während der Vertragsdauer auf ihn zugelassenen Motorfahrzeuge, wobei deren Art und Zahl nach dem Tarif und
damit gemäß § 9 Abs. 1 lediglich Bemessungsgrundlage für den Versicherungsbeitrag sind. Während beim Fahrzeug-RS für jedes einzelne Fahrzeug
ein eigener Versicherungsantrag und ein eigener Versicherungsschein notwendig sind, braucht der VN eines Vertrags nach § 21 ein neu auf ihn zugelassenes Fahrzeug dem Versicherer nicht sofort zu melden. Er kann vielmehr die Aufforderung des Versicherers zur Meldung nach Abs. 7 abwarten, hat aber gleichwohl Versicherungsschutz vom Zeitpunkt der Zulassung
an, sofern er dann seiner Meldepflicht ordnungsgemäß nachkommt (vgl.
unten Rdnr. 130). Es handelt sich also um eine Art Vorsorge-Versicherung
für während der Vertragsdauer eintretende Risikoerhöhungen, wie sie beispielsweise auch die Haftpflichtversicherung in § 1 Ziff. 2b und c, § 2 AHB
kennt. Der Vorteil dieser Vertragsart liegt für den VN, der mehrere Fahrzeuge hält oder zu erwerben beabsichtigt, in dem mit der Fahrzeugzulassung ohne weiteres einsetzenden Versicherungsschutz, außerdem für VN
und Versicherer in der weitgehenden Verwaltungsvereinfachung (*Ellmer*
VW 69, 600, 602; *J. Vassel* DB Beilage 8/70 S. 23). Andererseits muß sich ein
VN darüber im klaren sein, daß er während der Dauer eines Vertrags nach
§ 21 keine Möglichkeit hat, ohne Zustimmung seines Versicherers ein einzelnes – zumindest ein einzelnes gleichartiges (Abs. 2) – Motorfahrzeug unversichert zu lassen oder anderweitig zu versichern, weil es mit der Zulas-

sung automatisch unter den Deckungsbereich des bereits bestehenden Vertrags fällt und hier beitragspflichtig wird.

II. Persönliche Risikomerkmale (Abs. 1)
(entspricht § 21 Abs. 1 ARB 94)

3 1. Entscheidende Voraussetzung für das Bestehen von Versicherungsschutz, also für die primäre Abgrenzung des versicherten Risikos (§ 2 Rdnr. 3; Vorbem. vor § 21 Rdnr. 3), ist neben der versicherten Eigenschaft (vgl. unten Rdnrn. 10 ff.) die **Zulassung** eines bestimmten Motorfahrzeugs auf den VN im Zeitpunkt des Versicherungsfalles (§ 14). Die Zulassung ist als gegenständlich begrenzendes Risikomerkmal deshalb besonders geeignet, weil es sich hierbei um eine objektiv feststehende, nach Beginn und Ende – außer bei Erlöschen der Betriebserlaubnis (vgl. unten Rdnr. 9) – leicht nachprüfbare Tatsache handelt, so daß Deckungszweifel insoweit kaum auftreten können. Eine Ausnahme gilt für die Eigenschaft des VN als Fahrer von Fahrzeugen. Hier spielt es keine Rolle, ob das vom VN gefahrene Fahrzeug auf ihn zugelassen ist (vgl. unten Rdnr. 18). In dem Erfordernis der Zulassung als einer primären objektiven Risikobegrenzung unterscheidet sich der Verkehrs-RS des § 21 (ebenso die §§ 26 und 27) von der Kraftfahrt-Versicherung, bei der die Leistungspflicht des Versicherers nicht von der Zulassung des Fahrzeugs abhängt (BGH VersR 77, 341). Lediglich Ziff. III 1 der Sonderbedingung zur Haftpflicht- und Fahrzeugversicherung für Kraftfahrzeug-Handel und -Handwerk kennt eine vergleichbare Risikoabgrenzung (*Stiefel/Hofmann* Vierter Teil und Rdnr. 65 zu dieser Sonderbedingung).

4 a) Motorfahrzeuge zu Lande, zu Wasser und in der Luft sowie Anhänger (Abs. 3) bedürfen in vielen Fällen einer behördlichen Zulassung, bevor sie öffentlich in den Verkehr gebracht werden. Für Luftfahrzeuge ist dies im Luftverkehrsgesetz, für Binnen- und Seeschiffe in den hierfür geltenden Normen des Binnen- und Seeschiffahrtsrechts vorgeschrieben. Der für die RSVersicherung weitaus wichtigste Bereich ist jedoch der der Kraftfahrzeuge. Hier regeln die §§ 18 ff. StVZO in Ausfüllung des § 1 StVG die **Einzelheiten** der Zulassung. Nach § 18 Abs. 1 StVZO dürfen Kraftfahrzeuge mit einer durch die Bauart bestimmten Höchstgeschwindigkeit von mehr als sechs Kilometer pro Stunde und ihre Anhänger – mit Ausnahme der in § 18 Abs. 2 StVZO aufgeführten Fahrzeuge – auf öffentlichen Straßen nur in Betrieb gesetzt werden, wenn sie durch Erteilung einer Betriebserlaubnis und durch Zuteilung eines amtlichen Kennzeichens von der Zulassungsstelle zum Verkehr zugelassen sind. Die Zulassung im Sinn des Abs. 1 Satz 1 besteht also in der Erteilung der Betriebserlaubnis (§§ 19 bis 21 StVZO) und in der Zuteilung eines amtlichen Kennzeichens (§ 23 StVZO) und wird durch den Kraftfahrzeugschein (§ 24 StVZO) nachgewiesen (*Jagusch/Hentschel* § 18 StVZO Rdnr. 4). Bei Kraftfahrzeugen, die zur Ausfuhr bestimmt sind, kann auch ein Ausfuhr-Kennzeichen ausgegeben werden, das 1989 an die Stelle des früheren ovalen Zoll-Kennzeichens getreten ist (*Jagusch/Hentschel* § 60 StVZO Rdnr. 18). Der Zulassungsinhaber ist häufig mit dem Halter

Verkehrs-Rechtsschutz

und dem Eigentümer identisch. Rechtlich notwendig ist dies jedoch nicht. Ist ein Motorfahrzeug bei Vertragsschluß, d.h. hier im Zeitpunkt des materiellen Versicherungsbeginns (§ 5 Rdnr. 8), in diesem Sinn auf den VN zugelassen oder wird es während der materiellen Versicherungsdauer auf ihn zugelassen, besteht Versicherungsschutz, soweit der VN oder eine mitversicherte Person aufgrund eines im versicherten Zeitraum eingetretenen Versicherungsfalles (§ 14) in einer der in Abs. 1 aufgeführten Eigenschaften rechtliche Interessen im Umfang des Abs. 4 wahrzunehmen hat.

b) Wird für Prüfungsfahrten, Probefahrten oder Überführungsfahrten im Sinn des § 28 StVZO, die ohne Betriebserlaubnis unternommen werden, ein an den VN ausgegebenes **rotes Kennzeichen** verwendet, dann ist das betreffende Fahrzeug für die Dauer der Verwendung im Sinn des Abs. 1 Satz 1 als auf den VN zugelassen anzusehen, da es sich hierbei ebenfalls um eine – der Entscheidung des VN überlassene (BGH VersR 75, 229) – Zulassung im Sinn der StVZO, wenn auch in vereinfachter Form, handelt (*Jagusch/ Hentschel* StVZO § 28 Rdnr. 7). Da Abs. 1 Satz 1 keine Ausnahmen für den Einschluß solcher kurzfristiger, vorübergehender Risiken macht, sind Versicherungsfälle im Zusammenhang mit einer Prüfungs-, Probe- oder Überführungsfahrt als gedeckt anzusehen (vgl. zur ähnlichen Frage in der Haftpflichtversicherung *Bruck/Möller/Johannsen* IV Anm. G 130). Die mißbräuchliche Verwendung eines roten Kennzeichens zu anderen als den in § 28 StVZO genannten Zwecken ändert nichts daran, daß das Fahrzeug als zugelassen gilt, solange es mit dem roten Kennzeichen „versehen" ist (BGH NJW 61, 1399 = VersR 61, 555; VersR 74, 793).

c) **Nicht zulassungspflichtige** Motorfahrzeuge im Sinn des § 18 Abs. 2 StVZO, z.B. selbstfahrende Arbeitsmaschinen, Kleinkrafträder, Leichtkrafträder, Fahrräder mit Hilfsmotor, Krankenfahrstühle und gewisse Anhänger, fallen nach dem Wortlaut des Abs. 1 Satz 1 an sich nicht unter die Deckung des Verkehrs-RS, da sie nicht auf den VN „zugelassen" werden können. Andererseits ist jedoch die mit ihrer Haltung oder ihrem sonstigen Gebrauch zusammenhängende Interessenwahrnehmung in den nicht verkehrsbezogenen Vertragsarten der ARB durch § 24 Abs. 5a (über Ausnahmen vgl. § 24 Rdnr. 52), 25 Abs. 4a und 28 Abs. 3 vom Versicherungsschutz ausgeschlossen. Um diese Deckungslücke zu schließen, sehen die Tarife der meisten RSVersicherer bei § 21 auch Positionen für zulassungsfreie Motorfahrzeuge vor. Wird dem RSVersicherer ein solches Fahrzeug gemeldet und erhält er hierfür Beitrag oder schließt er es beitragsfrei in den Vertrag ein, dann verzichtet er damit stillschweigend auf das Risikomerkmal der Zulassung. Versicherungsschutz besteht dann, wenn die in Abs. 1 vorausgesetzte Eigenschaft in der Person des VN (oder einer mitversicherten Person) vorliegt. Soweit der VN nach Abs. 1 Satz 1 Versicherungsschutz als Fahrer von – eigenen oder fremden – Fahrzeugen hat, spielt die Zulassung ohnehin keine Rolle, so daß hier schon nach dem Bedingungswortlaut Deckung auch für zulassungsfreie Fahrzeuge besteht (vgl. unten Rdnr. 18).

Manche Arten zulassungsfreier Fahrzeuge dürfen nur dann auf öffentlichen Straßen in Betrieb gesetzt werden, wenn sie ein gültiges **Versiche-**

§ 21 ARB 75 8–10 2. Teil. Besondere Bestimmungen

rungskennzeichen als Nachweis der vorgeschriebenen Haftpflichtversicherung führen, nämlich bestimmte Kleinkrafträder, Fahrräder mit Hilfsmotor und motorgetriebene Krankenfahrstühle (§§ 29e bis h StVZO). Nicht zulassungspflichtige Leichtkrafträder müssen nach § 18 Abs. 4 StVZO ein amtliches Kennzeichen führen. Wenn solche Kennzeichen auch im Rahmen der ARB keine selbständige Bedeutung haben und insbesondere nicht einer Zulassung gleichgeachtet werden können, können sie gleichwohl ein Indiz für die Eigenschaft als Eigentümer oder Halter des Fahrzeugs sein.

8 d) Bei den zulassungspflichtigen Fahrzeugen, die nicht schon bei Versicherungsbeginn (§ 5 Rdnr. 8) auf den VN zugelassen sind, sondern erst während der Versicherungsdauer auf ihn zugelassen werden, **beginnt** der **Versicherungsschutz** mit der Zulassung, d. h. mit der Zuteilung des Kennzeichens gemäß § 23 StVZO und Aushändigung des Fahrzeugscheins nach § 24 StVZO (vgl. oben Rdnr. 4). Tritt der Versicherungsfall vor der Zulassung auf den VN ein, besteht in der Regel kein Versicherungsschutz (OLG Karlsruhe VersR 75, 248 und AG Wiesbaden ZfS 87, 242 für die vergleichbare Frage bei § 26; unten Rdnr. 65 und § 26 Rdnr. 23).

9 Der Versicherungsschutz **endet** grundsätzlich mit dem Ende der Zulassung auf den VN, insbesondere durch Ummeldung auf den Erwerber bei Eigentumswechsel (§ 27 Abs. 3 StVZO). Erwirbt der VN ein Ersatzfahrzeug, beginnt für dieses der Versicherungsschutz mit dessen Zulassung auf den VN (vgl. oben Rdnr. 8). Weitere Endigungsgründe sind die Stillegung (vgl. hierzu Abs. 8, unten Rdnr. 133) und die Entziehung der Zulassung (§ 17 StVZO; vgl. unten Rdnr. 125). Die Mißachtung von Auflagen, die mit einer Zulassung gemäß § 71 StVZO verbunden sein können, z. B. die Überschreitung einer bestimmten Höchstgeschwindigkeit, ändert nichts an der Rechtswirksamkeit der Zulassung (BGH VersR 77, 341). Die Zulassung endet auch mit dem Ende der Betriebserlaubnis wegen Veränderung von Teilen des Fahrzeugs nach § 19 Abs. 2 StVZO. Da ein solcher Wegfall der Betriebserlaubnis jedoch nicht immer von vornherein zweifelsfrei feststeht, eignet sich dieser Endigungsgrund nicht als objektives, leicht nachprüfbares Merkmal für eine (primäre) zeitliche Begrenzung des Versicherungsschutzes (vgl. oben Rdnr. 3). Es handelt sich hier im Grund um eine Verhaltensnorm mit schadensverhütendem Charakter, die man daher, soweit nicht ohnehin die Voraussetzungen des Abs. 6 vorliegen, zugunsten des VN mit *Theda* (VersR 83, 1097, 1103; DAR 80, 297; Anm. zu BayObLG ZfS 82, 85 und zu OLG Koblenz ZfS 82, 275) als „verhüllte" Obliegenheit werten sollte (vgl. hierzu § 15 Rdnr. 1 mit weiteren Nachweisen). Da die Obliegenheit vor Eintritt des Versicherungsfalles zu erfüllen ist, wird der Versicherer demnach nur unter den Voraussetzungen des § 6 Abs. 1 und 2 VVG leistungsfrei (Näheres unten Rdnrn. 85 ff. und 121 ff.).

10 2. Die Interessenwahrnehmung steht dann unter Versicherungsschutz, wenn der VN oder eine mitversicherte Person (§ 11 Rdnr. 1) **speziell** in einer der in Abs. 1 genannten **Eigenschaften** von einem Versicherungsfall (§ 14) betroffen wird und aufgrund dessen in einem sachlichen Zusammenhang mit dieser Eigenschaft rechtliche Interessen im Sinn des Abs. 4a bis d wahrzu-

nehmen hat. Besteht ein solcher Zusammenhang nicht oder nicht mehr, besteht keine Deckung. Hat beispielsweise der VN sein Kraftfahrzeug während einer Autobahnfahrt auf dem Parkplatz abgestellt und sich in die Autobahnraststätte begeben und wird er dann auf dem Rückweg zum Fahrzeug als Fußgänger von einem Kraftfahrzeug angefahren, dann wird er nicht oder jedenfalls nicht primär in seiner Eigenschaft als Halter, Eigentümer oder Fahrer seines Fahrzeugs von dem Unfall betroffen, sondern als Fußgänger. Die von ihm geltend zu machenden Schadenersatzansprüche gegen den Schädiger sind ihm dann zwar gelegentlich einer Autofahrt, aber nicht speziell als Auswirkung seiner Eigenschaft als Halter, Eigentümer oder Fahrer seines Fahrzeugs erwachsen, sondern in der konkreten Situation als Fußgänger ohne inneren Zusammenhang mit dem Gebrauch seines Kraftfahrzeugs. Flüchtet der VN bei einer privaten Auseinandersetzung in sein Kraftfahrzeug, um Schüssen des Verfolgers zu entgehen, dann sind hierbei erlittene Verletzungen keine Auswirkung einer speziell nach Abs. 1 versicherten Eigenschaft im Straßenverkehr, sondern des allgemeinen Lebensrisikos (LG Koblenz ZfS 93, 137; vgl. unten Rdnrn. 13 und 21). Bestehen Zweifel an der versicherten Eigenschaft, hat der VN (oder die mitversicherte Person) deren tatsächliche Voraussetzungen bei Eintritt des Versicherungsfalles darzulegen und zu beweisen, da es sich um ein primäres Risikomerkmal handelt (*Prölss/Martin/Kollhosser* § 49 Anm. 3; *Bruck/Möller/Johannsen* IV Anm. G 85; vgl. § 2 Rdnr. 5; Vorbem. vor § 21 Rdnr. 3).

Zu welchem **Zweck** das Motorfahrzeug verwendet wird, spielt keine 11
Rolle. Es kann sich um private, berufliche oder auch gewerbliche Nutzung handeln, wobei insbesondere für gewerbliche Nutzung lediglich höhere Tarifbeiträge vorgesehen sind. Anders als § 2 Abs. 2a und d AKB kennt die RSVersicherung keine Obliegenheit, das Fahrzeug nur zu bestimmten Zwecken zu verwenden. Ebensowenig enthalten die ARB eine dem § 2 Abs. 3b AKB vergleichbare Ausschlußklausel für die Beteiligung an Fahrtveranstaltungen, bei denen es auf die Erzielung einer Höchstgeschwindigkeit ankommt, wie z.B. Autorennen, Rallyes oder ähnliche motorsportliche Veranstaltungen (vgl. unten Rdnr. 126).

a) Abs. 1 Satz 1 umgrenzt den Versicherungsschutz für den **VN**. Hat er – 12
oder haben mehrere Mit-VN – rechtliche Interessen nach Art des Abs. 4a bis d speziell in einer der vier genannten Eigenschaften wahrzunehmen, dann ist Deckung gegeben. Die Interessenwahrnehmung als Fahrer von – eigenen oder fremden – Fahrzeugen ist dabei an keine weitere Deckungsvoraussetzungen geknüpft, während die Interessenwahrnehmung als Eigentümer, Halter oder Insasse weiter voraussetzt, daß sie im Zusammenhang mit einem auf den VN zugelassenen Fahrzeug erfolgt (vgl. oben Rdnr. 3).

aa) Versicherungsschutz besteht, wenn der VN von einem Versiche- 13
rungsfall (§ 14) speziell in seiner Eigenschaft als **Eigentümer** eines zu diesem Zeitpunkt auf ihn zugelassenen Motorfahrzeugs betroffen wird. Hierbei ist es nicht notwendig, daß der Versicherungsfall, wie in der Kraftfahrzeug-Haftpflichtversicherung, bei der Teilnahme am allgemeinen Verkehr oder sonst „durch den Gebrauch" des Fahrzeugs eingetreten ist (§ 10 Abs. 1

AKB). "Als Eigentümer" ist der VN vielmehr auch betroffen, wenn beispielsweise das in der Garage abgestellte Fahrzeug beschädigt wurde und er nunmehr Versicherungsschutz für die Geltendmachung des ihm als Eigentümer zustehenden Ersatzanspruchs gegen den Schädiger erbittet (Abs. 4 a; vgl. unten Rdnr. 51). Die Rechtsstellung als Eigentümer, insbesondere der Erwerb und Verlust des Eigentums, ist in den §§ 929 ff. BGB geregelt. Notwendig ist vollwirksames bürgerlich-rechtliches Eigentum am Fahrzeug, wobei allerdings nicht Alleineigentum erforderlich ist, vielmehr Miteigentum in der Regel genügt (vgl. hierzu Vorbem. vor § 21 Rdnr. 7). Hat der VN ein Fahrzeug unter Eigentumsvorbehalt (§ 455 BGB) gekauft, wird er erst mit der Zahlung des Restkaufpreises Eigentümer und hat vor diesem Zeitpunkt keinen Versicherungsschutz als Eigentümer, soweit man nicht sein Eigentums-Anwartschaftsrecht (*Palandt/Bassenge* § 929 Rdnrn. 37 ff.) als ausreichend ansieht (vgl. hierzu Vorbem. vor § 21 Rdnr. 127). Entsprechendes gilt, solange er sein Fahrzeug zur Absicherung eines Kredites an einen Dritten sicherungshalber übereignet hat (vgl. *Stiefel/Hofmann* § 10 Rdnr. 67). In diesen Fällen wird er allerdings in der Regel Fahrzeughalter sein und – bei Zulassung des Fahrzeugs auf seinen Namen – als solcher Deckung beanspruchen können (vgl. unten Rdnr. 14). Eigentümer ist auch, wer das Eigentum aufgrund eines – z. B. nach §§ 119, 123 BGB – anfechtbaren Rechtsgeschäfts erworben hat, solange keine Anfechtung erfolgt. Wird allerdings erfolgreich angefochten, dann entfällt das Eigentum und damit die versicherte Eigenschaft rückwirkend (§ 142 BGB) und der VN hat etwaige Versicherungsleistungen ohne Rechtsgrund erhalten und gemäß § 812 BGB zurückzugewähren, falls er nicht gleichzeitig in anderer Eigenschaft, insbesondere als Halter, versichert war. Entsprechendes gilt, wenn der VN das Eigentum nur scheinbar erworben hatte, die Eigentumsübertragung jedoch in Wirklichkeit – z. B. wegen Geschäftsunfähigkeit eines Beteiligten, Gesetzes- oder Sittenverstoßes (§§ 105, 134, 138 BGB) – von vornherein unwirksam war (*Stiefel/Hofmann* § 10 Rdnrn. 67, 68).

14   bb) Versicherungsschutz besteht, wenn der VN von einem Versicherungsfall speziell in seiner Eigenschaft als **Halter** eines zu diesem Zeitpunkt auf ihn zugelassenen Motorfahrzeugs betroffen wird. Der Rechtsbegriff des "Halters" stammt aus § 833 BGB und ist speziell im Verkehrsbereich ein festumrissener Ausdruck der Rechtssprache (vgl. Einl. Rdnr. 48), der beispielsweise in §§ 7, 21 StVG für Kraftfahrzeuge und in § 33 Luftverkehrsgesetz für Luftfahrzeuge verwendet wird. Halter ist, wer ein Fahrzeug auf eigene Rechnung nicht nur ganz vorübergehend beruflich oder privat in Gebrauch hat und diejenige umfassende Verfügungsgewalt darüber besitzt, die ein solcher Gebrauch voraussetzt (BGH NJW 54, 1198 = VersR 54, 365; NJW 58, 1872 = VersR 58, 749; NJW 60, 1572 = VersR 60, 650; NJW 62, 509; 78, 231). Eigentum einer Person und Zulassung des Fahrzeugs auf deren Namen können wichtige Anhaltspunkte für deren Haltereigenschaft sein, sind jedoch keine unabdingbare Voraussetzung hierfür. Wer sein Fahrzeug auf unbestimmte längere Zeit an einen anderen zur selbständigen Benutzung überläßt, kann seine Haltereigenschaft verlieren. Der Kaufinteressent, der ein Fahrzeug kürzere Zeit erproben will, wird in der Regel nicht

Halter. Der Mieter, Entleiher oder Leasingnehmer eines Fahrzeugs kann Halter werden, wenn er es zur Verwendung für eigene Rechnung nicht nur vorübergehend benutzt und die zum Gebrauch notwendige Verfügungsgewalt besitzt (BGH NJW 83, 1492 = VersR 83, 656). Benutzt der Mieter oder Entleiher das Fahrzeug nur für eine bestimmte Fahrt, dann bleibt in der Regel der Vermieter oder Verleiher Halter. Wer ein Fahrzeug unter Eigentumsvorbehalt des Verkäufers (§ 455 BGB) erworben oder wer sein Fahrzeug an einen anderen sicherungsübereignet hat, es jedoch weiter benutzt, ist in der Regel Halter. Es können auch mehrere Personen gleichzeitig Halter sein, wenn bei jeder von ihr alle Merkmale der Haltereigenschaft vorliegen. Ist eine juristische Person Halter, sind ihre gesetzlichen Vertreter in der Regel nicht gleichzeitig Halter. Wegen weiterer Einzelheiten vgl. *Jagusch/ Hentschel* StVG § 7 Rdnrn. 14 bis 25; *Geigel* 25. Kap. Rdnrn. 14 bis 23; *Stiefel/Hofmann* § 10 Rdnrn. 62 bis 64.

Überträgt der Halter, insbesondere der eines größeren Fuhrparks, seine Verantwortung als Halter für den vorschriftsmäßigen Zustand und Betrieb seiner Fahrzeuge (§ 31 Abs. 2 StVZO) zulässigerweise auf sorgfältig ausgewählte und überwachte **Hilfspersonen**, z.B. einen Fuhrpark- oder Fahrdienstleiter, dann kann es diese teilweise Aufspaltung der Halterverantwortung rechtfertigen, auch der Hilfsperson Versicherungsschutz zuzugestehen, wenn sie wegen (angeblichen) Verstoßes gegen ihre Pflichten zur Gewährleistung des verkehrssicheren Betriebs der Fahrzeuge straf- oder bußgeldrechtlich belangt wird. *Böhme* (§ 21 Rdnr. 2) spricht insoweit von einem „technischen Halter" (vgl. auch unten Rdnr. 23).

cc) Versicherungsschutz besteht, wenn der VN von einem Versicherungsfall speziell in seiner Eigenschaft als **Insasse** eines zu diesem Zeitpunkt auf ihn zugelassenen Motorfahrzeugs betroffen wird. Ist der VN nicht Insasse eines eigenen, sondern eines fremden Fahrzeugs, dann hat er nur Versicherungsschutz, wenn er entweder selbst nach §§ 25, 26 oder 27 versichert ist (§ 25 Rdnr. 46) oder wenn für das fremde Fahrzeug eine Verkehrs-RSVersicherung besteht. Neuerdings besteht allerdings auch Deckung, soweit die Klausel zum Fußgänger-RS vereinbart ist (vgl. unten Rdnrn. 28a bis d). Der Insassenbegriff wird in den ARB nicht näher definiert, deckt sich jedoch nach dem Zweck der Regelung weitgehend mit dem Insassenbegriff in § 17 Abs. 1 Satz 2 AKB. Danach ist Insasse, wer, ohne Fahrer zu sein (vgl. unten Rdnrn. 18ff.), mit dem Fahrzeug befördert wird oder sich zumindest zum Zweck der Beförderung im oder auf dem Fahrzeug aufhält oder im Ein- oder Aussteigen begriffen ist (*Stiefel/Hofmann* § 17 Rdnrn. 1ff.). Unfälle im ursächlichen Zusammenhang mit dem Lenken, Benutzen, Behandeln, Be- und Entladen sowie Abstellen des Fahrzeugs oder Anhängers im Sinn des § 18 Abs. 1 Satz 1 AKB können allenfalls dann auch als Unfall eines Insassen gewertet werden, wenn sie gleichzeitig im ursächlichen Zusammenhang mit seiner Beförderung stehen (§ 17 Abs. 1 Satz 2 AKB). Insasse ist trotz des etwas engen Begriffs auch der Beifahrer auf einem Kraftrad sowie der früher in § 1 Ziff. 2 I ARB 54 eigens aufgeführte Beifahrer, d.h. eine Person, die den berechtigten Fahrer zu seiner Ablösung und zur Vornahme von Hilfsarbeiten begleitet (vgl. § 10 Abs. 2d AKB). Einer besonderen Er-

§ 21 ARB 75   17, 18   2. Teil. Besondere Bestimmungen

wähnung des Beifahrers bedurfte es in den ARB nicht, da er während der Fahrt entweder Insasse oder, solange er den Fahrer ablöst, selbst Fahrer ist.

17 Die **Eigenschaft** als Insasse **beginnt,** wenn der VN mit Handlungen beginnt, die dem Einsteigen in das Fahrzeug oder seinem Besteigen dienen, z.B. wenn er die Fahrzeugtür öffnet. Die Eigenschaft als Insasse **endet,** wenn der VN nach dem Aussteigen festen Boden erreicht und die Fahrzeugtüre geschlossen hat. Bei Unfällen auf dem Weg vom Bürgersteig zum Fahrzeug oder umgekehrt ist der Geschädigte allenfalls noch dann in seiner speziellen Eigenschaft als „Insasse" betroffen, wenn der Unfall im inneren Zusammenhang mit der Gefahr steht, die für den Insassen durch das Ein- oder Aussteigen entsteht. Wird der Insasse beispielsweise nach dem Aussteigen zur Straßenseite hin und nach dem Schließen der Fahrzeugtüre beim Herumgehen um das Fahrzeug oder auch beim Überschreiten der Fahrbahn zum unmittelbar gegenüberliegenden Bürgersteig hin verletzt, wird man ihn mit *Stiefel/Hofmann* (§ 17 Rdnr. 3) noch in seiner Eigenschaft als „Insasse" vom Versicherungsfall betroffen ansehen können. Entscheidend ist, daß ein unmittelbarer zeitlicher und ursächlicher Zusammenhang mit der spezifischen Gefahr besteht, welche die für das Ein- oder Aussteigen notwendige Benutzung der Fahrbahn zwangsläufig mit sich bringt. Befindet sich der Betreffende vor dem Einsteigen noch oder nach dem Aussteigen bereits wieder auf dem nächsten Bürgersteig, dann ist er noch nicht oder nicht mehr „Insasse" (vgl. BGH NJW 82, 827 = VersR 82, 281). Die Insasseneigenschaft kann auch schon oder noch bestehen beim Öffnen oder Schließen einer Garagentür unmittelbar vor Fahrtantritt oder nach Fahrtende, beim Schieben eines fahrunfähigen Fahrzeugs, beim Rückholen einer während der Fahrt abgesprungenen Radkappe (AG Hamburg ZfS 80, 373), beim Aussteigen und Ansprechen einer Auskunftsperson und beim Ein- und Auswinken eines Fahrers bei Grundstücksausfahrten (*J. Vassel* DB Beilage 8/70 S. 23, 24; vgl. auch unten Rdnr. 19 zum Fahrerbegriff).

18   dd) Wird der VN als **Fahrer** eines Motorfahrzeugs von einem Versicherungsfall (§ 14) betroffen, dann spielt es – im Gegensatz zu den versicherten Eigenschaften als Eigentümer, Halter oder Insasse – keine Rolle, ob das Fahrzeug zu diesem Zeitpunkt auf ihn oder auf eine andere Person zugelassen oder ob es nach § 18 Abs. 2 StVZO zulassungsfrei ist (vgl. oben Rdnr. 3). Er hat dann Versicherungsschutz sowohl im Zusammenhang mit dem – beruflichen oder privaten – Fahren eigener wie auch dem Fahren fremder, also ihm nicht gehörender, auf einen anderen zugelassener oder auch zulassungsfreier Fahrzeuge. Eine Ausnahme hiervon wird allerdings für das Fahren eines auf den VN zusätzlich zugelassenen Fahrzeugs zu gelten haben, das er im Sinn des Abs. 7 dem Versicherer nicht rechtzeitig gemeldet hatte. Denn nach dem erkennbaren Zweck dieser Bestimmung soll der Versicherungsschutz in diesem Fall generell hinsichtlich aller versicherten Eigenschaften ausgeschlossen sein. Ist ein auf den VN zugelassenes Fahrzeug auf weitere Personen (Mithalter, Miteigentümer) zugelassen, die aber nicht VN des Versicherungsvertrags sind, besteht für diese Personen beim Fahren fremder Fahrzeuge nach dem eindeutigen Wortlaut des Abs. 1 Satz 1 kein Versicherungsschutz (vgl. auch Vorbem. vor § 21 Rdnr. 7).

Der Begriff des Fahrers ist **kein** festumrissener, für alle oder zumindest 19 mehrere Rechtsgebiete einheitlich geltender **Begriff der Rechtssprache** (vgl. Einl. Rdnr. 48). Haftungs-, straf- und ordnungsrechtlich spricht das Gesetz vom „Führer" oder „Führen" eines Motorfahrzeugs, z. b. in §§ 2, 3, 18, 21 StVG, 23 StVO, 315 c, 316 StGB. Fahrzeugführer im Sinn dieser Bestimmungen ist, wer das Fahrzeug in eigener Verantwortung willentlich in Betrieb setzt und lenkt, anhält, parkt oder nach dem Anhalten des von ihm betriebenen Fahrzeugs für dessen sichere Abstellung zu sorgen hat. Entscheidend ist hiernach eine zumindest kurzfristige tatsächliche Herrschaft über das Fahrzeug und die Ausübung einer Verrichtung mit eigenem Entscheidungsspielraum, die für den Bewegungsvorgang des Fahrzeugs zumindest mitentscheidend ist (BGH NJW 77, 1056 = VersR 77, 624; *Jagusch/Hentschel* StVG § 2 Rdnr. 2; *Cramer* StVO § 23 Rdnr. 7; *Geigel* 26. Kap. Rdnrn. 3, 4; 27. Kap. Rdnr. 96; *Stiefel/Hofmann* § 10 Rdnr. 72). Führer in diesem Sinn können auch mehrere Personen gleichzeitig sein, wenn beispielsweise eine von ihnen das Lenkrad, die andere die Kupplung oder Gangschaltung übernimmt. Wechseln sich mehrere Personen in der Leitung des Fahrzeugs ab, ist jede für ihren Fahrabschnitt Führer (*Cramer* § 23 StVO Rdnrn. 9, 10; *Geigel* 26. Kap. Rdnr. 4). Wer ein Fahrzeug in diesem Sinn führt, ist in jedem Fall auch Fahrer im Sinn des Abs. 1 Satz 1.

Der Fahrerbegriff der ARB muß jedoch nach seinem **versicherungs-** 20 **rechtlichen Zweck** noch etwas weiter ausgelegt werden. Denn es gibt Fälle, in denen beispielsweise den VN in seiner Eigenschaft als Fahrer ein Schadenereignis im Sinn des § 14 Abs. 1 Satz 1 oder der Vorwurf der Verletzung einer Straf- oder Bußgeldvorschrift im Sinn des § 14 Abs. 2 Satz 1 treffen kann, ohne daß er Fahrzeugführer im Sinn des StVG, der StVO oder des StGB zu sein braucht. So hat etwa der BGH entschieden, daß derjenige kein Fahrzeugführer im Sinne des § 18 StVG ist, der ein vom Halter geschobenes, nicht betriebsfähiges Fahrzeug genau nach den Anweisungen des Halters lenkt (NJW 77, 1056 = VersR 77, 624). Wird aber ein solcher, die Weisungen des Halters befolgender Lenker eines fremden Fahrzeugs, wie in dem vom BGH entschiedenen Fall, bei dieser Tätigkeit körperlich verletzt, dann stünde es weder mit dem Wortlaut noch vor allem mit dem Zweck der ARB in Einklang, ihm als einem nach § 21 versicherten VN für die Geltendmachung seiner Schadenersatzansprüche gegen den Schädiger deshalb Versicherungsschutz nach Abs. 4 a zu verwehren, weil er nicht Fahrer im Sinn des Abs. 1 Satz 1 sei (vgl. *Stiefel/Hofmann* § 10 Rdnrn. 71 ff., die auch für die AKB nach deren Zwecksetzung einen umfassenderen Fahrerbegriff entwickeln). In ähnlicher Weise kann der auf einer Übungsfahrt befindliche, nach § 3 Abs. 2 StVG nicht als Führer geltende Fahrschüler versicherungsrechtlich durchaus als Fahrer angesehen werden (BGH NJW 72, 869 = VersR 72, 455 für § 2 AKB; *Stiefel/Hofmann* § 2 Rdnrn. 213, 214). Fahrer im Sinn der ARB ist demnach jeder, der von einem Versicherungsfall (§ 14) als Fahrzeugführer im Sinn des StVG, der StVO, des StGB oder sonstiger, insbesondere auch für den Schiffs- oder Luftverkehr geltender Verkehrsvorschriften betroffen wird, darüber hinaus jeder, der zumindest dem äußeren Anschein nach als Fahrer tätig ist und bei Ausführung einer Verrichtung von einem

§ 21 ARB 75   21, 22   2. Teil. Besondere Bestimmungen

Versicherungsfall betroffen wird, die mit dem bestimmungsgemäßen Betrieb des Motorfahrzeugs und den dabei von einem Fahrer zu beobachtenden Pflichten funktionell zusammenhängt.

21 Übt der Fahrer eines Fahrzeugs vor oder nach der Fahrt eine von den Fahreraufgaben unabhängige Tätigkeit aus, die mit dem eigentlichen Fahrvorgang oder sonstigen Fahrerpflichten nichts zu tun hat, repariert er beispielsweise das Fahrzeug oder wäscht er es, dann steht diese Tätigkeit in der Regel **nicht** im inneren funktionellen **Zusammenhang** mit seiner Tätigkeit als Fahrer. Anders kann es nur liegen, wenn die Tätigkeit dazu dient, die unmittelbar vor Fahrtantritt festgestellte oder erst während der Fahrt eingetretene Betriebsunfähigkeit des Fahrzeugs zu beheben, um es anschließend weiter zu benutzen. Ebenso kann das Ein- oder Aussteigen sowie das Einoder Ausladen üblicherweise mitgeführter persönlicher Gegenstände unmittelbar vor Fahrtantritt oder nach Fahrtende noch der Fahrereigenschaft zugeordnet werden. Die Mithilfe beim Be- oder Entladen gewerblich transportierter Güter geschieht dagegen nicht speziell in der Eigenschaft als Fahrer, es sei denn, der Betreffende überwacht dabei gleichzeitig in Erfüllung seiner Fahrerpflichten nach §§ 22, 23 StVO den verkehrssicheren Zustand der Ladung. Stürzt ein vom VN geführter Kranwagen bei Anheben einer Last infolge eines Bedienungsfehlers um, dann hat dies mit dem Fahrvorgang nichts zu tun (AG Düsseldorf VersR 87, 153 = ZfS 87, 16). In allen Fällen muß es sich jeweils um eine Tätigkeit handeln, die mit der übrigen Fahrtätigkeit oder den Fahrerpflichten in engem räumlichen und zeitlichen Zusammenhang steht. *J. Vassel* (DB Beilage 8/70 S. 23, 24) spricht von „Vorbereitungshandlungen" bei Fahrtantritt oder Fortsetzung einer Fahrt und zählt hierzu u. a. auch das Tanken, das Öffnen und Schließen einer Garage, das Aussteigen und Ansprechen von Personen zur Einholung einer Auskunft über den weiteren Fahrweg sowie das Queren der Fahrbahn, um Kühlerwasser oder Autozubehör oder auch Erfrischungen heranzuholen. Hat dagegen der Fahrer das Fahrzeug verlassen, um beispielsweise eine Autobahnraststätte aufzusuchen, oder befindet er sich sonst aus „betriebsfremden" Gründen nicht unmittelbar beim Fahrzeug, indem er etwa einem anderen Fahrer bei der Behebung von dessen Fahrzeugpanne hilft, dann trifft ihn ein dabei eintretendes Schadenereignis nicht mehr in seiner Eigenschaft als Fahrer (ähnlich beim Insassen, vgl. oben Rdnr. 17; *Böhme* § 21 Rdnr. 5). Die zum Fahrerbegriff der AKB entwickelten Grundsätze (vgl. im einzelnen BGH NJW 80, 2525 = VersR 80, 1039; *Stiefel/Hofmann* § 10 Rdnrn. 71 bis 81; *Prölss/Martin/Knappmann* § 2 AKB Anm. 3 A) können in Zweifelsfällen mit zur Auslegung herangezogen werden, soweit diese Grundsätze nicht für die AKB insofern eine noch weitere Auslegung zulassen, als durch § 10 AKB alle „durch den Gebrauch" des Fahrzeugs verursachten schädigenden Handlungen unter Versicherungsschutz stehen und der Gebrauchsbegriff im Einzelfall weitergehen kann als der Begriff des Fahrens (*Stiefel/Hofmann* § 10 Rdnr. 72).

22 Fahrer kann nur eine natürliche Person sein. Ist eine **juristische Person** (zum Begriff vgl. § 4 Rdnr. 28) VN nach § 21, dann ist für sie Versicherungsschutz als Fahrer von Fahrzeugen begrifflich nicht möglich. Die für

die juristische Person handelnden natürlichen Organpersonen, nämlich ihre gesetzlichen Vertreter (§ 4 Rdnr. 29), sind mit ihr rechtlich nicht identisch. Soweit nicht durch Einzelvereinbarung einzelnen gesetzlichen Vertretern Fahrer-RS zugesagt ist, haben demnach die Organmitglieder in ihrer speziellen Eigenschaft als Fahrer von Fahrzeugen keinen Versicherungsschutz nach Abs. 1 Satz 1. Soweit sie auf die versicherte juristische Person zugelassene Fahrzeuge fahren, sind sie allerdings als berechtigte Fahrer gemäß Abs. 1 Satz 2 mitversichert, nicht dagegen beim Fahren fremder, nicht auf die juristische Person zugelassener Fahrzeuge. Anders liegt es bei den Gesellschaftern bzw. Komplementären einer als VN versicherten oHG bzw. KG, da diese Personen als Träger der Rechte und Pflichten der jeweiligen Gesellschaft neben ihr als VN anzusehen sind (BGH VersR 90, 380; § 24 Rdnr. 18). Sind mehrere Personen gleichzeitig VN, z.b. Eheleute oder BGB-Gesellschafter, dann hat jeder Mit-VN auch Fahrer-RS im Sinn des Abs. 1 Satz 1.

b) Abs. 1 Satz 2 legt die Risikomerkmale fest, unter denen bestimmte Personen, die nicht VN sind, im gleichen Umfang wie dieser versichert sind (§ 11 Rdnr. 1), also rechtliche Interessen im Umfang des Abs. 4 wahrnehmen können. Eine **Mitversicherung** sonstiger Personen, die weder Fahrer noch Insasse des auf den VN zugelassenen Fahrzeugs sind, ist nicht vorgesehen. So hat beispielsweise ein mit dem VN nicht identischer Besitzer (§ 854 BGB) des auf den VN zugelassenen Fahrzeugs, insbesondere ein Mieter oder Entleiher, im Gegensatz zu § 22 keinen Versicherungsschutz, wenn er nicht gleichzeitig Fahrer oder Insasse ist (vgl. § 22 Rdnr. 8). Eine Ausnahme gilt allenfalls für solche Personen, denen der VN zulässigerweise die Sorge für die Verkehrssicherheit seiner Fahrzeuge und damit einen Teil der Halterpflichten übertragen hat, z.B. Fahrdienst- und Fuhrparkleiter (vgl. oben Rdnr. 15).

aa) Versicherungsschutz besteht für den **berechtigten Fahrer** eines auf den VN zugelassenen Motorfahrzeugs. Der Begriff der Zulassung ist oben in Rdnr. 4, der Begriff des Fahrers oben in Rdnrn. 18ff. näher erläutert. Berechtigt ist jeder Fahrer, der mit dem ausdrücklichen oder stillschweigenden (BGH VersR 83, 233) Einverständnis – also nicht ohne oder gegen den Willen – des hinsichtlich der Fahrzeugbenutzung Verfügungsberechtigten das Fahrzeug lenkt, der also keine Schwarzfahrt im Sinn des § 7 Abs. 3 Satz 1 StVG unternimmt. Verfügungsberechtigt ist nicht nur der Halter, sondern auch jeder andere, dem dieser das Fahrzeug derart – auch stillschweigend und vorübergehend – überlassen hat, daß er selbständig über die Benutzung des Fahrzeugs bestimmen kann (BGH NJW 55, 669 = VersR 55, 180; NJW 58, 140 = VersR 57, 814; NJW 64, 1372 = VersR 64, 646; NJW 65, 130). Wer irrigerweise glaubt, der ihm das Steuer Überlassende sei dazu befugt, wird dadurch nicht zum berechtigten Fahrer (BGH NJW 62, 1678 = VersR 62, 725; VersR 64, 488). Kein berechtigter Fahrer ist, wer die Überlassung eines Fahrzeugs mit List, Gewalt, Drohung oder durch Verschweigen eines gegen ihn verhängten Fahrverbots (BGH NJW 84, 289 = VersR 84, 83) erreicht hat. Wer eine zeitlich, örtlich oder inhaltlich erkennbar beschränkte Benutzungsgenehmigung nicht nur geringfügig überschreitet, ist unberechtigter Fahrer (BGH NJW 64, 1371, 1372 = VersR 64, 645, 646; VersR 69, 1107; 84, 834). Dagegen ändert der Verstoß gegen Verkehrsvorschriften nichts an der bestehenden Fahrberechtigung (BGH VersR 64, 231; wegen weiterer Einzelheiten vgl. *Prölss/Martin/Knappmann* § 2 AKB Anm. 2 B; *Stiefel/Hofmann* § 2 Rdnrn. 187 bis 190; *Müller* NJW 86, 962).

25 Die Fahrberechtigung ist, anders als im Fall des Abs. 6 (vgl. unten Rdnr. 118), Teil der **primären** objektiven **Risikobegrenzung** und im Zweifelsfall von demjenigen zu beweisen, der als mitversicherter Fahrer Versicherungsschutz begehrt (§ 2 Rdnr. 5; Vorbem. vor § 21 Rdnr. 3). Die Ausgestaltung der Fahrberechtigung als eines objektiven Risikomerkmals entspricht der Regelung des § 10 Abs. 1 AKB in der bis 1. 1. 1962 geltenden Fassung, die den Versicherungsschutz der Kraftfahrzeug-Haftpflichtversicherung für einen unberechtigten Fahrer generell und anerkanntermaßen ausgeschlossen hatte, weil dieser aufgrund seiner Gebrauchsanmaßung ein für den Versicherer untragbares Risiko sei (BGH NJW 55, 669 = VersR 55, 180; LG Köln NJW 58, 552; *Stiefel/Wussow* AKB 4. Aufl. 1959 § 2 Anm. 39). Nach § 10 Abs. 2 c der heute geltenden AKB ist zwar nunmehr der unberechtigte Fahrer mitversichert, der Kraftfahrzeug-Haftpflichtversicherer jedoch ihm gegenüber nach § 2 Abs. 2 b AKB in der Regel wegen Obliegenheitsverletzung leistungsfrei. Diese Änderung der AKB geschah lediglich zur Verbesserung der Rechtsstellung des geschädigten Dritten, nicht im Interesse des nicht schutzwürdigen unberechtigten Fahrers (*Brugger* VersR 62, 1). In der RSVersicherung sind daher gegen die Beschränkung des Versicherungsschutzes auf den berechtigten Fahrer, durch die gleichzeitig der Versicherungsschutz für den unberechtigten Fahrer generell ohne Rücksicht auf Verschulden und Kausalität ausgeschlossen wird, keine Bedenken anzumelden (ebenso AG Cloppenburg r + s 91, 378). Hierbei wird man allerdings den Fahrer, dem der stark alkoholisierte Halter das Fahrzeug überlassen hatte, trotz der möglicherweise nach § 105 Abs. 2 BGB rechtlich unwirksamen Benutzungsgenehmigung nicht ohne weiteres als „unberechtigt" ansehen können, da es für die Fahrberechtigung nur auf die tatsächliche Gebrauchsüberlassung ankommt (streitig; ebenso *Stiefel/Hofmann* § 2 Rdnrn. 187, 258; vgl. einerseits BGH VersR 67, 341, andererseits OLG Nürnberg NJW 77, 1496 = VersR 78, 339; OLG Hamm VersR 78, 1107).

26 Besitzt ein **VN** einige Zeit ein Fahrzeug, **ohne daß es auf ihn zugelassen** ist, dann hat er zwar selbst als Fahrer nach Abs. 1 Satz 1, nicht aber der berechtigte Fahrer nach Abs. 1 Satz 2 Versicherungsschutz. Nach dem eindeutigen Wortlaut muß dies auch dann gelten, wenn ein Firmeninhaber (VN) mehrere auf ihn zugelassene Firmenfahrzeuge mit je einem Berufskraftfahrer hält und für ein zeitweise ausgefallenes Firmenfahrzeug während der Ausfallzeit ein nicht auf ihn zugelassenes Fahrzeug anmietet. Wird der angestellte Fahrer bei Benutzung des Mietfahrzeugs von einem Versicherungsfall betroffen, besteht kein Versicherungsschutz. Eine generelle ausdehnende Auslegung des Abs. 1 Satz 2 auf solche Fälle zugunsten des berechtigten Fahrers verbietet sich schon deshalb, weil der RSVersicherer in der Regel nicht ohne weiteres nachprüfen kann, ob ein Mietfahrzeug lediglich anstelle eines ausgefallenen Fahrzeugs des VN oder aber zusätzlich verwendet wurde.

bb) Versicherungsschutz besteht für den **berechtigten Insassen** eines auf 27
den VN zugelassenen Motorfahrzeuges. Der Begriff der Zulassung ist oben
in Rdnr. 4, der Begriff des Insassen oben in Rdnrn. 16, 17 erläutert. Berechtigt ist jeder Insasse, der sich nicht ohne oder gegen den Willen des Verfügungsberechtigten, sondern im Einvernehmen mit dem VN oder demjenigen, der anstelle des VN über die Mitnahme von Personen zu entscheiden
hat, im oder auf dem Fahrzeug befindet oder sonst Insasseneigenschaft im
Sinn der Rdnrn. 16 und 17 aufweist. Wer sich die Beförderung erschlichen
hat, z. b. heimlich von hinten einen Lastkraftwagen bestiegen hat, ist nicht
berechtigter Insasse und daher nicht versichert (*Stiefel/Hofmann* § 17
Rdnr. 5; *Prölss/Martin-Knappmann* § 17 AKB Anm. 1). Die Berechtigung,
als Insasse mitzufahren, ist wie im Fall des berechtigten Fahrers (vgl. oben
Rdnr. 25) objektives Merkmal der primären Risikobegrenzung und als solches im Zweifelsfall von demjenigen zu beweisen, der als mitversicherter Insasse Versicherungsschutz begehrt.

c) § 21 Abs. 1 bietet dem VN und den mitversicherten Personen Versicherungsschutz nur in den dort abschließend aufgezählten, auf die Motorfahrzeuge des VN bezogenen speziellen Eigenschaften. Nicht gedeckt ist danach insbesondere das Rechtskostenrisiko aus der Teilnahme am Verkehr als Fußgänger, Radfahrer oder Benutzer fremder Verkehrsmittel (vgl. oben Rdnr. 1). Um den nach § 21 versicherten VN als Verkehrsteilnehmer „rundum" versichern zu können, ließ sich 1977 ein Versicherer als **Fußgänger-RS** folgenden Zusatz zu § 21 genehmigen (VerBAV 77, 446): 28a

Klausel zu § 21 ARB – Fußgänger-Rechtsschutz
(entspricht § 21 Abs. 7 ARB 94)
Abweichend von § 21 ARB erstreckt sich der Versicherungsschutz auch auf den Versicherungsnehmer in seiner Eigenschaft als Fußgänger, Radfahrer und Fahrgast in öffentlichen und privaten Verkehrsmitteln und umfaßt:
a) Die Geltendmachung von Schadensersatzansprüchen aufgrund gesetzlicher Haftpflichtbestimmungen im Rahmen des § 14 Abs. 1 ARB;
b) Die Verteidigung in Verfahren wegen des Vorwurfs der Verletzung einer Vorschrift des Straf- oder Ordnungswidrigkeitenrechtes. Bei Freiheitsstrafen sowie bei Geldstrafen und -bußen über 500,– DM sind Gnaden-, Strafaussetzungs-, Strafaufschub- und Zahlungserleichterungsverfahren eingeschlossen, und zwar für insgesamt zwei Anträge je Versicherungsfall.

In den Folgejahren wurde der Fußgänger-RS von einzelnen Versicherern erweitert und modifiziert, z. B. auf das „Moped-Risiko" oder den Ehegatten und die minderjährigen Kinder des VN ausgedehnt (Einl. Rdnr. 23). Seit 1986 verwendet die Mehrzahl der RSVersicherer die hier wiedergegebene Ergänzung des § 21 als Standard-Klausel (Einl. Rdnr. 23b), die nachstehend erläutert wird. Zum Teil wird die Klausel auch als Ergänzung zu § 22 geboten. Die Bedingungen von 1928 und 1934/35 enthielten übrigens in § 1c bereits den Schadenersatz-RS für den VN als Fußgänger, Fahrgast und Reisenden (*Werner* S. 261, 265).

Versicherungsschutz besteht für die Geltendmachung von **Schadenersatzansprüchen** (Buchstabe a) und die **Verteidigung** gegen einen straf- 28b oder bußgeldrechtlichen Vorwurf (Buchstabe b). Was hierunter zu verstehen ist, ist in Vorbem. vor § 21 Rdnrn. 31 ff. und 73 ff. im einzelnen erläutert (vgl. auch unten Rdnrn. 49 ff.). Notwendig ist jeweils, daß der Versicherungsfall im Sinn des § 14 Abs. 1 oder 2, also das Schadenereignis oder der Verstoßvorwurf, den VN gerade in seiner versicherten Eigenschaft als Fußgänger, Radfahrer oder Fahrgast öffentlicher oder privater Verkehrsmittel betroffen hat und hiermit in sachlichem Zusammenhang steht. Dies ist beispielsweise nicht der Fall, wenn er beim Spaziergang achtlos einen Zigarettenrest wegwirft und hierdurch fahrlässig einen Brand verursacht. Aus dem Fehlen des Wortes „verkehrsrechtlichen" (Vorschrift) in Buchstabe b der Klausel kann nicht geschlossen werden, daß auch die Verteidigung gegen nichtverkehrsrechtliche Strafvorschriften gedeckt sei. Die Klausel ergänzt lediglich den § 21. Diese Vertragsart stellt jedoch nur verkehrsbezogene Risiken unter Versicherungsschutz und die Klausel erweitert lediglich die durch § 21 Abs. 1 versicherten Eigenschaften, will aber ersichtlich nichts am Umfang der durch § 21 Abs. 4 a und c abgedeckten Rechtsgebiete ändern.

28 c Der Begriff des **Fußgängers** ist kein festumrissener Begriff der Rechtssprache. § 25 StVO, der dem Fußgänger bestimmte Pflichten im öffentlichen Verkehr auferlegt, setzt ihn als gegeben voraus. Entscheidend ist daher der Sprachgebrauch des täglichen Lebens unter Berücksichtigung der Verkehrsauffassung und des Klauselzwecks (Einl. Rdnr. 47). Notwendig ist in erster Linie, daß der VN in irgendeiner Form am Verkehr teilnimmt (vgl. auch Vorspruch des BAV zur Klausel in VerBAV 77, 446). Hierbei muß es sich nicht um Verkehr auf öffentlichem Verkehrsgrund handeln. Auch wer auf Privatgrund – z. B. einem eingezäunten Werksgelände (vgl. hierzu unten Rdnr. 105) – geht, ist nach dem allgemeinen Sprachgebrauch (noch) Fußgänger. Die Eigenschaft als Fußgänger endet erst, wenn der VN nicht mehr als Fußgänger am Verkehr teilnimmt, also z. B. ein Fahrzeug besteigt oder ein Gebäude betritt oder wenn er mit einer sportlichen Tätigkeit wie Laufen, Joggen, Skifahren, Schwimmen u. ä. beginnt. Umgekehrt beginnt die Eigenschaft als Fußgänger, wenn der VN ein Fahrzeug oder Gebäude verläßt oder nach Beendigung einer sportlichen Betätigung zu Fuß weitergeht. Der generelle Grundsatz, daß der Verkehrs-RS der ARB den VN von solchen Rechtskosten freihalten will, die ihren Entstehungsgrund in der Beteiligung an Verkehrsvorgängen haben (AG Düsseldorf VersR 87, 153 = ZfS 87, 16), gilt gleichermaßen für den Fußgänger-RS.

28 d Beginn und Ende der Eigenschaft als **Radfahrer** dürften kaum Abgrenzungsschwierigkeiten bieten. Wer ein Fahrrad schiebt, ist Fußgänger (vgl. § 25 Abs. 2 StVO). Wegen der Eigenschaft als **Fahrgast** öffentlicher oder privater Verkehrsmittel kann auf die Ausführungen zur Insassen-Eigenschaft (oben Rdnrn. 16, 17) verwiesen werden. Nicht notwendig ist nach dem Klauselwortlaut, daß der VN für die Benutzung des Verkehrsmittels ein Entgelt zahlt.

28 e 1988 kam eine Klausel auf den Markt, die den Verkehrs-RS des § 21 durch eine Klausel um einen Personen-RS ergänzt, der über den Fußgänger-RS

(oben Rdnrn. 28 a bis d) hinausgeht, aber im Gegensatz zum Familien-RS des § 25 auf den VN beschränkt ist (VerBAV 88, 380):

Klausel zu § 21 ARB – Zusätzlicher Personen-Rechtsschutz für den Versicherungsnehmer
In Ergänzung zu § 21 ARB wird dem Versicherungsnehmer als Privatperson und als Arbeitnehmer Versicherungsschutz gewährt. Der Versicherungsschutz besteht im Verkehrsbereich und außerhalb des Verkehrsbereichs und umfaßt:
a) die Geltendmachung von Schadenersatzansprüchen aufgrund gesetzlicher Haftpflichtbestimmungen im Rahmen des § 14 Absatz 1 ARB;
b) die Wahrnehmung rechtlicher Interessen aus Arbeitsverhältnissen sowie aus öffentlich-rechtlichen Anstellungsverhältnissen hinsichtlich dienst- und versorgungsrechtlicher Ansprüche;
c) die Verteidigung in Verfahren wegen des Vorwurfes der Verletzung einer Vorschrift des Straf-, Ordnungswidrigkeiten-, Disziplinar- oder Standesrechtes. Bei Freiheitsstrafen sowie bei Geldstrafen und -bußen über 500,– DM sind Gnaden- Strafaussetzungs-, Strafaufschub- und Zahlungserleichterungsverfahren eingeschlossen, und zwar für insgesamt zwei Anträge je Versicherungsfall;
d) die Wahrnehmung rechtlicher Interessen vor Sozialgerichten in der Bundesrepublik Deutschland einschließlich des Landes Berlin.

Versicherungsschutz besteht danach über den Deckungsbereich des gesamten § 21 hinaus für den VN allein, also ohne die in § 21 Abs. 1 Satz 2 (und in § 25 Abs. 1 Satz 1) mitversicherten Personen, auch außerhalb des Verkehrsbereichs in seiner Eigenschaft als Privatperson und (unselbständiger) Arbeitnehmer (§ 24 Rdnr. 15) im Umfang der Leistungsarten des § 25 Abs. 2 a bis d, d. h. für Schadenersatz-RS, Arbeits-RS, Straf-RS und Sozialgerichts-RS (Näheres § 25 Rdnrn. 25 bis 36).

III. Gleichartige Fahrzeuge (Abs. 2)
(entspricht § 21 Abs. 2 ARB 94)

Nach Abs. 1 ist der VN als Eigentümer, Halter oder Insasse sämtlicher 29
während der Vertragsdauer auf ihn zugelassener Fahrzeuge versichert. Der Versicherungsschutz wird also beispielsweise automatisch auf ein vom VN hinzuerworbenes Nutzfahrzeug ausgedehnt, auch wenn er vorher nur Personenkraftwagen gehalten hatte, oder auf ein Flugzeug oder Schiff, wenn er vorher nur Kraftfahrzeuge gehalten hatte. Abs. 2 ermöglicht für solche Fälle, den Versicherungsschutz auf **gleichartige Fahrzeuge** zu beschränken, damit der VN in seiner Dispositionsfreiheit beim Erwerb andersartiger Fahrzeuge nicht zu stark eingeschränkt wird.

1. Abs. 2 Satz 2 legt zur Vermeidung von Unklarheiten **sieben Gruppen** 30
von Motorfahrzeugen fest, die im Sinn des § 21 als gleichartig gelten. Beschränkt der VN den Vertrag auf eine oder mehrere dieser Gruppen, dann erstreckt sich der Versicherungsschutz – mit Ausnahme des Fahrer-RS des VN (vgl. unten Rdnr. 38) – jeweils auf alle bei Vertragsschluß und während der Vertragsdauer auf den VN zugelassenen gleichartigen Fahrzeuge einer

§ 21 ARB 75 31–35   2. Teil. Besondere Bestimmungen

Gruppe (über Beginn und Ende des Versicherungsschutzes vgl. oben Rdnrn. 8, 9).

31 a) Als gleichartig gelten alle Arten von **Krafträdern**. Hierunter fallen alle Arten von zweirädrigen, einspurigen Motorfahrzeugen ohne Rücksicht auf Art, Größe und Hubraum, insbesondere Motorräder, Motorroller, Mopeds, Mofas, Mokicks, sowie sonstige gemäß § 18 Abs. 2 Nrn. 4 und 4a StVZO zulassungsfreie Kleinkrafträder, Leichtkrafträder und Fahrräder mit Hilfsmotor (wegen der Versicherbarkeit zulassungsfreier Fahrzeuge vgl. oben Rdnr. 6). Das Mitführen eines Beiwagens ändert nichts an der Eigenschaft als Kraftrad (*Cramer* § 23 StVO Rdnr. 33).

32 b) Als gleichartig gelten **Personenkraft- und Kombiwagen**. Personenkraftwagen sind mehr als zweirädrige Kraftfahrzeuge, die gemäß der Legaldefinition des § 4 Abs. 4 Nr. 1 Personenbeförderungsgesetz nach ihrer Bauart und Ausstattung zur Beförderung von nicht mehr als 9 Personen (einschließlich Fahrer) geeignet und bestimmt sind. Personenkraftwagen in diesem Sinn sind auch Kleinomnibusse mit nicht mehr als insgesamt 9 Sitzplätzen. Die früher als eigene Kraftfahrzeugart im Sinn der StVZO geltenden Kombiwagen sind heute den Personenkraftwagen gleichgestellt, wenn sie nicht mehr als acht Fahrgastsitze haben, ihr zulässiges Gesamtgewicht 2,8 to nicht überschreitet und sie nach Bauart und Einrichtung geeignet und bestimmt sind, wahlweise vorwiegend der Beförderung von Personen oder vorwiegend der Beförderung von Gütern zu dienen (§ 23 Abs. 6a StVZO; *Jagusch*, 22. Aufl. § 23 StVZO Rdnr. 3). Mit der Meinung von *Böhme* (so jetzt § 21 Rdnr. 8) sind auch Mietwagen, Kraftdroschken und Selbstfahrer-Vermietfahrzeuge Personenkraftwagen im Sinn des Abs. 2 Satz 2, da nach dessen eindeutigem Wortlaut für die Frage der Gleichartigkeit nicht nach der Verwendungsart technisch im wesentlichen gleichartiger Fahrzeuge unterschieden wird. Die Art der Verwendung spielt nur für die Höhe des Beitrags eine Rolle.

33 c) Eine weitere Kategorie gleichartiger Fahrzeuge bilden **Lastkraftwagen und sonstige Nutzfahrzeuge**. Lastkraftwagen sind Kraftfahrzeuge, die nach Bauart und Einrichtung zur Güterbeförderung bestimmt sind (§ 4 Abs. 4 Nr. 3 Personenbeförderungsgesetz). Sonstige Nutzfahrzeuge sind meist gewerblich genutzte Fahrzeuge, die nicht oder nicht vorwiegend der Güterbeförderung, sondern anderen gewerblichen Zwecken dienen, z. B. Abschleppwagen, Ausstellungswagen, mobile Bagger, Kanalreinigungswagen, Meßwagen, mobile Straßenbaumaschinen, Straßenreinigungsmaschinen, Verkaufswagen, Werkstattwagen und Turmwagen.

34 d) Eine selbständig versicherbare Gruppe bilden **Omnibusse** aller Art mit Ausnahme der Klein-Omnibusse (vgl. oben Rdnr. 32). Omnibusse sind Kraftfahrzeuge, die nach ihrer Bauart und Ausstattung zur Beförderung von mehr als neun Personen (einschließlich Fahrer) geeignet und bestimmt sind (§ 4 Abs. 4 Nr. 2 Personenbeförderungsgesetz).

35 e) Als Gruppe gleichartiger Fahrzeuge gelten weiterhin **Anhänger einschließlich Wohnwagen**. Hierbei handelt es sich um Fahrzeuge, die hinter

Kraftfahrzeugen mitgeführt werden mit Ausnahme von abgeschleppten betriebsunfähigen Fahrzeugen und von Abschleppachsen (§ 18 Abs. 1 StVZO). Auf die Achszahl der Anhänger und ihre Zweckbestimmung – Personen- oder Güterbeförderung – kommt es hierbei nicht an.

f) Eine Gruppe gleichartiger Fahrzeuge im Sinn des Abs. 2 bilden weiterhin **Motorschiffe** aller Art und Größe ohne Rücksicht darauf, ob es sich um Binnen- oder Seeschiffe handelt und ob sie der Güter- oder Personenbeförderung oder sonstigen Zwecken dienen (vgl. unten Rdnr. 44). 36

g) Gleichartig versicherbar im Sinn des Abs. 2 sind schließlich **Motorflugzeuge** aller Art ohne Rücksicht auf Größe und Verwendungszweck (vgl. unten Rdnr. 45). 37

2. Ist der Versicherungsschutz auf eine oder mehrere Arten gleichartiger Fahrzeuge des VN beschränkt, hat er gleichwohl nach Abs. 2 Satz 1 beim **Fahren** fremder, nicht auf ihn zugelassener Fahrzeuge auch dann Versicherungsschutz, wenn es sich um andersartige als die von ihm versicherten handelt. Sind also beispielsweise nur die auf den VN zugelassenen Personenkraft- und Kombifahrzeuge versichert, dann hat er auch Versicherungsschutz beim Fahren eines nicht auf ihn zugelassenen fremden Lastkraftwagens. Als Fahrer eines auf ihn selbst zugelassenen, jedoch nicht versicherten (ungleichartigen) Lastkraftwagens hätte er dagegen keinen Versicherungsschutz, da nach Abs. 2 Satz 1 und 3 bei den auf den VN zugelassenen Fahrzeugen nur das Fahren der (versicherten) gleichartigen Fahrzeuge unter Versicherungsschutz gestellt ist. 38

3. **Mitversichert** (§ 11 Rdnr. 1) sind im Fall des Abs. 2 alle berechtigten Fahrer (vgl. oben Rdnr. 24) und alle berechtigten Insassen (vgl. oben Rdnr. 27) der auf den VN zugelassenen gleichartigen Fahrzeuge. 39

IV. Motorfahrzeuge (Abs. 3)
(ARB 94: entfallen)

Das Rechtskostenrisiko im Zusammenhang mit dem motorisierten Verkehr ist in den Besonderen Bestimmungen der ARB in unterschiedlicher Form vom Versicherungsschutz umfaßt oder ausgeschlossen. Während die §§ 21 bis 23 nur den motorisierten Verkehr betreffen, enthalten die §§ 24 Abs. 6, 26 und 27 zusätzlich eine Kombination mit nicht verkehrsbezogenen Risiken. In den §§ 24 Abs. 1 bis 5, 25 und 28 ist dagegen die Interessenwahrnehmung im Zusammenhang mit dem motorisierten Verkehr generell vom Versicherungsschutz ausgenommen. Bedingungstechnisch werden diese verschiedenen Deckungsbereiche jeweils durch die Verwendung des Begriffs „**Fahrzeug**" voneinander abgegrenzt, z.B. einerseits in §§ 21 Abs. 1, 22 Abs. 1, 23 Abs. 1, andererseits in §§ 24 Abs. 5 a und 25 Abs. 4 a. § 21 Abs. 3 (gleichlautend: §§ 22 Abs. 2, 23 Abs. 2, 24 Abs. 7, 26 Abs. 2 [Fassung 1988: Abs. 4] und 27 Abs. 2) legt mit Hilfe einer Fiktion fest, daß unter „Fahrzeug" im Sinn der ARB nicht jede Art von Fahrzeug, sondern nur ein Motorfahrzeug zu verstehen ist. 40

§ 21 ARB 75   41–43   2. Teil. Besondere Bestimmungen

41   Entscheidend für die Risikoabgrenzung ist somit, ob es sich um ein motorgetriebenes Fahrzeug handelt. Ein **Motor** ist eine Maschine, die eine beliebige Energieart, z.b. Wärme oder elektrische Energie, in mechanische Bewegungsenergie bei meist drehender Bewegung umwandelt (*Brockhaus* Stichwort „Motor"). Im Verkehrsbereich am gebräuchlichsten sind Verbrennungs-(Diesel- und Otto-)Motoren, in gewissem Umfang auch Elektromotoren. Gleichgültig ist, ob die Energie im Fahrzeug selbst erzeugt oder ihm von außen, z.b. durch eine elektrische Oberleitung, zugeführt wird. Fahrzeuge, die nur durch Menschen-, Tier- oder Naturkräfte, z.b. Wasser, Wind oder das eigene Schwergewicht bewegt werden, sind nach dem Sprachgebrauch auch dann keine Motorfahrzeuge, wenn die Kraft – z.b. der Wind – eine im Fahrzeug befindliche mechanische Vorrichtung in drehende Bewegung versetzt und diese Bewegung dann auf die Räder des Fahrzeugs übertragen wird (ähnlich *Böhme* § 21 Rdnr. 9). Die Eigenschaft als Motorfahrzeug hängt nicht vom Verwendungszweck des Fahrzeugs ab. Motorfahrzeuge können der Beförderung von Personen oder Gütern, der Leistung von Arbeit beliebiger Art (z.B. mobile Erd-Arbeitsmaschinen, Kranwagen, Straßenbaumaschinen) oder auch sonstigen Zwecken (z.B. Ausstellungs-, Meß- und Werkstattwagen) dienen. Wegen nicht zulassungspflichtiger Motorfahrzeuge vgl. oben Rdnr. 6 und § 24 Rdnr. 52. Ist ein Fahrzeug seiner Art nach nicht dazu bestimmt, durch einen Motor angetrieben zu werden, wird es nicht dadurch zu einem Motorfahrzeug, daß zu seiner Fortbewegung in Not- oder Ausnahmefällen ein Hilfsmotor verwendet wird wie z.b. bei einem Segelflugzeug oder Segelboot mit Hilfsmotor. Ein Fahrrad mit Hilfsmotor ist dagegen ein Motorfahrzeug (vgl. unten Rdnr. 43).

42   1. **Motorfahrzeuge zu Lande** sind in erster Linie alle Kraftfahrzeuge im Sinne des Straßenverkehrsrechts, d.h. Landfahrzeuge, die durch Maschinenkraft bewegt werden, ohne an Bahngleise gebunden zu sein (§ 1 Abs. 2 StVG, § 4 Abs. 1 StVZO). Nicht begriffsnotwendig ist die Fortbewegung auf Rädern, vielmehr zählen auch Motorschlitten, Raupenfahrzeuge und Straßenwalzen hierzu (*Jagusch/Hentschel* StVG § 1 Rdnr. 2). Da die ARB nicht den für das Straßenverkehrsrecht geltenden Begriff „Kraftfahrzeug", sondern den weitergehenden Begriff „Motorfahrzeug" verwenden, können jedoch im Gegensatz zum Straßenverkehrsrecht hierunter auch schienengebundene Fahrzeuge wie Eisen- und Straßenbahnen verstanden werden, da auch sie durch Motorkraft angetrieben werden (ebenso *Böhme* § 21 Rdnr. 10).

43   Nicht entscheidend ist die Größe der Motorleistung. Auch ein Motor mit nur geringer Leistung macht ein Fahrzeug zum Motorfahrzeug, wenn er nur dazu geeignet und bestimmt ist, das Fahrzeug im Regelfall anzutreiben. So sind beispielsweise **Kleinkrafträder** und als deren Unterarten Fahrräder mit Hilfsmotor, Mofas, Mopeds und Mokicks Motorfahrzeuge, soweit sie im Regelfall und nicht nur im Not- oder Ausnahmefall durch einen Motor angetrieben werden (vgl. § 18 Abs. 2 Nr. 4 StVZO; *Jagusch/Hentschel* § 18 StVZO Rdnrn. 1 und 20).

2. **Motorfahrzeuge zu Wasser** sind motorgetriebene Schiffe und Boote 44
aller Art. Unter Schiff versteht man jedes schwimmfähige, mit Hohlraum
versehene Fahrzeug, dessen Zweckbestimmung es mit sich bringt, daß es
sich auf oder unter dem Wasser bewegt (BGH NJW 52, 1135; *Palandt/
Bassenge* § 929a Rdnr. 1). Nicht notwendig ist, daß es sich um ein Schiff von
„nicht ganz unbedeutender" Größe im Sinn des Binnenschiffahrtsrechts
handelt (vgl. hierzu BGH NJW 72, 538; VerBAV 77, 165). Auch kleinere
Schiffe und Boote sind Motorfahrzeuge zu Wasser, sofern sie bestimmungs-
gemäß von einem – in der Regel eingebauten – Motor angetrieben werden,
der nicht nur, wie z.b. bei einem Segelboot mit Hilfsmotor, in Ausnahmefällen benötigt wird. Welchem Zweck das Wasserfahrzeug dient, ist unerheblich. Es kann zur Personen- oder Güterbeförderung oder auch zur Leistung von Arbeit beliebiger Art bestimmt sein. Daher können beispielsweise
auch motorgetriebene mobile Schwimmbagger und Schiffskräne Wasserfahrzeuge im Sinn des Abs. 3 sein. Nicht hierzu zählen dagegen schwimmende Badeanstalten und Gaststätten, Wohnboote sowie Schiffsbrücken, da
sie im Regelfall nicht zum Fahren auf dem Wasser bestimmt sind.

3. **Motorfahrzeuge in der Luft** sind motorgetriebene Flugzeuge aller Art, 45
Drehflügler (Hubschrauber), Luftschiffe, Raumfahrzeuge und ähnliche
Flugkörper (vgl. § 1 Abs. 2 Luftverkehrsgesetz). Motorsegler sind den Motorfahrzeugen zuzurechnen, da ihr Motor überwiegend als Antriebsquelle
dient (öOGH VersR 86, 276 für die Unfallversicherung). Keine Motorfahrzeuge sind dagegen Segelflugzeuge, Freiballone und Hängegleiter (Drachen-
flieger) mit Hilfsmotor, der nur in Not- oder Ausnahmefällen oder zur Erreichung einer bestimmten Flughöhe benötigt wird.

4. Als Fahrzeuge im Sinn der ARB gelten auch **Anhänger**. Dies sind ins- 46
besondere Fahrzeuge ohne eigenen Antriebsmotor, die ihrer Zweckbestimmung nach hinter Land- oder Wasserfahrzeugen mitgeführt werden mit
Ausnahme von abgeschleppten betriebsunfähigen Fahrzeugen und Abschleppachsen (§ 18 Abs. 1 StVZO). Unerheblich ist, ob der Anhänger zur
Beförderung von Gütern oder Personen oder zu sonstigen Zwecken verwendet wird. Hierunter fallen z.B. Gepäckanhänger, Auflieger, Wohnan-
hänger, Omnibusanhänger, Sattelanhänger und Nachlaufachsen zur Lang-
holzbeförderung (*Jagusch/Hentschel* § 18 StVZO Rdnr. 8; § 32 a Rdnr. 1).
Hinter Kraftfahrzeugen mitgeführte Arbeitsmaschinen und landwirtschaftliche Arbeitsgeräte können in einem Vertrag nach § 24 oder § 27 mitversichert sein (§ 24 Rdnr. 52; § 27 Rdnr. 18).

Ob ein **Anhänger im verbundenen Zustand** mit einem versicherten 47
Motorfahrzeug grundsätzlich vom Versicherungsschutz für das ziehende
Fahrzeug mitumfaßt wird, wird unterschiedlich beurteilt. *Böhme* (§ 21
Rdnr. 14) bejaht dies, vermutlich im Hinblick auf die Regelung des § 10 a
AKB, wonach die Haftpflichtversicherung des ziehenden Kraftfahrzeugs
auch Schäden umfaßt, die durch einen verbundenen oder während des Ge-
brauchs sich lösenden und noch in Bewegung befindlichen Anhänger ausgehen. Dem liegt der Gedanke zugrunde, daß von einem in Bewegung befindlichen Anhänger häufig keine gegenüber dem ziehenden Fahrzeug selbstän-

dige oder eindeutig abgrenzbare Gefahr ausgeht und beide Fahrzeuge verkehrstechnisch und haftungsrechtlich eine Betriebseinheit bilden (BGH VersR 78, 1070). Die Interessenlage in der RSVersicherung ist jedoch allenfalls teilweise vergleichbar. Hier geht es in erster Linie um das zivil- und strafrechtliche Rechtskostenrisiko, das sich aus Anhänger-Eigentum und - Nutzung entwickeln kann. Man wird daher den Rechtsgedanken des § 10a AKB allenfalls für die Fälle auf die RSVersicherung übertragen können, in denen der Gebrauch des ziehenden Fahrzeugs das aus dem Mitgebrauch des Anhängers entstehende Kostenrisiko wesentlich mitbeeinflußt, sozusagen mitbeherrscht hat.

48 **Beispiele:** Wird das nach § 21 versicherte ziehende Kraftfahrzeug in einen Unfall verwickelt, bei dem auch der nicht versicherte Anhänger beschädigt wird, dann hat der VN keinen Versicherungsschutz für die Geltendmachung des Anhängerschadens nach Abs. 4 a, da das Risiko der Beschädigung des Anhängers selbständig neben dem Risiko der Beschädigung des Zugfahrzeugs besteht. Befährt der VN eine für Wohnwagenanhänger gesperrte Straße und wird hierwegen gegen ihn ein bußgeldrechtlicher Vorwurf erhoben, dann tritt der Versicherungsfall nach § 14 Abs. 2 nur deshalb ein, weil der VN einen Anhänger mitführt. Ohne Anhänger könnte das Rechtskostenrisiko einer Verteidigung im Sinn des Abs. 4 c gar nicht entstehen. Auch hier erscheint es daher sachgerecht, Versicherungsschutz nur bei Mitversicherung des Anhängers zu bejahen. Anders kann es liegen, wenn sich etwa wegen überhöhter Geschwindigkeit des VN der Anhänger vom Zugfahrzeug löst und in gelöstem Zustand einen Personenschaden verursacht. Wird hier dem VN fahrlässige Körperverletzung oder Tötung vorgeworfen, dann ist dies eine Folge der primär vom Zugfahrzeug ausgehenden und erst von diesem auf den Anhänger übertragenen Gefahr. Betrifft der Versicherungsfall einen stehenden, vom ziehenden Fahrzeug gelösten Anhänger, indem dieser z.B. beschädigt oder vorschriftswidrig geparkt wird, dann besteht ohnehin kein innerer Zusammenhang mehr mit dem ziehenden Fahrzeug. In diesem Fall erstreckt sich der für das ziehende Kraftfahrzeug bestehende Versicherungsschutz nicht auf den Anhänger. Versicherungsschutz für die Geltendmachung des Anhängerschadens oder für die Verteidigung gegen den Vorwurf des Falschparkens besteht dann nur bei gesonderter Versicherung des Anhängers. Gleiches hat für den Fall zu gelten, daß es zu einer unter Abs. 4b fallenden Auseinandersetzung aus einem Reparaturvertrag über einen beschädigten Anhänger kommt, und zwar auch dann, wenn er wegen einer Beschädigung repariert wurde, die er in verbundenem Zustand mit dem ziehenden Fahrzeug erlitten hat. Denn hier ist kein unmittelbarer sachlicher Zusammenhang mit der Beschädigung des ziehenden Fahrzeugs mehr gegeben und der Versicherungsfall, der die Interessenwahrnehmung aus dem Reparaturvertrag ausgelöst hat, ist auch nicht mehr das Schadenereignis im Sinn des § 14 Abs. 1, sondern der – beispielsweise in einer Schlechtleistung der Reparaturwerkstätte liegende – Rechtsverstoß im Sinn des § 14 Abs. 3.

V. Leistungsarten (Abs. 4)
(entspricht § 21 Abs. 4 ARB 94)

Abs. 4 grenzt die **Rechtsbereiche** ab, innerhalb deren die Interessenwahrnehmung des VN und der mitversicherten Personen speziell in einer der in Abs. 1 aufgeführten Eigenschaft unter Versicherungsschutz steht. Notwendig ist jeweils, daß zwischen dem Versicherungsfall, der die Interessenwahrnehmung auf dem versicherten Rechtsgebiet auslöst (§ 14), und der versicherten Eigenschaft ein innerer sachlicher Zusammenhang besteht, daß also der Versicherungsfall den VN (oder die mitversicherte Person) gerade in einer der versicherten Eigenschaften betroffen hat (oben Rdnr. 10). 49

1. Was im Sinn des Abs. 4 a unter **Geltendmachung von Schadenersatzansprüchen** aufgrund gesetzlicher Haftpflichtbestimmungen im Rahmen des § 14 Abs. 1 zu verstehen ist, ist in Vorbem. zu § 21 Rdnrn. 31 ff. im einzelnen erläutert. Versicherungsschutz besteht, soweit der VN Schadenersatzansprüche speziell in einer der vier in Abs. 1 Satz 1 genannten Eigenschaften oder soweit eine mitversicherte Person solche Ansprüche speziell in einer der beiden in Abs. 1 Satz 2 genannten Eigenschaften aufgrund eines während der Vertragsdauer eingetretenen Schadenereignisses im Sinn des § 14 Abs. 1 gegen den Schädiger geltend macht, wobei es keine Rolle spielt, ob es sich nur um den unmittelbaren Sach- oder Personenschaden (z.B. Reparaturkosten oder Heilungskosten) oder um einen mittelbaren adäquaten Folgeschaden (z.B. Verdienstausfall, vgl. unten Rdnr. 54) handelt. 50

a) In seiner Eigenschaft als **Eigentümer** eines auf ihn zugelassenen Motorfahrzeugs ist der VN immer dann betroffen, wenn ein Schadenereignis im Sinn des § 14 Abs. 1 sein Fahrzeugeigentum in irgendeiner Weise beeinträchtigt hat. Hierunter fällt die Geltendmachung von Ersatzansprüchen gegen den Schädiger wegen Beschädigung, Zerstörung, Entziehung oder sonstiger Beeinträchtigung der Gebrauchsmöglichkeit des Fahrzeugs, des Fahrzeugzubehörs und sonstiger Gegenstände mit funktioneller Beziehung zum Fahrzeug. Gedeckt sind hierbei alle Ansprüche, die auf Ersatz des eigentlichen Sachschadens sowie des Sachfolgeschadens gerichtet sind, soweit er durch das Schadenereignis unmittelbar oder mittelbar adäquat verursacht ist (*Palandt/Heinrichs* vor § 249 Rdnr. 15), z.B. Ersatz der Reparaturkosten oder – bei Totalschaden – des Fahrzeugwertes, der technischen und merkantilen Wertminderung, der während der Ausfallzeit aufgewendeten Mietwagenkosten oder – bei Nichtanmietung eines Ersatzfahrzeugs – des Nutzungsentgangs (Entzug der Gebrauchsvorteile im Sinn des § 100 BGB), etwaiger zur Schadenbeseitigung aufgewendeter notwendiger Finanzierungskosten sowie zur Durchsetzung des Ersatzanspruchs aufgewendeter außergerichtlicher Rechtsverfolgungskosten (vgl. im einzelnen *Palandt/Heinrichs* vor § 249 Rdnrn. 19 ff.; § 249 Rdnrn. 6 ff., 12 ff., 18 ff.; § 251 Rdnrn. 12 ff.; *Geigel* 4. Kap. Rdnrn. 51 ff.). 51

aa) Mitgedeckt sind Ersatzansprüche wegen der Beeinträchtigung von **Fahrzeugzubehör**, d.h. von Sachen, die ohne Bestandteil des Fahrzeugs zu 52 sein, dem wirtschaftlichen Zweck des Fahrzeugs zu dienen bestimmt sind (§ 97 BGB), auch wenn sich dieses Zubehör vorübergehend außerhalb des Fahrzeugs befindet. Ersatzansprüche, die sich auf kaskoversicherbare Gegenstände beziehen, die in der zu § 12 Abs. 1 AKB erstellten „Teile-Liste" aufgeführt sind (abgedruckt bei *Prölss/Martin/Knappmann* § 12 AKB Anm. 1 b; *Stiefel/Hofmann* § 12 Rdnr. 11), wird der VN in aller Regel in seiner Eigenschaft als Fahrzeugeigentümer geltend machen. Besitzt der VN je eine Garnitur Sommer- und Winterreifen, dann ist auch eine Interessenwahrnehmung wegen Beschädigung oder Entziehung der gerade nicht benutzten Reifengarnitur gedeckt (ähnlich für die Kaskoversicherung *Stiefel/ Hofmann* § 12 Rdnr. 12). Ersatzansprüche wegen Beeinträchtigung solcher Gegenstände, die nicht Fahrzeugzubehör sind, jedoch typischerweise und üblicherweise von einer Vielzahl von Kraftfahrern ständig oder häufig bei Fahrten mit einem Kraftfahrzeug mitgeführt werden und zu diesem in einer funktionellen Beziehung stehen, sind ebenfalls als mitgedeckt anzusehen. Neben einer der jeweiligen Jahreszeit angepaßten Fahrerkleidung sind dies insbesondere die in der oben erwähnten „Teile-Liste" beispielhaft als nicht kaskoversicherbar bezeichneten Gegenstände wie Auto-Atlas, Autodecke oder Reiseplaid oder Edelpelz-Sitzbezug, Autokarten, Autokompaß, Autokassetten, Auto-Ersatzteile, Faltgarage, Auto-Fotoausrüstung, Auto-Fußsack, Auto-Heizung, Auto-Kühltasche, Maskottchen, Auto-Rasierapparat, Auto-Staubsauger und Tonbänder für Autobetrieb, schließlich sonstige Gegenstände des persönlichen Bedarfs, die üblicherweise bei Fahrten mit einem Motorfahrzeug privat oder beruflich mitgeführt werden (Rechtsgedanke des § 22 Abs. 1 AKB a. F. für die frühere Kraftfahrt-Reisegepäckversicherung; vgl. *Stiefel/Hofmann,* 12. Aufl., § 22 Rdnrn. 1, 2).

53 bb) Ersatzansprüche wegen Beeinträchtigung anderer Gegenstände, für die das Motorfahrzeug lediglich einmaliges oder gelegentliches Transportmittel ist, ohne daß diese Gegenstände üblicherweise bei Fahrten mitgeführt werden oder eine funktionelle Beziehung zum Gebrauch des Fahrzeugs haben, erwachsen dagegen dem VN nicht in seiner Eigenschaft als Fahrzeugeigentümer. Dies gilt insbesondere für gewerblich transportierte Güter des VN, aber auch für die **Ladung** nicht gewerblich genutzter Motorfahrzeuge. *J. Vassel* (DB Beilage 8/70 S. 23, 24) meint zwar, Kostenschutz sei bei Schädigung der dem VN gehörenden Ladung zu gewähren, wenn sie durch den „Gebrauch" des versicherten Motorfahrzeugs verursacht sei. Damit wird jedoch ohne sachliche Notwendigkeit ein Kriterium der Kraftfahrzeug-Haftpflichtversicherung auf die RSVersicherung übertragen. Wenn § 10 AKB die Schädigung von Sachen Dritter dann unter Versicherungsschutz stellt, wenn sie „durch den Gebrauch" des haftpflichtversicherten Fahrzeugs verursacht ist, dann ist dies eine folgerichtige Konsequenz aus der Funktion der Haftpflichtversicherung. Wenn sich dagegen jemand speziell (nur) in seiner Eigenschaft als Fahrzeugeigentümer RS-versichert, will er damit Rechtskostenrisiken abdecken, die gerade mit seinem Eigentum am Fahrzeug im sachlichen Zusammenhang stehen. Er kann dann nicht erwarten, daß die Risikogemeinschaft auch für die Durchsetzung von Ersatzansprüchen wegen solcher Schäden aufkommt, die mit dem Fahrzeugeigentum nur in einem lo-

sen äußeren, nicht dagegen in einem inneren, typischen Funktionszusammenhang stehen. Insbesondere bei Beschädigung oder Zerstörung einer wertvollen Ladung würde damit die Versichertengemeinschaft mit Rechtskosten belastet, für die der dem § 21 zugrundeliegende Beitrag nicht kalkuliert ist. Ersatzansprüche wegen Beeinträchtigung der ihm gehörenden Ladung kann der gewerblich tätige VN über § 24 und der Privat-VN über §§ 25 oder 26 abdecken. Eine interessengerechte Auslegung ergibt daher, daß Ersatzansprüche wegen Beeinträchtigung der Ladung eines Motorfahrzeugs (mit Ausnahme der oben in Rdnr. 52 erwähnten Gegenstände) nicht über § 21 gedeckt sind. Dies gilt beispielsweise auch für eine wertvolle Foto- oder Filmausrüstung oder sonstige, z.b. auf einer Reise mitgeführte wertvolle Gegenstände, die normalerweise nicht ständig im Fahrzeug mitgeführt werden.

cc) Ein Sonderfall des mittelbaren Folgeschadens einer Eigentumsbeeinträchtigung ist der **Verdienstausfall** oder der Entgang sonstiger Vorteile, der durch den Ausfall eines beschädigten oder zerstörten Fahrzeugs eintreten kann, solange kein geeignetes Ersatzfahrzeug zur Verfügung steht. Ein solcher Verdienstentgang beruht auf der während der unfallbedingten Ausfallzeit bestehenden objektiven Unmöglichkeit, das Fahrzeug seiner Bestimmung entsprechend zum Zweck der Gewinnerzielung, z.b. zur Personen- oder Güterbeförderung, zu nutzen, und ist daher ein der Ersatzpflicht des Schädigers unterliegender, adäquat verursachter mittelbarer Folgeschaden (BGH NJW 79, 2244 = VersR 79, 936), den der VN durch Beeinträchtigung seines Fahrzeugeigentums und damit speziell in seiner Eigenschaft als Fahrzeugeigentümer (Abs. 1 Satz 1) erlitten hat. Ein nur nach § 24 Abs. 1 bis 5 versicherter gewerblich tätiger VN hätte für die Geltendmachung eines solchen Ersatzanspruchs wegen des mit der primären Risikobegrenzung des § 21 Abs. 1 Satz 1 korrespondierenden Risikoausschlusses in § 24 Abs. 5 a (vgl. § 24 Rdnr. 70) keinen Versicherungsschutz.

In Fällen dieser Art ist es übrigens **nicht notwendig, daß die Substanz des Fahrzeugs durch das Schadenereignis beeinträchtigt ist**. An die Stelle der früher üblichen körperlichen Betrachtungsweise ist heute eine mehr funktionelle getreten. Danach genügt eine Aufhebung oder Minderung der Gebrauchsfähigkeit des Fahrzeugs ohne Substanzverletzung, um eine Eigentumsverletzung zu bejahen (BGH NJW 71, 886 = VersR 71, 418; VersR 76, 629; NJW 79, 2406 = VersR 79, 856, 858 unter Ziff. II 3 a; *Palandt/Thomas* § 823 Rdnr. 8). Beispiel: Der VN ist Inhaber einer Großbäckerei und beliefert jeden Morgen mit einem Lieferwagen eine Filiale, in deren unmittelbarer Nähe eine Schule und ein Großbetrieb liegen und bei der die Schüler vor Schulbeginn und die Mitarbeiter des Betriebs vor Arbeitsbeginn Frühstückssemmeln einkaufen. Eines Morgens ist die Grundstücksausfahrt der Bäckerei durch ein vorschriftswidrig parkendes Kraftfahrzeug derart verstellt, daß der Lieferwagen nicht rechtzeitig die Filiale beliefern kann und daher die sonst übliche Menge von Frühstückssemmeln bei weitem nicht abgesetzt werden kann. Das in der Verhinderung der freien Ausfahrt liegende Schadenereignis im Sinn des § 14 Abs. 1 hat hier den VN in gleicher Weise in seiner Eigenschaft als Eigentümer des Lieferwagens betroffen, wie wenn dieser von einem anderen Kraftfahrzeug angefahren, beschädigt und hierdurch an der Weiterfahrt gehindert worden wäre. Für die Geltendmachung des Ersatzanspruchs wegen seines Verdienstschadens als mittelbaren Folgeschadens aus der Gebrauchsbeeinträchtigung des Fahrzeugs hat der VN nach § 21 Abs. 4a (oder § 22 Abs. 3a), wegen § 24 Abs. 5a aber nicht nach § 24 Abs. 2a Versicherungsschutz.

56 b) In seiner Eigenschaft als **Halter** (zum Begriff vgl. oben Rdnr. 14) eines auf ihn zugelassenen Motorfahrzeugs ist der VN, der nicht gleichzeitig Eigentümer ist, dann betroffen, wenn sein mit der Fahrzeughaltung verbundener Besitz am Fahrzeug und damit dessen Gebrauchsfähigkeit – in ähnlicher Weise wie beim Eigentümer – durch Beschädigung, Zerstörung, Entziehung oder sonstige Beeinträchtigung der Gebrauchsmöglichkeit gestört ist. Der Halter als solcher hat in erster Linie einen Anspruch auf Ersatz des Nutzungsschadens, d.h. des Sachfolgeschadens (BGH VersR 76, 943; 81, 161 = NJW 81, 750; *Dörner* VersR 78, 884), den er beispielsweise durch Anmietung eines Ersatzfahrzeugs ausgleichen muß oder den er in Form von Verdienstausfall erleidet (vgl. oben Rdnr. 54). Häufig kann jedoch der Halter, der nicht Eigentümer ist, auch den Substanzschaden geltend machen, und zwar meist dann, wenn er wirtschaftlich mehr oder weniger Eigentümerstellung hat und insbesondere die Gefahr der Beschädigung oder der Zerstörung des Fahrzeugs selbst trägt (Schadensliquidation im Drittinteresse, *Palandt/Heinrichs* vor § 249 Rdnrn. 112ff.). Dies ist oft der Fall bei Leasingnehmern (vgl. hierzu *Dörner* VersR 78, 884; *Palandt/Putzo* vor § 535 Rdnrn. 27ff.), Vorbehaltskäufern (§ 455 BGB) und Haltern, die das Fahrzeug als Sicherungsgeber kredithalber an einen Sicherungsnehmer sicherungsübereignet haben (vgl. hierzu *Palandt/Bassenge* § 930 Rdnrn. 11ff.). Soweit in solchen Fällen das Fahrzeug auf den VN zugelassen ist und er wegen der Substanzverletzung aufgrund des Rechtsverhältnisses mit dem formellen Eigentümer vom Schädiger Ersatzleistung – an sich selbst oder an den Eigentümer – verlangen kann, ist der Risikoausschluß des § 4 Abs. 2c als abbedungen anzusehen (ähnlich *J. Vassel* DB Beilage 8/70 S. 23, 24). Denn die Gefahr eines kollusiven Zusammenwirkens des VN mit einem Dritten, dem die Ausschlußbestimmung vorbeugen will (vgl. § 4 Rdnr. 174), scheidet bei ernstlich gemeinten Leasingverträgen, Vorbehaltskäufen und Sicherungsübereignungen in der Regel schon aufgrund der objektiven Sach- und Rechtslage und der wirtschaftlichen Gegebenheiten aus (vgl. auch § 4 Rdnr. 159).

57 c) Für die **Insassen** eines auf den VN zugelassenen Motorfahrzeugs – sei es der VN selbst oder eine andere Person (Abs. 1) – besteht Versicherungsschutz für die Geltendmachung von Schadenersatzansprüchen, wenn der Betreffende speziell in der Eigenschaft als Insasse von einem Schadenereignis im Sinn des § 14 Abs. 1 betroffen worden ist (zum Insassenbegriff vgl. oben Rdnr. 16). Infrage kommen hier Ersatzansprüche wegen des gesamten unmittelbar und mittelbar verursachten Schadens bei Körperverletzung, insbesondere Ansprüche auf Schmerzensgeld, Ersatz der Heilungskosten, des Verdienstausfalls als unselbständig oder selbständig Tätiger (keine Beschränkung auf unselbständige Tätigkeit wie in § 26 Abs. 1 Satz 4 [Fassung 1988:

Abs. 7 c]; vgl. § 26 Rdnr. 15), sowie auf Ersatz der beschädigten oder zerstörten Kleidung; bei Tötung außerdem Ersatz der Beerdigungskosten und des Unterhaltsschadens der – gemäß § 11 Abs. 1 und 3 mitversicherten – anspruchsberechtigten Angehörigen (vgl. § 11 Rdnrn. 15 und 25). Hatte der Insasse ihm gehörende Gegenstände mitgeführt, die keinen funktionellen Bezug zur Fahrt mit dem Motorfahrzeug haben und die auch üblicherweise nicht von Insassen mitgeführt werden, besteht für einen Ersatzanspruch wegen Beschädigung oder Zerstörung solcher Gegenstände kein Versicherungsschutz nach § 21, sondern nur über einen vom Insassen selbst abgeschlossenen Vertrag nach §§ 24 (soweit wegen selbständiger Berufstätigkeit mitgeführt), 25, 26 oder 27 (vgl. oben Rdnr. 53).

d) Wird der VN als **Fahrer** (zu diesem Begriff vgl. oben Rdnrn. 18 ff.) eines – eigenen oder fremden – Motorfahrzeugs oder der mitversicherte berechtigte Fahrer (Abs. 1 Satz 2) eines auf den VN zugelassenen Fahrzeugs von einem Schadenereignis im Sinn des § 14 Abs. 1 betroffen, gilt das oben in Rdnr. 57 zum Personenschaden eines Insassen Ausgeführte entsprechend. Gedeckt sind dann die Ersatzansprüche wegen Körperverletzung einschließlich eines etwaigen Verdienstausfalls oder wegen Tötung sowie wegen des Schadens an mitgeführten Gegenständen des Fahrers, soweit diese üblicherweise beim Fahren eines Motorfahrzeugs benötigt werden. War der Fahrer-VN oder der mitversicherte Fahrer zu Unrecht Strafverfolgungsmaßnahmen (z. B. Untersuchungshaft oder vorläufige Entziehung der Fahrerlaubnis) ausgesetzt und macht er daraufhin Ansprüche nach dem Gesetz über die Entschädigung für Strafverfolgungsmaßnahmen geltend, besteht hierfür bei interessegerechter Auslegung des Abs. 4 a entgegen AG Saarbrücken (VersR 78, 1111) Versicherungsschutz, da solche Ansprüche ihrer Funktion und ihrem Inhalt und Umfang nach echten Schadenersatzansprüchen gleichstehen (BGH NJW 77, 957; VersR 79, 179; vgl. Vorbem. vor § 21 Rdnr. 52). Zum Ersatzanspruch wegen Verdienstausfalls eines Fahrers bei Ausfall des von ihm geführten Fahrzeugs vgl. § 23 Rdnr. 4. **58**

2. Abs. 4 b enthält die Risikobeschreibung für den Fahrzeug-Vertrags-RS. Was unter Interessenwahrnehmung aus **schuldrechtlichen Verträgen** zu verstehen ist, ist im einzelnen in Vorbem. vor § 21 Rdnrn. 96 ff. erläutert. Versicherungsschutz besteht, soweit – bei Vorliegen der Zulassungsvoraussetzung (vgl. oben Rdnr. 4) – der VN oder eine mitversicherte Person rechtliche Interessen speziell in einer der in Abs. 1 genannten Eigenschaften wahrzunehmen hat. Hierbei wird allerdings die Möglichkeit, rechtliche Interessen aus schuldrechtlichen Verträgen speziell in der Eigenschaft als Fahrer oder Insasse wahrzunehmen, nicht einheitlich beurteilt (Näheres vgl. unten Rdnrn. 68 ff.). Voraussetzung für das Bestehen von Versicherungsschutz ist jeweils, daß der streitbefangene schuldrechtliche Vertrag in einem inneren sachlichen Bezug zur versicherten Eigenschaft des VN steht. **59**

Die Interessenwahrnehmung aus **dinglichen Rechten** (vgl. Vorbem. vor § 21 Rdnrn. 125 ff.) in einer der in Abs. 1 genannten Eigenschaften, insbesondere als Fahrzeugeigentümer, ist in Abs. 4 b nicht erwähnt. In den häufigen Fällen, in denen neben der dinglichen Rechtsbeziehung eine schuld- **60** rechtliche Vertragsbeziehung besteht, bietet die Deckungsfrage kein Problem. Der VN hat auch dann Versicherungsschutz, wenn beispielsweise der Verkäufer und Vorbehaltseigentümer gegen ihn nur den dinglichen Eigentumsherausgabeanspruch wegen Nichtzahlung des Kaufpreises erhebt, ohne gleichzeitig vertragliche Ansprüche geltend zu machen. Denn parallel zu diesem dinglichen Anspruch besteht meist ein vertraglicher Herausgabeanspruch, den der VN in der Regel auch mit vertraglichen Einwendungen, insbesondere mit einem schuldrechtlichen Recht zum Besitz, bekämpfen wird (vgl. Vorbem. vor § 21 Rdnr. 9). Nur in den seltenen Fällen, in denen neben dem dinglichen Anspruch kein schuldrechtlicher Vertragsanspruch und auch kein gesetzlicher Schadenersatzanspruch im Sinn des Abs. 4a (wie z.B. gegen den Dieb eines Fahrzeugs) geltend gemacht werden kann, ist daher die Frage aktuell, ob über den Wortlaut des Abs. 4b hinaus Versicherungsschutz für die Interessenwahrnehmung aus dinglichen Rechten am Fahrzeug besteht. Die kombinierten Vertragsformen der §§ 26, 27 bieten jeweils in ihrem Abs. 4 (Fassung 1988 des § 26: Abs. 5b) eine solche Deckung. Da sie einerseits in der nicht verkehrsbezogenen Vertragsart des § 25 durch dessen Abs. 4a ausgeschlossen ist, andererseits die §§ 26, 27 die Deckungsbereiche der §§ 21, 22 einerseits und des § 25 andererseits kombinieren (§ 26 Rdnr. 1), erscheint es interessegerecht, Abs. 4b erweiternd dahin auszulegen, daß die Wahrnehmung rechtlicher Interessen aus dinglichen Rechten auch dann gedeckt ist, wenn keine gleichgerichtete schuldrechtliche Beziehung parallel läuft (*Ruhle* ZfV 77, 411, 412; unentschieden *Böhme* § 21 Rdnr. 19). Dem Vorschlag *J. Vassels* (ZVersWiss 81, 269, 273), hierzu auch die Abwehr der Auflage zur Führung eines Fahrtenbuches nach § 31a StVZO zu rechnen, steht allerdings die dogmatische Schwierigkeit im Wege, daß sich diese Auflage an den Halter richtet, der mit dem dinglich berechtigten Eigentümer nicht identisch zu sein braucht (vgl. oben Rdnr. 14). Daher hat auch das AG Düsseldorf (ZfS 85, 211) mit einleuchtender Begründung Versicherungsschutz verneint.

61 a) In seiner Eigenschaft als **Fahrzeugeigentümer** nimmt der VN rechtliche Interessen aus schuldrechtlichen Verträgen wahr, wenn aufgrund eines Versicherungsfalls im Sinn des § 14 Abs. 3 eine Vertragsbeziehung streitig geworden ist, die üblicherweise mit dem Fahrzeugeigentum in sachlichem Zusammenhang steht. Hierbei kann es sich insbesondere handeln um den Erwerb des Eigentums, um seine Erhaltung, seine Nutzung, seine Belastung, um den Transport des Fahrzeugs, um seine Verwahrung oder um seine Veräußerung, und zwar z.B. durch Kauf mit oder ohne Finanzierung, durch Reparatur oder Wartung, durch Vermieten oder Verleasen, durch Verpfändung, durch Beförderung mittels Bahn oder Schiff, durch Abstellen in einer Garage oder durch Verkauf. Befördert der VN mit seinem Fahrzeug Personen oder Güter, dann ist dies – außer bei Gefälligkeitsfahrten – in der Regel ein auf die Beförderungsleistung gerichteter Werkvertrag (*Palandt/Thomas* vor § 631 Rdnr. 9), für den das Fahrzeug nur Mittel zum Zweck ist und bei dem nicht die Eigentümerstellung des VN, sondern seine gewerbliche Betätigung im Vordergrund steht. Versicherungsschutz für solche Verträge besteht daher nicht nach Abs. 4b, sondern allenfalls nach § 24 Abs. 3 Ziff. 1

(ähnlich *Böhme* § 21 Anm. 19d). Mitgedeckt ist die Interessenwahrnehmung aus Verträgen über Fahrzeugteile und Fahrzeugzubehör (vgl. oben Rdnr. 52).

Soweit Streitigkeiten aus **Versicherungsverträgen** eingeschlossen sind (vgl. § 4 Rdnrn. 77 ff.), deckt Abs. 4b insbesondere die Interessenwahrnehmung aus der Kraftfahrzeug-Haftpflichtversicherung nach §§ 10, 11 AKB, der Fahrzeugversicherung (Kaskoversicherung) nach §§ 12 bis 15 AKB, der Kraftfahrtunfallversicherung nach §§ 16 bis 23 AKB, der Verkehrs-Service-Versicherung, der Kraftfahrzeug-Reparaturkostenversicherung und der Pannenversicherung. Eine allgemeine Haftpflichtversicherung, allgemeine Unfallversicherung, allgemeine Reisegepäckversicherung, allgemeine Transportversicherung oder eine Reiserücktrittskostenversicherung schließt dagegen der VN in der Regel nicht speziell oder primär in seiner Eigenschaft als Fahrzeugeigentümer, sondern als Privatperson oder gewerblich Tätiger für die gesamte private oder gewerbliche Sphäre ab (*Matzen* VersR 80, 805; vgl. § 24 Rdnr. 51; § 25 Rdnr. 43). Erleidet er allerdings beispielsweise als Fahrer oder Insasse seines Fahrzeugs einen Unfall, dann besteht auch für eine Auseinandersetzung mit dem (allgemeinen) Unfallversicherer Versicherungsschutz, da er den streitauslösenden Unfall in einer durch Abs. 1 geschützten Eigenschaft erlitten hat (§ 4 Rdnr. 79; AG Weilheim VersR 96, 1364 = r + s 96, 64). Entsprechendes wird für einen Streit aus einer Risiko-Lebensversicherung zur Absicherung eines Kredits für einen Fahrzeugkauf bei Unfalltod des VN zu gelten haben.

Problematisch kann die Zuordnung eines zwecks Erwerbs eines Motorfahrzeugs geschlossenen Darlehens- oder sonstigen **Finanzierungsvertrags** zum Deckungsbereich des Abs. 4b werden. Hier kommt es jeweils auf die Umstände des Einzelfalles an, insbesondere auf den Grad der Zweckgebundenheit des Darlehens. Beschafft sich der VN das Darlehen von einer Stelle, die gewerblich Darlehen vergibt, insbesondere einer Bank oder Sparkasse, dann handelt es sich häufig um einen in den Bedingungen im voraus festgelegten, auf den zu finanzierenden Kauf bezogenen Darlehensvertrag, der mit dem „finanzierten Abzahlungskauf" zwar nicht rechtlich, aber wirtschaftlich eine Einheit bildet. Der VN ist zwar Kreditnehmer, soll aber den Kredit nicht auf eigenes Risiko zur beliebigen Verwendung erhalten. Vielmehr soll die Valuta ausschließlich dem Verkäufer als Zahlung des Kaufpreises zufließen (BGH NJW 78, 1427; *Palandt/Putzo* § 9 Verbraucherkreditgesetz Rdnrn. 1 ff.). In solchen Fällen ist der sachliche Zusammenhang des Finanzierungsvertrages mit der Eigenschaft als Fahrzeugeigentümer (oder Halter, vgl. unten Rdnr. 67) evident. Anders kann es liegen, wenn der VN sich das Darlehen nicht von einer gewerblichen Stelle, sondern von einer Privatperson, z.B. einem Verwandten oder Bekannten, beschafft hat. Kann hier der VN nicht darlegen, daß er das Darlehen absprachegemäß ausschließlich zur Beschaffung des versicherten Fahrzeugs zu verwenden hatte und daß insoweit seine Dispositionsfreiheit über den Geldbetrag vertraglich eingeschränkt war, dann sprechen die Umstände in der Regel dafür, daß er den Darlehensvertrag nicht speziell in seiner Eigenschaft als Fahrzeugeigentümer oder Halter, sondern primär als Privatmann abgeschlossen hat (vgl. § 25

Rdnr. 56). Ist die Finanzierung mit der Hingabe von Wertpapieren, insbesondere Wechseln, verknüpft, dann besteht Versicherungsschutz für einen Streit aus dem Wertpapier-Rechtsverhältnis, soweit der zugrundeliegende Vertrag – meist ein Kaufvertrag – in den Deckungsbereich des Abs. 4b fällt (vgl. Vorbem. vor § 21 Rdnr. 101). Nimmt der VN ein Darlehen nicht zum Zweck des Fahrzeugerwerbs, sondern aus anderen – beruflichen oder privaten – Gründen auf und soll sein Fahrzeug nur als Sicherheit für die Rückzahlung des Darlehens haften, dann nimmt er bei einem Streit aus dem Darlehensvertrag keine rechtlichen Interessen in seiner Eigenschaft als Fahrzeugeigentümer wahr.

64 Verlangt der VN von einem **Rechtsanwalt** Schadenersatz mit der Begründung, dieser habe einen im Anwaltsvertrag übernommenen Auftrag zur Durchsetzung von Schadenersatzansprüchen aus einem Verkehrsunfall mit Beteiligung des Fahrzeugs des VN mangelhaft bearbeitet, indem er beispielsweise die Schadenersatzforderung verjähren ließ, dann nimmt der VN hierbei rechtliche Interessen (auch) in seiner Eigenschaft als Fahrzeugeigentümer wahr (vgl. unten Rdnrn. 70, 72; a. A. *Böhme* § 21 Rdnr. 19).

65 Abgrenzungsschwierigkeiten können sich ergeben, wenn ein Streit aus einem vertraglichen Erwerbsvorgang entsteht, das **Fahrzeug** im Zeitpunkt des Versicherungsfalles aber (noch) **nicht auf** den **VN zugelassen** war. Beispiel: Der VN kauft ein gebrauchtes Kraftfahrzeug, das auch auf ihn zugelassen werden soll. Nach der Übergabe, jedoch vor der Zulassung, stellt er einen Mangel fest, aufgrund dessen er den Kaufvertrag rückgängig machen will. Der Versicherungsfall im Sinn des § 14 Abs. 3 liegt hier in der Übergabe eines – wirklich oder angeblich – mangelhaften Fahrzeugs durch den Verkäufer (§ 14 Rdnr. 46). Durch die Übergabe wurde der VN zwar Eigentümer des Fahrzeugs (§ 929 BGB). Da es jedoch in diesem Zeitpunkt nicht auf ihn zugelassen war, besteht nach dem eindeutigen Wortlaut des Abs. 1 Satz 1 kein Versicherungsschutz. Nach *Böhme* (§ 21 Rdnr. 17) soll in solchen Fällen § 22 Abs. 7 Ziff. 4 analog angewendet werden, wonach sich beim Fahrzeug-RS des § 22 der Vertrags-RS für das im Versicherungsschein bezeichnete Fahrzeug auch auf das dem Erwerb des Ersatzfahrzeugs zugrundeliegende Rechtsgeschäft erstreckt. Dieser Ansicht ist jedoch mit dem von *Böhme* ebenfalls zitierten OLG Karlsruhe (VersR 75, 248 für die insoweit gleichliegende Frage bei § 26, ebenso AG Wiesbaden ZfS 87, 242; ähnlich LG Aachen VersR 79, 663; vgl. § 26 Rdnr. 35) entgegenzuhalten, daß weder Wortlaut noch Inhalt des § 21 Abs. 1 und 4 Anlaß zu Zweifeln geben. Für den Versicherer ist zudem im Rahmen des § 21 – zumal bei Gebrauchtwagenkäufen – häufig nicht ohne weiteres ersichtlich, ob eine Zulassung auf den VN überhaupt ernsthaft beabsichtigt war, ob es sich also wirklich um einen Ersatzwagen oder zumindest ein zusätzliches Fahrzeug handelt, oder ob der VN nicht etwa, wie in dem vom OLG Karlsruhe entschiedenen Fall, das Fahrzeug alsbald – möglicherweise mit Gewinnabsicht – weiterverkaufen wollte. Eine analoge Anwendung des § 22 Abs. 7 Ziff. 4 rechtfertigt sich daher allenfalls dann, wenn der VN zweifelsfrei darlegen kann, daß das jetzt erworbene Fahrzeug an die Stelle des bisher versicherten treten soll (ebenso LG Köln r + s 93, 24; VersR 94, 805). Zu berücksichtigen ist immer, daß das

Merkmal der fehlenden Zulassung eine klare und objektive Risikoabgrenzung für alle Fälle ermöglicht, in denen der Versicherer erkennbar aus Gründen der Versicherungstechnik sowie einer sachgemäßen und rationellen, letztlich der Risikogemeinschaft zugute kommenden Betriebsgestaltung und Vertragsverwaltung unter bestimmten Umständen ohne Rücksicht auf Verschulden des VN nicht haften will (*Prölss/Martin* § 6 Anm. 3 A a).

Soweit der **VN** im Zeitpunkt des für den Versicherungsfall maßgeblichen Rechtsverstoßes im Sinn des § 14 Abs. 3 **noch nicht Fahrzeugeigentümer** (oder Halter) war, scheidet Versicherungsschutz nach § 21 auf jeden Fall aus, da es schon an der versicherten Eigenschaft fehlt (AG Vechta ZfS 80, 135). In solchen Fällen kann allerdings Versicherungsschutz nach §§ 24 Abs. 3, 25 Abs. 3 (oder §§ 26 Abs. 4 [Fassung 1988: Abs. 5b], 27 Abs. 4) bestehen, da der Ausschluß der §§ 24 Abs. 5a, 25 Abs. 4a eine bei Eintritt des Versicherungsfalls bereits bestehende Rechtsstellung des VN als Fahrzeugeigentümer oder Halter voraussetzt (§ 24 Rdnr. 76; § 26 Rdnr. 35). **66**

Ist der **VN** im Zeitpunkt des Versicherungsfalles **nicht mehr Eigentümer**, zahlt z. B. der Käufer nach der Übergabe (§ 929 BGB) des nicht unter Eigentumsvorbehalt des VN stehenden Fahrzeugs den Kaufpreis nicht bei Fälligkeit (§ 14 Rdnr. 46), wird man nach dem Zweck des Abs. 4b Versicherungsschutz noch bejahen können, da der VN den Vertrag speziell in seiner Eigenschaft als Eigentümer geschlossen und seine Vertragspflicht – Übertragung seines Eigentums – bereits erfüllt hatte, während der Käufer gegen die hiermit synallagmatisch verknüpfte Pflicht zur Kaufpreiszahlung verstoßen hat. **66a**

b) In seiner Eigenschaft als **Fahrzeughalter** (zu diesem Begriff vgl. oben Rdnr. 14) nimmt der VN rechtliche Interessen aus schuldrechtlichen Verträgen wahr, wenn eine Vertragsbeziehung streitig geworden ist, die üblicherweise mit der Haltereigenschaft im sachlichen Zusammenhang steht. Die hierbei möglichen Arten schuldrechtlicher Verträge decken sich weitgehend mit solchen Verträgen, die auch ein Fahrzeugeigentümer üblicherweise schließt, und betreffen vor allem die mit dem Halter-Besitz zusammenhängende Fahrzeugnutzung in jeder Form. Die für den VN als Eigentümer maßgeblichen Grundsätze (vgl. oben Rdnrn. 61 ff.) gelten für den Halter entsprechend. **67**

c) Ob jemand in seiner Eigenschaft als **Fahrer** rechtliche Interessen aus schuldrechtlichen Verträgen wahrnehmen kann, wird nicht einheitlich beurteilt. Die Frage wird insbesondere dann aktuell, wenn der ein Fremdfahrzeug fahrende VN oder der berechtigte Fahrer eines Fahrzeugs des VN wegen dessen Ausfalls ein Ersatzfahrzeug anmietet oder eine Reparatur am gefahrenen Fahrzeug durchführen läßt und sich aus dem Miet- oder Reparaturvertrag Streit ergibt. Zunächst fällt auf, daß ein solcher Fall durch den „reinen" Fahrer-RS des § 23, der dem VN lediglich in seiner Eigenschaft als Fahrer fremder Fahrzeuge Versicherungsschutz bietet, nicht gedeckt wäre, da § 23 keinen Versicherungsschutz für die Interessenwahrnehmung des VN aus schuldrechtlichen Verträgen vorsieht. Auch im Fahrzeug-Vertrags-RS des § 26 Abs. 3b (Fassung 1988: Abs. 6) und § 27 Abs. 3b ist die Fahrer- **68**

§ 21 ARB 75   2. Teil. Besondere Bestimmungen

Eigenschaft nicht erwähnt. Dies erscheint an sich folgerichtig. Die Eigenschaft als Fahrer besteht nämlich ihrer Natur nach nicht – wie beispielsweise die des Eigentümers oder Halters – kontinuierlich über einen gewissen längeren Zeitraum hinweg, sondern ist unmittelbar mit dem Fahrtverlauf verbunden. Sie beginnt erst mit dem Antritt der Fahrt, wird mit Fahrtunterbrechung ebenfalls unterbrochen und endet automatisch mit dem Ende der Fahrt (vgl. oben Rdnr. 19). Wenn der Fahrer, z.B. wegen Ausfalls des bisher gefahrenen Fahrzeugs, ein Ersatzfahrzeug anmietet, ist er im Zeitpunkt der Anmietung nicht mehr Fahrer, sondern will nur seine unterbrochene Fahrereigenschaft mittels eines Ersatzfahrzeugs erst neu begründen. Die Möglichkeit und Notwendigkeit, ein Ersatzfahrzeug anzumieten, ergibt sich für ihn also nicht aus seiner – gar nicht mehr bestehenden – spezifischen Eigenschaft als Fahrer, sondern aus der Tatsache des – gestörten – Besitzes am bisher gefahrenen Fahrzeug, der ihm vom Verfügungsberechtigten überlassen worden war. Die Eigenschaft als bloßer Besitzer (§ 854 BGB) ist jedoch keine versicherte Eigenschaft im Sinn des Abs. 1 (anders teilweise bei § 22, vgl. § 22 Rdnr. 8, sowie vice versa beim Risikoausschluß der §§ 24 Abs. 5a und 25 Abs. 4a, vgl. § 24 Rdnr. 69). Eine am Begriff der Eigenschaft als „Fahrer" orientierte Auslegung spricht somit eher gegen die Möglichkeit, rechtliche Interessen aus schuldrechtlichen Verträgen in eben dieser Eigenschaft wahrzunehmen.

69   Berücksichtigt man allerdings den Regelungszusammenhang mit weiteren Bestimmungen der ARB, dann erscheint demgegenüber eine **erweiternde Auslegung** angezeigt. Die Anmietung eines Motorfahrzeugs nach Ausfall des bisher gefahrenen oder auch die Erteilung eines Reparaturauftrags ist ein häufig vorkommendes Rechtsgeschäft des täglichen Lebens. Die Interessenwahrnehmung aus Miet- oder Reparaturverträgen dieser Art ist in den kombinierten Vertragsformen der §§ 26, 27 gedeckt, wobei in diesem Zusammenhang offen bleiben kann, ob sich die Deckung aus den jeweiligen Abs. 3b (Fassung 1988 des § 26: Abs. 6) oder Abs. 4 (Fassung 1988 des § 26: Abs. 5b) dieser beiden Bestimmungen herleiten läßt (vgl. hierzu § 26 Rdnr. 35). Da sich nun der Deckungsbereich dieser kombinierten Vertragsformen im wesentlichen aus den Deckungsbereichen der §§ 21, 22 einerseits und des § 25 andererseits zusammensetzt (§ 26 Rdnr. 1) und sich dem Wortlaut der kombinierten Vertragsformen nicht eindeutig entnehmen läßt, daß dort die Interessenwahrnehmung aus fahrerbezogenen schuldrechtlichen Verträgen ausgeschlossen sein soll, ergibt sich lediglich die Frage, ob diese Interessenwahrnehmung bei den nicht kombinierten Vertragsformen der §§ 21 bis 25 in den Deckungsbereich der rein verkehrsbezogenen oder aber der nicht verkehrsbezogenen Vertragsarten fällt. Nun ist in § 24 Abs. 5a und in § 25 Abs. 4a der Versicherungsschutz für die Interessenwahrnehmung des VN nicht nur in seiner Eigenschaft als Eigentümer, Halter und Fahrer, sondern auch als „Besitzer" von Fahrzeugen ausgeschlossen. Dies zeigt, daß die nicht verkehrsbezogenen §§ 24 und 25 jede in irgendeiner Weise aktive Beteiligung am motorisierten Verkehr von der Deckung ausschließen wollen. Der VN solcher Verträge hat im Bereich des motorisierten Verkehrs infolge dieses Ausschlusses nur Versicherungsschutz als (passiver) Insasse von

Motorfahrzeugen (§ 25 Rdnr. 46). Da die aktive Beteiligung am motorisierten Verkehr ersichtlich dem Deckungsbereich der §§ 21 bis 23 sowie 26 und 27 zugeordnet ist, erscheint es daher gerechtfertigt, über eine reine Wortinterpretation hinaus Deckung aus dem Fahrzeug-Vertrags-RS des Abs. 4 b dann zu bejahen, wenn ein schuldrechtlicher Vertrag, insbesondere ein Fahrzeug-Reparatur- oder Mietvertrag, in unmittelbarem Zusammenhang steht mit dem – z. b. durch Fahrzeugausfall gestörten – Besitzrecht des VN als Fahrer von Fremdfahrzeugen oder des berechtigten Fahrers eines auf den VN zugelassenen Fahrzeugs (a. A. AG München ZfS 87, 49). Zum Versicherungsschutz bei Anmietung eines Fahrzeugs ohne Zusammenhang mit einem vorausgegangenen Fahrzeugausfall, z. B. für eine Urlaubsreise, vgl. § 25 Rdnr. 55.

Darüber hinaus ist eine Interessenwahrnehmung aus schuldrechtlichen Verträgen in der Eigenschaft als Fahrer noch dann denkbar, wenn der Fahrer-VN oder der mitversicherte Fahrer im Sinn des Abs. 1 Satz 1 und 2 von einem Schadenereignis im Sinn des § 14 Abs. 1 oder einem straf- oder bußgeldrechtlichen Vorwurf im Sinn des § 14 Abs. 2 betroffen wurde und daraufhin einen Rechtsanwalt mit der Durchsetzung von Schadenersatzansprüchen oder mit seiner Verteidigung beauftragt und der **Rechtsanwalt** den Auftrag mangelhaft erfüllt hatte. Macht daraufhin der VN oder der Mitversicherte Schadenersatzansprüche wegen Schlechterfüllung der Anwaltsvertrags geltend, wird man dies noch seiner Eigenschaft als Fahrer zurechnen können (vgl. oben Rdnr. 64). 70

Schließlich kommt eine fahrerbezogene Interessenwahrnehmung aus einem schuldrechtlichen Vertrag noch dann in Frage, wenn der verletzte Fahrer als namentlich versicherte Person Versicherungsansprüche aus einem **Kraftfahrt-Unfallversicherungsvertrag** gemäß § 17 Nr. 3 AKB selbständig gegen den Kraftfahrtversicherer geltend macht. Voraussetzung hierfür ist selbstverständlich der Einschluß der Interessenwahrnehmung aus Versicherungsverträgen (vgl. oben Rdnr. 62 und § 4 Rdnrn. 77ff.). Macht dagegen der Fahrer gegen den VN des Kraftfahrt-Versicherungsvertrags als dort Mitversicherter einen Anspruch auf Auskehrung der Versicherungsleistung aus der Kraftfahrt-Unfallversicherung geltend, dann steht hierbei nicht die Fahrereigenschaft im Vordergrund, sondern die Rechtsstellung – z.B. als Arbeitnehmer des VN –, aufgrund deren der Fahrer den Auskehrungsanspruch erheben zu können glaubt (vgl. hierzu § 4 Rdnr. 76). 71

d) Die Interessenwahrnehmung aus schuldrechtlichen Verträgen in der Eigenschaft als Fahrzeug**insasse** ist, ähnlich wie beim Fahrer (vgl. oben Rdnrn. 70, 71), dann denkbar, wenn der Insasse einen selbständigen Versicherungsanspruch aus einem Kraftfahrt-Unfallversicherungsvertrag oder einen Schadenersatzanspruch wegen Schlechterfüllung des Anwaltsvertrags gegen einen Rechtsanwalt zu haben glaubt, den er mit der Durchsetzung von insassenbezogenen Schadenersatzansprüchen beauftragt hatte (vgl. oben Rdnr. 70). Da der Fahrzeuginsasse im übrigen im motorisierten Verkehr eine passive Rolle spielt, werden sonstige schuldrechtliche Verträge mit unmittelbarem Bezug zur Insasseneigenschaft kaum vorkommen. 72

73 3. a) Abs. 4c Satz 1 steckt den Deckungsrahmen des **verkehrsrechtlichen Straf-RS** ab. Was unter Verteidigung in Verfahren wegen des Vorwurfs einer Vorschrift des Straf- oder Ordnungswidrigkeitenrechts zu verstehen ist, ist in Vorbem. vor § 21 Rdnrn. 73 ff. im einzelnen erläutert. Wegen des Begriffs der „verkehrsrechtlichen" Vorschrift wird zunächst auf die Erläuterungen in § 4 Rdnrn. 200 ff. verwiesen, da dieser Begriff gleichermaßen für die Abgrenzung der unterschiedlichen Deckungsbereiche bei Straftaten im Verkehrsbereich einerseits und im Nichtverkehrsbereich andererseits (§ 4 Abs. 3a und b) entscheidend ist. Versicherungsschutz besteht, soweit dem VN speziell in einer der in Abs. 1 Satz 1 genannten vier Eigenschaften als Eigentümer, Halter, Fahrer oder Insasse von Fahrzeugen oder soweit einer mitversicherten Person speziell in einer der beiden in Abs. 1 Satz 2 genannten Eigenschaften als Fahrer oder Insasse ein entsprechender Vorwurf wegen eines während der Vertragsdauer eingetretenen Verstoßes im Sinn des § 14 Abs. 2 Satz 1 gemacht wird. Der Häufigkeit nach stehen Vorwürfe gegen den Fahrer im Vordergrund. Jedoch auch den Eigentümer und Halter können straf- oder bußgeldbewehrte Pflichten treffen, z. B. zur Überwachung der Verkehrssicherheit seines Fahrzeugs. Überläßt der Eigentümer oder Halter ein mangelhaft gewartetes Fahrzeug einem Dritten und kommt dieser deshalb bei einer Fahrt zu Schaden, dann kann gegen den Eigentümer oder Halter unter Umständen der Vorwurf der – als „verkehrsrechtlich" zu qualifizierenden (vgl. unten Rdnr. 75) – fahrlässigen Körperverletzung oder Tötung erhoben werden. Speziell in der Eigenschaft als Insasse wird der VN oder Mitversicherte nur in Ausnahmefällen strafrechtlich belangt werden, z. B. dann, wenn er unvorsichtig eine Fahrzeugtür öffnet und ein nachfolgender Verkehrsteilnehmer hierdurch zu Schaden kommt.

74 Zur Verteidigung gehören alle Maßnahmen, die auf eine Abwehr des staatlichen Straf- oder Bußgeldanspruchs einschließlich drohender Nebenstrafen und Nebenfolgen gerichtet sind (Vorbem. vor § 21 Rdnr. 77). Im Rahmen des Abs. 4c Satz 1 fallen hierunter insbesondere auch Rechtsbehelfe aller Art gegen eine vorläufige oder endgültige Beschränkung oder Entziehung der **Fahrerlaubnis** als Folge einer vorgeworfenen Verkehrsstraftat oder Verkehrs-Ordnungswidrigkeit (vgl. § 14 Abs. 2 Satz 2; § 14 Rdnr. 31).

75 b) aa) „**Verkehrsrechtliche**" Vorschriften sind insbesondere alle Straf- und Bußgeldvorschriften, die der Sicherheit oder Ordnung des Verkehrs zu dienen bestimmt sind, und zwar auch dann, wenn der VN (oder eine mitversicherte Person) gegen sie in Tateinheit mit der Verletzung einer Vorschrift des allgemeinen Straf- oder Ordnungswidrigkeitenrechts verstoßen hat oder haben soll (§ 4 Rdnrn. 200 und 204). Steht dagegen die Verletzung einer nichtverkehrsrechtlichen Norm in Tatmehrheit mit der Verletzung einer verkehrsrechtlichen Vorschrift, besteht für die Verteidigung gegen den Vorwurf der Verletzung der nichtverkehrsrechtlichen Vorschrift kein Versicherungsschutz (§ 4 Rdnr. 206). Hat die Verletzung der Norm des allgemeinen Strafrechts mit einem normalen Verkehrsvorgang nichts mehr zu tun und ist hierdurch allein oder weit überwiegend ein anderes Rechtsgut verletzt, dann besteht auch bei Tateinheit mit einem Verkehrsverstoß kein Versicherungsschutz. Ein Beispiel hierfür ist der vom AG Heidelberg (r + s 77,

69) entschiedene Fall, daß der VN mit seinem Kraftfahrzeug einen Gehweg befährt und einen dort befindlichen Fußgänger zur Seite „nötigt" und über dessen Fußspitze fährt, sowie der Fall, daß ein Kraftfahrer mit bedingtem Tötungs- oder Verletzungsvorsatz auf einen Polizeibeamten zufährt, der ihn an der Weiterfahrt hindern will.

Neben den zweifellos verkehrsrechtlichen Vorschriften gibt es weitere Normen, bei denen jeweils gesondert zu prüfen ist, ob sie verkehrsbezogen sind und sich an den VN (oder eine mitversicherte Person) vorwiegend in einer durch Abs. 1 versicherten Eigenschaft wenden oder ob sie überwiegend einen anderen, z.b. verkehrswirtschaftlichen oder sozialpolitischen Zweck verfolgen. Beispielhaft ist die bereits in § 4 Rdnrn. 211 und 213 erörterte Strafbestimmung der §§ 6 PflVG, 9 AusländerPflVG einerseits und des § 23 Arbeitszeitrechtsgesetz andererseits. In ähnlicher Weise ist bei jeder in irgendeiner Weise verkehrsbezogenen Gesetzesvorschrift zu prüfen, ob sie ihrer **Zweckrichtung** nach im Sinn der ARB vorwiegend eine „verkehrsrechtliche" oder vorwiegend eine andere Funktion hat.

bb) In der Regel keinen primär verkehrsrechtlichen Charakter haben die Bußgeldnormen der bereits in § 4 Rdnr. 209 aufgezählten Gesetze mit **verkehrswirtschaftlicher** Zielsetzung, insbesondere die §§ 98, 99, 99a Güterkraftverkehrsgesetz mit Durchführungsverordnungen und § 61 Personenbeförderungsgesetz sowie § 45 BOKraft und § 71 BOStrab. Diese Vorschriften wenden sich an den Normadressaten meist in seiner speziellen Eigenschaft als gewerblich in diesen Verkehrsarten Tätigen, so daß Versicherungsschutz insoweit nur über § 24 und nicht über § 21 besteht (§ 24 Rdnr. 38). Dies schließt allerdings nicht aus, daß einzelne dieser Bußgeldnormen gleichwohl überwiegend oder zumindest gleichwertig neben ihrer verkehrswirtschaftlichen Funktion auch verkehrsrechtlicher Natur sein können, indem sie gleichzeitig der Verkehrssicherheit dienen. Dies kann beispielsweise für diejenigen Bestimmungen des § 8 Abs. 3 und 9 Abs. 2 BOKraft angenommen werden, die dem Fahrpersonal ein Verhalten untersagen, das die Fahrgäste und die übrigen Verkehrsteilnehmer gefährden könnte, wie den Konsum alkoholischer Getränke oder sonstiger die Fahrtauglichkeit beeinträchtigender Mittel oder das Führen eines Fahrzeugs trotz einer die Fahrsicherheit beeinträchtigenden Krankheit. Die in § 39 BOKraft enthaltenen Beleuchtungsvorschriften für Taxifahrzeuge dienen zwar einerseits dem besseren Erkennen und damit dem schnelleren Auffinden eines freien Taxis durch den Kunden, können aber andererseits auch das Verkehrsverhalten eines Taxi-Interessenten beeinflussen, indem er etwa als Fußgänger die Fahrbahn betritt, weil er ein mit vorschriftswidrig beleuchtetem Taxischild herankommendes besetztes Fahrzeug aufgrund des beleuchteten Schildes irrtümlich für frei hält und sich dadurch der Gefährdung im fließenden Verkehr auf der Fahrbahn aussetzt.

cc) Verstößt der VN (oder eine mitversicherte Person) gegen eine Bußgeldnorm eines der **übrigen** in § 4 Rdnr. 209 aufgezählten **Gesetze**, z.B. § 36 Fahrlehrergesetz, § 20 Kraftfahrsachverständigengesetz, § 23 Bundesfernstraßengesetz oder §§ 7 bis 7c Fahrpersonalgesetz, dann entscheidet je-

§ 21 ARB 75   2. Teil. Besondere Bestimmungen

weils der spezielle Zweck der verletzten Norm darüber, ob sie neben ihrer meist vorhandenen gewerbepolizeilichen, sozialpolitischen verkehrswirtschaftlichen oder ähnlichen Funktion auch oder sogar überwiegend der Verkehrssicherheit und dem geordneten Verkehrsablauf dienen soll und damit – in nicht nur untergeordneter Weise – auch verkehrsrechtlichen Charakter im Sinn der ARB hat. Beispielsweise ist dies der Fall bei den – zum Teil auf EWG-Vorschriften beruhenden – Bestimmungen über Lenk- und Ruhezeiten im Straßenverkehr nach § 6 FahrpersonalVO, der den früheren 15a StVZO ersetzt hat (LG Wuppertal VersR 86, 571 = ZfS 85, 241 für die VO EWG Nr. 543/69; *Jagusch/Hentschel,* 30. Aufl., § 15a StVZO Rdnr. 17) und den entsprechenden Bußgeldbestimmungen der §§ 7 bis 7c des Fahrpersonalgesetzes sowie bei dem seit 1975 geltenden Gesetz über die Beförderung gefährlicher Güter und der „Gefahrgutverordnung Straße", die die bis dahin geltende Regelung des § 6 Abs. 3g StVG, § 45 StVO und § 69 StVZO a. F. abgelöst haben und insbesondere schweren Unfällen mit Personenschäden vorbeugen sollen (GB BAV 81, 85). Entsprechendes gilt für in gewisser Hinsicht verkehrsbezogene Bußgeldnormen in sonstigen Gesetzen oder Verordnungen. Ein Beispiel hierfür ist das Parkverbot in Feuerwehr-Anfahrtszonen nach §§ 22, 27 bayer. VO über die Verhütung von Bränden (BayRS 215-2-1-I), das neben seiner brandverhütenden Funktion auch den allgemeinen Verkehrsablauf beeinflussen und damit gleichzeitig verkehrsrechtlichen Charakter haben kann. Landesrechtliche Verbote des Befahrens von Forststraßen dienen dagegen kaum einmal der Sicherheit und Ordnung des Verkehrs, sondern sollen vorwiegend eine übermäßige Abnützung der Straßendecke im Interesse des Forstbetriebs, daneben häufig auch ein Vergrämen des Wildes verhindern. Vorschriften, die das Befahren von Bahngelände untersagen oder einschränken, können verkehrsrechtlichen Charakter haben, wenn sie beispielsweise gleichzeitig eine Störung des Rangier- oder sonstigen Bahnverkehrs verhindern sollen. Die Bußgeldnormen des Abfallbeseitigungsgesetzes schützen als Rechtsgut vorwiegend die Sauberkeit der Umwelt. Läßt daher beispielsweise der Halter eines Kraftfahrzeugs Altöl vorschriftswidrig ab oder gibt er das Eigentum an seinem Altfahrzeug auf, indem er es, ohne damit gleichzeitig den Verkehr zu behindern, irgendwo stehen läßt, dann handelt er nicht primär in seiner Eigenschaft als Fahrzeughalter, sondern als Privatperson. Das Fahrzeug ist hier nur Mittel zum Zweck, die Zuwiderhandlung gegen das Abfallbeseitigungsgesetz hat keinen inneren sachlichen Bezug zum Verkehr. Nach dem Gesetzeszweck ist es ohne Bedeutung, woher das Altöl kommt und welcher Gegenstand umweltbelastend abgestellt wird. Entsprechendes gilt für Verstöße gegen landesrechtliche Vorschriften zum Natur- und Landschaftsschutz.

79   Bußgeldnormen aus dem Bereich des **Steuer- und** sonstigen **Abgaberechts** können zwar verkehrsbezogen sein, fallen jedoch wegen des allgemeinen Risikoausschlusses des § 4 Abs. 1n an sich nicht unter die Versicherungsdeckung. Hierzu zählen etwa Vorschriften, die das Befahren bestimmter Straßen in Zollgrenzbezirken zu bestimmten Zeiten untersagen, außerdem die Vorschriften des Kraftfahrzeugsteuer-Gesetzes. Im Rahmen der

Zusatzbedingung zum Steuer-RS besteht jedoch seit 1984 in gewissem Umfang Versicherungsschutz (Näheres Vorbem. vor § 21 Rdnr. 178).

dd) Nicht in den Deckungsbereich des Abs. 4c fällt die Verteidigung gegen den Vorwurf, durch den Verstoß gegen eine verkehrsrechtliche Strafvorschrift – z.B. ein gravierendes verkehrsrechtliches Trunkenheitsdelikt – gleichzeitig die beamtenrechtlichen Dienstvorschriften oder standesrechtliche Vorschriften verletzt zu haben. Dieser **disziplinar- oder standesrechtliche** Vorwurf richtet sich gegen den VN nicht oder jedenfalls nicht primär in seiner Eigenschaft als Fahrer eines Fahrzeugs, sondern in seiner Eigenschaft als dem Disziplinarrecht unterworfenen Beamten oder dem Standesrecht unterworfenen Berufsangehörigen. Versicherungsschutz besteht demgemäß nur über §§ 25 Abs. 2c, 26 Abs. 3d (Fassung 1988: Abs. 5d) und 27 Abs. 3d (vgl. Vorbem. vor § 21 Rdnr. 91). 80

ee) Ebenfalls keine Deckung gemäß Abs. 4c besteht, wenn der VN als Folge einer Verkehrszuwiderhandlung die verwaltungsrechtliche Auflage zur Führung eines **Fahrtenbuches** oder zur Teilnahme am **Verkehrsunterricht** erhält. Will er sich gegen eine solche Auflage wehren, gehört dies nicht mehr zur „Verteidigung in Verfahren wegen des Vorwurfs der Verletzung einer verkehrsrechtlichen Vorschrift des Straf- oder Ordnungswidrigkeitenrechts". Andererseits ist es aber auch im Rahmen des verwaltungsrechtlichen Führerschein-RS des Abs. 4b nicht gedeckt (Vorbem. vor § 21 Rdnr. 141; vgl. auch oben Rdnr. 60). Um diese Deckungslücke zu schließen, hat sich ein RSVersicherer eine Klausel zu §§ 21, 22, 23, 26 und 27 genehmigen lassen (VerBAV 79, 353; Einl. Rdnr. 23), die gleichzeitig den Beginn der Versicherungsdeckung auf einen Zeitpunkt vor Einlegung des Widerspruchs (Vorbem. vor § 21 Rdnr. 145) verlegt. 81

c) Der Deckungsrahmen in Verfahren, die auf eine **Vergünstigung in der Strafvollstreckung** im Sinn des Abs. 4c Satz 2 gerichtet sind, ist in Vorbem. vor § 21 Rdnrn. 85 ff. näher erläutert. 82

4. Was unter der Wahrnehmung rechtlicher Interessen in Widerspruchsverfahren vor Verwaltungsbehörden wegen Einschränkung, Entzuges oder Wiedererlangung der **Fahrerlaubnis** und Verfahren vor Verwaltungsgerichten aus den gleichen Gründen zu verstehen ist, ist in Vorbem. vor § 21 Rdnr. 137ff. im einzelnen erläutert. Versicherungsschutz besteht, soweit der VN in der Eigenschaft als Halter eines auf ihn zugelassenen Fahrzeugs oder als Fahrer eines eigenen oder fremden Fahrzugs (Abs. 1) im versicherten Zeitraum von einem Versicherungsfall im Sinn des § 14 Abs. 2 Satz 2 oder Abs. 3 betroffen wurde, der Anlaß zur Einschränkung oder Entziehung der Fahrerlaubnis war (Näheres § 14 Rdnrn. 31 ff.). Wurde dem an sich nach Abs. 1 Satz 2 mitversicherten berechtigten Fahrer eines auf den VN zugelassenen Fahrzeugs im Zusammenhang mit einem beim Fahren gerade dieses Fahrzeugs begangenen Verkehrsverstoß die Fahrerlaubnis wegen mangelnder Eignung – z.B. Erreichen des 18-Punkte-Kontos (§ 14 Rdnr. 32) – von der Verwaltungsbehörde entzogen, dann erstreckt sich allerdings die Mitversicherung dieses Fahrers nicht auf das verwaltungsrechtliche Widerspruchs- oder Klageverfahren, da in diesem Verfahren nicht in erster Linie 83

das Fahrverhalten bei der konkreten – mitversicherten – Fahrt, sondern die
– als solche nicht mitversicherte – Gesamtpersönlichkeit des Fahrers einschließlich früherer – nicht mitversicherter – Verkehrsverstöße und sonstiger geistiger oder körperlicher Mängel gewürdigt wird (AG Charlottenburg Urteil vom 13. 5. 1981, 2 C 180/81).

VI. Ausschnittversicherung (Abs. 5)
(entspricht § 21 Abs. 5 ARB 94)

84 In Abweichung von dem den ARB zugrundeliegenden „Paket"-System in Form verschiedenartig zusammengesetzter fester Kombinationen der einzelnen RS-Leistungsarten (Einl. Rdnr. 44) ermöglicht es Abs. 5, je nach den besonderen Bedürfnissen eines VN in dreifacher Form einen **Ausschnitt** aus der Kombination der vier Leistungsarten des Abs. 4 zu versichern, nämlich nur den Schadenersatz-RS und den Fahrzeug-Vertrags-RS als zivilrechtlichen Teil des § 21, oder – ohne den Fahrzeug-Vertrags-RS – nur den Schadenersatz-RS, den Straf-RS und den Führerschein-RS, oder als dritte Möglichkeit nur den Straf- und Führerschein-RS. Sonstige Abweichungen vom Deckungsumfang des Abs. 4 sind aufsichtsrechtlich allenfalls im Einzelfall, aber als Änderung des genehmigten Geschäftsplans nicht planmäßig in einer Mehrzahl von Fällen zulässig (Einl. Rdnrn. 31, 33).

VII. Obliegenheiten vor Eintritt des Versicherungsfalles (Abs. 6)
(entspricht § 21 Abs. 8 ARB 94)

Literatur: *Stauch,* Zur Leistungsfreiheit des Versicherers gem. § 21 Abs. 6 ARB, VersR 91, 846; *Beck,* Obliegenheitsverletzungen vor dem Versicherungsfall in der RSVersicherung, DAR 94, 129.

85 1. Abs. 6 statuiert für **drei Fallgruppen** Obliegenheiten, die eine erhöhte Belastung des VN mit Rechtskosten und damit eine Erhöhung der vom RSVersicherer nach dem Vertrag übernommenen Gefahr verhindern sollen. Es handelt sich hierbei nach h. M. nicht um echte, erzwingbare Rechtspflichten, deren Nichterfüllung den VN oder mitversicherten Fahrer zum Schadenersatz verpflichten würde, sondern um Verhaltensnormen, deren Nichtbeachtung den Versicherungsschutz gefährdet. Wegen näherer Einzelheiten zum Begriff und der Rechtsnatur der Obliegenheiten sowie der Rechtswirkung ihrer Verletzung durch den VN, eine mitversicherte Person oder auch Dritte, insbesondere Repräsentanten, wird auf die entsprechenden Erläuterungen zu § 15 verwiesen. Daß Abs. 6 nicht verhaltensunabhängige objektive Risikobeschränkungen, sondern kausalitäts- und verschuldensabhängige (vgl. unten Rdnrn. 89 ff.) Obliegenheiten enthält, ergibt sich an sich schon aus den Eingangsworten der Bestimmung, wonach der Versicherer von der Verpflichtung zur Leistung (nur dann) frei ist, wenn bestimmte Voraussetzungen vorliegen. Der Wortlaut impliziert damit – anders als beispielsweise der Eingangswortlaut des § 2 Abs. 3 oder des § 4 Abs. 1 – eine aufgrund eines bestimmten Versicherungsfalles an sich eingetretene Deckungspflicht des Versicherers, die lediglich entfällt, wenn der VN eine ihm

in seinem eigenen Interesse auferlegte Bedingungsnorm nicht beachtet, die den Eintritt eines Versicherungsfalles oder die Erhöhung der Versicherungsleistung verhüten soll (*Bruck/Möller* § 6 Anm. 14). Überdies setzen die drei Tatbestände, nämlich Fahren ohne Fahrerlaubnis, ohne Fahrberechtigung oder mit nicht zugelassenem Fahrzeug (vgl. hierzu unten Rdnrn. 103 ff.), jeweils ein ganz bestimmtes Verhalten voraus, dessen Sanktion wegen § 15a VVG nur im Rahmen des § 6 Abs. 1 und 2 VVG zu einem Anspruchsverlust führen kann. Ist allerdings mit einer vorsätzlich begangenen Obliegenheitsverletzung gleichzeitig der Tatbestand einer Ausschlußbestimmung erfüllt, dann ist der Versicherer ohne Rücksicht auf die Voraussetzungen des § 6 VVG leistungsfrei. Dies kann z.B. der Fall sein, wenn der VN oder der mitversicherte Fahrer vorsätzlich ohne Fahrerlaubnis fährt und wegen dieses vorsätzlichen Vergehens nach § 24 Abs. 1 Nr. 1 StVG rechtskräftig verurteilt wird (Ausschluß gem. § 4 Abs. 3b; AG Hagen r+s 88, 49; allgemein: BGH VersR 60, 1107).

Die in Abs. 6 genannten Obliegenheiten sind **vor dem Versicherungsfall** 86 zu erfüllen und sollen einer Erhöhung der vom RSVersicherer übernommenen Gefahr der Entstehung von Rechtskosten entgegenwirken. Als vorbeugende Obliegenheiten im Sinn des § 32 VVG sind sie im Sinn des § 6 Abs. 1 VVG „im Vertrag" – nämlich den ARB – „bestimmt" und können daher ihre Rechtswirkung nur im Rahmen des § 6 Abs. 1 und 2 VVG entfalten. Die Leistungsfreiheit tritt demnach nicht ein, wenn die Obliegenheitsverletzung nicht kausal im Sinn des § 6 Abs. 2 VVG (vgl. unten Rdnr. 87) oder wenn sie unverschuldet im Sinn des § 6 Abs. 1 Satz 1 VVG (vgl. unten Rdnr. 95) war und wenn der Versicherer außerdem gemäß § 6 Abs. 1 Satz 3 VVG daraufhin nicht rechtzeitig gekündigt hat (vgl. unten Rdnr. 100). Die neuerdings vertretene Meinung, § 6 Abs. 1 und 2 VVG sei nicht anwendbar, weil es sich – wenn nicht überhaupt um einen Risikoausschluß – nicht um eine vor, sondern um eine beim Eintritt des Versicherungsfalles zu erfüllende Obliegenheit handle, läßt unberücksichtigt, daß der Zeitpunkt des dem VN vorgeworfenen Verstoßbeginns (§ 14 Abs. 2 Satz 1) in der Regel der Entdeckungszeitpunkt ist, nicht aber der früher liegende Zeitpunkt des Fahrtbeginns, der den ermittelnden Polizeibeamten in der Regel nicht interessiert (AG Hagen r+s 88, 49; *Schirmer* DAR 92, 418, 424; a.A. LG Stuttgart NJW-RR 91, 1181 = ZfS 91, 162 = r+s 91, 238 = VersR 91 995; LG Münster NJW-RR 90, 1121; *Prölss/Martin* § 21 ARB Anm. 3; *Stauch* VersR 91, 846).

a) Das Fahren ohne Fahrerlaubnis, ohne Fahrberechtigung oder mit nicht 87 zugelassenem Fahrzeug führt nicht zur Leistungsfreiheit, wenn es keinen Einfluß auf den Eintritt des Versicherungsfalles oder den Umfang der dem RSVersicherer obliegenden Leistung gehabt hat (**Kausalitätserfordernis**, § 6 Abs. 2 VVG). Den Beweis, daß einer der drei genannten Tatbestände objektiv vorliegt, hat im Zweifelsfall der Versicherer zu führen, den Beweis für das Fehlen der Kausalität dagegen der VN oder die mitversicherte Person (*Prölss/Martin* § 6 Anm. 14). Steht die Verletzung der Obliegenheit objektiv fest, dann kann die Kausalitätsfrage je nach Art des begehrten Versicherungsschutzes unterschiedlich zu beurteilen sein. Erforderlich ist jeweils ein innerer Zusammenhang zwischen der vom Verletzer geschaffenen Gefahrenlage und der eingetretenen Schadenfolge in Form notwendiger Aufwendungen für Rechtskosten. Fehlt ein solcher Zusammenhang und gehört die Schadenfolge nicht zu denjenigen, denen die Obliegenheit vorbeugen soll, bleibt der Versicherer zur Leistung verpflichtet („Rechtswidrigkeitszusammenhang", BGH VersR 76, 134).

88 aa) Im Zusammenhang mit dem **Straf-RS** im Sinn des Abs. 4c und dem Führerschein-RS im Sinn des Abs. 4d wird das Fahren ohne die vorgeschriebene Fahrerlaubnis oder ohne Fahrzeugzulassung in der Regel und das Fahren ohne Fahrberechtigung häufig den Eintritt des Versicherungsfalls unmittelbar ausgelöst haben. Denn es handelt sich hierbei um ein Vergehen nach § 21 StVG bzw. eine Ordnungswidrigkeit nach § 15d oder § 18 Abs. 1 in Verbindung mit § 69a Abs. 1 Nr. 10 oder Abs. 2 Nr. 3 StVZO oder – zumindest wenn die Fahrt gegen den Willen des Berechtigten erfolgt ist – beispielsweise um ein Vergehen der Gebrauchsentwendung nach § 248b StGB. Hätte der Fahrer in diesen Fällen die Fahrt pflichtgemäß unterlassen, hätte er sich nicht den Vorwurf zugezogen, eine dieser verkehrsrechtlichen Vorschriften – und möglicherweise damit zusammenhängende weitere Strafvorschriften wie z.B. §§ 222, 230 StGB – verletzt zu haben (§ 14 Abs. 2).

89 bb) Differenzierter ist die Kausalitätsfrage beim **Schadenersatz-RS** im Sinn des Abs. 4a zu beurteilen. Wenn ein führerscheinloser Fahrer von einem Schadenereignis im Sinn des § 14 Abs. 1 betroffen wird, aufgrund dessen ihm ein Schadenersatzanspruch gegen den Schädiger erwächst, braucht das Fehlen der Fahrerlaubnis nicht in jedem Fall Einfluß auf den Eintritt des Versicherungsfalles und damit auf die Notwendigkeit der Aufwendung von Rechtskosten überhaupt oder zumindet auf den Umfang der vom RSVersicherer zu übernehmenden Rechtskosten im Sinn des § 6 Abs. 2 VVG zu haben.

90 Hier sind zunächst **zwei Fälle** zu unterscheiden. Wird gegen den VN im Zusammenhang mit dem Schadenereignis (Unfall) gleichzeitig der strafrechtliche Vorwurf des Fahrens ohne Fahrerlaubnis erhoben, dann gilt das oben Rdnr. 88 Gesagte. Hierbei genügt es, daß die Obliegenheitsverletzung den Versicherungsfall in Form des Vorwurfs des Verstoßes gegen verkehrsrechtliche Strafvorschriften und damit die Notwendigkeit, Verteidigerkosten aufzuwenden, adäquat verursacht hat. Ob auch das dem Schadenersatzanspruch des VN zugrundeliegende, mit dem Rechtsverstoß parallel laufende Schadenereignis durch die Obliegenheitsverletzung verursacht ist, kann dann auf sich beruhen. Es genügt zur Leistungsfreiheit des Versicherers nach § 6 Abs. 2 VVG, daß die Obliegenheitsverletzung den Versicherungsfall oder den Umfang der Versichererleistung mitverursacht hat (*Prölss/Martin* § 6 Anm. 9 B a; a.A. *Stauch* VersR 91, 846). Wird dagegen kein strafrechtlicher Vorwurf gegen den VN erhoben – etwa weil die Polizei zu dem Unfall nicht zugezogen wurde –, dann ist anhand der Umstände des Einzelfalles zu prüfen, ob sich das Fehlen der Fahrerlaubnis beim Eintritt des Schadenereignisses in irgendeiner Weise ausgewirkt hat. Die Interessenlage

gleicht hierbei – vice versa – derjenigen in der Kraftfahrzeug-Haftpflichtversicherung, bei der Versicherungsfall ebenfalls das dem geltend gemachten Anspruch zugrundeliegende Schadenereignis ist (§ 149 VVG, § 7 I Abs. 1 AKB; vgl. § 14 Rdnr. 10). Während hier die frühere Rechtsprechung annahm, bei fehlender Fahrerlaubnis sei das Schadenereignis praktisch immer durch das vorschriftswidrige Fahren verursacht, da die Fahrt bei pflichtgemäßem Verhalten unterblieben wäre, verlangt die gefestigte neuere Rechtsprechung, daß gerade die in der Benutzung des Kraftfahrzeugs ohne Fahrerlaubnis liegende Gefahrensteigerung sich verwirklicht haben muß und der Unfall seiner Art nach zu den Folgen gehören muß, die die Obliegenheit verhindern soll. In seiner grundlegenden Entscheidung vom 27. 2. 1976 (VersR 76, 531; ähnlich VersR 78, 1129) hat der BGH die wichtigsten Fallgruppen zusammengefaßt und folgende Grundsätze aufgestellt: Zu unterscheiden sind die Fälle der allgemeinen Fahrerlaubnis und diejenigen einer besonderen (zusätzlichen) Fahrerlaubnis, z.B. für Inhaber einer ausländischen Fahrerlaubnis nach § 15 StVZO oder einer Fahrerlaubnis zur Fahrgastbeförderung nach §§ 15 d, e StVZO. War der Unfall, an dem der führerscheinlose Fahrer beteiligt war, für ihn erwiesenermaßen ein unabwendbares Ereignis im Sinn des § 7 Abs. 2 StVG, dann steht damit gleichzeitig fest, daß sich der Mangel der Fahrerlaubnis beim Eintritt des Versicherungsfalles nicht ausgewirkt hat, und zwar gleichgültig, ob es sich um eine allgemeine oder um eine besondere Fahrerlaubnis handelt.

War der Unfall nicht unabwendbar, dann ist der Kausalitätsgegenbeweis in den Fällen, in denen dem Fahrer die **allgemeine** Fahrerlaubnis fehlt, für ihn erheblich eingeschränkt. Die allgemeine Fahrerlaubnis ist das Ergebnis einer amtlichen Überprüfung der zur Führung eines Fahrzeugs erforderlichen Kenntnisse, Fähigkeiten und persönlichen Eigenschaften. Fehlt der Nachweis dieser amtlichen Prüfung, dann ist die Möglichkeit, daß sich bei dieser vorgeschriebenen Prüfung wesentliche Mängel gezeigt hätten, selbst dann kaum auszuräumen, wenn der Fahrer später die Prüfung bestanden hat. Denn damit ist die Fahrfertigkeit zur Zeit des Versicherungsfalls noch nicht bewiesen. Anders könnte es nur liegen, wenn der Fahrer die Prüfung im Zeitpunkt des Versicherungsfalls bereits bestanden hatte und sich lediglich die formelle Erteilung der Fahrerlaubnis aus anderen Gründen verzögert hatte. Fährt jemand, dem die Erlaubnis entzogen war, vor oder auch nach Ablauf der Sperrfrist, bevor ihm die Fahrerlaubnis nach § 15 c StVZO neu erteilt worden ist, dann wird er in der Regel den Kausalitätsgegenbeweis zumindest solange kaum führen können, als er nicht die nach § 9 StVZO vorgeschriebene Eignungsprüfung erfolgreich hinter sich gebracht hat.

In den Fällen, in denen der Fahrer zwar die allgemeine, nicht aber eine vorgeschriebene **zusätzliche** Fahrerlaubnis besitzt, ist der Beweis, daß deren Fehlen auf Eintritt oder Umfang des Versicherungsfalles keinen Einfluß gehabt hat, an sich erleichtert. Denn hier steht die Fahrkunde des Fahrers aufgrund der erworbenen allgemeinen Fahrerlaubnis in der Regel fest. Es kommt dann entscheidend darauf an, ob nachträglich ausgeschlossen werden kann, daß sich die fehlende amtliche Überprüfung der sonstigen, für die zusätzliche Fahrerlaubnis aufgestellten Erfordernisse in irgendeiner Weise

§ 21 ARB 75   93, 94   2. Teil. Besondere Bestimmungen

auf den Eintritt des Versicherungsfalles oder den Umfang der Versicherungsleistung ausgewirkt hat. Ein solcher nachträglicher, vom VN zu erbringender Nachweis ist möglich, soweit es sich bei der zusätzlichen Fahrerlaubnis um einen mehr formalen behördlichen Akt handelt wie beispielsweise bei der Erteilung einer inländischen Fahrerlaubnis für Inhaber einer entsprechenden ausländischen, wegen Ablaufs der Jahresfrist der §§ 4, 5 der VO über internationalen Kraftfahrzeugverkehr vom 12. 11. 1934 (RGBl. I S. 1137) im Inland nicht mehr gültigen Fahrerlaubnis, und soweit hierbei das Schadenereignis weder auf Unkenntnis der deutschen Verkehrsvorschriften noch auf mangelnder Eignung des Fahrers beruht (BGH VersR 69, 147; 74, 1072; 82, 589). Etwas anders zu beurteilen sind die Fälle, in denen die zusätzliche Fahrerlaubnis zur Fahrgastbeförderung nach § 15d StVZO fehlt, da hier nach § 15b StVZO an die Eignung und persönliche Zuverlässigkeit des Fahrers wesentlich höhere Anforderungen gestellt werden als bei der Bewerbung um eine allgemeine Fahrerlaubnis. Der Kausalitätsgegenbeweis wird hier nur ausnahmsweise zu führen sein, nämlich dann, wenn keinerlei Anhaltspunkte dafür vorliegen, daß bei einem entsprechenden Antrag des Fahrers vor Eintritt des Versicherungsfalles die Prüfung der für die Erlaubnis aufgestellten Voraussetzungen wesentliche Mängel ergeben hätte (BGH VersR 76, 531; 78, 1129). Hat sich allerdings die Gefahr, der die Erteilung der zusätzlichen Fahrerlaubnis vorbeugen will, beim Unfall gar nicht ausgewirkt, dann fehlt es am Rechtswidrigkeitszusammenhang (vgl. oben Rdnr. 87). Wird beispielsweise der Fahrer eines Omnibusses, der nicht die zusätzliche Erlaubnis zur Beförderung von Fahrgästen in Omnibussen besitzt, in einen Unfall verwickelt, bei dem nur ein Dritter, aber kein Omnibusinsasse geschädigt wird, dann wird der Versicherer nicht leistungsfrei (BGH NJW 73, 285 = VersR 73, 172). Wegen weiterer Einzelheiten kann auf die Erläuterungen bei *Prölss/Martin/Knappmann* § 2 AKB Anm. II 3 D und *Stiefel/Hofmann* § 2 Rdnrn. 82 bis 89 verwiesen werden.

93   Beim Fahren **ohne Fahrberechtigung** oder mit **nicht zugelassenem** Fahrzeug wirkt sich die Gefahr der Entstehung erhöhter Aufwendungen für Rechtskosten bei der Geltendmachung von Schadenersatzansprüchen des Fahrers im Rahmen des Abs. 4a dann nicht aus, wenn der Unfall für den Fahrer unabwendbar war. In sonstigen Fällen dieser Art wird jedoch, ähnlich wie bei einem Verstoß gegen die Verwendungsklausel des § 2 Ziff. 2a AKB, die in der unberechtigten Benutzung des Fahrzeugs zu sehende generelle, abstrakte Gefahrensteigerung in der Regel einem Kausalitätsgegenbeweis entgegenstehen (vgl. BGH NJW 72, 822 = VersR 72, 530; *Prölss/Martin/Knappmann* § 2 AKB Anm. II 3 D).

94   cc) Beim **Fahrzeug-Vertrags-RS** des Abs. 4b wird die Verletzung einer der in Abs. 6 genannten Obliegenheiten nur ausnahmsweise kausal im Sinn des § 6 Abs. 2 VVG sein, nämlich dann, wenn die Interessenwahrnehmung aus dem schuldrechtlichen Vertrag eine adäquate Folge aus einem durch die Obliegenheitsverletzung mitbeeinflußten Schadenereignis ist. Beispiel: Der führerscheinlose VN hat nach einem Unfall, für den er den Kausalitätsgegenbeweis nach § 6 Abs. 2 VVG nicht führen kann, einen Mietvertrag über einen Ersatzwagen geschlossen, aus dem sich ein Streit ergibt. Die hierbei

notwendige Interessenwahrnehmung ist durch die Obliegenheitsverletzung mitbeeinflußt.

b) aa) Die Verletzung einer der drei in Abs. 6 Satz 1 genannten Obliegenheiten führt für diejenigen versicherten Personen nicht zur Leistungsfreiheit des Versicherers, die vom Fehlen der Fahrerlaubnis, der Fahrberechtigung oder der Zulassung ohne **Verschulden** keine Kenntnis hatten (Abs. 6 Satz 2). Obwohl der Wortlaut darauf hindeuten könnte, daß diese Entlastungsmöglichkeit nur solchen Personen offensteht, die mit dem Fahrer nicht identisch sind wie der vom Fahrer verschiedene Eigentümer, Halter oder Insasse, ist zu beachten, daß auch der Fahrer selbst in gewissen Fällen entschuldigt sein kann. Denn aus der zwingenden (§ 15a VVG) Vorschrift des § 6 Abs. 1 Satz 1 VVG ergibt sich, daß der Beweis mangelnden Verschuldens jedem VN oder Mitversicherten offen steht, auch dem Verletzer der Obliegenheit selbst. Verschuldet ist die Obliegenheitsverletzung, wenn sie vorsätzlich oder fahrlässig verursacht ist, wobei Maßstab für die Fahrlässigkeit die Außerachtlassung der im Verkehr erforderlichen Sorgfalt ist (§ 276 Abs. 1 Satz 2 BGB). Anders als bei den nach Eintritt des Versicherungsfalles zu erfüllenden Obliegenheiten (vgl. § 6 Abs. 3 VVG; § 15 Abs. 2) genügt hier bereits leichte Fahrlässigkeit, da sich in diesen Fällen die Gefahrtragungspflicht des Versicherers noch nicht konkretisiert hat und zu diesem Zeitpunkt dem VN oder Mitversicherten ein größeres Sorgfaltsverhalten zur Verhütung eines Versicherungsfalles zugemutet werden kann, als wenn sie bereits unter dem Eindruck des eingetretenen Versicherungsfalles stehen und hierbei möglicherweise ein unbedachtes Verhalten an den Tag legen (*Bruck/Möller* § 6 Anm. 19, 25).

Den Beweis für den objektiven Tatbestand einer Obliegenheitsverletzung hat der Versicherer zu führen (vgl. hierzu jedoch § 2 Rdnr. 148), den Beweis für fehlendes Verschulden derjenige Versicherte, der sich darauf beruft. Der **Fahrer** selbst wird den Entlastungsbeweis nur in Ausnahmefällen führen können. So hat der BGH bei der vergleichbaren Vorschrift des § 2 Abs. 2 c AKB den Inhaber einer ausländischen Fahrerlaubnis, deren Gültigkeit im Inland abgelaufen war, deshalb als entschuldigt angesehen, weil er sich beim Straßenverkehrsamt und einem Automobilclub erkundigt und dort eine falsche Auskunft erhalten hatte (VersR 69, 748). Im Regelfall ist das Fehlen der vorgeschriebenen Fahrerlaubnis jedoch für den Fahrer selbst kaum entschuldbar (*Stiefel/Hofmann* § 2 Rdnrn. 85, 255). War der Fahrer zum Führen des Fahrzeugs nicht berechtigt (zu diesem Begriff vgl. oben Rdnr. 24), kann er ausnahmsweise dann entschuldigt sein, wenn er sich hinsichtlich des Einverständnisses des Verfügungsberechtigten mit der Fahrt in einem entschuldbaren Irrtum befunden hat, z.B. wenn der mit ihm verwandte oder bekannte Verfügungsberechtigte vor dem Versicherungsfall wiederholt ähnliche Fahrten veranlaßt oder zumindest geduldet hatte. Hält der Fahrer irrigerweise eine Person für befugt, die Benutzung des Fahrzeugs zu gestatten, dann wird er hierdurch allerdings nicht zum berechtigten Fahrer und in der Regel auch nicht entschuldigt (BGH VersR 63, 771; *Stiefel/Hofmann* § 2 Rdnrn. 182 bis 184). Der Fahrer eines nicht zugelassenen Fahrzeugs kann dann entschuldigt sein, wenn bei noch vorhandenem amtlichen Kennzeichen die Zulassung infolge Erlöschens der Betriebserlaubnis wegen Veränderung von Teilen des Fahrzeugs gemäß § 19 Abs. 2 StVZO unwirksam geworden ist, der Fahrer infolge Verbotsirrtums jedoch nicht ohne weiteres mit dem Erlöschen der Betriebserlaubnis rechnen mußte. Dies kann beispielsweise der Fall sein, wenn ein geänderter Auspuff bei der TÜV-Untersuchung nicht beanstandet worden ist oder eine Fachwerkstätte fälschlicherweise die Auskunft gegeben hat, die Änderung eines Fahrzeugteiles berühre die Betriebserlaubnis nicht (*Jagusch/Hentschel* StVZO § 19 Rdnr. 16; vgl. unten Rdnr. 123).

97 bb) In der Auswirkung steht es dem Entlastungsbeweis des Fahrers nach § 6 Abs. 1 Satz 1 VVG gleich, wenn die anderen versicherten Personen im Sinn des Abs. 1, also Eigentümer, Halter oder Insasse, vom Fehlen der Fahrerlaubnis oder der Fahrberechtigung des Fahrers oder vom Fehlen der Zulassung ohne Verschulden keine Kenntnis hatten. Auch in diesen Fällen wird der Versicherer gemäß **Abs. 6 Satz 2** diesen Personen gegenüber nicht von der Verpflichtung der Leistung frei. Diese Regelung bewirkt, daß die Sanktion einer Obliegenheitsverletzung nach Abs. 6 hinsichtlich jeder Person, die – als VN oder Mitversicherter – neben dem Fahrer vom jeweiligen Versicherungsfall betroffen ist, gesondert zu prüfen ist und je nach gegebenem oder fehlendem Verschulden des jeweiligen Versicherten unterschiedlich zu beurteilen sein kann. Maßstab ist auch hier die verkehrserforderliche Sorgfalt im Sinn des § 276 Abs. 1 Satz 2 BGB, d.h. dasjenige Maß an Sorgfalt, das nach der Lebenserfahrung unter den gegebenen Umständen von vernünftigen, praktischen Leuten aufgewendet zu werden pflegt und das man demgemäß von ihnen verlangen kann (BGH VersR 71, 801).

98 Eine besondere Sorgfaltspflicht trifft naturgemäß den **Halter** eines Fahrzeugs, wenn er dessen Führung einem anderen anvertraut. Er muß sich grundsätzlich vor Fahrtantritt den die Fahrerlaubnis verkörpernden Führerschein des Fahrers vorzeigen lassen, auf etwaige Fahrerlaubnis-Beschränkungen prüfen und, wenn er den Fahrer nicht persönlich kennt, dessen Personalien mit den Personenangaben im Führerschein vergleichen (BGH VersR 70, 25). Bei fremdsprachigen Urkunden und ausländischen Führerscheinen muß sich der Halter vergewissern, ob es sich um einen im Inland (noch) gültigen Führerschein handelt (BGH VersR 82, 589). Nur ausnahmsweise genügen andere Erkenntnisquellen, wie z.B. die Beobachtung einer längeren Fahrpraxis des Fahrers, wenn man hieraus vernünftigerweise auf den Besitz der Fahrerlaubnis schließen durfte (BGH NJW 66, 1359 = VersR 66, 626; Entschuldbarkeit verneint im Fall eines Parkwächters, BGH NJW 69, 466 = VersR 69, 124). Entschuldigt kann der Halter sein, wenn der Führerschein erschlichen oder gefälscht war und die Fälschung bei verkehrsüblicher Sorgfalt als solche nicht zu erkennen war. Die Prüfung der Fahrerlaubnis muß nicht vor jeder Fahrt erneut geschehen. Hat beispielsweise ein Berufskraftfahrer bei seiner Einstellung einen gültigen Führerschein vorgelegt, dann braucht der Halter das Fortbestehen der Fahrerlaubnis nur dann erneut zu prüfen, wenn objektiv Zweifel am Fortbestand gerechtfertigt erscheinen (BGH VersR 68, 443; 71, 808). Hat sich der Halter im Zustand der Volltrunkenheit den Führerschein nicht vorlegen lassen, kann er sich nicht

auf vorübergehende Geschäftsunfähigkeit berufen, sondern muß sich den Rechtsgedanken des § 827 Satz 2 BGB entgegenhalten lassen (ebenso AG Cloppenburg r + s 91, 378 für unberechtigten Fahrer). Verkauft der Halter sein Fahrzeug und übergibt er es dem Käufer zum Zweck der Eigentumsübertragung, dann trifft den Halter kein Verschulden im Sinn des § 21 Abs. 1 Nr. 2 StVG, wenn der Käufer nicht die vorgeschriebene Fahrerlaubnis hat (BGH NJW 79, 2309 = VersR 79, 766). Wegen weiterer Einzelheiten kann auf die Erläuterungen bei *Stiefel/Hofmann* § 2 Rdnrn. 261 bis 265 und *Prölss/Martin/Knappmann* § 2 AKB Anm. II 3 C, verwiesen werden. Bei fehlender Fahrberechtigung des Fahrers kann der Halter-VN den Entlastungsbeweis nach Abs. 6 Satz 2 führen, wenn er nachweist, daß er die Schwarzfahrt des Fahrers nicht durch sein Verschulden im Sinn des § 7 Abs. 3 Satz 1 StVG ermöglicht hat (vgl. hierzu *Jagusch/Hentschel* StVG § 7 Rdnrn. 53 bis 55). Bei fehlender Zulassung wird dem Halter-VN der Entlastungsbeweis nur in Ausnahmefällen möglich sein, da ihm bei Beobachtung der verkehrsüblichen Sorgfalt eine solche Obliegenheitsverletzung des Fahrers (vgl. unten Rdnr. 121) in der Regel nicht verborgen bleiben kann.

Der mitversicherte berechtigte **Insasse** (Abs. 1 Satz 2) eines Fahrzeugs, dessen Fahrer eine der Obliegenheiten des Abs. 6 Satz 1 verletzt, kann den Entlastungsbeweis nach Abs. 6 Satz 2 leichter führen. Er hat nicht, wie der Halter, dafür zu sorgen, daß nur ein Führerscheininhaber das Fahrzeug fährt (vgl. § 21 StVG), und er braucht sich auch nicht im eigenen Interesse um die Fahrerlaubnis des Fahrers zu kümmern, falls er nicht aufgrund besonderer Umstände Zweifel am Vorhandensein der Fahrerlaubnis haben muß. Auch mit der Frage der Fahrberechtigung und der Zulassung des Fahrzeugs braucht er sich im Regelfall nicht zu befassen.

c) Steht die Verletzung einer Obliegenheit im Sinn des Abs. 6 fest und kann der Verletzer weder den Nachweis mangelnden Verschuldens gemäß § 6 Abs. 1 Satz 1 VVG noch mangelnder Kausalität gemäß § 6 Abs. 2 VVG führen, wird der Versicherer gleichwohl nicht leistungsfrei, wenn er den Versicherungsvertrag nicht gemäß § 6 Abs. 1 Satz 3 VVG innerhalb eines Monats seit Kenntnis von der Verletzung kündigt. Dieses sogenannte **Klarstellungserfordernis** wird teilweise kritisiert. So verweisen *Bruck/Möller* (§ 6 Anm. 40, 43) und *Prölss/Martin* (§ 6 Anm. 10) darauf, daß das Kündigungsrecht des Versicherers nach § 6 Abs. 1 Satz 2 VVG und seine Kündigungspflicht nach § 6 Abs. 1 Satz 3 VVG keineswegs den Eintritt eines Versicherungsfalles voraussetzen. Durch die Regelung solle verhindert werden, daß der Versicherer, der – möglicherweise längere Zeit – vor Eintritt eines Versicherungsfalles von einer Obliegenheitsverletzung erfährt, die Entscheidung über seine Leistungsfreiheit „auf Eis legt" und den Beitrag weiter kassiert und erst nach Eintritt eines Versicherungsfalles kündigt und sich auf Leistungsfreiheit beruft. Erlange der Versicherer erst nach Eintritt eines Versicherungsfalles Kenntnis von der Verletzung, dann sei er ohne Kündigung leistungsfrei, da keine Rede davon sein könne, daß er trotz Kenntnis der Obliegenheitsverletzung seine Leistungsfreiheit „auf Eis gelegt" haben könne. Wenn auch dieser Grund für die Regelung des § 6 Abs. 1 Satz 2 und

3 VVG bei ihrer Schaffung im Vordergrund gestanden haben mag, so ist sie heute gleichwohl aus anderen Gründen gerechtfertigt. Bei der RSVersicherung handelt es sich, ähnlich wie bei der Kraftfahrtversicherung, um eine Massenbranche mit relativ großem Schadenanfall. Daß ein VN vor Eintritt eines Versicherungsfalles eine Obliegenheit verletzt, wird der RSVersicherer vor Eintritt des Versicherungsfalles kaum je erfahren. Anders als teilweise bei der Aktiven-Versicherung, in der ein Sachwert versichert ist (z. B. in der Feuerversicherung; vgl. Einl. Rdnr. 41; § 10 Rdnr. 8), kennt die RSVersicherung in der Regel keine Obliegenheiten, deren Verletzung einen Dauerzustand schafft. Eine Fahrt ohne Fahrerlaubnis, ohne Fahrberechtigung oder ohne Zulassung beweist nicht, daß das Fahrzeug auch in Zukunft stets ohne Fahrerlaubnis, ohne Fahrberechtigung oder ohne Zulassung gefahren werden wird. Daher wird der RSVersicherer in der Regel erst nach dem Versicherungsfall Kenntnis von der Obliegenheitsverletzung erlangen. Die Kündigungsmöglichkeit des § 6 Abs. 1 Satz 2 und das Kündigungserfordernis des § 6 Abs. 1 Satz 3 VVG sollen nun Klarheit schaffen, ob der Versicherer trotz des Verstoßes noch Vertrauen zu seinem VN hat und den Vertrag fortsetzen oder ob er sich von dem Risiko trennen will. Im Fall der Trennung soll er auch für den bereits eingetretenen Versicherungsfall nicht mehr leistungspflichtig sein. Kündigt er jedoch nicht innerhalb der Monatsfrist, dann gibt er dadurch zu erkennen, daß er das Risiko trotz des Verstoßes für die Zukunft als nicht allzu gravierend einschätzt. In diesem Fall besteht kein Grund, ihn im bereits eingetretenen Versicherungsfall von der Leistung freizustellen. Diese heute in der Rechtsprechung für die Kraftfahrt-Versicherung und andere Versicherungssparten herrschende Meinung verdient auch für die RSVersicherung Zustimmung (vgl. BGH NJW 57, 876 = VersR 57, 731; NJW 61, 267 = VersR 60, 1131; NJW 61, 1399 = VersR 61, 555; NJW 67, 2205 = VersR 67, 771; NJW 69, 1116 = VersR 69, 507; NJW 80, 837 = VersR 80, 153; VersR 82, 395; 84, 550; *Stiefel/Hofmann* § 2 Rdnr. 68; GB BAV 84, 73). Neuerdings wird allerdings die Meinung vertreten, in den Fällen des Abs. 6 gelte § 6 Abs. 1 VVG nicht, da es sich nicht um vor-, sondern um bei dem Versicherungsfall zu erfüllende Obliegenheiten handle (oben Rdnr. 86).

101   Die **Monatsfrist** des § 6 Abs. 1 Satz 2 VVG für die – fristlose, also mit Zugang sofort wirksame – Kündigung des Versicherers **beginnt** mit dem Tag, an dem der Versicherer positive Kenntnis von der Obliegenheitsverletzung erlangt. Eine eigene Frist zur Durcharbeitung der bei ihm eingegangenen Unterlagen mit der Folge, daß die Monatsfrist erst nach dem Ablauf dieser Frist begänne, steht dem Versicherer nicht zu (BGH VersR 70, 660). Die Kündigung muß innerhalb der nach §§ 187 Abs. 1, 188 Abs. 2 und 3, 193 BGB zu berechnenden Ausschlußfrist dem VN zugehen (§ 130 Abs. 1 Satz 1 BGB; vgl. § 8 Rdnr. 4). Entgegen der Meinung von *Bruck/Möller* (§ 6 Anm. 41) wird man Kenntnis des objektiven Sachverhalts der Verletzung ohne Rücksicht auf etwaiges Verschulden des VN oder Mitversicherten als ausreichend ansehen können (BGH NJW 61, 267 = VersR 60, 1131; *Prölss/ Martin* § 6 Anm. 10; *Stiefel/Hofmann* § 2 Rdnr. 61). Befaßt sich Polizei oder Staatsanwaltschaft mit der Feststellung eines gleichzeitig als Obliegenheit zu

wertenden Sachverhalts, dann kann der Versicherer – ohne eigene Ermittlungspflicht – in der Regel das Ergebnis der Ermittlungen abwarten. Sind diese Ermittlungen abgeschlossen und werden sie dem Versicherer bekannt, dann beginnt in der Regel mit dem Zeitpunkt des Bekanntwerdens der Lauf der Monatsfrist, es sei denn, das Ermittlungsergebnis ist so unklar, daß erst der rechtskräftige Abschluß des Strafverfahrens eine Klarstellung bringen kann. Anders kann es liegen, wenn der VN schon in einem früheren Stadium des Ermittlungsverfahrens oder gar dem Versicherer selbst gegenüber den ihm zur Last gelegten Verstoß, z. B. das Fahren ohne Fahrerlaubnis, eingeräumt hat. In diesem Fall beginnt die Monatsfrist für den Versicherer mit dem Zeitpunkt zu laufen, in dem er von dieser Tatsache zweifelsfrei Kenntnis erlangt, gleichgültig, ob das Ermittlungsverfahren schon abgeschlossen ist oder nicht oder ob ein Dritter das Fehlen der Fahrerlaubnis bestreitet (BGH VersR 60, 1107). Im Fall der Kündigung richtet sich die Beitragspflicht des VN nach § 40 Abs. 1 VVG.

In einer Reihe von Fällen ist eine **Kündigung** als Voraussetzung der Leistungsfreiheit des Versicherers **entbehrlich**. Dies ist insbesondere der Fall, wenn nicht der VN, sondern nur eine gemäß Abs. 1 mitversicherte, am Vertrag selbst nicht beteiligte Person, etwa der Fahrer, eine Obliegenheit verletzt hat und der Mitversicherte auch nicht Repräsentant (zu diesem Begriff vgl. § 15 Rdnr. 30) des VN ist, so daß dem Versicherer eine Kündigung rechtlich gar nicht möglich ist (AG Speyer r + s 92, 311; AG Hagen r + s 88, 49; allgemein: BGH VersR 60, 1107; NJW 61, 1399 = VersR 61, 555; VersR 64, 149). Hat allerdings auch der VN selbst eine Obliegenheitsverletzung begangen, z. B. durch nicht nachweisbar entschuldigte Gestattung des Fahrens eines Kraftfahrzeugs ohne Fahrerlaubnis, dann ist die Ausübung des Kündigungsrechts ihm gegenüber auch Voraussetzung der Leistungsfreiheit gegenüber den mitversicherten Personen (BGH NJW 61, 1399 = VersR 61, 555). Eine Kündigung ist außerdem entbehrlich, wenn das versicherte Risiko dauernd und endgültig weggefallen ist und dadurch der Versicherungsvertrag ein natürliches Ende wegen Wegfalls des versicherten Risikos gefunden hat. Im Rahmen des § 21 ist dies denkbar, wenn nur ein einziges Fahrzeug versichert war, das durch den Unfall völlig zerstört wurde (vgl. § 10 Rdnr. 5; ähnlich für die Kraftfahrt-Versicherung BGH VersR 60, 1107; 64, 156), und der VN nach Abs. 9 Aufhebung des Vertrags beantragt, weil der Erwerb eines Ersatzfahrzeugs nicht beabsichtigt ist. Wieterhin bedarf es keiner Kündigung, wenn der Vertrag – z. B. aufgrund einer Kündigung des VN oder im gegenseitigen Einvernehmen – ohnehin vor Ablauf der Frist enden sollte (BGH VersR 63, 426; wegen weiterer Einzelheiten vgl. *Stiefel/Hofmann* § 2 Rdnrn. 67 ff.; *Prölss/Martin* § 6 Anm. 10 a. E.). Eine Kündigung ist schließlich in den Sonderfällen entbehrlich – und damit Ablauf der Kündigungsfrist ohne Einfluß auf die Leistungsfreiheit des Versicherers –, in denen mit einer Obliegenheitsverletzung gleichzeitig ein Ausschlußtatbestand ganz oder teilweise verwirklicht ist, z. B. wenn das vorsätzliche Fahren ohne Fahrerlaubnis zu einer rechtskräftigen strafgerichtlichen Verurteilung im Sinn des § 4 Abs. 3 b geführt hat (AG Hagen r + s 88, 49; vgl. oben Rdnr. 85; BGH VersR 60, 1107).

§ 21 ARB 75 103-104 a 2. Teil. Besondere Bestimmungen

103 2. a) Der Besitz der **vorgeschriebenen Fahrerlaubnis** als Voraussetzung für die Eintrittspflicht des Versicherers im Sinn des Abs. 6 Satz 1, 1. Alternative, ist eine Obliegenheit, die der VN (oder der mitversicherte Fahrer) vor Eintritt des Versicherungsfalles zu erfüllen hat. Den Rechtscharakter als Obliegenheit – im Gegensatz zur sekundären Risikobegrenzung – hat der BGH bereits für die frühere Fassung der Führerscheinklausel in § 3 Ziff. 7 ARB 54 betont, da es sich hierbei um eine verschuldens- und kausalitätsabhängige Verhaltensnorm zur Verhütung einer Gefahrensteigerung handle (BGH NJW 59, 1540 = VersR 59, 533). Die heutige Fassung der Führerscheinklausel ist zwar anders formuliert, enthält aber keine wesentliche sachliche Änderung, so daß auch hier Leistungsfreiheit nur eintritt, wenn die Voraussetzungen des § 6 Abs. 1 und 2 VVG gegeben sind (vgl. oben Rdnrn. 85 ff.).

104 Die Obliegenheit, ein Land-, See- oder Luftfahrzeug nur bei Besitz der vorgeschriebenen Fahrerlaubnis zu führen, ist **objektiv** immer dann **verletzt**, wenn der Fahrer des Fahrzeugs bei Eintritt des Versicherungsfalles, d.h. bei Eintritt des Schadenereignisses im Sinn des § 14 Abs. 1 oder im Zeitpunkt der Verletzung der verkehrsrechtlichen Straf- oder Bußgeldvorschrift im Sinn des § 14 Abs. 2, nicht diejenige Fahrerlaubnis besitzt, die die straßen-, luft- oder seeverkehrsrechtlichen Normen des jeweiligen Landes für die Führung des im konkreten Fall benützten Motorfahrzeugs vorschreiben. „Fahrerlaubnis" ist der im Führerschein verkörperte typisierte Nachweis der Fahrkunde des Inhabers und zumindest im Straßenverkehr ein festumrissener Begriff der Rechtssprache (BGH NJW 69, 1213 = VersR 69, 603; vgl. Einl. Rdnr. 48), der nicht mit der Berechtigung zum Fahren im Sinn einer zivilrechtlichen Gestattung durch den über das Fahrzeug Verfügungsberechtigten (Abs. 6 Satz 1, 2. Alternative) und nicht mit der behördlichen Zulassung des Fahrzeugs (vgl. oben Rdnr. 4) zu verwechseln ist. Es handelt sich um die Erlaubnis der zuständigen Verwaltungsbehörde zum Führen eines – führerscheinpflichtigen – Kraftfahrzeugs auf öffentlichen Straßen (§ 4 StVZO) oder die entsprechende Erlaubnis zum Führen eines Wasser- oder Luftfahrzeugs. Keine Fahrerlaubnis im Rechtssinn ist die gemäß § 4 a StVZO seit 1. 4. 1980 vorgeschriebene Bescheinigung zum Führen von Fahrrädern mit Hilfsmotor (Mofa; BayObLG VersR 93, 242; *Stiefel/Hofmann* § 2 Rdnr. 243) sowie die durch § 12 der VO über die Beförderung gefährlicher Güter auf der Straße – GefahrgutVO Straße – seit 1. 9. 1981 vorgeschriebene Schulungsbescheinigung für Tankwagenfahrer. Die nachfolgenden Erläuterungen können sich im wesentlichen auf die für die Praxis im Vordergrund stehenden, gesetzlich besonders eingehend geregelten Vorschriften über die Fahrerlaubnis im Straßenverkehr beschränken.

104 a Für die Erlaubnis zum Führen motorisierter Luft- und Wasserfahrzeuge sei lediglich auf folgende Vorschriften verwiesen: Erteilung und Widerruf der im **Luftfahrerschein** verkörperten Erlaubnis zur Führung oder Bedienung eines Luftfahrzeugs sind in § 4 Luftverkehrsgesetz, §§ 20 ff. Luftverkehrs-Zulassungs-Ordnung und der VO über Luftpersonal geregelt. Erteilung und Widerruf der Erlaubnis zum Führen von Seeschiffen ergeben sich aus §§ 2, 4 Seemannsgesetz und der Schiffsbesetzungs- und Ausbildungs-

VO (*Creifelds* Stichwort „Seeleute"). Das Befähigungszeugnis, die Zulassung als Seelotse oder die Fahrerlaubnis für Sportboote können auch durch einen Spruch des Seeamts nach den Vorschriften des Gesetzes über die Untersuchung von Seeunfällen entzogen werden (*Creifelds* Stichwort „Seeamt"; vgl. auch Vorbem. vor § 21 Rdnr. 77). Erteilung und Widerruf des Befähigungszeugnisses zum Führen von Binnenschiffen (**Schifferpatent**, Schifferausweis, Sportschifferausweis u. ä.) sind insbesondere in der BinnenschifferpatentVO und der SportbootführerscheinVO-See geregelt (*Creifelds* Stichwort „Schiffsführer").

Eine Fahrerlaubnis ist nur vorgeschrieben für das Führen eines Kraftfahrzeugs auf **öffentlichen Straßen**, Wegen oder Plätzen (§ 2 StVG, § 4 StVZO), nicht für das Fahren auf reinem Privatgrund. Dem öffentlichen Verkehr gewidmet sind alle entsprechend hergerichteten Verkehrsflächen, die der Allgemeinheit zu Verkehrszwecken offenstehen. Auf die Eigentumsverhältnisse kommt es nicht an. Voraussetzung ist lediglich ausdrückliche oder stillschweigende Freigabe oder Duldung durch den Berechtigten zur allgemeinen Verkehrsbenutzung. Daher dienen auch Privatstraßen und -wege dem öffentlichen Verkehr, wenn sie – zumindest im beschränkten Umfange – hierfür freigegeben sind und auch entsprechend von einem nicht fest abgegrenzten Personenkreis benutzt werden können und benutzt werden (BGH VersR 69, 832; 72, 832). So dienen beispielsweise dem öffentlichen Verkehr ein allgemein zugängliches Tankstellengelände während der Öffnungszeiten, ein allgemein benutzbarer Weg zu einem Privatgrundstück oder Steinbruch, ein privater Forstweg, der auch Holzkäufern zugänglich ist, eine für jedermann freie Zufahrt zu einer Bundesbahnverladestation, ein allgemein zugänglicher Bahnhofsvorplatz, die Verladerampe für Luftfracht auf einem eingezäunten Flugplatz, allgemein zugängliche Parkplätze, von jedem benutzbare Wege auf privatem Werks- oder Krankenhausgelände. Ist dagegen der öffentliche Verkehr auf einem Grundstück ausdrücklich nur für bestimmte Zeiten zugelassen, dann dient es nur in der angegebenen Zeitspanne dem öffentlichen Verkehr. Nicht dem öffentlichen Verkehr dienen alle Verkehrsflächen, die nur für einen bestimmten geschlossenen, wenn auch möglicherweise großen Personenkreis zugänglich sind, wie geschlossene Werks-, Krankenhaus- und Kasernengelände, Großmarktgelände und Privatparkplätze für Besucher mit Ausweis u.ä. (*Stiefel/Hofmann* § 2 Rdnr. 219; wegen weiterer Einzelfälle siehe *Jagusch/Hentschel* § 1 StVO Rdnrn. 13 bis 16).

Die Vorschriften über die allgemeine Fahrerlaubnis sind in §§ 4, 5 StVZO geregelt, diejenigen über die zusätzliche Fahrerlaubnis zur Fahrgastbeförderung in §§ 15 d, e StVZO. Wird ein Fahrzeug derart umgebaut, daß zu seiner Führung eine andere Klasse der Fahrerlaubnis im Sinn des § 5 StVZO notwendig ist, dann ist die vor dem Umbau ausreichende Fahrerlaubnis nicht mehr die „vorgeschriebene" (LG Hechingen VersR 78, 1108). Entsprechendes gilt bei Benutzung eines an sich führerscheinfreien Fahrzeugs, mit dem sich ohne bauliche Veränderung eine wesentlich höhere als die für die Führerscheinfreiheit vorgeschriebene Höchstgeschwindigkeit erreichen läßt

(OLG Hamm NJW 78, 332). Neben den Normen über die allgemeine und zusätzliche Fahrerlaubnis gibt es eine Reihe von **Sonderregelungen**.

107 Zur Befreiung vom **Alterserfordernis** des § 7 Abs. 1 StVZO bedarf es nach § 7 Abs. 2 StVZO einer Ausnahmegenehmigung der Verwaltungsbehörde. Fehlt diese Ausnahmegenehmigung, dann fehlt es an der „vorgeschriebenen" Fahrerlaubnis (OLG Hamm VersR 76, 141; 80, 1038; *Stiefel/ Hofmann* § 2 Rdnrn. 242, 243).

108 Beim **Abschleppen** eines Kraftfahrzeugs genügt nach § 5 Abs. 2 Satz 2 StVZO die Fahrerlaubnis für die Klasse des abschleppenden Fahrzeugs. Der Lenker des abgeschleppten Fahrzeugs benötigt keine Fahrerlaubnis. „Abschleppen" setzt Betriebsunfähigkeit des abgeschleppten Fahrzeugs voraus (§ 18 Abs. 1 StVZO), wobei auch das Anschleppen eines Fahrzeugs mit dem Ziel, dessen Motor wieder in Gang zu bringen, bis zu dessen Anspringen noch Abschleppen ist. Ist das geschleppte Fahrzeug nicht oder nicht mehr betriebsunfähig, dann handelt es sich um ein „Schleppen", das nur unter den Voraussetzungen des § 33 StVZO zulässig ist (Näheres *Jagusch/Hentschel* § 18 StVZO Rdnrn. 10 bis 12).

109 **Fahrschüler** bedürfen keiner Fahrerlaubnis, müssen aber von einem Fahrlehrer beaufsichtigt werden (§ 6 Abs. 1 StVZO). Die Obliegenheit, das Fahrschul-Fahrzeug mit der vorgeschriebenen Fahrerlaubnis zu führen, ist nur dann verletzt, wenn es der Fahrlehrer an einer wirksamen Beaufsichtigung des Fahrschülers völlig fehlen läßt (BGH NJW 72, 869 = VersR 72, 455).

110 Der Inhaber einer Fahrerlaubnis der **Bundeswehr**, des Bundesgrenzschutzes und der Polizei darf während seines Dienstverhältnisses nach § 14 Abs. 1 StVZO alle Dienst- und Privatfahrzeuge der betreffenden Betriebsart und -klasse führen. Mit Beendigung des Dienstverhältnisses wird die Fahrerlaubnis ungültig, falls der Inhaber nicht eine allgemeine Fahrerlaubnis beantragt, auf deren Erteilung er im Rahmen des § 14 Abs. 3 StVZO einen Rechtsanspruch hat (*Stiefel/Hofmann* § 2 Rdnrn. 222–224).

111 Ist ein nichtdeutscher **NATO-Truppenangehöriger** im Besitz einer von der zuständigen Behörde seines Landes ausgestellten Urkunde, die ihn als Mitglied der Streitkräfte zum Führen von Kraftfahrzeugen berechtigt, dann ist dieser sogenannte USAREUR-Führerschein auch im Inland gültig und berechtigt gemäß Art. 9 Abs. 2 und 3 des Zusatzabkommens zum NATO-Truppenstatut auch zum Führen inländischer ziviler Fahrzeuge (BGH VersR 69, 418). Einem solchen nichtdeutschen Truppenangehörigen kann unter den erleichterten Voraussetzungen des § 10 Abs. 4 Nr. 1 StVZO eine allgemeine deutsche Fahrerlaubnis erteilt werden.

112 Eine **ausländische** allgemeine Fahrerlaubnis gilt nach Art. 4, 5 der VO über internationalen Kraftfahrzeugverkehr vom 12. 11. 1934 im Inland ein Jahr ab Grenzübertritt, und zwar ohne Rücksicht auf die beabsichtigte Aufenthaltsdauer (BGH NJW 64, 1566 = VersR 64, 742). Die Jahresfrist beginnt mit jedem Grenzübertritt neu. Ist allerdings ein ständiger Aufenthalt im Inland beabsichtigt, so läuft die Jahresfrist seit der Einreise, nach der der ständige Aufenthalt begründet wurde, ohne Rücksicht auf spätere Wiederausreisen weiter (BGH NJW 70, 955 = VersR 70, 464; BayObLG NJW 72, 2193; wegen Ausnahmen für Schüler und Studenten aus EG-Staaten sowie weiterer Einzelheiten vgl. *Stiefel/Hofmann* § 2 Rdnrn. 230 ff.; *Bouska* DAR 83, 130). Dem Inhaber einer ausländischen Fahrerlaubnis kann unter den Voraussetzungen des § 15 StVZO eine inländische Fahrerlaubnis erteilt werden. Die Erlaubnis zur Teilnahme am Fahrunterricht auf öffentlichen Verkehrswegen nach Art. 83 des italienischen Codice Stradale ist keine Fahrerlaubnis im Sinn der deutschen StVZO (BGH VersR 82, 589).

Dem in den Geltungsbereich der StVZO übergesiedelten Inhaber einer in der ehemaligen **Deutschen Demokratischen Republik** ausgegebenen Fahrerlaubnis wurde eine bundesdeutsche Fahrerlaubnis erteilt, wenn keine Bedenken gegen seine Eignung bestanden. Seine bisherige Fahrerlaubnis galt in der Bundesrepublik längstens ein Jahr vom Tag des Grenzübertritts an (§ 14a StVZO). Seit dem Beitritt der DDR bleibt die Anerkennung der DDR-Fahrerlaubnisse bestehen (*Stiefel/Hofmann* § 2 Rdnr. 236). 113

Die früher umstrittene Frage, ob die **Fahrerlaubnis** als formgebundener Verwaltungsakt schon mit dem Bestehen der Fahrprüfung oder erst mit der Aushändigung der Urkunde über die bestandene Prüfung (Führerschein, vgl. z.B. § 4 Abs. 2 StVZO) **rechtswirksam** wird, ist heute dahingehend entschieden, daß erst die Aushändigung des Führerscheins zum Fahren berechtigt (BGH NJW 66, 1216 = VersR 66, 557). Die Fahrerlaubnis wird durch die Aushändigung des Führerscheins erteilt (§ 10 Abs. 1 Satz 6 StVZO). Entsprechendes gilt, wenn es sich nur um die Erweiterung einer bereits bestehenden Fahrerlaubnis handelt, z.B. um die Erteilung der zusätzlichen Fahrerlaubnis zur Fahrgastbeförderung nach §§ 15 d, e StVZO. Wird bei Ausdehnung der Fahrerlaubnis auf eine andere Klasse die Erweiterung gemäß § 10 Abs. 1 Satz 4 StVZO im bisherigen Führerschein eingetragen, kommt es auf den Zeitpunkt dieser Eintragung an. Die irrtümliche Auffassung, die Fahrerlaubnis sei schon mit dem Bestehen der Fahrprüfung wirksam geworden, kann den Fahrer je nach den Umständen des Falles im Sinn des § 6 Abs. 1 Satz 1 VVG entschuldigen (vgl. oben Rdnr. 96; *Stiefel/ Hofmann* § 2 Rdnr. 244). Keine rechtswirksame Fahrerlaubnis besitzt, wer sich einen Führerschein durch unlautere Machenschaften ohne Prüfung erschlichen oder nach einer Entziehung auf unrechtmäßige Weise wieder beschafft hat (RG JW 38, 1809; *Prölss/Martin/Knappmann* § 2 AKB Anm. II 3 B c). 114

b) Werden bei Erteilung der Fahrerlaubnis im Führerschein vermerkte **Auflagen** nach § 12 Abs. 2 Satz 1 StVZO verfügt, die zugleich eine Auflage im Sinne des § 36 Abs. 2 Nr. 4 VwVfG darstellen, z.B. zum Tragen einer Brille oder eines Hörgeräts, zum Fahren nur bei Tageslicht oder nur in einem bestimmten Bereich oder mit beschränkter Geschwindigkeit, denn berührt die Nichterfüllung einer solchen persönlichen Auflage den Bestand der Fahrerlaubnis nicht (BGH NJW 69, 1213 = VersR 69, 603; VersR 69, 1011; *Jagusch/Hentschel* § 12 StVZO Rdnr. 14; *Stiefel/Hofmann* § 2 Rdnr. 227, 245). 115

116 Im Führerschein vermerkte fahrzeugtechnische **Beschränkungen** gemäß § 12 Abs. 2 Satz 2 StVZO sind dagegen eine gegenständliche Begrenzung der Fahrerlaubnis, bei deren Überschreitung der Fahrer ohne die „vorgeschriebene" Fahrerlaubnis fährt (BGH NJW 78, 2517). Es kann sich um eine Beschränkung auf eine bestimmte Fahrzeugart – z. B. mit automatischer Kraftübertragung (§ 11 b StVZO) – oder auf eine bestimmte Motorleistung oder auch um vorgeschriebene, im Führerschein genau zu bezeichnende technische Sondereinrichtungen im Fahrzeug, z. B. für Amputierte, handeln (*Jagusch/Hentschel* § 12 StVZO Rdnr. 13).

117 c) Bei Wegnahme des Führerscheins und **Entziehung** der Fahrerlaubnis sind verschiedene Fälle zu unterscheiden. Gibt der z. b. bei einer Trunkenheitsfahrt gestellte Fahrer seinen Führerschein freiwillig oder unter Zwang (Sicherstellung oder Beschlagnahme nach §§ 94, 98 StPO) an den Polizeibeamten heraus, dann verliert er damit zwar den Besitz am Führerschein als einer Urkunde, behielt jedoch nach früherer Rechtsprechung die Fahrerlaubnis als solche, die bis zu einer gerichtlichen Entscheidung bestehen blieb (BGH NJW 62, 214 = VersR 62, 1051; VersR 62, 1053). Auf Grund geänderter Gesetzeslage hat nach neuerer Auffassung jedoch nunmehr auch derjenige Fahrer keine Fahrerlaubnis mehr, dessen Führerschein wegen eines Verkehrsverstoßes von der Polizei beschlagnahmt wurde (BGH NJW 82, 182 = VersR 82, 84). Das Vergessen oder der Verlust des Führerscheins berühren den Bestand der Fahrerlaubnis nicht (BGH NJW 64, 1566 = VersR 64, 742). Anders liegt es, wenn das Gericht die Fahrerlaubnis gemäß § 111 a StPO vorläufig entzieht. Sobald der Beschluß über die vorläufige Entziehung dem Fahrer zugestellt ist, besitzt er nicht mehr die vorgeschriebene Fahrerlaubnis (BGH VersR 62, 1053). Bei endgültiger Entziehung erlischt die Fahrerlaubnis gemäß § 69 Abs. 3 StGB mit der Rechtskraft des Urteils und lebt nicht mit Ablauf der vom Gericht nach § 69 a StGB verhängten Sperrfrist, sondern erst mit der Erteilung einer neuen Fahrerlaubnis durch die Verwaltungsbehörde nach § 15c StVZO wieder auf (BGH NJW 66, 1216 = VersR 66, 557; OLG Hamm NJW 73, 1141; LG Köln VersR 77, 951). Wird dem Inhaber eines ausländischen Führerscheins im Inland die Fahrerlaubnis durch das Strafgericht mit Wirkung für das Inland entzogen, dann hat er nicht die „vorgeschriebene" Fahrerlaubnis, wenn er während der Sperrzeit im Inland dem Verbot zuwider Kraftfahrzeuge führt (§ 69b Abs. 1 StGB). Entzieht die Verwaltungsbehörde die Fahrerlaubnis, dann verliert sie ihre Gültigkeit mit der Anordnung des sofortigen Vollzugs gemäß § 80 VwGO, andernfalls mit rechtskräftigem Abschluß des Verwaltungsverfahrens (*Stiefel/Hofmann* § 2 Rdnr. 248). Ein befristetes Fahrverbot nach § 44 StGB oder § 25 StVG berührt an sich den Bestand der Fahrerlaubnis nicht unmittelbar. Berücksichtigt man jedoch daß es sich um eine gerichtlich verhängte Nebenstrafe bzw. eine behördlich verhängte Nebenfolge einer Straftat oder Ordnungswidrigkeit handelt und der Fahrerlaubnisinhaber unter der Strafdrohung des § 21 StVG verpflichtet ist, nach Rechtskraft der Entscheidung während der festgesetzten Frist kein führerscheinpflichtiges Fahrzeug zu führen, dann steht dies zwar nicht in der rechtlichen, aber in der praktischen Auswirkung einer befristeten Fahrerlaubnisentziehung

gleich. Gericht oder Behörde halten es für nötig, den Inhaber der Fahrerlaubnis für die festgesetzte Zeitspanne vom motorisierten Verkehr fernzuhalten. Damit kann das Fahrverbot gleichzeitig als die in Abs. 6 Satz 1, 1. Alternative verankerte versicherungsvertragliche Obliegenheiten gewertet werden, zur Verhütung erhöhter Rechtskosten (§ 32 VVG) keine Motorfahrzeuge zu führen. Wer dem strafbewehrten Verbot zuwiderhandelt, im festgelegten Zeitraum von der Fahrerlaubnis Gebrauch zu machen, hat bei Eintritt eines Versicherungsfalles nicht die „vorgeschriebene" Fahrerlaubnis (ähnlich für die Kraftfahrtversicherung LG Göttingen VersR 81, 27; a. A. BGH NJW 87, 1827 = VersR 87, 897; AG Nordhorn DAR 89, 317 = ZfS 89, 346; dagegen mit beachtlichen Gründen *Stiefel/Hofmann* § 2 Rdnr. 252).

3. Abs. 6 Satz 1, 2. Alternative statuiert die – im Sinn des § 6 Abs. 1 und 2 VVG vor dem Versicherungsfall zu erfüllende – Obliegenheit, ein Fahrzeug nicht ohne Wissen und Willen des Verfügungsberechtigten zu führen (zum Begriff des berechtigten Fahrers vgl. im einzelnen oben Rdnr. 24). Die Obliegenheit dient der Verhütung einer Gefahrerhöhung im Sinn des § 32 VVG, da ein **unberechtigter Fahrer** häufig aus Angst vor Entdeckung und Verfolgung riskant fahren wird (BGH NJW 55, 669 = VersR 55, 180) und sich dadurch die Gefahr von Unfällen und Zuwiderhandlungen gegen Verkehrsvorschriften und damit das Risiko des Eintritts von Versicherungsfällen im Sinn des § 14 Abs. 1 und 2 erhöhen kann. Die Obliegenheit richtet sich primär an den Fahrer. Da jedoch der mit dem VN nicht identische Fahrer eines auf den VN zugelassenen Fahrzeugs nach Abs. 1 Satz 2 ohnehin nur dann Versicherungsschutz hat, wenn er berechtigter Fahrer ist (vgl. oben Rdnr. 25), betrifft Abs. 6 Satz 1 nicht die Leistungsfreiheit im Verhältnis zum unberechtigten Fahrer eines auf den VN zugelassenen Fahrzeugs, sondern nur den VN selbst in seiner Eigenschaft als Fahrer von Fahrzeugen und auch hier nur in seiner Eigenschaft als – unberechtigter – Fahrer fremder Fahrzeuge, da ein unberechtigtes Fahren eigener Fahrzeuge nicht denkbar ist. Außerdem regelt Abs. 6 Satz 1 im Zusammenhang mit Abs. 6 Satz 2 den Versicherungsschutz im Verhältnis zu dem vom Fahrer verschiedenen VN und zu gemäß Abs. 1 Satz 2 mitversicherten Insassen, falls der – gemäß Abs. 1 Satz 2 selbst nicht mitversicherte – unberechtigte Fahrer einen Versicherungsfall herbeigeführt hat, der auch den Rechtskreis des VN oder eines mitversicherten berechtigten Insassen betroffen hat.

Hat der **VN** selbst **unberechtigt** ein fremdes Fahrzeug geführt, wird er nur in Ausnahmefällen im Sinn des Abs. 6 Satz 2 entschuldigt sein. In der Regel wird ihm bekannt sein, daß er ohne oder sogar gegen den Willen des über das fremde Fahrzeug Verfügungsberechtigten fährt. War er sich vor Fahrtantritt über das Einverständnis des Halters im Zweifel, muß er diese Zweifel vorher klären. Ausnahmsweise kann der VN dann entschuldigt sein, wenn es sich um das Fahrzeug eines guten Bekannten oder eines Angehörigen handelt, der ihm vorher schon häufig das Fahrzeug überlassen hatte und von dessen fortbestehendem Einverständnis er aufgrund der objektiven Sachlage entschuldbar ausgehen konnte (vgl. oben Rdnr. 96; *Stiefel/Hofmann* § 2 Rdnr. 183).

§ 21 ARB 75   120–122   2. Teil. Besondere Bestimmungen

120   Führt ein unberechtigter Fahrer das Fahrzeug des VN und wird es hierbei beispielsweise in einen Unfall verwickelt, aufgrund dessen dem VN als Eigentümer Schadenersatzansprüche wegen Beschädigung des Fahrzeugs gegen einen Dritten erwachsen, dann hat der VN für die Geltendmachung dieser Schadenersatzansprüche gemäß Abs. 4a Versicherungsschutz, wenn er vom Fehlen der Berechtigung des Fahrers zum Führen des Fahrzeugs **ohne Verschulden** keine Kenntnis hatte (Abs. 6 Satz 2). Fehlendes Verschulden des VN wird man in der Regel dann bejahen können, wenn er die Schwarzfahrt nicht im Sinn des § 7 Abs. 3 Satz 1, 2. Halbsatz StVG schuldhaft ermöglicht hatte, wenn er also insbesondere diejenigen Vorkehrungen gegen eine unbefugte Benutzung des Fahrzeugs getroffen hatte, die § 14 Abs. 2 StVO und § 38a StVZO dem Halter auferlegen (Näheres vgl. *Jagusch/Hentschel* § 7 StVG Rdnrn. 53 bis 55). Der gemäß Abs. 1 Satz 2 mitversicherte Insasse eines zu einer Schwarzfahrt verwendeten Fahrzeugs des VN kann dann entschuldigt sein, wenn er aufgrund der objektiven Sachlage bei Beobachtung der verkehrserforderlichen Sorgfalt (§ 276 Abs. 1 Satz 2 BGB) keine Zweifel am Einverständnis des Halter-VN mit der Fahrt haben mußte.

121   4. a) Abs. 6 Satz 1, 3. Alternative statuiert die – in der Kraftfahrt-Versicherung unbekannte (BGH VersR 77, 341) – Obliegenheit, zum Zweck der Verhütung erhöhter Rechtskosten (§ 32 VVG) nur ein zum öffentlichen Verkehr **zugelassenes** Motorfahrzeug zu führen. Diese Obliegenheit war in Abs. 6 des § 21 (und dem inhaltsgleichen Abs. 5 des § 22 und Abs. 4 des § 23) der ARB 69 noch nicht enthalten, sondern wurde erst aus den §§ 24 Abs. 5 Ziff. 4, 26 Abs. 6 und 27 Abs. 6 ARB 69 auch für die §§ 21 bis 23 in die ARB 75 übernommen. Die Obliegenheit wendet sich in erster Linie an den VN in seiner Eigenschaft als Fahrer von – eigenen oder fremden – Fahrzeugen, da die Fahrereigenschaft nach Abs. 1 Satz 1 nicht an das weitere Risikomerkmal der Zulassung gekoppelt ist (OLG Karlsruhe VersR 75, 248 für den inhaltsgleichen § 26 Abs. 6; vgl. oben Rdnr. 18). In den sonstigen gemäß Abs. 1 Satz 1 unter Versicherungsschutz stehenden Eigenschaften als Eigentümer, Halter oder Insasse eigener Fahrzeuge hat der VN von vornherein grundsätzlich keinen Versicherungsschutz, wenn das Fahrzeug im Zeitpunkt des Versicherungsfalles nicht auf ihn zugelassen ist (primäre Risikobegrenzung; Ausnahme: Erlöschen der Betriebserlaubnis, vgl. oben Rdnrn. 3 und 9). Das gleiche gilt für berechtigte Fahrer und Insassen von Fahrzeugen des VN, die als Mitversicherte nach Abs. 1 Satz 2 nur dann Versicherungsschutz haben, wenn das Fahrzeug auf den VN zugelassen ist.

122   b) Die Obliegenheit ist **objektiv** immer dann **verletzt**, wenn das vom VN geführte Fahrzeug – nicht ein (ab)geschlepptes im Sinn der §§ 18, 33 StVZO – im Zeitpunkt des Versicherungsfalles nicht (wirksam) zugelassen war. Was unter „Zulassung" zu verstehen ist, ist oben in Rdnrn. 4ff. näher erläutert. Bei Fehlen des amtlichen Kennzeichens wird der Versicherer in der Regel leistungsfrei sein, weil in diesem Fall stets ein Verschulden des VN im Sinn des Abs. 6 Satz 2 anzunehmen sein wird. Größere Bedeutung können jedoch im Rahmen der Entlastungsmöglichkeit nach Abs. 6 Satz 2 die Fälle gewinnen, in denen das amtliche Kennzeichen zwar noch vorhanden ist, die Zulas-

sung jedoch wegen Erlöschens der Betriebserlaubnis oder Untersagung des Betriebs unwirksam geworden ist.

c) Die **Betriebserlaubnis** – und damit die Zulassung – wird gemäß § 19 **123** Abs. 2 StVZO **wirkungslos**, wenn Teile des Fahrzeugs verändert werden, deren Beschaffenheit vorgeschrieben ist oder deren Betrieb eine Gefährdung anderer Verkehrsteilnehmer verursachen kann (*Jagusch/Hentschel* § 19 StVZO Rdnr. 16). Welche Fahrzeugteile hierfür in Frage kommen, ergibt sich aus einem Beispiele-Katalog des Bundesministers für Verkehr (abgedruckt bei *Jagusch/Hentschel* § 19 StVZO Rdnr. 12). Ist die Betriebserlaubnis auf diese Weise erloschen, dann verletzt der VN objektiv die Obliegenheit gemäß Abs. 6 Satz 1, wenn er mit dem derart veränderten Fahrzeug fährt (vgl. oben Rdnr. 9). Denn für die Anwendung dieser Bedingungsregelung ist es gleichgültig, ob das Fahrzeug von vorneherein nicht zugelassen war oder ob die Zulassung erst durch das Erlöschen der Betriebserlaubnis unwirksam geworden ist (OLG Düsseldorf – nachträglicher Einbau von Rollstuhl-Halterungen – DAR 91, 29; LG Aschaffenburg – Verbreiterung von Spoiler und Spur – ZfS 88, 47 = r + s 88, 110; AG Düsseldorf – Einbau einer nicht abgenommenen Gas-Zusatzheizung in Lkw – r + s, 97, 162; AG Speyer – „frisiertes" Mofa – r + s 92, 311; AG Offenbach – „Spoiler" – r+s 77, 133; AG Dortmund – „Monza-Endrohre" – r+s 77, 222 für den inhaltsgleichen § 26 Abs. 6 a. F.; *Theda* VersR 83, 1097, 1103 m. w. N.). Bleibt allerdings zweifelhaft, ob der nachträgliche Einbau eines Fahrzeugteils die Wirksamkeit der Betriebserlaubnis berührt hat, dann fehlt es schon objektiv an einer Obliegenheitsverletzung nach Abs. 6 Satz 1 (vgl. OLG Hamm DAR 77, 194 für den nachträglichen Einbau von Schalensitzen anstelle serienmäßiger Fahrersitze). Steht die Obliegenheitsverletzung fest, dann ist der RSVersicherer dem VN gegenüber – vorbehaltlich § 6 Abs. 1 und 2 VVG (vgl. oben Rdnrn. 86ff.) – leistungsfrei, sofern dieser nicht nach Abs. 6 Satz 2 dartun und notfalls beweisen kann, daß er vom Erlöschen der Zulassung ohne Verschulden keine Kenntnis hatte. Hatte sich der VN vor dem Einbau der Fahrzeugteile wegen deren Zulässigkeit erkundigt und eine negative oder zumindest keine klare Auskunft erhalten, dann ist er nicht entschuldigt. Entlastet kann er dagegen sein, wenn eine Fachwerkstätte erklärt hatte, der Einbau eines bestimmten Teils berühre die Betriebserlaubnis nicht, oder wenn bei einer TÜV-Untersuchung ein erkennbar veränderter Teil nicht beanstandet wurde (AG Frankfurt r + s 93, 100; OLG Hamm DAR 77, 194; *Jagusch/Hentschel* § 19 StVZO Rdnr. 16). Das gleiche gilt, wenn die Bußgeldbehörde eine dem Hersteller einer Auspuffanlage erteilte allgemeine Betriebserlaubnis zunächst irrigerweise auch auf das Fahrzeug des VN bezog (LG Augsburg AnwBl. 83, 468).

Gegenüber dem nach Abs. 1 Satz 2 mitversicherten berechtigten **Fahrer** und **124** **Insassen** bleibt der Versicherer zur Leistung verpflichtet, wenn diese vom Fehlen der Zulassung ohne Verschulden keine Kenntnis hatten. War ein amtliches Kennzeichen vorhanden und die Zulassung lediglich aufgrund veränderter Teile im Sinn des § 19 Abs. 2 StVZO erloschen, dann wird dem Insassen in der Regel nicht und auch dem Fahrer nur in Ausnahmefällen ein Verschulden zur Last fallen, wenn ihnen das Erlöschen der Zulassung unbekannt geblieben war.

125 d) Hat die Zulassungsbehörde den **Betrieb** eines nicht vorschriftsmäßigen Fahrzeugs nach § 17 Abs. 2 StVZO **untersagt,** dann verliert die Zulassung mit Zustellung der Untersagungsverfügung ihre Wirkung, auch wenn das Kennzeichen noch nicht entstempelt ist (*Jagusch/Hentschel* § 17 StVZO Rdnr. 9; § 18 Rdnr. 37). Benutzt der VN das Fahrzeug gleichwohl weiter, verletzt er schuldhaft seine Obliegenheit nach Abs. 6 Satz 1. Dem nach Abs. 1 Satz 2 mitversicherten Fahrer oder Insassen gegenüber bleibt der Versicherer nach Abs. 6 Satz 2 leistungspflichtig, wenn sie von der Untersagung des Betriebs des Fahrzeugs entschuldbar keine Kenntnis hatten. Die Mißachtung von Auflagen, die mit einer Zulassung gemäß § 71 StVZO verbunden sein können, z. b. die Überschreitung einer bestimmten Höchstgeschwindigkeit, ändert nichts an der Wirksamkeit der Zulassung (BGH VersR 77, 341).

126 5. Außer den drei in Abs. 6 enthaltenen Obliegenheiten treffen den VN und die Mitversicherten nach den ARB keine weitere Obliegenheiten, die vor dem Versicherungsfall zu erfüllen wären. Insbesondere besteht kein Verbot, das Fahrzeug zu gefährlichen Zwecken zu **verwenden,** z. b. zu Autorennen, Rallyes, Kunstflügen oder sonstigen motorsportlichen Wettkämpfen (vgl. oben Rdnr. 11).

127 Die in § 3 Ziff. 7 ARB 54 enthaltene Obliegenheit, ein Fahrzeug in **verkehrswidrigem** Zustand nicht zu benutzen, wurde nicht in die ARB 69/75 übernommen, da die Ursächlichkeit des verkehrswidrigen Zustandes für den Eintritt eines Versicherungsfalles unter dem Einfluß der neueren Rechtsprechung zur Kraftfahrtversicherung immer schwerer beweisbar geworden war (*Ridder* S. 76). Die unabhängig hiervon mögliche Wertung eines verkehrswidrigen Fahrzeugzustandes als Gefahrerhöhung im Sinn von § 23 VVG, die den Versicherer nach § 25 VVG leistungsfrei werden lassen könnte, scheitert in der Regel daran, daß versicherungsrechtlich eine Pflicht des VN zur Kontrolle des Fahrzeugzustandes nur ausnahmsweise besteht und der Versicherer selbst bei grobfahrlässiger Unkenntnis des VN von einer wesentlichen Beeinträchtigung der Verkehrssicherheit des Fahrzeugs nicht nach §§ 23, 25 VVG leistungsfrei wird (BGH VersR 77, 341).

VIII. Anzeigepflicht (Abs. 7)
(entspricht § 21 Abs. 10 Satz 3 und 4 ARB 94)

128 Die Anzeigepflicht ist die notwendige **Ergänzung zu der** mit Zulassung jedes weiteren Fahrzeugs auf den VN ipso jure einsetzenden **Deckungspflicht** des Versicherers gemäß Abs. 1 Satz 1 (vgl. oben Rdnr. 8). Als Sonderregelung, die auf die spezielle versicherungstechnische und bedingungsrechtliche Ausgestaltung des Deckungsumfangs des § 21 ausgerichtet ist, geht der schon 1969 geschaffene Abs. 7 der allgemeinen Proportionalitätsregel des § 9 Abs. 4, die erst 1975 in die ARB eingefügt wurde (§ 9 Rdnr. 10), vor. Die Anzeigepflicht ist der für die Vorsorge-Versicherung in der Haftpflichtversicherung seit langem geltenden Regelung des § 2 Ziff. 1 AHB

nachgebildet und – wie die Anzeigepflicht des § 9 Abs. 4 – keine Obliegenheit, sondern eine echte, der Beitragspflicht zugeordnete Rechtspflicht des VN (§ 9 Rdnr. 12; vgl. auch *Prölss/Martin/Voit* § 2 AHB Anm. 1; a.A. *Böhme* § 21 Rdnr. 37).

Die Anzeigepflicht entsteht nicht von selbst mit Zulassung eines weiteren Fahrzeugs auf den VN, sondern erst durch Zugang einer entsprechenden eindeutigen **Aufforderung** des Versicherers beim VN, die im Text so hervorgehoben sein muß, daß sie auch einem durchschnittlich aufmerksamen VN auffallen muß (LG Freiburg VersR 89, 839; AG Mainz ZfS 89, 60: Hinweis auf der Rückseite der Prämienrechnung genügt; vgl. auch § 9 Rdnr. 11). Binnen einer nach §§ 187 Abs. 2, 188 Abs. 2 und 3, 193 BGB zu berechnenden Frist von einem Monat ab dem Tag des Zugangs der Aufforderung hat dann der VN die Zulassung jedes, im Fall des Abs. 2 jedes gleichartigen, bisher nicht gemeldeten Fahrzeugs schriftlich (§ 12) anzuzeigen. Hierbei muß die Anzeige spätestens am letzten Tag der Frist beim Versicherer eingegangen sein (§ 130 Abs. 1 Satz 1 BGB). Bloße Absendung der Anzeige innerhalb der Frist wahrt diese nicht (*Bruck/Möller/Johannsen* IV Anm. G 140). Aus der Formulierung ergibt sich, daß auch ein nach einer früheren Aufforderung versehentlich oder wissentlich nicht gemeldetes Fahrzeug nachzumelden ist.

Tritt nach Zugang der Aufforderung beim VN, aber vor Eingang seiner Anzeige beim Versicherer, ein **Versicherungsfall** (§ 14) ein, der das noch nicht gemeldete Fahrzeug betrifft, dann entfällt der seit der Zulassung an sich bestehende Versicherungsschutz hinsichtlich aller versicherten Eigenschaften einschließlich der Eigenschaft als Fahrer (vgl. oben Rdnrn. 10, 18) rückwirkend, sofern der VN nicht nachweisen kann, daß das Fahrzeug bei Vertragsschluß noch nicht auf ihn zugelassen war und der Versicherungsfall nicht später als einen Monat nach Zugang der (ersten) Aufforderung eingetreten ist, aufgrund deren die Zulassung des Fahrzeugs nach Abs. 7 Satz 1 zu melden war. Abs. 7 Satz 2 enthält eine gegenständliche Risikobegrenzung. Der mit der Zulassung einsetzende Versicherungsschutz für das neu zugelassene Fahrzeug ist sozusagen auflösend bedingt (§ 158 Abs. 2 BGB) durch das ungenutzte Verstreichenlassen der Anzeigefrist durch den VN und endet in diesem Fall mit dem letzten Tag dieser Frist (vgl. *Prölss/Martin/Voit* § 2 AHB Anm. 1a; *Bruck/Möller/Johannsen* IV Anm. G 139). Wann der VN Kenntnis von dem Versicherungsfall erlangt hat, ist – wie auch sonst (§ 14 Rdnr. 41) – ohne Belang.

Keine Anzeigepflicht besteht an sich, soweit ein hinzuerworbenes Motorfahrzeug des VN nicht zulassungspflichtig ist. Sofern solche Fahrzeuge nicht beitragsfrei eingeschlossen, sondern unter stillschweigendem Verzicht auf das Merkmal der Zulassung gegen Beitragszahlung versichert werden (vgl. oben Rdnr. 6), wird man jedoch den VN entsprechend Abs. 7 Satz 1 für verpflichtet ansehen müssen, den Erwerb eines weiteren nicht zulassungspflichtigen Fahrzeugs dem Versicherer nach Aufforderung zu melden.

IX. Stillegung (Abs. 8)
(ARB 94: entfallen)

132 1. Abs. 8 regelt den Einfluß einer **Stillegung** des Fahrzeugs auf das Versicherungsverhältnis. Das Straßenverkehrsrecht kennt die – in § 27 Abs. 4a und Abs. 6 Satz 1 StVZO erwähnte – vorübergehende Stillegung sowie die endgültige Stillegung für mehr als ein Jahr nach § 27 Abs. 5 StVZO. Eine vorübergehende Stillegung gilt nach Ablauf eines Jahres nach § 27 Abs. 6 Satz 2 in der Regel als endgültig. Die vorübergehende Stillegung kann erfolgen als steuerliche oder versicherungsmäßige Zwangsabmeldung nach § 6 Kraftfahrzeugsteuergesetz bzw. § 29c StVZO bei Verletzung der Steuer- oder Versicherungspflicht oder als freiwillige Abmeldung, z. B. während des Winters, bei Krankheit oder Auslandsaufenthalt. Stillegung bedeutet „aus dem Verkehr ziehen" und damit Nichtmehrverwenden des Fahrzeugs auf öffentlichen Straßen. Die vorübergehende Stillegung erfolgt gemäß § 27 Abs. 4a StVZO durch Ablieferung des Kraftfahrzeugscheins und Entstempelung des Kennzeichens sowie Vermerk im Kraftfahrzeugbrief, die endgültige Stillegung gemäß § 27 Abs. 5 StVZO darüber hinaus durch Unbrauchbarmachung des Briefs *(Jagusch/Hentschel* § 27 StVZO Rdnrn. 30, 34, 35).

133 2. Mit der Abmeldung beginnt die **Zulassung** zu **ruhen.** Solange sie ruht, gilt sie im Verkehr als nicht bestehend mit der Folge, daß die Führung eines stillgelegten Fahrzeugs im öffentlichen Verkehr eine Ordnungswidrigkeit nach §§ 18 Abs. 1, 24, 69a Abs. 2 Nr. 3 StVZO darstellt *(Jagusch/Hentschel* § 18 StVZO Rdnr. 37). Dieses Ruhen der Zulassung unterbricht gleichzeitig den Versicherungsschutz für das stillgelegte Fahrzeug, da es mit der Abmeldung nicht mehr im Sinn des Abs. 1 Satz 1 als auf den VN zugelassen anzusehen ist (vgl. oben Rdnr. 9). RS in seiner Eigenschaft als Fahrer von – sonstigen eigenen oder von fremden – Fahrzeugen hat der VN dagegen weiterhin.

134 Bei vorübergehender Stillegung eines Fahrzeugs kann der VN nach Abs. 8 Satz 1 in Abweichung von § 9 Abs. 3 keine Herabsetzung des **Beitrags** verlangen, wenn die Zeit der Stillegung weniger als fünf Monate beträgt. Diese Regelung erscheint für den einzelnen VN zumutbar, da der Versicherungsschutz teilweise, nämlich beschränkt auf den Fahrer-RS (vgl. oben Rdnr. 133), weiter besteht und der Risikogemeinschaft hierdurch Verwaltungskosten erspart werden, die andernfalls mit Vertragsänderungen wegen kurzfristiger Stillegungen zwangsläufig verbunden wären. Dauert die Stillegung dagegen fünf Monate oder länger oder war keine vorübergehende, sondern von vornherein eine endgültige Stillegung beabsichtigt und erfolgt, dann bleibt es bei der Regelung des § 9 Abs. 3 *(Ridder* S. 76). Läßt der VN das mindestens fünf Monate stillgelegte Fahrzeug wieder zu, hat er dies nach Abs. 8 Satz 2 in Verbindung mit Abs. 7 Satz 1 dem Versicherer innerhalb eines Monats nach Zugang einer Aufforderung anzuzeigen. Eine dem § 5 Abs. 4 Satz 2 AKB entsprechende Regelung, wonach bei beabsichtigter Wiederzulassung der Versicherungsschutz für das Fahrzeug bereits vor der Zulassung für Fahrten im Zusammenhang mit der Abstempelung des Kennzeichens wieder auflebt, enthalten die ARB nicht. Zumindest bei einer vor-

Fahrzeug-Rechtsschutz § 22 ARB 75

übergehenden Stillegung unter fünf Monaten, also bei unverändert fortbestehender Beitragspflicht des VN, erscheint es jedoch interessegerecht, diesen Rechtsgedanken entsprechend anzuwenden (vgl. auch BGH NJW 76, 754 = VersR 76, 331). Auch bei Streitigkeiten aus dem Verkauf eines stillgelegten Fahrzeugs des VN sollte noch Versicherungsschutz gewährt werden (GB BAV 79, 92).

X. Teilweiser Wagniswegfall (Abs. 9)
(entspricht § 21 Abs. 9 ARB 94)

Endet die nach Abs. 1 versicherte Eigenschaft des VN als Eigentümer 135
oder Halter von Fahrzeugen oder die nach Abs. 2 versicherte Eigenschaft als Eigentümer oder Halter von gleichartigen Fahrzeugen, dann ist dies an sich ein teilweiser Wagniswegfall im Sinn des § 10 Satz 1, da Rechtskostenrisiken aus diesen Eigenschaften nicht mehr entstehen können (§ 10 Rdnr. 1). Der Versicherungsschutz beschränkt sich dann auf die Eigenschaft des VN als Fahrer fremder Fahrzeuge. Abs. 9 Satz 1 stellt diesen Tatbestand einer Risikoänderung im Sinn des § 9 Abs. 3 gleich, aufgrund deren der VN Herabsetzung der Beitrags auf den für den Fahrer-RS des § 23 geltenden Tarifbeitrag verlangen kann. Ist der VN hieran nicht interessiert, kann er statt dessen völlige Aufhebung des Versicherungsvertrages verlangen, wenn er seit mindestens sechs Monaten nicht mehr Eigentümer oder Halter von Fahrzeugen ist. Die Frist soll verhindern, daß bei kürzerfristiger Aufgabe der Rechtsstellung als Eigentümer oder Halter und nachfolgendem Neuerwerb von Fahrzeugen kostenaufwendige Vertragsänderungen notwendig werden. Die RSVersicherer haben sich jedoch durch geschäftsplanmäßige Erklärung (Einl. Rdnr. 36) verpflichtet, einem Aufhebungsantrag auch dann zu entsprechen, wenn er vor Ablauf der Sechsmonatsfrist eingeht (VerBAV 69, 67; *K. Vassel* VerBAV 69, 131, 136). Die Aufhebung hat mit Wirkung von dem Zeitpunkt an zu erfolgen, seit dem der VN nicht mehr Eigentümer oder Halter von Fahrzeugen ist. Geht der Aufhebungsantrag des VN allerdings erst später als sieben Monate nach diesem Zeitpunkt beim Versicherer ein, braucht der Versicherer den Vertrag erst mit Wirkung vom Tag des Antragseingangs an aufzuheben. Unklarheiten im Aufhebungsverlangen des VN gehen zu seinen Lasten (AG Lichtenfels r + s 83, 159). Die Umdeutung eines Aufhebungsantrags in einen Antrag auf Ruhen des Vertrags oder auf Fortführung des Fahrer-RS für das Lenken fremder Fahrzeuge ist nach Meinung des BAV nicht möglich (GB BAV 84, 74). Die Beitragspflicht des VN besteht zeitanteilig bis zum Tag der Vertragsaufhebung.

§ 22 Fahrzeug-Rechtsschutz

(1) **Versicherungsschutz wird für das im Versicherungsschein bezeichnete Fahrzeug dem Eigentümer, Halter, Mieter, Entleiher sowie dem berechtigten Fahrer und den berechtigten Insassen jeweils in dieser Eigenschaft gewährt.**

(2) **Fahrzeuge im Sinne dieser Bestimmung sind Motorfahrzeuge zu Lande, zu Wasser und in der Luft sowie Anhänger.**

§ 22 ARB 75 2. Teil. Besondere Bestimmungen

(3) Der Versicherungsschutz umfaßt
a) die Geltendmachung von Schadenersatzansprüchen aufgrund gesetzlicher Haftpflichtbestimmungen im Rahmen des § 14 Absatz 1;
b) die Wahrnehmung rechtlicher Interessen aus schuldrechtlichen Verträgen;
c) die Verteidigung in Verfahren wegen des Vorwurfes der Verletzung einer verkehrsrechtlichen Vorschrift des Straf- oder Ordnungswidrigkeitenrechtes. Bei Freiheitsstrafen sowie bei Geldstrafen und -bußen über 500,- DM sind Gnaden-, Strafaussetzungs-, Strafaufschub- und Zahlungserleichterungsverfahren eingeschlossen, und zwar für insgesamt zwei Anträge je Versicherungsfall;
d) die Wahrnehmung rechtlicher Interessen in Widerspruchsverfahren vor Verwaltungsbehörden wegen Einschränkung, Entzuges oder Wiedererlangung der Fahrerlaubnis und Verfahren vor Verwaltungsgerichten aus den gleichen Gründen.

(4) Der Versicherungsschutz kann durch besondere Vereinbarung auf die Leistungen gemäß Absatz 3 a), gemäß Absatz 3 a) und b), gemäß Absatz 3 a), c) und d) oder gemäß Absatz 3 c) und d) beschränkt werden.

(5) Der Versicherer ist von der Verpflichtung zur Leistung frei, wenn der Fahrer bei Eintritt des Versicherungsfalles nicht die vorgeschriebene Fahrerlaubnis hatte, zum Führen des Fahrzeuges nicht berechtigt war oder wenn das Fahrzeug nicht zugelassen war. Der Versicherungsschutz bleibt jedoch für diejenigen versicherten Personen bestehen, die von dem Fehlen der Fahrerlaubnis, der Berechtigung zum Führen des Fahrzeuges oder von dem Fehlen der Zulassung ohne Verschulden keine Kenntnis hatten.

(6) Wird das versicherte Fahrzeug länger als fünf Monate stillgelegt und bei der Zulassungsstelle abgemeldet, kann der Versicherungsnehmer für die Dauer der Stillegung die Unterbrechung des Versicherungsvertrages verlangen. Der Versicherungsvertrag verlängert sich um den Zeitraum der Unterbrechung. Zeigt der Versicherungsnehmer die Stillegung innerhalb eines Monats dem Versicherer an, gebührt diesem der anteilige Beitrag bis zur Stillegung. Geht die Anzeige später als einen Monat nach der Stillegung ein, gebührt dem Versicherer der anteilige Beitrag bis zum Eingang der Anzeige. Der Versicherungsnehmer hat die Wiederzulassung sofort anzuzeigen. Unterläßt der Versicherungsnehmer diese Anzeige, ist der Versicherer von der Verpflichtung zur Leistung frei, es sei denn, daß die Anzeige unverschuldet unterlassen wurde.

(7) Ersatzfahrzeugregelung
1. Wird ein versichertes Fahrzeug veräußert oder fällt das Wagnis auf sonstige Weise weg, geht der Versicherungsschutz auf ein gleichartiges Fahrzeug des Versicherungsnehmers über, das an die Stelle des bisher versicherten Fahrzeuges tritt (Ersatzfahrzeug). Als gleichartige Fahrzeuge gelten jeweils Krafträder, Personenkraft- und Kombiwagen, Lastkraft- und sonstige Nutzfahrzeuge, Omnibusse, Anhänger einschließlich Wohnwagen, Schiffe sowie Flugzeuge.
2. Wird ein Fahrzeug, das an die Stelle des bisher versicherten Fahrzeugs treten soll, vor dem Wagniswegfall erworben, geht der Versicherungsschutz mit dem Erwerb auf dieses Ersatzfahrzeug über. Das bisher versicherte Fahrzeug ist bis zur Veräußerung, längstens für die Dauer von einem Monat nach Erwerb des Ersatzfahrzeuges, jedoch nicht über die Dauer des

Versicherungsvertrages hinaus, beitragsfrei mitversichert. Bei Erwerb eines Fahrzeuges innerhalb eines Monats vor Wagniswegfall wird vermutet, daß es sich um ein Ersatzfahrzeug handelt.
3. Die gleiche Vermutung gilt, wenn das Ersatzfahrzeug innerhalb von sechs Monaten nach dem Wagniswegfall erworben wird. In diesem Falle verlängert sich der Versicherungsvertrag um den Zeitraum, in dem der Versicherer kein Wagnis getragen hat. Zeigt der Versicherungsnehmer den Wagniswegfall innerhalb eines Monats dem Versicherer an, gebührt diesem der anteilige Beitrag bis zum Wagniswegfall. Geht die Anzeige später als einen Monat nach Wagniswegfall ein, gebührt dem Versicherer der anteilige Beitrag bis zum Eingang der Anzeige.
4. Umfaßt der Versicherungsschutz die Wahrnehmung rechtlicher Interessen aus schuldrechtlichen Verträgen, erstreckt er sich auf das Rechtsgeschäft, das dem Erwerb des Ersatzfahrzeuges zugrunde liegt, soweit der Abschluß dieses Rechtsgeschäftes in die Laufzeit des Versicherungsvertrages fällt.
5. Die Veräußerung des versicherten Fahrzeuges oder der sonstige Wagniswegfall ist dem Versicherer sofort anzuzeigen. Außerdem muß dem Versicherer das Ersatzfahrzeug bezeichnet werden. Unterläßt der Versicherungsnehmer die Bezeichnung des Ersatzfahrzeuges, ist der Versicherer von der Verpflichtung zur Leistung frei, es sei denn, daß die Unterlassung nicht auf einem Verschulden des Versicherungsnehmers beruht.
6. Ist ein Ersatzfahrzeug bei Wagniswegfall nicht vorhanden und wird ein solches vom Versicherungsnehmer auch nicht innerhalb von sechs Monaten nach Wagniswegfall erworben, ist der Versicherer verpflichtet, den Versicherungsvertrag auf Anzeige des Versicherungsnehmers zum Zeitpunkt des Wagniswegfalles aufzuheben. Geht diese Anzeige später als einen Monat nach Ablauf der Sechsmonatsfrist bei dem Versicherer ein, ist der Versicherungsvertrag zum Zeitpunkt des Einganges der Anzeige aufzuheben. Dem Versicherer gebührt der anteilige Beitrag bis zur Aufhebung des Versicherungsvertrages.

Übersicht

	Rdnrn.		Rdnrn.
I. Allgemeines	1	c) Straf- und Ordnungswidrigkeiten-RS	15
II. Versicherte Eigenschaften (Abs. 1)	2	d) Führerschein-RS	16
1. Eigentümer	3	2. Interessenwahrnehmung als Mieter oder Entleiher	17
2. Halter	4	a) Schadenersatz-RS	18
3. Mieter und Entleiher	5–8	b) Fahrzeug-Vertrags-RS	19
4. berechtigter Fahrer	9	c) Straf- und Führerschein-RS	20
5. berechtigter Insasse	10	V. Ausschnittversicherung (Abs. 4)	21
III. Motorfahrzeuge (Abs. 2)	11	VI. Obliegenheiten vor Eintritt des Versicherungsfalles (Abs. 5)	22
IV. Leistungsarten (Abs. 3)	12–16	VII. Stillegung (Abs. 6)	23–28
1. Interessenwahrnehmung als Eigentümer, Halter, Fahrer oder Insasse	12	VIII. Ersatzfahrzeug (Abs. 7)	29–36
a) Schadenersatz-RS	13		
b) Fahrzeug-Vertrags-RS	14		

I. Allgemeines
(entspricht § 21 Abs. 3 ARB 94)

§ 22 hat die schon in § 1 Ziff. 2 I ARB 54 enthaltene Deckungsform des Fahrzeug-RS in die ARB 69/75 übernommen. Der Versicherungsschutz umfaßt im wesentlichen die gleichen Eigenschaften und Rechtsgebiete wie der Verkehrs-RS des § 21. Während diese Vertragsart jedoch die Interessenwahrnehmung im Zusammenhang mit sämtlichen auf den VN im versicherten Zeitraum zugelassenen Fahrzeugen schützt (vgl. § 21 Rdnr. 2), bezieht sich die Deckung des Fahrzeug-RS nur auf ein ganz bestimmtes, im Versicherungsschein oder in einem Nachtrag hierzu – in der Regel mit dem amtlichen Kennzeichen – genau bezeichnetes Fahrzeug und ist insofern **objektbezogen**. Die Zulassung des Fahrzeugs spielt als objektives Risikomerkmal im Gegensatz zu § 21 (vgl. § 21 Rdnr. 3) keine Rolle, ihr Fehlen kann allerdings als Obliegenheitsverletzung nach Abs. 5 zur Leistungsfreiheit des Versicherers führen. Zu welchem Zweck das Fahrzeug verwendet wird, ist gleichgültig. Es kann sich um private, berufliche, gewerbliche, motorsportliche oder sonstige Verwendung handeln (vgl. § 21 Rdnr. 11).

II. Versicherte Eigenschaften (Abs. 1)

2 Versicherungsschutz besteht – wie im Fall des § 21 (vgl. § 21 Rdnr. 10) –, soweit der VN oder ein Mitversicherter (§ 11 Rdnr. 1) speziell in einer der in Abs. 1 genannten, auf das versicherte Fahrzeug bezogenen **Eigenschaften** von einem Versicherungsfall im Sinn des § 14 betroffen wird und aufgrund dessen gerade in dieser Eigenschaft rechtliche Interessen im Sinn des Abs. 3a bis d wahrzunehmen hat. Welche Rechtsbeziehung der VN zum versicherten Fahrzeug hat, spielt allerdings im Unterschied zu § 21 keine Rolle. Auch wenn beispielsweise der VN mit dem Eigentümer oder Halter des versicherten Fahrzeugs nicht identisch oder ein nicht am Vertrag beteiligter Miteigentümer oder Mithalter vorhanden ist, ist der (Mit-)Eigentümer oder (Mit-)Halter wegen der Objektbezogenheit des Fahrzeug-RS nach Abs. 1 mitversichert (zum Versicherungsschutz bei Rechtsgemeinschaften vgl. Vorbem. vor § 21 Rdnrn. 6 ff.).

3 1. Die Eigenschaft als **Eigentümer** ist in § 21 Rdnr. 13 erläutert.

4 2. Die **Halter**eigenschaft ist in § 21 Rdnr. 14 erläutert.

5 3. Im Unterschied zu § 21 genießt auch der **Mieter** und **Entleiher** des nach § 22 versicherten Fahrzeugs Versicherungsschutz, und zwar gleichgültig, ob er VN ist oder nicht. Dies erklärt sich daraus, daß die Deckung nach § 21 die Zulassung des Fahrzeugs auf den VN voraussetzt (§ 21 Rdnr. 3), das Fahrzeug aber in der Regel nicht auf den Mieter oder Entleiher zugelassen ist. Im Ergebnis wirkt sich der Unterschied jedoch kaum aus, da Mieter oder Entleiher eines Fahrzeugs von einem Versicherungsfall in aller Regel gleichzeitig in der Eigenschaft als Fahrer oder Insasse betroffen werden und in dieser Eigenschaft auch im Rahmen des § 21 geschützt sind.

6 **Mieter** ist, wem aufgrund schuldrechtlichen Vertrags das gemietete Fahrzeug vom Vermieter gegen Entgelt zum Gebrauch überlassen ist (§ 535 BGB). Während der Mietzeit ist der Mieter rechtmäßiger unmittelbarer Fremdbesitzer (§ 854 BGB; *Palandt/Bassenge* Überblick vor § 854 Rdnr. 3). Mietähnliche Verträge können der Miete gleichgestellt werden, soweit und

solange das mietvertragliche Element überwiegt. Dies gilt z.B. für den Mietkauf als einen mit einer Kaufoption verbundenen Mietvertrag (*Palandt/ Putzo* vor § 535 Rdnr. 22). Auch bei – meist längerfristigen – Leasingverträgen überwiegt in der Regel das mietvertragliche Element (*Palandt/ Putzo* vor § 535 Rdnrn. 27ff.), wobei noch hinzu kommt, daß der Leasingnehmer häufig gleichzeitig Halter des Fahrzeugs ist, das auch oft auf ihn zugelassen ist (vgl. § 21 Rdnr. 56).

Entleiher ist, wem aufgrund schuldrechtlichen Vertrags das entliehene Fahrzeug vom Verleiher unentgeltlich zum Gebrauch überlassen ist (§ 598 BGB). Der Entleiher ist wie der Mieter für die Dauer des Leihvertrags rechtmäßiger unmittelbarer Fremdbesitzer. 7

Durch die Mitdeckung der Eigenschaften als Mieter und Entleiher sind die häufigsten Formen des rechtmäßigen unmittelbaren **Fremdbesitzes** am Fahrzeug unter Versicherungsschutz gestellt. Hiermit korrespondiert spiegelbildlich der Ausschluß dieser Interessenwahrnehmung als Fahrzeugbesitzer in den nicht verkehrsbezogenen Vertragsarten gemäß §§ 24 Abs. 5a, 25 Abs. 4a und 28 Abs. 3 (vgl. auch § 21 Rdnr. 23). 8

4. Im unterschiedlichen Deckungsumfang für die Eigenschaft als **Fahrer** kommt die stärkere Objektbezogenheit des Fahrzeug-RS gegenüber dem mehr personengebundenen Verkehrs-RS am sichtbarsten zum Ausdruck. Während der nach § 21 versicherte VN Versicherungsschutz als Fahrer aller eigenen und fremden Fahrzeuge hat, ist der nach § 22 versicherte VN nach dem Bedingungswortlaut nur beim Fahren des im Versicherungsschein bezeichneten Fahrzeugs geschützt. Vielfach wird allerdings die Deckung für das Fahren fremder, nicht auf den VN zugelassener Fahrzeuge beitragsfrei eingeschlossen. Der mit dem VN nicht identische berechtigte Fahrer des im Versicherungsschein bezeichneten Fahrzeugs ist ebenso wie der berechtigte Fahrer im Fall des § 21 Abs. 1 Satz 2 mitversichert. Der Begriff des berechtigten Fahrers ist in § 21 Rdnrn. 18ff. und 24 erläutert. 9

5. Die Eigenschaft als berechtigter **Insasse** ist in § 21 Rdnrn. 16, 17 und 27 erläutert. 10

III. Motorfahrzeuge (Abs. 2)

Im Fahrzeug-RS können, ebenso wie im Verkehrs-RS des § 21, sämtliche **motorgetriebenen Fahrzeuge** zu Lande, zu Wasser und in der Luft sowie Anhänger versichert werden. Was im einzelnen unter diese Fahrzeug-Kategorien fällt, ist in § 21 Rdnrn. 40ff. näher erläutert. 11

IV. Leistungsarten (Abs. 3)
(entspricht § 21 Abs. 4 ARB 94)

1. Der sachliche **Deckungsbereich** des Abs. 3a bis d ist mit dem Deckungsbereich des § 21 Abs. 4a bis d identisch. Soweit der VN oder ein Mitversicherter speziell in seiner Eigenschaft als Eigentümer, Halter, berechtigter Fahrer oder berechtigter Insasse des im Versicherungsschein be- 12

§ 22 ARB 75 13–18 2. Teil. Besondere Bestimmungen

zeichneten Fahrzeugs rechtliche Interessen in den versicherten Rechtsbereichen des Abs. 3 a bis d wahrzunehmen hat, kann daher im wesentlichen auf die entsprechenden Erläuterungen zu § 21 Abs. 4 a bis d verwiesen werden. Zu beachten ist allerdings, daß die Zulassung des versicherten Fahrzeugs nicht, wie im Fall des § 21, objektive Voraussetzung für das Bestehen von Versicherungsschutz ist (vgl. einerseits oben Rdnr. 1, andererseits § 21 Rdnr. 3).

13 a) Was unter Geltendmachung von **Schadenersatzansprüchen** im Sinn des Abs. 3 a zu verstehen ist, ist in § 21 Rdnrn. 50 ff. erläutert, und zwar für den Eigentümer in § 21 Rdnrn. 51 bis 55, für den Halter in § 21 Rdnr. 56, für den Insassen in § 21 Rdnr. 57 und für den Fahrer in § 21 Rdnr. 58.

14 b) Wegen der Interessenwahrnehmung aus **schuldrechtlichen Verträgen** im Sinn des Abs. 3 b wird auf § 21 Rdnrn. 59 ff. verwiesen, und zwar für den Eigentümer auf § 21 Rdnrn. 61 bis 66, für den Halter auf § 21 Rdnr. 67, für den Fahrer auf § 21 Rdnrn. 68 bis 71, für den Insassen auf § 21 Rdnr. 72. Beim Fahrzeug-Vertrags-RS des Abs. 3 b kann der sachliche Deckungsumfang in einzelnen Fällen weiter gehen als bei der entsprechenden Regelung des § 21 Abs. 4 b, nämlich immer dann, wenn der VN schon Eigentümer oder Halter geworden ist, das Fahrzeug im Zeitpunkt des als Versicherungsfall zu wertenden Rechtsverstoßes im Sinn des § 14 Abs. 3 aber noch nicht auf ihn zugelassen war. So würde in dem in § 21 Rdnr. 65 erörterten Beispiel, bei dem der VN den Kaufvertrag über ein im Versicherungsschein bezeichnetes, ihm bereits übergebenes, aber noch nicht auf ihn zugelassenes Fahrzeug wandeln will, Versicherungsschutz gem. Abs. 3 b bestehen, da die Zulassung hier nicht objektives Risikomerkmal ist und sich die nach Abs. 5 mögliche Leistungsfreiheit des Versicherers nur auf das Fahren eines nicht zugelassenen Fahrzeugs bezieht. Soweit der VN anstelle des im Versicherungsschein bezeichneten Fahrzeugs ein Ersatzfahrzeug erwirbt und sich aus diesem Erwerbsvorgang Streit ergibt, besteht hierfür Versicherungsschutz im Rahmen des Abs. 7 Ziff. 4.

15 c) Der Deckungsumfang für eine Verteidigung in Verfahren wegen des Vorwurfs der Verletzung einer **verkehrsrechtlichen** Vorschrift des **Straf-** oder Ordnungswidrigkeitenrechts ist in § 21 Rdnrn. 73 ff. erläutert.

16 d) Wegen der Interessenwahrnehmung in verwaltungsrechtlichen **Führerschein**-Verfahren wird auf § 21 Rdnr. 83 und Vorbem. vor § 21 Rdnrn. 137 ff. verwiesen.

17 2. Wird der VN oder Mitversicherte speziell in seiner in § 22 zusätzlich versicherten Eigenschaft als **Mieter** oder **Entleiher** des im Versicherungsschein bezeichneten Fahrzeugs von einem Versicherungsfall im Sinn des § 14 betroffen, dann gilt für die einzelnen Leistungsarten folgendes:

18 a) Wird die Gebrauchsfähigkeit des gemieteten oder entliehenen Fahrzeugs durch ein Schadenereignis im Sinn des § 14 Abs. 1 beeinträchtigt, dann hat der Mieter oder Entleiher gemäß Abs. 3 a in erster Linie Versicherungsschutz für die Geltendmachung eines **Anspruchs** auf **Ersatz** des Nutzungsschadens, den er beispielsweise durch Anmietung eines Ersatzfahr-

zeugs ausgleichen muß oder den er in Form von Verdienstausfall erleidet. Es gelten hier die gleichen Grundsätze wie bei einem dem Halter erwachsenden Nutzungsschaden (BGH NJW 81, 750 = VersR 81, 161; vgl. § 21 Rdnr. 56). Den Substanz-Schaden am Fahrzeug selbst wird dagegen der Mieter oder Entleiher im Regelfall nicht geltend machen können, da dieser Schaden normalerweise vom Eigentümer zu tragen ist, der gemäß Abs. 1 ebenfalls mitversichert ist. Anders kann es liegen, wenn der Mieter, Leasingnehmer (vgl. oben Rdnr. 6) oder Entleiher auf Grund des Rechtsverhältnisses mit dem Eigentümer auch Ersatz des Substanzschadens – an sich oder den Eigentümer – ersetzt verlangen kann (§ 21 Rdnr. 56; wegen Sicherungsübereignung vgl. auch unten Rdnr. 29). Ersatzansprüche wegen Körperverletzung (oder Tötung) erwachsen dem Mieter oder Entleiher (oder deren Angehörigen) nicht speziell in dieser Eigenschaft, sondern in der Eigenschaft als Fahrer oder Insasse des gemieteten oder entliehenen Fahrzeugs (vgl. oben Rdnr. 13).

b) Hat der Mieter oder Entleiher des im Versicherungsschein bezeichneten Fahrzeugs in dieser Eigenschaft rechtliche Interessen aus **schuldrechtlichen Verträgen** im Sinn des Abs. 3b wahrzunehmen, dann kommt es darauf an, ob er selbst VN oder nur mitversichert ist. Ist er selbst VN – was nur ausnahmsweise und nur bei längerfristigen Miet- oder Leihverhältnissen der Fall sein wird –, dann hat er Versicherungsschutz für Streitigkeiten aus dem Miet- oder Leihvertrag mit dem Vermieter oder Verleiher. Ist dagegen der Vermieter oder Verleiher VN und der Mieter und Entleiher nur gemäß Abs. 1 mitversichert, besteht für die Wahrnehmung deren rechtlicher Interessen gegenüber dem Vermieter oder Verleiher aus dem zugrundeliegenden Schuldverhältnis wegen § 11 Abs. 2 Satz 2 kein Versicherungsschutz. In diesem Fall beschränkt sich die Deckung auf die Interessenwahrnehmung aus solchen Verträgen, die der Mieter oder Entleiher wegen Störung seines Miet- oder Leihbesitzes am versicherten Fahrzeug abschließen mußte, wie z.B. einen Reparaturvertrag oder einen Mietvertrag für ein Ersatzfahrzeug bei Ausfall des Miet- oder Leihfahrzeugs. Es können hierfür die in § 21 Rdnrn. 68ff. für den Fahrer-Vertrags-RS erörterten Grundsätze entsprechend herangezogen werden. Das für Mietverträge Gesagte gilt entsprechend für Leasingverträge (oben Rdnr. 6). 19

c) Den **Straf-RS** im Sinn des Abs. 3c und den **Führerschein**-RS des Abs. 3d wird der Mieter und Entleiher in der Regel nicht in dieser speziellen Eigenschaft, sondern in der Eigenschaft als Fahrer des im Versicherungsschein bezeichneten Fahrzeugs in Anspruch nehmen. Versicherungsschutz besteht aber auch, wenn der Mieter oder Entleiher speziell in dieser Eigenschaft gegen straf- oder bußgeldrechtliche Vorschriften im Sinn des § 14 Abs. 2 verstoßen hat oder haben soll, ohne gleichzeitig Fahrer zu sein. 20

V. Ausschnittversicherung (Abs. 4)
(entspricht § 21 Abs. 5 ARB 94)

Ähnlich wie bei § 21 Abs. 5 (vgl. dort Rdnr. 84) gestattet Abs. 4, aus den in Abs. 3 kombinierten vier Leistungsarten einen **Ausschnitt** zu versichern, 21

§ 22 ARB 75   22–25   2. Teil. Besondere Bestimmungen

und zwar in vierfacher Form: Den reinen Schadenersatz-RS, den (zivilrechtlichen) Schadenersatz- und Fahrzeug-Vertrags-RS, den Straf- und Führerschein-RS sowie unter Aussparung des Fahrzeug-Vertrags-RS die übrigen drei Leistungsarten des Abs. 3.

VI. Obliegenheiten vor Eintritt des Versicherungsfalles (Abs. 5)
(entspricht § 21 Abs. 8 ARB 94)

22   Die **drei** vor Eintritt des Versicherungsfalles zu erfüllenden **Obliegenheiten**, nämlich Fahren mit vorgeschriebener Fahrerlaubnis, mit Fahrberechtigung und mit zugelassenem Fahrzeug, sind mit den in § 21 Abs. 6 festgelegten identisch. Auf die entsprechenden Erläuterungen in § 21 Rdnrn. 85 ff. kann demgemäß verwiesen werden.

VII. Stillegung (Abs. 6)
(ARB 94: entfallen)

23   Abs. 6 regelt den Einfluß einer **Stillegung** des im Versicherungsschein bezeichneten Fahrzeugs auf das Versicherungsverhältnis. Das Straßenverkehrsrecht kennt eine vorübergehende und eine endgültige Stillegung. Was hierunter zu verstehen ist und wie sie auf die Zulassung wirkt, ist in § 21 Rdnrn. 132 ff. näher erläutert.

24   Eine vorübergehende Stillegung von **weniger als fünf Monaten** berührt das Versicherungsverhältnis nicht. Ähnlich wie im Fall des § 21 Abs. 8 (vgl. dort Rdnr. 134) erscheint eine weiterlaufende Beitragspflicht des VN zumutbar, da der mit einer kurzfristigen Stillegung verbundene Verwaltungsmehraufwand zu Lasten der Risikogemeinschaft ginge und der VN überdies häufig weiterhin Versicherungsschutz beim Fahren fremder Fahrzeuge hat (vgl. oben Rdnr. 9).

25   Übersteigt die vorübergehende Stillegung die Zeitspanne von fünf Monaten, kann der VN **Unterbrechung** des Versicherungsvertrags mit der Wirkung verlangen, daß sich der Vertrag um den Zeitraum der Unterbrechung verlängert. In dieser Möglichkeit der Vertragsunterbrechung unterscheidet sich Abs. 6 von der Stillegungsregelung des § 21 Abs. 8, die auf die andere risikotechnische Ausgestaltung, insbesondere die stärkere Personenbezogenheit des Verkehrs-RS gegenüber dem Fahrzeug-RS, ausgerichtet ist (vgl. § 21 Rdnr. 2, oben Rdnr. 1). Die Befugnis des VN, Vertragsunterbrechung zu verlangen, ist ein einseitiges Gestaltungsrecht, das mit Zugang (§ 130 BGB) des schriftlichen (§ 12) Verlangens beim Versicherer wirksam wird und den Vertrag bei fortbestehendem Inhalt ohne weiteres Zutun des Versicherers inhaltlich dahin ändert, daß er für den Zeitraum der Stillegung unterbrochen ist und sich gleichzeitig um diesen Zeitraum verlängert. Hat der VN von vornherein oder jedenfalls vor Ablauf des Fünfmonatszeitraums die Absicht, das Fahrzeug für mehr als fünf Monate vorübergehend stillzulegen, kann er das Verlangen auf Vertragsunterbrechung schon vor Ablauf des Fünfmonatszeitraums stellen. Wird die für länger als fünf Monate geplante

Stillegung vor Ablauf dieses Zeitraums durch Wiederzulassung des Fahrzeugs beendet, dann läuft der Vertrag unverändert weiter und ein bereits gestelltes Unterbrechungsverlangen des VN wird rückwirkend gegenstandslos (vgl. die ähnliche Regelung des § 5 AKB sowie *Stiefel/Hofmann* § 5 Rdnrn. 5 ff.).

Die Auswirkung der stillegungsbedingten Vertragsunterbrechung auf die **Beitragspflicht** des VN ist in Abs. 6 Satz 3 und 4 geregelt. Danach schuldet der VN nur den anteiligen Beitrag bis zum Zeitpunkt der Stillegung, wenn er diese dem Versicherer innerhalb eines Monats schriftlich (§ 12) anzeigt. Geht die Anzeige erst später ein, läuft die Beitragspflicht bis zum Eingang der Anzeige weiter. War zunächst eine vorübergehende Stillegung von weniger als fünf Monaten oder von unbestimmter Dauer beabsichtigt, wird man es zur Unterbrechung der Beitragspflicht ab Stillegung als genügend ansehen können, wenn die Stillegungsanzeige des VN innerhalb eines Monats nach Ablauf der fünfmonatigen Stillegung beim Versicherer eingeht. 26

Die Wiederzulassung des versicherten Fahrzeugs nach Ende der – fünf Monate übersteigenden – Stillegung hat der VN dem Versicherer nach Abs. 6 Satz 5 sofort schriftlich (§ 12) anzuzeigen. „Sofort" verlangt vom VN an sich mehr als „unverzüglich" im Sinn des § 121 Abs. 1 BGB (*Palandt/Heinrichs* § 121 Rdnr. 3). Da jedoch nach Abs. 6 Satz 6 eine unverschuldete Unterlassung der Anzeige den VN entlastet, wird sich in der Praxis kaum ein Unterschied ergeben. Aus der Wortfassung „von der Verpflichtung zur Leistung frei" ist zu entnehmen, daß die Anzeigepflicht nicht, wie beispielsweise die Anzeigepflicht des § 21 Abs. 7 (§ 21 Rdnr. 128), als echte Rechtspflicht, sondern als Obliegenheit zu verstehen ist, deren Verletzung zwar an sich den Versicherungsschutz entfallen läßt, dem VN jedoch den Entlastungsbeweis offen hält. 27

Wird das im Versicherungsschein bezeichnete Fahrzeug nicht vorübergehend, sondern **endgültig stillgelegt** (zum Begriff vgl. § 21 Rdnr. 132), dann gilt die Regelung des Abs. 7 Ziff. 6 (vgl. unten Rdnr. 36). 28

VIII. Ersatzfahrzeug (Abs. 7)
(entspricht § 21 Abs. 10 ARB 94)

1. Wird das im Versicherungsschein bezeichnete Fahrzeug an einen am Versicherungsvertrag unbeteiligten Dritten veräußert oder können aus sonstigem Grund – z.B. wegen Totalschadens, Beschlagnahme, Enteignung, Zwangsversteigerung oder Diebstahls des Fahrzeugs ohne die Aussicht baldiger Wiederauffindung – im Zusammenhang mit der Haltung oder Benutzung des Fahrzeugs für den VN oder Mitversicherte keine Rechtskosten mehr entstehen, dann ist das im Rahmen des § 22 versicherte **Wagnis weggefallen** (vgl. § 10 Rdnrn. 1 ff.). Bei einer Veräußerung des Fahrzeugs geht der Vertrag nicht auf den Erwerber über, da die Sonderregelungen der §§ 69, 151 Abs. 2 und 158h VVG für die RSVersicherung nicht gelten (§ 10 Rdnr. 8 ff.). Veräußerung ist jeder Eigentumsübergang durch rechtsge- 29

§ 22 ARB 75 30, 31   2. Teil. Besondere Bestimmungen

schäftliche Einzelrechtsnachfolge (*Prölss/Martin/Kollhosser* § 69 Anm. 2). Für den Normalfall der Sicherungsübereignung hat allerdings die Regelung des Abs. 7 keine Bedeutung. Hier bleibt der VN (Kreditnehmer), der das Fahrzeug zur Sicherheit an einen Dritten (Kreditgeber) übereignet und gar kein Ersatzfahrzeug erwerben will, in der Regel aufgrund des vereinbarten Besitzmittlungsverhältnisses (§ 930 BGB) berechtigt, das Fahrzeug weiter zu benutzen. Das mit dem Fahrzeuggebrauch zusammenhängende Rechtskostenrisiko entfällt daher allenfalls in seiner Eigenschaft als Eigentümer, aber nicht in den übrigen durch Abs. 1 versicherten Eigenschaften. Der Sicherungseigentümer seinerseits wird Mitversicherter.

30 Ohne die Sonderregelung des Abs. 7 fände somit der Vertrag wegen Wagniswegfalls sein natürliches Ende. Diese Rechtsfolge lag an sich der ursprünglichen Fassung des § 8 Abs. 5 ARB 54 zugrunde, die jedoch bereits 1957 durch eine Sonderbedingung in eine Ersatzfahrzeugklausel ähnlich der heutigen Regelung des Abs. 7 umgeändert wurde (Einl. Rdnr. 16; § 10 Rdnr. 9). Grundgedanke dieser Regelung ist, daß es dem mutmaßlichen Willen der großen Mehrzahl der nur ein Fahrzeug haltenden oder versichernden VN entsprechen wird, nicht nur das im Versicherungsschein bezeichnete Fahrzeug, sondern auch das an dessen Stelle tretende Fahrzeug – eben das „Ersatzfahrzeug" – unverändert versichert zu halten. Durch eine solche Versicherung des **jeweiligen** Fahrzeugs des VN ist bei Fahrzeugwechsel ein kontinuierlicher und kostensparender Versicherungsschutz gewährleistet, weil der VN keinen neuen Antrag stellen und der Versicherer keinen neuen Versicherungsschein ausfertigen muß. Da sich der Vertrag aufgrund des im voraus erklärten Einverständnisses des VN und des Versicherers am Ersatzfahrzeug zu unveränderten Bedingungen, mit unveränderter Laufzeit und ohne besondere Kündigungsmöglichkeit des VN oder des Versicherers fortsetzt, ist der für das Ersatzfahrzeug fällige erste Beitrag kein Erstbeitrag im Sinn des § 38 VVG, sondern Folgebeitrag im Sinn des § 39 VVG und des § 7 Abs. 2 (vgl. hierzu § 5 Rdnr. 10). Einer eigenen Regelung dieser Frage wie in § 6 Nr. 5 AKB bedurfte es hierbei nicht, da in der RSVersicherung, anders als in der Kraftfahrzeug-Haftpflichtversicherung und in der Fahrzeug-(Kasko-)Versicherung, der Vertrag nicht kraft Gesetzes nach §§ 69, 158 h VVG auf den Erwerber des Fahrzeugs übergeht und der Vertrag über das Ersatzfahrzeug demgemäß nicht, wie nach § 6 Nr. 5 AKB, rechtlich als neuer Vertrag zu werten ist (*Stiefel/Hofmann* § 6 Rdnr. 81).

31 2. Nach Abs. 7 Ziff. 1 geht der Versicherungsschutz für das bisher versicherte Fahrzeug nicht auf ein beliebiges anderes Motorfahrzeug zu Lande, zu Wasser oder in der Luft im Sinn des Abs. 2 über, sondern nur auf ein **gleichartiges** Fahrzeug. Diese Regelung liegt im Interesse des VN, da ihn der Versicherer andernfalls auch dann am Vertrag festhalten könnte, wenn er beispielsweise anstelle eines Kraftrades einen Personenkraftwagen oder anstelle eines Personenkraftwagens einen Lastkraftwagen erwirbt. In solchen Fällen kann jedoch das der Ersatzfahrzeugregelung zugrundeliegende mutmaßliche Einverständnis des VN mit der Fortsetzung des Vertrags (vgl. oben Rdnr. 30) nicht mehr ohne weiteres vorausgesetzt werden. Als gleich-

artig gelten dieselben sieben Fahrzeug-Gruppen wie in § 21 Abs. 2 (vgl. dort Rdnrn. 29 ff.).

3. Abs. 7 Ziff. 2 regelt die Rechtsfolgen, wenn die **Veräußerung** des versicherten Fahrzeugs dem Erwerb des Ersatzfahrzeugs zeitlich **nachfolgt**. Danach ist zwar das Ersatzfahrzeug mit dem Zeitpunkt seines Erwerbs, d. h. des Eigentumsübergangs auf den VN im Sinn der §§ 929 ff. BGB, versichert, das Ersatzfahrzeug bleibt jedoch zusätzlich und beitragsfrei längstens für die Dauer von einem Monat vom Erwerbszeitpunkt an mitversichert, falls der Vertrag nicht früher endet. Ein Fahrzeug, das innerhalb eines Monats vor Veräußerung (oder sonstigem Wagniswegfall) des versicherten Fahrzeugs erworben wurde, gilt bis zum Beweis des Gegenteils als Ersatzfahrzeug, an dem sich der Versicherungsvertrag fortsetzt. 32

4. Die gleiche Beweisvermutung wie im Fall des Abs. 7 Ziff. 2 gilt nach Abs. 7 Ziff. 3, wenn der VN innerhalb von sechs Monaten **nach Veräußerung** (oder sonstigem Wagniswegfall) des versicherten Fahrzeugs ein anderes gleichartiges Fahrzeug **erwirbt**. In diesem Fall verlängert sich der Versicherungsvertrag um den Zeitraum, der zwischen Veräußerung oder sonstigem Wagniswegfall und dem Erwerb des Ersatzfahrzeugs vergangen ist. Zeigt der VN die Veräußerung oder den sonstigen Wagniswegfall innerhalb eines Monats dem Versicherer schriftlich (§ 12) an, schuldet er entsprechend § 9 Abs. 3 nur den anteiligen Beitrag bis zum Wagniswegfall. Geht die Anzeige später ein, kann dagegen der Versicherer den anteiligen Beitrag bis zum Eingang der Anzeige (§ 130 BGB) verlangen. 33

5. Ist der Fahrzeug-Vertrags-RS gemäß Abs. 3 b in den Versicherungsvertrag eingeschlossen, dann ist im Rahmen des Abs. 7 Ziff. 4 auch die Interessenwahrnehmung aus dem **Rechtsgeschäft** – in der Regel Kaufvertrag – mitgedeckt, das dem **Erwerb** des Ersatzfahrzeugs zugrundeliegt. Dies wird auch für den Fall zu gelten haben, daß der Erwerb des Ersatzfahrzeugs letztlich scheitert, sofern der VN darlegen kann, daß es sich tatsächlich um ein Fahrzeug handelte, das an die Stelle des bisher versicherten treten sollte (Abs. 7 Ziff. 1). 34

6. Abs. 7 Ziff. 5 statuiert eine Pflicht des VN zur sofortigen **Anzeige** der Veräußerung des versicherten Fahrzeugs oder des sonstigen Wagniswegfalls sowie zur Bezeichnung des Ersatzfahrzeugs. Unterläßt der VN die Bezeichnung des Ersatzfahrzeugs, ist dies eine Obliegenheitsverletzung, die zur Leistungsfreiheit des Versicherers führt, falls der VN nicht nachweist, daß er die Anzeige unverschuldet, d. h. weder vorsätzlich noch fahrlässig im Sinn des § 276 BGB, unterlassen hat (vgl. die ähnliche Regelung in Abs. 6, oben Rdnr. 27). 35

7. Die Regelung in Abs. 7 Ziff. 6 korrespondiert mit der in Abs. 7 Ziff. 3. Hat der VN nicht innerhalb von sechs Monaten seit Veräußerung des versicherten Fahrzeugs oder dem sonstigen Wagniswegfall ein als Ersatzfahrzeug geltendes Fahrzeug erworben, dann gilt dies als **völliger Wagniswegfall** (vgl. § 10 Rdnr. 4). Auf schriftliche (§ 12) Anzeige des VN hat der Versicherer den Vertrag zum Zeitpunkt der Veräußerung des versicher- 36

§ 23 ARB 75

ten Fahrzeugs oder des sonstigen Wagniswegfalls aufzuheben. Durch die Formulierung ist klargestellt, daß es – anders als im Fall des § 21 Abs. 9 – keines Aufhebungsantrags des VN bedarf, sondern daß dessen Anzeige genügt, damit der Versicherer den materiell bereits gegenstandslos gewordenen Vertrag auch formell beseitigt (vgl. GB BAV 68, 82, 83). Wie im Fall des § 21 Abs. 9 (vgl. § 21 Rdnr. 135) ist auch hier durch geschäftsplanmäßige Erklärung sichergestellt, daß bei endgültigem Wagniswegfall eine Anzeige des VN auch dann berücksichtigt wird, wenn sie schon vor Ablauf der Sechsmonatsfrist eingeht. Geht die Anzeige erst später als sieben Monate nach Wagniswegfall ein, ist der Vertrag erst mit Eingang der Anzeige aufzuheben. Dem Versicherer gebührt jeweils der anteilige Beitrag bis zur Aufhebung.

§ 23 Fahrer-Rechtsschutz

(1) Versicherungsschutz wird dem Versicherungsnehmer in seiner Eigenschaft als Fahrer fremder, nicht auf ihn zugelassener Fahrzeuge gewährt.

(2) Fahrzeuge im Sinne dieser Bestimmung sind Motorfahrzeuge zu Lande, zu Wasser und in der Luft sowie Anhänger.

(3) Der Versicherungsschutz umfaßt
a) die Geltendmachung von Schadenersatzansprüchen aufgrund gesetzlicher Haftpflichtbestimmungen im Rahmen des § 14 Absatz 1;
b) die Verteidigung in Verfahren wegen des Vorwurfes der Verletzung einer verkehrsrechtlichen Vorschrift des Straf- oder Ordnungswidrigkeitenrechtes. Bei Freiheitsstrafen sowie bei Geldstrafen und -bußen über 500,– DM sind Gnaden-, Strafaussetzungs-, Strafaufschub- und Zahlungserleichterungsverfahren eingeschlossen, und zwar für insgesamt zwei Anträge je Versicherungsfall;
c) die Wahrnehmung rechtlicher Interessen in Widerspruchsverfahren vor Verwaltungsbehörden wegen Einschränkung, Entzuges oder Wiedererlangung der Fahrerlaubnis und Verfahren vor Verwaltungsgerichten aus den gleichen Gründen.

(4) Der Versicherer ist von der Verpflichtung zur Leistung frei, wenn der Versicherungsnehmer bei Eintritt des Versicherungsfalles nicht die vorgeschriebene Fahrerlaubnis hatte, zum Führen des Fahrzeuges nicht berechtigt war oder wenn das Fahrzeug nicht zugelassen war.

(5) Wird der Versicherungsnehmer länger als fünf Monate daran gehindert, ein Fahrzeug zu führen, kann er für die Dauer der Verhinderung die Unterbrechung des Versicherungsschutzes verlangen. Der Versicherungsvertrag verlängert sich um den Zeitraum der Verhinderung. Zeigt der Versicherungsnehmer die Verhinderung innerhalb eines Monats seit Beginn dem Versicherer an, gebührt diesem der anteilige Beitrag bis zum Beginn der Verhinderung. Geht die Anzeige später als einen Monat nach Beginn der Verhinderung ein, gebührt dem Versicherer der anteilige Beitrag bis zum Eingang der Anzeige. Der Versicherungsnehmer hat das Ende der Verhinderung sofort anzuzeigen. Unterläßt der Versicherungsnehmer diese Anzeige, ist der Versicherer von der Verpflichtung zur Leistung frei, es sei denn, daß die Anzeige unverschuldet unterlassen wurde.

(6) Der Versicherungsnehmer kann verlangen, daß der Versicherungsvertrag zu dem Zeitpunkt aufgehoben wird, in dem er voraussichtlich dauernd daran gehindert ist, ein Fahrzeug zu führen oder in dem er den Fahrerberuf endgültig aufgegeben hat. Stellt der Versicherungsnehmer diesen Antrag später als einen Monat nach diesem Zeitpunkt, ist der Versicherer verpflichtet, den Versicherungsvertrag zu dem Zeitpunkt aufzuheben, in dem der Antrag bei ihm eingeht. Dem Versicherer gebührt der anteilige Beitrag bis zur Aufhebung des Versicherungsvertrages.

(7) Fahrer-Rechtsschutz für Unternehmen

1. Versicherungsschutz kann auch einem im Versicherungsschein benannten Unternehmen für sämtliche in diesem Unternehmen als Arbeitnehmer tätigen Kraftfahrer in ihrer Eigenschaft als Fahrer, jedoch nicht als Fahrer der auf sie selbst zugelassenen Fahrzeuge gewährt werden. Der Versicherungsschutz beschränkt sich auf die Ausübung der beruflichen Tätigkeit für den Versicherungsnehmer.
2. Der Versicherungsnehmer ist verpflichtet, innerhalb eines Monats nach Zugang einer Aufforderung dem Versicherer die Einstellung jedes bisher nicht gemeldeten Kraftfahrers anzuzeigen. Tritt ein Versicherungsfall ein und ist die Einstellung trotz Aufforderung noch nicht angezeigt, ist für den Kraftfahrer, für den die Anzeige unterlassen wurde, der Versicherungsschutz ausgeschlossen. Dies gilt nicht, wenn der Versicherungsnehmer nachweist, daß der Kraftfahrer nach Abschluß des Versicherungsvertrages eingestellt wurde und der Versicherungsfall zu einem Zeitpunkt eingetreten ist, in dem die Anzeigefrist noch nicht verstrichen war.
3. Beim Fahrer-Rechtsschutz für Unternehmen gilt Absatz 4 entsprechend; Absatz 5 und 6 finden keine Anwendung.

Übersicht

	Rdnrn.		Rdnrn.
I. Persönliche Risikomerkmale (Abs. 1)	1	4. Führerschein-RS (Abs. 3 c)	6
II. Motorfahrzeuge (Abs. 2)	2	IV. Obliegenheiten vor Eintritt des Versicherungsfalles (Abs. 4)	7
III. Leistungsarten (Abs. 3)	3–6	V. Vorübergehende Verhinderung des VN (Abs. 5)	8, 9
1. Allgemeines	3	VI. Dauernde Verhinderung des VN (Abs. 6)	10
2. Geltendmachung von Schadenersatzansprüchen (Abs. 3 a)	4	VII. Fahrer-RS für Unternehmen (Abs. 7)	11–21
3. Straf- und Ordnungswidrigkeiten-RS (Abs. 3 b)	5		

I. Persönliche Risikomerkmale (Abs. 1)
(entspricht § 22 Abs. 1 ARB 94)

Die primär personenbezogene Vertragsform des § 23 ist in erster Linie für 1 solche VN geeignet, die häufig oder ständig privat oder beruflich fremde Fahrzeuge fahren. Versicherungsschutz besteht, soweit der VN speziell in seiner **Eigenschaft als Fahrer** von Motorfahrzeugen zu Lande, zu Wasser und in der Luft, die nicht auf ihn zugelassen sind, von einem Versicherungsfall im Sinne des § 14 betroffen wird und aufgrund dessen gerade in der Eigenschaft als Fahrer rechtliche Interessen im Sinne des Abs. 3a bis c wahrzunehmen hat. Sonstige Eigenschaften, wie z.B. diejenige des Eigentümers oder Halters gemäß §§ 21 oder 22, sind in § 23 nicht versichert. Wie

§ 23 ARB 75 2-4   2. Teil. Besondere Bestimmungen

sich aus dem Wortlaut mit hinreichender Deutlichkeit ergibt, wird das Adjektiv „fremd" hier nicht im Sinn des üblichen Sprachgebrauchs als „nicht dem VN gehörend" verwendet. Im Interesse einer klaren gegenständlichen Risikoabgrenzung gilt vielmehr ohne Rücksicht auf die Eigentums- und Halterverhältnisse jedes Fahrzeug im Sinne des Abs. 1 für den VN als „fremd", das nicht auf ihn zugelassen ist. Würde man das Fehlen der Halter- oder Eigentümerstellung des VN als zusätzliches Abgrenzungskriterium verlangen, dann liefe dies dem erkennbaren Zweck des Abs. 1 zuwider, den Versicherungsschutz ausschließlich von dem leicht feststellbaren objektiven Merkmal der Zulassung abhängig zu machen (vgl. § 21 Rdnr. 3). Der Begriff der Zulassung ist in § 21 Rdnr. 4, der des Fahrers in § 21 Rdnrn. 18 ff. näher erläutert. Seit 1985 ist eine Klausel auf dem Markt, wonach sich bei Erwerb eines Fahrzeugs durch den VN der Versicherungsschutz ab Fahrzeugzulassung automatisch um den Fahrzeug-RS des § 22 erweitert (Vorsorgeversicherung, VerBAV 85, 124; etwas abgeändert VerBAV 88, 6).

II. Motorfahrzeuge (Abs. 2)
(entspricht § 22 Abs. 1 ARB 94)

2   Versicherungsschutz besteht beim Fahren sämtlicher **Motorfahrzeuge** zu Lande, zu Wasser oder in der Luft sowie von Anhängern. Was im einzelnen unter diese Fahrzeugkategorien fällt, ist in § 21 Rdnrn. 40 ff. erläutert.

III. Leistungsarten (Abs. 3)
(entspricht § 22 Abs. 3 ARB 94)

3   1. Der sachliche **Deckungsbereich** des Abs. 3 umfaßt, jeweils beschränkt auf die Eigenschaft des VN als Fahrer, die in §§ 21 Abs. 4, 22 Abs. 3 aufgeführten Rechtsbereiche mit Ausnahme der Interessenwahrnehmung aus schuldrechtlichen Verträgen. Die Frage, ob jemand speziell in seiner Eigenschaft als Fahrer fremder Fahrzeuge überhaupt rechtliche Interessen aus schuldrechtlichen Verträgen wahrnehmen kann, wird nicht einheitlich beurteilt und ist allenfalls in Sonderfällen zu bejahen (vgl. § 21 Rdnrn. 68 ff.). Für § 23 stellt sich die Frage nicht, da insoweit generell kein Versicherungsschutz vorgesehen ist und nach dem Grundsatz der Spezialität des versicherten Risikos (Vorbem. vor § 21 Rdnr. 1) nur die in a bis c aufgeführten Rechtsbereiche unter Versicherungsschutz stehen.

4   2. Wird der VN als Fahrer eines fremden Fahrzeugs von einem Schadenereignis im Sinne des § 14 Abs. 1 betroffen, dann kommen die in § 21 Rdnr. 58 erörterten Grundsätze für die Geltendmachung der persönlichen **Ansprüche** des Fahrers auf **Ersatz** seines Körper- und fahrerbezogenen **Sach**schadens sowie eines etwaigen Vermögensschadens im Sinne des Abs. 3a zum Zuge. Die Verfolgung von Schadenersatzansprüchen wegen Beschädigung des Fahrzeugs oder solcher – dem VN oder Dritten gehörender – Gegenstände, die zum Fahren nicht benötigt und nicht üblicherweise mitgeführt werden, fällt nicht unter die Deckung des Abs. 3a (§ 21

650

Rdnr. 53). Wird durch einen fremdverursachten Unfall zwar nicht der VN verletzt, aber die Gebrauchsfähigkeit des von ihm gefahrenen Fahrzeugs beeinträchtigt und entsteht durch dessen Ausfall ein Verdienstschaden, dann sind zwei Fälle zu unterscheiden. War der VN angestellter Fahrer und entsteht der Verdienstausfall seinem Arbeitgeber, dann erwächst dem VN als Fahrer kein eigener Ersatzanspruch. War der VN dagegen – z. B. als Reisender – selbständig und hat der Fahrzeugausfall einen eigenen Verdienstschaden des VN zur Folge, dann wird man die Verfolgung des hierauf gerichteten Ersatzanspruchs dem Deckungsbereich des Abs. 3 a zurechnen können. Denn das durch den Schädiger verursachte Schadenereignis im Sinne des § 14 Abs. 1 hat primär die ungestörte, der Erzielung von Einnahmen dienende Nutzung des Fremdfahrzeugs beeinträchtigt. Die hierin liegende Störung des Fahrer-Besitzes hatte dann ihrerseits den Verdienstausfall zur adäquaten Folge. Der Rechtskreis des VN wurde also primär über dessen Fahrereigenschaft betroffen. Die Geltendmachung des Ersatzanspruchs wegen Verdienstschadens wäre demnach über § 24 Abs. 2a wegen des Ausschlusses in dessen Abs. 5a nicht gedeckt, so daß sich nach dem Regelungszusammenhang der ARB (BGH VersR 78, 816) hierfür Versicherungsschutz aus § 23 Abs. 3a herleiten läßt.

3. Der verkehrsrechtliche **Straf- und Ordnungswidrigkeiten-RS** im Sinne 5 des Abs. 3b entspricht dem Deckungsumfang des entsprechenden fahrerbezogenen RS gemäß § 21 Abs. 3c. Auf die Erläuterungen in § 21 Rdnrn. 73ff. kann daher verwiesen werden. Kein Versicherungsschutz besteht naturgemäß für die Verteidigung in Verfahren, die gegen den Fahrzeughalter oder -eigentümer gerichtet sind.

4. Wegen des verwaltungsrechtlichen **Führerschein-RS** im Sinne des 6 Abs. 3c kann auf die Erläuterungen zu § 21 Rdnr. 83 und Vorbem. vor § 21 Rdnrn. 137ff. verwiesen werden.

IV. Obliegenheiten vor Eintritt des Versicherungsfalles (Abs. 4)
(entspricht § 22 Abs. 5 ARB 94)

Die vor Eintritt des Versicherungsfalles zu erfüllenden **Obliegenheiten**, 7 nämlich Fahren mit vorgeschriebener Fahrerlaubnis, als berechtigter Fahrer und mit zugelassenem Fahrzeug, sind mit den in § 21 Abs. 6 Satz 1 festgelegten identisch. Auf die entsprechenden Erläuterungen in § 21 Rdnrn. 85ff. kann daher verwiesen werden.

V. Vorübergehende Verhinderung des VN (Abs. 5)
(ARB 94: entfallen)

Abs. 5 regelt die Frage, wie sich der vorübergehende **Verlust der Fähig-** 8 **keit** des VN zum Führen von Fahrzeugen auf den Versicherungsvertrag auswirkt. Mit dem (voraussichtlich) dauernden Verlust befaßt sich demgegenüber Abs. 6. Als Sonderregelungen gehen diese Bestimmungen den allgemeinen Bestimmungen zur Gefahrverminderung oder zum Wagniswegfall (§§ 9 Abs. 3, 10) vor.

9 Der VN kann aus tatsächlichen oder aus rechtlichen Gründen **gehindert** sein, ein Fahrzeug zu führen. Tatsächliche Gründe sind z.B. längere Krankheit oder längerer Auslandsaufenthalt außerhalb des räumlichen Geltungsbereichs der ARB (§ 3). Aus Rechtsgründen kann er am Fahren insbesondere verhindert sein, solange ihm die Fahrerlaubnis entzogen ist. Entsprechend der Regelung in § 21 Abs. 8 und § 22 Abs. 6 berechtigt eine Verhinderung von weniger als fünf Monaten den VN nicht, Unterbrechung des Versicherungsschutzes zu verlangen. Erst bei längerer Dauer der Verhinderung wächst ihm das Recht zu, Unterbrechung des Versicherungsvertrags zu fordern, der sich dann um den Zeitraum der Verhinderung verlängert. Es gelten dann entsprechend die gleichen Grundsätze wie bei einer fünf Monate übersteigenden Stillegung des versicherten Fahrzeugs gemäß § 22 Abs. 6. Auf die Erläuterungen in § 22 Rdnr. 25 kann demgemäß verwiesen werden.

VI. Dauernde Verhinderung des VN (Abs. 6)
(entspricht § 22 Abs. 6 ARB 94)

10 Ist der VN voraussichtlich dauernd – aus tatsächlichen oder rechtlichen Gründen (vgl. oben Rdnr. 9) – gehindert, ein Fahrzeug zu führen, oder gibt er als Berufsfahrer den Fahrerberuf endgültig auf, dann kommt dies einem völligen Wagniswegfall gleich, weil sich aus der versicherten Eigenschaft (voraussichtlich) keine Rechtskostenrisiken mehr entwickeln können (§ 10 Rdnr. 1). Für diesen Fall gibt ihm Abs. 6 einen – rechtsgestaltenden (§ 22 Rdnr. 25) – Anspruch auf Aufhebung des Versicherungsvertrags. Der Anspruch ist durch schriftlichen (§ 12) Antrag beim Versicherer geltend zu machen. Geht der Antrag innerhalb eines Monats seit dem Zeitpunkt der (voraussichtlich) dauernden Verhinderung oder der Aufgabe des Fahrerberufs beim Versicherer ein (§ 130 BGB), dann hat der Versicherer den Vertrag zu diesem Zeitpunkt aufzuheben. Bei späterem Antragseingang braucht der Versicherer den Vertrag erst zum Zeitpunkt des Antragseingangs aufzuheben. Die Monatsfrist berechnet sich nach §§ 187 Abs. 1, 188 Abs. 2 und 3, 193 BGB. Den Beitrag schuldet der VN anteilig bis zum Aufhebungszeitpunkt.

VII. Fahrer-RS für Unternehmen (Abs. 7)
(entspricht § 22 Abs. 2 ARB 94)

11 1. Die Sonderform des Fahrer-RS im Sinne des Abs. 7 bietet einem Unternehmen Versicherungsschutz für sämtliche bei ihm als Arbeitnehmer tätigen Kraftfahrer. Die Besonderheit dieser Versicherungsform liegt darin, daß das Unternehmen zwar selbst VN ist, die Versicherungsleistungen im Umfang des Abs. 3a bis c jedoch nicht ihm, sondern den mitversicherten (§ 11 Rdnr. 1) Fahrern zugute kommen. Der Versicherungsschutz ist gemäß **Ziff. 1** objektiv an mehrere Voraussetzungen (Risikomerkmale) geknüpft:

a) Das **Unternehmen** muß im Versicherungsschein benannt sein. Es **12**
braucht sich hierbei nicht um ein gewerbliches Unternehmen und auch nicht
um ein solches im arbeitsrechtlichen Sinne zu handeln. Versicherungsfähig
ist vielmehr jeder Betrieb oder jede sonstige – auch öffentlich-rechtliche –
Institution, die Berufsfahrer beschäftigt und eine fortgesetzte Tätigkeit ausübt, die sich als Beteiligung am Wirtschaftsleben darstellt und sich in einem
nach außen selbständigen, von der privaten Sphäre des Inhabers getrennten
Lebensbereich vollzieht (vgl. *Prölss/Martin/Voit* § 151 Anm. 1).

b) Die mitversicherten Personen müssen in dem Unternehmen als **Ar-** **13**
beitnehmer, also in unselbständiger Stellung (§ 24 Rdnr. 15), und zwar –
zumindest überwiegend – als **Kraftfahrer** tätig sein. Hierzu können auch
Verkaufsfahrer zählen. Wird ein Arbeitnehmer nur gelegentlich als Kraftfahrer, jedoch überwiegend in anderer Funktion beschäftigt, dann ist er
nicht mitversichert. Der Versicherungsschutz umfaßt sämtliche beim VN als
Arbeitnehmer tätigen Kraftfahrer ohne Rücksicht auf ihre während des
Laufs des Versicherungsvertrags möglicherweise wechselnde Zahl. Mit dieser Gefahrtragungspflicht des Versicherers für die jeweils vorhandene Anzahl von Kraftfahrern korrespondiert die Anzeigepflicht des VN nach
Abs. 7 Ziff. 2 (vgl. unten Rdnr. 20).

c) Versicherungsschutz haben die mitversicherten Arbeitnehmer speziell **14**
in ihrer Eigenschaft als **Fahrer** (zum Fahrerbegriff vgl. § 21 Rdnrn. 18 ff.),
und zwar nur von solchen Fahrzeugen, die nicht auf sie selbst zugelassen
sind. Führt ein beim VN als Fahrer angestellter Arbeitnehmer ein auf ihn
selbst zugelassenes Fahrzeug, hat er auch dann keinen Versicherungsschutz,
wenn er in Ausübung der beruflichen Tätigkeit für den VN fährt. Ob das
geführte Fahrzeug auf den VN oder auf sonstige Dritte zugelassen ist, spielt
dagegen keine Rolle (zum Begriff der Zulassung vgl. § 21 Rdnr. 4).

d) Versicherungsschutz besteht, soweit der Arbeitnehmer in seiner Eigen- **15**
schaft als Fahrer in Ausübung seiner **beruflichen Tätigkeit** für das versicherte Unternehmen von einem Versicherungsfall betroffen wird und aufgrund dessen rechtliche Interessen im Sinne des Abs. 3 a bis c wahrzunehmen hat. Die Fahrt, bei der ein Schadenereignis im Sinn des § 14 Abs. 1 eingetreten ist oder bei der der Fahrer gegen straf- oder bußgeldrechtliche Vorschriften im Sinne des § 14 Abs. 2 verstoßen hat oder haben soll, muß in
Auswirkung der Beschäftigung als Fahrer beim versicherten Unternehmen
erfolgt sein. Notwendig ist ein innerer sachlicher Zusammenhang mit dem
Betrieb des Unternehmens, eine bloße Gefälligkeitshandlung ohne Bezug
zum Betrieb genügt nicht. So liegt beispielsweise keine berufliche Tätigkeit
für das versicherte Unternehmen vor, wenn der beim VN angestellte, auf
einer betrieblichen Fahrt befindliche Kraftfahrer einem fremden Fahrzeug-
lenker durch Einwinken in eine belebte Straße aus Gefälligkeit behilflich ist
und hierbei verletzt wird oder gegen verkehrsrechtliche Vorschriften verstößt. Anders kann der Fall liegen, wenn eine solche Handlung des angestellten Fahrers für seine eigene Weiterfahrt nützlich ist, indem er hierdurch
beispielsweise einen Verkehrsengpaß beseitigen hilft (vgl. zum ähnlichen Problem in der Betriebshaftpflichtversicherung BGH VersR 61, 121, 325; *Prölss/*

Martin/Voit § 151 Anm. 2; vgl. auch § 24 Rdnr. 29). Macht der Fahrer auf einer betrieblichen Fahrt einen nicht nur geringfügigen Umweg, um etwas Privates zu erledigen, dann trifft ihn ein auf diesem Umweg eintretender Versicherungsfall nicht bei Ausübung der beruflichen Tätigkeit für den VN.

16 2. Versicherungsschutz besteht für die Interessenwahrnehmung des mitversicherten Fahrers in den **Rechtsbereichen,** für die Abs. 3 a bis c den Rahmen absteckt.

17 a) **Schadenersatzansprüche** aufgrund gesetzlicher Haftpflichtbestimmungen im Sinne des Abs. 3 a (zum Begriff vgl. Vorbem. vor § 21 Rdnrn. 31 ff.) kann der angestellte Fahrer speziell in dieser Eigenschaft wegen seines auf einer betrieblichen Fahrt erlittenen persönlichen Körper-, Sach- und Vermögensschadens geltend machen (Näheres oben Rdnr. 4 und § 21 Rdnr. 58).

18 b) Für die Verteidigung gegen den Vorwurf, als Fahrer in Ausübung der beruflichen Tätigkeit für den VN eine verkehrsrechtliche Vorschrift des **Straf-** oder Ordnungswidrigkeitenrechts verletzt zu haben, besteht Versicherungsschutz in dem oben unter Rdnr. 5 sowie in § 21 Rdnrn. 73 ff. erörterten Umfang.

19 c) Wegen des **Führerschein-RS** im Sinne des Abs. 3 c kann auf die Erläuterungen zu § 21 Rdnr. 83 und Vorbem. vor § 21 Rdnrn. 137 ff. verwiesen werden.

20 3. Die **Anzeigepflicht** des VN nach Abs. 7 Ziff. 2 ist die notwendige Ergänzung zur Gefahrtragungspflicht des Versicherers, die sich gemäß Abs. 7 Ziff. 1 auf „sämtliche" beim VN als Arbeitnehmer tätigen Kraftfahrer ohne Rücksicht auf ihre während des Versicherungszeitraums möglicherweise wechselnde Zahl erstreckt (vgl. oben Rdnr. 13). Da nach dem Tarif der RSVersicherer der Beitrag für den Fahrer-RS nach Abs. 7 in der Regel nach der Zahl der jeweils beschäftigten Fahrer berechnet wird, muß der VN dem Versicherer die jeweilige Zahl nach entsprechender Aufforderung mitteilen. Die Anzeigepflicht entspricht derjenigen beim Verkehrs-RS des § 21 Abs. 7. Wie diese ist sie keine Obliegenheit, sondern eine echte, der Beitragspflicht des VN zugeordnete Rechtspflicht, deren Verletzung nicht zu einer Kürzung der Versicherungsleistung nach der allgemeinen Proportionalitätsregel des § 9 Abs. 4 führt, sondern den Versicherungsschutz für einen nicht gemeldeten Kraftfahrer im Umfang des Abs. 7 Ziff. 2 ausschließt. Wegen weiterer Einzelheiten kann auf die entsprechenden Erläuterungen zu § 21 Abs. 7 (vgl. dort Rdnrn. 128 ff.) verwiesen werden. Verringert sich die Zahl der angestellten Kraftfahrer, kann der VN im Rahmen des § 9 Abs. 3 Herabsetzung des Beitrags verlangen.

21 4. Den nach Abs. 7 Ziff. 1 mitversicherten Fahrer treffen gemäß Abs. 7 **Ziff. 3** die drei nach Abs. 4 vor Eintritt des Versicherungsfalles zu erfüllenden Obliegenheiten zum Fahren mit vorgeschriebener Fahrerlaubnis, mit Fahrberechtigung und mit zugelassenem Fahrzeug. Verletzt er eine dieser Obliegenheiten und kann er sich nicht nach § 6 Abs. 1 und 2 VVG entlasten (vgl. hierzu oben Rdnr. 7 und § 21 Rdnrn. 85 ff.), dann ist der Versicherer leistungsfrei. Einer Kündigung nach § 6 Abs. 1 Satz 2 und 3 VVG bedarf es hierbei nicht, da der mitversicherte Fahrer am Vertrag nicht beteiligt ist (§ 21 Rdnr. 102). Ist ein mitversicherter Fahrer vorübergehend oder (voraussichtlich) dauernd an der Führung von Fahrzeugen verhindert, dann hat dieser Umstand naturgemäß keinen Einfluß auf den Fortbestand des Versicherungsvertrags. Der VN kann jedoch im Rahmen des § 9 Abs. 3 Herabsetzung des Beitrags verlangen, soweit er anstelle des ausgefallenen Fahrers keinen Ersatzfahrer einstellt.

§ 24 Rechtsschutz für Gewerbetreibende und freiberuflich Tätige

(1) Versicherungsschutz wird Gewerbetreibenden und freiberuflich Tätigen in ihrer im Versicherungsschein bezeichneten Eigenschaft gewährt. Der Versicherungsschutz erstreckt sich auf die Arbeitnehmer des Versicherungsnehmers in Ausübung ihrer beruflichen Tätigkeit für den Versicherungsnehmer. Versicherungsschutz wird ferner den Familienangehörigen des Versicherungsnehmers gewährt, soweit sie in dessen beruflichem Bereich tätig sind.

(2) Der Versicherungsschutz umfaßt
a) Die Geltendmachung von Schadenersatzansprüchen aufgrund gesetzlicher Haftpflichtbestimmungen im Rahmen des § 14 Absatz 1;
b) die Wahrnehmung rechtlicher Interessen aus Arbeitsverhältnissen;
c) die Verteidigung in Verfahren wegen des Vorwurfes der Verletzung einer Vorschrift des Straf-, Ordnungswidrigkeiten-, Disziplinar- oder Standesrechtes. Bei Freiheitsstrafen sowie bei Geldstrafen und -bußen über 500,- DM sind Gnaden-, Strafaussetzungs-, Strafaufschub- und Zahlungserleichterungsverfahren eingeschlossen, und zwar für insgesamt zwei Anträge je Versicherungsfall;
d) die Wahrnehmung rechtlicher Interessen vor Sozialgerichten in der Bundesrepublik Deutschland.

(3) Schuldrechtliche Verträge
1. Der Versicherungsschutz kann auf die gerichtliche Wahrnehmung rechtlicher Interessen aus schuldrechtlichen Verträgen ausgedehnt werden.
2. Abweichend von § 4 Absatz 1f) kann Versicherungsschutz auch für die gerichtliche Wahrnehmung rechtlicher Interessen aus dem Bereich des Handelsvertreterrechtes gewährt werden für
a) Handelsvertreter, soweit diese Verträge über die Anschaffung, Veräußerung oder Gebrauchsüberlassung von Waren vermitteln oder im fremden Namen abschließen,
b) natürliche und juristische Personen gegenüber den für sie tätigen Handelsvertretern, soweit diese Verträge über die Anschaffung, Veräußerung oder Gebrauchsüberlassung von Waren vermitteln oder abschließen.
3. Versicherungsschutz nach Ziffer 1. und 2. besteht, wenn der Wert des Streitgegenstandes einen im Versicherungsschein genannten Betrag übersteigt. Errechnet sich der Wert des Streitgegenstandes nach Ansprüchen oder Teilansprüchen, die zu verschiedenen Zeitpunkten fällig werden, besteht Versicherungsschutz nur für die Ansprüche oder Teilansprüche, die den im Versicherungsschein genannten Betrag übersteigen.

(4) Endet der Versicherungsvertrag durch Berufsaufgabe oder Tod des Versicherungsnehmers, wird ihm bzw. seinen Erben Versicherungsschutz auch für Versicherungsfälle gewährt, die innerhalb eines Jahres nach der Beendigung des Versicherungsvertrages eintreten und im Zusammenhang mit der im Versicherungsschein genannten Eigenschaft des Versicherungsnehmers stehen.

(5) Ausgeschlossen ist der Versicherungsschutz für die Wahrnehmung rechtlicher Interessen
a) als Eigentümer, Besitzer, Halter oder Fahrer von Fahrzeugen;
b) aus Miet- und Pachtverhältnissen über Grundstücke, Gebäude oder Gebäudeteile.

(6) Rechtsschutz für das Kraftfahrzeuggewerbe
1. Ist der Versicherungsnehmer Inhaber eines Betriebes des Kraftfahrzeughandels oder -handwerkes, einer Fahrschule oder Tankstelle, wird ihm abweichend von Absatz 5 a) außerdem Versicherungsschutz – und zwar auch für den privaten Bereich – in seiner Eigenschaft als Eigentümer, Halter, Insasse oder Fahrer von Fahrzeugen gewährt.
2. Der Versicherungsschutz erstreckt sich auf alle Personen in ihrer Eigenschaft als berechtigte Fahrer oder berechtigte Insassen der auf den Versicherungsnehmer zugelassenen Fahrzeuge. Versicherungsschutz wird ferner den gemäß Absatz 1 mitversicherten Personen gewährt, und zwar in ihrer Eigenschaft als berechtigte Fahrer oder berechtigte Insassen der nicht auf den Versicherungsnehmer zugelassenen Fahrzeuge, die sich bei Eintritt des Versicherungsfalles in Obhut des Versicherungsnehmers befinden oder in dessen Betrieb vorübergehend benutzt werden.
3. In Ergänzung des Absatzes 2 umfaßt der Versicherungsschutz die Wahrnehmung rechtlicher Interessen
a) aus schuldrechtlichen Verträgen, die im Zusammenhang mit der Eigenschaft des Versicherungsnehmers als Eigentümer und Halter der auf ihn zugelassenen, mit amtlichem schwarzen Kennzeichen versehenen Fahrzeuge stehen, wobei die Möglichkeit, den Versicherungsschutz nach Absatz 3 auszudehnen, unberührt bleibt;
b) in Widerspruchsverfahren vor Verwaltungsbehörden wegen Einschränkung, Entzuges oder Wiedererlangung der Fahrerlaubnis und Verfahren vor Verwaltungsgerichten aus den gleichen Gründen.
4. Der Versicherer ist von der Verpflichtung zur Leistung frei, wenn bei Eintritt des Versicherungsfalles der Fahrer nicht die vorgeschriebene Fahrerlaubnis hatte, zum Führen des Fahrzeuges nicht berechtigt war oder wenn das Fahrzeug nicht zugelassen war. Der Versicherungsschutz bleibt jedoch für diejenigen versicherten Personen bestehen, die von dem Fehlen der Fahrerlaubnis, der Berechtigung zum Führen des Fahrzeuges oder von dem Fehlen der Zulassung ohne Verschulden keine Kenntnis hatten.

(7) Fahrzeuge im Sinne dieser Bestimmung sind Motorfahrzeuge zu Lande, zu Wasser und in der Luft sowie Anhänger.

Übersicht

	Rdnrn.		Rdnrn.
I. Allgemeines	1	1. Gewerbetreibender	3
II. Persönliche Risikomerkmale (Abs. 1)	2	2. freiberuflich Tätiger	4
		3. selbständige Tätigkeit	5, 6

	Rdnrn.		Rdnrn.
4. Abgrenzung zu	7	d) nicht zulassungspflichtige Motorfahrzeuge	52
a) Fahrzeugbereich	8	e) Erwerb eines anderen Betriebs	53
b) unselbständige Tätigkeit	9	f) Interessenwahrnehmung aus dinglichen Rechten	54
c) Privatbereich	10–13	g) Mitversicherte	55
5. Mitversicherte (Abs. 1 Sätze 2 und 3)	14	3. Handelsvertreter-Vertrags-RS (Ziff. 2)	56, 57
a) Arbeitnehmer	15, 16	4. a)Mindeststreitwert (Ziff. 3)	58–61
b) Familienangehörige	17	b) Selbstbeteiligung	61 a
c) Inhaber einer juristischen Person	18	V. Nachhaftung (Abs. 4)	62–65
6. Beginn und Ende der versicherten Eigenschaft	19, 20	VI. Risikoausschlüsse (Abs. 5)	66
III. Obligatorische Leistungsarten (Abs. 2)	21	1. Verkehrsbereich (Abs. 5 a) a) ausgeschlossene Eigenschaften	67–69
1. Geltendmachung von Schadenersatzansprüchen (Abs. 2 a)	22	b) Geltendmachung von Schadenersatzansprüchen	70–72
a) des VN	23–26	c) Interessenwahrnehmung aus Arbeitsverhältnissen	73
b) der mitversicherten Personen	27–30	d) Straf- und Ordnungswidrigkeiten-RS	74
2. Arbeits-RS (Abs. 2 b) a) allgemein	31	e) Sozialgerichts-RS	75
b) Interessenwahrnehmung aus dem Individual-Arbeitsverhältnis	32	f) Vertrags-RS	76, 77
c) Interessenwahrnehmung aus dem kollektiven Arbeitsrecht	33–36	2. Miet- und Pachtverhältnisse über Immobilien (Abs. 5 b)	78–81
3. Straf-RS (Abs. 2 c)		VII. RS für Kraftfahrzeuggewerbe (Abs. 6)	82–94
a) Straf- und Bußgeldverfahren	37, 38	1. Allgemeines	82, 83
b) Disziplinar- und Standesrecht	39	2. versicherte Eigenschaften	
c) Gnadenverfahren (Satz 2)	40	a) VN (Ziff. 1)	84
4. Sozialgerichts-RS (Abs. 2 d)	41	b) Mitversicherte (Ziff. 2)	85, 86
IV. Fakultativer Vertrags-RS (Abs. 3)	42–61	aa) Obhutsfahrzeuge	87, 88
1. a) Allgemeines	42, 43	bb) vorübergehende betriebliche Benutzung von Fremdfahrzeugen	89
b) gerichtliche Interessenwahrnehmung	44–47	3. versicherte Leistungsarten (Ziff. 3)	90
2. allgemeiner Vertrags-RS (Ziff. 1)	48	a) Kraftfahrzeug-Vertrags-RS	91, 92
a) in versicherter Eigenschaft	49	b) Führerschein-RS	93
b) Arzthonorar	50	4. Obliegenheiten vor Eintritt des Versicherungsfalles (Ziff. 4)	94
c) keine Interessenwahrnehmung aus Versicherungsverträgen	51	VIII. Motorfahrzeuge (Abs. 7)	95

Literatur: *Mathy*, Aktuelle Fragen zur Versicherung der selbständigen Tätigkeit in der RSVersicherung, VersR 92, 781.

I. Allgemeines

§ 24 deckt das berufliche Rechtskostenrisiko der selbständig Tätigen in den durch Abs. 2 a bis d und – soweit eingeschlossen – Abs. 3 umschriebenen Rechtsbereichen ab. Nach dem Grundsatz der Spezialität (Vorbem. vor § 21 Rdnr. 1) ist der Versicherungsschutz an eine bestimmte, im Versicherungsschein zu bezeichnende **Eigenschaft** des VN geknüpft. Die Leistungspflicht des Versicherers besteht, wenn ein Versicherungsfall im Sinn des § 14 den VN gerade in dieser Eigenschaft trifft. Während die Abs. 1 bis 5 ausschließlich das berufliche Rechtskostenrisiko unter Ausschluß des Bereichs des motorisierten Verkehrs betreffen, erstreckt Abs. 6 als Sonderform den RS für das Kraftfahrzeuggewerbe beruflich und privat auch auf den Verkehrsbereich.

1

II. Persönliche Risikomerkmale (Abs. 1)
(entspricht § 24 Abs. 1a ARB 94)

2   Abs. 1 nennt **zwei** versicherbare **Eigenschaften,** nämlich die des Gewerbetreibenden und die des freiberuflich Tätigen. Es handelt sich hierbei nicht um ganz festumrissene Begriffe der Rechtssprache (vgl. Einl. Rdnr. 48). Gemeinsam ist ihnen jedoch, daß der in einem dieser Berufe Tätige in der Regel nicht in abhängiger Stellung, sondern selbständig arbeitet (vgl. auch § 25 Rdnr. 15). Nach § 24 versicherungsfähig ist auch eine juristische Person (zu diesem Begriff vgl. § 4 Rdnr. 28), z.B. eine GmbH; zur Mitversicherung der Inhaber einer juristischen Person vgl. unten Rdnr. 18.

3   1. Unter **Gewerbe** versteht man üblicherweise jede erlaubte, auf Gewinn gerichtete und auf gewisse Dauer angelegte, in der Regel selbständige Tätigkeit mit Ausnahme der Gewinnung von Naturerzeugnissen (Urproduktion) sowie der zu den freien Berufen gerechneten Tätigkeiten (vgl. unten Rdnr. 4). Zum Gewerbe zählen insbesondere die Betriebe des Handels, des Handwerks, der Industrie und des Verkehrs einschließlich der Dienstleistungsgewerbe wie Banken und Versicherungen *(Sieg/Leifermann* § 1 Anm. 2; *Baumbach/Hopt* § 1 Rdnrn. 1 ff.; *Creifelds* Stichwort „Gewerbe").

4   2. Für die **freiberufliche Tätigkeit** gibt es keinen allgemein gültigen, einheitlichen Oberbegriff. Die Bezeichnung ist mehr soziologischer Natur und gewinnt rechtlich in verschiedener Hinsicht, vor allem im Steuerrecht und neuerdings bei der Partnerschaft Bedeutung. Nach § 18 Abs. 1 Nr. 1 EStG, § 1 Abs. 2 PartGG gehören zu den freiberuflichen Tätigkeiten insbesondere alle selbständig ausgeübten wissenschaftlichen, künstlerischen, schriftstellerischen, unterrichtenden oder erziehenden Tätigkeiten sowie die im Gesetz nicht erschöpfend aufgezählten „Katalog-Berufe" wie Ärzte, Rechtsanwälte, Ingenieure, Wirtschaftsprüfer, Steuerberater, beratende Volks- und Betriebswirte, Journalisten, Dolmetscher u.a. Wesentlich für einen freien Beruf sind der persönliche Einsatz bei der Berufsausübung, der Berufscharakter nach rechtlicher Ausgestaltung und Verkehrsauffassung, die soziologische Stellung und Bedeutung des Berufs sowie die Qualität und Länge der erforderlichen Berufsausbildung (BVerfG NJW 60, 619; 78, 365).

5   3. Die beiden Eigenschaften des Gewerbetreibenden und des freiberuflich Tätigen werden in Abs. 1 nicht im Sinn einer abschließenden enumerativen Aufzählung, sondern als Hauptfälle der nach § 24 versicherbaren Eigenschaften verwendet. Dies ergibt sich, wenn man den Regelungszusammenhang des § 24 mit anderen Vertragsarten der ARB berücksichtigt. So schließen § 25 Abs. 1 Satz 2, § 26 Abs. 1 Satz 4 (Fassung 1988: Abs. 7c) und § 27 Abs. 1 Satz 5 die Interessenwahrnehmung im Zusammenhang mit einer **selbständigen** oder freiberuflichen **Tätigkeit** vom Versicherungsschutz aus. Dieser Risikoausschluß soll nun aber ersichtlich eine Überschneidung mit dem Deckungsbereich des § 24 Abs. 1 verhindern. Wer – im weitesten Sinn – beruflich selbständig ist, soll das berufliche Rechtskostenrisiko nicht über

§§ 25, 26 oder 27, sondern nur über § 24 versichern können. Denn die Vertragsarten der §§ 25, 26 und 27 sind risikotechnisch so zusammengesetzt, daß das überschaubare und nach statistischen Wahrscheinlichkeitswerten kalkulierbare Rechtskostenrisiko aus unselbständiger Berufstätigkeit mit dem Risiko aus dem Privatbereich (§ 25) oder zusätzlich dem Verkehrsbereich (§ 26) und Landwirtschaftsbereich (§ 27) kombiniert ist. Das Risiko aus selbständiger Berufstätigkeit ist dagegen in sich so vielfältig und heterogen und insbesondere von der Art der ausgeübten Tätigkeit und der Zahl der Arbeitnehmer oder von der Höhe des Umsatzes abhängig, daß es eine differenzierte Tarifkalkulation verlangt und nicht generell mit anderen Lebensbereichen in einer festen Kombination geboten werden kann. Hieraus wird deutlich, daß das Rechtskostenrisiko aus jeder Art von selbständiger Berufstätigkeit unter den Deckungsbereich des § 24 fällt, gleichgültig, ob sie nun vorwiegend gewerblicher oder vorwiegend freiberuflicher Art ist oder – etwa als nicht über § 27 versicherbare Form der Urproduktion (vgl. § 27 Rdnr. 2) – nach der Verkehrsauffassung unter keine der beiden Kategorien sicher eingeordnet werden kann (insoweit nunmehr a. A. BGH NJW 92, 3242 = VersR 92, 1510 = ZfS 92, 424 = r + s 92, 415; vgl. unten Rdnr. 11). Entscheidendes persönliches Risikomerkmal für das Bestehen von Versicherungsschutz nach § 24 ist demnach ohne Rücksicht auf ihre steuerrechtliche, arbeitsrechtliche, sozialrechtliche oder handelsrechtliche Qualifikation eine selbständige Berufstätigkeit, die als solche im Versicherungsschein bezeichnet ist (BGH VersR 78, 816; zur Abgrenzung von unselbständiger Tätigkeit vgl. unten Rdnr. 9).

Übt der VN **mehrere** verschiedenartige **Tätigkeiten** aus, von denen er jedoch nur eine oder jedenfalls nicht alle im Versicherungsantrag angegeben hat, so daß auch der Versicherungsschein nur die im Antrag angegebenen Tätigkeiten bezeichnet, dann besteht nach dem Grundsatz der Spezialität nur für die im Versicherungsschein bezeichneten Tätigkeiten Deckung, es sei denn, es handelt sich um eng verwandte Berufstätigkeiten, die branchenüblich zusammen betrieben und auch im Tarif nicht unterschiedlich bewertet werden. Ein als Bau- und Möbelschreinerei versicherter Betrieb hat keine Versicherungsdeckung für einen Rechtsstreit aus der Tätigkeit als Generalunternehmer von Bauvorhaben (LG Fulda ZfS 86, 144). Ist ein Tankstellenbetrieb versichert, dann hat der VN als Inhaber der Tankstelle keinen Versicherungsschutz für eine Auseinandersetzung mit dem Inhaber einer auf dem Tankstellengelände betriebenen Imbißstube (LG Stade r + s 76, 225). Zur vergleichbaren Frage in der Haftpflichtversicherung hat beispielsweise der BGH (VersR 75, 77) entschieden, daß der Versicherungsschutz für einen Dachdeckereibetrieb nicht das wiederholte Vermieten von Gerüsten umfaßt, sowie das LG Marburg (VersR 78, 909), daß der Versicherungsschutz für einen Elektroinstallationsbetrieb nicht auch die Haftpflicht aus Wasserinstallationsarbeiten deckt (wegen weiterer Einzelheiten vgl. *Prölss/Martin/Voit* § 2 AHB Anm. 1 b, c). Ist die Art der Berufstätigkeit im Versicherungsschein wegen fehlender oder unklarer Angaben im Antrag nicht oder unklar bezeichnet, wird man den Versicherer für verpflichtet halten müssen, bis zur Klarstellung für jede oder zumindest jede nach Sachlage mögliche Art von

§ 24 ARB 75   7–11   2. Teil. Besondere Bestimmungen

selbständiger Tätigkeit des VN Versicherungsschutz zum vereinbarten Beitrag zu bieten, da es der Versicherer in der Hand hatte, eine etwa im Antrag vom VN nicht oder unklar bezeichnete Berufstätigkeit vor der Ausfertigung des Versicherungsscheins klarzustellen. Entspricht die im Versicherungsschein bezeichnete Eigenschaft nicht den Angaben des VN im Antrag, gilt § 5 VVG.

7   4. Der Bereich der nach § 24 versicherbaren selbständigen Berufstätigkeit bedarf der **Abgrenzung** gegenüber den übrigen Deckungsbereichen der ARB, insbesondere gegenüber dem Verkehrsbereich, dem Bereich der unselbständigen Berufstätigkeit und dem Privatbereich.

8   a) Ob ein VN speziell in seiner Eigenschaft als Selbständiger oder speziell in seiner durch Abs. 5a vom Versicherungsschutz ausgeschlossenen, durch § 21 oder 22 versicherbaren Eigenschaft als Eigentümer, Besitzer, Halter oder Fahrer von **Motorfahrzeugen** von einem Versicherungsfall im Sinn des § 14 betroffen ist, kann in gewissen Fällen zweifelhaft sein. Entscheidend ist jeweils die primär tangierte Eigenschaft, auch wenn sich dann hieraus Folgen für die andere Eigenschaft ergeben. Als Beispiel sei hier der in § 21 Rdnr. 54 erörterte Fall angeführt, daß ein VN wegen Ausfalls seines Kraftfahrzeugs einen Verdienstausfall als Selbständiger erleidet (Näheres vgl. unten Rdnrn. 70 ff.).

9   b) Die Abgrenzung zwischen der durch § 24 versicherbaren selbständigen und der durch §§ 25, 26 versicherbaren **unselbständigen Berufstätigkeit** ist nicht immer zweifelsfrei zu treffen. Selbständig ist jemand, der seinen Beruf wirtschaftlich und organisatorisch in eigener „Regie" ausübt. Die Grenzen können fließend sein. Es kommt jeweils auf alle Umstände des Einzelfalles an. Einen Anhaltspunkt gibt das Gesetz für den Handelsvertreter in § 84 Abs. 1 Satz 2 HGB. Danach ist selbständig, wer im wesentlichen frei seine Tätigkeit gestalten und seine Arbeitszeit bestimmen kann. Merkmal der Selbständigkeit ist also in erster Linie die „persönliche" Freiheit im Gegensatz zur wirtschaftlichen, die von Fall zu Fall verschieden gelagert sein kann (*Baumbach/Hopt* § 84 Rdnrn. 33 ff.; *Schaub* § 8 II 3; vgl. auch BVerfG NJW 78, 365 unter Ziff. I 1; BGH VersR 78, 816 unter Ziff. I 2 b). Bei einem arbeits- oder dienstvertragsähnlichen Verhältnis kommt es ebenfalls entscheidend auf den Grad der Abhängigkeit vom Vertragspartner an (*Palandt/Putzo* vor § 611 Rdnrn. 7, 16; vgl. im einzelnen § 25 Rdnrn. 15 und 19).

10   c) § 24 deckt nur den Berufsbereich ab. Rechtskostenrisiken aus dem **Privatbereich** kann ein Selbständiger nur über § 25 versichern. Die Grenze zwischen beiden Bereichen ist nicht immer scharf zu ziehen.

11   Die **Verwaltung** eigenen **Vermögens**, soweit es nicht in einen dem VN gehörenden Betrieb investiert ist, gehört in der Regel zum Privatbereich, selbst wenn das Vermögen beträchtlich ist. Dies gilt auch für solche Vermögensteile, die aus selbständiger Berufstätigkeit herrühren, soweit nicht bei einem Kaufmann die gesetzliche Vermutung des § 344 HGB dagegen spricht (OLG Hamm VersR 87, 402 = ZfS 86, 18 für größeren Kontokorrentkredit; VersR 89, 798 = r + s 89, 18 für Grundstücksspekulation zugunsten des eigenen Kraftfahrzeugbetriebs; NJW-RR 89, 344 = ZfS 89, 202 = r + s 89, 19 für Darlehen von über einer Million DM; vgl. § 25 Rdnr. 22). Zum Privatbereich zählen insbesondere die nicht berufsmäßige Anschaffung und Weiterveräußerung von nicht dem Betriebsvermögen zugeordneten Wertpapieren aller Art oder die Gewährung privater Darlehen (LG Berlin r + s 90, 20; anders für Streit in einer mit Wertpapier-Optionen handelnden BGB-Gesellschaft AG Charlottenburg r + s 94, 222). Im übrigen war die bisherige Rechtsprechung zur Abgrenzung zwischen selbständiger und nichtselbständiger privater Tätigkeit bei der Verwaltung eigenen Vermögens etwas uneinheitlich. Manche Gerichte tendierten dahin, eine berufsmäßige selbständige Tätigkeit umso eher zu bejahen, je höher und spekulativer die Vermögensanlage war (vgl. die Nachweise in der 4. Aufl.). Dem ist der BGH (NJW 92, 3242 = VersR 92, 1510 = ZfS 92, 424 = r + s 92, 415; nach Zurückverweisung OLG Bamberg VersR 95, 1047) entgegengetreten mit dem Argument, der durchschnittliche VN werde dem Wortlaut der §§ 24, 25 ARB entnehmen, daß in § 25 Abs. 1 Satz 2 nur diejenige selbständige Tätigkeit vom Versicherungsschutz ausgeschlossen sein solle, die nach § 24 versicherbar ist; das sei aber nur eine gewerbliche oder freiberufliche, keine sonstige selbständige Tätigkeit. Bei privater Vermögensverwaltung könne daher eine selbständige Tätigkeit erst angenommen werden, wenn sie berufsmäßig betrieben werde, d. h. einen planmäßigen Geschäftsbetrieb wie die Unterhaltung eines Büros oder eine eigene Organisation zur Durchführung der Geschäfte erfordere. Wenn diese Entscheidung auch noch manche Frage offen läßt – genügt etwa ein computerunterstütztes Einmann-Büro? –, wird sich die Regulierungspraxis nach ihr zu richten versuchen. Die Grundsätze gelten naturgemäß nicht nur für Geld- und Wertpapier-Vermögen, sondern auch für die Verwaltung und Verwertung privaten Grundbesitzes. Sie spielen sich in der Privatsphäre ab, solange sie nicht berufsmäßig in der Absicht ständiger Gewinnerzielung erfolgen und hierzu einen planmäßigen Geschäftsbetrieb erfordern. Mit dieser Maßgabe hat die bisherige Rechtsprechung auch künftig noch Bedeutung. So ist die Errichtung von Häusern oder Eigentumswohnungen zum Zweck späterer Vermietung und Verpachtung oder auch Veräußerung durch den Eigentümer oder auch nur das Vermieten von Wohnungen ungeachtet der steuerrechtlichen Qualifikation im Regelfall nicht gewerblicher Natur, sondern dient der Kapitalanlage, solange der Vermieter nicht die Absicht hat, sich aus der Vermietung eine berufsmäßige Einnahmequelle zu schaffen. Dies wird in der Regel nur bei umfangreicherem Grund- oder Hausbesitz in Frage kommen (BGH NJW 74, 1462; 79, 1650) und wurde verneint für den Erwerb einer Eigentumswohnung im Bauherrenmodell (LG Hannover ZfS 90, 234), dagegen bejaht für den Erwerb von Immobilien im Wert von etwa zweieinhalb Millionen DM und die damit verbundene Hausverwaltung als alleinvertretungsberechtigter Gesellschafter (LG Köln ZfS 89, 345), für die beabsichtigte Erschließung von über 6000 qm Grundbesitz (OLG Hamm VersR 84, 177), für den überwiegend fremdfinanzierten Ankauf und die Weiterveräußerung (nach Renovierung) von sieben Eigentumswohnungen (LG Berlin ZfS 86, 370) oder auch für die Herstellung und Veräußerung von 21 Eigentumswohnungen während eines Zeitraums von 5 Jahren (BGH NJW 81, 1665; vgl. auch § 25 Rdnr. 21), was bei Kaufleuten im Sinn der §§ 1 ff. HGB im Rahmen des § 344 HGB sowie bei Handwerkern im Rahmen ihrer Branche (OLG Karlsruhe 82, 335) vermutet wird (vgl. unten Rdnr. 49).

12 Die Grenze von der privaten Vermögensanlage zur selbständigen Berufstätigkeit wird überschritten, wenn der VN Anteile einer handelsrechtlichen Personen- oder Kapitalgesellschaft in der Weise erwirbt, daß er **beherrschenden Einfluß** auf die **Gesellschaft** und damit auf das von ihr betriebene Gewerbe ausüben kann. So ist ein VN als Gesellschafter einer OHG normalerweise geschäftsführungsbefugt (§ 114 HGB) oder auch als beherrschender Gesellschafter einer GmbH an der Führung eines gewerblichen Betriebs wie ein (Mit-)Inhaber beteiligt und besitzt damit die Eigenschaft als selbständiger Gewerbetreibender im Sinn des Abs. 1 (BGH VersR 78, 816 unter Ziff. I 2 b). Wer zwar nicht die Mehrheit der Gesellschaftsanteile hält, aber aufgrund sonstiger Umstände die Geschäftsführung maßgeblich beeinflußen kann, übt ebenfalls eine selbständige Tätigkeit aus (OLG Oldenburg ZfS 86, 211; LG Hechingen ZfS 86, 272; LG Dortmund ZfS 85, 82; LG Hannover ZfS 87, 367 für alleinvertretungsberechtigten GmbH-Geschäftsführer). Etwas anderes gilt für einen Kommanditisten, der in der Regel von der Geschäftsführung ausgeschlossen ist (§ 164 HGB). Die Wahrnehmung rechtlicher Belange aus dem Bereich des Rechts der Handelsgesellschaften ist ohne Rücksicht auf die Zuordnung der Tätigkeit des VN zu einer Eigenschaft des Abs. 1 generell vom Versicherungsschutz ausgeschlossen (§ 4 Abs. 1 c; vgl. § 4 Rdnrn. 23 ff.).

13 Die Abgrenzung zwischen betrieblicher und privater Sphäre ist auch insofern wesentlich, als die Interessenwahrnehmung des VN (oder einer mitversicherten Person) in einem **inneren sachlichen Zusammenhang** mit dem Betriebsgeschehen stehen muß. Hat ein Versicherungsfall im Sinn des § 14 den VN oder einen Mitversicherten nur in einem losen äußeren, z. B. räumlichen oder zeitlichen Zusammenhang mit dem Betrieb betroffen, ohne selbst betriebsbezogen zu sein, dann nimmt der VN oder der Mitversicherte rechtliche Interessen aufgrund des Versicherungsfalles nicht speziell in seiner nach § 24 (mit-)versicherten Eigenschaft, sondern als Privater wahr (Näheres unten Rdnrn. 23, 24 sowie § 25 Rdnr. 24).

14 5. Abs. 1 Satz 2 und 3 erstreckt den Versicherungsschutz auf Personengruppen, deren **Mitversicherung** (zu diesem Begriff vgl. § 11 Rdnr. 1) dem mutmaßlichen Willen und Interesse des VN entspricht. Mitversichert sind außerdem im Umfang des § 11 Abs. 1 und 3 die dort genannten anspruchsberechtigten Angehörigen des VN oder eines Mitversicherten.

15 a) Nach Abs. 1 Satz 2 sind mitversichert die **Arbeitnehmer** des VN. Dies sind alle Arbeiter und Angestellten, die zum VN in einem Arbeits- oder Dienstverhältnis stehen und eine von ihm abhängige weisungsgebundene Tätigkeit ausüben (*Palandt/Putzo* vor § 611 Rdnrn. 7 bis 13). Ist ein öffentlich-rechtlicher Dienstherr nach § 24 versichert, sind Arbeitnehmer die zu ihm in einem öffentlich-rechtlichen Dienstverhältnis stehenden Beamten sowie die in einem privatrechtlichen Rechtsverhältnis stehenden Arbeiter und Angestellten (vgl. Vorbem. vor § 21 Rdnr. 123). Mitversichert sind nur Ar-

beitnehmer „des" VN, d. h. solche Personen, die zum VN selbst in einem Arbeits- oder Dienstverhältnis stehen. Personen, deren Arbeitsverhältnis mit einem anderen Arbeitgeber besteht, können allenfalls dann Arbeitnehmern des VN gleichgeachtet werden, wenn sie als Leiharbeiter (zu diesem Begriff vgl. *Palandt/Putzo* vor § 611 Rdnrn. 38 bis 40) längere Zeit in seinen Betrieb integriert sind und er sie dem Versicherer im Rahmen der Meldepflicht nach § 9 Abs. 4 gemeldet hat.

Versicherungsschutz im Umfang des § 11 besteht, soweit ein Arbeitnehmer des VN in **Ausübung** seiner **beruflichen Tätigkeit** für diesen von einem Versicherungsfall im Sinn des § 14 betroffen wird und aufgrund dessen rechtliche Interessen in den in Abs. 2 a bis d genannten Rechtsbereichen wahrzunehmen hat. Wann die Ausübung beruflicher Tätigkeit anzunehmen ist, ist bei den einzelnen Leistungsarten erörtert (vgl. unten Rdnrn. 27, 37 und 41). Fehlt es überhaupt an einer Tätigkeit, besteht kein Versicherungsschutz (AG Geldern ZfS 83, 274). Wird ein Arbeitnehmer als Vertreter seines Arbeitgebers ohne Vertretungsmacht nach § 179 BGB belangt, besteht keine Deckung, da es sich um die nicht versicherte Abwehr eines gesetzlichen Schadenersatzanspruchs handelt. Die gerichtliche Interessenwahrnehmung aus schuldrechtlichen Verträgen im Sinn des Abs. 3 Ziff. 1 wird für einen Mitversicherten selbst kaum in Frage kommen, da er in Ausübung seiner beruflichen Tätigkeit für den VN Verträge in der Regel nur als dessen Vertreter mit Wirkung für und gegen diesen (§ 164 Abs. 1 BGB) schließen wird. Ausnahmsweise ist jedoch eine solche Interessenwahrnehmung denkbar, wenn der Arbeitnehmer im betrieblichen Interesse einen Vertrag im eigenen Namen geschlossen, z. B. auf einer Dienstreise ein Hotelzimmer gemietet hat und sich hieraus Streit ergibt. Jedoch gilt auch bei solchen Verträgen die Streitwertuntergrenze des Abs. 3 Ziff. 3.

b) Nach Abs. 1 Satz 3 mitversichert sind ferner auch die **Familienangehörigen** des VN, soweit sie in seinem gemäß § 24 versicherten beruflichen Bereich tätig sind. Hierunter fallen die durch Ehe und Verwandtschaft (§§ 1589, 1590 BGB) mit dem VN verbundenen Personen (*Palandt/Diederichsen* Einl. vor § 1297 Rdnr. 1). Mangels Vorliegens leicht nachprüfbarer objektiver Kriterien können Verlobte hier nicht als Familienangehörige angesehen werden (ebenso *Böhme* § 24 Rdnr. 3 a), soweit sie nicht als Arbeitnehmer des VN zu betrachten sind. Versicherungsschutz besteht, soweit der Familienangehörige bei einer Tätigkeit in dem nach § 24 versicherten beruflichen Bereich des VN von einem Versicherungsfall betroffen wird. Es braucht sich also nach dem klaren Wortlaut, anders als bei Arbeitnehmern im Sinn des Abs. 1 Satz 2, für den Familienangehörigen aus dessen Sicht nicht um eine berufliche Tätigkeit zu handeln. Es genügt vielmehr eine bloße Mithilfe im Betrieb des VN, sei es unentgeltlich oder gegen Entgelt, aus Gefälligkeit oder auch aus familienrechtlichen oder sonstigen Gründen. Auf die gelegentlich erörterte Frage, ob der Familienangehörige zum VN in einem Arbeitsverhältnis steht und ob er aus familienrechtlichen Gründen zur Mithilfe verpflichtet ist, kommt es nach dem eindeutigen Wortlaut und dem ersichtlich zugrundeliegenden Zweck, im Berufsbereich des VN in irgendeiner Weise tätige Familienangehörige generell zu schützen, nicht an. Macht die im Architekturbüro des VN mitarbeitende Ehefrau des VN als dessen Zessionarin eine an sich nur für diesen unter Versicherungsschutz stehende Honorarforderung geltend, dann hat sie Versicherungsschutz wie eine mitversicherte Person, wenn der Versicherer dem VN in Kenntnis der Abtretung Versicherungsschutz für die Ehefrau zugesagt hatte (OLG Nürnberg r + s 92, 19; deklaratorisches Anerkenntnis, vgl. § 16 Rdnr. 5).

18 c) Ist eine **juristische Person** VN (vgl. oben Rdnr. 2), dann sind deren **Inhaber**, z.B. die Gesellschafter einer GmbH, soweit sie nicht Mit-VN sind, nur mitversichert, wenn dies besonders vereinbart ist (vgl. § 11 Rdnr. 12). Besteht dagegen der Versicherungsvertrag mit einer oHG bzw. KG, dann sind deren Gesellschafter bzw. Komplementäre gleichzeitig VN, da Träger der im Namen der Gesellschaft begründeten Rechte und Pflichten nicht ein von den Gesellschaftern verschiedenes Rechtssubjekt ist; dies sind vielmehr die gesamthänderisch verbundenen Gesellschafter (BGH VersR 90, 380 unter Hinweis auf BGH NJW 88, 556).

19 6. Der Abschluß eines Vertrags nach § 24 ist möglich, **sobald** und solange der VN **selbständig tätig** ist. War er zunächst in unselbständiger Stellung tätig und hatte er hierbei das Berufsrisiko über §§ 25 oder 26 mitversichert, greift bei einem Wechsel in eine selbständige Stellung die Regelung des § 9 Abs. 1 nicht ein (vgl. § 25 Rdnr. 23). Der VN muß vielmehr einen neuen Vertrag nach § 24, gegebenenfalls kombiniert mit § 21 und § 25, abschließen. Vor Abschluß eines solchen Vertrags hat er für Rechtskostenrisiken, die sich aus der beabsichtigten Aufnahme der selbständigen Berufstätigkeit ergeben, keinen Versicherungsschutz, falls er für diesen Fall nicht eine besondere Vereinbarung mit dem Versicherer getroffen hat. Für eine bevorstehende freiberufliche Tätigkeit eines bisher angestellten Arztes bieten einige Versicherer Versicherungsschutz durch eine besondere Klausel zu § 26 (GB BAV 80, 89; VerBAV 82, 344; Anpassung an Fassung 1988: VerBAV 90, 31).

20 **Endet** die im Versicherungsschein bezeichnete **Eigenschaft** des VN durch Aufgabe der speziellen Berufstätigkeit oder durch Tod, dann fällt an sich das versicherte Wagnis weg, da Rechtskostenrisiken im Zusammenhang mit der versicherten Eigenschaft in Zukunft nicht mehr entstehen können. Hierzu gehört auch der Fall einer Veräußerung des versicherten Betriebs an einen Dritten (OLG Nürnberg VersR 78, 755). Entgegen der Meinung des OLG Nürnberg geht hierbei jedoch der RSVersicherungsvertrag des Veräußerers nicht entsprechend § 151 Abs. 2 VVG auf den Erwerber über (Näheres § 10 Rdnr. 11). Für einen gewissen Zeitraum kann sich allerdings aus der Abwicklung des beendeten Geschäftsbetriebs noch die Notwendigkeit ergeben, rechtliche Interessen wahrzunehmen. Diesen Fall regelt Abs. 4 (vgl. unten Rdnrn. 62 ff.).

III. Obligatorische Leistungsarten (Abs. 2)
(entspricht § 24 Abs. 2 ARB 94)

21 Abs. 2 umschreibt die **Rechtsbereiche,** innerhalb deren die Interessenwahrnehmung des VN und der mitversicherten Personen speziell in der nach Abs. 1 versicherten Eigenschaft unter Versicherungsschutz steht. Erforderlich ist jeweils, daß zwischen dem Versicherungsfall, der die Interessenwahrnehmung auf dem versicherten Rechtsgebiet auslöst (§ 14), und der versicherten Eigenschaft ein innerer sachlicher Zusammenhang besteht, daß also das maßgebliche Schadenereignis oder der maßgebliche Rechtsverstoß den VN oder Mitversicherten gerade in der versicherten Eigenschaft betroffen hat.

1. Was im Sinn des Abs. 2a unter **Geltendmachung von Schadenersatzansprüchen** aufgrund gesetzlicher Haftpflichtbestimmungen im Rahmen des § 14 Abs. 1 zu verstehen ist, ist in Vorbem. vor § 21 Rdnrn. 31 ff. im einzelnen erläutert. Versicherungsschutz besteht, soweit der VN Schadensatzansprüche speziell in der im Versicherungsschein bezeichneten Eigenschaft oder soweit eine mitversicherte Person solche Ansprüche speziell als Arbeitnehmer oder Familienangehöriger des VN im Sinn des Abs. 1 Satz 2 oder 3 aufgrund eines während der Vertragsdauer eingetretenen Schadenereignisses im Sinn des § 14 Abs. 1 gegen den Schädiger geltend macht. Sind VN oder Mitversicherter in dieser Eigenschaft betroffen, dann spielt es keine Rolle, ob nur der unmittelbare oder auch der durch die Rechtsgutverletzung adäquat verursachte mittelbare Folgeschaden geltend gemacht wird (vgl. *Palandt/Heinrichs* vor § 249 Rdnr. 15). 22

a) In seiner Eigenschaft als Gewerbetreibender oder freiberuflich Tätiger ist der **VN** immer dann geschädigt, wenn ihn ein Schadenereignis im Sinn des § 14 Abs. 1 in Ausübung seiner Berufstätigkeit betroffen hat, wenn also zwischen der beruflichen Betätigung und der Schädigung ein innerer sachlicher Zusammenhang besteht. In Frage kommt ein Personenschaden durch eine Körper- oder Gesundheitsverletzung oder Tötung mit der Folge von Heilungskosten, Verdienstausfall oder Unterhaltsschaden der Angehörigen. Sind dem VN gehörende Gegenstände der Betriebseinrichtung oder des sonstigen Betriebsvermögens geschädigt, erwächst ihm hieraus ein Anspruch auf Ersatz des Sach- und gegebenenfalls Sachfolgeschadens in Form von Verdienstausfall, Kosten für die Anmietung von Ersatzgegenständen (z.B. Maschinen; wegen des Schadenersatzes für Motorfahrzeuge vgl. unten Rdnr. 70) u.ä. Die Geltendmachung von Schadenersatzansprüchen nach §§ 823 ff. BGB wegen schuldhafter Beeinträchtigung von firmenbezogenem Grundeigentum ist gedeckt, da § 24 keinen den §§ 25, 26 und 27 entsprechenden Ausschluß der Interessenwahrnehmung aus dinglichen Rechten an Immobilien enthält. Zu der damit zusammenhängenden Problematik vgl. § 25 Rdnr. 58 und § 29 Rdnrn. 21, 21a. Möglich ist auch ein reiner Vermögensschaden, beispielsweise durch eine schuldhafte Beeinträchtigung des eingerichteten und ausgeübten Gewerbebetriebs des VN (vgl. *Palandt/Thomas* § 823 Rdnrn. 19 ff.), Kreditgefährdung (§ 824 BGB) oder unlauteren Wettbewerb im Sinn des UWG, da insoweit § 4 Abs. 1e nur die Geltendmachung von Unterlassungsansprüchen, aber nicht von Schadensersatzansprüchen ausschließt (§ 4 Rdnr. 47). Denkbar ist schließlich der Eintritt eines immateriellen Schadens durch Verletzung der Ehre, des Rufes oder des allgemeinen Persönlichkeitsrechts des VN, wenn die Beeinträchtigung dieses Rechtsgutes ihr Schwergewicht im beruflichen Bereich hat (AG Meschede 23 r + s 95, 423 für Beleidigung eines Rechtsanwalts; vgl. § 25 Rdnr. 26). Bleibt zweifelhaft, ob der VN beruflich oder privat betroffen ist, dann hat er wegen des Grundsatzes der Spezialität des versicherten Interesses die Beweislast dafür, daß es sich um einen Vorgang aus seinem beruflichen Rechtskreis handelt (OLG Frankfurt VersR 87, 41 für Schadenersatzansprüche aus Warentermingeschäften mit Firmengeldern; zur ähnlichen Frage in der Haftpflichtversicherung vgl. BGH NJW 57, 907 = VersR 57, 212; VersR 61, 121, 399; 88, 125; Vorbem. vor § 21 Rdnr. 3).

24 Die **Abgrenzung** zum **Privatbereich** läßt sich an folgendem Beispiel verdeutlichen: Wird ein nach § 24 versicherter Gastwirt von einem randalierenden angetrunkenen Gast verletzt, den er des Lokals verwiesen hat, dann macht der VN den Anspruch auf Ersatz der Heilungskosten und des Verdienstausfalls in seiner im Versicherungsschein bezeichneten Eigenschaft als Gastwirt geltend, da er sich die Verletzung in Ausübung seines Berufes zugezogen hat. Hatte dagegen ein Bekannter den Gastwirt in den geöffneten Gasträumen aufgesucht, um ihn zur Rede zu stellen, weil er ihn ehewidriger Beziehungen zu seiner – des Bekannten – Ehefrau verdächtigt, und kommt es hierbei zu einer tätlichen Auseinandersetzung, bei der der Gastwirt verletzt wird, dann erwachsen ihm hieraus Schadenersatzansprüche gegen den Schädiger nicht in seiner Eigenschaft als Gastwirt, sondern als Privatmann. Es besteht nur ein zufälliger räumlicher und zeitlicher Zusammenhang mit der Tätigkeit als Gastwirt, die Auseinandersetzung hätte sich jedoch genauso an jedem anderen Ort und auch zu einer Zeit ereignen können, zu der die Gastwirtschaft geschlossen war. Für die Geltendmachung seiner Schadenersatzansprüche hätte der Gastwirt dann nur Versicherungsschutz gemäß § 25 Abs. 2a (vgl. § 25 Rdnr. 26).

25 Wegen der **Abgrenzung** zum Bereich des **motorisierten Verkehrs** vgl. unten Rdnrn. 67 ff.

26 Ein Sonderproblem stellt die Geltendmachung solcher **Schadenersatzansprüche** wegen Verdienstausfalls dar, die einem verletzten Arbeitnehmer des VN erwachsen, beispielsweise gemäß §§ 823 BGB, 7 StVG, und wegen Lohn- oder Gehaltsfortzahlung durch Abtretung oder kraft Gesetzes auf den VN **übergegangen** sind. Seit der Entscheidung des BGH in NJW 52, 1249 = VersR 52, 353 ist es gefestigte Rechtsprechung, daß die gesetzlich, tarif- oder einzelvertraglich bedingte Lohn- oder Gehaltsfortzahlung des Arbeitgebers an den durch Fremdverursachung arbeitsunfähigen Arbeitnehmer den Schädiger nicht entlastet, und zwar auch dann nicht, wenn der Schadenersatzanspruch des verletzten Arbeitnehmers nicht kraft Gesetzes – wie etwa nach § 6 Entgeltfortzahlungsgesetz –, sondern aufgrund einer von vornherein nach dem Rechtsgedanken des § 255 BGB erfolgten Abtretung auf den Arbeitgeber übergeht. In all diesen Fällen ist an sich primär nicht der Rechtskreis des Arbeitgebers, sondern des Arbeitnehmers tangiert, da er während der Zeit der Arbeitsunfähigkeit seine Arbeitskraft nicht nutzbringend verwerten kann. Der Arbeitgeber hat als mittelbar Geschädigter (*Palandt/Heinrichs* vor § 249 Rdnrn. 109 bis 111) keinen eigenen originären, sondern nur einen vom Arbeitnehmer abgeleiteten Schadenersatzanspruch.

Unmittelbar betroffen ist durch das Schadenereignis des § 14 Abs. 1 nur der Arbeitnehmer, nicht aber das versicherte Interesse des Arbeitgebers, so daß nach den zu § 4 Abs. 2b erörterten Grundsätzen (§ 4 Rdnrn. 166ff.) der Versicherungsschutz für die Geltendmachung der auf den Arbeitgeber übergegangenen Schadenersatzansprüche an sich ausgeschlossen wäre. Dies erscheint jedoch entgegen *Böhme* (§ 4 Rdnr. 53) in doppelter Hinsicht nicht interessegerecht. Zum einen kann es sich hier um Fälle handeln, bei denen der Arbeitnehmer des VN in Ausübung seiner beruflichen Tätigkeit für den VN, d.h. als nach Abs. 1 Satz 2 Mitversicherter, verletzt wurde. Hier ist nun der berufliche Rechtskreis und damit das versicherte Interesse des VN selbst durch das Schadenereignis unmittelbar berührt und er kann auch nach § 11 Abs. 2 als VN den Versicherungsanspruch des mitversicherten Arbeitnehmers selbst geltend machen. Der Grundgedanke der Ausschlußbestimmung des § 4 Abs. 2b, die Geltendmachung von Ansprüchen eines Nichtversicherten durch einen Versicherten zu verhindern (§ 4 Rdnr. 157), kommt also gar nicht zum Tragen. Der zweite, umfassendere Grund für die Nichtanwendung des § 4 Abs. 2b ist darin zu sehen, daß sich auch bei einer Schädigung des Arbeitnehmers außerhalb seiner Berufstätigkeit die Gefahr eines kollusiven Zusammenwirkens, der die Ausschlußbestimmung des § 4 Abs. 2b vorbeugen will, nach Lage der Dinge in der Regel nicht verwirklichen kann. Der Anspruch des verletzten Arbeitnehmers auf Ersatz seines Verdienstausfalls geht in der Regel kraft Gesetzes oder aufgrund tarif- oder einzelvertraglicher Regelung, die jeweils vor dem Schadenereignis getroffen wurde, auf den lohn- oder gehaltfortzahlenden Arbeitgeber über. Wirtschaftlich geschädigt ist nicht der Arbeitnehmer, der seine Bezüge ohne Arbeitsleistung weiter erhält, sondern der Arbeitgeber, der den Lohn oder das Gehalt für den vorgeschriebenen oder vereinbarten Zeitraum weiterzahlen muß, ohne hierfür eine Gegenleistung in Form von Arbeit zu bekommen. Der Grundgedanke des § 4 Abs. 2b, von der Risikogemeinschaft unversicherte Interessen und Risiken fernzuhalten, wirkt sich in solchen Fällen im Grund nicht aus, da der VN in seiner versicherten Eigenschaft als Gewerbetreibender oder freiberuflich Tätiger zwar nicht schadensrechtlich, wohl aber wirtschaftlich unmittelbar betroffen ist und die Gefahr einer Manipulation zu Lasten der Versichertengemeinschaft in der Regel ausscheidet. Bei einem Anspruchsübergang nach § 6 Entgeltfortzahlungsgesetz ist zu beachten, daß der Arbeitgeber-VN, wenn er nicht mehr als zwanzig Arbeitnehmer beschäftigt, nach §§ 10, 12 des insoweit aufrechterhaltenen Lohnfortzahlungsgesetzes achtzig vom Hundert des fortgezahlten Lohnes gegen Abtretung des auf ihn übergegangenen Schadenersatzanspruches von der gesetzlichen Krankenkasse erstattet erhält, im Endergebnis also insoweit wirtschaftlich nicht belastet bleibt.

b) Ein Arbeitnehmer des VN ist im Rahmen des Abs. 2a **mitversichert**, wenn er im Sinn des Abs. 1 Satz 2 in Ausübung seiner beruflichen Tätigkeit für den VN von einem Schadenereignis im Sinn des § 14 Abs. 1 betroffen wird. Entsprechend ist ein Familienangehöriger im Sinn des Abs. 1 Satz 3 mitversichert, soweit er bei einer Betätigung im beruflichen Bereich des VN von einem solchen Schadenereignis betroffen wird. Notwendig ist jeweils ein innerer sachlicher Zusammenhang zwischen der Tätigkeit im beruflichen Bereich und dem schädigenden Ereignis. Die Schädigung des Arbeitnehmers oder Familienangehörigen muß eine Auswirkung seiner speziellen Arbeitsleistung für den VN sein. Ist dies der Fall, dann ist es für die Mitversicherung unerheblich, ob der Arbeitnehmer seine dienstliche Verrichtung gut oder schlecht ausgeführt hat, ob er seine Befugnisse irrig oder eigenmächtig überschritten hat und ob sein Handeln im objektiven Interesse des Betriebs gelegen und dem mutmaßlichen Willen des VN entsprochen hat. Es genügt, daß das Handeln bestimmt war, (zumindest auch) dem Interesse des Betriebs zu dienen (vgl. zur ähnlichen Fragestellung in der Haftpflichtversicherung BGH VersR 73, 313; OLG Hamburg VersR 82, 458).

28 Unproblematisch sind die Fälle, bei denen der Arbeitnehmer oder Familienangehörige bei einer **eindeutig betrieblichen** Tätigkeit von einem Dritten geschädigt wird. Hierbei ist lediglich zu beachten, daß die Geltendmachung von Schadenersatzansprüchen des Mitversicherten bei Schädigung durch einen mitversicherten Arbeitskollegen, die durch §§ 104, 105 SGB VII ohnehin weitgehend eingeschränkt ist, durch § 11 Abs. 2 Satz 2 vom Versicherungsschutz ausgenommen ist (vgl. auch § 25 Rdnr. 29).

29 **Nicht mitversichert** ist der Arbeitnehmer, wenn er zwar am Arbeitsplatz und in der Arbeitszeit, jedoch nicht in Auswirkung seiner betrieblichen Tätigkeit körperlich verletzt wird, z.B. von einem Bekannten, der ihn aus rein privaten Gründen am Arbeitsplatz aufsucht und zur Rede stellt (vgl. oben Rdnr. 24). Der innere Zusammenhang mit der betrieblichen Tätigkeit kann auch fehlen, wenn die Schädigung zwar äußerlich im Rahmen der Tätigkeit für den VN, aber konkret ohne inneren Bezug zu ihr erfolgt. Ist beispielsweise der mit einem Fahrzeug des VN auf einer betrieblichen Fahrt befindliche Arbeitnehmer unterwegs ausgestiegen, um einem fremden Kraftfahrer bei der Ausfahrt aus einem Grundstück durch Einwinken behilflich zu sein, und wird er hierbei von einem anderen Verkehrsteilnehmer körperlich verletzt, dann ist dies keine Auswirkung seiner beruflichen Tätigkeit für den VN, soweit das Einwinken nicht gleichzeitig für seine eigene Weiterfahrt notwendig war (vgl. § 23 Rdnr. 15). Eine Schädigung bei der Teilnahme am allgemeinen Verkehr während der Erledigung einer betrieblichen Besorgung steht im sachlichen Zusammenhang mit der Berufstätigkeit und ist daher mitversichert (BGH NJW 64, 1899 = VersR 64, 709), soweit nicht der für das Fahren von Motorfahrzeugen geltende Ausschluß des Abs. 5a hier eingreift. Als Fußgänger, Radfahrer und Insasse eines Motorfahrzeugs (zum Insassenbegriff vgl. § 21 Rdnrn. 16, 17) ist demnach der Arbeitnehmer bei einem solchen Unfall geschützt, es sei denn, der innere Zusammenhang mit der Berufstätigkeit wird durch einen nicht nur unerheblichen Umweg oder sonstige private Verrichtungen unterbrochen.

30 Erleidet der Arbeitnehmer auf dem Weg nach oder von dem Ort der beruflichen Tätigkeit einen **„Wegeunfall"** im Sinn des § 8 Abs. 2 SGB VII, dann trifft ihn dieses Schadenereignis nicht „in Ausübung" seiner beruflichen Tätigkeit für den VN, sondern als Teilnehmer am allgemeinen Verkehr. Die Berufsausübung beginnt erst mit der Beendigung des Wegs zur

Arbeit und sie endet mit dem Beginn des Weges von der Arbeit nach Hause. Die Tatsache, daß Wegeunfälle aus sozialpolitischen Gründen noch der gesetzlichen Unfallversicherung zugerechnet werden, führt nicht dazu, sie entgegen der eindeutigen Risikobeschreibung in Abs. 1 Satz 2 und 3 auch in § 24 als mitgedeckt anzusehen (ebenso zur gleichliegenden Frage in der Haftpflichtversicherung OLG München VersR 59, 423; LG München I VerBAV 60, 15; *Wussow* § 1 Anm. 104).

2. a) Was unter Wahrnehmung rechtlicher Interessen aus **Arbeitsverhältnissen** zu verstehen ist, ist in Vorbem. vor § 21 Rdnrn. 116ff. im einzelnen erläutert. Versicherungsschutz besteht, soweit der VN in seiner im Versicherungsschein bezeichneten Eigenschaft als Arbeitgeber aufgrund eines während der Versicherungszeit eingetretenen Rechtsverstoßes im Sinn des § 14 Abs. 3 Ansprüche aus einem Arbeitsverhältnis gegenüber einem Arbeitnehmer zu verfolgen oder abzuwehren hat. Die Interessenwahrnehmung der in Abs. 1 Satz 2 und 3 genannten Arbeitnehmer und Familienangehörigen aus einem Arbeitsverhältnis ist gemäß § 11 Abs. 2 Satz 2 vom Versicherungsschutz ausgeschlossen, soweit es sich um das Arbeitsverhältnis mit dem VN handelt. Besteht daneben ein Arbeitsverhältnis mit einem anderen Arbeitgeber, scheidet eine Mitversicherung in der Regel deshalb aus, weil eine Ausübung beruflicher Tätigkeit für den VN im Sinn des Abs. 1 Satz 2 im Rahmen des zweiten Arbeitsverhältnisses kaum in Frage kommen wird.

b) Ansprüche „aus" Arbeitsverhältnissen sind alle Ansprüche, die ihre Rechtsgrundlage in einem privatrechtlichen Arbeitsverhältnis haben. Arbeitsverhältnis ist das privatrechtliche Dauerschuldverhältnis zwischen dem VN als Arbeitgeber und seinen Arbeitnehmern, das aufgrund des Arbeitsvertrags entsteht und den Arbeitnehmer zur Leistung der vereinbarten (unselbständigen) Arbeit, den Arbeitgeber zur Leistung von Entgelt in dem vereinbarten oder üblichen Umfang verpflichtet (*Palandt/Putzo* vor § 611 Rdnr. 5; *Schaub* § 29 II 1, S. 103; *Creifelds* Stichwort „Arbeitsverhältnis"). Um welche Art von Einzelansprüchen aus dem Arbeitsverhältnis es sich im Einzelfall handelt, ist für die Deckung nach Abs. 2b ohne Bedeutung. Es spielt auch keine Rolle, ob der VN als Arbeitgeber aktiv wird und beispielsweise einen Schadenersatzanspruch gegen den Arbeitnehmer wegen schuldhafter Beschädigung einer Maschine geltend macht, oder ob er vom Arbeitnehmer geltend gemachte Ansprüche, z.B. auf Zahlung einer höheren Vergütung, auf Ersatzleistung wegen Beschädigung eines arbeitnehmereigenen Fahrzeugs auf einer Dienstfahrt (BAG NJW 62, 411 = VersR 62, 189; VersR 79, 779; VersR 81, 363) oder eine Klage auf Feststellung der Unwirksamkeit einer Kündigung, abzuwehren hat. Verwaltungsrechtliche Streitigkeiten, z.B. mit der Hauptfürsorgestelle, können mitgedeckt sein, wenn das rechtliche Schicksal des Einzelarbeitsverhältnisses von der Entscheidung der Verwaltungsbehörde abhängt (Vorbem. vor § 21 Rdnrn. 112 und 119). Macht ein Gläubiger eines Arbeitnehmers des VN nach §§ 829, 835 ZPO gepfändete und ihm zur Einziehung oder an Zahlungs Statt überwiesene Lohn- oder Gehaltsansprüche gegen den VN als Drittschuldner geltend, dann besteht für die Abwehr der gepfändeten Forderung Versicherungsschutz. Denn durch die Pfändung und Überweisung an einen außerhalb des

Arbeitsverhältnisses stehenden Dritten hat die Lohnforderung ihren Rechtscharakter als Forderung „aus" dem Arbeitsverhältnis nicht verloren. Ist die Interessenwahrnehmung aus dem der gepfändeten Forderung zugrunde liegenden Arbeits- oder Dienstvertrag vom Versicherungsschutz ausgeschlossen wie z. B. nach § 4 Abs. 1 d, dann besteht allerdings auch insoweit kein Versicherungsschutz (AG Düsseldorf r + s 89, 224; vgl. § 4 Rdnr. 30). Deckung besteht auch, wenn ein Träger der gesetzlichen Krankenversicherung einen aufgrund Krankengeldzahlung nach § 115 SGB X auf ihn übergegangenen Entgeltfortzahlungsanspruch eines Arbeitnehmers des VN gegen den VN geltend macht, weil dieser den angeblichen Fortzahlungsanspruch des Arbeitnehmers während dessen Arbeitsunfähigkeit nicht erfüllt habe. Hat der VN aufgrund einer titulierten Forderung gegen einen Arbeitnehmer aus dem Arbeitsverhältnis dessen Forderung gegen einen Dritten pfänden und sich überweisen lassen, dann besteht für die Interessenwahrnehmung gegenüber dem Drittschuldner Versicherungsschutz im Umfang des § 2 Abs. 3 b (§ 2 Rdnr. 204).

33 c) Ob auch Streitigkeiten des VN mit Rechtsträgern aus dem **kollektiven Arbeitsrecht,** insbesondere aus dem Tarifvertrags- und dem Betriebsverfassungsrecht mit dem Betriebsrat (Personalrat, Richterrat) oder mit Einrichtungen der Tarifvertragsparteien, unter die Deckung des Abs. 2 b fallen, wird nicht einheitlich beurteilt. Der eindeutige Wortlaut des Abs. 2 b spricht nicht dafür. „Arbeitsverhältnis" ist ein fest umrissener Begriff der Rechtssprache (Einl. Rdnr. 48), mit dem das privatrechtliche Dauerschuldverhältnis zwischen Arbeitgeber und Arbeitnehmer bezeichnet wird (vgl. oben Rdnr. 32). Ist nun, wie in Abs. 2 b, von einer Interessenwahrnehmung „aus" Arbeitsverhältnissen die Rede, dann ergibt sich schon nach dem allgemeinen Sprachgebrauch, daß es sich hier nur um die Geltendmachung oder Abwehr von solchen Ansprüchen handeln kann, die in diesen konkreten, privatrechtlichen Rechtsverhältnissen ihre rechtliche Grundlage haben und „aus" ihnen entspringen. Bei kollektivrechtlichen, meist dem öffentlichen Recht zuzuordnenden (*Creifelds* Stichwörter „Arbeitsrecht" und „Betriebsverfassungsrecht") Streitigkeiten des Arbeitgebers mit dem Betriebsrat oder einer Tarifvertragspartei, die hierbei nicht als Vertreter des einzelnen Arbeitnehmers im Sinn des § 164 BGB Ansprüche aus dem Arbeitsverhältnis geltend machen oder abwehren, ist dies nicht der Fall. Solche im Beschlußverfahren nach §§ 2a, 80 ff. ArbGG abzuwickelnde Auseinandersetzungen entspringen vielmehr einem durch das Betriebsverfassungsgesetz oder vergleichbare Normen geschaffenen gesetzlichen Rechtsverhältnis.

34 Für die 1965 geltende Fassung des § 2 Abs. 1 Nr. 2 ArbGG (heute: § 2 Abs. 1 Nr. 3 a) hat das BAG bei der Prüfung der arbeitsgerichtlichen Zuständigkeit entschieden, daß die Ansprüche einer Urlaubskasse oder einer Lohnausgleichskasse gegen einen tarifgebundenen Arbeitgeber als Ansprüche aus dem normativen **Tarifvertragsrecht** und damit dem kollektiven Arbeitsrecht dem Wortlaut nach eindeutig keine Ansprüche „aus" dem Arbeitsverhältnis zwischen Arbeitnehmer und Arbeitgeber sind, die der Arbeitsgerichtsbarkeit unterliegen. Das BAG kam dann lediglich aufgrund einer durch den Gesetzeszweck gebotenen – sachlich gerechtfertigten – er-

weiternden Auslegung dazu, die arbeitsgerichtliche Zuständigkeit zu bejahen. Folgerichtig hat das AG Köln durch Urteil vom 4. 6. 1973 (C 404/73) die Deckungsklage eines VN gegen seinen RSVersicherer abgewiesen, mit der Versicherungsschutz für einen Rechtsstreit mit einer tarifvertraglich bestehenden Urlaubskasse begehrt worden war. Das Gericht kam unter Hinweis auf die Rechtsprechung des BAG zu dem Ergebnis, daß der Versicherungsschutz in § 24 Abs. 2b genau umschrieben und enumerativ erfaßt sei und die ausdrücklich auf Arbeitsverhältnisse beschränkte Interessenwahrnehmung Streitigkeiten aus einem Tarifvertrag nicht umfasse. In einer Entscheidung vom 19. 5. 1978 (DB 78, 2225) hat das BAG ausgesprochen, daß der Streit zwischen Arbeitgeber und Betriebsrat über Tarifvertragsangelegenheiten keine privatrechtliche Streitigkeit „aus einem Arbeitsverhältnis" ist. In ähnlicher Weise hat auch der BGH für die vergleichbare Fassung des § 12 Abs. 1 VVG entschieden, daß Ansprüche „aus dem Versicherungsvertrag" nur solche Ansprüche sind, die ihre rechtliche Grundlage im Versicherungsvertrag selbst haben, also nach ihrer Rechtsnatur auf ihm beruhen (NJW 60, 529 = VersR 60, 145). Die Auseinandersetzung eines Arbeitgeber-VN mit einer gesetzlichen Krankenkasse über die Abführung von Abgaben ist ebenfalls kein Streit „aus Arbeitsverhältnissen" (LG Köln Vers 81, 150), ebensowenig der Beitragsstreit mit der Zusatzversorgungskasse des Baugewerbes VVaG (OLG Düsseldorf ZfS 88, 285; OLG Celle ZfS 87, 304; LG München r + s 90, 55; vgl. auch § 4 Rdnr. 73).

Der Umstand, daß Abs. 2b nicht die Einzahl „Arbeitsverhältnis", sondern die Mehrzahl „aus Arbeitsverhältnissen" verwendet, zwingt nicht zu einer anderen Auslegung. Diese Mehrzahl wird nicht nur in § 24 Abs. 2b, sondern in allen Bestimmungen verwendet, die den Arbeits-RS umschreiben, nämlich §§ 25 Abs. 2b, 26 Abs. 3c (Fassung 1988: Abs. 5c), 27 Abs. 3c und 28 Abs. 2b. Hiermit ist ersichtlich der Rechtscharakter des versicherten Rechtsverhältnisses im Sinn eines **rechtlichen Gattungsbegriffes** angesprochen. Damit sollte jedoch nicht zum Ausdruck kommen, daß sich die Deckung auf die Gesamtheit der Arbeitsverhältnisse in dem Sinn beziehen soll, daß auch Ansprüche, die nicht in Arbeitsverhältnissen selbst ihre Rechtsgrundlage haben, sondern nur in einem gewissen engeren oder loseren Zusammenhang damit stehen, von der Versicherung umfaßt sind. Wäre dies gewollt gewesen, hätten die Verfasser der ARB auf eine in anderen Fällen verwendete Formulierung zurückgreifen und z.B. die Interessenwahrnehmung „im Zusammenhang mit" Arbeitsverhältnissen (vgl. § 4 Abs. 1a, d, k) oder „aus dem Bereich" des Arbeitsrechts (vgl. § 4 Abs. 4c, e, f, i, n) unter Versicherungsschutz stellen können. Wenn auch aus der Sicht des Arbeitgeber-VN ein gewisses Bedürfnis für die Deckung der Interessenwahrnehmung in kollektiv-arbeitsrechtlichen Streitigkeiten bestehen mag, bietet somit der Wortlaut der primären Risikobegrenzung des Abs. 2b keine ausreichende Handhabe für eine erweiternde Auslegung (LG Köln VersR 81, 150; a.A. LG Hannover ZfS 82, 370; wie hier *J.* Vassel ZVersWiss 79, 611, 614; unentschieden *Böhme* § 24 Rdnr. 9a).

Dieser Grundsatz erleidet allerdings eine Einschränkung. Das Betriebsverfassungsrecht gibt dem Betriebsrat als dem Sachwalter der Arbeitnehmerinteressen (§ 80 Betriebsverfassungsgesetz) das Recht der Mitbestimmung nicht nur in allgemeinen, die Gesamtheit oder zumindest einen Teil der Arbeitnehmer betreffenden Angelegenheiten außerhalb bestimmter Einzelarbeitsverhältnisse, sondern auch bei **personellen Einzelmaßnahmen**. So bedürfen insbesondere die Einstellung, Eingruppierung, Umgruppierung, Versetzung und Kündigung von Arbeitnehmern im Rahmen der §§ 99 ff. Betriebsverfassungsgesetz der Zustimmung des Betriebsrats. Entsteht bei solchen personellen Einzelmaßnahmen Streit zwischen dem VN als Arbeitgeber und dem Betriebsrat, dann betrifft dieser Streit unmittelbar die Interessenwahrnehmung „aus" Arbeitsverhältnissen insofern, als die Mitwirkung des Betriebsrats Wirksamkeitsvoraussetzung für die Verfolgung oder Abwehr eines privatrechtlichen Anspruchs aus dem Arbeitsverhältnis ist oder sein kann. In diesem Umfang besteht demgemäß im Rahmen des Abs. 2b nach dessen Zweckrichtung Versicherungsschutz auch für die Interessenwahrnehmung aus dem kollektiven Arbeitsrecht. Entsprechendes gilt für das Mitwirkungsrecht des Personalrats nach dem Bundespersonalvertretungsgesetz und den Personalvertretungsgesetzen der Länder sowie des Richterrats nach dem DRiG und den Landes-Richtergesetzen (vgl. Vorbem. vor § 21 Rdnrn. 112, 119). Die Auseinandersetzung des Mitglieds eines Betriebsrats oder Personalrats mit seinem Arbeitgeber wegen der besonderen Rechtsstellung des Mitglieds in dieser Funktion (z. B. §§ 37, 38 BetrVG, §§ 46, 47 Bundespersonalvertretungsgesetz) ist ohnehin ein Streit „aus" dem Arbeits- oder Dienstverhältnis.

37   3 a) Was im Sinn des Abs. 2c unter Verteidigung in Verfahren wegen des Vorwurfs der Verletzung einer Vorschrift des **Straf-** oder **Ordnungswidrigkeitenrechts** zu verstehen ist, ist im einzelnen in Vorbem. vor § 21 Rdnrn. 73 ff. erläutert. Versicherungsschutz besteht, soweit der Vorwurf, eine Straf- oder Bußgeldvorschrift verletzt zu haben, gegen den VN speziell in seiner im Versicherungsschein bezeichneten Eigenschaft erhoben wird. Die vorgeworfene Rechtsverletzung muß eine Auswirkung seiner beruflichen Tätigkeit sein oder jedenfalls einen inneren sachlichen Bezug zu ihr haben (LG Kleve ZfS 84, 79; vgl. auch öOGH VersR 75, 556). Entsprechend ist ein Arbeitnehmer oder Familienangehöriger des VN gemäß Abs. 1 Satz 2 und 3 mitversichert, wenn ihm vorgeworfen wird, bei einer Tätigkeit im beruflichen Bereich des VN Straf- oder Bußgeldvorschriften verletzt zu haben.

38   Soll der VN oder ein Mitversicherter im Zusammenhang mit dem **motorisierten Verkehr** Rechtsvorschriften verletzt haben, dann ist es wegen der Ausschlußbestimmung des Abs. 5a entscheidend, ob ihm vorwiegend ein Verstoß gegen verkehrsrechtliche Vorschriften in einer der in Abs. 5a genannten Eigenschaften oder vorwiegend ein Verstoß aus der Berufssphäre in seiner beruflichen Eigenschaft zur Last gelegt wird. Wegen der Abgrenzung kann im einzelnen auf die in § 21 Rdnrn. 73 ff. erörterten Grundsätze verwiesen werden.

39   b) Was unter Verteidigung in Verfahren wegen des Vorwurfs der Verletzung einer Vorschrift des **Disziplinar-** oder **Standesrechts** zu verstehen ist,

ist in Vorbem. vor § 21 Rdnrn. 92 und 94 im einzelnen erläutert. Da diese Vorwürfe stets zumindest vorwiegend die berufliche Eigenschaft des VN betreffen, besteht Versicherungsschutz, soweit der Vorwurf gegen den VN speziell in seiner im Versicherungsschein bezeichneten Eigenschaft gerichtet ist. Soll der Rechtsverstoß gleichzeitig in einer durch Abs. 5a an sich von der Deckung ausgeschlossenen Eigenschaft begangen sein, dann berührt dies den Versicherungsschutz nicht. Wird beispielsweise gegen den VN der standesrechtliche Vorwurf erhoben, als freiberuflich tätiger Arzt durch eine Trunkenheitsfahrt und unterlassene Hilfeleistung gegen seine Standespflichten verstoßen zu haben, dann besteht trotz der Ausschlußbestimmung des Abs. 5a Versicherungsdeckung, da der VN hier nicht primär als Fahrer eines Kraftfahrzeugs, sondern als Arzt belangt wird. Über die §§ 21 Abs. 4c, 22 Abs. 3c oder 23 Abs. 3b bestünde hier ohnehin kein Versicherungsschutz, da die Verteidigung gegen standes- oder disziplinarrechtliche Vorwürfe in diesen Bestimmungen nicht unter Versicherungsschutz gestellt ist. Mitversichert sind Arbeitnehmer und Familienangehörige des VN bei Tätigkeit in dessen beruflichem Bereich im Sinn des Abs. 1 Satz 2 und 3, soweit gegen sie standes- oder disziplinarrechtliche Vorwürfe überhaupt denkbar sind.

c) Was die Interessenwahrnehmung in **Gnaden-** und ähnlichen Verfahren im Rahmen der Strafvollstreckung im Sinn des Abs. 2c Satz 2 betrifft, kann auf die Vorbem. vor § 21 Rdnrn. 85 ff. verwiesen werden.

4. Der Umfang der durch Abs. 2d geregelten Versicherungsdeckung für die Interessenwahrnehmung vor deutschen **Sozialgerichten** ist in Vorbem. vor § 21 Rdnrn. 130 ff. näher erläutert. Der VN hat Versicherungsschutz, soweit er speziell in der im Versicherungsschein bezeichneten Eigenschaft sozialrechtliche Ansprüche vor dem Sozialgericht verfolgt oder abwehrt. Ist ihm ein solcher Anspruch gleichzeitig in einer durch Abs. 5a an sich vom Versicherungsschutz ausgeschlossenen Eigenschaft erwachsen, dann berührt dies die Deckung nach § 24 nicht. Wurde beispielsweise der selbständig tätige, nach § 6 SGB VII freiwillig in der gesetzlichen Unfallversicherung versicherte VN als Fahrer eines Kraftfahrzeugs auf einer beruflichen Fahrt bei einem Verkehrsunfall verletzt und erhebt er dann Klage vor dem Sozialgericht, weil er die von der Berufsgenossenschaft nach § 56 SGB VII festgesetzte Verletztenrente für zu niedrig hält, dann besteht hierfür trotz Abs. 5a Deckung, da der VN durch den Rentenbescheid primär in seiner Eigenschaft als selbständig Tätiger und nicht als Kraftfahrer betroffen ist und überdies eine Versicherungsmöglichkeit für die Interessenwahrnehmung vor Sozialgerichten im Rahmen der rein verkehrsbezogenen §§ 21, 22 oder 23 nicht besteht. Mitversichert sind die Arbeitnehmer und Familienangehörigen des VN bei Tätigkeit in dessen beruflichem Bereich im Sinn des Abs. 1 Satz 2 und 3, soweit sie sozialrechtliche Ansprüche – z.B. aus Arbeitsunfällen – gerichtlich durchsetzen oder abwehren wollen. Versichert sind auch Beitragsstreitigkeiten des VN oder mitversicherter Personen mit Sozialversicherungsträgern, da Sozialversicherungsbeiträge rechtlich nicht als Abgaben im Sinn des § 4 Abs. 1n zu qualifizieren sind (§ 4 Rdnr. 119).

IV. Fakultative Einschlüsse (Abs. 3)

(ARB 94: entfallen)

42 1. a) Während selbständig Tätige die Interessenwahrnehmung in den in Abs. 2 a bis d zusammengefaßten Rechtsbereichen nur in dieser festen Kombination (RS-„Paket", Einl. Rdnr. 45) als Grunddeckung versichern können, hatten sie – mit gewissen Ausnahmen (vgl. unten) – die Möglichkeit, die gerichtliche Wahrnehmung rechtlicher Interessen aus schuldrechtlichen Verträgen zusätzlich abzudecken, und zwar gegen einen von der Art und Größe des Betriebs abhängigen Beitragszuschlag. Diese in einer Kurzbezeichnung als „Firmen-Vertrags-RS" bezeichnete RS-Form kam 1969 auf den Markt und war zunächst in Abs. 3 der ARB 69 geregelt, der damals noch keine Unterteilung aufwies und noch nicht für Handelsvertreter galt. Da es sich um eine noch unerprobte Versicherungsform handelte, hatten sich die RSVersicherer auf Empfehlung des BAV zur Einschränkung des neuen Risikos in einer geschäftsplanmäßigen Erklärung (zu diesem Begriff vgl. Einl. Rdnr. 36) u. a. verpflichtet, keine Versicherungsverträge abzuschließen, bei denen als Wert des Streitgegenstands ein geringerer Betrag als zweihundert Deutsche Mark genannt wird, sowie alle Versicherungsverträge nur mit einjähriger Dauer und nur mit solchen Gewerbetreibenden und freiberuflich Tätigen abzuschließen, die in einem dem BAV vorgelegten Berufsverzeichnis aufgeführt sind und – einschließlich aller mittätigen Familienangehörigen – höchstens zehn Arbeitnehmer beschäftigen (VerBAV 69, 66). Die meisten RSVersicherer hatten dann die Streitwertuntergrenze etwas angehoben. Dagegen hatte sich die Obergrenze für die Zahl der Beschäftigten im Laufe der Zeit teilweise aufgelockert. Soweit ein Versicherer einen VN in einer nicht im Berufsverzeichnis aufgeführten Eigenschaft versicherte, war dieser Verstoß gegen die geschäftsplanmäßige Erklärung ohne Einfluß auf die zivilrechtliche Wirksamkeit des Versicherungsvertrags. Die Möglichkeit des fakultativen Einschlusses des Firmen-Vertrags-RS sowie die von der Normallaufzeit von fünf Jahren (§ 8 Rdnr. 2) abweichende Höchstlaufzeit von einem Jahr hatten zur Folge, daß diese Zusatzdeckung als rechtlich selbständiger und damit auch selbständig kündbarer Versicherungsvertrag geführt wurde (AG Ludwigsburg r+s 79, 2; AG München r+s 79, 177; vgl. § 8 Rdnr. 8).

43 In den **ARB 75** wurde § 24 Abs. 3 unterteilt in den in Ziff. 1 geregelten regulären Firmen-Vertrags-RS und den in Ziff. 2 enthaltenen Handelsvertreter-Vertrags-RS, der in ähnlicher Form seit 1972 in einer besonderen Klausel auf dem Markt war (Einl. Rdnr. 21). Ziff. 3 sieht – wie die ARB 69 – für beide Vertrags-RS-Formen die Vereinbarung einer Streitwertuntergrenze vor. In neueren Verträgen wurde statt der Streitwertuntergrenze meist eine Selbstbeteiligung vereinbart (vgl. unten Rdnr. 61 a). Die Marktbedeutung des Firmen-Vertrags-RS nahm laufend ab, da ihn die Versicherer wegen des ungünstigen Risikoverlaufs kaum mehr anboten und Altverträge kündigten (*Klatt* VW 84, 129, 131).

Rechtssch. f. Gewerbetreib. u. freib. Tätige   44, 45   § 24 ARB 75

b) Dem regulären Firmen-Vertrags-RS gemäß Ziff. 1 und dem Handels- 44
vertreter-Vertrags-RS gemäß Ziff. 2 ist gemeinsam, daß nur die **gerichtliche**
Interessenwahrnehmung unter Versicherungsschutz steht. Die Kosten einer
reinen Rechtsberatung und einer außergerichtlichen Rechtsvertretung, die
einer gerichtlichen Interessenwahrnehmung in der Regel vorausgehen, werden vom RSVersicherer nicht übernommen. Der Grund hierfür ist, ähnlich
wie beim Sozialgerichts-RS (Vorbem. vor § 21 Rdnr. 130), darin zu suchen,
daß die Übernahme der Kosten außergerichtlicher und vorgerichtlicher
Streitigkeiten den Rechtsschutz merklich verteuern würde. Überdies sind
selbständig Tätige aufgrund ihrer im Durchschnitt größeren Geschäftsgewandtheit häufig mehr als andere VN in der Lage, außergerichtliche Differenzen ohne Hilfe eines Rechtskundigen selbst zu bereinigen. Die theoretische Möglichkeit, daß im Einzelfall ein außergerichtliches Verfahren geringere Kosten als ein gerichtliches verursacht hätte, führt nicht dazu, daß der
RSVersicherer die Kosten eines solchen außergerichtlichen Verfahrens zu
übernehmen hat. Nach dem Grundsatz der Spezialität des übernommenen
Risikos steht nur die gerichtliche Interessenwahrnehmung unter Versicherungsschutz. Würde man den RSVersicherer für verpflichtet halten, die Kosten einer – möglicherweise billigeren – außergerichtlichen Rechtsbesorgung
zu übernehmen, durch die vielleicht – aber keineswegs mit Sicherheit – ein
Prozeß vermieden wurde, dann würde das übernommene Risiko für den
Versicherer gleichwohl unüberschaubar und kaum mehr kalkulierbar, da er
gezwungen wäre, hypothetische, nicht objektivierbare und damit unüberprüfbare Geschehensabläufe mit ins Kalkül zu ziehen, deren Berücksichtigung mit dem Wesen der Versicherung nicht vereinbar wäre (BGH
VersR 77, 809; 82, 391 = NJW 82, 1103; OLG Hamm VersR 77, 953; LG
Trier ZfS 80, 244).

Der Versicherungsschutz setzt ein, **sobald** rechtliche Interessen **gericht-** 45
lich wahrgenommen werden. Wann dies der Fall ist, kann manchmal
zweifelhaft sein, da „gerichtlich" im Unterschied zu beispielsweise „rechtshängig" kein fest umrissener Begriff der Rechtssprache ist (vgl. Einl.
Rdnr. 48) und vom Wortlaut her nur bedeutet, daß bei einer Interessenwahrnehmung ein Gericht in irgendeiner Form eingeschaltet ist. *Böhme*
(§ 24 Rdnr. 13 a) hält eine gerichtliche Interessenwahrnehmung nur für
gegeben, wenn ein Anspruch durch Erhebung einer Klage, d.h. durch
Zustellung einer Klageschrift nach § 253 ZPO, oder durch Klageerweiterung
im Sinn des § 261 ZPO rechtshängig gemacht wird. Das gerichtliche Mahnverfahren nach §§ 688 ff. ZPO rechnet *Böhme* ebenfalls zur gerichtlichen
Interessenwahrnehmung, obwohl hier der Anspruch erst dann – rückwirkend – rechtshängig wird, wenn der Gegner Widerspruch einlegt und die
Streitsache alsbald nach Erhebung des Widerspruchs an das für das streitige
Verfahren sachlich zuständige Gericht abgegeben wird (§ 696 Abs. 3 i.V.m.
Abs. 1 ZPO). Das Verfahren über einen Arrest oder über eine einstweilige
Verfügung nach §§ 916 ff. ZPO soll nach *Böhme* dagegen keine gerichtliche
Interessenwahrnehmung darstellen, da hier nicht der Anspruch selbst, sondern nur die Zulässigkeit seiner zwangsweisen Sicherung Streitgegenstand
ist.

675

§ 24 ARB 75 46–47 2. Teil. Besondere Bestimmungen

46 Diese Meinung widerspricht dem allgemeinen Sprachgebrauch. „Gerichtliche" Interessenwahrnehmung ist nicht mit „Rechtshängigmachen" gleichzusetzen, sondern weiter auszulegen. Wer den Erlaß eines Arrestes oder eine einstweiligen Verfügung beantragt, sucht **mit Hilfe des Gerichts** rechtliche Interessen wahrzunehmen. Ähnliches gilt beispielsweise für einen Antrag auf gerichtliche Sicherung eines Beweises nach §§ 485 ff. ZPO, durch den der streitige Anspruch selbst nicht rechtshängig wird, aber seine spätere Durchsetzung erleichtert werden soll. Unter „gerichtlicher" Interessenwahrnehmung wird man somit nach dem allgemeinen Sprachgebrauch und insbesondere der an der Interessenlage der VN ausgerichteten Zweckrichtung des Abs. 3 jede Rechtsbesorgung zu verstehen haben, bei der sich der VN zur Förderung einer eigenen Rechtssache, insbesondere zur Sicherung, Verfolgung, Abwehr oder zwangsweisen Durchsetzung eines materiellrechtlichen schuldvertraglichen Anspruchs auf irgendeinem verfahrensrechtlich zulässigen Weg der Hilfe des Gerichts bedient. Neben den bereits erwähnten Verfahren über einen Arrest oder eine einstweilige Verfügung oder zur gerichtlichen Beweissicherung gehört hierzu auch die Interessenwahrnehmung in anderen Verfahren oder Fällen, die im Rechtssinn nicht zur Rechtshängigkeit eines Anspruchs zu führen brauchen, z.B. der Antrag auf Eröffnung eines Konkursverfahrens gegen einen Schuldner des VN (vgl. hierzu § 2 Rdnr. 215), die Anmeldung einer Forderung des VN in einem gerichtlichen Vergleichsverfahren nach §§ 66 ff. VerglO oder zur Konkurstabelle nach §§ 138 ff. KO, die Vertretung der Gläubigerinteressen des VN in einer konkursrechtlichen, unter gerichtlicher Leitung stehenden Gläubigerversammlung oder im Gläubigerausschuß (§§ 87, 94, 133 ff. KO), die Anrufung eines privatrechtlichen Schiedsgerichts (vgl. hierzu § 2 Rdnr. 107) oder die im Wege der Einrede oder Aufrechnung erfolgende Geltendmachung einer Forderung im Prozeß (vgl. *Thomas/Putzo* § 261 Rdnr. 8). Wer Forderungen in einem Zwangsvollstreckungsverfahren durchsetzen oder abwehren will, nimmt damit stets rechtliche Interessen „gerichtlich" wahr, da dies nur mit Hilfe eines staatlichen, dem Gericht zugehörigen Vollstreckungsorgans möglich ist (vgl. hierzu § 2 Rdnr. 177). Dies gilt auch für die Vollstreckung aus einer vollstreckbaren Urkunde im Sinn des § 794 Abs. 1 Nr. 5 ZPO. Ein zur Klage gegen einen Nachlaß notwendiger Antrag des VN auf Nachlaßpflegschaft zur Erbenermittlung nach § 1961 BGB kann der gerichtlichen Geltendmachung des Hauptanspruchs zugeordnet werden (Näheres § 4 Rdnr. 130 a).

46 a Die Beauftragung eines Rechtsanwalts mit einer gerichtlichen Interessenvertretung und Erteilung einer **Prozeßvollmacht** (§ 81 ZPO) ist noch **kein Beginn** „gerichtlicher" Interessenwahrnehmung. Der Auftrag läßt zwar gebührenrechtlich eine Prozeßgebühr entstehen (§ 31 Abs. 1 Nr. 1 BRAGebO), kann jedoch vor Einleitung einer gerichtlichen Maßnahme und damit vor einer gerichtlichen Interessenwahrnehmung wieder enden (§ 32 BRAGebO).

47 Zweifelhaft kann sein, ob auch die prozessual zulässige **Einbeziehung nicht rechtshängiger** schuldvertraglicher **Ansprüche in** einen **Prozeßvergleich** nach § 794 Abs. 1 Nr. 1 ZPO (*Thomas/Putzo* § 794 Rdnr. 7) als

„gerichtliche" Interessenwahrnehmung im Sinn des Abs. 3 zu betrachten ist. Da bei dieser Einbeziehung in den Vergleich das Gericht durch Entgegennahme und Protokollierung der Parteierklärungen aktiv mitwirkt und der Anspruchsinhaber einen Vollstreckungstitel erhält, den er sonst nur auf prozessualem, also gerichtlichem Weg erlangen könnte, bestehen nach der Zweckrichtung des Abs. 3 keine Bedenken, Versicherungsschutz auch für diesen Fall zu bejahen, falls die Deckungsvoraussetzungen für den einbezogenen Anspruch im übrigen gegeben sind. Etwas anderes gilt, soweit sich infolge eines gerichtlichen Vergleichs die Interessenwahrnehmung außergerichtlich fortsetzt. So ist beispielsweise die Interessenwahrnehmung in einem Schiedsgutachterverfahren (zu diesem Begriff vgl. § 2 Rdnr. 113), das in einem vorausgegangenen Prozeßvergleich vereinbart wurde, nicht mehr „gerichtliche" Interessenwahrnehmung (OLG Hamm VersR 77, 953). Werden ursprünglich rechtshängige Ansprüche außergerichtlich verglichen, dann besteht für solche Kosten, die außerhalb des gerichtlichen Verfahrens zusätzlich anfallen, kein Versicherungsschutz. Soweit eine nach § 118 Abs. 1 Nr. 1 BRAGebO für eine außergerichtliche Tätigkeit entstandene Geschäftsgebühr nach § 118 Abs. 2 BRAGebO auf die entsprechenden Gebühren für ein anschließendes gerichtliches, unter Versicherungsschutz stehendes Verfahren anzurechnen ist, fällt auch die anzurechnende Geschäftsgebühr unter die Deckung, da sie in der für die gerichtliche Tätigkeit entstandenen Gebühr aufgeht.

2. Was unter Wahrnehmung rechtlicher Interessen aus schuldrechtlichen Verträgen zu verstehen ist, ist in Vorbem. vor § 21 Rdnrn. 96 ff. im einzelnen erläutert. Um welche Art von vertraglichem Anspruch es sich handelt, ist für die Frage des Versicherungsschutzes gleichgültig. Entscheidend ist lediglich, daß ein Anspruch „aus" einem schuldrechtlichen **Vertrag** streitig ist, also ein Anspruch, der seine Rechtsgrundlage in einem tatsächlich oder angeblich bestehenden, gescheiterten oder auch beendeten Vertragsverhältnis hat (Näheres Vorbem. vor § 21 Rdnr. 108 ff.). Insbesondere kann es sich um Erfüllungs-, Gewährleistungs-, Rückgewähr- oder Schadenersatzansprüche handeln. Der nach § 24 Abs. 3 ARB 69 mögliche Ausschluß der Geltendmachung und Abwehr von Erfüllungsansprüchen wurde nicht in die ARB 75 übernommen, da er in der Praxis keine Rolle gespielt hatte. 48

a) Versicherungsschutz besteht, soweit der VN speziell in seiner im Versicherungsschein bezeichneten **Eigenschaft** als Gewerbetreibender oder freiberuflich Tätiger aufgrund eines im versicherten Zeitraum eingetretenen Versicherungsfalles im Sinn des § 14 Abs. 3 schuldvertragliche Ansprüche gerichtlich verfolgt oder abwehrt und die Interessenwahrnehmung nicht nach § 4 oder § 24 Abs. 5 a oder b ausgeschlossen ist. Notwendig ist jeweils ein innerer sachlicher Zusammenhang zwischen der versicherten selbständigen Berufstätigkeit und dem streitigen Vertragsanspruch. Insbesondere handelt es sich hierbei um Rechtsbeziehungen zu Lieferanten und Kunden. Auch die Vertragsbeziehungen selbständig tätiger sogenannter freier Mitarbeiter fallen hierunter (zu diesem Begriff vgl. § 25 Rdnr. 19). Bei Kaufleuten im Sinne der §§ 1 ff. HGB gehören hierzu alle schuldvertraglichen Handelsgeschäfte, d. h. alle Geschäfte, die zum Betrieb des versicherten Handelsge- 49 werbes gehören (§ 343 HGB). Bestehen Zweifel, ob ein solcher VN einen Streit über eine schuldrechtliche Vertragsbeziehung in seiner versicherten Eigenschaft führt, dann ist dies gemäß § 344 HGB bis zum Beweis des Gegenteils anzunehmen. Dieser Fall kann beispielsweise gegeben sein, wenn es aus einem Vertrag über die Anschaffung oder Veräußerung von Wertpapieren oder Grundstücken zum Streit kommt. Ist hier der als Kaufmann selbständig tätige VN nur im Umfang des § 24 Abs. 2, aber nicht zusätzlich nach Abs. 3 Ziff. 1 versichert, dann muß er, um Versicherungsschutz im Privatbereich gemäß dem von ihm ebenfalls abgeschlossenen § 25 Abs. 3 zu erhalten, die gesetzliche Vermutung des § 344 HGB widerlegen und durch geeignete Unterlagen nachweisen, daß das Wertpapier- oder Grundstücksgeschäft kein betrieblicher Vorgang, sondern ein privates Rechtsgeschäft ist (OLG Hamm ZfS 86, 18 für größeren Kontokorrentkredit; r + s 89, 19 für Millionendarlehen; vgl. oben Rdnr. 11 und § 25 Rdnr. 22).

50 b) Soweit ein nach § 24 versicherter **Arzt** oder Zahnarzt die gerichtliche Wahrnehmung rechtlicher Interessen auch aus schuldrechtlichen Verträgen gemäß Abs. 3 Ziff. 1 eingeschlossen hat und es zu einem Honorarstreit kommt, sind zwei Fälle zu unterscheiden. Entsteht der Streit mit einem Privatpatienten aus dem mit diesem geschlossenen privatrechtlichen Dienstvertrag (*Palandt/Putzo* vor § 611 Rdnr. 18), dann besteht Versicherungsschutz für die gerichtliche Interessenwahrnehmung nach Abs. 3 Ziff. 1, soweit der Streitwert den im Versicherungsschein genannten Betrag gemäß Abs. 3 Ziff. 3 übersteigt. Entsteht dagegen Streit mit der Kassen(zahn)ärztlichen Vereinigung wegen der Höhe der kassen(zahn)ärztlichen Vergütung, dann besteht hierfür Versicherungsschutz nach Abs. 2d, sobald der VN nach entsprechenden Bescheiden des Prüfungs- und Beschwerdeausschusses (§ 106 Abs. 4 SGB V) das Sozialgericht anruft. Entsprechendes gilt für einen Streit des ärztlichen Gutachters mit dem Versorgungsamt über die Höhe seiner Vergütung nach dem Schwerbehindertengesetz (*Kühl* VersR 86, 126; vgl. Vorbem. vor § 21 Rdnr. 135).

51 c) Die gemäß § 4 Abs. 1h vom Versicherungsschutz ausgeschlossene Interessenwahrnehmung aus **Versicherungsverträgen** kann für Auseinandersetzungen aus betriebsbezogenen Versicherungsverhältnissen im Rahmen des § 24 Abs. 3 nicht eingeschlossen werden. Die seit 1978 bestehende Möglichkeit, versicherungsvertragliche Streitigkeiten durch eine besondere Klausel mitzudecken, gilt nicht für Verträge nach § 24 (§ 4 Rdnr. 77). Bei berufsständischen Zwangsversorgungseinrichtungen wie z.B. der Ärzte-, Apotheker-, Architekten- oder Rechtsanwaltsversorgung kommt hinzu, daß es sich hierbei auch nicht um einen schuldrechtlichen Vertrag, sondern meist um ein Zwangsmitgliedschaftsverhältnis handelt (AG Steinfurt ZfS 83, 47; vgl. § 4 Rdnr. 68; Vorbem. vor § 21 Rdnr. 102).

52 d) Hält ein nach § 24 versicherter VN für betriebliche Zwecke **nicht zulassungspflichtige Motorfahrzeuge** einschließlich nicht zulassungspflichtiger Arbeitsmaschinen, dann werden diese häufig beitragsfrei in die Versicherungsdeckung nach § 24 eingeschlossen. An sich handelt es sich hierbei um Fahrzeuge, die von der Ausschlußbestimmung des Abs. 5a in Verbindung

mit Abs. 7 erfaßt werden, da die Frage der Zulassungspflicht für den Ausschluß keine Rolle spielt (vgl. § 21 Rdnr. 6). Durch den Einschluß in die Versicherungsdeckung verzichtet jedoch der Versicherer stillschweigend auf die Ausschlußbestimmung des Abs. 5a, da das aus dem Betrieb solcher Fahrzeuge entspringende Rechtskostenrisiko oft näher am betrieblichen Geschehen als im Verkehrsbereich angesiedelt ist und sich bisher als überschaubar und begrenzt erwiesen hat. Bei den hier vor allem in Frage kommenden selbstfahrenden Arbeitsmaschinen im Sinn des § 18 Abs. 2 Nr. 1 StVZO handelt es sich um Fahrzeuge, die nach ihrer Bauart und ihren besonderen, mit dem Fahrzeug fest verbundenen Einrichtungen zur Leistung von Arbeit, nicht zur Beförderung von Personen oder Gütern bestimmt und geeignet sind, und die zu einer vom Bundesminister für Verkehr bestimmten Art solcher Fahrzeuge gehören, z. B. Selbstlader, Bagger, Greifer, Kran-Lastkraftwagen, mobile Erdarbeitsmaschinen, Straßenbaumaschinen (*Jagusch/Hentschel*, StVZO, § 18 Rdnrn. 14, 16; *Stiefel/Hofmann* § 2 Rdnr. 154 Stichwort „Selbstfahrende Arbeitsmaschinen"; vgl. § 21 Rdnr. 6). Bei Einschluß solcher Fahrzeuge in die Versicherungsdeckung ist auch die gerichtliche Interessenwahrnehmung aus schuldrechtlichen Verträgen, die sich auf ein solches Fahrzeug beziehen, im Sinn des Abs. 3 Ziff. 1 mitgedeckt, z. b. ein Streit aus einem Erwerbs- oder Veräußerungsvorgang oder aus einem Reparatur- oder Mietvertrag über ein dem VN gehörendes Fahrzeug. Die bei den zulassungsabhängigen Deckungsformen, insbesondere §§ 21, 26 und 27 problematische Frage, ob bei einem Streit über einen Erwerbsvorgang vor der Zulassung des Fahrzeugs auf den VN schon Versicherungsschutz besteht (vgl. hierzu § 21 Rdnr. 65), entsteht hier nicht, da es keiner Zulassung bedarf.

e) **Erwirbt** ein nach § 24 versicherter VN einen **weiteren Betrieb** und entsteht aus dem schuldrechtlichen Erwerbsvorgang ein gerichtlicher Streit, dann sind für die Frage der Versicherungsdeckung nach Abs. 3 Ziff. 1 zwei Fälle zu unterscheiden. Handelt es sich um ein Unternehmen der gleichen oder einer sehr nahe verwandten Branche und dient der Erwerb nur der Vergrößerung des bereits versicherten Betriebs, dann nimmt der VN im Regelfall hierbei rechtliche Interessen in seiner im Versicherungsschein bezeichneten Eigenschaft wahr. Es besteht also Versicherungsschutz, und er hat dann lediglich bei der nächsten Aufforderung gemäß § 9 Abs. 4 dem Versicherer die zur Beitragsberechnung erforderlichen Angaben zu machen. Handelt es sich dagegen um ein andersartiges, branchenfremdes Unternehmen, dann ist der VN beim Erwerb nicht in seiner im Versicherungsschein bezeichneten Eigenschaft, sondern in einer neuen, bisher nicht versicherten Eigenschaft tätig geworden. Nach dem Grundsatz der Spezialität des versicherten Risikos (Vorbem. vor § 21 Rdnr. 1; *Bruck/Möller/Johannsen* IV Anm. B 115, G 84) besteht für diese Streitigkeit kein Versicherungsschutz. Welche Berufstätigkeiten noch als nahe verwandt angesehen werden können, richtet sich in erster Linie nach der Auffassung der beteiligten Kreise (vgl. auch oben Rdnr. 6).

f) Im Unterschied zu §§ 25 Abs. 3, 26 Abs. 4 ARB 75 (Fassung 1988: Abs. 5b) und 27 Abs. 4 bietet § 24 Abs. 3 Ziff. 1 keinen Versicherungs-

§ 24 ARB 75 55, 56 2. Teil. Besondere Bestimmungen

schutz für die Wahrnehmung rechtlicher Interessen aus **dinglichen Rechten** (vgl. hierzu Vorbem. vor § 21 Rdnrn. 125ff.). Hierdurch sollten vor allem die oft teuren Streitigkeiten aus der Sicherungsübereignung ganzer Warenlager sowie die häufigen Differenzen aus gewerblichem Vorbehaltseigentum von Warenlieferanten von der Risikogemeinschaft ferngehalten werden. Soweit in solchen Fällen mit der dinglichen Anspruchsgrundlage erkennbar eine schuldvertragliche parallel läuft, die zum gleichen Ziel führt, besteht im Rahmen des Abs. 3 Ziff. 1 und der Anspruchskonkurrenz Versicherungsschutz (Vorbem. vor § 21 Rdnr. 9; wegen gesetzlicher Schadenersatzansprüche vgl. oben Rdnr. 23).

55 g) Für die nach Abs. 1 Satz 2 und 3 **mitversicherten** Arbeitnehmer und Familienangehörigen des VN (vgl. oben Rdnrn. 15 bis 17) wird sich im Regelfall keine Notwendigkeit ergeben, aufgrund ihrer Tätigkeit im beruflichen Bereich des VN in eigener Person Rechtskosten für die gerichtliche Interessenwahrnehmung aus schuldrechtlichen Verträgen aufwenden zu müssen. Denn im Regelfall handelt es sich um einen Streit aus Verträgen, die sich auf die im Versicherungsschein bezeichnete Eigenschaft des VN beziehen und diesen selbst unmittelbar berechtigen oder verpflichten, auch wenn ein Mitversicherter beim Zustandekommen oder bei der Abwicklung des Vertrags beteiligt war. In Ausnahmefällen ist allerdings entgegen der Meinung von *Böhme* (§ 24 Rdnr. 15) das Bestehen von Versicherungsschutz für einen Arbeitnehmer oder Familienangehörigen des VN denkbar, nämlich dann, wenn eine dieser Personen im betrieblichen Interesse einen schuldrechtlichen Vertrag im eigenen Namen geschlossen hat und sich hieraus ein Gerichtsstreit ergibt, z.B. bei Anmietung eines Hotelzimmers auf einer Dienstreise des Mitversicherten. Die gemäß Abs. 3 Ziff. 3 vereinbarte Streitwertuntergrenze gilt auch in diesem Fall (vgl. oben Rdnr. 42).

56 3. Der in § 4 Abs. 1f enthaltene generelle Risikoausschluß für die Wahrnehmung rechtlicher Interessen aus dem Bereich des **Handelsvertreterrechts** wurde erstmals 1972 durch eine Klausel für Waren-Handelsvertreter aufgelockert (VerBAV 72, 292), deren wesentlicher Inhalt dann in den Abs. 3 Ziff. 2 des § 24 ARB 75 übernommen wurde (vgl. auch § 4 Rdnr. 50). Danach ist es möglich, die Interessenwahrnehmung bei gerichtlichen Streitigkeiten aus dem spezifischen Bereich des Handelsvertreterrechts, nämlich den §§ 84 bis 92c HGB, gegen Beitragszuschlag zu versichern. In erster Linie handelt es sich hierbei um Streitigkeiten wegen Provisionszahlungen aller Art sowie wegen eines Ausgleichsanspruchs gemäß § 89b HGB nach Beendigung des Handelsvertreterverhältnisses. Diese zusätzliche Versicherungsmöglichkeit besteht allerdings nur bei Handelsvertretern – auch im Sinn des § 92a HGB (§ 4 Rdnr. 51; § 25 Rdnr. 18) –, die Verträge über die Anschaffung, Veräußerung oder Gebrauchsüberlassung von Waren vermitteln oder im fremden Namen abschließen (Waren-Handelsvertreter). Waren sind bewegliche Sachen, also körperliche Gegenstände mit Ausnahme von Immobilien (vgl. § 90 BGB), die üblicherweise im Geschäftsverkehr gehandelt werden. Auf den Aggregatzustand der Ware – fest, flüssig oder gasförmig – kommt es nicht an. Keine Waren sind unkörperliche Gegenstände wie Rechte oder Inbegriffe von Rechten. Soweit Dienstleistungsverträge – z.B.

Vermittlung oder Abschluß von Bauspar-, Versicherungs-, Investment-, Transport-, Anzeige- oder Verlagsverträgen – Gegenstand der Handelsvertretertätigkeit sind, sieht Abs. 3 Ziff. 2 wegen der schwereren Überschaubarkeit des Risikos (GB BAV 72, 83) keine Versicherungsdeckung vor. Die Bezeichnung „RS-Kombination für Handelsvertreter" im Versicherungsschein bedeutet nicht, daß die Ausschlußbestimmung des § 4 Abs. 1 f abbedungen ist (AG Düren r + s 96, 145). Eine Aufhebungsvereinbarung zur Abwicklung eines Handelsvertreterverhältnisses hat nicht ohne weiteres schuldumschaffende Wirkung (Vorbem. vor § 21 Rdnr. 107). Die Interessenwahrnehmung aus schuldrechtlichen Verträgen ohne inneren Bezug zum Handelsvertreterrecht kann im Rahmen des übrigen Firmen-RS gedeckt sein, soweit ihn der VN versichert hat. So besteht z.B. Versicherungsschutz für einen gerichtlichen Streit aus dem Kaufvertrag über ein für den Handelsvertreter-Betrieb des VN erworbenes Fotokopiergerät gemäß Abs. 3 Ziff. 1 oder für eine – auch außergerichtliche – arbeitsrechtliche Auseinandersetzung mit einem Angestellten des VN gemäß Abs. 2b. Für Handelsmakler gemäß § 93 HGB und Kommissionäre gemäß § 383 HGB gilt Abs. 3 Ziff 2 nicht. Hierfür besteht auch keine Notwendigkeit, da die Ausschlußbestimmung des § 4 Abs. 1 f diesen Personenkreis nicht erfaßt (§ 4 Rdnr. 52) und ein Handelsmakler oder Kommissionär daher die gerichtliche Interessenwahrnehmung aus schuldrechtlichen Verträgen schon über Abs. 3 Ziff. 1 zusätzlich versichern konnte, soweit dies Tarif und Berufsverzeichnis (vgl. oben Rdnr. 42) des betreffenden Versicherers vorsahen (heute besteht diese Möglichkeit kaum mehr).

Die zusätzliche Versicherungsmöglichkeit des Abs. 3 Ziff. 2 besteht nach 57
– Ziff. 2a für Warenhandelsvertreter im Verhältnis zu ihren Unternehmern, für die sie im Sinn des § 84 Abs. 1 HGB Geschäfte vermitteln oder abschließen (RS **„nach oben"**),
– Ziff. 2b für Unternehmer im Sinn des § 84 Abs. 1 HGB im Verhältnis zu den für sie tätigen Waren-Handelsvertretern (RS **„nach unten"**). Unternehmer kann hierbei eine natürliche oder juristische Person (zu diesem Begriff vgl. § 4 Rdnr. 28) oder auch ein Handelsvertreter selbst sein, der seinerseits gemäß § 84 Abs. 3 HGB selbständige Waren-Handelsvertreter (Untervertreter) unter Vertrag hat.

4. a) Um die Risikogemeinschaft nicht mit Rechtskosten für Bagatellstrei- 58
tigkeiten zu belasten, beschränkt Abs. 3 Ziff. 3 den Versicherungsschutz für gerichtliche Vertragsstreitigkeiten nach Abs. 3 Ziff. 1 und 2 auf solche Fälle, in denen der **Wert des Streitgegenstandes** einen im Versicherungsschein genannten Betrag – zur Zeit überwiegend dreihundert Deutsche Mark – übersteigt. Ist dies der Fall, dann besteht Deckung für den gesamten Streitgegenstand und nicht nur für seinen den Mindestbetrag übersteigenden Teil. Ist z.B. im Versicherungsschein als Streitwertuntergrenze ein Betrag von dreihundert Deutschen Mark genannt und klagt der VN vierhundert Deutsche Mark ein, dann ist der Versicherer für vierhundert Deutsche Mark und nicht nur für einhundert Deutsche Mark eintrittspflichtig. Dies ergibt sich daraus, daß in Abs. 3 Ziff. 3 Satz 1 nicht die Wortfassung „soweit ... übersteigt", sondern „wenn ... übersteigt" verwendet wird.

59 Wert des Streitgegenstandes ist hierbei der in Geld ausgedrückte **Wert des prozessualen Anspruches**, den der Kläger (Antragsteller) gegen den Beklagten (Antragsgegner) oder dieser als Widerkläger gegen den Kläger als Widerbeklagten bei Gericht geltend macht (*Thomas/Putzo* Einl. II Rdnrn. 11 ff.). Die Grundregeln für die Bemessung des Streitwerts sind an sich in den §§ 2 bis 9 ZPO niedergelegt, die jedoch unmittelbar nur für den Zuständigkeitsstreitwert und für den Rechtsmittelstreitwert maßgebend sind, d. h. für die Abgrenzung der sachlichen Gerichtszuständigkeit – insbesondere zwischen AG und LG – sowie für den Wert der Beschwer bei einer Verurteilung. Der für die RSVersicherung im Vordergrund stehende Gebührenstreitwert ist für die Gerichtskosten in §§ 12 ff. GKG, für die Anwaltskosten – dort als „Gegenstandswert" bezeichnet – in §§ 7 ff. BRAGebO geregelt. Für die in gerichtlichen Verfahren anfallenden Anwaltsgebühren verweist nun allerdings § 8 Abs. 1 Satz 1 BRAGebO generell auf die für Gerichtsgebühren geltenden Wertvorschriften, die ihrerseits die §§ 3 bis 9 ZPO für anwendbar erklären, soweit das GKG den Streitwert nicht abweichend regelt (§ 12 Abs. 1 GKG).

60 Setzt sich der geltend gemachte prozessuale Anspruch aus **mehreren Einzelforderungen** zusammen, dann sind nach Abs. 3 Ziff. 3 Satz 2 zwei Fälle zu unterscheiden. Soweit die Einzelforderungen zum gleichen Zeitpunkt fällig geworden sind, sind sie für die Errechnung des Wertes des Streitgegenstandes zusammenzurechnen. Liegt die Summe der gleichzeitig fälligen Einzelforderungen über dem im Versicherungsschein genannten Mindestbetrag, dann besteht Versicherungsschutz. Werden dagegen mehrere Ansprüche oder Teilansprüche in einer Klage geltend gemacht, die zu verschiedenen Zeitpunkten fällig geworden sind, dann beschränkt sich der Versicherungsschutz auf die Einzelansprüche oder Teilansprüche, die den im Versicherungsschein genannten Mindestbetrag übersteigen, da es andernfalls der VN in der Hand hätte, durch eine Zusammenfassung unterschiedlich fälliger, je für sich nicht versicherter Bagatellansprüche in einer Klage die Regelung über den vereinbarten Mindeststreitwert zu unterlaufen. Liegen beispielsweise bei einem Teilzahlungsgeschäft die einzelnen unterschiedlich fälligen Teilzahlungen jeweils unter dem im Versicherungsschein genannten Mindestbetrag, besteht kein Versicherungsschutz, auch wenn der VN als Teilzahlungsgläubiger mehrere Raten gleichzeitig gerichtlich geltend macht. Gerät allerdings bei einem solchen Teilzahlungsgeschäft der Teilzahlungsschuldner derart in Verzug, daß der VN den Kreditvertrag gemäß § 12 Verbraucherkreditgesetz kündigen kann und damit die gesamte, den Mindestbetrag übersteigende Restschuld zur Zahlung fällig wird, dann besteht für die gerichtliche Geltendmachung der Restschuld Versicherungsschutz, nicht jedoch für die rückständigen Teilzahlungsforderungen, da sich an deren unterschiedlicher Fälligkeit nichts geändert hat.

61 **Fällig** ist eine Leistung, sobald sie der Gläubiger verlangen kann. Die Fälligkeit ergibt sich in erster Linie aus der Parteivereinbarung. Ist jedoch eine Zeit für die Leistung nicht bestimmt und auch nicht aus den Umständen zu entnehmen, dann ist die Leistung sofort fällig (§ 271 BGB). Steht jemand mit einem Kaufmann (§§ 1 ff. HGB) in einem Kontokorrentverhältnis im

Sinn des § 355 HGB, dann wird die Einzelfälligkeit der beiderseitigen in die laufende Rechnung eingestellten Einzelforderungen abgelöst durch die Anerkennung des durch periodische Verrechnung ermittelten schuldumschaffenden Saldos, der dann die jeweilige Endforderung mit neuer Fälligkeit zum Verrechnungszeitpunkt ergibt. Häufig wird dieser Saldoanspruch aber bei fortbestehendem Kontokorrent nur „vorgetragen" und zum nächsten Verrechnungszeitpunkt wiederum verrechnet (*Baumbach/Hopt* § 355 Rdnrn. 11, 23; *Palandt/Heinrichs* § 305 Rdnr. 10). Durch ausdrückliche oder stillschweigende Parteivereinbarung kann ein kontokorrentähnliches Verhältnis mit schuldumschaffender fälligkeitsändernder Wirkung auch zwischen Nichtkaufleuten oder dann bestehen, wenn nur für den einen Vertragspartner laufend neue Einzelforderungen entstehen, die der andere Vertragsteil nach dem übereinstimmenden Parteiwillen nicht sofort je nach Fälligkeit, sondern erst nach periodischer Rechnungsstellung zu begleichen hat. Dies kann beispielsweise der Fall sein, wenn jemand regelmäßig die Dienste eines Taxiunternehmers oder Tankstelleninhabers in Anspruch nimmt, der dann monatlich oder quartalsweise eine Gesamtrechnung stellt, oder wenn ein Einzelhandelskaufmann die einzelnen Einkäufe eines Stammkunden „anschreibt" und periodisch abrechnet.

b) Seit 1981 wird anstelle von Abs. 3 Ziff. 3 vielfach folgende Standardklausel (Einl. Rdnr. 23b) verwendet (VerBAV 180, 189):

Klausel zu § 24 Abs. 3 ARB – Selbstbeteiligung
Soweit dem Versicherungsvertrag § 24 Abs. 3 ARB zugrunde liegt, ist der Versicherungsnehmer an den unter Versicherungsschutz fallenden Kosten für jeden Versicherungsfall mit einem im Versicherungsschein genannten Betrag beteiligt. § 24 Abs. 3 Ziff. 3 entfällt.

Die Klausel will – bei niedrigerem Beitrag – den Aufwand für entsprechende Versicherungsfälle sowie auch deren Zahl insgesamt verringern. Anstelle dieser Standardklausel werden auch Klauseln mit prozentualer Selbstbeteiligung oder mit einer nach oben limitierten Selbstbeteiligung verwendet (VerBAV 81, 189). Versicherer, die die in § 2 Rdnr. 6a erörterte, 1986 entwickelte Musterklausel verwenden, dürfen die hier erwähnten Klauseln künftig nicht mehr vereinbaren.

V. Nachhaftung (Abs. 4)
(ARB 94: entfallen)

Gibt der VN die im Versicherungsschein bezeichnete Berufstätigkeit auf oder stirbt er, dann entfällt an sich das versicherte Wagnis, da die Notwendigkeit, Rechtskosten im Zusammenhang mit der versicherten Eigenschaft aufzuwenden, für die Zukunft in der Regel nicht mehr besteht. Dies gilt wegen der Spezialität des versicherten Risikos auch dann, wenn er nur die Art seiner Tätigkeit wechselt (§ 10 Rdnr. 5; zur Möglichkeit der Fortsetzung des Versicherungsvertrags im Todesfall vgl. auch § 10 Rdnrn. 18, 19). Jedoch können gerade bei der Abwicklung einer beendeten selbständigen Tätigkeit

§ 24 ARB 75   63, 64   2. Teil. Besondere Bestimmungen

noch nachträglich Versicherungsfälle im Sinn des § 14 eintreten, die einen unmittelbaren sachlichen Bezug zu dieser früheren Tätigkeit haben und ohne die Regelung des Abs. 4 wegen des Erlöschens des nach § 24 bestehenden Versicherungsvertrags nicht mehr versichert wären (vgl. zur ähnlichen Problematik in der Haftpflichtversicherung Bruck/Möller/Johannsen IV Anm. D 4, 28). In den ARB 69 war noch keine solche **Nachhaftung** des Versicherers vorgesehen. Sie wurde erstmals 1972 in der damals eingeführten Klausel für den Bereich des Handelsvertreterrechts geschaffen (VerBAV 72, 292; vgl. oben Rdnr. 56) und dann insgesamt in den RS für Gewerbetreibende und freiberuflich Tätige des § 24 der ARB 75 übernommen. Das Bedürfnis für eine solche Sonderregelung war zunächst im Handelsvertreter-RS besonders hervorgetreten, da der streitauslösende Versicherungsfall im Sinn des § 14 Abs. 3 häufig erst die nach Berufsaufgabe oder Tod des Handelsvertreters erstellte Provisions-Endabrechnung oder Berechnung des Ausgleichsanspruchs (§ 89b HGB) durch den Unternehmer war. Für die anderen Vertragsarten der Besonderen Bestimmungen der ARB, z.B. § 25 und § 27, gilt die Nachhaftungsregelung nicht (BGH VersR 90, 416; LG Hannover r + s 93, 220).

63 Versicherungsschutz besteht – für den VN oder seine Erben (vgl. § 4 Rdnr. 172) – noch für solche Versicherungsfälle im Sinn des § 14, die **innerhalb eines Jahres** seit dem Tag eintreten, an dem der VN die im Versicherungsschein bezeichnete Tätigkeit endgültig aufgegeben hat oder gestorben ist. Die Jahresfrist errechnet sich nach §§ 187 Abs. 1, 188 Abs. 2, 193 BGB.

64 **Beispiel:** Bei dem selbständig tätigen VN war ein Angestellter gegen teils feste, teils erfolgsabhängige Vergütung beschäftigt. Die erfolgsabhängige Vergütung wurde jeweils nach dem Geschäftsergebnis nach Ablauf eines Geschäftsjahres berechnet. Nach Aufgabe seiner selbständigen Berufstätigkeit übermittelt der VN dem früheren Angestellten die Abrechnung über die erfolgsabhängige Vergütung des letzten Geschäftsjahres bis zur Aufgabe des Berufs. Der Angestellte hält die Abrechnung für zu niedrig und klagt die nach seiner Meinung bestehende Differenz vor dem Arbeitsgericht ein. Der Versicherungsfall im Sinn des § 14 Abs. 3 ist hier mit dem Zugang der angeblich falschen Abrechnung bei dem früheren Angestellten eingetreten, also nach der Berufsaufgabe des VN und dem hierdurch bedingten Ende des Versicherungsvertrages nach § 24. Ist die Abrechnung innerhalb eines Jahres nach der Berufsaufgabe zugegangen, dann hat der VN gleichwohl gemäß Abs. 4 in Verbindung mit Abs. 2b noch Versicherungsschutz für die Abwehr des gegen ihn gerichteten Anspruchs. Auch in dem vom OLG Nürnberg (VersR 78, 755) entschiedenen Fall, dem offensichtlich noch die ARB 69 (ohne Nachhaftungsklausel) zugrunde lagen, hätte nach Abs. 4 Versicherungsschutz bestanden. Denn wenn ein versicherter Mitgesellschafter aufgrund eines Versicherungsfalles, der kurz nach seinem Ausscheiden aus dem Betrieb und dem dadurch bedingten Ende seines Versicherungsvertrages eingetreten ist, noch als ehemaliger Gesellschafter von einem Geschäftsgläubiger in Anspruch genommen wird, dann handelt es sich um einen Versicherungsfall, der im Sinn des Abs. 4 im Zusammenhang mit der im Versicherungsschein genannten Eigenschaft des (früheren) VN steht.

Die in § 4 Abs. 4 statuierte **Ausschlußfrist** von zwei Jahren nach Beendigung des Versicherungsvertrags für die Meldung eines Versicherungsfalles beginnt im Fall der Nachhaftung des Versicherers nach Abs. 4 nach ihrem Wortlaut schon mit Beendigung des Versicherungsvertrags und würde damit schon ein Jahr nach dem Ende des Nachhaftungszeitraums enden. Dies erscheint nicht interessegerecht, da § 4 Abs. 4 den Fristbeginn ersichtlich auf den Wegfall des materiellen Haftungszeitraums des Versicherers abstellt, dieser Zeitraum aber im Fall des § 24 Abs. 4 erst ein Jahr nach Vertragsende abläuft. Zudem ist zu berücksichtigen, daß es sich bei den Nachhaftungsfällen des Abs. 4 oft um vertragliche Streitigkeiten handelt. Hier setzt nach Abs. 3 jedoch der Versicherungsschutz erst mit der gerichtlichen Interessenwahrnehmung ein, der erfahrungsgemäß häufig eine längere Zeitspanne außergerichtlicher Verhandlungen vorausgeht. Sähe man in solchen Fällen die Deckung schon ein Jahr nach dem Ablauf der Nachhaftungsfrist des Versicherers als beendet an, dann würden hierdurch die Belange des VN, dessen Rechte durch § 4 Abs. 4 ohnehin – wenn auch aus sachlichen Gründen (§ 4 Rdnr. 216) – beschnitten werden, unangemessen verkürzt. 65

VI. Risikoausschlüsse (Abs. 5)
(entspricht § 24 Abs. 3 ARB 94)

Das berufliche Rechtskostenrisiko Selbständiger kann an sich auch den **Verkehrsbereich** sowie Miet- und Pachtverhältnisse über **Immobilien** umfassen. Um dem einzelnen VN einen bedarfsgerechten, auf die speziellen beruflichen Verhältnisse zugeschnittenen RS bieten zu können und auch aus risikotechnischen und kalkulatorischen Gründen sind diese beiden Sondergebiete jedoch – mit Ausnahme des Verkehrsbereichs beim Kraftfahrzeuggewerbe nach Abs. 6 – aus dem Deckungsbereich des § 24 ausgeklammert und gesondert versicherbar. 66

1. a) Abs. 5a nimmt den über §§ 21, 22 versicherbaren **Verkehrsbereich** vom Deckungsschutz des § 24 aus. Wird der VN oder eine nach Abs. 1 Satz 2 oder 3 mitversicherte Person zwar im Zusammenhang mit der Berufstätigkeit, jedoch primär oder zumindest vorwiegend als Teilnehmer am motorisierten Verkehr von einem Versicherungsfall im Sinn des § 14 betroffen, dann besteht kein Versicherungsschutz nach § 24. Dies ist immer dann der Fall, wenn der VN oder Mitversicherte rechtliche Interessen speziell in seiner Eigenschaft als Eigentümer, Besitzer, Halter oder Fahrer eines Motorfahrzeugs zu Lande, zu Wasser, in der Luft oder eines Anhängers (Abs. 7; vgl. hierzu § 21 Rdnrn. 40ff.) wahrnimmt. Nicht ausgeschlossen ist die Interessenwahrnehmung als Fahrzeuginsasse (zu diesem Begriff vgl. § 21 Rdnrn. 16, 17) sowie im Zusammenhang mit einem in den Vertrag nach § 24 einbezogenen nicht zulassungspflichtigen Motorfahrzeug (vgl. oben Rdnr. 52). 67

Die tatsächlichen Voraussetzungen, die jeweils den Ausschluß der Interessenwahrnehmung zur Folge haben, sind im einzelnen erläutert für die Eigenschaft als 68

§ 24 ARB 75 69–72   2. Teil. Besondere Bestimmungen

– **Eigentümer** in § 21 Rdnr. 13,
– **Halter** in § 21 Rdnr. 14 und
– **Fahrer** in § 21 Rdnrn. 18 ff.

69   **Besitzer** ist, wer die tatsächliche Herrschaft über ein Motorfahrzeug ausübt (*Palandt/Bassenge* vor § 854 Rdnr. 1), wobei es für den Ausschluß auf den Rechtsgrund des Besitzes nicht ankommt und vor allem die Fälle selbständige Bedeutung gewinnen, in denen der Besitzer nicht gleichzeitig Eigentümer, Halter oder Fahrer ist, z. B. als Mieter oder Entleiher (§ 22 Rdnrn. 5 ff.).

70   b) **Schadenersatzansprüche** aufgrund gesetzlicher Haftpflichtbestimmungen im Sinn des Abs. 2a macht der VN (oder ein Mitversicherter) speziell als **Eigentümer** eines Motorfahrzeugs immer dann geltend, wenn ein Schadenereignis im Sinn des § 14 Abs. 1 sein Fahrzeugeigentum in irgendeiner Weise beeinträchtigt hat. Gemäß Abs. 5a ausgeschlossen ist dann die Geltendmachung jedes durch diese Eigentumsbeeinträchtigung verursachten unmittelbaren und mittelbaren Sach- und Sachfolgeschadens, und zwar gleichgültig, ob das Fahrzeug bei Eintritt des Schadenereignisses beruflich oder privat benutzt wurde. Keine Deckung besteht insbesondere für die Verfolgung eines Anspruchs auf Ersatz von Reparaturkosten oder des Fahrzeugwerts, einer Wertminderung, von Mietwagenkosten, Nutzungsentgang und sonstigen Nebenkosten (Näheres § 21 Rdnrn. 51 ff.). Ist dem VN durch den Fahrzeugausfall Verdienst – z. B. als Taxiunternehmer – entgangen, dann ist dies ein adäquater mittelbarer Folgeschaden aus der Eigentumsbeeinträchtigung, dessen Ersatz wegen des Ausschlusses in Abs. 5a nur über §§ 21 Abs. 4a, 22 Abs. 3a bei Bestehen eines entsprechenden Vertrages gefordert werden kann (vgl. § 21 Rdnr. 54). Werden bei einem Verkehrsunfall nicht nur das Fahrzeug des VN, sondern auch ihm gehörende, beruflich mitgeführte Gegenstände beschädigt oder zerstört, die nicht Fahrzeugzubehör sind und auch nicht in einem sonstigen Funktionszusammenhang mit dem Fahrzeug stehen, dann macht der VN den Anspruch auf Ersatz dieser beschädigten oder zerstörten Ladung nicht in seiner speziellen Eigenschaft als Fahrzeugeigentümer geltend, da es an der notwendigen inneren sachlichen Beziehung zum Fahrzeug fehlt (Näheres § 21 Rdnr. 53). Für diesen Ersatzanspruch besteht somit Versicherungsschutz nach Abs. 2a, soweit die Gegenstände im betrieblichen Interesse mitgeführt wurden.

71   Als Besitzer **oder Halter** eines Motorfahrzeugs, der nicht gleichzeitig Eigentümer ist, kann der in seinem (Halter-)Besitz von einem Schadenereignis im Sinn des § 14 Abs. 1 betroffene VN in erster Linie Ersatz des unmittelbaren und mittelbaren Nutzungsschadens fordern (Näheres vgl. § 21 Rdnr. 56). In diesem Umfang ist seine Interessenwahrnehmung durch Abs. 5a ausgeschlossen.

72   Nach Abs. 5a nicht gedeckte **fahrer**bezogene Schadenersatzansprüche können dem VN (oder seinen Angehörigen) in erster Linie wegen Körperverletzung (oder Tötung) erwachsen (Näheres § 21 Rdnrn. 18 ff. in Verbindung mit Rdnr. 58). Ausgeschlossen ist dann auch ein Ersatzanspruch wegen Verdienstausfalls als selbständig Tätiger in der im Versicherungsschein bezeichneten Eigenschaft, da die Unmöglichkeit, die Arbeitskraft während

der unfallbedingten Arbeitsunfähigkeit nutzbringend zu verwerten, eine adäquate Folge der in der Eigenschaft als Fahrer erlittenen Körperverletzung ist (vgl. hierzu § 21 Rdnr. 58).

c) Eine Interessenwahrnehmung des VN **aus Arbeitsverhältnissen** 73 (Vorbem. vor § 21 Rdnrn. 116ff.) ist in erster Linie in der Eigenschaft als Fahrzeugeigentümer oder Halter denkbar, und zwar dann, wenn ein Arbeitnehmer des VN, z. B. ein angestellter Kraftfahrer, ein Motorfahrzeug des VN schuldhaft beschädigt hat oder haben soll und der VN ihn aufgrund dessen wegen fahrlässiger Eigentumsverletzung nach § 823 Abs. 1 BGB oder wegen positiver Vertragsverletzung aus dem Arbeitsvertrag ersatzpflichtig macht. Obwohl der VN hier auch als Fahrzeugeigentümer betroffen ist, erscheint es nicht zweckgerecht, die durch Abs. 2 b an sich gedeckte Interessenwahrnehmung wegen Abs. 5 a vom Versicherungsschutz auszuklammern. In Fällen der vorliegenden Art steht nämlich häufig die Frage im Vordergrund, ob dem Arbeitnehmer des VN die Grundsätze über die gemilderte Haftung bei schadengeneigter Tätigkeit zugute kommen. Dies ist jedoch weniger ein schadensrechtliches als vielmehr ein spezifisch arbeitsrechtliches Problem, weil es hierbei um die gerechte Risikoverteilung zwischen Arbeitgeber-VN und Arbeitnehmer geht (vgl. hierzu *Palandt/Putzo* § 611 Rdnrn. 156 bis 159). Da somit im Regelfall die durch § 24 Abs. 2 b speziell geschützte arbeitsrechtliche Eigenschaft des VN als selbständig tätiger Arbeitgeber mindestens ebenso stark wie seine Eigenschaft als Fahrzeugeigentümer tangiert ist, erscheint es gerechtfertigt, den Ausschluß nach seiner Zweckrichtung in solchen Fällen nicht durchgreifen zu lassen. Hierfür spricht außerdem der Umstand, daß auf der anderen Seite für den betroffenen und nach § 25 selbst versicherten Arbeitnehmer die Abwehr eines solchen Schadenersatzanspruchs über den Arbeit-RS des § 25 Abs. 2 b gedeckt ist, ohne daß der Ausschluß der Fahrereigenschaft des Arbeitnehmers durch den dem Abs. 5 a entsprechenden § 25 Abs. 4 a insoweit zum Zuge kommt (§ 25 Rdnr. 51). Als Mitversicherter aus dem Vertrag des VN nach § 24 hat der Arbeitnehmer dagegen für eine Interessenwahrnehmung aus dem Arbeitsverhältnis gegen den Arbeitgeber-VN wegen § 11 Abs. 2 Satz 2 keine Deckung. Etwas anderes gilt für die Abwehr der in solchen Fällen gemäß § 67 VVG auf den Kasko-Versicherer übergegangenen Schadenersatzforderung des Arbeitgeber-VN wegen mindestens grobfahrlässiger (§ 15 Ziff. 2 AKB) Verletzung des Arbeitsvertrags, da diese Rechtsverteidigung nicht im Sinn des § 11 Abs. 2 Satz 2 gegen den VN gerichtet ist; dieser kann allerdings nach § 11 Abs. 2 Satz 1 widersprechen.

d) Ob ein **straf-** oder **bußgeldrechtlicher Vorwurf** im Sinn des Abs. 2 c 74 gegen den VN oder einen Mitversicherten primär in einer der vier in Abs. 5 a genannten Eigenschaften oder in der im Versicherungsschein bezeichneten Eigenschaft als Selbständiger (bzw. für den VN beruflich Tätiger) gerichtet ist, hängt eng mit der Frage des verletzten Rechtsguts und damit zusammen, ob gegen eine „verkehrsrechtliche" Vorschrift im Sinn der §§ 21 Abs. 4 c, 22 Abs. 3 c verstoßen wurde oder worden sein soll. Auf die Erläuterungen zu § 21 Rdnrn. 73 ff. kann insoweit verwiesen werden (vgl. auch oben Rdnr. 38).

75 e) Eine Interessenwahrnehmung vor **Sozialgerichten** gemäß Abs. 2d in einer der in Abs. 5a genannten vier Eigenschaften, insbesondere als Fahrer eines Motorfahrzeugs, ist beispielsweise dann denkbar, wenn der VN oder Mitversicherte wegen eines berufsbezogenen Fahrzeugunfalls Ansprüche aus der gesetzlichen Unfallversicherung im Sinn des SGB VII gegen die zuständige Berufsgenossenschaft gerichtlich durchsetzen will. Die durch Abs. 5a an sich vom Versicherungsschutz ausgeschlossene Eigenschaft steht jedoch in solchen Fällen nicht im Vordergrund. Versicherungsfall ist hier nicht das Schadenereignis gemäß § 14 Abs. 1, sondern der oft wesentlich später eintretende Rechtsverstoß im Sinn des § 14 Abs. 3, den der Sozialversicherungsträger durch den Erlaß eines nach Meinung des VN (oder Mitversicherten) unzureichenden Bescheids begeht (Vorbem. vor § 21 Rdnrn. 133; § 14 Rdnr. 40). Mindestens so stark wie die fahrzeugbezogene Eigenschaft, eher noch stärker ist die durch § 24 gedeckte berufsspezifische Eigenschaft des VN oder Mitversicherten tangiert, wenn der Sozialversicherungsträger etwa den Grad der Erwerbsminderung zu niedrig festsetzt. Für die Interessenwahrnehmung vor Sozialgerichten, die ohnehin nicht über die rein verkehrsbezogenen Vertragsarten der §§ 21 bis 23 abgedeckt werden könnte, ist demgemäß der Risikoausschluß des Abs. 5a ohne Bedeutung (vgl. oben Rdnr. 41).

76 f) In seiner Eigenschaft als Fahrzeugeigentümer oder Halter nimmt der VN rechtliche Interessen aus **schuldrechtlichen Verträgen** wahr, wenn aufgrund eines Versicherungsfalls im Sinn des § 14 Abs. 3 eine Vertragsbeziehung streitig wird, die üblicherweise mit dem Fahrzeugeigentum oder der Haltereigenschaft in sachlichem Zusammenhang steht (Näheres § 21 Rdnr. 59). In diesem Umfang ist daher die Deckung für die gerichtliche Interessenwahrnehmung nach Abs. 3 aus allen fahrzeugbezogenen Verträgen gemäß Abs. 5a ausgeschlossen. Voraussetzung für den Ausschluß ist jedoch, daß der VN im Zeitpunkt des Versicherungsfalles bereits Fahrzeugeigentümer oder Halter ist. Wird eine Vertragsbeziehung streitig, die dem VN erst die Eigentümer- oder Halterstellung verschaffen sollte, dann nimmt er rechtliche Interessen aus dieser Vertragsbeziehung (noch) nicht „als" Eigentümer oder Halter wahr. Tritt beispielsweise der VN von dem Kaufvertrag über ein Motorfahrzeug wegen Überschreitung der Lieferfrist zurück und verklagt ihn daraufhin der Verkäufer auf Abnahme, dann verteidigt sich der VN gegen die Klage nicht „als Eigentümer" oder „als Halter" des zwar gekauften, aber nicht übergebenen (§ 929 BGB) Fahrzeugs. Deckung besteht daher nicht über §§ 21 Abs. 4b, 22 Abs. 3b, sondern über § 24 Abs. 3 Ziff. 1 (§ 21 Rdnr. 66; § 25 Rdnr. 54; ähnlich *Böhme* § 24 Rdnr. 24a). Soweit der RSVersicherer nicht zulassungspflichtige Sonderfahrzeuge und Arbeitsmaschinen in den Deckungsbereich des § 24 einschließt und damit stillschweigend auf den Risikoausschluß des Abs. 5a verzichtet (vgl. oben Rdnr. 52), besteht naturgemäß Versicherungsschutz für die gerichtliche Interessenwahrnehmung aus schuldrechtlichen Verträgen, die sich auf solche Motorfahrzeuge beziehen.

77 Soweit eine gerichtliche Interessenwahrnehmung aus schuldrechtlichen Verträgen in der Eigenschaft als Besitzer oder **Fahrer** eines Fahrzeugs für

Rechtssch. f. Gewerbetreib. u. freib. Tätige   78–80   § 24 ARB 75

den VN oder einen Mitversicherten überhaupt denkbar ist (vgl. hierzu § 21 Rdnrn. 68 ff.), ist sie durch Abs. 5 a vom Versicherungsschutz ausgeschlossen.

2. Die Interessenwahrnehmung aus dinglichen Rechten und aus Nutzungsverhältnissen an **Immobilien** ist aus risikotechnischen und bedarfsorientierten Gründen in den ARB nicht, wie die meisten übrigen Leistungsarten, in einer festen Vertragskombination (RS-„Paket", vgl. Vorbem. vor § 21 Rdnr. 2), sondern nur gesondert über § 29 versicherbar. Konsequenterweise ist das Rechtskostenrisiko aus diesen beiden Rechtsbereichen aus allen Vertragsarten ausgeklammert, die an sich Versicherungsschutz für die Wahrnehmung rechtlicher Interessen aus schuldrechtlichen Verträgen und aus dinglichen Rechten bieten, nämlich aus den §§ 24, 25, 26 und 27. Da allerdings § 24 in seinem Abs. 3 nur den reinen Vertrags-RS und nicht, wie die §§ 25 Abs. 3, 26 Abs. 4 (Fassung 1988: Abs. 5 b) und 27 Abs. 4, daneben auch die Interessenwahrnehmung aus dinglichen Rechten abdeckt (vgl. oben Rdnr. 54), mußte – im Unterschied zu §§ 25 Abs. 4 b und c, 26 Abs. 5 a und b (Fassung 1988: Abs. 7 a und b) sowie 27 Abs. 5 b und c – durch Abs. 5 b auch nur die Interessenwahrnehmung aus Miet- und Pachtverhältnissen über Immobilien, nicht aber zusätzlich diejenige aus dinglichen Immobilienrechten ausgeklammert werden. Sonstige schuldrechtliche Verträge im Zusammenhang mit Immobilien, z. B. Erwerbs- oder Veräußerungsverträge, fallen nicht unter den Ausschluß. 78

Wann ein vom Versicherungsschutz des § 24 ausgesondertes **Miet-** oder **Pachtverhältnis** über ein Grundstück, Gebäude oder einen Gebäudeteil vorliegt, ist im einzelnen in § 29 Rdnrn. 12 ff. erläutert. Konkurriert mit einem mietvertraglichen Anspruch ausnahmsweise ein auf die gleiche gegenständliche Leistung gerichteter außervertraglicher Anspruch, dann ist nach dem Zweck des Abs. 5 b auch dessen Geltendmachung oder Abwehr als ausgeschlossen anzusehen. Verlangt beispielsweise der VN als Mieter von Gewerberäumen Ersatz für die Beschädigung von Einrichtungsgegenständen, weil es aus Verschulden des Vermieters zu einem Wasserschaden in den gemieteten Räumen gekommen sei, dann ist die Verfolgung dieses Ersatzanspruchs auch dann ausgeschlossen, wenn neben der schuldhaften Verletzung der Vermieterpflichten aus dem Mietvertrag eine über Abs. 2 a an sich gedeckte fahrlässige Eigentumsverletzung nach § 823 Abs. 1 BGB geltend gemacht wird. Der Anspruch aus unerlaubter Handlung steht hier in untrennbarem Zusammenhang mit dem Mietverhältnis, ohne das er nicht entstanden wäre (ebenso LG Göttingen ZfS 90, 16; vgl. auch § 14 Rdnr. 25). 79

Handelt es sich um einen **gemischten Vertrag** mit miet- oder pachtvertraglichen Elementen, dann ist entscheidend, ob diese Elemente überwiegen. Soweit ein Vertrag der Risikobeschreibung des § 29 Abs. 1 zugeordnet werden kann, ist er nach dem Regelungszusammenhang der ARB (BGH NJW 92, 3242 = VersR 92, 1510 = ZfS 92, 424 = r + s 92, 415; VersR 78, 816) aus dem Deckungsbereich des § 24 durch dessen Abs. 5 b ausgeklammert. § 29 fordert die Bezeichnung des gemieteten oder gepachteten Objekts im Versicherungsschein und stellt damit ersichtlich auf Vertragsverhältnisse 80 von längerer Dauer ab, insbesondere Dauerschuldverhältnisse mit wiederkehrenden Einzelleistungsverpflichtungen (zu diesem Begriff vgl. *Palandt/ Heinrichs* Einl. vor § 241 Rdnr. 17; vgl. § 29 Rdnr. 14). Die kurzfristige Überlassung eines Grundstücks, Gebäudes oder Gebäudeteils zum Gebrauch, z. B. die Vermietung eines Hotelzimmers, eines Ferienhauses oder eines Campingplatzes, fällt demnach nicht in den Deckungsbereich des § 29. Erfolgt eine solche Vermietung in der im Versicherungsschein gemäß Abs. 1 bezeichneten Eigenschaft, z. b. als Hotelier, dann besteht bei Einschluß des Vertrags-RS nach Abs. 3 Ziff. 1 Versicherungsschutz für die gerichtliche Interessenwahrnehmung aus dem Mietvertrag, wenn der nach Abs. 3 Ziff. 3 vereinbarte Mindeststreitwert oder der Selbstbeteiligungsbetrag (oben Rdnr. 61a) überschritten ist. Auch für längerfristige Beherbergungsverträge kann ohne den Ausschluß des Abs. 5b Deckung nach Abs. 3 bestehen, wenn der VN neben der reinen Gebrauchsüberlassung von Räumen in seiner versicherten Eigenschaft eine nicht nur untergeordnete Betreuungs- oder Pflegetätigkeit als dienstvertragliche Leistung schuldet. Dies kann insbesondere bei einem Heimpflegevertrag, z. B. in einem Altersheim, der Fall sein (BGH NJW 82, 221; 81, 341; *Palandt/Putzo* vor § 535 Rdnrn. 21, 25, 26; *Palandt/ Thomas* vor § 701 Rdnr. 3).

81 Hat der VN als Arbeitgeber oder ein mit ihm wirtschaftlich verbundener Vermieter eine **Werkwohnung** oder **Dienstwohnung** an einen Arbeitnehmer überlassen, dann sind zwei Fälle zu unterscheiden. Ist der Wohnraum mit Rücksicht auf das Bestehen eines Dienstverhältnisses vermietet („Werkmietwohnung", § 565b BGB), dann besteht neben dem Arbeits- oder Dienstvertrag ein rechtlich selbständiger Mietvertrag (*Palandt/Putzo* vor § 565b Rdnr. 8), der vom Ausschluß des Abs. 5b erfaßt wird und nur über § 29 versicherbar ist. Ist dagegen der Wohnraum im Rahmen eines Dienstverhältnisses überlassen, z. b. an einen Hausmeister („Werkdienstwohnung", § 565e BGB), dann ist die Überlassung der Wohnung unselbständiger Bestandteil des Arbeits- oder Dienstverhältnisses und Teil der Arbeitsvergütung (*Palandt/Putzo* vor § 565b Rdnr. 9). Entsteht ein Streit aus dem den Wohnraum betreffenden Teil des Arbeitsverhältnisses, besteht hierfür Versicherungsschutz im Rahmen des Abs. 2b, ohne daß der Risikoausschluß des Abs. 5b durchgreift (vgl. auch § 29 Rdnr. 16).

VII. RS für Kraftfahrzeuggewerbe (Abs. 6)
(ARB 94: Klausel zu § 24 Abs. 3 ARB 94)

82 1. Abs. 6 bietet für die in seiner Ziff. 1 genannten vier Arten von Betrieben des Kraftfahrzeuggewerbes einen auf deren Bedürfnisse zugeschnittenen, gegenüber dem regulären Firmen-RS der Abs. 1 bis 5 **erweiterten Deckungsschutz**. Versicherter Personenkreis und versicherte Eigenschaften sind gegenüber Abs. 1 im Umfang des Abs. 6 Ziff. 1 und 2 ergänzt, während zu den regulär versicherten Leistungsarten des Abs. 2 und – soweit einbezogen – Abs. 3 noch die in Abs. 6 Ziff. 3a und b genannten Rechtsbereiche hinzutreten. Praktisch handelt es sich, wenn auch mit gewissen bedarfsorientierten Modifikationen, um eine Kombination des normalen Firmen-RS

der Abs. 1 bis 5 mit dem Verkehrs-RS des § 21, der hierbei auch den Privatbereich umfaßt.

Die zusätzliche Versicherungsmöglichkeit des Abs. 6 steht nur Inhabern 83 von Betrieben des **Kraftfahrzeuggewerbes** offen, nicht dagegen von solchen Betrieben, die sich mit Luft- oder Wasserfahrzeugen befassen. Zum Kraftfahrzeughandel zählt in erster Linie der Groß- und Einzelhandel mit neuen und gebrauchten Krafträdern, Personenkraftwagen und Nutzfahrzeugen aller Art. Zum Kraftfahrzeughandwerk gehören insbesondere Betriebe, die sich in irgend einer Form handwerklich mit Kraftfahrzeugen befassen, z.B. Reparaturwerkstätten, Spenglereien, Lackierereien, Auto-Elektrik-Betriebe und Polstereien, nicht dagegen Betriebe des Fahrzeugbaues. Bei Mischbetrieben entscheidet die überwiegende Art der Tätigkeit. Jedoch bleibt es dem einzelnen RSVersicherer unbenommen, in Grenz- und Zweifelsfällen auch solche Betriebe in Deckung zu nehmen, die im strengen Wortsinn möglicherweise nicht mehr dem Handel oder Handwerk zuzurechnen sind. Nicht zum Kraftfahrzeughandel oder -handwerk zählen beispielsweise Kraftfahrzeugvermieter, Taxi- und Mietwagenunternehmer, Fuhrunternehmer und reine Abschleppunternehmer. Eine Fahrschule betreibt, wer geschäftsmäßig Fahrschüler selbständig ausbildet oder durch Fahrlehrer ausbilden läßt. Die Berufsvoraussetzungen sind im Fahrlehrergesetz geregelt.

2. a) Außer in seiner nach Abs. 1 im Versicherungsschein bezeichneten 84 Eigenschaft als selbständiger Gewerbetreibender hat der **VN**, und zwar nicht beschränkt auf den beruflichen Bereich, zusätzlich Versicherungsschutz als Teilnehmer am motorisierten Verkehr auf den durch Abs. 2, Abs. 3 (soweit eingeschlossen) und Abs. 6 Ziff. 3 versicherten Rechtsgebieten, und zwar in seiner Eigenschaft als
– Eigentümer (§ 21 Rdnr. 13),
– Halter (§ 21 Rdnr. 14),
– Insasse (§ 21 Rdnrn. 16, 17) und
– Fahrer (§ 21 Rdnrn. 18ff.)
von Motorfahrzeugen zu Lande, zu Wasser und in der Luft sowie von Anhängern (Abs. 7), wobei es im Unterschied zu § 21 nicht erforderlich ist, daß diese Fahrzeuge auf den VN zugelassen sind.

b) Ebenso wie in § 21 Abs. 1 Satz 2 sind gemäß Abs. 6 Ziff. 2 Satz 1 auf den 85 durch Abs. 2, Abs. 3 (soweit eingeschlossen) und Abs. 6 Ziff. 3 versicherten Rechtsgebieten – auch im Privatbereich – **mitversichert** (§ 11 Rdnr. 1)
– die berechtigten Fahrer (§ 21 Rdnrn. 24ff.)
– die berechtigten Insassen (§ 21 Rdnr. 27)
der auf den VN zugelassenen Motorfahrzeuge zu Lande, zu Wasser und in der Luft sowie Anhänger (Abs. 7). Objektives Risikomerkmal für die Mitversicherung ist hier, wie in § 21, die Zulassung des Fahrzeugs auf den VN (vgl. hierzu § 21 Rdnr. 3). Die Verwendung eines an den VN ausgegebenen roten Kennzeichens für Prüfungsfahrten, Probefahrten oder Überführungsfahrten im Sinn des § 28 StVZO genügt hierbei für das Kriterium der Zulassung (§ 21 Rdnr. 5).

86 Außerdem sind gemäß Abs. 6 Ziff. 2 Satz 2 die im beruflichen Bereich des VN tätigen und dort nach Abs. 1 Satz 2 und 3 mitversicherten Arbeitnehmer und Familienangehörigen (vgl. oben Rdnrn. 14 ff.) auch im Bereich des motorisierten Verkehrs mitversichert, und zwar als berechtigte Fahrer oder berechtigte Insassen solcher **nicht auf den VN zugelassener** Motorfahrzeuge, die sich bei Eintritt des Versicherungsfalles (§ 14)
– in Obhut des VN befinden (vgl. unten Rdnr. 87) oder
– in dessen Betrieb vorübergehend benutzt werden (vgl. unten Rdnr. 89).

87 aa) Unter **Obhut** ist ein solches Verhältnis des VN zu einem fremden Kraftfahrzeug zu verstehen, das ihn verpflichtet, über die im Rahmen des § 823 BGB jedermann und gegenüber jeder fremden Sache obliegenden allgemeinen Rechtspflichten hinaus für die unversehrte Erhaltung der Sache zu sorgen (BGH NJW 52, 142 = VersR 52, 20; VersR 69, 271). Eine solche Obhutspflicht ergibt sich in der Regel aus dem Wesen des nach Abs. 6 versicherten Betriebs des Kraftfahrzeuggewerbes, soweit sich fremde Kraftfahrzeuge beispielsweise zum An- oder Verkauf, zur Reparatur, Inspektion, Wartung oder zu sonstigen technischen Zwecken im Betrieb des VN befinden. Eine bloße Unterstellung über Nacht auf dem Betriebsgelände oder in einer Garage des Betriebs braucht noch keine Obhutspflicht des VN zur Folge zu haben (*Stiefel/Hofmann* Rdnr. 19 zur Sonderbedingung zur Haftpflicht- und Fahrzeugversicherung für Kraftfahrzeug-Handel und -Handwerk).

88 **Beispiel:** Erleidet ein beim VN angesteller Kraftfahrzeugmechaniker bei der Probefahrt mit einem Kundenfahrzeug (Obhutsfahrzeug) nach dessen Reparatur einen Unfall, dann hat er für die Geltendmachung des Anspruchs auf Ersatz seines Personenschadens gegen den Schädiger gemäß Abs. 2a Versicherungsschutz. Ist der Kunde bei dieser Probefahrt selbst mitgefahren und verletzt worden, dann besteht für ihn aus dem Vertrag des VN jedoch keine Deckung. Denn er ist zwar berechtigter Insasse oder berechtigter Fahrer, gehört jedoch nicht zu den gemäß Abs. 1 mitversicherten Personen im Sinn des Abs. 6 Ziff. 2. Der Anspruch auf Ersatz des Fahrzeugschadens fällt in keinem Fall unter die Deckung, da er nur dem über § 24 nicht mitversicherten Kunden zusteht.

89 bb) Die gemäß Abs. 1 Satz 2 und 3 mitversicherten Arbeitnehmer und Familienangehörigen sind als berechtigte Fahrer oder Insassen eines nicht auf den VN zugelassenen Fahrzeugs auch geschützt, wenn dieses Fahrzeug **im Betrieb** des VN **vorübergehend benutzt** wird. „Im" Betrieb benutzt ist ein Fahrzeug, wenn mit seiner Hilfe eine betriebliche Aufgabe erfüllt, ein betrieblicher Vorgang erledigt wird. Nicht hierunter fällt eine Fahrt des Arbeitnehmers oder Familienangehörigen zu oder von der Arbeit mit dem eigenen Kraftfahrzeug. Dagegen kann ein arbeitnehmereigenes Fahrzeug auch einmal vorübergehend im betrieblichen Interesse verwendet werden, z.B. zur Abholung eines für eine Fahrzeugreparatur benötigten Ersatzteils im Ersatzteillager. In diesem Fall hat der Mitversicherte jedoch nur Versicherungsschutz für die Geltendmachung eines bei der betrieblichen Benutzung erlittenen Personenschadens, nicht dagegen des Fahrzeugschadens. Denn

Ersatz des Fahrzeugschadens kann er nur in seiner Eigenschaft als Eigentümer fordern, die jedoch nicht mitversichert ist.

3. Da Abs. 6 das sonst über § 21 versicherbare Verkehrsrisiko für den versicherten Personenkreis einschließen will (vgl. oben Rdnr. 82), bietet Abs. 6 Ziff. 3 a und b folgerichtig für VN und Mitversicherte zusätzlich Versicherungsschutz für die beiden fahrzeugbezogenen Leistungsarten, die in Abs. 2 nicht enthalten sind, nämlich für den Fahrzeug-Vertrags-RS im Sinn des § 21 Abs. 4 b und für den Führerschein-RS im Sinn des § 21 Abs. 4 d.

a) Der **Fahrzeug-Vertrags-RS** ist gemäß Abs. 6 Ziff. 3 a hierbei beschränkt auf die Eigenschaft des VN als Eigentümer und Halter der auf ihn selbst zugelassenen Fahrzeuge, soweit sie gemäß §§ 23 Abs. 3, 60 Abs. 1 StVZO mit amtlichem schwarzen Kennzeichen versehen sind. Für den Deckungsumfang gilt das in § 21 Rdnrn. 61 ff. und 67 Gesagte. Zu beachten ist allerdings, daß der aufgrund der „Klausel zu §§ 21, 22, 25, 26 und 27" (§ 4 Rdnr. 77) bei § 21 mögliche Einschluß der Interessenwahrnehmung aus fahrzeugbezogenen Versicherungsverträgen bei § 24 Abs. 6 Ziff. 3a ausscheidet, da diese Klausel, wie sich aus ihrer Überschrift ergibt, für Verträge nach § 24 generell nicht vereinbart werden kann (*Matzen* VersR 80, 805; *Böhme* § 24 Rdnr. 29). Für nicht oder nicht auf den VN zugelassene Fahrzeuge oder solche mit andersfarbigem, insbesondere rotem Kennzeichen (§ 21 Rdnr. 5), besteht im Rahmen der Ziff. 3 a kein Versicherungsschutz. Diese Regelung ist AGBG-konform (OLG Düsseldorf ZfS 89, 201). Unberührt bleibt aber die Möglichkeit, die gerichtliche Interessenwahrnehmung aus schuldrechtlichen Verträgen über Fahrzeuge, die nicht auf den VN zugelassen sind, gemäß Abs. 3 in die Deckung einzubeziehen, soweit der VN solche Verträge in seiner im Versicherungsschein bezeichneten Eigenschaft abschließt, z.B. Kaufverträge als Fahrzeughändler oder Reparaturverträge als Fahrzeugreparateur, und soweit eine solche zusätzliche Deckungsmöglichkeit nach dem von dem jeweiligen RSVersicherer verwendeten Berufsverzeichnis (vgl. oben Rdnr. 42) überhaupt besteht.

Handelt der **VN** beim Ankauf oder Verkauf eines Fahrzeugs **nicht im eigenen Namen** und für eigene Rechnung, sondern als Vertreter eines anderen, besteht für einen Streit des VN mit dem Käufer oder Verkäufer naturgemäß im Rahmen des Abs. 3 keine Deckung, da es sich nicht um einen Vertrag handelt, aus dem der VN selbst berechtigt oder verpflichtet ist (vgl. auch § 4 Abs. 2 b und c). Macht ein Dritter einen Vertragsanspruch gegen den VN gerichtlich geltend, den dieser u.a. mit der Behauptung abwehrt, es bestehe zwischen ihm und dem Dritten gar kein Vertrag, dann ist bei Einschluß des Abs. 3 Versicherungsschutz gegeben, da es für die Deckung genügt, daß der behauptete – wenn auch bestrittene – Anspruch in den Schutzbereich des Vertrags des VN fällt (Vorbem. vor § 21 Rdnr. 4). Beispiel: Der als Fahrzeughändler auch nach Abs. 3 versicherte VN wird von dem Käufer eines Gebrauchtfahrzeugs wegen eines Mangels des angeblich vom VN gekauften Fahrzeugs gerichtlich in Anspruch genommen. Der VN verteidigt sich u.a. damit, daß er dieses Gebrauchtfahrzeug nicht im eigenen

§ 25 ARB 75 2. Teil. Besondere Bestimmungen

Namen, sondern nur als Vertreter eines Kunden in dessen Namen verkauft habe.

93 b) Der **Führerschein-RS** des Abs. 6 Ziff. 3b entspricht dem § 21 Abs. 4d (vgl. dort Rdnr. 83 und Vorbem. vor § 21 Rdnrn. 137 ff.).

94 4. Abs. 6 Ziff. 3 statuiert für den Verkehrsbereich ebenso wie § 21 Abs. 6 als Obliegenheiten, die vor dem Versicherungsfall zu erfüllen sind, das Fahren mit vorgeschriebener Fahrerlaubnis, mit Einwilligung des Verfügungsberechtigten und mit zugelassenem Fahrzeug (Näheres § 21 Rdnrn. 85 ff.).

VIII. Motorfahrzeuge (Abs. 7)

95 Abs. 7 entspricht § 21 Abs. 3 (vgl. § 21 Rdnrn. 40 ff.).

§ 25 Familien-Rechtsschutz

(1) Versicherungsschutz wird dem Versicherungsnehmer, dessen Ehegatten, den minderjährigen Kindern sowie den unverheirateten volljährigen Kindern bis zur Vollendung des 25. Lebensjahres gewährt, wenn sich letztere zumindest überwiegend in Schul- oder Berufsausbildung befinden. Die Wahrnehmung rechtlicher Interessen im Zusammenhang mit einer selbständigen oder freiberuflichen Tätigkeit ist vom Versicherungsschutz ausgeschlossen.

(2) Der Versicherungsschutz umfaßt
a) die Geltendmachung von Schadenersatzansprüchen aufgrund gesetzlicher Haftpflichtbestimmungen im Rahmen des § 14 Absatz 1;
b) die Wahrnehmung rechtlicher Interessen aus Arbeitsverhältnissen sowie aus öffentlich-rechtlichen Anstellungsverhältnissen hinsichtlich dienst- und versorgungsrechtlicher Ansprüche;
c) die Verteidigung in Verfahren wegen des Vorwurfes der Verletzung einer Vorschrift des Straf-, Ordnungswidrigkeiten-, Disziplinar- oder Standesrechtes. Bei Freiheitsstrafen sowie bei Geldstrafen und -bußen über 500,- DM sind Gnaden-, Strafaussetzungs-, Strafaufschub- und Zahlungserleichterungsverfahren eingeschlossen, und zwar für insgesamt zwei Anträge je Versicherungsfall;
d) die Wahrnehmung rechtlicher Interessen vor Sozialgerichten in der Bundesrepublik Deutschland;
e) abweichend von § 4 Absatz 1i) und p) die Erteilung eines mündlichen oder schriftlichen Rates oder einer Auskunft durch einen Rechtsanwalt in familien- und erbrechtlichen Angelegenheiten sowie in Angelegenheiten der freiwilligen Gerichtsbarkeit. Auf den Sachverhalt, der dem Rat oder der Auskunft zugrunde liegt, muß deutsches Recht anwendbar sein. Rat oder Auskunft dürfen nicht mit einer anderen gebührenpflichtigen Tätigkeit des Rechtsanwaltes zusammenhängen (§ 20 Absatz 1 Bundesgebührenordnung für Rechtsanwälte). Der Rat oder die Auskunft (§ 147 Absatz 2 Gesetz über die Kosten in Angelegenheiten der freiwilligen Gerichtsbarkeit) kann auch von einem Notar erteilt werden. Als Versicherungsfall gilt abweichend von § 14 das Ereignis, das eine Veränderung der Rechtslage

Familien-Rechtsschutz 1, 2 § 25 ARB 75

des Versicherungsnehmers zur Folge hat und deshalb einen Rechtsrat oder eine Rechtsauskunft erforderlich macht.

(3) Der Versicherungsschutz kann auf die Wahrnehmung rechtlicher Interessen aus schuldrechtlichen Verträgen und aus dinglichen Rechten ausgedehnt werden.

(4) Ausgeschlossen ist der Versicherungsschutz für die Wahrnehmung rechtlicher Interessen
a) als Eigentümer, Besitzer, Halter oder Fahrer von Motorfahrzeugen zu Lande, zu Wasser und in der Luft sowie Anhängern;
b) aus Miet- und Pachtverhältnissen über Grundstücke, Gebäude oder Gebäudeteile;
c) aus dinglichen Rechten an Grundstücken, Gebäuden oder Gebäudeteilen.

Übersicht

	Rdnrn.		Rdnrn.
I. Allgemeines	1–3	a) Straf- und Bußgeldverfahren	33
II. Persönliche Risikomerkmale (Abs. 1).	4–24	b) Disziplinar- und Standesrechtsverfahren	34
1. VN	4	c) Gnadenverfahren (Satz 2)	35
2. Mitversicherte	5	4. Sozialgerichts-RS (Abs. 2 d)	36
a) Ehegatte	6	5. Beratungs-RS (Abs. 2 e)	37
b) Kinder	7	IV. Vertrags- und Eigentums-RS (Abs. 3)	38–44
aa) minderjährige	8, 9	1. Allgemeines	38
bb) volljährig in Ausbildung	10–12	a) Vertrags-RS	39
c) keine sonstigen Mitversicherten ..	13	b) Abgrenzung	40–42
3. selbständige oder freiberufliche Tätigkeit (Abs. 1 Satz 2)	14–24	c) Versicherungsvertrags-RS	43
a) Allgemeines	14	2. Eigentums-RS	44
b) Begriff	15	V. Risikoausschlüsse (Abs. 4)	45
c) Mischfälle	16, 17	1. Verkehrsbereich (Abs. 4 a)	46–56
d) Grenzfälle		a) ausgeschlossene Eigenschaften	46, 47
aa) arbeitnehmerähnliche Person	18	b) Geltendmachung von Schadenersatzansprüchen	48–50
bb) freier Mitarbeiter	19	c) Interessenwahrnehmung aus Arbeitsverhältnissen	51
cc) Beweislast	20	d) Straf- und Bußgeldverfahren	52
e) Abgrenzung zum Privatbereich...	21, 22	e) Sozialgerichts-RS	53
f) „im Zusammenhang mit"	23, 24	f) Vertrags-RS	54–56
III. Obligatorische Leistungsarten (Abs. 2)	25	2. Nutzungsverhältnisse an Immobilien (Abs. 4 b)	57
1. Geltendmachung von Schadenersatzansprüchen (Abs. 2 a)	26, 27	3. dingliche Rechte an Immobilien	58
2. Arbeits-RS (Abs. 2 b)	28–32		
3. Straf-RS (Abs. 2 c)	33–37		

I. Allgemeines

Der **Begriff** „Familien-RS" ist nicht ganz eindeutig (*Pakulla* VersR 79, 297, 298). Gemeint ist damit RS für die Familie auf den in Abs. 2 und 3 genannten Rechtsgebieten. Nicht gemeint ist damit das spezifische Familienrecht des Vierten Buches des BGB (vgl. § 4 Rdnr. 82), für das gemäß Abs. 2 e nur ein eingeschränkter Beratungs-RS besteht (Näheres Vorbem. vor § 21 Rdnrn. 148 ff.). 1

Im Unterschied zu den rein fahrzeugbezogenen Vertragsarten der §§ 21 bis 23 und dem rein berufsbezogenen § 24 bietet § 25 dem VN und den mitversicherten Personen Versicherungsschutz **nicht** in einer oder mehreren genau umrissenen **speziellen Eigenschaften,** sondern an sich generell in allen Lebensbereichen, insbesondere dem Berufs- und Privatbereich ein- 2 schließlich aller nicht fahrzeugbezogenen Sportarten. Da jedoch die Übernahme des Rechtskostenrisikos aus allen denkbaren Bereichen unüberschaubar und zu teuer würde, werden – abgesehen von den allgemeinen Risikoausschlüssen des § 4 – bedingungstechnisch bestimmte Eigenschaften oder Rechtsbereiche durch Abs. 1 Satz 2 und Abs. 4 von der Versicherungsdeckung ausgeklammert, nämlich die Bereiche einer selbständigen Berufstätigkeit, der aktiven Teilnahme am motorisierten Verkehr sowie einer Interessenwahrnehmung auf dem Immobiliensektor.

3 Stirbt der VN, dann findet der Versicherungsvertrag an sich sein natürliches Ende, da er auf die Person des VN bezogen ist (Wagniswegfall, § 68 Abs. 2 VVG). Um mögliche Härten für die mitversicherten Angehörigen zu vermeiden, wird jedoch meist die „Klausel zu §§ 21, 22, 24 bis 29 ARB" vereinbart, wonach der Versicherungsschutz unter den dort genannten Voraussetzungen fortbesteht (Näheres § 10 Rdnrn. 18 und 19).

II. Persönliche Risikomerkmale (Abs. 1)
(entspricht § 23 Abs. 1, 2 [Selbständige] bezw. § 25 Abs. 1, 2 [Nichtselbständige] ARB 94)

4 1. Der **VN** erhält auf den durch Abs. 2 und – soweit eingeschlossen – 3 umschriebenen Rechtsbereichen Versicherungsschutz sowohl als Privatmann für Rechtsangelegenheiten des täglichen Lebens wie auch im beruflichen Bereich, soweit er nicht eine selbständige Tätigkeit im Sinn des Abs. 1 Satz 2 ausübt (vgl. unten Rdnr. 15). Nach § 25 versicherbar sind auch Personen, die noch nicht (voll) oder nicht mehr im Berufsleben stehen, z. B. Studenten, Beamtenanwärter (vgl. unten Rdnr. 11), Rentner und Pensionäre. Fahrzeug- und Immobilienbereich sind gemäß Abs. 4a (vgl. unten Rdnrn. 46 ff.) sowie Abs. 4 b und c (vgl. unten Rdnrn. 57, 58) ausgeklammert.

5 2. Abs. 1 Satz 1 erstreckt den für den VN geltenden Versicherungsschutz in annähernd gleichem Umfang (§ 11 Abs. 2 und 3; vgl. § 11 Rdnrn. 18 ff.) auf Familienangehörige, deren **Mitversicherung** (zu diesem Begriff vgl. § 11 Rdnr. 1) dem mutmaßlichen Willen und Interesse des VN entspricht.

6 a) Mitversichert ist der **Ehegatte** des VN für die Dauer der Ehe, also vom Zeitpunkt der Eheschließung an bis zu ihrer Beendigung durch Tod oder im Zeitpunkt der Rechtskraft einer Gerichtsentscheidung, durch die die Ehe für nichtig erklärt, aufgehoben oder geschieden wird. Richtet sich die Beendigung der Ehe nach ausländischem Recht (Art. 17 EGBGB), ist dieses Recht maßgebend. Leben die Ehegatten getrennt, ändert dies nichts an der Mitversicherung, soweit der VN nicht der Gewährung von Versicherungsschutz für den mitversicherten Ehegatten gemäß § 11 Abs. 2 Satz 1 widerspricht.

7 b) Mitversichert sind ferner in bestimmtem Umfang die **Kinder** des VN und seines Ehegatten. Nach dem allgemeinen Sprachgebrauch sind Kinder in diesem Sinn alle ehelichen und nichtehelichen Abkömmlinge ersten Grades – also nicht Enkelkinder – beider Ehegatten oder eines von ihnen, mithin auch Stiefkinder und für ehelich erklärte Kinder (§ 1589 BGB; vgl.

Palandt/Diederichsen vor § 1589 Rdnr. 4; für Stiefkinder BGH VersR 54, 76). Nach dem Zweck des § 25 können außer den leiblichen auch an Kindes Statt angenommene Kinder (Adoptivkinder) sowie Pflegekinder als mitversichert angesehen werden, d.h. Kinder unter 16 Jahren, die sich regelmäßig außerhalb des Elternhauses ganz oder für einen nicht unerheblichen Teil des Tages in Familienpflege im Haushalt des VN auf dessen Kosten befinden (vgl. auch BGH NJW 80, 1468 = VersR 80, 526; BFH NJW 92, 1255). Mit Ausnahme der Pflegekinder wird für die Mitversicherung nicht vorausgesetzt, daß sich die Kinder im Haushalt des VN aufhalten, so daß sie z.B. auch bei auswärtigem Schul- oder Studienaufenthalt Versicherungsschutz haben. Wird die Ehe der Eltern geschieden, bleiben die Kinder im Vertrag des VN mitversichert, und zwar unabhängig davon, welchem Elternteil das Sorgerecht zusteht.

aa) Unbeschränkt mitversichert sind alle **minderjährigen** – auch verheirateten – Kinder des VN und seines Ehegatten bis zum Tag des Eintritts der Volljährigkeit, d.h. bis zur Vollendung des 18. Lebensjahres (§ 2 BGB). Bei ausländischen Staatsangehörigen beurteilt sich der Eintritt der Volljährigkeit nach deren Heimatrecht (Art. 7 EGBGB; ebenso für die Verkehrs-Service-Versicherung *Hofmann* Schutzbriefversicherung Rdnr. 5 zu § 5 der Allgemeinen Bedingungen für die Verkehrs-Service-Versicherung). Die Meinung, bei abweichendem Volljährigkeitsalter eines Ausländers sei wegen des versicherungsrechtlichen Gleichbehandlungsgrundsatzes auch hier die Vollendung des achtzehnten Lebensjahres maßgeblich, legt dem in seiner Tragweite ohnehin nicht einheitlich beurteilten Grundsatz der Gleichbehandlung (*Prölss/Weigel* § 21 Rdnrn. 2, ff.) gegenüber den anerkannten Rechtsregeln des Internationalen Privatrechts zu großes Gewicht bei.

Die am 1. Januar 1975 erfolgte **Herabsetzung des Volljährigkeitsalters** von der Vollendung des 21. auf die Vollendung des 18. Lebensjahres hatte zur Folge, daß die bis zu diesem Tag mitversicherten Kinder über achtzehn Jahre von diesem Tag an nicht mehr mitversichert waren (AG Herford r + s 79, 69; ebenso für die Privathaftpflichtversicherung OLG Hamm VersR 77, 1146).

bb) Seit Einführung der ARB 75 sind auch **volljährige** Kinder bis zum Tag der Vollendung des fünfundzwanzigsten Lebensjahres mitversichert, soweit sie unverheiratet sind und sich mindestens überwiegend in Schul- oder Berufsausbildung befinden. Schulausbildung ist jeder Besuch einer öffentlichen oder privaten allgemeinbildenden oder berufsbildenden Schule, der der allgemeinen oder beruflichen Bildung dient. Berufsausbildung ist jede Tätigkeit zum Erwerb von Kenntnissen und Fähigkeiten für die spätere Ausübung eines Berufs, die die Arbeitszeit des Auszubildenden zumindest überwiegend in Anspruch nimmt (vgl. BVerwG NJW 78, 2047). Hierunter fallen alle Ausbildungsverhältnisse, also das Lehrverhältnis im Sinn der §§ 3 bis 19 Berufsbildungsgesetz als Regelfall sowie das Anlernverhältnis, sofern es nicht mit einem bereits bestehenden Arbeitsverhältnis parallel läuft, das Volontär- und das Praktikantenverhältnis (*Palandt/Putzo* vor § 611 Rdnrn. 57 bis 61). Nicht mehr zur Ausbildung gehört die Berufsfortbildung,

d. h. jede Tätigkeit, die darauf gerichtet ist, Kenntnisse und Fähigkeiten in einem erlernten und bereits ausgeübten Beruf zu erweitern und zu vertiefen und einen beruflichen Aufstieg zu ermöglichen (vgl. § 1 Abs. 3 Berufsbildungsgesetz). Nicht mehr zur Ausbildung im Sinn des Abs. 1 kann nach dem Zweck der Regelung auch die Erlernung eines zweiten Berufs, insbesondere die Umschulung eines Kindes von einem erlernten und bereits ausgeübten Beruf auf einen anderen gerechnet werden (a. A. GB BAV 88, 77). Die Ausbildung ist in der Regel mit dem Abschluß des Ausbildungsabschnitts als beendet anzusehen, nach dem es dem Ausgebildeten möglich ist, seinen Lebensunterhalt im vollen Umfang selbst zu bestreiten. Das ist beispielsweise mit Ablegung der Gesellenprüfung nach §§ 36ff. Handwerksordnung der Fall. Die Vorbereitung auf die Meisterprüfung bei gleichzeitig ausgeübter vollbezahlter Gesellentätigkeit ist keine Ausbildung mehr, sondern Fortbildung, die die weitere Mitversicherung hindert.

11 Bestehen Zweifel, ob eine bestimmte Tätigkeit noch Berufsausbildung ist oder nicht, dann ist häufig das von dem Betreffenden für seine Tätigkeit bezogene Entgelt ein brauchbares Abgrenzungskriterium. Solange er kein **leistungsbezogenes Entgelt** als echtes Äquivalent für seine Arbeitsleistung erhält, wird man ihn in der Regel noch als in Ausbildung befindlich ansehen können. Dies ist außer bei den Auszubildenden (früher: Lehrlingen) im Sinn des Berufsbildungsgesetzes, die eine Ausbildungsvergütung beziehen (vgl. oben Rdnr. 10), beispielsweise der Fall bei den Beamten auf Widerruf im Vorbereitungsdienst, die nach § 59 Bundesbesoldungsgesetz oder den entsprechenden landesrechtlichen Besoldungsbestimmungen als Beamtenanwärter Anwärterbezüge (früher: Unterhaltszuschuß) erhalten. Hierzu zählen auch Referendare als Anwärter für die Laufbahn des höheren Dienstes. Soweit Lehramtsanwärter nicht nur vorübergehend für die Erteilung von mehr als zehn Wochenstunden Ausbildungsunterricht oder selbständigen Unterricht gemäß § 64 Bundesbesoldungsgesetz neben den Anwärterbezügen eine laufende Unterrichtsvergütung erhalten, liegt ein echtes leistungsbezogenes Entgelt vor, das bei entsprechender Höhe den Betreffenden in die Lage versetzt, seinen Lebensunterhalt selbst zu bestreiten, so daß in der Regel von einer überwiegenden Ausbildungstätigkeit nicht mehr ausgegangen werden kann.

12 Zeiträume, in denen ein unverheiratetes volljähriges Kind vor Vollendung des 25. Lebensjahres **unfreiwillig** auf den Beginn oder die Fortsetzung der Ausbildung oder auf den Beginn der Berufstätigkeit nach abgeschlossener Ausbildung **warten** muß, können noch zur Ausbildung gerechnet werden, sofern das Kind nicht schon vorher eine andere Berufsausbildung beendet oder eine Tätigkeit mit leistungsbezogenem Entgelt ausgeübt hatte oder während der Wartezeit nachhaltig ausübt. Solche Zeiträume können insbesondere sein die Zeit eines Pflicht-Wehrdienstes oder -Zivildienstes oder die Wartezeit auf den Studienbeginn an einer Hochschule wegen bestehender Zulassungsbeschränkungen (numerus clausus). Die Ableistung eines freiwilligen sozialen Jahres nach dem Gesetz zur Förderung eines freiwilligen sozialen Jahres (BGBl. 64 I S. 640, mit späteren Änderungen) vor Beginn oder während einer Berufsausbildung hindert die Mitversicherung ebenfalls nicht

Familien-Rechtsschutz   13, 14 § 25 ARB 75

(ebenso *Böhme* § 25 Rdnr. 4). In Zweifelsfällen ist der VN für das Vorliegen der Voraussetzungen einer Berufsausbildung darlegungs- und beweispflichtig, da es sich um eine objektive Risikobegrenzung handelt (Vorbem. vor § 21 Rdnr. 3). Die Anforderungen an die Darlegungspflicht des VN sind dabei um so höher anzusetzen, je länger der Zeitraum des Aufschubs oder der Unterbrechung einer Berufsausbildung ist.

c) Wegen des Grundsatzes der Spezialität des versicherten Risikos 13 (Vorbem. vor § 21 Rdnr. 1) besteht, wenn es nicht im Einzelfall gesondert vereinbart ist, kein Versicherungsschutz für **sonstige Angehörige** des VN, auch wenn sie dauernd in seinem Haushalt leben, sowie für Hausangestellte. Das gleiche gilt für einen Partner des anderen oder des gleichen Geschlechts, mit dem der VN ohne Eheschließung ständig zusammenlebt. Die Mehrzahl der RSVersicherer verwendet hierzu seit Mitte 1987 eine Sonderklausel, wonach der im Versicherungsschein genannte Partner und dessen Kinder im Sinn des Abs. 1 Satz 1 für die Dauer der häuslichen Gemeinschaft mitversichert und die Interessenwahrnehmung des VN im Zusammenhang mit der nichtehelichen Lebensgemeinschaft vom Versicherungsschutz ausgeschlossen sind (VerBAV 88, 6; Einl. Rdnr. 23a und Vorbem. vor § 21 Rdnr. 105).

3. a) Das Rechtskostenrisiko im Zusammenhang mit einer **selbständigen** 14 **Berufstätigkeit** ist im Durchschnitt höher und wesentlich differenzierter als das aus einer unselbständigen Beschäftigung, da es stark von der Art und Größe des selbständigen Betriebs beeinflußt wird. Aus kalkulatorischen und risikotechnischen Gründen wurde es daher für VN und Mitversicherte aus dem Deckungsbereich des § 25 (sowie der §§ 26 und 27, vgl. § 27 Rdnr. 11) ausgeklammert. Es ist nur über § 24 versicherbar (§ 24 Rdnr. 5). Abs. 1 Satz 2 spricht im Sinne einer Alternative von einer „selbständigen oder freiberuflichen" Tätigkeit, obwohl es eine solche Alternative gar nicht gibt. Jede freiberufliche Tätigkeit ist auch eine selbständige Tätigkeit. „Selbständig" ist der Oberbegriff. Gemeint ist offenbar die in § 24 verwendete Unterscheidung zwischen gewerblicher und freiberuflicher Tätigkeit, wobei allerdings nicht jede gewerbliche Betätigung zwangsläufig selbständig sein muß (*Sieg/ Leifermann* § 1 Anm. 2). Trotz der etwas unpräzisen Formulierung entnahm die frühere Rechtsprechung ganz überwiegend aus Abs. 1 Satz 2 im Zusammenhang mit § 24 Abs. 1 Satz 1, daß jede Interessenwahrnehmung im Zusammenhang mit einer selbständigen Berufstätigkeit vom Deckungsbereich des § 25 ausgenommen und nur über § 24 versicherbar sein sollte (BGH VersR 78, 816; vgl. jedoch unten Rdnr. 28). Das hat der BGH (NJW 92, 3242 = VersR 92, 1510 = ZfS 92, 424 = r + s 92, 415 und nach Zurückverweisung OLG Bamberg VersR 95, 1047) jedoch nunmehr eingeschränkt. Er meint, der durchschnittliche VN werde dem Wortlaut der §§ 24, 25 entnehmen, daß in § 25 Abs. 1 Satz 2 nur diejenige selbständige Tätigkeit vom Versicherungsschutz ausgeschlossen sein solle, die nach § 24 versicherbar ist; dies sei aber nur die gewerbliche oder freiberufliche, jedoch keine sonstige selbständige Tätigkeit (vgl. unten Rdnr. 21 und § 24 Rdnr. 11). Es besteht hier eine gewisse Parallele zur Haftpflichtversicherung, wo der von der Privathaftpflichtversicherung erfaßte Gefahrenbereich nicht von der Betriebshaftpflichtversicherung gedeckt wird und umgekehrt

§ 25 ARB 75   15–17   2. Teil. Besondere Bestimmungen

(BGH VersR 61, 121, 399; 69, 219; 81, 271 = NJW 81, 2057; vgl. unten Rdnr. 17).

15   b) **Selbständig** berufstätig ist, wer im wesentlichen frei seine Tätigkeit gestalten und seine Arbeitszeit bestimmen kann. Merkmal der Selbständigkeit ist in erster Linie die persönliche Freiheit im Unterschied zur wirtschaftlichen, die verschiedenartig ausgestaltet sein kann (§ 24 Rdnr. 9). Hauptfälle selbständiger Tätigkeit sind die gewerbliche und freiberufliche Tätigkeit (§ 24 Rdnrn. 3 und 4). Die gewerberechtliche, handelsrechtliche, arbeitsrechtliche, sozialrechtliche und steuerrechtliche Qualifikation der ausgeübten Tätigkeit kann Anhaltspunkte für deren Einordnung als „selbständige" liefern, ist aber nicht immer entscheidend (BGH VersR 78, 816; § 24 Rdnr. 5). Die Entrichtung von Lohnsteuer und Sozialversicherungsabgaben durch den Dienstberechtigten des VN deutet häufig auf ein Arbeitsverhältnis hin, und zwar auch dann, wenn die Arbeitsvergütung des VN teilweise in einer Gewinnbeteiligung besteht (AG München r + s 77, 134; anders OLG Hamm ZfS 87, 49 = r + s 87, 73 bei gleichzeitig bestehendem Sozietätsvertrag; vgl. auch § 4 Rdnr. 51 a). Hat das Arbeitsgericht seine Zuständigkeit bejaht, dann kann auch dies ein Indiz für das Vorliegen einer unselbständigen Tätigkeit sein. Maßgeblich ist letztlich nicht die von den Parteien gewählte Bezeichnung, sondern die vereinbarungsgemäß und tatsächlich ausgeübte Tätigkeit (BGH VersR 82, 343).

16   c) Übt der VN **nebeneinander** eine **unselbständige und** eine **selbständige** Tätigkeit aus, dann hat er, wenn er nur nach § 25 versichert ist, nur Versicherungsschutz im Zusammenhang mit der unselbständigen Tätigkeit. Für Rechtskostenrisiken aus der selbständigen Tätigkeit benötigt er einen Versicherungsvertrag nach § 24. Dies ist beispielsweise der Fall bei einem angestellten und insofern unselbständig tätigen leitenden Krankenhausarzt, der daneben eine Privatpraxis betreibt, oder bei einem angestellten Syndikusanwalt (§ 46 BRAO), der nebenher freie Mandate bearbeitet.

17   Wird ein unselbständig Beschäftigter in einem **Einzelfall** und nicht geschäftsmäßig, also ohne die Absicht der Wiederholung, vorwiegend in seiner Freizeit einmal „selbständig" tätig, d. h. nicht in seinem ausgeübten Beruf, dann greift die Ausschlußbestimmung des Abs. 1 Satz 2 ihrem Sinn nach jedenfalls dann nicht durch, wenn es sich nicht um eine außergewöhnlich umfangreiche und streitträchtige Tätigkeit handelt. Denn solche nebenberuflich ganz vereinzelt ausgeübten Tätigkeiten kleineren Umfangs („Hobby", dagegen nicht: Schwarzarbeit) sind eher dem Privatbereich als dem Bereich einer gesondert versicherbaren selbständigen „beruflichen", d. h. auf ständige Einnahmen gerichteten Tätigkeit zuzurechnen (zum ähnlichen Problem in der Haftpflichtversicherung vgl. BGH NJW 81, 2057 = VersR 81, 271 = LM Nr. 12 zu § 1 AHB mit Anm. von *Rassow; Bruck/ Möller/Johannsen* IV Anm. G 111). Dies kann beispielsweise der Fall sein, wenn der nach § 25 versicherte, unselbständig tätige VN einem Bekannten ein Darlehen oder ein Grundstück vermittelt und es über die Höhe der Vermittlungsprovision zum Streit kommt (gedeckt gemäß § 25 Abs. 3; OLG Karlsruhe r + s 93, 184 = VersR 93, 1009 = ZfS 93, 353 für einmalige Ver-

mittlung eines Public-Relations-Auftrags; OLG Köln VersR 83, 1126; a. A. *Böhme* § 25 Rdnr. 5a; vgl. auch unten Rdnr. 23 und § 29 Rdnr. 48). Umfangreiche Arbeitsleistungen bei einem Hausbau im Wege der Verwandtenhilfe sind jedoch einer selbständigen Tätigkeit gleich zu achten (AG Herford ZfS 87, 50), ebenso wiederholte Kraftfahrzeug-Reparaturen gegen Entgelt (LG Hannover ZfS 90, 201) oder die Erstellung betriebswirtschaftlicher Gutachten für mehr als 50000,– DM (OLG Köln r + s 94, 462) oder die Vermittlung eines Pferdeverkaufs des nichtselbständigen VN für den Pferdezuchtbetrieb seiner selbständig tätigen Ehefrau (LG Itzehoe r + s 97, 24).

d) aa) Zweifel an der rechtlichen Qualifizierung einer Tätigkeit können insbesondere bei **arbeitnehmerähnlichen** Personen entstehen. Das sind Dienstleistende, die mangels persönlicher Abhängigkeit keine Arbeitnehmer, aber wegen ihrer wirtschaftlichen Abhängigkeit auch keine Unternehmer sind (vgl. § 5 Abs. 1 Satz 2 ArbGG; § 12a Tarifvertragsgesetz; *Schaub* § 9 I; *Palandt/Putzo* vor § 611 Rdnr. 9). In erster Linie handelt es sich um Heimarbeiter, Hausgewerbetreibende und Zwischenmeister, daneben u. U. auch um Künstler, Schriftsteller sowie in Rundfunk und Fernsehen Beschäftigte. Da das aus der Tätigkeit solcher Personen entspringende Rechtskostenrisiko dem eines Arbeitnehmers vergleichbar ist, können sie in der Regel auch im Sinn des § 25 Abs. 1 einem Arbeitnehmer gleichgeachtet werden. Eine Ausnahme gilt allerdings für die in § 5 Abs. 3 ArbGG genannten arbeitnehmerähnlichen Handelsvertreter (Einfirmenvertreter) im Sinn des § 92a HGB mit Monatsbezügen von nicht mehr als zweitausend Deutsche Mark. Denn trotz ihrer arbeitnehmerähnlichen Stellung handelt es sich bei ihrer Rechtsbeziehung zum Unternehmer um spezifisches, mit besonderen Rechtskostenrisiken behaftetes Handelsvertreterrecht, das der Ausschlußbestimmung des § 4 Abs. 1f unterliegt (AG München r+s 77, 156; § 4 Rdnr. 51) und nur unter den Voraussetzungen des § 24 Abs. 3 Ziff. 2 gesondert versicherbar ist. Angestellte im Sinn des § 84 Abs. 2 HGB können dagegen nach der Zweckrichtung des § 4 Abs. 1f dem Deckungsbereich des § 25 zugerechnet werden, da bei ihnen das arbeitsvertragliche Element das spezifische Handelsvertreterrecht überwiegt. Sogenannte Trucker, die Sattelzugmaschinen oder Trailer zur Verfügung stellen, sind keine arbeitnehmerähnliche Personen, sondern üben eine selbständige Tätigkeit aus (AG Bad Schwartau ZfS 87, 51, Leitsatz irreführend).

bb) Abgrenzungsschwierigkeiten können sich auch bei sogenannten **freien Mitarbeitern** ergeben. Hierunter versteht man Personen, die zu einem Unternehmer nicht in einem Arbeitsverhältnis, sondern in einem freien Dienstverhältnis stehen (über den Unterschied zwischen Arbeits- und Dienstverhältnis vgl. *Palandt/Putzo* vor § 611 Rdnrn. 2, 5, 10, 16ff.). Ein – in der Regel freiberuflich – selbständig tätiger freier Mitarbeiter ist in erster Linie persönlich, daneben oft auch wirtschaftlich weitgehend unabhängig und trägt dabei ein eigenes Unternehmerrisiko (*Falkenberg* DB 69, 1409; mißverständlich *Böhme* § 25 Rdnr. 7a). Weist die Rechtsbeziehung zu einem Unternehmer in ihrer tatsächlichen Ausgestaltung und faktischen Durchführung charakteristische Züge eines Arbeitsverhältnisses auf, dann kann der freie Mitarbeiter zum – persönlich nicht mehr unabhängigen und daher „fremdbestimmten" – Arbeitnehmer werden. Merkmale hierfür sind insbesondere eine stärkere Weisungsgebundenheit des Dienstverpflichteten, die Art seiner Eingliederung in den Betrieb des Unternehmers, die Notwendigkeit einer ständigen engeren Zusammenarbeit mit anderen in dessen Dienst stehenden Personen, die Unterordnung unter solche Personen und die Möglichkeit des Dienstberechtigten, über die Arbeitszeit des Dienstverpflichteten weitgehend zu verfügen. Die Frage, ob es sich in solchen Fällen noch um eine selbständige oder schon um eine unselbständige Tätigkeit – und damit auch um ein Arbeitsverhältnis im Sinn der §§ 24 Abs. 2 b, 25 Abs. 2 b, 26 Abs. 3 c (Fassung 1988: Abs. 5 c), 27 Abs. 3 c und 28 Abs. 2 b – handelt, kann jeweils nur durch eine Gesamtwürdigung aller Umstände des Einzelfalles entschieden werden, wobei die steuerliche und sozialversicherungsrechtliche Handhabung des Vertragsverhältnisses in der Regel nur eine untergeordnete Rolle spielt (BAG NJW 77, 2287; BB 81, 2500; AP Nr. 21 und 23 zu § 611 BGB Stichwort „Abhängigkeit"). Spricht ebensoviel für wie gegen eine selbständige Tätigkeit, dann ist für die Abgrenzung nicht die von den Parteien gewählte Bezeichnung, sondern die vereinbarungsgemäß und tatsächlich ausgeübte Tätigkeit maßgeblich (BGH VersR 82, 343; BAG AP Nr. 42 und BSG AP Nr. 29 und 30 zu § 611 BGB Stichwort „Abhängigkeit"; BB 81, 1581, 2074). Ist die vom Dienstberechtigten gewählte Vertragsform eines freien Mitarbeiterverhältnisses nicht sachlich gerechtfertigt, sondern in erster Linie zur Umgehung des Sozialschutzes, insbesondere des Kündigungsschutzes vereinbart worden, dann muß sich der Dienstberechtigte so behandeln lassen, als habe er einen Arbeitsvertrag abgeschlossen (BAG DB 74, 1487). Ein Lehrbeauftragter an einer Hochschule ist im Regelfall weisungsfrei selbständig tätig (BAG DB 82, 2707; vgl. Vorbem. vor § 21 Rdnr. 123).

20   cc) Bleibt trotz Aufklärung aller tatsächlichen Einzelumstände durch den nach § 25 versicherten VN (§ 15 Abs. 1 a) unklar, ob er eine selbständige oder unselbständige Tätigkeit ausübt, dann liegt wegen der in Form eines Risikoausschlusses gekleideten Abgrenzungsregelung des Abs. 1 Satz 2 die **Beweislast** für eine selbständige Tätigkeit des VN an sich beim Versicherer (OLG Karlsruhe VersR 95, 1352 = r + s 95, 224 = ZfS 95, 271; § 4 Rdnr. 3). Dies gilt jedoch nicht für solche Tatsachen aus dem Lebensbereich des VN, die der Versicherer normalerweise gar nicht wissen kann und die allein in der Sphäre des VN wurzeln (*Thomas/Putzo* vor § 284 Rdnrn. 25 ff.). Schwebt wegen der Frage der Arbeitnehmereigenschaft ein Rechtsstreit zwischen dem VN und dem Dienstberechtigten, dann kann der Versicherer seine Entscheidung über die Gewährung von Versicherungsschutz bis zum rechtskräftigen Abschluß des Prozesses zurückstellen („Voraussetzungsidentität", § 18 Rdnr. 19). Auf Verlangen des VN ist er jedoch verpflichtet, für die Dauer des Rechtsstreits fällige Versicherungsleistungen – wenn auch unter Vorbehalt – zu erbringen (vgl. § 4 Rdnr. 155).

21   e) In manchen Fällen ist zweifelhaft, ob eine vom Arbeitnehmer-VN zusätzlich ausgeübte Tätigkeit als durch Abs. 1 Satz 2 ausgeschlossene selbständige Berufstätigkeit oder aber als private und damit in den Deckungsbereich des § 25 fallende Betätigung anzusehen ist. Dies kann insbesondere der

Familien-Rechtsschutz 21 § 25 ARB 75

Fall sein bei der **Verwaltung** eigenen **Vermögens** (hierzu *Hahn* VersR 92, 1191; *Mathy* VersR 92, 781, 785). Soweit dieses nicht in einem Betrieb mit aktiver Mitarbeit des VN investiert ist, gehört seine Verwaltung normalerweise zum Privatbereich, auch wenn das Vermögen beträchtlich ist (OLG Hamm VersR 92, 821; OLG Köln VersR 89, 359 = r + s 88, 334 für zwei Kommandit-Anteile und Grundbesitz; OLG Düsseldorf VersR 96, 844 = r + s 96, 142 = ZfS 96, 111 und LG Hannover ZfS 90, 16 für Einlage als stiller Gesellschafter; OLG Koblenz VersR 95, 1049 = r + s 95, 103 für Verpachtung eines mit Kredit erworbenen Weingutes durch eine selbständige Apothekerin; LG München I r + s 94, 464 für Darlehen über 550000,– DM und r + s 97, 290 für Beteiligung an Bauträgermodell). Erst wenn beispielsweise die Verwaltung und Verwertung eines Wertpapier- oder Grundbesitzes einen solchen Umfang annimmt, daß daraus auf die Absicht zu schließen ist, der Besitzer wolle sich damit eine berufsmäßige Einnahmequelle verschaffen, kann die Grenze zur selbständigen Berufstätigkeit hin überschritten sein. Dies ist noch nicht der Fall, wenn jemand z.B. Warentermingeschäfte mit überwiegend geliehenem Geld oder auch mit Firmenerträgen finanziert (OLG Stuttgart NJW-RR 87, 1054; OLG Frankfurt VersR 87, 41) oder mit einem Baudarlehen von 344000,– DM auch Aktien kauft (AG Oberkirch NJW-RR 89, 1370) oder sieben Eigentumswohnungen (OLG Oldenburg VersR 96, 1233 = r + s 95, 463) oder drei Appartement-Eigentumswohnungen (BGH NJW 79, 1650) oder ein Grundstück mit Lagerhallen (OLG Köln r + s 89, 402) zum Zwecke der Vermietung erwirbt. Anders kann es liegen, wenn der VN als Anlageberater nebenher immer wieder Diamanten an- und verkauft (LG Berlin ZfS 88, 47) oder wenn er an der Weiterveräußerung von siebenundfünfzig wertvollen Orientteppichen mitwirkt (AG Pfaffenhofen ZfS 90, 16) oder in größerem Umfang, zum Teil mit Hilfe von Dritten, Kraftfahrzeuge an- und verkauft (AG Düsseldorf r + s 90, 89) oder wenn er seinen Grundbesitz ausschließlich fremdfinanziert (LG Hamburg r + s 93, 466; LG Coburg VersR 96, 705 = r + s 95, 419; zweifelhaft) oder durch Herstellung von 21 Eigentumswohnungen und andere Raumeinheiten verändert und an eine größere Zahl von Erwerbern veräußert, wodurch er sich in der Absicht gewerbsmäßiger Gewinnerzielung dem Wettbewerb auf dem Bau- und Immobiliensektor aussetzt (BGH NJW 81, 1665; ähnlich OLG Düsseldorf ZfS 90, 200 = r + s 90, 304 für teilweise fremdfinanzierte Millionen-Beteiligung an Bauträger-Gesellschaft). Weitere Fälle, in denen die Rechtsprechung eine selbständige Tätigkeit angenommen hat, sind in § 24 Rdnr. 11 aufgezählt. Zu beachten sind jedoch jeweils die Grundsätze, die der BGH hierbei für die Bejahung einer den Versicherungsschutz ausschließenden freiberuflichen oder gewerblichen Tätigkeit aufgestellt hat, nämlich das Vorliegen eines planmäßigen Geschäftsbetriebs mit einem Büro oder einer irgendwie gearteten Betriebsorganisation (NJW 92, 3242 = VersR 92, 1510 = ZfS 92, 424 = r + s 92, 415 und nach Zurückverweisung OLG Bamberg VersR 95, 1047; BGH r + s 94, 342). Besitzt oder erwirbt der VN Anteile einer handelsrechtlichen Personen- oder Kapitalgesellschaft (nicht: stille Gesellschaft, § 4 Rdnr. 24) in der Weise, daß er beherrschenden Einfluß auf die Gesellschaft ausüben kann, dann übt er insoweit eine selbständige Tätigkeit aus (BGH VersR 78, 816; Näheres § 24 Rdnr. 12).

22 Nimmt ein **selbständig Tätiger,** der nur nach § 25 (oder § 26), aber nicht nach § 24 Abs. 3 versichert ist, rechtliche Interessen aus schuldrechtlichen Verträgen wahr, dann kann streitig werden, ob die Rechtsbesorgung dem nichtversicherten Berufsbereich oder dem versicherten Privatbereich zuzuordnen ist. Ist der VN Kaufmann im Sinn der §§ 1 ff. HGB, dann muß er die gegen ihn sprechende Vermutung des § 344 HGB widerlegen. Hat beispielsweise ein selbständig tätiger Baukaufmann einem Dritten ein Darlehen gewährt, das in der Baubranche verwertet werden sollte, dann spricht die gesetzliche Vermutung dafür, daß dies ein Handelsgeschäft im Rahmen der selbständigen Berufstätigkeit war (OLG Koblenz r + s 77, 68). Entsprechendes gilt für ein „Privatdarlehen", das der VN als Gesellschafter einer Kreditvermittlungs- und Kapitalanlage-Gesellschaft einem Dritten gewährt (OLG Karlsruhe r + s 93, 421), für eine größere Grundstücksspekulation zur Sanierung des eigenen Kraftfahrzeugbetriebs (OLG Hamm VersR 89, 798 = r + s 89, 18), für ein betriebsbezogenes Wertpapiergeschäft eines GmbH-Mehrheits-Gesellschafters und Geschäftsführers (BGH VersR 95, 166 = NJW-RR 95, 343 = r + s 95, 64 = ZfS 95, 111) sowie für die Aufnahme eines größeren Kontokorrentkredits durch einen Kaufmann oder eines Hauskaufdarlehens von über einer Million DM durch einen Immobilienkaufmann (OLG Hamm VersR 87, 402 = ZfS 86, 18 = AnwBl. 87, 502; r + s 89, 19; vgl. auch § 24 Rdnr. 11). Rechnet der Schuldner einer aus dem Privatbereich des VN stammenden unstrittigen Forderung mit einer Gegenforderung aus freiberuflicher Tätigkeit des VN auf, greift die Ausschlußbestimmung des Abs. 1 Satz 2 ein (LG Hamburg ZfS 91, 202; ähnlich schon OLG Frankfurt VersR 86, 543; vgl. § 2 Rdnr. 195 a. E.). Zur Abgrenzung von geschäftsbezogenen von privaten Rechtsgeschäften, z. B. einer Kreditaufnahme, vgl. auch BGH NJW 82, 1810.

23 f) Ausgeschlossen ist die Interessenwahrnehmung nach Abs. 1 Satz 2 nicht (erst) „in der Eigenschaft als" selbständig Tätiger (vgl. die Formulierung des § 24 Abs. 1 Satz 1), sondern (schon) **„im Zusammenhang mit"** einer selbständigen oder freiberuflichen Tätigkeit. Durch diese Formulierung wird vor allem die sonst vielleicht zweifelhafte Frage geklärt, daß der Versicherungsschutz nicht erst mit dem eigentlichen Beginn einer selbständigen Berufstätigkeit endet, sondern auch dann nicht besteht, wenn irgend eine damit in adäquatem – nicht notwendig unmittelbaren – Zusammenhang stehende vorbereitende Tätigkeit entfaltet wird und sich hieraus Streit ergibt, z. B. der Abschluß eines Arbeitsverhältnisses mit einem künftigen Mitarbeiter oder der Kauf einer Betriebseinrichtung oder eines Betriebsgrundstücks (AG Aachen ZfS 86, 338; Leitsatz irreführend), ebenso ein (künftiger) Sozietätsvertrag (OLG Hamm ZfS 87, 49 = r + s 87, 73) oder die Beteiligung an einem Reisedienst (OLG Stuttgart ZfS 87, 50) oder der Erwerb eines Omnibusses (OLG Stuttgart NJW-RR 87, 341) oder ein Streit wegen Rückzahlung eines Existenzgründungsdarlehens (AG Hof ZfS 87, 368) oder ein Arbeitsrechtsstreit wegen beabsichtigter Aufnahme selbständiger Tätigkeit des VN (LG Köln ZfS 90, 57). An sich ergibt sich schon aus dem Grundsatz der Spezialität des versicherten Risikos (§ 1 Rdnr. 46; Vorbem. vor § 21 Rdnr. 1), daß in Fällen dieser Art die gegenüber der bisher ausgeübten unselbständigen Beschäftigung andersartige vorbereitende Tätigkeit auf einen selbständigen Beruf nicht mehr als (mitgedeckter) gefahrerhöhender Umstand im Sinn des § 9 Abs. 1, sondern als ein nicht versichertes aliud zu werten ist (ähnlich für die Haftpflichtversicherung *Bruck/Möller/Johannsen* IV Anm. G 128). Die hierdurch entstehende Deckungslücke kann der VN nur durch eine rechtzeitige besondere Vereinbarung mit dem Versicherer schließen (vgl. § 24 Rdnr. 19). Diese Grundsätze gelten auch für den Fall, daß der VN ein von ihm gegründetes Unternehmen mit bereits eingetragener Firma und weiteren Rechten vor Aufnahme des eigentlichen Geschäftsbetriebs weiterveräußert (LG Frankfurt r + s 95, 343). Ein innerer Zusammenhang mit selbständiger Tätigkeit wurde weiterhin in folgenden Fällen bejaht: Erwirbt der VN als Alleingesellschafter einer Autohaus-GmbH ein Grundstück zur Errichtung einer Kfz-Werkstatt und einer Ausstellungshalle, ist der Zusammenhang gegeben (LG Köln r + s 92, 416), ebenso, wenn der VN ein Grundstück veräußert, auf dem eine GmbH mit 40-prozentiger Beteiligung des VN eine Gaststätte betreibt (LG Koblenz r + s 92, 57 = Jur-Büro 92, 165). Das gleiche gilt, wenn der VN als Alleingeschäftsführer und Gesellschafter einer GmbH einem mit der GmbH in Geschäftsverbindung stehenden Dritten ein Darlehen gewährt (OLG Saarbrücken VersR 90, 1391 = r + s 90, 238; ähnlich OLG Karlsruhe ZfS 93, 208). Wechselt der VN von selbständiger zu unselbständiger Tätigkeit, kommt es auf den Entstehungszeitpunkt des streitigen Anspruchs an (LG Köln ZfS 93, 245; vgl. auch unten Rdnr. 28).

Für den Ausschluß genügt auch ein **mittelbarer Zusammenhang** mit der 23a selbständigen Tätigkeit, wie er etwa gegeben ist, wenn der VN als selbständiger Architekt Streit mit seinem Rechtsanwalt aus dem Anwaltsvertrag wegen der Geltendmachung von Architektenhonorar hat (LG Münster ZfS 87, 368) oder wenn ein Mehrheitsgesellschafter seinem Anwalt mangelhafte Prozeßführung im Zusammenhang mit einer geschäftlichen Vermögensanlage vorwirft (LG Hagen r + s 93, 346). Macht der frühere Arbeitgeber des VN aufgrund dessen jetzt selbständiger Tätigkeit Ansprüche wegen Verletzung der Verschwiegenheitspflicht und Benutzung von Betriebsgeheimnissen geltend, steht die Rechtsverteidigung des VN jedenfalls dann in Zusammenhang mit seiner selbständigen Tätigkeit, wenn dieser sich vorwiegend auf Gewerbefreiheit beruft (LG Münster ZfS 89, 60, Grenzfall, vgl. OLG Saarbrücken VersR 90, 318 = r + s 90, 277 unten Rdnr. 28). Das gleiche gilt, wenn der jetzt als geschäftsführender GmbH-Gesellschafter tätige VN Unterlassungsansprüche wegen geschäftsschädigender Äußerungen gegen seinen früheren Arbeitgeber erhebt (AG Leonberg ZfS 88, 319). Der Streit eines nebenberuflichen Hausverwalters wegen Weitergabe negativer Daten über seine Bankkonten ist ebenfalls vom Versicherungsschutz ausgenommen (OLG Köln ZfS 89, 20 = r + s 89, 21). Anders kann es liegen, wenn der verfolgte oder abzuwehrende Anspruch überwiegend in einem (früheren) Arbeitsverhältnis wurzelt (vgl. unten Rdnr. 28).

Im übrigen ergibt sich aus dem Regelungszusammenhang der §§ 24 und 24 25, daß Abs. 1 Satz 2 nicht nur einen losen und zufälligen Zusammenhang der Interessenwahrnehmung mit der selbständigen Berufstätigkeit voraussetzt, sondern einen **inneren sachlichen Bezug** verlangt. Nur diejenige Interessenwahrnehmung soll ausgeschlossen sein, die nachweisbar (OLG Köln r + s 94, 462) geschäfts- oder unternehmensbezogen ist und demgemäß in der durch § 24 versicherbaren Eigenschaft als (jetziger oder künftiger) Gewerbetreibender oder freiberuflich Tätiger erfolgt (BGH VersR 78, 816; vgl. hierzu auch unten Rdnr. 28; § 24 Rdnr. 13). Verwendet der VN einen zu gewerblichen Zwecken zugesagten Kredit zwischenzeitlich kurzfristig für eine private Vermögensanlage, ist der Versicherungsschutz nach Abs. 1 Satz 2 nicht ausgeschlossen (OLG Hamm VersR 93, 348 = r + s 93, 62 = NJW-RR 93, 411). Streitet ein nach § 25 (mit Versicherungsvertrags-RS, § 4 Rdnr. 77) versicherter VN mit seinem Berufsunfähigkeits- oder (Kranken-)Tagegeldversicherer, dann soll nach LG Stuttgart VersR 90, 418 = ZfS 90, 15 der Ausschluß des Abs. 1 Satz 2 jedenfalls dann durchgreifen, wenn der VN die Versicherungsleistung wegen (vorübergehender oder dauernder) Berufsunfähigkeit in seinem bis dahin ausgeübten selbständigen Beruf als Malermeister fordert (LG Stuttgart VersR 90, 418 = ZfS 90, 15; ähnlich LG Düsseldorf r + s 93, 186; a. A. für den Fall, daß die Krankheit nicht berufsbedingt ist, LG Hagen VersR 96, 1140). Mit dem OLG Köln (VersR 92, 1220 = r + s 92, 343) wird man jedoch in solchen Fällen die Interessenwahrnehmung jedenfalls dann nicht mehr als hinreichend geschäfts- oder unternehmensbezogen im Sinn von BGH VersR 78, 816 ansehen können, wenn die selbständige Tätigkeit aufgrund der Berufsunfähigkeit oder Krankheit nicht mehr ausgeübt werden kann (ebenso OLG Stuttgart VersR 97, 569; OLG Karlsruhe VersR 93, 827 = NJW-RR 93, 539), zumal da der Versicherungsfall (§ 14 Abs. 3) erst in der nach Meinung des VN unberechtigten Ablehnung oder unzureichenden Versicherungsleistung des Berufsunfähigkeits- oder Tagegeldversicherers zu sehen ist und dieser Versicherungsfall erst nach Einstellung der selbständigen Tätigkeit eingetreten ist. Ob das gleiche im Fall einer privaten Unfallversicherung gilt, mag zweifelhaft sein. Das LG München I (ZfS 90, 200), bestätigt von OLG München (r + s 92, 203), hat den inneren Zusammenhang mit der selbständigen Tätigkeit bejaht, wenn ein selbständiger Versicherungsagent beim Betreten seines Büros auf dessen Schwelle stürzt und dann mit seinem Unfallversicherer streitet (ebenso AG Koblenz VersR 95, 459 für den Arbeitsunfall eines selbständigen Kachelofenbaumeisters). Versicherungsfall ist jedoch auch hier nicht der Unfall, sondern erst die nachfolgende unzureichende Leistung des Unfallversicherers.

III. Obligatorische Leistungsarten (Abs. 2)
(entspricht § 23 Abs. 3 [Selbständige] bzw. § 25 Abs. 3 [Nichtselbständige] ARB 94)

25 Abs. 2 legt in Buchst. a bis e fünf **Rechtsgebiete** fest, auf denen die Interessenwahrnehmung des VN und seiner mitversicherten Familienangehörigen beruflich und privat – vorbehaltlich der Einschränkungen des Abs. 1 Satz 2 und Abs. 4 – unter Versicherungsschutz steht. Eine Ausschnittversicherung ähnlich der in §§ 21 Abs. 5 und 22 Abs. 4, die eine gewisse Auswahl unter den versicherten Rechtsbereichen ermöglichen würde, ist in § 25 nicht vorge-

sehen. Erforderlich ist jeweils, daß der Versicherungsfall, der die Notwendigkeit der Rechtsbesorgung auf dem versicherten Rechtsgebiet auslöst (§ 14), eine Auswirkung unselbständiger Berufstätigkeit oder privater Betätigung des VN oder Mitversicherten ist. Zum gedeckten Privatbereich gehört auch die nicht berufsmäßige Ausübung sämtlicher Sportarten mit Ausnahme des motorisierten Verkehrs (Abs. 4 a), und zwar selbst dann, wenn sie mit einem erhöhten Gefährdungsrisiko verbunden sind wie beispielsweise Boxen, Drachenfliegen, Skifahren, Skispringen, Fallschirmspringen oder extremes Bergklettern.

1. Was im Sinn des Abs. 2 a unter **Geltendmachung von Schadenersatz-** **26** **ansprüchen** aufgrund gesetzlicher Haftpflichtbestimmungen im Rahmen des § 14 Abs. 1 zu verstehen ist, ist in Vorbem. vor § 21 Rdnrn. 31 ff. im einzelnen erläutert. Versicherungsschutz besteht, soweit der VN oder Mitversicherte solche Ansprüche gegen den Schädiger aufgrund eines Schadenereignisses im Sinn des § 14 Abs. 1 erhebt, das ihn bei beruflicher Betätigung als Arbeitnehmer oder im Privatbereich betroffen hat. Ist der Schaden in einem dieser beiden Lebensbereiche eingetreten, dann spielt es keine Rolle, ob nur der unmittelbare oder auch der durch die Rechtsgutverletzung adäquat verursachte mittelbare Folgeschaden (*Palandt/Heinrichs* vor § 249 Rdnr. 15) geltend gemacht wird. Wird etwa der beruflich selbständige VN außerhalb seiner Berufstätigkeit in seiner Freizeit durch einen Dritten körperlich verletzt, z. B. als Fußgänger, Radfahrer oder auch Insasse eines Motorfahrzeugs, dann kann er den während der Dauer seiner Arbeitsunfähigkeit entstehenden Verdienstausfall als Selbständiger nur über § 25 Abs. 2 a und nicht etwa über § 24 Abs. 2 a ersetzt verlangen, da ihn das schädigende Ereignis als Privatmann betroffen hat und der Verdienstschaden eine adäquate mittelbare Folge dieses Schadenereignisses ist. Wenn auch ein gewisser Zusammenhang mit der selbständigen Berufstätigkeit besteht, greift die Ausschlußbestimmung des Abs. 1 Satz 2 gleichwohl nach dem Regelungszusammenhang der §§ 24 und 25 nicht ein. Denn der VN ist primär nicht speziell in seiner Eigenschaft als selbständig Tätiger im Sinn des § 24 vom Versicherungsfall betroffen, sondern im Privatbereich, und lediglich die Schadensfolgen, deren Geltendmachung nicht etwa zwischen §§ 25 und 24 aufgeteilt werden kann, wirken sich auch im Berufsbereich aus (LG Stuttgart ZfS 88, 390 für Schadenersatzanspruch eines selbständigen Handelsvertreters, der auf einem Sonntagsspaziergang von einem Hund gebissen wurde; LG Hamburg VersR 83, 775; § 21 Rdnr. 50; § 24 Rdnr. 22). Kein Versicherungsschutz besteht dagegen, wenn der nicht nach § 24, sondern nur nach § 25 versicherte VN bei Ausübung einer selbständigen Tätigkeit verletzt wurde (OLG Karlsruhe VersR 91, 1126 = ZfS 91, 94 = r + s 91, 168 für Prostituierte, die von einem Freier körperlich verletzt wurde; LG Hagen VersR 88, 154 für den geschäftsführenden Mehrheitsgesellschafter einer Dachdeckerfirma; ebenso AG Hamburg ZfS 89, 311 bei Verletzung der im Betrieb des selbständig tätigen VN mitarbeitenden Ehefrau; AG Meschede r + s 95, 423 für beleidigende Äußerungen gebenüber einem Rechtsanwalt). Ebenfalls nicht gedeckt ist die Geltendmachung von Schadenersatzansprüchen einer Angestellten, die nebenher einen Reitstall betreibt und dort von einem untergestellten Pferd gebissen wird (AG Köln ZfS 89, 90).

27 Gedeckt ist nicht nur die Geltendmachung eines Personen-, Sach- oder Vermögensschadens, sondern die Verfolgung **aller Arten** von **Schadenersatzansprüchen** sowohl materieller wie immaterieller Natur, gleichgültig, ob sie auf Natural- oder Geldersatz gerichtet sind (Näheres Vorbem. vor § 21 Rdnr. 37).

28 2. Abs. 2b deckt das Kostenrisiko für arbeitsrechtliche oder dienst- und versorgungsrechtliche Streitigkeiten des VN und seiner mitversicherten Familienangehörigen mit einem Arbeitgeber aus unselbständiger Tätigkeit. Was unter Interessenwahrnehmung **aus Arbeitsverhältnissen** und aus öffentlich-rechtlichen Anstellungsverhältnissen hinsichtlich dienst- und versorgungsrechtlicher Ansprüche zu verstehen ist, ist in Vorbem. vor § 21 Rdnrn. 117 ff. und 123 ff. im einzelnen erläutert. Versicherungsschutz besteht, soweit der VN oder ein mitversicherter Familienangehöriger gesetzliche oder vertragliche Ansprüche aufgrund eines während der Versicherungszeit eingetretenen Rechtsverstoßes im Sinn des § 14 Abs. 3 aus einem von ihm eingegangenen Arbeits- oder Dienstverhältnis gegenüber dem Arbeitgeber oder Dienstberechtigten geltend zu machen oder abzuwehren hat. Das gleiche gilt für Streitigkeiten aus einem Ruhestandsverhältnis, insbesondere wegen Versorgungsbezügen (vgl. hierzu § 4 Rdnr. 72 und Vorbem. vor § 21 Rdnr. 122). Der streitige Anspruch muß zumindest nach dem schlüssigen Vortrag einer Partei in einem Arbeits-, Dienst- oder Ruhestandsverhältnis wurzeln und seine Rechtsgrundlage haben. Dies gilt insbesondere in zweifelhaften Fällen, z.B. bei Streit über die Rechtsstellung als freier Mitarbeiter (vgl. oben Rdnr. 19), als arbeitnehmerähnliche Person (vgl. oben Rdnr. 18) oder auch als Arbeitnehmer, der nach Auffassung eines Vertragsteils nicht Arbeitnehmer, sondern beispielsweise Pächter ist (LG Saarbrücken VersR 67, 445; Näheres Vorbem. vor § 21 Rdnr. 4). Versicherungsschutz besteht auch trotz Abs. 1 Satz 2, wenn sich der VN gegen den Vorwurf seines Arbeitgebers wehren will, er habe durch eine arbeitsvertragswidrige selbständige Nebentätigkeit gegen seine Pflichten aus dem Arbeitsverhältnis verstoßen (OLG Celle VersR 87, 1188 mit Anm. von *Bauer* VersR 88, 399, der hier den Versicherungsschutz nach § 4 Abs. 2a für ausgeschlossen hält; OLG Bamberg VersR 87, 1188), oder wenn der jetzt selbständig tätige oder dies beabsichtigende VN mit seinem (früheren) Arbeitgeber eine Auseinandersetzung hat wegen angeblicher Treuepflichtverletzung (OLG Oldenburg r + s 96, 187) oder einer vereinbarten nachvertraglichen Wettbewerbsklausel (OLG Saarbrücken VersR 90, 381; r + s 90, 277; anders LG Köln r + s 91, 57, wenn keine Konkurrenzklausel vereinbart war; vgl. oben Rdnrn. 23, 23a und Vorbem. vor § 21 Rdnr. 114). Streitet der jetzt als Verkaufsleiter angestellte VN mit seinem Arbeitgeber, der den Betrieb des früher selbständigen VN übernommen hatte, besteht kein innerer sachlicher Zusammenhang mehr mit der früheren selbständigen Tätigkeit des VN (OLG Düsseldorf NJW-RR 87, 544). Beschäftigt der unselbständig tätige VN im Privatbereich selbst Mitarbeiter, z.B. eine Hausangestellte oder einen Gärtner, dann kann er insoweit auch als Arbeitgeber Versicherungsschutz nach Abs. 2b beanspruchen.

Erfolgt die Geltendmachung oder Abwehr eines Anspruchs nicht gegen- 29
über dem Arbeitgeber oder Dienstberechtigten, sondern **gegenüber einem
Dritten**, z. b. einem Arbeitskollegen, dann handelt es sich an sich nicht um
eine Streitigkeit „aus" dem Arbeitsverhältnis, da der VN zu dem Arbeitskollegen keine arbeitsvertraglichen Beziehungen hat (AG Hannover ZfS 87,
369 für Auseinandersetzungen mit einem früheren Arbeitskollegen wegen
rufschädigender Äußerungen; ähnlich LG Karlsruhe ZfS 90, 234; r + s 90,
308; vgl. auch § 24 Rdnr. 28). Hat sich eine Pflichtverletzung des VN aus
seinem eigenen Arbeitsverhältnis dahin ausgewirkt, daß er vom Arbeitgeber
z. b. wegen Verletzung der Aufsichtspflicht gegenüber einem unterschla-
genden Untergebenen in Anspruch genommen wird, dann kann allerdings
die Regreßforderung des VN gegen den Untergebenen noch der Interessenwahrnehmung aus dem Arbeitsverhältnis des VN zugerechnet werden (AG
Herford VersR 86, 134 = ZfS 86, 115). Wurde der VN von einem Arbeitskollegen während der Arbeit verletzt, dann kann auch der Schadenersatz-RS
des Abs. 2a angesprochen sein. Streitigkeiten aus dem kollektiven Arbeitsrecht wurzeln nicht im Einzelarbeitsverhältnis und sind daher nicht gedeckt,
soweit es sich nicht um die Mitwirkung des Betriebsrats bei personellen Einzelmaßnahmen handelt (Näheres § 24 Rdnrn. 33 bis 36). Pfändet ein Gläubiger eine Lohn- oder Gehaltsforderung des VN gegen dessen Arbeitgeber
und legt der VN Erinnerungen nach § 766 ZPO dagegen ein, da er die Pfändung ganz oder teilweise für unwirksam hält, dann ist dies keine Interessenwahrnehmung aus dem Arbeitsverhältnis des VN gegenüber seinem Arbeitgeber, sondern ein Antrag auf Vollstreckungsabwehr im Sinn des § 2
Abs. 3 b, der nur insoweit gedeckt ist, als für die Abwehr des der Pfändung
zugrundeliegenden Anspruchs des Gläubigers Versicherungsschutz besteht
(§ 2 Rdnrn. 176, 187 und 192).

Hat der VN einen Schadenersatzanspruch seines Arbeitgebers abzuweh- 30
ren, weil er als Fahrer (angeblich) dessen **Motorfahrzeug** schuldhaft beschädigt hat, dann besteht hierfür trotz der Ausschlußbestimmung des Abs. 4a
Versicherungsschutz, da hier nicht die Eigenschaft als Fahrer, sondern die
als Arbeitnehmer im Vordergrund steht (Näheres vgl. unten Rdnr. 51).

Bei angestellten Ärzten kann die Frage auftreten, ob ein Streit mit der 31
Ärzteversorgung eine Interessenwahrnehmung aus einem Arbeits- oder
Dienstverhältnis wegen versorgungsrechtlicher Ansprüche ist. Dies ist zu
verneinen. Die Zwangsmitgliedschaft des Arztes bei der Versorgungseinrichtung seines Berufsstandes beruht nicht auf der Tatsache seiner Anstel-
lung, sondern knüpft an seine Eigenschaft als approbierter Arzt an ohne
Rücksicht auf seine berufliche Stellung als selbständiger oder angestellter
Arzt (vgl. auch BVerfG NJW 60, 619). Ein daraus entstehender Streit ist
demnach nicht Ausfluß seines privatrechtlichen Arbeitsverhältnisses oder –
als beamteter Arzt – öffentlich-rechtlichen Dienstverhältnisses. Versicherungsdeckung besteht hierfür nicht (vgl. § 4 Rdnr. 68, Vorbem. vor § 21
Rdnr. 124 und § 24 Rdnr. 51).

Ist der VN Mieter einer **Werk-** oder **Dienstwohnung**, dann gilt das in 32
§ 24 Rdnr. 81 Gesagte entsprechend. Versicherungsschutz über Abs. 2b be-

steht also nur, wenn es sich um eine nicht selbständig gemietete Werkdienstwohnung im Sinn des § 565e BGB handelt, deren Überlassung Bestandteil des Arbeitsverhältnisses und Teil der Arbeitsvergütung ist (vgl. auch unten Rdnr. 57).

33 3. a) Was im Sinn des Abs. 2c unter Verteidigung in Verfahren wegen des Vorwurfs der Verletzung einer Vorschrift des **Straf- oder Ordnungswidrigkeitenrechts** zu verstehen ist, ist in Vorbem. vor § 21 Rdnrn. 73 ff. im einzelnen erläutert. Versicherungsschutz besteht, soweit der Vorwurf, eine Straf- oder Bußgeldvorschrift verletzt zu haben, gegen den VN oder einen mitversicherten Familienangehörigen aus dessen Verhalten in seinem Privatbereich oder im Bereich unselbständiger Berufstätigkeit hergeleitet wird. Wird dem VN oder Mitversicherten vorgeworfen, bei der Ausübung einer selbständigen Berufstätigkeit Rechtsvorschriften verletzt zu haben, besteht wegen Abs. 1 Satz 2 Versicherungsschutz nur über § 24 Abs. 2c (vgl. dort Rdnr. 37; LG Kleve ZfS 84, 79). Für die Verteidigung gegen den Vorwurf, als motorisierter Verkehrsteilnehmer im Sinn des Abs. 4a eine verkehrsrechtliche Straf- oder Bußgeldvorschrift verletzt zu haben, sieht § 25 ebenfalls keine Deckung vor. Entscheidend ist jeweils, ob der straf- oder bußgeldrechtliche Vorwurf gegen den VN vorwiegend als Verkehrsteilnehmer oder vorwiegend in anderer Eigenschaft erhoben wird (vgl. unten Rdnr. 52).

34 b) Was unter Verteidigung in Verfahren wegen des Vorwurfs der Verletzung einer Vorschrift des **Disziplinar- oder Standesrechts** zu verstehen ist, ist in Vorbem. vor § 21 Rdnrn. 92, 93 und 94, 95 im einzelnen erläutert. Versicherungsschutz besteht, soweit der disziplinar- oder standesrechtliche Vorwurf gegen den VN oder Mitversicherten wegen eines (angeblichen) Fehlverhaltens als unselbständig Tätiger, z.B. als Beamter oder angestellter Arzt, erhoben wird (Abs. 1 Satz 2; LG Kleve ZfS 84, 79). Soll der Rechtsverstoß gleichzeitig in einer durch Abs. 4a an sich von der Deckung ausgeschlossenen Eigenschaft begangen sein, dann berührt dies den Versicherungsschutz nicht, da der VN hier nicht primär als Teilnehmer am motorisierten Verkehr, sondern als dem Disziplinar- oder Standesrecht unterworfener Berufsangehöriger belangt wird (vgl. § 24 Rdnr. 39).

35 c) Der Deckungsumfang für eine Interessenwahrnehmung in **Gnaden-** und ähnlichen Verfahren im Rahmen der Strafvollstreckung im Sinn des Abs. 2c Satz 2 ist in Vorbem. vor § 21 Rdnrn. 85 ff. näher erläutert.

36 4. Abs. 2d bietet dem VN und seinen mitversicherten Familienangehörigen Versicherungsschutz, wenn sie im Privat- oder im Berufsbereich als Arbeitnehmer Ansprüche vor **Sozialgerichten** verfolgen oder abwehren. Die Modalitäten der Deckung sind in Vorbem. vor § 21 Rdnrn. 130 ff. im einzelnen erläutert. Ist dem VN oder einem Mitversicherten ein sozialrechtlicher Anspruch, z.B. auf Verletztenrente aus der gesetzlichen Unfallversicherung als Folge eines Arbeitsunfalles, im Zusammenhang mit der Teilnahme am motorisierten Verkehr erwachsen, dann greift die Ausschlußbestimmung des Abs. 4a nicht durch, da der VN oder Mitversicherte primär in seiner sozialversicherten Eigenschaft und nicht als Verkehrsteilnehmer betroffen ist (Näheres § 24 Rdnr. 41). Streitet der VN als arbeitsloser früherer Arbeitnehmer mit der Bundesanstalt für Arbeit vor dem Sozialgericht wegen Gewährung eines Überbrückungsgeldes für den Start in die Selbständigkeit, dann ist der Streit noch eine Folge der früheren abhängigen Stellung und der Versicherungsschutz nicht durch Abs. 1 Satz 2 ausgeschlossen (LG Stuttgart VersR 91, 921 = r + s 91, 93).

5. Der Umfang des durch Abs. 2 e versicherten **Beratungs-RS** in familien- und erbrechtlichen Angelegenheiten sowie in Angelegenheiten der freiwilligen Gerichtsbarkeit ist in Vorbem. vor § 21 Rdnrn. 148 ff. im einzelnen erläutert.

IV. Vertrags- und Eigentums-RS (Abs. 3)
(entspricht § 23 Abs. 3 [Selbständige] bezw. § 25 Abs. 3 [Nichtselbständige] ARB 94)

1. Während der VN die Interessenwahrnehmung in den in Abs. 2 a bis e zusammengefaßten Rechtsbereichen nur in dieser festen Kombination (RS-„Paket"; vgl. Einl. Rdnr. 42; Vorbem. vor § 21 Rdnr. 2) als Grunddeckung versichern kann, hat er die Möglichkeit, den Vertrags- und Eigentums-RS des Abs. 3 **fakultativ** gegen einen Zusatzbeitrag mitabzudecken. Diese RS-Form wurde erst mit Einführung der ARB 69 geschaffen (vgl. Einl. Rdnr. 19) und hat sich historisch aus den in Einl. Rdnr. 16 aufgeführten Sonderbedingungen für spezielle Vertragsverhältnisse entwickelt (*Ruhle* ZfV 77, 411 unter Ziff. II).

a) Was unter Wahrnehmung rechtlicher Interessen aus **schuldrechtlichen Verträgen** zu verstehen ist, ist in Vorbem. vor § 21 Rdnrn. 96ff. im einzelnen erläutert. Die Art des geltend gemachten oder abgewehrten Vertragsanspruchs ist gleichgültig. Entscheidend ist lediglich, daß ein Anspruch „aus" einem schuldrechtlichen Vertrag streitig ist, also ein Anspruch, der seine Rechtsgrundlage in einem tatsächlich oder zumindest nach dem schlüssigen Sachvortrag eines Vertragsteils bestehenden, gescheiterten oder auch beendeten Vertragsverhältnisses hat (Näheres Vorbem. vor § 21 Rdnrn. 108 ff.). Insbesondere kann es sich um Erfüllungs-, Gewährleistungs-, Rückgewähr- oder Schadenersatzansprüche handeln. Versicherungsschutz besteht, soweit der VN oder ein mitversicherter Familienangehöriger aufgrund eines im versicherten Zeitraum erfolgten Rechtsverstoßes im Sinn des § 14 Abs. 3 außergerichtlich oder gerichtlich schuldvertragliche Ansprüche verfolgt oder abwehrt, die ihn als Privatmann oder als unselbständig Tätigen (Abs. 1 Satz 2) berechtigen oder verpflichten, und die Rechtsbesorgung nicht nach § 4 oder § 25 Abs. 4 a bis c ausgeschlossen ist. Eine Auseinandersetzung aus einem gesetzlichen Schuldverhältnis, z.B. einer schlichten Rechtsgemeinschaft, fällt nicht unter die Deckung (Näheres Vorbem. vor § 21 Rdnr. 105), ebensowenig die Abwehr eines Anspruchs nach § 179 BGB, der auf die Behauptung gestützt ist, der VN habe als Vertreter eines Dritten, z.B. seines Arbeitgebers, ohne Vertretungsmacht gehandelt. Wegen des Ausschlusses der Interessenwahrnehmung im Zusammenhang mit einer selbständigen Tätigkeit vgl. im einzelnen oben Rdnrn. 14 bis 24.

40 b) Bei der **Abgrenzung** der Deckung gegenüber den oben in Rdnr. 39 genannten Ausschlußbestimmungen ist jeweils entscheidend, ob der VN oder Mitversicherte von dem Versicherungsfall primär in seiner versicherten oder in seiner vom Versicherungsschutz ausgeschlossenen Eigenschaft betroffen ist. So steht eine Interessenwahrnehmung aus einem Vertrag, der im Zusammenhang mit einer selbständigen Berufstätigkeit eingegangen wurde, auch dann nicht unter Versicherungsschutz, wenn die selbständige Tätigkeit noch nicht ausgeübt wird, sondern erst geplant ist (vgl. oben Rdnr. 23). Ein Streit aus einem Darlehensvertrag, den der VN zum Zweck des Erwerbs eines Motorfahrzeugs abgeschlossen hat, kann nach Abs. 4a ausgeschlossen sein, wenn sich der VN hierbei in erster Linie nicht als Privatmann, sondern als Fahrzeugeigentümer oder Halter verpflichtet hatte. Ähnliches gilt für einen Fahrzeugmietvertrag (vgl. unten Rdnr. 55).

41 Schuldrechtliche Erwerbs- und Veräußerungsverträge über **Immobilien** sind nicht durch Abs. 4c ausgeschlossen, da der VN oder Mitversicherte hierbei keine Interessen aus dinglichen Rechten wahrnimmt (vgl. unten Rdnr. 58). Dagegen fallen Streitigkeiten zwischen Wohnungseigentümern nicht unter die Deckung des Abs. 3, da zwischen ihnen im Regelfall keine schuldrechtlichen, sondern dingliche Vertragsbeziehungen bestehen (*Palandt/ Bassenge* WEG vor § 1 Rdnr. 5; § 3 Rdnr. 1; § 10 Rdnr. 2; vgl. § 29 Rdnr. 45). Bei der Anmietung von Immobilien kommt es auf Zweck und Dauer des Vertrages an. So fällt eine kurzfristige Anmietung, z.B. eines Hotelzimmers, Ferienhauses oder eines Campingplatzes, in der Regel in den Schutzbereich des Abs. 3, während ein Streit aus einem langfristigen Mietvertrag durch Abs. 4b ausgeschlossen und nur über § 29 versicherbar ist (vgl. unten Rdnr. 57). Erfolgt die kurzfristige Anmietung im Ausland, besteht Deckung, wenn der Versicherungsfall im räumlichen Geltungsbereich des § 3 eingetreten und dort auch der Gerichtsstand gegeben ist. Gemischte Verträge, z.B. Beherbergungs- und Altenheimverträge, fallen für den VN als Gast oder Heiminsassen in den Schutzbereich des Abs. 3, soweit nicht das miet- oder pachtvertragliche Element überwiegt (vgl. unten Rdnr. 57 und § 24 Rdnr. 80). Das geschäftsmäßige, d.h. mit der Absicht der Wiederholung erfolgende kurzfristige Vermieten von Betten oder Zimmern an Feriengäste ist in der Regel durch Abs. 1 Satz 2 ausgeschlossene gewerbliche Tätigkeit, soweit es nicht nur geringen Umfang hat und dann über § 29 mitgedeckt sein kann (§ 29 Rdnr. 43).

42 Miet- oder Pachtverträge über **bewegliche Sachen,** d.h. alle Sachen, die nicht Grundstücke, diesen gleichgestellt oder Grundstücksbestandteile sind (*Palandt/Heinrichs* vor § 90 Rdnr. 3), fallen in den Deckungsbereich des Abs. 3, und zwar für den VN als Mieter oder Vermieter, soweit er nicht gewerblich tätig ist (Abs. 1 Satz 2). Das gleiche gilt für Pachtverträge über **Rechte,** die ihrer Bestimmung gemäß Früchte (Erträge im Sinn des § 99 Abs. 2 BGB) abwerfen, z.B. die Jagdpacht und die Fischereipacht. Gegenstand des Pachtvertrags ist hier nicht ein Grundstück, sondern das Jagdausübungs- oder das Fischereirecht (*Palandt/Putzo* vor § 581 Rdnr. 19; vgl. § 29 Rdnr. 13). Für Auseinandersetzungen innerhalb einer Jagd- oder Fischereigenossenschaft besteht dagegen kein RS, da es sich hier nicht um ein

schuldrechtliches Vertragsverhältnis, sondern um ein öffentlich-rechtliches Mitgliedschaftsverhältnis handelt (Vorbem. vor § 21 Rdnr. 102). Auseinandersetzungen wegen hypothekarisch oder durch eine Grundschuld gesicherter vertraglicher Forderungen sind nur hinsichtlich des schuldrechtlichen Teils gedeckt (vgl. unten Rdnr. 58).

c) Ist unter Aufhebung des Risikoausschlusses des § 4 Abs. 1 h die „Klausel zu §§ 21, 22, 25, 26 und 27 ARB" (§ 4 Rdnr. 77) vereinbart, dann hat der VN Versicherungsschutz für Auseinandersetzungen aus nicht fahrzeugbezogenen (Abs. 4a) und nicht im Zusammenhang mit einer selbständigen Tätigkeit stehenden (Abs. 1 Satz 2; vgl. hierzu oben Rdnr. 24) **Versicherungsverträgen,** wenn der Wert des Streitgegenstands die im Versicherungsschein bezeichnete Streitwertuntergrenze übersteigt, z. b. aus einer allgemeinen Unfallversicherung, allgemeinen Haftpflichtversicherung, allgemeinen Reisegepäckversicherung oder einer Kranken- oder Lebensversicherung (vgl. § 21 Rdnr. 62). Deckung besteht dann auch für Streitigkeiten aus Versicherungsverträgen über Immobilien, z. b. aus der Hausbesitzer-Haftpflichtversicherung (§ 4 Rdnr. 80; ausführlich *Matzen* VersR 80, 805). Jedoch ist auch in diesen Fällen der Versicherungsschutz nach Abs. 1 Satz 2 ausgeschlossen, wenn der Versicherungsfall in sachlichem Zusammenhang mit einer selbständigen Tätigkeit des VN steht (vgl. oben Rdnr. 24). 43

2. Der Deckungsumfang für eine Interessenwahrnehmung aus **dinglichen Rechten,** der wegen Abs. 4a keine Rechte an Motorfahrzeugen und wegen Abs. 4c keine Rechte an Immobilien umfaßt, ist in Vorbem. vor § 21 Rdnrn. 125ff. näher erläutert. 44

V. Risikoausschlüsse (Abs. 4)
(entspricht § 23 Abs. 4 [Selbständige] bezw. § 25 Abs. 4 [Nichtselbständige] ARB 94)

Das Rechtskostenrisiko im Privatbereich sowie bei unselbständiger Berufstätigkeit kann an sich auch den **Verkehrs-** und den **Immobiliensektor** umfassen. Um dem einzelnen VN, insbesondere dem, der weder Fahrzeuge noch Grundstücke besitzt, einen bedarfsgerechten, auf seine speziellen Bedürfnisse und Wünsche zugeschnittenen RS bieten zu können und auch aus risikotechnischen und kalkulatorischen Gründen sind diese beiden Sondergebiete jedoch aus dem Deckungsumfang des § 25 ausgeklammert und gesondert versicherbar. 45

1 a) Abs. 4a nimmt den über §§ 21, 22 versicherbaren **Verkehrsbereich** vom Deckungsschutz des § 25 aus. Wird der VN oder ein nach Abs. 1 mitversicherter Familienangehöriger als Teilnehmer am motorisierten Verkehr von einem Versicherungsfall im Sinn des § 14 betroffen, dann besteht kein Versicherungsschutz nach § 25, wenn er aufgrund dessen rechtliche Interessen speziell in seiner Eigenschaft als Eigentümer, Besitzer, Halter oder Fahrer eines Motorfahrzeugs zu Lande, zu Wasser oder in der Luft oder eines Anhängers (vgl. hierzu § 21 Rdnrn. 40ff.) wahrnimmt. Hierzu zählen auch 46

§ 25 ARB 75   47, 48   2. Teil. Besondere Bestimmungen

nicht zulassungspflichtige Motorfahrzeuge im Sinn des § 18 Abs. 2 StVZO, z.B. Kleinkrafträder, Fahrräder mit Hilfsmotor, Mofas, Mopeds und Mokicks (§ 21 Rdnrn. 6 und 43), soweit ihre Benutzung nicht im Einzelfall ausdrücklich in den Deckungsbereich des § 25 miteinbezogen ist. Nicht ausgeschlossen ist die Interessenwahrnehmung als Fahrzeuginsasse (zu diesem Begriff vgl. § 21 Rdnrn. 16, 17) sowie im Zusammenhang mit dem Gebrauch nicht motorgetriebener Fahrzeuge aller Art (vgl. § 21 Rdnr. 41).

47 Welche Merkmale jeweils gegeben sein müssen, um das Vorhandensein einer durch Abs. 4a ausgeschlossenen Eigenschaften zu bejahen, ist im einzelnen erläutert für die Eigenschaft als
– **Eigentümer** in § 21 Rdnr. 13,
– **Besitzer** in § 24 Rdnr. 69,
– **Halter** in § 21 Rdnr. 14 und
– **Fahrer** in § 21 Rdnrn. 18 ff.

War der VN oder mitversicherte Familienangehörige als Eigentümer, Halter oder Fahrer zu Unrecht Strafverfolgungsmaßnahmen (z.B. Untersuchungshaft oder vorläufige Entziehung der Fahrerlaubnis) ausgesetzt und macht er aufgrund dessen Entschädigungsansprüche nach dem Gesetz über die Entschädigung für Strafverfolgungsmaßnahmen geltend, dann geschieht diese Rechtsverfolgung in der genannten Eigenschaft und ist nach Abs. 4a von der Deckung ausgenommen (AG Saarbrücken VersR 78, 1111; vgl. § 21 Rdnr. 58).

48 b) **Schadensersatzansprüche** aufgrund gesetzlicher Haftpflichtbestimmungen im Sinn des Abs. 2a macht der VN oder ein Mitversicherter speziell als **Eigentümer** eines Motorfahrzeugs immer dann geltend, wenn ein Schadenereignis im Sinn des § 14 Abs. 1 sein Fahrzeugeigentum in irgendeiner Weise beeinträchtigt hat. Gemäß Abs. 4a ausgeschlossen ist dann die Geltendmachung jedes durch diese Eigentumsbeeinträchtigung verursachten unmittelbaren und mittelbaren Sach- und Sachfolgeschadens, und zwar gleichgültig, ob das Fahrzeug bei Eintritt des Schadenereignisses beruflich oder privat benutzt wurde. Keine Deckung besteht insbesondere für die Verfolgung eines Anspruchs auf Ersatz von Reparaturkosten oder des Fahrzeugwerts, von Wertminderung, Mietwagenkosten, Nutzungsentgang oder sonstigen Nebenkosten (Näheres § 21 Rdnrn. 51 ff.). Ist dem VN infolge des Fahrzeugausfalls Verdienst aus unselbständiger Beschäftigung entgangen, dann ist dies ein adäquater mittelbarer Folgeschaden aus der Eigentumsbeeinträchtigung, dessen Ersatz er wegen des Ausschlusses in Abs. 4a nur über §§ 21 Abs. 4a, 22 Abs. 3a bei Bestehen eines entsprechenden Vertrages fordern kann (vgl. § 21 Rdnr. 54). Werden bei einem Verkehrsunfall nicht nur das Fahrzeug des VN, sondern auch ihm gehörende, beruflich oder privat mitgeführte Gegenstände beschädigt oder zerstört, die nicht Fahrzeugzubehör und auch nicht in einem sonstigen Funktionszusammenhang mit dem Fahrzeug stehen, dann macht der VN den Anspruch auf Ersatz dieser beschädigten oder zerstörten Ladung nicht in seiner speziellen Eigenschaft als Fahrzeugeigentümer geltend, da es an der notwendigen inneren sachlichen Beziehung zum Fahrzeug fehlt (Näheres § 21 Rdnr. 53). Für diesen Ersatzanspruch besteht somit Versicherungsschutz nach Abs. 2a.

Als Besitzer **oder Halter** eines Motorfahrzeugs, der nicht gleichzeitig Eigentümer ist, kann der in seinem (Halter-) Besitz von einem Schadenereignis im Sinn des § 14 Abs. 1 betroffene VN in erster Linie Ersatz des unmittelbaren und mittelbaren Nutzungsschadens fordern (Näheres vgl. § 21 Rdnr. 56). In diesem Umfang ist seine Interessenwahrnehmung durch Abs. 4a ausgeschlossen. 49

Nach Abs. 4a nicht gedeckte **fahrer**bezogene Schadenersatzansprüche können dem VN oder Mitversicherten (oder seinen Angehörigen) in erster Linie wegen Körperverletzung (oder Tötung) erwachsen (Näheres § 21 Rdnr. 58 in Verbindung mit Rdnrn. 18ff.). Ausgeschlossen ist dann auch ein Ersatzanspruch wegen Verdienstausfalls als unselbständig Tätiger, da die Unmöglichkeit, die Arbeitskraft während der unfallbedingten Arbeitsunfähigkeit nutzbringend zu verwerten, eine adäquate Folge der in der Eigenschaft als Fahrer erlittenen Körperverletzung ist. 50

c) Eine Interessenwahrnehmung des VN aus **Arbeitsverhältnissen** im Sinn des Abs. 2b ist in erster Linie in der Eigenschaft als Fahrer denkbar, und zwar dann, wenn der VN beispielsweise als angestellter Kraftfahrer ein Motorfahrzeug seines Arbeitgebers (angeblich) schuldhaft beschädigt hat und dieser den VN daraufhin wegen fahrlässiger Eigentumsverletzung nach § 823 Abs. 1 BGB oder wegen positiver Verletzung des Arbeitsvertrags ersatzpflichtig macht. In solchen Fällen erscheint es nicht sachgerecht, die Abwehr des Schadenersatzanspruchs des Arbeitgebers wegen Abs. 4a vom Versicherungsschutz auszuklammern. Denn hierbei steht häufig die weniger schadensrechtliche als vielmehr arbeitsrechtliche Frage im Vordergrund, ob dem VN die Grundsätze über eine Haftungsbeschränkung wegen schadengeneigter Tätigkeit zugute kommen, so daß der VN mindestens ebenso stark in seiner (versicherten) Eigenschaft als Arbeitnehmer wie in seiner (unversicherten) als Fahrer betroffen ist (Näheres § 24 Rdnr. 73). Die Rechtsverteidigung des VN von der Deckung auszuklammern, wäre hier überdies auch deswegen nicht interessegerecht, weil die ARB – anders als für die aktive Geltendmachung von Schadenersatzansprüchen – für die Abwehr solcher Schadenersatzansprüche in den rein verkehrsbezogenen Vertragsarten der §§ 21 bis 23 keine Deckung vorsehen. Eine ebenfalls vorwiegend arbeitsrechtlich orientierte und daher durch Abs. 4a nicht ausgeschlossene Interessenwahrnehmung als Fahrzeugeigentümer kann infrage kommen, wenn der VN auf einer Dienstfahrt mit seinem eigenen Kraftfahrzeug einen Unfall erleidet und daraufhin von seinem Arbeitgeber Ersatz des Sachschadens wegen gefährlicher Arbeit fordert (vgl. BAG NJW 62, 411 = VersR 62, 189; VersR 79, 779; Vorbem. vor § 21 Rdnr. 53). 51

d) Ob ein **straf- oder bußgeldrechtlicher Vorwurf** im Sinn des Abs. 2c gegen den VN oder einen Mitversicherten primär in einer der vier in Abs. 4a genannten Eigenschaften oder in der versicherten Eigenschaft als Privatmann oder unselbständig Tätiger gerichtet ist, hängt eng mit der Frage des verletzten Rechtsguts und damit zusammen, ob gegen eine „verkehrsrechtliche" Vorschrift im Sinn der §§ 21 Abs. 4c, 22 Abs. 3c verstoßen wurde 52 oder worden sein soll. Auf die Erläuterungen zu § 21 Rdnrn. 73 ff. kann insoweit verwiesen werden (vgl. auch oben Rdnr. 33).

53 e) Für eine Interessenwahrnehmung vor **Sozialgerichten** im Sinn des Abs. 2 d in einer der in Abs. 4 a genannten Eigenschaften, insbesondere als Fahrer von Motorfahrzeugen, gilt das in § 24 Rdnr. 75 Gesagte entsprechend. Abs. 4 a hindert die Versicherungsdeckung nicht, wenn sich der VN oder ein mitversicherter Familienangehöriger beispielsweise wegen der Folgen eines Unfalls, den er als Fahrer bei Ausübung unselbständiger Berufstätigkeit oder auch im privaten Bereich erlitten hat, mit einem Sozialversicherungsträger gerichtlich auseinandersetzen muß.

54 f) Für die Wahrnehmung rechtlicher Interessen aus **schuldrechtlichen Verträgen** im Sinn des Abs. 3 in der Eigenschaft als Fahrzeugeigentümer oder Halter gilt das in § 24 Rdnr. 76 Ausgeführte entsprechend. Zu berücksichtigen ist lediglich, daß Abs. 3 – anders als § 24 Abs. 3 – die Deckung nicht auf die gerichtliche Interessenwahrnehmung beschränkt, so daß im Umfang des Abs. 4 a auch die außergerichtliche Rechtsbesorgung ausgeklammert ist. Ist im Rahmen eines fahrzeugbezogenen schuldrechtlichen Vertrags der VN bei Eintritt des Versicherungsfalls im Sinn des § 14 Abs. 3 (noch) nicht oder nicht mehr Eigentümer oder Halter des Fahrzeugs, dann besteht Versicherungsschutz nach Abs. 3. Dies gilt beispielsweise für den in § 24 Rdnr. 76 erwähnten Fall der Überschreitung der Lieferfrist eines gekauften Fahrzeugs oder dann, wenn der Gegner den VN auf Abnahme und Bezahlung eines angeblich gekauften, aber noch nicht übergebenen Fahrzeugs in Anspruch nimmt, während der VN das Zustandekommen eines Kaufvertrags bestreitet (OLG Karlsruhe VersR 95, 1352 = r + s 95, 224 = ZfS 95, 271).

55 Soweit eine Interessenwahrnehmung aus schuldrechtlichen Verträgen in der Eigenschaft als **Besitzer** oder **Fahrer** des Fahrzeugs für den VN oder einen mitversicherten Familienangehörigen überhaupt denkbar ist (vgl. hierzu § 21 Rdnrn. 68 ff.), ist sie durch Abs. 4 a vom Versicherungsschutz ausgenommen. Um eine sonst bestehende Deckungslücke zu schließen, kann hier ausnahmsweise dann Versicherungsschutz bejaht werden, wenn der VN für kürzere Zeit, z. B. für eine einmalige Fahrt oder eine Urlaubsreise, ein Motorfahrzeug anmietet oder ausleiht und sich aus dem Miet- oder Leihvertrag Streit ergibt, etwa weil der VN das Fahrzeug beschädigt hat. Denn hierfür könnte er weder nach § 23 noch, da es sich nicht um ein Ersatzfahrzeug handelt, nach §§ 21 oder 22 Deckung erhalten. Schadenersatz-RS im Sinn des Abs. 2 a und Straf-RS im Sinn des Abs. 2 c im Zusammenhang mit dem Gebrauch des gemieteten Fahrzeugs kann in einem solchen Fall jedoch nicht bejaht werden, da der VN die Möglichkeit hat, hierfür Versicherungsschutz durch Abschluß eines Vertrags nach § 23 zu erhalten.

56 Nimmt der VN im Zusammenhang mit dem Erwerb eines Motorfahrzeugs ein Darlehen auf, dann kommt es auf die Umstände des Einzelfalles, insbesondere auf den Grad der Zweckgebundenheit des Darlehens an, ob er eine aus dem Darlehens- oder sonstigen **Finanzierungsvertrag** entstehende Auseinandersetzung primär in seiner Eigenschaft als Eigentümer oder Hal-

ter des Fahrzeugs führt. Soll der VN, wie meist bei gewerblichen Darlehen, den Kredit nicht zur beliebigen Verwendung erhalten, sondern soll die Valuta ausschließlich dem Verkäufer als Zahlung des Kaufpreises zufließen, dann ist ein innerer Zusammenhang mit der Eigenschaft als Fahrzeugeigentümer gegeben (zum vergleichbaren Fall der Abgrenzung einer geschäftsbezogenen von einer privaten Kreditaufnahme vgl. BGH NJW 82, 1810). Anders kann es liegen, wenn sich der VN das Darlehen von einem Bekannten oder Verwandten beschafft hat und hierbei die privaten Beziehungen das auslösende Moment für die Hingabe des Darlehens waren (vgl. § 21 Rdnr. 63).

2. Die Interessenwahrnehmung aus dinglichen Rechten und aus entgeltlichen **Nutzungsverhältnissen an Immobilien** ist aus risikotechnischen und bedarfsorientierten Gründen nicht in einer festen Vertragskombination zusammen mit anderen Leistungsarten, sondern nur gesondert über § 29 versicherbar. Dem trägt die Ausschlußbestimmung des Abs. 4b Rechnung. Wann ein solches vom Vertrags-RS des Abs. 3 ausgenommenes Miet- oder Pachtverhältnis vorliegt, ist in § 29 Rdnrn. 10ff. erläutert. Wegen der Fälle einer Anspruchskonkurrenz mit außervertraglichen Ansprüchen, die ebenfalls ausgeschlossen sind (LG Göttingen ZfS 90, 16), der Deckungsabgrenzung bei Misch- und Grenzfällen sowie bei kurzfristigen Nutzungsverhältnissen, die in der Regel nicht unter die Ausschlußbestimmung fallen, kann auf § 24 Rdnrn. 78ff. verwiesen werden. Auseinandersetzungen aus einem rechtlich selbständigen Mietvertrag über eine Werkmietwohnung unterliegen dem Ausschluß, nicht dagegen Auseinandersetzungen wegen einer Werkdienstwohnung im Rahmen eines Arbeitsverhältnisses, für die kein eigener Mietvertrag besteht (§ 24 Rdnr. 81).

3. Im Umfang des Abs. 4c ist die nur über § 29 versicherbare Interessenwahrnehmung aus **dinglichen Rechten an Immobilien** vom Eigentums-RS des Abs. 3 ausgenommen. Was im einzelnen hierunter fällt, ist in § 29 Rdnrn. 17ff. näher erläutert. Macht der VN außervertragliche Schadenersatzansprüche, insbesondere nach §§ 823ff. BGB, wegen schuldhafter Beeinträchtigung seines Grundeigentums geltend, dann wird man solche über Abs. 2a an sich deckungsfähige Ansprüche nach dem Regelungszusammenhang der §§ 25 und 29 als – durch Abs. 4c von der Verfolgung ausgeschlossene, nur über § 29 versicherbare – Ansprüche „aus" dinglichen Grundstücksrechten zu werten haben (vgl. BGH NJW 92, 1511 = VersR 92, 487 = ZfS 92, 173 = r + s 92, 127; OLG Oldenburg VersR 95, 1232 = r + s 95, 21; OLG Karlsruhe NJW-RR 92, 30 = VersR 91, 1172 = ZfS 91, 162 = r + s 91, 130; LG Köln VersR 93, 1518 = r + s 94, 103 = ZfS 93, 317; LG Kiel ZfS 90, 349; AG Köln VersR 97, 872; AG Freiburg r + s 96, 449; AG Lübeck r + s 93, 222; AG Düsseldorf r + s 91, 132; LG Amberg r + s 89, 154; Näheres § 29 Rdnrn. 20ff. mit Rechtsprechungsnachweisen). Dies gilt auch, wenn die Eigentumsverletzung nicht durch tatsächliche Einwirkung, sondern durch rechtliche Verfügungen, z.B. abredewidrige Ausnutzung einer Generalvollmacht, geschieht (LG Hamburg VersR 96, 1272). Unter den Ausschluß fällt nach seinem eindeutigen Wortlaut auch die Geltendmachung oder Abwehr des dinglichen Anspruchs aus einer Hypothek, Grund- oder Renten-

schuld, wobei nur die Abwehr des dinglichen Anspruchs aus einer Hypothek oder Grundschuld, nicht aber dessen Geltendmachung über § 29 versicherbar ist (LG Karlsruhe ZfS 86, 210; § 29 Rdnr. 39). Soweit allerdings mit dem dinglichen ein in den Deckungsbereich des Abs. 3 fallender schuldvertraglicher Anspruch ersichtlich parallel läuft, kann Deckung gegeben sein (Anspruchskonkurrenz; vgl. oben Rdnr. 42; § 4 Rdnr. 9; Vorbem. vor § 21 Rdnr. 9). Macht ein VN im Verteilungsverfahren nach § 92 ZVG Rechte aus einer Auflassungsvormerkung geltend, ist dies Interessenwahrnehmung aus dinglichem Recht (OLG Karlsruhe VersR 87, 152; § 29 Rdnr. 41). Die Verteidigung gegen straf- oder bußgeldrechtliche Vorwürfe im Zusammenhang mit Grundeigentum fällt nicht unter den Ausschluß (z.B. Verstoß nach § 26 Wohnungsbindungsgesetz, § 29 Rdnr. 22 a).

§ 26

Familien- und Verkehrs-Rechtsschutz für Lohn- und Gehaltsempfänger	Familien- und Verkehrs-Rechtsschutz für Nichtselbständige
(Fassung 1975)	(Fassung 1988)

(1) **Versicherungsschutz** wird Lohn- und Gehaltsempfängern, deren Ehegatten, den minderjährigen Kindern sowie den unverheirateten volljährigen Kindern bis zur Vollendung des 25. Lebensjahres gewährt, wenn sich letztere zumindest überwiegend in Schul- oder Berufsausbildung befinden. Für den Versicherungsnehmer, dessen Ehegatten und die minderjährigen Kinder umfaßt der Versicherungsschutz auch die Wahrnehmung rechtlicher Interessen in ihrer Eigenschaft als Eigentümer, Halter oder Insasse aller bei Vertragsabschluß und während der Vertragsdauer auf sie zugelassenen Fahrzeuge und als Fahrer von Fahrzeugen. Außerdem erstreckt sich der Versicherungsschutz auf alle Personen in ihrer Eigenschaft als berechtigte Fahrer oder berechtigte Insassen der auf den Versicherungsnehmer, dessen Ehegatten oder die minderjährigen Kinder zugelassenen Fahrzeuge. Die Wahrnehmung rechtlicher Interessen im Zusammenhang mit

(1) **Versicherungsschutz** besteht für den Versicherungsnehmer und dessen Ehegatten, wenn und solange diese keine gewerbliche, freiberufliche oder sonstige selbständige Tätigkeit ausüben. Als selbständig gilt eine Tätigkeit nicht, wenn diese nur nebenberuflich ausgeübt und hierdurch ein Gesamtumsatz von höchstens 6.000,– DM je Kalenderjahr erzielt wird. Für die Wahrnehmung rechtlicher Interessen, die mit dieser nebenberuflichen selbständigen Tätigkeit im Zusammenhang stehen, besteht jedoch kein Versicherungsschutz.

(2) Mitversichert sind die minderjährigen Kinder. Außerhalb des in Absatz 3 geregelten Fahrzeugbereiches sind die unverheirateten, volljährigen Kinder bis zur Vollendung des 25. Lebensjahres ebenfalls mitversichert, jedoch lediglich bis zu dem Zeitpunkt, in dem diese erstmalig eine auf Dauer angelegte berufliche Tätigkeit ausüben und hierfür ein leistungsbezogenes Entgelt erhalten.

Familien- und Verkehrs-RS

§ 26 ARB 75

einer selbständigen oder freiberuflichen Tätigkeit ist vom Versicherungsschutz ausgeschlossen.

(2) Fahrzeuge im Sinne dieser Bestimmung sind Motorfahrzeuge zu Lande, zu Wasser und in der Luft sowie Anhänger.

(3) Der Versicherungsschutz umfaßt
a) Die Geltendmachung von Schadenersatzansprüchen aufgrund gesetzlicher Haftpflichtbestimmungen im Rahmen des § 14 Absatz 1;
b) die Wahrnehmung rechtlicher Interessen aus schuldrechtlichen Verträgen, die im Zusammenhang mit der Eigenschaft als Eigentümer und Halter von Fahrzeugen stehen;
c) die Wahrnehmung rechtlicher Interessen aus Arbeitsverhältnissen sowie aus öffentlich-rechtlichen Anstellungsverhältnissen hinsichtlich dienst- und versorgungsrechtlicher Ansprüche;
d) die Verteidigung in Verfahren wegen des Vorwurfes der Verletzung einer Vorschrift des Straf-, Ordnungswidrigkeiten-, Disziplinar- oder Standesrechtes. Bei Freiheitsstrafen sowie bei Geldstrafen und -bußen über 500,- DM sind Gnaden-,

(3) Für den Versicherungsnehmer, dessen Ehegatten und die minderjährigen Kinder umfaßt der Versicherungsschutz auch die Wahrnehmung rechtlicher Interessen in ihrer Eigenschaft als Fahrer, Insasse und Erwerber von Fahrzeugen sowie als Eigentümer, Halter und Veräußerer aller bei Vertragsabschluß oder während der Vertragsdauer auf sie zugelassenen Fahrzeuge. Für die auf den Versicherungsnehmer, dessen Ehegatten oder die minderjährigen Kinder zugelassenen Fahrzeuge erstreckt sich der Versicherungsschutz auf alle berechtigten Fahrer und berechtigten Insassen.

(4) Fahrzeuge im Sinne dieser Bestimmung sind zulassungspflichtige Motorfahrzeuge zu Lande, zu Wasser und in der Luft sowie Anhänger.

(5) Der Versicherungsschutz umfaßt
a) Die Geltendmachung von Schadenersatzansprüchen aufgrund gesetzlicher Haftpflichtbestimmungen im Rahmen des § 14 Absatz 1;
b) die Wahrnehmung rechtlicher Interessen aus schuldrechtlichen Verträgen und aus dinglichen Rechten an beweglichen Sachen;
c) die Wahrnehmung rechtlicher Interessen aus Arbeitsverhältnissen sowie aus öffentlichrechtlichen Anstellungsverhältnissen hinsichtlich dienst- und versorgungsrechtlicher Ansprüche;
d) die Verteidigung in Verfahren wegen des Vorwurfes der Verletzung einer Vorschrift des Straf-, Ordnungswidrigkeiten-, Disziplinar- oder Standesrechtes. Bei Freiheitsstrafen sowie bei Geldstrafen und -bußen über 500,- DM sind Gnaden-,

§ 26 ARB 75

Strafaussetzungs-, Strafaufschub- und Zahlungserleichterungsverfahren eingeschlossen, und zwar für insgesamt zwei Anträge je Versicherungsfall;
e) die Wahrnehmung rechtlicher Interessen in Widerspruchsverfahren vor Verwaltungsbehörden wegen Einschränkung, Entzuges oder Wiedererlangung der Fahrerlaubnis und Verfahren vor Verwaltungsgerichten aus den gleichen Gründen;
f) die Wahrnehmung rechtlicher Interessen vor Sozialgerichten in der Bundesrepublik Deutschland;
g) abweichend von § 4 Absatz 1 i) und p) die Erteilung eines mündlichen oder schriftlichen Rates oder einer Auskunft durch einen Rechtsanwalt in familien- und erbrechtlichen Angelegenheiten sowie in Angelegenheiten der freiwilligen Gerichtsbarkeit. Auf den Sachverhalt, der dem Rat oder der Auskunft zugrunde liegt, muß deutsches Recht anwendbar sein. Rat oder Auskunft dürfen nicht mit einer anderen gebührenpflichtigen Tätigkeit des Rechtsanwaltes zusammenhängen (§ 20 Absatz 1 Bundesgebührenordnung für Rechtsanwälte). Der Rat oder die Auskunft (§ 147 Absatz 2 Gesetz über die Kosten in Angelegenheiten der freiwilligen Gerichtsbarkeit) kann auch von einem Notar erteilt werden. Als Versicherungsfall gilt abweichend von § 14 das Ereignis, das eine Veränderung der Rechtslage des Versicherungsnehmers zur Folge hat und deshalb einen Rechtsrat oder eine Rechtsauskunft erforderlich macht.

(4) Der Versicherungsschutz kann auf die Wahrnehmung rechtlicher Interessen aus schuldrecht-

2. Teil. Besondere Bestimmungen

Strafaussetzungs-, Strafaufschub- und Zahlungserleichterungsverfahren eingeschlossen, und zwar für insgesamt zwei Anträge je Versicherungsfall;
e) die Wahrnehmung rechtlicher Interessen in Widerspruchsverfahren vor Verwaltungsbehörden wegen Einschränkung, Entzuges oder Wiedererlangung der Fahrerlaubnis und Verfahren vor Verwaltungsgerichten aus den gleichen Gründen;
f) die Wahrnehmung rechtlicher Interessen vor Sozialgerichten in der Bundesrepublik Deutschland;
g) abweichend von § 4 Absatz 1 i) und p) die Erteilung eines mündlichen oder schriftlichen Rates oder einer Auskunft durch einen Rechtsanwalt in familien- und erbrechtlichen Angelegenheiten sowie in Angelegenheiten der freiwilligen Gerichtsbarkeit, wenn auf den zugrundeliegenden Sachverhalt deutsches Recht anwendbar ist. Soweit der Rat oder die Auskunft mit einer darüber hinausgehenden gebührenpflichtigen anwaltlichen Tätigkeit zusammenhängen, entfällt der Versicherungsschutz. Als Versicherungsfall gilt abweichend von § 14 das Ereignis, das eine Veränderung der Rechtslage des Versicherungsnehmers zur Folge hat und deshalb einen Rechtsrat oder eine Rechtsauskunft erforderlich macht.

(6) Der Versicherungsschutz gemäß Absatz 5 b) kann durch besondere Vereinbarung beschränkt

lichen Verträgen und aus dinglichen Rechten ausgedehnt werden.

(5) Ausgeschlossen ist der Versicherungsschutz für die Wahrnehmung rechtlicher Interessen
a) aus Miet- und Pachtverhältnissen über Grundstücke, Gebäude oder Gebäudeteile;
b) aus dinglichen Rechten an Grundstücken, Gebäuden oder Gebäudeteilen.

(6) Der Versicherer ist von der Verpflichtung zur Leistung frei, wenn bei Eintritt des Versicherungsfalles der Fahrer nicht die vorgeschriebene Fahrerlaubnis hatte, zum Führen des Fahrzeuges nicht berechtigt war oder wenn das Fahrzeug nicht zugelassen war. Der Versicherungsschutz bleibt jedoch für diejenigen versicherten Personen bestehen, die von dem Fehlen der Fahrerlaubnis, der Berechtigung zum Führen des Fahrzeuges oder von dem Fehlen der Zulassung ohne Verschulden keine Kenntnis hatten.

(7) Sind der Versicherungsnehmer, dessen Ehegatte und die minderjährigen Kinder seit mindestens sechs Monaten nicht mehr Eigentümer oder Halter von Fahrzeugen, kann der Versicherungsnehmer, soweit er nicht von seinem Recht gemäß § 9 Absatz 3 Gebrauch macht, verlangen, daß der Versicherungsvertrag ab dem Zeitpunkt, seit dem der Versicherungsnehmer und seine mitversicherten Familienangehörigen nicht mehr Eigentümer oder Halter von

werden auf die Wahrnehmung rechtlicher Interessen aus schuldrechtlichen Verträgen, die im Zusammenhang mit der Eigenschaft als Erwerber, Eigentümer, Halter und Veräußerer von Fahrzeugen stehen.

(7) Ausgeschlossen ist der Versicherungsschutz für die Wahrnehmung rechtlicher Interessen
a) aus Miet- und Pachtverhältnissen über Grundstücke, Gebäude oder Gebäudeteile;
b) aus dinglichen Rechten an Grundstücken, Gebäuden oder Gebäudeteilen;
c) im Zusammenhang mit einer gewerblichen, freiberuflichen oder sonstigen selbständigen Tätigkeit des Versicherten.

(8) Der Versicherer ist von der Verpflichtung zur Leistung frei, wenn bei Eintritt des Versicherungsfalles der Fahrer nicht die vorgeschriebene Fahrerlaubnis hatte, zum Führen des Fahrzeuges nicht berechtigt war oder wenn das Fahrzeug nicht zugelassen war. Der Versicherungsschutz bleibt jedoch für diejenigen versicherten Personen bestehen, die von dem Fehlen der Fahrerlaubnis, der Berechtigung zum Führen des Fahrzeuges oder von dem Fehlen der Zulassung ohne Verschulden keine Kenntnis hatten.

(9) Tritt eine Gefahränderung dadurch ein,
a) daß der Versicherungsnehmer und/oder der Ehegatte eine gewerbliche, freiberufliche oder sonstige selbständige Tätigkeit mit einem Gesamtumsatz von mehr als 6000,- DM je Kalenderjahr aufnimmt oder daß der jährlich erzielte Gesamtumsatz den Betrag von 6000,- DM übersteigt, wandelt sich der Versicherungsvertrag in einen solchen gemäß § 21 – für die

§ 26 ARB 75

Fahrzeugen sind, insoweit aufgehoben wird, als sich der Versicherungsschutz auf den Versicherungsnehmer und seine mitversicherten Familienangehörigen in ihrer Eigenschaft als Eigentümer, Halter und Fahrer von Fahrzeugen bezieht. Stellt der Versicherungsnehmer diesen Antrag später als einen Monat nach Ablauf des in Satz 1 genannten Mindestzeitraumes von sechs Monaten, ist der Versicherer verpflichtet, den Versicherungsvertrag zu dem Zeitpunkt auf die verbleibenden Wagnisse zu beschränken, in dem der Antrag bei ihm eingeht. Soweit der Versicherungsvertrag aufgehoben wird, gebührt dem Versicherer der anteilige Beitrag bis zur teilweisen Aufhebung des Versicherungsvertrages.

auf den Versicherungsnehmer zugelassenen Fahrzeuge – und § 25 um. Der Versicherungsnehmer kann jedoch innerhalb eines Jahres nach der Gefahränderung die Aufhebung des Versicherungsvertrages verlangen. Wird die Gefahränderung dem Versicherer später als einen Monat nach ihrem Eintritt angezeigt, erfolgt die Aufhebung des Versicherungsvertrages erst ab Eingang der Anzeige;

b) daß auf den Versicherungsnehmer, dessen Ehegatten und die minderjährigen Kinder seit mindestens sechs Monaten kein Fahrzeug mehr zugelassen ist, wandelt sich der Versicherungsvertrag in einen solchen gemäß § 25 um, wenn der Versicherungsnehmer nicht für sich auch die Aufrechterhaltung des Versicherungsschutzes als Fahrer gemäß § 23 wünscht. Wird die Gefahränderung dem Versicherer später als einen Monat nach Ablauf des genannten Zeitraumes von sechs Monaten angezeigt, erfolgt die Umwandlung des Versicherungsvertrages erst ab Eingang der Anzeige;

c) daß der Versicherungsnehmer, dessen Ehegatte und die minderjährigen Kinder nicht mehr im Besitze einer Fahrerlaubnis sind, wandelt sich der Versicherungsvertrag in einen solchen gemäß § 25 um. Wird die Gefahränderung dem Versicherer später als einen Monat nach ihrem Eintritt angezeigt, erfolgt die Umwandlung des Versicherungsvertrages erst ab Eingang der Anzeige.

Übersicht

	Rdnrn.		Rdnrn.
I. Allgemeines	1–3	b) Disziplinar- und Standesrechtsverfahren	27
II. Persönliche Risikomerkmale (Abs. 1)	4–17	c) Gnadenverfahren (Satz 2)	28
1. VN	4, 4 a	5. Führerschein-RS (Abs. 3 e)	29
2. Mitversicherte	5	6. Sozialgerichts-RS (Abs. 3 f)	30
a) Ehegatte	6	7. Beratungs-RS (Abs. 3 g)	31
b) Kinder	7	V. Vertrags- und Eigentums-RS (Abs. 4)	32–38
aa) minderjährige	8	1. Allgemeines	32
bb) volljährige in Ausbildung	9, 9 a	a) Vertrags-RS	33
c) Verkehrsbereich (Abs. 1 Sätze 2 und 3)	10–13 a	b) Abgrenzung	34–36
d) keine sonstigen Mitversicherten	14	c) Versicherungsvertrags-RS	37
3. selbständige Tätigkeit (Abs. 1 Satz 4)	15–17	d) Eigentums-RS	38
III. Motorfahrzeuge (Abs. 2)	18	VI. Risikoausschlüsse (Abs. 5)	39–40 a
IV. Obligatorische Leistungsarten (Abs. 3)	19	1. Nutzungsverhältnisse an Immobilien (Abs. 5 a)	39
1. Geltendmachung von Schadenersatzansprüchen (Abs. 3 a)	20, 21	2. dingliche Rechte an Immobilien (Abs. 5 b)	40
2. Fahrzeug-Vertrags-RS (Abs. 3 b)	22–24 a	3. selbständige Tätigkeit (Abs. 7 c Fassung 1988)	40 a
3. Arbeits-RS (Abs. 3 c)	25	VII. Obliegenheiten vor Eintritt des Versicherungsfalles (Abs. 6)	41
4. Straf-RS (Abs. 3 d)	26–28	VIII. Teilweiser Wagniswegfall (Abs. 7)	42, 42 a
a) Straf- und Bußgeldverfahren	26		

Literatur zur Fassung 1988: *Mathy*, Der neue § 26 ARB im Vergleich zur alten Fassung, VersR 89, 335; *Himmelreich*, Neufassung des Familien- und Verkehrs-RS, VerBAV 88, 379.

I. Allgemeines

§ 26 ist nach dem Landwirtschafts- und Verkehrs-RS des § 27 diejenige Vertragsart der ARB, die den umfassendsten Versicherungsschutz vorsieht. In den in Abs. 3 a bis g und Abs. 4 (Fassung 1988: Abs. 5) aufgezählten Rechtsbereichen bietet sie dem VN und den Mitversicherten (vgl. unten Rdnr. 5) Deckung für Rechtskostenrisiken aus dem **Privatleben** und **unselbständiger Berufstätigkeit** sowie aus dem **Verkehrssektor**. Wie schon der Teil der Überschrift „Familien- und Verkehrs-RS" erkennen läßt, sind hier die RS-Formen des reinen Verkehrs-RS des § 21 und des nicht verkehrsbezogenen reinen Familien-RS des § 25 zu einer eigenen Vertragsart verschmolzen. 1

Versicherungsfähig sind nach der alten Fassung (zur neuen Fassung vgl. unten Rdnr. 2a) **Lohn- und Gehaltsempfänger,** also alle in abhängiger Stellung berufstätigen Arbeitnehmer (auch GmbH-Geschäftsführer, LG Kiel VersR 87, 581; jedoch gilt § 4 Abs. 1d), gleichgültig, ob sie sich in einem privatrechtlichen Arbeitsverhältnis oder in einem öffentlich-rechtlichen Dienstverhältnis befinden (vgl. hierzu Vorbem. vor § 21 Rdnr. 117 und 123). Nach § 26 versichern können sich auch Arbeitnehmern gleichzuachtende sowie noch nicht (voll) oder nicht mehr im Arbeitsleben stehende Personen wie Hausfrauen, Studenten, Beamtenanwärter (§ 25 Rdnr. 11), Pensionäre, Rentner und Privatiers. Von der Deckung ausgeklammert sind – insoweit übereinstimmend mit der Regelung in § 25 (§ 25 Rdnr. 2) – die über § 21 (Fahrzeugbereich) und über § 24 (Nicht-Fahrzeugbereich) versicherbare 2

§ 26 ARB 75 2 a   2. Teil. Besondere Bestimmungen

Interessenwahrnehmung aus selbständiger Berufstätigkeit sowie die über § 29 versicherbare aus dem Immobilienbereich. Endet die Eigenschaft als Lohn- oder Gehaltsempfänger vollständig durch Aufnahme einer ausschließlich selbständigen Berufstätigkeit, dann endet nach § 68 Abs. 2 VVG der Vertrag wegen Wagniswegfalls, da § 26 speziell auf die Eigenschaft „unselbständige Tätigkeit" zugeschnitten und entsprechend tarifiert ist und durch eine selbständige Tätigkeit ungleich höhere Rechtskostenrisiken entstehen können, die in annähernd gleichem Umfang nur durch eine Kombination von §§ 21, 24 und 25 abgedeckt werden können (§ 10 Rdnr. 7; § 24 Rdnr. 5; OLG Oldenburg VersR 91, 96 = ZfS 90, 269; OLG Nürnberg VersR 90, 1390 = ZfS 90, 15 = r + s 90, 53 für Aufnahme einer selbständigen Tätigkeit durch eine Hausfrau; OLG Hamburg VersR 86, 357 = ZfS 86, 80; LG Düsseldorf r + s 97, 252; ZfS 90, 232; 88, 249; LG Kempten, LG Heidelberg ZfS 90, 58; LG Köln ZfS 90, 59; LG Stuttgart ZfS 86, 369; LG Bielefeld ZfS 86, 80; AG Karlsruhe ZfS 90, 415; AG Wiesloch r + s 89, 121; AG Frankfurt ZfS 90, 58; AG Lüdenscheid ZfS 84, 208; a. A. OLG Düsseldorf NJW-RR 91, 1182 = VersR 91, 994 = r + s 91, 167; AG Bremerhaven VersR 91, 995 = ZfS 90, 377; *Prölss/Martin* § 26 ARB Anm. 1; GB BAV 83, 70; zur Problematik eingehend *Mathy* VersR 91, 1341). Der Wortlaut des § 26 alter Fassung war allerdings – auch im Hinblick auf die Überraschungsklausel des § 3 AGBG und die Unklarheitenregel des § 5 AGBG – verbesserungsbedürftig, weshalb die meisten RSVersicherer seit 1988 die neue Fassung verwenden (vgl. unten Rdnr. 2a). Nimmt der unselbständig Tätige lediglich eine selbständige Nebentätigkeit auf, hat dies auf den Vertrag nach § 26 a. F. keinen Einfluß (LG Kaiserslautern ZfS 90, 129; vgl. § 10 Rdnr. 2).

2a Die **Neufassung** 1988 der Überschrift und des Abs. 1 bringen nunmehr auch im Bedingungstext zum Ausdruck, was bisher schon von den meisten RSVersicherern praktiziert wurde, daß sich nämlich auch nicht oder nicht im eigentlichen Sinn berufstätige Personen nach § 26 versichern können, z. B. Arbeitslose, Hausfrauen, Pensionäre, Rentner, Studenten u. ä. Außerdem ist es nicht mehr, wie nach der bisherigen Fassung, möglich, daß ein unselbständig tätiger VN, dessen Ehegatte selbständig berufstätig ist, nach § 26 Versicherungsschutz erhält. Lediglich dann, wenn der VN oder sein Ehegatte oder beide aus (geringfügiger) nebenberuflicher selbständiger Tätigkeit im Kalenderjahr nicht mehr als insgesamt einen Gesamtumsatz von sechstausend DM erzielen, bleibt die Versicherungsfähigkeit nach § 26 erhalten. Eine Interessenwahrnehmung im Zusammenhang mit dieser nebenberuflichen Tätigkeit ist jedoch vom Versicherungsschutz ausgeschlossen, was zur Klarstellung in der Ausschlußbestimmung des Abs. 7c wiederholt wird (vgl. unten Rdnr. 40a). Unter „Gesamtumsatz" ist die Summe aller vereinnahmten Ist-Entgelte des VN und/oder seines Ehegatten pro Kalenderjahr aus jeder nebenberuflichen selbständigen Tätigkeit zu verstehen, d. h. beim Verkauf von Waren auf eigene Rechnung der volle Verkaufserlös unter Einschluß des Warenwertes ohne Rücksicht auf die Verdienstspanne, beim Verkauf von Waren auf fremde Rechnung die vereinnahmte Provision oder sonstige Vergütung ohne Berücksichtigung des Warenwertes. Nehmen der VN oder sein Ehegatte oder beide eine selbständige Tätigkeit mit einem Gesamtumsatz von jährlich mehr als sechstausend DM auf oder überschreitet der bisher niedrigere Gesamtumsatz aus nebenberuflicher selbständiger Tätigkeit diesen Betrag, treten die Rechtsfolgen des Abs. 9a der Neufassung ein (unten Rdnr. 42 a).

Stirbt der VN, dann findet der Versicherungsvertrag an sich sein natürliches Ende, da er auf die Person des VN bezogen ist. Um mögliche Härten für die mitversicherten Angehörigen zu vermeiden, wird jedoch meist die „Klausel zu §§ 21, 22, 24 bis 29 ARB" vereinbart, wonach der Versicherungsschutz unter den dort genannten Voraussetzungen fortbesteht (Näheres § 10 Rdnrn. 18 und 19). 3

II. Persönliche Risikomerkmale (Abs. 1)
(entspricht § 26 Abs. 1, 2 ARB 94)

1. Abs. 1 in der **Fassung 1975** enthält, ähnlich wie § 27 Abs. 1, für den VN eine Kombination von personenbezogenem RS im Privat- und Berufsbereich mit eigenschaftsbezogenem RS im Verkehrsbereich. Abs. 1 Satz 1 bietet „Lohn- oder Gehaltsempfängern" Versicherungsschutz auf den durch Abs. 3 und – soweit eingeschlossen – Abs. 4 umschriebenen Rechtsgebieten. Anders als etwa in § 24 Abs. 1 erhält der VN also nicht nur Deckung in seiner speziellen Eigenschaft als Lohn- oder Gehaltsempfänger, was zur Folge hätte, daß nur die Rechtskostenrisiken versichert wären, die in einem inneren sachlichen Zusammenhang mit dieser berufsbezogenen Eigenschaft stehen (vgl. hierzu § 24 Rdnr. 1). Vielmehr ist die Person des VN als Ganzes angesprochen, mithin der gesamte Privat- und Berufsbereich mit Ausnahme einer nach Abs. 1 Satz 4 ausgeschlossenen selbständigen Tätigkeit. Im Bereich des motorisierten Verkehrs erhält der VN daneben als Privatmann und bei unselbständiger Berufstätigkeit nach Abs. 1 Satz 2 und 3 Versicherungsschutz im Umfang des Abs. 3a bis f in seiner speziellen Eigenschaft als Eigentümer oder Halter der auf ihn zugelassenen zulassungspflichtigen Fahrzeuge, als Eigentümer oder Halter zulassungsfreier Fahrzeuge im Sinn des § 18 Abs. 2 StVZO (vgl. hierzu § 21 Rdnr. 6) sowie als Fahrer oder Insasse (vgl. hierzu unten Rdnr. 11) eigener oder fremder Fahrzeuge. 4

In der **Fassung 1988** wurde der bisherige Abs. 1 aus Gründen der Übersichtlichkeit in drei Absätze aufgeteilt. Der neue Abs. 1 regelt den Versicherungsschutz für den VN und seinen Ehegatten (oben Rdnr. 2a). Der neue Abs. 2 grenzt den Versicherungsschutz für die mitversicherten Kinder ab (unten Rdnr. 9a). Der neue Abs. 3 definiert den Deckungsumfang im Bereich des motorisierten Verkehrs (unten Rdnr. 13a). 4a

2. Abs. 1 Satz 1 bis 3 in der alten Fassung erstreckt den für den VN geltenden Versicherungsschutz in annähernd gleichem Umfang (§ 11 Abs. 2 und 3; vgl. § 11 Rdnr. 18) auf Familienangehörige und sonstige Personen, deren **Mitversicherung** (zu diesem Begriff vgl. § 11 Rdnr. 1) dem mutmaßlichen Willen und Interesse des VN entspricht. 5

§ 26 ARB 75   6–11   2. Teil. Besondere Bestimmungen

6   a) Zur Mitversicherung des **Ehegatten** vgl. § 25 Rdnr. 6.
7   b) Zur Mitversicherung der **Kinder** vgl. § 25 Rdnr. 7.
8   aa) **Minderjährige** Kinder: § 25 Rdnr. 8.
9   bb) **Volljährige** Kinder in überwiegender Schul- oder Berufsausbildung (alte Fassung): § 25 Rdnrn. 10 ff.

9 a   Der schon nach der Fassung 1975 praktizierten Ausdehnung des Versicherungsschutzes auf Wehr- und Ersatzdienstpflichtige sowie auf Volljährige, die auf den Beginn ihrer Ausbildung warten müssen, wird in der **Fassung 1988** dadurch Rechnung getragen, daß es nicht mehr auf die noch andauernde Schul- oder Berufsausbildung, sondern darauf ankommt, daß die volljährigen Kinder noch keine auf Dauer angelegte berufliche Tätigkeit mit einem leistungsbezogenen Entgelt ausüben oder ausgeübt haben. Eine nur vorübergehende berufliche Tätigkeit, z. B. zur Finanzierung der Ausbildung, soll die Mitversicherung nicht erlöschen lassen.

10   c) Abs. 1 Satz 2 und 3 der Fassung 1975 (Neufassung: Abs. 3, vgl. unten Rdnr. 13 a) schließt den Verkehrs-RS des § 21 in einer auf die Bedürfnisse einer Familie zugeschnittenen Form in den Deckungsbereich des § 26 ein. Mitversichert sind hier für den Ehegatten und die minderjährigen – nicht dagegen die volljährigen, in Ausbildung befindlichen – Kinder die Rechtskostenrisiken, die sich für diesen Personenkreis im Privatleben und bei unselbständiger Berufstätigkeit ergeben aus der Eigenschaft als
– **Eigentümer** (vgl. hierzu § 21 Rdnr. 13) und
– **Halter** (vgl. hierzu § 21 Rdnr. 14)
aller bei Vertragsschluß und während der Vertragsdauer auf den VN oder einen dieser mitversicherten Familienangehörigen **zugelassenen** (§ 21 Rdnrn. 3 ff.) Motorfahrzeuge zu Lande, zu Wasser und in der Luft sowie Anhänger (Abs. 2). In den Versicherungsschutz einbezogen sind hierbei in der Regel zulassungsfreie Motorfahrzeuge im Sinn des § 18 Abs. 2 StVZO wie Kleinkrafträder, Fahrräder mit Hilfsmotor, Mofas, Mopeds, Mokicks, Krankenfahrstühle und gewisse Anhänger, soweit sie dem VN, seinem Ehegatten oder einem minderjährigen Kind gehören oder von ihm gehalten werden (vgl. § 21 Rdnr. 6).

11   In allen Fällen ist auch die **Insassen**eigenschaft generell mitversichert (vgl. hierzu § 21 Rdnr. 16). Deren Erwähnung als versicherte Eigenschaft bei familieneigenen Fahrzeugen in Abs. 1 Satz 2 der Fassung 1975 ist etwas mißverständlich und könnte zu der Auslegung verleiten, daß der VN, sein Ehegatte und die nach Abs. 1 Satz 1 mitversicherten minderjährigen und volljährigen Kinder als Insassen fremder, nicht auf den VN, seinen Ehegatten oder ein minderjähriges Kind zugelassener Motorfahrzeuge keinen Versicherungsschutz haben. Dieser Schluß ist jedoch nicht gerechtfertigt. Abs. 1 Satz 1 umgrenzt den versicherten Personenkreis außerhalb des Fahrzeugbereichs in gleicher Weise wie § 25 Abs. 1 Satz 1. § 26 Abs. 1 Satz 2 erstreckt den Versicherungsschutz für den dort genannten Personenkreis auf den in § 25 durch dessen Abs. 4a ausgeschlossenen Fahrzeugbereich. § 25 Abs. 4a schließt jedoch die Deckung für den am motorisierten Verkehr nur passiv

beteiligten Fahrzeuginsassen nicht aus, so daß ein lediglich nach § 25 versicherter VN und seine mitversicherten Familienangehörigen generell als Insassen von – eigenen oder fremden – Fahrzeugen Versicherungsschutz haben (§ 25 Rdnr. 46). Nach dem Sinn- und Regelungszusammenhang der §§ 25 und 26, wonach der Deckungsumfang des § 26 nicht geringer als der des § 25 sein soll (vgl. auch oben Rdnr. 1), sind daher die in Abs. 1 Satz 1 genannten Personen wegen der mit § 25 Abs. 1 und Abs. 4a korrespondierenden Regelung bereits ohne die Zusatzregelung des Abs. 1 Satz 2 in ihrer Insasseneigenschaft generell, also bei familieneigenen und fremden Fahrzeugen, als versichert anzusehen.

Der **Ehegatte** und die **minderjährigen Kinder** sind außerdem als **Fahrer** 12 eigener und fremder Fahrzeuge mitversichert (§ 21 Rdnrn. 18 ff.).

Mitversichert sind schließlich – außer im Zusammenhang mit einer selb- 13 ständigen Tätigkeit (Abs. 1 Satz 4) – alle **berechtigten Fahrer** (§ 21 Rdnrn. 24 ff.) und alle **berechtigten Insassen** (§ 21 Rdnr. 27) der auf den VN, seinen Ehegatten und die minderjährigen Kinder zugelassenen Motorfahrzeuge.

Abs. 3 der **Fassung 1988** umschreibt den Umfang des Versicherungs- 13a schutzes im Bereich des motorisierten Verkehrs und ersetzt den bisherigen Abs. 1 Satz 2 und 3, ohne am Deckungsumfang Wesentliches zu ändern. Er verdeutlicht, daß die versicherten Personen – wie bisher – auch als Insassen nicht auf sie zugelassener Fahrzeuge Versicherungsschutz haben, und er klärt die bisher umstrittene Frage, daß auch beim Erwerb (noch) nicht auf den versicherten Personenkreis zugelassener Fahrzeuge Deckung besteht (vgl. unten Rdnrn. 35, 35a). Nach dem reinen Wortlaut des neuformulierten Abs. 2 ist allerdings nunmehr insofern eine Deckungslücke entstanden, als die nach diesem Absatz an sich mitversicherten volljährigen Kinder nicht mehr, wie nach der früheren Fassung und nach § 25, Versicherungsschutz als Insassen von Motorfahrzeugen, also bei der „passiven" Teilnahme am motorisierten Verkehr, hätten (vgl. oben Rdnr. 11). Da es sich hier um ein offensichtliches redaktionelles Versehen handelt und sich nach dem eindeutigen Zweck der Neuformulierung nichts am Umfang des Versicherungsschutzes gegenüber dem früheren Zustand ändern sollte, ist insoweit entgegen dem reinen Wortlaut nach wie vor Versicherungsschutz zu bejahen.

d) **Nicht mitversichert** sind sonstige Angehörige des VN (§ 25 Rdnr. 13). 14

3. Der Ausschluß der Interessenwahrnehmung im Zusammenhang mit ei- 15 ner **selbständigen** oder freiberuflichen **Tätigkeit** gemäß Abs. 1 Satz 4 der Fassung 1975 (Neufassung: Abs. 7c, vgl. unten Rdnr. 40a) entspricht dem § 25 Abs. 1 Satz 2. Hierfür gilt das in § 25 Rdnrn. 14 ff. Gesagte. Zu beachten ist lediglich zusätzlich, daß sich der Ausschluß auch auf den in § 26 eingeschlossenen Verkehrs-RS erstreckt, daß also im Unterschied zu § 21 (§ 21 Rdnr. 57) die Interessenwahrnehmung auch insoweit nicht gedeckt ist, als der VN oder der Mitversicherte im Zusammenhang mit einer selbständigen Tätigkeit in einer der in Abs. 1 Satz 2 und 3 genannten fahrzeugbezogenen

Eigenschaften von einem Versicherungsfall (§ 14) betroffen wird. Verkauft der bei einem Automobilhersteller beschäftigte VN in periodischen Abständen einen beim Arbeitgeber erworbenen sogenannten Jahreswagen und ergibt sich aus einem solchen Kaufvertrag Streit, dann kann man trotz der fraglichen Eigenschaft des VN als Unternehmer im Sinn des Umsatzsteuerrechts in solchen Gelegenheitsverkäufen in der Regel keine selbständige Tätigkeit sehen (§ 25 Rdnr. 17).

16   **Beispiele** (vgl. auch LG Hamburg VersR 83, 775):
Die als selbständige Ärztin tätige Ehefrau des nach § 26 a. F. versicherten unselbständig tätigen VN erleidet auf der Fahrt zu einem Patienten mit dem auf den VN oder auf sie zugelassenen Kraftfahrzeug einen Unfall. Die Geltendmachung ihrer Schadenersatzansprüche im Sinn des Abs. 3a ist wegen Abs. 1 Satz 4 nicht gedeckt, da sie die Fahrt im Zusammenhang mit ihrer freiberuflichen Tätigkeit als Ärztin ausgeführt hatte.

17   Der nach § 26 versicherte VN nimmt in dem auf ihn zugelassenen Personenkraftwagen seinen Arbeitgeber sowie einen Arbeitskollegen zu einer Baustelle des Arbeitgebers mit. Auf der Fahrt vom Bürogebäude der Arbeitgeberfirma zur Baustelle verschuldet ein Außenstehender einen Unfall, bei dem alle drei Insassen des Pkw verletzt werden. Für die Geltendmachung ihrer Schadenersatzansprüche gegen den Schädiger im Sinn des Abs. 3a (Fassung 1988: Abs. 5a) haben der VN und sein Arbeitskollege als berechtigter Insasse im Sinn des Abs. 1 Satz 3 (Fassung 1988: Abs. 3 Satz 2) Versicherungsschutz, nicht jedoch der Arbeitgeber, der zwar auch berechtigter Insasse war, die Schädigung jedoch in Ausübung seiner selbständigen Berufstätigkeit erlitten hat. Hätte es sich nicht um eine berufliche, sondern um eine private Fahrt gehandelt, dann hätte auch der Arbeitgeber Versicherungsschutz, da ihn dann das Schadenereignis (§ 14 Abs. 1) in seiner Eigenschaft als Privatmann betroffen hätte und die einzelnen Schadenersatzansprüche – z.B. auf Schmerzensgeld, Ersatz der Heilungskosten und des Verdienstausfalls – eine unmittelbare oder mittelbare Folge des in dieser Eigenschaft erlittenen Körperschadens wären (vgl. auch § 25 Rdnr. 26).

III. Motorfahrzeuge (Abs. 2)

18   Der Begriff der **Motorfahrzeuge** im Sinn des Abs. 2 ist in § 21 Rdnrn. 40ff. im einzelnen erläutert. Im sonst inhaltsgleichen Abs. 4 der Fassung 1988 ist klargestellt, daß hier nur zulassungspflichtige Fahrzeuge gemeint sind.

IV. Obligatorische Leistungsarten (Abs. 3)
(entspricht § 26 Abs. 3 ARB 94)

19   Abs. 3 der Fassung 1975 (Neufassung: Abs. 5) legt in Buchst. a bis g sieben **Rechtsbereiche** fest, in denen die Interessenwahrnehmung des VN und der mitversicherten Personen beruflich und privat – vorbehaltlich der Ein-

schränkungen des Abs. 1 Satz 4 und des Abs. 5 – unter Versicherungsschutz steht. Eine Ausschnittversicherung ähnlich der in §§ 21 Abs. 5 und 22 Abs. 4, die eine gewisse Auswahl unter den versicherbaren Rechtsgebieten ermöglichen würde, ist in § 26 nicht vorgesehen. Erforderlich ist jeweils, daß der Versicherungsfall, der die Notwendigkeit der Rechtsbesorgung auf dem versicherten Rechtsgebiet auslöst (§ 14), eine Auswirkung unselbständiger Berufstätigkeit oder privater Betätigung des VN oder Mitversicherten ist. Zum gedeckten Privatbereich gehört auch die nicht berufsmäßige Ausübung sämtlicher – auch fahrzeugbezogener – Sportarten, und zwar selbst dann, wenn sie mit einem erhöhten Risiko verbunden sind wie beispielsweise Boxen, Drachenfliegen, Skifahren, Skispringen, Fallschirmspringen, Teilnahme an Auto- oder Motorradrennen oder -rallyes (§ 21 Rdnr. 11).

1. Was im Sinn des Abs. 3a der Fassung 1975 (Fassung 1988: Abs. 5a) **20** unter **Geltendmachung von Schadenersatzanprüchen** aufgrund gesetzlicher Haftpflichtbestimmungen im Rahmen des § 14 Abs. 1 zu verstehen ist, ist in Vorbem. vor § 21 Rdnrn. 31 ff. im einzelnen erläutert. Versicherungsschutz besteht, soweit der VN oder Mitversicherte solche Ansprüche gegen den Schädiger aufgrund eines Schadenereignisses im Sinn des § 14 Abs. 1 erhebt, das ihn bei beruflicher Betätigung als Arbeitnehmer oder im Privatbereich betroffen hat. Ist der Schaden in einem dieser beiden Lebensbereiche eingetreten, dann spielt es keine Rolle, ob nur der unmittelbare oder auch der durch die Rechtsgutverletzung adäquat verursachte mittelbare Folgeschaden (*Palandt/Heinrichs* vor § 249 Rdnr. 15) geltend gemacht wird. Wird etwa der mitversicherte beruflich selbständige Ehegatte des VN außerhalb seiner Berufstätigkeit in seiner Freizeit durch einen Dritten körperlich verletzt, sei es als Fußgänger, Radfahrer, in einer durch Abs. 1 Satz 2 oder 3 versicherten Eigenschaft im Fahrzeugbereich oder aus sonstigem Anlaß, dann kann er neben einem Schmerzensgeld und dem Ersatz der Heilungskosten auch den Verdienstschaden als Selbständiger über Abs. 3a (Fassung 1988: Abs. 5a) ersetzt verlangen, da er den Körperschaden nicht im Zusammenhang mit seiner selbständigen Berufstätigkeit (Abs. 1 Satz 4; Fassung 1988: Abs. 7c, vgl. unten Rdnr. 40a), sondern als Privatperson erlitten hat und der Verdienstschaden eine adäquate mittelbare Folge dieses Schadenereignisses ist (vgl. § 25 Rdnr. 26). Entsprechendes gilt für einen nach Abs. 1 Satz 3 mitversicherten, beruflich selbständigen berechtigten Fahrer oder Insassen eines familieneigenen Fahrzeugs. Stand dagegen die Fahrt des Mitversicherten in Zusammenhang mit der Ausübung seiner selbständigen Berufstätigkeit, besteht wegen Abs. 1 Satz 4 (Fassung 1988: Abs. 7c) kein Versicherungsschutz.

Gedeckt ist nicht nur die Geltendmachung eines Personen-, Sach- oder **21** Vermögensschadens, sondern die Verfolgung **aller Arten** von **Schadenersatzansprüchen** sowohl materieller wie immaterieller Natur, gleichgültig, ob sie auf Natural- oder Geldersatz gerichtet sind (Näheres Vorbem. vor § 21 Rdnr. 37).

2. Abs. 3b der Fassung 1975 (zur Neufassung vgl. unten Rdnr. 24a) legt **22** die Risikomerkmale für den **Fahrzeug-Vertrags-RS** fest, wie er an sich

auch in § 21 Abs. 4 b enthalten ist. Was man hierunter versteht, ist in § 21 Rdnrn. 59 ff. näher erläutert, wobei allerdings zu beachten ist, daß gewisse fahrzeugbezogene Auseinandersetzungen ausnahmsweise in den Schutzbereich des Abs. 4 fallen können, nämlich dann, wenn der VN im Zeitpunkt des Versicherungsfalls nicht Eigentümer oder Halter des Fahrzeugs oder dieses nicht auf ihn zugelassen war (vgl. unten Rdnr. 35). Im Unterschied zu § 21 bezieht sich der Vertrags-RS des Abs. 3 b nach seinem eindeutigen Wortlaut nur auf die Eigenschaft als Eigentümer und Halter von Fahrzeugen (vgl. hierzu § 21 Rdnrn. 13 und 14), nicht dagegen auf die Eigenschaft als Fahrer oder Besitzer. Soweit eine Interessenwahrnehmung in dieser Eigenschaft überhaupt denkbar ist (vgl. hierzu § 21 Rdnrn. 68 ff.), wird man sie daher dem Abs. 4 zuzuordnen haben (vgl. unten Rdnr. 35).

23 Neben der in Abs. 3 b genannten Eigenschaft als Eigentümer oder Halter muß – außer bei zulassungsfreien Fahrzeugen (§ 21 Rdnr. 6) – im Zeitpunkt des Versicherungsfalles (§ 14 Abs. 3) auch das Merkmal der **Zulassung** des Fahrzeugs auf den VN oder einen mitversicherten Familienangehörigen im Sinn des Abs. 1 Satz 2 erfüllt sein. Dies ergibt sich aus dem Regelungszusammenhang, wonach Abs. 1 den Kreis und die Risikoeigenschaften der versicherten Personen beschreibt, während Abs. 3 die Versicherungsleistungen festlegt und abgrenzt. Der VN als Eigentümer und Verkäufer eines Fahrzeugs hat daher beispielsweise nach Abs. 3 b keinen Versicherungsschutz für eine Auseinandersetzung mit dem Käufer, wenn das Fahrzeug im Zeitpunkt des als Versicherungsfall zu wertenden Vertragsverstoßes eines Vertragsteils im Sinn des § 14 Abs. 3 nicht auf den VN zugelassen war (OLG Karlsruhe VersR 75, 248; LG Aachen VersR 79, 663, das allerdings dann Deckung nach Abs. 4 bejaht, vgl. hierzu unten Rdnr. 35 und zum ähnlichen Problem bei § 21 dort Rdnrn. 65, 66).

24 Soweit Streitigkeiten aus **Versicherungsverträgen** eingeschlossen sind, deckt Abs. 3 b Auseinandersetzungen aus allen fahrzeugbezogenen Versicherungsverträgen, wenn die vereinbarte Streitwertuntergrenze erreicht ist (Näheres § 4 Rdnrn. 77 ff. und § 21 Rdnr. 62). Auseinandersetzungen aus anderen Versicherungsverträgen sind dann über Abs. 4 versichert (vgl. unten Rdnr. 37).

24 a Abs. 5 b der **Fassung 1988** erhebt anstelle des bisherigen Fahrzeug-Vertrags-RS des Abs. 3 b den „allgemeinen" (umfassenden) Vertrags-RS zur Regelleistung, der durch den Abs. 4 der Fassung 1975 fakultativ eingeschlossen werden konnte, in der Praxis jedoch schon weitgehend eingeschlossen worden war. Wegen des Deckungsumfangs wird auf die untenstehenden Rdnrn. 32 bis 38 verwiesen. Zur Klarstellung wurde verdeutlicht, daß diese Leistungsart – wie schon bisher – nur die Interessenwahrnehmung aus dinglichen Rechten an beweglichen Sachen, nicht dagegen an Immobilien umfaßt. Durch besondere Vereinbarung kann der umfassende Vertrags-RS des neuen Abs. 5 b gemäß Abs. 6 der Neufassung auf den Fahrzeug-Vertrags-RS beschränkt werden (unten Rdnr. 35 a).

25 3. Abs. 3 c deckt das Kostenrisiko für **arbeitsrechtliche** oder öffentlich-rechtliche dienst- und versorgungsrechtliche Streitigkeiten des VN und der

Mitversicherten mit einem Arbeitgeber aus unselbständiger Tätigkeit. Was im einzelnen hierunter zu verstehen ist, ist in § 25 Rdnrn. 28 ff. sowie Vorbem. vor § 21 Rdnrn. 117 ff. und 123 ff. im einzelnen erläutert.

4. a) Was im Sinn des Abs. 3 d unter Verteidigung in Verfahren wegen des Vorwurfs der Verletzung einer Vorschrift des **Straf-** oder **Ordnungswidrigkeitenrechts** zu verstehen ist, ist in Vorbem. vor § 21 Rdnrn. 73 ff. im einzelnen erläutert. Versicherungsschutz besteht, soweit der Vorwurf, eine Straf- oder Bußgeldvorschrift verletzt zu haben, gegen den VN oder einen Mitversicherten aus dessen Verhalten in seinem Privatbereich oder im Bereich unselbständiger Berufstätigkeit sowie in einer durch Abs. 1 Satz 2 und 3 versicherten Eigenschaft als motorisierter Verkehrsteilnehmer hergeleitet wird. Wird dagegen dem VN oder Mitversicherten vorgeworfen, im Zusammenhang mit einer selbständigen Berufstätigkeit im Sinn des Abs. 1 Satz 4 (vgl. hierzu § 25 Rdnrn. 14 ff.) Rechtsvorschriften verletzt zu haben, besteht – auch im Verkehrsbereich (vgl. oben Rdnr. 15) – über § 26 keine Deckung. Die bei den §§ 21 bis 23 einerseits und §§ 24, 25 andererseits notwendige Unterscheidung zwischen verkehrsrechtlichen und nichtverkehrsrechtlichen Straf- und Bußgeldvorschriften (vgl. hierzu § 21 Rdnrn. 73 ff. und § 25 Rdnr. 52) spielt für den Deckungsrahmen des Abs. 3 d keine Rolle. Bei Strafverfahren ist lediglich entscheidend, ob das vorgeworfene Delikt zu den im Rahmen des § 4 Abs. 3 a oder b versicherten Deliktskategorien gehört (vgl. § 4 Rdnrn. 176 ff.). 26

b) Für die Verteidigung gegen den Vorwurf der Verletzung einer Vorschrift des **Disziplinar-** und **Standesrechts** gilt das in § 25 Rdnr. 34 sowie Vorbem. vor § 21 Rdnrn. 92 ff. Gesagte entsprechend. 27

c) Der Deckungsumfang für eine Interessenwahrnehmung in **Gnaden-** und ähnlichen Verfahren im Rahmen der Strafvollstreckung im Sinn des Abs. 3 d Satz 2 ist in Vorbem. vor § 21 Rdnrn. 85 ff. näher erläutert. 28

5. Der verwaltungsrechtliche **Führerschein-RS** des Abs. 3 e entspricht dem § 21 Abs. 4 d (vgl. dort Rdnr. 83 und Vorbem. vor § 21 Rdnrn. 137 ff.). 29

6. Abs. 3 f bietet dem VN und den Mitversicherten Versicherungsschutz, wenn sie im Privat- oder Berufsbereich als Arbeitnehmer Ansprüche vor **Sozialgerichten** verfolgen oder abwehren. Die Modalitäten der Deckung sind in Vorbem. vor § 21 Rdnrn. 130 ff. im einzelnen erläutert. 30

7. Der Umfang des durch Abs. 3 g der Fassung 1975 versicherten **Beratungs-RS** in familien- und erbrechtlichen Angelegenheiten sowie in Angelegenheiten der freiwilligen Gerichtsbarkeit ist in Vorbem. vor § 21 Rdnrn. 148 ff. im einzelnen erläutert. In der Fassung 1988 (Abs. 5 g) wurde die Bestimmung redaktionell vereinfacht, ohne daß sich am Deckungsumfang etwas geändert hat. Der Hinweis auf die materiell-rechtliche Regelung des § 20 Abs. 1 BRAGebO ist jetzt ausdrücklich als Ausschluß formuliert, wobei die bisherige Zitierung dieser Gesetzesbestimmung als entbehrlich gestrichen wurde. 31

V. Vertrags- und Eigentums-RS (Abs. 4)
(entspricht § 26 Abs. 3 ARB 94)

32 1. Während der VN die Interessenwahrnehmung in den in Abs. 3a bis g zusammengefaßten Rechtsbereichen nur in dieser festen Kombination (RS-„Paket"; vgl. Einl. Rdnr. 42; Vorbem. vor § 21 Rdnr. 2) als Grunddeckung versichern kann, hatte er nach der Fassung 1975 die Möglichkeit, den Vertrags- und Eigentums-RS des Abs. 4 fakultativ gegen einen Zusatzbeitrag mit abzudecken. Diese Leistungsart ist durch Abs. 5b der Fassung 1988 nunmehr Regelleistung geworden (vgl. oben Rdnr. 24a).

33 a) Was unter Wahrnehmung rechtlicher Interessen aus **schuldrechtlichen Verträgen** zu verstehen ist, ist in Vorbem. vor § 21 Rdnrn. 96ff. im einzelnen erläutert. Die Art des geltend gemachten oder abgewehrten Vertragsanspruchs ist gleichgültig. Entscheidend ist lediglich, daß ein Anspruch „aus" einem schuldrechtlichen Vertrag streitig ist, also ein Anspruch, der seine Rechtsgrundlage in einem tatsächlich oder zumindest nach dem schlüssigen Sachvortrag eines Vertragsteils bestehenden, gescheiterten oder auch beendeten Vertragsverhältnis hat (Näheres Vorbem. vor § 21 Rdnrn. 108ff.). Insbesondere kann es sich um Erfüllungs-, Gewährleistungs-, Rückgewähr- oder Schadenersatzansprüche handeln. Versicherungsschutz besteht, soweit der VN oder ein Mitversicherter aufgrund eines im versicherten Zeitraum erfolgten Rechtsverstoßes im Sinn des § 14 Abs. 3 außergerichtlich oder gerichtlich schuldrechtliche Vertragsansprüche verfolgt oder abwehrt, die ihn als Privatmann oder als unselbständig Tätigen (Abs. 1 Satz 4; Fassung 1988: Abs. 7c) berechtigen oder verpflichten, und die Rechtsbesorgung nicht nach § 4 oder § 26 Abs. 5a oder b (Fassung 1988: Abs. 7a oder b) ausgeschlossen ist. Eine Auseinandersetzung aus einem gesetzlichen Schuldverhältnis, z.B. einer schlichten Rechtsgemeinschaft, fällt nicht unter die Deckung (Näheres Vorbem. vor § 21 Rdnr. 105).

34 b) Bei der **Abgrenzung** der Deckung ist jeweils entscheidend, ob der VN oder der Mitversicherte von dem Versicherungsfall primär in einer versicherten oder in einer nicht versicherten oder vom Versicherungsschutz ausgeschlossenen Eigenschaft betroffen ist. So steht eine Interessenwahrnehmung aus einem Vertrag, der im Zusammenhang mit einer selbständigen Berufstätigkeit abgeschlossen wurde, auch dann nicht unter Versicherungsschutz, wenn die selbständige Tätigkeit noch nicht ausgeübt wird, sondern erst geplant ist (§ 25 Rdnr. 23).

35 Ein Sonderproblem bieten nach der Fassung 1975 des Abs. 4 Auseinandersetzungen aus **fahrzeugbezogenen** schuldrechtlichen **Verträgen.** Soweit der VN oder der Mitversicherte als Fahrzeugeigentümer oder Halter aus einem solchen Vertrag berechtigt oder verpflichtet ist und das zulassungspflichtige Fahrzeug bei Eintritt des Versicherungsfalles (§ 14 Abs. 3) auf ihn zugelassen war, besteht bereits Versicherungsschutz im Rahmen des Abs. 3b. War der VN oder der Mitversicherte zwar Eigentümer oder Halter, das Fahrzeug aber nicht auf ihn zugelassen, dann fehlt an sich ein objektives Risikomerkmal. Deckung bestünde dann allenfalls, wenn der VN zweifelsfrei darlegen kann, daß es sich um ein Ersatz- oder um ein Zusatzfahrzeug für den durch Abs. 1 Satz 2 versicherten Personenkreis handelt (vgl. § 21 Rdnr. 65). Das LG Aachen (VersR 79, 663; ebenso AG Düsseldorf r+s 89, 155) hält in diesem Fall Abs. 4 für anwendbar. Das OLG Karlsruhe (VersR 75, 248; ähnlich AG Wiesbaden ZfS 87, 242) meint demgegenüber, die Erwähnung des Eigentümers und Halters in Abs. 3b erfülle gleichzeitig die Aufgabe, diese Bestimmung zum „allgemeinen Vertrags-RS" des Abs. 4 abzugrenzen. Danach bestünde eine Deckungslücke für Fälle dieser Art. Da jedoch einerseits der Wortlaut des Abs. 4 keinerlei Einschränkung hinsichtlich der Art der gedeckten schuldrechtlichen Verträge enthält und andererseits Abs. 1 und 3b keinen eindeutigen Ausschluß deklarieren, erscheint es nach dem Regelungszusammenhang dieser Bestimmungen, die offensichtlich – mit Ausnahme der Miet- und Pachtverhältnisse gemäß Abs. 5a – alle schuldrechtlichen Verträge erfassen wollen, zumindest jedoch nach der Unklarheitenregel des § 5 AGBG, gerechtfertigt, der Meinung des LG Aachen den Vorzug zu geben. Klarer ist die Rechtslage, wenn der VN oder der Mitversicherte bei Eintritt des Versicherungsfalles (noch) nicht Eigentümer oder Halter des Fahrzeugs war. Da es hier auch an dem Risikomerkmal der fahrzeugbezogenen Eigenschaft fehlt, sind der Kreis der versicherten Personen und deren Risikoeigenschaften hierbei nicht aus Abs. 1 Satz 2, sondern aus Abs. 1 Satz 1 zu entnehmen (vgl. das in § 24 Rdnr. 76 erwähnte Beispiel des Rücktritts eines Fahrzeugkäufers wegen Überschreitung der Lieferfrist; vom AG Vechta ZfS 80, 135 nicht geprüft). Soweit eine Interessenwahrnehmung in der in Abs. 3b nicht erwähnten Eigenschaft als Fahrer oder Besitzer von Fahrzeugen denkbar ist (vgl. hierzu § 21 Rdnrn. 68ff.), wird man sie der Risikobegrenzung des Abs. 1 Satz 1 und damit auch dem Deckungsbereich des Abs. 4 zuordnen können. Für den Fall kurzfristiger Anmietung eines Motorfahrzeugs vgl. auch § 25 Rdnr. 55.

Um die oben in Rdnr. 35 für die Fassung 1975 des Abs. 4 erörterten Auslegungsprobleme zu beseitigen, legt Abs. 3 der **Fassung 1988** nunmehr fest, daß der VN, sein Ehegatte und die minderjährigen Kinder als Erwerber von Motorfahrzeugen auch dann Versicherungsschutz haben, wenn das erworbene oder zu erwerbende Fahrzeug im Zeitpunkt des Versicherungsfalles (§ 14 Abs. 3) nicht oder noch nicht auf sie zugelassen war. 35a

Für den Deckungsumfang des Vertrags-RS im Zusammenhang mit **Immobilien**, z.B. bei Kaufverträgen, kurz- und langfristigen Miet- und Pachtverträgen, Beherbergungs- und Heimpflegeverträgen, Jagd- und Fischereipacht und sonstigen Misch- und Grenzfällen kann auf § 25 Rdnrn. 41 und 42 verwiesen werden. 36

c) Soweit nach der „Klausel zu §§ 21, 22, 25, 26 und 27 ARB" Auseinandersetzungen aus **Versicherungsverträgen** eingeschlossen sind, deckt Abs. 4 der Fassung 1975 die Interessenwahrnehmung Nichtselbständiger (Abs. 1 Satz 4) aus nicht fahrzeugbezogenen Versicherungsverträgen, z.B. einer allgemeinen Unfallversicherung, einer allgemeinen Haftpflichtversicherung, einer nichtgewerblichen Hausbesitzer-Haftpflichtversicherung, ei- 37 ner allgemeinen Reisegepäckversicherung, einer Krankenversicherung oder einer Lebensversicherung (vgl. § 4 Rdnr. 77 und § 25 Rdnr. 43). Eine Rechtsbesorgung aus fahrzeugbezogenen Versicherungsverträgen fällt unter Abs. 3b (vgl. oben Rdnr. 24; eingehend *Matzen* VersR 80, 805). Für die Fassung 1988 ergibt sich der gleiche Deckungsumfang aus Abs. 5b und Abs. 7c.

38   2. Der Deckungsumfang für eine Interessenwahrnehmung aus **dinglichen Rechten**, die im Fahrzeug-Vertrags-RS des Abs. 3b der Fassung 1975 (anders Abs. 5b der Fassung 1988) nach dessen Wortlaut nicht mitgedeckt ist (vgl. § 21 Rdnr. 60) und wegen Abs. 5b der Fassung 1975 (Fassung 1988: Abs. 7b) keine Rechte an Immobilien umfaßt, ist in Vorbem. vor § 21 Rdnrn. 125ff. näher erläutert.

VI. Risikoausschlüsse (Abs. 5)
(entspricht § 26 Abs. 1 Satz 2 ARB 94)

39   1. Die Interessenwahrnehmung aus schuldrechtlichen **Nutzungsverhältnissen an Immobilien** ist durch Abs. 5a der Fassung 1975 (Neufassung: Abs. 7a) in dem über § 29 versicherbaren Umfang aus der Deckung des Vertrags-RS des Abs. 4 (Fassung 1988: Abs. 5b) ausgeklammert. Es gilt das in § 25 Rdnr. 57 Gesagte.

40   2. Der in Abs. 5b der Fassung 1975 (Neufassung: Abs. 7b) geregelte Ausschluß des an sich in Abs. 4 der Fassung 1975 mitenthaltenen Eigentums-RS für eine (über § 29 versicherbare) Interessenwahrnehmung aus **dinglichen Rechten an Immobilien** entspricht dem § 25 Abs. 4c (vgl. § 25 Rdnr. 58).

40a   3. Der im Ausschlußkatalog des bisherigen Abs. 5 noch nicht enthaltene, wegen des Sachzusammenhangs als Abs. 7c der **Fassung 1988** aufgenommene Ausschluß der Interessenwahrnehmung im Zusammenhang mit einer selbständigen Tätigkeit, der auch für die nach Abs. 2 mitversicherten Kinder gilt, entspricht im wesentlichen dem Abs. 1 Satz 4 der Fassung 1975. Die Neufassung bringt allerdings schärfer als bisher zum Ausdruck, daß neben einer gewerblichen oder freiberuflichen auch jede sonstige selbständige Tätigkeit nicht vom Versicherungsschutz umfaßt ist (BGH NJW 92, 3242 = VersR 92, 1510 = ZfS 92, 424 = r + s 92, 415). Mit dieser Maßgabe kann auf die obenstehenden Rdnrn. 15 bis 17 (mit Weiterverweisung auf § 25 Rdnrn. 14ff.) verwiesen werden.

VII. Obliegenheiten vor Eintritt des Versicherungsfalles (Abs. 6)
(entspricht § 26 Abs. 5 ARB 94)

41   Die drei vor Eintritt des Versicherungsfalles zu erfüllenden **Obliegenheiten**, nämlich Fahren mit vorgeschriebener Fahrerlaubnis, mit Einwilligung des über das Fahrzeug Verfügungsberechtigten und mit zugelassenem Fahrzeug, sind mit den in § 21 Abs. 6 festgelegten identisch und in der Fassung 1988 als Abs. 8 unverändert enthalten (Näheres § 21 Rdnrn. 85ff.).

VIII. Teilweiser Wagniswegfall (Abs. 7)
(entspricht § 26 Abs. 6, 7 ARB 94)

Abs. 7 der Fassung 1975 überträgt die Regelung des § 21 Abs. 9 auf § 26. **42**
Entfällt die **Eigenschaft** des VN, seines Ehegatten und der minderjährigen Kinder als Eigentümer oder Halter von Fahrzeugen, dann hat der VN die Wahl. Er kann entweder, wenn er für sich und die Mitversicherten weiterhin Versicherungsschutz als Fahrer von Fahrzeugen haben will, nach § 9 Abs. 3 Herabsetzung des Beitrags auf die Kombination von § 23 (Fahrer-RS) und § 25 (Familien-RS) verlangen. Will er auch keinen Fahrer-RS mehr, kann er Aufhebung des gesamten Verkehrs-RS-Teils und damit Beschränkung auf den reinen Familien-RS des § 25 verlangen. Vermindert sich nur die Zahl der auf den VN und die mitversicherten Familienangehörigen insgesamt zugelassenen Fahrzeuge, ist aber noch mindestens eine dieser Personen Eigentümer oder Halter eines auf sie zugelassenen Fahrzeugs, ändert sich am Vertragsumfang und der Beitragsverpflichtung nichts, da die Zahl der Familienfahrzeuge nicht Grundlage für die Beitragsbemessung ist. Im übrigen gelten die Anmerkungen zu § 21 Abs. 9 entsprechend (vgl. dort Rdnr. 135). Wie zu § 21 Abs. 9 haben sich die RSVersicherer auch zu § 26 Abs. 7 durch geschäftsplanmäßige Erklärung (Einl. Rdnr. 36) verpflichtet, einem Antrag auf teilweise Vertragsaufhebung auch dann zu entsprechen, wenn er vor Ablauf der Sechsmonatsfrist eingeht (VerBAV 69, 67; K. *Vassel* VerBAV 69, 131, 136).

Abs. 9 der **Fassung 1988,** der den Abs. 7 der Fassung 1975 ersetzt, regelt **42a** das weitere rechtliche Schicksal des Vertrags, wenn sich bestimmte risikoerhebliche Umstände in der Person des VN und/oder der Mitversicherten ändern. Er geht als Spezialregelung den allgemeinen Bestimmungen der §§ 9 und 10 vor. Endet die Versicherungsfähigkeit des VN oder seines Ehegatten oder beider durch Aufnahme einer mit einem entsprechenden Gesamtumsatz verbundenen selbständigen Tätigkeit, wandelt sich nach Buchst. a der Vertrag automatisch in einen (einheitlichen) Vertrag nach § 25 und – beschränkt auf die auf den VN zugelassenen, also ohne die auf den Ehegatten und die minderjährigen Kinder zugelassenen Fahrzeuge – § 21 um, soweit nicht der VN innerhalb eines Jahres die Aufhebung des gesamten Versicherungsvertrags verlangt. Nach Umwandlung hat der VN außerhalb des Verkehrsbereichs aufgrund § 25 Abs. 1 Satz 2 nach wie vor keinen Versicherungsschutz für eine Interessenwahrnehmung im Zusammenhang mit einer selbständigen Tätigkeit, wohl aber als Teilnehmer am motorisierten Verkehr, da § 21 die Interessenwahrnehmung im Zusammenhang mit einer selbständigen Tätigkeit nicht ausschließt. Ist auf den VN, seinen Ehegatten und die minderjährigen Kinder seit mindestens sechs Monaten kein Fahrzeug mehr zugelassen, wandelt sich der Vertrag nach Buchst. b automatisch in einen solchen nach § 25 und, falls dies der VN ausdrücklich wünscht, § 23 um. Hinsichtlich der Sechsmonatsfrist gilt sinngemäß die oben in Rdnr. 42 erwähnte geschäftsplanmäßige Erklärung, wonach der Versicherer die Anzeige vom Fahrzeug-Wegfall auch dann als wirksam betrachtet, wenn sie

§ 27 ARB 75   2. Teil. Besondere Bestimmungen

schon vor Fristablauf eingeht. Haben der VN, sein Ehegatte und die minderjährigen Kinder keine Fahrerlaubnis mehr, wandelt sich der Vertrag nach Buchst. c automatisch in einen solchen nach § 25 um.

§ 27 Landwirtschafts- und Verkehrs-Rechtsschutz

(1) Versicherungsschutz wird dem Inhaber eines land- oder forstwirtschaftlichen Betriebes, dessen Ehegatten, den minderjährigen Kindern sowie den unverheirateten volljährigen Kindern bis zur Vollendung des 25. Lebensjahres gewährt, wenn sich letztere zumindest überwiegend in Schul- oder Berufsausbildung befinden. Für den Versicherungsnehmer, dessen Ehegatten und die minderjährigen Kinder umfaßt der Versicherungsschutz auch die Wahrnehmung rechtlicher Interessen in ihrer Eigenschaft als Eigentümer, Halter oder Insasse aller bei Versicherungsabschluß und während der Vertragsdauer auf sie zugelassenen Fahrzeuge und als Fahrer von Fahrzeugen. Außerdem erstreckt sich der Versicherungsschutz auf alle Personen in ihrer Eigenschaft als berechtigte Fahrer oder berechtigte Insassen der auf den Versicherungsnehmer, dessen Ehegatten oder die minderjährigen Kinder zugelassenen Fahrzeuge. Versicherungsschutz erhalten weiterhin alle Personen in Ausübung ihrer Tätigkeit in oder für den land- oder forstwirtschaftlichen Betrieb des Versicherungsnehmers, jedoch nicht in ihrer Eigenschaft als Eigentümer, Halter, Fahrer oder Insasse von Fahrzeugen, die nicht auf den Versicherungsnehmer, dessen Ehegatten oder die minderjährigen Kinder zugelassen sind. Die Wahrnehmung rechtlicher Interessen im Zusammenhang mit einer selbständigen oder freiberuflichen Tätigkeit ist vom Versicherungsschutz ausgeschlossen, soweit nicht Satz 1 entgegensteht.

(2) Fahrzeuge im Sinne dieser Bestimmung sind Motorfahrzeuge zu Lande, zu Wasser und in der Luft sowie Anhänger.

(3) Der Versicherungsschutz umfaßt
a) die Geltendmachung von Schadenersatzansprüchen aufgrund gesetzlicher Haftpflichtbestimmungen im Rahmen des § 14 Absatz 1;
b) die Wahrnehmung rechtlicher Interessen aus schuldrechtlichen Verträgen, die im Zusammenhang mit der Eigenschaft als Eigentümer und Halter von Fahrzeugen stehen;
c) die Wahrnehmung rechtlicher Interessen aus Arbeitsverhältnissen sowie aus öffentlich-rechtlichen Anstellungsverhältnissen hinsichtlich dienst- und versorgungsrechtlicher Ansprüche;
d) die Verteidigung in Verfahren wegen des Vorwurfes der Verletzung einer Vorschrift des Straf-, Ordnungswidrigkeiten-, Disziplinar- oder Standesrechtes. Bei Freiheitsstrafen sowie bei Geldstrafen und -bußen über 500,- DM sind Gnaden-, Strafaussetzungs-, Strafaufschub- und Zahlungserleichterungsverfahren eingeschlossen, und zwar für insgesamt zwei Anträge je Versicherungsfall;
e) die Wahrnehmung rechtlicher Interessen in Widerspruchsverfahren vor Verwaltungsbehörden wegen Einschränkung, Entzuges oder Wiedererlangung der Fahrerlaubnis und Verfahren vor Verwaltungsgerichten aus den gleichen Gründen;
f) die Wahrnehmung rechtlicher Interessen vor Sozialgerichten in der Bundesrepublik Deutschland;

g) abweichend von § 4 Absatz 1 i) und p) die Erteilung eines mündlichen oder schriftlichen Rates oder einer Auskunft durch einen Rechtsanwalt in familien- und erbrechtlichen Angelegenheiten sowie in Angelegenheiten der freiwilligen Gerichtsbarkeit. Auf den Sachverhalt, der dem Rat oder der Auskunft zugrunde liegt, muß deutsches Recht anwendbar sein. Rat oder Auskunft dürfen nicht mit einer anderen gebührenpflichtigen Tätigkeit des Rechtsanwaltes zusammenhängen (§ 20 Absatz 1 Bundesgebührenordnung für Rechtsanwälte). Der Rat oder die Auskunft (§ 147 Absatz 2 Gesetz über die Kosten in Angelegenheiten der freiwilligen Gerichtsbarkeit) kann auch von einem Notar erteilt werden. Als Versicherungsfall gilt abweichend von § 14 das Ereignis, das eine Veränderung der Rechtslage des Versicherungsnehmers zur Folge hat und deshalb einen Rechtsrat oder eine Rechtsauskunft erforderlich macht.

(4) Der Versicherungsschutz kann auf die Wahrnehmung rechtlicher Interessen aus schuldrechtlichen Verträgen und aus dinglichen Rechten ausgedehnt werden.

(5) Ausgeschlossen ist der Versicherungsschutz für die Wahrnehmung rechtlicher Interessen
a) als Eigentümer, Besitzer, Halter oder Fahrer von Fahrzeugen mit amtlichem schwarzen Kennzeichen, es sei denn, daß dieser Ausschluß für Krafträder, Personenkraft- und Kombifahrzeuge aufgrund besonderer Vereinbarung aufgehoben ist;
b) aus Miet- und Pachtverhältnissen über Grundstücke, Gebäude oder Gebäudeteile sowie über land- und forstwirtschaftliche Betriebe;
c) aus dinglichen Rechten an Grundstücken, Gebäuden oder Gebäudeteilen.

(6) Der Versicherer ist von der Verpflichtung zur Leistung frei, wenn bei Eintritt des Versicherungsfalles der Fahrer nicht die vorgeschriebene Fahrerlaubnis hatte, zum Führen des Fahrzeuges nicht berechtigt war oder wenn das Fahrzeug nicht zugelassen war. Der Versicherungsschutz bleibt jedoch für diejenigen versicherten Personen bestehen, die von dem Fehlen der Fahrerlaubnis, der Berechtigung zum Führen des Fahrzeuges oder von dem Fehlen der Zulassung ohne Verschulden keine Kenntnis hatten.

Übersicht

	Rdnrn.
I. Allgemeines	1–5
II. Persönliche Risikomerkmale (Abs. 1)	6–12
1. VN	6
2. Mitversicherte	7–10
a) Familienangehörige, Fahrer, Insassen (Abs. 1 Sätze 1 bis 3)	7
b) betrieblich Tätige (Abs. 1 Satz 4)	8–10
aa) allgemein	8
bb) Fahrzeugbereich	9
c) sonstige Mitversicherte (Mitinhaber, Altenteiler)	10
3. selbständige Tätigkeit (Abs. 1 Satz 5)	11, 12
III. Motorfahrzeuge (Abs. 2)	13
IV. Obligatorische Leistungsarten (Abs. 3)	14
1. Geltendmachung von Schadenersatzansprüchen (Abs. 3 a)	15–17

	Rdnrn.
2. Fahrzeug-Vertrags-RS (Abs. 3 b)	18
3. Arbeits-RS (Abs. 3 c)	19
4. Straf-RS (Abs. 3 d)	20–22
a) Straf- und Bußgeldverfahren	20
b) Disziplinar- und Standesrechtsverfahren	21
c) Gnadenverfahren (Satz 2)	22
5. Führerschein-RS (Abs. 3 e)	23
6. Sozialgerichts-RS (Abs. 3 f)	24
7. Beratungs-RS (Abs. 3 g)	25
V. Vertrags- und Eigentums-RS (Abs. 4)	26–31
1. Allgemeines	26
a) Vertrags-RS	27
b) Abgrenzung	28
c) Betriebsbereich	29
d) Altenteilsverträge	30
2. Eigentums-RS	31
VI. Risikoausschlüsse (Abs. 5)	32
1. Verkehrsbereich (Abs. 5 a)	33, 34

§ 27 ARB 75 1–3
2. Teil. Besondere Bestimmungen

	Rdnrn.		Rdnrn.
a) Fahrzeuge mit grünem und schwarzem Kennzeichen	33	3. dingliche Rechte an Immobilien (Abs. 5 c)	36
b) Umfang des Ausschlusses	34	VII. Obliegenheiten vor Eintritt des Versicherungsfalles (Abs. 6)	37
2. Nutzungsverhältnisse an Immobilien (Abs. 5 b)	35		

I. Allgemeines

1 § 27 sieht von den im Zweiten Teil der ARB zusammengefaßten einzelnen Vertragsarten den umfassendsten Versicherungsschutz vor. In den durch Abs. 3 a bis g und – soweit eingeschlossen – Abs. 4 abgegrenzten Rechtsbereichen bietet diese Kombination dem VN und den Mitversicherten (vgl. unten Rdnrn. 7 ff.) Deckung für Rechtskostenrisiken aus dem **Privatleben**, aus **unselbständiger Berufstätigkeit** aller Art, aus dem Bereich des motorisierten **Verkehrs** sowie – insoweit über den sachlich sonst deckungsgleichen § 26 hinausgehend – zusätzlich aus selbständiger Berufstätigkeit im Rahmen eines **land- oder forstwirtschaftlichen** Betriebs. Es handelt sich also um eine Zusammenfassung des Verkehrs-RS des § 21 mit dem Familien-RS des § 25 (insoweit übereinstimmend mit § 26), die noch um den Firmen-RS des § 24 für den Bereich der Land- oder Forstwirtschaft ergänzt ist (*Ridder* S. 85).

2 Als VN versicherungsfähig sind Inhaber eines **land- oder forstwirtschaftlichen Betriebs.** Hierzu rechnen üblicherweise die Betriebe der Urproduktion, die sich außerhalb gewerblicher oder freiberuflicher Tätigkeit (vgl. hierzu § 24 Rdnrn. 3 und 4) überwiegend der Gewinnung von Naturerzeugnissen widmen, wobei allerdings die Gewinnung von Bodenbestandteilen wie z.B. durch Sand- und Kiesgruben oder Steinbrüche ausgenommen sind. Einen Anhaltspunkt bietet beispielsweise § 585 Abs. 1 Satz 2 BGB sowie § 201 BauGB, der insbesondere den Ackerbau, die Wiesen- und Weidewirtschaft einschließlich Pensionstierhaltung auf überwiegend eigener Futtergrundlage, die gartenbauliche Erzeugung, den Erwerbsobstbau, den Weinbau, die berufsmäßige Imkerei und die berufsmäßige Binnenfischerei zur Landwirtschaft zählt. Forstwirtschaftliche Betriebe dienen vorwiegend der Gewinnung von Walderzeugnissen, insbesondere von Holz. Nach § 27 versichern können sich vor allem Betriebe, die Mitglied einer landwirtschaftlichen Berufsgenossenschaft und nicht gewerbesteuerpflichtig sind. Gibt der VN den land- oder forstwirtschaftlichen Betrieb auf, wird man dies aus ähnlichen Gründen wie bei § 26 als völligen Risikowegfall und damit als Vertragsbeendigung ansehen können (LG Hannover r + s 93, 220; § 26 Rdnr. 2), falls nicht der VN erkennbar eine Fortsetzung des Versicherungsverhältnisses nach §§ 25 oder 26 wünscht. Die Nachhaftungsregelung des § 24 Abs. 4 gilt hier nicht (LG Hannover r + s 93, 220).

3 Land- und forstwirtschaftliche **Nebenbetriebe**, d.h. Unternehmen, die ein Land- oder Forstwirt neben seiner Land- oder Forstwirtschaft unterhält und die sich häufig auch nicht überwiegend auf die Verwertung und den Absatz der im Hauptbetrieb gewonnenen Erzeugnisse beschränken, sind durch § 27 in der Regel nicht mitgedeckt (Abs. 1 Satz 5). Sie müssen als ge-

Landwirtschafts- und Verkehrs-RS 4–7 § 27 ARB 75

werbliche Tätigkeit eigens über § 24 versichert werden (Näheres vgl. unten Rdnr. 11).

Nebenerwerbslandwirte, die hauptberuflich als Lohn- oder Gehaltsempfänger tätig sind, erhalten vollen Versicherungsschutz sowohl für ihre hauptberufliche unselbständige wie für ihre nebenberufliche selbständige Tätigkeit nur durch § 27, da bei einem Vertrag nach § 26 dessen Abs. 1 Satz 4 der Fassung 1975 (Fassung 1988: Abs. 7c) einer Mitversicherung der nebenberuflichen selbständigen land- oder forstwirtschaftlichen Tätigkeit entgegensteht (vgl. auch unten Rdnr. 12). 4

Stirbt der VN, dann findet der auf seine Person bezogene Versicherungsvertrag zumindest dann sein natürliches Ende, wenn die Erben den Betrieb nicht fortführen. Betreiben dagegen die mitversicherten Familienangehörigen die Land- oder Forstwirtschaft weiter, dann wird man nach allgemeinen Grundsätzen einen Übergang des Versicherungsvertrags auf sie annehmen können (vgl. § 10 Rdnrn. 16, 17). Um mögliche Unklarheiten und Härten zu vermeiden, wird für solche Fälle meist die „Klausel zu §§ 21, 22, 24 bis 29 ARB" vereinbart, wonach der Versicherungsschutz unter den dort genannten Voraussetzungen fortbesteht (Näheres § 10 Rdnrn. 18 und 19). 5

II. Persönliche Risikomerkmale (Abs. 1)
(entspricht § 27 Abs. 1, 2 ARB 94)

1. Abs. 1 enthält, ähnlich wie § 26, für den **VN** eine Kombination von personenbezogenem RS im Privat- und Berufsbereich mit eigenschaftsbezogenem RS im Verkehrs-Bereich. Abs. 1 Satz 1 bietet „dem Inhaber eines land- oder forstwirtschaftlichen Betriebs" Versicherungsschutz auf den durch Abs. 3a bis g und – soweit eingeschlossen – Abs. 4 umgrenzten Rechtsgebieten. Anders als etwa in § 24 Abs. 1 erhält der VN also nicht nur Deckung in seiner speziellen Eigenschaft als Land- oder Forstwirt mit der Folge, daß nur dieser Berufsbereich versichert wäre. Vielmehr ist die Person des VN als Ganzes angesprochen, mithin der gesamte Privat- und Berufsbereich mit Ausnahme einer nach Abs. 1 Satz 5 ausgeschlossenen land- oder forstwirtschaftsfremden selbständigen Tätigkeit (vgl. auch § 26 Rdnr. 4). Im Bereich des motorisierten Verkehrs erhält der VN daneben nach Abs. 1 Satz 2 und 3 Versicherungsschutz im Umfang des Abs. 3a bis f in seiner speziellen Eigenschaft als Eigentümer oder Halter der auf ihn zugelassenen zulassungspflichtigen Fahrzeuge, als Eigentümer oder Halter zulassungsfreier Fahrzeuge im Sinn des § 18 Abs. 2 StVZO (vgl. hierzu § 21 Rdnr. 6) sowie als Fahrer oder Insasse (vgl. hierzu § 26 Rdnr. 11) von eigenen oder fremden Fahrzeugen. Hierbei beschränkt sich die Deckung auf die Benutzung von Fahrzeugen mit amtlichem grünen Kennzeichen, soweit nicht Krafträder, Personenkraftfahrzeuge und Kombikraftfahrzeuge mit amtlichem schwarzen Kennzeichen eingeschlossen sind (Abs. 5a; vgl. unten Rdnr. 33). 6

2. a) Der Deckungsumfang für die nach Abs. 1 Satz 1 bis 3 **mitversicherten Personen** (§ 11 Rdnr. 1), nämlich den Ehegatten des VN, die minderjäh- 7

739

rigen und in Ausbildung befindlichen volljährigen Kinder sowie die berechtigten Fahrer und Insassen familieneigener Fahrzeuge, entspricht der Regelung in § 26. Auf die Erläuterungen hierzu kann verwiesen werden (§ 26 Rdnrn. 5 ff.). Zu beachten ist lediglich zusätzlich, ob im Einzelfall der Risikoausschluß des Abs. 5 a bei Benutzung von Fahrzeugen mit schwarzem Kennzeichen für Krafträder Personenkraftfahrzeuge und Kombifahrzeuge aufgehoben ist (vgl. unten Rdnr. 33).

8   b) aa) Abs. 1 Satz 4 erstreckt die Mitversicherung Dritter in Anlehnung an die Regelung des § 24 Abs. 1 Satz 2 und 3 auf alle Personen in Ausübung ihrer **Tätigkeit im** oder **für den mitversicherten Betrieb** des VN. Notwendig ist jeweils ein innerer sachlicher Bezug zwischen dem Versicherungsfall (§ 14), der den Mitversicherten betroffen hat, und seiner dem Betriebsinteresse dienenden Tätigkeit. Der Versicherungsfall darf sich also nicht in der Privatsphäre des Dritten ereignet haben, sondern muß eine Auswirkung der Tätigkeit für den VN sein. Wann diese Voraussetzungen gegeben sind, ist in § 24 Rdnrn. 15 und 16 sowie in den Anmerkungen zu den einzelnen Leistungsarten des § 24 Abs. 2 a bis d erläutert. Entsprechend den Gegebenheiten in der Landwirtschaft ist hierbei das Bestehen eines Arbeitsverhältnisses zum VN nicht vorausgesetzt. Es genügt ein tatsächliches Tätigsein im oder für den Betrieb des VN, gleichgültig aus welchem Rechtsgrund es erfolgt (vgl. auch § 24 Rdnr. 17). Damit fallen auch die häufigen Fälle einer Verwandten- und Nachbarschaftshilfe unter die Deckung.

9   bb) Im **Fahrzeugbereich** ist die Mitversicherung der für den VN betrieblich tätigen Personen **beschränkt** auf die Fälle, in denen diese Personen als Fahrer oder Insasse eines auf den VN, seinen Ehegatten oder eines deren minderjähriger Kinder zugelassenen Fahrzeugs (mit grünem und, soweit nach Abs. 5 eingeschlossen, schwarzem Kennzeichen, vgl. unten Rdnr. 33) von einem Versicherungsfall betroffen werden. Wird ein für den Betrieb des VN Tätiger als Eigentümer, Halter, Fahrer oder Insasse eines anderen, z.B. eines eigenen Motorfahrzeugs, geschädigt (§ 14 Abs. 1) oder straf- oder bußgeldrechtlich belangt (§ 14 Abs. 2), dann besteht kein Versicherungsschutz. Diese Abgrenzung ist erfolgt, weil es häufig schwierig wäre, objektiv festzustellen, ob der familienfremde Benutzer eines familienfremden Fahrzeugs im Zeitpunkt des Versicherungsfalls im Betriebsinteresse tätig war *(Ridder* S. 86).

10 c) Nicht mitversichert sind in der Regel sonstige Angehörige des VN (§ 25 Rdnr. 13). Häufig werden allerdings mitarbeitende **Mitinhaber** des land- oder forstwirtschaftlichen Betriebs (vgl. hierzu Vorbem. vor § 21 Rdnr. 6) sowie **Altenteiler** und deren Ehegatten durch besondere Vereinbarung in den Versicherungsschutz einbezogen (vgl. § 11 Rdnr. 12). Altenteiler ist, wer überwiegend von Geld-, Natural- oder Dienstleistungen (oder einer Kombination hiervon) aus einem landwirtschaftlichen Betrieb lebt, dessen Inhaber er früher war, und wer noch im Bereich dieses Betriebs oder in dessen räumlicher Nähe wohnt (zum Begriff vgl. auch *Palandt/Bassenge* Art. 96 EGBGB Rdnr. 1). Indiz für die Eigenschaft als Altenteiler ist der Bezug von Altersgeld nach dem Gesetz über die

Altershilfe für Landwirte. Der Altenteiler ist häufig mit dem Betriebsinhaber verwandt oder verschwägert und dessen unmittelbarer Vorgänger im Betrieb, ohne daß dies jedoch notwendige Voraussetzung für die Altenteiler-Eigenschaft ist.

3. Die Interessenwahrnehmung im Zusammenhang mit einer **selbständigen** oder freiberuflichen **Tätigkeit** ist gemäß Abs. 1 Satz 5 nicht gedeckt, soweit es sich nicht um die versicherte land- oder forstwirtschaftliche Tätigkeit handelt. Betreibt der VN neben der Land- oder Forstwirtschaft in nicht nur unerheblichem Umfang einen deutlich hiervon abgegrenzten Nebenbetrieb, in dem die im Hauptbetrieb gewonnenen Erzeugnisse verwertet oder abgesetzt werden, dann handelt es sich insoweit um eine durch Abs. 1 Satz 5 von der Deckung des § 27 ausgenommene und nur über § 24 versicherbare selbständige, meist gewerbesteuerpflichtige Tätigkeit. Hierzu zählen insbesondere Verarbeitungsbetriebe wie Brauereien, Brennereien, Fuhrbetriebe, größere Geflügel- oder Schweinemästereien, Gastwirtschaften, Beherbergungsbetriebe, Keltereien, Molkereien, Mühlenbetriebe, Sägewerke sowie Substanzbetriebe wie Steinbrüche, Kies- und Sandgruben, außerdem selbständige Reitställe, selbständige Pferdezuchtbetriebe (LG Flensburg r + s 94, 101) oder ein Viehhandel größeren Umfangs. Das gleiche gilt erst recht für eine land- oder forstwirtschaftsfremde selbständige Tätigkeit, die der VN nebenher berufsmäßig betreibt, z.B. ein Immobilienbüro oder einen Handel mit landwirtschaftlichen Maschinen oder Fahrzeugen (LG Hechingen r + s 91, 307 für die gewerbsmäßige Vorfinanzierung von Erstattungsforderungen in der Sozialversicherung). 11

Ist der VN hauptberuflich Arbeitnehmer und betreibt er **nebenberuflich** mit seinen Familienangehörigen eine **Landwirtschaft,** dann hat er privat sowie im Haupt- und Nebenberuf – auch im Verkehrsbereich im Umfang des Abs. 5a – Versicherungsschutz (vgl. oben Rdnr. 4). Dient die Landwirtschaft überwiegend nur der Versorgung der eigenen Familie, betreibt sie der VN also nur in kleinem Umfang und nicht berufsmäßig zum Zweck der Erzielung ständiger nennenswerter (Neben-)Einnahmen, dann genügt ein Vertrag nach § 26 (vgl. § 26 Rdnr. 15; § 25 Rdnrn. 16 ff.). 12

III. Motorfahrzeuge (Abs. 2)

Der Begriff der **Motorfahrzeuge** im Sinn des Abs. 2 ist in § 21 Rdnrn. 40 ff. im einzelnen erläutert. 13

IV. Obligatorische Leistungsarten (Abs. 3)
(entspricht § 27 Abs. 3 ARB 94)

Abs. 3 umgrenzt in Buchst. a bis g sieben **Rechtsbereiche,** in denen die Interessenwahrnehmung des VN und der mitversicherten Personen beruflich und privat – vorbehaltlich der Einschränkungen des Abs. 1 Satz 5 und des Abs. 5 – unter Versicherungsschutz steht. Eine Ausschnittversicherung ähnlich der in §§ 21 Abs. 5 und 22 Abs. 4, die eine gewisse Auswahl unter 14 den versicherbaren Rechtsgebieten ermöglichen würde, ist in § 27 nicht vorgesehen. Erforderlich ist jeweils, daß der Versicherungsfall, der die Notwendigkeit der Rechtsbesorgung auf dem versicherten Rechtsgebiet auslöst (§ 14), eine Auswirkung privater oder unselbständiger beruflicher oder auch selbständiger land- oder forstwirtschaftlicher Betätigung des VN oder Mitversicherten ist. Zum gedeckten Privatbereich zählt auch die nicht berufsmäßige Ausübung sämtlicher – auch gefährlicher – Sportarten, die Teilnahme an motorsportlichen Veranstaltungen allerdings nur, soweit im Rahmen des Abs. 5a die Benutzung von Krafträdern, Personenkraftfahrzeugen und Kombifahrzeugen mit amtlichem schwarzen Kennzeichen eingeschlossen ist (vgl. unten Rdnr. 33).

15   1. Was im Sinn des Abs. 3a unter Geltendmachung von **Schadenersatzansprüchen** aufgrund gesetzlicher Haftpflichtbestimmungen im Rahmen des § 14 Abs. 1 zu verstehen ist, ist in Vorbem. vor § 21 Rdnrn. 31 ff. im einzelnen erläutert. Versicherungsschutz besteht, soweit der VN oder ein nach Abs. 1 Satz 1 bis 3 (nicht Satz 4, vgl. unten Rdnr. 16) Mitversicherter solche Ansprüche gegen den Schädiger aufgrund eines Schadenereignisses im Sinn des § 14 Abs. 1 erhebt, das ihn in der Privatsphäre, bei unselbständiger Berufstätigkeit aller Art oder bei land- oder forstwirtschaftlicher Betätigung betroffen hat, und zwar auch im Bereich des motorisierten Verkehrs im Deckungsrahmen des Abs. 5a (vgl. unten Rdnr. 33). Ist der Schaden in einem dieser Lebensbereiche eingetreten, dann spielt es keine Rolle, ob nur der unmittelbare oder auch der durch die Rechtsgutverletzung adäquat verursachte mittelbare Folgeschaden (*Palandt/Heinrichs* vor § 249 Rdnr. 15) geltend gemacht wird. Wird etwa ein nach Abs. 1 Satz 3 mitversicherter, als selbständiger Kaufmann tätiger berechtigter Insasse eines auf den VN zugelassenen Fahrzeugs mit grünem Kennzeichen (oder eines nach Abs. 5a mitversicherten Fahrzeugs mit schwarzem Kennzeichen) außerhalb seiner Berufstätigkeit in seiner Freizeit durch Verschulden eines Dritten körperlich verletzt, dann kann er neben einem Schmerzensgeld und dem Ersatz der Heilungskosten auch den Verdienstschaden als Selbständiger über Abs. 3a ersetzt verlangen, da er den Körperschaden nicht im Zusammenhang mit seiner selbständigen Berufstätigkeit (Abs. 1 Satz 5), sondern als Privatmann erlitten hat und der Verdienstausfall eine adäquate mittelbare Folge dieses Schadenereignisses ist (vgl. § 25 Rdnr. 26). Stand dagegen die Fahrt im Zusammenhang mit der Berufstätigkeit des Insassen, etwa weil er dem VN eine von ihm vertriebene landwirtschaftliche Maschine verkaufen wollte, dann besteht wegen Abs. 1 Satz 5 keine Deckung.

16   Die in Abs. 1 Satz 4 genannten Personen sind **nur** in Ausübung ihrer **betrieblichen Tätigkeit** für den VN mitversichert, nicht dagegen, wenn sie ein Schadenereignis bei sonstiger Gelegenheit trifft.

17   Gedeckt ist nicht nur die Geltendmachung eines Personen-, Sach- oder Vermögensschadens, sondern die Verfolgung **aller Arten** von **Schadenersatzansprüchen** sowohl materieller wie immaterieller Natur, gleichgültig, ob sie auf Natural- oder Geldersatz gerichtet sind (Näheres Vorbem. vor § 21 Rdnr. 37).

2. Der Deckungsumfang des **Fahrzeug-Vertrags-RS** des Abs. 3 b entspricht § 26 Abs. 3 b (Fassung 1975). Auf die Erläuterungen zu § 26 Rdnrn. 22 ff. und § 21 Rdnrn. 59 ff. kann daher verwiesen werden. Zu beachten ist lediglich, daß diese Leistungsart sich nur auf Fahrzeuge mit amtlichem grünen Kennzeichen sowie auf solche Fahrzeuge mit schwarzem Kennzeichen bezieht, die gemäß Abs. 5 a in den Versicherungsschutz miteinbezogen sind (vgl. unten Rdnr. 33). Zulassungsfreie Fahrzeuge im Sinn des § 18 Abs. 2 StVZO wie selbstfahrende Arbeitsmaschinen, Kleinkrafträder, Fahrräder mit Hilfsmotor u. ä. sind in der Regel in den Versicherungsschutz einbezogen, soweit im Zeitpunkt des Versicherungsfalles die Eigenschaft als Eigentümer oder Halter gegeben ist (vgl. auch § 21 Rdnr. 6). 18

3. Abs. 3 c deckt das Kostenrisiko für **arbeitsrechtliche** oder öffentlich-rechtliche dienst- und versorgungsrechtliche Streitigkeiten des VN und der nach Abs. 1 Satz 1 mitversicherten Familienangehörigen mit einem Arbeitgeber aus unselbständiger Tätigkeit sowie für Auseinandersetzungen des VN als Arbeitgeber des versicherten land- oder forstwirtschaftlichen Betriebs mit Arbeitnehmern dieses Betriebs. Die nach Abs. 1 Satz 4 bei Ausübung ihrer betrieblichen Tätigkeit an sich mitversicherten Personen können wegen § 11 Abs. 2 Satz 2 gegen den VN keinen Versicherungsschutz erhalten. Der Deckungsumfang des Arbeits-RS ist in § 25 Rdnrn. 28 ff. sowie Vorbem. vor § 21 Rdnrn. 117 ff. und 123 ff. im einzelnen erläutert. 19

4. a) Der Deckungsumfang des **Straf- und Ordnungswidrigkeiten-RS** im Sinn des Abs. 3 d ist in Vorbem. vor § 21 Rdnrn. 73 ff. im einzelnen erläutert. Versicherungsschutz besteht, soweit der Vorwurf, eine Straf- oder Bußgeldvorschrift verletzt zu haben, gegen den VN oder einen Mitversicherten aus dessen Verhalten in seinem Privatbereich, im Bereich unselbständiger Berufstätigkeit oder land- oder forstwirtschaftlicher Tätigkeit sowie in einer durch Abs. 1 Satz 2 und 3 versicherten Eigenschaft als motorisierter Verkehrsteilnehmer hergeleitet wird. Bei den durch Abs. 1 Satz 4 Mitversicherten beschränkt sich naturgemäß die Deckung auf die Verteidigung gegen den Vorwurf, bei Ausübung ihrer Tätigkeit im oder für den land- oder forstwirtschaftlichen Betrieb Rechtsvorschriften verletzt zu haben. Die Unterscheidung zwischen verkehrsrechtlichen und nichtverkehrsrechtlichen Vorschriften spielt für den Deckungsrahmen des Abs. 3 d ähnlich wie bei § 26 Abs. 3 d (Fassung 1975) keine Rolle (vgl. § 26 Rdnr. 26). 20

b) Für die Verteidigung gegen den Vorwurf der Verletzung einer Vorschrift des **Disziplinar- und Standesrechts** gilt das in § 25 Rdnr. 24 sowie in Vorbem. vor § 21 Rdnr. 92 und Rdnr. 94 Gesagte entsprechend mit der Maßgabe, daß ein disziplinar- oder standesrechtlicher Vorwurf gegen den VN auch in seiner Eigenschaft als selbständiger Inhaber eines land- oder forstwirtschaftlichen Betriebs denkbar ist. 21

c) Der Deckungsrahmen für eine Interessenwahrnehmung in **Gnaden-** und ähnlichen Verfahren im Rahmen der Strafvollstreckung im Sinn des Abs. 3 d Satz 2 ist in Vorbem. vor § 21 Rdnrn. 85 ff. näher erläutert. 22

§ 27 ARB 75   23–27   2. Teil. Besondere Bestimmungen

23   5. Der verwaltungsrechtliche **Führerschein-RS** des Abs. 4 entspricht dem § 21 Abs. 4 d (vgl. § 21 Rdnr. 83 und Vorbem. vor § 21 Rdnrn. 137 ff.).

24   6. Abs. 3 f bietet dem VN als selbständig tätigem Inhaber eines land- oder forstwirtschaftlichen Betriebs sowie ihm und den Mitversicherten im Privat- oder Berufsbereich als Arbeitnehmer Versicherungsschutz, wenn sie Ansprüche vor **Sozialgerichten** verfolgen oder abwehren (Näheres Vorbem. vor § 21 Rdnrn. 130 ff.). Bei den durch Abs. 1 Satz 4 Mitversicherten beschränkt sich naturgemäß die Deckung auf Versicherungsfälle, die eine adäquate Folge der Tätigkeit im oder für den versicherten Betrieb des VN sind, z. B. die Ablehnung der Anerkennung eines Unfalls als Arbeitsunfall im landwirtschaftlichen Betrieb des VN durch die zuständige Berufsgenossenschaft.

25   7. Der Umfang des durch Abs. 3 g versicherten **Beratungs-RS** in familien- und erbrechtlichen Angelegenheiten sowie in Angelegenheiten der freiwilligen Gerichtsbarkeit ist in Vorbem. vor § 21 Rdnrn. 148 ff. im einzelnen erläutert.

V. Vertrags- und Eigentums-RS (Abs. 4)
(entspricht § 27 Abs. 3 ARB 94)

26   1. Während der VN die Interessenwahrnehmung in den in Abs. 3 a bis g zusammengefaßten Rechtsbereichen nur in dieser festen Kombination (RS-„Paket"; vgl. Einl. Rdnr. 42; Vorbem. vor § 21 Rdnr. 2) als Grunddeckung versichern kann, hat er die Möglichkeit, den **Vertrags-** und Eigentums-**RS** des Abs. 4 fakultativ gegen einen Zusatzbeitrag mitabzudecken. Diese RS-Form wurde erst mit Einführung der ARB 69 geschaffen (vgl. Einl. Rdnr. 19; § 25 Rdnr. 38).

27   a) Was unter Wahrnehmung rechtlicher Interessen aus **schuldrechtlichen Verträgen** zu verstehen ist, ist in Vorbem. vor § 21 Rdnrn. 96 ff. im einzelnen erläutert. Die Art des geltend gemachten oder abgewehrten Vertragsanspruchs ist gleichgültig. Entscheidend ist lediglich, daß ein Anspruch „aus" einem schuldrechtlichen Vertrag streitig ist, also ein Anspruch, der seine Rechtsgrundlage in einem tatsächlich oder zumindest nach dem schlüssigen Sachvortrag eines Vertragsteils bestehenden, gescheiterten oder auch beendeten Vertragsverhältnis hat (Näheres Vorbem. vor § 21 Rdnrn. 108 ff.). Insbesondere kann es sich um Erfüllungs-, Gewährleistungs-, Rückgewähroder Schadensersatzansprüche handeln. Versicherungsschutz besteht, soweit der VN oder ein Mitversicherter aufgrund eines im versicherten Zeitraum erfolgten Rechtsverstoßes im Sinn des § 14 Abs. 3 außergerichtlich oder gerichtlich schuldrechtliche Vertragsansprüche verfolgt oder abwehrt, die ihn als Privatmann, als selbständigen Land- oder Forstwirt oder auch als unselbständig Tätigen (Abs. 1 Satz 5) berechtigen oder verpflichten, und die Rechtsbesorgung nicht nach § 4 oder § 27 Abs. 5 a bis c ausgeschlossen ist. Eine Auseinandersetzung aus einem gesetzlichen Schuldverhältnis, z. B. einer schlichten Rechtsgemeinschaft, fällt nicht unter die Deckung (Näheres

Vorbem. vor § 21 Rdnr. 105; für Grundstücksmiteigentum § 29 Rdnrn. 24 ff.).

b) Für die **Abgrenzung** des Deckungsbereiches gelten die Erläuterungen zu §§ 25 Abs. 3 und 26 Abs. 4 (Fassung 1975) entsprechend, insbesondere was die Interessenwahrnehmung aus fahrzeugbezogenen Verträgen (§ 26 Rdnr. 35), aus Verträgen über Immobilien (§ 26 Rdnr. 36; § 25 Rdnr. 41 und 42) und aus Versicherungsverträgen (§ 26 Rdnr. 37; § 25 Rdnr. 43) betrifft. 28

c) Zusätzlich ist lediglich zu berücksichtigen, daß auch die Rechtsbesorgung im Zusammenhang mit der selbständigen **land-** oder **forstwirtschaftlichen** Tätigkeit unter Versicherungsschutz steht. Dies hat insbesondere zur Folge, daß Auseinandersetzungen aus betriebsbezogenen Verträgen mitgedeckt sind, z. B. aus dem Kauf einer landwirtschaftlichen Maschine oder von Vieh oder dem Verkauf landwirtschaftlicher Erzeugnisse, und zwar ohne die Beschränkung auf gerichtliche Interessenwahrnehmung wie in § 24 Abs. 3 Ziff. 1 und ohne die in § 24 Abs. 3 Ziff. 3 vorgesehene Streitwertuntergrenze (*Ridder* S. 87). Soweit die „Klausel zu §§ 21, 22, 25, 26 und 27 ARB" (§ 4 Rdnr. 77) vereinbart ist, sind auch Streitigkeiten aus betriebsbezogenen Versicherungsverträgen mitgeschützt, z. B. aus einer Tier- oder Hagelversicherung. 29

d) Schuldrechtliche Verträge über die Gewährung eines **Altenteils**, einer Leibzucht, eines Leibgedinges oder eines Auszugs, durch die der VN als Betriebsnachfolger im Rahmen einer Hofübergabe dem weichenden Inhaber des landwirtschaftlichen Betriebs Geld-, Natural- oder Dienstleistungen und häufig ein Wohnrecht auf Lebenszeit verspricht (*Palandt/Bassenge* Art. 96 EGBGB Rdnr. 1), sind in der Regel gemischte Verträge, die in den Deckungsbereich des Abs. 4 fallen. Eine zur Sicherung übernommener Altenteilsverpflichtungen bestellte beschränkte persönliche Dienstbarkeit oder Reallast hindert die Anwendung des Abs. 4 nicht, soweit mit dem dinglichen Anspruch erkennbar ein schuldrechtlicher parallel läuft (Anspruchskonkurrenz, Vorbem. vor § 21 Rdnr. 9). Enthält der Hofübergabevertrag gleichzeitig familien- oder erbrechtliche Vereinbarungen, z. B. eine Unterhaltsregelung, einen Erbvertrag oder Erbverzichtsvertrag, dann ist ein Streit hieraus wegen des Risikoausschlusses des § 4 Abs. 1 i jedenfalls insoweit nicht gedeckt, als es sich um eine deutlich abgrenzbare Auseinandersetzung aus dem Bereich des spezifischen Familien- oder Erbrechts handelt (vgl. hierzu § 4 Rdnrn. 81 ff.). Der Altenteiler hat für eine Interessenwahrnehmung gegen den VN Versicherungsschutz nur über einen selbst abgeschlossenen Vertrag nach § 25 Abs. 3, da er auch bei Mitversicherung über den Vertrag des VN (vgl. oben Rdnr. 10) wegen § 11 Abs. 2 keine Deckung für eine Interessenwahrnehmung gegen den VN beanspruchen kann. 30

2. Der Deckungsumfang für eine Interessenwahrnehmung aus **dinglichen Rechten**, die im Fahrzeug-Vertrags-RS des Abs. 3 b nach dessen Wortlaut nicht mitgedeckt ist (vgl. § 21 Rdnr. 60) und wegen Abs. 5 c keine Rechte an Immobilien umfaßt, ist in Vorbem. vor § 21 Rdnrn. 125 ff. näher erläutert. 31

VI. Risikoausschlüsse (Abs. 5)
(entspricht § 27 Abs. 4 ARB 94)

32 Das Rechtskostenrisiko des Inhabers eines land- oder forstwirtschaftlichen Betriebes kann sich im Privat- und Berufsbereich auch auf den gesamten **Verkehrssektor,** insbesondere die Benutzung von Personen- und Nutzkraftfahrzeugen, sowie auf den **Immobilienbereich** erstrecken. Um dem einzelnen VN einen bedarfsgerechten, auf seine persönlichen Wünsche und Bedürfnisse zugeschnittenen Versicherungsschutz bieten zu können, sowie auch aus risikotechnischen und kalkulatorischen Gründen sind jedoch der Immobilienbereich sowie teilweise der Verkehrsbereich aus dem Deckungsrahmen des § 27 ausgeklammert und gesondert versicherbar.

33 1. a) Abs. 5a sieht für die Haltung und Nutzung von **Motorfahrzeugen** (Abs. 2) zwei verschiedene Deckungsmöglichkeiten vor. Der VN kann den Versicherungsschutz für die Interessenwahrnehmung als Eigentümer, Besitzer, Halter oder Fahrer von Fahrzeugen entweder beschränken auf zulassungspflichtige Fahrzeuge mit grünem Kennzeichen, die – ausgenommen bei der Benutzung als Fahrer – auf ihn, seinen Ehegatten oder minderjährige Kinder zugelassen sind, sowie auf zulassungsfreie Fahrzeuge im Sinn des § 18 Abs. 2 StVZO („kleine Landwirtschaftskombination"), oder er kann durch besondere Vereinbarung Krafträder, Personenkraft- und Kombifahrzeuge mit amtlichem schwarzen Kennzeichen zusätzlich in den Versicherungsschutz einbeziehen („große Landwirtschaftskombination"). Ein amtliches grünes Kennzeichen führen nach §§ 23 Abs. 1a, 60 Abs. 1 Satz 2 StVZO solche zulassungspflichtige Motorfahrzeuge, deren Halter von der Kraftfahrzeugsteuer befreit ist. Dies sind nach § 3 Nr. 7 Kraftfahrzeugsteuergesetz insbesondere land- oder forstwirtschaftliche Zugmaschinen mit Ausnahme von Sattelzugmaschinen, land- oder forstwirtschaftliche Sonderfahrzeuge, die nach ihrer Bauart und ihren besonderen Einrichtungen nur für diese Zwecke geeignet und bestimmt sind, Kraftfahrzeuganhänger hinter solchen Zugmaschinen oder Sonderfahrzeugen sowie einachsige Kraftfahrzeuganhänger (*Jagusch/Hentschel* StVZO § 60 Rdnr. 8). Die Möglichkeit, den Versicherungsschutz außer auf Krafträder, Personenkraft- und Kombifahrzeuge auch auf andersartige Fahrzeuge mit schwarzem Kennzeichen, z.B. Lastkraft- und sonstige Nutzfahrzeuge, Omnibusse und Anhänger (§ 21 Abs. 2 Satz 2) auszudehnen, ist in § 27 nicht vorgesehen. Solche Fahrzeuge müssen vielmehr gesondert nach §§ 21 oder 22 versichert werden, da das mit ihrer Nutzung zusammenhängende Rechtskostenrisiko von ihrer Zahl und Art abhängt und sie häufig nicht oder nicht allein im land- oder forstwirtschaftlichen Betrieb, sondern in einem – ebenfalls nicht über § 27 versicherbaren (vgl. oben Rdnr. 11) – selbständigen Nebenbetrieb verwendet werden (*Ridder* S. 87).

34 b) **Wann** der VN oder ein Mitversicherter rechtliche Interessen in seiner **Eigenschaft** als Eigentümer, Besitzer, Halter oder Fahrer eines Motorfahrzeugs wahrnimmt, ist in § 24 Rdnrn. 67ff. und § 21 Rdnrn. 13ff. im einzelnen erläutert. Die Eigenschaft als Insasse von – eigenen oder fremden –

Fahrzeugen steht trotz der etwas mißverständlichen Erwähnung in Abs. 1 Satz 2 generell unter Versicherungsschutz (vgl. § 26 Rdnr. 11). Zu beachten ist jeweils, daß die Interessenwahrnehmung im Zusammenhang mit einer land- oder forstwirtschaftsfremden selbständigen Tätigkeit durch Abs. 1 Satz 5 generell vom Versicherungsschutz des § 27 ausgeschlossen ist, also auch dann, wenn der VN oder Mitversicherte im Zusammenhang mit einer solchen Tätigkeit in einer im Rahmen des Abs. 5a an sich nicht ausgeschlossenen fahrzeugbezogenen Eigenschaft von einem Versicherungsfall (§ 14) betroffen wird. Beispiel: Der nach § 27 versicherte, als Landwirt tätige VN betreibt nebenher berufsmäßig einen Handel mit landwirtschaftlichen Maschinen. Er verunglückt auf der Fahrt zu einem Kunden, der sich für eine Maschine interessiert, mit seinem aufgrund besonderer Vereinbarung gemäß Abs. 5a in den Versicherungsschutz einbezogenen Personenkraftwagen. Die Geltendmachung von Schadenersatzansprüchen gegen den an dem Unfall schuldigen Schädiger im Sinn des Abs. 3a steht gleichwohl nicht unter Versicherungsschutz, da der VN den Unfall bei Ausübung seiner durch Abs. 1 Satz 5 von der Deckung des § 27 ausgeschlossenen selbständigen Tätigkeit erlitten hat. Versicherungsschutz bestünde nur aufgrund eines gesonderten Vertrags nach §§ 21 oder 22 (vgl. auch § 26 Rdnrn. 15 ff.).

2. Die Interessenwahrnehmung aus schuldrechtlichen **Nutzungsverhält-** 35 **nissen an Immobilien** ist durch Abs. 5b in dem über § 29 versicherbaren Umfang aus dem Vertrags-RS des Abs. 4 ausgeklammert. Dies gilt auch für Auseinandersetzungen aus Pachtverträgen über land- oder forstwirtschaftliche Betriebe. Das in § 25 Rdnr. 57 Gesagte gilt entsprechend.

3. Der in Abs. 5c geregelte Ausschluß des an sich in Abs. 4 enthaltenen 36 Eigentums-RS für die (über § 29 versicherbare) Interessenwahrnehmung aus **dinglichen Rechten an Immobilien** entspricht dem § 25 Abs. 4c (vgl. § 25 Rdnr. 58). Abwehransprüche wegen Beeinträchtigung des landwirtschaftlichen Grundeigentums, z. B. wegen Immissionen oder störender Straßenbaumaßnahmen, sind – vorbehaltlich des Ausschlusses nach § 4 Abs. 1r – nur über § 29 versicherbar. Behauptet der VN eine Beeinträchtigung seines landwirtschaftlichen Betriebs als ganzen, dann ist zwar seine Stellung als Eigentümer des hierzu gehörigen landwirtschaftlichen Grundbesitzes nicht Anspruchsvoraussetzung. Gedeckt ist jedoch dann allenfalls die Geltendmachung eines schlüssig vorgetragenen echten Schadenersatzanspruchs im Sinn des Abs. 3a wegen schuldhaften Eingriffs in den eingerichteten und ausgeübten Betrieb (§ 823 BGB), nicht dagegen beispielsweise eines Entschädigungsanspruchs wegen enteignungsgleichen Eingriffs (LG Ravensburg MDR 78, 320; Vorbem. vor § 21 Rdnrn. 37 ff. und 55 ff.).

VII. Obliegenheiten vor Eintritt des Versicherungsfalles (Abs. 6)
(entspricht § 27 Abs. 5 ARB 94)

Die drei vor Eintritt des Versicherungsfalles zu erfüllenden Obliegenhei- 37 ten, nämlich Fahren mit vorgeschriebener Fahrerlaubnis, mit Einwilligung des über das Fahrzeug Verfügungsberechtigten und mit zugelassenem Fahrzeug, sind mit den in § 21 Abs. 6 festgelegten identisch (Näheres § 21 Rdnrn. 85 ff.).

§ 28 Rechtsschutz für Vereine

(1) Der Versicherungsschutz wird Vereinen, deren gesetzlichen Vertretern und Angestellten für die Wahrnehmung von Vereinsaufgaben gewährt. Außerdem erhalten die Vereinsmitglieder Versicherungsschutz für jede Tätigkeit, die gemäß der Satzung dem Vereinszweck dient.

(2) Der Versicherungsschutz umfaßt
a) die Geltendmachung von Schadenersatzansprüchen aufgrund gesetzlicher Haftpflichtbestimmungen im Rahmen des § 14 Absatz 1;
b) die Wahrnehmung rechtlicher Interessen des Vereins aus Arbeitsverhältnissen;
c) die Verteidigung in Verfahren wegen des Vorwurfs der Verletzung einer Vorschrift des Straf- oder Ordnungswidrigkeitenrechtes. Bei Freiheitsstrafen sowie bei Geldstrafen und -bußen über 500,- DM sind Gnaden-, Strafaussetzungs-, Strafaufschub- und Zahlungserleichterungsverfahren eingeschlossen, und zwar für insgesamt zwei Anträge je Versicherungsfall;
d) die Wahrnehmung rechtlicher Interessen des Vereins vor Sozialgerichten in der Bundesrepublik Deutschland.

(3) Ausgeschlossen ist die Wahrnehmung rechtlicher Interessen als Eigentümer, Besitzer, Halter oder Fahrer von Motorfahrzeugen zu Lande, zu Wasser und in der Luft sowie Anhängern.

Übersicht

	Rdnrn.		Rdnrn.
I. Allgemeines	1	2. Arbeits-RS (Abs. 2 b)	11
II. Individuelle Risikomerkmale (Abs. 1)	2–7	3. Straf- und Bußgeldverfahren (Abs. 2 c)	12
1. VN	2	a) VN	13
2. Mitversicherte	3	b) Mitversicherte	14
a) gesetzliche Vertreter	4	c) Gnadenverfahren (Satz 2)	15
b) Angestellte	5	4. Sozialgerichts-RS (Abs. 2 d)	16
c) Vereinsmitglieder	6	5. kein Vertrags-RS	17
III. Leistungsarten (Abs. 2)	7	IV. Risikoausschluß (Abs. 3)	18, 19
1. Geltendmachung von Schadenersatzansprüchen (Abs. 2 a)	8	1. Verkehrsbereich	18
a) VN	9	2. keine sonstigen Ausschlüsse	19
b) Mitversicherte	10		

I. Allgemeines

1 Nach § 28 können **Vereine** in einer auf ihre Bedürfnisse zugeschnittenen Form das Rechtskostenrisiko absichern, das ihnen und den mit Vereinsaufgaben befaßten Personen auf den Rechtsgebieten entsteht, die auch zur Grunddeckung der nicht verkehrsbezogenen Vertragsarten im Rahmen der §§ 24 Abs. 2 a bis d und 25 Abs. 2 a bis d gehören.

II. Individuelle Risikomerkmale (Abs. 1)
(entspricht § 24 Abs. 1 b ARB 94)

1. Der Verein erhält als VN auf den durch Abs. 2a bis d umgrenzten Rechtsgebieten Versicherungsschutz. Der Verkehrsbereich ist gemäß Abs. 3 ausgenommen. Versicherungsfähig sind Vereine im Sinn der § 21 ff. BGB, d.h. auf gewisse Dauer berechnete **Personenvereinigungen mit körperschaftlicher Verfassung**, die rechtlich als einheitliches Ganzes gedacht werden und im Bestand vom Wechsel der Mitglieder unabhängig sind. Rechtsfähigkeit, d.h. Eintragung im Vereinsregister (§ 21 BGB), wird nicht vorausgesetzt. Versichern können sich auch nicht eingetragene Vereine (§ 54 BGB). Versichert werden in der Regel nur Vereine, deren Zweck nicht auf einen wirtschaftlichen Geschäftsbetrieb gerichtet ist. Der Wortlaut des § 28 schließt allerdings die Versicherung eines Vereins, dessen Zweck auf einen wirtschaftlichen Geschäftsbetrieb gerichtet ist (§ 22 BGB), nicht aus.

2. Abs. 1 Satz 1 und 2 erstreckt den Versicherungsschutz auf Personen und Personengruppen, deren **Mitversicherung** (zu diesem Begriff vgl. § 11 Rdn. 1) dem mutmaßlichen Willen und Interesse des Vereins entspricht. Mitversichert sind außerdem im Umfang des § 11 Abs. 3 in Verbindung mit § 11 Abs. 1 anspruchsberechtigte Angehörige eines Mitversicherten (vgl. § 11 Rdnrn. 23 ff.). Wie sich aus dem eindeutigen Wortlaut des Abs. 2 ergibt, ist für die in Abs. 1 genannten natürlichen Personen nur der Schadenersatz-RS des Abs. 2a und der Straf- und Ordnungswidrigkeiten-RS des Abs. 2c mitversichert, nicht dagegen der Arbeits-RS des Abs. 2b und der Sozialgerichts-RS des Abs. 2d.

a) Die nach Abs. 1 Satz 1 mitversicherten **gesetzlichen Vertreter** des Vereins sind diejenigen natürlichen Personen, die den Vereinsvorstand bilden und denen nach der Vereinssatzung die Vertretung des Vereins nach außen zukommt (§ 26 BGB). Sie werden von der Mitgliederversammlung bestellt (§ 27 BGB) und sind Organ des durch sie handlungsfähigen Vereins (vgl. auch § 4 Rdnr. 29). Sie haben Versicherungsschutz, soweit sie bei der Wahrnehmung von Vereinsaufgaben von einem Versicherungsfall im Sinn des § 14 Abs. 1 oder 2 betroffen werden (vgl. unten Rdnr. 10).

b) Ebenfalls bei der Wahrnehmung von Vereinsaufgaben mitversichert sind alle **Angestellten** des VN, d.h. alle Personen, die zum Verein in einem Arbeits- oder Dienstverhältnis stehen und eine von ihm abhängige weisungsgebundene Tätigkeit ausüben (*Palandt/Putzo* vor § 611 Rdnrn. 7 bis 13). Gemeint sind hierbei nicht nur Angestellte im Rechtssinn, die vornehmlich geistige Arbeit leisten, wie z.B. Bürokräfte, sondern auch überwiegend körperlich tätige Arbeitnehmer wie z.B. der Platzwart eines Sportvereins.

c) Mitversichert sind nach Abs. 1 Satz 2 weiterhin für die Dauer ihrer Mitgliedschaft alle **Vereinsmitglieder,** soweit sie bei einer Tätigkeit für den Vereinszweck von einem Versicherungsfall im Sinn des § 14 Abs. 1 oder 2 betroffen werden (vgl. unten Rdnr. 10). Die Mitgliedschaft beginnt mit dem

Beitritt und endet mit Austritt, Ausschluß oder Tod (§§ 38, 39 BGB; *Palandt/Heinrichs* § 38 Rdnrn. 4, 5).

III. Leistungsarten (Abs. 2)
(entspricht § 24 Abs. 2 ARB 94)

7 Abs. 2 umschreibt die **Rechtsbereiche,** innerhalb deren die Interessenwahrnehmung des Vereins und der mitversicherten Personen unter Versicherungsschutz steht. Der Versicherungsfall, der die Interessenwahrnehmung auf dem versicherten Rechtsgebiet notwendig macht (§ 14), muß entweder in die Rechtsposition des Vereins selbst unmittelbar eingegriffen haben oder eine mitversicherte Person speziell bei einer der in Abs. 1 Satz 1 oder 2 genannten Tätigkeiten betroffen haben. Notwendig ist hierbei ein innerer sachlicher Zusammenhang zwischen dem maßgeblichen Schadenereignis oder Rechtsverstoß und der vereinsspezifischen Tätigkeit des Mitversicherten.

8 1. Was im Sinn des Abs. 2a unter Geltendmachung von **Schadenersatzansprüchen** aufgrund gesetzlicher Haftpflichtbestimmungen im Rahmen des § 14 Abs. 1 zu verstehen ist, ist in Vorbem. vor § 21 Rdnrn. 31 ff. im einzelnen erläutert.

9 a) Für den Verein als **VN** kommen in erster Linie Ansprüche auf Ersatz eines materiellen Schadens infrage, die ihm beispielsweise wegen schuldhafter Beschädigung von Vereinseinrichtungen – etwa einer Sportanlage – gegen den verantwortlichen Schädiger erwachsen. Denkbar ist daneben auch ein Anspruch auf Ersatz immateriellen Schadens, wenn z. B. ein Dritter den Vereinsnamen schuldhaft unbefugt benutzt und dem VN daraus ein Anspruch auf Widerruf und gegebenenfalls auf Unterlassung der Namensführung zusteht (§§ 12, 823 Abs. 1 BGB; *Palandt/Heinrichs* § 12 Rdnr. 36; *Palandt/Thomas* § 823 Rdnr. 14). Kann der VN allerdings ein Verschulden des Verletzers nicht schlüssig darlegen, besteht für die Geltendmachung des verschuldensunabhängigen negatorischen Anspruchs nach § 12 BGB keine Deckung, da es sich hierbei nicht um einen Schadenersatzanspruch im Sinn des Abs. 2a handelt (vgl. hierzu Vorbem. vor § 21 Rdnrn. 40ff. und 60).

10 b) Ein gesetzlicher Vertreter oder Angestellter des VN ist im Rahmen des Abs. 2a **mitversichert,** wenn er im Sinn des Abs. 1 Satz 1 bei der Wahrnehmung einer Vereinsaufgabe von einem Schadenereignis im Sinn des § 14 Abs. 1 betroffen wird. Entsprechend ist ein Mitglied mitversichert, wenn es in Ausübung einer Vereinstätigkeit im Sinn des Abs. 1 Satz 2 geschädigt wird. Notwendig ist jeweils ein innerer sachlicher Zusammenhang zwischen der dem Verein dienenden Tätigkeit und dem schädigenden Ereignis. Die Schädigung des Mitversicherten muß ein Ausfluß seiner vereinsspezifischen Betätigung sein. Dies ist beispielsweise der Fall, wenn ein Vorstandsmitglied, ein Angestellter oder ein Vereinsmitglied während einer Veranstaltung des Vereins unbefugte Dritte aus dem Versammlungslokal weisen will und hierbei körperlich verletzt wird, oder wenn in der Trainingsstunde oder bei der Veranstaltung eines Sportvereins eines seiner Mitglieder bei der Sportausübung von einem Dritten, z.B. einem Zuschauer, fahrlässig verletzt wird. Ist der Schädiger selbst Vereinsmitglied, ist allerdings der Versicherungsschutz nach § 11 Abs. 2 Satz 2 ausgeschlossen, da der Schädiger dann auch zum Kreis der mitversicherten Personen gehört. Steht die Schädigung nicht in einem inneren Bezug zur Vereinstätigkeit, sondern ereignet sie sich nur zufällig während dieser Tätigkeit und hätte sie sich genauso zu einem anderen Zeitpunkt und an einem anderen Ort ereignen können, dann besteht kein Versicherungsschutz. Dies kann beispielsweise der Fall sein, wenn ein Dritter das Mitglied eines Sportvereins während der Übungsstunde auf dem Sportplatz aufsucht, um ihn dort privat zur Rede zu stellen, und es hierbei zu einer Schädigung kommt. Eine Schädigung auf dem Weg zu oder von der Vereinstätigkeit, z.B. ein Unfall als Fußgänger, Radfahrer oder Benutzer eines öffentlichen Verkehrsmittels vor oder nach einer Vereinsfeier, steht nicht unter Versicherungsschutz, da es sich hierbei noch nicht oder nicht mehr um Wahrnehmung von Vereinsaufgaben bzw. um eine dem Vereinszweck dienende Tätigkeit handelt (ähnlich *Böhme* § 28 Rdnr. 6). Für Fälle dieser Art gilt das in § 24 Rdnr. 30 zum „Wegeunfall" Ausgeführte entsprechend, auf das auch wegen weiterer Einzelheiten verwiesen werden kann. Übt das Mitglied eines Sportvereins außerhalb der Übungsstunden des Vereins privat für sich, um seine Leistungen zu verbessern, und kommt das Mitglied hierbei aus Verschulden eines Dritten zu Schaden, dann besteht für die Geltendmachung des hieraus erwachsenden Schadenersatzanspruches kein Versicherungsschutz, da es sich insoweit nicht um eine gemäß der Satzung „dem Vereinszweck dienende", sondern nur um eine damit allenfalls im losen Zusammenhang stehende Betätigung handelt, die nicht mehr dem Vereinsbereich, sondern dem Privatbereich des Mitglieds zuzuordnen ist (*Ridder* S. 88).

2. Was unter Wahrnehmung rechtlicher Interessen aus **Arbeitsverhältnissen** zu verstehen ist, ist in Vorbem. vor § 21 Rdnrn. 116ff. im einzelnen erläutert. Versicherungsschutz besteht, soweit der VN als Arbeitgeber aufgrund eines während der Versicherungszeit eingetretenen Rechtsverstoßes im Sinn des § 14 Abs. 3 Ansprüche aus einem Arbeitsverhältnis gegenüber einem seiner Arbeitnehmer zu verfolgen oder abzuwehren hat. Geschützt ist nach dem ausdrücklichen Wortlaut des Abs. 2b nur die Interessenwahrnehmung des Vereins als VN, nicht dagegen die Rechtsbesorgung mitversicherter Personen, die sich ohnehin nur gegen den Verein richten könnte und daher auch durch § 11 Abs. 2 Satz 2 ausgeschlossen wäre. 11

3. Was im Sinn des Abs. 2c unter Verteidigung in Verfahren wegen des Vorwurfs der Verletzung einer Vorschrift des **Straf- oder Ordnungswidrigkeitenrechts** zu verstehen ist, ist im einzelnen in Vorbem. vor § 21 Rdnrn. 73 ff. erläutert. 12

a) Gegen den **VN** kann als rechtsfähigen oder nicht rechtsfähigen Verein kein Strafverfahren, sondern lediglich als Nebenfolge der Straftat oder Ordnungswidrigkeit eines seiner gesetzlichen Vertreter ein Bußgeldverfahren nach § 30 OWiG durchgeführt werden (*Dreher/Tröndle* vor § 1 Rdnr. 34; 13

§ 14 Rdnr. 1; *Göhler/Buddendiek* vor § 30 Rdnr. 1). Für die Verteidigung in einem solchen Verfahren besteht nach Abs. 2 c Versicherungsschutz.

14 b) Die gesetzlichen Vertreter, Angestellten und Vereinsmitglieder sind im Sinn des Abs. 1 Satz 1 und 2 **mitversichert,** wenn ihnen vorgeworfen wird, speziell bei der Wahrnehmung von Vereinsaufgaben oder bei einer dem satzungsgemäßen Vereinszweck dienenden Tätigkeit gegen Straf- oder Bußgeldvorschriften im Sinn des Abs. 2c verstoßen zu haben. Die Verteidigung gegen den Vorwurf der Verletzung einer verkehrsrechtlichen Vorschrift steht im Umfang des Abs. 3 nicht unter Versicherungsschutz (vgl. auch § 24 Rdnrn. 74 ff. und § 21 Rdnrn. 73 ff.).

15 c) Der Deckungsrahmen für eine Interessenwahrnehmung in **Gnaden-** und ähnlichen Verfahren im Rahmen der Strafvollstreckung im Sinn des Abs. 2 d Satz 2 ist in Vorbem. vor § 21 Rdnrn. 85 ff. näher erläutert.

16 4. Der Umfang der durch Abs. 2d geregelten Versicherungsdeckung für eine Interessenwahrnehmung vor deutschen **Sozialgerichten** ist in Vorbem. vor § 21 Rdnrn. 130 ff. näher erläutert. Der VN hat Versicherungsschutz, soweit er aufgrund eines während der Versicherungszeit eingetretenen Rechtsverstoßes im Sinn des § 14 Abs. 3 Ansprüche vor dem Sozialgericht verfolgt oder abwehrt. Geschützt ist nach dem ausdrücklichen Wortlaut des Abs. 2d nur die Interessenwahrnehmung des versicherten Vereins selbst. Eine Mitversicherung der in Abs. 1 Satz 1 und 2 genannten natürlichen Personen ist nicht vorgesehen.

17 5. Der in §§ 25 Abs. 3, 26 Abs. 4 und 27 Abs. 4 mögliche fakultative Einschluß der Wahrnehmung rechtlicher Interessen aus **schuldrechtlichen Verträgen** und aus dinglichen Rechten ist in § 28 nicht vorgesehen. Eine Auseinandersetzung des Vereins mit einem Mitglied aus dem körperschaftlichen Mitgliedsverhältnis ist ebenfalls nicht mitgedeckt (vgl. Vorbem. vor § 21 Rdnr. 102).

IV. Risikoausschluß (Abs. 3)
(entspricht § 24 Abs. 3 ARB 94)

18 1. Abs. 3 nimmt den über §§ 21, 22 gesondert versicherbaren **Verkehrsbereich** vom Deckungsschutz des § 28 aus. Ist der Verein oder ein gesetzlicher Vertreter, Angestellter oder Vereinsmitglied von einem Versicherungsfall (§ 14) primär in seiner Eigenschaft als Eigentümer, Besitzer, Halter oder Fahrer von Motorfahrzeugen zu Lande, zu Wasser und in der Luft sowie Anhängern (§ 21 Rdnrn. 40 ff.) betroffen, dann besteht kein Versicherungsschutz. Wann diese Voraussetzungen im einzelnen gegeben sind, ist in § 21 Rdnrn. 10 ff. sowie in § 24 Rdnrn. 67 ff. erläutert. Als Fahrzeuginsasse (zu diesem Begriff vgl. § 21 Rdnr. 16) sind die in Abs. 1 Satz 1 und 2 genannten Personen mitversichert, soweit sie von einem Versicherungsfall im Sinn des § 14 Abs. 1 oder 2 bei Wahrnehmung von Vereinsaufgaben oder einer dem Vereinszweck dienenden Tätigkeit betroffen werden. Beispiel: Die Mitglieder eines Reitervereins verunglücken aus Fremdverschulden als Insassen eines Personenkraftwagens auf einer Fahrt, die dazu dient, Hindernisse für eine vom versicherten Verein vorbereitete Reitjagd im Gelände zu errichten. Sie haben für die Geltendmachung ihrer Schadenersatzansprüche gegen den Schädiger Versicherungsschutz gemäß Abs. 2a. Ist der Eigentümer oder Fahrer des Personenkraftwagens ebenfalls Vereinsmitglied, kann er wegen Abs. 3 weder wegen seines Fahrzeugschadens noch wegen seines Personenschadens Versicherungsschutz beanspruchen. Er benötigt hierzu einen eigenen Versicherungsvertrag nach §§ 21 oder 22. Richtet sich der Schadenersatzanspruch der Insassen gegen den Fahrer, der ebenfalls Vereinsmitglied ist, dann besteht allerdings wegen § 11 Abs. 2 Satz 2 kein Versicherungsschutz, da der Fahrer ebenfalls im Vereinsinteresse tätig war und daher nach Abs. 1 Satz 2 zum Kreis der mitversicherten Personen gehört. Der Ausschluß gilt allerdings nicht für die Geltendmachung des Direktanspruchs gegen den Kraftfahrzeug-Haftpflichtversicherer des Fahrers (§ 11 Rdnr. 21).

2. Der von *Böhme* (§ 28 Rdnr. 11b) vermißten Ausschlußbestimmung für die Interessenwahrnehmung aus Miet- und Pachtverhältnissen über **Immobilien** sowie aus dinglichen Rechten an Immobilien bedarf es nicht. Da die in §§ 25 Abs. 3, 26 Abs. 4 (Fassung 1975) und 27 Abs. 4 fakultativ versicherbare Interessenwahrnehmung aus schuldrechtlichen Verträgen und aus dinglichen Rechten in § 28 ohnehin nicht eingeschlossen ist, ist ein den §§ 25 Abs. 4b und c, 26 Abs. 5a und b (Fassung 1975) sowie 27 Abs. 5b und c entsprechender Risikoausschluß überflüssig.

§ 29 Rechtsschutz für Grundstückseigentum und Miete

(1) Versicherungsschutz wird dem Versicherungsnehmer für die Wahrnehmung rechtlicher Interessen aus Miet- und Pachtverhältnissen und aus dinglichen Rechten gewährt, und zwar jeweils in seiner Eigenschaft als Eigentümer, Vermieter, Verpächter, Mieter, Pächter oder dinglich Nutzungsberechtigter eines im Versicherungsschein bezeichneten Grundstückes, Gebäudes oder Gebäudeteiles.

(2) Der Versicherungsschutz für Wohnungseigentümer erstreckt sich abweichend von § 4 Abs. 1p) auch auf Angelegenheiten der freiwilligen Gerichtsbarkeit in Wohnungseigentumssachen nach dem Wohnungseigentumsgesetz.

Übersicht

	Rdnrn.		Rdnrn.
I. Allgemeines	1, 2	1. schuldrechtliche Nutzungsverhältnisse	10, 11
II. Versichertes Objekt	3–9		
1. im Versicherungsschein bezeichnetes	3	a) Mietverhältnis	12
		b) Pachtverhältnis	13
a) Grundstück	4	c) kurzfristiges Nutzungsverhältnis	14
b) Gebäude	5	d) Mischverträge	15
c) Gebäudeteil	6	e) Werkwohnung	16
2.a) Ersatzobjekt (Wohnungswechsel)	7, 8	2. dingliche Rechte	17–40
b) Zusatzobjekt	9	a) Begriff	17
III. Versicherter Rechtsbereich	10–40	b) „aus" dinglichen Rechten	18

	Rdnrn.		Rdnrn.
c) Eigentum	19	h) sonstige dingliche Rechte	39
aa) dingliche Ansprüche	20	i) Vormerkung	40–44
bb) sonstige Ansprüche	21, 22	IV. **Versicherte Eigenschaft**	41–44
cc) Straf-RS	22a	2. Mitversicherung	42
dd) ausgeschlossene Ansprüche	23	3. mehrere Eigenschaften	43
d) Miteigentum	24–28	4. RS gegen Störer außerhalb des	
e) Anwartschaftsrecht	29	Mietverhältnisses	44
f) dingliche Nutzungsrechte	30	V. **Wohnungseigentum (Abs. 2)**	45–49
aa) Erbbaurecht	31	1. Allgemeines	45
bb) Dienstbarkeiten	32–35	2. versicherte Eigenschaft	46
cc) Dauerwohnrecht	36	3. Verwalter	47, 48
dd) Reallasten, Rentenschulden	37	4. Stockwerkseigentum	49
g) Besitz	38		

I. Allgemeines

1 Die Interessenwahrnehmung aus schuldrechtlichen Nutzungsverhältnissen und dinglichen Rechten an Immobilien fällt an sich in den Deckungsbereich des Vertrags- und Eigentums-RS der §§ 25 Abs. 3, 26 Abs. 4 (Fassung 1975) und 27 Abs. 4. Aus risikotechnischen, kalkulatorischen und bedarfsorientierten Gründen wurde jedoch dieses immobilienbezogene Risiko durch §§ 25 Abs. 4b und c, 26 Abs. 5a und b der Fassung 1975 (Fassung 1988: Abs. 7a und b) und 27 Abs. 5a und b der Fassung 1975 (ähnlich § 24 Abs. 5b) aus der jeweiligen kombinierten Vertragsart ausgeklammert und in der **Sonderform** des § 29 unter Versicherungsschutz gestellt. Sie ist eine Fortentwicklung der erstmals 1963 zu den ARB 54 genehmigten „Sonderbedingungen für den RS bei gerichtlichen Streitigkeiten von Eigentümern und Besitzern von Wohnungen, gewerblich genutzten Räumen sowie bebauten Grundstücken" (VerBAV 63, 107; Einl. Rdnr. 16).

2 Nach dem Grundsatz der Spezialität des versicherten Risikos (§ 1 Rdnr. 46; Vorbem. vor § 21 Rdnr. 1) bietet § 29 Versicherungsschutz, soweit der VN aufgrund eines im versicherten Zeitraum eingetretenen Schadenereignisses im Sinn des § 14 Abs. 1 oder Rechtsverstoßes im Sinn des § 14 Abs. 3 außergerichtlich oder gerichtlich Ansprüche verfolgt oder abwehrt
– in bezug auf ein bestimmtes, im Versicherungsschein bezeichnetes Grundstück, Gebäude oder einen Gebäudeteil (vgl. unten Rdnrn. 3 ff.), und zwar
– aus einem Miet- oder Pachtverhältnis oder einem dinglichen Recht an diesem **versicherten Objekt** (vgl. unten Rdnrn. 10 ff.), und
– in einer bestimmten, im Zeitpunkt des Versicherungsfalles bestehenden objektbezogenen Eigenschaft (vgl. unten Rdnrn. 41 ff.).
Bei Auseinandersetzungen nach dem die neuen Bundesländer betreffenden Sachenrechtsbereinigungsgesetz und Schuldrechtsanpassungsgesetz wird je nach Sachlage in der Regel die Eigenschaft des VN als Eigentümer oder Nutzungsberechtigter betroffen sein. Das hierbei mögliche notarielle Vermittlungsverfahren ist als Verfahren der freiwilligen Gerichtsbarkeit an sich nach § 4 Abs. 1p vom Versicherungsschutz ausgeschlossen, jedoch nicht mehr nach den ARB 94 (§ 3 ARB 94 Rdnr. 2).

II. Versichertes Objekt
(entspricht § 29 Abs. 1 ARB 94)

1. Der Versicherungsschutz setzt voraus, daß ein bestimmtes Grundstück, Gebäude oder ein Gebäudeteil im **Versicherungsschein** oder seinem **Nachtrag** bezeichnet ist. Ein Gebäude ist hierbei in der Regel wesentlicher und damit nicht sonderrechtsfähiger Bestandteil des Grundstücks, auf dem es errichtet ist (§§ 93, 94 BGB). Eine Ausnahme gilt für solche Gebäude, die nur zu einem vorübergehenden Zweck oder in Ausübung eines Rechts an einem fremden Grundstück mit diesem verbunden worden sind (§ 95 BGB). Bewegliche Sachen, die nicht Grundstück, diesem gleichgestellt oder Grundstücksbestandteil sind (*Palandt/Heinrichs* vor § 90 Rdnr. 3), können im Rahmen des § 29 je nach der – notfalls durch Auslegung zu ermittelnden (RGZ 157, 314) – Parteivereinbarung mitversichert sein, soweit sie als Zubehör, insbesondere gewerbliches oder landwirtschaftliches Inventar im Sinn der §§ 97, 98 BGB das rechtliche Schicksal des versicherten Grundstücks oder Gebäudes teilen (vgl. z.B. § 926 BGB; *Palandt/Heinrichs* § 97 Rdnrn. 2 bis 10). Versicherungsfähig sind im Rahmen des § 29 auch Rechtsbeziehungen zu einem im Ausland belegenen Objekt, wobei Versicherungsschutz jedoch nur im Rahmen des § 3 besteht.

a) **Grundstück** ist ein räumlich abgegrenzter Teil der Erdoberfläche, der im Bestandsverzeichnis eines Grundbuchblatts unter einer besonderen Nummer oder gemäß § 3 Abs. 3 GBO gebucht ist (*Palandt/Bassenge* vor § 873 Rdnr. 1; vgl. auch § 4 Rdnr. 94). Ein Erschließungsweg zum versicherten Grundstück, der selbst im Versicherungsschein nicht bezeichnet ist, ist nicht mitversichert (AG München ZfS 88, 142). Dagegen ist das nach § 917 BGB bestehende Notwegrecht eines zugangslosen Grundstücks Bestandteil dieses Grundstücks nach § 96 BGB (*Palandt/Heinrichs* § 96 Rdnr. 2) und daher bei Versicherung des notwegberechtigten Grundstücks ohne zusätzliche Bezeichnung im Versicherungsschein mitversichert (vgl. unten Rdnrn. 20, 33). Zur Versicherbarkeit eines Miteigentumsanteils an einem Grundstück vgl. für das Wohnungseigentum unten Rdnr. 45 und für sonstiges Miteigentum unten Rdnrn. 24 ff.

b) **Gebäude** ist eine selbständig benutzbare, überdeckte Bauanlage, die von Menschen betreten werden kann (Näheres § 4 Rdnr. 95).

c) **Gebäudeteil** im Sinn des § 29 ist jeder selbständige oder unselbständige Teil eines Gebäudes, der rechtlich oder wirtschaftlich eine Einheit darstellt und Gegenstand eines Miet- oder Pachtverhältnisses oder eines dinglichen Rechts, auch in Form eines Teilzeitnutzungsrechts (unten Rdnr. 14), sein kann. Gebäudeteil in diesem Sinn sind insbesondere eine Miet- oder Eigentumswohnung, miet- oder pachtfähige gewerbliche Räume, Stallungen, Lagerhallen, Garagen o.ä. Eine unmittelbar zu einem versicherten Hausgrundstück oder einer versicherten Wohnung gehörende Garage ist meist beitragsfrei mitversichert. Ist im Versicherungsschein „die selbstbewohnte Wohnung" bezeichnet, dann hat der VN als Mitglied einer Wohngemein-

§ 29 ARB 75 7, 8   2. Teil. Besondere Bestimmungen

schaft in einem mehrstöckigen Haus Versicherungsschutz nur für die von ihm selbst bewohnten Räume einschließlich der Gemeinschaftsräume (AG Rüsselsheim r + s 89, 56; vgl. auch Rdnrn. 26, 27). Ist eine „Wohneinheit" versichert, besteht kein Versicherungsschutz bei Streitigkeiten wegen Gewerberäumen (LG Düsseldorf ZfS 91, 1313 = r + s 91, 131).

7   2. a) Erwirbt der VN **anstelle** des im Versicherungsschein bezeichneten eigengenutzten Hausgrundstücks oder einer Eigentumswohnung ein anderes Haus oder eine andere Eigentumswohnung oder bezieht er anstelle der versicherten Mietwohnung eine andere, dann erlischt an sich der Versicherungsvertrag, da Rechtskostenrisiken aus dem versicherten Objekt nicht mehr zu erwarten sind (§ 10 Rdnr. 5). Um für solche Fälle Schwierigkeiten zu vermeiden (vgl. hierzu *Ruhle* ZfV 77, 411, 417 unter Ziff. VI) und einen nach dem mutmaßlichen Willen des VN gewünschten „nahtlosen" Übergang des Versicherungsschutzes auf das Nachfolgeobjekt zu gewährleisten, wird seit 1979 meist folgende Standardklausel (Einl. Rdnr. 23 b) vereinbart (VerBAV 80, 212):

Klausel zu § 29 ARB – Versicherungsschutz bei Wohnungswechsel
(entspricht § 12 Abs. 3 ARB 94)

Bezieht der Versicherungsnehmer an Stelle der im Versicherungsschein bezeichneten Miet- oder Eigentumswohnung bzw. an Stelle des selbstgenutzten Einfamilienhauses eine andere Miet- oder Eigentumswohnung bzw. ein anderes Einfamilienhaus, geht der Versicherungsschutz mit dem Bezug auf die neue Wohnung oder das neue Haus über. Der Versicherungsschutz erstreckt sich auch auf Versicherungsfälle, die erst nach dem Auszug aus dem im Versicherungsschein bezeichneten Objekt eintreten, soweit sie in unmittelbarem Zusammenhang mit der Eigennutzung dieses Objektes durch den Versicherungsnehmer stehen. Das gleiche gilt für Versicherungsfälle, die sich auf das neue Objekt beziehen und vor dessen Bezug eintreten.

8   Der Klauselwortlaut stellt sicher, daß noch Versicherungsschutz für solche Auseinandersetzungen besteht, die beispielsweise nach Verlust der Mietereigenschaft des VN für die bisher im Versicherungsschein bezeichnete Mietwohnung entstehen. **Beispiel:** Der Vermieter der bisherigen Wohnung stellt einige Zeit nach dem Auszug des VN und damit nach Beendigung von dessen versicherter Eigenschaft als Mieter (vgl. unten Rdnr. 41) eine Heizkostennachforderung, die der VN als überhöht zurückweist. Obwohl der in dieser Nachforderung zu sehende Rechtsverstoß des Vermieters (§ 14 Abs. 3) nach Beendigung des Versicherungsverhältnisses für die bisherige Wohnung eingetreten ist, hat der VN Versicherungsschutz für die Abwehr dieser Forderung. Entsprechendes gilt für Streitigkeiten mit dem neuen Vermieter der Ersatzwohnung, soweit sie aufgrund eines vor deren Bezug durch den VN eingetretenen Versicherungsfalles ausgelöst worden sind. Wie sich aus dem Eingangswortlaut der Klausel ergibt, soll in diesen Fällen Versicherungsschutz jedoch nur bestehen, wenn der VN die Nachfolgewohnung auch tatsächlich bezieht, nicht dagegen, wenn der Bezug aus irgendwelchen Gründen unterbleibt (LG Hannover ZfS 89, 130; LG Köln ZfS 87, 305; AG Köln ZfS 87, 179). Gibt der VN sein bisheriges Haus oder

seine Eigentumswohnung nicht auf, sondern vermietet er sie beispielsweise weiter, dann besteht für eine nach seinem Auszug in Gang gekommene Auseinandersetzung mit dem neuen Mieter kein Versicherungsschutz mehr, da es sich nicht um einen Versicherungsfall in unmittelbarem Zusammenhang mit der „Eigennutzung" (Selbstnutzung) des bisher versicherten Objekts durch den VN handelt (GB BAV 79, 89). Nach dem eindeutigen Klauselwortlaut besteht auch dann kein Versicherungsschutz, wenn der VN als Eigentümer eines Mehrfamilienhauses aus einer von ihm in diesem Haus bewohnten Wohnung auszieht.

b) **Erwirbt** der VN zu dem im Versicherungsschein bezeichneten und von ihm weiter selbst genutzten Objekt eine weitere Immobilie **hinzu,** z.B. eine Eigentumswohnung, die er entweder selbst nutzt (Zweitwohnung) oder nicht selbst bezieht, dann führt dies bei der strengen Objektbezogenheit des § 29 nicht, wie etwa bei § 21, von selbst zur Mitversicherung des hinzu erworbenen Objekts mit der Folge einer Beitragserhöhung nach § 9 Abs. 1. Nach dem Grundsatz der Spezialität des versicherten Risikos (§ 1 Rdnr. 46; Vorbem. vor § 21 Rdnr. 1) muß vielmehr für das zusätzliche Objekt ein zusätzlicher Versicherungsvertrag geschlossen werden. Entsprechendes gilt, wenn – außer bei Wohnungswechsel (oben Rdnr. 7) – anstelle des bisherigen Objekts ein anderes im Versicherungsschein bezeichnet wird. Es handelt sich dann um einen neuen Versicherungsvertrag mit neuer Wartezeit nach § 14 Abs. 3 Satz 3 (LG/OLG Köln r + s 93, 104; § 14 Rdnr. 65).

III. Versicherter Rechtsbereich
(entspricht § 29 Abs. 2 ARB 94)

1. Versichert sind Auseinandersetzungen aus **schuldrechtlichen Nutzungsverhältnissen** über das im Versicherungsschein bezeichnete Objekt (oder ein Nachfolgeobjekt, vgl. hierzu oben Rdnr. 8). Die Verwendung des Begriffs der Miet- und Pacht-„Verhältnisse" deutet zum einen darauf hin, daß nicht nur der zu Beginn des Nutzungsverhältnisses geschlossene Miet- oder Pachtvertrag als solcher, sondern das gesamte Dauerschuldverhältnis gemeint ist, das sich in Erfüllung des geschlossenen Vertrags an diesen anschließt. Zum anderen kommt dadurch zum Ausdruck, daß auch faktische Nutzungsverhältnisse ohne oder ohne wirksamen Miet- oder Pachtvertrag vom Versicherungsschutz umfaßt werden sollen wie z.B. der Zeitraum zwischen rechtlicher Beendigung des Vertrags nach wirksamer Kündigung und verspäteter Räumung der Mietwohnung (§ 557 BGB). Eine Interessenwahrnehmung „aus" Miet- oder Pachtverhältnissen setzt einen tatsächlich oder zumindest nach dem schlüssigen Sachvortrag eines Vertragsteils bestehenden, gescheiterten oder beendeten Vertrag voraus. Ansprüche wegen culpa in contrahendo aus der Anbahnung eines Nutzungsverhältnisses können aus den in Vorbem. vor § 21 Rdnr. 109 erörterten Gründen noch dem Deckungsbereich des § 29 zugerechnet werden (vgl. auch Vorbem. vor § 21 Rdnrn. 108 ff.).

§ 29 ARB 75   11, 12   2. Teil. Besondere Bestimmungen

11   Gedeckt sind nur solche Ansprüche, die **zwischen** den **Vertragsparteien selbst** streitig sind und im Miet- oder Pachtverhältnis ihre Rechtsgrundlage haben (LG Bonn JurBüro 90, 523 für Abstandssumme; AG Hanau r + s 92, 379 für Abwehr des Räumungsanspruchs durch den VN als Mieter, nicht für vergleichsweisen Kauf der Wohnung durch diesen; vgl. § 2 Rdnr. 167a und § 14 Rdnr. 45). Hierzu gehören auch Ansprüche aus einem gesetzlichen Vermieter-, Verpächter- oder Pächterpfandrecht nach §§ 559, 583 oder 592 BGB sowie aus positiver Vertragsverletzung (LG Hannover r + s 93, 22 für Abwehr einer Schadenersatzklage des Mieters durch den VN als Vermieter im Zusammenhang mit Eigenbedarfskündigung; a.A. AG Hannover ZfS 89, 165). Ansprüche gegen einen Dritten, z.B. des Mieters auf Zahlung von Wohngeld gegen die Wohngeldbehörde oder von Instandsetzungskosten im Wege der Ersatzvornahme gegen das Amt für Wohnungswesen (AG Frankfurt ZfS 82, 16) oder der Parteien eines Miet- oder Pachtvertrags gegen die Genehmigungsstelle bei genehmigungsbedürftigen Wertsicherungsklauseln, wurzeln nicht im Miet- oder Pachtverhältnis selbst (vgl. hierzu Vorbem. vor § 21 Rdnr. 112; zum Streit zwischen Mitmietern im gleichen Haus vgl. jedoch unten Rdnr. 44) und sind auch in anderen Vertragsarten der ARB in der Regel nicht gedeckt, da es sich meist um eine verwaltungsrechtliche Auseinandersetzung handelt, für die kein Versicherungsschutz vorgesehen ist. Gleiches gilt für den Streit eines VN als Mieters oder Pächters mit der Sanierungsbehörde, die die Aufhebung seines Miet- oder Pachtverhältnisses nach § 182 BauGB betreibt (außerdem Ausschluß nach § 4 Abs. 1 r, da es sich nach § 185 BauGB um eine entschädigungspflichtige Enteignungsmaßnahme handelt). Ist ein Nutzungsverhältnis mit der Mitgliedschaft in einer Wohnungsbaugenossenschaft gekoppelt, besteht allenfalls insoweit Versicherungsschutz, als die Auseinandersetzung vorwiegend im schuldrechtlichen Nutzungsverhältnis und nicht im genossenschaftlichen Mitgliedschaftsverhältnis angesiedelt ist (§ 4 Abs. 1c; § 4 Rdnr. 9; Vorbem. vor § 21 Rdnrn. 9, 10). Ein Streit des VN als (Mieters oder) Wohnungseigentümers mit einem Fernheizungsunternehmen wegen fehlerhafter Abrechnung fällt nicht in den Deckungsbereich des § 29 (AG Regensburg ZfS 87, 51), sondern des § 25 Abs. 3 oder § 26 Abs. 4 (Fassung 1975; Fassung 1988: Abs. 5b).

12   a) Durch den **Mietvertrag** wird der Vermieter verpflichtet, dem Mieter den Gebrauch des vermieteten Grundstücks, Gebäudes oder Gebäudeteils während der Mietzeit gegen Zahlung des vereinbarten Mietzinses zu gewähren (§ 535 BGB). Mietähnliche Verträge können hinsichtlich des Versicherungsschutzes der Miete gleichgestellt werden, soweit und solange das mietvertragliche Element überwiegt. Andernfalls besteht Deckung nur über den Vertrags-RS (Vorbem. vor § 21 Rdnr. 96). Dies gilt z.B. für den Mietkauf als einen mit einer Kaufoption verbundenen Mietvertrag (*Palandt/Putzo* vor § 535 Rdnr. 22). Auch bei – meist längerfristigen – Leasingverträgen überwiegt in der Regel das mietvertragliche Element (*Palandt/Putzo* vor § 535 Rdnrn. 27 ff.). Bei einer Wohnungsleihe fehlt dagegen die dem Mietverhältnis wesenseigene Entgeltlichkeit der Raumüberlassung (*Palandt/Putzo* § 598 Rdnrn. 3, 4). Da es sich hier um einen eindeutigen Begriff der Rechtssprache

handelt (Einl. Rdnr. 48), besteht Versicherungsdeckung nur über den „allgemeinen Vertrags-RS" der §§ 25 Abs. 3, 26 Abs. 4 (Fassung 1988: Abs. 5 b) oder 27 Abs. 4 (Vorbem. vor § 21 Rdnr. 96). Das gleiche gilt für einen Miet-Vorvertrag (AG Hamburg NJW-RR 93, 1310) und für ein „Nutzungsverhältnis eigener Art", das zwischen den Vertragsparteien eines Grundstückskaufvertrags für einen Teil der Immobilie bis zum Besitzübergang des ganzen Objekts vereinbart ist (OLG Hamm VersR 88, 1176 = ZfS 89, 271 = r + s 89, 222). Entsteht Streit über ein im Mietvertrag vereinbartes Vorkaufsrecht des Mieters, soll dies kein Streit über eine mietrechtliche Angelegenheit aus dem Mietverhältnis sein (AG Köln ZfS 88, 249). Eine Auseinandersetzung über das 1993 eingeführte gesetzliche Vorkaufsrecht des Wohnungsmieters nach § 570b BGB wird man dagegen als mietrechtlich qualifizieren können, da es nunmehr typischer Bestandteil eines Mietvertrags ist.

b) Durch den **Pachtvertrag** wird der Verpächter verpflichtet, dem Pächter den Gebrauch des verpachteten Grundstücks, Gebäudes oder Gebäudeteils und den hieraus nach den Regeln einer ordnungsmäßigen Wirtschaft zu ziehenden Fruchtgenuß während der Pachtzeit gegen Zahlung des vereinbarten Pachtzinses zu gestatten (§§ 581, 100 BGB). Infrage kommt vor allem die Pacht eines gewerblichen Betriebs, z.B. eines Hotels oder einer Gaststätte, oder eines land- oder forstwirtschaftlichen Betriebs (vgl. die entsprechenden Ausschlußbestimmungen der §§ 24 Abs. 5 b und 27 Abs. 5 b). Pachtverhältnisse über Rechte, z.B. das Jagdausübungs- oder Fischereirecht, sind nicht nach § 29, sondern nur über §§ 25 Abs. 3, 26 Abs. 4 oder 27 Abs. 4 versicherbar (vgl. § 25 Rdnr. 42).

c) Eine Interessenwahrnehmung aus **kurzfristigen** schuldrechtlichen **Nutzungsverhältnissen** über Immobilien fällt für den Mieter in der Regel nicht unter § 29, sondern unter §§ 25 Abs. 3, 26 Abs. 4 oder 27 Abs. 4. Dies ergibt sich schon daraus, daß in solchen Fällen, z.B. bei der Anmietung eines Hotelzimmers, einer Ferienwohnung oder eines Campingplatzes (Ausnahme: Dauer-Campingplatz), die in § 29 vorgesehene Bezeichnung des kurzfristig gemieteten Objekts im Versicherungsschein einen unvertretbaren Verwaltungsaufwand erfordern würde und häufig vor Reiseantritt gar nicht möglich wäre. § 29 stellt es nach seinem Sinn und Zweck ersichtlich auf längerfristige Schuldverhältnisse, insbesondere Dauerschuldverhältnisse zwischen den gleichen Vertragsparteien ab (§ 25 Rdnr. 41). Aus diesem Grund wird auch die gewerbliche, kurzfristige Vermietung von Hotelzimmern, Ferienwohnungen, Campingplätzen u.ä. an jeweils wechselnde Gäste nicht dem Deckungsbereich des § 29, sondern des für gewerbliche Betätigung geltenden § 24 Abs. 3 Ziff. 1 zugeordnet (vgl. § 24 Rdnr. 80). Etwas anderes wird für ein durch das Teilzeit-Wohnrechtegesetz seit 1. 1. 1997 eingeführtes Teilzeitnutzungsrecht zu gelten haben, soweit das Nutzungsobjekt im Versicherungsschein bezeichnet ist.

d) **Gemischte** Verträge wie Beherbergungs-, Pensions- oder Heimpflegeverträge können auch bei längerer Dauer allenfalls dann in den Deckungsbereich des § 29 fallen, wenn die Gebrauchsüberlassung von – im Versicherungsschein bezeichneten – Räumen die Hauptleistung ist und sonstige Leistungen des Gebrauchsüberlassenden nur untergeordneten Charakter haben. Erbringt derjenige, der die Räume überläßt, daneben jedoch fortlaufend eine nicht unerhebliche dienstvertragliche Leistung etwa durch Betreuung oder Pflege, dann sind Auseinandersetzungen aus solchen Verträgen nach dem Regelungszusammenhang der ARB auf Seiten des Betreuenden dem § 24 Abs. 3 Ziff. 1, auf Seiten des Betreuten dem Vertrags-RS der §§ 25 Abs. 3, 26 Abs. 4 der Fassung 1975 (Fassung 1988: Abs. 5b) oder 27 Abs. 4 zuzurechnen (§ 24 Rdnr. 80; § 25 Rdnr. 41).

16 e) Bei **Werk- und Dienstwohnungen** sind zwei Fälle zu unterscheiden: Ist der Wohnraum mit Rücksicht auf das Bestehen eines Arbeits- oder Dienstverhältnisses vermietet („Werkmietwohnung", § 565b BGB), dann existiert neben dem Arbeits- oder Dienstvertrag ein rechtlich selbständiger Mietvertrag (*Palandt/Putzo* vor § 565b Rdnr. 8). Versicherungsschutz für eine Interessenwahrnehmung aus diesem Vertrag besteht dann nur, wenn der Arbeitgeber als Vermieter oder der Arbeitnehmer als Mieter einen Vertrag nach § 29 abgeschlossen haben. Ist dagegen der Wohnraum im Rahmen eines Dienst- oder Arbeitsverhältnisses überlassen, z.B. an einen Hausmeister („Werkdienstwohnung", § 565e BGB), dann ist diese Gebrauchsüberlassung unselbständiger Bestandteil des Arbeits- und Dienstverhältnisses und Teil der Arbeitsvergütung (*Palandt/Putzo* vor § 565b Rdnr. 9). In diesem Fall bedarf es keines Vertrags nach § 29, vielmehr hat der Arbeitgeber Versicherungsschutz im Rahmen des § 24 Abs. 2b und der Arbeitnehmer im Rahmen der §§ 25 Abs. 2b, 26 Abs. 3c der Fassung 1975 (Fassung 1988: Abs. 5c) oder 27 Abs. 3c (vgl. § 24 Rdnr. 81).

17 2 a) Versichert ist die Interessenwahrnehmung aus **dinglichen Rechten** an Grundstücken, Gebäuden oder Gebäudeteilen. „Dingliches Recht" ist ein in der Umgangssprache nicht gebräuchlicher, auch im BGB nur an einer Stelle – § 221 – verwendeter Rechtsbegriff, unter dem man das gegenüber jedermann wirkende absolute Recht einer Person zur unmittelbaren und unbeschränkten oder beschränkten Herrschaft über eine Sache (oder ein Recht) versteht. Das umfassendste dingliche Recht ist das Eigentum. Daneben gibt es beschränkte dingliche Rechte als Nutzungs-, Verwertungs- und Erwerbsrechte, von denen im Rahmen des § 29 allerdings nur die Nutzungsrechte Bedeutung gewinnen können, da neben der Eigenschaft als Eigentümer nur die Eigenschaft des VN als dinglich Nutzungsberechtigter, dagegen nicht als dinglich Verwertungs- oder Erwerbsberechtigter unter Versicherungsschutz steht (vgl. unten Rdnr. 39). Im Gegensatz zum Recht der schuldrechtlichen Verträge (Vorbem. vor § 21 Rdnr. 99) unterliegen die im Dritten Buch des BGB und in Sondergesetzen geregelten dinglichen Rechte dem Typenzwang, d.h. andere als die gesetzlich zugelassenen Rechte können nicht begründet werden (Näheres *Palandt/Bassenge* Einl. vor § 854 Rdnrn. 3ff.).

18 b) Versicherungsschutz besteht, soweit der VN auf Grund eines in den versicherten Zeitraum fallenden Rechtsverstoßes im Sinn des § 14 Abs. 3 (§ 14 Rdnrn. 39ff.) rechtliche Interessen „aus" dinglichen Rechten in einer

versicherten Eigenschaft (vgl. unten Rdnrn. 41 ff.) wahrzunehmen hat. Dies setzt schon rein begrifflich voraus, daß – zumindest nach dem schlüssigen Sachvortrag des VN oder seines Gegners (vgl. Vorbem. vor § 21 Rdnr. 4) – bereits ein dingliches Recht besteht. Ansprüche, die erst auf Begründung oder beispielsweise auf Rückübertragung eines dinglichen Rechts, z.b. des Eigentums, gerichtet sind, fallen möglicherweise unter die Deckung des Vertrags-RS (Vorbem. vor § 21 Rdnrn. 96 ff.), nicht aber des § 29. Die Interessenwahrnehmung kann bestehen in der außergerichtlichen oder gerichtlichen Geltendmachung von Ansprüchen aus dem dinglichen Recht an dem versicherten Objekt sowie in der Abwehr von Ansprüchen Dritter, die gegen dieses dingliche Recht des VN gerichtet sind.

c) Der Hauptfall eines dinglichen Rechts an Grundstücken, Gebäuden oder Gebäudeteilen ist das **Eigentum** im Sinn des § 903 BGB. **19**

aa) Ansprüche „aus" dem Eigentum an Immobilien sind zunächst die im Dritten Buch des BGB geregelten **dinglichen** (sachenrechtlichen) **Ansprüche**, vor allem die nachbarrechtlichen Ansprüche der §§ 906 bis 923 BGB, z.b. wegen Immissionen, wegen eines Überbaues oder eines Notwegs (vgl. oben Rdnr. 4, unten Rdnr. 33), und die zahlreichen aufgrund Art. 124 EGBGB fortbestehenden nachbarrechtlichen Vorschriften des Landesrechts (vgl. *Palandt/Bassenge* Art. 124 EGBGB Rdnr. 2), sowie die aus dem Eigentum abgeleiteten Ansprüche der §§ 985 ff. einschließlich negatorischer Ansprüche nach § 1004 BGB. Gedeckt ist auch – im Gegensatz zum schuldrechtlichen – ein dinglicher Grundbuch-Berichtigungsanspruch gemäß § 894 BGB (LG/OLG Köln r + s 90, 161). **20**

bb) Eine Interessenwahrnehmung „aus" dinglichen Rechten ist aber auch zu bejahen, wenn dem Eigentümer aus der Substanz- oder Gebrauchsbeeinträchtigung seines Eigentums kein im Dritten Buch des BGB geregelter sachenrechtlicher („dinglicher"), sondern ein **schuldrechtlicher** Anspruch erwächst, insbesondere ein gesetzlicher Schadensersatzanspruch nach §§ 823 ff. BGB. Der Eigentümer kann nach § 903 BGB, worauf *J. Vassel* (ZVersWiss 81, 269, 273) mit Recht hinweist, soweit nicht das Gesetz oder Rechte Dritter entgegenstehen, mit seinem Eigentum nach Belieben verfahren und andere von jeder Einwirkung ausschließen. Der Eigentümer soll nach dem Wortlaut ersichtlich immer dann Versicherungsschutz haben, wenn er aufgrund eines wirklichen oder behaupteten Rechtsverstoßes im Sinn des § 14 Abs. 3 einen im Eigentumsrecht selbst, also nicht in einer Vertragsbeziehung wurzelnden, aus diesem entspringenden Anspruch geltend macht oder einen unmittelbar auf sein Eigentum zielenden Anspruch eines Dritten – z.B. nach § 908 BGB – abwehrt, und zwar ohne Rücksicht auf dessen Rechtsnatur. Daher verdient *Möller* (Studien S. 6 Fußnote 21) Zustimmung, wenn er die Geltendmachung von – schuldrechtlichen – Schadenersatzansprüchen aus schuldhafter Verletzung des Grundeigentums nach § 823 Abs. 1 BGB zu dem durch § 29 gedeckten Wagnis rechnet. Hierzu zählt beispielsweise auch der vom OLG Karlsruhe (NJW 78, 274) entschiedene Fall einer Beeinträchtigung der ordnungsgemäßen Zufahrt zu einem Grundstück durch fortlaufendes verbotswidriges Parken (vgl. hierzu *Dörner* **21**

DAR 79, 10). Auch die Abwehr eines außervertraglichen, gegen das versicherte Grundeigentum gerichteten Anspruchs kann unter die Deckung fallen wie beispielsweise die Abwehr eines Rückgewähranspruchs nach § 7 Anfechtungsgesetz (§ 2 Rdnr. 214; zum Versicherungsfall vgl. § 14 Rdnr. 50).

21 a Gegenüber der hier vertretenen Meinung wird eingewendet, auf Grund des Regelungszusammenhangs der §§ 25 und 29 sei der Wortlaut des § 29 dahin zu interpretieren, daß dort mit „dinglichen Rechten" nur dingliche (= sachenrechtliche) Ansprüche gemeint seien, während z.B. die Geltendmachung schuldrechtlicher gesetzlicher Schadenersatzansprüche wegen Beeinträchtigung von Grundeigentum des VN nach §§ 823 ff. BGB nur über §§ 24 Abs. 2 a, 25 Abs. 2 a, 26 Abs. 3 a, (Fassung 1975), 27 Abs. 3 a oder 28 Abs. 2 a gedeckt sei (so *J. Vassel* ZVersWiss 84, 608, 615). Dem ist jedoch entgegen zu halten, daß der Wortlaut des § 29 für einen durchschnittlich verständigen VN, auf den es bei der Auslegung von AVB ankommt (Einl. Rdnr. 47), anders zu verstehen ist: Wenn dem VN „für die Wahrnehmung rechtlicher Interessen aus dinglichen Rechten ... in seiner Eigenschaft als Eigentümer ... oder dinglich Nutzungsberechtigter eines ... Grundstücks" Versicherungsschutz versprochen wird, so kann und muß er dies nach dem Sprachgebrauch des täglichen Lebens dahin verstehen, daß er wegen jedes Rechtsverstoßes im Sinn des § 14 Abs. 3, der sein versichertes dingliches Recht (Grundeigentum oder Nutzungsrecht) betroffen hat, rechtlich vorgehen kann und daß hiermit **nicht** nur eine **bestimmte Anspruchsart** gemeint ist. Dem Nichtjuristen ist ohnehin kaum bekannt, daß eine Beeinträchtigung etwa des Grundeigentums sachenrechtliche, schuldrechtliche oder je nach Sachlage auch öffentlich-rechtliche Ansprüche auslösen kann, häufig sogar in Anspruchskonkurrenz. Überdies hätte die Gegenmeinung zur Folge, daß manche der im Dritten Buch des BGB geregelten Ansprüche – die doch nach dieser Meinung generell gedeckt sein sollen – gleichwohl nicht gedeckt wären, weil sie nämlich ihrerseits nicht „dinglicher", sondern schuldrechtlicher Natur sind und einem gesetzlichen Schuldverhältnis entspringen wie etwa die Ansprüche des Eigentümers gegen den jeweiligen Besitzer auf Nutzungen und Schadenersatz nach §§ 987 ff. BGB (*Palandt/Bassenge* vor § 987 Rdnr. 4; § 987 Rdnr. 1). Der Wortlaut, wie er sich dem Durchschnitts-VN erschließt, kann – auch im Hinblick auf die Unklarheitenregel des § 5 AGBG – nicht durch Hinweis auf einen anders gemeinten, aber nur unzureichend zum Ausdruck gekommenen Regelungszusammenhang uminterpretiert werden. Die bisher veröffentlichte Rechtsprechung ordnet, soweit ersichtlich, alle Ansprüche, die das Grundeigentum unmittelbar tangieren, ohne Rücksicht auf ihre Rechtsnatur ebenfalls dem § 29 zu: LG Ravensburg MDR 78, 320 für Beeinträchtigung eines landwirtschaftlichen Betriebs; LG Berlin NJW 87, 849 = VersR 87, 67 für nachbarrechtlich/öffentlich-rechtliche Eingriffe durch Stationierungsstreitkräfte; LG Berlin ZfS 86, 370 für Durchsetzung einer Löschungsbewilligung; LG Münster ZfS 86, 211 für Rechnungslegungsanspruch gegen Grundstücksmiteigentümer; OLG Karlsruhe VersR 87, 152 für Auflassungsvormerkung im Verteilungsverfahren nach § 92 ZVG; LG Amberg r + s 89, 154 für rechtswidrige Abholzung ei-

nes Grundstücks. Diese bereits herrschende Meinung wurde inzwischen höchstrichterlich bestätigt. Der BGH weist zu Recht darauf hin, daß die in § 29 vorgesehene Wahrnehmung rechtlicher Interessen aus dinglichen Rechten nur in der Weise verstanden werden könne, daß Versicherungsschutz für das Verfolgen und Abwehren solcher Ansprüche – aller Art – besteht, die aus dem dinglichen Recht entstehen können (NJW 92, 1511 = VersR 92, 487 = ZfS 92, 173 = r + s 92, 127). Dementsprechend ist die Verfolgung oder Abwehr solcher Ansprüche durch § 25 Abs. 4c vom Versicherungsschutz ausgeschlossen (OLG Oldenburg VersR 95, 1232 = r + s 95, 21; § 25 Rdnr. 58). Dies gilt auch, wenn der VN seine Eigentümerstellung durch das Gesetz zur Regelung offener Vermögensfragen erlangt hat (AG Freiburg r + s 96, 449).

Hält der VN sein Grundeigentum durch **öffentlich-rechtliche** Maßnahmen für beeinträchtigt oder macht er selbst einen öffentlich-rechtlichen Anspruch geltend, der in innerem sachlichen Zusammenhang mit seinem versicherten Grundeigentum steht, dann hat er für die Geltendmachung solcher Ansprüche oder die Abwehr solcher Maßnahmen Versicherungsschutz, soweit nicht ein Risikoausschluß – z.B. § 4 Abs. 1k, n oder r (vgl. unten Rdnr. 23) – eingreift. Denn auch die Rechtsbesorgung im Zusammenhang mit grundstücksbezogenen behördlichen oder sonstigen öffentlich-rechtlichen Akten ist Interessenwahrnehmung „aus" dem Eigentum und hätte ausdrücklich vom Versicherungsschutz ausgenommen werden müssen, wenn sie durch § 29 nicht geschützt sein sollte. Einer ausdrücklichen Einbeziehung verwaltungsrechtlicher Streitigkeiten wie in § 1 der Sonderbedingungen von 1963 zu den ARB 54 bedurfte es nicht (insoweit gleicher Meinung *J. Vassel* ZVersWiss 81, 269, 273; ähnlich *Ruhle* ZfV 77, 411, 416; *Ridder* S. 52). Solche die Eigentumsposition des VN tangierende Verwaltungsakte können beispielsweise sein ein dem Grundstücksnachbarn des VN erteilter, den VN beschwerender fehlerhafter Bauvorbescheid (zur Rechtsnatur vgl. *Dürr* NJW 80, 2295) oder Baugenehmigungsbescheid (u. U. Amtspflichtverletzung; vgl. BGH NJW 79, 34 = VersR 78, 1166) oder ein Dispens des Nachbarn von nachbarschützenden Vorschriften des Bauordnungsrechts (zur Frage des Versicherungsfalls vgl. § 14 Rdnrn. 40ff.) oder auch sonstige das Grundeigentum des VN beeinträchtigende öffentlich-rechtliche Maßnahmen, z.B. ein Vorgehen gegen ihn als polizeipflichtigen „Störer" aus der „Zustandshaftung" für eine von seinem Grundstück angeblich ausgehende Gefahr (Näheres *Wolff/Bachof* III § 127 Rdnrn. 14ff.), die Sperrstundenverlängerung für eine auf dem Nachbargrundstück betriebene Gaststätte, von einem benachbarten militärischen Schießplatz ausgehende Störungen (LG Berlin VersR 87, 67) oder eine – außerhalb eines Planfeststellungs- oder Enteignungsverfahrens ergehende (§ 4 Abs. 1 r) – Straßenbaumaßnahme (LG Ravensburg MDR 78, 320; Näheres zum öffentlichen Nachbarrecht *Palandt/Bassenge* § 903 Rdnrn. 14ff.). Gleiches gilt für den Erlaß eines Bebauungsplanes, soweit er die Bebaubarkeit eines versicherten Grundstücks des VN unmittelbar einschränkt und im Wege der verwaltungsgerichtlichen Normenkontrolle nach § 47 VwGO anfechtbar ist (vgl. hierzu BVerfG NJW 85, 2315; § 4 Rdnr. 125; § 14 Rdnr. 44). Macht der VN als Anlieger einer Straße oder eines Gewässers ein Recht auf Sondernutzung geltend, z.B. durch in den Straßenraum hineinragende Treppenstufen seines Hauses, durch Aufstellung von Tischen und Stühlen im Straßenraum vor seinem als Gaststätte oder Café gewerblich genutzten Grundstück oder durch Lautsprecherreklame von seinem Grundstück aus, oder beantragt er als Anlieger eines Gewässers eine wasserrechtliche Erlaubnis oder Genehmigung zur Sondernutzung, dann kann dies alles eine Interessenwahrnehmung „aus" dem Grundstückseigentum sein (*Ridder* S. 52).

22 a cc) Die Verteidigung gegen einen straf- oder bußgeldrechtlichen Vorwurf im Zusammenhang mit der Eigentümerstellung des VN wird man nicht oder jedenfalls nicht primär als Interessenwahrnehmung „aus" dem Grundeigentum ansehen können. Wird ihm beispielsweise vorgeworfen, gegen Vorschriften zur Sicherung der Zweckbestimmung von Sozialwohnungen verstoßen zu haben (§ 26 Wohnungsbindungsgesetz), dann ist die Verteidigung gegen diesen Vorwurf kein im Grundeigentum als solchem wurzelnder Abwehranspruch (§ 903 BGB), sondern die Folge einer besonderen öffentlich-rechtlichen Pflicht nach dem Wohnungsbindungsgesetz, die übrigens nicht nur den Eigentümer, sondern auch sonstige Verfügungsberechtigte treffen kann. Versicherungsschutz besteht in solchen Fällen im Rahmen der §§ 25 Abs. 2 c, 26 Abs. 3 d der Fassung 1975 (Fassung 1988: Abs. 5 d) oder 27 Abs. 3 d. Entsprechendes gilt, wenn etwa dem VN vorgeworfen wird, durch Verletzung seiner Streupflicht als Grundeigentümer den Tod oder die Körperverletzung eines Dritten fahrlässig verursacht zu haben.

23 dd) Vom Versicherungsschutz **ausgeschlossen** ist die Interessenwahrnehmung aus dem Grundeigentum insbesondere in unmittelbarem Zusammenhang mit der Planung, Errichtung oder genehmigungspflichtigen baulichen Veränderung eines dem VN gehörenden Grundstücks, Gebäudes oder Gebäudeteils, z. B. gegenüber der Baubehörde (§ 4 Abs. 1 k, vgl. § 4 Rdnrn. 86 ff.), weiter die Interessenwahrnehmung aus Bergbauschäden (§ 4 Abs. 1 l) und im Zusammenhang mit Planfeststellungs-, Flurbereinigungs-, Umlegungs- und Enteignungs-Angelegenheiten (§ 4 Abs. 1 r). Der frühere generelle Ausschluß der Interessenwahrnehmung aus dem Bereich des Steuer- und Abgaberechts (§ 4 Abs. 1 n) wurde inzwischen durch die Zusatzbedingung zum Steuer-RS im nichtgewerblichen Bereich aufgelockert (Näheres Vorbem. vor § 21 Rdnrn. 175, 179, 191, 192).

24 d) Das im Versicherungsschein bezeichnete Grundstück kann im Alleineigentum des VN oder im Miteigentum mehrerer Personen stehen. Inwieweit auch die Rechtsbesorgung aus Grundstücks-**Miteigentum** gedeckt ist, hängt von der Art des Miteigentums ab. Unproblematisch ist die Versicherung von Wohnungseigentum (vgl. unten Rdnr. 45). Bei den anderen Formen, dem schlichten Miteigentum nach Bruchteilen und dem Gesamthandseigentum, kommt es jeweils auf die Umstände des Einzelfalles und etwaige besondere Vereinbarungen zwischen VN und Versicherer an. Beim Miteigentum nach Bruchteilen steht jedem Miteigentümer ein ideeller Anteil am Grundstück zu, über den er frei verfügen kann (§§ 1008 ff. BGB), während beim Gesamthandseigentum, z. B. der BGB-Gesellschaft oder der Erbengemeinschaft, der einzelne Gesamthänder über seinen Anteil an dem zum Ge-

samthandsvermögen gehörenden Grundstück nicht verfügen kann (§§ 719, 2033 Abs. 2 BGB; *Palandt/Bassenge* § 903 Rdnr. 3). Möglich ist jeweils eine Versicherung des gesamten Grundstücks durch sämtliche Miteigentümer als Mit-VN. Möglich ist auch die Versicherung des gesamten Grundstücks durch einen Miteigentümer als VN zugunsten aller, die insoweit als mitversichert anzusehen sind (vgl. unten Rdnr. 42 und Vorbem. vor § 21 Rdnr. 6).

Problematisch ist dagegen die Versicherbarkeit eines **Miteigentumsanteils**. In der Aktiven-Versicherung, die den Sachwert und das Sacherhaltungsinteresse abdeckt (z.B. Feuer- oder Einbruch-Diebstahlversicherung; vgl. § 10 Rdnr. 8), ist die Versicherung eines Miteigentums-Bruchteils möglich (RGZ 157, 314; öOGH VersR 62, 815; *Martin* VersR 74, 410; *Prölss/Martin/Kollhosser* vor § 51 Anm. 4 B). Aus Rechtsgründen steht an sich nichts im Wege, bei einem objektbezogenen RSVersicherungsvertrag, bei dem eine bestimmte Rechtsbeziehung zu einem bestimmten Objekt versichert ist, das von einem Miteigentums-Bruchteil ausgehende spezielle Rechtskostenrisiko ebenfalls abzudecken. Nach dem Wortlaut des § 29 bezieht sich jedoch die Deckung auf das „im Versicherungsschein bezeichnete Grundstück, Gebäude oder (einen) Gebäudeteil", d.h. nicht nur auf einen ideellen Miteigentumsanteil, sondern auf das gesamte Grundstück oder einen realen Teil davon. Der Tarif kennt keinen eigenen Beitrag für einen Miteigentumsanteil. Auch der Zweck der Regelung geht ersichtlich dahin, nur die aus dem Eigentum am Grundstück als Ganzem entspringenden Rechtskostenrisiken abzudecken. Dies wird deutlich, wenn man berücksichtigt, daß eine Beeinträchtigung des Eigentums, z.B. durch Immissionen vom Nachbargrundstück oder durch eine den Grundstückswert mindernde behördliche Maßnahme, stets das Grundstück als Ganzes und nicht nur einen einzelnen Miteigentumsanteil trifft. Versicherungsschutz für interne Auseinandersetzungen unter den Miteigentümern, die häufig gerade auf eine Beendigung der bestehenden versicherungsfähigen Eigentumslage am Grundstück durch Aufhebung der Gemeinschaft gerichtet sind (vgl. § 749 BGB), läuft – auch nach dem Rechtsgedanken des § 11 Abs. 2 Satz 2 – der auf eine Rechtsbesorgung „nach außen" zielenden Zweckrichtung des § 29 zuwider (AG Münsingen r + s 92, 21; Ausnahme: Wohnungseigentum, vgl. unten Rdnr. 45).

Ist sonach davon auszugehen, daß der Versicherer nach Wortlaut und Zweck des § 29 in der Regel nicht nur einen Miteigentumsanteil, sondern das **Objekt als Ganzes** versichern will, können sich gleichwohl Schwierigkeiten ergeben, wenn der VN nur Miteigentümer ist und nur seinen Miteigentumsanteil absichern will, etwa weil er Deckung für eine Auseinandersetzung mit den übrigen Miteigentümern sucht. Hat der VN im Versicherungsantrag deutlich gemacht, daß er nur Miteigentümer ist und nur seinen Anteil versichern will, und hat der Versicherer im Versicherungsschein auch nur den Miteigentumsanteil als versichert bezeichnet – was nur ausnahmsweise der Fall sein wird –, dann kann wegen des in der unveränderten Antragsannahme zu sehenden Einverständnisses des Versicherers Versicherungsschutz für eine Interessenwahrnehmung des VN auch gegenüber Miteigentümern bestehen, sofern er Ansprüche aus dem Miteigentum in seiner Eigenschaft als Miteigentümer (vgl. unten Rdnr. 42) geltend macht oder abwehrt. Dies kann beispielsweise der Fall sein bei einem Auskunfts- und Rechnungslegungsanspruch gegen einen Miteigentümer (LG Münster ZfS 86, 211), bei einem Streit über den Umfang des Gebrauchsrechts der einzelnen Miteigentümer (§ 743 Abs. 2 BGB), bei Beschädigung des gemeinschaftlichen Gebäudegrundstücks durch einen Miteigentümer (BGH VersR 74, 860) oder bei einem Streit über die Berechtigung eines geltend gemachten Aufhebungsanspruchs (§ 749 BGB; zum Versicherungsfall in diesem Fall vgl. § 14 Rdnr. 45). Wenn es sich hierbei auch um Ansprüche handelt, die im Zweiten Buch des BGB (Schuldrecht) geregelt sind, sind es gleichwohl Ansprüche „aus" dem Miteigentum, da sie diesem immanent sind und in ihm wurzeln (vgl. oben Rdnrn. 21, 21a). Hat der mit seiner Ehefrau in Gütertrennung lebende VN Wohnungseigentum in Form einer Gesellschaft bürgerlichen Rechts erworben, stehen die Auseinandersetzungsansprüche nach § 25 Abs. 3 unter Versicherungsschutz (OLG Köln r + s 91, 419; Vorbem. vor § 21 Rdnr. 113).

27   Hat dagegen – was der häufigere Fall sein wird – der VN im Antrag nicht auf sein Miteigentum hingewiesen und der Versicherer aufgrund dessen „das Grundstück" (als Ganzes) **im Versicherungsschein bezeichnet,** dann wird das Grundstück in der Regel als Ganzes als versichert anzusehen sein. Dies ergibt folgende Überlegung: In dem vom VN unterzeichneten Versicherungsantrag ist das zu versichernde Objekt in der Regel mit Straße und Hausnummer oder sonstwie eindeutig bezeichnet. Befindet sich hierbei kein Hinweis oder Zusatz, der auf das Bestehen von Miteigentum und den Willen des VN, nur den Miteigentumsanteil zu versichern, hindeutet, kann der Versicherer als Adressat des Antrags die Erklärung des VN nach allgemeinen Auslegungsgrundsätzen nur dahin verstehen, daß dieser das gesamte Objekt versichern will, sei es für sich als Alleineigentümer oder auch zugunsten etwa vorhandener, aber nicht genannter Miteigentümer. Denn maßgeblich ist nicht die subjektive Vorstellung des VN, sondern der objektive Erklärungswert seines Antrags, also das, was für den Versicherer als erklärter Wille erkennbar geworden ist (*Palandt/Heinrichs* § 133 Rdnr. 9). Erlangt der VN dann Kenntnis davon, daß sich der Versicherungsvertrag entgegen seiner Vorstellung auf das Objekt als Ganzes bezieht – was häufig erst nach Eintritt eines Versicherungsfalles geschehen wird –, dann muß er seinen Antrag wegen Irrtums über dessen Inhalt nach § 119 Abs. 1 BGB anfechten, und zwar unverzüglich, nachdem er von dem Irrtum Kenntnis erlangt hat (§ 121 Abs. 1 BGB). Andernfalls bleibt der Versicherungsvertrag, bezogen auf das Objekt als Ganzes und damit auch zugunsten der übrigen Miteigentümer, wirksam (LG Mannheim ZfS 87, 369). Die Rechtslage beurteilt sich hierbei nicht nach den Bestimmungen der §§ 16ff. VVG, die bei Nichtanzeige eines gefahrerheblichen Umstands durch den VN unter Ausschluß der Irrtumsanfechtung nach § 119 BGB allenfalls dem Versicherer ein Rücktrittsrecht einräumen (*Prölss/Martin* §§ 16, 17 Anm. 10). Denn durch die Nichterwähnung des Miteigentums im Versicherungsantrag und die daraufhin im Versicherungsschein erfolgte Bezeichnung des Grundstücks (als Ganzes) ist für den Versicherer – vorbehaltlich der Entstehung von Mehr-

kosten nach § 6 Abs. 1 BRAGebO (vgl. hierzu § 11 Rdnr. 12) – keine erheblich höhere Gefahr entstanden, als wenn das Grundstück im Alleineigentum des VN stände oder als im Miteigentum mehrerer stehend bezeichnet wäre. Durch den – anfechtbar – zustandegekommenen Vertrag ist vielmehr lediglich die vom VN an sich gewünschte Mitversicherung von Auseinandersetzungen zwischen den Miteigentümern unterblieben. Will der VN diese von ihm nicht gewollte Rechtsfolge nicht hinnehmen, muß es ihm überlassen bleiben, den Vertrag durch Anfechtung zu beseitigen.

Hatte der VN im Antrag deutlich gemacht, daß er nur seinen Miteigentumsanteil versichern wolle, der Versicherer jedoch gleichwohl im Versicherungsschein das gesamte Objekt bezeichnet, dann gilt die **Abweichung** im Versicherungsschein unter den Voraussetzungen des § 5 Abs. 2 VVG als genehmigt. Liegen diese Voraussetzungen nicht vor, dann ist die Abweichung für den VN unverbindlich und der Inhalt des Versicherungsantrags als vereinbart anzusehen (§ 5 Abs. 3 VVG). War dem VN vor oder bei Antragsstellung ein Versicherungsagent behilflich, dann kommt es jeweils auf sämtliche Umstände des Einzelfalles an. Kannte beispielsweise der Agent die Miteigentumsverhältnisse an dem zu versichernden Grundstück oder erfuhr er sie durch Rückfrage oder ließ er den (künftigen) VN auf entsprechende Fragen im unklaren über die Notwendigkeit der Angabe der Miteigentumsverhältnisse, dann können je nach Sachlage der Agent selbst und der Versicherer aus Verschulden bei Vertragsanbahnung auf Schadenersatz oder der Versicherer auch aus „Vertrauensstellung" des Agenten auf Erfüllung haften (Näheres § 5 Rdnrn. 26ff.; *Prölss/Martin/Kollhosser* § 43 Anm. 7 A bis D). 28

e) Das **Anwartschaftsrecht** aus aufschiebend bedingter Übereignung wird als Vorstufe des Eigentums ebenfalls zu den dinglichen Rechten gerechnet (*Palandt/Bassenge* § 929 Rdnr. 37; vgl. Vorbem. vor § 21 Rdnr. 127). Da die zur Übertragung von Grundstückseigentum notwendige Auflassung jedoch bedingungsfeindlich ist (§ 925 Abs. 2 BGB), kann ein solches Anwartschaftsrecht im Rahmen des § 29 allenfalls insoweit Bedeutung gewinnen, als die Interessenwahrnehmung aus dem (aufschiebend bedingten) Eigentum an beweglichen Sachen, insbesondere Zubehör und Inventar (vgl. oben Rdnr. 3), in den Versicherungsschutz einbezogen ist. Jedoch haben Rechtsprechung und Rechtslehre auch bei Grundstücken ein – anders geartetes – Anwartschaftsrecht des Empfängers einer Auflassungserklärung entwickelt, das zumindest dann als ein dem Eigentum gegenüber zwar minderrangiges, aber wesensgleiches dingliches Recht angesehen wird, wenn der Auflassungsempfänger einen nach § 17 GBO erstrangig zu bearbeitenden Antrag auf Umschreibung im Grundbuch gestellt hat und sein Antrag weder zurückgewiesen noch zurückgenommen ist (Näheres *Palandt/Bassenge* § 925 Rdnr. 25). Ebenfalls im Sinn einer Anwartschaft „verdinglicht" ist die Rechtsposition dessen, der einen schuldrechtlichen Anspruch auf Übertragung von Grundeigentum gegen einen anderen hat, wenn zu seinen Gunsten eine Vormerkung im Grundbuch eingetragen ist (vgl. unten Rdnr. 40). 29

f) Versicherungsschutz nach § 29 kann außer dem Grundstückseigentümer auch der **dinglich Nutzungsberechtigte** eines im Versicherungsschein 30 bezeichneten Grundstücks, Gebäudes oder Gebäudeteils erhalten. Dinglich ist ein Nutzungsrecht nicht nur dann, wenn es – wie beispielsweise die Grunddienstbarkeit – als subjektiv dingliches Recht zugunsten des jeweiligen Eigentümers eines Grundstücks besteht, sondern auch ein sachenrechtlich geregeltes höchstpersönliches Recht wie der Nießbrauch oder die beschränkte persönliche Dienstbarkeit. Dingliche Nutzungsrechte an Immobilien sind insbesondere:

31 aa) **Das Erbbaurecht.** Es gibt dem Erbbauberechtigten das veräußerliche und vererbliche Recht, auf oder unter der Oberfläche eines Grundstücks ein Bauwerk zu haben (§§ 1 ff. der VO über das Erbbaurecht).

32 bb) **Die Dienstbarkeiten.** Zu ihnen zählen die Grunddienstbarkeit, der Nießbrauch und die beschränkte persönliche Dienstbarkeit.

33 Eine **Grunddienstbarkeit** gibt dem jeweiligen Eigentümer des herrschenden Grundstücks das Recht, das dienende Grundstück in einzelnen Beziehungen zu benutzen oder auf ihm die Vornahme gewisser Handlungen oder die Ausübung gewisser Eigentümerrechte zu untersagen (§§ 1018 ff. BGB). Einer Grunddienstbarkeit in den Auswirkungen vergleichbar ist ein Notwegrecht nach § 917 BGB (BGH NJW 81, 1036; vgl. oben Rdnrn. 4, 20).

34 Der **Nießbrauch** an einem Grundstück, Gebäude oder Gebäudeteil gibt dem Nießbraucher das Recht, alle oder bestimmte Nutzungen der Liegenschaft zu ziehen, d. h. deren Früchte und Gebrauchsvorteile im Sinn des § 100 BGB (Näheres §§ 1030 ff. BGB).

35 Bei einer **beschränkten persönlichen Dienstbarkeit** erfolgt die Belastung des dienenden Grundstücks nicht zugunsten des jeweiligen Eigentümers eines herrschenden, sondern zugunsten einer bestimmten Person. Im übrigen kann die Belastung den gleichen Inhalt wie bei einer Grunddienstbarkeit haben (§§ 1090 ff. BGB). Als beschränkte persönliche Dienstbarkeit kann auch das – nicht veräußerliche oder vererbliche – Recht bestellt werden, ein Gebäude oder einen Gebäudeteil unter Ausschluß des Eigentümers als Wohnung zu benutzen (§ 1093 BGB).

36 cc) Das **Dauerwohnrecht** gibt dem Berechtigten das – veräußerliche und vererbliche – Recht, unter Ausschluß des Eigentümers eine bestimmte Wohnung zu bewohnen oder in anderer Weise zu benutzen. Das mit ihm verwandte Dauernutzungsrecht gibt das Recht, nicht zu Wohnzwecken dienende Räume zu nutzen (Näheres §§ 31 ff. WEG).

37 dd) Den dinglichen Nutzungsrechten können noch **Reallasten** und **Rentenschulden** zugerechnet werden. Sie gelten zwar, ähnlich wie Hypotheken und Grundschulden (vgl. unten Rdnr. 39), als Verwertungsrechte (*Palandt/Bassenge* Einl. vor § 854 Rdnr. 6; vor § 1105 Rdnr. 2). In ihrer Wirkung kommen sie jedoch Nutzungsrechten so nahe, daß sie im Rahmen des § 29 diesen gleichgestellt werden können. An den Berechtigten einer Reallast sind wiederkehrende Leistungen aus dem Grundstück zu entrichten (§§ 1105 ff. BGB). An den Rentenschuldberechtigten ist zu bestimmten re-

Rechtsschutz für Grundstückseigentum u. Miete 38, 39 § 29 ARB 75

gelmäßig wiederkehrenden Terminen eine bestimmte Geldsumme aus dem Grundstück zu zahlen (§§ 1199 ff. BGB).

g) Der **Besitz** als die in vieler Hinsicht wie eine dingliche Rechtsposition geschützte tatsächliche Sachherrschaft einer Person über eine Sache (vgl. Vorbem. vor § 21 Rdnr. 127) ist als solcher im Rahmen des § 29 nicht geschützt. Ist der VN als Mieter oder Pächter schuldrechtlich Nutzungsberechtigter und damit Besitzer oder ist er als Eigentümer oder dinglich Nutzungsberechtigter gleichzeitig Besitzer (vgl. oben Rdnrn. 30 ff.), dann hat er jeweils in seiner versicherten Eigenschaft Versicherungsschutz auch für Besitzansprüche (vgl. auch unten Rdnr. 44). Soweit ein Besitz an Liegenschaften ohne gleichzeitig bestehendes Eigentum oder Nutzungsrecht des Besitzers überhaupt vorkommt, ist Versicherungsschutz für die Interessenwahrnehmung aus einem solchen Besitz, soweit es nicht im Einzelfall gesondert vereinbart wird, nach dem Grundsatz der Spezialität des versicherten Risikos nicht vorgesehen (vgl. unten Rdnr. 39). 38

h) Versicherungsschutz für die Interessenwahrnehmung des VN als Inhabers eines **anderen dinglichen Grundstücksrechts** als des Eigentums oder eines der oben in Rdnrn. 30 ff. aufgeführten Nutzungsrechte ist in § 29 nicht vorgesehen. Dies gilt insbesondere für die Rechtsbesorgung im Zusammenhang mit Verwertungsrechten, z. B. als Hypotheken- oder Grundschuldgläubiger, oder im Zusammenhang mit Erwerbsrechten wie dem dinglichen Vorkaufsrecht oder Aneignungsrechten (vgl. hierzu Vorbem. vor § 21 Rdnr. 127; *Palandt/Bassenge* Einl. vor § 854 Rdnr. 5). Läuft allerdings mit dinglichen Ansprüchen des VN aus solchen Rechten ein schuldrechtlicher Vertragsanspruch parallel, dann kann insoweit Deckung über den Vertrags-RS der §§ 25 Abs. 3, 26 Abs. 4 der Fassung 1975 (Fassung 1988: Abs. 5 b) oder 27 Abs. 4 gegeben sein (Anspruchskonkurrenz; vgl. Vorbem. vor § 21 Rdnr. 9). Soweit der VN in seiner Eigenschaft als Grundstückseigentümer oder dinglich Nutzungsberechtigter dingliche Verwertungs- oder Erwerbsrechte eines anderen abzuwehren hat, z. B. den dinglichen Anspruch eines Hypothekengläubigers oder angeblich Vorkaufsberechtigten, besteht Versicherungsschutz über § 29 (LG Karlsruhe ZfS 86, 210 für Abwehr eines Anspruchs auf Duldung der Zwangsvollstreckung aus einer Grundschuld). Gleiches gilt, wenn ein Erwerbsrecht gleichzeitig Bestandteil eines versicherten Grundeigentums ist. Dies kann insbesondere der Fall sein beim subjektiv-dinglichen Vorkaufsrecht zugunsten des jeweiligen Eigentümers eines Grundstücks im Sinn des § 1094 Abs. 2 BGB. Im Gegensatz zum – nicht versicherbaren – subjektiv-persönlichen Vorkaufsrecht zugunsten einer bestimmten Person gemäß § 1094 Abs. 1 BGB ist das subjektiv-dingliche Vorkaufsrecht untrennbarer Bestandteil des Grundeigentums (§§ 1103 Abs. 1, 96 BGB). Will der als Grundstückseigentümer versicherte Inhaber des im Grundbuch eingetragenen Vorkaufsrechts dieses Recht durchsetzen oder einen Angriff gegen dieses Recht – beispielsweise einen Löschungsanspruch des Vorkaufsverpflichteten – abwehren, dann kämpft er in Wirklichkeit um den ungeschmälerten Bestand seines Grundeigentums in seiner konkreten Ausgestaltung, er nimmt also durch die Verfolgung des Vorkaufsanspruchs oder die Abwehr des Löschungsanspruchs gleichzeitig 39 rechtliche Interessen aus seinem versicherten Grundeigentum in seiner versicherten Eigenschaft als Eigentümer wahr.

40 i) Eine Sonderstellung im Rahmen dinglicher Rechte nimmt die **Vormerkung** nach §§ 883 ff. BGB ein. Sie ist selbst kein dingliches Recht, jedoch mit gewissen dinglichen Wirkungen ausgestattet. Sie ist ein Grundbuch-Behelf eigener Art zur Sicherung eines schuldrechtlichen Anspruchs auf eine liegenschaftsrechtliche Rechtsänderung (*Palandt/Bassenge* § 883 Rdnr. 2). Für die Frage, ob die Interessenwahrnehmung des VN im Zusammenhang mit einer Vormerkung durch § 29 gedeckt ist (von *Böhme* § 29 Rdnr. 13 mit zu weitgehender Formulierung generell bejaht), sind zwei Fälle zu unterscheiden. Betrifft die Auseinandersetzung den durch die Vormerkung gesicherten schuldrechtlichen Anspruch, z. B. den Auflassungsanspruch des VN als Käufers eines Grundstücks gegen den Verkäufer aus § 433 BGB, dann kommt der Vormerkung insoweit keine Bedeutung zu. Deckung ist nicht über § 29 gegeben, sondern – beispielsweise zur Abwehr des Löschungsanspruchs des den Auflassungsanspruch bestreitenden Verkäufers – nur, soweit Vertrags-RS nach §§ 24 Abs. 3 Ziff. 1, 25 Abs. 3, 26 Abs. 4 (Fassung 1988: Abs. 5 b) oder 27 Abs. 4 besteht. Macht dagegen der VN einen Anspruch aus § 888 BGB gegen den Erwerber eines seinem vorgemerkten Anspruch im Sinn des § 883 Abs. 2 BGB zuwiderlaufenden Rechtes geltend, dann besteht Versicherungsschutz, soweit der vorgemerkte Anspruch auf Einräumung eines dinglichen Grundstücksrechts im Sinn des § 29 geht, also auf Einräumung des Eigentums oder eines dinglichen Nutzungsrechts. Dies kann beispielsweise der Fall sein, wenn der VN aus einem Kaufvertrag gegen den Verkäufer einen bereits vorgemerkten Anspruch auf lastenfreie Übereignung hat und vor der Eigentumsumschreibung auf den VN eine Hypothek zugunsten eines Dritten eingetragen wird. Macht hier der VN gegen den Dritten einen Anspruch auf Zustimmung zur Löschung der Hypothek nach § 888 BGB geltend (vgl. *Palandt/Bassenge* § 888 Rdnrn. 4 ff.), dann kann dem VN als bereits grundbuchmäßig gesichertem künftigen Eigentümer und dinglich Anwartschaftsberechtigtem (BGH NJW 82, 1639; *Palandt/Bassenge* § 925 Rdnr. 25; vgl. oben Rdnr. 29) nach dem Zweck des § 29 Versicherungsschutz gewährt werden, obwohl seine an sich versicherte Eigenschaft als Eigentümer bei Eintritt des Versicherungsfalles (Eintragung der Hypothek, § 14 Abs. 3) noch nicht (voll) gegeben war (vgl. unten Rdnr. 41). Entsprechendes gilt für eine Auflassungsvormerkung im Verteilungsverfahren nach § 92 ZVG (OLG Karlsruhe VersR 87, 152).

IV. Versicherte Eigenschaft
(entspricht § 29 Abs. 1 ARB 94)

41 1. Neben der Bezeichnung des versicherten Objekts im Versicherungsschein und der Interessenwahrnehmung in einem der in § 29 Abs. 1 aufgeführten speziellen Rechtsbereiche (vgl. oben Rdnrn. 10 ff.) setzt der Versicherungsschutz weiter voraus, daß der VN von einem Versicherungsfall in einer **speziellen Eigenschaft** betroffen ist. Der nach § 14 Abs. 3 maßgebliche Rechtsverstoß des VN, seines Gegners oder eines Dritten muß in einem in-

neren sachlichen Zusammenhang mit der versicherten Eigenschaft des VN als Eigentümer, Vermieter, Verpächter, Mieter, Pächter oder dinglich Nutzungsberechtigter stehen. Darlegungs- und beweispflichtig für das Vorhandensein der Eigenschaft ist im Zweifelsfall der VN (Vorbem. vor § 21 Rdnr. 3). Die Deckung beginnt – vorbehaltlich der übrigen Voraussetzungen – mit der Erlangung der Eigenschaft, z.B. als Eigentümer mit Erwerb des Eigentums oder als Mieter mit Abschluß des Mietvertrags. Vor diesem Zeitpunkt besteht nach dem Grundsatz der Spezialität des versicherten Risikos (§ 1 Rdnr. 46; Vorbem. vor § 21 Rdnr. 1) kein Versicherungsschutz, soweit nicht bereits ein schutzfähiges dingliches Anwartschaftsrecht als Vorstufe des Eigentums oder dinglichen Nutzungsrechts bejaht werden kann (vgl. oben Rdnr. 29). Mit dem Verlust der Eigenschaft endet auch die Versicherungsdeckung. Eine „Nachhaftung" ähnlich der in § 24 Abs. 4 ist nur in dem Rahmen vorgesehen, den die für den Wohnungswechsel geltende Klausel zu § 29 absteckt (vgl. oben Rdnrn. 7, 8).

2. **Mitversicherte** Personen, die – ähnlich wie in den übrigen Vertragsarten der §§ 21 bis 28 – neben dem VN Versicherungsschutz beanspruchen können, nennt § 29 nicht. Dies schließt jedoch nicht aus, daß der VN den Vertrag nicht oder nicht allein für sich abschließt, sondern gemäß § 74 VVG zugunsten eines anderen, dem beispielsweise das im Versicherungsschein bezeichnete Grundstück gehört, oder im Fall des Bestehens von Miteigentum für sich und die übrigen Miteigentümer (vgl. oben Rdnr. 24) oder bei Vorhandensein eines Mitmieters (z.B. Ehegatten) für sich und den Mitmieter. In diesem Fall richten sich die Rechte und Pflichten des oder der Mitversicherten nach § 11 Abs. 2 und 3 sowie den §§ 74 ff. VVG (vgl. § 11 Rdnr. 18). Denkbar ist auch eine „stillschweigende" Mitversicherung von Mitberechtigten, z.B. Miteigentümern oder Mitmietern, nämlich dann, wenn es nach „den Umständen" (§ 80 Abs. 1 VVG) dem Versicherer gleichgültig sein kann, ob das zu deckende Interesse allein beim VN oder daneben bei weiteren Mitberechtigten liegt. Dies wird mit *J. Vassel* (ZVersWiss 81, 269, 271) zumindest dann zu bejahen sein, wenn ein Vertrag nach § 29 als Ergänzung zu einem Vertrag nach §§ 25 bis 27 besteht und in §§ 25 bis 27 mitversicherte Personen (z.B. Ehegatte) gleichzeitig Mitberechtigte eines nach § 29 versicherten Objekts sind (z.B. Mitmieter der versicherten Wohnung, OLG Frankfurt NJW-RR 88, 922 = AnwBl. 88, 495; LG Regensburg/AG Kelheim ZfS 85, 367 = VersR 86, 379; (Näheres § 11 Rdnr. 12).

3. Vereinigt der VN in seiner Person nicht nur eine, sondern **mehrere** der in § 29 Abs. 1 genannten oder unterschiedlich tarifierten **Eigenschaften,** dann hat er nach dem Grundsatz der Spezialität des versicherten Risikos (Vorbem. vor § 21 Rdnr. 1) nur in der Eigenschaft RS, die er dem Versicherer angegeben hat und die damit Vertragsgrundlage geworden ist. Hat beispielsweise der VN RS als Mieter einer Wohneinheit beantragt und lautet der Versicherungsschein dementsprechend, hat er keinen Versicherungsschutz als Mieter einer Gaststätte (KG r + s 96, 25). Entsprechendes gilt, wenn er die bei Versicherungsbeginn selbst genutzte Wohnung später vermietet, für die Interessenwahrnehmung gegenüber dem Mieter (AG Hamburg r + s 95, 464). Hat sich der VN im Antrag nur als Gebäudeeigentümer

bezeichnet, die Tatsache der Vermietung einer oder mehrerer Wohnungen in diesem Gebäude jedoch verschwiegen, dann hat er Versicherungsschutz nur für die Interessenwahrnehmung als Eigentümer aus seinem Eigentum, also beispielsweise für die Geltendmachung oder Abwehr von nachbarrechtlichen oder das Eigentum sonstwie tangierenden öffentlich-rechtlichen Ansprüchen (vgl. oben Rdnrn. 20 ff.), nicht dagegen von schuldrechtlichen Ansprüchen aus dem Mietverhältnis gegenüber einem Mieter, da solche Ansprüche nicht in erster Linie im sachlichen Zusammenhang mit seiner versicherten Eigenschaft als Eigentümer, sondern primär im Zusammenhang mit der unversicherten als Vermieter stehen. Eine Ausnahme machen viele RSVersicherer bei der Vermietung oder Untervermietung einzelner Räume. Hat der VN Versicherungsschutz als Eigentümer einer selbstgenutzten Wohneinheit (Einfamilienhaus, Eigentumswohnung) oder als Mieter einer Wohnung und überläßt er einzelne Räume hiervon an Mieter oder Untermieter, dann sind Auseinandersetzungen aus solchen (Unter-)Mietverhältnissen häufig in den RSVertrag des VN unter stillschweigender Mitdeckung seiner Eigenschaft als (Unter-)Vermieter einbezogen, soweit es sich um nicht mehr als drei (unter-)vermietete Räume handelt. Eine (Unter-) Vermietung im größeren Umfang wird dagegen in der Regel berufsmäßig und gewerblich erfolgen und erfordert bei längerfristiger Vermietung einen eigenen Vertrag nach § 29 in der Eigenschaft als Vermieter (LG Trier r + s 97, 204) und bei wechselnder kurzfristiger Vermietung, z.B. an Feriengäste, einen Vertrag nach § 24 Abs. 3. Ist die versicherte Eigenschaft wegen fehlender oder erkennbar unklarer Angaben im Versicherungsantrag im Versicherungsschein nicht oder unklar bezeichnet, wird man den Versicherer für verpflichtet halten müssen, bis zu einer Klarstellung für jede nach Sachlage mögliche Eigenschaft Versicherungsschutz zum vereinbarten Beitrag zu bieten, da er es in der Hand hatte, vor Ausfertigung des Versicherungsscheins eine Klarstellung der Angaben herbeizuführen. Entspricht die im Versicherungsschein bezeichnete Eigenschaft nicht den Angaben des VN im Antrag, gilt § 5 VVG.

44 4. Ist der VN als Mieter einer Wohnung oder eines Gebäudes versichert und wird er im ungestörten Gebrauch der Mietsache **durch** den **Mieter** einer anderen Wohnung im gleichen Haus oder einen Hausnachbarn **beeinträchtigt**, z.B. durch häufige übermäßige Geräuschbelästigung, dann kann dem VN gegen den Störer ein Schadenersatzanspruch wegen schuldhafter Beeinträchtigung seines Mietbesitzes und gegebenenfalls seiner (oder seiner Angehörigen) Gesundheit nach § 823 Abs. 1 BGB zustehen (*Palandt/ Thomas* § 823 Rdnrn. 4, 5, 13). Dies ist jedoch kein Anspruch, den der VN „als Mieter" aus dem Mietverhältnis geltend macht, da ihn mit dem Störer kein Vertragsverhältnis verbindet. Gleichwohl erscheint es interessengerecht, in diesem Sonderfall RS nach § 29 über dessen reinen Wortlaut hinaus zu bejahen. Denn der VN könnte aufgrund dieses Sachverhalts auch „als Mieter" von seinem Vermieter verlangen, daß dieser seinerseits in Erfüllung seiner Pflichten aus dem Mietverhältnis zu ungestörter Gebrauchsüberlassung an den VN gegen den Störer vorgeht. Wenn sich der VN stattdessen – aus welchen Gründen auch immer – entschließt, nicht gegen den Vermieter, sondern gegen den Störer vorzugehen, dann ist diese Auseinandersetzung mit seiner Eigenschaft als Mieter und mit dem Mietverhältnis so eng verknüpft, daß sie nach der Zweckrichtung des § 29 noch als mitgedeckt angesehen werden kann. Andererseits kann in solchen Fällen gegen den Störer auch Deckung über den Schadenersatz-RS der §§ 25 Abs. 2a, 26 Abs. 3a der Fassung 1975 (Fassung 1988: Abs. 5a) oder 27 Abs. 3a bestehen (vgl. § 25 Rdnr. 26; Vorbem. vor § 21 Rdnr. 43). Auseinandersetzungen zwischen Mitmietern des gleichen Objekts sind dagegen in keinem Fall Streitigkeiten „aus" dem „Mietverhältnis", sondern im Regelfall aus einer schlichten Rechtsgemeinschaft im Sinn der §§ 741 ff. BGB, also einem gesetzlichen Schuldverhältnis (so mit Recht *Tetzlaff* VersR 84, 1031 und *Rex* VersR 84, 1128 gegen *Fuhrmann* VersR 84, 425).

V. Wohnungseigentum (Abs. 2)

1. **Wohnungseigentum** ist ein besonders ausgestaltetes Bruchteils-Miteigentum an einem Gebäudegrundstück. Das Gesetz definiert es als Sondereigentum an einer Wohnung in Verbindung mit dem (ideellen) Miteigentumsanteil an dem gemeinschaftlichen Eigentum, zu dem es gehört. Gleichgestellt ist das sogenannte Teileigentum als Sondereigentum an nicht zu Wohnzwecken dienenden Räumen, z.B. einem Büro oder Laden (§ 1 WEG; *Palandt/Bassenge* WEG vor § 1 Rdnr. 2). Eine Auseinandersetzung, die der VN als Wohnungs- oder Teileigentümer aus seinem Wohnungs- oder Teileigentum zu führen hat, insbesondere mit der Eigentümergemeinschaft oder dem Verwalter, ist ohne Rücksicht auf ihre Rechtsgrundlage eine Interessenwahrnehmung aus dinglichen Rechten im Sinn des Abs. 1 (vgl. oben Rdnrn. 19 bis 22), wobei allerdings im Gegensatz zum schlichten Bruchteilseigentum und auch zum Gesamthandseigentum eine Aufhebung der Gemeinschaft durch Teilungsauseinandersetzung in der Regel nicht infrage kommt (§§ 11, 17 WEG; vgl. auch oben Rdnr. 25). Da durch § 43 WEG viele Auseinandersetzungen über die sich aus der Gemeinschaft der Wohnungseigentümer und aus der Verwaltung des gemeinschaftlichen Eigentums ergebenden Rechte und Pflichten dem Verfahren der freiwilligen Gerichtsbarkeit vorbehalten sind, für das der Risikoausschluß des § 4 Abs. 1p gilt, war nach dem Inkrafttreten der ARB 69 dieser ganze Komplex vom Versicherungsschutz ausgeschlossen. Um diese Deckungslücke zu schließen, wurde durch den 1972 genehmigten Abs. 2 (VerBAV 72, 292; Einl. Rdnr. 20) der Ausschluß für Wohnungseigentumsangelegenheiten aufgehoben. Eine zunächst zusätzlich vorgesehene Begrenzung der Kostenübernahme für den einzelnen VN gemäß dem seinem Eigentumsanteil entsprechenden anteiligen Gegenstandswert wurde nicht in den Abs. 2 aufgenommen (GB BAV 72, 82), da die Gefahr einer überproportionalen Kostenbelastung des VN im Verhältnis zu nicht versicherten Wohnungseigentümern durch eine Kostenentscheidung nach § 47 WEG nur gering erschien. Soweit der VN mit der Wahrnehmung seines individuellen Wohnungseigentümerrechts faktisch möglicherweise zugleich auch für die Interessenwahrung anderer Wohnungseigentümer sorgt, liegt dies in der Rechtsnatur des

Wohnungseigentumsrechts begründet. Die Grenzen einer solchen Interessenwahrung werden durch die Ausschlußklauseln des § 4 Abs. 2 b und c gezogen (BGH VersR 95, 698 = r + s 95, 222; zum Versicherungsfall bei Beitragsschulden nach § 16 Abs. 2 WEG vgl. § 14 Rdnr. 46). Inzwischen ist klargestellt, daß das Kostenrisiko nicht außer Verhältnis zum Verfahrensinteresse stehen darf und die Anrufung des Gerichts unter Kostengesichtspunkten noch sinnvoll erscheinen sollte (BVerfG NJW 92, 1673). Dieser Grundsatz ist durch den 1994 eingefügten Satz 2 des § 48 Abs. 3 WEG nunmehr auch gesetzlich fixiert. Für Auseinandersetzungen außerhalb des Verfahrens der freiwilligen Gerichtsbarkeit, z. B. nachbarrechtlicher Art mit einem außerhalb der Gemeinschaft stehenden Dritten oder einer Behörde sowie wegen Aufhebung der Gemeinschaft oder Entziehung des Wohnungseigentums nach §§ 17, 18 WEG, hat Abs. 2 keine Bedeutung.

46 2. Der Versicherungsschutz setzt neben der im Versicherungsschein enthaltenen Bezeichnung der versicherten Eigentumswohnung oder des nicht zu Wohnzwecken dienenden Teileigentums voraus, daß der VN bei Eintritt des Versicherungsfalles im Sinn des § 14 Abs. 3 bereits **Wohnungseigentümer** oder Teileigentümer ist. Auseinandersetzungen aus einem schuldrechtlichen Vertrag, der erst auf Einräumung von Wohnungseigentum oder Teileigentum gerichtet ist, fallen nicht in den Deckungsbereich des § 29, sondern allenfalls der §§ 25 Abs. 3, 26 Abs. 4 der Fassung 1975 (Fassung 1988: Abs. 5 b) oder 27 Abs. 4 (vgl. oben Rdnr. 41). Ein Streit unter künftigen Wohnungseigentümern innerhalb einer werdenden Eigentümergemeinschaft kann dann unter § 29 fallen, wenn die Rechtsstellung des VN durch eine Auflassungsvormerkung im Sinn des § 883 BGB oder einen Eintragungsantrag nach §§ 13, 17 GBO bereits zu einer dinglichen Eigentums-Anwartschaft erstarkt ist (*Palandt/Bassenge* WEG vor § 1 Rdnr. 6; vgl. oben Rdnrn. 29 und 40).

47 3. Die **Rechtsbeziehung** der Wohnungseigentümer **zum Verwalter** ist an sich nicht dinglicher, sondern schuldrechtlicher Natur. Die nach § 20 Abs. 2 WEG notwendige Bestellung eines Verwalters ist zwar ein korporativer Akt der Wohnungseigentümer. Die Rechtsstellung als Verwalter erhält die bestellte Person jedoch erst durch Abschluß eines Verwaltervertrags, der in der Regel ein Auftragsverhältnis oder ein Geschäftsbesorgungsvertrag ist (§§ 662, 675 BGB; *Palandt/Bassenge* WEG § 26 Rdnrn. 6 ff.). Gleichwohl nimmt der VN im Sinn des § 29 Abs. 1 (auch) rechtliche Interessen „aus" seinem dinglichen Wohnungseigentum wahr, wenn er – allein oder zusammen mit anderen Wohnungseigentümern – eine Auseinandersetzung mit dem Verwalter führt. Denn die Rechtsbeziehung zum Verwalter wurzelt im Wohnungseigentum und steht mit ihm in einem inneren sachlichen Zusammenhang. Der Verwalter ist – anders als etwa ein außenstehender Handwerker, der die Eigentumswohnung renoviert – kraft Gesetzes (§ 20 Abs. 2 WEG) in die Eigentümergemeinschaft „integriert". Die Tatsache einer schuldrechtlichen Beziehung als Ausfluß des dinglichen Rechts steht dem Versicherungsschutz nicht entgegen (vgl. oben Rdnrn. 21, 21 a). Über den Vertrags-RS der §§ 25 Abs. 3, 26 Abs. 4 (Fassung 1988: Abs. 5 b) oder 27 Abs. 4 hätte der VN für eine solche Auseinandersetzung wegen der entsprechenden Ausschlußbestimmungen der §§ 25 Abs. 4c, 26 Abs. 5b (Fassung 1988: Abs. 7b) und 27 Abs. 5c keine Deckung (kritisch *J. Vassel* ZVersWiss 81, 269, 272; vgl. auch § 25 Rdnr. 58).

Der **Verwalter selbst** kann sich für eine Interessenwahrnehmung aus seiner Verwaltertätigkeit nach dem Grundsatz der Spezialität des versicherten Risikos (Vorbem. vor § 21 Rdnr. 1) nicht nach § 29 versichern, da diese Tätigkeit auch dann nicht Ausfluß eines Wohnungseigentumsrechts ist, wenn er selbst Mitglied der Eigentümergemeinschaft ist. Denn die Tätigkeit als Verwalter beruht auf einer eigenen rechtlichen Vereinbarung und steht nicht im inneren sachlichen Zusammenhang mit der Wohnungseigentümerstellung als solcher. Ob sich der Verwalter über den Vertrags-RS für seine Tätigkeit versichern kann, hängt davon ab, ob er diese Tätigkeit berufsmäßig und damit gewerblich ausübt oder nicht. Bei gewerblicher Betätigung sehen die von den RSVersicherern verwendeten Berufsverzeichnisse (§ 24 Rdnr. 42) in der Regel keine Versicherungsmöglichkeit nach § 24 Abs. 3 Ziff. 1 vor. Übt jemand dagegen die Verwaltertätigkeit – insbesondere in kleinen Wohnanlagen – gefälligkeitshalber unentgeltlich oder allenfalls gegen Aufwendungsersatz aus, dann kann für Streitigkeiten aus dem hierbei anzunehmenden Auftragsverhältnis (§§ 662 ff. BGB) Versicherungsschutz nach § 25 Abs. 3, 26 Abs. 4 (Fassung 1988: Abs. 5b) oder 27 Abs. 4 bestehen. Ist der VN als Wohnungseigentümer Mitglied eines Verwaltungsbeirats im Sinn des § 29 WEG, ist er auch in dieser speziellen Eigenschaft nicht durch § 29, sondern allenfalls bei Bestehen von Vertrags-RS im Rahmen eines Auftragsverhältnisses geschützt (AG Charlottenburg ZfS 89, 91; vgl. auch § 25 Rdnr. 17).

4. Dem heutigen Wohnungseigentum verwandt ist das landesrechtlich fortbestehende, jedoch nicht neu begründbare **Stockwerkseigentum** im Sinn des Art. 182 EGBGB sowie das uneigentliche Stockwerkseigentum im Sinn des Art. 131 EGBGB, das jedem Miteigentümer eines Gebäudegrundstücks die ausschließliche Benutzung eines Teils des Gebäudes einräumt. Beide Formen sind dingliche Eigentumsrechte im Sinn des § 29 Abs. 1. Ihre Umwandlung in Wohnungseigentum wird durch § 63 WEG erleichtert.

Teil C. Allgemeine Bedingungen für die Rechtsschutzversicherung (ARB 94)

(§§ ohne Zusatz in diesem Teil sind solche der ARB 94)

Einleitung (Vor § 1)

Literatur zu den ARB 94: *Bauer,* Die allgemeinen Bedingungen für die RSVersicherung 1994 (ARB 94), NJW 95, 1390; *van Bühren/Brieske,* Neue Bedingungen für die Rechtsschutz-Versicherung (ARB 94), Beilage zum AnwBl. 3/95, 3 bis 8; *Harbauer,* RSVersicherung für Selbständige und Firmen, Wirtschaftsrechtliche Beratung – WiB – 95, 97; VerBAV 94, 97; *Böhme,* ARB, 10. Aufl. (Anhang); *Maier,* Neue Bedingungen in der Rechtsschutzversicherung (ARB 94), r+s 95, 361; *Rex,* Rechtsschutzversicherung: die neuen ARB 94 im Vergleich zur alten Fassung – eine Synopse –, VersR 96, 24; *Sperling,* Neue Allgemeine Bedingungen für die Rechtsschutzversicherung (ARB 94) – Motive und rechtliche Schwerpunkte –; VersR 96, 133

1. Bis 30. Juni 1994 konnten die deutschen RSVersicherer Versicherungsverträge nur auf der Grundlage vom BAV genehmigter Allgemeiner Versicherungsbedingungen abschließen. Dies waren seit 1975 die „ARB 75", die im Teil B erläutert sind. Manche RSVersicherer verwendeten für bestimmte Personengruppen, Rechtsangelegenheiten oder sonstige Sondertatbestände Zusatz- oder Ergänzungsklauseln, die ebenfalls vom BAV genehmigt waren (vgl. hierzu Einl. vor § 1 ARB 75 Rdnrn. 23 bis 23 b). Aufgrund der Harmonisierung und Liberalisierung des Privatversicherungsrechts im Rahmen der Schaffung des europäischen Versicherungs-Binnenmarktes ist es seit 1. Juli 1994 jedem Versicherer freigestellt, Bedingungen eigener Wahl zu verwenden, die keiner vorherigen Genehmigung durch die Aufsichtsbehörde mehr bedürfen (Einl. vor § 1 ARB 75 Rdnr. 35 a). Der Interessent und VN soll dadurch die freie Auswahl unter verschiedenen Angeboten und Deckungsmöglichkeiten haben.

2. Unabhängig von dieser Liberalisierung des Versicherungsrechts waren schon seit Jahren bei den im HUK-Verband (seit 1. Januar 1995: Verband der Schadenversicherer e. V. – VdS –; seit 30. Juni 1996: Gesamtverband der Deutschen Versicherungswirtschaft e. V. – GDV –) zusammengeschlossen RSVersicherern Reformbestrebungen in Gang gekommen, die – ohne grundlegende Änderungen des Deckungsumfangs – zum Ziel hatten, die ARB klarer aufzubauen und in einer möglichst auch dem juristischen Laien verständlichen Sprache anzubieten. Diese Bestrebungen fanden dadurch ihren Abschluß, daß das BAV noch vor dem 1. Juli 1994 die neuen Bedingungen, nämlich die „ARB 94", zur Verwendung genehmigt hat (VerBAV 94, 97, 176). Diese Genehmigung, eine Art „Gütesiegel", hatte zwar wegen des Wegfalls der Genehmigungsbedürftigkeit ab 1. Juli 1994 keine große praktische Auswirkung mehr, hatte jedoch die Rechtswirkung, daß alle Versicherer, die sich die ARB 94 noch vor dem 1. Juli 1994 zur Verwendung geneh-

migen ließen, diese auch ohne formelle Einbeziehung dem Versicherungsvertrag zugrunde legen können (§ 23 Abs. 3 AGBG). Außerdem bewirkte die Genehmigung, daß diese Versicherer die ARB 94 bis Ende 1994 noch ohne Beachtung der die Verbraucherinformation verbessernden neuen Vorschriften der §§ 10 und 10a VAG verwenden konnten (Art. 16 § 2 Satz 1 des Dritten Durchführungsgesetzes/EWG zum VAG vom 21. 7. 94 BGBl. I S. 1630, 1667).

3   3. Seit Herbst 1994 verwendet die Mehrzahl der RSVersicherer zunehmend die ARB 94, zum Teil mit unternehmenseigenen Sonder- oder Zusatzklauseln, die nicht mehr genehmigungsbedürftig sind. Der VdS hat die ARB 94 nach dem Stand vom Januar 1995 mit gewissen redaktionellen Verbesserungen als **„VdS-Musterbedingungen"** seinen Mitgliedern unverbindlich zur Verwendung empfohlen (abgedruckt in Beilage zum AnwBl. 3/95 S. 9ff.). Diese Fassung, die als Vertragsgrundlage voraussichtlich noch längerer Zeit den Markt beherrschen wird, wird in diesem Teil C – ohne unternehmenseigene Zusatzklauseln – erläutert.

4   4. Die ARB 94 enthalten wie die ARB 75 29 Paragraphen, sind jedoch vor allem in den ersten 20 Paragraphen anders **aufgebaut**. Sie sollen das gesamte Leistungsangebot der RSVersicherung in sowohl für den Interessenten und VN verständlicher als auch juristisch möglichst präziser Form darstellen. Versicherungsrechtliche, für den Laien mißverständliche Fachausdrücke wie „Versicherungsfall", „Wagniswegfall", „Obliegenheiten" u.ä. wurden nach Möglichkeit vermieden. Dagegen wurde der Umfang des Versicherungsschutzes nicht grundlegend umgestaltet, sondern nur in manchen Fällen erweitert oder verändert oder nach den bisherigen Erfahrungen und auch in Anpassung an die Rechtsprechung klarer abgegrenzt. Vorangestellt ist eine Inhaltsübersicht, die die „offiziellen" Überschriften der einzelnen Paragraphen in „versichertenfreundlicher", d.h. laienverständlicher Frageform wiedergibt. Die §§ 1 bis 6 enthalten unter der gemeinsamen Überschrift „Was ist Rechtsschutz?" die den VN primär interessierenden Bestimmungen, nämlich die versicherbaren und die vom Versicherungsschutz ausgeschlossenen Rechtsangelegenheiten, die Festlegung des „Rechtsschutzfalles", der die Leistungspflicht des Versicherers auslöst, die von ihm daraufhin zu erbringenden Leistungen sowie den örtlichen Geltungsbereich. Der 2. und 3. Abschnitt folgt im wesentlichen dem zeitlichen Ablauf des Versicherungsverhältnisses und regelt auch das im Rechtsschutzfall zu beachtende Verfahren. Im 4. Abschnitt, den §§ 21 bis 29, werden die versicherbaren Vertragsformen beschrieben, die eng an die §§ 21 bis 29 ARB 75 angelehnt sind. Der ursprüngliche Plan, die ARB in weniger Bestimmungen kürzer zu fassen, wurde aus akquisitorischen Gründen, vor allem wegen der dann fehlenden Vergleichbarkeit mit den ARB 75, fallen gelassen. Aus kartellrechtlichen Gründen enthalten alle Passagen der – ohnehin unverbindlichen – Verbandsempfehlung der ARB 94, die bestimmte Risikoausschlüsse enthalten oder die Deckung von bestimmten Voraussetzungen (z.B. der Beachtung von Obliegenheiten) abhängig machen, den Hinweis, daß der Versicherer auch anderes vereinbaren kann (Art. 7 Abs. 1a und b der VO/EWG Nr. 3932/92 – GruppenfreistellungsVO – vom 21. 12. 92, ABl. der EG Nr. L 398).

1. Inhalt der Versicherung

§ 1 Aufgaben der Rechtsschutzversicherung

Der Versicherer sorgt dafür, daß der Versicherungsnehmer seine rechtlichen Interessen wahrnehmen kann, und trägt die für die Interessenwahrnehmung erforderlichen Kosten (Rechtsschutz).

1. § 1 entspricht als eine Art Generalklausel weitgehend § 1 Abs. 1 Satz 1 ARB 75 Er definiert jetzt ausdrücklich als „**Rechtsschutz**", was die Sparte als spezifischen Versicherungsschutz bietet: Die Sorge für die Wahrnehmung der rechtlichen Interessen des VN und die Übernahme der hierfür erforderlichen Kosten (zu den verschiedenen Bedeutungen von „Rechtsschutz" vgl. Einl. vor § 1 ARB 75 Rdnrn. 1ff.). 1

2. Ähnlich wie schon in § 1 ARB 75 ist festgelegt, daß der Versicherer dafür „**sorgt**", daß der VN seine rechtlichen Interessen wahrnehmen kann. Hierdurch soll zum Ausdruck kommen, daß sich der Versicherer nicht als reiner Kostenversicherer versteht, sondern daneben – ohne selbst die Rechtsbesorgung für den VN zu erbringen – gewisse Fürsorgepflichten übernimmt, die die Interessenwahrnehmung des VN begleiten oder fördern, z.B. die Auswahl und Beauftragung eines Rechtsanwalts nach § 17 Abs. 1 und 2, die Bestätigung des Versicherungsschutzes gemäß § 17 Abs. 4 und die Sorge für die Übersetzung von Unterlagen oder die Zahlung eines Kautions-Darlehens nach § 5 Abs. 5 (Näheres, auch wegen weiterer Sorgeleistungen, vgl. § 1 ARB 75 Rdnrn. 9 bis 25). 2

3. Der Versicherer finanziert nur die Wahrnehmung **rechtlicher** Interessen des VN, nicht irgend welcher anderer. Sind allerdings zur Wahrnehmung solcher anderer Interessen – nach Eintritt eines Rechtsschutzfalles (§ 4) – auch rechtliche Schritte nötig, dann besteht Versicherungsschutz (BGH VersR 91, 919 = r+s 91, 271; wegen der Einzelheiten vgl. § 1 ARB 75 Rdnrn. 2 bis 5). 3

4. Im 2. Halbsatz des § 1 ist die Hauptleistung des Versicherers festgelegt, seine Pflicht zur Übernahme der für die Interessenwahrnehmung erforderlichen **Kosten**. Durch die Verwendung des Wortes „erforderlich" soll zum Ausdruck kommen, daß der Versicherer nur die objektiv notwendigen, aber nicht darüber hinausgehende vermeidbare Kosten zu übernehmen hat (Rechtsgedanke des § 62 VVG und § 91 Abs. 1 Satz 1 ZPO; vgl. auch § 18 Rdnr. 1 und § 1 ARB 75 Rdnr. 42). Welche Kosten im einzelnen unter die Leistungspflicht fallen, ergibt sich aus § 5. 4

§ 2 Leistungsarten

Der Umfang des Versicherungsschutzes kann in den Formen des § 21 bis § 29 vereinbart werden. Je nach Vereinbarung umfaßt der Versicherungsschutz

§ 2 ARB 94 1. Inhalt der Versicherung

a) Schadenersatz-Rechtsschutz
für die Geltendmachung von Schadenersatzansprüchen, soweit diese nicht auf einer Vertragsverletzung oder einer Verletzung eines dinglichen Rechtes an Grundstücken, Gebäuden oder Gebäudeteilen beruhen;
b) Arbeits-Rechtsschutz
für die Wahrnehmung rechtlicher Interessen aus Arbeitsverhältnissen sowie aus öffentlich-rechtlichen Dienstverhältnissen hinsichtlich dienst- und versorgungsrechtlicher Ansprüche;
c) Wohnungs- und Grundstücks-Rechtsschutz
für die Wahrnehmung rechtlicher Interessen aus Miet- und Pachtverhältnissen, sonstigen Nutzungsverhältnissen und dinglichen Rechten, die Grundstücke, Gebäude oder Gebäudeteile zum Gegenstand haben;
d) Rechtsschutz im Vertrags- und Sachenrecht
für die Wahrnehmung rechtlicher Interessen aus privatrechtlichen Schuldverhältnissen und dinglichen Rechten, soweit der Versicherungsschutz nicht in den Leistungsarten a), b) oder c) enthalten ist;
e) Steuer-Rechtsschutz vor Gerichten
für die Wahrnehmung rechtlicher Interessen in steuer- und abgaberechtlichen Angelegenheiten vor deutschen Finanz- und Verwaltungsgerichten;
f) Sozialgerichts-Rechtsschutz
für die Wahrnehmung rechtlicher Interessen vor deutschen Sozialgerichten;
g) Verwaltungs-Rechtsschutz in Verkehrssachen für die Wahrnehmung rechtlicher Interessen in verkehrsrechtlichen Angelegenheiten vor Verwaltungsbehörden und vor Verwaltungsgerichten;
h) Disziplinar- und Standes-Rechtsschutz
für die Verteidigung in Disziplinar- und Standesrechtsverfahren;
i) Straf-Rechtsschutz
für die Verteidigung wegen des Vorwurfes
   aa) eines verkehrsrechtlichen Vergehens. Wird rechtskräftig festgestellt, daß der Versicherungsnehmer das Vergehen vorsätzlich begangen hat, ist er verpflichtet, dem Versicherer die Kosten zu erstatten, die dieser für die Verteidigung wegen des Vorwurfes eines vorsätzlichen Verhaltens getragen hat;
   bb) eines sonstigen Vergehens, dessen vorsätzliche wie auch fahrlässige Begehung strafbar ist, solange dem Versicherungsnehmer ein fahrlässiges Verhalten vorgeworfen wird. Wird dem Versicherungsnehmer dagegen vorgeworfen, ein solches Vergehen vorsätzlich begangen zu haben, besteht rückwirkend Versicherungsschutz, wenn nicht rechtskräftig festgestellt wird, daß er vorsätzlich gehandelt hat;
j) Ordnungswidrigkeiten-Rechtsschutz
für die Verteidigung wegen des Vorwurfes
   aa) einer verkehrsrechtlichen Ordnungswidrigkeit;
   bb) einer sonstigen Ordnungswidrigkeit. Wird bestandskräftig oder rechtskräftig festgestellt, daß der Versicherungsnehmer die Ordnungswidrigkeit vorsätzlich begangen hat, ist er verpflichtet, dem Versicherer die Kosten zu erstatten, die dieser für die Verteidigung wegen des Vorwurfes eines vorsätzlichen Verhaltens getragen hat;
k) Beratungs-Rechtsschutz im Familien- und Erbrecht für Rat oder Auskunft eines in Deutschland zugelassenen Rechtsanwaltes in familien- und

Leistungsarten 1, 2 § 2 ARB 94

erbrechtlichen Angelegenheiten, wenn diese nicht mit einer anderen gebührenpflichtigen Tätigkeit des Rechtsanwaltes zusammenhängen.

Übersicht

	Rdnrn.
I. Allgemeines	1
II. Schadenersatz-RS (Buchst. a)	2–3 a
III. Arbeits-RS (Buchst. b)	4
IV. Wohnungs- und Grundstücks-RS (Buchst. c)	5, 6
V. RS im Vertrags- und Sachenrecht (Buchst. d)	7–10
1. Allgemeines	7
2. a) Schuldverhältnisse	8
b) Versicherungsvertrags-RS	9
3. Dingliche Rechte	10
VI. Steuer-RS vor Gerichten (Buchst. e)	11
VII. Sozialgerichts-RS (Buchst. f)	12
VIII. Verwaltungs-RS in Verkehrssachen (Buchst. g)	13–15
1. Verwaltungsverfahren aller Art	13
2. Verkehrsrechtliche Verfahren	14
3. Beginn des Versicherungsschutzes	15
IX. Disziplinar- und Standes-RS (Buchst. h)	16
X. Straf-RS (Buchst. i)	17–19
1. Allgemeines	17
2. Verkehrsstraftaten (Buchst. aa)	18
3. Sonstige Straftaten (Buchst. bb)	19
XI. Ordnungswidrigk.-RS (Buchst. j)	20–22
1. Allgemeines	20
2. Verkehrs-Ordnungswidrigkeiten (Buchst. aa)	21
3. Sonstige Ordnungswidrigkeiten (Buchst. bb)	22
XII. Beratungs-RS im Familien- und Erbrecht (Buchst. k)	23

I. Allgemeines

§ 2 legt als sogenannte primäre Risikobegrenzung fest, auf welchen 1
Rechtsgebieten für welche Art von Interessenwahrnehmung – Geltendmachung oder Abwehr von Rechten oder beides – Versicherungsschutz möglich ist. Diese als „Leistungsarten" bezeichneten einzelnen „Bausteine" sind in den Vertragsarten der §§ 21 bis 29 je nach Wahl des VN (Satz 1) in unterschiedlicher Zusammensetzung und bezogen auf verschiedene Lebensbereiche – insbesondere Verkehrs-, Privat-, Berufs- und Immobilienbereich – kombiniert. In den ARB 75 waren die versicherbaren Rechtsangelegenheiten nicht vorweg aufgezählt, sondern jeweils in den Leistungskatalogen der Vertragsarten des Zweiten Teils – Besondere Bestimmungen –, d. h. ebenfalls in den §§ 21 bis 29 ARB 75, in unterschiedlicher Kombination enthalten. Die durch die ARB 94 versicherbaren Rechtsangelegenheiten sind teilweise identisch mit denen der ARB 75, teilweise sind sie erweitert oder anders abgegrenzt. Die Unterschiede werden bei der Einzelregelung erörtert. Im übrigen kann auf die Vorbem. vor § 21 ARB 75 Rdnrn. 1 bis 30 verwiesen werden.

II. Schadenersatz-RS

Die Geltendmachung von Schadenersatzansprüchen steht nach Buchst. 2
a, ähnlich wie in den Leistungskatalogen der §§ 21 bis 28 ARB 75, unter Versicherungsschutz. Zur Vermeidung von Unklarheiten und Überschneidungen mit anderen Leistungsarten sind jedoch Schadenersatzansprüche wegen Verletzung eines Vertrags oder eines dinglichen Rechts an Immobilien hier ausgenommen und den Buchst. d (unten Rdnrn. 7 bis 9) bzw. c (unten Rdnrn. 5, 6) zugeordnet. Die jetzige Fassung trägt damit auch der Tatsache Rechnung, daß die Geltendmachung eines Schadenersatzanspruchs

§ 2 ARB 94 3–4   1. Inhalt der Versicherung

wegen Verletzung von Grundeigentum gleichzeitig die Interessenwahrnehmung aus dinglichen Rechten im Sinn von Buchst. c ist (so BGH NJW 92, 1511 = VersR 92, 487; vgl. unten Rdnr. 5 und § 29 ARB 75 Rdnr. 21 a). Der in den ARB 75 enthaltene Zusatz „aufgrund gesetzlicher Haftpflichtbestimmungen" ist entfallen, da die Geltendmachung gesetzlicher Schadenersatzansprüche innerhalb eines Vertragsverhältnisses (z. B. Unmöglichkeit, Verzug oder positive Vertragsverletzung; vgl. hierzu Vorbem. vor § 21 ARB 75 Rdnr. 35) nach dem jetzigen Wortlaut durch diese Leistungsart ohnehin nicht mehr gedeckt ist. Aus dem gleichen Grund war auch § 14 Abs. 1 Satz 2 ARB 75 entbehrlich, der den nur innerhalb eines Vertragsverhältnisses möglichen Anspruch auf ein Erfüllungssurrogat vom Schadenersatz-RS ausnahm (vgl. hierzu § 14 ARB 75 Rdnrn. 14 bis 26).

3   Entsteht ein Schadenersatzanspruch aus einem **vertragsähnlichen** Verhältnis, das jedoch nicht zu einem (wirksamen) Vertrag geführt hat, z. B. aus culpa in contrahendo (Vorbem. vor § 21 ARB 75 Rdnr. 109), Geschäftsführung ohne Auftrag nach § 678 BGB, nichtiger oder angefochtener Willenserklärung nach § 122 BGB, fehlender Vertretungsmacht nach § 179 BGB oder in den Fällen der §§ 307, 309 BGB, dann besteht Versicherungsschutz, da der Anspruch nicht auf einer „Vertragsverletzung" beruht. Wegen des Begriffs „Geltendmachung" kann auf Vorbem. vor § 21 ARB 75 Rdnrn. 32, 33 und wegen des Begriffs „Schadenersatzanspruch" im übrigen auf Vorbem. vor § 21 ARB 75 Rdnrn. 31 bis 72 verwiesen werden. Die Abwehr außervertraglicher Schadenersatzansprüche – die Domäne der Haftpflichtversicherung – ist nach § 3 Abs. 2a vom Versicherungsschutz ausgeschlossen (§ 3 Rdnr. 7). Hieraus ergibt sich gleichzeitig, daß unter „Geltendmachung von Schadenersatzansprüchen" nur eine solche durch den VN (oder einen Mitversicherten, § 15), nicht aber die Geltendmachung durch den Gegner zu verstehen ist.

3 a   Besteht für einen Schadenersatzanspruch eine außervertragliche und eine gleichgerichtete vertragliche Anspruchsgrundlage (**Anspruchskonkurrenz**), dann ist der Versicherungsschutz nach Buchst. a allenfalls insoweit eingeschränkt, als der vertragliche Anspruch weiter reichen sollte als der außervertragliche. Haben beide gleichen Umfang oder reicht der außervertragliche weiter, dann besteht Deckung (auch) nach Buchst. a. Dies gilt beispielsweise für den in Vorbem. vor § 21 ARB 75 Rdnr. 9 erörterten Fall, daß ein Taxifahrer den VN als Insassen schuldhaft körperlich geschädigt hat (Haftung aus unerlaubter Handlung, StVG und Verletzung des Beförderungsvertrags). Buchst. a ist nach seiner Zweckrichtung dahin auszulegen, daß er nur solche Schadenersatzansprüche nicht umfassen soll, die lediglich auf einer Vertragsverletzung beruhen.

III. Arbeits-RS

4   Nach Buchst. b besteht Versicherungsschutz für die Wahrnehmung rechtlicher Interessen, d. h. für die Verfolgung und Abwehr von Ansprüchen aus **Arbeitsverhältnissen** und öffentlich-rechtlichen Dienstverhältnissen

Leistungsarten 5 § 2 ARB 94

aller Art, allerdings nicht aus dem kollektiven Arbeits- und Dienstrecht (§ 3 Abs. 2 b). Die Formulierung deckt sich mit einer Ausnahme mit dem Arbeits-RS der ARB 75, der bereits in den Leistungskatalogen der §§ 24 bis 28 ARB 75 enthalten war. Erweitert wurde der Versicherungsschutz für öffentlich-rechtlich Bedienstete durch die Änderung des Begriffs „Anstellungsverhältnisse" in „Dienstverhältnisse". Hieraus ergibt sich, daß nicht nur, wie bei den ARB 75, die freiwillig eingegangenen Dienstverhältnisse umfaßt sind, sondern auch die Pflicht-Dienstverhältnisse wie die der Wehrpflichtigen oder Zivildienst-Leistenden (vgl. Vorbem. vor § 21 ARB 75 Rdnr. 123) hinsichtlich dienst- und versorgungsrechtlicher Ansprüche. Soweit für deren versorgungsrechtliche Ansprüche, ähnlich wie bei den Berufs- und Zeitsoldaten, die Sozialgerichte zuständig sind, besteht für die gerichtliche Interessenwahrnehmung auch Deckung über Buchst. f (Vorbem. vor § 21 ARB 75 Rdnr. 123). Wird dem VN im Rahmen eines Arbeitsrechtsstreits eine vorsätzlich begangene Straftat vorgeworfen, kann der Versicherungsschutz nach § 3 Abs. 5 ausgeschlossen sein (§ 3 Rdnrn. 27 bis 29). Im übrigen kann auf die Erläuterungen in Vorbem. vor § 21 ARB 75 Rdnrn. 116 bis 124 verwiesen werden.

IV. Wohnungs- und Grundstücks-RS

Buchst. c bietet Versicherungsschutz für die Verfolgung und Abwehr von 5 Ansprüchen aus Nutzungsverhältnissen aller Art und dinglichen Rechten an Immobilien. Hinsichtlich der versicherten Rechtsangelegenheiten entspricht er § 29 Abs. 1 ARB 75 mit der Ergänzung, daß neben Miet- und Pachtverhältnissen nicht nur, wie bisher, dingliche Nutzungsverhältnisse, sondern auch sonstige Nutzungsverhältnisse aller Art, insbesondere schuldrechtliche, versichert sind, z.B. Wohnungsleihe, schuldrechtliches Wohnrecht, Nutzungsverhältnis aufgrund eines Grundstückskaufvertrags bis zum Besitzübergang (§ 29 ARB 75 Rdnrn. 10 bis 16, 30 ff.). Die Interessenwahrnehmung aus dinglichen Rechten an Immobilien umfaßt nicht nur sachenrechtliche, sondern auch sonstige Ansprüche aller Art, die aus dem dinglichen Recht entstehen können, insbesondere die Verfolgung außervertraglicher schuldrechtlicher Schadenersatzansprüche wegen Beeinträchtigung einer Immobilie (BGH NJW 92, 1511 = VersR 92, 487; vgl. § 29 ARB 75 Rdnrn. 17 bis 22), für die – im Gegensatz zu Buchst. a – die Wartezeit des § 4 Abs. 1 Satz 3 gilt (§ 4 Rdnr. 7). Die sich auch hierunter fallende Abwehr aus dem Immobilieneigentum entspringender außervertraglicher Schadenersatzansprüche (z.B. wegen Verletzung der Streupflicht des VN als Eigentümers) ist allerdings durch § 3 Abs. 2 a vom Versicherungsschutz ausgenommen (§ 3 Rdnr. 7). Zu beachten sind außerdem die Ausschlußbestimmungen des § 3 Abs. 1 c (Bergbauschäden), d (Baurisiko), Abs. 2 i (Bewertungsfragen) und Abs. 3 d (Enteignungs- usw. Angelegenheiten), soweit das Schwergewicht der Interessenwahrnehmung des VN in dem jeweiligen Rechtsbereich liegt (für die vergleichbaren Ausschlußbestimmungen der ARB 75 vgl. § 29 ARB 75 Rdnr. 23). Der ursprüngliche Plan, einen umfassenden Immobilien-RS zu schaffen, insbesondere Er-

§ 2 ARB 94 6–8   1. Inhalt der Versicherung

werbs- und Veräußerungsverträge in diese Leistungsart einzubeziehen, wurde nicht verwirklicht. Diese Rechtsangelegenheiten sind vielmehr, wie schon nach den ARB 75, dem RS für Vertrags- und Sachenrecht des Buchst. d zugeordnet (vgl. unten Rdnrn. 7, 8). Zu Auseinandersetzungen nach dem Sachenrechtsbereinigungs- und dem Schuldrechtsanpassungsgesetz vgl. § 29 ARB 75 Rdnr. 2.

6 Der Wohnungs- und Grundstücks-RS kann zusammen mit dem Steuer-RS vor Gerichten (Buchst. e) allein oder neben einer anderen Vertragsform der §§ 21 bis 28 über § 29 als **RS für Eigentümer und Mieter** von Wohnungen und Grundstücken in einer bestimmten Eigenschaft für eine bestimmte Immobilie abgeschlossen werden (§ 29 Rdnr. 1). Beim Landwirtschafts- und Verkehrs-RS des § 27 und beim Privat-, Berufs- und Verkehrs-RS für Selbständige des § 28 ist Buchst. c für bestimmte Immobilien – bei § 28 ausschließbar – bereits eingeschlossen.

V. RS im Vertrags- und Sachenrecht

7 1. Buchst. d bietet Versicherungsschutz für die Verfolgung und Abwehr von Ansprüchen aus privatrechtlichen Schuldverhältnissen und dinglichen Rechten, jedoch ohne den Schadenersatz-RS des Buchst. a, den Arbeits-RS des Buchst. b und den Wohnungs- und Grundstücks-RS des Buchst. c. Die Leistungsart wurde als eine Art **Auffangtatbestand** formuliert, damit die nach den ARB 75 möglichen Überschneidungen mit anderen Leistungsarten möglichst vermieden werden. Im übrigen entspricht Buchst. d etwa dem sogenannten allgemeinen Vertrags-RS der §§ 25 Abs. 3, 26 Abs. 4 der Fassung 1975 (Fassung 1988: Abs. 5 b) und 27 Abs. 4 ARB 75, allerdings im Schuldrecht mit einer Erweiterung:

8 2. a) Im Gegensatz zu den ARB 75 ist die geschützte Interessenwahrnehmung nicht mehr auf schuldrechtliche Verträge beschränkt, sondern umfaßt jetzt privatrechtliche **Schuldverhältnisse** aller Art im Sinn des Zweiten Buches des BGB und der anderen privatrechtlichen Rechtsgebiete, soweit sie nicht gemäß § 3 vom Versicherungsschutz ausgeschlossen sind. Unter Versicherungsschutz steht jetzt auch die Interessenwahrnehmung aus einseitigen und gesetzlichen Schuldverhältnissen, z. B. aus Auslobung (§ 657 ff. BGB), Geschäftsführung ohne Auftrag (§§ 677 ff. BGB) und ungerechtfertigter Bereicherung (§ 812 ff. BGB; vgl. hierzu Vorbem. vor § 21 ARB 75 Rdnrn. 104, 105). Ein körperschaftliches Rechtsverhältnis, z. B. bei einem Verein oder einer Genossenschaft, ist kein – vertragliches oder gesetzliches – Schuldverhältnis (Vorbem. vor § 21 ARB 75 Rdnr. 102). Öffentlich-rechtliche Schuldverhältnisse waren schon in den ARB 75 nicht gedeckt (Vorbem. vor § 21 ARB 75 Rdnr. 106). Zur Geltendmachung von Schadenersatzansprüchen aus culpa in contrahendo und sonstigen vertragsähnlichen Verhältnissen vgl. § 2 Rdnr. 3, zu deren Abwehr vgl. § 3 Rdnr. 7. Wegen des Versicherungsumfangs im übrigen kann insoweit auf die Erläuterungen in Vorbem. vor § 21 ARB 75 Rdnrn. 96 bis 115 verwiesen werden.

Leistungsarten 9–13 § 2 ARB 94

b) Da der in § 4 Abs. 1 h ARB 75 enthaltene Ausschluß der Interessen- 9
wahrnehmung aus Versicherungsverträgen entfallen ist (§ 3 Rdnr. 2), besteht
nunmehr bei Verträgen nach den §§ 21, 23 und 25 bis 28 auch **Versicherungsvertrags-RS** in dem dort jeweils festgelegten Umfang, und zwar ohne
die Streitwertuntergrenze, die in der seit 1978 verwendeten Klausel (§ 4
ARB 75 Rdnr. 77) vorgesehen war.

3. Die Interessenwahrnehmung aus **dinglichen Rechten** beschränkt sich, 10
wie schon in den ARB 75, auf solche Rechte an beweglichen Sachen sowie
an Rechten, da die Interessenwahrnehmung aus dinglichen Rechten an Immobilien bereits unter Buchst. c fällt. Auf die Erläuterungen in Vorbem. vor
§ 21 ARB 75 Rdnrn 124 bis 129 kann verwiesen werden.

VI. Steuer-RS vor Gerichten

Abgaberechtliche Angelegenheiten waren durch § 4 Abs. 1 n ARB 75 ge- 11
nerell vom Versicherungsschutz ausgeschlossen. Buchst. e schließt den seit
1984 als Zusatzbedingung verwendeten „**Steuer-RS vor Gerichten** und in
Bußgeldverfahren" (ARB 75 Vorbem. vor § 21 Rdnrn. 169 ff.) in die Deckung
der ARB 94 ein, allerdings ohne die steuer- und abgaberechtlichen Bußgeldverfahren, die jetzt durch Buchst. j bb gedeckt sind (unten Rdnr. 22). Die in
der früheren Zusatzbedingung enthaltenen Ausschlüsse ergeben sich jetzt
aus § 3 Abs. 2 i (Immobilien-Angelegenheiten, § 3 Rdnr. 17), § 3 Abs. 4 d
(Dritthaftung, § 3 Rdnr. 26) und § 4 Abs. 4 (zeitlicher Ausschluß, § 4
Rdnr. 11). In den Verträgen nach §§ 23, 25 und 26, die den Steuer-RS des
§ 2 e, nicht aber den Wohnungs- und Grundstücks-RS des § 2 c enthalten,
dürften grundstücksbezogene finanz- und verwaltungsgerichtliche Auseinandersetzungen im jeweils versicherten Lebensbereich – vorbehaltlich der
genannten Ausschlüsse – mitgedeckt sein, da Buchst. e insoweit keine dem
VN erkennbare Einschränkung enthält. Im übrigen kann auf die Erläuterungen in Vorbem. vor § 21 Rdnrn. 169 ff. ARB 75 verwiesen werden.

VII. Sozialgerichts-RS

Buchst. f entspricht sachlich unverändert dem bereits in den Leistungs- 12
katalogen der §§ 24 bis 28 ARB 75 enthaltenen **Sozialgerichts-RS**. Auf die
Erläuterungen in Vorbem. vor § 21 ARB 75 Rdnrn. 130 bis 136 kann daher
verwiesen werden.

VIII. Verwaltungs-RS in Verkehrssachen

1. Buchst. g enthält eine Fortentwicklung des verwaltungsrechtlichen 13
Führerschein-RS der ARB 75 (Vorbem. vor § 21 ARB 75 Rdnr. 137). Versicherungsschutz besteht nunmehr nicht nur, wie früher, in Fahrerlaubnis-Angelegenheiten, sondern in allen verkehrsrechtlichen behördlichen und gerichtlichen **Verwaltungsverfahren**. Außerdem setzt der Versicherungsschutz nicht erst mit dem Widerspruchsverfahren, sondern schon nach je-

§ 2 ARB 94 14–16   1. Inhalt der Versicherung

dem Rechtsverstoß im Sinn des § 4 Abs. 1 c ein. Nicht unter die Deckung des Buchst. g, sondern unter die der Buchst. i aa oder j aa fällt die Verteidigung vor Gerichten oder Bußgeldbehörden im Zusammenhang mit Fahrerlaubnismaßnahmen, die im Rahmen eines Straf- oder Bußgeldverfahrens getroffen werden.

14 2. Unter Versicherungsschutz steht die Verfolgung und Abwehr von Rechten in allen **verkehrsrechtlichen** Verwaltungsangelegenheiten. Neben den schon durch die ARB 75 gedeckten Führerschein-Angelegenheiten (Erlaubnis zum Führen von Kraftfahrzeugen, Luftfahrzeugen und Schiffen; Vorbem. vor § 21 ARB 75 Rdnrn. 137 ff.) fallen hierunter jetzt beispielsweise auch behördliche Anordnungen zum Führen eines Fahrtenbuches oder zur Teilnahme am Verkehrsunterricht (Vorbem. vor § 21 ARB 75 Rdnr. 141) oder zum Abschleppen eines verkehrsbehindernden Fahrzeugs, soweit das Fahrzeug nicht (ausschließlich) wegen eines Halt- oder Parkverstoßes abgeschleppt wurde (dann Ausschluß nach § 3 Abs. 3 e, vgl. § 3 Rdnr. 22). Da „verkehrsrechtlich" kein eindeutiger Begriff der Rechtssprache ist, kommt es im übrigen auf die Zweckrichtung des vom VN jeweils erstrebten oder abgewehrten Verwaltungsakts an. Als „verkehrsrechtlich" wird man dabei jede behördliche Anordnung werten können, die primär der Sicherheit und Ordnung des Verkehrs zu dienen bestimmt ist, und zwar auch dann, wenn sie daneben noch andere Zwecke verfolgt. Zur Abgrenzung zwischen verkehrsrechtlichen und anderen, insbesondere verkehrswirtschaftlichen oder sozialpolitischen Verwaltungsanordnungen können hierbei die Grundsätze entsprechend herangezogen werden, die zu den Straf- und Bußgeld-Vorschriften entwickelt wurden (Näheres § 4 ARB 75 Rdnrn. 200 ff. und § 21 ARB 75 Rdnr. 73 ff.; vgl. auch unten Rdnr. 18).

15 3. Während beim Führerschein-RS der ARB 75 der Versicherungsschutz erst vom Beginn des Widerspruchsverfahrens an einsetzte (Vorbem. vor § 21 ARB 75 Rdnr. 145), ist diese zeitliche Beschränkung nunmehr entfallen. **Deckung** besteht bereits nach einem wirklichen oder behaupteten Rechtsverstoß des VN, eines anderen oder der beteiligten Behörde (und einer dreimonatigen Wartezeit) im Sinn des § 4 Abs. 1 c.

IX. Disziplinar- und Standes-RS

16 In Buchst. h wurde der im Straf-RS der ARB 75 mitenthaltene **Disziplinar- und Standes-RS** zu einer eigenen Leistungsart ausgestaltet. Der Umfang des Versicherungsschutzes hat sich jedoch nicht geändert, so daß auf die Erläuterungen in Vorbem. vor § 21 ARB 75 Rdnrn. 91 bis 95 verwiesen werden kann. Wird dem VN im Rahmen eines Disziplinar- oder Standesrechtsverfahrens eine vorsätzlich begangene Straftat vorgeworfen, kann der Versicherungsschutz nach § 3 Abs. 5 ausgeschlossen sein (§ 3 Rdnrn. 27 bis 29).

Leistungsarten

X. Straf-RS

1. Buchst. i enthält als eigene Leistungsart den isolierten **Straf-RS,** während der in den ARB 75 mit ihm verbundene Ordnungswidrigkeiten-RS jetzt ebenfalls als eigene Leistungsart – Buchst. j – vorgesehen ist. Wie in § 4 Abs. 3 ARB 75 ist der Straf-RS verschieden ausgestaltet, je nachdem ob es sich um die Verteidigung in Verkehrs-Strafverfahren oder in Verfahren des sonstigen Strafrechts handelt. 17

2. Der Versicherungsschutz für die Verteidigung in **Verkehrs-Strafverfahren** nach Buchst. aa entspricht etwa dem Verkehrs-Straf-RS in § 4 Abs. 3b ARB 75 mit dem praktisch wenig bedeutsamen Unterschied, daß die Verteidigung wegen des Vorwurfs eines verkehrsrechtlichen Verbrechens nicht mehr unter Versicherungsschutz steht (vgl. hierzu § 4 ARB 75 Rdnr. 198, 207) und daß die Sonderregelung wegen eines im schuldausschließenden Rausch begangenen Verkehrsdelikts (§ 323a StGB; vgl. § 4 ARB 75 Rdnr. 215) entfallen ist. Wegen der Abgrenzung verkehrsrechtlicher von sonstigen Vergehen kann auf § 4 ARB 75 Rdnrn. 200 ff. verwiesen werden (vgl. auch oben Rdnr. 14). Versicherungsschutz besteht beim Vorwurf sowohl vorsätzlicher als auch fahrlässiger Begehung. Wird vorsätzliche Begehung eines Verkehrsvergehens rechtskräftig festgestellt, hat der VN die insoweit für die Verteidigung aufgewendeten Kosten dem Versicherer zu erstatten (zum Begriff der rechtskräftigen Verurteilung vgl. § 4 ARB 75 Rdnr. 214). Bei rechtskräftiger Verurteilung wegen teils vorsätzlicher und teils fahrlässiger Begehung oder bei Teilfreispruch besteht nur anteilige Deckung (§ 4 ARB 75 Rdnr. 179; § 2 ARB 75 Rdnr. 240). Im übrigen kann auf die Erläuterungen zum Verkehrs-Straf-RS in § 4 ARB 75 Rdnrn. 198 bis 215 verwiesen werden. 18

3. Die Verteidigung gegen den Vorwurf eines **nicht-verkehrsrechtlichen** Vergehens steht in dem durch Buchst. bb festgelegten Umfang unter Versicherungsschutz, der dem § 4 Abs. 3a ARB 75 entspricht. Hier kommt es entscheidend auf die Art des vorgeworfenen Delikts und des Schuldvorwurfs an. Verbrechen und solche Vergehen, die nur bei vorsätzlicher Begehung unter Strafe stehen, scheiden von vornherein aus der Deckung aus. Beispiele hierfür sind in § 4 ARB 75 Rdnrn. 182, 184 aufgezählt. Für die Verteidigung wegen des Vorwurfs eines nicht-verkehrsrechtlichen Vergehens, dessen auch fahrlässige Begehung strafbar ist, besteht Versicherungsschutz, solange dem VN fahrlässiges Verhalten vorgeworfen wird (Beispiele in § 4 ARB 75 Rdnrn. 191 bis 193). Dies wird auch für im objektiven Tatbestand deckungsgleiche Steuerstraftaten und -ordnungswidrigkeiten zu gelten haben wie z.B. einerseits die vorsätzliche Steuerverkürzung (Steuerhinterziehung, § 370 AO), und andererseits die leichtfertige Steuerverkürzung, § 378 AO; anders die ARB 75, vgl. dort § 4 Rdnr. 193 und Vorbem. vor § 21 Rdnr. 187). Wird dem VN vorsätzliches Verhalten vorgeworfen, besteht kein Versicherungsschutz. Er lebt jedoch rückwirkend auf, wenn Vorsatz nicht rechtskräftig festgestellt wird, also insbesondere bei Freispruch, Einstellung des Verfahrens oder Verurteilung wegen fahrlässiger Begehung oder 19

einer Ordnungswidrigkeit (zum Begriff der rechtskräftigen Verurteilung vgl. § 4 ARB 75 Rdnrn. 195, 196). Die frühere Sonderregelung wegen eines im schuldausschließenden Rausch begangenen Delikts (§ 323 a StGB; § 4 ARB 75 Rdnr. 197) ist entfallen. Im Dezember 1995 hat der VdS zur Klarstellung für den rechtsunkundigen VN unverbindlich empfohlen, Buchst. i bb mit folgendem Zusatz zu versehen: „Es besteht also kein Versicherungsschutz bei dem Vorwurf
– eines Verbrechens in jedem Fall
– eines Vergehens, das nur vorsätzlich begangen werden kann (z.b. Beleidigung, Diebstahl, Betrug).
Dabei kommt es weder auf die Berechtigung des Vorwurfes noch den Ausgang des Strafverfahrens an"

XI. Ordnungswidrigkeiten-RS

20   1. Der in den ARB 75 mit dem Straf-RS verbundene **Ordnungswidrigkeiten-RS** ist jetzt in Buchst. j als eigene Leistungsart ausgestaltet. Ähnlich dem Straf-RS ist jetzt der Versicherungsschutz unterschiedlich geregelt, je nachdem ob es sich um verkehrsrechtliche oder sonstige Ordnungswidrigkeiten handelt:

21   2. Für die Verteidigung gegen den Vorwurf einer **verkehrsrechtlichen** Ordnungswidrigkeit (zu diesem Begriff vgl. § 4 ARB 75 Rdnr. 156 und § 21 ARB 75 Rdnrn. 73 ff.) besteht nach Buchst. aa ohne Rücksicht auf den Schuldvorwurf generell und uneingeschränkt Versicherungsschutz, der – wie schon bei § 4 Abs. 2 a ARB 75 und anders als beim verkehrsrechtlichen Straf-RS (oben Rdnr. 18) – auch nicht entfällt, soweit Vorsatz des VN bestands- oder rechtskräftig festgestellt wird.

22   3. Die Verteidigung gegen den Vorwurf einer **nicht-verkehrsrechtlichen** Ordnungswidrigkeit steht ohne Rücksicht auf den Schuldvorwurf unter Versicherungsschutz, jedoch in Abweichung von § 4 Abs. 2 a ARB 75 (vgl. dort Rdnr. 156) und jetzt ebenso wie im Verkehrs-Straf-RS des § 2 i aa (vgl. oben Rdnr. 18) auflösend bedingt (§ 158 Abs. 2 BGB) mit der Folge entsprechender Rückzahlungspflicht, soweit bestands- oder rechtskräftig festgestellt wird, daß der VN vorsätzlich gehandelt hat. Die von Abs. 2 b der Zusatzbedingung zum Steuer-RS der ARB 75 erfaßten steuer- und sonstigen abgaberechtlichen Ordnungswidrigkeiten (Vorbem. vor § 21 ARB 75 Rdnr. 185) fallen jetzt unter die Deckung des Buchst. j bb.

XII. Beratungs-RS im Familien- und Erbrecht

23   Buchst. k bietet Versicherungsschutz für eine (reine) **Rechtsberatung** oder Auskunft aus dem im übrigen durch § 3 Abs. 2 g von der Deckung ausgenommenen Bereich des Familien- und Erbrechts. Insoweit entspricht diese Regelung dem in den Leistungskatalogen der §§ 25 bis 27 ARB 75 enthaltenen Beratungs-RS, während für die dort noch mitenthaltenen Angelegenheiten der freiwilligen Gerichtsbarkeit im Rahmen der infrage kom-

Ausgeschlossene Rechtsangelegenheiten **§ 3 ARB 94**

menden Leistungsarten – vorwiegend Wohnungs- und Grundstücks-RS gemäß § 2 c – nunmehr weitergehender Versicherungsschutz besteht, da die Ausschlußbestimmung des § 4 Abs. 1 p ARB 75 für Angelegenheiten der freiwilligen Gerichtsbarkeit entfallen ist (§ 3 Rdnr. 2). Entfallen ist weiterhin wegen der fortschreitenden internationalen Verflechtung die frühere Beschränkung auf deutsches Recht. Der Versicherungsschutz ist jetzt allerdings beschränkt auf Rat oder Auskunft eines in Deutschland „zugelassenen" Rechtsanwalts, wobei hierunter die Zulassung im Sinn der BRAO zu verstehen ist (Näheres hierzu § 2 ARB 75 Rdnr. 65). Wie nach den ARB 75 setzt der Beratungs-RS als Versicherungsfall eine Änderung der Rechtslage des VN voraus (§ 4 Abs. 1 b; vgl. § 4 Rdnr. 4), die eine Beratung erforderlich macht (§§ 1, 17 Abs. 1 Satz 1; vgl. hierzu Vorbem. vor § 21 ARB 75 Rdnr. 168). Außerdem darf Rat oder Auskunft nicht mit einer anderen gebührenpflichtigen Tätigkeit des Rechtsanwalts im Sinn des § 20 Abs. 1 Satz 1 BRAGebO zusammenhängen. Insoweit kann auf die Erläuterungen in Vorbem. vor § 21 ARB 75 Rdnrn. 148 ff. verwiesen werden.

§ 3 Ausgeschlossene Rechtsangelegenheiten

Rechtsschutz besteht nicht für die Wahrnehmung rechtlicher Interessen
(1) in ursächlichem Zusammenhang mit
a) Krieg, feindseligen Handlungen, Aufruhr, inneren Unruhen, Streik, Aussperrung oder Erdbeben;
b) Nuklear- und genetischen Schäden, soweit diese nicht auf eine medizinische Behandlung zurückzuführen sind;
c) Bergbauschäden an Grundstücken und Gebäuden;
d) aa) dem Erwerb oder der Veräußerung eines zu Bauzwecken bestimmten Grundstückes,
bb) der Planung oder Errichtung eines Gebäudes oder Gebäudeteiles, das sich im Eigentum oder Besitz des Versicherungsnehmers befindet oder das dieser zu erwerben oder in Besitz zu nehmen beabsichtigt,
cc) der genehmigungspflichtigen baulichen Veränderung eines Grundstückes, Gebäudes oder Gebäudeteiles, das sich im Eigentum oder Besitz des Versicherungsnehmers befindet oder das dieser zu erwerben oder in Besitz zu nehmen beabsichtigt,
dd) der Finanzierung eines der unter aa) bis cc) genannten Vorhaben.
(2) a) zur Abwehr von Schadenersatzansprüchen, es sei denn, daß diese auf einer Vertragsverletzung beruhen;
b) aus kollektivem Arbeits- oder Dienstrecht;
c) aus dem Recht der Handelsgesellschaften oder aus Anstellungsverhältnissen gesetzlicher Vertreter juristischer Personen;
d) in ursächlichem Zusammenhang mit Patent-, Urheber-, Warenzeichen-, Geschmacksmuster-, Gebrauchsmusterrechten oder sonstigen Rechten aus geistigem Eigentum;
e) aus dem Kartell- oder sonstigen Wettbewerbsrecht;
f) in ursächlichem Zusammenhang mit Spiel- oder Wettverträgen sowie Termin- oder vergleichbaren Spekulationsgeschäften;

§ 3 ARB 94　　　　　　　　　　　　1. Inhalt der Versicherung

g) aus dem Bereich des Familien- und Erbrechtes, soweit nicht Beratungs-Rechtsschutz gemäß § 2k) besteht;
h) aus dem Rechtsschutzversicherungsvertrag gegen den Versicherer oder das für diesen tätige Schadenabwicklungsunternehmen;
i) wegen der steuerlichen Bewertung von Grundstücken, Gebäuden oder Gebäudeteilen sowie wegen Erschließungs- und sonstiger Anliegerabgaben, es sei denn, daß es sich um laufend erhobene Gebühren für die Grundstücksversorgung handelt;
(3) a) in Verfahren vor Verfassungsgerichten;
b) in Verfahren vor internationalen oder supranationalen Gerichtshöfen, soweit es sich nicht um die Wahrnehmung rechtlicher Interessen von Bediensteten internationaler oder supranationaler Organisationen aus Arbeitsverhältnissen oder öffentlich-rechtlichen Dienstverhältnissen handelt;
c) in ursächlichem Zusammenhang mit einem über das Vermögen des Versicherungsnehmers beantragten oder eröffneten Konkurs- oder Vergleichsverfahren;
d) in Enteignungs-, Planfeststellungs-, Flurbereinigungs- sowie im Baugesetzbuch geregelten Angelegenheiten;
e) in Ordnungswidrigkeiten- und Verwaltungsverfahren wegen des Vorwurfes eines Halt- oder Parkverstoßes;
(4) a) mehrerer Versicherungsnehmer desselben Rechtsschutzversicherungsvertrages untereinander, mitversicherter Personen untereinander und mitversicherter Personen gegen den Versicherungsnehmer;
b) nichtehelicher Lebenspartner untereinander in ursächlichem Zusammenhang mit der nichtehelichen Lebensgemeinschaft, auch nach deren Beendigung;
c) aus Ansprüchen oder Verbindlichkeiten, die nach Eintritt des Rechtsschutzfalles auf den Versicherungsnehmer übertragen worden oder übergegangen sind;
d) aus vom Versicherungsnehmer in eigenem Namen geltend gemachten Ansprüchen anderer Personen oder aus einer Haftung für Verbindlichkeiten anderer Personen;
(5) soweit die Wahrnehmung rechtlicher Interessen in den Fällen des § 2 a) bis h) in ursächlichem Zusammenhang damit steht, daß der Versicherungsnehmer eine Straftat vorsätzlich begangen hat oder nach der Behauptung eines anderen begangen haben soll, es sei denn, daß der Vorwurf vorsätzlichen Verhaltens deutlich erkennbar unbegründet ist oder sich im Nachhinein als unbegründet erweist.

Übersicht

	Rdnrn.		Rdnrn.
I. Allgemeines	1, 2	III. Ausschluß bestimmter Rechtsangelegenheiten (Abs. 2)	7–17
1. Allgemeine Ausschlüsse	1	1. Abwehr außervertraglicher Schadenersatzansprüche (Buchst. a)	7
2. Gestrichene Ausschlußbestimmungen	2	2. Kollektives Arbeitsrecht (Buchst. b)	8
II. Ausschluß von Kumulrisiken (Abs. 1)	3–6	3. Handelsgesellschaften, gesetzliche Vertreter (Buchst. c)	9
1. Abs. 1 a	3	4. Rechte aus geistigem Eigentum (Buchst. d)	10
2. Nuklear- und genetische Schäden (Buchst. b)	4	5. Wettbewerbsrecht (Buchst. e)	11
3. Bergbauschäden (Buchst. c)	5		
4. Baurisiko (Buchst. d)	6		

Ausgeschlossene Rechtsangelegenheiten 1–5 § 3 ARB 94

	Rdnrn.		Rdnrn.
6. a) Spiel- und Wettverträge (Buchst. f)	12	4. Enteignungs- usw. Angelegenheiten (Buchst. d)	21
b) Termingeschäfte	13	5. Halt- und Parkverstöße (Buchst. e)	22
c) Vergleichbare Spekulationsgeschäfte	14	V. Ausschluß Mitversicherter und bei Drittbeteiligung (Abs. 4)	23–26
7. Familien- und Erbrecht (Buchst. g)	15	1. Mitversicherte (Buchst. a)	23
8. Eigener RSVersicherer (Buchst. h)	16	2. Nichtehelicher Lebenspartner (Buchst. b)	24
9. Bewertungs- und Erschließungs-Angelegenheiten (Buchst. i)	17	3. Übergegangene Ansprüche und Verbindlichkeiten (Buchst. c)	25
IV. Ausschluß bestimmter Verfahren (Abs. 3)	18–22	4. Drittansprüche, Dritthaftung (Buchst. d)	26
1. Verfassungsgerichte (Buchst. a)	18	VI. Ausschluß bei Vorsatztat (Abs. 5)	27–29
2. Inter- und supranationale Gerichte (Buchst. b)	19	1. Zweck des Ausschlusses	27
3. Konkurs- und Vergleichsverfahren (Buchst. c)	20	2. Straftat	28
		3. Versicherungsumfang	29

I. Allgemeines

1. § 3 enthält in noch konzentrierterer Form als § 4 ARB 75 weitgehend 1 alle **Ausschlußbestimmungen** der ARB 94, auch soweit sie, wie beispielsweise § 3 Abs. 2i, nur einzelne Leistungsarten des § 2 betreffen. Die Verbandsempfehlung zu § 3 enthält den in der GruppenfreistellungsVO vorgesehenen Hinweis, daß es jedem Versicherer freigestellt ist, etwas anderes zu vereinbaren (Einl. Rdnr. 4).

2. Als entbehrlich **entfallen** sind folgende Ausschlußbestimmungen des 2 § 4 Abs. 1 ARB 75: Recht der Genossenschaften (vgl. jedoch § 2 Rdnr. 8) und bergrechtlichen Gewerkschaften (Buchst. c); Handelsvertreterrecht (Buchst. f); Bürgschafts-, Garantie-, Schuldübernahme- und Versicherungsverträge (Buchst. h), soweit hier nicht der Ausschluß der Dritthaftung nach Abs. 4d (unten Rdnr. 26) eingreift; Kirchenrecht (Buchst. m); Angelegenheiten der freiwilligen Gerichtsbarkeit (Buchst. p), soweit hier nicht der Ausschluß des Familien- und Erbrechts nach Abs. 2g (unten Rdnr. 15) zum Zug kommt.

II. Ausschluß von Kumulrisiken (Abs. 1)

1. Abs. 1a entspricht § 4 Abs. 1a ARB 75 Auf die Erläuterungen in § 4 3 ARB 75 Rdnrn. 12 bis 20 wird verwiesen.

2. Abs. 1b modifiziert § 4 Abs. b ARB 75 Ausgeschlossen ist nunmehr die 4 Interessenwahrnehmung im Zusammenhang mit Nuklearschäden (§ 4 ARB 75 Rdnr. 21) und genetischen Schäden (§ 4 ARB 75 Rdnr. 22), gleichgültig auf welcher Ursache sie beruhen. Ausgenommen hiervon sind jedoch Schäden aufgrund einer medizinischen Behandlung.

3. Nach Abs. 1c ist die Interessenwahrnehmung im Zusammenhang mit 5 **Bergbauschäden** an Grundstücken und Gebäuden wie in § 4 Abs. 1l ARB 75 vom Versicherungsschutz ausgenommen, wobei nunmehr Gebäude zur Klarstellung eigens erwähnt sind (vgl. § 4 ARB 75 Rdnr. 113).

§ 3 ARB 94 6, 7   1. Inhalt der Versicherung

6   4. Abs. 1 d modifiziert, erweitert und präzisiert die auslegungsbedürftige Ausschlußbestimmung des § 4 Abs. 1 k ARB 75 zum **Baurisiko**. Zum Ausschluß der Interessenwahrnehmung bedarf es nicht mehr eines „unmittelbaren" Zusammenhangs, es genügt vielmehr jeder adäquate sachliche Zusammenhang mit einer der in Buchst. aa bis dd genannten Maßnahmen. Dies bedeutet u. a., daß ein Schadenersatzanspruch oder ein Gebührenstreit des VN wegen Anwalts-, Steuerberater- oder Notarversehens vom Ausschluß mit umfaßt ist, soweit das Berufsversehen des Ersatzpflichtigen in sachlichem Zusammenhang mit einer Interessenwahrnehmung im Sinn der Buchst. aa bis dd steht (anders nach den ARB 75, vgl. § 4 ARB 75 Rdnr. 11 a. E.; § 14 ARB 75 Rdnr. 27). Die früher umstrittene Frage, ob Streitigkeiten aus dem Erwerb oder der Veräußerung eines Baugrundstücks gedeckt sind (hierzu § 4 ARB 75 Rdnr. 105), ist jetzt durch Buchst. aa geklärt. Ob ein Grundstück „zu Bauzwecken bestimmt" ist, wird sich in der Regel aus dem Erwerbs- oder Veräußerungsvertrag oder den damit zusammenhängenden Umständen ergeben, etwa daraus, daß es im Bebauungsplan als Bauland ausgewiesen ist. Die bloße Eignung zur Bebauung wird allerdings nicht genügen, vielmehr muß eine Bebauung schon konkret ins Auge gefaßt sein, eine „verfestigte, konkrete Bauabsicht des Erwerbers" vorhanden sein (vgl. BGH VersR 94, 44 = r+s 94, 61; ähnlich *Maier* VersR 97, 394, 398; insoweit a. A. *Sperling* VersR 96, 133, 137). Wegen der in Buchst. bb und cc enthaltenen Begriffe „Planung", „Errichtung" und „genehmigungspflichtige bauliche Veränderung" kann auf die Erläuterungen in § 4 ARB 75 Rdnrn. 97 bis 100 verwiesen werden. Nicht nötig ist hierbei, daß sich das fragliche Grundstück oder Gebäude bereits im Eigentum des VN befindet. Es genügt auch sein Besitz (§ 854 BGB) oder seine Erwerbs- oder Besitzabsicht (ähnlich § 4 ARB 75 Rdnr. 111). Streitigkeiten aus einer gewerblichen Baufinanzierung hat die Rechtsprechung zu § 4 Abs. 1 k ARB 75 bereits überwiegend dieser Ausschlußbestimmung zugerechnet (§ 4 ARB 75 Rdnr. 109). Zur Klarstellung ist jetzt durch Buchst. dd die Finanzierung aller unter Buchst. aa bis cc genannten Vorhaben in die Ausschlußbestimmung aufgenommen, wobei im Gegensatz zu § 4 Abs. 1 k ARB 75 auch hier ein mittelbarer sachlicher Zusammenhang – etwa Umschuldung einer Baufinanzierung – genügt (allgemein zum Unterschied zwischen ARB 75 und ARB 94 vgl. *Maier* VersR 97, 394). Im übrigen kann auf die Erläuterungen in § 4 ARB 75 Rdnrn. 86 ff. verwiesen werden.

III. Ausschluß bestimmter Rechtsangelegenheiten (Abs. 2)

7   1. Abs. 2 a nimmt die **Abwehr** außervertraglicher **Schadensersatzansprüche** – nicht sonstiger außervertraglicher Ansprüche – von der Deckung aus. Er ist quasi das Gegenstück zum Schadenersatz-RS des § 2 a. Unter den Ausschluß fällt jetzt auch die Abwehr eines außervertraglichen Schadensersatzanspruchs, der gegen einen nach § 2 c versicherten Grundeigentümer, z. B. wegen Verletzung seiner Streupflicht, erhoben wird (anders nach § 29 ARB 75, vgl. BGH NJW 92, 1511 = VersR 92, 487; § 2 Rdnr. 5; § 29 ARB 75 Rdnr. 21 a). Soweit ein Schadenersatzanspruch (auch) aufgrund einer Vertragsverletzung geltend gemacht wird, kann seine Abwehr je nach

Rechtsgebiet durch § 2b, c oder d gedeckt sein. Hierzu wird man bei der eng auszulegenden Ausschlußbestimmung aus den in Vorbem. vor § 21 ARB 75 Rdnr. 109 genannten Gründen auch die Abwehr eines Schadenersatzanspruchs aus culpa in contrahendo oder sonstigen vertragsähnlichen Verhältnissen rechnen können (vgl. § 2 Rdnr. 3). Hierfür spricht auch der Regelungszusammenhang mit § 2d, der nunmehr die Interessenwahrnehmung nicht nur aus vertraglichen, sondern in dem dort festgelegten Umfang auch aus gesetzlichen Schuldverhältnissen deckt (§ 2 Rdnr. 8). Soweit jedoch ohne den RSVersicherungsvertrag ein anderer, z.b. ein Haftpflichtversicherer, die Abwehrkosten bei Vertragsverletzung im Sinn des Abs. 2a zu tragen hätte, besteht gemäß § 5 Abs. 3g kein Versicherungsschutz (§ 5 Rdnr. 25).

2. Abs. 2b, der Streitigkeiten aus dem **kollektiven** Arbeits- oder Dienstrecht von der Deckung ausschließt, dient hauptsächlich der Klarstellung, da die überwiegende Rechtsprechung schon zum Arbeits-RS der ARB 75 die Meinung vertreten hatte, daß er das kollektive Arbeitsrecht (zum Begriff vgl. § 24 ARB 75 Rdnr. 33) nicht umfaßt. Soweit der Betriebs-, Personal- oder Richterrat ein Mitwirkungsrecht bei personellen Einzelmaßnahmen hat, hat allerdings ein Streit hierüber sein Schwergewicht im individuellen Arbeits- oder Dienstverhältnis des betroffenen Arbeitnehmers und wird daher von der Ausschlußbestimmung wohl nicht mehr umfaßt (vgl. § 24 ARB 75 Rdnr. 36). 8

3. **Abs.** 2c faßt die Ausschlußbestimmungen der § 4 Abs. 1c und d ARB 75 zusammen und modifiziert sie gleichzeitig: Von der Deckung ausgenommen ist jetzt nur noch die Interessenwahrnehmung aus dem Recht der Handelsgesellschaften (§ 4 ARB 75 Rdnr. 24), jedoch nicht mehr aus dem Recht der Genossenschaften (gleichwohl keine Deckung, da körperschaftliches Rechtsverhältnis; vgl. § 2 Rdnr. 8) und bergrechtlichen Gewerkschaften. Dagegen wurde der Ausschluß der Streitigkeiten aus Anstellungsverträgen gesetzlicher Vertreter juristischer Personen (§ 4 Abs. 1d ARB 75) insofern erweitert, als nunmehr nicht nur Verträge, sondern Anstellungsverhältnisse aller — also auch öffentlich-rechtlicher — Art von dieser Bestimmung umfaßt werden (vgl. § 4 ARB 75 Rdnr. 31). 9

4. Abs. 2d nimmt — wie schon der erste Teil von § 4 Abs. 1e ARB 75 — diejenige Interessenwahrnehmung vom Versicherungsschutz aus, die in ursächlichem Zusammenhang mit den Rechtsgebieten steht, die das **geistige Eigentum** zum Gegenstand haben. Wenn statt des in § 4 Abs. 1e ARB 75 verwendeten, etwas unscharfen Begriffs „Bereich" nunmehr der ursächliche — unmittelbare oder mittelbare — Zusammenhang mit diesen Rechtsgebieten Voraussetzung für den Ausschluß ist, so bedeutet dies klarstellend, daß beispielsweise die Verfolgung oder Abwehr konkurrierender Ansprüche aus anderen Rechtsgebieten, etwa § 823 BGB, vom Ausschluß umfaßt werden (vgl. § 4 ARB 75 Rdnr. 9). Wegen der betroffenen Rechtsgebiete im einzelnen kann auf § 4 ARB 75 Rdnrn. 33 bis 43 verwiesen werden. 10

5. Abs. 2e entspricht dem zweiten Teil von § 4 Abs. 1e ARB 75, jedoch mit der Erweiterung, daß jetzt nicht nur die Verfolgung und Abwehr von Unterlassungsansprüchen, sondern aller Ansprüche aus dem **Wettbewerbsrecht** unter den Ausschluß fallen, insbesondere aller Schadenersatzansprü- 11 che (anders § 4 ARB 75 Rdnr. 47). Das nicht mehr eigens erwähnte Rabatt- und Zugaberecht gehört zum „sonstigen" Wettbewerbsrecht. Zum Kartell- und Wettbewerbsrecht im übrigen vgl. § 4 ARB 75 Rdnrn. 44 ff.).

12   6. a) Abs. 2 f erweitert den in § 4 Abs. 1 g ARB 75 enthaltenen Ausschluß der Interessenwahrnehmung aus Spiel- und Wettverträgen in zweifacher Hinsicht. Nunmehr fallen nicht nur Ansprüche „aus" Verträgen dieser Art unter den Ausschluß, sondern alle Ansprüche **„in ursächlichem Zusammenhang"** mit diesen Verträgen. Dies bedeutet, daß auch konkurrierende Ansprüche aus anderen Rechtsgebieten, insbesondere unerlaubter Handlung, vom Ausschluß mitumfaßt sind (anders noch § 4 ARB 75 Rdnr. 57a). Den Spiel- und Wettverträgen (§ 4 ARB 75 Rdnrn. 53 bis 57) sind jetzt außerdem Termin- und vergleichbare Spekulationsgeschäfte gleichgestellt, soweit sie nicht ohnehin schon unter §§ 762, 764 BGB fallen.

13   b) Ein **Termingeschäft** ist ein Vertrag auf Lieferung von Waren, Wertpapieren oder Devisen, der in der – offenen oder verdeckten – Absicht geschlossen wird, im späteren Zeitpunkt der Fälligkeit (Termin) nicht wirklich zu liefern, sondern nur den Unterschied zwischen dem vereinbarten und dem Börsen- oder Marktpreis von dem verlierenden an den gewinnenden Teil zu zahlen (*Palandt/Thomas* § 764 Rdnr. 9; *Creifelds* Stichwort „Warentermingeschäft" und „Differenzgeschäft"). Ob es sich um nach dem Börsengesetz verbindliche oder unverbindliche Termingeschäfte handelt, spielt für die Ausschlußbestimmung keine Rolle. Nicht unter den Ausschluß fallen in der Regel Kassageschäfte, die im Gegensatz zu den Termingeschäften sofort oder innerhalb weniger Tage zu erfüllen sind (*Creifelds* Stichwort „Kassageschäft"). Sie unterliegen dem Spieleinwand nur ausnahmsweise, nämlich dann, wenn beide Parteien einig sind, daß nicht geliefert und ein Preis nicht gezahlt oder geschuldet werde, sondern irgend ein Umstand entscheiden solle, was und von wem zu zahlen sei (*Palandt/Thomas* § 764 Rdnr. 9). Der Erwerb von – verbrieften oder unverbrieften – Optionen ist in der Regel dann ein Termingeschäft, wenn er nicht mit einer Kapitalbeschaffungsmaßnahme der emittierenden Gesellschaft zusammenhängt (vgl. § 221 AktG; BGH NJW 95, 321).

14   c) Unter **„vergleichbaren Spekulationsgeschäften"** wird man sonstige Lieferungsverträge auf Terminbasis – also keine Kassageschäfte – ohne wirtschaftlich gerechtfertigten Sicherungszweck zu verstehen haben, die lediglich zum Zweck der Spekulation geschlossen wurden, um allein aus den Schwankungen der Börsenkurse oder Marktpreise ohne Güterumsatz Gewinn zu erzielen. Ob es sich um Spekulationsgeschäfte im Sinn des § 23 EStG handelt, spielt dabei keine Rolle.

15   7. Abs. 2 g entspricht dem Ausschluß in § 4 Abs. 1 i ARB 75 und greift immer dann ein, sobald eine Interessenwahrnehmung den Rahmen einer reinen Rechtsberatung im Sinn des § 2 k (§ 2 Rdnr. 23) überschreitet. Was unter **Familien- und Erbrecht** zu verstehen ist, ist in § 4 ARB 75 Rdnrn. 81 bis 85 erläutert.

16   8. Der Ausschluß von Streitigkeiten mit dem **eigenen Rechtsschutzversicherer** gemäß Abs. 2 h war bereits in der früheren Klausel zum Versiche-

Ausgeschlossene Rechtsangelegenheiten 17–21 § 3 ARB 94

rungsvertrags-RS (§ 4 ARB 75 Rdnr. 77) enthalten und wurde im Hinblick auf § 1581 Abs. 2 VVG auf das für den Versicherer tätige Schadenabwicklungsunternehmen erstreckt.

9. Abs. 2i entspricht dem Ausschluß in Abs. 3b und c der Zusatzbedingung zum **Steuer-RS** der ARB 75. Wegen der Einzelheiten kann auf die Erläuterungen hierzu in Rdnrn. 191 und 192 der Vorbem. vor § 21 ARB 75 verwiesen werden. 17

IV. Ausschluß bestimmter Verfahren (Abs. 3)

1. Abs. 3a entspricht der 1. Alternative des § 4 Abs. 1o ARB 75 Ausgeschlossen sind alle Verfahren vor **Verfassungsgerichten,** auch solche wegen Verfassungsbeschwerden gemäß Art. 93 Abs. 1 Nr. 4a GG (oder entsprechenden Landesgesetzen) nach rechtskräftigem Abschluß eines an sich unter Versicherungsschutz durchgeführten Verfahrens im prozessual vorgesehenen Rechtsweg. Legt dagegen ein Gericht eine Sache einem Landes- oder dem Bundesverfassungsgericht gemäß Art. 100 GG vor, weil es ein entscheidungserhebliches Gesetz für verfassungswidrig hält (*Baumbach/Lauterbach/Hartmann* § 148 Rdnr. 29; § 1 GVG Rdnr. 6), dann kann Versicherungsschutz bejaht werden, soweit dieser für das Ausgangsverfahren besteht. Denn in diesem Fall entscheidet das Verfassungsgericht nur über eine Wirksamkeitsvoraussetzung in dem unter Versicherungsschutz stehenden Verfahren (vgl. die ähnlichen Fälle in Vorbem. vor § 21 ARB 75 Rdnrn. 112, 119). Im übrigen kann auf § 4 ARB 75 Rdnr. 125 verwiesen werden. 18

2. Abs. 3b schließt Verfahren vor **internationalen** oder supranationalen Gerichtshöfen von der Deckung aus und entspricht der 2. und 3. Alternative des § 4 Abs. 1o ARB 75 Aus den gleichen Gründen wie bei Abs. 3a (oben Rdnr. 18) kann jedoch für Vorlageverfahren vor dem Europäischen Gerichtshof gemäß Art. 177 Abs. 2 EWG-Vertrag Versicherungsschutz bejaht werden, wenn für das Ausgangsverfahren Deckung besteht (*Baumbach/Lauterbach/Hartmann* § 148 Rdnr. 16). Auf die Erläuterungen in § 4 ARB 75 Rdnrn. 126, 127 kann im übrigen verwiesen werden. Generell vom Ausschluß ausgenommen ist jetzt die Interessenwahrnehmung von Bediensteten internationaler oder supranationaler Organisationen vor diesen Gerichten, was früher nur durch Einzelvereinbarung möglich war. 19

3. Abs. 3c enthält nur eine klarstellende redaktionelle, aber keine sachliche Änderung des Ausschlusses der Interessenwahrnehmung im Sinn des § 4 Abs. 1q ARB 75 im Zusammenhang mit einem **Konkurs- oder Vergleichsverfahren** des VN. Auf die Erläuterungen in § 4 ARB 75 Rdnr. 132 bis 134 wird verwiesen. 20

4. Die Interessenwahrnehmung in **Enteignungs-,** Planfeststellungs- und Flurbereinigungs-Angelegenheiten – Abs. 3d – war bereits durch § 4 Abs. 1r ARB 75 vom Versicherungsschutz ausgeschlossen (vgl. § 4 ARB 75 Rdnrn. 135 bis 137, 139 bis 142). Anstelle der in § 4 Abs. 1r ARB 75 weiter genannten Umlegungs-Angelegenheiten nach §§ 45ff. BauGB (§ 4 ARB 75 21

Rdnr. 138) fallen nunmehr sämtliche im BauGB geregelten Angelegenheiten unter den Ausschluß, soweit es sich nicht ohnehin um Enteignungs-Angelegenheiten handelt, z. B. Maßnahmen der Bauleitplanung nach §§ 1 bis 28 BauGB und der Regelung der baulichen und sonstigen Nutzung einschließlich damit zusammenhängender öffentlich-rechtlicher Nachbarrechts-Streitigkeiten nach §§ 29 bis 44 BauGB. Aufgrund landesrechtlicher Vorschriften in Gang gekommene Verfahren oder Nachbarstreitigkeiten sind hiernach nicht ausgenommen, können aber je nach Sachlage unter die Ausschlußbestimmung des Abs. 1 d fallen.

22   5. Die 1987 zur Vermeidung zahlreicher Bagatellfälle geschaffene Ausschlußklausel hinsichtlich § 25 a StVG (§ 2 ARB 75 Rdnr. 122 a) wurde durch Abs. 3 e generell auf alle Ordnungswidrigkeiten- und Verwaltungsverfahren wegen des Vorwurfs eines **Halt- oder Parkverstoßes** erstreckt. Vom Ausschluß erfaßt sind neben den Verfahren nach § 25 a StVG jetzt insbesondere alle Verfahren wegen des Vorwurfs eines Verstoßes im ruhenden Verkehr gemäß §§ 12 und 13 StVO. Die ungenügende Sicherung eines liegengebliebenen Fahrzeugs nach § 15 StVO und die ungenügende Beleuchtung eines haltenden oder parkenden Fahrzeugs nach § 17 StVO sind primär keine Halt- oder Parkverstöße, sondern Verstöße gegen Sicherungs- und Beleuchtungsvorschriften.

V. Ausschluß Mitversicherter und bei Drittbeteiligung (Abs. 4)

23   1. Abs. 4 a entspricht weitgehend § 11 Abs. 2 Satz 2 ARB 75 und erweitert diesen Ausschluß für den (seltenen) Fall, daß mehrere Personen VN desselben Vertrags sind. Die Interessenwahrnehmung des VN gegen **Mitversicherte** ist dagegen weiterhin gedeckt. Die Rechtsstellung der Mitversicherten ist jetzt in § 15 geregelt. Im übrigen gilt das zu § 11 ARB 75 Rdnrn. 20 bis 22 Gesagte.

24   2. Gleichgültig, ob ein **nichtehelicher** Lebenspartner im Versicherungsschein genannt und dadurch mitversichert ist (§§ 23 Abs. 1, 25 Abs. 1, 26 Abs. 1, 27 Abs. 1, 28 Abs. 2 a) oder nicht, sind nach Abs. 4 b Streitigkeiten des VN mit diesem Lebenspartner, die mit der nichtehelichen Lebensgemeinschaft sachlich zusammenhängen, in Parallele zum Ausschluß familienrechtlicher Streitigkeiten zwischen Ehepartnern (Abs. 2 g, oben Rdnr. 15) generell und ohne Rücksicht auf die Rechtsnatur des Streits vom Versicherungsschutz ausgenommen, und zwar auch nach Beendigung der nichtehelichen Gemeinschaft. Anders als in Abs. 4 a ist auch eine Interessenwahrnehmung des VN gegen seinen (ehemaligen) nichtehelichen Partner nicht gedeckt. Die Bestimmung ist eine Fortentwicklung der seit 1987 meist verwendeten Sonderklausel (§ 25 ARB 75 Rdnr. 13). Ein reiner Beratungs-RS (§ 2 k) ist in den Musterbedingungen nicht vorgesehen, wird jedoch von manchen RSVersicherern zusätzlich geboten.

25   3. Abs. 4 c entspricht § 4 Abs. 2 b ARB 75 und bezieht neben den Ansprüchen zur Klarstellung auch Verbindlichkeiten in den Ausschluß ein, die nach Eintritt des Rechtsschutzfalles (§ 4) auf den VN **übergegangen** sind. Sach-

Ausgeschlossene Rechtsangelegenheiten 26 § 3 ARB 94

lich ändert sich hierdurch gegenüber der früheren Fassung nichts, da der Versicherungsschutz in diesen Fällen schon nach allgemeinen versicherungsrechtlichen Grundsätzen ausgeschlossen ist (vgl. § 4 ARB 75 Rdnr. 173 a). Ist im Einzelfall der VN als Zessionar oder Neuschuldner der eigentlich wirtschaftlich Betroffene, dann kann es gerechtfertigt sein, trotz Übergang des Anspruchs oder der Verbindlichkeit nach Eintritt des Versicherungsfalls (beim formal berechtigten Zedent oder Altschuldner) Versicherungsschutz zuzubilligen, wenn nach Sachlage ein kollusives Zusammenwirken der Beteiligten, das die Ausschlußbestimmung verhindern will, ausscheidet. Neben den Fällen des Subunternehmers (§ 4 ARB 75 Rdnr. 157) oder Arbeitgebers im Entgeltfortzahlungsfall (§ 4 ARB 75 Rdnrn. 168 bis 171) gilt dies auch für den VN als Leasingnehmer, an den der Ersatzanspruch des Leasinggebers als des formalen Eigentümers wegen Beschädigung des Fahrzeugs erst nach dem Unfall (Rechtsschutzfall nach § 4 Abs. 1 a) abgetreten wurde. Soweit solche (künftigen) Ansprüche, wie häufig, schon mit Abschluß des Leasingvertrags abgetreten wurden, greift der Ausschluß ohnehin nicht ein (vgl. auch § 21 ARB 75 Rdnr. 56).

4. Abs. 4d entspricht in der 1. Alternative dem § 4 Abs. 2c ARB 75. Auf 26 § 4 ARB 75 Rdnrn. 174, 175 kann insoweit verwiesen werden. Die 2. Alternative – **Haftung für Verbindlichkeiten** anderer – enthält teilweise die Ausschlüsse des § 4 Abs. 1h ARB 75 sowie des Abs. 3a der Zusatzbedingung zum Steuer-RS der ARB 75 (Vorbem. vor § 21 ARB 75 Rdnrn. 188, 189). Ausgeschlossen ist in den ARB 94 nicht mehr jede Interessenwahrnehmung aus Bürgschafts- und Schuldübernahmeverträgen ohne Rücksicht auf die Schuldner- oder Gläubigerstellung des VN, sondern nur noch die Interessenwahrnehmung des VN als Bürgen oder Schuld(mit)übernehmers (vgl. im einzelnen § 4 ARB 75 Rdnrn. 58 bis 60 und 62 bis 65). Soweit der Bürge nach Befriedigung des Gläubigers aufgrund des Forderungsübergangs nach § 774 BGB gegen den Hauptschuldner vorgeht, wird dies ebenfalls noch als Interessenwahrung „aus der Haftung" für die Verbindlichkeit des Hauptschuldners im Sinn des Abs. 4d zu werten sein, die aber auch schon wegen des dem Forderungsübergang in der Regel vorausgegangenen Verstoßes des Hauptschuldners gegen seine Pflicht zur rechtzeitigen Erfüllung (§ 4 Abs. 1 Satz 1c) gemäß Abs. 4c vom Versicherungsschutz ausgeschlossen ist. Besteht neben der übergegangenen Forderung ein vertragliches „Grundverhältnis" zwischen dem VN als Bürgen und dem Hauptschuldner (*Palandt/Thomas* § 774 Rdnr. 2), kann hierfür Deckung im Rahmen des § 2d bestehen. Hat der VN vertraglich eine (selbständige) Garantie übernommen, dann ist seine Interessenwahrnehmung bei einem Streit hierüber nur noch dann vom Versicherungsschutz ausgenommen, wenn es sich hierbei nicht um die Erstreckung einer eigenen Verbindlichkeit, sondern um das Einstehen für die Schuld eines anderen handelt (vgl. § 4 ARB 75 Rdnr. 61). Der Ausschluß des Abs. 4d gilt nach seinem eindeutigen Wortlaut nicht nur für eine vertragliche, sondern auch für eine gesetzliche Haftung des VN für die Verbindlichkeit eines anderen. Beispielsfälle für eine gesetzliche Haftung sind in § 2 ARB 75 Rdnr. 237 und in Vorbem. vor § 21 ARB 75 Rdnrn. 188, 189 aufgezählt. Dies wird – im Gegensatz zu den ARB 75 – auch für den

§ 3 ARB 94 27–29   1. Inhalt der Versicherung

Fall einer Vermögensübernahme gemäß § 419 BGB und ähnliche Fälle zu gelten haben (vgl. § 4 ARB 75 Rdnr. 65).

VI. Ausschluß bei Vorsatztat (Abs. 5)

27 1. Der Ausschluß des Abs. 5 gilt für die in § 2 aufgezählten Rechtsangelegenheiten mit Ausnahme des Straf- und Ordnungswidrigkeiten-RS und des Beratungs-RS im Familien- und Erbrecht. Er soll § 4 Abs. 2a ARB 75 ersetzen, der die Interessenwahrnehmung ausgeschlossen hatte, wenn der VN den Versicherungsfall vorsätzlich und rechtswidrig herbeigeführt hatte. Diese dem § 152 VVG entlehnte Regelung hatte für die RSVersicherung nicht recht „gepaßt" und immer wieder zu Auslegungsschwierigkeiten geführt, da nach der Interessenlage beispielsweise nicht jede vorsätzliche und (möglicherweise) rechtswidrige Vertragsverletzung – etwa Zahlungsweigerung wegen Mängeln der Kaufsache oder Werkleistung – unter den Ausschluß subsumiert werden konnte. Abs. 5 versucht den Ausschluß auf seinen eigentlich gewollten Kern zurückzuführen, nämlich den Versicherungsschutz immer dann zu versagen, wenn **kriminelles** Verhalten des VN seine Interessenwahrnehmung ausgelöst oder sachlich beeinflußt hat oder haben soll, wie dies etwa der Fall ist, wenn der Arbeitgeber des VN dessen fristlose Kündigung mit der Unterschlagung von Firmengeldern begründet. § 61 VVG ist durch Abs. 5 als abbedungen anzusehen.

28 2. „Straftat" ist ein Verbrechen oder Vergehen im Sinn des § 12 StGB. Eine Ordnungswidrigkeit im Sinn des § 1 OWiG ist keine Straftat. Vorsätzlich begangen hat der VN die Straftat, wenn er ihre gesetzlichen Tatbestandsmerkmale mit Wissen und Wollen verwirklicht hat oder ihre Verwirklichung zumindest billigend in Kauf genommen hat (bedingter Vorsatz). Die Durchführung eines Strafverfahrens ist keine Voraussetzung für den Ausschluß. Räumt der VN die vorgeworfene Straftat nicht ein und ist sie auch gerichtlich nicht festgestellt, dann genügt es für den Ausschluß nicht, daß der Gegner nur pauschale Behauptungen aufstellt, z.B. der VN habe „betrogen" oder „unterschlagen". Vielmehr muß dann der Gegner die gesetzlichen Tatbestandsmerkmale der Straftat substantiiert und mit geeigneten Beweisangeboten schlüssig darlegen.

29 3. Der Versicherungsschutz ist nach Abs. 5 je nach Sachlage **in unterschiedlichem Umfang** ausgeschlossen. Steht die Vorsatztat fest oder ist sie hinreichend substantiiert anhand ausreichender Indizien behauptet, besteht von vornherein kein Versicherungsschutz. Ist der Vorwurf vorsätzlichen Handelns dagegen „deutlich erkennbar unbegründet", besteht von vornherein Deckung. Wann dies der Fall ist, läßt sich nur aus den Umständen des Einzelfalles entnehmen. So wird der unsubstantiierte Pauschalvorwurf eine Vorsatztat in der Regel „deutlich erkennbar unbegründet" sein. Das gleiche gilt, wenn der VN die Haltlosigkeit des Vorwurfs von vornherein unter Beweisantritt oder anhand ausreichender Indizien darlegen kann. Stellt sich erst nachträglich heraus, daß eine (ausreichend behauptete) Vorsatztat nicht vorliegt, besteht rückwirkend Versicherungsschutz. Er ist also in diesem Fall

Voraussetzungen für den Anspruch auf RS **§ 4 ARB 94**

ähnlich wie in § 2 i bb Satz 2 (§ 2 Rdnr. 19) dadurch aufschiebend bedingt (§ 158 Abs. 1 BGB), daß sich der Vorwurf vorsätzlichen Handelns als unbegründet erweist. Darlegungs- und Beweislast liegen in diesem Fall beim VN (hiergegen kritisch im Hinblick auf § 11 Nr. 15 AGBG *van Bühren/Brieske* Beilage zum AnwBl. 3/95 S. 5 und 7).

§ 4 Voraussetzungen für den Anspruch auf Rechtsschutz

(1) Anspruch auf Rechtsschutz besteht nach Eintritt eines Rechtsschutzfalles
a) im Schadenersatz-Rechtsschutz gemäß § 2 a) von dem ersten Ereignis an, durch das der Schaden verursacht wurde oder verursacht worden sein soll;
b) im Beratungs-Rechtsschutz für Familien- und Erbrecht gemäß § 2 k) von dem Ereignis an, das die Änderung der Rechtslage des Versicherungsnehmers oder einer mitversicherten Person zur Folge hat;
c) in allen anderen Fällen von dem Zeitpunkt an, in dem der Versicherungsnehmer oder ein anderer einen Verstoß gegen Rechtspflichten oder Rechtsvorschriften begangen hat oder begangen haben soll.
Die Voraussetzungen nach a) bis c) müssen nach Beginn des Versicherungsschutzes gemäß § 7 und vor dessen Beendigung eingetreten sein. Für die Leistungsarten nach § 2 b) bis g) besteht Versicherungsschutz jedoch erst nach Ablauf von drei Monaten nach Versicherungsbeginn (Wartezeit), soweit es sich nicht um die Wahrnehmung rechtlicher Interessen aufgrund eines Kauf- oder Leasingvertrages über ein fabrikneues Kraftfahrzeug handelt.

(2) Erstreckt sich der Rechtsschutzfall über einen Zeitraum, ist dessen Beginn maßgeblich. Sind für die Wahrnehmung rechtlicher Interessen mehrere Rechtsschutzfälle ursächlich, ist der erste entscheidend, wobei jedoch jeder Rechtsschutzfall außer Betracht bleibt, der länger als ein Jahr vor Beginn des Versicherungsschutzes für den betroffenen Gegenstand der Versicherung eingetreten oder, soweit sich der Rechtsschutzfall über einen Zeitraum erstreckt, beendet ist.

(3) Es besteht kein Rechtsschutz, wenn
a) eine Willenserklärung oder Rechtshandlung, die vor Beginn des Versicherungsschutzes vorgenommen wurde, den Verstoß nach Absatz 1 c) ausgelöst hat;
b) der Anspruch auf Rechtsschutz erstmals später als drei Jahre nach Beendigung des Versicherungsschutzes für den betroffenen Gegenstand der Versicherung geltend gemacht wird.

(4) Im Steuer-Rechtsschutz vor Gerichten (§ 2 e) besteht kein Rechtsschutz, wenn die tatsächlichen oder behaupteten Voraussetzungen für die der Angelegenheit zugrundeliegende Steuer- oder Abgabefestsetzung vor dem im Versicherungsschein bezeichneten Versicherungsbeginn eingetreten sind oder eingetreten sein sollen.

Übersicht

	Rdnrn.		Rdnrn.
I. Allgemeines	1	2. Beratungs-RS (Satz 1 b)	4
II. Arten des Rechtsschutzfalles (Abs. 1)	2–7	3. Sonstige Leistungsarten (Satz 1 c)	5
1. Schadenersatz-RS (Satz 1 a)	2, 3	4. Satz 2	6

§ 4 ARB 94 1–3   1. Inhalt der Versicherung

	Rdnrn.		Rdnrn.
5. Wartezeit (Satz 3)	7	IV. Zeitlicher Ausschluß (Abs. 3)	10, 11
III. Dauer-Rechtsschutzfall, mehrere Rechtsschutzfälle (Abs. 2)	8, 9	1. Auslösende Willenserklärung oder Rechtshandlung (Buchst. a)	10
1. Dauer-Rechtsschutzfall (Satz 1)	8	2. Verspätet gemeldete Fälle (Buchst. b)	11
2. Mehrere Rechtsschutzfälle (Satz 2)	9	V. Ausschluß beim Steuer-RS (Abs. 4)	12

I. Allgemeines

1 Die Verbandsempfehlung zu § 4 enthält den in der Gruppenfreistellungs-VO vorgesehenen Hinweis, daß es jedem Versicherer freigestellt ist, etwas anderes zu vereinbaren (Einl. Rdnr. 4). § 4 definiert als „**Rechtsschutzfall**" den Versicherungsfall im Sinn des § 1 Abs. 1 Satz 1 VVG, der die Leistungspflicht des Versicherers zur Folge hat (zu Wesen und Funktion des Versicherungsfalles vgl. § 14 ARB 75 Rdnrn. 1,2). Der durch den Rechtsschutzfall ausgelöste Rechtsschutzanspruch des VN umfaßt die Sorge für dessen Interessenwahrnehmung und die Übernahme der hierdurch entstehenden Kosten (§ 1; Näheres dort Rdnrn. 2,3). Die Regelung des § 14 ARB 75 wurde modifiziert: Beim Schadenersatz-RS des § 2a ist jetzt das Kausalereignis maßgebend (unten Rdnr. 3) und die Fälle des § 14 Abs. 2 und 3 wurden zu einem einheitlichen Versicherungsfall (Verstoß) zusammengefaßt (unten Rdnr. 5).

II. Arten des Rechtsschutzfalles (Abs. 1)

2 1. Nach Abs. 1 Satz 1a löst beim **Schadenersatz-RS** des § 2a das erste Ereignis, durch das der Schaden verursacht wurde oder worden sein soll, die Leistungspflicht des Versicherers aus. In Fällen einer Verschuldenshaftung ist dies identisch mit den Fällen des Abs. 1 Satz 1c (Rechtsverstoß). Da das Gesetz jedoch zahlreiche verschuldensunabhängige außervertragliche Schadenersatzansprüche kennt (Gefährdungshaftung), bedurfte es für den Schadenersatz-RS einer eigenen Regelung. Zur Klarstellung wurde verdeutlicht, daß auch – wie beim Rechtsverstoß – die bloße Behauptung eines Schadenereignisses als Rechtsschutzfall gilt (vgl. hierzu § 14 ARB 75 Rdnr. 42).

3 Die jetzige Regelung entspricht im Normalfall, bei dem Schadenursache und Schadeneintritt zeitlich zusammenfallen oder nah aufeinander folgen – wie etwa bei den meisten Verkehrsunfällen – dem § 14 Abs. 1 Satz 1 ARB 75. Fallen jedoch Schadenursache und Schadeneintritt zeitlich auseinander und liegt der Versicherungsbeginn (§ 7) zeitlich dazwischen oder liegt eine Kette mehrerer zeitlich verschiedener Ursachen vor, dann ist nach der Neuregelung nicht mehr, wie für die ARB 75 überwiegend angenommen, das Folgeereignis, sondern das **Kausalereignis** entscheidend (zum Unterschied vgl. § 14 ARB 75 Rdnr. 11). Hiermit sollte Manipulationsmöglichkeiten vorgebeugt werden, die insbesondere in den sich mehrenden Fällen einer möglichen Schadenhäufung, z.B. bei der Produkt- und Umwelthaftung bestehen, wenn beispielsweise die Abnehmer eines fehlerhaften Serienprodukts oder die Bewohner einer durch Altlasten, Chemikalien oder Luft- oder Wasserverschmutzung möglicherweise verseuchten Region durch Medien aller Art hiervon erfahren und vor Eintritt eines konkreten, jedoch für sie bereits mehr oder weniger absehbaren Schadens sich noch zu versichern suchen. Problematisch kann diese Kausalereignis-Regelung allerdings werden, wenn ein VN beispielsweise durch ein Kraftfahrzeug geschädigt wird, dessen Fahrer sich zwar verkehrsrichtig verhalten haben mag, dessen Bremse jedoch wegen eines schon vor Beginn des Versicherungsvertrags des VN vorhandenen Herstellungsfehlers nicht betriebssicher war. Wertet man diesen Produktionsfehler als das „erste" schadenverursachende Ereignis, dann bestünde nach dem reinen Wortlaut kein Versicherungsschutz, und zwar auch kaum nach der Adäquanztheorie, die nur solche Ursachen für zurechenbar hält, die nach dem gewöhnlichen Verlauf erfahrungsgemäß einen solchen Schaden herbeizuführen geeignet sind (*Palandt/Heinrichs* vor § 249 Rdnr. 59). Dies gilt entsprechend bei anderen vor Versicherungsbeginn hergestellten fehlerhaften Einzelprodukten. Hier hilft zur Vermeidung unbilliger und nicht mehr hinnehmbarer Ergebnisse nur eine Auslegung, die vor Versicherungsbeginn liegende, für den geschädigten VN jedoch völlig unvorhersehbare schadenverursachende Ereignisse für nicht mehr zurechenbar erklärt.

2. Nach Abs. 1 Satz 1 b löst beim familien- und erbrechtlichen **Beratungs-RS** des § 2 k dasjenige Ereignis die Leistungspflicht des Versicherers aus, das die Rechtslage des VN oder einer mitversicherten Person verändert hat. Diese Regelung entspricht dem Beratungs-RS der ARB 75, auf die Erläuterungen hierzu kann daher verwiesen werden (Vorbem. vor § 21 ARB 75 Rdnrn. 156 bis 167). Wie beim Beratungs-RS der ARB 75 muß die Änderung der Rechtslage eine Beratung erforderlich gemacht haben (§§ 1, 17 Abs. 1 Satz 1; vgl. Vorbem. vor § 21 ARB 75 Rdnr. 168).

3. Abs. 1 Satz 1 c faßt die Fälle des § 14 Abs. 2 und 3 ARB 75 zu einem einheitlichen Versicherungsfall zusammen. In allen Rechtsangelegenheiten des § 2 b bis j, also mit Ausnahme des Schadenersatz-RS gemäß Abs. 1 Satz 1 a und des Beratungs-RS des Abs. 1 Satz 1 b, entsteht der Anspruch auf Versicherungsschutz, wenn der VN oder ein anderer gegen Rechtspflichten oder Rechtsvorschriften **verstoßen** hat oder haben soll. Für die Fälle des Straf-, Ordnungswidrigkeiten-, Disziplinar- und Standes-RS bedeutet dies keine sachliche Änderung gegenüber § 14 Abs. 2 Satz 1 ARB 75, da die dort definierte Verletzung einer Straf- usw. Vorschrift nichts anderes ist als ein Verstoß gegen Rechtsvorschriften. Zum Begriff des (behaupteten) Verstoßes und die damit zusammenhängenden Fragen kann auf die Erläuterungen in § 14 ARB 75 Rdnrn. 40 bis 55 a verwiesen werden.

4. Abs. 1 Satz 2 verdeutlicht für den juristischen Laien den selbstverständlichen versicherungsrechtlichen Grundsatz, daß ein Rechtsschutzfall im Sinn des Abs. 1 Satz 1 a bis c die Leistungspflicht des Versicherers nur dann auslöst, wenn er im **versicherten Zeitraum** eingetreten ist.

5. Abs. 1 Satz 3 legt für die Rechtsangelegenheiten des § 2 b bis g eine dreimonatige **Wartezeit** fest, wie sie bereits in § 14 Abs. 3 Satz 3, 1. Alternative ARB 75 vorgesehen war. Die in § 14 Abs. 2 Satz 2 ARB 75 enthaltene Differenzierung zwischen verwaltungsrechtlichen Fahrerlaubnis-Angele-

§ 4 ARB 94   8, 9   1. Inhalt der Versicherung

genheiten im Zusammenhang mit Straf- und Bußgeldverfahren (keine Wartezeit) und sonstigen Fahrerlaubnis-Angelegenheiten (Wartezeit) ist entfallen, so daß nunmehr für alle verwaltungsrechtlichen Verkehrssachen im Sinn des § 2 g die Wartezeit gilt. Auf die Erläuterungen in § 14 ARB 75 Rdnrn. 65 bis 68 kann im übrigen verwiesen werden. Keine Wartezeit gilt im Rahmen des § 2 d für Streitigkeiten aus Kauf- und Leasingverträgen über fabrikneue Kraftfahrzeuge, da eine rechtliche Auseinandersetzung aus solchen Verträgen eher die Ausnahme ist und der Zweck der Wartezeit, bereits mehr oder weniger wahrscheinliche Auseinandersetzungen für eine gewisse Zeit ab Versicherungsbeginn vom Versicherungsschutz auszunehmen (§ 14 ARB 75 Rdnr. 65), daher nicht zum Tragen kommt. Dies war bereits in Verträgen nach den ARB 75 häufig stillschweigend praktiziert worden.

III. Dauer-Rechtsschutzfall, mehrere Rechtsschutzfälle (Abs. 2)

8   1. Erschöpft sich der Rechtsschutzfall nicht in einem punktuellen Vorgang, sondern **dauert** das Ereignis, die Rechtslageänderung oder der Rechtsverstoß im Sinn des Abs. 1 Satz 1 a bis c kürzere oder längere Zeit an, dann entsteht nach Abs. 2 Satz 1 die Eintrittspflicht des Versicherers mit dem Beginn des jeweiligen Zeitraums. Dies kann zum Beispiel bei einer länger dauernden Wasserverunreinigung – schadenverursachendes Ereignis – oder bei Vermietung einer längere Zeit mängelbehafteten Wohnung – Verstoß gegen Rechtspflichten – der Fall sein. Würde der VN als Geschädigter der Wasserverunreinigung oder als Mieter einen Versicherungsvertrag erst nach dem jeweiligen Beginnzeitpunkt abschließen, bestünde kein Versicherungsschutz. Zur Frage, wann ein solcher „Dauer"-Rechtsschutzfall anzunehmen ist, kann im übrigen auf die Erläuterungen zum Dauerverstoß in § 14 ARB 75 Rdnrn. 60 bis 64 verwiesen werden.

9   2. Abs. 2 Satz 2 entspricht weitgehend § 14 Abs. 3 Satz 2 ARB 75 Haben **mehrere Rechtsschutzfälle** die Interessenwahrnehmung des VN ausgelöst, dann ist der erste entscheidend. Dies gilt nunmehr auch für den Verwaltungs-RS in Verkehrssachen des § 2 g, wenn beispielsweise dem VN die Fahrerlaubnis wegen einer Trunkenheitsfahrt (erster Rechtsschutzfall) entzogen wurde und er später die Ablehnung der Wiedererteilung (zweiter Rechtsschutzfall) bekämpfen will. Jedoch bleiben solche Fälle außer Betracht, die länger als ein Jahr vor Beginn des Versicherungsschutzes (§ 7) für den betroffenen Gegenstand der Versicherung (im Sinn des § 12 Abs. 1; vgl. § 12 Rdnr. 1) eingetreten sind. Waren hierunter ein oder mehrere Dauer-Rechtsschutzfälle im Sinn des Abs. 2 Satz 1, dann bleiben sie unberücksichtigt, wenn sie länger als ein Jahr vor Versicherungsbeginn beendet waren. Im übrigen kann auf die Erläuterungen in § 14 ARB 75 Rdnrn. 56 bis 59 verwiesen werden. Aus der Tatsache, daß Abs. 2 Satz 2 nunmehr – im Gegensatz zu § 14 Abs. 3 Satz 2 ARB 75 – auch für den Verwaltungs-RS in Verkehrssachen des § 2 g und den Straf- und Ordnungswidrigkeiten-RS des § 2 i und j gilt, schließt *Maier* (r+s 95, 361, 364), daß Versicherungsschutz beim Entzug der Fahrerlaubnis aufgrund der 18-Punkte-Regelung nur dann besteht, wenn der erste Verkehrsverstoß nach Versicherungsbeginn liegt oder

Leistungsumfang　　　　　　　　　　　　　　　　　　　**§ 5 ARB 94**

wenn die die 18-Punkte-Grenze erreichenden Verkehrsverstöße über ein Jahr vor Versicherungsbeginn und nach Versicherungsbeginn begangen wurden. Hiergegen bestehen nach wie vor die in § 14 ARB 75 Rdnrn. 33 bis 36 erörterten Bedenken, jede einzelne Verkehrszuwiderhandlung bereits als eigenen Rechtsschutzfall (Versicherungsfall) im Sinn des Abs. 2 Satz 2 (§ 14 Abs. 2 Satz 1 ARB 75) zu werten.

IV. Zeitlicher Ausschluß (Abs. 3)

1. Abs. 3 Satz 1 entspricht weitgehend § 14 Abs. 3 Satz 3, 2. Alternative **10** ARB 75 mit dem Unterschied, daß in der dreimonatigen Wartezeit des Abs. 1 Satz 3 vorgenommene **Willenserklärungen** oder Rechtshandlungen den Versicherungsschutz nicht mehr ausschließen. Die gegenteilige Meinung, die den „Beginn des Versicherungsschutzes" erst mit dem Ablauf der Wartezeit, also mit dem Beginn des materiellen Haftungszeitraums des Versicherers bei den Leistungsarten des § 2b bis g, als gegeben ansehen will, läßt außer Betracht, daß der Begriff „Beginn des Versicherungsschutzes" in Abs. 1 Satz 2 und § 7 im Sinn eines einheitlichen Beginns für den gesamten Vertrag verwendet wird, so daß derselbe Begriff in Abs. 3a schwerlich in einem anderen Sinn, nämlich mit verschiedenen Beginnzeitpunkten je nach Leistungsart, verstanden werden kann. Überdies deutet das Entfallen des in § 14 Abs. 3 Satz 3, 2. Alternative ARB 75 enthaltenen Zusatzes „oder innerhalb von drei Monaten nach Versicherungsbeginn" darauf hin, daß in der Wartezeit vorgenommene Willenserklärungen oder Rechtshandlungen den Versicherungsschutz nicht mehr ausschließen sollen. Im übrigen kann auf die Erläuterungen in § 14 ARB 75 Rdnrn. 69 bis 78 verwiesen werden.

2. Abs. 3b erweitert die in § 4 Abs. 4 ARB 75 enthaltene Zweijahresfrist **11** für den Ausschluß verspätet geltend gemachter Rechtsschutzfälle auf **drei Jahre** (vgl. im übrigen § 4 ARB 75 Rdnrn. 216, 217).

V. Ausschluß beim Steuer-RS (Abs. 4)

Abs. 4 enthält den schon in Abs. 5 der Zusatzbedingung zum Steuer-RS **12** der ARB 75 enthaltenen zeitlichen **Ausschluß** des Versicherungsschutzes für den Steuer-RS vor Gerichten im Sinn des § 2e, wenn steuerrechtlich relevante Tatsachen bereits vor Versicherungsbeginn (§ 7) eingetreten sind oder sein sollen. Der Ausschluß gilt nicht mehr für die Verteidigung wegen des Vorwurfs einer Steuer-Ordnungswidrigkeit im Sinn des § 2j bb (§ 3 Rdnr. 22). Im übrigen kann auf die Erläuterungen in Vorbem. vor § 21 ARB 75 Rdnrn. 195, 196 verwiesen werden.

§ 5 Leistungsumfang

(1) **Der Versicherer trägt**
a) **bei Eintritt des Rechtsschutzfalles im Inland die Vergütung eines für den Versicherungsnehmer tätigen Rechtsanwaltes bis zur Höhe der gesetzli-**

§ 5 ARB 94   1. Inhalt der Versicherung

chen Vergütung eines am Ort des zuständigen Gerichtes ansässigen Rechtsanwaltes. Wohnt der Versicherungsnehmer mehr als 100 km Luftlinie vom zuständigen Gericht entfernt und erfolgt eine gerichtliche Wahrnehmung seiner Interessen, trägt der Versicherer bei den Leistungsarten gemäß § 2 a) bis g) weitere Kosten für einen im Landgerichtsbezirk des Versicherungsnehmers ansässigen Rechtsanwalt bis zur Höhe der gesetzlichen Vergütung eines Rechtsanwaltes, der lediglich den Verkehr mit dem Prozeßbevollmächtigten führt;

b) bei Eintritt eines Rechtsschutzfalles im Ausland die Vergütung eines für den Versicherungsnehmer tätigen am Ort des zuständigen Gerichtes ansässigen ausländischen oder eines im Inland zugelassenen Rechtsanwaltes. Im letzteren Fall trägt der Versicherer die Vergütung bis zur Höhe der gesetzlichen Vergütung, die entstanden wäre, wenn das Gericht, an dessen Ort der Rechtsanwalt ansässig ist, zuständig wäre. Wohnt der Versicherungsnehmer mehr als 100 km Luftlinie vom zuständigen Gericht entfernt und ist ein ausländischer Rechtsanwalt für den Versicherungsnehmer tätig, trägt der Versicherer weitere Kosten für einen im Landgerichtsbezirk des Versicherungsnehmers ansässigen Rechtsanwalt bis zur Höhe der gesetzlichen Vergütung eines Rechtsanwaltes, der lediglich den Verkehr mit dem ausländischen Rechtsanwalt führt;

c) die Gerichtskosten einschließlich der Entschädigung für Zeugen und Sachverständige, die vom Gericht herangezogen werden, sowie die Kosten des Gerichtsvollziehers;

d) die Gebühren eines Schieds- oder Schlichtungsverfahrens bis zur Höhe der Gebühren, die im Falle der Anrufung eines zuständigen staatlichen Gerichtes erster Instanz entstehen;

e) die Kosten in Verfahren vor Verwaltungsbehörden einschließlich der Entschädigung für Zeugen und Sachverständige, die von der Verwaltungsbehörde herangezogen werden, sowie die Kosten der Vollstreckung im Verwaltungswege;

f) die übliche Vergütung
  aa) eines öffentlich bestellten technischen Sachverständigen oder einer rechtsfähigen technischen Sachverständigenorganisation in Fällen der
    – Verteidigung in verkehrsrechtlichen Straf- und Ordnungswidrigkeitenverfahren;
    – Wahrnehmung der rechtlichen Interessen aus Kauf- und Reparaturverträgen von Motorfahrzeugen zu Lande sowie Anhängern;
  bb) eines im Ausland ansässigen Sachverständigen in Fällen der Geltendmachung von Ersatzansprüchen wegen der im Ausland eingetretenen Beschädigung eines Motorfahrzeuges zu Lande sowie Anhängers;

g) die Kosten der Reisen des Versicherungsnehmers zu einem ausländischen Gericht, wenn sein Erscheinen als Beschuldigter oder Partei vorgeschrieben und zur Vermeidung von Rechtsnachteilen erforderlich ist. Die Kosten werden bis zur Höhe der für Geschäftsreisen von deutschen Rechtsanwälten geltenden Sätze übernommen;

h) die dem Gegner durch die Wahrnehmung seiner rechtlichen Interessen entstandenen Kosten, soweit der Versicherungsnehmer zu deren Erstattung verpflichtet ist.

Leistungsumfang § 5 ARB 94

(2) a) Der Versicherungsnehmer kann die Übernahme der vom Versicherer zu tragenden Kosten verlangen, sobald er nachweist, daß er zu deren Zahlung verpflichtet ist oder diese Verpflichtung bereits erfüllt hat.
b) Vom Versicherungsnehmer in fremder Währung aufgewandte Kosten werden diesem in Deutscher Mark zum Wechselkurs des Tages erstattet, an dem diese Kosten vom Versicherungsnehmer gezahlt wurden.

(3) Der Versicherer trägt nicht
a) Kosten, die der Versicherungsnehmer ohne Rechtspflicht übernommen hat;
b) Kosten, die im Zusammenhang mit einer einverständlichen Erledigung entstanden sind, soweit sie nicht dem Verhältnis des vom Versicherungsnehmer angestrebten Ergebnisses zum erzielten Ergebnis entsprechen, es sei denn, daß eine hiervon abweichende Kostenverteilung gesetzlich vorgeschrieben ist;
c) die im Versicherungsschein vereinbarte Selbstbeteiligung je Leistungsart nach § 2;
d) Kosten, die aufgrund der vierten oder jeder weiteren Zwangsvollstreckungsmaßnahme je Vollstreckungstitel entstehen;
e) Kosten aufgrund von Zwangsvollstreckungsmaßnahmen, die später als fünf Jahre nach Rechtskraft des Vollstreckungstitels eingeleitet werden;
f) Kosten für Strafvollstreckungsverfahren jeder Art nach Rechtskraft einer Geldstrafe oder -buße unter 500,- DM;
g) Kosten, zu deren Übernahme ein anderer verpflichtet wäre, wenn der Rechtsschutzversicherungsvertrag nicht bestünde.

(4) Der Versicherer zahlt in jedem Rechtsschutzfall höchstens die vereinbarte Versicherungssumme. Zahlungen für den Versicherungsnehmer und mitversicherte Personen aufgrund desselben Rechtsschutzfalles werden hierbei zusammengerechnet. Dies gilt auch für Zahlungen aufgrund mehrerer Rechtsschutzfälle, die zeitlich und ursächlich zusammenhängen.

(5) Der Versicherer sorgt für
a) die Übersetzung der für die Wahrnehmung der rechtlichen Interessen des Versicherungsnehmers im Ausland notwendigen schriftlichen Unterlagen und trägt die dabei anfallenden Kosten;
b) die Zahlung eines zinslosen Darlehens bis zu der vereinbarten Höhe für eine Kaution, die gestellt werden muß, um den Versicherungsnehmer einstweilen von Strafverfolgungsmaßnahmen zu verschonen.

(6) Alle Bestimmungen, die den Rechtsanwalt betreffen, gelten entsprechend
a) in Angelegenheiten der freiwilligen Gerichtsbarkeit und im Beratungs-Rechtsschutz im Familien- und Erbrecht (§ 2k) für Notare;
b) im Steuer-Rechtsschutz vor Gerichten (§ 2e) für Angehörige der steuerberatenden Berufe;
c) bei Wahrnehmung rechtlicher Interessen im Ausland für dort ansässige rechts- und sachkundige Bevollmächtigte.

Übersicht

	Rdnrn.		Rdnrn.
I. Allgemeines	1	a) Inland (Buchst. a)	3
		Verkehrsanwalt	4
II. Kostenübernahme (Abs. 1)	2–15	b) Ausland (Buchst. b)	5
1. Rechtsanwalts-Vergütung	2	Verkehrsanwalt	6

§ 5 ARB 94 1–3

1. Inhalt der Versicherung

	Rdnrn.
2. Gerichtskosten (Buchst. c)	7
3. Schieds- und Schlichtungsverfahren (Buchst. d)	8
4. Verwaltungsverfahrens-Kosten (Buchst. e)	9
5. Kosten technischer Sachverständiger (Buchst. f)	10
a) Straf- und Ordnungswidrigkeitenverfahren (Buchst. aa, 1. Alternative)	11
b) bei Kraftfahrzeug-Kauf- und Reparaturverträgen (Buchst. aa, 2. Alternative)	12
c) in Auslandsfällen (Buchst. bb)	13
6. Reisekosten zu ausländischem Gericht (Buchst. g)	14
7. Kosten des Gegners (Buchst. h)	15
III. Fälligkeit, Währungsklausel (Abs. 2)	16, 17
1. Fälligkeit (Buchst. a)	16
2. Währungsklausel (Buchst. b)	17

	Rdnrn.
IV. Begrenzung der Kostenübernahme (Abs. 3)	18–26
1. Allgemeines	18
2. Übernahme ohne Rechtspflicht (Buchst. a)	19
3. Einverständliche Erledigung (Buchst. b)	20
4. Selbstbeteiligung (Buchst. c)	21
5. Zwangsvollstreckungsmaßnahmen (Buchst. d)	22
6. Alte Vollstreckungstitel (Buchst. e)	23
7. Strafvollstreckungsverfahren (Buchst. f)	24
8. Subsidiaritätsklausel (Buchst. g)	25
9. Widerklage, Aufrechnung	26
V. Versicherungssumme (Abs. 4)	27
VI. Sorgeleistung (Abs. 5)	28–30
1. Allgemeines	28
2. Übersetzung (Buchst. a)	29
3. Strafkaution (Buchst. b)	30
VII. Andere Berufsgruppen (Abs. 6)	31

I. Allgemeines

1 Die Verbandsempfehlung zu § 5 enthält den in der Gruppenfreistellungs-VO vorgesehenen Hinweis, daß es jedem Versicherer freigestellt ist, etwas anderes zu vereinbaren (Einl. Rdnr. 4). § 5 legt fest, welche **Kosten** der RSVersicherer nach Eintritt eines Versicherungsfalles (§ 1 Abs. 1 Satz 1 VVG, § 4 Abs. 1) zu übernehmen hat. Der Leistungsumfang entspricht mit einigen Modifikationen etwa dem des § 2 ARB 75. Abs. 5 enthält außerdem zwei Sorgeleistungen (§ 1 Rdnr. 2).

II. Kostenübernahme (Abs. 1)

2 1. In welcher Höhe der Versicherer die Vergütung des für den VN tätigen **Rechtsanwalts** zu übernehmen hat, ist anstelle des recht unübersichtlichen § 2 Abs. 1a ARB 75 nunmehr in Abs. 1a für Rechtsschutzfälle im Inland und in Abs. 1b für Rechtsschutzfälle im Ausland beschrieben. Die in § 2 Abs. 1b ARB 75 geregelte Leistungsbegrenzung bei Kosten aus einer Honorarvereinbarung ist wegen der in Abs. 1a und b enthaltenen Obergrenze der Kostenübernahme als entbehrlich entfallen.

3 a) Bei einem Rechtsschutzfall im **Inland** übernimmt der Versicherer nach Abs. 1a in sämtlichen Leistungsarten des § 2 die Kosten für einen beliebigen für den VN tätigen – mit Ausnahme des § 2k auch befugt agierenden ausländischen – Rechtsanwalt. Das in § 2 Abs. 1a ARB 75 enthaltene, kaum praktisch gewordene Erfordernis der Gerichtsansässigkeit des Anwalts in Straf-, Ordnungswidrigkeiten-, Disziplinar- und Standesrechtsverfahren ist entfallen. In allen Fällen trägt der Versicherer die Vergütung jedoch, ähnlich wie gemäß § 2 Abs. 1a Satz 3 ARB 75, nur bis zur Höhe des Betrags, der nach der BRAGebO bei Beauftragung eines am Ort des zuständigen Gerichts ansässigen Rechtsanwalts angefallen wäre. „Ansässig" ist kein Begriff der Rechtsprache und nach allgemeinem Sprachgebrauch dahin auszulegen,

Leistungsumfang 4–6 § 5 ARB 94

daß damit – da nach der Neufassung des § 27 BRAO der Wohnsitz des Anwalts (§ 2 ARB 75 Rdnr. 64) keine Rolle mehr spielt – der Kanzleisitz des Rechtsanwalts gemeint ist, der nach § 27 Abs. 1 BRAO in der Regel am Ort des (ersten) Zulassungsgerichts liegen muß, nach § 27 Abs. 2 BRAO bei Zulassung am Amtsgericht allerdings auch sonst im Gerichtsbezirk liegen kann. Daß die in § 2 Abs. 1a Satz 3 ARB 75 enthaltenen beiden Begriffe „wohnhaft oder ... zugelassen" durch den einzigen Begriff „ansässig" ersetzt wurden, hat zur Folge, daß die Zulassung im Sinn der BRAO (vgl. hierzu § 2 ARB 75 Rdnr. 65) keine Rolle mehr spielt und daher Reisekosten des Rechtsanwalts vom Ort oder Bezirk des Gerichts, an dem er „ansässig" ist (z.B. AG oder LG), zum ortsverschiedenen Zulassungsgericht, an dem er nicht ansässig ist (z.b. LG oder OLG), nicht mehr vom Versicherungsschutz umfaßt sind. Im übrigen kann für Rechtsschutzfälle im Inland auf die Erläuterungen in § 2 ARB 75 Rdnrn. 8 bis 14, 18 bis 47, 62 bis 70, 74, 74a, 79, 81 bis 89 verwiesen werden.

Für den Sonderfall, daß eine gerichtliche Interessenwahrnehmung in größerer Entfernung vom Wohnsitz des VN notwendig wird, legt Abs. 1a Satz 2 fest, daß der Versicherungsschutz bei den Leistungsarten gemäß § 2a bis g auch weitere Kosten für einen im LG-Bezirk des VN ansässigen Rechtsanwalt umfaßt, und zwar, wie schon nach § 2 Abs. 1a Satz 4 ARB 75, bis zur Höhe der gesetzlichen Vergütung eines „Verkehrsanwalts" (§ 52 Abs. 1 BRAGebO). Im Unterschied zu § 2 Abs. 1a Satz 4 ARB 75 (§ 2 ARB 75 Rdnr. 77) besteht dieser zusätzliche Versicherungsschutz nach der eindeutigen Formulierung des Abs. 1a Satz 2 jedoch nur, wenn ein zweiter Rechtsanwalt, der im LG-Bezirk des VN ansässig sein muß, tatsächlich tätig wird. Im Interesse der Klarheit ist die Entfernung zwischen Wohnort des VN und Gerichtsort für Fälle dieser Art nunmehr auf mehr als 100 km „Luftlinie" festgelegt (vgl. im übrigen § 2 ARB 75 Rdnrn. 76 bis 78). 4

b) Abs. 1b legt den Umfang des Versicherungsschutzes für die Vergütung des für den VN tätigen Rechtsanwalts bei einem Rechtsschutzfall im **Ausland** fest. Abweichend von § 2 Abs. 1a Satz 2 ARB 75 übernimmt der Versicherer in diesem Fall die – gesetzliche oder übliche – Vergütung eines am Ort des zuständigen Gerichts ansässigen – also nicht eines gerichtsbezirksfremden – ausländischen Anwalts oder rechts- und sachkundigen Bevollmächtigten (Abs. 6c; vgl. unten Rdnr. 29) oder aber eines im Inland zugelassenen (§ 2 ARB 75 Rdnr. 65) Rechtsanwalts. Für einen Inlands-Anwalt trägt der Versicherer in diesem Fall dessen Kosten bis zur Höhe der gesetzlichen Vergütung, die entstanden wäre, wenn das Gericht am Kanzleisitz dieses Anwalts zuständig wäre. Beauftragt der VN in einem solchen Fall später doch noch einen ausländischen Anwalt, besteht für die Kosten des inländischen Anwalts nur mehr Versicherungsschutz, soweit dieser als Verkehrsanwalt tätig wird (unten Rdnr. 6; *Sperling* VersR 96, 133, 141). 5

Wohnt der VN mehr als 100 km Luftlinie vom zuständigen ausländischen Gericht entfernt und ist ein ausländischer Anwalt oder Bevollmächtigter für ihn tätig, dann übernimmt der Versicherer nach Abs. 1b Satz 3 zusätzlich die Kosten eines im LG-Bezirk des VN ansässigen inländischen Anwalts bis 6

§ 5 ARB 94 7–12 1. Inhalt der Versicherung

zur Höhe der gesetzlichen Vergütung eines „**Verkehrsanwalts**" (§§ 52 Abs. 1, 91 Nr. 2, 105 Abs. 3 BRAGebO). Im Gegensatz zu Abs. 1 a Satz 2 (oben Rdnr. 4) gilt diese Erweiterung für sämtliche Leistungsarten des § 2 (außer § 2 k), also auch für die Fälle des Straf- und Ordnungswidrigkeiten-RS, sowie auch für eine außer- und vorgerichtliche Interessenwahrnehmung.

7 2. Abs. 1 c wurde wörtlich aus § 2 Abs. 1 c Satz 1 ARB 75 übernommen. Wegen der **Gerichtskosten** und Gerichtsvollzieherkosten kann daher auf § 2 ARB 75 Rdnrn. 91 bis 106 verwiesen werden.

8 3. Abs. 1 d betrifft die Kostenübernahme in **Schieds- und Schlichtungsverfahren**. Er erweitert die Regelung des § 2 Abs. 1 c Satz 2 ARB 75 insofern, als jetzt im Interesse der außergerichtlichen Konfliktbeilegung die Kosten von Schieds- und Schlichtungsverfahren aller Art übernommen werden, auch soweit sie nicht vor Schiedsgerichten im Rechtssinn verhandelt werden (zum Begriff vgl. § 2 ARB 75 Rdnrn. 107, 112 bis 117). Soweit der VN in Verfahren dieser Art überhaupt eine Vergütung an die Schieds- oder Schlichtungsstelle zu entrichten hat, hat sie der RSVersicherer bis zur Höhe der Gebühren zu übernehmen, die bei Anrufung des zuständigen staatlichen Gerichts erster Instanz entstehen würden. Ob für den Rechtsanwalt des VN in Verfahren dieser Art nach Abs. 1 a zu übernehmende eigene Gebühren, insbesondere nach §§ 62, 65 oder 67 BRAGebO, anfallen oder ob er seine Tätigkeit nur im Rahmen des § 118 BRAGebO abrechnen kann, richtet sich nach der Art der jeweiligen Rechtssache. Die seit einiger Zeit praktizierte „Mediation" als der Versuch, mit Hilfe eines Mediators (Vermittler) zu einem sozialen – nicht notwendig rechtlichen – Interessenausgleich zwischen zwei Parteien zu gelangen, kann allenfalls insoweit als Schlichtungsverfahren im Sinn des Abs. 1 d gewertet werden, als eine in den Deckungsbereich des RSVersicherungsvertrags des VN fallende Rechtsangelegenheit Gegenstand der Mediation ist (vgl. *Gerold/Schmidt/v. Eicken* § 23 Rdnr. 2 a).

9 4. Abs. 1 e entspricht § 2 Abs. 1 d ARB 75 Wegen der **Verwaltungs-Verfahrens- und -Vollstreckungs-Kosten** kann daher auf § 2 ARB 75 Rdnrn. 118 bis 122, 123 verwiesen werden.

10 5. Abs. 1 f faßt drei Fallgruppen zusammen, in denen die Kosten eines nicht vom Gericht herangezogenen (Abs. 1 c), sondern vom VN beauftragten technischen **Privatgutachters** übernommen werden. Da es für solche Sachverständige in der Regel keine verbindlichen Gebührenordnungen gibt, trägt der Versicherer hier die „übliche Vergütung" im Sinn des § 632 Abs. 2 BGB (vgl. § 2 ARB 75 Rdnr. 129).

11 a) Abs. 1 f aa, 1. Alternative entspricht § 2 Abs. 1 e ARB 75 und erstreckt den Versicherungsschutz bei **verkehrsrechtlichen Straf- und Ordnungswidrigkeiten-Verfahren** auch auf Privatgutachten einer rechtsfähigen technischen Sachverständigenorganisation. Im übrigen kann auf die Erläuterungen in § 2 ARB 75 Rdnrn. 125 bis 130 verwiesen werden.

12 b) Abs. 1 f aa, 2. Alternative entspricht der seit 1981 verwendeten Klausel zu § 2 Abs. 1 ARB 75 bei **Kraftfahrzeug-Vertragsstreitigkeiten**, ebenfalls erweitert auf Gutachten einer technischen Sachverständigenorganisation. Auf § 2 ARB 75 Rdnr. 120 a, b kann verwiesen werden.

Leistungsumfang   13–17 § 5 ARB 94

c) Abs. 1 f bb bietet Deckung für die Kosten eines **ausländischen Privat-** 13
gutachters bei Verfolgung von Ersatzansprüchen wegen einer im Ausland
eingetretenen Beschädigung eines Kraftfahrzeugs des VN. Diese Dek-
kungsmöglichkeit war in den ARB 75 noch nicht vorgesehen, jedoch von
manchen RSVersicherern aufgrund einer Zusatzklausel (VerBAV 91, 417;
vgl. § 2 ARB 75 Rdnr. 126 a. E.) bereits praktiziert worden. Solche Kosten
können in erster Linie im Rahmen des Schadenersatz-RS (§ 2a) nach einem
Kraftfahrzeugunfall im Ausland anfallen, sind jedoch auch im Rahmen des
RS im Vertrags- und Sachenrecht (§ 2 d) denkbar, etwa wenn eine ausländische Werkstatt eine Reparatur mangelhaft durchgeführt hat und es dadurch
zu einer Beschädigung des Fahrzeugs des VN kommt. In fremder Währung
aufgewendete Kosten werden dem VN gemäß Abs. 2 b erstattet.

6. In Abs. 1 g wurde die seit 1981 übliche Standardklausel zur Erstattung 14
von notwendigen **Reisekosten des VN** zu einem ausländischen Gericht in
die ARB 94 übernommen. Der Versicherer trägt in diesem Fall Fahrt- und
Übernachtungskosten sowie ein Tage- und Abwesenheitsgeld bis zu der in
§§ 28, 29 BRAGebO festgelegten Höhe. Versicherungsschutz besteht, wenn
das Erscheinen des VN als Beschuldigter oder Partei vorgeschrieben und
zur Vermeidung von Rechtsnachteilen erforderlich ist (ähnlich bereits die
frühere Klausel, vgl. § 2 ARB 75 Rdnrn. 7a, b).

7. Abs. 1 h regelt die Kostenübernahme, soweit der VN zur Erstattung der 15
Kosten des Gegners verpflichtet ist. Die Bestimmung entspricht § 2 Abs. 1 g
ARB 75 Auf die Erläuterungen hierzu in § 2 ARB 75 Rdnrn. 133 bis 144
kann daher verwiesen werden.

III. Fälligkeit, Währungsklausel (Abs. 2)

1. Abs. 2 a legt, ähnlich wie schon § 2 Abs. 2 ARB 75, fest, wann die 16
Hauptleistung des Versicherers **fällig** wird, nämlich seine Verpflichtung zur
Übernahme der Kosten im Rahmen der Abs. 1, 3 und 4. Weist der VN – anhand der ihm oder dem Versicherer unmittelbar zugegangenen Original-
Kostenrechnung – nach, daß er zur Zahlung verpflichtet ist, hat ihn der Versicherer – in der Regel durch Zahlung an den Kostengläubiger – von dieser
Kostenschuld freizustellen. Hat der VN die Kostenschuld bereits selbst beglichen, hat ihm der Versicherer nach Vorlage der quittierten Kostenrechnung oder eines sonstigen geeigneten Zahlungsnachweises den Betrag zu erstatten. Voraussetzung für die Fälligkeit ist naturgemäß in beiden Fällen,
daß die Eintrittspflicht des Versicherers bereits geklärt ist oder gleichzeitig
geklärt werden kann. Wegen weiterer Einzelheiten kann auf die Erläuterungen in § 2 ARB 75 Rdnrn. 150 bis 164 verwiesen werden.

2. Der in den ARB 75 noch nicht enthaltene Abs. 2 b legt fest, daß vom 17
VN in **Fremdwährung** aufgewandte Kosten – gegen entsprechenden Zah-
lungsnachweis (Abs. 2 a) – zum Wechselkurs des Tages der Zahlung durch
den VN zu erstatten sind (anders und zweckmäßiger, da einfacher festzustellen, § 6 Abs. 3 MBKK: Wechselkurs am Tag des Belegeingangs beim
Versicherer). Maßgebend ist hierbei der Briefkurs, da der VN diesen für die

§ 5 ARB 94 18–21　　　　　　　　　　1. Inhalt der Versicherung

Valutabeschaffung aufwenden mußte (*Palandt/Heinrichs* §§ 244, 245 Rdnr. 15), und zwar nicht der Sorten-, sondern der in der Regel einfacher festzustellende Devisenkurs (*Bach/Moser* § 6 MBKK Rdnr. 9).

IV. Begrenzung der Kostenübernahme (Abs. 3)

18　1. Abs. 3 **begrenzt** – ähnlich wie schon § 2 Abs. 3 ARB 75 – die Verpflichtung des Versicherers zur Übernahme von Kosten der in Abs. 1 aufgezählten Art für bestimmte Fallgruppen. Da es sich um eine sogenannte sekundäre Risikobegrenzung handelt, hat im Streitfall der Versicherer darzulegen und zu beweisen, daß einer der in Abs. 3 genannten Tatbestände vorliegt und seine Leistungspflicht einschränkt (vgl. § 2 ARB 75 Rdnrn. 4, 5).

19　2. Abs. 3a legt etwas präziser fest, was schon in der 2. Alternative des § 2 Abs. 3a ARB 75 vorgesehen war: Vom VN **ohne Rechtspflicht** übernommene Kosten fallen nicht unter den Versicherungsschutz. Auf die Erläuterungen in § 2 ARB 75 Rdnrn. 171 bis 175 kann daher verwiesen werden.

20　3. Abs. 3a entspricht der 1. Alternative des § 2 Abs. 3a ARB 75 und legt fest, daß bei einer einverständlichen Erledigung der Rechtssache – Hauptfall: gerichtlicher oder außergerichtlicher **Vergleich** – der Versicherer die Kosten nur insoweit zu übernehmen hat, als der VN mit seinem Begehren in der Hauptsache nicht durchgedrungen ist. Statt der eher formalen Kriterien des § 2 Abs. 3a ARB 75 – Verhältnis des Obsiegens zum Unterliegen – stellt die jetzige Formulierung mehr auf das wirtschaftliche Ergebnis für den VN ab, was jedoch gegenüber der Regulierungspraxis nach § 2 Abs. 3a ARB 75 keine grundlegende Änderung bedeutet. Allerdings kann dies bei einer einverständlichen Erledigung der Hauptsache gemäß § 91a ZPO dazu führen, daß im Einzelfall nicht die gerichtliche Kostenentscheidung, sondern der wirtschaftliche Erfolg des VN über den Umfang des Versicherungsschutzes entscheidet. Auf die Erläuterungen in § 2 ARB 75 Rdnrn. 167 bis 170 kann im übrigen verwiesen werden. Übernimmt der VN aufgrund gesetzlich vorgeschriebener Kostenverteilung – z.B. § 12a Abs. 1 ArbGG – mehr Kosten, als es dem Ergebnis in der Hauptsache entspricht, dann beeinträchtigt dies den Versicherungsschutz nicht (ähnlich schon § 2 ARB 75 Rdnr. 168).

21　4. Abs. 3c enthält die bisher nur in einer Klausel zu § 2 ARB 75 (§ 2 ARB 75 Rdnrn. 6a bis c) vorgesehene Möglichkeit der **Selbstbeteiligung** des VN und stellt klar, daß die vereinbarte Selbstbeteiligung mehrfach abzuziehen ist, falls aufgrund desselben Ereignisses eine Interessenwahrnehmung des VN auf verschiedenen Rechtsgebieten im Sinn des § 2 notwendig wird, z.B. nach einem Verkehrsunfall die Geltendmachung von Schadenersatzansprüchen nach § 2a und die Verteidigung in einem Verkehrsstrafverfahren nach § 2i aa. Nicht geregelt ist die Frage, wie zu verfahren ist, wenn der VN und/oder mehrere Mitversicherte (§ 15) aufgrund desselben Ereignisses rechtliche Interessen in derselben Leistungsart des § 2 wahrzunehmen haben, z.B. Fahrer und Insassen des versicherten Kraftfahrzeugs nach einem Unfall. § 15 Abs. 2 Satz 1, wonach die den VN betreffenden Bestimmungen sinngemäß für Mitversicherte gelten, könnte für einen Abzug der Selbstbeteiligung

Leistungsumfang   22–26 § 5 ARB 94

beim VN und/oder bei jedem Mitversicherten sprechen. Da jedoch der Versicherer in einem solchen Fall nach Abs. 4 nur einmal bis zur Höhe der Versicherungssumme zu leisten hat, erscheint es interessengerecht, die Selbstbeteiligung nur einmal abzuziehen, und zwar anteilig beim VN und/oder den Mitversicherten oder, wenn dies unpraktikabel erscheint, nur beim VN.

5. Abs. 3 d entspricht der 1. Alternative des § 2 Abs. 3 b ARB 75 mit dem   22
Unterschied, daß der VN bei mehr als drei **Zwangsvollstreckungsmaßnahmen** je Vollstreckungstitel nicht mehr die Wahl hat, sondern daß nur für die ersten drei Anträge auf Vollstreckung oder Vollstreckungsabwehr Versicherungsschutz besteht. Im übrigen kann auf die Erläuterungen in § 2 ARB 75 Rdnrn. 176 bis 218 verwiesen werden.

6. Abs. 3 e schließt Zwangsvollstreckungsmaßnahmen aus **über fünf Jah-**   23
re alten Vollstreckungstiteln vom Versicherungsschutz aus und entspricht der 2. Alternative des § 2 Abs. 3 b ARB 75 (vgl. § 2 ARB 75 Rdnr. 178).

7. Die Verteidigung wegen des Vorwurfs einer Straftat oder Ordnungswi-   24
drigkeit im Sinn des § 2 i und j schließt Maßnahmen aller Art ein, die auf eine Vergünstigung in der **Straf-** oder **Bußgeldvollstreckung** gerichtet sind. Welche Maßnahmen hierunter insbesondere fallen können, ist in Vorbem. vor § 21 ARB 75 Rdnrn. 87 bis 90 erläutert. Auch die beim Straf-RS der ARB 75 eigens erwähnten Gnadenverfahren fallen im weiteren Sinn unter Strafvollstreckungsverfahren, da sie auf eine Milderung der verhängten Strafe oder deren Nebenfolgen gerichtet sind. Der im Rahmen des § 2 i und j bestehende Versicherungsschutz für Verfahren dieser Art ist, ähnlich wie beim Straf-RS der ARB 75, gemäß Abs. 3 f bei Geldstrafen oder Geldbußen unter 500,– DM ausgeschlossen, während die beim Straf-RS der ARB 75 außerdem bestehende Beschränkung auf zwei Verfahren dieser Art entfallen ist.

8. Abs. 3 g enthält eine **Subsidiaritätsklausel** und soll die Regelung des § 2   25
Abs. 3 c und d ARB 75 zusammenfassen: Immer dann, wenn ein anderer – den RSVersicherungsvertrag hinweggedacht – die an sich unter die Deckung dieses Vertrags fallenden Kosten zu übernehmen verpflichtet ist, ist der Versicherungsschutz insoweit ausgeschlossen. Ob diese Verpflichtung des anderen zur Kostenübernahme auf Gesetz, Vertrag, behördlicher oder gerichtlicher Entscheidung beruht, spielt dabei keine Rolle. Die in § 2 Abs. 3 c ARB 75 enthaltenen beiden Ausnahmen für eine unterhaltsrechtliche Verpflichtung des anderen sowie für den Fall einer vergeblichen Zahlungsaufforderung an ihn sind entfallen. Hat der Versicherer bereits Kosten getragen, deren Erstattung der VN vom anderen verlangen kann, geht der Ersatzanspruch des VN insoweit auf den Versicherer über. An den VN unmittelbar geleistete Zahlungen des anderen hat der VN dem Versicherer zu erstatten (§ 17 Abs. 8, § 67 Abs. 1 Satz 1 VVG; vgl. § 17 Rdnr. 13; ebenso schon § 20 Abs. 2 ARB 75). Im übrigen kann auf die Erläuterungen in § 2 ARB 75 Rdnrn. 219, 220, 222 bis 242, 244, 245 verwiesen werden.

9. Soweit für eine Interessenwahrnehmung des VN im Zusammenhang   26
mit einer **Widerklage** oder **Aufrechnung** – des Gegners oder seiner eigenen – kein Versicherungsschutz besteht, enthält § 2 Abs. 3 e ARB 75 eine Teil-

811

regelung. Diese diente nur der Klarstellung (§ 2 ARB 75 Rdnr. 246) und ist daher in den ARB 94 entfallen. Wie in solchen Fällen die Höhe der Versicherungsleistung – nach allgemeinen Grundsätzen – zu berechnen ist, ist in § 2 ARB 75 Rdnrn. 246 bis 257 erläutert.

V. Versicherungssumme (Abs. 4)

27 Abs. 4 legt fest, daß der Versicherer je Rechtsschutzfall (§ 4 Abs. 1) sowie bei mehreren zeitlich und ursächlich zusammenhängenden Rechtsschutzfällen (desselben VN) für den VN und etwaige Mitversicherte nur bis zur vereinbarten **Versicherungssumme** zu leisten hat, die gegenwärtig überwiegend bei 200 000,– DM liegt. Die Bestimmung entspricht im wesentlichen § 2 Abs. 4 ARB 75, auf dessen Erläuterungen in § 2 ARB 75 Rdnrn. 258 bis 262 verwiesen werden kann. Entfallen ist die praktisch kaum bedeutsam gewordene Regelung über das Hinterlegungsrecht des Versicherers im Fall der Überschreitung der Versicherungssumme gemäß § 2 Abs. 4 Satz 3 ARB 75 Trotz Wegfalls der Rechtsgrundlage für die Weitergeltung geschäftsplanmäßiger Erklärungen bei nach dem 30. Juni 1994 abgeschlossenen Verträgen hat allerdings seit dem 1. Juli 1994 der Versicherer zumindest gemäß § 242 BGB die vertragliche Nebenpflicht, den VN in dessen Interesse rechtzeitig zu informieren, sobald sich die Möglichkeit konkret abzeichnet, daß die aufzuwendenden Kosten in Zukunft die Versicherungssumme überschreiten können (Näheres § 2 ARB 75 Rdnr. 263).

VI. Sorgeleistung (Abs. 5)

28 1. Neben seiner Hauptleistung, der Kostenübernahme, **sorgt** der Versicherer bei Bedarf in mehrfacher Hinsicht für die Interessenwahrnehmung des VN, z. B. durch Auswahl und/oder Beauftragung eines Rechtsanwalts, soweit der VN diesen nicht selbst auswählt und beauftragt, und Erteilung einer Deckungszusage (§ 17 Abs. 1, 2 und 4 Satz 1; Näheres § 1 Rdnr. 2; § 1 ARB 75 Rdnrn. 9 bis 20).

29 2. Abs. 5 a legt als neue, in den ARB 75 noch nicht enthaltene Leistung fest, daß der Versicherer bei einer Interessenwahrnehmung des VN im Ausland für die **Übersetzung** hierbei notwendiger schriftlicher Unterlagen sorgt und die Übersetzungskosten trägt. Die Unterlagen hat der VN dem Versicherer gemäß § 17 Abs. 3 auf Verlangen zur Verfügung zu stellen, der dann – falls nicht durch den Anwalt des VN bereits geschehen – entscheiden kann, inwieweit sie für die Interessenwahrnehmung notwendig sind. Auf welche Weise die Übersetzung erfolgt, entscheidet der Versicherer. Durch die Übersetzung entstehende Kosten gehören nicht zu den nach Abs. 1 zu übernehmenden Kosten und sind daher bei Errechnung der Versicherungssumme nach Abs. 4 nicht zu berücksichtigen. Bei einer Interessenwahrnehmung im Inland gilt diese Regelung nicht, etwaige Übersetzungskosten fallen dort nur unter den Versicherungsschutz, wenn es sich um Gerichtsauslagen nach Abs. 1 c handelt (§ 2 ARB 75 Rdnrn. 33, 105).

30 3. Die Gewährung eines zinslosen Darlehens durch den Versicherer im Fall einer **Strafkaution** ist gemäß Abs. 5 b nicht mehr, wie in § 2 Abs. 1 f

Örtlicher Geltungsbereich § 6 ARB 94

ARB 75, auf Auslandsfälle beschränkt. Sobald die Kaution verfallen ist oder an den VN erstattet wurde, hat er das Darlehen nach § 607 Abs. 1 BGB zurückzuzahlen. Ein in Fremdwährung gegebenes Darlehen wird der VN nach dem Rechtsgedanken des Abs. 2 b in Deutscher Mark zum Wechselkurs am Tag der Darlehenshingabe zurückzuzahlen haben. Im übrigen kann auf § 2 ARB 75 Rdnrn. 131, 132 verwiesen werden.

VII. Andere Berufsgruppen (Abs. 6)

Abs. 6 stellt klar, daß die die Rechtsanwälte betreffenden Bestimmungen 31 entsprechend für **andere Berufsgruppen** gelten, soweit sie in Rechtsangelegenheiten der in § 2 genannten Art tätig werden können. Gemeint sind hiermit in erster Linie die Bestimmungen über die gesetzliche Vergütung dieser Berufsgruppen im Sinn von Abs. 1 a und b. Die Vergütung der Notare richtet sich nach §§ 140 ff. KostO, diejenige der steuerberatenden Berufe nach der SteuerberatergebührenVO (Vorbem. vor § 21 ARB 75 Rdnrn. 193, 194). Die Vergütung für ausländische Rechtsanwälte ist nicht in allen Ländern gesetzlich geregelt. Soweit dies nicht der Fall ist, hat der Versicherer nach dem Rechtsgedanken des § 612 Abs. 2 BGB die in dem betreffenden Staat übliche Vergütung zu übernehmen (§ 2 ARB 75 Rdnrn. 48 ff.). Entsprechendes gilt, soweit im Ausland rechts- und sachkundige Nicht-Anwälte, z. B. Schadenregulierungsbüros, tätig sein können (§ 16 ARB 75 Rdnr. 3 a).

§ 6 Örtlicher Geltungsbereich

Rechtsschutz besteht, soweit die Wahrnehmung rechtlicher Interessen in Europa, den Anliegerstaaten des Mittelmeeres, auf den Kanarischen Inseln oder auf Madeira erfolgt und ein Gericht oder eine Behörde in diesem Bereich gesetzlich zuständig ist oder zuständig wäre, wenn ein gerichtliches oder behördliches Verfahren eingeleitet werden würde.

Die Verbandsempfehlung zu § 6 enthält den in der Gruppenfreistellungs-VO vorgesehenen Hinweis, daß es jedem Versicherer freigestellt ist, etwas anderes zu vereinbaren. (Einl. Rdnr. 4). Während nach § 3 ARB 75 Versicherungsschutz nur bestand, wenn der Versicherungsfall im europäischen **Geltungsbereich** der ARB eingetreten war, ist dieses Erfordernis in den ARB 94 entfallen. Rechtsschutz besteht nunmehr ohne Rücksicht auf den Ort des Eintritts des Rechtsschutzfalles (§ 4), wenn die Interessenwahrnehmung in dem durch § 6 umschriebenen Gebiet erfolgt und für diese Interessenwahrnehmung kraft Gesetzes ein Rechtsweg zu einem Gericht oder einer Behörde in diesem Gebiet eröffnet ist (in Deutschland z. B. §§ 12 bis 37 ZPO). Fehlt eine dieser beiden Voraussetzungen und ist beispielsweise nur ein vereinbarter Gerichtsstand (Wahlgerichtsstand, z. B. §§ 38, 39 ZPO) innerhalb des Geltungsbereichs gegeben, besteht kein Versicherungsschutz. Soweit die geänderte Fassung keine andere Beurteilung erfordert, kann auf die Erläuterungen zu § 3 ARB 75 verwiesen werden.

2. Versicherungsverhältnis

§ 7 Beginn des Versicherungsschutzes

Der Versicherungsschutz beginnt zu dem im Versicherungsschein angegebenen Zeitpunkt, wenn der erste Beitrag spätestens zwei Wochen nach Anforderung gezahlt wird. Bei späterer Zahlung beginnt der Versicherungsschutz erst mit der Zahlung, jedoch nicht vor dem angegebenen Zeitpunkt.

1   1. Die Verbandsempfehlung zu § 7 enthält den in der GruppenfreistellungsVO vorgesehenen Hinweis, daß es jedem Versicherer freigestellt ist, etwas anderes zu vereinbaren (Einl. Rdnr. 4). Über den **Vertragsschluß**, insbesondere Antrag, Annahme und Widerrufsrecht des VN, enthalten die ARB 94, wie schon die ARB 75, keine speziellen Bestimmungen. Er richtet sich nach den allgemeinen gesetzlichen Vorschriften, vor allem §§ 145ff. BGB, §§ 5, 5a und 8 Abs. 4 VVG sowie § 10a VAG (Verbraucherinformation; Näheres § 5 ARB 75 Rdnr. 1).

2   2. § 7 entspricht im wesentlichen § 5 Satz 1 und 2 ARB 75 Er enthält die in der RSVersicherung weitgehend übliche **erweiterte Einlösungsklausel**, die den Versicherungsschutz zu dem im Versicherungsschein angegebenen – in der Regel vom VN beantragten – Zeitpunkt beginnen läßt, wenn der erste Beitrag spätestens zwei Wochen nach Anforderung gezahlt wird, andernfalls erst mit der Zahlung. Da die frühere Bestimmung über den Erfüllungsort (§ 7 Abs. 4 ARB 75) entfallen ist, gilt nach der Auslegungsregel des § 36 VVG nunmehr der Beitrag als Schickschuld nicht erst mit Zugang beim Versicherer, sondern bereits dann als gezahlt, wenn er aus der Verfügungsgewalt des VN ausscheidet. Wegen weiterer Einzelheiten kann auf die Erläuterungen in § 5 ARB 75 Rdnrn. 7 bis 15 verwiesen werden.

3   3. Der die **vorläufige Deckung** regelnde § 6 ARB 75 ist ersatzlos entfallen, da sie wegen der erweiterten Einlösungsklausel nur wenig praktische Bedeutung hatte. Dies hindert den Versicherer jedoch nicht, vorläufig Deckung zuzusagen. Tut er dies, dann entsteht ein eigenes, dem Hauptvertrag vorgeschaltetes Vertragsverhältnis mit dem Inhalt des Hauptvertrags bis zu dem Zeitpunkt, in dem die vorläufige Deckung, etwa wegen Wirksamwerden des Hauptvertrags oder dessen Ablehnung durch den Versicherer, außer Kraft tritt. Einer eigenen Regelung in den ARB bedarf es nicht. Wegen der Rechtsfigur der vorläufigen Deckung kann auf *Prölss/Martin* Zusatz zu § 1 verwiesen werden. Gewährt der Versicherer auf Wunsch des VN sofortigen Versicherungsschutz, entfällt das Widerrufsrecht des VN nach § 5 Abs. 1 und § 8 Abs. 4 Satz 1 bis 4 VVG (§ 5 Abs. 3 Satz 3 und § 8 Abs. 4 Satz 5 VVG).

§ 8 Vertragsdauer

(1) **Der Vertrag wird für die im Versicherungsschein angegebene Zeit abgeschlossen. Ein Versicherungsverhältnis, das für die Dauer von mehr als**

Versicherungsbeitrag § 9 ARB 94

fünf Jahren eingegangen worden ist, kann zum Ende des fünften Jahres oder jedes darauffolgenden Jahres unter Einhaltung einer Frist von drei Monaten gekündigt werden.

(2) Bei einer Vertragsdauer von mindestens einem Jahr verlängert sich der Vertrag stillschweigend jeweils um ein Jahr, wenn nicht dem Vertragspartner spätestens drei Monate vor Ablauf eine Kündigung zugegangen ist.

1. § 8 hält sich im Rahmen der gesetzlichen Vorgaben des § 8 VVG über die **Vertragsdauer**. Abs. 1 Satz 1 entspricht wörtlich § 8 Abs. 1 Satz 1 ARB 75 Abs. 1 Satz 2 wiederholt zur Information für den VN wörtlich § 8 Abs. 3 Satz 1 VVG. Abs. 2 regelt die stillschweigende Verlängerung des Versicherungsvertrags ebenso wie § 8 Abs. 2 ARB 75 Bei Verträgen mit einer Laufzeit von mehr als einem Jahr hat der VN unter den Voraussetzungen des § 8 Abs. 4 und 6 VVG ein vierzehntägiges Widerrufsrecht ab Unterzeichnung des Versicherungsantrags. Vorbehaltlich der Neuregelungen im VVG kann im übrigen auf § 8 ARB 75 Rdnrn. 2, 3 und hinsichtlich der Vertragsbeendigung auf Rdnrn. 4 bis 8 verwiesen werden. Das Recht zur außerordentlichen Kündigung nach Eintritt eines Rechtsschutzfalles ist eigens in § 13 geregelt. 1

2. Die **Bündelung** rechtlich selbständiger Versicherungsverträge in einer Urkunde ist zulässig, soweit im Antragsvordruck die Übersichtlichkeit, Lesbarkeit und Verständlichkeit hinsichtlich dieser Verträge gewahrt sind und der Antragsteller die gesetzlich vorgeschriebenen Informationen erhält (§ 10a Abs. 3 VAG). Bei Bündelung eines RSVersicherungsvertrags mit einem Vertrag aus einer anderen Versicherungssparte ist zusätzlich § 158l Abs. 1 VVG zu beachten. 2

§ 9 Versicherungsbeitrag

(1) Die Beiträge sind, wenn keine kürzere Vertragsdauer vereinbart wurde, Jahresbeiträge und zuzüglich der jeweiligen Versicherungsteuer im voraus zu zahlen. Es kann Zahlung des Jahresbeitrages in vorauszuzahlenden Raten vereinbart werden; die nach dieser Vereinbarung zunächst nicht fälligen Teile des Beitrages sind gestundet. Gerät der Versicherungsnehmer mit einer Rate in Verzug, ist die Stundung aufgehoben.

(2) Der erste Beitrag wird fällig, sobald dem Versicherungsnehmer der Versicherungsschein und eine Zahlungsaufforderung zugehen. Bei Ratenvereinbarungen gilt nur die erste Rate als Erstbeitrag. Wird der erste Beitrag nicht spätestens zwei Wochen nach Zugang des Versicherungsscheins gezahlt, kann der Versicherer vom Vertrag zurücktreten, solange der Beitrag nicht gezahlt ist. Hat der Versicherer diesen Beitrag nicht innerhalb von drei Monaten ab Zugang des Versicherungsscheines gerichtlich geltend gemacht, gilt dies als Rücktritt. In diesem Fall kann der Versicherer eine angemessene Geschäftsgebühr von bis zu 30 Prozent des Jahresbeitrags, höchstens 100,– DM, verlangen.

(3) Alle nach dem ersten Beitrag zu zahlenden Beiträge sind Folgebeiträge; sie sind am Ersten des Fälligkeitsmonates zu zahlen, sofern nicht etwas ande-

res vereinbart wurde. Wird ein Folgebeitrag nicht spätestens am Fälligkeitstermin gezahlt, kann der Versicherer dem Versicherungsnehmer schriftlich auf dessen Kosten eine Zahlungsfrist von mindestens zwei Wochen setzen. Tritt nach Ablauf dieser Frist ein Rechtsschutzfall ein und ist der Versicherungsnehmer mit der Zahlung von Beitrag, geschuldeten Zinsen oder Kosten noch in Verzug, ist der Versicherer von der Verpflichtung zur Leistung frei. Hierauf ist der Versicherungsnehmer in der Fristbestimmung hinzuweisen.

1 1. Die Verbandsempfehlung zu § 9 enthält den in der GruppenfreistellungsVO vorgesehenen Hinweis, daß es jedem Versicherer freigestellt ist, etwas anderes zu vereinbaren (Einl. Rdnr. 4). Abs. 1 legt den Versicherungsbeitrag als **Jahresbeitrag** fest und entspricht im wesentlichen § 7 Abs. 1 Satz 1, 2 und 4 ARB 75 mit der Klarstellung, daß die Versicherungssteuer nicht Bestandteil des Beitrags ist. Auf § 7 ARB 75 Rdnrn. 1, 2 kann verwiesen werden.

2 2. Abs. 2 Satz 1 stellt in Einklang mit § 35 VVG den **ersten Beitrag** fällig, sobald dem VN – meist gleichzeitig – Versicherungsschein und eine Zahlungsaufforderung zugehen. Bei Ratenvereinbarungen gilt ebenso wie in § 7 Abs. 1 Satz 3 ARB 75 nur die erste Rate als Erstbeitrag. Das Rücktrittsrecht des Versicherers bei nicht rechtzeitiger Zahlung nach Abs. 2 Satz 3 und die Rücktrittsfiktion nach Ablauf der Dreimonatsfrist gemäß Abs. 2 Satz 4 entsprechen § 38 Abs. 2 VVG. Solange der Erstbeitrag nach Ablauf der Zweiwochenfrist des Abs. 2 Satz 3 nicht gezahlt ist, besteht kein Versicherungsschutz (§ 38 Abs. 2 VVG; § 7 Satz 2). Im Fall des Rücktritts wird gemäß § 40 Abs. 2 Satz 2 VVG eine Geschäftsgebühr in den Grenzen des Abs. 2 Satz 5 fällig.

3 3. Abs. 3 regelt die Fälligkeit der **Folgebeiträge** und die Folgen ihrer nicht rechtzeitigen Zahlung trotz Fristsetzung durch den Versicherer im Sinn des § 39 Abs. 1 und 2 VVG. Neben der danach eintretenden Leistungsfreiheit hat der Versicherer an sich ein gesetzliches Recht zur außerordentlichen Kündigung unter den Voraussetzungen der Abs. 3 und 4 des § 39 VVG. Die Nichterwähnung dieser Kündigungsmöglichkeit neben der ausdrücklichen Erwähnung der Leistungsfreiheit in Abs. 3 kann allerdings dahin gedeutet werden, daß die Versicherer – nach § 42 VVG zulässigerweise – darauf verzichten wollen. Wegen weiterer Einzelheiten kann auf § 7 ARB 75 Rdnrn. 6 bis 8 verwiesen werden. Die in § 7 Abs. 3 ARB 75 enthaltene Ausschlußfrist für die gerichtliche Geltendmachung rückständiger Folgebeiträge ist entfallen, ebenso die überholte Bestimmung über den Erfüllungsort für Beitragszahlungen nach § 7 Abs. 4 ARB 75 (vgl. § 7 Rdnr. 2).

§ 10 Bedingungs- und Beitragsanpassung

A. Bedingungsanpassung

(1) Der Versicherer ist berechtigt,
– bei Änderung von Gesetzen, auf denen die Bestimmungen des Versicherungsvertrages beruhen

Bedingungs- und Beitragsanpassung § 10 ARB 94

– bei unmittelbar den Versicherungsvertrag betreffenden Änderungen der höchstrichterlichen Rechtsprechung, der Verwaltungspraxis des Bundesaufsichtsamtes für das Versicherungswesen oder der Kartellbehörden,
– im Fall der Unwirksamkeit von Bedingungen sowie
– zur Abwendung einer kartell- oder aufsichtsbehördlichen Beanstandung einzelnde Bedingungen mit Wirkung für bestehende Verträge zu ergänzen oder zu ersetzen. Die neuen Bedingungen sollen den ersetzten rechtlich und wirtschaftlich weitestgehend entsprechen. Sie dürfen die Versicherten auch unter Berücksichtigung der bisherigen Auslegung in rechtlicher und wirtschaftlicher Hinsicht nicht unzumutbar benachteiligen.

(2) Die geänderten Bedingungen werden dem Versicherungsnehmer schriftlich bekanntgegeben und erläutert. Sie gelten als genehmigt, wenn der Versicherungsnehmer nicht innerhalb eines Monats nach Bekanntgabe schriftlich widerspricht. Hierauf wird er bei der Bekanntgabe besonders hingewiesen. Zur Fristwahrung ist die Absendung ausreichend. Bei fristgerechtem Widerspruch laufen die Verträge mit den ursprünglichen Bedingungen weiter

(3) Zur Beseitigung von Auslegungszweifeln kann der Versicherer den Wortlaut von Bedingungen ändern, wenn diese Anpassung vom bisherigen Bedingungstext gedeckt ist und den objektiven Willen sowie die Interessen beider Parteien berücksichtigt. Das Verfahren nach Absatz 2 ist zu beachten.

Die vom BAV genehmigten und vom VdS (Verband der Schadenversicherer; früher: HUK-Verband) empfohlenen ARB 94 enthalten aus kartellrechtlichen Gründen keine Klausel zur **Bedingungsanpassung**. Es steht jedem Versicherer frei, ob und in welcher Form er eine solche Klausel verwenden will. Ein Teil der Versicherer legt seinen Verträgen die hier abgedruckte Klausel zugrunde, die der vom BAV für die Kraftfahrtversicherung genehmigten Klausel des § 9b AKB entspricht (VerBAV 94, 39). Lückenfüllende Klauseln dieser Art sollen verhindern helfen, daß ein rechtliches „Vakuum" entsteht, wenn durch einen der in Abs. 1 aufgezählten Tatbestände eine Bedingungsregelung in Frage gestellt oder unwirksam wird wie etwa nach der BGH-Entscheidung zu § 19 Abs. 2 ARB in der bis 1991 verwendeten Fassung (§ 19 ARB 75 Rdnrn. 1, 9). Eine Rückwirkung für bereits bestehende Verträge entfaltet freilich eine solche vertragliche Klausel nicht, hierzu bedürfte es einer gesetzlichen Grundlage (*Römer* VersR 94, 125; hierzu *Pauly* VersR 96, 287).

B. Beitragsanpassung

(1) Ein unabhängiger Treuhänder ermittelt bis zum 1. Juli eines jeden Jahres, um welchen Vomhundertsatz sich für die Rechtsschutzversicherung das Produkt von Schadenhäufigkeit und Durchschnitt der Schadenzahlungen einer genügend großen Zahl der die Rechtsschutzversicherung betreibenden Versicherer im vergangenen Kalenderjahr erhöht oder vermindert hat. Als Schadenhäufigkeit eines Kalenderjahres gilt die Anzahl der in diesem Jahr gemeldeten Rechtsschutzfälle, geteilt durch die Anzahl der im Jahresmittel versicherten Risiken. Als Durchschnitt der Schadenzahlungen eines Kalenderjahres gilt die Summe der Zahlungen, die für alle in diesem Jahr erledigten Rechtsschutzfälle insgesamt geleistet wurden, geteilt durch die Anzahl dieser

§ 10 ARB 94   2. Versicherungsverhältnis

Rechtsschutzfälle, Veränderungen der Schadenhäufigkeit und des Durchschnitts der Schadenzahlungen, die aus Leistungsverbesserungen herrühren, werden bei den Feststellungen des Treuhänders nur bei denjenigen Verträgen berücksichtigt, in denen sie in beiden Vergleichsjahren bereits enthalten sind.

(2) Die Ermittlung des Treuhänders erfolgt für Versicherungsverträge
gemäß den §§ 21 und 22,
gemäß den §§ 23, 24, 25 und 29,
gemäß den §§ 26 und 27,
gemäß § 28
nebst den zusätzlich vereinbarten Klauseln gesondert, und zwar jeweils unterschieden nach Verträgen mit und ohne Selbstbeteiligung.

(3) Ergeben die Ermittlungen des Treuhänders einen Vomhundertsatz unter 5, unterbleibt eine Beitragsänderung. Der Vomhundertsatz ist jedoch in den folgenden Jahren mitzuberücksichtigen.

Ergeben die Ermittlungen des Treuhänders einen höheren Vomhundertsatz, ist dieser, wenn er nicht durch 2,5 teilbar ist, auf die nächstniedrige durch 2,5 teilbare Zahl abzurunden.

Im Falle einer Erhöhung ist der Versicherer berechtigt, im Falle einer Verminderung verpflichtet, den Folgejahresbeitrag um den abgerundeten Vomhundertsatz zu verändern. Der erhöhte Beitrag darf den zum Zeitpunkt der Erhöhung geltenden Tarifbeitrag nicht übersteigen.

(4) Hat sich der entsprechend Absatz 1 nach den unternehmenseigenen Zahlen des Versicherers zu ermittelnde Vomhundertsatz in den letzten drei Jahren, in denen eine Beitragsanpassung möglich war, geringer erhöht, als er vom Treuhänder für diese Jahre festgestellt wurde, so darf der Versicherer den Folgejahresbeitrag in der jeweiligen Anpassungsgruppe gemäß Absatz 2 nur um den im letzten Kalenderjahr nach seinen Zahlen ermittelten Vomhundertsatz erhöhen. Diese Erhöhung darf diejenige nicht übersteigen, die sich nach Absatz 3 ergibt.

(5) Die Beitragsanpassung gilt für alle Folgejahresbeiträge, die ab 1. Oktober des Jahres, in dem die Ermittlungen des Treuhänders erfolgten, fällig werden. Sie unterbleibt, wenn seit dem im Versicherungsschein bezeichneten Versicherungsbeginn für den Gegenstand der Versicherung noch nicht ein Jahr abgelaufen ist.

(6) Erhöht sich der Beitrag, ohne daß sich der Umfang der Versicherung ändert, kann der Versicherungsnehmer den Versicherungsvertrag innerhalb eines Monats nach Eingang der Mitteilung des Versicherers mit sofortiger Wirkung, frühestens jedoch zu dem Zeitpunkt kündigen, in dem die Beitragserhöhung wirksam werden sollte.

§ 10 B ist nicht von der Genehmigung des BAV umfaßt, da die kartellrechtliche Unbedenklichkeit im Zeitpunkt der Genehmigung der ARB 94 noch nicht geklärt war. Nach Klärung empfiehlt der VdS (Verband der Schadenversicherer; früher: HUK-Verband) die hier abgedruckte Klausel unverbindlich zur Verwendung durch die Versicherer. Die von einem Teil der Versicherer als Zusatzklausel zu den ARB 75 verwendete **Beitragsanpassungsklausel** (§ 9 ARB 75 Rdnr. 4a) wurde in veränderter und an die neuen Bedingungen angepaßter Form in die ARB 94 übernommen. Sie soll vor allem die in unregelmäßigen Abständen erfolgenden, in ihrem Ausmaß

Änderung wesentlicher Umstände 1, 2 § 11 ARB 94

kaum vorhersehbaren gesetzlichen Erhöhungen der Gerichts- und Anwaltskosten, daneben aber auch sonstige nicht nur unerhebliche Veränderungen im Schadenbedarf der Versicherer – auch zugunsten der VN – abfangen (§ 9 ARB 75 Rdnrn. 4, 4a). Die nach Abs. 5 ARB 75 bei einer Beitragserhöhung für den VN vorgesehene Kündigungsschwelle ist entfallen. Nach Abs. 6, der § 31 VVG entspricht, kann der VN nunmehr – unveränderten Versicherungsumfang vorausgesetzt – bei jeder Beitragserhöhung kündigen.

§ 11 Änderung der für die Beitragsberechnung wesentlichen Umstände

(1) Tritt nach Vertragsabschluß ein Umstand ein, der nach dem Tarif des Versicherers einen höheren als den vereinbarten Beitrag rechtfertigt, kann der Versicherer vom Eintritt dieses Umstandes an für die hierdurch entstandene höhere Gefahr den höheren Beitrag verlangen. Wird die höhere Gefahr nach dem Tarif des Versicherers auch gegen einen höheren Beitrag nicht übernommen, kann der Versicherer innerhalb eines Monates nach Kenntnis den Versicherungsvertrag mit einer Frist von einem Monat kündigen.

(2) Tritt nach Vertragsabschluß ein Umstand ein, der nach dem Tarif des Versicherers einen geringeren als den vereinbarten Beitrag rechtfertigt, kann der Versicherer vom Eintritt dieses Umstandes an nur noch den geringeren Beitrag verlangen. Zeigt der Versicherungsnehmer diesen Umstand dem Versicherer später als zwei Monate nach dessen Eintritt an, wird der Beitrag erst vom Eingang der Anzeige an herabgesetzt.

(3) Der Versicherungsnehmer hat dem Versicherer innerhalb eines Monates nach Zugang einer Aufforderung die zur Beitragsberechnung erforderlichen Angaben zu machen. Macht der Versicherungsnehmer bis zum Fristablauf diese Angaben nicht oder unrichtig, ist der Versicherer berechtigt, für einen nach Eintritt der höheren Gefahr eingetretenen Rechtsschutzfall die Leistungen nur insoweit zu erbringen, als es dem Verhältnis des vereinbarten Beitrages zu dem Beitrag entspricht, der bei richtigen und vollständigen Angaben hätte gezahlt werden müssen. Unterläßt der Versicherungsnehmer jedoch die erforderliche Meldung eines zusätzlichen Gegenstandes der Versicherung, ist der Versicherungsschutz für diesen Gegenstand ausgeschlossen. In den Fällen der Sätze 2 und 3 bleibt der Versicherer zur Leistung verpflichtet, wenn der Versicherungsnehmer beweist, daß die Unrichtigkeit oder das Unterbleiben der Angaben nicht auf seinem Verschulden beruht.

1. Abs. 1 faßt die für den Fall der **Risikoerhöhung** geltenden Abs. 1 und 2 des § 9 ARB 75 ohne sachliche Änderung zusammen. Die Erläuterungen in § 9 ARB 75 Rdnrn. 1 bis 3 und 5 gelten nunmehr entsprechend für die Vertragsformen der ARB 94.

2. Abs. 2 entspricht für den Fall der **Risikominderung** dem § 9 Abs. 3 ARB 75 mit der Maßgabe, daß der VN den bisherigen Beitrag nur dann bis zum Eingang seiner Anzeige beim Versicherer weiterzahlen muß, wenn er sich mit der Anzeige länger als zwei Monate (ARB 75: ein Monat) Zeit läßt. Im übrigen gelten die Erläuterungen in § 9 ARB 75 Rdnrn. 6 bis 9 entsprechend.

§ 12 ARB 94 2. Versicherungsverhältnis

3 3. Die Verbandsempfehlung zu Abs. 3 enthält den in der GruppenfreistellungsVO vorgesehenen Hinweis, daß es jedem Versicherer freigestellt ist, etwas anderes zu vereinbaren (Einl. Rdnr. 4). Die Sätze 1, 2 und 4 entsprechen der in § 9 Abs. 4 ARB 75 enthaltenen **Meldepflicht** und **Proportionalitätenregel**. Die Erläuterungen in § 9 ARB 75 Rdnrn. 10 bis 13 gelten entsprechend. Satz 3 regelt die Fälle einer gegenstandsbezogenen Risikoerhöhung, z. B. durch Erwerb eines zusätzlichen Fahrzeugs bei einem Vertrag nach § 21. Dieser Fall war früher in § 21 Abs. 7 ARB 75 geregelt. Hat der VN das zusätzliche Risiko nicht innerhalb der einmonatigen Meldefrist des Satzes 1 gemeldet, ist der Versicherungsschutz für dieses Risiko ausgeschlossen, wenn der VN nicht beweist, daß die Meldefrist ohne sein Verschulden verstrichen ist. Auf die entsprechenden Erläuterungen in § 21 ARB 75 Rdnrn. 128, 129 kann verwiesen werden.

§ 12 Wegfall des Gegenstandes der Versicherung einschließlich Tod des Versicherungsnehmers

(1) Fällt der Gegenstand der Versicherung ganz oder teilweise weg, endet der Versicherungsschutz für den weggefallenen Gegenstand, soweit keine abweichende Regelung getroffen ist. Erlangt der Versicherer später als zwei Monate nach dem Wegfall des Gegenstandes der Versicherung hiervon Kenntnis, steht ihm der Beitrag bis zum Zeitpunkt der Kenntniserlangung zu.

(2) Im Falle des Todes des Versicherungsnehmers besteht der Versicherungsschutz bis zum Ende der laufenden Beitragsperiode fort, soweit der Beitrag am Todestag gezahlt war und nicht aus sonstigen Gründen ein Wegfall des Gegenstandes der Versicherung vorliegt. Wird der nach dem Todestag nächstfällige Beitrag bezahlt, bleibt der Versicherungsschutz in dem am Todestag bestehenden Umfang aufrechterhalten. Derjenige, der den Beitrag gezahlt hat oder für den gezahlt wurde, wird anstelle des Verstorbenen Versicherungsnehmer. Er kann innerhalb eines Jahres nach dem Todestag die Aufhebung des Versicherungsvertrages mit Wirkung ab Todestag verlangen.

(3) Bezieht der Versicherungsnehmer anstelle einer im Versicherungsschein bezeichneten Wohnung oder eines Einfamilienhauses eine andere Wohnung oder ein anderes Einfamilienhaus, geht der Versicherungsschutz mit dem Bezug auf das neue Objekt über. Eingeschlossen bleiben Rechtsschutzfälle, die erst nach dem Auszug aus dem bisherigen Objekt eintreten, soweit sie in Zusammenhang mit der Eigennutzung dieses Objektes durch den Versicherungsnehmer stehen. Das gleiche gilt für Rechtsschutzfälle, die sich auf das neue Objekt beziehen und vor dessen Bezug eintreten.

1 1. Abs. 1 legt – über § 10 ARB 75 hinausgehend – für die Fälle des ganzen oder teilweisen **Wegfalls** des „**Interesses**" im Sinn des § 68 Abs. 2 VVG fest, daß der Versicherungsschutz mangels abweichender Regelung ganz oder teilweise endet. Die Beitragsschuld der VN endet mit dem Wegfall jedoch nur, wenn der Versicherer innerhalb von zwei Monaten (nach § 10 ARB 75: ein Monat) hiervon Kenntnis erlangt, andernfalls erst mit seiner Kenntnis.

Außerordentliche Kündigung 1 § 13 ARB 94

Zu der Frage, wann der Gegenstand der Versicherung ganz oder teilweise weggefallen ist, kann auf die entsprechenden Erläuterungen zu § 10 ARB 75 verwiesen werden. Eine im Sinn des Satzes 1 „abweichende Regelung" bei Wegfall von Versicherungsgegenständen enthalten die §§ 21 Abs. 9 und 10 und 22 Abs. 6 sowie – als Umwandlungsregelungen – die §§ 23 Abs. 5, 25 Abs. 5 und 26 Abs. 6 und 7.

2. In Abs. 2 wurde die zu den ARB 75 verwendete Standardklausel für 2 den Fall des **Todes** des VN in die ARB 94 eingearbeitet mit der Ergänzung, daß der zunächst als Nachfolge-VN Geltende innerhalb eines Jahres nach dem Tod des VN Aufhebung des Vertrages ex tunc verlangen kann. Im übrigen kann auf die Erläuterungen in § 10 ARB 75 Rdnrn. 18 bis 20 verwiesen werden.

3. In Abs. 3 findet sich im wesentlichen die Regelung der Standardklausel 3 zu § 29 ARB 75 bei **Wohnungswechsel** wieder (§ 29 ARB 75 Rdnr. 7, 8), jedoch mit der Ergänzung, daß nunmehr nicht nur der Wechsel einer Mietwohnung, sondern auch einer im eigenen Mehrfamilienhaus des VN gelegenen selbstgenutzten Wohnung unter Versicherungsschutz steht. Im übrigen kann auf die Erläuterungen in § 29 ARB 75 Rdnrn. 7, 8 verwiesen werden.

§ 13 Außerordentliche Kündigung

(1) Lehnt der Versicherer den Rechtsschutz ab, obwohl er zur Leistung verpflichtet ist, kann der Versicherungsnehmer den Vertrag fristlos oder zum Ende der laufenden Versicherungsperiode kündigen. Die Kündigung ist nur innerhalb eines Monates nach Zugang der Ablehnung zulässig.

(2) Bejaht der Versicherer seine Leistungspflicht für mindestens zwei innerhalb von zwölf Monaten eingetretene Rechtsschutzfälle, sind der Versicherungsnehmer und der Versicherer innerhalb eines Monates nach Anerkennung der Leistungspflicht für den zweiten oder jeden weiteren Rechtsschutzfall berechtigt, den Vertrag mit einer Frist von einem Monat zu kündigen.

1. § 13 regelt das Recht zur **außerordentlichen Kündigung** nach Eintritt 1 eines Rechtsschutzfalles (§ 4). Abs. 1 vereinfacht die Regelung des § 19 Abs. 1 ARB 75 Der VN kann danach bei unberechtigter – ganzer oder teilweiser – Deckungsablehnung fristlos oder zum Ende der laufenden Versicherungsperiode kündigen, und zwar innerhalb eines Monats nach Zugang der Ablehnung. Ist der Versicherer dagegen nicht zur Leistung verpflichtet und lehnt er daher zu Recht die Deckung ab, entsteht im Gegensatz zu § 19 Abs. 1 ARB 75 in keinem Fall ein Kündigungsrecht des VN, so z.B. bei Leistungsfreiheit des Versicherers wegen Prämienverzugs nach §§ 38, 39 VVG oder wegen einer zur Leistungsfreiheit führenden Obliegenheitsverletzung des VN. Besteht Streit darüber, ob der Versicherer zur Leistung verpflichtet ist, dann bleibt die Wirksamkeit einer Kündigung des VN in der Schwebe bis zur rechtskräftigen Entscheidung über die Berechtigung der Deckungsablehnung. Hatte der Versicherer die Deckung wegen groben Mißverhält-

§ 14 ARB 94 1, 2   2. Versicherungsverhältnis

nisses oder mangelnder Erfolgsaussichten nach § 18 Abs. 1 abgelehnt und der VN daraufhin ein Verfahren nach § 18 verlangt, steht die Wirksamkeit der Kündigung fest, falls der Schiedsgutachter zugunsten des VN entscheidet (§ 18 Abs. 4 Satz 3). Das gleiche gilt, wenn der Versicherer zur Leistung verpflichtet ist, weil er bei seiner Ablehnung den nach § 158n Satz 2 VVG gebotenen Hinweis auf die Möglichkeit des Schiedsgutachterverfahrens unterlassen hat (§ 158n Satz 3 VVG; § 18 Rdnr. 5) oder weil dieses Verfahren auf Verlangen des VN nicht innerhalb eines Monats eingeleitet wurde (§ 18 Abs. 3 Satz 3; § 18 Rdnr. 6).

2   2. Abs. 2 regelt das **Kündigungsrecht beider Teile** nach mindestens zwei Rechtsschutzfällen und entspricht § 19 Abs. 2 in der Fassung von 1991. Auf die Erläuterungen hierzu in § 19 ARB 75 Rdnrn. 1, 9 bis 13 kann verwiesen werden.

3   3. Endet der Versicherungsvertrag vorzeitig durch eine Kündigung nach Abs. 1 oder 2, dann wird dem Versicherer nach allgemeinen Grundsätzen der **anteilige Beitrag** bis zum Vertragsende gebühren, auch wenn § 19 Abs. 3 ARB 75 nicht in die ARB 94 aufgenommen wurde.

§ 14 Verjährung des Rechtsschutzanspruches

(1) **Der Anspruch auf Rechtsschutz** nach Eintritt eines Rechtsschutzfalles **verjährt in zwei Jahren.** Die Verjährung beginnt am Schluß des Kalenderjahres, in dem erstmalig Maßnahmen zur Wahrnehmung der rechtlichen Interessen des Versicherungsnehmers eingeleitet werden, die Kosten auslösen können.

(2) Der Zeitraum von der Meldung des Rechtsschutzfalles beim Versicherer bis zu dessen schriftlicher Entscheidung über seine Leistungspflicht wird in die Verjährungsfrist nicht eingerechnet.

1   1. Während in den ARB 75 die **Verjährung** von Ansprüchen aus dem Versicherungsvertrag nicht geregelt war, legt § 14 nunmehr fest, wann der Anspruch des VN auf Versicherungsschutz verjährt. Für die Verjährung sonstiger Ansprüche des einen oder anderen Teils aus dem Versicherungsvertrag gilt das in § 18 ARB 75 Rdnr. 2 Gesagte entsprechend mit der Maßgabe, daß für die Geltendmachung rückständiger Folgebeiträge keine Ausschlußfrist mehr vorgesehen ist (§ 9 Rdnr. 3) und sich die Regelung über den Erstbeitrag nunmehr in § 9 Abs. 2 und diejenige über den Ausschluß verspätet gemeldeter Rechtsschutzfälle in § 4 Abs. 3b befindet.

2   2. Abs. 1 Satz 1 legt in Einklang mit § 12 Abs. 1 Satz 1 VVG fest, daß der Versicherungsschutzanspruch in zwei Jahren verjährt. Abs. 1 Satz 2 läßt die **Verjährung** am Schluß des Kalenderjahres **beginnen,** in dem erstmals möglicherweise kostenauslösende Maßnahmen zur Interessenwahrnehmung des VN eingeleitet werden. In der Regel wird eine solche erste Maßnahme die erste Tätigkeit eines beauftragten Rechtsanwalts – meist die Entgegennahme der Information – sein, durch die Anwaltsgebühren nach der BRAGebO (oder entsprechenden ausländischen Gebührenregelungen) entstehen (*Gerold/Schmidt/Madert* § 1 Rdnr. 18; *Riedel/Sußbauer/Fraunholz*

Außerordentliche Kündigung **3 § 14 ARB 94**

§ 1 Rdnr. 10). Ob der Rechtsanwalt unmittelbar vom VN oder gemäß § 17 Abs. 1 Satz 2, Abs. 2 vom Versicherer beauftragt wurde, spielt keine Rolle. Da der Zeitpunkt der ersten gebührenauslösenden Tätigkeit des Anwalts objektiv leicht feststellbar ist, ist er ein geeigneter Anknüpfungspunkt für den Beginn der Verjährung. Mit dem Beginn kostenauslösender Maßnahmen kann der VN im Sinn des § 12 Abs. 1 Satz 2 VVG bereits eine Leistung des RSVersicherers verlangen, nämlich insbesondere die Sorgeleistung gemäß § 1 (§ 1 Rdnr. 2) in Form der Deckungsbestätigung nach vollständiger Unterrichtung des Versicherers gemäß § 17 Abs. 3 und 4. Daß der Anspruch auf Übernahme von Kosten häufig erst später fällig wird, nämlich mit Zugang der ersten Kostenrechnung beim VN oder unmittelbar beim Versicherer (§ 5 Abs. 2 a), ändert am Beginn der Verjährung nichts. Denn der durch den Rechtsschutzfall ausgelöste Anspruch auf Versicherungsschutz ist, wie sich aus §§ 1 und 4 ergibt, ein einheitlicher Anspruch, der neben der Pflicht zur Kostenübernahme die in der Regel früher fällige Pflicht zur Bestätigung des Versicherungsschutzes gemäß § 17 Abs. 4 und zur Erbringung etwaiger sonstiger Sorgeleistungen (§ 1 Rdnr. 2) auslöst. Soweit nicht Abs. 1 Satz 2 eine andere Beurteilung erfordert, kann im übrigen zur Verjährung des (einheitlichen) Rechtsschutzanspruchs sowie einzelner erst später fällig werdender Ansprüche auf Kostenbefreiung auf § 18 ARB 75 Rdnrn. 3 und 4, wegen Rückforderungsansprüchen des Versicherers auf § 18 ARB 75 Rdnr. 4 a verwiesen werden.

3. Abs. 2 übernimmt zur Information des VN die Regelung des § 12 **3** Abs. 2 VVG in Verbindung mit § 205 BGB. Danach ist die Verjährung vom Zugang der Meldung des Rechtsschutzfalles beim Versicherer an bis zu dessen schriftlicher Entscheidung über seine Leistungspflicht **gehemmt**. Diese Entscheidung kann entweder eine (vorbehaltlose) Ablehnung des Rechtsschutzanspruches sein oder – falls der Rechtsschutzfall nicht nur eine einzige, dem Versicherer gleichzeitig mit der Meldung des Falles vorgelegte Kostenrechnung zur Folge hatte – eine (vorbehaltlose) Bestätigung der Deckung gemäß § 17 Abs. 4. Mit einer solchen Bestätigung endet die Hemmung der Verjährung des Rechtsschutzanspruchs allerdings nur dem Grunde nach. Der Höhe nach kann sie jeweils erst nach Zugang der durch den Rechtsschutzfall ausgelösten Kostenrechnungen beim Versicherer enden, da dieser erst durch sie in den Stand gesetzt wird zu prüfen, ob die berechneten Kosten vom Versicherungsschutz umfaßt sind und daher unter seine Leistungspflicht im Sinn des Abs. 2 fallen. Seine „schriftliche Entscheidung" im Sinn des Abs. 2 kann dann beispielsweise auch in der vorbehaltlosen Überweisung der geltendgemachten Kosten an den jeweiligen Gläubiger bestehen (vgl. auch § 18 ARB 75 Rdnr. 5). Im übrigen gelten die allgemeinen Vorschriften des BGB über die Berechnung, Hemmung und Unterbrechung der Verjährung. So ist etwa eine Bestätigung der Deckung nach § 17 Abs. 4 oder die vorbehaltlose Übernahme von Kosten aufgrund einer Kostenrechnung als Anerkenntnis im Sinn des § 208 BGB zu werten, das – ungeachtet der möglicherweise endenden Hemmung (vgl. oben) – die zweijährige Verjährungsfrist gemäß § 217 BGB im Umfang des Anerkenntnisses erneut in Lauf setzt.

823

§ 15 Rechtsstellung mitversicherter Personen

(1) Versicherungsschutz besteht für den Versicherungsnehmer und im jeweils bestimmten Umfang für die in § 21 bis § 28 oder im Versicherungsschein genannten sonstigen Personen. Außerdem besteht Versicherungsschutz für Ansprüche, die natürlichen Personen aufgrund Verletzung oder Tötung des Versicherungsnehmers oder einer mitversicherten Person kraft Gesetzes zustehen.

(2) Für mitversicherte Personen gelten die den Versicherungsnehmer betreffenden Bestimmungen sinngemäß. Der Versicherungsnehmer kann jedoch widersprechen, wenn eine andere mitversicherte Person als sein ehelicher Lebenspartner Rechtsschutz verlangt.

1 1. Abs. 1 Satz 1 stellt für den VN klar, daß für die in den Vertragsformen der §§ 21 bis 28 neben dem VN genannten oder für sonstige im Versicherungsschein bezeichnete Personen im jeweils bestimmten Umfang Versicherungsschutz besteht. Diese Personen sind jeweils durch denselben Vertrag wie der VN **mitversichert,** ohne selbst VN zu sein (zur Mitversicherung allgemein vgl. § 11 ARB 75 Rdnrn. 1, 12 und 13). Abs. 1 Satz 2 legt die Mitversicherung mittelbar Geschädigter für die Geltendmachung eigener gesetzlicher Schadenersatzansprüche fest und entspricht § 11 Abs. 1 ARB 75 mit der ergänzenden Klarstellung, daß auch Ansprüche aufgrund Verletzung oder Tötung einer mitversicherten Person unter Versicherungsschutz stehen. Im übrigen kann auf die Erläuterungen zu § 11 ARB 75 Rdnrn. 14 bis 17 verwiesen werden.

2 2. Abs. 2 Satz 1 entspricht § 11 Abs. 3 ARB 75, wenn er festlegt, daß Mitversicherte die **gleichen** – gesetzlichen und vertraglichen – **Rechte, Pflichten** und Obliegenheiten haben wie der VN, soweit sich nicht daraus etwas anderes ergibt, daß sie nicht selbst Vertragspartner des Versicherers sind. Wegen der Einzelheiten kann auf § 11 ARB 75 Rdnrn. 23, 24 verwiesen werden. Nach Abs. 2 Satz 2 kann der VN allerdings dem RS-Verlangen eines Mitversicherten – mit Ausnahme seines Ehepartners – widersprechen, wobei es dem Versicherer gegenüber keiner Begründung bedarf. Sobald der Widerspruch dem Versicherer zugeht, hat der Mitversicherte keinen Rechtsschutzanspruch mehr. Bis zum Widerspruch etwa schon erbrachte Versicherungsleistungen braucht er jedoch nicht zurückzuzahlen. § 11 Abs. 2 Satz 1 ARB 75, der dem VN mangels gegenteiliger Vereinbarung das ausschließliche Verfügungsrecht über den Rechtsschutzanspruch vorbehielt, ist entfallen. Mitversicherte können daher nach Abs. 2 Satz 1 ihren Rechtsschutzanspruch – notfalls auch gerichtlich – selbständig geltend machen, soweit der VN nicht zulässigerweise nach Abs. 2 Satz 2 widersprochen hat.

3 3. § 11 Abs. 2 Satz 2 ARB 75, der die Interessenwahrnehmung **Mitversicherter untereinander** und gegen den VN vom Versicherungsschutz ausgenommen hatte, findet sich nunmehr als Ausschlußbestimmung in § 3 Abs. 4 a und b (Näheres § 3 Rdnrn. 23, 24).

§ 16 Schriftform von Erklärungen

Alle Erklärungen gegenüber dem Versicherer sind schriftlich abzugeben.

Diese Bestimmung betrifft Wissens- und Willenserklärungen des VN und entspricht im wesentlichen § 12 ARB 75, wobei die Sollvorschrift – Adressierung an die Hauptverwaltung des Versicherers – als entbehrlich gestrichen wurde (Näheres in den Erläuterungen zu § 12 ARB 75).

3. Rechtsschutzfall

§ 17 Verhalten nach Eintritt eines Rechtsschutzfalles

(1) Wird die Wahrnehmung rechtlicher Interessen für den Versicherungsnehmer nach Eintritt eines Rechtsschutzfalles erforderlich, kann er den zu beauftragenden Rechtsanwalt aus dem Kreis der Rechtsanwälte auswählen, deren Vergütung der Versicherer nach § 5 Absatz 1 a) und b) trägt. Der Versicherer wählt den Rechtsanwalt aus,
a) wenn der Versicherungsnehmer dies verlangt;
b) wenn der Versicherungsnehmer keinen Rechtsanwalt benennt und dem Versicherer die alsbaldige Beauftragung eines Rechtsanwaltes notwendig erscheint.

(2) Wenn der Versicherungsnehmer den Rechtsanwalt nicht bereits selbst beauftragt hat, wird dieser vom Versicherer im Namen des Versicherungsnehmers beauftragt. Für die Tätigkeit des Rechtsanwaltes ist der Versicherer nicht verantwortlich.

(3) Macht der Versicherungsnehmer den Rechtsschutzanspruch geltend, hat er den Versicherer vollständig und wahrheitsgemäß über sämtliche Umstände des Rechtsschutzfalles zu unterrichten sowie Beweismittel anzugeben und Unterlagen auf Verlangen zur Verfügung zu stellen.

(4) Der Versicherer bestätigt den Umfang des für den Rechtsschutzfall bestehenden Versicherungsschutzes. Ergreift der Versicherungsnehmer Maßnahmen zur Wahrnehmung seiner rechtlichen Interessen, bevor der Versicherer dem Umfang des Rechtsschutzes bestätigt und entstehen durch solche Maßnahmen Kosten, trägt der Versicherer nur die Kosten, die er bei einer Rechtsschutzbestätigung vor Einleitung dieser Maßnahmen zu tragen hätte.

(5) Der Versicherungsnehmer hat
a) den mit der Wahrnehmung seiner Interessen beauftragten Rechtsanwalt vollständig und wahrheitsgemäß über die Sachlage zu unterrichten, ihm die Beweismittel anzugeben, die möglichen Auskünfte zu erteilen und die notwendigen Unterlagen zu beschaffen;
b) dem Versicherer auf Verlangen Auskunft über den Stand der Angelegenheit zu geben;
c) soweit seine Interessen nicht unbillig beeinträchtigt werden,
   aa) vor Erhebung von Klagen und Einlegung von Rechtsmitteln die Zustimmung des Versicherers einzuholen;
   bb) vor Klageerhebung die Rechtskraft eines anderen gerichtlichen Verfahrens abzuwarten, das tatsächliche oder rechtliche Bedeutung für den beabsichtigten Rechtsstreit haben kann;

cc) alles zu vermeiden, was eine unnötige Erhöhung der Kosten oder eine Erschwerung ihrer Erstattung durch die Gegenseite verursachen könnte.

(6) Verletzt der Versicherungsnehmer eine der in Absatz 3 oder 5 genannten Pflichten, kann der Versicherer von der Verpflichtung zur Leistung frei werden, es sei denn, daß die Verletzung weder auf Vorsatz noch auf grober Fahrlässigkeit beruht. Bei vorsätzlicher oder grob fahrlässiger Verletzung bleibt der Versicherer insoweit verpflichtet, als die Verletzung Einfluß weder auf die Feststellung des Rechtsschutzfalles noch auf die Feststellung oder den Umfang der dem Versicherer obliegenden Leistung gehabt hat.

(7) Ansprüche auf Rechtsschutzleistungen können nur mit schriftlichem Einverständnis des Versicherers abgetreten werden.

(8) Ansprüche des Versicherungsnehmers gegen andere auf Erstattung von Kosten, die der Versicherer getragen hat, gehen mit ihrer Entstehung auf diesen über. Die für die Geltendmachung der Ansprüche notwendigen Unterlagen hat der Versicherungsnehmer dem Versicherer auszuhändigen und bei dessen Maßnahmen gegen die anderen auf Verlangen mitzuwirken. Dem Versicherungsnehmer bereits erstattete Kosten sind an den Versicherer zurückzuzahlen.

Übersicht

	Rdnrn.		Rdnrn.
1. Allgemeines	1	a) Unterrichtung des Anwalts (Buchst. a)	8
2. Freie Anwaltswahl (Abs. 1)	2	b) Auskunft über Stand (Buchst. b)	9
3. Beauftragung des Anwalts (Abs. 2)	3	c) Geringhaltung der Kosten (Buchst. c)	10
4. Unterrichtungsobliegenheit (Abs. 3)	4	7. Obliegenheitsverletzung (Abs. 6)	11
5. Abs. 4	5, 6	8. Abtretung von Versicherungsansprüchen (Abs. 7)	12
a) Deckungsbestätigung (Satz 1)	5	9. Anspruchsübergang (Abs. 8)	13
b) Interessenwahrnehmung vor Deckungsbestätigung (Satz 2)	6		
6. Sonstige Obliegenheiten (Abs. 5)	7		

1 1. § 17 regelt das **Verhalten** beider Vertragsparteien **nach Eintritt** eines Rechtsschutzfalles (§ 4), insbesondere das Recht zur Auswahl und Beauftragung eines Rechtsanwalts, die Pflicht des Versicherers zur Bestätigung des Versicherungsschutzes, die vom VN bei oder nach Meldung eines Rechtsschutzfalles zu erfüllenden Obliegenheiten sowie die Abtretung von Ansprüchen auf Rechtsschutzleistungen und den Übergang von Erstattungsforderungen auf den Versicherer. In der Bestimmung sind mit gewissen Modifikationen die §§ 15, 16 und 20 Abs. 1 bis 3 ARB 75 kombiniert.

2 2. Abs. 1 Satz 1 legt das Recht des VN zur **freien Wahl** eines Rechtsanwalts in Einklang mit §§ 3 Abs. 3 BRAO, 158m Abs. 1 VVG fest. Voraussetzung ist, daß die Interessenwahrnehmung des VN nach Eintritt eines Rechtsschutzfalles (objektiv) „erforderlich" geworden ist. In den Fällen des Abs. 1 Satz 2 – Verlangen des VN oder notwendige baldige Interessenwahrnehmung – steht das Wahlrecht dem Versicherer zu. In den Fällen des § 5 Abs. 6 gilt das Auswahlrecht entsprechend für Notare, Angehörige steuerberatender Berufe sowie ausländische rechts- und sachkundige Bevollmächtigte (§ 5 Rdnr. 31; vgl. auch § 16 ARB 75 Rdnrn. 1 bis 3 a).

Verhalten nach Eintritt eines Rechtsschutzfalles 3–5 § 17 ARB 94

3. Abs. 2 Satz 1 trägt der Tatsache Rechnung, daß in der Mehrzahl der 3
Fälle der Rechtsanwalt bereits vom VN **beauftragt** und bevollmächtigt ist
und in dessen Namen und Auftrag den Rechtsschutzfall dem Versicherer
meldet. Hat der VN noch keinen Rechtsanwalt eingeschaltet, wird dieser
vom Versicherer im Namen des VN beauftragt. Der Versicherer handelt
hierbei, wie schon nach § 16 Abs. 2 ARB 75, lediglich als Vertreter des VN.
Zwischen Rechtsanwalt und Versicherer entstehen in der Regel keine unmittelbaren Rechtsbeziehungen. Als Folge hiervon stellt Abs. 2 Satz 2 – wie
schon § 16 Abs. 4 ARB 75 – klar, daß der Versicherer für die Tätigkeit des
Rechtsanwalts nicht verantwortlich ist. Wegen weiterer Einzelheiten kann
auf die entsprechenden Erläuterungen zu § 16 ARB 75 Rdnrn. 5 bis 8 und
11, 12 verwiesen werden.

4. Abs. 3 legt, wie schon § 15 Abs. 1a ARB 75, die **Haupt-Obliegenheit** 4
des VN fest, wenn er einen Rechtsschutzanspruch geltend machen will, nämlich die Notwendigkeit, den Versicherer vollständig und wahrheitsgemäß
über den Fall mit Angabe von Beweismitteln zu unterrichten und auf Verlangen Unterlagen zur Verfügung zu stellen. Wie schon nach § 15 ARB 75
besteht die gesetzliche Obliegenheit zur unverzüglichen Anzeige eines Versicherungsfalles (§ 33 VVG) in der RSVersicherung nur eingeschränkt, nämlich nur dann, wenn der VN Leistungen aus der RSVersicherung beansprucht
(Näheres § 15 ARB 75 Rdnr. 6). Tut er dies, dann muß er jedoch dem Versicherer alle ihm bekannten, für den Rechtsschutzfall (möglicherweise) erheblichen Umstände mitteilen, insbesondere auch ihm nachteilige sowie bereits
bekannte Einwendungen des Gegners. Ausgenommen hiervon sind solche
Tatsachen, die die Erfolgsaussichten einer Verteidigung beim Disziplinar-
und Standes-RS (§ 2h), beim Straf-RS (§ 2i) und beim Ordnungswidrigkeiten-RS (§ 2j) sowie die Erfolgsaussichten beim Beratungs-RS (§ 2k) betreffen, da der Versicherer bei diesen Leistungsarten nach § 18 Abs. 1b die
Erfolgsaussichten nicht prüft (Näheres im übrigen § 15 ARB 75 Rdnr. 7).
Unterlagen braucht der VN nicht spontan, sondern nur auf Verlangen des
Versicherers vorzulegen, wenn sich auch häufig eine Vorlage gleichzeitig mit
der Meldung des Rechtsschutzfalles empfiehlt (§ 15 ARB 75 Rdnr. 8).

5. a) Abs. 4 Satz 1 legt als Ausprägung der Sorgepflicht des Versicherers 5
(§ 1; § 1 Rdnr. 2) fest, daß er den Umfang des Versicherungsschutzes zu **bestätigen** hat, wenn der VN seinen Rechtsschutzanspruch nach Abs. 3 geltend gemacht hat. Diese Bestätigung soll dem VN und seinem Anwalt die
Gewähr geben, daß in dem bestätigten Umfang die Kosten für die Interessenwahrnehmung des VN übernommen werden. Stellt sich allerdings nachträglich heraus, daß entgegen der Bestätigung – etwa wegen eines Risikoausschlusses oder einer Obliegenheitsverletzung oder falscher Angaben des VN
– kein oder nur in geringerem als dem bestätigten Umfang Versicherungsschutz besteht, dann bindet die Bestätigung den Versicherer nicht, es sei
denn, die die Leistungsfreiheit oder Leistungsminderung begründenden Tatsachen waren ihm im Zeitpunkt der Bestätigung bereits bekannt. Denn die
Bestätigung ist als deklaratorisches Anerkenntnis des Versicherers zu werten, das die ihm bis dahin bekannten Einwendungen gegen seine Leistungspflicht ausschließt (vgl. im übrigen § 16 ARB 75 Rdnr. 5).

827

6 b) Abs. 4 Satz 2 trägt der an sich selbstverständlichen Tatsache Rechnung, daß der VN den durch die ARB vertraglich vereinbarten Umfang nicht durch eigenmächtige rechtliche Schritte einseitig über die im Sinn des § 1 (objektiv) „erforderlichen" Kosten hinaus erweitern kann. Ergreift er **vor der Deckungszusage** des Versicherers nach Abs. 4 Satz 1 kostenauslösende Maßnahmen, dann sind sie nur insoweit vom Versicherungsschutz umfaßt, als dies auch bei vorangehender Deckungsbestätigung der Fall wäre. Mittelbar soll hierdurch der VN – auch in seinem Interesse – zu einer unverzüglichen Unterrichtung des Versicherers im Sinn des Abs. 3 veranlaßt werden, da er vor einer Deckungsbestätigung zumindest bei komplizierter gelagerten Fällen nicht immer sicher sein kann, ob oder in welchem Umfang Versicherungsschutz besteht. Außerdem kann sich der bereits beauftragte Anwalt schadenersatzpflichtig machen, wenn er trotz fehlender oder fraglicher Deckung kostenauslösende Maßnahmen ergriffen hat (vgl. § 16 ARB 75 Rdnr. 10). Über den Einfluß der Deckungsbestätigung auf die Verjährung des Versicherungsanspruchs vgl. § 14 Rdnr. 3.

7 6. Abs. 5 zählt die – gegenüber § 15 ARB 75 etwas reduzierten – **Obliegenheiten** des VN auf, die er nach der Meldung des Rechtsschutzfalles gemäß Abs. 3 zu beachten hat.

8 a) Nach Abs. 5a hat der VN den – von ihm selbst oder gemäß Abs. 2 vom Versicherer beauftragten – Rechtsanwalt sachgemäß zu **unterrichten**, wie dies schon in § 15 Abs. 1b ARB 75 vorgesehen war (§ 15 ARB 75 Rdnr. 10).

9 b) Auf Verlangen des Versicherers hat der VN nach Abs. 5b, wie schon nach § 15 Abs. 1c ARB 75, während des Verlaufs der Interessenwahrnehmung **Auskunft** über den Stand der Angelegenheit zu geben (§ 15 ARB 75 Rdnr. 11).

10 c) Die in Abs. 5c genannten Obliegenheiten tragen der Tatsache Rechnung, daß der Versicherer (nur) die erforderlichen, d.h. die objektiv notwendigen Kosten der Interessenwahrnehmung zu übernehmen hat (§ 1 Rdnr. 4). Als Ausfluß seiner **Obliegenheit** zur **Geringhaltung** der Versicherungsleistung (§ 62 VVG) wird dem VN auferlegt, gemäß Buchst. aa vor Klageerhebung oder Rechtsmitteleinlegung (nicht mehr: bei anderen kostenauslösenden Maßnahmen) die Zustimmung des Versicherers einzuholen und gemäß Buchst. cc alles zu vermeiden, was die Kosten unnötig erhöhen oder ihre Erstattung durch den Gegner erschweren könnte (ähnlich schon § 15 Abs. 1d cc ARB 75). Die Verweisung des VN auf eine Teilklage gemäß § 15 Abs. 1d aa ARB 75 ist entfallen, kann aber in besonders gelagerten Fällen aus Abs. 5c cc abgeleitet werden. Die Warteobliegenheit des Buchst. bb entspricht § 15 Abs. 1d bb ARB 75, jedoch mit dem Unterschied, daß dem „anderen gerichtlichen Verfahren", dessen Ausgang abzuwarten ist, nicht derselbe Rechtsschutzfall wie der Angelegenheit des VN zugrunde liegen muß. Damit soll verhindert werden, daß in Verfahren mit zahlreichen gleichartig betroffenen VN – z.B. Schadenersatzprozesse gegen insolvente Kapitalanlagefirmen – eine Reihe von womöglich teuren Prozessen geführt wird, denen die gleichen Rechts- oder Tatfragen zugrunde liegen. Hier erscheint es zumutbar, daß der VN den Ausgang eines bereits rechtshängigen „Musterprozesses" abwartet. Voraussetzung ist jedoch jeweils – wie auch in den Fällen der Buchst. aa und cc –, daß nicht vorrangige Interessen des VN durch die jeweilige Obliegenheit unbillig beeinträchtigt werden (vgl. § 15 ARB 75 Rdnr. 12; im übrigen gelten vorbehaltlich der erwähnten Änderungen die Erläuterungen in § 15 ARB 75 Rdnrn. 15 bis 24 entsprechend).

7. Die Verbandsempfehlung zu Abs. 6 enthält den in der GruppenfreistellungsVO vorgesehenen Hinweis, daß es jedem Versicherer freigestellt ist, etwas anderes zu vereinbaren (Einl. Rdnr. 4). Abs. 6 regelt – ähnlich wie schon § 15 Abs. 2 ARB 75 – die an § 6 Abs. 3 VVG angelehnten **Sanktionen**, die den VN treffen können, wenn er eine der Obliegenheiten (zur besseren Verständlichkeit für den VN als juristischen Laien hier „Pflichten" genannt) in Abs. 3 oder 5 verletzt. Auf die Erläuterungen hierzu in § 15 ARB 75 Rdnrn. 26 bis 32 kann verwiesen werden. Zugunsten des VN ist nunmehr allerdings zu berücksichtigen, daß nicht nur, wie bisher, eine grobfahrlässige, sondern auch eine vorsätzliche Verletzung einer der Obliegenheiten die Leistungspflicht des Versicherers nicht mehr tangiert, soweit die Verletzung im Sinn des Abs. 6 Satz 2 folgenlos geblieben ist.

8. Abs. 7 entspricht § 20 Abs. 1 ARB 75 mit dem Unterschied, daß es für die **Abtretbarkeit** von Rechtsschutzansprüchen nicht mehr auf die „Feststellung" des Versicherungsanspruchs im Sinn der früheren Regelung ankommt. Die Abtretung eines Versicherungsanspruch bedarf nunmehr in jedem Fall des schriftlichen Einverständnisses des Versicherers (vgl. hierzu § 20 ARB 75 Rdnr. 8, für die übrigen damit zusammenhängenden Probleme wie Verpfändung, Pfändung und Konkurs des VN § 20 ARB 75 Rdnrn. 1 bis 2, 9 bis 12).

9. Abs. 8 faßt die Regelung des § 20 Abs. 2 und 3 ARB 75 über den **Anspruchsübergang** auf den Versicherer und die damit zusammenhängenden Fragen zusammen. Auf die Erläuterungen hierzu in § 20 ARB 75 Rdnrn. 13 bis 28 kann verwiesen werden.

§ 18 Schiedsgutachten bei Ablehnung des Rechtsschutzes durch den Versicherer

(1) Lehnt der Versicherer den Rechtsschutz ab,
a) weil der durch die Wahrnehmung der rechtlichen Interessen voraussichtlich entstehende Kostenaufwand unter Berücksichtigung der berechtigten Belange der Versichertengemeinschaft in einem groben Mißverhältnis zum angestrebten Erfolg steht
oder
b) weil in den Fällen des § 2 a) bis g) die Wahrnehmung der rechtlichen Interessen keine hinreichende Aussicht auf Erfolg hat,
ist dies dem Versicherungsnehmer unverzüglich unter Angabe der Gründe schriftlich mitzuteilen.

(2) Mit der Mitteilung über die Rechtsschutzablehnung ist der Versicherungsnehmer darauf hinzuweisen, daß er, soweit er der Auffassung des Versicherers nicht zustimmt und seinen Anspruch auf Rechtsschutz aufrechterhält, innerhalb eines Monates die Einleitung eines Schiedsgutachterverfahrens vom Versicherer verlangen kann. Mit diesem Hinweis ist der Versicherungsnehmer aufzufordern, alle nach seiner Auffassung für die Durchführung des Schiedsgutachterverfahrens wesentlichen Mitteilungen und Unterlagen innerhalb der Monatsfrist dem Versicherer zuzusenden. Außerdem ist er über die Kostenfolgen des Schiedsgutachterverfahrens gemäß Absatz 5 und über die voraussichtliche Höhe dieser Kosten zu unterrichten.

(3) Verlangt der Versicherungsnehmer die Durchführung eines Schiedsgutachterverfahrens, hat der Versicherer dieses Verfahren innerhalb eines Monates einzuleiten und den Versicherungsnehmer hierüber zu unterrichten. Sind zur Wahrnehmung der rechtlichen Interessen des Versicherungsnehmers Fristen zu wahren und entstehen hierdurch Kosten, ist der Versicherer verpflichtet, diese Kosten in dem zur Fristwahrung notwendigen Umfang bis zum Abschluß des Schiedsgutachterverfahrens unabhängig von dessen Ausgang zu tragen.

Leitet der Versicherer das Schiedsgutachterverfahren nicht fristgemäß ein, gilt seine Leistungspflicht in dem Umfang, in dem der Versicherungsnehmer den Rechtsschutzanspruch geltend gemacht hat, als festgestellt.

(4) Schiedsgutachter ist ein seit mindestens fünf Jahren zur Rechtsanwaltschaft zugelassener Rechtsanwalt, der von dem Präsidenten der für den Wohnsitz des Versicherungsnehmers zuständigen Rechtsanwaltskammer beannt wird. Dem Schiedsgutachter sind vom Versicherer alle ihm vorliegenden Mitteilungen und Unterlagen, die für die Durchführung des Schiedsgutachterverfahrens wesentlich sind, zur Verfügung zu stellen. Er entscheidet im schriftlichen Verfahren; seine Entscheidung ist für den Versicherer bindend.

(5) Die Kosten des Schiedsgutachterverfahrens trägt der Versicherer, wenn der Schiedsgutachter feststellt, daß die Leistungsverweigerung des Versicherers ganz oder teilweise unberechtigt war. War die Leistungsverweigerung nach dem Schiedsspruch berechtigt, trägt der Versicherungsnehmer seine Kosten und die des Schiedsgutachters. Die dem Versicherer durch das Schiedsgutachterverfahren entstehenden Kosten trägt dieser in jedem Falle selbst.

Literatur: *Beck*, Das Gutachterverfahren nach ARB 94, DAR 95, 306 = AnwBl. 95, 620

Übersicht

	Rdnrn.		Rdnrn.
1. Allgemeines	1	c) Unverzügliche Mitteilung	4
2. Ablehnung (Abs. 1)	2–4	3. Hinweispflicht des Versicherers (Abs. 2)	5
a) wegen groben Mißverhältnisses (Buchst. a)	2	4. Einleitung des Verfahrens (Abs. 3)	6
		5. Schiedsgutachter (Abs. 4)	7
b) wegen fehlender Erfolgsaussicht (Buchst. b)	3	6. Kosten des Verfahrens (Abs. 5)	8
		7. Grundsätze für das Verfahren	9

1   1. Das in § 18 geregelte Verfahren ersetzt das Verfahren nach § 17 ARB 75, das teilweise als nicht hinreichend objektiv im Sinn des § 158n VVG angesehen worden war. § 18 setzt voraus, daß der Versicherer seine

Schiedsgutachten bei Ablehnung des Rechtsschutzes 2–5 § 18 ARB 94

Leistung aus den in Abs. 1 genannten beiden Gründen **ablehnen** kann, d. h. bei fehlender Notwendigkeit der Interessenwahrnehmung. Diese Notwendigkeit ist zwar in den ARB 94 nicht mehr, wie in § 1 Abs. 1 Satz 2 ARB 75, eigens definiert. Sie läßt sich jedoch daraus ableiten, daß der Versicherer nach § 1 (nur) die „erforderlichen", d. h. objektiv notwendigen Kosten der Interessenwahrnehmung des VN zu finanzieren hat (§ 1 Rdnr. 4), daß die Interessenwahrnehmung des VN nach Eintritt eines Rechtsschutzfalles (§ 4) objektiv erforderlich ist (§ 17 Rdnr. 1) und daß der VN schon nach der versicherungsrechtlichen Grundregel des § 62 VVG gehalten ist, die Versicherungsleistung möglichst gering zu halten. Außerdem geht das Gesetz selbst, nämlich § 158n Satz 1 VVG, davon aus, daß Rechtsschutz aus den in Abs. 1 genannten beiden Gründen abgelehnt werden kann.

2. a) Abs. 1a versucht zu umschreiben, was die Rechtsprechung als 2 „**mutwillig**" im Sinn des § 1 Abs. 1 Satz 2 ARB 75 verstanden hat, nämlich wirtschaftlich in hohem Maß unvernünftige, zum erstrebten Erfolg in keinem Verhältnis stehende rechtliche Maßnahmen zu Lasten aller Versicherten, also solche Maßnahmen, die auch eine vermögende unversicherte und wirtschaftlich denkende Partei unterlassen hätte. Im einzelnen kann hierzu auf § 1 ARB 75 Rdnrn. 39 bis 41 sowie § 17 ARB 75 Rdnrn. 6 bis 9a verwiesen werden. Eine Ablehnung wegen groben Mißverhältnisses im Sinn des Abs. 1a ist bei allen Leistungsarten des § 2 möglich.

b) Abs. 1b sieht für die Leistungsarten des § 2a bis g die schon bisher bestehende (§ 17 Abs. 1 ARB 75) Möglichkeit vor, den Versicherungsschutz wegen **fehlender** ausreichender **Erfolgsaussicht** abzulehnen. Beim Disziplinar- und Standes-RS (§ 2h), Straf-RS (§ 2i), Ordnungswidrigkeiten-RS (§ 2j) und Beratungs-RS (§ 2k) sind dagegen die Erfolgsaussichten nicht zu prüfen, wobei auch die frühere Beschränkung auf die Tatsacheninstanzen beim Straf- und Ordnungswidrigkeiten-RS (§ 17 Abs. 1 Satz 3 ARB 75) entfallen ist. Was im einzelnen bei der Prüfung der Erfolgsaussichten zu beachten ist, ist in § 1 ARB 75 Rdnrn. 31 bis 38 erläutert.

c) Lehnt der Versicherer den Rechtsschutz wegen groben Mißverhältnis- 4 ses oder fehlender Erfolgsaussicht ab, hat er dies, wie schon nach § 17 Abs. 1 Satz 2 ARB 75, dem VN (oder dem beauftragten Rechtsanwalt als dessen Vertreter) „**unverzüglich**" unter Angabe der Gründe schriftlich mitzuteilen (§ 17 ARB 75 Rdnr. 2).

3. Abs. 2 Satz 1 enthält das gesetzliche Gebot des § 158n Satz 2 VVG, bei 5 einer Ablehnung nach Abs. 1 den VN gleichzeitig auf die Möglichkeit **hinzuweisen**, die Durchführung eines Verfahrens nach § 18 zu verlangen. Unterläßt der Versicherer diesen Hinweis, gilt der Rechtsschutzanspruch des VN in dem geltend gemachten Umfang als anerkannt (§ 158n Satz 3 VVG). Die Monatsfrist, innerhalb der der VN nach Abs. 2 Satz 1 die Durchführung des Verfahrens verlangen kann, beginnt mit Zugang des mit dem ordnungsgemäßen Hinweis versehenen Ablehnungsschreibens des Versicherers. Da das Gesetz keine Frist für das Verlangen des VN und die ARB keine Sanktion bei einer Fristüberschreitung durch den VN vorsehen, wird man in einem erst nach Ablauf der Monatsfrist eingegangenen Verlangen des VN auf

831

§ 18 ARB 94 6–8　　　　　　　　　　　　　3. Rechtsschutzfall

Durchführung des Verfahrens allenfalls dann einen Verzicht auf das Verfahren sehen können, wenn der VN keine plausiblen Gründe für die Fristüberschreitung angibt oder der Versicherer aufgrund allzu langen Zeitablaufs oder sonstiger Umstände davon ausgehen konnte, der VN wolle kein Verfahren nach § 18 (vgl. auch § 10 Abs. 1 Nr. 5 VAG, der einen Anspruchsverlust bei Fristüberschreitung nur bei ausdrücklicher Erwähnung in den AVB zuläßt). Außer dem Hinweis nach Satz 1 hat das Ablehnungsschreiben des Versicherers die in Satz 2 und 3 vorgesehenen Angaben zu enthalten, insbesondere auch die Unterrichtung über die Kostenfolgen nach Abs. 5 (vgl. unten Rdnr. 8). Gibt sich der VN mit einer Ablehnung gemäß Abs. 1 a oder b nicht zufrieden, braucht er jedoch den Weg des § 18 nicht einzuschlagen. Er kann seinen Rechtsschutzanspruch auch unmittelbar bei Gericht einklagen (vgl. hierzu § 19).

6　4. Wenn der VN Durchführung des Verfahrens nach § 18 verlangt, hat es der Versicherer nach Abs. 3 Satz 1 innerhalb eines Monats nach Zugang des Verlangens des VN **einzuleiten,** indem er den Präsidenten der für den Wohnsitz des VN zuständigen Rechtsanwaltskammer um Benennung eines Schiedsgutachters gemäß Abs. 4 Satz 1 bittet und den VN hiervon unterrichtet. Leitet der Versicherer das Verfahren nicht innerhalb der Monatsfrist ein, gilt der Rechtsschutzanspruch des VN gemäß Abs. 3 Satz 3 im geltend gemachten Umfang – ebenso wie im Fall des § 158 n Satz 3 VVG (vgl. oben Rdnr. 5) – als anerkannt. Zur fristwahrenden Interessenwahrnehmung des VN notwendige Kosten – z. B. eines fristgebundenen Rechtsmittels – hat der Versicherer gemäß Abs. 3 Satz 2 unabhängig vom Ausgang des Verfahrens nach § 18 bis zu dessen Abschluß zu tragen.

7　5. Abs. 4 legt im Sinn des § 158 n Satz 1 VVG die Person des objektiven **Gutachters** fest, der bei Meinungsverschiedenheiten über eine Ablehnung nach Abs. 1 a oder b zu entscheiden hat. Da die Versicherer das Verfahren nach § 17 Abs. 2 ARB 75 („Stichentscheid" des für den VN tätigen Rechtsanwalts) nicht für hinreichend objektiv hielten, war zunächst geplant, einen aktiven oder pensionierten Richter als Schiedsgutachter zu beauftragen (kritisch hierzu *Schirmer* DAR 90, 441, 446). Nach der jetzt vorgesehenen Regelung ist als Schiedsgutachter ein seit mindestens fünf Jahren zugelassener Rechtsanwalt vorgesehen, der von der zuständigen Rechtsanwaltskammer innerhalb einer Woche nach Eingang des Antrags des Versicherers benannt werden soll (Ziff. I 5 der Grundsätze für das Schiedsverfahren nach § 18, unten Rdnr. 9). Diesem Anwalt hat der Versicherer alle für das Gutachten notwendigen Unterlagen zur Verfügung zu stellen. Der Gutachter entscheidet im schriftlichen Verfahren und soll seine Entscheidung innerhalb eines Monats nach Eingang der Unterlagen des Versicherers treffen. Sie ist schriftlich zu begründen (Ziff. II 3 der Grundsätze, unten Rdnr. 9) und bindet den Versicherer (nach *Bauer* NJW 95, 1390, 1395 auch bei vermeintlich offenbarer Unrichtigkeit), nicht dagegen den VN (Abs. 4 Satz 3).

8　6. Abs. 5 regelt die **Kosten** des Verfahrens nach § 18. Der VN hat Kosten nur dann zu tragen, wenn der Spruch des Schiedsgutachters die Ablehnung des Rechtsschutzanspruchs in vollem Umfang bestätigt. In diesem Fall hat

Schiedsgutachten bei Ablehnung des Rechtsschutzes 9 § 18 ARB 94

der VN etwaige Kosten des eigenen Anwalts, soweit er im Verfahren durch einen solchen vertreten war, sowie die Kosten des Schiedsgutachters zu tragen. Diese errechnen sich nach Ziff. II 5 der Grundsätze (unten Rdnr. 9). Über diese Kostenfolgen und die voraussichtliche Höhe der Kosten des Schiedsgutachters hat der Versicherer den VN in seinem Ablehnungsschreiben gemäß Abs. 2 Satz 3 zu unterrichten.

7. Für die Auswahl des Schiedsgutachters und dessen Verfahren wurden zwischen der BRAK und dem HUK-Verband (seit 1. 1. 1995: VdS) die nachfolgend abgedruckten **Grundsätze** entwickelt, denen das Bundeskartellamt nicht widersprochen hat (BRAK-Mitteilungen 95, 23):

Grundsätze für das Schiedsverfahren nach § 18 der Allgemeinen Bedingungen für die Rechtsschutzversicherung (ARB 94)
I. Regeln für die örtlichen RAKn
1. Der Schiedsgutachter wird von der für den Wohnsitz des Versicherungsnehmers zuständigen RAK benannt.
2. Bei dem zu benennenden Schiedsgutachter soll es sich um einen RA handeln, der
– seit mindestens fünf Jahren zur Anwaltschaft zugelassen ist
– in einem anderen LG-Bezirk als der vom Versicherungsnehmer beauftragte RA zugelassen ist (sofern mehrere LG-Bezirke im RAK-Bezirk vorhanden sind)
– aus dem Kreis der forensisch tätigen RAe stammt und möglichst über besondere Erfahrungen auf dem in Frage stehenden Fachgebiet verfügt; als Fachgebiete gelten:
Haftpflichtrecht, Vertragsrecht, Arbeitsrecht, Sozialrecht, Verwaltungsrecht, Steuerrecht, Mietrecht
– nicht dem Vorstand der örtlichen Rechtsanwaltskammer angehört.
3. Die örtliche RAK befragt alle ihre Kammermitglieder, ob sie sich in entsprechende Listen eintragen wollen.
4. Die Auswahl des jeweiligen RA erfolgt in der Reihenfolge der betreffenden Liste.
5. Die Benennung durch die RAK soll spätestens innerhalb einer Woche nach Eingang des Antrages des Rechtsschutzversicherers erfolgen.
6. Der von der örtlichen RAK benannte RA kann von beiden Seiten ohne Angabe von Gründen abgelehnt werden.

II. Regeln für das Schiedsverfahren
1. Der Schiedsgutachter entscheidet aufgrund der ihm vom Versicherer und ggf. vom Versicherungsnehmer vorgelegten Mitteilungen und zur Verfügung gestellten Unterlagen.
2. Das Verfahren ist schriftlich. Der Schiedsgutachter kann zusätzliche Auskünfte von den Parteien einholen, wenn er dies zur Beurteilung der hinreichenden Erfolgsaussichten für erforderlich hält.
3. der Schiedsgutachter soll seine Entscheidung spätestens innerhalb eines Monats nach Eingang der vom Versicherer vorgelegten Unterlagen abgeben.
Die Entscheidung des Schiedsgutachters ist schriftlich zu begründen.
4. Der Schiedsgutachter soll weder den Versicherer noch den Versicherungsnehmer in einem sich anschließenden Deckungsprozeß vertreten; dies gilt auch für die Vertretung des Versicherungsnehmers oder seines Gegners in dem Hauptsacheverfahren, für das Rechtsschutz begehrt wird.

833

5. Der Schiedsgutachter erhält vom Versicherer für seine Tätigkeit eine Geschäftsgebühr nach § 118 Abs. 1 Nr. 1 BRAGO in Höhe von 15/10, mindestens 200,– DM zzgl. Auslagen und Mehrwertsteuer. Gegenstandswert ist der für die Interessenwahrnehmung des Versicherungsnehmers voraussichtlich notwendige Kostenaufwand in Höhe der eigenen und gegnerischen RA-Kosten sowie der Gerichtskosten für die jeweilige Instanz, für die Rechtsschutz begehrt wird. Der voraussichtliche Kostenaufwand wird pauschaliert berechnet auf der Grundlage von 6 RA-Gebühren zzgl. 3 Gerichtsgebühren. Zeugen- und Sachverständigenkosten bleiben außer Betracht.

§ 19 Klagefrist

Lehnt der Versicherer den Rechtsschutz ab und wird kein Schiedsgutachterverfahren nach § 18 durchgeführt oder wird die nach § 18 ergangene Entscheidung des Schiedsgutachters nicht anerkannt, kann der Versicherungsnehmer den Anspruch auf Rechtsschutz nur innerhalb von sechs Monaten gerichtlich geltend machen. Diese Frist beginnt, nachdem die Ablehnung des Versicherers oder die Entscheidung des Schiedsgutachters dem Versicherungsnehmer schriftlich unter Angabe der mit dem Fristablauf verbundenen Rechtsfolge mitgeteilt wurde.

Die Verbandsempfehlung zu § 19 enthält den in der GruppenfreistellungsVO vorgesehenen Hinweis, daß es jedem Versicherer freigestellt ist, etwas anderes zu vereinbaren (Einl. Rdnr. 4). § 19 entspricht im wesentlichen § 18 ARB 75 und gibt dem Versicherer entsprechend § 12 Abs. 3 VVG die Möglichkeit, dem VN eine **Ausschlußfrist** von sechs Monaten für die gerichtliche Geltendmachung seines Rechtsschutzanspruchs zu setzen. Dies gilt auch für den Fall, daß der VN die für ihn negative Entscheidung des Schiedsgutachters nach § 18 Abs. 4 nicht anerkennt. Da Mitversicherte, solange der VN nicht widerspricht, ihren Rechtsschutzanspruch selbständig geltend machen können (§ 15 Rdnr. 2), ist die Ablehnung und die Setzung der Ausschlußfrist ihnen gegenüber zu erklären (§ 15 Abs. 2 Satz 1). Die Frist beginnt nur zu laufen, wenn der Versicherer bei (oder nach) der schriftlichen Ablehnung unmißverständlich darauf hinweist, daß er allein durch den Fristablauf leistungsfrei wird. Setzt er keine Frist nach § 19, gilt die Verjährungsregelung des § 14. Im übrigen kann wegen der Frist und weiter damit zusammenhängender Fragen der gerichtlichen Geltendmachung auf die Erläuterungen in § 18 ARB 75 Rdnrn. 6 bis 21 verwiesen werden.

§ 20 Zuständiges Gericht

(1) Für Klagen, die aus dem Versicherungsverhältnis gegen den Versicherer erhoben werden, bestimmt sich die gerichtliche Zuständigkeit nach dem Sitz des Versicherers oder seiner für das jeweilige Versicherungsverhältnis zuständigen Niederlassung. Hat ein Versicherungsagent den Vertrag vermittelt oder abgeschlossen, ist auch das Gericht des Ortes zuständig, an dem der Agent zur Zeit der Vermittlung oder des Abschlusses seine gewerbliche Niederlassung oder bei Fehlen einer gewerblichen Niederlassung seinen Wohnsitz hatte.

Verkehrs-Rechtsschutz § 21 ARB 94

(2) Klagen des Versicherers gegen den Versicherungsnehmer können bei dem für den Wohnsitz des Versicherungsnehmers zuständigen Gericht erhoben werden. Hat der Versicherungsnehmer die Versicherung für seinen Gewerbebetrieb genommen, kann der Versicherer seine Ansprüche auch bei dem für den Sitz oder die Niederlassung des Gewerbebetriebes zuständigen Gericht geltend machen.

§ 10 Abs. 1 Nr. 6 VAG schreibt vollständige Angaben in den AVB über die inländischen Gerichtsstände vor. Der den **Gerichtsstand** für Klagen gegen den Versicherer regelnde Abs. 1 entspricht § 13 ARB 75. Auf die Erläuterungen hierzu kann verwiesen werden. Für Klagen gegen den VN sieht Abs. 2 die gesetzlichen Gerichtsstände der §§ 13 und 21 ZPO vor. Für das Mahnverfahren ist gemäß § 689 Abs. 2 ZPO das AG ausschließlich zuständig, bei dem der Antragsteller seinen allgemeinen Gerichtsstand hat.

4. Formen des Versicherungsschutzes

§ 21 Verkehrs-Rechtsschutz

(1) Versicherungsschutz besteht für den Versicherungsnehmer in seiner Eigenschaft als Eigentümer oder Halter jedes bei Vertragsabschluß oder während der Vertragsdauer auf ihn zugelassenen oder auf seinen Namen mit einem Versicherungskennzeichen versehenen und als Mieter jedes von ihm als Selbstfahrer-Vermietfahrzeug zum vorübergehenden Gebrauch gemieteten Motorfahrzeuges zu Lande sowie Anhängers. Der Versicherungsschutz erstreckt sich auf alle Personen in ihrer Eigenschaft als berechtigte Fahrer oder berechtigte Insassen dieser Motorfahrzeuge.

(2) Der Versicherungsschutz kann auf gleichartige Motorfahrzeuge gemäß Absatz 1 beschränkt werden. Als gleichartig gelten jeweils Krafträder, Personenkraft- und Kombiwagen, Lastkraft- und sonstige Nutzfahrzeuge, Omnibusse sowie Anhänger.

(3) Abweichend von Absatz 1 kann vereinbart werden, daß der Versicherungsschutz für ein oder mehrere im Versicherungsschein bezeichnete Motorfahrzeuge zu Lande, zu Wasser oder in der Luft sowie Anhänger (Fahrzeug) besteht, auch wenn diese nicht auf den Versicherungsnehmer zugelassen oder nicht auf seinen Namen mit einem Versicherungskennzeichen versehen sind.

(4) Der Versicherungsschutz umfaßt:
Schadenersatz-Rechtsschutz (§ 2 a),
Rechtsschutz im Vertrags- und Sachenrecht (§ 2 d),
Steuer-Rechtsschutz vor Gerichten (§ 2 e),
Verwaltungs-Rechtsschutz in Verkehrssachen (§ 2 g),
Straf-Rechtsschutz (§ 2 i),
Ordnungswidrigkeiten-Rechtsschutz (§ 2 j).

(5) Der Rechtsschutz im Vertrags- und Sachenrecht kann ausgeschlossen werden.

(6) Der Rechtsschutz im Vertrags- und Sachenrecht besteht in den Fällen der Absätze 1 und 2 auch für Verträge, mit denen der Erwerb von Motor-

fahrzeugen zu Lande sowie Anhängern zum nicht nur vorübergehenden Eigengebrauch bezweckt wird, auch wenn diese Fahrzeuge nicht auf den Versicherungsnehmer zugelassen oder nicht auf seinen Namen mit einem Versicherungskennzeichen versehen werden.

(7) Versicherungsschutz besteht mit Ausnahme des Rechtsschutzes im Vertrags- und Sachenrecht für den Versicherungsnehmer auch bei der Teilnahme am öffentlichen Verkehr in seiner Eigenschaft als
a) Fahrer jedes Fahrzeuges, das weder ihm gehört noch auf ihn zugelassen oder auf seinen Namen mit einem Versicherungskennzeichen versehen ist,
b) Fahrgast,
c) Fußgänger und
d) Radfahrer.

(8) Hatte der Fahrer bei Eintritt des Rechtsschutzfalles nicht die vorgeschriebene Fahrerlaubnis, war er zum Führen des Fahrzeuges nicht berechtigt, war das Fahrzeug nicht zugelassen oder nicht mit einem Versicherungskennzeichen versehen, besteht Rechtsschutz nur für diejenigen versicherten Personen, die von dem Fehlen der Fahrerlaubnis, von der Nichtberechtigung zum Führen des Fahrzeuges oder von dem Fehlen der Zulassung oder des Versicherungskennzeichens ohne Verschulden keine Kenntnis hatten.

(9) Ist in den Fällen der Absätze 1 und 2 seit mindestens sechs Monaten kein Fahrzeug mehr auf den Versicherungsnehmer zugelassen und nicht mehr auf seinen Namen mit einem Versicherungskennzeichen versehen, kann der Versicherungsnehmer unbeschadet seines Rechtes auf Herabsetzung des Beitrages gemäß § 11 Absatz 2 die Aufhebung des Versicherungsvertrages mit sofortiger Wirkung verlangen.

(10) Wird ein nach Absatz 3 versichertes Fahrzeug veräußert oder fällt es auf sonstige Weise weg, besteht Versicherungsschutz für das Fahrzeug, das an die Stelle des bisher versicherten Fahrzeuges tritt (Folgefahrzeug). Der Rechtsschutz im Vertrags- und Sachenrecht erstreckt sich in diesen Fällen auf den Vertrag, der dem tatsächlichen oder beabsichtigten Erwerb des Folgefahrzeuges zugrunde liegt.
Die Veräußerung oder der sonstige Wegfall des Fahrzeuges ist dem Versicherer innerhalb von zwei Monaten anzuzeigen und das Folgefahrzeug zu bezeichnen. Unterläßt der Versicherungsnehmer die Anzeige oder die Bezeichnung des Folgefahrzeuges, besteht Versicherungsschutz nur, wenn die Unterlassung nicht auf einem Verschulden des Versicherungsnehmers beruht. Wird das Folgefahrzeug bereits vor Veräußerung des versicherten Fahrzeuges erworben, bleibt dieses bis zu seiner Veräußerung, längstens jedoch bis zu einem Monat nach dem Erwerb des Folgefahrzeuges ohne zusätzlichen Beitrag mitversichert. Bei Erwerb eines Fahrzeuges innerhalb eines Monates vor oder innerhalb eines Monates nach der Veräußerung des versicherten Fahrzeuges wird vermutet, daß es sich um ein Folgefahrzeug handelt.

Übersicht

	Rdnrn.		Rdnrn.
I. Allgemeines	1	d) Selbstfahrer-Vermietfahrzeug ..	5
II. Personenbezogener Verkehrs-RS		e) Fahrer, Insasse	6
(Abs. 1 und 2)	2–7	2. Gleichartige Fahrzeuge (Abs. 2) ...	7
1. Risikomerkmale	2–6	III. Fahrzeugbezogener Verkehrs-RS	
a) Zulassung	2	(Abs. 3)	8
b) Landfahrzeuge	3	IV. Leistungsarten (Abs. 4)	9
c) Versicherte Eigenschaften	4	V. Ausschluß des § 2 d (Abs. 5)	10

Verkehrs-Rechtsschutz 1–5 **§ 21 ARB 94**

	Rdnrn.		Rdnrn.
VI. Erwerbsverträge (Abs. 6)	11	VIII. Obliegenheiten (Abs. 8)	14
VII. Fahrer- und Fußgänger-RS (Abs. 7)	12, 13	IX. Fahrzeug-Wegfall (Abs. 9)	15
1. Fahrer-RS (Buchst. a)	12	X. Folge-Fahrzeug (Abs. 10)	16, 17
2. Fußgänger- usw. RS (Buchst. b bis d)	13		

I. Allgemeines

§ 21 umfaßt mit gewissen Modifikationen in Abs. 1 und 2 den auf die Person des VN bezogenen **Verkehrs-RS** des § 21 ARB 75 und in Abs. 3 den auf ein bestimmtes Fahrzeug bezogenen **Fahrzeug-RS** des § 22 ARB 75 Die Abs. 4 bis 10 enthalten für beide Versicherungsformen geltende Modalitäten. **1**

II. Personenbezogener Verkehrs-RS (Abs. 1 und 2)

1. a) Nach Abs. 1 setzt der Versicherungsschutz, ebenso wie § 21 ARB 75, neben der versicherten Eigenschaft (unten Rdnr. 4) voraus, daß das Kraftfahrzeug – mit Ausnahme des angemieteten Selbstfahrer-Vermietfahrzeugs sowie der Fälle des Abs. 6 – im Zeitpunkt des Rechtsschutzfalles (§ 4) auf den VN **zugelassen** ist (vgl. § 21 ARB 75 Rdnrn. 3 bis 5, soweit sie die Zulassung von Landfahrzeugen betreffen). Mit einem Versicherungskennzeichen versehene zulassungsfreie Kraftfahrzeuge (§ 21 ARB 75 Rdnr. 7) sind den zulassungspflichtigen nunmehr ausdrücklich gleichgestellt. Zulassungsfreie und nicht mit einem Versicherungskennzeichen zu versehende Motorfahrzeuge (§ 21 ARB 75 Rdnr. 6) werden dagegen vom Versicherungsschutz des § 21 nicht umfaßt, sondern sind in Verträgen nach §§ 23 bis 28 mitversichert. **2**

b) Im Unterschied zu § 21 ARB 75 bezieht sich Abs. 1 nur auf Motorfahrzeuge **zu Lande** sowie auf Anhänger, also nicht auf Motorfahrzeuge zu Wasser und in der Luft, die nur gemäß Abs. 3 versicherbar sind. Wegen des Begriffs „Motorfahrzeug" zu Lande vgl. § 21 ARB 75 Rdnrn. 41 bis 43, wegen des Begriffs „Anhänger" § 21 ARB 75 Rdnrn. 46 bis 48). **3**

c) Weitere Voraussetzung für das Bestehen von Versicherungsschutz ist, daß der Rechtsschutzfall im Sinn des § 4 den VN in einer der in Abs. 1 genannten **Eigenschaften** als Eigentümer, Halter, Fahrer oder Insasse des versicherten Fahrzeugs oder als Mieter des Selbstfahrer-Vermietfahrzeugs betroffen hat und er aufgrund dessen rechtliche Interessen im Sinn des Abs. 4 wahrnimmt. Wann die jeweilige Eigenschaft gegeben ist, ist in § 21 ARB 75 Rdnrn. 10 bis 22 erläutert, für den Mieter eines Selbstfahrer-Vermietfahrzeugs unten in Rdnr. 5. **4**

d) Im Unterschied zu § 21 ARB 75 hat der VN durch Abs. 1 auch Versicherungsschutz als **Mieter** eines zum vorübergehenden Gebrauch gemieteten Selbstfahrer-Vermietfahrzeugs sowie Anhängers. Der Grund der Anmietung spielt keine Rolle. Deckung besteht nicht nur bei Ausfall eines eigenen versicherten Fahrzeugs, sondern beispielsweise auch bei Anmietung eines Fahrzeugs zum Zweck einer Wochenend-, Urlaubs- oder Geschäfts- **5**

§ 21 ARB 94 6–9   4. Formen des Versicherungsschutzes

reise. Voraussetzung ist lediglich, daß das Fahrzeug nicht zum Dauergebrauch angemietet ist. Ein Selbstfahrer-Vermietfahrzeug ist ein Fahrzeug, das gewerbsmäßig ohne Stellung eines Fahrers vermietet wird (*Stiefel/ Hofmann* § 2 Rdnr. 160). Mietet der VN ein Fahrzeug mit Fahrer (Mietwagen) oder mietet oder entleiht er ein Fahrzeug von jemandem, der nicht gewerbsmäßig vermietet, besteht nach dem Wortlaut des Abs. 1 kein Versicherungsschutz.

6   e) Nach Abs. 1 Satz 2 sind alle berechtigten Fahrer und Insassen der gemäß Abs. 1 Satz 1 versicherten Fahrzeuge, also auch eines angemieteten Selbstfahrer-Vermietfahrzeuges, **mitversichert**. Wann diese Eigenschaft jeweils zu bejahen ist, ist in § 21 ARB 75 Rdnrn. 24, 25 und 27 erläutert.

7   2. Gemäß Abs. 2 kann der Versicherungsschutz entsprechend § 21 Abs. 2 ARB 75 auf alle **gleichartigen** Motorfahrzeuge im Sinn des Abs. 1 Satz 1, also ohne Motorschiffe und Motorflugzeuge, beschränkt werden. Wegen der fünf Klassen der hierunter fallenden Landfahrzeuge kann auf § 21 ARB 75 Rdnrn. 29 bis 35 verwiesen werden.

III. Fahrzeugbezogener Verkehrs-RS (Abs. 3)

8   Abs. 3 entspricht dem „**Fahrzeug-RS**" des § 22 ARB 75 und bietet ohne Rücksicht auf den Inhaber der Zulassung oder des Versicherungskennzeichens dem Eigentümer, Halter, berechtigten Fahrer und Insassen des im Versicherungschein bezeichneten Fahrzeugs Versicherungsschutz im Umfang des Abs. 4 sowie dem VN gemäß Abs. 7. Da sich die Eingangsworte „Abweichend von Absatz 1" wohl nur auf das Zulassungserfordernis des Abs. 1 beziehen sollen, kann der VN auch als Mieter eines zum vorübergehenden Gebrauch gemieteten Selbstfahrer-Vermietfahrzeugs versichert angesehen werden. Im Unterschied zu Abs. 1 und 2 können nach Abs. 3 auch Motorfahrzeuge zu Wasser (§ 21 ARB 75 Rdnr. 44) und in der Luft (§ 21 ARB 75 Rdnr. 45) versichert werden.

IV. Leistungsarten (Abs. 4)

9   Abs. 4 beschreibt die **Rechtsangelegenheiten,** die jeweils vom Versicherungsschutz umfaßt sind, wenn eine der in Abs. 1 genannten versicherten Personen mit einem nach Abs. 1 bis 3 versicherten Fahrzeug in einer gemäß Abs. 1 versicherten Eigenschaft von einem Rechtsschutzfall im Sinn des § 4 betroffen wird. Wann diese Voraussetzungen gegeben sind, ergibt sich aus den Erläuterungen zu den einzelnen Leistungsarten des § 2 sowie aus den entsprechenden Erläuterungen in § 21 ARB 75 Rdnrn. 10, 11 und 49 bis 83, soweit sie mit der jetzigen Fassung vergleichbar sind. So ist jetzt beispielsweise die Interessenwahrnehmung aus dinglichen Rechten an einem versicherten Fahrzeug im Gegensatz zu § 21 Abs. 4b ARB 75 gemäß Abs. 4 in Verbindung mit § 2d ausdrücklich mitversichert. Der Straf- und Ordnungswidrigkeiten-RS ist zwar nicht ausdrücklich auf verkehrsrechtliche Vergehen und Ordnungswidrigkeiten (§ 2i aa; § 2j aa) beschränkt. Eine ver-

gleichbare Beschränkung ergibt sich hier jedoch insofern, als das vorgeworfene Vergehen oder die Ordnungswidrigkeit jeweils in einer inneren sachlichen Beziehung zu der jeweils nach Abs. 1 versicherten Eigenschaft stehen muß. Wird dem Versicherten beispielsweise vorgeworfen, während der Fahrt mit einem versicherten Fahrzeug ein nicht verkehrsrechtliches Vergehen oder eine Ordnungswidrigkeit begangen zu haben, die nur in einem mehr oder weniger zufälligen zeitlichen Zusammenhang mit der Eigenschaft als Fahrer oder Insasse bestehen, dann besteht kein Versicherungsschutz (vgl. § 21 ARB 75 Rdnrn. 10, 21).

V. Ausschluß des § 2d (Abs. 5)

Der mögliche **Ausschluß** schuldrechtlicher und dinglicher Ansprüche 10 hinsichtlich der nach Abs. 1 bis 3 versicherten Fahrzeuge umfaßt auch die nach Abs. 6 sonst mitversicherten Erwerbsvorgänge.

VI. Erwerbsverträge (Abs. 6)

Abs. 6 soll eine Deckungslücke schließen, die nach § 21 ARB 75 zu Aus- 11 legungsschwierigkeiten geführt hatte (vgl. § 21 ARB 75 Rdnrn. 65 bis 66a). Beim personengebundenen Verkehrs-RS der Abs. 1 und 2 (zum fahrzeuggebundenen des Abs. 3 vgl. Abs. 10 Satz 2; unten Rdnr. 16) ist für den VN die Interessenwahrnehmung aus (gescheiterten) **Erwerbsverträgen** über Kraftfahrzeuge und Anhänger gedeckt, auch wenn der VN im Zeitpunkt des Rechtsschutzfalles nach § 4 Abs. 1 Satz 1c (noch) nicht Eigentümer oder Halter und das Fahrzeug (noch) nicht auf ihn zugelassen oder mit einem Versicherungskennzeichen versehen war. Voraussetzung ist lediglich, daß an dem Fahrzeug zu nicht nur vorübergehendem Gebrauch Eigentum erworben werden sollte. Nicht vom Versicherungsschutz umfaßt sind also insbesondere Verträge – meist von (Gelegenheits-)Händlern – über Fahrzeuge, die allenfalls zu kurzfristigem Eigengebrauch und zum Zweck der Weiterveräußerung erworben werden sollten.

VII. Fahrer- und Fußgänger-RS (Abs. 7)

1. Abs. 7 erweitert die Deckung für den VN (nicht für Mitversicherte), 12 wenn er bei der Teilnahme am öffentlichen Verkehr (zu diesem Begriff vgl. § 21 ARB 75 Rdnr. 105) in einer der in Buchst. a bis d genannten vier Eigenschaften von einem Rechtsschutzfall im Sinn des § 4 betroffen wird. Abs. 7a ergänzt den Versicherungsschutz, der für den VN schon als **Fahrer** der nach Abs. 1 bis 3 versicherten Fahrzeuge besteht, in der Weise, daß er bei der Teilnahme am öffentlichen Verkehr auch Versicherungsschutz im Umfang des Abs. 4 beim Führen fremder zulassungspflichtiger oder mit einem Versicherungskennzeichen versehener Motorfahrzeuge zu Lande, zu Wasser und in der Luft hat, wobei sich dieser Fahrer-RS auch bei einem nach Abs. 1 oder 2 versicherten VN auf fremde Wasser- und Luftfahrzeuge erstreckt. Der RS im Vertrags- und Sachenrecht gemäß § 2d, der im Hinblick auf die

§ 21 ARB 94 13–16   4. Formen des Versicherungsschutzes

versicherte Eigenschaft als Fahrer ohnehin problematisch ist (§ 21 ARB 75 Rdnr. 68), ist ausgenommen.

13   2. Abs. 7b bis d beschreiben den sogenannten **Fußgänger-RS,** der – mit Ausnahme des Steuer-RS vor Gerichten (Abs. 4 in Verbindung mit § 2e) – bereits mit der Klausel zu § 21 ARB 75 geboten worden war. Der VN hat danach bei der Teilnahme am öffentlichen Verkehr im Umfang des Abs. 4 (ohne § 2d) Versicherungsschutz in seiner speziellen Eigenschaft als Fahrgast öffentlicher und privater Verkehrsmittel, Fußgänger und Radfahrer. Auf die entsprechenden Erläuterungen in § 21 ARB 75 Rdnrn. 28a bis d kann verwiesen werden.

VIII. Obliegenheiten (Abs. 8)

14   Die Verbandsempfehlung zu Abs. 8 enthält den in der GruppenfreistellungsVO vorgesehenen Hinweis, daß es jedem Versicherer freigestellt ist, etwas anderes zu vereinbaren (Einl. Rdnr. 4). Abs. 8 statuiert die **Leistungsfreiheit** des Versicherers, wenn eine nach Abs. 1 bis 3 und 7 versicherte Person eine der drei genannten Obliegenheiten verletzt, es sei denn, die Verletzung sei unverschuldet. Die Regelung stimmt weitgehend mit § 21 Abs. 6 ARB 75 überein und ist lediglich ergänzt um die Benutzung eines nicht mit einem Versicherungskennzeichen versehenen Fahrzeugs. Auf die Erläuterungen zu § 21 ARB 75 Rdnrn. 85 bis 127 kann verwiesen werden.

IX. Fahrzeugwegfall (Abs. 9)

15   Erwirbt der nach Abs. 1 oder 2 versicherte VN ein zusätzliches Fahrzeug oder einen Anhänger, dann wird dieses Fahrzeug mit der Zulassung automatisch mitversichert. Die Beitrags- und Anzeigepflicht und der Versicherungsschutz richten sich dann nach § 11 Abs. 1 und 3 Satz 1, 3 und 4 (§ 11 Rdnrn. 1 und 3). **Endet** die Eigenschaft des nach Abs. 1 oder 2 versicherten VN als Eigentümer oder Halter von auf ihn zugelassenen oder mit einem Versicherungskennzeichen versehenen Fahrzeugen, dann beschränkt sich der Versicherungsschutz auf den Fahrer- und Fußgänger-RS im Sinn des Abs. 7 in Verbindung mit Abs. 4 und der VN schuldet im Rahmen des § 11 Abs. 2 nur noch den entsprechend geringeren Beitrag. Sechs Monate nach dem Fahrzeugwegfall kann der VN stattdessen die Aufhebung des Versicherungsvertrags mit sofortiger Wirkung verlangen, wobei aus Gründen der Verwaltungsvereinfachung eine rückwirkende Aufhebung nicht vorgesehen ist.

X. Folgefahrzeug (Abs. 10)

16   Abs. 10 regelt den Versicherungsschutz für ein **Folgefahrzeug** des nach Abs. 3 versicherten VN und entspricht mit gewissen Modifikationen der Ersatzfahrzeugregelung des § 22 Abs. 7 ARB 75 (kritisch hierzu im Hinblick auf ein tariflich höher eingestuftes Folgefahrzeug wegen § 10 Nr. 5 AGBG

Fahrer-Rechtsschutz § 22 ARB 94

Prölss VersR 96, 145, 147). Deckung besteht nicht nur für Auseinandersetzungen aus dem tatsächlichen, sondern auch aus dem beabsichtigten, aber aus irgend welchen Gründen gescheiterten Erwerb eines Folgefahrzeugs.

Die Verbandsempfehlung zu den Sätzen 3 ff. des Abs. 10 enthält den in 17 der GruppenfreistellungsVO vorgesehenen Hinweis, daß es jedem Versicherer freigestellt ist, etwas anderes zu vereinbaren (Einl. Rdnr. 4). Der Wegfall des im Versicherungsschein bezeichneten Fahrzeugs ist nach Abs. 10 Satz 3 und 4 dem Versicherer mit dem Folgefahrzeug innerhalb von zwei Monaten anzuzeigen, widrigenfalls der Versicherungsschutz entfällt, es sei denn, die Unterlassung der Anzeige sei unverschuldet. Abs. 10 Satz 5 und 6 enthalten weitere Modalitäten beim Erwerb eines Folgefahrzeugs. Erwirbt der VN kein Folgefahrzeug, endet der Versicherungsvertrag gemäß § 12 Abs. 1. Erwirbt der VN zusätzlich zu dem im Versicherungsschein bezeichneten Fahrzeug ein weiteres Fahrzeug, gilt nicht § 11 Abs. 1, da Abs. 3 nicht, wie Abs. 1 und 2, eine automatische Mitversicherung vorsieht. Will der VN das zusätzliche Fahrzeug versichern, muß er dies eigens beantragen.

§ 22 Fahrer-Rechtsschutz

(1) Versicherungsschutz besteht für die im Versicherungsschein genannte Person bei der Teilnahme am öffentlichen Verkehr in ihrer Eigenschaft als Fahrer jedes Motorfahrzeuges zu Lande, zu Wasser oder in der Luft sowie Anhänges (Fahrzeug), das weder ihr gehört noch auf sie zugelassen oder auf ihren Namen mit einem Versicherungskennzeichen versehen ist. Der Versicherungsschutz besteht auch bei der Teilnahme am öffentlichen Verkehr als Fahrgast, Fußgänger und Radfahrer.

(2) Unternehmen können den Versicherungsschutz nach Absatz 1 für alle Kraftfahrer in Ausübung ihrer beruflichen Tätigkeit für das Unternehmen vereinbaren. Diese Vereinbarung können auch Betriebe des Kraftfahrzeughandels und -handwerks, Fahrschulen und Tankstellen für alle Betriebsangehörigen treffen.

(3) Der Versicherungsschutz umfaßt:
Schadenersatz-Rechtsschutz (§ 2 a),
Steuer-Rechtsschutz vor Gerichten (§ 2 e),
Verwaltungs-Rechtsschutz in Verkehrssachen (§ 2 g),
Straf-Rechtsschutz (§ 2 i),
Ordnungswidrigkeiten-Rechtsschutz (§ 2 j).

(4) Wird in den Fällen des Absatzes 1 ein Motorfahrzeug zu Lande auf die im Versicherungsschein genannte Person zugelassen oder auf ihren Namen mit einem Versicherungskennzeichen versehen, wandelt sich der Versicherungsschutz in einen solchen nach § 21 Absätze 3, 4, 7, 8 und 10 um. Die Wahrnehmung rechtlicher Interessen im Zusammenhang mit dem Erwerb dieses Motorfahrzeuges zu Lande ist eingeschlossen.

(5) Hatte der Fahrer bei Eintritt des Rechtsschutzfalles nicht die vorgeschriebene Fahrerlaubnis, war er zum Führen des Fahrzeuges nicht berechtigt, war das Fahrzeug nicht zugelassen oder nicht mit einem Versicherungskennzeichen versehen, besteht kein Rechtsschutz.

§ 22 ARB 94 1–5   4. Formen des Versicherungsschutzes

(6) Hat in den Fällen des Absatzes 1 die im Versicherungsschein genannte Person länger als sechs Monate keine Fahrerlaubnis mehr, endet der Versicherungsvertrag. Zeigt der Versicherungsnehmer das Fehlen der Fahrerlaubnis spätestens innerhalb von zwei Monaten nach Ablauf der Sechsmonatsfrist an, endet der Versicherungsvertrag mit Ablauf der Sechsmonatsfrist. Geht die Anzeige später beim Versicherer ein, endet der Versicherungsvertrag mit Eingang der Anzeige.

1   1. § 22 ist, wie § 23 ARB 75, für Personen bestimmt, die kein eigenes Fahrzeug besitzen oder versichern wollen, jedoch häufig beruflich oder privat **fremde**, nicht auf sie zugelassene oder auf ihren Namen mit einem Versicherungskennzeichen versehene Motorfahrzeuge zu Lande, zu Wasser oder in der Luft sowie Anhänger führen. Versicherungsschutz besteht im Umfang des Abs. 3 nach Abs. 1 für die im Versicherungsschein genannte, nicht notwendig mit dem VN identische Person bei der Teilnahme am öffentlichen Verkehr als Führer eines fremden Motorfahrzeugs sowie in den in § 21 Abs. 7b bis d genannten Eigenschaften als Fahrgast, Fußgänger und Radfahrer (§ 21 Rdnrn. 12, 13).

2   2. Abs. 2 entspricht § 23 Abs. 7 ARB 75 Bei dieser Versicherungsform haben alle Kraftfahrer des versicherten **Unternehmens** und alle Betriebsangehörigen des versicherten Kraftfahrzeug-Gewerbebetriebs bei ihrer beruflichen Tätigkeit Fahrer- und Fußgänger-RS im Sinn des Abs. 1 und 3. Im Unterschied zu § 23 Abs. 7 Ziff. 1 ARB 75 ist es nicht notwendig, daß die Kraftfahrer als (unselbständige) Arbeitnehmer beschäftigt sind. Die Beitragspflicht des versicherten Unternehmens richtet sich nach § 11 Abs. 1 und 2, seine Meldepflicht und die Folgen ihrer Verletzung nach § 11 Abs. 3. Im übrigen kann auf die Erläuterungen in § 23 ARB 75 Rdnrn. 11 bis 19 verwiesen werden.

3   Abs. 3 zählt die versicherten **Leistungsarten** auf, die bis auf den RS im Vertrags- und Sachenrecht (§ 2d) denen des Verkehrs-RS des § 21 entsprechen.

4   4. Abs. 4 enthält eine dem mutmaßlichen Willen des nach Abs. 1 versicherten VN entsprechende **Vorsorgeversicherung** für den Fall, daß dieser ein Kraftfahrzeug erwirbt. Mit dem Tag der Zulassung oder der Aushändigung eines Versicherungskennzeichens wandelt sich dann der Vertrag nach § 22 in einen fahrzeugbezogenen Verkehrs-RS nach § 21 Abs. 3 um mit der Beitragsfolge gemäß § 11 Abs. 1 Satz 1 (kritisch hierzu im Hinblick auf § 10 Nr. 5 AGBG *Prölss* VersR 96, 145, 147). Etwaige Auseinandersetzungen im Zusammenhang mit dem Erwerb des Fahrzeugs sind dann mitversichert.

5   5. Die Verbandsempfehlung zu Abs. 5 enthält den in der GruppenfreistellungsVO vorgesehenen Hinweis, daß es jedem Versicherer freigestellt ist, etwas anderes zu vereinbaren (Einl. Rdnr. 4). Abs. 5 statuiert die Leistungsfreiheit des Versicherers für den Fall der Verletzung einer der genannten drei dem § 21 Abs. 8 entsprechenden **Obliegenheiten** (vgl. § 21 Rdnr. 14). Eine Entlastungsmöglichkeit für den VN ist hier nicht vorgesehen, da davon auszugehen ist, daß die Verletzung einer dieser Obliegenheiten durch den Fahrer nicht ohne dessen Verschulden erfolgt.

Privat-Rechtsschutz für Selbständige 1 § 23 ARB 94

6. Abs. 6 enthält eine Spezialregelung des Wagniswegfalls gegenüber § 12 **6**
Abs. 1. Ob die **Fahrerlaubnis** des nach Abs. 1 versicherten VN aus tatsächlichen oder rechtlichen Gründen **weggefallen** ist, spielt keine Rolle. Vor Ablauf der Sechsmonatsfrist besteht kein Anspruch auf Aufhebung des Versicherungsvertrags.

§ 23 Privat-Rechtsschutz für Selbständige

(1) Versicherungsschutz besteht für den Versicherungsnehmer und seinen ehelichen oder im Versicherungsschein genannten nichtehelichen Lebenspartner, wenn einer oder beide eine gewerbliche, freiberufliche oder sonstige selbständige Tätigkeit ausüben,
a) für den privaten Bereich,
b) für den beruflichen Bereich in Ausübung einer nichtselbständigen Tätigkeit.

(2) Mitversichert sind die minderjährigen und die unverheirateten, volljährigen Kinder bis zur Vollendung des 25. Lebensjahres, letztere jedoch längstens bis zu dem Zeitpunkt, in dem sie erstmalig eine auf Dauer angelegte berufliche Tätigkeit ausüben und hierfür ein leistungsbezogenes Entgelt erhalten.

(3) Der Versicherungsschutz umfaßt:
Schadenersatz-Rechtsschutz (§ 2 a),
Arbeits-Rechtsschutz (§ 2 b),
Rechtsschutz im Vertrags- und Sachenrecht (§ 2 d),
Steuer-Rechtsschutz vor Gerichten (§ 2 e),
Sozialgerichts-Rechtsschutz (§ 2 f),
Disziplinar- und Standes-Rechtsschutz (§ 2 h),
Straf-Rechtsschutz (§ 2 i),
Ordnungswidrigkeiten-Rechtsschutz (§ 2 j),
Beratungs-Rechtsschutz im Familien- und Erbrecht (§ 2 k).

(4) Der Versicherungsschutz umfaßt nicht die Wahrnehmung rechtlicher Interessen als Eigentümer, Halter, Erwerber, Mieter, Leasingnehmer und Fahrer eines zulassungspflichtigen oder mit einem Versicherungskennzeichen zu versehenden Motorfahrzeuges zu Lande, zu Wasser oder in der Luft sowie Anhängers.

(5) Sind der Versicherungsnehmer und/oder der mitversicherte Lebenspartner nicht mehr gewerblich, freiberuflich oder sonstig selbständig tätig oder wird von diesen keiner der vorgenannten Tätigkeiten mit einem Gesamtumsatz von mehr als 12000,- DM - bezogen auf das letzte Kalenderjahr - ausgeübt, wandelt sich der Versicherungsschutz ab Eintritt dieser Umstände in einen solchen nach § 25 um.

1. Der als Privat-RS für **Selbständige** bezeichnete § 23 ist eine bedin- **1**
gungsmäßig verselbständigte Fortentwicklung des Familien-RS des § 25 ARB 75, der Selbständigen und Nichtselbständigen in derselben Fassung geboten worden war und sich nur im Tarif unterschieden hatte. Der § 25 ARB 94 wurde dagegen als Privat- und Berufs-RS für Nichtselbständige ausgestaltet. Unter der Voraussetzung, daß der VN oder sein ehelicher oder

843

§ 23 ARB 94 2–4 4. Formen des Versicherungsschutzes

im Versicherungsschein genannter nichtehelicher Lebenspartner oder beide eine selbständige Tätigkeit ausüben, die die Bagatellgrenze von 12 000,– DM Gesamtumsatz (Abs. 5; § 25 Abs. 1) übersteigt, besteht Versicherungsschutz für den privaten, d. h. nichtberuflichen Bereich und eine etwaige nichtselbständige berufliche Tätigkeit des VN und seines Partners im Umfang des Abs. 3, jedoch ohne den Bereich des motorisierten Verkehrs (Abs. 4). Auseinandersetzungen zwischen nichtehelichen Lebenspartnern sind im Umfang des § 3 Abs. 4 b vom Versicherungsschutz ausgenommen. Wegen der Begriffe „gewerbliche, freiberufliche oder sonstige selbständige Tätigkeit" kann auf die entsprechenden Erläuterungen in § 24 ARB 75 Rdnrn. 1 bis 13 verwiesen werden. Die Schwierigkeiten, die Grenze zwischen (noch) unselbständiger und (schon) selbständiger Tätigkeit bei der Verwaltung eigenen Vermögens zu ziehen (hierzu § 24 ARB 75 Rdnr. 11), sind jetzt zum Teil gemindert durch die Ausschlußbestimmung des § 3 Abs. 2 f, der die Interessenwahrnehmung im Zusammenhang mit Termin- und vergleichbaren Spekulationsgeschäften vom Versicherungsschutz ausnimmt (§ 3 Rdnrn. 13, 14).

2 2. Mitversichert sind neben dem Lebenspartner (Abs. 1) die minderjährigen **Kinder** des VN und seines Lebenspartners sowie die volljährigen unverheirateten Kinder bis zur Vollendung des 25. Lebensjahres, solange diese keine auf Dauer angelegte, leistungsbezogen bezahlte unselbständige Tätigkeit (Abs. 1 b) ausüben (so schon § 26 in der Fassung von 1988; vgl. § 26 ARB 75 Rdnr. 9 a; zur Frage des leistungsbezogenen Entgelts § 25 ARB 75 Rdnr. 11).

3 3. Vom Versicherungsschutz insgesamt ausgenommen ist die Interessenwahrnehmung des VN und aller Mitversicherten in den in Abs. 4 genannten Eigenschaften im Zusammenhang mit dem **motorisierten Verkehr**. Die Ausschlußbestimmung entspricht etwa dem § 25 Abs. 4 ARB 75 mit der Ergänzung, daß jetzt auch die Eigenschaft als „Erwerber" eines Motorfahrzeugs ausdrücklich vom Versicherungsschutz ausgeschlossen ist. Dies kann vor allem Bedeutung gewinnen bei einem fehlgeschlagenen Kaufvertrag über ein Motorfahrzeug, bei dem der Rechtsschutzfall im Sinn des § 4 Abs. 1 Satz 1 c eingetreten ist, bevor der VN Eigentümer oder Halter geworden war. In diesem Fall bestände nur Versicherungsschutz über einen Vertrag nach § 21 gemäß dessen Abs. 6 oder 10. Die Interessenwahrnehmung im Zusammenhang mit einem nicht zulassungspflichtigen und nicht mit einem Versicherungskennzeichen zu versehenden Motorfahrzeug fällt nicht unter die Ausschlußbestimmung, ebensowenig diejenige als Fahrzeuginsasse. Im übrigen kann auf die Erläuterungen in § 25 ARB 75 Rdnrn. 46 bis 56 verwiesen werden.

4 4. Abs. 5 regelt den Fall, daß der VN und/oder sein Lebenspartner ihre selbständige Tätigkeit aufgeben oder der Gesamtumsatz (zu diesem Begriff § 26 ARB 75 Rdnr. 2 a) aus dieser Tätigkeit im letzten Kalenderjahr 12 000,– DM nicht mehr überschritten hat. Sobald einer dieser Umstände eingetreten ist, **wandelt** sich der Vertrag von diesem Zeitpunkt an automatisch in den Privat- und Berufs-RS für Nichtselbständige nach § 25 mit der Folge eines entsprechend niedrigeren Beitrags nach § 11 Abs. 2 **um**.

§ 24 Berufs-Rechtsschutz für Selbständige, Rechtsschutz für Firmen und Vereine

(1) Versicherungsschutz besteht
a) für die im Versicherungsschein bezeichnete gewerbliche, freiberufliche oder sonstige selbständige Tätigkeit des Versicherungsnehmers. Mitversichert sind die vom Versicherungsnehmer beschäftigten Personen in Ausübung ihrer beruflichen Tätigkeit für den Versicherungsnehmer;
b) für Vereine sowie deren gesetzliche Vertreter, Angestellte und Mitglieder, soweit diese im Rahmen der Aufgaben tätig sind, die ihnen gemäß der Satzung obliegen.

(2) Der Versicherungsschutz umfaßt:
Schadenersatz-Rechtsschutz	(§ 2a),
Arbeits-Rechtsschutz	(§ 2b),
Sozialgerichts-Rechtsschutz	(§ 2f),
Disziplinar- und Standes-Rechtsschutz	(§ 2h),
Straf-Rechtsschutz	(§ 2i),
Ordnungswidrigkeiten-Rechtsschutz	(§ 2j).

(3) Der Versicherungsschutz umfaßt nicht die Wahrnehmung rechtlicher Interessen als Eigentümer, Halter, Erwerber, Mieter, Leasingnehmer und Fahrer eines zulassungspflichtigen oder mit einem Versicherungskennzeichen zu versehenden Motorfahrzeuges zu Lande, zu Wasser oder in der Luft sowie Anhängers.

1. a) § 24 ist im wesentlichen eine Kombination von § 24 Abs. 1, 2, 5a und § 28 ARB 75 Wegen der in Abs. 1a verwendeten Begriffe „gewerbliche, freiberufliche oder sonstige **selbständige** Tätigkeit" und ihrer Abgrenzung zu anderen Tätigkeiten kann auf § 24 ARB 75 Rdnrn. 1 bis 13 verwiesen werden. Versicherungsschutz besteht im Umfang der Abs. 2 und 3 für den VN, der auch eine juristische Person sein kann, speziell für die im Versicherungsschein bezeichnete selbständige Tätigkeit. Gibt der VN die versicherte Tätigkeit auf, gilt § 12 Abs. 1, stirbt er, § 12 Abs. 2. Eine Nachhaftungsregelung entsprechend § 24 Abs. 4 ARB 75 ist nicht vorgesehen.

b) **Mitversichert** sind nach Abs. 1a Satz 2 im gleichen Umfang alle vom VN „beschäftigten" Personen bei Ausübung ihrer beruflichen Tätigkeit für den VN (vgl. hierzu § 24 ARB 75 Rdnrn. 15, 16). Über § 24 Abs. 1 Satz 2 ARB 75 hinausgehend sind dies nicht nur (unselbständige) Arbeitnehmer und mitarbeitende Familienangehörige, sondern beispielsweise auch Geschäftsführer (gesetzliche Vertreter) und freie Mitarbeiter. Voraussetzung ist jedoch, daß sie eine Tätigkeit ausüben, die zum Aufgabenkreis des VN gehört und daß ein „Beschäftigungsverhältnis" vorliegt. Selbständige Subunternehmer können daher beispielsweise nicht mehr als vom VN „beschäftigt" angesehen werden.

c) Abs. 1b entspricht dem RS für **Vereine** des § 28 ARB 75 Auf die Erläuterungen zu § 28 ARB 75 kann verwiesen werden.

2. Die gemäß Abs. 2 versicherbaren **Rechtsangelegenheiten** entsprechen etwa dem § 24 Abs. 2 ARB 75 Voraussetzung ist jeweils, daß der VN oder Mitversicherte in der versicherten speziellen Eigenschaft von einem

§ 24 ARB 94 5, 6   4. Formen des Versicherungsschutzes

Rechtsschutzfall im Sinn des § 4 betroffen wurde (vgl. im einzelnen § 24 ARB 75 Rdnrn. 21 ff.). Nicht mehr unter die Deckung fällt die Geltendmachung gesetzlicher Schadenersatzansprüche auf Grund einer Vertragsverletzung, z.B. wegen positiver Vertragsverletzung (*Palandt/Heinrichs* § 276 Rdnrn. 104 ff.), da der RS im Vertrags- und Sachenrecht (§ 2 d) nicht im Leistungskatalog des Abs. 2 enthalten ist und der Schadenersatz-RS des § 2 a solche Ansprüche nicht umfaßt (§ 2 Rdnr. 2). Über § 24 Abs. 2c ARB 75 hinausgehend steht dagegen jetzt die Verteidigung gegen den Vorwurf einer Steuer-Ordnungswidrigkeit unter Versicherungsschutz (§ 2 j bb; § 2 Rdnr. 22). Die früher gemäß § 24 Abs. 3 ARB 75 gegebene Möglichkeit, vertragliche Streitigkeiten einzuschließen, ist entfallen, wird jedoch von einzelnen Versicherern für spezielle Berufsgruppen (z.B. Ärzte) geboten.

5   3. Ausgenommen vom Versicherungsschutz ist gemäß Abs. 3 die Interessenwahrnehmung im Zusammenhang mit dem **motorisierten** Verkehr. Hier gilt das zu § 23 Abs. 4 Gesagte (§ 23 Rdnr. 3).

6   4. Anstelle des in den ARB 94 nicht mehr enthaltenen RS für das **Kraftfahrzeug-Gewerbe** des § 24 Abs. 6 ARB 75 hat der VdS im März 1995 die Verwendung einer Klausel zu § 24 Abs. 3 unverbindlich empfohlen, die nachstehend abgedruckt ist. Der Versicherungsschutz entspricht etwa dem des § 24 Abs. 6 ARB 75 Mitversichert sind insbesondere die vom VN beschäftigten Personen im Sinn § 24 Abs. 1a Satz 2 als Fahrer und Insassen ihnen nicht gehörender, sondern in Obhut des VN befindlicher Kraftfahrzeuge (§ 24 ARB 75 Rdnrn. 87, 88), nicht dagegen – falls nicht gesondert vereinbart – bei vorübergehender Benutzung eines – auch eigenen – Kraftfahrzeugs im betrieblichen Interesse (§ 24 ARB 75 Rdnr. 89). Kein Versicherungsschutz ist vorgesehen für Auseinandersetzungen aus Erwerbsverträgen im Sinn des § 21 Abs. 6. Die Verbandsempfehlung zu Satz 2 der Klausel enthält den in der GruppenfreistellungsVO vorgesehenen Hinweis, daß es jedem Versicherer freigestellt ist, etwas anderes zu vereinbaren (Einl. Rdnr. 4). Die Klausel lautet:

Klausel zu § 24 Absatz 3 ARB 94 – Rechtsschutz für das Kraftfahrzeuggewerbe

VdS – Musterklausel
(Unverbindliche Empfehlung des Verbandes der Schadenversicherer e. V. – VdS – Abweichende Vereinbarungen sind möglich)
Für Betriebe des Kraftfahrzeughandels und -handwerks, Fahrschulen und Tankstellen besteht abweichend von § 24 Absatz 3 Verkehrs-Rechtsschutz gemäß § 21 Absätze 1, 4, 7 und 8 für alle auf den Versicherungsnehmer zugelassenen, auf seinen Namen mit einem Versicherungskennzeichen versehenen oder in seinem Eigentum stehenden Motorfahrzeuge zu Lande sowie Anhänger und Fahrer-Rechtsschutz gemäß § 22 Absätze 2, 3 und 5.
Ausgeschlossen ist im Rahmen des § 21 Absatz 4 der Rechtsschutz im Vertrags- und Sachenrecht für Motorfahrzeuge, die nicht auf den Versicherungsnehmer oder nur mit einem roten Kennzeichen zugelassen sind, sowie die Wahrnehmung rechtlicher Interessen aus Versicherungsverträgen.

§ 25 Privat- und Berufs-Rechtsschutz für Nichtselbständige

(1) Versicherungsschutz besteht für den privaten und den beruflichen Bereich des Versicherungsnehmers und seines ehelichen oder im Versicherungsschein genannten nichtehelichen Lebenspartners, wenn diese keine gewerbliche, freiberufliche oder sonstige selbständige Tätigkeit mit einem Gesamtumsatz von mehr als 12 000,- DM - bezogen auf das letzte Kalenderjahr - ausüben. Kein Versicherungsschutz besteht unabhängig von der Umsatzhöhe für die Wahrnehmung rechtlicher Interessen im Zusammenhang mit einer der vorgenannten selbständigen Tätigkeiten.

(2) Mitversichert sind die minderjährigen und die unverheirateten volljährigen Kinder bis zur Vollendung des 25. Lebensjahres, letztere jedoch längstens bis zu dem Zeitpunkt, in dem sie erstmalig eine auf Dauer angelegte berufliche Tätigkeit ausüben und hierfür ein leistungsbezogenes Entgelt erhalten.

(3) Der Versicherungsschutz umfaßt:

Schadenersatz-Rechtsschutz	(§ 2 a),
Arbeits-Rechtsschutz	(§ 2 b),
Rechtsschutz im Vertrags- und Sachenrecht	(§ 2 d),
Steuer-Rechtsschutz vor Gerichten	(§ 2 e),
Sozialgerichts-Rechtsschutz	(§ 2 f),
Disziplinar- und Standes-Rechtsschutz	(§ 2 h),
Straf-Rechtsschutz	(§ 2 i),
Ordnungswidrigkeiten-Rechtsschutz	(§ 2 j),
Beratungs-Rechtsschutz im Familien- und Erbrecht	(§ 2 k).

(4) Der Versicherungsschutz umfaßt nicht die Wahrnehmung rechtlicher Interessen als Eigentümer, Halter, Erwerber, Mieter, Leasingnehmer und Fahrer eines zulassungspflichtigen oder mit einem Versicherungskennzeichen zu versehenden Motorfahrzeuges zu Lande, zu Wasser oder in der Luft sowie Anhängers.

(5) Haben der Versicherungsnehmer und/oder der mitversicherte Lebenspartner eine gewerbliche, freiberufliche oder sonstige selbständige Tätigkeit mit einem Gesamtumsatz von mehr als 12 000,- DM im letzten Kalenderjahr aufgenommen oder übersteigt deren aus einer solchen Tätigkeit im letzten Kalenderjahr erzielter Gesamtumsatz den Betrag von 12 000,- DM, wandelt sich der Versicherungsschutz ab Eintritt dieser Umstände in einen solchen nach § 23 um.

1. § 25 entspricht dem Familien-RS des § 25 ARB 75, nunmehr beschränkt auf **Nichtselbständige**, während für Selbständige jetzt § 23 vorgesehen ist. Voraussetzung ist, daß der VN und sein Lebenspartner keine irgendwie geartete selbständige Tätigkeit mit einem Gesamtumsatz (§ 26 ARB 75 Rdnr. 2 a) von mehr als 12 000,- DM im Kalenderjahr ausüben. Unabhängig davon besteht generell kein Versicherungsschutz für die Interessenwahrnehmung „im Zusammenhang mit" einer gewerblichen, freiberuflichen oder sonstigen selbständigen Tätigkeit. Hiermit sind auch Tätigkeiten ausgeschlossen, die eine irgendwie geartete selbständige Tätigkeit vorbereiten oder nach ihrem Ende abwickeln sollen (vgl. hierzu § 25 ARB 75 Rdnrn. 23, 23 a und 24; zum Begriff der selbständigen Tätigkeiten § 24 ARB 75 Rdnr. 2 bis 13; zu Grenzfällen § 25 ARB 75 Rdnrn. 14 bis 22).

§ 26 ARB 94   4. Formen des Versicherungsschutzes

2   2. Die nach Abs. 2 vorgesehene Mitversicherung der beiderseitigen minderjährigen und unverheirateten volljährigen **Kinder** entspricht § 23 Abs. 2 (§ 23 Rdnr. 2).

3   3. Der Versicherungsschutz nach Abs. 3 setzt voraus, daß der VN oder Mitversicherte speziell im nichtberuflichen privaten oder im Bereich nichtselbständiger Berufstätigkeit von einem Rechtsschutzfall im Sinn des § 4 betroffen wurde und aufgrund dessen eine der in Abs. 3 genannten **Rechtsangelegenheiten** zu besorgen hat. Kein Versicherungsschutz besteht im Zusammenhang mit einer irgendwie gearteten selbständigen Tätigkeit ohne Rücksicht auf deren Umsatzhöhe (Abs. 1).

4   4. Ausgenommen vom Versicherungsschutz ist die Interessenwahrnehmung im Zusammenhang mit dem **motorisierten** Verkehr gemäß Abs. 4. Es gilt das zu § 23 Abs. 4 Gesagte (§ 23 Rdnr. 3).

5   5. Abs. 5 legt als Gegenstück zu § 23 Abs. 5 fest, daß sich der Vertrag nach § 25 in den Privat-RS für Selbständige nach § 23 – mit der Folge eines entsprechend höheren Beitrags gemäß § 11 Abs. 1 – **umwandelt**, sobald, der VN und/oder sein Lebenspartner eine irgendwie geartete selbständige Tätigkeit mit einem Gesamtumsatz von mehr als 12 000,– DM im Kalenderjahr aufnimmt. Will der VN in einem solchen Fall auch den beruflichen Bereich selbständiger Tätigkeit absichern, muß er einen zusätzlichen Vertrag nach § 24 oder statt der Verträge nach §§ 23 und 24 einen solchen nach § 27 oder 28 abschließen.

§ 26 Privat-, Berufs- und Verkehrs-Rechtsschutz für Nichtselbständige

(1) Versicherungsschutz besteht für den privaten und beruflichen Bereich des Versicherungsnehmers und seines ehelichen oder im Versicherungsschein genannten nichtehelichen Lebenspartners, wenn diese keine gewerbliche, freiberufliche oder sonstige selbständige Tätigkeit mit einem Gesamtumsatz von mehr als 12 000,– DM – bezogen auf das letzte Kalenderjahr – ausüben. Kein Versicherungsschutz besteht unabhängig von der Umsatzhöhe für die Wahrnehmung rechtlicher Interessen im Zusammenhang mit einer der vorgenannten selbständigen Tätigkeiten.

(2) Mitversichert sind
a) die minderjährigen Kinder,
b) die unverheirateten, volljährigen Kinder bis zur Vollendung des 25. Lebensjahres, jedoch längstens bis zu dem Zeitpunkt, in dem sie erstmalig eine auf Dauer angelegte berufliche Tätigkeit ausüben und hierfür ein leistungsbezogenes Entgelt erhalten. Soweit sich nicht aus der nachfolgenden Bestimmung etwas anderes ergibt, besteht jedoch kein Rechtsschutz für die Wahrnehmung rechtlicher Interessen als Eigentümer, Halter, Erwerber, Mieter, Leasingnehmer und Fahrer von zulassungspflichtigen oder mit einem Versicherungskennzeichen zu versehenden Motorfahrzeugen zu Lande, zu Wasser oder in der Luft sowie Anhängern (Fahrzeug);

Privat-, Berufs- und Verkehrs-RS für Nichtselbständige § 26 ARB 94

c) alle Personen in ihrer Eigenschaft als berechtigte Fahrer und berechtigte Insassen jedes bei Vertragsabschluß oder während der Vertragsdauer auf den Versicherungsnehmer, seinen mitversicherten Lebenspartner oder die minderjährigen Kinder zugelassenen oder auf ihren Namen mit einem Versicherungskennzeichen versehenen oder von diesem Personenkreis als Selbstfahrer-Vermietfahrzeug zum vorübergehenden Gebrauch gemieteten Motorfahrzeuges zu Lande sowie Anhängers.

(3) Der Versicherungsschutz umfaßt:

Schadenersatz-Rechtsschutz	(§ 2 a),
Arbeits-Rechtsschutz	(§ 2 b),
Rechtsschutz im Vertrags- und Sachenrecht	(§ 2 d),
Steuer-Rechtsschutz vor Gerichten	(§ 2 e),
Sozialgerichts-Rechtsschutz	(§ 2 f),
Verwaltungs-Rechtsschutz in Verkehrssachen	(§ 2 g),
Disziplinar- und Standes-Rechtsschutz	(§ 2 h),
Straf-Rechtsschutz	(§ 2 i),
Ordnungswidrigkeiten-Rechtsschutz	(§ 2 j),
Beratungs-Rechtsschutz im Familien- und Erbrecht	(§ 2 k).

(4) Es besteht kein Rechtsschutz für die Wahrnehmung rechtlicher Interessen als Eigentümer, Halter, Erwerber, Mieter und Leasingnehmer eines zulassungspflichtigen Motorfahrzeuges zu Wasser oder in der Luft.

(5) Hatte der Fahrer bei Eintritt des Rechtsschutzfalles nicht die vorgeschriebene Fahrerlaubnis, war er zum Führen des Fahrzeuges nicht berechtigt, war das Fahrzeug nicht zugelassen oder nicht mit einem Versicherungskennzeichen versehen, besteht Rechtsschutz nur für diejenigen versicherten Personen, die von dem Fehlen der Fahrerlaubnis, von der Nichtberechtigung zum Führen des Fahrzeuges oder von dem Fehlen der Zulassung oder des Versicherungskennzeichens ohne Verschulden keine Kenntnis hatten.

(6) Haben der Versicherungsnehmer und/oder der mitversicherte Lebenspartner eine gewerbliche, freiberufliche oder sonstige selbständige Tätigkeit mit einem Gesamtumsatz von mehr als 12 000,- DM im letzten Kalenderjahr aufgenommen oder übersteigt deren aus einer der vorgenannten selbständigen Tätigkeit im letzten Kalenderjahr erzielter Gesamtumsatz den Betrag von 12 000,- DM, wandelt sich der Versicherungsschutz ab dem Eintritt dieser Umstände in einen solchen nach § 21 Absätze 1 und 4 bis 9 – für die auf den Versicherungsnehmer zugelassenen oder auf seinen Namen mit einem Versicherungskennzeichen versehenen Fahrzeuge – und § 23 um. Der Versicherungsnehmer kann jedoch innerhalb von sechs Monaten nach der Umwandlung die Beendigung des Versicherungsschutzes nach § 21 verlangen. Verlangt er dies später als zwei Monate nach Eintritt der für die Umwandlung des Versicherungsschutzes ursächlichen Tatsachen, endet der Versicherungsschutz nach § 21 erst mit Eingang der entsprechenden Erklärung des Versicherungsnehmers.

(7) Ist seit mindestens sechs Monaten kein Motorfahrzeug zu Lande und kein Anhänger mehr auf den Vesicherungsnehmer, seinen mitversicherten Lebenspartner oder die minderjährigen Kinder zugelassen oder auf deren Namen mit einem Versicherungskennzeichen versehen, kann der Versicherungsnehmer verlangen, daß der Versicherungsschutz in einen solchen nach § 25 umgewandelt wird. Eine solche Umwandlung tritt automatisch ein,

§ 26 ARB 94   1–4   4. Formen des Versicherungsschutzes

wenn die gleichen Voraussetzungen vorliegen und der Versicherungsnehmer, dessen mitversicherter Lebenspartner und die minderjährigen Kinder zusätzlich keine Fahrerlaubnis mehr haben. Werden die für die Umwandlung des Versicherungsschutzes ursächlichen Tatsachen dem Versicherer später als zwei Monate nach ihrem Eintritt angezeigt, erfolgt die Umwandlung des Versicherungsschutzes erst ab Eingang der Anzeige.

1   1. § 26 entspricht etwa dem Familien- und Verkehrs-RS für Nichtselbständige des § 26 ARB 75 (Fassung 1988), beschränkt auf Motorfahrzeuge zu Lande und Anhänger. Er **kombiniert** im wesentlichen den Privat- und Berufs-RS für Nichtselbständige des § 25 mit dem Verkehrs-RS des § 21 Abs. 1. Abs. 1 enthält für den VN und seinen ehelichen oder im Versicherungsschein genannten nichtehelichen Lebenspartner im privaten und beruflichen Bereich die gleichen Voraussetzungen wie § 25 Abs. 1. Auf die Erläuterungen in § 25 Rdnr. 1 kann daher verwiesen werden. Im Gegensatz zur Systematik des § 26 (Fassung 1975 und 1988) ist die Mitversicherung der Interessenwahrnehmung im Zusammenhang mit dem motorisierten Verkehr nicht mehr eigens erwähnt. Sie ergibt sich aus der umfassenden, mit Ausnahme einer selbständigen Tätigkeit alle Lebensbereiche und damit auch den Verkehrsbereich einschließenden Formulierung des Abs. 1 in Verbindung mit den teilweisen Risikoausschlüssen für den Verkehrsbereich in Abs. 2b Satz 2 und Abs. 4.

2   2. a) Die Mitversicherung der minderjährigen **Kinder** gemäß Abs. 2a sowie der volljährigen unverheirateten Kinder außerhalb des Bereichs des motorisierten Verkehrs gemäß Abs. 2b entspricht dem § 23 Abs. 2 (§ 23 Rdnr. 2). Die an sich mitversicherten volljährigen Kinder haben jedoch – vorbehaltlich des Abs. 2c – in den in Abs. 2b Satz 2 aufgezählten verkehrsbezogenen Eigenschaften keinen Versicherungsschutz für die Interessenwahrnehmung im Zusammenhang mit zulassungspflichtigen oder mit einem Versicherungskennzeichen versehenen Motorfahrzeugen aller Art.

3   b) **Mitversichert** sind außerdem die berechtigten Fahrer und Insassen aller „familieneigenen" Kraftfahrzeuge im Sinn des Abs. 2c sowie der von dem dort genannten Personenkreis zu vorübergehendem Gebrauch angemieteten Selbstfahrer-Vermietfahrzeuge (§ 21 Rdnrn. 4, 5). Als berechtigte Fahrer und Insassen der hier genannten Fahrzeuge sind auch die volljährigen Kinder im Sinn des Abs. 2b mitversichert.

4   3. Der Versicherungsschutz umfaßt nach Abs. 3 alle nach § 2 versicherbaren **Rechtsangelegenheiten** mit Ausnahme des gesondert zu versichernden Wohnungs- und Grundstücks-RS des § 2c. Die Deckung besteht – mit Ausnahme einer selbständigen Berufstätigkeit – für eine Interessenwahrnehmung in allen Lebensbereichen und in allen versicherten Eigenschaften des VN und der Mitversicherten. Da § 26 keine dem § 21 Abs. 6 entsprechende Regelung enthält und Abs. 4 nur Erwerbsverträge über Wasser- und Luftfahrzeuge ausschließt, sind über den RS für Vertrags- und Sachenrecht des Abs. 3 auch Verträge über nicht zugelassene und nicht zur Zulassung vorgesehene Landfahrzeuge versichert, soweit keine selbständige Tätigkeit gemäß Abs. 1 Satz 2 vorliegt.

4. Im Gegensatz zu § 26 (Fassung 1975 und 1988) ist der Versicherungs- 5
schutz in einer der in Abs. 4 genannten Eigenschaften ausgeschlossen in Bezug auf ein zulassungspflichtiges **Motorschiff** oder **Motorflugzeug**. Hierfür
ist ein gesonderter Vertrag nach § 21 Abs. 3 nötig. Dagegen besteht für den
VN, seinen mitversicherten Lebenspartner und die minderjährigen Kinder
mangels einer Ausschlußbestimmung – vorbehaltlich Abs. 1 Satz 2 – Fahrer-
RS auch beim Fahren im Sinn des Abs. 2c „familienfremder" Motorfahrzeuge zu Lande sowie beim Führen aller – auch eigener – Motorfahrzeuge
zu Wasser und in der Luft (vgl. oben Rdnr. 1).

5. Die Verbandsempfehlung zu Abs. 5 enthält den in der Gruppenfrei- 6
stellungsVO vorgesehenen Hinweis, daß es jedem Versicherer freigestellt ist,
etwas anderes zu vereinbaren (Einl. Rdnr. 4). Abs. 5 statuiert die Sanktionen
für den Fall der Verletzung einer der drei genannten, dem § 21 Abs. 8 entsprechenden **Obliegenheiten** (vgl. § 21 Rdnr. 14).

6. Abs. 6 sieht entsprechend § 25 Abs. 5 eine automatische **Umwandlung** 7
des Vertrags in Verkehrs-RS nach § 21 und Privat-RS für Selbständige nach
§ 23 vor, falls der VN und/oder sein Lebenspartner eine irgendwie geartete
selbständige Berufstätigkeit mit einem Gesamt-Jahresumsatz (§ 26 ARB 75
Rdnr. 2a) von mehr als 12000,– DM aufnehmen. Der VN kann jedoch innerhalb der Fristen des Abs. 6 Satz 2 und 3 eine Beendigung des Verkehrs-
RS-Vertrags verlangen.

7. Sind keine Kraftfahrzeuge mehr auf den VN, seinen Lebenspartner und 8
die minderjährigen Kinder zugelassen oder mit einem Versicherungskennzeichen versehen, besteht an sich der Vertrag nach § 26 fort, da dieser Personenkreis – außer der Deckung im Nicht-Verkehrsbereich – auch noch den
Fahrer-RS für das Fahren im Sinn des Abs. 2c „familienfremder" Kraftfahrzeuge sowie für das Führen von Motorschiffen und -flugzeugen hat (oben
Rdnr. 5). Der VN kann jedoch gemäß Abs. 7 nach Ablauf von sechs Monaten seit dem Fahrzeugwegfall verlangen, daß der Vertrag in den Privat- und
Berufs-RS für Nichtselbständige des § 25 mit der Folge eines entsprechend
niedrigeren Beitrags (§ 11 Abs. 2) **umgewandelt** wird. Eine solche Umwandlung erfolgt automatisch, wenn die genannten Personen zusätzlich keine Fahrerlaubnis mehr haben. Bei verspäteter Anzeige der Umwandlungs-
tatsachen löst erst der Eingang der Anzeige die Umwandlung aus.

§ 27 Landwirtschafts- und Verkehrs-Rechtsschutz

(1) **Versicherungsschutz** besteht für den beruflichen Bereich des Versicherungsnehmers als Inhaber des im Versicherungsschein bezeichneten land-
oder forstwirtschaftlichen Betriebes sowie für den privaten Bereich und die
Ausübung nichtselbständiger Tätigkeiten.

(2) **Mitversichert** sind
a) der eheliche oder der im Versicherungsschein genannte nichteheliche Lebenspartner des Versicherungsnehmers,
b) die minderjährigen Kinder,

c) die unverheirateten, volljährigen Kinder bis zur Vollendung des 25. Lebensjahres, jedoch längstens bis zu dem Zeitpunkt, in dem sie erstmalig eine auf Dauer angelegte berufliche Tätigkeit ausüben und hierfür ein leistungsbezogenes Entgelt erhalten. Soweit sich nicht aus der nachfolgenden Bestimmung etwas anderes ergibt, besteht jedoch kein Rechtsschutz für die Wahrnehmung rechtlicher Interessen als Eigentümer, Halter, Erwerber, Mieter, Leasingnehmer und Fahrer von zulassungspflichtigen oder mit einem Versicherungskennzeichen zu versehenden Motorfahrzeugen zu Lande, zu Wasser oder in der Luft sowie Anhängern (Fahrzeug),
d) alle Personen in ihrer Eigenschaft als berechtigte Fahrer und berechtigte Insassen jedes bei Vertragsabschluß oder während der Vertragsdauer auf den Versicherungsnehmer, seinen mitversicherten Lebenspartner oder die minderjährigen Kinder zugelassenen oder auf ihren Namen mit einem Versicherungskennzeichen versehen oder von diesem Personenkreis als Selbstfahrer-Vermietfahrzeug zum vorübergehenden Gebrauch gemieteten Motorfahrzeuges zu Lande sowie Anhängers,
e) die im Versicherungsschein genannten, im Betrieb des Versicherungsnehmers tätigen und dort wohnhaften Mitinhaber sowie deren eheliche oder im Versicherungsschein genannte nichteheliche Lebenspartner und die minderjährigen Kinder dieser Personen,
f) die im Versicherungsschein genannten, im Betrieb des Versicherungsnehmers wohnhaften Altenteiler sowie deren eheliche oder im Versicherungsschein genannte nichteheliche Lebenspartner und die minderjährigen Kinder dieser Personen,
g) die im land- oder forstwirtschaftlichen Betrieb beschäftigten Personen in Ausübung ihrer Tätigkeit für den Betrieb.

(3) Der Versicherungsschutz umfaßt:

Schadenersatz-Rechtsschutz	(§ 2 a),
Arbeits-Rechtsschutz	(§ 2 b),
Wohnungs- und Grundstücks-Rechtsschutz	(§ 2 c),
für land- oder forstwirtschaftlich genutzte Grundstücke, Gebäude oder Gebäudeteile	
Rechtsschutz im Vertrags- und Sachenrecht	(§ 2 d),
Steuer-Rechtsschutz vor Gerichten	(§ 2 e),
Sozialgerichts-Rechtsschutz	(§ 2 f),
Verwaltungs-Rechtsschutz in Verkehrssachen	(§ 2 g),
Disziplinar- und Standes-Rechtsschutz	(§ 2 h),
Straf-Rechtsschutz	(§ 2 i),
Ordnungswidrigkeiten-Rechtsschutz	(§ 2 j),
Beratungs-Rechtsschutz im Familien- und Erbrecht	(§ 2 k)

(4) Soweit es sich nicht um Personenkraft- oder Kombiwagen, Krafträder oder land- oder forstwirtschaftlich genutzte Fahrzeuge handelt, besteht kein Rechtsschutz für die Wahrnehmung rechtlicher Interessen als Eigentümer, Halter, Erwerber, Mieter und Leasingnehmer von Fahrzeugen.

(5) Hatte der Fahrer bei Eintritt des Rechtsschutzfalles nicht die vorgeschriebene Fahrerlaubnis, war er zum Führen des Fahrzeuges nicht berechtigt, war das Fahrzeug nicht zugelassen oder nicht mit einem Versicherungskennzeichen versehen, besteht Rechtsschutz nur für diejenigen versicherten Personen, die von dem Fehlen der Fahrerlaubnis, von der Nichtberechtigung

Landwirtschafts- und Verkehrs-Rechtsschutz   1–8 § 27 ARB 94

zum Führen des Fahrzeuges oder von dem Fehlen der Zulassung oder des Versicherungskennzeichens ohne Verschulden keine Kenntnis hatten.

1. § 27 entspricht etwa dem § 27 ARB 75. Er ist eine **Kombination** von 1 § 24 speziell für Land- oder Forstwirte, § 23 und § 21 und entspricht der Systematik des § 26.

2. Abs. 1 umschreibt die unter Versicherungsschutz stehenden **Lebensbe-** 2 **reiche,** wobei aufgrund der umfassenden Formulierung – vorbehaltlich der teilweisen Ausschlüsse in Abs. 2 c und Abs. 4 – auch der Bereich des motorisierten Verkehrs eingeschlossen ist (vgl. § 26 Rdnr. 1). Die Ausübung einer andersartigen selbständigen Tätigkeit neben der versicherten Land- oder Forstwirtschaft ist nicht vom Versicherungsschutz umfaßt (vgl. die entsprechenden Erläuterungen in § 27 ARB 75 Rdnrn. 1 bis 4 und 11). Stirbt der VN, gilt § 12 Abs. 2; gibt er den versicherten Betrieb auf, § 12 Abs. 1.

3. a) Nach Abs. 2 a bis d sind dieselben Personen wie in § 26 Abs. 1 und 3 Abs. 2 a bis c **mitversichert.** Auf die Erläuterungen in § 26 Rdnrn. 1 bis 3 kann verwiesen werden.

b) Gemäß Abs. 2 e sind die dort genannten Personen mitversichert, soweit 4 der **Mitinhaber** im Versicherungsschein genannt und im versicherten Betrieb tätig ist und auch dort wohnt. Volljährige unverheiratete Kinder des Mitinhabers oder seines Lebenspartners sind nicht mitversichert.

c) Gemäß Abs. 2 f sind außerdem die dort genannten Personen mitversi- 5 chert, soweit der **Altenteiler** im Versicherungsschein genannt ist und im Betrieb oder dessen räumlichem Bereich wohnt (zum Begriff des Altenteilers vgl. § 27 ARB 75 Rdnr. 10). Volljährige unverheiratete Kinder sind nicht mitversichert.

d) Nach Abs. 2 g sind entsprechend § 24 Abs. 1 a Satz 2 auch die im versi- 6 cherten Betrieb **beschäftigten Personen** in Ausübung ihrer betrieblichen Tätigkeit mitversichert, und zwar im Unterschied zu § 27 Abs. 1 Satz 4 ARB 75 nicht nur als berechtigte Fahrer und Insassen im Sinn des Abs. 2 d „familieneigener", sondern auch „familienfremder", insbesondere eigener Motorfahrzeuge, sofern die Fahrt dem betrieblichen Interesse dient. Im übrigen kann auf die Erläuterungen zu § 27 ARB 75 Rdnrn. 7, 8 verwiesen werden.

4. Der Versicherungsschutz umfaßt nach Abs. 3 alle nach § 2 versicherba- 7 ren **Rechtsangelegenheiten,** wobei sich allerdings der Wohnungs- und Grundstücks-RS des § 2 c auf die land- und forstwirtschaftlich genutzten Immobilien beschränkt. Die Deckung besteht – mit Ausnahme einer land- oder forstwirtschaftsfremden selbständigen Tätigkeit – für eine Interessenwahrnehmung in allen Lebensbereichen und in allen versicherten Eigenschaften des VN und der Mitversicherten.

5. Vom Versicherungsschutz **ausgenommen** ist die Interessenwahrneh- 8 mung des VN und der Mitversicherten in den in Abs. 4 genannten Eigenschaften bezüglich von zulassungspflichtigen oder mit einem Versicherungskennzeichen zu versehenden Motorfahrzeugen zu Lande, zu Wasser und

§ 28 ARB 94 4. Formen des Versicherungsschutzes

in der Luft, soweit es sich nicht um die in Abs. 4 aufgezählten Kraftfahrzeuge handelt, zu denen – im Unterschied zu § 27 ARB 75 (§ 27 ARB 75 Rdnr. 33) – beispielsweise auch betrieblich genutzte Lastkraftwagen mit schwarzem Kennzeichen gehören. Nicht ausgeschlossen ist dagegen die Interessenwahrnehmung als Führer von Motorfahrzeugen aller Art.

9   **6. Die Verbandsempfehlung zu Abs. 5** enthält den in der GruppenfreistellungsVO vorgesehenen Hinweis, daß es jedem Versicherer freisteht, etwas anderes zu vereinbaren (Einl. Rdnr. 4). Abs. 5 statuiert die Sanktionen für den Fall der Verletzung einer der drei genannten, dem § 21 Abs. 8 entsprechenden **Obliegenheiten** (§ 21 Rdnr. 14).

§ 28 Privat-, Berufs- und Verkehrs-Rechtsschutz für Selbständige

(1) Versicherungsschutz besteht
a) für die im Versicherungsschein bezeichnete gewerbliche, freiberufliche oder sonstige selbständige Tätigkeit des Versicherungsnehmers;
b) für den Versicherungsnehmer oder eine im Versicherungsschein genannte Person auch im privaten Bereich und für die Ausübung nichtselbständiger Tätigkeiten.

(2) Mitversichert sind
a) der eheliche oder der im Versicherungsschein genannte nichteheliche Lebenspartner des Versicherungsnehmers oder der gemäß Abs. 1 b) genannten Person,
b) die minderjährigen Kinder,
c) die unverheirateten, volljährigen Kinder bis zur Vollendung des 25. Lebensjahres, jedoch längstens bis zu dem Zeitpunkt, in dem sie erstmalig eine auf Dauer angelegte berufliche Tätigkeit ausüben und hierfür ein leistungsbezogenes Entgelt erhalten. Soweit sich nicht aus der nachfolgenden Bestimmung etwas anderes ergibt, besteht jedoch kein Rechtsschutz für die Wahrnehmung rechtlicher Interessen als Eigentümer, Halter, Erwerber, Mieter, Leasingnehmer und Fahrer von zulassungspflichtigen oder mit einem Versicherungskennzeichen zu versehenden Motorfahrzeugen zu Lande, zu Wasser oder in der Luft sowie Anhängern (Fahrzeug),
d) alle Personen in ihrer Eigenschaft als berechtigte Fahrer und berechtigte Insassen jedes bei Vertragsabschluß oder während der Vertragsdauer auf den Versicherungsnehmer, die in Absatz 1 genannte Person, deren mitversicherte Lebenspartner oder deren minderjährige Kinder zugelassenen oder auf ihren Namen mit einem Versicherungskennzeichen versehenen oder von diesem Personenkreis als Selbstfahrer-Vermietfahrzeug zum vorübergehenden Gebrauch gemieteten Motorfahrzeuges zu Lande sowie Anhängers,
e) die vom Versicherungsnehmer beschäftigten Personen in Ausübung ihrer beruflichen Tätigkeit für den Versicherungsnehmer.

(3) Der Versicherungsschutz umfaßt:
Schadenersatz-Rechtsschutz (§ 2 a),
Arbeits-Rechtsschutz (§ 2 b),

Wohnungs- und Grundstücks-Rechtsschutz	(§ 2 c),
für im Versicherungsschein bezeichnete selbst genutzte Grundstücke, Gebäude oder Gebäudeteile,	
Rechtsschutz im Vertrags- und Sachenrecht	(§ 2 d),
für den privaten Bereich, die Ausübung nichtselbständiger Tätigkeiten und im Zusammenhang mit der Eigenschaft als Eigentümer, Halter, Erwerber, Mieter und Leasingnehmer von Motorfahrzeugen zu Lande sowie Anhängern,	
Steuer-Rechtsschutz vor Gerichten	(§ 2 e),
für den privaten Bereich, die Ausübung nichtselbständiger Tätigkeiten und im Zusammenhang mit der Eigenschaft als Eigentümer, Halter, Erwerber, Mieter und Leasingnehmer von Motorfahrzeugen zu Lande sowie Anhängern,	
Sozialgerichts-Rechtsschutz	(§ 2 f),
Verwaltungs-Rechtsschutz in Verkehrssachen	(§ 2 g),
Disziplinar- und Standes-Rechtsschutz	(§ 2 h),
Straf-Rechtsschutz	(§ 2 i),
Ordnungswidrigkeiten-Rechtsschutz	(§ 2 j),
Beratungs-Rechtsschutz im Familien- und Erbrecht	(§ 2 k).

(4) Der Wohnungs- und Grundstücks-Rechtsschutz kann ausgeschlossen werden.

(5) Es besteht kein Rechtsschutz für die Wahrnehmung rechtlicher Interessen als Eigentümer, Halter, Erwerber, Mieter und Leasingnehmer eines zulassungspflichtigen Motorfahrzeuges zu Wasser oder in der Luft.

(6) Hatte der Fahrer bei Eintritt des Rechtsschutzfalles nicht die vorgeschriebene Fahrerlaubnis, war er zum Führen des Fahrzeuges nicht berechtigt, war das Fahrzeug nicht zugelassen oder nicht mit einem Versicherungskennzeichen versehen, besteht Rechtsschutz nur für diejenigen versicherten Personen, die von dem Fehlen der Fahrerlaubnis, von der Nichtberechtigung zum Führen des Fahrzeuges oder von dem Fehlen der Zulassung oder des Versicherungskennzeichens ohne Verschulden keine Kenntnis hatten.

1. § 28 ist eine in der ARB 75 noch nicht enthaltene **Kombination** von §§ 21, 23 und 24 für selbständig Tätige und wurde in Anlehnung an die §§ 26 und 27 entwickelt. Diese Vertragsform ist in erster Linie für kleinere Betriebe (Kleingewerbe) gedacht. Neben der im Versicherungsschein bezeichneten speziellen selbständigen Tätigkeit des VN umfaßt der Versicherungsschutz auch den Bereich unselbständiger Berufstätigkeit sowie den nichtberuflichen Privatbereich. Infolge der umfassenden Formulierung gilt die Deckung auch für den Bereich des motorisierten Verkehrs (§ 26 Rdnr. 1), soweit nicht die Risikoausschlüsse des Abs. 2c und Abs. 5 eingreifen. Ist der VN eine juristische Person oder ein sonstiger versicherungsfähiger Zusammenschluß, besteht nach Abs. 1b Versicherungsschutz im privaten Bereich und bei einer etwaigen nichtselbständigen Tätigkeit für eine im Versicherungsschein genannte Person.

2. a) Nach Abs. 2a bis d sind dieselben Personen wie in § 26 Abs. 1 und Abs. 2a bis c **mitversichert**. Auf die Erläuterungen in § 26 Rdnrn. 1 bis 3 kann verwiesen werden.

§ 29 ARB 94　　　　　　　　4. Formen des Versicherungsschutzes

3　b) Abs. 2e enthält die Mitversicherung der vom VN **beschäftigten** Personen und entspricht dem § 24 Abs. 1a Satz 2 (§ 24 Rdnr. 2). Zum Fahrer-RS für diesen Personenkreis vgl. unten Rdnr. 5.

4　3. Der Versicherungsschutz umfaßt nach Abs. 3 alle nach § 2 versicherbaren **Rechtsangelegenheiten,** jedoch mit Einschränkungen beim – gemäß Abs. 4 ganz ausschließbaren – Wohnungs- und Grundstücks-RS des § 2c, beim RS für Vertrags- und Sachenrecht des § 2d und beim Steuer-RS vor Gerichten des § 2e. Insbesondere besteht für die im Versicherungsschein bezeichnete selbständige Tätigkeit des VN kein Rechtsschutz im Vertrags- und Sachenrecht und kein Steuer-RS vor Gerichten, es sei denn, es handle sich um die Interessenwahrnehmung in einer der bei beiden Leistungsarten genannten Kraftfahrzeug-bezogenen Eigenschaften. Ist im Versicherungsschein keine selbstgenutzte Immobilie bezeichnet, besteht über § 28 kein Wohnungs- und Grundstücks-RS. Nicht vom Versicherungsschutz ausgeschlossen ist die Verteidigung gegen den Vorwurf einer Steuer-Ordnungswidrigkeit im Zusammenhang mit der im Versicherungsschein bezeichneten selbständigen Tätigkeit (§ 2j bb; § 2 Rdnr. 22).

5　4. Von der Deckung ausgenommen ist die Interessenwahrnehmung in einer der in Abs. 5 genannten Eigenschaften bezüglich zulassungspflichtiger **Motorschiffe** und **Motorflugzeuge.** Dagegen besteht für den VN oder die nach Abs. 1b im Versicherungsschein genannte Person, den Lebenspartner und die minderjährigen Kinder Fahrer-RS auch beim Fahren im Sinn des Abs. 2d „familienfremder" Kraftfahrzeuge sowie beim Führen aller – auch eigener – Motorfahrzeuge zu Wasser und in der Luft (vgl. oben Rdnr. 1). Die vom VN beschäftigten Personen haben ebenfalls Fahrer-RS, wenn sie ein im Sinn von Abs. 2d „familienfremdes", insbesondere ein eigenes, Motorfahrzeug in Ausübung ihrer beruflichen Tätigkeit für den VN führen (Abs. 2e).

6　5. Die Verbandsempfehlung zu Abs. 6 enthält den in der GruppenfreistellungsVO vorgesehenen Hinweis, daß es jedem Versicherer freisteht, etwas anderes zu vereinbaren (Einl. Rdnr. 4). Abs. 6 statuiert die Sanktionen für den Fall der Verletzung einer der drei, dem § 21 Abs. 8 entsprechenden **Obliegenheiten** (vgl. § 21 Rdnr. 14).

§ 29 Rechtsschutz für Eigentümer und Mieter von Wohnungen und Grundstücken

(1) **Versicherungsschutz** besteht für den Versicherungsnehmer in seiner im Versicherungsschein bezeichneten Eigenschaft als
a) Eigentümer,
b) Vermieter,
c) Verpächter,
d) Mieter,
e) Pächter,
f) Nutzungsberechtigter
von Grundstücken, Gebäuden oder Gebäudeteilen, die im Versicherungsschein bezeichnet sind. Einer Wohneinheit zuzurechnende Garagen oder

RS für Eigentümer und Mieter　　　　　　1–3　§ 29 ARB 94

Kraftfahrzeug-Abstellplätze sind eingeschlossen, soweit diese dem Eigentümer der Wohneinheit gehören.

(2) Der Versicherungsschutz umfaßt:
Wohnungs- und Grundstücks-Rechtsschutz　　　　　　　　(§ 2 c),
Steuer-Rechtsschutz vor Gerichten　　　　　　　　　　　(§ 2 e).

1. a) § 29 entspricht etwa dem RS für Grundstückseigentum und Miete 1
des § 29 Abs. 1 ARB 75 mit der Ergänzung, daß jetzt auch der Steuer-RS vor Gerichten des § 2 e eingeschlossen ist. Versicherungsfähig ist die Interessenwahrnehmung des VN in einer oder mehreren (z. B. Eigentümer und Vermieter) der in Abs. 1 Satz 1 Buchst. a bis f aufgeführten, im Unterschied zu § 29 ARB 75 im Versicherungsschein einzeln zu bezeichnenden speziellen **Eigenschaften** bezüglich des ebenfalls im Versicherungsschein zu bezeichnenden Objekts. Ob die versicherte Eigenschaft dem Privat- oder Berufsbereich des VN (z. B. gewerbliche Nutzung) zuzuordnen ist, spielt für den Deckungsumfang keine Rolle, wohl aber für die Tarifierung. Hinsichtlich der versicherten Eigenschaften kann im übrigen auf § 29 ARB 75 Rdnrn. 41 bis 44 verwiesen werden.

b) Versicherungsfähig sind im Versicherungsschein zu bezeichnende un- 2
bebaute und bebaute **Grundstücke**, Gebäude und Gebäudeteile (zu diesen Begriffen § 29 ARB 75 Rdnrn. 3 bis 6). Das Wohnungseigentum ist ein rechtlich verselbständigter Gebäudeteil (hierzu § 29 ARB 75 Rdnrn. 45 ff.) und bedurfte im Unterschied zu § 29 Abs. 2 ARB 75 keiner eigenen Erwähnung mehr, da der Risikoausschluß von Angelegenheiten der freiwilligen Gerichtsbarkeit in § 4 Abs. 1 p ARB 75 jetzt entfallen ist (§ 3 Rdnr. 2). Zu einer versicherten Wohneinheit gehörende Garagen und Abstellplätze sind gemäß Abs. 1 Satz 2 mitversichert. Den Versicherungsschutz bei Wohnungswechsel regelt § 12 Abs. 3 (§ 12 Rdnr. 3).

2. Die versicherten **Rechtsangelegenheiten** ergeben sich gemäß Abs. 2 3
aus dem Wohnungs- und Grundstücks-RS des § 2 c (§ 2 Rdnrn. 5, 6) und dem Steuer-RS vor Gerichten des § 2 e (§ 2 Rdnr. 11). Für die Verteidigung gegen den Vorwurf einer Steuer-Ordnungswidrigkeit ist in § 29 kein Versicherungsschutz vorgesehen, da Abs. 2 den § 2 j bb nicht erwähnt.

Sachregister

Die **fett** gedruckten Zahlen bezeichnen die Paragraphen der ARB (ohne Zusatz: ARB 75 im Teil B, mit Zusatz „**II**": ARB 94 im Teil C), die mager gedruckten die Randnummern. E = Einleitung; V = Vorbemerkungen zu §§ 21 ARB 75.

A

Abandonrecht **2** 263, 264; **II 5** 27
Abgaberecht **4** 115 ff.; **V** 169 ff.; **II 2** 11, 22
Ablehnung des Versicherungsschutzes **17** 2; **18** 10, 11; **19** 5 ff.; **II 13** 1; **18** 1 ff.
Abrategebühr **17** 3, 3 a; **V** 130
Abschleppen **21** 108; **II 2** 14
Abschöpfung **4** 116
Abstellplatz **II 29** 2
Abtretung **4** 103; **20** 1 ff.
Abweichung von ARB **E** 33, 34; **5** 5; **II E** 1
Abwicklung gescheiterter Verträge s. Rückabwicklung
Adhäsionsverfahren **V** 33
Adoptivkind **25** 7
AGB-Gesetz **E** 51; **II 3** 29
Agent
– Aufklärungspflicht **5** 26 ff.
– Haftung **5** 29
Aktenversendungsgebühr **2** 33, 99
Altenheimvertrag **24** 80; **25** 41; **29** 15
Altenteiler **27** 10; **II 27** 5
Altenteils-Vertrag **27** 30
Altershilfe für Landwirte **4** 67; **V** 135
Altersversorgung, betriebliche s. Betriebsrentengesetz
Amtshaftung **2** 230 ff., 245
Änderung der ARB **5** 4; **II 10 A**
Änderung der Rechtslage **V** 156; **II 4** 4
Änderung eines Rechtsverhältnisses **V** 107
Aneignungsrecht **V** 127; **29** 39
Anerbenrecht **4** 84
Anerkenntnis **4** 5; **15** 26; **16** 5, 10; **19** 11; **II 14** 3; **17** 5
Anfechtung **14** 46, 47, 73; **II 2** 3
Anfechtungsgesetz **2** 213, 214; **14** 50; **V** 129; **29** 21
Angestellter **4** 51 a; **V** 123; **28** 5, 10; **II 2** 4
Anhänger
– Begriff **21** 35, 46; **II 21** 3
– in verbundenem Zustand **21** 47, 48
Anspruchserhebung **18**, 8, 9
Anspruchskonkurrenz
– Erfüllungssurrogat **14** 25
– Risikoausschluß **4** 9; **V** 10; **II 2** 2, 3 a; **3** 12
– Teildeckung **V** 9, 10
– Versicherungsfall **14** 68
Anstellungsverhältnis
– öffentlich-rechtliches **4** 31; **II 2** 4; **3** 9

Anstellungsvertrag **4** 30; **V** 123; **II 3** 9
Anstiftung **4** 183, 198
anteilige Deckung s. Teildeckung
Antrag **5** 1; **II 7** 1
Anwaltsgerichtsbarkeit **V** 94
Anwaltskosten s. Rechtsanwaltskosten
Anwaltsvergleich **2** 167
Anwaltsverschulden
– Einfluß auf Vergütungsanspruch **2** 27
– in ausgeschlossenem Rechtsbereich **4** 11; **14** 27; **II 3** 6
Anwaltsvertrag **16** 4 ff.; **II 17** 3
Anwaltswechsel **2** 23 ff.
Anwartschaftsrecht **V** 127; **29** 29, 40
Anzeige
– Ersatzfahrzeug **22** 35
– Folgefahrzeug **II 21** 17
– gefahrerheblicher Umstände **15** 33; **II 11** 2
– Obliegenheit **15** 6; **II 17** 4
– Schriftform **12** 1 ff.; **II 16**
– Zahl der Fahrer **23** 20
Anzeigepflicht
– neu zugelassenes Fahrzeug **21** 128 ff.; **II 11** 3
ARB 75
– Bezeichnung **E** 22; **II E** 1
– Klauseln zu – **E** 23–23 b
ARB 94 **II E** 2–4
Arbeitnehmer
– Begriff **24** 15
– Mitversicherung **24** 27 ff.; **II 24** 2
arbeitnehmerähnliche Person **25** 18
Arbeitnehmererfindungen **4** 41 ff.
Arbeitnehmerüberlassung **V** 118
Arbeitsförderungsgesetz **V** 135
Arbeitslosenversicherung **V** 134, 135
Arbeitsmaschinen **24** 52
Arbeitsrecht **V** 20, 26
Arbeitsrecht, kollektives s. kollektives Arbeitsrecht
Arbeits-RS
– allgemein **V** 116 ff.; **II 2** 4
– Familien-RS **25** 28 ff.
– Versicherungsfall **14** 6, 39 ff.; **II 4** 5
Arbeitsverhältnis
– Begriff **V** 117 ff.; **24** 31; **II 2** 4
– Erscheinungsformen **V** 120
– Fahrer **25** 51

859

Register

fett = §§; mager = Rdnr.

- Individual-Arbeitsverhältnis V 119
- Interessenwahrnehmung „aus" – 24 32, 34
- Ruhestandsverhältnis V 122
- Versicherungsfall beim befristeten – 14 64

Arbeitszeitrechtsgesetz 4 213
Arrestverfahren
- als Interessenwahrnehmung 1 3; 2 20, 212
- Vollziehung 2 212

Ärzteversorgung 4 68; V 124; 24 51; 25 31
Arzneimittelgesetz V 48
Arzthonorar 24 50
Aufforderung
- Angaben zur Beitragsberechnung 9 11; II 11 3
- Anzeige neu zugelassener Fahrzeuge 21 129; II 11 3
- Zahlung 5 15; II 9 2

Aufgebotsverfahren 4 130 b
Aufhebung einer Gemeinschaft s. Rechtsgemeinschaft
Aufklärungspflicht
- Versicherer 5 24, 26; II 5 27
- Vertreter 5 26 ff.
- VN 15 7 ff.; II 17 4

Aufopferungsanspruch 4 142; V 57
Aufrechnung
- des Gegners 2 246 ff.; II 5 26
- der Staatskasse mit Geldstrafe 20 21
- gegen Kostenerstattungsanspruch 2 136
- des VN 2 246; II 5 26

Aufruhr 4 15; II 3 3
Aufwendungsersatzanspruch V 53, 63
Ausfuhrkennzeichen 21 4
Ausgleichsabgaben 4 121
Ausgleichsanspruch
- Gesamtschuldner 2 31 a, 241; V 72, 105
- Handelsvertreter 24 56
- nachbarrechtlich V 62

Auskunft V 152; II 2 23
Auskunftsanspruch V 54, 66
Auslagen
- allgemein 2 33
- für Fotos 2 33
- für Fotokopien 2 33
- Gerichtskosten 2 99
- Gerichtsvollzieherkosten 2 106
- Parteiauslagen 2 3, 33
- Übersetzungskosten 2 33, 105, 121

Ausland
- Anwaltskosten 2 48–61, 71, 73; II 5 5, 6
- Geltungsbereich der ARB 3 1 ff.; II 6
- Gericht 2 7 a, b; II 5 14
- inländische Interessenwahrnehmung 2 73
- Sachverständiger II 5 13
- Schadenregulierungsbüro 16 3 a; II 5 31
- Versicherungsfall 3 5 ff.; II 6
- ausländische Streitkräfte 2 232; 4 13

Auslands-RS 2 71; II 6
Auslands-Zivil-RS E 18
ausländisches Recht 3 11; II 2 23

Auslegung
- Allgemeines E 47
- Ausdrücke der Rechtssprache E 48
- Risikoausschlüsse E 49

Auslieferungsverfahren V 77
Auslobung V 103; II 2 8
auslösende Willenserklärung 14 69 ff.; II 4 10
Ausschluß s. Risikoausschluß
Ausschlußfrist
- Deckungsklage 18 6 ff.; II 2 19
- Folgebeitrag 7 9
- Spätschäden 4 216 ff.; II 4 11

Ausschnittversicherung 21 84
außergerichtliche Unfallregulierung 2 29, 228, 229
Aussperrung 4 18; II 3 3

B

Baubetreuer 4 99, 101
Baufinanzierung 4 108, 109; II 3 6
Baugrundstück 4 105; II 3 6
Bauherr (ARB 69) 4 87 ff.
Bauherrenmodell 4 102
bauliche Veränderung 4 100; II 3 6
Bau-Risiko 4 86 ff.; II 3 6
Beamtenanwärter 25 11
Beauftragung des Rechtsanwalts 16 5, 9; II 17 3
Bebauungsplan 4 137; 14 44; 29 22
befristetes Arbeitsverhältnis 14 64
Beginn des Versicherungsschutzes 5 7 ff.; II 7 2
Beherbergungsvertrag 24 80; 25 41; 29 15
Beifahrer 21 16
Beigeladener V 132; A 1 12
Beihilfe 4 183, 198
Beitrag 7 1 ff.; II 9 1–3
Beiträge 4 119; V 135
Beitragsangleichungsklausel E 23 a; 9 4 a
Beitragsanpassungsklausel II 10 B
Bejahung der Leistungspflicht 19 11; II 13 2
Belehrung
- über Obliegenheitsverletzung 15 32

Belehrungspflicht 5 24, 26
Belgien
- Anwaltskosten 2 49

Beratungs-RS
- allgemein V 148 ff.; II 2 23
- Ereignis V 157 ff.
- Familien-RS 25 37
- Familien- und Verkehrs-RS 26 31
- gesetzliche Vergütung V 154, 155; II 2 23
- Mitversicherung 11 22; II 3 23; 15 2
- Rechtslageänderung V 160 ff.
- Versicherungsfall V 156 ff.; II 4 4
- vorsorgliche Beratung V 164
- Zusammenhang mit gebührenpflichtiger Tätigkeit V 154, 155

860

ohne Zusatz = ARB 75 (Teil B); II = ARB 94 (Teil C)   **Register**

berechtigter Fahrer 21 24–26; 21 118 ff.; II
  21 6
berechtigter Insasse 21 27; II 21 6
Bereicherungsanspruch V 65, 105, 113; II 2
  8
Bergbauschäden 4 113; II 3 5
bergrechtliche Gewerkschaften 4 26; II 3 2
berufliche Tätigkeit
– Arbeitnehmer 24 27 ff.
– Beschäftigte II 24 2
– Fahrer-RS 23 15; II 22 2
– Firmen-RS 24 16
Berufsausbildung 25 10–12
Berufs-RS für Selbständige, RS für Firmen
  und Vereine II 24 1 ff.
Berufsunfähigkeitsversicherung 25 24
Beschäftigungsverhältnis II 24 2
beschränkte persönliche Dienstbarkeit 29
  35
Beseitigungsanspruch V 41, 60
Besitz
– Bau-Risiko II 3 6
– dingliches Recht V 127
– Fahrzeug 24 69
– Immobilien 29 38
Betreuung 4 130 a
betriebliche Altersversorgung s. Betriebsrentengesetz
betriebliche Tätigkeit 27 8; II 27 6
Betriebsaufgabe 24 62–65; II 23 4; 24 1
Betriebserlaubnis 21 123
Betriebsrat 24 33, 36; II 3 8
Betriebsrentengesetz 4 71, 72, 75; V 122
Betriebsstillegung 4 19
Betriebsverfassungsrecht 24 33, 36; II 3 8
Bevollmächtigung des Rechtsanwalts 16 8;
  II 17 3
Beweisaufnahme, auswärtige 2 70, 79
Beweislast
– Eigenschaft V 3
– Rechtsgebiet V 4
– Risikobegrenzung 2 5; V 3; II 5 18
– selbständige Tätigkeit 25 20
– Straftat II 3 28, 29
– VN 18 18
– vorsätzliche Verursachung 4 155 ff.; II 3
  28, 29
– Wartezeit 14 67
Beweissicherungsverfahren 2 20
Bewertung V 192; II 3 17
Bindungsfrist 5 2
Bindungswirkung
– Gebührenprozeß – Deckungsverhältnis
  18 20
– Hauptprozeß – Deckungsverhältnis 18 19
– Schiedsgutachten II 18 7
– Stichentscheid 17 14 ff.
– Urteil im Gebührenprozeß 2 85
Börsentermingeschäft 4 57; II 3 13
Boykott 4 19

Bündelung 5 6; 8 8; II 8 2
Bundesausbildungsförderungsgesetz V 121,
  135
Bundeskindergeldgesetz V 135
Bundesknappschaft 4 67
Bundesversorgungsgesetz V 135
Bürgschaftsvertrag 4 59, 60; II 3 2, 26
Bußgeldverfahren s. Ordnungswidrigkeitenrecht

C
culpa in contrahendo s. Verschulden bei
  Vertragsanbahnung

D
Dänemark
– Anwaltskosten 2 49 a
Daten-RS E 27
Datenschutz 1 14
Datenschutz-Anspruch V 61
Dauerverstoß 14 60 ff.; II 4 8
Dauerwohnrecht 29 36
DAV-Gebührenempfehlung 2 228, 229
DDR, ehemalige
– Anwaltsgebühren 2 47
– Fahrerlaubnis 21 113
– Rechtsanwalt 2 8
– Sonderbedingungen E 23 a
Deckungsbestätigung s. Deckungszusage
Deckungsprozeß
– allgemein 18 6 ff.; II 19
– Streitwert 18 21
– wegen Gebührenhöhe 2 89
Deckungssumme 2 258 ff.; II 5 27
Deckungszusage 1 12, 13; 2 146, 149; 4 5; 15
  20, 26, 31; 16 5, 10; 17 2; 19 11; 20 25; II
  17 5
deklaratorisches Anerkenntnis s. Anerkenntnis
Denkmalschutz 4 100, 140; V 58
Deutsche Demokratische Republik s. DDR
deutsches Recht V 153; II 2 23
Dienstbarkeit 29 32–35
Dienstleistungsmarken 4 36
dienst- und versorgungsrechtliche Ansprüche V 124; II 2 4
Dienstverhältnis
– freies V 118; II 24 2
– öffentlich-rechtliches V 123, 124; II 2 4
Dienstwohnung 24 81; 29 16
Differenzgeschäft 4 57; II 3 13
Differenztheorie 20 19
dingliches Nutzungsrecht V 127; 29 30 ff.;
  II 2 5,10
dingliches Recht
– Begriff V 126
– bewegliche Sache V 125, 127; II 2 10
– Fahrzeug 21 60; II 21 9

861

Register

fett = §§; mager = Rdnr.

- Firmen-RS 24 54
- Immobilien 25 58; 27 36; 29 17 ff.; II 2 5
- Interessenwahrnehmung „aus" – V 129; 29 18 ff.; II 2 5
- Rechte V 128
- Vormerkung 29 40

dingliches Vorkaufsrecht 29 39
Direkthändler 4 51
Dissens 14 47
Disziplinarrecht
- allgemein V 91–93
- Familien-RS 25 34
- selbständig Tätige 24 39
- Verkehrs-Straf-RS 21 80

Disziplinar-RS V 91–93; II 2 16
Dolmetscher-Entschädigung 2 33, 105, 121
Doppelversicherung 8 7; 11 1; 15 35–37
Dritthaftung II 3 26
Drittschuldnerklage 2 204 ff.
Drittwiderspruchsklage 2 200–203
Duldung (Steuer-RS) V 189; II 3 26

E

eheähnliche Gemeinschaft E 23 a; 4 83; 11 12; V 105; 25 13; II 3 24
Ehegatte 25 6; II 15 2
Ehrengerichtsbarkeit V 94, 95; II 2 16
Eigenschaft
- Beweislast V 3
- Grundstücks-RS 29 41 ff.; II 29 1

Eigentum
- dingliches Recht V 127; II 2 2, 5
- Immobilien 29 19 ff.; II 29 1

Eigentümer
- Fahrzeug 21 13
- Fahrzeug-Vertrags-RS 21 61, 66
- Schadenersatzanspruch 21 51 ff.
- Verdienstausfall 21 54, 55

Eigentumswohnung s. Wohnungseigentum
Einfamilienhaus 29 7, 8; II 12 3
Einheitswert V 192; II 3 17
Einigungsstelle 2 115
Einigungsvertrag V 159
Einkommensteuer V 175, 196; II 2 11
Einlösungsklausel
- einfache 5 9
- erweiterte 5 12; II 7 2

Einschränkung der Fahrerlaubnis V 140, 141; II 2 13, 14
einseitiges Rechtsgeschäft V 104; II 2 8
Einsicht in Krankenunterlagen V 67
Einstellung des Verfahrens
- „freiwillige" Kostenübernahme bei – 2 137 ff.
- Strafverfahren 4 186 ff.

einstweilige Verfügung
- als Interessenwahrnehmung 1 3; 2 20, 212
- Vollziehung 2 212

einverständliche Erledigung s. Vergleich
Einzelrechtsnachfolge
- Wagniswegfall 10 8 ff.; II 12 2

Einziehungsermächtigung 4 165, 174
endgültige Feststellung des Versicherungsanspruchs 20 6 ff.; II 17 12
Enkel 25 7
Enteignung 4 140, 141; V 56; II 3 21
enteignungsgleicher Eingriff 4 141; V 56; II 3 21
Entfristung 14 64
Entgeltfortzahlung 4 169 ff.; 24 26
Entleiher 22 5, 7; II 2 5
Entschädigung für Strafverfolgungsmaßnahmen
- Fahrer 21 58
- Schadenersatzanspruch V 52

Entschädigungsansprüche V 58
Entstehung der Steuerschuld s. Steuerschuld
Entzug der Fahrerlaubnis 14 31 ff., 48; V 142; 21 117; II 2 14
Erbbaurecht 4 94; 29 31
Erbe des VN s. Tod des VN
Erblasser
- nicht versicherter 4 172; 11 17
- s. Tod des VN

Erbrecht
- Begriff 4 84
- Beratungs-RS V 19; 148 ff.; II 2 23
- Risikoausschluß 4 84, 85; II 3 15

Erbschein für Zwangsvollstreckung 4 130 a
Erdbeben 4 20; II 3 3
Ereignis V 157 ff.; II 4 4
Erfinderrecht 4 40; II 3 10
Erfolgsaussicht
- Abrategebühr 17 3
- Allgemeines 1 31 ff.; II 18 3
- bei Straßenverkehrsunfällen 1 36
- Rechtsbeschwerde 17 4; II 18 3
- Verneinung der Leistungspflicht 17 2; II 18 1

Erfüllungsort 7 10–12; II 7 2; 9 3
Erfüllungssurrogat 14 14 ff.; II 2 2
Erfüllungsübernahme 4 64
Erinnerungen 2 190–194
Erklärung
- Schriftform 12 1 ff.; II 16
- Errichtung eines Gebäudes 4 98

Ersatzfahrzeug 22 29 ff.; II 21 16, 17
Ersatzvornahme 2 179; V 71
Ersatzwohnung 29 7, 8; II 12 3
Erschließungsbeitrag 4 107, 119; V 191; II 3 17
Erstattungspflicht s. Kostenerstattungspflicht und Kostenpflicht Dritter
Erstbeitrag
- Begriff 5 10; II 9 2
- Fälligkeit 7 3; II 9 2
- Ratenzahlung 7 2; II 9 2

ohne Zusatz = ARB 75 (Teil B); II = ARB 94 (Teil C) **Register**

Erstberatung V 154
Erwerb eines Betriebs 24 53; 25 23; II 25 1
Erwerbsvertrag (Verkehrs-RS) II 21 11, 16, 17
Europa 3 2, 3; II 6
Europäische Wirtschaftliche Interessenvereinigung – EWIV – 2 8

F
Fahrer
- Arbeitsverhältnis 25 51; II 22 2
- Begriff 21 18–22; II 21 4
- Beifahrer 21 16
- berechtigter – 21 24–26, 118 ff.; II 21 6
- Entschädigung für Strafverfolgungsmaßnahmen 21 58
- Fahrzeug-RS 22 9
- Fürsorgepflicht des Arbeitgebers 11 19
- gleichartige Fahrzeuge 21 38
- juristische Person 21 22; II 28 1, 5
- Schadenersatzanspruch 21 58; 23 4
- Vertrags-RS 21 68 ff.
Fahrerlaubnis
- Abschleppen 21 108
- Alterserfordernis 21 107
- Auflagen 21 115
- auf Probe 14 31; V 141, 142
- ausländische 21 112
- Begriff 21 104
- Behördenfahrerlaubnis 21 110
- Beschränkungen 21 116
- ehemalige Deutsche Demokratische Republik 21 113
- Einschränkung V 140, 141; II 2 14
- Entziehung 14 31 ff., 48; V 142; 21 117; II 2 14; 22 6
- Fahrgastbeförderung 21 92
- Fahrschüler 21 109
- Luftfahrerschein V 138, 142; 21 104 a
- NATO-Truppenangehöriger 21 111
- Personenbeförderungsschein 21 92
- Prüfbescheinigung für Mofa 21 104
- Schiffsführerschein, Schifferpatent V 138, 142; 21 104 a
- Schulungsbescheinigung für Tankwagenfahrer 21 104
- Versicherungsfall 14 31 ff., 48; II 2 15; 4 5, 9
- Verteidigung 21 74; II 3 24
- vorgeschriebene 21 103 ff.
- vorzeitige Aufhebung der Sperre für Wiedererteilung der – V 90
- Wegfall 23 9, 10; II 22 6
- Wegnahme des Führerscheins 21 117
- Wiedererteilung V 143
- Wirksamwerden 21 114
Fahrer-RS
- allgemein 23 1 ff.; II 22 1
- für Unternehmen 23 11 ff.; II 22 2
- Verkehrs-RS 21 18–22; II 21 12

Fahrgast 21 28 a–d; II 21 13
Fahrrad mit Hilfsmotor 21 31, 104
Fahrpersonalgesetz 4 209; 21 78
Fahrtenbuch-Auflage V 141; 21 60, 81; II 2 14
Fahrtkosten s. Reisekosten
Fahrzeug
- Beschädigung durch Arbeitnehmer 24 73
- Besitz 24 69
- dingliches Recht 21 60; II 21 9
- Finanzierung 21 63
- gleichartiges 21 29 ff.; II 21 7
- verkehrswidriger Zustand 21 127
- Zubehör 21 52
Fahrzeug-RS 22 1 ff.; II 21 8
Fahrzeug-Vertrags-RS
- allgemein 21 59 ff.; II 21 9
- Eigentümer 21 61, 66
- Erwerbsvertrag II 21 11
- Fahrer 21 68 ff.
- Fahrzeug-RS 22 14
- Familien-RS 25 54–56
- Familien- und Verkehrs-RS 26 22, 23, 35
- Halter 21 67
- Insasse 21 72
- Kraftfahrzeug-Gewerbe 24 91, 92; II 24 6
- Landwirtschafts- und Verkehrs-RS 27 18
- Mieter 22 19; II 21 5
- selbständig Tätiger 24 76, 77
Fahrzeugzubehör 21 52
Fälligkeit
- Anwaltsvergütung 2 154 ff.
- Deckungszusage 2 146; II 14 2; 17 5
- gegnerische Kosten 2 164; II 5 16
- Gerichtskosten 2 158; II 5 16
- Gerichtsvollzieherkosten 2 159
- Pflicht zur Kostenübernahme 2 150 ff.; II 5 16
- Rahmengebühren 2 155
- Sachverständigenkosten 2 162
- Schiedsgerichtskosten 2 160
- Sorgeleistung 2 145–149; II 14 2; 17 5
- Versicherungsleistung 2 145 ff.; 14 55 a; II 5 16
- Verwaltungsverfahrenskosten 2 161
- Vorschüsse 2 157
Familienangehörige 24 17; II 24 2
Familienrecht
- Begriff 4 82
- Beratungs-RS V 19; II 2 23
- Risikoausschluß 4 81–83; II 3 15
- Familien-RS 25 1 ff.; II 25 1
- Familien- und Verkehrs-RS 26 1 ff.; II 26 1
Fehlbelegungsabgabe 4 121
feindselige Handlungen 4 14; II 3 3
Feststellungsklage 18 17, 21
Finanzgericht V 182
Finanzgerichts-RS E 25
Finanzierung
- Baumaßnahmen 4 108, 109; II 3 6

863

Register

fett = §§; mager = Rdnr.

- Fahrzeug 21 63; 25 56
Finnland
- Anwaltskosten 2 50
Firmen-RS 24 1 ff.; II 24 1 ff.
Firmen-Straf-RS E 45; 24 42
Firmen-Vertrags-RS 24 42 ff.; II 24 4
Fischereigenossenschaft V 102; 25 42
Fischereipacht 25 42
Flugzeug 21 37, 45; II 21 3, 7, 8
Flurbereinigung 4 139; II 3 21
Folgebeitrag
- Begriff 7 6; II 9 2, 3
- Fälligkeit 7 7; II 9 3
Folgefahrzeug II 21 16, 17
Folgenbeseitigungsanspruch V 59
Forderungsabtretung s. Abtretung
forstwirtschaftlicher Betrieb 27 2
Fotokopierkosten 2 33
Fotokosten 2 33
Frankreich
- Anwaltskosten 2 51
freiberuflich Tätige 24 2, 4, 5, 6; II 24 1
freiberufliche Tätigkeit
- Risikoausschluß 26 15–17; II 25 1; 26 1
- Steuer-RS V 174, 175; II 24 4
freie Anwaltswahl 16 2; II 17 2
freier Mitarbeiter 25 19; II 24 2
Freispruch des VN 2 240; II 2 18
Freistellungsanspruch des VN s. Schuldbefreiung
freiwillige Gerichtsbarkeit 4 129–131; V 29; II 3 2
„freiwillige" Übernahme
- Gerichtskosten 2 173–175
- Nebenklägerkosten 2 137 ff.
Fremdhaftung für Steuern s. Haftung
Fremdwährung II 5 17
Fristen
- Überwachung 1 17 ff.
- Versäumung 1 21 ff.; II 18 5, 6
Führerschein s. Fahrerlaubnis
Führerschein-RS
- allgemein V 137 ff.; II 2 13–15
- Verkehrs-RS 21 83
- Versicherungsfall 14 31 ff.; V 147; II 4 5
- Wartezeit 14 38; II 4 7
Fürsorgepflicht des Arbeitgebers 11 19
Fußgänger-RS 21 28 a–d; II 21 13

G

Garage II 29 2
Garantievertrag 4 61; II 3 2, 26
Gebäude 4 95; II 3 6
Gebäudeteil 4 96; 29 6; II 3 6
Gebrauchsmusterrecht 4 38; II 3 10
Gebühren 4 118 ff.; II 3 17
Gebührenempfehlung des DAV 2 228, 229
Gebührenprozeß
- Allgemeines 2 82 ff.

- als Deckungsklage 2 89
- Bindungswirkung des Urteils 2 85
- Prozeßvertretung des VN 2 87
Gefahrerhöhung
- Beitragsfolge 9 2, 3; II 11 1
- generell 9 4; II 11 1
- individuell 9 3
- Kündigung 9 5; II 11 1
- Meldepflicht 9 10 ff.; II 11 3
Gefahrverminderung 9 6 ff.; II 11 2
Gefährdungshaftung V 44, 48; II 4 2
Gegendarstellungs-Anspruch V 68
gegnerische Kosten 2 133 ff., 164; II 5 15
Gehaltsfortzahlung s. Entgeltfortzahlung
geistiges Eigentum 4 39; II 3 10
Geldbuße
- keine Gerichtskosten 2 175
Geltendmachung von Schadenersatzansprüchen V 32, 33; II 2 2, 3
Geltungsbereich der ARB 3 1 ff.; II 6
Gemeinschaft s. Rechtsgemeinschaft
gemischte Verträge
- Baurisiko 4 106
- Immobilien 24 80; 25 41; 29 15
genetische Schäden 4 22; II 3 4
Genossenschaften 4 25; II 2 8; 3 2
Gentechnikgesetz V 48
gerichtliche Geltendmachung 18 17; II 19
gerichtliche Interessenwahrnehmung 24 44–47
Gerichtskosten
- Auslagen 2 99 ff.
- Begriff 2 91 ff.; II 5 7
- Dolmetscher-, Übersetzer-Entschädigung 2 105
- Fälligkeit 2 18; II 5 16
- „freiwillige" Übernahme 2 173–175
- Gebühren 2 94 ff.
- Geldbuße keine – 2 98
- Rückzahlung 20 25 a
- Sachverständigen-Entschädigung 2 100 ff.; II 5 7
- Vorschuß 2 93
- Zeugen-Entschädigung 2 100 ff.; II 5 7
Gerichtsstand 3 5; 13 1 ff.; II 6; 20
Gerichtsvollzieherkosten
- Begriff 2 106; II 5 7
- Fälligkeit 2 159; II 5 16
Gesamtrechtsnachfolge
- allgemein 4 172; II 3 25
- Versicherungsanspruch 11 16, 17
- Wagniswegfall 10 16 ff.; II 12 2
Gesamtschuld 2 31 a, 241, 242; s. auch Ausgleichsanspruch
Gesamtvollstreckung 2 215; 4 132; II 3 20
Gesamtumsatz 26 2 a; II 23 4; 25 5; 26 7
Geschäftsführung ohne Auftrag V 105; II 2 8
Geschäftsgrundlage, Wegfall, Fehlen 14 47
Geschäftsplan E 31

864

ohne Zusatz = ARB 75 (Teil B); II = ARB 94 (Teil C) **Register**

geschäftsplanmäßige Erklärung E 36; II 5 27
Geschäftsunfähigkeit 14 48
Geschmacksmusterrecht 4 37; II 3 10
Gesellschaft
- BGB 4 24
- stille 4 24
gesetzliche
- Krankenversicherung s. Krankenversicherung
- Rentenversicherung s. Rentenversicherung
- Unfallversicherung s. Unfallversicherung
gesetzliche Haftpflichtbestimmungen V 35; II 2 2
gesetzliche Vergütung
- Notar 2 9; II 5 31
- Rechtsanwalt 2 18 ff.; II 5 2–6
- steuerberatende Berufe V 193, 194; II 5 31
gesetzlicher Vertreter 4 29; 28 4, 10; II 3 9; 24 2, 3
gesetzliches Schuldverhältnis V 105; II 2 8
Gewerbetreibende 24 2, 3, 5, 6; II 24 1
gewerblicher Rechtsschutz 4 33; II 3 10, 11
Gnadenverfahren
- allgemein V 85 ff.; II 5 24
- Versicherungsfall 14 30
grobes Mißverhältnis II 18 2
Großbritannien
- Anwaltskosten 2 52
Grunddienstbarkeit 29 33
Grundschuld 29 39
Grundstück 4 94; 29 2; II 2 5; 3 6; 29 2; s. auch Immobilien
Grundstücks-RS
- allgemein 29 1 ff.; II 2 5, 6; 29 1, 2
- Versicherungsfall 14 6, 39 ff.; II 4 5
grünes Kennzeichen 27 33
Gruppenversicherung 19 13
gütliche Erledigung
- Kosten bei - 2 167–170; II 5 20
Gutachter s. Sachverständigen-Entschädigung

H
Haftpflichtbestimmungen s. gesetzliche Haftpflichtbestimmungen
Haftung
- für Steuern V 188, 190
- für Verbindlichkeiten II 3 26
Hagel 4 20
Halter
- Begriff 21 14, 15
- Kostenhaftung 2 122 a; V 83
- Schadenersatzanspruch 21 56
- Vertrags-RS 21 67
Haltverbot 2 122 a; II 3 22
Handelsgesellschaften 4 24; II 3 9
Handelsmakler 4 52; 24 56
Handelsvertreterrecht 4 50; II 3 2

Handelsvertreter-RS
- Klausel E 21
- Vertrags-RS 24 56, 57
Handlungsgehilfe 4 51 a
Handwerkerversicherung V 135
Hauptfürsorgestelle 14 44; V 119
Haustürgeschäfte 5 1
Hebegebühr 2 41, 42
Heimpflegevertrag s. Altenheimvertrag
Herausgabeanspruch V 63
Heuerverhältnis V 120
Hinterlegungsrecht des Versicherers 2 263, 264; II 5 27
Hochschullehrer 2 12; V 123
Hochschul-Ordnungsrecht V 93
Höfeordnung 4 84; V 163
Hofübergabe-Vertrag 27 30
Honorarvereinbarung 2 19, 90; V 194; II 5 2
Hotelvertrag s. Beherbergungsvertrag
Hypothek 29 39

I
immaterieller Schaden V 41 ff.
Immobilien
- Anwartschaftsrecht 29 29, 40
- dingliches Recht 25 58; 27 36; 29 17 ff.; II 2 5
- Eigentum 29 19 ff.; II 29 1
- Familien- und Verkehrs-RS 26 36
- gemischter Vertrag 24 80
- Miteigentum 29 24 ff.
- Nutzungsverhältnis 25 57; 29 10 ff.; II 2 5
- öffentlich-rechtliche Maßnahmen 29 22
- Risikoausschlüsse 29 23; II 2 5
- selbständig Tätiger 24 78 ff.
- Steuer-RS V 179; II 29 3
- Vertrags-RS 25 41; II 2 5
Individual-Arbeitsverhältnis V 119; 24 32 ff.; II 2 4; 3 8
innere Unruhen 4 16; II 3 3
Insasse
- Begriff 21 16, 17; II 21 4
- berechtiger - 21 27; II 21 6
- Familien- und Verkehrs-RS 26 11
- Schadenersatzanspruch 21 57
- Vertrags-RS 21 72
Insolvenzordnung 4 132
internationale Gerichtshöfe 4 126; II 3 19
Italien
- Anwaltskosten 2 53

J
Jagdgenossenschaft V 102; 25 42
Jagdpacht 25 42
Jugoslawien
- Anwaltskosten 2 54
juristische Person
- Begriff 4 28

865

Register

fett = §§; mager = Rdnr.

- Fahrer 21 22
- Firmen-RS 24 18; II 24 1; 28 1

K
Kartellrecht 4 44; II 3 11
Kasko-Versicherung 14 55 a
Kassenarztrecht V 93, 95, 134
kaufmännischer Angestellter 4 51 a
Kaution s. Strafkaution
Kennzeichen
- grünes 27 33; II 27 8
- Halterhaftung bei Kennzeichenanzeigen 2 122 a; V 83; II 3 22
- rotes 21 5; 24 85
- schwarzes 27 33; 27 8

Kernreaktor 4 21; II 3 4
Kettenarbeitsverhältnis 14 47; 64; V 120
Kind
- Adoptivkind 25 7
- Begriff 25 7
- Enkel 25 7
- minderjähriges – 25 8, 9; II 23 2; 25 2; 26 2
- Pflegekind 25 7
- Stiefkind 25 7
- volljähriges – in Ausbildung 25 10–12; II 23 2; 25 2; 26 2

Kindergeld V 135
Kirchenrecht 4 114; II 3 2
Klage
- Abstimmung 15 20; II 17 10
- Deckungsklage 18 6 ff.; II 19
- Streitwert 18 21

Klageerzwingungsverfahren V 80
Klagefrist 18 6 ff.; II 19
Kleinomnibus 21 32
Knappschaftsversicherung V 135
kollektives Arbeitsrecht 24 33 ff.; II 3 8
Kombiwagen 21 32
Kommissionär 4 52; 24 56
Kommunal-RS E 26; A Nr. 4
Kongruenz 20 20
Konkurrenzklausel 4 44, 48
Konkurs des VN
- kein Wagniswegfall 10 6
- Schuldbefreiungsanspruch 20 12

Konkursausfallgeld V 135
Konkursverfahren
- Antrag auf Vollstreckung 2 215
- Risikoausschluß 4 132–134; II 3 20

Körperschaftsverhältnis V 102; II 2 8
Körperverletzung 4 192
Korrespondenzanwalt 2 75 ff.; II 5 4,6
Kosten
- Arten 2 2; II 5 1 ff.
- des Gegners 2 133 ff., 164; II 5 15
- nach Rechtslage 2 171 ff.; II 5 19
- primäre Begrenzung 2 3; II 5 2–15
- sekundäre Begrenzung 2 4; II 5 18–25
- Vergleich 2 167 ff.; II 5 20
- Zwangsvollstreckung 2 176 ff.

Kostenaufhebung 2 256
kostenauslösende Maßnahmen 15 19 ff.; II 17 10
Kostendeckungszusage s. Deckungszusage
Kostenerstattungspflicht des VN
- allgemein 2 133; II 5 15
- an Nebenkläger 2 139 ff.
- materiellrechtlich 2 137
- prozessual 2 134 ff.
- vereinbart 2 138; II 5 19, 20

Kostenfestsetzungsbeschluß
- allgemein 2 134, 135, 164, 239
- Umschreibung 20 26

Kostenpflicht Dritter
- allgemein 2 219 ff.; II 5 25
- Amtshaftung 2 230 ff., 245
- Anspruchsübergang auf RSVersicherer 2 242; 20 13 ff.; II 17 13
- bei Freispruch des VN 2 240
- Erstattungspflicht 20 13 ff.; II 17 13
- materiell-rechtlich 2 223 ff.
- mehrere Kostenschuldner 2 241
- ohne RSVersicherung 2 244, 245; II 5 25
- prozessual 2 239 ff.
- unterhaltsrechtlich 2 221; II 5 25
- vergebliche Zahlungsaufforderung 2 243; II 5 25
- Verkehrsopferhilfe 2 236

Kostenrechnung 2 154; 15 25; II 5 16
Kostenzusage s. Deckungszusage
Kraftfahrt-Strafrechtsschutzversicherung E 18
Kraftfahrzeug-Abstellplatz II 29 2
Kraftfahrzeug-Gewerbe 24 82 ff.; II 24 6
Kraftfahrzeug-Haftpflichtversicherung
- Verhältnis des RSVersicherers zur – 2 233 ff., 245

Kraftfahrzeug-Kasko-Versicherung 14 55 a
Kraftfahrzeugsteuer 21 79; V 178
Kraftrad 21 31
Kranken-Tagegeldversicherung 25 24
Krankenunterlagen, Einsicht in – V 67
Krankenversicherung, gesetzliche 4 67, V 135
Krankenversicherung für Landwirte V 135
„krankes" Kraftfahrzeug-Haftpflichtversicherungsverhältnis 2 233 ff., 245
Kriegsereignisse 4 13; II 3 3
Kriegsopferversorgung V 134, 135
Kroatien
- Anwaltskosten 2 54 a

Kündigung
- Anwaltsvertrag 2 26
- als „auslösende" Willenserklärung 14 71, 72
- außerordentliche 8 6; 19; II 13 1, 2
- Gefahrerhöhung 9 5; II 11 1
- Gruppenversicherung 19 13
- Massenkündigung 4 19

ohne Zusatz = ARB 75 (Teil B); II = ARB 94 (Teil C) **Register**

- nach Obliegenheitsverletzung 21 100 ff.; II 21 14
- nach Versicherungsfall 19 1 ff.; II 13 1, 2
- ordentliche 8 4, 5; II 8 1
- teilweise 8 8; 19 2

Künstlersozialversicherungsgesetz V 135
Kurbeitrag 4 119

L

Ladung 21 53; 25 48
länglichrundes Kennzeichen s. Zollkennzeichen
Landpachtsachen 4 130
Landschaftsschutz 4 100, 140; V 58
Landwirte, Altershilfe für – V 135
landwirtschaftlicher Betrieb
- Begriff 27 2; II 27 1
- Mitinhaber 27 10; II 27 4
- Nebenbetrieb 27 3, 11

Landwirtschaftssachen 4 129, 130
Landwirtschafts- und Verkehrs-RS 27 1 ff.; II 27 1 ff.
Lastenfreistellung 4 110
Lastkraftwagen 21 33; II 21 7; 27 8
Leasingnehmer 4 174; 21 56; 22 6; II 3 25; 23 3; 24 4; 25 4; 27 8
Leasingvertrag 21 61; 22 6, 18, 19; 29 12; II 3 25
Lehrbeauftragter V 123; 25 19
Leibgedinge 27 30
Leistungsart E 44; V 30 ff.; II 2 1 ff.
Lenk- und Ruhezeiten 21 78
Lizenzvertrag 4 33, 41
Lohnfortzahlung s. Entgeltfortzahlung
Lohnsteuer V 196
Lohn- und Gehaltsempfänger 26 2, 4
Lotse s. Seelotse
Luftfahrerschein V 138, 142; 21 104 a; II 2 14
Luftverkehr 4 202

M

Mahnverfahren
- als Interessenwahrnehmung 2 20
- Rechtsanwalt 2 81

Makler s. Handelsmakler
Markenrecht 4 36; II 3 10
Mediation II 5 8
medizinisch-psychologisches Gutachten 2 120
mehrere Kostenschuldner 2 241
mehrere Rechtsanwälte 2 21 ff.
mehrere Tätigkeiten 24 6
Mehrwertsteuer 2 34 ff., 44
Meldepflicht
- Gefahrerhöhung 9 10 ff.; II 11 3

Mieter
- Besitzstörung 29 44
- Fahrzeug-RS 22 5, 6
- Fahrzeug-Vertrags-RS 22 19
- Schadenersatzanspruch 22 18; 29 44
- Selbstfahrer-Vermietfahrzeug II 21 5

Mieterhöhungsverlangen 14 71
Mietkauf 29 12
Miet-RS
- allgemein 29 1 ff.; II 2 5, 6; 29 1
- Versicherungsfall 14 6, 39 ff.; II 4 5

Mietvertrag
- Immobilien 29 12 ff.
- Mobilien 25 42

Milchquote 4 121
Minderjähriger 5 1; 25 8, 9; II 23 2; 25 2; 26 2
Miteigentum
- Immobilien 29 24 ff.
- Rechtsgemeinschaft V 6–8

Mittelmeerstaaten 3 4; II 6
Mitversicherung
- Anspruchserhebung 18 9; II 15 2
- Arbeitnehmer 24 27 ff.; 24 2
- Begriff 11 1; II 15 1, 2
- Beratungs-RS 11 22
- Beschäftigte II 24 2
- Dauer 11 13
- Direktanspruch gegen Kraftfahrtversicherer 11 21
- Einzelfälle 11 2 ff.
- Familien-RS 25 2 ff.
- Familien- und Verkehrs-RS 26 5 ff.
- Firmen-RS 24 14 ff.
- Firmen-Vertrags-RS 24 55
- Grundstücks-RS 29 42
- Kraftfahrzeug-Gewerbe 24 85 ff.
- Landwirtschafts- und Verkehrs-RS 27 7 ff.
- mittelbar Geschädigte 11 14 ff., 25; II 15 1
- nichtehelicher Partner 25 13; II 3 24
- Obliegenheit 15 4; II 15 2
- Rechtsgemeinschaft V 6 ff.
- Risikoausschluß 11 20; II 3 23, 24
- Steuer-RS V 173
- Umfang 11 24, 25; II 15 2, 3
- Vereins-RS 28 3–6
- Verfügungsrecht 11 18 ff.; II 15 2
- Verkehrs-RS 21 23 ff.
- Widerspruch des VN 11 19; II 15 2

Mofa-Prüfbescheinigung 21 104
Motorfahrzeug
- allgemein 21 40
- zu Lande 21 42, 43; II 21 3; 22 1; 26 1
- in der Luft 21 45; II 21 3; 22 1; 26 5
- zu Wasser 21 44; II 21 3; 22 1; 26 5

Musterbedingungen E 32; II E 3
Mutwilligkeit
- Ablehnung II 18 1
- Allgemeines 1 39 ff.
- grobes Mißverhältnis II 18 2

Register

fett = §§; mager = Rdnr.

- Straf- und Bußgeldsachen 17 6 ff.
- Verneinung der Leistungspflicht 17 2; II 18 1

N

nachbarrechtliche Ausgleichsansprüche V 62; 29 20
nachbarrechtliche Streitigkeiten
- allgemein 29 20
- öffentlich-rechtliche II 3 21

Nachhaftung 24 62; 29 7, 8, 41; II 24 1
Nachlaßpflegschaft zur Erbenermittlung 4 130 a
nasciturus 11 15
NATO-Truppenstatut 2 232; V 50
Naturkatastrophen 4 20; II 3 3
Naturschutz 4 100, 140; V 48
Nebenerwerbslandwirt 27 4, 12
Nebenintervention 2 106
Nebenklage
- aktive – des VN 2 144; V 79
- Erstattungspflicht des VN 2 139 ff.
- gegen VN V 78
- Kostenerstattungsanspruch V 69
Nebenpflichten des Versicherers 1 14 ff.; II 5 27
Nebenstrafrecht 4 193; V 82
negatorischer Anspruch V 60
Neuerteilung der Fahrerlaubnis s. Wiedererteilung
nichteheliche Lebensgemeinschaft s. eheähnliche Gemeinschaft
nicht versicherter Erblasser s. Erblasser
Niederlande
- Anwaltskosten 2 55
Nießbrauch V 127, 128; 29 34
normatives Unrecht V 50
Normenkontrolle 4 125, 137; 14 44; 29 22
Notar 2 9; V 106, 150; II 5 31
- Amtspflichtverletzung 4 11; 14 27
Notarassessor V 123
Notargebühren V 106; II 5 31
Notbedarf V 97
Notweg 29 4, 20, 33
notwendige Interessenwahrnehmung 1 28 ff.; 17 1 ff.; II 1 4; 18 1
Novation V 107
Nuklearschäden 4 21; II 3 4
numerus clausus 25 12
Nutzfahrzeug 21 33; II 27 8
Nutzungsschaden 21 56
Nutzungsverhältnis
- Immobilien 29 10 ff.; II 2 5

O

Obhuts-Fahrzeug 24 87, 88; II 24 6
Obliegenheit
- Begriff 15 1; II 17 1
- Hilfsperson 15 30 ff.
- nach dem Versicherungsfall 15 2; II 17 4, 7–10
- Rechtsanwalt 15 31
- Verhältnis zu Risikoausschluß 4 4; 15 1
- Verkehrs-RS 21 85 ff.
- Verletzung 15 26 ff.; II 17 11; 21 14
- vor dem Versicherungsfall 21 86; II 21 14
Obliegenheitsverletzung
- Kausalitätserfordernis 21 87 ff.
- Klarstellungserfordernis 21 100 ff.
- Verschulden 21 95 ff.
offenbar erhebliche Abweichung 17 15 ff.
offene Vermögensfragen s. Vermögensfragen
öffentliche Versorgungseinrichtungen 4 120
öffentlicher Verkehr 21 105; II 21 13
öffentliches Dienstrecht V 26; 123; II 2 4
öffentliches Recht V 21–29
öffentlich-rechtliche Grundstücksmaßnahmen 29 22; II 3 21
öffentlich-rechtliches Schuldverhältnis V 106; II 2 8
Omnibus 21 34
Opferentschädigungsgesetz V 135
Optionsscheinhandel 4 57; II 3 13
ÖRB E 26
Ordnungsgeld
- keine Gerichtsgebühren 2 96
- keine Ordnungswidrigkeit V 84
Ordnungswidrigkeit 4 156
Ordnungswidrigkeitenrecht V 22, 83, 84; V 185; II 2 21, 22
Ordnungswidrigkeiten-RS V 73 ff.; II 2 20–22
Österreich
- Anwaltskosten 2 56

P

Pachtvertrag
- Immobilien 29 13 ff.; II 2 5; 29 1
- Jagdpacht s. dies
- Mobilien 25 42
- über Rechte 25 42
Paketsystem E 44
Parkverbot 2 122 a; II 3 22
Parteikosten 2 3, 33; II 5 14
Partnerschaftsgesellschaft 2 8; 4 24; 24 1
Patentanwalt 2 13
Patentrecht 4 34; II 3 10
pauschale Abgeltung der Anwaltsgebühren 2 29, 228, 229
Pension V 122
Pensionskasse 4 71; V 122
Pensions-Sicherungs-Verein 4 75; V 122
Pensionszusage 4 70–73, 75; V 122
Personalrat 24 33, 36; II 3 8
personelle Einzelmaßnahmen 24 36; II 3 8
Personenbeförderungsschein 21 92
Personenkraftwagen 21 32; II 21 7

ohne Zusatz = ARB 75 (Teil B); II = ARB 94 (Teil C)   **Register**

Pfandrecht **V** 127, 128; **29** 11; **II 2** 10
Pfändung **20** 9 ff.; **V** 180; **II 17** 12
Pflegekind **25** 7
Pflegeversicherung
– private **4** 67, 69; **V** 100, 135
– soziale **4** 67; **V** 135
Pflegschaft **4** 130 a
Pflichten des RSVersicherers **1** 1; **II 1** 1–4
Pflichten des VN **1** 43–45
Pflicht-RSVersicherung **E** 52
Pflichtversicherung **V** 100
Pflichtversicherungsgesetz **4** 211
Planfeststellung **4** 136, 137; **II 3** 21
Planung eines Gebäudes **4** 97; **II 3** 6
positive Vertragsverletzung **14** 15; **V** 46; **29** 11; **II 2** 2, 7; **24** 4
– des Rechtsanwalts **2** 27; **4** 11; **14** 27; **II 3** 6
Postgebühren **4** 120
Preisangabengesetz **4** 45
Preisbindung **4** 44
Preisrecht **4** 45
primäre Risikobegrenzung
– Begriff **V** 3
– Kosten **2** 3
Privatbereich **24** 10 ff., 24
private Pflegeversicherung s. Pflegeversicherung
Privatgutachten **2** 125 ff.; **II 5** 10–13
Privatklage
– des VN **V** 79
– gegen VN **V** 78
Privatrecht **V** 12–20
Privat-, Berufs- und Verkehrs-RS für Nichtselbständige **II 26** 1 ff.
Privat-, Berufs- und Verkehrs-RS für Selbständige **II 28** 1 ff.
Privat-RS für Selbständige **II 23** 1 ff.
Privat- und Berufs-RS für Nichtselbständige **II 25** 1 ff.
Produkthaftungsgesetz **V** 48
Proportionalitätsregel **9** 13; **II 11** 3
Prospekthaftung **V** 109
Provisionsstreit
– Handelsvertreter **4** 50
– Handlungsgehilfe **4** 51 a
– kaufmännischer Angestellter **4** 51 a
Prozeßagent **2** 11
Prozeßkostenhilfe **1** 3; **2** 145, 238
Prüfbescheinigung für Mofa **21** 104

Q

quasinegatorischer Anspruch **V** 60
Quotenvorrecht des VN **20** 19

R

Rabattrecht **4** 45; **II 3** 11
Radfahrer **21** 28 a–d; **II 21** 13
radioaktive Strahlen **4** 22; **II 3** 4

Rahmengebühren
– Begriff **2** 29, 30
– Fälligkeit **2** 155
Rat **V** 151; **II 2** 23
Rauschtat **4** 197, 215; **II 2** 18, 19
Reallast **29** 37
Rechtsanwalt
– als VN **2** 43, 44
– ansässig **II 5** 3
– Anwaltsvertrag **16** 4 ff.; **II 17** 2, 3
– Ausland **2** 16, 17; **II 5** 5, 6
– Beauftragung **16** 5, 9; **II 17** 2, 3
– Begriff **2** 8
– Bevollmächtigung **16** 8; **II 17** 2, 3
– Bundesrepublik Deutschland **2** 8; **II 5** 3
– ehemalige DDR **2** 8
– freie Anwaltswahl **16** 2; **II 17** 2
– GmbH **2** 8
– Nicht-Rechtsanwälte **2** 9 ff.; **II 5** 31
– Obliegenheitsverletzung **15** 31
– Partnerschaftsgesellschaft **2** 8
– positive Vertragsverletzung **2** 27; **4** 11; **14** 27; **II 3** 6
– Rechtsbeziehungen zum RSVersicherer **16** 5 ff., 11, 12; **20** 25; **II 17** 3
– Schweigepflicht **15** 7
– Sozietät **2** 8; **16** 5
– Verkehr mit RSVersicherer **2** 149; **16** 8
– Wechsel von – **2** 23 ff.
– wohnhaft **2** 64; **II 5** 3
– Zulassung **2** 65, 69, 80; **II 5** 3
Rechtsanwaltsdienstleistungsgesetz **2** 8, 17
Rechtsanwaltskosten
– Abrategebühr **17** 3, 3 a
– Auslagen **2** 34
– Ausland **2** 48–61
– Auslandsfälle **2** 71–73; **II 5** 5, 6
– außergerichtliche Unfallregulierung **2** 29, 228, 229
– Beweisaufnahme **2** 70, 79
– Bindungswirkung des Urteils im Gebührenprozeß **2** 85
– Bundesrepublik Deutschland **2** 28 ff.; **II 5** 3, 4
– ehemalige DDR **2** 47
– Fälligkeit **2** 154 ff.; **II 5** 16
– Gebührenstreit **2** 82 ff.
– gesetzliche Vergütung **2** 18 ff.; **II 5** 2 ff.
– Hebegebühr **2** 40, 41
– Honorarvereinbarung **2** 90; **II 5** 2
– in eigener Sache **2** 43, 44
– Instanz-Anwalt **2** 80; **II 5** 3
– Korrespondenzanwalt **2** 75 ff.; **II 5** 4, 6
– Mahn-Anwalt **2** 81
– mehrere Anwälte **2** 21 ff.
– pauschale Abgeltung **2** 29, 228, 229
– Pauschgebühren **2** 29, 31
– Rahmengebühren **2** 29, 30
– Reisekosten **2** 68, 69, 70, 75, 77, 79, 80; **II 5** 3

869

Register

fett = §§; mager = Rdnr.

- Schiedsgericht 2 111, 117; II 5 8
- Schiedsgutachter II 18 8, 9
- Stichentscheid 17 13
- Umfang der Übernahme 2 62 ff.; II 5 2–6
- Umfang des Versicherungsschutzes 2 20 ff.
- Umsatzsteuer 2 34 ff., 44
- Vergütung für Anwaltsvertreter 2 32
- Verkehrsanwalt 2 75 ff.; II 5 4, 6
- Vorschuß 2 38–40

Rechtsbeistand
- Begriff 2 10
- Vergütung 2 45

Rechtsberatung V 150; II 2 23
Rechtsbeschwerde 15 20; 17 4; II 18 3
Rechtsbesorgung
- Begriff 1 3; II 1 2, 3
- durch Versicherer 1 6 ff.
- Erlaubnispflicht 1 6 ff.

Rechtsgebiet s. auch Leistungsart
- Beweislast V 4
- öffentliches Recht V 21–29
- Privatrecht V 12–20

Rechtsgemeinschaft 4 130; 14 45; V 6 ff., 105
Rechtshandlung 14 75; II 4 10
Rechtskraft 4 196; 15 15 ff.; II 2 18, 19; 17 10

Rechtslage
- Kosten nach – 2 171 ff.; II 5 19

Rechtslageänderung V 160 ff.; II 2 23; 4 4
Rechtsmittel 15 20; II 17 10
Rechtsnachfolge
- Wagniswegfall 10 8 ff.; II 12 2

Rechtspacht 25 42
Rechtsprechungsübersicht vor E 42
Rechtsschutz
- Begriff E 1 ff.; II 1 1
- im Vertrags- und Sachenrecht II 2 7–9

Rechtsschutzfall s. Versicherungsfall
Rechtsschutzversicherung
- Begriff E 4 ff.
- Entwicklung bis 1954 E 12–14
- Entwicklung bis 1969 E 15–17
- Entwicklung ab 1969 E 19 ff.
- Entwicklung ab 1994 II E 1 ff.
- Grundform E 12
- Name E 8
- Vorläufer E 10, 11

Reederei 4 24
Referendar 25 11
Regreßforderung s. Rückforderungsanspruch
Reisekosten 2 7 a, b; 68, 69, 70, 75, 77, 79, 80; II 5 3, 14
Rentenberater 2 10, 45
Rentenschuld 29 37
Rentenversicherung 4 67; V 135
Repräsentant 4 150; 15 3, 30, 31

Rettungskosten, Nebenklägerkosten als – 2 143 a
Revisibilität der ARB E 50
Richterrat 24 33, 36; II 3 8
Risikoausschluß
- allgemein 4 1 ff.; II 3 1 ff.
- Anspruchskonkurrenz 4 9
- Aufhebung für Versicherungsverträge 4 77 ff.
- Auslegung 4 3
- Begriff 4 1
- Teildeckung 4 10
- Ursächlichkeit 4 8
- Verhältnis zur Obliegenheit 4 4; 15 1
- Verzicht 4 5

rotes Kennzeichen 21 5; 24 85
Rückabwicklung von (gescheiterten) Verträgen V 113; II 2 3, 8
Rückforderungsanspruch
- des RSVersicherers gegen VN 20 29 ff.; II 2 18; 5 30; 17 13
- des Sozialversicherungsträgers V 136
- Verjährung 18 4 a; II 14 2

Rückzahlungspflicht
- rechtskräftige Verurteilung 20 29 ff.; II 2 18; 5 30

Ruhegeld V 122
Ruhen der Zulassung 21 133
Ruhestandsverhältnis V 122
- Vorruhestand V 122

russische Streitkräfte 2 232

S

Sachenrecht V 16–18; II 2 5, 7
Sachenrechtsbereinigungsgesetz 29 2; II 2 5
Sachverständigenausschuß nach § 14 AKB 14 55 a
Sachverständigen-Entschädigung
- Fälligkeit 2 162; II 5 16
- gerichtliche Sachverständige 2 100 ff.; II 5 7
- medizinisch-psychologisches Gutachten 2 120
- Privatgutachter 2 125 ff.; II 5 10–13
- Verwaltungsverfahren 2 119, 120

Schadenabwicklungsunternehmen E 38; 5 6; 18 17; II 3 16
Schadenereignis 14 10 ff.; II 4 2, 3
Schadenersatzanspruch
- Aufwendungsersatz V 53, 63
- Auskunftsanspruch V 54, 66
- Begriff V 36 ff., 55; II 2 3
- Beseitigungsanspruch V 41, 60
- BGB V 46
- Entleiher 22 18
- Fahrer 21 58
- Fahrzeugeigentümer 21 51 ff.; 25 48
- Fahrzeugzubehör 21 52
- Familien-RS 25 26, 27

ohne Zusatz = ARB 75 (Teil B); II = ARB 94 (Teil C)

- Familien- und Verkehrs-RS 26 20, 21
- Gefährdungshaftung V 44, 48
- Gegendarstellung V 68
- Geltendmachung V 32, 33; II 2 3
- Halter 21 56
- HGB V 47
- immaterieller Schaden V 41 ff.
- Insasse 21 57
- kein – (Einzelfälle) V 55 ff.
- Ladung 21 53; 25 48
- Landwirtschafts- und Verkehrs-RS 27 15–17
- Mieter 22 18
- Prozeßrecht V 49
- selbständig Tätiger 24 22 ff., 70
- Strafverfolgungsmaßnahmen V 52
- Unterlassungsanspruch V 42, 43, 60
- Verein 28 8–10
- Wettbewerbsrecht 4 47; II 3 11
- Widerrufsanspruch V 41, 60
Schadenersatzpflicht
- wegen Anwaltsverschuldens 2 27; II 3 6
Schadencrsatz-RS
- Allgemeines V 31 ff.; II 2 2, 3
- Versicherungsfall 14 10 ff.; II 4 2, 3
Schadenregulierungs-Büro 16 3 a; II 5 31
Schadensliquidation im Drittinteresse 4 174; 21 56
Schadenversicherung E 40, 41
Scheck V 101
Schenkung
- Rückforderung wegen Notbedarfs V 97
- Widerruf 4 83; V 113
Schiedsgericht
- Begriff 2 107; II 5 8
- Einigungsstelle kein – 2 114
- Schiedsgutachter kein – 2 113
- Schiedsstelle kein – 2 112, 114
Schiedsgerichtskosten
- Begriff 2 107 ff.; II 5 8
- Fälligkeit 2 160
Schiedsgutachten des Anwalts s. Stichentscheid
Schiedsgutachter 2 113; II 18 7
Schiedsstelle 2 112, 114; II 5 8
Schiff 21 36, 44
Schiff auf hoher See 3 10
Schifferpatent s. Schiffsführerschein
Schiffsführerschein V 138, 142; 21 104 a; II 2 14
Schiffsverkehr 4 203
Schlechtwettergeld V 135
Schlichtungsverfahren II 5 8
Schlüsselgewalt 4 83
Schmerzensgeld 15 23
Schriftform 12 1 ff.; 18 11; II 16
Schulausbildung 25 10
Schuldbefreiung 2 6; 2 151; II 5 16
Schuldrecht V 13–15; II 2 8
Schuldrechtsanpassungsgesetz 29 2; II 2 5

Register

Schuldübernahmevertrag 4 62–65; II 3 26
Schuldumschaffung V 107
Schuldverhältnis V 98; II 2 8
Schulungsbescheinigung für Tankwagenfahrer 21 104
schwarzes Kennzeichen 27 33; II 27 8
Schweden
- Anwaltskosten 2 57
Schweigepflicht 15 7
Schweiz
- Anwaltskosten 2 58
Schwerbehindertengesetz V 119, 135
Seeamt V 77; 21 104 a
Seelotse V 104 a
sekundäre Risikobegrenzung
- Kosten 2 4, 165; II 5 18
selbständige Tätigkeit
- Begriff 24 9; 25 14 ff.; II 23 1; 24 1
- Beweislast 25 20
- Dauer 24 19, 20
- Fahrzeug-Vertrags-RS 24 76, 77
- Immobilien-Risiko 24 78 ff.
- „im Zusammenhang mit" 25 23, 24; II 25 1
- Risikoausschluß 26 15–17; II 25 1; 26 1
- Schadenersatzanspruch 24 22 ff.
- Steuer-RS V 174, 175
- Verdienstausfall 24 23
- Vertrags-RS 25 22; II 24 4
Selbstbeteiligung 2 6 a–c; 24 61 a; II 5 21
Selbstfahrer-Vermietfahrzeug II 21 5
Selbstverteidigung des Rechtsanwalts 2 43
Sicherheitsleistung
- in Strafsachen s. Strafkaution
- Vollstreckbarkeit gegen – 2 164
Sicherungsabtretung 4 159, 164; 21 56; II 3 25
Sicherungsübereignung 4 159, 164; 21 56; 22 29
Sicherungsvollstreckung 2 164, 179
Soldat V 92, 123; 25 12; II 2 4
Sorge für Interessenwahrnehmung 1 10 ff.; II 1 2
Sortenschutz 4 43
sowjetische Truppen, ehemalige 2 232; V 50
Sowjetunion, ehemalige
- Anwaltskosten 2 58 a
soziale Pflegeversicherung s. Pflegeversicherung
Sozialgerichts-RS
- allgemein V 130 ff.; II 2 12
- Familien-RS 25 36
- Landwirtschafts- und Verkehrs-RS 27 24
- selbständig Tätige 24 41, 75
- Verein 28 16
- Versicherungsfall 14 6, 39 ff.; II 4 5
Sozialhilfe V 135
Sozialrecht
- Gegenstandsbereiche V 134 ff.
Sozialversicherung s. Sozialrecht
Sozialversicherungsbeiträge 4 119; 24 41

871

Register

fett = §§; mager = Rdnr.

Sozietät
- allgemein 2 8; **16** 5
- überörtliche 2 64

Spanien
- Anwaltskosten 2 59

Spartentrennung E 37, 38
Spätschäden 4 216 ff.; **II 4** 11
Spätschaden-Rückstellungen **14** 9
Spekulationsgeschäft **II 3** 14
Sperre
- vorzeitige Aufhebung der – für Wiedererteilung der Fahrerlaubnis **V** 90

Spezialität des versicherten Risikos **1** 46; **V** 1
Spielvertrag 4 54, 56; **II 3** 12
Staatshaftungsgesetz **V** 46
Standardklauseln E 23 b
Standesrecht
- Begriff **V** 91, 94, 95
- Familien-RS **25** 34
- selbständig Tätige **24** 39
- Verkehrs-Straf-RS **21** 80

Standes-RS **V** 94; **II 2** 16
Stationierungsstreitkräfte **2** 232; **4** 13
Stellvertretung
- mittelbare **4** 157, 174
- unmittelbare **4** 175

Steuerberater **2** 14, 46; **V** 193; **II 5** 31
- positive Vertragsverletzung **4** 11; **14** 27; **II 3** 6

SteuerberatergebührenVO **V** 194; **II 5** 31
Steuerbevollmächtigter **V** 193
Steuer-Ordnungswidrigkeit **V** 185 ; **II 2** 11, 19, 22; **24** 4; **29** 3
Steuerrecht
- Begriff **4** 115 ff.; **II 2** 11
- Verkehrs-Straf-RS **21** 79

Steuer-RS E 25; **4** 123; **V** 169 ff.; **II 2** 11
Steuerstraftat **V** 187; **II 2** 19
Stichentscheid **17** 10 ff.; **II 18** 7
Stiefkind **25** 7
stille Gesellschaft **4** 24
Stillegung **21** 132 ff.; **22** 23 ff.
Stockwerkseigentum **29** 49
Strafantrag **V** 80
Strafanzeige **V** 80
Strafaufschub **V** 85, 88; **II 5** 24
Strafaussetzung **V** 85, 87; **II 5** 24
Strafkaution
- Begriff **2** 131, 132; **II 5** 30
- Fälligkeit **2** 163; **II 5** 30
- Rückzahlungspflicht **20** 32; **II 5** 30

Strafrecht **V** 22, 82
Straf-RS
- allgemein **V** 73 ff.; **II 2** 17–19
- Familien-RS **25** 33
- Familien- und Verkehrs-RS **26** 26
- Grundeigentum **29** 22 a
- selbständig Tätige **24** 37
- Verein **28** 12 ff.

- verkehrsrechtliche Vorschriften **4** 200 ff.; **21** 73 ff.; **II 2** 18
- Versicherungsfall **14** 28 ff.; **II 4** 5

Strafunterbrechung **V** 85, 88; **II 5** 24
Strafverfolgungsmaßnahmen
- Entschädigung für – **V** 52; **25** 47
- Entschädigung für – als Fahrer **21** 58

Strafvollstreckung
- keine Zwangsvollstreckung **2** 188
- Vergünstigung **V** 85 ff.; **II 5** 24

Straßenverkehr **4** 201; **II 2** 18
Streik **4** 17; **II 3** 3
Streitgegenstand
- Streit über Höhe **2** 82 ff.
- Wert des – **24** 58–61

Streitkräfte, ausländische s. ausländische Streitkräfte
Streitwert des Deckungsprozesses **18** 21
Sturm **4** 20
supranationale Gerichtshöfe **4** 127, 128; **II 3** 19

T

Tagegeldversicherung **25** 24
Tankwagenfahrer **21** 104
Tarif E 35
Tarifvertragsrecht **24** 34; **II 3** 8
Tatbestandsverwirklichung (Steuer-RS) **V** 195, 196; **II 4** 12
Tatsacheninstanzen **17** 4; **II 18** 3
technische Verbesserungsvorschläge **4** 42
Teildeckung
- Eigenschaft **V** 5
- Kosten **2** 7
- Rechtsgebiet **V** 5
- Steuer-RS **V** 176
- Strafrecht **2** 240; **4** 179, 206; **II 2** 18
- Teilfreispruch **2** 240
- teilweiser Risikoausschluß **4** 10

Teileigentum **29** 45
Teilfreispruch **2** 240
Teilklage **15** 13, 14; **II 17** 10
Teilkündigung s. Kündigung
Teilleistungen **20** 23
Teilungsversteigerung **4** 130
Teilzeitnutzungsrecht **29** 6, 14
Teilzeit-Wohnrechte-Gesetz **29** 6, 14
Termingeschäft **4** 57; **II 3** 13
Tod des VN **10** 16 ff.; **11** 16; **24** 62–65; **25** 3; **26** 3; **27** 5; **II 12** 2; **15** 1
Treuhänder **4** 174
Tschechoslowakei, ehemalige
- Anwaltskosten **2** 60

Türkei
- Anwaltskosten **2** 61

U

Überbau **29** 20
Übergang
- Ansprüche **4** 103, 157 ff.; **V** 97; **II 3** 25

ohne Zusatz = ARB 75 (Teil B); II = ARB 94 (Teil C) **Register**

- Kostenerstattungsanspruch 20 13 ff.; II 17 13
- kraft Gesetzes 4 166 ff.
- Verbindlichkeiten 4 173 a; II 3 25
Überleitungsanzeige V 97
Überleitung von Unterhaltsansprüchen V 135
überörtliche Sozietät 2 64
Überschwemmung 4 20
Übersetzer-Entschädigung 2 33, 105, 121, 179; II 5 29
Übertragung von Ansprüchen 4 103, 157 ff.; II 3 25
Überwachung von Fristen 1 17 ff.
Umlegung 4 138; II 3 21
Umsatzsteuer s. Mehrwertsteuer
Umstellung des Vertrags 5 4
Umwandlung II 22 4; 23 4; 25 5
Umwelthaftungsgesetz V 48, 54
unerlaubte Handlung V 105
Unfallregulierung, außergerichtliche 2 29, 228, 229
Unfallversicherung 4 76; 21 71; 25 24
Unfallversicherung, gesetzliche 4 67; V 135
ungerechtfertigte Bereicherung s. Bereicherungsanspruch
unmittelbarer Zusammenhang mit Baumaßnahmen 4 101 ff.; II 3 6
unrichtige Angaben 5 19; II 17 5
Untätigkeitsklage V 132, 146; V 182
Unterbrechung des Versicherungsvertrags 22 25
Unterhaltsansprüche, Überleitung von – V 135
Unterlassungsanspruch
- AGB-Gesetz 4 49
- Schadensersatzanspruch V 42, 43
- vorbeugender – V 60
- Wettbewerbsrecht 4 46; II 3 11
Unternehmen
- Fahrer-RS 23 11 ff.; II 22 2
Untersagung des Betriebs 21 125
Unterstützungskasse 4 72
Unterstützungspflicht 20 26 ff.; II 17 13
Untervermietung 29 43
Unterversicherung 9 13; II 11 3
Urheberrecht 4 35; II 3 10
Urkunde, vollstreckbare 2 177, 178
Urkundenprozeß 1 34

V

Veränderung der Rechtslage V 156 ff.; II 2 23; 4 4
Verbandsvertreter 2 13 a
Verbraucherinformation 5 1, 2, 6, 24
Verbrechen 4 182, 207; II 2 18, 19; 3 28
Verdienstausfall
- Eigentümer 21 54, 55
- Fahrer 21 58

- Halter 21 56
- selbständig Tätiger 24 23
Verein 4 28; 28 2
Vereinsmitglied 28 6, 10
Vereinsmitgliedschaft V 102
Vereins-RS 28 1 ff.; II 24 3
Verfassungsgericht 4 124; II 3 18
Vergehen
- Begriff 4 182
- Straf-RS 4 181 ff.; 198 ff.; II 2 18, 19
- Vorsatztat 4 183 ff.; II 3 28
Vergleich
- Kosten bei – 2 167–170; II 5 20
Vergleichsverfahren
- Risikoausschluß 4 132–134; II 3 20
- kein Vollstreckungsantrag 2 217
Verhinderung
- dauernde – des Fahrers 23 10; II 22 6
- vorübergehende – des Fahrers 23 8, 9
Verjährung 4 219; 18 2 ff.; II 14 1 ff.
Verkehr mit RSVersicherer 2 149; 16 8
Verkehrsanwalt 2 75 ff.; II 5 4, 6
Verkehrsopferhilfe 2 236
verkehrsrechtliche Vorschriften
- Begriff 4 198 ff.; II 2 14, 18, 21; 21 9
- Fahrzeug-Straf-RS 21 73 ff.
- Grenzfälle 4 209 ff.; 21 77, 78
Verkehrs-RS 21 1 ff.; II 21 1 ff.
- mit Personen-RS 21 28 e
Verkehrsunterricht V 141; 21 81; II 2 14
verkehrswidriges Fahrzeug 21 127
verkehrswirtschaftliche Vorschriften 21 77; II 2 14, 18
Verklarung 4 130
Verlagsrecht 4 35; II 3 10
Vermieter 29 41, 43; II 29 1
Vermietung
- gewerbliche 24 80; II 29 1
Vermögensfragen 29 21 a
Vermögensüberschuß-RS E 24; A Nr. 3
Vermögensübernahme 2 213; 4 65
Vermögensverwaltung 24 11 ff.; 25 21; II 23 1
Verneinung der Leistungspflicht 17 2; II 18 1 ff.
Verpachtung
- gewerbliche 24 80; II 29 1
Verpfändung 20 5; II 17 13
Versäumung von Fristen 1 21 ff.; II 18 5, 6
Verschulden bei Vertragsanbahnung
- des Versicherers 5 20 ff.
- Erfüllungssurrogat 14 25
- Vertrags-RS V 109
- Schadensersatzanspruch V 46; II 2 3, 8; 3 7
Versichererwechsel 14 78
versicherte Eigenschaft
- Firmen-RS 24 2 ff.; II 24 1
- Immobilien-RS 29 41 ff.; II 29 1
- Verkehrs-RS 21 10 ff.; II 21 4

873

Register

fett = §§; mager = Rdnr.

Versicherungsaufsicht E 28 ff.
Versicherungsbeginn **5** 7 ff., 16, 17; **II 4** 6, 7; **7** 2
Versicherungsberater **2** 10
Versicherungsfall
- Allgemeines **1** 26; **II 4** 1
- Arbeits-RS **14** 6, 39 ff.; **II 4** 5
- auf hoher See **3** 10
- Ausland **3** 5 ff.; **II** 6
- Begriff **1** 27; **14** 1, 3 ff.; **II 4** 1
- Beratungs-RS **V** 156 ff.; **II 4** 4
- Fehlen **14** 8
- Führerschein-RS **14** 31 ff.; **II 4** 5, 7
- Funktion **14** 2
- Gnadenverfahren **14** 30
- „gedehnter" – **14** 9; **II 4** 8
- Grundstücks- und Miet-RS **14** 6, 39 ff.
- Kündigung nach – **19** 1 ff.; **II 13** 1, 2
- Schadensersatz-RS **14** 10 ff.; **II 4** 2, 3
- Sozialgerichts-RS **14** 6, 39 ff.; **II 4** 5
- Steuer-RS **V** 184, 186; **II 4** 5
- Straf-RS **14** 28 ff.; **II 4** 5
- Versichererwechsel **14** 78
- Versicherungsvertrags-RS **14** 55
- Vertrags-RS **14** 6, 39 ff.; **II 4** 5
- Verwaltungs-RS in Verkehrssachen **II 4** 5
- vorsätzliche Verursachung **4** 144 ff.; **II** 3 27–29
- Wohnungseigentum **14** 46
- Wohnungs- und Grundstücks-RS **II 4** 5
- Zwangsvollstreckung **2** 176; **14** 39
Versicherungskennzeichen **21** 7; **II 21** 2
Versicherungsschein **5** 6
Versicherungsschutz
- Umfang bei Anwaltskosten **2** 20
Versicherungssumme **2** 258 ff.; **II 5** 27
Versicherungsvertrag
- Arten **4** 74
- Begriff **4** 66 ff.
- Klausel zu §§ 21, 22, 25, 26 und 27 **4** 77 ff.
- Mitversicherter **4** 76
- öffentlich-rechtlicher Versicherer **4** 70
- Pflichtversicherung **4** 69
- unselbständiger **4** 75
- Zusatzversorgung **4** 73
Versicherungsvertrags-RS **II 2** 9
- Fahrzeugbereich **21** 62
- Familien- und Verkehrs-RS **26** 24, 37
- Familien-RS **25** 43
- selbständig Tätige **24** 51
- Versicherungsfall **14** 55
Versicherungsvertreter s. Agent
Versorgungsanstalten **4** 68; **V** 102; **24** 51
Versorgungszusage **4** 70–73, 75; **V** 122
Verstoß
- Anfechtung **14** 46, 47, 73
- Begriff **14** 40 ff.; **II 4** 5
- behaupteter – **14** 42
- bevorstehender – **14** 44
- Dauerverstoß **14** 60 ff.; **II 4** 8

- Dritter **14** 50
- Fehlen **14** 45
- Gegner **14** 49
- Geschäftsunfähigkeit **14** 48
- mehrere – **14** 56 ff.; **II 4** 9
- Versicherungsvertrags-RS **14** 55
- VN **14** 51 ff.
- Wohnungseigentümer **14** 46
- Zeitpunkt **14** 43; **II 4** 8, 9
Verteidigung; **II 2** 18, 19; **5** 24
- Begriff **V** 74–76
- Fahrerlaubnis **21** 74
- Kostenerstattung **V** 70
- Nebenklage **V** 78, 79
Vertrag
- Änderung **5** 4; **V** 107
- beendeter – **V** 114
- Begriff **V** 99
- Ende **8** 4 ff.
- genehmigungsbedürftiger – **V** 112
- gescheiterter – **V** 113; **II 2** 3; **3** 7
- gesetzliches Schuldverhältnis **V** 105; **II 2** 8
- Haustürgeschäft **5** 1
- Interessenwahrnehmung „aus" – **V** 108 ff.
- schuldrechtlicher – **V** 98 ff.; **II 2** 8
- streitiger Vertragsschluß **V** 111
- Vertragsschluß **5** 1 ff.; **II 7** 1
- Wertpapier-Rechtsverhältnis **V** 101
Vertragsänderung **5** 4
Vertragsart E 42, 46; **V** 2; **II 21**–29
Vertragsdauer **8** 2 ff.; **II 8** 1
Vertrags-RS
- allgemein **V** 96 ff.; **II 2** 7, 8
- Fahrer **21** 68 ff.
- Fahrzeug-Vertrags-RS **21** 59 ff.
- Familien-RS **25** 38 ff.
- Familien- und Verkehrs-RS **26** 32 ff.
- Immobilien **25** 41
- Insasse **21** 72
- Landwirtschafts- und Verkehrs-RS **27** 26 ff.
- Rückabwicklung von (gescheiterten) Verträgen **V** 113; **II 2** 8
- selbständig Tätige **24** 42 ff., **25** 22; **II 24** 4
- Versicherungsfall **14** 6, 39 ff.; **II 4** 5
Vertreter s. Agent
Verurteilung **4** 195
Verwalter von Wohnungseigentum **29** 47, 48
Verwaltungsbeirat **29** 48
Verwaltungsgericht **V** 183; **II 2** 11
Verwaltungsrecht **V** 23–28
Verwaltungs-RS in Verkehrssachen **II 2** 13–15
Verwaltungsverfahrenskosten **II 5** 9
- Begriff **2** 118
- Bußgeldverfahren **2** 122, 122 a, 124
- Dolmetscher-, Übersetzer-Entschädigung **2** 121

874

ohne Zusatz = ARB 75 (Teil B); II = ARB 94 (Teil C) **Register**

- Fälligkeit 2 161
- Sachverständigen-Entschädigung 2 119, 120
- Vollstreckungskosten 2 123, 124
- Zeugen-Entschädigung 2 119, 120
Volkszählungsgesetz E 23 a; 4 156; 17 9 a
Voll-Rechtsschutz E 9
vollstreckbare Urkunde 2 177, 178
Vollstreckung s. Zwangsvollstreckung
Vollstreckungsabwehr 2 187; II 5 22
Vollstreckungsgegenklage 2 195–199
Vollstreckungsklausel
- Umschreibung 20 26
- Unzulässigkeit 2 199
Voraussetzungsidentität 18 19
Vorkaufsrecht
- des Mieters 29 12
- dingliches 29 39
vorläufige Deckung 6 1 ff.; II 7 3
Vormerkung 25 28; 29 29, 40
vormundschaftsgerichtliche Genehmigung 4 130 a
Vorpfändung 2 209
Vorruhestand V 122
vorsätzliche Verursachung 4 144 ff.; II 3 27–29
Vorsatztat 4 183 ff.; II 2 18, 19; 3 28
Vorschuß
- Anwaltskosten 2 38–40
- Fälligkeit 2 157
- Gerichtskosten 2 93
Vorsorgeversicherung 23 1; II 22 4
vorsorgliche Beratung V 164
vorübergehende Benutzung 24 89
Vorwurf
- straf- oder bußgeldrechtlicher – V 75 ff.
Vorwurf einer Straftat 4 178; V 75

W

Wagniswegfall II 12 1–3
- Begriff 10 1
- Familien- und Verkehrs-RS 26 42
- Rechtsnachfolge 10 8 ff.
- teilweiser 10 2, 3; 21 135
- völliger – 10 4 ff.; 22 36
Wahrnehmung rechtlicher Interessen 1 2 ff.; II 1 3
Wahrnehmung wirtschaftlicher Interessen 1 4, 5; II 1 3
Währungsklausel II 5 17
Warentermingeschäft 4 57; II 3 13
Warenzeichenrecht s. Markenrecht
Wartezeit II 4 7
- allgemein 14 65 ff.
- Anspruchskonkurrenz 14 68
- Beweislast 14 67
- Führerschein-RS 14 38
- Steuer-RS V 184
Wasserhaushaltsgesetz V 48

Wechsel des Versicherers 14 78
Wechselverpflichtung V 101
Wegeunfall 24 30
Wegfall der Fahrerlaubnis 23 9, 10; II 22 6
Wegfall der Geschäftsgrundlage 14 47
Wehrdienst V 92, 123; 25 12; II 2 4
Weiterbeschäftigungsanspruch 1 34; 15 20 a
Werbeschriften 5 23
Werkwohnung 24 81; 29 16
Wertersatzanspruch V 65
Wertpapier-Rechtsverhältnis V 101
Wettbewerbsrecht 4 45; II 3 11
Wettbewerbsverbot 4 44, 48; 25 28
Wettvertrag 4 55, 56; II 3 12
Widerklage 2 247 ff.; II 5 26
Widerruf
- der Deckungszusage 20 25; II 17 5
- des Versicherungsantrags 5 1; II 7 1, 3
- einer Schenkung s. Schenkung
Widerrufsanspruch V 41, 60
Widerspruchsverfahren V 145; II 2 13
Wiederaufnahme des Verfahrens 1 34; 14 28; 17 5; V 77
Wiedereinsetzung gegen Fristversäumung 1 25
Wiedererteilung der Fahrerlaubnis 14 37; V 143; II 2 13
Willenserklärung
- „auslösende" – 14 69 ff.; II 4 10
- Begriff 14 71 ff.
wirtschaftliche Interessen, Wahrnehmung von – 1 4, 5; II 1 3
Wirtschaftsprüfer V 193; II 5 31
Wohngeld V 135; 29 11
wohnhaft 2 64; II 5 3
Wohnungsbaugenossenschaft 29 11
Wohnungsbindungsgesetz 25 58; 29 22 a
Wohnungseigentum
- allgemein 29 45 ff.; II 29 2
- Beitragsschulden 14 46
- Versicherungsfall 14 46
- Verwalter 8 5; 29 47, 48
- Wohnungswechsel 29 7, 8; II 11 3
Wohnungsleihe 29 12; II 2 5
Wohnungswechsel 29 7, 8; II 11 3
Wohnwagen 21 35

Z

Zahlung 5 11, 13; 7 5, 8; II 7 2; 9 2, 3
Zahlungserleichterungen V 85, 89; II 5 24
Zeuge
- VN als – V 76
Zeugen-Entschädigung
- gerichtlich 2 100 ff.; II 5 7
- Verwaltungsverfahren 2 119, 120; II 5 9
Zivildienst V 123; 25 12; II 2 4
Zollkennzeichen 21 4
Zoll-Ordnungswidrigkeit V 185; II 2 22; 24 4

875

Register

fett = §§; mager = Rdnr.

Zollrecht **4** 116
Zoll-Straftat **V** 187; **II 2** 9
Zubehör
- Fahrzeug **21** 52
- Grundstück **29** 3
Zugaberecht **4** 45; **II 3** 11
Zulassung
- Begriff **21** 3 ff.; **II 21** 2
- Familien- und Verkehrs-RS **26** 23
- Fehlen der Fahrzeug-Zulassung **21** 65; **II 21** 11
- Fehlen der – als Obliegenheitsverletzung **21** 121 ff.; **II 21** 14
- nicht zulassungspflichtige Fahrzeuge **21** 6; **24** 52; **II 21** 2; **23** 3; **24** 5; **25** 4
- Rechtsanwalt **2** 65, 69, 80; **II 5** 3
- Ruhen **21** 133
- Versicherungsdauer **21** 8, 9; **II 21** 15
zulassungsfreie Fahrzeuge **21** 6; **24** 52; **II 21** 2; **23** 3; **24** 5; **25** 4
Zurückbehaltungsrecht **2** 257
Zusatzversorgungseinrichtung **4** 73; **24** 34
zuständiges Gericht **2** 63; **II 5** 3, 5; **20**
Zwangsgeld
- keine Abgabe **4** 122
- keine Gerichtsgebühren **2** 95
- keine Ordnungswidrigkeit **V** 84
Zwangsvollstreckung; **II 5** 22, 23
- Anfechtung von Rechtshandlungen **2** 213, 214
- Antrag **2** 180 ff.
- Aufforderungsschreiben **2** 185
- Begriff **2** 177
- Drittschuldnerklage **2** 204 ff.
- Drittwiderspruchsklage **2** 200–203
- Erinnerungen **2** 190–194
- gegen Sicherheitsleistung **2** 164
- Konkursantrag **2** 215
- Kosten **2** 176 ff.
- mehrere Schuldner **2** 182
- Sicherungsvollstreckung **2** 164, 179
- Teil der Interessenwahrnehmung **1** 3; **2** 20, 176
- Versicherungsfall **2** 176; **14** 39
- vollstreckbare Urkunde **2** 177, 178
- Vollstreckungsabwehr **2** 187
- Vollstreckungsgegenklage **2** 195–199
- Vollstreckungsklausel **2** 199
- Vorpfändung **2** 209
Zweitwohnung **29** 9

Römer/Langheid
Versicherungsvertragsgesetz
mit Pflichtversicherungsgesetz (PflVG) und Kraftfahrzeug-Pflichtversicherungsverordnung (KfzPflVV)
Kommentar. Von Wolfgang Römer, Richter am Bundesgerichtshof, und Dr. Theo Langheid, Rechtsanwalt in Köln
1997. XXXI, 1218 Seiten. In Leinen DM 138,-
ISBN 3-406-38149-9

Unsicher im aktuellen Versicherungsvertragsrecht?

Die Schaffung des europäischen Versicherungsbinnenmarktes hat mit dem Gesetz vom 21.7.1994 auch das Versicherungsvertragsrecht entscheidend verändert. U. a. enthält das Gesetz über den Versicherungsvertrag (VVG) jetzt Bestimmungen zur privaten Krankenversicherung, geänderte Bestimmungen über die Umwandlung einer Lebensversicherung in eine prämienfreie Versicherung und über den zukünftig nach Zeitwert zu berechnenden Rückkaufswert. Auch wurde ein auf zwei Wochen befristetes Widerspruchsrecht des Versicherungsnehmers gegen den Vertragsschluß installiert.

Mit dem neuen Handkommentar gehen Sie auf Nummer Sicher!

Alle Praktiker, die sich auf dem Gebiet des Versicherungsvertragsrechts engagieren, können jetzt auf einen Kommentar zurückgreifen, der topaktuell ist und durch Konzeption und Inhalt überzeugt.

Die Vorzüge der Konzeption

Der „Römer/Langheid" zeichnet sich wie alle Kommentare aus der Reihe der „Gelben Erläuterungsbücher" durch Praxisnähe und Benutzerfreundlichkeit aus. Er
- behandelt wesentliche Punkte prägnant und erläutert ausführlich aktuelle Rechtsfragen
- orientiert sich vorwiegend an der obergerichtlichen Rechtsprechung. Die neuen Entscheidungen des BGH sind vollständig eingearbeitet
- ist klar und verständlich geschrieben.

Der Inhalt

Erläutert werden
- das **Gesetz über den Versicherungsvertrag** (VVG) mit seinen Änderungen durch das „Dritte Durchführungsgesetz/EWG zum VAG" vom 21.7.1994
- ebenfalls berücksichtigt: Bislang erschienene Literatur zur **Deregulierung**
- besonders übersichtlich dargestellt sind die in der täglichen Regulierungspraxis auftretenden Probleme, z. B. das Recht der **Obliegenheiten, das Rücktrittsrecht**, die Gefahrguterhöhung, die grobfahrlässige Herbeiführung des Versicherungsfalls, der Unfallbegriff usw.
- das **Pflichtversicherungsgesetz** (PflVersG)
- die **Verordnung über den Versicherungsschutz in der Kraftfahrzeug-Haftpflichtversicherung** (KfzPflVV)

Die Rundum-Versicherung für

Rechtsanwälte, Richter, Versicherungskaufleute, Versicherungsvermittler, Sachbearbeiter in den Leistungs- und Rechtsabteilungen der Versicherungsunternehmen, Jura-

Verlag C. H. Beck · 80791 München

Kraftfahrtversicherung

Mit Pflichtversicherungsgesetz, Pflichtversicherungsverordnung und den Allgemeinen Bedingungen für die Kraftfahrtversicherung (AKB), Ausländerpflichtversicherungsgesetz und Ausland-Schadensersatz.
Kommentar. Von Dr. Hans Feyock, Peter Jacobsen und Ulf D. Lemor.
1997. XXIV, 1228 Seiten. In Leinen DM 128,–
ISBN 3-406-40090-6

Dieser neue Kommentar erläutert das **gesamte Gebiet der Kraftfahrtversicherung.** Er berücksichtigt dabei intensiv alle nachhaltigen **Änderungen durch die Einführung des Europäischen Binnenmarktes** im Bereich der Kraftfahrzeug-Haftpflichtversicherung. Danach können seit Mitte 1994 die Unternehmen über die Berechnung von Prämien und die Tarifstrukturen selbst entscheiden. Die Neuerscheinung befaßt sich ausführlich mit dieser neuen Rechtslage und den seither stattgefundenen Entwicklungen.

Der besondere Vorteil des Kommentars liegt in der gemeinsamen ausführlichen Kommentierung aller mit der Kraftfahrtversicherung zusammenhängenden Bereiche.

Das Werk erläutert aktuell und jeweils eigenständig
- das **Pflichtversicherungsgesetz**
- das **Ausländerpflichtversicherungsgesetz**
- die neue **Kraftfahrzeug-Pflichtversicherungsverordnung**
- die **Allgemeinen Bedingungen für die Kraftfahrtversicherung** (AKB) auf der Grundlage der Verbandsempfehlung Oktober 1996

Fragen des **Europäischen Versicherungsmarktes** werden ebenso behandelt wie das Thema **Unfälle mit Auslandsbezug.** Ausführlich dargestellt wird dabei das mehrfach überarbeitete **Grüne-Karte-System.** Hinzu kommt ein umfangreicher Teil mit den **Haftungs- und Versicherungsgrundlagen** einer Großzahl **europäischer Länder,** nämlich aller EU-Mitgliedstaaten sowie der Schweiz, Norwegens, Polens, Kroatiens, Ungarns und der Tschechischen Republik.

Wer braucht das Werk?
Rechtsanwälte, Richter, Versicherungskaufleute und -vermittler sowie **Sachbearbeiter für die Kraftfahrzeugversicherung** finden in diesem Werk alles, was sie für ihre tägliche Arbeit benötigen. Wegen der sehr eingehenden Behandlung der Grundlagen des Kfz-Versicherungsrechts erfüllt das Werk auch höchste Ansprüche von Rechtswissenschaftlern.

Verlag C. H. Beck · 80791 München